Wabnitz/Janovsky

Handbuch des
Wirtschafts- und Steuerstrafrechts

Handbuch des Wirtschafts- und Steuerstrafrechts

Herausgegeben von

Dr. Heinz-Bernd Wabnitz

Leitender Oberstaatsanwalt

und

Thomas Janovsky

Oberstaatsanwalt

Verlag C.H. Beck München 2000

ISBN 3 406 45679 0

Wilhelmstraße 9, 80801 München
Druck: C. H. Beck'sche Buchdruckerei Nördlingen
(Adresse wie Verlag)
Satz: Fotosatz Gutfreund, Darmstadt

Gedruckt auf säurefreiem, alterungsbeständigem Papier
(hergestellt aus chlorfrei gebleichtem Zellstoff)

Vorwort

Ausgehend von dem 1981 erstmalig erschienenen und im Sommer 1997 in 4. Auflage herausgegebenen Buch ›Müller/Wabnitz/Janovsky, Wirtschaftskriminalität‹ wurde aufgrund der raschen Zunahme wirtschaftsdeliktischer Handlungsformen und des daraus resultierenden Aktualisierungsbedarfs eine neue Konzeption für die Gesamtdarstellung der Materie verwirklicht.

Die einzelnen Kapitel des Buches werden von ausgewiesenen Fachleuten ihrer Materie bearbeitet. Trotz des gestiegenen Umfangs des Werkes wurde Wert darauf gelegt, den Charakter eines Handbuches beizubehalten.

Die wichtigsten wirtschaftlichen Abläufe und deren Ausnutzung durch die Straftäter werden aufgezeigt; im rechtlichen Bereich werden die (wirtschafts-)strafrechtlichen Regelungen dargestellt; aufgrund vielfältiger praktischer Erfahrungen der Autoren werden umfassende Hinweise für die Verfolgung und Aufklärung, aber auch für die Verhütung von Wirtschaftsstraftaten gegeben.

Wie in keinem anderen Kriminalitätsbereich reagieren die Wirtschaftsstraftäter auf politische und wirtschaftliche Veränderungen. Die Wirtschaftskriminalität ist ein Spiegelbild der Gesellschaft, in der wir leben. Internationalisierung und Globalisierung der Märkte, Schnelligkeit von Kommunikation und finanzieller Transaktion, Möglichkeit rascher Ortsveränderungen und Ausbreitung des Organisierten Verbrechens sind Faktoren, die das Kriminalitätsgeschehen erheblich verändert und zu neuen Formen der Wirtschafts-, Steuer- und Zollkriminalität geführt haben.

Der hierdurch verursachte Schaden ist immens hoch. Der Werteverfall bis hin zur Begehung von Straftaten hat auch vor den Top-Etagen von Wirtschaft und Politik nicht halt gemacht. Die Glaubwürdigkeit des Rechtsstaats steht auf dem Spiel, wenn es nicht gelingt, diese Deliktsformen effektiv zu bekämpfen und deren weitere Zunahme in Schranken zu halten.

Für ein wirksames Einschreiten gegen die Wirtschaftskriminalität muss der Staat ausreichende Rahmenbedingungen schaffen und ein praktikables strafrechtliches Instrumentarium zu deren Bekämpfung zur Verfügung stellen. Auf neue Kriminalitätsformen muss schnell und konsequent reagiert werden.

Daneben muss auch die durch diese Delikte besonders gefährdete Wirtschaft handeln und umfassend und nachdrücklich auf Vorbeugung setzen. Organisatorische Schwachstellen und Kontrolldefizite schaffen die Voraussetzungen für Straftaten.

Grundbedingung für eine effektive Bekämpfung der Wirtschaftskriminalität ist das Wissen um deren Erscheinungsformen und deren Schädigungspotential. Die Erfahrungen der Praxis zeigen, daß es sehr häufig bereits im Vorfeld Warnsignale für später aufgedeckte wirtschaftskriminelle Handlungen gibt. Anliegen des Buches ist es daher auch, den in diesem Bereich oft sehr niedrigen Wissensstand zu verbessern.

Das Handbuch wendet sich an Praktiker in Justiz, Verwaltung und Wirtschaft.

Es soll Rechtsanwälten, Steuer- und Unternehmensberatern, Wirtschaftsjuristen in Firmen und Verbänden, Strafrichtern, Staatsanwälten, Angehörigen von Polizei, von Steuer- und Zollverwaltung, in Wirtschaftsunternehmen an verantwortlicher Stelle tätigen Personen eine praxisbezogene Gesamtdarstellung der juristischen Probleme und der Erscheinungsformen der wichtigsten Wirtschafts-, Steuer- und Zollstraftaten vermitteln.

Gleichzeitig werden Lösungen für die aufgeworfenen Rechtsfragen und Hinweise zum Schutz vor Straftaten gegeben. Das Handbuch des Wirtschafts- und Steuerstrafrechts geht auf die Bedürfnisse der Praxis ein.

Mit ihm soll das nachhaltige Bestreben von Oberstaatsanwalt a. D. Dr. Rudolf Müller zur Bekämpfung der Wirtschafts- und Steuerkriminalität fortgeführt werden.

Hof, im Februar 2000 *Dr. Heinz-Bernd Wabnitz/Thomas Janovsky*

Bearbeiterverzeichnis

Dr. Wolfgang Bär
Richter am Amtsgericht Bayreuth
Staatsanwaltschaft bei dem BayObLG

Dr. Siegfried Beck
Rechtsanwalt in Nürnberg
Fachanwalt für Verwaltungsrecht und Fachanwalt für Steuerrecht

Klaus-Dieter Benner
Ministerialrat im Staatskommissariat bei den Börsen, Frankfurt/Main

Prof. Dr. Gerhard Dannecker
o. Professor für Strafrecht, Strafprozeßrecht und Informationsrecht
Universität Bayreuth

Dr. Alfred Dierlamm
Rechtsanwalt in Wiesbaden
Fachanwalt für Strafrecht

Gabriele Eustrup
Verwaltungsoberrätin bei der Bundesanstalt für Arbeit, Nürnberg

Dr. Georg Gieg
Richter am Landgericht Würzburg

Dirk Harder
Kriminaloberrat im Polizeipräsidium Essen

Marion Harder
Oberregierungsrätin im Zollkriminalamt, Köln

Thomas Janovsky
Oberstaatsanwalt
Leiter der Abteilung für Wirtschafts- und Steuerstrafsachen
Staatsanwaltschaft Hof

Thomas Knierim
Rechtsanwalt in Mainz

Dr. Axel Koblitz
Rechtsanwalt
Deutscher Industrie- und Handelstag, Berlin

Dr. Helmut Köhler
Richter am Landgericht Nürnberg-Fürth

Wolfgang Kummer
Regierungsdirektor
Leiter der Steuerfahndung beim Finanzamt Nürnberg-West

Dr. Manfred Möhrenschlager
Ministerialrat im Bundesministerium der Justiz

Bearbeiter

Doris Möller
Rechtsanwältin
Deutscher Industrie- und Handelstag, Berlin

Mechthild Panhuber
Kriminaloberrätin im Landeskriminalamt Nordrhein-Westfalen, Düsseldorf

Dr. Bernd Rödl
Rechtsanwalt, Steuerberater, Wirtschaftsprüfer in Nürnberg

Winfried Schubert
Generalstaatsanwalt
Thüringer Generalstaatsanwaltschaft, Jena

Dr. Ernst Tschanett
Leitender Oberstaatsanwalt in Bayreuth

Dr. Herbert Veh
Vorsitzender Richter am Landgericht Augsburg

Dr. Paul Wamers
Vizepräsident des Zollkriminalamtes, Köln

Bernhard Weber
Leitender Verwaltungsdirektor bei der Bundesanstalt für Arbeit, Nürnberg

Inhaltsverzeichnis

Vorwort V
Bearbeiterverzeichnis VII
Abkürzungs- und Literaturverzeichnis XXXV

1. Kapitel. Die Entwicklung des Wirtschaftsstrafrechts in der Bundesrepublik Deutschland
(Dannecker)

A. Einführung 6
B. Begriff der Wirtschaftskriminalität und des Wirtschaftsstrafrechts 8
I. Klassische Definition Sutherlands und ihre Fortentwicklung 8
II. Strafprozessual-kriminaltaktisch orientierte Begriffsbildung des § 74 c GVG 9
III. Orientierung an der besonderen Sozialschädlichkeit der Wirtschaftskriminalität und dem Rechtsgüterschutz 10
C. Kriminologische Aspekte der Wirtschaftskriminalität 11
I. Materielle Schäden und Schadensschätzungen 11
1. Schadenshöhe der registrierten Kriminalität 11
2. Schadensschätzungen 12
3. Schäden durch Sog- und Spiralwirkung und durch Begleitkriminalität 13
II. Entstehungszusammenhänge der Wirtschaftskriminalität und Sozialprofil des Wirtschaftsstraftäters 14
III. Aufklärungs- und Strafverfolgungsprobleme bei Wirtschaftsstraftaten . . 14
1. Zur Bedeutung der Anonymität von Wirtschaftsdelikten für die Aufdeckung und Verfolgung von Wirtschaftsstraftaten 14
2. Spezifische Aufklärungsprobleme bei Wirtschaftsdelikten 15
3. Auswirkungen gesetzlicher und sonstiger spezieller Regelungen des Allgemeinen Teils und des Besonderen Teils des Strafrechts auf die Strafverfolgung 16
IV. Erledigung von Wirtschaftsstrafverfahren 17
1. Empirische Untersuchungen 17
2. Absprachen über strafrechtliche Entscheidungen 17
V. Kriminalpolitische Forderungen zur Verbesserung der Bekämpfung der Wirtschaftskriminalität 18
D. Zur geschichtlichen Entwicklung des Wirtschaftsstrafrechts 19
I. Entwicklung des deutschen Wirtschaftsstrafrechts bis zum Jahre 1945 . . . 19
II. Aufbau des Wirtschaftsstrafrechts nach dem 2. Weltkrieg 20
III. Einführung und Fortentwicklung des Ordnungswidrigkeitenrechts 22
1. Entkriminalisierung des Strafrechts durch Umwandlung in Ordnungswidrigkeiten 22
2. Ausweitung des Anwendungsbereichs des Ordnungswidrigkeitenrechts 22
3. Sanktionen des Ordnungswidrigkeitenrechts 23
4. Allgemeiner Teil des Ordnungswidrigkeitenrechts 23
5. Verletzung der Aufsichtspflicht in Betrieben und Unternehmen 24
6. Verfahrensrecht 24
7. Einführung von Sanktionen gegen Verbände 25
IV. Die neuere Entwicklung des Wirtschaftsstrafrechts 27
1. Änderungen des materiellen Wirtschaftsstrafrechts – Überblick über die Reformgesetze 27

2. Reformen im Bereich der strafrechtlichen Sanktionen 41
3. Änderungen des Strafprozeßrechts 48
E. Offene Grundsatzfragen der Wirtschaftskriminalität und des Wirtschaftsstrafrechts 49

2. Kapitel. Insolvenz
(Beck/Köhler)

A. Einführung 56
I. Volkswirtschaftliche Dimensionen der Insolvenz 56
II. Von der Konkursordnung zur Insolvenzordnung 57
1. Reformbedürftigkeit der KO, VerglO, GesO 57
2. Reformentwicklung 57
3. Ziele der InsO 58
III. Insolvenzziele und Umsetzungsalternativen 59
1. Allgemeines 59
2. Die Regelinsolvenz 60
3. Insolvenzplan 62
4. Verbraucherinsolvenz 65
5. Exkurs: Die Eigenverwaltung 68
6. Exkurs: Restschuldbefreiung 69
IV. Insolvenzrecht und Strafrecht 71
1. Insolvenzstrafrecht im Spiegel der Statistik 71
2. Auswirkungen der Insolvenzrechtsreform auf das Strafrecht 73
3. Objektive Strafbarkeitsbedingung des § 283 Abs. 6 StGB 75
B. Insolvenzrechtliche Grundlagen 76
I. Insolvenzauslöser 76
1. Grundsatz 76
2. Zahlungsunfähigkeit 77
3. Drohende Zahlungsunfähigkeit 82
4. Überschuldung 85
II. Insolvenzantragspflichten 93
1. Grundsatz 93
2. Einzelgesetzliche Normierung 93
3. Folgen der Pflichtverstöße 94
III. Gerichtliche Sofortmaßnahmen im Eröffnungsverfahren 94
1. Der Maßnahmenkatalog im Überblick 94
2. Sachverständigengutachten 94
3. Sicherungsmaßnahmen 95
4. Rechtsstellung des vorläufigen Insolvenzverwalters 96
IV. Entscheidung des Insolvenzgerichts 97
1. Abweisung mangels Masse und ihre Folgen 97
2. Eröffnung des Verfahrens 99
3. Bindungswirkung für das Strafrecht 99
C. „Klassisches“ Insolvenzstrafrecht 100
I. Allgemeines 100
1. Vorbemerkung 100
2. Die gesetzlichen Grundlagen 100
3. Täterkreis 102
II. Insolvenzverschleppung (Konkursverschleppung) 102
1. Allgemeines 102
2. GmbH 104
3. OHG, KG und GmbH & Co. KG 113

4. AG, KGaA und Genossenschaft 116
5. Sonderregelung für Kreditinstitute 120
6. Sonderregelung für Versicherungsunternehmen 121
III. Bankrott 123
1. Allgemeines 123
2. Die einzelnen Tatbestände des § 283 StGB 128
3. Verhältnis zu Untreue; Interessenformel des BGH 137
4. Subjektiver Tatbestand; Versuch 138
5. Besonders schwerer Fall 140
IV. Verletzung der Buchführungspflicht (§ 283 b StGB) 142
V. Gläubiger- und Schuldnerbegünstigung 143
1. Gläubigerbegünstigung 143
2. Schuldnerbegünstigung 146
VI. Betrug (Lieferantenbetrug) 149
1. Allgemeines 149
2. Täuschungshandlung 149
3. Irrtum 150
4. Vermögensschaden 151
5. Vollendung 152
6. Täterschaft 152
7. Besonders schwere Fälle 152
VII. Untreue 153
1. Allgemeines 153
2. Typische Untreuehandlungen 153
3. Einverständnis und Weisungen der Gesellschafter 154
4. Sonderfragen 155
VIII. Sonstige Insolvenzstraftaten i. w. S. 156
1. Falsche Versicherung an Eides Statt 156
2. Unterschlagung 156
3. Kreditbetrug; Wechsel- und Scheckbetrug 157
4. Vorenthalten und Veruntreuen von Arbeitsentgelt und Sozialabgaben 158
5. Steuerstraftaten 160
D. Strafrechtliche Besonderheiten 160
I. Der faktische Geschäftsführer 160
1. Bestimmung des faktisch Verantwortlichen 160
2. Strafbarkeit wegen Insolvenzverschleppung 163
3. Strafbarkeit wegen Bankrotts 164
4. Untreuehandlungen 164
5. Sonstige Straftaten 165
II. Spezielle kriminelle Machenschaften 165
1. Die geplante und gesteuerte Insolvenz 165
2. Kriminelle Firmensanierer 166
E. Straftaten nach Insolvenzantrag 168
I. Straftaten im Eröffnungsverfahren 168
II. Strafbares Handeln nach Insolvenzeröffnung 169
1. Der Schuldner als Täter 169
2. Der (bisherige) Geschäftsführer als Täter 170
3. Der Insolvenzverwalter als Täter 171
III. Strafbares Handeln nach Ablehnung mangels Masse 175
1. Insolvenzstraftaten i. e. S. 175
2. Insolvenzstraftaten i. w. S. 176
F. Ermittlungen 176
I. Einleitung von Ermittlungen 176

II. Durchführung erster Ermittlungsschritte . . . 178
1. Vorbemerkung . . . 178
2. Zusammenarbeit zwischen Staatsanwaltschaft und Kriminalpolizei . . 178
3. Handelsregisterauskünfte und -akten . . . 178
4. Auskünfte aus dem Gewerberegister und Gewerbezentralregister 179
5. Anfragen beim Vollstreckungsgericht . . . 180
6. Gerichtsvollzieherauskünfte . . . 181
7. Auswertung der Akten des Insolvenzgerichts . . . 181
8. Kontaktaufnahme zum Gutachter oder Insolvenzverwalter . . . 185
9. Anfragen bei sonstigen Stellen . . . 186
III. Weitere Ermittlungen . . . 187
1. Durchsuchung, Beschlagnahme und ähnliches . . . 187
2. Zeugenanhörung und -vernehmung; Umfeldermittlungen . . . 192
3. Auswertung der Unterlagen; Umfang weiterer Ermittlungen . . . 193
G. ABC des „klassischen Verteidigungsvorbringens" . . . 194

3. Kapitel. Straftaten im Bankbereich

(Knierim)

Einführung . . . 203
A. Bank- und Finanzwesen . . . 205
I. Bankengruppen in Deutschland . . . 205
1. Überblick . . . 205
2. Institutsarten und Rechtsgrundlagen . . . 206
3. Verbotene Bankgeschäfte . . . 211
4. Strafprozessuale Folgerungen aus unterschiedlichen Rechtsformen . . . 212
II. Bankinterne Organisation und Kontrolle . . . 213
1. Grundschemata der Organisation . . . 213
2. Innenrevision der Banken . . . 215
3. Verstöße gegen die Organisations-, Aufsichts- und Anzeigepflichten . 215
III. Bankexterne Sicherung und Kontrolle . . . 216
1. Prüfverbände der Bankgruppen . . . 216
2. Aufsicht durch das BAKred. . . . 216
3. Schutzverbände für Kreditsicherung . . . 216
B. Geld- und Zahlungsverkehr . . . 218
I. Kassenverkehr . . . 218
1. Bar- und Wertkassen . . . 218
2. Geld-, Edelmetall-, Wertpapier- und Devisengeschäfte . . . 218
3. Umleitung von Schwarzgeld über Kassen- und CpD-Konten . . . 219
II. Nationaler Zahlungsverkehr und Kontoverfügungen . . . 222
1. Konten und Kontoführungen . . . 222
2. Besonderheiten des Lastschriftverfahrens . . . 226
III. Scheck-, Kredit- und Geldkarten . . . 229
1. Bedeutung von Scheck-, Kredit- und Geldkarten . . . 229
2. Strafbare Erlangung von Scheck-, Kredit- und Geldkarten . . . 230
3. Kriminelle Verwendung von Scheck-, Kredit- und Geldkarten . . . 231
4. Strafbarkeit des Karteninhabers . . . 233
5. Strafbarkeit von Nichtberechtigten . . . 234
IV. Internationaler Zahlungsverkehr . . . 236
1. Bedeutung des internationalen Zahlungsverkehrs . . . 236
2. Mißbrauch des Auslandszahlungsverkehrs . . . 236
3. Strafrechtliche Beurteilung . . . 239

C. Kreditgeschäfte der Banken 239
I. Allgemeines 239
1. Kreditbegriff, Kreditarten und Kreditrisiko 240
2. Kreditsicherheiten 243
3. Irreführende Kreditanpreisung 245
4. Wucherischer Kredit 245
5. Kreditanzeigen und Bewilligungsgrenzen 246
II. Manipulationen zur Erlangung eines Kredites 247
1. Der Erstkredit 247
2. Verhalten während der Laufzeit eines Kredites 249
3. Kreditverlängerung oder -erhöhung 249
III. Mißbräuchliche Kreditgewährung 250
1. Motivlage von Bankenmitarbeitern 250
2. Kompetenzregelungen für die Kreditvergabe 250
3. Überprüfung der Kompetenzverletzung 252
4. Verschleierungshandlungen 253
5. Nichtbeachtung der Beleihungsrichtlinien 254
6. Subjektive Tatseite bei Untreuehandlungen 256
7. Mitteilungen und Anfangsverdacht 257
IV. Kredite in Kundenkrise und Insolvenz 258
1. Verhalten der Bank in der Kundenkrise 258
2. Mißbräuchliche Ausübung der Bankenmacht 259
V. Wechsel- und Scheckgeschäfte 262
1. Bedeutung von Wechseln im Bankenbereich 262
2. Kriminelle Ausnutzung von Wechselgeschäften 266
3. Notwendige Feststellungen für den Betrugstatbestand 269
4. Bedeutung des Schecks im Bankenbereich 271
5. Strafbare Scheckbegebungen und -einlösungen 273
VI. Besondere Kredite 273
1. Subventionskredit 273
2. Verbraucherkredite 277
VII. Factoringgeschäfte 280
1. Bedeutung 280
2. Mißbrauch von Factoringvereinbarungen 282
3. Strafbarkeit 283
D. Weitere Bankgeschäfte 285
I. Wertpapier- und Effektengeschäft 286
II. Einlagengeschäft 286
1. Bedeutung und Arten der Geldeinlagen 286
2. Mißbrauch der Geldeinlagen 287
III. Andere Kapitalanlagen 287
E. Strafprozessuale Besonderheiten 288
I. Allgemeines 288
1. Beweismaterialien 288
2. Kein Bankgeheimnis im Strafverfahren 290
3. Postgeheimnis für die Postbank? 291
II. Einzelne Maßnahmen 291
1. Auskunft und Zeugenvernehmung 291
2. Durchsuchung und Beschlagnahme 292
3. Effektive Kontenauswertung 295
4. Entschädigung für Ermittlungsmaßnahmen 296

Inhalt

4. Kapitel. Kriminalität im Wertpapierhandel

(Benner)

I. Gemeinsame Einführung . . . 298
1. Die historische Entwicklung des Finanzmarkts . . . 298
2. Die Risiken des Anlegers . . . 298
3. Die Finanzmarktförderungsgesetze . . . 299
4. Die europäische Richtliniengesetzgebung . . . 299
5. Die strafrechtlich geschützten Ebenen . . . 299
II. Der Wertpapiermarkt . . . 300
1. Der Primärmarkt . . . 300
2. Der Sekundärmarkt . . . 300
3. Die Börse . . . 300
4. Computerunterstützte Wertpapierhandelssysteme . . . 301
5. Die Überwachung der Börsengeschäfte . . . 302
III. Die Legaldefinitionen des Wertpapierhandels . . . 302
1. Die wesentlichen Begriffsbestimmungen des Wertpapierhandelsgesetzes . 303
2. Die wesentlichen Begriffsbestimmungen des KWG . . . 303
IV. Die Aufsicht über den Wertpapierhandel . . . 305
1. Bundesamt für das Kreditwesen (BAKred) . . . 305
2. Bundesaufsichtsamt für den Wertpapierhandel (BAWe) . . . 305
3. Börsenaufsichtsbehörden der Bundesländer . . . 305
4. Handelsüberwachungsstellen an den Börsen . . . 305
5. Complianceorganisationen (Compliance Officer) . . . 305
V. Besonderheiten bei Beweisquellen . . . 306
1. Datenmaterial der Börsen . . . 306
2. Datenmaterial des BAWe . . . 306
3. Dokumentationen von Fernsprechdaten . . . 307
VI. Straftaten nach dem Börsengesetz . . . 307
1. Die Verleitung Unerfahrener zu Börsenspekulationsgeschäften . . . 307
2. Bedeutung der Strafvorschrift § 89 BörsG . . . 308
3. Entwicklung der Strafverfolgung der Kursmanipulation . . . 308
4. Die Strafbarkeit der Kursmanipulation . . . 309
5. Kursabweichung durch Eigenhandel . . . 310
6. Wert des abweichenden Kurses . . . 311
7. Verdeckter Eigenhandel . . . 311
8. Manipulation des Derivatenkurses . . . 312
9. Beeinflussung durch Medien . . . 312
10. Beeinflussung durch Unternehmensnachrichten . . . 312
11. Gerüchte . . . 313
12. Kursbewegung durch Finanzanalysen . . . 313
13. Beispielsfälle . . . 313
14. Marktpflege . . . 313
15. Market Corner . . . 314
16. Beispiele der SEC . . . 314
VII. Straftaten nach dem Kreditwesengesetz . . . 314
1. Erlaubnispflicht für die Erbringung von Finanzdienstleistungen . . . 315
2. Gewerbsmäßigkeit . . . 316
3. Remonte Member . . . 316
4. Orderroutingsysteme . . . 317
VIII. Insiderkriminalität, Straftaten nach dem Wertpapierhandelsgesetz . . . 317
1. Der Sekundärmarkt für Wertpapiere . . . 317
2. Die Kompetenzen des BAWe im Vergleich . . . 317

3. Die verwaltungsrechtliche Verbotsnorm 318
4. Die Legaldefinitionen 319
5. Besonderheiten bei Ermittlungen 320
6. Die Verdachtsstufen bei Insiderermittlungen 320
7. Die Ausgangslage 320
8. Insider 320
9. Insider aus Vorstand und Aufsichtsrat 321
10. Beteiligter im Spruchstellenverfahren 321
11. Prozeßvertreter im Spruchstellenverfahren 322
12. Mitarbeiter im Finanzamt 322
13. Kursmakler und Primärinsider 323
14. Finanzanalysten als Insider 323
15. Der unmittelbare Insider 323
16. Der mittelbare Insider 324
17. Sphäre des Mitteilers der Insidertatsache 324
18. Die Insidertatsache in der Sphäre des Finanzanalysten 324
19. Die innere Tatseite bei dem Finanzanalysten 325
20. Sekundärinsider 325
21. Privatbekanntschaft 326
22. Der Freund als Sekundärinsider 326
23. Die Insidertatsachen 327
24. Verdacht einer Insiderstraftat (§ 18) 327
25. Hinreichender Tatverdacht (§ 170 Abs. 1 StPO) 328
26. Die Insiderlage 328
27. Die Insidertatsache 330
28. Die Insidertatsache aus der Emittentensphäre 330
29. Erheblichkeit der sofort mitzuteilenden neuen Tatsachen 330
30. Die Insidertatsache aus der Händlersphäre 331
31. Die Insidertatsache im Wirkungsbereich des Skontroführers 331
32. Die Orderlage als kursunmittelbare Tatsache 332
33. Die Orderlage im Skontro eines Börsenmaklers als Insidertatsache 332
34. Plattformübergreifende Ordersituationen 333
35. Das Sachverständigengutachten 333
36. Gerüchte 333
37. Erheblichkeit der Insidertatsache 334
38. Öffentliches Bekanntwerden 334
39. Prognosen als Tatsache 334
40. Kursbeeinflussungspotential 335
41. Optionsschein aus dem Geld 335
42. Ursachen für Kursschwankungen 336
43. Die relative Veränderung zu einer Vergleichsgruppe 336
44. Der Lohn der Tat 336
45. Bedeutung eines Zahlenwertes 336
46. Erheblichkeitstheorien 337
47. Die Bagatelltheorie 337
48. Strafverzichtstheorie 338
49. Theorie des rechtspolitischen Gebotes 339
50. Beziehung zwischen kursbildender Tatsache und Kursbildung 339
51. Chancengleichheit des Börsengeschäfts 340

5. Kapitel. Organisierte Wirtschaftskriminalität
(Panhuber/D. Harder)

I. Einleitung 342
II. Organisierte (Wirtschafts-)Kriminalität und/oder (organisierte) Wirtschaftskriminalität 343
1. Phänomenologie 343
2. Deliktsfelder 343
3. Definitionen 344
III. Handlungsnotwendigkeiten 344
IV. Das Ermittlungsinstrumentarium 346
1. Zusammenarbeit Polizei – Justiz 346
2. Entwicklung einer modernen Auswertelandschaft 346
3. Gewinnabschöpfung/Finanzermittlungen 347
4. Technische Mittel (§§ 100a, 100c StPO) 347
5. Informant, Vertrauensperson und Verdeckter Ermittler 348
6. Zeugenschutz 349
7. Schengener Durchführungsübereinkommen 350
8. Europol 350
9. Verfassungsschutz/Nachrichtendienste 351
V. Geldwäsche als Bestandteil der Wirtschaftskriminalität 352
1. Das Phänomen 352
2. Einzelne Erscheinungsformen 353
VI. Das Bekämpfungsinstrumentarium 354
1. Internationale Regelungen 354
2. Nationale Regelungen 354
3. Die Bekämpfungsansätze 359
4. Bevorstehende Rechtsänderungen 363

6. Kapitel. Internationales Wirtschaftsstrafrecht
(Möhrenschlager)

I. Einleitung 366
II. Die Einbeziehung des Schutzes ausländischer Rechtsgüter in das deutsche Strafrecht 367
1. Wirtschaftsstraftaten, auf die „allgemeine“ Straftatbestände anwendbar sind 367
2. Ausdehnung von Wirtschaftsstraftatbetänden auf den Schutz ausländischer Rechtsgüter durch „autonome“ Entscheidung des Gesetzgebers . . . 372
3. Ausdehnung von Wirtschaftsstraftatbeständen auf den Schutz ausländischer Rechtsgüter nach dem Recht der Europäischen Gemeinschaften oder sonst aufgrund völkerrechtlicher Verträge 376
III. Die Erfassung von grenzüberschreitenden und im Ausland begangenen Wirtschaftsstraftaten nach dem internationalen Strafanwendungsrecht . . 380
1. Reichweite des Territorialitätsprinzips 380
2. Aktives und passives Nationalitätsprinzip – Schutzprinzip 386
3. Prinzip der stellvertretenden Strafrechtspflege 387
4. Universalitätsprinzip 388

7. Kapitel. Die Wirtschafts- und Steuerkriminalität unter Einschaltung von Domizilfirmen
(Rödl)

I. Gründungsmotive 390
II. Systematik des deutschen Internationalen Steuerrechts 390

1. Begriff des Internationalen Steuerrechts . . . 390
2. Probleme und Ziele des Internationalen Steuerrechts . . . 390
3. Doppelbesteuerung und Doppelbesteuerungsabkommen . . . 391
4. Steuerflucht . . . 392
5. Außensteuergesetz . . . 393
6. Scheingeschäfte und Steuerumgehung . . . 394
III. Einflußnahme und Förderung durch Außenstehende . . . 394
IV. Oasenländer . . . 395
V. Die Liechtensteinische Anstalt als Grundbeispiel einer Domizilfirma . . . 396
1. Der Gründungsakt . . . 397
2. Die Statuten . . . 397
3. Die Zessionserklärung . . . 399
4. Blankozession . . . 399
5. Der Verwaltungsrat . . . 399
6. Der Repräsentant . . . 400
VI. Weitere Gesellschaftsformen in Liechtenstein . . . 401
1. Die Aktiengesellschaft . . . 401
2. Das Treuhandunternehmen (Trust) . . . 401
3. Die Stiftung des Liechtensteinischen Rechts . . . 402
VII. Die Stellung der Domizilfirmen im liechtensteinischen/schweizerischen Wirtschaftsleben . . . 402
VIII. Die englischen Briefkastenfirmen . . . 403
IX. Steuer- und Zollmanipulationen . . . 404
1. Beispiel der mißbräuchlichen Einschaltung von Basisgesellschaften . . . 404
2. Steuerrechtliche Würdigung der mißbräuchlichen Einschaltung von Basisgesellschaften . . . 405
3. Das steuerunehrliche Grundstücksgeschäft . . . 406
4. Der Im- und Export von Waren . . . 407
X. Die außerfiskalischen Wirtschaftsdelikte . . . 408
1. Die Ausnutzung der Liechtensteinischen Aktiengesellschaft . . . 408
2. Die Grundstücksgeschäfte . . . 409
3. Der kriminelle „Unternehmensberater“ . . . 409
4. Der Wechselmißbrauch . . . 412

8. Kapitel. Die Entwicklung des Wirtschaftsrechts unter dem Einfluß des Europarechts

(Dannecker)

Einführung . . . 425
A. Harmonisierungsbestrebungen auf dem Gebiet des Wirtschafts- und Verwaltungsstrafrechts . . . 426
I. Entwicklung der europäischen Einigung von der Gründung der EGKS bis hin zum Amsterdamer Vertrag . . . 426
1. Gründungsverträge . . . 426
2. Einheitliche Europäische Akte . . . 426
3. Maastrichter Vertrag . . . 427
4. Amsterdamer Vertrag . . . 427
5. Entstehung einer einheitlichen Rechtsordnung . . . 427
II. Verbindung der Europäischen Gemeinschaft und der EFTA-Staaten einem Europäischen Wirtschaftsraum (EWR) . . . 427
III. Räumliche Erweiterung der Europäischen Union . . . 428
1. Assoziierung der mittel- und osteuropäischen Staaten . . . 428
2. Spezielle Abkommen mit weiteren Staaten . . . 428

IV. Europa als kriminalgeographischer Raum . . . 428
1. Entstehung eines kriminalpolitischen Raumes . . . 428
2. Kriminalitätslage . . . 429
3. Ausgleichsmaßnahmen für den Verzicht auf Grenzkontrollen . . . 429
4. Notwendigkeit einer Annäherung der nationalen Strafrechtsordnungen 429
V. Überblick über die gegenwärtige Bedeutung des Europarechts für das Straf- und Sanktionenrecht . . . 430
1. Begriff des Europarechts . . . 430
2. Einfluß des Europarechts im weiteren Sinne auf das Straf- und Sanktionsrecht . . . 431
3. Einfluß des Europarechts im engeren Sinne auf das Straf- und Sanktionenrecht . . . 432
B. Die Bedeutung des Gemeinschaftsrechts für das nationale Wirtschaftsstrafrecht 438
I. Kompetenzen der Europäischen Gemeinschaft auf dem Gebiet des Kriminalstrafrechts . . . 439
1. Prinzip der begrenzten Einzelermächtigung . . . 439
2. Rechtssetzung im Rahmen der intergouvernementalen Zusammenarbeit 440
3. Kompetenzen der Bekämpfung von Betrug zum Nachteil der EG (Art. 280 [ex-Art. 209 a] EGV) . . . 441
II. Bußgeldkompetenz der Europäischen Gemeinschaft aufgrund primärrechtlicher Regelungen . . . 441
1. Europäisches Kartellrecht . . . 442
2. Die vom Gerichtshof und dem Gericht erster Instanz zu verhängenden Geldbußen . . . 443
3. Weitergehende Bußgeldkompetenzen . . . 444
III. Kompetenz zur Einführung und Verhängung sonstiger repressiver Verwaltungssanktionen . . . 444
1. Strafzuschläge und Kautionsverfall . . . 444
2. Subventionskürzungen, Abzüge und Subventionssperren . . . 445
3. Allgemeiner Teil für ein Europäisches Verwaltungssanktionenrecht . . 446
IV. Verpflichtung der Mitgliedstaaten zur Sanktionierung der Verletzung des Gemeinschaftsrechts . . . 446
1. Verpflichtung der Mitgliedstaaten zum Erlaß von Sanktionsnormen . . 446
2. Inhalt der Richtlinien und Verordnungen, die zum Erlaß von Strafnormen verpflichten . . . 448
V. Ausdehnung des Anwendungsbereichs der nationalen Strafrechtsordnungen (Assimilierungsprinzip) . . . 455
1. Verweisungsnormen im primären Gemeinschaftsrecht . . . 455
2. Verweisungsnormen im sekundären Gemeinschaftsrecht . . . 455
3. Ausdehnung des Schutzes nationaler Vorschriften auf Gemeinschaftsrechtsgüter . . . 456
VI. Anwendungsvorrang des Gemeinschaftsrechts . . . 457
1. Harmonisierende Wirkung des Anwendungsvorrangs des Gemeinschaftsrechts . . . 457
2. Vorrang des Gemeinschaftsrechts vor dem nationalen Straf- und Bußgeldrecht . . . 457
3. Vorrang des Gemeinschaftsrechts vor dem nationalen Strafverfahrensrecht . . . 459
VII. Gemeinschaftsrechtskonforme Auslegung . . . 460
1. Gemeinschaftsrechtskonforme Auslegung des gesamten nationalen Rechts 460
2. Gemeinschaftsrechtskonforme Auslegung des nationalen Strafrechts . . 461
VIII. Ausweitung der nationalen Straf- und Bußgeldvorschriften auf Verstöße gegen das Gemeinschaftsrecht durch Blankettstrafgesetze . . . 468

1. Naturschutzstrafrecht . . . 468
2. Weinstrafrecht . . . 469
3. Lebensmittelstrafrecht . . . 470
4. Marken- und Patentstrafrecht . . . 471
5. Strafrechtlicher Schutz der betriebsverfassungsrechtlichen Organe und ihrer Mitglieder und Geheimnisschutz . . . 472
C. Bekämpfung von Unregelmäßigkeiten zu Lasten des Haushalts der Europäischen Gemeinschaft . . . 472
I. Der EG-Haushalt als Angriffsobjekt . . . 473
1. Finanzielle Interessen der EG . . . 473
2. Funktionsweise des Agrarmarkts und der Strukturfonds . . . 474
3. Allgemeine Erscheinungsformen von Wirtschaftskriminalität zu Lasten des EG-Haushalts . . . 476
II. Strafrechtlicher Schutz der EG-Finanzinteressen . . . 478
1. Schutz der Gemeinschaftseinnahmen . . . 478
2. Schutz der Gemeinschaftsausgaben . . . 480
3. Zuständigkeit für die Verfolgung von Unregelmäßigkeiten zu Lasten des EG-Haushalts . . . 482
III. Schutz der EG-Finanzinteressen durch Verwaltungssanktionen und Kontrollmaßnahmen der Kommission . . . 485
1. Verordnung Nr. 2988/95 über den Schutz der finanziellen Interessen der Europäischen Gemeinschaften . . . 486
2. Verordnung Nr. 2185/96 des Rates vom 11.11. 1996 betreffend die Kontrollen und Überprüfungen vor Ort durch die Kommission zum Schutz der finanziellen Interessen der Europäischen Gemeinschaften vor Betrug und anderen Unregelmäßigkeiten . . . 487
D. Europäische Zusammenarbeit bei der Kriminalitätsbekämpfung in der EU – Bedeutung der „dritten Säule“ . . . 487
I. Internationale Zusammenarbeit zur Kriminalitätsbekämpfung im Rahmen der Konsultationsgruppen TREVI . . . 488
1. Arbeitsgruppen TREVI . . . 488
2. Bedeutung der Arbeitsgruppen TREVI für die intergouvernementale Zusammenarbeit . . . 489
II. Zusammenarbeit im Rahmen der Schengener Abkommen . . . 489
1. Übereinkommen betreffend den schrittweisen Abbau der Grenzkontrollen an den gemeinsamen Grenzen . . . 489
2. Durchführungsübereinkommen zum Übereinkommen betreffend den schrittweisen Abbau der Grenzkontrollen an den gemeinsamen Grenzen vom 14. 6. 1986 (SDU) . . . 490
III. Internationale Kooperation im Rahmen der Polizeilichen und Justiziellen Zusammenarbeit in Strafsachen . . . 491
1. Einbindung der Kriminalitätsbekämpfung in die „dritte Säule“ . . . 491
2. EUROPOL . . . 491
E. Ausblick . . . 493
I. Bereichsspezifische Harmonisierung des Strafrechts und Einführung gemeinschaftsrechtlicher Geldbußen . . . 493
1. Notwendigkeit einer Vereinheitlichung des Allgemeinen und des Besonderen Teils des Wirtschaftsstrafrechts . . . 493
2. Angleichung des Wirtschaftsstrafrechts . . . 494
3. Angleichung des Umweltstrafrechts . . . 495
4. Einführung gemeinschaftsrechtlicher Geldbußen im Zuständigkeitsbereich der Kommission . . . 495
II. Europäisches Modellstrafgesetz . . . 496

III. Corpus Juris der strafrechtlichen Regelungen zum Schutz der finanziellen Interessen der Europäischen Union . . . 497

9. Kapitel. Zoll
(Wamers)
(Teil X: *M. Harder*)

I. Organisation und Aufbau des Zollfahndungsdienstes . . . 504
1. Regionale Präsenz und zentrale Aufgabenerfüllung . . . 506
2. Weisungsverhältnisse . . . 507
3. Sondereinheiten des Zollfahndungsdienstes . . . 509
II. Die besondere Ermittlungssituation des Zollfahndungsdienstes i. R. der Aufgaben der Zollverwaltung . . . 510
III. Enge Verbindung zwischen zollamtlicher Überwachung und Ermittlungen des Zollfahndungsdienstes . . . 514
1. Überwachungsaufgaben der Zollverwaltung . . . 514
2. Überwachungsaufgaben und -instrumente des Zollfahndungsdienstes . . . 519
3. Besondere Überwachungsaufgaben des ZKA . . . 529
4. Übersicht über die Verfahrenszuständigkeiten der Zollbehörden bei Ermittlungsverfahren . . . 532
IV. Ermittlungsaufgaben des Zollfahndungsdienstes im Überblick . . . 532
V. Ermittlungsbefugnisse der Zollbehörden . . . 535
1. Ermittlungsbefugnisse der Hauptzollämter . . . 535
2. Ermittlungsbefugnisse der Zollfahndungsämter . . . 537
3. Verhältnis der steuerlichen zu den strafrechtlichen Ermittlungen . . . 539
VI. Bedeutung der Zollverfahren und ihrer rechtlichen und praktischen Ausgestaltung für Zuwiderhandlungen . . . 540
1. Rechtliche Entwicklung . . . 540
2. Zollverfahren im allgemeinen . . . 543
3. Nichterhebungsverfahren und Zollverfahren mit wirtschaftlicher Bedeutung . . . 549
4. Sonstige zollrechtliche Bestimmungen . . . 559
VII. Strafrechtlicher Schutz bei den sog. Zollstraftaten . . . 560
VIII. Ermittlung von Steuerstraftaten . . . 562
1. Begriff der Steuerstraftaten nach § 369 AO . . . 562
2. Steuerhinterziehung . . . 562
3. Bannbruch . . . 569
4. Wertzeichenfälschung . . . 573
5. Gewerbsmäßiger, gewaltsamer und bandenmäßiger Schmuggel . . . 574
6. Steuerhehlerei . . . 575
7. Begünstigung . . . 575
8. Einziehung . . . 575
9. Das Schmuggelprivileg . . . 575
10. Selbstanzeige bei Steuerhinterziehung . . . 576
11. Im Zusammenhang mit Steuerdelikten stehende Straftaten . . . 578
IX. Ermittlung von Zuwiderhandlungen gegen Marktordnungsregelungen der Europäischen Gemeinschaft . . . 579
1. Vorbemerkungen . . . 579
2. Grundsätzliche Regelungssystematik . . . 581
3. Hinterziehung von Abschöpfungen und Agrarzöllen . . . 582
4. Subventionsbetrug bei Ausfuhrerstattungen . . . 584
X. Ermittlung von Zuwiderhandlungen gegen die Außenwirtschaftsbestimmungen (*M. Harder*) . . . 586

1. Vorbemerkungen 586
2. Außenwirtschaftsgesetz 588
3. Kriegswaffenkontrollgesetz 617
4. Das Chemiewaffenübereinkommen 626
XI. Ermittlung von Verstößen gegen Verbote und Beschränkungen im grenzüberschreitenden Warenverkehr (Bannbruch) 628
1. Der Bannbruch als Blankettgesetz 628
2. Markengesetz 628
3. Artenschutz 632
4. Lebensmittel- und Bedarfsgegenständegesetz 634
5. Abfallrecht 635
XII. Finanzermittlungen 637
1. Die Rolle der Finanzermittlungen im Rahmen der OK-Bekämpfung 637
2. Der Anfangsverdacht – der Vortatenkatalog 637
3. Zollspezifische Informationsquellen und Ermittlungsansätze 638
4. Verdachtsanzeigen und Ermittlungen 642
5. Aufgaben des ZKA bei der Bekämpfung der Geldwäsche 643
XIII. Ermittlung von Verstößen gegen das GÜG 644
1. Vorbemerkungen 644
2. Der Sinn der Grundstoffüberwachung 644
3. Die Überwachung der gelisteten Grundstoffe 645
4. Das polizeiliche Monitoringsystem 647
5. Ermittlungen 648
XIV. Verhältnis von Gefahrenabwehr und Strafverfolgung 650
1. Problem des Aufgabenvorrangs der Gefahrenabwehr 650
2. Kollissionsregeln 651
XV. Bedeutung des Steuergeheimnisses i. R. der Tätigkeit der Zollverwaltung 652
1. Art. 15 Zollkodex 652
2. § 30 AO 653
XVI. Das ZKA 658
1. Stellung und Funktion des ZKA im Zollfahndungsdienst 659
2. Ermittlungsaufgaben und -befugnisse des ZKA 659
3. Unterstützende Funktionen des ZKA bei Ermittlungen des Zollfahndungsdienstes 660
4. Informationssysteme des Zollfahndungsdienstes und des ZKA 661
XVII. Zusammenarbeit des ZKA und des Zollfahndungsdienstes mit anderen Behörden 662
1. Zusammenarbeit mit den übrigen Dienststellen des Zolls 662
2. Zusammenarbeit im nationalen Bereich 662
3. Internationale und europäische Zusammenarbeit im Wege der Amtshilfe 665
Anhang 1: Bestehende Verbote und Beschränkungen 679
Anhang 2: Fundstellennachweis des Gemeinschaftsrechts 686
Anhang 3: Übersicht § 34 AWG 692

10. Kapitel. Steuern

(Kummer)

I. Allgemeines 698
1. Bedeutung, Ausmaß 698
2. Begriffsbestimmung, Abgrenzung 699
II. Materielles Steuerstrafrecht 700
1. Steuerstraftaten (§ 369 AO) 700
2. Steuerhinterziehung (§ 370 AO) 701

3. Selbstanzeige (§ 371 AO) 716
III. Formelles Steuerstrafrecht 725
1. Vorschriften für die Durchführung von Steuerstrafverfahren 725
2. Ermittlungskompetenz der Finanzbehörde 727
3. Ermittlungskompetenz der Staatsanwaltschaft 742
4. Schutz und Durchbrechung des Steuergeheimnisses 754
5. Sonstige Besonderheiten des Steuerstrafverfahrens 759

11. Kapitel. Straftaten im Gesundheitswesen
(Janovsky)

I. Das Gesundheitswesen 765
II. Der Abrechnungsbetrug 766
1. Das legale Abrechnungssystem des Kassenarztes 766
2. Das System der Leistungsziffern 767
3. Die Typologie der Täuschungshandlungen 767
4. Strafrechtliche Bewertung 770
5. Die Aufgaben der kassenärztlichen Vereinigungen 771
6. Abrechnungsmanipulationen beim Privatpatienten 772
7. Das rechtswidrige Abdingen der Regelsätze der ärztlichen Gebührenordnung 775
8. Sonstiger Mißbrauch im Bereich ärztlicher Leistungen 776
9. Besonderheiten im Ermittlungsverfahren 776
III. Die Bestechung im medizinischen Bereich, insbes. in Krankenhäusern 779
1. Die Organisation 779
2. Beschaffung medizinischer Geräte 780
3. Die Pseudozugabe im ärztlichen Bereich 781
4. Die gutachterliche Tätigkeit 781
5. Die Kommissionszuwendung 782
6. Untreue durch überhöhten Kaufpreis 782
7. Zuwendungen über Fördervereine 782
8. Die Drittmittelforschung 783
9. Der nichtmedizinische Bereich 783
IV. Der Zahnarzt- und Dentalbereich 784
1. Zahnersatzleistungen 784
2. Einbehalten von Altzahngold 785
3. Vereinbarung von Nachlässen 785
4. Betrug z. N. der Zusatzversicherung 786
V. Straftaten im Pharmazie- und Rezeptbereich 786
1. Rezeptabrechnung der Apotheken 786
2. Der Wareneinkauf per Rezept 787
3. Die Sprechstundenbedarfsrezepte 787
4. Beteiligung am Rezeptumsatz 788
5. Betrug mit reimportierten Arzneimitteln 788
VI. Der illegale Tierarzneimittelmarkt 788
1. Die Abgabe von Tierarzneimitteln durch den Tierarzt 788
2. Der illegale Tierarzneimittelmarkt 789
3. Strafrechtliche Bewertung 791
4. Ermittlungshinweise 792

12. Kapitel. Korruption

(Schubert)

I. Allgemeines 794
1. Begriff 794
2. Ursachen 796
3. Auswirkungen/Schaden 797
4. Öffentliches Dienstrecht 798
5. Vergabewesen 801
II. Materielles Recht 807
1. Überblick und Schema 807
2. Die Bestechung von Amtsträgern gem. den §§ 331 ff. StGB 810
3. Angestelltenbestechung, §§ 299 ff. StGB 829
4. Betrug 833
5. Submissionsbetrug, § 298 StGB 839
6. Untreue 839
7. Steuerhinterziehung 841
8. Abgeordnetenbestechung, § 108 e StGB 842
III. Ermittlungshinweise 842
1. Informationsgewinnung 843
2. Informationsverarbeitung 848

13. Kapitel. Strafbare Werbung

(Koblitz)

I. Werbung als Instrument der Wirtschaftskriminalität 852
II. Schwindel mit Arbeitsplätzen und Nebenverdienst 853
1. Vorgetäuschtes Anstellungsverhältnis 853
2. Heimarbeitsschwindel 854
3. Attraktive Auslandsjobs 855
4. Bauernfängerei mit Servicenummern 855
III. Dubiose Chiffreanzeigen 856
IV. Kredite für jedermann 857
V. Sammlungen zu angeblich sozialen Zwecken 858
VI. Mißstände bei der Haustürwerbung 859
1. Kein generelles Verbot 859
2. Schwindel beim Zeitschriftenvertrieb 860
3. Strafbarkeitsvoraussetzungen 860
4. Erforderliche Sachverhaltsfeststellungen 862
5. Selbsthilfemaßnahmen der Wirtschaft 862
VII Bauernfängerei mit Kaffeefahrten 863
1. Als Ausflug getarnte Verkaufsveranstaltungen 863
2. Rechtliche Beurteilung 864
3. Widerrufsrecht auch bei Fahrten über die Grenze 865
4. Vergleichbare Mißstände bei anderen Verkaufsveranstaltungen 865
VIII. Werbung mit Mondpreisen 865
1. Vorgetäuschte Preisreduzierungen 865
2. Beweisprobleme bei der Rechtsverfolgung 866
IX. Manipulierte Räumungsverkäufe 867
1. Beliebtes Lockmittel zur Umsatzsteigerung 867
2. Organisierter Schwindel durch professionelle Täter 868
3. Defizite bei der Strafverfolgung 870
X. Orientteppichschwindel 870

1. Der Zwangsvollstreckungstrick . . . 871
2. Verwertung sicherungsübereigneter oder verpfändeter Teppiche . . . 872
3. Schwindel mit Wanderlagern . . . 873
4. Mißstände bei Räumungsverkäufen . . . 874

XI. Heil- und Arzneimittelschwindel . . . 875
1. Straftaten im Reisegewerbe . . . 875
2. Publikumswerbung . . . 876

XII. Progressive Kundenwerbung . . . 876

XIII. Kettenbriefe und Pyramidenspiele . . . 878
1. Kettenbriefaktionen . . . 878
2. Pyramidenspiele . . . 879

XIV. Anzeigen- und Adreßbuchschwindel . . . 880
1. Versand fingierter Rechnungen . . . 881
2. Sonstige Schwindelmethoden . . . 881
3. Unzulänglichkeit des Zivilrechts . . . 882
4. Gegenmaßnahmen der Wirtschaft . . . 883
5. Vernachlässigung des Strafrechts . . . 884

XV. Geldmacherei mit Abmahnungen . . . 886
1. Viel Ertrag mit wenig Aufwand . . . 886
2. Abmahnvereine . . . 887
3. Abmahnungen durch Pseudo-Wettbewerber . . . 888
4. Strafrechtliche Beurteilung . . . 888

XVI. Pressespezifische Besonderheiten . . . 889
1. Strafprozessuale Aspekte . . . 889
2. Verjährung . . . 890

14. Kapitel. Produkt- und Markenpiraterie

(Möller)

I. Einleitung . . . 891

II. Die Definition von Produkt- und Markenpiraterie . . . 891
1. Statistisches Datenmaterial . . . 892
2. Produkt- und Markenpiraterie – eine Branchenübersicht in Zahlen . . . 893
3. Tätergruppen . . . 895

III. Gesetzeslage . . . 896
1. Produktpirateriegesetz . . . 896
2. Kurzübersicht über die Schutzrechte . . . 897
3. Markenrecht als Beispiel . . . 897
4. Strafrechtliche Einziehung/Adhäsionsverfahren § 143 Abs. 5 MarkenG . . . 899

IV. Ermittlungsprobleme . . . 900
1. Supranationale und bundesdeutsche Sicherstellungsregelungen . . . 900
2. Staatsanwaltschaft . . . 901
3. Verwertung sichergestellter Fälschungsware . . . 903

V. Spezifische Urheberrechtsprobleme . . . 903

VI. Die privatrechtliche Situation bei Produkt- und Markenpiraterieverletzungen . . . 905

VII. Präventionsmöglichkeiten . . . 906

VIII. Gegenmaßnahmen der deutschen Wirtschaft . . . 906

IX. Schutzrechte im Überblick . . . 908

15. Kapitel. Kartellstraf- und -ordnungswidrigkeitenrecht

(Dannecker)

A. Schutz des freien Wettbewerbs durch straf- und bußgeldrechtliche Sanktionsvorschriften . . . 918

I. Schutz des Wettbewerbs . . . 918
II. Überblick über die Wettbewerbs- u. Sanktionsvorschriften . . . 919
1. Wettbewerbsvorschriften . . . 919
2. Sanktionsvorschriften . . . 920
B. Deutsches Kartellrecht . . . 921
I. Entstehungsgeschichte . . . 921
1. 19. Jahrhundert bis zu den Anfängen der Weimarer Republik . . . 921
2. Kartellverordnung von 1923 . . . 922
3. Nationalsozialismus . . . 922
4. Dekartellierung durch die Alliierten . . . 922
5. GWB von 1957 . . . 923
6. Novellierungen des GWB . . . 923
II. Regelungen und Systematik des GWB . . . 924
1. Anwendungsbereich des GWB . . . 924
2. Materiellrechtliche Regelungen des GWB über Wettbewerbsbeschränkungen . . . 924
3. Zivil- und verwaltungsrechtliche Sanktionen . . . 926
4. Fusionskontrolle . . . 926
5. Kartellbehörden und Verfahrensvorschriften einschließlich Bußgeldvorschriften . . . 926
III. Neuerungen im Bußgeldrecht und Systematik der Kartellordnungswidrigkeiten . . . 927
1. Neuerungen durch die sechste GWB-Novelle . . . 927
2. Blankettgesetzcharakter . . . 927
3. Struktur der Bußgeldnormen . . . 928
4. Schwerwiegende Zuwiderhandlungen gegen die materiellen Wettbewerbsvorschriften . . . 929
5. Verstöße gegen Ungehorsamstatbestände . . . 930
IV. Wettbewerbsverbote in der Bußgeldpraxis . . . 931
1. Verbot horizontaler Kartelle nach § 1 GWB . . . 931
2. Verbot vertikaler Vereinbarungen . . . 933
3. Umgehungsverbote . . . 934
4. Verbot des Mißbrauchs einer marktbeherrschenden oder marktstarken Stellung . . . 936
5. Diskriminierungsverbot und Verbot unbilliger Behinderung . . . 939
6. Boykottverbot . . . 941
7. Aufnahmezwang . . . 941
V. Zusammenschlußkontrolle (Fusionskontrolle) . . . 941
1. Ziel der Zusammenschlußkontrolle . . . 941
2. Anwendungsbereich der Zusammenschlußkontrolle . . . 942
3. Anmeldepflicht von Zusammenschlüssen . . . 942
4. Fusionskontrollverfahren . . . 942
5. Bußgeldtatbestände . . . 943
VI. Normadressaten der Bußgeldvorschriften und Ahndung jur. Personen . . . 944
1. Ahndbarkeit natürlicher Personen über die Zurechnung gem. § 9 OWiG . . . 944
2. Ahndbarkeit natürlicher Personen wegen Aufsichtspflichtverletzung gem. § 130 OWiG . . . 944
3. Ahndbarkeit jur. Personen u. Personenvereinigungen gem. § 30 OWiG . . . 944
VII. Bußgeldbemessung und Eintragung in das Gewerbezentralregister oder Bundeszentralregister . . . 945
1. Bußgeldbemessung bei natürlichen Personen . . . 945
2. Bußgeldbemessung bei jur. Personen und Personenvereinigungen . . . 947
3. Stundung und Einräumung von Ratenzahlungen . . . 947

4. Eintragung in das Gewerbezentralregister ... 947
C. Strafbare Submissionsabsprachen ... 948
I. Die durch Submissionsabsprachen verursachten Schäden ... 949
II. Reformen ... 950
1. Vorschläge der Großen Strafrechtskommission und der Sachverständigenkommission zur Bekämpfung der Wirtschaftskriminalität ... 950
2. Entwurf zum Zweiten Gesetz zur Bekämpfung der Wirtschaftskriminalität ... 950
3. Gesetz zur Bekämpfung der Korruption ... 951
III. Erscheinungsformen der Submissionsabsprachen ... 951
1. Absprachen zwischen Marktteilnehmern auf überschaubaren Märkten 951
2. Submissionsabsprachen und Korruption ... 951
3. Nutzung des Nachverhandlungsverbots und Erteilung von Komplettaufträgen ... 952
IV. Submissionsabsprachen als Kartellordnungswidrigkeiten ... 952
V. Strafbarkeit von Submissionsabsprachen als Betrug ... 953
1. Rechtsprechung des Reichsgerichts und des Bundesgerichtshofs bis zum Jahre 1992 ... 953
2. Änderung der Rechtsprechung des Bundesgerichtshofs in den „Rheinausbau"-Entscheidungen ... 953
VI. Wettbewerbsbeschränkende Absprachen bei Ausschreibungen (§ 298 StGB) ... 958
1. Entstehungsgeschichte ... 958
2. Ausgestaltung der gesetzlichen Regelung ... 959
3. Konkurrenzen ... 962
VII. Verfahrensrecht ... 962
1. Zuständigkeit der Staatsanwaltschaft und der Wirtschaftsstrafkammer 962
2. Zuständigkeit für die Verhängung von Unternehmenssanktionen ... 963
D. Europäisches Kartellordnungswidrigkeitenrecht ... 964
I. Rechtsgrundlagen und Entstehungsgeschichte der wettbewerbsrechtlichen Bußgeldvorschriften ... 964
1. Ermächtigung zum Erlaß von Verordnungen zur Verwirklichung der Wettbewerbsverbote (Art. 83 EGV) ... 964
2. Entstehungsgeschichte der Verordnung Nr. 17/62 ... 965
II. Wettbewerbsrechtliche Verbotsnormen ... 965
1. Anwendungsbereich der wettbewerbsrechtlichen Vorschriften ... 965
2. Materiellrechtliche Wettbewerbsverbote des EG-Vertrags ... 967
III. Kartellverfahren ... 971
1. Rechtsnatur des Verfahrens ... 971
2. Einleitung und Ablauf des Verfahrens ... 971
3. Mitwirkungs- und Duldungspflichten ... 972
4. Rechtskontrolle durch den Europäischen Gerichtshof ... 974
IV. Ausgestaltung und Systematik der Bußgeldtatbestände ... 975
1. Zurechnung des Verhaltens natürlicher Personen ... 975
2. Sanktionierung von Verfahrensverstößen und Verletzungen des materiellen Kartellrechts ... 975
3. Sonderdeliktscharakter und Ausgestaltung als Blankettgesetze ... 977
V. Wettbewerbsverbote in der Bußgeldpraxis ... 977
1. Geltung des Opportunitätsprinzips im Bußgeldrecht ... 977
2. Ausübung des Ermessens bei der Verhängung von Geldbußen ... 977
VI. Bußgeldbemessung ... 979
1. Entwicklung der Sanktionspolitik bis zur Einführung der Leitlinien zur Bußgeldbemessung ... 979

2. Leitlinien zur Bußgeldbemessung in Kartellverfahren von 1998 979
3. Anwendung der Mitteilung vom 18. Juli 1996 über die Nichtfestsetzung oder die niedrigere Festsetzung von Geldbußen 981
VII. Geldbußen des EWR-Vertrages 982
1. Geltung der Wettbewerbsregeln 982
2. Zuständigkeit im Verwaltungsverfahren 982
3. Gerichtliche Kontrolle 982
VIII. Bußgeldtatbestände der Fusionskontrollverordnung 983
1. Rechtsgrundlagen der Fusionskotrolle 983
2. Anwendungsbereich der Fusionskontroll-Verordnung 983
3. Fusionskontrollverfahren 984
4. Bußgeldvorschriften der Fusionskontroll-Verordnung 986

16. Kapitel. Schutz von Geschäfts- und Betriebsgeheimnissen

(Möhrenschlager)

I. Einleitung 990
II. Schutz im Gesetz gegen den unlauteren Wettbewerb 991
1. Geheimnisverrat (§ 17 Abs. 1 UWG) 991
2. Geschäfts-/Betriebsspionage (§ 17 Abs. 2 Nr. 1 UWG) 995
3. Geheimnishehlerei (§ 17 Abs. 2 Nr. 2 UWG) 996
4. Sanktionen (auch bei besonders schweren Fällen) und sonstige Rechtsfolgen 998
5. Vorlagenfreibeuterei (§ 18 UWG) 999
6. Versuch und Vorbereitungshandlungen 1000
7. Voraussetzungen der Verfolgung von auslandsbezogenen Verstößen 1001
8. Strafverfolgungsvoraussetzungen (§ 22 Abs. 1 UWG) 1002
III. Schutz durch andere strafrechtliche Regelungen 1002
1. Staatschutzstrafrecht 1002
2. Strafvorschriften zum Schutz von Privat- und Dienstgeheimnissen 1003
3. Gesellschafts-, wirtschafts- u. arbeitsrechtliche Strafvorschriften 1004
IV. Hinweise zu präventiven Maßnahmen 1005
1. Personelle und rechtliche Schutzmaßnahmen 1005
2. Organisatorische und technische Sicherungsmaßnahmen 1006

17. Kapitel. Illegale Beschäftigung und Leistungsmißbrauch

(Eustrup/Weber/Kummer)

A. Arbeitnehmerüberlassung 1009
I. Definition 1009
II. Gesetzliche Voraussetzungen der legalen Arbeitnehmerüberlassung 1010
1. Gewerbsmäßigkeit 1010
2. Erlaubnispflicht 1010
3. Ausnahmen 1012
4. Verbot der Arbeitnehmerüberlassung im Baugewerbe 1015
5. Arbeitgeberfiktion nach § 10 AÜG 1016
III. Abgrenzung von Arbeitnehmerüberlassung zu anderen Formen drittbezogenen Personaleinsatzes 1016
1. Allgemeines 1016
2. Werkvertrag 1017
3. Selbständiger Dienstvertrag 1018
4. Dienstverschaffungsvertrag 1019
5. Geschäftsbesorgungsvertrag 1019
6. Personalgestellung als Nebenleistung 1019

7. Personalgestellung als Folgeleistung 1019
IV. Erscheinungsformen illegaler Arbeitnehmerüberlassung 1019
1. Straftaten 1020
2. Ordnungswidrigkeiten 1022
3. Fallbeispiele 1024
V. Aufdeckung und Ahndung 1025
1. Organisation 1025
2. Verfolgung und Ahndung 1027
B. Beschäftigung ausländischer Arbeitnehmer 1029
I. Aufenthaltsrechtlicher Status 1029
II. Arbeitsgenehmigung 1029
1. Arbeitserlaubnis 1030
2. Arbeitsberechtigung 1030
3. Ausnahmen 1030
4. Anwerbestoppausnahmeverordnung 1032
III. Illegale Ausländerbeschäftigung 1033
1. Verstöße gegen das SGB III 1033
2. Verstöße gegen das Ausländergesetz und das Asylverfahrensgesetz . . . 1036
3. Besondere Erscheinungsformen 1037
IV. Aufdeckung und Ahndung 1038
1. Elektronischer Datenabgleich 1038
2. Verdachtslose Außenprüfungen 1038
3. Organisation 1038
4. Verfolgung und Ahndung 1039
C. Gesetz über zwingende Arbeitsbedingungen bei grenzüberschreitenden Dienstleistungen (Arbeitnehmer-Entsendegesetz – AEntG) 1039
I. Anwendungsbereich 1039
1. Entwicklung 1039
2. Geltungsbereich 1040
II. Pflichten des Arbeitgebers 1041
1. Anmeldung 1041
2. Zahlung des Mindestlohnes 1042
3. Gewährung von Erholungsurlaub 1043
4. Abführung von Beiträgen an gemeinsame Einrichtungen der Tarifvertragsparteien 1044
5. Befreiung 1045
III. Umgehungsversuche 1046
1. Allgemeines 1046
2. Anmeldung 1046
3. Zahlung des Mindestlohnes 1046
IV. Aufdeckung von Verstößen 1047
1. Prüfbehörden 1047
2. Rechtsgrundlagen 1047
3. Durchführung von Prüfungen bei Arbeitgebern 1049
4. Zusammenarbeit mit anderen Stellen 1051
V. Ahndung von Verstößen 1052
1. Zuständige Behörden 1052
2. Ahndung von Meldeverstößen 1052
3. Ahndung von Verstößen wegen Nichtgewährung des Mindestlohnes . 1052
4. Ahndung von Verstößen wegen Nichtgewährung des Erholungsurlaubes, des Urlaubsentgelts und des zusätzlichen Urlaubsgeldes 1054
5. Ahndung von Verstößen wegen Nichtabführung von Beiträgen an gemeinsame Einrichtungen der Tarifvertragsparteien 1054

6. Ahndung von Verstößen von Unternehmern, die einen anderen Unternehmer beauftragen, § 5 Abs. 2 AEntG 1054
7. Ausschluß von öffentlichen Aufträgen, § 6 AEntG 1055
8. Anwendung des AEntG bei unerlaubter Arbeitnehmerüberlassung 1056
9. Maßnahmen zur Sicherstellung und Vollstreckung des Bußgeldverfahrens 1056
10. Eintragung von Bußgeldentscheidungen in das Gewerbezentralregister (GZR) 1057
VI. EU-Entsenderichtlinie 1057
1. Zustandekommen 1058
2. Wesentliche Inhalte 1058
3. Umsetzung im nationalen Recht 1059
D. Mißbrauch von Leistungen der Bundesanstalt für Arbeit 1059
I. Geldleistungen der Bundesanstalt für Arbeit 1059
1. Allgemeines 1059
2. Leistungen an Arbeitnehmer 1059
3. Leistungen an Arbeitgeber 1060
4. Leistungen an Träger 1061
II. Leistungsmißbrauch durch Arbeitnehmer 1062
1. Begehungsarten 1062
2. Aufdeckungsmethoden 1062
3. Ahndung 1063
III. Leistungsmißbrauch durch Arbeitgeber 1063
1. Kurzarbeitergeld, Winterausfallgeld 1063
2. Leistungen an Arbeitgeber und Träger 1064
E. Steuerliche Aspekte 1066
I. Vorbemerkung 1066
II. Fallgestaltungen, Beteiligte 1067
1. Schwarzarbeit 1067
2. Scheinselbständigkeit 1067
3. Werkverträge mit ausländischen Bauunternehmern 1068
4. Illegale Arbeitnehmerüberlassung 1068
III. Betroffene Steuerarten 1069
1. Einkommen-, Körperschaft-, Gewerbesteuer 1069
2. Umsatzsteuer 1071
3. Lohnsteuer 1073
IV. Strafbarkeit der Beteiligten 1075
1. Schwarzarbeit 1075
2. Scheinselbständigkeit 1076
3. Illegale Beschäftigung 1076
V. Besondere Ermittlungsprobleme und -möglichkeiten 1077

18. Kapitel. Computerkriminalität und EDV-Beweissicherung

(Bär)

A. Einleitung 1086
I. Entwicklung der Informationsgesellschaft 1086
II. Reaktionen des Gesetzgebers 1088
1. Schaffung eines Datenschutzgesetzes 1089
2. Zweites Gesetz zur Bekämpfung der Wirtschaftskriminalität 1089
3. Änderungen im Strafverfahrensrecht 1090
4. Multimedia-Gesetzgebung 1091
5. Entwicklungen im europäischen und internationalen Bereich 1091

Inhalt

B. Grundlagen und Verbreitung der EDV 1092
I. Grundbegriffe der EDV 1093
1. Begriff der „elektronisch gespeicherten Daten" 1093
2. Bestandteile der Computeranlage 1094
3. Arten der Datenspeicherung 1095
II. Grundbegriffe der Datenkommunikation 1096
III. Mailboxsysteme und Internet 1097
1. Mailboxsystem 1098
2. Internet-Dienste 1098
IV. Verbreitung und Anwendungsbereiche von EDV-Systemen 1103
C. Computerkriminalität 1104
I. Begriff und Überblick 1104
1. Begriff der Computerkriminalität 1104
2. Überblick zu Deliktsformen 1105
3. Computerkriminalität in der Kriminalstatistik 1106
II. Computerbetrug (§ 263 a StGB) 1108
1. Unrichtige Gestaltung des Programms 1110
2. Verwendung unrichtiger oder unvollständiger Daten 1111
3. Unbefugte Verwendung von Daten 1111
4. Unbefugte Einwirkung auf den Ablauf 1115
5. Beeinflussung des Ergebnisses eines Datenverarbeitungsvorgangs 1115
6. Vermögensschaden 1116
7. Subjektiver Tatbestand und Konkurrenzen 1116
8. Probleme des Tatnachweises 1117
III. Elektronische Urkundendelikte (§§ 269, 270, 274 StGB) 1117
1. Inhalt und einzelne Tatbestände 1117
2. Fälschung beweiserheblicher Daten (§§ 269, 270 StGB) 1119
3. Unterdrückung beweiserheblicher Daten (§ 274 Abs. 1 Nr. 2 StGB) 1121
4. Probleme des Tatnachweises 1122
IV. Ausspähen von Daten (§ 202 a StGB) 1122
1. Daten i. S. d. § 202 a Abs. 2 StGB 1124
2. Datenbestimmung 1125
3. Besondere Zugangssicherung 1126
4. Unbefugtes Verschaffen der Daten 1126
5. Subjektiver Tatbestand, Konkurrenzen 1127
6. Probleme des Tatnachweises 1127
V. Datenveränderung und Computersabotage (§§ 303 a, 303 b StGB) 1128
1. Computerviren und andere Sabotageprogramme 1129
2. Datenveränderung (§ 303 a StGB) 1131
3. Computersabotage (§ 303 b StGB) 1134
4. Probleme des Tatnachweises 1137
VI. Illegale Nutzung von Programmen (§§ 106 ff. UrhG) 1138
1. Schutzfähigkeit von Computerprogrammen 1140
2. Vervielfältigung 1142
3. Verbreitung 1144
4. Subjektiver Tatbestand/Verfolgungsvoraussetzungen 1145
5. Strafbarer Eingriff in fremde Schutzrechte (§ 108 UrhG) 1146
6. Probleme des Tatnachweises 1146
VII. Persönlichkeitsverletzungen 1147
1. Straftaten nach § 43 BDSG 1148
2. Regelungen in den Landesdatenschutzgesetzen 1153
3. Probleme des Tatnachweises 1154
VIII. Verrat von Betriebs- und Geschäftsgeheimnissen 1155

1. Tatbestand und Rechtsgut 1155
2. Geschäfts- und Betriebsgeheimnisse als Tatobjekt 1156
3. Tathandlungen des § 17 UWG 1158
4. Subjektiver Tatbestand, Konkurrenzen 1160
5. Probleme des Tatnachweises 1161
IX. Straftaten in Datennetzen 1161
1. Abgrenzung von Telediensten, Mediendiensten und Rundfunk 1164
2. Beteiligte Personen und Verantwortlichkeit 1166
3. Verantwortlichkeit der Anbieter 1167
4. Verantwortlichkeit der Provider 1168
5. Verantwortlichkeit der Nutzer 1171
6. Verantwortlichkeit für Hyperlink 1171
7. Probleme des Tatnachweises 1173
D. EDV-Beweissicherung 1174
I. Bedeutung und Überblick 1175
1. Bedeutung des Ermittlungsverfahrens 1175
2. Grenzen der Auslegung 1175
3. Einteilung der Zugriffsrechte 1176
II. Durchsuchungen im EDV-Bereich 1177
1. Betroffener Personenkreis 1177
2. Inbetriebnahme fremder EDV-Anlagen 1178
3. Nutzung fremder Programme 1180
4. Reichweite der Durchsuchungsbefugnisse 1181
5. Durchsuchungen mit Auslandsbezug 1183
6. Planung und Vollzug von Zwangsmaßnahmen 1185
7. Durchsicht der Papiere 1188
III. Beschlagnahme von Computerdaten 1189
1. Gegenstände als Beweismittel 1189
2. Potentielle Beweisbedeutung 1190
3. Formen der Sicherstellung 1191
4. Beschlagnahmeverbote 1192
5. Postbeschlagnahme 1194
6. Rasterfahndung 1195
7. Durchführung der Sicherstellung und Auswertung von EDV-Unterlagen 1196
IV. Strafprozessuale Mitwirkungspflichten 1197
1. Zeugenpflicht 1197
2. Editionspflicht (§ 95 StPO) 1200
V. Eingriffe in die Telekommunikation 1202
1. Überwachung der Telekommunikation (§ 100 a StPO) 1203
2. Auskunftsanspruch nach § 12 FAG 1207
3. Auskunftsersuchen gem §§ 89 und 90 TKG 1209
4. Planung und Durchführung von Eingriffen 1210
VI. Ermittlungen in Computernetzwerken 1211
1. Polizeistreifen in Datennetzen 1212
2. Nutzung fremder Zugangsberechtigungen 1213
VII. Zugriff auf verschlüsselte Daten 1220
1. Methoden der Datenverschlüsselung 1220
2. Bekanntgabe von Verschlüsselungsmechanismen 1221
E. Zusammenfassung und Ausblick 1222

Inhalt

19. Kapitel. Internationale Rechtshilfe

(Veh)

I. Rechtshilfebegriffe 1226
1. Der nationale Begriff internationaler Rechtshilfe 1226
2. Der internationale Begriff internationaler Rechtshilfe 1228
II. Rechtshilfe als Teil international arbeitsteiliger Strafverfolgung 1228
1. Systematische Einordnung des Rechtshilferechts 1228
2. Checkliste zu Notwendigkeit und Sinn eines Rechtshilfeersuchens 1230
III. Rechtsquellen 1231
1. Grundstrukturen und Hilfsmittel 1231
2. Rechtsquellen im europäischen Vertragsnetzwerk 1233
3. Rechtsquellen des nationalen Rechtshilferechts 1240
IV. Notwendigkeit und Sinn eines Rechtshilfeersuchens 1241
1. Nichtgenehmigungsbedürftige grenzüberschreitende Befugnisse 1241
2. Befugnisse von Auslandsvertretungen 1242
3. Rechtshilfe und konkurrierende Strafverfolgungszuständigkeiten 1242
4. Verhältnismäßigkeit, auch von Aufwand und Ertrag 1245
V. Das Ersuchen um Rechtshilfe (i. w. S.) 1246
1. Verfasser des Ersuchens 1246
2. Form und Inhalt des Ersuchens 1247
3. Geschäftsweg 1248
4. Notwendige Einschaltung weiterer Behörden 1249
VI. Voraussetzungen und Grenzen der Rechtshilfe 1251
1. Allgemeine Voraussetzungen 1251
2. Besonderheiten für Fiskaldelikte 1254
3. Spezifische Voraussetzungen für einzelne Maßnahmen 1255
4. Grenzen der Rechtshilfenutzung 1258
VII. Ausgewählte Länderspezifika 1260
1. Schengenstaaten 1260
2. Die Schweiz 1260
3. Liechtenstein 1263
4. Großbritannien und Irland 1263
5. Mittel- und Osteuropa 1264
6. Vereinigte Staaten und Kanada 1264
7. Steueroasen in Übersee 1265

20. Kapitel. Besonderheiten im Strafverfahren

(Gieg)

Vorbemerkung 1269
A. Beweisantragsrecht 1270
I. Verfassungsrechtliche Anbindung des Beweisantragsrechts 1270
II. Verhältnis zur Aufklärungspflicht nach § 244 Abs. 2 StPO 1271
III. Der Begriff des Beweisantrags 1272
1. Die Strafprozeßordnung 1272
2. Die Rechtsprechung 1273
3. Definition 1273
IV. Formelle Anforderungen und Verfahren 1274
1. Antragsberechtigung und gemeinsame Antragstellung 1274
2. Ausschluß der Antragsberechtigung und Rechtsmißbrauch 1274
3. Form und Protokollierung – Anordnung nach § 257a StPO 1275
4. Zeitpunkt der Antragstellung 1276

5. Zurücknahme und Verzicht 1277
V. Der bedingte Beweisantrag 1277
1. Klassifizierungsansätze 1277
2. Der Hilfsbeweisantrag 1280
3. Der Eventualbeweisantrag 1284
VI. Die inhaltlichen Anforderungen an das Beweisbegehren 1286
1. Die Behauptung der Beweistatsache 1286
2. Die Angabe des Beweismittels 1298
VII. Beweisanregung, Beweisermittlungsantrag und Scheinbeweisantrag 1301
1. Beweisanregung und Beweiserbieten 1301
2. Beweisermittlungsantrag 1302
3. Scheinbeweisantrag und Mißbrauch des Beweisantragsrechts 1304
VIII. Die Entscheidung über den Beweisantrag 1306
1. Die Anordnung der Beweisaufnahme 1306
2. Die Ablehnung des Beweisantrags durch Gerichtsbeschluß 1306
IX. Die Ablehnung des Beweisantrags 1307
1. Das Verbot der Beweisantizipation 1308
2. Unzulässigkeit der Beweiserhebung gem. § 244 Abs. 3 S. 1 StPO 1310
3. Die Ablehnungsgründe des § 244 Abs. 3 S. 2 StPO 1311
4. Die Ablehnung des Sachverständigenbeweises nach § 244 Abs. 4 StPO 1326
5. Die Ablehnung eines Augenscheinsbeweises nach § 244 Abs. 5 S. 1 StPO 1328
6. Die Ablehnung eines Auslandszeugen nach § 244 Abs. 5 S. 2 StPO . . . 1328
B. Verständigung im Strafverfahren 1330
I. Handel mit der Gerechtigkeit? 1330
1. Zum aktuellen Meinungsstand in Rechtsprechung und Lehre 1330
2. Ubiquität im Bereich der Wirtschaftsstrafsachen 1332
II. Der Standpunkt des Bundesgerichtshofs 1333
1. Die Grundaussage 1333
2. Kritik und Ausblick 1333
III. Die Zulässigkeit strafprozessualer Verständigung im einzelnen 1335
1. Sachaufklärungspflicht und Geständnis 1336
2. § 136 a StPO und nemo-tenetur-Grundsatz 1336
3. Öffentlichkeit 1337
4. Einbeziehung aller Verfahrensbeteiligter und Transparenzgebot 1337
5. Koppelungsverbot 1342
6. Protokollierung und Dissens 1343
7. Schuldspruch 1345
8. Rechtsfolgenausspruch 1345
9. Bindungswirkung und Vorbehalt schwerwiegender neuer Umstände . 1347

21. Kapitel. Verteidigung in Wirtschaftsstrafsachen

(Dierlamm)

I. Stellung und Funktion des Verteidigers in Wirtschaftsstrafsachen 1349
1. Berufsauftrag des Strafverteidigers 1349
2. Verteidigung in Wirtschaftsstrafsachen und Medien 1351
3. Die Sockelverteidigung 1353
4. Die Firmenvertretung 1355
II. Verteidigung im Ermittlungsverfahren 1356
1. Vorbemerkung 1356
2. Aktivitäten des Verteidigers im Ermittlungsverfahren 1357
3. Verteidigung bei Durchsuchung und Beschlagnahme 1366
4. Erledigungsmöglichkeiten im Ermittlungsverfahren 1369

III. Verteidigung im Zwischenverfahren 1370
IV. Verteidigung im Hauptverfahren 1372
1. Vorbereitung der Hauptverhandlung 1372
2. Verteidigungsstrategien in der Hauptverhandlung 1373

22. Kapitel. Die Zusammenarbeit der Ermittlungsbehörden mit anderen Institutionen bei der Aufklärung von Wirtschaftsstraftaten

(Tschanett)

I. Vorbemerkung 1377
II. Öffentliche Institutionen 1378
1. Bundesaufsichtsamt für das Kreditwesen (BAKred) 1378
2. Bundesaufsichtsamt für den Wertpapierhandel (BAWe) 1381
3. Bundesaufsichtsamt für das Versicherungswesen (BAV) 1383
4. Bundesamt für Wirtschaft (BAW) 1383
5. Bundesamt für Finanzen – Informationszentrale Ausland (IZA) 1385
6. Bundesamt für Güterverkehr (BAG) 1386
7. Bundesamt für Sicherheit in der Informationstechnik (BSI) 1386
8. Bundesausfuhramt (BAFA) 1387
9. Bundeskartellamt 1388
10. Bundesanstalt für Arbeit (BfA) 1390
11. Bundesanstalt für Landwirtschaft und Ernährung (BLE) 1391
12. Deutsches Patentamt 1391
13. Informationszentrale für den Steuerfahndungsdienst beim Finanzamt Wiesbaden II, IZ-Steufa 1392
14. Zollkriminalamt (ZKA) 1392
15. Hauptzollamt Hamburg-Jonas 1393
16. Nachrichtendienste 1394
17. Landesgewerbeanstalten 1395
18. Industrie- und Handelskammern (IHK) 1395
III. Private Institutionen 1396
1. Deutsche Post 1397
2. Deutsche Postbank 1397
3. Deutsche Telekom 1398
4. Funktelefonbetreiber 1398
5. Deutsche Bahn AG 1400
6. Sonstige Organe für freiwillige Selbsthilfe 1400
IV. Internationale Organisationen 1403
1. Direktion des Generalsekretärs der Europäischen Kommission 1404
2. Europol 1405

Sachverzeichnis 1407

Abkürzungsverzeichnis

ABl. EG	Amtsblatt der Europäischen Gemeinschaften
Abs.	Absatz
AbschErhG	Abschöpfungserhebungsgesetz
AEntG	Arbeitnehmer-Entsendegesetz
AFG	Arbeitsförderungsgesetz
AG	Aktiengesellschaft
AGB	Allgemeine Geschäftsbedingungen
AMG	Arzneimittelgesetz
Anm.	Anmerkung
AO	Abgabenordnung
AOK	Allgemeine Ortskrankenkasse
ArgV	Arbeitsgenehmigungsverordnung
Art.	Artikel
AStG	Außensteuergesetz
AsylVfG	Asylverfahrensgesetz
AÜG	Arbeitnehmerüberlassungsgesetz
Aufl.	Auflage
AuslG	Ausländergesetz
AVO	Ausführungsverordnung
AWG	Außenwirtschaftsgesetz
AWV	Außenwirtschaftsverordnung
AZO	Allgemeine Zollordnung
BAnz	Bundesanzeiger
BAP	Bundesamt für Polizeiwesen (Schweiz)
Baumbach/Hefermehl UWG	Wolfgang Hefermehl, Wettbewerbsrecht. Gesetz gegen den unlauteren Wettbewerb, Zugabeverordnung, Rabattgesetz und Nebengesetze (20. Aufl. München 1998)
BAW	Bundesamt für Wirtschaft
BayObLG	Bayerisches Oberstes Landesgericht
BBankG	Gesetz über die Deutsche Bundesbank
BdF	Bundesminister der Finanzen
BdL	Bank deutscher Länder
BfA	Bundesanstalt für Arbeit
BFH	Bundesfinanzhof
BG	Schweizerisches Bundesgericht
BGB	Bürgerliches Gesetzbuch
BGBl.	Bundesgesetzblatt
BGE	Entscheidungen des Schweizerischen Bundesgerichts, Amtliche Sammlung
BGH	Bundesgerichtshof
BGHZ	Sammlung der Entscheidungen des Bundesgerichtshofes in Zivilsachen
BKA	Bundeskartellamt – Bundeskriminalamt
BörsG	Börsengesetz
BStBl.	Bundessteuerblatt
BT-Dr.	Bundestags-Drucksache
BVerfG	Bundesverfassungsgericht

Abkürzungsverzeichnis

CR . . . . Zeitschrift Computer und Recht

DAG . . . . Deutsches Auslieferungsgesetz
DBB . . . . Deutsche Bundesbahn
DBP . . . . Deutsche Bundespost
DDR . . . . Deutsche Demokratische Republik
DepG . . . . Depotgesetz
DOK . . . . Die Ortskrankenkassen
DRiZ . . . . Deutsche Richterzeitung
DStZ . . . . Deutsche Steuerzeitung
DSW . . . . Deutscher Schutzverband gegen Wirtschaftskriminalität e.V.
DVO . . . . Durchführungsverordnung

EBE/BGH . . . . Eildienst Bundesgerichtliche Entscheidungen
EDV . . . . Elektronische Datenverarbeitung
EFG . . . . Entscheidungen der Finanzgerichte
EFTA . . . . European Free Trade Association
EG . . . . Europäische Gemeinschaft
ENU . . . . Europol National Unit
Erbs/Kohlhaas . . . . Erbs/Kohlhaas, Strafrechtliche Nebengesetze, Loseblattausgabe
ERHü . . . . Europäisches Rechtshilfeübereinkommen
EStG . . . . Einkommensteuergesetz
EuAlÜbk . . . . Europäisches Auslieferungsübereinkommen vom 13. 12. 1957, BGBl. 1964 II, 1369
EU-AuslÜbk . . . . Übereinkommen zwischen den Mitgliedstaaten der Europäischen Union vom 27. 9. 1996, BGBl. 1998 II, 2253
EuGeldwäscheÜbk . . . . Übereinkommen über Geldwäsche sowie Ermittlung, Beschlagnahme und Einziehung von Erträgen aus Straftaten vom 8. 11. 1990, BGBl. 1998 II, 519
EuGH . . . . Europäischer Gerichtshof
EuRhÜbk . . . . Europäisches Übereinkommen über die Rechtshilfe in Strafsachen vom 20. 4. 1959, BGBl. 1964 II, 1369, 1386
Eu-VereinfAuslÜbk . . . Übereinkommen über das vereinfachte Auslieferungsverfahren zwischen den Mitgliedstaaten der Europäischen Union vom 10. 3. 1995, BGBl. 1998 II, 2229

FA . . . . Finanzamt
FinRdSch/FR . . . . Finanzrundschau
FVG . . . . Finanzverwaltungsgesetz

GA . . . . Goltdammer's Archiv für Strafrecht
GAA . . . . Geldausgabeautomat
GATT . . . . General Agreement on Tariffs and Trade (Allgemeines Zoll- und Handelsabkommen)
GebrMG . . . . Gebrauchsmustergesetz
GenG . . . . Genossenschaftsgesetz
GeschmMG . . . . Geschmacksmustergesetz
GewO . . . . Gewerbeordnung
GewStG . . . . Gewerbesteuergesetz
GG . . . . Grundgesetz
GmbH . . . . Gesellschaft mit beschränkter Haftung
GOA . . . . Gebührenordnung Ärzte

Göhler (Lexikon) . . . . . Erbs/Kohlhaas, Strafrechtliche Nebengesetze, Registerband – Lexikon des Nebenstrafrechts von Göhler, Buddendiek und Lenzen, Loseblattausgabe
GrStG . . . . Grundsteuergesetz
GRUR . . . . Gewerblicher Rechtsschutz und Urheberrecht
GüKG . . . . Güterkraftverkehrsgesetz
GuV . . . . Gewinn und Verlust
GVBl. . . . . Gesetz- und Verordnungsblatt
GVG . . . . Gerichtsverfassungsgesetz
GWB . . . . Gesetz gegen Wettbewerbsbeschränkungen
GWG . . . . Geldwäschegesetz

HeilprG . . . . Gesetz über die berufsmäßige Ausübung der Heilkunde ohne Bestallung
HeilWerbG . . . . Gesetz über die Werbung auf dem Gebiete des Heilwesens
HGB . . . . Handelsgesetzbuch
HOAI . . . . Honorarordnung für Architekten und Ingenieure
HWiStR . . . . Wilhelm Krekeler u. a. (Hrsg.), Handwörterbuch des Wirtschafts- und Steuerstrafrechts, Loseblattausgabe
HypothekenbankG . . . . Hypothekenbankgesetz

IHK . . . . Industrie- und Handelskammer
InvZulG . . . . Investitionszulagengesetz
IRG . . . . Gesetz über die internationale Rechtshilfe in Strafsachen in der Fassung der Bekanntmachung vom 27. 6. 1997, BGBl. I, 1650, 1663
IRSG . . . . Schweizerisches Gesetz über die internationale Rechtshilfe v. 20. 3. 1981
IRSV . . . . Schweizerische Verordnung über die internationale Rechtshilfe in Strafsachen
i. V. m. . . . . in Verbindung mit
IZA . . . . Informationszentrale für steuerliche Auslandsbeziehungen
IZ-Steufa . . . . Informationszentrale für den Steuerfahndungsdienst

JMBl. . . . . Justizministerialblatt

Kaug . . . . Konkursausfallgeld
KG . . . . Kommanditgesellschaft
KHG . . . . Gesetz zur wirtschaftlichen Sicherung der Krankenhäuser und zur Regelung der Krankenpflegesätze
KK . . . . Gerd Pfeiffer (Hrsg.), Karlsruher Kommentar zur Strafprozeßordnung und zum Gerichtsverfassungsgesetz, 4. Aufl. 1998
KKOWiG . . . . Karlheinz Boujong (Hrsg.), Karlsruher Kommentar zum Ordnungswidrigkeitengesetz, 1. Aufl. 1989
Klein AO . . . . Abgabenordnung – einschließlich Steuerstrafrecht (Kommentar). Begründet von Franz Klein und Gerd Orlopp, 6. Aufl. 1998
Kleinknecht/
Meyer-Goßner . . . . . Theodor Kleinknecht und Karlheinz Meyer, fortgeführt von Lutz Meyer-Goßner, Strafprozeßordnung, 44. Aufl. 1999
KO . . . . Konkursordnung
KStG . . . . Körperschaftssteuergesetz

KTS	Zeitschrift für Konkurs-, Treuhand- und Schiedsgerichtswesen
Kübler/Prütting InsO	Kübler/Prütting (Hrsg.), Kommentar zur Insolvenzordnung, Köln 1998
KWG	Gesetz über das Kreditwesen
LK	Strafgesetzbuch (Leipziger Kommentar), 11. Aufl., herausgegeben von Jähnke, Laufhütte und Odersky (Berlin 1992–1999), im übrigen 10. Aufl. herausgegeben von Jescheck, Ruß und Willms (Berlin 1978–1989)
LM	Entscheidungen des Bundesgerichtshofs im Nachschlagewerk des Bundesgerichtshofs von Lindenmaier-Möhring
LMBG	Lebensmittel- und Bedarfsgegenständegesetz
LR	Löwe-Rosenberg, Die Strafprozeßordnung und das Gerichtsverfassungsgesetz mit Nebengesetzen. Großkommentar, Berlin 1997–1999
LZB	Landeszentralbank
MiZi	Mitteilungen in Zivilsachen
MOE-Staaten	Mittel- und Osteuropäische Staaten
MRG	Militärregierungsgesetz
MüG	Gesetz zur Durchführung der gemeinsamen Marktorganisation
NJW	Neue Juristische Wochenschrift
NStZ	Neue Zeitschrift für Strafrecht
NStZ-RR	NStZ-Rechtsprechungs-Report Strafrecht
NWB	Neue Wirtschaftsbriefe
OFD	Oberfinanzdirektion
OJZ	Österreichische Juristenzeitung
OLGSt	Entscheidungen der Oberlandesgerichte zum Straf- und Strafverfahrensrecht. – Seit 1983 Entscheidungen der Oberlandesgerichte in Straf-, Ordnungswidrigkeiten- und Ehrengerichtssachen. – Seit 1991 Entscheidungen der Oberlandesgerichte in Strafsachen und über Ordnungswidrigkeiten (herausgegeben von Michael Lemke. 21. Lieferung. Stand September 1998)
PatG	Patentgesetz
PBefG	Personenbeförderungsgesetz
Pfeiffer StPO	Gerd Pfeiffer, Strafprozeßordnung, Kommentar, 2. Aufl. München 1999
PGR	Personen- und Gesellschaftsrecht (Liechtenstein)
PostG	Postgesetz
RG	Reichsgericht
RiStBV	Richtlinien für das Strafverfahren und das Bußgeldverfahren
RiVASt	Richtlinien für den Verkehr mit dem Ausland in strafrechtlichen Angelegenheiten
RIW	Recht der internationalen Wirtschaft
RVO	Reichsversicherungsordnung
Sch/Sch	Schönke/Schröder, Strafgesetzbuch, 25. Aufl. München 1997
ScheckG	Scheckgesetz

Schufa . . . . Schutzgemeinschaft für allgemeine Kreditsicherung
SchwarzarbG . . . . Gesetz zur Bekämpfung der Schwarzarbeit
SchwJZ . . . . Schweizerische Juristenzeitung
SDÜ . . . . Schengener Durchführungsübereinkommen vom 19. 6. 1990
SGB III . . . . Drittes Buch Sozialgesetzbuch
SGB IV . . . . Viertes Buch Sozialgesetzbuch
1. SGB III-ÄndG . . . . . Erstes Gesetz zur Änderung des Dritten Buches Sozialgesetzbuch
SIS . . . . Schengener Informationssystem
SK . . . . Hans-Joachim Rudolphi u. a., Systematischer Kommentar zum Strafgesetzbuch
SKStPO . . . . Hans-Joachim Rudolphi u. a., Systematischer Kommentar zur Strafprozeßordnung und zum Gerichtsverfassungsgesetz
StberG . . . . Steuerberatergesetz
StBp . . . . Die steuerliche Betriebsprüfung
StG . . . . Strafgesetz (Schweiz)

Tröndle . . . . Herbert Tröndle, Strafgesetzbuch mit Nebengesetzen, 48. Aufl. München 1997
Tröndle/Fischer . . . . . . Tröndle/Fischer, Strafgesetzbuch mit Nebengesetzen, 49. Aufl. München 1999

ULAK . . . . Urlaubs- und Lohnausgleichskasse der Bauwirtschaft
UrhG . . . . Urheberrechtsgesetz
UStG . . . . Umsatzsteuergesetz
UWG . . . . Gesetz über den unlauteren Wettbewerb

VerstV . . . . Versteigerungsverordnung
V/VO . . . . Verordnung
VE . . . . Verdeckter Ermittler
VOB . . . . Verdingungsordnung für Bauleistungen
VOL . . . . Verdingungsordnung Leistungen
VP . . . . Vertrauensperson
VStR . . . . Schweizerisches Bundesgesetz über das Verwaltungsstrafrecht

WG . . . . Wechselgesetz
WiKG . . . . Gesetz zur Bekämpfung der Wirtschaftskriminalität
WiStG . . . . Wirtschaftsstrafgesetz
wistra . . . . Zeitschrift für Wirtschaft-, Steuer-, Strafrecht
Wi-Verw . . . . Wirtschaft und Verwaltung – Vierteljahrbeilage im Gewerbearchiv
WM . . . . Wertpapiermitteilungen
WRP . . . . Wettbewerb in Recht und Praxis
WÜRV . . . . Wiener Übereinkommen über das Recht der Verträge
WZG . . . . Warenzeichengesetz

ZG . . . . Zollgesetz
ZIP . . . . Zeitschrift für Wirtschaftsrecht und Insolvenzpraxis
ZKA . . . . Zollkriminalamt
2. ZP-EuAlÜbk . . . . . . Zweites Zusatzprotokoll zum Europäischen Auslieferungsübereinkommen vom 17. 3. 1978, BGBl. 1990 II, 118; 1991 II, 874
ZP-EuRhÜbk . . . . Zusatzprotokoll zum Europäischen Übereinkommen über die Rechtshilfe in Strafsachen vom 17. 3. 1978, BGBl. 1990 II, 124; 1991 II, 909

Abkürzungsverzeichnis

ZPO . . . . Zivilprozeßordnung
ZR . . . . Blätter für Züricherische Rechtsprechung
ZSEG . . . . Gesetz über die Entschädigung von Zeugen und Sachverständigen

1. Kapitel. Die Entwicklung des Wirtschaftsstrafrechts in der Bundesrepublik Deutschland

Literatur: *Achenbach, Hans:* Die Sanktionen gegen die Unternehmensdelinquenz im Umbruch, JuS 1990, S. 601 ff.; *ders.:* Diskrepanzen im Recht der ahndenden Sanktionen gegen Unternehmen, Festschrift für Walter Stree und Johannes Wessels, 1993, S. 545 ff.; *ders./Wannenmacher, Wolfgang J.* (Hrsg.): Beraterhandbuch zum Steuer- und Wirtschaftsstrafrecht, Teil 1 – Grundlagen, Stand: Okt. 1997; *Albrecht, Hans-Jörg:* Forschungen zur Wirtschaftskriminalität in Europa – Konzepte und empirische Befunde, in: Forschungen zur Wirtschaftskriminalität in Europa – Konzepte und empirische Befunde, in: Bauhofer, Stefan/Queloz, Nicolas/Wyss, E. (Hrsg.): Wirtschaftskriminalität, Crimininalité économique, 1999; *ders./Sieber, Ulrich* (Hrsg.): Zwanzig Jahre Südwestdeutsche Kriminologische Kolloquien, 1984; *Alwart, Heiner:* Strafrechtliche Haftung des Unternehmens – vom Unternehmenstäter zum Täterunternehmen, ZStW 105 (1993), S. 752 ff.; *ders.:* Verantwortung und Steuerung von Unternehmen in der Marktwirtschaft, 1998; *Albers, Willi et al.* (Hrsg.): Handwörterbuch der Wirtschaftswissenschaft, 1981; *Baumann, Jürgen:* Strafrecht und Wirtschaftskriminalität, 1983, S. 935 ff.; *ders./Dähn, Gerd:* Studien zum Wirtschaftsstrafrecht, 1972; *Berckhauer, Friedhelm:* Wirtschaftskriminalität und Staatsanwaltschaft, 1977; *ders.* (Hrsg.): Die Strafverfolgung bei schweren Wirtschaftsdelikten, 1981; *ders.:* Möglichkeiten und Grenzen der Prävention auf dem Gebiet der Wirtschaftskriminalität, in: Poerting, Peter (Hrsg.): Wirtschaftskriminalität, Teil 2 1985, S. 297 ff.; *ders./Raca, Horst D.:* Organisierte und grenzüberschreitende Wirtschaftskriminalität, Der Kriminalist 1977, S. 46 ff.; *Berthel, Ralph:* Bedeutung und Erscheinungsformen der Wirtschaftskriminalität – Typisch für moderne Industriestrukturen oder Erscheinungsbild einer Umbruchsituation? Gegenstrategien aus der Sicht eines Landeskriminalamtes, in: Gropp, Walter (Hrsg.): Wirtschaftskriminalität und Wirtschaftsstrafrecht in einem Europa auf dem Weg zu Demokratie und Privatisierung, 1998, S. 51 ff.; *Blankenburg, Eberhard/Sessar, Klaus/Steffen, Wiebke:* Die Staatsanwaltschaft im Prozeß strafrechtlicher Sozialkontrolle, 1978; *Bock, Michael:* Kriminologie, 1995; *Bockelmann, Paul:* Kriminelle Gefährdung und strafrechtlicher Schutz des Kreditgewerbes, ZStW 79 (1967), S. 28 ff.; *Bottke, Wilfried:* Das Wirtschaftsstrafrecht in der Bundesrepublik Deutschland – Lösungen und Defizite, wistra 1991, S. 1 ff.; *ders.:* Empfiehlt es sich, die strafrechtliche Verantwortlichkeit für Wirtschaftsstraftaten zu verstärken?, wistra 1991, S. 81 ff.; *Brüssow, Rainer/Krekeler, Wilhelm/Mehle, Volkmar* (Hrsg.): Strafverteidigung in der Praxis, 1997; Buchholz, Erich: Probleme des Wirtschaftsstrafrechts aus Sicht der Erfahrungen in der DDR, wistra 1990, S. 207 ff.; *Bund deutscher Kriminalbeamter:* Bekämpfung der Wirtschaftskriminalität. Vorschläge für eine wirksame kriminalistische Ermittlungsarbeit, 1984; *Bundeskriminalamt* (Hrsg.): Grundfragen der Wirtschaftskriminalität, 1963; *dass.* (Hrsg.): Wirtschaftskriminalität, 1984; *dass.* (Hrsg.): Polizeiliche Kriminalstatistik, 1997; *Bundesminister der Justiz* (Hrsg.): Tagungsberichte der Sachverständigenkommission zur Bekämpfung der Wirtschaftskriminalität, 1972 bis 1978; *Busch, Richard:* Grundfragen der strafrechtlichen Verantwortlichkeit der Verbände, 1933; *Cramer, Peter:* Grundbegriffe des Rechts der Ordnungswidrigkeiten, 1971; *Cunio, Hermann:* Kriegswirtschaftsrecht, 1941; *Dannecker, Gerhard:* Der Schutz von Geschäfts- und Betriebsgeheimnissen, BB 1987, S. 1614 ff.; *ders.:* Das Unternehmen als „Good Corporate Citizen" – ein Leitbild der europäischen Rechtsentwicklung, in: Alwart, Heiner (Hrsg.): Verantwortung und Steuerung von Unternehmen in der Marktwirtschaft, 1998, S. 5 ff.; *ders./Fischer-Fritsch, Jutta:* Das EG-Kartellrecht in der Bußgeldpraxis, 1989; *Däubler-Gmelin, Herta:* Schwerpunkte der Rechtspolitik in der neuen Legislaturperiode, ZRP 1999, S. 81 ff.; *Dauster, Manfred:* Privatspenden zur Förderung von Forschung und Lehre: Teleologische Entschärfung des strafrechtlichen Vorteilsbegriffs nach § 311 StGB und Rechtfertigungsfragen, NStZ 1999, S. 63 ff.; *de Doelder, Hans/Tiedemann, Klaus* (Hrsg.): Criminal Liability of Corporations, 1994; *Demuth, Heinrich/Schneider, Tilmann:* Die besondere Bedeutung des Gesetzes über Ordnungswidrigkeiten für Betrieb und Unternehmen, BB 1970, S. 642 ff.; *Deruyck, Filipe:* Verbandsdelikt und Verbandsanktion. Eine rechtsvergleichende Untersuchung nach belgischem und deutschem Recht, 1990; *ders.:* Probleme der Verfolgung und Ahndung von Verbandskriminalität im deutschen und belgischen Recht, ZStW 103 (1991), S. 705 ff.; *Egli, Heinz:* Grundformen der Wirtschaftskriminalität, 1985; *Eidam, Gerd:* Straftäter Unternehmen, 1997; *Eisenberg, Ulrich:* Kriminologie, 4. Aufl. 1995; *Eser, Albin/Überhofen, Michael/Huber, Barbara:* Korruptionsbekämpfung durch Strafrecht: Ein rechtsvergleichendes Gutachten zu den Bestechungsdelikten im Auftrag des Bayerischen Staatsministeriums der Justiz, 1997; *Franzheim, Horst:* Die Gewinnabschöpfung wegen Verstoßes gegen arbeitsrechtliche Vorschriften, Festschrift für Dieter Gaul, 1992, S. 135 ff.; *Fürhoff*, Kapitalmarktrechtliche Ad hoc-Publizität zur Vermeidung von Insider-Kriminalität – die Notwendigkeit einer kapitalmarktrechtlich orientierten Ad hoc-Publizitätsnorm zur Legitimation eines strafrechtlichen Insiderhandelsverbotes, 2000; *Geerds, Detlev:* Wirtschaftsstrafrecht und Vermögensschutz, 1990; *Göhler, Erich:* Zur bußgeldrechtlichen Verantwortung der juristischen Person bei aufgespaltener Zuständigkeit ihrer Organe, wistra 1991, S. 207 ff.; *ders.:* Ordnungswidrigkeitengesetz. Kommentar, 12. Aufl., 1998; *Gössweiner-Saiko, Th.:* Wirtschaftskriminologie in Beiträgen, 1990; *Gröblinghoff, Stefan:* Die Verpflichtung des deutschen Strafgesetzgebers zum Schutz der Interessen der Europäischen Gemeinschaften, 1995; *Gropp, Walter* (Hrsg.): Wirtschaftskriminalität und Wirtschaftsstrafrecht in einem Europa auf dem Weg zu Demokratie und Privatisierung, 1998; *Günther, Hans-Ludwig:* Das Recht der Ordnungswidrigkeiten – Aufbruch zu neuen Ufern? in: Nörr, Knut W. (Hrsg.): 40 Jahre Bundesrepublik Deutschland, 40 Jahre Rechtsentwicklung, 1990, S. 385 ff.; *Hassemer, Winfried:* Prävention im Strafrecht, JuS 1987, S. 257 ff.; *ders.:* Neue Kriminalpolitik, 1989; *ders.:* Symbolisches Strafrecht und Rechtsgüterschutz, NStZ 1989, S. 553 ff.; *ders.:* Kennzeichnen und Krisen des modernen Strafrechts, ZRP 1992, S. 378 ff.; *ders.:* Produktverantwortung im modernen Strafrecht, 1994; *Hassemer, Raimund/Hippler, Gabriele:* Informelle Absprachen in der Praxis des deutschen Strafverfahrens, StV 1986, S. 360 ff.; *Heine, Günter:* Die strafrechtliche Verantwortung von Unternehmen, 1995; *Heinz, Wolfgang:* Wirtschaftskriminologische Forschung in der BRD, wistra 1983, S. 128 ff.; *ders.:* Konzeption und Grundsätze des Wirtschaftsstrafrechts (einschließlich Verbraucherschutz) – Kriminologischer Teil, ZStW 96 (1984), S. 422 ff.; *ders.:* Wirtschaftskriminalität, in: Kaiser, Günther/Kerner, Hans-Jürgen/Sack, Fritz/Schellhoss, Hartmut (Hrsg.): Kleines Kriminologisches Wörterbuch, 3. Aufl., 1993, S. 59 ff; *ders.:* Systemgliederung der Wirtschaftsstraftaten im deutschen Recht, in: Eser, Albin/Kaiser, Günther (Hrsg.): Zweites deutsch-ungarisches Kolloquium über Strafrecht und Kriminologie, 1995, S. 155 ff.; *Herren, Rüdiger:* Psychogramm des Wirtschaftsverbrechers, 1982, S. 25 ff.; *Herzog, Felix:* Gesellschaftliche Unsicherheit und strafrechtliche Daseinsvorsorge, 1991; *ders.:* Gentechnologie – Forschungskontrolle durch Strafrecht?, ZStW 105 (1993), S. 727 ff.; *Hillenkamp, Thomas:* Beweisnot und materielles Recht, in: Festschrift für Rudolf Wassermann, 1985, S. 861 ff.; *Hirsch, Hans-Joachim:* Strafrechtliche Verantwortlichkeit von Unternehmen, ZStW 107 (1995), S. 285 ff.; *ders.:* Der Wiederaufbau der Juristischen Fakultäten in den neuen Bundesländen, Festschrift für Koichi Miyazawa, 1995, S. 345 ff.; *ders./Hofmanski, Piotr/Plywaczewski, Emil W./Roxin, Claus:* Neue Erscheinungsformen der Kriminalität in ihrer Auswirkung auf das Straf- und Strafprozeßrecht, 1996; *Jung, Heike:* Die Bekämpfung der Wirtschaftskriminalität als Prüfstein des Strafrechtssystems, 1979; *Kaiser, Günther:* Wirtschaftskriminologische Forschung am Freiburger Max-Planck-Institut, Freiburger Universitätsblätter 1982, S. 41 ff.; *ders.:* Kriminologie, 9. Aufl., 1993; *ders.:* Kriminologie – Ein Lehrbuch, 3. Aufl., 1996; *ders./Kerner, Hans-Jörg/Sack, Fritz/Schellhoss, Hartmut:* Kleines Kriminologisches Wörterbuch, 3. Aufl., 1993; *ders./Schöch, Heinz* (Hrsg.): Kriminologie, Jugendstrafrecht, Strafvollzug, 4. Aufl., 1994; *Katholnigg, Oskar:* Die Beteiligung von Laien in Wirtschaftsstrafsachen, wistra 1982, S. 91 ff.; *ders.:* Das Gesetz zur Änderung des Gesetzes über Ordnungswidrigkeiten und andere Gesetze, NJW 1998, S. 568 ff.; *Kerner, Hans-Jürgen/Kury, Helmut/Sessar, Klaus:* Deutsche Forschungen zur Kriminalitätsentwicklung und Kriminalitätskontrolle, 1993; *Kindhäuser, Urs:* Legitimität der abstrakten Gefährdungsdelikte, in: Schünemann, Bernd/Suárez González, Carlos (Hrsg.): Bausteine des europäischen Wirtschaftsstrafrechts, 1994, S. 125 ff.; *Kramer, Bernhard:* Ermittlungen bei Wirtschaftsdelikten, 1987; *Krauß, Detlev:* Sicherheitsstaat und Strafverteidigung, StV 1989, S. 315 ff.; *Krüger, Freyja:* Die Entstehungsgeschichte des 18. Strafrechtsänderungsgesetzes zur Bekämpfung der Umweltkriminalität, 1995; *Kube, Edwin:* Prävention von Wirtschaftskriminalität – Möglichkeiten und Grenzen, 2. Aufl., 1985; *ders./Plate, Monika/Störzer, Hans Udo:* Wirtschaftskriminalität, Kiriminalistik 1983, S. 600 ff.; *Kubica, Johann:* in: Kube, Edwin/Störzer, Hans Udo/Timm, Klaus Jürgen (Hrsg.): Kriminalistik. Handbuch für Praxis und Wissenschaft, Bd. 2, 1994, S. 445 ff.; *Kuhlen, Lothar:* Strafhaftung bei unterlassenem Rückruf gesundheitsgefährdender Produkte, NStZ 1990, S. 566 ff.; *Lenckner, Theodor:* Wertausfüllungsbedürftige Begriffe im Strafrecht und der Satz „nulla poena sine lege", JuS 1968, S. 304 ff.; *Liebl, Karlhans:* Die bundesweite Erfassung von Wirtschaftsstraftaten nach einheitlichen Gesichtspunkten, 1984; *ders.:* Statistik als Rechtstatsachenforschung – Ein Abschlußbericht zur bundesweiten Erfassung von Wirtschaftsstraftaten nach einheitlichen Gesichtspunkten, wistra 1988, S. 83 ff.; *ders.:* Internationale Forschungsergebnisse auf dem Gebiet der Wirtschaftskriminalität, 1987; *Lüderssen, Klaus:* Die Zusammenarbeit von Medizinprodukteindustrie, Krankenhäusern und Ärzten – Strafbare Kollusion oder sinnvolle Kooperation, 1998; *Meinberg, Volker:* Geringfügigkeitseinstellung von Wirtschaftsstrafsachen, 1985; *Meurer, Dieter:* Die Bekämpfung der Computerkriminalität in der BRD, in: Festschrift für Zentaro Kitagawa, 1992, S. 971 ff.; *Michaelsen, Horst D.:* Möglichkeiten der

Beschleunigung und Kosteneinsparung im Wirtschaftsstrafverfahren, Kriminalistik 1982, S. 498 ff.; *Middendorff, Wolf:* Historische und vergleichende Aspekte der Wirtschaftskriminalität, 1982, S. 55 ff.; *Möhrenschlager, Manfred:* Das neue Computerstrafrecht, wistra 1986, S. 128 ff.; *ders.:* Computerstraftaten und ihre Bekämpfung in der BRD, wistra 1991, S. 321 ff.; *ders.:* Revision des Umweltstrafrechts – Das Zweite Gesetz zur Bekämpfung der Umweltkriminalität –, NStZ 1994, S. 513 ff.; *Müller, Ekkehard:* Stellung der juristischen Person im Ordnungswidrigkeitenrecht, 1985; *Müller-Gugenberger, Christian* (Hrsg.): Wirtschaftsstrafrecht, 2. Aufl., 1992; *Nagel, Michael:* Reaktionen auf Zuwiderhandlungen im Bereich der Wirtschaftskriminalität, in: Gropp, Walter (Hrsg.): Wirtschaftskriminalität und Wirtschaftsstrafrecht in einem Europa auf dem Weg zu Demokratie und Privatisierung, 1998, S. 83 ff.; *Opp, Karl-Dieter:* Soziologie der Wirtschaftskriminalität, 1975; *Otto, Harro:* Strafrecht als Instrument der Wirtschaftspolitik, MschrKrim 1980, S. 399 ff.; *ders.:* Konzeption und Grundsätze des Wirtschaftsstrafrechts (einschließlich Verbraucherschutz), ZStW 96 (1984), S. 339 ff.; *ders.:* Verrat von Betriebs- und Geschäftsgeheimnissen, § 17 UWG, wistra 1988, S. 125 ff.; *ders.:* Strafrechtsdogmatische Aspekte der Wirtschaftskriminalität, in: Eser, Albin/Kaiser, Günther (Hrsg.): Fünftes Deutsch-Sowjetisches Kolloquium über Strafrecht und Kriminologie, 1990, S. 190 ff.; *ders.:* Die Strafbarkeit von Unternehmen und Verbänden, 1993; *ders.:* Strafrechtliche Aspekte des „insider-dealing", in: Blaurock, Uwe (Hrsg.): Recht der Unternehmen in Europa, 1993, S. 65 ff; *ders.:* Das neue Umweltstrafrecht, Jura 1995, S. 134 ff.; *ders.:* Die strafrechtliche Haftung für die Auslieferung gefährlicher Produkte, Festschrift für Hans Joachim Hirsch, 1999, S. 291 ff.; *Pieth, Mark/Eigen, Peter:* Korruption im internationalen Geschäftsverkehr, 1998; *Poerting, Peter* (Hrsg.): Polizeiliche Bekämpfung von Wirtschaftskriminalität, 1985; *ders.:* Wirtschaftskriminalität Teil 1 und 2, 1983 und 1985; *Ransiek, Andreas:* Unternehmensstrafrecht, 1996; *ders.:* Effektivierung des Wirtschaftsstrafrechts, in: Gropp, Walter (Hrsg.): Wirtschaftskriminalität und Wirtschaftsstrafrecht in einem Europa auf dem Weg zu Demokratie und Privatisierung, 1998, S. 203 ff.; *Rebmann, Kurt/Roth, Werner/Hermann, Siegfried:* Gesetz über Ordnungswidrigkeiten. Kommentar, 3. Aufl., Stand: April 1998; *Reisner, Sigrun:* Der strafrechtliche Schutz der Finanzinteressen der EG vor Schein- und Umgehungshandlungen im Bereich der Europäischen Marktordnung, 1995; *Richter, Hans:* Der Konkurs der GmbH aus der Sicht der Strafrechtspraxis (I), GmbH-Rundschau 1984, S. 113 ff.; *ders.:* Erfahrungen bei der Strafverfolgung auf dem Gebiet der Wirtschaftskriminalität, in: Landeszentrale für politische Bildung Baden-Württemberg (Hrsg.): Grenzenlose Geschäfte. Wirtschaftskriminalität in Deutschland und Europa, 1997, S. 53 ff.; *Savelsberg, Joachim J.:* Von der Genese zur Implementation von Wirtschaftsstrafrecht. Klassen-, schicht- und sektospezifische Aushandlungsprozesse, KrimJ 1987, S. 193 ff.; *Schäfer, Herbert:* Wirtschaftskriminalität, Weiße-Kragen Kriminalität, 1974; *Schmidt, Karsten:* Zur Verantwortung von Gesellschaften und Verbänden im Kartell-Ordnungswidrigkeitenrecht, wistra 1990, S. 131 ff.; *Schmidt-Salzer, Joachim:* Strafrechtliche Produktverantwortung, NJW 1990, S. 2966 ff.; *Schmitt, Rudolf:* Strafrechtliche Maßnahmen gegen Verbände, 1958; *Schneider, Hans:* Kriminologie, 1981; *Schroth, Hans-Jürgen:* Unternehmen als Normadressat und Sanktionssubjekt, 1993; *Schünemann, Bernd:* Unternehmenskriminalität und Strafrecht, 1979; *ders:* Die Funktion der Abgrenzung von Unrecht und Schuld, in: ders./Jorge de Figueiredo Dias (Hrsg.): Bausteine des Europäischen Wirtschaftsrechts, Coimbra-Symposium für Claus Roxin, 1994, S. 194 ff.; *ders.:* Alternative Kontrolle der Wirtschaftskriminalität, in: Gedächtnisschrift für Armin Kaufmann, 1989, S. 629 ff.; *ders./Suárez González, Carlos* (Hrsg.): Bausteine des europäischen Wirtschaftsstrafrechts, 1994; *Schwind, Hans-Dieter/Gehrich, Wulf-Dieter/Berckhauer, Friedrich Helmut/Ahlhorn, Wilfried:* Bekämpfung der Wirtschaftskriminalität erläutert am Beispiel von Niedersachsen, JR 1980, S. 228 ff.; *Schwind, Hans-Dieter:* Kriminologie, 9. Aufl., 1998; *See, Hans/Spoo, Eckhart* (Hrsg.): Wirtschaftskriminalität – Kriminelle Wirtschaft, 1997; *Seelmann, Kurt:* Atypische Zurechnungsstrukturen im Umweltstrafrecht, NJW 1990, S. 1257; *Sieber, Ulrich:* The International Handbook on Computer Crime, 1987; *ders.:* Grundfragen des Wirtschaftsstrafrechts in rechtsvergleichender Sicht, ZStW 96 (1984), S. 258 ff.; *ders.:* Internationales Strafrecht im Internet, NJW 1999, S. 2065 ff.; *ders./Bögel, Marion:* Logistik der Organisierten Kriminalität, 1993; *Siolek, Wolfgang:* Neues zum Thema Verständigung im Strafverfahren, DRiZ 1993, S. 422 ff.; *ders.:* Verständigung in der Hauptverhandlung, 1993; *Stein, Ulrich:* Entwicklung und nationale Rechtsquellen des Wirtschaftsstrafrechts und -ordnungswidrigkeitenrechts, in: Gropp, Walter (Hrsg.): Wirtschaftskriminalität und Wirtschaftsstrafrecht in einem Europa auf dem Weg zu Demokratie und Privatisierung, 1998, S. 63 ff.; *Steinke, Wolfgang:* Kriminalität durch Beeinflussung von Rechnerabläufen, NStZ 1984, S. 295 ff.; *ders.:* Wirtschaftskriminalität 1992, NStZ 1994, S. 168 ff.; *Strathenwerth, Günther:* Strafrechtliche Unternehmenshaftung, Festschrift für Rudolf Schmitt, 1992, S. 299 ff.; *Sutherland, Edwin:* White Collar Crime, 1949; *Tiedemann, Klaus:* Entscheidung und Begriff des Wirtschaftsstrafrechts, GA 1961, S. 71 ff.; *ders.* (Hrsg.): Die Verbrechen in der Wirtschaft, 1970; *ders.:* Die Verbrechen in der Wirtschaft, 1972; *ders.:*

Welche strafrechtlichen Mittel empfehlen sich für eine wirksamere Bekämpfung der Wirtschaftskriminalität?, Gutachten für den 49. Juristentag, Bd. I, 1972; *ders.*: Der Subventionsbetrug, ZStW 86 (1974), S. 897 ff.; *ders.*: Die Bekämpfung der Wirtschaftskriminalität als Aufgabe der Gesetzgebung am Beispiel der Steuer- und Subventionsdelinquenz, GA 1974, S. 11 ff.; *ders.*: Subventionskriminalität in der Bundesrepublik, 1974; *ders.*: Der Entwurf eines Ersten Gesetzes zur Bekämpfung der Wirtschaftskriminalität, ZStW 87 (1975), S. 253 ff.; *ders.*: Plädoyer für ein neues Wirtschaftsstrafrecht, ZRP 1976, S. 49 ff.; *ders.*: Wirtschaftsstrafrecht und Wirtschaftskriminalität Band 1 und 2, 1976; *ders.* (Hrsg.): Multinationale Unternehmen und Strafrecht, 1980; *ders.*: Handhabung und Kritik des neuen Wirtschaftsstrafrechts – Versuch einer Zwischenbilanz, in: Festschrift für Hanns Dünnebier, 1982, S. 519 ff.; *ders.*: Wirtschaftskriminalität als Forschungsgegenstand, Freiburger Universitätsblätter, 1982, S. 13 ff.; *ders.*: Die „Bebußung" von Unternehmen nach dem 2. Gesetz zur Bekämpfung der Wirtschaftskriminalität, NJW 1988, S. 1169 ff.; *ders.*: Wirtschaftsstrafrecht – Einführungsübersicht, JuS 1989, S. 691 ff.; *ders.*: Artikel „Auslegung" in: Krekeler, Wilhelm/Tiedemann, Klaus/Ulsenheimer, Klaus/Weinmann, Günter (Hrsg.): HdWiStr, Bd. 1, Stand Mai 1990; *ders.*: Verfassungsrecht und Strafrecht, 1991; *ders.*: Körperverletzung und strafrechtliche Produktverantwortung, in: Festschrift für Hans Joachim Hirsch, 1999, S. 765 ff.; *ders./Kindhäuser, Urs:* Umweltstrafrecht – Bewährung oder Reform?, NStZ 1988, S. 337 ff.; *ders./Otto, Harro:* Literaturbericht – Wirtschaftsstrafrecht (Teil I), ZStW 102 (1990), S. 94 ff.; *Tondor, Günter/Waider, Heribert:* Strafrechtliche Aspekte des sogenannten Herzklappenskandals, MedR 1997, S. 102 ff.; *Vogel, Joachim:* Verbraucherschutz durch strafrechtliche Produktshaftung, GA 1990, S. 241 ff.; *ders.*: Schein- und Umgehungshandlungen im Strafrecht, insbesondere im europäischen Recht, in: Schünemann, Bernd/Suárez González, Carlos (Hrsg.): Bausteine des europäischen Wirtschaftsstrafrechts, 1994, S. 151 ff.; *Volk, Klaus:* Strafrecht und Wirtschaftskriminalität, JZ 1982, S. 85 ff.; *Wassermann, Rudolf:* Kritische Überlegungen zur Bekämpfung der Wirtschaftskriminalität, Kriminalistik 1984, S. 20 ff.; *Weber, Ulrich:* Die Überspannung der staatlichen Bußgeldgewalt, ZStW 92 (1980), S. 313 ff.; *ders.*: Konzeption und Grundsätze des Wirtschaftsstrafrechts (einschließlich Verbraucherschutz), ZStW 96 (1984), S. 376 ff.; *Weigend, Thomas:* Eine Prozeßordnung für abgesprochene Urteile, NStZ 1999, S. 57 ff.; *Winkelbauer/Felsinger:* Finanzierung gemeindlicher Aufgaben im Wege des Sponsorings – strafbare Korruption, Die Gemeinde 1999, S. 291 ff.; *Wittkämper, Gerhard W./Krevert, Peter/Kohl, Andreas:* Europa und die innere Sicherheit, 1996; *Zirpins, Walter/Terstegen, Otto:* Wirtschaftskriminalität – Erscheinungsformen und ihre Bekämpfung, 1963; *Zybon, Adolf:* Wirtschaftskriminalität als gesamtwirtschaftliches Problem, 1972.

Inhaltsübersicht

Rn.

A. Einführung 1–4

B. Begriff der Wirtschaftskriminalität und des Wirtschaftsstrafrechts 5–10

I. Klassische Definition Sutherlands und ihre Fortentwicklung 6, 7

II. Strafprozessual-kriminaltaktisch orientierte Begriffsbildung des § 74 c GVG 8

III. Orientierung an der besonderen Sozialschädlichkeit der Wirtschaftskriminalität und dem Rechtsgüterschutz 9, 10

C. Kriminologische Aspekte der Wirtschaftskriminalität 11–31

I. Materielle Schäden und Schadensschätzungen 12–17

1. Schadenshöhe der registrierten Kriminalität 12, 13
2. Schadensschätzungen 14, 15
3. Schäden durch Sog- und Spiralwirkung und durch Begleitkriminalität 16, 17
   a) Sog- und Spiralwirkung 16
   b) Begleitkriminalität 17

Rn.

II. Entstehungszusammenhänge der Wirtschaftskriminalität und Sozialprofil des Wirtschaftsstraftäters 18

III. Aufklärungs- und Strafverfolgungsprobleme bei Wirtschaftsstraftaten 19–24

1. Zur Bedeutung der Anonymität von Wirtschaftsdelikten für die Aufdeckung und Verfolgung von Wirtschaftsstraftaten 19
2. Spezifische Aufklärungsprobleme bei Wirtschaftsdelikten 20–22
3. Auswirkungen gesetzlicher und sonstiger spezieller Regelungen des Allgemeinen Teils und des Besonderen Teils des Strafrechts auf die Strafverfolgung 23, 24

IV. Erledigung von Wirtschaftsstrafverfahren 25–27

1. Empirische Untersuchungen 25
2. Absprachen über strafrechtliche Entscheidungen 26, 27

V. Kriminalpolitische Forderungen zur Verbesserung der Bekämpfung der Wirtschaftskriminalität . . 28–31

Rn.

D. Zur geschichtlichen Entwicklung des Wirtschaftsstrafrechts 32–111

I. Entwicklung des deutschen Wirtschaftsstrafrechts bis zum Jahre 1945 33–35

II. Aufbau des Wirtschaftsstrafrechts nach dem 2. Weltkrieg 36–38

III. Einführung und Fortentwicklung des Ordnungswidrigkeitenrechts 39–53

1. Entkriminalisierung des Strafrechts durch Umwandlung in Ordnungswidrigkeiten 39
2. Ausweitung des Anwendungsbereichs des Ordnungswidrigkeitenrechts 40
3. Sanktionen des Ordnungswidrigkeitenrechts 41–43
   a) Geldbuße 41
   b) Einziehung 42
   c) Fehlen einer Verfallsregelung 43
4. Allgemeiner Teil des Ordnungswidrigkeitenrechts 44
5. Verletzung der Aufsichtspflicht in Betrieben und Unternehmen 45–48
   a) Funktion des § 130 OWiG 46
   b) Anforderungen an die Kausalität 47
   c) Bußgeldrahmen 48
6. Verfahrensrecht 49
7. Einführung von Sanktionen gegen Verbände 50–53
   a) Einführung einer einheitlichen Verbandsgeldbuße im Jahre 1968 50
   b) Neuregelung des § 30 OWiG im Jahre 1986 51
   c) Ausweitung des zurechenbaren Personenkreises im Jahre 1994 52
   d) Einführung einer Sonderregelung für Submissionsabsprachen im Jahre 1997 53

IV. Die neuere Entwicklung des Wirtschaftsstrafrechts 54–111

1. Änderungen des materiellen Wirtschaftsstrafrechts – Überblick über die Reformgesetze 54–90
   a) Erstes Gesetz zur Bekämpfung der Wirtschaftskriminalität v. 29. 7. 1976 (1. WiKG) 55–61
      aa) Subventionsbetrug 56–58
      bb) Kreditbetrug 59, 60
      cc) Konkurs- und Wucherstrafrecht 61
   b) Zweites Gesetz zur Bekämpfung der Wirtschaftskriminalität v. 15. 5. 1986 (2. WiKG) 62–70
      aa) Computerstrafrecht 63
      bb) Verrat von Geschäfts- oder Betriebsgeheimnissen 64
      cc) Progressive Kundenwerbung 65
      dd) Kapitalanlagebetrug 66
      ee) Verleitung zu Spekulationsgeschäften und Kursbetrug 67
      ff) Mißbrauch von Scheck- und Kreditkarten 68
      gg) Fälschung von Vordrucken für Euroschecks und Euroscheckkarten 69
      hh) Vorenthalten und Veruntreuen von Arbeitsentgelt 70
   c) Weitere Reformen im Bereich des materiellen Strafrechts im Überblick 71–85
      aa) Steuerstrafrecht 71, 72
      bb) Wettbewerbsstraf- und -bußgeldrecht 73–76
      cc) Umweltstrafrecht 77
      dd) Straftatbestände zum Schutz des geistigen Eigentums 78
      ee) Insiderstrafrecht 79
      ff) Insolvenzstrafrecht 80
      gg) Bekämpfung der organisierten Kriminalität durch den Straftatbestand der Geldwäsche 81, 82
      hh) Telekommunikationsstrafrecht 83
      ii) Korruptionsstrafrecht 84
      jj) Subventionsbetrug 85
   d) Grundsätze der Ausgestaltung der Straftatbestände des Wirtschaftsrechts 86–89
      aa) Schutz überindividueller Rechtsgüter durch abstrakte Gefährdungsdelikte 86
      bb) Unbestimmtheit der Straftatbestände 87
      cc) Inkriminierung leichtfertiger Verhaltensweisen 88
      dd) Pönalisierung von Umgehungshandlungen 89
   e) Effektivität des Wirtschaftsstrafrechts 90

2. Reformen im Bereich der strafrechtlichen Sanktionen 91–109
   a) Hauptstraftaten 92
   b) Nebenstrafen und Nebenfolgen 93
   c) Maßregeln der Besserung und Sicherung 94
   d) Sonstige Maßnahmen 95–99
      aa) Verfall 95
      bb) Erweiterter Verfall und Vermögensstrafe 96, 97
      cc) Einziehung 98
      dd) Nachträgliche und selbständige Anordnung des Verfalls und der Einziehung 99
   e) Bußgeldverhängung gegen juristische Personen und Personenvereinigungen 100–109

Rn.
aa) Normadressaten 100
bb) Personenkreis, dessen Verhalten der juristischen Person zugerechnet wird 101
cc) Verletzung einer betriebsbezogenen Pflicht bzw. Bereicherung der juristischen Person 102, 103
dd) Handeln als Organ, Vorstand usw. 104, 105
ee) Bußgeldrahmen 106
ff) Bußgeldbemessung 107
gg) Reformbestrebungen. . . . 108, 109

Rn.
3. Änderungen des Strafprozeßrechts 110, 111
a) Einrichtung spezialisierter Schwerpunktstaatsanwaltschaften u. Schaffung von Wirtschaftsstrafkammern 110
b) Sonstige verfahrensrechtliche Änderungen. 111

E. Offene Grundsatzfragen der Wirtschaftskriminalität und des Wirtschaftsstrafrechts 112–114

A. Einführung

1 Die **Entwicklung des Wirtschaftsstrafrechts** in der Bundesrepublik Deutschland wurde zunächst durch den rasanten Fortschritt der Volkswirtschaft, den schnellen Wiederaufbau und die Schwierigkeiten, die mit der Stabilisierung der sozialen Marktwirtschaft verbunden waren, geprägt.[1] Seit einigen Jahren wird zunehmend über die Internationalisierung diskutiert und eine heftige Kontroverse über die Globalisierung der Märkte geführt, die mit dem Zwang zu einer globalen Einkaufs-, Produktions- und Absatzpolitik in Verbindung gebracht wird. Durch die technische Entwicklung, insbesondere durch die neuen elektronischen Medien, verändern sich daneben die Lebens- und Konsumgewohnheiten der Verbraucher, und multinationale Unternehmen tendieren zu zentral gesteuerten und kontrollierten Einheitskonzepten. Insbesondere das Internet wird in neuerer Zeit auch zur Begehung von Straftaten eingesetzt und stellt daher eine weitere Herausforderung an das Wirtschaftsstrafrecht dar.

2 Bei der Bekämpfung der Wirtschaftskriminalität stößt das traditionelle Instrumentarium des Strafrechts an seine Grenzen. Der Gesetzgeber hat der Dimension und Komplexität der Wirtschaftskriminalität, die die Undurchschaubarkeit der einzelnen Wirtschaftsstraftat und die oft erheblichen Nachweisschwierigkeiten im Grenzbereich von erlaubtem und verbotenem Verhalten, aber auch den Umfang der Wirtschaftskriminalität insgesamt betrifft, durch zahlreiche Neuregelungen Rechnung getragen, indem er abstrakte Gefährdungsdelikte eingeführt hat, die den Nachweis eines konkreten Schadens erübrigen, indem er auch leichtfertiges Verhalten unter Strafandrohung gestellt und so Auffangtatbestände geschaffen hat und schließlich mittels spezieller Umgehungsklauseln Verhaltensweisen erfaßt hat, die auf das Ausnutzen von Gesetzeslücken gerichtet sind. Diese Entwicklung hat in Deutschland eine Grundsatzdebatte darüber ausgelöst, ob das Strafrecht und das Strafverfahrensrecht im Hinblick auf diese Veränderungen auf dem richtigen Weg sind.[2] Die Bekämpfung der Wirtschaftskriminalität ist zum „**Prüfstein des Strafrechtssystems**" geworden.[3] Obwohl die Wirtschaftskriminalität und ihre Bekämpfung eines der bedrängendsten Themen der Gegenwart ist,[4] gehört die Bestimmung des-

---

[1] Vgl. *Richter*, in: *Müller-Gugenberger* (Hrsg.), Wirtschaftsstrafrecht, 2. Aufl. 1992, § 3 Rn. 1ff.; *Tiedemann*, GA 1961, 71ff.; *ders.*, Wirtschaftsstrafrecht und Wirtschaftskriminalität, Bd. 1 und 2, 1976; vgl. auch die Beiträge von *Heinz*, *Berthel*, *Stein* und *Nagel*, in: *Gropp* (Hrsg.), Wirtschaftskriminalität und Wirtschaftsstrafrecht, 1998, S. 13ff., 51ff., 63ff., 83ff.

[2] Näher dazu *Hirsch*, in: *ders./Hofmanski/Plywaczewski/Roxin* (Hrsg.), Neue Erscheinungsformen der Kriminalität in ihrer Auswirkung auf das Straf- und Strafprozeßrecht, 1996, S. 34ff.

[3] So der Titel der Untersuchung von *Jung*, Die Bekämpfung der Wirtschaftskriminalität als Prüfstein des Strafrechtssystems, 1979.

[4] *Kaiser*, Kriminologie, 9. Aufl. 1993, S. 481.

sen, was Wirtschaftskriminalität bzw. eine Wirtschaftsstraftat ist, zu den noch nicht geklärten Grundsatzfragen, auf die zunächst eingegangen werden soll (B.).

Auch die **Kriminologie** hat sich verstärkt der Wirtschaftskriminalität – einem „nichtklassischen" Kriminalitätsbereich – angenommen, in dem die Täter aus anderen gesellschaftlichen Schichten kommen und in dem die Strafverfolgung besondere Schwierigkeiten, verglichen mit der klassischen Kriminalität, aufweist. Meist war die erhöhte Aufmerksamkeit der Wissenschaft und der Strafverfolgungsorgane für die nichtklassische Kriminalität mit einer sozialkritischen Motivation verbunden („die Kleinen hängt man, die Großen läßt man laufen"); bei manchen Forschungsrichtungen der Etikettierungsansätze oder der „radikalen" Kriminologie war diesbezüglich gelegentlich ein antikapitalistisches Ressentiment vorhanden.[5] Dies darf aber nicht darüber hinwegtäuschen, daß inzwischen zahlreiche Untersuchungen zu Umfang, Struktur und Entwicklung der Wirtschaftskriminalität in der Bundesrepublik Deutschland vorliegen,[6] die zumindest über die amtlich registrierte Kriminalität einen Überblick vermitteln. Hingegen fehlen Untersuchungen zum Dunkelfeld weitgehend, weil die herkömmlichen kriminologischen Instrumente der Täter- und Opferbefragung, des Experiments und der teilnehmenden Beobachtung nicht durchführbar sind. Daher können über das Dunkelfeld überwiegend nur Vermutungen angestellt werden, zumal ein erheblicher Teil des Wirtschaftsstrafrechts durch einen vertraglichen oder gesetzlichen Geheimnisschutz abgeschirmt ist und die üblichen Mechanismen der sozialen Kontrolle infolge der Anonymität und der sich verflüchtigenden Opfereigenschaft häufig versagen.[7] Aber auch Umfang, Struktur und Entwicklung der registrierten Wirtschaftskriminalität können neuerdings nicht mehr exakt bestimmt werden, weil umfassende und differenzierende Erfassungen fehlen, seitdem die „Bundesweite Erhebung von Wirtschaftsstraftaten nach einheitlichen Gesichtspunkten" nach 1985 nicht fortgeführt wurde.[8] Dagegen gilt die strafrechtliche Sozialkontrolle der Wirtschaftskriminalität inzwischen als relativ gut erforscht.[9] Hierauf sowie auf die Erledigung von Wirtschaftsstrafverfahren und die kriminalpolitischen Forderungen zur Verbesserung der Bekämpfung der Wirtschaftskriminalität wird unter C. eingegangen. 3

Die neuen Erscheinungsformen wirtschaftskriminellen Verhaltens haben den Gesetzgeber vor **neue Aufgaben** gestellt. Zunächst wurden zahlreiche wirtschaftsrechtliche Bestimmungen eingeführt, um die Grundlagen für die ökonomische Ordnung zu schaffen und diese den neuen Entwicklungen anzupassen. In Verbindung damit gewann auch die strafrechtliche Seite der neu geregelten Rechtsgebiete zunehmend an Bedeutung. Insbesondere seit Mitte der 70er Jahre setzte eine Entwicklung der Kriminalisierung auf dem Gebiet des Wirtschaftsstrafrechts ein, die der damaligen generellen Tendenz zur Entkriminalisierung entgegenlief. Auch die Rechtsprechung sah sich vor neue Fragen gestellt, und zwar nicht nur auf dem Gebiet des Besonderen Teils, sondern auch im Bereich des Allgemeinen Teils des Strafrechts.[10] Schließlich waren organisatorische Maßnahmen erforderlich, um den Problemen bei der Verfolgung von Wirtschaftsstraftaten Rechnung zu tragen. Insgesamt ist das Wirtschaftsstrafrecht heute durch Prinzipien geprägt, die von dem 4

---

[5] *Bock*, Kriminologie, 1995, S. 155.

[6] Vgl. die Nachweise bei *Liebl*, Internationale Forschungsergebnisse auf dem Gebiet der Wirtschaftskriminalität, 1987, Bd. 1 und 2.

[7] *Kaiser*, Kriminologie – Ein Lehrbuch, 3. Aufl. 1996, S. 495.

[8] *Heinz*, in: *Gropp* (Hrsg.), Wirtschaftskriminalität und Wirtschaftsstrafrecht, S. 23.

[9] Vgl. z. B. *Blankenburg/Sessar/Steffen*, Die Staatsanwaltschaft im Prozeß strafrechtlicher Sozialkontrolle, 1978, S. 149; *Liebl*, Die bundesweite Erfassung von Wirtschaftsstraftaten nach einheitlichen Gesichtspunkten, 1984, S. 405 ff.; *Meinberg*, Geringfügigkeitseinstellungen von Wirtschaftsstrafsachen, 1985, S. 119 ff.

[10] Vgl. dazu *Hellmann*, in: *Achenbach/Wannemacher* (Hrsg.), Beraterhandbuch zum Steuer- und Wirtschaftsstrafrecht, Teil 1 – Grundlagen, Stand Oktober 1997, § 2 Rn. 1 ff.; *Lilie*, in: *Brüssow/Krekeler/Mehle* (Hrsg.), Strafverteidigung in der Praxis, 1997, § 2 Rn. 1 ff.

allgemeinen Strafrecht abweichen und eine gesonderte Behandlung erfordern. Hierauf wird im Rahmen eines Überblicks über die geschichtliche Entwicklung eingegangen (D.). Abschließend werden offene Grundsatzfragen der Wirtschaftskriminalität und des Wirtschaftsstrafrechts angesprochen (E.).

B. Begriff der Wirtschaftskriminalität und des Wirtschaftsstrafrechts

5 Obwohl der Begriff der Wirtschaftskriminalität und der des Wirtschaftsstrafrechts seit Jahrzehnten verwendet wird, fehlt nach wie vor eine **allgemein anerkannte Definition**, die die verschiedenen Formen und Ausprägungen auf einen Nenner bringt und es zugleich ermöglicht, neue Formen dieser Kriminalität, die sich im Zusammenhang mit dem gesellschaftlichen und technischen Wandel herausbilden, zu erfassen.[11] Teilweise liegt dies an den Schwierigkeiten, einen so komplexen Gegenstand zu umschreiben, teilweise hängt dies mit den unterschiedlichen kriminalpolitischen Vorstellungen, die der Betrachtung der Wirtschaftskriminalität zugrunde liegen, zusammen.[12]

Der Begriff der Wirtschaftskriminalität hat eine **Geschichte**, die in drei Phasen unterteilt werden kann: die täterbezogene Klassifizierung des „white collar crime" durch *Sutherland*, zu der das „occupational crime" und das „corporate crime" trat. Daneben kann der Begriff der Wirtschaftskriminalität aus strafprozessual-kriminaltaktischer Sicht bestimmt werden. Schließlich wird von der h. M. in der deutschen kriminologischen Literatur die besondere Sozialschädlichkeit der Delikte in die Definition miteinbezogen.

I. Klassische Definition *Sutherlands* und ihre Fortentwicklung

6 Während das Phänomen der Wirtschaftskriminalität schon Ende des 19. Jahrhunderts registriert und von *Hill* erstmals angesprochen wurde und sich *Ross* im Jahre 1907 und *Morris* im Jahre 1935 mit der Kriminalität in der Geschäftswelt befaßten,[13] gelang es erst *Edwin H. Sutherland*, dem Thema „Wirtschaftskriminalität" mit seinem **„white collar"-Konzept**, das im Zusammenhang mit der Sozialkritik der Bevorzugung der Reichen und der Benachteiligung der Ärmeren stand, Brisanz zu verleihen. Hinzu kam in der Folgezeit die Vermutung, daß es sich bei der Wirtschaftskriminalität um eine Kriminalitätsform mit hohem Dunkelfeldpotential bei gleichzeitig deutlich verminderten Möglichkeiten sowohl der strafrechtlichen als auch der außerstrafrechtlichen Prävention handele.[14]

Von *Sutherland*, der im Jahre 1939 den Begriff der „white collar-criminality" („Weiße-Kragen-Kriminalität") in die wissenschaftliche Diskussion eingeführt hat, stammt die klassische Definition der Wirtschaftskriminalität.[15] Die **„Weiße-Kragen-Kriminalität"** wurde anschließend häufig mit der Bezeichnung Wirtschaftskriminalität gleichgesetzt, obwohl die Begriffe nicht deckungsgleich sind. Weiße-Kragen-Kriminalität bezeichnet Straftaten, die von ehrbaren Personen mit hohem sozialen Ansehen im Rahmen ihrer beruflichen Tätigkeit verübt werden. Zum einen wird also auf die Person des Täters ab-

---

[11] Vgl. den Überblick bei *Berckhauer*, Wirtschaftskriminaltiät und Staatsanwaltschaft, 1977, S. 22 ff.; *Geerds*, Wirtschaftsstrafrecht und Vermögensschutz, 1990, S. 6 ff.; *Lampe*, in: *Hirsch/Hofmanski/Plywaczewski/Roxin* (Hrsg.), Neue Erscheinungsformen der Kriminalität, S. 95 ff.; *Liebl*, in: *Kerner/Kury/Sessar* (Hrsg.), Deutsche Forschungen zur Kriminalitätsentwicklung und Kriminalitätskontrolle, 1993, § 2 Rn. 17 ff.

[12] S. dazu *Lampe*, in: *Hirsch/Hofmanski/Plywaczewski/Roxin* (Hrsg.), Neue Erscheinungsformen der Kriminalität, S. 95 ff.

[13] *Wittkämper/Krevert/Kohl*, Europa und die innere Sicherheit, 1996, S. 20.

[14] *Heinz*, in: *Gropp* (Hrsg.), Wirtschaftskriminalität und Wirtschaftsstrafrecht, S. 21.

[15] *Poerting*, Polizeiliche Bekämpfung von Wirtschaftskriminalität, 1985, S. 9.

gestellt, dessen besondere soziale Merkmale zum Gegenstand der Definition erhoben werden, denn *Sutherlands* Ziel war es, mit dieser Begriffsbestimmung das verbreitete Vorurteil abzubauen, daß kriminelles Verhalten nur oder hauptsächlich in den Unterschichten der Bevölkerung vorkommt. Zum anderen werden durch das Abstellen auf die Berufstätigkeit die Tatumstände in den Mittelpunkt der Betrachtung gerückt.

Um dem Umstand Rechnung zu tragen, daß Wirtschaftsdelikte auch von untergeordneten Mitarbeitern wie Bankangestellten, Computerfachleuten usw. verübt werden können, hat sich in der angelsächsischen Literatur inzwischen der Begriff des **„occupational crime“** („Berufskriminalität“) durchgesetzt. Schließlich wird der Begriff des **„corporate crime“** („Verbandskriminalität“) im Hinblick darauf gewählt, daß wirtschaftliche Zuwiderhandlungen typischerweise im Zusammenhang mit einer Tätigkeit in einem Unternehmen begangen werden.[16]

Die klassische Definition der „white collar criminality“ ist insofern zu eng, als sie eine **Begrenzung auf statushohe Personen** enthält. Sie gilt insofern als zu weit, als jedes kriminelle Verhalten in Ausübung eines Berufes erfaßt wird, auch wenn dieses keinen Bezug zur Wirtschaft aufweist. Aus denselben Gründen ist der Begriff „occupational crime“ zu weit, unter den alle Delikte fallen, die von Personen im Staatsdienst, im Geschäftsleben oder in freien Berufen begangen werden. Der Begriff des „corporate crime“ („Verbandskriminalität“) schließlich ist wiederum zu eng gewählt, weil er **nur Straftaten juristischer Personen**, die durch ihre verantwortlichen Organe handeln, erfaßt.[17] 7

II. Strafprozessual-kriminaltaktisch orientierte Begriffsbildung des § 74 c GVG

Das Deliktspektrum der Wirtschaftskriminalität ist breit: In Betracht kommen Straftaten, die von der Steuerhinterziehung über Konkursdelikte und Kartellabsprachen bis hin zu Waffenschiebereien und Zollstraftaten reichen.[18] Hinzuweisen ist weiterhin auf das organisierte Wirtschaftsverbrechen.[19] Diese Formen der Wirtschaftskriminalität finden sich in dem **Straftatenkatalog des § 74 c Abs. 1 GVG**, der die Zuständigkeit der Wirtschaftsstrafkammern festlegt. Zwar hat der Gesetzgeber den Staatsanwaltschaften und Strafgerichten mit der Vorschrift des § 74 c Abs. 1 GVG keine Legaldefinition des Begriffs Wirtschaftskriminalität vorgegeben, wohl aber eine pragmatische, an strafprozessualen Gesichtspunkten orientierte Klausel in Form eines Straftatenkatalogs zur Verfügung gestellt, die zugleich den Ausgangspunkt für entsprechende organisatorische Maßnahmen zur besseren Bekämpfung der Wirtschaftskriminalität bildet.[20] 8

Die meisten der in § 74 c I GVG genannten Straftatbestände sind **spezifische Wirtschaftsdelikte**, so z. B. Vergehen nach dem Gesetz gegen den unlauteren Wettbewerb, Vergehen nach dem Gesetz über das Bank-, Depot-, Börsen- und Kreditwesen, Subventionsbetrug, Kreditbetrug usw. Bei diesen Delikten wird unwiderleglich vermutet, daß zur Beurteilung einschlägiger Taten Spezialkenntnisse der Strafverfolgungsorgane erforderlich sind. Hinzu kommen **allgemeine Straftatbestände** wie Untreue und Betrug, die nur dann zur Wirtschaftskriminalität zählen, wenn „zur Beurteilung des Falles besondere Kenntnisse des Wirtschaftslebens erforderlich sind“ (§ 74 c Abs. 1 Nr. 6 GVG).

Allerdings werden auch die in § 74 c GVG zum Ausdruck kommenden strafprozes-

---

16 Zur Verbandskriminalität vgl. *Schünemann*, Unternehmenskriminalität und Strafrecht, 1979, S. 13 ff., 61 ff.

17 *Heinz*, in: *Gropp* (Hrsg.), Wirtschaftskriminalität und Wirtschaftsstrafrecht, S. 18.

18 Zu den Erscheinungsformen vgl. *Egli*, Grundformen der Wirtschaftskriminalität, 1985, S. 43 ff.; *Müller-Gugenberger*, Wirtschaftsstrafrecht, §§ 18 ff.; *Tiedemann*, Wirtschaftsstrafrecht und Wirtschaftskriminalität, Bd. 2.

19 Eingehend dazu *Sieber/Bögel*, Logistik der Organisierten Kriminalität, 1993, S. 74 ff.

20 *Kaiser*, Kriminologie, S. 487 f.

sual-kriminaltaktisch orientierten Ansätze überwiegend als für eine Definition unbrauchbar angesehen, weil dadurch zum einen die **spezifische Sozialschädlichkeit** der Wirtschaftskriminalität nicht hinreichend erfaßt wird und zum anderen dem Umstand, daß das deutsche Strafrecht als Tatstrafrecht am Rechtsgutsgedanken orientiert ist, nicht Rechnung getragen wird.[21]

III. Orientierung an der besonderen Sozialschädlichkeit der Wirtschaftskriminalität und dem Rechtsgüterschutz

9 Die heute h. M. in der deutschen wirtschaftskriminologischen Literatur versteht unter Wirtschaftskriminalität im weitesten Sinne die Gesamtheit der Straftaten und Ordnungswidrigkeiten, die bei wirtschaftlicher Betätigung unter **Mißbrauch** des im Wirtschaftsleben nötigen **Vertrauens** begangen werden und über eine individuelle Schädigung hinaus **Belange der Allgemeinheit** berühren.[22] Zu den unerläßlichen Kriterien der Wirtschaftskriminalität gehört, daß ein wirtschaftlicher Bezug des mit Strafe bedrohten Verhaltens vorliegt, daß dieses Verhalten in Ausübung des Berufes erfolgt und daß ein Vertrauensmißbrauch vorliegt.[23] Charakteristisch sind ferner die Kollektivität und Anonymität des Opfers sowie die geringe Sichtbarkeit des Rechtsbrechers.[24]

10 Um der strafrechtlichen **Orientierung am Rechtsgutsgedanken** Rechnung zu tragen, unternimmt *Heinz*[25] in Weiterführung eines Vorschlags von *Lampe*,[26] der eine Einteilung nach der Schutzrichtung der die Binnenwirtschaft betreffenden wirtschaftsstrafrechtlichen Normen vorgenommen hat, folgende Unterteilung vor:

(1) Supranationale Normen zum Schutze der Wirtschaft der Europäischen Gemeinschaft

(2) Strafnormen zum Schutze des nationalen Wirtschaftsverkehrs mit dem Ausland

(3) Strafnormen zum Schutze der Binnenwirtschaft

(3.1) Strafnormen zum Schutze von konstitutiven Elementen und Instrumenten der staatlichen Finanzwirtschaft

– Strafnormen zum Schutze der staatlichen Währung sowie geldähnlicher Papiere
– Strafnormen zum Schutze der staatlichen Finanzeinnahmen
– Strafnormen zum Schutze der staatlichen Finanzausgaben

(3.2) Strafnormen zum Schutze von konstitutiven Elementen und Instrumenten der Volkswirtschaft

– Strafnormen zum Schutze des freien Wettbewerbs
– Strafnormen zum Schutze des Banken-, Versicherungs- und Börsenwesens sowie des Kapitalmarktes
– Strafnormen zum Schutze des Kredit- und Zahlungsverkehrs
– Strafnormen zum Schutze von Versicherungsleistungen
– Strafnormen zum Schutze der wirtschaftlichen Bedarfssicherung, von wirtschaftlichen Lenkungs- und Aufsichtsmaßnahmen

(3.3) Strafnormen zum Schutze von Betrieben und des Betriebsvermögens, der betrieblichen Leistungserstellung und -verwertung sowie der Arbeitskraft

– Strafnormen zum Schutze von Betrieben und des Betriebsvermögens als Grundlagen der betrieblichen Leistungserstellung und -verwertung

---

[21] *Heinz*, in: *Gropp* (Hrsg.), Wirtschaftskriminalität und Wirtschaftsstrafrecht, S. 20 m. w. N.

[22] *Heinz*, in: *Kaiser/Kerner/Sack/Schellhus* (Hrsg.), Kleines Kriminologisches Wörterbuch, 3. Aufl. 1993, S. 589 f.; *Schwind/Gehrich/Berckhauer/Ahlborn* JR 1980, 230.

[23] *Otto* MschrKrim 1980, 399 f.; *Tiedemann*, Wirtschaftsstrafrecht und Wirtschaftskriminalität, Bd. 1, S. 50; krit. zu letzterem Merkmal *Volk* JZ 1982, 86.

[24] *Kaiser*, Kriminologie, S. 485 f.

[25] *Heinz*, in: *Gropp* (Hrsg.), Wirtschaftskriminalität und Wirtschaftsstrafrecht, S. 20 f.

[26] *Lampe*, in: *Alwers* u. a. (Hrsg.), Handwörterbuch der Wirtschaftswissenschaft, 1981, S. 310.

– Strafnormen zum Schutze der betrieblichen Leistungsverwertung
– Strafnormen zum Schutze der Arbeitskraft
(3.4) Strafnormen zum Schutze der Allgemeinheit und des Verbrauchers
– Strafnormen zum Schutze der Allgemeinheit, insbesondere vor körperlichen Gefahren.
– Strafnormen zum Schutze vor Vermögensgefährdung
– Strafnormen zum Schutze vor Kreditunwürdigkeit und vor Zahlungsunfähigkeit

Diese Unterteilung vermittelt einen Überblick über die Strafnormen, die der Gesetzgeber zur Bekämpfung der Wirtschaftskriminalität erlassen hat. Selbst wenn durch diese Umschreibung noch nicht alle Bereiche erfaßt sind – so fehlen z. B. die Umweltkriminalität, die im Zusammenhang mit wirtschaftlichen Aktivitäten steht, und bestimmte Formen der gewerbsmäßig begangenen Kriminalität im Internet –, wird doch deutlich, wie breit die Reichweite dieses Kriminalitätsbereichs ist.

C. Kriminologische Aspekte der Wirtschaftskriminalität

Die **Bedeutung der Wirtschaftskriminalität** äußert sich vor allem in der herausragenden 11
Schadenshöhe, den beträchtlichen Zahlen registrierter Einzelfälle und Geschädigter, in dem relativ kleinen Täterkreis sowie in der Verbandskriminalität. Hinzu kommt, daß es sich häufig um sehr komplexe Sachverhalte handelt, deren Aufdeckung mit erheblichen Schwierigkeiten verbunden ist, was sich insbesondere in der Einstellungspraxis der Schwerpunktstaatsanwaltschaften und Wirtschaftsstrafkammern widerspiegelt. Außerdem sind internationale Verflechtungen der schweren Wirtschaftskriminalität geradezu typisch,[27] so daß sich das Strafrecht mit der Bekämpfung der Wirtschaftskriminalität auch aus diesem Grunde schwertut.

I. Materielle Schäden und Schadensschätzungen

Zunächst stellt sich die Frage, worin die Schäden, die durch die Wirtschaftskriminalität entstehen, gesehen werden können. Diesbezüglich wird in der Literatur zunächst auf den **Vermögensschaden**, daneben aber auch auf den **Vertrauensaspekt** abgestellt.

1. Schadenshöhe der registrierten Kriminalität

Hinweise auf den Umfang der Wirtschaftskriminalität finden sich in der **„Bundesweiten 12
Erfassung von Wirtschaftsstraftaten nach einheitlichen Gesichtspunkten“** (BWE), die vom Max-Planck-Institut für ausländisches und internationales Strafrecht in Freiburg i. Br. ausgewertet wurde. Diese Erfassung des Umfangs und der staatsanwaltschaftlichen Erledigung der schweren Wirtschaftskriminalität wurde im Jahre 1985 aufgrund eines Beschlusses der Justizministerkonferenz eingestellt. Gleichwohl können dieser bislang umfassendsten und differenziertesten Erhebung Tendenzen entnommen werden. So verursachten im Jahre 1985 bei den 3939 erfaßten Verfahren nur 7542 Beschuldigte eine hohe Zahl von Fällen (504 910) mit zahlreichen Geschädigten (134 969) und einen insgesamt hohen Vermögensschaden von 4,4 Milliarden DM. Zahlenmäßig bleiben die Fälle der schweren Wirtschaftskriminalität zwar weit hinter den allgemeinen Eigentumsdelikten zurück. Gleichwohl wird durch die Wirtschaftskriminalität ein sehr viel höherer materieller Schaden verursacht.[28] Was die Schadenshöhe anbetrifft, so stieg diese bei den erledigten Verfahren von 1,4 Milliarden DM im Jahre 1974 auf 6,9 Milliarden DM im Jahre 1983.

---

27 Näher dazu *Sieber*, in: *Albrecht/Sieber* (Hrsg.), Zwanzig Jahre Südwestdeutsche Kriminologische Kolloquien, 1984, S. 29 ff.

28 *Bock*, Kriminologie, S. 158.

Der **Aussagewert der BWE** war insoweit begrenzt, als lediglich die von den Staatsanwaltschaften erledigten Wirtschaftsstrafverfahren und nur solche mit einem Schadenswert von über 1000,- DM erfaßt wurden. Jedoch lieferte die BWE Zahlen, die eine Einschätzung über das Hellfeld ermöglichten und auch weiterhin den Verlauf der Entwicklung in dem erfaßten Bereich hätten dokumentieren können.

13 Daß die Wirtschaftskriminalität zu den schwereren Schadenskategorien zählt, bei denen wenige Täter hohe Schäden verursachen, belegt auch die Polizeiliche Kriminalstatistik.[29] Nach der **Polizeilichen Kriminalstatistik** der Jahre 1994–1997 beträgt die registrierte Schadenshöhe bei den Delikten, die nach polizeilicher Definition der „Wirtschaftskriminalität" zuzuordnen waren, jeweils ca. 10 Milliarden DM. Hierbei ist zu berücksichtigen, daß in der Polizeilichen Kriminalstatistik die Steuerstraftaten, weil sie regelmäßig von den Finanz- und Zollbehörden ohne Beteiligung der Polizei verfolgt werden, unterrepräsentiert sind. Außerdem ist die Polizeiliche Kriminalstatistik unvollständig und hinsichtlich der Erfassung fehleranfällig.[30] Die Zahl der erfaßten Fälle ist von 1996 bis 1997 um 15,5 % gestiegen. Ob sich hierin ein tatsächlicher Kriminalitätsanstieg zeigt, ist allerdings fraglich, da sich in den geänderten Zahlen auch Veränderungen in den Anzeige- und Verfolgungsstrategien widerspiegeln können. Zudem erfaßt die Polizeiliche Kriminalstatistik nur das Hellfeld. Letztlich ist es daher nicht möglich, empirisch gesicherte Aussagen darüber zu treffen, wie sich die Wirtschaftskriminalität tatsächlich entwickelt hat.[31]

2. Schadensschätzungen

14 Angesichts des Fehlens umfassender empirischer Untersuchungen zu den durch Wirtschaftsdelinquenz verursachten Schäden können diese nur geschätzt werden. Die vorliegenden **Schätzungen** zu den materiellen Schäden, die aus Straftaten sowohl im Hell- als auch im Dunkelfeld entstehen, schwanken zwischen 10 Milliarden DM[32] und umgerechnet 344 Milliarden DM.[33] Als Schätzungsgrundlage diente *Zybon,* der bereits im Jahre 1972 von 55 Milliarden DM ausging, das Bruttosozialprodukt. Die Schadenshöhe schätzte er ohne weitere Begründung auf zehn Prozent des Bruttosozialproduktes. Wenn man diese Berechnung auf das Jahr 1995 anwendete, würde man zu einer Schadenshöhe von rund 344 Milliarden DM durch wirtschaftskriminelles Verhalten gelangen. In der kriminologischen Literatur wird die Annahme, daß der durch Wirtschaftskriminalität verursachte Schaden einem Anteil von ca. 2 % des Bruttosozialprodukts entspricht, als realistisch angesehen;[34] hieraus würde ein Schaden von etwa 70 Milliarden DM folgen.

15 Wegen der **Unsicherheit der Schätzungsgrundlagen** handelt es sich bei diesen Schätzungen durchgängig um Blindschätzungen, d. h. um Spekulationen. Dies gilt überwiegend auch für die Schadensschätzungen zu einzelnen Wirtschaftsbereichen.[35] So wurde z. B. der Umfang der Steuerhinterziehung schon zu Beginn der 70er Jahre auf 1,5 bis 2 Milliarden DM beziffert. Inzwischen geht man von mindestens 150 Milliarden DM hinterzogenen Steuern pro Jahr aus. Die durch Schwarzarbeit entstehenden Schäden sollen bereits im Jahre 1985 rund 80 Milliarden ausgemacht haben.[36]

---

[29] Näher dazu *Heinz,* in: *Gropp* (Hrsg.), Wirtschaftskriminalität und Wirtschaftsstrafrecht, S. 26.

[30] Vgl. *Bundeskriminalamt* (Hrsg.), Polizeiliche Kriminalstatistik, 1997, S. 227.

[31] *Heinz,* in: *Kaiser/Kerner/Sack/Schellhus* (Hrsg.), Kleines kriminologisches Wörterbuch, S. 591.

[32] *Kaiser,* Wirtschaftskriminalität und ihre Bekämpfung, in: *ders./Schöch,* Kriminologie, Jugendstrafrecht, Strafvollzug, 4. Aufl. 1994, S. 151.

[33] *Zybon,* Wirtschaftskriminalität als gesamtwirtschaftliches Problem, 1972, S. 32.

[34] *Schwind,* Kriminologie, 9. Aufl. 1998, § 21 Rn. 8.

[35] *Heinz* wistra 1983, 1932.

[36] Zum Schaden durch Computerkriminalität vgl. *Möhrenschlager* wistra 1991, 321 ff.; *Meurer,* FS Kitagawa 1992, S. 971 ff.

Aus den zum Teil widersprüchlichen Zahlen wird deutlich, wie schwierig eine zuverlässige Schätzung des durch die Wirtschaftskriminalität verursachten Schadens ist, was unter anderem auch daran liegt, daß jeweils unterschiedliche Delikte mit in die Schätzung einbezogen werden.

3. Schäden durch Sog- und Spiralwirkung und durch Begleitkriminalität

a) Sog- und Spiralwirkung

Die Wirtschaftskriminalität kann neben monetären Schäden auch Folgeschäden verursachen, die den Einsatz des Strafrechts um so dringlicher machen, so wenn Mitbewerber aufgrund des Wettbewerbsdrucks gezwungen sind, wirtschaftsdelinquentes Verhalten ihrer Konkurrenten nachzuahmen, um konkurrenzfähig zu bleiben. Man spricht insoweit von der **„Sogwirkung"** illegaler Verhaltensweisen auf Konkurrenten am Markt.[37] Hierauf hat bereits *Sutherland* hingewiesen, der von „Diffusion of Illegal Practices" spricht.[38] Bezüglich der Verkürzung von Steuern kann z. B. festgestellt werden, daß dadurch das marktwirtschaftliche System, das auf einem funktionsfähigen Wettbewerb als grundlegender Bedingung basiert, beeinträchtigt wird. Das marktwirtschaftliche Modell beruht darauf, daß nur eine optimale Verwendung von Produktionsfaktoren eintritt, wenn ein Gewinn allein durch das legale Bemühen möglichst kostengünstiger und nachfragegerechter Produktion erwirtschaftet werden kann und jeder kurzfristige Gewinnvorsprung durch das Gleichziehen der Konkurrenten wieder beseitigt wird. Durch die Verkürzung von Steuern werden die Produktionskosten gesenkt, so daß Waren zu Preisen angeboten werden können, welchen die Mitkonkurrenten oft nicht gewachsen sind. Wird dadurch ein Gewinn gehalten oder gar vergrößert, so kann dies gleichermaßen unerwünschte Auswirkungen haben. Entweder fehlt es an der erwünschten Konkurrenz, die den Gewinnvorsprung ausgleicht, oder es entsteht eine Ansteckungswirkung auf die Mitkonkurrenten, sich dem regelverletzenden Konkurrenten anzupassen und gleichfalls Delikte zu begehen, um nicht aus dem Markt gedrängt zu werden. Jedes neue Delikt kann aber wiederum zum Kernpunkt der Ansteckung werden.[39] Dieses Phänomen wird als **Spiralwirkung** bezeichnet.[40] 16

In der Literatur wird zwar teilweise kritisch angemerkt, daß eine derartige Sog- und Spiralwirkung noch nicht **nachgewiesen** worden sei.[41] Allerdings haben z. B. Erfahrungen im Bereich der Kartellverstöße, insbesondere auf der Ebene der EG, und im Bereich des Steuerstrafrechts gezeigt, daß solche Wirkungen auftreten. Auch im Bereich der Schwarzarbeit im Baugewerbe sind entsprechende Wirkungen, die zu einem ruinösen Wettbewerb führen können, zu verzeichnen.

b) Begleitkriminalität

Zur Begleitkriminalität, die typischerweise neben den klassischen Wirtschaftsdelikten auftritt, zählen Urkundenfälschungen, Korruption[42] usw., durch die das wirtschaftskriminelle Verhalten des Täters durch Dritte unterstützt wird. Insbesondere die **Korruptionsbekämpfung** ist zu einem Schwerpunkt der internationalen Kriminalitätsbekämpfung geworden.[43] 17

---

[37] Näher dazu *Opp*, Soziologie der Wirtschaftskriminalität, 1975, S. 96 ff.

[38] *Sutherland*, White Collar Crime, 1949, S. 241 ff.; vgl. auch *Gröblinghoff*, Die Verpflichtung des deutschen Strafgesetzgebers zum Schutz der Interessen der Europäischen Gemeinschaften, 1995, S. 102; *Tiedemann*, Wirtschaftsstrafrecht und Wirtschaftskriminalität, Bd. 1, S. 25 ff. jeweils m. weit. Nachw.

[39] *Zirpins/Terstegen*, Wirtschaftskriminalität. Erscheinungsformen und ihre Bekämpfung, 1963, S. 32.

[40] *Tiedemann*, Wirtschaftsstrafrecht und Wirtschaftskriminalität, Bd. 1, S. 26.

[41] *Bottke* wistra 1991, 3.

[42] Eingehend dazu *Dölling*, in: Verhandlungen des 61. Deutschen Juristentages 1996, Bd. I (Gutachten), C 1 ff.

[43] *Pieth/Eigen* (Hrsg.), Korruption im internationalen Geschäftsverkehr, 1998; vgl. auch *Eser/Über-*

II. Entstehungszusammenhänge der Wirtschaftskriminalität und Sozialprofil des Wirtschaftsstraftäters

18 Über die **Entstehungszusammenhänge der Wirtschaftskriminalität** ist wenig bekannt. Die gängigen Kriminalitätstheorien (Theorie der differentiellen Gelegenheiten, Anomietheorie, lernpsychologische Ansätze) können allenfalls Teilbereiche erklären.[44] Eine spezifische „Theorie der Wirtschaftsdelinquenz" gibt es bislang noch nicht. Allerdings können verallgemeinerungsfähige Aussagen zum Sozialprofil der Täter bzw. Tatverdächtigen erhoben werden.

Bei den **Beschuldigten** in Verfahren schwerer Wirtschaftskriminalität handelt es sich um Personen, die ganz überwiegend männlichen Geschlechts sind und die in die Gesellschaft integriert sind.[45] *Gläser*[46] hat folgende demographische Daten ermittelt: Der Wirtschaftsstraftäter ist überwiegend um 40 Jahre alt, meist verheiratet, verfügt über eine gute Ausbildung, 55 % sind selbständig, 34 % sind Gesellschafter und Vorstände von Personen- und Kapitalgesellschaften. Was die Schichtzugehörigkeit anbetrifft, so stammt der überwiegende Teil aus einer bürgerlichen mittleren und oberen Mittelschicht. Die Vorstrafenbelastung betrug 35 %.

Das **Sozialprofil des Wirtschaftsdelinquenten** entspricht also nicht dem sozialen Stereotyp des Kriminellen. Er stammt aber auch nicht, wie häufig vermutet wird, aus der gesellschaftlichen Oberschicht, sondern eher aus den Mittelschichten. Insgesamt gesehen wird nur die These der unterschiedlichen Zugangschancen belegt. Es handelt sich also primär um „special opportunity crimes".[47] Allerdings scheinen Wirtschaftsstraftäter sich von den Tätern der klassischen Kriminalität dadurch zu unterscheiden, daß sie andere Wertvorstellungen haben. Schon *Sutherland* konnte feststellen, daß sich Wirtschaftsstraftäter „als Ehrenmänner, nicht als Kriminelle beurteilen, während die Berufsdiebe ehrlich zugeben, Diebe zu sein".[48] Hierbei ist allerdings zu berücksichtigen, daß es zahlenmäßig häufiger die „kleinen Fische" sind, die sich als Angeklagte vor den mit Wirtschaftsstraftaten befaßten Gerichten wiederfinden, während Täter mit überzogenem Gewinnstreben, die in besonders rücksichtsloser Weise vorgehen, sich häufig der Strafverfolgung entziehen können.

III. Aufklärungs- und Strafverfolgungsprobleme bei Wirtschaftsstraftaten

1. Zur Bedeutung der Anonymität von Wirtschaftsdelikten für die Aufdeckung und Verfolgung von Wirtschaftsstraftaten

19 Wirtschaftskriminalität ist durch Anonymität oder zumindest durch eine personale Distanz zwischen Täter und Opfer gekennzeichnet. Gerade diese Anonymität hat zur Folge, daß der privaten **Strafanzeige** eine vergleichsweise geringe Bedeutung für die Entdeckung und Verfolgung zukommt. Weniger als 10 % der bearbeiteten Fälle von Wirtschaftskriminalität gehen auf die Anzeige eines Opfers zurück.[49] Der überwiegende Teil

---

hofen/Huber (Hrsg.), Korruptionsbekämpfung durch Strafrecht. Ein rechtsvergleichendes Gutachten zu den Bestechungsdelikten im Auftrag des Bayerischen Staatsministeriums der Justiz, 1997.

[44] Zu den empirischen Untersuchungen vgl. *Schneider*, Kriminologie, 1981, S. 365 ff.

[45] *Schwind*, Kriminologie, § 21 Rn. 20.

[46] *Gläser*, in: *Berckhauer* (Hrsg.), Die Strafverfolgung bei schweren Wirtschaftsdelikten, 1981, S. 72 f.

[47] *Heinz*, in: *Gropp* (Hrsg.), Wirtschaftskriminalität und Wirtschaftsstrafrecht, S. 27; *Schwind*, Kriminologie, § 21 Rn. 22.

[48] Zum „Psychogramm" der Wirtschaftsstraftäter vgl. *Mergen* Der Spiegel 1971 (Heft 32), 48 f.

[49] Vgl. *Eisenberg*, Kriminologie, 4. Aufl. 1995, § 26 Rn. 28.

der Fälle wird durch **spezialisierte Behörden** (wie z. B. Gewerbeaufsichtsamt, Finanzamt mit Steuerfahndung, Zollbehörden, Bundesaufsichtsamt für den Wertpapierhandel, Kartellbehörden, Umweltbehörden, Arbeitsamt, Sozialamt, Lebensmittelüberwachungsbehörden) und den Wirtschaftskontrolldienst aufgedeckt.[50] Somit kommt der staatlichen Kontrolle die entscheidende Bedeutung bei der Aufdeckung von Wirtschaftsstraftaten zu. Durch die personelle und sachliche Ausstattung der Behörden wird maßgeblich auf die Effektivität der strafrechtlichen Aufklärung und Verfolgung Einfluß genommen. Dies belegen Erfahrungen, die mit dem Ausbau der Steuerfahndungsstellen bei den Finanzämtern gemacht worden sind.

2. Spezifische Aufklärungsprobleme bei Wirtschaftsdelikten

Die besonderen Aufklärungsprobleme bei der Verfolgung von Wirtschaftskriminalität resultieren zunächst daraus, daß es für Wirtschaftsdelikte charakteristisch ist, daß es sich bei den fraglichen Vorgehensweisen um **scheinbar legale Handlungsweisen** handelt. Die Gesamthandlung kann oft nur schwer als strafrechtlich relevant erfaßt werden, wenn die einzelnen Handlungen ohne strafrechtliche Relevanz sind und eine solche erst aus der Gesamtwirkung mehrerer Einzelakte erlangen. Hierdurch werden an die Strafverfolgungsorgane hohe Anforderungen bezüglich der Einschätzung der wirtschaftlichen und wirtschaftsstrafrechtlichen Bedeutung einzelner Handlungen gestellt. 20

Weitere Aufklärungsprobleme ergeben sich daraus, daß ein erheblicher Anteil der Wirtschaftskriminalität **in Unternehmen** begangen wird. Denn jedes Unternehmen bietet aufgrund seiner Unübersichtlichkeit für Außenstehende, der Arbeitsteilung und der Delegation von Pflichten zahlreiche Abschottungsmöglichkeiten gegenüber den Strafverfolgungsbehörden. Sofern keine Geständnisse vorliegen, ist es mit erheblichen Schwierigkeiten verbunden, durch den Organisationsaufbau hindurch einen lückenlosen Nachweis einer Straftat zu führen. Zum einen können Handlungen verschleiert werden, zum anderen besteht die Möglichkeit, zur Verwirrung der Strafverfolgungsbehörden beizutragen, indem die zuständigen Personen nicht genannt werden und am Rande der Straftat beteiligte Mitarbeiter von ihrem Aussageverweigerungsrecht Gebrauch machen. Das arbeitsteilige Vorgehen in Unternehmen führt zu einem Auseinanderfallen der die konkreten Handlungen vornehmenden Personen und denjenigen, die über die Tragweite des Verhaltens informiert sind. Dies kann häufig eine strukturell bedingte individuelle Unverantwortlichkeit des einzelnen mit sich bringen. Das Auseinanderfallen von Ausführungstätigkeit, Informationsbesitz und Entscheidungsmacht stellt insbesondere bei Großunternehmen ein zentrales Problem für die strafrechtliche Erfassung und Verfolgung deliktischen Verhaltens dar. Je mehr ein Unternehmen funktionell-differenziert statt hierarchisch-linear strukturiert ist, desto eher kann sich ein Täterpotential in strategischen und operativen Funktionen auflösen.[51] Entsprechend werden die Möglichkeiten des einzelnen, Straftaten zu begehen, durch Dezentralisierung und funktionelle Differenzierung der Kompetenzen in modernen Organisationsformen eingeschränkt. 21

Weiterhin werden verstärkt **moderne Technologien** zur Begehung von Wirtschaftsdelikten eingesetzt, da technische Neuerungen häufig wirtschaftskriminelle Manipulationen erleichtern oder erst ermöglichen, wie ein Blick auf die Software- und die Produktpiraterie sowie auf die mittels Internet begangenen Wirtschaftsstraftaten zeigt. Den Strafverfolgungsorganen fehlen aber oft die Mittel, um mit der modernen Technologie Schritt zu halten.

Schließlich treten Schwierigkeiten bei der grenzüberschreitenden Wirtschaftsdelinquenz auf, weil **Ermittlungen im Ausland** nur im Wege der Rechtshilfe möglich sind. 22

---

[50] *Eisenberg*, Kriminologie, § 26 Rn. 39 ff.

[51] *Heine*, in: *Alwart* (Hrsg.), Verantwortung und Steuerung von Unternehmen in der Marktwirtschaft, 1998, S. 91 f.

Diese erfordert aber ein aufwendiges und umständliches Verfahren, das zudem langwierig ist. Unterschiedliche prozessuale Beweiserhebungs- und Beweisverwertungsverbote, nationale Vorschriften über den Schutz von Geschäfts- und Betriebsgeheimnissen, aber auch sich unterscheidende Belehrungspflichten können zu zusätzlichen Schwierigkeiten bei der Durchführung von Ermittlungsverfahren führen.

3. Auswirkungen gesetzlicher und sonstiger spezieller Regelungen des Allgemeinen Teils und des Besonderen Teils des Strafrechts auf die Strafverfolgung

23 In der kriminologischen Literatur wird die These aufgestellt, daß Wirtschaftsstraftaten gegenüber Allgemeinstraftaten zum einen **beweisresistent** und zum anderen **privilegiert** seien.[52] So seien die Voraussetzungen des unmittelbaren Ansetzens zur Tat häufig konkret nur schwer nachvollziehbar. Der Verbotsirrtum könne um so eher angenommen werden, als gerade in diesem Deliktsbereich die Normierung von rechtlichen Regelungen der Konstituierung von Werten dient. Es handelt sich – anders als im Kernstrafrecht – in der Regel um delicta mala per se, sondern um delicta mere prohibita.[53] Zwar fehlen bisher umfassende systematische Untersuchungen der gesetzlichen und sonstigen, nicht ausdrücklich normierten speziellen Regelungen für den Bereich des **Allgemeinen Teils** des Wirtschaftsstrafrechts, jedoch wird die oben genannte These z. B. auch durch die Behandlung der Kausalität im Bereich des Wirtschaftsstrafrechts belegt, wie ein Blick auf das „*Contergan*"-Verfahren[54] zeigt, in dem der Nachweis der schädigenden Wirkung von Contergan nicht empirisch geführt werden konnte. Allerdings hat der Bundesgerichtshof in den Entscheidungen „*Erdal-Lederspray*"[55] und „*Holzschutzmittel*"[56] auf solche Probleme durch eine extensive Auslegung des Kausalitätsbegriffs reagiert und so die strafrechtliche Verantwortung von Individualpersonen in Unternehmen erheblich ausgeweitet. Gleiches gilt für die Anerkennung einer Organisationsherrschaft im „*DDR-Politbüro*"-Prozeß, die ausdrücklich auch im Wirtschaftsstrafrecht Anwendung finden soll.[57] Zu nennen ist in diesem Zusammenhang auch die höchstrichterliche Rechtsprechung zur Garantenstellung des Betriebsinhabers, die auch zum Rückruf gesundheitsschädlicher Produkte verpflichtet, wenn diese nicht rechtswidrig in den Verkehr gebracht worden sind.[58] Schließlich werden an die im Verkehr erforderliche Sorgfalt, die zentraler Bestandteil des Fahrlässigkeitsvorwurfs ist, höchste Anforderungen gestellt, soweit den Verbrauchern Gesundheitsgefahren drohen.[59]

24 Ähnliche Tendenzen finden sich auch in der Rechtsprechung zu den **Straftatbeständen des Besonderen Teils** des Wirtschaftsstrafrechts. Zu nennen sind z. B. die Entscheidungen des Bundesgerichtshofs zur Bewertung von Submissionsabsprachen als Betrug,[60] zur Strafbarkeit des Geschäftsführers wegen Untreue zu Lasten der GmbH im Falle des Einverständnisses aller Gesellschafter,[61] die Anerkennung faktischer Treueverhältnisse – z. B. im Falle einer Geschäftsverbindung – bei der Untreue[62] oder die Auferlegung strafbewehrter Pflichten für ein faktisches Organ.[63]

---

[52] So *Eisenberg*, Kriminologie, § 24 Rn. 19.
[53] Vgl. zu dieser Unterscheidung *Schwind*, Kriminologie, § 1 Rn. 7.
[54] LG Aachen JZ 1971, 507.
[55] BGHSt 37, 114 ff.
[56] BGHSt 41, 206.
[57] BGH JZ 1995, 48.
[58] BGHSt 37, 114 ff.
[59] So insbesondere im Bereich des Lebensmittelstrafrechts, grundlegend BGHSt 2, 385.
[60] BGHSt 38, 186 ff.; BGH NJW 1995, 737 ff.
[61] BGHSt 34, 379; vgl. aber auch BGH wistra 1989, 23; BGH wistra 1989, 267.
[62] BGHSt 12, 208.
[63] BGHSt 21, 101, 103; 31, 118; BGH StV 1984, 461.

IV. Erledigung von Wirtschaftsstrafverfahren

1. Empirische Untersuchungen

Bezüglich der Erledigung von Wirtschaftsstrafverfahren ergab eine Untersuchung von *Liebl*, daß bei den **Schwerpunktstaatsanwaltschaften** der größte Teil der Verfahren nach § 170 Abs. 2 StPO eingestellt wurde[64] und daß an zweiter Stelle die Anklage vor dem Schöffengericht mit 31,8 % und an dritter Stelle die Anklage vor der Strafkammer mit 14,8 % stand. Eine Erledigung durch Einstellung nach §§ 154 ff., 205 StPO nahm bei den Schwerpunktstaatsanwaltschaften einen Anteil von 9,2 % ein. Einstellungen nach §§ 153 ff. StPO machten 3,3 % aus, und die Erledigung durch den Erlaß eines Strafbefehls erfolgte in 2,6 % der Fälle. Bei den Schwerpunktstaatsanwaltschaften sind Beschränkungen des Prozeßstoffs gemäß §§ 154, 154 a StPO sowie Verfahrenseinstellungen gemäß § 153 a StPO bzw. im Wege von Verfahrensabsprachen häufiger als in anderen Strafverfahren und können als geradezu typisches Mittel zur rascheren Erledigung von Wirtschaftsstrafverfahren bezeichnet werden. 25

Berckhauer, der sich – anders als *Liebl* – nicht nur mit der staatsanwaltschaftlichen Seite befaßte, sondern auch den **Verfahrensausgang nach Anklageerhebung** untersuchte, kam zu dem Ergebnis, daß bei Wirtschaftsstrafsachen nur 24 % der Angeklagten bestraft wurden, während bei anderen Straftaten der Anteil ca. 30 % beträgt. Die verbleibenden 76 % der Verfahren endeten in 10,4 % der Fälle mit einem Freispruch, und die übrigen Verfahren wurden eingestellt.

2. Absprachen über strafrechtliche Entscheidungen

Absprachen über strafrechtliche Entscheidungen[65] haben sich in der deutschen Verfahrenswirklichkeit fest etabliert, ohne daß der **quantitative Umfang** der Absprachenpraxis generell oder auch nur in Wirtschaftsstrafverfahren bekannt ist.[66] Auch die **Ursachen** für die Zunahme der Absprachen zu Beginn der 80er Jahre und für die Ausbreitung dieses Vorgehens in den vergangenen zwei Jahrzehnten sind nicht bekannt.[67] 26

Der BGH hatte mehrfach Gelegenheit, sich mit den einzelnen Fragen, die sich im Zusammenhang mit den auf einen einvernehmlichen Verfahrensabschluß gerichteten Absprachen stellen, zu befassen.[68] In einer Grundsatzentscheidung vom 28. 8. 1998[69] werden als **Grundsätze für die Durchführung von Absprachen** statuiert:[70] 27

- Alle Verfahrensbeteiligten, insbesondere auch die Laienrichter und der Angeklagte selbst, sind in die Verständigung über den Verfahrensablauf einzubeziehen.
- Der Angeklagte darf nicht durch die Androhung einer höheren Strafe für den Fall der Verweigerung der Kooperation oder durch das „Versprechen eines gesetzlich nicht vorgesehenen Vorteils" zu einem Geständnis gedrängt werden.

---

64 *Liebl*, Die bundesweite Erfassung von Wirtschaftsstraftaten nach einheitlichen Gesichtspunkten, 1984; vgl. auch *Meinberg*, Geringfügigkeitseinstellungen von Wirtschaftsstrafsachen. Eine empirische Untersuchung zur staatsanwaltschaftlichen Verfahrenserledigung nach § 153 a StPO, 1985, S. 1 ff. und *Savelsberg* KrimJ 1987, 200.

65 Vgl. dazu Kapitel 20 – Besonderheiten des Strafverfahrensrechts, Rn. 131 ff.

66 Vgl. dazu *Hassemer/Hippler* StV 1986, 360; *Schünemann*, in: Verhandlungen des 58. Deutschen Juristentages 1990, Bd. I (Gutachten), B 17 ff.; *Siolek*, Verständigung in der Hauptverhandlung, 1993, S. 25 ff.

67 S. dazu *Schünemann*, in: Verhandlungen des 58. Deutschen Juristentages 1990, Bd. I (Gutachten), B 27 ff.; *Siolek* DRiZ 1993, 426.

68 BGHSt 36, 210 ff.; 37, 298 ff.; 38, 102 ff.; 42, 46 ff.; 42, 191 ff.; 43, 195 ff.; BGH NStZ 1999, 92.

69 BGHSt 43, 195 ff.

70 Eingehend zu dieser Entscheidung *Weigend* NStZ 1999, 57 ff.

- Ein aufgrund einer Vereinbarung abgelegtes Geständnis darf nicht ohne weiteres dem Urteil zugrunde gelegt werden, sondern das Gericht muß es auf seine Glaubwürdigkeit hin überprüfen.
- Das Gericht darf keine verbindliche Zusage über die Höhe der zu verhängenden Strafe machen.
- Das Gericht darf dem Angeklagten nicht im Gegenzug für eine in Aussicht gestellte Strafmilderung einen Rechtsmittelverzicht abverlangen.
- Eine Verständigung muß – nach Beratung des gesamten Spruchkörpers – in öffentlicher Hauptverhandlung erfolgen, und ihr Ergebnis ist in das Protokoll aufzunehmen.
- Das Gericht ist an eine rechtmäßig zustande gekommene Absprache gebunden.
- Die auf der Grundlage der Absprache verhängte Strafe muß dem Unrechtsgehalt der Tat gerecht werden; sie darf „den Boden schuldangemessenen Strafens" nicht verlassen.

V. Kriminalpolitische Forderungen zur Verbesserung der Bekämpfung der Wirtschaftskriminalität

28 Im Bereich der **Polizei** wird gefordert, zukünftig Beamte auszubilden und einzusetzen, die über eine kaufmännische Vorbildung verfügen. Darüber hinaus wird eine Spezialausbildung gefordert, die in ihrem praktischen Teil auch Einblicke in die Arbeit bei Finanzbehörden, Banken, Großbetrieben, Großrechenanlagen und bei Konkursverwaltern vermitteln soll.[71]

Weiterhin wird die Einrichtung eines **Auskunftssystems**, bestehend aus einer Falldatei, gefordert, um zu erreichen, daß alle für die Bekämpfung der Wirtschaftskriminalität relevanten Erkenntnisse jederzeit beliebig verknüpfbar zur Verfügung stehen.[72]

29 Die Beratung und Unterstützung der Kriminalpolizei durch **Wirtschaftsreferenten**, EDV-Fachkräfte und Buchhalter soll verbessert werden, um die Ermittlungsdauer zu verkürzen.[73] Der Einsatz von **Verbindungspersonen** und die Durchführung verdeckter Ermittlungen soll verbessert werden. Außerdem sollen Vorfeldermittlungen verstärkt durchgeführt werden, die z. B. mit einer regelmäßigen Auswertung von Mitteilungen der Konkursgerichte oder gezielter Medienauswertung beginnen können.[74]

Der **Informationsaustausch** zwischen den mit Prävention und Repression befaßten Behörden, insbesondere mit Spezialbehörden wie Bankenaufsicht, Versicherungsaufsicht, Gewerbeämtern, Arbeitsämtern, Staatsanwaltschaften, soll verbessert werden.[75]

30 Alle **Verwaltungsbehörden** sollen **verpflichtet** werden, bei Verdacht einer Straftatbegehung Anzeige zu erstatten bzw. die für die Verfolgung und Ahndung von Kriminal- und Verwaltungsunrecht zuständigen Behörden über einschlägige Erkenntnisse zu unterrichten.

Weiterhin wird eine **Entbürokratisierung**, eine Beschleunigung und Rationalisierung des Strafverfahrens gefordert.[76] Auch soll die bisherige Trennung von Polizei und Staatsanwaltschaft aufgehoben werden.

---

[71] *Bund deutscher Kriminalbeamter*, Bekämpfung der Wirtschaftskriminalität. Vorschläge für eine wirksamere kriminalistische Ermittlungsarbeit, 1984, S. 12ff.; vgl. auch *Kube*, Prävention von Wirtschaftskriminalität. Möglichkeiten und Grenzen, 2. Aufl. 1985, S. 32; *Wassermann* Kriminalistik 1984, 42.

[72] *Bund deutscher Kriminalbeamter*, Bekämpfung der Wirtschaftskriminalität, S. 16.

[73] *Bund deutscher Kriminalbeamter*, Bekämpfung der Wirtschaftskriminalität, S. 8f.; *Huber* NStZ 1996, 531.

[74] *Berckhauer*, in: *Poerting* (Hrsg.), Wirtschaftskriminalität, Teil 2, 1985, S. 319.

[75] *Kube*, Prävention von Wirtschaftskriminalität, S. 40.

[76] *Michaelsen* Kriminalistik 1982, 498ff.; *Wassermann* Kriminalistik 1984, 42; vgl. dazu auch das Strafverfahrensänderungsgesetz vom 27. 1. 1987, BGBl. I S. 475.

Schließlich wird eine Vertiefung der **internationalen Zusammenarbeit** durch Intensivierung der Kontakte und einen verstärkten Erfahrungsaustausch für erforderlich gehalten, insbesondere seitdem die Grenzöffnung zu anderen EU-Staaten erfolgt ist.[77]

Im Bereich der Kriminalpolitik wird der Schwerpunkt in der Regel zunächst auf die 31
Einführung und **Verbesserung der materiellen Strafrechtsnormen** gelegt, um strafwürdige und strafbedürftige Verhaltensweisen zu erfassen, und nicht selten eine Ausweitung der strafprozessualen Eingriffsbefugnisse gefordert, um kriminelle Sachverhalte besser aufklären zu können. Die Notwendigkeit, die gesetzlichen Voraussetzungen für Strafbarkeit zu schaffen und effektive Sanktionen anzudrohen, steht dabei außer Frage. Eine abschreckende Wirkung durch Strafrecht kann jedoch nur dadurch erzielt werden, daß Rechtsverstöße tatsächlich aufgedeckt und sanktioniert werden. Daher kommt der **Strafverfolgung und Ahndung** ein gleichermaßen erhebliches Gewicht wie der gesetzlichen Ausgestaltung des Straf- und Strafprozeßrechts zu. Die konkret verhängte Strafe hat dabei eine eher untergeordnete Bedeutung. Wenn aber nur durch eine effektive und konsequente Anwendung des Strafrechts die angestrebte general- und spezialpräventive Wirkung erreicht werden kann, ist es überzeugend, wenn die Polizei sowie Vertreter der Kriminologie den Schwerpunkt der Reformforderungen auf die Aus- und Weiterbildung der Strafverfolgungsorgane und den Erfahrungsaustausch zwischen verschiedenen Behörden legen, eine Verbesserung der Ausstattung der zuständigen Stellen und die Schaffung von Informationssystemen fordern. Auch die Intensivierung der internationalen Zusammenarbeit ist unabdingbar, wenn die grenzüberschreitende Wirtschaftskriminalität in gleicher Weise wie nationale Rechtsverstöße verfolgt und geahndet werden soll. Insbesondere bedarf es in diesem Bereich neben einem internationalen Erfahrungsaustausch, der die Zusammenarbeit in der Praxis erheblich erleichtert, einer **Verbesserung der Auslieferung** und einer **Vereinfachung der internationalen Rechtshilfe** mit dem Ziel der Beschleunigung und Effektivierung. Gegenwärtig steht vor allem das Erfordernis der beiderseitigen Strafbarkeit im Rechtshilfebereich einer effektiven Aufklärung entgegen.

D. Zur geschichtlichen Entwicklung des Wirtschaftsstrafrechts

Einzelne Formen der Wirtschaftskriminalität sind in Europa seit mehr als 2000 Jahren 32
bekannt. Spezielle Formen wie Betrügereien und Wucher, aber auch Gesundheitsgefährdungen und Warenfälschungen im Zusammenhang mit Lebensmitteln und Wein waren Gegenstand strafrechtlicher Ahndung.[78] Das heutige Wirtschaftsstrafrecht, das hier Gegenstand der Darstellung ist, hat sich jedoch erst im **20. Jahrhundert** herausgebildet.

I. Entwicklung des deutschen Wirtschaftsstrafrechts bis zum Jahre 1945

Die neuere Entwicklung des deutschen Wirtschaftsstrafrechts geht auf die Zeit der Ent- 33
stehung eines Wirtschafts- oder Industrierechts im ersten Drittel des 20. Jahrhunderts zurück. Als erstes Beispiel eines modernen Wirtschaftsstrafgesetzes gilt das Reichskaligesetz von 1910,[79] das nicht der Reglementierung des innerstaatlichen Wirtschaftens, sondern der Sicherung der Weltmonopolstellung der deutschen Kalisalzindustrie diente. Praktische Bedeutung erlangte das Wirtschaftsstrafrecht vor allem in den **Notzeiten in und**

[77] *Wassermann* Kriminalistik 1984, 42.

[78] Vgl. den Überblick bei *Middendorff* Freiburger Universitätsblätter 77 (1982), 55 ff.; *Richter*, in: *Müller-Gugenberger* (Hrsg.), Wirtschaftsstrafrecht, § 3 Rn. 1 ff.; *Tiedemann*, Wirtschaftsstrafrecht und Wirtschaftskriminalität, Bd. 1, S. 42 f.

[79] RGBl. 1910 S. 775.

nach dem 1. und 2. Weltkrieg, als Verstöße gegen die zahlreichen wirtschaftsverwaltungsrechtlichen Normen zur Lenkung der Bedarfsstruktur unter Strafe gestellt wurden. Insbesondere auf der Grundlage des Ermächtigungsgesetzes zu wirtschaftlichen Maßnahmen von 1914[80] erging eine Flut strafbewehrter Verordnungen zur Bewirtschaftung von Wirtschaftsgütern und zur Preisregulierung, die strafrechtliche Tatbestände enthielten.

34 Nach dem Ende des 1. Weltkrieges sah man sich gezwungen, zum einen den Mangel an Gütern zu verwalten und zum anderen die ausufernde Inflation zu bekämpfen, was zu einer erheblichen **Verschärfung der Strafdrohungen** und zur **Einführung von Sondergerichten** führte. Insbesondere die Tatbestände gegen Preisüberhöhungen blieben noch lange Zeit nach Kriegsende in Kraft und es wurden im Jahre 1919 sogar Wuchergerichte als Sondergerichte geschaffen, die das Preistreibereistrafrecht anwandten. Hervorzuheben ist weiterhin die Kartellverordnung von 1923,[81] die die Grundlage des modernen Kartellrechts wurde. In der Folgezeit ging die Zahl der Straftatbestände nur unwesentlich zurück.

Mit der Weltwirtschaftskrise setzte die Tendenz der Gesetzgebung ein, die Befugnis der Verwaltungsbehörden, **Ordnungsstrafen** zu verhängen, auszudehnen. Damit wurden diese Strafen zu dem typischen Sanktionsmittel für Verstöße gegen die staatlich verwaltete und überwachte Wirtschaftsordnung. Auch die von 1930 bis 1932 erlassenen Notverordnungen des Reichspräsidenten brachten allenthalben Erweiterungen. Des weiteren versuchte der Gesetzgeber, die Kapitalflucht ins Ausland mit hohen Strafdrohungen zu verhindern.[82] Insgesamt war das Wirtschaftsstrafrecht jedoch noch in zahlreichen Gesetzen verstreut geregelt.

35 Eine weitere Ausweitung des Einsatzes von wirtschaftsstrafrechtlichen Normen brachte die auf Lenkung und Planung ausgerichtete **nationalsozialistische Wirtschaftspolitik** hervor, die dem verwaltungsmäßigen Zweckdenken Vorrang einräumte und in einer Flut von teilweise extrem weiten Straftatbeständen „Ordnungsstrafen" androhte, die durch Standesorganisationen festzusetzen waren und teilweise keiner gerichtlichen Kontrolle unterlagen. Zu nennen ist insbesondere das Kriegswirtschaftsrecht mit seinem Preisstrafrecht, das alle Verstöße gegen Verwaltungsanordnungen der Preisbehörden unter Strafandrohung stellte und die ermessensabhängige Doppelspurigkeit von Kriminal- und Ordnungsstrafe aufbaute. Außerdem wurde auf einigen Gebieten die Begrenzung des Höchstmaßes der Ordnungsstrafe seit 1939 aufgehoben. Diese Straftatbestände waren in besonderem Maße unbestimmt und weit. Die Ausgestaltung dieser Straftatbestände wurde damit begründet, daß den vielfach wechselnden und in unvoraussehbar umfangreichem Anwendungskreise auftretenden Bedürfnissen der Wirklichkeit entsprochen werden sollte.[83]

Mit dem dritten Teil der Reichsabgabenordnung vom 13.12. 1939 wurde eine weitgehende **Vereinheitlichung des Steuerstrafrechts** erreicht, indem das Zoll- und Verbrauchsteuerstrafrecht in die Reichsabgabenordnung einbezogen wurde; in diesem Zusammenhang wurden Schuldvermutungen sowie Multiplarstrafen beseitigt.

II. Aufbau des Wirtschaftsstrafrechts nach dem 2. Weltkrieg

36 Nach 1945 wurde die in der nationalsozialistischen Zeit ausgeuferte Strafgewalt der Wirtschaftsverwaltung beseitigt, um **rechtsstaatliche Verhältnisse** zu schaffen. Gleichwohl stand außer Frage, daß eine Wirtschaft ohne staatliche Lenkung nicht eingeführt werden konnte bzw. sollte. Vielmehr war man mehr und mehr bestrebt, die soziale

---

80 RGBl. 1914 S. 327.

81 RGBl. 1923 S. 1067.

82 Zur Kapitalfluchtgesetzgebung vgl. *Lindemann*, Wirtschaftsstrafrecht, 1932, S. 9 f.; *Tiedemann*, Wirtschaftsstrafrecht und Wirtschaftskriminalität, Bd. I, S. 43 f., jeweils m. weit. Nachw.

83 *Cunio*, Kriegswirtschaftsstrafrecht, o. J., S. 9.

Marktwirtschaft mit den Aufgaben der gerechten Verteilung des Vermögens und Einkommens und dem Einsatz wirtschaftslenkender staatlicher Maßnahmen zur Abwendung von Krisen zu schaffen. Zu diesem Zweck wurden staatliche Grenzen gesetzt und wirtschaftslenkende Maßnahmen erlassen, deren Einhaltung durch das Strafrecht sichergestellt werden sollte. Im Zusammenhang mit der Verfolgung dieses Zieles war es zunächst Aufgabe des Gesetzgebers, die nach Kriegsende geltenden, planwirtschaftlich orientierten Bestimmungen, die zu einem erheblichen Teil noch aus der nationalsozialistischen Zeit stammten, aufzuheben. Diese Normen wurden durch das **„Gesetz zur Vereinfachung des Wirtschaftsstrafrechts (Wirtschaftsstrafgesetz)"** vom 26. 7. 1949[84] abgelöst, das eine erste umfassende Kodifikation darstellte. Es enthielt Vorschriften über die Verletzung von Buchführungspflichten, über das Erschleichen von Bezugsberechtigungen, die Hortung von Waren, die Preistreiberei sowie Verstöße gegen Ablieferungs-, Bezugs-, Veranlagungs- und Meldevorschriften. Außerdem sah dieses Gesetz ein eigenes Verfahrensrecht sowie eigene Sanktionen wie das Berufsverbot, die Betriebsschließung, die Einziehung, die Abführung des Mehrerlöses und die öffentliche Bekanntmachung der Verurteilung vor.

Die auf *Eberhard Schmidt* zurückgehende Formel des **§ 6 Abs. 2 und 3 WiStG 1949** de- **37**
finierte Wirtschaftsstraftaten wie folgt:

„Eine Zuwiderhandlung ist Wirtschaftsstraftat, wenn sie das Staatsinteresse an Bestand und Erhaltung der Wirtschaftsordnung im Ganzen oder in einzelnen Bereichen verletzt, indem entweder

die Zuwiderhandlung ihrem Umfange oder ihrer Auswirkung nach geeignet ist, die Leistungsfähigkeit der staatlich geschützten Wirtschaftsordnung zu beeinträchtigen, oder

der Täter mit der Zuwiderhandlung eine Einstellung bekundet, die die staatlich geschützte Wirtschaftsordnung im Ganzen oder in einzelnen Bereichen mißachtet, insbesondere dadurch, daß er gewerbsmäßig, aus verwerflichem Eigennutz oder sonst verantwortungslos gehandelt oder Zuwiderhandlungen hartnäckig wiederholt hat.

In allen anderen Fällen ist die Zuwiderhandlung eine Ordnungswidrigkeit."

Diesen gesetzlichen Bestimmungen lag die Vorstellung zugrunde, daß kriminelle Strafen in einem Rechtsstaat nur durch die Gerichte verhängt werden dürfen, so daß Verwaltungsbehörden lediglich „Zuwiderhandlungen" ahnden können, deren soziale Bedeutung in der Beeinträchtigung verwaltungsmäßiger Interessen liegt, die daher nicht mit Strafe, sondern mit Geldbuße bedroht sind. Insofern stellte das WiStG 1949 einen **Vorläufer des Ordnungswidrigkeitengesetzes** dar.

Allerdings verlor das WiStG schnell wieder an Bedeutung, weil die Normalisierung **38**
der wirtschaftlichen Lage in den 50er Jahren in Deutschland mit dem **„Gesetz zur weiteren Vereinfachung des Wirtschaftsstrafrechts"** vom 9. 7. 1954[85] zum Wegfall zahlreicher Wirtschaftsstraftatbestände führte. Insbesondere wurden solche Tatbestände aufgehoben, die eine Gefährdung der Bedarfsdeckung zum Gegenstand hatten. An die Stelle der Zwangs- oder Planwirtschaft trat die durch den Wettbewerb gesteuerte „soziale Marktwirtschaft". Um die Einhaltung des freien Wettbewerbs unter Ausschluß von Kartellen und Preisbindungen zu gewährleisten, wurde das Gesetz gegen Wettbewerbsbeschränkungen vom 27. 7. 1957 eingeführt. Außerdem unterstellte der Gesetzgeber einen kleineren Teil der deutschen Wirtschaft sogenannten Marktordnungsregelungen, durch die eine staatliche Lenkung der Produktion und Verteilung je nach Bedarf erfolgte. Zu nennen sind das Verkehrswesen, die Land- und Forstwirtschaft, das Kreditwesen, die Versicherungswirtschaft und die Energieversorgung. In diesem Bereich wird eine staatliche Aufsicht ausgeübt. Heute sind die Marktordnungsregelungen in das Recht der Europäischen Gemeinschaft übernommen worden (Gesetz zur Durchführung der gemein-

[84] WiGBl. 1949 S. 193.
[85] Wirtschaftsstrafgesetz vom 9. 7. 1954, BGBl. I S. 175.

samen Marktorganisationen vom 31. 8. 1972 – MOG), dessen § 31 auf die Straf- und Bußgeldvorschriften der Abgabenordnung verweist.[86]

III. Einführung und Fortentwicklung des Ordnungswidrigkeitenrechts

1. Entkriminalisierung des Strafrechts durch Umwandlung in Ordnungswidrigkeiten

39 Neben der Notwendigkeit, die zahlreichen Straftatbestände aus der Zeit des Nationalsozialismus zu reduzieren und rechtsstaatliche Prinzipien durchzusetzen, bestand die Notwendigkeit, nach dem 2. Weltkrieg auch die Strafverfügungskompetenz der Exekutive, die grundsätzlich in Frage gestellt wurde, zu beseitigen. Um die Gewaltenteilung zwischen Exekutive und Judikative zu verwirklichen, wurde die Kompetenz der Verwaltungsbehörden zum **Erlaß von Strafverfügungen** im Jahre 1952 abgeschafft und das Gesetz über Ordnungswidrigkeiten (OWiG) erlassen,[87] das gleichzeitig als Mittel der Entkriminalisierung eingesetzt wurde. Lediglich im Steuerstrafrecht bestand weiterhin die Möglichkeit, daß bestimmte Verstöße gegen Steuerstrafvorschriften durch die Finanzbehörde mit Geldstrafe geahndet werden konnten. Erst im Jahre 1967 erklärte das Bundesverfassungsgericht[88] die Strafgewalt der Steuerverwaltung, sogenannte Strafbescheide zu erlassen, für verfassungswidrig.

Die Rechtsfolge der Geldbuße ist im Verhältnis zur Geldstrafe ein aliud: Die Geldbuße soll nicht Vergeltung für sozialethische Schuld sein, sie dient vielmehr primär präventiven Zwecken der Durchsetzung einer bestimmten Ordnung im Wirtschaftsleben.

2. Ausweitung des Anwendungsbereichs des Ordnungswidrigkeitenrechts

40 Außerdem wurde durch das neu geschaffene Ordnungswidrigkeitengesetz erreicht, daß dieses über die Wirtschaftsdelinquenz hinaus auf alle Arten verbotenen Verhaltens angewandt werden konnte. Vom Wirtschaftsstrafrecht griff die Entwicklung des Ordnungswidrigkeitengesetzes zunächst auf das **Verkehrsstrafrecht** über,[89] erfaßte sodann das gesamte **Nebenstrafrecht** und führte schließlich zur **Abschaffung der Übertretungen** im Strafgesetzbuch.[90]

Das Ordnungswidrigkeitenrecht wurde in der Folgezeit auf zahlreiche Sachgebiete ausgeweitet und hat zu einem enormen **Anwachsen sanktionsbewehrter Gebots- und Verbotsvorschriften** zur Sicherung des Rechtsgüterschutzes – auch der wirtschaftlichen und sozialen Sicherung – geführt.[91] Deshalb unternahm der Rechtsausschuß des Bundesrates im Jahre 1983 den Versuch, das Ausmaß der Bußgeldtatbestände durch von ihm entwickelte Leitsätze zur Erforderlichkeit bußgeldrechtlicher Sanktionen wesentlich einzuschränken. Dieser Versuch ist allerdings ohne größeren Erfolg geblieben.[92]

Im Bereich des **Kartellrechts** hat der Gesetzgeber von der Einführung von Kriminalstrafen abgesehen und auf die kriminalpolitische Wirksamkeit hoher Geldbußen gegen natürliche und juristische Personen vertraut. Daher können Ordnungswidrigkeiten nicht generell als Bagatellverstöße eingestuft werden.

---

[86] Vgl. hier Kapitel 9 – Zoll Rn. 135 ff.

[87] BGBl. 1952 I S. 177.

[88] BVerfGE 22, 49 ff.

[89] Gesetz über Ordnungswidrigkeiten vom 24. 5. 1968, BGBl. I S. 481.

[90] Einführungsgesetz zum Strafgesetzbuch vom 2. 3. 1974, BGBl. I S. 469.

[91] Kritisch dazu *Günther*, in: *Nörr* (Hrsg.): 40 Jahre Bundesrepublik Deutschland, 40 Jahre Rechtsentwicklung, 1990, S. 385 m. weit. Nachw.; *Weber* ZStW 92 (1980), 313 ff.

[92] *Göhler*, Ordnungswidrigkeitengesetz, Kommentar, 12. Aufl. 1998, Einf. Rn. 32 f.

3. Sanktionen des Ordnungswidrigkeitenrechts

a) Geldbuße

Das Sanktionensystem im Recht der Ordnungswidrigkeiten ist im Interesse einer schnellen Bewältigung von Massendelinquenz weniger differenziert ausgestaltet als das Strafrecht. Es gibt im wesentlichen nur die Geldbuße als **Hauptsanktion**, die gemäß § 17 Abs. 1 OWiG grundsätzlich mindestens 5.– und höchstens 1000.– DM beträgt und in einer festen Summe verhängt wird. Die wirtschaftlichen Verhältnisse bleiben bei geringfügigen Ordnungswidrigkeiten in der Regel unberücksichtigt (§ 17 Abs. 3 S. 2 OWiG), um der Verwaltungsbehörde aufwendige und schwierige Ermittlungen zu ersparen. Auch die Abschöpfung eines durch die Handlung erzielten Gewinnes geschieht durch eine entsprechend hohe Festsetzung der Geldbuße (§ 17 Abs. 4 OWiG). Zahlreiche Tatbestände außerhalb des OWiG sehen allerdings höhere Geldbußen vor. Die Bußgeldrahmen reichen dabei bis zu 1 Million DM und darüber hinaus. Eine Geldbuße kann grundsätzlich nur gegen den rechtswidrig und vorwerfbar handelnden Täter verhängt werden. 41

Im einzelnen wird die Geldbuße – im Gegensatz zur Kriminalstrafe – nicht in das „Bundeszentralregister" eingetragen und kann bei Uneinbringlichkeit nicht in eine Ersatzfreiheitsstrafe umgewandelt werden. Allerdings kann bei Nichtzahlung der Geldbuße vom Gericht Erzwingungshaft angeordnet werden (§ 96 OWiG).

b) Einziehung

Als **Nebenfolge** kennt § 22 Abs. 1 OWiG die Einziehung von Gegenständen, wenn das Gesetz dies ausdrücklich vorsieht. Eine generelle Einziehung der Tatprodukte und Tatmittel kennt das Ordnungswidrigkeitengesetz nicht. Im übrigen entsprechen die Regelungen der §§ 22–29 OWiG im wesentlichen den strafrechtlichen Vorschriften über die Einziehung. 42

c) Fehlen einer Verfallsregelung

Das Ordnungswidrigkeitenrecht kennt keine allgemeine Verfallsregelung, weil die Geldbuße gemäß § 17 Abs. 4 OWiG den erlangten wirtschaftlichen Vorteil übersteigen soll, die **Gewinnabschöpfung** also schon durch die Geldbuße erfolgt. Um den Gewinn auch in Fällen, in denen eine Abschöpfung mittels Geldbuße ausscheidet, entziehen zu können, gestattet § 29 a OWiG die Anordnung des Verfalls des vom Täter Erlangten, wenn gegen ihn eine Geldbuße nicht festgesetzt werden kann, und des Erlöses eines Dritten, wenn der Täter in seinem Interesse gehandelt hat. Der Anwendungsbereich des § 29 a OWiG liegt im Schwerpunkt bei Tatbeständen des Wirtschaftsstrafrechts im weiteren Sinne, also bei Verstößen gegen das Außenwirtschaftsgesetz, das Marktordnungsgesetz, das Preisrecht, das Lebensmittel- und Bedarfsgegenständegesetz, das Güterkraftverkehrsgesetz und gegen arbeitsrechtliche Vorschriften.[93] 43

4. Allgemeiner Teil des Ordnungswidrigkeitenrechts

Was den Allgemeinen Teil des Ordnungswidrigkeitenrechts anbetrifft, so bestehen keine gravierenden Unterschiede zum Kriminalstrafrecht. Er ist weitgehend dem Strafgesetzbuch nachgebildet. Allerdings unterscheidet das OWiG nicht zwischen Täterschaft und Teilnahme, sondern geht vom **Einheitstäterbegriff** aus, um die Rechtsanwendung angesichts der Masse der zu erledigenden Fälle zu vereinfachen. 44

---

[93] *Franzheim*, FS D. Gaul 1992, S. 135.

5. Verletzung der Aufsichtspflicht in Betrieben und Unternehmen

45 Nach § 130 OWiG kann mit Geldbuße geahndet werden, wer als Inhaber eines Betriebes oder Unternehmens vorsätzlich oder fahrlässig die Aufsichtsmaßnahmen unterläßt, die erforderlich sind, um in dem Betrieb oder Unternehmen Zuwiderhandlungen gegen Pflichten, die den Inhaber als solchen treffen und deren Verletzung mit Strafe oder Geldbuße bedroht ist, zu verhindern.

a) Funktion des § 130 OWiG

46 Ziel des § 130 OWiG ist es, Zuwiderhandlungen gegen straf- oder bußgeldbewehrte Pflichten, die den Inhaber treffen, zu verhindern. Tathandlung ist das **Unterlassen der Aufsichtsmaßnahmen**, die erforderlich sind, um in dem Betrieb oder Unternehmen Zuwiderhandlungen gegen betriebsbezogene Pflichten zu verhindern.

b) Anforderungen an die Kausalität

47 Zunächst war Tatbestandsvoraussetzung des § 130 OWiG, daß die Zuwiderhandlung durch gehörige Aufsicht „hätte verhindert werden können". Diese Klausel wurde überwiegend dahingehend ausgelegt, daß die Tatverhinderung mit an Sicherheit grenzender Wahrscheinlichkeit erfolgt wäre. Der Gesetzgeber hat diese Formel durch das **„31. Strafrechtsänderungsgesetz – 2. Gesetz zur Bekämpfung der Umweltkriminalität (31. StrÄndG – 2. UKG)"** vom 1. 11. 1994[94] durch die Formulierung ersetzt, daß „sich das Risiko von Zuwiderhandlungen erheblich erhöht, weil die erforderliche Aufsicht außer acht gelassen wurde". Dadurch wurde die Anwendung des § 130 OWiG maßgeblich erleichtert.

c) Bußgeldrahmen

48 Die **angedrohte Geldbuße** bestimmt sich nach der Art der Anknüpfungstat und der Begehungsweise der Aufsichtspflichtverletzung: Ist die Pflichtverletzung **mit Geldbuße bedroht**, so bestimmt sich das Höchstmaß der Geldbuße wegen der Aufsichtspflichtverletzung nach dem für die Pflichtverletzung angedrohten Höchstmaß der Geldbuße (§ 130 Abs. 3 S. 2 OWiG). Bei fahrlässiger Aufsichtspflichtverletzung halbiert sich dieser Höchstsatz gemäß § 17 Abs. 2 OWiG. Ist die Pflichtverletzung **mit Strafe bedroht**, so begrenzt das Gesetz das Höchstmaß der Geldbuße im Falle einer vorsätzlichen Aufsichtspflichtverletzung auf 1 Mio. DM (§ 130 Abs. 1 S. 1 OWiG), im Falle einer fahrlässigen Pflichtverletzung halbiert sich dieser Höchstsatz gemäß § 17 Abs. 2 OWiG auf 500 000 DM.

Durch das **„Gesetz zur Bekämpfung der Korruption"** vom 13. 8. 1997[95] wurde § 130 Abs. 3 OWiG eingefügt. Hiernach kann in Fällen, in denen die Bezugstat sowohl einen Straftatbestand als auch eine Ordnungswidrigkeit erfüllt, für die Aufsichtspflichtverletzung eine über das Höchstmaß von 1 Mio. bzw. 500 000 DM hinausgehende Geldbuße verhängt werden, sofern dem Tatbestand der Ordnungswidrigkeit eine solche entnommen werden kann, auch wenn die Ordnungswidrigkeit durch die Straftat verdrängt wird.

6. Verfahrensrecht

49 Ebenso wie das Rechtsfolgensystem ist auch das Verfahrensrecht in starkem Maße auf eine effektive Erledigung von Massenkriminalität ausgerichtet. Insbesondere gilt nicht wie im Strafverfahrensrecht das Legalitäts-, sondern das **Opportunitätsprinzip** (§ 47 OWiG), d. h., die Verfolgung und Ahndung liegt im pflichtgemäßen Ermessen der zuständigen Verwaltungsbehörde. Der Bußgeldbescheid braucht nach dem Gesetzeswort-

[94] BGBl. 1994 I S. 440.
[95] BGBl. 1997 I S. 2038.

laut nicht begründet zu werden (§ 66 Abs. 3 OWiG) und kann durch Einspruch vor dem Amtsgericht angefochten werden (§§ 67 ff. OWiG).

Das **„Gesetz zur Änderung des Gesetzes über Ordnungswidrigkeiten, des Straßenverkehrsgesetzes und anderer Gesetze (OWiGStVÄndG)“** vom 7. 7. 1986[96] hat Verfahrensänderungen mit sich gebracht, die die Grundzüge des Verfahrens unberührt lassen und zu einer Erweiterung des Verwarnungsverfahrens, zu einer wirksameren Gestaltung des Zwischenverfahrens nach Einlegung des Einspruchs, zur Beschränkung des Widerspruchsrechts gegen das schriftliche Verfahren, zur Auflockerung des Beweisrechts, zur Begrenzung der Zulassungsbeschwerde in Verfahren wegen geringfügigen Ordnungswidrigkeiten und zur Belastung des Betroffenen mit seinen von ihm verursachten Auslagen geführt haben.

Das Ordnungswidrigkeitenverfahren wurde weiterhin durch das **„Gesetz zur Änderung des Gesetzes über Ordnungswidrigkeiten und anderer Gesetze (OWiGÄndG)“** vom 26. 1. 1998[97] geändert, um einer übermäßigen Belastung der Justiz wegen verhältnismäßig geringfügiger Bußgeldsachen wirksamer entgegenzuwirken. So wurden eine Begründungspflicht des Einspruchs gegen den Bußgeldbescheid sowie stärkere Mitwirkungspflichten des Betroffenen im gerichtlichen Verfahren durch seine Anwesenheitspflicht in der Hauptverhandlung eingeführt und eine weitgehende Heraushaltung der Staatsanwaltschaft im Einspruchsverfahren vorgesehen.[98]

7. Einführung von Sanktionen gegen Verbände

a) Einführung einer einheitlichen Verbandsgeldbuße im Jahre 1968

Nachdem das Bestreben, den Kreis strafrechtlicher Tatbestände einzuengen, im Jahre 1952 zur Einführung des Ordnungswidrigkeitengesetzes geführt hatte, erleichterten es die unterhalb der Kriminalstrafen angesiedelten Geldbußen, die rechtspolitische Forderung nach Sanktionen gegen Verbände durchzusetzen. Im Jahre 1968 wurden die zahlreichen Spezialvorschriften über die Verhängung von Geldbußen gegen juristische Personen, die zu im einzelnen nicht gerechtfertigten Unterschieden führten, durch § 30 OWiG als eine **einheitliche Vorschrift** ersetzt. 50

Durch die Geldbußen sollte ein Ausgleich dafür geschaffen werden, daß die Verbände wirtschaftliche Vorteile aus der Tätigkeit der für sie handelnden natürlichen Personen ziehen, sich jedoch bei den in ihrem Interesse begangenen Zuwiderhandlungen nicht den Sanktionen ausgesetzt sehen, denen natürliche Personen unterworfen sind. Außerdem sollte die Geldbuße als angemessene Antwort auf die Bedeutung der Tat und als **nachhaltige Pflichtenmahnung** dienen. Zugleich wollte man den dogmatischen Bedenken, die gegen die Handlungs- und insbesondere Schuldfähigkeit von Verbänden bestanden, durch eine Herabstufung der Sanktion zu einer „Nebenfolge“ Rechnung tragen. Die Sanktion gegen die juristische Person sollte in dem Verfahren gegen die handelnde natürliche Person verhängt werden, um die Höhe der Sanktion gegen die verantwortliche natürliche Person bei der Bußgeldverhängung gegen die juristische Person berücksichtigen zu können – und umgekehrt.[99]

b) Neuregelung des § 30 OWiG im Jahre 1986

Die gegenwärtige Ausgestaltung der Verbandsgeldbuße wurde maßgeblich durch das **„Zweite Gesetz zur Bekämpfung der Wirtschaftskriminalität“** vom 15. 5. 1986[100] ge- 51

---

96 BGBl. 1986 I S. 977.
97 BGBl. 1998 I S. 156, 340.
98 Näher dazu *Katholnigg* NJW 1998, 568.
99 *Tiedemann* NJW 1988, 1170 f.
100 BGBl. 1986 I S. 721.

prägt.[101] Bereits die Regelung des § 30 OWiG a. F. sah die Möglichkeit vor, daß gegen juristische Personen, nicht rechtsfähige Vereine und Personenvereinigungen Geldbußen verhängt werden konnten, wenn jemand als vertretungsberechtigtes Organ einer juristischen Person oder als Mitglied eines solchen Organs, als Vorstand oder Vorstandsmitglied eines nicht rechtsfähigen Vereins oder als vertretungsberechtigter Gesellschafter einer Personenhandelsgesellschaft eine Straftat oder Ordnungswidrigkeit begangen hat, durch die Pflichten des Verbandes verletzt worden sind oder der Verband bereichert worden ist oder bereichert werden sollte.[102]

Im Rahmen der Neuregelung durch das 2. WiKG wurde zum einen der **Bußgeldrahmen** bei einer Straftat des individuell Handelnden von 100 000.- DM auf 1 Mio. DM erhöht, weil auch bei bloßen Ordnungswidrigkeiten Geldbußen in Höhe von 1 Mio. DM verhängt werden konnten. Der zuvor bestehende „groteske" Wertungswiderspruch sollte beseitigt werden.[103] Zum anderen entfiel die Bezeichnung der Verbandsgeldbuße als „Nebenfolge" mit Rücksicht auf die **Einführung des selbständigen Verfahrens** gemäß § 30 Abs. 4 OWiG, das die Verhängung einer isolierten Verbandsgeldbuße auch dann ermöglicht, wenn aus tatsächlichen Gründen eine bestimmte Person nicht verfolgt werden kann oder das Verfahren gegen diese aus Opportunitätsgründen nicht zu einer Sanktionsverhängung geführt hat. Danach muß davon ausgegangen werden, daß auch juristische Personen als Täter anzusehen sind,[104] wie dies im anglo-amerikanischen Rechtskreis seit langem anerkannt wird. Allerdings wurde einer juristischen Person nur das Verhalten von diesen Organen zugerechnet, während im anglo-amerikanischen Strafrecht und insbesondere im EG-Kartellordnungswidrigkeitenrecht das Verhalten einer jeden für das Unternehmen handelnden Person der juristischen Person zugerechnet und damit die Unternehmensverantwortlichkeit sehr viel weiter verstanden wird.[105]

Das ursprünglich angestrebte Ziel, als Anknüpfungstaten alle von im **„Leitungsbereich"** des Verbandes tätigen natürlichen Personen begangenen Verstöße ausreichen zu lassen, um der „organisierten Nichtverantwortlichkeit" vorzubeugen, wurde aufgegeben, weil eine solche Regelung als zu unbestimmt angesehen wurde.[106]

c) Ausweitung des zurechenbaren Personenkreises im Jahre 1994

52 Durch das **„31. Strafrechtsänderungsgesetz – 2. Gesetz zur Bekämpfung der Umweltkriminalität (31. StrÄndG – 2. UKG)"** vom 1. 11. 1994[107] wurden Straftaten oder Ordnungswidrigkeiten von Prokuristen oder Handlungsbevollmächtigten in den Tatbestand des § 30 OWiG einbezogen, um der an der ursprünglichen restriktiven Tatbestandsfassung geübten Kritik Rechnung zu tragen.[108] Allerdings reicht nach der neuen Fassung das Handeln von mit speziellen Aufgaben Beauftragten ebensowenig zur Begründung einer Verbandsgeldbuße aus wie Zuwiderhandlungen von Funktionsträgern unterhalb der Leitungsebene.[109]

---

[101] Näher dazu unten Rn. 62 ff.

[102] § 30 OWiG ist gemäß § 39 HypBKG, § 59 KWG, § 40 SchBKG auch anwendbar, wenn der Geschäftsleiter einer Bank oder eines Kreditinstituts, der weder nach Gesetz noch nach Satzung oder Gesellschaftsvertrag zur Vertretung der Bank berufen ist, eine Straftat oder Ordnungswidrigkeit begeht.

[103] *Achenbach* JuS 1990, 603.

[104] Eingehend dazu *Tiedemann* NJW 1988, 1169 ff.

[105] Ausführlich dazu *Dannecker/Fischer-Fritsch*, Das EG-Kartellrecht in der Bußgeldpraxis, 1989, S. 258 ff.

[106] BT-Drucks. 10/5058, S. 36.

[107] BGBl. 1994 I S. 440.

[108] *Achenbach*, FS Stree und Wessels 1993, S. 559 f.

[109] *Achenbach*, in: *ders./Wannemacher* (Hrsg.), Beraterhandbuch zum Steuer- und Wirtschaftsstrafrecht, Teil 1 – Grundlagen, § 3 Rn. 10.

d) Einführung einer Sonderregelung für Submissionsabsprachen im Jahre 1997

Durch das **„Gesetz zur Bekämpfung der Korruption“**[110] vom 13.8. 1997[111] wurde § 30 Abs. 2 S. 2 OWiG eingefügt. Hiernach kann in Fällen, in denen ein Verhalten sowohl einen Straftatbestand als auch eine Ordnungswidrigkeit erfüllt, der gesetzliche Bußgeldrahmen von 1 Mio. bzw. 500 000.– DM überschritten und das Höchstmaß dem Tatbestand der Ordnungswidrigkeit entnommen werden, auch wenn dieser durch die Straftat gemäß § 21 OWiG verdrängt wird. Dadurch soll im Falle eines Zusammentreffens einer „Wettbewerbsbeschränkenden Absprache“ nach § 298 StGB und einer Kartellordnungswidrigkeit weiterhin der höhere Bußgeldrahmen des Kartellordnungswidrigkeitenrechts zur Anwendung kommen. **53**

IV. Die neuere Entwicklung des Wirtschaftsstrafrechts

1. Änderungen des materiellen Wirtschaftsstrafrechts – Überblick über die Reformgesetze

Im Bereich des materiellen Strafrechts wurde Anfang der 70er Jahre angesichts zunehmender Kritik am bisherigen Wirtschaftssystem und am bisherigen Vorgehen der Wirtschaftsteilnehmer, insbesondere auch am Umweltverhalten der Wirtschaftsunternehmen, Kritik geäußert. Auch begünstigt durch Wirtschaftsskandale größeren Ausmaßes wurde eine **grundsätzliche Neugestaltung** des Wirtschafts- und Steuerstrafrechts unter gleichzeitiger Einführung „flankierender“ Reformmaßnahmen im Handels-, Wirtschafts- und Steuerrecht gefordert. **54**

Im Jahre 1972 befaßte sich der 49. Deutsche Juristentag auf der Grundlage des Gutachtens von *Tiedemann*[112] mit dieser Problematik.[113] Man forderte, nachdem eine umfassende Überprüfung des deutschen Vermögens- und Wirtschaftsstrafrechts sowie des Steuerstrafrechts im Hinblick auf seine Tauglichkeit zur Bekämpfung der Wirtschafts- und Steuerkriminalität durchgeführt worden war, eine Fortentwicklung des Wirtschaftsstrafrechts. Deshalb übertrug das Bundesjustizministerium noch in demselben Jahr die Vorarbeiten für gesetzgeberische Maßnahmen gegen die Wirtschaftskriminalität einer unabhängigen **„Sachverständigenkommission zur Bekämpfung der Wirtschaftskriminalität – Reform des Wirtschaftsstrafrechts“**. Diese Sachverständigenkommission legte umfangreiche Empfehlungen und Beschlüsse zur Reform des Strafrechts und Strafverfolgungsrechts, aber auch des Handels-, Wirtschafts- und Steuerrechts vor.[114] Um den Erfolg der projektierten Reform nicht zu gefährden, schlug man nicht den Weg einer radikalen Änderung vor, sondern empfahl eine Anpassung des Wirtschafts- und Wirtschaftsstrafrechts an neue Entwicklungen durch Schaffung von Spezialtatbeständen für verschiedene Bereiche. Diese Bestrebungen führten in den Jahren 1976 und 1986 zur Verabschiedung des Ersten und Zweiten Gesetzes zur Bekämpfung der Wirtschaftskriminalität (1. und 2. WiKG).

---

110 Vgl. hierzu Kapitel 12 – Korruption.

111 BGBl. 1997 I S. 2038.

112 *Tiedemann*, Welche strafrechtlichen Mittel empfehlen sich für eine wirksamere Bekämpfung der Wirtschaftskriminalität? Gutachten für den 49. Deutschen Juristentag, 1972.

113 Verhandlungen des 49. Deutschen Juristentages 1972, Bd. XI (Sitzungsberichte), Teil M.

114 *Bundesminister der Justiz* (Hrsg.), Tagungsberichte der Sachverständigenkommission zur Bekämpfung der Wirtschaftskriminalität, 1972 bis 1978.

a) Erstes Gesetz zur Bekämpfung der Wirtschaftskriminalität vom 29.7.1976 (1.WiKG)

55 Auf die Tätigkeit der Sachverständigenkommission geht das 1976 in Kraft getretene **„Erste Gesetz zur Bekämpfung der Wirtschaftskriminalität (1. WiKG)"**[115] zurück, das neben Änderungen des Bürgerlichen Gesetzbuches sowie des Handels- und Konkursrechts besondere Strafvorschriften gegen Subventionserschleichung (§ 264 StGB) und Krediterschleichung (§ 264b StGB) einführte und zusätzlich ein verwaltungsrechtliches Gesetz gegen mißbräuchliche Inanspruchnahme von Subventionen schuf. Außerdem wurden das Konkursstrafrecht und der Wuchertatbestand neu gefaßt.

In dem im Juli 1976 verabschiedeten 1. WiKG bildeten Straftatbestände im **Vorfeld des Betruges** einen Schwerpunkt. Der Betrugstatbestand (§ 263 StGB) setzt eine Irrtumserregung durch Täuschung, eine darauf beruhende Vermögensverfügung und einen Vermögensschaden sowie die Absicht rechtswidriger Bereicherung voraus. In der Praxis bereiteten sowohl der Nachweis des (vorsätzlich herbeigeführten) Schadens als auch der Bereicherungsabsicht erhebliche Probleme. Deshalb führte der Gesetzgeber mit dem Kreditbetrug und dem Subventionsbetrug zwei Straftatbestände ein, die unabhängig von der Bewilligung eines Kredits bzw. einer Subvention und unabhängig von der Bereicherungsabsicht bereits die Tathandlung unter Strafandrohung stellen, also abstrakte Gefährdungsdelikte sind. Durch diese Ausgestaltung der Tatbestände sollten zugleich die Institution der Subvention bzw. das Funktionieren des Kreditwesens, die durch einzelne Handlungen nicht konkret verletzt werden können, als **überindividuelle Rechtsgüter** geschützt werden.

aa) Subventionsbetrug

56 Die Notwendigkeit, mit § 264 StGB einen eigenständigen Subventionsbetrugstatbestand zu schaffen, wurde darauf gestützt, daß die staatliche Vermögensgewährung mittels Subventionen seit dem 2. Weltkrieg auf nahezu allen Gebieten des Wirtschaftslebens eine umfängliche Bedeutung erlangt hat. Die Subventionierung ist zu einem **unverzichtbaren Instrumentarium des Sozialstaats** geworden. Deshalb bestand Einigkeit darüber, daß der verbreiteten Subventionskriminalität[116] z. B. auf dem Agrar- und Wohnungssektor durch einen effektiveren Straftatbestand entgegengetreten werden mußte. Abgesehen von den bereits erwähnten Nachweisproblemen beim Betrugstatbestand kritisierte die Rechtslehre die systemwidrige Anwendung des wirtschaftlichen Vermögensbegriffs auf die Vereitelung der mit den Subventionen verfolgten Ziele: Die für Subventionen bestimmten Gelder seien ohnehin zur Ausgabe ohne Gegenleistung bestimmt, so daß der eigentliche Schaden in der sozialen Zweckverfehlung liege.[117] Deshalb wurde in Anlehnung an die Steuerhinterziehung (§ 370 AO) mit § 264 StGB ein Tatbestand geschaffen, der unrichtige und unvollständige Angaben über für den Subventionsnehmer vorteilhafte subventionserhebliche Tatsachen (Abs. 1 Nr. 1), pflichtwidriges In-Unkenntnis-Lassen (Abs. 1 Nr. 3) und das Gebrauchen einer durch unrichtige oder unvollständige Angaben erlangten Bescheinigung (Abs. 1 Nr. 4) unter Strafe stellt. Da dieser Tatbestand – abweichend vom Betrug – weder das Erregen eines Irrtums noch den Eintritt eines Erfolges verlangt (Tätigkeitsdelikt), liegt ein vollendeter Subventionsbetrug auch dann vor, wenn der Subventionsgeber die Täuschung durchschaut. Da in diesen Fällen beim Betrug nur ein Versuch in Betracht käme, sieht § 264 Abs. 5 StGB eine strafbefreiende Tätige Reue vor. Die gesetzliche Ausgestaltung entspricht dabei den Voraussetzungen des Rücktritts vom beendeten Versuch.

57 Eigentliches Kernstück der Neuregelung durch das 2. WiKG ist die **Inkriminierung der Leichtfertigkeit**, durch die Nachweisprobleme im subjektiven Bereich entschärft wer-

[115] BGBl. 1976 I S. 2034.
[116] *Tiedemann*, Subventionskriminalität in der Bundesrepublik, 1974, S. 47ff.
[117] *Tiedemann* ZStW 86 (1974), 908ff.

den: Schutzbehauptungen verlieren ebenso an Bedeutung wie Irrtümer über außerstrafrechtliche Normen des Subventionsrechts. Da diese Verhaltensweisen notwendigerweise gegen dasselbe Rechtsgut gerichtet sind wie vorsätzliche Verstöße und den Subventionsnehmer insbesondere eine erhöhte Pflicht wegen Inanspruchnahme fremder Mittel trifft, bestehen gegen die Inkriminierung keine Bedenken.[118] Der Sache nach dient die Inkriminierung des leichtfertigen Verhaltens jedoch als Auffangtatbestand für nicht nachweisbare vorsätzliche Zuwiderhandlungen. Durch die Inkriminierung der Leichtfertigkeit tritt der Subventionsbetrug in Widerspruch zum Steuerstrafrecht. Hier nahm der Gesetzgeber im Jahr 1968 eine Entkriminalisierung vor und beließ in Übereinstimmung mit ausländischen Vorbildern nur vorsätzliche Zuwiderhandlungen als Straftaten, während er die leichtfertigen Handlungen zu bloßen Ordnungswidrigkeiten erklärte. Bis 1956 dagegen genügte für die Strafbarkeit wegen Steuerhinterziehung sogar leichte Fahrlässigkeit. Diese Umwandlung in Ordnungswidrigkeiten wurde in der Literatur heftig kritisiert, weil es sich auch bei (grob) fahrlässigen Steuerverkürzungen um echte Rechtsgutsverletzungen von gravierender Sozialschädlichkeit handele.[119] Dementsprechend forderte die Sachverständigenkommission, die leichtfertigen Steuerverkürzungen wieder unter Strafandrohung zu stellen.[120] Die unterschiedliche Behandlung der Leichtfertigkeit ist jedoch insoweit vertretbar, als die Pflichtenstellung des Steuerpflichtigen, der eigene Geldmittel abführen muß, geringer ist als die des Subventionsnehmers, der fremdes Vermögen in Anspruch nimmt. Allerdings bleibt bei Steuervergünstigungen, die der Sache nach den Subventionen gleichstehen und die durch die §§ 370, 378 AO geschützt werden, der Wertungswiderspruch bestehen.

Mit dem Subventionsbetrug trat zugleich das das Verwaltungsverfahren betreffende 58
„Gesetz gegen mißbräuchliche Inanspruchnahme von Subventionen" (SubvG)[121] in Kraft, das zu einer Verbesserung der Verwaltungspraxis führte: Durch eine verwaltungsrechtliche Regelung zur Erfassung von Umgehungen wurde der Erfahrung Rechnung getragen, daß für den Wirtschaftsdelinquenten die bewußte Ausnutzung von Gesetzeslücken geradezu typisch ist. Der Täter versucht, die Gewährleistungsvoraussetzungen künstlich zu verwirklichen. Damit wird aber der wirtschaftliche und soziale Zweck der Subventionsgewährung gerade umgangen. Deshalb schließt § 4 SubvG für Scheingeschäfte und den Mißbrauch von Gestaltungsmöglichkeiten – entsprechend den im Steuerrecht geltenden Normen der §§ 41 Abs. 2, 42 AO – die Bewilligung einer Subvention explizit aus. § 3 SubvG enthält eine Anzeigepflicht für den Subventionsteilnehmer, wenn nachträglich die Vergabevoraussetzungen entfallen oder die Subventionsleistungen zweckwidrig verwendet werden. Diese Vorschriften finden auch im Strafrecht Anwendung. Nach § 6 SubvG sind Gerichte und Behörden zur Anzeige verpflichtet, wenn der Verdacht eines Subventionsbetruges besteht.

bb) Kreditbetrug

Angesichts der Breiten- und Fernwirkung von Kreditbetrügereien großen Ausmaßes so- 59
wie angesichts der Beweisschwierigkeiten wurde der allgemeine Betrugstatbestand als unzulänglich angesehen, um Fälle der Krediterschleichung zu erfassen.[122] Anders als beim Subventionsbetrug konnte der Gesetzgeber bei der Einführung des Kreditbetruges[123] jedoch nicht auf eine empirische Untersuchung zurückgreifen. Dennoch hielt er die Einführung des neuen Tatbestandes für erforderlich, um die besondere **Schutzwürdigkeit der Kreditwirtschaft** zu unterstreichen, der angesichts der verbreiteten Unter-

---

118 Ausführlich dazu *Tiedemann*, Wirtschaftsstrafrecht und Wirtschaftskriminalität, Bd. 1, S. 87 ff., 112 ff.

119 Vgl. nur *Tiedemann*, Subventionskriminalität, S. 328 f. m. weit. Nachw.

120 Tagungsberichte der Sachverständigenkommission, Bd. IV, S. 132.

121 BGBl. 1976 I S. 2037.

122 Näher dazu *Bockelmann* ZStW 79 (1967), 28 ff.

123 Vgl. hier Kapitel 3 – Banken, Rn. 171 ff.

kapitalisierung deutscher Unternehmen eine große volkswirtschaftliche Bedeutung zukommt. Entsprechend dem Subventionsbetrug wurde auch der Kreditbetrug als abstraktes Gefährdungsdelikt ausgestattet. Er setzt lediglich eine Täuschung im Zusammenhang mit der Kreditvergabe voraus, ohne daß der Täter einen Schaden vorsätzlich herbeigeführt haben muß. Dadurch steht der in der Praxis häufig erhobene Einwand, der Täter habe mit der Konsolidierung seiner Verhältnisse gerechnet und den Kredit zurückzahlen wollen, einer Strafbarkeit nicht mehr entgegen.

60 Das Gesetz faßt den **Begriff des Kredites** weit (§ 265 b Abs. 3 Nr. 2 StGB); er umfaßt nicht nur Darlehen, sondern auch andere Rechtsgeschäfte, durch die dem Kreditnehmer Geld oder geldwerte Mittel zur Verfügung gestellt werden (Wechsel, Scheck, Bürgschaften, Garantien). Der sachliche Anwendungsbereich ist jedoch insoweit begrenzt, als sowohl der Kreditgeber als auch der Kreditnehmer Betriebe oder Unternehmen sein müssen. Der Tatbestand greift also nicht nur zugunsten von Kreditinstituten ein, sondern schützt alle Betriebe und Unternehmen, die „nach Art und Umfang einen in kaufmännischer Weise eingerichteten Geschäftsbetrieb erfordern" (§ 265 b Abs. 3 Nr. 1 StGB). Nicht geschützt werden private Kreditgeber, die Gelder zu Anlagezwecken hingeben, weil dadurch die Kreditwirtschaft nicht gefährdet wird. Auch auf der Seite des Kreditnehmers muß es sich um einen Betrieb oder ein Unternehmen handeln. Dadurch bezweckte der Gesetzgeber, den Tatbestand auf Kredite in einer gewissen Größenordnung zu begrenzen. Diese Begrenzung hat jedoch auch zur Folge, daß Teilzahlungs- und Kundenkredite nicht in den Schutzbereich der Norm fallen, obwohl die Kreditgeber auch hier beträchtliche Ausfälle erleiden können.

Trotz des weiten Anwendungsbereichs von § 265 b StGB, der auch die Bestrafung von Randbereichen wie z. B. Manipulationen im Lastschriftverkehr ermöglicht, liegen insgesamt nur wenige Verurteilungen wegen Kreditbetruges vor. Hieraus darf jedoch nicht auf eine geringe **praktische Bedeutung** dieses Tatbestandes geschlossen werden. Obwohl Banken und Kreditinstitute bei der Erstattung von Strafanzeigen äußerst zurückhaltend sind, kam es bereits im Jahre 1980 zu mehr als 1000 Strafverfahren. Wenn in diesen polizeilich registrierten Verfahren in der Regel keine Verurteilung nach dem neuen Straftatbestand des § 265 b StGB erfolgte, spricht dies nicht generell gegen die Existenzberechtigung der Vorschrift. Denn in den Fällen, in denen Anzeige erstattet wird, liegt meist auch ein Schaden des Kreditgebers vor, so daß die Verurteilung auf den allgemeinen Betrugstatbestand (§ 263 StGB) gestützt werden kann. § 265 b StGB dient also hauptsächlich als Aufgreiftatbestand, um ein Strafverfahren anzufangen und anschließend ein Strafverfahren wegen Betruges durchzuführen.

cc) Konkurs- und Wucherstrafrecht

61 Was die Reform des Konkurs- und Wucherstrafrechts[124] anbetrifft, so ging es dabei nicht wie beim Subventions- und Kreditbetrug um echte Neuschöpfungen, sondern um eine **Reform tradierter Straftatbestände**, bei der die Bankrottvorschriften modernisiert und in das Strafgesetzbuch (§§ 283 ff. StGB) aufgenommen und die Strafbestimmungen gegen den Wucher (§ 302 a StGB) vereinheitlicht und neu gefaßt wurden. Auch diese Straftatbestände sind als abstrakte Gefährdungsdelikte ausgestattet und bewirken eine Vorverlagerung des strafrechtlichen Schutzes.

b) Zweites Gesetz zur Bekämpfung der Wirtschaftskriminalität vom 15. 5. 1986 (2. WiKG)

62 Die **Sachverständigenkommission** setzte auch nach Inkrafttreten des 1. WiKG ihre Arbeit zur Erforschung der Rechtstatsachen und zur Prüfung von Gesetzesänderungen zur Bekämpfung der Wirtschaftskriminalität fort und legte bis Juni 1978 zahlreiche weitere Vorschläge zur Eindämmung wirtschaftskriminellen Verhaltens vor. Hingewiesen

[124] Vgl. hierzu Kapitel 2 – Insolvenzrecht.

wurde vor allem auf die volkswirtschaftlichen Gefahren, die von unseriösen Kapitalanlagen ausgingen, auf Mängel im Wettbewerbs- und Kartellrecht sowie auf die Notwendigkeit eines besseren Schutzes des Geld- und Zahlungsverkehrs. Im Vordergrund des publizistischen und rechtsvergleichenden Interesses stand dabei die Bekämpfung der Computerkriminalität. Die hierzu ausgearbeiteten Vorschläge wurden von der Bundesregierung aufgegriffen und führten mit dem 2. WiKG[125] zu der bislang bedeutendsten Ausweitung des strafrechtlichen Bereichs auf dem Gebiet des Wirtschaftsstrafrechts. Dadurch sollten neue Entwicklungen des Wirtschaftslebens und der Technik berücksichtigt, aber auch Fehlinterpretationen der höchstrichterlichen Rechtsprechung zum Börsenstrafrecht,[126] zum Sozialversicherungsstrafrecht[127] und zum Scheck- und Kreditkartenmißbrauch[128] korrigiert werden.

Die wesentlichen **Schwerpunkte des 2. WiKG** bildeten die neu geschaffenen Straftatbestände zur Computerkriminalität und zum bargeldlosen Zahlungsverkehr mittels Scheckkarten und Kreditkarten. Daneben regelte das Gesetz auch den strafrechtlichen Schutz von Kapitalanlegern und das Vorenthalten und Veruntreuen von Arbeitsentgelt neu und weitete die Strafnormen des UWG auf progressive Kundenwerbung und Betriebsspionage aus.

Nicht verwirklicht wurde zunächst die Empfehlung der Sachverständigenkommission, den **Ausschreibungsbetrug** zu bestrafen, der damals nur mit Geldbuße bedroht war.[129] Ebenso wurde damals darauf verzichtet, den **Mißbrauch von Insiderinformationen bei** Wertpapiergeschäften unter Strafandrohung zu stellen, der vor allem in den USA zu Wirtschaftsskandalen mit beträchtlichen Schäden geführt hat.[130]

aa) Computerstrafrecht

63 Zur Erfassung der **Computerkriminalität**[131] führte der Gesetzgeber Straftatbestände in Anlehnung an bereits bestehende Tatbestände ein. Ursprünglich war nur vorgesehen, den Computerbetrug und die Fälschung beweiserheblicher Daten unter Strafandrohung zu stellen. Kurz vor Verabschiedung des Gesetzes hatten rechtsvergleichende Überprüfungen[132] dazu geführt, daß auch die Einwirkung auf die Hardware, die unberechtigte Veränderung von Daten, das Ausspähen von Daten, die unbefugte Benutzung von Bildschirmtextsystemen und der Mißbrauch von Geldautomaten in die Reform mit einbezogen wurden.

bb) Verrat von Geschäfts- oder Betriebsgeheimnissen

64 Weiterhin wurde der Verrat von Geschäfts- oder Betriebsgeheimnissen[133] (§ 17 UWG) neu geregelt, um den Schutz des geistigen Eigentums zu verbessern. Zuvor war die Wirtschaftsspionage nur lückenhaft strafrechtlich erfaßt. Entsprechend dem internationalen Trend, Geschäfts- und Betriebsgeheimnisse als solche gegen die Gefahr unbefugter Verwertung stärker zu schützen,[134] bedroht § 17 Abs. 2 UWG das **unbefugte Sich-Verschaffen oder Sichern eines Geschäfts- oder Betriebsgeheimnisses** mit Strafe.[135] Durch die

---

125 BGBl. 1986 I S. 721.
126 BGHSt 29, 152 ff.; BGH wistra 1983, 73 und 156.
127 BGHSt 31, 32 ff.; BGH wistra 1982, 202.
128 BGHSt 31, 32 ff.; BGH wistra 1982, 202.
129 Zur aktuellen Rechtslage vgl. unten Rn. 75.
130 Zur aktuellen Rechtslage vgl. unten Rn. 79.
131 Vgl. hierzu Kapitel 18 – Computer und moderne Telekommunikation.
132 Vgl. dazu *Tiedemann*, FS G. Kaiser 1998, S. 1373 ff. Einen umfassenden rechtsvergleichenden Überblick gibt *Sieber*, The International Handbook on Computer Crime, 1987.
133 Vgl. hierzu Kapitel 16 – Schutz von Betriebs- und Geschäftsgeheimnissen.
134 Näher dazu *Möhrenschlager* wistra 1986, 137 m. weit. Nachw.
135 Näher dazu *Dannecker* BB 1987, 1616; *Otto* wistra 1988, 128 f.

Ausdehnung der Strafbarkeit auf das Sichern werden auch Angestellte erfaßt, die ein Geheimnis bereits kennen, sich jedoch genaue oder bleibende Kenntnis z. B. durch unbefugte Herstellung einer Kopie verschaffen.

Gleichermaßen wird die sogenannte **Geheimnishehlerei** (§ 17 Abs. 2 Nr. 2 UWG) bestraft. Diese liegt vor, wenn der Täter ein Geheimnis, das er durch eine eigene oder fremde Tat erlangt hat, unbefugt verwertet oder jemandem mitteilt. Absatz 3 sieht eine generelle Versuchsstrafbarkeit vor.

cc) Progressive Kundenwerbung

65 Durch § 6 c UWG[136] wurde auch die progressive Kundenwerbung unter Strafe gestellt: Verboten sind **Schneeballsysteme**, d. h. Vertriebssysteme, bei denen die Kunden in der Weise in die Vertriebsorganisation einbezogen werden, daß ihnen für die Werbung weiterer Kunden Vorteile versprochen werden. Solche Systeme wurden unter Strafe gestellt, weil die Kunden zur Abnahme großer Mengen teurer Produkte verpflichtet sind, sich aber wegen der systembedingten zunehmenden Marktverengung erheblichen Absatzrisiken aussetzen. Da bereits der Versuch der Anwerbung zur Vollendung des Tatbestandes führt, handelt es sich um ein abstraktes Gefährdungsdelikt. Nicht betroffen sind von diesem Straftatbestand der Einsatz von Laien in der Werbung, die nicht in den Vertrieb eingebunden sind, z. B. durch Gewährung von Prämien für die Werbung neuer Kunden.

dd) Kapitalanlagebetrug

66 Weiterhin wurde der Kapitalanlagebetrug durch § 264 a StGB geregelt. Mitte der 60er Jahre wurde in der Bundesrepublik Deutschland privates Vermögen in neue Formen von Vermögensanlagen investiert. Insbesondere ausländische Aktien und Obligationen, Auslandsanleihen und Investitionen in Flugzeuge, Kunstwerke usw. erforderten nach Ansicht des Gesetzgebers einen besseren Schutz der meist **unerfahrenen Anleger**. Die betrügerische Werbung zwecks Kapitalanlagen ließ sich mit § 263 StGB nicht hinreichend bekämpfen, weil bei der Feststellung und Berechnung des Vermögensschadens ähnliche Probleme auftraten wie beim Kreditbetrug. Beim Betrug muß sich die Täuschung außerdem auf Tatsachen beziehen, der Tatsachenbegriff umfaßt aber nicht zukünftige Entwicklungen und Werturteile. Auch trifft den Werbenden in der Regel keine Garantenstellung, die ihn zu einer umfassenden Aufklärung verpflichtet, da er nicht Anlageberater ist. Schließlich kam der Schutz des Betrugstatbestandes nicht selten faktisch zu spät, weil sich betrügerische Anbieter und Vermittler von Geldanlagen bei Eintritt und Nachweis des Vermögensschadens längst ins Ausland abgesetzt hatten.

Mit dem Kapitalanlagebetrug (§ 264 a StGB) hat der Gesetzgeber ein **abstraktes Gefährdungsdelikt** im Vorfeld des Betruges geschaffen, das dem Kreditbetrug nachgebildet ist und auf das Erfordernis eines Vermögensschadens verzichtet. Geschützt wird neben dem Vermögen auch das Funktionieren des Kapitalmarktes als **überindividuelles Rechtsgut**. Nach § 264 a StGB ist strafbar, „wer im Zusammenhang mit 1. dem Vertrieb von Wertpapieren, Bezugsrechten oder von Anteilen, die eine Beteiligung an dem Ergebnis eines Unternehmens gewähren sollen oder 2. dem Angebot, die Einlage auf solche Anteile zu erhöhen, in Prospekten oder in Darstellungen und Übersichten über den Vermögensstand hinsichtlich der für die Entscheidung über den Erwerb oder die Erhöhung erheblichen Umstände gegenüber einem größeren Kreis von Personen unrichtige vorteilhafte Angaben macht oder nachteilige Tatsachen verschweigt". Entsprechendes gilt nach Absatz 2 für Anteile an einem Treuhandvermögen, das ein Unternehmen im eigenen Namen für Rechnung der Anleger verwaltet.

---

[136] Vgl. hierzu Kapitel 13 – Strafbare Werbung, Rn. 71 ff.

ee) Verleitung zu Spekulationsgeschäften und Kursbetrug

Mit der Einführung des § 89 BörsenG[137] wurde der Strafschutz auf die Verleitung zu Spekulationsgeschäften unter Ausnutzung der Unerfahrenheit der Verleiteten ausgedehnt. Ein Ausbeuten ist nicht mehr erforderlich. Trotz seiner Stellung im Börsengesetz steht dieser Straftatbestand dem Wucher (§ 302a StGB) nahe. Auch der Tatbestand des **Kursbetruges** (§ 88 BörsenG), der die Zuverlässigkeit und Wahrheit der Preisbildung an Börsen und Märkten gewährleisten soll, wurde neu gefaßt. Dabei ist u. a. das zuvor erforderliche subjektive Erfordernis der Bereicherungsabsicht aus Praktikabilitätsgründen gestrichen worden. Besondere Hervorhebung verdient, daß das Verschweigen erheblicher Umstände nur strafbar wurde, wenn es gegen bestehende Rechtsvorschriften verstieß. So blieb die Ausnutzung von Informationsvorsprüngen durch Insider im Börsenhandel straflos, weil das Insiderhandelsverbot damals nur kraft privatrechtlicher Vereinbarung als eine Art Ehrenkodex galt.[138] Insoweit blieb in diesem Bereich zunächst eine Strafbarkeitslücke bestehen. 67

Unter dem Aspekt der **Effektivität der strafrechtlichen Normen** bleibt hervorzuheben, daß bereits vor Verabschiedung des 2. WiKG die Anbieter von Kapitalanlagen sich bemüht haben, ihre Prospekte entsprechend den neuen Straftatbeständen auszugestalten. Insoweit konnte das primäre Ziel des Strafrechts, die Begehung von Straftaten zu verhindern, erreicht werden.

ff) Mißbrauch von Scheck- und Kreditkarten

Weiterhin wurden Straftatbestände zum **Schutz des bargeldlosen Zahlungsverkehrs**[139] eingeführt. Zunächst ist der Mißbrauch von Scheck- und Kreditkarten gemäß § 266b StGB zu nennen. Vor Einführung des 2. WiKG wurden die Vorgänge des Scheckkarten- und des Kreditkartenmißbrauchs (durch den berechtigten Kreditinhaber) nach einer im Schrifttum vertretenen Ansicht bereits durch den Tatbestand der Untreue (§ 266 StGB) erfaßt.[140] Der Bundesgerichtshof wertete jedoch lediglich den Mißbrauch von Scheckkarten als strafbaren Betrug,[141] während er den Kreditkartenmißbrauch als straflos ansah.[142] Dies hat den Reformgesetzgeber veranlaßt, § 266b StGB als neuen Spezialtatbestand zu schaffen, der den Mißbrauch von Scheck- und Kreditkarten gleichermaßen unter Strafandrohung stellt. Die tatbestandliche Ausgestaltung der neuen Vorschrift lehnt sich an den Mißbrauchstatbestand des § 266 StGB an. Täter kann nur der berechtigte Karteninhaber sein (Sonderdelikt). Außerdem muß ein Vermögensschaden eintreten, der dann vorliegt, wenn der Täter den überzogenen Betrag nicht unverzüglich ausgleichen kann. 68

gg) Fälschung von Vordrucken für Euroschecks und Euroscheckkarten

Die Vorschrift des § 152a StGB erfaßt Fälschungen von Vordrucken für Euroschecks und Euroscheckkarten im **Vorbereitungsstadium** der Urkundenfälschung und des Betruges. Sie schützt die Sicherheit und Funktionsfähigkeit des bargeldlosen Zahlungsverkehrs und soll der massenhaften Verwendung falscher Vordrucke entgegenwirken. Bei der Ausgestaltung des neuen Tatbestandes orientierte sich der Gesetzgeber stark an den Straftatbeständen der Geldfälschung (§ 146 StGB) und der Vorbereitung der Fälschung von Geld- und Wertzeichen (§ 149 StGB). Die beiden neu eingeführten Vorschriften, die eine erhebliche Vorverlagerung des strafrechtlichen Schutzes in den Vorbereitungsbereich bewirken, bedeuten eine Anpassung des Strafrechts an neue Formen des Zahlungsverkehrs. 69

---

137 Vgl. hierzu Kapitel 4 – Straftaten im Zusammenhang mit Wertpapieren, Rn. 71ff.

138 Näher dazu unten Rn. 79.

139 Vgl. hierzu Kapitel 3 – Banken Rn. 100ff.

140 *Tiedemann*, Wirtschaftsstrafrecht und Wirtschaftskriminalität, Bd. 2, S. 67.

141 BGHSt 24, 286ff.

142 BGHSt 33, 244ff., 251.

hh) Vorenthalten und Veruntreuen von Arbeitsentgelt

70 Eine praktisch bedeutsame Neuregelung innerhalb des Strafgesetzbuchs stellt schließlich der Tatbestand des Vorenthaltens und Veruntreuens von Arbeitsentgelt dar. Durch **Übernahme** der Strafvorschriften **in das Strafgesetzbuch** sollte der kriminelle Charakter dieses verbreiteten und hohe Schäden verursachenden Verhaltens unterstrichen werden.

§ 266 a StGB[143] erfaßt zwei Fallgruppen dieses **untreueähnlichen Verhaltens** des Arbeitgebers: Absatz 1 ersetzt und vereinheitlicht die bisher in mehreren Sozialgesetzen enthaltenen Strafvorschriften und stellt unter Strafandrohung, „wer als Arbeitgeber Beiträge des Arbeitnehmers zur Sozialversicherung und zur Bundesanstalt für Arbeit vorenthält". § 266 a Abs. 5 StGB sieht die Möglichkeit eines Absehens von Strafe vor, wenn der Arbeitgeber zahlungsunfähig ist und sich rechtzeitig und vollständig der Einzugsstelle gegenüber offenbart. Werden die Beiträge innerhalb der von der Einzugsstelle gesetzten Frist bezahlt, so muß das Gericht von Strafe absehen. Absatz 2 erfaßt Fälle, in denen der Arbeitgeber vermögenswirksame Leistungen sowie gepfändete oder abgetretene Teile des Arbeitsentgelts einbehält, jedoch nicht abführt und es unterläßt, den Arbeitnehmer darüber zu unterrichten. Dieser Tatbestand liegt im Grenzbereich von Untreue und Betrug, weil einerseits fremdes Vermögen zweckwidrig verwendet wird und andererseits ein heimliches Vorgehen erforderlich ist. Mit dieser Vorschrift, die das Vermögen des betroffenen Arbeitnehmers schützt, hat der Gesetzgeber eine von der Praxis beklagte Strafbarkeitslücke geschlossen.

c) Weitere Reformen im Bereich des materielle Strafrechts im Überblick

aa) Steuerstrafrecht

71 Das **Steuerstrafrecht**[144] wurde durch die Abgabenordnung vom 16. 3. 1976[145] völlig neu gefaßt. Der Straftatbestand der Steuerhinterziehung wurde grundlegend umgestaltet und enthält nun die verschiedenen Begehungsmodalitäten des Machens unrichtiger oder unvollständiger Angaben und des pflichtwidrigen Inunkenntnislassens über steuerlich erhebliche Tatsachen. Außerdem wurden in Anlehnung an das Strafgesetzbuch eine Sonderregelung für besonders schwere Fälle eingeführt.

72 Im Jahre 1972 wurde durch das **„Gesetz zur Durchführung der gemeinsamen Marktorganisation (MOG)"**[146] der Bereich der besonderen Vergünstigungen, Interventionen und Abgaben nach dem EG-Marktorganisationsrecht den Straf- und Bußgeldvorschriften der Abgabenordnung unterstellt.[147]

Mit der Schaffung des EG-Binnenmarktes zum 1. 3. 1993 wurde § 370 Abs. 6 AO erheblich umgestaltet (USt-Binnenmarktgesetz vom 25. 8. 1992).[148] Der frühere § 370 Abs. 6 S. 2 AO wurde zu Abs. 7, neue Sätze 2 bis 4 wurden angefügt. § 370 Abs. 6 S. 2 AO wurde erneut durch das VerbrSt-BinnenmarktG vom 21. 12. 1992[149] geändert.

bb) Wettbewerbsstraf- und -bußgeldrecht

73 Das Gesetz gegen Wettbewerbsbeschränkungen kennt keine Kriminalstrafvorschriften zur Bekämpfung von Kartellen. Vielmehr hat sich der Gesetzgeber auf Bußgeldtatbestände beschränkt. Nach § 38 Abs. 1 Nr. 1 GWB a. F. handelte ordnungswidrig, wer sich über die Unwirksamkeit eines Kartellvertrages im Sinne des § 1 GWB hinwegsetzt. Nicht der

143 Vgl. hierzu Kapitel 2 – Insolvenz, Rn. 414 ff.
144 Vgl. hierzu Kapitel 10 – Steuerstrafrecht.
145 Abgabenordnung vom 16. 3. 1976, BGBl. 1977 I S. 613.
146 BGBl. 1972 I S. 1617.
147 Vgl. hier Kapitel 9 – Zoll Rn. 135 ff.
148 BGBl. 1992 I S. 1548.
149 BGBl. 1992 I S. 2150.

Abschluß der unwirksamen Vereinbarung, sondern erst ihre Durchführung bildete die Ordnungswidrigkeit. Im Interesse einer Harmonisierung des GWB mit dem Europäischen Kartellrecht wird durch die **6. GWB-Novelle von 1998**[150] bereits die rechtswidrige Kartellabsprache durch den Ordnungswidrigkeitentatbestand erfaßt, so daß der bußgeldrechtliche Schutz vorverlagert wurde.

Das **„Gesetz zur Bekämpfung der Korruption (KorrBG)"** vom 13. 8. 1997,[151] das die Vorschriften über Bestechung und Bestechlichkeit auch im privaten Geschäftsverkehr erheblich verschärft hat, hat neben einer Änderung des Amtsträgerbegriffs und der Neugestaltung der Bestechungsdelikte einen neuen Abschnitt **„Straftaten gegen den Wettbewerb"** in den Besonderen Teil des Strafgesetzbuchs eingestellt und die Straftatbestände der „Wettbewerbsbeschränkenden Absprachen bei Ausschreibungen" (§ 298 StGB) und der „Bestechlichkeit und Bestechung im geschäftlichen Verkehr" (§ 299 StGB) eingeführt. Durch die Einfügung des neuen Abschnitts soll deutlich gemacht werden, daß der Schutz des Wettbewerbs eine wichtige Aufgabe des Staates ist, zu dessen Durchführung auch ein verstärkter strafrechtlicher Schutz im Strafgesetzbuch geboten ist.[152] 74

Mit der Einfügung des Tatbestandes der **„Wettbewerbsbeschränkenden Absprachen bei Ausschreibungen"** (§ 298 StGB) durch das KorrBG in das Strafgesetzbuch hat eine jahrzehntelang geführte Diskussion über die Strafbarkeit des Submissionsbetruges einen vorläufigen Abschluß gefunden. Bei der Ausgestaltung des Tatbestandes wurde bewußt auf das Erfordernis eines Vermögensschadens verzichtet, um die damit verbundenen Beweisprobleme zu vermeiden, und der Schutz des freien Wettbewerbs durch ein **abstraktes Gefährdungsdelikt** gewährleistet. Zwar hatte der Bundesgerichtshof[153] vermögensschädigende Täuschungen über Submissionsabsprachen als Betrug bewertet, sofern dadurch dem Getäuschten ein Schaden entsteht. Der Gesetzgeber hat jedoch diese Möglichkeit der strafrechtlichen Bekämpfung derartiger Absprachen als wenig effektiv eingeschätzt und der Kritik in der Literatur an der höchstrichterlichen Rechtsprechung durch Einführung eines eigenständigen Straftatbestandes Rechnung getragen. 75

§ 299 StGB schützt vorrangig das Allgemeininteresse an einem freien, lauteren Wettbewerb. Der neue Tatbestand der passiven Bestechlichkeit und der aktiven Bestechung entspricht weitgehend § 12 UWG, der durch das Korruptionsbekämpfungsgesetz (Art. 4) aufgehoben wurde. Durch die Übernahme der Vorschrift in das Kernstrafrecht soll „das Bewußtsein der Bevölkerung geschärft werden, daß es sich auch bei der Korruption im geschäftlichen Bereich um eine Kriminalitätsform handelt, die nicht nur die Wirtschaft selbst betrifft, sondern Ausdruck eines allgemeinen sozialethisch mißbilligten Verhaltens ist.[154] 76

cc) Umweltstrafrecht

Das Umweltschutzstrafrecht wurde durch das **„18. Strafrechtsänderungsgesetz – Gesetz zur Bekämpfung der Umweltkriminalität"** vom 28. 3. 1980[155] kodifiziert und in das Strafgesetzbuch eingestellt.[156] Die zuvor in verwaltungsrechtlichen Spezialgesetzen geregelten Strafvorschriften wurden im 29. Abschnitt des Strafgesetzbuchs zusammengefaßt und einzelne Tatbestände dem Abschnitt über gemeingefährliche Straftaten zugewiesen. Weniger zentrale Straftatbestände, die nur mittelbar dem Umweltschutz dienen, 77

150 BGBl. 1998 I S. 2521.
151 BGBl. 1997 I S. 2038.
152 BT-Drucks. 13/5584, S. 15.
153 BGHSt 38, 186 und BGH NJW 1995, 737.
154 BT-Drucks. 13/5584, S. 15.
155 BGBl. 1980 I S. 373.
156 Zur Entstehungsgeschichte vgl. *Krüger*, Die Entstehungsgeschichte des 18. Strafrechtsänderungsgesetzes zur Bekämpfung der Umweltkriminalität, 1995.

wurden im Nebenstrafrecht belassen. Die Straftatbestände wurden verwaltungsakzessorisch ausgestaltet, weil strafrechtlich nicht verboten sein darf, was verwaltungsrechtlich erlaubt ist. Zugleich hat die Verwaltungsakzessorietät zur Folge, daß Taten strafrechtlich erfaßt werden, deren Unrecht sich ganz oder überwiegend in der Mißachtung des verwaltungsrechtlichen Kontrollsystems erschöpft.[157]

Durch das **„31. Strafrechtsänderungsgesetz – Zweites Gesetz zur Bekämpfung der Umweltkriminalität"**[158] wurde an der Verwaltungsakzessorietät festgehalten und der strafrechtliche Schutz weiter ausgebaut. Zur besseren Bekämpfung der Umweltkriminalität wurde insbesondere der strafrechtliche Schutz gegen Boden- und Luftverunreinigungen, gegen Beeinträchtigungen von Naturschutzgebieten sowie gegen Gefahren durch unverantwortlichen Umgang mit gefährlichen Stoffen und beim Transport gefährlicher Güter verstärkt. Die Bekämpfung des sog. illegalen Abfalltourismus wurde durch einen neuen Straftatbestand verbessert. Schließlich wurde zur Erfassung schwererer Umweltgefährdungen eine übersichtlichere Regelung für besonders schwere Fälle eingeführt.[159] In § 330 d Nr. 5 StGB wurden rechtsmißbräuchliche Handlungen einem Handeln ohne Genehmigung, Planfeststellung oder sonstige Zulassung gleichgestellt. Diese Umgehungsklausel hat zur Folge, daß das Umweltstrafrecht in Fällen rechtswidriger, aber bestandskräftiger Verwaltungsakte zur Anwendung kommt, mit der Folge, daß sich der Bürger nicht auf den wirksamen Verwaltungsakt berufen kann.

Das **Abfallgesetz** vom 27. 9. 1994[160] paßte das Strafrecht an das Kreislaufwirtschafts-/Abfallgesetz an.

dd) Straftatbestände zum Schutz des geistigen Eigentums

78 Weitere Änderungen strafrechtlicher Vorschriften[161] erfolgten zum Schutz des geistigen Eigentums. So wurde das Urheberrecht zunächst durch die **Urheberrechtsnovelle** von 1985[162] neu geregelt, und durch das **„Zweite Gesetz zur Änderung des Urheberrechtsgesetzes"** vom 9. 7. 1993[163] wurde die Richtlinie des Rates der Europäischen Gemeinschaften vom 14. 5. 1991 über den Rechtsschutz von Computerprogrammen[164] umgesetzt, indem die urheberrechtliche Schutzfähigkeit von Computerprogrammen verstärkt und einer detaillierten Regelung unterworfen wurde. Durch das **„Halbleiterschutzgesetz"** wurde für die Topographie von Mikrochips ein Schutzrecht „sui generis" geschaffen.[165] Durch dieses Gesetz wurde die Richtlinie des Rates der Europäischen Gemeinschaften vom 16. 12. 1986 über den Rechtsschutz der Topographien von Halbleitererzeugnissen umgesetzt. Das Geschmacksmustergesetz wurde durch die **Geschmacksmusternovelle** von 1986 erheblich geändert.[166] Durch das **„Gesetz über den Schutz von Pflanzensorten (Sortenschutzgesetz)"** vom 20. 5. 1968[167] wurde das pflanzliche Sortenschutzrecht neu geregelt. Durch das **Produktpirateriegesetz** von 1990[168] wurde die Möglichkeit geschaffen, Gebrauchsmusterschutz für alle technischen Erfindungen – mit Ausnah-

---

[157] Näher dazu *Tiedemann/Kindhäuser* NStZ 1988, 337.

[158] BGBl. 1994 I S. 1440.

[159] Vgl. dazu *Möhrenschlager* NStZ 1994, 513 ff., 566 ff.; *Otto* Jura 1995, 134 ff.

[160] BGBl. 1994 I S. 2705.

[161] Vgl. hierzu Kapitel 14 – Produkt- und Markenpiraterie.

[162] Gesetz zur Änderung von Vorschriften auf dem Gebiet des Urheberrechts vom 24. 6. 1986, BGBl. I S. 1137.

[163] BGBl. 1993 I S. 910.

[164] ABl. 1991, Nr. L 122 vom 17. 5. 1991, S. 42 ff.

[165] Gesetz über den Schutz der Topographie von microelektronischen Halbleitererzeugnissen (Halbleiterschutzgesetz) vom 22. 10. 1987, BGBl. I S. 2294.

[166] Gesetz zur Änderung des Geschmacksmustergesetzes vom 18. 12. 1986, BGBl. I S. 2501.

[167] BGBl. 1968 I S. 129.

[168] Gesetz zur Stärkung geistigen Eigentums und zur Bekämpfung der Produktpiraterie (PG) vom 7. 3. 1990, BGBl. I S. 422.

me der Verfahrenserfindungen – zu erlangen. Der Umsetzung der Europäischen Harmonisierungs-Richtlinie 889/104/EWG dient das **Markenrechtsreformgesetz** vom 25.10. 1994,[169] durch das das bisherige Warenzeichenrecht grundlegend geändert wurde.

ee) Insiderstrafrecht

Durch das **Wertpapierhandelsgesetz (WpHG)**[170] vom 26.7. 1994[171] wurde die EG-Insiderrichtlinie 89/592/EWG[172] in nationales Recht umgesetzt und der Verstoß gegen die Insider treffenden Verwertungs-, Mitteilungs- und Empfehlungsverbote unter Strafe gestellt. Die Strafbarkeit ergibt sich aus § 38 WpHG, der als Blankettnorm auf das Verbot von Insidergeschäften in § 14 WpHG verweist. Während den Primärinsider ein Erwerbs- und Veräußerungsverbot, ein Weitergabeverbot und ein Empfehlungsverbot trifft, darf ein Dritter, der Kenntnis von einer Insidertatsache hat (Sekundärinsider), zwar nicht Insiderpapiere unter Ausnutzung dieser Kenntnis für eigene oder fremde Rechnung oder für einen anderen erwerben oder veräußern. Er darf aber empfehlen und weitergeben. Der deutsche Gesetzgeber hat von der in Art. 6 Insiderrichtlinie eingeräumten Möglichkeit, auch für Sekundärinsider ein Weitergabe- und Empfehlungsverbot zu statuieren, nicht Gebrauch gemacht. 79

ff) Insolvenzstrafrecht

Die durch das 1. WiKG wieder in das StGB eingestellten Konkursstraftaten wurden durch das **„Einführungsgesetz zur Insolvenzordnung“** vom 5. 10. 1994[173] in Verbindung mit dem **„Gesetz zur Änderung des Einführungsgesetzes zur Insolvenzordnung und anderer Gesetze“** vom 19. 12. 1998[174] an die Insolvenzordnung angepaßt. Entsprechend wurde die Überschrift des 24. Abschnitts des Strafgesetzbuchs in „Insolvenzstraftaten“ umbenannt und entsprechende sprachliche Veränderungen in den §§ 283 Abs. 1 Nr. 1 und 6 und 283 d Abs. 1 und 4 StGB vorgenommen.[175] 80

gg) Bekämpfung der organisierten Kriminalität durch den Straftatbestand der Geldwäsche

Der Straftatbestand der Geldwäsche[176] wurde durch das **„Gesetz zur Bekämpfung der Organisierten Kriminalität (OrgKG)“** vom 15. 6. 1992[177] in das Strafgesetzbuch eingefügt. Durch diesen Straftatbestand soll verhindert werden, daß illegal erlangte Vermögensvorteile in den legalen Wirtschaftskreislauf gelangen. Der ursprüngliche Katalog der Vortaten wurde durch das **Verbrechensbekämpfungsgesetz** vom 28. 10. 1994[178] auf gewerbs- und bandenmäßig begangene Vermögens-, Urkunden- und Bestechungsdelikte erweitert. 81

Durch das **„Gesetz zur Verbesserung der Bekämpfung der Organisierten Kriminalität“** vom 4. 5. 1998[179] wurde § 261 StGB (Geldwäsche) weiter verschärft. So wurde § 261 Abs. 1 Nr. 2a StGB eingefügt, der Bestechungsvergehen als Vortat erfaßt. Auf eine banden- oder gewerbsmäßige Begehung wurde verzichtet, um den EG- und EU-Ver-

---

169 BGBl. 1994 I S. 3082.
170 Vgl. hierzu Kapitel 4 – Straftaten im Zusammenhang mit Wertpapieren, Rn. 20 ff.
171 BGBl. 1994 I S. 1749.
172 ABl. 1989, Nr. L 334 vom 18. 11. 1989, S. 30 ff.
173 BGBl. 1994 I S. 2911, letztes Änderungsgesetz vom 19. 12. 1998, BGBl. I S. 3836.
174 BGBl. 1998 I S. 3836.
175 Vgl. hierzu Kapitel 2 – Insolvenz.
176 Vgl. hierzu Kapitel 5 – Organisierte Wirtschaftskriminalität.
177 BGBl. 1992 I S. 1302.
178 BGBl. 1994 I S. 3186.
179 BGBl. 1998 I S. 845.

pflichtungen nachzukommen. Die neue Nr. 3 erfaßt Zolldelikte der Abgabenordnung. Die neue Nr. 4a führt zur Einbeziehung von Umweltstraftaten als Vortaten der Geldwäsche. Das Erfordernis der zugleich gewerbs- und bandenmäßigen Begehung wurde durch das Merkmal der gewerbs- oder bandenmäßigen Begehung ersetzt.

82 Das **„Gesetz über das Aufspüren von Gewinnen aus schweren Gewalttaten (GeldwäscheG – GwG)“**[180] vom 25. 10. 1993 verpflichtet vor allem Kredit- und Finanzinstitute, bei Bargeschäften ab 20 000.- DM, inzwischen ab 30 000.- DM, den Einzahler oder Auftraggeber zu identifizieren, die gemachten Feststellungen aufzuzeichnen und aufzubewahren. Geldwäscheverdächtige Transaktionen sind unabhängig von der Größenordnung des Geschäfts anzuzeigen.

hh) Telekommunikationsstrafrecht

83 Durch das **„Gesetz zur Regelung der Rahmenbedingungen für Informations- und Kommunikationsdienste (Informations- und Kommunikationsdienstegesetz – IuKDG)“** vom 22. 7. 1997[181] wurden der Begriff der Schriften im Sinne des § 11 Abs. 3 StGB und die Voraussetzungen ihrer Verbreitung an die Rahmenbedingungen für die Informations- und Kommunikationsdienste angepaßt.[182] Außerdem wurde eine differenzierte Regelung zur Begrenzung der Verantwortung des Service-Providers eingeführt, die davon abhängt, ob er eigene oder fremde Daten anbietet oder ob er lediglich den Zugang vermittelt. Im ersten Fall ist er nach den allgemeinen Gesetzen, im zweiten Falle nur bei Kenntnis der Rechtswidrigkeit und im letzten Falle überhaupt nicht verantwortlich.

Das **„Begleitgesetz zum Telekommunikationsgesetz“** vom 17. 12. 1997[183] hat mehrere Vorschriften, insbesondere die über den Geheimnisschutz (§§ 88 Abs. 1, 106, 165 a Abs. 1, 316 b Abs. 1 Nr. 1, 317, 358 StGB), an das Telekommunikationsdienstegesetz angepaßt.

ii) Korruptionsstrafrecht

84 Durch das **„Gesetz zur Bekämpfung der Korruption (KorrBG)“** vom 13. 8. 1997[184] wurden die Straftatbestände der Vorteilsannahme und Bestechlichkeit sowie der Vorteilsgewährung und der Bestechung (§§ 331 ff. StGB) neu geregelt.[185] Durch die Neufassung wurde die Strafbarkeit maßgeblich erweitert: Der Begriff des Amtsträgers, der sich angesichts der Verlagerung staatlicher Aufgabenwahrnehmung auf juristische Personen des Privatrechts als zu eng erwiesen hat, wurde ausgeweitet; das Merkmal der Unrechtsvereinbarung wurde maßgeblich erweitert, indem auf das Merkmal der Gegenleistung der Vorteilsgewährung für eine Diensthandlung verzichtet und die Vorteilsgewährung „für die Dienstausübung“ zum Tatbestandsmerkmal erhoben wurde; schließlich wurden Zuwendungen an Dritte ausdrücklich unter Strafandrohung gestellt.

Das Bemühen um die strafrechtliche Bekämpfung der Korruption hat weiterhin zur Verabschiedung des **„Gesetzes zur Bekämpfung internationaler Bestechung (IntBestG)“** vom 10. 9. 1998[186] und des **„EU-Bestechungsgesetzes (EUBestG)“** vom 10. 9. 1998[187] geführt, die eine Gleichstellung von ausländischen mit inländischen Amtsträgern bei Bestechungshandlungen regeln. Außerdem wurde durch das EU-BestG der Geltungsbereich der Abgeordnetenbestechung (§ 108 e StGB) ausgedehnt.

---

[180] BGBl. 1993 I S. 1770.
[181] BGBl. 1997 I S. 870.
[182] Vgl. hierzu Kapitel 18 – Computer und moderne Telekommunikation.
[183] BGBl. 1997 I S. 3108.
[184] BGBl. 1997 I S. 2038 ff.
[185] Vgl. hierzu Kapitel 12 – Korruption.
[186] BGBl. 1998 II S. 2327.
[187] BGBl. 1998 II S. 2340.

jj) Subventionsbetrug

Das **„Gesetz zu dem Übereinkommen vom 26. Juli 1995 über den Schutz der finanziellen Interessen der Europäischen Gemeinschaften (EG-Finanzschutzgesetz)“** vom 10. 9. 1998[188] diente der Anpassung des Subventionsbetrugs an das Übereinkommen zum Schutz der finanziellen Interessen der EG vom 26. 7. 1995.[189] Insbesondere wurde §§ 264 Abs. 2 StGB neu gefaßt, der unter Strafandrohung stellt, wer einen Gegenstand oder eine Geldleistung, deren Verwendung durch Rechtsvorschriften oder durch den Subventionsgeber im Hinblick auf eine Subvention beschränkt ist, entgegen der Verwendungsbeschränkung verwendet. In § 264 Abs. 7 Nr. 2 StGB werden auch als Subventionen definiert: „eine Leistung aus öffentlichen Mitteln nach dem Recht der Europäischen Gemeinschaften, die wenigstens zum Teil ohne marktmäßige Gegenleistung gewährt wird“; auf das einschränkende Merkmal der „Förderung der Wirtschaft“ wurde verzichtet. 85

d) Grundsätze der Ausgestaltung der Straftatbestände des Wirtschaftsstrafrechts

aa) Schutz überindividueller Rechtsgüter durch abstrakte Gefährdungsdelikte

Die neuen Schutzbedürfnisse, die im Zusammenhang mit dem wirtschaftlichen Aufschwung nach dem 2. Weltkrieg entstanden sind, und die Nachweisprobleme bei den klassischen Eigentums- und Vermögensdelikten erforderten die Schaffung neuer Straftatbestände, die einen weitgehenden **Schutz überindividueller Rechtsgüter** gewährleisten und infolge der Beweiserleichterungen eine effektivere Bekämpfung der Wirtschaftskriminalität erwarten lassen. Dieser Aufgabe entsprach der Gesetzgeber vor allem durch die Schaffung des Subventions- und Kreditbetrugs, die Neuregelung des Konkurs- und Computerstrafrechts, die Neugestaltung des Wettbewerbs- und Börsenstrafrechts sowie durch einen verbesserten Schutz der Anleger und des bargeldlosen Zahlungsverkehrs. 86

Zahlreiche der neuen Tatbestände sind als **abstrakte Gefährdungsdelikte** ausgestaltet, die eine Vorverlagerung des strafrechtlichen Schutzes bewirken. Auf den Eintritt eines Schadens oder einer konkreten Gefahr kommt es bei ihnen nicht an. Hierbei handelt es sich nicht um eine zu weit gehende Ausdehnung der Strafbarkeit,[190] sondern um eine Folge davon, daß **überindividuelle, soziale Interessen** geschützt werden.[191] Solche Rechtsgüter können durch einzelne Handlungen nicht konkret verletzt werden, dennoch muß jeder am Wirtschaftsleben Teilnehmende auf ihren Bestand vertrauen dürfen.[192] Daher sind die „abstrakten Gefährdungsdelikte das typische, dem Wesen des überindividuellen Rechtsguts entsprechende Mittel der Gesetzestechnik“.[193] Die mit der Einführung abstrakter Gefährdungsdelikte verbundene Ausweitung der Strafbarkeit kann jedoch nur hingenommen werden, wenn bereits die abstrakte Gefährdung als solche kriminell strafwürdig ist.

---

188 BGBl. 1998 II S. 2322; ausführlich dazu Kapitel 8 – Die Entwicklung des Wirtschaftsstrafrechts unter dem Einfluß des Europarechts Rn. 131 ff.

189 ABl. 1995, Nr. C 316 vom 27. 11. 1995, S. 48 ff.

190 So aber *Hassemer* ZRP 1992, 378 ff.; *ders.*, JuS 1987, 257 ff.; *ders.* Neue Kriminalpolitik, 1989, 47 ff.; *ders.* NStZ 1989, 553 ff.; *ders.*, Produktverantwortung im Strafrecht, 1994, S. 1 ff.; *Herzog*, Gesellschaftliche Unsicherheit und strafrechtliche Daseinsvorsorge, 1991, S. 71 ff.; *ders.* ZStW 105 (1993), 727 ff.; *Krauß* StV 1989, 315 ff.; *Seelmann* NJW 1990, 1257.

191 *Tiedemann*, FS Dünnebier 1982, S. 521.

192 *Hirsch*, in: *Kühne/Miyazawa* (Hrsg.), Neue Strafrechtsentwicklungen im deutsch-japanischen Vergleich, 1995, S. 17 ff.

193 *Tiedemann*, Wirtschaftsstrafrecht, Bd. 1, S. 85 f.

bb) Unbestimmtheit der Straftatbestände

87 Der Gesetzgeber hat bei dem Bemühen, alle relevanten Fälle zu erfassen, zahlreiche Generalklauseln und unbestimmte Rechtsbegriffe verwendet, die zu einer erheblichen Unbestimmtheit der Straftatbestände führen. Insbesondere wurden häufig wirtschaftliche Gesichtspunkte und Betrachtungsweisen angeordnet. Damit stellt sich die Frage, ob diese Strafgesetze gegen das verfassungsrechtlich garantierte Bestimmtheitsgebot verstoßen. Angesichts der Zurückhaltung des Bundesverfassungsgerichts, Strafgesetze wegen fehlender Bestimmtheit für verfassungswidrig zu erklären,[194] reicht in aller Regel eine **restriktive Auslegung** der fraglichen Tatbestände aus, um den Anforderungen des Art. 103 Abs. 2 GG Rechnung zu tragen.[195] Dabei bietet es sich an, die einzelnen Tatbestandsmerkmale in Anlehnung an die klassischen Tatbestände des Betrugs, der Untreue und Steuerhinterziehung auszulegen und dadurch eine Beschränkung auf die tatsächlich strafwürdigen Fälle sicherzustellen. Außerdem dringt in der Rechtslehre die Auffassung vor, daß solche Generalklauseln und andere unbestimmte Rechtsbegriffe nur insoweit einer Verurteilung zugrunde gelegt werden dürfen, als es um anerkannte, gesicherte Wertungen geht, also um den Kernbereich der unbestimmten Rechtsbegriffe.[196]

cc) Inkriminierung leichtfertiger Verhaltensweisen

88 Fahrlässigkeit ist grundsätzlich nur ausnahmsweise unter Strafdrohung gestellt. Demgegenüber ist im Wirtschaftsstrafrecht oft sogar leichte Fahrlässigkeit straf- bzw. ahndbar. Fahrlässigkeitsstrafbarkeit ist geradezu ein Kennzeichen des Wirtschaftsstrafrechts, das sich hierdurch vom Vermögensstrafrecht unterscheidet. Leichtfertigkeit ist insbesondere im Steuer-, Zoll- und Subventionsstrafrecht sowie im Lebensmittelstrafrecht unter Sanktionsandrohung gestellt. Dadurch trägt der Gesetzgeber dem Umstand Rechnung, daß die Einführung abstrakter Gefährdungsdelikte allein noch nicht ausreicht, um die Schwierigkeiten, die mit dem Nachweis vorsätzlichen Verhaltens bei arbeitsteiligem Vorgehen verbunden sind, zu lösen. Deshalb hat der Gesetzgeber die Strafbarkeit auf leichtfertiges Verhalten ausgeweitet. Allerdings ist diese Ausweitung allein aus Beweisgründen nicht zulässig. Vielmehr muß eine erhöhte Pflichtenstellung der Täters vorliegen, die z. B. beim Subventionsbetrug darin liegt, daß derjenige, der öffentliche Mittel in Anspruch nimmt, besonders sorgfältig vorgehen muß.[197]

dd) Pönalisierung von Umgehungshandlungen

89 Die Gesetzesumgehung ist eine für das Wirtschaftsstrafrecht typische Erscheinungsform, durch die die Täter versuchen, Gesetzeslücken auszunutzen. Wer aber einen Tatbestand gerade nicht verwirklicht, sondern die Verwirklichung der Strafbarkeit gezielt vermeidet, kann grundsätzlich wegen des **Analogieverbots** und des **Bestimmtheitsgrundsatzes** (Art. 103 Abs. 2 GG) nicht bestraft werden, auch wenn sein Verhalten nicht billigenswert sein mag und dem Zweck der wirtschaftsrechtlichen Regelung möglicherweise sogar zuwiderläuft. In einigen Bereichen hat der Gesetzgeber ausdrückliche Umgehungsklauseln eingeführt, die zum Teil im Strafgesetzbuch, zum Teil in außerstrafrechtlichen Gesetzen geregelt sind. Auch letztere finden im Strafrecht Anwendung, sofern das Strafgesetz auf die außerstrafrechtlichen Normen verweist. So enthalten § 4 SubvG und § 42 AO eine ausdrückliche Mißbrauchsklausel zur verwaltungsrechtlichen Erfassung von Um-

---

194 Näher dazu *Tiedemann*, Verfassungsrecht und Strafrecht, 1991, S. 41 ff.

195 *Tiedemann*, Artikel Auslegung, in: *Krekeler/Tiedemann/Ulsenheimer/Weinmann* (Hrsg.), HdWiStr, Bd. 1, Stand Mai 1990, S. 3.

196 *Lenckner* JuS 1968, 308 ff.; *Tiedemann*, Artikel Auslegung, in: *Krekeler/Tiedemann/Ulsenheimer/Weinmann* (Hrsg.), HdWiStr, S. 3.

197 Näher dazu *Tiedemann* ZStW 87 (1975), 278 f.; *Heinz*, in: *Gropp* (Hrsg.), Wirtschaftskriminalität und Wirtschaftsstrafrecht, S. 41.

gehungsgeschäften, die im Subventions- und Steuerbereich häufig auftreten und auch auf EG-Ebene im Zusammenhang mit der Erschleichung von Subventionen und Beihilfen bekannt geworden sind.[198]

e) Effektivität des Wirtschaftsstrafrechts

Eine Bewertung der Effektivität des geltenden Wirtschaftsstrafrechts ist nur schwer möglich. Mißt man die Wirksamkeit strafrechtlicher Normen nicht nur an der hinreichenden **Aufdeckung** und **Verfolgung** von Verstößen, also an einer hohen Wahrscheinlichkeit der Entdeckung und Aburteilung,[199] so kann festgehalten werden, daß einzelne Straftatbestände generalpräventive Wirkung entfalten konnten: Schon vor Inkrafttreten des § 264a StGB (Kapitalanlagebetrug) stellten die von diesem Tatbestand potentiell Betroffenen sicher, daß ihre Werbeprospekte nicht unter die neue Vorschrift fielen und informierten sich eingehend über den neuen Straftatbestand und die dadurch gesteckten Grenzen. Damit hat aber die Strafandrohung ihr primäres Ziel erreicht, das **allgemeine Normenbewußtsein** zu stärken und potentielle Täter abzuschrecken. 90

2. Reformen im Bereich der strafrechtlichen Sanktionen

Das Strafrecht kennt ein **dualistisches Rechtsfolgesystem:** Es unterscheidet Strafen, die ein schuldhaftes Verhalten voraussetzen, und Maßregeln der Besserung und Sicherung, die grundsätzlich auch gegenüber schuldunfähigen Tätern angeordnet werden können (§§ 61 ff. StGB). Das System wird durch Maßnahmen wie den Verfall, die Einziehung und die Unbrauchbarmachung (§§ 73 ff. StGB) ergänzt. 91

a) Hauptstrafen

Hauptstrafen sind die **Freiheitsstrafe**, die **Geldstrafe** und die **Vermögensstrafe**. Die Vollstreckung der Freiheitsstrafe kann zur Bewährung ausgesetzt werden (§ 56 StGB). Die Geldstrafe wird in Tagessätzen (mindestens 5, aber höchstens 360, im Falle einer Gesamtstrafe gemäß § 54 Abs. 2 StGB höchstens 720 Tagessätze) verhängt. Die Höhe der einzelnen Tagessätze ist in der Regel auf der Grundlage des durchschnittlichen Nettoeinkommens festzusetzen, und zwar auf einen Betrag zwischen 2,– und 10 000,– DM (§ 40 Abs. 2 Satz 2 und 3 StGB). Bei Uneinbringlichkeit der Geldstrafe tritt an deren Stelle die Ersatzfreiheitsstrafe. Grundsätzlich ist auf Freiheits- oder Geldstrafe zu erkennen; eine Kumulation ist gemäß § 41 StGB jedoch zulässig, wenn sich der Täter bereichert oder zu bereichern versucht hat. 92

Die gegenwärtige Struktur des Sanktionensystems des Allgemeinen Strafrechts wurde wesentlich durch das **1. und 2. Strafrechtsreformgesetz** von 1969[200] sowie durch das **„Einführungsgesetz zum Strafgesetzbuch (EGStGB)"** von 1974[201] geprägt. Ziel war es, durch die moderne Ausgestaltung des Sanktionensystems künftige Straftaten zu verhüten und vor allem zur Resozialisierung der Straftäter beizutragen. Durch das **„20. Strafrechtsänderungsgesetz"**[202] wurde die Aussetzung die Strafe bei lebenslanger Freiheitsstrafe geregelt und durch das **23. Strafrechtsänderungsgesetz**[203] die Strafaussetzung zur Bewährung bei Freiheitsstrafe zwischen einem und zwei Jahren der Fortentwicklung

[198] Eingehend dazu *Reisner*, Der strafrechtliche Schutz der Finanzinteressen der EG vor Schein- und Umgehungshandlungen im Bereich der Europäischen Marktordnungen, 1995, S. 25 ff.

[199] Auf die Bedeutung dieser Kriterien für ein effektives Strafrecht weist insbesondere *Tiedemann*, Wirtschaftsstrafrecht, Bd. 1, S. 248, hin.

[200] Gesetz zur Reform des Strafrechts (1. StRG) vom 25. 6. 1969, BGBl. I S. 645; 2. Gesetz zur Reform des Strafrechts (2. StRG) vom 4. 7. 1969, BGBl. I S. 717.

[201] Einführungsgesetz zum Strafgesetzbuch (2. EGStGB) vom 2. 3. 1974, BGBl. I S. 469.

[202] Strafrechtsänderungsgesetz (20. StRÄndG) vom 8. 12. 1981, BGBl. I S. 1329.

[203] Strafrechtsänderungsgesetz (23. StRÄndG) vom 13. 4. 1986, BGBl. I S. 393.

der Rechtsprechung angepaßt und der Anwendungsbereich der Strafrestaussetzung zur Bewährung neu gefaßt.

Durch das **Opferschutzgesetz**[204] von 1986 wurde die Wiedergutmachung und der Täter-Opfer-Ausgleich aufgewertet. Schließlich durch das **Verbrechensbekämpfungsgesetz von 1994**[205] der Täter-Opfer-Ausgleich und die Schadenswiedergutmachung als fakultative Strafmilderungsgründe vorgesehen, so daß das Gericht bei Freiheitsstrafe bis zu einem Jahr sogar von einer Bestrafung absehen kann.

b) Nebenstrafen und Nebenfolgen

93 Eine Nebenstrafe ist das **Fahrverbot** gemäß § 44 StGB, das nicht mit der Maßregel der Entziehung der Fahrerlaubnis gemäß § 69 StGB zu verwechseln ist. Der Sache nach ebenfalls eine Nebenstrafe, vom Gesetz jedoch als Nebenfolge bezeichnet, ist der **Verlust der Amtsfähigkeit, der Wählbarkeit und des Stimmrechts** (§ 45 StGB). Bei einer Verurteilung wegen eines Verbrechens zu einer Freiheitsstrafe von mindestens einem Jahr tritt der Verlust für fünf Jahre kraft Gesetzes ein. Ansonsten kann das Gericht die Fähigkeiten für eine Dauer zwischen zwei und fünf Jahren aberkennen, soweit der angewandte Straftatbestand dies vorsieht.

c) Maßregeln der Besserung und Sicherung

94 Maßregeln der Besserung und Sicherung sind die Unterbringung in einem psychiatrischen Krankenhaus oder in einer Entziehungsanstalt, die Sicherungsverwahrung, die Führungsaufsicht, die Entziehung der Fahrerlaubnis und das Berufsverbot (§§ 63 ff. StGB).

d) Sonstige Maßnahmen

aa) Verfall

95 Als sonstige Maßnahmen ist zunächst der Verfall gemäß §§ 73 ff. StGB zu nennen, der der **Abschöpfung des Erlöses** dient,[206] den der Täter oder Teilnehmer für eine rechtswidrige, nicht notwendigerweise schuldhaft begangene Tat oder aus ihr erlangt hat. Wenn der Täter für einen Dritten gehandelt hat, unterliegt gemäß § 71 Abs. 3 StGB auch der diesem zugeflossene Erlös dem Verfall. § 73 Abs. 4 StGB dehnt den Verfall darüber hinaus auf die einem Dritten gehörenden oder zustehenden Gegenstände aus, die er einem Tatbeteiligten für die Tat oder sonst in Kenntnis der Tatumstände gewährt hat.

Im Zusammenhang mit der **Bekämpfung der Organisierten Kriminalität** wurden in den letzten Jahren Sanktionsmöglichkeiten geschaffen, um die Gewinne aus Straftaten abzuschöpfen und insbesondere der Organisierten Kriminalität die wirtschaftliche Grundlage für deren Aufbau und Erhalt zu entziehen. Durch das **„Gesetz zur Änderung des Außenwirtschaftsgesetzes, des Strafgesetzbuches und anderer Gesetze"** vom 28. 2. 1992[207] wurde das für den Verfall bislang maßgebende Nettoprinzip durch das Bruttoprinzip ersetzt. Dies bedeutet, daß der Vermögenszuwachs entzogen wird, ohne daß die gemachten Aufwendungen abziehbar sind.

bb) Erweiterter Verfall und Vermögensstrafe

96 Weitergehende Verschärfungen brachte das **„Gesetz zur Bekämpfung des illegalen Rauschgifthandels und anderer Erscheinungsformen der Organisierten Kriminalität**

---

[204] Gesetz zur Verbesserung der Stellung des Verletzten im Strafverfahren (Opferschutzgesetz) vom 18. 12. 1986, BGBl. I S. 2496.

[205] Gesetz zur Änderung des Strafgesetzbuches, der Strafprozeßordnung und anderer Gesetze (Verbrechensbekämpfungsgesetz) vom 28. 10. 1994, BGBl. I S. 3186.

[206] BGH NStZ 1994, 123 f.

[207] BGBl. 1992 I S. 372.

(OrgKG)" vom 15. 7. 1992.[208] Zum einen wurde der Erweiterte Verfall und zum anderen die Vermögensstrafe eingeführt,

Durch den **Erweiterten Verfall** gemäß § 73 d StGB wird bei milieu-typischen Taten der Organisierten Kriminalität die Gewinnabschöpfung unter weniger strengen Voraussetzungen ermöglicht, um zu erreichen, daß Verbrechen sich nicht mehr „lohnen". Der Verfall von Gegenständen kann schon angeordnet werden, „wenn die Umstände die Annahme rechtfertigen, daß diese Gegenstände für rechtswidrige Taten oder aus ihnen erlangt worden sind". Nach Auffassung des BGH[209] ist diese Vorschrift jedoch verfassungskonform dahingehend auszulegen, daß der Erweiterte Verfall nur dann angeordnet werden darf, wenn der Richter uneingeschränkt von der deliktischen Herkunft der Gegenstände überzeugt ist. Die Anordnung des Verfalls ist obligatorisch. Jedoch schließt eine Verbandsgeldbuße gemäß § 30 OWiG und die Mehrerlösabführung[210] den Verfall aus (§ 30 Abs. 5 OWiG, § 8 Abs. 4 WiStG).

Als neue Strafart wurde weiterhin die **Vermögensstrafe** zur Bekämpfung der Organisierten Kriminalität eingeführt. Gemäß § 43 a Abs. 1 StGB kann neben einer lebenslangen oder mindestens zweijährigen Freiheitsstrafe eine Vermögensstrafe verhängt werden, die in ihrer Höhe nur durch den Wert des Tätervermögens begrenzt ist, wenn der angewandte Straftatbestand auf § 43 a StGB verweist (so z. B. §§ 150 Abs. 1, 261 Abs. 7, 263 Abs. 7, 263 a Abs. 2, 282 Abs. 1, 302 Abs. 2, 338 Abs. 2 StGB). Das Gericht bestimmt eine Ersatzfreiheitsstrafe zwischen einem Monat und zwei Jahren für den Fall der Uneinbringlichkeit der Vermögensstrafe (§ 43 a Abs. 2 StGB). Diese Vorschrift ist in verfassungsrechtlicher Hinsicht problematisch. Deshalb sieht der BGH eine restriktive Auslegung vor, die zur Verfassungsmäßigkeit führen soll.[211] 97

cc) Einziehung

Gegenstände, die durch eine vorsätzliche Straftat hervorgebracht oder zu ihrer Begehung oder Vorbereitung benutzt worden sind, unterliegen gemäß §§ 74 ff. StGB der **Einziehung**, wenn sie entweder dem Täter oder dem Teilnehmer gehören bzw. zustehen oder die Allgemeinheit gefährden bzw. der Begehung weiterer rechtswidriger Taten dienen können. Soweit ein Straftatbestand die Einziehung ausdrücklich zuläßt oder zwingend vorschreibt, ist sie unter den erweiterten Voraussetzungen des § 74 a StGB zulässig. 98

dd) Nachträgliche und selbständige Anordnung des Verfalls und der Einziehung

Der Verfall und die Einziehung können gemäß § 76 StGB **nachträglich angeordnet** werden. § 76 a StGB ermöglicht die **selbständige Anordnung** des Verfalls und der Einziehung, wenn eine bestimmte Person aus tatsächlichen oder aus den in § 76 a StGB genannten rechtlichen Gründen nicht verfolgt werden kann. Es findet dann ein **objektives Verfahren** gemäß §§ 440 ff. StPO statt. 99

e) Bußgeldverhängung gegen juristische Personen und Personenvereinigungen

aa) Normadressaten

§ 30 OWiG sieht die Verhängung von Geldbußen gegen **juristische Personen** – AG, KGaA, GmbH, Genossenschaft, eingetragener Verein, selbständige Stiftung, bergrechtliche Gewerkschaft – und diesen gleichgestellte Personen – nicht rechtsfähige Vereine und Personenhandelsgesellschaften (OHG, KG) – vor. Umstritten ist, ob auch juristische 100

[208] BGBl. 1992 I S. 1302.
[209] BGHSt 40, 371 f.
[210] Näher dazu unten Rn. 106 f.
[211] BGHSt 41, 20, 22 ff.; BGHSt 41, 278, 279 f.

Personen des öffentlichen Rechts – Körperschaften, selbständige Anstalten, Stiftungen – als Normadressaten in Betracht kommen. Dies wird ganz überwiegend bejaht, weil durch die Übernahme eines erheblichen Teils der Versorgung der Bevölkerung und der öffentlichen Daseinsvorsorge durch staatliche Stellen die Gefahr gewachsen sei, daß Organe von juristischen Personen des öffentlichen Rechts Zuwiderhandlungen begehen, die in der privaten Wirtschaft durch Geldbußen geahndet würden.[212] Gegen Gesellschaften des Bürgerlichen Rechts ist die Festsetzung einer Geldbuße nicht zulässig.[213] Vorgesellschaften und faktische Gesellschaften, deren Tätigkeit als Gesellschaft auf einer mangelhaften rechtlichen Grundlage beruht, sind nur dann Normadressaten des § 30 OWiG, wenn sie faktisch in einer Form organisiert sind, die dieser Vorschrift unterfällt.[214]

Wenn ein Unternehmen nach Beendigung der zu sanktionierenden Tat nur die Firmenbezeichnung wechselt oder die Rechtsform ändert, kann die Geldbuße gegen den Rechtsnachfolger verhängt werden, wenn das Unternehmen der Sache nach dasselbe geblieben ist.[215] Bei der Übernahme eines Unternehmens durch ein anderes kommt es darauf an, ob eine wirtschaftliche **Fortführung wesentlicher Teile des übernommenen Unternehmens** vorliegt. So hält es der BGH[216] für ausreichend, wenn das haftende Vermögen weiterhin vom Vermögen der verantwortlichen natürlichen Person getrennt ist, in gleicher oder ähnlicher Weise wie bisher eingesetzt wird und in der neuen juristischen Person einen wesentlichen Teil des gesamten Vermögens ausmacht.[217]

bb) Personenkreis, dessen Verhalten der juristischen Person zugerechnet wird

101 Als natürliche Personen, deren Handlung der juristischen Person oder dem Personenverband zugerechnet wird, kommen **vertretungsberechtigte Organe** einer juristischen Person oder ein Mitglied eines solchen Organs, der Vorstand eines nicht rechtsfähigen Vereins oder ein Mitglied des Vorstands eines nicht rechtsfähigen Vereins oder der vertretungsberechtigte Gesellschafter einer Personenhandelsgesellschaft sowie Prokuristen und Handlungsbevollmächtigte in leitender Position in Betracht.[218]

Bei einer GmbH & Co KG ist der Geschäftsführer der GmbH das Organ, das für die GmbH & Co KG handelt.[219] Bei der OHG ist grundsätzlich jedem Gesellschafter Vertretungsmacht eingeräumt (§ 125 Abs. 1 HGB), so daß die Zuwiderhandlung eines einzelnen Gesellschafters ausreicht. Der Begriff „vertretungsberechtigt" kennzeichnet lediglich die **Organstellung**; auf den Umfang der rechtsgeschäftlichen Vertretungsmacht im Einzelfall kommt es nicht an, weil die straf- und ordnungswidrigkeitenrechtlich relevanten Handlungen regelmäßig außerhalb der rechtsgeschäftlichen Vertretung liegen. Hieraus folgt, daß als möglicher Täter auch das Vorstandsmitglied einer AG in Betracht kommt, das nur in Gemeinschaft mit einem Prokuristen zur Vertretung befugt ist.[220] Für die Organstellung ist es unerheblich, ob der Bestellungsakt wirksam ist; auch diesbezüglich ist die faktische Betrachtungsweise maßgeblich.[221]

---

212 Vgl. nur *Cramer*, in: Karlsruher Kommentar zum OWiG, 1989, § 30 Rn. 46 ff.; *Rebmann/Roth/Hermann*, OWiG, 2. Aufl. 1988; § 30 Rn. 8, jeweils m. w. N.; a. A. *Busch*, Grundfragen der strafrechtlichen Verantwortlichkeit der Verbände, 1933, S. 194 f.; *Schmitt*, Strafrechtliche Maßnahmen gegen Verbände, 1958, S. 211.

213 Kritisch dazu *Cramer*, in: KK-OWiG, § 30 Rn. 29 ff.

214 Näher dazu *Cramer*, in: KK-OWiG, § 30 Rn. 53 ff.; *Schmidt* wistra 1990, 134.

215 *Göhler*, OWiG, § 30 Rn. 38.

216 BGH wistra 1986, 221.

217 Vgl. dazu auch *Göhler* wistra 1991, 207.

218 Näher dazu oben Rn. 52.

219 BGH NStZ 1986, 79.

220 *Göhler*, OWiG, § 30 Rn. 13.

221 BGHSt 21, 101; *Cramer*, in: KK-OWiG, § 30 Rn. 78.

cc) Verletzung einer betriebsbezogenen Pflicht bzw. Bereicherung der juristischen Person

§ 30 OWiG setzt voraus, daß entweder das Organ oder der Vorstand usw. eine Straftat oder Ordnungswidrigkeit begangen und entweder dadurch eine Pflicht verletzt hat, welche die juristische Person oder Personenvereinigung trifft (§ 30 Abs. 1 Nr. 1 OWiG), oder aber die juristische Person oder Personenvereinigung bereichert ist oder daß ihre Bereicherung beabsichtigt war (§ 30 Abs. 1 Nr. 2 OWiG). 102

Ein Pflichtverstoß nach § 30 Abs. 1 Nr. 1 OWiG setzt die Verletzung einer **betriebsbezogenen Pflicht** voraus, d. h. einer Pflicht, die sich aus dem Wirkungskreis der juristischen Person oder Personenvereinigung ergibt.[222] Dabei muß das Organ oder der orstand rechtswidrig und schuldhaft gehandelt haben. Eine nur rechtswidrige Tatbestandsverwirklichung reicht nicht aus. Betriebsbezogene Pflichten sind insbesondere solche, die die juristische Person oder Personenvereinigung als Arbeitgeber, Gewerbetreibender, Halter eines Kfz, als Importeur oder Exporteur, als Hersteller usw. treffen. Aber auch Pflichten, die jedermann treffen, können betriebsbezogen sein, wenn sich die Verantwortung aufgrund des Wirkungskreises der juristischen Person oder Personenvereinigung ergibt. Hierzu gehören vor allem Garantenstellungen und Verkehrssicherungspflichten.[223] Wenn eine juristische Person Arbeitnehmer beschäftigt, muß sie diese vor Gefahren schützen, denen sie am Arbeitsplatz ausgesetzt sind. Werden Konsumgüter in den Verkehr gebracht, so besteht die Verpflichtung, mögliche Gefährdungen oder Schäden für den Abnehmer abzuwenden.[224] Zu den betriebsbezogenen Pflichten gehören weiterhin Aufsichtspflichten entsprechend § 130 OWiG.[225] Wenn nur festgestellt werden kann, daß einer von mehreren in Frage kommenden Verantwortlichen die Aufsichtspflicht nicht erfüllt hat, jedoch nicht geklärt werden kann, wer die Pflichtverletzung tatsächlich begangen hat, kann gleichwohl eine Geldbuße gegen die juristische Person verhängt werden.[226]

Eine Geldbuße kann gemäß § 30 Abs. 1 Nr. 2 OWiG verhängt werden, wenn durch die Handlung des Organs usw. die juristische Person oder Personenvereinigung **bereichert worden ist** oder **bereichert werden sollte**, ohne daß die Verletzung einer betriebsbezogenen Pflicht erforderlich wäre. Diese Vorschrift dient der Gewinnabschöpfung. Sie wird weit ausgelegt, denn die Gewinne müssen nicht aus Vermögensstraftaten stammen; sie können auch aus Meineids-, Bestechungs- oder Urkundsdelikten herrühren. Etwaige Ersatzansprüche schließen die Bereicherung und damit die Festsetzung einer Geldbuße nicht aus, weil das Organ ansonsten ohne Risiko eine Bereicherungstat für die juristische Person begehen könnte.[227] 103

dd) Handeln als Organ, Vorstand usw.

Dabei muß der Täter „als Organ" oder „als Vorstand" usw. gehandelt haben, d. h. in Wahrnehmung der Angelegenheiten der juristischen Person oder Personenvereinigung. Durch dieses Erfordernis sollen Handlungen des Organs als Privatperson als Bezugstaten ausgeschlossen werden. Nicht erforderlich ist es, daß das Organ im Rahmen des ihm übertragenen Aufgabenkreises tätig wird. Es reicht aus, daß seine Handlungen in einem **inneren Zusammenhang mit der Organstellung** stehen. Während § 30 Abs. 1 Nr. 1 OWiG eine Handlung voraussetzt, die noch im Geschäfts- und Wirkungskreis der juristischen 104

---

222 Näher dazu *Schroth*, Unternehmen als Normadressat und Sanktionssubjekte, 1993, S. 43 ff.

223 *Demuth/Schneider* BB 1970, 650.

224 BGHSt 37, 106; *Schmidt-Salzer* NJW 1990, 2966; *Kuhlen* NStZ 1990, 566; *Göhler* wistra 1991, 207.

225 BGH wistra 1986, 111; *Tiedemann* NJW 1988, 1173.

226 BGH NStZ 1994, 346 f.

227 *Müller*, Stellung der juristischen Person im Ordnungswidrigkeitenrecht, 1985, S. 74.

Person oder Personenvereinigung liegen muß,[228] können nach § 30 Abs. 1 Nr. 2 OWiG auch Handlungen einbezogen werden, die aus dem Geschäftskreis der juristischen Person herausfallen.

105 Wenn **mehrere Organe** an einer Ordnungswidrigkeit oder Straftat beteiligt sind, kann gleichwohl nur eine Geldbuße gegen die juristische Person oder Personenvereinigung festgesetzt werden, weil nur eine Tat vorliegt. Hat hingegen ein Organ mehrere real konkurrierende Straftaten oder Ordnungswidrigkeiten begangen, so können auch mehrere Geldbußen gegen die juristische Person oder Personenvereinigung verhängt werden. Eine „Gesamtgeldbuße" kennt das Ordnungswidrigkeitenrecht nicht.[229]

ee) Bußgeldrahmen

106 Die Höhe der Geldbuße kann sich bei **vorsätzlichen Straftaten** grundsätzlich auf bis zu 1 Mio. DM, bei **fahrlässigen Taten** auf bis zu 500 000,– DM belaufen. Im Falle einer Ordnungswidrigkeit bestimmt sich das Höchstmaß der **Geldbuße** nach der für die Ordnungswidrigkeit angedrohten Geldbuße. Diese Höchstgrenzen können zum einen nach § 30 Abs. 2 S. 3 OWiG überschritten werden, wenn eine Straftat und eine Ordnungswidrigkeit zusammentreffen und die Ordnungswidrigkeit ein höheres Höchstmaß vorsieht, und zum anderen nach § 30 Abs. 3 i. V. m. § 17 Abs. 4 OWiG, wenn dies erforderlich ist, um den aus der Tat gezogenen wirtschaftlichen Vorteil abzuschöpfen.

ff) Bußgeldbemessung

107 Bei der Bemessung der Geldbuße ist zu berücksichtigen, ob die **Bezugstat** eine Straftat oder Ordnungswidrigkeit ist und welche Auswirkungen die Tat auf den geschützten Ordnungsbereich hatte.[230] Auch sonstige Umstände des Einzelfalles sind bei der Bemessung der Geldbuße zu berücksichtigen: ob ähnliche Zuwiderhandlungen in der Geschäftsführung bereits mehrfach vorgekommen sind oder welche Vorsorgemaßnahmen innerhalb der juristischen Person oder Personenvereinigung vor und nach der Tat getroffen worden sind, um Zuwiderhandlungen zu verhindern.[231]

Angesichts der Tatsache, daß die Geldbuße vor allem unrechtmäßige **Gewinne abschöpfen** und unlauterem Gewinnstreben vorbeugen soll, stellt der dem Verband aus der Tat zugeflossene Gewinn nur die untere Grenze dar, die durch die Geldbuße überschritten werden sollte.[232] Streitig ist, ob bei der Bußgeldbemessung hypothetische Gewinne zu berücksichtigen sind, die durch ein erlaubtes Handeln erzielt worden wären. Während die h. M. dies ablehnt,[233] fordert die Gegenansicht eine differenzierende Betrachtung und berücksichtigt alle hypothetischen Vorteile, die der Täter aus einem anderen, erlaubten Geschäft als Gewinn gezogen hätte,[234] so daß die zu verhängende Sanktion niedriger ausfällt. Nach inzwischen h. M. müssen zivilrechtliche Ersatzansprüche bei der Bemessung der Geldbuße berücksichtigt werden.[235] Für den Fall der Minderung des Gewinns durch Zahlung der Folgesteuern ist diese Frage durch eine Entscheidung des Bundesverfassungsgerichts[236] geklärt: Der allgemeine Gleichheitssatz verlange, daß in den Fällen,

---

228 *Göhler*, OWiG, § 30 Rn. 26 m. weit. Nachw.; vgl. auch *Stratenwerth*, FS R. Schmitt 1992, S. 299, der zusätzlich fordert, daß sich in dem deliktischen Verhalten eine für den jeweiligen Tätigkeitsbereich typische Gefahr verwirklicht.

229 Kritisch dazu *Cramer*, Grundbegriffe des Rechts der Ordnungswidrigkeiten, 1971, S. 103.

230 BGH wistra 1991, 268 f.

231 *Cramer*, in: KK-OWiG, § 30 Rn. 129; *Göhler*, OWiG, § 30 Rn. 36.

232 BGH NJW 1975, 269, 270.

233 Vgl. nur *Göhler*, OWiG, § 17 Rn. 40 m. weit. Nachw.

234 *Cramer*, in: KK-OWiG, § 30 Rn. 134.

235 *Cramer*, in: KK-OWiG, § 30 Rn. 135 ff.; *Göhler*, OWiG, § 17 Rn. 39; *Rebmann/Roth/Hermann*, OWiG, § 17 Rn. 51.

236 BVerfGE 81, 228.

in denen bei einer Ordnungswidrigkeit der durch sie erlangte Gewinn abgeschöpft werden soll bei der Bemessung der Geldbuße nur der um die absetzbare Einkommensteuer verminderte Betrag zugrunde gelegt werde, gegebenenfalls im Wege der Schätzung.[237] Der Begriff des **wirtschaftlichen Vorteils** ermöglicht es, neben dem in Geld bestehenden Gewinn auch sonstige wirtschaftliche Vorteile, wie eine Verbesserung der Marktposition des Täters und andere Aussichten der Gewinnerzielung, zu berücksichtigen.

gg) Reformbestrebungen

Längerfristig sollen die Geldbußen gegen juristische Personen durch Kriminalstrafen ersetzt werden.[238] Fragt man nach den Gründen für die Einführung von Kriminalstrafen, so ist festzustellen, daß vor allem darauf abgestellt wird, daß man den Verband selbst zwingen müsse, wirtschaftsinterne Kontrollen aufzubauen und zu effektivieren. Nur Strafen könnten eine hinlängliche präventive Wirkung entfalten. Diese seien vor allem deshalb erforderlich, weil nur so den neuen Aufgaben des Strafrechts, überindividuelle Interessen der Allgemeinheit wie die Funktionsfähigkeit der Wirtschaft, Sicherheitsinteressen der Verbraucher usw. zu schützen, entsprochen werden könne.[239] Dabei geht die Tendenz dahin, nicht Unternehmen, sondern juristische Personen als Straftäter zu erfassen und eine eigene Handlungs- und Schuldfähigkeit juristischer Personen zu konstruieren. Soweit am Erfordernis des Verschuldens festgehalten wird, wird eine Einschränkung des Personenkreises, dessen Verhalten die **Strafbarkeit der juristischen Person** begründet, angestrebt. Zwar wird in der Literatur gegen die Einführung von Kriminalstrafen gegen juristische Personen teilweise geltend gemacht, daß der strafrechtliche Schuldvorwurf in seinem klassischen Verständnis die Möglichkeit des individuellen Andershandelns voraussetze und damit als Grundannahme der Verantwortung etwas erfordere, was juristischen Personen nicht zu eigen sei.[240] Diesen Einwänden wird jedoch entgegengehalten, daß an die Stelle der klassischen Individualschuld ein „an sozialen und rechtlichen Kategorien ausgerichteter Schuldbegriff im weiteren Sinne" gesetzt werden kann.[241] So hat das Bundesverfassungsgericht in einer Entscheidung aus dem Jahre 1966 hervorgehoben, daß der Schuldgrundsatz als Ausfluß der Rechtsstaatlichkeit zu qualifizieren sei und auf „die strafähnlichen Sanktionen für sonstiges Unrecht" wie z. B. Ordnungswidrigkeiten ausgedehnt werden müsse, zugleich aber bei juristischen Personen eine Zurechnung der Schuld der „für sie verantwortlich handelnden Personen" für zulässig erklärt.[242] Dieser Schuldbegriff erfordert aber, die Verantwortung der juristischen Personen eigenständig zu bestimmen. 108

Die Einführung von Kriminalstrafen gegen juristische Personen muß weiterhin im Zusammenhang mit den **Reformbestrebungen der EG** gesehen werden. Da die Straf- bzw. Ahndbarkeit von Verbänden in den Mitgliedstaaten der EG und in der EG selbst völlig uneinheitlich geregelt ist,[243] hat die Kommission zunächst in dem Übereinkommen über den Schutz der finanziellen Interessen der EG auf eine Verpflichtung zur Einführung von Kriminalstrafen gegen juristische Personen verzichtet. Am 19. 6. 1997 wurde von den Mitgliedstaaten das Zweite Zusatzprotokoll zu dem Übereinkommen über den 109

---

237 Näher zum steuerlichen Abzugsverbot für Geldbußen *Göhler*, OWiG, § 17 Rn. 39.

238 *Däubler-Gmelin* ZRP 1999, 81 ff.

239 *Bottke*, wistra 1991, 81 ff.

240 *Schünemann*, in: *ders./Suárez Gonzáles* (Hrsg.), Bausteine des Europäischen Wirtschaftsstrafrechts, 1994, S. 282; *Otto*, Die Strafbarkeit von Unternehmen und Verbänden, 1993, S. 16 ff.; *Stratenwerth*, FS R. Schmitt 1992, S. 302.

241 Grundlegend dazu *Tiedemann* NJW 1988, 1171 ff.; *Deruyck*, Verbandsdelikte und Verbandssanktionen, 1990, S. 164.

242 BVerfGE 20, 335 f.

243 *Dannecker*, in: *Alwart* (Hrsg.), Verantwortung und Steuerung von Unternehmen in der Marktwirtschaft, S. 13 ff.; *Schroth*, Unternehmen als Normadressat, S. 140 ff.; *de Doelder/Tiedemann* (Hrsg.), Criminal Liability of Corporations, 1994.

Schutz der finanziellen Interessen der EG[244] unterzeichnet, in dem die Verhängung von wirksamen, angemessenen und abschreckenden Sanktionen gegen juristische Personen gefordert wird. Mit der näheren Ausgestaltung des Unternehmensstrafrechts hat sich sodann eine Expertenkommission auseinandergesetzt, die einen ersten Vorschlag in einem „Corpus Juris"[245] vorgelegt hat. Nach Art. 14 dieses Vorschlags können Straftaten „auch von juristischen Personen und solchen Vereinigungen begangen werden, die nach dem Gesetz Rechtssubjekt und Inhaber eigener Vermögenswerte sein können, wenn die Straftat zugunsten der juristischen Person oder Vereinigung von einem ihrer Organe, Vertreter oder jeder anderen Person begangen wird, die im Namen der juristischen Person oder Vereinigung handelt oder eine gesetzliche oder faktische Entscheidungskompetenz innehat". Die strafrechtliche Verantwortung der juristischen Person soll die Strafbarkeit der natürlichen Personen unberührt lassen.[246]

3. Änderungen des Strafprozeßrechts

a) Einrichtung spezialisierter Schwerpunktstaatsanwaltschaften und Schaffung von Wirtschaftsstrafkammern

110 In strafverfahrensrechtlicher Hinsicht ging der Hauptanstoß zur Neuregelung des Wirtschaftsstrafrechts von der Strafjustiz aus, die bereits seit Ende der 60er Jahre durch organisatorische Maßnahmen, insbesondere durch die Einrichtung spezialisierter Schwerpunktstaatsanwaltschaften sowie durch die Schaffung spezialisierter Wirtschaftsstrafkammern bei den Landgerichten versuchten, die wachsende Wirtschaftskriminalität zu bekämpfen. Durch die Vorschrift des **§ 74c Abs. 3 GVG** hat der Gesetzgeber die Landesregierungen ermächtigt, zur sachdienlichen Förderung oder schnelleren Erledigung der Verfahren durch Rechtsverordnung einem Landgericht für die Bezirke mehrerer Landgerichte ganz oder teilweise Strafsachen zuzuweisen, welche eine der in Absatz 1 benannten Katalogtaten zum Gegenstand haben.[247]

Während die ersten **Wirtschaftsstrafkammern** erst Anfang der 70er Jahre entstanden sind, wurde eine entsprechende Konzentration bei den **Staatsanwaltschaften** bereits Ende der 60er Jahre eingeleitet. Die Zentralstellen zur Bekämpfung der Wirtschaftskriminalität sind in den verschiedenen Bundesländern höchst unterschiedlich ausgestattet. Insgesamt sind sie dadurch gekennzeichnet, daß besonders erfahrene Dezernenten, die häufig eine wirtschaftliche Zusatzausbildung haben, langjährig in diesem Tätigkeitsfeld eingebunden sind. Die Staatsanwälte werden in der Regel durch **Wirtschaftsreferenten oder Sachverständige für Buchprüfung** unterstützt, die keine Juristen sind, sondern Wirtschaftswissenschaftler bzw. Personen mit einschlägiger Erfahrung aus einer entsprechenden Tätigkeit. Diesen Wirtschaftsreferenten ist die allgemeine Unterstützung der Ermittlungstätigkeit sowie die weisungsfreie Erstattung von Sachverständigengutachten übertragen.[248]

Auch bei der **Polizei** gibt es Spezialdienststellen zur Bekämpfung der Wirtschaftskriminalität. Die Beamten werden auf Speziallehrgängen für Wirtschaftskriminalität ausgebildet. Sie werden im Dienst durch sog. Wirtschaftsprüfdienste, die den

---

244 ABl. 1997, Nr. C 221 vom 19. 7. 1997, S. 11ff.; ausführlich dazu unten Kapitel 8 – Die Entwicklung des Wirtschaftsstrafrechts unter dem Einfluß des Europarechts Rn. 27ff.

245 Vgl. dazu unten Kapitel 8 – Die Entwicklung des Wirtschaftsstrafrechts unter dem Einfluß des Gemeinschaftsrechts Rn. 179.

246 Näher dazu *Dannecker*, in: *Alwart* (Hrsg.), Verantwortung und Steuerung von Unternehmen in der Marktwirtschaft, S. 26ff.

247 Näher dazu oben Rn. 8.

248 Näher dazu *Richter* GmbH-Rundschau 1984, 113f.; *ders.*, in: Landeszentrale für politische Bildung Baden-Württemberg (Hrsg.), Grenzenlose Geschäfte. Wirtschaftskriminalität in Deutschland und Europa, 1997, S. 54.

Wirtschaftsreferenten auf der Ebene der Staatsanwaltschaften entsprechen, unterstützt.[249]

Die organisatorischen Maßnahmen im Interesse einer Spezialisierung und Konzentration der Strafverfolgungsbehörden haben maßgeblich dazu beigetragen, die **Effektivität** bei der Aufklärung und Verfolgung von Wirtschaftsdelikten zu steigern. Sowohl die Einrichtung der Wirtschaftsstrafkammern bei den Landgerichten als auch die Einrichtung von Schwerpunktstaatsanwaltschaften haben sich als erfolgreich erwiesen. Hinzu kommen Reformen im administrativen Bereich, so die Entwicklung eines Zentralregisters für unlautere Gewerbetreibende.

b) Sonstige verfahrensrechtliche Änderungen

Abgesehen von den dargestellten Zuständigkeits- und Organisationsfragen ist das Verfahrensrecht nicht besonders auf Wirtschaftsstraftaten zugeschnitten. Es gilt das **allgemeine Recht der Strafprozeßordnung**. Allerdings haben wirtschaftliche Großverfahren Anlaß zu einer Reihe gesetzgeberischer Reformen gegeben, die wie folgt skizziert werden können: Einschränkung des Verfolgungszwanges, um durch Nichtanklage einzelner Tatkomplexe der großen Stoffülle zu begegnen; Vermehrung der Befugnisse der Staatsanwaltschaft im Vorverfahren; Verlängerung von Fristen, z. B. Unterbrechung der Hauptverhandlung, aber auch für die allgemeine Verfolgungsverjährung; Einschränkung des Unmittelbarkeitsprinzips in der Hauptverhandlung bei Beweismittelurkunden, die nicht mehr zwingend verlesen werden müssen. 111

Insgesamt bleibt die Beweisführung und Verurteilung in Wirtschaftsstrafsachen weitgehend auf Indizien angewiesen, deren sorgfältige Sammlung und Bewertung nicht selten zu überraschenden Geständnissen der Angeklagten führt. Ein erheblicher Teil solcher Geständnisse beruht auf einer **Verständigung** zwischen Verteidigung, Anklage und Gericht über die Höhe des Strafmaßes. Eine derartige Verständigung ist nach deutschem Verständnis im Hinblick auf die Grundstrukturen des Strafprozesses zwar fragwürdig, nach h. M. jedoch zulässig und aus der Praxis nicht mehr hinwegzudenken.[250]

E. Offene Grundsatzfragen der Wirtschaftskriminalität und des Wirtschaftsstrafrechts

Die Wirtschaftskriminalität und das Wirtschaftsstrafrecht sind zwar seit mehreren Jahrzehnten Gegenstand eingehender Untersuchungen und Stellungnahmen. Gleichwohl sind viele Fragen noch ungeklärt. Dies gilt zunächst für den Bereich der **Kriminologie**, die nur einen Teilbereich der Wirtschaftskriminalität untersucht hat. Insbesondere fehlen Untersuchungen über die internationale Wirtschaftskriminalität. Hier bedarf es einer Ausweitung des zu untersuchenden Gegenstandes und der internationalen Kooperation im Bereich der Kriminologie, um vergleichbare Daten zu erheben und auswerten zu können und so die erforderlichen empirischen Grundlagen für eine Weiterentwicklung des Wirtschaftsstrafrechts zu erlangen.[251] 112

Aber auch im **strafrechtlichen Bereich** sind Fragen sowohl grundsätzlicher als auch spezieller Art nicht hinreichend geklärt.[252] Dies gilt z. B. für die Bestimmung detaillierter Kri-

---

[249] *Kubica,* in: *Kube/Störzer/Timm* (Hrsg.), Kriminalistik. Handbuch für Praxis und Wissenschaft, Bd. 2, 1994, S. 445, 450.

[250] Näher dazu oben Rn. 26 f.

[251] Zu den Forschungsergebnissen in Europa vgl. *Albrecht,* in: *Bauhofer/Queloz/Wyss* (Hrsg.), Wirtschaftskriminalität, 1999 (im Druck).

[252] Vgl. nur *Heinz*, in: *Gropp* (Hrsg.), Wirtschaftskriminalität und Wirtschaftsstrafrecht, S. 43 ff.

terien, unter welchen Voraussetzungen der Gesetzgeber berechtigt ist, überindividuelle Rechtsgüter durch Strafnormen zu schützen, ob der Grundsatz „in dubio pro libertate" im Wirtschaftsstrafrecht zu beachten ist und wo seine Grenzen verlaufen, ob der anhand der überwiegend für Gewaltstraftaten entwickelte Allgemeine Teil unbesehen auf das Wirtschaftsstrafrecht übertragen werden darf, ob sich eine Zusammenfassung aller relevanter Straftatbestände im Strafgesetzbuch empfiehlt, um dem Bürger das Unrecht deutlicher vor Augen zu führen, inwieweit der Einsatz von Blankettstrafgesetzen vorzugswürdig ist, ob es einer Entkriminalisierung im Bereich leichtester Berufsfahrlässigkeit bedarf usw.

113 Aber auch in der **Rechtspraxis** treten nicht selten Fragen auf, die von grundsätzlicher Natur sind und von der Rechtsprechung entschieden werden müssen. So mußte beispielsweise im Zusammenhang mit der Parteispendenaffäre geklärt werden, wie sich die Änderung eines außerstrafrechtlichen Gesetzes, von dem die Strafbarkeit abhängt, auswirkt.[253] Gegenwärtig werden Bankangestellte strafrechtlich verfolgt, die an der Überweisung von Kapital in Niedrigsteuerländer beteiligt waren, und zwar unabhängig davon, ob sie dadurch unrichtige oder unvollständige Angaben über steuerlich erhebliche Tatsachen, die oft erst Jahre später gemacht werden, gefördert haben. Hier bedarf es der Klärung, unter welchen Voraussetzungen eine strafbare Beihilfe angenommen werden kann und welche Bedeutung hierbei der Tatsache beizumessen ist, daß sich ein Bankangestellter im Rahmen der verfassungsrechtlich geschützten Berufstätigkeit bewegt, welche Bedeutung dem Rechtsinstitut der Sozialadäquanz und des erlaubten Risikos in diesem Zusammenhang zukommt.[254] Ungeklärte Rechtsfragen werfen auch die strafrechtliche Produktverantwortung[255] sowie die Zusammenarbeit der pharmazeutischen und der Medizinprodukteindustrie mit Krankenhäusern und Ärzten im Bereich der Forschungsförderung[256] oder gemeinnützige Spenden von Unternehmen an öffentlich-rechtliche Körperschaften im Hinblick auf das neue Korruptionsstrafrecht auf.[257] Schließlich sind die strafrechtlichen Sanktionen zu nennen, über deren Reform diskutiert wird und die im Wirtschaftsstrafrecht speziellen Anforderungen ausgesetzt sind. Langfristig wird sich angesichts der Internationalisierung und Globalisierung des Wirtschaftsverkehrs die Notwendigkeit einer Annäherung der Strafrechtssysteme jedenfalls im Bereich des Wirtschafts- und Umweltstrafrechts stellen, die – anders als das Gewaltstrafrecht – weniger stark durch kulturelle Eigenheiten der Staaten geprägt sind und sich deshalb besser für eine Rechtsangleichung eignen als das Kernstrafrecht. Damit gewinnt die Rechtsvergleichung im Bereich der Wirtschaftsstrafrechts zunehmend an Bedeutung.

114 Schließlich bleibt zu berücksichtigen, daß es zu den gesicherten Erkenntnissen der Wirtschaftskriminologie gehört, daß **präventiv-außerstrafrechtliche Akte** wirksamer sind als eine nachträgliche strafrechtliche Ahndung. Daher sollte das Wirtschaftsstrafrecht stets nur ergänzend zu Präventivmaßnahmen eingesetzt werden. Ein positives Beispiel hierfür bietet die Verpflichtung von Unternehmen zur Ad-hoc-Publizität gemäß § 15 WpHG, nach der bestimmte Tatsachen veröffentlicht werden müssen.[258] Dadurch entfällt der Informationsvorsprung der Insider, der dann nicht mehr zur Begehung von Insiderdelikten ausgenutzt werden kann. Die Einbeziehung der außerstrafrechtlichen Prävention hat zur Folge, daß die bislang überwiegend systemimmanente Betrachtung des Wirtschaftsstrafrechts aufgegeben und ein umfassendes Konzept für Bekämpfung der Wirtschaftskriminalität entwickelt werden muß.

---

[253] BGHSt 34, 272.

[254] Vgl. nur *Otto*, FS Lenckner 1989, S. 291 ff.

[255] Siehe dazu nur *Tiedemann*, FS Lenckner 1989, S. 765 ff. m. weit. Nachw.

[256] Vgl. dazu *Dauster* NStZ 1999, 63 ff.; *Lüderssen*, Die Zusammenarbeit von Medizinprodukteindustrie, Krankenhäusern und Ärzten – Strafbare Kollusion oder sinnvolle Kooperation, 1988; *Tondorf/Waider* MedR 1997, 102 ff.

[257] *Winkelbauer/Felsinger* Der Gemeindetag 1999, 291 ff.

[258] Eingehend dazu *Fürhoff*, Kapitalmarktrechtliche Ad hoc-Publizität zur Vermeidung von Kriminalität, 2000 (im Druck).

2. Kapitel. Insolvenz

Literatur: *Baumbach/Hopt*, Handelsgesetzbuch, 29. Auflage 1995; *Baumbach/Hueck*, GmbH-Gesetz, 16. Auflage 1996; *Baumgarte*, Die Strafbarkeit von Rechtsanwälten und anderen Beratern wegen unterlassener Konkursanmeldung, wistra 1992, 41; *Bieneck*, Die Zahlungseinstellung in strafrechtlicher Sicht, wistra 1992, 89; *Bittmann*, Zahlungsunfähigkeit und Überschuldung nach der Insolvenzordnung, wistra 1998, 321; *Bork*, Einführung in das neue Insolvenzrecht, 2. Aufl. 1998; *Bork/Klaas*, Reformbedarf für die InsO, ZInsO 1999, 485; *Braun/Uhlenbruck* Unternehmensinsolvenz, 1997; *Busch/Graf-Schlicker*, Restschuldbefreiung mit Prozeßkostenhilfe?, InVo 1998, 269; *Dierlamm*, Der faktische Geschäftsführer im Strafrecht – ein Phantom?, NStZ 1996, 153; *Dinstühler*, Der Insolvenzplan gem. §§ 217–269 InsO, InVo 1998, 333; *Dose*, Der Sitzungsvertreter und der Wirtschaftsreferent der Staatsanwaltschaft als Zeuge in der Hauptverhandlung, NJW 1978, 349; *Drukarczyk/Schüler*, Zahlungsunfähigkeit, drohende Zahlungsunfähigkeit und Überschuldung als Insolvenzauslöser, Kölner Schrift zur Insolvenzordnung 1997, 57; *Eickmann*, VergVO – Kommentar zur Vergütung im Insolvenzverfahren, 2. Auflage 1997; *Erbs/Kohlhaas*, Strafrechtliche Nebengesetze, 5. Auflage 1998 (Stand: Sept. 1998); *Gerhardt*, Verfügungsbeschränkungen in der Eröffnungsphase und nach Verfahrenseröffnung, Kölner Schrift zur Insolvenzordnung 1997, S. 159; *Grote*, Verbraucherinsolvenz nach einem halben Jahr: Plädoyer für die Abschaffung des Schuldenbereinigungsverfahrens, ZInsO 1999, 383, *Gössel*, Behörden und Behördenangehörige als Sachverständige vor Gericht, DRiZ 1980, 363; *Grub/Rinn*, Die neue Insolvenzordnung – ein Freifahrschein für Bankrotteure?, ZIP 1993, 1583; *Haarmeyer/Wutzke/Förster*, Handbuch der Insolvenzordnung, 2. Aufl. 1998; *Hachenburg*, Gesetz betreffend die Gesellschaften mit beschränkter Haftung (GmbHG) – Großkommentar, 8. Auflage 1997; *Hartung*, Der Rangrücktritt eines GmbH-Gläubigers – eine Chance für Wirtschaftskriminelle?, NJW 1995, 1186; *ders.*, Kapitalersetzende Darlehen – eine Chance für Wirtschaftskriminelle?, NJW 1996, 229; ders., Probleme bei der Feststellung der Zahlungsunfähigkeit, wistra 1997, 1; *Häsemeyer*, Insolvenzrecht, 2. Aufl. 1998; *Hess/Kranemann/Pink*, InsO '99 – Das neue Insolvenzrecht, 1998; *Hettrich/Pöhlmann*, Genossenschaftsgesetz, 1995; *Heymann*, Handelsgesetzbuch, Band 2, 1989; *Hildesheim*, Die strafrechtliche Verantwortung des faktischen Mitgeschäftsführers in der Rechtsprechung des BGH, wistra 1993, 166; *Hintzen*, Insolvenzantrag und Antrag auf Eigenverwaltung, ZInsO 1998, 15; *Hoffmann*, Verbraucherinsolvenz und Restschuldbefreiung, 1998; *Huber*, Möglichkeiten der Beschleunigung von Wirtschaftsstrafverfahren, NStZ 1996, 530; *Jäger*, Die Zahlungsunfähigkeit im neuen Insolvenzrecht, BB 1997, 1575; *Janovsky*, Ermittlungen in Wirtschaftsstrafsachen, Kriminalistik 1998, 269/331; *Kirchhof*, Das Verbraucherinsolvenzverfahren aus Gläubigersicht, ZInsO 1998, 54; *ders.*, Rechtsprobleme bei der vorläufigen Insolvenzverwaltung, ZInsO 1999, 365; *Kögel*, Der Zugang von Unternehmen zum Verbraucherinsolvenzverfahren, DZWiR 1999, 235; *Kohte/Ahrens/Grote*, Restschuldbefreiung und Verbraucherinsolvenzverfahren, 1999; *Kübler/Prütting* (Hrsg.), InsO: Kommentar zur Insolvenzordnung, 1998; *Lang/Weidmüller/Metz/Schaffland*, Genossenschaftsgesetz, 33. Auflage 1997; *Maus*, Der Insolvenzplan, Kölner Schrift zur Insolvenzordnung 1997, S. 707; *Möhrenschlager*, Der Regierungsentwurf eines Zweiten Gesetzes zur Bekämpfung der Wirtschaftskriminalität, wistra 1983, 17; *Mohr*, Bankrottdelikte und übertragende Sanierung, 1993; *Moosmayer*, Einfluß der Insolvenzordnung 1999 auf das Insolvenzstrafrecht, 1997; *Müller/Wabnitz/Janovsky*, Wirtschaftskriminalität, 4. Auflage 1997; *Müller-Gugenberger* (Hrsg.), Wirtschaftsstrafrecht, 2. Auflage 1992; *Noack*, Gesellschaftsrecht, 1999; *Palandt*, Bürgerliches Gesetzbuch, 58. Aufl. 1999, *Pohl*, Strafbarkeit nach § 283 Abs. 1 Nr. 7 b) StGB auch bei Unvermögen zur Bilanzaufstellung?, wistra 1996, 14; *Reck*, Auswirkungen der Insolvenzordnung auf die Insolvenzverschleppung, Bankrottstraftaten, Betrug und Untreue, ZInsO 1999, 195; *Rengier*, Praktische Fragen bei Durchsuchungen, insbesondere in Wirtschaftsstrafsachen, NStZ 1981, 372; *Richter*, Der Konkurs der GmbH aus der Sicht der Strafrechtspraxis, GmbHR 1984, 113/137; *ders.*, Zur Strafbarkeit externer „Sanierer" konkursgefährdeter Unternehmen, wistra 1984, 97; *Rohwedder*, Gesetz betreffend die Gesellschaften mit beschränkter Haftung (GmbHG), 3. Auflage 1997; *Schäfer C.*, Zur strafrechtlichen Verantwortung des GmbH-Geschäftsführers, GmbHR 1993, 717/780; *Schäfer H.*, Der Konkursverwalter im Strafverfahren, wistra 1985, 209; *ders.*, Die Verletzung der Buchführungspflicht in der Rechtsprechung des BGH, wistra 1986, 200; *ders.*, Die Entwicklung der Rechtsprechung zum Konkursstrafrecht, wistra 1990, 81; *Schlegelberger*, Handelsgesetzbuch, Band III/1. Halbband, 5. Auflage 1992; Band III/2. Halbband, 5. Auflage 1986; *Schmidt K.*, Das Handelsrechtsreformgesetz, NJW 1998, 2161; *ders.*, Insolvenzordnung und Unternehmensrecht – Was bringt die Reform?, Kölner Schrift zur Insolvenzordnung 1997, S. 911; *Schmidt-Räntsch*, Insolvenzordnung mit Einführungsgesetz, 1995; *dies.*, Verbraucherinsolvenzverfahren und Restschuldbefreiung, Kölner Schrift zur Insolvenzordnung 1997, S. 1177; *Scholz*, Kommentar zum GmbH-Gesetz 8. Auflage 1995; *Smid*, Grundzüge des neuen Insolvenzrechts, 3. Aufl. 1999; *ders.*, Insolvenzordnung (InsO), 1999; *ders.*, Erste Erfahrungen mit dem Insolvenzeröffnungsverfahren, DZWiR 1999, 104; *Staub*, Großkommentar HGB, 4. Auflage 1995; *Thomas*, Mindestquote als Voraussetzung für die Restschuldbefreiung, Kölner Schrift zur Insolvenzordnung 1997, S. 1205; *Tiedemann*, Insolvenzstraftaten aus der Sicht der Kreditwirtschaft, ZIP 1983, 513; *Uhlenbruck J.*, Die Rechtsfolgen der Abweisung oder Einstellung mangels Masse für die Gesellschaft mit beschränkter Haftung, Kölner Schrift zur Insolvenzordnung 1997, S. 901; *Uhlenbruck W.*, Die Pflichten des Geschäftsführers einer GmbH oder GmbH & Co. KG in der Krise des Unternehmens, BB 1985, 1277;*ders.*, Die neue Insolvenzordnung. Auswirkungen auf das Recht der GmbH und GmbH & Co. KG, GmbHR 1995, 81/195; *ders.* Strafrechtliche Aspekte der Insolvenzrechtsreform 1994, wistra 1996, 1; *ders.*, Mit der Insolvenzordnung 1999 in das neue Jahrtausend, NZI 1998, 1; *ders.*, Strafbefreiende Wirkung des Insolvenzplans?, ZInsO 1998, 250; *Vallender*, Das Verbraucherinsolvenz- und Restschuldbefreiungsverfahren, InVo 1998, 169; *ders.*, Die Anordnung der vorläufigen Insolvenzverwaltung, DZWiR 1999, 265; *Vornbaum*, Probleme der Gläubigerbegünstigung, GA 1981, 104; *Wegner*, Neue Fragen bei § 266 a Abs. 1 StGB – ein systematische Übersicht, wistra 1998, 283; *Weyand*, Insolvenzdelikte, 4. Auflage 1998; *Wiester*, Die Fortführungspflicht des vorläufigen Insolvenzverwalters und ihre Auswirkungen auf die Vorfinanzierung des Insolvenzgeldes, ZInsO 1998, 99; *Zöller* (Hrsg.), Kölner Kommentar zum Aktiengesetz, Band 3, 1. Auflage 1971.

Inhaltsübersicht

	Rn.
A. Einführung	1–76
I. Volkswirtschaftliche Dimensionen der Insolvenz	1–4
II. Von der Konkursordnung zur Insolvenzordnung	5–17
1. Reformbedürftigkeit der KO, VerglO, GesO	5–7
2. Reformentwicklung	8–10
3. Ziele der InsO	11–17
a) Erleichterung der Verfahrenseröffnung	11
b) Verteilungsgerechtigkeit	12
c) Gläubigerautonomie	13
d) Sanierungschancen	14
e) Bestmögliche Gläubigerbefriedigung	15
f) Eigenverwaltung	16
g) Außergerichtliche Sanierung	17
III. Insolvenzziele und Umsetzungsalternativen	18–59
1. Allgemeines	18, 19
2. Die Regelinsolvenz	20–27
a) Sofortige Betriebsstillegung	21
b) Zeitweilige Unternehmensfortführung (Ausproduktion)	22–24
c) Übertragende Sanierung	25–27
3. Insolvenzplan	28–35
a) Allgemeines	28–30
b) Planaufstellung/Planinhalt	31–33
c) Verfahrensgang im Überblick	34, 35
4. Verbraucherinsolvenz	36–47
a) Anwendungsbereich	36–39
b) Verfahrensgang	40–47
5. Exkurs: Die Eigenverwaltung	48–50
6. Exkurs: Restschuldbefreiung	51–59
IV. Insolvenzrecht und Strafrecht	60–76
1. Insolvenzstrafrecht im Spiegel der Statistik	60–64
a) Umfang der Wirtschaftskriminalität	60, 61
b) Typisches Kriminalitätsfeld: Die GmbH	62–64
2. Auswirkungen der Insolvenzrechtsreform auf das Strafrecht	65–72
a) Verzicht auf ein neues Insolvenzstrafrecht	65–67
b) Mittelbare Auswirkungen	68–72
3. Objektive Strafbarkeitsbedingung des § 283 Abs. 6 StGB	73–76
B. Insolvenzrechtliche Grundlagen	77–149
I. Insolvenzauslöser	77–122
1. Grundsatz	78, 79
2. Zahlungsunfähigkeit	80–95
a) Begriff	80–91
aa) Rechtslage nach der KO	81–87
bb) Rechtslage nach der InsO	88–91
b) Folgerungen für das Insolvenzstrafrecht	92
c) Erkenntnisquellen	93–95
aa) Betriebswirtschaftliches Gutachten	94
bb) Wirtschaftskriminalistische Feststellungsmethode	95
3. Drohende Zahlungsunfähigkeit	96–108
a) Regelung nach der InsO	96–102
b) Auswirkungen auf das Strafrecht	103–106
aa) Strafrechtliche Auslegung	105
bb) Übernahme der insolvenzrechtlichen Definition?	106
c) Erkenntnisquellen	107, 108
4. Überschuldung	109–122
a) Begriff	109–118
b) Auswirkungen auf das Strafrecht	119–122

Rn.
II. **Insolvenzantragspflichten** 123–130
1. Grundsatz 123
2. Einzelgesetzliche Normierung . . 124–129
a) GmbH 124
b) Aktiengesellschaft. 125
c) Genossenschaft 126
d) OHG, KG 127
e) Vereine, Stiftungen, Juristische Personen des öffentl. Rechts 128
f) Nachlaß. 129
3. Folgen der Pflichtverstöße 130

III. **Gerichtliche Sofortmaßnahmen im Eröffnungsverfahren** 131–149
1. Der Maßnahmenkatalog im Überblick 131
2. Sachverständigengutachten . . . . 131 a
3. Sicherungsmaßnahmen 132–135
a) Anordnungen ohne Einsetzung eines vorläufigen Verwalters . . . . 132–133 a
aa) Verfügungsverbote 132
bb) Vollstreckungsverbote 133
cc) Sonstige Maßnahmen . . . . . 133 a
b) Einsetzung eines vorläufigen Insolvenzverwalters. 134, 135
2. Rechtsstellung des vorläufigen Insolvenzverwalters 136–141
a) Der nichtverfügungsbefugte vorläufige Verwalter 137
b) Der verfügungsbefugte vorläufige Verwalter 138–141

IV. **Entscheidung des Insolvenzgerichts** 142–149
1. Abweisung mangels Masse und ihre Folgen 142–147
a) Rechtslage nach der KO 143
b) Rechtslage nach der InsO . . . 144–146
c) Das Gesellschaftsvermögen in der Liquidation 147
2. Eröffnung des Verfahrens 148
3. Bindungswirkung für das Strafrecht . 149

C. **„Klassisches“ Insolvenzstrafrecht** . . . 150–422

I. **Allgemeines** 150–158
1. Vorbemerkung 150, 151
2. Die gesetzlichen Grundlagen . . . 152–156
a) Terminologie 152, 153
b) Die wirtschaftliche Krise . . . 154–156
3. Täterkreis 157, 158
a) Gesetzlich Verantwortliche 157
b) Faktisch Verantwortliche. 158

II. **Insolvenzverschleppung (Konkursverschleppung)** 159–265
1. Allgemeines 159–165
a) Überblick und Terminologie . 159–162
b) Systematik 163, 164
c) Darstellung 165
2. GmbH 166–206
a) Allgemeines 166
b) Täterkreis. 167–184
c) Objektiver Tatbestand 185–188
d) Beginn und Ende der Antragspflicht. 189–191
e) Rechtswidrigkeit und Unzumutbarkeit der Antragstellung 192, 193
f) Subjektiver Tatbestand und Irrtum 194–200
g) Vollendung und Beendigung der Tat. 201, 202
h) Konkurrenzen 203, 204
i) Rechtsfolgen und Verjährung . 205, 206
3. OHG, KG und GmbH & Co. KG 207–226
a) Allgemeines 207–211
b) OHG 212–219
aa) Anwendungsbereich, §§ 130 a, 130 b HGB . . . 213–215
bb) Normadressaten 216–219
c) KG. 220
d) GmbH & Co. KG 221–226
aa) § 177 a HGB 222–224
bb) Normadressaten 225, 226
4. AG, KGaA und Genossenschaft . 227–247
a) AG. 227–236
aa) Pflicht zur Stellung Insolvenzantrag, § 92 Abs. 2 AktG. 229, 230
bb) Täter der Insolvenzverschleppung, § 401 Abs. 1 Nr. 2 AktG 231–235
cc) Positive Kenntnis von den Krisenmerkmalen 236
b) KGaA 237, 238
c) Genossenschaft 239–247
aa) Beantragung der Eröffnung des Insolvenzverfahrens, § 99 Abs. 1 GenG . . 240–243
bb) Straftatbestand der Insolvenzverschleppung, § 148 I Nr. 2 und Abs. 2 GenG . 244–247
5. Sonderregelung für Kreditinstitute 248–256
a) Geltungsbereich, Tathandlung und Rechtsfolgen 248–251
b) Täterkreis. 252–255
c) Konkurrenzen 256
6. Sonderregelung für Versicherungsunternehmen 257–265

III. **Bankrott** 266–347
1. Allgemeines 266–297
a) Überblick 266
b) Systematik 267–269
aa) Unterschiedliche Formen des objektiven Tatbestandes in Abs. 1 und Abs. 2 267
bb) Abs. 1 als abstraktes Gefährdungsdelikt und Abs. 2 als Erfolgsdelikt 268, 269
c) Täterkreis. 270–287
aa) Täter 271–283
bb) Mittäterschaft. 284–287
d) Krisensituation; Strafbarkeitsbedingung nach Abs. 6. 288–291
e) Rechtsfolgen. 292–297
2. Die einzelnen Tatbestände des § 283 StGB 298–333
a) Vorbemerkung 298

Rn.
b) Abs. 1 Nr. 1 299–302
aa) Bestandteile der Insolvenzmasse, § 35 f. InsO 299
bb) Beiseiteschaffen 300
cc) Verheimlichen 301
dd) Zerstören, Beschädigen oder Unbrauchbarmachen 302
c) Abs. 1 Nr. 2 303–305
aa) Widerspruch zur ordnungsgemäßen Wirtschaft . 303, 304
bb) Unwirtschaftliche Ausgaben 305
d) Abs. 1 Nr. 3 306
e) Abs. 1 Nr. 4 307
f) Abs. 1 Nr. 5 308–312
aa) Verpflichtung zum Führen von Handelsbüchern, § 238 HGB 309
bb) Art und Weise der Buchführung 310
cc) Tathandlung 311
dd) Mehrere Verstöße als einzige Tat i. S. des § 52 StGB 312
g) Abs. 1 Nr. 6 . . . . 313, 314
aa) Tatgegenstand 313
bb) Tathandlung 314
h) Abs. 1 Nr. 7 315–327
aa) Mangelhafte Bilanzaufstellung 316–318
bb) Nicht rechtzeitige Bilanzaufstellung 319–326
cc) Mehrere Verstöße in der Regel selbständige Taten 327
i) Abs. 1 Nr. 8 328–330
j) Abs. 2 . . . . 331, 332
k) Verhältnis zwischen den einzelnen Tatbeständen 333
3. Verhältnis zu Untreue; Interessenformel des BGH 334–337
4. Subjektiver Tatbestand; Versuch . . 338–342
a) Vorsatz 338, 339
b) Fahrlässigkeit 340, 341
aa) § 283 Abs. 4 Nr. 1 StGB, § 283 Abs. 4 Nr. 2 StGB 340
bb) § 283 Abs. 5 Nr. 1 StGB 341
c) Versuch 342
5. Besonders schwerer Fall 343–347
a) § 283 a Satz 2 Nr. 1 StGB 344
b) § 283 a Satz 2 Nr. 2 StGB 345, 346
aa) 1. Alt. 345
bb) 2. Alt. 346
c) Sonstige besonders schwere Fälle 347

IV. Verletzung der Buchführungspflicht (§ 283b StGB) 348–350

V. Gläubiger- und Schuldnerbegünstigung 351–378
1. Gläubigerbegünstigung 351–364
a) Überblick 351
b) Objektiver Tatbestand 352–357
aa) Tatbestandserfordernis eingetretene Zahlungsunfähigkeit 353
bb) Inkongruente Deckung . . 354, 355
cc) Begünstigung 356, 357
c) Subjektiver Tatbestand; Irrtum 358
d) Objektive Strafbarkeitsbedingung 359
e) Täterkreis 360, 361
f) Versuch 362
g) Konkurrenzen; Sperrwirkung . 363, 364
2. Schuldnerbegünstigung 365–378
a) Überblick; Systematik 365
b) Tatbestand; Täterkreis 366–374
aa) Tathandlungen 366–368
bb) Täter, Teilnehmer 369, 370
cc) Handlung zugunsten Schuldner oder mit dessen Einwilligung 371, 372
dd) Subjektiver Tatbestand . . . 373, 374
c) Sonstiges 375–378
aa) Objektive Bedingung der Strafbarkeit 375
bb) Versuch 376
cc) Mehrere Begünstigungshandlungen 377
dd) Folge einer Verurteilung 378

VI. Betrug (Lieferantenbetrug) 379–392
1. Allgemeines 379
2. Täuschungshandlung 380–382
3. Irrtum 383
4. Vermögensschaden 384–389
5. Vollendung 390
6. Täterschaft 391
7. Besonders schwere Fälle 392

VII. Untreue 393–404
1. Allgemeines 393, 394
2. Typische Untreuehandlungen . . . 395–398
3. Einverständnis und Weisungen der Gesellschafter 399–401
4. Sonderfragen 402–404
a) Untreue bei Personenhandelsgesellschaften 402, 403
b) Risiko- und Spekulationsgeschäfte 404

VIII. Sonstige Insolvenzstraftaten i. w. S. 405–422
1. Falsche Versicherung an Eides Statt 406, 407
2. Unterschlagung 408
3. Kreditbetrug; Wechsel- und Scheckbetrug 409–413
a) Kreditbetrug 409–412
b) Wechsel- und Scheckbetrug 413
4. Vorenthalten und Veruntreuen von Arbeitsentgelt und Sozialabgaben 414–419
5. Steuerstraftaten 420–422

D. Strafrechtliche Besonderheiten 423–452

I. Der faktische Geschäftsführer . . . 423–441
1. Bestimmung des faktisch Verantwortlichen 423–431
a) Grundsätzliches 423–426
b) Bestimmung im einzelnen . . . 427–429

Rn.

aa) Tatsächliche Stellung des Geschäftsführers 427, 428
bb) Handeln im Einverständnis mit den Gesellschaftern oder dem Aufsichtsrat . . . 429
c) Faktische Mitgeschäftsführung 430, 431
2. Strafbarkeit wegen Insolvenzverschleppung 432–435
a) Nicht wirksam bestellter Geschäftsführer 432
b) Faktischer Geschäftsführer i. e. S. 433–435
3. Strafbarkeit wegen Bankrotts . . 436–439
a) Nicht wirksam bestellter Geschäftsführer 436
b) Faktischer Geschäftsführer i. e. S. 437–439
4. Untreuehandlungen 440
5. Sonstige Straftaten 441

II. Spezielle kriminelle Machenschaften 442–452
1. Die geplante und gesteuerte Insolvenz 443–445
2. Kriminelle Firmensanierer 446–452
a) Einrichtung eines Gläubiger-Fonds 447, 448
aa) Einrichtung 447
bb) Folge 448
b) Bildung eines Gläubigerpools. 449, 450
c) Gründung von Auffang- oder ähnlichen Gesellschaften. . . . 451, 452

E. Straftaten nach Insolvenzantrag . . . 453–489

I. Straftaten im Eröffnungsverfahren 454–456

II. Strafbares Handeln nach Insolvenzeröffnung 457–483
1. Der Schuldner als Täter 457–464
2. Der (bisherige) Geschäftsführer als Täter 465–468
3. Der Insolvenzverwalter als Täter . 469–483
a) Verletzung von Pflichten 471
b) Eigennützige Verwertung der Masse 472–474
c) Straftaten bei Ausproduktion und übertragender Sanierung. 475–479
d) Honorarmanipulationen 480–483
aa) Externe Vergütungen 481
bb) Vergütung nach der InsVV . . . 482
cc) Untreue 483

III. Strafbares Handeln nach Ablehnung mangels Masse 484–489
1. Insolvenzstraftaten i. e. S. 484–488
a) Insolvenzverschleppung 484
b) Bankrott und Verletzung der Buchführungspflicht 485–487
c) Gläubiger- und Schuldnerbegünstigung 488
2. Insolvenzstraftaten i. w. S. 489

Rn.

F. Ermittlungen 490–570

I. Einleitung von Ermittlungen . . 490–496

II. Durchführung erster Ermittlungsschritte 497–541
1. Vorbemerkung 497
2. Zusammenarbeit zwischen Staatsanwaltschaft und Kriminalpolizei 498, 499
3. Handelsregisterauskünfte und -akten 500–502
4. Auskünfte aus dem Gewerberegister und Gewerbezentralregister . 503–509
a) Gewerberegister 503–505
b) Gewerbezentralregister 506–509
5. Anfragen beim Vollstreckungsgericht 510–513
6. Gerichtsvollzieherauskünfte . . . 514–517
7. Auswertung der Akten des Insolvenzgerichts 518–532
a) Anforderung der Akten 519
b) Maßnahmen des Insolvenzgerichts 520–522
c) Verdachtsmomente 523–526
d) Verwertungsverbot 527, 528
e) Weitere Schritte, insbesondere bei Eröffnung des Insolvenzverfahrens 529–532
8. Kontaktaufnahme zum Gutachter oder Insolvenzverwalter 533–535
9. Anfragen bei sonstigen Stellen . . 536–541
a) Krankenkassen 536
b) Arbeitsamt 537
c) Finanzbehörden 538–540
d) Bundesamt für Wirtschaft und andere überregionale Behörden 541

III. Weitere Ermittlungen 542–570
1. Durchsuchung, Beschlagnahme und ähnliches 542–564
a) Durchsuchung beim Schuldner 546–553
aa) Schuldner als Tatverdächtiger 546
bb) Sicherstellung (§ 94 StPO), ggf. Beschlagnahmung (§ 98 StPO) 547–551
cc) Anwesenheit eines Rechtsanwalts 552, 553
b) Durchsuchung bei Steuerberatern, Wirtschaftsprüfern u. a. . 554–558
c) Bankermittlungen 559–562
d) Durchsuchung bei sonstigen Dritten 563, 564
2. Zeugenanhörung und -vernehmung; Umfeldermittlungen . . . 565–567
a) Schriftliche Anhörung 565, 566
b) Vernehmung von Zeugen 567
3. Auswertung der Unterlagen; Umfang weiterer Ermittlungen 568–570

G. ABC des „klassischen Verteidigungsvorbringens" 571, 572

A. Einführung[1]

I. Volkswirtschaftliche Dimensionen der Insolvenzen

1 Seit den sechziger Jahren hat sich die Zahl der Insolvenzen auch ohne Berücksichtigung der – statistisch nicht erfaßten Liquidationen – stetig vergrößert.[2] Vor allem aber in den letzten Jahren ist die Zahl der Insolvenzen, insbesondere der Unternehmensinsolvenzen, dramatisch angestiegen. Presseüberschriften wie „**Pleitenrekord** erreicht" oder „Pleitenschwelle schwappt höher denn je" gehören längst zum Lesealltag. Insolvenzen sind damit zu einem Dauerbrenner der deutschen Konjunkturlandschaft geworden. Das Insolvenzrecht „boomt". Seine zunehmende Bedeutung in den letzten Jahren hat nicht zuletzt darin ihre Ursache, daß moderne Volkswirtschaften mit ihren weltweiten Abhängigkeiten besonders krisenanfällig sind.

2 Allein das statistische Zahlenmaterial spricht für sich: Lag die Anzahl der Unternehmensinsolvenzen im Jahr 1993 noch bei rund 15 000 Insolvenzen, erreichte sie im Jahr 1996 bereits rund 25 000.[3] Im Jahr 1997 wurde die Zahl von über 33 000 Insolvenzen, davon ca. 28 000 Unternehmensinsolvenzen, erreicht. Der Vorstandsvorsitzende des Kreditversicherers Hermes hat dies als „die längste Phase steigender Firmenpleiten in der deutschen Nachkriegszeit" bezeichnet.[4] Unter den von Insolvenzen betroffenen Branchen nehmen die Unternehmenszusammenbrüche im Bau- und Wohnungsgewerbe eine Spitzenstellung ein. Ähnliches gilt für den Groß- und Einzelhandel. Demgegenüber weisen Handwerk, mittlere und große Industriebetriebe sowie Banken und Versicherungen eine geringere Insolvenzbelastung auf.[5]

3 Auch für das Jahr 1998 wurde ein weiterer Anstieg der Insolvenzen ermittelt. Es wurden über **28 000 Unternehmensinsolvenzen** für das Jahr 1998 festgestellt.[6] Für das Jahr 1999 werden weitere Rekordzahlen erwartet. Festzuhalten bleibt, daß sich die Insolvenzzahlen auf hohem Niveau „stabilisiert" haben.

Parallel zum Anstieg der Unternehmensinsolvenzen verläuft auch die Höhe der insolvenzbedingten Forderungsausfälle. Lagen die unmittelbaren Insolvenzverluste (Forderungsausfälle) beispielsweise 1976 noch bei 6,2 Mrd., so haben die Konkurse **1998** zu betrieblichen Verlusten in Höhe von **ca. 38 Mrd.** geführt.[7] Die mittelbaren und die endgültigen Schäden entziehen sich exakter Erkenntnis und sind auch volkswirtschaftlich im einzelnen umstritten. Zu den Forderungsverlusten kommen hinzu die **Arbeitsplatzverluste**, deren Gesamtzahl für 1998 mit **501 000** ermittelt wurde.[8]

4 Diese Zahlen beleuchten jedoch nur einen Teilaspekt. Die wirtschaftliche Bedeutung einer Insolvenz für die betroffenen Gläubiger läßt sich nur dann vollständig erfassen, wenn man die Höhe der dem einzelnen Gläubiger drohenden Verluste im einzelnen betrachtet. So konnten die ungesicherten, nicht privilegierten (sog. **einfache**) **Konkursgläubiger** in den letzten Jahren höchstens zwischen **3 bis 5%** ihrer Forderungen realisieren. Für **bevorrechtigte Gläubiger** betrug die Konkursquote immerhin etwa **30%**.[9] Selbst die gesicherten Gläubiger konnten nicht mit einer vollen Befriedigung ihrer For-

---

[1] Die folgenden Abschnitte A und B sind unter der Mitarbeit von Frau Rechtsanwältin Dr. Irmgard *Gleußner* entstanden.

[2] Vgl. *Tiedemann* LK vor § 283 Rn. 11.

[3] Vgl. *Bretz* ZInsO 1998 S. 50.

[4] In Handelsblatt vom 12. 06. 1998 S. 17.

[5] Zum ganzen LK/*Tiedemann* vor § 283 Rn. 19.

[6] Die Zahlen basieren auf einer Untersuchung der Creditreform Wirtschafts- und Konjunkturforschung aus dem Jahr 1999.

[7] Nachweise siehe Fußn. 6.

[8] Nachweise siehe Fußn. 6.

[9] Vgl. *Hess/Kranemann/Pink* Teil 1 Rn. 16 (Tabelle 2).

derungen rechnen. Da bei eingetretener Insolvenz regelmäßig nur noch Zerschlagungswerte zu erzielen sind, muß bei Grundstücken mit einem Werteverfall von ca. 34%, bei beweglichen Sachen von ca. 22% und bei Forderungen von ca. 60% gerechnet werden.[10]

II. Von der Konkursordnung zur Insolvenzordnung

1. Reformbedürftigkeit der KO, VerglO und GesO

Der Funktionsverlust von Konkurs- und Vergleichsrecht, der sich in der **erschreckend hohen Zahl der Abweisung von Konkursanträgen mangels Masse**, in niedrigen Konkursquoten und der weitgehenden Bedeutungslosigkeit des Vergleichsverfahrens zeigte, gab Anlaß für Reformüberlegungen. Zudem wurden von den weiteren Insolvenzfolgen, wie Forderungsverlusten, Verlust des Arbeitsplatzes oder der Geschäftsbeziehungen sowie Verlust der Kompetenzen und Know-how in den Betrieben, die infolge Konkurseröffnung aufgelöst wurden, zunehmend breitere Kreise betroffen.[11] 5

Während der Anteil der mangels Masse abgewiesenen Konkursanträge im Jahr 1950 lediglich bei 27% lag,[12] wurde seit den achtziger Jahren bereits in 75% aller Fälle der Konkursantrag mangels Masse abgewiesen.[13] Schon allein diese hohe Zahl von Konkursen, die mangels eines kostendeckenden Schuldnervermögens überhaupt nicht zu einem Insolvenzverfahren führten mit der Folge des Fehlens einer geordneten Schuldenbereinigung, zeigt deutlich, daß die KO in den letzten Jahrzehnten außerstande war, ihre Ordnungsaufgabe in der sozialen Marktwirtschaft zu erfüllen. Noch ungünstiger stand es auch um das Vergleichsverfahren. Während im Jahr 1950 der Anteil der gerichtlich bestätigten Vergleiche noch bei 30% lag, wurde seit 1983 in weniger als 1% der Insolvenzen ein gerichtlicher Vergleich bestätigt.[14] 6

In der Praxis wurde die KO längst umfunktioniert: Neue Instrumentarien der Konkursbewältigung wurden geschaffen. Die Sequestration wurde – auf unzureichender gesetzlicher Basis – zu einem effizienten Mittel der Betriebsfortführung in der Eröffnungsphase des Konkursverfahrens ausgebaut. Die Ausproduktion zur besseren Verwertung von Konkursmassen und die übertragende Sanierung zur Erhaltung von Betrieben wurden entwickelt. Damit haben zugleich auch die Stellung und Befugnisse des Verwalters eine grundlegende Änderung erfahren. Insolvenzverwalter moderner Prägung üben heute weitgehend Managementfunktion aus.[15] 7

2. Reformentwicklung

Die im Jahr 1978 vom Bundesjustizminister berufene Kommission für Insolvenzrecht legte 1984 ihren ersten Bericht und 1985 ihren zweiten Bericht vor. Nach einem weiteren Jahrzehnt ist nun die Insolvenzrechtsreform am 5. 10. 1994 durch die Verabschiedung der neuen Insolvenzordnung (BGBl. I S. 2866) sowie der EGInsO (BGBl. I S. 2911) abgeschlossen worden.[16] 8

Am 1. 1. 1999 ist die neue Insolvenzordnung (InsO) in Kraft getreten. Sie ersetzt in den alten Bundesländern die Konkursordnung (KO) aus dem Jahr 1877 sowie die Vergleichs- 9

---

10 Vgl. *Burgermeister* S. 3.
11 Vgl. *Häsemeyer* Rn. 4.03.
12 Vgl. *Schmidt-Räntsch* S. 13.
13 Vgl. nur *Haarmeyer* ZInsO 1998, 157.
14 Vgl. *Schmidt-Räntsch* S. 13.
15 Vgl. *Uhlenbruck* NZI 1998, 1 (2).
16 Eingehend zur Gesetzesgeschichte *Häsemeyer* Rn. 4.03ff.

ordnung (VerglO) aus dem Jahr 1935. In den neuen Bundesländern löst sie die Gesamtvollstreckungsordnung (GesO) von 1991 ab. Damit gilt ab dem Jahr 1999 ein **einheitliches Insolvenzverfahren** für die gesamte Bundesrepublik Deutschland. Der Übergang vom Konkursrecht zum Insolvenzrecht ist keineswegs nur begrifflicher Natur. Die Insolvenzordnung bringt zahlreiche Änderungen und Neuerungen in der Sache selbst.

10 Für Verfahren, die vor dem 1.1. 1999 beantragt wurden, ist zu beachten, daß gem. Art. 103 EGInsO (BGBl. I 1994, S. 2911) die Vorschriften der alten KO, VerglO sowie GesO anzuwenden sind. Dies setzt für eine geraume Übergangszeit von allen an der Insolvenz Beteiligten die Kenntnis des alten und neuen Rechts zwingend voraus.

3. Ziele der InsO

a) Erleichterung der Verfahrenseröffnung

11 Ein **Grundanliegen** der Insolvenzordnung ist, im Allgemeininteresse die Eröffnung eines Insolvenzverfahrens in möglichst vielen Fällen zu ermöglichen und das Schuldnervermögen einer geordneten, staatlich beaufsichtigten Haftungsrealisierung zuzuführen.[17] So ist das Verfahren bereits dann zu eröffnen, wenn die gerichtlichen Kosten und die Insolvenzverwalterkosten durch eine entsprechende Masse abgesichert sind (§§ 26, 54 InsO). Demgegenüber mußten nach der alten KO auch solche Kosten einbezogen werden, die ab Konkurseröffnung vom Verwalter „freiwillig" begründet wurden oder kraft Gesetzes (z. B. Steuer) bezahlt werden mußten. Insoweit könnte durch die höhere Zahl von eröffneten – und damit überwachten – Verfahren die Chance gegeben sein, daß kriminelle Handlungen, die im Zusammenhang mit der Masselosigkeit (Stichwort: „Der Könner produziert ein masseloses Verfahren"[18]) auftreten, eingedämmt werden können. Ob eine Minimierung der strafbaren Handlungen tatsächlich erreicht werden kann, bleibt allerdings abzuwarten.

b) Verteilungsgerechtigkeit

12 Ein weiteres Ziel der Reform ist die **Verbesserung der Verteilungsgerechtigkeit**. Alle Konkursvorrechte wurden abgeschafft; so sind etwa die Lohnrückstände der Arbeitnehmer aus der Zeit vor der Eröffnung des Insolvenzverfahrens nicht mehr bevorrechtigt. Der Gleichbehandlung dient auch die Verschärfung der Insolvenzanfechtung.

c) Gläubigerautonomie

13 Schließlich spielt die Stärkung der **Gläubigerautonomie** ebenfalls eine wesentliche Rolle.[19] Durch das Instrumentarium des **Insolvenzplans** (§§ 217ff. InsO) wurde die Möglichkeit geschaffen, die Sanierung des Unternehmens und die Haftungsverwirklichung durch autonome Entscheidung der Gläubiger zu erreichen.[20] Das Insolvenzplanverfahren ersetzt damit zugleich das frühere Vergleichsverfahren, das vollends zur Bedeutungslosigkeit herabgesunken war.

d) Sanierungschancen

14 Ein wesentliches und wichtiges Ziel der InsO ist die **Verbesserung der Sanierungschancen** für sanierungswürdige und im Kern intakte Unternehmen und damit die Aufhebung der Zerschlagungsautomatik der alten KO. Dem dient u. a. die **erleichterte** und **rechtzeitige Verfahrenseröffnung** sowie die Einbeziehung der dinglich gesicherten Gläubiger. Soweit diese Absonderungsrechte an Mobilien haben, müssen die Gläubiger dem künftig

---

[17] Vgl. *Dinstühler* ZIP 1998, 1697 m. w. N.

[18] So trefflich *Kilger*, AnwBl 1987, 424, 425.

[19] Näher *Hess/Kranemann/Pink* Teil 1 Rn. 52ff.

[20] Zu den Schwerpunkten der Reform: *Bork* Rn. 11ff.

zur Verwertung befugten Insolvenzverwalter einen pauschalen Kostenbeitrag von 9% des Verwertungserlöses zur Insolvenzmasse belassen (§§ 170, 171 InsO), zuzüglich der anfallenden Umsatzsteuer bei der Verwertung von beweglichen Sachen (§ 171 Abs. 2 S. 3 InsO). Die Sanierungsoption der InsO findet auch darin ihren Ausdruck, daß der vorläufige Insolvenzverwalter bis zur Entscheidung des Gerichts über den Eröffnungsantrag und der endgültige Insolvenzverwalter bis zur ersten Gläubigerversammlung gesetzlich ausdrücklich zur **Betriebsfortführung** verpflichtet sind; nur ausnahmsweise und nur mit Genehmigung des Gerichts (§ 22 Abs. 1 Nr. 2 InsO) kommt eine vorherige Betriebsstillegung in Betracht.

e) Bestmögliche Gläubigerbefriedigung

Zu beachten bleibt aber, daß die **gemeinsame und bestmögliche Befriedigung aller** 15
Gläubiger primäres Ziel des neuen Insolvenzverfahrens bleibt. Zwar sieht auch die InsO die Unternehmenskrise als Sanierungschance an; sie verzichtet aber auf eine „Sanierung um jeden Preis".[21] Folglich spielt der Einsatz der Insolvenzmasse zur Befriedigung der Gläubiger auch im neuen Insolvenzrecht eine zentrale Rolle.

f) Eigenverwaltung

Durch das Institut der **Eigenverwaltung** ist in §§ 270ff. InsO – u. a. auch aus Kosten- 16
gründen – die Möglichkeit geschaffen worden, daß der Schuldner die Verwaltungs- und Verfügungsbefugnis trotz Eröffnung des Insolvenzverfahrens behält. Die Möglichkeit der **Restschuldbefreiung** für den redlichen Schuldner sowie die Einführung eines **Verbraucherinsolvenzverfahrens** für natürliche Personen sind schließlich weitere Schwerpunkte der Reform.

g) Außergerichtliche Sanierung

Schließlich ist als weiteres Ziel des Reformgesetzgebers – im Zusammenhang mit der 17
Verabschiedung der InsO – die Förderung der **außergerichtlichen Sanierung** zu nennen.[22] Hierzu gehört vor allem die Abschaffung des § 419 BGB,[23] der die Haftung des Vermögensübernehmers regelt. Damit soll die übertragende Sanierung außerhalb des Insolvenzverfahrens erleichtert werden.[24] Allerdings ist zu berücksichtigen, daß Sanierungsmaßnahmen in der Krise, wie übertragende Sanierung oder Betriebsaufspaltung, bei Fehlschlagen der Sanierung sich als Straftaten im Sinne des § 283 Abs. 1 StGB darstellen können. So liegt etwa der Tatbestand des „Beiseiteschaffens" bei der übertragenden Sanierung vor, wenn die Gläubiger der übertragenden Gesellschaft keine entsprechende Gegenleistung als Haftungsvermögen erhalten.[25]

III. Insolvenzziele und Umsetzungsalternativen

1. Allgemeines

Die gesamte Programmatik der Insolvenzordnung findet sich in deren § 1:

„Das Insolvenzverfahren dient dazu, die Gläubiger eines Schuldners gemeinschaftlich zu befriedigen, indem das Vermögen des Schuldners verwertet und der Erlös verteilt oder in einem Insolvenzplan eine abweichende Regelung insbesondere zum Erhalt des Unternehmens getroffen wird. Dem redlichen Schuldner wird Gelegenheit gegeben, sich von seinen restlichen Verbindlichkeiten zu befreien."

---

21 Vgl. *Uhlenbruck* NZI 1998, 1 (2).
22 Hierzu *Uhlenbruck* wistra 1996, 1 (7).
23 Aufgehoben durch Art. 33 Ziff. 16 EGInsO (BGBl. 1994 I S. 2911).
24 Kritisch *K. Schmidt* (in Kölner Schrift) Rn. 34; ferner *Grub* DZWiR 1999, 133 (137).
25 Vgl. *Uhlenbruck* wistra 1996, 1 (7).

Oberstes Ziel eines Insolvenzverfahrens ist die gemeinschaftliche Befriedigung der Gläubiger – und nicht etwa der Schutz des Schuldners, die Erhaltung des Betriebes, der Erhalt von Arbeitsplätzen oder sonstige soziale Belange. Dies alles sind lediglich wichtige Sekundärziele.

18 Die Konkursordnung hat eine Unterscheidung zwischen Unternehmensinsolvenzen und Insolvenzen von Privatpersonen nicht getroffen. Vielmehr stellte sie ein Universalverfahren für alle Arten von Schuldnern zur Verfügung. Die InsO hingegen macht eine deutliche Zäsur: Sie unterscheidet zwischen der **Unternehmensinsolvenz** und der **Verbraucherinsolvenz**. Der Gesetzgeber hat in den §§ 304 bis 314 InsO erstmals explizit ein besonderes, mehrstufiges Verfahren für Insolvenzen auch im nichtunternehmerischen Bereich vorgesehen und damit eine Materie aufgegriffen, die in den meisten europäischen Konkursordnungen schon längst vorzufinden ist.[26]

19 Für die **Unternehmensinsolvenz** gilt, daß mit der Eröffnung des Insolvenzverfahrens noch nicht zwingend festgelegt ist, welches Schicksal das Schuldnerunternehmen im eröffneten Verfahren nehmen wird. Denn das neue Insolvenzrecht zeichnet sich gerade dadurch aus, daß es nur noch ein „einheitliches" Insolvenzverfahren, jedoch mit offenen Regelungszielen gibt.[27] So tritt gem. § 1 InsO neben die Gläubigerbefriedigung durch Abwicklung gleichberechtigt die Gläubigerbefriedigung durch „Erhalt des Unternehmens". Damit schafft die InsO ein Wahlrecht der Gläubiger, über den Befriedigungsweg (Liquidation oder Unternehmensfortführung) selbst zu entscheiden. Schematisiert sind folgende Haftungsverwirklichungstypen denkbar:

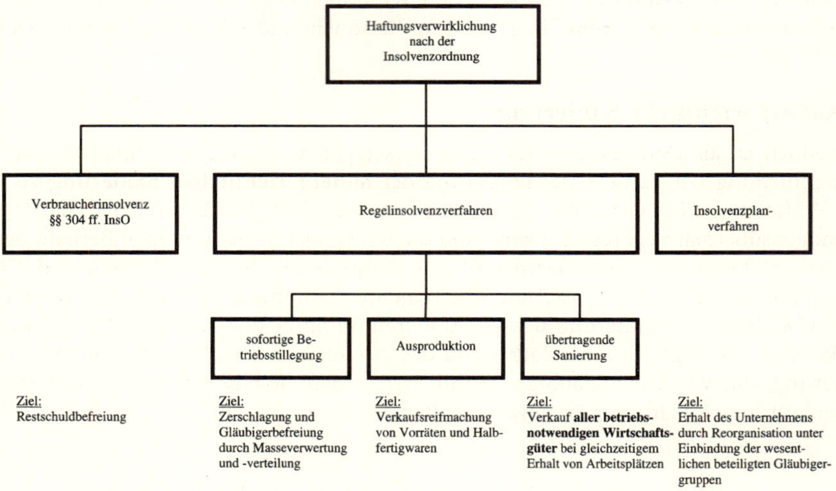

2. Die Regelinsolvenz

20 Die ersten Monate nach Inkrafttreten der Insolvenzordnung haben gezeigt, daß die Beteiligten von der Möglichkeit eines – autonom gestalteten – Insolvenzplanverfahrens nur sehr zurückhaltend Gebrauch machen; sie vertrauen sich dem gesetzlich vorgegebenen „Regelinsolvenzverfahren" an.[28] Die Verfahrensregeln sind ebenso wie die materiellen Rechtsvorschriften vorgegeben; die Haftungsverwirklichung kann dennoch auf verschiedenen Wegen verfolgt werden, die auf folgende Grundmuster zurückgeführt werden können:

---

[26] Vgl. *Schmidt-Räntsch* (in Kölner Schrift) Rn. 6.

[27] Vgl. auch *Häsemeyer* Rn. 28.01.

[28] Vgl. näher *Breuer*, Das Regelinsolvenzverfahren, Beilage zu Heft 1 der NJW 1999.

a) Sofortige Betriebsstillegung

Um eine „erhebliche Verminderung des Vermögens" durch – verlustbringende – Fortführung zu vermeiden, kann ein Betrieb (oder ein Betriebsteil) sofort stillgelegt werden. Dazu bedarf es im Eröffnungsverfahren der Zustimmung des Insolvenzgerichts (§ 22 Abs. 1 Nr. 2 InsO), im eröffneten Verfahren der Zustimmung des Gläubigerausschusses (vgl. § 158 InsO) oder der Gläubigerversammlung (vgl. § 157 InsO). Die Vermögensgegenstände des Unternehmens werden durch den Insolvenzverwalter (vgl. § 159 InsO) einzeln verwertet; die Gläubiger werden anschließend aus dem Verwertungserlös befriedigt. 21

b) Zeitweilige Unternehmensfortführung (Ausproduktion)

Eine Unterart der Betriebsstillegung ist die Ausproduktion. Sie hat den Sinn, das im insolventen Betrieb noch vorhandene Potential (Know-how, Aufträge, Roh-, Hilfs- und Betriebsstoffe, Halbfertigwaren) zu nutzen und im Interesse der Gläubiger durch Wertschöpfung in Geld umzusetzen. 22

Die Unternehmensfortführung **bis zum Berichtstermin** ist nach der neuen InsO die Regel. Für den **vorläufigen** verfügungsbefugten Verwalter ergibt sich diese Pflicht bis zur Eröffnung des Insolvenzverfahrens aus der Vorschrift des § 22 Abs. 1 Nr. 2 InsO. Für den **Insolvenzverwalter** ergibt sich die Pflicht der Unternehmensfortführung bis zum Berichtstermin aus den Vorschriften der §§ 157, 158 InsO. Die Ausproduktion wird im übrigen nach der InsO schon deshalb erleichtert, weil dem Insolvenzverwalter auch bei Gegenständen, an denen ein Absonderungsrecht besteht (Sicherungseigentum, Sicherungszession etc.), das Selbstverwertungsrecht zusteht (§ 166 InsO). Es bedarf also nicht mehr der intensiven Überzeugungsarbeit und des freiwilligen Einvernehmens der absonderungsberechtigten Gläubiger, auf die der Konkursverwalter des alten Rechts noch angewiesen war. 23

Der Insolvenzverwalter kann den Gläubigern auch vorschlagen, einer zeitweiligen Unternehmensfortführung **über den Berichtstermin hinaus** zuzustimmen (vgl. § 157 InsO). 24

c) Übertragende Sanierung

Eine weitere „Unterart" der Verwertung des Schuldnervermögens stellt – bereits unter der KO praktiziert – die übertragende Sanierung dar.[29] Im wesentlichen bedeutet das Modell der übertragenden Sanierung, daß der Verwalter die zur Betriebsfortführung notwendigen Wirtschaftsgüter des insolventen Unternehmens geschlossen an ein anderes Unternehmen oder an eine zu diesem Zweck gegründete Auffanggesellschaft – gegen Entgelt – überträgt; dem neuen Rechtsträger wird dann – befreit von Altverbindlichkeiten – ein neuer Start ermöglicht.[30] Die Freistellung des **neuen Rechtsträgers** von Altverbindlichkeiten ist somit wesentliches Kernstück der übertragenden Sanierung. Der alte Unternehmensträger wird zerschlagen, auch seine nicht zur Fortführung benötigten Unternehmensteile werden vom Verwalter „versilbert".[31] Die Gläubiger werden aus den Verkaufserlösen befriedigt, die der neue Rechtsträger für den Betrieb/Betriebsteil aufwendet.[32] 25

Die übertragende Sanierung ist auf zweierlei Wegen möglich:[33] einmal nach den gesetzlichen Vorschriften der §§ 160 ff. InsO, zum anderen im Rahmen eines Insolvenz- 26

---

[29] Vgl. *Kübler/Prütting/Otte* § 217 Rn. 6; eingehend zur strafrechtlichen Problematik *Mohr*, Bankrottdelikte und übertragende Sanierung, 1993.

[30] Näher *Maus* Rn. 11ff.; vgl. ferner *Hess/Kranemann/Pink* Teil 1 Rn. 866; *Kübler/Prütting/Otte* § 217 Rn. 6.

[31] Vgl. nur *Maus* Rn. 14.

[32] Vgl. *Hess/Kranemann/Pink* Teil 1 Rn. 866.

[33] Vgl. *Bork* Rn. 375ff.

plans.[34] Daß die übertragende Sanierung als Maßnahmetypus zulässig ist, ergibt sich deutlich aus §§ 160 Abs. 2 Nr. 1, 162 InsO. Für die übertragende Sanierung ist die Zustimmung des Gläubigerausschusses bzw. – soweit ein solcher nicht vorhanden ist – der Gläubigerversammlung erforderlich (§ 160 Abs. 2 Nr. 1 InsO). Droht eine Veräußerung unter Wert, können der Schuldner oder eine qualifizierte Gläubigermehrheit gem. § 163 InsO beim Gericht beantragen, daß die Veräußerung nur mit Zustimmung der Gläubigerversammlung zulässig ist.[35] Will der Verwalter an eine „besonders interessierte Person" veräußern, bedarf er in jedem Fall der Zustimmung der Gläubigerversammlung. Besonders interessierte Personen sind beispielsweise potentielle Erwerber oder deren Anteilseigner, die dem Schuldner nahestehen (§ 162 InsO).

27 Die übertragende Sanierung wird dem Verwalter durch die Insolvenzordnung erleichtert: Anders als nach der KO hat der Insolvenzverwalter bei den Absonderungsrechten die Verwertungsbefugnis und ist daher nicht gezwungen, betriebsnotwendige Gegenstände an die Absonderungsberechtigten herauszugeben.[36] Da es bei der übertragenden Sanierung aufgrund der gesetzlichen Vorschriften nicht der „Formalien" des Insolvenzplanverfahrens bedarf, ist jene mit geringerem Aufwand zu erreichen als eine Abwicklung über das Planverfahren.[37] Schließlich ist zu berücksichtigen, daß im Fall der gesetzlichen Abwicklung eine Sanierung stattfindet, die nicht mit der Sanierung des Unternehmensträgers selbst verbunden ist. Dies hat den Vorteil, daß es auf zur Sanierung notwendige gesellschaftsrechtliche Umgestaltungen nicht ankommt, gegen die sich die Mehrheit der Gesellschafter im Planverfahren sperren könnte.[38]

3. Insolvenzplan

a) Allgemeines

28 Nach den Intentionen des Gesetzgebers bildet der Abschnitt über den Insolvenzplan (§§ 217ff. InsO) das **Kernstück** der neuen Insolvenzordnung.[39] Der Insolvenzplan ersetzt den früheren Vergleich und Zwangsvergleich.[40] Jedoch soll er deren Anwendungsbereiche zugleich erweitern und flexibler gestalten, den Beteiligten mehr Dispositionsmöglichkeiten einräumen und die Sanierung des schuldnerischen Unternehmens auch in der Krise fördern.[41] Der Gesetzgeber hat unter Rückgriff auf positive US-amerikanische Erfahrungen[42] ein Verfahren zur Verfügung gestellt, das die privatautonome Gestaltungsmöglichkeit der Beteiligten in den Vordergrund stellt. Anders als im bisherigen Vergleichsrecht sieht das Insolvenzplanrecht weder eine besondere „Vergleichswürdigkeit" des Schuldners noch eine Mindestquote vor. Eine Sanierung des Unternehmens soll nicht davon abhängen, ob der Schuldner sich strafbar gemacht hat oder nicht.[43] Vielmehr ist „neutraler" Zweck des Insolvenzplans allein, das Vermögen des Schuldners in wirtschaftlich effektiver Weise einzusetzen. Mit ihm soll eine Lösung gefunden werden, die wirtschaftlich sinnvoller ist als eine Liquidation nach Art des Konkurses.[44]

29 Die Haftungsverwirklichung durch Insolvenzplan soll nach der Vorstellung des Gesetzgebers aufgrund **vielfältiger Gestaltungsmöglichkeiten**, die § 217 InsO bewußt

[34] Vgl. *Smid/Rattunte* Rn. 43; *Hess/Kranemann/Pink* Teil 1 Rn. 867; *Maus* Rn. 12.

[35] Näher *Bork* Rn. 378f.

[36] Vgl. auch *Hess/Kranemann/Pink* Teil 1 Rn. 577.

[37] Vgl. *Hess/Kranemann/Pink* Teil 1 Rn. 868; *Maus* Rn. 13..

[38] Vgl. *Kübler/Prütting/Otte* § 217 Rn. 28; *Hess/Kranemann/Pink* Teil 1 Rn. 568.

[39] Statt aller *Hess/Kranemann/Pink* Teil 1 Rn. 850 m. w. N.

[40] Statt aller *Häsmeyer* Rn. 28.01.

[41] Vgl. *Pick* NJW 1995, 992ff.; *Landfermann* BB 1995, 1649, 1654.

[42] Ausführlich hierzu *Braun/Uhlenbruck* S. 427ff., 491ff.; *Smid/Rattunte* Rn. 23ff., 91ff., 137ff., 464ff.

[43] Hierzu *Uhlenbruck* wistra 1996, 1 (7) f.

[44] Vgl. *Landfermann* BB 1995, 1649, 1654.

offenläßt, auf mehreren Wegen erreicht werden können.[45] In der Gestaltung und Ausfüllung dieses Rechtsrahmens sind die Gläubiger deshalb – bis auf wenige verbindliche Zielvorgaben[46] – frei. Der Insolvenzplan kann demzufolge jede Art der Insolvenzbewältigung regeln, die rechtlich zulässig ist. Für Insolvenzpläne kommen sämtliche Formen und Mischformen der bisherigen Insolvenzbewältigung (z. B. übertragende Sanierung, Sanierung des Unternehmensträgers in Form der Fortführung des Unternehmens durch den Schuldner, Ausproduktion, Liquidation oder sonstige Schritte wie die Stundung einzelner Forderungen) in Betracht.[47] Einen Typenzwang der möglichen Plangestaltungen gibt es nicht.[48] Der Planinhalt soll möglichst von staatlicher Einflußnahme befreit sein. Im wesentlichen wird den Gläubigern die autonome Bestimmung des Verfahrensziels überantwortet.

Damit hat die allseits zu findende Forderung nach Deregulierung auch im Insolvenzrecht Eingang gefunden. Allerdings ist auch dieser Ansatz nicht unproblematisch. Denn ein gut beratenes Schuldnerunternehmen wird bereits mit dem Insolvenzantrag einen ausgearbeiteten Insolvenzplan vorlegen, so daß Prototyp eines Insolvenzplans ein vom Schuldner ausgehender Sanierungsplan sein wird.[49] In der einen Monat später stattfindenden Gläubigerversammlung (vgl. § 235 Abs. 1 S. 2 InsO) kommt es dann letztlich darauf an, ob der Insolvenzverwalter sich den Plan zu eigen macht und wie er ihn den Gläubigern „verkauft".[50] Zudem ergibt sich das Problem, welche Gläubigerinteressen vorherrschen und welche Gläubigergruppe „das Sagen" hat. Arbeitnehmer werden in der Regel an dem Erhalt des gesamten Unternehmens Interesse haben, Handwerker das Interesse, möglichst rasch zu Geld zu kommen. Kreditinstitute, die bei der Abstimmung zumeist „summenmäßig" das Sagen haben, werden in der Regel dominieren.[51] 30

b) Planaufstellung/Planinhalt

Die Insolvenzordnung selbst bringt wenige Mindestanforderungen an Gliederung und formalen Inhalt des Plans. Zu unterscheiden ist zwischen dem **darstellenden Teil** und dem **gestaltenden Teil** des Insolvenzplans. Der darstellende Teil hat die historische Entwicklung des Schuldnerunternehmens und Maßnahmen zu dessen Sanierung zu beschreiben; im gestaltenden Teil sind die konkreten Rechtseingriffe kenntlich zu machen sowie die Einteilung der Gläubiger in Gruppen vorzunehmen, in denen die Abstimmung über den Plan vollzogen wird.[52] 31

Der **darstellende Teil** dient der Information der Gläubiger und des Insolvenzgerichts. Einen gesetzlich festgelegten Mindestinhalt gibt es allerdings nicht.[53] Bei der Darstellung der wirtschaftlichen Verhältnisse sollten Vermögensstatus, Gläubiger- und Schuldnerverzeichnis, Verzeichnis des wesentlichen Anlage- und Umlaufvermögens etc. angegeben werden. **Kernstück** des darstellenden Teils ist die **Prüfung der Sanierungsfähigkeit** des zusammengebrochenen Unternehmens.[54] Des weiteren enthält dieser Teil die Beschreibung der Art der Verwertung. Bei beabsichtigter Unternehmenssanierung ist zudem anzugeben, auf welche Weise die gesellschaftsrechtliche Struktur und die Beteiligungsverhältnisse, etwa durch neue Kapitalgeber, geändert werden sollen.[55] Da die Beteiligten 32

---

45 Vgl. *Braun/Uhlenbruck* S. 439f.
46 Hierzu *Braun/Uhlenbruck* S. 454f.
47 Statt vieler *Kübler/Prütting/Otte* § 217 Rn. 38; *Hess/Kranemann/Pink* Teil 1 Rn. 853.
48 Vgl. *Schmidt-Räntsch* Rn. 104.
49 Vgl. *Smid/Rattunte* Rn. 5; *Uhlenbruck* NZI 1998, 1 (3).
50 So *Uhlenbruck* NZI 1998, 1 (3); ferner *Braun/Uhlenbruck* S. 567.
51 Vgl. *Uhlenbruck* NZI 1998, 1 (4).
52 Zu den IDW-Anforderungen an Sanierungskonzepte s. *Braun/Uhlenbruck* S. 546ff.
53 Vgl. *Breutigam/Blersch/Goetsch*, § 220 Rn. 2.
54 Statt vieler *Dinstühler*, InVo 1998, 333 (334); *Smid/Rattunte* Rn. 277ff.
55 Vgl. *Hess/Obermüller* Rn. 76.

durch den Insolvenzplan nicht schlechter gestellt werden sollen als durch eine Abwicklung in Form der Liquidation, ist deshalb die Vorlage einer **Vergleichsrechnung** wesentlicher Inhalt des darstellenden Teils des Insolvenzplans.[56] Der Plan sollte sich daher dazu äußern, wie sich die geplanten Änderungen voraussichtlich auswirken werden und welche Befriedigung die Gläubiger ohne Insolvenzplan zu erwarten hätten.[57]

33 Im **gestaltenden Teil** des Insolvenzplans wird festgelegt, wie die Rechtsstellung der einzelnen Beteiligten durch den Plan geändert werden soll (§ 221 InsO).[58] Hierzu zählen die absonderungsberechtigten Gläubiger, die Insolvenzgläubiger sowie die nachrangigen Insolvenzgläubiger.[59] Zweckmäßigerweise wird der Plan zugleich die Gruppenbildung nach § 222 InsO vornehmen und die Rechtsänderungen innerhalb dieser darstellen.

c) Verfahrensgang im Überblick

34 Naturgemäß setzt die Durchführung eines Planverfahrens die Vorlage eines schriftlichen Planes voraus. Hierzu sind der **Schuldner** sowie der **Insolvenzverwalter** (mittelbar auch die Gläubigerversammlung) berechtigt (§ 218 Abs. 2 InsO). Dieses Initiativrecht des Schuldners ist vor allem deshalb bedeutsam, da er den Eigenantrag auf Verfahrenseröffnung mit einem Insolvenzplan und darüber hinaus mit einem Antrag auf Eigenverwaltung (§ 270 InsO) verbinden kann.[60]

35 Der Insolvenzplan ist dem Insolvenzgericht vorzulegen (§ 218 InsO). Das **Insolvenzgericht** prüft **von Amts wegen**, ob der Plan an wesentlichen Mängeln leidet (§ 231 InsO). Es kann ihn zurückweisen oder an die Beteiligten zur Stellungnahme weiterleiten (§ 232 InsO). Sodann bestimmt das Gericht einen mündlichen Erörterungs- und Abstimmungstermin (§ 235 InsO). In diesem Termin kommt es zur Abstimmung der Gläubiger über den Plan, gegebenenfalls unter Änderungen (§ 240 InsO). Erforderlich ist eine doppelte Mehrheit iS des § 244 InsO (Kopf- und Summenmehrheit). Des weiteren ist die Zustimmung des Schuldners erforderlich, es sei denn, er stünde durch den Plan nicht schlechter als bei einer Abwicklung in „klassischer Weise" nach den Vorschriften der InsO. Sodann muß der Insolvenzplan – nach Prüfung bestimmter formeller und minderheitenschützender Belange (§§ 245, 250, 251 InsO) – durch gerichtlichen Beschluß bestätigt werden (§ 248 InsO). Mit der rechtskräftigen Bestätigung beschließt das Insolvenzgericht die Aufhebung des Verfahrens (§ 258 InsO). Zugleich treten die Wirkungen des Plans für und gegen alle Beteiligten ein (§ 254 Abs. 1 InsO). Für längstens drei Jahre kann sich ein Überwachungsverfahren durch den weiter amtierenden Insolvenzverwalter und Gläubigerausschuß anschließen (§§ 260, 261 InsO). Solange der Schuldner nicht mit der Erfüllung seiner Pflichten erheblich in Rückstand gerät, ist er den Gläubigern nur in dem im gestaltenden Teil des Planes ausgeführten Umfang verpflichtet (§§ 254, 255 InsO). Schließlich hat der bestätigte Plan als gesetzlich vorgesehenen Regelfall (vgl. § 227 InsO) die Restschuldbefreiung zur Folge, es sei denn, der Plan enthält ausdrücklich eine abweichende Vorschrift.[61] Die Gläubiger wiederum können wegen ihrer im Plan festgeschriebenen Ansprüche unmittelbar auf der Grundlage des Plans in Verbindung mit der Eintragung ihrer Forderung in die Tabelle wie aus einem vollstreckbaren Titel die Zwangsvollstreckung betreiben (§ 257 InsO).

---

[56] Vgl. etwa *Dinstühler,* InVo 1998, 333 (334).

[57] Vgl. *Haarmeyer/Wutzke/Förster* Kap. 5 Rn. 369.

[58] Näher etwa *Maus* Rn. 36ff.

[59] Vgl. *Hess/Kranemann/Pink* Teil 1 Rn. 902.

[60] Hierzu *Dinstühler,* InVo 1998, 333 (337f.); *Smid/Rattunte* Rn. 204.

[61] Vgl. *Braun/Uhlenbruck* S. 522.

4. Verbraucherinsolvenz

a) Anwendungsbereich

Für die breite Öffentlichkeit wohl am interessantesten ist der neunte Teil der Insolvenzordnung, der die „Verbraucherinsolvenzverfahren und sonstigen Kleinverfahren" regelt (§§ 304 bis 314 InsO). Schätzungen gehen davon aus, daß dieses Sonderverfahren für ca. 2,0 Mio. überschuldeter Privathaushalte Bedeutung erlangen könnte.[62] Während unter Geltung der alten KO die Art der Berufsausübung des Schuldners keine Rolle spielte, also das allgemeine Insolvenzrecht gleichermaßen für Kaufleute, Unternehmer, Angehörige freier Berufe, Arbeitnehmer, Rentner etc. galt, ist nach dem neuen Recht ein Sonderinsolvenzverfahren für natürliche Personen installiert worden, die *„keine oder nur eine geringfügig selbständige wirtschaftliche Tätigkeit ausüben"* (vgl. § 304 Abs. 1 InsO).[63] 36

Der Begriff „Verbraucherinsolvenz" ist deshalb mißglückt. Zum einen entspricht er nicht den gesetzlich bestimmten Abgrenzungskriterien (Tätigkeitsmerkmalen des Schuldners); zum anderen braucht die Zahlungsunfähigkeit des Schuldners nicht auf typischen Verbraucherschulden, wie Konsumentenkrediten, zu beruhen.[64]

Ziel dieses Regelungswerkes ist, daß die unter den „Verbraucherbegriff" fallenden Personen in einem vereinfachten und kostengünstigen Verfahren ohne aufwendige Insolvenzverwaltung ihre Vermögens- und Haftungsverhältnisse abwickeln und insbesondere auch Restschuldbefreiung erlangen können sollen. Anknüpfungspunkt für das Verbraucherinsolvenzverfahren ist nicht der Vermögensumfang, sondern die Art der Tätigkeit des Schuldners. Zu den Personen, denen das Verfahren offensteht, gehören: Personen, die keiner wirtschaftlichen Betätigung nachgehen (**Rentner**, **Arbeitslose, Hausmänner/-frauen** etc.), sowie die unselbständig wirtschaftlich Tätigen, d. h. alle abhängigen und weisungsgebundenen Beschäftigten (z. B. **Arbeitnehmer**).[65] Ob Gesellschaftern oder Geschäftsführern das Verbraucherinsolvenzverfahren zur Verfügung steht, wurde bereits vor Inkrafttreten der InsO streitig diskutiert. Zu den „Kleingewerbetreibenden" sollen regelmäßig auch Gesellschafter, die persönlich haften, gehören,[66] nicht hingegen Gesellschafter größerer Unternehmen oder deren Geschäftsführer.[67] Die Verwaltung eines eigenen (auch umfangreichen) Privatvermögens als solche stellt im übrigen ebenfalls keine selbständige wirtschaftliche Tätigkeit dar.[68] 37

Den genannten Personen sind gleichgestellt **selbständig wirtschaftlich Tätige**, sofern diese selbständige Tätigkeit nur **geringfügig** ist. Hierzu knüpft § 304 Abs. 2 InsO an die Definition des Minderkaufmannes an, wie sie früher in § 4 HGB (aufgehoben durch das Handelsrechtsreformgesetz vom 22. 6. 1998; BGBl. I S. 1474) enthalten war. Jedoch soll der Anwendungsbereich der §§ 304ff. InsO auch alle freiberuflich Selbständigen erfassen, sofern ihre wirtschaftliche Tätigkeit geringfügig ist.[69] Anders als nach dem früheren § 4 HGB wird man auf den tatsächlichen Umfang der wirtschaftlichen Tätigkeit abstellen und nicht auf die objektive Erforderlichkeit.[70] Erforderlich ist eine Gesamtwürdigung: Kriterien sind vor allem die Zahl der Beschäftigten und die Art ihrer Tätigkeit, der Umsatz, das Anlage- und Betriebskapital, die Vielfalt der im Betrieb erbrachten Leistungen etc.[71] 38

---

62 Zu den einzelnen Schätzungen siehe *Smid* § 5 Rn. 44; *Uhlenbruck* NZI 1998, 1 (3); *Vallender*, InVo 1998, 169; *Kübler/Prütting/Wenzel* § 286 Rn. 27.

63 Vgl. *Häsemeyer* Rn. 29.01.

64 *Häsemeyer* Rn. 29.05.

65 Vgl. *Braun/Uhlenbruck* S. 709; *Bork* Rn. 411; *Hoffmann* S. 52.

66 So *Braun/Uhlenbruck* S. 709; *Smid* § 304 Rn. 9; a. A. *Kohte/Ahrens/Grote* S. 222 f: erst ab Ausscheiden aus der Gesellschaft oder deren endgültiger Liquidation.

67 A. A. wohl *Vallender* InVo 1998, 169.

68 Vgl. *Häsemeyer* Rn. 29.13.

69 Näher zum Personenkreis *Kirchhof* ZInsO 1998, 54 (55).

70 So *Kübler/Prütting/Wenzel* § 304 Rn. 4; *Smid* § 304 Rn. 3ff.

71 Zu den Kriterien eingehend *Kohte/Ahrens/Grote* S. 219f.; *Kögel* DZWiR 1999, 235ff.

39 Negativ läßt sich der persönliche Anwendungsbereich dahin abgrenzen, daß das Verbraucherinsolvenzverfahren für alle juristischen Personen, alle Gesellschaften ohne Rechtspersönlichkeit sowie alle Vollkaufleute ausscheidet.[72] Diese müssen in jedem Fall das Regelverfahren durchlaufen.

b) Verfahrensgang

40 Das Verbraucherinsolvenzverfahren ist ein zwingendes Verfahren. Es besteht kein Wahlrecht für den Schuldner oder dessen Gläubiger, das allgemeine Insolvenzverfahren durchzuführen.[73] Es weicht in seinen Grundstrukturen wesentlich von dem allgemeinen Insolvenzverfahren ab. Das Verfahren ist bei einer Schuldnerinitiative **dreistufig** ausgestaltet: Zunächst muß der Versuch einer außergerichtlichen Einigung unternommen werden (§ 305 Abs. 1 Nr. 1 InsO); im gerichtlichen Verfahren muß sodann eine einvernehmliche Schuldenbereinigung versucht werden (§§ 305 bis 310 InsO); scheitert auch diese, kommt es zur Entscheidung über den Eröffnungsantrag und zur Eröffnung des eigentlichen Insolvenz(klein)verfahrens (§§ 306 Abs. 1, 311 bis 314 InsO). Diesem dreistufigen Aufbau schließt sich gegebenenfalls eine **vierte Stufe** an, nämlich die Wohlverhaltensperiode mit dem Ziel der Erlangung der Restschuldbefreiung auch gegen den Willen der Gläubiger.[74]

41 **Erster Schritt:** Zulassungsvoraussetzung für das Verfahren ist, daß der Antragsteller gem. § 305 InsO mit dem Eröffnungsantrag eine Bescheinigung über einen **erfolglosen außergerichtlichen Einigungsversuch** vorlegt. Damit ist zwingend ein außergerichtliches Güteverfahren zur Schuldenbereinigung vorgeschrieben. Auf diese Weise soll vor allem eine übermäßige Belastung der Gerichte wegen der hohen Zahl zu erwartender Restschuldbefreiungsverfahren verhindert werden.[75] Dieses Ziel ist weitestgehend erreicht worden: Der Zwang zum außergerichtlichen Güteverfahren hat sich als der „Hemmschuh" des Verbraucherinsolvenzverfahrens erwiesen (vgl. *Grote* ZInsO 1999, 383 ff.). Das außergerichtliche Verfahren selbst muß jedenfalls förmlich aufgrund eines Planes geführt werden, so daß an seiner Ernsthaftigkeit nicht gezweifelt werden kann.[76] Die InsO macht darüber, welchen konkreten Inhalt dieser Plan haben muß, keine genauen Vorgaben. Sinnvollerweise wird er sich an den Regeln der §§ 305 Abs. 1 Nr. 3 und 4 InsO orientieren, also neben dem Vermögens-, Schulden- und Gläubigerverzeichnis Regelungen über eine angemessene Schuldenbereinigung enthalten.

42 **Zweiter Schritt:** Scheitert das außergerichtliche Verfahren, muß in einem **zweiten Schritt** im gerichtlichen Verfahren eine einvernehmliche Schuldenbereinigung aufgrund eines Schuldenbereinigungsplans versucht werden. Voraussetzung des **gerichtlichen Schuldenbereinigungsverfahrens** ist ein Antrag des Schuldners auf Eröffnung des Insolvenzverfahrens (§ 305 InsO). Mit seinem Antrag oder unverzüglich danach hat der Schuldner verschiedene gesetzlich bestimmte Nachweise und Vorschläge zur Schuldenbereinigung vorzulegen. Im einzelnen: Nachweis über das **Scheitern der außergerichtlichen Einigung** innerhalb der letzten **sechs Monate** vor Antragstellung; einen Antrag auf **Restschuldbefreiung** oder eine Erklärung, daß diese nicht beantragt wird; **Vermögensverzeichnis** sowie vorhandenes Einkommen, **Gläubigerverzeichnis,** Verzeichnis der **Insolvenzforderungen** nebst Versicherung der Vollständigkeit und Richtigkeit; einen **Schuldenbereinigungsplan,** in dem der Schuldner sämtliche Regelungen vorschlagen soll, mit deren Hilfe er – unter Berücksichtigung aller beteiligten Interessen – seine finanzielle Krise bereinigen zu können glaubt.

---

72 Vgl. *Haarmeyer/Wutzke/Förster* S. 703f.; *Smid* § 304 Rn. 7.

73 Vgl. *Häsemeyer* Rn. 29.07 (29.08).

74 Zu den Stufen *Hoffmann* S. 44.

75 So *Prütting/Kübler/Wenzel* § 304 Rn. 2.

76 Vgl. *Häsemeyer* Rn. 29.20.

Das gerichtliche Schuldenbereinigungsverfahren wurde als schriftliches Einigungsverfahren ausgestaltet, um eine Entlastung der Gerichte herbeizuführen.[77] Damit wird das Verfahren aber schwerfällig und zeitraubend.[78] Das Insolvenzgericht stellt den Gläubigern den Schuldenbereinigungsplan nebst Unterlagen zu und fordert diese auf, binnen einer Notfrist von einem Monat Stellung zu nehmen. Dabei sind diese auf die rechtlichen Folgen ihres Schweigens (Fiktion des Einverständnisses mit dem Plan gem. § 307 Abs. 2 InsO) oder unvollständigen Vorbringens hinzuweisen. Aufgrund der Stellungnahmen kann der Schuldner den Plan ändern, wobei seine Vorschläge wiederum den Gläubigern zur Stellungnahme zuzustellen sind. Sinnvoll erscheint die Anberaumung eines Verhandlungstermins, den die InsO zwar nicht vorsieht, der aber nach allgemeinen zivilprozeßrechtlichen Grundsätzen (vgl. §§ 4, 5 InsO) möglich sein muß.[79] Während dieses Verfahrensabschnitts, der drei Monate nicht überschreiten soll (§ 306 InsO), ruht das Insolvenzeröffnungsverfahren kraft Gesetzes. Kommt ein Schuldenbereinigungsplan zustande, gilt der Eröffnungsantrag als zurückgenommen (§ 308 Abs. 2 InsO). Der Schuldenbereinigungsplan kommt als Vertrag zwischen dem Schuldner und seinen Gläubigern zustande.[80] 43

In der **inhaltlichen Gestaltung** des Plans sind die **Beteiligten völlig frei**.[81] Beispielsweise kommen folgende Regelungen in Betracht: Stundungen, Forderungsverzichte, Ratenzahlungen, quotenmäßige Befriedigung, Anpassungs- und Verfallklauseln, Einbeziehung von Angehörigen und sonstigen Dritten.[82] Der angenommene Schuldenbereinigungsplan hat die Wirkung eines Prozeßvergleichs (§ 794 Abs. 1 Nr. 1 ZPO). Es gilt das Einstimmigkeitsprinzip, jedoch unter der Besonderheit, daß das Schweigen des Gläubigers als Einverständnis mit dem Schuldenbereinigungsplan gilt (§ 307 Abs. 2 S. 1 InsO). Unter bestimmten Voraussetzungen (keine Schlechterstellung des Gläubigerrechts durch den Plan, Wahrung des Grundsatzes der Gläubigergleichbehandlung) kann das Gericht jedoch die Zustimmung einzelner Gläubiger ersetzen (§ 309 InsO).[83] 44

Dritter Schritt: Scheitert die Schuldenbereinigung, wird als dritter Schritt das Verbraucherinsolvenzverfahren als sog. **vereinfachtes Insolvenzverfahren** fortgeführt. Neben den Sonderbestimmungen der §§ 311 bis 314 InsO, die eine Beschleunigung und Kostenreduzierung bezwecken, gelten die Vorschriften des allgemeinen Insolvenzverfahrens. Unanwendbar sind die Vorschriften über den Insolvenzplan und die Eigenverwaltung. Das Insolvenzgericht prüft nun das Vorliegen eines Eröffnungsgrundes sowie das Vorhandensein einer kostendeckenden Masse. Ob für dieses Verfahren **Prozeßkostenhilfe** zu gewähren ist, ist derzeit noch völlig umstritten. In der bis August 1999 veröffentlichten Rechtsprechung spricht sich die überwiegende Anzahl gegen die Prozeßkostenhilfe – jedenfalls bei einem sog. Nullplan – aus.[84] Reicht das Vermögen für die Verfahrenseröffnung aus bzw. wird Prozeßkostenhilfe gewährt, wird ein **Treuhänder bestellt**, dessen Befugnisse gegenüber denjenigen eines Insolvenzverwalters eingeschränkt sind.[85] Die Insolvenzanfechtung wird einzelnen Insolvenzgläubigern – als gesetzliche Prozeßstandschafter – überlassen; absonderungsberechtigten Gläubigern wird die Eigenverwertung 45

---

[77] Vgl. *Schmidt-Räntsch* (in Kölner Schrift) Rn. 62.

[78] So *Häsemeyer* Rn. 29.30.

[79] Vgl. *Häsemeyer* Rn. 29.30.

[80] H. M., etwa *Häsemeyer* Rn. 29.31.

[81] Statt vieler *Kirchhof* ZInsO 1998, 54 (56); *Kübler/Prütting/Wenzel* § 305 Rn. 15f.

[82] Näher *Kirchhof* ZInsO 1998, 54 (56); *Schmidt-Räntsch* (in Kölner Schrift) Rn. 75ff.

[83] Hierzu näher *Kirchhof* ZInsO 1998, 54 (58f.).

[84] Verneinend AG Köln, ZIP 1999, 147; AG Bremen ZInsO 1999, 543; LG Dortmund ZInsO 1999, 230; LG Homburg DZWiR 1999, 344; LG München ZiP 1999, 1316; *Busch/Graf-Schlicker*, InVo 1998 269ff.; *Schmidt-Räntsch* (in Kölner Schrift) Rn. 101ff.; ferner *Uhlenbruck* NZI 1998, 1 (3) – bejahend AG München NZI 1999, 31ff.; AG Wolfratshausen InVo 1999, 242; AG Neuwied ZInsO 1999, 543; *Funke*, ZIP 1998, 1708ff.; *Hoffmann* S. 108f.; zur anhängigen Verfassungsbeschwerde siehe näher *Henning* ZInsO 1999, 399 sowie Vorlagebeschluß des AG Duisburg ZiP 1999, 1399.

[85] Näher *Hoffmann* S. 112ff.

erlaubt (§ 313 InsO).[86] Verwertung und Verteilung können insgesamt vereinfacht werden: Auf Antrag des Treuhänders kann das Gericht anordnen, daß die Insolvenzmasse nicht verwertet wird, sondern der Schuldner einen ihrem Wert entsprechenden Betrag an den Treuhänder zwecks Verteilung an die Gläubiger zu zahlen hat. Bei unpünktlicher Zahlung versperrt diese Anordnung allerdings den Weg der Restschuldbefreiung (§ 314 Abs. 3 InsO).

46 **Ziel** des Verbraucherinsolvenzverfahrens ist letztlich die Erlangung der **Restschuldbefreiung** (näher hierzu Rdnr. 51 ff.).[87] Die Durchführung eines Verbraucherinsolvenzverfahrens eröffnet grundsätzlich den Weg zur Restschuldbefreiung. Nach Verteilung des Vermögens wird ein Schlußtermin abgehalten, in dem der Treuhänder sowie die Insolvenzgläubiger zum Antrag des Schuldners auf Restschuldbefreiung gehört werden. Liegen keine Versagungsgründe vor, entscheidet das Insolvenzgericht über den Antrag durch Beschluß (§ 291 Abs. 1 InsO). Erst mit Rechtskraft dieses Beschlusses wird das Insolvenzverfahren aufgehoben.[88] Der Beschluß lautet, daß der Schuldner Restschuldbefreiung erlangt, wenn er den in § 295 InsO genannten Obliegenheiten während der Laufzeit der Abtretungserklärungen nachkommt und die Voraussetzungen einer Versagung nach den §§ 297, 298 InsO nicht vorliegen (hierzu Rn. 51ff.). Im gleichen Beschluß wird erneut ein Treuhänder bestimmt, auf den die pfändbaren Bezüge des Schuldners übergehen (§ 291 Abs. 2 InsO). Selbstverständlich kann auch der im Verbraucherinsolvenzverfahren tätige Treuhänder hierzu bestellt werden.[89]

47 **Vierter Schritt:** Danach „entläßt" das Gericht den Schuldner in die Wohlverhaltensperiode.[90] Bei pünktlicher Zahlung, d. h. nach erfolgreichem Ablauf der siebenjährigen Wohlverhaltensperiode, entscheidet das Insolvenzgericht nach Anhörung des Schuldners, des Treuhänders sowie der Insolvenzgläubiger über den Antrag des Schuldners auf Restschuldbefreiung (§ 300 Abs. 1 InsO). Wird kein Antrag auf Versagung der Restschuldbefreiung gestellt, wobei Versagungsgründe nach Ablauf der Wohlverhaltensperiode dieselben sind wie während dieser Zeit,[91] erteilt das Insolvenzgericht die Restschuldbefreiung durch Beschluß (§ 300 Abs. 1 und 3 InsO).

5. Exkurs: Die Eigenverwaltung

48 Neu geschaffen in der InsO wurde das Rechtsinstitut der **Eigenverwaltung** durch den Schuldner (§§ 270 bis 285 InsO). Sie kann vom Gericht auf Antrag des Schuldners angeordnet werden. Bei der Eigenverwaltung behält der **Schuldner die Verwaltungs- und Verfügungsbefugnis über sein Vermögen** (§ 270 Abs. 1 S. 1 InsO). Er untersteht lediglich der Aufsicht eines **Sachwalters**, der die wirtschaftliche Lage des Schuldners, dessen Geschäftsführung sowie die Ausgaben für die Lebensführung zu überprüfen hat. Die Möglichkeit der Eigenverwaltung hat der Gesetzgeber deshalb eingeführt, weil es in bestimmten Fällen günstiger sein kann, dem Schuldner die Verfügungsbefugnis zu belassen, etwa weil seine Kenntnisse und Erfahrungen für das Unternehmen unentbehrlich sind.[92] Zudem soll es dem Schuldner einen Anreiz bieten, den Insolvenzantrag möglichst frühzeitig zu stellen, um damit auch nach der Eröffnung des Insolvenzverfahrens nicht aus der Geschäftsführung verdrängt zu werden.[93] Schließlich soll die Eigenverwaltung auch zur Kostensenkung beitragen.[94]

---

[86] Kritisch *Häsemeyer* Rn. 29.53.
[87] Statt vieler AG München NZI 1999, 31 (32); *Vallender* InVo 1998, 169.
[88] Vgl. *Vallender*, InVo 1998, 169 (176).
[89] Vgl. *Hoffmann* S. 138.
[90] So treffend *Vallender*, InVo 1998, 169 (176).
[91] Vgl. *Hoffmann* S. 140.
[92] Vgl. *Bork* Rn. 399; *Hintzen* ZInsO 1998, 15 (16).
[93] Vgl. *Hintzen* ZInsO 1998, 15 (16).
[94] Vgl. *Häsemeyer* Rn. 8.01f.

Die Möglichkeit der Eigenverwaltung birgt allerdings viele **Risiken.**[95] Zu Recht wird darauf hingewiesen, daß die Eigenverwaltung der Ausnahmefall zu bleiben hat.[96] Denn damit würde „der Bock zum Gärtner gemacht",[97] „der Schuldner zu seinem eigenen Gerichtsvollzieher bestellt".[98] So sind nachvollziehbare Gründe kaum denkbar, demjenigen, der sein Unternehmen nicht aus eigener Kraft hat retten können, die Sanierung oder erfolgreiche Gläubigerbefriedigung anzuvertrauen.[99] Zahlreiche Richter haben daher bereits im Vorfeld der Reform signalisiert, daß sie die Eigenverwaltung nur unter äußerster Zurückhaltung zulassen werden. Erste Erfahrungen nach Inkrafttreten haben diese Zurückhaltung bestätigt. Eigenverwaltungen sind bis Redaktionsschluß (September 1999) nicht beobachtet worden. Die Eigenverwaltung könnte bei der Lösung von Unternehmenskrisen nur dann sinnvoll sein, wenn die Zuverlässigkeit der Unternehmensleitung feststeht, wie etwa bei einem neu bestellten Geschäftsführer.[100] 49

Daß die Eigenverwaltung auch vom Gesetzgeber als besonderer Ausnahmefall gesehen worden ist, zeigen die gesetzlichen Voraussetzungen deutlich. Die Eigenverwaltung gibt es nur im eröffneten Verfahren; im Eröffnungsverfahren ist sie nicht vorgesehen. Die Anordnung der Eigenverwaltung setzt einen Antrag des Schuldners sowie die Zustimmung des Gläubigers voraus, falls ein solcher den Eröffnungsantrag gestellt hat. Insbesondere muß zu erwarten sein, daß die Anordnung keine Verzögerung des Verfahrens oder sonstige Nachteile für den Gläubiger zur Folge hat (§ 270 Abs. 2 InsO). Bei Anordnung der Eigenverwaltung ist der Schuldner grundsätzlich für die Durchführung des Verfahrens zuständig. Daraus folgt, daß er das Vermögensverzeichnis zu erstellen und in der Gläubigerversammlung Bericht zu erstatten hat; er entscheidet über die Fortsetzung beiderseits nicht voll erfüllter Vertragsverhältnisse und die Aufnahme von Prozessen.[101] Demgegenüber ist der Sachwalter für die Insolvenzanfechtung zuständig. 50

6. Exkurs: Restschuldbefreiung

Mit den §§ 286 bis 303 InsO ist erstmals im deutschen Recht die Möglichkeit gegeben, daß eine verschuldete **natürliche Person** ihre finanziell aussichtslose Lage durch eine Restschuldbefreiung beenden kann. Einem **redlichen Schuldner** soll – notfalls auch gegen den Willen seiner Gläubiger – die Gelegenheit gegeben werden, seine Überschuldung endgültig zu bereinigen.[102] Die Einführung der Restschuldbefreiung ist eine der grundlegenden Neuerungen der Insolvenzrechtsreform. Mit ihr soll auf die weitere soziale Existenz des Schuldners Rücksicht genommen werden. Denn dem Grundgedanken eines sozialen Rechtsstaates widerspricht es, den Schuldner, dessen gesamtes Vermögen im Insolvenzverfahren zugunsten seiner Gläubiger verwertet worden ist, auf Dauer daran zu hindern, sich wirtschaftlich zu erholen und eine neue Existenz aufzubauen.[103] 51

Die §§ 286ff. InsO beinhalten ein komplexes Regelungswerk für die Restschuldbefreiung. Für die Erreichung des Zieles der Restschuldbefreiung eröffnet die InsO **drei unterschiedliche Wege**, nämlich 52

---

[95] Vgl. die Nachweise bei *Uhlenbruck* NZI 1998, 1 (7) in Fußn. 63.

[96] So AG Darmstadt ZIP 1999, 1494; *Bork* Rn. 401; *Häsemeyer* Rn. 8.02; *Haarmeyer/Wutzke/Förster* S. 694; *Hintzen* ZInsO 1998, 15 (16).

[97] So trefflich *Bork* Rn. 401.

[98] So *Grub/Rinn* ZIP 1993, 1583 (1587).

[99] Vgl. *Bork* Rn. 401.

[100] So *Uhlenbruck* NZI 1998, 1 (7); ähnlich *Braun/Uhlenbruck* S. 691 („Sturm im Wasserglas").

[101] Eingehend *Häsemeyer* Rn. 8.15ff.

[102] Vgl. *Kübler/Prütting/Wenzel* § 286 Rn. 1.

[103] Eingehend zu den Gründen der Reformbedürftigkeit: *Schmidt-Räntsch* Rn. 4ff; ferner *Kübler/Prütting/Wenzel* § 286 Rn. 1.

– **durch Vereinbarung eines Insolvenzplans**
– **im Rahmen des allgemeinen Insolvenzverfahrens**
– **sowie nach einem vereinfachten Insolvenzverfahren.**[104]

Die Restschuldbefreiung kommt somit nicht nur dem „Verbraucher" oder dem Kleingewerbetreibenden zugute, sondern **jeder natürlichen Person**, gleichgültig in welchem geschäftlichen Umfang sie tätig ist. Bei juristischen Personen bedarf es dagegen der Restschuldbefreiung nicht, weil diese nach Ende eines Insolvenzverfahrens entweder in den Genuß der Restschuldbefreiung aufgrund Insolvenzplanes kommen oder aber weil sie ohne Plan infolge Insolvenzeröffnung liquidiert werden (vgl. z. B. § 60 Abs. 1 Nr. 4 GmbHG).

53 Damit können die Restschuldbefreiung auch **Einzelunternehmer**, **Gesellschafter-Geschäftsführer**, **„Vollkaufleute"** und **Selbständige** in Anspruch nehmen. **Unabdingbare Voraussetzung** für die Restschuldbefreiung dieser Personen ist aber, daß über ihr Vermögen ein „allgemeines" **Insolvenzverfahren durchgeführt** worden ist.[105]

54 **Verbraucher** und sonstige Kleingewerbetreibende müssen demgegenüber zunächst das Verbraucherinsolvenzverfahren der §§ 304 bis 314 InsO durchlaufen, was voraussetzt, daß die Bemühungen um den Abschluß eines Schuldenbereinigungsplans außergerichtlich und gerichtlich erfolglos geblieben sind.

55 Des weiteren setzt die Restschuldbefreiung einen Antrag des Schuldners voraus (§ 286 Abs. 1 InsO), der zugleich mit dem Antrag auf Eröffnung des Insolvenzverfahrens zu stellen ist (§ 305 Abs. 1 Nr. 2 InsO). Andere Personen müssen die Restschuldbefreiung spätestens zum Berichtstermin beantragen (§ 287 Abs. 1 S. 2).

56 Der Schuldner muß zudem die Erklärung beifügen, daß er seine künftigen Ansprüche auf jede Art von Arbeitsentgelt bzw. vergleichbare Bezüge, soweit sie pfändbar sind, für die Dauer von sieben Jahren (sog. Wohlverhaltensperiode) nach Aufhebung des Insolvenzverfahrens an einen vom Gericht zu bestellenden Treuhänder abtritt (§ 287 Abs. 2 S. 1 InsO). Eine Mindestquote wird nach der InsO nicht verlangt.[106]

57 Nach § 290 Abs. 1 Nr. 1 bis 6 InsO ist die Restschuldbefreiung unter bestimmten Voraussetzungen zu versagen. Stets ist ein hierauf gerichteter Antrag eines Insolvenzgläubigers erforderlich (§ 290 Abs. 1 InsO). Eine amtswegige Prüfung findet nicht statt.[107] Die **Versagungsgründe** lassen sich in dem Sinne zusammenfassen, daß nur ein redlicher Schuldner Restschuldbefreiung erlangen kann. Unredlich ist beispielsweise der Schuldner, der wegen eines Insolvenzdeliktes rechtskräftig verurteilt worden ist (§ 290 Abs. 1 Nr. 1 InsO). Entgegen dem Regierungsentwurf genügt nicht die bloße Anhängigkeit eines Strafverfahrens. Andererseits kann es dem Schuldner durch Verzögerungen des Strafverfahrens nicht gelingen, diesem Versagungsgrund aus dem Weg zu gehen, da die rechtskräftige Verurteilung auch noch zu einem späteren Zeitpunkt geltend gemacht werden kann (§ 297 InsO). Ein zweiter Versagungsgrund liegt etwa vor, wenn der Schuldner einen Kreditbetrug oder einen Betrug zu Lasten der öffentlichen Hand begangen hat (§ 290 Abs. 1 Nr. 2 InsO). Liegt ein Versagungsgrund vor, versagt das Gericht die Restschuldbefreiung durch Beschluß.

58 Liegen keine Versagungsgründe vor, kündigt das Gericht durch Beschluß an, daß der Schuldner Restschuldbefreiung erlangen wird, wenn er während der **siebenjährigen Wohlverhaltensperiode** bestimmte Obliegenheiten erfüllt und Versagungsgründe während dieser Zeit nicht auftreten (§ 291 InsO). Im Beschluß wird zugleich ein Treuhänder bestellt, auf den die abgetretenen pfändbaren Bezüge des Schuldners übergehen. Mit Rechtskraft dieses Beschlusses wird das Insolvenzverfahren aufgehoben. Während der Wohlverhaltensperiode hat sich der Schuldner nach Kräften zu bemühen, seine Gläubiger

---

[104] Kritisch zur Unübersichtlichkeit der Regelung *Uhlenbruck*, NZI 1998, 1 (2).
[105] Vgl. *Hess/Kranemann/Pink* Teil 2 Rn. 377; *Schmidt-Räntsch* (in Kölner Schrift) Rn. 8.
[106] Vgl. *Bork* Rn. 389; *Kübler/Prütting/Wenzel* § 286 Rn. 76ff.
[107] Statt vieler *Hoffmann* S. 124.

soweit als möglich zu befriedigen. Insbesondere muß er eine angemessene Erwerbstätigkeit ausüben bzw. sich um eine solche bemühen (§ 295 InsO). Ab dem fünften Wohlverhaltensjahr werden dem Schuldner aus seinen an den Treuhänder abgetretenen Forderungen bestimmte Prozentanteile zurückgeführt; sog. „steigender Selbstbehalt".[108] Dies soll die Motivation des Schuldners zum „Durchhalten der sieben mageren Jahre" steigern. Bei Obliegenheitenverletzungen des Schuldners während der siebenjährigen Phase kann jeder Gläubiger die Versagung der Restschuldbefreiung beantragen. Kommt es zu keinem vorzeitigen Abbruch der siebenjährigen Wohlverhaltensperiode, entscheidet das Insolvenzgericht über die Restschuldbefreiung (§ 300 InsO). Sie bewirkt, daß die Insolvenzgläubiger ihre Forderungen nicht mehr durchsetzen können (§ 300 Abs. 3 InsO). Gleiches gilt für die Gläubiger, die ihre Forderungen nicht angemeldet haben. Der Schuldner wird damit von den restlichen Verbindlichkeiten gegenüber allen (Alt-)Gläubigern befreit.[109]

Ein besonderes Problem ergibt sich, wenn das allgemeine bzw. vereinfachte Insolvenz- 59
verfahren **mangels Masse** eingestellt worden ist. Denn die Voraussetzung, daß ein Insolvenzverfahren eröffnet worden ist, liegt in diesem Fall gerade nicht vor. Zu dem Problem, ob Restschuldbefreiung auch bei völliger Masselosigkeit mit einem sog. „**Null-Plan**" möglich ist, hat sich der Gesetzgeber nicht geäußert.[110] Im Zusammenhang damit steht die Frage, ob Prozeßkostenhilfe für das (vereinfachte) Insolvenzverfahren zu gewähren ist.[111] Rechtsprechung und Literatur stehen dem überwiegend ablehnend gegenüber, mit der Konsequenz, daß ein Null-Plan als Grundlage für eine Restschuldbefreiung ausgeschlossen ist.[112]

IV. Insolvenzrecht und Strafrecht

1. Insolvenzstrafrecht im Spiegel der Statistik

a) Umfang der Wirtschaftskriminalität

Die Ursachen von Insolvenzen sind vielfältig und häufig miteinander verknüpft. Zumeist 60
werden in den empirischen Untersuchungen mangelnde Eigenkapitalausstattung, Managementfehler, mangelnde kaufmännische Kenntnisse sowie Personalkostensteigerungen als zentrale Faktoren angeführt.[113] Bei 75% der zusammengebrochenen mittelständischen Unternehmen liegen die primären Insolvenzursachen im Bereich der Unternehmensführung.[114]

Die Wirtschaftskriminalität hat im Zusammenhang mit der beginnenden Krise des 61
Unternehmens einen erheblichen Umfang angenommen. Jeder Insolvenzpraktiker weiß: Es gibt kaum ein Konkursverfahren, das nicht von strafrechtlich relevantem Verhalten begleitet wird. Erfahrungsgemäß wächst die Kriminalitätsanfälligkeit zugleich mit der Nähe zur Insolvenz proportional. Welchen genauen Umfang die Wirtschaftskriminalität hat, vermag allerdings von niemandem genau beziffert zu werden. Denn gerade weil die Aufklärung von Insolvenzstraftaten zu einer der schwierigsten und zeitraubendsten Aufgaben der Strafverfolgungsbehörden gehört, sind die Schätzungen über Dunkelziffern weit gestreut: Grub/Rinn gehen davon aus, daß bei 50% bis 80% aller Konkurse der Tatverdacht von kriminellen Handlungen besteht.[115] Müller/Wabnitz/Janovsky meinen so-

[108] Hierzu näher *Schmidt-Räntsch* (in Kölner Schrift) Rn. 24.

[109] Zu den Wirkungen näher *Vallender*, InVo 1998, 169 (179).

[110] Vgl. hierzu *Vallender*, InVo 1998, 169, 170.; ferner LG Essen DZWiR 1999, 348.

[111] Eingehend hierzu *Busch/Graf-Schlicker*, InVo 1998, 269ff.; weitere Nachweise oben Rn. 48.

[112] So *Busch/Graf-Schlicker*, InVo 1998, 269ff.; *Schmidt-Räntsch* (in Kölner Schrift) Rn. 9 und Rn. 101ff.; *Thomas* S. 1207ff. Rn. 4ff.

[113] Vgl. *Grub/Rinn* ZIP 1993, 1583 (1584).

[114] Hierzu eingehend LK/*Tiedemann* vor § 283 Rn. 13ff.

[115] Vgl. *Grub/Rinn* ZIP 1993, 1583ff.

gar, daß bei 80% bis 90% aller Firmenzusammenbrüche Wirtschaftsstraftaten verübt werden.[116]

b) Typisches Kriminalitätsfeld: Die GmbH

62 Einschlägige Untersuchungen haben ergeben, daß die Konkurskriminalität heutzutage ihren Schwerpunkt nicht mehr im Tätigkeitsbereich des Einzelkaufmanns, sondern der juristischen Person und dabei speziell der GmbH hat.[117] Dies vermag kaum zu erstaunen, da sich der „Prototyp" des früheren Gemeinschuldners geändert hat: Regelschuldner ist heute vor allem die GmbH.[118] Gerade die Rechtsform der GmbH erweist sich nicht nur als besonders insolvenzanfällig, sondern auch in erheblichem Maße als kriminalitätsanfällig.[119] So betreffen $^1/_3$ aller bekanntgewordenen Fälle der Wirtschaftskriminalität die GmbH. Wegen des Verdachts von Insolvenzstraftaten im weiteren Sinne werden jährlich über **4000 Strafverfahren** gegen Geschäftsführer von GmbHs eingeleitet.[120] Da beim Konkurs von Einzelunternehmen die Verhältnisse regelmäßig überschaubarer sind, zumeist auch keine handelsrechtliche Buchführungspflicht besteht und die Konkursverschleppung nicht strafbewehrt ist, stehen zwangsläufig Konkurse von Unternehmen in der Rechtsform der GmbH im praktischen Vordergrund der strafrechtlichen Problematik.[121]

63 Allerdings muß gerade im Fall der GmbH berücksichtigt werden, daß es mit Beginn der Unternehmenskrise zu typischen – für den Gesellschafter-Geschäftsführer kaum lösbaren – Konfliktsituationen kommt. Einerseits gehört es zu seinen originären Pflichten als Geschäftsführer, um den Erhalt seines Unternehmens zu kämpfen und Sanierungschancen auszuloten. Andererseits steht selbst der korrekteste Geschäftsführer einer GmbH vor dem **Dilemma**, die Drei-Wochen-Frist des § 64 Abs. 1 GmbHG einhalten zu müssen.

64 Die erste Stufe zum Strafrecht ist erreicht, wenn die verantwortlichen Organe nach außen hin den Geschäftsbetrieb aufrechterhalten, aufgrund der Kenntnis der Unternehmensentwicklung jedoch bereits bedenken (müssen), daß Neubestellungen, Auftragsvergaben etc. nicht mehr bezahlt werden können, etwa weil die Kredit- oder Sanierungsgespräche noch nicht abgeschlossen sind. Die nächste Stufe der Eskalation besteht darin, daß in einer für das Unternehmen bereits verzweifelten Situation dennoch Aufträge entgegengenommen und Bestellungen getätigt werden, während in Krisengesprächen, außerordentlichen Gesellschafterversammlungen u.ä. letzte Rettungsversuche unternommen werden. Die Endstufe der Eskalation ist erreicht, wenn nach endgültig erkannter Insolvenzreife auf Kosten der Gläubiger immer noch Geschäfte gemacht werden, einzelne Gläubiger bevorzugt werden oder Vermögen beiseite gebracht wird.

Demgegenüber besteht durch sachgerechte Beratung eine Reihe von Möglichkeiten, das strafrechtliche Risiko des Unternehmers in der Phase der Krise zu mindern. Daß das vielfach nicht geschieht, liegt auch daran, daß in der Unternehmenskrise vorrangig der wirtschaftliche Berater tätig ist, der häufig das Strafrecht nicht im Auge behält. Für die beteiligten Insolvenzverwalter, Insolvenzrichter und Staatsanwälte jedenfalls dürften die letzten beiden Eskalationsstufen mit dem herkömmlichen juristischen Instrumentarium (wenn man einmal von den Schwierigkeiten des „Durchermittelns" absieht) leichter zu bewältigen sein. Schwierigkeiten bereiten stets die ersten Stufen der Eskalation.

---

[116] So *Müller/Wabnitz/Janowsky* S. 143.

[117] Vgl. *Moosmayer* S. 62 m. w. N.

[118] *Uhlenbruck* NZI 1998, 1.

[119] Vgl. *Tiedemann*, JZ 1980, 206f.; *Braun/Uhlenbruck* S. 2; J. Uhlenbruck (in Kölner Schrift) Rn. 2.

[120] *Grub/Rinn* ZIP 1993, 1584 (1586).

[121] Vgl. LK/*Tiedemann* vor § 283 Rn. 23.

2. Auswirkungen der Insolvenzrechtsreform auf das Strafrecht

a) Verzicht auf ein neues Insolvenzstrafrecht

Die Insolvenzrechtsreform hat das Insolvenzstrafrecht eher stiefmütterlich behandelt.[122] 65
Während etwa der französische Reformgesetzgeber zugleich mit einer Insolvenzrechtsreform eine Entkriminalisierung der Insolvenzstraftaten in Angriff nahm, hat der deutsche Gesetzgeber bemerkenswerte Zurückhaltung geübt.[123] Zur Rolle des Insolvenzstrafrechts unter Geltung der neuen InsO finden sich in der Begründung zu Art. 58 des Regierungsentwurfs lediglich einige spärliche Hinweise.[124] Die Begründung lautet im wesentlichen:

„Die Vorschriften des Strafgesetzbuches über die Konkursstraftaten werden darin angepaßt, daß 66
an die Stelle von Konkurs- und Vergleichsverfahren das einheitliche Insolvenzverfahren tritt. Weiter ist zu beachten, daß der Begriff der drohenden Zahlungsunfähigkeit, den das Konkursstrafrecht schon bisher verwendet, in Zukunft durch die neue Definition des . . . (jetzt: § 18 Abs. 2 InsO) konkretisiert wird. Im übrigen erscheinen Änderungen des StGB von den Zielen der Insolvenzrechtsreform her nicht erforderlich. In der Praxis wird sich die Reform dahin auswirken, daß die Erleichterung der Eröffnung des Insolvenzverfahrens auch zu einer Erleichterung der Aufklärung der Insolvenzstraftaten führen wird."

Aus dieser Begründung ergibt sich unmißverständlich, daß dem Gesetzgeber schon 67
wegen der **Gleichheit der Schutzrichtung**, nämlich das Interesse der Gläubiger an einer geordneten und bestmöglichen Befriedigung ihrer geldwerten Ansprüche, aus strafrechtlicher Sicht materielle Änderungen der das Konkursverfahren betreffenden Strafvorschriften durch die gesetzliche Neuordnung des Insolvenzrechts nicht indiziert schienen. Denn Zweck der Konkursstrafvorschriften (§§ 283 bis 283d StGB) sowie der strafbewehrten Konkursantragspflichten (z. B. § 64 GmbHG) ist derselbe Rechtsgüterschutz, nämlich ein Verfahren zu gewährleisten, das die gleichmäßige Gesamtvollstreckung zugunsten aller Gläubiger des Schuldners zum Ziel hat.[125] Die Sanierungsoption der InsO ändert daran nichts. Vielmehr stellt § 1 InsO klar, daß die Unternehmenssanierung lediglich eine Variante der Gläubigerbefriedigung ist. Aus Sicht des Gesetzgebers bestand daher keine Notwendigkeit, neben dem neuen Insolvenzrecht ein neues Insolvenzstrafrecht zu schaffen. Als notwendig erwiesen sich damit lediglich redaktionelle Änderungen, welche das Wort **Konkurs** durch die **neue Terminologie Insolvenz** ersetzten. So wurde durch Art. 60 EGInsO (BGBl. 1994 I S. 2911, 2940) die Überschrift vor den §§ 283 bis 283d StGB in „Insolvenzstraftaten" umbenannt und die Straftatbestände in ihrem Wortlaut auf das Insolvenzverfahren nach neuem Recht angepaßt (näher hierzu unten Rn. 152f.). Daß die gesetzgeberischen Vorstellungen aber nicht uneingeschränkt richtig sind, wird im Rahmen der Darstellung der Insolvenzauslöser noch genauer zu überprüfen sein.

b) Mittelbare Auswirkungen

Soweit das **materielle Strafrecht** allerdings an insolvenzrechtliche Bestimmungen, wie 68
Zahlungsunfähigkeit, **Abweisung mangels Masse** etc. **anknüpft**, zeigt das neue Insolvenzrecht mittelbare Auswirkungen auch auf das Insolvenzstrafrecht. Denn regelungstechnisch basieren die Insolvenzstraftatbestände ganz wesentlich auf insolvenzrechtlichen Vorgaben bzw. insolvenzrechtlich geprägten Rechtsbegriffen.[126] Durch die Vereinfachung und Klarstellung bestimmter Rechtsbegriffe (Stichwort Zahlungsunfähigkeit) durch die neue Insolvenzordnung können sich daher auch neue Ansätze für das Strafrecht ergeben. Im einzelnen muß allerdings gefragt werden, ob trotz der Parallelität des Rechtsgüter-

122 So *Uhlenbruck* wistra 1996, 1 (2).
123 Vgl. auch LK/*Tiedemann* vor § 283 Rn. 10 a. E.
124 Wörtlich abgedruckt bei *Uhlenbruck* wistra 1996, 1 (2) und (3).
125 Zum Rechtsgüterschutz des Insolvenzstrafrechts näher LK/*Tiedemann* vor § 283 Rn. 45ff.
126 Vgl. *Moosmayer* S. 2.

schutzes eine autonome Auslegung der im Wortlaut identischen tatbestandlichen Grundbegriffe im jeweiligen Rechtsgebiet zu erfolgen hat.

69 Zugleich ergeben sich aber auch weitere Zweifelsfragen. Während die KO Unternehmens- und Privatkonkurse rechtlich weitgehend gleichbehandelt hat, sieht die InsO ein besonderes **Verbraucherinsolvenzverfahren** vor. Damit stellt sich zwangsläufig die Frage, ob man die Zweispurigkeit von Unternehmensinsolvenz und Verbraucherinsolvenz auch im Insolvenzstrafrecht wiederfinden muß. Die Aufnahme eines eigenständigen Verbraucherinsolvenzverfahrens beruhte auf der Erkenntnis, daß die Zahlungsunfähigkeit eines Verbrauchers nicht mit demselben Instrumentarium bewältigt werden kann, das für die Insolvenzabwicklung von Unternehmen vorgesehen ist.[127] So war die Privatinsolvenz unter Geltung der alten KO faktisch in den Anwendungsbereich der Einzelzwangsvollstreckung verwiesen. Dies hatte zwangsläufig erhebliche Folgen für das strafrechtliche Fehlverhalten von Verbrauchern, die sich gravierend verschuldet hatten. Denn mangels durchgeführter oder abgelehnter Konkursverfahren fiel das Konkursstrafrecht als Sanktionsapparat regelmäßig aus, mit der Folge, daß allein § 288 StGB (Vereitelung der Zwangsvollstreckung) Anwendung finden konnte.[128]

70 Demgegenüber ist durch die Schaffung eines eigenständigen Verbraucherinsolvenzverfahrens in der InsO der rechtssystematische Weg für die Anwendung der Insolvenzstrafvorschriften (§§ 283ff. StGB) mit dem gegenüber § 288 StGB weitaus schärferen Sanktionsrahmen und der Möglichkeit, auch fahrlässiges Verhalten zu ahnden, wieder frei. Allerdings sind Wertungswidersprüche vorprogrammiert.[129] Erreicht etwa der Schuldner mit seinen Gläubigern eine Einigung im Rahmen eines sog. Schuldenbereinigungsplans, so gilt das ruhende Insolvenzverfahren als nicht eröffnet (§§ 306 Abs. 1, 308 Abs. 2 InsO). Damit kommt es nicht – abgesehen vom Vorliegen einer Zahlungseinstellung – zur objektiven Strafbarkeitsbedingung des § 283 Abs. 6 StGB, der ja die Eröffnung des Insolvenzverfahrens voraussetzt. Demzufolge können etwaige Bankrotthandlungen des Verbrauchers strafrechtlich nicht verfolgt werden. Scheitert dagegen eine Einigung mit den Gläubigern, kommt es zu einem Insolvenzverfahren mit der Folge, daß strafrechtliches Verhalten des Schuldners geahndet werden kann. Schwierigkeiten für die Anwendung der Strafvorschriften auf die Verbraucherinsolvenz ergeben sich zudem aus dem in §§ 283ff. StGB verwendeten Terminus „Anforderungen einer ordnungsgemäßen Wirtschaft“, der als Leitbild eher den unternehmerisch tätigen Schuldner hat.[130]

71 Darüber hinaus ist aber auch zu bedenken, daß die Neuregelungen in der InsO auch neues strafbares Verhalten kreieren können. Anfällig hierfür ist sicherlich das Institut der **Eigenverwaltung** des Schuldners. Denn es ist durchaus realistisch, daß die Beteiligung des Schuldners an seiner eigenen Insolvenzabwicklung die Möglichkeit weiterer Insolvenzstraftaten schafft, da ihm die Eigenverwaltung den unmittelbaren Zugriff auf die Insolvenzmasse gewährt und somit die Gefahr der weiteren Schmälerung der Haftungsmasse birgt.[131] Die **Mißbrauchsgefahr** dieses Instituts ist keinesfalls zu unterschätzen. Schon im Hinblick darauf sollte die Eigenverwaltung nicht als Regelfall des neuen Insolvenzrechts praktiziert werden.[132]

72 Hinsichtlich der Bedeutung des neuen Insolvenzrechts für das Strafrecht ist schließlich zu berücksichtigen, daß das Bankrottstrafrecht bislang vorwiegend auf den wirtschaftlichen Zusammenbruch des Schuldners ausgerichtet war. Da der Aufnahme von Sanierungsoptionen im neuen Insolvenzrecht zentrale Bedeutung zukommt, muß auch die Krisenbewältigung künftig verstärkt beachtet werden.

---

[127] Vgl. *Moosmayer* S. 50f.
[128] Hierzu *Moosmayer* S. 60.
[129] Eingehend *Moosmayer* S. 64f.
[130] Eingehend *Moosmayer* S. 70ff.
[131] Vgl. LK/*Tiedemann* vor § 283 Rn. 10.
[132] *Grub/Rinn* ZIP 1993, 1583ff.

Im übrigen bleibt abzuwarten, ob etwa das neue Insolvenzplanverfahren durch seine weitgehende Freiheit in der Verfahrensgestaltung neue und noch unbekannte kriminelle Energien des Schuldners bzw. der Gläubiger freisetzt und insoweit neues typisiertes strafbares Verhalten entsteht. So erscheint es denkbar, daß der Schuldner durch die Möglichkeit der Vorlage eines von ihm ausgearbeiteten Insolvenzplans versuchen könnte, eine Strategie zu Lasten der Gläubiger durchzusetzen, um diese – getäuscht durch die Ingangsetzung eines Insolvenzverfahrens – zu Zugeständnissen zu bewegen.[133]

3. Objektive Strafbarkeitsbedingung des § 283 Abs. 6 StGB

Durch die Insolvenzrechtsreform sind die bislang getrennten Konkurs- und Vergleichsverfahren zu einem **einheitlichen Insolvenzverfahren** zusammengeführt worden. Das Vergleichsverfahren war nach der Formulierung des § 283 Abs. 6 StGB nicht als „Auslöser" der Konkursstraftaten erfaßt. Objektive Strafbarkeitsbedingung im Sinne des § 283 Abs. 6 StGB waren neben der Zahlungseinstellung allein die Eröffnung des Konkursverfahrens sowie die Abweisung mangels Masse. Die objektive Strafbarkeitsbedingung bedeutet, daß vor diesem Zeitpunkt kein Strafverfahren wegen einer Konkursstraftat eingeleitet werden kann. Folglich konnten Bankrotthandlungen allenfalls über die dritte Variante, die Zahlungseinstellung, im Zusammenhang mit einem Vergleichsverfahren geahndet werden. 73

Da Auslöser der Bankrottstraftaten auch nach dem neuen Recht die Eröffnung des Insolvenzverfahrens ist, dieses aber das Vergleichsverfahren in inhaltlich modifizierter Form mitumfaßt, stellt sich zwangsläufig die Frage, ob der Anwendungsbereich der Insolvenzstraftaten insoweit eine Verschärfung erfahren hat.[134] Denn die Wahrnehmung von Sanierungschancen eines insolventen Unternehmens unter Einbeziehung der Gläubiger findet nunmehr integriert im einheitlichen Insolvenzverfahren in Form des **Insolvenzplanverfahrens** statt. 74

Kommt das „einheitliche" Verfahren zur Eröffnung, stünde demnach die objektive Strafbarkeitsbedingung des § 283 Abs. 6 StGB fest. Folge wäre, daß es zu einer Strafverfolgung kommt, obwohl noch offen ist, ob das Unternehmen gesunden wird oder nicht.[135] Zudem ergeben sich wichtige, weitere praktische Konsequenzen für die Arbeit der Ermittlungsbehörden. Denn nach altem Recht fand eine amtswegige Mitteilung der Eröffnung des Vergleichsverfahrens nicht statt, so daß das Vergleichsverfahren ebenso wie die freie Sanierung keinen unmittelbaren Anlaß für Vorermittlungen gab.[136] Die tatsächliche Zurückhaltung muß man wohl auch vor dem Hintergrund sehen, daß der Sanierungsprozeß eines krisenbefangenen Schuldners durch strafrechtliche Ermittlungen nicht gefährdet werden sollte.[137] 75

Geht man von diesem Faktum aus, so ist es mehr als fraglich, ob es bei der Fortführung eines Schuldnerunternehmens im Rahmen eines entsprechenden Insolvenzplans für die Ermittlungsbehörden allein auf die formelle Voraussetzung der Eröffnung des Insolvenzverfahrens ankommen kann. Hier muß berücksichtigt werden, daß das Konkursstrafrecht an den formell bestätigten wirtschaftlichen Zusammenbruch des Schuldners anknüpft. Denn das Eingreifen staatlicher Sanktionen steht und fällt nach dem erklärten Willen des Gesetzgebers mit dem wirtschaftlichen Zusammenbruch. Erst dieser Zeitpunkt soll den Strafverfolgungsbehörden Anlaß zur Untersuchung geben, ob dem Verhalten des Schuldners in der wirtschaftlichen Krise strafrechtliche Relevanz zukommt.[138] Diese Über- 76

---

133 Vgl. auch *Drukarczyk/Schüler* Rn. 49.
134 Eingehend *Uhlenbruck* ZInsO 1998, 250 (251f.); *Reck* ZInsO 1999, 195 (198, 201).
135 Vgl. LK/*Tiedemann* vor § 283 Rn. 10.
136 Vgl. *Moosmayer* S. 174ff.
137 Vgl. *Moosmayer* S. 175.
138 *Moosmayer* S. 183; a. A. LK/*Tiedemann* vor § 283 Rn. 180.

legungen können aber bei der Sanierungsfähigkeit eines Unternehmens kaum gelten. So kann ein Strafbedürfnis schwerlich bejaht werden, wenn zum einen das Insolvenzverfahren vor Eintritt der Illiquidität (drohende Zahlungsunfähigkeit) eröffnet wurde und der Schuldner anschließend im Weg eines Insolvenzplanverfahrens der Sanierung zugeführt wird.[139] Insofern stellt sich die Frage, ob bereits die von den Gläubigern gebilligte Unternehmensfortführung mit rechtskräftiger gerichtlicher Bestätigung des Insolvenzplans oder zumindest bei Eintritt des Erfolges der Gläubigerbefriedigung die Strafbarkeit beseitigt. Deshalb muß überlegt werden, ob die erfolgreiche Unternehmensfortführung nach Eintritt der Strafbarkeitsbedingung unter dem Gesichtspunkt der Überwindung der Krise ähnlich zur Straflosigkeit führt wie nach dem alten Recht die Vermeidung des wirtschaftlichen Zusammenbruchs.[140] Die Vorverlagerung der Strafbarkeit muß daher zumindest teilweise zu einer neuen Inhaltsbestimmung der objektiven Strafbarkeitsbedingung zwingen.[141] Welche Richtung man gehen wird, kann allerdings erst die Zukunft zeigen. Zu weitgehend erscheint allerdings eine „Vorverlagerung" der Inhaltsbestimmung mit dem Hinweis auf das österreichische Recht, das bereits „die fahrlässige Herbeiführung der Sanierungsbedürftigkeit" unter Strafe stellt.[142]

B. Insolvenzrechtliche Grundlagen

77 Die Ermittlung von strafbaren Handlungen in der Krise eines Unternehmens setzt die Kenntnis der Grundbegriffe und des Instrumentariums des Insolvenzrechts voraus, deren Kenntnis zum Instrumentarium jeder erfolgreichen Ermittlungsarbeit gehört. Begriffe wie **Zahlungsunfähigkeit**, **Zahlungseinstellung**, **drohende Zahlungsunfähigkeit**, **Überschuldung**, **Insolvenzeröffnung**, **Abweisung mangels Masse** spielen auch im Insolvenzstrafrecht eine zentrale Rolle. Für die Praxis wird der Zugang zu dieser Materie dadurch erschwert, daß nicht sämtliche Begriffe im Insolvenzrecht und im Insolvenzstrafrecht eine einheitliche Auslegung erfahren. Daher soll das folgende Kapitel einen Überblick zur alten und zur neuen Rechtslage sowie zur Kasuistik der insolvenzrechtlichen und der strafrechtlichen Rechtsprechung geben.

I. Insolvenzauslöser

1. Grundsatz

78 Die Eröffnung eines Insolvenzverfahrens setzt stets einen besonderen Insolvenzgrund, den sog. Eröffnungsgrund, voraus (vgl. § 16 InsO). Denn erst das Vorliegen eines Insolvenzgrundes rechtfertigt die Existenz eines Insolvenzverfahrens als einschneidendste Maßnahme gegen den Schuldner.

Allgemeiner Eröffnungsgrund ist die **Zahlungsunfähigkeit** (vgl. § 17 InsO). Sie gilt für natürliche Personen, für die OHG, die KG, die GmbH sowie für die Gesellschaft bürgerlichen Rechts. Bei juristischen Personen bildet neben der Zahlungsunfähigkeit auch die **Überschuldung** einen weiteren, zusätzlichen Eröffnungsgrund (vgl. § 19 InsO). Die Eröffnungsgründe haben die Funktion, festzulegen, zu welchem Zeitpunkt der Schuldner mit der privatautonomen Steuerung seiner Vermögens- und Haftungsverhältnisse endgültig gescheitert ist.[143] Überschuldung und Zahlungsunfähigkeit können neben-

---

139 Hierzu *Moosmayer* S. 184 (191)ff.; ferner *Uhlenbruck* ZInsO 1998, 250 (51f.).
140 Vgl. LK/*Tiedemann* vor § 283 Rn. 10.
141 Vgl. LK/*Tiedemann* vor § 283 Rn. 88.
142 So LK/*Tiedemann* vor § 283 Rn. 88.
143 Vgl. *Häsemeyer* Rn. 7.16.

einander vorliegen, müssen es aber nicht. Letzteres ist beispielsweise der Fall, wenn eine überschuldete GmbH noch Kredite erhält.

Während die KO die Insolvenzgründe der Zahlungsunfähigkeit und Überschuldung nicht näher definiert hat, sondern deren Ausformung Rechtsprechung und Wissenschaft überlassen hat, finden sich in der InsO zu beiden Tatbeständen Legaldefinitionen. Zudem wurde in der InsO ein weiterer Insolvenzgrund der **drohenden Zahlungsunfähigkeit** geschaffen. Zu beachten ist, daß für Insolvenzanträge, die vor dem 01.01. 1999 gestellt wurden, die bisherigen gesetzlichen Regelungen (KO, VerglO, GesO) anzuwenden sind (Art. 103 EGInsO – BGBl. I 1994 S. 2911). Allerdings werden die ab 1999 geltende Rechtslage sowie die Motive des Gesetzgebers bei der Auslegung der Tatbestände in der Phase der Übergangszeit mit zu berücksichtigen sein, da sie zieladäquate Änderungen der früheren Handhabung darstellen.[144] 79

2. Zahlungsunfähigkeit

a) Begriff

Die Zahlungsunfähigkeit bildet den **allgemeinen** Eröffnungsgrund, d. h. sie kommt bei Schuldnern aller Art in Betracht. Bei natürlichen Personen und Personengesellschaften, wie OHG und KG sowie gemäß § 11 Abs. 2 Nr. 1 InsO der Gesellschaft bürgerlichen Rechts, ist sie alleiniger Eröffnungsgrund für das Insolvenzverfahren (§ 17 Abs. 1 InsO). Denn solange eine natürliche Person infolge des Einsatzes ihres eigenen Vermögens noch das Vertrauen der Gläubiger genießt, darf man trotz Überschuldung noch auf den Grundsatz der Privatautonomie setzen.[145] 80

aa) Rechtslage nach der KO

Unter Geltung der KO wurde die Zahlungsunfähigkeit in Rechtsprechung und Literatur definiert als das *auf dem Mangel an Zahlungsmitteln beruhende, voraussichtlich dauernde Unvermögen des Schuldners, seine fälligen Geldschulden im wesentlichen zu erfüllen.*[146] 81

Die weitgehende Einigkeit über diese Grunddefinition darf allerdings nicht darüber hinwegtäuschen, daß die einzelnen Merkmale heftig umstritten sind, so daß die Anwendung der Definition in der Praxis große Schwierigkeiten bereitet. 82

Wenig Probleme gehen lediglich mit dem Begriff der **Geldschulden** einher. Als solche sind auch Verpflichtungen anzusehen, die erst nachträglich zu Geldschulden geworden sind. Bei der **Fälligkeit** besteht insoweit Einigkeit, daß sie im zivilrechtlichen Sinne vorliegen muß. Darüber hinaus wird jedoch eine „zusätzliche" konkursrechtliche Fälligkeit gefordert. Diese soll vorliegen, wenn die **Gläubiger** auf Zahlung der zivilrechtlich fälligen Forderungen **drängen**, also diese ernsthaft einfordern.[147]

Eine ähnliche Unsicherheit besteht für das Merkmal der **„Dauerhaftigkeit"** der Zahlungsunfähigkeit. Dieses Merkmal soll dazu dienen, eine Abgrenzung zur bloßen Zahlungsstockung zu bewirken. Aus dem Umstand, daß die Zahlungsunfähigkeit nicht nur zu einem bestimmten Stichtag vorliegen muß, sondern „voraussichtlich auf Dauer bestehen muß", folgt die Notwendigkeit der Vornahme einer Zeitraumbetrachtung. Dabei wird das Merkmal der Dauerhaftigkeit sehr unterschiedlich interpretiert: Die Vorschläge reichen von einer Woche,[148] ab 10 Tagen,[149] 6 Wochen[150] bis zu 2 Monaten[151]. Der BGH 83

[144] Vgl. *Haarmeyer/Wutzke/Förster* S. 34.
[145] *Häsemeyer* Rn. 7.16.
[146] Statt vieler BGH NJW 82, 1952 (1954); *Hess* § 102 Rn. 5, jeweils m. w. N.
[147] Vgl. nur *Kübler/Prütting/Pape* § 17 Rn. 3 m. w. N.
[148] RGZ 132, 282.
[149] *Obermüller*, DB 1973, 269.
[150] *Papke*, DB 1969, 736.
[151] Etwa *Veit* ZIP 1992, 273 (276).

hat entschieden, daß Zahlungsunfähigkeit jedenfalls dann zu bejahen ist, wenn es dem Schuldner nicht innerhalb eines Zeitraums von 1 Monat ab Zahlungsstockung gelingt, Anlagevermögen und Außenstände in Zahlungsmittel umzuwandeln.[152] Aus strafrechtlicher Sicht wird demgegenüber von gewichtigen Teilen der Rechtsprechung und Literatur für die dauernde Zahlungsunfähigkeit eine sichere Prognose dahingehend verlangt, daß das Unternehmen zumindest in den nächsten 3 *Monaten* außerstande ist, die fälligen und eingeforderten Forderungen im wesentlichen zu befriedigen.[153]

Da es auf den Stichtag und die Zeitraumbetrachtung („Zeitraum-Illiquidität") ankommt, liegt demnach Zahlungsunfähigkeit nicht vor, wenn die fälligen Verbindlichkeiten im Verlauf des Zeitraums im wesentlichen beglichen werden können. Unerheblich ist, daß in diesem Zeitraum weitere Verbindlichkeiten entstehen, die ihrerseits nicht beglichen werden können, sozusagen ein Berg von Verbindlichkeiten hergeschoben wird.

84 Ein weiterer Streit bestand unter Geltung der KO über die Definition der **„wesentlichen"** Verbindlichkeiten. Diskutiert wurde eine Unterdeckung zwischen 15% und 50%. Von einer Vielzahl von Autoren wurde als „wesentlich" eine Liquiditätslücke von 25% angesehen.[154] Als eindeutig wurden jedenfalls 50% Liquiditätslücken angesehen, wenngleich sich Rechenbeispiele finden lassen, die eine solche Absolutheit als willkürlich erscheinen lassen.

Wegen der im einzelnen heftig umstrittenen Definitionen liegt es auf der Hand, daß es Schuldnern leichtgemacht wurde, diese Streitpunkte zu ihren eigenen Gunsten auszunutzen und damit den Zeitpunkt der Zahlungsunfähigkeit „zu manipulieren", also möglichst lange hinauszuschieben. Gerade wegen des geforderten Merkmals der Dauerhaftigkeit ließen sich ohne großen Aufwand Verhaltensempfehlungen für den Zahlungsplan eines Unternehmens entwickeln, die die Zahlungsunfähigkeit – jedenfalls zunächst – ausschließen.

85 Da die Zahlungsunfähigkeit nicht unbedingt von ihrer Entstehung an publik wird, erklärte § 102 Abs. 2 KO die **Zahlungseinstellung** als Erkennungsmerkmal der Zahlungsunfähigkeit. Die Zahlungseinstellung fordert allerdings mehr als die bloße Nichtzahlung der Verbindlichkeiten. Sie lag nach ständiger Rechtsprechung dann vor, wenn der Schuldner wegen eines voraussichtlich dauernden Mangels an Zahlungsmitteln seine fälligen, ernsthaft eingeforderten Verbindlichkeiten im allgemeinen nicht mehr erfüllen konnte und dieser Zustand für die beteiligten Verkehrskreise *nach außen erkennbar* geworden war.[155] Deutliche Indizien waren die Nichtzahlung von Löhnen und Gehältern sowie von Sozialversicherungsbeiträgen, das Vorliegen von Vollstreckungsaufträgen und Anträge auf Abgabe der eidesstattlichen Versicherung.[156] Die Zahlungseinstellung ist insoweit das stärkste Erkennungsmerkmal der Zahlungsunfähigkeit, da der Schuldner nach außen zu erkennen gibt, daß er sich nicht mehr zu helfen weiß.[157] Nach der Intention des Gesetzgebers soll das Gericht deshalb nur noch ernsthaften Zweifeln an der Zahlungsunfähigkeit nachgehen müssen.

86 Die Zahlungseinstellung kann sowohl **ausdrücklich** kundgetan werden, etwa durch Rundbrief an die Gläubiger, als auch durch **schlüssiges Verhalten**, wie beispielsweise die Geschäftsschließung.[158] Im übrigen war es nicht erforderlich, daß der Schuldner sämtliche Zahlungen einstellte. Es genügte die Einstellung im wesentlichen, d. h. wenn mehr als 50% der Geldschulden nicht mehr erfüllt wurden.[159]

---

152 Vgl. BGH ZIP 1999, 76 (78).

153 Vgl. BayObLG wistra 1988, 363; LK/*Tiedemann* vor § 283 Rn. 134.

154 So *Müller/Wabnitz/Janovsky* Kapitel 6 Rn. 5.

155 Vgl. *Bork* Rn. 85.

156 Vgl. IDW-Empfehlungen des Fachausschusses Recht zur Prüfung eingetretener oder drohender Zahlungsunfähigkeit bei Unternehmen, abgedruckt in ZIP 1999, 505ff.

157 Vgl. *Häsemeyer* Rn. 7.21.

158 Vgl. *Häsemeyer* Rn. 7.21.

159 Etwa *Bieneck*, wistra 1992, 89 (90).

Erfolgte die Zahlungseinstellung aufgrund bloßer **Zahlungsunwilligkeit**, sei es, weil der Schuldner die geltend gemachten Forderungen bestritt, sei es aus Böswilligkeit, oder weil sich der Schuldner irrtümlich für zahlungsunfähig hielt, war der Konkursgrund der Zahlungsunfähigkeit zwar aus strafrechtlicher Sicht, nicht aber aus konkursrechtlicher Sicht gegeben.[160] Zu beachten ist jedoch, daß die angebliche Zahlungsunwilligkeit häufig nur vorgeschoben wird, um die eingetretene Zahlungsunfähigkeit zu verheimlichen.[161] 87

bb) Rechtslage nach der InsO

Die InsO bringt nunmehr in § 17 Abs. 2 eine Legaldefinition der Zahlungsunfähigkeit wie folgt: *„Der Schuldner ist zahlungsunfähig, wenn er nicht in der Lage ist, die fälligen Zahlungsverpflichtungen zu erfüllen. Zahlungsunfähigkeit ist in der Regel anzunehmen, wenn der Schuldner seine Zahlungen eingestellt hat."* 88

Die Tatbestandsvoraussetzungen der Zahlungsunfähigkeit sind in der InsO bewußt enger gefaßt worden, um Verzögerungen bei der Verfahrenseröffnung entgegenzuwirken.[162] Damit ergeben sich wesentliche Neuerungen. So **verzichtet** die InsO auf das Merkmal, daß der Schuldner „dauernd" außerstande ist, seine fälligen Verbindlichkeiten zu erfüllen.[163] Der Gesetzgeber hat hiermit klargestellt, daß jedes nicht nur vorübergehende Zahlungsunvermögen (= Zahlungsstockung) des Schuldners ausreicht, ohne daß noch eine bestimmte Frist abgewartet werden muß.[164] Zeiträume von bis zu sechs Monaten, wie sie unter Geltung der KO diskutiert wurden, sind damit ad acta gelegt.[165] Das neue Insolvenzrecht stellt also vorrangig für die Feststellung der Zahlungsunfähigkeit auf eine „Zeitpunkt-Illiquidität" und nicht mehr auf eine „Zeitraum-Illiquidität" im oben genannten Sinne ab.[166] Ebensowenig kommt es nach der InsO auf das Merkmal der **Wesentlichkeit** an; lediglich geringfügige Liquiditätslücken können außer Betracht bleiben.[167] Auch bezüglich des Tatbestandsmerkmals der Fälligkeit der Forderung besteht im insolvenzrechtlichen Schrifttum weitgehend Einigkeit, daß der Gesetzgeber auf das zusätzliche Erfordernis des ernsthaften Einforderns verzichtet hat.[168] Demzufolge kann der Schuldner nicht mehr damit argumentieren, daß Zahlungsunfähigkeit schon deshalb nicht vorliege, weil die Gläubiger nicht auf Zahlung ihrer Forderungen gedrängt hätten. Allerdings muß darauf hingewiesen werden, daß auch unter der neuen Definition des § 18 InsO Interpretationsspielräume offenbleiben (näher zu den Erkenntnisquellen s. Rn. 94ff). 89

Die Zahlungsunfähigkeit ist nach der InsO somit allein gegen die vorübergehende **Zahlungsstockung** abzugrenzen, von der man spricht, wenn der Schuldner nur kurzfristig zur Begleichung der fälligen Verbindlichkeiten außerstande ist, also die begründete Aussicht besteht, daß der Schuldner kurzfristig wieder über liquide Mittel verfügen kann. 90

Die Zahlungsunfähigkeit wird gem. § 17 Abs. 2 S. 2 InsO *widerleglich* vermutet, wenn der Schuldner seine Zahlungen eingestellt hat. Im Gegensatz zur alten KO ergeben sich nach der neuen InsO wegen des Verzichts auf das Merkmal der Wesentlichkeit auch im 91

---

160 Vgl. *Braun/Uhlenbruck* S. 282; BGH WM 1959, 891; anders das strafrechtliche Schrifttum: etwa *Tröndle* § 283 Rn. 13 m. w. N.

161 Vgl. *Kübler/Prütting/Pape* § 17 Rn. 14; ferner *Braun/Uhlenbruck* S. 282.

162 Vgl. *Kübler/Prütting/Pape* § 17 Rn. 5.

163 Statt vieler *Bittmann* wistra 1998, 321.

164 Vgl. *Drukarczyk/Schüler* S. 68 Rn. 26; kritisch *Häsemeyer* Rn. 7.20.

165 Vgl. hierzu mit Nachweisen *Kübler/Prütting/Pape*, InsO, § 17 Rn. 9.

166 Zweifelnd *Braun/Uhlenbruck* S. 281.

167 Vgl. *Drukarczyk/Schüler* S. 68 Rn. 27; *Kübler/Prütting/Pape* § 17 Rn. 12f.; ferner *Jäger* BB 1997, 1575 (1577), der nur Beträge unter 0,01% als geringfügig ansieht.

168 Vgl. *Braun/Uhlenbruck* S. 283; *Kübler/Prütting/Pape* § 17 Rn. 6; *Moosmayer* S. 33.

Rahmen der Zahlungseinstellung Verschärfungen für den Schuldner. So muß es bereits genügen, wenn der Schuldner eine nicht unwesentliche Forderung nicht mehr bezahlen kann. Da es sich nach dem klaren Gesetzeswortlaut um eine widerlegliche Vermutung handelt, kann der Schuldner als Verteidigungsargument stets geltend machen, daß er lediglich zahlungsunwillig gewesen sei.

Daher ist auch nach der InsO weiterhin zwischen Zahlungsunvermögen und Zahlungsunwilligkeit zu unterscheiden. Ein Schuldner, der aufgrund seiner verfügbaren liquiden Mittel Zahlungen leisten könnte, dies aber aufgrund von Einreden oder aus Böswilligkeit nicht tätigt, wird auch nach der InsO nicht als zahlungsunfähig klassifiziert.

b) Folgerungen für das Insolvenzstrafrecht

92 Inwieweit sich aufgrund der neuen Rechtslage für die Ermittlungsbehörden **Erleichterungen** bei der Feststellung der Zahlungsunfähigkeit ergeben, ist im einzelnen streitig.[169] Wegen der Parallelität der Regelungsintentionen wird man auch im Strafrecht die Begriffsbestimmung des § 18 InsO zugrunde legen müssen.[170] Ebenso wie im Insolvenzrecht braucht deshalb künftig auch im Insolvenzstrafrecht eine Zeitraumprognose nicht mehr zu erfolgen. Daß die Zahlungsunfähigkeit eine dauerhafte ist, muß demzufolge nicht mehr festgestellt werden. Ebensowenig kommt es auf das Merkmal der Wesentlichkeit an; allenfalls müssen geringfügige Liquiditätslücken bei der Ermittlung der Zahlungsunfähigkeit außer acht bleiben.[171] Schließlich braucht ein ernsthaftes Einfordern der fälligen Forderungen nicht mehr nachgewiesen zu werden.[172] Demgegenüber wird von Bittmann die Auffassung vertreten, daß aus strafrechtlicher Sicht „alles beim alten" bleiben müsse. So komme es für die Strafbarkeit weiterhin auf das Merkmal „Dauerhaftigkeit" an, die Bittmann im übrigen erst nach einem 3-Monats-Zeitraum bejaht.[173] Schließlich ist aus seiner Sicht eine zu niedrige Geringfügigkeitsschwelle für die strafrechtliche Praxis wenig hilfreich. Vielmehr müsse für die strafrechtliche Ahndung eine Unterdeckung von 25% verlangt werden.[174]

c) Erkenntnisquellen

93 Zur strafrechtlichen Feststellung der Zahlungsunfähigkeit kommen für die Ermittlungsbehörden – wie bereits schon unter der Geltung der KO – zwei Möglichkeiten in Betracht.

aa) Betriebswirtschaftliches Gutachten

94 Die Zahlungsunfähigkeit ist in der Regel durch eine **stichtagsbezogene Gegenüberstellung** der fälligen und eingeforderten Verbindlichkeiten und der zu ihrer Tilgung vorhandenen oder herbeizuschaffenden Mittel festzustellen.[175] In der Regel wird hierfür ein **betriebswirtschaftliches Sachverständigengutachten** erforderlich sein. Hiervon wird auch von der Verteidigungspraxis mehr und mehr Gebrauch gemacht.[176] Der Fachausschuß Recht des Instituts der Wirtschaftsprüfer hat im Januar 1999 den „IDW-Prüfungsstandard: Empfehlungen zur Prüfung eingetretener oder drohender Zahlungsunfähigkeit bei Unternehmen (IDW PS 800)" verabschiedet.[177] Danach erfolgt die Prüfung der Zahlungs(un)fähigkeit anhand des folgenden Finanzplanschemas (siehe nächste Seite):

[169] Vgl. einerseits *Jäger* BB 1997, 1575 (1576); andererseits kritisch zu einer möglichen Erleichterung *Bittmann* wistra 1998, 321ff.

[170] Ebenso *Moosmayer* S. 148ff.; *Reck* ZInsO 1999, 195 (197).

[171] Vgl. *Drukarczyk/Schüler* S. 68 Rn. 27.

[172] Kritisch zur Frage der erleichterten Feststellung *Bittmann* wistra 1998, 321 (322).

[173] Vgl. *Bittmann* wistra 1998, 321 (324).

[174] So *Bittmann* wistra 1998, 321 (322).

[175] Vgl. BGHR StGB § 283 Abs. 1 Zahlungsunfähigkeit 1 (2) m. w. N.; ie *Reck* ZInsO 1999, 195f.

[176] Vgl. *Hartung* wistra 1997, 1 (2).

[177] Abgedruckt in ZIP 1999, 505ff.

	Tage 1. 2. … 7	Wochen 1. 2. 3.	Monate 1. 2. 3.
I. Einzahlungen **1. Einzahlungen aus laufendem Geschäftsbetrieb** 1.1. Barverkäufe 1.2. Leistungen auf Ziel **2. Einzahlungen aus Desinvestitionen** 2.1. Anlagenverkäufe 2.2. Auflösung von Finanzinvestitionen **3. Einzahlungen aus Finanzerträgen** 3.1. Zinserträge 3.2. Beteiligungserträge			
II. Auszahlungen **1. Auszahlungen für den laufenden Geschäftsbetrieb** 1.1. Gehälter/Löhne 1.2. Roh-, Hilfs- und Betriebsstoffe 1.3. Steuern/Abgaben 1.4. … 1.5. … **2. Auszahlungen für Investitionen** 2.1. Sachinvestitionen Ankäufe Vorauszahlungen Restzahlungen 2.2. Finanzierungsinvestitionen **3. Auszahlungen im Rahmen des Finanzverkaufs** 3.1. Kredittilgung 3.2. Akzepteinlösung 3.3. Eigenkapitalminderung (z. B.: Privatentnahmen) 3.4. Zinsen			
III. Ermittlung der Über- bzw. Unterdeckung durch I. ./. II. + Zahlungsmittelbestand im Prüfungszeitpunkt			
IV. Ausgleichs- und Anpassungsmaßnahmen **1. Bei Unterdeckung (Einzahlungen)** 1.1. Kreditaufnahme 1.2. Eigenkapitalerhöhung 1.3. Rückführung gewährter Darlehen 1.4. zusätzliche Desinvestitionen **2. Bei Überdeckung (Auszahlungen)** 2.1. Kreditrückführung 2.2. Anlage in liquiden Mitteln			
V. Zahlungsmittelbestand am Periodenende unter Berücksichtigung der Ausgleichs- und Anpassungsmaßnahmen			

In der strafrechtlichen Literatur wird ein solches Gutachten teils nur dann für sinnvoll gehalten, wenn überhaupt eine einigermaßen geordnete und aktuelle Buchführung vorhanden ist, nicht aber, wenn die Buchführung grob unübersichtlich ist oder gar nicht geführt wurde (zur Strafbarkeit unten Rn. 308ff.).[178] Bei kleineren Insolvenzfällen ist das Gericht aufgrund eigener Sachkenntnis genausogut in der Lage, eine Gegenüberstellung der fälligen und der zur Tilgung vorhandenen Mittel vorzunehmen; beispielsweise hat das LG Köln einen Beweisantrag zur Einholung eines betriebswirtschaftlichen Gutachtens aufgrund eigener Sachkunde abgelehnt.[179]

bb) Wirtschaftskriminalistische Feststellungsmethode

95 Neben dieser betriebswirtschaftlichen Methode hat es der BGH gebilligt, daß auch durch die Feststellung **wirtschaftskriminalistischer Beweisanzeichen** ein sicherer Schluß auf den Eintritt der Zahlungsunfähigkeit gezogen werden kann.[180] Zu den äußeren Anzeichen gehören Steuer- und Sozialversicherungsrückstände, die Häufung von gerichtlichen Mahnbescheiden und bei Gericht anhängigen Leistungsklagen sowie von fruchtlosen Pfändungsmaßnahmen des Gerichtsvollziehers oder des Vollstreckungsgerichts, die Abgabe der eidesstattlichen Versicherung durch den Schuldner bzw. seine Organe, frühere Konkursanträge sowie Wechsel- und Scheckproteste, Nichtbezahlung wiederkehrender Verbindlichkeiten für betriebsnotwendige Leistungen sowie die Androhung oder die Vornahme der Kündigung von Bankkrediten.[181] Diese äußeren Anzeichen müssen dann in ihrer zeitlicher Reihenfolge erfaßt und ausgewertet werden.

3. Drohende Zahlungsunfähigkeit

a) Regelung nach der InsO

96 Um früher auf eine Unternehmenskrise reagieren zu können und die Sanierungschancen zu erhöhen, hat die InsO den weiteren selbständigen Insolvenzgrund der drohenden Zahlungsunfähigkeit eingeführt. Er schafft die Möglichkeit, bereits vor dem vollständigen Verfall des Schuldnervermögens zur Wahrnehmung von Sanierungschancen bereits frühzeitig geeignete verfahrensrechtliche Gegenmaßnahmen einzuleiten.[182]

97 Nach der **Legaldefinition** des § 18 Abs. 2 InsO liegt der Insolvenzgrund der drohenden Zahlungsunfähigkeit vor, *wenn der Schuldner voraussichtlich nicht in der Lage sein wird, die bestehenden Zahlungspflichten im Zeitpunkt der Fälligkeit zu erfüllen.*

98 Drohende Zahlungsunfähigkeit liegt somit vor, wenn sich mit sicherer Wahrscheinlichkeit abzeichnet, daß die am Prüfungsstichtag begründeten Zahlungspflichten im Zeitpunkt ihrer Fälligkeit nicht mehr beglichen werden können und sich auch mit den üblichen finanzpolitischen Dispositionen das finanzielle Gleichgewicht nicht mehr wahren läßt.[183] Allerdings weist auch die neue Definition manche Ungereimtheiten auf. Unter den „bestehenden" Zahlungsverpflichtungen sind jedenfalls nach überwiegender Ansicht nicht nur die im Zeitpunkt der Antragstellung vorhandenen, sondern auch die künftig mit Sicherheit zu erwartenden Verbindlichkeiten, wie Lohnkosten, Sozialversi-

---

178 Vgl. *Hartung*, wistra 1997, 1 (2).

179 Vgl. etwa BGHR StGB § 283 „Zahlungsunfähigkeit 3" (Urteil vom 17.2. 1993); LG Köln wistra 1992, 269.

180 Vgl. BGHR StGB § 283 Abs. 1 Zahlungsunfähigkeit 1 (Urteil vom 26. 2. 1987); BGHR StGB § 283 Abs. 1 Zahlungsunfähigkeit 2 (Urteil vom 2. 8. 1990); BGHR StGB § 283 Abs. 1 Zahlungsunfähigkeit 3 (Urteil vom 17. 2. 1993) m. w. N; *Hartung* wistra 1997, 1 (11).

181 Vgl. *Müller/Wabnitz/Jankovsky* Rn. 37; *Hartung* wistra 1997, 1 (11f.).

182 Vgl. *Hintzen* ZInsO 1998, 15 (18); *Pick* NJW 1995, 992 (994).

183 Vgl. zur Ermittlung der drohenden Zahlungsunfähigkeit: IDW-Empfehlungen des Fachausschusses Recht, abgedruckt in ZIP 1999, 505ff.

cherungsbeiträge, Steuern etc., zu verstehen, die mit den jeweils zu erwartenden Einkünften, Rückflüssen aus Rücklagen etc. verglichen werden müssen.[184]

Zu beachten ist, daß dieser Eröffnungsgrund gemäß § 18 Abs. 1 InsO nur im Fall eines **Eigenantrags** des Schuldners gilt. Außenstehende Gläubiger sollen den Schuldner nicht schon im Vorfeld der Krise zu stark unter Druck setzen können.[185] Insolvenzpraktiker gehen davon aus, daß solche „Eigenanträge" künftig jeweils in Verbindung mit der Vorlage eines Reorganisationsplanes gestellt werden.[186] Der Tatbestand der drohenden Zahlungsunfähigkeit gibt dem Schuldner ein **Antragsrecht**, aber **keine** entsprechende **Pflicht** zur Antragstellung. Der Gesetzgeber hat bewußt darauf verzichtet, eine Insolvenzantragspflicht festzulegen, deren schuldhafte Verletzung mit Strafe bedroht ist. Das Unterlassen des Antrags führt weder zu einer strafrechtlichen Sanktion der antragsbefugten Organe noch zu zivilrechtlichen oder insolvenzrechtlichen Schadensersatzverpflichtungen.[187] Für die strafrechtliche Beurteilung einer Verletzung der Insolvenzantragspflicht ist die Möglichkeit eines Eigenantrags gem. § 18 InsO ohne jede Bedeutung.[188] 99

Für den Eröffnungsgrund der drohenden Zahlungsunfähigkeit ist des weiteren zu beachten: Stellt der Schuldner selbst den Eröffnungsantrag, muß er die Tatsachen der Zahlungsunfähigkeit nicht glaubhaft machen. Denn das Gesetz geht davon aus, daß sich niemand ohne Grund in die Rolle des Gemeinschuldners begibt.[189] Bei dem Eröffnungsgrund der drohenden Zahlungsunfähigkeit sind allerdings seine weitreichenden Folgen (Vollstreckungsverbot für die Gläubiger, Rückschlagsperre des § 88 InsO) und die damit einhergehende Gefahr mißbräuchlicher Verwendung durch den Schuldner (Weiterwirtschaften unter dem Schutz der InsO bei gleichzeitiger Anordnung der Eigenverwaltung) zu beachten. Daher muß zumindest das Gericht eine sorgfältige Überprüfung der vom Schuldner behaupteten drohenden Zahlungsunfähigkeit vornehmen.[190] Hierüber kann vom Schuldner schon nach der allgemeinen Bestimmung des § 20 InsO Auskunft, etwa durch Vorlage eines Liquiditätsplans, verlangt werden.[191] 100

Bei juristischen Personen und Gesellschaften ohne Rechtspersönlichkeit ist schließlich zu beachten, daß der Antrag grundsätzlich von allen Mitgliedern des Vertretungsorgans, bzw. allen persönlich haftenden Gesellschaftern bzw. allen Abwicklern gestellt sein muß. Ist dies nicht der Fall, darf der Antrag gemäß § 18 Abs. 3 InsO nur gestellt werden, wenn der oder die Antragsteller zur Vertretung der juristischen Person oder der Gesellschaft berechtigt sind. Wird das Antragsrecht nicht von allen Vertretungsberechtigten wahrgenommen, ist des weiteren zu beachten, daß der Eröffnungsgrund in diesem Fall glaubhaft gemacht werden muß (§ 15 Abs. 2, 3 InsO).[192] 101

Die Resonanz auf die Einführung dieses neuen Eröffnungsgrundes ist geteilt. Teilweise wird auf die Unklarheit der Begriffsbestimmung und der Unmöglichkeit der praktischen Handhabung verwiesen. Demgegenüber bewertet ihn das betriebswirtschaftliche Schrifttum durchweg positiv. Er wird vor allem mit der Erwartung verbunden, daß der Schuldner zu einer vorausschauenden Finanzplanung im Sinne eines effizienteren Gläubigerschutzes angehalten werde.[193] Dem dient auch das Gesetz zur Kontrolle und Transparenz im Unternehmensbereich – KonTraG (BGBl. 1998 I S. 786), 102

---

[184] Vgl. *Bork* Rn. 89; *Braun/Uhlenbruck* S. 285; *Uhlenbruck* wistra 1996, 1 (4); ferner *Bittmann*, wistra 1998, 321 (325f.).

[185] Vgl. *Hintzen* ZInsO 1998, 15 (18); *Uhlenbruck* wistra 1996, 1 (3).

[186] Näher *Drukarczyk/Schüler* S. 73f.

[187] Vgl. auch *Breutigam/Blersch/Goetsch* § 18 Rn. 6.

[188] Vgl. *Uhlenbruck* wistra 1996, 1 (3).

[189] Vgl. *Gottwald/Uhlenbruck* § 12 Rn. 1; *Kilger/K. Schmidt* § 104 Rn. 3.

[190] So *Kübler/Prütting/Pape* § 18 Rn. 10f.; a. A. *Drukarczyk/Schüler* S. 75 Rn. 50.

[191] Vgl. auch die Begründung zu § 22 des Regierungsentwurfs; abgedruckt bei *Uhlenbruck* wistra 1996, 1 (4).

[192] Ebenso *Häsemeyer* Rn. 7.22; *Kübler/Prütting/Pape* § 18 Rn. 4.

[193] Etwa *Burger/Schellberg* KTS 1995, 572ff.

das die Prüfungspflichten im HGB auch auf die künftige Finanzkraft des Unternehmens erstreckt.

b) Auswirkungen auf das Strafrecht

103 Der Begriff der drohenden Zahlungsunfähigkeit findet im Insolvenzstrafrecht bereits seit langem Verwendung. So reicht für die Krisensituation im Sinne der Insolvenzstraftaten bereits die drohende Zahlungsunfähigkeit aus (vgl. §§ 283 Abs. 1, Abs. 4 Nr. 1, Abs. 5 Nr. 1, 283d Abs. 1 Nr. 1 StGB). Dies basiert auf der Grunderkenntnis, daß bereits die Gefährdung und nicht erst die Schädigung der Gläubigerinteressen unter Strafdrohung gestellt werden muß. Im Unterschied zur eingetretenen Zahlungsunfähigkeit und zur Überschuldung konnte sich das Strafrecht bislang nicht auf ein vorgeprägtes insolvenzrechtliches Begriffsverständnis stützen. Daher stellt sich die Frage, ob das insolvenzrechtliche Begriffsverständnis künftig auch für das Insolvenzstrafrecht maßgebend ist.

104 Es wurde bereits darauf hingewiesen, daß der Eröffnungsgrund der drohenden Zahlungsunfähigkeit keine Rechtspflicht des Schuldners zur Insolvenzantragstellung nach sich zieht. Daher ist § 18 InsO für die Frage einer Insolvenzverschleppung irrelevant.[194] Für die Strafbarkeit der Insolvenzverschleppung verbleibt es vielmehr bei den Eröffnungsgründen der Zahlungsunfähigkeit bzw. Überschuldung (vgl. § 64 GmbHG n. F. etc.).

aa) Strafrechtliche Auslegung

105 Im **Insolvenzstrafrecht** ist der Begriff der drohenden Zahlungsunfähigkeit wegen seines ihm innewohnenden prognostischen Elements heftig umstritten. Denn die drohende Zahlungsunfähigkeit erfordert eine sorgfältige Gesamtprognose der Finanzkraft des Schuldnerunternehmens. Nach einem Teil des strafrechtlichen Schrifttums droht die Zahlungsunfähigkeit dann, wenn für ihren Eintritt nach den Umständen des Einzelfalls eine überwiegende Wahrscheinlichkeit spricht, wobei auch hier kriminalistische Beweisanzeichen ausgewertet werden dürfen.[195] Ähnlich ist die Definition des BGH, wonach die Zahlungsunfähigkeit droht, wenn nach den Umständen des Einzelfalls ihr naher Eintritt überwiegend wahrscheinlich ist.[196] Demgegenüber muß nach Bittmann die drohende Zahlungsunfähigkeit in Anlehnung an die Zahlungsunfähigkeit verstanden werden: Sie soll vorliegen, wenn mit Ausnahme der Dauerhaftigkeit und der Wesentlichkeit alle übrigen Merkmale der Zahlungsunfähigkeit gegeben sind.[197] Dies sei der Fall, wenn Liquiditätsschwierigkeiten bestehen oder absehbar sind.[198] Für die Frage der Absehbarkeit stellt Bittmann auf einen Prognosezeitraum von einem Jahr ab, was aus seiner Sicht den Bestimmtheitsanforderungen des Art. 103 GG genügt.[199] Die Formulierung von Uhlenbruck, „die rechtlichen Konstruktionen hinsichtlich der Feststellung des Krisenmerkmals seien bislang weitgehend Kunstprodukte aus der juristischen Retorte geblieben",[200] spiegelt jedenfalls die Problematik dieses Tatbestandsmerkmals allzu deutlich wider.

bb) Übernahme der insolvenzrechtlichen Definition?

106 Ob die Legaldefinition der drohenden Zahlungsunfähigkeit in der InsO geeignet ist, auch für das Strafrecht Bedeutung zu erlangen, wird im jüngeren Schrifttum streitig diskutiert.[201] Da es im **Insolvenzverfahren** um den freiwilligen Verfahrenseintritt des

---

194 Vgl. nur *Bittmann*, wistra 1998, 321 (324); *Uhlenbruck*, wistra 1996, 1 (3).
195 LK/*Tiedemann* § 283 Rn. 131f. und vor § 283 Rn. 129; ähnlich *Borup* wistra 1988, 88ff.
196 Vgl. BGHR StGB § 283 Abs. 1 „Zahlungsunfähigkeit 2" (Urteil vom 2. 8. 1990).
197 *Bittmann*, wistra 1998, 321 (324).
198 *Bittmann*, wistra 1998, 321 (325).
199 So *Bittmann*, wistra 1998, 321 (325).
200 In wistra 1996, 1 (3).
201 Siehe einerseits *Schmidt-Räntsch* § 18 Rn. 2; andererseits *Drukarczyk/Schüler* S. 61 Rn. 36.

Schuldners geht, um eine Krise früher zu meistern und damit die Sanierungschancen des Unternehmens zu erhöhen, kann eine gleichlautende Interpretation der Begriffe kaum in Frage kommen.[202] Der Schuldner soll durch das in der InsO normierte Antragsrecht bei drohender Zahlungsunfähigkeit schon frühzeitig „in den Genuß" des Insolvenzverfahrens mit seinen immanenten Vorteilen (Herausgabesperre von Gegenständen, an denen Sicherheiten bestehen gem. §§ 165, 166 InsO; Recht auf Vorlage eines Insolvenzplans § 218 InsO; Möglichkeit der Eigenverwaltung §§ 270ff. InsO sowie der Restschuldbefreiung gem. §§ 286ff. InsO) kommen. Folglich geht es im Insolvenzrecht allein darum, eine niedrige Schwelle zur Verfahrenseröffnung bereitzustellen. Demgegenüber geht es im Insolvenzstrafrecht um Handlungen unter Mißachtung einer erkannten Krise. Folglich unterscheiden sich die in beiden Gesetzen verwendeten Begriffe und Zielrichtungen der drohenden Zahlungsunfähigkeit erheblich voneinander.[203] Eine parallele Auslegung der Begriffe ist daher keinesfalls indiziert.

c) Erkenntnisquellen

Für die Ermittlungsbehörden ergibt sich das Problem, daß die drohende Zahlungsunfähigkeit des Schuldners schwer nachzuweisen ist.[204] Auch hier wird als Feststellungsnachweis auf die betriebswirtschaftliche Methode oder die wirtschaftskriminalistische Feststellungsmethode zurückgegriffen.[205] Zu beachten ist in jedem Fall, daß bei Feststellung der drohenden Zahlungsunfähigkeit nicht etwa eine „vereinfachende Betrachtungsweise" vorgenommen werden darf.[206] So ist vereinzelt zu beobachten, daß die Strafverfolgungsbehörden bei schließlich eingetretener Zahlungsunfähigkeit zumindest auf das „Drohen der Zahlungsunfähigkeit" für den vergangenen Zeitraum zurückschließen.[207] Wenngleich Einigkeit besteht, daß ein solcher Rückschluß unzulässig ist, vielmehr zu einem bestimmten Stichtag aus Ex-ante-Sicht die drohende Zahlungsunfähigkeit festgestellt werden muß, ist auch diese Sichtweise problembehaftet, weil der Begriff des „Drohens" schon wegen seines prognostischen Elements einer präzisen Definition nicht zugänglich ist.[208] 107

Schließlich stellt sich die Frage, ob im Fall eines Schuldner-Eigenantrags wegen drohender Zahlungsunfähigkeit und der hierauf beruhenden Eröffnung des Insolvenzverfahrens die Ermittlungsbehörden von drohender Zahlungsunfähigkeit ausgehen dürfen. Fest steht jedenfalls, daß mit der Eröffnung des Insolvenzverfahrens die objektive Strafbarkeitsbedingung des § 283 Abs. 6 StGB eingetreten ist. Für die Feststellung der drohenden Zahlungsunfähigkeit als Tatbestandsvoraussetzung des § 283 Abs. 1 StGB entfaltet die Bejahung des Eröffnungsgrundes jedoch – wie bereits oben angeführt – keine Bindungswirkung. 108

4. Überschuldung

a) Begriff

Bei juristischen Personen, wie GmbH, AG, rechtsfähiger Verein ist neben der Zahlungsunfähigkeit auch die **Überschuldung** ein Eröffnungsgrund (§ 19 Abs. 1 InsO; §§ 207, 209, 213 KO). Bezüglich des alten und des neuen Rechts ergeben sich – anders als bei dem Begriff der Zahlungsunfähigkeit – keine gravierenden Neuerungen. 109

---

202 Im Ergebnis ebenso *Moosmayer* S. 168ff.

203 Ebenso *Kübler/Prütting/Pape* § 18 Rn. 1.

204 Vgl. *Müller/Wabnitz/Janovsky* Rn. 6; *Reck* ZInsO 1999, 195 (197f.).

205 Vgl. *Drukarczyk/Schüler* Rn. 34.

206 In diese Richtung aber beispielsweise *Drukarczyk/Schüler* S. 70 Rn. 33.

207 Vgl. auch LK/*Tiedemann* vor § 283 Rn. 13.

208 Vgl. auch die IDW-Empfehlungen des Fachausschusses Recht zur Prüfung drohender Zahlungsunfähigkeit, abgedruckt in ZIP 1999, 505ff.

110 In § 19 Abs. 2 InsO ist der Eröffnungsgrund der Überschuldung wie folgt gesetzlich definiert: *„Überschuldung liegt vor, wenn das Vermögen des Schuldners die bestehenden Verbindlichkeiten nicht mehr deckt. Bei der Bewertung des Vermögens des Schuldners ist jedoch die Fortführung des Unternehmens zugrunde zu legen, wenn diese nach den Umständen überwiegend wahrscheinlich ist."*

111 Mit der Formulierung in § 19 Abs. 2 InsO zeigt sich das Zentralproblem der Überschuldungsprüfung, nämlich der Bewertungsansatz. Während Staatsanwälte bislang eher zu einer „engen Sichtweise" unter dem Gesichtspunkt des Gläubigerschutzes geneigt haben und bei der Definition des Krisenbegriffes dazu übergegangen sind, die Aktiva zu Zerschlagungswerten zu bestimmen,[209] hat vorwiegend das konkursrechtliche Schrifttum hiergegen eingewandt, daß bei einer solchen Betrachtungsweise eine Vielzahl von erfolgreich am Markt operierenden Unternehmen konkursreif seien.[210] Insofern gilt es unter Abwägung der Interessen „richtige Maßstäbe" zu finden.

112 Einigkeit besteht jedenfalls insoweit, daß Anknüpfungspunkt bei der Prüfung der Überschuldung nicht die Handelsbilanz nach den §§ 242ff., 264ff. HGB (sog. bilanzielle Überschuldung) ist. Vielmehr wird im Insolvenzrecht ebenso wie im Insolvenzstrafrecht nach der **rechnerischen Überschuldung** gefragt.[211] Die Überschuldung kann nur durch Gegenüberstellung der Aktiva und Passiva festgestellt werden.

113 Einigkeit besteht des weiteren darin, daß die Bewertungsansätze der Handels- und der Steuerbilanz für die Ermittlung einer Überschuldung ungeeignet sind. Die Handels- und Steuerbilanz dient anderen Zwecken; sie soll den Überschuß/Verlust einer Wirtschaftsperiode aufzeigen. Die Vermögensaufstellung fragt hingegen nach dem **wirklichen Wert** im Zeitpunkt der Erstellung des Vermögensverzeichnisses. Die Bestimmung des § 19 Abs. 2 InsO zeigt selbst die Stufen zur Ermittlung dieses wirklichen Werts auf.

Danach ist zunächst eine **Bewertung unter der Annahme der Liquidation** des Unternehmens vorzunehmen. Es sind diejenigen Werte anzusetzen, die für den Fall einer zum Stichtagszeitpunkt vorzunehmenden, ohne Zwang durchzuführenden Liquidation zu erzielen wären.

Da die einzelnen Wirtschaftsgüter bei dieser Methode aus den jeweiligen Funktionseinheiten „herausgerissen" werden, sind demzufolge die Wertansätze im Zweifel wesentlich geringer als bei einem „lebenden" Unternehmen. Dennoch: § 19 Abs. 2 InsO schreibt in einem ersten Prüfungsschritt diesen Bewertungsansatz vor. Zeigt die Vermögensübersicht sogar bei Ansatz von Liquidationswerten keine Überschuldung, so ist das Unternehmen „auf der sicheren Seite".

114 Zeigt indes der Ansatz zu Liquidationswerten eine Überschuldung, so ist die Prüfung noch nicht abgeschlossen. § 19 Abs. 2 Satz 2 InsO gestattet nämlich den Ansatz der (zumeist höheren) Fortführungswerte (sog. going-concern-Werte), wenn die Fortführung des Unternehmens „... nach den Umständen überwiegend wahrscheinlich ist" (sog. **zweistufiger Überschuldungsbegriff**). In der insolvenzrechtlichen Literatur wird empfohlen[212] – und dies gilt erst recht für das Strafverfahren –, daß die Fortführungsprognose sorgfältig und am besten von einem außenstehenden neutralen Dritten gefertigt wird, schon um nachträglich Streitfragen zu vermeiden. Erst wenn trotz dieser Bewertungskorrektur immer noch eine Überschuldung vorliegt, so geht man von der rechtlichen Überschuldung und damit von der Insolvenzantragspflicht aus.

115 Unter Geltung der KO hatte der BGH auch diese Auffassung weiterentwickelt. Er verwendete einen **modifizierten zweistufigen Überschuldungsbegriff**. Dieser betont

[209] Vgl. *Samson* in Insolvenz und Strafrecht S. 40 – Hrsg. Deutsche Anwalt Akademie.

[210] Vgl. *Samson* (Fußn. 205).

[211] Zu den einzelnen Ansätzen der Überschuldungsprüfung eingehend *Drukarczyk/Schüler* Rn. 58ff. und Rn. 63ff.; *Höffner* BB 1999, 198 und 252; zu den Grundlagen der Überschuldungsprüfung siehe auch die IDW-Empfehlungen des Fachausschusses Recht, abgedruckt in FN-IDW 1996, 523ff.

[212] Vgl. *Lutter*, ZIP 1999, 641, 644.

die besondere Bedeutung des Prognose-Elements. Wenn die Überlebensprognose eines Unternehmens eindeutig positiv ausfällt, konnte trotz Vorliegens einer rechnerischen Überschuldung nach der Bewertungskorrektur die Konkursantragspflicht entfallen.[213] Anders formuliert setzte der Überschuldungstatbestand nach dieser von K. Schmidt entwickelten Theorie zwei Bedingungen voraus: Rechnerische Überschuldung und negative Fortführungsprognose müssen kumulativ vorliegen.[214] Die Überschuldung kann demnach allein aufgrund einer eindeutigen Fortführungsprognose verneint werden. Wegen der weitreichenden Folgen ist bereits vor Inkrafttreten der InsO ein Meinungsstreit darüber ausgebrochen, ob § 19 Abs. 2 InsO als Rückkehr zur „reinen" zweistufigen Überschuldungstheorie zu sehen ist. Die überwiegende Meinung im Schrifttum bejaht dies.[215] Denn der Gesetzgeber habe durch § 19 Abs. 2 S. 2 InsO klar zum Ausdruck gebracht, daß auch bei einer positiven Prognose für die Unternehmensfortführung der Überschuldungstatbestand nicht ausgeschlossen ist.[216]

Bei der strafrechtlichen Ermittlung hat man gewöhnlich als erste Erkenntnisquelle 116
zur wirtschaftlichen Situation des Unternehmens nur die Handels- oder Steuerbilanz vorliegen. Da diese jedoch zur Ermittlung der Überschuldung nicht maßgeblich sind, bedarf es der Erstellung eines eigenständigen Überschuldungsstatus. Während das Handelsrecht die Anforderungen an die Aufstellung, Gliederung und Inhalt von Bilanzen weitgehend gesetzlich normiert hat (vgl. z. B. das Bilanzgliederungsschema in § 266 HGB), fehlen gesetzliche Regelungen zur Erstellung einer Überschuldungsbilanz.

Üblicherweise wird diese „Sonderbilanz"[217] aussehen wie auf der folgenden Seite: 117

[213] BGHZ 119, 201 = NJW 1992, 2891; BGH ZIP 1994, 1103, 1110.

[214] Näher *Drukarczyk/Schüler* Rn. 66ff.

[215] *Altmeppen*, ZIP 1997, 1173 (1177) m. w. N.; *Lutter*, ZIP 1999, 641, 643; *Reck* ZInsO 1999, 195 (200); *Haarmeyer/Wutzke/Förster* Rn. 88f.

[216] Vgl. etwa *Braun/Uhlenbruck* S. 288, 292.

[217] Vgl. hierzu *Budde/Förschle*, Sonderbilanzen, 2. Aufl. 1999, Teil P Rn. 80ff.

Überschuldungsbilanz – Aktiva

	Realisierungswerte TDM bei	
	Liquidation	**Fortführung**
A. Anlagevermögen		
I. Immaterielle Vermögensgegenstände		
1. Konzessionen, gewerbl. Schutzrechte und ähnliche Rechte	0	50
2. Geschäfts- oder Firmenwert	0	200
II. Sachanlagen		
1. Grundstücke/grundstücksgleiche Rechte und Bauten	5000	8000
2. Techn. Anlagen und Maschinen	2000	3000
3. Andere Anlagen, Betriebs- und Geschäftsausstattung	150	250
4. Fahrzeuge	60	60
III. Finanzanlagen		
1. Anteile an verbundenen Unternehmen	50	50
2. Beteiligungen	0	0
B. Umlaufvermögen		
I. Vorräte		
1. Roh-, Hilfs- u. Betriebsstoffe	350	400
2. Unfertige Erzeugnisse, unfertige Leistungen	0	400
3. Fertige Erzeugnisse und Waren	400	600
II. Forderungen und sonst. Vermögensgegenstände		
1. Forderungen aus Lieferungen und Leistungen	1850	2500
2. Forderungen gegen verbundene Unternehmen	0	150
3. Sonstige Vermögensgegenstände	200	600
III. Guthaben bei Kreditinstituten/Kasse		
1. Banken	200	200
2. Kasse	0	0
IV. Sonstige Vermögensgegenstände	10	10
Summen:	**10 270**	**16 470**

Anmerkung: Der Wertansatz in die Überschuldungsbilanz erfolgt stets aufgrund einer Fortführungsprognose.[218] *Bei einer positiven Fortführungsprognose werden die Vermögenswerte grundsätzlich mit dem Betrag angesetzt, „der ihnen als Bestandteil des Gesamtkaufpreises des Unternehmens bei konzeptgemäßer Fortführung beizulegen wäre".*[219] *Bei der Ermittlung der Liquidationswerte ist jeweils von einer rational gesteuerten und konzeptionellen Vermögensverwertung auszugehen. Eine Darstellung zu den Einzelheiten der Bewertungsfragen im Überschuldungsstatus würde den Rahmen dieser Arbeit sprengen.*[220]

---

218 Instruktiv *Mönning* in *Nerlich/Römermann*, InsO, § 19 Rdnr. 17 ff.

219 Vgl. Entwurf einer Verlautbarung „Empfehlungen zur Überschuldungsprüfung bei Unternehmen", WPg 1995, 596, 598.

220 Weiterführend zur InsO: *Braun/Uhlenbruck* S. 293 ff.; *Schmidt/Uhlenbruck*, Die GmbH in Krise, Sanierung und Insolvenz, S. 267 ff.; *Budde/Förschle*, Sonderbilanzen Teil P, Rdnr. 119, jeweils mit umfangreichen weiteren Nachweisen zum Meinungsstand; zu den Ansätzen nach der KO: *Uhlenbruck*, KO, § 102 Rn. 6 h–6 z.

Überschuldungsbilanz – Passiva

	Wert TDM
A. Eigenkapital	entfällt
B. Rücklagen	entfällt
C. Verbindlichkeiten	
I. Kreditinstitute	
1. Langfristdarlehen	6 000
2. Kurzfristige Ausreichungen	4 000
II. Sonstige Darlehen	1 000
III. Lieferungen und Leistungen	
1. Warenlieferungen	1000
2. Sonstige Leistungen	500
3. Erhaltene Anzahlungen	800
IV. Löhne und Gehälter	400
V. Steuern/öffentl. Abgaben	350
VI. Sonstige	50
Summe:	**14100**

Die Passivseite der Überschuldungsbilanz enthält alle Verbindlichkeiten, die im Fall der Eröffnung eines Insolvenzverfahrens aus der vorhandenen Masse bedient werden müssen.

Ausgenommen von der Passivierungspflicht sind deshalb das Eigenkapital und die freien Rücklagen. Anders als bei der Insolvenzbilanz werden bei der Überschuldungsbilanz solche Verbindlichkeiten nicht angesetzt, die erst durch das Insolvenzverfahren ausgelöst werden; wegen der besonderen Problematik des Ansatzes von Passivposten muß wiederum auf weiterführende Literatur verwiesen werden.[221]

In der Praxis erfolgt die Prüfung der Überschuldung im Regelfall erst nachträglich anhand der Insolvenzeröffnungsbilanz. Auch die Insolvenzordnung macht keine verbindlichen Vorgaben für die Erstellung einer Vermögensübersicht zum Zwecke der Überschuldungsprüfung. In Anlehnung an die Bestimmungen der §§ 153 Abs. 1, 151 Abs. 2 und 152 Abs. 2 Satz 1 InsO hat sich das nachfolgende Gliederungsschema durchgesetzt: **118**

[221] Vgl. etwa *Braun/Uhlenbruck* S. 293 ff.; *Budde/Förschle,* Sonderbilanzen, Teil P Rn. 119f., jeweils mit umfangreichen Nachweisen zum Meinungsstand.

Vermögensübersicht
zum ...
in dem Insolvenzverfahren über das Vermögen der Firma ...
Aktenzeichen Insolvenzgericht ...: ... IN ... / ...

AKTIVA

	Realisierungs-werte (Liquidation) TDM	Aussonderung Absonderung Aufrechnung TDM	Frei für die Masse TDM
A. Anlagevermögen			
I. Immaterielle Vermögensgegenstände			
1. Konzessionen, gewerbliche Schutzrechte und ähnliche Rechte	0	0	0
2. Geschäfts- oder Firmenwert	0	0	0
II. Sachanlagen			
1. Grundstücke/grundstücksgleiche Rechte und Bauten	5000	5000	0
2. Techn. Anlagen und Maschinen	2000	2000	0
3. Andere Anlagen, Betriebs- und Geschäftsausstattung	150	150	0
4. Fahrzeuge	60	60	0
III. Finanzanlagen			
1. Anteile an verbundenen Unternehmen	50	0	50
2. Beteiligungen	0	0	0
B. Umlaufvermögen			
I. Vorräte			
1. Roh-, Hilfs- u. Betriebsstoffe	350	318,5	31,5
2. Unfertige Erzeugnisse, unfertige Leistungen	0	0	0
3. Fertige Erzeugnisse und Waren	400	364	36
II. Forderungen und sonst. Vermögensgegenstände			
1. Forderungen aus Lieferungen und Leistungen	1850	1683,5	166,5
2. Forderungen gegen verbundene Unternehmen	0	0	0
3. Sonstige Vermögensgegenstände	200	182	18
III. Guthaben bei Kreditinstituten/Kasse			
1. Banken	200	0	200
2. Kasse	0	0	0
IV. Sonstige Vermögensgegenstände	10	0	10
Summen:	**10 270**	**9758**	**512**

Wie bei der Überschuldungsbilanz muß auch die Vermögensübersicht im Insolvenzverfahren die Bewertungsansätze (Liquidations- oder Fortführungswert) offenlegen (vgl. §§ 153 Abs. 1 S. 2, 151 Abs. 2 InsO). Bei den Realisierungswerten ist jeweils mitzuteilen, ob für einen Gläubiger an dem Gegenstand bestimmte Sicherheiten (Aussonderung/Absonderung) bestellt sind oder die Aufrechnung möglich ist (vgl. § 152 Abs. 2 und 3 InsO). Lediglich der Saldo steht der Gesamtheit der Insolvenzgläubiger als sog. „freie Masse" zur Verfügung.

Vermögensübersicht
zum ...
in dem Insolvenzverfahren über das Vermögen der Firma ...
Aktenzeichen Insolvenzgericht ...: ... IN ... / ...

PASSIVA

	Betrag TDM	Aussonderung Absonderung Aufrechnung TDM	unge- sichert TDM
A. Masseverbindlichkeiten			
I. Kosten des Insolvenzverfahrens (§ 54 InsO)	150		
II. Sonstige Masseverbindlichkeiten (§ 55 InsO)			
1. § 55 Abs. 1 Nr. 1 InsO (Handlungen des Insolvenzverwalters)	100		
2. § 55 Abs. 1 Nr. 2 InsO (gegenseitige Verträge)	170		
3. § 55 Abs. 1 Nr. 3 InsO (ungerechtfertigte Bereicherung)	0		
III. Sozialplanforderungen (§ 123 Abs. 2 InsO)	750		
B. Insolvenzgläubiger			
I. Kreditinstitute			
1. Langfristdarlehen	6000	6000	0
2. Kurzfristige Ausreichungen	4000	1210	2790
II. Sonstige Darlehen	800	0	800
III. Lieferungen und Leistungen			
1. Warenlieferungen	2700	2548	152
2. Sonstige Leistungen	500	0	500
IV. Arbeitnehmerbereich			
1. Löhne und Gehälter	0	0	0
2. Insolvenzgeld	300	0	300
3. Betriebl. Altersversorgung	800	0	800
V. Steuern/öffentl. Abgaben	350	0	350
VI. Sonstige	0	0	0
C. Nachrangige Insolvenzgläubiger (§ 39 InsO)	0	0	0
Summen B + C:	**15 450**	**9758**	**5692**

Die bei Insolvenzeröffnung aufgestellte Vermögensübersicht enthält in der Regel auch solche Verbindlichkeiten, die erst durch die Insolvenzeröffnung entstehen. Solche Verbindlichkeiten bleiben bei der Prüfung der Vorfragen, ob überhaupt eine Überschuldung besteht, außer Betracht.

b) Auswirkungen auf das Strafrecht

119 Da aus strafrechtlicher Sicht die Überschuldung zum Zeitpunkt der Tathandlung vorgelegen haben muß, ist die Bewertung durch den Strafrichter ex ante vorzunehmen. Die staatsanwaltschaftliche Praxis hat bei der Überschuldungsprüfung bislang häufig allein die Liquidationswerte des Unternehmens zugrunde gelegt.[222] Eine derartige Betrachtungsweise vermag zwar die geschilderten Unsicherheiten in den Bewertungsfragen zu vermeiden; sie nimmt aber damit die Rechtsfolge der Liquidation vorweg, über deren Eintritt das Überschuldungsstatut ja erst Auskunft geben soll.[223] Schließlich ist diese Methode durch die neue InsO überholt. Denn in § 19 Abs. 2 InsO hat der Gesetzgeber positivrechtlich festgelegt, daß eine Fortführungsprognose zwingend aufgestellt werden muß. Schon wegen der Gleichheit der Schutzrichtung, nämlich des Schutzes der Gläubiger vor masseschmälernden Handlungen des Schuldners im Zusammenhang mit dem wirtschaftlichen Zusammenbruch, ist eine identische Auslegung des im Insolvenzstrafrecht und im Insolvenzrecht verwendeten Begriffs der Überschuldung unabdingbar.[224] Die Krisendeterminante „Überschuldung“ muß damit vom insolvenzrechtlich vorgeprägten Begriffsverständnis ausgehen. Eine Fortführungsprognose ist demzufolge auch für die strafrechtliche Prüfung unentbehrlich.

120 Soweit allerdings strafrechtliche Grundsätze zu beachten sind (in dubio pro reo), genießen diese auch vor dem neuen Insolvenzrecht Vorrang. So legt bei der Frage der positiven Fortführungsprognose ein Teil des konkursstrafrechtlichen Schrifttums den strafprozessualen Grundsatz in dubio pro reo zugrunde, mit der Folge, daß nur im Fall einer *eindeutigen* negativen Prognose eine Berechnung nach Liquidationswerten erfolgen darf.[225] Dieses Verständnis wird durch die neue InsO nicht berührt.

121 Allerdings darf man – ungeachtet des gesetzgeberischen Bekenntnisses zu der zweistufigen Überschuldungsprüfung – nicht übersehen, daß auch nach der Neuregelung Rechtsunsicherheiten bezüglich des Überschuldungsstatuts nicht ausbleiben werden.

Die zweistufige Methode enthält zunächst die Unsicherheit der Fortführungsprognose und dann die Unsicherheit bezüglich der Bestimmung der Fortführungswerte. Wie diese Fortführungswerte zu ermitteln sind, ist im einzelnen lebhaft umstritten. So geht es hier regelmäßig um die schon betriebswirtschaftlich außerordentlich schwierige Wertermittlung bei einem Gesamtbetrieb.[226] Insbesondere ist hinsichtlich der Aktivposten der Überschuldungsbilanz fraglich, ob für den Unternehmenswert auf den – wie auch immer zu bestimmenden – Substanzwert insgesamt, nur auf die künftigen Erlöse des Unternehmens (Ertragswert) oder auf eine Mischung beider Wertansätze abzustellen ist.[227] Auch bezüglich der einzelnen auszuweisenden Passivposten der Überschuldungsbilanz bestehen einige Streitfragen.[228] Dies hat im strafrechtlichen Schrifttum zu der Feststellung geführt, daß „das Problem der strafrechtlichen Überschuldungsfeststellung bislang insgesamt ungelöst ist“.[229] Bei der Feststellung der Überschuldung durch den Strafrichter gilt insbesondere, daß eine Überschuldung nur angenommen werden kann, wenn alle ernsthaft vertretenen Schätzungsmethoden zu dem gemeinsamen Ergebnis der Überschuldung führen.[230]

---

222 Etwa *Franzheim* wistra 1984, 212f.

223 Vgl. *Moosmayer* S. 163.

224 *Moosmayer* S. 164.

225 Vgl. LK/*Tiedemann* vor § 283 Rn. 155.

226 Hierzu näher *Braun/Uhlenbruck* S. 293f.

227 Eingehend LK/*Tiedemann* vor § 283 Rn. 157; ferner *Braun/Uhlenbruck* S. 294; *Uhlenbruck* wistra 1996, 1 (6).

228 Näher *Braun/Uhlenbruck* S. 296ff. und oben Rn. 117 ff.

229 So LK/*Tiedemann* vor § 283 Rn. 158.

230 Vgl. LK/*Tiedemann* vor § 283 Rn. 158.

Für die Ermittlungsbehörden war es wegen der Unsicherheiten des prognostischen Elements bei der Überschuldungsprüfung sowie der bestehenden Rechtsunsicherheit aufgrund des Theorienstreits (zweistufiger Überschuldungstheorie bzw. modifizierter zweistufiger Überschuldungstheorie) bislang regelmäßig einfacher, das Tatbestandselement der Zahlungsunfähigkeit zu untersuchen.[231] An dieser Tatsache wird voraussichtlich auch das neue Insolvenzrecht nichts ändern. Denn auch das neue Recht kann naturgemäß im einzelnen keine Anwort darauf geben, welcher Berechnungsmodus bezüglich der Fortführungswerte zur Anwendung kommt. 122

II. Insolvenzantragspflichten

1. Grundsatz

Ein Insolvenzverfahren wird nicht von Amts wegen, sondern immer nur auf Schuldner- oder Gläubigerantrag eröffnet. Dieser Dispositionsgrundsatz, d. h. das **Antragsrecht** des Gläubigers bzw. des Schuldners, ist in der InsO geregelt (§ 13 Abs. 1 InsO). Demgegenüber finden sich außerhalb des Insolvenzrechts in zahlreichen Gesetzen spezifische **Insolvenzantragspflichten**. Zum Schutz der Gläubiger gegenüber Schuldnern, die nicht unbeschränkt mit ihrem eigenen Vermögen haften, gibt es eine Reihe von gesetzlichen Regelungen, die bestimmten Personen die – teils strafbewehrte – Pflicht zur Stellung eines Eröffnungsantrages innerhalb einer bestimmten Zeitspanne vorschreiben. 123

2. Einzelgesetzliche Normierung

a) GmbH

Im Fall einer insolventen **GmbH**, d. h. im Fall ihrer Zahlungsunfähigkeit oder Überschuldung, schreibt § 64 Abs. 1 GmbHG für den oder die Geschäftsführer sowie § 71 Abs. 4 GmbHG für den oder die Liquidatoren vor, daß der Eröffnungsantrag ohne schuldhaftes Zögern, spätestens aber innerhalb einer Frist von maximal **drei Wochen** nach Eintritt des Eröffnungsgrundes gestellt werden muß (näher unten Rn. 189 ff., 201). Die Verletzung dieser Pflicht ist durch § 84 Abs. 1 Nr. 2 GmbHG strafbewehrt. 124

b) Aktiengesellschaft

Im Fall der Überschuldung oder Zahlungsunfähigkeit einer **Aktiengesellschaft** gilt für die Vorstandsmitglieder bzw. Liquidatoren einer Aktiengesellschaft gem. §§ 92 Abs. 2, 268 Abs. 2 AktG ebenfalls eine maximale Antragsfrist von **drei Wochen** für die Stellung des Insolvenzantrags. Auch bezüglich der KGaA sieht das Gesetz für die persönlich haftenden Gesellschafter eine Frist von maximal drei Wochen nach Eintritt des Eröffnungsgrundes zur Stellung des Eröffnungsantrages vor (§§ 278 Abs. 3 und 283 Nr. 14 AktG). 125

c) Genossenschaft

Im Ergebnis gleichlautende Regelungen sind für die Vorstandsmitglieder und Abwickler einer eingetragenen **Genossenschaft** bei Zahlungsunfähigkeit und/oder Überschuldung nach Maßgabe des § 99 Abs. 1 GenG getroffen. 126

d) OHG, KG

Bei **offenen Handelsgesellschaften** und **Kommanditgesellschaften** ohne natürliche Personen als haftende Gesellschafter ergibt sich die Insolvenzantragspflicht der Geschäfts- 127

[231] Vgl. *Hartung* wistra 1997, 1 (2).

führer bei Zahlungsunfähigkeit oder Überschuldung der Gesellschaft aus den §§ 130a Abs. 1 S. 1, 177a S. 1 HGB.

e) Vereine, Stiftungen, Juristische Personen des öffentlichen Rechts

128 Auch für die Vorstandsmitglieder und Abwickler einer juristischen Person des bürgerlichen Rechts (Verein, Stiftung) besteht eine Insolvenzantragspflicht, die in den §§ 42 Abs. 2, 48 Abs. 2, 86 S. 1, 88 BGB normiert ist. Für juristische Personen des öffentlichen Rechts (Körperschaften, Anstalten, Stiftungen) gilt, soweit diese überhaupt insolvenzfähig sind,[232] gem. § 89 Abs. 2 BGB die Antragspflicht des § 42 Abs. 2 BGB entsprechend.

f) Nachlaß

129 Bei Überschuldung des Nachlasses sind antragspflichtig der oder die Erben (§ 1980 BGB) sowie der Nachlaßverwalter (§ 1985 Abs. 2 S. 2 BGB).[233]

3. Folgen der Pflichtverstöße

130 Das Gesetz knüpft an die schuldhafte Verletzung der gesetzlichen Insolvenzantragspflicht unterschiedliche Sanktionen. Während im Vereinsrecht und Erbrecht die Pflichtverletzung lediglich **Schadensersatzansprüche** gegen die Verantwortlichen zur Folge hat, ist die Pflichtverletzung vor allem in den gesellschaftsrechtlichen Bestimmungen zusätzlich **strafbewehrt** (§ 84 GmbHG, § 401 AktG, §§ 130b, 177a HGB, § 148 GenG; vgl. hierzu näher unten Rn. 159ff.).

III. Gerichtliche Sofortmaßnahmen im Eröffnungsverfahren

1. Der Maßnahmenkatalog im Überblick

131 Mit der Stellung eines Insolvenzantrags wird das Eröffnungsverfahren eingeleitet. Es bezeichnet die Phase, in der das Gericht die Zulässigkeit des Insolvenzantrags und seine Begründetheit überprüft. Um eine Verschlechterung der Vermögenslage des Schuldners zu Lasten der Gläubiger zu verhindern, kann das Insolvenzgericht während dieser Zeitspanne gem. §§ 21ff. InsO notwendige Sicherungsmaßnahmen zur Erhaltung des Haftungsvermögens anordnen. Dabei dürfen nach dem Grundsatz der Verhältnismäßigkeit[234] Maßnahmen gegen die Person des Schuldners nur als letzte Möglichkeit ergriffen werden, etwa wenn die drohende Vermögensverschlechterung mit Anordnungen über das Vermögen nicht mehr zu steuern ist.[235] Es kommen – in abgestufter Reihenfolge (a, b und c) – folgende **Maßnahmen** in Betracht.

2. Sachverständigengutachten

131a Das Insolvenzgericht hat von Amts wegen alle Umstände zu ermitteln, die für das Insolvenzverfahren von Bedeutung sind. Es kann zu diesem Zwecke insbesondere einen Sachverständigen bestellen (§ 5 Abs. 1 InsO). Dies wird bei allen Insolvenzantragsverfahren, in denen nicht von Anfang an eine übersichtliche Situation vorhanden ist, der Fall sein.

---

232 Vgl. *Palandt/Heinrichs* § 89 Rn. 7.
233 Hierzu näher *Palandt/Edenhofer* § 1980 Rn. 1, § 1985 Rn. 7.
234 Hierzu eingehend *Kübler/Prütting/Pape* § 21 Rn. 7f.
235 Vgl. nur *Häsemeyer* Rn. 7.35.

3. Sicherungsmaßnahmen

a) Anordnungen ohne Einsetzung eines vorläufigen Insolvenzverwalters

aa) Verfügungsverbote

Zulässig sind sowohl Verfügungsverbote über einzelne Vermögensgegenstände (§ 21 Abs. 1 InsO)[236] als auch ein allgemeines Verfügungsverbot über das gesamte Vermögen des Schuldners (§ 21 Abs. 2 Nr. 2 InsO). Hierbei handelt es sich um absolute Verfügungsverbote, dh verbotswidrig vorgenommene Verfügungen über bewegliche Sachen sind den Insolvenzgläubigern gegenüber absolut unwirksam.[237] Die Anordnungen sind öffentlich bekanntzumachen (§ 23 Abs. 1 InsO). 132

bb) Vollstreckungsverbote

Das Insolvenzgericht kann auch einzelne Zwangsvollstreckungsmaßnahmen in das bewegliche Vermögen des Schuldners untersagen oder einstellen, um eine Gläubigergleichbehandlung zu gewährleisten (§ 21 Abs. 2 Nr. 3 InsO). Für das unbewegliche Vermögen gelten die §§ 30d, 30e ZVG. Danach setzt der Antrag auf Einstellung der Zwangsvollstreckung in das unbewegliche Vermögen die Einsetzung eines vorläufigen Verwalters voraus, da nur dieser zur Antragstellung berechtigt ist. 133

cc) Sonstige Maßnahmen

Daneben können auf Grundlage der Generalklausel des § 21 Abs. 1 InsO Individualanordnungen getroffen werden, die dem Insolvenzgericht erforderlich erscheinen, um die Durchführung des Eröffnungsverfahrens zu sichern.[238] 133a

b) Einsetzung eines vorläufigen Insolvenzverwalters

Das Insolvenzgericht hat neben den vermögensrechtlichen Anordnungen zudem die Möglichkeit, einen vorläufigen Insolvenzverwalter zu bestellen (§ 21 Abs. 2 Nr. 1). Eine solche Anordnung ist sinnvoll, wenn es darum geht, nicht nur den Massebestand zu sichern, sondern Wertverluste durch schlechte Verwaltung des Schuldnervermögens zu verhindern.[239] Dabei stehen zwei Varianten zur Verfügung.[240] 134

Das Gericht kann einen „schwachen" oder „starken" vorläufigen Insolvenzverwalter bestellen. Kennzeichnend für den „schwachen" Insolvenzverwalter ist, daß das Gericht **nicht zugleich ein allgemeines Verfügungsverbot** ausspricht, so daß die Verwaltungs- und Verfügungsbefugnis beim Schuldner verbleibt. Das Gericht kann allerdings ergänzend einen Zustimmungsvorbehalt anordnen, d. h., daß Verfügungen des Schuldners nur mit Zustimmung des Insolvenzverwalters wirksam sind (§ 21 Abs. 2 Nr. 2 InsO), oder aber einzelne Verfügungsbeschränkungen aussprechen (§ 21 Abs. 1 InsO).

Kennzeichnend für den „starken" vorläufigen Insolvenzverwalter ist hingegen, daß das Gericht **zugleich ein allgemeines Verfügungsverbot** verhängt mit der Folge, daß die Verwaltungs- und Verfügungsbefugnis über das Schuldnervermögen einschließlich der Prozeßführungsbefugnis auf den vorläufigen Insolvenzverwalter übergeht (§ 22 Abs. 1 InsO). 135

---

[236] Vgl. nur *Gerhardt* Rn. 16.

[237] Statt vieler *Häsemeyer* Rn. 7.37.

[238] Vgl. nur *Kübler/Prütting/Pape* § 21 Rn. 4ff.

[239] Vgl. *Häsemeyer* Rn. 7.40.

[240] Statistisches Material zu den ersten Erfahrungen findet sich bei *Bork/Klaas* ZInsO 1999, 485; *Smid* DZWiR 1999, 104.

4. Rechtsstellung des vorläufigen Insolvenzverwalters

136 Während unter Geltung der KO, die als Leitbild die (sofortige) Zerschlagung des Unternehmens normierte, lange Zeit darüber diskutiert wurde, ob ab Stellung eines Konkursantrags überhaupt noch weiterproduziert werden darf, ist die Antwort der InsO eindeutig: Bis zur ersten Gläubigerversammlung ist die Fortführung des Schuldnerunternehmens als gesetzlicher Regelfall vorgesehen (§§ 157, 158 InsO). Zur Sicherung dieser Zielsetzung stellt die InsO in den §§ 21ff. das geschilderte Instrumentarium von Sicherungsmaßnahmen zur Verfügung. Insbesondere hat die InsO die Rechtsstellung des vorläufigen Insolvenzverwalters (früher Sequester) auf eine – ausdifferenzierte – gesetzliche Grundlage gestellt, die zwar größere Klarheit, indes aber zugleich auch eine Vielzahl von Folgeproblemen mit sich bringt. Zu unterscheiden ist zwischen einem vorläufigen Insolvenzverwalter mit Verwaltungs- und Verfügungsbefugnis über das Schuldnervermögen (§ 21 Abs. 2 Nr. 2 1. Alt. mit § 22 InsO) und dem vorläufigen Insolvenzverwalter, dem im wesentlichen nur Überwachungsaufgaben und Zustimmungsvorbehalte für Verfügungen des Schuldners übertragen werden (§ 21 Abs. 2 Nr. 2, 2. Alt. mit § 22 Abs. 2 InsO).

a) Der nicht verfügungsbefugte vorläufige Verwalter

137 Bestellt das Gericht einen vorläufigen Verwalter, ohne ein allgemeines Verfügungsverbot auszusprechen, und ordnet es zugleich die Zustimmungsbedürftigkeit von Verfügungen des Schuldners an (§ 21 Abs. 1 Nr. 2, 2. Alt. InsO), so handelt es sich im Ergebnis um das frühere Modell der sog. Sicherungssequestration.[241] Hier behält der Schuldner seine Verwaltungs- und Verfügungsbefugnis, während dem vorläufigen Verwalter nur Überwachungs- und Sicherungsfunktion zukommen. Soll weiterproduziert werden, setzt der Erfolg einer derartigen Anordnung voraus, daß sich Geschäftsführer und Verwalter über die Grundzüge der Fortproduktion einigen können.[242] Teilweise wird daher vorgeschlagen, das Gericht dürfe zumindest darüber hinaus anordnen, daß die Arbeitgeberstellung als Einzelbefugnis auf den vorläufigen Verwalter übergeht.[243]

Verbindlichkeiten, die der Verwalter begründet, sind im eröffneten Verfahren bloße Insolvenzforderungen, die zur Tabelle anzumelden sind.[244] Diese Anordnung hat somit Nachteile für die „Aktionsfähigkeit" im Antragsverfahren, entlastet aber die künftige Masse von Masseverbindlichkeiten.

b) Der verfügungsbefugte vorläufige Verwalter

138 § 22 Abs. 1 InsO beschreibt die Rechtsstellung und die Befugnisse eines vorläufigen Verwalters, wenn das Gericht neben seiner Bestellung **zugleich ein allgemeines Verfügungsverbot** anordnet. Sein **Aufgabenbereich** ist gesetzlich exakt vorgegeben: Seine primäre Funktion besteht in der **Sicherung und Erhaltung** des Schuldnervermögens. Zudem hat der verfügungsbefugte Verwalter den gesetzlichen Auftrag zur **Fortführung des Schuldnerunternehmens** bis zur gerichtlichen Entscheidung über den Eröffnungsantrag. Eine Stillegung ist nur mit Zustimmung des Insolvenzgerichts möglich, die wiederum nur unter eingeschränkten Voraussetzungen (z. B. wirtschaftlich unsinnige Betriebsfortführung) zulässig ist.[245] Des weiteren hat er zu prüfen, ob das Vermögen des Schuldners die Kosten des Verfahrens decken wird. Schließlich kann das Gericht ihn zusätzlich beauftragen, als Sachverständiger zu prüfen, ob ein Eröffnungsgrund vorliegt und welche Aussichten für eine Unternehmensfortführung bestehen. Damit soll der Verwalter davor geschützt werden, daß er bei massearmen Verfahren ohne Vergütung

---

241 Vgl. *Kübler/Prütting/Pape* § 22 Rn. 3; *Uhlenbruck* (in Kölner Schrift) Rn. 12.

242 Ebenso *Kübler/Prütting/Pape* § 22 Rn. 4.

243 So *Berscheid* ZInsO 1998, 9 (12).

244 Vgl. *Uhlenbruck* (in Kölner Schrift) Rn. 6; *Kirchhof* ZInsO 1999, 365 (368f.).

245 Vgl. AG Aachen NZI 1999, 279; *Kübler/Prütting/Pape* § 22 Rn. 12; kritisch *Smid* § 4 Rn. 48ff.

bleibt[246] oder daß er wegen Nichterfüllung von Masseverbindlichkeiten zum Schadenersatz verpflichtet wird (§ 61 InsO).

Wichtigstes Merkmal dieses „Verwaltertypus" ist, daß die **Verwaltungs- und Verfügungsbefugnis kraft Gesetzes auf den vorläufigen Verwalter übergeht**, mit der Folge, daß auf ihn auch die Unternehmerstellung in arbeitsrechtlicher, steuerrechtlicher und handelsrechtlicher Hinsicht übergeht.[247] Damit ist seine **Rechtsstellung** der des endgültigen Insolvenzverwalters im wesentlichen angeglichen.[248] Dies verschafft ihm die Möglichkeit, die notwendigen Maßnahmen zur Betriebsfortführung auch tatsächlich durchzusetzen. Mit den Folgeregelungen ist die InsO aber über das Ziel hinausgeschossen. Denn begründet der verfügungsbefugte Verwalter Verbindlichkeiten, wie etwa Lohn- und Gehaltsansprüche, so sind diese nach Eröffnung des Insolvenzverfahrens ausnahmslos als **Masseverbindlichkeiten** zu berichtigen (§ 55 Abs. 2 S. 1 InsO). Auch bei der Vorfinanzierung von **Insolvenzgeld**, das ein wesentliches und selbstverständliches Instrumentarium eines jeden Verwalters im Eröffnungsverfahren darstellt,[249] sind die auf die BfA übergehenden Ansprüche der Arbeitnehmer Masseverbindlichkeiten i. S. von § 55 Abs. 2 InsO.[250] Hiermit läuft der vorläufige Verwalter Gefahr, wegen der Begründung absehbar nicht rückzahlbarer Masseverbindlichkeiten nach § 61 InsO persönlich zu haften.[251] 139

Zudem hat der verfügungsbefugte vorläufige Insolvenzverwalter alle öffentlich-rechtlichen Pflichten und somit sämtliche steuerrechtlichen Pflichten im Hinblick auf die Masse zu erfüllen. Schließlich ist zu beachten, daß die Sondervorschriften des eröffneten Verfahrens mangels gesetzlicher Verweisung nicht anwendbar sind. Damit steht ihm weder das Wahlrecht des § 103 InsO bei gegenseitigen Verträgen noch die besonderen arbeitsrechtlichen Vorschriften der §§ 120ff. InsO zur Verfügung, so daß er kaum Möglichkeiten hat, einen notwendigen Personalabbau vorzunehmen, was von vornherein eine Betriebsfortführung – zu der der Verwalter an sich gesetzlich gezwungen ist – deutlich erschweren kann.[252] Diese negativen Auswirkungen zwingen den Verwalter, das Vorverfahren möglichst schnell durchzuführen.[253] 140

Dennoch wird die Einsetzung eines vorläufigen Verwalters mit Verfügungsbefugnis von einem erheblichen Teil der Literatur empfohlen, weil andernfalls Auseinandersetzungen über die Wirksamkeit von Schuldnerverfügungen vorprogrammiert seien.[254] Die Insolvenzverwalter sind wegen der Begründung von Masseverbindlichkeiten und der Haftungsgefahren skeptisch.[255] Die Gerichte haben diese Skepsis mittlerweile übernommen. In 90 % aller Eröffnungsverfahren ist die Einsetzung des „schwachen" Verwalters die Regel geworden (vgl. *Kirchhof* ZInsO 1999, 365). 141

IV. Entscheidung des Insolvenzgerichts

1. Abweisung mangels Masse und ihre Folgen

Reicht das Vermögen des Schuldners voraussichtlich nicht aus, um die Kosten des Verfahrens zu decken, so ist der Antrag auf Eröffnung des Insolvenzverfahrens abzuweisen (§§ 26 Abs. 1 S. 1 InsO, 107 S. 1 KO). Die Regelungen in der InsO und in der KO sind 142

246 Vgl. *Kübler/Prütting/Pape* § 22 Rn. 13.
247 Vgl. *Wiester* ZInsO 1998, 99.
248 Statt vieler *Berscheid* ZInsO 1998, 9 (10).
249 Vgl. nur *Berscheid* ZInsO 1998, 259; seit BSG ZIP 1995, 935 völlig unstreitig.
250 Vgl. nur *Häsemeyer* Rn. 23.23; *Uhlenbruck* NZI 1998, 1 (6); a. A. ArbG Bielefeld ZIP 1999, 1493.
251 Hierzu *Hess/Kranemann/Pink* Teil 1 Rn. 253f.; näher *Kirchhof* ZInsO 1999, 365 (366f.).
252 Eingehend *Kübler/Prütting/Pape* Rn. 16ff.
253 Vgl. *Kübler/Prütting/Pape* § 22 Rn. 17.
254 So *Kübler/Prütting/Pape* § 22 Rn. 5; *Uhlenbruck* (in Kölner Schrift) S. 242 in Fußn. 6.
255 Etwa *Hess/Kranemann/Pink* Teil 1 Rn. 260; *Vallender* DZWiR 1999, 265 (268).

zwar vom Wortlaut nahezu identisch. In der Sache selbst hat sich durch die InsO jedoch Erhebliches geändert, da der „Kostenbegriff" völlig neu definiert wurde.

a) Rechtslage nach der KO

143 Die KO ist u. a. an dem Umstand gescheitert, daß in 75% der Fälle der Konkursantrag mangels einer die Kosten des Verfahrens deckenden Masse abgewiesen werden mußte. Dabei war die **Massearmut** nach der **KO** „hausgemacht": Denn gem. § 58 KO gehörten zu den Kosten des Verfahrens alle Kosten, die ab Konkurseröffnung vom Konkursverwalter entweder „freiwillig" begründet wurden oder kraft Gesetzes (z. B. Steuer) geschuldet sind. Zu den Masseschulden gem. § 58 KO zählten insbesondere die Löhne und Gehälter der Mitarbeiter von der Konkurseröffnung an bis zum Ende der jeweiligen Kündigungsfristen.

b) Rechtslage nach der InsO

144 Die InsO will Verfahrenseröffnungen durch ein Absenken der Eröffnungsvoraussetzungen erleichtern. Nach § 54 InsO zählen zu den Kosten, die durch freie Masse abgedeckt werden müssen – im Gegensatz zur alten KO –, nur noch die Gerichtskosten, die Vergütungen und Auslagen des Insolvenzverwalters und der Mitglieder des Gläubigerausschusses.

145 Trotz Absenkung der Eröffnungsvoraussetzungen wird es auch nach der InsO „die Gretchenfrage" sein, ob eine hinreichende „freie" Masse für die genannten Verfahrenskosten vorhanden ist. Denn an der Tatsache, daß die verwertbare Masse häufig „ausgezehrt" ist, hat die InsO nichts grundlegend geändert. Den absonderungsberechtigten Gläubigern wird lediglich ein Kostenbeitrag von pauschal 9% auferlegt. Da die InsO an der Rechtsstellung der dinglich gesicherten Gläubiger ansonsten nicht gerüttelt hat, ist das **Haftungsvermögen** des Schuldners im Regelfall **praktisch vorweg verteilt**. Die Absonderungsrechte (Grundpfandrechte, Sicherungseigentum, Individual- oder Globalzession) sowie das Vorbehaltseigentum zehren die Aktivmasse in erheblichem Umfang aus.

146 Die Abweisung mangels Masse wird in einem vom Amtsgericht geführten Schuldnerverzeichnis (sog. „schwarze Liste") eingetragen (§ 26 Abs. 2 InsO) und dem Handels-, Genossenschafts- oder Vereinsregister von Amts wegen mitgeteilt, wenn der Schuldner dort als juristische Person oder Gesellschaft ohne Rechtspersönlichkeit verzeichnet ist (§ 31 Abs. 2 InsO). Mit Rechtskraft des Abweisungsbeschlusses werden die Gesellschaften kraft Gesetzes aufgelöst (§§ 131 Abs. 1 Nr. 3, Abs. 2 Nr. 1 HGB, § 262 Abs. 1 Nr. 4 AktG; § 60 Abs. 1 Nr. 5 GmbHG; § 81a Nr. 1 GenG i. V. m. § 141 a FGG n. F.).[256] Die Gesellschaften werden – in der Regel durch ihre bisherigen Geschäftsführer/Vorstände – liquidiert und nach vollständiger Abwicklung im Register gelöscht.

c) Das Gesellschaftsvermögen in der Liquidation

147 Die Abweisung mangels Masse führt stets zu einem mißlichen Zustand, weil kein geordnetes (Insolvenz-)Verfahren mehr durchgeführt wird.[257] Die Abweisung mangels Masse bei beschränkt haftenden Gesellschaften des Handelsrechts bedeutet nämlich nicht zwingend, daß für die Gläubiger „nichts mehr zu holen" wäre.[258] Denn die Masseunzulänglichkeit ist allein im insolvenzrechtlichen Sinne zu verstehen.[259] Nach der Lehre vom sog. **Doppeltatbestand** ist eine beschränkt haftende Gesellschaft erst dann voll beendet, wenn sie **vermögenslos und** im Register **gelöscht** worden ist.[260] Eine Gesellschaft, die

---

[256] Sämtliche in der Fassung des EGInsO, BGBl. 1994 I, S. 2911; zu den Rechtsfolgen der Abweisung näher *Uhlenbruck*, ZIP 1996, 1641, 1645f.

[257] Hierzu *Uhlenbruck*, ZIP 1996, 1641.

[258] Vgl. *Braun/Uhlenbruck* S. 274.

[259] Vgl. *J. Uhlenbruck* (in Kölner Schrift) Rn. 4, 5.

[260] Statt vieler *J. Uhlenbruck* (in Kölner Schrift) Rn. 20; *W. Uhlenbruck*, ZIP 1996, 1641, 1648.

gelöscht wurde, aber noch Vermögen hat, existiert noch als Rechtsträger.[260a] Daher ist stets zu prüfen, ob noch Vermögenswerte vorhanden sind. Möglicherweise hat die Gesellschaft ihrerseits noch Ansprüche gegen Dritte, wie etwa gegen ihre organschaftlichen Vertreter.[261] Allerdings ist es für Gesellschaftsgläubiger, die keinen Einblick in die Geschäftsunterlagen und Interna haben, nur schwer möglich, derartige Ansprüche zu ermitteln und geltend zu machen.[262] In aller Regel resignieren daher die Gläubiger, sobald die GmbH im Handelsregister gelöscht worden ist.[263]

Dies ist die Chance für die ehemaligen Geschäftsführer und jetzigen Liquidatoren, das verbliebene Restvermögen nach eigenem Ermessen zu verteilen. Ein gesetzlich geregeltes Verfahren zur Durchführung einer Liquidation nach Abweisung eines Insolvenzantrags mangels Masse gibt es nicht.[263a]

2. Eröffnung des Verfahrens

Stellen der Gutachter und mit ihm später das Gericht fest, daß so viel „freie" Masse vorhanden ist, daß daraus die Kosten des Verfahrens gedeckt werden können, muß das Insolvenzgericht das Insolvenzverfahren eröffnen. Die vom Gericht zu ergreifenden Maßnahmen sind detailliert in den §§ 27ff. InsO geregelt (Eröffnungsbeschluß, Ernennung eines Insolvenzverwalters, Aufforderung an die Gläubiger zur Anmeldung ihrer Forderungen, Bestimmung eines Berichtstermins sowie eines Prüfungstermins, Verbot von Leistungen an den Schuldner etc.). **148**

Die Eröffnung eines Insolvenzverfahrens hat unmittelbare rechtliche Wirkungen hinsichtlich des Schuldners sowie hinsichtlich des schuldnerischen Vermögens. Die wichtigste Wirkung ist die Beschlagnahme der Insolvenzmasse. Sie ist in der InsO nicht ausdrücklich erwähnt, ergibt sich aber aus § 80 Abs. 1 S. 1 InsO, der klarstellt, daß der Schuldner mit der Eröffnung seine Verwaltungs- und Verfügungsbefugnis verliert. Die Beschlagnahme erstreckt sich auf die Insolvenzmasse, wozu nach § 35 InsO nicht nur das vorhandene Vermögen, sondern – anders als nach der KO – auch der Neuerwerb des Schuldners während des Verfahrens gehört.

3. Bindungswirkung für das Strafrecht

Die insolvenzrechtlichen Voraussetzungen für die Abweisung des Insolvenzantrags mangels Masse sowie die Eröffnung des Insolvenzverfahrens spielen auch für das Insolvenzstrafrecht eine bedeutende Rolle, da die Bankrottdelikte der §§ 283ff. StGB durch die objektive Strafbarkeitsbedingung des § 283 Abs. 6 StGB an die Eröffnung des Insolvenzverfahrens bzw. die Abweisung des Insolvenzantrags mangels Masse gebunden sind. Während die (drohende) Zahlungsunfähigkeit und die Überschuldung die materiellen Zustände der Krise beschreiben, sind die *Eröffnung des Insolvenzverfahrens* sowie die *Abweisung des Eröffnungsantrags mangels Masse* **formalrechtliche Akte** des Insolvenzrichters mit **Tatbestandswirkung**. Der Strafrichter darf nach allgemeiner Ansicht die Berechtigung dieser Verfahrensakte nicht mehr überprüfen, sondern ist an diese insolvenzrechtlichen Vorgaben gebunden.[264] Strafrechtlich maßgebend ist die Rechtskraft dieser Verfahrensakte. Unbeachtlich für den Strafrichter sind daher auch Entscheidungen, die das eröffnete Verfahren nachträglich wieder einstellen, d. h. die objektive Bedingung der Strafbarkeit ist nicht eingetreten. **149**

260a Vgl. eingehend *Noack*, Gesellschaftsrecht, 1999, Rdnr. 91ff.

261 Siehe *Braun/Uhlenbruck* S. 274.

262 Vgl. nur *Uhlenbruck*, ZIP 1996, 1641 (zu Informationsmöglichkeiten der Gläubiger näher S. 1650f.).

263 Vgl. *Uhlenbruck*, ZIP 1996, 1641.

263a Vgl. Noack, Gesellschaftsrecht, 1999, Rdnr. 94ff.

264 Statt aller LK/*Tiedemann* vor § 283 Rn. 162.

C. „Klassisches" Insolvenzstrafrecht

I. Allgemeines

1. Vorbemerkung

150 Die Aufklärung von Insolvenzstraftaten und die Verfolgung der Täter gehört zu den schwierigen und wohl zeitraubendsten Aufgaben der Strafverfolgung. Die Führung erfolgreicher Ermittlungsverfahren verlangt von den Strafverfolgungsbehörden neben umfangreichen Rechtskenntnissen auch im außerstrafrechtlichen Bereich ein Wissen über die Kriminalitätsformen und darüber, welche Sachverhalte im Inland und Ausland aufgeklärt werden können.[265]

151 Der ermittelnde Staatsanwalt oder Kriminalbeamte sollte immer daran denken, daß eine Verletzung der Insolvenzantragspflichten des Schuldners[266] regelmäßig nicht nur strafrechtliche Folgen hat. Mancher Schuldner gerade im Bereich leichterer Kriminalität hat weniger Angst vor strafrechtlichen Konsequenzen als vor einer persönlichen Haftung oder beispielsweise vor der Registersperre nach § 6 Abs. 2 Satz 3 GmbHG.[267] Dies kann auf das Aussageverhalten einen erheblichen Einfluß haben. Auch bei einer eventuellen Einstellung des Ermittlungsverfahrens gemäß § 153a StPO sollten die außerhalb des Strafrechts liegenden Auswirkungen bedacht werden.

2. Die gesetzlichen Grundlagen

a) Terminologie

152 Vor Schaffung der InsO unterschied man üblicherweise zwischen Konkursstrafrecht und Insolvenzstrafrecht.[268] Unter **Konkursstraftaten** verstand man zum einen die vom Gesetzgeber im 24. Abschnitt des Besonderen Teils des Strafgesetzbuchs so benannten §§ 283 bis 283d StGB. Zum anderen subsumierte man unter diesen Begriff die Verletzung zur Stellung eines Konkursantrags nach § 401 Abs. 1 Nr. 2 AktG, § 84 Abs. 1 Nr. 2 GmbHG, § 148 Abs. 1 Nr. 2 GenG und § 130b HGB (Konkursverschleppung).[269] **Insolvenzstraftaten** waren dagegen zusätzlich auch jene Straftatbestände, die im Zusammenhang mit der bevorstehenden oder eingetretenen Insolvenz zum Nachteil von Gläubigern, Staat und Dritten begangen werden.[270] Hierunter fielen also auch:

- Unterlassen der Einberufung der Gesellschafterversammlung bei Verlusten in Höhe der Hälfte des Grund- oder Stammkapitals (§ 401 Abs. 1 Nr. 1 AktG, § 84 Abs. 1 Nr. 1 GmbHG, § 148 Abs. 1 Nr. 1 GenG);
- Betrug, insbesondere gegenüber Lieferanten, einschließlich Wechsel- und Scheckbetrug (§ 263 StGB);
- Kreditbetrug (§§ 263, 265b StGB);
- Subventionsbetrug (§§ 263, 264 StGB);
- Versicherungsbetrug (§§ 263, 265 StGB);
- Untreue (§ 266 StGB);
- Falsche Versicherung an Eides Statt (§ 156 StGB);
- Steuerhinterziehung (§§ 370ff. AO);
- Vorenthalten und Veruntreuen von Arbeitsentgelt (§ 266a StGB)

---

[265] *Müller/Wabnitz/Janovsky* Kap. 6 Rn. 3.
[266] Oben Rn. 123ff.
[267] Dazu näher unten Rn. 296.
[268] Vgl. LK/*Tiedemann* vor § 283 Rn. 2.
[269] Dazu im einzelnen Rn. 159ff.
[270] LK/*Tiedemann* vor § 283 Rn. 2 m. w. N.

sowie insbesondere weitere Formen des Betrugs und der Unterschlagung, z. B. durch Veräußerung von sicherungsübereigneten Gegenständen, mehrfache Sicherungsübereignungen oder Verpfändung fremder Sachen.[271]

Durch Art. 60 Nr. 1 EGInsO wurde die Überschrift vor den §§ 283 bis 283d StGB in „Insolvenzstraftaten" geändert. Seit dem (vollständigen) Inkrafttreten der InsO ist deshalb, und weil es den Konkurs im bisherigen Sinn nicht mehr gibt, nach Insolvenzstraftaten im engeren und im weiteren Sinn zu differenzieren. **Insolvenzstraftaten i. e. S.** sind danach die bisherigen Konkursstraftaten, **Insolvenzstraftaten i. w. S.** sind die vormals Insolvenzstraftaten genannten Tatbestände.[272] Nicht zum Insolvenzstrafrecht gehört das Bilanzstraf- und -ordnungswidrigkeitenrecht der §§ 331 bis 334 HGB. 153

b) Die wirtschaftliche Krise

Den Insolvenzdelikten i. e. S. ist gemein, daß ein strafbares Verhalten das Handeln während oder nach einer **Krise des Unternehmens** voraussetzt. Krise bedeutet Zahlungsunfähigkeit, Überschuldung oder drohende Zahlungsunfähigkeit. Bei einigen Delikten ist auch Zahlungseinstellung Voraussetzung für die Strafbarkeit. 154

Welches Kriterium bei den einzelnen Insolvenzstraftaten i. e. S. Voraussetzung für eine Strafbarkeit ist, kann der nachfolgenden Übersicht entnommen werden:

155

Begriff	**Relevant für**
Drohende Zahlungsunfähigkeit	§ 283 StGB § 283d Abs. 1 Nr. 1 StGB
Zahlungsunfähigkeit	§ 283 StGB § 283c StGB § 84 Abs. 1 Nr. 2 GmbHG § 130b HGB § 401 Abs. 1 Nr. 2 AktG § 148 Abs. 1 Nr. 1 GenG
Überschuldung	§ 283 StGB § 84 Abs. 1 Nr. 2 GmbHG § 130b HGB § 401 Abs. 1 Nr. 2 AktG § 148 Abs. 1 Nr. 1 GenG
Zahlungseinstellung	§ 283 Abs. 6 StGB § 283b Abs. 3 StGB § 283c Abs. 3 StGB § 283d Abs. 1 Nr. 2 StGB § 283d Abs. 4 StGB

Was unter **Zahlungseinstellung**, **drohender Zahlungsunfähigkeit**, **Zahlungsunfähigkeit** und **Überschuldung** zu verstehen ist und wie diese ermittelt werden, wurde bereits im Abschnitt über das materielle Insolvenzrecht dargestellt.[273] Zahlungsunfähigkeit und Zahlungseinstellung sind auch für Insolvenzstraftaten i. w. S. von Bedeutung, beispielsweise für Betrug. Zu beachten ist, daß drohende Zahlungsunfähigkeit nicht relevant 156

[271] LK/*Tiedemann* vor § 283 Rn. 2 und 27; vgl. auch *Richter* GmbHR 1984, 148.

[272] So auch LK/*Tiedemann* vor § 283 Rn. 2; *Scholz/Tiedemann* vor § 82 Rn. 53; *Weyand* 1.4 (S. 25); *Moosmayer* B I 1 b (S. 55).

[273] Oben Rn. 78ff.

ist für den Straftatbestand der Insolvenzverschleppung, obwohl sie nach der InsO einen Eröffnungsgrund darstellt. In diesem Fall besteht ein bloßes Insolvenzantragsrecht für den Schuldner, jedoch keine Antragspflicht.[274]

3. Täterkreis

a) Gesetzlich Verantwortliche

157 Die Insolvenzdelikte i. e. S. sind überwiegend Sonderdelikte. Täter der **Insolvenzverschleppung** (Konkursverschleppung) können nur Geschäftsführer (einer GmbH), Vorstandsmitglieder einer AG oder Genossenschaft, persönlich haftende Gesellschafter einer KGaA oder die Liquidatoren einer der genannten Gesellschaften sein. Bei den Straftatbeständen des **Bankrotts**, der **Verletzung der Buchführungspflicht** und der **Gläubigerbegünstigung** kommt als Täter grundsätzlich nur derjenige in Betracht, der sich in der Krise befindet, diese herbeiführt, der seine Zahlungen eingestellt hat, über dessen Vermögen das Insolvenzverfahren eröffnet oder die Eröffnung mangels Masse abgewiesen wurde. Soweit es um die Beurteilung von Bankrotthandlungen bei Gesellschaften geht, ist auf die jeweiligen organschaftlichen Vertreter abzustellen. Ausnahmsweise können andere Personen dann Täterqualität haben, wenn sie die Voraussetzungen des § 14 Abs. 2 StGB erfüllen. Täter der **Schuldnerbegünstigung** kann hingegen jeder sein. Bei den **Insolvenzdelikten i. w. S.** kommt überwiegend jedermann als Täter in Betracht. In der Praxis werden diese Delikte (vor allem Betrug und Untreue) meist durch den Schuldner oder die verantwortlichen Organe einer juristischen Person oder sonstigen Gesellschaft begangen. Einzelheiten zu den gesetzlich Verantwortlichen sind bei den Ausführungen zu den jeweiligen Insolvenzstraftatbeständen dargestellt.

b) Faktisch Verantwortliche

158 Häufig sind für Insolvenzdelikte Personen tatsächlich verantwortlich, die nach dem Wortlaut der Bestimmungen als Täter nicht ausdrücklich genannt sind. Hier hat die Rechtsprechung schon seit langem die allgemein anerkannte Figur des **faktisch Verantwortlichen** geschaffen. Speziell bei **Strohmannverhältnissen** ist dies von Bedeutung. Ansonsten könnte der Drahtzieher und eigentlich Verantwortliche nicht oder allenfalls wegen Beihilfe zur Rechenschaft gezogen werden.[275]

II. Insolvenzverschleppung (Konkursverschleppung)

1. Allgemeines

a) Überblick und Terminologie

159 Mit dem Begriff **Konkursverschleppung** wurden Verstöße gegen die bei verschiedenen Gesellschaften (einschließlich der Genossenschaften) gesetzlich geregelte Pflicht zur Stellung eines Konkurs- oder Vergleichsantrags bezeichnet. Seit 1. 1. 1999 ist der Antrag auf Eröffnung des Insolvenzverfahrens (Insolvenzantrag) zu stellen. Die Verantwortlichen der Gesellschaften sind nach dem GmbHG, AktG, GenG, HGB sowie – was strafrechtlich nicht relevant ist – nach dem BGB (Vereine, Stiftungen etc.) verpflichtet, bei Zahlungsunfähigkeit oder Überschuldung unverzüglich die Eröffnung des Insolvenzverfahrens (bisher: des Konkursverfahrens oder des gerichtlichen Vergleichsverfahrens) zu beantragen.[276]

---

[274] Vgl. § 18 Abs. 1 InsO und oben Rn. 99.
[275] Zu Einzelheiten vgl. Rn. 423ff.
[276] Oben Rn. 123ff.

Soweit in strafrechtlichem Zusammenhang von Konkursverschleppung (nunmehr: Insolvenzverschleppung) gesprochen wird, ist damit in der Regel nicht nur der materielle Tatbestand der verspäteten oder unterlassenen Antragstellung gemeint, sondern die **Strafnorm**, die sich aus dem Handlungsgebot und der strafrechtlichen Sanktion zusammensetzt. Verkürzt wird häufig auch nur der Teil der Vorschrift, der die Strafdrohung enthält, als Tatbestand der Konkurs- oder Insolvenzverschleppung bezeichnet. Es sind dies: 160

- § 84 Abs. 1 Nr. 2, Abs. 2 GmbHG,
- § 401 Abs. 1 Nr. 2, Abs. 2 AktG,
- § 130b HGB und
- § 148 Abs. 1 Nr. 2, Abs. 2 GenG.

Daneben gibt es Sonderregelungen für Kreditinstitute im Kreditwesengesetz (KWG) 161
und für Versicherungsunternehmen im Versicherungsaufsichtsgesetz (VAG). § 46b KWG und § 88 VAG enthalten Anzeigepflichten gegenüber der Aufsichtsbehörde. Nur diese ist befugt einen Insolvenzantrag zu stellen. Das Unterlassen der Anzeige ist in § 55 KWG und § 141 VAG strafbewehrt. Dies sind die Tatbestände der Insolvenzverschleppung für die Verantwortlichen der Kreditinstitute und Versicherungsunternehmen.

Der Gesetzgeber verwendet den **Begriff Konkursverschleppung** oder **Insolvenzverschleppung** nicht. Anders als das StGB enthalten die genannten Gesetze mit Ausnahme des AktG keine amtlichen Paragraphenüberschriften, so daß auch die Strafbestimmungen – wie häufig im Nebenstrafrecht – keinen offiziellen Namen haben. Es stellt sich deshalb die Frage, wie die Straftaten in **Anklage** und **Urteil** zu nennen sind. Nach der StPO sind im Anklagesatz (§ 200 Abs. 1 Satz 1 StPO), Eröffnungsbeschluß (§ 207 StPO) und Urteil (§ 264 StPO) die anzuwendenden oder angewendeten Strafvorschriften zu bezeichnen. Dabei ist jede Bezeichnung, die den Straftatbestand schlagwortartig umschreibt, zulässig. 162

Deshalb bestehen gegen die Verwendung des Begriffs Konkursverschleppung, der üblicherweise benutzt wird, in Anklage und Urteil keine Bedenken. Im Hinblick auf eine möglichst einheitliche Eintragung der Straftaten im Bundeszentralregister sollte dieser Begriff generell Verwendung finden. Soweit bereits Straftaten beurteilt werden, denen eine Verletzung der Verpflichtung zur (rechtzeitigen) Stellung eines Insolvenzantrags nach der InsO zugrunde liegt, ist einheitlich analog der bisherigen Bezeichnung der Begriff **Insolvenzverschleppung** zu verwenden. Da Konkurs- oder Insolvenzverschleppung sowohl vorsätzlich als auch fahrlässig (vgl. jeweils Abs. 2 der genannten Vorschriften) begangen werden können, ist darauf zu achten, die Begehungsform in Anklage und Urteil zu nennen.

b) Systematik

Die Straftatbestände der Insolvenzverschleppung sind – wie schon ausgeführt – nicht als eigenständige, aus sich selbst heraus verständliche „unabhängige“ Strafvorschriften gefaßt. Vielmehr sind sie **zusammengesetzt** aus dem sachlich-rechtlichen Handlungsgebot und der eigentlichen Strafnorm, die das Unterlassen der vorgeschriebenen Handlung mit einer Strafdrohung versieht. Wegen dieser Abhängigkeit der eigentlichen Sanktionsnorm von dem gesondert gesetzten Gebot spricht man auch von **akzessorisch** gefaßten Sanktionsnormen.[277] Teilweise werden die Straftatbestände der Insolvenzverschleppung auch als Blankettnormen oder blankettartige Tatbestände bezeichnet.[278] 163

---

277 KK-AktG/*Geilen* § 401 Rn. 6; vgl. auch *Kast*, Zur Ausgestaltung von Straf- und Bußgeldvorschriften im Nebenstrafrecht – Gesetzgebungstechnische Leitsätze mit Beispielen aus der Gesetzgebung –, BAnz. Nr. 167a vom 7. 9. 1983 (= Beilage zum BAnz. Nr. 42/83), S. 6; *Göhler/Buddendiek/Lenzen*, Lexikon des Nebenstrafrechts (24. Ergänzungslieferung zum Grundwerk, 1998), Einführung Rn. 5.

278 *Erbs/Kohlhaas/Fuhrmann* § 401 AktG Anm. 1; *Rowedder/Fuhrmann/Schaal* § 84 Rn. 5 m. w. N.

Die sachlich-rechtliche Norm und die eigentliche Strafvorschrift sind zusammen zu lesen. Diese akzessorische Ausgestaltung ist im Nebenstrafrecht typisch. Als rein gesetzestechnische Maßnahme darf sie keine Auswirkungen auf die Bestimmtheitsanforderungen haben, die gemäß Art. 103 Abs. 2 GG an Strafvorschriften zu stellen sind. So dürfen sich beispielsweise zivil- oder verwaltungsrechtlich zulässige Analogien nicht auf die Strafvorschrift erstrecken.[279]

164 Die Tatbestände der Insolvenzverschleppung sind **echte Unterlassungsdelikte**,[280] weil sich das strafbare Verhalten in dem Unterlassen der Antragstellung erschöpft. Das bloße Untätigbleiben genügt, um den Tatbestand zu verwirklichen. Da sie die vom Gesetz verlangten Handlungspflichten nicht von dem Eintritt eines bestimmten Gefährdungserfolges oder eines Schadens abhängig machen, sind sie nach h. M. **abstrakte Gefährdungsdelikte**.[281] Aus diesem Grund ist der Einwand eines Täters unbeachtlich, durch die unterlassene oder verspätete Insolvenzantragstellung sei ja kein Schaden eingetreten. Insbesondere kann sich ein Geschäftsführer oder Liquidator nicht darauf berufen, es habe ja ein Gläubiger Insolvenzantrag gestellt, weswegen eine Gefährdung der Gläubigerinteressen oder gar eine Schädigung nicht eingetreten sei.[282]

c) Darstellung

165 Die bereits genannten Strafbestimmungen (einschließlich der in Bezug genommenen Normen) weichen zwar teilweise im Wortlaut geringfügig voneinander ab. Im wesentlichen sind sie jedoch von ihrem Gehalt identisch. Die in der folgenden Darstellung über die Insolvenzverschleppung bei der GmbH getroffenen Aussagen gelten daher, soweit in den nachfolgenden Gliederungspunkten keine Abweichungen und Besonderheiten genannt sind, für die Insolvenzverschleppung bei den anderen Gesellschaften ebenso.

2. GmbH

a) Allgemeines

166 Bei der GmbH ist die Verpflichtung zur Stellung eines Insolvenzantrags (Konkurs- oder Vergleichsantrags) in **§ 64 Abs. 1 GmbHG** n. F. (§ 64 Abs. 1 Satz 1 und 2 GmbHG a. F.) geregelt. Danach haben die Geschäftsführer bei Zahlungsunfähigkeit oder Überschuldung der Gesellschaft ohne schuldhaftes Zögern, spätestens drei Wochen nach Eintritt von Zahlungsunfähigkeit oder Überschuldung, die Eröffnung des Insolvenzverfahrens (Konkurs- oder Vergleichsverfahrens) zu beantragen. Die gleiche Pflicht trifft gemäß § 71 Abs. 4 GmbHG die Liquidatoren.

Die Strafdrohungen enthalten **§ 84 Abs. 1 Nr. 2 und Abs. 2 GmbHG**. Bei vorsätzlichem Handeln droht das Gesetz Freiheitsstrafe bis zu drei Jahren oder Geldstrafe an (§ 84 Abs. 1 Nr. 2 GmbHG). Bei fahrlässigem Handeln beträgt die Strafe gemäß § 84 Abs. 2 GmbHG Freiheitsstrafe bis zu einem Jahr oder Geldstrafe.

b) Täterkreis

167 Als Pflichtige bezeichnen sowohl § 64 Abs. 1 und § 71 Abs. 4 als auch § 84 Abs. 1 Nr. 2 GmbHG die Geschäftsführer und Liquidatoren, wobei die Nennung des Täterkreises in der Strafvorschrift rein deklaratorischer Natur ist. Entscheidend ist, wer nach den sach-

[279] Siehe auch *Rowedder/Fuhrmann/Schaal* § 84 Rn. 5, 32; *Baumbach/Hueck/Schulze-Osterloh* § 84 Rn. 3.

[280] BGHSt 28, 371 (380) = NJW 1980, 406; *Scholz/Tiedemann* § 84 Rn. 13; *Rowedder/Fuhrmann/Schaal* § 84 Rn. 4; Großkomm-HGB/*Habersack* § 130b Rn. 3; *Erbs/Kohlhaas/Fuhrmann* § 401 AktG Anm. 1.

[281] Vgl. BGHSt 14, 280 (281) = NJW 1960, 1677 (1678); Großkomm-HGB/*Habersack* § 130b Rn. 3; *Rowedder/Fuhrmann/Schaal* § 84 Rn. 6 m. w. N.; differenzierend *Scholz/Tiedemann* § 84 Rn. 17.

[282] Dazu auch Rn. 191.

lich-rechtlichen Vorschriften, auf die § 84 Abs. 1 Nr. 2 GmbHG Bezug nimmt, den Antrag stellen muß.

aa) Als **Geschäftsführer** kommt nach § 6 Abs. 1 Satz 1 GmbHG eine natürliche, unbeschränkt geschäftsfähige Person in Betracht. Sie kann Gesellschafter der GmbH oder eine andere Person sein, die im Gesellschaftsvertrag (§ 6 Abs. 3 GmbHG) oder durch Mehrheitsbeschluß der Gesellschafter (vgl. §§ 46 Nr. 5, 47 GmbHG) bestellt worden ist. Geschäftsführer ist grundsätzlich auch der **stellvertretende Geschäftsführer**, wenn er als Geschäftsführer tätig geworden ist.[283] Für das Unterlassungsdelikt der Insolvenzverschleppung kann ein stellvertretender Geschäftsführer jedoch nur verantwortlich gemacht werden, wenn der Vertretungsfall vorliegt und während der Vertretung ein Insolvenzgrund eintritt oder bereits vorher eingetreten ist und andauert. Eine Strafbarkeit des stellvertretenden Geschäftsführers nach § 84 Abs. 1 Nr. 2 GmbHG kommt damit nur bei längerer Verhinderung des Geschäftsführers, etwa infolge Erkrankung oder wegen Kuraufenthalts, in Betracht. 168

Als Geschäftsführer strafrechtlich verantwortlich ist auch der **faktische Geschäftsführer**[284] sowie der als **Strohmann** fungierende Geschäftsführer.[285] Dies hat in der Praxis vor allem Bedeutung in den Fällen, in denen beispielsweise die Ehefrau eines bereits einschlägig in Erscheinung getretenen Täters formal die Geschäftsführerstellung innehat, tatsächlich jedoch der Ehemann die Aufgaben eines Geschäftsführers wahrnimmt. Ob und inwieweit einer solchen Konstellation hinsichtlich des Strohmanns oder der Strohfrau bei der Strafzumessung oder im Rahmen einer Einstellung nach dem Opportunitätsprinzip (§§ 153ff. StPO) Rechnung zu tragen ist, kann nicht generell gesagt werden. Dies ist jeweils im Einzelfall vom zuständigen Staatsanwalt oder durch das Gericht zu entscheiden. 169

bb) Liquidator ist der Abwickler einer aufgelösten GmbH. Er ist gleichzeitig Geschäftsführungs- und Vertretungsorgan. Die Funktion des Liquidators nimmt grundsätzlich der Geschäftsführer der GmbH wahr, wenn diese Aufgabe nicht durch Gesellschaftsvertrag oder Beschluß der Gesellschafter einer anderen Person übertragen worden ist, § 66 Abs. 1 GmbHG. Er kann bei Vorliegen bestimmter Voraussetzungen aus wichtigem Grund auch durch das Registergericht bestimmt werden, § 66 Abs. 2 GmbHG. Ebenso wie der Geschäftsführer kann auch der Liquidator die Geschäftsführungs- und Vertretungstätigkeit nur faktisch ausüben, ohne förmlich dazu bestellt worden zu sein. Auf die Strafbarkeit hat das wiederum keinen Einfluß. 170

Da die Geschäftsführer nach § 66 Abs. 1 GmbHG **geborene Liquidatoren** sind, kann ein Geschäftsführer sich der Strafbarkeit nicht dadurch entziehen, daß er seiner Anmeldepflicht nach § 67 Abs. 1 GmbHG nicht nachkommt. Die Eintragung eines Liquidators im Handelsregister hat lediglich deklaratorische Bedeutung.[286] Solange nicht bestimmte andere Liquidatoren bestellt sind, bleiben die Geschäftsführer im Amt und sind dann in ihrer Funktion als Liquidatoren verpflichtet, bei Zahlungsunfähigkeit oder Überschuldung der Gesellschaft Insolvenzantrag zu stellen. 171

cc) Wegen des ausdrücklich bezeichneten begrenzten Personenkreises ist § 84 Abs. 1 Nr. 2 GmbHG ein **echtes Sonderdelikt**.[287] Damit kann **Täter** (Alleintäter, Mittäter oder mittelbarer Täter) nur sein, wer Geschäftsführer oder Liquidator ist. Deswegen scheiden insbesondere die Gesellschafter, die nicht gleichzeitig geschäftsführend tätig sind, als Täter aus.[288] Da Liquidator – anders als ein Geschäftsführer – auch eine juristische Per- 172

---

283 *Rowedder/Fuhrmann* § 82 Rn. 6.

284 Dazu näher Rn. 423ff.

285 Unten Rn. 435.

286 *Baumbach/Hueck/Schulze-Osterloh* § 67 Rn. 18; *Scholz/K. Schmidt* § 67 Rn. 4.

287 Vgl. BGHSt 14, 280 (281f.) = NJW 1960, 1677 (1678); *Scholz/Tiedemann* § 84 Rn. 18.

288 BGH BB 1958, 930; *Erbs/Kohlhaas/Schaal* § 84 GmbHG Rn. 4, 32; *Rowedder/Fuhrmann/Schaal* § 84 Rn. 8.

son oder eine Gesamthandsgemeinschaft sein kann, ist der Täter ggf. nach § 14 StGB zu bestimmen.[289] Bei einer juristischen Person als Liquidator ist Täter dann regelmäßig der Organvertreter dieser juristischen Person.

173 **dd)** In Betracht kommt speziell für Gesellschafter jedoch **Teilnahme** (Anstiftung und Beihilfe). Die besonderen persönlichen Merkmale brauchen beim Anstifter oder Gehilfen nicht vorzuliegen (vgl. § 28 Abs. 1 StGB). Die Teilnahmehandlung kann darin liegen, daß die Gesellschafter den Geschäftsführer oder Liquidator zur Unterlassung der Antragstellung drängen oder anweisen oder ihn in seinem Entschluß zur Unterlassung bestärken.[290] Soweit Gesellschafter gegenüber Gläubigern der GmbH die tatsächlich eingetretene Zahlungsunfähigkeit oder Überschuldung ableugnen und beispielsweise behaupten, es liege nur eine Zahlungsstockung vor, ist keine Beihilfehandlung gegeben. Auch wenn ein Gesellschafter dadurch den Zusammenbruch der GmbH vertuschen oder die Eröffnung des Insolvenzverfahrens verhindern oder verzögern will, scheidet Beihilfe aus. Zum Gehilfen wird der Gesellschafter nämlich nur, wenn er den Entschluß des Haupttäters (des Geschäftsführers oder Liquidators), die Insolvenzanmeldung zu unterlassen, **durch Rat oder Tat fördert.**[291]

174 Auch andere Personen können Teilnahmehandlungen begehen. So kommt insbesondere Beihilfe durch leitende **Angestellte**, z. B. aus der Finanzbuchhaltung, in Betracht. Anstiftung und Beihilfe ist zudem durch **Außenstehende** möglich, beispielsweise durch Bankangestellte oder durch Rechtsanwälte, Steuerberater, Wirtschaftsprüfer oder Unternehmensberater.[292] Auch diese machen sich dann strafbar, wenn sie den Tatentschluß des Haupttäters, keinen Insolvenzantrag zu stellen, hervorrufen oder durch Rat und Tat fördern.

175 Bei Anstiftungshandlungen von **Beratern** stellt sich regelmäßig die Problematik des Vorsatzes. Soweit der Rechtsanwalt oder sonstige Berater nur Alternativen zur Insolvenzantragstellung aufzeigt, beispielsweise die Gründung einer Auffanggesellschaft oder das Schließen eines außergerichtlichen Vergleichs durch prozentualen Teilverzicht der Gläubiger, ist Strafbarkeit mangels Anstiftervorsatzes nicht gegeben.[293] Zum strafbaren Anstifter wird der Rechtsanwalt oder sonstige Berater erst, wenn er in Kenntnis der Insolvenzreife rät, (zunächst) keinen Antrag zu stellen, etwa weil damit Sanierungsversuche gefährdet wären. Wenn der Berater hierbei konkrete Sanierungsvorschläge unterbreitet oder Alternativen zur Sanierung erwägt, prüft und aufzeigt, ist davon auszugehen, daß er die Insolvenzreife der GmbH kennt, zumindest aber damit rechnet und dies billigend in Kauf nimmt. Das genügt für den Anstiftervorsatz.[294] Der Grat zwischen dem straflosen reinen Aufzeigen der rechtlichen Möglichkeiten und der strafbaren Empfehlung an den Geschäftsführer, keinen Insolvenzantrag zu stellen, ist schmal.

176 Die gleiche Problematik stellt sich bzgl. eines **Gehilfenvorsatzes**. Hier gelten im wesentlichen dieselben Überlegungen. Auch diesbezüglich ist maßgebliches Kriterium, ob der Anwalt oder sonstige Berater die Insolvenzreife kennt. Straflos bleiben Unterstützungshandlungen des Beraters, wenn er – was selten vorkommen wird – keine Kenntnis von dem Ausmaß der wirtschaftlichen Krise der GmbH hat. Darüber hinaus fehlt es an einer strafbaren Beihilfehandlung, wenn der Anwalt eine bloße Beratung des Geschäftsführers durchführt, bei den Sanierungsbemühungen selbst jedoch nicht eingeschaltet wird.[295]

---

[289] Vgl. *Rowedder/Fuhrmann* § 82 Rn. 7.

[290] *Scholz/Tiedemann* § 84 Rn. 20; *Erbs/Kohlhaas/Schaal* § 84 GmbHG Rn. 33.

[291] BGHSt 14, 280 (282) = NJW 1960, 1677 (1678); s. a. *Erbs/Kohlhaas/Schaal* § 84 GmbHG Rn. 33; *Scholz/Tiedemann* § 84 Rn. 20.

[292] *Erbs/Kohlhaas/Schaal* § 84 GmbHG Rn. 33; *Scholz/Tiedemann* § 84 Rn. 22; ausführlich: *Baumgarte* wistra 1992, 41.

[293] Vgl. ausführlich *Baumgarte* wistra 1992, 41 (43f.); s. a. *Braun/Uhlenbruck* Teil 10 III 2 (S. 768).

[294] Vgl. näher *Baumgarte* wistra 1992, 41 (44).

[295] Dazu auch *Baumgarte* wistra 1992, 41 (45f.).

ee) Bei **mehreren Geschäftsführern** oder Liquidatoren ist jeder für die Antragstellung verantwortlich und damit bei verspätetem oder unterlassenem Insolvenzantrag Täter der Insolvenzverschleppung.[296] Fassen die Geschäftsführer gemeinsam den Entschluß, (noch) keinen Insolvenzantrag zu stellen, sind sie **Mittäter** (§ 25 Abs. 2 StGB). Unterlassen sie den Antrag unabhängig voneinander, sind sie **Nebentäter**. 177

Die Verpflichtung zur Stellung eines Insolvenzantrags besteht für jeden Geschäftsführer auch dann, wenn er **nicht alleinvertretungsbefugt** ist, sondern nur zusammen mit einem oder mehreren anderen Geschäftsführern. Für den Insolvenzantrag sowie den Konkursantrag nach altem Recht ergibt sich dies daraus, daß – unabhängig von der gesellschaftsvertraglichen Regelung – jeder einzelne Geschäftsführer oder Liquidator antragsberechtigt und damit auch verpflichtet ist.[297] Für Fälle vor Einführung des einheitlichen Insolvenzverfahrens ist folgendes zu beachten: Der Vergleichsantrag konnte zwar gemäß § 2 Abs. 1 Satz 2 VerglO nur von der GmbH als solcher gestellt werden und damit bei fehlender Einzelgeschäftsführungsbefugnis nur von den Geschäftsführern gemeinsam. Wenn die gesamtvertretungsberechtigten Geschäftsführer den Vergleichsantrag jedoch nicht stellten, insbesondere weil sie sich uneinig waren, so war der allein nicht vertretungsberechtigte Geschäftsführer oder Liquidator verpflichtet, statt der Eröffnung des Vergleichsverfahrens die Konkurseröffnung zu beantragen.[298] 178

Eine **interne Aufgabenverteilung** unter den Geschäftsführern ist unbeachtlich. Die häufiger anzutreffende Konstellation, daß von zwei Geschäftsführern einer für den technischen und der andere für den kaufmännischen Bereich zuständig ist, entbindet den Techniker nicht von der Antragspflicht.[299] Möglicherweise fehlt ihm aber der Vorsatz (oder der Vorsatz ist zumindest nicht nachweisbar). Dies kann der Fall sein, wenn der für die Finanzen zuständige Geschäftsführer den anderen Geschäftsführer über die Vermögenssituation der GmbH im unklaren läßt und der Techniker-Geschäftsführer auch sonst keine Kenntnis von der Zahlungsunfähigkeit oder Überschuldung erlangt.[300] Fahrlässigkeit, § 84 Abs. 2 GmbHG,[301] wird ihm in der Regel aber vorzuwerfen sein. 179

Die Verantwortlichkeit jedes Geschäftsführers für die Geschäftsführung insgesamt folgt aus dem Grundsatz der **Generalverantwortlichkeit** und Allzuständigkeit der Geschäftsleitung, wo aus besonderem Anlaß das Unternehmen als Ganzes betroffen ist.[302] Diese Voraussetzung ist bei Zahlungsunfähigkeit oder Überschuldung stets gegeben.[303]

Da ein **stellvertretender Geschäftsführer** nur eingeschränkt strafrechtlich verantwortlich ist,[304] muß die Einlassung eines Geschäftsführers, er sei nur stellvertretender Geschäftsführer, kritisch geprüft werden. Nachdem ein stellvertretender Geschäftsführer ohne Stellvertreterzusatz in das Handelsregister einzutragen ist,[305] muß ggf. anhand der Regelung im Gesellschafts- oder Arbeitsvertrag sowie aufgrund der Geschäftsunterlagen überprüft werden, ob tatsächlich nur eine Stellvertreterfunktion vorliegt. Zu beachten ist auch, ob der formal nur als Stellvertreter bestimmte Geschäftsführer nicht in der Praxis wie ein nicht stellvertretender Geschäftsführer aufgetreten ist. Dann ist er als faktischer Geschäftsführer strafrechtlich verantwortlich.[306] 180

---

296 *Scholz/Tiedemann* § 84 Rn. 24; *Rowedder/Fuhrmann/Schaal* § 84 Rn. 9.

297 BGH wistra 1990, 97 (98); *Scholz/Tiedemann* § 84 Rn. 24; *Richter* GmbHR 1984, 113 (118); *Rowedder/Fuhrmann/Schaal* § 84 Rn. 9.

298 Vgl. näher *Scholz/Tiedemann* § 84 Rn. 25 m. w. N.

299 BGH wistra 1990, 97 (98); *Richter* GmbHR 1984, 113 (118); *Rowedder/Fuhrmann/Schaal* § 84 Rn. 9; *Baumbach/Hueck/Schulze-Osterloh* § 84 Rn. 13.

300 *Rowedder/Fuhrmann/Schaal* § 84 Rn. 9.

301 Dazu Rn. 200.

302 BGHSt 37, 106 (124) = NJW 1990, 2560 (2565).

303 BGH NJW 1994, 2149 (2150); *Rowedder/Fuhrmann/Schaal* § 84 Rn. 9.

304 S. o. Rn. 168.

305 BGH NJW 1998, 1071.

306 Näher unten Rn. 423ff.

181 **ff)** Das **Ausscheiden** eines Geschäftsführers aus der Geschäftsleitung oder die **Amtsniederlegung** wirken sich auf die Antragspflicht nicht aus, wenn zu diesem Zeitpunkt bereits seit mindestens drei Wochen Zahlungsunfähigkeit oder Überschuldung vorlag. Das Ausscheiden nach Ablauf der Dreiwochenfrist des § 64 Abs. 1 Satz 1 GmbHG läßt die bereits eingetretene Strafbarkeit nicht entfallen.[307]

182 Bei einem Ausscheiden während des Laufs der Frist ist der Geschäftsführer nach einer verbreiteten Meinung verpflichtet, den Insolvenzantrag noch rechtzeitig vor seinem Ausscheiden zu stellen oder den neuen Geschäftsführer zu veranlassen, daß dieser den Antrag stellt.[308] Verneint man eine Pflicht zur Einwirkung auf den Rechtsnachfolger, kann sich der Geschäftsführer durch rasche Amtsniederlegung dennoch nicht der strafrechtlichen Verantwortlichkeit entziehen. Vor Amtsniederlegung liegt dann bereits ein schuldhaftes Zögern im Sinne des § 64 Abs. 1 Satz 1 GmbHG vor. Auf den Ablauf der Dreiwochenfrist kommt es damit nicht mehr an.[309] An einem schuldhaften Zögern mit der Folge der Straflosigkeit fehlt es nur dann, wenn der ausscheidende Geschäftsführer sich innerhalb der Frist des § 64 Abs. 1 Satz 1 GmbHG ernsthaft um die Sanierung bemüht hat.[310] Ein in der Praxis äußerst selten auftretender Fall.

183 War dagegen die GmbH zum Zeitpunkt des – freiwilligen oder unfreiwilligen – Ausscheidens des Geschäftsführers noch nicht insolvenzreif, ist der ehemalige Geschäftsführer zur nachträglichen Antragstellung weder berechtigt noch verpflichtet.[311] Für eine Pflicht zur Antragstellung vor dem Ausscheiden fehlt es bereits an dem Tatbestandsmerkmal der Überschuldung oder Zahlungsunfähigkeit. Danach mangelt es an der notwendigen Organstellung.

184 Im **Ergebnis** kommt es also nur darauf an, ob die GmbH vor Ausscheiden des Geschäftsführers bereits insolvenzreif war. Nur wenn dies nicht der Fall ist, hat sich der ehemalige Geschäftsführer nicht der Insolvenzverschleppung strafbar gemacht. Ansonsten ist er strafrechtlich zur Verantwortung zu ziehen.

c) Objektiver Tatbestand

185 § 64 Abs. 1 GmbHG enthält das bereits dargestellte Handlungsgebot für den Fall des Eintritts von Zahlungsunfähigkeit oder Überschuldung der GmbH. § 84 Abs. 1 Nr. 2 GmbHG bewehrt das Unterlassen der Vornahme dieser Pflicht.

186 Was **Zahlungsunfähigkeit** und **Überschuldung** bedeuten, wurde bereits im Abschnitt über das materielle Insolvenzrecht dargestellt.[312] Nachdem nun in § 19 Abs. 2 InsO der Begriff der Überschuldung legaldefiniert ist, konnte die bisherige gesetzliche Umschreibung der Überschuldung in § 64 GmbHG („wenn das Vermögen der Gesellschaft die Schulden nicht mehr deckt") zugunsten des Wortes „Überschuldung" geändert werden.

187 Das Tatbestandsmerkmal des **Unterlassens** eines Insolvenzantrags (Konkurs- oder Vergleichsantrags) ist verwirklicht, wenn der Geschäftsführer den Antrag nicht stellt. Ist der Antrag unvollständig, führt dies nicht zur Strafbarkeit. Dies gilt insbesondere dann, wenn – wie in der Praxis häufig – die erforderlichen Unterlagen (nach bisherigem Recht ausdrücklich in § 104 KO vorgeschrieben) nicht eingereicht werden.[313] Der Konkursrichter (nunmehr Insolvenzrichter) wird den Geschäftsführer dann auffordern, das Verzeichnis der Gläubiger und Schuldner sowie die Übersicht der Vermögensmasse unverzüglich

---

307 Vgl. *Scholz/Tiedemann* § 84 Rn. 38.

308 BGHSt 2, 53 (54) = NJW 1952, 554; *Rowedder/Fuhrmann/Schaal* § 84 Rn. 30 m. w. N.; a. A. *Scholz/Tiedemann* § 84 Rn. 38; *Richter* GmbHR 1984, 113 (119).

309 Vgl. auch *Richter* GmbHR 1984, 113 (119); *Uhlenbruck* BB 1985, 1277 (1283).

310 Vgl. *Scholz/Tiedemann* § 84 Rn. 38.

311 *Scholz/Tiedemann* § 84 Rn. 38; *Rowedder/Fuhrmann/Schaal* § 84 Rn. 30.

312 Rn. 80ff.

313 OLG Frankfurt GmbHR 1977, 279; *Scholz/Tiedemann* § 84 Rn. 76; *Erbs/Kohlhaas/Schaal* § 84 GmbHG Rn. 18.

nachzureichen.[314] Der Antrag ist als Prozeßhandlung schriftlich oder zu Protokoll der Geschäftsstelle des Amtsgerichts zu stellen.

Welchen Antrag der Geschäftsführer vor dem 1.1. 1999 stellte, oblag seinem pflichtgemäßen Ermessen. Stellte er einen Vergleichsantrag, obwohl nach objektiven Kriterien ein Konkursantrag angebracht gewesen wäre, verwirklicht dies nur ausnahmsweise den Tatbestand der Konkursverschleppung. Strafbarkeit tritt dann ein, wenn der Vergleichsantrag mißbräuchlich gestellt wurde, der Geschäftsführer mit dem objektiv falschen Antrag also eine Konkurseröffnung oder Abweisung mangels Masse nur hinauszögern wollte.[315] Nachdem es nunmehr nach der InsO nur noch einen Antrag, den Insolvenzantrag gemäß § 13 InsO, gibt, ist diese Frage nur noch für „Altfälle" relevant. 188

d) Beginn und Ende der Antragspflicht

Der Antrag ist ohne schuldhaftes Zögern zu stellen, sobald der Geschäftsführer oder Liquidator Kenntnis von der Zahlungsunfähigkeit oder Überschuldung der GmbH erlangt. Der späteste zulässige Zeitpunkt ist der Ablauf der gesetzlich bestimmten Höchstfrist von drei Wochen. 189

Die Antragspflicht eines Mitgeschäftsführers **entfällt** nach ganz h. M., wenn ein anderer Geschäftsführer für die GmbH den Insolvenzantrag fristgerecht und ordnungsgemäß gestellt hat. D. h. die Pflicht jedes einzelnen kann durch Antrag eines anderen Geschäftsführers erfüllt werden. Bei verspäteter Antragstellung durch einen der Geschäftsführer ist allerdings zu beachten, daß damit die bereits eingetretene Strafbarkeit der Mitgeschäftsführer nicht entfällt. In diesem Fall haben alle Geschäftsführer die *rechtzeitige* Antragstellung unterlassen und damit den Tatbestand der Insolvenzverschleppung bereits vollendet.[316] 190

Durch den Insolvenzantrag eines Gläubigers (vgl. § 13 Abs. 1 Satz 2, § 14 InsO; § 103 Abs. 2, § 105 KO) entfällt die Antragspflicht nach ganz h. M. nicht.[317] Die Insolvenz*eröffnung* aufgrund dieses Antrags beseitigt jedoch die Antragspflicht des Geschäftsführers für die Zukunft.[318] In aller Regel ist der Tatbestand der Insolvenzverschleppung zum Zeitpunkt der Insolvenzeröffnung aber bereits vollendet, da die Eröffnung eines Insolvenzverfahrens nach einem Gläubigerantrag in den seltensten Fällen innerhalb von drei Wochen erfolgen wird. Das bedeutet letztendlich, daß der Insolvenzantrag eines Gläubigers auf die Strafbarkeit des Geschäftsführers oder Liquidators keine Auswirkung hat. 191

e) Rechtswidrigkeit und Unzumutbarkeit der Antragstellung

Das tatbestandliche Verhalten ist grundsätzlich **rechtswidrig**. Die Nichterfüllung der Rechtspflicht indiziert die Rechtswidrigkeit. Diese kann nur durch das Vorliegen besonderer Rechtfertigungsgründe wieder aufgehoben werden. Hier gelten die allgemeinen Grundsätze des Strafrechts. Für Notwehr oder rechtfertigenden Notstand (Pflichtenkollision) wird in aller Regel kein Raum sein. Insbesondere kann das Interesse an der Fortführung des Unternehmens und an der Erhaltung der vorhandenen Arbeitsplätze der ausdrücklich und ohne Ausnahmen geregelten Antragspflicht nicht vorgehen. Der Gesetzgeber hat hier die Lösung des Interessenkonflikts dahingehend vorgeschrieben, daß die Sicherung der Gläubigerinteressen sowie das Interesse der Gesellschafter oder anderer Personen an einer wirtschaftlich gesunden Gesellschaft[319] grundsätzlich vorgehen.[320] 192

---

314 Vgl. dazu auch unten Rn. 522.

315 Vgl. dazu ausführlich *C. Schäfer* GmbHR 1993, 780 (781).

316 Vgl. auch *Scholz/Tiedemann* § 84 Rn. 24.

317 Vgl. nur BGH wistra 1988, 69; *Hachenburg/Kohlmann* § 84 Rn. 46; *Rowedder/Fuhrmann/Schaal* § 84 Rn. 28.

318 Vgl. BGHSt 14, 280 (281) = NJW 1960, 1677; *Rowedder/Fuhrmann/Schaal* § 84 Rn. 28 m. w. N.; differenzierend *Scholz/Tiedemann* § 84 Rn. 91.

319 BGH NJW 1982, 1952 (1954).

320 Vgl. *Scholz/Tiedemann* § 84 Rn. 95.

193 Denkbar ist allenfalls die **Unzumutbarkeit** der Antragstellung (Schuldausschließungsgrund) wegen gegenteiliger Weisungen der Gesellschafter. Eine solche Weisung wäre aber rechtswidrig und könnte den Geschäftsführer nicht binden.[321] Würde man dies als Entschuldigungsgrund zulassen, wäre zudem dem Mißbrauch Tür und Tor geöffnet. Der Geschäftsführer bräuchte sich dann im Strafverfahren nur auf entsprechende Weisungen der Gesellschafter berufen. Diese würden das Vorliegen einer solchen Weisung in vielen Fällen sicherlich bestätigen, auch wenn sie sich damit selbst der Gefahr strafrechtlicher Verfolgung wegen Anstiftung aussetzen würden.

f) Subjektiver Tatbestand und Irrtum

194 Insolvenzverschleppung nach § 84 GmbHG kann sowohl vorsätzlich (Abs. 1) als auch fahrlässig (Abs. 2) begangen werden.

195 **aa) Vorsatz** ist Wille zur Verwirklichung eines Straftatbestandes in Kenntnis aller seiner Tatumstände.[322] Der Vorsatz muß sich auf sämtliche objektiven Tatbestandsmerkmale beziehen. Der Täter muß also wissen, daß er Geschäftsführer oder Liquidator ist. Außerdem muß er die Umstände kennen, aus denen sich die Pflicht zur Stellung eines Insolvenzantrags ergibt. Dies schließt die Kenntnis über die Antragsfrist, insbesondere den Ablauf der Höchstfrist von drei Wochen, ein.

196 **Bedingter Vorsatz** reicht grundsätzlich aus.[323] Es ist jedoch sehr umstritten, ob hinsichtlich der Insolvenzlage **positive Kenntnis** nötig ist. *Bei Zahlungsunfähigkeit* hat der BGH in einer Entscheidung aus dem Jahr 1956[324] unter Berufung auf das Reichsgericht ausgesprochen, daß auch das fahrlässige Nichterkennen genügt. Die vom Gesetz eingeräumte Frist für mögliche Sanierungsversuche, nach deren Ablauf der Antrag *bei Überschuldung* spätestens gestellt werden muß, beginnt nach der Rechtsprechung des BGH jedoch erst, sobald der Handlungspflichtige vom Eintritt der Insolvenzlage positive Kenntnis erlangt.[325] Deswegen wird in der Literatur teilweise die Auffassung vertreten, beim Insolvenzgrund der Überschuldung sei positive Kenntnis zu verlangen; bei Zahlungsunfähigkeit solle es dagegen ausreichen, wenn diese objektiv eingetreten ist.[326] Eine andere Auffassung will Zahlungsunfähigkeit und Überschuldung gleichstellen und fordert hinsichtlich beider Tatbestandsmerkmale positive Kenntnis. Es sei kein Grund ersichtlich, warum die beiden Insolvenzmerkmale unterschiedlich behandelt werden sollen.[327] Das Argument, eine Differenzierung zwischen Zahlungsunfähigkeit und Überschuldung sei nicht sinnvoll, wird jedoch auch dazu verwendet, die gegenteilige Auffassung zu stützen. Bei beiden Krisenmerkmalen soll das objektive Vorliegen genügen; positive Kenntnis sei nicht erforderlich.[328]

197 Tatsächlich ist eine Differenzierung jedenfalls seit Streichung des Bilanzerfordernisses in § 64 Abs. 1 GmbHG durch das 2. WiKG[329] mit Wirkung ab dem 1. 8. 1986 nicht mehr veranlaßt.[330] Die Rechtsprechung, die sich auf die Rechtslage vor August 1986 bezieht, ist damit im wesentlichen überholt. Dennoch ist mit der wohl überwiegenden Meinung

---

321 *Rowedder/Fuhrmann/Schaal* § 84 Rn. 31; *Erbs/Kohlhaas/Schaal* § 84 GmbHG Rn. 23; *Scholz/Tiedemann* § 84 Rn. 96.

322 BGHSt 19, 295 (298) = NJW 1964, 1330 (1331).

323 BGH bei *Herlan* GA 1958, 46; *Erbs/Kohlhaas/Schaal* § 84 GmbHG Rn. 24; *Baumbach/Hueck/Schulze-Osterloh* § 84 Rn. 28; *Hachenburg/Kohlmann* § 84 Rn. 53.

324 BGH bei *Herlan* GA 1958, 46.

325 BGHSt 15, 306 (310) = NJW 1961, 740 (742); BGHZ 75, 96 (110) = NJW 1979, 1823 (1827) m. w. N.

326 Nachweise bei *Rowedder/Fuhrmann/Schaal* § 84 Rn. 26 und 34.

327 *Rowedder/Fuhrmann/Schaal* § 84 Rn. 26; *Baumbach/Hueck/Schulze-Osterloh* § 84 Rn. 28.

328 *Scholz/Tiedemann* § 84 Rn. 80.

329 Zweites Gesetz zur Bekämpfung der Wirtschaftskriminalität vom 15. 5. 1986; BGBl. I S. 721.

330 So auch *Scholz/Tiedemann* § 84 Rn. 80; *C. Schäfer* GmbHR 1993, 780 (781).

positive Kenntnis zu fordern. Durch die Streichung des Bilanzerfordernisses war eine Ausweitung der Strafbarkeit (in der einengenden Auslegung des BGH) nicht bezweckt. Vielmehr sollte § 64 GmbHG den parallelen Regelungen in § 99 Abs. 1 GenG und § 130a Abs. 1 HGB angepaßt werden, zumal das Bilanzerfordernis als Voraussetzung der Konkursantragspflicht und damit der Strafbarkeit bei Überschuldung längst überholt war.[331]

In der Praxis stellt sich die Frage, ob das objektive Vorliegen der Krisenmerkmale ausreicht oder ob positive Kenntnis zu verlangen ist, in der Regel nicht. Dies sieht man schon daran, daß es neuere strafgerichtliche höchstrichterliche Entscheidungen zu dieser Frage – soweit ersichtlich – nicht gibt. In den typischen, in der täglichen Praxis der Ermittlungsbehörden und Gerichte vorkommenden Fällen der Insolvenzverschleppung stellt der Geschäftsführer entweder gar keinen Antrag oder er stellt ihn erheblich verspätet. Jedenfalls bei Zahlungsunfähigkeit kann in diesen Fällen allein aufgrund der objektiven Krisenmerkmale auf eine zumindest drei Wochen vorher bereits vorhandene positive Kenntnis geschlossen werden. Den Zeitpunkt der Überschuldung im nachhinein konkret festzulegen, ist sowieso schwierig. Hier wird in aller Regel auf solche Kriterien abgestellt, die einem Geschäftsführer kaum verborgen bleiben können.[332] Der festgestellte Zeitpunkt der Überschuldung und die Kenntnis des Geschäftsführers hiervon werden also annähernd zusammenfallen. 198

bb) Unkenntnis oder Fehleinschätzung der Krisenmerkmale bedeutet **Tatbestandsirrtum** (§ 16 Abs. 1 StGB) und läßt den Vorsatz entfallen. Damit besteht zumindest Strafbarkeit nach § 84 Abs. 2 GmbHG wegen fahrlässiger Insolvenzverschleppung. Ein Irrtum über die rechtliche Verpflichtung, den Antrag zu stellen, ist ein **Gebotsirrtum**, der Verbotsirrtum bei einem Unterlassungsdelikt. Hierfür gilt § 17 StGB. Damit kommt es auf die Vermeidbarkeit an. Da man vom Geschäftsführer einer GmbH erwarten kann, daß er seine Pflicht zur Antragstellung kennt, ist der Irrtum in aller Regel vermeidbar.[333] Die Anforderungen der Rechtsprechung an die Vermeidbarkeit sind zu Recht hoch. Die Einlassung eines Geschäftsführers oder Liquidators, er habe die Antragsfrist nicht gekannt, ist regelmäßig eine reine Schutzbehauptung. 199

cc) Fahrlässigkeit und damit eine Bestrafung nach § 84 Abs. 2 GmbHG kommt nicht nur in Betracht, wenn der Täter die Zahlungsfähigkeit oder das Vermögen der GmbH falsch einschätzt. Fahrlässiges Unterlassen kann auch vorliegen, wenn der Geschäftsführer oder Liquidator irrtümlich die Beseitigung der für einen früheren Zeitpunkt festgestellten Überschuldung annimmt. Bei zwischenzeitlichen Gewinnen darf der Geschäftsführer aber nicht ohne weiteres vom Ende der Überschuldung ausgehen und sich mit bloßen Annahmen und Vermutungen zufriedengeben. Ein Geschäftsführer, der sich wie ein ordentlicher Kaufmann verhält, ist vielmehr zu einer gewissenhaften Prüfung verpflichtet. Das bedeutet, er hat in diesen Fällen in aller Regel eine schriftliche Vermögensbilanz aufzustellen, welche den gegenwärtigen Status der GmbH wiedergibt.[334] Fahrlässige Insolvenzverschleppung kommt darüber hinaus in Betracht, wenn der Täter die Antragstellung vergißt.[335] 200

g) Vollendung und Beendigung der Tat

Die Insolvenzverschleppung ist als echtes Unterlassungsdelikt zu dem Zeitpunkt vollendet, bis zu dem die gebotene Handlung hätte vorgenommen werden müssen. Das bedeutet, daß spätestens nach Ablauf der Dreiwochenfrist des § 64 Abs. 1 GmbHG **Voll-** 201

---

331 Eingehend: *Möhrenschlager* wistra 1983, 17 (21f.).

332 Dazu bereits Rn. 95.

333 BGH wistra 1984, 178; *Scholz/Tiedemann* § 84 Rn. 99; *Hachenburg/Kohlmann* § 84 Rn. 54.

334 BGHSt 15, 306 (311) = NJW 1961, 740 (742); *Rowedder/Fuhrmann/Schaal* § 84 Rn. 35.

335 *Baumbach/Hueck/Schulze-Osterloh* § 84 Rn. 29 m. w. N.; Einzelheiten zur Fahrlässigkeit: *Scholz/Tiedemann* § 84 Rn. 100ff.

endung eingetreten ist.[336] Nachdem die Pflicht besteht, einen Insolvenzantrag ohne schuldhaftes Zögern zu stellen, kann die Tat im Einzelfall schon vor Ablauf von drei Wochen vollendet sein. Dies ist z. B. dann der Fall, wenn von Anfang an feststeht oder sich vor Ablauf von drei Wochen herausstellt, daß eine rechtzeitige Sanierung nicht ernstlich zu erwarten ist.[337]

202 Tatsächliche **Beendigung** tritt ein, wenn die Pflicht zum Handeln entfallen ist. Dies ist nicht bereits nach Ablauf von drei Wochen nach Eintritt von Zahlungsunfähigkeit oder Überschuldung der Fall, sondern erst, wenn der Geschäftsführer oder ggf. einer der Geschäftsführer Insolvenzantrag gestellt hat.[338] Da bei einem Gläubigerantrag die Antragspflicht für den Geschäftsführer *mit Insolvenzeröffnung* ebenfalls entfällt,[339] ist die Tat auch beendet, sobald ein Insolvenzverfahren eröffnet ist.[340] Beendigung ist zudem dann gegeben, wenn die Überschuldung überwunden ist.[341]

Keine Beendigung tritt durch die Verurteilung des Geschäftsführers wegen Insolvenzverschleppung ein, wenn die Insolvenzlage weiterhin gegeben ist. Bei weiterer Unterlassung der Antragstellung ist dementsprechend sogar eine erneute Verurteilung möglich.[342] Der Tatbestand des § 84 Abs. 1 Nr. 2 GmbHG ist ein **Unterlassungsdauerdelikt**.

h) Konkurrenzen

203 Wenn die Unterlassung des Täters zu mehreren Gesetzesverletzungen führt, liegt **Tateinheit** (§ 52 StGB) vor. Dies ist z. B. dann der Fall, wenn durch das Absehen von der Stellung eines Insolvenzantrags eine Sanierung (bisher auch: ein erfolgreiches Vergleichsverfahren) bewußt verhindert wird. Dann ist Tateinheit mit Untreue gegeben.[343] Wenn ein Insolvenzantrag (auch) deshalb nicht unverzüglich gestellt wird, um einem Gläubiger noch eine Pfändungsmöglichkeit zu gewähren, kommt Tateinheit mit Gläubigerbegünstigung (§ 283c StGB) in Betracht.[344]

204 Meistens werden im Zusammenhang mit Insolvenzverschleppung begangene Taten aber zu § 84 Abs. 1 Nr. 2 GmbHG in **Tatmehrheit** (§ 53 StGB) stehen. So kommt Tatmehrheit insbesondere mit den Insolvenzstraftaten gemäß §§ 283ff. StGB, mit Untreue sowie mit Betrug oder Unterschlagung zum Nachteil der GmbH in Betracht. Auch Steuerhinterziehung steht, selbst wenn sie durch Unterlassen begangen wird, in Tatmehrheit zur Insolvenzverschleppung, weil die Handlungspflichten nicht übereinstimmen.[345]

i) Rechtsfolgen und Verjährung

205 Die **vorsätzliche Insolvenzverschleppung** wird gemäß § 84 Abs. 1 Nr. 2 GmbHG mit Freiheitsstrafe bis zu drei Jahren oder mit Geldstrafe bestraft. Bei **Fahrlässigkeit** reduziert sich die angedrohte Freiheitsstrafe gemäß § 84 Abs. 2 GmbHG auf ein Jahr. In der Praxis werden Verstöße gegen § 84 Abs. 1 Nr. 2 und Abs. 2 GmbHG in aller Regel durch Geldstrafen geahndet, häufig mittels Strafbefehl.[346]

---

336 BGHSt 28, 371 (379) = NJW 1980, 406; *Erbs/Kohlhaas/Schaal* § 84 GmbHG Rn. 29.

337 *Scholz/Tiedemann* § 84 Rn. 84; *Erbs/Kohlhaas/Schaal* § 84 GmbHG Rn. 29; *Rowedder/Fuhrmann/Schaal* § 84 Rn. 37.

338 BGHSt 14, 280 (281) = NJW 1960, 1677; BGH wistra 1988, 69; *Erbs/Kohlhaas/Schaal* § 84 GmbHG Rn. 30.

339 S. o. Rn. 191.

340 Vgl. auch BGHSt 28, 371 (380) = NJW 1980, 406; *Erbs/Kohlhaas/Schaal* § 84 GmbHG Rn. 30.

341 BGHSt 15, 306 (310) = NJW 1961, 740 (742); *Erbs/Kohlhaas/Schaal* § 84 GmbHG Rn. 30; *Rowedder/Fuhrmann/Schaal* § 84 Rn. 37.

342 BGHSt 14, 280 (281) = NJW 1960, 1677.

343 Vgl. *Erbs/Kohlhaas/Schaal* § 84 GmbHG Rn. 34; *Rowedder/Fuhrmann/Schaal* § 84 Rn. 42.

344 *Erbs/Kohlhaas/Schaal* § 84 GmbHG Rn. 34 m. w. N.

345 *Erbs/Kohlhaas/Schaal* § 84 GmbHG Rn. 34; *Rowedder/Fuhrmann/Schaal* § 84 Rn. 42.

346 Zur zivilrechtlichen Haftung vgl. Rn. 130.

Die **Verjährungsfrist** beträgt bei vorsätzlicher Insolvenzverschleppung fünf Jahre (§ 78 Abs. 1 Nr. 4 StGB), bei fahrlässiger Insolvenzverschleppung drei Jahre (§ 78 Abs. 1 Nr. 5 StGB). Die Verjährungsfrist beginnt nicht bereits mit der Vollendung der Tat, sondern erst mit deren tatsächlicher Beendigung, also sobald die Pflicht zum Handeln entfallen ist.[347] Für das Ruhen oder die Unterbrechung der Verfolgungsverjährung gelten die allgemeinen Regeln der §§ 78b und 78c StGB. 206

3. OHG, KG und GmbH & Co. KG

a) Allgemeines

Für Handelsgesellschaften besteht eine Verpflichtung zur Stellung eines Insolvenzantrags (bis 31. 12. 1998: eines Konkurs- oder Vergleichsantrags) in eingeschränktem Umfang. Nur solche **offene Handelsgesellschaften** sind nach § 130a Abs. 1 Satz 1 erster Halbsatz HGB zur Antragstellung verpflichtet, bei denen kein Gesellschafter eine natürliche Person ist, sog. **atypische** oder **kapitalistische OHG**. Falls zu den Gesellschaftern der OHG allerdings eine andere OHG oder KG gehört, bei der ein persönlich haftender Gesellschafter eine natürliche Person ist, besteht nach § 130a Abs. 1 Satz 1 zweiter Halbsatz HGB keine Antragspflicht. Das gleiche gilt über § 161 Abs. 2 HGB für **Kommanditgesellschaften**. 207

Die Strafdrohungen sind in § 130b HGB normiert. Wie bei der GmbH droht das Gesetz bei Vorsatz Freiheitsstrafe bis zu drei Jahre oder Geldstrafe an (§ 130b Abs. 1 HGB). Bei fahrlässiger Insolvenzverschleppung reduziert sich die Strafdrohung auf Freiheitsstrafe bis zu einem Jahr oder Geldstrafe (§ 130b Abs. 2 HGB). 208

Für solche Kommanditgesellschaften, bei denen kein Komplementär eine natürliche Person ist – typischerweise die **GmbH & Co. KG** –, enthält § 177a Satz 1 HGB eine spezielle Verweisung auf die §§ 130a und 130b HGB mit einer Modifikation des zweiten Halbsatzes des § 130a Abs. 1 Satz 1 HGB. Die Vorschriften der §§ 130a und 130b HGB zielen vor allem auf die GmbH & Co. KG. Dort liegt auch in der Praxis der Hauptanwendungsfall. Die Normierung im Abschnitt über die OHG im Handelsgesetzbuch hat zum einen systematische Gründe.[348] Zum anderen verhindert die Geltung für die OHG Umgehungsmöglichkeiten.[349] 209

Von der Insolvenz der atypischen OHG, KG oder der GmbH & Co. KG ist die **Insolvenz ihrer Gesellschafter** zu unterscheiden. § 130a HGB regelt Pflichten im Zusammenhang mit der Insolvenz der OHG und über §§ 161, 177a HGB Pflichten der KG und der GmbH & Co. KG. Bei Zahlungsunfähigkeit oder Überschuldung der Gesellschafter greifen dagegen die Vorschriften ein, die aufgrund der Organisationsform des jeweiligen Gesellschafters einschlägig sind. Handelt es sich bei dem Gesellschafter um eine GmbH oder AG, sind § 64 GmbHG und § 92 Abs. 2 und 3 AktG einschlägig. Ist der Gesellschafter eine atypische Personenhandelsgesellschaft, so sind auch auf dieser Ebene die §§ 130a, 161, 177a HGB anzuwenden.[350] 210

In aller Regel hat die Insolvenz der atypischen OHG, KG oder GmbH & Co. KG auch die Insolvenz der Gesellschafter zur Folge.[351] Dies bedeutet, daß neben der OHG auch die Gesellschafter einen Insolvenzantrag zu stellen haben. Da gerade bei der GmbH & Co. KG der verantwortliche Geschäftsführer dieser Gesellschaft häufig auch Geschäftsführer der Komplementär-GmbH ist, sind gegen ihn Ermittlungen wegen Insolvenzverschleppung bezüglich beider Gesellschaften veranlaßt.[352] 211

---

347 S. o. Rn. 202.

348 Vgl. *Schlegelberger/K. Schmidt* § 177a Rn. 2.

349 *Heymann/Horn* § 177a Rn. 1.

350 Großkomm-HGB/*Habersack* § 130a Rn. 4.

351 Genauer: Großkomm-HGB/*Habersack* § 130a Rn. 5.

352 Vgl. auch unten Rn. 226.

b) OHG

212 Weil die kapitalistische OHG nicht besonders häufig vorkommt, ist es für den ermittelnden Kriminalbeamten oder Staatsanwalt wichtig, schnell zu erkennen, ob eine entsprechende Gesellschaft der Insolvenzantragspflicht des § 130a HGB unterliegt und damit die Straftat der Insolvenzverschleppung nach § 130b HGB überhaupt in Betracht kommt.

213 **aa)** Für die Anwendung der §§ 130a, 130b HGB ist zunächst Voraussetzung, daß eine OHG vorhanden ist. Ob dies der Fall ist, ergibt sich aus §§ 1ff., 105, 123 HGB. Darüber hinaus ist es erforderlich, daß kein Gesellschafter der OHG eine natürliche Person ist. Die OHG muß also ausschließlich folgende Gesellschafter aufweisen:[353]

- Kapitalgesellschaften (AG, KGaA, GmbH),
- Personengesellschaften (OHG, KG, Gesellschaft des bürgerlichen Rechts),
- Genossenschaften, Vereine, Stiftungen, sonstige Körperschaften.

214 Der zweite Halbsatz des § 130a Abs. 1 Satz 1 HGB nimmt hiervon die Fälle aus, in denen zu den Gesellschaftern eine andere OHG oder KG gehört, bei der ein Gesellschafter eine natürliche Person ist, und damit zumindest eine natürliche Person für die Verbindlichkeiten der OHG haftet. Nach h. M.[354] ist die Regelung in **§ 130a Abs. 1 zweiter Halbsatz HGB** zu eng formuliert und muß deshalb **analog** auch bei folgenden Konstellationen angewendet werden:

- Es ist eine KGaA mit einer natürlichen Person als Komplementär beteiligt,
- Gesellschafter der OHG ist (soweit überhaupt zulässig) eine Gesellschaft des bürgerlichen Rechts,
- Es liegt ein mehrstufiges Gebilde vor, und auf der zweiten oder dritten Beteiligungsstufe haftet eine natürliche Person.

Der zuletzt genannte Fall ist beispielsweise dann gegeben, wenn an der OHG eine weitere OHG beteiligt ist, deren Gesellschafter zwar wiederum keine natürlichen Personen sind, bei denen aber ein persönlich Haftender vorhanden ist. (Beispiel: An der A-OHG sind die X-AG und die B-OHG beteiligt. Die B-OHG besteht aus der Y-GmbH und der C-KG. Komplementär der C-KG ist eine natürliche Person, Herr D. Dieser haftet dann persönlich für die Verbindlichkeiten nicht nur der C-KG und der B-OHG, sondern auch der A-OHG.)

215 Im **Ergebnis** besteht eine Verpflichtung zur Antragstellung bei Überschuldung oder Zahlungsunfähigkeit für die Verantwortlichen einer OHG nur dann, wenn die OHG eine Gesellschaft ist, bei der weder mittelbar noch unmittelbar eine natürliche Person unbeschränkt persönlich haftet.[355] Nur in diesen Fällen kann folglich strafbares Unterlassen nach § 130b HGB vorliegen. Ein Anwendungsfall ist z. B. die GmbH & GmbH OHG, also eine OHG, deren Gesellschafter nur GmbHs sind.

216 **bb) Normadressaten** der Antragspflicht sind nach § 130a Abs. 1 Satz 2 HGB die organschaftlichen Vertreter der vertretungsberechtigten Gesellschafter der atypischen OHG sowie die Liquidatoren. Gemeint sind die Liquidatoren der atypischen OHG,[356] nicht etwa die Liquidatoren der beteiligten Gesellschaften, falls diese sich im Liquidationsstadium befinden.[357]

217 Bei mehreren zur Vertretung der OHG berechtigten Gesellschaftern sind **sämtliche Geschäftsführer** (oder sonstige Organvertreter) dieser Gesellschaften zur Antragstellung verpflichtet. Wie die Vertretungsmacht innerhalb der OHG geregelt ist – Einzel- oder Gesamtvertretungsmacht der Gesellschafter – ist unerheblich. Soweit eine an der atypischen OHG beteiligte andere Gesellschaft jedoch von der organschaftlichen Vertretung

---

353 Vgl. *Schlegelberger/K. Schmidt* § 130a Rn. 8; Großkomm-HGB/*Habersack* § 130a Rn. 8.
354 *Schlegelberger/K. Schmidt* § 130a Rn. 10; Großkomm-HGB/*Habersack* § 130a Rn. 8.
355 So auch *Heymann/Emmerich* § 130b Rn. 1.
356 Vgl. *Schlegelberger/K. Schmidt* § 130a Rn. 13; Großkomm-HGB/*Habersack* § 130a Rn. 14.
357 So aber *Heymann/Emmerich* § 130b Rn. 3.

der OHG ausgeschlossen ist, besteht für sie (und damit für ihren Geschäftsführer) keine Verpflichtung, einen Insolvenzantrag zu stellen.[358] Über **§ 130a Abs. 4 HGB** ist bei mehrstufigen Gebilden der mittelbare organschaftliche Vertreter oder dessen organschaftlicher Vertreter zur Antragstellung verpflichtet.[359]

Nachdem bei Auflösung der kapitalistischen OHG die **Liquidation** nach dem gesetzlichen Regelfall des § 146 Abs. 1 Satz 1 HGB durch die Gesellschafter als Liquidatoren erfolgt, ändert sich an den Adressaten der Antragspflicht durch Auflösung der OHG in der Regel nichts. Der besonderen Erwähnung der Liquidatoren in § 130a HGB kommt insoweit keine eigenständige Bedeutung zu.[360] Die Erstreckung der Antragspflicht auf die Liquidatoren der OHG mußte aber – auch zur Vermeidung von Strafbarkeitslücken – für den Fall aufgenommen werden, daß ein Dritter zum Liquidator bestimmt wird. Dies ist nach § 146 Abs. 1 Satz 1, Abs. 2 HGB möglich. Werden mehrere Liquidatoren bestellt, ist jeder von ihnen antragsberechtigt und damit auch verpflichtet, bei Überschuldung oder Zahlungsunfähigkeit entsprechend tätig zu werden. 218

Dem Kreis der Normadressaten entspricht der Kreis der möglichen Straftäter des Sonderdelikts nach § 130b HGB. Auch der **faktische Organwalter** kann Täter sein.[361] **Dritte** können sich – wie bei der GmbH – nur als **Anstifter** oder **Gehilfen** strafbar machen. 219

c) KG

Kommanditgesellschaften, bei denen kein Gesellschafter eine natürliche Person ist, fallen unter den Anwendungsbereich des § 130a i.V. mit § 161 Abs. 2 HGB. Ebenso wie bei der OHG besteht eine Verpflichtung zur Antragstellung jedoch dann nicht, wenn Komplementär eine OHG oder KG ist, in der eine natürliche Person unbeschränkt haftet.[362] 220

d) GmbH & Co. KG

Die GmbH & Co. KG ist eine KG, an der eine GmbH als fast immer einziger Komplementär beteiligt ist. Der praktisch häufigste Fall ist die personen- und beteiligungsgleiche GmbH & Co. KG. Bei ihr sind die Gesellschafter der GmbH und die Kommanditisten der KG identisch und haben dieselben Beteiligungsquoten in der GmbH und in der KG. Ein Sonderfall der personengleichen GmbH & Co. KG ist die Einmann-GmbH & Co. KG. Hier ist der Alleingesellschafter der GmbH zugleich der einzige Kommanditist.[363] 221

aa) § 177a HGB dehnt den **Anwendungsbereich** der §§ 130a und 130b HGB auf die GmbH & Co. KG aus. Genau genommen werden von § 177a HGB alle gesellschaftsrechtlichen Konstellationen erfaßt, bei denen zwar natürliche Personen als Gesellschafter vorhanden sind, jedoch nur als Kommanditisten. Andere Erscheinungsformen als die GmbH & Co. KG sind aber selten. Auch rechtspolitisch zielen die §§ 130a, 130b, 177a HGB in erster Linie auf die GmbH & Co. KG.[364] 222

Wie bei der unmittelbaren Anwendung des § 130a HGB besteht die Antragspflicht dann nicht, wenn zu den persönlich haftenden Gesellschaftern eine OHG oder KG gehört, bei der eine natürliche Person als Gesellschafter **persönlich haftet**. Dies bestimmt § 177a Abs. 1 Satz 1 HGB dadurch, daß er § 172 Abs. 6 Satz 2 HGB statt des zweiten Halbsatzes von § 130a Abs. 1 Satz 1 HGB für anwendbar erklärt. Bei der GmbH & Co. KG ist § 130a Abs. 1 Satz 1 zweiter Halbsatz HGB also wie folgt zu lesen: „dies gilt nicht, wenn zu den persönlich haftenden Gesellschaftern eine offene Handelsgesellschaft oder Kom- 223

358 Vgl. Großkomm-HGB/*Habersack* § 130a Rn. 11.

359 Einzelheiten: Großkomm-HGB/*Habersack* § 130a Rn. 13; *Schlegelberger/K. Schmidt* § 130a Rn. 11.

360 Großkomm-HGB/*Habersack* § 130a Rn. 14; *Schlegelberger/K. Schmidt* § 130a Rn. 13.

361 Näher unten Rn. 423ff.

362 *Schlegelberger/K. Schmidt* § 177a Rn. 3.

363 Ausführlich zur GmbH & Co. (KG): *Baumbach/Hopt* Anh. § 177a Rn. 1ff.

364 *Schlegelberger/K. Schmidt* § 177a Rn. 2.

manditgesellschaft gehört, bei der ein persönlich haftender Gesellschafter eine natürliche Person ist".

224 Auch hier ist die **Ausnahmevorschrift zu eng** formuliert. Wie bei der OHG ist sie bei den oben genannten Konstellationen[365] entsprechend anzuwenden.[366] Eine Verpflichtung zur Stellung eines Insolvenzantrags besteht über den Wortlaut der Regelungen hinaus somit ebenfalls nur dann, wenn für die Verbindlichkeiten der GmbH & Co. KG weder mittelbar noch unmittelbar eine natürliche Person unbeschränkt persönlich haftet.[367] Damit kommt auch eine Verwirklichung des Straftatbestandes nur in diesen Fällen in Betracht.

225 **bb) Normadressaten** sind – neben den Liquidatoren – die organschaftlichen Vertreter der zur Vertretung der GmbH & Co. KG ermächtigten Gesellschafter. Nur diese können **Täter** der Insolvenzverschleppung sein. Die Antragspflicht trifft in der typischen GmbH & Co. KG, bei der die GmbH einzige Komplementärin und geschäftsführende Gesellschafterin der KG ist, also die Geschäftsführer der Komplementär-GmbH.[368] Bei mehreren Geschäftsführern ist jeder zur Stellung des Insolvenzantrags verpflichtet. Über **§ 130a Abs. 4 HGB** ist die sogenannte doppelstöckige GmbH & Co. KG erfaßt, bei der die Komplementärstellung von einer weiteren GmbH & Co. KG übernommen wird. Nach § 130a Abs. 4 HGB ist der Geschäftsführer der Komplementär-GmbH der an der GmbH & Co. KG beteiligten Kommanditgesellschaft Adressat der Pflichten aus § 130a Abs. 1 bis 3 HGB.[369] Dieser macht sich ggf. nach § 130b i.V. mit § 177a Satz 1 HGB strafbar.

226 Für **Kommanditisten** besteht weder ein Antragsrecht noch eine Antragspflicht. Strafbare Insolvenzverschleppung durch sie als Täter scheidet aus. **Teilnahmehandlungen** sind jedoch möglich. Bei einer Einmann-GmbH & Co. KG ist der Kommanditist (in der Regel) gleichzeitig Geschäftsführer der Komplementär-GmbH und folglich in dieser Funktion verpflichtet, bei Zahlungsunfähigkeit oder Überschuldung einen Insolvenzantrag für die GmbH & Co. KG zu stellen. Unterläßt er dies, macht er sich nach §§ 130 a, 130 b, 177 a HGB strafbar. Häufig liegt dann zusätzlich eine strafbare Insolvenzverschleppung gemäß § 84 Abs. 1 Nr. 2 GmbHG vor, weil auch die GmbH insolvenzreif ist. Zwischen beiden Vergehen der Insolvenzverschleppung besteht Tateinheit.[370]

4. AG, KGaA und Genossenschaft

a) AG

227 Die Aktiengesellschaft (AG) ist eine Kapitalgesellschaft, die als juristische Person nur mit ihrem Gesellschaftsvermögen haftet.[371] Deshalb enthält das Aktiengesetz (AktG) u. a. den Straftatbestand der Insolvenzverschleppung.

228 Laut *Fuhrmann*[372] werden die Strafvorschriften in der Praxis nicht sehr häufig angewandt, weil sie den Strafverfolgungsbehörden weitgehend unbekannt sind und bereits die Registergerichte im wesentlichen für die Einhaltung der Schutzbestimmungen sorgen. Letzteres mag für sonstige Straftatbestände des Aktiengesetzes gelten, sicherlich aber nicht für die Insolvenzverschleppung. Der fehlende Bekanntheitsgrad bei den Strafverfolgungsbehörden – dem unter anderem durch diese Darstellung abgeholfen werden soll –

---

365 Vgl. oben Rn. 214.

366 Großkomm-HGB/*Habersack* § 130a Rn. 9.

367 *Heymann/Emmerich* § 177a Rn. 1.

368 *Schlegelberger/K. Schmidt* § 177a Rn. 8; *Scholz/Tiedemann* § 84 Rn. 19.

369 Großkomm-HGB/*Habersack* § 130a Rn. 13.

370 BGH GA 1981, 518 = bei *Holtz* MDR 1981, 454 für § 283b StGB; *Erbs/Kohlhaas/Schaal* § 84 GmbHG Rn. 34; *Scholz/Tiedemann* § 84 Rn. 106.

371 *Erbs/Kohlhaas/Fuhrmann* Vorbem. AktG Anm. 3.

372 *Erbs/Kohlhaas/Fuhrmann* Vorbem. AktG Anm. 5.

darf nicht der Grund dafür sein, daß Straftaten ungesühnt bleiben. Zudem kann dieses Argument wohl nicht mehr aufrechterhalten bleiben, seit es bei den Staatsanwaltschaften Schwerpunktabteilungen für Wirtschaftsdelikte gibt und auch die Kriminalpolizei häufig entsprechende Fachkommissariate hat.

aa) Die Pflicht zur Stellung eines Insolvenzantrags ist in **§ 92 Abs. 2 AktG** geregelt. 229
Danach hat der Vorstand bei Zahlungsunfähigkeit oder Überschuldung ohne schuldhaftes Zögern, spätestens aber drei Wochen nach Eintritt der Zahlungsunfähigkeit oder Überschuldung, die Eröffnung des Insolvenzverfahrens zu beantragen. Die gleiche Pflicht trifft nach **§ 268 Abs. 2 Satz 1 AktG** die Abwickler.

Der Verstoß gegen diese Verpflichtung ist durch **§ 401 Abs. 1 Nr. 2 und Abs. 2 AktG** 230
strafbewehrt. Wie bei der GmbH und den Personenhandelsgesellschaften (OHG, KG, GmbH & Co. KG) ist sowohl die vorsätzliche als auch die fahrlässige Verwirklichung des Tatbestandes als Insolvenzverschleppung strafbar. Das Gesetz droht bei Vorsatz Freiheitsstrafe bis zu drei Jahre oder Geldstrafe an (§ 401 Abs. 1 Nr. 2 AktG). Bei fahrlässigem Unterlassen sieht das Gesetz Freiheitsstrafe bis zu einem Jahr oder Geldstrafe vor (§ 401 Abs. 2 AktG).

bb) Nach § 401 Abs. 1 Nr. 2 AktG kann **Täter** der Insolvenzverschleppung nur ein Vor- 231
standsmitglied oder ein Abwickler sein. Dies entspricht der Regelung des § 92 Abs. 2 und des § 268 Abs. 2 Satz 1 AktG, wobei § 92 Abs. 2 Satz 1 AktG als Pflichtigen den Vorstand in seiner Gesamtheit nennt. Auch nach § 92 Abs. 2 Satz 1 AktG trifft die Handlungspflicht aber nicht nur den Vorstand als solchen, sondern jedes einzelne Vorstandsmitglied oder jeden einzelnen Abwickler.[373]

Wie den faktischen Geschäftsführer bei der GmbH gibt es bei der AG das **faktische** 232
Vorstandsmitglied. Dieses ist ebenfalls strafrechtlich verantwortlich.[374] Faktisches Mitglied des Vorstands kann auch ein Aufsichtsratsvorsitzender sein, der eine so dominierende Stellung in der Gesellschaft hat, daß alle wesentlichen Entscheidungen von ihm getroffen werden. Dasselbe gilt für einen Bankenvertreter im Aufsichtsrat, wenn die Geschäftsleitung der Gesellschaft faktisch von ihm und der hinter ihm stehenden Bank gesteuert wird.[375]

Nach Auflösung der AG ist sie abzuwickeln. Dies besorgen grundsätzlich die Vor- 233
standsmitglieder als **Abwickler** (Liquidatoren), wenn diese Aufgabe nicht einem Dritten übertragen wurde (§ 265 Abs. 1 bis 3 AktG). Dritter kann auch eine juristische Person sein. Strafrechtlich verantwortlich ist dann gemäß § 14 StGB der Organvertreter der juristischen Person.

Bei mehreren Vorstandsmitgliedern oder Abwicklern ist jeder strafrechtlich verant- 234
wortlich. Eine **interne Aufgabenverteilung** innerhalb des Vorstands wirkt sich auf die Strafbarkeit nicht aus.[376] Da der Vergleichsantrag nur vom Vorstand als solchem gestellt werden konnte (vgl. § 2 Abs. 1 Satz 1 VerglO), war das einzelne Vorstandsmitglied ggf. verpflichtet, statt eines Vergleichsantrags den Konkursantrag zu stellen.[377] Hier gelten die gleichen Grundsätze wie beim nicht allein vertretungsberechtigten Geschäftsführer einer GmbH.[378] Da es nach der InsO nur noch den einheitlichen Insolvenzantrag gibt, ist diese Frage nur noch für Fälle relevant, bei denen die Krise vor dem 1. 1. 1999 eingetreten ist.

Andere Personen als Vorstandsmitglieder und Abwickler können sich der **Anstiftung** 235
oder **Beihilfe** strafbar machen. Zu erwähnen sind hier besonders Aufsichtsratsmitglieder einschließlich des Aufsichtsratsvorsitzenden. Wenn das Aufsichtsratsmitglied zwar nicht faktisches Vorstandsmitglied ist, den Vorstand aber bedrängt, den erforderlichen Insol-

---

373 KK-AktG/*Geilen* § 401 Rn. 33 m. w. N.
374 Hierzu näher Rn. 423ff.
375 *Erbs/Kohlhaas/Fuhrmann* § 401 AktG Anm. 2.
376 *Erbs/Kohlhaas/Fuhrmann* § 401 AktG Anm. 2.
377 Vgl. KK-AktG/*Geilen* § 401 Rn. 33f.
378 S. o. Rn. 178.

venzantrag nicht zu stellen, ist er Teilnehmer.[379] Welche der Teilnahmeformen vorliegt, hängt zum einen von der Willensrichtung des Aufsichtsratsmitglieds ab. Zum anderen kommt es darauf an, ob der Tatentschluß beim Vorstandsmitglied hervorgerufen oder (nur) gefördert wird. Ein Mitglied des Aufsichtsrats, das von dem Eintritt der Insolvenzlage Kenntnis erlangt und nicht wenigstens für eine Einberufung des Aufsichtsrats sorgt, um den Vorstand zum pflichtgemäßen Handeln nach § 92 Abs. 2 AktG zu drängen, kann durch sein Unterlassen Gehilfe werden, weil er durch seine Überwachungspflicht nach § 111 Abs. 1 AktG zum Handeln verpflichtet und deshalb Garant nach § 13 StGB ist.[380]

236 **cc)** Wie bei der GmbH ist auch hier die Frage umstritten, ob das Vorstandsmitglied oder der Abwickler **positive Kenntnis** von den Krisenmerkmalen haben muß oder ob der objektive Eintritt von Zahlungsunfähigkeit oder Überschuldung genügt.[381] Parallel zu der bei der GmbH dargestellten Auffassung[382] ist positive Kenntnis zu fordern, wobei ein Nachweis des Vorsatzes in der Praxis meistens unproblematisch ist.

b) KGaA

237 Die Kommanditgesellschaft auf Aktien (KGaA) ist eine Gesellschaft mit eigener Rechtspersönlichkeit, bei der mindestens ein Gesellschafter den Gesellschaftsgläubigern unbeschränkt haftet (persönlich haftender Gesellschafter) und die übrigen an dem in Aktien zerlegten Grundkapital beteiligt sind, ohne persönlich für die Verbindlichkeiten der Gesellschaft zu haften (Kommanditaktionäre), § 278 Abs. 1 AktG.

238 Die **Insolvenzantragspflicht** nach § 92 Abs. 2 AktG gilt gemäß § 283 Nr. 14 AktG mit der Maßgabe, daß zur Antragstellung statt des Vorstandes die persönlich haftenden Gesellschafter verpflichtet sind. Die Strafvorschrift des § 401 AktG gilt gemäß § 408 AktG sinngemäß mit der Maßgabe, daß statt der Vorstandsmitglieder die **persönlich haftenden Gesellschafter** Täter des Sonderdelikts sein können. Diese können sich somit der Insolvenzverschleppung strafbar machen, wenn sie gegen § 401 Abs. 1 Nr. 2 und Abs. 2 AktG verstoßen. Für die Abwickler gelten die §§ 92 und 401 AktG ebenfalls, vgl. § 278 Abs. 3 und § 408 Satz 1 AktG.

c) Genossenschaft

239 Das Recht der Genossenschaften ist im sog. Genossenschaftsgesetz (GenG) geregelt, das offiziell den Namen **Gesetz betreffend die Erwerbs- und Wirtschaftsgenossenschaften** trägt. Nach der Legaldefinition in § 1 Abs. 1 GenG sind Genossenschaften Gesellschaften von nicht geschlossener Mitgliederzahl, welche die Förderung des Erwerbes oder der Wirtschaft ihrer Mitglieder mittels gemeinschaftlichen Geschäftsbetriebes bezwecken. Für die Verbindlichkeiten der Genossenschaft haftet den Gläubigern nur das Vermögen der Genossenschaft, § 2 GenG. Die Firma einer dem GenG unterliegenden Genossenschaft muß die Bezeichnung „eingetragene Genossenschaft" oder die Abkürzung „eG" enthalten, § 3 Abs. 2 Satz 1 GenG.

240 **aa)** Wie bei der GmbH, bei der AG und bei kapitalistischen Handelsgesellschaften ist im Fall der Zahlungsunfähigkeit oder Überschuldung ohne schuldhaftes Zögern, spätestens aber drei Wochen nach Eintritt der Krise, die Eröffnung des Insolvenzverfahrens zu beantragen. Diese **Handlungspflicht** ist in **§ 99 Abs. 1 GenG** geregelt.

241 **Überschuldung** ist Insolvenzgrund (Konkursgrund) jedoch nur bei einer aufgelösten Genossenschaft, bei einer Genossenschaft ohne Nachschußpflicht und bei einer Genossenschaft mit beschränkter Nachschußpflicht, wenn die Überschuldung ein Viertel der

---

379 *Erbs/Kohlhaas/Fuhrmann* § 401 AktG Anm. 2.

380 So *Erbs/Kohlhaas/Fuhrmann* § 401 AktG Anm. 2.

381 Vgl. KK-AktG/*Geilen* § 401 Rn. 39; *Erbs/Kohlhaas/Fuhrmann* § 401 AktG Anm. 4c m. w. N.

382 Oben Rn. 196ff.

Haftsummen übersteigt, § 98 Abs. 1 GenG a. F. (§ 98 GenG n. F.). Nach der bis 31. 12. 1998 geltenden Fassung des § 99 Abs. 1 Satz 2 GenG mußte sich die Überschuldung bei Aufstellung eines Jahresabschlusses oder einer Zwischenbilanz ergeben oder bei pflichtgemäßem Ermessen anzunehmen sein. Damit ist in § 99 GenG a. F. zwar noch das sog. Bilanzerfordernis genannt. Bereits durch die Novelle vom 30. 9. 1973 wurde in § 99 Abs. 1 GenG jedoch aufgenommen, daß es genügt, wenn die Überschuldung bei pflichtgemäßem Ermessen anzunehmen ist. Das Bilanzerfordernis, das in § 130a HGB durch das 1. WiKG[383] und in § 64 GmbHG durch das 2. WiKG beseitigt wurde, besteht somit im GenG bereits seit 1973 nicht mehr. Durch das EGInsO wurde die Formulierung des § 99 Abs. 1 Satz 2 GenG an die entsprechenden Bestimmungen im HGB, AktG und GmbHG angepaßt.

Die Pflicht zur Stellung eines Insolvenzantrags trifft nach § 99 Abs. 1 GenG den **Vorstand** und die **Liquidatoren**. Der Vorstand besteht aus mindestens zwei Mitgliedern (§ 24 Abs. 2 GenG). Liquidatoren sind grundsätzlich die Vorstandsmitglieder. Die Liquidation kann anderen Personen, auch einer juristischen Person, übertragen werden (§ 83 Abs. 1 bis 3 GenG). 242

Antragsberechtigt und antragspflichtig ist für den Insolvenzantrag jedoch auch jedes einzelne Vorstandsmitglied sowie jeder einzelne Liquidator. Hierbei ist es unerheblich, ob Einzel- oder Gesamtvertretung besteht. Die Auffassung von *Metz*,[384] das einzelne Mitglied müsse lediglich auf die Stellung des Antrags durch Meinungsbildung im Organ hinwirken, ist abzulehnen. Diese Ansicht widerspricht sowohl dem gesetzlichen Wortlaut als auch der ansonsten – auch bei der AG – ganz h. M. *Metz* setzt sich mit seiner Ansicht zudem in Widerspruch zu der im gleichen Kommentar vertretenen Auffassung von *Schaffland*.[385] 243

Der Vergleichsantrag konnte hingegen nur vom Vorstand in seiner Gesamtheit gestellt werden (vgl. § 2 Abs. 1 Satz 2 VerglO), wobei nach h. M. die Mitwirkung von so vielen Vorstandsmitgliedern genügt, wie satzungsgemäß zur gesetzlichen Vertretung befugt sind.[386] Wie bei der GmbH[387] war das allein nicht vertretungsberechtigte Vorstandsmitglied aber ggf. verpflichtet, Konkursantrag statt eines Vergleichsantrags zu stellen. Diese Problematik ist durch die InsO entfallen.

bb) Den **Straftatbestand** der Insolvenzverschleppung enthält **§ 148 Abs. 1 Nr. 2 und Abs. 2 GenG**. Diese Bestimmung ist – im wesentlichen – wie die entsprechenden Strafvorschriften im GmbHG und im AktG formuliert. Unter Strafe gestellt sind wiederum sowohl das vorsätzliche als auch das fahrlässige Unterlassen. Der Strafrahmen beträgt wie bei den anderen Tatbeständen der Insolvenzverschleppung Freiheitsstrafe bis zu drei Jahren (bei Fahrlässigkeit bis zu einem Jahr) oder Geldstrafe. 244

Täter des Sonderdelikts können nur die Vorstandsmitglieder oder Liquidatoren sein. Ist Liquidator eine juristische Person, muß der Täter nach § 14 StGB bestimmt werden. In der Regel ist es der Organvertreter der juristischen Person. Andere Personen als Vorstandsmitglieder oder Liquidatoren können sich nur als **Teilnehmer** strafbar machen. Auch hier ist speziell auf die Möglichkeit der Anstiftung oder Beihilfe durch **Aufsichtsratsmitglieder** hinzuweisen. 245

Der durch einen Dritten gestellte Insolvenzantrag hat keine strafbefreiende Wirkung.[388] Er beseitigt nur *bei Insolvenzeröffnung* die Handlungspflicht für die Zukunft ab diesem Zeitpunkt.[389] 246

---

383 Erstes Gesetz zur Bekämpfung der Wirtschaftskriminalität vom 29. 7. 1976, BGBl. I S. 2034.

384 *Lang/Weidmüller/Metz* § 148 Rn. 12.

385 *Lang/Weidmüller/Schaffland* § 99 Rn. 2.

386 Vgl. *Hettrich/Pöhlmann* § 99 Rn. 3; *Lang/Weidmüller/Schaffland* § 99 Rn. 3 m. w. N.

387 S. o. Rn. 178.

388 A. A. *Hettrich/Pöhlmann* § 148 Rn. 5.

389 S. o. Rn. 191 und 202.

247 Wegen der **Sonderregelung** in § 46b KWG greift § 148 GenG für **Kreditgenossenschaften** nicht ein. Für diese gilt § 55 KWG.

5. Sonderregelung für Kreditinstitute

a) Geltungsbereich, Tathandlung und Rechtsfolgen

248 Die bereits genannten Regelungen in § 46b und § 55 KWG gelten nicht nur für Kreditgenossenschaften, sondern für sämtliche Kreditinstitute. In welcher Rechtsform diese betrieben werden, ist unerheblich.[390]

249 In Abweichung von den sonstigen Tatbeständen der Insolvenzverschleppung besteht die Handlungspflicht in § 46b KWG nicht darin, Insolvenzantrag zu stellen. § 46b KWG enthält vielmehr eine **Anzeigepflicht** gegenüber dem Bundesaufsichtsamt für das Kreditwesen im Fall der Zahlungsunfähigkeit oder Überschuldung eines Kreditinstituts. Nur das Bundesaufsichtsamt kann den Insolvenzantrag stellen. Es hat seinen Sitz in Berlin (Gardeschützenweg 71–101, 12203 Berlin).[391]

250 Durch **§ 55 KWG** ist das Unterlassen der Anzeige **strafbewehrt**. Das vorsätzliche Unterlassen kann nach § 55 Abs. 1 KWG mit Freiheitsstrafe bis zu drei Jahren oder mit Geldstrafe geahndet werden. Bei Fahrlässigkeit beträgt die Strafe nach § 55 Abs. 2 KWG Freiheitsstrafe bis zu einem Jahr oder Geldstrafe.

251 Die Anzeige ist **unverzüglich** zu erstatten (§ 46b Satz 1 KWG). Die bei den anderen Tatbeständen der Insolvenzverschleppung eingeräumte **Dreiwochenfrist** für mögliche Sanierungsversuche steht dem Täter nach § 55 KWG **nicht** zu. Dies hat seinen Grund darin, daß Sanierungsversuche im Interesse eines wirksamen Gläubigerschutzes nur auf Veranlassung des Bundesaufsichtsamtes unternommen werden sollen. Das Bundesamt soll möglichst frühzeitig eingeschaltet werden, um ihm Gelegenheit zu geben, die Insolvenz des Kreditinstituts abzuwenden.[392] Deshalb beginnt die Pflicht zur Anzeige nach dem KWG bereits mit Eintritt der Insolvenzlage und **nicht erst ab Kenntnis** der zum Handeln verpflichteten Personen. Ob diese Kenntnis hatten oder hätten haben müssen, kann nur für die innere Tatseite Bedeutung haben.[393] Wenn der Handlungspflichtige die Insolvenzlage fahrlässig nicht erkennt und deshalb die Anzeige nicht unverzüglich erstattet, ist er wegen fahrlässiger Insolvenzverschleppung nach § 55 Abs. 2 KWG zu bestrafen.

b) Täterkreis

252 Die Anzeigepflicht obliegt nach § 46b Satz 1 KWG den **Geschäftsleitern** des Kreditinstituts. Bei einem in der Rechtsform des Einzelkaufmanns betriebenen Kreditinstitut ist der **Inhaber** für die Anzeige verantwortlich. Dementsprechend nennt § 55 KWG als mögliche Täter den Geschäftsleiter und den Inhaber des Kreditinstituts. Nur diese können Täter sein.

253 **Geschäftsleiter** sind nach der Legaldefinition in § 1 Abs. 2 Satz 1 KWG diejenigen natürlichen Personen, die nach Gesetz, Satzung oder Gesellschaftsvertrag zur Führung der Geschäfte und zur Vertretung eines Kreditinstituts in der Rechtsform einer juristischen Person oder einer Personenhandelsgesellschaft berufen sind (sog. „geborene" Geschäftsleiter). In Einzel- und Ausnahmefällen kann eine andere Person als Geschäftsleiter bezeichnet werden – auch bei einem einzelkaufmännisch betriebenen Kreditinstitut, vgl. § 1 Abs. 2 Satz 2 und 3 KWG (sog. „gekorene" Geschäftsleiter). Ansonsten vertritt der Einzelkaufmann das Kreditinstitut eigenverantwortlich. Er ist nicht Geschäftsleiter, sondern Inhaber.

---

[390] *Erbs/Kohlhaas/Fuhrmann* § 55 KWG Anm. 1.

[391] S. auch Kap. 22 Rn. 3.

[392] *Erbs/Kohlhaas/Fuhrmann* § 55 KWG Anm. 3c.

[393] *Erbs/Kohlhaas/Fuhrmann* § 55 KWG Anm. 3c.

Geschäftsleiter sind bei der AG und der eG also die Vorstandsmitglieder, bei der GmbH die Geschäftsführer und bei der OHG, der KG und der KGaA die persönlich haftenden Gesellschafter. Bei öffentlich-rechtlichen Kreditanstalten sind Geschäftsleiter entweder der Vorstand oder das Direktorium; bei Sparkassen die Vorstands- oder Verwaltungsratsmitglieder.[394]

Täter sind auch die **Geschäftsleiter inländischer Zweigstellen** ausländischer Kreditinstitute (§ 53 KWG) sowie die **stellvertretenden Geschäftsleiter**, wenn die Insolvenzreife während ihrer Tätigkeit als Stellvertreter eintritt oder andauert. Strafbar macht sich **jeder Geschäftsleiter**, wenn mehrere bestellt sind. Auf die Frage der Allein- oder Gesamtvertretungsberechtigung kommt es nicht an. Unterlassen die Geschäftsleiter die Anzeige aufgrund einer entsprechenden Vereinbarung, sind sie Mittäter. Ohne (auch stillschweigende) Absprache sind sie Nebentäter.[395] Täter kann auch der **faktische Geschäftsleiter** sein. 254

Da § 55 KWG ein Sonderdelikt ist, können sich andere Personen als die Geschäftsleiter oder Inhaber nur als Teilnehmer der **Anstiftung** oder **Beihilfe** strafbar machen. Wie bei den sonstigen Vergehen der Insolvenzverschleppung kommen hier insbesondere die Gesellschafter in Betracht. Aber auch andere Personen, egal ob Mitarbeiter des Kreditinstituts oder Außenstehende, können Teilnehmer sein. Bei Aufsichtsratsmitgliedern kann Beihilfe durch Unterlassen möglich sein, wenn sie aufgrund ihrer Überwachungspflicht zum Einschreiten verpflichtet sind.[396] 255

c) Konkurrenzen

Da § 55 KWG gegenüber § 84 Abs. 1 Nr. 2 GmbHG, § 401 Abs. 1 Nr. 2 AktG, § 130b HGB und § 148 Abs. 1 Nr. 2 GenG eine **Sonderregelung** darstellt, verdrängt er diese Vorschriften. Es liegt Gesetzeseinheit (Spezialität) vor.[397] Zu sonstigen Straftatbeständen steht § 55 KWG meist in **Tatmehrheit**, insbesondere zu den Insolvenzstraftaten gemäß §§ 283ff. StGB. In seltenen Fällen kann **Tateinheit** vorliegen.[398] 256

6. Sonderregelung für Versicherungsunternehmen

Ähnlich wie bei Kreditinstituten ist die Regelung bei Versicherungsunternehmen im Versicherungsaufsichtsgesetz. Gemäß § 88 Abs. 1 VAG kann nur die Aufsichtsbehörde einen Insolvenzantrag stellen. Die Anzeigepflicht gegenüber der Aufsichtsbehörde ist in § 88 Abs. 2 VAG geregelt. Das Unterlassen der Anzeige bei Zahlungsunfähigkeit oder Überschuldung ist in § 141 VAG strafbewehrt. 257

Aufsichtsbehörde ist entweder das Bundesaufsichtsamt für das Versicherungswesen (BAV) oder nach entsprechender Übertragung die jeweils nach dem Landesrecht bestimmte Aufsichtsbehörde. Das BAV hat seinen Sitz in Berlin (Ludwigkirchplatz 3–4, 10719 Berlin).[399] 258

Wie bei Kreditinstituten ist die Anzeige **unverzüglich** zu erstatten, ohne daß eine Dreiwochenfrist für eventuelle Sanierungsversuche eingeräumt ist.[400] Auch hier ist für den Beginn der Anzeigepflicht auf den **objektiven Eintritt** der Insolvenzlage abzustellen, **nicht** auf die **Kenntnis** des Handlungspflichtigen.[401] Die Anzeigepflicht trifft nach § 88 Abs. 2 Satz 1 VAG den Vorstand und nach § 88 Abs. 2 Satz 4 den Liquidator. Als **Täter** 259

394 Vgl. *Erbs/Kohlhaas/Fuhrmann* § 1 KWG Anm. 5a.
395 *Erbs/Kohlhaas/Fuhrmann* § 55 KWG Anm. 2.
396 *Erbs/Kohlhaas/Fuhrmann* § 55 KWG Anm. 2.
397 *Erbs/Kohlhaas/Fuhrmann* § 55 KWG Anm. 6.
398 Vgl. oben Rn. 203f.
399 S. auch Kap. 22 Rn. 5.
400 *Erbs/Kohlhaas/Fuhrmann* § 141 VAG Anm. 3c.
401 *Erbs/Kohlhaas/Fuhrmann* § 141 VAG Anm. 3c.

nennt § 141 VAG neben den Vorstandsmitgliedern und den Liquidatoren auch die Hauptbevollmächtigten.

260 Wer **Vorstandsmitglied** ist, richtet sich nach der Rechtsform des Versicherungsunternehmens. Bei einer Versicherungsaktiengesellschaft gelten die Vorschriften des AktG. Bei Versicherungsvereinen auf Gegenseitigkeit (VVaG) und öffentlich-rechtlichen Versicherungsunternehmen gelten die jeweils maßgeblichen Bestimmungen. Sofern öffentlich-rechtliche Versicherungsunternehmen keinen Vorstand besitzen, tritt an dessen Stelle die Geschäftsführung. Dies regelt § 3 VAG. **Liquidator** ist die in § 47 VAG als Abwickler bezeichnete Person. Nach dieser Bestimmung sind grundsätzlich die Vorstandsmitglieder Abwickler. Andere Personen, auch juristische Personen, können Abwickler sein, wenn sie durch die Satzung, von der obersten Vertretung oder durch das Registergericht dazu bestimmt worden sind. Der **Hauptbevollmächtigte** ist entgegen der gesetzlichen Verweisung nicht mehr in § 108 VAG geregelt. Das VAG nennt ihn nun in § 106 Abs. 3. Er ist der Verantwortliche eines ausländischen Versicherungsunternehmens, das in Deutschland tätig ist.

261 Das Versehen des Gesetzgebers bei der Änderung des VAG – Aufhebung des § 108 VAG ohne Änderung des § 141 VAG sowie später Einfügung eines neuen § 108 VAG, ebenfalls ohne Änderung des § 141 VAG[402] – hat keine Auswirkungen auf die Strafbarkeit. Der Klammerzusatz „(§ 108)" in § 141 VAG ist, wie Klammerzusätze generell, nur als Hinweis für den Rechtsanwender gedacht. Deklaratorische Bedeutung kommt einem solchen Hinweis nicht zu. Daß der Hauptbevollmächtigte nur in § 141 VAG als möglicher Täter und nicht in § 88 Abs. 2 VAG als Handlungspflichtiger genannt wird, ist ebenfalls unschädlich. Über die allgemeine Verweisung des § 105 Abs. 2 VAG gilt § 88 VAG für ausländische Versicherungsunternehmen entsprechend. Dies hat zur Folge, daß die bei inländischen Unternehmen dem Vorstand obliegenden Pflichten der Handlungsbevollmächtigte zu erfüllen hat.

262 Nur die in dem **Sonderdelikt** des § 141 VAG benannten Personen können **Täter** sein. Daneben hat der Geschäftsführer eines öffentlich-rechtlichen Versicherungsunternehmens, das keinen Vorstand besitzt, Täterqualität. Daß dieser gemäß § 3 VAG Verantwortliche in der Strafvorschrift nicht ausdrücklich bezeichnet wird, ist unerheblich. Über § 3 VAG ist er in den Täterkreis einbezogen. Keine Täterqualität besitzt hingegen der Sonderbeauftragte nach § 81 Abs. 2a VAG.[403]

263 Sonstige Personen können sich allenfalls der **Teilnahme** strafbar machen. Gehilfen können z. B. auch Prüfer sein, die entgegen ihrer Verpflichtung aus § 57 Abs. 2 Satz 3 VAG die Aufsichtsbehörde nicht unverzüglich unterrichten, sofern bei der Prüfung bekannt wird, daß das Unternehmen zahlungsunfähig oder überschuldet ist.[404]

264 Strafbewehrt ist sowohl das **vorsätzliche** als auch das **fahrlässige Unterlassen** der Anzeige. Bei Vorsatz beträgt die Strafe gemäß § 141 Abs. 1 VAG Freiheitsstrafe bis zu drei Jahre oder Geldstrafe. Bei Fahrlässigkeit droht § 141 Abs. 2 VAG Freiheitsstrafe bis zu einem Jahr oder Geldstrafe an. Gegenüber sonstigen Straftatbeständen der Insolvenzverschleppung stellt § 141 VAG eine **Sonderregelung** dar, wie § 88 Abs. 2 Satz 3 VAG ausdrücklich klarstellt.

265 Die praktische Bedeutung der strafrechtlichen Regelung im VAG ist äußerst gering. Im Zuständigkeitsbereich des BAV, das im Jahr 1997 immerhin 714 Unternehmen mit einem Beitragsaufkommen von etwa 236 Mrd. DM – ca. 97% des Gesamtbeitragsaufkommens des deutschen Versicherungsmarktes – beaufsichtigte, wurde bisher weder eine Anzeige nach § 88 Abs. 2 VAG erstattet noch wurden Ermittlungsverfahren durch das BAV eingeleitet.

---

[402] Gesetz vom 18. 12. 1975, BGBl. I S. 3139 und Art. 1 Nr. 58 des Gesetzes vom 21. 7. 1994, BGBl. I S. 1630.

[403] *Erbs/Kohlhaas/Fuhrmann* § 141 VAG Anm. 2.

[404] *Erbs/Kohlhaas/Fuhrmann* § 141 VAG Anm. 2.

III. Bankrott

1. Allgemeines

a) Überblick

§ 283 StGB ist die zentrale Bestimmung des im StGB geregelten Insolvenzstrafrechts i. e. S. (bisher: Konkursstrafrecht). Sie enthält in den Absätzen 1 und 2 gleichsam die Grundtatbestände des Insolvenzstrafrechts i. e. S.[405] Geschütztes Rechtsgut ist die Sicherung der Insolvenzmasse im Interesse der gesamten Gläubigergemeinschaft.[406] 266

b) Systematik

aa) Die Strafvorschrift des Bankrotts enthält in den Absätzen 1 und 2 unterschiedliche Formen des **objektiven Tatbestandes**. Abs. 1 ist erfüllt, wenn der Täter die in Abs. 1 Nr. 1 bis 8 beschriebenen typischen Bankrotthandlungen in der Krise (Überschuldung, drohende oder eingetretene Zahlungsunfähigkeit[407]) vornimmt. Erfolgen die Handlungen vor Eintritt der Krise und wird durch die Bankrotthandlungen der Eintritt der Krise (Überschuldung oder Zahlungsunfähigkeit) verursacht, greift Abs. 2 ein. Eine Bestrafung nach § 283 Abs. 1 oder 2 StGB erfordert **Vorsatz** (vgl. § 15 StGB). Hat der Täter nicht hinsichtlich sämtlicher Tatbestandsmerkmale von Abs. 1 oder 2 vorsätzlich gehandelt, kommt eine Bestrafung wegen **fahrlässigen Bankrotts** nach Abs. 4 oder 5 in Betracht. Gemäß Abs. 3 ist der **Versuch** sowohl der Tathandlungen nach Abs. 1 als auch nach Abs. 2 strafbar. Abs. 6 enthält objektive **Strafbarkeitsbedingungen**. 267

bb) Da für die Tatbestandsmäßigkeit des Abs. 1 die Vornahme der Bankrotthandlungen ausreicht, ohne daß es auf den Eintritt eines schädigenden Erfolgs ankommt, handelt es sich bei § 283 Abs. 1 StGB insgesamt um ein **abstraktes Gefährdungsdelikt**.[408] Abs. 2 stellt ein **Erfolgsdelikt** dar. Durch die Tathandlungen müssen Überschuldung oder Zahlungsunfähigkeit herbeigeführt werden. Weil einzelne Bankrotthandlungen kein Tun, sondern ein Unterlassen voraussetzen (§ 283 Abs. 1 Nr. 5 erste Alt. und Nr. 7 Buchst. b StGB), liegen teilweise **echte Unterlassungsdelikte** vor. Im übrigen handelt es sich um **Tätigkeitsdelikte**. 268

§ 283 StGB regelt den „normalen" Bankrott. Dieser stellt ein Vergehen dar (vgl. § 12 Abs. 2 StGB). § 283a StGB erweitert den Regelstrafrahmen für besonders schwere Fälle, wobei – wie in der neueren Strafgesetzgebung üblich – die sog. Regelbeispielstechnik verwendet wird. Auch § 283a StGB ist ein Vergehen. Es ist darauf zu achten, daß die Begehungsform – vorsätzlicher oder fahrlässiger Bankrott – in Anklage und Urteil zu nennen ist. Die alte Differenzierung der §§ 239ff. KO a. F. in einfachen und betrügerischen Bankrott gibt es nicht mehr, seit durch das 1. WiKG die Strafvorschriften umfassend reformiert und wieder in das StGB eingestellt wurden. 269

c) Täterkreis

Obwohl § 283 StGB keinen speziellen Täterkreis nennt, sondern nach seinem Wortlaut („wer ...") scheinbar jedermann tauglicher Täter sein kann, besteht Einigkeit, daß es sich beim Tatbestand des Bankrotts um ein **Sonderdelikt** handelt.[409] Ein Sonderdelikt ist § 283 Abs. 1 StGB schon deshalb, weil Täter nur derjenige sein kann, der sich in der Krise befindet und für den eine der Bedingungen nach Abs. 6 eingetreten ist. Zudem unter- 270

---

[405] *Tröndle/Fischer* § 283 Rn. 1; LK/*Tiedemann* § 283 Rn. 1.

[406] BGHSt 28, 371 (373) = NJW 1980, 406 (407); BGH NStZ 1987, 23; ausführlich: LK/*Tiedemann* vor § 283 Rn. 45ff.

[407] Dazu Rn. 80ff.

[408] Eingehend hierzu: LK/*Tiedemann* § 283 Rn. 3ff.

[409] *Tröndle/Fischer* vor § 283 Rn. 18ff.; LK/*Tiedemann* vor § 283 Rn. 59ff. m. w. N.

liegen die Handlungspflichten nach § 283 Abs. 1 Nr. 5 und 7 StGB nur (bestimmten) Kaufleuten.[410]

271 **aa) Täter** ist bei **natürlichen Personen** einschließlich Einzelkaufleuten der Schuldner, der die Bankrotthandlung vornimmt oder im Fall des § 283 Abs. 1 Nr. 5 erste Alt. und Nr. 7 Buchst. b StGB das vom Gesetz geforderte Handeln unterläßt. Maßgeblich ist die Stellung des tauglichen Täters zum Zeitpunkt der Handlung oder Unterlassung.

272 Bei **Gesellschaften** ist nach den einzelnen Gesellschaftsformen zu unterscheiden:[411] Bei einer Gesellschaft des bürgerlichen Rechts, einer OHG und der Vorgesellschaft einer GmbH sind taugliche Täter die einzelnen Gesellschafter. Bei der KG kommen als Täter die Komplementäre in Betracht. Die Kommanditisten scheiden grundsätzlich als Täter aus, falls nicht im Einzelfall eine Verantwortlichkeit nach § 14 Abs. 2 StGB besteht. Dies kann beispielsweise dann der Fall sein, wenn ein Kommanditist als Geschäftsführer der KG angestellt ist. Auch bei der KGaA kommen grundsätzlich nur die persönlich haftenden Gesellschafter als Täter in Betracht.

273 Für **juristische Personen** richtet sich die Tätereigenschaft nach § 14 Abs. 1 Nr. 1 StGB.[412] Täter bei der GmbH ist somit der Geschäftsführer. Bei mehreren Geschäftsführern ist jeder tauglicher Täter. Die Gesellschafter scheiden als Täter dann aus, wenn sie nicht gleichzeitig geschäftsführend tätig sind. Dies gilt auch für den Gesellschafter der Einmann-GmbH.[413] Bei der AG, der Genossenschaft sowie dem rechtsfähigen Verein und der rechtsfähigen Stiftung sind Täter der Vorstand. Besteht dieser aus mehreren Personen, ist tauglicher Täter jedes Vorstandsmitglied. Über § 14 StGB sind auch die Liquidatoren beispielsweise einer GmbH taugliche Täter.[414]

274 Nach ganz einhelliger Meinung[415] kommt es bei den juristischen Personen und den sonstigen Gesellschaften hinsichtlich der Krisenmerkmale und der objektiven Strafbarkeitsbedingungen auf die Gesellschaft und nicht auf den Organvertreter an. Statt des Wortes „Täter" in § 283 Abs. 6 StGB müßte es eigentlich „Schuldner" heißen.[416] Bei dem Vermögen i. S. des § 283 Abs. 1 Nr. 1 und 8 StGB und bei den geschäftlichen Verhältnissen in § 283 Abs. 1 Nr. 8 StGB muß es sich um die des Schuldners, also der Gesellschaft handeln.

275 Bei der **GmbH & Co. KG** wird der GmbH-Geschäftsführer als Täter angesehen, wenn er – wie üblich – auch die Geschäfte der KG führt.[417] Die Krisen- und sonstigen Merkmale müssen bei der KG vorliegen, nicht bei der Komplementär-GmbH. Zu beachten ist, daß häufig durch den Geschäftsführer der Komplementär-GmbH Bankrotthandlungen nicht nur in bezug auf die GmbH & Co. KG begangen werden, sondern zusätzlich auch bzgl. der GmbH. Soweit es dabei um die Nichterfüllung der Bilanzierungspflichten für beide Gesellschaften geht, liegt Tateinheit vor.[418] Für die sonstige **atypische KG** sowie die **atypische OHG**, bei der die Gesellschafter keine natürlichen Personen sind, gelten die gleichen Grundsätze wie für die GmbH & Co. KG. Als Täter kommen die Geschäftsführer oder sonstigen Organvertreter in Betracht.

276 Über **§ 14 StGB** können weitere Personen Täter sein. So sind gemäß § 14 Abs. 2 StGB bestimmte gewillkürte Vertreter potentielle Täter. In Betracht kommen sowohl Bedienstete des jeweiligen Unternehmens als auch externe Personen.

277 **§ 14 Abs. 2 Nr. 1 StGB** erfaßt denjenigen, der **beauftragt** ist, den Betrieb ganz oder zum Teil zu leiten. Betrieb ist hier im weiten Sinn zu verstehen. Erfaßt werden nicht nur

---

410 *Tröndle/Fischer* vor § 283 Rn. 19f.; LK/*Tiedemann* vor § 283 Rn. 59.
411 Vgl. dazu LK/*Tiedemann* vor § 283 Rn. 62; *Tröndle/Fischer* vor § 283 Rn. 19.
412 Vgl. LK/*Tiedemann* vor § 283 Rn. 63f.
413 LK/*Tiedemann* vor § 283 Rn. 64.
414 OLG Frankfurt a. M. BB 1977, 312; *Schönke/Schröder/Stree* § 283 Rn. 65.
415 Vgl. nur *Tröndle/Fischer* vor § 283 Rn. 21; LK/*Tiedemann* vor § 283 Rn. 63ff.
416 LK/*Tiedemann* vor § 283 Rn. 63; *Schönke/Schröder/Stree* § 283 Rn. 59a.
417 Vgl. BGHSt 19, 174 = NJW 1964, 505; LK/*Tiedemann* vor § 283 Rn. 65 m. w. N.
418 BGH GA 1981, 518 = bei *Holtz* MDR 1981, 454 für § 283b StGB.

Betriebe im technischen Sinn, also Fabrik- oder Handwerksbetriebe, sondern auch Geschäfte, Reparaturwerkstätten, Geldinstitute, Forschungseinrichtungen, Büros, Agenturen, die Kanzlei eines Anwalts und die Praxis eines Arztes. Auf die rechtliche Form kommt es nicht an, so daß juristische Personen ebenso erfaßt werden wie z. B. Einzelkaufleute.[419]

Die Beauftragung muß entweder durch den Inhaber des Betriebs oder einen sonst dazu 278
Beauftragten erfolgt sein. Neben dem Inhaber, bei juristischen Personen und sonstigen Gesellschaften dem Geschäftsführer oder sonstigen Organ (Vorstand), kommt Beauftragung z. B. durch den Prokuristen oder einen sonstigen Vertreter des Inhabers in Betracht. Daneben kann sich die Befugnis zur Beauftragung auch aus gesetzlichen Vorschriften ergeben, wie die über die gerichtliche Bestellung eines Abwicklers oder eines besonderen Vertreters durch die Mitgliederversammlung eines Vereins.[420] Die Beauftragung muß nicht „förmlich" oder „ausdrücklich" erfolgen, eine konkludente Beauftragung reicht aus.[421]

Als Beauftragter kommt beispielsweise der technische oder kaufmännische Leiter eines 279
Gesamtbetriebs, aber auch der Leiter eines Zweigbetriebs oder eines räumlich getrennten Betriebsteils oder einer Abteilung innerhalb des Betriebs in Betracht.[422] Ob eine entsprechende Beauftragung zur (ganzen oder teilweisen) Leitung des Betriebs vorliegt, kann nicht allgemein gesagt werden. Sie muß vielmehr jeweils im Einzelfall nach der Strukturierung des Betriebs und nach den tatsächlichen Befugnissen des potentiellen Täters festgestellt werden. In Betracht kommen z. B. auch Verkaufsleiter oder Leiter einer Rechtsabteilung.[423]

Die Beauftragung nach **§ 14 Abs. 2 Nr. 2 StGB** erfordert, daß der Beauftragte **be-** 280
stimmte betriebsbezogene Aufgaben wahrnimmt, die als solche dem Inhaber des Betriebs obliegen. Täter nach § 283 Abs. 1 Nr. 5 oder 6 StGB kann z. B. ein Buchhalter sein. Als externer Beauftragter kommt beispielsweise der Steuerberater in Betracht, der mit der Buchhaltung oder Bilanzierung beauftragt wurde. Er kann Täter nach § 283 Abs. 1 Nr. 5, 6 oder 7 StGB sein.[424] Strafbar machen sich eventuell auch Leiter und Angestellte von Kreditinstituten bei Übernahme des gesamten Zahlungsverkehrs des Schuldners sowie Unternehmensberater, Wirtschaftsprüfer und sonstige tatsächliche oder angebliche Sanierer.[425]

Zu beachten ist, daß die Nr. 2 von § 14 Abs. 2 StGB – anders als die Nr. 1 – die **aus-** 281
drückliche Beauftragung verlangt. Ein konkludenter Auftrag genügt nicht, wenngleich der Ausdruck „Auftrag" nicht unbedingt verwendet werden muß. Die Aufgabe muß dem Betreffenden aber schriftlich oder mündlich eindeutig übertragen worden seien. Hierbei muß ihm eine klare Vorstellung von Art und Umfang der Aufgaben vermittelt worden sein.[426]

Darüber hinaus ist es nach § 14 Abs. 2 Nr. 2 StGB erforderlich, daß der Beauftragte 282
die Aufgaben **in eigener Verantwortung** wahrzunehmen hat. Er muß also befugt sein, Entscheidungen frei und verantwortlich zu treffen, die eigentlich dem Inhaber des Betriebs obliegen.[427] Eine Kontrolle oder Überwachung durch den Inhaber des Betriebs steht der eigenen Verantwortung des Beauftragten nicht entgegen. Hierzu ist der Inhaber oder Organvertreter sogar in gewissem Umfang verpflichtet, so daß der Inhaber sich trotz Beauftragung eines Dritten ggf. nach § 283 Abs. 5 StGB strafbar machen kann (sog. **Geschäftsherrenhaftung**).[428]

---

419 *Tröndle/Fischer* § 14 Rn. 8; LK/*Schünemann* § 14 Rn. 54.
420 *Tröndle/Fischer* § 14 Rn. 9; LK/*Schünemann* § 14 Rn. 58.
421 BGH NJW-RR 1989, 1185; *Tröndle/Fischer* § 14 Rn. 10; LK/*Schünemann* § 14 Rn. 58.
422 *Tröndle/Fischer* § 14 Rn. 10.
423 LK/*Tiedemann* vor § 283 Rn. 66.
424 Vgl. *Tröndle/Fischer* vor § 283 Rn. 21; LK/*Tiedemann* vor § 283 Rn. 66.
425 Vgl. LK/*Tiedemann* vor § 283 Rn. 30, 66, 78; hierzu genauer Rn. 446ff.
426 *Tröndle/Fischer* § 14 Rn. 12; LK/*Schünemann* § 14 Rn. 59.
427 *Tröndle/Fischer* § 14 Rn. 13; LK/*Schünemann* § 14 Rn. 60.
428 Vgl. LK/*Schünemann* § 14 Rn. 65; *Tröndle/Fischer* vor § 283 Rn. 21.

283 Der Dritte, der nicht Schuldner ist, muß **für das Unternehmen** handeln. Das bedeutet, er muß die Handlung im Interesse oder zumindest auch im Interesse des Schuldners vornehmen. Dies hat insbesondere beim Geschäftsführer einer GmbH Auswirkungen auf die Frage, ob er sich des Bankrotts oder der Untreue schuldig macht.[429]

284 **bb) Mittäterschaft** kommt bei **Einzelpersonen** (Einzelkaufleuten) nicht in Betracht. § 283 StGB verlangt nämlich, daß über das gemeinschaftliche Handeln nach § 25 Abs. 2 StGB hinaus die Überschuldung oder (drohende) Zahlungsunfähigkeit (Abs. 1) sowie die Zahlungseinstellung oder die Insolvenzeröffnung oder -abweisung (Abs. 6) sich auf dieselbe Vermögensmasse beziehen. Es muß sich um das Vermögen des Täters handeln. Deshalb kann § 283 StGB in Mittäterschaft nur begangen werden, wenn das Vermögen einer **Gesellschaft** oder sonstigen juristischen Person betroffen ist. So liegt Mittäterschaft vor, wenn mehrere Mitgesellschafter oder mehrere Organe oder Vertreter des schuldnerischen Unternehmens nach § 14 StGB für dieses handeln.[430] Hat die Gesellschaft mehrere Geschäftsführer, sind bei den Unterlassungsdelikten des § 283 Abs. 1 Nr. 5 erste Alt. und Nr. 7 Buchst. b StGB regelmäßig alle verantwortlich. Eine geschäftsinterne Ressortverteilung entlastet keinen der Geschäftsführer.[431]

285 **Außenstehende** können **nicht** Mittäter sein. Dies gilt nicht nur für § 283 Abs. 1 StGB, sondern auch für Abs. 2 und Abs. 4 Nr. 2.[432] Bei einem Außenstehenden fehlt es nämlich daran, daß er nicht *seine* Überschuldung oder Zahlungsunfähigkeit herbeiführt (§ 283 Abs. 2 StGB). Darüber hinaus wären auch die Bedingungen des § 283 Abs. 6 StGB nicht erfüllt. Der Täter muß *seine* Zahlungen eingestellt haben, oder es muß über *sein* Vermögen das Insolvenzverfahren eröffnet oder mangels Masse abgewiesen worden sein.[433] Bei Abs. 4 Nr. 1 und Abs. 5 kommt Mittäterschaft schon deshalb nicht in Frage, weil es sich um Fahrlässigkeitsdelikte handelt.

286 **cc)** Personen, die nicht als Täter in Betracht kommen, können **Teilnehmer** sein. Hierfür gelten die allgemeinen Regeln. Da bei Fahrlässigkeitsdelikten nicht nur Mittäterschaft, sondern auch Teilnahme ausscheidet, kann nur zu den Tatbeständen der Abs. 1, 2 und 4 Nr. 2 angestiftet oder Hilfe geleistet werden. § 283 Abs. 4 Nr. 2 StGB ist nach § 11 Abs. 2 StGB eine Vorsatztat. Gegenüber der Schuldnerbegünstigung tritt eine Teilnahme am Vergehen des Bankrotts zurück.[434]

287 Zu beachten ist, daß diejenigen Personen, die beispielsweise als Geschäftspartner des Schuldners an Verlust-, Spekulations- oder Differenzgeschäften nach § 283 Abs. 1 Nr. 2 StGB mitwirken oder Waren erwerben, die der Schuldner unter Verwirklichung des § 283 Abs. 1 Nr. 3 StGB veräußert, sich als **notwendige Teilnehmer** nicht der Beihilfe strafbar machen.[435] Dies gilt jedoch dann nicht, wenn die Beihilfehandlung über das Normale hinausgeht, insbesondere wenn der Geschäftspartner oder sonstige Dritte kollusiv mit dem Schuldner zusammenarbeitet. So z. B., wenn der Dritte vom Täter in Kenntnis von dessen Krisensituation Waren unter Wert erwirbt und der Täter hiervon in irgendeiner Weise profitiert. Darüber hinaus bleibt die Möglichkeit der Strafbarkeit wegen **Anstiftung** in jedem Fall bestehen.[436]

---

[429] Hierzu genauer Rn. 334ff.

[430] LK/*Tiedemann* § 283 Rn. 226; *Tröndle/Fischer* § 283 Rn. 38.

[431] Vgl. BGH NStZ 1998, 247 (248).

[432] LK/*Tiedemann* § 283 Rn. 226; a. A. *Tröndle/Fischer* § 283 Rn. 38.

[433] Vgl. auch LK/*Tiedemann* § 283 Rn. 226.

[434] Näher Rn. 377.

[435] *Schönke/Schröder/Stree* § 283 Rn. 65; LK/*Tiedemann* § 283 Rn. 71, 80, 229; BGH bei *Herlan* GA 1956, 348.

[436] LK/*Tiedemann* § 283 Rn. 229.

d) Krisensituation; Strafbarkeitsbedingung nach Abs. 6

aa) § 283 Abs. 1 StGB verlangt ein Handeln bei Überschuldung, drohender oder eingetretener Zahlungsunfähigkeit.[437] § 283 Abs. 2 StGB setzt voraus, daß der Täter durch die Bankrotthandlungen seine Überschuldung oder Zahlungsunfähigkeit herbeiführt. Fehlt es an diesen Voraussetzungen, kann statt § 283 Abs. 1 Nr. 5 bis 7 StGB der Straftatbestand der Verletzung der Buchführungspflicht nach § 283b StGB verwirklicht sein.[438] 288

bb) Nach § 283 Abs. 6 StGB ist die Tat nur unter bestimmten Voraussetzungen strafbar. Es sind alternativ erforderlich: 289

- Zahlungseinstellung,
- Insolvenzeröffnung oder
- Abweisung der Eröffnung mangels Masse.

Hierbei handelt es sich nach ganz h. M.[439] um **objektive Bedingungen der Strafbarkeit**. Damit kommt es nur auf ihr tatsächliches Vorhandensein an. Weder Vorsatz noch Fahrlässigkeit müssen sich auf sie erstrecken. Ein Kausalzusammenhang zwischen der Tathandlung und der objektiven Strafbarkeitsbedingung braucht nicht zu bestehen. Darüber hinaus ist es bei juristischen Personen oder sonstigen Gesellschaften nicht erforderlich, daß der Täter bei Eintritt der Strafbarkeitsbedingung die Organstellung noch innehat.[440] Maßgeblicher Zeitpunkt ist die Vornahme der Bankrotthandlung, bei den Unterlassungstatbeständen die Nichtvornahme trotz Handlungspflicht. Täter kann also z. B. auch der ehemalige Geschäftsführer der insolventen GmbH sein, wenn während seiner Geschäftsführereigenschaft für die GmbH keine Bilanzen erstellt wurden.

Was unter **Zahlungseinstellung** zu verstehen ist, wurde bereits dargestellt.[441] **Insolvenzeröffnung** ist der rechtskräftige Eröffnungsbeschluß, vgl. § 27 InsO (§ 108 KO, § 19 VerglO). Der Strafrichter ist an den Eröffnungsbeschluß gebunden. Er hat dessen Berechtigung nach ganz h. M. nicht nachzuprüfen. Dem Täter ist es verwehrt, sich auf Einwendungen gegen die Berechtigung des Beschlusses zu berufen. Das gleiche gilt für den Beschluß, mit dem die **Insolvenzeröffnung abgelehnt** wird, § 26 Abs. 1 Satz 1 InsO (§ 107 KO).[442] 290

cc) Hat der Täter zwar während der Krise gehandelt, die **Krise** aber **überwunden**, entfällt das Strafbedürfnis nach ganz h. M.[443] Dies bedeutet, daß die Tat nicht bestraft wird, wenn zwischen der Krise und den objektiven Bedingungen der Strafbarkeit keine tatsächliche Beziehung besteht. Das ist beispielsweise dann der Fall, wenn der Täter nach der Bankrotthandlung seine Zahlungsfähigkeit wieder hergestellt oder die Überschuldung überwunden hat und er später aus anderen Gründen seine Zahlungen einstellt oder aus Gründen, die mit der damaligen Krise nicht im Zusammenhang stehen, über das Vermögen des Täters das Insolvenzverfahren eröffnet oder die Eröffnung mangels Masse abgewiesen wird. Der fehlende Zusammenhang muß feststehen. Zweifel gehen zu Lasten des Täters; der Grundsatz „in dubio pro reo" gilt insoweit nicht.[444] 291

e) Rechtsfolgen

Verstöße gegen § 283 StGB haben primär die im StGB angedrohte Kriminalstrafe zur Folge. Darüber hinaus hat eine Verurteilung aber auch mittelbare Rechtsfolgen. 292

---

437 Zu diesen Begriffen Rn. 80ff.

438 Dazu unten Rn. 348ff.

439 Vgl. nur BGHSt 28, 231 (234) = NJW 1979, 1418; LK/*Tiedemann* vor § 283 Rn. 89ff.; *Tröndle/Fischer* vor § 283 Rn. 12ff.

440 Vgl. *Schönke/Schröder/Stree* § 283 Rn. 59a.

441 Vgl. oben Rn. 85ff.

442 Vgl. SK/*Samson* vor § 283 Rn. 14f. m. w. N. und oben Rn. 130.

443 Vgl. nur BGHSt 28, 231 (233) = NJW 1979, 1418; LK/*Tiedemann* vor § 283 Rn. 90; a. A. – mit guten Argumenten – *H. Schäfer* wistra 1990, 81 (86f.).

444 OLG Hamburg NJW 1987, 1342 (1343f.); *Schönke/Schröder/Stree* § 283 Rn. 59; LK/*Tiedemann* vor § 283 Rn. 92; *Tröndle/Fischer* vor § 283 Rn. 17.

293 **aa)** Die im StGB vorgesehene Strafe für Zuwiderhandlungen nach **Abs. 1 und 2 des § 283 StGB** ist Freiheitsstrafe bis zu fünf Jahren oder Geldstrafe. Bei Fahrlässigkeit – wenn auch nur hinsichtlich einzelner Merkmale wie bei Abs. 4 Nr. 2 – kommt nach **§ 283 Abs. 4 und 5 StGB** eine Ahndung mit Freiheitsstrafe bis zu zwei Jahren oder Geldstrafe in Betracht. Für besonders schwere Fälle droht das Gesetz in **§ 283a StGB**[445] Freiheitsstrafe von sechs Monaten bis zu zehn Jahren an. Dem Unrechtsgehalt der Tat, der je nach Verwirklichung der einzelnen Bankrottatbestände sehr unterschiedlich sein kann, ist im Rahmen der Strafzumessung Rechnung zu tragen.

294 Der **Versuch** des Bankrotts nach § 283 Abs. 1 oder 2 StGB, der nach § 283 Abs. 3 StGB strafbar ist, kann gemäß § 23 Abs. 1 StGB milder bestraft werden. Für den Fall, daß das Gericht eine Milderung bejaht, reduziert sich das Höchstmaß nach § 49 Abs. 1 Nr. 2 StGB auf Freiheitsstrafe bis zu drei Jahre und neun Monate oder Geldstrafe bis zu 270 Tagessätze.

295 Bei Teilnahmehandlungen ist es umstritten, ob bei den Teilnehmern die Strafmilderung nach § 28 Abs. 1 StGB Anwendung findet.[446] Da eine doppelte Milderung – nach § 27 Abs. 2 und § 28 Abs. 1 StGB – ausscheidet,[447] ist die Frage der Anwendbarkeit von § 28 Abs. 1 StGB im Ergebnis nur für den Anstifter relevant.

296 **bb)** Mittelbare Rechtsfolgen der Verurteilung nach § 283 StGB finden sich im GmbHG und im AktG. **§ 6 Abs. 2 Satz 3 GmbHG** und **§ 76 Abs. 3 Satz 2 AktG** sehen vor, daß ein wegen Bankrotts verurteilter Täter fünf Jahre lang nicht Geschäftsführer einer GmbH oder Vorstandsmitglied einer AG sein kann. In die Frist wird die Haft – auch wegen anderer Delikte – nicht eingerechnet. Da die Verurteilung in das Gewerbezentralregister[448] eingetragen wird, spricht man auch von der **Registersperre** nach § 6 Abs. 2 GmbHG und § 76 Abs. 3 AktG. Dieses Berufsverbot greift nur bei einer Verurteilung wegen Bankrotts oder einer der sonstigen Insolvenzstraftaten (Konkursstraftaten) im 24. Abschnitt des Besonderen Teils des StGB (§§ 283 bis 283d) ein. Die Verurteilung etwa eines Geschäftsführers einer GmbH wegen Untreue steht der weiteren oder erneuten Tätigkeit als Geschäftsführer nicht entgegen.

297 **cc)** Neue mittelbare Rechtsfolge der Verurteilung wegen Bankrotts ist, daß nach § 290 Abs. 1 Nr. 1, § 297 Abs. 1 InsO auf einen entsprechenden Gläubigerantrag die **Restschuldbefreiung** (§§ 286 bis 303 InsO) **zu versagen** ist.[449]

2. Die einzelnen Tatbestände des § 283 StGB

a) Vorbemerkung

298 Die folgende Darstellung der einzelnen Tathandlungen und Unterlassungen, die in den Nummern 1 bis 8 des § 283 Abs. 1 StGB aufgeführt sind, wurde den Bedürfnissen der Praxis entsprechend auf das Wesentliche beschränkt. Wegen weiterer Einzelheiten sei insbesondere auf die Kommentierungen von *Fischer* (*Tröndle/Fischer* § 283 Rn. 3ff.), *Stree* (*Schönke/Schröder* § 283 Rn. 2ff.) und – sehr ausführlich – *Tiedemann* (LK § 283 Rn. 14ff.) verwiesen.

b) Abs. 1 Nr. 1

299 **aa)** Welche **Vermögensbestandteile zur Insolvenzmasse (Konkursmasse) gehören**, ergibt sich aus §§ 35f. InsO (§ 1 KO). Erfaßt ist grundsätzlich das gesamte der Zwangsvollstreckung unterliegende Vermögen. Dazu gehören auch sicherungsübereignete Sachen,

[445] Dazu unten Rn. 343ff.

[446] Vgl. dazu näher LK/*Tiedemann* § 283 Rn. 228; *Schönke/Schröder/Stree* § 283 Rn. 65; *Tröndle/Fischer* § 283 Rn. 38; SK/*Samson* § 283 Rn. 28 a. E.

[447] BGHSt 26, 53 = NJW 1975, 837.

[448] Dazu auch Rn. 506ff.

[449] Siehe bereits Rn. 57.

weil dem Gläubiger nur ein Absonderungsrecht zusteht. Eine Sache, die ein Dritter aussondern kann, z. B. eine unter Eigentumsvorbehalt des Verkäufers stehende Sache, ist hingegen kein Vermögensbestandteil i. S. von § 283 Abs. 1 Nr. 1 StGB. Zur Insolvenzmasse gehört nach § 35 InsO – anders als unter Geltung der KO – auch der sog. Neuerwerb.

bb) Beiseiteschaffen ist jede Handlung, die einen Vermögensbestandteil durch räumliches Verschieben oder Veränderung der rechtlichen Lage dem Zugriff der Gläubiger entzieht oder diesen Zugriff erheblich erschwert. Nach h. M.[450] ist Voraussetzung einer Strafbarkeit wegen Beiseiteschaffens, daß die Vermögensverschiebungen den Rahmen einer ordnungsgemäßen Wirtschaftsführung überschreiten, obwohl sich dieses Merkmal nach dem Wortlaut der gesetzlichen Regelung nicht auf das Beiseiteschaffen bezieht. In Betracht kommen z. B.: 300

- Überweisung eines Betrags von einem Geschäfts- auf ein Privatkonto
- nicht gerechtfertigte Sicherungsübereignungen
- Veräußerung ohne einen entsprechenden (alsbald greifbaren) Gegenwert
- Scheinveräußerungen.

Damit ist auch die Übertragung von Vermögensbestandteilen auf eigens zu diesem Zweck gegründete Unternehmen des Täters erfaßt, soweit nicht insolvenzunabhängige Gründe vorliegen oder eine entsprechende Gegenleistung erbracht wird. Das gleichzeitige Beiseiteschaffen mehrerer Vermögensgegenstände stellt eine einzige Bankrotthandlung i. S. des § 283 Abs. 1 Nr. 1 StGB dar.

cc) Verheimlichen ist ein Verhalten, wodurch das Vorhandensein eines Vermögensbestandteils oder dessen Zugehörigkeit zur Insolvenzmasse der Kenntnis der Gläubiger oder des Insolvenzverwalters entzogen wird. Eine endgültige Entziehung ist nicht erforderlich. Verheimlichen (Verbergen vor den Gläubigern) kann beispielsweise vorliegen 301

- beim Ableugnen (des Besitzes) von Vermögensstücken
- beim Vorspiegeln eines den Gläubigerzugriff hindernden Rechtsverhältnisses
- bei unrichtigen Angaben gegenüber dem Insolvenzverwalter über Umstände, die ein Anfechtungsrecht betreffen
- beim Einziehen und Einbehalten eines vor Insolvenzeröffnung fällig gewordenen und nach der Insolvenzeröffnung vom Käufer bezahlten Kaufpreises.

dd) Die sonstigen Tathandlungen, das **Zerstören**, **Beschädigen** oder **Unbrauchbarmachen** von Vermögensbestandteilen, sind von geringer praktischer Bedeutung. Beschädigen bedeutet eine körperlich-verändernde Einwirkung auf die Sache mit der Wirkung, daß die Brauchbarkeit gemindert ist. Zerstören stellt einen stärkeren Grad des Beschädigens in der Form dar, daß eine Vernichtung der Sachsubstanz erfolgt. Unbrauchbar gemacht ist ein Vermögensbestandteil, wenn seine Eignung für den bestimmungsgemäßen Zweck beseitigt wird.[451] Entsprechende Handlungen sind nur dann tatbestandsmäßig, wenn sie in einer den Anforderungen einer ordnungsgemäßen Wirtschaft widersprechenden Weise erfolgen. Damit entspricht praktisch nur mutwilliges Handeln den Tatbestandsvoraussetzungen.[452] 302

c) Abs. 1 Nr. 2

aa) Ein **Verlustgeschäft** liegt dann vor, wenn es von vornherein – schon nach der Vorauskalkulation von Ausgaben und Einnahmen – zu einer Vermögensminderung führen muß. Ein Geschäft, das erst im nachhinein einen Verlust bringt, scheidet aus. Ein **Spekulationsgeschäft** ist ein gewagtes Geschäft, das mit einem besonders großen Verlustrisiko verbunden ist und in der Hoffnung eingegangen wird, einen besonders hohen Gewinn zu erzielen. Ein **Differenzgeschäft** ist ein Geschäft, bei dem es dem Täter von vornherein 303

---

450 BGHSt 34, 309 (310) = NJW 1987, 2242 (2243); weitere Nachweise bei LK/*Tiedemann* vor § 283 Rn. 27.

451 LK/*Tiedemann* § 283 Rn. 44ff.

452 *Tröndle/Fischer* § 283 Rn. 6; *Schönke/Schröder/Stree* § 283 Rn. 6.

auf die Differenz zwischen An- und Verkaufspreis ankommt und nicht auf die tatsächliche Lieferung und den Warenumsatz. Damit sind sowohl Geschäfte i. S. des § 764 BGB erfaßt als auch Börsentermingeschäfte (str.).[453]

304 Die genannten Geschäfte müssen eingegangen, d. h. abgeschlossen werden. Dies muß im **Widerspruch** zu den Grundsätzen einer **ordnungsgemäßen Wirtschaft** stehen. Das Geschäft muß also von vornherein unvertretbar sein. Maßgebend sind immer die konkreten Umstände des Einzelfalls. Geschäfte, die in einer Ausnahmesituation auch ein seriöser Kaufmann abschließen würde, scheiden aus. So kann z. B. das Eingehen eines Verlustgeschäfts dann gerechtfertigt sein, wenn dies während eines Konjunkturtiefs geschieht, um Arbeitsplätze zu erhalten. Ebenso kann es den Grundsätzen einer ordnungsgemäßen Wirtschaft noch entsprechen, wenn das Verlustgeschäft in der begründeten Erwartung weiterer, dann gewinnbringender Geschäfte geschlossen wird. Wegen der Krisensituation ist aber zu fordern, daß solche Geschäfte nur ganz ausnahmsweise zulässig sein dürfen. Insbesondere reicht die Motivation, durch riskante Geschäfte den Zusammenbruch des Unternehmens hinauszuzögern, nicht aus. Wenn Spekulations- oder Differenzgeschäfte günstig ausgehen und die Gläubigerposition verbessern, entfällt nach ganz h. M. – mit teilweise abweichender Begründung – die Strafbarkeit.[454]

305 **bb) Ausgaben** sind **unwirtschaftlich**, wenn sie das Maß des Notwendigen und Üblichen überschreiten und zum Gesamtvermögen und -einkommen des Täters in keinem angemessenen Verhältnis stehen. Dabei kommt es nicht darauf an, ob die Ausgaben für private oder geschäftliche Zwecke getätigt werden. Unwirtschaftliche Geschäftsausgaben sind z. B. aussichtslose Investitionen, überhöhter Repräsentationsaufwand (auch wenn dadurch Kreditfähigkeit mit dem Ziel der Weiterführung des Unternehmens vorgetäuscht werden soll) oder ungewöhnlich hohe Kosten für die Miete von Gewerberäumen, für Geschäftsreisen oder für Gehälter. **Spiel** und **Wette** sind i. S. von § 762 BGB zu verstehen. Darunter fallen auch die Teilnahme an Lotto, Toto und sonstigen Lotterien. Die praktische Bedeutung von Spiel und Wette als Bankrotthandlung ist gering. Wenn das Kriterium der Unwirtschaftlichkeit erfüllt ist, handelt es sich gleichzeitig um **übermäßige Beträge** i. S. der gesetzlichen Regelung. **Verbrauchen** bedeutet Tätigen der Ausgabe. **Schuldigwerden** liegt dann vor, wenn das Vermögen mit einer Verbindlichkeit belastet wird.

d) Abs. 1 Nr. 3

306 **Beschaffen** von Waren oder Wertpapieren **auf Kredit** bedeutet einen rechtsgeschäftlichen Erwerb ohne sofortige Bezahlung. Für den Erwerb genügt es, daß der Täter die Sachen so an sich bringt, daß er über sie verfügen kann. Damit ist auch der Erwerb unter Eigentumsvorbehalt erfaßt. Auf Kredit beschafft sind auch durch Kreditbetrug erlangte Waren. **Veräußerung** oder **Abgabe** in sonstiger Weise ist jede Handlung, durch die der Täter sein Recht an den Gegenständen aufgibt. Dies kann geschehen durch Verkaufen, Tauschen, Verpfänden oder jede andere Handlung, durch die der Täter seinen Besitz oder sein Eigentum aufgibt. Für das Tatbestandsmerkmal der Veräußerung oder sonstigen Abgabe erheblich unter dem Wert der Waren oder der daraus hergestellten Sachen ist der Marktwert maßgeblich, nicht der Einkaufspreis. Zusätzlich muß dies den Anforderungen einer ordnungsgemäßen Wirtschaft widersprechen, also ein „**Verschleudern**" vorliegen. Daran kann es z. B. fehlen, wenn die Ware zu verderben droht, es sich um sog. Lockvogelangebote handelt, einem Preissturz zuvorgekommen werden soll oder die Abgabe im Rahmen eines wirtschaftlich gebotenen Räumungsverkaufs erfolgt. Der Kredit muß zum Zeitpunkt der Veräußerung oder sonstigen Abgabe noch bestehen. Daß beim Erwerb der Ware schon Verschleuderungsvorsatz bestand, ist nicht erforderlich.

---

[453] Vgl. im einzelnen LK/*Tiedemann* § 283 Rn. 59f.

[454] Vgl. LK/*Tiedemann* § 283 Rn. 61; *Schönke/Schröder/Stree* § 283 Rn. 12; *Tröndle/Fischer* § 283 Rn. 11; *Müller-Gugenberger/Bieneck* § 73 Rn. 7; SK/*Samson* § 283 Rn. 11; *Weyand* 5.1.2.2 (S. 79).

e) Abs. 1 Nr. 4

Rechte anderer werden **vorgetäuscht**, wenn der Täter gegenüber Dritten ein nicht oder nicht in dieser Form bestehendes Recht als bestehend ausgibt. Das konkludente Vortäuschen genügt. Es kann sich um Rechte jeder Art handeln, so daß neben Verbindlichkeiten auch dingliche Rechte erfaßt werden. **Erdichtete Rechte** werden **anerkannt**, wenn der Täter im Zusammenspiel mit dem angeblichen Gläubiger in irgendeiner Form kundtut, daß ein erfundenes Recht besteht. 307

f) Abs. 1 Nr. 5

Da häufig – vor allem in der Krise – die Bücher nicht ordnungsgemäß geführt werden, hat die Regelung in § 283 Abs. 1 Nr. 5 StGB über **Buchführungsverstöße** in der Praxis große Bedeutung. 308

aa) Die gesetzliche **Verpflichtung** zum **Führen von Handelsbüchern** ergibt sich aus dem HGB. Nur diese handelsrechtliche Pflicht ist maßgeblich, nicht eine steuerrechtliche Verpflichtung. Die Buchführungspflicht des Kaufmanns ist seit dem 1. 1. 1986[455] in **§ 238 HGB** geregelt. Gemäß dieser Bestimmung ist jeder Kaufmann verpflichtet, Bücher zu führen und in diesen seine Handelsgeschäfte und die Lage seines Vermögens nach den Grundsätzen ordnungsgemäßer Buchführung ersichtlich zu machen. Bis zur Änderung des HGB durch das HRefG[456] galt folgendes: Die Buchführungspflicht bestand nicht für Minderkaufleute (§ 4 HGB [a. F.]). Sie begann bereits mit dem Zeitpunkt, in dem bei Sollkaufleuten (§ 2 HGB a. F.) die Verpflichtung entstand, die Eintragung im Handelsregister herbeizuführen (§ 262 HGB [a. F.]). Nunmehr tritt die Kaufmannseigenschaft gemäß § 1 Abs. 2 HGB n. F. automatisch ein, es sei denn, daß das Unternehmen nach Art oder Umfang einen in kaufmännischer Weise eingerichteten Geschäftsbetrieb nicht erfordert. Damit besteht weiterhin keine Buchführungspflicht für nichteingetragene Kleingewerbetreibende, die jetzt nicht mehr Minderkaufleute heißen.[457] Ansonsten ist jeder Kaufmann buchführungspflichtig. Die Buchführungspflicht gilt auch für Handelsgesellschaften (§ 6 HGB). Bei diesen sind alle vertretungsberechtigten Gesellschafter buchführungspflichtig. Für juristische Personen ist die Pflicht zum Führen von Büchern in § 41 GmbHG, § 91 Abs. 1 AktG, § 33 Abs. 1 Satz 1 GenG geregelt. Die Verpflichtung trifft hier die zuständigen Organmitglieder, also den Vorstand, die Geschäftsführer oder Liquidatoren. 309

Der Kaufmann braucht die Bücher nicht eigenhändig zu führen. Er kann hierzu angestellte oder außenstehende Hilfspersonen einschalten. Für die ordnungsgemäße Buchführung bleibt er aber verantwortlich. Bei persönlicher Buchführung und Arbeitsüberlastung, Krankheit oder ähnlicher Verhinderung wird er von der Buchführungspflicht nicht befreit. Der Gewerbetreibende muß die Buchführung dann auf andere Personen übertragen.

bb) Art und Weise der Buchführung, insbesondere welche Bücher zu führen sind, ist im HGB nicht im einzelnen geregelt. § 238 Abs. 1 HGB stellt auf die **Grundsätze ordnungsgemäßer Buchführung** ab und bestimmt, daß die Buchführung so beschaffen sein muß, daß sie einem sachverständigen Dritten innerhalb angemessener Zeit einen Überblick über die Geschäftsvorfälle und die Lage des Unternehmens vermitteln kann (Satz 2). Außerdem müssen die Geschäftsvorfälle sich in ihrer Entstehung und Abwicklung verfolgen lassen (Satz 3). § 239 HGB regelt weitere Anforderungen an die Führung der Handelsbücher. Wichtig ist vor allem § 239 Abs. 2 HGB, wonach die Eintragungen in Büchern und die sonst erforderlichen Aufzeichnungen vollständig, richtig, zeitgerecht und geordnet vorgenommen werden müssen. Wie dies konkret zu geschehen hat, ist nicht 310

---

455 Inkrafttreten des Bilanzrichtlinien-Gesetzes (BiRiLiG) vom 19. 2. 1985, BGBl. I S. 2355.
456 Handelsrechtsreformgesetz vom 22. 6. 1998, BGBl. I S. 1474.
457 *K. Schmidt* NJW 1998, 2161 (2162).

vorgeschrieben. Auch eine komplette EDV-Buchführung unter Verzicht auf papiergebundene Unterlagen kann ordnungsgemäß sein.[458]

311 **cc) Tathandlung** bei § 283 Abs. 1 Nr. 5 StGB ist zum einen das vollständige[459] **Unterlassen** des Führens von Handelsbüchern. Zum anderen ist der Tatbestand dann verwirklicht, wenn die **Buchführung mangelhaft** ist, indem der Täter Handelsbücher so führt oder verändert, daß die Übersicht über seinen Vermögensstand erschwert wird. Dies ist dann gegeben, wenn ein sachverständiger Dritter den von § 238 Abs. 1 HGB geforderten klaren Überblick über die Geschäftsvorfälle und die Lage des Unternehmens nicht innerhalb angemessener Zeit und nur mit besonderer Mühe gewinnen kann (vgl. auch § 239 Abs. 1 Satz 2 HGB). Das Fehlen von Finanzmitteln zur Bezahlung des mit der Buchführung Betrauten *kann* die Strafbarkeit ausschließen.[460]

312 **dd) Mehrere Verstöße** gegen die Buchführungspflicht innerhalb eines bestimmten Zeitraums bilden **eine** einzige **Tat** i. S. des § 52 StGB. Sie machen die Buchführung insoweit insgesamt unordentlich, da sie in ihrer Gesamtheit zu bewerten ist (Bewertungseinheit).[461] Dies ist beispielsweise dann der Fall, wenn der Täter die Buchführung von Anfang an unterläßt. Auch wenn dabei zunächst die Krisenmerkmale fehlen, so daß bei Beginn grundsätzlich (nur) § 283b Abs. 1 Nr. 1 StGB[462] verwirklicht ist, greift insgesamt § 283 Abs. 1 Nr. 5 StGB ein.[463] Eine Dauerstraftat nach § 283 Abs. 1 Nr. 5 StGB verbindet mehrere Vergehen gemäß § 283 Abs. 1 Nr. 7 StGB nicht zu einer Tat.[464]

g) Abs. 1 Nr. 6

313 **aa) Tatgegenstand** sind hier zum einen alle **tatsächlich geführten Handelsbücher**. Es sind nicht nur die Bücher erfaßt, zu deren Führung der Kaufmann gesetzlich verpflichtet ist. Damit können insbesondere auch Minderkaufleute nach bisherigem Recht, die Handelsbücher führen, Täter sein. Zum anderen sind Tatgegenstand solche **Unterlagen**, zu deren **Aufbewahrung** ein Kaufmann nach Handelsrecht verpflichtet ist. Dies sind z. B. Inventare und Bilanzen sowie die Handelskorrespondenz (§ 238 Abs. 2, § 257 Abs. 1 Nr. 2, 3 HGB). Weitere aufbewahrungspflichtige Unterlagen ergeben sich aus § 257 Abs. 1 HGB.

314 **bb)** Die **Tathandlung** ist verwirklicht, wenn der Täter die Handelsbücher oder sonstigen Unterlagen beiseite schafft, verheimlicht, zerstört oder beschädigt. Zu diesen Begriffen.[465] Die Handlungen müssen vor Ablauf der entsprechenden Aufbewahrungsfristen vorgenommen werden. Die **Aufbewahrungsfristen** betragen gemäß § 257 Abs. 4 HGB teils sechs, teils zehn Jahre, jeweils ab Schluß des Kalenderjahrs, vgl. § 257 Abs. 5 HGB. Durch die Handlung muß die Übersicht über den Vermögensstand erschwert werden. Hierfür gelten die gleichen Kriterien wie bei § 283 Abs. 1 Nr. 5 StGB.

h) Abs. 1 Nr. 7

315 Die Regelung in § 283 Abs. 1 Nr. 7 StGB über **Bilanzverstöße** hat in der Praxis große Bedeutung. Bei einer Vielzahl von insolventen Unternehmen werden die Bilanzen nicht, nicht ordnungsgemäß oder verspätet aufgestellt. Die Bilanzierungspflichten gehören zu den allgemeinen Buchführungspflichten. Sie sind im HGB aber speziell geregelt. Verstöße sind in § 283 Abs. 1 Nr. 7 StGB gesondert strafbewehrt; Nr. 7 ist lex specialis zu Nr. 5. § 283 Abs. 1 Nr. 7 StGB enthält zwei unterschiedliche Tatbestände:

- die fehlerhafte (mangelhafte) Bilanzierung (**Buchst. a**) und
- die nicht rechtzeitige Bilanzierung (**Buchst. b**).

---

[458] BGH NStZ 1998, 247.
[459] BGH NStZ 1995, 347 m. w. N.
[460] Vgl. dazu Rn. 326.
[461] BGH NStZ 1995, 347.
[462] Dazu Rn. 348ff.
[463] BGH NStZ 1998, 192 (193).
[464] BGH NStZ 1998, 192 (193); s. a. Rn. 327.
[465] Vgl. zu diesen Begriffen Rn. 300ff.

aa) Die **mangelhafte Bilanzaufstellung** (Nr. 7 Buchst. a) kann sowohl durch Verstöße gegen die Bilanzwahrheit als auch durch Verstöße gegen die Bilanzklarheit erfolgen. Das HGB differenziert zwischen der **Eröffnungsbilanz** und dem **Jahresabschluß**. Dieser wird gebildet aus der Bilanz (für den Schluß des Geschäftsjahrs; „Abschlußbilanz“) und der Gewinn- und Verlustrechnung, vgl. § 242 HGB. Eine Eröffnungsbilanz (auch Anfangs- oder Gründungsbilanz) ist gemäß § 71 Abs. 1 GmbHG auch für den Beginn einer Liquidation aufzustellen (sog. Abwicklungseröffnungsbilanz oder Liquidations-Eröffnungsbilanz). Während der Liquidation ist eine gesonderte Jahresabschlußbilanz zu erstellen (sog. Liquidationsbilanz oder Liquidations-Jahresbilanz), vgl. § 71 Abs. 1 GmbHG. Die Strafvorschrift erfaßt sämtliche Bilanzen. **316**

Das HGB regelt die Anforderungen, die an eine ordnungsgemäße Bilanz zu stellen sind, in den §§ 242 bis 256 und ergänzend für Kapitalgesellschaften in §§ 264 bis 288. Daneben enthält das HGB in §§ 340ff. Sondervorschriften für Unternehmen bestimmter Geschäftszweige wie Kreditinstitute und Versicherungsunternehmen sowie in §§ 290ff. besondere Rechnungslegungsvorschriften für Konzerne. Ebenso wie bei der allgemeinen Buchführungspflicht stellt der Gesetzgeber ergänzend auf die **Grundsätze der ordnungsgemäßen Buchführung** ab (§ 243 Abs. 1 HGB). § 243 Abs. 2 HGB fordert zudem, daß der Jahresabschluß klar und übersichtlich sein muß. Es gelten deshalb folgende allgemeine Grundsätze:[466] **317**

- der Grundsatz der Bilanz*wahrheit*;
- der Grundsatz der Bilanz*klarheit*;
- der Grundsatz der Bilanz*kontinuität*.

Die Bilanzwahrheit beinhaltet das vollständige Erfassen sowie die zutreffende Bezeichnung und Behandlung der einzelnen Vermögensposten. Bilanzklarheit bedeutet eindeutige Erkennbarkeit der wirtschaftlichen Sachverhalte, die der Bilanzierung zugrunde liegen. Der Grundsatz der Bilanzkontinuität ergibt sich daraus, daß die Jahresabschlüsse auf der fortlaufenden Buchführung beruhen müssen. Zudem dürfen weder die Methode der Bilanzierung noch die Bewertungsprinzipien (willkürlich) geändert werden.

Die fehlerhafte Aufstellung der Bilanz ist nach § 283 Abs. 1 Nr. 7 Buchst. a StGB nur dann strafbar, wenn hierdurch die **Übersicht über den Vermögensstand** des Kaufmanns **erschwert** wird. Hierfür gelten die gleichen Maßstäbe wie bei der mangelhaften Buchführung. **318**

bb) Die durch § 283 Abs. 1 Nr. 7 Buchst. b StGB strafbewehrte **nicht rechtzeitige Bilanzaufstellung** erfaßt zeitliche Verstöße sowohl gegen die Pflicht zur Bilanzierung als auch gegen die Pflicht zur Aufstellung des Inventars (§ 240 HGB). Nr. 7 Buchst. b stellt ein echtes Unterlassungsdelikt dar. **Vollendung** tritt mit Ablauf der Frist ein.[467] Damit steht der Täter, der die Bilanz verspätet aufstellt, demjenigen gleich, der gar keine Bilanz erstellt. Der unterschiedliche Grad des Unrechts muß bei der Strafzumessung berücksichtigt werden. Bei bloßen zeitlichen Verzögerungen, aber ansonsten ordnungsgemäßem Verhalten hat der Staatsanwalt regelmäßig zu prüfen, ob eine Einstellung nach dem Opportunitätsprinzip (§§ 153, 153a StPO) in Betracht kommt. Hierbei sind immer die außerstrafrechtlichen Folgen, insbesondere die Registersperre nach § 6 Abs. 2 GmbHG und § 76 Abs. 3 AktG,[468] zu beachten. **319**

Strafrechtlich relevant ist häufig ein Verstoß gegen die Pflicht zur rechtzeitigen Erstellung des **Jahresabschlusses**. Es gelten folgende Fristen: **320**

- **3 Monate** für AG, KGaA und GmbH (§ 264 Abs. 1 Satz 2 HGB);
- **5 Monate** für Wirtschaftsgenossenschaften (§ 336 Abs. 1 Satz 2 HGB);
- **6 Monate** für kleine Kapitalgesellschaften i. S. des § 267 Abs. 1 HGB, wenn dies einem ordnungsgemäßen Geschäftsgang entspricht (§ 264 Abs. 1 Satz 3 HGB), und als regelmäßige Höchstfrist für Personengesellschaften und Einzelkaufleute.

---

466 Vgl. *Müller-Gugenberger/Schmid* § 32 Rn. 57ff. m. w. N.

467 BayObLG wistra 1990, 201 (202); LK/*Tiedemann* § 283 Rn. 153.

468 Oben Rn. 296.

Bei den einzelkaufmännischen Unternehmen und den im HGB geregelten Gesellschaftsformen (OHG, KG) ist die Sechsmonatsfrist nicht ausdrücklich geregelt. § 243 Abs. 3 HGB stellt vielmehr auf den **ordnungsgemäßen Geschäftsgang** ab. Hierbei dient die kleine GmbH als Leitbild, so daß der Jahresabschluß zumindest innerhalb von 6 Monaten aufzustellen ist. Im Einzelfall kann die Frist auch kürzer sein. Nach h. M.[469] ist vor allem in der Unternehmenskrise eine kürzere Frist anzusetzen. In der Praxis der Strafverfolgungsbehörden wird – schon aus Vereinfachungsgründen – bei Personengesellschaften und Einzelkaufleuten aber häufig auf die Sechsmonatsfrist abgestellt. Diese darf allenfalls bei Vorliegen besonderer Umstände geringfügig überschritten werden.[470] Die Bilanz ist erst aufgestellt i. S. des § 242 Abs. 1 HGB, wenn sie unter Angabe des Datums unterzeichnet ist (§ 245 HGB).

321 Für den **Beginn** der Fristen ist der Schluß des Geschäftsjahrs maßgeblich (vgl. § 242 Abs. 1 Satz 1 HGB). Der ermittelnde Staatsanwalt oder Kriminalbeamte muß deshalb unbedingt darauf achten, ob das Geschäftsjahr mit dem Kalenderjahr übereinstimmt oder hiervon abweicht. Bei der Liquidationsbilanz beginnt die Frist grundsätzlich jeweils am Ende eines Abwicklungsjahrs. Durch die Auflösung einer GmbH entfällt die bestehende Pflicht, die letzte Jahresabschlußbilanz für die werbende Gesellschaft zu erstellen, nicht. Der Liquidator tritt vielmehr auch in diese Pflicht ein.[471] Dies gilt nicht nur, wenn das Geschäftsjahr bei Beginn der Liquidation bereits abgelaufen war – so der dem Urteil des BayObLG wistra 1990, 201 zugrunde liegende Sachverhalt –, sondern auch dann, wenn dies noch nicht der Fall ist. Nach h. M. besteht nämlich im Fall der Liquidation die Pflicht, eine Schlußbilanz der werbenden Gesellschaft für das Rumpfgeschäftsjahr aufzustellen.

322 Endet die Frist zur Bilanzerstellung erst nach Eintritt der objektiven Bedingung der Strafbarkeit des § 283 Abs. 6 StGB, so ist § 283 Abs. 1 Nr. 7 Buchst. b StGB nicht deshalb erfüllt, weil die Bilanz nicht erstellt wurde, sondern kann nur dann verwirklicht sein, wenn der Täter vor Eintritt der objektiven Strafbarkeitsbedingung keine hinreichenden Vorbereitungen zur Bilanzaufstellung getroffen hat.[472]

323 Hinsichtlich der **Eröffnungsbilanz** kommt strafbares Unterlassen praktisch nur dann in Betracht, wenn jemand ein Handelsgewerbe übernimmt, das sich in der Krise befindet. Bei einer Neugründung fehlt es regelmäßig an den Krisenmerkmalen. Bei **Übernahme eines Handelsgewerbes** ist der Kaufmann verpflichtet, unverzüglich eine Eröffnungsbilanz sowie sofort ein Inventar aufzustellen (vgl. § 242 Abs. 1 Satz 1, § 240 Abs. 1 HGB). Dies gilt nicht nur für die Übernahme eines Einzelhandelsgewerbes, sondern auch bei Fortführung einer OHG, wenn der einzige Mitgesellschafter ausscheidet, bei Begründung einer OHG durch Eintritt eines Gesellschafters in ein Einzelunternehmen sowie bei Geschäftsfortführung nach beendetem Insolvenzverfahren.[473] Der **Wechsel** eines **GmbH-Geschäftsführers** begründet dagegen selbst dann keine Pflicht zur Erstellung einer Anfangsbilanz, wenn gleichzeitig die Gesellschaftsanteile übernommen werden. Der wirkliche oder vermeintliche („kriminelle") Sanierer einer GmbH[474] kann sich damit erst dann nach § 283 Abs. 1 Nr. 7 Buchst. b StGB strafbar machen, wenn er einen erforderlichen Jahresabschluß nicht oder nicht rechtzeitig aufstellt. Im Fall der Auflösung einer GmbH ist der Liquidator jedoch verpflichtet, bei Beginn der Liquidation eine Eröffnungsbilanz zu erstellen. Bei der (unzulässigen) sog. „stillen Liquidation" durch den bisherigen Geschäftsführer oder den angeblichen Sanierer gilt dies jedoch nicht, so daß Strafbarkeit

---

469 Nachweise bei LK/*Tiedemann* § 283 Rn. 147.

470 LK/*Tiedemann* § 283 Rn. 147 m. w. N.

471 BayObLG wistra 1990, 201.

472 BGH NStZ 1992, 182; *Schönke/Schröder/Stree* § 283 Rn. 47 m. w. N.; a. A. *Tröndle/Fischer* § 283 Rn. 30.

473 *Schönke/Schröder/Stree* § 283 Rn. 45 m. w. N.

474 Dazu auch Rn. 446ff.

nach § 283 Abs. 1 Nr. 7 Buchst. b StGB nicht in Betracht kommt. Häufig macht sich der „Sanierer" aber der Insolvenzverschleppung oder nach § 283 Abs. 2 StGB strafbar.

Wenn der Täter die Bilanz zwar rechtzeitig aufstellt, diese aber an besonders groben Mängeln leidet, ist dies nach wohl überwiegender Meinung als Unterlassen der (rechtzeitigen) Aufstellung anzusehen. Das ist beispielsweise bei einer **Scheinbilanz** der Fall, die nicht auf Grundlage der Buchführung und des Inventars erstellt wurde. Ebenso gilt dies dann, wenn die Bilanz von vornherein nicht auf Vollständigkeit angelegt ist, z. B. wenn nur eine Zusammenstellung willkürlich herausgegriffener Posten vorliegt. Eine Gegenmeinung will auch diese Fälle unter § 283 Abs. 1 Nr. 7 Buchst. a StGB subsumieren.[475] 324

Am pflichtwidrigen Unterlassen fehlt es dann, wenn es dem Kaufmann oder dem nach § 14 StGB Verantwortlichen **unmöglich** ist, die Bilanz anzufertigen. Dies kann dann der Fall sein, wenn der mit dem bisherigen Geschäftsführer nicht identische Liquidator wegen des völligen Durcheinanders in der Buchhaltung die Bilanz nicht oder nicht innerhalb der vorgeschriebenen Frist erstellen kann.[476] 325

Nach h. M., insbesondere inzwischen gefestigter Rechtsprechung,[477] entfällt eine Straftat wegen Verletzung der Bilanzierungspflicht dann, wenn sich der Täter zur Erstellung der Bilanz oder zu ihrer Vorbereitung der Hilfe eines Steuerberaters bedienen muß, die hierzu erforderlichen **Mittel** jedoch **nicht aufbringen** kann. Die Voraussetzungen dieser auf den ersten Blick erheblichen Einschränkung der Strafbarkeit nach § 283 Abs. 1 Nr. 7 Buchst. b StGB (und nach § 283b Abs. 1 Nr. 3 Buchst. b StGB), weswegen diese Rechtsprechung auch mehrfach Kritik erfahren hat,[478] liegen bei genauerem Hinsehen so gut wie nie vor. 326

Zum einen kann der Wegfall der Strafbarkeit bereits daran scheitern, daß der Täter die Bilanz **selbst** hätte **erstellen** können. Wer persönlich und fachlich dazu in der Lage ist, kann sich nicht auf Geldmangel für die Bezahlung von Hilfspersonen berufen. Dabei ist es unerheblich, ob der Täter die Buchführung und Bilanzerstellung bislang beispielsweise einem Steuerberater übertragen hatte. Wenn er diesen nicht mehr bezahlen kann, muß er es (wieder) selbst machen oder die in seinem Betrieb vorhandenen Buchführungskräfte einsetzen.

Zum anderen bedeuten Zahlungsunfähigkeit oder Zahlungseinstellung nicht automatisch, daß damit auch die für die Bilanzerstellung erforderlichen Mittel nicht vorhanden sind. Gerade bei Zahlungsunfähigkeit i. S. der Insolvenzdelikte sind praktisch immer noch **liquide Geldmittel vorhanden**. Diese müssen vorrangig für die Erfüllung öffentlich-rechtlicher Pflichten wie der Bilanzierungspflicht verwendet werden.[479] Damit handelt es sich beim Unvermögensfall um einen absoluten Ausnahmefall. Dies gilt im übrigen nicht nur bei Verstößen gegen die Pflicht zur Bilanzerstellung, sondern ebenso bei Verletzung der Buchführungspflicht, wenn man die zu § 283 Abs. 1 Nr. 7 Buchst. b und § 283b Abs. 1 Nr. 3 Buchst. b StGB ergangene Rechtsprechung hierauf überträgt.[480]

Der ermittelnde Staatsanwalt muß – um dem Einwand des Täters, die Bilanzerstellung sei ihm wegen Geldmangels unmöglich gewesen, begegnen zu können – ermitteln, welche Aufwendungen für den Steuerberater oder für sonstige Hilfspersonen erforderlich gewesen wären und ob trotz Zahlungsunfähigkeit noch liquide Mittel in dieser Höhe vorhanden waren.

---

475 Vgl. im einzelnen LK/*Tiedemann* § 283 Rn. 152.

476 OLG Frankfurt a. M. BB 1977, 312 (313); *Schönke/Schröder/Stree* § 283 Rn. 47; LK/*Tiedemann* § 283 Rn. 154.

477 BGH NStZ 1992, 182 m. w. N.; s. a. BGH NStZ 1998, 192 und *Pohl* wistra 1996, 14.

478 *Schlüchter* JR 1979, 513 (515); *Richter* GmbHR 1984, 137 (147); *H. Schäfer* wistra 1986, 200 (203f.); *Pohl* wistra 1996, 14 (15f.).

479 LK/*Tiedemann* § 283 Rn. 154 i.V. mit 119; *Pohl* wistra 1996, 14 (16); *Richter* GmbHR 1984, 137 (147); *Müller/Wabnitz/Janovsky* Kap. 6 Rn. 63f.

480 So LK/*Tiedemann* § 283 Rn. 119.

327 **cc)** Bei mehreren Verstößen gegen die Bilanzierungspflicht sind in der Regel **selbständige Taten** anzunehmen. Sie werden weder durch die Zahlungseinstellung zu einer Bewertungseinheit noch durch die Dauertat der Verletzung der Buchführungspflicht gemäß § 283 Abs. 1 Nr. 5 StGB zu einer Tat verbunden.[481] Ist für die Erstellung eines Jahresabschlusses die Bilanz einer anderen Gesellschaft erforderlich und ist für beide Unternehmen der Täter verantwortlich, liegt **Tateinheit** vor. So macht sich der Geschäftsführer einer GmbH & Co. KG, der auch Geschäftsführer der Komplementär-GmbH ist und für beide Gesellschaften keine Bilanzen aufstellt, nur *einer* Straftat nach § 283 Abs. 1 Nr. 7 Buchst. b StGB schuldig.[482]

i) Abs. 1 Nr. 8

328 Neben den in den Nrn. 1 bis 7 im einzelnen geregelten Fällen steht die als Auffangtatbestand gedachte **Generalklausel** des § 283 Abs. 1 Nr. 8 StGB. Trotz der Weite des Anwendungsbereichs ist die praktische Bedeutung eher gering. Die Nr. 8 enthält zwei unterschiedliche Gruppen von Verhaltensweisen:

- das Verringern des Vermögensstandes und
- das Verheimlichen oder Verschleiern der wirklichen geschäftlichen Verhältnisse.

Beides muß nach überwiegender Meinung[483] in einer den Anforderungen einer ordnungsgemäßen Wirtschaft grob widersprechenden Weise erfolgen. Das Tatbestandsmerkmal „in einer anderen Weise" ist erfüllt, wenn eine den Nrn. 1 bis 7 **ähnliche** Verhaltensweise vorliegt.

329 Die **1. Alt.** kann beispielsweise erfüllt sein bei:[484]

- Verschleudern eigener – nicht mehr kreditierter – Waren;
- übermäßigen Entnahmen aus dem Geschäftsvermögen;
- „Vorbeisteuern" von Aufträgen an dem Altunternehmen des Täters zugunsten seines Neuunternehmens;
- Schädigung des geschäftlichen Rufs oder Entziehung sonstiger vermögenswerter Chancen, bei denen ein Beiseiteschaffen i. S. der Nr. 1 nicht möglich ist;
- Wirtschaften ohne Übersicht und Planung, wenn dies zu einer Verringerung oder zum Verlust des Unternehmensvermögens führt;
- Gewährung von Geld- oder Warenkredit an unbekannte Kreditnehmer ohne Prüfung der Kreditwürdigkeit.

330 Für die **2. Alt.** kommt insbesondere das Verschleiern oder die unrichtige Wiedergabe der geschäftlichen Verhältnisse in geschäftlichen Mitteilungen, z. B. in Kapitalanlagewerbungen oder sonstigen Prospekten, in Betracht.[485] Daneben kann diese Alternative verwirklicht sein bei Verwendung von Kundengeldern, insbesondere Baugeldern, entgegen ihrer Zweckbestimmung. So wenn folgende Konstellationen vorliegen:[486] Der Täter behauptet wahrheitswidrig, das für die Kundengelder angegebene Konto sei ein Sonderkonto für das geplante Bauvorhaben oder die nächste Rate sei wegen fortgeschrittener Arbeiten fällig. Ein Verheimlichen oder Verschleiern kann auch in der vertraglichen Erklärung des Bauunternehmers liegen, die Kundengelder nur für die vereinbarten Zwecke zu verwenden, wenn er von vornherein beabsichtigt, die Gelder anderweitig zu verwenden.

---

481 BGH NStZ 1998, 192 (193).

482 BGH GA 1981, 518 = bei *Holtz* MDR 1981, 454 (für § 283b Abs. 1 Nr. 3 Buchst. b StGB).

483 *Schönke/Schröder/Stree* § 283 Rn. 48; *Lackner/Kühl* § 283 Rn. 21; weitere Nachweise bei LK/*Tiedemann* § 283 Rn. 177.

484 Vgl. insbesondere LK/*Tiedemann* § 283 Rn. 155ff.; *Weyand* 5.1.6 (S. 105).

485 Vgl. LK/*Tiedemann* § 283 Rn. 155ff., 171ff.

486 Vgl. LK/*Tiedemann* § 283 Rn. 176.

j) Abs. 2

Durch die Regelung in § 283 Abs. 2 StGB wird ein Verhalten des Täters mit Strafe bedroht das vor der Krise erfolgt. Dadurch muß die **Krise** in Form von Zahlungsunfähigkeit oder Überschuldung vorsätzlich **herbeigeführt** werden. Drohende Zahlungsunfähigkeit genügt bei Abs. 2 nicht. § 283 Abs. 2 StGB nennt keine eigenen Tathandlungen, sondern nimmt Bezug auf die in Abs. 1 Nr. 1 bis 8 umschriebenen Handlungsweisen. Grundsätzlich kommt jede Bankrotthandlung auch im Rahmen von Abs. 2 in Betracht. Insbesondere die Nrn. 5 bis 7 scheiden aber praktisch aus, da es regelmäßig an der Kausalität der dort genannten Handlungsweisen für das Herbeiführen von Zahlungsunfähigkeit oder Überschuldung fehlt. Zwar muß die Bankrotthandlung nicht die alleinige Ursache für die Krise sein. Aber auch Mitursächlichkeit wird bei den Handlungen nach Nrn. 5 bis 7 kaum anzunehmen sein.[487] 331

§ 283 Abs. 2 StGB erfaßt in erster Linie den echten Wirtschaftskriminellen, nämlich den skrupellosen Geschäftemacher, der bewußt den Zusammenbruch herbeiführt, um dabei unlautere Gewinne zu erzielen.[488] Dagegen steht bei § 283 Abs. 1 StGB häufig weniger die kriminelle Energie des Täters im Vordergrund, sondern oftmals das Bestreben, „zu retten, was zu retten ist". Teilweise liegt auch schlicht Schlamperei vor. 332

k) Verhältnis zwischen den einzelnen Tatbeständen

Mehrere Bankrotthandlungen stehen grundsätzlich in **Tatmehrheit** zueinander. Sie werden auch nicht durch die Zahlungseinstellung zu einer Tat i. S. des § 52 StGB verbunden[489]. Je nach Einzelfall kann aber **natürliche Handlungseinheit**, z. B. bei Abs. 1 Nr. 3 oder bei mehreren Verstößen gegen die Buchführungspflicht[490] – anders bei mehreren Zuwiderhandlungen gegen die Bilanzierungspflicht,[491] **mitbestrafte Nachtat** (Beiseiteschaffen nach vorherigem Verheimlichen; abermaliges Verheimlichen eines schon einmal verheimlichten Gegenstandes) oder **Tateinheit**, z. B. zwischen Abs. 1 Nr. 1 und 6, vorliegen.[492] Wenn offenbleibt, ob die eine oder andere Bankrotthandlung vorgelegen hat, so erfolgt die Verurteilung aufgrund einer **Wahlfeststellung**. Dies kommt z. B. in Betracht, wenn sich nicht klären läßt, ob fehlende Handelsbücher überhaupt nicht geführt (Abs. 1 Nr. 5) oder beiseite geschafft worden sind (Abs. 1 Nr. 6). Ebenso kann eine Verurteilung wegen Bankrotts erfolgen, wenn der Täter ein Vermögensstück entweder beiseite geschafft oder es verheimlicht hat.[493] 333

Zwischen verschiedenen Tathandlungen nach Abs. 1 und 2 besteht in der Regel Tatmehrheit, wenn der Täter nach Abs. 2 seine Zahlungsunfähigkeit oder Überschuldung herbeiführt und anschließend (weitere) Bankrotthandlungen nach Abs. 1 begeht.[494]

3. Verhältnis zu Untreue; Interessenformel des BGH

Wenn der Schuldner selbst die Bankrotthandlung vornimmt, ist seine Motivation unerheblich. Bei anderen Personen ist nach § 14 StGB Voraussetzung für eine strafrechtliche Verantwortlichkeit, daß der Täter als Vertreter oder Organ (§ 14 Abs. 1 StGB) oder aufgrund eines Auftrags (§ 14 Abs. 2 StGB) tätig geworden ist. Deshalb fordert der BGH speziell bei den Geschäftsführern einer GmbH und den Vorstandsmitgliedern einer AG, 334

---

487 *Tröndle/Fischer* § 283 Rn. 32.
488 *Tröndle/Fischer* § 283 Rn. 32.
489 BGH NStZ 1998, 192 (193).
490 Oben Rn. 275 und 312.
491 Oben Rn. 327.
492 *Tröndle/Fischer* § 283 Rn. 40.
493 *Schönke/Schröder/Stree* § 283 Rn. 49a.
494 A. A. *Tröndle/Fischer* § 283 Rn. 40.

daß der Täter **für den Schuldner** handelt. Der BGH hat deshalb die sog. „**Interessenformel**" entwickelt.[495] Danach ist maßgeblich, wessen Interesse der Täter mit der Tat verfolgt. Handelt der Täter **im Interesse des Schuldners** oder zumindest auch in dessen Interesse, findet der Straftatbestand des Bankrotts Anwendung. Bei einem Handeln, das nicht im Interesse der GmbH oder AG erfolgt, scheidet Strafbarkeit wegen Bankrotts aus. Dies ist immer dann der Fall, wenn der Täter ausschließlich aus Eigennutz oder im Interesse einer anderen (juristischen) Person, beispielsweise einer neu gegründeten GmbH, agiert. Ebenso scheidet § 283 StGB aus, wenn das Handeln des GmbH-Geschäftsführers (oder des Sanierers) nur unternehmensfremden Zwecken dient, z. B. dem Interesse eines Gläubigerpools.[496] Ein Handeln *auch* im wirtschaftlichen Interesse des Schuldners liegt z. B. dann vor, wenn eine übermäßige Entnahme aus dem Gesellschaftsvermögen zum Zweck der Schmiergeldzahlung erfolgt.[497] Ebenso fehlt es am ausschließlich eigennützigen Handeln, wenn der Geschäftsführer einer Komplementär-GmbH der KG im Einverständnis mit sämtlichen Gesellschaftern Mittel entzieht. Selbst wenn der Geschäftsführer eigene Zwecke verfolgt, wird er im Schuldnerinteresse tätig, weswegen § 283 StGB zur Anwendung kommt.[498] Das gleiche gilt für den Fall, daß der Komplementär einer KG und deren faktischer Geschäftsführer einverständlich zusammenwirken. Das Einverständnis des persönlich haftenden Gesellschafters macht das Handeln des Geschäftsführers zu einem Handeln im Schuldnerinteresse, selbst wenn der Geschäftsführer dabei eigene Zwecke verfolgt.[499]

335 Fehlt es am Handeln im Interesse des Schuldners, macht sich der Täter der **Untreue** (§ 266 StGB) zum Nachteil der Gesellschaft oder ggf. der **Unterschlagung** (§ 246 StGB) oder eines anderen Eigentums- oder Vermögensdelikts schuldig.

336 Bei sowohl eigen- als auch fremdnützigem Handeln kommt **Tateinheit** zwischen Untreue oder einem sonstigen Vermögens- oder Eigentumsdelikt und Bankrott in Betracht.[500] Dies ist etwa dann gegeben, wenn der Geschäftsführer einen Geldbetrag der GmbH in der Absicht beiseite schafft, ihn teils für die Gesellschaft (Bankrott) und teils unrechtmäßigerweise für sich (Untreue) zu verwenden.

337 Die Interessenformel des BGH und der daraus resultierende eingeschränkte Anwendungsbereich der §§ 283ff. StGB hat für den Täter den Vorteil, daß die **Registersperre**[501] **nicht eingreift**. Deshalb und weil aufgrund der Interessenformel das Insolvenzstrafrecht des StGB für den GmbH-Bereich praktisch unanwendbar wird, ist die BGH-Rechtsprechung in der Literatur auf Kritik und Ablehnung gestoßen.[502] Der BGH hält an der Interessenformel aber ungehindert der geäußerten Kritik fest.

4. Subjektiver Tatbestand; Versuch

a) Vorsatz

338 Für die Taten nach § 283 Abs. 1 und 2 StGB ist Vorsatz erforderlich. **Dolus eventualis** reicht aus. Der Täter muß bei Abs. 1 wissen, daß eine Krise besteht. Bei Abs. 2 muß ihm bekannt sein, daß die Krise durch sein Handeln eintritt. Zudem muß er z. B. bei Abs. 1 Nr. 1 wissen, daß die Vermögensbestandteile zur Insolvenzmasse gehören. Darüber hinaus ist es erforderlich, daß die **Tathandlungen** selbst **vorsätzlich** begangen werden. Der Täter

---

495 Vgl. BGHSt 28, 371 = NJW 1980, 406; s. a. BGHSt 30, 127 (129f.) = NJW 1981, 1793 (1994); BGHSt 34, 221 (223) = NJW 1987, 1710.

496 LK/*Tiedemann* vor § 283 Rn. 79.

497 Vgl. LK/*Tiedemann* vor § 283 Rn. 79.

498 BGH wistra 1989, 264 (267).

499 BGHSt 34, 221 (223f.) = NJW 1987, 1710.

500 BGHSt 28, 371 (372f.) = NJW 1980, 406 (407); BGHSt 30, 127 (130) = NJW 1981, 1793 (1794).

501 Oben Rn. 296.

502 Vgl. nur LK/*Tiedemann* vor § 283 Rn. 80ff. m. w. N.

muß also die Tatbestandsverwirklichung kennen und zumindest billigend in Kauf nehmen. Dies ist in der Regel unproblematisch bei den Handlungen nach § 283 Abs. 1 Nr. 1, 2, 4, 7 Buchst. a und Nr. 8; bei der Nr. 8 zumindest dann, wenn es um das Verheimlichen oder Verschleiern der wirklichen geschäftlichen Verhältnisse geht. Bei den anderen Tatbeständen ist es in der Regel erforderlich, den Vorsatz besonders zu prüfen. So muß der Täter bei Abs. 1 Nr. 3 die Waren, Wertpapiere oder Sachen nicht nur objektiv erheblich unter Wert oder entgegen den Anforderungen einer ordnungsgemäßen Wirtschaft abgeben, sondern es muß sich auch der Vorsatz des Täters auf diese Merkmale erstrecken. Bei Abs. 1 Nr. 5 und 6 muß der Täter die Pflicht zum Führen und Aufbewahren von Handelsbüchern kennen und bei der zweiten Alternative der Nr. 5 sowie bei Nr. 6 und 7 Buchst. a zumindest erkennen, daß durch sein Handeln die Übersicht über sein Vermögen erschwert wird. Der Irrtum des Täters über seine handelsrechtliche Pflicht, innerhalb der einem ordnungsgemäßen Geschäftsgang entsprechenden Zeit die Bilanz seines Vermögens aufzustellen, ist ein Gebotsirrtum, der den Vorsatz nicht ausschließt.[503]

Bei dem normativen Merkmal der Unwirtschaftlichkeit gemäß § 283 Abs. 1 Nr. 2 339
StGB und dem Merkmal „in einer den Anforderungen einer ordnungsgemäßen Wirtschaft (grob) widersprechenden Weise" bei Nr. 1 bis 3 und 8 genügt es, wenn der Täter die **tragenden Tatsachen** für diese Beurteilung **kennt**. Hält er dennoch aufgrund einer Fehlbewertung die Ausgaben für wirtschaftlich oder meint er fälschlicherweise, die Handlungen würden einer ordnungsgemäßen Wirtschaft nicht widersprechen, liegt ein Subsumtionsirrtum vor, der zu einem Verbotsirrtum führen kann.[504] Auf die Merkmale des Abs. 6 braucht sich der Vorsatz nicht zu erstrecken.

b) Fahrlässigkeit

aa) Bei fahrlässiger Nichtkenntnis der Überschuldung, Zahlungsunfähigkeit oder dro- 340
henden Zahlungsunfähigkeit wird der Täter nach **§ 283 Abs. 4 Nr. 1 StGB** bestraft, wenn er ansonsten vorsätzlich gemäß § 283 Abs. 1 StGB handelt. **§ 283 Abs. 4 Nr. 2 StGB** greift dann ein, wenn der Täter vorsätzlich handelt und dadurch seine Überschuldung oder Zahlungsunfähigkeit herbeiführt, ihm insoweit aber nur Leichtfertigkeit vorgeworfen werden kann. Da die Krise Tatbestandsmerkmal und keine besondere Folge der Tat ist, liegt bei § 283 Abs. 4 Nr. 1 StGB insgesamt ein Fahrlässigkeitsdelikt vor. § 11 Abs. 2 StGB kommt nicht zum Tragen. Anders verhält es sich bei § 283 Abs. 4 Nr. 2 StGB. Das Herbeiführen der Krise ist eine besondere Folge gemäß § 11 Abs. 2 StGB, so daß die Tat eine Vorsatztat darstellt.

Es ist sowohl für die Nr. 1 als auch die Nr. 2 des Abs. 4 unerheblich, ob **bewußte** oder **unbewußte Fahrlässigkeit** vorliegt. **Leichtfertigkeit** ist dann gegeben, wenn der Täter in grober Achtlosigkeit nicht erkennt, daß er durch das Handeln seine Zahlungsunfähigkeit oder Überschuldung herbeiführt. Das bedeutet, der Täter handelt leichtfertig nach Abs. 4 Nr. 2, wenn er nicht erkennt, daß er dadurch seine Zahlungsunfähigkeit oder Überschuldung herbeiführt, obwohl es jedem einleuchten muß.[505]

bb) Wer eine der Tathandlungen nach Abs. 1 Nr. 2, 5 oder 7 fahrlässig begeht, macht 341
sich dann nach **§ 283 Abs. 5 Nr. 1 StGB** strafbar, wenn er seine Überschuldung, Zahlungsunfähigkeit oder drohende Zahlungsunfähigkeit kennt oder fahrlässig nicht kennt. Wenn es bei den anderen Tatbeständen des Abs. 1 am Vorsatz des Täters fehlt – soweit dies nicht bereits begrifflich aufgrund der Tatbestandsmerkmale ausgeschlossen ist –, bleibt der Täter straffrei. Fahrlässigkeit kommt insbesondere bei Mängeln der Buchführung oder Bilanzierung in Betracht. So kann Fahrlässigkeit bei Abs. 1 Nr. 5 und 7 beispielsweise dann gegeben sein, wenn der Täter vorwerfbar nicht erkennt, daß er die vorge-

---

503 BGH NJW 1981, 354 (355).

504 *Tröndle/Fischer* § 283 Rn. 33; *Schönke/Schröder/Stree* § 283 Rn. 56; a. A. LK/*Tiedemann* § 283 Rn. 189.

505 Vgl. *Tröndle/Fischer* § 15 Rn. 20.

schriebene Zeit zur Bilanzierung überschreitet oder daß er Buchhalter oder Steuerberater nicht gehörig auswählt oder beaufsichtigt.[506] Es liegt insgesamt eine Fahrlässigkeitstat vor, wenn die Fahrlässigkeit sich nur auf eines der Tatbestandsmerkmale erstreckt und im übrigen Vorsatz gegeben ist. Dies kann etwa dann der Fall sein, wenn der Täter bewußt seine Handelsbücher verändert und fahrlässig verkennt, daß hierdurch die Übersicht über seinen Vermögensstand erschwert wird.[507]

c) Versuch

342 Der **Versuch** des Bankrotts nach § 283 Abs. 1 oder 2 StGB ist gemäß **§ 283 Abs. 3 StGB** unter Strafe gestellt. Zwar ist ein Versuch auch bei der Vorsatztat nach § 283 Abs. 4 Nr. 2 StGB grundsätzlich möglich, jedoch nicht strafbar. Abs. 3 bezieht sich nur auf die beiden ersten Absätze des § 283 StGB. Versuch liegt dann vor, wenn die Tat noch nicht vollendet ist. Für die **Vollendung** kommt es im Fall des Abs. 1 ausschließlich auf die Bankrotthandlung an, im Fall des Abs. 2 auf den Eintritt der Zahlungsunfähigkeit oder Überschuldung. Die objektive Strafbarkeitsbedingung nach Abs. 6 ist hierfür ohne Bedeutung. Die Tat ist erst **beendet**, wenn der Schuldner seine Zahlungen eingestellt hat oder das Insolvenzverfahren eröffnet oder mangels Masse abgewiesen wurde.

Ein strafbarer Versuch liegt z. B. dann vor, wenn im Fall von Abs. 1 Nr. 1 oder 2 ein schuldrechtlicher Vertrag über das Beiseiteschaffen oder über das Beschaffen von Gegenständen geschlossen wird, der nicht zur Ausführung gelangt. Dies gilt jedenfalls dann, wenn der Täter für das dingliche Rechtsgeschäft bereits alles Erforderliche getan hat, etwa wenn bereits eine Auflassung erfolgt und der Antrag auf Eintragung beim Grundbuchamt gestellt ist.[508] Bei Abs. 1 Nr. 6 kann ein Versuch darin liegen, daß der Täter Handelsbücher in der Absicht beschädigt, dadurch die Übersicht über seinen Vermögensstand zu erschweren, diese Wirkung aber nicht eintritt.[509]

5. Besonders schwerer Fall

343 Bei versuchtem oder vollendetem vorsätzlichem Bankrott nach § 283 Abs. 1 oder 2 StGB sieht § 283a StGB einen erhöhten Strafrahmen für besonders schwere Fälle vor. § 283a StGB ist eine reine **Strafzumessungsvorschrift** und stellt keinen eigenen Straftatbestand dar. Als besonders schwere Fälle benennt das Gesetz zwei **Regelbeispiele**. Durch die Regelbeispielstechnik bleibt zum einen Raum für die Bestrafung nur nach § 283 StGB, obwohl objektiv die Merkmale des Beispiels erfüllt wurden. Zum anderen kann im Einzelfall ein besonders schwerer Fall auch dann bejaht werden, wenn keines der Regelbeispiele erfüllt ist. Die Anwendung des Strafrahmens des § 283 StGB trotz Verwirklichung eines Regelbeispiels wird allerdings nur in besonderen Ausnahmefällen in Betracht kommen. Es muß aufgrund besonders gewichtiger Umstände der Unrechts- oder Schuldgehalt im konkreten Einzelfall derart vom Normalfall des Regelbeispiels abweichen, daß die Anwendung des erhöhten Strafrahmens unangemessen wäre.[510]

a) § 283a Satz 2 Nr. 1 StGB

344 Für die Bejahung des Regelbeispiels **Gewinnsucht** genügt kaufmännisches Gewinnstreben allein nicht. Gewinnsucht ist erst dann anzunehmen, wenn das Erwerbsstreben des Täters ein ungewöhnliches, ungesundes und sittlich anstößiges Maß aufweist, somit ein **Streben nach Gewinn um jeden Preis** vorliegt.[511] Erforderlich ist damit etwa eine be-

---

[506] *Tröndle/Fischer* § 283 Rn. 36; s. a. *Schönke/Schröder/Stree* § 283 Rn. 58; LK/*Tiedemann* § 283 Rn. 217f.

[507] *Schönke/Schröder/Stree* § 283 Rn. 58; s. a. *Tröndle/Fischer* § 283 Rn. 36.

[508] Vgl. *Schönke/Schröder/Stree* § 283 Rn. 64; *Tröndle/Fischer* § 283 Rn. 34.

[509] *Schönke/Schröder/Stree* § 283 Rn. 42.

[510] LK/*Tiedemann* § 283a Rn. 2; *Schönke/Schröder/Stree* § 283a Rn. 2.

[511] BGHSt 17, 35 (37) = NJW 1962, 748; LK/*Tiedemann* § 283a Rn. 3.

sondere Rücksichtslosigkeit, mit der sich der Täter um seiner eigenen Vorteile willen über die Gläubigerinteressen und die Anforderungen an eine ordnungsgemäße Wirtschaftsführung hinwegsetzt.[512]

b) § 283a Satz 2 Nr. 2 StGB

aa) Die Gefahr für viele Personen, dem Täter anvertraute Vermögenswerte zu verlieren – die **1. Alt.** des Regelbeispiels Nr. 2 –, kommt vor allem bei solchen Unternehmen in Betracht, die in großem Umfang fremdes Geld verwalten und mit ihm arbeiten. Damit sind potentielle Täter, die nach dieser Vorschrift bestraft werden, in erster Linie die Verantwortlichen von Banken, Sparkassen, Genossenschaftskassen und Bausparkassen. **Viele Personen** bedeutet, daß es sich um eine große Zahl handeln muß. Eine genaue Zahl kann nicht angegeben werden; maßgeblich sind immer die Umstände des Einzelfalls. Weniger als zehn Personen dürften in der Regel jedoch nicht ausreichen.[513] Der Verlust der Vermögenswerte muß nicht eintreten. Das Vorliegen einer **konkreten Gefahr** des Verlustes reicht aus. Die Bankrotthandlung muß **kausal** für die Gefährdung sein. Vermögensgefährdungen, die sich unabhängig von der Bankrotthandlung aufgrund des Unternehmenszusammenbruchs ergeben, bleiben daher außer Betracht. Da der Täter die Gefahr wissentlich herbeiführen muß, genügt bedingter Vorsatz nicht. Der Täter muß mit **dolus directus** handeln.[514] 345

bb) Bei der **2. Alt.** des Regelbeispiels Nr. 2 muß die wirtschaftliche Not wirklich eingetreten sein. Gefährdung reicht nicht aus. **Wirtschaftliche Not** liegt bei einer ernsten, also insbesondere nicht nur geringfügigen oder ganz vorübergehenden wirtschaftlichen Bedrängnis vor. Es müssen eigene Mittel für die Beschaffung der Gegenstände und Leistungen des lebenswichtigen Bedarfs fehlen.[515] Auch hier sind sowohl Kausalität der Bankrotthandlung für die Notlage als auch dolus directus erforderlich. 346

c) Sonstige besonders schwere Fälle

Ein sonstiger besonders schwerer Fall ist dann anzunehmen, wenn die objektiven und subjektiven Umstände der Tat die erfahrungsgemäß vorkommenden und deshalb für den Strafrahmen des § 283 StGB bereits berücksichtigten Fälle an Strafwürdigkeit so übertreffen, daß dieser Strafrahmen zur angemessenen Ahndung der Tat nicht ausreicht.[516] In Betracht kommen hier vor allem Insolvenzen, bei denen **besonders viele Gläubiger** in Mitleidenschaft gezogen werden oder den Gläubigern oder sonstigen Personen **erhebliche Schäden** drohen oder zugefügt werden, ohne daß die Voraussetzungen eines Regelbeispiels vorliegen. Sonstige geschädigte Personen können z. B. die Arbeitnehmer des Unternehmens sein, auch wenn deren finanzielle Not über das Insolvenzgeld (früher Konkursausfallgeld) gemindert wird. Der wirtschaftliche Schaden wird dadurch aber nur auf die Sozialkassen der Arbeitsämter und damit auf die Allgemeinheit verlagert. Im Einzelfall kann bereits die Schädigung eines einzelnen Gläubigers so schwerwiegend sein, daß die Annahme eines besonders schweren Falls berechtigt ist. Auch wenn die Zahlungseinstellung besondere Auswirkungen auf andere Unternehmen hat, insbesondere den Zusammenbruch weiterer Unternehmen auslöst, wird ein besonders schwerer Fall zu bejahen sein. Das Zusammentreffen verschiedener Bankrotthandlungen oder das skrupellose Hinarbeiten auf den wirtschaftlichen Zusammenbruch von Geschäftsbeginn an kann ebenfalls zur Anwendung des § 283a StGB führen. 347

---

512 *Schönke/Schröder/Stree* § 283a Rn. 4.

513 So LK/*Tiedemann* § 283a Rn. 9.

514 Zu weiteren Einzelheiten LK/*Tiedemann* § 283a Rn. 3ff.; s. a. *Schönke/Schröder/Stree* § 283a Rn. 5; *Tröndle/Fischer* § 283a Rn. 4.

515 LK/*Tiedemann* § 283a Rn. 10; *Schönke/Schröder/Stree* § 283a Rn. 6; *Tröndle/Fischer* § 283a Rn. 5.

516 *Schönke/Schröder/Stree* § 283a Rn. 7.

IV. Verletzung der Buchführungspflicht (§ 283b StGB)

348 § 283b StGB ist ein abstraktes Gefährdungsdelikt, das im wesentlichen die in § 283 Abs. 1 Nr. 5 bis 7 StGB enthaltenen **Tathandlungen** für den Fall mit Strafe bedroht, daß gewisse für die Strafbarkeit wegen Bankrotts erforderliche Voraussetzungen fehlen. § 283b StGB greift ein, wenn der Täter

- Buchführungspflichten vor der in § 283 Abs. 1 StGB vorausgesetzten Krise (Überschuldung, drohende oder eingetretene Zahlungsunfähigkeit) verletzt (sonst § 283 Abs. 1 StGB),
- gegen Buchführungsvorschriften verstößt und dabei die eingetretene Krise ohne Fahrlässigkeit nicht kennt (sonst § 283 Abs. 4 Nr. 1 oder Abs. 5 Nr. 1 StGB) oder
- durch die Tathandlung weder Überschuldung noch Zahlungsunfähigkeit vorsätzlich oder leichtfertig verursacht (sonst § 283 Abs. 2, 4 Nr. 2 oder Abs. 5 Nr. 2 StGB).

Auch in diesen Fällen wird das Verhalten jedoch nur dann zum strafbaren Unrecht, wenn die **objektive Bedingung der Strafbarkeit** des § 283 Abs. 6 StGB eingetreten ist, § 283b Abs. 3 StGB. Zusätzlich muß zwischen der Tathandlung und dem Eintritt der objektiven Strafbarkeitsbedingung ein Zusammenhang bestehen,[517] der grundsätzlich vermutet wird.[518]

349 **Abs. 1 Nr. 1** stimmt wörtlich mit § 283 Abs. 1 Nr. 5 StGB überein. **Abs. 1 Nr. 2** entspricht im wesentlichen § 283 Abs. 1 Nr. 6 StGB. Die Regelung in § 283b bezieht sich aber abweichend vom Bankrottatbestand nicht auf die tatsächlich – auch freiwillig – geführten Handelsbücher, sondern nur auf solche Bücher, zu deren Führung und Aufbewahrung der Täter nach dem HGB verpflichtet ist.[519] **Abs. 1 Nr. 3** ist mit § 283 Abs. 1 Nr. 7 StGB identisch. Wer neben den ordnungsgemäß erstellten Bilanzen davon abweichende Bilanzen zur Täuschung einzelner Geschäftspartner anfertigt, handelt jedoch nicht tatbestandsmäßig.[520]

350 **Fahrlässige Begehung** ist gemäß § 283b Abs. 2 StGB in den Fällen des Abs. 1 Nr. 1 und 3 strafbar. Die **Strafdrohung** beträgt bei Vorsatz Freiheitsstrafe bis zu zwei Jahre oder Geldstrafe. Bei Fahrlässigkeit reduziert sich das Höchstmaß der Freiheitsstrafe auf ein Jahr. Der Versuch ist nicht strafbar. Mittelbare Rechtsfolge einer Verurteilung ist wie beim Bankrott neben der eventuellen zivilrechtlichen Haftung die Registersperre nach § 6 Abs. 2 GmbHG und § 76 Abs. 3 AktG und die Möglichkeit der Versagung der Restschuldbefreiung nach § 290 Abs. 1 Nr. 1, § 297 Abs. 1 InsO.

Da § 283 gegenüber § 283b StGB das **speziellere Delikt** ist, geht § 283 StGB vor. Dies gilt auch dann, wenn der Täter gegen Buchführungspflichten über einen längeren Zeitraum – teils vor und teils nach Eintritt der Krise i. S. des § 283 Abs. 1 StGB – verstößt. Statt § 283 Abs. 1 Nr. 5 und § 283b Abs. 1 Nr. 1 StGB greift dann insgesamt nur § 283 Abs. 1 Nr. 5 StGB ein.[521]

---

[517] BGHSt 28, 231 (233f.) = NJW 1979, 1418; *Schönke/Schröder/Stree* § 283b Rn. 7 mit Beispielen und weiteren Nachweisen.

[518] Vgl. LK/*Tiedemann* § 283b Rn. 2, 14.

[519] LK/*Tiedemann* § 283b Rn. 7; *Tröndle/Fischer* § 283b Rn. 2; *Schönke/Schröder/Stree* § 283b Rn. 3.

[520] BGHSt 30, 186 (187) = NJW 1981, 2206 (2207); LK/*Tiedemann* § 283b Rn. 7; *Schönke/Schröder/Stree* § 283b Rn. 4; SK/*Samson* § 283b Rn. 5; a. A. *H. Schäfer* wistra 1986, 200.

[521] S. o. Rn. 312 und BGH NStZ 1998, 192 (193).

V. Gläubiger- und Schuldnerbegünstigung

1. Gläubigerbegünstigung

a) Überblick

Die Gläubigerbegünstigung nach § 283c StGB ist ein spezielles, den Täter gegenüber 351
§ 283 Abs. 1 Nr. 1 StGB privilegierendes Strafgesetz.[522] Der Strafrahmen ist dementsprechend niedriger als beim vorsätzlichen Bankrott. Als maximale Strafe kann eine Freiheitsstrafe von zwei Jahren verhängt werden. Mittelbare Folgen einer Verurteilung sind neben einer zivilrechtlichen Haftung wiederum die Registersperre nach § 6 Abs. 2 Satz 3 GmbHG und § 76 Abs. 3 Satz 2 AktG sowie die Möglichkeit der Versagung der Restschuldbefreiung. § 283c StGB ist ein Erfolgsdelikt, bei dem der Versuch unter Strafe gestellt ist (Abs. 2).

b) Objektiver Tatbestand

Der objektive Tatbestand ist dann verwirklicht, wenn der Täter folgende Merkmale er- 352
füllt:

- Der Schuldner muß objektiv **zahlungsunfähig** sein;
- Der Täter muß einem Gläubiger einen **„inkongruenten" Vorteil** gewähren;
- Dadurch muß eine **Bevorzugung** (Begünstigung) eines Gläubigers vor den übrigen Gläubigern eintreten.

aa) In Abweichung von § 283 StGB genügen die Krisenmerkmale Überschuldung 353
und drohende Zahlungsunfähigkeit bei § 283c StGB nicht. Der Tatbestand erfordert **eingetretene Zahlungsunfähigkeit**.[523]

bb) Ein inkongruenter Vorteil ist eine Sicherheit oder Befriedigung, die der Gläubiger 354
nicht, nicht in der Art oder nicht zu dieser Zeit beanspruchen kann. Diese Regelung in § 283c Abs. 1 StGB stimmt mit der in § 30 Nr. 2 KO und § 131 Abs. 1 InsO überein. In der Überschrift des § 131 InsO verwendet der Gesetzgeber erstmals den von Rechtsprechung und Lehre geprägten Begriff der **inkongruenten Deckung**. Die Einschränkungen zeitlicher Art in Nr. 1 bis 3 des § 131 Abs. 1 InsO gelten für den Straftatbestand nicht.

Wann Inkongruenz vorliegt, bestimmt sich nach bürgerlichem Recht. Wenn zwischen 355
dem Schuldner und dem Leistungsempfänger keine vertraglichen Beziehungen bestehen oder der Leistungsempfänger keinerlei Anspruch hat, ist der Leistungsempfänger kein Gläubiger, so daß eine Gläubigerbegünstigung nach § 283c StGB von vornherein ausscheidet. In Betracht kommt dann eine Straftat nach § 283 StGB oder Untreue. An einem Anspruch fehlt es beispielsweise auch dann, wenn der zugrundeliegende schuldrechtliche Vertrag nichtig ist.[524] In diesem Fall ist wegen Bankrotts nach § 283 StGB oder wegen Untreue zu bestrafen. Bei bloßer Anfechtbarkeit greift hingegen § 283c StGB ein. **Kongruente** und damit zulässige Deckung ist gegeben, wenn der Gläubiger zum Zeitpunkt der Leistung einen einredefreien Anspruch in voller Höhe der gewährten Sicherheit oder Befriedigung hat.

cc) Eine Bevorzugung (**Begünstigung**) liegt nur vor, wenn eine Besserstellung des 356
einen Gläubigers zum Nachteil der anderen Gläubiger erfolgt. Darin liegt zugleich der Unterschied zum Bankrott (nach § 283 Abs. 1 Nr. 1 StGB). Statt der Vereitelung der Verwertung der Insolvenzmasse hintertreibt der Täter bei der Gläubigerbegünstigung nur die gleichmäßige Befriedigung aller Gläubiger.[525] Bei beiden Straftatbeständen wird aber die

---

522 BGH NStZ 1996, 543; *Schönke/Schröder/Stree* § 283c Rn. 1 m. w. N.

523 Dazu Rn. 80ff.

524 LK/*Tiedemann* § 283c Rn. 21; *Schönke/Schröder/Stree* § 283c Rn. 9; a. A. *Vornbaum* GA 1981, 104 (109ff).

525 BGHSt 8, 55 (56) = NJW 1955, 1446.

potentielle Insolvenzmasse geschädigt;[526] bei § 283 StGB zu Lasten aller Gläubiger und bei § 283c StGB zu Lasten einzelner, in der Regel der Mehrheit der Gläubiger. Die Gläubigerstellung muß bei Eintritt der Zahlungsunfähigkeit nach h. M. noch nicht bestanden haben. Es genügt, wenn der Anspruch später begründet wurde.[527]

357 Zur Ermittlung der Strafbarkeit nach § 283c StGB muß festgestellt werden, ob ein Gläubiger durch die inkongruente Deckung einen **Vorteil** erlangt und ob diesem Vorteil ein entsprechender **Nachteil** der übrigen Gläubiger korreliert. Es ist also zum einen die Situation des Gläubigers nach Gewährung der Sicherung oder Befriedigung mit der hypothetischen Situation zu vergleichen, die bei Nichtgewährung der inkongruenten Deckung vorliegen würde (Vorteil). Zum anderen ist die hypothetische Situation der übrigen Gläubiger zu betrachten (Nachteil). Einer besonderen Feststellung des Nachteils bedarf es in aller Regel jedoch nicht, da die Benachteiligung der übrigen Gläubiger geradezu „unvermeidliche Begleiterscheinung“ der Bevorzugung eines Gläubigers ist.[528] Insbesondere reicht eine **Gefährdung** der Befriedigungsinteressen der übrigen Gläubiger aus. Es genügt, daß der Gläubiger eine Rechtsstellung erhält, die ihm die Möglichkeit eröffnet, eher, besser oder gewisser befriedigt zu werden, als er zu beanspruchen hat. Eine endgültige Schädigung liegt häufig schon deswegen nicht vor, weil die inkongruente Leistung nach § 131 InsO (§ 30 Nr. 2 KO) angefochten werden kann.

c) Subjektiver Tatbestand; Irrtum

358 § 283c StGB erfordert **vorsätzliches Handeln.** Sowohl in bezug auf die Zahlungsunfähigkeit als auch hinsichtlich der Begünstigung des Gläubigers vor den übrigen Gläubigern ist positive Kenntnis Voraussetzung. Bedingter Vorsatz genügt insoweit nicht. Der Täter muß absichtlich oder zumindest mit dolus directus 2. Grades (wissentlich) handeln. Für die Gewährung der inkongruenten Deckung reicht hingegen dolus eventualis aus.[529]

Irrt der Schuldner über seine Zahlungsfähigkeit oder nimmt er irrig Kongruenz der Deckung an, entfällt nach § 16 StGB wegen **Tatbestandsirrtums** der Vorsatz. Ein **Verbotsirrtum** liegt vor, wenn der Täter glaubt, er dürfe die Schuld des Gläubigers bereits vor Fälligkeit erfüllen oder ohne entsprechende vorherige Vereinbarung Gegenstände statt des geschuldeten Geldes überlassen.[530]

d) Objektive Strafbarkeitsbedingung

359 Wie beim Straftatbestand des Bankrotts ist objektive Bedingung der Strafbarkeit, daß es zur Zahlungseinstellung, Insolvenzeröffnung oder zur Abweisung des Eröffnungsantrags mangels Masse kommt, § 283c Abs. 3 StGB. Dies kann vor oder nach der Tathandlung sein. Zwischen der Krise (Zahlungsunfähigkeit) und dem Eintritt der objektiven Strafbarkeitsbedingung muß auch bei § 283c StGB ein tatsächlicher Zusammenhang bestehen.[531]

e) Täterkreis

360 Da § 283c StGB ein Handeln „in Kenntnis *seiner* Zahlungsunfähigkeit“ erfordert, kann **Täter** grundsätzlich nur der Schuldner sein. Die Gläubigerbegünstigung ist damit ein **Sonderdelikt**, was sich zusätzlich aus § 283c Abs. 3 StGB, der objektiven Bedingung der

---

526 Vgl. LK/*Tiedemann* § 283c Rn. 1 m. w. N.

527 BGHSt 35, 357 (361) = NJW 1989, 1167 (1168); LK/*Tiedemann* § 283c Rn. 9; *Tröndle/Fischer* § 283c Rn. 4; *Schönke/Schröder/Stree* § 283c Rn. 12.

528 BGHSt 8, 55 (58) = NJW 1955, 1446; LK/*Tiedemann* § 283c Rn. 27.

529 Vgl. LK/*Tiedemann* § 283c Rn. 30; *Tröndle/Fischer* § 283c Rn. 10; *Schönke/Schröder/Stree* § 283c Rn. 16.

530 *Schönke/Schröder/Stree* § 283c Rn. 16; LK/*Tiedemann* § 283c Rn. 30.

531 LK/*Tiedemann* § 283c Rn. 32.

Strafbarkeit, ergibt. Andere Personen als der zahlungsunfähige Schuldner können nur Täter sein, wenn sie gemäß § 14 StGB verantwortlich sind. Wie bei § 283 StGB kommt es bei juristischen Personen und sonstigen Gesellschaften hinsichtlich der Zahlungsunfähigkeit und der objektiven Strafbarkeitsbedingung nicht auf den Täter, sondern auf die Gesellschaft an.[532] Wenn der gemäß § 14 StGB verantwortliche Geschäftsführer des Schuldners zugleich Gläubiger ist und sich selbst eine inkongruente Befriedigung gewährt, ist er nicht nach § 283c StGB, sondern wegen Bankrotts zu bestrafen.[533]

Wer nicht als Schuldner oder als verantwortliches Organ des Schuldners handelt, kann sich nur der **Teilnahme** strafbar machen. Teilnehmer kann auch der Gläubiger sein. Dies ist jedoch nur dann möglich, wenn er über die bloße Annahme oder Entgegennahme der Leistung hinaus tätig wird. Fehlt es hieran, liegt **notwendige Teilnahme** des Gläubigers vor; sein Handeln ist straflos.[534] Strafbare **Anstiftung** ist nach ganz h. M. dann gegeben, wenn die Initiative zur bevorzugten Sicherung oder Befriedigung vom Gläubiger ausgeht. Dies ist vor allem bedeutsam für das Handeln von Kreditinstituten, die sich in Kenntnis der Zahlungsunfähigkeit Sicherheiten gewähren lassen, auf die sie keinen Anspruch haben. Zu denken ist hier z. B. an die nachträgliche Besicherung einer geduldeten Überschreitung des Kreditrahmens auf Druck der Bank.[535] 361

f) Versuch

Der Versuch der Gläubigerbegünstigung ist nach § 283c Abs. 2 StGB strafbar. Beginn der unmittelbaren Tatbestandsverwirklichung (§ 22 StGB) ist dann gegeben, wenn der Täter die für die inkongruente Deckung erforderliche Handlung vornimmt. Der Versuch beginnt damit beispielsweise, 362

- wenn der Täter einen Überweisungsauftrag an seine Bank erteilt;
- Kundenschecks oder -wechsel hingibt;
- einem Gläubiger zusagt, trotz eingetretener Zahlungsunfähigkeit noch keinen Insolvenzantrag zu stellen, um dem Gläubiger Pfändungen zu ermöglichen.

Auch Strafbarkeit wegen **untauglichen Versuchs** kommt in Betracht, so bei der irrigen Annahme, die in Wirklichkeit kongruente Deckung sei inkongruent. Ebenso macht sich der Täter wegen Versuchs strafbar, wenn er auf eine vermeintlich wirksame Forderung leistet oder irrig annimmt, zahlungsunfähig zu sein.[536]

g) Konkurrenzen; Sperrwirkung

Da § 283c StGB im Verhältnis zu § 283 Abs. 1 Nr. 1 StGB die speziellere Bestimmung darstellt, geht der Straftatbestand der Gläubigerbegünstigung grundsätzlich vor. Bei Gewährung einer kongruenten Deckung scheidet nach dem sog. **Sperrwirkungsurteil** des BGH[537] auch die Anwendung von § 283 Abs. 1 Nr. 1 StGB aus. Dies gilt ebenso, wenn der Schuldner in Unkenntnis seiner Zahlungsunfähigkeit dem Gläubiger eine inkongruente Leistung gewährt oder irrig Kongruenz der Deckung annimmt.[538] 363

Tateinheit zwischen § 283c und § 283 Abs. 1 Nr. 1 StGB ist dann gegeben, wenn der Täter die Insolvenzmasse über die Bevorzugung des einzelnen Gläubigers hinaus schädigt, indem er dem einen Gläubiger mehr zuwendet, als er schuldet.[539] Läßt sich aus tatsächlichen Gründen nicht feststellen, ob der Begünstigte Gläubiger ist, etwa weil weder 364

---

[532] LK/*Tiedemann* § 283c Rn. 4.

[533] BGHSt 34, 221 = NJW 1987, 1710.

[534] BGH NJW 1993, 1278 (1279); LK/*Tiedemann* § 283c Rn. 38; *Tröndle/Fischer* § 283c Rn. 12; *Lackner/Kühl* § 283c Rn. 8.

[535] Vgl. dazu näher *Tiedemann* ZIP 1983, 513 (516); s. a. *Lackner/Kühl* § 283c Rn. 8.

[536] *Tröndle/Fischer* § 283c Rn. 11; *Schönke/Schröder/Stree* § 283c Rn. 20.

[537] BGHSt 8, 55 = NJW 1955, 1446.

[538] Vgl. LK/*Tiedemann* § 283c Rn. 38; BGHSt 8, 55 (57) = NJW 1955, 1446.

[539] BGH NJW 1969, 1494 (1495); *Schönke/Schröder/Stree* § 283c Rn. 22; *Tröndle/Fischer* § 283c Rn. 13.

die Unwirksamkeit noch die Wirksamkeit des zugrunde liegenden Vertrags festgestellt werden kann, soll nach einer älteren Entscheidung des BGH eine wahlweise Verurteilung nach § 283 oder § 283c StGB erfolgen (Wahlfeststellung). Dabei soll der Strafrahmen der Gläubigerbegünstigung zur Anwendung kommen.[540] Richtigerweise ist nach dem Grundsatz in dubio pro reo ausschließlich wegen Gläubigerbegünstigung zu verurteilen.[541] Tateinheit ist auch möglich mit § 288 StGB (Vereiteln der Zwangsvollstreckung)[542] oder mit Insolvenzverschleppung, wenn der Insolvenzantrag deshalb nicht unverzüglich gestellt wird, um einem Gläubiger noch eine Pfändungsmöglichkeit zu gewähren. Meistens ist im Verhältnis zur Insolvenzverschleppung jedoch **Tatmehrheit** gegeben. Mehrere Begünstigungshandlungen stehen ebenfalls regelmäßig in Tatmehrheit zueinander.

2. Schuldnerbegünstigung

a) Überblick; Systematik

365 § 283d Abs. 1 StGB erweitert den Täterkreis hinsichtlich der Tathandlungen des § 283 Abs. 1 Nr. 1 StGB auf **Dritte**. Gleichzeitig enthält § 283d StGB erhebliche Einschränkungen gegenüber dem Bankrottatbestand:

- Überschuldung genügt nicht; vielmehr muß der Schuldner seine Zahlungen eingestellt haben (Abs. 1 Nr. 2), oder es muß Zahlungsunfähigkeit zumindest drohen (Abs. 1 Nr. 1);
- Der Täter muß vorsätzlich handeln, wobei hinsichtlich des Tatbestandsmerkmals der drohenden oder eingetretenen Zahlungsunfähigkeit positive Kenntnis erforderlich ist.

Dies hat seinen Grund darin, daß der außenstehende Dritte nicht die gleiche Verantwortung für die geschützten Rechtsgüter wie der Schuldner hat.[543] Sind die besonderen Voraussetzungen aber erfüllt, muß der Täter mit der gleichen Bestrafung rechnen wie ein Schuldner, der sich des Bankrotts strafbar macht. Die Strafdrohung des § 283d Abs. 1 StGB entspricht der des § 283 Abs. 1 StGB (Freiheitsstrafe bis fünf Jahre oder Geldstrafe); die des § 283d Abs. 3 ist identisch mit der des § 283a StGB (Freiheitsstrafe bis zu zehn Jahre). Der Versuch ist gemäß § 283d Abs. 2 StGB strafbar.

b) Tatbestand; Täterkreis

366 **aa)** Die **Tathandlungen** – Beiseiteschaffen, Verheimlichen, Zerstören, Beschädigen und Unbrauchbarmachen von Insolvenzmasse – entsprechen denen des § 283 Abs. 1 Nr. 1 StGB. Gleiches gilt für das Tatobjekt (Vermögensbestandteile, die zur – potentiellen – Insolvenzmasse gehören) und für das Kriterium „in einer den Anforderungen einer ordnungsgemäßen Wirtschaft widersprechenden Weise".[544]

Durch die Handlung des Täters muß wie beim Bankrott die Gesamtheit der Gläubiger betroffen sein; die Bevorzugung eines Gläubigers vor den anderen wie bei der Gläubigerbegünstigung wird von dem Straftatbestand der Schuldnerbegünstigung nicht erfaßt.[545]

367 In **zeitlicher Hinsicht** muß der Täter handeln:

- während dem Schuldner Zahlungsunfähigkeit zumindest droht (Abs. 1 Nr. 1),
- nach Zahlungseinstellung des Schuldners (Abs. 1 Nr. 2),
- während eines laufenden Insolvenzverfahrens (Abs. 1 Nr. 2) oder
- während eines Insolvenzeröffnungsverfahrens (Abs. 1 Nr. 2).

Obwohl § 283d Abs. 1 Nr. 1 StGB nur auf die drohende Zahlungsunfähigkeit abstellt, ist die Vorschrift nach ganz h. M. auch („erst recht") bei eingetretener Zahlungsunfähigkeit

---

540 BGH bei *Herlan* GA 1955, 365.

541 So auch LK/*Tiedemann* § 283c Rn. 40; *Schönke/Schröder/Stree* § 283c Rn. 22.

542 LK/*Tiedemann* § 283c Rn. 42f.; *Schönke/Schröder/Stree* § 283c Rn. 22.

543 LK/*Tiedemann* § 283d Rn. 1 m. w. N.

544 Dazu oben Rn. 299ff.

545 BGHSt 35, 357 (359) = NJW 1989, 1167; *Schönke/Schröder/Stree* § 283d Rn. 2 m. w. N.; a. A. SK/*Samson* § 283d Rn. 5.

anzuwenden.[546] Die Formulierung des Gesetzes „in“ bei Abs. 1 Nr. 2 ist im Sinne von „während“ zu verstehen, also rein zeitlich, und meint nicht etwa den Verfahrensakt.[547]

Wie Zahlungsunfähigkeit festzustellen ist, ab wann Zahlungsunfähigkeit droht und was unter Zahlungseinstellung zu verstehen ist, wurde bereits an anderer Stelle dargestellt.[548] Das Insolvenzverfahren beginnt mit der Eröffnung, also mit Rechtskraft des Eröffnungsbeschlusses (vgl. § 27 InsO), und endet mit Aufhebung (§ 200 InsO), ggf. auch mit Einstellung (vgl. §§ 207ff. InsO). Das sog. Eröffnungsverfahren beginnt mit Stellung eines Insolvenzantrags durch den Schuldner oder einen Gläubiger (§ 13 Abs. 1 InsO). Dieses Verfahren endet entweder mit Eröffnung des Insolvenzverfahrens oder mit Abweisung des Antrags, z. B. mangels Masse (§ 26 Abs. 1 Satz 1 InsO). 368

Bei Handlungen des Täters vor dem 1. 1. 1999 gilt der gleiche zeitliche Rahmen, beginnend mit dem Antrag des Schuldners oder eines Gläubigers auf Eröffnung des Konkurs- oder Vergleichsverfahrens (vgl. § 108 KO; § 2 VerglO) und endend mit Aufhebung (§ 163 KO; §§ 90ff. VerglO), Einstellung (§§ 202ff. KO; §§ 99ff. VerglO) oder Ablehnung der Eröffnung (§ 107 KO; §§ 17ff. VerglO).

bb) Da § 283d StGB kein Sonderdelikt ist, kann **Täter** grundsätzlich jedermann sein. Für den Schuldner ist Täterschaft allerdings von vornherein ausgeschlossen. Dies gilt auch für die gemäß § 14 StGB verantwortlich handelnden Personen. Diese sind bei Vornahme entsprechender Handlungen wegen Bankrotts zu bestrafen. Täter kann also nur ein **Außenstehender** sein. Dieser muß Tatherrschaft haben. Gemeinsame Tatherrschaft des Außenstehenden und des Schuldners, der dann Täter nach § 283 Abs. 1 Nr. 1 StGB ist, genügt. Fehlt es an der Tatherrschaft des Außenstehenden, greift § 283d StGB nicht ein. In Betracht kommt jedoch Anstiftung oder Beihilfe zum Bankrott. 369

Täter kann auch ein Gläubiger sein. Handelt der Gläubiger mit Einwilligung des Schuldners, um eine inkongruente Deckung zu erhalten, soll er also „nur“ gegenüber anderen Gläubigern bevorzugt werden, scheidet § 283d StGB jedoch aus.[549] Der Gläubiger kommt dann als Teilnehmer am Vergehen der Gläubigerbegünstigung in Betracht.[550]

Teilnehmer der Schuldnerbegünstigung kann nach allgemeinen Grundsätzen jedermann sein. Wegen Anstiftung oder Beihilfe kann sich nach ganz h. M. auch der Schuldner strafbar machen. Er ist nicht etwa notwendiger Teilnehmer.[551] 370

cc) Der Täter muß **zugunsten des Schuldners** oder mit dessen Einwilligung handeln. Ein Handeln zugunsten des Schuldners ist dann gegeben, wenn es dem Interesse des Schuldners dient. In erster Linie werden hiervon die Fälle erfaßt, in denen der Täter durch das Verheimlichen oder Beiseiteschaffen von Bestandteilen der (späteren) Insolvenzmasse dem Schuldner den Vermögensbestandteil erhalten oder zukommen lassen will.[552] Ausreichend ist auch, wenn der Täter einem Dritten etwas zuwendet und der Schuldner dadurch einen Vorteil erhält. Dieser Vorteil kann auch immaterieller Art für den Schuldner sein, so wenn der Dritte dem Schuldner nahesteht und deswegen etwas erhält. Beispiel: Der Täter – ein überaus loyaler Angestellter des Schuldners – sorgt dafür, daß ein Freund oder Verwandter des Schuldners (oder des Geschäftsführers der Schuldner-GmbH) einen Vermögensgegenstand erhält. 371

Mit **Einwilligung** des Schuldners handelt derjenige, der im Einverständnis oder Einvernehmen mit dem in der Krise Befindlichen handelt. Die Einwilligung muß im Zeitpunkt der Tat vorhanden sein, wobei konkludentes Einverständnis genügt.[553] Die Einwilligung des Schuldners darf allerdings nicht so weit gehen, daß dieser die alleinige 372

546 Vgl. nur LK/*Tiedemann* § 283d Rn. 7 m. w. N.

547 *Tröndle/Fischer* § 283d Rn. 6; LK/*Tiedemann* § 283d Rn. 8.

548 Rn. 80ff. und 96ff.

549 S. o. Rn. 366.

550 Vgl. BGHSt 35, 357 (359f.) = NJW 1989, 1167; LK/*Tiedemann* § 283d Rn. 5 m. w. N.

551 *Lackner/Kühl* § 283d Rn. 5.

552 LK/*Tiedemann* § 283d Rn. 11; *Schönke/Schröder/Stree* § 283d Rn. 9.

553 LK/*Tiedemann* § 283d Rn. 14, 15; *Schönke/Schröder/Stree* § 283d Rn. 3.

Tatherrschaft hat. Bei Einwilligung des Schuldners muß die Handlung nach ganz h. M. nicht zu dessen Gunsten erfolgen. Damit wird beispielsweise das mit Einverständnis des Schuldners erfolgte Zerstören von Vermögensbestandteilen erfaßt. Beim Zerstören, Beschädigen oder Unbrauchbarmachen fehlt es nämlich häufig am Vorteil des Schuldners.

373 **dd)** Der **subjektive Tatbestand** erfordert Vorsatz. Dieser muß sich auf die Tathandlung, das Tatobjekt und – soweit ein Handeln mit Einwilligung des Schuldners erfolgt – auf das Vorliegen der Einwilligung erstrecken. Bedingter Vorsatz reicht aus. Der Täter muß also zumindest billigend in Kauf nehmen, daß z. B. der beiseite geschaffte oder zerstörte Vermögensgegenstand im Fall der Insolvenzeröffnung zur Insolvenzmasse gehören würde. Ein Irrtum hierüber läßt als Tatbestandsirrtum den Vorsatz ebenso entfallen wie die irrige Annahme, der Vermögensbestandteil werde dem Gläubiger (als kongruente oder inkongruente Deckung) zugewandt.[554] Darüber hinaus muß der Täter Vorsatz hinsichtlich der Krisensituation haben. Abs. 1 Nr. 1 fordert **Kenntnis** des Täters von der drohenden oder eingetretenen Zahlungsunfähigkeit. Bei Abs. 1 Nr. 2 genügt **dolus eventualis**. Hier muß sich der (bedingte) Vorsatz zusätzlich auf die zeitliche Komponente beziehen.

374 Ein **Irrtum** darüber, ob dem Schuldner die Zahlungsunfähigkeit nur droht oder ob sie bereits eingetreten ist, wirkt sich auf den Vorsatz des Täters und dessen Strafbarkeit nicht aus.[555] Gleiches gilt, wenn der Täter darüber irrt, ob das Insolvenzverfahren bereits eröffnet ist oder ob das Gericht zunächst noch prüft, ob das Verfahren eröffnet werden soll. Entscheidend ist, daß objektiv und in der Vorstellung des Täters einer der Fälle des Abs. 1 Nr. 2 vorliegt[556]. Der Irrtum über Tatbestandsmerkmale führt in der Regel zur Bestrafung wegen (untauglichen) Versuchs.[556a]

c) Sonstiges

375 **aa)** § 283d StGB enthält in seinem Abs. 4 eine dem § 283 Abs. 6 StGB entsprechende **objektive Bedingung der Strafbarkeit**. Soweit Zahlungseinstellung und Insolvenzeröffnung bereits Tatbestandsmerkmale sind, muß sich der Vorsatz hierauf erstrecken; insoweit kommt Abs. 4 keine eigenständige Bedeutung zu.

Das Strafbedürfnis entfällt bei der Schuldnerbegünstigung ebenso wie beim Bankrott, wenn der Täter zwar während der Krise gehandelt, der Schuldner die Krise aber überwunden hat und er später aus anderen Gründen seine Zahlungen einstellt oder aus einem anderen Grund das Insolvenzverfahren eröffnet oder mangels Masse abgewiesen wird.[557]

376 **bb)** Die Regelung über den **Versuch** in § 283d Abs. 2 StGB entspricht § 283 Abs. 3 StGB. Maßgeblich ist ausschließlich das unmittelbare Ansetzen zur Verwirklichung des Tatbestandes. Zudem muß in diesem Zeitpunkt die Begünstigungsabsicht oder die – dem Täter bekannte – Einwilligung des Schuldners vorliegen. Auf den Eintritt der objektiven Strafbarkeitsbedingung kommt es nicht an. Die bloße Anfrage an den Schuldner, ob er mit der vom Täter geplanten Handlung einverstanden ist, stellt grundsätzlich nur eine straflose Vorbereitung dar.[558]

Ein strafbarer **untauglicher Versuch** liegt dann vor, wenn der Täter irrig Tatbestandsmerkmale annimmt, die nicht vorliegen. Dies ist beispielsweise dann gegeben, wenn der Täter irrtümlich meint,

- der Schuldner befinde sich in einer Krise i. S. des Abs. 1 Nr. 1 oder 2,
- es sei bereits ein Insolvenzantrag gestellt,

[554] Vgl. LK/*Tiedemann* § 283d Rn. 16; *Schönke/Schröder/Stree* § 283d Rn. 7.
[555] *Schönke/Schröder/Stree* § 283d Rn. 8; s. a. LK/*Tiedemann* § 283d Rn. 17.
[556] *Tröndle/Fischer* § 283d Rn. 7; LK/*Tiedemann* § 283d Rn. 17.
[556a] Unten Rn. 376.
[557] LK/*Tiedemann* § 283d Rn. 19.
[558] LK/*Tiedemann* § 283d Rn. 20.

- der beiseite geschaffte oder zerstörte Vermögensgegenstand würde zur Insolvenzmasse gehören oder
- der Schuldner habe eingewilligt.[559]

cc) Mehrere Begünstigungshandlungen stehen in der Regel in **Tatmehrheit** zueinander. Eine Handlung, die sowohl zugunsten des Schuldners als auch mit dessen Einwilligung vorgenommen wird, stellt nur **eine Tat** dar; Wahlfeststellung ist möglich.[560] Bankrott nach § 283 Abs. 1 Nr. 1 StGB und Schuldnerbegünstigung schließen sich aus. Eine Beteiligung des Außenstehenden an der Bankrotthandlung des Schuldners tritt hinter § 283d StGB zurück, soweit die Tatbestandsvoraussetzungen der Schuldnerbegünstigung erfüllt sind. Fehlt es an den strengen Voraussetzungen des § 283d StGB, ist Beihilfe oder Anstiftung zu § 283 Abs. 1 Nr. 1 StGB jedoch möglich. Sperrwirkung besteht nicht.[561] Eine Anwendung des § 283d StGB neben § 283c StGB kommt schon aufgrund der unterschiedlichen Tatbestandsmerkmale nicht in Betracht.[562] 377

dd) Neben der Kriminalstrafe ist zwingende **Folge einer Verurteilung** die Registersperre nach § 6 Abs. 2 Satz 3 GmbHG, § 76 Abs. 3 Satz 2 AktG. Daneben kann ein Verstoß gegen § 283d StGB gemäß § 290 Abs. 1 Nr. 1, § 297 Abs. 1 InsO zur Versagung der Restschuldbefreiung und zu zivilrechtlicher Haftung führen. 378

VI. Betrug (Lieferantenbetrug)

1. Allgemeines

Im Zusammenhang mit der Insolvenz eines Unternehmens werden fast immer Betrugshandlungen gegenüber Lieferanten begangen (sog. **Lieferanten-** oder **Warenkreditbetrug**). Häufig bestellen Kaufleute trotz bereits eingetretener oder unmittelbar bevorstehender Krise noch Waren auf Kredit. Jede Bestellung auf Rechnung, vor allem wenn ein Zahlungsziel eingeräumt ist, kann den Tatbestand des § 263 StGB verwirklichen. Die Bestellungen erfolgen entweder in der – meist vagen – Hoffnung, sich durch den Verkauf der Ware noch über Wasser halten und den Zusammenbruch vermeiden oder verzögern zu können, oder um Vermögenswerte beiseite zu schaffen. Ausgangspunkt der Betrachtung ist für den ermittelnden Staatsanwalt grundsätzlich der Vermögensschaden des Lieferanten. Dieser realisiert sich üblicherweise durch – meist völligen – Ausfall der Forderung in der Insolvenz. 379

Die unter dem Stichwort „Lieferantenbetrug“ im folgenden abgehandelten Fragen gelten in gleicher Weise für die Inanspruchnahme von Dienstleistungen oder ähnlichem. Bei der im Wirtschaftsleben zu verzeichnenden Zunahme der Miete (vor allem in der Form des Leasings) gewinnen diese Arten von Betrug an Bedeutung. Als Beispiel neben dem Leasing sei nur genannt die Inanspruchnahme von Zeitarbeitskräften mit späterer Nichtzahlung der durch den Zeitarbeitsunternehmer gestellten Rechnung. Warenkreditbetrug wird zudem von der Strafvorschrift des § 265b StGB erfaßt.[563] Die folgenden Ausführungen beziehen sich ausschließlich auf den Tatbestand des Betrugs nach § 263 StGB.

2. Täuschungshandlung

Der Lieferantenbetrug ist **Eingehungsbetrug**. Die **Täuschungshandlung** liegt darin, daß der Täter bei Vertragsschluß erklärt, bei Fälligkeit zahlungsfähig und zahlungswillig zu sein. Dies geschieht in aller Regel nicht ausdrücklich, sondern konkludent durch Vor- 380

---

559 LK/*Tiedemann* § 283d Rn. 21; s. a. *Schönke/Schröder/Stree* § 283d Rn. 11.

560 *Tröndle/Fischer* § 283d Rn. 12; *Schönke/Schröder/Stree* § 283d Rn. 14; LK/*Tiedemann* § 283d Rn. 27.

561 *Tröndle/Fischer* § 283 Rn. 38; *Schönke/Schröder/Stree* § 283 Rn. 65, § 283d Rn. 15.

562 LK/*Tiedemann* § 283d Rn. 26; *Schönke/Schröder/Stree* § 283d Rn. 15.

563 Dazu Rn. 409ff.

nahme der Bestellung.[564] Damit täuscht der Täter über seine Kreditwürdigkeit oder über seinen Zahlungswillen. Maßgeblicher Zeitpunkt für die Frage der Zahlungsfähigkeit ist immer der Tag der Fälligkeit der Forderung. Ob das Unternehmen bei Vornahme der Bestellung noch zahlungsfähig war, ist grundsätzlich unerheblich. Entscheidend ist die **künftige wirtschaftliche Situation** des Täters. Wenn der Kaufmann Zweifel hat, ob er die eingegangene Verpflichtung erfüllen kann, spiegelt er vorsätzlich eine falsche (innere) Tatsache vor. Dem Täter muß also nachgewiesen werden, daß die konkludent behauptete Prognose über seine künftige Bonität objektiv falsch ist und er subjektiv bei der Bestellung zumindest mit bedingtem Vorsatz von einer anderen Prognose ausgegangen ist.[565]

381 Dieser Nachweis ist in der Regel dann relativ leicht zu führen, wenn der Besteller bereits bei Eingehung des Geschäfts **zahlungsunfähig** war. Dann liegt regelmäßig eine Täuschungshandlung vor. Nur wenn der Kaufmann ernsthaft damit rechnen konnte, im Zeitpunkt der Fälligkeit wieder liquide zu sein, fehlt es am Täuschungsvorsatz. Die häufige Einlassung von Beschuldigten, mit zwischenzeitlichen Geldeingängen gerechnet zu haben, nützt ihnen in aller Regel nichts. Die bloße Hoffnung auf künftige Zahlungsfähigkeit räumt den dolus eventualis nicht aus. Insbesondere wenn der Täter nicht einmal angeben kann, aus welchen konkreten Geschäftsvorgängen Zahlungen sicher zu erwarten gewesen wären, ist die Einlassung als reine Schutzbehauptung zu werten. Bei **noch nicht eingetretener Zahlungsunfähigkeit** im Zeitpunkt der Bestellung ist in der Regel eine betriebswirtschaftliche Analyse der Kreditwürdigkeit des Bestellers erforderlich. Hier ist entweder ein Sachverständigengutachten einzuholen oder es ist anhand von anerkannten Krisenindikatoren (kriminalistischen Beweisanzeichen) auf die fehlende Kreditwürdigkeit zu schließen.[566]

382 In der **Anklageschrift** (und später im Urteil) muß bei der Beschreibung der **Betrugsmerkmale** insbesondere der Zeitpunkt des Vertragsabschlusses aufgeführt werden. Hierauf ist bereits bei den Ermittlungen zu achten. Vor allem geschädigte Lieferanten legen häufig Rechnungen vor, aus denen sich zwar Art und Umfang der bestellten Waren oder der in Anspruch genommenen Dienstleistungen sowie meist die Fälligkeit der Forderungen ergeben, nicht jedoch die Bestelldaten.

3. Irrtum

383 Der Irrtum des Lieferanten folgt normalerweise daraus, daß dieser sich vorstellt, sein Geschäftspartner wolle und werde bei Fälligkeit auch zahlen. Ein Irrtum liegt auch dann vor, wenn der Lieferant den Grad des Ausfallrisikos infolge der konkludenten Erklärung geringer einschätzt, als er tatsächlich ist.[567]

Bei **fortlaufenden Bestellungen** im Rahmen einer laufenden Geschäftsbeziehung kann es an dem auf der Täuschung beruhenden Irrtum des Lieferanten fehlen. Wenn trotz offener Rechnungen weitere Bestellungen entgegengenommen und weitere Warenlieferungen ausgeführt werden, bedarf es im Hinblick auf die Frage, ob auch diese Lieferungen noch auf der Vorspiegelung der Zahlungsfähigkeit und -willigkeit beruhen, in der Regel näherer Feststellungen dazu, ob der Lieferant Kenntnis von der Zahlungssäumigkeit erlangte und weshalb er sich gleichwohl zu weiteren Lieferungen bereit fand.[568] Hier kommt Betrug vor allem dann in Betracht, wenn der Täter Zweifel des Lieferanten zerstreut. Nicht selten stellt der Täter gegenüber dem Lieferanten den Eingang von Zahlungen oder weitere Bankkredite in Aussicht, um noch Lieferungen zu erhalten.[569]

---

564 Vgl. nur BGH wistra 1998, 177.
565 Vgl. BGH StV 1985, 188; *Müller-Gugenberger/Nack* § 72 Rn. 7.
566 Dazu bereits Rn. 95.
567 *Müller-Gugenberger/Nack* § 72 Rn. 29, § 41 Rn. 42.
568 BGH wistra 1998, 179; *Tröndle/Fischer* § 263 Rn. 18a m. w. N.
569 *Müller-Gugenberger/Nack* § 39 Rn. 24, § 72 Rn. 31.

4. Vermögensschaden

Der Vermögensschaden wird beim Eingehungsbetrug dadurch ermittelt, daß der Vermögensstand des Verletzten vor Vertragsschluß mit dem Vermögensstand nach dem Vertragsschluß verglichen wird (**Vermögensvergleich**).[570] Weil auf den Zeitpunkt des Vertragsschlusses abgestellt wird, handelt es sich grundsätzlich um einen **Gefährdungsschaden**. 384

Im Zusammenhang mit Insolvenzen erlangen die Ermittlungsbehörden zwar normalerweise Kenntnis von einem Lieferantenbetrug erst dann, wenn der Vermögensschaden tatsächlich eingetreten ist. Dennoch ist zur Ermittlung des Vermögensschadens auf die **Gefährdung** abzustellen. Es ist festzustellen, ob das Vermögen des Lieferanten oder sonstigen Geschäftspartners nach der Vermögensverfügung (Lieferung) einen geringeren Wert hat als vorher. Vor der Lieferung gehört zum Vermögen des Lieferanten noch der Wert der Ware. Danach ist das Vermögen um den Wert der Ware gemindert. Gleichzeitig tritt aber eine Vermögensmehrung in Form des Kaufpreisanspruchs ein. Damit liegt ein Vermögensschaden dann vor, wenn der Kaufpreisanspruch hinter dem Wert der Ware zurückbleibt, insbesondere wenn der Anspruch nicht, nur teilweise oder nur schwer durchsetzbar ist. Letzteres reicht dann aus, einen Vermögensschaden i. S. des § 263 StGB zu bejahen wenn die Gefährdung des Vermögens einen solchen Grad erreicht, daß sie jederzeit in einen Schaden umschlagen kann. Nur dann, d. h. wenn die Gefährdung so konkret ist, daß sie einer Schädigung gleichkommt, stellt sie einen strafrechtlich relevanten Schaden dar. Dies ist gegeben, wenn die Vermögensgefährdung bei lebensnaher, wirtschaftlicher Betrachtungsweise einer Wertminderung gleichkommt.[571] Man spricht deshalb von der **schadensgleichen Vermögensgefährdung**. 385

Bei im Zeitpunkt der Bestellung oder Lieferung bereits bestehender oder kurz danach eintretender Zahlungsunfähigkeit ist der Vermögensschaden in aller Regel unproblematisch zu bejahen. Da der Lieferant mit seiner Forderung dann regelmäßig ausfällt, wird in der Anklageschrift üblicherweise (zur Vereinfachung) auf die offene Forderung als Schaden abgestellt. Schwierig kann es dann sein, wenn der Täter bereits **vor Eintritt der Zahlungsunfähigkeit**, nämlich bei drohender Zahlungsunfähigkeit oder noch früher, handelt und möglicherweise durch die maßgeblichen Lieferungen seine Zahlungsunfähigkeit vermeidet oder zumindest hinausschiebt. Da bei der Lieferung von Waren gegen Kredit immer ein gewisses Risiko besteht, ist der Tatbestand des Betrugs dann noch nicht verwirklicht, wenn sich die Gefahr des Ausfalls noch im Rahmen des allgemeinen Geschäftsrisikos bewegt. Maßgeblich ist, ob die Erfüllungswahrscheinlichkeit der aus der Bestellung und Lieferung resultierenden Forderung deutlich unter dem ausdrücklich zugesicherten oder aber konkludent behaupteten durchschnittlich Branchenüblichen liegt.[572] Auf die jeweilige Branche ist deswegen abzustellen, weil hier teilweise erhebliche Unterschiede bestehen können. Zudem sind die Art des Geschäfts und beispielsweise die Dauer der Geschäftsbeziehung zu berücksichtigen. 386

Wenn der Täter nach der sog. „Loch-auf-Loch-zu-Methode“ arbeitet, den Eintritt der Zahlungsunfähigkeit also nur dadurch verhindert, daß er die Forderung eines Lieferanten durch den Erlös aus dem Verkauf von gegen Kredit gelieferten Waren eines anderen Lieferanten befriedigt, sind die einzelnen Bestellungen normalerweise bereits als Betrugshandlungen zu werten. Insbesondere hindert die Tatsache, daß der Beschuldigte noch über einen längeren Zeitraum hinweg Lieferantenverbindlichkeiten beglichen hat, die Feststellung eines Gefährdungsschadens nicht.[573] Der Betrug, vor allem der Täuschungsvorsatz, ist nur schwerer nachzuweisen als bei bereits eingetretener Krise. 387

---

570 BGHSt 16, 220 (221) = NJW 1961, 1876; *Tröndle/Fischer* § 263 Rn. 32 a.

571 BGHSt 23, 300 (303) = NJW 1970, 1932.

572 *Richter* GmbHR 1984, 137 (149).

573 *Müller-Gugenberger/Nack* § 39 Rn. 32, § 72 Rn. 39ff.

388 Aus diesem Grund und aus prozeßökonomischen Erwägungen wird der Lieferantenbetrug durch die ermittelnden Staatsanwaltschaften häufig auf die Zeit ab Beginn der Krise beschränkt. Da die Krise, insbesondere der Beginn der Zahlungsunfähigkeit, bereits für die Ermittlung der Insolvenzverschleppung und der Insolvenzstraftaten gemäß §§ 283ff. StGB festgestellt werden muß, ist dies auch sinnvoll. Selbst in den Fällen, bei denen eine Insolvenzverschleppung und insbesondere Buchführungs- und Bilanzdelikte nicht in Betracht kommen (bei nichteingetragenen Kleingewerbetreibenden, früher Minderkaufleuten), ist wegen des häufig schwierigen Nachweises von Vorsatz und Gefährdungsschaden eine Beschränkung auf die ab Zahlungsunfähigkeit begangenen Taten angebracht.

389 Der Kauf unter **Eigentumsvorbehalt** oder verlängertem Eigentumsvorbehalt steht einem Vermögensschaden nicht entgegen. Der Wert der Ware nach Rücknahme wegen Zahlungsverzugs ist regelmäßig niedriger als im Zeitpunkt der Überlassung der gekauften Gegenstände.[574]

5. Vollendung

390 Da zur Ermittlung des Gefährdungsschadens auf den **Zeitpunkt des Vertragsschlusses** abzustellen ist, wirkt sich die spätere Bezahlung auf die Tatbestandsverwirklichung nicht aus. Der Betrug ist bereits vollendet. Die Bezahlung stellt eine reine Schadenswiedergutmachung dar, die nur bei der Strafzumessung zu berücksichtigen ist.

6. Täterschaft

391 Täter kann jedermann sein. Wenn die **Verantwortlichen** eines Unternehmens, insbesondere die Geschäftsführer einer GmbH, die Bestellungen nicht selbst tätigen, sind sie in der Regel dennoch strafrechtlich verantwortlich. Bei Einzelanweisungen an die tatsächlich mit der Vornahme der Bestellung betrauten Mitarbeiter ist dies unproblematisch. Aber auch bei selbständig von den Angestellten im Rahmen des laufenden Geschäftsbetriebs – des „Alltagsgeschäfts" – getätigten Bestellungen sind diese den verantwortlichen Geschäftsführern regelmäßig zuzurechnen. Es genügt, wenn sie die Mitarbeiter generell zur Erteilung weiterer Aufträge angehalten haben, was auch konkludent erfolgt sein kann.[575] Die Geschäftsführer sind dann als (Mit-)Täter und nicht als Anstifter zu bestrafen, und zwar wegen Betrugs durch aktives Tun, nicht wegen Tatbestandsverwirklichung durch Unterlassen.[576] Die einzelnen Betrugshandlungen verbinden sich für den im Unternehmen Verantwortlichen aber zu *einer* Handlung, weil dessen Tatbeitrag sich in dem einmaligen Entschluß erschöpft, den Geschäftsbetrieb (im bisherigen Umfang) fortzuführen.[577]

7. Besonders schwere Fälle

392 § 263 Abs. 3 StGB sieht für besonders schwere Fälle einen erhöhten Strafrahmen vor. Die Vorschrift wurde durch das am 1. 4. 1998 in Kraft getretene 6. StrRG[578] um einen Satz 2 mit **Regelbeispielen** ergänzt. Gleichzeitig wurde die Mindestfreiheitsstrafe von bisher einem Jahr auf sechs Monate gesenkt. Da § 263 Abs. 3 StGB n. F. das mildere Gesetz ist, muß die Vorschrift gemäß § 2 Abs. 3 StGB auch auf Taten angewandt werden, die vor dem 1. 4. 1998 begangen wurden. In der Sache besteht zwischen alter und neuer Fas-

---

574 *Tröndle/Fischer* § 263 Rn. 32a.
575 BGH wistra 1998, 177.
576 Vgl. BGH NJW 1998, 767 (769).
577 BGH NJW 1998, 767 (769); wistra 1998, 177.
578 Sechstes Gesetz zur Reform des Strafrechts vom 26. 1. 1998, BGBl. I S. 164.

sung kein Unterschied. Schon bisher konnten die nunmehr als Beispiele genannten Fälle nach Abs. 3 bestraft werden. In Betracht kommen beim Warenkreditbetrug vor allem die Nrn. 1 (gewerbsmäßiges Handeln), 2 und 3. Die Rechtsprechung hat bereits nach § 263 Abs. 3 StGB a. F. einen besonders schweren Fall bei hohem Schaden, bei außergewöhnlichem Tatumfang und bei gewerbsmäßiger Begehung bejaht.[579]

VII. Untreue

1. Allgemeines

Untreuehandlungen werden zwar nicht nur, aber typischerweise auch dann begangen, wenn ein Unternehmen in finanzielle Schwierigkeiten gerät oder geraten ist. Teilweise wird durch Vergehen der Untreue die Krise auch erst herbeigeführt. Vor allem bei der GmbH und der AG, wo wegen der Interessenformel des BGH der Straftatbestand des Bankrotts häufig nicht zur Anwendung kommt, ist § 266 StGB eine wichtige Vorschrift des Insolvenzstrafrechts i. w. S. Durch das 6. StrRG wurde der erste Absatz des § 266 StGB nicht geändert. Der bisherige Abs. 2 wurde aufgehoben. Die dort geregelten besonders schweren Fälle wurden durch Bezugnahme auf § 263 Abs. 3 StGB n. F. in den bisherigen Abs. 3 integriert, der neuer Abs. 2 wurde.[580] 393

Untreue ist die vorsätzliche Verletzung der Pflicht zur Betreuung fremder Vermögensinteressen durch Benachteiligung des zu Betreuenden und damit ein **Vermögensdelikt**.[581] Bei juristischen Personen ist geschütztes Gut das Vermögen der juristischen Person, das besonders schützenswert ist.[582] Von diesem Schutz profitieren (allerdings nur mittelbar) auch die Gläubiger und Arbeitnehmer. 394

2. Typische Untreuehandlungen

Untreue als Insolvenzdelikt i. w. S. liegt typischerweise dann vor, wenn der Geschäftsführer einer GmbH der Gesellschaft ohne triftigen Grund notwendige Liquidität entzieht oder wenn er durch bestimmte Handlungen das Stammkapital der Gesellschaft beeinträchtigt. Dies geschieht häufig zur persönlichen Bereicherung, nicht selten aber auch, um einzelnen Gläubigern oder einzelnen Gesellschaftern Vermögenswerte zukommen zu lassen. Meist bestehen in diesen Fällen enge Beziehungen zu den Gläubigern oder Gesellschaftern (Ehefrau, Kinder o. ä.), wenn der Geschäftsführer nicht selbst der begünstigte Gesellschafter oder Gläubiger ist. Teilweise wird das Geld der GmbH auch zugunsten einer neuen oder weiteren Gesellschaft, woran der Geschäftsführer beteiligt ist, entzogen. Nach der Interessenformel des BGH zur Abgrenzung von Bankrott und Untreue[583] kommt in diesen Fällen der Tatbestand des § 266 StGB zur Anwendung.[584] 395

Neben der Entnahme von Vermögenswerten kann auch die Vornahme von Investitionen oder der Erwerb von Rechten, beispielsweise Patenten, bei bevorstehender Insolvenz den Tatbestand der Untreue erfüllen. Dies ist dann der Fall, wenn die Investitionen sich wegen der Krisensituation als völlig sinnlos darstellen, weil eine Amortisation im Hinblick auf die zu erwartende Insolvenz ausgeschlossen ist. § 266 StGB ist insbesondere dann verwirklicht, wenn der Geschäftsführer allein in der Hoffnung handelt, die Investitionsgeschäfte gegebenenfalls nach Abweisung eines Insolvenzantrags mangels Masse auf eigene Rechnung oder mit den ehemaligen Gesellschaftern im Rahmen eines Nachfolge- 396

---

579 Vgl. *Tröndle*, 48. Aufl., § 263 Rn. 53.

580 Dazu kritisch LK/*Schünemann* § 266 Rn. 176.

581 BGHSt 14, 38 (47) = NJW 1960, 684 (687); *Tröndle/Fischer* § 266 Rn. 1a.

582 *Müller-Gugenberger/Schmid* § 26 Rn. 3; s. a. *Hachenburg/Kohlmann* vor § 82 Rn. 60.

583 Oben Rn. 334.

584 Zum Verhältnis der Untreue zur Gläubigerbegünstigung vgl. *Hartung* NJW 1995, 1186 (1190).

unternehmens verwerten zu können.[585] Das Absehen von der Stellung eines Insolvenzantrags kann dann eine Untreuehandlung darstellen, wenn dies geschieht, um eine Sanierung bewußt zu verhindern.

397 In welcher Weise der Täter den Vermögensnachteil für die Gesellschaft herbeiführt, ist unerheblich. In Betracht kommt z. B.:[586]

- Beiseiteschaffen von Ware oder sonstigen Gegenständen (eventuell um sie in eine neue Gesellschaft einzubringen),
- Unberechtigte Entnahme von Barmitteln,
- Überweisung auf das eigene Konto,
- Ausstellen und Einreichen von Schecks zu Lasten der Gesellschaft,
- Einbehalten von Kundenschecks und Einlösung zugunsten des eigenen Kontos,
- Einkauf zu einem ungünstigen Preis trotz günstigerer Gelegenheit, um die Differenz einem Angehörigen oder sich selbst zu verschaffen,
- Auszahlen von überhöhten Provisionen oder sonstige Aushöhlung des Gesellschaftsvermögens durch überhöhte Kosten und ungerechtfertigte Zahlungen (z. B. von Entgelten an Berater),
- Unangemessen hohe Bezüge oder nachträgliche übermäßige Erhöhung des Geschäftsführergehaltes, ggf. auch Unterlassen einer wirtschaftlich gebotenen Herabsetzung der Bezüge.

398 Es ist zu beachten, daß ein **Vermögensnachteil** i. S. des § 266 StGB dann **ausgeschlossen** ist, wenn der Verfügende eigene flüssige Mittel ständig zum Einsatz bereit hält.[587] Daß der Täter in der Lage ist, die Vermögenseinbuße jederzeit durch eigene Mittel auszugleichen, genügt hierfür nicht. Er muß diese Mittel auch tatsächlich bereithalten. Das bedeutet, der Täter muß die Mittel nicht nur zur Verfügung haben, sondern auch sein Augenmerk darauf richten, diese Mittel ständig zum Ausgleich benutzen zu können. Die Ersatzbereitschaft eines Dritten oder die nachträgliche Schadenswiedergutmachung verhindern den Eintritt eines Nachteils und die Tatbestandsverwirklichung nicht.

Bei privaten Entnahmen durch einen als Geschäftsführer tätigen Gesellschafter fehlt es an einem Vermögensschaden, wenn die Entnahmen dazu dienen, dem Geschäftsführer eine geschuldete – angemessene – Vergütung zu erfüllen.[588]

3. Einverständnis und Weisungen der Gesellschafter

399 Nach ganz h. M.[589] ist die Gesellschaft, speziell die GmbH, als eigene Rechtspersönlichkeit schützenswert. Dies gilt auch bei der Einmann-GmbH. Der geschäftsführende Gesellschafter einer Einmann-GmbH hat die Pflicht, das Vermögen der juristischen Person, das für ihn fremdes Vermögen darstellt, zu betreuen. Wem das Vermögen wirtschaftlich zuzurechnen ist, hat außer Betracht zu bleiben. Maßgeblich ist allein die zivilrechtliche Trennung der Vermögensmassen. Der BGH[590] betont, daß der alleinige Gesellschafter sich nicht auf die Vorteile der Vermögenstrennung durch die GmbH berufen kann, wenn es um seine Haftung geht, andererseits aber Vermögenseinheit geltend machen kann, wenn er der GmbH willkürlich wirtschaftliche Werte zum eigenen Vorteil entzieht. Da das Vermögen juristischer Personen für ihre Anteilseigner Fremdvermögen ist, darf der Geschäftsführer auch bei Weisungen durch die Gesellschafter oder bei deren Einverständ-

[585] *Hachenburg/Kohlmann* vor § 82 Rn. 294; *Richter* GmbHR 1984, 137 (145).

[586] Zu weiteren Beispielen (auch zu sonstigen Formen der Untreue im Zusammenhang mit Geschäftsbetrieben) vgl. insbesondere *Hachenburg/Kohlmann* vor § 82 Rn. 93 ff., 143ff.; *Scholz/Tiedemann* vor § 82 Rn. 20; *Rohwedder/Fuhrmann/Schaal* vor § 82 Rn. 14.

[587] BGHSt 15, 342 = NJW 1961, 685; *Tröndle/Fischer* § 266 Rn. 24 m. w. N.

[588] BGH NStZ 1995, 185.

[589] Vgl. nur BGHSt 34, 379 = NJW 1988, 1397; *Schönke/Schröder/Lenckner* § 266 Rn. 6; LK/*Schünemann* § 266 Rn. 125 m. w. N.

[590] BGHSt 34, 379 (385) = NJW 1988, 1397 (1398f.).

nis nicht frei über das Vermögen der GmbH verfügen. Jedenfalls die gesetzwidrige oder selbst ungetreue Zustimmung ist wirkungslos und strafrechtlich ohne Bedeutung.

Damit steht das Einverständnis (die Einwilligung) aller Gesellschafter oder des einzigen Gesellschafters jedenfalls dann dem § 266 StGB nicht entgegen, wenn das **Stammkapital angegriffen** wird.[591] Darüber hinaus ist das Einverständnis wirkungslos, wenn die **Existenz**, die **Liquidität** oder **besondere entgegenstehende Interessen** der GmbH **gefährdet** werden.[592] Die sehr weitgehende Entscheidung BGHSt 34, 379, wonach es für die Unwirksamkeit der Einwilligung genügen soll, wenn der Geschäftsführer durch sein Handeln gegen die Grundsätze eines ordentlichen Kaufmanns verstößt (beispielsweise durch Unterlassen der Dokumentation der Vermögensverschiebungen in der Buchführung), hat der BGH inzwischen eingeschränkt.[593] 400

Im **Ergebnis** sind somit Verfügungen im Einvernehmen mit den Gesellschaftern (meist handelt es sich um verdeckte Gewinnausschüttungen oder um die Rückzahlung eigenkapitalersetzender Gesellschafterdarlehen) dann als Untreue strafbar, wenn sich die GmbH in der Krise befindet oder diese durch die Tathandlung herbeigeführt oder verstärkt wird.[594]

Zu beachten ist, daß bereits eine Handlung vor der Krise, wodurch diese weder herbeigeführt noch das Stammkapital angegriffen wird, dann den Tatbestand der Untreue erfüllen kann, wenn das Handeln von einer „**Aushöhlungsabsicht**“ getragen ist. Es ist dann als Teil eines Gesamtverhaltens rechtsmißbräuchlich. Dieses Gesamtverhalten ist maßgeblich und nicht die isolierte Auswirkung der einen Handlung auf die GmbH. Das Gesamtverhalten muß von der Tendenz geprägt sein, die GmbH z. B. durch häufige Kapitalausschüttungen auszuhöhlen.[595] 401

4. Sonderfragen

a) Untreue bei Personenhandelsgesellschaften

Bei Personenhandelsgesellschaften sind die einzelnen Gesellschafter Vermögensinhaber. 402 Damit ist die Schädigung des Gesamthandsvermögens für den Nachteil i. S. des § 266 StGB nur insoweit bedeutsam, als damit gleichzeitig das Vermögen der Gesellschafter berührt wird.[596] Zudem kommt Untreue durch den geschäftsführenden Gesellschafter nur dann in Betracht, wenn er sich persönlich zu Lasten der Mitgesellschafter bereichert. Bei gemeinsamem Handeln oder billigendem Beschluß durch sämtliche Gesellschafter ist Untreue ausgeschlossen. Es können allenfalls Bankrotthandlungen gemäß § 283 StGB, insbesondere nach Abs. 1 Nr. 1 und 2, vorliegen.

Dies gilt grundsätzlich auch für die **GmbH & Co. KG**. Hier ist allerdings zu beachten, daß durch Handlungen des Geschäftsführers der GmbH, der „mittelbar“ Geschäftsführer der GmbH & Co. KG ist, Untreue zum Nachteil der Komplementär-GmbH begangen werden kann. Da die GmbH als Komplementärin für die Schulden der KG haftet, können Entnahmen oder sonstige Verfügungen in der Krise das Kapital der GmbH beeinträchtigen. Damit kann der Komplementärgesellschaft ein Untreueschaden entstehen.[597] 403

---

591 BGHSt 35, 333 (338f.) = NJW 1989, 112 (113); LK/*Schünemann* § 266 Rn. 125 m. w. N.; *Hachenburg/Kohlmann* vor § 82 Rn. 188 m. w. N.

592 BGHSt 35, 333 (337ff.) = NJW 1989, 112 (113).

593 Vgl. BGHSt 35, 333 (336) = NJW 1989, 112.

594 Vgl. auch BGH wistra 1990, 99.

595 BGH NJW 1997, 66 (69).

596 BGH wistra 1984, 71.

597 Vgl. BGH NJW 1991, 250 (251); *Müller-Gugenberger/Schmid* § 26 Rn. 62, 115f.; *Hartung* NJW 1996, 229 (235).

b) Risiko- und Spekulationsgeschäfte

404 Das Eingehen riskanter Geschäfte stellt per se noch keine Untreue dar. Es kann an der Verwirklichung des objektiven Tatbestandes (Pflichtwidrigkeit) fehlen oder zumindest Vorsatz oder Rechtswidrigkeit entfallen. Dies gilt insbesondere dann, wenn es sich um **branchenübliche** oder **verkehrsübliche Risiken** handelt. Wann das eingegangene Risiko als pflichtwidrig anzusehen ist, bestimmt sich zudem nach der wirtschaftlichen Lage des Unternehmens. Darüber hinaus kann der Vermögensnachteil fehlen, wenn das Geschäft zugleich einen Vorteil (Gewinn oder erhebliche Gewinnaussicht) bringt.[598] § 266 StGB liegt vor, wenn der Täter nach der Art eines Spielers entgegen den Regeln kaufmännischer Sorgfalt eine Verlustgefahr auf sich nimmt und nach einer Gesamtbetrachtung die Gefahr eines Verlustgeschäfts wahrscheinlicher ist als die Aussicht auf Gewinnzuwachs.[599] Da Risiko- und Spekulationsgeschäfte meist im Interesse des Geschäftsherrn getätigt werden, scheidet Untreue wegen der Regelung in § 283 Abs. 1 Nr. 2 StGB und der Interessenformel des BGH[600] oftmals aus.

VIII. Sonstige Insolvenzstraftaten i. w. S.

405 Häufig werden im Zusammenhang mit der bevorstehenden oder eingetretenen Insolvenz weitere Straftaten begangen, von denen hier nur einige kurz dargestellt werden sollen.

1. Falsche Versicherung an Eides Statt

406 Im Rahmen des Insolvenzverfahrens hat der Schuldner ein Vermögensverzeichnis einzureichen.[601] Das Insolvenzgericht kann eine eidesstattliche Versicherung der Richtigkeit und Vollständigkeit der Auskunft verlangen (§ 20 Satz 2 i. V. mit § 98 Abs. 1 Satz 1 InsO). Darüber hinaus gibt es im Rahmen des Insolvenzverfahrens – sowie im Rahmen des Vergleichs- oder Konkursverfahrens nach altem Recht – weitere Verpflichtungen, die Richtigkeit von Angaben an Eides Statt zu versichern (vgl. § 98 Abs. 1 InsO, § 69 VerglO, § 125 KO). Häufig hat der Schuldner auch schon vor Einleitung des Insolvenzverfahrens auf Antrag eines Gläubigers die **eidesstattliche Versicherung nach § 807 ZPO** abgegeben und nicht selten hier falsche Angaben gemacht.

407 Der Straftatbestand der Falschen Versicherung an Eides Statt nach **§ 156 StGB** erfaßt Verstöße gegen die Richtigkeit und Vollständigkeit dieser Angaben. Das Vollstreckungs- oder Insolvenzgericht (Konkursgericht) gilt gemäß § 11 Abs. 1 Nr. 7 StGB als Behörde. § 156 StGB erfaßt nur die Angaben, zu denen der Schuldner nach § 807 Abs. 1 ZPO oder nach den genannten Vorschriften aus der InsO, VerglO oder KO verpflichtet ist.

2. Unterschlagung

408 In oder unmittelbar vor der Krise ist dem Schuldner oder Verantwortlichen nach § 14 StGB oft jedes Mittel recht, um den Unternehmenszusammenbruch zu verhindern, zu verzögern oder um sich persönlich, vor allem zu Lasten einer juristischen Person und damit (auch) zum Nachteil von deren Gläubigern, zu bereichern. Nicht selten wird hier der Tatbestand der Unterschlagung nach § 246 StGB (der durch das 6. StrRG neu gefaßt wurde) verwirklicht. Vor allem das **Beiseiteschaffen von Waren** oder Vermögensgegen-

---

598 Vgl. *Scholz/Tiedemann* vor § 82 Rn. 19.

599 BGH bei *Holtz* MDR 1982, 624; *Tröndle/Fischer* § 266 Rn. 25.

600 Rn. 334.

601 Dazu näher Rn. 521f.

ständen einer juristischen Person, um diese Gegenstände einer Nachfolge-GmbH zuzuführen, kann hier relevant sein.[602] Soweit es sich dabei um Eigentumsvorbehaltsware handelt, liegt eine Unterschlagung deshalb vor, weil die Veräußerung üblicherweise nur im ordnungsgemäßen Geschäftsgang zulässig ist. § 283 Abs. 1 Nr. 1 StGB scheidet hinsichtlich der unter Eigentumsvorbehalt gelieferten Waren aus.

Darüber hinaus werden nicht selten zur kurzfristigen Verbesserung der Liquidität oder zur Vermeidung der Zahlungsunfähigkeit **sicherungsübereignete Gegenstände veräußert**. Dies stellt eine Unterschlagung zum Nachteil des Sicherungsnehmers dar.

3. Kreditbetrug; Wechsel- und Scheckbetrug

a) Kreditbetrug

Bei beginnender oder sich abzeichnender Krise des Unternehmens wird üblicherweise versucht, neue Kredite zu erhalten oder Kreditinstitute zu veranlassen, den Kreditrahmen zu erhöhen. Da dies bei bestehenden wirtschaftlichen Problemen meist nur dann gelingt, wenn der Bank (weitere) Sicherheiten zur Verfügung gestellt werden – die in aller Regel nicht vorhanden sind –, ist die Versuchung groß, das Ziel durch falsche Angaben gegenüber dem Kreditinstitut zu erreichen. Daneben wird häufig versucht, mit Gläubigern – ebenfalls unter Vorspiegelung falscher Tatsachen – eine (weitere) Stundung von Forderungen zu vereinbaren. Dem Kreditbetrug als typisches Insolvenzdelikt i. w. S. ist in der InsO dadurch Rechnung getragen, daß die Restschuldbefreiung gemäß § 290 Abs. 1 Nr. 2, § 297 Abs. 1 InsO zu versagen ist, wenn der Schuldner in den letzten drei Jahren eine entsprechende Tat begangen hat. 409

Durch beide Verhaltensweisen kann sich der Schuldner wegen Kreditbetrugs nach **§ 265b** oder **§ 263 StGB** strafbar machen.[603] § 265b StGB ist ein **abstraktes Gefährdungsdelikt**, das im Unterschied zu § 263 StGB bereits mit Vorlage der falschen Unterlagen oder Angaben vollendet ist, ohne daß es auf Irrtumserregung, Kreditgewährung oder Schadenseintritt ankommt.[604] Wenn im Einzelfall die weiteren Voraussetzungen des § 263 StGB erfüllt sind, ist § 265b StGB nach der Rechtsprechung des BGH nicht anwendbar; er tritt hinter § 263 StGB zurück.[605] 410

Beim Kreditbetrug nach § 265b StGB ist zu beachten, daß nur **Betriebe und Unternehmen** als Kreditgeber und -nehmer in Betracht kommen, und zwar nur solche, die gemäß Abs. 3 Nr. 1 nach Art und Umfang einen in kaufmännischer Weise eingerichteten Geschäftsbetrieb erfordern. Kredite (Betriebskredite) i. S. des § 265b StGB sind gemäß Abs. 3 Nr. 2 Gelddarlehen aller Art, Akzeptkredite, der entgeltliche Erwerb und die Stundung von Geldforderungen, die Diskontierung von Wechseln und Schecks und die Übernahme von Bürgschaften, Garantien und sonstigen Gewährleistungen. 411

§ 265b StGB hat – in der Variante **Stundung von Geldforderungen** – damit Bedeutung nicht nur für Bankdarlehen, sondern auch für den Bereich des **Waren- und Lieferantenkredits**. Der Tatbestand des § 265b Abs. 1 Nr. 1 Buchst. b StGB ist z. B. bereits dann erfüllt, wenn der Käufer einer Ware den Verkäufer in einem Brief mit der unrichtigen Behauptung, er habe demnächst Außenstände zu erwarten, um die Stundung des Kaufpreises um einige Wochen bittet.[606] Oftmals scheitert die Verwirklichung des (objektiven) Tatbestandes in diesen Fällen aber daran, daß von § 265b StGB nur schriftliche Angaben erfaßt werden und nicht mündlich – vor allem telefonisch – geäußerte Bitten um Stundung. Auch beim Kredit in der Form, daß bereits bei Bestellung ein Zahlungs- 412

---

602 Vgl. BGHSt 3, 32 (39).

603 Dazu auch Kap. 3 – Straftaten im Bankbereich, Rn. 151 ff., 240 ff.

604 BGHSt 30, 285 (291) = NJW 1982, 775 (776); *Tröndle/Fischer* § 265b Rn. 6.

605 BGHSt 36, 130 = NJW 1989, 1868; a. A. LK/*Tiedemann* § 265b Rn. 14; *Schönke/Schröder/Lenckner* § 265b Rn. 51; vgl. auch *Tröndle/Fischer* § 265b Rn. 6.

606 *Tröndle*, 48. Aufl., § 265b Rn. 12.

ziel eingeräumt wird, fehlt es – anders als beim Antrag auf Gewährung eines Bankkredits – in aller Regel an entsprechenden schriftlichen Angaben oder der Vorlage von Unterlagen über die wirtschaftlichen Verhältnisse des Bestellers.

b) Wechsel- und Scheckbetrug

413 Als Wechsel- und Scheckbetrug werden besondere Formen des „Kreditbetrugs" im Rahmen des § 263 StGB bezeichnet. Auch diese Arten des Betrugs werden oftmals im Zusammenhang mit der wirtschaftlichen Krise eines Unternehmens begangen.[607]

4. Vorenthalten und Veruntreuen von Arbeitsentgelt und Sozialabgaben

414 Seit dem 1. 8. 1986 ist das Nichtabführen von Arbeitnehmeranteilen zur Sozialversicherung in **§ 266a StGB** geregelt. Durch die Strafbewehrung soll in Abs. 1 das Interesse der Solidargemeinschaft an der Sicherstellung des Aufkommens der Mittel für die Sozialversicherung sowie in Abs. 2 das Schutzinteresse der Arbeitnehmer an der treuhänderischen Verwaltung von Teilen ihres Arbeitseinkommens geschützt werden.[608] Die Verwirklichung des Tatbestandes ist in Krisensituationen eines Unternehmens, das Arbeitnehmer beschäftigt, typisch. Um Banken und Lieferanten „bei Laune zu halten", wird oftmals versucht, den vermeintlich einfachen Weg zu gehen und sich einen Rest von Liquidität auf Kosten der Sozialversicherungsträger und der Bundesanstalt für Arbeit – und damit der Allgemeinheit – zu erhalten.

415 § 266a StGB enthält unterschiedliche Tatbestände, wobei im Rahmen von Insolvenzen die Regelung in Abs. 3 ohne Bedeutung ist. § 266a **Abs. 1** betrifft das Vorenthalten von Sozialversicherungsbeiträgen (sog. **Beitragsvorenthaltung**), und zwar die in § 28d SGB IV genannten. Dies sind die Beiträge zur Kranken-, Renten- und Arbeitslosenversicherung. Erfaßt werden nur die **Arbeitnehmeranteile**. Der Straftatbestand setzt nach überwiegender Meinung und inzwischen herrschender Rechtsprechung sowohl der Zivil- als auch der Strafgerichte nicht voraus, daß der Arbeitnehmer den (Netto-)Lohn ganz oder teilweise ausgezahlt erhält. § 266a StGB greift also auch dann ein, wenn der Arbeitgeber trotz Fälligkeit weder die Arbeitnehmeranteile zur Sozialversicherung abführt noch den Lohn auszahlt.[609]

416 Erforderlich ist, daß dem Täter eine Zahlung **grundsätzlich möglich** ist.[610] Aus § 266a StGB ergibt sich mittelbar, daß der Arbeitgeber noch vorhandene Mittel zuallererst dazu verwenden muß, die Arbeitnehmeranteile zur Sozialversicherung abzuführen, und erst anschließend den verbleibenden Nettolohn an den Arbeitnehmer auszahlen oder sonstige Verbindlichkeiten tilgen darf. Da selbst bei eingetretener Zahlungsunfähigkeit i. S. der Insolvenzdelikte in aller Regel noch gewisse Zahlungen möglich sind, ist § 266a Abs. 1 StGB immer dann verwirklicht, wenn trotz Fälligkeit der Sozialversicherungsbeiträge (vgl. § 23 Abs. 1 SGB IV) anderweitige Zahlungen erfolgen.[611] Darüber hinaus wird es dem Verantwortlichen angelastet, wenn er den Zustand fehlender Handlungsmöglichkeit pflichtwidrig mit wenigstens bedingtem Vorsatz selbst herbeigeführt hat.[612] Dies ist nicht nur dann der Fall, wenn der Beitragsschuldner kurz vor Fälligkeit andere Verbindlich-

---

[607] Dazu Kap. 3 – Straftaten im Bankbereich Rn. 240 ff.

[608] *Tröndle/Fischer* § 266a Rn. 2.

[609] KG NStZ 1991, 287; OLG Düsseldorf NJW-RR 1993, 1448; OLG Celle NStZ 1998, 303; SK/*Samson/Günther* § 266a Rn. 20; *Tröndle*, 48. Aufl., § 266a Rn. 11, *Wegner* wistra 1998, 283 (286 f.); a. A. LK/*Gribbohm* § 266a Rn. 31 ff.; *Schönke/Schröder/Lenckner* § 266a Rn. 9; *Tröndle/Fischer* § 266 a Rn. 11 b.

[610] BGH NJW 1998, 1306 m. w. N. zur Rechtsprechung; LK/*Gribbohm* § 266a Rn. 56.

[611] Vgl. auch BGHZ 134, 304 = NJW 1997, 1237.

[612] BGHZ 134, 304 = NJW 1997, 1237; LK/*Gribbohm* § 266a Rn. 56; *Schönke/Schröder/Lenckner* § 266a Rn. 10; *Wegner* wistra 1998, 283 (289) m. w. N.

keiten (auch in „kongruenter Deckung“) tilgt, sondern auch dann, wenn er den Nettolohn ganz oder teilweise auszahlt, obwohl ihm die Mittel fehlen, die Sozialversicherungsbeiträge abzuführen.[613]

417 Da für die Strafbarkeit nur die Versicherungsbeiträge der Arbeitnehmer relevant sind, ist vor allem bei **Teilzahlungen** von Bedeutung, **worauf** der Schuldner leistet. § 2 der Beitragszahlungsverordnung (BZVO)[614] regelt die **Reihenfolge der Tilgung**. Danach werden grundsätzlich die Schulden in folgender Reihenfolge getilgt: Auslagen der Einzugsstelle, Gesamtsozialversicherungsbeiträge, Säumniszuschläge, Zinsen, Geldbußen oder Zwangsgelder. § 2 BZVO geht den allgemeinen Bestimmungen der §§ 366, 367 BGB vor.[615] Der Arbeitgeber kann bei der Zahlung jedoch eine andere Reihenfolge bestimmen, und zwar hinsichtlich der Sozialversicherungsbeiträge auch dahingehend, daß vorrangig die Arbeitnehmeranteile getilgt werden sollen (so § 2 Satz 1 zweiter Halbsatz BZVO in Abweichung von § 2 Satz 1 BZVO a. F.).[616] Nach dem BayObLG[616a] sind Teilzahlungen des Arbeitgebers auch ohne seine ausdrückliche Bestimmung vorrangig auf die gerade fälligen Arbeitnehmeranteile zu verrechnen.

418 Der **Abs. 2** des § 266a StGB erfaßt das **Veruntreuen** von **Lohnbestandteilen**, die nicht unter Abs. 1 fallen oder nicht Lohnsteuer darstellen (vgl. Abs. 2 Satz 2). Dies sind z. B. die Arbeitnehmersparzulage (vermögenswirksame Leistungen), Beiträge an eine Direktversicherung oder eine Pensionskasse sowie abgetretene oder gepfändete Lohnansprüche.[617] Tathandlung ist im Unterschied zu Abs. 1 nicht das bloße Nichtabführen, sondern das Unterlassen der Unterrichtung des Arbeitnehmers darüber, daß Lohnbestandteile zwar einbehalten, jedoch nicht abgeführt wurden. Abs. 2 erfordert also zum einen das Einbehalten von Teilen des Lohns (was im Unterschied zu Abs. 1 eine Lohnauszahlung voraussetzt[618]), zum anderen das Nichtabführen des einbehaltenen Betrags und schließlich die Nichtunterrichtung des Arbeitnehmers.

Das Nichtabführen von Lohnsteuer des Arbeitnehmers durch den Arbeitgeber ist von der Strafvorschrift des § 266a StGB deshalb ausgenommen, weil dieses Verhalten bereits vom Straftatbestand der Steuerhinterziehung erfaßt wird.

419 § 266a Abs. 1 und 2 StGB sind **Sonderdelikte**. Nur der Arbeitgeber, ein nach § 14 StGB Verantwortlicher oder ein gemäß § 266a Abs. 4 StGB dem Arbeitgeber Gleichstehender kann **Täter** sein. Bei mehreren Geschäftsführern einer Gesellschaft, insbesondere einer GmbH, ist wegen der vom Gesetz vorgesehenen Allzuständigkeit des Geschäftsführers jeder Geschäftsführer verantwortlich.[619] Das auf einem einheitlichen Willensentschluß beruhende Vorenthalten von Sozialversicherungsbeiträgen für mehrere Arbeitnehmer zum gleichen Fälligkeitstermin stellt grundsätzlich natürliche Handlungseinheit dar. Dies gilt jedoch nur dann, wenn sich die Unterlassungshandlung gegen dieselbe Einzugsstelle richtet, an welche die Beiträge abzuführen sind. Beim Vorenthalten von Arbeitsentgelten für mehrere Arbeitnehmer gegenüber unterschiedlichen Einzugsstellen ist von mehreren rechtlich selbständigen Unterlassungshandlungen auszugehen. Diese sind auch als rechtlich selbständige Taten im prozessualen Sinne anzusehen.[619a]

Die **Ermittlung** gestaltet sich bei mehreren Arbeitnehmern und Verstößen über eine gewisse Dauer oftmals recht zeitaufwendig, weil die jeweils geschuldeten Beiträge gesondert für die jeweiligen Fälligkeitszeitpunkte nach Anzahl, Beschäftigungszeiten und Löh-

---

613 BGHZ 134, 304 = NJW 1997, 1237; LK/*Gribbohm* § 266a Rn. 56.

614 Verordnung über die Zahlung, Weiterleitung, Abrechnung und Abstimmung des Gesamtsozialversicherungsbeitrags i. d. F. der Bek. vom 28. 7. 1997, BGBl. I S. 1927.

615 BGH NJW 1998, 1484 (1485).

616 Einzelheiten zu Tilgungsbestimmungen: *Wegner* wistra 1998, 283 (287f.).

616a BayObLGSt 1998, 187 (188) = NStZ-RR 1999, 142.

617 Vgl. *Tröndle/Fischer* § 266a Rn. 13; LK/*Gribbohm* § 266a Rn. 68.

618 Vgl. *Tröndle/Fischer* § 266a Rn. 14.

619 BGHZ 133, 370 (376f.) = NStZ 1997, 125 (126).

619a OLG Frankfurt a. M. NStZ-RR 1999, 104 (104f.).

nen der Arbeitnehmer sowie nach Höhe des jeweiligen Beitragssatzes der Krankenversicherung aufzuschlüsseln sind.[620]

5. Steuerstraftaten

420 Ebenso typisch wie die Beitragsvorenthaltung sind in Krisensituationen Steuerstraftaten gemäß §§ 370ff. AO, vor allem Steuerhinterziehung (§ 370 AO), und zwar nicht nur in Form des Nichtabführens von Lohnsteuer der Arbeitnehmer.[621] Da das Steuerstrafrecht ausführlich im 10. Kapitel dieses Handbuchs dargestellt ist, soll hier nur auf einige im Zusammenhang mit der Unternehmenskrise wichtige Punkte hingewiesen werden.

421 So ist vor allem § 36 AO zu beachten, wonach das **Erlöschen der Vertretungsmacht** oder der Verfügungsbefugnis die entstandenen Pflichten unberührt läßt, soweit diese den Zeitraum betreffen, in dem die Vertretungs- oder Verfügungsmacht noch bestanden hat und der Verpflichtete sie erfüllen kann. Dies bedeutet, daß beispielsweise der ausgeschiedene Geschäftsführer für die Veranlagungszeiträume, in denen er noch Geschäftsführer war, grundsätzlich steuererklärungspflichtig bleibt. Auch durch die Insolvenzantragstellung erlischt diese Pflicht nicht.

422 Zudem ist darauf hinzuweisen, daß regelmäßig **Umsatzsteuervoranmeldungen** im Zeitraum kurz vor Insolvenzantragstellung nicht mehr oder nicht mehr pünktlich abgegeben werden. Dies erfüllt bereits den Tatbestand der vollendeten Steuerhinterziehung. Die verspätete Abgabe stellt zwar eine Selbstanzeige dar. Straffreiheit tritt gemäß § 371 Abs. 3 AO jedoch nur dann ein, wenn die Steuer innerhalb einer von der Finanzverwaltung gesetzten Frist nachgezahlt wird. Hierzu kommt es meist nicht, da entsprechende Mittel fehlen oder für andere Zwecke verwendet werden.

D. Strafrechtliche Besonderheiten

I. Der faktische Geschäftsführer

1. Bestimmung des faktisch Verantwortlichen

a) Grundsätzliches

423 Verhältnismäßig häufig ist zu beobachten, daß strafbare Handlungen durch sog. faktische Geschäftsführer verübt werden. Von faktischer Geschäftsführung spricht man zum einen bei **fehlerhafter Bestellung** eines Geschäftsführers. Zum anderen – und dies sind die in der strafrechtlichen Praxis meist relevanten Fälle – wird als faktischer Geschäftsführer derjenige bezeichnet, der offiziell gar nicht als Geschäftsführer auftaucht, d. h. dessen **Bestellung gänzlich fehlt**[622] (faktischer Geschäftsführer i. e. S.). Wie bereits bei der Insolvenzverschleppung dargestellt,[623] werden speziell bei GmbHs nicht selten Strohmänner als Geschäftsführer eingesetzt, die Geschicke der juristischen Person aber von jemand anderem – dem faktischen Geschäftsführer – geleitet. Grund hierfür ist z. B., daß der faktische Geschäftsführer einen schlechten Ruf (in der Branche) genießt und deswegen nicht nach außen in Erscheinung treten will. Als anderer Grund kommt in Betracht, daß dem faktischen Geschäftsführer die Ausübung eines Gewerbes nach § 35 GewO untersagt wurde oder er der Registersperre des § 6 Abs. 2 Satz 3 GmbHG unterfällt. Weitere Motivation kann beispielsweise sein, daß derjenige, der von vornherein Straftaten oder zumindest Manipulationen beabsichtigt, meint, durch fehlende Geschäftsführerbestellung

---

620 BGH wistra 1992, 145 (147); *Tröndle/Fischer* § 266a Rn. 9.

621 Vgl. oben Rn. 418.

622 Vgl. *C. Schäfer* GmbHR 1993, 717 (722); *Hachenburg/Kohlmann* vor § 82 Rn. 20 m. w. N.

623 Oben Rn. 169.

könnte er einer persönlichen zivilrechtlichen Haftung entgehen und außerdem verhindern, strafrechtlich zur Verantwortung gezogen zu werden. Je nach Grund für die faktische Geschäftsführung bleibt der faktisch Verantwortliche entweder völlig im Hintergrund oder er tritt nach außen hin als der Bevollmächtigte des eingetragenen Geschäftsführers auf.

Bei Aktiengesellschaften und sonstigen Unternehmensformen können ebenfalls nicht offiziell bestellte Organe in Wirklichkeit leitende Funktionen ausüben – sog. faktische Vorstandsmitglieder oder faktische Organwalter.[624] Selbst bei einzelkaufmännisch betriebenen Unternehmen kommt eine beherrschende Stellung eines Dritten – z. B. des Ehepartners der Inhaberin – vor. Deshalb spricht man allgemein von **faktischer Unternehmensbeherrschung**.[625] In der Praxis steht der faktische Geschäftsführer einer GmbH im Vordergrund. 424

Soweit die ursprünglichen Geschäftsführerpflichten wegen Auflösung der Gesellschaft dem Liquidator (Abwickler) obliegen, gibt es den **faktischen Liquidator**. Da die formalen Geschäftsführer geborene Liquidatoren sind (§ 66 Abs. 1 GmbHG), ist der Übergang vom faktischen Geschäftsführer zum faktischen Liquidator vorprogrammiert, wenn der offizielle Geschäftsführer seine Funktion bereits bei der lebenden Gesellschaft tatsächlich nicht ausgeübt hat. 425

Die nachstehend dargestellten strafrechtlichen Verantwortlichkeiten gelten grundsätzlich für sämtliche Arten der faktischen Unternehmensbeherrschung bei allen Gesellschaftsformen. 426

b) Bestimmung im einzelnen

aa) Der faktisch Verantwortliche i. e. S. kann strafrechtlich belangt werden, wenn er die **Stellung** eines Geschäftsführers, Vorstandsmitglieds oder Liquidators **tatsächlich eingenommen** hat. Diese Voraussetzung ist dann erfüllt, wenn sowohl betriebsintern als auch nach außen alle Dispositionen weitgehend von ihm ausgehen und er auch im übrigen auf sämtliche Geschäftsvorgänge bestimmenden Einfluß nimmt.[626] Auf die entsprechende Stellung kann aus der Zusammenschau der einzelnen Tätigkeiten, die insofern bloße Beweisanzeichen darstellen, geschlossen werden.[627] Als Hinweise kommen in Betracht: 427

- Selbständige Leitung sämtlicher Außengeschäfte;
- Auftreten gegenüber den Mitarbeitern als Geschäftsführer;
- Auftreten gegenüber den Kunden als Geschäftsführer;
- Erteilung von Buchungsanweisungen an einen mit der Führung der Geschäftsbücher betrauten Steuerberater;
- Entscheidung über Steuerangelegenheiten;
- Einstellung und Entlassung von Mitarbeitern, Ausstellen von Zeugnissen;
- Vereinbarung von Stundungen oder Aushandeln von Zahlungsbedingungen mit Lieferanten;
- Verhandlungen mit Banken;
- Vergütung, die dem Gehalt eines Geschäftsführers entspricht.

Fehlt es an einzelnen Merkmalen, steht dies einer tatsächlichen Geschäftsführertätigkeit nicht zwingend entgegen. So war der faktische Geschäftsführer in einem vom BGH entschiedenen Fall offiziell als Bote und Hausmeister angestellt, wofür er Lohn von 400 bis 600 DM erhielt.[628]

---

624 Vgl. oben Rn. 219 und 232.

625 Vgl. auch *Müller-Gugenberger/Bieneck* § 64 Rn. 4.

626 BGHSt 3, 32 (37); *Hachenburg/Kohlmann* vor § 82 Rn. 24; s. a. *Erbs/Kohlhaas/Fuhrmann* § 401 AktG Anm. 2.

627 BGHSt 31, 118 (121) = NJW 1983, 240; *Hachenburg/Kohlmann* vor § 82 Rn. 26.

628 BGHSt 31, 118 = NJW 1983, 240; zur sog. „Sechs-von-acht-Theorie“ vgl. Rn. 431.

428 Maßgeblich ist immer die **tatsächliche Verfügungsmacht**. Ob der faktisch Verantwortliche diese Verfügungsmacht auch formal nach außen hin hat, ist unerheblich. So benötigt der faktische Geschäftsführer beispielsweise keine Kontovollmacht. Es genügt, wenn er über den tatsächlichen Geschäftsführer (Strohmann) oder über Prokuristen Verfügungen über die Firmenkonten nach seinem Belieben vornehmen kann.[629] Im Gegenzug reicht es nicht aus, wenn jemand zwar umfangreiche Vollmachten wie Bank-, Einkaufs- und Verkaufsvollmachten hat, tatsächlich aber keinen eigenen maßgeblichen Einfluß auf die gesamten Geschäftsvorgänge nimmt, also nicht die gesamte Leitung des Unternehmens übernommen hat.[630]

429 **bb)** Zusätzlich zu der tatsächlichen Aufnahme der Geschäftsführungstätigkeit verlangt der BGH ein Handeln **im Einverständnis mit den Gesellschaftern oder dem Aufsichtsrat**.[631] Auch die bloße **Duldung** des maßgebenden Gesellschaftsorgans oder der Mehrheit seiner Mitglieder reicht aus.[632] Hierin ist ein faktisches Einverständnis zu sehen.

c) Faktische Mitgeschäftsführung

430 Es ist nicht erforderlich, daß der faktische Geschäftsführer die Geschicke der Gesellschaft allein leitet. Er kann neben einem weiteren Geschäftsführer, der nicht nur als Strohmann agiert, sondern tatsächlich Geschäftsführeraufgaben wahrnimmt, tätig sein.[633] Er ist dann **faktischer Mitgeschäftsführer**. Hier forderte der BGH in der grundlegenden Entscheidung BGHSt 31, 118 = NJW 1983, 240 eine **überragende Stellung** des Täters in der Geschäftsführung. Anschließend ließ er ein bloßes „Übergewicht" genügen, wenn der bestellte Geschäftsführer selbst Geschäftsführungsaufgaben von Gewicht wahrnimmt.[634]

In späteren Entscheidungen, so z. B. vom 8. 11. 1989 und vom 11. 12. 1997,[635] stellt der BGH unter Berufung auf BGHSt 31, 118 erneut auf den „überragenden Einfluß" ab. Ob diese Rechtsprechung als „vorsichtige Distanzierung" zu dem Urteil vom April 1984[635a] zu werten ist – so *Dierlamm*[636] –, erscheint allerdings fraglich. Solange der BGH von seiner Entscheidung aus dem Jahr 1984 nicht ausdrücklich abrückt, reicht ein **Übergewicht** der Geschäftsführung des faktischen Geschäftsführers weiterhin aus.[637] Die Stellung als faktischer Geschäftsführer begründet eine Verantwortlichkeit im insolvenzstrafrechtlichen Sinn aber jedenfalls dann nicht, wenn der faktische Geschäftsführer gleichberechtigt neben dem eingetragenen Geschäftsführer steht.[638] In diesem Fall kann sich der auf den oder die Geschäftsführer Einfluß nehmende Gesellschafter oder sonstige Dritte jedoch wegen Anstiftung oder Beihilfe strafbar machen.[639]

431 Eine überragende Stellung ist nach dem BayObLG[640] dann gegeben, wenn der faktische Geschäftsführer **mindestens sechs** der folgenden acht klassischen Merkmale im Kernbereich der Geschäftsführung erfüllt:
- Bestimmung der Unternehmenspolitik,
- Unternehmensorganisation,

---

629 Vgl. BGHSt 31, 118 (121) = NJW 1983, 240; *Hachenburg/Kohlmann* vor § 82 Rn. 27.
630 *Hachenburg/Kohlmann* vor § 82 Rn. 28.
631 BGHSt 3, 32 (38); weitere Nachweise bei *Hachenburg/Kohlmann* vor § 82 Rn. 29.
632 BGHSt 21, 101 (104) = NJW 1966, 2225.
633 Vgl. BGHSt 31, 118 (121f.) = NJW 1983, 240 (241).
634 BGH wistra 1984, 178 = StV 1984, 461 m. Anm. *Otto*; s. a. *Dierlamm* NStZ 1996, 153 (155) und *Hildesheim* wistra 1993, 166.
635 BGH wistra 1990, 97 und NJW 1998, 767 = NStZ 1998, 568.
635a BGH wistra 1984, 178 = StV 1984, 461.
636 NStZ 1998, 569 (570).
637 Offengelassen z. B. von BayObLGSt 1997, 38 (39) = NJW 1997, 1936.
638 OLG Düsseldorf wistra 1989, 152 (153).
639 *Hachenburg/Kohlmann* vor § 82 Rn. 34.
640 BayObLGSt 1997, 38 (39) = NJW 1997, 1936.

- Einstellung von Mitarbeitern,
- Gestaltung der Geschäftsbeziehungen zu Vertragspartnern,
- Verhandlung mit Kreditgebern,
- Gehaltshöhe,
- Entscheidung in Steuerangelegenheiten,
- Steuerung der Buchhaltung.

Diese sog. „Sechs-von-acht-Theorie" wird teilweise nicht nur zur Bestimmung der überragenden Stellung eines faktischen Mitgeschäftsführers herangezogen, sondern dient auch zur Qualifizierung des faktischen Geschäftsführers an sich.[641]

2. Strafbarkeit wegen Insolvenzverschleppung

a) Nicht wirksam bestellter Geschäftsführer

432 Der **fehlerhaft bestellte** Geschäftsführer ist strafrechtlich voll verantwortlich. Zwar greift bei unterlassener oder verspäteter Insolvenzantragstellung die Vorschrift des § 14 Abs. 3 StGB nicht ein, weil § 14 StGB insgesamt bei der Insolvenzverschleppung, wo als Täter ausdrücklich der Geschäftsführer oder sonstige Organwalter genannt ist, keine Anwendung findet.[642] Nach h. M. ist unabhängig von der Regelung in § 14 Abs. 3 StGB Voraussetzung für eine Bestrafung des fehlerhaft bestellten faktischen Geschäftsführers jedoch nur, daß der Betreffende sich mit seiner Bestellung einverstanden erklärt und sein Amt tatsächlich wahrgenommen hat.[643]

b) Faktischer Geschäftsführer i. e. S.

433 Der Insolvenzverschleppung macht sich auch derjenige strafbar, der als Geschäftsführer oder sonstiger Vertreter **nicht bestellt** und nicht im Handelsregister eingetragen ist, die **Position** aber im Einverständnis mit dem maßgeblichen Gesellschaftsorgan **tatsächlich einnimmt**, d. h. die oben dargestellten Kriterien erfüllt.[644] § 14 StGB steht der Anwendung der Tatbestände der Insolvenzverschleppung auf diese Art des faktischen Geschäftsführers nicht entgegen. Vielmehr entspricht die Anwendung der Insolvenzverschleppungstatbestände dem Grundgedanken der in § 14 StGB getroffenen Regelung.[645] Soweit sich der Betreffende auf die Unkenntnis seiner strafrechtlichen Verantwortlichkeit als faktisches Organ beruft, wird regelmäßig nur ein vermeidbarer **Verbots-** bzw. **Gebotsirrtum** nach § 17 StGB vorliegen.[646]

434 Bei **Aufgabentrennung** hindert die Mitgeschäftsführung des formal bestellten Geschäftsführers eine Bestrafung des faktischen Geschäftsführers nicht (soweit seiner Geschäftsführung zumindest ein Übergewicht zukommt). Die Grundsätze der Allzuständigkeit und Generalverantwortlichkeit[647] gelten auch für den faktischen Geschäftsführer.[648]

435 Wenn der Insolvenzantrag verspätet oder gar nicht gestellt wird, ist zusätzlich zu dem faktischen Geschäftsführer der (ordnungsgemäß) bestellte Geschäftsführer – **Strohmann** – wegen Insolvenzverschleppung zu bestrafen.[649] Die tatsächliche Übertragung der Geschäftsführung auf einen anderen entbindet den im Handelsregister eingetragenen Geschäftsführer nicht von seinen Pflichten. Er kann sich auch nicht darauf herausreden,

---

641 Vgl. *Dierlamm* NStZ 1996, 153 (156); *Wegner* wistra 1998, 283 (284).

642 Vgl. BGHSt 31, 118 (122f.) = NJW 1983, 240 (241).

643 BGHSt 3, 32 (37f.); *Scholz/Tiedemann* § 84 Rn. 28; *Hachenburg/Kohlmann* vor § 82 Rn. 24 m. w. N.

644 BGHSt 31, 118 = NJW 1983, 240; *Hachenburg/Kohlmann* vor § 82 Rn. 25 m. w. N.

645 BGHSt 31, 118 (123) = NJW 1983, 240 (241); s. a. *Erbs/Kohlhaas/Schaal* § 84 GmbHG Rn. 5.

646 *Hachenburg/Kohlmann* vor § 82 Rn. 36.

647 Dazu oben Rn. 179.

648 Vgl. BGH wistra 1990, 97 (98); a. A. *Scholz/Tiedemann* § 84 Rn. 34.

649 Vgl. *Scholz/Tiedemann* § 84 Rn. 30; *Richter* GmbHR 1984, 111 (119).

er sei von einer ordnungsgemäßen Pflichterfüllung des faktischen Geschäftsführers ausgegangen. Wenn er die ihm obliegenden Aufgaben nicht selbst wahrnimmt, hat er zumindest die Pflicht zur Kontrolle des Vertreters.

3. Strafbarkeit wegen Bankrotts

a) Nicht wirksam bestellter Geschäftsführer

436 Da Täter nach § 283 StGB der Schuldner ist, muß bei juristischen Personen und anderen Gesellschaften auf § 14 StGB zurückgegriffen werden. Bei förmlicher Bestellung, die zivilrechtlich unwirksam ist, ergibt sich die Organhaftung des faktischen Geschäftsführers unmittelbar aus dem Gesetz. **§ 14 Abs. 3 StGB** regelt, daß die Unwirksamkeit des Bestellungsaktes strafrechtlich ohne Bedeutung ist.

b) Faktischer Geschäftsführer i. e. S.

437 Bei **tatsächlicher Ausübung der Geschäftsführertätigkeit** sind zwar die in § 14 Abs. 1 Nr. 1 und Abs. 3 StGB normierten Voraussetzungen nicht gegeben. Der faktische Geschäftsführer i. e. S. ist aber dennoch tauglicher Täter.[650] Wenn die oben dargestellten Kriterien erfüllt sind, hat er sämtliche Pflichten des Schuldners, Gesellschafters, Geschäftsführers oder des Vorstandsmitglieds. Dies bedeutet, daß er nicht nur die vor allem in § 283 Abs. 1 Nr. 1 bis 4 StGB bezeichneten Handlungen nicht vornehmen darf, sondern auch, daß er den Buchführungs- und Bilanzierungspflichten nachzukommen hat. Tut er dies nicht, macht er sich nach § 283 Abs. 1 Nr. 5 oder 7 StGB strafbar. Dies gilt auch bei faktischer Mitgeschäftsführung.

438 Der Irrtum, ohne formelle Bestellung zum Geschäftsführer für die ordnungsgemäße Buchführung und die rechtzeitige Bilanzerstellung nicht verantwortlich zu sein, ist als **Verbotsirrtum** (Gebotsirrtum) zu qualifizieren. Dieser ist in aller Regel vermeidbar. Insbesondere entschuldigt ein unterlassener Hinweis der beratenden Rechtsanwälte hinsichtlich der Pflichten eines faktischen Geschäftsführers nicht.[651]

439 Auch in bezug auf eine Bankrottstraftat kann **zusätzlich** zu dem faktischen Geschäftsführer der **formal bestellte Geschäftsführer** den Tatbestand verwirklichen.[652] Hinsichtlich der Unterlassungsdelikte nach § 283 Abs. 1 Nr. 5 erste Alt. und Nr. 7 Buchst. b StGB gelten die gleichen Grundsätze wie bei der Insolvenzverschleppung. Soweit Tätigkeitsdelikte nach § 283 StGB betroffen sind, wird der Bankrottatbestand von dem offiziellen Geschäftsführer jedoch nicht verwirklicht, wenn er völlig untätig ist und alles dem faktischen Geschäftsführer überläßt. Sobald er allerdings – sei es auch nur auf dem Papier durch seine Unterschrift – nach außen handelt, ist er strafrechtlich verantwortlich.

4. Untreuehandlungen

440 Der faktische Geschäftsführer – gleich welcher Art – kann Täter einer Untreue nach dem **Treubruchstatbestand** (§ 266 Abs. 1 zweite Alt. StGB) sein. Hierbei kommt es nicht einmal darauf an, ob er im einzelnen die für das faktische Organ maßgeblichen Kriterien erfüllt. Es genügt, wenn eine tatsächliche Verfügungsmacht über ein bestimmtes Vermögen, ein tatsächliches Treueverhältnis, besteht.[653] Der **Mißbrauchstatbestand** scheidet hingegen aus. Diese Untreuevariante setzt ein rechtswirksames Verhalten des Täters voraus, woran es beim faktischen Geschäftsführer fehlt. Die faktische Rechtsmacht genügt für § 266 Abs. 1 erste Alt. StGB nicht.[654]

---

[650] Ständige Rechtsprechung seit BGHSt 21, 101 = NJW 1966, 2225.

[651] BGH wistra 1984, 178 = StV 1984, 461; *Hachenburg/Kohlmann* vor § 82 Rn. 36.

[652] Vgl. LK/*Tiedemann* vor § 283 Rn. 72, 76.

[653] BGH NJW 1997, 66 (67); LK/*Schünemann* § 266 Rn. 125.

[654] *Hachenburg/Kohlmann* vor § 82 Rn. 36; einschränkend LK/*Schünemann* § 266 Rn. 125.

5. Sonstige Straftaten

Der faktisch Verantwortliche kann grundsätzlich **Täter sämtlicher** sonstiger **Insolvenzstraftaten** (i. w. S.) mit Ausnahme der Schuldnerbegünstigung sein. § 283d StGB scheidet deswegen aus, weil der faktische Organwalter dem Schuldner oder dem (sonst) nach § 14 StGB Verantwortlichen gleichzustellen ist. Damit ist er nicht „Außenstehender", was der Täter einer Schuldnerbegünstigung jedoch sein muß.[655] Falsche Versicherung an Eides Statt kommt durch den faktischen Geschäftsführer nur dann in Betracht, wenn ein fehlerhafter Bestellungsakt vorliegt, er aber trotzdem im Handelsregister eingetragen ist. Bei dem statt oder neben dem offiziellen Geschäftsführer handelnden faktischen Geschäftsführer i. e. S. kommt es nicht zur Abgabe der eidesstattlichen Versicherung durch ihn. 441

II. Spezielle kriminelle Machenschaften

Täter der Insolvenzdelikte, vor allem der Insolvenzverschleppung, sind häufig Gewerbetreibende, die nicht wahrhaben wollen, daß „ihr" Unternehmen in Schieflage geraten ist. Vielfach machen sie sich selbst etwas vor, wenn sie merken, daß ihr Lebenswerk oder ein altes Familienunternehmen nur noch rote Zahlen schreibt. Sie schieben dies auf die allgemeine wirtschaftliche Situation, auf eine Durststrecke oder auf sonstige unglückliche Umstände. Daneben gibt es diejenigen, die eine bevorstehende oder bereits eingetretene Krise sehr wohl erkennen, die notwendigen Konsequenzen aber bewußt nicht ziehen. Sie tun dies entweder, um weiter die Vorteile, die mit ihrer Tätigkeit verbunden sind, genießen zu können, oder um für eine spätere, gleichartige oder ähnliche unternehmerische Tätigkeit auf Kosten des krisenbefangenen Unternehmens und damit in aller Regel zu Lasten der Gläubiger die Voraussetzungen zu schaffen. Ein dritter Typus des Insolvenzstraftäters ist derjenige, der von vornherein eine Gesellschaft gründet, um sich persönlich zu bereichern, oder der zu diesem Zweck bereits notleidende Unternehmen aufkauft. Dieser Täter nutzt ganz bewußt die gesetzlichen Haftungsbeschränkungen juristischer Personen und anderer Gesellschaftsformen und das Insolvenzrecht für seine Zwecke aus. Er ist der „echte Wirtschaftskriminelle". 442

1. Die geplante oder gesteuerte Insolvenz

Durch gezielte Planung oder Steuerung der Insolvenz können Vermögensgegenstände auf den Geschäftsführer und meist einzigen Gesellschafter (Einmann-GmbH), auf Angehörige und sonstige nahestehende Personen oder auf weitere Gesellschaften übertragen werden. So veräußert der Täter beispielsweise Waren unter Wert an ein von ihm, seiner Ehefrau, seinen Kindern o. ä. beherrschtes weiteres Unternehmen. Oder es wird die weitere Produktion durch neue Bank- oder Lieferantenkredite vorläufig sichergestellt, um aus den Verkaufserlösen Gehalts-, Honorar- oder Darlehensrückzahlungen an sich selbst zu bewirken.[656] Es gibt hier vielfältige Möglichkeiten, durch kriminelle Handlungen die Insolvenz bewußt herbeizuführen (geplante Insolvenz) oder den Eintritt der Insolvenzreife zumindest zu steuern, um noch rechtzeitig die Vorteile hieraus zu ziehen (gesteuerte Insolvenz). So werden rechtzeitig vor dem endgültigen Zusammenbruch beispielsweise noch fingierte Darlehensverträge mit dem Unternehmen geschlossen und dadurch Sicherungsübereignungen von Betriebsvermögen erreicht. 443

Durch derartige Handlungsweisen werden üblicherweise folgende Insolvenzstraftatbestände (i. w. S.) verwirklicht:[657] 444

---

655 S. o. Rn. 369.

656 Vgl. *Müller-Gugenberger/Bieneck* § 75 Rn. 2.

657 S. a. *Müller/Wabnitz/Janovsky* Kap. 6 Rn. 87.

- Bankrott nach § 283 Abs. 2 StGB;
- Bankrott durch Beiseiteschaffen, § 283 Abs. 1 Nr. 1 StGB;
- Untreue, § 266 StGB;
- Bankrott durch falsches Bilanzieren oder Buchen, § 283 Abs. 1 Nr. 5 oder 7 Buchst. b StGB;
- Unterschlagung, § 246 StGB, insb. von Sicherungsgut;
- Gläubigerbegünstigung, § 283c StGB;
- Betrug, § 263 StGB, vor allem Lieferantenbetrug;
- Beitragsvorhaltung, § 266a StGB;
- Insolvenzverschleppung.

Für die Frage, ob Bankrott oder Untreue vorliegt, ist auf die Interessenformel abzustellen.[658]

445 Gelegentlich nutzt der Täter auch aus, daß die Gläubiger ihre offenen Forderungen nach einer Abweisung des Insolvenzantrags mangels Masse oftmals endgültig abschreiben. Der bisherige Geschäftsführer hat dann – als Liquidator – faktisch relativ freie Hand, wie er die noch vorhandenen Vermögensgegenstände, die beträchtlich sein können, verteilt.[659]

2. Kriminelle Firmensanierer

446 Immer häufiger bedienen sich insolvente Unternehmen externer „Sanierer", die den maßgeblichen Entscheidungsträgern vorspiegeln, das Unternehmen aus jenen Schwierigkeiten zu führen, die die bisherige Unternehmensleitung nicht zu bewältigen vermochte.[660] Als angebliche Sanierer treten vor allem Unternehmensberater, vereinzelt auch Steuerberater und Rechtsanwälte auf.

a) Einrichtung eines Gläubiger-Fonds

447 **aa)** Die „Sanierer" erreichen – meist unterstützt durch entsprechendes Auftreten – bei den Gläubigern oftmals Stundungen oder Teilerlaßverträge, d. h. einen teilweisen Forderungsverzicht. Dadurch verschaffen sie dem in der Krise befindlichen Unternehmen Zeit für weitere Aktivitäten.[661] Den Gläubigern spiegeln sie überzeugend vor, daß dies für sie der einzig mögliche Weg sei, ohne allzu große Verluste davonzukommen. So weisen sie auf die geringe Erfolgsaussicht bei gerichtlicher Durchsetzung von Forderungen hin sowie darauf, daß ohne Teilverzicht oder zumindest Stundung der Gang zum Insolvenzrichter unausweichlich sei, was mit Sicherheit zu einem völligen Forderungsausfall führe. Deswegen wird mit dem Hinweis auf bereitgestellte Gelder Dritter zur Durchführung eines Sanierungsplans (sog. Gläubiger-Fonds) geworben. Dabei wird das Vertrauen der Gläubiger vor allem dadurch gewonnen, daß für die angebliche Sanierung ein Anderkonto, das dem Zugriff des Schuldners entzogen ist, eingerichtet wird. Teilweise werden Bankvorstände als Berater oder Mitkontrolleure genannt, um die Seriosität und Sicherheit der Maßnahme zu unterstreichen.[662]

448 **bb)** Diese Aktivitäten können vor allem die Straftatbestände der Untreue, des Betrugs und des Kreditbetrugs, der Insolvenzverschleppung sowie der Gläubiger- und Schuldnerbegünstigung erfüllen.

So liegt **Untreue** (gegenüber den Gläubigern) vor, wenn der „Sanierer" den Gläubigern zur Herbeiführung eines Stundungsvergleichs zusagt, Fonds-Gelder im Rahmen eines Sanierungsplans an sie auszuzahlen, tatsächlich das Geld aber abredewidrig ander-

---

658 Vgl. oben Rn. 334.

659 Dazu auch Rn. 488.

660 *Müller/Wabnitz/Janovsky* Kap. 6 Rn. 75.

661 Vgl. *Richter* wistra 1984, 97.

662 Vgl. *Richter* wistra 1984, 97 und GmbHR 1984, 113 (116).

weitig, meist für sich oder den Schuldner verwendet.[663] Darüber hinaus macht sich der „Sanierer" des **Betrugs** schuldig, wenn er die Gläubiger durch falsche Angaben über den Fonds und die angeblich zur Verfügung stehenden Gelder zum Abschluß von Stundungs- oder Teilerlaßverträgen veranlaßt. Problematisch ist hierbei allerdings der Nachweis eines Vermögensschadens. Dem Täter muß nämlich nachgewiesen werden, daß ohne den täuschungsbedingten Abschluß von Stundungsverträgen die Forderungen der Gläubiger zumindest teilweise noch hätten realisiert werden können, während sie nach erfolgloser Durchführung der „Sanierung" wertlos geworden sind.[664] Scheitert der Nachweis, kommt eine Bestrafung wegen **Kreditbetrugs** nach § 265b StGB in Betracht. Des weiteren verwirklicht der „Sanierer" regelmäßig den Tatbestand der **Insolvenzverschleppung**, soweit er als faktischer Geschäftsführer anzusehen ist oder sogar formal die Funktion des Geschäftsführers übernommen hat. Fehlt es hieran, macht er sich der Anstiftung oder Beihilfe schuldig.

b) Bildung eines Gläubigerpools

449 Als Variante der vermeintlichen Sanierung kommt die Zusammenführung einzelner (Groß-)Gläubiger zu einem Sicherungspool (Gläubigerpool) in Betracht. Dies ist per se zwar nicht strafbar und inzwischen gängige Praxis sowohl vor als auch im Rahmen eines Insolvenzverfahrens. Die Täuschung und Benachteiligung vor allem von Nichtmitgliedern des Pools ist bei kriminellen angeblichen Sanierern aber vorprogrammiert. Strafbar machen kann sich der „Sanierer" vor allem nach § 263, § 283 Abs. 1 Nr. 8 oder § 266 StGB.[665]

450 Poolverträge sind Vereinbarungen von Gläubigern oder Kreditversicherern zwecks Wahrnehmung ihrer gemeinsamen Interessen gegen einen Schuldner. Von einem Sicherheitenpool oder Sicherungspool spricht man, wenn mehrere Gläubiger die Aussonderung (z. B. aufgrund einfachen Eigentumsvorbehalts) oder die Absonderung (z. B. aufgrund von Sicherungsübereignungen) ihrer Mobiliarsicherheiten gemeinsam wahrnehmen.[666] Rechtstechnisch ist der Sicherheitenpool entweder eine BGB-Gesellschaft oder ein unechtes Treuhandverhältnis. Poolvereinbarungen sind **grundsätzlich zulässig**; das drohende Insolvenzverfahren steht der Poolbildung nach h. M.[667] nicht entgegen. Hauptzweck ist, daß die Poolmitglieder ihre Sicherheiten aufgrund der Übertragung auf den Pool nicht mehr voneinander abgrenzen müssen und so Beweisschwierigkeiten vermieden werden.[668] Darüber hinaus kann durch die Poolbildung oftmals eine Unternehmensfortführung erreicht werden. Dies ist in aller Regel im Interesse der Mitglieder des Pools, weil dies die Fertigstellung von Waren und damit die Erzielung eines höheren Verwertungserlöses ermöglicht. Deshalb ist die Bildung eines Gläubigerpools im Rahmen eines Insolvenzverfahrens auch inzwischen eine durchaus übliche Vorgehensweise, die grundsätzlich nicht zu beanstanden ist. Künftig werden Poolvereinbarungen unter Mitwirkung des Insolvenzverwalters sicherlich noch zunehmen, da nach der InsO die Unternehmensfortführung im Eröffnungsverfahren der Regelfall ist (§ 22 Abs. 1 Satz 2 Nr. 2 InsO).

c) Gründung von Auffang- oder ähnlichen Gesellschaften

451 Um ein insolventes oder insolvenzgefährdetes Unternehmen vorübergehend fortzuführen oder es unter Vermeidung von Zerschlagungseinbußen und unter Nutzbarmachung immaterieller Werte optimal zu verwerten, werden oft **Auffang-, Sanierungs- oder Be-**

663 Vgl. OLG Stuttgart wistra 1984, 114; *Richter* wistra 1984, 97.

664 *Richter* wistra 1984, 97 (98).

665 Näher *Tiedemann* ZIP 1983, 513 (517f.); s. a. *Müller/Wabnitz/Janovsky* Kap. 6 Rn. 77 und 88; *Müller-Gugenberger/Bieneck* § 75 Rn. 40.

666 Vgl. *Gottwald* § 46 Rn. 1.

667 Vgl. nur *Burgermeister* S. 172.

668 BGH NJW 1989, 895 (896); MünchKommBGB/*Ulmer* (3. Aufl.) vor § 705 Rn. 43.

triebsübernahmegesellschaften (Stichwort: Übertragende Sanierung[668a]) gegründet.[669] Dies kann zwar auch im Interesse der Gläubiger geschehen. Speziell durch angebliche Sanierer soll auf diesem Weg aber ausschließlich eine Zerschlagung des Unternehmens zu Lasten einzelner oder sämtlicher Gläubiger erfolgen.[670] Die Gründung von Auffanggesellschaften außerhalb eines Insolvenzverfahrens kann eine Form der gesteuerten Insolvenz darstellen.

452 Bereits in der Gründung derartiger Gesellschaften kann ein Beiseiteschaffen von Vermögensbestandteilen (§ 283 Abs. 1 Nr. 1 StGB) oder eine unwirtschaftliche Ausgabe (§ 283 Abs. 1 Nr. 2 StGB) liegen.[671] Im übrigen kommen vor allem Insolvenzverschleppung, Gläubigerbegünstigung sowie Bankrott gemäß § 283 Abs. 2 StGB oder Untreue in Betracht. Da Auffang- und ähnliche Gesellschaften ebenso wie Gläubigerpools **grundsätzlich zulässig** sind – und zwar sowohl vor als auch im Rahmen eines Insolvenzverfahrens[672] –, muß die Erfüllung der Tatbestandsvoraussetzungen der in Betracht kommenden Insolvenzdelikte sehr kritisch geprüft werden, um nicht vorschnell jede Gründung einer Auffanggesellschaft als strafbare Handlung anzusehen.

E. Straftaten nach Insolvenzantrag

453 Die Ermittlungen der Staatsanwaltschaft erstrecken sich üblicherweise im wesentlichen auf den Zeitraum bis zur Insolvenzantragstellung. Bestenfalls wird noch das Verhalten des Schuldners bis zur Entscheidung des Insolvenzgerichts (Eröffnung oder Abweisung des Eröffnungsantrags) untersucht. Die Zeit danach wird jedoch stiefmütterlich behandelt. Nachdem trotz Abweisung mangels Masse oftmals noch erhebliche Vermögenswerte vorhanden sind, die bei Gesellschaften im Rahmen der Liquidation zu verteilen sind, besteht hier ein weites Feld für kriminelle Machenschaften. Dieses bleibt meist unbeachtet. Das mag unter anderem daran liegen, daß oftmals angenommen wird, bei Abweisung mangels Masse sei nichts mehr zu holen. Deswegen versuchen Gläubiger meist gar nicht mehr, ihre Forderungen zu realisieren. Dies hat wiederum zur Folge, daß der Schuldner oder Liquidator nach Gutdünken handeln kann, ohne Anzeigen der Gläubiger befürchten zu müssen.[673]

I. Straftaten im Eröffnungsverfahren

454 Die Stellung eines Insolvenzantrags berührt die Verfügungsbefugnis des (Gemein-) Schuldners oder des vertretungsberechtigten Organs grundsätzlich nicht. Damit kommt er weiterhin als Täter sämtlicher Insolvenzdelikte (i. w. S.), auch der Sonderdelikte nach §§ 283ff. StGB, in Betracht. Einzig der Straftatbestand der Insolvenzverschleppung scheidet nunmehr aus.

455 Im Eröffnungsverfahren ordnet das Insolvenzgericht jedoch häufig vorläufige Maßnahmen an,[674] die Auswirkungen auf die Tauglichkeit des Schuldners oder Geschäftsführers als Täter haben können. Soweit das Insolvenzgericht einen **vorläufigen Insolvenzverwalter** – bisher Sequester – bestellt, ist danach zu differenzieren, ob es gleichzeitig ein allgemeines Verfügungsverbot erläßt oder nicht. Wenn **ohne Verfügungsverbot** nur

---

668a Vgl. Rn. 476 f.

669 *Tiedemann* ZIP 1983, 513 (517); s. a. *Mohr* Kap. 3 (S. 95 ff.).

670 S. a. *Müller/Wabnitz/Janovsky* Kap. 6 Rn. 76.

671 *Tiedemann* ZIP 1983, 513 (517).

672 Dazu bereits Rn. 25.

673 Vgl. auch *Müller-Gugenberger/Bieneck* § 63 Rn. 65.

674 Dazu oben Rn. 131ff.

die Zustimmungsbedürftigkeit von Verfügungen gemäß § 21 Abs. 2 Nr. 2 zweite Alt. InsO angeordnet wird, bleiben die Pflichten des Schuldners erhalten. Damit ist er insbesondere weiterhin zur Buchführung und Bilanzierung verpflichtet und kann den Tatbestand des Bankrotts – nicht nur nach § 283 Abs. 1 Nr. 5 und 7 Buchst. b StGB – verwirklichen. Der Geschäftsführer oder sonstige Organwalter behält ebenfalls seine Pflichten und Befugnisse und kommt weiterhin als Täter in Betracht.

456 Anders hingegen, wenn das Insolvenzgericht einen (allein) verfügungsbefugten vorläufigen Verwalter einsetzt, d. h. zusätzlich ein **allgemeines Verfügungsverbot** für den Schuldner **anordnet**. Durch diese Maßnahmen geht die Verwaltungs- und Verfügungsbefugnis kraft Gesetzes auf den vorläufigen Verwalter über, so daß zwar der Schuldner selbst weiterhin Täter sein kann, der Geschäftsführer seine Stellung als Zurechnungssubjekt nach § 14 StGB aber verliert. Da die Situation nach Erlaß eines Verfügungsverbots insoweit der Situation nach Insolvenzeröffnung gleicht, wird wegen der Einzelheiten auf die folgende Darstellung des strafbaren Handelns nach Insolvenzeröffnung verwiesen.

II. Strafbares Handeln nach Insolvenzeröffnung

1. Der Schuldner als Täter

457 Mit Eröffnung des Insolvenzverfahrens (Insolvenzeröffnung) geht das Recht des Schuldners, das zur Insolvenzmasse gehörende Vermögen zu verwalten und darüber zu verfügen, auf den Insolvenzverwalter über (§ 80 Abs. 1 InsO; § 6 Abs. 1 KO für das bisherige Konkursverfahren). Der Schuldner darf damit weder Gegenstände übereignen oder Forderungen oder andere Rechte abtreten noch in sonstiger Weise über das Vermögen verfügen. Etwaige dennoch vorgenommene Verfügungen sind gemäß § 81 Abs. 1 Satz 1 InsO (§ 7 Abs. 1 KO) unwirksam.

458 Verfügt der Schuldner dennoch, indem er z. B. zur Masse gehörende Gegenstände an einen Dritten veräußert, um den Erlös für sich zu behalten, verwirklicht er den Tatbestand des **Betrugs** zum Nachteil des Käufers. Zudem macht er sich des **Bankrotts** nach § 283 Abs. 1 Nr. 1 StGB durch **Beiseiteschaffen** von Vermögensgegenständen strafbar. Daß die Tathandlung nach Eintritt der objektiven Bedingung der Strafbarkeit – hier: Eröffnung des Insolvenzverfahrens – begangen wird, steht einer Bestrafung wegen Bankrotts nicht entgegen. Nach ganz h. M. kann die Bankrotthandlung gemäß § 283 Abs. 1 StGB dem Eintritt der objektiven Strafbarkeitsbedingung zeitlich nachfolgen.[675] Handlungen des Schuldners nach Insolvenzeröffnung können deshalb den Tatbestand des Bankrotts erfüllen, soweit es nicht um Pflichten geht, die ausschließlich dem Insolvenzverwalter obliegen (Buchführung, Bilanzierung).

459 Taugliches Tatobjekt sind nur Gegenstände, die in die Insolvenzmasse (Konkursmasse) fallen. Hier ist zu beachten, daß das während des Insolvenzverfahrens erlangte Vermögen (sog. **Neuerwerb**) gemäß § 35 InsO zur Insolvenzmasse gehört. Hier besteht ein Unterschied zur Rechtslage vor dem 1. 1. 1999. Bei einer Insolvenz, auf die noch die KO (oder die GesO) anzuwenden ist, wird der Neuerwerb nicht zur Konkursmasse gerechnet (§ 12 KO) bzw. ist gesamtvollstreckungsfrei (vgl. § 7 Abs. 1 GesO).[676]

460 Handelt es sich um Eigentumsvorbehaltsware, scheidet Bankrott aus. Vielmehr ist insofern der Tatbestand des **Diebstahls** (nicht der Unterschlagung, weil die Sachen sich im Gewahrsam des Insolvenzverwalters befinden) erfüllt. Hinsichtlich des Schuldnervermögens kommt Diebstahl deswegen nicht in Betracht, weil der Schuldner durch die Insolvenzeröffnung das Eigentum an den ihm gehörenden Sachen nicht verliert.[677]

---

[675] Vgl. nur LK/*Tiedemann* vor § 283 Rn. 96 m. w. N.

[676] Vgl. auch LK/*Tiedemann* § 283 Rn. 23.

[677] Vgl. *Tröndle/Fischer* § 242 Rn. 5.

461 Daneben verwirklicht der Schuldner durch das Beiseiteschaffen von Gegenständen regelmäßig den Tatbestand des **Verstrickungsbruchs** (§ 136 Abs. 1 StGB). Mit der Insolvenzeröffnung ist das ganze zur Insolvenzmasse gehörige Vermögen beschlagnahmt.[678] Verstrickungsbruch und Bankrott (ggf. Diebstahl) sowie Betrug stehen in Tateinheit zueinander.

462 Auch in der Tatbestandsvariante des **Verheimlichens** von Vermögensgegenständen wird **Bankrott** vom Schuldner nach Insolvenzeröffnung oft verwirklicht. Häufig verstößt der Schuldner gegen die ihm obliegenden umfassenden Auskunftspflichten gegenüber dem Insolvenzverwalter und dem Gläubigerausschuß (§ 97 InsO; § 100 KO). Sowohl bei einem ausdrücklichen Auskunftsverlangen als auch ohne besondere Aufforderung ist der Schuldner bei Insolvenzeröffnung verpflichtet, dem Insolvenzverwalter auch solche Vermögensbestandteile mitzuteilen, die er in den Unterlagen des von ihm gestellten Antrags auf Insolvenzeröffnung nicht verzeichnet hatte.[679] So besteht unter anderem auch die Verpflichtung, Umstände mitzuteilen, die ein Anfechtungsrecht betreffen (z. B. die anfechtbare Weggabe eines Wertes aus seinem Vermögen).[680] Wenn der Schuldner vor Insolvenzeröffnung Gegenstände beiseite schafft und später diese Gegenstände verheimlicht, macht er sich nur eines (einheitlichen) Bankrotts strafbar. Dies folgt daraus, daß das Verheimlichen nur der Aufrechterhaltung und Sicherung der durch das Beiseiteschaffen des Vermögensstücks herbeigeführten rechtswidrigen Besitzlage dient.[681]

463 Soweit das Insolvenzgericht die eidesstattliche Versicherung gemäß § 98 Abs. 1 InsO (§ 125 KO) anordnet, kommt ein Vergehen der **Falschen Versicherung an Eides Statt** in Betracht.[682] Daß der Schuldner in seinem eigenen Insolvenzverfahren eher die Stellung einer Partei und nicht die eines Zeugen hat, hindert die Verwirklichung des § 156 StGB entgegen der Auffassung von *Tiedemann*[683] nicht. Auch im Verfahren nach der ZPO kann sich die Partei nach § 156 StGB strafbar machen, wenn sie eine falsche eidesstattliche Versicherung abgibt.

464 Im Fall der **Eigenverwaltung** gemäß §§ 270ff. InsO[684] kommt der Schuldner nach Insolvenzeröffnung als Täter eines Vergehens der **Untreue** in Betracht. Anders als bei der faktischen Eigenverwaltung unter Geltung der KO, wo der BGH ein Treueverhältnis des Schuldners gegenüber den Gläubigern verneint hat,[685] ist der Schuldner im Fall der nunmehr in der InsO gesetzlich geregelten Eigenverwaltung ebenso tauglicher Täter einer Untreue wie der Insolvenzverwalter beim „normalen" Insolvenzverfahren.[686] Er hat eine Vermögensbetreuungspflicht gegenüber den Gläubigern.

2. Der (bisherige) Geschäftsführer als Täter

465 Der Geschäftsführer verliert durch die Insolvenzeröffnung die Stellung als vertretungsberechtigtes Organ nicht. Seine Befugnisse sind jedoch auf diejenigen Maßnahmen beschränkt, die entweder den insolvenzfreien Bereich oder verfahrensrechtliche Maßnahmen betreffen.[687] Dennoch entwickelt er häufig noch umfangreiche – oft unzulässige und strafbare – Aktivitäten. Schafft er Gegenstände beiseite, liegt **Diebstahl** sowie – in Tateinheit hiermit – **Verstrickungsbruch** vor.[688] Der Tatbestand des **Bankrotts** (durch

---

678 *Tröndle/Fischer* § 136 Rn. 4; LK/*v. Bubnoff* § 136 Rn. 10.
679 BGH GA 1956, 123 (124); *Schönke/Schröder/Stree* § 283 Rn. 5; LK/*Tiedemann* § 283 Rn. 39.
680 LK/*Tiedemann* § 283 Rn. 39; *Schönke/Schröder/Stree* § 283 Rn. 5.
681 BGHSt 11, 145 = NJW 1958, 429.
682 Dazu schon Rn. 406f.
683 LK/*Tiedemann* § 283 Rn. 39.
684 Dazu Rn. 36ff.
685 BGH NJW 1992, 250 (251).
686 Vgl. LK/*Schünemann* § 266 Rn. 47; dazu auch Rn. 469ff.
687 *Uhlenbruck* GmbHR 1995, 81/195 (205).
688 BGH NJW 1992, 250 (252).

Beiseiteschaffen) scheidet aus, da der Geschäftsführer nicht mehr die hierfür erforderliche Stellung nach § 14 StGB hat. Es liegt kein Handeln als vertretungsberechtigtes Organ i. S. des § 14 Abs. 1 Nr. 1 StGB vor. Auch **Untreue** kommt nicht mehr in Betracht. Es fehlt an der besonderen, die Täterstellung nach § 266 Abs. 1 StGB ausmachenden Machtposition über das Vermögen des Schuldners.[689]

Im Fall der Eigenverwaltung kann der Geschäftsführer des Schuldners oder ein sonstiger gemäß § 14 StGB Verantwortlicher aber (wieder) Täter einer Untreue sein. Gleiches gilt im Fall der Unternehmensfortführung im Rahmen eines Insolvenzplans. Da der Schuldner nach Bestätigung des Insolvenzplans das Recht zurückerhält, über die Vermögensmasse frei zu verfügen (§ 159 Abs. 1 Satz 2 InsO), lebt die Vermögensbetreuungspflicht für den Geschäftsführer wieder auf. Eine eventuelle Überwachung der Erfüllung des Plans, vgl. § 260 Abs. 1 InsO, steht dem nicht entgegen. 466

Bankrott ist auch dann nicht gegeben, wenn der Geschäftsführer unrichtige oder unvollständige Angaben gegenüber dem Insolvenzverwalter macht. Zwar gelten die Auskunftspflichten nach § 97 InsO, § 100 KO, die dem Schuldner obliegen, auch für den (ehemaligen) Geschäftsführer einer juristischen Person. § 283 Abs. 1 Nr. 1 StGB setzt jedoch (auch in der Variante „Verheimlichen von Vermögensgegenständen") die Verwaltungs- und Verfügungsbefugnis des Täters voraus. Diese obliegt jedoch dem Insolvenzverwalter, so daß § 283 Abs. 1 Nr. 1 StGB von dem Geschäftsführer nach Insolvenzeröffnung nicht mehr begangen werden kann.[690] 467

Beim Geschäftsführer kommt hingegen ebenso wie beim Schuldner selbst ein Vergehen der **Falschen Versicherung an Eides Statt** in Betracht. Zudem kann er den Tatbestand des **Betrugs** sowohl durch – unwirksame – Veräußerungen nach Insolvenzeröffnung verwirklichen als auch dadurch, daß er eigene, tatsächlich nicht bestehende Forderungen (z. B. angeblich offene Gehaltsansprüche), zur Masse anmeldet.[691] 468

3. Der Insolvenzverwalter als Täter

Der Insolvenzverwalter tritt mit Eröffnung des Insolvenzverfahrens an die Stelle des Schuldners. Er ist **gesetzlicher Vertreter i. S. des § 14 Abs. 1 Nr. 3 StGB**.[692] Damit kann er sich grundsätzlich ebenso strafbar machen wie vor Insolvenzeröffnung der Schuldner oder, wenn der Schuldner eine juristische Person ist, deren Geschäftsführer. In Betracht kommen vor allem Straftaten nach §§ 283ff. StGB und Untreue. Aber auch Beitragsvorenthaltung (§ 266a StGB) ist möglich. 469

Der Anwendung der §§ 283ff. StGB steht nicht entgegen, daß die objektive Strafbarkeitsbedingung nach § 283 Abs. 6 StGB bereits vor der Tathandlung eingetreten ist. Es ist auch ohne Einfluß auf eine mögliche Täterschaft des Insolvenzverwalters, daß der Schuldner trotz Insolvenzeröffnung ebenfalls als Täter einer Insolvenzstraftat in Betracht kommt. Schuldner und Insolvenzverwalter können Mit- oder Nebentäter sein.

Wenn der Insolvenzverwalter im Eröffnungsverfahren als verfügungsbefugter vorläufiger Verwalter eingesetzt ist, gehen die Pflichten des Unternehmers bereits zu diesem Zeitpunkt (vorläufig) auf ihn über. Da die Rechtsstellung des vorläufigen Verwalters der des endgültigen Insolvenzverwalters im wesentlichen angeglichen ist, gelten die nachstehenden Ausführungen zur Strafbarkeit des Insolvenzverwalters für den verfügungsbefugten vorläufigen Verwalter in gleicher Weise. 470

---

689 BGH NStZ 1993, 239; s. a. *Hachenburg/Kohlmann* vor § 82 Rn. 69.

690 Vgl. auch *Müller-Gugenberger/Bieneck* § 75 Rn. 12; a. A. wohl LK/*Tiedemann* § 283 Rn. 39; offengelassen von BGH NJW 1992, 250 (252).

691 *Tröndle/Fischer* § 283 Rn. 19; LK/*Tiedemann* § 283 Rn. 86.

692 Vgl. nur *Tröndle/Fischer* § 14 Rn. 3, vor § 283 Rn. 21; LK/*Tiedemann* vor § 283 Rn. 86.

a) Verletzung von Pflichten

471 Im Rahmen der **Insolvenzstraftaten i. e. S.** scheidet § 283b StGB in aller Regel deswegen aus, weil die Krise des § 283 Abs. 1 StGB vorliegt. Täter einer Schuldnerbegünstigung kann der Insolvenzverwalter ebenfalls nicht sein.[693] Zwar ist § 283d StGB kein Sonderdelikt. Täterqualität kann jedoch nur ein Außenstehender und nicht der Schuldner oder ein nach § 14 StGB Verantwortlicher haben.[694] Es bleiben deshalb nur **Bankrott** und **Gläubigerbegünstigung**. In bezug auf den Tatbestand des Bankrotts ist darauf hinzuweisen, daß der Insolvenzverwalter nicht nur die Buchführungs- und Bilanzierungspflichten des Schuldners übernimmt (vgl. auch § 155 Abs. 1 InsO), sondern für ihn weitere Pflichten entstehen. So bestimmt § 155 Abs. 2 Satz 1 InsO, daß mit der Insolvenzeröffnung ein neues Geschäftsjahr beginnt. Der Insolvenzverwalter hat – was sich z. B. auch aus § 71 Abs. 1 GmbHG ergibt und vor Inkrafttreten der InsO bereits allgemeine Meinung war – damit eine (Liquidations-)Eröffnungsbilanz aufzustellen. Eine Verletzung der Pflicht zur – rechtzeitigen – Aufstellung führt zur Strafbarkeit gemäß § 283 Abs. 1 Nr. 7 Buchst. b StGB.

b) Eigennützige Verwertung der Masse

472 Aufgrund der umfassenden Befugnisse des Insolvenzverwalters, insbesondere zur Verwertung der Masse (vgl. § 159 InsO; § 117 KO), ist die Versuchung groß, sich selbst einen Vorteil zu verschaffen. Dies kann z. B. dadurch geschehen, daß er Gelder auf eigene Konten überweist oder einzahlt. Entweder transferiert er noch vorhandene Gelder des Schuldners auf eigene Konten (Untreue oder Unterschlagung) oder er läßt Außenstände, die er einzieht, auf ein eigenes Konto überweisen (Untreue). Eine weitere Bereicherungsmöglichkeit für den Insolvenzverwalter besteht darin, vorhandene Waren oder sonstige Gegenstände der Insolvenzmasse zu entziehen. Dies kann beispielsweise dadurch geschehen, daß er die Gegenstände für eigene Zwecke an sich nimmt oder sie unter Preis an einen Dritten veräußert (Untreue). Der Dritte kann z. B. eine dem Insolvenzverwalter nahestehende Person – Ehefrau, Kind o. ä. – sein oder eine Gesellschaft, an der er selbst beteiligt ist oder der er, aus welchen Gründen auch immer, einen Vorteil verschaffen will.

473 In den dargestellten Beispielsfällen ist **Untreue** deswegen gegeben, weil den Insolvenzverwalter grundsätzlich eine Vermögensbetreuungspflicht i. S. des § 266 StGB hinsichtlich der Insolvenzmasse trifft.[695] Wegen der auch für den Insolvenzverwalter anzuwendenden Interessenformel[696] kommt der Tatbestand des § 283 Abs. 1 Nr. 1 StGB bei eigennütziger Verwertung der Masse nicht zur Anwendung.

474 Eine Untreuehandlung kann auch darin liegen, daß der Insolvenzverwalter Waren oder Auftragsbestände **unter Preis verkauft**. Beim Verkauf von Insolvenzmasse – wozu er grundsätzlich befugt ist – hat der Insolvenzverwalter die für ihn geltenden kaufmännischen Maßstäbe zu beachten.[697] Diese kann er durch einen Verkauf unter Preis verletzen, wobei im Rahmen der Feststellung des am Markt zu erzielenden Preises die Tatsache der Insolvenzeröffnung zu berücksichtigen ist. Zudem ist zu beachten, daß ein Verkauf unter Preis durchaus auch den Grundsätzen einer ordnungsgemäßen Wirtschaft entsprechen kann. Hier gelten die gleichen Kriterien wie bei der strafrechtlichen Beurteilung eines Verlustgeschäfts gemäß § 283 Abs. 1 Nr. 1 StGB.[698] Zusätzlich ist noch die durch die Insolvenzeröffnung eingetretene besondere Situation zu berücksichtigen. Maßgebend sind immer die Umstände des Einzelfalls.

---

693 A. A. LK/*Tiedemann* § 283d Rn. 5 und 28.

694 Oben Rn. 369.

695 BGH wistra 1988, 191 (192); *Hachenburg/Kohlmann* vor § 82 Rn. 69.

696 Vgl. oben Rn. 334.

697 BGH NStZ 1998, 246 (247) m. w. N.

698 Oben Rn. 304.

Eine Verletzung kaufmännischer Grundsätze und damit Untreue kann auch im **Verkauf eines Auftragsbestands** an sich liegen. Nach kaufmännischen Grundsätzen kann der Insolvenzverwalter nämlich gehalten sein, Aufträge auszuführen statt den Auftragsbestand zu veräußern. Wenn das wirtschaftliche Risiko der Ausführung des Auftrags durch eigene Produktion mit Maschinen und Mitarbeitern des Schuldners gering ist, wird der Insolvenzmasse durch den Verkauf der Aufträge ein sicher zu erwartender Gewinn entzogen.[699]

c) Straftaten bei Ausproduktion und übertragender Sanierung

Bei **Ausproduktion** durch den Insolvenzverwalter, also einem planvollen Marktaustritt,[700] kann der Verwalter sich grundsätzlich in gleicher Weise strafbar machen wie der Geschäftsführer des Schuldners im Rahmen seiner Tätigkeit vor Insolvenzantragstellung. Nur der Tatbestand der Insolvenzverschleppung scheidet aus. Vor allem kommt hier Untreue in Betracht, aber auch Bankrott (insbesondere nach § 283 Abs. 1 Nr. 1 StGB), Gläubigerbegünstigung und ggf. Betrug. Der Tatbestand des § 263 StGB kann vor allem dadurch verwirklicht werden, daß der Insolvenzverwalter neue Aufträge entgegennimmt und hierfür Materialbestellungen bei Lieferanten vornimmt, die er anschließend nicht bezahlen kann. Ob hier eine Täuschungshandlung mit zumindest bedingtem Vorsatz gegeben ist, bedarf jedoch der kritischen Überprüfung. Wenn der Insolvenzverwalter sich hinsichtlich seiner Prognose zu den Zahlungsmöglichkeiten bei Fälligkeit geirrt hat, bei Auftragsvergabe jedoch nicht damit rechnen konnte oder mußte, die eingegangenen Verbindlichkeiten nicht erfüllen zu können, fehlt es am Täuschungsvorsatz. **475**

Im Fall der **übertragenden Sanierung** besteht außerhalb des Insolvenzverfahrens immer die Gefahr für den Verantwortlichen, sich gemäß § 283 Abs. 2 StGB oder der Untreue (Stichwort „Aushöhlung"[701]) strafbar zu machen. Falls die Übertragung gewinnträchtiger Unternehmensbereiche zu einem Zeitpunkt erfolgt, zu dem das Unternehmen bereits überschuldet ist, die Zahlungsunfähigkeit bereits droht oder sogar eingetreten ist, können vor allem die Tatbestände des Bankrotts nach § 283 Abs. 1 Nr. 1, 3 oder 8 StGB oder der Gläubigerbegünstigung verwirklicht sein.[702] Die Grenze zwischen gezielter Aushöhlung des krisenbefangenen Unternehmens und dem straflosen „Totschrumpfen" kann im Einzelfall schwierig zu ziehen sein.[703] **476**

Bei der übertragenden Sanierung **durch den Insolvenzverwalter** kommt strafbares Handeln nur im Einzelfall in Betracht. Die übertragende Sanierung stellt eine von der InsO zugelassene Maßnahme (als „Unterart" der Liquidation) dar,[704] die bereits unter Geltung der KO als grundsätzlich zulässig erachtet worden war. Aber auch hier ist strafbarer Mißbrauch möglich. Zwar scheidet § 283 Abs. 2 StGB aus. In Betracht kommen jedoch andere Delikte. Wenn der Verwalter den Betrieb oder Betriebsteile unter Preis verkauft, begeht er – auch wenn er unmittelbar daraus keine eigenen geldwerten Vorteile erzielt – **Untreue** oder **Bankrott** durch Beiseiteschaffen. Motiv für eine solche Handlung kann z. B. sein, daß der Insolvenzverwalter unbedingt einen Verfahrenserfolg (wegen der Öffentlichkeitswirkung o. ä.) erzielen will. Ein Verkauf unter Preis ist aber dann als legitim anzusehen, wenn er mit Zustimmung der Gläubigerversammlung gemäß § 163 InsO oder im Rahmen eines genehmigten Insolvenzplans[705] erfolgt. **477**

Ein Verstoß gegen die §§ 160 bis 163 InsO, beispielsweise durch Betriebsveräußerung an einen besonders Interessierten i. S. des § 162 InsO ohne Zustimmung der Gläubiger- **478**

---

699 Vgl. BGH NStZ 1998, 246 (247).
700 Dazu bereits Rn. 22ff.
701 Vgl. oben Rn. 401.
702 Vgl. auch *Uhlenbruck* wistra 1996, 1 (7) und oben Rn. 452.
703 Dazu *Müller-Gugenberger/Bieneck* § 75 Rn. 7; s. a. LK/*Tiedemann* § 283 Rn. 164, 181.
704 Vgl. Rn. 25ff.
705 Dazu Rn. 28ff.

versammlung (vgl. § 162 InsO),[706] ist nicht strafbewehrt. Wenn ein Insolvenzverwalter diese Vorschriften mißachtet, kann dies aber ein Indiz dafür sein, daß der Verwalter etwas verbergen will und sein Handeln möglicherweise den Tatbestand der Untreue oder einer anderen Strafnorm verwirklicht.

479 Falls der Insolvenzverwalter Wirtschaftsgüter veräußert, die den Aus- oder Absonderungsansprüchen der Lieferanten oder sonstiger Gläubiger unterliegen, kann hierin **Betrug** zu Lasten der Käufer liegen. Bei Verkauf von Eigentumsvorbehaltsware oder sicherungsübereigneten Gegenständen kann **Unterschlagung** gegeben sein, wenn der Verkauf aufgrund der zugrundeliegenden Sicherungsverträge nicht gestattet ist.

d) Honorarmanipulationen

480 Die Vergütung des Insolvenzverwalters wird seit Inkrafttreten der InsO durch die Insolvenzrechtliche Vergütungsverordnung (InsVV)[707] geregelt. Vorher war die sog. VergVO[708] maßgeblich, die auf vor dem 1. 1. 1999 eröffnete Verfahren weiterhin anzuwenden ist, § 19 InsVV. Die Vergütung des Insolvenzverwalters wird vom Rechtspfleger des Insolvenzgerichts auf Grundlage der Verordnung auf Antrag des Verwalters festgesetzt, vgl. § 64 Abs. 1 InsO, § 8 InsVV.

481 aa) **Externe Vergütungen** für Tätigkeiten innerhalb des Pflichtenkreises eines Insolvenzverwalters sind nicht zulässig. Das bedeutet, daß Vergütungsvereinbarungen, die ein Insolvenzverwalter mit fremden dritten Personen schließt, zivilrechtlich nichtig sind.[709] Strafrechtlich kann **Untreue** vorliegen, wenn der Insolvenzverwalter solche Vereinbarungen trifft und entsprechende Gelder vereinnahmt. So verletzt der Insolvenzverwalter seine Treuepflicht, wenn er sich von Sicherungsgläubigern, insbesondere Kreditinstituten, **Provisionen** für die Verwertung von Sicherungsgut bezahlen läßt und diese Beträge der Masse vorenthält. Hierbei ist es gleichgültig, ob es sich um aus der Masse freigegebenes oder in ihr verbliebenes Sicherungsgut handelt.[710]

482 bb) Die **Vergütung nach der InsVV** wird auf Antrag des Insolvenzverwalters durch Beschluß festgesetzt. Die Vergütungsbeschlüsse werden veröffentlicht und dem Schuldner sowie ggf. den Mitgliedern des Gläubigerausschusses zugestellt (§ 64 Abs. 2 Satz 1 InsO). Gegen den Vergütungsbeschluß steht nicht nur dem Insolvenzverwalter, sondern auch dem Schuldner und jedem Insolvenzgläubiger die sofortige Beschwerde zu (§ 64 Abs. 3 InsO). Straftaten durch fehlerhafte Abrechnungen sind deshalb nur in seltenen Ausnahmefällen denkbar, beispielsweise bei kollusivem Zusammenwirken des Insolvenzverwalters mit dem zuständigen Rechtspfleger. Zudem kommt bei **überhöhten Vergütungen** durch wissentlich falsche Angaben gegenüber dem Insolvenzgericht der Tatbestand des Betrugs oder versuchten Betrugs in Betracht. Wegen des förmlichen Festsetzungsverfahrens kann strafbares Handeln jedoch nur gegeben sein, wenn der Insolvenzverwalter Tatsachen behauptet, die zu Zuschlägen gemäß § 3 InsVV zu den Regelsätzen des § 2 InsVV oder zu einer gesonderten Auslagenerstattung führen und die der zuständige Rechtspfleger beim Insolvenzgericht nicht anhand der Akten überprüfen kann, er sich auf die Angaben des Insolvenzverwalters also verlassen muß.

483 cc) **Untreue** liegt auch dann vor, wenn der Insolvenzverwalter **Gehälter von** angeblich oder tatsächlich in der Insolvenzverwaltung laufend tätigen **Angestellten** aus der Masse bezahlt, etwa auf Basis der Abrechnung einer von ihm beherrschten Treuhand- und Steuerberatungsgesellschaft.[711] Zu den allgemeinen Geschäftskosten, die mit der Ver-

---

[706] Dazu bereits Rn. 26.

[707] Vom 19. 8. 1998, BGBl. I S. 2205.

[708] Verordnung über die Vergütung des Konkursverwalters, des Vergleichsverwalters, der Mitglieder des Gläubigerausschusses und der Mitglieder des Gläubigerbeirats.

[709] Vgl. nur *Eickmann* vor § 1 Rn. 80 m. w. N.

[710] *Müller-Gugenberger/Bieneck* § 75 Rn. 13c.

[711] *Müller-Gugenberger/Bieneck* § 75 Rn. 13a; s. a. *Müller/Wabnitz/Janovsky* Kap. 6 Rn. 91.

gütung abgegolten sind, gehört nämlich der Büroaufwand des Insolvenzverwalters einschließlich der Gehälter seiner Angestellten, auch soweit diese anläßlich des Insolvenzverfahrens eingestellt worden sind, § 4 Abs. 1 Satz 1 InsVV. Davon zu unterscheiden ist der Einsatz von Kräften zur Kontrolle und Leitung betrieblicher Aktivitäten im Rahmen der Aus- und Fortproduktion. Hier kann ein Verwalter für die Masse Dienst- oder Werkverträge abschließen (vgl. § 4 Abs. 1 Satz 2 InsVV). Er darf dazu selbstverständlich auf ihm bekannte und eingearbeitete Kräfte, die durchaus auch regelmäßig für ihn tätig sein können, zurückgreifen. In der Praxis lassen sich Insolvenzverfahren größeren Ausmaßes häufig nur so überhaupt bewältigen.

Darüber hinaus verletzt der Insolvenzverwalter seine Treuepflicht, wenn er **Vorschüsse** auf seine Vergütung entgegen § 9 InsVV ohne Zustimmung des Insolvenzgerichts entnimmt.

III. Strafbares Handeln nach Ablehnung mangels Masse

1. Insolvenzstraftaten i. e. S.

a) Insolvenzverschleppung

Nach Abweisung eines Insolvenzantrags gemäß § 26 InsO (§ 107 KO) kommt Insolvenzverschleppung nicht mehr in Betracht. Einzig bei Beseitigung der Krise und Fortsetzung der Gesellschaft – falls man dies überhaupt als zulässig erachtet – kann bei erneutem Kriseneintritt der Tatbestand der Insolvenzverschleppung verwirklicht werden. 484

b) Bankrott und Verletzung der Buchführungspflicht

Bankrott wird durch die Abweisung des Antrags mangels Masse nicht ausgeschlossen.[712] 485
Dies gilt zumindest, solange Überschuldung oder Zahlungsunfähigkeit noch andauern. Wenn die Zahlungsfähigkeit wieder eingetreten oder die Überschuldung beseitigt ist, scheidet Bankrott aus. Die „alte" objektive Strafbarkeitsbedingung (Abweisung mangels Masse) entfaltet dann keine Wirkung mehr in bezug auf Handlungen oder Unterlassungen, für die nach § 283 Abs. 1 StGB eine erneute Krise erforderlich ist. Der Wiedereintritt der Zahlungsfähigkeit bzw. der Wegfall der Überschuldung bedeutet eine Zäsur. Eine danach erfolgte Tatbestandsverwirklichung kann nur bei erneutem Eintritt der objektiven Bedingung nach § 283 Abs. 6 StGB zu einer Bestrafung führen.[713]

Als **Täter** kommen bei juristischen Personen die Liquidatoren in Betracht. Sie sind ver- 486
tretungsberechtigtes Organ gemäß § 14 Abs. 1 Nr. 1 StGB.[714] Die Liquidation der Gesellschaft hat deswegen zu erfolgen, weil die Abweisung mangels Masse bei der AG, KGaA und GmbH einen gesetzlichen Auflösungsgrund darstellt und nicht die sofortige Vollbeendigung bedeutet. Dies ist für die AG (und die KGaA) in § 262 Abs. 1 Nr. 4 AktG geregelt. Bei der GmbH ergibt sich diese Rechtsfolge seit 1. 1. 1999 aus § 60 Abs. 1 Nr. 5 GmbHG n. F., wenn die Abweisung auf Grundlage der InsO erfolgt; für Abweisungen gemäß § 107 KO gilt § 1 Abs. 1 des Löschungsgesetzes.[715] Für Handelsgesellschaften und Wirtschaftsgenossenschaften ist dies in § 131 Abs. 1 Nr. 3, Abs. 2 Nr. 1 HGB und § 81a Nr. 1 GenG geregelt.[716]

---

[712] *Müller-Gugenberger/Bieneck* § 63 Rn. 58; LK/*Tiedemann* vor § 283 Rn. 100; vgl. auch BGHSt 7, 146; a A. *Tröndle/Fischer* vor § 283 Rn. 16.

[713] So auch *Müller-Gugenberger/Bieneck* § 63 Rn. 61.

[714] *Tröndle/Fischer* § 14 Rn. 3; *Müller-Gugenberger/Bieneck* § 63 Rn. 60.

[715] Vom 9. 10. 1934, RGBl. I S. 914, abgedruckt z. B. bei *Scholz/K. Schmidt* Anh. § 60 nach Rn. 1 und *Schönfelder*, Deutsche Gesetze, Anm. zu § 107 KO.

[716] Dazu auch Rn. 146f.

487 Da für das Liquidationsverfahren bei Masselosigkeit dieselben Regeln gelten wie bei jedem anderen Liquidationsverfahren, haben die Liquidatoren auch die Pflicht zur **Buchführung und Bilanzierung**. Wird diese verletzt, sind die Liquidatoren wegen Bankrotts zu bestrafen. Ebenso machen sich der Kaufmann, der weiterhin buchführungs- und bilanzierungspflichtig ist, sowie die vertretungsberechtigten Gesellschafter von Handelsgesellschaften strafbar. **§ 283b StGB** scheidet aus, weil ein Handeln oder Unterlassen während der Krise gegeben ist.

c) Gläubiger- und Schuldnerbegünstigung

488 Im Rahmen der Liquidation sind die Gläubiger nach Möglichkeit zu befriedigen. Welche Gläubiger und ggf. in welcher Höhe sie befriedigt werden, schreibt das Gesetz nicht vor. Anders als im Insolvenzverfahren müssen die Gläubiger nach h. M. nicht gleichmäßig befriedigt werden.[717] Damit ist eine Bevorzugung „nahestehender" Gläubiger vorprogrammiert. Dies sind zum einen Verwandte, Freunde oder Gesellschaften, an denen der Schuldner oder Liquidator beteiligt ist. Zum anderen werden die Gläubiger befriedigt, mit denen im Rahmen neuer Geschäftsbeziehungen – etwa nach Neugründung einer GmbH – wieder Verträge geschlossen werden sollen.

Zur strafbaren **Gläubigerbegünstigung** wird diese Handlungsweise jedoch nur, wenn der Gläubiger die Leistung nicht, nicht in dieser Art oder nicht zu dieser Zeit beanspruchen kann, also ein inkongruenter Vorteil gewährt wird. **Schuldnerbegünstigung** ist wie vor Abweisung der Insolvenzeröffnung möglich.

2. Insolvenzstraftaten i. w. S.

489 Da die Insolvenzdelikte i. w. S. nicht an die Frage der Insolvenzeröffnung oder -abweisung anknüpfen, wirkt sich die Ablehnung der Eröffnung mangels Masse auf die Möglichkeit, die entsprechenden Tatbestände zu verwirklichen, nicht aus. Relevant sind vor allem die als **Unterschlagung** zu qualifizierende Veräußerung sicherungsübereigneter oder unter Eigentumsvorbehalt stehender Sachen und die eigennützige Verwertung des Gesellschaftsvermögens durch den Liquidator. Letzteres stellt eine **Untreue**handlung dar. Der Tatbestand der Untreue wird auch dadurch verwirklicht, daß eingezogene Kundenforderungen nicht zur Tilgung der Verbindlichkeiten der Gesellschaft verwendet werden.[718] Die Einwilligung der Gesellschafter – auch des einzigen Gesellschafters bei der Einmann-GmbH – schließt Untreue nicht aus. Insoweit gelten die gleichen Grundsätze wie sonst bei der Untreue, wo ein Handeln in der Krise trotz Zustimmung der Gesellschafter strafbares Unrecht darstellt.[719]

F. Ermittlungen

I. Einleitung von Ermittlungen

490 Häufig sind Ermittlungen schon deswegen veranlaßt, weil Gläubiger bei der Polizei oder der Staatsanwaltschaft Anzeige erstatten. Teilweise erfolgen diese Anzeigen in der Hoffnung, durch Einschaltung der Staatsanwaltschaft die Außenstände vielleicht doch noch realisieren zu können. Meist ist Motiv für eine Einschaltung der Ermittlungsbehörden jedoch ein gewisses Genugtuungs- oder Rachebedürfnis.[720]

---

717 *Scholz/K. Schmidt* Anh. § 60 Rn. 4.
718 *Müller-Gugenberger/Bieneck* § 63 Rn. 62.
719 Oben Rn. 400.
720 *Weyand* 6.1.2 (S. 133).

Aber auch ohne Anzeige wird jede Insolvenz für die Ermittlungsbehörden die Frage aufwerfen, ob zureichende tatsächliche Anhaltspunkte für das Vorliegen einer Straftat gegeben sind. Angesichts der Häufigkeit kriminellen Geschäftsgebarens, das letztendlich zur Insolvenz eines Unternehmens führt, sowie aufgrund der in vielen Fällen zu beobachtenden Verhaltensweisen der Schuldner bei sich abzeichnender oder bereits eingetretener Krise, ist grundsätzlich jeder Firmenzusammenbruch zu untersuchen. 491

Kenntnis von Zwangsvollstreckungs- oder Insolvenzverfahren erlangt die Staatsanwaltschaft üblicherweise aufgrund von Mitteilungen der Insolvenz- und Vollstreckungsgerichte nach der „Anordnung über Mitteilungen in Zivilsachen" (**MiZi**),[721] einer bundesweit geltenden Vereinbarung zwischen den Landesjustizverwaltungen und dem Bundesministerium der Justiz. Die MiZi wurde auf Basis des JuMiG[722] neu gefaßt. Danach werden dem Staatsanwalt mitgeteilt: 492

Vom **Vollstreckungsgericht**:

- Die Abgabe der eidesstattlichen Versicherung nach § 807 ZPO, wenn das Verfahren eine AG, eine KGaA, eine GmbH, eine Genossenschaft oder eine OHG oder KG, bei der kein Gesellschafter eine natürliche Person ist, betrifft, MiZi X/2 Abs. 1 Satz 1 Nr. 1, Satz 2;
- Der Erlaß eines Haftbefehls nach § 901 ZPO bei den genannten Gesellschaftsformen, MiZi X/2 Abs. 1 Satz 1 Nr. 2, Satz 2;

Vom **Konkursgericht**:

- Die Ablehnung des Antrags auf Eröffnung des Konkursverfahrens mangels Masse, MiZi XII/2 Abs. 1 Satz 1 Nr. 1;
- Die Eröffnung des Konkursverfahrens, MiZi XII/3 Abs. 1 Satz 1 Nr. 1;
- Die Ablehnung mangels Masse und die Eröffnung beim Anschlußkonkursverfahren unter bestimmten Voraussetzungen, MiZi XII/2 Abs. 1 Satz 1 Nr. 2, XII/3 Abs. 1 Satz 1 Nr. 2.

Bereits aufgrund der obigen Mitteilungen des Vollstreckungsgerichts besteht für den Staatsanwalt häufig Anlaß, zumindest **Vorermittlungen** durchzuführen. Soweit die eidesstattliche Versicherung nämlich von den Verantwortlichen einer Kapitalgesellschaft gefordert wird, ist der Verdacht der Insolvenzverschleppung zumindest nicht fernliegend. Gleiches gilt in bezug auf Personengesellschaften (OHG und KG), bei denen die verspätete oder unterlassene Insolvenzantragstellung strafbar ist. Einem Antrag auf Abgabe der eidesstattlichen Versicherung gingen immer erfolglose Vollstreckungsversuche des Gerichtsvollziehers voraus.[723] 493

Solche vergeblichen Vollstreckungsmaßnahmen, bei denen der Gerichtsvollzieher **Pfandabstand** erklärt, sind wichtige Indizien für eine mögliche Zahlungsunfähigkeit oder Überschuldung. In diesen Fällen sollte der Staatsanwalt zumindest einen **AR-Vorgang** zur weiteren Überwachung und Überprüfung von Zwangsvollstreckungsmaßnahmen gegen den oder die Verantwortlichen der Gesellschaft anlegen. Noch besser ist es, wenn ohne spezielle Verfügung des zuständigen Staatsanwalts bereits bei Eingang der Mitteilung gemäß MiZi eine Eintragung im AR-Register als Insolvenzüberwachung erfolgt und weitere Mitteilungen gegen denselben Schuldner dann unter diesem Aktenzeichen erfaßt werden. Im Zeitalter der elektronischen Datenverarbeitung ist dies ohne weiteres möglich. 494

Ein **Ermittlungsverfahren** wegen unterlassener oder verspäteter Insolvenzantragstellung muß spätestens dann eingeleitet werden, wenn der Verantwortliche einer der oben genannten Gesellschaften die **eidesstattliche Versicherung** für die Gesellschaft **geleistet** hat.[724] 495

Einzutragen ist in der Regel gegen den oder die Verantwortlichen der juristischen Person oder sonstigen Gesellschaft wegen des Verdachts der Insolvenzverschleppung. Für 496

---

[721] Z. B. BayJMBl. 1998, 64; Beilage zu NJW 1998 Heft 38.

[722] Justizmitteilungsgesetz vom 18. 6. 1997, BGBl. I S. 1430.

[723] *Müller/Wabnitz/Janovsky* Kap. 6 Rn. 10; *Weyand* 6.1.2 (S. 135).

[724] Vgl. auch *Weyand* 6.1.2 (S. 135).

die Einleitung des Ermittlungsverfahrens wegen Bankrotts oder sonstiger Insolvenzdelikte i. w. S. fehlen in diesem Verfahrensstadium in aller Regel die konkreten Verdachtsmomente.

II. Durchführung erster Ermittlungsschritte

1. Vorbemerkung

497 In diesem Abschnitt wird die Ermittlungstätigkeit, wie sie in der Praxis durch Staatsanwaltschaft und Polizei gehandhabt wird, in erster Linie aus der Sicht des Staatsanwalts dargestellt. Hieraus ergeben sich auch für den Verteidiger wichtige Ansatzpunkte für eine sachgerechte Strafverteidigung bereits zu Beginn des Ermittlungsverfahrens.

2. Zusammenarbeit zwischen Staatsanwaltschaft und Kriminalpolizei

498 Gerade bei der Bekämpfung der Wirtschaftskriminalität ist eine **enge Zusammenarbeit** zwischen Polizei und Staatsanwaltschaft angezeigt. Die Kriminalpolizei sollte möglichst frühzeitig und umfassend den zuständigen Staatsanwalt informieren. Insbesondere wegen der Mitteilungen der Vollstreckungs- und Insolvenzgerichte können bei den Staatsanwaltschaften bereits Informationen vorliegen, die sich die Polizeibeamten erst bei den Amtsgerichten oder durch sonstige Ermittlungstätigkeit beschaffen müßten. Dies wäre unnötiger Arbeitsaufwand, den es zu vermeiden gilt.

499 Auf der anderen Seite hat die Kriminalpolizei eventuell bereits Erkenntnisse über das Unternehmen oder die potentiellen Täter. Aufgrund der für alle Bundesländer verbindlichen **„Richtlinien über den kriminalpolizeilichen Nachrichtenaustausch bei Wirtschaftsdelikten“** sind möglicherweise bereits wichtige Informationen beim Bundeskriminalamt (BKA) oder den einzelnen Landeskriminalämtern gespeichert, die dort abgefragt werden können.

Schließlich sollte bedacht werden, daß Anzeigen von Gläubigern sowohl bei der Polizei als auch bei der Staatsanwaltschaft eingehen können. Auch hier hilft eine frühzeitige gegenseitige Kontaktaufnahme, unnötige Doppelarbeit zu vermeiden.

3. Handelsregisterauskünfte und -akten

500 Spätestens bei Überleitung eines Vorermittlungsverfahrens in ein Ermittlungsverfahren (Eintragung in das Js-Register) oder nach einer Anzeige stellt sich die Frage, wer sich hinter den einzelnen Firmen verbirgt. Als erste Informationsquelle steht hier das beim zuständigen Amtsgericht geführte **Handelsregister** zur Verfügung. Dort befinden sich nämlich das **Karteiblatt** (Registerblatt) über die Firma, der **Hauptband** und der **Sonderband** der jeweiligen Registerakte. Im Sonderband sind die Angaben über die Gesellschafter und den Gesellschaftsvertrag nebst der Anmeldung zum Handelsregister abgelegt. Der Hauptband enthält alle Erhebungen und Verfügungen des Registergerichts und die hierauf von einzelnen Stellen, z. B. der Industrie- und Handelskammer, abgegebenen Erklärungen. Darüber hinaus befinden sich in diesem Hauptband Schriftstücke über Zwangsmaßnahmen gegen den Gemeinschuldner, Anfragen anderer Gerichte oder Auskunftsersuchen von Gläubigern. Selbst Auslandsbeziehungen können hierbei aufgespürt werden. Der Staatsanwalt sollte erforderlichenfalls die vollständigen Registerakten beiziehen und von wesentlichen Schriftstücken Fotokopien fertigen lassen.

501 Zumindest sind folgende Unterlagen vom Registergericht **anzufordern**:

- Handelsregisterauszug,
- Gesellschafterliste,
- Gesellschaftsverträge,
- Anmeldung zum Handelsregister.

Richtet sich der Verdacht gegen die Verantwortlichen einer Genossenschaft, ergeben sich die notwendigen Informationen aus dem **Genossenschaftsregister**. Dieses wird bei dem für den Sitz der Genossenschaft zuständigen Amtsgericht – parallel zum Handelsregister – geführt. 502

4. Auskünfte aus dem Gewerberegister und Gewerbezentralregister

a) Gewerberegister

Als weitere Erkenntnisquelle zu den Unternehmen bietet sich das bei den örtlich zuständigen Gewerbeämtern geführte **Gewerberegister** an. Hier können häufig genauere oder aktuellere Informationen speziell zum Firmensitz und eventuellen weiteren Geschäftsräumen oder Niederlassungen erlangt werden. 503

Wichtig ist das Gewerberegister insbesondere zur Ermittlung der **Personalien** der Geschäftsführer einer GmbH. Da im Handelsregister nur der Name und der Wohnort – ohne Straße – genannt sind, läßt sich die Person des Geschäftsführers daraus nicht zweifelsfrei feststellen. Erst dessen beim Gewerbeamt registrierte Angaben über Geburtsdatum und -ort sowie über Staatsangehörigkeit und Privatanschrift ermöglichen eine zweifelsfreie Identifizierung. Falls ein Gesellschafterwechsel stattgefunden hat, hilft das Gewerberegister aber häufig nicht weiter, da Änderungen in der gesetzlichen Vertretung einer juristischen Person nicht der gewerberechtlichen Anzeigepflicht unterliegen. Auch darf man sich auf die Angaben im Gewerberegister nicht verlassen, falls die aktuelle Adresse des Geschäftsführers benötigt wird. Hier ist zur Ermittlung eventueller Wohnungswechsel unbedingt aufgrund der nun bekannten Daten eine Auskunft beim Einwohnermeldeamt einzuholen. 504

Bei den Gewerbeämtern werden zudem alle Firmenanmeldungen sowie die Firmenanschrift erfaßt. Unter der Rubrik „Angaben zum Betrieb" sind in der Gewerbeanmeldung u. a. die Anschriften der Betriebsstätte, der Hauptniederlassung und einer früheren Betriebsstätte zu nennen. Diese Angaben können für die Ermittlungsorgane, speziell für eventuelle Durchsuchungsmaßnahmen, von Wichtigkeit sein.

Nicht selten sind bei den örtlichen Gewerbeämtern im Zusammenhang mit Bußgeldverfahren und sonstigen gewerberechtlichen Überprüfungen auch Aktenvorgänge angelegt worden, die für das Ermittlungsverfahren von Bedeutung sind. 505

b) Gewerbezentralregister

Neben den örtlichen Gewerberegistern besteht das **Gewerbezentralregister**[725] (GZR), das gemeinsam mit dem Bundeszentralregister (BZR) bei der Dienststelle des Generalbundesanwalts in Berlin geführt wird. 506

Aus dem Registerauszug können für das weitere Ermittlungsverfahren relevante Informationen erlangt werden. Dort sind gemäß § 149 GewO die vollziehbaren und nicht mehr anfechtbaren Entscheidungen einer Verwaltungsbehörde eingetragen, welche die Unzuverlässigkeit oder Ungeeignetheit eines Gewerbetreibenden betreffen. Von besonderer Bedeutung sind hierbei die **Gewerbeuntersagung** oder die Ablehnung einer Zulassung. Zudem sind alle wirtschaftlich relevanten Bußgeldentscheidungen wegen einer Ordnungswidrigkeit verzeichnet, soweit die Geldbuße den Betrag von 200,– DM übersteigt. Aus dem GZR können auch **Strohmannverhältnisse** abgelesen werden, soweit diese den Verwaltungsbehörden bekanntgeworden sind.[726] Aufgrund der zentralen Erfassung der Verwaltungsentscheidungen kann gerade der mobile, den Firmensitz wechselnde Täter über das GZR frühzeitig erkannt werden. 507

---

[725] §§ 149 ff. Gewerbeordnung (BGBl. I 1999 S. 202 ff.).

[726] *Erbs/Kohlhaas/Ambs* § 149 GewO Anm. 6.

508 Da das GZR zwar auch der Strafverfolgung im Bereich der Wirtschaftskriminalität dient, in erster Linie aber den Verwaltungs- und Bußgeldbehörden die Möglichkeit eröffnen soll, Schutz vor unzuverlässigen Gewerbetreibenden zu gewähren, besteht das **Auskunftsrecht** für die Strafverfolgungsbehörden gemäß § 150a Abs. 2 Nr. 1 2. Halbsatz GewO leider nur **in eingeschränktem Umfang**. Insbesondere hat der Gesetzgeber ein Auskunftsrecht der Gerichte und Staatsanwaltschaften über eingetragene Bußgeldentscheidungen bei der Verfolgung von Wirtschaftsstraftaten eingeschränkt.[727]

509 Die mit der Ermittlung von Wirtschaftsstraftaten befaßten Dienststellen der Kriminalpolizei sind gemäß § 150a Abs. 2 Nr. 2 GewO ebenfalls befugt, Auskünfte über Registereintragungen einzuholen. Über Bußgeldentscheidungen erhalten sie aber ebenfalls keine Informationen.

5. Anfragen beim Vollstreckungsgericht

510 Wichtig für die weiteren Ermittlungen ist auch eine Anfrage beim zuständigen Vollstreckungsgericht. Hier wird das **Schuldnerverzeichnis** nach §§ 915ff. ZPO geführt, in das gemäß § 915 Abs. 1 Satz 1 ZPO diejenigen Personen einzutragen sind, welche die eidesstattliche Versicherung nach § 807 ZPO abgegeben haben oder gegen die nach § 901 ZPO die Haft angeordnet wurde. Eingetragen wird der Schuldner (§ 807 ZPO), also bei den hier in erster Linie interessierenden Gesellschaften und Genossenschaften nicht der organschaftliche Vertreter (vgl. § 1 Abs. 3 SchuVVO[728]), sondern die Gesellschaft oder Genossenschaft.

Der Schuldner wird grundsätzlich so eingetragen, wie er in dem Titel, der dem Vollstreckungsverfahren zugrunde liegt, bezeichnet ist (§ 1 Abs. 1 Nr. 1 SchuVVO). Bei Anhaltspunkten, daß eine Gesellschaft im Rechtsverkehr unter verschiedenen Firmen aufgetreten ist, die von der im Handelsregister eingetragenen Firma abweichen, sind deshalb alternative Anfragen veranlaßt.

511 Beim Vollstreckungsgericht sollte nicht nur angefragt werden, ob die eidesstattliche Versicherung geleistet oder die Haft angeordnet wurde. Es ist vielmehr auch eine Auskunft darüber einzuholen, ob dort weitere Verfahrensakten aus der Zeit bis etwa ein Jahr zurück vorliegen. Diese werden nach dem Registerzeichen für das allgemeine Vollstreckungsverfahren auch als **„M-Akten"** bezeichnet und bei jedem Antrag auf Abgabe der eidesstattlichen Versicherung angelegt.

512 In der Regel sind die M-Akten **anzufordern**. Bei Abgabe einer eidesstattlichen Versicherung versteht sich dies von selbst, da der Staatsanwalt oder Kriminalbeamte die Angaben in dem nach § 807 Abs. 1 Satz 1 ZPO vom Schuldner vorzulegenden Vermögensverzeichnis prüfen muß. Aber auch ansonsten lassen sich aus den Akten des Vollstreckungsgerichts wichtige Erkenntnisse gewinnen. Zum einen ergeben sich hieraus die Gläubiger und zum anderen der Grund, warum die eidesstattliche Versicherung letztendlich in den einzelnen Fällen doch nicht abgelegt wurde.

513 Nachdem erfahrungsgemäß Anträge von Gläubigern nicht nur bei Befriedigung durch den Schuldner zurückgenommen werden, können hier Ansatzpunkte für weitere Ermittlungen gefunden werden. Gerade der kriminelle Firmeninhaber oder Verantwortliche bringt Gläubiger häufig aufgrund des Versprechens zu leisten dazu, von weiteren Vollstreckungsmaßnahmen abzusehen. Oder er bedient nur die Gläubiger, die den Antrag auf Abgabe der Offenbarungsversicherung gestellt haben. So sind oftmals Befragungen bei Gläubigern nicht nur hilfreich für die Feststellung des Zeitpunkts der Zahlungsunfähigkeit oder Überschuldung, sondern können auch Anhaltspunkte beispielsweise für Straftaten des (Lieferanten-)Betrugs oder der Gläubigerbegünstigung liefern.

[727] Vgl. genauer *Erbs/Kohlhaas/Ambs* § 150a GewO Rn. 5 und 14.
[728] Schuldnerverzeichnisverordnung vom 15. 12. 1994, BGBl. I S. 3822.

6. Gerichtsvollzieherauskünfte

Eine ebenfalls sehr wichtige Erkenntnisquelle ist der zuständige **Gerichtsvollzieher.** Aus dessen Akten kann entscheidendes Hintergrundmaterial für Insolvenzdelikte gewonnen werden. Aus den hierin befindlichen Pfändungsprotokollen ergeben sich nämlich Anzahl und Datum der Vollstreckungsaufträge der Gläubiger, die Höhe der jeweiligen Forderung und der Vollstreckungserfolg. Besonders bedeutsam sind Pfandabstandserklärungen, Verhaftungsaufträge zur Abgabe der eidesstattlichen Versicherung oder abgewendete Verhaftungen (§§ 901, 902, 908, 909 ZPO). 514

Zu beachten ist, daß durch den zuständigen Dienstvorgesetzten des Gerichtsvollziehers die **Aussagegenehmigung** zu erteilen ist (vgl. § 54 Abs. 1 StPO, Nr. 66 RiStBV sowie z. B. in Bayern Art. 69 Abs. 2 BayBG oder in Nordrhein-Westfalen § 64 Abs. 2 LBG). Dies entfällt, sofern die Aussagegenehmigung allgemein erteilt ist. Dienstvorgesetzter ist der Direktor (Präsident) des Amtsgerichts. 515

Bei der Auswertung der Gerichtsvollzieherakten ist darauf zu achten, daß der Gerichtsvollzieher auch dann Pfandabstand erklärt, wenn er vom Schuldner lediglich einen Scheck zur Weiterleitung an den Gläubiger erhält. Aus dem Pfändungsprotokoll ergibt sich dann zwar die Scheckhingabe, nicht aber dessen Einlösung.[729] 516

Die Gerichtsvollzieher sind gemäß § 161 StPO **verpflichtet**, dem **Auskunftsersuchen** der Staatsanwaltschaft **nachzukommen**. Auch wenn dies mit gewissem Arbeitsaufwand, nämlich dem Heraussuchen und Auswerten der Vorgänge, verbunden ist, muß der Gerichtsvollzieher die Vollstreckungsversuche und -maßnahmen für die Ermittlungsbehörde zusammenstellen. Dies war bislang für den Gerichtsvollzieher häufig äußerst zeitaufwendig. Er mußte aus seinen zahlreichen Registern und Unterlagen die erbetenen Informationen heraussuchen. Inzwischen haben aber viele Gerichtsvollzieher die Daten der Schuldner sowie die maßgeblichen Vorgänge per EDV erfaßt. Damit vermindert sich der Arbeitsaufwand erheblich. Zudem ist dadurch – bei ordnungsgemäßer Erfassung – die Gefahr geringer geworden, daß einzelne Vorgänge übersehen werden. Der Staatsanwalt sollte die Anfrage aber auf den relevanten Zeitraum beschränken. Normalerweise genügt auch hier die Zeit bis etwa ein Jahr zurück. 517

7. Auswertung der Akten des Insolvenzgerichts

Ebenso wie aus den Akten des Vollstreckungsgerichts lassen sich aus den Akten des Insolvenzgerichts – bisher Konkursgericht – (sog. „**N-Akten**“ bzw. „**IN-Akten**“) oftmals wertvolle Erkenntnisse gewinnen. Dies gilt auch für die Fälle, in denen das Konkurs- oder Insolvenzverfahren auf Antrag eines Gläubigers in Gang kam, später aber durch Antragsrücknahme endete. Insbesondere ermöglicht eine intensive und die einzelnen Positionen vergleichende Betrachtungsweise der Vermögensübersicht einen Einblick in die Struktur, Größenordnung und Bedeutung der Insolvenz.[730] Der erfahrene Ermittlungsbeamte wird bereits hier oftmals erkennen, ob er es mit echten kriminellen Machenschaften zu tun hat oder ob der Schuldner im wesentlichen nur versucht hat, mit unlauteren Mitteln „sein“ Unternehmen zu retten. 518

a) Anforderung der Akten

Da der Staatsanwaltschaft nach der MiZi in den Fällen der Antragsrücknahme die Insolvenzverfahren nicht mitgeteilt werden, sind im Rahmen der Vorermittlungen oder des bereits eingeleiteten Ermittlungsverfahrens grundsätzlich **sämtliche N-Akten bzw. IN-Akten** anzufordern. Hieraus sind oftmals weitergehende Erkenntnisse zu gewinnen als aus den M-Akten oder den Unterlagen des Gerichtsvollziehers. Der antragstellende 519

---

[729] *Müller/Wabnitz/Janovsky* Kap. 6 Rn. 13.

[730] *Müller/Wabnitz/Janovsky* Kap. 6 Rn. 17.

Gläubiger muß neben seiner Forderung nämlich auch die Zahlungsunfähigkeit des Schuldners glaubhaft machen und einschlägige Informationen liefern (§ 14 Abs. 1 InsO; § 105 Abs. 1 KO). Außerdem können sich auch bei späterer Rücknahme des Gläubigerantrags bereits Angaben des Schuldners in der Akte des Insolvenzgerichts befinden, die von Interesse für die Ermittlungsbehörden sind.

Erst recht lassen sich wichtige Indizien aus den Akten des Insolvenzgerichts dann gewinnen, wenn es zur Eröffnung des Insolvenzverfahrens oder zur Ablehnung mangels Masse kommt.

b) Maßnahmen des Insolvenzgerichts

520 Das Insolvenzgericht wird entweder auf Antrag eines Gläubigers oder des Schuldners tätig. Der Insolvenzrichter wird grundsätzlich folgende Maßnahmen ergreifen:

521 Wenn ein **Gläubiger** den Insolvenzantrag gestellt hat, setzt der Richter dem (Gemein-)Schuldner üblicherweise eine Frist von zwei Wochen zur Abgabe einer Stellungnahme. Hierzu übersendet er in aller Regel in Formblätter gefaßte Fragebogen. Dies stellt gleichzeitig die gemäß § 14 Abs. 2 InsO, § 105 Abs. 2 KO vorgeschriebene Anhörung des Schuldners dar. Eine persönliche Anhörung ist unüblich – außer der Schuldner wünscht dies ausdrücklich – und in der Regel auch nicht erforderlich.[731] Wird die Aufforderung zur Stellungnahme vom Schuldner mißachtet, so ordnet der Richter die Vorladung oder Vorführung an (§ 98 Abs. 2 i.V. mit § 20 InsO; § 106 KO). Daneben verfügt er die Einholung eines Handelsregisterauszugs und läßt beim Vollstreckungsgericht nachfragen, ob dort Akten über die eidesstattliche Versicherung oder sonstige Vorgänge vorhanden sind, die er dann beizieht.

522 Stellt der **Schuldner** selbst den Antrag, hat er ein Verzeichnis seiner Gläubiger und Schuldner sowie eine Übersicht der Vermögensmasse einzureichen (§ 20 InsO). Häufig fehlen diese Angaben, so daß der Insolvenzrichter den Schuldner auffordert, diese unverzüglich nachzureichen. Hierzu werden wieder die bereits erwähnten Fragebogen verwendet.

c) Verdachtsmomente

523 Die **fehlende oder verzögerte Vorlage von Unterlagen** kann häufig schon ein Indiz für Insolvenzstraftaten darstellen. Gerade bei einem Gläubigerantrag wird häufig versucht, noch etwas zu vertuschen oder Manipulationen vorzunehmen. Wenn Vermögensübersichten, Kreditoren- und Debitorenlisten nicht eingereicht werden, sind grundsätzlich die Bücher unordentlich geführt und Bilanzen nicht erstellt oder verfälscht.[732]

524 Aber auch dann, wenn der Schuldner Angaben macht, ergeben sich hieraus oftmals konkrete Anhaltspunkte für Insolvenzverschleppung oder für sonstige Straftaten. Bei einem Fremdinsolvenzantrag ist die Insolvenzverschleppung evident, wenn der Schuldner einräumt, zahlungsunfähig oder überschuldet zu sein. Der eher theoretische Fall, daß der Gläubiger mit seinem Antrag einem Eigenantrag des Schuldners zuvorkam, ohne daß die Dreiwochenfrist der §§ 64 GmbHG, 130a HGB, 92 AktG, 99 GenG bereits abgelaufen ist, tritt in der Praxis kaum auf.

Ein konkreter Verdacht kann sich auch dann bereits aus den Schuldnerangaben ableiten lassen, wenn man die Auskünfte über die Außenstände und die Schulden (Debitoren- und Kreditorenliste) kritisch vergleicht. Der erfahrene Ermittler kann hier schon Ungereimtheiten feststellen, die auf eine Insolvenzverschleppung oder andere Insolvenzstraftaten hindeuten.

525 Im einzelnen können sich aus den Insolvenzakten folgende **Anhaltspunkte für strafbare Handlungen** ergeben.[733]

---

731 Vgl. *Haarmeyer/Wutzke/Förster* § 3 Rn. 129ff.

732 *Müller/Wabnitz/Janovsky* Kap. 6 Rn. 14.

733 Vgl. *Müller/Wabnitz/Janovsky* Kap. 6 Rn. 17.

- Ist der (Gemein-)Schuldner eine juristische Person oder Handelsgesellschaft gemäß §§ 130a, 177a HGB, kommt insbesondere ein Vergehen der Insolvenzverschleppung in Betracht. Dies gilt insbesondere dann, wenn ein Fremdinsolvenzantrag vorliegt.
- Handelt es sich bei dem Gläubiger (Antragsteller) um einen Sozialversicherungsträger, sind Verdachtsgründe für Vergehen des Vorenthaltens und Veruntreuens von Arbeitsentgelt gemäß § 266a StGB gegeben.
- Weichen die Vermögensübersichten von früheren eidesstattlichen Versicherungen oder Bilanzen in wichtigen Vermögenspositionen ab, so besteht der Verdacht, daß der (Gemein-)Schuldner Vermögenswerte verheimlicht oder vorher beiseite geschafft hat.
- Übersteigt die Summe der Forderungsabtretungen den Gesamtbetrag der Außenstände, besteht der Verdacht, daß Bank- oder Warenkredite erschlichen wurden. Das gleiche gilt bei einer Gegenüberstellung der sicherungsübereigneten oder verpfändeten Gegenstände mit dem als vorhanden angegebenen Anlage- oder Umlaufvermögen. Bei derartigen Abweichungen besteht zudem der Verdacht der Bankrottstraftat nach § 283 Abs. 1 Nr. 1 StGB oder eines Betrugs zum Nachteil des Sicherungsnehmers.
- Wurden Verbindlichkeiten aus Lieferungen und Leistungen erst in den letzten Wochen begründet, bestehen aber Lohnrückstände für die letzten zwei bis drei Monate, dann besteht der Verdacht des Lieferantenbetrugs.
- Die entgeltliche und unentgeltliche Übertragung von Vermögensgegenständen auf nahe Angehörige begründet den Verdacht des Beiseiteschaffens (Bankrott oder Untreue), wobei der (Gemein-)Schuldner nicht selten noch weitere Forderungen von Angehörigen gegen sich vorspiegelt oder anmelden läßt.

Bei Durchsicht der N-Akten (IN-Akten) sollte auf jeden Fall ein Blick auf die Angaben über die **Bankverbindungen** geworfen werden. Zum einen ist dies eine unabdingbare Voraussetzung für Anfragen oder für Durchsuchungen gemäß § 103 StPO bei Kreditinstituten. Zum anderen begründet das Verschweigen von einzelnen Bankverbindungen oder -konten einen schwerwiegenden Verdacht auf strafbare Handlungen. Der ermittelnde Staatsanwalt oder Kriminalbeamte sollte deshalb Unterlagen des Schuldners ebenfalls auf Angaben über Kontoverbindungen überprüfen und diese mit den vom Schuldner gegenüber dem Insolvenzgericht genannten Bankverbindungen vergleichen. Häufig ergeben sich aus den Angaben auf Geschäftsbriefen oder Rechnungen entsprechende Hinweise. Insbesondere die Änderung der Bankverbindung kurz vor dem Insolvenzantrag hat häufig einen kriminellen Hintergrund. Auch bei Gläubigern sollte deshalb nach den ihnen bekanntgewordenen Bankverbindungen des Schuldners nachgefragt werden. 526

d) Verwertungsverbot

Bei der Auswertung der Insolvenzakten ist darauf zu achten, daß Aussagen des Schuldners einem strafrechtlichen Verwertungsverbot unterliegen können. Der Schuldner ist nämlich im Insolvenzverfahren verpflichtet, auszusagen. Die Aussage kann erzwungen werden. Dies war in der Konkursordnung in §§ 75, 100, 101 Abs. 2 geregelt. In der InsO finden sich entsprechende Regelungen in §§ 5, 20, 97 Abs. 1 Satz 1 und § 98 Abs. 2. Die Auskunftspflicht besteht nicht nur für den Schuldner selbst, sondern trifft auch die gesetzlichen Vertreter wie Geschäftsführer, Vorstand oder Liquidatoren. 527

Die **Verpflichtung zur uneingeschränkten Aussage** des (Gemein-)Schuldners hat das BVerfG in einem Beschluß aus dem Jahr 1981[734] als mit dem Grundgesetz vereinbar erachtet. Es hat gleichzeitig aber ausgesprochen, daß die Aussage des Gemeinschuldners **nicht** gegen seinen Willen in einem Strafverfahren gegen ihn **verwertet** werden darf, wenn er strafbare Handlungen offenbart. In der InsO ist das im Wege der verfassungskonformen Auslegung der KO durch das BVerfG statuierte Verwertungsverbot nun einfachgesetzlich – entsprechend der Forderung des BVerfG – niedergelegt. § 97 Abs. 1 Satz 2 InsO schreibt ausdrücklich vor, daß der Schuldner auch Tatsachen zu offenbaren hat, die

[734] BVerfGE 56, 37 = NJW 1981, 1431.

geeignet sind, eine Verfolgung wegen einer Straftat oder einer Ordnungswidrigkeit herbeizuführen. Satz 3 des § 97 Abs. 1 InsO regelt, daß eine Auskunft des Schuldners, die dieser gemäß der in § 97 Abs. 1 Satz 1 InsO geregelten Verpflichtung erteilt, in einem Straf- oder Ordnungswidrigkeitenverfahren gegen den Schuldner oder einen Angehörigen i. S. des § 52 Abs. 1 StPO **nur mit Zustimmung des Schuldners** verwendet werden darf.

528 Der Staatsanwalt muß deshalb prüfen, ob die Angaben des Schuldners freiwillig oder aufgrund der Anordnung des Richters, somit in Erfüllung der gesetzlichen Mitwirkungspflicht, gemacht wurden. Die bei Stellung des Konkurs- oder Insolvenzantrags durch den Schuldner freiwillig eingereichten Unterlagen sind in ihrer Gesamtheit der Auswertung zugänglich. Verwertet werden können selbstverständlich auch alle Erklärungen und Urkunden, die nicht vom Schuldner in Erfüllung der gesetzlichen Pflicht zu den Insolvenzakten gelangten. Ebenfalls verwertbar sind Erkenntnisse, die auf andere Weise gewonnen werden; mag auch eine Aussage des Schuldners der Anlaß für entsprechende Ermittlungen gewesen sein.[735]

e) Weitere Schritte, insbesondere bei Eröffnung des Insolvenzverfahrens

529 Neben den Bankverbindungen sollten in diesem Stadium bereits eventuelle Großgläubiger aus dem Vermögensverzeichnis oder der Kreditorenliste ermittelt werden. Informatorische Voranfragen bei diesen sowie bei Banken oder Sparkassen können den Schlüssel für weitere Ermittlungen liefern.[736]

530 Wenn das **Insolvenzverfahren eröffnet** wurde, muß der Staatsanwalt oder der mit den Ermittlungen betraute Kriminalbeamte grundsätzlich das in einer besonderen Akte erfaßte Verzeichnis der von den Gläubigern angemeldeten Forderungen, das unter dem gleichen Aktenzeichen geführt wird, entweder im Original oder zumindest auszugsweise in Fotokopie verlangen. Aus der Gegenüberstellung der angemeldeten Forderungen und der vom Gemeinschuldner in seinem Verzeichnis aufgeführten Verbindlichkeiten ist bei abweichenden Bestandsangaben die unordentliche Buchführung naheliegend.[737]

531 Auch wenn im Fall der Eröffnung des Insolvenzverfahrens die Akten beim Insolvenzgericht benötigt werden, muß den Ermittlungsbehörden die Einsicht in die IN- bzw. N-Akten grundsätzlich jederzeit gewährt werden. Bei verständnisvoller Zusammenarbeit zwischen Insolvenzrichter und Staatsanwalt wird es immer eine Möglichkeit zur Auswertung der Insolvenzakten nebst Anlagen geben. Erfahrene Insolvenzrichter übermitteln, wenn sie selbst Anhaltspunkte für schwerwiegende Bankrottstraftaten erkennen, bereits vor ihrer Entscheidung über die Insolvenzeröffnung Fotokopien der Akten dem zuständigen Staatsanwalt. In den Fällen, in denen sich das Insolvenzgericht nicht am Ort der Staatsanwaltschaft befindet und die Insolvenzakten bei Gericht unentbehrlich sind und außerdem wegen ihres Umfangs nicht sofort fotokopiert werden können, muß der Staatsanwalt den zuständigen Kriminalisten, den Wirtschaftsreferenten oder die Buchhaltungsfachkraft der Staatsanwaltschaft mit der Vorauswertung beauftragen und die Durchführung dieser Maßnahme mit dem zuständigen Insolvenzrichter oder Rechtspfleger vorher absprechen.[738]

532 Wertvolle Hinweise können sich auch durch die Teilnahme des Kriminalbeamten an der ersten Gläubigerversammlung ergeben. Erfahrungsgemäß erheben die Gläubiger keine Einwendungen gegen das Begehren des Staatsanwalts. Aus dem vom Insolvenzverwalter zu erstattenden Bericht und den Zwischenbemerkungen der Insolvenzgläubiger ergeben sich häufig Einblicke in kriminelle Machenschaften des Gemeinschuldners. Dem Kriminalisten oder Staatsanwalt wird sich in zusätzlichen Informationsgesprächen mit

---

[735] A. A. *Schmidt-Räntsch* § 97 Rn. 1 (S. 262).

[736] *Müller/Wabnitz/Janovsky* Kap. 6 Rn. 17.

[737] *Müller/Wabnitz/Janovsky* Kap. 6 Rn. 18.

[738] *Müller/Wabnitz/Janovsky* Kap. 6 Rn. 18f.

Geschädigten und dem Insolvenzverwalter ein weiterer Wegweiser für zielgerichtete Ermittlungsmaßnahmen eröffnen. Bei wichtigen Hinweisen ist sofort eine Zeugenvernehmung durchzuführen.[739]

8. Kontaktaufnahme zum Gutachter oder Insolvenzverwalter

Da das Insolvenzgericht das Vorliegen eines Insolvenzgrundes (Konkursgrundes) und – bejahendenfalls – die Frage, ob zur Deckung der Kosten eines Insolvenzverfahrens genügend freie Masse vorhanden ist, klären muß (§ 26 Abs. 1 InsO; § 107 Abs. 1 Satz 1 KO), beauftragen Insolvenzrichter häufig einen Sachverständigen zur Erstattung eines Gutachtens. Dies ist in aller Regel der in Aussicht genommene künftige Insolvenzverwalter, der bereits als vorläufiger Insolvenzverwalter bestellt werden kann (§ 21 Abs. 1 Satz 2 Nr. 1 InsO). Dieser stellt eine wichtige Informationsquelle für die Ermittlungsbehörden dar.[740] Entweder ist der Gutachter aktuell dabei, Erkenntnisse über das Unternehmen zu sammeln und Unterlagen auszuwerten, oder es liegt bereits ein schriftliches Gutachten vor (insbesondere wenn die Staatsanwaltschaft von dem Unternehmenszusammenbruch erst nach Abweisung des Insolvenzverfahrens mangels Masse Kenntnis erlangt). In beiden Fällen ist eine **Kontaktaufnahme** des Staatsanwalts zu dem Gutachter **unerläßlich**, da hier bedeutende Ansatzpunkte für weitere Ermittlungen gewonnen werden können. Im Rahmen der Überprüfungen durch den Gutachter werden nämlich oft entscheidende Feststellungen über Straftaten getroffen, die für den Vermögensverfall ursächlich waren oder hierbei verübt wurden. In vielen Fällen können gerade zu Beginn des Ermittlungsverfahrens vom Insolvenzgutachter wichtige Hinweise für eine unsaubere Insolvenz gewonnen werden.[741] 533

Der Gutachter und noch weitergehend der Insolvenzverwalter verfügt aufgrund seiner Tätigkeit meist über umfassende Erkenntnisse zu dem insolventen Unternehmen. Er hat häufig einen guten Überblick über die möglicherweise geschädigten Gläubiger und kann – zumal ihm die Firmenunterlagen zur Verfügung stehen – Hinweise auf vorgenommene Vermögensverschiebungen und andere Bankrotthandlungen geben.[742] Häufig legt er Verdachtsmomente nicht schriftlich nieder. Dies ist zum einen nicht seine Aufgabe, und zum anderen konzentriert sich der Sachverständige im Gutachten oftmals auf die Frage der Masseunzulänglichkeit, insbesondere wenn er die Empfehlung ausspricht, den Antrag mangels Masse abzuweisen. Im persönlichen Gespräch mit dem Staatsanwalt ist er aber meist bereit, den Ermittlungsbehörden entsprechende **Hinweise** zu geben. Speziell der Insolvenzverwalter ist häufig im eigenen Interesse zur Mehrung der Masse an einer Kooperation mit der Staatsanwaltschaft interessiert.[743] 534

Es soll jedoch nicht verschwiegen werden, daß manche Insolvenzverwalter einer Zusammenarbeit mit der Staatsanwaltschaft ablehnend gegenüberstehen. Sie versuchen im Extremfall sogar die Ermittlungen zu behindern. Hier kann nur versucht werden, ein gewisses Einvernehmen herbeizuführen. Wenn dies nicht gelingt, insbesondere wenn der Insolvenzverwalter die Ermittlungen zu behindern versucht oder tatsächlich behindert – etwa indem er Unterlagen nicht herausgibt –, sollte sich der Staatsanwalt nicht scheuen, die erforderlichen Maßnahmen zu ergreifen.[744] 535

[739] *Müller/Wabnitz/Janovsky* Kap. 6 Rn. 20.
[740] *Weyand* 6.2.3 (S. 138f.).
[741] *Müller/Wabnitz/Janovsky* Kap. 6 Rn. 21.
[742] *Weyand* 6.2.3 (S. 139).
[743] *Müller/Wabnitz/Janovsky* Kap. 6 Rn. 21; *H. Schäfer* wistra 1985, 209.
[744] Dazu *H. Schäfer* wistra 1985, 209.

9. Anfragen bei sonstigen Stellen

a) Krankenkassen

536 Da bei insolventen Unternehmen oftmals Rückstände hinsichtlich der Sozialversicherungsbeiträge zu verzeichnen sind, sollten diese bei der AOK und den anderen Krankenkassen erfragt werden. Dadurch können nicht nur Straftaten nach § 266a StGB aufgedeckt werden – die Krankenkassen erstatten nicht immer Anzeige –, sondern auch Erkenntnisse über Beginn und Ausmaß von Zahlungsschwierigkeiten eruiert werden. Häufig stunden die Krankenkassen auf Antrag die Beiträge. Das Datum eines solchen Antrags kann, ggf. i.V. mit den diesbezüglichen Angaben des Schuldners gegenüber der Krankenkasse, Indiz für den Zeitpunkt der Zahlungsunfähigkeit oder der drohenden Zahlungsunfähigkeit sein.

b) Arbeitsamt

537 Beim Arbeitsamt sollte zum einen nachgefragt werden, ob für ein insolventes Unternehmen bereits Insolvenzgeld (bisher: Konkursausfallgeld) beantragt wurde. Zum anderen sind gelegentlich Erkenntnisse der Bearbeitungsstellen zur Bekämpfung der illegalen Beschäftigung (BillBG-Stellen) vorhanden, die für die Staatsanwaltschaft hilfreich sein können. Hierbei ist zu beachten, daß die BillBG-Stellen nicht bei jedem Arbeitsamt eingerichtet sind, sondern als sog. Stützpunkte bei einzelnen Ämtern überregional für mehrere Arbeitsamtsbezirke zuständig sind.

c) Finanzbehörden

538 Da im Zusammenhang mit Insolvenzen häufig Steuerdelikte verübt werden, sollte beim örtlich zuständigen Finanzamt angefragt werden, ob sich aus den Steuerakten Hinweise auf Steuerstraftaten ergeben und ob die Einleitung eines Steuerstrafverfahrens erwogen wird.[745] Hat der Unternehmer z. B. dem Sozialversicherungsträger einbehaltene Arbeitnehmeranteile vorenthalten, so liegt der Verdacht auf Lohnsteuerhinterziehung nahe. Verschiedentlich liegen auch bereits Strafbefehlsanträge der Finanzämter vor, die aber, wie sich aus Konkursakten oder evtl. Anzeigen von Gläubigern ergibt, nur kleine Ausschnitte der gesamten Steuerverfehlung enthalten.[746]

539 Auch zur Vermeidung von unnötigen Doppelermittlungen ist eine **Kontaktaufnahme** des Staatsanwalts mit der zuständigen Bußgeld- und Strafsachenstelle (**Bustra**) des Finanzamtes und der Steuerfahndungsstelle (**Steufa**) angezeigt. Im Einzelfall – je nach Art der Geschäftstätigkeit des verdächtigen Unternehmers – ist auch eine Anfrage beim zuständigen Hauptzollamt (**HZA**) oder Zollfahndungsamt (**ZFA**) veranlaßt. Möglicherweise sind von seiten der Finanzbehörden bereits Durchsuchungen geplant oder es liegen Erkenntnisse aus einer Betriebsprüfung vor. Hier gilt es, ebenso wie im Verhältnis zur Kripo, unnötigen Arbeitsaufwand oder sich überschneidende, eventuell sogar sich gegenseitig behindernde Ermittlungen zu vermeiden.[747]

540 Einer Weitergabe von Informationen durch die Finanzbehörden kann allerdings die Vorschrift des § 30 AO über das **Steuergeheimnis** entgegenstehen. Bei Sachverhalten, die keine Steuerstraftat betreffen, ist nach § 30 Abs. 4 Nr. 4 AO eine Durchbrechung des Steuergeheimnisses jedoch möglich. Daneben erlauben auch die Regelungen in § 30 Abs. 4 Nr. 2, 3 und 5 AO die Offenbarung der Erkenntnisse der Steuerbehörden.[748]

---

[745] *Weyand* 6.2.2 (S. 138).

[746] *Müller/Wabnitz/Janovsky* Kap. 6 Rn. 24.

[747] Vgl. auch *Janovsky* Kriminalistik 1998, 269/331 (270).

[748] Dazu näher *Weyand* 6.2.4 (S. 141ff.); *Müller/Wabnitz/Janovsky* Kap. 12 Rn. 18ff.

d) Bundesamt für Wirtschaft und andere überregionale Behörden

Speziell bei Unternehmen mit Auslandsbezug – sei es durch Niederlassungen oder intensive Geschäftstätigkeit im Ausland oder mit Ausländern – können Anfragen beim Bundesamt für Wirtschaft, beim Bundesausfuhramt, bei der Informationszentrale Ausland des Bundesamts für Finanzen oder bei sonstigen Einrichtungen sinnvoll sein.[749] 541

III. Weitere Ermittlungen

1. Durchsuchung, Beschlagnahme und ähnliches

Soweit sich aufgrund der ersten Ermittlungsschritte, insbesondere aus den Akten des Insolvenzgerichts, des Vollstreckungsgerichts oder des Gerichtsvollziehers Anhaltspunkte für einen unsauberen Konkurs ergeben, müssen die Geschäftsunterlagen des Schuldners sichergestellt und ausgewertet werden. Dies erfordert in aller Regel **Durchsuchungsmaßnahmen**, vor allem beim Schuldner, aber auch bei Dritten. Zur Vorbereitung der Maßnahmen sind die zu durchsuchenden Räumlichkeiten und Personen zu eruieren. Ein schwerwiegender und in der Regel nicht mehr wiedergutzumachender Ermittlungsfehler ist dann gegeben, wenn unüberlegt lediglich die in der Firmenanschrift eines Beschuldigten bezeichneten Räumlichkeiten durchsucht werden. Erfahrungsgemäß befinden sich bei ausgeklügelten Bankrott- und Betrugshandlungen die wesentlichen Beweismittel nicht in den Büroräumen, sondern in der Erst- oder Zweitwohnung, im PKW oder in Luxusgegenständen wie Segeljacht oder Privatflugzeug.[750] Für alle potentiellen Verstecke sind Durchsuchungsbeschlüsse beim zuständigen Ermittlungsrichter zu beantragen. 542

Im übrigen ist bei jeder Durchsuchung vordringlich darauf zu achten, ob sich Anhaltspunkte für weitere Unterbringungsorte ergeben. Grundsätzlich sind in solchen Fällen die neu bekanntgewordenen Aufbewahrungsorte sofort wegen Gefahr im Verzug zu durchsuchen.[751] Soweit im Rahmen der Durchsuchungen Unterlagen aufgefunden werden, die auf Steuer- oder Zollvergehen hindeuten können, sind diese Unterlagen grundsätzlich sicherzustellen. Insbesondere wenn der sachbearbeitende Staatsanwalt die Durchsuchung nicht persönlich vor Ort leitet, sollte er vorab die Kriminalpolizei anweisen, daß diese in solchen Fällen unverzüglich die Steuerfahndung informiert. Wenn aufgrund der bisherigen Ermittlungen mit Steuerdelikten zu rechnen ist, sollten von vornherein Beamte der Steufa an der Durchsuchung teilnehmen. Zudem bietet es sich häufig an, daß der Wirtschaftsreferent oder eine Buchführungskraft der Staatsanwaltschaft bei der Durchsuchung hinzugezogen werden. 543

Bei der **Teilnahme des Wirtschaftsreferenten** ist darauf zu achten, daß dieser eventuell später mit der Erstellung eines Gutachtens beauftragt wird (falls er nicht bereits beauftragt ist) und er deshalb Handlungen, die im gerichtlichen Verfahren zu einer Ablehnung wegen Besorgnis der Befangenheit führen könnten, zu unterlassen hat. Die bloße Mitwirkung an Durchsuchungen oder gar allein die Tatsache, daß der Wirtschaftsreferent (oder eine Wirtschaftsfachkraft) organisatorisch in die Behörde der Staatsanwaltschaft eingegliedert ist, steht der Erstattung eines Gutachtens allerdings nicht entgegen. Die **Besorgnis der Befangenheit** ist dadurch nach h. M. nicht begründet.[752] Die Aufgabe des Wirtschaftsreferenten besteht darin, kraft seines Sachverstandes wirtschaftliche und wirtschaftsrechtliche Fragen, die im Ermittlungsverfahren auftauchen, zu beantworten. Da er 544

---

[749] Vgl. auch *Huber* NStZ 1996, 530 (532); s. a. Kap. 22.

[750] *Müller/Wabnitz/Janovsky* Kap. 6 Rn. 23.

[751] *Müller/Wabnitz/Janovsky* Kap. 6 Rn. 23.

[752] OLG Zweibrücken NJW 1979, 1995; *Gössel* DRiZ 1980, 363 (371); *Kleinknecht/Meyer-Goßner* § 73 Rn. 9, § 74 Rn. 5; KK-StPO/*Pelchen* § 74 Rn. 5; KMR/*Paulus* § 74 Rn. 8; a. A. *Dose* NJW 1978, 349 (354); *Löwe-Rosenberg/Dahs* § 74 Rn. 7.

innerhalb dieses Aufgabenkreises **weisungsfrei in eigener Verantwortung** arbeitet und die Sichtung des vorhandenen Materials sowie die Überprüfung der Unterlagen auf ihre Bedeutung für das Strafverfahren zu den Tätigkeiten gehören, die für einen Sachverständigen typisch sind, stellt die Tätigkeit des Wirtschaftsreferenten einschließlich der Teilnahme an Durchsuchungen keine (strafrechtliche) Ermittlungstätigkeit, sondern Gutachtertätigkeit dar.[753] Dies gilt unabhängig davon, ob sich die Staatsanwaltschaft der Sachkunde des Wirtschaftsreferenten bei der Durchsicht am Ort der Durchsuchung bedient oder erst nach der Beschlagnahme der Papiere.[754] Typische Ermittlungstätigkeiten, wie z. B. die Vernehmung von Zeugen, widersprechen jedoch der Stellung eines Sachverständigen und sollten deshalb durch den Wirtschaftsreferenten nicht vorgenommen werden.

545 In diesem Zusammenhang ist darauf hinzuweisen, daß die Beauftragung des Wirtschaftsreferenten nach § 78c Abs. 1 Nr. 3 StGB die **Verjährung unterbricht**, wenn eine ordnungsgemäße Beauftragung mit der Erstattung eines Gutachtens vorliegt und er trotz organisatorischer Eingliederung in die Staatsanwaltschaft das Gutachten eigenverantwortlich und frei von jeder Beeinflussung erstatten kann.[755] Zur Herbeiführung der verjährungsunterbrechenden Wirkung ist es nicht erforderlich, daß der Wirtschaftsreferent losgelöst von seinen sonstigen Dienstaufgaben im Wege der Nebentätigkeit als Sachverständiger beauftragt wird.[756] Die Beauftragung ist auch an keine Form gebunden. Sie kann daher auch mündlich oder durch schlüssige Handlung ergehen. Voraussetzung ist aber stets, daß sie den Verfahrensbeteiligten nach ihrem Inhalt und dem Zeitpunkt ihres Ergehens erkennbar ist und von diesen in ihrer Wirkung auf das Verfahren abgeschätzt werden kann.[757] Schon zur Klarstellung sollte deshalb dem Verteidiger gemäß Nr. 70 Abs. 1 RiStBV Gelegenheit gegeben werden, vor der Auswahl des Sachverständigen Stellung zu nehmen.[758]

a) Durchsuchung beim Schuldner

546 **aa)** Der Schuldner ist Tatverdächtiger i. S. der StPO, so daß bei ihm die Voraussetzungen des **§ 102 StPO** vorliegen müssen. Da es hierfür ausreicht, daß die Durchsuchung *vermutlich* zur Auffindung von Beweismitteln führen wird, sind die Voraussetzungen regelmäßig gegeben, wenn sich aus den ersten Ermittlungen Hinweise auf Insolvenzstraftaten (i. w. S.) ergeben.

547 **bb)** Die aufgefundenen Geschäftsunterlagen, aber auch Unterlagen über private Ausgaben etc., sind **sicherzustellen** (§ 94 StPO), ggf. zu **beschlagnahmen** (§ 98 StPO). Da häufig die gesamten Buchhaltungs- und Kontounterlagen der vergangenen Jahre sowie weitere Geschäftsunterlagen zur umfassenden Auswertung gesichert werden müssen, sollte – soweit möglich – **vor Ort** bereits eine **grobe Durchsicht** erfolgen. Dadurch kann vermieden werden, daß kritiklos alles eingepackt wird, was sich später als nicht relevant herausstellt. Durch diese Vorauswahl ersparen sich die Ermittlungsorgane in aller Regel erheblichen Aufwand, auch wenn sie vor Ort zunächst einmal etwas mehr Zeit verwenden müssen. Darüber hinaus darf die gerade in Insolvenzfällen gelegentlich vorzufindende Unordnung in der Buchführung nicht durch hoheitliche Maßnahmen fortgeführt und vergrößert werden.[759]

548 Bei der Sicherstellung oder Beschlagnahme ist folgendes zu beachten:
- Der Fundort ist genau zu kennzeichnen;

---

753 Vgl. OLG Zweibrücken NJW 1979, 1995; *Gössel* DRiZ 1980, 363 (371).
754 *Gössel* DRiZ 1980, 363 (371).
755 Vgl. BGHSt 28, 381 (384) = NJW 1979, 2414; OLG Zweibrücken NJW 1979, 1995.
756 BGH StV 1986, 465.
757 BGHSt 28, 381 (382) = NJW 1979, 2414.
758 BGH StV 1986, 465.
759 *Müller/Wabnitz/Janovsky* Kap. 6 Rn. 26.

- Geordnete Beweismittel dürfen nicht auseinandergerissen werden;
- Die Beweismittel sind (durch Anbringen von Aufklebern) genau zu kennzeichnen.

Darüber hinaus ist ein ausführliches Sicherstellungsverzeichnis anzufertigen. Die hierauf verwendete Mühe zahlt sich später in aller Regel aus; spätestens bei der Beweismittelauflösung nach Beendigung des Verfahrens.

Durch entsprechende Vorsichtung und Auswahl wird zudem eine übermäßige Beeinträchtigung des Betroffenen vermieden. Zuweilen kann es der **Grundsatz der Verhältnismäßigkeit** gebieten, daß von den Geschäftsunterlagen Kopien gefertigt und dem Betroffenen die Originale zur Fortführung seines Betriebes wieder zurückgegeben werden.[760] Oftmals bietet sich auch der umgekehrte Weg an: dem Betroffenen wird bei der Durchsuchung gestattet, auf dem firmeneigenen Kopierer (unter Aufsicht) die Unterlagen zu kopieren, die er benötigt. Das Original ist für ihn oftmals nicht entscheidend; meist genügt ihm eine Kopie. Auch die Beschlagnahme der kompletten EDV-Anlage sollte nicht ohne zwingenden Grund erfolgen.[761] Hier sind oftmals Kopien der gespeicherten Daten oder ein Ausdruck der Korrespondenz und Verträge ausreichend. 549

Zu den zum Nachweis der Insolvenz wichtigen Beweismitteln gehören vor allem folgende Unterlagen:[762] 550

- Bilanzen und sonstige Vermögensübersichten;
- Gewinn- und Verlustrechnungen;
- Geschäfts- und Prüfungsberichte (auch der steuerlichen Betriebsprüfung);
- Geschäftsbücher und Belege (Sach-, Personen-, Bilanzkonten, einschließlich Geschäftskorrespondenz mit Kreditoren, Kassenbücher, Wechselkopierbuch, Inventurlisten, Umbuchungslisten, Lohnkonten);
- Steuererklärungen;
- Nachweise über Kassen- und Bankbewegungen, Eingangs- und Ausgangsrechnungen.

Weiterhin zählen hierzu Gütertrennungsverträge, Einkaufsrechnungen für Luxusgüter, Übereignungsverträge mit Angehörigen, Garantie- und Bürgschaftsverträge, Nachweise für Auslandsvermögen, private Sparkonten, Verträge über Briefkastenfirmen oder sonstige Gesellschafts- oder Beteiligungsverträge. Auch ältere Bilanzen sind (wegen des Grundsatzes der Bewertungsstetigkeit) von Interesse. Zu den Geschäfts- und Prüfungsberichten zählen auch die Lageberichte eines eventuell eingeschalteten Wirtschaftsprüfers.

Diese Unterlagen sind grundsätzlich mitzunehmen und bei der Staatsanwaltschaft oder Kriminalpolizei zu verwahren. Dort besteht teilweise bereits die Möglichkeit, diese in die EDV einzulesen (einzuscannen), um sie dann entsprechend auswerten zu können. Weniger bedeutsame Unterlagen können zunächst in den Geschäftsräumen des Beschuldigten belassen werden, wenn eine Raum- oder Schrankversiegelung möglich ist. Durch besondere Sicherungen (Zusatzschlösser usw.) muß aber einer „versehentlichen" Entsiegelung (sie geschieht erfahrungsgemäß angeblich durch einen Hausmeister, Nachtwächter oder andere Hilfspersonen) vorgebeugt werden. Ergeben sich Anhaltspunkte, daß der Beschuldigte bereits Beweismittel beiseite geschafft oder vernichtet hat, müssen alle Beweismittel mitgenommen werden.[763] 551

cc) Da sich Durchsuchungsaktionen in Wirtschaftsstrafsachen, insbesondere wenn der Verdacht schwerwiegender Insolvenzstraftaten besteht, oftmals über längere Zeit hinziehen, ergeben sich gelegentlich Probleme, die hiermit zusammenhängen.[764] Vor allem wünschen Betroffene häufig die **Anwesenheit eines Rechtsanwalts**. Hierzu ist zu sagen, daß es jedem von einer Durchsuchung Betroffenen grundsätzlich gestattet ist, sich mit 552

---

760 *Müller-Gugenberger/Schmidt-Hieber* § 13 Rn. 49a m. w. N.

761 Vgl. auch *Janovsky* Kriminalistik 1998, 269/331 (277); dort (S. 276f., 331ff.) auch Einzelheiten zu EDV-Durchsuchung, EDV-Beweissicherung und EDV-Beweisauswertung.

762 *Müller/Wabnitz/Janovsky* Kap. 6 Rn. 27.

763 *Müller/Wabnitz/Janovsky* Kap. 6 Rn. 27.

764 Vgl. *Müller-Gugenberger/Schmidt-Hieber* § 13 Rn. 45; näher: *Rengier* NStZ 1981, 372.

einem Rechtsanwalt in Verbindung zu setzen. Ein Anwesenheitsrecht hat der Anwalt jedoch nicht (str.).[765] Insbesondere muß mit der eigentlichen Durchsuchung nicht abgewartet werden, bis der telefonisch informierte Verteidiger am Ort der Durchsuchung eintrifft. In der Praxis stellt sich die Anwesenheit eines Verteidigers aber gelegentlich als Vorteil heraus, insbesondere wenn er es versteht, auf seinen möglicherweise aufgebrachten Mandanten beruhigend einzuwirken. Deshalb sollte sich der Staatsanwalt oder der vor Ort verantwortliche Kriminalbeamte dem Anliegen eines Rechtsanwalts, an der Durchsuchung teilzunehmen, nicht von vornherein verschließen.

553 Soweit ein Geschäftsbetrieb noch besteht, sollte dieser so wenig wie möglich beeinträchtigt werden. **Telefongespräche** des Schuldners während der Durchsuchungsaktion sollten jedoch möglichst unterbunden werden. Eine rechtliche Handhabe hierfür besteht allerdings nur, wenn Anhaltspunkte dafür vorliegen, daß der Schuldner beabsichtigt, unlautere Gespräche zu führen.[766] Gleiches gilt für einen sog. „**Stubenarrest**," also das an den Verdächtigen oder seine Mitarbeiter gerichtete Verbot, die zu durchsuchenden Räume zu verlassen. Dieser ist nur dann gerechtfertigt, wenn die Gefahr besteht, daß Beweismittel beiseite geschafft werden oder der Schuldner in unlauterer Weise Kontakt mit Dritten aufnimmt.[767]

b) Durchsuchung bei Steuerberatern, Wirtschaftsprüfern u. a.

554 Oftmals befinden sich Geschäftsunterlagen nicht beim verdächtigen Schuldner, sondern bei dessen steuerlichen Beratern. Gerade die **Jahresabschlüsse**, die häufig der Steuerberater erstellt, aber auch betriebswirtschaftliche Auswertungen sowie **sonstige Geschäftsunterlagen** finden sich dort. Nachdem vor allem bei kleineren bis mittleren Unternehmen die Buchhaltung vielfach durch den Steuerberater erledigt wird, sind meist gerade die aktuellen geschäftlichen Unterlagen nicht in den Räumen des Unternehmens, sondern in der Kanzlei des Beraters zu finden. Deswegen wird zunehmend beim Steuerberater durchsucht.

555 Trotz des Beschlagnahmeverbots gemäß § 97 StPO sind Durchsuchungen beim Steuerberater **ohne weiteres** gemäß § 103 StPO **zulässig**. Die Bilanz- und Buchführungsunterlagen gehören nämlich nicht zu den beschlagnahmefreien Gegenständen.[768] Vielmehr stellen sie Unterlagen dar, die der Mandant zur Erfüllung seiner handelsrechtlichen Pflichten benötigt. Der steuerliche Berater wertet die Unterlagen lediglich aus und unterstützt den Kaufmann bei der Wahrnehmung von dessen Obliegenheiten.[769] Zudem ist die Erstellung der Bücher keine steuerberatende Tätigkeit. Es kann auch keinen Unterschied machen, ob der Schuldner selbst oder durch Hilfspersonal die Buchführung in den Betriebsräumen erledigt, ein entsprechendes Unternehmen („Buchhaltungsbüro") beauftragt oder hierfür den Steuerberater einschaltet.[770] Die Weitergabe von Unterlagen an einen Zeugnisverweigerungsberechtigten kann für die Zulässigkeit der Beschlagnahme nicht maßgeblich sein.[771]

556 **Beschlagnahmefrei** sind lediglich die vom Steuerberater selbst gefertigten Aufzeichnungen, insbesondere Aktenvermerke z. B. über Mandantenbesprechungen, einschließlich der Aufzeichnungen und Notizen zur Vorbereitung des Jahresabschlusses, sowie die Korrespondenz des Steuerberaters mit dem Beschuldigten.[772] Diese üblicherweise in der Handakte abgelegten Unterlagen werden von § 97 Abs. 1 StPO erfaßt.

---

[765] *Müller-Gugenberger/Schmidt-Hieber* § 13 Rn. 45; *Rengier* NStZ 1981, 372 (375).

[766] *Rengier* NStZ 1981, 372 (375); *Müller-Gugenberger/Schmidt-Hieber* § 13 Rn. 45.

[767] *Rengier* NStZ 1981, 372 (375); *Müller-Gugenberger/Schmidt-Hieber* § 13 Rn. 45.

[768] Ganz überwiegende Rechtsprechung, Nachweise bei *Weyand* 6.2.5.2 (S. 146) und *Kleinknecht/Meyer-Goßner* § 97 Rn. 40.

[769] *Weyand* 6.2.5.2 (S. 146); s. a. *Müller/Wabnitz/Janovsky* Kap. 6 Rn. 29.

[770] S. a. *Schuhmann* wistra 1995, 50 (51); *Braun/Uhlenbruck* Teil 10 V (S. 772).

[771] *Müller-Gugenberger/Schmidt-Hieber* § 13 Rn. 51.

[772] *Müller/Wabnitz/Janovsky* Kap. 6 Rn. 29; *Weyand* 6.2.5.2 (S. 146).

Das **Beschlagnahmeverbot** greift jedoch dann **nicht** ein, wenn der Steuerberater der Teilnahme, Begünstigung oder Strafvereitelung verdächtig ist (§ 97 Abs. 2 Satz 2 StPO). Der Begriff der **Tatbeteiligung** ist hierbei im weitesten Sinn zu verstehen; maßgebend ist der Tatbegriff des § 264 StPO.[773] Im Einzelfall können Buchführungsunterlagen auch **Tatmittel** und nicht nur Beweismittel sein. Damit unterliegen sie der Einziehung (§ 74 StGB) und können gemäß § 97 Abs. 2 Satz 3 StPO ohne Einschränkung beschlagnahmt werden.[774] 557

Für **Wirtschaftsprüfer**, vereidigte Buchprüfer und Steuerbevollmächtigte gelten dieselben Kriterien. Bei **Unternehmensberatern**, sog. Consulting-Gesellschaften oder ähnlichen Unternehmen sind darüber hinaus auch die Handakten einer Beschlagnahme zugänglich, da sie keine Berufsgeheimnisträger nach § 53 StPO sind und deswegen das Beschlagnahmeverbot des § 97 StPO nicht eingreift. 558

c) Bankermittlungen[774a]

Zur Ermittlung von Insolvenzstraftaten (i. w. S.) sind immer die Kontobewegungen des Schuldners von Bedeutung. Darüber hinaus sind weitere Informationen wichtig, über die Kreditinstitute – insbesondere die „Hausbank" des Schuldners – häufig verfügen. Dies können den Banken vorgelegte Bilanzen, betriebswirtschaftliche Auswertungen oder Wirtschaftlichkeitsberechnungen ebenso sein wie z. B. Kreditvereinbarungen oder sonstiger Schriftverkehr. Deshalb ist es in aller Regel erforderlich, diese Unterlagen von den Banken zu erhalten. Hier gibt es entweder den Weg über ein Auskunftsersuchen (sog. **Bankanfrage**) oder über einen **Durchsuchungsbeschluß** nach § 103 StPO. Die gegenüber § 102 StPO strengeren Voraussetzungen für eine Durchsuchung bei anderen Personen als beim Verdächtigen liegen regelmäßig vor.[775] Daneben bietet sich für erste Informationen der „informelle Weg" einer telefonischen Kontaktaufnahme zu dem Banker an. 559

Grundsätzlich sind die Kreditinstitute verpflichtet, einem **Auskunftsersuchen** der Staatsanwaltschaft nachzukommen und die notwendigen Unterlagen herauszugeben (§§ 161a, 95 StPO). Durch die schriftliche Erteilung von Auskünften kann eine ansonsten erforderliche Vernehmung der Bankmitarbeiter als Zeugen vermieden werden. Ein strafprozessual zu beachtendes Bankgeheimnis existiert nicht.[776] Da teilweise – insbesondere von einigen Kreditinstituten – vor allem unter Berufung auf § 98 Abs. 1 StPO die Auffassung vertreten wird, eine Herausgabepflicht erfordere eine richterliche Anordnung, ist häufig die Einschaltung des Ermittlungsrichters angezeigt. 560

In einen **Durchsuchungsbeschluß** wird üblicherweise aufgenommen, daß die Durchsuchung und Beschlagnahme durch entsprechende Auskunft und Herausgabe der Unterlagen abgewendet werden kann (sog. Abwendungsbefugnis). Vollzogen wird der Beschluß dann meist in der Form, daß er einem schriftlichen Auskunftsersuchen der Staatsanwaltschaft beigelegt wird. In aller Regel zeigen die Kreditinstitute gegenüber der Staatsanwaltschaft eine hohe Kooperationsbereitschaft und stellen die gewünschten Unterlagen widerspruchslos zur Verfügung. Beim Verdacht schwerer Straftaten oder wenn möglicherweise ein Mitarbeiter der Hausbank oder eines anderen Kreditinstituts an den Straftaten beteiligt ist, sollte dieser Weg allerdings nicht beschritten werden.[777] Dann sollte der Staatsanwalt oder zumindest der Wirtschaftsreferent der Staatsanwaltschaft zusammen mit der Polizei, ggf. auch die Kriminalpolizei allein, die Räume der Bank aufsuchen und den Durchsuchungsbeschluß vollziehen. 561

---

773 *Kleinknecht/Meyer-Goßner* § 97 Rn. 19.

774 Vgl. BGHSt 37, 245 (248) = NJW 1991, 1764 (1765); *Janovsky* Kriminalistik 1998, 269/331 (276).

774a Hierzu auch Kap. 3 – Straftaten im Bankbereich, Rn. 370 ff. und *Janovsky* Kriminalistik 1998, 269/331 (273 f.).

775 Vgl. auch *Rengier* NStZ 1981, 372 (373).

776 Vgl. nur *Kleinknecht/Meyer-Goßner* § 161 Rn. 4; *Weyand* 6.2.5.3 (S. 147).

777 Siehe auch *Weyand* 6.2.5.3 (S. 147).

562 Folgende Unterlagen und Informationen sind normalerweise bei Insolvenzermittlungen von Bedeutung: Auf jeden Fall werden die **Monatskontenübersichten** zumindest für die letzten Monate (mit dem dazugehörigen Textschlüssel) benötigt. Des weiteren müssen sämtliche Konten, Depots und Schließfächer des Schuldners, ggf. auch des Geschäftsführers, erfragt werden. Zudem sind Kopien von Bilanzen und von sonstigen für eine Kreditgewährung maßgeblichen Unterlagen zu verlangen. Außerdem sollten den Kreditinstituten in der Regel folgende Fragen gestellt werden:

- Seit wann besteht die Geschäftsverbindung des Kreditinstituts mit dem Schuldner?
- Welche Konten werden oder wurden unterhalten?
- Wurden Kredite gewährt oder Überziehungsrahmen eingeräumt?
- Welche Sicherheiten wurden für die Kredite in welcher Höhe und zu welchem Zeitpunkt bereitgestellt?
- Wann wurde die Kreditlinie erhöht?
- Erfolgten eventuelle Erhöhungen der Kreditlinie (des Überziehungsrahmens), um bereits vorhandene und geduldete, von den Vereinbarungen aber nicht gedeckte Überziehungen zu rechtfertigen?
- Wurde der Kontoinhaber aufgefordert, den bestehenden Kreditrahmen einzuhalten bzw. die Schuldsalden zurückzuführen?
- Wurden Überweisungen nicht mehr ausgeführt, erfolgten Scheckrückgaben oder Wechselproteste?
- Wurden Sicherheiten durch die Bank in Anspruch genommen?
- Wurden Kredite gekündigt oder die Geschäftsbeziehung beendet und die aufgelaufenen Kredite sofort oder zu einem späteren Zeitpunkt fällig gestellt?

Die entsprechenden Daten und Auskünfte werden vor allem zur Ermittlung der Zahlungsunfähigkeit, aber auch der Überschuldung benötigt. Aus ihnen können sich jedoch auch Hinweise auf Kreditbetrug – auch in der Form des Wechsel- oder Scheckbetrugs – ergeben. Insofern ist ein Blick in die Kreditakten oftmals sehr aufschlußreich.[778]

d) Durchsuchungen bei sonstigen Dritten

563 Nicht selten versuchen Beschuldigte die zu ihrer Überführung geeigneten Unterlagen an Orten zu verbergen, wo sie vermeintlich nicht gefunden werden können. Neben den bereits genannten **Verstecken** wie Wochenendhaus, Zweitwohnung, Segeljacht etc. werden auch Räume von – meist ahnungslosen – Angehörigen oder Bekannten als Versteck benutzt. Wenn hierfür ein begründeter Verdacht besteht, ist dort ebenfalls zu durchsuchen (§ 103 StPO). Soweit Hinweise auf solche Orte erst im Rahmen der Durchsuchung beim Beschuldigten auftauchen, ist grundsätzlich Gefahr im Verzug (§ 105 Abs. 1 Satz 1 StPO) zu bejahen.

564 Da für die Ermittlungen auch Unterlagen der Gläubiger von Relevanz sein können, kommt – was in der Praxis äußerst selten der Fall ist – auch eine **Durchsuchung bei Gläubigern** in Betracht. In aller Regel stellen die Gläubiger die benötigten Beweismittel ohne weiteres auf Anfrage zur Verfügung. Wenn ein Gläubiger – aus welchen Gründen auch immer – die Zusammenarbeit mit den Ermittlungsbehörden jedoch ablehnt, ist eine Durchsuchung gemäß § 103 StPO zulässig.

2. Zeugenanhörung und -vernehmung; Umfeldermittlungen

a) Schriftliche Anhörung

565 Bei Ermittlungen wegen Insolvenzstraftaten (i. w. S.) sind regelmäßig Angaben der geschädigten Lieferanten und sonstiger Kreditoren von Bedeutung. Diese werden deshalb **formularmäßig** über Zustandekommen, Art und Umfang der Geschäftsbeziehung sowie

[778] Vgl. *Müller-Gugenberger/Nack* § 41 Rn. 43ff.

über Beginn und Umfang der Zahlungsschwierigkeiten des Beschuldigten **befragt**. Dies dient zum einen dazu, ein genaues Bild von der Chronologie der Unternehmenskrise zu gewinnen.[779] Zum anderen sind die Angaben der getäuschten Gläubiger speziell für den Warenkredit- und Lieferantenbetrug entscheidend. Vor allem die Daten der einzelnen Bestellungen müssen hier erfragt werden. Darüber hinaus sind Informationen über etwaige Stundungsersuchen des Beschuldigten und über dessen Angaben zu seinen wirtschaftlichen Verhältnissen maßgeblich. Auch Zahlungsversprechen und die Hingabe von Sicherheiten können wichtig sein.

Hier sollten möglichst **präzise Fragen** – orientiert an den Tatbestandsmerkmalen der 566
in Betracht kommenden Delikte – gestellt werden. Rechtlich irrelevante Fragestellungen (z. B. „Fühlen Sie sich betrogen?") sind zu vermeiden.[780]

b) Vernehmung von Zeugen

Oftmals kann die Vernehmung geschädigter Geschäftspartner oder sonstiger Zeugen 567
sinnvoll sein. In Betracht kommen hier z. B. Bank- oder Sparkassenangestellte auch von Kreditinstituten, mit denen die Geschäftsbeziehung beendet wurde. Darüber hinaus können ehemalige und gegenwärtige Mitarbeiter sowie etwaige frühere Gesellschafter, ggf. auch Nachbarn, wichtige Informationen liefern. Diese Personen können beispielsweise Hinweise geben, wann und wie Vermögenswerte abtransportiert wurden oder wo Häuser und Grundstücke (einschließlich Ferienhäuser o. ä.) – auf den Namen der Ehefrau, von Kindern oder sonstiger Angehöriger – erworben wurden.[781] Diese „**Umfeldermittlungen**" erfordern meist keine formale Zeugenvernehmung. Hier ist es oftmals geschickter – zumindest zunächst –, rein informatorische Gespräche zu führen.

3. Auswertung der Unterlagen; Umfang weiterer Ermittlungen

Ebenso wie die Zeugenbefragung und -anhörung sich grundsätzlich immer an den Tat- 568
bestandsmerkmalen der Insolvenzdelikte (i. w. S.) orientieren muß, ist eine **tatbestandsbezogene Auswertung** der sichergestellten Unterlagen und der sonstigen Beweismittel von immenser Bedeutung. Es nützt nichts, wenn zahlreiche Informationen gesammelt werden, die entweder rechtlich nicht relevant sind oder später mühsam im Hinblick auf die anzuklagenden Straftaten erneut gesichtet und sortiert werden müssen. Deswegen sollte der Staatsanwalt spätestens nach erfolgter Grobsichtung der Beweisunterlagen der Polizei einen konkreten Ermittlungsauftrag erteilen, am besten nach oder anläßlich einer Besprechung zwischen Staatsanwaltschaft und Kriminalpolizei.[782] Wegen der meist knappen Personallage sowohl bei der Staatsanwaltschaft als auch bei der Kriminalpolizei sowie zur Beschleunigung der Ermittlungsverfahren müssen frühzeitig **Ermittlungsschwerpunkte** gesetzt werden. Insbesondere sind die Ermittlungen vorerst nicht auf voraussichtlich nach den §§ 153 bis 154c StPO zu behandelnde Verfahrensteile zu erstrekken.[783] Zudem hat eine Beschränkung auf die wesentlichen, voraussichtlich nachweisbaren Straftaten zu erfolgen. Speziell bei umfangreichen Lieferantenbetrügereien sollte eine Eingrenzung sowohl hinsichtlich der Schadenshöhe als auch des Beginns und Umfangs der einzelnen Täuschungshandlungen vorgenommen werden.[784]

Falls ein externer **Gutachter** oder der Wirtschaftsreferent mit der Erstellung eines 569
Sachverständigengutachtens beauftragt wird, muß der Gutachtensauftrag klar umrissen sein. Bei Großverfahren sind ggf. Zwischenberichte über den Stand der Auswertung der

[779] *Weyand* 6.2.2 (S. 138).
[780] *Müller/Wabnitz/Janovsky* Kap. 6 Rn. 54.
[781] *Müller/Wabnitz/Janovsky* Kap. 6 Rn. 59.
[782] S. a. *Janovsky* Kriminalistik 1998, 269/331 (269).
[783] *Huber* NStZ 1996, 530 (531); s. a. *Janovsky* Kriminalistik 1998, 269/331 (269, 338).
[784] *Müller/Wabnitz/Janovsky* Kap. 6 Rn. 36.

Unterlagen und der sich abzeichnenden Ergebnisse zu verlangen. Ansonsten kann es passieren, daß Verfahren jahrelang beim Gutachter sind und am Schluß immense Kosten anfallen, die in keinem Verhältnis mehr zu dem strafbaren Unrecht stehen. Auch wenn die Beauftragung eines Sachverständigen gemäß § 78c Abs. 1 Nr. 3 StGB die **Verjährung unterbricht**,[785] sollte bedacht werden, daß eine lange Verfahrensdauer sich bei der Strafe immer zugunsten des Täters auswirkt.

570 Wenn die **Polizei** mit den Ermittlungen betraut ist, muß der Staatsanwalt – zumindest bei umfangreichen Ermittlungen – **engen Kontakt** zum sachbearbeitenden Kriminalbeamten oder dem Kommissariatsleiter halten und sich regelmäßig über den Stand der Ermittlungsfortschritte informieren. Dies gilt ebenso, sobald sich abzeichnet, daß der Täter erhebliche kriminelle Energie aufgewendet hat oder eine Vielzahl geschädigter Personen sowie große Schadenssummen im Raum stehen.

G. ABC des „klassischen Verteidigungsvorbringens"

571 Im Rahmen von Ermittlungs- oder Strafverfahren lassen sich Beschuldigte häufig in bestimmter Weise ein. Teilweise legen Wirtschaftskriminelle auch von vornherein gewisse Verhaltensweisen an den Tag, oftmals in der Hoffnung, dadurch sowohl einer strafrechtlichen Verantwortlichkeit als auch einer zivilrechtlichen Haftung entgehen zu können. Speziell das Unterlassen eines Insolvenzantrags (**Insolvenzverschleppung**) versuchen sie auf vielfältige Weise zu entschuldigen. Gleiches gilt für die Verletzung der **Buchführungs-** und **Bilanzierungspflichten**, aber auch im Hinblick auf sonstige Insolvenzstraftaten (i. w. S.). Diese teilweise typischen Verteidigungsvorbringen und Verhaltensweisen sowie ihre möglichen Auswirkungen auf die Strafbarkeit sollte jeder kennen, der mit Insolvenzstraftaten zu tun hat.

572 Die folgende alphabetisch geordnete Zusammenstellung erhebt keinen Anspruch auf Vollständigkeit. Einzelheiten sowie ggf. Nachweise der Rechtsprechung und Literaturhinweise sind in den Abschnitten A bis F dargestellt.

Alleinvertretungsbefugnis nicht gegeben: Bei mehreren Geschäftsführern oder Liquidatoren ist jeder für die Antragstellung verantwortlich und damit bei verspätetem oder unterlassenem Insolvenzantrag Täter der Insolvenzverschleppung. Die Verpflichtung zur Stellung eines Insolvenzantrags besteht für jeden Geschäftsführer auch dann, wenn er nicht alleinvertretungsbefugt ist, sondern nur zusammen mit einem oder mehreren anderen Geschäftsführern. Die Einlassung, mangels Zustimmung der anderen Geschäftsführer sei eine Antragstellung nicht möglich gewesen, hilft dem Täter somit nicht.

Alternativen aufgezeigt: Soweit ein Berater (Rechtsanwalt, Steuerberater etc.) nur Alternativen zur Insolvenzantragstellung aufzeigt, beispielsweise die Gründung einer Auffanggesellschaft oder das Schließen eines außergerichtlichen Vergleichs durch prozentualen Teilverzicht der Gläubiger, ist Strafbarkeit mangels Anstiftervorsatzes nicht gegeben. Wenn er jedoch in Kenntnis der Insolvenzreife rät, (zunächst) keinen Antrag zu stellen, etwa weil damit Sanierungsversuche gefährdet wären, wird er zum strafbaren Anstifter. Wenn der Berater hierbei konkrete Sanierungsvorschläge unterbreitet oder Alternativen zur Sanierung erwägt, prüft und aufzeigt, ist davon auszugehen, daß er die Insolvenzreife der GmbH kennt, zumindest aber damit rechnet und billigend in Kauf nimmt. Dies genügt für den Anstiftervorsatz.

Amtsniederlegung: Das Ausscheiden eines Geschäftsführers aus der Geschäftsleitung oder die Amtsniederlegung wirken sich auf die Antragspflicht nicht aus, wenn zu diesem Zeitpunkt bereits seit mindestens drei Wochen Zahlungsunfähigkeit oder Überschuldung vorlag. Zur Abgabe von Steuererklärungen für die zurückliegenden Veranlagungszeiträume ist er weiterhin verpflichtet.

---

[785] Vgl. dazu oben Rn. 545.

Andere Person verantwortlich: Bei mehreren Geschäftsführern (Vorstandsmitgliedern, Liquidatoren etc.) ist jeder für die Insolvenzantragstellung verantwortlich und damit bei verspätetem oder unterlassenem Insolvenzantrag Täter der Insolvenzverschleppung. Eine interne Aufgabenverteilung ist unbeachtlich. Die Verantwortlichkeit jedes Geschäftsführers für die Geschäftsführung insgesamt folgt aus dem Grundsatz der Generalverantwortlichkeit und Allzuständigkeit der Geschäftsleitung, wo aus besonderem Anlaß das Unternehmen als Ganzes betroffen ist. Diese Voraussetzung ist bei Zahlungsunfähigkeit oder Überschuldung stets gegeben. Der Grundsatz der Allzuständigkeit gilt auch für sonstige Unterlassungsdelikte wie z. B. § 266a StGB und Bankrott durch Verletzung der Buchführungs- oder Bilanzierungspflicht. Bei der Delegation von Aufgaben auf Mitarbeiter kommt eine Bestrafung wegen Fahrlässigkeit, z. B. nach § 283 Abs. 5 StGB unter dem Gesichtspunkt der Geschäftsherrenhaftung – bei mangelnder Kontrolle und Überwachung des Beauftragten –, in Betracht.

Antragstellung vergessen: Die Einlassung des Täters, er habe vergessen, einen Insolvenzantrag zu stellen, führt – wenn man ihm glaubt – dazu, daß er nicht wegen vorsätzlicher, sondern nur wegen fahrlässiger Insolvenzverschleppung verurteilt werden kann.

Aufgabenverteilung → „Andere Person verantwortlich“

Ausscheiden eines Geschäftsführers: → „Amtsniederlegung“

Bankkredit erwartet: → „Zahlungseingänge erwartet“

Bestellungen durch Personal getätigt: Täter eines (Lieferanten-)Betrugs ist auch derjenige, der Bestellungen nicht persönlich vornimmt, sondern hierfür sein Personal einsetzt. Dies ist nicht nur bei Einzelanweisungen an die tatsächlich mit der Vornahme der Bestellung betrauten Mitarbeiter, sondern auch bei selbständig von den Angestellten im Rahmen des laufenden Geschäftsbetriebs getätigten Bestellungen der Fall. Es genügt, wenn der Täter die Mitarbeiter generell, auch konkludent, zur Erteilung weiterer Aufträge angehalten hat.

Buchführung nicht vorgeschrieben: Wenn das Gesetz die Buchführung nicht verlangt, insbesondere bei nichteingetragenen Kleingewerbetreibenden (Minderkaufleuten), kommt Bankrott nach § 283 Abs. 1 Nr. 5 StGB oder Verletzung der Buchführungspflicht gemäß § 283b StGB (auch Abs. 1 Nr. 2) nicht in Betracht. Strafbarkeit nach § 283 Abs. 1 Nr. 6 StGB kann jedoch gegeben sein, weil insoweit allein darauf abzustellen ist, ob Handelsbücher tatsächlich geführt werden.

Buchhalter hat den Verantwortlichen nicht (richtig) informiert: Die fehlende oder fehlerhafte Information des Geschäftsinhabers oder sonstigen Verantwortlichen kann zu einem Irrtum führen (→ „Irrtum über die Krisensituation“). Die Einlassung ist kritisch zu überprüfen, nicht nur durch Vernehmung des Buchhalters als Zeugen, sondern auch durch Überprüfung der Geschäftsunterlagen.

Dreiwochenfrist nicht abgelaufen: Da die Vorschriften über die Insolvenzverschleppung jeweils eine Höchstfrist von drei Wochen vorsehen, innerhalb derer der Antrag spätestens gestellt sein muß, liegt Strafbarkeit nur dann vor, wenn schuldhaftes Zögern gegeben ist. Wenn vor Ablauf der Frist ein Gläubiger Insolvenzantrag stellt, entbindet dies den Verantwortlichen nicht von einer eigenen Antragstellung. Nur die Eröffnung des Insolvenzverfahrens auf Gläubigerantrag vor Ablauf der Frist beseitigt die Antragsverpflichtung des Schuldners. Wenn ein Mitgeschäftsführer den Antrag stellt, beseitigt dies die Antragspflicht (→ „Insolvenzantrag durch anderen Geschäftsführer gestellt“). Zum Ausscheiden eines Geschäftsführers vor Ablauf der Frist: → „Amtsniederlegung“.

Eigene Mittel bereitgehalten: Für den Tatbestand der Untreue fehlt es am Vermögensnachteil, wenn der Verfügende eigene flüssige Mittel ständig zum Einsatz bereithält. Daß der Täter in der Lage ist, die Vermögenseinbuße jederzeit durch eigene Mittel auszugleichen, genügt hierfür nicht. Er muß diese Mittel auch tatsächlich bereithalten. Das bedeutet, der Täter muß die Mittel nicht nur zur Verfügung haben, sondern auch sein Augenmerk darauf richten, diese Mittel ständig zum Ausgleich benutzen zu können. Die Ersatzbereitschaft eines Dritten oder die nachträgliche Schadenswiedergutmachung verhindern den Eintritt eines Nachteils und die Tatbestandsverwirklichung nicht.

Einverständnis/Einwilligung der Gesellschafter: Bei den Insolvenzdelikten i. e. S. ist das Einverständnis der Gesellschafter ohne Auswirkung auf die Strafbarkeit, da das geschützte Rechtsgut nicht zur Disposition der Gesellschafter steht. Untreue zum Nachteil einer juristischen Person ist trotz Einverständnis (Einwilligung) der Gesellschafter gegeben, wenn das Stammkapital angegriffen, die Existenz, die Liquidität oder besondere entgegenstehende Interessen der juristischen Person, die als eigene Rechtspersönlichkeit schützenswert ist, gefährdet werden. Dies ist vor allem dann der Fall, wenn sich die juristische Person in der Krise befindet oder diese durch die Tathandlung herbeigeführt oder verstärkt wird.

Erhaltung des Unternehmens/von Arbeitsplätzen: Das Interesse des Täters an der Erhaltung des Unternehmens oder von Arbeitsplätzen ändert an der Strafbarkeit, insbesondere wegen Insolvenzverschleppung, nichts. Die Sicherung der Gläubigerinteressen sowie das Interesse der Gesellschafter oder anderer Personen an einer wirtschaftlich gesunden Gesellschaft gehen vor.

Erkrankung: Die Erkrankung des Handlungspflichtigen entbindet ihn grundsätzlich nicht von der Pflicht zur Insolvenzantragstellung, Buchführung und Bilanzierung. Er muß für Vertretung sorgen. Nur wenn er dies getan hat, ist nicht er strafrechtlich verantwortlich, sondern der Stellvertreter.

Fehlende Finanzmittel: → „Unmöglichkeit/Unvermögen"

Gefährdung nicht herbeigeführt: Die Tatbestände der Insolvenzverschleppung sowie des § 283 Abs. 1 StGB sind abstrakte Gefährdungsdelikte. Auf eine konkrete Gefährdung der Gläubigerinteressen oder gar auf eine Schädigung kommt es deswegen nicht an.

Geldeingänge erwartet: → „Zahlungseingänge erwartet"

Geldmangel: → „Unmöglichkeit/Unvermögen"

Gläubiger hat Insolvenzantrag gestellt: Auf die Verwirklichung des Tatbestandes der Insolvenzverschleppung hat es keine Auswirkung, wenn ein Gläubiger den Insolvenzantrag stellt. Der Geschäftsführer oder sonstige Verantwortliche bleibt bis zur Eröffnung des Insolvenzverfahrens verpflichtet, selbst den Antrag zu stellen (s. a. → „Dreiwochenfrist nicht abgelaufen").

Großauftrag erwartet: Die bloße Erwartung von Aufträgen wirkt sich auf die Zahlungsunfähigkeit nicht aus. Maßgeblich kann es allenfalls sein, wenn damit auch zeitnahe konkrete Zahlungen unmittelbar in Aussicht standen, s. a. → „Zahlungseingänge erwartet".

Insolvenzantrag durch anderen Geschäftsführer gestellt: Die Antragspflicht eines Mitgeschäftsführers entfällt, wenn ein anderer Geschäftsführer für die GmbH den Insolvenzantrag fristgerecht und ordnungsgemäß gestellt hat. Bei verspäteter Antragstellung durch einen der Geschäftsführer bleibt es jedoch bei der bereits eingetretenen Strafbarkeit der Mitgeschäftsführer. In diesem Fall haben alle Geschäftsführer die rechtzeitige Antragstellung unterlassen und damit den Tatbestand der Insolvenzverschleppung bereits vollendet.

Insolvenzantrag durch Gläubiger oder sonstigen Dritten gestellt: → „Gläubiger hat Insolvenzantrag gestellt"

Interne Aufgaben-/Ressortverteilung: → „Anderer Geschäftsführer verantwortlich"

Irrtum über Antragspflicht: Ein Irrtum über die rechtliche Verpflichtung, den Antrag zu stellen, ist ein Gebotsirrtum, der Verbotsirrtum bei einem Unterlassungsdelikt. Hierfür gilt § 17 StGB. Damit kommt es auf die Vermeidbarkeit an. Da man vom Geschäftsführer einer GmbH erwarten kann, daß er seine Pflicht zur Antragstellung kennt, ist der Irrtum in aller Regel vermeidbar. Die Anforderungen der Rechtsprechung an die Vermeidbarkeit sind hoch. Die Einlassung eines Geschäftsführers oder Liquidators, er habe die Antragsfrist nicht gekannt, ist regelmäßig eine reine Schutzbehauptung.

Irrtum über Buchführungs-/Bilanzierungspflicht: Wenn der Täter sich über die Verpflichtung zur Buchführung oder Bilanzierung irrt, liegt ein Gebotsirrtum (Verbotsirrtum) vor, der gemäß § 17 den Vorsatz nicht ausschließt. Es kommt auf die Vermeidbarkeit an, die in aller Regel gegeben ist (s. a. → „Irrtum über Antragspflicht").

Irrtum über Krisensituation: Bei mangelnder Kenntnis oder Fehleinschätzung der Krisenmerkmale (Überschuldung oder Zahlungsunfähigkeit) liegt ein Tatbestandsirrtum vor, so daß der Täter (nur) wegen fahrlässiger Insolvenzverschleppung bestraft werden kann. Meist stellt eine entsprechende Einlassung jedoch eine Schutzbehauptung dar. Zumindest die Zahlungsunfähigkeit bleibt dem für die Insolvenzantragstellung Verantwortlichen kaum verborgen. Hinsichtlich des Tatbestandes des Bankrotts entfällt bei fahrlässiger Nichtkenntnis der Überschuldung, Zahlungsunfähigkeit oder drohenden Zahlungsunfähigkeit ebenfalls der Vorsatz. Der Täter wird nach § 283 Abs. 4 Nr. 1 StGB bestraft, wenn er ansonsten vorsätzlich gemäß § 283 Abs. 1 StGB handelt. § 283 Abs. 4 Nr. 2 StGB greift dann ein, wenn der Täter vorsätzlich handelt und dadurch seine Überschuldung oder Zahlungsunfähigkeit herbeiführt, ihm insoweit aber nur Leichtfertigkeit vorgeworfen werden kann. Bei dem Vergehen der Schuldnerbegünstigung wirkt sich ein Irrtum darüber, ob dem Schuldner die Zahlungsunfähigkeit nur droht oder ob sie bereits eingetreten ist, auf den Vorsatz des Täters und dessen Strafbarkeit nicht aus.

Keine Anmeldung als Geschäftsführer/Vorstandsmitglied/Liquidator: Wer formal nicht als Geschäftsführer etc. im Handelsregister eingetragen ist, kann sich als faktischer Geschäftsführer (faktischer Organwalter) strafbar machen. Die eingetragenen (bisherigen) Geschäftsführer können sich als geborene Liquidatoren der Strafbarkeit nicht durch Nichtanmeldung zum Handelsregister entziehen. Die Eintragung als Liquidator hat lediglich deklaratorische Bedeutung.

Keine Kenntnis: → „Irrtum"

Kenntnis des Geschäftspartners von der Zahlungsunfähigkeit: Wenn der Vertragspartner Kenntnis von den Zahlungsschwierigkeiten des Schuldners hat, kann es für den Lieferantenbetrug am Tatbestandsmerkmal des Irrtums fehlen. Falls bei fortlaufenden Bestellungen im Rahmen einer laufenden Geschäftsbeziehung trotz offener Rechnungen weitere Bestellungen entgegengenommen und weitere Warenlieferungen ausgeführt werden, bedarf es im Hinblick auf die Frage, ob auch diese Lieferungen noch auf der Vorspiegelung der Zahlungsfähigkeit und -willigkeit beruhen, in der Regel näherer Feststellungen dazu, ob der Lieferant Kenntnis von der Zahlungssäumigkeit erlangte und weshalb er sich gleichwohl zu weiteren Lieferungen bereit fand. Betrug kommt vor allem dann in Betracht, wenn der Täter Zweifel des Lieferanten zerstreut.

Krise überwunden: Der Tatbestand der Insolvenzverschleppung greift nur dann nicht ein, wenn innerhalb der Dreiwochenfrist die Zahlungsunfähigkeit oder Überschuldung überwunden ist und das Zuwarten mit der Insolvenzantragstellung kein schuldhaftes Zögern darstellt. Wenn die Krise erst nach Ablauf von drei Wochen überwunden ist, wirkt sich dies auf die Strafbarkeit nicht mehr aus. Die Tat ist bereits beendet. Bei den Vergehen gemäß §§ 283 bis 283d StGB entfällt nach h. M. das Strafbedürfnis durch Überwindung der Krise, weil dann kein Zusammenhang zwischen der Tathandlung und dem Eintritt der objektiven Strafbarkeitsbedingung besteht.

Lohn nicht gezahlt: Für den Tatbestand des § 266a Abs. 1 StGB (Beitragsvorenthaltung) ist es unerheblich, ob nur die Sozialversicherungsbeiträge (Arbeitnehmeranteile) nicht abgeführt wurden oder ob zusätzlich der Lohn nicht ausgezahlt wurde. Anders bei § 266a Abs. 2 StGB: diese Strafvorschrift greift nur bei (teilweiser) Lohnauszahlung ein.

Mittel zur Buchführung oder Erstellung der Bilanzen fehlen: → „Unmöglichkeit/Unvermögen"

Nachteil nicht eingetreten: → „Schaden nicht eingetreten"

Ressortverteilung: → „Anderer Geschäftsführer verantwortlich"

Sanierung versucht: Sanierungsversuche, die nicht innerhalb der Dreiwochenfrist zum Erfolg führen, wirken sich auf die Strafbarkeit wegen Insolvenzverschleppung nicht aus. Dies gilt auch für Berater, die von der Stellung eines Insolvenzantrags abraten, weil dadurch Sanierungsversuche gefährdet werden könnten (s. a. → „Alternativen aufgezeigt"). Wenn ein ausscheidender Geschäftsführer sich vor seinem Ausscheiden und vor Ablauf der Dreiwochenfrist ernsthaft um die Sanierung bemüht hat, ist er nicht wegen Insolvenzverschleppung zu bestrafen (s. a. → „Amtsniederlegung").

Schaden nicht eingetreten: Ob ein Schaden eingetreten ist, spielt für Insolvenzverschleppung und Bankrott nach § 283 Abs. 1 StGB keine Rolle (abstrakte Gefährdungsdelikte). Gläubigerbegünstigung scheidet aus, wenn ein Nachteil der übrigen Gläubiger nicht eingetreten ist. In aller Regel ergibt sich der Nachteil aber zwangsläufig aus der Bevorzugung eines Gläubigers vor den anderen. Als Schaden (Nachteil) reicht eine Gefährdung der Befriedigungsinteressen aus. Betrug (Lieferantenbetrug) ist dann nicht gegeben, wenn es an einem Vermögensschaden, auch im Sinne einer konkreten Vermögensgefährdung, fehlt. Da der Warenkreditbetrug ein Eingehungsbetrug ist, stellt die spätere Bezahlung nur eine reparatio damni dar. Bei Untreue ist ebenfalls ein Vermögensnachteil (Schaden) erforderlich. Dieser ist ausgeschlossen, wenn der Verfügende eigene flüssige Mittel ständig zum Einsatz bereithält (näher → „Eigene Mittel bereitgehalten").

Steuerberater ist nicht fertig: Wenn der Steuerberater oder ein sonstiger hiermit Beauftragter die Bilanz nicht rechtzeitig fertigstellt, entlastet dies den Geschäftsinhaber oder sonstigen Verantwortlichen nicht. Wer sich einer Hilfsperson bedient, muß sich deren Verhalten zurechnen lassen. Der Buchführungs- und Bilanzierungspflichtige ist ggf. sogar gehalten, dem Steuerberater den Auftrag zu entziehen und die Buchführung und Bilanzierung selbst (durch die eigene Buchhaltung) zu erstellen oder einen sonstigen Dritten damit zu beauftragen.

Steuerberater weigert sich, die Bilanz zu erstellen: Der Steuerberater oder ein sonstiger mit der Buchhaltung und Bilanzerstellung Beauftragter weigert sich bei Honorarrückständen oft, weiter für den Schuldner tätig zu werden oder die durch ihn bereits fertiggestellte Bilanz vor Zahlung der Rückstände herauszugeben. Dies entlastet den Schuldner grundsätzlich nicht, vgl. → „Unmöglichkeit der Buchführung/Bilanzerstellung".

Überschuldung überwunden: → „Krise überwunden"

Unmöglichkeit der Buchführung/Bilanzerstellung: Am pflichtwidrigen Unterlassen gemäß § 283 Abs. 1 Nr. 7 Buchst. b oder § 283b Abs. 1 Nr. 3 Buchst. b StGB fehlt es dann, wenn der Verantwortliche, z. B. als der mit dem bisherigen Geschäftsführer nicht identische Liquidator, wegen des völligen Durcheinanders in der Buchhaltung die Bilanz nicht oder nicht innerhalb der vorgeschriebenen Frist erstellen kann. Eine Straftat wegen Verletzung der Bilanzierungspflicht entfällt auch dann, wenn sich der Täter zur Erstellung der Bilanz oder zu ihrer Vorbereitung der Hilfe eines Steuerberaters bedienen muß, die hierzu erforderlichen Mittel jedoch nicht aufbringen kann. Diese Voraussetzung liegt jedoch selten vor. Zum einen kann der Wegfall der Strafbarkeit bereits daran scheitern, daß der Täter die Bilanz selbst hätte erstellen können. Zum anderen bedeuten Zahlungsunfähigkeit oder Zahlungseinstellung nicht automatisch, daß damit auch die für die Bilanzerstellung erforderlichen Mittel nicht vorhanden sind. Gerade bei Zahlungsunfähigkeit i. S. der Insolvenzdelikte sind praktisch immer noch liquide Geldmittel vorhanden. Diese müssen vorrangig für die Erfüllung öffentlich-rechtlicher Pflichten wie der Bilanzierungspflicht verwendet werden. Gleiches gilt für die Buchführungspflicht.

Unvermögen zur Zahlung: Wenn es dem Arbeitgeber nicht möglich ist, Arbeitnehmeranteile zur Sozialversicherung abzuführen, macht er sich nicht nach § 266a Abs. 1 StGB strafbar. Noch vorhandene Mittel muß er aber zu allererst zur Erfüllung der in § 266a StGB bewehrten Pflicht verwenden. Erst anschließend darf er den verbleibenden

Nettolohn an den Arbeitnehmer auszahlen oder sonstige Verbindlichkeiten tilgen. Da selbst bei eingetretener Zahlungsunfähigkeit i. S. der Insolvenzdelikte in aller Regel noch gewisse Zahlungen möglich sind, ist § 266a Abs. 1 StGB immer dann verwirklicht, wenn trotz Fälligkeit der Sozialversicherungsbeiträge anderweitige Zahlungen erfolgen. Bei Unvermögen im Hinblick auf Steuerberater oder sonstige Hilfspersonen, die zur Buchführung oder Bilanzerstellung eingeschaltet sind: → „Unmöglichkeit der Buchführung/Bilanzerstellung“.

Unwirksamer Bestellungsakt: Wer als Geschäftsführer, Vorstandsmitglied etc. nicht wirksam bestellt ist, macht sich als faktischer Organwalter strafbar. Auf die Wirksamkeit der Bestellung kommt es nicht an, wenn der Betreffende sich mit seiner Bestellung einverstanden erklärt und sein Amt tatsächlich wahrgenommen hat.

Unzumutbarkeit der Insolvenzantragstellung: → „Erhaltung des Unternehmens/von Arbeitsplätzen“; „Weisung durch Gesellschafter/Aufsichtsrat“.

Verbot durch Gesellschafter/Aufsichtsrat: → „Weisung durch Gesellschafter/Aufsichtsrat“

Wechsel des Geschäftsführers: Durch einen Geschäftsführerwechsel kann sich der Verantwortliche grundsätzlich nicht der Strafbarkeit entziehen, vgl. → „Amtsniederlegung“. Der Wechsel eines GmbH-Geschäftsführers begründet aber keine Pflicht zur Erstellung einer Anfangsbilanz, selbst wenn gleichzeitig die Gesellschaftsanteile übernommen werden.

Weisung durch Gesellschafter/Aufsichtsrat: Eine Weisung, (noch) keinen Insolvenzantrag zu stellen, stellt für den Verantwortlichen keinen Entschuldigungsgrund (Schuldausschließungsgrund) dar. Eine solche Weisung wäre rechtswidrig und kann den Geschäftsführer nicht binden. Da das Vermögen juristischer Personen für ihre Anteilseigner Fremdvermögen ist, darf der Geschäftsführer auch bei Weisungen durch die Gesellschafter oder bei deren Einverständnis nicht frei über das Vermögen der GmbH verfügen, sondern macht sich ggf. der Untreue strafbar, vgl. → „Einverständnis/Einwilligung der Gesellschafter“.

Weiterer Geschäftsführer verantwortlich: → „Anderer Geschäftsführer verantwortlich“

Zahlungseingänge erwartet: Die Einlassung, (dauernde) Zahlungsunfähigkeit liege nicht vor, weil Geldeingänge aufgrund von Außenständen oder ein (weiterer) Bankkredit in Aussicht gestanden hätten, kann von Bedeutung sein. Es kann das Merkmal der „Dauerhaftigkeit“ fehlen oder eine reine Zahlungsstockung vorliegen. Die Angaben des Schuldners, die aber häufig bloße Schutzbehauptungen sind, müssen deswegen überprüft werden. Nur wenn sichere Zahlungen oder die Kreditgewährung in ausreichender Höhe, unmittelbar und gewiß zu erwarten waren, kann dies Auswirkungen auf das Merkmal der Zahlungsunfähigkeit und damit auf die Strafbarkeit insbesondere wegen Insolvenzverschleppung und Bankrott haben. Für den Tatbestand des Betrugs gelten die gleichen Überlegungen. Hier ist vor allem auf den Zeitpunkt der Fälligkeit der Verbindlichkeiten abzustellen, d. h. darauf, ob der Täter bei Fälligkeit mit der wieder hergestellten Leistungsfähigkeit sicher rechnen konnte.

Zahlungsunfähigkeit überwunden: → „Krise überwunden“

3. Kapitel. Straftaten im Bankbereich

Literatur: *Achenbach/Wannemacher*, Beraterhandbuch zum Steuer- und Wirtschaftsstrafrecht, Herne/Berlin, 1998; *Assmann/Schütze*, Handbuch des Kapitalanlagerechts, 2. Aufl. München 1997; *Bittmann*, Zahlungsunfähigkeit und Überschuldung nach der Insolvenzordnung, Teil 1, wistra 1998, 321; *Bockelmann*, Kriminelle Gefährdung und strafrechtlicher Schutz des Kreditgewerbes, ZStW 79 (1967) 28 ff; *Büschgen*, Bankbetriebslehre, 5. Aufl. Wiesbaden 1998; *Canaris*, Bankvertragsrecht, 2. Aufl. 1981; *Carl/Klos*, Rechtmäßigkeit der Bankendurchsuchung bei Verdacht der Steuerhinterziehung, DStZ 1994, 391; *Carl/Klos*, Zum Zugriff der Strafverfolgungsbehörden auf CpD-Konten einer Bank, NWB Fach 13; *Carl/Klos*, Das ungelöste Problem der Verfügungsberechtigten i.S.d. § 154 Abs. 2 AO aus der Sicht der Ermittlungsbehörden, wistra 1990, 45; *Claussen*, Bank- und Börsenrecht, München 1996; *Dahm/Hamacher*, Identitätsprüfung bei Tafelgeschäften, WM 1993, 445; *Deimel/Messner*, Steuerfahndung bei Banken, Köln 1998; *Ehlers*, Durchsuchung – Beschlagnahme – Bankgeheimnis, BB 1978, 1513 ff; *Fischer/Klanten*, Bankrecht, 2. Aufl. Köln 1996; *Gruner-Schenk*, Harmonisierung des Bankaufsichtsrechts, Berlin 1996; *Hagenmüller/Diepen*, Der Bankbetrieb, 13. Aufl. Wiesbaden 1993; *Hamacher*, „Dagobert Duck" – Ein kriminelles System?, DB 1995, 2284; *Harbeke*, Die POS-Systeme der deutschen Kreditwirtschaft, WM 1994, Sonderbeilage 1; *Hillenkamp*, Risikogeschäft und Untreue, NStZ 1981, 161 ff, *Hoeren*, Die neuen „Bedingungen für den ec-Service", NJW 1995, 2473; *Jung/Schleicher*, Neue gesetzliche Regelungen für Finanzdienstleister – Die 6. KWG-Novelle, Berlin 1998; *Kniffka*, Die Durchsuchung von Kreditinstituten in Steuerstrafverfahren, wistra 1987, 309; *Körner/Dach*, Geldwäsche, München 1994; *Kottke*, Tafelgeschäfte, NWB Fach 21; *Meier*, Strafbarkeit des Bankautomatenmißbrauchs, JuS 1992, 1017; *Müller/Wabnitz/Janovsky*, Wirtschaftskriminalität, 4. Aufl. München 1997: *Nack*, Untreue im Bankenbereich durch Vergabe von Großkrediten, NJW 1980, 1599 ff; *Nack in Müller-Gugenberger*, Wirtschaftsstrafrecht, 2. Aufl. Heidelberg 1994 § 54; *Nack/Wiese*, Berechnung der effektiven Jahreszinsen mit Hilfe der Stuttgarter Formel, wistra 1982, 135; *Neuhof*, Sanierungsrisiken der Banken: Vor-Sanierungsphase und Sanierungsphase, NJW 1998, 3225 u. NJW 1999, 20 ff; *Obst/Hintner*, Geld-, Bank- und Börsenwesen, 38. Aufl. 1988; Otto, Bankentätigkeit und Strafrecht, 1983; *Prost*, Verbotene Geschäfte und strafbare Handlungen nach dem KWG, NJW 1977, 227 ff; *Schumann*, § 30 a AO – Schutz von Bankkunden, wistra 1995, 356; *Tiedemann*, Insolvenzstraftaten aus der Sicht der Kreditwirtschaft, ZIP 1983, 513 ff; *Vogelberg*, Bankmitarbeiter sind meist Hinterziehungsgehilfen, PStR 1999, 8; *Vortmann*, Aufklärungs- und Beratungspflichten der Banken, 5. Aufl. Köln 1998; *Wolsfeld/Karpinski*, Bankmitarbeiter sind meist keine Hinterziehungsgehilfen, PStR 1999, 12.

Inhaltsübersicht

	Rn.
Einführung	1–3
A. Bank- und Finanzwesen	4–50
I. Bankengruppen in Deutschland	4–32
1. Überblick	4, 5
2. Institutsarten und Rechtsgrundlagen	6–24
a) Kredit-, Finanzdienstleistungsinstitute und Finanzunternehmen	6–9
b) Rechtsrahmen der Institute u. Finanzunternehmen	10–20
c) Finanzunternehmen im Bankbesitz	21–23
d) Deutsche Bundesbank und Europäische Zentralbank	24
3. Verbotene Bankgeschäfte	25
4. Strafprozessuale Folgerungen aus unterschiedlichen Rechtsformen	26–32
a) Beschlagnahme oder Herausgabe	26–30
b) Unterrichtung des Bundesaufsichtsamtes	31
c) Amtsträgsereigenschaft	32
II. Bankinterne Organisation und Kontrolle	33–42
1. Grundschemata der Organisation	33–39
2. Innenrevision der Banken	40
3. Verstöße gegen die Organisations-, Aufsichts- und Anzeigepflichten	41, 42
III. Bankexterne Sicherung und Kontrolle	43–50
1. Prüfverbände der Bankgruppen	43
2. Aufsicht durch das BAKred.	44
3. Schutzverbände für Kreditsicherung	45–50

Rn.

B. Geld- und Zahlungsverkehr 51–150

I. Kassenverkehr 52–70
1. Bar- und Wertkassen 52–54
2. Geld-, Edelmetall-, Wertpapier- und Devisengeschäfte 55–57
3. Umleitung von Schwarzgeld über Kassen- u. CpD-Konten 58–70
a) Bedeutung von CpD-Konten .. 58, 59
b) Geltungsbereich von § 154 AO . 60, 61
c) Anonymisierte Zahlungen 62–66
d) Strafbare Beihilfe zur Steuerhinterziehung 67–70

II. Nationaler Zahlungsverkehr und Kontoführung 71–96
1. Konten und Kontoverfügungen .. 71–84
a) Einrichtung von Konten 71–73
b) Kontoverfügungen allgemein .. 74–77
c) Belegloser Datenträgeraustausch. 78, 79
d) Online Banking 80–83
e) Telefonbanking............. 84
2. Besonderheiten des Lastschriftverfahrens 85–99
a) Allgemeines 85
b) Abwicklung und Überwachung des Lastschriftverkehrs .. 86–89
c) Mißbrauch des Lastschriftverkehrs 90–92
d) Strafrechtliche Beurteilung.... 93–99

III. Scheck-, Kredit- und Geldkarten 100–130
1. Bedeutung von Scheck-, Kredit- und Geldkarten 100–105
a) Allgemeines............ 100, 101
b) Euroscheck und Euroscheckkarte 102–104
c) Kreditkarten 105
2. Strafbare Erlangung von Scheck-, Kredit- und Geldkarten 106
3. Kriminelle Verwendung von Scheck-, Kredit- und Geldkarten 107–111
a) Übersicht 107, 108
b) PIN-Nummern und Verfügungssperren 109
c) Überweisungen mit EC-Karte ... 110
d) Point-of-Sale 111
4. Strafbarkeit des Karteninhabers .. 112–121
5. Strafbarkeit von Nichtberechtigten 122–130

IV. Internationaler Zahlungsverkehr 131–150
1. Bedeutung des internationalen Zahlungsverkehrs 131
2. Mißbrauch des Auslandszahlungsverkehrs 132–141
a) Verschiebung eigenen oder fremden Vermögens 133–138
b) Ungerechtfertigte Vorlage von Akkreditiven 139
c) Ausnutzung von Devisenkursen zu Spekulationszwecken .. 140, 141
3. Strafrechtliche Beurteilung 142–150

Rn.

C. Kreditgeschäfte der Banken 151–349

I. Allgemeines 151–170
1. Kreditbegriff, Kreditarten und Kreditrisiko 152–160
a) Strafrechtlicher Kreditbegriff . 152–156
b) Klassifizierung der Kredite 157
c) Kreditrisiko 158–160
2. Kreditsicherheiten.......... 161–163
3. Irreführende Kreditanpreisung 164
4. Wucherischer Kredit 165, 166
5. Kreditanzeigen u. Bewilligungsgrenzen 167–170

II. Manipulationen zur Erlangung eines Kredites 171–182
1. Der Erstkredit 172–177
a) Informationsquellen der Banken 172–174
b) Falsche Angaben 175, 176
c) Schaden 177
2. Verhalten während der Laufzeit eines Kredites............ 178, 179
3. Kreditverlängerung oder -erhöhung................ 180–182

III. Mißbräuchliche Kreditgewährung 185–211
1. Motivlage von Bankenmitarbeitern 185, 186
2. Kompetenzregelungen für die Kreditvergabe 187, 188
3. Überprüfung der Kompetenzverletzung 189
4. Verschleierungshandlungen 190–195
a) Garantieerklärung 191
b) Bürgschaft 192
c) Buchungsmanipulationen ... 193–195
5. Nichtbeachtung der Beleihungsrichtlinien 196–204
a) Allgemeines 196, 197
b) Die Beleihungsrichtlinien ... 198–201
c) Die Bewertung zedierter Forderungen 202–204
6. Subjektive Tatseite bei Untreuehandlungen 205–207
7. Mitteilungen und Anfangsverdacht 208–211

IV. Kredite in Kundenkrise und Insolvenz................ 220–233
1. Verhalten der Bank in der Kundenkrise 220–222
a) Anzeichen für eine Krise 220, 221
b) Reaktionsmöglichkeiten der Bank 222
2. Mißbräuchliche Ausübung der Bankenmacht 223–233
a) Übersicherung von Banken .. 224–226
b) Insolvenzverschleppung und stille Liquidation 227–229
c) Täuschung bei unrichtiger Auskunft............... 230
d) Durchführung von Spekulationsgeschäften 231–239

Rn.

V. Wechsel- und Scheckgeschäfte . 240–289
1. Bedeutung von Wechseln im Bankenbereich 240–251
a) Wechsel in der Bank-Kundenbeziehung 241–243
b) Wechsel in der Interbankenbeziehung 244, 245
c) Anforderungen an bundesbankfähige Handelswechsel . 246–248
d) Überwachungen und Kontrollen 249–251
2. Kriminelle Ausnutzung von Wechselgeschäften 252–262
a) Gefälligkeitswechsel 253
b) Wechselreiterei und Wechseltauschringe 254–256
c) Kellerwechsel 257
d) Umkehrwechsel (Akzeptantenwechsel) 258–261
e) Depotwechsel 262
3. Notwendige Feststellungen für den Betrugstatbestand 263–275
a) Finanzwechsel 264
b) Umkehrwechsel 265
c) Depotwechsel 266
d) Indizien für doloses Handeln des Banksachbearbeiters 267–272
e) Schadensfeststellungen 273–275
4. Bedeutung des Schecks im Bankenbereich 276–279
a) Funktionen des Schecks 276–278
b) Abwicklung des Scheckverkehrs 279
5. Strafbare Scheckbegebungen und -einlösungen 280–289

VI Besondere Kredite 290–319
1. Subventionskredit 290–301
a) Kriminelle Verhaltensweisen . 290, 291
b) Einteilung der Förder- und Finanzierungshilfen 292–301
2. Verbraucherkredite 302–319
a) Dispositionskredit bei Banken oder Finanzdienstleistern 306
b) Ratenkredit 307
c) Unseriöse Kreditvermittler . . 308–311
d) Besonderheiten der Tat- und Schadensfeststellung 312–319

Rn.

VII. Factoringgeschäfte 320–349
1. Bedeutung 320–323
2. Mißbrauch von Factoringvereinbarungen 324–330
a) Mißbrauch der Kunden-Factor-Beziehung 324–329
b) Mißbrauch der Refinanzierungsmöglichkeiten 330
3. Strafbarkeit 331–349
a) Betrugsstrafbarkeit des Factorkunden 331
b) Untreuestrafbarkeit des Factorkunden 332, 333
c) Betrug zum Nachteil der Refinanzierungsbank 334–349

D. Weitere Bankgeschäfte 350–369

I. Wertpapier- und Effektengeschäft . . 351

II. Einlagengeschäft 352–359
1. Bedeutung und Arten der Geldeinlagen 352–356
2. Mißbrauch der Geldeinlagen . . . 357–359

III. Andere Kapitalanlagen 360–369

E. Strafprozessuale Besonderheiten . . . 370–408

I. Allgemeines 370–386
1. Beweismaterialien 371–381
a) Allgemeines 371
b) Aufbewahrung von Belegen und Geschäftsunterlagen . . . 372–381
2. Kein Bankgeheimnis im Strafverfahren 382–384
3. Postgeheimnis für die Postbank? 385, 386

II. Einzelne Maßnahmen 387–408
1. Auskunft und Zeugenvernehmung 387–390
2. Durchsuchung und Beschlagnahme 391–404
a) Rechtliche Anforderungen 391
b) Sicherzustellende Unterlagen . 392–403
c) Weisungen von Stabsabteilungen 404
3. Effektive Kontenauswertung . . . 405–407
4. Entschädigung für Ermittlungsmaßnahmen 408

Einführung

Im Gegensatz zu der auf Zerstörung angelegten Gewaltkriminalität macht sich die Wirtschaftskriminalität das diffizile System der arbeitsteilig organisierten Wirtschaft der westlichen Welt zunutze. Die Aufbringung von Kapital, die sachgerechte Verwendung von Geldern, die Geldanlage und die Investition in Großprojekte, die Emission von Staats- und Unternehmensanleihen und die Finanzierung privater, mittelständischer und nationaler Projekte wären nicht denkbar ohne Kreditinstitute. Durch die Einführung des EURO zum 1. 1. 1999 nimmt die Bedeutung von Banken und Finanzwelt in Deutschland und Europa eher zu als ab. Die Banken kontrollieren die Umrechnung auf die neue Währung, sie entscheiden (mittelbar über die Einflußnahme auf den EZB-Kontrollrat) 1 mit über die Erhöhung oder Senkung von Leitzinsen, die Vergabe von Krediten und die Entwicklungen an den Börsen. Die europaweite Vergleichbarkeit von Dienstleistungen wird auch hier zu einem deutlich gesteigerten Wettbewerb der Großbanken gegeneinander führen. Dabei nimmt die Gefahr der Machtkonzentration bei Banken, der Nutzung spekulativer Geschäfte um des Wettbewerbsvorteils willen und die Gefahr der Fehlinvestitionen zu.

2 Das Bankwesen wird von Wirtschaftskriminellen zum Geld- oder Vermögenstransfer, zur Generierung von Geldern durch unlautere Kredite oder zum Ausnehmen von Kunden durch vorgetäuschte Geldanlagemöglichkeiten genutzt. Prominente Straffälle der vergangenen Jahre, wie der Zusammenbruch der Herstatt-Bank, der Barings-Bank, die Devisenspekulationen der Volkswagen AG, der Balsam AG, die millionenschweren Kreditverluste der Banken bei dem Zusammenbruch der Metallgesellschaft, der Procedo-Pleite oder die falschen Kapitalanlageempfehlungen einer Berliner Bank haben die Ermittlungsbehörden verstärkt auf die Risiken wirtschaftskrimineller Schädigungen der Banken- und Finanzwelt aufmerksam gemacht. Am Ende dieses Jahrhunderts muß man sich von der Vorstellung verabschieden, Bankmitarbeiter würden ähnlich einer Behörde völlig objektiv, rational und neutral handeln. Längst haben sich die Banken in Deutschland dem Wettbewerb gestellt, sind zu „Dienstleistern" geworden, die „Produkte" anbieten, und haben die Geschäftsverbindungen mit Großunternehmen und Reichen entdeckt. Dabei sind sie nicht zurückhaltend, wenn es um Bilanzmanipulationen, Steuerumgehungen durch Gewinnverlagerungen ins Ausland oder gar Steuerhinterziehungen geht, wie die jährlichen Berichte der Finanzminister über die Erkenntnisse der Bußgeld- und Strafsachenstellen ihrer Länder belegen.

3 Die Arbeit der Strafverfolger ist zwar effektiver geworden, dennoch haben sich wirtschaftskriminelle Handlungen schneller entwickeln können als die Aufdeckung und Bestrafung dieser Handlungen. Die Strafverfolgung leidet oft unter der Personalnot und dem geringen Grad an Spezialisierung innerhalb der Staatsanwaltschaften und Polizeibehörden. Während Unternehmen und Banken oft über einen Stab an fachlich trainierten, berufserfahrenen Mitarbeitern und Beratern verfügen, bleibt der ermittelnde Staatsanwalt oder der zur Entscheidung berufene Richter oft ohne Spezialausbildung, fachkundige Hilfe und Personal. Vermehrt beobachtet man, daß Großverfahren falsch begonnen oder bearbeitet werden, Ermittler sich in Kleinarbeit verlieren und Selbstverständlichkeiten unnötig problematisiert werden. Der erste Abschnitt befaßt sich deshalb mit Grundsätzlichem: dem Status und dem Zusammenwirken der Banken- und Finanzwelt in Deutschland sowie den Grundzügen der Bankkontrollen. Weitergehende Informationen können den einschlägigen Standardwerken der Bankliteratur entnommen werden. Über aktuelle Entwicklungen informiert auch die vom Bundesverband Deutscher Banken (BDB) herausgegebene Zeitschrift „Die Bank".

A. Bank- und Finanzwesen

I. Bankengruppen in Deutschland

1. Überblick

Die Bankengruppen in Deutschland lassen sich nach der Art der von ihnen betriebenen Geschäfte und den Institutsträgern nach der folgenden Übersicht einteilen.[1] 4

Arten	dazu gehören	Rechtsgrundlagen
Kreditbanken	die vier Großbanken Deutsche Bank, Hypo/Vereinsbank, Dresdner Bank, Commerzbank; 193 Regionalbanken und sonstige Kreditbanken (davon mehrheitlich im Besitz von Auslandsbanken); 59 unselbständige Zweigstellen ausländischer Banken und 73 Privatbankiers.	BGB, HGB und gesellschaftsrechtliche Gesetze und Satzungen.
Sparkassen	Deutsche Girozentrale-Deutsche Kommunalbank; 12 Landesbanken/Girozentralen; 681 Sparkassen.	LsparkassenG;
Genossenschaftsbanken	Deutsche Genossenschaftsbank; 3 genossenschaftliche Zentralbanken; ca. 2700 Volks- und Raiffeisenbanken und genossenschaftliche Zentralbanken	GenG, DG-BankG
Realkreditinstitute	26 Hypothekenbanken; 2 private Schiffsbanken, 2 öffentlich-rechtliche Grundkreditanstalten; 3 öffentlich-rechtliche Agrarkreditinstitute;	HypothekenbankG, SchiffsbankG
Kreditinstitute mit Sonderaufgaben	8 in öffentlich-rechtlicher, 13 in privater Rechtsform	Sondergesetze für Institute, z. B. KfWG, LAG
Bausparkassen	22 private und 13 öffentliche Bausparkassen	BausparkassenG
Kapitalanlage	63 Kapitalanlagegesellschaften	KapanlageGG, AuslInvestG

Die Anteile des Geschäftsvolumens dieser Bankgruppen an dem Gesamtgeschäft aller Banken in Deutschland ergeben sich aus der folgenden Statistik:[2] 5

	Gesamt (Mrd. DM)	Private Banken[0]	Sparkassensektor[1]	Genossenschaftssektor[2]	Sonstige[3]
1986	3.551	32,5%	42,2%	17,0%	8,3%
1987	3.749	32,4%	42,3%	17,1%	8,2%
1988	3.984	32,7%	42,2%	16,9%	8,2%
1989	4.277	35,1%	40,2%	16,5%	8,2%
1990	5.244	35,6%	38,1%	15,4%	10,9%

[1] Vgl. *Fischer/Klanten*, Bankrecht, Köln 1995.
[2] Quelle: online-Dienst des Bundesverbandes Deutscher Banken, Januar 1999.

	Gesamt (Mrd. DM)	Private Banken[0]	Sparkassen-sektor[1]	Genossen-schaftssektor[2]	Sonstige[3]
1991	5.573	34,8%	38,8%	15,2%	11,4%
1992	5.951	34,5%	38,8%	15,0%	11,7%
1993	6.597	34,2%	39,5%	14,9%	11,4%
1994	6.953	34,0%	40,2%	15,2%	10,6%
1995	7.539	35,4%	40,0%	15,2%	9,4%
1996	8.292	34,1%	41,4%	14,9%	9,5%
1997	9.110	38,0%	38,2%	14,5%	9,3%
1998*	9.721				

ab 1990 gesamtdeutsch
[0] Großbanken, Regionalbanken, Privatbankiers, Zweigstellen ausländischer Banken, private Hypothekenbanken
[1] Girozentralen, Sparkassen, öffentlich-rechtliche Grundkreditanstalten
[2] Genossenschaftliche Zentralbanken, Kreditgenossenschaften
[3] Kreditinstitute mit Sonderaufgaben, Postgiro- und Postsparkassenämter bzw. Postbank
* Stand August 1998

2. Institutsarten und Rechtsgrundlagen

a) Kredit-, Finanzdienstleistungsinstitute und Finanzunternehmen

6 Nach Zahl und Umfang der von einer Bank durchgeführten Bankgeschäfte im Sinne von § 1 Abs. 1 Satz 2 KWG unterscheidet man zwischen **Universalbanken**, die viele oder alle Bankgeschäfte betreiben, **Spezialbanken**, die nur ein oder zwei Bankgeschäfte betreiben, und **Kreditinstitute mit Sonderaufgaben**, die sich mit meist kraft Gesetzes zugewiesenen Aufgabenkreisen wie z. B. dem Investmentgeschäft, der Ausgabe von Pfandbriefen und Kommunalverschreibungen, der Wertpapiersammelverwahrung etc. befassen.

7 Das Gesetz über das Kreditwesen (KWG), zuletzt geändert durch die sog. 6. KWG-Novelle 1997,[3] die in zwei Stufen zum 1. Januar und 1. Oktober 1998 in Kraft getreten ist, unterscheidet zwischen

- **Kreditinstituten**, d. h. solchen Unternehmen, die gewerbsmäßig Bankgeschäfte im Sinne von § 1 Abs. 1 S. 2 Nr. 1 bis 12 KWG betreiben (Ausnahmen kraft Gesetzes ergeben sich aus § 2 Abs. 1 bis 3 KWG),
- **Finanzdienstleistungsinstituten**, die, ohne Bankgeschäfte auszuführen, gewerbsmäßig Geschäfte im Sinne von § 1 Abs. 1a S. 2 Nr. 1 bis 7 KWG betreiben (Ausnahmen ergeben sich aus § 2 Abs. 6 bis 11 KWG) und
- **Finanzunternehmen**, die nicht Institute sind, aber gewerbsmäßig hauptsächlich im Sinne von § 1 Abs. 3 Nr. 1 bis 7 KWG tätig werden.

Das KWG enthält in § 1 weitere Begriffsbestimmungen, deren Kenntnis im Einzelfall erforderlich ist, um die immer komplizierter gewordenen Regelungen des Gesetzes einzelnen Instituten oder Unternehmen zuordnen zu können.

8 Bankgeschäfte im Sinne von § 1 Abs. 1 S. 2 Nr. 1–12 KWG sind

- Einlagengeschäft,
- Kreditgeschäft,
- Diskontgeschäft,
- Finanzkommissionsgeschäft,

[3] Zur Entwicklung des Gesetzes und der Umsetzung von EG-Richtlinien vgl. *Jung/Schleicher*, Neue gesetzliche Regelungen für Finanzdienstleister – Die 6. KWG-Novelle, Berlin 1998, S. 25ff.

- Depotgeschäft,
- Investmentgeschäft,
- Revolvinggeschäft,
- Garantiegeschäft,
- Girogeschäft,
- Emissionsgeschäft,
- Geldkartengeschäft und
- Netzgeldgeschäft.

Finanzdienstleistungen im Sinne von § 1 Abs. 1a S. 2 KWG sind 9

- Anlagevermittlung,
- Abschlußvermittlung,
- Finanzportfolioverwaltung,
- Eigenhandel mit Finanzinstrumenten,
- Drittstaateneinlagenvermittlung
- Finanztransfergeschäft und
- Sortengeschäft.

b) Rechtsrahmen der Institute und Finanzunternehmen

Unmittelbare Auswirkungen auf das Verhalten von Ermittlungsorganen hat der Rechtsrahmen der vorstehenden Institutsgruppen.

(1) Privatbanken 10

Das Bilanzvolumen privater Banken liegt bei 38% aller Bilanzvolumina deutscher Banken. Die Privatbanken sind in der Wahl der Gesellschaftsform frei, allerdings ist die Tätigkeit als Einzelkaufmann für nach 1976 gegründete Institute untersagt (§ 2a KWG). Die erhebliche Ausweitung des KWG durch die 6. KWG-Novelle führt nunmehr seit dem 01. 06. 1998 dazu, daß weitaus mehr Finanzinstitute, Makler, Vermittler und andere Personen Ansprechpartner für Unternehmen und Privatkunden werden.

(2) Kreditgenossenschaften 11

Genossenschaftsbanken sind nach dem Genossenschaftsgesetz gegründet und organisiert. Ihr Anteil am deutschen Bankenmarkt liegt bei ca. 14,5%, obwohl sie zahlenmäßig die größte Institutsgruppe darstellen. Gesetzeszweck der Kreditgenossenschaften ist „die Förderung des Erwerbs oder der Wirtschaft ihrer Mitglieder“ (§ 1 Abs. 1 GenG). Sie können mittlerweile aber alle Bankgeschäfte auch mit Nichtmitgliedern durchführen. Die Kreditgenossenschaften haben in ihren Satzungen regelmäßig eine beschränkte Nachschußpflicht der Mitglieder geregelt, von der aber nach dem 2. Weltkrieg noch kein Gebrauch gemacht worden ist. Auf dem Genossenschaftssektor haben die KWG-Novellierungen und die Öffnung des Banken- und Versicherungsmarktes für europäische Institute zu starken Konzentrations- und Fusionsentscheidungen geführt. Im Verbund der genossenschaftlichen Institute bilden die in einigen Ländern eingerichteten Zentralkassen überregionale Aktiengesellschaften (in einem Fall eine weitere Genossenschaft) mit teilweise eigenen Bankenfunktionen (z. B. bei der Vergabe sog. Meta- oder Konsortialkredite[4]). Spitzeninstitut des Genossenschaftsverbundes ist die Deutsche Genossenschaftsbank (DG-Bank) mit Sitz in Frankfurt. Sie ist nach dem Gesetz vom 22. 12. 1975 eine Körperschaft des öffentlichen Rechts. An ihrem Grundkapital sind die Genossenschaften, der Bund und die Länder beteiligt. Die DG-Bank ist eine Zentralbank des Genossenschaftswesens, unterstützt insbesondere Großkreditengagements und Kapitalanlagegeschäfte der Genossenschaftsbanken.

(3) Privatrechtliche Banken mit Sonderaufgaben 12

Die nachfolgenden Banken sind privatrechtlich organisiert, haben aber zum Teil öffentlich-rechtliche Aufgaben zu erfüllen oder befinden sich ganz oder teilweise im Besitz der öffentlichen Hand:

---

[4] Vgl. zum Begriff unten Rn. 151 ff.

- Postbank AG, Frankfurt (Universalbank der Deutschen Post AG)
- Industriekreditbank AG, Düsseldorf (Kredit- und Pfandbriefprivileg)
- AKA Ausfuhrkredit GmbH (Exportfinanzierung der Banken)
- Dt. Bau- und Bodenbank AG, Frankfurt (Wohnungsbaufinanzierung)
- Dt. Verkehrskreditbank AG, Frankfurt (Finanzierung der Deutsche Bahn AG, beschränktes Kundengeschäft)
- Privatdiskontbank AG, Frankfurt (Handel mit Bankakzepten im Ex- und Importbereich)
- DEG mbH, Köln (Entwicklungshilfefinanzierung)

13 (4) Sparkassen

Sparkassen sind **Anstalten des öffentlichen Rechts**, die durch kommunalen oder ministeriellen Verwaltungsakt begründet worden sind. Einzig die sieben freien Sparkassen (Hamburger Sparkasse, Frankfurter Sparkasse, Die Sparkasse in Bremen und 4 kleinere schleswig-holsteinische Sparkassen sind im Privatbesitz und privatrechtlich organisiert. Die Sparkassen haben einen gesetzlichen öffentlichen Auftrag zu erfüllen, der in den Landes-Sparkassengesetzen festgelegt und durch die Satzungen der Sparkassen konkretisiert wird. Danach sind die Geschäfte der Sparkassen gesetzlich und satzungsrechtlich auf die Funktionen als kommunale Kreditversorger der Bevölkerung und der Wirtschaft und als risikoarme, mündelsichere (§ 1807 Nr. 5 BGB) Anlageinstitute beschränkt. Die Kommune steht als Gewährträger wie ein Ausfallbürge für die Erfüllung einer Forderung gegen die Sparkasse ein[5] (Anstaltslast). Daher unterliegen die Sparkassen anders als andere Banken auch einer **Rechtsaufsicht** der für die Sparkassen zuständigen Aufsichtsbehörden. Diese üben die Rechtsaufsicht in der Regel durch die Prüfstellen der Sparkassen- und Giroverbände aus.

14 (5) Landesbanken/Girozentralen, DGZ

Auch Landesbanken/Girozentralen sind **Anstalten des öffentlichen Rechts** (keine Körperschaften, auch bei mehreren Gewährsträgern). In der Regel werden diese Banken von dem jeweiligen Land, mehreren Ländern und/oder dem Sparkassen- und Giroverband getragen. Landesbanken können Beteiligungen an anderen Banken halten, sie sind Universalbanken, besitzen das Emissionsprivileg vor allem in ihrer Eigenschaft als Staats- und Kommunalbanken. Die Länder üben eine **Staatsaufsicht** über die Landesbanken aus. Die Deutsche Girozentrale – Deutsche Kommunalbank (DGZ) war früher Spitzeninstitut der Sparkassenorganisation, hat diese Bedeutung aber nach dem 2. Weltkrieg weitgehend verloren.

15 (6) Öffentlich-rechtliche Spezialbanken

Aus dem Bedürfnis heraus, staatliche Mittel besonders zur Förderung des Wiederaufbaus, der Wirtschaft oder der Landwirtschaft heraus zur Verfügung zu stellen, dies aber bankmäßig abzuwickeln, wurden Spezialbanken durch jeweilige Einzelgesetze gegründet:

- **Kreditanstalt für Wiederaufbau (KfW),**[6] Frankfurt/Main (Staatliche Förderprogramme, langfristige Finanzierungen von Investitionen, Entwicklungshilfe, Export),
- **Deutsche Ausgleichsbank,**[7] Bonn (Lastenausgleich zugunsten Vertriebener, Flüchtiger und Aussiedler),
- **Landwirtschaftliche Rentenbank,**[8] Frankfurt/Main (Kreditversorgung der Land- und Forstwirtschaft) und die
- **Deutsche Siedlungs- und Landesrentenbank** (DSL), Bonn (Existenzgründung von Flüchtlingen, allgemeine Bankgeschäfte)

[5] *Fischer/Klanten*, Bankrecht, Köln, 2. Auflage 1996, Rn. 1.26.
[6] KfW-Gesetz BGBl. I 1969, 573.
[7] Ausgleichsbank-Gesetz BGBl. I 1986, 1545.
[8] Rentenbank-Gesetz BGBl. I 1963, 465, 548.

(7) Realkreditinstitute 16

Private Hypothekenbanken und private Schiffsbanken dürfen nur in der Rechtsform der AG oder der KGaA betrieben werden (§ 2 Abs. 1 HypBankG und § 2 Abs. 1 SchiffsbankG). Pfandbrief- und Grundkreditanstalten des öffentlichen Rechts sind durch Einzelgesetze errichtet worden. Die Tätigkeit dieser Banken konzentriert sich auf die gesetzlich geregelte Kombination der Emission von gedeckten Schuldverschreibungen (Pfandbriefe, Kommunalverschreibungen) und der Vergabe von zur Deckung bestimmter Hypotheken, Schiffshypotheken- und Grundschulddarlehen oder von öffentlich verbürgten Darlehen. Zwingend vorgeschrieben ist die Einhaltung von Deckungsgrenzen gem. §§ 11, 12 HypBankG. Über die Einhaltung der Bestimmungen wacht ein von dem Bundesaufsichtsamt für das Kreditwesen bestimmter Treuhänder (§ 34 HypBankG).

Nach dem PfandbriefG gelten für die öffentlich-rechtlichen Pfandbriefanstalten und die Institute, die Pfandbriefe oder Kommunalverschreibungen herausgeben, ähnliche Bestimmungen.

17 Schließlich werden Realkredite noch von den Bausparkassen vergeben, deren Geschäfte im Bausparkassengesetz geregelt sind. Für private Bausparkassen ist die Rechtsform der AG vorgeschrieben, die öffentlich-rechtlichen Landesbausparkassen sind zum überwiegenden Teil unselbständige Abteilungen der Landesbanken/Girozentralen. Das Bauspargeschäft kombiniert die Kreditvergabe mit einem vorgeschalteten Sparplan, nach dessen Erfüllung der Kredit zu besonders günstigen Konditionen gegen Gewährung einer auch zweitrangig ausreichenden Grundsicherheit vergeben wird. Die Bausparkassen unterliegen der Aufsicht durch das BAKred., einzelne Tarife und die AGB müssen genehmigt werden.

(8) Investmentgesellschaften 18

Investment- oder Kapitalanlagegesellschaften dürfen sich in der Rechtsform einer AG oder einer GmbH organisieren. Sie geben Anteilscheine an Kapitalanlagefonds aus und legen die Gelder je nach Fondsstruktur in Aktien, festverzinslichen Wertpapieren, stillen Beteiligungen oder Grundstücken an. Das Gesetz über Kapitalanlagegesellschaften (KaGG) enthält in den §§ 8ff und 26ff Risikosicherungsbestimmungen, die beachtet werden müssen. Das KaGG gilt allerdings nur für sog. offene Fonds, d. h. Sondervermögen, deren Anteilscheine im Umlauf sind und regelmäßig auf den Inhaber lauten.

Bei geschlossenen Fonds (in der Rechtsform eines unselbständigen Sondervermögens der Investmentgesellschaft oder in der Form einer KG, AG, KGaA) werden Gesellschaftsbeteiligungen verkauft. Hier gibt es keine sondergesetzlichen Pflichten, sondern nur die allgemeinen gesellschaftsrechtlichen Regelungen.

Die ausländischen Investmentgesellschaften müssen nach den spektakulären betrügerischen Zusammenbrüchen solcher Gesellschaften Ende der 60er Jahre Vertriebsbeschränkungen nach dem AuslInvestmG hinnehmen. Eine Limitierung der vertriebenen Kapitalanlagemöglichkeiten ist durch § 2 AuslInvestmG nur für den Vertrieb, nicht aber die Art der Kapitalanlage eingeführt worden. Der Wert der jeweils vertriebenen Kapitalanlage richtet sich nach dem tatsächlichen ausländischen Wertverhältnis.

(9) Geldkartengesellschaften 19

Durch § 1 Abs. 1 S. 2 Nr. 11 KWG sind auch die Geldkartengesellschaften zu Kreditinstituten geworden. Damit ist die Ausgabe vorausbezahlter Karten Bankgeschäft. Kreditkartenunternehmen dagegen sind weiterhin nur Finanzunternehmen im Sinne von § 1 Abs. 3 Nr. 4 KWG. Sondergesetze gibt es für diese Gesellschaften nicht. Sie sind in der Regel als GmbH privatrechtlich organisiert.

(10) Zweigstellen, Repräsentanzen ausländischer Banken 20

Nach §§ 52, 53ff KWG dürfen ausländische Banken Zweigstellen und Niederlassungen unterhalten. Diese gelten dann als Kreditinstitut oder Finanzdienstleister und müssen den Anforderungen der §§ 53, 53b KWG (Zweigstellen) oder 52 KWG (Repräsentanzen) genügen.

c) Finanzunternehmen im Bankbesitz

Neben den eigentlichen Bankgeschäften befassen sich Banken auch unmittelbar oder über Beteiligungen an entsprechenden Unternehmen mit Handelsgeschäften. Die Unternehmensbeteiligungen (1), die Factoringgesellschaften (2) und die Leasinggesellschaften (3) sind daraus hervorzuheben.

21 (1) Unternehmensbeteiligungsgesellschaften

Alle größeren privaten Banken, teilweise auch die Landesbanken/Girozentralen, haben sich an Unternehmensbeteiligungsgesellschaften beteiligt, um Unternehmensbeteiligungen zu erwerben. Diese Gesellschaften sind nach der ausdrücklichen Definition von § 1 Abs. 3 Nr. 1 KWG nicht Kreditinstitute, sondern Finanzunternehmen. Das mag schwer verständlich sein, da dem Unternehmen neben der Unternehmensbeteiligung (in Aktien, GmbH-Anteilen, KG-Anteilen, Stille Gesellschaften und Genußrechte, § 1a Abs. 2 UBGG) nach § 3 UBGG auch die Vergabe von Darlehen, die Geldanlage und die Emission von Wertpapieren gestattet sind. Durch die den Finanzunternehmen auferlegten Meldepflichten der §§ 13, 14 KWG kann aber eine gewisse Transparenz auch dieser Geschäfte erreicht werden. Die Unternehmensbeteiligungsgesellschaften sind erlaubnispflichtig und unterstehen einer Rechtsaufsicht durch die Landes-Fachbehörde (§§ 15, 16, 21 UBGG).

22 (2) Factoringgesellschaften

Factoringgesellschaften sind, wenn sie ohnehin nicht bereits aufgrund anderer Geschäfte als Kreditinstitute anzusehen sind, Finanzunternehmen im Sinne des § 1 Abs. 3 Nr. 2 KWG. Auch sie unterliegen keiner Aufsicht, obwohl ihr Anteil an der Finanzierung von Unternehmen ansehnlich ist und sie sich selbst in der Regel bei Banken refinanzieren. Die Gesamtfinanzierung eines Kunden bei der Factoringgesellschaft und einer oder mehreren Banken wird nunmehr aufgrund der Meldepflicht gem. §§ 13, 14 KWG zusammengeführt.

23 (3) Leasinggesellschaften

Leasinggesellschaften sind Finanzunternehmen im Sinne von § 1 Abs. 3 Nr. 3 KWG. Eine Gleichbehandlung mit den Factoringgesellschaften war geboten, da die Interessenlage vergleichbar ist und die Leasingfinanzierung ebenso wie eine andere Finanzierung dem Kunden einen Zahlungsaufschub gewährt.

d) Deutsche Bundesbank und Europäische Zentralbank

24 Die Deutsche Bundesbank ist die Notenbank Deutschlands, eine Anstalt des öffentlichen Rechts und als Bank des Bundes mit zahlreichen Privilegien und Zusatzaufgaben ausgestattet. Sie gilt nicht als Kreditinstitut im Sinne des KWG (§ 2 Nr. 1 KWG). Ihre Aufgaben werden in § 3 BBankG normiert, in erster Linie ist das die Sicherung der Währung, sodann die bankmäßige Abwicklung des Zahlungsverkehrs im Inland und mit dem Ausland. Sie ist für den Bund Währungsbank, Kreditbank und Kassenhalter, für die Banken Refinanzierungsquelle und Clearingstelle. Durch die Errichtung der europäischen Zentralbank ist die Bundesbank nunmehr seit dem 01. 01. 1999 in das Europäische System der Zentralbanken (ESZB, Art. 106 Abs. 1 EG-Vertrag), das keine eigene Rechtspersönlichkeit besitzt, integriert. Die nach Art. 106 Abs. 2 EG-Vertrag gegründete Europäische Zentralbank (EZB) hat die Aufgaben der Währungssicherung übernommen. Die Bundesbank ist nur noch Zweigstelle der EZB mit Sitz in Frankfurt/Main. Ab dem 01. 01. 1999 ist die Entscheidungskompetenz in der Währungs- und Geldmengenpolitik auf die EZB übergegangen.[9]

Mittel der **Zentralbankpolitik** waren bis zum 31. 12. 1998 die Währungssicherung durch Geldmengen-, Notenausgabe-, Mindestreserve- und Einlagenpolitik, die Versorgung der Kreditwirtschaft mit Liquidität durch Diskont-, Lombard- und Wertpapierpensionsgeschäfte sowie die sonstigen, in den §§ 15–19 BBankG genannten Bankgeschäfte.

[9] *Simmert/Welteke,* Die Europäische Zentralbank, Stuttgart, 1999, S. 144 f.

Nach dem 31. 12. 1998 verbleiben der Bundesbank die institutsbezogene Geschäftspolitik, die Umsetzung der Geldpolitik der EZB, die Bargeldversorgung der Wirtschaft, die Abwicklung des unbaren Zahlungsverkehrs und die Fremdwährungsgeschäfte. Die Tätigkeit der Bundesbank wird aber weiterhin in Monatsausweisen und im Jahresabschluß, der nach den Grundsätzen ordnungsgemäßer Buchführung zu erstellen ist, ausgewiesen (§ 26 BBankG). Der Jahresabschluß ist in einer ersten Stufe von Wirtschaftsprüfern und in einer zweiten Stufe vom Bundesrechnungshof zu prüfen.

Die bisherige Geldpolitik der Deutschen Bundesbank ist weitgehend abgelöst worden durch die Geldpolitik der EZB. Wie zuletzt auch in Deutschland wird die Geldpolitik der EZB maßgeblich durch die **Wertpapierpensionsgeschäfte** geprägt werden. Die EZB betreibt keine Diskontgeschäfte.[10] Instrumente der EZB-Politik sind Offenmarktgeschäfte (z. B. befristete Pensions- oder Pfandkredite, Emission von Schuldverschreibungen, Devisenswapgeschäfte, Hereinnahme von Termineinlagen), Refinanzierungskredite für Banken (Spitzenrefinanzierungsfazilität = kurzfristige Spitzenfinanzierung gegen Sicherheiten), Einlagenpflichten der Banken (Einlagenfazilität = kurzfristige Geldanlage überschüssiger Mittel) und Mindestreservepflichten der Banken. Die Bundesbank hat das Diskontgeschäft zum 14. 01. 1999 eingestellt. Gleichwohl bleibt für bundesbankfähige inländische Wechsel noch eine Refinanzierungsmöglichkeit der Banken bei der Bundesbank erhalten, die aber angesichts der erweiterten Finanzierungsmöglichkeiten der EZB wohl stark an Bedeutung verlieren wird. Die EZB soll – bezogen auf die Teilnehmerländer – ein Geldmengenziel und ein Inflationsziel verfolgen. Durch das Rechnungsverbundsystem TARGET zwischen der EZB und den europäischen Notenbanken ist es auch den Banken in Nicht-Euro-Ländern möglich, an der Währungsentwicklung durch Bankguthaben beteiligt zu sein.

3. Verbotene Bankgeschäfte

Das kriminelle Betreiben eines Bankgeschäftes ist weitaus häufiger anzutreffen als der Verstoß gegen die Erlaubnispflicht an sich. Wer „gewerbsmäßig" Bankgeschäfte betreibt oder zumindest für seine Geschäfte einen kaufmännisch eingerichteten Geschäftsbetrieb benötigt, ist gerichtlich weitestgehend geklärt: 25

Ein kaufmännischer Geschäftsbetrieb ist erforderlich, wenn eine kaufmännische Buchführung, eine geordnete Ablage des Schriftverkehrs, eine geregelte Kassenführung und Inventur erforderlich sind, um die Geschäfte ordnungsgemäß führen zu können. Das ist etwa dann der Fall, wenn

- mindestens 25 angenommene Einlagen vorhanden sind oder ein Einlagenvolumen von DM 25000, wenn sich dieses aus mindestens 25 Einlagen zusammensetzt,
- mindestens 100 Kreditgewährungen, im Bestand befindliche Schecks oder Wechsel oder 100 übernommene Gewährleistungen oder jeweils ein Gesamtvolumen von 1 Mio. DM, sofern dieses aus mindestens 21 Einzelfällen besteht, vorhanden sind,
- die Führung von fünf Depots oder die Verwahrung von wenigstens 25 Effekten für Dritte festgestellt werden, oder
- mehrere nebeneinander betriebene Geschäfte in entsprechend geringerem Umfang abgewickelt werden.[11]

Verboten sind Bankgeschäfte gem. §§ 3, 54 Abs. 1 Nr. 1 KWG, wenn diese Voraussetzungen vorliegen oder die folgenden Tätigkeiten ausgeübt werden:

- Werksparkassen für Betriebsangehörige,
- Zwecksparunternehmen (Ansparen für Kredite),
- Kredit- oder Einlagengeschäfte, bei denen der Auszahlungsanspruch ganz ausgeschlossen oder erheblich erschwert ist.

---

[10] *Simmert/Welteke*, a.a.O., S. 148.

[11] BVerwG, 25. 06. 1980, bei *Beckmann/Bauer*, Nr. 33 zu § 1 KWG.

Ebenso ist es verboten, wenn man die nach § 32 KWG erlaubnispflichtigen Bankgeschäfte ohne Erlaubnis ausübt oder erlaubnispflichtige Finanzdienstleistungen ohne Erlaubnis erbringt.

4. Strafprozessuale Folgerungen aus unterschiedlichen Rechtsformen

a) Beschlagnahme oder Herausgabe?

26 Für das Strafverfahren ergeben sich bereits aus der rechtlichen Organisation der Kreditinstitute Konsequenzen, die von den Staatsanwaltschaften und Ermittlungsrichtern nicht hinreichend beachtet werden, aus denen sich aber Probleme für die Beweismittelverwertbarkeit ergeben können:

(1) Richten sich strafprozessuale Zwangsmaßnahmen (Durchsuchung, Herausgabeverlangen, Beschlagnahme) gegen Banken in privat-rechtlicher Rechtsform, so sind diese wie natürliche Personen zu behandeln und je nach der Art der Durchsuchung die Vorschriften der §§ 94ff. StPO unmittelbar anzuwenden.

(2) Richten sich diese Maßnahmen aber gegen öffentliche Stellen, so ist wegen § 96 StPO streitig, ob die §§ 94ff. StPO entsprechend anzuwenden sind oder ob die gesuchten Gegenstände nur im Wege der (verwaltungsrechtlichen!) Amtshilfe (Art. 35 Abs. 1 GG, § 96 StPO) von den Ermittlungsbehörden angefordert werden können.

27 (2.1) Die durch einige Verwaltungsgerichte vertretene Mindermeinung hält Anstalten des öffentlichen Rechts für Behörden im Sinne des § 96 StPO. Es wird damit argumentiert, daß die Leistungsverwaltung staatliche Interessen der Daseinsvorsorge wahrnimmt. Die Versorgung des Staates und der Bevölkerung mit Geldmitteln wird auch als eine öffentliche Aufgabe gesehen. Da es sich um Einrichtungen des Staates handelt, die unter staatlicher Autorität für staatliche Zwecke tätig werden,[12] sei anstelle einer Durchsuchung der Amtshilfeweg zu beschreiten. Da § 96 StPO an den **Behördenbegriff** im Sinne der staatsrechtlichen Amtshilfepflichten anknüpft, orientiert sich diese Auffassung an Art. 35 Abs. 1 GG. Danach sind Behörden alle Stellen der staatlichen Verwaltung, der Gesetzgebung und der Justiz. Auch sonstige öffentlich-rechtliche Einrichtungen, die der Daseinsvorsorge dienen und unter einer Rechtsaufsicht der öffentlichen Verwaltung stehen, zählen hierzu.[13] Im Rahmen des § 11 Nr. 2 StGB hat die Rechtsprechung die Amtsträgereigenschaft von Vorständen und Bediensteten der Sparkassen und Landesbanken[14] aus den gleichen Gründen anerkannt.

Die Staatsanwaltschaften müssen nach dieser Auffassung vor dem Antrag auf Erlaß eines Durchsuchungsbeschlusses gegen eine öffentlich-rechtliche Bank die Entscheidung der obersten Dienstbehörde, das ist in der Regel das zuständige Finanzministerium, einholen. Lehnt die zuständige oberste Dienstbehörde eindeutig das Herausgabeverlangen ab und begründet sie den Bescheid, ist das Ermittlungsorgan an diese Entscheidung gebunden. Die herauszugebenden Unterlagen dürften dann nicht im Strafverfahren verwertet werden. Zu dem gleichen Ergebnis kommt man, wenn die Genehmigung der obersten Dienstbehörde überhaupt nicht eingeholt worden ist.

Eine Zustimmung der öffentlich-rechtlichen Bank alleine genügt nicht für eine Verwertung sichergestellter Unterlagen. Eine Ersetzungsbefugnis der Strafgerichte durch den Erlaß eines Beschlagnahmebeschlusses besteht nur dann, wenn keine Entscheidung ergeht oder die Entscheidung offensichtlich willkürlich ist.[15] Aus welchen Gründen die oberste Dienstbehörde die Herausgabe verweigern kann, ist ebenfalls umstritten. Während eine Auffassung dahin geht, nur die in § 96 StPO genannten Gründe zuzulassen,[16] wird anderweitig zutreffend darauf verwiesen, daß im Rahmen der Güterabwägung alle gesetzlich normierten Gründe (wie z. B. das Sozialgeheimnis) für die Güterabwägung heranzuziehen sind.[17] Die Ablehnungsgründe müssen im einzelnen dargelegt werden, gesetzlich normierte Zurückbehaltensgründe sind gegen das Interesse an der effektiven Strafverfolgung abzuwägen.

---

12 So die Definition nach KK-*Nack*, § 96 StPO, Rn. 6.

13 *Jarrass/Pieroth*, GG, München, 3. Auflage, Art. 35 Rn. 3.

14 BGHSt 31, 269/271; OLG Frankfurt, NJW 1994, 2242; *Tröndle*, StGB, 48. Auflage.

15 BGHSt 36, 159; BGHSt 38, 237.

16 *Tröndle*, a.a.O., § 96 StPO, Rn. 7.

17 KK-*Nack*, a.a.O., Rn. 9.

(2.2) Demgegenüber stellt die Praxis der Staatsanwaltschaften und Ermittlungsgerichte auf die wirtschaftliche Tätigkeit der Kreditinstitute ab. Sie sieht alle Banken einheitlich als Teilnehmer an einem gewinnorientierten Wirtschaftssystem. Die „Behörden- oder Amtsträgereigenschaft" öffentlich-rechtlicher Kreditinstitute paßt nicht so recht zur Konkurrenzsituation der Banken untereinander und zu dem Wettbewerb um den Kunden, den sich auch diese Banken liefern. Hinzu kommt das legitime Interesse der Ermittlungsbehörden an dem Überraschungseffekt bei Durchsuchungen und die Möglichkeit, durch hoheitlichen Zugriff eventuellen Manipulationen oder gar dem Verrat der Ermittlungsmaßnahmen vorzubeugen. 28

(2.3) Aus der Notwendigkeit einer effektiven Strafverfolgung heraus muß der Praxis der Vorzug vor der zu sehr in der Begriffswelt verhafteten Mindermeinung gegeben werden. Es läßt sich nicht leugnen daß alle Banken unabhängig von ihrer rechtlichen Grundform ein marktgerechtes modernes Dienstleistungsverständnis entwickelt haben. Auch sind die (früheren) Unterschiede zwischen den Institutsgruppen dank des deutschen Universalbankensystems unbedeutend geworden. Die Art und Weise der Ermittlungsmaßnahmen hängt daher nicht von der Rechtsform eines Kreditinstituts ab. 29

Weigert sich ein Kreditinstitut, die benötigten Beweismittel freiwillig herauszugeben, müssen – sofern erforderlich – diese einstweilen sichergestellt und dann (nach genauer Bezeichnung) beschlagnahmt werden. Bei der Antragstellung ist darauf zu achten, daß die Sichtung der Beweismittel abgeschlossen ist und die Unterlagen im Antrag der StA individualisiert werden können. Dauert eine Sichtung von sichergestellten Beweismitteln länger als sechs Monate, kann im Einzelfall die Verpflichtung der Ermittlungsbehörde bestehen, die Beweismittel an den letzten Besitzer herauszugeben. 30

b) Unterrichtung des Bundesaufsichtsamtes

Das Bundesaufsichtsamt für das Kreditwesen (BAKred.) ist seit dem 01.06. 1998 von strafprozessualen Maßnahmen gegen Institute, Inhaber oder deren Geschäftsleiter wegen beruflicher Verfehlungen zu unterrichten (§ 60a KWG), und zwar für den Fall der Anklageerhebung durch Übersendung der Anklage, des Strafbefehls und der abschließenden Entscheidung. Auch sonst sind mißbräuchliche Praktiken in einer Bank, die anläßlich eines Ermittlungsverfahrens bekanntwerden, dem BAKred. mitzuteilen. Das BAKred. leistet nunmehr umfassend Amtshilfe in Strafverfahren (§§ 8, 9 KWG, § 15k AuslInvestmG). Dabei sind auch auf Anfrage die von dem BAKred. selbst durchgeführten Verfahren und deren abschließende Entscheidungen mitzuteilen. 31

c) Amtsträgereigenschaft

Mitarbeiter und Vorstände der öffentlich-rechtlichen Kreditinstitute sind Amtsträger im Sinne von § 11 Nr. 2 StGB.[18] 32

II. Bankinterne Organisation und Kontrolle

1. Grundschemata der Organisation

a) Bei Ermittlungsbeamten weitgehend unbekannt sind die Organisationsgrundsätze und -pläne der Kreditinstitute. Eine sorgfältige Organisation der Bankgeschäfte verlangt ein System widerspruchsfreier Regelungen, das sowohl den Aufbau der Bank nach Hierarchien als auch den Ablauf der Arbeiten (z. B. durch Arbeitsanweisungen) festlegt. Zu den Organisationsgrundsätzen gehören: 33

- der Grundsatz der **Hierarchienbildung** (Über-/Unterordnungsverhältnisse);
- der Grundsatz der **Kompetenzzuweisung** mit klarer Abgrenzung der Verantwortlichkeiten auf einer bestimmten Hierarchieebene;

[18] BGHSt 31, 269/271.

- der Grundsatz der **Einheitlichkeit der Aufgabenzuordnung**, wonach zusammengehörende Leistungen einheitlich auf bestimmte Mitarbeiter bzw. Abteilungen zu übertragen und von anderen Aufgaben abzugrenzen sind.

Diese Organisationsgrundsätze setzen wiederum voraus, daß jede Hierarchieebene alle für die anstehenden Entscheidungen notwendigen **Informationen** erhält (durch sog. Stabsabteilungen) und einer effektiven Kontrolle unterliegt, um Störungen im Betriebsablauf zu vermeiden und Qualitätsstandards sicherzustellen.[19]

34 b) Um die Kapitalvermittlung (Kapitalanlage und Kapitalaufnahme) innerhalb der damit verbundenen Zeiträume (Fristigkeiten) und der damit verbundenen Risiken (Risikostufen) zu bewältigen, haben sich die Banken ausgehend von dem ihnen vorgegebenen Rechtsrahmen zu organisieren. Dabei sind das Weisungs- und Kompetenzsystem (1), die Produktbetreuung (2), das Filialsystem (3) und die Arbeitsabläufe (4) zu regeln.

35 (1) Die Banken wählen für ihr **Weisungs- und Kompetenzsystem** meist eine **Stab-Linien-Organisation**. Die Kompetenzen werden in der Bankenhierarchie in einem bestimmten Verhältnis vom Geschäftsleiter ausgehend nach unten verteilt. Mit einer reinen Über-/Unterordnung ist den Banken allein aber nicht gedient. Zur Informationsbeschaffung und zur Kontrolle unterhält eine Bank mehrere Stabsabteilungen, in denen spezialisierte Personen mit ihrem Fachwissen auf die einzelnen Entscheidungen einwirken, ohne i. d. R. eigene Entscheidungsbefugnisse zu besitzen. Wichtige solche Stabsabteilungen sind die volkswirtschaftliche Abteilung, die Rechtsabteilung, das Vorstandssekretariat und die Innenrevision. In einer Großbank bestehen in der Zentrale meist bis zu zehn solcher Abteilungen, in einer Niederlassung bis zu sechs Abteilungen und in der Filialleitung noch zwei Stäbe. Die Entscheidungskompetenzen verbleiben in allen diesen Fällen noch bei den Sachbereichen.

36 (2) Die **Produktbetreuung**, also die Durchführung von Bankgeschäften mit den Kunden, wird unterschiedlich organisiert. In einer **Spartenorganisation** betrachtet man alle Leistungselemente, die innerhalb eines bestimmten Geschäftsbereiches (z. B. der Kreditvergabe) auftreten, als Einheit. Typische Geschäftssparten sind das Aktiv- und Passivgeschäft, wobei das Aktivgeschäft in lang- und kurzfristiges Kreditgeschäft und das Passivgeschäft in Einlagengeschäft und Geldhandel zu unterteilen ist. Hinzu kommen das Auslands- und Effektengeschäft und der Zahlungsverkehr. Sparkassen gliedern ähnlich, Kreditgenossenschaften untergliedern weitergehend in die Sparten Laufende Rechnung, Wechselkredite, Darlehen/Sonderkredite, Außenhandel, Wertpapiervermittlung, Depotgeschäft, Versicherungsvermittlung, Bausparen, Festgeldanlagen, Wertpapieranlagen, Immobilien und Beteiligungen.

Eine **Kundengruppen-Organisation** betrachtet alle Bankgeschäfte, die von einer Kundengruppe nachgefragt werden, als zusammengehörig. Die Einteilung in Firmenkundenbetreuer und Privatkundenbetreuer stammt daher.

Schließlich bilden manche Banken in einzelnen Bereichen sog. **Profit-Center**. Der Leiter eines solchen Profit-Centers hat Verantwortung für das Ergebnis. Als zum Erfolg gezwungener Mitarbeiter wird er zum potentiellen Gegner aller Bereiche, die in der Bank am meisten Kosten verursachen.

37 (3) Die **Organisation des Filialsystems** ist geprägt von dem Widerstreit zwischen Zentralisation und Dezentralisation der verschiedenen Aufgaben. Wenn Aufgaben nicht mehr delegierbar sind oder besondere Spezialkenntnisse erfordern, ebenso bei Gelddisposition und Finanzplanung einschließlich der Kreditvergabe, ist eine Zentralisation erforderlich. Die Dezentralisation kann zur Entlastung der oberen Instanzen ergriffen werden, wenn eine Vielzahl gleichartiger Fallgestaltungen auftreten, eine rasche und individuelle Kundenbetreuung durchgeführt werden soll.

38 (4) Schließlich ist der **Arbeitsablauf** zu organisieren. Dabei muß den Forderungen nach Klarheit, Eindeutigkeit der Arbeitsplatzbeschreibung, Kompetenz und Kontrolle (z. B. durch das sog. „Vier-Augen-Prinzip") Rechnung getragen werden. Arbeitsplatzbeschreibungen sind zu formulieren, um Rechte und Pflichten des einzelnen zu definieren. Am deutlichsten wird das bei den Kompetenzen für eine Kreditvergabe. Zweigstellen- und Kundengruppenberater erhalten in der Regel geringe Kreditbewilligungskompetenzen, dafür liegen diese Kompetenzen bei den Leitern solcher Gruppen oder Organisationseinheiten. Diese Kompetenzen können je nach der Bedeutung der Gruppe für das Institut bis in den siebenstelligen Kreditbereich an einen Abteilungsleiter oder einen Bereichsleiter vergeben sein. Ist die Kompetenz ausgeschöpft und übersteigt der Kreditwunsch des Kunden

---

[19] Vgl. dazu *Hagenmüller/Diepen*, Der Bankbetrieb, Wiesbaden, 13. Auflage 1993, S. 85ff.

die Bewilligungskompetenz, ist die nächsthöhere Stufe der Bewilligung anzusprechen, das ist in der Regel das Kreditsekretariat. Der Leiter des Sekretariates hat weitergehende eigene Kompetenzen zum Teil allein, zum Teil gemeinsam mit einem Vorstandsmitglied einen Kredit zu bewilligen. Reichen auch diese Kompetenzen nicht aus, ist die Kreditvorlage dem Vorstand zur Bewilligung vorzulegen. Dieser entscheidet prinzipiell einstimmig, auch wenn das in der Satzung nicht notwendigerweise vorgeschrieben ist. In zahlreichen Bankinstituten sind alle größeren Kreditengagements vor einer Bewilligung zusätzlich einem Kreditausschuß des Aufsichtsrates oder der Gesellschafter zur Zustimmung vorzulegen. Erst nach Einholung der Zustimmung darf der Kredit dem Kreditnehmer verbindlich zugesagt werden.

Ein Verstoß gegen diese im Einzelfall festzustellende institutseigene Kompetenzordnung indiziert bereits ein doloses Handeln desjenigen, der gegen diese Handlungsabläufe verstößt. Eine Kreditvergabe ist nie so dringlich, daß nicht auch die übrigen Mitglieder eines nach den internen Kompetenzregelungen zwingend anzuhörenden Gremiums befragt werden könnten. 39

Ist die Entscheidung des jeweiligen Kompetenzträgers eingeholt worden, kann eine mißbräuchliche Beteiligung einzelner Bankmitarbeiter an einer kriminellen Handlung nur dann erfolgreich nachgewiesen werden, wenn sich zwischen den (zu ermittelnden) Kenntnissen des jeweilig Handelnden und dem Inhalt der Vorlagen an die Kreditbewilligungsgremien auffällige Unterschiede feststellen lassen. Nicht selten verfügt der Kreditverantwortliche über bessere Detailkenntnisse aus dem Kreditengagement. Ob er die zuständigen Gremien über diese Kenntnisse unterrichtet hat, kann nur anhand der vollständigen Kreditakten, der Gremienunterlagen, etwaiger Gesprächsnotizen und der Befragung der mit dem Kreditantrag befaßten Sachbearbeiter festgestellt werden. Die Gremien entscheiden in der Regel über einen Kredit aufgrund der Vorlagen der Fachabteilung. In Einzelfällen, wenn beispielsweise unternehmensbezogene Verflechtungen bestehen (z.B. unmittelbare oder mittelbare Beteiligungen an dem Kreditnehmer, Aufsichtsratmandate etc.) kann der Kreditverantwortliche über andere oder aktuellere Informationen verfügen, die im Ermittlungsverfahren besondere Beachtung verdienen.

2. Innenrevision der Banken

Das BAKred. hat mit Schreiben vom 28.05. 1976 erstmals an alle Kreditinstitute die Anforderungen an eine Innenrevision der Banken mitgeteilt. Dieses Schreiben[20] dient seitdem als Grundfibel der Innenrevision. Danach muß die Innenrevision eine sachliche Unabhängigkeit von der Geschäftsleitung besitzen, die Funktionen von Innenrevision und Fachabteilungen müssen strikt getrennt sein, Prüfungspläne, -anforderungen und -handlungen sind zu dokumentieren, bei schweren Verfehlungen eines Geschäftsleitungsmitgliedes sind Geschäftsleitung und Aufsichtsrat zu informieren. Die Berichte und Untersuchungen der Innenrevision sind für jeden Ermittler eine erste Quelle der eigenen Aufklärungsbemühungen der Banken. Liegen keine solche Berichte vor, spricht vieles dafür, daß die Innenrevision entweder sich um das Geschäftsfeld nicht gekümmert hat oder daß Berichte vernichtet worden sind. 40

3. Verstöße gegen die Organisations-, Aufsichts- und Anzeigepflichten

Bislang mag es dem Strafverfolger unwahrscheinlich erschienen sein, daß eine Bank im strafrechtlichen Sinne der §§ 130, 30 OWiG gegen Organisations- und Aufsichtspflichten verstoßen könnte. Zu wohlorganisiert, zu ausgefeilt erscheinen dem Außenstehenden die Bankorganisationen. Tatsächlich zeigt die Praxis des für die Ahndung von Ordnungswidrigkeiten nach dem KWG zuständigen[21] BAKred., daß Banken durchaus gegen 41

---

[20] Abgedruckt bei *Hagenmüller/Diepen*, a.a.O., S. 97/98.
[21] § 60 KWG.

eigene Organisationspflichten verstoßen und daher Bußgeldverfahren gem. § 56 KWG durchgeführt werden müssen. Diese Vorschrift ist durch die 6. KWG-Novelle noch erheblich ausgeweitet worden und sieht für zahlreiche Organisations- und Anzeigenverstöße Bußgelder von bis zum DM 1 Million vor. In § 59 KWG wird ausdrücklich der Geltungsbereich des § 30 OWiG auf Fälle erstreckt, in denen der nicht organschaftlich berufene Geschäftsleiter einer Bank wegen einer Straftat oder Ordnungswidrigkeit verfolgt wird.

42 Im Schrifttum mehren sich die Auffassungen, daß in Fällen, in denen die Bank die Hinterziehung von Kapitalerträgen objektiv gefördert hat, beispielsweise durch Werbung („Ihr Geld geht auf Reisen, Zweitwohnsitz für Ihr Geld in Luxemburg") oder durch die Ausnutzung bankinterner CpD-Konten, die §§ 130, 30 OWiG angewendet werden sollen, wenn nicht eindeutig die Förderung der Steuerhinterziehung von einem einzelnen Mitarbeiter oder Vorstand ausgegangen ist oder dies nicht mehr feststellbar ist.[22] Die Anwendung der §§ 130, 30 OWiG ist gerechtfertigt. Die Fälle der mangelhaften Aufsicht, wie sie in § 56 I i.V. m. § 36 KWG und in § 56 Abs. 2 Nr. 6, 7, Abs. 3 Nr. 3, 6, 7, 11 KWG normiert sind, sind mit den Steuerhinterziehungsfällen vergleichbar. In diesen Sachverhalten organisiert die Bank ein gesetzestreues Verhalten nicht eindeutig. Sie nimmt ein ungesetzliches Verhalten der Bankmitarbeiter hin, möglicherweise um des eigenen wirtschaftlichen Vorteils willen.

III. Bankexterne Sicherung und Kontrolle

1. Prüfverbände der Bankgruppen

43 Die Kreditinstitute haben verschiedene Sicherungseinrichtungen und Kontrollinstanzen geschaffen, um die Bank selbst vor Straftaten ihrer eigenen Mitarbeiter gegen die Bank und vor wirtschaftskriminellen Machenschaften von Kunden zu schützen. Zugleich sollen solche außerhalb der Institute stehenden Einrichtungen die Bankkunden vor dem Risiko einer Schieflage oder Insolvenz der Bank schützen.

2. Aufsicht durch das BAKred.

44 Die Bankenaufsicht liegt allein bei dem BAKred. in Berlin. Teilweise hat es sich mit der Deutschen Bundesbank abzustimmen. Man unterscheidet zwischen
- der Erlaubnispflicht (§§ 32, 33 KWG),
- der Geschäftsleiterqualifikation (§§ 1 Abs. 2, 33 Abs. 2, 35 Abs. 2 Nr. 3, 36 KWG),
- den Eigenkapitalanforderungen (§ 10 KWG, Grundsatz I),[23]
- den Liquiditätsanforderungen (§ 11 KWG, Grundsätze II und III, § 12 KWG),
- den Konsolidierungsverfahren für Institutsgruppen (§ 10a KWG),
- den Kreditkontrollen (§§ 13–18 KWG),
- den Monatsausweisen (§ 25 KWG),
- den sonstigen laufenden Meldungen (§ 24 KWG)
- der Einzelfallprüfung (§§ 44–46, 36 KWG) und
- der Offenlegung und Anzeige über die Prüfung des Jahresabschlusses (§ 340k HGB, 28 Abs. 1 KWG, für Depotbanken: § 30 KWG, 36 WpHG)

Zuwiderhandlungen gegen vollziehbare Anordnungen des BAKred. gem. § 36 KWG stellen Ordnungswidrigkeiten im Sinne von § 56 Abs. 1 KWG dar.

3. Schutzverbände für Kreditsicherung

45 Keine Aufsicht aber eine Sicherungseinrichtung der Kreditwirtschaft stellen die Schutzgemeinschaften für allgemeine Kreditsicherung (Schufa) in der Rechtsform einer GmbH

---

22 *Vogelberg*, PStR 1/99, 10ff.

23 Zu den einzelnen Kapitalbegriffen *Fischer/Klanten*, a.a.O., Rn. 2.52ff.

dar. Die Schufa wurde möglicherweise in den vergangenen Jahren unbewußt durch kriminelle Elemente angezapft und das hierbei gewonnene Wissen vertragswidrig verwertet. Daher müssen die Ermittlungsbehörden den Aufbau und die Arbeitsweise der in unserer Wirtschaftsordnung nicht mehr wegzudenkenden Vertrauensorganisation der kreditgebenden Wirtschaft in groben Umrissen kennen. Schufa ist eine Gemeinschaftseinrichtung der kreditgebenden gewerblichen Wirtschaft, deren Aufgabe darin besteht, ihre Anschlußpartner, also vor allem Banken, vor Kreditverlusten zu bewahren. Bei ihr werden alle Daten, die für einen Kredit erheblich sein können, wie z. B. Personalien, Bankverbindungen, laufende und frühere Kreditverpflichtungen, Kreditkarten, Bürgschaften etc., gespeichert. Es handelt sich um eine der größten Datenbanken Deutschlands.

Während in früheren Jahren sich auch Firmen und Privatpersonen, die kein Kredit- 46
risiko zu tragen hatten, bei der Schufa als Abfrageberechtigte eintragen lassen konnten, hat der Bundesgerichtshof durch seine Entscheidung vom 19. September 1985[24] jene Unternehmen von der Anschlußberechtigung an die Schufa ausgeschlossen, die kein Kreditrisiko tragen. Aufgrund einer Vereinbarung zwischen dem Bundeskartellamt und den Datenschutzbeauftragten von Bund und Ländern dürfen zum Kreis der Berechtigten u. a. Dienstleistungsunternehmen, Fernschulen, Möbelspediteure, Automatenhändler, Brauereien, Bauträger, Makler, auch Versicherungsunternehmen nicht gehören. Der einzelne Kreditnehmer muß damit einverstanden sein, daß seine Daten der Schufa übermittelt werden. Die Kreditinstitute, soweit sie Mitglied der Schufa sind, verwenden daher bei Kontoeröffnungsanträgen und Kreditanträgen seit Mitte 1986 die sog. Schufa-Klausel, durch welche sich der Bankkunde mit der Weitergabe seiner Daten einverstanden erklärt.

Da die Schufa bei der Fülle der Ratenzahlungskredite Auskünfte geradezu als Massen- 47
artikel gegen Berechnung der entsprechenden Gebühren absetzt, kann trotz aller Vorsichtsmaßnahmen und vertraglich festgelegter Verbote der Informationsweitergabe ein Mißbrauch selbst dann nicht ausgeschlossen werden, wenn die Schufa-Gesellschaften die Anschlußmöglichkeit von bestimmten Kreditvermittlern endgültig verhindern müssen. Verschiedene Teilzahlungsbanken sollen nämlich gewissen Kreditvermittlern eine sogenannte „Patronatschaft" eröffnet haben. Diese Kreditinstitute holen für den für sie tätigen Vermittler die gebührenpflichtigen Auskünfte und belasten ihn nur dann mit einem Teil der Kosten, wenn die vermittelten Verträge zur Zahl der verlangten Auskünfte in einem auffälligen Mißverhältnis stehen. Der Staatsanwalt wird deshalb sein Augenmerk verstärkt auf sogenannte Patronatsverhältnisse richten müssen. Bei entsprechenden Erkenntnissen ist es notwendig, unverzüglich das Bundesaufsichtsamt für das Kreditwesen zu verständigen, um eine Überprüfung dieser Praktiken herbeizuführen.

Die Schufa und ihre Niederlassungen zeigten sich bereits in früheren Jahren gegenüber 48
den Staatsanwaltschaften kooperativ. Zwischenzeitlich hat sich eine einheitliche Praxis herausgebildet. Grundsätzlich wird aufgrund richterlicher Beschlüsse oder staatsanwaltschaftlicher Weisung eine Auskunft und ein Ausdruck über die gespeicherten Daten er-
teilt. Hingegen werden gegenüber der Polizei einschließlich den Landeskriminalämtern 49
und dem BKA direkte Auskünfte unter dem Hinweis auf den Datenschutz und das Bankgeheimnis verweigert. Der einzelne Kriminalbeamte muß daher den Staatsanwalt einschalten und sich die erforderlichen schriftlich abgefaßten Weisungen oder einen gerichtlichen Beschluß erholen. Leider wird von diesen Möglichkeiten in der Praxis viel zu wenig Gebrauch gemacht, obwohl die Schufa-Unterlagen, insbesondere bei dem Beginn der Ermittlungen, einen ersten Überblick über die wirtschaftliche Situation aus der Sicht der Banken ermöglichen und Hinweise auf bisher nicht bekannte Bankverbindungen
bringen können. Dem Staatsanwalt ist zu empfehlen, sich das Merkblatt der Banken zu 50
beschaffen, aus welchem das Schufa-Verfahren im einzelnen ersichtlich ist.

---

24 WM 1985, 1305.

B. Geld- und Zahlungsverkehr

51 Die Tagesnachrichten berichten über Bankraub und Bankeinbrüche weit häufiger als über die wirtschaftskriminelle Ausnutzung der Kassen- und Zahlungsverkehrssysteme der Banken. Selten wird von Wirtschaftskriminellen der Zahlungsverkehr der Banken sabotiert. Von einem Außenstehenden kann dies ohnehin angesichts des Einzugs der Computer in der Geschäftswelt nur durch sog. „Hacken" geschehen. In den vergangenen Jahren hat eher die Ausnutzung des Auslandszahlungsverkehrs der Banken in die Niedrigsteuerländer, besonders in die Schweiz, nach Liechtenstein oder Luxemburg zur Vorbereitung von Steuerhinterziehungen von sich reden gemacht. Nach wie vor ungeteilter Aufmerksamkeit erfreuen sich darüber hinaus die betrügerische Ausnutzung von Geldausgabeautomaten und die zunehmende Online-Kriminalität. Durch zwingende Regelungen der Geldwäschegesetzgebung (§ 261 StGB, GwG) sind reine Bargeld- und Tafelgeschäfte erheblich zurückgegangen.

I. Kassenverkehr

1. Bar- und Wertkassen

52 Banken unterhalten in der Regel vier verschiedene Kassen, in denen Vermögenswerte **bar** ein- und ausgezahlt werden: die Bar- (oder Schalter-)kasse, die Sortenkasse (Fremdwährungen), die Münz- und Edelmetallkasse sowie die Wertpapierkasse. Für die Barkassen werden zusätzliche Dienstleistungen, wie zum Beispiel der sog. Nachttresor, der Banksafe und mehr oder weniger große Spardosen angeboten. Zu den Kassen zählen auch die sog. Wertkassen, in denen vorbereitete Wertdokumente, z. B. Sparbuchblanketten, Scheckbücher, EC-Karten etc. verwahrt werden. Die Kassenhaltung wird mehr und mehr zugunsten der besser geschützten Geldausgabeautomaten eingeschränkt. Sorten- und Wertpapierkassen wird es aber weiter auch im Bereich der Euro-Teilnehmerländer geben.

53 Als Ersatz für **Bargeldauszahlungen** an der Schalterkasse haben die Banken in den vergangenen Jahren weitere Angebote entwickelt: die (klassische) Euroscheck (EC)-Karte, die Euroscheckkarte, die Geldkarte und den Geldausgabeautomaten.

54 Für jede Kasse werden in der Bankbuchhaltung Kassenbücher und Journale geführt, aus denen sich taggenau ergeben muß , was im Bestand der Kasse enthalten ist. Die Barein- und -auszahlungen müssen lückenlos im Journal gebucht werden, und der Saldo der Kassenbewegungen muß täglich mit dem tatsächlichen Bestand abgeglichen werden Zu Überwachungs- und Kontrollzwecken sind Kassenbuchungen immer von zwei Bankenmitarbeitern zu unterzeichnen. Die ordnungsmäßige Führung der Kassen und die Verbuchung aller Ein- und Auszahlungen sind turnusmäßig Gegenstand der internen Revisionsprüfung. Kassenfehlbestände müssen über ein täglich von der Innenrevision kontrolliertes Fehlbestandskonto gebucht werden. Kassen sind sowohl im Schalterraum als auch bei einem Kellertresor besonders gegen Gewaltanwendungen geschützt. Während der Schalteröffnungszeiten sind die Kassenräume in der Regel durch Schutzglas abgesichert, größere Geldmengen lagern im Tresor, zu dem wiederum nur mehrere Mitarbeiter gemeinsam Zugang haben.

2. Geld-, Edelmetall-, Wertpapier- und Devisengeschäfte

55 Jede Bank ist verpflichtet, Bargeld anzunehmen. Dazu betreiben die meisten Banken mit Kundenschaltern auch Edelmetall-, Wertpapier- und Devisengeschäfte. Der An- und Verkauf von Edelmetallen, Wertpapieren und Devisen kann anonym, in der Form sog. Tafelgeschäfte erfolgen. Der Kunde muß grundsätzlich sich nicht ausweisen und darf

auch effektive Stücke (Wertpapiere, Edelmetalle, Devisen) mitbringen oder mitnehmen. Diese Regel hat ihre Einschränkung durch die Geldwäschegesetzgebung erhalten. Ab einem Betrag oder Gegenwert in Höhe von DM 30 000,00 an Bargeld, Wertpapieren oder Edelmetallen ist nach § 2 GwG derjenige zu identifizieren, der der Bank gegenüber auftritt, es sei denn, es handelt sich um Sonderfälle wie z. B. den Nachttresor oder sonstige regelmäßigen Bargeschäfte. Außerdem muß der wirtschaftlich Berechtigte erfragt werden (§ 8 GwG). Banken müssen alle Antworten aufzeichnen und für Prüfungen von Ermittlungsbehörden nach § 261 StGB bereit halten (§§ 9, 10 GwG).

Ende der achtziger Jahre traten im Bereich der Edelmetallgeschäfte vermehrt Fälle auf, in denen 56 die Täter im Ausland ohne Umsatzsteuer erworbene Münzen in großen Mengen über die Grenze nach Deutschland schmuggelten. Die Münzen setzten sie teilweise bei Münzgroßhändlern, teilweise bei Münzaufkäufern von Banken ab, wobei sie deutlich geringere Preise verlangten, als die Händler sie im Inland – auch im Interbankenverkehr – erstehen konnten. Da damals gerade die Geldanlage in Gold- und Silbermünzen sehr beliebt war, blühte das Geschäft. Die Täter hinterzogen auf diese Weise in großem Umfang Einfuhrumsatzsteuer. Die Taten waren ohne Geständnis des Täters relativ schwierig zu belegen. **Wesentliche Indizien** für den Käufer von Edelmetallen oder Schmuck, daß es sich um verbotene Ware handelt, sind nach wie vor der unter dem jeweiligen heimischen Marktwert liegende Preis und das Fehlen jeglichen Herkunftsnachweises.

Das GwG schränkt die Manipulationsmöglichkeiten derartiger Täter stark ein, da auch 57 Edelmetallhändler neben Kontroll- und Aufzeichnungspflichten nunmehr auch gem. § 14 GwG Sicherungsmaßnahmen ergreifen müssen, die derartigen Mißbrauch verhindern sollen. Wer sich vorsätzlich oder leichtfertig über seine Pflichten nach dem GwG hinwegsetzt, kann mit Geldbußen bis zu DM 200 000,00 belegt werden. Wegen der sich aus dem GwG und § 261 StGB ergebenden Pflichten der Banken wird auf Teil 4 dieses Handbuches verwiesen.[25]

3. Umleitung von Schwarzgeld über Kassen- und CpD-Konten

a) Bedeutung von CpD-Konten

Nicht selten werden und wurden Barkassen zu Weiterleitung illegaler Gelder genutzt. 58 Vor der Geltung des GwG ist die Annahme von Bargeld in der Kasse nicht weiter hinterfragt worden. Hat ein Kunde Bargeld an der Barkasse eingezahlt mit dem Auftrag, dieses Geld unmittelbar ins Ausland oder an eine ausländische Bank auf deren Sammelkonto im Inland weiterzuleiten, dann wurden Kundenkonten durch die nötigen Buchungen nicht berührt. Der Geldbetrag wurde auf einem zulässigerweise in der Buchhaltung eingerichteten Zwischenkonto, dem sog. CpD-Konto, gebucht und an die Empfängerbank weitergeleitet. Der Kunde muß te so eine Entdeckung der Gelder auf seinen Konten nicht befürchten. Nach Inkrafttreten des GwG hat die Bank zumindest die Pflicht, die Herkunft der Gelder über DM 20 000,00 zu erfragen. In Fällen, in denen die Vermutung besteht, daß Erträge aus Kapitalanlagen im Ausland in den jeweiligen Steuererklärungen nicht erklärt wurden, sind Steuerfahnder dazu übergegangen, sich die Kassenkontrollstreifen und – soweit (noch) vorhanden – das Kassenbelegwesen vorlegen zu lassen. Dort können Aufzeichnungen über den Einzahler und den Begünstigten gemacht worden sein, die Kapitalflüsse ins Ausland klären können. Zu beachten ist, daß die Banken zur Aufbewahrung derartiger Unterlagen nur 6 Jahre lang verpflichtet sind.

Das CpD-Konto wird in der Bankpraxis nur als reines bankinternes Zwischenkonto 59 bei unklarer Vermögenszuordnung verwendet, z. B. wenn im Zeitpunkt der Buchung der Name des Begünstigten nicht zu ermitteln ist oder nicht geklärt werden kann, ob der bei der Bank eingegangene Betrag dem Begünstigten noch zusteht. Die Buchung eines solchen unklaren Geldbetrages auf einem Zwischenkonto ist wegen der Grundsätze ordnungsmäßiger Buchführung nötig, das Kreditinstitut soll auch eine Prüfungsmöglichkeit

[25] Instruktiv auch *Körner/Dach*, Geldwäsche, München 1994.

erhalten, die Zuordnung der eingegangenen oder abgehenden Gelder aufzuklären. Falls eine solche Zuordnung nicht erfolgen kann, ist das Geld an den Einzahler oder Übersender zurückzuzahlen.

b) Geltungsbereich von § 154 AO

60 § 154 Abs. 1 untersagt dem Kunden, auf falschen oder erdichteten Namen für sich oder einen Dritten Konten zu errichten, Buchungen vornehmen zu lassen, Wertsachen zu verwahren oder zu verpfänden oder Schließfächer anzumieten. Die Vorschrift richtet sich eindeutig an Kunden, nicht an Banken. § 154 Abs. 2 AO verpflichtet die Kredit- und Finanzdienstleistungsinstitute zur Kontenwahrheit. Legitimationsprüfungen sind vor der Einrichtung eines Kontos, der Verwahrung einer Wertsache, der Verpfändung dieser Gegenstände oder der Eröffnung eines Schließfaches durchzuführen. Die Angaben des Kunden über Person und Wohnsitz und das Ergebnis der Prüfung sind aufzuzeichnen. Damit können die Finanz- und auch die Ermittlungsbehörden im Bedarfsfall die Geschäftsverbindung zwischen dem Kunden und der Bank überprüfen. CpD-Konten hingegen sind Sammelkonten, auf denen Geschäftsvorfälle verbucht werden, die keiner bestimmten Person zugeordnet werden können oder zugeordnet werden sollen.[26] Sie gehören auch nicht zu den bilanzwirksamen Erfolgskonten der Bank. Damit kann § 154 AO seinem Wortlaut nach nicht auf CpD-Konten angewendet werden. Deshalb kann ein Verstoß gegen § 154 Abs. 2 AO nicht als Ordnungswidrigkeit im Sinne von § 379 Abs. 1 Nr. 2 AO geahndet werden.[27]

61 Der Bundesminister der Finanzen hat am 8. Oktober 1991 seinen Anwendungserlaß für die Abgabenordnung (AEAO) zu § 154 AO modifiziert (Bundessteuerblatt 1991, Teil 1, 932). Hiernach hat sich das Kreditinstitut aufgrund des § 154 AO auch vor Erledigung von **Aufträgen**, die über ein (Kunden-)Konto abgewickelt werden sollen, bzw. vor Überlassung eines Schließfachs Gewißheit über die Person und Anschrift des Verfügungsberechtigten zu verschaffen. Hierunter fallen sowohl der Gläubiger der Forderung und seine gesetzlichen Vertreter als auch jede Person, die zur Verfügung über das Konto bevollmächtigt ist (Kontovollmacht). Nummernkonten sind somit verboten. Die Bank muß ein alphabetisches Namensverzeichnis der Verfügungsberechtigten führen, um jederzeit über die Konten und Schließfächer Auskunft geben zu können.

c) Anonymisierte Zahlungen

62 Von anonymisierten Zahlungen spricht man, wenn Banken ohne Angaben der Mittelherkunft oder des Auftraggebers Gelder ins Ausland überweisen.

Beispiel:
Kunde K hat ab 1983 aus seinem versteuerten Arbeitseinkommen Gelder in Höhe von DM 500 000 auf einem Sparkonto angespart. Jährlich fielen rund DM 150000 an, die M nicht in seinen Steuererklärungen angegeben hat. Mit der Einführung der Quellensteuer auf Zinseinkünfte ab dem 01. 01. 1993 befürchtet er nun die Entdeckung. Er vereinbart mit dem Bankangestellten B, daß das Geld von seinem Sparkonto auf ein Konto der Korrespondenzbank seiner Hausbank in Luxemburg transferiert werden soll. Dies soll so geschehen, daß keine Aufzeichnungen der Bank über den Geldtransfer in Deutschland mehr verbleiben. B läßt sich daraufhin den üblichen Gepflogenheiten entsprechend von einem Kollegen in Luxemburg telefonisch ein Referenzkonto nennen, das auf eine Zahlen-Nummernkombination lautet. Sodann hebt K mit Hilfe von B den Geldbetrag von seinem Sparkonto ab und zahlt den Geldbetrag an der Kasse der gleichen Bank ein. Die Bank bucht den Geldbetrag zugunsten der direkten Kontoverbindung der Luxemburger Korrespondenzbank unter Angabe der Zahlen-Nummern-Kombination als Referenz. Der Name von K erscheint nicht.

---

[26] *Carl/Klos*, Das ungelöste Problem der Verfügungsberechtigten i. S. d. § 154 Abs. 2 AO aus Sicht der Ermittlungsbehörden, wistra 1990, 45ff.; *Carl/Klos*, Zum Zugriff der Strafverfolgungsbehörden auf CpD-Konten einer Bank, NWB Fach 13, 5. 849ff.; *Kottke*, Tafelgeschäfte, NWB Fach 21, 5. 1117ff.

[27] Ebenso *Vogelberg*, PStR 1/99, 11; AEAO § 154 Nr. 9; a. A. *Tipke/Kruse*, § 154 AO Rn. 10.

Formal erfüllt der Vorgang die Anforderungen des § 154 AO. Allerdings ist es grundsätzlich **bankunüblich**, derartige Kundenaufträge über Kassenkonten abzuwickeln.[28]

Kundengelder über ein CpD-(„conto pro diverse")Konto umzuleiten, erfordert die besondere Mitwirkung eines oder mehrerer Bankangestellter. So kann eine Einzahlung auf derartigen Konten zwar an der Kasse erfolgen, wenn der Kunde keine eigenen Konten bei der Bank unterhält, in einem solchen Fall notiert die Bank aber **üblicherweise** den Namen des Einzahlers. Falls die Bank ein Konto bereits für diesen Kunden eingerichtet hat, ist es **üblich**, die Überweisung in das Ausland über dieses Kundenkonto zu buchen. Dabei sind die von der Bank im Zahlungsverkehr mit dem Ausland verwendeten Formulare (einschließlich der Meldungen gem. § 59 AWV) zu verwenden. Diese Unterlagen sind auch bei den Banken aufzubewahren.

Ausnahmen bestehen in engen Grenzen. Ist die Zahlung tatsächlich unbekannt, kann die Überweisung ohne Namensangabe erfolgen. Unterhält die Bank z. B. als Zweigstelle eines ausländischen Institutes keine Kundenkonten im Inland, können nur Kasseneinzahlungen oder Überweisungen von fremden Banken auf ein zentrales Sammelkonto zugunsten einer ausländischen Schwester- oder Mutterbank erfolgen. 63

Indizien für kriminelles Mitwirken der Bank bestehen außer in dem vorstehenden Beispiel auch in den folgenden Fällen: 64

(1) Ein Täter legte seiner Bank Kundenschecks über 500 000 DM vor. Diese kaufte die Papiere angeblich an, verbuchte diesen Vorgang auf ein CpD- oder sonstiges Sammelkonto und stellte dem Einreicher den Betrag aus der Kasse in bar zur Verfügung. Dieser wiederum veranlaßte aber abredegemäß an einem anderen Schalter der Bank die Bargeldüberweisung auf sein bei einem ausländischen Tochterunternehmen der Bank bestehendes Konto. Hierbei wurde der Geldbetrag – wie vorherzusehen war – noch über eine Clearingstelle geleitet, so daß die nachträgliche Aufhellung des Geldweges erschwert wurde. Diese der steuerlichen Erfassung entzogenen Gelder wurden sodann für Schmiergeldaktionen im In- und Ausland verwendet. Soweit die Hereinnahme der Schecks als Ankauf deklariert wurde, handelte es sich um eine Schutzbehauptung zur Täuschung der Ermittlungsbehörden.

(2) In einem anderen Fall wurden die über CpD-Konten erlangten Gelder dazu verwendet, sofort bei dem jeweiligen Kreditinstitut sog. „Tafel- oder Schaltergeschäfte" abzuwickeln. Effektive Wertpapierstücke wurden gegen Barzahlung ausgehändigt oder zurückgenommen, Zinscupons eingelöst und Devisengeschäfte gegen Barzahlung (Zug um Zug) abgewickelt. Auch hier laufen alle Geschäfte über betriebsinterne Konten der Bank ab, so daß der Name des Kunden nicht aufgezeichnet wird. Die Engländer nennen diese Art der Wertpapiergeschäfte „under the table", wodurch bereits verdeutlicht wird, daß ein Außenstehender keinen Einblick in diese Vorgänge erlangen soll.[29]

(3) Bankbedienstete können im Einzelfall auch durch finanzielle Zuwendungen aus Täterkreisen zu Gefälligkeitsbuchungen über CpD-Konten veranlaßt werden.[30]

Der Staatsanwalt steht bei der Ermittlung derartiger Vorgänge oft vor scheinbar unüberwindlichen Hürden. Es ist einfach unmöglich, interne Bankkonten über jahrelange Zeiträume zu überprüfen. Er muß deshalb versuchen, über Geldflüsse eine gewisse zeitliche Eingrenzung vornehmen zu können, um bei Vollzug des gerichtlichen Durchsuchungs- und Beschlagnahmebeschlusses auch gezielt die CpD-Konten überprüfen zu können. Soweit dem Kreditinstitut in dem gerichtlichen Beschluß eine Abwendungsbefugnis zugesprochen wird, sollte dieser zur Klarstellung ausdrücklich den Vermerk enthalten: 65

„... gleichzeitig ist vom Kreditinstitut festzustellen und mitzuteilen, ob und ggf. welche Vorgänge für den Beschuldigten in den Jahren ... über ein „Konto pro diverse" oder ähnliche bankinterne Konten (Sammel-, Unter- bzw. Zwischenkonten) abgewickelt wurden und ob für diese Personen Verwahrstücke vorhanden sind".

---

28 A. A. *Wolsfeld/Karpinski*, PStR 1/99, 12ff.
29 *Dahm/Hamacher*, Identitätsprüfung bei Tafelgeschäften, WM 1993, 445.
30 Vgl. LG Düsseldorf wistra 1985, 201 und *Kniffka* wistra 1987, 309.

66 Natürlich ist es nicht zulässig, die Beamten der Steuerfahndung an der Auswertung der CpD-Konten durch Erwirkung einer einstweiligen Anordnung des Finanzgerichts zu hindern.[31]

d) Strafbare Beihilfe zur Steuerhinterziehung

67 Ob durch einen Verstoß gegen § 154 AO der Tatbestand der Steuergefährdung gem. § 379 Abs. 1 Nr. 2 bzw. Abs. 2 Nr. 2 AO oder der Tatbestand der Steuerhinterziehung gem. § 370 AO erfüllt sein können, ist umstritten.

68 (1) Nach einer Ansicht erfüllt die Bank alle ihr formal obliegenden Verpflichtungen, wenn § 154 AO und ab dessen Inkrafttreten das GwG beachtet ist (Grundsatz der formalen Kontenwahrheit).[32] Eine Vermögensbetreuungs- oder -fürsorgepflicht der Bank zugunsten des deutschen Fiskus besteht nicht.

(2) Nach anderer Auffassung genügt aber allein die Einhaltung des § 154 AO und des GwG nicht, um strafrechtliche Anhaltspunkte für einen Beteiligungsverdacht zu zerstreuen.[33] Solche Anhaltspunkte sind beispielsweise die Überweisung an einen nur durch Ziffern oder Buchstabenkombinationen bezeichneten Empfänger im Ausland, die Einlösung anonymer Barschecks über das Kassenkonto, die Versendung von Kontoauszügen an eine von der Bank selbst eingerichtete Postfachadresse. Dabei soll allein die Tatsache einer anonymisierten Auslandsüberweisung einen Verdacht begründen.[34]

(3) Ob die Rechtsprechung diesem zweiten Ansatz auch bei der Entscheidung über die Zulassung einer Anklage oder gar in einer Hauptverhandlung folgt, ist soweit ersichtlich noch nicht entschieden. Kann ein eindeutiges Beihilfeverhalten des Bankenmitarbeiters nicht nachgewiesen werden, muß weiter darauf abgestellt werden, daß nur der Steuerpflichtige allein derjenige ist, der die Entscheidung darüber fällt, ob er illegal erworbene Gelder unter Ausnutzung einer Bankendienstleistung transportiert oder im Ausland erzielte Kapitalerträge im Inland nicht deklariert. Mangels eines Kapitaltransfergesetzes ist die Übermittlung von Geldern und Vermögenswerten allein nämlich nicht strafbar.

69 Im Ergebnis geht die Rechtsprechung davon aus, daß die Nutzung eines CpD-Kontos außerhalb ihres Bestimmungszweckes (Klärung nicht zuzuordnender Gelder) auffällig genug ist, um tatsächliche Anhaltspunkte für die Mitwirkung (meist Beihilfe im Sinne von §§ 27 StGB, 369 AO) eines oder mehrerer Bankmitarbeiter bei einer Steuerhinterziehung anzunehmen. Ob tatsächlich eine Haupttat vorliegt oder es sich um eine straflose Vorbereitungshandlung handelt, muß im Ermittlungsstadium noch nicht entschieden
70 sein. Stellt die Betriebsprüfung bei einer Bankenprüfung oder anläßlich einer Einzelprüfung bei einer Bank einen Verstoß gegen § 154 AO fest, soll die für Straf- und Bußgeldsachen zuständige Stelle des Finanzamtes unterrichtet werden.

II. Nationaler Zahlungsverkehr und Kontoführung

1. Konten und Kontoverfügungen

a) Einrichtung von Konten

71 Der sog. **unbare** Zahlungsverkehr wird nicht über eine Kasse, sondern an den Kundenschaltern, in den Abteilungen Allgemeiner Zahlungsverkehr, Auslandszahlungsverkehr, in der Wechsel- und Scheckinkassoabteilung und in der Abteilung Interbankenverkehr abgewickelt. Voraussetzung für die Teilnahme am unbaren Zahlungsverkehr ist ein

[31] FG Saarland, wistra 1990, 272, zur Auswertung der CpD-Konten als Zufallsfunde, vgl. LG Baden-Baden, wistra 1990, 118.

[32] BGH Urteil vom 18. Oktober 1994, NJW 1995, 261ff., *Wolfsfeld/Karpinski*, a.a.O.

[33] *Bilsdorfer*, INF 1994, 545; BVerfG B. v. 23.02. 1994, 2 BvR 396/94; BVerfG B. v. 13.12. 1994, 2 BvR 894/94; *Vogelberg*, PStR 1/99, 8ff.

[34] OLG Frankfurt, B. v. 20.12. 1995, wistra 1996, 159; a. A. *Hammacher*, DB 1995, 2284.

Konto. Banken unterscheiden dem Zweck der Kontonutzung entsprechend **bei den Kundenkonten** zwischen Kontokorrent, Spar-, Depot- und Kreditkonten. Girokonten, Devisenkonten und Festgeldkonten sind dabei besondere Ausprägungen des Kontokorrentes, Sparkonten findet man auch bei Geldanlageformen wie „Prämiensparen", „Zuwachssparen" oder „Rentensparen". In Depotkonten werden fremde Wertpapiere des Kunden gebucht. Banken bieten aber auch Depotkonten für eigene Wertpapiere an. Schließlich gibt es vielfältige Bezeichnungen der Kredite je nach Zweck: Kontokorrentkredit, Dispositionskredit, Betriebsmittelkredit, Realkredit, Anschaffungskredit, Globalkredit, Bürgschaftskredit (Aval).

Die Grundsätze ordnungsmäßiger Buchführung verlangen es, daß die Bank bei jeder 72
Geldbewegung ein Konto anspricht, d. h. bei der Vorbereitung von Vereinbarungen über Geldanlagen und Kreditvergaben auch **Konten einrichten** muß. Bei der Kontoeinrichtung sind die Banken verpflichtet, sich über die Person des Kontoinhabers, seine Identität sowie etwaige wirtschaftlich hinter dem Kontoinhaber stehende weitere Personen Gewißheit zu verschaffen (Identitätsprüfung, § 154 AO). Dies geschieht meist durch Vorlage eines amtlichen Ausweises oder die versicherte Bestätigung des Bankmitarbeiters, daß der jeweilige Kunde von Person bekannt ist. Bei Personengesellschaften oder juristischen Personen sind die Unterlagen vorzulegen, die die rechtliche Existenz der Gesellschaft beweisen.

Treuhandkonten sind als Konten auf den Inhaber formell in der Rechtsmacht des nominellen Kon- 73
toinhabers. Wirtschaftlich kann jedoch die Verfügung von der Zustimmung eines Dritten abhängig sein (z. B. Mietkautionskonto), da ein Treuhandkonto wirtschaftlich nicht dem Inhaber, sondern dem Treugeber zuzurechnen ist (§ 39 Abs. 2 AO). Solche Treuhandkonten werden häufig für Notare, Rechtsanwälte, Konkursverwalter, Testamentsvollstrecker, Vermieter, Factoringinstitute etc eingerichtet. Kennt die Bank die Zustimmungspflicht (z. B. Verpfändungsvermerk im Kautionssparbuch), darf sie Verfügungen über ein Konto ohne den Nachweis der Zustimmung nicht zulassen. Daher haben die Banken besondere Formulare entwickelt, auf denen der wirtschaftlich Berechtigte sein Einverständnis zu der Verfügung erklären kann.

b) Kontoverfügungen allgemein

Nach Art der Verfügung unterscheidet man Barabhebungen, Überweisungen, Lastschriften und Scheckziehungen. Die Belastung von Konten mittels Scheckkarte stellt ebenfalls eine Verfügung dar.

(1) Verfügungen über ein Konto sind dem Kontoinhaber und den von ihm bevoll- 74
mächtigten Personen gestattet. Belastende Verfügungen setzen voraus, daß das Konto ein mindestens der Höhe der Belastung entsprechendes Guthaben ausweist oder die Bank dem Kontoinhaber einen (noch) nicht ausgeschöpften Kredit zur Verfügung gestellt hat. Verfügungen, die über das Guthaben oder den Kredit hinausgehen, können deshalb im Normalfall von der Bank zurückgewiesen werden, es sei denn, die Bank hätte sich Dritten gegenüber zur Einlösung verpflichtet. Zu nennen sind hier die Fälle der Euroscheckausstellung innerhalb eines von der Bank genehmigten Verfügungsrahmens, die Verfügung mittels Euroscheckkarte an einem Geldautomaten, die Verfügung mittels Kreditkarte und die Vorlage bundesbankbestätigter Schecks. Gerade solche Einlösungsverpflichtungen der Bank führen dazu, daß ein Kunde der Bank Schaden zufügen kann.

Nutzt ein Kunde daher die ihm im Außenverhältnis gegenüber Dritten eingeräumte Rechtsmacht aus, über das Vermögen der Bank bis zu einem bestimmten Betrag zu verfügen, macht er sich je nach Art der Verfügung nach den §§ 263, 263a, 266, 266b StGB strafbar, wenn er weiß, daß er im Vertragsverhältnis zur Bank nicht verfügen darf.

(2) Überweisungsaufträge müssen den Empfänger und dessen Bankverbindung be- 75
nennen sowie das Konto, dem der Geldbetrag belastet werden soll. Nur die Postbank läßt zu, daß Gelder auch per „Postanweisung" ohne Kontoverbindung durch den Postboten ausgezahlt werden. Ein „Überweisungsauftrag" (es handelt sich eigentlich um eine Bargeldeinzahlung zugunsten eines fremden Kontos) kann auch über das Kassenkonto der

Bank ausgeführt werden, wenn der Gegenwert des Auftragsbetrages an der Kasse eingezahlt (Barkasse) oder abgegeben (Wertpapier- und Edelmetallkasse) worden ist.

76 (3) Der Auftrag, ein fremdes Konto zu belasten, d. h. von einem Schuldner Gelder unbar einzuziehen (**Lastschriftauftrag**), setzt voraus, daß der Gläubiger über ein Gutschriftskonto bei der Bank verfügt, der Schuldner ihn ermächtigt hat, die Forderung per Lastschrift einzuziehen und Bankverbindung und Betrag im Lastschriftauftrag angegeben sind. Im einzelnen gelten die Regelungen des „Abkommens über den Lastschriftverkehr", vom 17. 04. 1989. Kaum noch in der Praxis anzutreffen ist der sog. „Abbuchungsauftrag" bei dem der Schuldner selbst der Bank mitteilt, daß ein Dritter zu Lasten seines Kontos Gelder einziehen darf.

77 (4) Jeder Auftrag, jede Anweisung und auch jede Stornierung wird im (meist elektronischen) Kassen- oder Kontobuch erfaßt und einem Konto zugeordnet. Hat der Auftraggeber oder Einzahler kein Konto, wird der Geschäftsvorgang über ein Kassenkonto oder ein Zwischenkonto der Bankbuchhaltung, ein CpD-Konto, erfaßt.

c) Belegloser Datenträgeraustausch

78 Der beleglose Datenträgeraustausch wird von Großkunden, Klein- und Mittelbetrieben und von Privatkunden genutzt. Banken stellen hierbei ihren Kunden kostenlos Programme zur Verfügung, mit denen Lastschriften und Überweisungsaufträge am Computer erstellt und auf einem Datenträger (normalerweise eine genormte Diskette oder ein Band) gespeichert werden. Anstelle eines Überweisungsträgers erhält die Bank dann diesen Datenträger mit einer schriftlichen Ausführungsanweisung. Diese enthält keine Auflistung der gespeicherten Buchungsaufträge, sondern nur noch den Gesamtzahlungsbetrag und als Kontrollzahlen die Summe der Kontonummern und die Summe der Bankleitzahlen. Eine Prüfung der einzelnen Überweisungs- und Lastschriftaufträge durch die Bank erfolgt – bis zur Deckungsgrenze eines Kontolimits – nicht. Es wird lediglich automatisch abgeglichen, ob die rechnerische Summe der auf der Diskette bei den einzelnen Zahlungsaufträgen vermerkten Kontonummern und Bankleitzahlen mit den Summenkontrollzahlen auf dem papierenen Sammelauftrag übereinstimmen. Lediglich die Unterschrift auf der Ausführungsanweisung muß überprüft werden.

79 Bei dem am beleglosen Datenträgeraustausch teilnehmenden Kaufmann sind, was bei einer Durchsuchung von Bedeutung ist, nicht mehr Durchschriften der Überweisungsaufträge zu finden, sondern EDV-Sammellisten, die die einzelnen Zahlungsaufträge nach Empfänger, Empfängerkonto, Bankleitzahl und Überweisungsbetrag enthalten. Für einen Kaufmann sind diese Unterlagen aufbewahrungspflichtig, und zwar 6 Jahre, falls die Einzelbeträge auf dem Bankkontoauszug ausgedruckt werden, und 10 Jahre, falls auf dem Kontoauszug nur ein Sammelbetrag erscheint. In den Programmen der Bankkunden werden die einzelnen Überweisungen ebenfalls festgehalten, mit welcher Benutzerkennung wann und auf welche Bereiche des Programms zugegriffen wurde und ob z. B. zu einem bestimmten Zeitpunkt Überweisungen oder Lastschriften ausgeführt wurden. Manipulationen sind allerdings möglich: So kann eine Liste um nicht ausgeführte Buchungen ergänzt oder Listen können ganz oder teilweise gelöscht sein. Je nachdem, ob der Bankkunde ein professionelles Buchungsprogramm, z. B. der DATEV, oder anderer Programmhersteller nutzt, können die Einzelbuchungen noch bis zum Beleg weiterverfolgt werden. Teilweise sind solche Belegnumerierungen nicht mehr vorhanden. Im schlimmsten Falle hilft nur eine vollständige Beleg- und Kontoprüfung weiter.

d) Online Banking

80 Wesentlich umfangreichere Möglichkeiten bietet die elektronische Kontoführung mittels „multi cash" oder „Online-Banking". Die Bank stattet den Kunden durch eine persönliche Identifikationsnummer (PIN) und mit Transaktionsnummern (TAN) aus, die der Kunde bei einem elektronischen Kontakt nutzen muß . Von seinem Computer im Büro

oder Zuhause „verschickt“ der Bankkunde dann mit Hilfe eines Finanzverwaltungs- oder Zahlungsverkehrsprogrammes per Modem über die Telefonleitung Zahlungsaufträge, Einzugsaufträge, ruft seine Kontostände ab und übersendet der Bank sonstige Nachrichten. Er hat dadurch jederzeit den genauen Überblick über die ihm bei seinen Banken auf den Konten zur Verfügung stehenden Gelder. Diese Übersicht kann er automatisch zu bestimmten Zeiten aktualisieren. Manche Programme ermöglichen Planrechnungen, um einen bestimmten Betrag auf einen von mehreren Konten nicht zu über- bzw. zu unterschreiten und um entsprechende Umbuchungen zu veranlassen. Hierdurch können Kreditlinien eingehalten, Zinsverluste vermieden und Zinserträge erzielt werden.

Als Kontrollmechanismen sind generell eingerichtet:

(1) Die PIN (Persönliche Identifikationsnummer) dient der Kontrolle der Person des Zugangsberechtigten. Die PIN soll nach den Bedingungen der Banken für elektronische Datenübertragung ausschließlich dem Berechtigten bekannt sein und nur von diesem benutzt werden. Die PIN (manchmal auch Benutzernummer genannt) wird – zusammen mit der Kontonummer – beim Anmeldevorgang am Bankcomputer abgefragt und mit den eigenen Speicherdateien der Banken verglichen. Stimmt sie überein, erhält der Nutzer Zugang zum elektronischen Bankkonto. Das Risiko der mißbräuchlichen Verwendung liegt darin, daß der Berechtigte die PIN weitergeben kann, der Zettel mit der PIN verlorengehen und von Nichtberechtigten gefunden werden kann, oder daß die PIN durch eine elektronische Ausforschung („Hacken“) sichtbar gemacht werden kann. 81

Für große Aufregung sorgte 1997 eine Untersuchung der Computerzeitschrift c't, die nachwies, daß der Zentralrechner der Telekom geknackt werden und von dort die PIN verschiedener T-Online-Kunden abgefragt werden konnte. Die Telekom hat daraufhin die eigenen Sicherheitsanstrengungen erhöht und im April/Mai 1998 eine jetzt angeblich zugriffssichere Software zur Verfügung gestellt. Dennoch halten sich hartnäckig Gerüchte, auch diese Software könne geknackt und die PIN der Kunden abgefragt werden. 82

Auch bei Geldtransaktionen im Internet wird zur Zeit noch die Systemsicherheit diskutiert. Mittlerweile haben sich die Banken aber auf einen ebenfalls durch PIN geschützten Datenstandardschlüssel, den sog. HBCI-Standard, geeinigt. Dieser Standard soll den Homebanking-Standard des BTX-Systems der Telekom ablösen.[35]

(2) Die **TAN (Transaktionsnummer)** dient der elektronischen Bestätigung, daß eine vom Nutzer eingegebene Transaktion, eine Überweisung, ein Lastschrifteinzug oder eine sonstige Verfügung über das Bankkonto genehmigt wird. Die TAN ersetzt somit die Unterschrift. Sie soll daher nur dem Berechtigten bekannt sein. Die TAN kann ebenso wie die PIN mißbraucht werden, allerdings erhält jemand, der die PIN nicht kennt, keinen elektronischen Zugriff auf das Konto und kann daher nicht manipulieren. Obwohl über die tatsächlich durchgeführten Transaktionen bei der Dt. Telekom AG selbst keine Aufzeichnungen vorhanden sind, können aber darüber Feststellungen getroffen werden, zu welcher Zeit und von welchem T-Online-Teilnehmeranschluß der externe Rechner der Bank angewählt wurde. Auf Antrag des Staatsanwalts kann bei der Telekom eine längere Speicherzeit von Zugriffsdaten erreicht werden. Auch beim Bankrechner sind die Transaktionen der elektronischen Kundenanbindung protokolliert. 83

e) Telefonbanking

Die Zukunft des elektronischen Zahlungsverkehrs sieht die Kreditwirtschaft in der Erledigung aller Bankgeschäfte einschließlich der Kundenbetreuung in einer „virtuellen Bankfiliale.“ Der erste Schritt hierzu war die Gründung der Direktbanken. Die Direktbanken arbeiten vor allem im Telefonbanking und im Online- Banking. Zum Einsparen von Kosten und Mühen soll der Kunde der Direktbank seine Bankgeschäfte über Telefon, Fax und Computer abwickeln. Nach Nennung der Geheimnummer (PIN) und der An- 84

[35] PC-Magazin 11/98, S. 44.

gabe von Kennwörtern kann er über sein Konto oder sein Depot verfügen. Neben der Überweisung von Geldbeträgen ist hier teilweise bereits eine anonymisierte Verwaltung von Konten und Depots möglich, nämlich dann, wenn der ursprüngliche Kontoinhaber die Erlaubnis zur Verfügung über sein Konto ohne Kenntnis der Bank weitergegeben und dem Dritten Zugang durch Bekanntgabe der mit der Bank vereinbarten Paßwörter erhalten hat.

2. Besonderheiten des Lastschriftverfahrens

a) Allgemeines

85 Aus dem bargeldlosen Zahlungsverkehr entwickelten sich das Lastschrifteinzugsermächtigungsverfahren und das Lastschriftabbuchungsverfahren. Grundlage dieses Lastschriftverkehrs bildet das zwischen den Spitzenverbänden des Kreditgewerbes geltende „Abkommen über den Lastschriftverkehr".[36]

Wirtschaftsstraftäter haben hier ihr neues Betätigungsfeld gefunden und sogar die Lastschriftreiterei in gleicher Weise ausgebaut wie die gesteuerte Scheck- und Wechselreiterei. Ihre rasche Überführung ist aber nur möglich, wenn die Ermittlungsbehörden mit der Abwicklung und Überwachung des Lastschriftverkehrs hinreichend vertraut sind.

b) Abwicklung und Überwachung des Lastschriftverkehrs

86 Der Lastschrifteinzug wird in umgekehrter Reihenfolge wie die Banküberweisung abgewickelt. Die Lastschrifturkunde enthält jedoch keine Unterschrift des Zahlungspflichtigen. Er muß aber im Einzugsermächtigungsverfahren den Gläubiger ermächtigt haben, mittels Einzugs über sein Konto zu verfügen, oder im Lastschriftabbuchungsverfahren seine Bank (Zahlstelle) beauftragt haben, die Belastung des Gläubigers zuzulassen. Im Einzugsermächtigungsverfahren kann der Zahlungspflichtige der erfolgten Belastung binnen 6 Wochen widersprechen. Der Gläubiger trägt somit für diesen Zeitraum das Risiko der Rückbelastung. Im Abbuchungsauftragsverfahren wird der Schuldner durch seine Bank (Zahlstelle) bei Eingang der Lastschrift unwiderruflich belastet. Am Einzugsermächtigungsverfahren kann nur jener Gläubiger teilnehmen, der gegenüber seinem Kreditinstitut erklärt,

- nur solche Lastschriften einzureichen, bezüglich derer ihm durch den Zahlungspflichtigen eine schriftliche Ermächtigung zum Einzug erteilt worden sei;
- mit der Rückbelastung nicht eingelöster Lastschriften einverstanden zu sein.

87 Die Banken wiederum nutzen für die Abwicklung dieses Zahlungsverkehrs in Belegform besondere Vordrucke, die vom Einreicher zu verwenden sind. So tragen die Einzugsermächtigungsaufträge am oberen rechten Rand den deutlich sichtbaren Aufdruck „Einzugsermächtigung des Zahlungspflichtigen liegt dem Zahlungsempfänger vor". Damit sichert der Gläubiger das Bestehen der Ermächtigung zu. Sollte die Versicherung falsch sein, täuscht er mithin.

88 Wird der Lastschriftverkehr mittels beleglosem Datenträgeraustausch abgewickelt, so gibt der Zahlungsempfänger seiner Bank auf einem Begleitzettel einen Einziehungsauftrag und fügt einen Datenträger bei, der die Daten der einzelnen Lastschriften enthält. Dieser Abwicklung liegt eine Vereinbarung zwischen der Bank und dem Kunden zugrunde, wonach letzterer sich verpflichtet, nur beim Vorliegen von Ermächtigungen Einzugsaufträge zu erteilen. Bei beiden Fallgestaltungen werden von der Gläubigerbank an die Bank des Zahlungspflichtigen keine schriftlichen Unterlagen, sondern ausschließlich elektronische Daten weitergeleitet.

89 **Banktechnisch** wird die Abbuchungslastschrift genauso weitergeleitet wie die Lastschrift aufgrund einer Einzugsermächtigung. Auf dem Einreicher-Formular fehlt lediglich der Hinweis auf das Vorliegen einer Einzugsermächtigung. Die Inkassostelle erteilt

[36] Abgedruckt bei *Canaris*, Bankvertragsrecht, 1. Teil, Tz. 536.

eine vorbehaltliche Gutschrift und leitet den Lastschriftauftrag beleglos an die Zahlstelle weiter. Diese hat nun zu prüfen, ob ein Abbuchungsauftrag des Zahlungspflichtigen vorliegt. Nur dann darf sie sein Konto belasten. Fehlt der Auftrag, sind die gleichen Rückmeldungen und Rücklastschriften wie im Ermächtigungsverfahren zu beachten. Für den Zahlungspflichtigen bringt das Abbuchungsverfahren den Vorteil, daß er jederzeit bei seinem Kreditinstitut Art und Umfang der Aufträge feststellen und widerrufen kann.

c) Mißbrauch des Lastschriftverkehrs

(1) In Zahlungsschwierigkeiten geratene Kaufleute veranlassen ihre Kunden zur Abgabe einer Einzugsermächtigung oder eines Abbuchungsauftrages. Unmittelbar vor dem wirtschaftlichen Zusammenbruch, den sie auch ihrer Hausbank gegenüber verschleiern, reichen sie noch eine Vielzahl nicht gerechtfertigter Lastschriften ein und erhalten von der Inkassostelle jeweils die Gutschriften, die sie unverzüglich abdisponieren. Durch die Zahlstelle werden die Lastschriften eingelöst. Bis der angebliche Schuldner hiervon Kenntnis erlangt hat, ist der Täter entweder über alle Berge oder er hat die Eröffnung des Konkursverfahrens beantragt, das mangels einer die Kosten des Verfahrens deckenden Masse abgelehnt wird. 90

(2) Ein neuer Weg zur kriminellen Geldbeschaffung wird gegenüber Personen beschritten, die zu **keinem Zeitpunkt eine Einzugsermächtigung** erteilt haben. Der Täter beschafft sich die Kontonummer zahlreicher Opfer und reicht im beleglosen Datenträgeraustauschverfahren unter Mißachtung der mit der Bank abgeschlossenen Vereinbarung Lastschriften ein. Dabei bedient er sich gegenüber dem angeblichen Schuldner noch verschiedener zusätzlicher Täuschungen. Er spiegelt zum Beispiel den Einzug einer Spende oder die Begleichung einer in Wirklichkeit nicht bestehenden Forderung oder eine sonstige Zahlungsverpflichtung des Opfers vor, die bei der Massenbuchhaltung oft ohne Prüfung akzeptiert wird. Widerspricht nun ein aufmerksamer Geschäftsmann, dann rechtfertigt sich der Täter mit einem Irrtum in seiner Buchhaltung. 91

(3) In- und ausländische Täter schließen sich wie bei der Wechsel- und Scheckreiterei zu einem Ring zusammen und treten mit zahlreichen Kreditinstituten in Geschäftsverbindung. Die Konten werden alle auf Guthabenbasis geführt. Lastschriftabbuchungsaufträge werden zugunsten der Mittäter erteilt. Durch Kombination von Lastschrifteinzug, Wechseldiskontierung und Scheckeinreichung wird den Banken eine besondere Bonität vorgespiegelt. Schließlich werden bei einem oder mehreren Kreditinstituten durch bestimmte Täter so viele Lastschriften zum Einzug eingereicht, daß sich die Beendigung des Unternehmens lohnt. Auch hier verschwinden die Täter in der Regel mit ihrer Beute oder verschleiern ihre dunklen Geschäfte durch fingierte Rechnungen wie im Falle der Wechsel- und Scheckreiterei. 92

d) Strafrechtliche Beurteilung

(1) Der Mißbrauch einer vorliegenden Einzugsermächtigung sowie das Vortäuschen einer im Wahrheit nicht bestehenden Einzugsermächtigung stellt einen Betrug zum Nachteil der Inkassobank (Gläubigerbank) und zum Nachteil des vermeintlichen Zahlungspflichtigen dar.[37] Die Täuschung der Inkassobank wird darin erblickt, daß durch den Beschuldigten, dem in Wahrheit eine fällige Forderung nicht zustand und der somit keine Einzugsermächtigung hatte, Vordrucke mit dem Aufdruck verwendet werden „Einzugsermächtigung des Zahlungspflichtigen liegt dem Zahlungsempfänger vor". Der Irrtum entsteht in der Person des Bearbeiters des Lastschriftauftrages. Das Risiko des Lastschrifteinzugsverkehrs trägt zunächst die Inkassobank, die den Betrag sofort gutschreibt und die Verfügungsmöglichkeit eröffnet. Bereits mit der Gutschriftbuchung tritt die Vermögensgefährdung ein. 93

---

[37] OLG Hamm, NJW 1977, 1834ff.

Folgender Fall veranschaulicht die Vorgehensweise: Ein Kaufmann verfügte mit Wissen der Bank über sein Geschäftskonto mittels eines Online-Zahlungsverkehrsprogrammes. Das Programm erlaubte die Überweisung von Geldbeträgen und den Einzug von Lastschriften bei Dritten. Der Kaufmann ließ sich Ware liefern und veräußerte die Ware an Zwischenhändler weiter. Von jedem Zwischenhändler ließ er sich Einzugsermächtigungen ausstellen, um über deren Konten mittels einer Online-Lastschrift verfügen zu können. Unter Ausnutzung der Warenkredite des Lieferanten stellte er vorzeitig Lastschriften zu Lasten der Konten der Zwischenhändler aus. Innerhalb von 8 Tagen sammelte er auf diese Weise ca. 6 Millionen DM auf seinem Konto und überwies dieses Geld ins Ausland. Daraufhin verschwand er. Als die Zwischenhändler keine Ware mehr erhielten, gaben sie die Lastschriften zurück. Der Bank entstand so ein Schaden in Höhe der abgeflossenen Gelder.

Dieses Verhalten stellt einen Grenzfall zwischen Betrug gem. § 263 StGB und der unbefugten Verwendung von Daten im Sinne des § 263a StGB dar. An einen Betrug ist deshalb zu denken, weil die Weitergabe von Lastschriften an die Lastschriftbank und die vorläufige Gutschrift des Betrages auf dem Konto des vermeintlichen Gläubigers Täuschungshandlungen über die Berechtigung zum Einzug der Forderungen mittels Lastschriften darstellen. Allerdings überprüfte die Bank die Berechtigung zum Lastschrifteinzug nicht. Der Gegenwert wurde auch nur mit dem Vermerk „Eingang vorbehalten" gutgeschrieben. Daher wäre es sachgerechter, in diesem Fall nicht § 263 StGB, sondern § 263a StGB anzuwenden, da sich bei der Bank wegen dieses automatisierten Vorgangs und der Vorläufigkeit der Gutschrift kaum jemand Gedanken über die Berechtigung des Gläubigers und die Bonität des Schuldners machte. Insbesondere bei der vollautomatisierten Lastschrifteinreichung ist die Anwendung des § 263a StGB gerechtfertigt.

94 (2) Beim Abbuchungsverfahren, bei dem der Täter eine nicht fällige oder eine fingierte Forderung einzieht, ist zu unterscheiden: Hat der Täter im Rahmen eines bestehenden Abbuchungsauftrages gehandelt, liegt kein Betrug zu Lasten der Inkassobank, sondern lediglich ein Betrug gegenüber der Schuldnerbank in mittelbarer Täterschaft zum Nachteil des Zahlungspflichtigen vor. Auch in diesem Fall spiegelt der Zahlungsempfänger der Inkassobank vor, er ziehe mit seinem Auftrag eine sofort fällige Geldforderung ein. Die Inkassobank erhält aber trotz erteilter Gutschrift ein wirtschaftlich gleichwertiges Äquivalent, nämlich einen Anspruch gegen die Zahlstelle. Der Irrtum entsteht bei der Schuldnerbank. Sie vergütet der Inkassobank den eingeforderten Betrag in der Vorstellung, daß der Lastschriftauftrag in Ordnung sei, d. h. daß eine fällige Forderung vorliege.

95 Lag ein Abbuchungsauftrag in Wahrheit nicht vor, und erteilte die Inkassostelle dem Lastschrifteinreicher eine Gutschrift, so erwirbt sie keine äquivalente Forderung gegen die Zahlstelle. Bereits mit der Gutschrift ist die Vermögensgefährdung eingetreten. Spätestens mit der Disposition über den Betrag ist der Vermögensschaden zu bejahen. Rechnet der Täter damit, daß die Zahlstelle versehentlich der Inkassostelle den Betrag vergüten werde, stellt sich auch hier die Frage des in mittelbarer Täterschaft verübten Betrugs.

96 (3) In der Krisensituation nützen Schuldner ihr formelles Widerspruchsrecht im Einzugsermächtigungsverfahren in vertragswidriger Weise aus und erreichen dadurch eine
97 Rückbelastung der dem Gläubiger über seine Hausbank erteilten Gutschrift. Im Falle des anschließenden Konkurses des Schuldners erleidet nun der Gläubiger einen Vermögensschaden. Dieser ist aber ausschließlich auf die widerrechtliche und damit gem. § 138 BGB unwirksame Widerrufs- bzw. Rückbelastungserklärung zurückzuführen.[38]

98 Hätte der Schuldner seiner Hausbank die berechtigte Forderung des Gläubigers, die wirksame Einzugsermächtigung und seinen sittenwidrigen Widerruf offenbart, dann hätte die Bank zur Vermeidung einer gegen sie gerichteten Schadensersatzforderung die
99 Rückbelastung nicht vorgenommen. Diese Täuschungshandlungen führen zu Vermögensverfügungen der Banken zum Nachteil des Gläubigers, der mit seiner ihm bereits gutgebrachten Forderung im Konkursverfahren ausfällt. Der Tatbestand des Betrugs dürfte wohl in derartigen Fällen zu bejahen sein.

---

[38] Zur zivilrechtlichen Problematik vgl. OLG Hamm NJW 1985, 865ff. und BGH NJW 1985, 847ff.

III. Scheck-, Kredit- und Geldkarten

1. Bedeutung von Scheck-, Kredit- und Geldkarten

a) Allgemeines

Euroschecks und Kreditkarten sind im Bundesgebiet das Zahlungsmittel Nr. 1. Im anglo-amerikanischen Ausland wird ebenfalls meistens mittels Scheck oder Scheckkarte gezahlt. Nach Angaben des Bundesverbandes Deutscher Banken existieren in Europa 1,2 Millionen Terminalkassen für die Eurocard, ebenso viele außerhalb Europas. Durch die Kooperation mit dem Kreditkartenunternehmen Maestro kommen in 1998 noch weitere 1 Million Kreditkartenannahmestellen auf der ganzen Welt dazu. Statistiken weisen für 1997 bereits eine Verbreitung von 7,9 Millionen EUROCARD-Inhabern, 4,8 Millionen VISA-Kunden, 1,2 Millionen AMERICAN EXPRESS-Kartenkunden und ca. 340000 DINERS-CLUB Kartenbesitzer aus.[39] 100

Die kriminellen Eingriffe in den bargeldlosen und automatischen Zahlungsverkehr sind in umfassender Weise von den USA und Japan auf Europa und speziell auf Deutschland übergeschwappt und sind in der Bundesrepublik bereits eine bedeutende Geldbeschaffungsquelle der organisierten Kriminalität. Allein durch die rechtswidrige Verwertung von Kredit- und Euroscheckkarten wurden in der Bundesrepublik im Jahr 1995 Schäden in einer Höhe von mindestens 150 Millionen DM verursacht. Über die Hälfte der im Bundesgebiet gestohlenen Euroschecks werden im Ausland, insbesondere in den Urlaubsländern Italien, Spanien und Frankreich verwertet. Organisierte Verbrecherbanden verlegen sich auch auf die Verfälschung oder Totalfälschung dieser Zahlungsmittel und der Personaldokumente; Hehlerkreise bestehen im In- und Ausland. Wegen der Vielzahl der Schadensfälle sind Kreditinstitute mittlerweile dazu übergegangen, modernere und fälschungssichere Kartensysteme, wie etwa die Chipkarte, herauszugeben. Kreditkartenunternehmen verwenden allerdings immer noch unsichere und für Fälschungen anfällige Kreditkarten. 101

b) Euroscheck und Euroscheckkarte

Der Euroscheck kann sich europaweit durchaus mit Bargeld messen. Weltweit haben sich zunehmend neue Länder diesem einheitlichen Scheckkartensystem angeschlossen, wobei die Auszahlung zumeist in Landeswährung gewährleistet ist. Seit Ende 1988 gelten die durch das Bundeskartellamt genehmigten Sonderbedingungen für den ec-Service, die 1995 neu gefaßt wurden.[40] Hiernach garantiert die bezogene Bank die Einlösung ausgestellter Euroschecks bis zu einem Betrag von 400 DM oder bis zur Höhe des im jeweiligen Land maßgeblichen ec-Garantiehöchstbetrages. Rechtlich liegt somit ein Garantievertrag zwischen der bezogenen Bank – vertreten durch den Scheckaussteller – und dem Schecknehmer auf Einlösung vor.[41] Neben der Ausfüllung einheitlicher Scheckvordrucke hat sich der Scheckaussteller durch Vorlage seiner ihm von seinem Kreditinstitut überlassenen Scheckkarte zu legitimieren. Diese enthält die Unterschrift, den Namen des Kontoinhabers, den Namen des bezogenen Kreditinstituts sowie die Kontonummer, die Kartennummer und die Gültigkeitsdauer. In Deutschland ausgestellte ec-Schecks sind für acht Tage, in anderen Ländern ausgestellte Euroschecks sind für zwanzig Tage seit dem Ausstellungsdatum garantiert. Mit Einführung des EURO haben einige Länder wie z. B. Norwegen angekündigt, keine Euroschecks mehr einzulösen. Mittels Karte könne ohnehin von einem Automaten Geld abgehoben werden. Europaweit werden die Garantiebedingungen am 31. 12. 2001 aufgehoben werden. 102

---

[39] Quelle: online-Dienst des BDB, 01/99.

[40] *Bülow*, Wechselgesetz/Scheckgesetz Allgemeine Geschäftsbedingungen, 751ff.; *Hoeren*, Die neuen „Bedingungen für ec-Service", NJW 1995, 2473f.

[41] OLG Nürnberg, NJW 1978, 2514.

103 Im Inland wird der Euroscheckverkehr auf die gleiche Weise abgewickelt wie das übliche Scheckverfahren. Nur beim ausländischen Euroscheckverkehr sind Besonderheiten zu beachten. Euroschecks werden nämlich durch den ausländischen Remittenten zumeist über ausländische Clearingstellen der „GZS – Gesellschaft für Zahlungssysteme mbH, Unternehmensbereich eurocheque Zahlungsverkehr" in Frankfurt zur Abwicklung zugeleitet. Teilweise werden auch nur die Scheckdaten übermittelt. Diese zentrale deutsche eurocheque-Clearingstelle erfaßt die Scheckdaten, wie Kontonummer, Bankleitzahl des bezogenen Kreditinstituts, Fremdwährungsbetrag etc. und rechnet diese Schecks zum geltenden Tageskurs unter Zuschlag einer Abwicklungsgebühr in DM um. Das einzelne Kreditinstitut in der Bundesrepublik, das diese Euroschecks ausgegeben hat, wird unwiderruflich belastet. Der Originalscheck wird in Frankfurt verwahrt; er kann jedoch bei berechtigten Zweifeln durch den Kontoinhaber über seine Bank in Frankfurt angefordert werden. Bei Scheckmißbrauch wird das Kreditinstitut diesen Scheck in der Regel auch für die Ermittlungsbehörden beschaffen. Treten dennoch Schwierigkeiten auf, ist eine Beschlagnahme in Frankfurt zu bewirken.

104 Die Einlösungsgarantie bedeutet für jede bezogene Bank ein Risiko, das dadurch beschränkt wird, daß die Ausgabe von Euroscheckkarten nur an kreditwürdige Kunden erfolgt, die Zahl der Scheckvordrucke begrenzt und die Gültigkeit zur Zeit auf drei Jahre bzw. bis zum Ende des auf der Karte vermerkten Kalenderjahres befristet ist. Gleichwohl sind zunehmend Mißbräuche auf diesem Gebiet erkennbar. Durch den Straftatbestand der Fälschung von Vordrucken für Euroschecks und Euroscheckkarten gem. § 152a StGB wird bereits im frühen Stadium der im In- und Ausland immer mehr um sich greifenden Fälschung und unberechtigten Herstellung von Euroscheckformularen entgegengewirkt. In präventiver Weise werden eine Vielzahl von Vorbereitungshandlungen, z. B. Herstellen von Druckplatten oder die Verschaffung oder Überlassung geeigneten Papiers, mit Strafe bedroht. Hat ein Staatsanwalt Anhaltspunkte für Fälschungen von Euroscheck-Vordrucken oder Euroscheckkarten, so besteht in der Regel ein Zusammenhang mit der organisierten Kriminalität, und die sofortige Einschaltung des LKA bzw. des BKA ist unerläßlich.

c) Kreditkarten

105 Die Kreditkarte ermöglicht beim Einkauf von Waren oder der Inanspruchnahme von Dienstleistungen eine bargeldlose Bezahlung. Auch kann mit ihr an Geldautomaten Geld abgehoben werden. Durch Kreditkartenunternehmen (z. B. Diners-Club, American Express Company, eurocard) werden Kreditkarten möglichst nur an solche Personen ausgegeben, deren Bonität nicht in Zweifel gezogen werden kann. Mittels dieser Berechtigungskarte kann der Inhaber bei den diesem System angeschlossenen Vertragsunternehmen (Hotels, Fluggesellschaften, Händlern u. a.) bargeldlos einkaufen und Leistungen gegen Unterzeichnung des Rechnungsbeleges empfangen. Diese Unterlagen übermittelt der Leistungserbringer dem Kreditkartenunternehmen und erhält von dort den Rechnungsbetrag. Das Kreditkartenunternehmen rechnet in kürzeren Zeitabständen, zumindest monatlich, mit dem Inhaber der Berechtigungskarte ab. Das Unternehmen finanziert sich durch Beiträge der Mitglieder (Kreditkarteninhaber) und durch Provisionen der einzelnen Vertragsunternehmen.

2. Strafbare Erlangung von Scheck-, Kredit- und Geldkarten

106 Weltweit organisierte Tätergruppen haben sich auf die Fälschung von Kreditkarten und außerdem auf eine vielgestaltige Erlangung von Originalkreditkarten verlegt. In wenigen Augenblicken kann mit einfachen technischen Mitteln eine elektronische Kopie der Karte erstellt und später eine Doublette hergestellt werden. Aus diesem Grund hat die organisierte Kriminalität ihre Mittelsleute in zahllose Leistungsbetriebe eingeschleust. Durch blindes Vertrauen der Kreditkarteninhaber, die ihre Karte leichtfertig aus der Hand

geben, wird das Kopieren erleichtert. In der Praxis wird der Diebstahl von Kreditkarten und deren Verwendung dadurch erleichtert, daß bei der Kreditkartennutzung die Unterschrift auf dem Rechnungsbeleg so gut wie nie mit der Kontrollunterschrift auf der Karte überprüft wird. Darüber hinaus werden von den Tätern Kreditkartenanträge unter Angabe der Personalien finanzkräftiger Personen gefälscht und außerdem die postalisch zugesandten Kreditkarten organisiert auf dem Postweg entwendet. Diese Handlungen erfüllen je nach Ausgestaltung die allgemeinen Straftatbestände des § 267 StGB (Fälschung des Antrages), § 269 StGB (Herstellung magnetischer Doubletten), §§ 242ff. StGB (Diebstahl), § 274 StGB (Urkundenunterdrückung), § 133 StGB (Gewahrsamsbruch), § 254 StGB (Verletzung des Post- und Fernmeldegeheimnisses) u. a. Die widerrechtliche Herstellung von Kreditkartenvordrucken ist seit dem 6. StrRG durch § 152a Abs. 1, 3 StGB mit Strafe bedroht. Zu beachten ist dabei, daß nicht automatisch jede Geldkarte den strafrechtlichen Schutz vor Fälschungen genießt, da der Straftatbestand unter anderem voraussetzt, daß eine Karte besonders durch Ausgestaltung oder Codierung gegen Nachahmung geschützt sein muß .

3. Kriminelle Verwendung von Scheck-, Kredit- und Geldkarten

a) Übersicht

Der Mißbrauch von Verwendungsmöglichkeiten einer Scheck-, Kredit- oder Geldkarte hängt davon ab, welche Funktionen die Karte vertragsgemäß vermittelt. 107

Die möglichen Kombinationen sind in der folgenden Übersicht zusammengefaßt:

Kartentyp	Garantiefunktion mit Scheck	Garantiefunktion mit Kartenbeleg	Point-of-Sale-Funktion	Geldausgabeautomatenfunktion
Euroscheckkarte	Euroscheck und Euroscheckkarte	nein	ja, wenn die Karte mit Chip ausgestattet ist	ja, wenn die Karte mit Chip ausgestattet ist
Bankkarte	nein	nein	ja, wenn die Karte mit Chip ausgestattet ist	ja, wenn die Karte mit Chip ausgestattet ist
Kreditkarte	nein	ja	ja, wenn die Karte mit Chip ausgestattet ist	ja, wenn die Karte mit Chip ausgestattet ist
Kundenkarte (2-Partner-System)	nein	ja	ja, wenn die Karte mit Chip ausgestattet ist	nein
Geldkarte	nein	nein	ja, da Karte mit einem aufladbaren Chip ausgestattet ist	nein

Euroscheckkarte im Sinne dieser Übersicht ist die von den Banken dem Karteninhaber ausgegebene Scheckkarte, die die speziellen Garantiefunktionen im Sinne der „Bedingungen für den EC-Service" vom 01. 04. 1995 gewährt. Eine Bankkarte stellt dagegen nur eine zwischen Bank und Kunde vereinbarte vereinfachte Verfügungsmöglichkeit dar, bei der die Bank dem Kunden gestattet, mittels Karte am hauseigenen Geldausgabeautomaten Gelder von seinem Konto abzuheben. In seltenen Fällen verfügt eine solche Bankkarte auch über eine POS-Variante. Kreditkarte im Sinne dieser Übersicht ist die von einem Kreditkartenunternehmen meist in Zusammenarbeit mit einer Bank an den Karteninhaber herausgegebene Karte, die ihm einen bestimmten Kreditrahmen bei diesem Unternehmen einräumt. Unter Verwendung der Kreditkarte kann der Inhaber dann bei Kaufleuten und Dienstleistern geldwerte Leistungen beziehen. Die Bezahlung dieser Leistungen durch das Kreditkartenunternehmen wird bis zu einem bestimmten Kreditrah- 108 men garantiert. Geldkarte ist die von einzelnen Instituten herausgegebene Karte mit Buchgeldfunktion, d. h. eine Karte, deren Chip elektronische Informationen über einen begrenzten verfügbaren Geldbetrag enthält. Der Inhaber einer solchen Karte hat den Geldbetrag in der Form von Buchgeld bereits seiner Bank gezahlt.

b) PIN-Nummern und Verfügungssperren

109 Um bei der Geldbeschaffung mittels Euroscheckkarte Mißbräuchen vorzubeugen, wurden besondere Schutzvorkehrungen getroffen. Auf der Rückseite der dem Kunden überlassenen Scheckkarte befindet sich ein Magnetstreifen, auf dem unsichtbar neben der Kontonummer und der Bankleitzahl eine Kartenfolgenummer eingegeben ist. Aus diesen Zahlen errechnet der Automat eine sogenannte PIN (= Personenidentifikationsnummer), die durch den Bundesverband deutscher Banken in einem Sicherheitsverfahren ermittelt und dem Kunden so zugeteilt wird, daß nicht einmal die eigene Hausbank die Ziffern kennt. Diese Geheimnummer muß der Bankkunde in den Geldausgabeautomaten (GAA) eingeben. Ist diese Zahl falsch und entspricht sie somit nicht dem Rechenergebnis des Sicherheitsmoduls im GAA, so wird dies auf dem Magnetstreifen gekennzeichnet. Bei dreimaliger Falscheingabe ist die Scheckkarte für eine weitere automatische Geldauszahlung gesperrt und wird vom Geldautomaten eingezogen. Eine ordnungsgemäß erfolgte Geldauszahlung wird auf dem Magnetstreifen ebenfalls vermerkt und verhindert die Überschreitung des Verfügungsrahmens. Aufgrund der Poolvereinbarung zwischen den Banken muß das kontoführende Kreditinstitut die Lastschrift aus der automatischen Abhebung einlösen und darf keine Rückgabe mangels Deckung oder Widerspruchs vornehmen.

Bei Abhandenkommen der ec-Karte oder bei mißbräuchlichen Verfügungen an GAA oder Poin-of-Sale (POS)-Kassen ist die kontoführende Stelle oder der Zentrale Sperrannahmedienst unverzüglich zu benachrichtigen, um die ec-Karte für den Einsatz an GAA und POS-Kassen zu sperren; dadurch lassen sich Schäden verhindern oder begrenzen. Der **Zentrale Sperrannahmedienst** ist Tag und Nacht telefonisch erreichbar (069/740987). Wichtig ist, daß hierbei der Name des kartenausgebenden Kreditinstituts – möglichst mit Bankleitzahl – und die Kontonummer anzugeben sind. Nach dieser Sperrmeldung werden alle für ein Konto ausgegebenen ec-Karten gesperrt. Bedeutsam ist auch, daß gem. Nr. 5 Abs. 2 der Sonderbedingungen für den ec-Service bei mißbräuchlichem Einsatz der ec-Karte Anzeige bei der Polizei zu erstatten ist.

c) Überweisungen mit EC-Karte

110 Zur Beschleunigung des Zahlungsverkehrs haben die Kreditinstitute auch die Möglichkeit geschaffen, an Selbstbedienungsterminals unter Verwendung der ec-Karte Überweisungsaufträge bis zu 2000 DM täglich zu erteilen, soweit nicht im Einzelfall ein höherer Verfügungsrahmen zugewiesen wurde. Der Kartenbesitzer füllt am Computerterminal einen elektronischen Überweisungsträger aus, identifiziert sich mit seiner PIN und veranlaßt dadurch den Geldtransfer.

d) Point of Sale

111 Im sog. **Point-of-Sale-(POS-)Verfahren** haben sich Banken und Handelsunternehmen auf eine Verwendung von Kredit- und Scheckkarten im Einkauf verständigt. Hier handelt es sich um einen bargeldlosen Einkauf, bei dem die Euroscheckkarte ohne Scheckformular als Zahlungsmittel eingesetzt wird. Der Kaufmann hat zwei Abwicklungsmöglichkeiten. Er kann seine Kasse kostenpflichtig mittels Datenfernübertragung online mit dem Rechner seiner Bank verbinden. Der Kunde muß sich nach Eingabe des Zahlungsbetrages mit seiner PIN identifizieren. Die POS-Kasse des Händlers hat damit eine dem Geldautomaten vergleichbare Funktion, wie bei diesem wird der Verfügungsrahmen des Kunden überprüft, und es entsteht eine Auszahlungsverpflichtung der kartenausstellenden Bank. Kriminelle Verhaltensweisen sind somit wie Mißbräuche am Geldautomaten strafrechtlich zu beurteilen. Bei der zweiten Variante verzichtet der Händler aus Kostengründen auf die Sicherungsmöglichkeit der Onlineabfrage. Mit der ec-Scheckkarte werden lediglich automatisiert Lastschrifteinzugsermächtigungen erstellt. Nachdem hier der Kontoinhaber, wie bei jeder Lastschrift, der Belastung seines Kontos aus POS-Lastschriften widersprechen kann, trägt der Händler das volle Risiko der Bezahlung seiner Ware. Mißbräuche sowohl des berechtigten als auch des nichtberechtigten Karteninhabers sind somit unter dem Gesichtspunkt des Betruges zu ahnden.

Obwohl durch die einzelnen Banken keine Sperrung aus Dispositionsgründen (z. B. Kontoüberziehung) veranlaßt werden soll, versuchen Kreditinstitute, diese automatische Geldschöpfungsmöglichkeit unter Mißachtung der geltenden Sonderbedingungen auszuschließen.[42] Das gelingt allerdings nur bedingt.

4. Strafbarkeit des Karteninhabers

Folgende Fallgestaltungen sind zu unterscheiden:

a) Der Karteninhaber verwendet eine Euroscheckkarte gemeinsam mit einem Euroscheck zur Bezahlung einer Ware oder Dienstleistung in dem Wissen, daß er weder über ein Guthaben noch über einen ausreichenden, nicht ausgeschöpften Kredit bei der die Zahlung garantierenden Bank verfügt. Er macht sich dann gem. § 263 StGB strafbar, wenn er über den von der Bank garantierten Betrag hinaus verfügt. Bleibt er innerhalb der Garantiegrenzen der Euroscheckkarte, macht er sich gem. § 266b StGB strafbar. § 263 StGB kann nicht angewendet werden, weil der Schecknehmer sich keine Gedanken über die Bonität des Ausstellers macht, denn die bezogene Bank hat die Einlösung des Schecks garantiert.[43] Bagatellfälle, in denen es zu kurzfristigen Kontoüberziehungen kommt, die umgehend wieder ausgeglichen werden, sollten nach den gesetzgeberischen Motiven zum 2. WiKG nicht von § 266b StGB erfaßt werden. Das erscheint kriminalpolitisch vertretbar, zumal die Banken schon im Interesse einer guten Kundenbeziehung Strafanzeigen nur in gravierenden Fällen erstatten. § 266b StGB ist grundsätzlich lex specialis gegenüber § 263 StGB.[44] **112**

b) Ebenso macht derjenige Karteninhaber einer Kreditkarte sich nach § 266b StGB strafbar, der die Karte einem Kaufmann oder Dienstleistungsunternehmen zur Bezahlung vorlegt, obwohl er weiß, daß der Kreditrahmen, der ihm von dem Kreditkartenunternehmen eingeräumt ist, überschritten wird. Eine Strafbarkeit nach § 263 StGB kommt ebenfalls nicht in Betracht. **113**

c) Die Vorlage einer einfachen Bankkarte zur Bezahlung einer Ware oder Dienstleistung kann den Tatbestand des Betruges zum Nachteil des Kaufmanns oder Dienstleisters erfüllen, wenn der Karteninhaber die Forderung nicht ausgleicht oder die bezogene Bank die Einlösung der Lastschrift verweigert. Die Bank ist bei einem solchen Vorgang nicht verpflichtet, die Lastschrift einzulösen. Eine Strafbarkeit gem. § 266b StGB besteht nicht. **114**

d) Auch die mißbräuchliche Verwendung der sog. „2-Partner-Karte" (Kaufhauskarte, Autovermieterkarte) ist nicht nach § 266b StGB zu bestrafen.[45] Hier nutzt der Karteninhaber keine Garantie des Kartenausstellers aus, sondern spiegelt eine solche allenfalls vor. **115**

e) Die Strafbarkeit von Verfügungen des Karteninhabers außerhalb seiner vertraglich vereinbarten Verfügungsmacht **am Geldausgabeautomaten einer Bank**[46] wird von Rechtsprechung und Schrifttum unterschiedlich beurteilt. **116**

---

[42] Vgl. dazu *Harbeke*, „Die POS-Systeme der deutschen Kreditwirtschaft", WM 1994, Beil. 1.1.
[43] BGHSt 33, 244/248.
[44] BGH NStZ 1993, 283.
[45] BGH wistra 1989, 61 und NStZ 1992, 437.
[46] Vgl. allgemein *Meier*, Strafbarkeit des Bankautomatenmißbrauchs, JuS 1992, 1017.

117 (1) In der Rechtsprechung werden Verfügungen des Karteninhabers am Geldausgabeautomaten ohne Kontoguthaben oder Kredit als Vergehen im Sinne des § 266b StGB beurteilt.[47] Die gleichgerichtete Anwendung dieser Vorschrift wird mit dem Wortlaut der Vorschrift gerechtfertigt. Außerdem wird die Anwendung damit begründet, der Strafrahmen des § 266b StGB stelle gegenüber § 263a StGB das mildere Gesetz dar. Weiter wird darauf hingewiesen, daß die Verwendung der Karte an einem institutsfremden Automaten nicht anders behandelt werden könnte als die Vorlage der Karte bei einem Händler oder Dienstleister.[48] Die kartenausstellende Bank ist nach den Bedingungen 1995 zum Ausgleich einer Geldforderung der geldauszahlenden Stelle verpflichtet.

118 (2) Im Schrifttum wird dagegen überwiegend darauf abgestellt, daß der Täter die Karte am Geldausgabeautomaten verwendet und damit unbefugt die Daten aus der Karte an dem Automaten verwendet.[49] Hier wird erklärt, die Geldausgabefunktion sei nur gelegentlich mit der Garantiefunktion der Karte verbunden und kein notwendiger Bestandteil der Karte. Wer die Karte ohne Garantiefunktion benutze, handle wie ein Betrüger und sei dementsprechend nach § 263a StGB zu bestrafen.

119 (3) Zutreffend dürfte die im Schrifttum vertretene Auffassung sein. Zwar kann nicht auf die Funktionen der Karte abgestellt werden, denn diese entsprechen den Vereinbarungen zwischen Karteninhaber und Kartenaussteller und sind damit beide integraler und nicht zufälliger Bestandteil der vertraglichen Vereinbarungen. Die Anwendung des § 263a StGB auf die Fälle des Automatenmißbrauchs durch den Karteninhaber rechtfertigt sich aber aus der besonderen Schutzbedürftigkeit der EDV-Nutzung. Während bei der Vorlage der Scheck- oder Kreditkarte bei einem Warenkauf eine Kontrolle von Karte, Unterschrift und Person des Ausstellers stattfinden, kann eine solche Kontrolle am Automaten nicht durchgeführt werden. Der Karteninhaber, der diese Möglichkeit vertragswidrig mißbräuchlich ausnutzt, darf durchaus aus einem höheren Strafrahmen heraus beurteilt werden. Er macht sich somit nach § 263a StGB strafbar.

120 f) Sowohl durch den Karteninhaber als auch einen Nichtberechtigten kann unbefugt auf den Datenablauf im Sinne des § 263a StGB eingewirkt werden. Gelingt es nämlich dem rechtmäßigen Inhaber der Scheckkarte, so auf den Magnetstreifen oder den GAA einzuwirken, daß die Höchstbetragsgrenze der Abhebungen unbefugt verändert wird, dann ist diese Manipulation ebenfalls unter den Tatbestand des Computerbetrugs zu subsumieren. Auf den nichtberechtigten Scheckkarteninhaber können beide Fallmodalitäten zutreffen.

121 Manipulationen an dem Magnetstreifen der Geldkarte, das „Auslesen" des Streifens oder die Sichtbarmachung der darauf gespeicherten Daten sind nicht Handlungen im Sinne von § 202a StGB. Die Anwendung des Straftatbestandes scheitert an der besonderen Zugriffssperre für Daten, die auf dem Datenträger eingerichtet sein muß . Verfügt die Karte allerdings über einen Chip mit Ablaufprogramm und kann auf Daten erst dann zugegriffen oder diese ausgelesen werden, wenn das Programm auf dem Chip in Gang gesetzt wird, dann erfüllt der Täter auch den Tatbestand des § 202a StGB (Ausspähen von Daten).

5. Strafbarkeit von Nichtberechtigten

122 Nichtberechtigte sind aus der Sicht des kartenausstellenden Unternehmens alle Personen, die die Karte in Besitz haben, aber nicht Vertragspartner oder Karteninhaber sind. Bei der strafbaren Ausnutzung einer Geldkarte sind folgende Fälle zu unterscheiden:

123 a) Ein ordnungsgemäßes Erlangen einer Euroscheckkarte und der Euroschecks von der Bank liegt dann nicht vor, wenn der Täter die Euroscheckunterlagen durch unzutref-

47 OLG Stuttgart, NJW 1998, 981f.

48 *Müller/Wabnitz/Janovsky*, 4. Aufl., 4. Kap. Rn. 51.

49 *Tröndle*, § 263a StGB, Rn. 8a; *Achenbach/Wannemacher-Hellmann*, § 24 VI, Rn. 51.

fende Angaben über seine Vermögensverhältnisse erschlichen hat. Der Karteninhaber ist daher nur scheinbar berechtigt. In Wirklichkeit täuscht er bei Vorlage der Euroscheckkarte und des Euroschecks über seine Berechtigung. Dann kann Betrug vorliegen.[50]

b) Der in der Praxis häufig vorkommende Fall des Diebstahls und anschließenden Mißbrauchs von ec-Scheck und -Karte ist im Hinblick auf die Garantieverpflichtungen der Banken als Betrug einzuordnen. Zwar irrt der Schecknehmer nicht über die Bonität des Kunden, aber er wird getäuscht und irrt über die Berechtigung des Scheckgebers, einen derartig garantierten Scheck auszustellen und eine Garantieeinlösung in Gang zu setzen. Neben der Strafbarkeit nach § 242 StGB ist daher eine Verfolgung wegen tatmehrheitlicher Urkundenfälschung und Betruges möglich.[51] Auch die Verwendung von durch strafbare Vortaten erlangten Kreditkarten ist unbefugt. Eine vertragliche Verbindung zwischen dem Täter und dem Kreditkarteninstitut besteht nicht. Er täuscht vielmehr vor, zum Gebrauch der Kreditkarte berechtigt zu sein. Damit erfüllt er durch die Verwendung derartiger Kreditkarten immer den Tatbestand des Betrugs gem. § 263 StGB. **124**

c) Legt der Täter gefälschte Scheckformulare und eine gefälschte Scheckkarte vor, so wird der Schecknehmer ebenfalls über die Berechtigung der Vorlage und über die Echtheit der Zahlungsmittel getäuscht. Da die Bank in einem solchen Fall ihre Garantie nicht einlösen muß, liegt Betrug zum Nachteil des Schecknehmers vor. Ebenso liegt Betrug vor, wenn der Schecknehmer durch weitere Erklärungen des Scheckausstellers über Zweifel an der Identität der Unterschriften hinweggetäuscht wird, da die Bank in einem solchen Falle nicht mehr für die Einlösung des Schecks garantiert.[52] **125**

d) Nimmt ein Nichtberechtigter mit der ec-Karte oder der Kreditkarte den GAA in Anspruch, so kann er sich gem. § 263a StGB (Computerbetrug) in verschiedenen Begehungsformen einen rechtswidrigen Vermögensvorteil zu Lasten eines Dritten in strafbarer Weise verschaffen. Eine unbefugte Verwendung von Daten liegt z. B. vor, wenn sich der Täter durch Diebstahl, Unterschlagung oder in sonstiger Weise die ec-Karte und PIN rechtswidrig verschafft und verwendet.[53] Die dem Computerbetrug vorausgegangene Entwendung einer Euroscheckkarte erfüllt regelmäßig den Tatbestand des Diebstahls. Nur eine straflose Gebrauchsausnutzung liegt jedoch dann vor, wenn der Täter die Karte dem Berechtigten wieder zurückgibt.[54] **126**

Hat der Täter die Kontendaten und Geheimnummern erlangt, gespeichert und mit Hilfe eines Kopiergerätes auf ein Scheckkarten-Blankett übertragen, so liegt eine Straftat gem. §§ 269, 270 StGB (Fälschung beweiserheblicher Daten; Täuschung im Rechtsverkehr bei Datenverarbeitung) vor.[55] Durch den anschließenden Gebrauch der gefälschten Scheckkarte wird tatmehrheitlich der Tatbestand des Computerbetrugs erfüllt. Zwischenzeitlich wurden zahlreiche GAA mit MM-Sicherheitssystemen (MM-Box) versehen, um die Verwendung unechter Karten zu verhindern. **127**

Wurde einem Täter die Scheckkarte nebst der Geheimzahl durch den Berechtigten überlassen und hebt er absprachewidrig in der Folgezeit höhere Beträge ab, dann ist eine unbefugte Verwendung von Daten gem. § 263a StGB nicht zu bejahen.[56] Es kann jedoch in bestimmten Fällen der Tatbestand des § 266 StGB (Untreue) in Betracht kommen. Hatte der Täter die ec-Karte vom Berechtigten in der Absicht erschlichen, höhere als die vereinbarten Beträge abzuheben, so macht er sich wegen Betruges nach § 263 StGB strafbar.[57] **128**

---

50 BGHSt 33, 244/246.

51 A. A. *Müller/Wabnitz/Janovsky*, 4. Aufl., 4. Kap. Rn. 44.

52 Vgl. z. B. Bedingungen für die Verwendung der ec-Karte der Sparkassen III. 1.3.

53 BGHSt 38, 120.

54 Furtum usus – BGH-Beschluß vom 16. Dezember 1987, 3 StR 209/87.

55 BGH vom 22. November 1991, EBE/BGH 1992, 18.

56 OLG Köln, wistra 1991, 350.

57 *Tröndle*, a.a.O., § 263a, Rn. 8a a. E.

129 e) Der Kreditkartenbesitzer muß sich gegenüber dem Kreditkartenunternehmer verpflichten, eine Verschlechterung seiner Vermögensverhältnisse unverzüglich mitzuteilen
130 und zu offenbaren. Verletzt er diese Pflicht, ist der Tatbestand des Betruges durch Unterlassen zu bejahen. Der sich hieran anschließende Mißbrauch kann mitbestrafte Nachtat sein.

IV. Internationaler Zahlungsverkehr

1. Bedeutung des internationalen Zahlungsverkehrs

131 Im Zeitalter einer weltumspannenden EDV, Internet, Satellitenübertragungen und Kontinente verbindender Konzernbildungen stellt die Abwicklung des internationalen Zahlungsverkehrs einen nicht mehr wegzudenkenden Bestandteil unseres Wirtschaftssystems dar. Gerade durch die konzerninternen internationalen Verflechtungen der deutschen Großbanken, aber auch durch von Banken dominierte Unternehmensbeteiligungen, Finanzierungen internationaler Konzerne und ausländischer Staaten sowie durch die Abwicklung eigener und fremder Geldanlagegeschäfte wird die zuverlässige und gesetzmäßige Abwicklung des internationalen Zahlungsverkehrs immer bedeutsamer.

Wie schnell die von den Banken im Ausland unterhaltenen Bankkontakte im Fall des Frankfurter Bauunternehmers Jürgen Schneider zur Aufdeckung von Bankrotthandlungen führten, ging im April/Mai 1994 (binnen 14 Tagen seit dem Untertauchen Schneiders) durch die gesamte deutsche Tagespresse. Daß es dabei nicht um Kleinbeträge, sondern um Geldverschiebungen in dreistelliger Millionenhöhe ging, zeigt, daß der internationale Zahlungsverkehr der Banken durch Wirtschaftskriminelle in großem Stil genutzt wird.

2. Mißbrauch des Auslandszahlungsverkehrs

132 Es gibt drei Hauptgruppen mißbräuchlicher Ausnutzung der auf den internationalen Zahlungsverkehr gerichteten Dienstleistungen der Banken:

- die Verschiebung eigenen oder fremden Vermögens (a),
- die ungerechtfertigte Vorlage von Akkreditiven (b) und
- die Ausnutzung von Devisenkursen zu spekulativen Zwecken (c).

a) Verschiebung eigenen oder fremden Vermögens

133 Die Wahl einer Geldanlage im Ausland, die (Schein-)Gründung einer Gesellschaft mit Sitz im Ausland, die Beteiligung eines inländischen Unternehmens an einem ausländischen zu Phantasiepreisen, die Bezahlung von fingierten oder überhöhten ausländischen Lieferanten-Rechnungen durch ein inländisches Unternehmen und die (scheinbare) Kreditvergabe ins Ausland sind Erscheinungsformen der modernen Wirtschaftskriminalität. Die Ermittlungsbehörden finden häufig folgende Abläufe vor:

134 (1) Eine inländische Bank (meist eine Tochtergesellschaft einer ausländischen Bank) oder eine Zweigstelle oder Repräsentantin einer ausländischen europäischen Bank (vgl. §§ 53 bis 53c KWG) empfiehlt ihren Kunden zur Geldanlage besonders ertragreiche Anlagemöglichkeiten im Ausland. Es kann sich um Aktien, andere Wertpapiere oder „Finanzinstrumente" im Sinne von § 1 Abs. 1 Nr. 4 KWG handeln. Durch Ausnutzung der internationalen Bankverbindungen dieser Bank wird die Geldanlage in einem Niedrigsteuerland erworben und dort anonym verwahrt. Die Bank vereinbart mit dem Kunden eine treuhänderische Verwaltung der Geldanlage durch die Bank und regelt den Postverkehr so, daß dem Kunden im Inland keine Post mehr zugestellt wird. Erträge aus derartigen Geschäften können schwerlich aufgespürt und festgestellt werden, wenn sie einer Besteuerung entzogen werden.

(2) In bestimmten europäischen oder amerikanischen Staaten können Domizilgesellschaften gegründet werden, über deren Inhaberschaft und Vermögensverhältnisse keine Auskünfte erteilt werden müssen, oder die durch Treuhänder verwaltet werden, die nicht zu einer Auskunft über den wahren Geschäftsherrn gezwungen werden können. 135

(3) Auch Unternehmensbeteiligungen im Ausland werden durch den internationalen Zahlungsverkehr ermöglicht. Dabei nutzen die „Vermögensverschieber" in den Banken in meist unbekannter Absicht Korrespondenzbankennetze im Ausland, um fingierte oder preislich überhöhte Beteiligungen zu erwerben. Auf diese Weise wird einem Unternehmen ohne wirtschaftlichen Hintergrund Liquidität entzogen. In der Bilanz wird zwar meist eine Unternehmensbeteiligung als Vermögenswert ausgewiesen, ob der Wertansatz aber realistisch ist, ist kaum überprüfbar. Ermittlungsansätze ergeben sich hier bei dem Wirtschaftsprüfer des Unternehmens, der als Außenstehender häufig der erste ist, der den Wertansatz im Jahresabschluß überprüfen muß . Im umgekehrten Falle haben sich ausländische Unternehmen mit Fantasiepreisen an inländischen Unternehmen in der Absicht beteiligt, auf diese Weise Gelder zu waschen oder die Unternehmen zunächst einmal zu übernehmen und dann finanziell ausbluten zu lassen. Derartige Absichten nachzuweisen, ist ermittlungstechnisch sehr schwierig. Meist wird es nur durch eine lange Indizienkette möglich sein, das Unrecht nachzuweisen. 136

(4) Die Bezahlung ausländischer Lieferantenrechnungen durch deutsche Unternehmen wird seit Jahren von den Finanzämtern kritisch untersucht. Dennoch gelingt es nicht selten, unauffällig überhöhte Rechnungen des ausländischen Lieferanten in die Buchhaltung einzustellen, die Bezahlung aber nur vorzutäuschen oder – bei voller Bezahlung – eventuelle als „Provisionen" getarnte Rückzahlungen im Ausland zu verschleiern. Meist können solche Vorgänge erst aufgedeckt werden, wenn ein an den Rechnungsstellungen und Zahlungen Beteiligter diese Vorgänge offenbart. Die in der Abteilung Auslandszahlungsverkehr der Banken aufbewahrten Belege können häufig Aufschluß darüber geben, ob der Rechnungsaussteller tatsächlich Gelder erhalten hat, oder ob Zahlungen an andere Adressaten gingen. 137

(5) Schließlich sind auch Fälle der Kreditvergabe eines deutschen Unternehmens an ein ausländisches Unternehmen bekanntgeworden. Der Zahlungsverkehr der Banken ist dabei genutzt worden, um die Gelder ins Ausland zu verschieben, wobei die Täter in dem Wissen den Kredit vergeben, daß die empfangende Stelle den Kredit nicht zurückzahlen kann Meist sind die Empfänger Informanten oder Helfershelfer und leiten den Geldbetrag im Ausland an die eigentlichen Täter wieder zurück. 138

Ermittlern wird die Aufklärung der Tat durch die nationalen Grenzen häufig entscheidend erschwert. Eine effektive Rechtshilfe[58] wird nur in den Ländern gewährt, die dem Schengener Abkommen vorbehaltlos zugestimmt haben. In anderen Ländern wird in Fiskalsachen nur eingeschränkt oder gar keine Rechtshilfe gewährt.

b) Ungerechtfertigte Vorlage von Akkreditiven

Im internationalen Warenverkehr verlangt der Exporteur einer Ware von dem in einem anderen Land sitzenden Importeur häufig eine bankmäßige Sicherheit oder gar die bankmäßig garantierte Erfüllung seiner Leistungen. Dies geschieht durch Dokumenteninkassogeschäfte und Akkreditive. Beim **Dokumenteninkasso** beauftragt der Exporteur seine Hausbank mit dem Einzug der Warenforderung unter Übergabe der die Ware repräsentierenden Dokumente. Bei diesen handelt es sich um kaufmännische Transportpapiere mit Orderfunktion (§§ 363–365, 424 HGB). Die Exporteurbank prüft die Dokumente auf Vollständigkeit und leitet die Papiere dann an die Importeurbank weiter mit der Aufforderung, den Warengegenwert zu zahlen. Da zwischen dem Exporteur und seiner Hausbank nur ein Sondervertrag „zum Einzug" zustande kommt, hat er keinen Anspruch 139

58 Vgl. hierzu Kapitel „Rechtshilfe".

auf Gutschrift des Dokumentengegenwertes vor Ablauf der Zahlungsfristen. Allerdings gewährt die Bank ähnlich wie bei einem Scheck eine Vorfinanzierung.

Beim **Akkreditiv** beauftragt der Importeur seine Bank, dem Exporteur ein Akkreditiv mit oder ohne Bankbestätigung auszustellen und an die Korrespondenzbank im Land des Exporteurs weiterzuleiten. Wenn der Exporteur das Akkreditiv in Händen hält, liefert er die Ware. Die Transportpapiere hierzu übergibt er der inländischen Bestätigungsbank und verlangt Zahlung aus dem Akkreditiv. Die Bestätigungsbank ist verpflichtet, nach Prüfung der Dokumente den Gegenwert auszuzahlen. Die Dokumente werden an die Akkreditivbank weitergeleitet, dort erneut geprüft. Sodann wird der Importeur von seiner Bank aufgefordert, den Gegenwert der Dokumente zu zahlen.

Die mißbräuchliche Ausnutzung der beiden Zahlungswege ist keine Seltenheit. Die Manipulationen, insbesondere die Auslassung des so wichtigen Grundgeschäftes, der Warenlieferung, können enormen Schaden anrichten. Da die Interessenlage der Bank derjenigen bei einem Finanzwechsel vergleichbar ist, wird man auch hier in Fortsetzung der Rechtsprechung des BGH zu Finanzwechseln ein vollständige Offenbarung aller Umstände der Begebung des Akkreditives verlangen müssen.

c) Ausnutzung von Devisenkursen zu Spekulationszwecken

140 Devisengeschäfte, Devisentermingeschäfte und Devisenoptionsgeschäfte können ohne die Vermittlung einer Bank nicht ausgeführt werden. Im kaufmännischen Bereich ist ein Devisengeschäft dann sinnvoll, wenn durch Handelsbeziehungen in das Ausland eine fällige oder eine künftige Verbindlichkeit beglichen werden muß . Ein Devisentermingeschäft wird meist dann abgeschlossen, wenn Ware auf Termin erworben worden ist und zu einem bestimmten zukünftigen Tag gegen Zahlung in Fremdwährung abzunehmen ist. Ein Devisenoptionsgeschäft bietet sich als sinnvolle Absicherung des Kursrisikos einer laufenden Investition, eines Darlehens oder eines Warengeschäftes an. In den vergangenen Jahren sind allerdings immer wieder Fälle bekanntgeworden,[59] die ausschließlich oder erkennbar weitaus überwiegenden spekulativen Charakter hatten. Die handelsrechtlich mögliche und zulässige wirtschaftliche Absicherung eines Auslandsgeschäftes kann hingenommen werden, solange der Wert des kommerziellen Grundgeschäftes nicht überschritten wird.

141 Manipulationen beginnen, wenn die kommerzielle Basis, d. h. die Höhe der Forderungen oder Risiken aus Auslandsgeschäften, verlassen und ohne erkennbaren Bezug zu dieser Basis auf das Geradewohl Devisengeschäfte abgeschlossen werden. Diejenigen Banken, die derartige spekulative Geschäfte auf Kredit finanzieren und über die Geschäftslage ihrer Kreditnehmerin informiert sind, beteiligen sich unter Umständen an den schädigenden Handlungen der handelnden Personen. Wann bereits eine betrugsrelevante Gefährdung der Vermögenslage des Opfers vorliegt, ist in der Rechtsprechung noch nicht endgültig geklärt. In der Regel stehen Optionsgeschäften bestimmte Rechte gegenüber. Bei einer vollständigen Ausermittlung wäre der Wert dieser Rechte zu ermitteln und von dem Umfang an eingegangenen Verpflichtungen abzuziehen. Erst dann kann ein meßbarer Schaden entstehen. Außerdem ist bei einer Kreditierung der Geschäfte durch eine Bank natürlich zu beachten, daß die Bankzinsen zum Aufwand aus dem Geschäft mitgerechnet werden. Die Ermittlung der konkreten Risiken aus derartigen Geschäften bereitet große Schwierigkeiten. Hier wird man ohne die Hilfe einer Wirtschaftsprüfungsgesellschaft den Sachverhalt nicht wirklich ausermitteln können.

[59] Herstatt-Zusammenbruch, VW-Devisenskandal, Balsam-Konkurs, Barings-Pleite.

3. Strafrechtliche Beurteilung

Die mißbräuchliche Ausnutzung des Zahlungsverkehrs als solchem, d. h. der Transport von Geldern ins Ausland bei gleichzeitiger Angabe des Auftraggebers der Überweisung, ist in Deutschland nicht unter Strafe gestellt. Es ist somit auf allgemeine Strafvorschriften abzustellen. Die Verbringung von Vermögen ins Ausland ist zwar als solche nicht strafbar, der wirtschaftlich Berechtigte an dem Vermögen hat aber seine Einkünfte daraus steuerlich zu erklären, sonst erfüllt er – je nach subjektiver Form – einen der Tatbestände der §§ 370, 377, 378 AO. 142–150

Wer Vermögen seines Unternehmens (Kapital- oder Personengesellschaft) gegen dessen Willen oder ohne die Genehmigung der Gesellschafterversammlung in das Ausland verbringt, und darauf nicht mehr zugegriffen werden kann, kann sich der Untreue zum Nachteil der Gesellschaft verdächtig machen. Wird Geld oder ein anderer Vermögensgegenstand in einer Krise oder Insolvenz beiseite geschafft, sind Bankrottdelikte einschlägig. Schließlich ist die Verbringung fremder Gelder ins Ausland unter dem Aspekt der Untreue zu prüfen.

C. Kreditgeschäfte der Banken

I. Allgemeines

Das Herzstück aller Banken ist die Kreditabteilung. Die Kreditgeschäfte machen nahezu die Hälfte der Bilanzsumme deutscher Kreditinstitute aus. Die Kredite für Kommunen, Unternehmen und private Haushalte (sog. Nichtbanken) kletterten in den letzten Jahren auf astronomische Höhen, wie die folgende Statistik über das Gesamtkreditvolumen, aufgeteilt nach einzelnen Institutsgruppen, belegt:[60] 151

	Gesamt (Mrd. DM)	Private Banken[0]	Sparkassensektor[1]	Genossenschaftssektor[2]	Sonstige[3]
1990	3.043	41%	38%	14%	7%
1991	3.336	40%	38%	14%	8%
1992	3.693	39%	38%	15%	8%
1993	4.089	38%	39%	14%	9%
1994	4.395	37%	40%	15%	8%
1995	4.726	39%	40%	15%	6%
1996	5.125	38%	41%	14%	7%
1997	5.533	41%	38%	14%	7%
1998*	5.812				

ab 1990 gesamtdeutsch
0 Großbanken, Regionalbanken, Privatbankiers, Zweigstellen ausländischer Banken, private Hypothekenbanken
1 Girozentralen, Sparkassen, öffentlich-rechtliche Grundkreditanstalten
2 Genossenschaftliche Zentralbanken, Kreditgenossenschaften
3 Kreditinstitute mit Sonderaufgaben, Postgiro- und Postsparkassenämter
* Stand August 1998

[60] Quelle: Online-Dienst des Bundesverbandes Deutscher Banken, 01/1999.

Der strafrechtliche Schutz der Banken vor kriminellen Machenschaften im Kreditgeschäft wird deshalb zunehmend ausgebaut. Der im Bankenbereich immer häufiger anzutreffenden Tendenz, eigenes Geld der Bank in Risikogeschäfte und Risikokredite zu investieren, wirkt in Deutschland die ebenfalls steigende Tendenz, Bankendelikte zu verfolgen, Untreue, Betrug, Bankrotthandlungen und Steuerhinterziehungen nicht mehr hinzunehmen, entgegen. Die Entwicklung ist leider auch davon geprägt, daß sich der Ausbildungs- und Fortbildungsnotstand der Justiz besonders deutlich bemerkbar macht. Zu viele Energie setzen Polizeibeamte, Staatsanwälte und Steuerfahnder an der falschen Stelle oder zu spät ein, so daß die Ermittlungen durchaus erfolglos verlaufen können. Im folgenden sollen zunächst einige grundlegende Begriffe geklärt werden.

1. Kreditbegriff, Kreditarten und Kreditrisiko

a) Strafrechtlicher Kreditbegriff

152 Voraussetzung für die Annahme, ein bestimmter Kredit sei mißbräuchlich erlangt oder die Kreditsicherheit sei manipuliert, ist das Vorliegen eines Kredites im strafrechtlichen Sinne. Es gibt unterschiedliche Kreditbegriffe und -arten, die nicht alle strafrechtliche Relevanz haben. Die Bemühungen des Gesetzgebers, durch die 6. KWG-Novelle die in Deutschland abgeschlossenen Finanzgeschäfte möglichst umfassend in eine Bankenaufsicht oder eine Meldepflicht einzubeziehen, hat zu ausufernden und kaum noch verständlichen Begriffsbestimmungen der Worte „Kredit“ und „Finanzierung“ geführt. Das mag zwar dem gesamtwirtschaftlichen Interesse an der Vermeidung von Insolvenzen und „Klumpenrisiken“ dienen, schon wegen des Bestimmtheitsgebotes (§ 1 StGB) muß der strafrechtliche Schutz von Finanzierungen enger gezogen werden.

153 Im **bürgerlich-rechtlichen Sinne** setzt man den Kredit mit „Darlehen“ im Sinne von Geldauszahlungen mit Verzinsungs- und Rückzahlungsvereinbarungen im Sinne der §§ 607ff. BGB gleich.

154 **Nach dem KWG** wird in Anlehnung an § 1 Abs. 1 Satz 2 Nr. 2, 3, 7, 8, 11 KWG von einem Kredit dann gesprochen werden müssen, wenn die Bank aufgrund einer Vereinbarung mit dem Kunden rückzahlbare Gelder auszahlt, zum Abruf bereithält oder deren Auszahlung Dritten gegenüber garantiert. Nach dem neugefaßten § 19 KWG – der nicht mit dem Begriff in § 1 KWG identisch ist – sind Kredite Bilanzaktiva der Banken (also Forderungen gegen Kunden oder andere Banken), Derivate außer den Stillhalterpositionen bei Optionsgeschäften sowie die dafür übernommenen Gewährleistungen und andere außerbilanzielle Geschäfte.[61] Unter diesen Begriff fallen beispielsweise auch Zentralbankguthaben der Banken, Schuldtitel öffentlicher Stellen, Forderungen an Kreditinstitute und Kunden, Schuldverschreibungen, Beteiligungen, Anteile verbundener Unternehmen, Finanzswaps, Finanztermingeschäfte und Optionsrechte. Auch Wertpapiere (Aktien etc.) zählen zum Kreditbegriff in diesem Sinne, was Bedeutung für die Grenzen der §§ 13, 14 KWG hat. **Realkredite** im Sinne von § 20 Abs. 2 Nr. 1 KWG sind in §§ 11, 12 HypBankG für die gesamte Kreditwirtschaft gesetzlich definiert.

155 Ein weiterer Kreditbegriff findet sich in § 1 Abs. 2 VerbrKrG. Ein Kreditvertrag hat danach einen **Verbraucherkredit** zum Gegenstand, wenn einem Verbraucher ein entgeltlicher Kredit in Form eines Darlehens, eines Zahlungsaufschubes oder einer sonstigen Finanzierungshilfe gewährt wird.

156 Da solche Begriffsbestimmungen aus strafrechtlicher Sicht teilweise zu eng, teilweise zu weit geraten sind, hat der Gesetzgeber in § 265b StGB den strafrechtlichen Kreditbegriff definiert:[62]

Kredite im strafrechtlichen Sinne sind danach alle „Gelddarlehen, Akzeptkredite, der entgeltliche Erwerb und die Stundung von Forderungen, die Diskontierung von

[61] *Jung/Schleicher*, a.a.O., S. 99.

[62] So auch *Tröndle*, § 265b StGB Rn. 8ff., § 291 Rn. 6.

Wechseln und Schecks und die Übernahme von Bürgschaften, Garantien und sonstigen Gewährleistungen" (§ 265b Abs. 3 Nr. 2 StGB).

b) Klassifizierung der Kredite

Die Bankenpraxis unterscheidet Geldleihgeschäfte und Kreditleihgeschäfte.[63] Bei Geld- 157
leihgeschäften werden Zahlungen von der Bank geleistet (Kontokredite, Diskontgeschäft, Hypothekenkredite), bei Kreditleihgeschäften gibt die Bank nur die verbindliche Zusage, unter bestimmten nachgewiesenen Voraussetzungen in der Zukunft Gelder zu zahlen (Akzeptkredit, Avalkredit). Nach wie vor werden in der Bankenpraxis nach der Art der Verwendung der Finanzierungsmittel die folgenden Einzelbegriffe verwendet:

Kreditklassifikation	**Begriffsbestimmung**	**Rechtsnatur**
Dispositions- oder Überziehungskredit an Private	Zusage einer bestimmten Verfügungsmöglichkeit über ein Giro- oder Kontokorrentkonto, die über ein Guthaben hinausgeht bis zur Höhe des Kreditrahmens auf unbestimmte oder bestimmte Zeit. Der Kredit kann tageweise ausgeschöpft oder zurückgeführt werden.	v. § 607 BGB
Betriebsmittelkredit an Unternehmen	Zusage der Verfügungsmöglichkeit über ein laufendes Firmenkonto über das Guthaben hinaus bis zum vereinbarten Kreditrahmen auf unbestimmte oder bestimmte Zeit. Gegenstück zum Dispositionskredit.	Darlehen i. S. v. § 607 BGB
Währungskredit (Eurogeldkredit)	Zusage eines Betriebsmittelkredites in fremder Währung auf unbestimmte oder bestimmte Zeit zur Auszahlung. Es besteht für die Bank und den Kunden ein Währungsrisiko.	Darlehen i. S. v. § 607 BGB
Anschaffungskredit (auch Ratenkredit)	Auszahlung von Kreditmitteln auf bestimmt vereinbarte Zeit für die Anschaffung eines bestimmten Gegenstandes.	Darlehen i. S. v. § 607 BGB
Hypothekenkredit oder Kommunalkredit	Auszahlung von Kreditmitteln auf lange Zeit mit oder ohne Festlegung des Zinssatzes für die Anschaffung oder Finanzierung von Grundstükken oder grundstücksgleichen Rechten gegen Sicherheit durch Hypothek oder Grundschuld. Beim Kommunalkredit langfristige staatliche Finanzierung.	Darlehen i. S. v. § 607 BGB
Diskontgeschäft	Erwerb diskontfähiger Wechsel oder Schecks gegen Auszahlung des Geldgegenwertes abzüglich Diskontsatz.	Forderungskauf i. S. v. § 433 BGB
Lombardgeschäft	Kurzfristiger Kredit gegen Verpfändung verwertbarer beweglicher Sachen oder Rechte (insbes. Wertpapiere).	Darlehen i. S. v. § 607 BGB
Weiterleitungskredite	Durchgeleitete oder Treuhandkredite aus zweckgebundenen fremden Mitteln anderer Banken an den Kunden.[64]	Entgeltliche Geschäftsbesorgung i. S. v. §§ 778, 675 BGB

[63] *Hagenmüller/Diepen*, Der Bankbetrieb, 13. Aufl. 1993, S. 411.
[64] Hagenmüller/Diepen, a.a.O., S. 557ff.

Kreditklassifikation	Begriffsbestimmung	Rechtsnatur
Schuldscheindarlehen	Längerfristige Darlehen an Großunternehmen, staatliche Stellen oder Kreditinstitute mit Sonderaufgaben, gegen Ausstellung eines Schuldscheins oder Unterzeichnung des Darlehensvertrages.	Darlehen i. S. v. § 607 BGB
Risikovormerkungen	Auch die kurzfristige Vorfinanzierung einer Kundenforderung, z. B. das Lastschriftlimit, die Scheckgutschrift „Eingang vorbehalten" und das Devisenterminlimit sind Finanzierungen der Bank für den Kunden.	Entgeltliche Geschäftsbesorgung i. S. v. § 675 BGB
Avalkredit	Ausstellung einer Bürgschaft oder Garantie der Bank zugunsten eines Gläubigers des Bankkunden auf Zeit oder unbefristet, (z. B. Gewährleistungsbürgschaft, Prozeßbürgschaft)	Entgeltliche Geschäftsbesorgung für den Kunden, § 675 BGB, Bürgschaft i. S. v. §§ 765ff. BGB, 349ff. HGB gegenüber dem Gläubiger
Akzeptkredit	Annahme eines von dem Kunden ausgestellten, auf die Bank gezogenen Wechsels unter der Bedingung, daß der Kunde den Wechselgegenwert vor Fälligkeit des Wechsels der Bank zur Verfügung stellt.	Regelmäßig entgeltliche Geschäftsbesorgung für den Kunden i. S. v. § 675 BGB[65]
Leasing	Erwerb eines Anlagegegenstandes durch den Leasinggeber vom Lieferanten und langfristige entgeltliche Vermietung (mit oder ohne Kaufoption) zum Zwecke der Nutzung an den Leasingnehmer.	Meist Mietvertrag i. S. v. § 535 BGB
Factoring	Erwerb von noch nicht fälligen Kundenforderungen und Auszahlung des Forderungsgegenwertes abzüglich einer Sicherheit gegen Provision. Meist übernimmt die Bank das Ausfallrisiko (echtes F.)	Forderungskauf i. S. v. § 433 BGB

c) Kreditrisiko

158 Die Geschäftspolitik einer Bank bewegt sich stets zwischen den beiden Polen „Risikominimierung" und „Ertragsoptimierung". Die Bank versucht aus der kaufmännischen Sicht, den betriebswirtschaftlichen Ertrag aus einem Kredit zu optimieren und das Kreditausfallrisiko zu minimieren. In der Bankpraxis bedeutet das einen Kreditmitteleinsatz zu möglichst hohen Zinsen bei möglichst 110%iger Absicherung. Je nach Kredit- und Finanzierungsart sind die zu bestellenden und zu beurteilenden Kreditsicherheiten, die Beleihungsanforderungen und die Gesamtkreditgrenzen unterschiedlich. Die Einflußmöglichkeit eines Kunden oder auch des Bankmitarbeiters auf die Kreditgewährung durch manipulative Praktiken variieren. Auch muß jede Kreditart hinsichtlich des mit ihr verbundenen Risikos besonders beurteilt werden. Nachdem in der Bankenwelt seit einigen Jahren das „Beamtendenken" durch ein „Produktdenken" ersetzt worden ist, muß auf der

[65] BGH-Urteil vom 16. 12. 1955.

Ermittlungsseite bedacht werden, daß verschiedene Kredite, z. B. die Finanzierung hochriskanter Spekulations- und Termingeschäfte, die Euro- und Devisenkredite oder die Kredite für von der Bank vertriebene Geldanlagen, stets mit einem **aus dem Finanzierungsobjekt selbst resultierenden zusätzlichen Risiko** gewährt werden, ohne daß dafür angemessene Sicherheiten bestellt werden. Bei Termingeschäften besteht ein Erfüllungs- oder Verfallsrisiko, bei Devisenkrediten ist es in der Regel das Kursrisiko und bei Anlagenfinanzierungen das Bewertungs- und Realisierungsrisiko.

Bei einer strafrechtlichen Beurteilung des Kreditabschlusses und eines dadurch oder 159 danach eingetretenen Schadens muß dieses, von der Bank in der Regel bei der Eingehung des Kredites kalkulierte Risiko berücksichtigt werden. Die Grenze zwischen einem noch kausal verursachten Irrtum der Bank und anschließender Vermögensverfügung und einem deutlich fahrlässigen Erkennen des mit der Kreditgewährung verbundenen Ausfallrisikos muß auch bei der strafrechtlichen Beurteilung eine Rolle spielen. Die Frage, wie „dumm" eine Bank sein muß , um getäuscht werden zu können, darf nicht nur bei der Strafzumessung eine Rolle spielen. Bislang hat die Rechtsprechung solche Konfliktfälle auf diese Art gelöst und dem Täter eine Strafmilderung wegen erheblicher Eigenschuld der Bankmitarbeiter zugestanden. Angemessen wäre es aber, diese Fälle bereits auf der Kausalitätsebene im objektiven Tatbestand zu lösen. Eine Bank, die sehenden Auges eine riskante Finanzierung vereinbart, kann nur über solche Umstände getäuscht sein, die mit dem erkannten Risiko **nicht** zusammenhängen. Die Bank erleidet auch keinen strafrechtlich relevanten Schaden, wenn sich das vorhergesehene Risiko verwirklicht. Die Zivilgerichte haben diesen Risikoaspekt beispielsweise bei dem Ankauf von Umkehrwechseln erkannt und der Bank in Einzelfällen den Schadensersatzanspruch versagt.[66] Dieser Ansatz sollte erst recht in konsequenter Weise auf der strafrechtlichen Seite weiterverfolgt werden. Ein Schaden, dessen Eintritt die Bank bewußt in Kauf genommen und den sie bereits unter Aufgabe wesentlicher Sicherheitsbedenken bei der Kreditvergabe einkalkuliert hat, darf dem möglichen Betrüger nicht mehr zugerechnet werden.

In diesem Sinne sind die **nichtigen Kreditverhältnisse** keine einen Schaden der Bank 160 auslösenden Geschäftsabschlüsse. Nichtigkeit ist anzunehmen, wenn

- der Kredit unter Verstoß gegen §§ 55, 56 Abs. 1 Nr. 6 GewO, 134 BGB im Reisedienst zustande kam,[67]
- die Kreditgewährung wegen erkennbarer Schädigungen Dritter gegen die guten Sitten verstößt (§ 138 BGB),[68]
- der verlangte Zins wucherisch überhöht ist (§ 138 BGB),[69]
- durch die Besicherung der Bank ein Knebelvertrag[70] vorliegt und eine Gläubigerbenachteiligung eintritt und
- wenn eine Konkursverschleppung vorliegt (d. h. die Bank hält den Schuldner wirtschaftlich am Leben, saniert ihn aber nicht).

Da in solchen Fällen die Bank selbst die Nichtigkeit des Kredites durch eigenes Verhalten herbeigeführt hat, beruht der eingetretene Verlust nicht auf einer eventuellen Täuschung des Kreditnehmers.

2. Kreditsicherheiten

Für eine Bank stellen die Kreditsicherheiten das wesentliche Äquivalent zur Rück- 161 zahlungsforderung dar. Die Bank sichert sich nach der Sorgfalt eines ordentlichen Kauf-

---

[66] OLG Koblenz, U. v. 07. 03. 1986 – 2 U 1393/85; BGH ZIP 1984, 37 (zum Scheck-Wechsel-Verfahren).

[67] BGHZ 71, 358; BGH NJW 1992, 425; Ausn. bei Vermittlung von Steuersparmodellen, BGH ZIP 1985, 203.

[68] BGH ZIP 1984, 37 (wenn die Bank mit der Schädigung Dritter rechnen mußte).

[69] *Nack*, MDR 1981, 624; BGHZ 80, 153.

[70] RGZ 130, 145; BGH NJW 1955, 1272.

mannes so ab, daß das Risiko eines Forderungsausfalls gemindert oder ausgeschlossen werden kann. Wird keine Sicherheit vereinbart oder zwar eine Sicherheit vereinbart, diese aber nicht bewertet, spricht man in der Bankpraxis von einem Blankokredit. Man unterscheidet Real- und Personalsicherheiten. Bei den Real- oder Sachsicherheiten erhält die Bank Rechte an einem beweglichen oder unbeweglichen Gegenstand oder einem Recht. Bei Personalsicherheiten tritt neben den Kreditnehmer eine andere Person, die für die Rückzahlung des Kredites unter den Bedingungen des Sicherheitenvertrages einstehen will. Die folgende Aufstellung verdeutlicht die unterschiedlichen Arten von Kreditsicherheiten:

Kreditsicherheit	**Regelung**	**Bedeutung**
Positiverklärung (ähnlich: Patronatserklärung)	Keine	Verpflichtung des Kreditnehmers, auf erstes Anfordern eine Sicherheit zu stellen
Bürgschaft	§§ 765ff. BGB, 349ff. HGB	einseitig verpflichtender Vertrag, der den Bürgen für den Fall des Ausfalls des Hauptschuldners zur Zahlung verpflichtet
Garantie	Keine	abstraktes einseitiges Schuldversprechen, für den Fall eines bestimmten Bedingungseintrittes den Rückzahlungsanspruch zu erfüllen
Pfandrecht	§§ 1204ff., 1273 BGB	Dingliches, zur Sicherung einer Forderung dienendes Recht an fremden Sachen oder Rechten. Bei Verwertungsreife ist der Gläubiger zur sofortigen Verwertung des Gegenstandes berechtigt. Das Pfandrecht kann aufgrund eines Gesetzes oder eines Vertrages[71] bestehen.
Sicherungsübereignung	§§ 929, 930 BGB, keine vollständige Regelung	Übereignung einer beweglichen Sache oder eines Rechtes an die Bank mit gleichzeitiger Vereinbarung, daß der bisherige Inhaber die Sache oder das Recht weiterhin besitzen und verwerten darf.
Forderungszession	§§ 398ff., 433 BGB	Stille oder offene Vollrechts- oder Sicherungsabtretung zur Absicherung der Bank gegen einen Forderungsausfall aus dem Kredit. Bei ständig variierender Abtretung und Ersetzung wird ein Mantelzessionsvertrag vereinbart.
Grundpfandrechte Grundschuld, Hypothek, Rentenschuld	§§ 1113ff., 1163, WEG; ErbbauRVO	Eintragung grundbuchfähiger Rechte (Grundschuld, Hypothek) in bestimmter Höhe auf einem im fremden Eigentum oder Erbbaurecht stehenden Grundstück

162 Eine sachgerechte Bewertung der Sicherheiten ist erforderlich, damit die Bank klären kann, bis zu welcher Höchstgrenze (Beleihungswert) sie für die Hereingabe solcher Sicherheiten Kredit gewährt. Bei der Bewertung spielen alle Merkmale der jeweiligen Sicherheit eine Rolle, z. B. die Bonität eines Bürgen, die Ausfallrisiken bei einer zedierten Forderung und die Zeitspanne, innerhalb der ein Pfandrecht beispielsweise an einem Wertpapierdepot realisiert werden kann. Bei verpfändeten Bankguthaben und Wertpapierdepots kann man in der Regel von erstklassigen Sicherheiten ausgehen, bei sonstigen Sicherheiten hängt die Realisierbarkeit häufig auch mit der allgemeinen wirtschaftlichen Lage und der Ausgestaltung der jeweiligen Sicherheitenvereinbarung ab.

[71] Z. B. Nr. 19 AGB-Banken oder Nr. 21, 22 AGB-Sparkassen.

Einen Anhaltspunkt für die Einhaltung von üblichen Beleihungsgrenzen geben folgende Kriterien: 163

Sicherheit	Bewertungsgrenze	Maßnahmen zur Bewertung
Bürgschaft	50–70% der Bürgschaftssumme	Angaben über die wirtschaftliche Lage des Bürgen, Vermögens- und Einkommensauskünfte, evtl. Bilanzen, Steuererklärungen
Garantie	80–100% der Garantiesumme	Angaben über die wirtschaftliche Lage des Bürgen, Vermögens- und Einkommensauskünfte, evtl. Bilanzen, Steuererklärungen
Pfandrecht	10–70% des Marktwertes	Wertgutachten oder Einschätzung durch die Bank; bei Bankguthaben im eigenen Haus bis zu 100%, bei Depotwerten der Tageskurs abzgl. 10–20%;
Sicherungsübereignung	50–70% des Nominalwertes	Wertgutachten, bei Neuwert Kaufpreisunterlagen
Forderungszession	0–90%	Bewertung nach Branchen und Schuldnerbonität; z. T. auch nach sonstigen Sicherungen; Forderungen gegen ausländische Schuldner sind regelmäßig mit 0% zu bewerten, da Beitreibbarkeit unsicher
Grundpfandrechte Grundschuld, Hypothek, Rentenschuld	60–100%	gesetzliche Deckungsgrenze gem. §§ 11, 12 HypBankG; Wertgutachten der Bank oder von Sachverständigen; Kaufpreis, Investitionsvolumen; nachrangige Kredite dürfen für weitere 40% des Sicherheitenwertes ausgegeben werden

Weicht die Bank ohne erkennbaren sachlichen Grund von solchen oder bankintern vergleichbaren Ansätzen ab, dann besteht Anlaß zu genauerer Prüfung, warum und auf wessen Anordnung das geschehen ist. Dahinter steckt nicht selten ein doloses Verhalten des Bankmitarbeiters.

3. Irreführende Kreditanpreisung

164 Zum seinem Schutz muß der Kreditnehmer bereits in der Werbung bzw. den Geschäftsräumen über die Kreditbedingungen, Kreditkosten und Belastungen umfassend aufgeklärt werden. Nach § 4 PAngV ist für alle Kredite der tatsächliche Effektivzins anzugeben. Die Nichtangabe kann mit einem Bußgeld geahndet werden (§ 8 PAngV i.V. m. § 3 WiStG). Wird – was z. B. bei Kaffeefahrten[72] häufiger vorkommt – bestimmte Ware verkauft und der Kaufpreis finanziert, so kann bei falscher Angabe der tatsächlichen Effektivverzinsung ein Verstoß vorliegen. Hat der Veranstalter, der in einem solchen Fall auch als Vermittler des Finanzierungsinstitutes auftritt, für die Finanzierungsvermittlung keine Reisegewerbekarte, liegt ein Verstoß gegen §§ 55, 56 GewO, der zur Nichtigkeit der Finanzierung, seit der Einführung des HtWiG zumindest zur schwebenden Unwirksamkeit des Geschäftes führt. Bei beharrlichen Verstößen gegen die Gewerbeerlaubnis kann auch eine Straftat im Sinne von §§ 148 Nr. 1 GewO i.V. m. § 145 Abs. 1 Nr. 1 GewO angenommen werden.

4. Wucherischer Kredit

165 Kreditwucher ist ein in der strafrechtlichen Praxis selten gewordenes Delikt. Die Zinssenkungen der letzten Jahre und die Bereitschaft der Banken, mit keinen oder geringfügigen Personalsicherheiten schon zinsgünstige Kredite zu gewähren, haben den „Kredit-

[72] Vgl. Kapitel „Strafbare Werbung“ Rn. 33ff.

haien" das Leben schwergemacht. Die Interessenlage des Kunden besteht darin, möglichst schnell liquide Mittel zu erhalten. Da in der Regel sein Reservoir an Sicherheiten ausgeschöpft ist und auch sein laufendes Einkommen nicht mehr bei wirtschaftlicher Betrachtung ausreicht, um regelmäßige Kreditraten zu zahlen, erhält er von einer Universalbank keinen Kredit (mehr). Manchmal haben solche Personen auch negative Schufa-Auskünfte und werden deshalb nicht mehr als kreditwürdig angesehen. In solchen Lagen wenden sie sich an Finanzvermittler und Kleinbanken, die keine Sicherheiten verlangen, dafür aber Zinsen und Kosten, die weit über dem üblichen Zinsniveau der Universalbanken oder der Deutschen Bundesbank liegen. Gerade in Zeiten extremer Niedrigzinsphasen (Realkredite bei ca. 5%, Personalkredite bei ca. 10%), fallen Effektivverzinsungen über 20% extrem auf und berechtigen zu Überlegungen, ob und in welchem Umfang ein Kredit wucherisch überhöht ist.[73]

166 Kreditwucher im Sinne des § 291 Abs. 1 Nr. 2 StGB ist angenommen worden, wenn eine Bank sich angesichts aller Umstände des Einzelfalls einen Preis- oder Zinsvorteil versprechen läßt, der einer Effektivverzinsung von über 30% p. a. entspricht[74]. Dabei müssen alle Umstände des Geldmarktes, der Gestehungskosten, der persönlichen Verhältnisse des Kreditnehmers, das Risiko des Geldgebers und evtl. noch gestellte Sicherheiten in die Beurteilung einbezogen werden. Sollte das allgemeine Zinsniveau steigen, so wird man als Faustregel den gegenüber dem allgemeinen Zinsniveau verdoppelten Effektivzins als wucherisch ansehen können.

5. Kreditanzeigen und Bewilligungsgrenzen

167 Die 6. KWG-Novelle hat nicht nur den Kreditbegriff erheblich erweitert, sondern auch die Kreditanzeigepflichten neu geordnet. Insbesondere die zahlreichen unmittelbaren und mittelbaren Unternehmensbeteiligungen sollen überschaubarer sein, auch die Finanzierungen von Wirtschaftsunternehmen bei Nichtbanken sollen überblickt werden können. Anzeigenpflichtig sind nach dem KWG folgende Einzel-Kreditengagements, denen der Kreditbegriff des § 19 KWG zugrunde liegt, durch alle Kreditinstitute, Finanzdienstleister und Finanzunternehmen:

Kreditart	Anzeige bis 1998	Anzeige ab 1999
Großkredite, § 13 KWG	Alle Kredite, die 15% des haftenden Eigenkapitals der Bank übersteigen	Alle Kredite, die 10% des haftenden Eigenkapitals übersteigen
Millionenkredite § 14 Abs. 1 KWG, GroMiKV	Verschuldung der letzten drei Monate vor dem Anzeigentermin ab 3 Mio. DM	Verschuldung der letzten drei Monate vor dem Anzeigentermin ab 3 Mio. DM
Organkredite, § 15 KWG	Kredite über 250000 DM an eine natürliche Person, bei Krediten an verbundene Unternehmen zusätzlich erst bei Überschreitung von 5% des haftenden Eigenkapitals.	Entfällt

168 Die Bewilligungsgrenze für das Gesamtvolumen der Großkredite (im Sinne von § 19 KWG) liegt nunmehr bei dem Achtfachen des haftenden Eigenkapitals. Maßgebend sind die tatsächlich in Anspruch genommenen Mittel, nicht die bewilligten. Allerdings müssen bei der Bewilligung alle Geschäftsleiter bzw. Vorstände einstimmig votieren. Organkredite müssen von allen Mitgliedern der Geschäftsleitung und von dem Aufsichtsorgan bewilligt werden.

---

[73] RGSt 3, 220 hielt 20% p. a. bei einem 3-Wochen-Kredit noch nicht für einen Wucher.
[74] StA Stuttgart, JR 1980, 161; *Nack/Wiese*, wistra 1982, 135;.

Der einzelne Großkredit darf bis 1998 bei 40% des haftenden Eigenkapitals liegen (§ 13 Abs. 4 i.V. m. 64d KWG), bei bestimmten Konzernkrediten nur 30%. Die Grenzen verringern sich ab 1999 auf 25% bzw. 20%. Für Altkredite gilt eine Übergangsregelung bis zum Jahr 2001. Eine Überschreitung der Grenzen ist nur mit der Zustimmung des BAK möglich. Ansonsten stellt das Überschreiten eine Ordnungswidrigkeit i. S. v. § 56 Abs. 1 Nr. 6 KWG dar. 169

Ausnahmen von §§ 13, 14 KWG regelt § 20, Ausnahmen von §§ 15 bis 18 KWG regelt § 21 KWG. 170

II. Manipulationen zur Erlangung eines Kredites

Erschleicht sich ein Kreditnehmer bei seiner Bank durch unrichtige Angaben über seine Vermögensverhältnisse, seine zukünftige Zahlungsfähigkeit oder die angebotenen Kreditsicherheiten einen Kredit oder dessen Erhöhung oder Verlängerung, so täuscht er im Sinne eines Betrugs oder Kreditbetrugs, §§ 263, 265b StGB. 171

1. Der Erstkredit

a) Informationsquellen der Banken

Die Bank verlangt von einem Kreditbewerber, der bei ihr schriftlich oder mündlich einen Kredit beantragt, Auskünfte über dessen Einkommen und Vermögen, eventuelle Sicherheiten und nicht selten auch eine Erwartungsprognose (Budget) auf die zukünftige Ertragslage. Vorausgesetzt, der Interessent ist kreditfähig, wird die Bank sodann in eine Kreditwürdigkeitsprüfung eintreten. Das sind alle Untersuchungen über die wirtschaftliche Fähigkeit eines Kreditnehmers, den zukünftigen Vereinbarungen entsprechende Zins- und Tilgungsleistungen erbringen zu können. 172

Folgende Quellinformationen werden bei Krediten ab DM 100000 von Banken regelmäßig abgefragt:

- bei Unternehmen und Selbständigen die (testierten) Bilanzen und Steuerbescheide der letzten drei Jahre;
- bei Angestellten die Lohn- und Gehaltsbescheinigungen der letzten 12 Monate, ebenso die jeweils letzten Steuerbescheide;
- eventuelle Bescheinigungen des Steuerberaters oder Wirtschaftsprüfers über ein Budget;
- Bewertungsgutachten für Grundstücke, Gebäude und Gegenstände des Anlagevermögens;
- Listen über Waren, Vorräte, Lager, Büroeinrichtung, Maschinen, Forderungen;
- Schufa-Informationen;
- Mitteilungen der Bundesbank nach §§ 13, 14 KWG;
- Auskünfte von Wirtschaftsdetekteien, Auskunfteien, öffentlichen Registern.

Die Bank wertet solche Informationen in Stabsabteilungen aus, Bilanzen werden einer sog. Bilanzanalyse unterzogen. Diese gibt Kennzahlen für die Wirtschaftskraft des Unternehmens ab. Weiter berücksichtigt die Bank Branchenerfahren. Entwickelt sich beispielsweise ein Unternehmen der Baubranche ausschließlich positiv, obwohl die Konkurrenz hohe Verluste ausweist, muß eine genauere Untersuchung der Bilanz und der Geschäftslage des Kunden erfolgen. 173

Diese Unterlagen und Auswertungen der Banken sind auch die bei den Ermittlungen auszuwertenden Grundlagen. Sie enthalten Hinweise auf das Wissen der Bank zu bestimmten Zeitpunkten, beispielsweise das Wissen über Bilanzmanipulationen. Bei Durchsuchungen muß darauf geachtet werden, daß derartige Auswertungen und die bankinternen Notizen über kritische Anmerkungen ebenfalls sichergestellt werden, weil sich nur daraus erschließen läßt, ob die Bank den eigenen Sorgfaltsverpflichtungen nach- 174 gekommen ist. Wenn die Bank den Widersprüchen, die sich in Auskünften der Bundesbank, den Auskunfteien und den Angaben des Kunden nicht nachgeht oder pauschale Erklärungen akzeptiert, spricht das für ein erheblich unsorgfältiges, leichtfertiges Bankenverhalten. Bei einem solchen Kreditengagement ist mit hoher Wahrscheinlichkeit der Risikoaspekt sträflich vernachlässigt worden.

b) Falsche Angaben

175 Bei Antragstellung oder im Zusammenhang mit der Kreditbewilligung macht jeder Kreditnehmer Angaben über seine wirtschaftlichen Verhältnisse. Wer die Zahlen seines Betriebes oder Unternehmens schönt, erfindet oder fälscht, unrichtige Angaben in Bilanzen, Gewinn- und Verlustrechnungen, Vermögensübersichten oder Gutachten oder sonst mündlich oder schriftlich macht oder wer wesentliche Veränderungen/Verschlechterungen seiner Verhältnisse verschweigt, macht sich bereits nach § 265b StGB strafbar.

176 Für die Betrugsstrafbarkeit gilt, daß der Kreditnehmer ausdrücklich oder stillschweigend zur Verdeutlichung seiner Kreditwürdigkeit zusichert, daß er aufgrund der gegenwärtigen Beurteilung seiner finanziellen Situation das Darlehen und die vereinbarten Zinsen bei Fälligkeit ordnungsgemäß zurückzahlen werde.[75] Der Verzinsungsanspruch ist zunächst Teil des Anspruches auf Zahlung von Kreditraten und damit Teilen des Erfüllungsanspruches. Da der Verzinsungsanspruch mit der Kreditkündigung entfällt und die Bank danach auf den Verzugszins angewiesen ist, gehören nur vertraglich vereinbarte und spätestens mit der Kündigung des Kredites angefallene Zinsen zum Rückzahlungsanspruch, der durch § 263 StGB geschützt ist. Täuschungshandlungen über seine persönlichen Verhältnisse können auch Angaben über die berufliche Qualifikation sein.

Gegenstand der Täuschung können aber nur solche Angaben sein, die für die Kreditentscheidung von Bedeutung sind. Um die Ursächlichkeit der Täuschung für die Kreditgewährung feststellen zu können, muß der Kriminalbeamte oder Staatsanwalt nicht nur den Bankbeamten als Zeugen vernehmen, sondern alle sich auf die Kreditgewährung beziehenden Unterlagen der Bank, hierzu gehören auch die Kredithandakten, sicherstellen und auswerten.

c) Schaden

177 Bei der Prüfung des (endgültig) verursachten Schadens ist die Vermögenslage der Bank vor und nach Bewilligung **und** Auszahlung des Kredits zu beurteilen. Festzustellen ist, ob der Auszahlung des Darlehens ein gleichwertiger Rückzahlungsanspruch gegenübersteht[76] oder vollwertige Sicherheiten vorhanden sind.[77] An der Gleichwertigkeit fehlt es, wenn die gegen den Darlehensnehmer gerichteten Rückzahlungsansprüche der Bank nicht dem hingegebenen Darlehen einschließlich der Zinslast entsprechen. Bei der Beurteilung des Schadens spielen selbstverständlich die hingegebenen Sicherheiten, deren Werthaltigkeit und ihre alsbaldige Verwertbarkeit eine entscheidende Rolle. Kreditsicherheiten sind alle unter I.2. aufgezählten Arten. Deren Werthaltigkeit im Zeitpunkt des Schadenseintrittes kann in der Praxis oft nur durch Einholung von Sachverständigengutachten geprüft werden. Wird die teilweise Wertlosigkeit einer Sicherheit durch andere höherwertige Sicherheiten ausgeglichen, kann der Schaden entfallen. Sicherheiten sind aber nur dann ein gleichwertiges Äquivalent, wenn sie den Kreditbetrag voll decken und ohne finanziellen und zeitlichen Aufwand, namentlich ohne Mitwirkung des Schuldners und ohne Gefährdung durch ihn, sofort nach Fälligkeit verwertet werden können.[78]

---

[75] *Lackner*, StGB, 21. Auflage, § 263 Rn. 9; *Tröndle*, StGB, 48. Auflage, § 263 Rn. 6a; BGH MDR/H 91, 105 (Scheckkartenvertrag), BGH NJW 1954, 1414.

[76] BGH wistra 1994, 1ff.

[77] BGH wistra 1995, 222.

[78] BGH wistra 1995, 28ff.

2. Verhalten während der Laufzeit eines Kredites

Eine Offenbarungspflicht für negative Veränderungen der Wirtschaftslage, der bilanziellen Verhältnisse oder der Werthaltigkeit einer Kreditsicherheit aus § 265b Abs. 1 StGB ergibt sich nur im Zusammenhang mit dem „Antrag auf Gewährung, Belassung oder Veränderung der Bedingungen eines Kredites für einen Betrieb oder ein Unternehmen". 178

Weitere Offenbarungspflichten können sich im Einzelfall aus dem Vertragsverhältnis ergeben. Grundsätzlich wird in den Kreditbedingungen vereinbart, daß der Kreditnehmer jede Verschlechterung seiner Vermögenslage oder der Werthaltigkeit der Sicherheiten unverzüglich dem Kreditgeber mitzuteilen habe. Eine sich aus Treu und Glauben ergebende Verpflichtung zur Offenbarung ist nicht ohne weiteres zu bejahen.[79] Verletzt der Schuldner diese Pflichten, muß der Staatsanwalt trotzdem immer prüfen, ob und in welchem Umfang bei rechtzeitiger Offenbarung der Schadenseintritt verhindert worden wäre. Kommt er zu dem Ergebnis, daß der Kreditgeber mit seiner Forderung bereits ausgefallen wäre, wenn der Schuldner seine wahren Verhältnisse rechtzeitig offenbart hätte, ist durch das Unterlassen einer Mitteilung kein besonderer Schaden eingetreten. 179

3. Kreditverlängerung oder -erhöhung

Bei der Verlängerung oder der Erhöhung eines Kredites gelten die gleichen Grundsätze wie bei der Krediterlangung. Jede Prolongationsentscheidung und jede Erhöhungsentscheidung stellt eine neue Verfügung über den Kredit dar. Allerdings muß zwischen der bankinternen mindestens einmal jährlich durchgeführten Kreditbeobachtung und einer mit dem Kunden vereinbarten Neuentscheidung unterschieden werden. Eine allgemeine Kreditbeobachtung, die ohne Beteiligung des Kunden durchgeführt wird und lediglich zur internen Bestätigung des Kreditverhältnisses führt, stellt keine Verfügung im Sinne des Betrugstatbestandes dar. Nur die mit Beteiligung des Kunden (durch Gespräche, Auskünfte, Bilanzneubewertungen, evtl. mit neuen Sicherungsvereinbarungen) durchgeführte Prolongation stellt eine strafrechtlich relevante Verfügung über das Bankvermögen dar. 180

Probleme können aber dann entstehen, wenn der Bankbedienstete, ohne die Ergänzung der Sicherheiten zu fordern, stillschweigend eine Überziehung des Kreditrahmens zuläßt. Hier ist zu prüfen, ob der Schuldner durch Täuschung die Krediterweiterung oder Aufrechterhaltung des Kredites erlangt hat. Fordert das Kreditinstitut für den bereits ausgereichten oder erhöhten Kredit erstmals oder weitere Sicherheiten, dann reicht der meist schon in erheblichen Schwierigkeiten befindliche Täter wertlose Sicherheiten, z. B. fingierte Zessionen, ein. **Wurden bei einem bereits ausgereichten Kredit Sicherheiten nachträglich von der Bank gefordert, so liegt ein Betrugsschaden nur dann vor, wenn die Bank zum Zeitpunkt ihrer Vermögensverfügung (= Belassung des Darlehens aufgrund der Sicherheitshingabe) die Darlehensrückzahlung noch hätte erreichen können.** 181

Bei einem variablen Kontokorrentkredit stellt sich die Frage, ob die Vermögensverfügung der Bank in der Einräumung des Verfügungsrahmens oder in der einzelnen Kontobelastung zu sehen ist. Je nach Lösung liegen eine Betrugstat oder ggf. mehrere hundert Taten vor. Im Einzelfall wird sich der tatsächlich entstandene Schaden durch das ständige Schwanken der Kontostände und die oft nur schwer zu treffenden Feststellungen zu den einzelnen Vermögensverfügungen nicht oder nur schwer ermitteln lassen. 182
Der Staatsanwalt wird hier zu prüfen haben, ob es nicht ausreichend ist, wegen des Vorwurfes des Kreditbetruges nach § 265b StGB zu ermitteln, bevor Ermittlungskapazitäten der Polizei unnötig gebunden werden. Deswegen ist auch hier wie meist bei Wirtschafts- 183

[79] BGH StV 1984, 511.

straftaten eine enge Abstimmung zwischen Kriminalbeamten und Staatsanwalt unerläßlich.

184 Bei der Schadensberechnung ist darauf zu achten, daß die tatsächlichen Inanspruchnahmen der bisher eingeräumten Kreditlinie strafrechtlich nicht zu einem neuen Schaden führen. Der Ermittler muß daher die einzelnen Kontostände im Zeitpunkt einer Kreditverlängerung oder einer Krediterhöhung feststellen und von dem nominal eingeräumten Kreditrahmen abziehen.

III. Mißbräuchliche Kreditgewährung

1. Motivlage von Bankenmitarbeitern

185 Der Wettbewerb zwischen den Banken im Bereich der Europäischen Union wird immer schärfer. Die Geschäftsleitungen der Kreditinstitute schrauben ihre Erfolgserwartungen höher. Während zu Beginn und Mitte der 90er Jahre wesentliche Zielsetzung die Umsatzausweitung war, soll nunmehr eine gewisse Konsolidierungsphase einsetzen. Dies ist insbesondere nach der Hochfinanzierungsphase in den neuen Bundesländern dringend geboten. Dennoch soll die Ertragskraft der Bank erhöht, zumindest aber stabilisiert werden. Dem Erwartungsdruck nach Umsatzausweitung sieht sich jeder Filialleiter bzw. Vorstand einer Bank ausgesetzt. Eine Erhöhung des Bilanzvolumens läßt sich aber in der Regel nur durch eine Erweiterung der Bilanzaktiva und damit des Kreditumfanges verwirklichen. Die Prüfung der Kreditwürdigkeit und die Beachtung der Beleihungsgrenzen werden hierdurch häufig in den Hintergrund gedrängt. Die Bereitschaft für riskante Kreditengagements ist immer wieder festzustellen. Hierbei wird das Sicherungsinteresse der Banken verletzt.

186 Durch Buchungsmanipulationen, unterlassene oder falsche Meldungen und Mißachtung von Anzeigepflichten nach dem Kreditwesengesetz werden bankaufsichtsrechtliche Maßnahmen durch das Bundesaufsichtsamt für das Kreditwesen verhindert. In der Vergangenheit wurde bei derartigen Fällen regelmäßig die Aufklärung dieser strafbaren Manipulationen durch die Leitung der Bank (z. B. Vorstand und Aufsichtsrat, Verwaltungsrat oder Gesellschafter) zugunsten der Imagepflege des eigenen Unternehmens unterlassen. Der Staatsanwaltschaft werden in der Regel nur jene spektakulären Fälle bekannt, durch die entweder das jeweilige Kreditinstitut in der Substanz getroffen und dem Zusammenbruch nahegebracht wird oder die über Massenmedien in die Öffentlichkeit gedrungen sind. Alle übrigen Mißbräuche werden entweder durch vertrauliche Hinweise oder anläßlich der Bearbeitung von Insolvenzverfahren aufgedeckt. Aber auch hier übersehen viele Ermittlungsbehörden in Unkenntnis der bankbezogenen Schutzbestimmungen die treuwidrigen Handlungen der Kreditsachbearbeiter, Filialleiter oder Vorstände.

2. Kompetenzregelungen für die Kreditvergabe

187 Unbeschadet der im Kreditwesengesetz, Genossenschaftsgesetz bzw. im Sparkassengesetz oder in der Sparkassenordnung der jeweiligen Bundesländer zum Schutz der Wirtschaft und der Sparer festgelegten Pflichten wurden im gesamten Kreditgewerbe hausinterne Kompetenzregelungen getroffen, durch die die Befugnisse und Aufgaben der für die Vergabe und Überwachung von Krediten verantwortlichen Sachbearbeiter oder Vorstände festgelegt sind. Die einzelnen Kompetenzen liegen immer unter den durch die vorbezeichneten Gesetze abgesteckten Rahmen. Die Verantwortlichen der Sparkassen haben die durch den Gewährsträger erlassene und durch die Aufsichtsbehörde genehmigte Satzung, die Vorstände der Genossenschaftsbanken (z. B. Raiffeisenbanken, Volksbanken) die durch die Generalversammlung beschlossene Satzung und die Filialleiter der Privatbanken (Aktiengesellschaften, GmbH, Personengesellschaften) die vom Vorstand, dem

Aufsichtsrat, den verschiedentlich geschaffenen Kreditausschüssen des Vorstandes, des Aufsichtsrates oder den Inhabern des Bankgeschäfts angeordneten Beschränkungen zu beachten.

Die Auswertung dieser Kompetenzregelungen bildet die erste Grundlage für die Aufhellung einer Untreue des einzelnen Bankmitarbeiters bis hin zum Bankvorstand. Die für den Außenstehenden unbekannten und zu seiner Kenntnis auch nicht bestimmten Vergabebeschränkungen sind grundsätzlich schriftlich niedergelegt und deshalb bei einschlägigen Ermittlungen neben den speziellen Kreditakten zu beschlagnahmen und auszuwerten. Die Kreditkompetenzen sind abgestuft. Sie richten sich nach der Bedeutung der Hauptstelle, Abteilung oder Filiale, nach der Berufserfahrung und dem von dem einzelnen Kreditsachbearbeiter, Abteilungsleiter oder Vorstand erzielten Geschäftserfolg. Der Neuling muß sich auch in dieser Branche erst die Sporen verdienen. Wurden hingegen einem langjährigen Sachbearbeiter Beschränkungen auferlegt, so ist dies bereits ein Hinweis darauf, daß er bislang Entscheidungen mutmaßlich nicht mit der Anordnung der Geschäftsleitung in Einklang gebracht hatte. Neben diesen Kompetenzregelungen und Beschränkungen sind bei Ermittlungen auch die sich aus der persönlichen Kreditwürdigkeit des Bankkunden abgeleiteten Grenzen und Beschränkungen bezüglich der Kredithöhe zu beachten. Diese Einzelhöchstkreditgrenzen sind in den Protokollen des Verwaltungsrats, des jeweiligen Aufsichtsrats oder in den Genehmigungsschreiben des Vorstands oder des Bankiers zu finden. Mindestens eine aktuelle Regelung der Kompetenzvergaben muß sich auch in der Abteilung „Interne Revision" oder in der Stabsabteilung „Kreditsekretariat" befinden. 188

Beispiel für bankinterne Beschränkungen:
a) Auszug aus der Satzung einer Genossenschaftsbank:
Der Vorstand leitet die Genossenschaft in eigener Verantwortung. Zwei Vorstände können für die Genossenschaft zeichnen und Erklärungen abgeben (gesetzliche Vertretung)... Der Vorstand ist verpflichtet, im Einvernehmen mit dem Aufsichtsrat eine Geschäftsordnung aufzustellen... Der Vorstand hat dem Aufsichtsrat mindestens vierteljährlich, auf Verlangen auch in kürzeren Zeitabständen, über die geschäftliche Entwicklung der Genossenschaft und über die Unternehmensplanung zu berichten... Kredite an Mitglieder des Vorstands (Organkredite) sowie an andere Personen im Sinne des § 15 KWG bedürfen der einstimmigen Beschlußfassung des Vorstands und der ausdrücklichen Zustimmung des Aufsichtsrates... Der Aufsichtsrat hat die Geschäftsführung des Vorstandes zu überwachen... Nach Ablauf des Geschäftsjahres hat der Vorstand den Jahresabschluß aufzustellen und ihn zusammen mit dem Geschäftsbericht dem Aufsichtsrat und wiederum mit dessen Bericht der Generalversammlung vorzulegen.
b) Auszug aus der Geschäftsordnung des Vorstandes der Genossenschaftsbank:
Geschäftsleitung:
Der Vorstand leitet die Bank in eigener Verantwortung gemäß den Vorschriften der Gesetze, insbesondere des Genossenschaftsgesetzes und des Gesetzes über das Kreditwesen, der Satzung und dieser Geschäftsordnung.
Gesamtverantwortung:
Die Vorstandsmitglieder sind zu vertrauensvoller Zusammenarbeit verpflichtet. Sie tragen in ihrer Gesamtheit die Verantwortung für die Leitung der Bank.
Sorgfaltspflicht und Haftung:
Die Vorstandsmitglieder haben bei der Leitung der Bank die Sorgfalt eines ordentlichen und gewissenhaften Geschäftsleiters einer Kreditgenossenschaft anzuwenden. Vorstandsmitglieder, die ihre Pflichten verletzen, sind im Rahmen des § 34 GenG zum Ersatz des daraus entstehenden Schadens als Gesamtschuldner verpflichtet.
Zusammenarbeit mit dem Aufsichtsrat:
Der Vorstand hat dem Aufsichtsrat, seinen Ausschüssen oder Beauftragten die in der Satzung vorgesehenen Berichte, Nachweise und Auskünfte zu geben...
Rechnungswesen und Kontrollen:
Der Vorstand hat für ein ordnungsgemäßes und zweckdienliches Rechnungswesen... und für Aufbewahrung und Sicherung aller Unterlagen des Rechnungswesens zu sorgen... Durch laufende Bestandskontrollen hat er die Bank vor Verlust aller Art zu schützen...

Kreditgeschäft:
Der Vorstand führt das Kreditgeschäft der Bank in eigener Verantwortung; der Aufsichtsrat hat ihn hierbei zu überwachen... Kredite an einen Kreditnehmer, die mehr als 10% der jeweils von der Generalversammlung beschlossenen allgemeinen Kredithöchstgrenze ausmachen, bedürfen der vorherigen Zustimmung des Aufsichtsrates... Alle Kredite, die der Vorstand in Eigenkompetenz gewährt, sind nachträglich dem Aufsichtsrat zur Kenntnis zu bringen... Für den Begriff „Kredit" gilt § 19 Abs. 1 KWG... Sämtliche Forderungen aus verschiedenen Kreditarten an einen Kreditnehmer im Sinne von § 19 Abs. 2 KWG gelten als ein Kredit...
Zusammenarbeit mit dem Prüfungsverband:
Der Vorstand hat sich um eine enge und vertrauensvolle Zusammenarbeit mit dem Prüfungsverband zu bemühen.
Anerkennung der Geschäftsordnung:
Jedes Vorstandsmitglied hat diese Geschäftsordnung durch Unterschrift anzuerkennen. Die unterzeichnete Ausfertigung ist bei der Bank aufzubewahren.

3. Überprüfung der Kompetenzverletzung

189 **Beispiel:**
a) Haftendes Eigenkapital der Volksbank: 35 Millionen DM. Dieses wird aus der Bilanz festgestellt.
b) Beschränkungen der Kredithöhe durch Generalversammlungen gem. § 49 GenG = 13 Millionen DM.
c) Eigenkompetenz des Vorstands aufgrund Satzung i.V.m. Geschäftsordnung: bis zu 10% der gem. § 49 GenG beschlossenen allgemeinen Kreditgrenze = 1400000 DM.
d) Dem Schuldner wurden aber durch den Vorstand ein Kontokorrentkredit in Höhe von 2850000 DM, ein Wechselobligo in Höhe von 450000 DM, ein langfristig grundpfandrechtlich gesicherter Kredit in Höhe von 800000 DM, somit ein Gesamtkredit gem. § 19 KWG in einer Höhe von 4,1 Millionen DM gewährt.

Damit hat der Vorstand seine Befugnisse objektiv um nahezu das 3fache überschritten. Soweit Kompetenzregelungen eine kurzfristige, jedoch meldepflichtige 10%ige Kreditüberschreitung ermöglichen, ist bei der vorerwähnten Kredithöhe auch dieser Rahmen absolut gesprengt. Die Krediteinräumung beinhaltet nur dann keine Pflichtverletzung, wenn die Genehmigung des Aufsichtsrates vorlag (bei Sparkassen die Genehmigung des Verwaltungsrates, bei den übrigen Banken die Genehmigung der Geschäftsleitung). Eine Klärung dieser Frage ermöglichen nur die Beschlüsse der vorbezeichneten Aufsichtsgremien, die grundsätzlich in schriftlicher Form vorliegen.

In dem Beispielsfall ergeben die Unterlagen (Aufsichtsratsbeschlüsse) hinsichtlich der Kreditgewährung folgendes:

„Bislang genehmigt:
600000 DM Kontokorrentkredit
220000 DM Wechselkredit, wobei die angekauften Wechsel jeweils zu 50% angerechnet werden
190000 DM langfristiges Darlehen – grundpfandrechtlich zu sichern mit 210000 DM.

Der Vorstand trägt vor, daß aufgrund von Geschäftsausweitung das Kreditlimit nicht ausreiche, wodurch kurzfristige Überziehungen notwendig geworden seien. Der Vorstand schlägt vor, die Kreditregelung wie folgt zu treffen:
800000 DM Kontokorrentkredit
250000 DM Wechselkredit
190000 DM langfristiges Darlehen, gesichert wie bislang.

Somit Bar- und Wechselkredit in einer Gesamthöhe von 1240000 DM. Nach eingehender Beratung genehmigt der Aufsichtsrat die beantragten Kredite in der vorgeschlagenen Höhe.

Folgerung:
Der Aufsichtsrat wurde durch den Vorstand über die tatsächliche Höhe der ausgereichten Kredite von 4100000 DM nicht unterrichtet. Damit besteht der Verdacht von Untreuehandlungen, die nach den Umständen nur durch Buchungsmanipulationen oder durch fingierte Darlehensnehmer verschleiert worden sein können.

4. Verschleierungshandlungen

Vielfach übersehen Staatsanwälte und Kriminalbeamte, daß sich der Umfang eines Kredits nicht nur aus den Kreditkonten und den vom Kreditnehmer tatsächlich in Anspruch genommenen Geldern, sondern auch aus Garantiezusagen und Bürgschaften ergibt. Für die strafrechtlichen Untersuchungen sollte auf den Kreditbegriff des § 265b Abs. 3 Nr. 2 StGB zurückgegriffen werden. Zusätzlich gibt der nicht deckungsgleiche[80] § 19 KWG Anhaltspunkte dafür, ob sich der Bankenmitarbeiter im Rahmen seiner eigenen Sorgfaltspflicht verhalten und alle Kreditverhältnisse des Kunden in seine Überlegungen einbezogen hat. Mißbräuchliche Finanzierungen durch Bankmitarbeiter kommen häufig auch durch „Kreditleihen" (Bankgarantien, Bürgschaften, Akzepte) zustande: 190

a) Garantieerklärung

Nicht selten sind Lieferanten nur dann zur Aufrechterhaltung der Geschäftsverbindung und zur Hereinnahme von Wechseln bereit, wenn die Hausbank des Akzeptanten eine Einlösungsgarantie übernimmt. Erfahrungsgemäß haben aber solche Wechselverpflichtete ihre laufenden Kredite bei der Bank voll ausgeschöpft und teilweise in genehmigter oder nicht genehmigter Weise überzogen. Sie sind daher weder zur Rückführung ihrer Kontostände noch zur Begleichung ihrer Warenschulden wirtschaftlich in der Lage. Nicht selten hat der Kreditsachbearbeiter oder Filialleiter die Kreditausweitung nur deshalb ermöglicht, weil er den Überwachungsorganen der Bank die wirtschaftliche Situation, insbesondere die Sicherheiten unrichtig dargestellt hatte. Um sein Fehlverhalten oder auch Untreuehandlungen zu verschleiern, wird er alles daransetzen, dem überschuldeten Kreditnehmer die Fortführung seines Geschäftsbetriebes zu ermöglichen. Die Garantiezusage gegenüber Wechselgläubigern ist hierzu ein geeignetes Mittel. 191

b) Bürgschaft

Aus der Vielgestaltigkeit soll nur auf jene Bürgschaften hingewiesen werden, die Banken mittelbar oder unmittelbar gegenüber der öffentlichen Hand (auch ausländischen Staaten) eingehen. Die Prüfung der Zahlungsfähigkeit und der Kreditwürdigkeit eines Schuldners durch die öffentliche Hand wird mittels der vorbezeichneten Sicherheit (Bürgschaft) vermieden. So fordern z. B. die meisten Staaten im grenzüberschreitenden LKW-Transport-Verkehr ein Carnet de Passage. Der Aussteller dieses Dokuments, bei dem es sich häufig um die bedeutsamen Automobilclubs handelt, übernimmt hierin die Garantie gegenüber der ausländischen Zollverwaltung, daß das Transportfahrzeug wieder ausgeführt und nicht im Einfuhrland zollschädlich belassen wird. Hierfür fordert der Aussteller aber die Bürgschaft der Hausbank des Kaufmannes. Bürgschaften der Hausbank sind üblich und werden gefordert, wenn der Kaufmann Zahlungsaufschub einer bestehenden Zollschuld erreichen will. Die Bürgschaftserklärung ist gegenüber dem zuständigen inländischen Hauptzollamt abzugeben. Sie erleichtert dem Importeur die finanzielle Abwicklung seiner Geschäfte. Auch bei der Vergabe öffentlicher Aufträge werden in bestimmten Fällen Bürgschaften der Hausbanken zur Sicherung der vertragsgemäßen Leistung (z. B. auch Sicherung einer Vertragsstrafe) gefordert. 192

Garantien und Bürgschaften sind auf Avalkonten zu erfassen. Auch diese Konten sind bei Ermittlungen wegen Untreue sicherzustellen und auszuwerten. Oftmals wird die Überschreitung der Kreditgrenze, die Falschmeldung gegenüber der Landeszentralbank oder die Nichtverbuchung ersichtlich.[81]

---

[80] Vgl. Rn. 151 ff.

[81] Zur Risikobürgschaft – Untreue – vgl. BGH wistra 1985, 190.

c) Buchungsmanipulationen

193 Der ungetreue Filialleiter oder Kreditsachbearbeiter wird bestrebt sein, Kreditüberschreitungen nicht offenkundig werden zu lassen. Der primitivste und einfachste Weg eröffnet sich durch Verstöße gegen die Grundsätze ordnungsgemäßer Buchführung. Der Täter löst zwar den vom Kreditnehmer ausgestellten und durch den Gläubiger vorgelegten Wechsel über die jeweilige Landeszentralbank ein, hält die Belastung auf dem Kreditkonto aber so lange zurück, bis neue Gelder angeschafft wurden. Die Wechsel verwahrt er zumeist in seinem Schreibtisch oder einem anderen Behältnis. Der Ermittlungsbeamte erhält hier nur dann einen ordnungsgemäßen Überblick über die jeweilige Kredithöhe, wenn er die eingelösten Papiere zeitlich ordnet und mit den Gegenanschaffungen vergleicht. Hierbei wird er erkennen, daß nicht nur die Kreditlinie überschritten war, sondern kontinuierlich anwuchs.

194 Besteht keine Möglichkeit mehr, durch zeitliche Buchungsverschiebungen einen Ausgleich herbeizuführen, muß der ungetreue Bankbedienstete auf eine Belastung des Kundenkontos völlig verzichten. Er löst den Scheck bzw. die Lastschrift ein, nimmt aber die Belastungsbuchung auf ein „Umgehungskonto" vor oder führt über dieses den Ausgleich herbei. Die Buchungsdifferenzen können u. a. dadurch verdeckt werden, daß fingierte Unterkonten angelegt, Beträge von beachtlichen, nicht bewegten Guthabenkonten anderer Bankkunden auf das Schuldnerkonto vorübergehend umgebucht werden, die Buchungen über bankinterne Sammelkonten geleitet werden oder Scheinkonten für existierende oder nicht vorhandene Personen angelegt werden. Die für diese Geldübertragungen erstellten fingierten Belege werden aber den belasteten Bankkunden nicht zugeleitet, sondern aus dem ordentlichen Geschäftsgang genommen und durch den Täter separat so lange verwahrt, bis eine andere Umbuchung möglich oder die Prüfungsgefahr beendet ist.

195 Die besondere Gefährlichkeit dieser Tathandlung besteht darin, daß dem Aufsichtsrat oder der Geschäftsleitung die Kompetenzüberschreitung, die eingetretenen Verluste und die verfälschte Bilanz verborgen bleiben. Um den Tatbestand des § 266 StGB umfassend aufhellen zu können, müssen auch alle Privaträume des Täters einer eingehenden Durchsuchung unterzogen werden, weil er in der letzten Gefahrensituation auch hier Beweismittel versteckt.

5. Nichtbeachtung der Beleihungsrichtlinien

a) Allgemeines

196 Für das Kreditgewerbe gibt es keine einheitlichen Beleihungsrichtlinien. Vor der Einräumung von Krediten in Höhe von mehr als 500.000 DM[82] hat sich das Kreditinstitut die wirtschaftlichen Verhältnisse des Kunden offenlegen zu lassen (§ 18 S. 1 KWG). Hiervon kann die Bank jedoch gem. § 18 S. 2 KWG dann absehen, wenn dieses Verlangen im Hinblick auf die gestellten Sicherheiten oder die Mitverpflichteten unbegründet wäre, z. B. der Kredit nicht höher als 80% des Beleihungswertes eines Grundstückes ist. Die Gewährung eines Kredits im Rahmen der eingeräumten Kompetenzen kann dennoch eine Pflichtwidrigkeit des Kreditsachbearbeiters oder Filialleiters darstellen, wenn die geforderte Kreditsicherung erkennbar keine ausreichende Befriedigungsmöglichkeit bietet. Dies ist dann der Fall, wenn handelsübliche oder gesetzliche Beleihungsgrenzen mißachtet werden oder wenn die Kreditsicherheiten mit Null bewertet werden, es sich also um Blankokredite handelt.

197 Neben den Personalsicherheiten (verschiedene Arten von Bürgschaften) spielen bei größeren Krediten die Realsicherheiten eine entscheidende Rolle. Hierzu gehören Verpfändung von Wertpapieren, Waren und sonstigen Vermögenswerten, Sicherungsübereignung von beweglichen Sachen, Abtretung von Forderungen und Rechten, Bestellungen

[82] Früher DM 100.000, geändert durch 6. KWG-Novelle.

von Grundschulden und Hypotheken. Dieses Sicherungsbedürfnis findet seinen Niederschlag in Nr. 19 AGB der Banken. Nach Nr. 19 Abs. 1 hat die Bank ihren Kunden gegenüber jederzeit Anspruch auf die Bestellung oder Verstärkung bankmäßiger Sicherheiten für alle Verbindlichkeiten, auch soweit sie bedingt oder befristet sind.

b) Die Beleihungsrichtlinien

Die Mißachtung von Beleihungsrichtlinien ist ein wichtiges Indiz für mißbräuchliches Verhalten des Bankensachbearbeiters.

(1) Bei öffentlich-rechtlichen Kreditinstituten 198

Nach wie vor besteht nach außen ein Wesensunterschied zwischen Banken und Sparkassen. Eines der wesentlichsten inneren Strukturmerkmale der Sparkassen ist der ihnen gesetzlich auferlegte Verzicht auf Gewinnmaximierung. In der Praxis zeigt sich aber, daß Sparkassen Geschäfte abschließen, die den von anderen Kreditinstituten gezogenen Risikogrenzen sehr nahe kommen. Die Sparkassen sind aber weiterhin für die mündelsichere Anlage von Geldern zuständig und sollen der Bevölkerung eine sichere und verzinsliche Anlage von Ersparnissen ermöglichen. Deshalb hat der jeweilige Landesgesetzgeber in Sparkassenordnungen Beleihungsgrundsätze für die Gewährung von Realkrediten aufgestellt. Beleihungsgegenstand können hiernach nur sein: Grundstücke, Erbbaurechte, Wohnungseigentum und Teileigentum, Wohnungserbbaurechte und Teilerbbaurechte. Der Beleihungswert ist unter Beachtung bestimmter Hilfswerte (Ertragswert, Bauwert) durch den Vorstand oder sonstige befugte Personen förmlich festzusetzen. Die Beleihung muß sich unter Berücksichtigung etwaiger im Rang vorgehender Rechte innerhalb der ersten 3/5 des Beleihungswertes halten (Beleihungsgrenze). Die möglichen Ausnahmen spielen in der Praxis keine Rolle. Damit darf das Limit von 60% des Beleihungswertes grundsätzlich nicht überschritten werden.

(2) Bei Hypothekenbanken 199

Für Hypothekenbanken gelten zur Gewährleistung einer störungsfreien Abwicklung des Pfandbriefgeschäftes ähnliche Bestimmungen wie für die Sparkassen (Hypothekenbankgesetz vom 13. Juli 1899 i. d. F. vom 19. Dezember 1990). Die in §§ 11, 12 HypBankG aufgestellten Beleihungsgrenzen sind für das gesamte Kreditwesen von Bedeutung, weil § 20 Abs. 2 Nr. 1 KWG auf sie verweist. Vorsichtige Bankiers und ihre Kreditsachbearbeiter orientieren sich an diesen Sparkassen- und Hypothekenbankbeleihungsrichtlinien und bleiben bei dinglicher Sicherung mit ihrem Kreditrahmen oftmals noch unter vorbezeichneten Beleihungsgrenzen. Dies insbesondere dann, wenn die Ertragskraft des Grundstücks eine sichere Rentabilität oder Deckung nicht gewährleistet. Immer wieder ist aber bei Konkursen festzustellen, daß Sparkassen, Hypothekenbanken und andere Kreditinstitute auch bezüglich ihrer Grundpfandrechte einen außergewöhnlich hohen Ausfall erleiden. Zu prüfen ist daher, ob der Grundstückswert in pflichtwidriger Weise durch die Verantwortlichen der Bank überhöht angesetzt wurde.

(3) Bei unternehmensbezogenen Sicherheiten 200

Unzulässig ist es, ohne gewissenhafte Prüfung der Voraussetzungen und Annahmen einen **imaginären** Betriebsfortführungswert für Real- oder unternehmensbezogene Sicherheiten (Anlagevermögen, immaterielle Werte, Patente etc.) anzusetzen, weil ein imaginärer Fortführungswert im Falle der Liquidation und der damit verbundenen Realisierung der Sicherheiten niemals zu erzielen ist. Allerdings darf eine Sicherheit unter Zugrundelegung einer Going-Concern-Bewertung durchaus noch mit einem realistischen Wert angesetzt werden, auch wenn sich dieser Wert beim Zusammenbruch des Unternehmens nicht mehr realisieren läßt.

Der Kreditsachbearbeiter muß vor der Beleihung prüfen, ob im Falle des Firmenzusammenbruchs überhaupt eine annähernd gleichartige Weiterführung des Unternehmens möglich ist oder ob es schlechthin unter den Hammer kommt. Bei der Prüfung von Untreuehandlungen spielt deshalb die Beurteilung des Zerschlagungswertes eine wichtige 201

Rolle. Diese Überlegungen gelten noch in verstärktem Maße bei der Sicherungsübereignung oder Verpfändung beweglicher Sachen. Das sicherungsnehmende Kreditinstitut wird z. B. bei der Bewertung sicherungsübereigneter Maschinen eine Synthese zwischen dem Einzelveräußerungswert und dem Schrottwert finden müssen.

c) Die Bewertung zedierter Forderungen

202 Forderungen sind nach handelsrechtlichen Vorschriften nach dem Vorsichtsprinzip zu bilanzieren. Jeder Kaufmann wird bei Aufstellung seiner Bilanzen das Ausfallrisiko einer Forderung durch direkte oder indirekte Abschreibung der Forderungen (Wertberichtigung) berücksichtigen, wobei die Höhe des Abschreibungssatzes sich individuell an der Beurteilung der Durchsetzbarkeit der einzelnen Forderung ausrichtet oder sich pauschal durch Werte aus der Insolvenzstatistik der jeweiligen Länder ergeben kann.

203 Werden Forderungen aus Handelsgeschäften verkauft (z. B. im Factoring) oder als Sicherheit an eine Bank abgetreten, muß der Kreditsachbearbeiter diese Forderungen nach ihrem tatsächlichen Wert bewerten. Hat er demgegenüber diese Forderungen zum vollen Nennwert als Sicherheiten behandelt, so liegt eine gravierende Mißachtung der Bewertungsgrundsätze vor. Wurden durch den Kaufmann bereits ausweislich seiner Bilanz z. B. Einzel- oder Pauschalwertberichtigungen in Höhe von 20% eingestellt, so können Zessionen im Rahmen einer bankmäßigen vorsichtigen Wertigkeitsprüfung nicht besser angesetzt werden. Ob ein weiterer Sicherheitsabschlag erforderlich ist, bemißt sich nach der jeweiligen Forderung, der für sie bestehenden Nebenrechte, der Bonität des Forderungsschuldners und der für die Forderung ausgestellten Urkunden.

204 Die Variationsbreite der Verstöße gegen das Sicherungsbedürfnis der Banken ist äußerst groß. Um eine zuverlässige Aussage über die ordnungsgemäße Kreditsicherung und damit über die Kreditwürdigkeit des Gemeinschuldners zu gewinnen, wird in bestimmten Fällen die Einschaltung eines Sachverständigen unbedingt geboten sein, es sei denn, daß bereits aus anderen vorhandenen Beweismitteln ein eklatanter Verstoß gegen die Beleihungs- und Sicherungsgrundsätze ersichtlich ist.

6. Subjektive Tatseite bei Untreuehandlungen

205 Der objektive Nachweis pflichtwidrigen Verhaltens ist im Regelfall nicht schwierig zu führen. Bei Auswertung der beschlagnahmten Unterlagen ergeben sich klare Hinweise für Buchungsmanipulationen, Kompetenzüberschreitungen und eindeutige Verstöße gegen § 18 KWG. Häufig werden aber die Ermittlungen in Verkennung der subjektiven Tatseite bereits im Vorfeld beendet. Die äußerst cleveren Beschuldigten rechtfertigen ihre Handlungen damit, daß sie keinen eigenen Vorteil erlangt und nur mit den besten Absichten für die Bank gehandelt hätten. Jene Fälle, bei denen die Täter offenkundig aus verwerflichem Eigennutz gehandelt haben, können bei dieser Betrachtung ausgeklammert werden. Der eingetretene Endschaden sei weder voraussehbar noch gewollt gewesen und sei ausschließlich auf einen ungünstigen Wirtschaftsverlauf zurückzuführen. Dieses Verteidigungsvorbringen ist aber unbeachtlich. Der BGH[83] führt zur subjektiven Tatseite aus:

> „Erkennt der Leiter einer Bank die jeweilige gegenwärtige Benachteiligung der Bank als mögliche Folge seines Handelns und nimmt er sie dennoch hin in der Hoffnung, daß die ganze Angelegenheit später einmal noch gut ausgehen werde, so handelt er vorsätzlich. Diese Zukunftserwartung steht einem für die jeweilige Gegenwart vorhandenen bedingten Benachteiligungsvorsatz nicht entgegen, sondern betrifft nur die spätere Nachteilsbeseitigung oder Wiedergutmachung."

206 Um nun diese gegenwärtige Benachteiligung der Bank festzustellen, muß der Staatsanwalt bzw. Kriminalbeamte die Entwicklung des Kreditverhältnisses, auch in zeitlichen

[83] BGH NJW 1979, 1512.

Abschnitten, überprüfen und darlegen, ob dem Sicherungsbedürfnis der Bank unter Beachtung der Beleihungsgrundsätze Rechnung getragen wurde. Führt der Vergleich zwischen Kredit und den gegebenen Sicherheiten zu einer Deckungslücke und werden darüber hinaus die oben erwähnten Pflichtwidrigkeiten (insbesondere Kompetenzüberschreitungen, Verstöße gegen § 13ff. KWG und Buchungsmanipulationen) festgestellt, so hat dieser Kreditverantwortliche eine gegenwärtige Benachteiligung der Bank zumindest billigend in Kauf genommen. Wird bei den Ermittlungen noch offenkundig, daß der Täter Kontrollmaßnahmen der Aufsichtsorgane zielgerichtet verhindert oder verschleppt hat, dürfte direkter Vorsatz zu bejahen sein. Wer zu solchen Mitteln greift, bejaht von vornherein den Eintritt der Gefährdung oder des Schadens.[84]

Der BGH hat in seiner Entscheidung vom 5. Juli 1984[85] bei Ausgabe von ungesicherten Krediten bezüglich der Untreue sowohl den Mißbrauchs- als auch den Treubruchtatbestand bejaht.[86] 207

7. Mitteilungen und Anfangsverdacht

Den Strafverfolgungsbehörden wird nur ein verschwindend kleiner Bruchteil der vorbezeichneten Straftaten bekannt, weil die Bank zur Wahrung „ihres guten Rufes" die kriminellen „Interna" Dritten gegenüber abschirmt und die für die Überwachung der Kreditinstitute zuständigen Aufsichtsbehörden keine Mitteilung machen. 208

Die Geheimhaltungsvorschrift des § 9 Abs. 1 S. 1 KWG untersagt grundsätzlich die Weitergabe dienstlich erlangter Informationen für Bedienstete der Deutschen Bundesbank, des Bundesaufsichtsamtes für das Kreditwesen und weitere dort genannte Personen. Ausdrücklich regelt § 9 Abs. 1 S. 3 Nrn. 1–6 aber nunmehr die Befugnis, geheime Informationen an Dritte, insbesondere Ermittlungs- und Strafverfolgungsbehörden weiterzugeben (Nr. 1). Die Empfänger derartiger Informationen unterliegen der gleichen Verschwiegenheit. 209

Eine Mitteilungspflicht besteht für die Bankaufsichtsbehörden nur gem. § 6 Subventionsgesetz. Obwohl die Problematik der Untreuehandlungen im Bankenbereich dem Gesetzgeber bekannt ist, hat er sich auch in der 6. KWG-Novelle nicht zu einer allgemeinen Anzeigepflicht durchringen können. Dies ist zu bedauern, da hinter der Verschwiegenheit der Bankaufsichtsbehörden die falsche Einstellung steht, Banken wären seriöser als andere Großunternehmen. Das ist nicht der Fall. Leider erfährt die Öffentlichkeit erst bei spektakulären Zusammenbrüchen die durch Bankmitarbeiter verursachte Schieflage einzelner Kreditinstitute. Eine außergewöhnlich hohe Dunkelziffer ist nicht zuletzt bei kleinen und mittleren Kreditinstituten, hierbei auch im Bereich von Genossenschaftsbanken, festzustellen. Der aufmerksame Staatsanwalt und Kriminalist wird schon aus Kleinstpressemitteilungen Schlüsse ziehen, die ausgeschiedene Kreditsachbearbeiter,; Filialleiter oder Vorstände betreffen. Grundsätzlich werden Bankbedienstete bei erfolgreichem Wirken mit höheren Kompetenzen ausgestattet und in verantwortungsvollere Positionen berufen. Ein „stilles Ausscheiden" in ein anderes, geringerwertiges Betätigungsfeld ist häufig mit der Zusage der Geschäftsleitung der Bank verbunden, daß eine Strafanzeige nicht erstattet werde. Ergeben sich hierbei aus Konkursverfahren oder sonstigen Insolvenzen Anhaltspunkte dafür, daß dieses vorbezeichnete Kreditinstitut besondere Ausfälle erlitten hat, ist der Verdacht einer Kompetenzüberschreitung oder Pflichtwidrigkeit des früheren Bankbediensteten ausnahmslos gegeben. So mußten 210

---

[84] Vgl. dazu *Armin Nack*, Untreue im Bankbereich durch Vergabe von Großkrediten, in NJW 1980, 1599ff.; *Thomas Hillenkamp*, Risikogeschäft und Untreue, in NStZ 1981, 161ff. und LG Bochum, ZIP 1981, 1064ff.

[85] BGH NJW 1984, 1539ff.

[86] Zu Feststellungen treuewidrigen Verhaltens vgl. BGH, Beschluß vom 11. Juni 1991, wistra 1992, 26.

unter Berücksichtigung dieser Kriterien bei einer Staatsanwaltschaft in zwei Jahren zehn Ermittlungsverfahren eingeleitet werden, die in allen Fällen den Nachweis von Untreuehandlungen in Millionenhöhe ergaben. Der Staatsanwalt muß in diesem Bereich fernmündlichen oder schriftlichen anonymen Anzeigen eine erhöhte Aufmerksamkeit widmen und Kontakte zu Banken und Wirtschaftskreisen zu seiner „Fortbildung" aufrechterhalten. Vertrauliche Hinweise aus diesem Wissenskreis sind niemals Seifenblasen.

211–219 In umgekehrter Richtung hat der Gesetzgeber Mitteilungspflichten in § 60a Abs. 1 KWG normiert und in § 60a Abs. 2 KWG bestimmt, daß Mißstände in einer Bank, die in einem Strafverfahren bekanntwerden, an das BAK mitgeteilt werden sollen. § 8 Abs. 2 KWG bestimmt ausdrücklich, daß eine Mitteilung der Finanzbehörde an das BAK über die Einleitung eines Steuerstrafverfahrens gegen den Geschäftsleiter oder Vorstand einer Bank keine unbefugte Offenbarung gem. § 30 AO darstellt.

IV. Kredite in Kundenkrise und Insolvenz

1. Verhalten der Bank in der Kundenkrise

a) Anzeichen für eine Krise

220 Banken merken die wirtschaftliche Krise ihres Kunden von allen Gläubigern am frühesten. Dies hat weniger mit dem Vertrauensverhältnis zwischen Bank und Kunde zu tun als damit, daß sich Zahlungen oder Zahlungsstockungen unmittelbar anhand der Zahlungsflüsse auf dem Bankkonto erkennen lassen. Beobachtet ein Kreditinstitut, daß Schecks platzen, der Überziehungskredit ausgereizt ist, Pfändungen von Gläubigern in Bankkonten erwirkt werden und gleichzeitig Zahlungen der Abnehmer des Bankkunden ausbleiben, sind das untrügliche Zeichen für eine wirtschaftliche Schieflage. Kommt hinzu, daß die fälligen Zahlungen für Personalkosten, Steuern und Sozialabgaben nicht wie sonst über das Geschäftskonto abgewickelt werden, weiß die Bank recht genau, wie es um die wirtschaftlichen Verhältnisse ihres Kunden bestellt ist. Auch wenn die eigentliche Insolvenz noch Monate oder gar Jahre auf sich warten läßt, sind dies für die Bank Alarmzeichen.

221 Banken verfügen darüber hinaus über ein Netz weiterer Informationsquellen, das ihnen solche Anzeichen der drohenden Insolvenz vermittelt: vertrauliche Auskünfte von Bank zu Bank, die Schufa, die Auskunfteien, die regelmäßigen Mitteilungen der Dt. Bundesbank für die Großkredit- und Millionenverschuldung ihres Kunden bei mehreren Banken und Finanzdienstleistern oder Finanzunternehmen. Oft finden sogar hinter verschlossenen Türen offene Gespräche über die drohende Insolvenz des Kunden statt. Der Bankkunde offenbart seine wirtschaftliche Situation, um der Bank die wirtschaftlich sinnvolle Verwertung von Sicherheiten zu ermöglichen oder sogar Sanierungskredite für sein Unternehmen auszugeben.

b) Reaktionsmöglichkeiten der Bank

222 Die Bank kann folgendermaßen reagieren:[87]

a) Sie kündigt die Kredite und stellt ihre Forderungen fällig. Die ihr gewährten Sicherheiten zieht sie ein und klagt den Restanspruch gegen den in der Regel persönlich haftenden Geschäftsinhaber oder Geschäftsführer ein. Diese Reaktion hat für Schuldner und Bank den Nachteil, daß alle Sicherheiten nur noch zu Zerschlagungswerten realisiert werden können und daher hohe Kreditausfälle vorgezeichnet sind.

b) Die Bank wird aktiv, setzt dem Schuldner bzw. dessen Gesellschafter einen eigenen Vertreter oder einen von ihr ausgewählten Unternehmensberater vor, zwingt den

[87] Instruktiv: *Neuhof*, NJW 1998, 3225 und NJW 1999, 20.

Schuldner, die von diesen Personen für richtig gehaltenen Maßnahmen durchzuführen, und „entmachtet" so faktisch die Unternehmensleitung.[88]

c) Die Bank hält still, weil sie glaubt, nur so den Kredit und die Sicherheiten retten zu können. Bei begründeten, zweckgebundenen Projekten finanziert sie – geringfügig – weiter, um die Fertigstellung des Projektes zu ermöglichen. Sie verlangt zusätzliche Sicherheiten. Wenn keine zusätzlichen Sicherheiten gestellt werden können, übt die Bank den ihr nötig erscheinenden „Druck" auf den Kunden aus, damit dieser offene Forderungen zugunsten des laufenden Bankkontos einzieht und die „stille" Verwertung der Sicherheiten zu ihren Gunsten betreibt.

d) Nicht selten haben Bankenmitarbeiter auch unter Verschweigen ihres sensiblen Wissens eine weitere Kreditaufnahme vermittelt oder den Wechsel des Kunden zu und die Ablösung der hausinternen Kredite durch ein anderes Finanzierungsinstitut erreicht.

Während der Fall a) den vertraglichen Vereinbarungen entspricht und die Bank berechtigt ist, die Kredite fällig zu stellen, stellen die Fallgestaltungen b) bis d) für Banken in Zeiten häufiger Insolvenzen zwar denkbare Alternativen dar, die aber in hohem Maße riskant sind und Ansätze für eine strafrechtliche Beteiligung der Bank an Bankrotthandlungen im Sinne der §§ 283, 283c StGB, 64, 84 GmbHG darstellen können.

2. Mißbräuchliche Ausübung der Bankenmacht

In der täglichen Praxis treten vor allem drei Fallgestaltungen auf, die einen strafrechtlich relevanten Mißbrauch von Bankenmacht im Stadium einer drohenden oder eingetretenen Insolvenz darstellen. Von einer eingetretenen Insolvenz auch im Sinne der neuen InsO spricht man, wenn ein Schuldner nicht mehr in der Lage ist, seine fälligen Verbindlichkeiten in angemessener Zeit zu begleichen. Dabei stellt die Neuregelung in § 17 Abs. 2 InsO allein auf die Fälligkeit ab, die nach der bisherigen Rechtsprechung mindestens erforderliche Deckungslücke zwischen Verbindlichkeiten und liquidierbarem Vermögen wird nicht definiert. Für die strafrechtliche Ahndung wird man mit dem Bayerischen Obersten Landgericht eine Unterdeckung von mindestens 25% verlangen müssen.[89] Ebenso wird man dem Schuldner für die Vergleichsbetrachtung zugestehen müssen, daß als liquidierbar dasjenige Vermögen zu gelten hat, das innerhalb von 3 Monaten noch verflüssigt werden kann.[90] Ausgehend davon kann die drohende Zahlungsunfähigkeit auf einen Zeitraum von 6 bis 12 Monaten vor diesem Zeitraum angenommen werden, wenn nicht im Einzelfall der Zusammenbruch durch spezielle, auf der Hand liegende plötzliche Ereignisse herbeigeführt wurde. 223

Das Bankenverhalten ist regelmäßig davon geprägt, die eigenen Ansprüche zu sichern. Nicht selten werden dabei die strafrechtlichen Grenzen überschritten.

a) Übersicherung von Banken

(1) Zunächst spielt häufig eine Rolle, daß die ursprünglich vertragsgemäß gegebene Sicherheit bei Eintritt der Zahlungsunfähigkeit ganz oder teilweise zur Übersicherung des Gläubigers führt, ein Freigabeanspruch aber an der Weigerung des Gläubigers scheitert. Banken lassen sich regelmäßig für alle herausgelegten Kredite Sicherheiten geben, es sei denn, die Bonität des Schuldners ist überragend. Im Bereich der Betriebsmittel- und Investitionskredite sind das nicht nur die Sicherungsübereignungen von Maschinenparks und Warenlager, sondern häufig auch Bürgschaften des Geschäftsführers und/oder dessen Lebenspartners. Häufig wird eine Grundbuchsicherheit zusätzlich verlangt. Da Kredite im Laufe der Zeit zurückgeführt werden, verbleiben oft freigewordene Sicherheiten bei der Bank. Weigert sich die Bank, freigewordene Sicherheiten zurückzugeben, kann dies 224

---

[88] BGH NJW 1992, 3035.

[89] BayObLG wistra 1988, 363.

[90] Vgl. insgesamt: *Bittmann*, wistra 1998, 321.

bei wirtschaftlicher Schieflage des Sicherungsgebers zu einer Insolvenz führen, wenn ihm dadurch alle Möglichkeiten genommen werden, neue Liquidität zu erlangen. Banken, die erkennen, daß der Schuldner ohne die Freigabe von Sicherheiten keine Möglichkeiten mehr hat, anderweitige Liquidität zu beschaffen, sind grundsätzlich nicht gem. § 283 Abs. 2 StGB für die Schuldnerinsolvenz strafrechtlich verantwortlich. Die Nichtfreigabe von Sicherheiten stellt in der Regel keine Handlung zum Nachteil anderer Gläubiger oder der Konkursmasse dar, denn sie ist nominell nicht Bestandteil der Masse. Allerdings stellt eine deutliche Übersicherung der Bank eine sittenwidrige Knebelung des Schuldners dar. Als deutliche Übersicherung in diesem Sinne kann ein Wert von mehr als 150% des Kreditvolumens angenommen werden. Die Zurückhaltung eines Vermögenswertes, an dem ein Freigabeanspruch besteht, kann allenfalls nach § 283d StGB strafbar sein, wenn dahinter die Absicht steht, den Schuldner zu begünstigen.

225 Strafrechtlich ebenso problematisch ist, ob die Verweigerung der Sicherheitenfreigabe eine Straftat im Sinne des § 291 StGB darstellt. Ausgangspunkt der ursprünglichen Sicherheitenvereinbarung war nämlich ein berechtigtes Interesse der Bank an der Sicherstellung des Kredites. Die vereinbarte Kreditsicherheit ist nur dann wucherisch überhöht, wenn sie einen Wert von mehr als 200% des Kreditvolumens erreicht. Treuepflichten aus dem Vertragsverhältnis zugunsten eines Kunden im Sinne des § 266 StGB bestehen ebenfalls nicht.

226 (2) Mißbräuchlich ist das häufig bei drohender Insolvenz geäußerte Verlangen der Bank nach weiterer (inkongruenter) Absicherung bereits ausgelegter, aber nicht ausreichend gesicherter Kredite. Bankenmitarbeiter versuchen nicht selten, bei einer erkannten oder mitgeteilten Schieflage des Kreditschuldners sich noch möglichst durch Grundbuchsicherheiten oder Sicherungsübereignungen abzusichern. Hier gilt grundsätzlich, daß die Bank bereits bei der Kreditbewilligung geprüft haben muß, ob und in welchem Umfang sie Sicherheiten benötigt. Wenn die verlangte Sicherheit nicht bei der Kreditbewilligung zugesagt oder gewährt worden ist, stellt das nachträgliche Gewähren durch den Schuldner eine Gläubigerbegünstigung im Sinne des § 283c StGB dar. Der oder die Bankenmitarbeiter sind als Anstifter oder Gehilfen zu einer solchen Straftat zu bestrafen.[91]

b) Insolvenzverschleppung und stille Liquidation

227 (1) Häufig nutzen Banken ihre Funktionen in Kontrollgremien der Gesellschaft oder aufgrund der faktischen Finanzierungssituation dazu aus, die bisherige Geschäftsleitung zu entmachten, eigene Mitarbeiter oder ihr nahestehende Personen in der Geschäftsleitung zu installieren und sodann die Vermögenswerte der Gesellschaft möglichst schnell und wirtschaftlich zu verwerten. Faktisch fließen ihr die Verwertungserlöse zu und decken so einen Teil oder alle ausgelegten Kredite ab. Erst wenn der Kredit gedeckt oder kein liquidierbares Vermögen mehr vorhanden ist, wird die Gesellschaft in die Insolvenz entlassen. Die Zivilgerichte haben erkannt, daß die Übernahme faktischer Leitungsmacht in einem Unternehmen dazu führt, daß die der Bank auf diese Weise unrechtmäßig zugeflossenen Mittel zu Rückzahlungsansprüchen im Sinne des § 32a GmbHG oder der §§ 302, 303 AktG führen.[92] Die Auszahlung solcher Mittel zu einem Zeitpunkt, in dem der Kreditschuldner überschuldet oder zahlungsunfähig war, stellt eine Gläubigerbegünstigung durch den Schuldner oder (den von der Bank eingesetzten) Geschäftsführer im Sinne des § 283c StGB dar.

228 (2) Das Verhalten der Bank berührt zugleich die Frage der Konkurs- oder Insolvenzverschleppung. Faktisch wird durch die (stille) Verwertung des Firmenvermögens der Zusammenbruch des Unternehmens hinausgeschoben. Eine Konkursverschleppung im Sinne von §§ 64, 84 GmbHG liegt dann vor, wenn die Bank keine echte Sanierung des Unternehmens beabsichtigt, sondern das „Überleben des Unternehmens“ lediglich zur

91 *Tröndle*, StGB, 48. Auflage, § 283c Rn. 12.
92 BGHZ 90, 381; BGH NJW 1992, 3035; BGHZ 107, 7; BGHZ 122, 123.

Sicherung der stillen, banknützigen Abwicklung sichert. Sie verletzt in einem solchen Fall massiv die Interessen anderer Gläubiger.

Die Bank wird sich in derartigen Fällen mit der Behauptung verteidigen, das Unternehmen nur sanieren zu wollen. Für aufmerksame Ermittler wird es daher von besonderer Bedeutung sein, durch Recherchen im Unternehmen eine derart vorgeschobene Einlassung zu widerlegen. Stellt das Unternehmen auf Veranlassung der Bank beispielsweise die Produktion eines auf Herstellung von Waren angelegten Unternehmens ein, kann nicht von einem Sanierungswillen ausgegangen werden. Wird das Warenlager entgegen einer normalen kaufmännischen Vorsorge geleert, spricht dies eher für Liquidationsabsichten. Neutral zu werten ist der beschleunigte Einzug von Forderungen zur Verbesserung der Liquidität. Der Verkauf des wesentlichen Maschinenparks stellt ebenso ein Anzeichen für Liquidationsabsichten dar wie die Entlassung wesentlicher Teile des Personals. 229

c) Täuschung bei unrichtiger Auskunft

Wenn die Hausbank in einer unternehmerischen Schieflage zu keiner weiteren Finanzierung bereit ist, versuchen Schuldner in der Regel, bei anderen Banken Kredit zu erhalten. Die neue Bank erfragt bei der Kreditanbahnung auch die bisherigen Bankbeziehungen. Dann fragt sie bei der bisherigen finanzierenden Bank an, ob negative Umstände über den Kreditantragsteller bekanntgeworden sind. Verschweigt die Bank die ihr selbst bekannten negativen wirtschaftlichen Verhältnisse, täuscht sie bei der Abgabe einer unauffälligen oder positiven Meldung über ihr tatsächliches Wissen. Ein Bankenmitarbeiter, der die Schieflage des Kunden nicht mitteilt, nimmt in der Regel in Kauf, daß der neue Kreditgeber aufgrund der Auskünfte einen Kredit gewährt, der nicht mehr einbringlich ist. Hier sind die Voraussetzungen des § 263 StGB eingehend zu prüfen. Allzu oft verschweigen die geschädigten Banken diese Falschauskünfte nach der Devise, daß „eine Krähe der anderen die Augen nicht auskratzt“. Der Schaden durch derartige Falschauskünfte ist aber nicht zu unterschätzen, da zwar der Kunde ebenfalls bei der Kreditantragstellung falsche Auskünfte erteilt hat, oftmals aber erst die (falsche) Bankauskunft der bisherigen Hausbank den Anstoß gibt, den beantragten Kredit zu bewilligen. 230

d) Durchführung von Spekulationsgeschäften

Nach § 283 Abs. 1 Nr. 2 StGB macht sich strafbar, wer in einer den Anforderungen einer ordnungsgemäßen Wirtschaft widersprechenden Weise Verlust- oder Spekulationsgeschäfte oder Differenzgeschäfte mit Waren oder Wertpapieren eingeht. Strafbar ist gem. Abs. 2 auch derjenige, der durch solche Geschäfte die Überschuldung oder Zahlungsunfähigkeit erst herbeiführt. Spekulationsgeschäfte sind Aktivitäten mit einem ungewöhnlichen Risiko oder Handlungen, deren Ergebnis vom Zufall abhängt.[93] Differenzgeschäfte zählen auch zu diesen Geschäften, nicht aber die nach §§ 50ff BörsenG zulässigen Options- und Termingeschäfte.[94] Spekulationsgeschäfte werden in der Praxis nahezu ausschließlich durch Vermittlung einer Bank oder eines Finanzdienstleisters durchgeführt. Der Vermittler oder Geschäftspartner eines solchen Geschäftes beteiligt sich an derartigen Handlungen dann, wenn er erkennt, daß die Art oder der Umfang des Geschäftes mit erheblichem geschäftlichem Risiko verbunden sind und eine ordnungsgemäße Geschäftsführung eine solche Aktivität nicht gebieten würde. 231

Anhaltspunkte für eine (vorsätzliche) Beteiligung des Vermittlers oder Geschäftspartners ergeben sich aus folgenden Umständen: 232

- der Umfang des Geschäftsabschlusses liegt bei mehr als 5% des haftenden Eigenkapitals des Unternehmens;

---

93 RGSt 15, 277/281; *Weyand* in *Achenbach/Wannemacher*, Beraterhandbuch, § 23 I Rn. 17.

94 *Tiedemann*, Konkursstrafrecht, § 283 StGB Rn. 59.

- die mit dem Geschäft verbundene Kursspekulation ist nicht gerechtfertigt, weil entweder ein völlig unrealistischer Kurs angestrebt wird oder
- weil es im kaufmännischen Umfeld des Kunden (Spekulanten) keine in einer solchen Weise abzusichernden Handelsgeschäfte gibt;
- das Gesamtvolumen aller eingegangenen Termingeschäfte beträgt ein Mehrfaches des Bilanzvolumens des Handelsunternehmens;

Stellt der Staatsanwalt derartige Anhaltspunkte fest, ist die Einleitung eines Ermittlungsverfahrens auch gegen die vermittelnde Stelle gerechtfertigt. Ob die Feststellungen bei Abschluß der Ermittlungen ausreichen, hängt insbesondere davon ab, ob die Strafbarkeitsbedingung des § 283 Abs. 6 StGB eingetreten ist und ob der Staatsanwalt sich auf Unterlagen stützen kann, die verwertbar sind. Banken vernichten beispielsweise die üblicherweise im Telefongeschäft regelmäßig zu Beweiszwecken erstellten Mitschnitte der Telefonanrufe nach 3 Monaten. Wer hier nicht rechtzeitig nach Bekanntwerden eines Verdachtes zugreift, kann alle Nachweismöglichkeiten verlieren.

233–239 Neben einer Straftat nach § 283 StGB kann für den jeweiligen Bankenmitarbeiter auch eine Beihilfe zur Untreue des Geschäftsführers einer Kapitalgesellschaft anzunehmen sein.

V. Wechsel- und Scheckgeschäfte

1. Bedeutung von Wechseln im Bankenbereich

240 Die unerlaubte Geldmittelschöpfung durch Finanz- und Kellerwechsel (sog. „Wechsel- und Scheckreiterei") hat im Rahmen der Bankgeschäfte trotz fortschreitender Technik und verbesserter Überwachungsmöglichkeiten nach wie vor eine Bedeutung. Der Wechsel war und ist im in- und ausländischen Wirtschaftsleben ein wichtiges Finanzierungs- und Zahlungsinstrument. Allerdings ist zu erwarten, daß der Wechsel seine Bedeutung im Wirtschaftsleben in Zukunft verlieren wird, da die EZB keine Diskontgeschäfte betreibt. Gleichwohl können Banken Wechsel auch nach dem 01. 01. 1999 in beschränktem Umfang und gegen höhere Zinsen noch bei der Deutschen Bundesbank refinanzieren.

a) Wechsel in der Bank-Kunden-Beziehung

241 Wechsel werden im allgemeinen Handelsverkehr zur Bezahlung echter Handels- oder Warengeschäfte hingegeben (Handels- oder Warenwechsel). Der Wechsel stellt ein abstraktes Zahlungspapier dar, das eigene schuldrechtliche Wirkungen entfaltet. Als gesetzliches Orderpapier lautet der Wechsel auf einen bestimmten Bezogenen, der dann, wenn er den Wechsel unterschreibt, eine eigene Verpflichtung aus dem Wertpapier eingeht. Das Eigentum an dem Wechsel wird durch Indossament übertragen, das in den meist auf der Rückseite des Wechsels aufgebrachten Vermerk, daß der Wechsel von dem letzten Eigentümer an einen neuen Eigentümer übertragen wird (Art. 11, 14 WG). Indossament und Übergabe des Dokumentes bewirken den Eigentümerwechsel. Wird der neue Berechtigte in dem Indossament nicht genannt, spricht man von einem Blankoindossament. Anstelle einer Übertragung zum Eigentum kann der Wechsel auch zum Inkasso (Art. 18 WG) oder nur zum Pfand (Art. 19 WG, § 1292 BGB) übertragen werden. In jedem Fall ergeben sich aus der Urkunde selbst besondere Haftungstatbestände für den Aussteller, den Bezogenen und den Indossanten.

242 Die wirtschaftliche Ausgangssituation läßt sich in etwa so beschreiben: Der Käufer einer Ware vermag den Kaufpreis nicht immer mit Bargeld zu begleichen. Der Lieferant ist aber auf Zahlungsmittel angewiesen. Er fertigt deshalb einen Wechsel in Höhe des Kaufpreises aus, der vom Käufer akzeptiert werden muß. Die Wechselforderung ist allerdings erst am Verfalltag des Wechsels fällig (Art. 33ff WG). Die zur Bezahlung der Wechselforderung erforderlichen Geldmittel soll der Wechselschuldner aus der Veräußerung des

Handelsgutes bis zum Fälligkeitstag erzielen. Der Wechselgläubiger kann aber einen Gegenwert für den vereinbarten Kaufpreis dadurch erlangen, daß er den Wechsel seinem Kreditinstitut zum Ankauf einreicht (Wechseldiskontierung). Der Wechselgläubiger (Inhaber, vgl. Art. 16 WG) schließt mit seiner Bank entweder je Einzelfall oder für eine bestimmte Periode einen Wechseldiskontvertrag, in welchem zumeist noch ein Höchstrahmen und eine Begrenzung der Einreichungsmöglichkeiten festgelegt werden. Formvorschriften bestehen nicht. Die Bank kauft nun die Wechsel an. Die Höhe des tatsächlich in Anspruch genommenen Wechselkredits wird als Wechsel-obligo bezeichnet. Die Bank erfaßt die einzelnen Wechsel nicht mehr in dem veralteten Obligobuch bzw. der Obligokartei, sondern mittels EDV. Hierbei werden die Angaben auf dem Wechsel so genau festgehalten, daß die Rekonstruktion eines als Beweismittel nicht mehr auffindbaren Papiers möglich ist. Die beim Ankauf der Akzepte zur Verfügung gestellten Geldbeträge werden grundsätzlich auf dem bei derselben Bank bestehenden Kontokorrentkonto des Einreichers gutgeschrieben. Aus diesen Unterlagen ist auch die Disposition über die jeweils zur Verfügung gestellten Geldmittel zu erkennen. Über den Ankauf der Wechsel erstellt die Bank darüber hinaus eine Ankaufsabrechnung. Sie kann Aufschluß darüber geben, ob der Bankier (Kreditsachbearbeiter) gut- oder bösgläubig beim Ankauf der Wechsel war. Duplikate dieser Abrechnung müssen von der Bank aufbewahrt werden.

Der Ankauf eines Wechsels ist kein Darlehen im bürgerlich-rechtlichen Sinne, sondern 243 ein Forderungskauf,[95] bei dem die Hausbank als Käufer und der einzelne Kunde als Verkäufer des Wechsels auftreten. Die Auszahlung des Wechselgegenwertes stellt somit auch eine Kaufpreiszahlung abzüglich des Diskontes und nicht eine Darlehensvalutierung dar. Der Diskont ist wiederum der zinsmäßige Vorwegabzug der noch nicht fälligen Zahlung des Wechselschuldners. Das Wechselgeschäft nimmt eine Sonderstellung unter den Finanzierungsgeschäften im weiteren Sinne ein. Es stellt ausdrücklich ein Bankgeschäft im Sinne von § 1 Abs. 1 Satz 2 Nr. 3 KWG dar. Weil Wechseldiskontierungen keine Darlehensgeschäfte sind, mußte der KWG-Gesetzgeber dieses Bankgeschäft auch ausdrücklich regeln, während ansonsten die Kreditgeschäfte durch die Nr. 2 der gleichen Vorschrift hinreichend geregelt sind. Das Diskontgeschäft hat allerdings **wirtschaftlich** die Funktion einer Finanzierung, was auch bei der Diskontierung zum Ausdruck kommt. Die Diskontierung von Wechseln wird ausdrücklich in § 265b Abs. 3 Nr. 2 StGB zum Kreditgeschäft erklärt. Für die Betrugsstrafbarkeit ergeben sich aus der zivilrechtlichen Behandlung des Wechsels als Kaufgeschäft Unterschiede bei der Frage des Schadenseintrittes.

b) Wechsel in der Interbankenbeziehung

Der Ankauf von sog. bundesbankfähigen Wechseln gehörte zu den währungs- und kre- 244 ditpolitischen Instrumenten der Deutschen Bundesbank, durch die eine bewußte Steuerung des Geldvolumens ermöglicht wird. Gemäß § 15 BBankG setzte die Deutsche Bundesbank bis zum 31. 12. 1998 für die von ihr gewährten Wechselkredite (Diskontkredite) die jeweils anzuwendenden Diskontsätze fest. Diese Regelung bezog sich auf die Geschäfte zwischen der Deutschen Bundesbank und den einzelnen Kreditinstituten. Der Diskontsatz ist seit dem 01. 01. 1999 entfallen. Für die Geldpolitik maßgebend ist nunmehr der von der EZB festgesetzte Basiszinssatz, zu dem sich Banken bei der EZB refinanzieren können. In § 19 BBankG ist nunmehr festgelegt, daß die Bundesbank von den Kreditinstituten Wechsel und Schecks ankaufen darf, aus denen zwei (früher: drei) als zahlungsfähig bekannte Verpflichtete haften. Die Wechsel müssen innerhalb von 6 (früher: 3) Monaten fällig und sollen gute Handelswechsel sein. Durch die Änderungen ab Januar 1999 können somit auch Bankakzepte und Solawechsel refinanziert werden. Diese Rechtsvorschriften bilden die Grundlage für das Verständnis und die Beurteilung von Wechselgeschäften bzw. des Wechseldiskontkredits.

[95] HM. BGH WM 72, 582ff.; BGHZ 19, 282–292.

245 Bundesbankfähige Wechsel waren bisher für die Banken erstrangige Liquiditätsreserven. Es bleibt abzuwarten, ob dieser Zustand bestehen bleibt, da die Bundesbank ab Januar 1999 auch Kreditforderungen (nach deutschem Recht) der Banken gegen bonitätsmäßig gute Kunden aus Handel und Industrie mit Laufzeiten zwischen 1 Monat und 2 Jahren im Mindestbetrag von 10.000 EURO refinanzieren kann. Wechsel werden zur Rediskontierung im Original bei der Landeszentralbank eingereicht, und das Kreditinstitut erhält im Gegenzug Zentralbankgeld. Bei Fälligkeit des Wechsels wird das Papier von der Landeszentralbank der als Zahlstelle auf dem Wechsel genannten Bank zum Einzug weitergegeben. Die Bundesbank rechnet den Ankauf des Wechsels ebenso wie die einzelne Bank ab. Auch hier wird der Diskont als Vorwegverzinsung behandelt.

Abrechnungsbeispiel
Die Deutsche Bundesbank hatte am Einreichungstag den Diskontsatz für den Ankauf von Wechseln auf 6% festgesetzt. Zu diesem Zinssatz konnten sich somit die einzelnen Kreditinstitute bei der Deutschen Bundesbank durch Einreichung guter Handelswechsel refinanzieren. Die einzelnen Banken diskontierten aber ihren Kunden die Papiere mit einem Diskontsatz zwischen 7,5 und 8%. Für Kontokorrentkredite wurden zur gleichen Zeit Zinsen von 10% und höher berechnet. Bei einer Wechselsumme von 10000 DM und einem Diskontsatz von 8% betrug der zinsmäßige Vorwegabzug (Diskont) für 90 Tage 200 DM. Der Einreicher erhielt somit für das 3-Monats-Akzept einen Geldbetrag von 9800 DM, über den er sofort verfügen konnte. Reichte nun diese Hausbank den Wechsel im Wege der Rediskontierung bei der Landeszentralbank (Zweigstelle der Bundesbank) ein, wurde ihr unter Berücksichtigung des Diskontsatzes von 6% ein Betrag von 9850 DM gutgeschrieben. Sie erzielte trotz Refinanzierung noch einen Gewinn von 50 DM. Dem einzelnen Kaufmann bringt somit der Handelswechsel den billigsten Kredit und damit das billigste Geld.

c) Anforderungen an bundesbankfähige Handelswechsel

246 Die Deutsche Bundesbank hat den in § 19 Abs. 1 Nr. 1 BBankG vorgesehenen Ankauf von Handelswechseln in Abschnitt V ihrer Geschäftsbedingungen im einzelnen geregelt. Hiernach kauft die Bundesbank nur Inlandswechsel an, die die sachlichen und formellen Voraussetzungen im Sinne des Wechselgesetzes und Bundesbankgesetzes erfüllen. So muß der Bezogene seinen Wohnsitz im Bundesgebiet haben. Der Verkäufer muß ein Girokonto bei der ankaufenden Bank unterhalten. Aus dem Wechsel müssen mindestens drei als zahlungsfähig bekannte Verpflichtete haften. Für die Beurteilung der Zahlungsfähigkeit wurden durch den Zentralbankrat gesonderte Richtlinien erlassen. Wer nämlich als Wechselverpflichteter trotz Aufforderung durch die Landeszentralbank keine oder keine genügende Auskunft gibt und über den auch sonst keine Unterlagen vorliegen, die eine Beurteilung seiner finanziellen Lage ermöglichen, darf nicht als zahlungsfähig bekannter Verpflichteter im Sinne des § 19 BBankG angesehen werden. Nach den Geschäftsbedingungen spielt aber auch die Domizilierung eines Wechsels eine bedeutende Rolle. Zentralbankfähig sind nur jene Papiere, die bei einer Landeszentralbank oder bei einem anderen Kreditinstitut eines Zentralbankplatzes (Niederlassung einer Landeszentralbank) zahlbar gestellt sind.

247 Die Landeszentralbanken überwachen nachdrücklich den Geschäftsverkehr mit Wechseln. Im sogenannten „Negativverfahren" überprüfen sie, ob durch das jeweilige Kreditinstitut tatsächlich ein für den Ankauf durch die Landeszentralbank geeigneter „guter Handelswechsel" zur Rediskontierung eingereicht wurde. Stellt sie irgendwelche Mängel in der Form oder bezüglich der Bonität der Wechselverpflichteten fest, reicht sie das Akzept an das jeweilige Kreditinstitut mit dem Vermerk zurück: *„Für den Ankauf nicht geeignet"*. Eine Begründung wird nicht gegeben. Jeder mit dem An- und Verkauf von Wechseln vertraute Banksachbearbeiter, Kriminalbeamte oder Staatsanwalt kann aber hieraus gewisse Rückschlüsse ziehen. Im Negativverfahren wird nämlich im gesamten Bundesgebiet eine umfassende Kontrolle ausgeübt. Wird z. B. durch ein Kreditinstitut in Hof ein Akzept bei der Landeszentralbank rediskontiert, dessen Aussteller in Hof, der

Akzeptant in Hamburg und der Indossant in Düsseldorf ihre Niederlassungen haben, so verständigt die Landeszentralbank Hof die für die Wechselverpflichteten zuständige Landeszentralbank, wenn die Wechselsumme einen bestimmten Betrag, bislang 20000 DM, übersteigt. Liegen bei den verständigten Landeszentralbanken Negativerkenntnisse vor, wird die ankaufende Landeszentralbank unverzüglich unterrichtet. Die einzelnen Landeszentralbanken fordern zur Auswertung von den in ihrem Bereich befindlichen Wechselschuldnern Bilanzen an und überprüfen eingehend die Vermögenslage und Zahlungsfähigkeit. Wird diesem Begehren nicht Folge geleistet, wird die Rediskontierung derartiger Wechsel, wie oben dargelegt, abgelehnt.

Ebenfalls Anlaß zu einer Negativentscheidung besteht, wenn ein Wechselverpflichteter (Bezogener, Aussteller, Indossant) in die Schuldnerliste oder in die sogenannten Frankfurter Listen aufgenommen wurde. Die von den einzelnen Amtsgerichten (Vollstreckungsgerichten – Konkursgerichten) gem. § 915 ZPO und § 107 Abs. 2 KO über eidesstattliche Vermögensoffenbarungsversicherungen, Haftbefehle und Ablehnung von Konkursverfahren mangels Masse herausgegebenen Verzeichnisse werden durch bestimmte Industrie- und Handelskammern zusammengefaßt und veröffentlicht (sog. Schuldnerlisten[96]). Der Bundesverband Deutscher Banken, Köln, gibt durch die Arbeitsgemeinschaft des Bankgewerbes GmbH, Frankfurt, wöchentlich streng vertraulich und unverbindlich für das gesamte Bundesgebiet eine örtlich gegliederte Aufstellung über Wechsel- und Scheckproteste heraus, die in der Fachwelt als Frankfurter Listen bekannt sind. Der Bundesverband Deutscher Banken ist nicht bereit, diese von den einzelnen Kreditinstituten und der Landeszentralbank genauestens ausgewerteten Unterlagen im Abonnement den Staatsanwaltschaften oder Kriminalpolizeidienststellen zu überlassen. Es bleibt deshalb der Findigkeit der einzelnen Ermittlungsbehörde überlassen, sich erforderlichenfalls diese Beweismittel zu verschaffen. 248

d) Überwachungen und Kontrollen

(1) Kreditinstitute (und auch Finanzdienstleister), die gewerbsmäßig Wechselgeschäfte im Sinne von § 1 Abs. 1 Nr. 2, 3 KWG betreiben, unterliegen der Überwachung durch das Bundesaufsichtsamt für das Kreditwesen, das seine Befugnisse im technischen und wirtschaftlichen Bereich im Wege der Delegation teilweise auf die Deutsche Bundesbank übertragen hat. Die Landeszentralbanken erhalten die von Banken abzugebenden Meldungen über Organ-, Groß-, Millionenkredite und die monatliche Statistik (Bilanz). Eine Verletzung dieser Meldepflichten kann zumindest als Ordnungswidrigkeit gem. § 56 KWG geahndet werden. Da der Diskontsatz zu den bedeutsamen Steuerungsmitteln des Geldumlaufs gehört, haben die einzelnen Banken in ihrer monatlichen Bilanzstatistik unter Ziffer 144 und 148 sowohl den Bestand an bundesbankfähigen als auch an sonstigen Wechseln anzugeben. Soweit in Einzelfällen auch Leiter von Kreditinstituten in unerlaubte Wechselgeschäfte verwickelt werden oder unklare Angaben über die Art der Akzepte gemacht hatten, konnten auch aus den statistischen Unterlagen Rückschlüsse auf das Tatgeschehen gezogen werden. 249

(2) Im Hinblick auf die Gemeinnützigkeit und Mündelsicherheit dieser 32 öffentlich-rechtlichen Anstalten sind in den einzelnen Sparkassenanordnungen besondere Vorschriften über den Ankauf von Wechseln erlassen (§ 9 Abs. 1 Nr. 7 der Bayer. Sparkassenordnung, zuletzt geändert durch VO vom 18. Oktober 1989). Die Sparkassen dürfen hiernach nur bundesbankfähige Handelswechsel ankaufen (Mußvorschrift). Damit ist diesen Sparkassen jede Möglichkeit genommen, auch andere Wechsel anzukaufen. Prolongationsakzepte sind keine Handelswechsel. Gleichwohl sind Verstöße erkennbar. 250

(3) Durch Inkrafttreten des Vertrages über die Schaffung einer Währungs-, Wirtschafts- und Sozialunion zwischen der Bundesrepublik Deutschland und der DDR am 251

96 BVerfG NJW 1988, 3009.

1. Juli 1990 wurden die Kreditinstitute der neuen Bundesländer den Regelungen des Kreditwesengesetzes sowie der Aufsicht des Bundesamtes für das Kreditwesen und der Bundesbank unterworfen. Deshalb wurde auch das Kreditwesengesetz durch § 63a ergänzt. Diese Bestimmung enthält einige Anpassungsregelungen und die Ermächtigung des Bundesaufsichtsamtes, aus besonderen Gründen Freistellungen von den gesetzlichen Verpflichtungen zu gewähren. Selbst für Wechselgeschäfte sind durch Beschluß des Zentralbankrates vom 17. Mai 1990 Sonderregelungen getroffen. So gelten hiernach „als zahlungsfähig bekannte Verpflichtete" im Sinne des § 19 Abs. 1 Nr. 1 Bundesbankgesetz „Wechselmitverbundene", sofern Zahlungsunregelmäßigkeiten oder sonstige Umstände, die die Zahlungsfähigkeit ausschließen, nicht bekannt sind. Auch für die Refinanzierung sind gewisse Erleichterungen geschaffen. Den Ermittlungsbehörden ist daher zu empfehlen, in Zweifelsfällen beim Bundesaufsichtsamt für das Kreditwesen bzw. bei den Außenstellen der Bundesbank nachzufragen.

2. Kriminelle Ausnutzung von Wechselgeschäften

252 Wirtschaftskriminelle beschreiten alle erdenklichen Wege, um sich diese günstige Geldquelle zu erschließen. Die Tatausführung wird dadurch erleichtert, daß es sich bei dem Wechsel um ein abstraktes Wertpapier handelt, dem nicht anzusehen ist, ob seine wirtschaftliche Funktion als Kredit- und Umlaufpapier durch Manipulationen beeinträchtigt wurde, die außerhalb des redlichen Geschäftsverkehrs liegen. Weiterhin erliegen auch in Einzelfällen sogar Verantwortliche von Kreditinstituten aufgrund des harten Konkurrenzkampfes der Versuchung, „faule Wechsel" anzukaufen und die Art dieser Geschäfte zu verschleiern.

In Ermittlungsverfahren sind zu unterscheiden:

1. **Finanzwechsel** mit den Unterarten Gefälligkeitswechsel (a), Reitwechsel (b) und Kellerwechsel (c),
2. **Warenwechsel**, insbesondere Umkehrwechsel (d), und
3. aus dem Bereich der **Sicherungswechsel** der Depotwechsel (e).

a) Gefälligkeitswechsel

253 Gefälligkeitswechsel sind die einfache Form der Finanzwechsel, denen keine Waren- oder Dienstleistungsforderung zugrunde liegt. Die Wechsel können bereits dolos ausgestellt worden sein mit dem Ziel, Finanzmittel einer Bank zu erhalten, sie können aber auch je nach Fallgestaltung bei der Ausstellung noch als Finanzierungshilfe zulässig gewesen, später aber zur unerlaubten Kreditschöpfung mißbraucht worden sein.

Beispiel:
Der in Kreditschwierigkeiten befindliche Kaufmann A (Aussteller) 14 bittet den Kaufmann B (Bezogenen) um gefälligkeitsweise Akzeptierung eines Wechsels, dem kein Handelsgeschäft zugrunde liegt. A verspricht hierbei, den Wechsel am Verfalltage einzulösen oder dem B die erforderlichen Mittel zur Verfügung zu stellen. A reicht nun diesen Wechsel unter Verschweigen seiner Natur bei seiner Bank zur Diskontierung ein und erhält einen Wechselkredit unter Zugrundelegen des für Handelswechsel günstigen Zinssatzes. Diesem Aussteller wird es aber kaum möglich sein, demselben Kreditinstitut fortgesetzt zahlreiche Gefälligkeitswechsel mit ein- und demselben Bezogenen ohne Entdeckung dieser Machenschaften einzureichen. Er wird deshalb zusätzlich Banken aufsuchen, die zur Aufnahme einer Geschäftsverbindung bereit sind, um bei diesen die weiteren Gefälligkeitswechsel zur Diskontierung einzureichen.

So verstand es ein Täter, mit 21 Kreditinstituten Geschäftsverbindungen aufzunehmen und über einen längeren Zeitraum in einer Gesamthöhe von 3 Millionen DM Wechsel unterzubringen. Alle Wechsel waren zur Vortäuschung eines Warengeschäfts auf krumme, jeweils abweichende Beträge ausgefertigt.

b) Wechselreiterei und Wechseltauschringe

Wechselreiterei liegt dann vor, wenn natürliche oder juristische Personen – zumeist handelt es sich um Kaufleute oder Scheinkaufleute – gegenseitig Wechsel auf sich ziehen, um sich Geld (Kredite) zu verschaffen, obwohl diesen Geschäftsvorfällen weder ein Waren- noch ein Dienstleistungsgeschäft zugrunde liegt. Wenngleich dieser mißbräuchliche Akzeptaustausch den Grundsätzen des anständigen Geschäftsverkehrs zuwiderläuft und diese mißbräuchlichen und gemeinschaftsschädigenden Wechselgeschäfte gem. § 138 BGB nichtig sind,[97] konnte die Wechselreiterei in zeitlichen Intervallen immer wieder vermehrt festgestellt werden. In den letzten Jahren hat sie an Bedeutung verloren. 254

Wechseltauschringe entstehen dadurch, daß sich liquide Tauschpartner Helfershelfer suchen und Wechseltauschringe organisieren. Häufig werden auch Schecks miteinbezogen. Durch Vermittler oder einen besonders qualifizierten Akzeptanten werden diese Geschäfte in geradezu bankmäßiger Weise betrieben und erreichen in kürzester Zeit Umsätze, die die 100-Millionen-Grenze ohne weiteres überschreiten. Diese gegenseitige Wechselziehung sollte aber einem aufmerksamen Bankkaufmann alsbald auffallen. Ihre Entdeckung verhindern die Reitpartner dadurch, daß sie jeweils zu zwei oder mehreren Banken Geschäftsbeziehungen herstellen und als Zahlstelle nicht jenes Kreditinstitut bezeichnen, das die Gegenwechsel ankauft. Die Reitwechsel werden aber auch oft unter Verschweigen ihrer wahren Rechtsnatur als Zahlungsmittel gegenüber gutgläubigen Dritten verwendet. Wie losgelöst der Wechselringtausch von einem redlichen Handelsgeschäft ist, wird dadurch verdeutlicht, daß der Akzeptant in der Regel keine Möglichkeit hat, seinen Geschäftspartner selbst auszuwählen. Erst durch die Einlösungsankündigung der Bank erfährt er den Namen des Wechselgläubigers. Die Wechselreiter oder Ringtauschorganisatoren erstellen zur Verschleierung alle erdenklichen Unterlagen, um Waren- und Dienstleistungsgeschäfte zu fingieren. 255

Die Einlösung dieser Reitwechsel bereitet den Verpflichteten große Probleme. Die erforderlichen Geldmittel können daher kurz vor dem Verfalltag nur in schneeballähnlicher Weise durch neue Reitwechsel oder nur kombinierte Wechsel- und Scheckaustauschmaßnahmen beschafft werden. Bei der Übersendung der Papiere verwenden die Täter zur Irreführung der Banken nicht selten Hinweise auf Prolongation oder Vorausfinanzierung, wobei die neuen Wechsel und Schecks anderweitig gestückelt und auf krumme Beträge ausgestellt sind. Die Enthüllung und Ausschaltung eines Reitpartners führt fast immer zum kartenhausähnlichen Zusammenbruch des gesamten Tauschringes. In diesen Strudel werden bisweilen auch die Firmen hineingerissen, die gutgläubig derartige Papiere als Zahlungsmittel annahmen. 256

c) Kellerwechsel

Diese Bezeichnung verwendet man für Wechsel, bei denen die Verpflichtung entweder fingiert oder die Unterschriften gefälscht sind. Die Urheber sind wie in einem dunklen Keller nicht zu finden. In Wirtschaftskreisen stuft man auch jene Akzepte als Kellerwechsel ein, die durch zahlungsunfähige und kreditunwürdige Personen ausgefertigt wurden. Der Nachweis eines Betruges und zumeist tateinheitlich der Urkundenfälschung ist in der Regel leicht zu führen. 257

d) Umkehrwechsel (Akzeptantenwechsel)

Das Umkehrwechselgeschäft stellt die Kombination einer Warenlieferung gegen Scheckzahlung und der Absicherung des Geschäftes durch einen Finanzwechsel dar. Gleichwohl erlangen die Banken, die Umkehrwechsel vom Akzeptanten ankaufen, keine in den allgemeinen Geschäftsbedingungen (Ziff. 15 AGB-Banken) festgelegten Rechte aus dem 258

---

[97] BGHZ 27, 172.

eigentlichen Warengeschäft, weil die Ausstellung des Wechsels nicht der Bezahlung der Ware, sondern der Absicherung des Warenempfängers dient.[98] Bedenklich ist die von der Bankenaufsicht und den zuständigen Ministerien vertretene Auffassung, daß Umkehrwechsel bundesbankfähig im Sinne des § 19 BBankG seien. Der BGH zeigt aber gewisse Grenzen und auch Nachteile auf, die aus der Verwendung derartiger Wechsel erwachsen. Die Abwicklung eines derartigen Umkehrgeschäfts veranschaulicht der folgende Fall:

Der Großunternehmer K (Käufer) kauft bei dem Fabrikanten L (Lieferant) Kunststofferzeugnisse im Werte von 2 Millionen DM und vereinbart die sofortige Regulierung des Kaufpreises durch Überweisung oder Scheck unter der Bedingung, daß ihm ein Umkehrwechsel zur Verfügung gestellt wird. L fertigt nun einen Wechsel über die Schuldsumme aus, der von K akzeptiert wird. Dieses Wertpapier wird unter Beachtung der wechselrechtlichen Formvorschriften dem K als Akzeptanten zur Verwertung überlassen. Obwohl er der Kaufpreisschuldner ist, reicht er als Akzeptant diesen Wechsel bei seiner Bank zur Diskontierung ein und erlangt mit dem normalerweise nur für L bestimmten Zahlungspapier einen Wechselkredit, d. h. billigstes Geld. Sodann überweist K an L den Kaufpreis oder begibt einen Scheck zu Lasten seines Kontos. K hat nunmehr eine doppelte Leistung erlangt, nämlich die Ware und den Wechselkaufpreis durch die Bankenfinanzierung. L hat zwar seine Verpflichtung aus dem Kaufvertrag erfüllt (Lieferung der Ware), ist aber durch die Ausstellung des Wechsels noch Wechselverpflichteter.

Durchaus üblich ist es auch, daß der Käufer bereits bei Abschluß des Kaufvertrages Zug um Zug für den Umkehrwechsel einen Scheck in Höhe des Kaufpreises zur Verfügung stellt. Bis zum Eingang der Scheckbelastung sind die Deckungsmittel aus dem Umkehrwechselkreditgeschäft beschafft. Der Lieferant ist aber als Aussteller nach wie vor Wechselverpflichteter. Er kann nur hoffen, daß der Käufer (Akzeptant) den Wechsel am Verfalltag ordnungsgemäß einlösen wird.

259 Wirtschaftskriminelle nutzen aus, daß in konjunkturellen Schwierigkeiten befindliche Produzenten in besonderer Weise am Absatz ihrer Waren interessiert sind und deshalb auch das Risiko der Umkehrwechselbezahlung eingehen. Bei Fälligkeit des Umkehrwechsels unterbleibt – wie von dem Kriminellen beabsichtigt – die vereinbarte Einlösung. Die diskontierende Bank nimmt den Lieferanten daher auf Zahlung der Wechselsumme in Anspruch. Fehlen dem Lieferanten die liquiden Mittel, führt dies in die Insolvenz. Es kann aber auch sein, daß sich der Lieferant vorsätzlich an der Begebung des Umkehrwechsels beteiligt hat, um seine Zahlungsunfähigkeit zu verdecken und sich weitere Warenkredite zu erschleichen. Besonders gefährlich an diesem Umkehrwechsel-System ist, daß weder aus der Buchführung noch über Banken oder Auskunfteien die Krisensituation nach außen deutlich wird. Der plötzliche Zusammenbruch reißt zumeist zahlreiche Lieferanten unvorbereitet in den Konkursstrudel.

260 Wegen der besonderen Haftungsgefahr, die der Bank bei der Hereinnahme von Umkehrwechseln erwachsen kann,[99] sind einzelne Kreditinstitute dazu übergegangen, diese Art von Wechseln in einer Akzeptanten- oder Umkehrwechselkartei zu erfassen. Die mit der kombinierten Wechsel- und Scheckreiterei besonders vertrauten Täter haben die Parallelen zum Umkehrwechsel und insbesondere jene Möglichkeiten erkannt, den Kreditinstituten ein Warengeschäft vorzuspiegeln. Die Täter erstellen Rechnungen, die alsbald auch aus steuerlichen Gründen storniert werden. Die in der Literatur vertretene Auffassung, daß sich die Erwerber von Umkehrwechseln hinreichend durch geeignete Kontrollmaßnahmen vor Mißbräuchen schützen könnten, deckt sich nicht mit den Erfahrungen der Praxis. Sollte der Gesetzgeber untätig bleiben, so muß die höchstrichterliche Rechtsprechung Wege finden, die den redlichen Kaufmann vor den „Finanzspezialisten" schützen.

261 Werden aber zur Kreditsicherung eines Schecks, der zur Erfüllung einer Werklohnforderung ausgestellt worden ist, vom Schecknehmer im Gegenzug entsprechende Wechsel begeben, so ist der Begebungsvertrag nicht schon deswegen sittenwidrig, weil er nicht

[98] BGHZ 56, 264ff.
[99] BGH WM 1979, 272.

unmittelbar mit einem Umsatzgeschäft in Verbindung steht. Ausreichend ist, wenn bei Wechselfälligkeit wenigstens ein solventer Wechselschuldner in Anspruch genommen werden kann.[100]

e) Depotwechsel

Beim Depotwechsel handelt es sich um ein Wertpapier, das einem Kreditinstitut nicht zum Diskont, sondern in der Regel nur als Sicherheit gegeben wird. Obwohl es sich bei den Wechselverpflichteten um „beste Adressen" handeln kann, scheidet er als Handelswechsel schlechthin aus, weil ihm zumeist weder ein Warengeschäft zugrunde liegt, noch der Verfalltag zeitgerecht ist. Die Landeszentralbankfähigkeit derartiger Wechsel ist daher nicht zu bejahen. Ermittlungsbeamte werden aber manchmal durch Täter und auch in Einzelfällen durch Sachbearbeiter der Banken, die Finanzwechsel angekauft und unter Verletzung der Meldevorschriften als bundesbankfähige Wechsel ausgewiesen hatten, mit dem Hinweis irregeleitet, daß die Akzepte nur als „Depotwechsel" behandelt worden seien. **262**

3. Notwendige Feststellungen für den Betrugstatbestand

Bei der Beurteilung, ob ein Wechselgeschäft den Straftatbestand des Betruges erfüllt, sind die unterschiedlichen Anforderungen an die Erklärungen des Verkäufers eines Waren-, Finanz- oder Depotwechsels zu beachten. Nicht jede unrichtige Erklärung des Verkäufers und nicht jedes Verschweigen eines vielleicht für die Ankaufsentscheidung interessanten Umstandes stellt eine Täuschung dar, aufgrund derer ein Irrtum der Bank und eine Verfügung durch Ankauf des Wechsels eintritt. **263**

a) Finanzwechsel

Der Bundesgerichtshof hat sich in mehreren Entscheidungen mit der Frage befaßt, ob die mißbräuchliche Geldschöpfung durch Finanzwechsel, insbesondere durch Wechsel- und Scheckreiterei als Betrug beurteilt werden kann. In der Entscheidung BGH 1 StR 371/76[101] wurden die in BGH 5 StR 620/55 und 5 StR 453/61 vertretenen Rechtsansichten zusammengefaßt und folgende Grundsätze aufgestellt: **264**

„Der Handels- oder Warenwechsel wird im geschäftlichen Verkehr, insbesondere im Bankverkehr, höher bewertet als der reine Finanzwechsel. Das hat seinen guten Grund darin, daß dem Warenwechsel eine Warenlieferung oder Dienstleistung zugrunde liegt, die der Akzeptant während der Laufzeit des Wechsels weiterveräußern oder sonstig gewinnbringend in seinem Geschäft verwerten kann. Banken pflegen daher grundsätzlich nur Handelswechsel zum Diskont anzukaufen. Das hat einen weiteren Grund darin, daß, wenn die Bank einen Wechsel ankauft, zugleich die dem Wechsel zugrunde liegenden Forderungen als auf die Bank übertragen gelten."

Hier ist zu beachten, daß im Gegensatz zum normalen Wechselgeschäft bei den sogenannten Umkehr- und Akzeptantenwechseln keine Rechte aus dem Grundgeschäft übergehen:

„Demgemäß geht die ständige Rechtsprechung in Übereinstimmung mit dem Schrifttum davon aus, daß in der Hingabe eines Wechsels zur Diskontierung bei einer Bank in aller Regel die schlüssige Erklärung liegt, es handle sich dabei um einen Handelswechsel und nicht um einen Finanzwechsel. Denn derjenige, der entgegen den dargelegten Gepflogenheiten einen Finanzwechsel zum Diskont hingibt, hat die diskontierende Bank darüber aufzuklären, daß sie entgegen ihren berechtigten Erwartungen nicht einen Handelswechsel hereinnimmt. Wird die Bank in dieser Weise über den Wert des Wechsels getäuscht, so kommt es für den Schuldvorwurf nicht auf die Bonität der Wechselschuldner an. Ebensowenig wird die ursprünglich in der Begebung eines Finanzwechsels liegende Minderwertigkeit dadurch beseitigt, daß der Täter ihn später zur Bezahlung von Warenlieferungen

---

[100] OLG München vom 26. Juni 1987, NJW 1988, 1272. Zum Umkehrwechsel vergleiche auch OLG Hamm vom 19. Sept. 1985, ZIP 1986, 364ff., OLG Frankfurt, WM 1993, 1710 und *Obst/Hintner*, Geld-, Bank- und Börsenwesen, 39. Auflage, S. 433ff.

[101] BGH NJW 1976, 2028.

verwendet. Der Schaden, der durch die Diskontierung eines Finanzwechsels statt eines Handelswechsels entsteht, kann aber nicht ohne weiteres mit der Wechselsumme gleichgesetzt werden. Er kann vielmehr zunächst bei der Hingabe von Bargeld darin bestehen, daß die Bank infolge des Irrtums als Diskont nur die für Handelswechsel gültigen Zwischenzinsen berechnet, und kann ferner in der Beeinträchtigung der Dispositionsfreiheit der Bank liegen."

b) Umkehrwechsel

265 Der BGH befaßte sich auch mit der Frage des Betrugs zum Nachteil der Lieferanten, wenn diese anstelle des geforderten Kundenwechsels (diskontfähigen Warenwechsels) einen Austauschwechsel erhalten. Er bejaht hier eine umfassende Aufklärungspflicht.[102]

c) Depotwechsel

266 Depotwechsel sollen der Absicherung eines anderen Geschäftes dienen, nicht deren Bezahlung. D. h., der Wechsel soll erst dann verwertet werden, wenn die aus dem Warengeschäft resultierende Forderung nicht ausgeglichen wird. Es kommt häufig vor, daß die Bank selbst den Wechsel als Sicherheit hereinnimmt (vgl. Art. 18 WG). In einem solchen Fall kann sie nicht über die Eignung und Bestimmung als Sicherheit getäuscht werden. Wer einen ihm zur Sicherheit überlassenen Depotwechsel an die Bank verkauft, wird allerdings entsprechend den Grundsätzen für Finanzwechsel verpflichtet sein, über die Sicherungsabsprachen aufzuklären, wenn sie sich nicht aus der Urkunde selbst ergeben.

d) Indizien für doloses Handeln des Banksachbearbeiters

267 Im Ermittlungsverfahren verteidigen sich Beschuldigte häufig damit, daß der Bank der wahre Charakter eines Finanzwechsels beim Ankauf bekanntgewesen sei. Folgende Gesichtspunkte können für betrügerische Manipulationen des Bankkunden oder – je nachdem – für eine wissentliche Mitwirkung des Kreditsachbearbeiters bei der Diskontierung von Wechseln sprechen:

268 (1) Rechnet das Kreditinstitut den angekauften Wechsel zu dem für bundesbankfähige Wechsel geltenden Diskontsatz ab, spricht eine Vermutung dafür, daß der Einreicher das Akzept ausdrücklich oder stillschweigend als guten Handelswechsel (Warenwechsel) bezeichnete.

269 (2) Wurde der Wechsel mit dem für Kontokorrentkredite üblichen hohen Zinssatz hereingenommen, wird der Bankangestellte meist den wahren Charakter des Finanzwechsels erkannt und deswegen auch das höhere Kreditrisiko bejaht haben. In Einzelfällen kann sich der höhere Zinssatz aber bereits daraus ergeben, daß die Refinanzierungsmöglichkeit wegen an sich unbedeutender Formfehler oder unrichtiger Domizilierung verneint wurde.

270 (3) Begehrt aber das Kreditinstitut noch sonstige, nur für Kurzkredite übliche Sicherheiten, so wurden die aus dem Wechselankauf erworbenen Forderungen erheblich geringwertiger beurteilt als das hingegebene Bargeld. Der Banksachbearbeiter hat somit vermutlich den Charakter des Finanzwechsels deutlich erkannt. Selbst bei dieser Abwicklung des Wechselgeschäfts kann die Bank noch getäuscht und geschädigt worden sein. Ging das Kreditinstitut davon aus, daß es sich um einen Warenwechsel handle, dem ein Wert innewohne, so konnten die vom Einreicher zur Verfügung gestellten Sicherheiten nur dann einen ausreichenden Gegenwert für den erlangten Wechselkredit darstellen, wenn am Fälligkeitstag bei unterbliebener Einlösung des Akzepts das Sicherungsgut ohne besondere Aufwendungen verwertet werden und die Bank zu ihrem Geld kommen konnte (vgl. hierzu BGHSt 15, 24). Es wird daher immer eine Frage der Beweiswürdigung bleiben, von welchem Zeitpunkt ab der Kreditsachbearbeiter durch den Wechseleinreicher nicht mehr getäuscht worden sein kann.

271 (4) Eine besondere Bedeutung kommt den von den Kreditinstituten im Einzelfall oder periodisch erhaltenen Auskünften über die Wechselverpflichteten zu. Entsprechende An-

[102] BGH vom 15. März 1979 – 4 StR 652/78.

fragen werden nämlich durch die allgemein bekannten Auskunfteien oder die Domizilbanken erledigt und in gesonderten Ordnern alphabetisch abgelegt. Die hierbei gewonnenen Erkenntnisse schlagen sich beim Wechselankauf durch eine unterschiedliche Höhe des Diskontsatzes im Abrechnungsbeleg nieder.

(5) Hatte die Bank einen in üblicher Weise (Zession, Grundschulden usw.) gesicherten Kredit eingeräumt und hierbei Wechsel nur zu dem Zweck hereingenommen und diskontmäßig abgerechnet, um bei Fälligkeit des Darlehens im Wege des Wechselprotests unverzüglich einen vollstreckbaren Titel zu erlangen, handelt es sich grundsätzlich nicht um den Ankauf eines guten Handelswechsels. Diese Geschäftsvorfälle sind im Rahmen der üblichen Kreditgeschäfte zu beurteilen. Der Bankier prüft somit die Kreditwürdigkeit nicht unter Anlegung des wechselrechtlichen Maßstabes, sondern wie bei der Einräumung eines Kontokorrentkredites. 272

e) Schadensfeststellungen

Die Feststellung der Höhe des Schadens bei Wechselmanipulationen bereitet Ermittlungsbehörden und Gerichten große Schwierigkeiten. Die Ermittlungen und die Hauptverhandlungen werden oft Monate und Jahre nach Verübung der Betrügereien durchgeführt. In dieser Zeit gelingt es häufig den Kreditinstituten im Zivilrechtsweg gegen alle Wechselverpflichteten oder durch mühsame Verwertung der Sicherheiten zu ihrem Geld zu kommen. Zeugen antworten im Strafverfahren auf die allgemein gehaltene Frage, ob die Bank durch den Ankauf des Wechsels geschädigt worden sei, häufig verneinend, wenn zwischenzeitlich der Kontostand abgedeckt oder die Wechselforderung in ein langfristiges, gegebenenfalls durch Grundschulden gesichertes Darlehen umgewandelt und somit aus dem Kontokorrentkonto buchungsmäßig herausgenommen wurde. Nach der dargestellten Rechtsprechung des BGH ist der Betrugstatbestand aber bereits mit dem Ankauf des Finanzwechsels ohne genügende Aufklärung der Bank vollendet. Erlangte das Kreditinstitut bis zur Hauptverhandlung eine Befriedigung oder steht diese in Aussicht, dann kann es sich nur um die Wiedergutmachung oder um die zu erwartende Wiedergutmachung des durch Täuschungshandlungen bei der Einreichung des Wechsels verursachten Schadens handeln. 273

Der Mindestschaden eines in Wahrheit nicht rediskontfähigen Wechsels umfaßt die Differenz zwischen dem Diskontsatz für gute Handelswechsel und dem für sonstige Wechsel üblichen Kontokorrentzinssatz.[103] Die Einlösung des Akzepts hat keinen Einfluß auf den verursachten Schaden. 274

Hatte das Kreditinstitut einen Gefälligkeits- oder Austauschwechsel in gutem Glauben als guten Handelswechsel angekauft und hatte der Einreicher über den ihm zur Verfügung gestellten Kredit disponiert, so ist es neben dem Zinsverlust noch um den gesamten Kreditbetrag geschädigt, wenn keine adäquaten, bei Fälligkeit unverzüglich verwertbaren Sicherheiten zur Verfügung gestellt wurden. Durch die Einlösung des Akzepts wird der angerichtete Schaden lediglich wiedergutgemacht. Die Vielzahl abgestufter Wiedergutmachungsmaßnahmen kann hier unerörtert bleiben. 275

4. Bedeutung des Schecks im Bankenbereich

a) Funktionen des Schecks

Der Scheck ist ein im nationalen und internationalen Zahlungsverkehr bedeutendes und unverzichtbares Zahlungsmittel. Diese Bedeutung des Schecks tritt zwar in Deutschland wegen der zentralisierten Zahlungsverkehrssysteme für Überweisungen in den Hintergrund, stellt aber im europäischen, amerikanischen und asiatischen Ausland das weitaus häufigste Zahlungsmittel für Private, Unternehmen und staatliche Stellen dar. Im Ausland sind die Zahlungsverkehrssysteme zwischen den vielen nur regional tätigen und 276

[103] BGH NJW 1976, 2028.

häufig nur auf wenige Bankgeschäfte ausgelegten Banken nicht sehr ausgeprägt, die Laufzeiten einer Zahlungsanweisung sind eher langwierig. Die Bankkunden sind deshalb darauf angewiesen, Zahlungen schneller per Scheck zu erhalten. Anglo-amerikanische Banken unterstützen dies durch bestimmte Serviceleistungen, die nicht typischerweise Bankgeschäfte sind.

Die Barclays Bank bietet z. B. ein sog. „Lockbox-Agreement" an, eine Vereinbarung, nach der die Bank beauftragt wird, für den Bankkunden ein Postfach einzurichten und zu unterhalten. Schuldner des Bankkunden können auf dessen Anweisung hin an die Bank Schecks übersenden. Die Bank leert auftragsgemäß das Postfach und nimmt die Schecks im Auftrag des Kunden entgegen. Je nach Weisung des Kunden wird der Scheck sodann auf einem bei der Bank unterhaltenen Konto gutgeschrieben oder an den Kunden weitergeleitet.

Auch das Scheck- und Kreditkartengeschäft ausländischer Banken ist aus diesem Grunde weitaus ausgeprägter als das deutscher Banken.

277 Der Scheck stellt auch ein Finanzierungsinstrument dar, dessen sich Kunden im vereinfachten Verkehr mit ihrer Bank bedienen. Da Inlandsschecks innerhalb von 8 Tagen nach Ausstellung vorzulegen und bei Sicht zahlbar sind (Art. 28, 29 Abs. 1), hat die Finanzierung der Schecksumme durch die Bank keine solche Bedeutung wie eine Wechselfinanzierung. Etwas anderes kann gelten, wenn Schecks bei einer inländischen Bank eingereicht werden, die im Ausland zahlbar sind, weil dann verlängerte Fristen gelten (innerhalb Europas: 20 Tage, bei einem Zahlungsort in einem anderen Erdteil 70 Tage). Der Scheck selbst ist ein abstraktes Orderpapier, das wie der Wechsel durch Blankoindossament oder aufgrund des Vordruckes zum Inhaberpapier werden kann. Das Eigentum an dem Wertpapier wird durch Einigung und Indossament übertragen. Soll lediglich ein Inkasso vereinbart sein, ist dies auf dem Scheck zu vermerken (Art. 23 ScheckG). Banken erwerben die Scheckforderung in Deutschland regelmäßig nur zum Inkasso. Die Scheckforderung kann auch verpfändet werden, was aber in der Praxis kaum vorkommt.

278 Der Scheck kann, wird aber in der Regel nicht angekauft, daher muß der Kunde auch keinen Diskont zahlen. Die Bank schreibt den Scheckgegenwert mit dem Vorbehalt „Eingang vorbehalten" dem Kundenkonto gut und gewährt damit eine Vorfinanzierung. Der wirtschaftliche Vorteil der Bank liegt darin, daß die Gutschrift wertmäßig, d. h. mit Verzinsungswirkungen, erst einige Tage später erfolgt. Dennoch wird häufig die Verfügung über den Scheckgegenwert bereits zugelassen, bevor der Scheck bei der bezogenen Bank eingelöst worden ist.

b) Abwicklung des Scheckverkehrs

279 Der Scheckverkehr wurde durch das zwischen den deutschen Kreditinstituten, der Deutschen Bundesbank und der Deutschen Bundespost im Jahre 1985 geschlossene Abkommen über das beleglose Scheckeinzugsverfahren (BSE-Abkommen) rationalisiert. Gegenstand des Vertrages sind nur inlandsbezogene und auf Beträge unter 5000 DM ausgestellte Schecks. Die Originalschecks werden überhaupt nicht mehr der bezogenen Bank zugeleitet, sondern die Abwicklung erfolgt im Datenträgeraustauschverfahren. Die Originale werden von dem annehmenden Kreditinstitut, welches im Regelfall auch die Überleitung auf EDV-Medien vornimmt, verwahrt. Auch nach der Erstellung von Mikrokopien der Vorder- und Rückseite sind die Originalschecks für einen Zeitraum von mindestens 2 Monaten aufzubewahren. Die Vorlegezeiträume zur bezogenen Bank werden dadurch verkürzt. Wird die Einlösung abgelehnt, so muß dies spätestens an dem auf den Tag des Eingangs der Scheckdaten folgenden Geschäftstag geschehen.[104] Bei Schecks, die auf einen Betrag von mindestens 5000 DM lauten, wird auch das Originalpapier an die bezogene Bank weitergeleitet. Zwangsläufig größer sind die Zeitspannen

[104] Vgl. Abdruck des BSE-Abkommens in *Bülow*, Wechselgesetz/Scheckgesetz/Allgemeine Geschäftsbedingungen, S. 959ff.

zwischen Einreichung und Einlösung durch die bezogene Bank bei Schecks, die den Betrag von 5000 DM übersteigen.

5. Strafbare Scheckbegebungen und -einlösungen

Die reine, außerhalb des kombinierten Wechsel- und Scheckaustausches erfolgende Scheckreiterei wird nur von Tätern praktiziert, die den wirtschaftlichen Zusammenbruch lediglich für Wochen und Monate zu verschieben und zu verschleiern vermögen. Auch dem kriminellen Scheckaustausch liegen dann keine Waren- oder Dienstleistungsgeschäfte zugrunde. Die Täter nützen nur den Zeitraum zwischen der bankmäßigen Gutschrift beim Einreicher und der bankmäßigen Belastung beim Aussteller. In der Regel handelt es sich um Schecks, denen keine tatsächliche Gegenforderung zugrunde liegt. Die Schecks werden bei einer Bank eingereicht und von dieser unter der Bedingung, daß der Gegenwert eingezogen werden kann, gutgeschrieben („Eingang vorbehalten"). Die Bank erlaubt in der Regel aber dem Scheckeinreicher die Verfügung über das Guthaben, bevor der Scheck eingelöst worden ist. 280

Die Begebung eines Schecks im Wege der Scheckreiterei ist gem. § 138 BGB sittenwidrig und daher nichtig. Wer einen Reitscheck zur Erreichung von Krediten bei einer Bank einreicht, erfüllt den Tatbestand des Betruges. Der Bank entsteht dadurch ein Schaden, daß sie die Schecksumme in der Annahme auszahlt, der Scheck sei gedeckt. Sie erwirbt durch den Scheck nicht den Gegenwert für das ausgegebene Geld. Bei der Scheckreiterei ist die genaue ziffernmäßige Feststellung des Schadens weder möglich noch notwendig.[105] 281

Ermittlungsfehler können vermieden werden, wenn man beachtet, daß nach der Rechtsprechung durch die wissentliche Hingabe eines ungedeckten Schecks bereits eine Leistung erschlichen wird und der Betrugstatbestand grundsätzlich erfüllt ist. Der Einwand, der Scheck hätte aus dem Gesamtvermögen des Scheckausstellers durchaus ausgeglichen werden können, beseitigt die bei der Hingabe des Schecks eingetretene Gefährdung der Vermögensposition des Schecknehmers nicht. Ausnahmsweise kann jedoch kein Schädigungsvorsatz angenommen werden, wenn sich nach der Scheckbegebung Umstände herausstellen, die zur Verweigerung der Scheckeinlösung berechtigen.[106] 282–289

VI. Besondere Kredite

1. Subventionskredit

a) Kriminelle Verhaltensweisen

Die Vielzahl der vom Bund und von den Ländern aufgelegten Förderprogramme für den Aufbau Ost oder die Förderung von Wohnungseigentum kann nur noch von Kreditspezialisten überblickt werden. Dieser Subventionsdschungel eröffnet ein besonderes Betätigungsfeld für Wirtschaftskriminelle, zumal die rechtliche Ausgestaltung und die Abwicklung der einzelnen Fördermaßnahmen den Strafverfolgungsbehörden und den Gerichten weitgehend unbekannt sind. Folgende kriminelle Verhaltensweisen werden aber zumeist bei intensiven Ermittlungen offenkundig: 290

- Der notleidende Unternehmer erschleicht sich die Fördermittel durch Vorlage falscher Unterlagen und erfüllt hierdurch die Tatbestände des Subventionsbetrugs, Kreditbetrugs oder des Betrugs.
- Die Hausbanken, die grundsätzlich bei der Erlangung von einschlägigen Krediten, Bundes- und Landeszuschüssen tätig werden müssen, leisten (wie Tiedemann aufgrund

---

105 BGH vom 30. März 1965 – 1 StR 504/64.

106 BGH NJW 1993, 1068; OLG Düsseldorf, wistra 1993, 277; zu den Voraussetzungen des Schädigungsvorsatzes bei Hingabe eines Schecks, der später nicht eingelöst wird, BGH, wistra 1989, 62.

seiner Forschungen feststellte – vgl. Subventionskriminalität in der Bundesrepublik, 262ff.) in Einzelfällen sogar Formulierungshilfen bei der rechtswidrigen Beantragung von Fördermitteln.

- Der insolvent gewordene Kaufmann spiegelt seinen Lieferanten einen nur vorübergehenden Liquiditätsengpaß vor, der durch das alsbaldige Ausreichen hoher Staatskredite überwunden werde. Obwohl die Kreditsachbearbeiter der jeweiligen Hausbanken genau wissen, daß ihr Institut die notwendige Primärhaftung nicht übernimmt und die in bestimmten Fällen geforderte Staatsbürgschaft und Fördermittel mit Sicherheit nicht zur Verfügung gestellt werden, wird in Bankauskünften gegenüber Lieferanten und sonstigen Gläubigern des insolventen Schuldners die Beantragung des Staatskredits bestätigt. Dem späteren Gemeinschuldner wird dadurch das Erschleichen von Lieferungen und Leistungen und eine Begünstigung seiner Banken zu Lasten Dritter ermöglicht.

291 Diese Machenschaften bleiben, wie die Praxis zeigt, zumeist den Opfern schon deshalb verborgen, weil ihnen eine Nachweismöglichkeit nicht eröffnet wird und die diesbezüglichen Ermittlungen zumeist im Vorfeld enden. Zivilrechtliche Schadensersatzansprüche gegen Kreditinstitute scheitern von vornherein an Beweisschwierigkeiten. Die Überprüfungspraxis jener Stellen, die die Voraussetzungen für die Vergabe von Fördermitteln feststellen, ist unzulänglich. So wurden häufig eigene Kontrollen unterlassen und sogar Selbstauskünfte des Antragstellers und Gefälligkeitstestate ortsfremder Steuerberater zur Grundlage der gutachterlichen Stellungnahme gemacht. Obwohl z. B. Arbeitsämter Eingliederungsbeihilfen verweigerten, weil es sich nicht um einen neuen Betrieb, sondern um die kriminelle Fortführung eines Bankrottunternehmens handelte, befürworteten die übrigen Stellen die weiteren, vom Antragsteller erstrebten Subventionen in Millionenhöhe. Gerade auf dem Gebiet der Subventionsmißbräuche könnte durch eine bessere und auch mögliche Überwachung und Abstimmung mit anderen Dienststellen diesen kriminellen Praktiken vorgebeugt werden. Der in das Subventionsverfahren eingeschaltete – jedoch nicht der den Bewilligungsbescheid erteilende – Amtsträger kann dadurch Täter des Subventionsbetrugs sein, daß er zugunsten des Subventionsnehmers zumindest leichtfertig im Sinne des § 264 Abs. 3 StGB unrichtige, subventionserhebliche Tatsachen festgestellt[107] oder gegenüber einem Vorgesetzten als richtig bestätigt[108] hat.

b) Einteilung der Förder- und Finanzierungshilfen

Die Vielzahl der Subventionen, Zulagen oder/und öffentlichen Kredite läßt sich im wesentlichen in folgende Fallgruppen einteilen:

(1) Die Investitionszulage

292 Das frühere Investitionszulagengesetz für das Zonenrandgebiet und andere förderbedürftige Gebiete in den alten Bundesländern lief am 31. Dezember 1989 aus. Für den Bereich der ehemaligen DDR wurde mit Verordnung vom 4. Juli 1990 über die Beantragung und die Gewährung von Investitionszulagen für Anlageinvestitionen (GBl DDR 1 Nr. 41 S. 621) eine Sonderregelung getroffen. An diese knüpfte das Investitionszulagengesetz vom 24. Juni 1991 und vom 23. September 1993, zuletzt geändert durch das Jahressteuergesetz 1996, an und fügte sowohl in zeitlicher Hinsicht als auch in Hinblick auf den Förderumfang Verbesserungen und Ergänzungen ein. Das Gesetz war bis zum 31. 12. 1998 befristet und ist an diesem Tag ausgelaufen. Die Fördermaßnahmen für die neuen Bundesländer sind zum 01. 01. 1999 umgestellt worden auf das durch das Gesetz vom 18. 08. 1997 neu eingeführte Investitionszulagengesetz 1999. Die Fördergebiete der Investitionszulage in den alten Bundesländern sind weggefallen. Fördergebiete sind nunmehr nur noch die Länder Berlin, Brandenburg, Mecklenburg-Vorpommern, Sachsen, Sachsen-Anhalt und Thüringen. Gefördert werden bewegliche Wirtschaftsgüter des Anlagevermögens, die im einzelnen in § 2 des Gesetzes beschrieben werden, ab 1. 1. 1999

[107] OLG Hamburg, NStZ 1984, 218.
[108] BGH NStZ 1985, 72.

werden auch Investitionen im betrieblichen Bereich und Wohnungsbau gefördert. Die Investitionszeiträume, die Bemessungsgrundlage sowie die Höhe der Investitionszulage (5–20%) ergeben sich aus §§ 3 bis 5 (neu: §§ 2 und 3 InvZulG). Bezugsberechtigt ist jeder Investor aus den alten und neuen Bundesländern, wenn die Investition in den vorgenannten Ländern erfolgte, § 1. Der Antrag ist grundsätzlich an das für die Einkommensbesteuerung des Antragstellers zuständige Finanzamt zu richten (§ 6 Abs. 2 InvZulG). Von den Ermittlungsbehörden ist zu beachten, daß die vormals notwendigen Bescheinigungen über die Förderwürdigkeit, die früher durch das Bundesamt für Wirtschaft in Eschborn bzw. das Bundeswirtschaftsministerium ausgefertigt wurden, nicht mehr notwendig sind. Der Antragsteller muß nur seinem Finanzamt durch Vorlage der einschlägigen Rechnungen die Investitionen in den neuen Bundesländern nachweisen.

Werden hierbei unrichtige Angaben gemacht oder wird das Investitionsgut nicht mindestens 3 Jahre am Investitionsort eingesetzt (§ 2 Abs. 1 InvZulG), dann ist der Tatbestand des § 264 StGB (Subventionsbetrug) erfüllt, wobei aber § 9 des InvZulG bestimmt, daß für die Verfolgung dieser Straftat sowie der Begünstigung der Person, die eine solche Straftat begangen hat, die **Vorschriften der Abgabenordnung** über die Verfolgung von Steuerstraftaten gelten. Damit hat der Staatsanwalt immer das Recht der Evokation gem. § 386 Abs. 4 AO. Hat er das Verfahren an sich gezogen oder wurde bei ihm die Strafanzeige erstattet, so wird er zweckmäßigerweise die Steuerfahndung, nicht die Kriminalpolizei mit den erforderlichen Ermittlungen beauftragen. Diese Fahndungsbeamten sind in der Regel mit den gesetzlichen Bestimmungen und den in den einzelnen Bundesländern üblichen Antragswegen hinreichend vertraut. Nicht selten versuchen aber Finanzbehörden, Ermittlungen dann zu blockieren, wenn bei dem insolventen Subventionsbetrüger aus fiskalischer Sicht nichts mehr zu holen ist. Hier hat der Staatsanwalt mit Nachdruck dem Legalitätsprinzip Geltung zu verschaffen und zur Vorbereitung eines unmißverständlichen Ermittlungsauftrages die einschlägigen Akten bei dem für die Einkommensbesteuerung des Gesuchstellers oder bei Gesellschaften für die einheitliche oder gesonderte Gewinnfeststellung zuständigen Finanzamt anzufordern. 293

Zahlreiche Taten werden aber vom alten Bundesgebiet aus gesteuert und verübt. Insbesondere besteht die Gefahr, daß Investitionsgüter in den neuen Bundesländern gefördert, aber in Wahrheit in den alten Bundesländern durch Verbringung oder Falschmeldungen genutzt werden. Teilweise wurden weder Betriebe noch Betriebsstätten i. S. d. § 2 InvZulG i.V. m. § 12 AO errichtet. In anderen Fällen wurden die durch teils fingierte Rechnungen ausgewiesenen Wirtschaftsgüter des Anlagevermögens überhaupt nicht in den Fördergebieten installiert oder vor Ablauf der 3-Jahres-Frist des § 2 aus den Fördergebieten entfernt. Im Zusammenhang mit dem Erschleichen der Investitionszulage erreichen die Täter noch unter Ausnutzung der im Fördergebietsgesetz vom 24. Juni 1991 (BGBl. I S. 1322), zuletzt geändert durch das Jahressteuergesetz 1996, vorgesehenen Sonderabschreibungen weitere erhebliche Steuervorteile. Damit wird die vom Gesetzgeber erstrebte Erleichterung und Beschleunigung des wirtschaftlichen Anpassungsprozesses in den neuen Bundesländern untergraben. 294

Da die Strafrechtspflege in den neuen Bundesländern im wirtschaftsstrafrechtlichen Bereich noch jahrelang nicht den gewünschten Stand erreichen wird, müssen die besser ausgestatteten Schwerpunktstaatsanwaltschaften in den alten Bundesländern, von denen aus viele Straftäter agieren, ihr besonderes Augenmerk auf die Verfolgung derartiger Straftaten richten und vor allen Dingen bei Vorliegen eines möglichen Gerichtsstandes jede Abgabe an eine Staatsanwaltschaft der neuen Bundesländer in den nächsten Jahren zurückstellen. 295

(2) Der Investitionszuschuß

Es handelt sich um Mittel (Steuergelder), die vom Bund und den Ländern zu je 50% zur Erfüllung von Gemeinschaftsaufgaben oder aufgrund eines landesbezogenen Mittelstandsprogramms vom jeweiligen Land zur Verfügung gestellt werden. Die Gemeinschaftsaufgaben zur Verbesserung der regionalen Wirtschaftsstruktur werden in einem 296

Gesamtplan festgelegt, der jeweils im Bundesanzeiger veröffentlicht wird. Hieraus ergeben sich die einzelnen Regelungen, die Fördergebiete, Schwerpunkte mit ihren Förderhöchstsätzen usw. Durch diesen Zuschuß sollen Standortnachteile in strukturschwachen Regionen ausgeglichen und Unternehmen Anreize gegeben werden, in solchen Regionen zu investieren. Für die Abwicklung sind die Wirtschaftsminister oder Senatoren der Bundesländer verantwortlich, die ihre Aufgaben zum Teil an andere Stellen delegiert haben. Bayern bedient sich zur Entgegennahme, Vorprüfung oder im bestimmten Rahmen auch zur Genehmigung der Anträge der Bezirksregierungen. Mit dem Ausreichen der genehmigten Zuschüsse ist die Landesanstalt für Aufbaufinanzierung München betraut. In der Hansestadt Hamburg z. B. laufen die Anträge über die Behörde für Wirtschaft, Verkehr und Landwirtschaft. Dem Antrag auf Investitionszuschuß muß eine Erklärung der Hausbank beigefügt werden, wonach die Finanzierung des Investitionsvorhabens selbst für den Fall sichergestellt ist, daß der begehrte Zuschuß nicht bewilligt wird. Da die Hausbank grundsätzlich nur bei der Erstellung eines Finanzierungsplanes mitwirkt und die Zuschußanträge direkt bei der Regierung eingereicht werden, entfällt jede Primärhaftung der Kreditinstitute. Aus diesem Grund werden von den Banken die nicht risikobehafteten Erklärungen häufig unkritisch abgegeben und lassen die bankübliche Sorgfaltspflicht vermissen.

(3) Darlehen aus verschiedenen Förderprogrammen

297 Der Katalog der Förderprogramme für die Wirtschaft wird von Jahr zu Jahr umfangreicher und damit unübersichtlicher.[109] Das Spektrum des Förderinstrumentariums umfaßt Investitionen für Existenzgründungen, Rationalisierungen, Modernisierungen, Innovationen des High-Tech-Bereichs und des Umweltschutzes. Flankiert werden diese Maßnahmen durch Beteiligungsgesellschaften des Bundes und der Länder, die Risikokapital zur Verfügung stellen, und durch öffentliche Bürgschaften, die risikobehaftete Engagements mit bis zu 80%igen Ausfallbürgschaften entlasten. Hierzu gehören vor allen Dingen die ERP-Kredite, die durch die Kreditanstalt für Wiederaufbau in Frankfurt vergeben werden, Kredite der Lastenausgleichsbank in Bonn/Bad Godesberg und Kredite aus regionalen Förderprogrammen der Länder für die gewerbliche Wirtschaft. Letztere werden in Bayern durch die Landesanstalt für Aufbaufinanzierung in München aufgelegt.

298 Die Antrags- und Abwicklungsmodalitäten zur Erlangung dieser Fördermittel unterscheiden sich grundlegend von denen des Investitionszuschusses und der Investitionszulage. Die Kredite müssen grundsätzlich über die Hausbank beantragt werden, die gegenüber dem Kreditgeber (z. B. Kreditanstalt für Wiederaufbau, Lastenausgleichsbank, Landesanstalt für Aufbaufinanzierung, Finanzierungsaktiengesellschaft) die Primärhaftung übernehmen muß. Die Darlehen sind nach bankmäßigen Gesichtspunkten abzusichern. Nach den Vergaberichtlinien dürfen in der Regel diese Finanzierungshilfen nicht zur Rückführung anderer Kredite verwendet werden. Eine Ausnahme bilden lediglich die äußerst seltenen Konsolidierungs- und Sanierungskredite, die zur Umschuldung kurzfristiger Verbindlichkeiten verwendet werden müssen. Der Staatsanwalt wird aber feststellen, daß diese Ausnahme häufig zum Regelfall wird, die Absicht bereits bei Antragstellung bestand, jedoch durch wahrheitswidrige Formulierung verschleiert wurde. Da jedes Bundesland besondere Kreditanstalten mit unterschiedlicher Bezeichnung eingerichtet hat, ist es zweckmäßig, sich im Einzelfall bei den zuständigen Ministerien, Industrie- und Handelskammern oder den jeweiligen Hausbanken über die genaue Bezeichnung und Anschrift des öffentlichen Kreditgebers zu unterrichten.

299 Plant der Antragsteller von vornherein eine zweckwidrige Verwendung der Mittel oder der damit angeschafften Gegenstände und macht er über subventionserhebliche Tatsachen unrichtige Angaben, ist der Tatbestand des Subventionsbetrugs, § 264 StGB, zu bejahen. Bei der Prüfung dieses Sachverhalts sind die Bestimmungen des Subventionsge-

[109] Vgl. „Die Finanzierungshilfen des Bundes, der Länder und der internationalen Institutionen", Ausgabe 1994/95 – 3 Bände.

setzes[110] und der jeweiligen Landes-Subventionsgesetze zu beachten. EU-Subventionen fallen nur dann unter die deutschen Subventionsgesetze, wenn die Vergabestelle in Deutschland sitzt.[111]

Tritt nach Ausreichen der Fördermittel eine Änderung einer subventionserheblichen Tatsache ein und unterläßt der Täter die nach den Förderrichtlinien, dem Subventionsbescheid oder dem Subventionsgesetz erforderliche Unterrichtung der zuständigen Stellen, so ist ebenfalls eine Strafbarkeit nach § 264 StGB gegeben. **300**

Künftig ist zu prüfen, ob die mit dem Ausreichen von derartigen Fördermitteln betrauten Stellen, Gerichte, Behörden und rechtsfähigen Anstalten des öffentlichen Rechts die ihnen aus § 6 des Subventionsgesetzes auferlegte Pflicht mißachten, Subventionsbetrügereien der Staatsanwaltschaft zu melden. Die einzelnen Kreditinstitute (Hausbanken) haben nämlich den Einsatz der Kreditmittel zu überwachen, sich die bestimmungsgemäße Verwendung und die Erfüllung etwaiger Auflagen nachweisen zu lassen und einen Abschlußbericht zu erstatten. Werden Unregelmäßigkeiten festgestellt, so ist das den Vergabestellen zu berichten. Verletzen deren Sachbearbeiter die Anzeigepflicht gegenüber der Staatsanwaltschaft, so ist der Straftatbestand der Strafvereitelung zu prüfen. **301**

2. Verbraucherkredite

Der Verbraucherkredit hat in den letzten Jahren zunehmend an Bedeutung gewonnen und ist zum Tummelplatz für Umschuldungsschwindler und unseriöse Kreditvermittler geworden. Das Volumen der Ratenkredite und deren Verteilung auf die Branche kann der folgenden Übersicht entnommen werden: **302**

	Gesamt (Mrd. DM)	Private Banken[0]	Sparkassen-sektor[1]	Genossen-schaftssektor[2]	Sonstige[3]
1986	88	37,5%	40,9%	20,7%	0,9%
1987	94	37,5%	41,2%	20,4%	0,9%
1988	100	37,8%	41,0%	20,1%	1,1%
1989	109	38,9%	40,1%	19,7%	1,3%
1990	118	39,2%	40,3%	18,6%	1,9%
1991	138	40,6%	40,8%	16,9%	1,7%
1992	148	42,3%	40,8%	15,4%	1,5%
1993	155	42,0%	41,7%	14,6%	1,7%
1994	161	42,0%	42,8%	14,0%	1,2%
1995	182	37,6%	37,2%	24,2%	1,0%
1996	193	37,0%	36,2%	25,7%	1,1%
1997	202	36,7%	34,8%	27,0%	1,5%
1998*	205	37,6%	34,5%	26,4%	1,5%

ab 1990 gesamtdeutsch
[0] Großbanken, Regionalbanken, Privatbankiers, Zweigstellen ausländischer Banken
[1] Girozentralen, Sparkassen
[2] Genossenschaftliche Zentralbanken, Kreditgenossenschaften
[3] Kreditinstitute mit Sonderaufgaben, Realkreditinstitute
* Stand Juni 1998

Quelle: Deutsche Bundesbank und BDB

---

[110] Abgedruckt bei *Tröndle*, StGB, Anh. 6.
[111] *Tröndle*, a.a.O., § 264 StGB Rn. 1.

303 Zielgruppe des Konsumentenkredits ist nicht der Unternehmer, sondern der private Verbraucher, d. h. der Konsument. Mit allen verfeinerten Mitteln der psychologischen Werbung werden die Verbraucher zur Eingehung kurzfristiger Dispositions- und mittelfristiger Ratenzahlungskredite verleitet. Die ungeheure Verschuldung weiter Bevölkerungskreise veranlaßte staatliche, kirchliche und soziale Institutionen dazu, Schuldnerberatungen als Hilfsangebot für hochverschuldete Familien und Einzelpersonen einzuführen. Aber auch die EG-Kommission hat die großen Gefahren erkannt und am 22. Dezember 1986 die EG-Richtlinie 87/102/EWG[112] erlassen. In Umsetzung dieser Richtlinie und unter Einbeziehung der EG-Richtlinie 90/88/EWG hat der Bundesgesetzgeber das Verbraucherkreditgesetz vom 22. Dezember 1990 (BGBI. I 2840), geändert durch Gesetz vom 27. April 1993 (BGBI. 1509), erlassen. Durch die Neuregelung der Preisangabenverordnung vom 3. April 1992 (BGBl. 1846) wurde der Verbraucherschutz wesentlich erweitert.

304 Der Kreditbegriff des Verbraucherkreditgesetzes weicht von dem hier verwendeten strafrechtlichen Kreditbegriff ab.[113] Wegen der für Zwecke des Strafrechtes nicht ausreichend bestimmt erscheinenden Fassung des VerbrKredG sollte auch hier auf den Kreditbegriff des § 265b Abs. 3 Nr. 2 StGB zurückgegriffen werden, der in der Praxis alle problematischen Fälle abdeckt.

305 Durch den Bundesverband deutscher Banken und den Verband deutscher Hypothekenbanken wurde ab 1. Juli 1992 zum Schutz der Konsumenten ein Schlichtungsverfahren eingeführt, um Streitigkeiten zwischen Banken und Kunden außergerichtlich klären zu können, sog. Ombudsmann-Verfahren.[114] Die Raiffeisen- und Volksbanken sowie die Sparkassen haben sich diesem Verfahren allerdings nicht angeschlossen.

a) Dispositionskredit bei Banken oder Finanzdienstleistern

306 Opfer der Werbung für Dispositionskredite ist zumeist der Gehaltsempfänger. Das sein Gehaltskonto führende Bankinstitut räumt ihm einen Kreditrahmen ein, der bis zu einem Mehrfachen der Monatseinkünfte ausgeschöpft werden kann. Da zwischen dem Kreditinstitut und dem Kontoinhaber keine besonderen Absprachen erfolgen, verkennt der Darlehensnehmer zumeist die ihn stark belastenden Kreditkosten. Er verfügt über die Geldmittel wie „Hans im Glück" und kann sich leicht hoch verschulden. Da der Verbraucher den Kredit nicht zweckgebunden verwenden muß und in der Regel keine feste Rückzahlungsverpflichtung besteht, erhöhen sich für ihn die Risiken. Der Gesetzgeber hat die Gefahren dieser Art des Kontokorrentkredites unterschätzt und die Schutzbestimmungen des Verbraucherkreditgesetzes nach § 5 nicht umfassend auf diese Kreditform ausgedehnt.

b) Ratenkredit

307 Dieser Kredit soll dem Verbraucher die Möglichkeit eröffnen, Wünsche zu erfüllen, die er mit seinen normalen Einkünften und Ersparnissen nicht unverzüglich realisieren konnte. Die Laufzeit dieser Kredite bewegt sich meist zwischen 6 und 60 Monaten. Obwohl das Darlehen manchmal eine Höhe bis zu 30000 DM und darüber erreicht, stehen dem Kreditinstitut nur in seltenen Fällen Sicherheiten zur Verfügung. Die persönliche Bonität des Kreditnehmers, insbesondere seine Einkommensverhältnisse, sind von ausschlaggebender Bedeutung. Während der Überziehungskredit dem Kontoinhaber bei laufenden Bezügen zumeist stillschweigend eingeräumt wird, ist der persönliche Ratenkredit an den Abschluß eines besonderen Kreditvertrages gebunden, in welchem die Kredithöhe, die Laufzeit, die Tilgung, die Zinsen und Nebenkosten festgelegt werden.

---

112 NJW 1988, 1959ff.

113 Vgl. Rn. 151ff.

114 Verfahrensordnung vgl. NJW 1992, 2745ff.

Die kreditgebenden Institute haben ihr Ausfallrisiko weitgehend durch die Zinshöhe, die geforderten Nebenkosten und den Abschluß von Restschuldversicherungen abgefangen und letztlich auf die Allgemeinheit abgewälzt. Der einzelne Kreditnehmer hingegen kann in wucherischer Weise ausgebeutet werden, wobei nicht selten Kreditvermittler mitwirken.

c) Unseriöse Kreditvermittler

Die Praktiken unseriöser Kreditvermittler seien hier kurz dargestellt:

(1) Viele Kreditvermittler kaufen Adressen von professionellen oder semi-professionellen Adreßsammlern. Diese werten Anzeigenzuschriften aus, lassen sich von Versicherungs- und Finanzierungsvermittlern persönliche Daten der Kunden geben, machen Hausumfragen oder bitten die Deutsche Bundespost um Beschreibung der Kundenhäuser, der wichtigsten Post, der Werbezuschriften etc. Eine Vielzahl an Daten kommt auch dadurch zustande, daß Versandhäuser ihre Kundendaten verkaufen, daß durch die EDV-Bestellungen online oder bei einem Versandunternehmen nicht nur persönliche Daten gespeichert werden, sondern auch Daten über das (einmalig oder mehrmalig) bestellte Produkt, so daß der Adreßempfänger sich aus der Vielzahl der Daten ein genaues Bild von der Person und deren Vorlieben machen kann. 308

(2) Es gibt Anhaltspunkte dafür, daß in Einzelfällen Kreditsachbearbeiter und Filialleiter mit Kreditvermittlern zusammenarbeiten und ihnen sogar die von der Schufa gesammelten Informationen, die normalerweise nur den an diese Schutzgemeinschaft angeschlossenen Personen und Firmen gegeben werden, weiterleiten. Diese stehen wiederum teilweise untereinander in Verbindung. Nur so ist zu erklären, daß vor Inkrafttreten des Verbraucherkreditgesetzes (1.Januar 1991) der einzelne Kreditnehmer von Kreditvermittlern in eine Umschuldungsfalle gezerrt wurde. 309

In einem Einzelfall wurde z. B. der ursprüngliche Kredit von 5000 DM auf eine Gesamthöhe von 45000 DM gesteigert. Die am Anfang gewährte Nettoauszahlung wurde in Wahrheit nicht erhöht, weil sich die einzelnen Kreditvermittler vorab ihren Löwenanteil gesichert hatten. Unter der Vorspiegelung, daß die Schuldenlast durch Streckung erträglicher und ohne Einschränkung der sonstigen Lebensbedürfnisse gestaltet werde, wurde zunächst ein neuer Vermittlungsvertrag abgeschlossen, in welchem ein für den Laien unverständliches „Packing" oder eine „Courtage" festgelegt wurden. Sodann wurde der eigentliche Kreditvertrag vorbereitet und bei einer bestimmten Bank mit jeweiligen Auszahlungsanweisungen des Kreditnehmers eingereicht. Zunächst erhielt der Vermittler seine in den Worten Packing und Courtage verschleierte, beachtliche Vorprovision, die auf sein persönliches Bankkonto floß. Auch die weiteren Zahlungsanweisungen waren so gestaltet, daß dem Kreditnehmer jeglicher Einfluß und Einblick verwehrt blieb. Der Vermittler bekam schließlich vom Kreditinstitut noch zusätzlich die banküblichen Vergütungen.

Das Verbraucherkreditgesetz soll den Darlehenssuchenden vor derartigen Kreditumschuldungsfallen bewahren. Nach § 16 dieses Gesetzes darf sich bei einer Umschuldung der effektive Jahreszins nicht erhöhen. Der Kreditvermittler kann eine Vergütung nur dann fordern, wenn durch günstigere Bankkonditionen des Neukredits im Verhältnis zum Altkredit auch noch Spielraum für eine in den effektiven Jahreszins einzubeziehende Vermittlergebühr besteht. Im übrigen ist gem. § 15 VerbrkredG in dem schriftlich abzufassenden Kreditvermittlungsvertrag die Vergütung auszuweisen, selbst wenn sie vom Kreditgeber, d. h. der Bank, bezahlt wird. Eine weitere entscheidende Schutzbestimmung wurde durch § 7 geschaffen, wonach dem Verbraucher ein Widerrufsrecht von 1 Woche eingeräumt wird. Schließlich ist nach § 16 S. 1 die Vergütung des Kreditvermittlers erfolgsabhängig und kann nur dann gefordert werden, wenn ein Widerruf nicht mehr möglich ist und der Darlehensbetrag dem Verbraucher tatsächlich zur Verfügung gestellt wurde.[115] 310

115 OLG Köln, ZIP 1993, 1541.

311 (3) Die kriminellen Vermittler versuchen verstärkt, diese gesetzlichen Abwehrmechanismen zu unterlaufen. Sie locken nämlich den Kreditsuchenden mit dem Versprechen in das Ausland, daß er bei Vorausentrichten einer Bearbeitungs- und Vermittlungsgebühr das gewünschte Darlehen von einem ausländischen Institut oder sonstigem Geldgeber bekommt. Anstatt des gewünschten Darlehensbetrages erhält der getäuschte Kreditsuchende unter dem Tarnnamen einer nicht existierenden Firma einen abschlägigen, nicht begründeten Bescheid oder überhaupt keine Mitteilung. Der an sich zugesagte Kreditauszahlungszeitpunkt wird mit unterschiedlichsten Erklärungen immer wieder hinausgezögert; ein für die Darlehensbeschaffung nötiger Pool sei „noch nicht voll geworden" oder andere Kreditnehmer seien abgesprungen, deren in Form von Schecks erbrachte Vorauszahlungen seien „geplatzt".

d) Besonderheiten der Tat- und Schadensfeststellung

312 Betrug begeht derjenige Kreditvermittler, der gegen Entgelt eine Leistung (einen Kredit) verspricht, den er nicht geben kann und von dem er weiß, daß auch der vermittelte Darlehensgeber nicht bereit ist, das Geld auszuzahlen. Der Schaden des Kunden besteht darin, daß er Gelder an den Vermittler zahlt, die er nicht gezahlt hätte, wenn dieser keine falschen Erklärungen abgegeben hätte. Die an den Kreditvermittler geflossenen Nebenleistungen werden oftmals in Zivil- oder Strafverfahren übersehen. Unseriöse Kreditvermittler leben nach wie vor von der Entgegennahme nicht vermittlungsfähiger Kreditwünsche und der damit verbundenen Erhebung von Bearbeitungsgebühren. Betrug kann auch dann vorliegen, wenn der Kreditvermittler ein untaugliches oder im Honorar übersetztes Schätzgutachten einholen ließ, obwohl von vornherein klarstand, daß ein Kredit nicht ausgezahlt werden kann, und er mit dem Gutachter zusammenarbeitete.

313 Wucher im Sinne des § 291 StGB liegt vor, wenn Leistung und Gegenleistung in einem auffälligen Mißverhältnis stehen. Bei Krediten mit einer Effektivverzinsung von 30% und mehr kann das bejaht werden. Ab einem Effektivzins von mehr als 100% über dem marktüblichen Zins liegt eine Straftat eindeutig vor.

314 –319 Der Staatsanwalt darf sich bei Auswertung von Zivilakten über Auseinandersetzungen über die Kreditvermittlungsprovision oder sonstige Vermittlungskosten nur bedingt auf die dort gefällten Urteile stützen. Diese können auf einem Beweisergebnis beruhen, das durch die vom Kreditvermittler benannten willfährigen Zeugen beeinflußt worden sein kann. Nur die Auswertung aller bei den Banken und beim Vermittler befindlichen Unterlagen ermöglichen den Einblick in die vom Kreditvermittler tatsächlich erschlichenen Vorteile. Hierbei wird manchmal offenkundig, daß sich der unseriöse Vermittler noch Sicherheiten und Vorteile gewähren ließ, die zumeist neben dem Straftatbestand des Betruges auch den des Wuchers erfüllen.

VII. Factoringgeschäfte

1. Bedeutung

320 In Deutschland betreiben einige Banken auch das Factoringgeschäft. Factoring von Forderungen ist eine aus dem amerikanischen Rechtskreis stammende, dem Diskontgeschäft wirtschaftlich verwandte Sonderart des **Forderungskaufes mit Finanzierungsfunktion**. Ein Unternehmer veräußert Ware oder erbringt Werk- oder Dienstleistungen. Seine Geldforderungen aus diesem Handelsgeschäft werden aber aufgrund der Vereinbarungen mit dem Schuldner nicht sofort fällig. In der Praxis haben die Geldforderungen eine Laufzeit von bis zu 90 Tagen. Darüber hinausgehende Fälligkeiten beruhen meist auf besonderen Fallgestaltungen, z. B. ausländischen Fälligkeitsvereinbarungen. Um sich kurzfristig oder umfassend Liquidität zu verschaffen, veräußert der Unternehmer seine Forderung aus dem Handelsgeschäft (in der Regel aus Kauf, Werkvertrag, selbständiger

Dienstleistung) an das Factoringunternehmen. Dabei hat er in der Regel den Bestand und die Fälligkeit seiner Forderung durch Vorlage entsprechender den Anspruch belegender Unterlagen nachzuweisen. Die Zahlungsbereitschaft und Zahlungsfähigkeit (Bonität) des Forderungsschuldners prüft dabei meistens das Factoringunternehmen. Häufig wird das Ausfallrisiko versichert. Das Factoringunternehmen zahlt nach Ankauf der Forderung sofort den Gegenwert der Forderung abzüglich eines vereinbarten Sicherheitseinbehaltes aus. Der Forderungsschuldner ist verpflichtet, an das Factoringunternehmen zu zahlen, wenn er von diesem oder von dem Altgläubiger (= Factorkunde) über die Abtretung unterrichtet und ihm die Abtretungsurkunden übersandt worden sind (§ 410 BGB). Das Geschäft ist abgewickelt, wenn der Forderungsschuldner an den Factor zahlt. Leistet der Schuldner nicht an den Factor, weil er den Rechtsübergang nicht kennt oder zur Leistung nicht verpflichtet ist (vgl. § 354a HGB), dann endet das Geschäft dann, wenn der Factorkunde den bei ihm eingegangenen Forderungsbetrag an das Factoringunternehmen weiterleitet. **Factoringgeschäfte sind strafrechtlich gesehen Kredite im Sinne des § 265b Abs. 3 Nr. 2 StGB.**

In Deutschland haben sich die Factoringinstitute im Deutschen Factoringverband mit 321
Sitz in Mainz zusammengeschlossen. Die Besonderheit der Factoringinstitute und auch deren Anfälligkeit für kriminelle Machenschaften liegt darin, daß Factoringinstitute als solche keiner Banken- oder Staatsaufsicht unterliegen. Der Forderungsankauf als solcher stellt kein Bankgeschäft im Sinne von § 1 KWG dar, da im Factoring typischerweise (aber nicht ausschließlich) Geldforderungen aus Waren- und Dienstleistungsgeschäften erworben werden. Auch durch die 6. KWG-Novelle ist keine staatliche Aufsicht über Factoringinstitute eingeführt worden. Der Ankauf von Geldforderungen ist anders als der Ankauf von Wechseln oder Schecks oder der Erwerb von Darlehensforderungen keine Finanzdienstleistung im Sinne von § 1 Abs. 1a, 11 KWG. Factoringunternehmen sind allerdings „Finanzunternehmen" im Sinne von § 1 Abs. 3 Ziff. 2 KWG. Die Unternehmen unterliegen daher keinen Erlaubnisvorbehalten, keiner besonderen externen Kontrolle und keiner Verpflichtung zu Meldungen.[116] Lediglich die Konsolidierungsvorschriften des § 10a KWG und bestimmte Meldepflichten sind von Finanzunternehmen zu beachten. Nur dann, wenn eine Bank neben ihren erlaubnispflichtigen Bankgeschäften zusätzlich das Factoringgeschäft betreibt, unterliegt sie für ihren gesamten Geschäftsbetrieb den Vorschriften des KWG.

Rechtspolitisch erscheint das nach dem Zusammenbruch der größten deutschen Ex- 322
portfactoringgesellschaft Procedo im Jahr 1994 durch die betrügerischen Machenschaften ihres größten Kunden, der Balsam AG,[117] mit einem Schaden der Refinanzierungsbanken von ca. 1,7 Milliarden DM und angesichts der neuen Regelungen für andere Finanzdienstleister nach der 6. KWG-Novelle nicht sinnvoll zu sein. Da der Gesetzgeber aber von einer Einbeziehung der Factoringinstitute in die Bankenaufsicht abgesehen hat, wird man auf kriminelles Verhalten solcher Finanzdienstleister und deren Kunden nur auf die Regelungen über Betrug, Kreditbetrug und Untreue zurückgreifen können. Außerhalb der Meldepflichten nach § 10a KWG wird man dieses Gesetz auch nach der 6. KWG-Novelle nicht zum Maßstab für die von Factoringunternehmen in eigenen Sachen anzuwendende Sorgfalt heranziehen können.

Factoring ist ein wirtschaftlich sinnvolles Geschäft für den Forderungsgläubiger, weil 323
die Vorfinanzierung der Forderung durch das Factoringgeschäft zu einer spürbaren Verbesserung der Liquiditätslage führt. Bilanzrechtlich findet so ein Aktivtausch statt, d. h. die Bilanzposition Forderungen gegen Kunden wird durch die Bilanzposition Guthaben bei Banken oder Kasse ausgewechselt. Ohne Frage bessern sich dadurch auch die Bilanzkennzahlen eines Unternehmens. Der Verkauf der Forderungen an einen Factor wird in

---

116 *Jung/Schleicher*, Neue gesetzliche Regelungen für Finanzdienstleister – Die 6. KWG-Novelle, Berlin 1998, S. 57.

117 LG Bielefeld, 9 KLs – IX/95, 6 Js 415/92.

der Bilanz des Factoringkunden nicht dargestellt, solange und soweit sich keine Verbindlichkeiten gegenüber dem Factor aus dem Factoringvertrag ergeben. Im bürgerlichrechtlichen Sinne kann Factoring als vollwertiges Forderungsankaufgeschäft vereinbart werden, wenn mit der Forderung alle Nebenrechte und Risiken verkauft und übertragen werden (§§ 433, 398 BGB, „echtes Factoring"). Das Ausfallrisiko wegen mangelnder Bonität des Forderungsschuldners (mißverständlich auch Drittschuldner genannt) trägt dabei das Factoringunternehmen. Eine Forderung kann aber auch nur zum Inkasso angekauft werden (unechtes Factoring), dann trägt das Ausfallrisiko letztlich der Forderungsaltgläubiger. Rückzahlungsverpflichtungen des Forderungsgläubigers gegenüber dem Factor ergeben sich nur dann, wenn die veräußerte Forderung nicht existent war, der Forderungsgläubiger schon bei dem Verkauf der Forderung wußte, daß sie nicht beitreibbar sein wird, der Forderungsschuldner die Forderung bereits erfüllt hat oder der Gegenwert der Forderung bei oder nach Fälligkeit bei dem Forderungsgläubiger eingeht.

2. Mißbrauch von Factoringvereinbarungen

a) Mißbrauch der Kunden-Factor-Beziehung

324 Kriminelle Kunden nutzen auch hier die Möglichkeiten, an das Geld von Factoringinstituten zu gelangen, auf alle erdenklichen Arten aus.

Zu unterscheiden sind drei permanente Risikofelder beim Ankauf von Forderungen:

- das Bestandsrisiko (Veritätsrisiko) der Forderung (1)
- das Bonitätsrisiko des Forderungsschuldners (2) und
- das Weiterleitungsrisiko bei Geldeingang beim Altgläubiger (3).

325 (1) Derjenige, der eine Forderung aus Handelsgeschäften durch Abtretung des Vollrechtes veräußert, muß den rechtlichen Bestand (die Verität) der Forderung, deren (zukünftige) Fälligkeit und die Abtretbarkeit der Forderung nachweisen. Die Praxis vieler in- und ausländischer Forderungsschuldner, durch AGB (gem. § 399 BGB) die Abtretbarkeit auszuschließen, ist für die Fälle gegenseitiger Handelsgeschäfte und der Forderungen gegen staatliche Stellen und staatliche Sondervermögen gem. § 354a HGB unverbindlich geworden. Nach ausländischen Rechtsordnungen sind zusätzlich bestimmte Anforderungen an die Forderungsabtretungen (z. B. Publizitätspflichten, förmliche Zustellungen etc.) einzuhalten. Ein Nachweis des Forderungsbestandes kann durch Vertragsurkunden und/oder Abrechnungen mit Transportnachweisen (Lieferscheinen, Lagerbestätigungen, Abnahmebescheinigungen, Zolldokumente etc.) geführt werden. Die Factoringgesellschaft prüft die vorgelegten Unterlagen und entscheidet dann über den Ankauf der Forderung. Mißbräuche kommen dann vor, wenn die Forderung insgesamt fingiert wird, ge- oder verfälschte Unterlagen vorgelegt und dadurch eine Ankaufsentscheidung erschlichen wird. Ebenso wird zuweilen darüber getäuscht, daß bereits Zahlungen erbracht oder Einwendungen erhoben worden sind, die die Durchsetzbarkeit der Forderung ganz oder teilweise ausschließen.

326 Wird von dem Forderungsverkäufer verschleiert, daß Forderungsschuldner eine Konzern(tochter)gesellschaft ist, liegt der Forderung kein echtes wirtschaftliches Austauschverhältnis zwischen Dritten zugrunde, es handelt sich dann meist um den Verkauf einer „Forderung gegen sich selbst". Ein solcher Forderungsverkauf ist der Abwicklung eines Finanzwechselgeschäftes vergleichbar. Selbst die Stellung von Sicherheiten durch den Forderungsgläubiger dürfte die Gefährdung der Vermögensinteressen des Factors nicht beseitigen, wenn nicht sofort liquidierbare Sicherheiten übertragen werden. Allerdings ist das Geschäft als solches nicht sittenwidrig.

327 Anders liegt der Fall, wenn (ausnahmsweise) abstrakte Forderungen aus Schuldversprechen oder Inhaberpapieren verkauft werden. Der Ankauf solcher abstrakter Forderungen (Bankgarantien, Zahlungsversprechen) kann wirtschaftlich begründet und sinnvoll sein, wenn der Ausstellung derartiger abstrakter Zahlungsversprechen wiederum

echte Handelsgeschäfte zugrunde liegen. Daß dabei die Grenzen zum reinen Bankgeschäft verwischt werden, ist hinzunehmen.

(2) Das Bonitätsrisiko ist ein von dem Altgläubiger normalerweise nicht zu beeinflussendes Risiko, da er auf die wirtschaftliche Situation des Forderungsschuldners normalerweise keinen Einfluß hat. Ausnahmen – und damit Mißbräuche – kommen vor, wenn der Gläubiger wissentlich falsch beim Verkauf der Forderung erklärt, die Bonität des Forderungsschuldners liege vor. 328

(3) Besonders dann, wenn zwischen den Parteien die Nichtanzeige des Forderungsübergangs vereinbart wird (sog. stilles Factoring) und der Forderungsschuldner deshalb an den Altgläubiger zahlt, entstehen Weiterleitungsverpflichtungen an das Factoringunternehmen. Diese sind, wenn sie nicht erfüllt wurden, am Bilanzstichtag zu bilanzieren. Wenn diese Verpflichtungen nicht erfüllt werden, sind intensiv die Vereinbarungen zwischen Factoringunternehmen und Altgläubiger zu untersuchen, um gegebenenfalls aus den vertraglich vereinbarten Verpflichtungen Treuepflichten ableiten zu können. Ausgangslage für Mißbräuche ist meist die schlechte Liquiditätslage solcher Unternehmen. Infolge schlechter Bilanzverhältnisse und Bilanzkennzahlen erlangen sie keine kurzfristigen Bankkredite mehr und verwenden eingehende, aber ihnen nicht gebührende Gelder zweckentfremdet. 329

b) Mißbrauch der Refinanzierungsmöglichkeiten

Factoringunternehmen sind selten in der Lage, den gesamten Gegenwert der hereingenommenen Forderung (abzüglich branchenüblicher Sicherheitseinbehalte zwischen 10 und 20%) an den Factoringkunden auszuzahlen. Daher finanzieren diese Unternehmen den Forderungsbestand durch Refinanzierungskredite der Banken gegen Zession der angekauften Forderungen. Die Täuschung des Factoringkunden über den Bestand einer Forderung oder die Bonität des Forderungsschuldners führt zu einer massiven Gefährdung der Refinanzierungslinie, weil die dafür angebotenen Sicherheiten tatsächlich nicht existent oder nicht werthaltig sind. Erkennt das Factoringunternehmen, daß die Refinanzierungsbank Kredite nur unter bestimmten Bedingungen abwickeln will, und spiegelt es wahrheitswidrig das Vorliegen derartiger Bedingungen vor, dann kann darin ein Täuschungsverhalten liegen, das die Bank davon abhält, die Kreditlinie zu kündigen. Kann die Täuschung nicht klar nachgewiesen werden, ist ein solches Verhalten nach § 265b StGB zu beurteilen. 330

3. Strafbarkeit

Die unter 2) geschilderten Mißbrauchsfälle können gem. §§ 263, 265b, 266 StGB strafbar sein.

a) Betrugsstrafbarkeit des Factorkunden

Für eine Täuschungshandlung genügt eine unrichtige Erklärung über den Bestand, die Werthaltigkeit oder die (bereits geschehene) Erfüllung der Forderung in dem Zeitpunkt, in dem die Forderung als Kaufgegenstand angeboten wird. 331

b) Untreuestrafbarkeit des Factorkunden

Für die Annahme einer Untreue müssen besondere Treuepflichten bestehen. Solche Treuepflichten werden nicht automatisch durch die vertragliche Weiterleitungspflicht begründet. Der Factorkunde muß eine gesteigerte Verfügungsmacht über fremdes Vermögen besitzen. Eine solche besteht dann, wenn im Einzelfall dem Factorkunden Verfügungsmacht über ein Konto des Factoringunternehmens eingeräumt ist, auf dem Schuldnergelder eingehen. Verfügt der Factorkunde absprachewidrig über dieses Konto, liegt eine Untreuehandlung vor. 332

333 Der Einzug der Forderung als solche durch den Altgläubiger stellt noch keine Untreuehandlung dar, auch wenn in dem Vertrag mit dem Factoringunternehmen oder durch dessen AGB vereinbart ist, daß das Factoringunternehmen die Forderungen einzieht.

c) Betrug zum Nachteil der Refinanzierungsbank

334 Das Factoringunternehmen verpflichtet sich in der Regel durch die Kreditvereinbarung mit der Refinanzierungsbank, die Kreditmittel dem Darlehensvertrag entsprechend zu verwenden. Der nachträgliche Mißbrauch dieser Verwendungsmöglichkeit ist nicht strafbar.

335 In den Sicherungsverträgen werden den Factoringunternehmen häufig Auflagen darüber gemacht, welche Forderungen als Sicherheiten akzeptiert werden. Werden der Bank andere Forderungen angedient, dann liegt Betrug nur dann vor, wenn gleichzeitig über die **Werthaltigkeit** der Forderung getäuscht wird.

Beispiel:

(1) Die Bank verlangt, daß ihr als Sicherheit nur Forderungen gegen inländische Forderungsschuldner abgetreten werden. Das Factoringunternehmen erwirbt durch Vertrag mit einem inländischen Kunden eine einredefreie Forderung gegen einen niederländischen Schuldner, der über alle Zweifel an seiner Bonität erhaben ist. Diese Forderung „schiebt" das Factoringunternehmen der Bank ohne Aufklärung, daß es sich um einen ausländischen Schuldner handelt, unter. Die Bank erhebt dagegen erst Einwände, als die Schuld durch eine aus den Niederlande kommende Überweisung bezahlt wird.

336 Wenn das Factoringunternehmen über einen Umstand täuscht, den die Bank als Kriterium für die Hereinnahme einer Sicherheit benannt hat, hier die Nationalität des Schuldners, dann liegt darin grundsätzlich noch kein für einen Schadenseintritt relevantes Verhalten. Ein Schaden kann erst dann entstehen, wenn die Forderung nicht werthaltig ist. Auch kann die Bank sich nicht darauf berufen, daß ihr Darlehens-Rückzahlungsanspruch gefährdet worden ist, da die Forderung einredefrei war und – wie jede andere inländische Forderung auch – bei Fälligkeit sofort ausgeglichen wurde.

(2) Die Bank verlangt von dem Factoringunternehmen, daß ihr nur solche Forderungen als Sicherheit abgetreten werden (und von ihr finanziert werden), die das Factoringunternehmen selbst einzieht oder bei denen das Factoringunternehmen zumindest den Übergang der Abtretung dem Forderungsschuldner angezeigt hat (sog. offenes Factoring). Das Factoringunternehmen vereinbart mit dem Factorkunden aber, daß dieser die Forderungen einzieht und nur in dem Rechnungskopf ein Bankkonto angibt, das von der Factoringgesellschaft eingerichtet worden ist und laufend geführt wird, über das der Factorkunde aber auch verfügt. Der Bank werden sodann solche Forderungen zur Sicherheit abgetreten.

337 Täuscht das Factoringunternehmen bei der Abtretung der Sicherheit an die Bank über die Art der Einziehung oder die Offenlegung der Forderungsabtretungen gegenüber dem Forderungsschuldner, muß differenziert werden:

- Kein Risiko der Bank entsteht, wenn die Forderung als solche beständig ist und werthaltig ist. Einziehung oder Offenlegung der Forderungsabtretung ändern nämlich nichts an dem Übergang eines Rechtes als solches.
- Kein Risiko der Bank entsteht, wenn die Offenlegung der Forderungsabtretung nur in der Form eines Mitteilungsschreibens besteht, dieses aber die Anforderungen an die §§ 398, 410 BGB nicht erfüllt oder die Abtretung für den Forderungsschuldner ohnehin unverbindlich ist (§§ 399 BGB, 354a HGB). Die Bank erwirbt nämlich bei Offenlegung der Abtretung nicht mehr Rechte als bei Unterbleiben dieser Mitteilung. Auch ist zu bedenken, daß die Bank ohne jegliche Einwände die (verdeckte) Sicherungsabtretung der Forderung an sich hingenommen hat.
- Das Risiko der Bank, daß die Sicherheit entfällt und damit ihr Kredit teilweise nicht gesichert ist, erhöht sich allerdings dann nachhaltig, wenn das Factoringunternehmen

eine Forderung abtritt, die nicht besteht oder nicht wirksam an das Factoringunternehmen abgetreten ist. Ein Recht, das nicht wirksam auf das Factoringunternehmen übergegangen ist, kann der Bank nicht abgetreten werden. An die Stelle der unwirksam bestellten Sicherheit tritt der Anspruch der Bank auf Abtretung einer neuen Forderung. Wenn das Factoringunternehmen über keine abtretbaren Forderungen mehr verfügt, weil alle werthaltigen Forderungen bereits abgetreten sind, bleibt der Kredit ungesichert, die Gefährdung des Rückzahlungsanspruches verwirklicht sich.

- Ebenso erhöht sich das Risiko des Wegfalls der Sicherheit für die Bank, wenn das Factoringunternehmen dem Factorkunden die Möglichkeit einräumt, über eingezogene Geldbeträge selbst zu verfügen, und dabei weiß, daß der Factorkunde unzuverlässig ist und die Gelder nicht immer an das Factoringunternehmen weiterleitet. Dabei spielt es keine Rolle, ob der Factorkunde eine ausreichende Bonität vorweisen kann.

(3) Auch das Vortäuschen einer Forderungsprüfung durch Externe kann nicht in jedem 338
Fall den Betrugstatbestand erfüllen. Der Bestand der Forderung kann durch eine Revisionsabteilung des Factoringunternehmens, durch Wirtschaftsprüfer im Auftrag des Factoringkunden oder im Auftrag der Factoringgesellschaft oder durch staatliche Stellen geprüft werden. Diese Prüfungen geschehen in der Praxis nicht so intensiv, daß sich daraus der **Beweis** der Forderung ergibt, vielmehr wird lediglich die Plausibilität der Forderung geprüft. Die Prüfungskriterien sind von der jeweiligen Aufgabenstellung abhängig und in der Regel unabhängig von anderen Prüfungen. Aufgrund eines Berichtes über derartige Prüfungen kann ein Vertrauenstatbestand entstehen, der einer leichtfertig agierenden Bank die Übernahme dieses Prüfungsergebnisses nahelegt oder – faktisch – von einer an sich gebotenen eigenen Prüfung abhält.

Die eigene Prüfung und Bewertung der ihr sicherungshalber abgetretenen Forderun- 339
gen durch die Bank nach banküblichen und KWG-bezogenen Kriterien ist indessen unverzichtbar, auch wenn dabei ebenfalls nur die Plausibilität der Forderung nachgeprüft wird. Derjenige, der wissentlich eine nicht stattgefundene Prüfung vorspiegelt, täuscht über die Durchführung der Prüfung und das Prüfungsergebnis. Die Täuschung kann nur dann zu einem Schaden führen, wenn die Bank aufgrund der eigenen (Pflicht-)Prüfungen die Täuschung nicht erkennt. Hätte die Bank bei einer den banküblichen Sorgfaltsmaßstäben entsprechenden Zessionsprüfung die Nichtexistenz der Forderungen erkennen können (oder gar erkannt), trifft die Bank eine erhebliche Mitschuld an einem Schadenseintritt.

Andererseits bleibt die Täuschung über Inhalt und Umfang einer Forderungsprüfung 340–
folgenlos, wenn die Forderung tatsächlich bestand und werthaltig war. 349

D. Weitere Bankgeschäfte

Neben dem Finanzierungsgeschäft spielt die Geldanlage im Bankensektor eine über- 350
ragende Rolle. Banken haben dabei Anteil an der Schaffung der Geldanlage, deren Vertrieb und deren Abwicklung. Die Geld- und Kapitalanlage ist die Kehrseite der Finanzierungsgeschäfte der Banken. Banken verschaffen dem anlagesuchenden Publikum die Möglichkeit, Gelder zins- und gewinnbringend anzulegen. Dazu betreiben sie im wesentlichen die folgenden Geschäfte:

- das Wertpapier- und Effektengeschäft (I.),
- das Einlagengeschäft (II.) und
- die Vermittlung anderer Kapitalanlagen (III.).

Schließlich betreiben sie zur eigenen Vermögensverwaltung Eigengeschäfte mit Gewinnerzielungsabsicht oder Sicherungsgeschäfte zur Absicherung von Fremdkrediten oder von Eigenrisiken.

I. Wertpapier- und Effektengeschäft

351 Durch das 2. Finanzmarktförderungsgesetz sind ein Fülle der bisherigen Strukturen des Wertpapiergeschäftes der Banken zum 01. 08. 1994 bzw. 01. 01. 1995 geändert oder neu geregelt worden. Das neu eingeführte Wertpapierhandelsgesetz (WpHG) und die Änderungen des Börsenrechtes mit der Einführung des Computerhandels haben die Handelsgrundsätze und die Aufsicht über den Wertpapierhandel grundlegend verändert. Die dreistufige Aufsicht über die acht Präsenz- und eine Computerhandelsbörse in Deutschland durch das Bundesaufsichtsamt für den Wertpapierhandel, die Börsenaufsichtsbehörden der Länder und die Handelsüberwachungsstellen der jeweiligen Börsen sollen den Börsenhandel sicherer und effektiver gestalten. Wegen der Einzelheiten, der Mißbrauchsmöglichkeiten und der straf- und bußgeldrechtlichen Sanktionen wird auf das Kapitel „Straftaten in Zusammenhang mit Wertpapieren" verwiesen.

II. Einlagengeschäft

1. Bedeutung und Arten der Geldeinlagen

352 a) Die Einlagengeschäfte der Kreditinstitute sind angesichts der enormen Handelsmöglichkeiten mit Wertpapieren selten im Blickpunkt der Wirtschaftskriminalität. Es bedarf daher an dieser Stelle keiner ausführlichen Darstellung dieser Geschäfte. Die Bedeutung von Geldeinlagen bei den Banken ist allerdings, will man der Statistik glauben, enorm gestiegen.

Die folgende Aufstellung stellt Geldanlagen bei Banken in Mrd. DM / % zusammen.[118]

	1960	1970	1980	1990	1997
Spareinlagen	52 67%	205 74%	493 63%	680 52%	1167 59%
Bargeld/ Sichteinlagen	24 31%	55 20%	128 17%	230 18%	461 23%
Sparbriefe	–	5 2%	86 1%	194 15%	363 18%
Termingelder	2 2%	10 4%	71 9%	201 15%	
Gesamt	78	275	778	1305	1991

b) Nach den Arten unterscheidet man Sichteinlagen (sofort fällig), befristete Einlagen (hinausgeschobene Fälligkeiten) und Spareinlagen.

353 (1) **Sichteinlagen** sind jederzeit verfügbare Geldmittel. Bei ihnen steht der Charakter der unregelmäßigen Verwahrung (§ 700 Abs. 1 BGB) im Vordergrund, auch wenn die Zurverfügungstellung solcher Gelder auf dem Girokonto eine entgeltliche Geschäftsbesorgung ist.[119]

354 (2) Die befristeten oder **Termineinlagen** sind Gelder, die als Festgelder zu einem vorher vereinbarten, bestimmten Zeitpunkt oder nach Kündigung fällig werden. Dabei

[118] Quelle: online-Dienst des BDB, 01/99.
[119] BGHZ 84, 371.

handelt es sich dem Typus nach um Darlehen des Kunden an die Bank i. S. v. §§ 607ff. BGB.

Zu den Termineinlagen zählen auch die von verschiedenen Instituten herausgegebenen **Sparbriefe**. 355

(3) Schließlich sind die Spareinlagen Gelder, die die Anforderungen der früheren 356 §§ 21, 22 KWG, heute des § 21 Abs. 4 RechKredV erfüllen. Es handelt sich um Gelder, für die eine Urkunde (das Sparbuch oder das Sparzertifikat) ausgestellt ist und die von natürlichen oder juristischen Personen für eine unbestimmte Zeit zur Verfügung gestellt werden. Dabei muß mindestens eine Kündigungsfrist von 3 Monaten vereinbart sein, ein Betrag von bis zu 3000 DM darf dann ungekündigt abgehoben werden. Bei längeren Kündigungsfristen kann grundsätzlich über keinen Betrag ungekündigt verfügt werden. Spareinlagen dürfen nicht dem Zahlungsverkehr dienen.

2. Mißbrauch der Geldeinlagen

Der Zugriff auf Spareinlagen gelingt im wirtschaftskriminellen Bereich bestimmten Be- 357
diensteten der Kreditinstitute. Der Täter bucht von „ruhenden" Spareinlagen Teilbeträge
oder Zinsen auf fingierte Konten, über die er oder seine Mittäter verfügen. Diese Tataus- 358
führung wird dann erleichtert, wenn es sich bei den Sparern um alte oder unerfahrene Personen handelt. Werden diese Verfehlungen bei der Revision oder im Einzelfall durch Anfragen der Geschädigten festgestellt, so bereinigen die Banken intern den verursach-
ten Schaden, vermeiden aber im Interesse ihres guten Rufes Strafanzeigen. Bei strafrecht- 359
lichen Ermittlungen können Revisionsberichte der Banken entscheidende Hinweise auf weitere Tathandlungen geben. Der Mißbrauch von Geldeinlagen durch Mitarbeiter der Bank ist gem. § 263 StGB strafbar.

III. Andere Kapitalanlagen

Banken vermitteln ihren Kunden ebenso wie freie Anlagenvermittler Unternehmensbe- 360 teiligungen, Fondsbeteiligungen, Steuersparmodelle, Immobilien, Versicherungen und nicht börsengängige Wertpapiere. Für solche Tätigkeiten gilt – soweit sie gewerbsmäßig betrieben werden – die 6. KWG-Novelle. Auch hier wird auf die Darlegungen zum WpHG und zu § 264 StGB in diesem Handbuch verwiesen.

Besonders kritisch im Hinblick auf § 263 StGB sind die Auskünfte und Empfehlungen 361–
der Banken im Zusammenhang mit einer von ihnen vermittelten Kapitalanlage oder gar 369
einer von dem Kunden beantragten Finanzierung für eine Kapitalanlage zu sehen. Die Bank die bereits mit dem Verkäufer einer solchen Anlage in Geschäftsverbindung steht, hat ein erhebliches Eigeninteresse an dem Verkauf der Kapitalanlage. Fördert die Bank wissentlich unrichtige Angaben des Veräußerers der Kapitalanlage durch eigene falsche Bewertungen, anpreisende Herausstellung der Kapitalanlage oder direkte Empfehlung, obwohl sie Kenntnis von Manipulationen, Täuschungen oder der bevorstehenden Insolvenz des Veräußerers hat, beteiligt sie sich zumindest im Sinne des § 27 StGB an einer Betrugstat des Veräußerers. Stellt sich das Verhalten des jeweiligen Bankmitarbeiters als von besonderem Eigeninteresse oder von Gewinnsucht geprägtes Verhalten heraus, kommt auch eine mittäterschaftliche Begehung in Betracht.

E. Strafprozessuale Besonderheiten

I. Allgemeines

370 Das Erkennen und die Aufklärung bankbezogener Wirtschaftsdelikte setzt ein detailliertes Wissen über den Bankbetrieb in seiner organisatorischen und rechtlichen Ausgestaltung, insbesondere auch über die Bankenaufsicht voraus. Der Kriminalbeamte, Staatsanwalt und Ermittlungsrichter sind mitunter unsicher, welche strafprozessualen Maßnahmen gegen Banken getroffen werden können. Diese Schwierigkeiten vergrößern sich oft dadurch, daß selbst die Verantwortlichen von in Millionenhöhe geschädigten Kreditinstituten zur Wahrung ihres „guten Rufes" keine Anzeige erstatten und eher selten bereit sind, bei der Aufhellung des Sachverhalts mitzuwirken. Häufig berufen sich Bankdirektoren in völliger Verkennung der gesetzlichen Vorschriften auf ihre „Geheimhaltungspflicht".

1. Beweismaterialien

a) Allgemeines

371 In einem Ermittlungsverfahren mit Bankbezug werden alle Bankunterlagen und Erkenntnisse der Bank und ihrer Mitarbeiter benötigt, die über die Entstehung und Abwicklung eines Kreditverhältnisses oder bestimmter Bankgeschäfte Aufschluß geben. Grundsätzlich muß die Bank als kaufmännisches Unternehmen (§ 1 Abs. 2 Nr. 4 HGB; § 1 KWG) jeden angefallenen Geschäftsvorfall aufzeichnen und mindestens sechs Jahre aufbewahren (§§ 238ff. HGB, §§ 148 bis 161 AktG, §§ 41, 42, 42a GmbHG, § 33 GenG).[120]

b) Aufbewahrung von Belegen und Geschäftsunterlagen

372 Die Fülle der schriftlich anfallenden Geschäftsunterlagen ist von den Kreditinstituten nicht mehr körperlich aufzubewahren. Sie werden daher seit vielen Jahren mikroverfilmt bzw. nur noch auf EDV gespeichert. Trotz dieser modernen Möglichkeiten haben die verschiedenen Banken zumeist ein völlig unterschiedliches Organisations- und Ablageschema, das nur der Innendienst- oder Organisationsleiter des jeweiligen Kreditinstituts im einzelnen kennt. Manche Banken verfügen über ein zentrales Archiv, das sich auch im Ausland befinden kann. Andere verwahren die Unterlagen bei ihrer Zentrale oder im eigenen Haus. Über die entsprechenden Einzelheiten muß erforderlichenfalls im Laufe einer Durchsuchungsmaßnahme der für diesen Bereich verantwortliche Mitarbeiter der Bank vom anwesenden Staatsanwalt als Zeuge gehört werden. Befinden sich die Unterlagen an einem nicht im Durchsuchungsbeschluß genannten Ort, so hat der Staatsanwalt bei Gefahr im Verzuge die erforderlichen Anordnungen zu treffen.

373 Die Sicherstellung oder Rekonstruktion von Buchungsbelegen bereitet dann verschiedentlich Schwierigkeiten, wenn eine Übertragung der Bankbelege auf Mikrofilm vorgenommen wurde. Bei rasch eingeleiteten Ermittlungen können die Originalbelege ohne weiteres aufgefunden und sichergestellt werden. Ihre Vernichtung im Reißwolf erfolgt nämlich erst, wenn die Filmprüfung durch die jeweilige Bank ordnungsgemäß abgeschlossen und bestätigt ist. Diese für das Kreditinstitut bedeutsame Maßnahme nimmt zumindest mehrere Wochen, in der Regel sogar mehrere Monate in Anspruch. Im Rahmen des Kundenservice bewahren manche Kreditinstitute die Originalunterlagen z. B. als Buchungshilfen für den Steuerberater länger als 1 Jahr auf.

374 Sind die Buchungsbelege nicht mehr vorhanden, kann bei äußerst dringlichen Ermittlungen eine unverzügliche Überprüfung der Filmunterlagen vorgenommen werden. Be-

---

[120] Für die Kaufmannseigenschaft öffentlichrechtlicher Sparkassen vgl. RGZ 116, 229; 117, 228.

stehen Anhaltspunkte dafür, daß die Bank wegen eigener Verstrickung nicht kooperativ ist, sollte von vornherein ein EDV-Spezialist zugezogen werden. Da es sich bei dem Sichtbarmachen der auf Mikrofilmen und Magnetbändern gespeicherten Daten und der anschließenden Auswertung an Ort und Stelle um eine Durchsicht von Papieren gem. § 110 Abs. 1 StPO handelt, muß der Staatsanwalt anwesend sein, wenn das Kreditinstitut dem Kriminalisten die Durchsicht nicht gestattet.

Auf jedem Kontoauszug sind der Buchungstag und die Primanota-Nummer vermerkt. 375
Diese Daten ermöglichen das Auffinden der Buchungsbelege. Unter einer Primanota werden oft 100 bis 200 Buchungsvorgänge erfaßt. Daher bedient sich der Bankmitarbeiter zur Auffindung der Belege und Bankübersichten eines Index-Verzeichnisses. Dieses enthält Buchungstag, Primanota, Filmnummer und Index-Nummer. Sind die vorstehenden Daten bekannt, wird der jeweilige Film eingelegt und bis zur Index-Nummer abgespielt. Dort beginnt die Belegreihe der Primanota-Nummern. Müssen frühere Anschlußbuchungen gesucht werden, so ergibt sich aus dem Buchungsbeleg im allgemeinen der Buchungstag des alten Kontostandes.

Soweit Unterlagen mikroverfilmt sind, legen die einzelnen Banken für frühere 376
Buchungstage die sogenannten persönlichen und sachlichen Filmgrundbücher an. Die persönlichen Grundbücher sind nach Kontonummern sortiert. Die sachlichen Grundbücher beinhalten fortgesetzt die Primanota. Da aus dem Anschlußbeleg die Kontonummer bekannt ist, wird nun im persönlichen Filmgrundbuch die Übersicht über die einzelnen Tagesumsätze herausgesucht. Dort steht die Primanota. Sodann wird unter Zuhilfenahme des Index-Verzeichnisses, wie oben dargestellt, der Buchungsbeleg des einzelnen Films festgestellt.

Trotz aller Modernisierung und Rationalisierung werden bei zahlreichen Kreditinsti- 377
tuten die **Monats- und Vierteljahresübersichten** nach wie vor ausgedruckt und nach Kontonummern abgelegt. Die Auswertung bereitet hier keine besonderen Schwierigkeiten.

Zu beachten ist noch im Falle der Verfilmung der sogenannte **Mikrofiche**. Hier han- 378
delt es sich im Gegensatz zur Mikroverfilmung um ein Filmblatt Größe DIN A6. In ihm sind die Namen der Bankkunden, die Konten in numerischer Reihenfolge und je nach Anordnung Daueraufträge usw. verzeichnet. Somit kann über diesen Mikrobeleg sofort festgestellt werden, ob eine bestimmte Person oder Firma ein oder mehrere Bankkonten unterhält. Zur weiteren Auffindung von Geschäftsvorfällen wird die Monatsübersicht über das jeweilige Konto herangezogen.

Die Entwicklung bei der Erfassung, der Speicherung und der Wiedergabe von Ge- 379
schäftsvorfällen im Bankenbereich ist so rasant, daß selbst herkömmlich ausgebildete Mitarbeiter der Kreditinstitute nicht mehr diese Bereiche überblicken. Der klassische Zahlungsverkehr im Wege der Überweisung u. a. wird durch neue, dem technischen Fortschritt entsprechende Zahlungssysteme ersetzt. Der kostenträchtige Barverkehr ist bereits weitgehend durch bargeldlose Medien abgelöst. Mit diesen technischen Gegebenheiten ist zumeist nur der **Organisationsleiter** des einzelnen Kreditinstituts vertraut; er muß gegebenenfalls vor Ort durch den Staatsanwalt als Zeuge vernommen werden.

Nur sehr kurz, nämlich **nicht länger als drei Monate,** werden die Telefonbänder auf- 380
gehoben, die bei den Telefonaten der Anlageberater der Banken mit ihren Kunden im Telefonverkehr angefertigt werden. Die Banken sichern sich durch die Telefonmitschnitte vor Widersprüchen oder Vorwürfen der Kunden, der Anlageberater hätte bestimmte Orders nicht oder falsch ausgeführt, ab. Die Kunden erteilen dazu ihre Einwilligung. Weil ein Widerspruch gegen eine derart veranlaßte Maßnahme nach einem Monat bereits wirkungslos wird, sichern die Banken ihre Mitschnitte auch nur drei Monate, danach werden sie gelöscht. Besonders bei Insidervergehen kann die Sicherung solcher Bänder unschätzbare Ermittlungshilfe sein. Unterläßt man den rechtzeitigen Zugriff, kann daran das gesamte Ermittlungsverfahren scheitern.

Die frühere **Sonderstellung der Postbank** wegen der Aufbewahrungspflicht von Kon- 381
tounterlagen ist durch die Poststrukturreform weggefallen. Die Postbank mit ihren Nie-

derlassungen unterliegt wie jede andere Bank den Aufbewahrungs- und Vorlegungspflichten nach § 257ff. HGB. Die Aufbewahrungsfrist für Kontounterlagen beträgt 6 Jahre. Nach postbankinternen Vorschriften werden im Einzelfall Unterlagen auch länger aufbewahrt. Dies ist z. B. bei Unterlagen, die gelöschte Konten betreffen, auf denen aber noch Guthaben vorhanden sind, der Fall. Hier werden die Belege 30 Jahre verwahrt. Für die Ermittlungstätigkeit ist zu beachten, daß die Unterlagen für den Auslandszahlungsverkehr zentral bei der Postbankniederlassung Saarbrücken, die Belege für den Inlandszahlungsverkehr bei den jeweiligen Postbankniederlassungen verwahrt werden. Soweit der Kunde seine Geldgeschäfte noch am Postschalter erledigt, erfolgt dies weitgehend an den Schaltern der bisherigen „Postämter" online über Schalterterminals, die mit dem sog. „Back-Office" bei der jeweils zuständigen Postbankniederlassung verbunden sind. Bei noch nicht mit Terminals ausgestatteten Schaltern wird an einem automatisierten Schalter nachgebucht. Anfragen an die Postbankniederlassungen über den Postbankverkehr sind wie gegenüber einem Kreditinstitut zu gestalten.

2. Kein Bankgeheimnis im Strafverfahren

382 Seit Einführung des § 161a StPO hat sich die Zahl der gegen Kreditinstitute gerichteten Durchsuchungs- und Beschlagnahmebeschlüsse wesentlich verringert. Im Strafprozeß (§§ 53, 161 a StPO) kann sich der Bankmitarbeiter oder -vorstand nicht wie im Zivilprozeß auf das Bankgeheimnis und damit auf ein Zeugnisverweigerungsrecht (§ 383 Abs. 1 Nr. 6 ZPO) berufen. Von öffentlich-rechtlichen Kreditinstituten kann der Staatsanwalt bereits nach § 161 StPO eine schriftliche Auskunft fordern.[121] Gleichwohl kommt es immer wieder zwischen Kreditinstituten und Ermittlungsbehörden zu Mißverständnissen, die bei Beachtung des jeweiligen Aufgabenbereiches und der Interessenlage vermeidbar sind.

383 Grundsätzlich haben Banken die (vertragliche) Pflicht, die Vermögensverhältnisse ihrer Kunden jenen Personen und Behörden gegenüber geheimzuhalten, die gesetzlich nicht zur Einholung von Bankauskünften berechtigt sind. Das Vertrauensverhältnis zwischen Kreditinstituten und dem Kunden soll ungestört bleiben. Der Gesetzgeber hat aber in weiten Bevölkerungskreisen durch die Übernahme des früheren Bankenerlasses vom 31. August 1979[122] und die Einfügung des § 30a AO zu Verwirrung und Mißverständnissen beigetragen. Im Rahmen der Einführung der Zinsabschlagssteuer sollte den Steuerpflichtigen verdeutlicht werden, daß eine allgemeine finanzamtliche Überwachung der Kreditinstitute ausgeschlossen sei. Durch diese Bestimmung ist aber weder gegenüber den Finanzbehörden noch gegenüber den Strafverfolgungsbehörden ein Bankgeheimnis institutionalisiert worden.

384 Die Ermittlungsbefugnisse sind durch die vertragliche Bindung der Banken zu ihren Kunden im Strafverfahren in keiner Weise eingeschränkt. § 30a AO beinhaltet kein Verwertungsverbot von Beweismitteln, selbst wenn diese unter Mißachtung dieser Vorschrift erlangt worden sein sollten. Bankbedienstete übertragen verschiedentlich die Selbstbeschränkung der Finanzbehörden rechtsfehlerhaft auf die Ermittlungsmöglichkeiten der Staatsanwaltschaft. Der von § 30a bezweckte Schutz des redlichen Bankkunden darf nicht zu einem Freiraum für Wirtschaftsstraftäter führen.[123]

---

[121] OLG Bamberg, JurBl. 1979, 1686; LG Hof, NJW 1968, 65 und *Kleinknecht/Meyer-Goßner* a.a.O. § 161 Rn. 4.

[122] BStBl. I 590.

[123] *Schumann*, § 30a AO – Schutz von Bankkunden, wistra 1995, 336ff. m. w. N.

3. Postgeheimnis für die Postbank?

Die Ermittlungsbehörden stehen immer wieder vor der Hürde des in Art. 10 GG geschützten Brief-, Post- und Fernmeldegeheimnisses, wobei die postalische Verschwiegenheitspflicht durch Verantwortliche der Postdienste oft zu Unrecht ausgeweitet und durch Polizei, Staatsanwälte und Richter hingenommen wird. Der im Grundgesetz verankerte Geheimnisschutz wird durch Normen konkretisiert: § 5 PostG, § 10 FAG, § 61 BbG, § 354 StGB und Bestimmungen über den Datenschutz. Beschränkungen des Brief-, Post- und Fernmeldegeheimnisses dürfen gem. Art. 10 Abs. 2 S. 1 GG nur durch ein Gesetz angeordnet werden. 385

Der Gesetzgeber hat durch den Postgiro- und Postsparkassenverkehr (heute: Postbank) eine Einrichtung geschaffen, die in ihrem Marketing und der Abwicklung der Postbankgeschäfte in vollem Umfang den Tätigkeiten der Banken und Sparkassen entspricht. In der Literatur wird daher das Postgiro- und Postsparkassengeheimnis dem Bankgeheimnis gleichgesetzt,[124] so daß **für den Staatsanwalt keine Ermittlungshindernisse bestehen.** 386

Nach wie vor weiten Postbankniederlassungen das Postgeheimnis (§ 5 PostG) unzulässig auf ein Postgiro- und Postsparkassengeheimnis aus. Der Staatsanwalt muß hier jeder einschränkenden Auslegung entgegenwirken. Er kann die Beschäftigten des Postgiro- und Postbankverkehrs als Zeugen vernehmen und ihre Aussage erzwingen.[125] Daneben ist eine Durchsuchung der Postbank wie bei anderen privatrechtlich organisierten Banken zulässig. Die Postbank ist privates Unternehmen mit privatwirtschaftlicher Tätigkeit und keine öffentliche Behörde.

II. Einzelne Maßnahmen

1. Auskunft und Zeugenvernehmung

Die Staatsanwaltschaft kann alle in der Strafprozeßordnung eröffneten Möglichkeiten zur Beschaffung von Beweismitteln wahrnehmen. Hierbei hat sie selbstverständlich den Grundsatz der Verhältnismäßigkeit zu beachten. Auch muß der Staatsanwalt die sich aus der Rechtsform eines Kreditinstitutes ergebenden Konsequenzen überdenken[126] und entsprechend der Rechtsprechung des zuständigen Ermittlungsrichters Maßnahmen zur Durchsuchung oder zum Herausgabeverlangen treffen. 387

a) Bei **kooperativer Haltung** der Bank kann der Staatsanwalt den Ermittlungseingriff in den Bankbetrieb auf das Mindestmaß beschränken. Kooperiert die Bank, kann ein schriftliches Auskunftsersuchen bereits zu dem gewünschten Ergebnis führen. Eine Anfrage muß aber so abgefaßt sein, daß sich die Bank nicht als Hilfsbeamter der Staatsanwaltschaft, sondern als auskunftsverpflichteter Zeuge fühlt. Nicht selten werden Kreditinstitute durch rasche und zielgerichtete Ermittlungsmaßnahmen vor weiterem Schaden durch Wirtschaftsstraftäter bewahrt, so daß es zu einer äußerst sinnvollen und fruchtbaren Zusammenarbeit zwischen der Bank und den Ermittlungsbehörden kommt. Allergisch reagieren aber Bankdirektoren und Rechtsabteilungen von größeren Banken dann, wenn der Staatsanwalt nicht den Ermittlungsrahmen gem. § 161a StPO ordnungsgemäß absteckt und der Kriminalpolizei die nach § 161a StPO nur dem Staatsanwalt zustehenden Rechte übertragen will. 388

b) Ist noch nicht klar, ob die Bank sich kooperativ verhalten wird, kann der Staatsanwalt den verantwortlichen Sachbearbeiter oder Leiter des Kreditinstituts als Zeugen vorladen und vernehmen. Bereits bei Bekanntgabe dieser Maßnahme erklären sich die 389

[124] *Kleinknecht/Meyer-Goßner,* § 161, Anm. 3, m. w. N.
[125] LG Frankfurt, NJW 1980, 1478.
[126] Dazu oben Rn. 26ff.

Banken in der Regel bereit, ein schriftliches Auskunftsersuchen der Staatsanwaltschaft unverzüglich und umfassend zu beantworten und die erforderlichen Beweismittel in Fotokopie nachzureichen. Hierdurch werden die unter Umständen zeitraubenden Vernehmungen überflüssig. Falls doch Zeugenvernehmungen durchgeführt werden müssen, sind Zeugen um so kooperativer, je mehr der Staatsanwalt mit den Details einer bankmäßigen Bearbeitung von Geschäftsvorfällen vertraut ist. Das baut Vorbehalte und Verständisbarrieren ab. Soweit Banken vereinzelt darauf verweisen, daß die Auskunftsverpflichtung eines Zeugen nicht die Pflicht zur Aushändigung von Beweismitteln umfaßt, bleibt dem Staatsanwalt nur die zusätzliche Erwirkung eines Durchsuchungs- und Beschlagnahmebeschlusses.

390 c) Besteht der Verdacht, daß Bankenmitarbeiter sich an den verfolgten Straftaten beteiligt haben oder Wirtschaftskriminelle gedeckt haben, reicht ein Auskunftsersuchen nicht. War das Kreditinstitut nicht das Opfer, sondern Täter, Gehilfe oder Mitwisser der Straftaten, besteht die Gefahr, daß Beweismittel verschleiert oder verheimlicht werden.

2. Durchsuchung und Beschlagnahme

a) Rechtliche Anforderungen

391 Soweit ein richterlicher Durchsuchungs- und Beschlagnahmebeschluß erforderlich ist, muß er tatsächliche Angaben über die aufzuklärende Straftat und die Art der zu suchenden Beweismittel enthalten.[127] Ebenso sind der Beschuldigte namentlich, der Durchsuchungsort, der Zeitraum des Tatverdachtes, die verletzte Strafnorm sowie die Erforderlichkeit und Verhältnismäßigkeit der Maßnahme so ausführlich anzuführen bzw. zu begründen, wie dies aufgrund des jeweiligen Ermittlungsstandes möglich ist.[128] Das BVerfG hat in dieser Entscheidung das strafrechtliche Ermittlungsbedürfnis bejaht und das in diesem Zusammenhang nicht existierende „Bankgeheimnis“ mit keinem Wort erwähnt. Die Entscheidungsgründe erleichtern dem Staatsanwalt die Formulierung eines Durchsuchungsantrages.

b) Sicherzustellende Unterlagen

392 Auch wenn das BVerfG es genügen läßt, daß die zu suchenden Beweismittel als Unterlagen gekennzeichnet werden, die in Zusammenhang mit der konkret zu bezeichnenden Straftat stehen, ist eine beispielhafte Aufzählung der sicherzustellenden Unterlagen auch deswegen zweckmäßig, um sowohl dem Kriminalbeamten als auch den Bankbediensteten das unverzügliche Auffinden und Zusammenstellen der Unterlagen zu ermöglichen. Hierzu gehören u. a.

- der Kontoeröffnungsantrag,
- das Unterschriftenblatt (dieses enthält in der Regel die Unterschriften und persönlichen Daten der Kontoinhaber und Verfügungsberechtigten),
- die Kreditakten und
- die Kredithandakten.

393 Diese Unterlagen sind zumeist wichtiger als Kontoauszüge. In einigen Fällen wurden bei Banken sogar „Kredithandakten“ mit der Aufschrift gefunden „Nach Erledigung der Geschäftsvorfälle sofort vernichten“. Solche Vorkommnisse bilden die Ausnahme. Sie machen aber deutlich, was in Kreditakten gefunden werden kann. Die **Kredithandakten** enthalten mindestens

- den Kreditantrag (oder falls ein solcher nur mündlich gestellt ist, den Kreditbericht/die Kreditvorlage),

---

[127] BVerfG NJW 1976, 1735 und NStZ 1992, 91.

[128] Vgl. BVerfG wistra 1994, 221ff. = NStZ 1994, 349ff.; *Carl/Klos*, Rechtmäßigkeit der Bankdurchsuchung bei Verdacht der Steuerhinterziehung, DStZ 1994, 391.

- die eingeholten Bank- und Schufaauskünfte oder die erteilten Kreditauskünfte der Bank (diese sind bei zahlreichen Banken in gesonderten Ordnern nach Buchstaben der Betroffenen abgelegt), die eingereichten Bilanzen, sonstige Vermögensübersichten des Kreditnehmers, die Auswertungen (Bilanzauswertungen),
- die Genehmigungsvermerke des Kreditsekretariats, des Vorstandes, des Verwaltungsrats einer Sparkasse, des Aufsichtsrats einer Volksbank,
- Aktenvermerke über Besprechungen mit dem Kunden über Kontostand, neue Kreditlinien,
- Auffälligkeiten und Bedenken bezüglich der Einreichung von Wechseln und Schecks sowie Vermerke der innerbetrieblichen oder sonstigen Kreditkontrolle (z. B. bei Subventionen).

Von den Ermittlungsbeamten ist aber auch zu beachten, daß die **Beschlüsse der Verwaltungs- und Aufsichtsräte** verschiedener Kreditinstitute nicht immer in Fotokopie zu den jeweiligen Kreditakten genommen, sondern in einem Protokollbuch oder Ordner abgelegt sein können. Bei dieser Sachlage kann auch die Beschlagnahme der Protokollunterlagen unumgänglich sein. Durchaus in Sonderakten werden auch Erkenntnisse über die Insolvenz von Kunden verwahrt. Ein gezieltes Nachfragen kann diese Vermerke zutage fördern. 394

Zur Aufklärung von Straftaten, die sich auf den Mißbrauch von Wechseln beziehen, sind der ggf. schriftlich gefaßte **Wechselkreditvertrag**, die über den Ankauf erstellten Abrechnungen, die Obligokartei, das Obligo- oder Kopierbuch, Rückgabevermerke der Landeszentralbank und die sonstigen, im Rahmen dieser Diskontgeschäfte angefallenen Schriftstücke und Aktenvermerke als Beweismittel von Bedeutung. Diese Unterlagen werden heute meist auch edv-mäßig geführt. Banken leisten bei Ermittlungsverfahren wegen Wechsel- und Scheckreiterei dem oftmals unter einer neuen Firma wieder solvent gewordenen Beschuldigten dadurch Hilfestellung, daß sie den früheren Ankauf der Reitwechsel verharmlosen oder verschleiern und diesen als bundesbankfähigen Wechsel bezeichnen. Hier ist auch die Beschlagnahme der **monatlichen Bankstatistik** angezeigt. Aus ihr ergibt sich, wie viele bundesbankfähige Wechsel und wie viele sonstige Wechsel gemeldet wurden. Die Beschlagnahme der Statistik ist in anderen Fällen auch dann unerläßlich, wenn sich die Ermittlungen auch gegen die Verantwortlichen des Kreditinstituts richten. 395

Gerade im **Effektenbereich** betätigen sich Wirtschaftskriminelle erfolgreich. Unter keinen Umständen dürfen die Kontounterlagen über Depot- und Lombardgeschäfte unausgewertet bleiben. Als Beweismittel sind Kaufaufträge, die Abrechnung, die Depotauszüge, die Ermächtigung zur Sammelverwahrung, das gesonderte Anerkenntnis der Geschäftsbedingungen (bei Sparkassen: die der jeweiligen Landesbank) bedeutsam. 396

Bei Verstößen gegen das **Lastschrifteinzugsermächtigungsverfahren** ermöglicht der zwischen der Bank und dem Auftraggeber geschlossene Vertrag über Einzug mittels Lastschrift die Klärung der subjektiven Tatseite. Das Abbuchungsauftragsverfahren beinhaltet bezüglich der Beweismittel keine Schwierigkeiten. 397

Häufig nutzen Straftäter die bei der Bank befindlichen **Schließfächer** unter ihrem oder einem fremden Namen. Nach § 154 AO müssen die Banken jederzeit Auskunft darüber geben können, über welches Konto oder welche Schließfächer eine Person verfügungsberechtigt ist. Soweit ein Dritter verfügungsberechtigt ist, muß dessen Existenz nachgewiesen werden. Läßt sich bei der Durchsuchung eine Öffnung des Schließfaches nicht erreichen, so ist dieses zunächst zu versiegeln und später oder ggf. auch sofort aufbrechen zu lassen. Die Bank führt **Besucherbücher**, aus denen festgestellt werden kann, wer wann das Schließfach genutzt hat. Viele Banken stellen mittlerweile ihre Schließfachanlagen auf ein elektronisches Zugangs- und Kontrollsystem um, das einen Zutritt rund um die Uhr ermöglicht. Der Zugang zur Stahlkammer wird durch Nutzung einer Magnetkarte und Eingabe einer PIN, die jeder berechtigte Nutzer gesondert erhält, ermöglicht, ohne daß wie bisher die Mitwirkung eines Bankmitarbeiters erforderlich ist. 398

Das Schließfach kann durch den Mieter unter Nutzung eines einzelnen Schlüssels geöffnet werden. Die Stahlkammer ist videoüberwacht. Eine Identifizierung des Nutzers, dem Magnetkarte und PIN vom Mieter entgegen den Mietbedingungen überlassen wurde, findet nicht mehr statt. Dem Mißbrauch durch Anmietung über Strohmänner, insbesondere im Bereich der organisierten Kriminalität, ist hier Tür und Tor geöffnet. Lediglich durch Beschlagnahme der oft nur kurzfristig aufbewahrten **Videobänder** kann eine Identifizierung des Nutzers versucht werden. Der Gesetzgeber wird hier durch längere Aufbewahrungsfristen der Videoaufzeichnungen und die Einführung der Fotoidentifizierung des Kartennutzers (ein auf der Karte befindliches Lichtbild wird mit dem Nutzer elektronisch verglichen) den Mißbrauch einschränken müssen.

399 Soweit die entsprechenden Beweismittel aus **Bild- und Datenträgern** zu gewinnen sind, kann ein Hinweis auf § 261 HGB erforderlich sein. Nach dieser Bestimmung ist auch das Kreditinstitut verpflichtet,

„... auf seine Kosten Hilfsmittel zur Verfügung zu stellen, die erforderlich sind, um die Unterlagen lesbar zu machen; soweit erforderlich hat es die Unterlagen auf seine Kosten auszudrucken oder ohne Hilfsmittel lesbare Reproduktionen beizubringen."

400 Im **Auslandszahlungsverkehr** ist zu unterscheiden:

(1) Bei der Zahlung an **Korrespondenzbanken** im Ausland besteht eine Kontoverbindung von Bank zu Bank bei dem inländischen Institut. Über dieses inländische Konto kann die ausländische Bank uneingeschränkt verfügen. Häufig wird der Geldtransfer ins Ausland von Bank zu Bank mit Sammelüberweisungen ausgeführt. Bei der absendenden Bank bestehen Listen und auch gesonderte Primanoten, aus denen sich die Aufschlüsselung des Buchungsvorgangs ergibt.

401 (2) Um ein **anonymisiertes Geldtransfersystem** aufzudecken, sind folgende Unterlagen von Bedeutung:

- Über Kassenkontrollstreifen oder Kassenjournale in Verbindung mit Kundenlisten können Bareinzahlungen, die der Vorbereitung von Geldtransfers dienen, einzelnen Kunden zugeordnet werden.
- Teilweise werden auch Bankmitarbeiter mit „Einzelvollmacht" zur Durchführung der Bankgeschäfte beauftragt. Diese Vollmachten sind im allgemeinen Schriftverkehr abgelegt.
- Auch die Aufzeichnungen von Kunden- oder Vermögensberatern der Banken, die von diesen gesondert, teilweise auf sog. Beraterkarten verwahrt werden, können wertvolle Hinweise geben.
- Auf Auslandsüberweisungen, die teilweise mit SWIFT-Belegen nachgewiesen werden können, finden sich Hinweise auf den Auftraggeber.
- Bei Transfer von Wertpapieren ins Ausland sind gesonderte Versendeunterlagen vorhanden. Die Hinweise auf den Auftraggeber sind wegen der leichteren Entfernbarkeit oft nur handschriftlich mit Bleistift vermerkt.
- Inlandskredite, insbesondere in Zusammenhang mit Subventionen, werden häufig durch die zuvor ins Ausland verbrachten Schwarzgelder bei der Bank abgesichert. Um auch gegenüber der Bankenaufsicht die ordnungsgemäße Absicherung der ausgereichten Gelder nachweisen zu können, werden Listen über die im Ausland befindlichen Sicherheiten geführt, die eine lohnende Fundgrube zur Aufdeckung von krimineller Geldverlagerung sein können.

402 Der mit dem Bankkunden geführte Schriftwechsel wird ebenfalls nicht einheitlich abgelegt. Sonderakten werden gelegentlich dann geführt, wenn besondere Verbindungen zu einer Domizilfirma bestehen. Hier werden Originale oder Fotokopien verwahrt – manchmal sogar in einem besonderen Safe –, die Aufschluß über Kapitaleignerschaft, die Blankozession der Gründerrechte, die Generalvollmacht, das Mandatsverhältnis, Firmenverflechtungen und die Hintermänner der Briefkastenfirmen geben.

403 Bei Großkrediten und umfangreichen Zahlungsabwicklungen für einen Kunden bestehen häufig weitergehende Verflechtungen, auf die ein Ermittler zu achten hat. So be-

stehen neben den Kreditengagements im engeren Sinne häufig Aufsichtsratsmandate, unmittelbare oder mittelbare Unternehmensbeteiligungen, gleichgerichtete Interessenverbindungen zu Drittunternehmen, Versicherungsgesellschaften usw. Alle aus Beratungs- oder Aufsichtsgremien erlangten Kenntnisse werden erfahrungsgemäß bei einer Kreditentscheidung, einer Investitionsentscheidung oder einer Prolongationsentscheidung berücksichtigt. Sofern hierüber schriftliche Informationen beschafft werden können, sind diese schnellstmöglich zu sichern. Auch ist darauf zu achten, daß in derartigen Engagements zahlreiche Stabsabteilungen (z. B. Rechts-, Revisions-, Auslands-, Volkswirtschaftsabteilung) eingeschaltet sind und sich dort über die Chancen und Risiken eines bestimmten Engagements zahlreiche interessante Informationen befinden.

Daher muß sich ein Durchsuchungsbeschluß oder ein Auskunftsersuchen auf alle Geschäftsunterlagen beziehen, die aufgrund der Bankverbindung angefallen sind.

c) Weisungen von Stabsabteilungen

Unter keinen Umständen darf sich aber der Staatsanwalt durch Anweisungen einiger 404
Rechtsabteilungen von Großbanken an ihre Filialen davon abhalten lassen, die notwendigen Ermittlungsmaßnahmen in der gebotenen Eile zu treffen. So hatte eine Rechtsabteilung Zweigniederlassungen angewiesen, trotz bestehender richterlicher Durchsuchungs- und Beschlagnahmebeschlüsse zunächst das Vorhandensein von Kreditakten und Schriftverkehr zu verschweigen oder deren Ablage bei der Zentrale den Ermittlungsbeamten gegenüber zu behaupten. Hierdurch werde Zeit gewonnen und eine Sichtung und „Bereinigung" der Geschäftsunterlagen ermöglicht. Solche, gegebenenfalls unter dem Gesichtspunkt der Strafvereitelung zu beurteilenden Weisungen und Maßnahmen zentraler Institutionen dürfen zu keiner Verzögerung der Durchsuchungsmaßnahme führen. In besonders gelagerten Ausnahmefällen kann es erforderlich sein, die bankinternen Informations- und Weisungsdienste oder Einzelanordnungen sicherzustellen, um den für die Strafvereitelungsmaßnahmen Verantwortlichen und die ihm bereits zugeleiteten Kreditakten, Sonderakten und Informationsunterlagen feststellen zu können.

3. Effektive Kontenauswertung

Im Regelfall wird es zur Überprüfung des Geldflusses und der stichtagsbezogenen Kon- 405
tostände des Beschuldigten ausreichend sein, die wieder vergrößerten Monatskonten sicherzustellen. Bei der Auswertung dieser Beweismittel treten auch für den erfahrenen Ermittlungsbeamten insofern Probleme auf, als die Bank fast nur Nummern als Schlüssel für Vorgänge verwendet. Es ist daher unbedingt erforderlich, bereits bei der Gewinnung dieser Unterlagen sich von der Bank Erläuterungen und Abkürzungsverzeichnisse übergeben zu lassen. Werden nur bestimmte Urkunden für den Nachweis einer einzelnen Transaktion (z. B. ein bestimmter Überweisungsträger, Scheck u. a.) benötigt, so kann dieser Beleg an Ort und Stelle reproduziert und zu den Akten genommen werden. Gegebenenfalls sind diese Unterlagen nur noch bei der einreichenden Bank vorhanden und müssen dort sichergestellt werden.

Hat der Beschuldigte jedoch zahlreiche Bankkonten oder Konten mit umfangreichen 406
Buchungsvorgängen und ist außerdem ein langer Zeitraum zu überprüfen, so können die sicherzustellenden und zu reproduzierenden Unterlagen eine Vielzahl von Ordnern füllen. Zur Erleichterung der Auswertung kann sich der Staatsanwalt auch hier die EDV nutzbar machen, indem er die elektronisch gespeicherten Kontounterlagen so sicherstellt, daß sie später auf einem Computer der Ermittlungsbehörden ausgewertet werden können. Hierzu muß jede einzelne Geldbewegung auf den in Frage kommenden Konten aus der Bank-EDV auf einen gesonderten Datenträger entladen werden. Die so erstellte Datei wird dann auf den Computer der Ermittlungsbehörde übertragen und dort in eine Datenbank elektronisch eingelesen. Falls die Bank ein anderes elektronisches Betriebs-

system nutzt, muß ggf. das Speicherformat der Datei entsprechend umgewandelt werden. Hierzu kann jeweils die Hilfe des Landeskriminalamtes in Anspruch genommen werden. Der Staatsanwalt kann nun jederzeit stichtagsbezogen einen kontoübergreifenden Saldo errechnen lassen und außerdem bestimmte Zahlungsvorgänge auswählen. Diese Auswertungsmaßnahmen bieten sich besonders bei umfangreichen Wechsel- und Scheckreitereien, bei Liquiditätsprüfungen oder dann an, wenn der Beschuldigte durch häufiges „Hin- und Herbuchen" einen Umsatz nur vortäuschte.

407 Sofern der Staatsanwalt nicht selbst die Kenntnisse über Buchführung und Bilanzierung besitzt, sollte er ohne Skrupel den Wirtschaftsreferenten seiner Behörde, falls dieser erkennbar überlastet ist, einen externen **Sachverständigen** einschalten. Häufig kommt es auf die Beurteilung, ob ein Indiz be- oder entlastend wirkt, auf die Beurteilung eines berufserfahrenen, die Grundsätze ordnungsmäßiger Buchführung und bankbezogene Usancen beherrschenden Gutachters an. Dazu eignen sich beispielsweise Wirtschaftsprüfer, die selbst Erfahrungen aus Bankprüfungen haben.

4. Entschädigung für Ermittlungsmaßnahmen

408 Nach § 17a ZSEG kann die Bank eine Entschädigung verlangen, wenn sie Unterlagen für die Staatsanwaltschaft herausgesucht oder sonstige Auswertungsarbeiten vorgenommen hat. Bei Rückvergrößerungen verfilmter oder gespeicherter Unterlagen ist jedoch § 261 HGB zu beachten, wonach die Banken diese Arbeit auf eigene Kosten erbringen müssen. Eine Entschädigung nach § 17a ZSEG kommt dann nicht in Betracht, wenn Bankmitarbeiter förmlich als Zeugen vernommen oder Beschlagnahmemaßnahmen durchgeführt wurden.[129]

---

[129] *Kleinknecht/Meyer-Goßner*, StPO, 42. Aufl. § 95 Anm. 8.

4. Kapitel. Kriminalität im Wertpapierhandel

Literatur: *Schwark,* Kommentar zu Börsengesetz. 1. Auflage, 1994; *Rössner* in Assmann/Schütze, Handbuch des Kapitalanlagerechts, 2. Auflage, 1997; *Schröder,* Aktienhandel und Strafrecht, 1994; *Sahin,* Die Regulierung unlauterer Handelspraktiken an US-amerikanischen Börsen, 1993; *Gerke/Oerke,* Marktbeeinflussung durch Analystenempfehlungen, 1998.

Inhaltsübersicht

Rn.

I. Gemeinsame Einführung 1–7
1. Die historische Entwicklung des Finanzmarkts 1
2. Die Risiken des Anlegers 1
3. Die Finanzmarktförderungsgesetze 2
4. Die europäische Richtliniengesetzgebung 3
5. Die strafrechtlich geschützten Ebenen . 4–7

II. Der Wertpapiermarkt 8–19
1. Der Primärmarkt 8
2. Der Sekundärmarkt 9
3. Die Börse 10–14
4. Computerunterstützte Wertpapierhandelssysteme 15–18
a) Die computerunterstützte Präsenzbörse 15
b) Computerbörsen 16
c) Der Computerhandel/Internet 17
d) Der EDV-gesteuerte OTC (Over The-Counter) Markt 18
5. Die Überwachung der Börsengeschäfte 19

III. Die Legaldefinitionen des Wertpapierhandels 20, 21
1. Die wesentlichen Begriffsbestimmungen des Wertpapierhandelsgesetzes 20
2. Die wesentlichen Begriffsbestimmungen des KWG 21

IV. Die Aufsicht über den Wertpapierhandel 22

V. Besonderheiten bei Beweisquellen . . 23–25
1. Datenmaterial der Börsen 23
2. Datenmaterial des BAWe 24
3 Dokumentationen von Fernsprechdaten 25

VI. Straftaten nach dem Börsengesetz . . 26–44
1. Die Verleitung Unerfahrener zu örsenspekulationsgeschäften 26
2. Bedeutung der Strafvorschrift § 89 BörsG 27
3. Entwicklung der Strafverfolgung der Kursmanipulation 28
4. Die Strafbarkeit der Kursmanipulation 29
5. Kursabweichung durch Eigenhandel . 30–32
6. Wert des abweichenden Kurses 33
7. Verdeckter Eigenhandel 34
8. Manipulation des Derivatenkurses 35

Rn.

9. Beeinflussung durch Medien 36
10. Beeinflussung durch Unternehmensnachrichten 37
11. Gerüchte 38
12. Kursbewegung durch Finanzanalysen 39
13. Beispielsfälle 40
14. Marktpflege 41
15. Market Corner 42, 43
16. Beispiele der SEC 44

VII. Straftaten nach dem Kreditwesengesetz 45–51
1. Erlaubnispflicht für die Erbringung von Finanzdienstleistungen 45–48
2. Gewerbsmäßigkeit 49
3. Remonte Member 50
4. Orderroutingsysteme 51

VIII. Insiderkriminalität, Straftaten nach dem Wertpapierhandelsgesetz 52–101
1. Der Sekundärmarkt für Wertpapiere 52
2. Die Kompetenzen des BAWe im Vergleich 53, 54
3. Die verwaltungsrechtliche Verbotsnorm 55
4. Die Legaldefinitionen 55
5. Besonderheiten bei Ermittlungen . . 56, 57
6. Die Verdachtsstufen bei Insiderermittlungen 57
7. Die Ausgangslage 58
8. Insider 59
9. Insider aus Vorstand und Aufsichtsrat 59
10. Beteiligter im Spruchstellenverfahren 60
11. Prozeßvertreter im Spruchstellenverfahren 61
12. Mitarbeiter im Finanzamt 62
13. Kursmakler und Primärinsider 63
14. Finanzanalysten als Insider 64
15. Der unmittelbare Insider 65
16. Der mittelbare Insider 66
17. Sphäre des Mitteilers der Insidertatsache 67
18. Die Insidertatsache in der Sphäre des Finanzanalysten 68
19. Die innere Tatseite bei dem Finanzanalysten 59
20. Sekundärinsider 70
21. Privatbekanntschaft 71

Rn.
22. Der Freund als Sekundärinsider 72
23. Die Insidertatsachen 73, 74
24. Verdacht einer Insiderstraftat (§ 18) ... 75
25. Hinreichender Tatverdacht (§ 170 Abs. 1 StPO) 76
26. Die Insiderlage 77
27. Die Insidertatsache 78
28. Die Insidertatsache aus der Emittentensphäre 79
29. Erheblichkeit der sofort mitzuteilenden neuen Tatsachen 80
30. Die Insidertatsache aus der Händlersphäre 81
31. Die Insidertatsache im Wirkungsbereich des Skontroführers 82
32. Die Orderlage als kursunmittelbare Tatsache 83
33. Die Orderlage im Skontro eines Börsenmaklers als Insidertatsache 84
34. Plattformübergreifende Ordersituationen 85

Rn.
35. Das Sachverständigengutachten 86
36. Gerüchte 87
37. Erheblichkeit der Insidertatsache 88
38. Öffentliches Bekanntwerden 89
39. Prognosen als Tatsache 90
40. Kursbeeinflussungspotential 91
41. Optionsschein aus dem Geld 92
42. Ursachen für Kursschwankungen 93
43. Die relative Veränderung zu einer Vergleichsgruppe 94
44. Der Lohn der Tat 95
45. Bedeutung eines Zahlenwertes 96
46. Erheblichkeitstheorien 96
47. Die Bagatelltheorie 97
48. Strafverzichtstheorie 98
49. Theorie des rechtspolitischen Gebotes 99
50. Beziehung zwischen kursbildender Tatsache und Kursbildung 100
51. Chancengleichheit des Börsengeschäfts 101

I. Gemeinsame Einführung

1. Die historische Entwicklung des Finanzmarkts

1 Mehr als 150 Jahre beschäftigt sich die Justiz mit dem Phänomen von Vermögensstraftaten in Zusammenhang mit Wertpapieren. Die Finanzierung großer Projekte wie Eisenbahnen waren nur durch Bündelung von Kapital möglich, der Präsident der Vereinigten Staaten von Amerika erwarb von Napoleon die Hafenstadt New Orleans nebst dem Staate Louisiana, den französischen Kolonialbesitz, für 15 Millionen Dollar, davon beschaffte ihm die Barings Bank damals unter Alexander Baring insgesamt 13 Millionen Dollar in einer öffentlichen Anleihe aus England, Frankreich und den USA. Mit einem der größten Finanzskandale der 90iger Jahre beendete ein Wertpapierhändler die Karriere der Barings Bank als Investmentbank, dieses Ereignis rüttelte die Regierung von England auf; seit 1997 wird dort in einem Gesetzgebungsvorhaben, angelegt auf 5 Jahre, die gesamte Finanz- und Börsenlandschaft neu reguliert.

2. Die Risiken des Anlegers

In der Bundesrepublik Deutschland werden die Risiken der Finanzmärkte in 3 Ebenen aufgeteilt und mosaikartig geregelt. Die Regelungen sind verstreut auf das **Börsengesetz**, dort zuletzt konkretisiert durch das Zweite Gesetz zur Bekämpfung der Wirtschaftskriminalität vom 15. 5. 1986,[1] das **Strafgesetzbuch**, § 264a eingeführt durch das Zweite Gesetz zur Bekämpfung der Wirtschaftskriminalität, das Insiderstrafrecht im **Wertpapierhandelsgesetz**, eingeführt durch das Zweite Finanzmarktförderungsgesetz vom 30. 7. 1994,[2] und das **Kreditwesengesetz** in der Fassung vom 22. 10. 1997.[3] Dieses Regelwerk ist nicht nur verstreut, auch die Aufsichts- und Ermittlungsinstanzen für Prävention und Reaktion sind vielfältig. Die Ermittlungsbehörden sind im Bereich des StGB und der börsengesetzlichen Strafvorschriften auf sich gestellt. Im Bereich Insiderstrafrecht arbeiten das Bundesaufsichtsamt für den Wertpapierhandel, bei papierbezogenen Insider-

---

[1] BGBl. I S. 721.
[2] BGBl. I S. 1749.
[3] BGBl. I S. 2518.

tatsachen die Börsenaufsichtsbehörden der Länder und die Handelsüberwachungsstellen an den Börsen den Ermittlungsbehörden zu, bei dem Verstoß gegen das KWG arbeiten das Bundesaufsichtsamt für den Wertpapierhandel und das Bundesaufsichtsamt für das Kreditwesen an der Entdeckung der Tat und der Aufklärung mit.

Der Themenkreis ist ohne ein Minimum von Fachkenntnissen über den modernen Wertpapiermarkt nicht zu verstehen. „Börsendeutsch", bestehend überwiegend aus Anglizismen und Lehnwörtern aus anderen Lebensbereichen, ist nachhaltig mit Leerformeln, Glaubensbekenntnissen und ständig neu entstehenden Fremdworten geprägt. Der Ermittler, der Strafverfolger, der Richter und auch der Verteidiger ist, wenn er sich in der Sache nicht eindeutig auskennt, hoffnungslos überfordert. Daher ist es unverzichtbar, fachlich genau mit Legaldefinitionen zu arbeiten, um das Schlachtfeld selbst zu bestimmen. Jede Unsicherheit des Ermittlers im Begriffsverständnis als Handwerkszeug riskiert das Scheitern einer Untersuchung.

3. Die Finanzmarktförderungsgesetze

Der moderne Wertpapierhandel wurde durch Finanzmarktförderungsgesetze aufgebaut: 2
Gesetz zur Verbesserung der Rahmenbedingungen der Finanzmärkte (Erstes Finanzmarktförderungsgesetz) vom 22. 2. 1990; Gesetz über den Wertpapierhandel und zur Änderung börsenrechtlicher und wertpapierrechtlicher Vorschriften (Zweites Finanzmarktförderungsgesetz) vom 26. 7. 1994 (in Kraft seit 1. 1. 1995, teilweise schon seit 1. 8. 1994); Gesetz zur Umsetzung von EG-Richtlinien zur Harmonisierung bank- und wertpapieraufsichtsrechtlicher Vorschriften, enthaltend die 6. KWG-Novelle vom 5. 6. 1994 (in Kraft seit 1. 1. 1998, teilweise schon seit 29. 10. 1997); Drittes Finanzmarktförderungsgesetz vom 24. 3. 1998. Ein Viertes Finanzmarktförderungsgesetz soll auf dem Gutachten von Hopt/Rudolph/Baum über die Rahmenbedingungen für ein modernes marktorientiertes Börsengesetz, Börsenreform (eine ökonomische, rechtsvergleichende und rechtspolitische Untersuchung) aufbauen.

4. Die europäische Richtliniengesetzgebung

Die zusammenwachsende Europäische Union verordnet dort, wo Erbhöfe moderne 3
Gesetzgebung verhindern, Einheitlichkeit. Die wichtigsten Richtlinien sind: EG-Investment-Richtlinie (Richtlinie des Rates vom 20. 12. 1985 zur Koordinierung der Rechts- und Verwaltungsvorschriften betreffend bestimmte Organismen für gemeinsame Aufgaben in Wertpapieren EG Nr. L 375); EG-Insider-Richtlinie (Richtlinie des Rates vom 13. November 1989 zur Koordinierung der Vorschriften betreffend Insidergeschäfte 89/592/EWG, EG-Abl. Nr. L 334/30 vom 18. November 1989); EG-Transparenz-Richtlinie (Richtlinie des Rates vom 12. Dezember 1988 über die bei Erwerb und Veräußerung einer bedeutenden Beteiligung an einer börsennotierten Gesellschaft zu veröffentlichenden Informationen 88/627/EWG, EG-Abl. Nr. L 384/62 vom 17. Dezember 1988) und EG-Wertpapierdienstleistungs-Richtlinie (Richtlinie des Rates vom 10. Mai 1993 über Wertpapierdienstleistungen 93/22/EWG, EG-Abl. Nr. L 141/27 vom 11. Juni 1993).

5. Die strafrechtlich geschützten Ebenen

Das Risiko einer falschen Anlegerentscheidung auf Grund fehlerhafter Angaben im 4
Emissionsprospekt wird durch § 264a StGB geschützt. Der unerfahrene Anleger wird vor den Risiken der Börsengeschäfte geschützt durch § 89 BörsG, der das Verleiten eines Unerfahrenen zu Börsengeschäften unter Strafe stellt. Dem Wertpapierdienstleister, der die Voraussetzungen für die Erbringung dieser Dienstleistung nicht erfüllt, droht eine Strafe nach § 54 KWG.

5 Wenn der Anleger fachlich qualifiziert beraten und zutreffend in Prospekten informiert seine Investitionsauswahl getroffen hat, beauftragt er einen Dienstleister mit der Ausführung seiner Entscheidung auf dem Kapitalmarkt. Die organisierten und überwachten Kapitalmärkte sind geschützt gegen Manipulationen der Kurse. Das **Kapitalmarktrisiko** wird abgegrenzt gegen Kursmanipulationen durch die Strafvorschrift des § 88 BörsG. Der Schutz gegen Mißbrauch von Informationen bei Kenntnissen aus der Sphäre der Emittenten wird durch das Insiderhandelsverbot (§ 38 WpHG) realisiert. Das Verbot trifft auch die Insider mit Informationen aus dem Handel mit dem Insiderpapier.

6 Die Plazierung einer Order in einem gegen Manipulation geschützten Markt unterliegt dem **Risiko** des Verstoßes eines Handelsteilnehmers gegen die Regeln der **Börsengeschäftsabwicklung.** Die durch das Zweite Finanzmarktförderungsgesetz geschaffene Transparenz in Verbindung mit der Überwachungsdichte schützt gegen Verstöße von Handelsteilnehmern gegen das Insiderhandelsverbot bei Front- und Parallelrunning sowie Nachhandel, im übrigen gelten die Straftatbestände aus dem Bereich der Vermögens- und Urkundsdelikte, die nicht mehr in der Black Box der Börse unerkannt abgewickelt werden können.

7 Das verbleibende **Risiko** der künftigen **Marktentwicklung** bleibt konsequent erhalten. Dieses Risiko ist das Börsenspekulationsrisiko, welches als individuelle Zukunftshoffnung oder Überzeugung in Angebot und Nachfrage auf dem Wertpapiermarkt preisbildend wirkt. Staatliche Einflußnahmen durch Stützung des Marktes mit öffentlichen Mitteln[4] sind in der Bundesrepublik Deutschland nicht üblich. Die Isolierung dieses Risikos und dessen Handelbarkeit ist Gegenstand einer Vielzahl moderner Finanzinstrumente im Terminhandelsbereich.

II. Der Wertpapiermarkt

1. Der Primärmarkt

8 Der Wertpapiermarkt wird der Bedeutung und dem Zweck nach unterschieden in Primärmarkt und Sekundärmarkt. Der Primärmark ist der Bereich der Kapitalaufnahme, das emittierende Unternehmen sucht Kapital und bietet den Verkauf des Unternehmens in Bruchteilen auf dem Kapitalmarkt an. Der Investor beteiligt sich an dem Unternehmen durch Erwerb der Beteiligung. Die vielfältigen Formen der Beteiligungen und die davon abgeleiteten Instrumente werden unten nach der jeweiligen Legaldefinition aufgeführt.

2. Der Sekundärmarkt

9 Damit der Investor sein Kapital nicht dauerhaft mit der erstmalig erworbenen Beteiligung binden muß und ihm die Möglichkeit gegeben wird, seinen Anteil am Unternehmen in Barkapital umzusetzen, ohne daß das Unternehmen nach Kündigung investiertes Kapital wieder freimachen muß, sorgt der Sekundärmarkt für eine Handelbarkeit der Unternehmensbeteiligung.

3. Die Börse

Die Börse bietet die Plattform für den Handel mit solchen Papieren. Sie ist nach dem Börsengesetz aufgeteilt in zwei grundsätzliche Segmente, dem Amtlichen Handel und dem nichtamtlichen Handel, zu welchem der Geregelte Markt und der Freiverkehr sowie der Zwitter Neuer Markt gehört.

[4] Anders bis 1998 in Japan, dort wurde unter anderem mit Vermögen der (öffentlich-rechtlichen) Postsparkunden Kurspflege betrieben.

Der Amtliche Handel findet in den von der Zulassungsstelle der Börse[5] zum amtlichen Handel zugelassenen Werten an der Börse statt (§ 36 BörsG). Kennzeichen des Amtlichen Handels ist, daß die Geschäfte mit Hilfe des amtlich bestellten Kursmaklers vermittelt und die Kurse durch den Kursmakler amtlich in einem öffentlich rechtlichen Verfahren festgestellt werden (amtliche Kursnotiz; §§ 29, 31 BörsG).[6] 10

Der Geregelte Markt (§§ 71ff. BörsG) ist ein Kassahandel in Werten, für deren Zulassung durch den Zulassungsausschuß geringere Anforderungen im Vergleich zur Zulassung im Amtlichen Handel bestehen. Für ihn gelten die wesentlichen Regeln des Amtlichen Handels. Er ist als organisierter Markt anerkannt. 11

Im Freiverkehr findet ein Kassahandel in den Werten statt, die weder zur amtlichen Notierung, noch zum Geregelten Handel zugelassen sind. Ein zur Skontroführung berechtigter Freimakler kann ein Wertpapier, welches an einem anderen organisierten Markt bereits zugelassen ist, ohne Zustimmung der jeweiligen Börse oder des Emittenten zum Handel in den Freiverkehr einer Börse einführen.[7] Die Börsenpreise müssen die Anforderungen der Preise für den amtlichen Handel erfüllen. 12

Der Neue Markt (an der Frankfurter Wertpapierbörse) ist dem Freiverkehr zuzuordnen, wobei die Zulassung nach den verschärften Voraussetzungen des Geregelten Marktes erfolgen und weitere Bedingungen wie international anerkannte Rechnungslegung und die Bestellung eines Betreuers, der sich liquiditätsfördernd in den Handel einschaltet, zu erfüllen sind. Dieses Segment ist zugeschnitten auf schnell wachsende innovative junge Unternehmen mit entsprechend hohem Risiko (Venture Capital). 13

Der Terminhandel in Optionsscheinen findet am Kassamarkt statt. Optionsscheine sind sowohl zum Amtlichen Handel zugelassen, als auch in den Freiverkehr einbezogen. Der Terminhandel mit Terminkontrakten (Futures) und Optionen findet an der Terminbörse statt. Für den Terminhandel auf Waren ist in Hannover die Deutsche Warenterminbörse begründet worden. 14

4. Computerunterstützte Wertpapierhandelssysteme

a) Die computerunterstützte Präsenzbörse

Der Kassamarkt wird bundesweit als computerunterstützte Präsenzbörse betrieben. EDV-Unterstützung findet nicht nur auf dem Arbeitsplatz des Maklers und der sonstigen Handelsteilnehmer statt. Der Computer ersetzt im Präsenzhandel die Präsenz. Sowohl die Auftragsübermittlung zum skontroführenden Makler als auch die Zusammenführung von ausführbaren Aufträgen sowie die Erstellung der Abrechnungen in der Form von Schlußnoten bis hin zur Lieferung der Stücke und der Einziehung bzw. der Gutschrift der Beträge läuft über ein perfektioniertes Orderübermittlungs- und -bearbeitungssystem (BOSS CUBE) sowie über ein Börsengeschäftsabwicklungssystem (BOEGA). 15

b) Computerbörsen

Ein vollcomputerisiertes Handelssystem ersetzt die Vermittlungstätigkeit des Skontroführers. Aufträge können von jedem Ort der Welt per Bildschirm online unabhängig vom Standort des Computers erteilt werden. Im Zentralrechner treffen die Aufträge aufein-

---

5 Die Zulassungsstelle ist ein Organ der Börse, dort befinden sich die Unterlagen, die die Zulassungsvoraussetzungen beinhalten und gegebenenfalls für den Nachweis von Prospektbetrug von Bedeutung sein können.

6 Die amtliche Kursnotiz kann Gegenstand einer mittelbaren Falschbeurkundung sein (§ 271 StGB), vgl. Strafbefehl des AG Frankfurt am Main vom 2. 2. 1995 Az. 92 Js 48670.5/93–918 Ls.

7 Im Zweifel prüft bei ausländischen Börsen das Bundesaufsichtsamt für den Wertpapierhandel die Eigenschaft: Organisierter Markt. Eine Veröffentlichung von (OTC-)Preisen am NASDAQ Bulletin Board erfüllt diese Voraussetzungen nicht.

ander; soweit sie ausführbar sind, werden sie gematcht. Vom Zentralrechner werden die Auftraggeber über die Ausführung ihres Auftrags wieder zeitgleich online informiert.

16 Die Eurex (vormals deutsche Terminbörse DTB) in Frankfurt war die erste deutsche vollcomputerisierte Börse. Die Warenterminbörse (Hannover) ist ebenfalls als Computerbörse ausgerichtet. Die Frankfurter Wertpapierbörse hat als Handelsplattform das elektronische Handelssystem Xetra eingerichtet, welches geeignet ist, nicht nur den derzeitigen deutschen Handel, sondern künftig über die Grenzen hinaus international den Wertpapierhandel abzudecken.

c) Der Computerhandel / Internet

17 Der Wertpapierhandel im Internet ist derzeit keine Börsenveranstaltung. Insbesondere ist eine Erfüllung der im Internet abgeschlossenen (schuldrechtlichen) Verträge nicht gewährleistet. Eine zulassungspflichtige Börse bietet derzeit keinen Börsenhandel im Internet an. Die Nutzung des Internet als Medium zur Weiterleitung von Aufträgen wird oft fälschlich als Aktienhandel im Internet bezeichnet. In diesen Fällen wird das Wertpapiergeschäft jedoch an einer zugelassenen und überwachten Börse getätigt. Die Erfüllung des Geschäftes erfolgt nach den Regeln der Börse.

d) Der EDV-gesteuerte OTC (Over The Counter) Markt

18 Wertpapiere werden nicht nur an der Börse, sondern auch an jedem sonstigen Ort gehandelt. Dieser übliche Handel ist der OTC-Handel, dem jedoch nicht die Qualität eines Handels an einer organisierten Börse zugebilligt wird. Er ist weder organisiert, noch überwacht. Wenn Wertpapiere, die an einem organisierten Markt zugelassen sind, OTC gehandelt werden, sind diese Geschäfte nach § 9 WpHG meldepflichtig. Zu diesem Markt zählen auch die Handelssysteme der Banken, soweit sie keine Börsen sind. Im Jahre 1988 wurden in Deutschland 2 vollcomputerisierte Handelssysteme für Anleger zur Verfügung gestellt, bei denen der Anleger jedoch immer nur mit dem Emissionshaus handeln kann.

5. Die Überwachung der Börsengeschäfte

19 Der Börsenhandel unterliegt der Überwachung durch das von der Börsengeschäftsführung unabhängige Organ der Handelsüberwachungsstelle (§ 1b BörsG). Ihr obliegt die lückenlose und systematische Erfassung aller Daten über Börsengeschäfte sowie deren Auswertung. Wenn im Rahmen der Überwachung Auffälligkeiten festgestellt werden, sind diese zu untersuchen und gegebenenfalls Ermittlungen aufzunehmen. Die Handelsüberwachungsstelle berichtet die Ergebnisse ihrer Überwachung an die Börsenaufsichtsbehörde.

Die Börsenaufsichtsbehörde (der Bundesländer) übt die Rechtsaufsicht über die Börse aus und ist für die Marktaufsicht zuständig. Sie kann an der Börse einen Staatskommissar einsetzen. An den wichtigsten Börsen in der Bundesrepublik Deutschland, der FWB incl. Xetra und der Eurex (früher DTB), ist ein Staatskommissar eingesetzt, der für die Marktaufsicht zuständig ist. Insbesondere betreibt er die Sanktionsverfahren gegen amtliche Kursmakler und ist an den Verfahren vor dem Sanktionsausschuß (§ 9 BörsG) gegen die übrigen Handelsteilnehmer beteiligt.

III. Die Legaldefinitionen des Wertpapierhandels

Abweichend vom anglo-amerikanischen Rechtskreis, der sonst den internationalen Finanzmarkt beherrscht, wird die Begriffsbestimmung in der Bundesrepublik Deutschland nicht den *Regulators* und dem *Case Law* überlassen, sondern in Form von Legaldefinitionen durch den Gesetzgeber geleistet.

1. Die wesentlichen Begriffsbestimmungen des Wertpapierhandelsgesetzes

Wertpapiere sind, (auch wenn für sie keine Urkunden ausgestellt sind) Aktien, Zertifikate, die Aktien vertreten, Schuldverschreibungen, Genußscheine, Optionsscheine und andere Wertpapiere, die mit Aktien oder Schuldverschreibungen vergleichbar sind, wenn sie an einem Markt gehandelt werden können, sowie Anteilscheine, die von einer Kapitalanlagegesellschaft oder einer ausländischen Investmentgesellschaft ausgegeben werden. 20

Geldmarktinstrumente sind Forderungen, die üblicherweise auf dem Geldmarkt gehandelt werden.

Derivate sind als Festgeschäfte oder Optionsgeschäfte ausgestaltete Termingeschäfte, deren Preis unmittelbar oder mittelbar abhängt von dem Börsen- oder Marktpreis von Wertpapieren, dem Börsen- oder Marktpreis von Geldmarktinstrumenten, Zinssätzen oder anderen Erträgen oder dem Börsen- oder Marktpreis von Waren oder Edelmetallen, Devisentermingeschäfte, die an einem organisierten Markt gehandelt werden (Devisenfuturegeschäfte), Devisenoptionsgeschäfte, Währungsswapgeschäfte, Devisenswapoptionsgeschäfte und Devisenfutureoptionsgeschäfte.

Wertpapierdienstleistungen sind die Anschaffung und die Veräußerung von Wertpapieren, Geldmarktinstrumenten oder Derivaten im eigenen Namen für fremde Rechnung, die Anschaffung und die Veräußerung von Wertpapieren, Geldmarktinstrumenten oder Derivaten im Wege des Eigenhandels für andere, die Anschaffung und die Veräußerung von Wertpapieren, Geldmarktinstrumenten oder Derivaten im fremden Namen für fremde Rechnung, die Vermittlung oder der Nachweis von Geschäften über die Anschaffung und die Veräußerung von Wertpapieren, Geldmarktinstrumenten oder Derivaten, die Übernahme von Wertpapieren, Geldmarktinstrumenten oder Derivaten für eigenes Risiko zur Plazierung oder die Übernahme gleichwertiger Garantien, die Verwaltung einzelner in Wertpapieren, Geldmarktinstrumenten oder Derivaten angelegter Vermögen für andere mit Entscheidungsspielraum.

Wertpapiernebendienstleistungen sind die Verwahrung und die Verwaltung von Wertpapieren für andere, sofern nicht das Depotgesetz anzuwenden ist, die Gewährung von Krediten oder Darlehen an andere für die Durchführung von Wertpapierdienstleistungen durch das Unternehmen, das den Kredit oder das Darlehen gewährt hat, die Beratung bei der Anlage in Wertpapieren, Geldmarktinstrumenten oder Derivaten.

Wertpapierdienstleistungsunternehmen sind Kreditinstitute, Finanzdienstleistungsinstitute und nach § 53 Abs. 1 Satz 1 KWG tätige Unternehmen, die Wertpapierdienstleistungen allein oder zusammen mit Wertpapiernebendienstleistungen gewerbsmäßig oder in einem Umfang erbringen, der einen in kaufmännischer Weise eingerichteten Geschäftsbetrieb erfordert.

Ein **Organisierter Markt** ist ein Markt, der von staatlich anerkannten Stellen geregelt und überwacht wird, regelmäßig stattfindet und für das Publikum unmittelbar oder mittelbar zugänglich ist.

2. Die wesentlichen Begriffsbestimmungen des KWG

Kreditinstitute sind Unternehmen, die Bankgeschäfte gewerbsmäßig oder in einem Umfang betreiben, der einen in kaufmännischer Weise eingerichteten Geschäftsbetrieb erfordert. 21

Bankgeschäfte sind die Annahme fremder Gelder als Einlagen oder anderer rückzahlbarer Gelder des Publikums, sofern der Rückzahlungsanspruch nicht in Inhaber- oder Orderschuldverschreibungen verbrieft wird, ohne Rücksicht darauf, ob Zinsen vergütet werden (Einlagengeschäft), die Anschaffung und die Veräußerung von Finanzinstrumenten im eigenen Namen für fremde Rechnung (Finanzkommissionsgeschäft), die Verwahrung und die Verwaltung von Wertpapieren für andere (Depotgeschäft), die in § 1 des

Gesetzes über Kapitalanlagegesellschaften bezeichneten Geschäfte (Investmentgeschäft), die Übernahme von Finanzinstrumenten für eigenes Risiko zur Plazierung oder die Übernahme gleichwertiger Garantien (Emissionsgeschäft).

Finanzdienstleistungsinstitute sind Unternehmen, die Finanzdienstleistungen für andere gewerbsmäßig oder in einem Umfang erbringen, der einen in kaufmännischer Weise eingerichteten Geschäftsbetrieb erfordert, und die keine Kreditinstitute sind.

Finanzdienstleistungen sind die Vermittlung von Geschäften über die Anschaffung und die Veräußerung von Finanzinstrumenten oder deren Nachweis (Anlagevermittlung), die Anschaffung und die Veräußerung von Finanzinstrumenten im fremden Namen für fremde Rechnung (Abschlußvermittlung), die Verwaltung einzelner in Finanzinstrumenten angelegter Vermögen für andere mit Entscheidungsspielraum (Finanzportfolioverwaltung), die Anschaffung und die Veräußerung von Finanzinstrumenten im Wege des Eigenhandels für andere (Eigenhandel), die Vermittlung von Einlagengeschäften mit Unternehmen mit Sitz außerhalb des Europäischen Wirtschaftsraums (Drittstaateneinlagenvermittlung), die Besorgung von Zahlungsaufträgen (Finanztransfergeschäft) und der Handel mit Sorten (Sortengeschäft).

Institute sind Kreditinstitute und Finanzdienstleistungsinstitute.

Geschäftsleiter sind diejenigen natürlichen Personen, die nach Gesetz, Satzung oder Gesellschaftsvertrag zur Führung der Geschäfte und zur Vertretung eines Instituts in der Rechtsform einer juristischen Person oder einer Personenhandelsgesellschaft berufen sind.

Finanzunternehmen sind Unternehmen, die keine Institute sind und deren Haupttätigkeit darin besteht, Beteiligungen zu erwerben, mit Finanzinstrumenten für eigene Rechnung zu handeln, andere bei der Anlage in Finanzinstrumenten zu beraten (Anlageberatung), Unternehmen über die Kapitalstruktur, die industrielle Strategie und die damit verbundenen Fragen zu beraten sowie bei Zusammenschlüssen und Übernahmen von Unternehmen diese zu beraten und ihnen Dienstleistungen anzubieten.

Finanzholding-Gesellschaften sind Finanzunternehmen, deren Tochterunternehmen ausschließlich oder hauptsächlich Institute oder Finanzunternehmen sind und die mindestens ein Einlagenkreditinstitut oder ein Wertpapierhandelsunternehmen zum Tochterunternehmen haben.

Gemischte Unternehmen sind Unternehmen, die keine Finanzholding-Gesellschaften oder Institute sind und die mindestens ein Einlagenkreditinstitut oder ein Wertpapierhandelsunternehmen zum Tochterunternehmen haben.

Unternehmen mit bankbezogenen Hilfsdiensten sind Unternehmen, die keine Institute oder Finanzunternehmen sind und deren Haupttätigkeit darin besteht, Immobilien zu verwalten, Rechenzentren zu betreiben oder andere Tätigkeiten auszuführen, die Hilfstätigkeiten im Verhältnis zur Haupttätigkeit eines oder mehrerer Institute sind.

Einlagenkreditinstitute sind Kreditinstitute, die Einlagen oder andere rückzahlbare Gelder des Publikums entgegennehmen und das Kreditgeschäft betreiben.

Wertpapierhandelsunternehmen sind Institute, die keine Einlagenkreditinstitute sind und die Bankgeschäfte betreiben oder Finanzdienstleistungen erbringen, es sei denn, die Bankgeschäfte oder Finanzdienstleistungen beschränken sich auf Devisen, Rechnungseinheiten oder Derivate.

Wertpapierhandelsbanken sind Kreditinstitute, die keine Einlagenkreditinstitute sind und die Bankgeschäfte betreiben oder Finanzdienstleistungen erbringen.

Wertpapier- oder Terminbörsen (im Sinne des KWG) sind Wertpapier- oder Terminmärkte, die von staatlich anerkannten Stellen geregelt und überwacht werden, regelmäßig stattfinden und für das Publikum unmittelbar oder mittelbar zugänglich sind, einschließlich ihrer Systeme zur Sicherung der Erfüllung der Geschäfte an diesen Märkten (Clearingstellen), die von staatlich anerkannten Stellen geregelt und überwacht werden.

Finanzinstrumente sind Wertpapiere, Geldmarktinstrumente, Devisen oder Rechnungseinheiten sowie Derivate. Wertpapiere sind, auch wenn keine Urkunden über sie ausgestellt sind, Aktien, Zertifikate, die Aktien vertreten, Schuldverschreibungen, Genußscheine, Optionsscheine und andere Wertpapiere, die mit Aktien oder Schuldverschreibungen vergleichbar sind, wenn sie an einem Markt gehandelt werden können; Wertpapiere sind auch Anteilscheine, die von einer Kapitalanlagegesellschaft oder einer ausländischen Investmentgesellschaft ausgegeben werden. Geldmarktinstrumente sind Forderungen, die üblicherweise auf dem Geldmarkt gehandelt werden.

IV. Die Aufsicht über den Wertpapierhandel

Der Wertpapierhandel wird in der Bundesrepublik Deutschland bereichsorientiert über- 22
wacht. Die Geschäftsführung als Organ der Börse, einer öffentlichen Einrichtung der Bundesländer, übt die unmittelbare Aufsicht über die zum Börsenhandel zugelassenen Handelsteilnehmer, soweit sie nicht amtlich bestellt sind, aus. Die Marktaufsicht über den Börsenhandel übt unmittelbar die Handelsüberwachungsstelle als unabhängiges Organ der Börse und in Zusammenarbeit mit der Börsenaufsichtsbehörde aus. Die Zulassung von Wertpapierdienstleistern und deren Solvenz überwacht das Bundesaufsichtsamt für das Kreditwesen. Den Wertpapierhandel außerhalb der Börse überwacht das Bundesaufsichtsamt für den Wertpapierhandel.

1. Bundesaufsichtsamt für das Kreditwesen (BaKred)

Das BaKred ist errichtet als selbständige Bundesoberbehörde nach §§ 5ff. KWG, der derzeitige Sitz ist in Berlin, künftig in Bonn. Das BaKred hat nach § 8 KWG internationale Kompetenzen und ist Ordnungswidrigkeitenbehörde.

2. Bundesaufsichtsamt für den Wertpapierhandel (BAWe)

Das BAWe ist errichtet als selbständige Bundesoberbehörde nach §§ 3ff. WpHG mit Sitz in Frankfurt am Main. Das BAWe hat nach § 7 WpHG internationale Kompetenzen und ist Ordnungswidrigkeitenbehörde.

3. Börsenaufsichtsbehörden der Bundesländer

Die Börsenaufsichtsbehörden sind in den Bundesländern oberste Landesbehörde, sie sind errichtet nach §§ 1, 1a BörsG. Sie üben die Rechtsaufsicht über die Börsen und die Marktaufsicht über die Geschäfte an den Börsen sowie über die Handelsteilnehmer an den Börsen aus. Sie sind Ordnungswidrigkeitenbehörde. Zur Durchführung der Aufsicht an der Börse können sie einen Staatskommissar einsetzen.

4. Handelsüberwachungsstellen an den Börsen

Die Handelsüberwachungsstelle ist ein von der Börsengeschäftsführung unabhängiges Organ der Börse mit der Aufgabe, alle Daten über den Börsenhandel lückenlos und systematisch zu erfassen, auszuwerten und notwendige Ermittlungen zu führen (§ 1 b BörsG). Die Handelsüberwachungsstelle arbeitet international mit vergleichbaren Einrichtungen zusammen.

5. Complianceorganisationen (Compliance Officer)

Errichtet nach § 33 WpHG, unabhängiger Bestandteil von Wertpapierdienstleistungsunternehmen mit Organisations-, Aufzeichnungs- und Aufbewahrungspflichten. Sie kontrollieren die Übereinstimmung der Tätigkeiten im Unternehmen mit den Regeln und wirken Regelverstößen entgegen. Sie sorgen für die Herstellung von vertraulichen Bereichen (Chinese walls) und erstellen Beobachtungslisten (watch lists) und Sperrlisten (restricted lists) für den Handel von Mitarbeitern mit Wertpapieren.

V. Besonderheiten bei Beweisquellen

Der Wertpapierhandel und damit auch dessen Überwachung an organisierten Märkten ist seit dem Zweiten Finanzmarktförderungsgesetz nicht nur im vollelektronischen Börsenhandel, sondern auch im Bereich des Präsenzhandels elektronisch unterstützt.

1. Datenmaterial der Börsen

23 Alle Daten über den Handel mit Wertpapieren werden lückenlos und systematisch erfaßt (§ 1 b BörsG). Diese Daten wertet die Handelsüberwachungsstelle an der Börse aus. Neben der zeitgleichen programmgestützten Untersuchung des Datenstromes nach Auffälligkeiten ist die Handelsüberwachungsstelle in der Lage, gezielt Orderlagen zu rekonstruieren und den Weg von Aufträgen durch die einzelnen Stationen der Börsengeschäftsabwicklung teilweise zeitgenau bis zu einer hundertstel Sekunde nachzuvollziehen. Auffälligkeiten, zu denen auch Straftaten gehören, hat die Handelsüberwachungsstelle an die Börsenaufsichtsbehörde zu berichten (§ 1 b Abs. 5 BörsG). Die Börsenaufsichtsbehörde ist berechtigt, diese Tatsachen an die Strafverfolgungsbehörden weiterzugeben (§ 2 b Abs. 1 Nr. 2 BörsG). Die erfaßten Daten beschränken sich nicht auf die abgewickelten Börsengeschäfte, sondern auch auf solche außerbörslichen Geschäfte, für deren Abwicklung das Börsengeschäftsabwicklungssystem der Deutschen Börse AG genutzt wird. Eine solche Nutzung bietet auch die vollelektronische Handelsplattform Xetra an. Nachvollziehbar sind auch die Aufgabegeschäfte der Handelsteilnehmer mit der Berechtigung zur Bildung von Aufgaben.

2. Datenmaterial des BAWe

24 Alle im Wertpapierhandel tätigen Unternehmen sind verpflichtet, dem Bundesaufsichtsamt für den Wertpapierhandel jedes Geschäft in Wertpapieren oder Derivaten, die zum Handel an einem organisierten Markt zugelassen sind, mitzuteilen (§ 9 Abs. 1 WpHG). Der Inhalt der Mitteilung, die auch elektronisch erfolgen kann, ist gesetzlich festgelegt (§ 9 Abs. 2 WpHG) und in einer Verordnung nach § 9 WpHG konkretisiert.[8] Das BAWe ist berechtigt, diese Tatsachen an die Strafverfolgungsbehörden weiterzugeben (§ 8 Abs. 1 Nr. 2 WpHG).

Die Wertpapierhandel-Meldeverordnung orientiert sich streng an § 9 Abs. 2; eine Erweiterung unter Ausschöpfung der Befugnisse nach § 9 Abs. 3 Nr. 2[9] scheint in Hinblick auf die Kundendaten geboten. Die Information, die einzig Aufschluß über den Insider gibt, ist den Handelsdaten nach § 9 nicht zugeordnet. Die unmittelbar und sofort zur Verfügung stehenden Informationen verbergen den Insider als Kunden der Marktteilnehmer.

Den handelsnahen Beteiligten der Aufsicht, HÜSt und Kommissariat ist die Möglichkeit, unmittelbar auf Kundendaten zuzugreifen und damit effizient ihrer Aufgabe nachzukommen, verwehrt. Das BAWe hat die Kompetenz, mit dem Instrument der Anfrage wegen Insiderermittlungen den Kunden und damit potentiellen Insider zu erfragen. Mit

---

[8] Wertpapierhandel-Meldeverordnung vom 21. 12. 1995 (WpHMV).

[9] Das BMF kann durch Rechtsverordnung zusätzliche Angaben vorschreiben, soweit diese zur Erfüllung der Aufsichtsaufgaben des BAWe erforderlich sind.

dieser in das Überwachungssystem eingebauten „Schikane" werden entgegen den Vorgaben an den Gesetzgeber die Insiderdelikte, bei denen aus Gründen überholender Kursbeeinflussung die Eignung der Insidertatsache neutralisiert wird, den Ermittlungen entzogen. Da Ermittlungsansatz allein die neutralen Marktdaten sind, laufen diese ausdrücklich unter Strafe gestellten Fälle des verbotenen Insiderhandels nicht in den computergestützten Überwachungsrastern auf. Faktisch sind damit große Segmente aus dem Bereich verbotenen Insiderhandels nicht mehr überwachungs- und damit nicht mehr aufklärungsgeeignet. Die präventive Wirkung wird, da die Raster bekannt sind, reduziert. Auch in den übrigen Fällen wird durch die Beschränkung der Daten unter Verzicht der Kundeninformation Ermittlungseffizienz und Präventionsgeeignetheit reduziert. Im Zusammenspiel zwischen Aufbewahrungspflichten der Gesprächsaufzeichnungen von Händlergesprächen oder Aufzeichnungen der Nummern von durchgeführten Telefongesprächen wird wertvolle Ermittlungszeit verloren. Die Anfrage des BAWe unter Hinweis auf Insiderermittlungen wird – offen und vermeintlich zulässig – an den Verdächtigen weitergereicht.[10]

3. Dokumentationen von Fernsprechdaten

Neben den Daten nach dem Fernmeldeanlagengesetz bietet der Wertpapierhandel eine weitere Beweisquelle durch die Verpflichtung zur Aufzeichnung aller Telefongespräche von Wertpapierhändlern. Diese Pflicht geht zurück auf die Verlautbarung über Mindestanforderungen an das Betreiben von Handelsgeschäften der Kreditinstitute des BaKred vom 23. 10. 1995, Gz. I 4–42–3/86. Die Bänder sind 3 Monate aufzubewahren. Im Bereich des Rentenhandels an der Frankfurter Wertpapierbörse wird der bislang rechtlich nicht geregelte Telefonhandel über die Aufzeichnung der Telefongespräche der Kursmakler und deren Mitarbeiter erfaßt. Die Bänder sind 3 Monate aufzubewahren. Eine Ausweitung dieser Pflicht auf den Aktienhandel an der FWB steht bevor. Daten über die Nutzung interner Telefonanlagen nach angewählter Nummer und Dauer des Gespräches – jedoch ohne Inhalt der Gespräche – werden im Regelfalle intern zu Kontroll- und Abrechnungszwecken erfaßt. Bei Nutzung von Handys ist damit zu rechnen, daß der Nutzer die Detailabrechnung mit seinem Provider vereinbart hat und damit diese Abrechnung mit der Aufzählung der angewählten Nummern oder Teilnummern nebst Dauer des Gespräches als Beweismittel regelmäßig in den Steuerunterlagen zu finden ist. 25

VI. Straftaten nach dem Börsengesetz

1. Die Verleitung Unerfahrener zu Börsenspekulationsgeschäften

§ 89 BörsG Verleiten zu Börsenspekulationsgeschäften. Wer gewerbsmäßig andere unter Ausnutzung ihrer Unerfahrenheit in Börsenspekulationsgeschäften zu solchen Geschäften oder unmittelbaren oder mittelbaren Beteiligung an solchen Geschäften verleitet, wird mit Freiheitsstrafe bis zu drei Jahren oder mit Geldstrafe bestraft. 26

Börsenspekulationsgeschäfte im Sinne des Absatzes 1 sind insbesondere

An- oder Verkaufsgeschäfte mit aufgeschobener Lieferzeit, auch wenn sie außerhalb einer inländischen oder ausländischen Börse abgeschlossen werden,

Optionen auf solche Geschäfte, die darauf gerichtet sind, aus dem Unterschied zwischen dem für die Lieferzeit festgelegten Preis und dem zur Lieferzeit vorhandenen Börsen- oder Marktpreis einen Gewinn zu erzielen.

---

[10] Die Antwort auf eine Anfrage nach einem Kontoinhaber schließt mit dem Satz: „... behalten wir uns vor, unseren Kunden nach Ablauf von 3 Wochen über Ihre Anfrage zu unterrichten". Mit dem Begleitgesetz vom 22.10. 87 wurde diese Information des Verdächtigen verboten: § 16 Abs. 8 WpHG.

2. Bedeutung der Strafvorschrift § 89 BörsG

27 Der strafrechtliche Schutz des unerfahrenen Bürgers vor der Verleitung zu Börsenspekulationsgeschäften mit einer Strafandrohung bis zu 3 Jahren ist erneut gescheitert. Zwar wurde er noch von Rössner als wirksame Waffe gegen unseriöse Vermittler gefeiert,[11] jedoch bezog sich diese Beurteilung allein darauf, daß dieser als Schutzgesetz i. S. d. § 832 Abs. 2 BGB zivilrechtliche Ansprüche begründen konnte – oder wenigstens sollte. Der graue Kapitalmarkt reagierte unverzüglich auf das Tatbestandsmerkmal Unerfahrenheit. Die Übersendung umfangreichen Prospektmaterials,[12] zutreffend in der Regel bei seriösen Unternehmen abgeschrieben, mit der schriftlichen Bestätigung des Anlegers, daß er vollumfänglich aufgeklärt sei und die Aufklärung auch verstanden habe, reichte im Regelfall aus, eine Verurteilung nach § 89 BörsG zu umgehen. Wenn nachgewiesen werden konnte, daß die Aufklärung nur vorgetäuscht worden war und der Anleger unerfahren zu den Spekulationsgeschäften verleitet worden war, stellte sich eine Strafverfolgung nach § 89 BörsG als nicht wesentlich ins Gewicht fallend in bezug auf den tateinheitlich begangenen, meist schweren Betrug dar. Endgültig bedeutungslos wird diese Vorschrift mit der Umsetzung des WpHG und der Neufassung des KWG durch die 6. KWG-Novelle. Mit der Richtlinie des BAWe vom 26.Mai 1997 zur Konkretisierung der §§ 31 und 32 WpHG für das Kommissions-, Festpreis- und Vermittlungsgeschäft der Kreditinstitute[13] weiß der Anbieter, was er in seinen Prospekten mitzuteilen hat, um angesichts dieses Aufklärungsinhaltes die Unerfahrenheit des Kunden zu beseitigen. Seit dem ersten Januar 1998 bedarf jeder gewerbliche Wertpapierdienstleister einer Zulassung durch das BaKred. Verbunden damit ist die Prüfung der Zuverlässigkeit und Eignung der Geschäftsleiter, die Anteilseignerkontrolle und die Überwachung der wirtschaftlichen Situation der Institute einschließlich der Liquiditäts- und Ertragslage. Nach der Zulassung erfolgt die Überwachung durch das BAWe hinsichtlich der Verhaltensregeln und Organisationspflichten. Die Prüfungen bei Wertpapierdienstleistern erfolgen im jährlichen Rhythmus, eine Prüfungsverordnung ist derzeit in Vorbereitung.

Da gleichzeitig eine umfangreiche Aufklärungswelle zu beobachten ist, werden Straftaten nach § 89 BörsG in Zukunft mangels unerfahrener bzw. unaufgeklärter Anleger keine Bedeutung mehr haben.

3. Entwicklung der Strafverfolgung der Kursmanipulation (Kursbetrug)

28 Die strafbare Kursmanipulation hat bislang keine Bedeutung. Zwar gibt es Lehrbücher, Handbücher und einen – trotz mehrerer Novellierungen – nicht neu aufgelegten Kommentar, Entscheidungen zu § 88 BörsG sind bislang praktisch nicht ergangen. 1996 erließ das Amtsgericht München einen Strafbefehl, der bislang keinen Eingang in die Literatur gefunden hat.[14] Bei der Staatsanwaltschaft Frankfurt liegen (im Februar 1999) insgesamt 4 Strafanzeigen der hessischen Börsenaufsichtsbehörde mit dem Vorwurf der Kursmanipulation vor, zu dessen Ausgang zum Zeitpunkt des Redaktionsschlusses keine Informationen vorlagen. Der Grund für dieses Schattendasein[15] ist nicht in einer absolut sauberen Kursbildung zu sehen. Die Ursache lag in erster Linie an den bis 1995 spurenlos

---

[11] *Rössner* a.a.O. Rn. 13.

[12] *Rössner* a.a.O. Rn. 25 unter Hinweis auf ein Fachbuch, welches von einem ehemaligen Rechtsanwalt und Notar im Strafvollzug verfaßt worden war. Er verbüßte eine Freiheitsstrafe wegen einer Beteiligung an betrügerischen Aktivitäten von Kapitalanlageunternehmen bei der Vermittlung von US-Optionen und Futures.

[13] BA 96 S. 6568.

[14] Amtsgericht München, 1138 Cs 302 Js 23676/95; abgedruckt Rn. 31.

[15] *Rössner*, a.a.O. Rn. 1 zu § 9, der in Rn. 4 eine Streichung in Erwägung zieht.

abgewickelten Börsengeschäften. Da § 88 BörsG kein Schutzgesetz im Sinne des § 823 Abs. 2 BGB ist und damit einem geschädigten Anleger keine zivilrechtliche Unterstützung bietet, sind nicht einmal Entscheidungen von Zivilgerichten ergangen.

Mit den Datensammlungen nach § 1 b BörsG und § 9 WpHG sind die Aufsichtsbehörden in die Lage versetzt worden, aus der Orderabfolge Erkenntnisse über mögliche Kursmanipulationen zu gewinnen. Die automatisierten Untersuchungen der Orderabwicklungen nach vorabgesprochenen Geschäften (Pre-arranged Trades) oder (Schein-) Geschäften mit sich selbst (verdeckte Kompensationsgeschäfte oder Eigenhandels-crossings) decken ebenso mögliche Kursmanipulationen auf, wie die Untersuchung von Kursketten auf Abweichungen.

Im Bundesfinanzministerium ist 1998 eine Arbeitsgruppe mit den Länderaufsichtsbehörden, den Bundesaufsichtsämtern und der Bundesbank eingerichtet worden, die eine Neufassung der Strafvorschrift der Kursmanipulation erarbeiten soll. Eine nachhaltige Bekämpfung der Kursmanipulation ist unabdingbare Voraussetzung für internationale Beziehungen. Die US-amerikanische Terminhandelsaufsicht CFTC hatte mit dem No Action Letter vom 4. 3. 1996 mit Zustimmung der Wertpapieraufsicht SEC[16] die Zulassung von Händlerterminals der Deutschen Terminbörse in den USA darauf gestützt, daß mit dem Zweiten Finanzmarktförderungsgesetz Insiderhandel verboten wurde und Verstöße gegen dieses Verbot unter Strafe gestellt wurden.[17] Der Handel mit den Wertpapieren oder sonstigen Basisinstrumenten ist durch die Strafvorschrift des § 88 BörsG gegen Manipulationen strafrechtlich geschützt. Mit jeder neuen Zulassung eines Mitglieds der Eurex (DTB) wird eine Einzelprüfung vorgenommen und die Voraussetzungen erneut geprüft.[18]

Insoweit kontraproduktive Wirkungen entfalten die *Thesen zur Überforderung und zur „Verbilligung" der Strafjustiz des Frankfurter Arbeitskreises Strafrecht.*[19] Das Strafrecht solle wieder auf sein angestammtes Rechtsgebiet zurückgeführt werden. Die Formulierungen der Thesen wie *„vage Begriffe, schwammige Rechtsgüter und undeutliche Zielvorgaben" wie zum Beispiel das „Vertrauen in die Wirtschaft" als vermeintliches Schutzgut der Insidergeschäfte* führt letztlich dazu, daß die Mitarbeiter der Strafverfolgungsbehörden die Verfolgung von Börsen- und Wertpapierstraftaten nurmehr „nebenberuflich" betreiben wollen.[20]

4. Die Strafbarkeit der Kursmanipulation (Kursbetrug)

a) § 88 BörsG Kursmanipulation

Wer zur Einwirkung auf den Börsen- oder Marktpreis von Wertpapieren, Bezugsrechten, ausländischen Zahlungsmitteln, Waren, Anteilen, die eine Beteiligung am Ergebnis eines Unternehmens gewähren sollen, oder von Derivaten im Sinne des § 2 Abs. 2 des Wertpapierhandelsgesetzes **29**

unrichtige Angaben über Umstände macht, die für die Bewertung der Wertpapiere, Bezugsrechte, ausländischen Zahlungsmittel, Waren, Anteile oder Derivate erheblich sind, oder solche Umstände entgegen bestehenden Rechtsvorschriften verschweigt oder

sonstige auf Täuschung berechnete Mittel anwendet,

wird mit Freiheitsstrafe bis zu drei Jahren oder mit Geldstrafe bestraft.

b) Anwendungsbereich des § 88

Im Bereich des Börsenhandels wird der Manipulation eines Börsenpreises durch die gesetzgeberischen Vorgaben über das ordnungsgemäße Zustandekommen von Börsenprei-

---

[16] Fundstelle über Internet Federal Register Vol 63, N0142 **http://www.cftc.gov/foia/fedreg98/980724a.htm**.

[17] Fundstelle über Internet CFTC http://www.cftc.gov/opa/press96/3893–96.html7.

[18] Fundstelle über Internet 1998 CFTC Letters **http://www.cftc.gov/opa/nal98.htm**.

[19] Erklärung des Frankfurter Arbeitskreises Strafrecht vom 7. 7. 1997.

[20] *Heyter*, Interview des für Insiderverfolgung zuständigen Staatsanwaltes der Staatsanwaltschaft bei dem Landgericht Frankfurt am Main, Wirtschaftswoche 1998 Nr. 45, S. 204, 206.

sen vorgebeugt. Der Börsenpreis muß der wirklichen Marktlage an der Börse entsprechen (§ 29 Abs. 2 BörsG), insbesondere müssen den Handelsteilnehmern die Angebote zugänglich und deren Annahme möglich sein (§ 11 Abs. 2 BörsG). Die Chancengleichheit der Handelsteilnehmer ist ebenso zu beachten wie die Transparenz des Ablaufes durch die Informationspflicht. Preise, die entstehen, obwohl der Markt teilweise von der Preisbildung ausgeschlossen ist, können daher Gegenstand von Manipulationen sein. Die US-Aufsichten haben vergleichbar den künstlichen Preis als einen Preis definiert, der nicht den freien Kräften der Nachfrage und des Angebotes entspricht.[21]

Nach § 88 Nr. 2 BörsG macht sich bereits strafbar, wer zur Einwirkung auf einen Börsenpreis die auf Täuschung berechneten Mittel anwendet. Das Verbot der Kursmanipulation ist als abstraktes Gefährdungsdelikt mit weit vorverlegter Strafbarkeit ausgelegt, ohne daß es tatsächlich zu einer Kursänderung oder zu einem Schaden kommen muß.

Zusammenfassend folgert aus dem Gesetzestext, (1) daß die Manipulation einen Preis herbringen muß, der nicht der wirklichen Marktlage an der Börse entspricht (USA: artificial price). (2) Dieser künstliche Preis muß durch einen manipulativen Akt hervorgerufen sein. (3) Der manipulative Akt muß den künstlichen Preis verursacht haben, und (4) der Manipulateur muß den künstlichen Preis gewollt haben.

5. Kursabweichung durch Eigenhandel

30 Der Freimakler, der verdeckt eine marktfern limitierte Order erteilt, die er dann selbst durch eine unlimitierte Gegenorder matcht, ohne dem Kursmakler die Kompensation anzuzeigen, manipuliert den Kurs des Papiers.[22] Mit dem Verbergen des In-sich-Geschäfts, bei dem weder die billigen Papiere verlorengehen oder ebensowenig ein überhöhter Preis an Dritte zu zahlen ist, verstößt der Freimakler gegen seine Pflicht die Kompensation anzuzeigen. Er verhindert damit, daß der Kursmakler die Kompensation bekanntmacht und dem Markt die Gelegenheit gibt, in das Geschäft einzusteigen. Der veröffentlichte und mit dem Kurszusatz C versehene Kompensationskurs zeigt dem Handelsteilnehmer und dem informierten Anleger an, daß dieser Kurs jedenfalls nichts mit einem eigenen Geschäft zu tun haben kann.[23] Der kompensierende Freimakler reduziert mit dem verdeckten Kompensieren das Verlustrisiko und generiert einen Preis, der bei Einhaltung der Regeln so nicht zustande gekommen wäre. Dieser simultane Kauf und Verkauf zu gleichen Preisen, bei dem kein Eigentumswechsel stattfindet, ist ein fiktives Geschäft, welches allenfalls bei Kurskontinuität lediglich den Umsatz aufbläht. Welcher Kurs entstanden wäre, wenn der Markt einbezogen worden wäre, läßt sich nicht einfach nachvollziehen.

31 Amtsgericht München S t r a f b e f e h l

Die Ermittlungen der Staatsanwaltschaft ergaben folgenden Sachverhalt:

Sie versuchten zunächst als Mitarbeiter der X Bank, Treasury-Eigenhandel, am 10.07. 1995 bei der Börse Berlin eine Kompensation in 50 ABB-Aktien zum Kurs von 625.– DM pro Aktie durchzuführen. Der dortige skontroführende Makler informierte die Börsenaufsicht, die die Festsetzung des Kurses aufgrund der Kompensation ablehnte.

Sodann stellten Sie am gleichen Tage, dem 10.7. 1995, um 12.46 Uhr, unter Ihrer Identifikationsnummer 2004002004 eine Kauforder über 50 Stück ABB-Aktie (WKN 529100) über das Börsenorder-Leitsystem BOSS-CUBE in das Orderbuch des Skontroführers bei der Bayerischen Börse in München ein. Um die Kompensation zu verschleiern, erteilten Sie telefonisch einen Verkaufsauftrag über 50 ABB-Aktien, limitiert zu 625.– DM, unter Einschaltung des Münchener Freimaklers Y. Der Kurs, der zuvor 605 B gelautet hatte, wurde aufgrund dieser Transaktion bei 625 bz festgestellt.

---

[21] *Sahin* a.a.O. 3.2.2.

[22] Amtsgericht München Strafbefehl vom 23.08. 1996, 1138 Cs 302 Js 23676/95.

[23] § 33 Abs. 2 Nr. 20 BörsO FWB: C = Kompensationsgeschäft: Zu diesem Kurs wurden ausschließlich Aufträge ausgeführt, bei denen Käufer und Verkäufer identisch sind.

Sie sind daher schuldig,

zur Einwirkung auf den Börsen- oder Marktpreis von Wertpapieren, Bezugsrechten oder Waren oder von Anteilen, die eine Beteiligung an dem Ergebnis eines Unternehmens gewähren sollen, sonstige auf Täuschung berechnete Mittel angewendet zu haben,

strafbar als Kursbetrug gemäß § 88 Ziff. 2 Börsengesetz.

Ein derart nachträglich produzierter, von der wirklichen Geschäftslage an der Börse abweichender Kurs könnte verwendet werden, um damit Abrechnungen gegenüber Kunden auf dem produzierten Niveau zu steuern. Die im US-amerikanischen Aufsichtssystem auch Wash Sales genannten Transaktionen sind weiterhin geeignet, Transfers von Guthaben von Firmenkonten auf Privatkonten durchzuführen. Die jeweils positive Seite der Geschäfte wird auf dem Privatkonto verbucht, die ungünstige Ausführungsseite geht zu Lasten des Firmenkontos, das jeweilige Geschäft muß doppelt gespiegelt abgewickelt werden, damit die Papiere nicht geliefert und der Kaufpreis nicht geleistet werden müssen. Lediglich die Differenz wird verbucht.[24] 32

6. Wert des abweichenden Kurses

Der durch ein Cross-Geschäft generierte Kurs kann auch geeignet sein, zum Steuerstichtag einen Referenzkurs für die Finanzbehörde zu produzieren. Die Abrechnung von Fondsanteilen im Falle der Kündigung eines Anlegers kann bei Bezug auf Börsenkurse Anstoß für die Schaffung eines günstigen Börsenpreises sein, der durch Cross-Geschäfte produziert wird. Mit verdeckten Cross-Geschäften können Kurssprünge in mehrere Stufen unterteilt werden und damit die Pflicht des Skontroführers, erhebliche Kursänderungen anzuzeigen[25] und mit der Kursbildung zu warten, ausgehebelt werden. 33

7. Verdeckter Eigenhandel

Verdeckte Crossings können auch das Ziel verfolgen, Stop Orders auszulösen. Die elektronische Unterstützung der Orderübermittlung durch Handelsteilnehmer mit Electronic Eyes,[26] Orderrouting Systemen,[27] Abräumfunktionen und Quote Machines,[28] verbunden mit der Praxis des Basket-Handels kann die Vervielfältigung der Wirkung einer Stop Loss Order hervorrufen. Ablaufunterbrechungen durch +/- Ankündigungen (im Parketthandel) oder Volatilitätsunterbrechungen (auf der elektronischen Plattform Xetra) können starke Bewegungen zwar abbremsen, es entstehen jedoch künstliche Kurse, die die wirkliche Marktlage nicht wiedergeben. 34

Im vollelektronischen Handel auf der Plattform Xetra oder nach den Regeln der Eurex ist ein Cross-Geschäft anzuzeigen und darf erst nach einer angemessenen Wartezeit ausgeführt werden. Das verdeckte Crossing ist wiederum geeignet, den Markt von einer Beteiligung am Geschäft fernzuhalten. Der so generierte Kurs kann bei Abweichung vom Vorkurs als manipulierter Kurs bezeichnet werden. Gleiches gilt für Geschäfte, die zwischen verschiedenen Handelsteilnehmern vorabgesprochen sind. Auch bei Pre-arranged

---

[24] Derartige Ermittlungsverfahren sind wegen der tateinheitlich vorliegenden Untreue Gegenstand von Anzeigen der Börsenaufsichtsbehörde bei der Staatsanwaltschaft Frankfurt am Main und München I.

[25] Zum Beispiel die + oder – Ankündigung nach § 10 der Geschäftsbedingungen der FWB.

[26] § 1 Abs. 10 der Durchführungsbestimmungen der FWB über technische Einrichtungen betreffend das elektronische Handelssystem, § 1 Abs. 10 der Durchführungsbestimmungen der DTB über technische Einrichtungen.

[27] Punkt 3.4 der Börsenordnung der Eurex Deutschland und der Eurex Zürich: Technische Einrichtungen.

[28] § 1 Abs. 9 der Durchführungsbestimmungen der FWB über technische Einrichtungen betreffend das elektronische Handelssystem, § 1 Abs. 10 der Durchführungsbestimmungen der DTB über technische Einrichtungen.

Trades sind die Handelsteilnehmer zur Anzeige und zur Einhaltung einer Wartezeit verpflichtet. Die Überwachungssysteme der Handelsüberwachungsstellen sind für derartige Auffälligkeiten programmiert.[29]

8. Manipulation des Derivatenkurses

35 Eine Manipulation eines Kurses kann auch dann vorliegen, wenn durch gezielte Kauf- oder Verkaufsaktivitäten eines Wertes (Underlyings) der Kurs des Derivates zu diesem Wert verstärkt durch die Hebelwirkung verändert wird. Derartige Aktivitäten sind bei Emittenten von Optionsscheinen zu beobachten, die in Fällen von Barrior-Optionen die Durchschreitung einer Schranke hervorrufen oder zum Fälligkeitsbezugskurs dieses durch gesonderte Aktivitäten zugunsten des Emittenten manipulieren. Im Standardfall erfolgen diese Maßnahmen offen, so daß der Einsatz von zur Täuschung geeigneten Mitteln nicht vorliegt. In diesen Fällen wird derzeit allenfalls ein Verstoß gegen den gesetzlich normierten Anspruch des Handelsteilnehmers auf kaufmännisches Vertrauen angesehen,[30] der vom Sanktionsausschuß an der jeweiligen Börse zu ahnden ist. Wenn die Aktivitäten, wie Kompensationen unter Verstoß gegen Pflichten, jedoch verdeckt abgewickelt werden, ist von einer Strafbarkeit nach § 88 BörsG auszugehen.

9. Beeinflussung durch Medien

36 Das sich steigernde Interesse an den Wertpapiermärkten führte seit dem Zweiten Finanzmarktförderungsgesetz nicht nur zu einer nachhaltigen Steigerung der Beteiligung der Bevölkerung an Wertpapieranlagemöglichkeiten, sondern auch an einem schnellen Zuwachs der Fachpublikationen und der Sendungen im Fernsehen. Die Möglichkeit einer gezielten Beeinflussung eines Börsenkurses durch Medien folgt aus der Tatsache, daß schon relativ kleine Verschiebungen im Ordergleichgewicht zu deutlichen Schwankungen führen können. Dies gilt insbesondere in marktengen Werten, zu denen auch bereits die Dax 100 Werte, die des sogenannten MDAX, gehören. Die Aufteilung der Liquidität auf die Regionalbörsen sowie zwischen dem Parkett der FWB und der elektronischen Handelsplattform Xetra kann auch bei mittlerer Liquidität zu Ausdünnungen führen, die durch geschickte Medientätigkeit ausgenutzt werden kann.[31]

10. Beeinflussung durch Unternehmensnachrichten

37 Der klassische, meistbehandelte hypothetische Fall ist die Beeinflussung des Kurses durch unrichtige Unternehmensnachrichten aus dem Unternehmen. Insoweit sind bislang tatsächlich keine Fälle bekanntgeworden, die einer Verfolgung zugeführt wurden. Möglicherweise wird dieser Tatvariante in Zukunft größere Bedeutung zukommen, wenn Unternehmen eigene Aktien zurückkaufen und dabei an einem geringeren Kurs interessiert sind.

---

[29] Das Niveau an den verschiedenen Börsen ist unterschiedlich, obwohl allen Börsen die gleichen Möglichkeiten zur Verfügung stehen.

[30] § 9 Abs. 1 Nr. 2 BörsG.

[31] Die Staatsanwaltschaft Frankfurt am Main hat in einem Einzelfall Anklage gegen einen Journalisten erhoben, der durch seine Darstellungen in einer Fachsendung einige Anleger veranlaßte, angepriesene Papiere zu erwerben. Mit dem Überhang auf der Kaufseite bewegte sich der Kurs nach oben. In Kenntnis der kurssteigernden Wirkung seiner eigenen Aktivitäten soll sich der Journalist in den Papieren eingedeckt und die verursachte Kursänderung ausgenutzt haben.

11. Gerüchte

Das nicht existierende, vorgetäuschte Faktum, die Phantomtatsache, ist keine Tatsache im Sinne des Insiderhandelsverbot,. Die einzelnen Marktteilnehmer, die durch das Gerücht erfolgreich getäuscht werden und als Folge des ausgelösten Irrtums Orders plazieren und damit den Kurs bewegen, werden zum ausführenden Werkzeug der Kursmanipulation. Das geschickt plazierte Gerücht ist also taugliches Tatmittel einer Kursmanipulation. Ein Vortäuschen von Tatsachen durch Veröffentlichung von mittelbaren Fakten kann ebenfalls eine Kursmanipulation nach sich ziehen. Der Journalist, der in einer TV-Lifesendung eine Kurssteigerung eines Wertes ankündigt und auf Nachfrage (wahrheitswidrig) erklärt, er habe vom Vorstandsvorsitzenden vertrauliche Informationen erhalten, die er nicht konkretisieren könne, weil er den Informanten nicht ins Gefängnis bringen wolle, diese Tatsachen würden jedoch eine Kurssteigerung nach sich ziehen, erfüllt die Voraussetzungen der 2. Variante, da er sonstige auf Täuschung berechnete Mittel anwendet, wenn er das Gespräch nicht geführt hat. 38

12. Kursbewegung durch Finanzanalysen

Bewertungen von Unternehmen durch Finanzanalysten sind je nach Ergebnis der Bewertung geeignet, Kurse zu beeinflussen. Eine bewußt falsche Information ist geeignet, den Kurs des Wertpapiers zu manipulieren. Dieser Bereich ist jedoch eher interessant bei der Untersuchung einer Strafbarkeit eines Finanzanalysten nach Insidernormen. 39

13. Beispielsfälle

Kursmanipulationen dienen im Regelfalle der wirtschaftlichen Ausnutzung der Kenntnis der hervorgerufenen Kursänderung. Das aufzukaufende Papier wird nach unten, das zu verkaufende nach oben manipuliert. Das Motiv ist daher meist dem angestrebten wirtschaftlichen Erfolg zu entnehmen, obwohl der Eintritt des Erfolges oder dessen Beabsichtigung nicht Tatbestandsmerkmal ist. Wer einen Vorteil aus einer Kursmanipulation, die er selbst verursacht hat, erzielt, kann sich nicht darauf berufen, daß ihm die innere Tatseite erst noch nachgewiesen werden muß. Kompensationsgeschäfte ohne das Ziel der Kursmanipulation dienen auch der Kundenschädigung im Buy-and-Sell-Back-System. Für den Anleger werden Optionen oder Optionsscheine erworben, die aber sofort wieder verkauft werden. Der Kunde erhält die Kaufbestätigung und wähnt sich im Markt. Wenn die Position ausreichend aus dem Geld ist, erfolgt auf dem erheblich niederen Niveau eine erneute Kompensation. Diesmal wird dem Anleger nur der Verkauf abgerechnet. Der Verlust, der ohne die jeweilige Kompensationshälfte auf dem Markt eingetreten wäre, verbleibt bei dem Finanzdienstleister. 40

Die Fälle der Kursmanipulation sind selbst geeignet, für Dritte Insidertatsache zu sein. Der Dritte, der Kenntnis von einer beabsichtigten Manipulation hat, ist Insider (vgl. Rn. 87).

14. Marktpflege

Übereinstimmend wird die Forderung erhoben, Marktpflege aus dem Verbot der Kursmanipulation auszunehmen. Die Stabilisierung von Kursen wird als zulässig betrachtet. Grundsätzlich ist davon auszugehen, daß eine Stabilisierung wirtschaftlich für den Handelnden ein Nachteil ist. Im Wert nachlassende Papiere werden über dem ungepflegten Preis liegend aufgekauft oder bei steigendem Kurs die im Wert wachsenden Papiere abgestoßen, jeweils um den Kurs zu stabilisieren. Eine an sich zulässige Marktpflege könnte aber für das Derivat manipulative Bedeutung entwickeln. Die Untersuchung darf daher nicht bei einer zulässigen Marktpflege stehenbleiben. 41

15. Market Corner

42 Die Wertpapieraufsichten der USA und Englands haben Formen von handelsbezogenen Marktmanipulationen aufgedeckt, die in dieser Form in Deutschland möglich, jedoch noch nicht festgestellt worden sind. Ein Market Corner wird dann aufgebaut, wenn ein Handelsteilnehmer/Marktteilnehmer mehr als 100% der verfügbaren Papiere aufkauft oder die verfügbaren Terminpositionen erwirbt. Der Bereich über 100% resultiert aus Leerverkäufen, die der Verkäufer mangels Papieren nicht erfüllen kann. Der Käufer bestimmt dann den Preis für die Papiere, die nur er liefern kann. Die über 100% liegende Menge kann er auch über Optionen konstruieren, wenn der/die Verpflichtete(n) aus den Optionen liefern müssen und sich am Kassamarkt nur bei dem Cornerer eindecken können.

43 Im Sommer 1998 wurde ein Verdachtsfall untersucht, bei welchem jedoch keine besonderen Notierungen festgestellt werden konnten:

Am 20. Mai 1998 wurde in den Medien berichtet, daß durch die Konsortialführer ABN AMRO und Commerzbank ein Länder-Jumbo emittiert worden sei. Eine Reihe von Handelsteilnehmern haben vor dem tatsächlichen Emissionszeitraum Leerverkäufe über ein Volumen von ungefähr 300 Mio. DM getätigt.[32]

ABN AMRO soll daraufhin die Emission oder einen großen Teil der Emission in den eigenen Bestand übernommen haben, so daß die Leerverkäufer ihre Shortpositionen nicht erfüllen konnten. Der vorbörsliche „Kurs" sei dadurch enorm gestiegen oder zum Zeitpunkt der Emission erhöht festgesetzt gewesen.

Die Untersuchungen der Börsenaufsichtsbehörde haben keine auffälligen Kurse festgestellt. In den ersten drei Wochen der amtlichen Notierung fand nahezu kein börslicher Umsatz statt, die dann notierten Preise waren nicht zu beanstanden.

16. Beispiele der SEC

44 Long-Corner und Short-Corner sind Manipulationen in vergleichbarer Art. Der Manipulateur deckt sich entweder am Kassamarkt oder am Terminmarkt monopolisierend ein, überkauft die Terminposition oder die Kassapositionen und zwingt die Gegenseite zur Eindeckung bei ihm zu diktierten Preisen. Das Auskaufen der Terminpositionen wird auch Squeeze genannt, je nach Richtung Long- oder Short-Squeeze. Creating a Price-Trend and Trading Against It ist eine Kursmanipulation, die verstärkt wird durch Stop-Orders, Electronic Eyes, Quote Machines und Orderroutingsysteme. Wenn der Markt auf den gezielten Anstoß reagiert, kann der Anstoßende die für ihn vorhersehbare, weil verursachte Bewegung nutzen.

VII. Straftaten nach dem Kreditwesengesetz

Literatur zur erweiterten Strafvorschrift des § 54 KWG liegt (noch) nicht vor. Sie wird in erster Linie von den gängigen Kommentaren zu erwarten sein. So liegt der Beurteilung einerseits die Literatur zur Strafbarkeit der verbotenen oder unerlaubten Bankgeschäfte, andererseits die Begründung der Bundesregierung zur 6. KWG-Novelle zugrunde.[33]

---

[32] Bericht des Handelsblattes vom 20. Mai 1998.

[33] Teil des Gesetzes zur Umsetzung von EG-Richtlinien zur Harmonisierung bank- und wertpapieraufsichtsrechtlicher Vorschriften vom 22. Oktober 1997 (BGBl. I, 2518).

§ 54 Verbotene Geschäfte, Handeln ohne Erlaubnis

Wer

Geschäfte betreibt, die nach § 3, auch in Verbindung mit § 53b Abs. 3 Satz 1 oder 2, verboten sind, oder

ohne Erlaubnis nach § 32 Abs. 1 Satz 1 Bankgeschäfte betreibt oder Finanzdienstleistungen erbringt,

wird mit Freiheitsstrafe bis zu drei Jahren oder mit Geldstrafe bestraft.

Handelt der Täter fahrlässig, so ist die Strafe Freiheitsstrafe bis zu einem Jahr oder Geldstrafe.

Für dieses Kapitel ist lediglich die Erstreckung des strafrechtlichen Schutzes gem. Abs. 1 Nr. 2 KWG auf die Finanzdienstleistungen von Bedeutung. Die Einbeziehung unerlaubter Finanzdienstleistungen ist erforderlich, um das Vertrauen in die Seriosität des Finanzdienstleistungssektors zu stärken. Der Gesetzgeber geht davon aus, daß mit dem ordnungsrechtlichen Rahmen allein nicht sichergestellt werden kann, daß die Unternehmen, die Finanzdienstleistungen erbringen, sich nicht der Aufsicht entziehen. Da das Amt weiterhin auf die Unterstützung der Staatsanwaltschaften angewiesen ist, kann auf eine Kriminalisierung unerlaubter Finanzdienstleistungen nicht verzichtet werden.[34]

1. Erlaubnispflicht für die Erbringung von Finanzdienstleistungen

Finanzdienstleistungen gem. § 1 Abs. 1a S. 2 KWG sind die Vermittlung von Geschäften über die Anschaffung und die Veräußerung von Finanzinstrumenten oder deren Nachweis (Anlagevermittlung), die Anschaffung und die Veräußerung von Finanzinstrumenten im fremden Namen für fremde Rechnung (Abschlußvermittlung), die Verwaltung einzelner in Finanzinstrumenten angelegter Vermögen für andere mit Entscheidungsspielraum (Finanzportfolioverwaltung), die Anschaffung und die Veräußerung von Finanzinstrumenten im Wege des Eigenhandels für andere (Eigenhandel), die Vermittlung von Einlagengeschäften mit Unternehmen mit Sitz außerhalb des Europäischen Wirtschaftsraums (Drittstaateneinlagenvermittlung), die Besorgung von Zahlungsaufträgen (Finanztransfergeschäft) und der Handel mit Sorten (Sortengeschäft).[35] 45

Erlaubnispflichtig gem. § 1 Abs. 1a S. 1 in Verbindung mit § 32 Abs. 1 KWG sind die Finanzdienstleistungen dann, wenn sie gewerbsmäßig oder in einem eine kaufmännische Einrichtung erfordernden Umfang erbracht werden. Die wenig brauchbare Zahlenspielereien des BaKred zur Auslegung der alten Fassung mit Mindestanzahl von Geschäften und mit Mindesteinzel- oder Gesamtvolumen sind durch die gewerbsmäßige Ausgestaltung ersetzt. Die Überschreitung der Grenzwerte für genehmigungspflichtige Bankgeschäfte konnte immer erst zu spät festgestellt werden.[36] Die bitteren Erfahrungen der Strafverfolgungsbehörden mit Stellungnahmen bei Erstermittlungen, die regelmäßig eine Strafbarkeit verneinten, da der Umfang der Geschäfte erst nach dem Zusammenbruch der Unternehmen erkannt werden konnte, werden durch diese Regelung nicht ausgeräumt. Bei Vorlage eines Prospektes, aus dem sich das Angebot von Bankgeschäften ergab, wurde die Strafbarkeit verneint. Die Einzelanzeige eines vorsichtigen Anlegers reichte ebenfalls nicht für die Feststellung der verbotenen Bankgeschäfte. 46

Gedruckte Prospekte, Aufklärungsschriften und Formulare lassen zwar den Verdacht auf die Planung und das Angebot von Finanzdienstleistungen schließen, die Erbringung ist damit ebenfalls nicht festgestellt, so daß jedenfalls im Vorfeld des verbotenen Geschäftes, im Bereich des Angebotes dem Finanzdienstleister keine Beschränkungen auferlegt 47

[34] Begründung der Bundesregierung zur Änderung des § 54 KWG, BR Drucksache 963/96.

[35] Erläuterung der Finanzdienstleistungen im Informationsblatt des BaKred für Unternehmen im Finanzdienstleistungssektor, abgedruckt im KMR 720.

[36] Das Einlagegeschäft erforderte entweder einen Bestand von 25 angenommenen Einlagen oder ein Gesamteinlagenvolumen von DM 25000, das sich aus der Summe aller angenommenen und nicht restlos zurückbezahlten Einlagen zusammensetzt; die Summe darf überschritten werden, wenn sich das Gesamtvolumen aus weniger als 6 einzelnen Einlagen zusammensetzt.

sind. Wenn dem BaKred Werbeunterlagen vorgelegt werden, wird sich zeigen, ob nicht erneut die Mehrzahl der Geschäfte festgelegt wird. Sodann ist zu erwarten, ob das BaKred, versucht zunächst verwaltungsrechtlich zu handeln. Auf die einfache, verwaltungsrechtlich ausgestaltete Anfrage des BaKred bei dem nicht registrierten Anbieter wird der erlaubnislose Finanzdienstleister weiterhin die Möglichkeit haben, „den Irrtum" aufzuklären und „die Rücknahme der Dokumente" sowie den Verzicht auf solche Geschäfte zuzusagen.

48 Die im Rahmen der Überwachung von Fachpublikationen festgestellten öffentlichen Angebote von Finanzdienstleistungen, die erlaubnispflichtig sind, verpflichten weiterhin zum Abwarten, bis das Konstrukt zusammengebrochen ist, die Unterlagen beseitigt sind und die Vielzahl der Geschädigten und die Höhe des Schadens eine Verfolgung wegen einer Straftat nach dem KWG wegen der zu erwartenden Strafe wegen Betruges in besonders schwerem Falle als nicht wesentlich ins Gewicht fallend, verzichtbar wird. Der Gesetzgeber ist aufgefordert, im Rahmen der Vorbereitung des Vierten Finanzmarktförderungsgesetzes zu prüfen, ob die Strafbarkeit nach § 54 KWG auch in Hinblick auf Bankgeschäfte auf das Angebot von Bankgeschäften und Finanzdienstleistungen erstreckt werden kann. Die Androhung einer bescheidenen Geldstrafe für Angebote von Finanzdienstleistungen, die erlaubnispflichtig sind, wenn der Anbietende diese nicht hat, eröffnet bei geringem Überprüfungsaufwand die strafprozessuale Möglichkeit, das Unternehmen zu untersuchen. Die Beschlagnahme und Einziehung der technischen Ausstattung, der vorbereiteten Druckwerke, der Opferlisten – neben der vorgenannten bescheidenen Geldstrafe bewirkt mehr als die bekannten umfangreichen, Zeit und Kapazitäten verschlingenden Strafverfahren, die im Regelfalle auch nur mit bescheidenen Ergebnissen aufwarten.

2. Gewerbsmäßigkeit

49 Der Begriff gewerbsmäßig wird im Strafgesetz mehrfach verwendet, jedoch nicht im Zusammenhang mit erlaubnisfähigen Geschäften, sondern als Erschwerungsmerkmal bei Straftaten. Gewerbsmäßigkeit kennzeichnet die Absicht des Täters, sich durch wiederholte Begehung von Straftaten eine fortdauernde Einnahmequelle von einiger Dauer und einigem Umfange zu verschaffen.[37] Die erforderliche Absicht kann sich schon aus der ersten Einzelhandlung ergeben. Es ist kein vernünftiger Grund erkennbar, diese Beurteilung nicht auch auf Fakten zu beziehen, die eine unerlaubte Finanzdienstleistung vorbereitet auf mehrere Einzelfälle erkennen läßt. Die drucktechnische Herstellung von Prospekten und Vertragsformularen, die Anschlüsse für mehrere Telefone, die Beschaffung von Adressenmaterial, die EDV-technische Ausstattung für ein Massengeschäft und die Einrichtung von Firmenkonten sowie öffentliche Angebote an eine Vielzahl von potentiellen Anlegern erfüllt jeweils bereits die Anforderung an den Begriff der Gewerbsmäßigkeit.

3. Remote Member

50 Nicht erlaubnispflichtig sind die Finanzdienstleistungsunternehmen, die ihren Sitz im Ausland haben, auch dann, wenn sie als Remote Member an Börsen in Deutschland als Handelsteilnehmer zugelassen sind. An der vollelektronischen Terminbörse Eurex waren zum Jahreswechsel 1998/1999 bereits die Hälfte der Handelsteilnehmer ohne Sitz oder Betriebsstätte im Geltungsbereich des KWG als Remote Member zugelassen. Eine ähnliche Entwicklung war an der ebenfalls vollelektronischen Warenterminbörse in Hannover und an der elektronischen Handelsplattform der FWB, Xetra zu beobachten. Im Zusammenhang mit den für Xetra und Eurex zugelassenen Orderroutingsystemen droht eine Überwachungslücke zu entstehen.

---

[37] *Stree* in *Schönke/Schröder*, Rn. 95 vor §§ 52ff.

4. Orderroutingsysteme

Orderroutingsysteme ermöglichen einzelnen Kunden einen Anschluß an die Terminals von zugelassenen Handelsteilnehmern dergestalt, daß sie von ihren außerhalb der Geschäftsräume des Handelsteilnehmers stehenden Computern, unter Nutzung beispielsweise des Internet, aus dem Schlafzimmer oder vom Urlaubsort auf den Bahamas Aufträge direkt an die Börse schicken können. Da die Kunden nicht Handelsteilnehmer sind, unterliegen sie nicht dem Sanktionsausschuß. Verstöße gegen die Börsenregeln sind nicht nach § 9 BörsG zu ahnden. Verstöße der Kunden sind auch nicht zuzurechnen, da für eine Sanktion mindestens Leichtfertigkeit Voraussetzung ist und damit der Handelsteilnehmer den möglichen Verstoß kennen muß. 51

VIII. Insiderkriminalität, Straftaten nach dem Wertpapierhandelsgesetz

1. Der Sekundärmarkt für Wertpapiere

„Der Sekundärmarkt für Wertpapiere spielt bei der Finanzierung der Wirtschaftssubjekte eine wichtige Rolle. Damit dieser Markt seine Aufgaben effizient wahrnehmen kann, müssen alle für dessen reibungsloses Funktionieren zweckdienlichen Maßnahmen getroffen werden. Das reibungslose Funktionieren dieses Marktes hängt weitgehend von dem Vertrauen der Anleger ab. Dieses Vertrauen beruht unter anderem auf der den Anlegern gegebenen Zusicherung, daß sie gleichgestellt sind und daß sie gegen die unrechtmäßige Verwendung einer Insider-Information geschützt werden. Da die Insidergeschäfte für bestimmte Anleger mit Vorteilen gegenüber anderen Anlegern verbunden sind, können sie dieses Vertrauen gefährden und somit das reibungslose Funktionieren des Marktes beeinträchtigen.[38] Die EG-Insider-Richtlinie wendet sich angesichts der Tatsache, daß es in einigen Mitgliedstaaten keine Vorschriften gab, die Insiderhandeln untersagten, gerade an diese Länder, darunter an die Bundesrepublik Deutschland. Als Beispiel galten dabei jene Mitgliedstaaten, in denen derartige Gesetze bereits praktiziert wurden (oder zumindest bereits schon galten)! Dabei war davon ausgegangen worden, daß differierende Marktregelungen entsprechend dem Ziel der Richtlinie ausbalanciert werden. Die Richtlinie umfaßte insoweit Mindestanforderungen, jeder Mitgliedstaat ist befugt, strengere Richtlinien zu erlassen.[39] Dies erscheint wegen der differierenden Markt- und Bankenorganisation auch notwendig. Die Überwachungsorgane müssen über die für die Erfüllung ihrer Aufgabe notwendigen Kompetenzen sowie Kontroll- und Ermittlungsbefugnisse verfügen, gegebenenfalls gemeinsam mit anderen Stellen.[40] 52

2. Die Kompetenzen des BAWe im Vergleich

Das Befugnisregister des Bundesaufsichtsamtes für den Wertpapierhandel in § 16 WpHG zeigt, daß das vom Rat der Europäischen Gemeinschaft angestrebte Verbot von Insiderhandel nur über die bereits existierenden Eingriffsbefugnisse der Strafverfolgungsbehörden (Staatsanwaltschaft in notwendigem Zusammenwirken mit dem Gericht) realisiert werden. Es drängt sich für das federführende Bundesfinanzministerium auf, im Vergleich mit den Kompetenzen der Aufsichten in den USA, der SEC und der CFTC, die ähnlich ausgestalteten Befugnisse der Steuerstrafsachenstelle nach §§ 385ff. AO nachzubilden. Dieser Vergleich sollte bei der derzeit in Arbeit befindlichen Reform des Börsengesetzes noch mal bedacht werden. 53

---

38 EG-Insiderrichtlinie 89/592/EWG vom 13. 11. 1989, Erwägensgründe, 2. Satz.

39 A.a.O., Artikel 6.

40 A.a.O., Artikel 8.

54 Das WpHG ist ein Verwaltungsgesetz, es
schreibt Verhaltensweisen vor,
regelt den ordnungsgemäßen Ablauf,
reduziert die Lebenszeit von Insidertatsachen durch Veröffentlichungspflichten,
sammelt Informationen,
begleitet die Handlungsgebote mit Ordnungswidrigkeiten und
stellt abweichendes Handeln unter Strafe.

Die Strafvorschrift ist ein Blankettatbestand, der auf das Insiderhandelsverbot des § 14 WpHG zurückgreift. Dieses wiederum wendet sich an die Insider § 13 WpHG, denen es Verbote im Umgang mit Insidertatsachen und Insiderpapieren auferlegt. Die Individualinteressen werden nicht in erster Linie durch das Insiderhandelsverbot geschützt. Die Funktionsfähigkeit des Kapitalmarktes wird durch die Insidernormen geschützt.[41] Auch die zivilrechtliche Haftung bei Verstößen gegen die Veröffentlichungspflicht nach § 15 WpHG ist ausgeschlossen. Letzteres mag einleuchtend sein, die Begründung für die erste Entscheidung der Bundesregierung überzeugt indes nicht. Während im normalen Kauf und Verkauf von hochwertigen Wirtschaftsgütern selbstverständlich der Verkäufer alle wesentlichen Fakten, die er kennt, mitteilen muß, insbesondere wenn das Geschäft gewerbsmäßig ausgestaltet wird und im Verstoßensfall wegen Betruges verfolgt wird, soll der anonymisierte Wertpapierhandel auf öffentlich überwachten Plattformen durch amtlich bestellte Kursmakler von diesem Gebot an den Vertragspartner mit Folgerisiko ausgeschlossen bleiben? Diese Wertung wird begleitet von besonderen Vertraulichkeitspflichten hinsichtlich Handelsteilnehmern. Selbst wenn auf Anzeige eines Anlegers festgestellt wird, daß er Opfer eines Regelverstoßes geworden ist, verbleibt der Geschädigte im Zustand der Ahnungslosigkeit. Die Schutzwirkung des Insiderhandelsverbotes ist daher lediglich ein nicht beabsichtigter Reflex. Auch in diesem Bereich unterscheidet sich die Deutsche Lösung von dem anglo-amerikanischen Rechtskreis. Ein Blick in die WEB Site der SEC zeigt, daß jedenfalls in den USA kein Mantel des Schweigens über die schwarzen Schafe gebreitet wird.

3. Die verwaltungsrechtliche Verbotsnorm

§ 14 Verbot von Insidergeschäften

Einem Insider ist es verboten,

unter Ausnutzung seiner Kenntnis von einer Insidertatsache Insiderpapiere für eigene oder fremde Rechnung oder für einen anderen zu erwerben oder zu veräußern,

einem anderen eine Insidertatsache unbefugt mitzuteilen oder zugänglich zu machen,

einem anderen auf der Grundlage seiner Kenntnis von einer Insidertatsache den Erwerb oder die Veräußerung von Insiderpapieren zu empfehlen.

Einem Dritten, der Kenntnis von einer Insidertatsache hat, ist es verboten, unter Ausnutzung dieser Kenntnis Insiderpapiere für eigene oder fremde Rechnung oder für einen anderen zu erwerben oder zu veräußern.

Verstöße gegen dieses Verbot sind nach § 38 unter Strafe gestellt.

§ 38 Strafvorschriften

Mit Freiheitsstrafe bis zu 5 Jahren oder mit Geldstrafe wird bestraft, wer

entgegen einem Verbot nach § 14 Abs. 1 Nr. 1 oder Abs. 2 ein Insiderpapier erwirbt oder veräußert,

entgegen einem Verbot nach § 14 Abs. 1 Nr. 2 eine Insidertatsache mitteilt oder zugänglich macht,

entgegen einem Verbot nach § 14 Abs. 1 Nr. 3 den Erwerb oder die Veräußerung eines Insiderpapiers empfiehlt.

Einem Verbot im Sinne des Absatz 1 steht ein entsprechendes ausländisches Verbot gleich.

---

[41] *Caspari*, ZGR 1994, 530 (für den Regierungsentwurf).

Das Gesetz definiert 2 Gruppen von Insidern. Personen, die unmittelbaren Zugang zu Informationen haben oder über solche Informationen verfügen, sind im Gesetz enumerativ aufgeführt, sie werden Primärinsider genannt. Sekundärinsider werden diejenigen bezeichnet, die ihre Kenntnis von Insidertatsachen mittelbar erlangt haben. Die Insidertatsache wird definiert als eine nicht öffentlich bekannte Tatsache, die geeignet ist, im Falle ihres öffentlichen Bekanntwerdens den Kurs der Insiderpapiere erheblich zu beeinflussen. 55

4. Die Legaldefinitionen

§ 13 Insider

Insider ist, wer

als Mitglied des Geschäftsführungs- oder Aufsichtsorgans oder als persönlich haftender Gesellschafter des Emittenten oder eines mit dem Emittenten verbundenen Unternehmens,

aufgrund seiner Beteiligung am Kapital des Emittenten oder eines mit dem Emittenten verbundenen Unternehmens,

auf Grund seines Berufes oder seiner Tätigkeit oder seiner Aufgabe bestimmungsgemäß Kenntnis von einer nicht öffentlich bekannten Tatsache hat, die sich auf einen oder mehrere Emittenten von Insiderpapieren oder auf Insiderpapiere bezieht und die geeignet ist, im Falle ihres öffentlichen Bekanntwerdens den Kurs der Insiderpapiere erheblich zu beeinflussen (Insidertatsache).

Eine Bewertung, die ausschließlich auf Grund öffentlich bekannter Tatsachen erstellt wird, ist keine Insidertatsache, selbst wenn sie den Kurs von Insiderpapieren erheblich beeinflussen kann.

Personen, die als Dritte auf welchem Wege auch immer Kenntnis von Informationen erlangen, werden als Sekundärinsider bezeichnet.

Besser wäre die Bezeichnung mittelbare Insider.

§ 12 Insiderpapiere

Insiderpapiere sind Wertpapiere, die

an einer inländischen Börse zum Handel zugelassen oder in den Freiverkehr einbezogen sind, oder

in einem anderen Mitgliedstaat der Europäischen Gemeinschaften oder einem anderen Vertragsstaat des Abkommens über den Europäischen Wirtschaftsraum zum Handel an einem Markt im Sinne des § 2 Abs. 1 zugelassen sind.

Der Zulassung zum Handel an einem Markt im Sinne von § 2 Abs. 1 oder der Einbeziehung in den Freiverkehr steht gleich, wenn der Antrag auf Zulassung oder Einbeziehung gestellt oder öffentlich angekündigt ist.

Als Insiderpapiere gelten auch

Rechte auf Zeichnung, Erwerb oder Veräußerung von Wertpapieren,

Rechte auf Zahlung eines Differenzbetrages, der sich an der Wertentwicklung von Wertpapieren bemißt,

Terminkontrakte auf einen Aktien- oder Rentenindex oder Zinsterminkontrakte (Finanzterminkontrakte) sowie Rechte auf Zeichnung, Erwerb oder Veräußerung von Finanzterminkontrakten, sofern die Finanzterminkontrakte Wertpapiere zum Gegenstand haben oder sich auf einen Index beziehen, in den Wertpapiere einbezogen sind,

sonstige Terminkontrakte, die zum Erwerb oder zur Veräußerung von Wertpapieren verpflichten, wenn die Rechte oder Terminkontrakte in einem Mitgliedstaat der Europäischen Gemeinschaften oder einem anderen Vertragsstaat des Abkommens über den Europäischen Wirtschaftsraum zum Handel an einem Markt im Sinne des § 2 Abs. 1 zugelassen oder in den Freiverkehr einbezogen sind und die in den Nummern 1 bis 4 genannten Wertpapiere in einem Mitgliedstaat des Abkommens über den Europäischen Wirtschaftsraum zum Handel an einem Markt im Sinne des § 2 Abs. 1 zugelassen oder in den Freiverkehr einbezogen sind. Der Zulassung der Rechte oder Terminkontrakte zum Handel an einem Markt im Sinne des § 2 Abs. 1 oder ihrer Einbeziehung in den Freiverkehr steht gleich, wenn der Antrag auf Zulassung oder Einbeziehung gestellt oder öffentlich angekündigt ist.

5. Besonderheiten bei Ermittlungen

56 Insiderhandel mit Tatsachen aus der Sphäre des Emittenten ist grundsätzlich ein Handel gegen den Markt. Der Berater des Insiders, der die Insiderorder entgegennimmt, kennt die Hintergründe der Entscheidung nicht. Er kann demnach nur die ihm bekannten Informationen bei der Prüfung der Order in Betracht ziehen. Wenn der Berater das Geschäft eher als Verlustgeschäft beurteilt, wird er den Kunden beraten. Er wird versuchen, den Kunden von seinem offensichtlich schlechten Geschäft abzubringen, um späteren Vorwürfen oder gar Ersatzansprüchen zu entgehen. Er wird insbesondere den verlustgeneigten Auftrag als Kundenauftrag entgegen der Beratung dokumentieren. Bei telefonisch übermittelten Aufträgen werden derartige Beratungsgespräche aufgezeichnet. In dem bisher einzigen Fall von Freiheitsstrafen erbrachte die Auswertung der Beraterakten eine Beschreibung des Kunden, die eindeutig auf Handeln motiviert aus Insiderkenntnissen hinwies.[42]

57 In einem anderen Fall der Staatsanwaltschaft Frankfurt war festgestellt worden, daß auf einem Konto der Mutter eines Verantwortlichen eines Unternehmens – erstmals – Optionsgeschäfte getätigt wurden. Nicht nur die Unüblichkeit des Geschäftstyps, sondern auch die Abwegigkeit der Richtung war beachtenswert. Nach jahrelangem ungebrochenen Anstieg des Underlyings war allenfalls zu erwarten, daß Call-Optionen erworben werden. Entgegen dem langjährigen Trend orderte die Dame jedoch Put-Optionen. Der sichere Totalverlust, für den Berater der offensichtliche Haftungsfall, erwies sich als Riesengewinn, denn kurz nach dem Erwerb kam die Ad-hoc-Mitteilung über die Gewinnerwartungsverluste mit dem entsprechenden Verlust im Underlying. Eine frühzeitige Sicherung der Telefonaufzeichnungen und der Beraterakten wäre – wie im vorbeschriebenen Fall – unbezahlbar.[43]

6. Die Verdachtsstufen bei Insiderermittlungen

Den in der Strafverfolgung üblichen Verdachtsstufen hat das WpHG für die Überwachung eine Vorverdachtsstufe eingeführt.

7. Die Ausgangslage

58 Das Bundesaufsichtsamt für den Wertpapierhandel überwacht das börsliche und außerbörsliche Geschäft in Insiderpapieren, um Verstößen gegen die Verbote des § 14 WpHG entgegenzuwirken. Dazu steht ihm der verwaltungsrechtlich ausgerichtete Maßnahmenkatalog nach § 16 WpHG zur Verfügung. Die Überwachung ist nicht an eine Voraussetzung geknüpft, sie ist dauerhaft und umfassend zu leisten. Von den Ermittlungsbefugnissen des WpHG kann das Amt Gebrauch machen, wenn **Anhaltspunkte** für einen Insiderverstoß vorliegen (§ 16 Abs. 2). Die Eingriffsbefugnisse werden in den Absätzen 2 bis 6 des § 16 WpHG normiert. Diese Ermittlungsbefugnisse sind jedoch nicht geeignet, den Nachweis einer Insiderstraftat zu erbringen. Sie dienen nur der „Vorermittlung" von Tatsachen, die den Verdacht einer Insiderstraftat begründen können.

8. Insider

59 Primärinsider ist, wer als Mitglied der Gesellschaftsorgane (Vorstand, Aufsichtsrat) auf Grund seiner Kapitalbeteiligung, auf Grund seines Berufes oder Wahrnehmung seiner Aufgabe bestimmungsgemäß Kenntnis einer Insidertatsache hat.

---

[42] Amtsgericht Frankfurt 92 Js 31532.2/96.

[43] Zum Redaktionsschluß war das Verfahren noch nicht abgeschlossen.

9. Insider aus Vorstand und Aufsichtsrat

Damit sind als Insider tätig der Beschuldigte der Vorstandsvorsitzender der AG,[44] ein Mitglied des Vorstandes, zuständig für die Finanzabteilung und ein Mitglied des Aufsichtsrates. Ein Familienmitglied, welches zwar nicht (mehr) im Vorstand, jedoch statt dessen für die Vermögensverwaltung der Familienmitglieder aus Vorstand und Aufsichtsrat tätig ist, ist ebenfalls Primärinsider. So entschied das Amtsgericht Frankfurt im ersten deutschen Insiderstrafverfahren. Der Strafbefehl lautete im wesentlichen:

Die Staatsanwaltschaft beschuldigt Sie, zwischen dem 2. und 14. November 1994 in Frankfurt, München und Luxemburg in 9 rechtlich selbständigen Fällen unter Ausnutzung Ihrer Kenntnis von Insidertatsachen Insiderpapiere für eigene und fremde Rechnung veräußert zu haben.

Aus geschäftlichen und familiären Quellen war Ihnen spätestens seit dem Oktober 1994 bekannt, daß bei der K AG erhebliche Gewinneinbußen durch ein fehlgeschlagenes Brasiliengeschäft zu erwarten waren. Weiterhin war Ihnen spätestens am 8. und 9. November bekannt, daß weitere ergebnisbeeinflussende Faktoren (z. B. Wertberichtigungsbedarf bei Forderungen gegenüber Kunden in Mittelamerika und Osteuropa) innerhalb der Führungsspitze bekanntgeworden waren. Entgegen der Pflichten gem. § 44a BörsG wurden diese kursbeeinflussenden Tatsachen nicht veröffentlicht. Statt dessen verkauften Sie über die C Bank am

2. November	100 Vorzugsaktien zu je 1378,– DM
3. November	100 Vorzugsaktien zu je 1350,– DM
7. November	100 Vorzugsaktien zu je 1380,– DM
8. November	100 Vorzugsaktien zu je 1330,– DM
9. November	100 Vorzugsaktien zu je 1290,– DM
10. November	100 Vorzugsaktien zu je 1280,– DM
11. November	200 Vorzugsaktien zu je 1250,– DM
14. November	200 Vorzugsaktien zu je 1190,– DM
15. November	140 Vorzugsaktien zu je 1100,– DM

Nach der Veröffentlichung der Insidertatsachen sank der Kurs auf 780 ab.

Es war Ihnen damit gelungen, den von Ihnen auf Grund Ihrer Insiderkenntnisse vorhergesehenen Kursrutsch mit entsprechendem Wertverlust in Höhe von mindestens 480 000,– auf die ahnungslosen Käufer abzuwälzen und sich sowie Ihren Familienangehörigen einen entsprechenden Vorteil zu verschaffen.

Die Wertpapiere stammten aus den Depots der Familienmitglieder, die ihrerseits der Führungsspitze des Unternehmens angehörten.

Vergehen, strafbar nach §§ 38 Abs. 1 Nr. 1, 14 Abs. 1 Nr. 1 WpHG, § 53 StGB.[45]

10. Beteiligter im Spruchstellenverfahren

Ein Aktionär einer Gesellschaft, der wegen Übernahme seiner Gesellschaft im Spruchstellenverfahren beteiligt ist, ist nach Auffassung des Amtsgerichts Frankfurt Primärinsider. 60

Amtsgericht Frankfurt S t r a f b e f e h l

Die Staatsanwaltschaft klagt Sie an, vom 15. 05. 1995 bis 18. 05. 1995
in Frankfurt am Main und anderenorts durch ein und dieselbe Handlung
entgegen einem Verbot nach § 14 Abs. 1 Nr. 1 Wertpapierhandelsgesetz ein Insiderpapier erworben zu haben.

Als Beteiligter im Spruchstellenverfahren beim Landgericht Dortmund erlangten Sie am 13. 05. 1995 über Ihren Verfahrensbevollmächtigten, Rechtsanwalt A, mündlich und am 15. 05. 1995 schriftlich Kenntnis vom Inhalt eines Wirtschaftsprüfungsgutachtens vom 06. 03. 1995, welches im vorgenannten Spruchstellenverfahren eingeholt worden war und zu dem Ergebnis kam, daß als Abfindungsangebot für die Aktionäre ein Betrag in Höhe von 428,00 DM für Aktien der R & C Deutschland AG angemessen sei.

---

[44] Staatsanwaltschaft Frankfurt 92 Js 20500.3/95.

[45] Amtsgericht Frankfurt 92 Js 20500.3/95.

Dieser Abfindungsbetrag lag erheblich über dem bisherigen Abfindungsvorschlag in Höhe von 190,00 DM wie auch über den zu diesem Zeitpunkt gehandelten Aktienkursen von bis zu 250,00 DM.

Der im Gutachten genannte, angemessene Abfindungsbetrag stellt, wie Sie auch wußten, eine Insidertatsache i. S. v. § 13 Abs. 1 Ziff. 2 Wertpapierhandelsgesetz dar.

Aufgrund des weit über dem damaligen Kurs liegenden Abfindungsangebotes war bei Veröffentlichung dieser Tatsache, welche bislang bis dahin nur Beteiligten am Spruchstellenverfahren bekannt war, mit einer erheblichen Kurssteigerung der R & C-Aktie zu rechnen, welche dann tatsächlich auch eintrat.

Der Aktienkurs stieg bis Ende Juli 1995 auf über 360,00 DM.

Das Ergebnis des Gutachtens wurde erst durch eine Presseveröffentlichung am 20. 05. 1995 allgemein bekannt.

Obgleich Sie wußten, daß am 15. 05. 1995 die vorgenannte Tatsache noch nicht öffentlich bekannt war, erwarben Sie an diesem Tag sowie am 18. 05. 1995 über die Börsenplätze Frankfurt am Main und Düsseldorf 213 Aktien der R & C Deutschland AG zu Preisen zwischen 240,00 und 256,00 DM; 163 Aktien veräußerten Sie sodann unter Ausnutzung des zu erwartenden Kursanstieges mit einem Gewinn von 4945,00 DM, während Sie die 50 weiteren Aktien zu einem späteren Zeitpunkt zum Preise von 190,00 DM zur Abfindung einreichten.

Wegen Ihrer Annahme einer alsbaldigen Veröffentlichung des Gutachterergebnisses durch Ihren Bevollmächtigten im Spruchstellenverfahren ist ein vermeidbarer Verbotsirrtum gegeben; die Strafe wurde aus diesem Grunde gemildert.

Vergehen gegen §§ 38 Abs. 1 Ziff. 1, 14 Abs. 1, Ziff. 1, 13 Abs. 1 Ziff. 2 Wertpapierhandelsgesetz, 17, 49 Abs. 1, 59 StGB.[46]

11. Prozeßvertreter im Spruchstellenverfahren

61 Die Einordnung des abfindungsberechtigten Aktionärs als Primärinsider ist nicht unbedingt eindeutig. Soweit er Verfahrensbeteiligter ist und als solcher Primärinsider wurde, kann der Entscheidung zugestimmt werden. Auch der Rechtsanwalt als Prozeßvertreter ist Primärinsider, die angestellte Rechtsanwaltsgehilfin ebenso.

12. Mitarbeiter im Finanzamt

62 Der Sachgebietsleiter bei dem Finanzamt, zuständig für Körperschaften, ist Primärinsider, wenn er Kenntnis von einer beabsichtigten Fusion erlangt.[47]

Amtsgericht München S t r a f b e f e h l

Die Ermittlungen der Staatsanwaltschaft ergaben folgenden Sachverhalt:

Sie erfuhren in Ihrer Eigenschaft als Sachgebietsleiter beim Finanzamt München für Körperschaften anläßlich einer Besprechung am 11. 07. 1997 von der beabsichtigten Fusion der B V Bank AG und der B H Bank AG. Die Fusionsabsicht war, wie Sie wußten, geeignet, die Aktienkurse beider Banken erheblich positiv zu beeinflussen. Die Besprechung dauerte von 11.00 bis 13.00 Uhr. Am gleichen Tag um 15.15 Uhr wurde für das auf den Namen Ihrer Ehefrau lautende Wertpapierdepot bei der D Bank AG ein unlimitierter Kaufauftrag für 425 Aktien der B H Bank AG erteilt, der am nächsten Börsentag, dem 14. 07. 1997 zu DM 57,15 ausgeführt wurde.

Am 21. 07. 1997 wurde die Fusionsabsicht der beiden Banken öffentlich bekanntgemacht, was zu einem erheblichen Kursanstieg der Aktien beider Banken führte. Am 05. 09. 1997 veräußerten Sie die 425 Aktien der B H Bank zu einem Kurs von DM 71,85. Nach Abzug der auf diese Veräußerung innerhalb der Spekulationsfrist anfallenden Einkommenssteuer verbleibt Ihnen ein Gewinn von mindestens DM 3090,00.

Sie sind daher schuldig, entgegen einem Verbot gemäß § 14 Abs. 1 Nr. 1 WpHG ein Insiderpapier erworben oder veräußert zu haben,

strafbar als ein Vergehen des verbotenen Insiderhandels gemäß § 38 Abs. 1 Ziff. 1 WpHG.

---

[46] Amtsgericht Frankfurt 92 Js 22056.0/97.

[47] Amtsgericht München 302 Js 40985/98.

13. Kursmakler und Primärinsider

Der Kursmakler[48] ist ebenso wie der Fondsmanager Primärinsider.[49] 63

Amtsgericht Frankfurt am Main S t r a f b e f e h l

Die Staatsanwaltschaft bei dem Landgericht in Frankfurt am Main klagt Sie an, am 15. 11. 1995, 21.02 und 22. 02. 1996 in Frankfurt am Main durch drei selbständige Handlungen gemeinschaftlich handelnd,

unter Ausnutzung Ihrer Kenntnis von einer Insidertatsache Insiderpapiere für eigene Rechnung erworben und veräußert zu haben.

Sie werden angeschuldigt, den Mitangeschuldigten G. veranlaßt zu haben, Wertpapiere, bezüglich derer Sie im Rahmen Ihrer Tätigkeit als Fondsmanager Großorder zu plazieren beabsichtigten, unmittelbar vor der Großorder zu kaufen und dann auf dem durch die Fondsaufträge verursachten höheren Kursniveau wieder zu verkaufen.

Im einzelnen handelte es sich um Geschäfte

1. am 15. 11. 1995: Call BASF Dezember 1995 Basispreis 300,
   Insidergewinn: DM 52 000,–
2. am 21./22. 02. 1996 Call Preussag April 1996 Basispreis 420
   Insidergewinn: DM 69 450,–
3. am 22. 02. 1996 Call Preussag Juni 1996 Basispreis 440
   Insidergewinn: DM 21 900,–.

Die Hälfte des erzielten Insidergewinnes erhielten Sie bar von dem Mittäter.

Vergehen, strafbar gemäß §§ 38 Abs. 1 i.V. m. 14 Abs. 1, Abs. 2 WpHG, §§ 25 Abs. 2, 53 StGB

Auf Antrag der Staatsanwaltschaft wird deshalb gegen Sie eine Gesamtfreiheitsstrafe von 1 Jahr festgesetzt, deren Vollstreckung zur Bewährung ausgesetzt wird. Diese setzt sich zusammen aus Einzelfreiheitsstrafen in Höhe von jeweils 8 Monaten für die Fälle 1 und 2 sowie einer Einzelfreiheitsstrafe in Höhe von 6 Monaten für den Fall 3.

14. Finanzanalysten als Insider

Streitig ist, ob Finanzanalysten Primärinsider sind. Die überwiegende Meinung geht 64
– wie das BAWe – davon aus, daß der Finanzanalyst dann Primärinsider ist, wenn er im Rahmen seiner beruflichen Tätigkeit Kenntnisse von Insidertatsachen erlangt.[50]

15. Der unmittelbare Insider

Nach § 13 Abs. 1 Nr. 3 WpHG ist derjenige ein Primärinsider, der von einer Insidertat- 65
sache aufgrund seines Berufes, seiner Tätigkeit oder seiner Aufgabe bestimmungsgemäß Kenntnis erlangt. Keine Insidertatsache ist nach § 13 Abs. 3 WpHG eine Bewertung, die der Finanzanalyst ausschließlich aufgrund öffentlich bekannter Tatsachen erstellt, auch wenn das Ergebnis geeignet ist, den Kurs des Insiderpapiers erheblich zu beeinflussen. Unproblematisch ist die Gruppe der Primärinsider, in deren unmittelbaren Verantwortungsbereich die Insidertatsache entsteht; diese sind in § 13 Abs. 1 Nr. 1 und 2 WpHG beschrieben. Diese **unmittelbaren Primärinsider** können sich der Wahrnehmung der Insidertatsache in der das Geschäftsverbot nach § 14 entstehenden Qualität nicht entziehen. Die Insidertatsachen sind untrennbarer Bestandteil des gesamten Aufgabengebietes, sie haben nur punktuell Auswirkungen im Ausmaß der gesetzlichen Vorgaben der §§ 14 und 15 WpHG.

---

48 Amtsgericht Frankfurt 92 Js 34146.8/95, 92 Js 15763.2/96.

49 Amtsgericht Frankfurt 92 Js 31532.2/96–96 Cs 110.

50 *Dreyling*, Vizepräsident des BAWe, in Insiderrecht für Finanzanalysten, S. 8ff.

16. Der mittelbare Insider

66 Die Insider nach § 13 Abs. 1 Nr. 3 WpHG erhalten die Kenntnis über die Insidertatsache durch die vorgenannten unmittelbaren Primärinsider. Da sie jedoch immer nur Empfänger einer bei einem anderen Insider entstandenen Information sind, kann man sie als **mittelbaren Insider** bezeichnen. Wenn dem Finanzanalysten (in einem entsprechenden Symposium) eine Insidertatsache mitgeteilt wird und er erkennt, daß es sich um eine Insidertatsache handelt, trifft ihn zunächst, unabhängig davon, ob Primär- oder Sekundär-, als Insider das Verbot von Insidergeschäften nach § 14 WpHG. Darüber hinaus wirkt sich diese unerbetene Frucht einer Straftat für den Finanzanalysten, wäre er Primärinsider, als Berufsverbot aus. Grundsätzlich war es dem Mitteiler dieser Insidertatsache selbst unter Strafandrohung verboten, diese weiterzugeben. Er begeht durch die Mitteilung eine Straftat, indem er gegen das Verbot des § 14 Abs. 1 Nr. 2 WpHG verstößt. Der Finanzanalyst wird nicht ohne weiteres erkennen können, daß die mitgeteilte Tatsache eine Insidertatsache ist, da der Mitteiler öffentlich eine Straftat begehen würde. Grundsätzlich kann er davon ausgehen, daß sich der Veranstalter selbst in eigener Sache an die Kerngebote des Gesetzes hält. Dieses grundsätzliche Vorverständnis des Finanzanalysten erhärtet sich unter Berücksichtigung der Ad-hoc-Publizitätspflicht (§ 15 WpHG), deren Einhaltung der Finanzanalyst grundsätzlich erwarten darf. Bevor der Finanzanalyst zum mittelbaren Primärinsider würde, muß der unmittelbare Primärinsider eine Straftat begangen haben, meist auch eine Ordnungswidrigkeit bei Verletzung der Pflicht nach § 15 WpHG.

Da dieser Umstand in der Sphäre des Mitteilers liegt, hat er allein keine entscheidende Auswirkung auf die Qualifizierung des Empfängers als Primärinsider. So hat das bisherige Schrifttum einheitlich bis zum Vizepräsidenten des BAWe den Finanzanalysten als Primärinsider eingestuft. Die Besonderheiten, die sich unter anderem aus der Distanz zum Entstehen der Insidertatsachen ergeben, werden zwar aufgezeigt und gelegentlich bedauert, ein durchgängiges Analysieren der Tätigkeit des Finanzanalysten und eine umfassende Diskussion der Tatbestandsmerkmale des § 13 Abs. 1 Nr. 3 WpHG hat jedoch bislang nicht zu einem zufriedenstellenden Ergebnis geführt. Die Differenzierung zwischen dem unmittelbaren und dem mittelbaren Primärinsider, also der Unterschied zwischen den Nr. 1 und 2 zu Nr. 3 des § 13 Abs. 1 WpHG, liegt in dem eingrenzenden Tatbestandsmerkmal *bestimmungsgemäß*. Das Gesetz verlangt für den mittelbaren Primärinsider zusätzlich, daß er *bestimmungsgemäß* Kenntnis der Insidertatsache hat.

17. Sphäre des Mitteilers der Insidertatsache

67 Der Umstand, daß der Mitteiler der Insidertatsache zumindest tatbestandsmäßig und rechtswidrig eine Straftat begeht, könnte schon Zweifel an der bestimmungsgemäßen Erlangung der Kenntnis der Insidertatsache begründen. Die Verletzung des Verbotes des § 14 WpHG sollte nicht in die Berufsausübung der Berufsgruppen nach § 13 Abs. 1 Nr. 1 und 2 WpHG so selbstverständlich integriert werden, daß sie Bestimmungsgemäßheit auslösen könnte. Bestimmungsgemäß kann in der Regel nur das sein, was auch erlaubt ist. Das Gesetz stellt hingegen nicht darauf ab, ob der Mitteiler bestimmungsgemäß die Information weitergibt, sondern ob der Empfänger bestimmungsgemäß von der Tatsache Kenntnis hat.

18. Die Insidertatsache in der Sphäre des Finanzanalysten

68 Da das Gesetz für den mittelbaren Primärinsider zusätzlich verlangt, daß er bestimmungsgemäß Kenntnis der Insidertatsache hat, könnte diesem eingrenzenden Zusatz korrigierende Bedeutung zukommen. Seine Informationen für die Analyse erhält der Finanzanalyst ohne Zweifel aufgrund seines Berufes. In Ausübung desselben besucht er Unternehmen und Veranstaltungen. Sein Tätigkeitsziel ist die Aufarbeitung der Informa-

tionen und deren Verwertung als Dienstleistung. Kern der Dienstleistung ist die Empfehlung zum Handel mit Wertpapieren. Aufgrund seines Berufes bestimmungsgemäß erhält der Finanzanalyst die Informationen, die seine Berufsausübung begründen und fördern. Wenn der Finanzanalyst eine Veranstaltung besucht, um Informationen zu erhalten, die ihm die Möglichkeit eröffnen, eine Empfehlung zu erarbeiten und zu verkaufen, wäre das Zuwachsen einer Insidertatsache hinsichtlich der Bestimmung kontraproduktiv. Er könnte sein Produkt, die Empfehlung/Analyse, nicht mehr verkaufen. Es wäre nicht nachvollziehbar, wenn die beruflich zugewachsene Information bestimmungsgemäß sein soll, wenn sie gerade die Berufsausübung unmöglich machen würde. Die Information wäre nicht nur durch eine Straftat an ihn gelangt, sie hätte für ihn auch ein partielles Berufsverbot zur Folge, beides schließt jedenfalls gemeinsam das Vorliegen des Tatbestandsmerkmales *bestimmungsgemäß* aus. Damit entfiele das Tatbestandsmerkmal bestimmungsgemäß, wenn dem mittelbaren Insider in Ausübung seines Berufes eine Insidertatsache als Frucht einer Straftat zufiele und dieser Umstand zu einem Verbot der Berufsausübung nach § 14 Abs. 1 Nr. 2 und 3 WpHG führen würde. Der mittelbare Insider wäre dann Sekundärinsider, er kann seinen beruflichen Aufgaben nachkommen. Es trifft ihn nur noch das Verbot des § 14 Abs. 2 WpHG.

19. Die innere Tatseite bei dem Finanzanalysten

Die tatsächliche Seite des Nachweises der inneren Tatseite wäre damit ebenfalls gelöst. 69
Da eine Straftat nach § 38 WpHG nur vorsätzlich begangen werden kann, muß der Finanzanalyst die Tatbestandsvoraussetzungen für die Straftat kennen und deren Erfüllung auch wollen. Ein grundsätzliches Vorverständnis des Finanzanalysten gegenüber den Veranstaltern von Symposien dahingehend, daß auf solchen Veranstaltungen keine Straftaten begangen werden, drängt sich auf. Dies würde im Regelfalle dazu führen, daß auch dann, wenn der unmittelbare Primärinsider eine Insidertatsache verbotenerweise weitergibt, die Qualität der Insidertatsache dem mittelbaren Insider sich nicht erschließt.

20. Sekundärinsider

Sekundärinsider, der seine Kenntnisse von einer Insidertatsache von einem anderen In- 70
sider ableitet, kann auf diese Weise praktisch jeder sein. Der Taxifahrer, der ein Gespräch mithört, der Psychoanalytiker, der dem Primärinsider auf der Couch zuhört, die Putzfrau, die den Papierkorbinhalt liest, bevor sie ihn entsorgt.[51] Der Ehemann der Mitarbeiterin im Controlling eines Unternehmens ist Sekundärinsider, während die Mitarbeiterin selbst Primärinsiderin ist.

Amtsgericht München S t r a f b e f e h l

Die Ermittlungen der Staatsanwaltschaft ergaben folgenden Sachverhalt:

Ihre nunmehrige Ehefrau, die anderweitig Verfolgte, war in der ersten Jahreshälfte 1996 Mitarbeiterin im Controlling der Firma M München AG, deren Aktien an der Bayerischen Börse in München notiert sind. Als Mitarbeiterin des Controlling der Fa. M AG hatte Ihre Ehefrau Kenntnis von den mindestens ab Anfang April 1996 laufenden Gesprächen, Verhandlungen und Entwurfserstellungen betreffend einer Übernahme der Aktienmehrheit der Fa. M AG durch die Firma H AG.

Durch Ihre Ehefrau erlangten Sie Kenntnis von diesen Umständen. Wie Sie wußten, waren die Tatsachen im hohen Maße geeignet, den Börsenkurs der Aktien der M AG zu beeinflussen, da diese wesentlich niedriger als das zu erwartende Übernahmeangebot notierten. Sie rechneten daher mit einem erheblichen Anstieg des Börsenkurses der Aktien der M AG.

Sie eröffneten am 17. 5. 1996 ein Wertpapierdepot und erteilten am gleichen Tage den Auftrag zum Erwerb von 100 Stück Aktien der Fa. M AG. Dieser Auftrag wurde am 20. 5. 1996 zu einem Kurs von 128,50 DM pro Stück ausgeführt. Am 28. 6. 1996 veröffentlichte die Fa. M AG eine Adhoc-Mitteilung, nach der die Fa. H AG über 80% der Aktien der Fa. M AG übernommen hat und

---

[51] Die üblichen SEC-Beispiele.

der neue Mehrheitsaktionär den freien Aktionären ein Übernahmeangebot zum Preis von DM 160,00 pro Aktie unterbreiten wird. Daraufhin stieg der Aktienkurs, der sich zuvor um 130 DM bewegt hatte, auf Werte zwischen 155 und 160 DM.

Ende August 1996 nahmen Sie mit 30 Aktien das Übernahmeangebot der H AG. Die übrigen M Aktien werden von Ihnen weiterhin gehalten. Sie erzielten einen Vermögenszuwachs von insgesamt DM 3812,10.

Sie sind daher schuldig,

entgegen einem Verbot gemäß § 14 Abs. 1 Nr. 1 oder Abs. 2 WpHG ein Insiderpapier erworben oder veräußert zu haben, strafbar als ein Vergehen des verbotenen Insiderhandels gemäß § 38 Abs. 1 Ziff. 1 WpHG.

21. Privatbekanntschaft

71 Der persönliche Bekannte des Primärinsiders, der die Kenntnis von einer Insidertatsache erlangt und ausnutzt, ist Sekundärinsider.[52]

Amtsgericht München Strafbefehl

Die Ermittlungen der Staatsanwaltschaft ergaben folgenden Sachverhalt:

Die Firma Nucletron Electronic AG, München, hatte im Jahre 1988 bis 1994 keinen Gewinn ausgewiesen. Nach einer Ad-hoc-Meldung gemäß § 15 WpHG vom 22. 02. 1996, veröffentlicht in der Börsenzeitung vom 24. 02. 1996, teilte die Gesellschaft mit, daß deren Jahresabschluß für 1995 einen Überschuß von mehreren hunderttausend Deutsche Mark ausweise. Spätestens am 29. 01. 1996 hatten Sie bereits durch einen persönlichen Bekannten, der bei der Firma Nucletron Electronic AG tätig war, von dieser positiven Entwicklung erfahren. In Kenntnis dieser Umstände, die, wie Sie wußten, geeignet waren, den Börsenkurs der Aktie erheblich zu beeinflussen, erwarben Sie für Ihr Wertpapierdepot bei der B-Bank ab dem 29. 01. 1996 wie folgt Aktien der Firma Nucletron Electronic AG an der Bayerischen Börse in München:

Lfd. Nr.	Datum	Stück	Kurs
1	29. 01. 1996	150	59,10
2	05. 02. 1996	150	59,00
3	05. 02. 1996	240	59,00
4	06. 02. 1996	270	58,50
5	07. 02. 1996	190	59,00
6	07. 02. 1996	150	59,00
7	14. 02. 1996	147	65,20
8	19. 02. 1996	33	65,00

Nachdem sich der Kurs der Aktie von Mitte Dezember 1995 bis Anfang Februar 1996 mit Schwankungen um 60,00 DM herum bewegte, gewann die Aktie nach Bekanntwerden der Ad-hoc-Mitteilung vom 22. 02. 1996 an Wert und wurde Ende Februar mit 74,00 DM notiert. Bis zum 20. 08. 1996 stieg der Kurs der Aktie bis 89,00 DM. In der Folgezeit sank der Kurs wieder ab. Sie erwarben nach der Ad-hoc-Mitteilung im Zeitraum ab 23. 02. 1996 bis 16. 07. 1996 im größeren Umfang weitere Aktien und veräußerten auch einen Teil der von Ihnen erworbenen Papiere.

Sie sind daher schuldig, in acht Fällen entgegen einem Verbot nach § 14 Abs. 1 Nr. 1 oder Abs. 2 WpHG ein Insiderpapier erworben oder veräußert zu haben, strafbar als acht tatmehrheitliche Vergehen des Insiderhandels gemäß § 38 Abs. 1 Ziff. 1 WpHG, § 53 StGB.

22. Der Freund als Sekundärinsider

72 In einem weiteren Falle erging ein Strafbefehl gegen den Freund als Sekundärinsider:[53]

Amtsgericht Frankfurt am Main Strafbefehl

Die Staatsanwaltschaft bei dem Landgericht in Frankfurt am Main klagt Sie an, am 15. 11. 1995, 21.02 und 22. 02. 1996 in Frankfurt am Main durch drei selbständige Handlungen gemeinschaftlich handelnd, unter Ausnutzung Ihrer Kenntnis von einer Insidertatsache Insiderpapiere für eigene Rechnung erworben und veräußert zu haben.

---

[52] Amtsgericht München, 302 Js 40727/96.

[53] Amtsgericht Frankfurt 92 Js 31532.2/96 – 96 Cs 110.

Sie werden angeschuldigt, gemeinsam mit dem Mitangeschuldigten Wertpapiere, bezüglich derer der Mitangeschuldigte im Rahmen seiner Tätigkeit als Fondsmanager Großorder zu plazieren beabsichtigte, unmittelbar vor der Großorder selbst gekauft und dann auf dem durch die Geschäftstätigkeit des Mittäters verursachten höheren Kursniveau wieder verkauft zu haben.

Im einzelnen handelte es sich um Geschäfte

1. am 15. 11. 1995: Call BASF Dezember 1995 Basispreis 300,
   Insidergewinn: DM 52 000,–
2. am 21./22. 02. 1996: Call Preussag April 1996 Basispreis 420
   Insidergewinn: DM 69 450,–
3. am 22. 02. 1996 Call Preussag Juni 1996 Basispreis 440
   Insidergewinn: DM 21 900,–.

Die Hälfte des erzielten Insidergewinnes zahlten Sie bar an den Mittäter aus.

Vergehen, strafbar gemäß §§ 38 Abs. 1 i. V. m. 14 Abs. 1, Abs. 2 WpHG,
§§ 25 Abs. 2, 53 StGB

Auf Antrag der Staatsanwaltschaft wird deshalb gegen Sie eine Gesamtfreiheitsstrafe von 1 Jahr festgesetzt, deren Vollstreckung zur Bewährung ausgesetzt wird. Diese setzt sich zusammen aus Einzelfreiheitsstrafen in Höhe von jeweils 8 Monaten für die Fälle 1 und 2 sowie einer Einzelfreiheitsstrafe in Höhe von 6 Monaten für den Fall 3.

23. Die Insidertatsachen

Der Kern des Insiderhandelsverbots ist die Insidertatsache. Das Gesetz unterscheidet zwei Gruppen von Tatsachen nach den Bereichen, aus denen sie stammen. Emittentenbezogene Tatsachen haben die Eigenheit, außerhalb des Handels zu entstehen und durch Veröffentlichung Wirkung auf den Marktpreis zu zeigen. Die Veröffentlichung der Insidertatsache aus der Sphäre des Emittenten ist kursbeeinflussend. Die Geeignetheit zur Kursbeeinflussung ist als eigenständige Tatsache aus den Kursänderungen zu schließen, die auf die Veröffentlichung folgt. Die Informationen aus der Veröffentlichungspflicht nach § 15 WpHG können im BAWe unmittelbar auch für die Anhaltspunktprüfung nach § 16 WpHG herangezogen werden. Diese Tatsachen aus der Sphäre des notierten Unternehmens sind die in der Literatur klassisch und behandelten Fälle. Die Bewertung des Tatbestandsmerkmales Erheblichkeit wird durchgängig in der gesamten gesichteten Literatur an diesen Tatsachen versucht.[54] Diese Beschränkung in den Untersuchungen führt zu den später noch zu beschreibenden Problemen. 73

Papierbezogene Tatsachen sind solche, die sich aus dem Handel mit dem Papier ergeben. Solche Tatsachen sind nicht mit denen aus der Sphäre des Emittenten zu vergleichen. Die Kurserheblichkeit und deren Konkretisierung in der Kursänderung haben bei dem BAWe keinen Indikator. Sie sind weder im Bereich der Datenerfassung des Amtes nach § 9 WpHG ablesbar, noch stehen sie in einem meßbaren Verhältnis zu den Ad-hoc-Mitteilungen nach § 15 WpHG. Die HÜSt und die Marktaufsicht der Börsenaufsichtsbehörde sind jedoch in der Lage, in der unmittelbaren Überwachung des Börsenhandels Fälle der insiderrelevanten Ausnutzung von Kenntnissen der Insidertatsachen aus dem Handel, beispielsweise die Orderlage des Skontroführers oder das Verhältnis von Kundengroßorder zur Eigenorder bei verbotenem Frontrunning aufzudecken. 74

24. Verdacht einer Insiderstraftat (§ 18 WpHG)

Wenn die Erhebungen des Amtes die Anhaltspunkte nicht entkräften, also wenn die Verdachtslage bleibt, so hat das BAWe die festgestellten Tatsachen nach § 18 WpHG der Staatsanwaltschaft anzuzeigen. Die Entscheidung über den Anfangsverdacht trifft sodann die Staatsanwaltschaft nach den Regeln der Strafprozeßordnung. Hier zeigt sich bereits 75

54 Zuletzt ausführlich *Loesche*, Die Eignung zur erheblichen Kursbeeinflussung in den Insiderhandelsverboten des Wertpapierhandelsgesetzes, 1998.

eine der problematischen Differenzen zu den Aufsichtskompetenzen im US-amerikanischen Rechtsraum. Auch in England wird der derzeit in den Kompetenzen der Aufsichten weit über den deutschen Rahmen hinausgehender Kompetenzbereich ausgedehnt. Vergleichbar ist diese Konstruktion mit den *Gemeinsamen Bußgeld- und Strafsachenstellen* bei den Finanzämtern, die nicht nur hoheitliche Eingriffskompetenz, sondern auch die Berechtigung haben, Anträge auf Erlaß von Strafbefehlen bei Amtsgerichten zu stellen.[55] Sie haben die Rechte und Pflichten des Polizeidienstes sowie die Befugnisse zu Durchsuchungen und Beschlagnahme. Die Wertpapieraufsichtsinstitutionen in der Bundesrepublik Deutschland sind jedoch auf das Verwaltungsrecht beschränkt. Mit den in § 16 WpHG aufgeführten Werkzeugen kann ein Tatverdacht zumindest in der Dichte ermittelt werden, der nach Vorlage bei der Staatsanwaltschaft strafprozessuale Maßnahmen zuläßt.

25. Hinreichender Tatverdacht (§ 170 Abs. 1 StPO)

76 Wenn die staatsanwaltschaftlichen Ermittlungen abgeschlossen und alle Ermittlungsmöglichkeiten ausgeschöpft sind, ist bei hinreichendem Tatverdacht Anklage zu erheben (§ 170 Abs. 1 StPO), Strafbefehl zu beantragen (§§ 407ff. StPO) oder die Zustimmung des Gerichtes zu einer Einstellung wegen geringer Schuld (§ 153 StPO), gegebenenfalls mit Auflagen bei Zustimmung des Beschuldigten (§ 153a StPO), einzuholen. Andernfalls stellt die Staatsanwaltschaft das Ermittlungsverfahren ein (§ 170 Abs. 2 StPO). Auch nach Anklageerhebung kann das Gericht das Strafverfahren wegen geringer Schuld (§ 153 StPO), gegebenenfalls mit Auflagen (§ 153a StPO), diesmal mit Zustimmung der Staatsanwaltschaft einstellen.

26. Die Insiderlage

77 Die voraufgeführten gestuften Handlungsauslösungsebenen basieren grundsätzlich auf den Merkmalen der §§ 12 und 13 WpHG. Im Normalfalle treffen die einzelnen Tatbestandsmerkmale in einer Person, der des Verdächtigen, zusammen. Eine Insiderstraftat kann auch von mehreren Beteiligten gemeinschaftlich arbeitsteilig begangen werden. Dabei ist es nicht erforderlich, daß beide Beteiligte auch subjektiv Täter sind, der Informant als Kenner der Insidertatsache kann durchaus z. B. über die Eigenschaft „nicht öffentlich bekannt" im Irrtum sein. Wenn eine (nicht völlig abwegige) Verbindung zwischen dem Insider (§ 13 WpHG) und dem über Insiderpapiere (§ 12 WpHG) Verfügenden besteht, kann eine Insiderlage vorliegen. Eine Insiderlage ist eine Tatsache im Sinne des § 18 WpHG.

Auszug aus einer nicht veröffentlichten Einstellungsverfügung der Staatsanwaltschaft Frankfurt zur Insiderlage im Spannungsverhältnis des Universalbankensystems (Restricted List/Chinese Wall):

Sachverhalt (wird ausgeführt)

Staatsanwaltschaftliche Ermittlungen in der Fallvariante des § 38 Abs. 1 Nr. 3 WpHG sind durch den Umstand erschwert, daß sich die unmittelbar Beteiligten mit großer Wahrscheinlichkeit sämtlich strafbar gemacht haben können und ihnen somit das Recht des Schweigens und auch das Recht der falschen Angabe zur Seite steht. Nachweise könne nur aufgrund sonstiger objektiver Beweise oder Indizien geführt werden, Zeugen sind nicht vorhanden. Was im Falle einer Insiderlage in einem Konzern von einem Primärinsider an einen Sekundärinsider übermittelt wird, bleibt zunächst allein deren Geheimnis.

Eine **Insiderlage** ist gegeben. Eine Insiderlage ist immer dann anzunehmen, wenn in einem Konzern in einzelnen Bereichen Insidertatsachen bei Insidern, die Mitarbeiter des Konzerns sind, bekannt sind und an anderer Stelle im Konzern mit den Insiderpapieren Handel getrieben wird. (Mit der Verwendung der Begriffe Insidertatsache, Insider und Insiderpapier wird bereits impliziert, daß die Tatsachen geeignet sind, im Falle des öffentlichen Bekanntwerdens bei hypothetischer Betrachtung zu einer erheblichen Kursänderung zu führen.)

---

[55] §§ 385 bis 408 AO.

Chinese Walls

Nach Abschnitt 5 des WpHG, der die Verhaltensregeln für Wertpapierdienstleistungsunternehmen festlegt, müßte bei der Bank der Kontakt zwischen den Kundenbetreuern der AG, also den Mitarbeitern im Konzern, die sich mit der Finanzierung des Unternehmens befassen (Primärinsider), und den Wertpapierhändlern eine klare und eindeutige Trennung vorliegen. Das Unternehmen muß so organisiert sein, daß bei der Erbringung der Wertpapierdienstleistung Interessenkonflikte zwischen verschiedenen Kunden möglichst gering sind. Das Unternehmen muß über angemessene interne Kontrollverfahren verfügen, die geeignet sind, Verstößen gegen Verpflichtungen aus dem WpHG entgegenzuwirken.

Naturgemäß besteht ein Interessenkonflikt zwischen dem Gesamtbereich des Investmentbankings und der Vermögensberatung (-verwaltung) durch Wertpapierhandel mit Papieren der Unternehmen, die selbst zu dem Kundenkreis gehören.

Dazu gehört, daß auch die möglichen **Informationswege** überwacht werden und die Ergebnisse der Überwachung einen angemessenen Zeitraum aufbewahrt werden.

Der Eingang des Telefaxes im Büro des Niederlassungsleiters in Köln und die zeitnah liegenden Handlungen mit Insiderrelevanz in Frankfurt am Main können mit großer Wahrscheinlichkeit nur vermittels Informationstransfer über Telefon oder Telefax aus dem Büro verknüpft werden. Den Listen über die Benutzung der Telefonanlage kommt also entscheidende Bedeutung zu.

Nach der Mitteilung der Niederlassung der Bank vom 16. 11. 1995 ist jedoch festzustellen, daß eine Überprüfung weder im Einzelfall noch grundsätzlich möglich ist.

Für den Einzelfall ist von Bedeutung, daß nach der Veröffentlichung im Handelsblatt (und damit vor einer polizeilichen/staatsanwaltschaftlichen Maßnahme) folgende Mitteilung an Compliance erfolgte:

„Die von Ihnen gewünschten TGA für den 27. 1. 1995 können wir leider nicht zur Verfügung stellen, da

1. in der Zeit vom 17. 1.–14. 2. 1995 alle Auswertungen aus technischen Gründen nicht erstellt werden können."

Damit ist schon grundsätzlich eine Überprüfung der ausgehenden Gespräche im relevanten Zeitraum des Bestehens einer Insiderlage auf deren Grunddaten (nach § 12 FAG: Zeitpunkt, Dauer, angewählter Anschluß) nicht möglich. (Eine Überprüfung, ob diese Angabe zutreffend ist, erscheint nicht erfolgversprechend, da nach der ersten Anfrage sicher ein entsprechender Zustand geschaffen werden kann.)

Weiter heißt es in der Auskunft der Niederlassungsleitung:

„. . .und

2. wenn dies möglich gewesen wäre, Auswertungen

des Leiterbereichs auch nicht möglich gewesen wären, da seit Jahren bei leitenden Herren der Niederlassung über einen bestimmten Code die angewählten Rufnummern grundsätzlich unterdrückt werden."

Damit wäre auch ohne den in 2.5.1 genannten technischen Vorfall aufgrund konzerninterner Grundsatzentscheidung in Verbindung mit der Einzelfallsunterdrückung eine Überprüfung nicht möglich.

Neben den vorgelegten Unterlagen wurde seitens der Bank darauf verwiesen, daß die verschiedenen Konzernteile über eine interne Telefonanlage international verbunden sind. Diese Nummern würden ebenfalls nicht gespeichert. Es ist hinzunehmen, daß Banken nicht der Handel mit Wertpapieren untersagt werden kann, wenn aufgrund anderer Bankdienstleistungen aus anderen Bereichen des Konzerns Primärinsider mit Insiderwissen tätig sind. Der Gesetzgeber hätte insoweit die in anderen Staaten geübte Regelung der Restricted List übernehmen können, nach welcher der Handel mit Insiderpapieren konzernumfassend untersagt ist. Die freie Regelung in der Bundesrepublik basiert jedoch auf der Grundvereinbarung der konsequenten Trennung der Konzernbereiche (Chinese Walls). So muß aber ein Konzern, der für sich in Anspruch nimmt, Insiderwissen bei einer Gruppe von Mitarbeitern häufen zu dürfen, und es gleichzeitig wiederum anderen Gruppen gestattet ist, mit diesen Insiderpapieren Handel zu treiben, die Kommunikationswege eindeutig überprüfbar und in „Insiderlagen" nachvollziehbar kontrollieren. Es ist nicht hinnehmbar, daß bei konzerninterner Insiderlage ein verdeckter Informationsaustausch möglich ist. Dem steht auch nicht entgegen, daß ein Insider auch andere Wege, z. B. ein Handy, benutzen könnte. Bei Benutzung eines Funktelefons sind die von § 12 FAG benannten Informationen bei dem Netzbetreiber (im Verlaufe von 3 Monaten) zu erheben.

Eine Einstellung des Ermittlungsverfahrens wegen Fehlens jeglichen Tatverdachtes (erwiesene Unschuld, **Nr. 88 Satz 2 RiStBV)** wäre möglich gewesen, wenn die Überprüfung der Telefonkontakte ergeben hätte, daß aus dem Bereich des Verdächtigen kein Kontakt stattgefunden hat. Jetzt bleibt dieser Umstand offen. Das Ermittlungsverfahren muß jetzt eingestellt werden mit der Begründung, daß bei nicht gänzlich ausgeräumtem Verdacht ein sicherer Nachweis der Täterschaft nicht geführt werden kann.

Dem Compliance Office könnte es obliegen, die aus dem Universalbanksystem entstehende Insiderlage durch sachgerechte Maßnahmen, die den Begriff Chinese walls ausfüllen, die Verbindung verschiedener Abteilungen aufzulösen und damit die Annahme von handlungsauslösenden Tatsachen auszuräumen.

27. Die Insidertatsache

78 Nur eine nicht öffentlich bekannte Tatsache kann eine Insidertatsache sein. Dies ist die Nahtstelle zu der Veröffentlichungspflicht nach § 15 WpHG. Der Emittent von Wertpapieren, die zum Handel an einer inländischen Börse zugelassen sind, muß unverzüglich eine neue Tatsache veröffentlichen, die in seinem Tätigkeitsbereich eingetreten und nicht öffentlich bekannt ist, wenn sie wegen der Auswirkungen auf die Vermögens- und Finanzlage oder auf den allgemeinen Geschäftsverlauf des Emittenten geeignet ist, den Börsenpreis der zugelassenen Wertpapiere **erheblich** zu beeinflussen. Mit der Veröffentlichung ist die Ausnutzung der Tatsache nicht mehr verboten. Die Lebensdauer einer Insidertatsache bestimmt das Risiko des verbotenen Insiderhandels. Die allen zugängliche kurserhebliche Tatsache wird in Angebot und Nachfrage auf den organisierten Märkten berücksichtigt, es gibt keine Informationsnachteile einzelner Handelsteilnehmer.

28. Die Insidertatsache aus der Emittentensphäre

79 Die oben aufgeführte gesetzliche Unterteilung in zwei Tatsachengruppen führt notwendig zu einer differenzierten Betrachtung. Das Problem läßt sich zunächst ablesen an einem Zeitfaktor, der offenbar vom Gesetzgeber so nicht erörtert wurde. Die Bedeutung der Zeit wird erkennbar, wenn man berücksichtigt, daß täglich in einem Wert im variablen Handel nicht nur 1 Kurs gemacht wird (wie bei Werten zur Einheitskursfeststellung), sondern eine Vielzahl von solchen. In Siemens wurden am 25. August 1998 an der Rheinisch Westfälischen Börse in Düsseldorf 999 Kurse im amtlichen Handel gemacht. Und es hätten mehr sein können, wenn das EDV-Programm nicht eine Dreistelligkeit vorgegeben hätte und schon 30 Minuten vor Börsenschluß nur noch den 999. Kurs als Schlußkurs zugelassen hätte. Eine Kurssteigerung von 100%, also auf das Doppelte, verteilt auf den ganzen Tag erbringt von Kurs zu Kurs eine Einzelsteigerung von einem Zehntel Prozent. Um jeweils unter 5% zu bleiben, reichen 25 Kurse, eine übliche Frequenz. Bei der Fläche der Wirkung einer kursfeststellungsfernen Insidertatsache, die nach § 15 WpHG ordnungsgemäß veröffentlicht wird, wird die Tatsache nur über einen längeren Zeitraum die Kursänderung verursachen. Die wirtschaftliche Bedeutung für den Insider ist von den Kursänderungen der Einzelschritte unabhängig. Bei den seit Mitte 1998 üblichen Volatilitäten auch im Amtlichen Handel ist es für den Insider Glücksache, ob er die avisierten 6% auch realisieren kann, oder ob sein Glattstellungsauftrag nicht von der Schwankung erfaßt wird. Selbst wenn der Insider die Tagesspitze der Schwankung mitnimmt, streicht er einen Insidergewinn ein, ohne daß dies aus einem später veröffentlichten Chart zu entnehmen sein wird.

29. Erheblichkeit der sofort mitzuteilenden neuen Tatsachen

80 Die Argumente aus der Begründung zu § 15 WpHG sind auch bei der Tatsachengruppe aus der Sphäre der Emittenten nicht verwendbar. In diesem Zusammenhang hat der Regierungsentwurf die Plus/Minus-Ankündigung nach § 8 der Bedingungen für die Geschäfte an der FWB erwähnt, die bei festverzinslichen Wertpapieren eine Abweichung von 1,5% vom Nennwert und bei Aktien eine Abweichung von 5% vom Kurswert als Grenze ansieht, bei deren Überschreiten der Kursmakler die Börsenteilnehmer auf die

Tendenz aufmerksam machen muß. Dieser Vergleich mag herangezogen werden für die Veröffentlichungspflicht nach § 15 WpHG. Diese Vorschrift dient der Steigerung der Markttransparenz und als Reflex der Vorbeugung von Insiderstraftaten. Eine Fehlbeurteilung des Kursänderungspotentials hat zunächst keinen wirtschaftlichen Vorteil, sie führt auch zu keinem wirtschaftlichen Nachteil anderer Marktteilnehmer und könnte allenfalls für den Pflichtigen das Risiko eines Bußgeldverfahrens nach sich ziehen. Für die Auslegung des Begriffes Erheblichkeit der Geeignetheit einer künftigen Kursänderung als Tatbestandsmerkmal für eine Kriminalstraftat hat jedoch weder das Gesetz, noch der Regierungsentwurf diese oder eine andere Zahl vorgegeben. Dem Emittenten ist gegebenenfalls zuzumuten, sich eines Finanzanalysten zu bedienen, um die Kursänderungspotenz einer Tatsache zu bewerten. Was kursbildungsfern möglich ist und vom Bundesaufsichtsamt für den Wertpapierhandel gefordert werden kann, wird im Handel, auf dem Parkett, auf den Bildschirmen und im Tagebuch des Kursmaklers absurd. Dennoch wird das Beispiel der Regelung zur Plus/Minus-Ankündigung auch als konkreter Zahlenwert für die erhebliche Kursbeeinflussung nach § 13 herangezogen.

30. Die Insidertatsache aus der Händlersphäre

Anders wirken die Insidertatsachen, die unmittelbar aus dem Handel mit dem Wertpapier 81 entstehen. Insiderhandel durch Handelsteilnehmer im Bereich des Handels mit den Wertpapieren bezieht sich auf Tatsachen, deren kursbildungsnahen Auswirkungen der Insider abschätzen und zeitnah ausnutzen kann. Der Händler befindet sich nicht nur in der Nähe zur Kursbildung, sondern auch im Besitz aller handelsbedingten Möglichkeiten und Kenntnissen, die ihn in die Lage versetzen, seine insidermotivierten Handelstransaktionen mit dem erwarteten Gewinn abzuschließen. Auch in diesem Bereich sind jeweils mehrere einzelnen Kurse addiert der Bereich, den der Händler abdecken kann.[56] Der Frankfurter Insiderskandal Anfang 1991, damals noch ohne Strafnorm, beschreibt die steuerstrafrechtlich relevanten Fälle des Insiderhandels im Händlerbereich der Banken. Die bekannten Einzelfälle in den Ermittlungsverfahren der Staatsanwaltschaft Frankfurt hatten 6stellige Zahlen überschritten.[57]

31. Die Insidertatsache im Wirkungsbereich des Skontroführers

Tatsachen, die kursunmittelbar entstehen und dem kursverantwortlichen Skontroführer 82 allein bekannt sind, können von diesem in ihrer Wirkung von Kurs zu Kurs in ihrer Kursänderungsrelevanz genau beurteilt werden. Der Insiderhandel aufgrund dieser Tatsachen ist dem Skontroführer auch risikolos möglich, da in seinem Bereich keine anderen Wirkungen die Vorhersehbarkeit beeinträchtigen können. Lediglich ein Bekanntwerden bei anderen Profis würde dem Skontroführer den wirtschaftlichen Erfolg nehmen. Sowohl bei dem Skontroführer wie bei dem Händler wirkt ein weiterer Faktor auf die wirtschaftliche Bewertung des Insiderrisikos. Das taggleich oder annähernd taggleich glattgestellte Wertpapiergeschäft ist erst am 2. Börsentag nach dem Handelstag zu erfüllen. Kauf und Verkauf in dieser Frist bedeutet, daß Papiere auch leerverkauft und rechtzeitig zurückgekauft oder gekauft und rechtzeitig wieder verkauft werden können, damit eine Lieferung und eine Bezahlung nicht stattzufinden braucht. Damit bedarf es nicht einmal eines Einsatzes von Vermögen. Wertpapierhandel im Rahmen des Engagementrahmens erlaubt dem Skontroführer (und dem aufgabebildungsberechtigten Freimakler) das Geschäft auf der Basis des Endsaldos.

56 Vgl. oben, Fondsmanagerfall AG Frankfurt.
57 *Junker*, Insidergeschäfte an der Börse, 1993.

32. Die Orderlage als kursunmittelbare Tatsache

83 Die Wirkung der Ausnutzung von Insiderkenntnissen, die unmittelbar der Kursbildung zugrunde liegen (kursunmittelbare Insidertatsachen), ist durch die risikomindernde Kursnähe auch bei Kleinstschwankungen erheblich. Zwar ist der kriminelle Erfolg nicht Teil des Tatbestandes des Insiderhandelns, der Tatbestand ist erfüllt, die Tat beendet und vollendet, bevor der wirtschaftliche Erfolg eintritt (wenn er denn eintritt). Ist der wirtschaftliche Erfolg jedoch eingetreten, beweist dies die Erheblichkeit der Kursänderung. Die Strafbarkeit des Insiderhandels soll den durch Insiderhandel bewirkten Erfolg, der als Schaden bei anderen Börsenteilnehmern eintritt, verhindern. Ein Insider nutzt Insiderwissen aus, wenn er für sich oder einen anderen seinen Wissensvorsprung in der Hoffnung und mit der Zielrichtung zunutze macht, für sich oder einen dritten einen wirtschaftlichen Vorteil zu erlangen. (Begründung der Bundesregierung, zitiert aus Weisgerber/Jütten, Das Zweite Finanzmarktförderungsgesetz, Bundesanzeiger 1995, S. 237.)

33. Die Orderlage im Skontro eines Börsenmaklers als Insidertatsache

84 Die Orderlage im Skontro eines Börsenmaklers kann eine Insidertatsache sein.[58] In zwei mittlerweile (gerichtlich) abgeschlossenen Strafverfahren sowie in weiteren staatsanwaltschaftlichen Ermittlungsverfahren in Zusammenhang mit insiderrelevantem Mißbrauch der Kenntnis der Orderlage von Skontropapieren wurde die Orderlage als Insidertatsache gewertet:

(Auszug:)

Die Orderlage als Insidertatsache

Die Orderlage im Orderbuch (zusammengesetzt aus elektronischem Orderbuch und Handorderbuch) ist eine Tatsache. Wenn die Orderlage zu einer Kursänderung führt, ist sie Insidertatsache. Die zwingende Folge dieser Insidertatsache, der geänderte Kurs, ist bis zur Veröffentlichung eine nicht öffentlich bekannte Tatsache. Das Orderbuch ist einzig von dem Kursmakler, seinem Kursmaklerstellvertreter und den Kursmaklerangestellten einsehbar. Das elektronische Orderbuch allein, gegebenenfalls auch unbefugt durch Dritte einsehbar, gibt die Orderlage nur in Zusammenhang mit dem Handorderbuch zutreffend wieder. Die Orderlage ist immer ausschließlich dem Kursmakler zugänglich, der jeweils festgesetzte amtliche Kurs ist der verdichtete Extrakt der Orderlage, die er wahrheitsgemäß wiedergeben muß.

Bis zur amtlichen Festsetzung und Veröffentlichung des neuen Kurses ist auch diese, aus der Orderlage entstandene Folge nicht öffentlich bekannt.

Dem steht auch nicht entgegen, daß nach § 11 Abs. 2 Satz 2 BörsG der Kursmakler vor Feststellung eines Börsenpreises den Handelsteilnehmern die aus Angebot und Nachfrage ermittelte Preisspanne zur Kenntnis geben muß.

Nach § 34 Abs. 1 Börsenordnung ist die Spanne mitzuteilen, innerhalb der der künftige Preis liegen wird. Den Börsenteilnehmern müssen die Angebote zugänglich und deren Annahme möglich sein. Damit ist keine Veröffentlichung der Orderlage gegeben. Selbst wenn die weitergehende Möglichkeit des § 11 Abs. 2 letzter Satz BörsG in die Börsenordnung aufgenommen worden wäre, wonach den Handelsteilnehmern zusätzlich der Preis des am höchsten limitierten Kaufauftrages und des am niedrigsten limitierten Verkaufauftrages zur Kenntnis gegeben werden muß, ist damit keine Bekanntgabe der Orderlage verbunden, aus der sich der nächste Kurs feststellen ließe.

Die Orderlage, die bei dem Kursmakler zu einer Neufestsetzung des Börsenkurses führt, ist eine weitere Konkretisierung der Auftragslage nach § 32 Abs. 1 Nr. 3 WpHG. Eine Ausnutzung der Kenntnis der möglicherweise kursbeeinflussenden Auftragslage ist für Wertpapierdienstleister verboten.

Ein Handeln des Kursmaklers für Dritte ist in dieser Konstellation eine qualifizierte Form des verbotenen „Frontrunnings".[59]

---

[58] *Schwarze* a.a.O.

[59] Staatsanwaltschaft Frankfurt, 92 Js 34146.8/95.

34. Plattformübergreifende Ordersituationen

Die Orderlage kann auch eine systemübergreifende Ordersituation beinhalten. Neben dem elektronischen Orderbuch des Kursmaklers hat dieser auch unmittelbar Zugriff auf den Xetra-Handel. Zum Beginn des Parketthandels kann die Situation entstehen, daß unmittelbar vor der ersten Kursfestsetzung der Kursmakler sein elektronisches Orderbuch sperrt (zur Festsetzung), sodann eventuell im Xetra-Handel eingehende Order bedient, soweit diese günstiger aus der Orderlage im elektronischen Orderbuch auszugleichen sind. Der unmittelbare Einblick in beide Systeme, der nach Sperrung allein dem Kursmakler möglich ist, versorgt ihn mit Insiderinformationen, die er allein unmittelbar risikolos und ohne nennenswerten Einsatz in Gewinne umsetzen kann. Die kombinierte Orderlage ist eine Insidertatsache.[60] 85

Gleiches gilt für die möglicherweise differierende Orderlage im variablen Handel und in der Kasse.[61]

Amtsgericht Frankfurt S t r a f b e f e h l

Die Staatsanwaltschaft beschuldigt Sie, zwischen dem 30. Januar 1996
in Frankfurt am Main,
als Insider unter Ausnutzung Ihrer Kenntnis von Insidertatsachen für eigene Rechnung Insiderpapiere verkauft zu haben.

Im Tatzeitraum waren Sie als amtlich bestellter Kursmakler an der Frankfurter Wertpapierbörse skontroführend für die amtliche Festsetzung der Börsenkurse der Aktien Mineralbrunnen Überkingen KG (WPKN 661400) verantwortlich. Sie hatten sowohl Einblick in die Orderlage für den variablen Markt als auch die Orderlage am Kassamarkt.

Kurz vor Kassakursfeststellung um 11 Uhr 51 setzten Sie angesichts einer Billigst-Order für 50 Stück den Kurs mit 920,– DM überhöht fest, bedienten die Order mit einem Leerverkauf von Aufgabe und erzielten damit DM 46 000,–. Anschließend deckten Sie sich entsprechend am Kassamarkt für 880,– DM pro Stück, also DM 44 000,– wieder ein. Der entsprechend günstige Kassakurs war für Sie mit großer Sicherheit an Hand der Orderlage vorhersehbar.

Damit haben Sie Ihre Kenntnisse der Orderlage, die Sie gewannen, um Ihrer Aufgabe als amtlich bestellter Kursmakler nachzukommen, mißbraucht, um Kursgewinne in Höhe von DM 2000,– zu erzielen.

Vergehen, strafbar nach §§ 38 Abs. 1 Nr. 1, 14 Abs. 1 Nr. 1 WpHG.

35. Das Sachverständigengutachten

Ein Bewertungsgutachten im Abfindungsverfahren gem. §§ 304, 305 AktG kann eine Insidertatsache sein, wenn es den entsprechenden Inhalt hat. Gegen den zweiten Insider wurde das Verfahren gem. § 153 a StPO eingestellt.[62] 86

36. Gerüchte

Auch Gerüchte können die Qualität einer Tatsache entfalten. Selbstverständlich ist der Inhalt eines Gerüchtes keine Tatsache.[63] Wenn aber ein Journalist, ausgestattet mit den modernen Medienmöglichkeiten, mit Gerüchten einen Kurs zu manipulieren beabsichtigt, ist die Kenntnis eines Dritten über diesen Umgang mit Gerüchten und die zu erwartende Kursmanipulation die Kenntnis eines Insiders über die Insidertatsache. 87

---

60 Ein entsprechendes Verfahren ist von der Staatsanwaltschaft Frankfurt gem. § 153 a StPO eingestellt worden.

61 Amtsgericht Frankfurt 92 Js 15763.2/96.

62 Amtsgericht Frankfurt 92 Js 22056.0/97, vgl. Rn. 52.

63 *Assmann*, § 14, Rn. 34ff. für alle weiteren Veröffentlichungen.

37. Erheblichkeit der Insidertatsache

88 Große Unsicherheit besteht über die Bewertung einer Tatsache als kurserheblich. Wie bereits dargestellt, ist in der Literatur lediglich die Erheblichkeit in bezug auf Tatsachen untersucht worden, die aus der Sphäre des Emittenten rühren. Mittlerweile hat sich die Justiz jedoch wiederholt mit Fällen befassen müssen, in denen Insidertatsachen aus dem Handel mit dem Wertpapier resultierten. In diesen Fällen ist für das Merkmal Geeignetheit zur erheblichen Kursbeeinflussung von anderen Parametern auszugehen, als in der Begründung der Bundesregierung zum Gesetz beispielhaft angegeben ist. Der Gesetzgeber führt in der Begründung den Wert einer Kursbewegung an, der den Skontroführer verpflichtet, die zu erwartende Änderung mit einer „Plus- oder Minus-Ankündigung" zu versehen. Dieser Änderungswert liegt bei 5%. Seit Oktober 1998 ist mit Release 3 des elektronischen Handelssystems Xetra die erhebliche Kursabweichung deutlich niedriger angesetzt worden. Im großen Durchschnitt der Werte wird, berechnet nach der historischen Volatilität, eine Handelsunterbrechung bereits bei Kursänderungen unter 1% ausgelöst. Den Skontroführern im Präsenzhandel wird nicht nur bei gerechneten Kursen (§ 32 Abs. 2 BörsG), sondern grundsätzlich im variablen Handel das Recht eingeräumt, zu Vermeidung von Kursabweichungen auch unter 5% durch Selbsteintritt Kundenaufträge unbeachtet zu lassen, weil sonst nach Auffassung des Skontroführers eine erhebliche Kursabweichung produziert würde.

38. Öffentliches Bekanntwerden

89 Eine Tatsache wird zur Insidertatsache, wenn sie geeignet ist, **im Falle ihres öffentlichen Bekanntwerdens den Kurs der Insiderpapiere erheblich zu beeinflussen** (§ 13 WpHG). Nicht ausreichend ist, wenn ein überraschender Gewinneinbruch bei einem sonst aufstrebenden international tätigen Unternehmen „auf den Gängen des Unternehmens" diskutiert wird (und dann über Put-Optionen an der Terminbörse für den Markt überraschende Erträge erzielt werden). Die Nachricht in der Lokalpresse reicht ebenfalls nicht aus, wenn die notierende Börse internationalen Anspruch erhebt. Mindestens eine Berichterstattung oder Veröffentlichung in der überregionalen Presse oder elektronischen Medien, die bundesweit berichten, ist erforderlich. Sicher geht der Emittent, wenn er die Information entsprechend den Bestimmungen des WpHG veröffentlicht hat. Die Öffentlichkeit im Sinne des § 13 Abs. 1 WpHG ist deshalb auch bei der Herstellung der sogenannten Bereichsöffentlichkeit gegeben. Die Bereichsöffentlichkeit ist dann hergestellt, wenn die Information über elektronisch betriebene Informationssysteme wie Reuters, Bloomberg oder dpa, die in Finanzkreisen genutzt werden, verbreitet werden. Auf eine Legaldefinition oder Festlegung einer (oder mehrerer) Zahlen zur Berechnung der erheblichen Kursrelevanz hat der Gesetzgeber verzichtet. Er hat erkannt, daß er den Wertpapierhandel auch in organisierten Märkten nicht einheitlich beschränken kann. Der Gesetzgeber stellt damit nicht nur das Compliance Office, die Aufsicht und die Strafverfolgungsbehörden vor *erhebliche* Probleme, sondern in erster Linie den Marktteilnehmer, der klar und deutlich erkennen müßte, ob sein geplantes Handeln strafbar ist.

39. Prognosen als Tatsache

90 Bisher hat der Gesetzgeber zukünftige Ereignisse oder Erwartungen zum Beispiel bei dem Tatbestandsmerkmal **Tatsache** des Betruges in Zusammenhang mit Spekulationsgeschäften die Rechtsprechung „künftige Kursentwicklung" rigoros aus der Justiziabilität herausgenommen.[64] Mit dem Wertpapierhandelsgesetz ist nunmehr eine hypothetische Zukunftserwägung für die Bewertung einer Tatsache als Insidertatsache normiert wor-

---

[64] Schon RG 56, 227 „. . .grundsätzlich ist keine Tatsache, was in der Zukunft liegt".

den. Die Täterprognose, die allein eine einzige Auswirkung zeigt: das Insidergeschäft, kann mit den der Aufsicht und der Justiz zur Verfügung stehenden Instrumenten nicht ermittelt werden. Das handlungsauslösende Moment, das Motiv für die Tat, die Einschätzung des Kurspotentials einer Tatsache durch den Täter kann nicht festgestellt werden. Dem schweigenden oder bestreitenden Verdächtigen können nur Indizien entgegengehalten werden, aus den späteren Fakten kann auf die Bewertung durch den Verdächtigen zum Handelszeitpunkt (Tatzeitpunkt) rückgeschlossen werden. Soll die Tat, wie sie sich nach der erheblichen Kursänderung dem Ermittler darstellt, die Bewertung des Kursänderungspotentials durch den Verdächtigen zum Tatzeitpunkt indizieren? Indiziert die Kursänderung den Tatplan?

40. Kursbeeinflussungspotential

Nicht eine künftige Kursentwicklung kann Tatbestandsmerkmal sein, sondern allein Tat- 91
sachen, die zum Handelszeitpunkt bereits reale Tatsachen sind. Der gegenwärtige Aspekt der Geeignetheit, im Falle des öffentlichen Bekanntwerdens eine Kursänderung herbeizuführen, ist das Kursbeeinflussungspotential (Kursänderungspotential) der Tatsache.[65] Jedoch ist auch das Kursbeeinflussungspotential als gegenwärtige Tatsache, als Tatbestandsmerkmal, nicht mit einer konkreten Zahl zu messen.

Verschiedentlich wird die Auffassung vertreten, man müsse einen hypothetischen Zukunftswert zur Konkretisierung des Gesetzgebers zahlenmäßig im Einzelfall festlegen. Dieser Zahlenwert müsse dann gemessen werden. Die Zahl der Kursänderung müsse erheblich sein. Da der Gesetzgeber einen Zahlenwert weder als absolute Zahl noch als Verhältniszahl vorgegeben hat, müsse dies am Einzelfall abgewogen werden. Die Erwägungen werden umfassend für Tatsachen aus der Sphäre des Emittenten dargelegt und Rechenformeln versucht.[66] Wenn der Gesetzgeber für die Strafnorm eine konkrete Zahl hätte festlegen wollen, dann hätte er dies auch getan – wie der Verordnungsgeber bei der Plus/Minus-Ankündigung. Ihm nachträglich eine Zahl unterschieben zu wollen, erscheint deshalb unzulässig. Dies gilt um so mehr, als dem Gesetzgeber im Gesetzgebungsverfahren gerade diese Zahlenregelung bekannt war. Sie wurde von ihm im Gesetzgebungsverfahren ausdrücklich erwähnt, diese Zahlen wurden dennoch nicht ins Gesetz aufgenommen. Der Gesetzgeber hat sich damit gegen solche Zahlenregelungen gewendet.

41. Optionsscheine aus dem Geld

Optionsscheine, die vor dem Auslaufen aus dem Geld sind, werden trotz Wertlosigkeit 92
(aus steuerlichen Gründen) von den Emissionshäusern mit 1 Cent zurückgekauft. Kurse werden somit bei Kauf des Emissionshauses wiederholt mit 0,01 Euro festgestellt und veröffentlicht. Informationsdienstleister wie Reuters veröffentlichen kontinuierlich die Quote, zu welcher das Emissionshaus zu kaufen und zu verkaufen bereit ist.[67] Am 25.9.1999 veröffentlichte der Emittent Sal Oppenheim Jr. & Cie KGAA für Optionsscheine auf Dax Werte in 8 verschiedenen Scheinen einen Bid von 0,01 zu einem Ask von 0,31. Sollte ein Spekulant gleichwohl eine andere Meinung zu dem Optionsschein haben und kaufen wollen, wird er nicht erstaunt sein, wenn er das Stück für 31 Cent abgerechnet bekommt. In dieser Phase des Optionsscheines sind derartige Quotierungen der Emissionshäuser üblich. Der nächste Kurs wird 3100% höher notiert, um dann wieder auf 0,01 zurückzufallen.[68] In diesem Bereich kann mit Prozentzahlen nicht argumentiert werden.

---

[65] *Assmann* a.a.O., § 13 Rn. 59ff.

[66] *Loesche* a.a.O., mit umfassender Übersicht.

[67] Zur Quotierungspflicht siehe Richtlinien für den Freiverkehr an der FWB, Besondere Regelungen für den Handel mit Optionsscheinen, Punkt 2.3.

[68] Derartige Beispiele sind täglich neu abfragbar.

Der Gesetzgeber hat auch kein Votum für differenzierte Zahlenregelungen für unterschiedliche Papiere, gegebenenfalls unter Berücksichtigung deren Volatilität angestrebt, auch hier hätte der Gesetzgeber dies so formuliert, wenn er es gewollt hätte. Wenn dem Gesetzgeber eine solche Regelung klar gewesen wäre, ist kein Grund erkennbar, Klares unklar zu verabschieden. Ein bestimmter legaldefinierter einheitlicher Prozentsatz würde die praktische Handhabung der gesetzlichen Regelung sicherlich erleichtern. Ein solcher starrer Orientierungsmaßstab würde jedoch nach Meinung der von Kümpel befragten Praktiker den Realitäten des Kapitalmarktes nicht angemessen Rechnung tragen.[69]

42. Ursachen für Kursschwankungen

93 Kursschwankungen können aus einer Vielzahl sonstiger Anlaßgründe entstehen, das Kursbeeinflussungspotential muß daher auch in Relation zu der üblichen Schwankungsbreite des Wertpapiers gesehen werden. Angesichts der Vielzahl der Kriterien, die jeweils neben der zu bewertenden Tatsache den Kurs beeinflussen können, erscheint es daher naheliegend, nicht auf eine absolute Kursänderung abzustellen. Die absolute Veränderung ist für die Felduntersuchungen der Daten nach § 9 WpHG ein akzeptabler Parameter. Jedoch ist damit nur die Teilgruppe erfaßt, ohne weitere Beeinflussung voll auf den Preis durchschlägt.

43. Die relative Veränderung zu einer Vergleichsgruppe

94 Einen Orientierungsmaßstab, der die relative Veränderung des Kurses des betroffenen Insiderpapiers zu vergleichbaren Wertpapieren oder Marktindizes zugrunde legt,[70] kommt auch nicht ohne einer im Einzelfall festgelegten Zahl aus. Zwar ist die erste Annahme völlig zutreffend, der Markt läßt feste Sätze nicht zu, die Feststellung verbietet die Annahme, der Gesetzgeber habe sich Zahlen oder feste Sätze vorgestellt. Diese von Kümpel ursprünglich gezogene Konsequenz, die weitere Entfernung von klaren Vorgaben, geht ebenfalls den Weg in die falsche Richtung, nur etwas weiter.

44. Der Lohn der Tat

95 Nachdem Kümpel den starren Orientierungsmaßstab eines einheitlichen Prozentsatzes („ein solcher würde indessen nach Meinung der Praktiker den Realitäten des Kapitalmarktes nicht angemessen Rechnung tragen") erkannt hat, eröffnet er den Weg zur wirtschaftlichen Betrachtungsweise:

Im Zweifelsfall kann darauf abgestellt werden, ob ein Insider zwecks Ausnutzung der Insidertatsache die Wertpapiere trotz des damit verknüpften Kursrisikos kaufen oder verkaufen würde, weil er mit einer dieses Risiko neutralisierenden und auch seine Spesen kompensierenden nicht nur geringfügigen Kursänderung zu seinen Gunsten rechnet, wenn der kurssensible Sachverhalt öffentlich bekannt wird.[71]

45. Bedeutung eines Zahlenwertes

96 Wenn die Grundfrage der Strafbarkeit von einem Zahlenwert abhängig gemacht wird, muß dieser einer objektiven Nachvollziehbarkeit zugänglich sein. Ein Kursänderungspotential ist jedoch nie konkretisierbar. Eine Kursänderung ist immer die Folge von

---

[69] *Kümpel*, Insiderrecht und Ad-hoc-Publizität aus Bankensicht, WM 1996, 653, 656.

[70] *Kümpel* a.a.O.

[71] *Kümpel* Wertpapierhandelsgesetz – eine systematische Darstellung, S. 65 mit Hinweis auf Hopf: „...Nach Sinn und Zweck kommt es allein auf die marktübliche Relevanz an, also ob es sich lohnt zu kaufen oder zu verkaufen ...".

Marktteilnehmerverhalten. Das Verhalten von Marktteilnehmern ist unter keinen Umständen mit der erforderlichen Sicherheit vorhersehbar. Der einzelne Marktteilnehmer mag sich Vorstellungen darüber machen, wie das Gebilde Markt auf Tatsachen, Meinungen oder Gerüchte reagieren mag, sichere Prognosen ergeben sich aus der Bewertung nicht. Exakte Vorhersehbarkeit von Marktteilnehmerverhalten ist der unerfüllte Traum aller Spekulanten. Dieser Traum kann nicht als Grenze für die Entscheidung darüber verwendet werden, ob ein Marktteilnehmer strafbar oder straflos Insiderkenntnisse zum eigenen Vorteil verwendet.

46. Erheblichkeitstheorien

Der Versuch, mit den Argumenten der Erheblichkeit von Insidertatsachen aus der Sphäre des Emittenten den gesamten Bereich des kursbildungsnahen Insiderhandels über Bagatellargumente und Strafverzichtstheorien in die Straflosigkeit zu relativieren, mußte angesichts der wirtschaftlichen Betrachtungsweise scheitern.

47. Die Bagatelltheorie

Vielfach wird die Auffassung vertreten, der Gesetzgeber habe den Begriff Erheblich eingeführt, um Bagatellfälle auszuscheiden. Vom Insiderhandelsverbot auszuschließen zu sein sollen solche Fälle, in denen die Verwertung einer unveröffentlichten Information von vornherein keinen nennenswerten wirtschaftlichen Vorteil verspricht und in denen der Anreiz, diese Information zu verwerten, wegen des Risikos stets einzukalkulierender Kursschwankungen gering ist.[72] Hätte der Gesetzgeber „Bagatellfälle ausscheiden wollen", so hätte er es auch entsprechend formuliert. Wie solche Formulierungen aussehen, weiß der Gesetzgeber aus einer langen Tradition des Strafgesetzbuches (§§ 248a, 263 Abs. 4 265a, 266 Abs. 3, auch 142 StGB, besondere Regelungen im BtMG). Die Gesetzgebungstechnik ginge auch nicht den Weg über die Vernebelung eines Tatbestandsmerkmales. Die Ausscheidung von Bagatellfällen pflegt der Gesetzgeber über die Rückausnahme zu regeln, teilweise bedient er sich für die Rückausnahme auch des Verfahrensrechts (§§ 153, 153a StPO). Auslegungsfähige mengenbezeichnende Tatbestandsmerkmale benutzt der Gesetzgeber nicht bei der Begründung von Tatbestandserfüllungen, sondern lediglich bei Strafschärfungs- oder Strafminderungsgründen (§ 29 Abs. 3 und Abs. 5 BtMG), und auch dort nur als Regelbeispiele. 97

Im Nebenstrafrecht wird auch die Abgrenzung zwischen Strafrecht und Verwaltungsunrecht durch zahlenmäßig festzusetzende Grenzen gepflegt. Weniger schwerwiegende Verstöße können dann als Ordnungswidrigkeit ausgewiesen werden. Der Strafrechtsschutz ist dann vollständig, die Grenze begründet und nachvollziehbar.

Die Auffassung, es wäre weder mit dem Wortlaut, noch mit dem Sinn des WpHG vereinbar, die Erheblichkeitsschwelle als Variable zu betrachten,[73] dürfte damit aus dem **Verzicht** des Gesetzgebers auf eine konkrete Zahl widerlegt sein. Die Einführung des Begriffs „wirtschaftlicher Vorteil" bei Assmann ist mit dem Vergleichswert Kursänderung nicht in Übereinstimmung zu bringen. Der wirtschaftliche Vorteil ist an der Kursänderung allein nicht ablesbar. Der wirtschaftliche Vorteil setzt sich zusammen auch aus: Höhe des Einsatzes, Dauer der Investition, Höhe des Risikos etc. Diese Faktoren bilden zusammen mit der Kursänderung, die nur ein Faktor ist, den wirtschaftlichen Vorteil. Diese Motive sind nicht unmittelbar von dem Zahlenwert einer Kursänderung abhängig.

---

72 *Assmann* a.a.O. Rn. 67 zu § 13.

73 *Assmann* WM 1996, 1342.

48. Strafverzichtstheorie

98 Vereinzelt wird die These vertreten, der Gesetzgeber habe bewußt Bereiche von Insiderhandeln von der Strafbarkeit ausgenommen. Der Gesetzgeber habe durch die Aufnahme des Tatbestandsmerkmales der Erheblichkeit bewußt in Kauf genommen, daß es auch ein Insiderhandeln gibt, das straflos bleibt, sofern die Insidertatsache nur geeignet sei, den Kurs des Insiderpapiers unerheblich oder normal, jedoch noch nicht erheblich zu beeinflussen. Damit wären die Insidergeschäfte von Kurs zu Kurs nicht mehr strafbar.

Das Strafgesetz kennt derartige Formen des Verzichtes auf Strafverfolgung bei geringer Schuld oder geringen Folgen einer Tat. Die Systematik des Strafgesetzes bedient sich jedoch immer grundsätzlich des Instruments der Rückausnahme. Dies wird entweder direkt im jeweiligen Strafgesetz normiert (geringwertige Sachen, geringe Menge usw.) oder über Verfahrensvorschriften in der Strafprozeßordnung und der Verfassung praktiziert. Der Gesetzgeber hat eindeutig und zweifelsfrei Insiderhandeln unter Strafe gestellt. Rückausnahmen hat er nicht normiert. Rückausnahmen können demzufolge nur über das vorhandene prozessuale Instrumentarium in der Praxis erfolgen. In der amtlichen Begründung kündigt im allgemeinen Teil (A.1 und B.1a) die ausnahmslose Verfolgung von Insidergeschäften an.[74] Im besonderen Teil heißt es zu § 13 (auszugsweise):

„... Die Information muß schließlich geeignet sein, den Kurs des betreffenden Wertpapiers oder der betreffenden Wertpapiere erheblich zu beeinflussen. Mit dieser Voraussetzung soll vermieden werden, daß jede Information über den Emittenten oder das Wertpapier, auch wenn sie allenfalls zu geringfügigen Kursbewegungen führen kann, zu einer Insidertatsache wird ...“

In der Begründung zu § 14 formuliert der Gesetzgeber (auszugsweise):

„... Ein Insider nutzt Insiderwissen aus, wenn er für sich oder einen anderen seinen Wissensvorsprung in der Hoffnung und mit der Zielrichtung zunutze macht, für sich oder einen anderen einen wirtschaftlichen Vorteil zu erlangen, der als Verstoß gegen den Grundsatz der Chancengleichheit der Anleger am Wertpapiermarkt angesehen und mißbilligt wird ...“

Rückausnahmen von dieser Definition formuliert der Gesetzgeber nicht. Insbesondere beschränkt er diese Aussage nicht auf erhebliche wirtschaftliche Vorteile. Vielmehr ist der Begründung mit dieser Formulierung eine entscheidende Hilfe für die Bewertung des Erheblichkeitsbegriffes gelungen. Erheblichkeit ergibt sich aus der Tathandlung. Der erwartete wirtschaftliche Vorteil folgt aus der Bewertung des erheblichen Kursbeeinflussungspotentials der genutzten Tatsache, des genutzten Wissensvorsprunges durch den Insider selbst. Handelt der Insider in Insiderpapieren, so ist die Tathandlung der Beweis für die Beurteilung der Insidertatsache durch den Insider.

Bei den Tatvarianten des § 14 Abs. 1 Nr. 1 indiziert die Tatausführung die subjektive Beurteilung der Tatsache durch den Insider als erheblich.

Dieser Bewertung wird man nur dann gerecht, wenn der Begriff Erheblichkeit nicht für einen Zahlenwert steht, sondern lediglich für die grundsätzliche Frage, ob ein Erfolg beabsichtigt ist oder nicht. Das Motiv für ein Insidergeschäft ist regelmäßig der Gewinn. Eine Kursänderung ist, wenn sie denn eintritt und realisiert wird, immer dann erheblich, wenn ein Gewinn auf der Guthabenseite zu verzeichnen ist. Dieser Gewinn ist der Maßstab für die Erheblichkeit. Nicht die Höhe des Gewinns, nicht die Überschreitung einer imaginären und unbekannten Grenze erfüllt das Tatbestandsmerkmal der Erheblichkeit, sondern der Gewinn selbst.

Eine Tatsache, die keine Kursänderung erwarten läßt, ist keine Insidertatsache, sie kann nie Motiv für ein Handeln sein. Eine Tatsache kann auch nie Anstoß für ein Handeln sein, wenn der Insider glaubt, sie werde ihm einen Verlust einbringen. Das Kursänderungs-

---

[74] Zitiert nach *Weisgerber/Jütten*, Das Zweite Finanzmarktförderungsgesetz, Bundesanzeiger 1995, 223.

potential einer Tatsache ist dann erheblich, wenn sie den Insider veranlaßt, für sich oder einen Dritten dieses Potential für ein Spekulationsgeschäft zu nutzen. Ob der Insider nun glaubt, daß die Insidertatsache im Falle ihres öffentlichen Bekanntwerdens 2, 3, 5 oder 10% Kursänderung verursachen wird, ist dabei unerheblich. Erheblich ist allein die Bewertung des Potentials durch den Insider, das Ergebnis der Bewertung ist an seinem Handeln zu erkennen. Das Wertpapierhandelsgeschäft eines Insiders mit Insiderpapieren bei Kenntnis einer Insidertatsache indiziert die Vorstellung des Insiders, mit diesem Geschäft aufgrund der Kenntnis einen Profit zu erzielen oder erzielen zu lassen.

49. Theorie des rechtspolitischen Gebotes

Die Ausscheidung von Bagatellkursausschlägen (auch bei großem wirtschaftlichen Erfolg) erweise sich angesichts des weiten Tatsachenbegriffs und des Fehlens anderweitiger tauglicher Merkmale zur Eingrenzung des Kreises von Insiderinformationen geboten, um nicht jede in abstracto zur Kursbeeinflussung taugliche Tatsache zur Insidertatsache zu machen und um aus den als Insidertatsachen in Frage kommenden Marktdaten jene auszusondern, die zwar Kursbewegungen und -tendenzen auslösen können, jedoch nicht geeignet sind, mit dem Erwerb bestimmter Wertpapiere einigermaßen wahrscheinliche, die Marktkräfte schlagende Sondervorteile zu erzielen.[75] Auch mit dieser Begründung verläßt Assmann die solitäre Kursänderung und bezieht den wirtschaftlichen Vorteil unter Berücksichtigung von Wahrscheinlichkeit des Eintritts, Risiko und Einsatz zuzüglich ungenannte den Faktor der Größe des Einsatzes mit ein. Nicht die Kursänderung ist isoliert auf Erheblichkeit zu untersuchen, sondern der dem Insider aufgrund der Kursänderung zukommende Vorteil. 99

50. Beziehung zwischen kursbildender Tatsache und Kursbildung

Die Staatsanwaltschaft Frankfurt am Main hat in den ersten Ermittlungsverfahren in einem verfahrensbezogenen Grundsatzpapier die Ermittlungen und Verfahrensabschlüsse ausdrücklich auf eine verfassungskonforme Anwendungs-(Auslegungs-)regel festgelegt. Auszugsweise heißt es in diesem Papier: 100

Erheblichkeit der Kursänderung

Die Bewertung der Erheblichkeit der Orderlage wird bestimmt durch ihre Nähe zur Kursbildung. Sie ist eine **kursbildungsnahe** Insidertatsache. Da sich aus ihr unmittelbar die Kursfestsetzung ergibt, ist sie eine **kursunmittelbare** Tatsache. Entsprechend sind die Anforderungen an die Erheblichkeit der Kursänderung fallbezogen zu differenzieren.

Eine Tatsache ist dann erheblich, wenn sie zu der Kursneufestsetzung des geänderten Kurses auch führt. Die Erheblichkeit ergibt sich aus der Handlungsweise des Kursmaklers dann, wenn er ein Geschäft beginnt und abschließt, welches ohne oder mit nur geringem Einsatz und Risiko aus der Kursänderung unmittelbar einen Gewinn zu erzielen vermag.

Demzufolge ist auch eine Kursänderung erheblich, die in Punkten ausgedrückt gering ist. Erheblichkeit ist immer dann gegeben, wenn das taggleiche Geschäft einen Gewinn ohne Einsatz auf einem Drittkonto erbringt.

Grundsätzlich gilt dies auch für annähernd taggleiche Geschäfte, bei denen die Kursänderung mit hoher Wahrscheinlichkeit zu erwarten ist **und** eintritt.

Das Tatbestandsmerkmal **„erheblich“**, wie es gem. § 8 der Bedingungen für Geschäfte an der FWB verwendet wird, entspricht nicht der Erheblichkeit i. S. d. WpHG. Maßnahmen des Kursmaklers bei erkennbaren künftigen Kursschwankungen setzen eine **„erhebliche“** Kursschwankung (diese wird bei Aktien ab mehr als 5% des Kurswertes angenommen) voraus. Diese Festlegung ist nicht auf § 14 WpHG übertragbar. Es mag dahingestellt bleiben, ob in den Sachverhaltsvarianten, in denen eine geeignete Insidertatsache vorliegt, die Kursschwankung jedoch aus überholend kausalen Gründen nicht eintritt, die hypothetische Geeignetheit an der hypothetischen erheblichen Kursschwan-

---

[75] *Assmann* a.a.O. Rn. 67 zu § 13 mit weiteren Verweisen.

kung gemessen werden soll, insbesondere dann, wenn die zu beurteilende Insidertatsache in ihrer Wirkung fern von der Kursschwankung liegt, die Tatsache also nur mittelbar auf den Kurs Auswirkungen hat oder haben kann.

Die Unmittelbarkeit der kursbildenden Tatsachen in den Fällen des Insiderhandels von Kursmaklern bewirkt die Reduzierung jeglichen Spekulationsrisikos gegen Null.[76]

51. Chancengleichheit des Börsengeschäfts

101 Der Börsenhandel als solcher ist immer ein Spekulationsgeschäft mit den darin immanenten Risiken und Chancen. Das Gleichgewicht wird durch Insiderhandeln durchbrochen. Die Notwendigkeit des Zweiten Finanzmarktförderungsgesetzes wird mit dem Vertrauen der Anleger begründet. Dieses beruht insbesondere auf der Zusicherung, daß sie gleichbehandelt und gegen die unrechtmäßige Verwendung von Informationen geschützt werden. Da Insidergeschäfte für bestimmte Anleger mit Vorteilen gegenüber anderen Anlegern verbunden sind, gefährden sie dieses Vertrauen und beeinträchtigen somit das reibungslose Funktionieren des Marktes.[77]

Die Ausnutzung der Kenntnis kursunmittelbarer Insidertatsachen reduziert das Risiko, garantiert den Kursgewinn und kostet nicht einmal Gebühren und Courtagen. Daraus folgt zwingend, daß kursunmittelbare Insidertatsachen immer geeignet sind, erhebliche Kursänderungen zu veranlassen.

---

[76] StA Frankfurt 92 Js 34146.8/95.

[77] Begründung der Bundesregierung, zitiert aus *Weisgerber/Jütten*, Das Zweite Finanzmarktförderungsgesetz, Bundesanzeiger 1995, 223.

5. Kapitel. Organisierte Wirtschaftskriminalität

Literatur: *Arzt, G.:* Geldwäsche und rechtsstaatlicher Verfall, JZ 1993, 913; *ders.:* Zum Anwendungsbereich des Geldwäschetatbestandes, JR 1999, 79; *Barton, S.:* Das Tatobjekt der Geldwäsche, NW 1993, 159; *ders.:* Sozial übliche Geschäftstätigkeit und Geldwäsche, Strafverteidiger 1993, 156; *Bernsmann, K. / Jansen, K.:* Heimliche Ermittlungsmethoden und ihre Kontrolle, Strafverteidiger 1998, 217; *Bernsmann, K.:* Geldwäsche und Vortatkonkretisierung, Strafverteidiger 1998, 46; *Bilo, F.:* Das Aufspüren krimineller Gewinne, Kriminalistik 1994, 129; *Bittmann, V. / Rosner M.:* Ein Beitrag zum Umfang der Verwendungsbeschränkungen in den §§ 10 und 11 Abs. 5 des Geldwäschegesetzes, wistra 1995, 166; *Boetticher, A.:* Internationale organisierte Wirtschaftskriminalität, ZRP 1999, 144; *Burr, C.:* Die Strafbarkeit wegen Geldwäsche bei Auslandstaten, wistra 1995, 255; *Caesar, P.:* Noch stärkerer Schutz für Zeugen und andere nicht beschuldigte Personen im Strafprozeß?, NJW 1998, 2313; *Carl, D. / Klos. J.:* Der Anfangsverdacht der Geldwäsche, wistra 1995, 32; *dies.:* Geldwäsche und Datenweitergabe zu Besteuerungszwecken, DStZ 1994, 68; *dies.:* Neue Zuständigkeit der Bußgeld- und Strafsachenstellen zur Verfolgung von Ordnungswidrigkeiten nach dem Geldwäschegesetz, StW 1995, 66; *dies.:* Verdachtsmeldepflicht und Strafaufhebung in Geldwäschefällen, wistra 1994, 161; *Carl, Dieter:* Kampf gegen die Geldwäsche, wistra 1991, 288; *Crosstand, John:* Geldwäsche, Kriminalistik 1993, 485; *Dahm, J. Hamacher R.:* Geldwäschebekämpfung und strafrechtliche Verfahrensgarantien, wistra 1995, 206; *Dahs, H.:* Der Zeuge – zu Tode geschützt?, NJW 1998, 2332; *Dietlamm, A. / Krey, V.:* Gewinnabschöpfung und Geldwäsche, JR 1992, 353; *Findeisen, M.* Geldwäschebekämpfung im Zeitalter des Electronic Banking, Kriminalistik 1998, 107; *ders.:* Deliktsspezifische Strukturprävention gegen Geldwäsche im Finanzsektor, WM IV 1998, 2410; *ders.:* Der Präventionsgedanke im Geldwäschegesetz, wistra 1997, 121; *Frey, M.:* Geldwäsche – Die Achillesferse der Organisierten Kriminalität, Kriminalistik 1994, 337; *Füllbier, A.:* Die Umsetzung der EG-Richtlinie zur Bekämpfung der Geldwäsche in Luxemburg, wistra 1996, 49; *Harder:* Geldwäschebekämpfung durch Finanzermittlungen, Lehr- und Studienbriefe Kriminalistik Nr. 25, VDP Hilden, Januar 1999; *Hardtke, F. / Leip, C.:* Der Zusammenhang von Vortat und Gegenstand der Geldwäsche unter besonderer Berücksichtigung der Vermengung von Giralgeld, wistra 1997, 281; *Hasse, A.:* Das Verhältnis des Geldwäschegesetzes zur Legitimationsprüfungspflicht nach § 154 AO, WM IV 1995, 1941; *Haurand, G.:* Das Geldwäschegesetz und seine Bedeutung bei der Verfolgung der organisierten Kriminalität, DuD 1994, 204; *Herzog, F.:* Der Banker als Fahnder, WM IV 1996, 1753; *Hetzer, W. / Meyer, J.:* Neue Gesetze gegen die Organisierte Kriminalität, NJW 1998, 1017; *Hetzer, W.:* Bekämpfung der Organisierten Kriminalität durch Bekämpfung der Geldwäsche, wistra 1993, 286; *ders.* Finanzbehörden im Kampf gegen Geldwäsche und organisierte Kriminalität, JR 1999, 141; *ders.:* Geldwäschebekämpfung oder Staatsbankrott, Kriminalistik 1999, 220; *ders.:* Vermögenseinziehung, Geldwäsche, Wohnraumüberwachung, wistra 1994, 176; *ders.:* Organisierte Kriminalität: Geldflußkontrolle und Besteuerung in „Der Kriminalist" 1998, S. 260; *Huber, H.:* Das Seefahrtbuch als Identifikationspapier nach dem Geldwäschegesetz, WM IV 1997, 555; *Infomationsvermerk* zu § 261 StGB des Bundesjustizministeriums, Stand Mai 1998; *Informationsvermerk* zum Geldwäschegesetz des Bundesinnenministeriums, Stand Mai 1998; *Jasinski, D.:* Das Problem der Geldwäsche in Polen, VW 1998, 395; *Keidel, L.:* Finanzermittlungen, Kriminalistik 1996, 406; *Kis, J.:* Doppelter Anfangsverdacht bei der Geldwäsche, wistra 1997, 236; *Körner, H.:* Verurteilung wegen Geldwäsche bei möglicher Beteiligung an der Vortat, wistra 1995, 311; *Körner, O.:* Rechtsprechungsübersicht zu Geldwäschedelikten in Deutschland und in der Schweiz, NStZ 1996, 64; *Kreß, C.:* Das neue Recht der Geldwäschebekämpfung, wistra 1998, 121; *Krey, V.:* Rechtsprobleme beim Einsatz verdeckter Ermittler, JR 1998, 1; *Löwe-Krahl, O.:* Das Geldwäschegesetz – ein taugliches Instrumentarium zur Verhinderung der Geldwäsche?, wistra 1994, 121; *ders.:* Die Strafbarkeit von Bankangestellten wegen Geldwäsche nach § 261 StGB, wistra 1993, 123; Managementfassung des Schlußberichtes der *Projektgruppe Länderauswertung, Verdachtsanzeigen (LAVA),* Bundeskriminalamt, Wiesbaden, Juni 1998; *Melzer, W.:* Das neue Gesetz zur Bekämpfung der Geldwäsche in der Tschechischen Republik, wistra 1997, 54; *Meyer, J.:* Verdeckte Ermittlungen, Kriminalistik 1999, 49; *Obermüller, M.:* Gewinnaufspürung, Kriminalistik 1992, 361; *Otto, H.:* Das strafrechtliche Risiko der gesetzlichen Vertreter und Geldwäschebeauftragten der Kreditinstitute nach dem Geldwäschegesetz, wistra 1995, 323; *Pfannenschmidt, O.:* Finanzermittlungen, Kriminalistik 1994, 399; *Pieth, M.:* Die Aufspürung illegaler Gewinne, Kriminalistik 1994, 442; *Püttner, N.:* Geldwäsche und die Achillesferse des Organisierten Verbrechens, Kriminologisches Journal 1995, 257;

Ransiek, A.: Strafbare Geldwäsche an Gegenständen aus Auslandstaten, EWiR 1994, 1129; *Rieß, P.*: Zeugenschutz bei Vernehmungen im Strafverfahren, NJW 1998, 3240; *Scherp, D.*: Internationale Tendenzen der Geldwäschebekämpfung, wistra 1998, 81; *Seitz, H.*: Das Zeugenschutzgesetz, JR 1998, 309; *Siska, J.*: Geldwäsche – Die österreichische Variante, Kriminalistik 1997, 169; *Soine, M.*: Juristische und kriminalistische Aspekte beim Schutz gefährdeter Zeugen im Strafverfahren, Archiv für Kriminologie 200, 172; *Sommer, U.*: Verurteilung nach Einsatz eines polizeilichen Lockspitzels, NStZ 1999, 48; *Staechlin, G. / Wieder, H.*: Das Zeugenschutzgesetz und der gesperrte V-Mann, Strafverteidiger 1999, 51; *Stellpflig, M.*: Die Umsetzung der EG-Richtlinie 91/308/EWG zur Bekämpfung, der Geldwäsche in Großbritannien, wistra 1994, 257; *Vahle, J.*: Aufnahme in ein polizeiliches Zeugenschutzprogramm, DVP 1999, 263; *Weigend, E.*: Geldwäsche im polnischen Strafrecht, Zeitschrift für die gesamten Strafrechtswissenschaften 108, 416; *Wesemann, H.*: Heimliche Ermittlungsmethoden und Interventionsmöglichkeiten der Verteidigung, Strafverteidiger 1997, 597; *Wünsch, I.*: Zeugen – Ohne Schutz und Fürsorge, Kriminalistik 1998, 318.

Inhaltsübersicht

Rn.

I. Einleitung . . . 1

II. Organisierte (Wirtschafts-)Kriminalität und/oder (organisierte) Wirtschaftskriminalität . . . 2–7
1. Phänomenologie . . . 2–4
2. Deliktsfelder . . . 5
3. Definitionen . . . 6, 7

III. Handlungsnotwendigkeiten . . . 8–11

IV. Das Ermittlungsinstrumentarium . . . 12–33
1. Zusammenarbeit Polizei – Justiz . . . 13
2. Entwicklung einer modernen Auswertelandschaft . . . 14, 15
3. Gewinnabschöpfung/Finanzermittlungen . . . 16, 17
4. Technische Mittel (§§ 100a, 100c StPO) . . . 18, 19
5. Informant, Vertrauensperson und Verdeckter Ermittler . . . 20–23
6. Zeugenschutz . . . 24–26
7. Schengener Durchführungsübereinkommen . . . 27, 28
8. Europol . . . 29–31
9. Verfassungsschutz/Nachrichtendienste . . . 32, 33

V. Geldwäsche als Bestandteil der Wirtschaftskriminalität . . . 34–43
1. Das Phänomen . . . 34–36
2. Einzelne Erscheinungsformen . . . 37–43
a) Verdeckte Treuhänderschaft . . . 38
b) Geldwechselgeschäfte . . . 39
c) Geldtransfersysteme . . . 40
d) Underground banking oder Havala banking . . . 41
e) Über- oder Unterfakturierung von Rechnungen . . . 42
f) Loan Back . . . 43

VI. Das Bekämpfungsinstrumentarium . . . 44–75
1. Internationale Regelungen . . . 44
2. Nationale Regelungen . . . 45–62
a) Der Geldwäschetatbestand . . . 45–47
b) Die Instrumente zur Gewinnabschöpfung . . . 49–55
aa) Der Verfall und der Verfall von Wertersatz . . . 50, 51
bb) Der erweiterte Verfall . . . 52, 53
cc) Die Vermögensstrafe . . . 54, 55
c) Das Geldwäschegesetz . . . 56–60
aa) Die Identifizierungspflicht . . . 57
bb) Die Verdachtsanzeigepflicht . . . 58, 59
cc) Die Pflicht zur internen Sicherung gegen Geldwäsche . . . 60
d) Das Finanzverwaltungsgesetz . . . 61, 62
3. Die Bekämpfungsansätze . . . 63–72
a) Die verfahrensunabhängigen Finanzermittlungen . . . 64–70
b) Die verfahrensintegrierten Finanzermittlungen . . . 71, 72
4. Bevorstehende Rechtsänderungen . . . 73–75

I. Einleitung

1 Unsere Wirtschaftsordnung ist gekennzeichnet durch hochkomplexe und komplizierte Fach- und Rechtsmaterie, ineinandergreifende und aufeinander aufbauende Gesetze, Richtlinien, Verordnungen, bi- und multilaterale Absprachen auf europäischer und internationaler Ebene. Sie wird beherrscht durch vielschichtige Organisationsstrukturen, deren Teile unter Umständen gegenläufige Ziele verfolgen und sich daher in einem instabilen Gleichgewicht gefunden haben.

Insofern reagiert das Wirtschaftssystem auf Fördermaßnahmen, Wirtschaftssanktionen und Wettbewerbsverzerrungen durch Straftaten genauso empfindlich wie auf wirtschafts-, verwaltungs- und kriminalpolitische Schutzmaßnahmen. Standortfrage, Kostenminimierung, Outsourcing spielen wirtschaftlich eine große Rolle.

Die fortschreitende europäische Einigung sowie die wirtschaftliche Erschließung mittel- und osteuropäischer Staaten, die Bildung globaler Märkte unter einer zunehmenden Internationalisierung von Geld- und Warenströmen und nicht zuletzt die steigende Technisierung haben wesentliche Veränderungen herbeigeführt und zu einer weiteren Steigerung des Wettbewerbsdrucks und der Labilität des Wirtschaftssystems beigetragen.

II. Organisierte (Wirtschafts-)Kriminalität und/oder (organisierte) Wirtschaftskriminalität

1. Phänomenologie

Organisierte Wirtschaftskriminalität zeichnet sich durch höchste Technisierung und maximale Professionalität unter Einbeziehung aller rechtlichen, nationalen und internationalen Strukturen und Möglichkeiten aus. Sie ist unter den genannten Bedingungen in der Lage, sich den Voraussetzungen eines sich ständig verändernden Marktes anzupassen, neue Tatziele zu ermitteln und zu erschließen, neue Begehungsweisen zu entwickeln. Die Folgen sind enorme volkswirtschaftliche Schäden und unabsehbare Konsequenzen für die legalen Märkte durch Verschiebung von Machtpotential und Wettbewerbskonditionen. 2

Die Kriminalität folgt den Regeln der jeweiligen Wirtschaftsordnung, mißbraucht sie konsequent und läßt dabei eine besondere Dynamik und Flexibilität erkennen.

Besonders in Ballungszentren finden die Täter die Nähe zum Kapital, zu Geld- und Warenflüssen. Hier bieten sich neben Anbahnungs- und Durchführungsgelegenheiten die besten Tarnungs- und Verschleierungsmöglichkeiten. Dabei werden Tatgelegenheiten erforscht, Regelungslücken aufgedeckt und nach Kalkulation der möglichen Gewinne unter Einsatz erheblicher Logistik ausgenutzt. Legale Unternehmensformen werden als Fassade benutzt, durch verlockende Angebote honorige Unternehmen in Abhängigkeiten gebracht und später zur Beteiligung an illegalen Geschäften gezwungen.

Die Finanzkraft der Täter wird als groß genug erachtet, um sich neben dem Aufbau eigener Firmen in legale Unternehmen einzukaufen und sogar nationale wie internationale Finanzmärkte entscheidend zu beeinflussen. 3

Dabei handelt es sich weder um ein statisches nationales noch ein grenzüberschreitend einheitliches Phänomen. Organisierte Kriminalität ist nicht an Staatsgrenzen gebunden, wenngleich jeder Staat entsprechend seiner Rechts- und Wirtschaftsordnung seine speziellen OK-Strukturen, „bevorzugten" Deliktsbereiche und Begehungsweisen aufweist.

Statt der klassischen OK-Hierarchie mafiaähnlicher Gruppierungen finden sich in Deutschland eher locker verbundene Zweckgemeinschaften. Verschiedene Gruppen arbeiten miteinander anlaßbezogen zusammen oder koordinieren ihre Aktivitäten, wenn dies zur Erreichung eines gemeinsamen kriminellen Ziels erforderlich ist, jedoch nicht unter der Kontrolle eines Anführers (Netztheorie).

Einen wesentlichen Unterschied zwischen den Phänomenen Organisierte Kriminalität und organisierte Wirtschaftskriminalität stellt die Art der angewendeten Gewalt dar. 4 Drohung mit und Anwendung von massiver körperlicher Gewalt wird der klassischen, deliktsübergreifenden Organisierten Kriminalität zugerechnet, während Wirtschaftskriminalität eher subtilere Arten der Einflußnahme aufweist.

2. Deliktsfelder

Die Tatbestandsvielfalt der Wirtschaftskriminalität ist unüberschaubar. In derzeit mehr als 200 Nebengesetzen finden sich strafrechtliche Normen zum Wirtschaftsrecht. Den 5

Tätern kommt zugute, daß dieses Geflecht rechtlicher Grundlagen nicht nur Regelungslücken aufweist, sondern geradezu Tatgelegenheiten bietet. Sie müssen nur erschlossen werden. Selbst dem langjährig erfahrenen Strafverfolger sind die gesetzlichen Inhalte ob ihrer Details und Aktualität i. d. R. nicht umfassend bekannt.

Wirtschaftsstraftaten sind in der Regel Kontrolldelikte. Polizeiliche Kriminalstatistik und kriminalpolizeilicher Meldedienst zeigen nur einen Bruchteil des Gesamtaufkommens aller Taten. Der Schaden wird jährlich auf dreistellige Milliardensummen geschätzt, kann jedoch wegen des enormen Dunkelfeldes tatsächlich nicht verifiziert werden. Eine Änderung der Prioritäten bei der Bekämpfung einzelner Straftatenkomplexe zeigt aber, daß bei forcierter Verfolgung eines Deliktsbereichs die Fallzahlen und damit auch die Schadensummen immens ansteigen (Beispiel: Korruption).

Eine zunehmende Beteiligung organisierter Banden an Umweltstraftaten (Verbringung illegaler Abfälle) und Delikten, die auf die Schädigung des EU-Marktes gerichtet sind (z. B. Mehrwertsteuerbetrug, Subventionsbetrug), wird angenommen. Erkenntnisse zum internationalen Warenschmuggel (z. B. Zigaretten), zu Subventions- und Steuerstraftaten belegen dies.

3. Definitionen

6 Die Schwierigkeit, (organisierte) Wirtschaftskriminalität als solche zu entlarven, besteht in ihrer engen Anlehnung an legale Wirtschaftsabläufe, einer weitgehend fehlenden Tätertypologie und dem hohen Grad „opferloser" Straftaten. So hilft auch der Versuch, das Phänomen mit Definitionen zu belegen, nur eingeschränkt.

Die Definitionen sowohl der Organisierten Kriminalität als auch der Wirtschaftskriminalität sind mit Vorbehalten hinsichtlich ihrer Anwendbarkeit bzw. Auslegung behaftet.

Delikte wie Dokumentenfälschung, Geldwäsche, Korruption, Betrug gehören zum Phänomen der deliktsübergreifenden Organisierten Kriminalität. Sie dienen der Unterstützung und Absicherung klassischer Taten des Rotlichtmilieus, des Menschenhandels, der Kfz- oder Rauschgiftkriminalität. Als Wirtschaftsdelikte, begangen in organisierter Form, werden sie womöglich durch weitere Straftaten der Allgemeinkriminalität begleitet.

7 Die Grenze zwischen Organisierter Kriminalität und organisierter Wirtschaftskriminalität liegt in der Gewichtung allgemeiner/klassischer Tatbestände auf der einen Seite und wirtschaftsrelevanter auf der anderen. Der Übergang dürfte fließend sein und von der Zielrichtung der Täter mitbestimmt werden.

Zahlreiche Tatbestandsmerkmale der OK-Definition lassen sich auf die Merkmale und modi operandi der Wirtschaftskriminalität anwenden. Es zeigt sich zudem, daß Delikte, die gem. § 74 c GVG der Wirtschaftskriminalität zugeordnet sind, zunehmend unter das Phänomen Organisierte Kriminalität subsumiert und ins **Lagebild OK** aufgenommen werden (Produktpiraterie, Korruption, Geldwäsche).

Trotzdem reduziert sich die Anerkennung von OK-Relevanz oft auf die gewalttätigen, menschenverachtenden Delikte. Die dadurch angestrebten/erzielten Wirtschafts- und Machtpositionen werden unterschätzt. Dem wirtschaftskriminellen Handeln („Weiße-Kragen-Kriminalität" – „Klüngel und Filz") wird dagegen die **OK-Relevanz** mit derselben Vorstellung von Gewalt und Unrecht abgesprochen.

III. Handlungsnotwendigkeiten

8 Die Bindung der Strafverfolgungsbehörden an demokratische Prinzipien, Verfassung und geltendes Recht lassen eine der Täterseite vergleichbare Flexibilität nicht zu. Politische und verwaltungsrechtliche Rahmenbedingungen engen den Handlungsspielraum zusätzlich ein.

Die bedrohliche Entwicklung der Organisierten Kriminalität zwingt jedoch Legislative und Exekutive, präventive und repressive Strategien im Hinblick auf ihre Zielgenauigkeit und Wirksamkeit zu überprüfen, um die Schlagkraft gegen die Organisierte Kriminalität zu erhöhen.

Dazu bedarf es insbesondere der Aufdeckung krimineller Strukturen, der beschleunigten Verfolgung registrierter Straftaten mit allen zur Verfügung stehenden Mitteln, der weiteren Aufhellung des Dunkelfeldes und einer drastischen Reduzierung kriminogener Anreize.

Neue Bekämpfungsstrategien folgen bereits zielorientiert dem Ansatz, die Faktoren Geld und Macht durch geeignete Maßnahmen zu entziehen und Tarnungsbestrebungen wenn nicht zu unterbinden, so doch nachhaltig zu stören.

Aufgrund gesetzgeberischer und kriminalpolitischer Bemühungen auf nationaler und 9
Kooperationsbestrebungen auf internationaler Ebene wurden Rahmenbedingungen geschaffen und erforderliche Strategieänderungen aufgezeigt, die es in Zukunft auszufüllen bzw. zu realisieren gilt. Sie stellen erste Schritte auf einem langen Weg dar.

Es ist das erklärte Ziel, die Strafverfolgungsbehörden weg von weitgehend reaktivem Verhalten auf plötzlich und massiv auftretende Einzelphänomene hin zu **präventiven Vorverlagerungsstrategien** (Aufklärung, Auflagen, Aufsicht, Ahndung) zu führen.

Es muß nicht sonderlich betont werden, daß eine solche Vorgehensweise nur im Zusammenwirken von Bewilligungs-, Vergabe-, Aufsichts- und Strafverfolgungsbehörden, Gesetzgeber und Institutionen aus Wirtschaft und Gesellschaft funktionieren kann. Vor allem von der Wirtschaft erfordert dies enorme Anstrengungen zur Selbstreglementierung und -beschränkung.

Eine Novellierung des derzeitigen wirtschafts-, verwaltungs- und strafrechtlichen Instrumentariums ist zugunsten klarer Vorschriften und einer konsequenten Schließung erkannter Mißbrauchsmöglichkeiten dringend notwendig. Die Realisierung neuer Rechts- und Verwaltungsvorschriften darf OK-Tätern keine neuen, kriminellen Angriffsflächen eröffnen. Rechtsordnungen und Verwaltungsverfahren sind mit denen anderer Staaten möglichst kompatibel zu gestalten.

Um die wirtschaftliche Konkurrenzfähigkeit des deutschen Marktes im internationalen Wettbewerb dadurch jedoch nicht zu beschädigen, bedarf es einer Ausdehnung aller Anstrengungen auf internationales Terrain insbesondere unter Einbeziehung Asiens und der MOE-Staaten.

Neben einer verstärkten Verzahnung gemeinsamer Aktivitäten und anlaßbezogener 10
Zusammenarbeit von Polizei, Zoll, Bundesgrenzschutz, Steuer- und Ordnungsbehörden in Bund und Ländern werden aufgrund dessen zunehmend grenzüberschreitende Konzepte entwickelt. In der Europäischen Union wurden hierzu bereits zahlreiche Maßnahmenbündel entworfen, um die Harmonisierung internationaler Bemühungen zu fördern und den Weg für abgestimmte Aktionen zu ebnen. Die Realisierung fällt wegen der nationalen und behördenimmanenten Vorstellungen der beteiligten Parteien naturgemäß schwer.

Landeskriminalämter und Bundesgrenzschutzdirektionen sammeln seit 1995 Fragestel- 11
lungen und Fallbeispiele, die die Effektivität und Effizienz bestimmter mit der OK-Bekämpfung in Zusammenhang stehender Rechtsbereiche prüfbar belegen und Änderungsnotwendigkeiten begründen könnten, und leiten sie an die **Rechtstatsachensammelstelle** des BKA. Der Katalog relevanter Rechtsbereiche umfaßt:

- Anwendbarkeit des § 129 StGB auf ausländische kriminelle Vereinigungen
- Straftatenkatalog des § 100 a StPO
- Zugriffsmöglichkeiten auf Vermögenswerte
- Besondere Mittel der Datenerhebung:
  - Rasterfahndung (§§ 98 a, b StPO)
  - Einsatz Verdeckter Ermittler, Scheinkäufer und V-Personen in Strafverfahren
  - Polizeiliche Beobachtung (§ 163e StPO)

  - Einsatz technischer Mittel im Strafverfahren
  - außerhalb von Wohnung
  - in Wohnungen
- Korruptionsdelikte im Strafgesetzbuch
- Ausweisungstatbestände im Strafgesetzbuch
- Kronzeugenregelung
- Opfer- und Zeugenschutz
- Einsatzbezogene Straftaten Verdeckter Ermittler
- Verbesserung und Gewährleistung einer Auskunftserteilung aus Telekommunikationssystemen über Anmelde- bzw. Betriebsdaten von Telekommunikationsanlagen zu Zwecken der Strafverfolgung und anderer polizeilicher Maßnahmen.

IV. Das Ermittlungsinstrumentarium

12 Der Kampf gegen das organisierte Verbrechen hängt wesentlich von einem schlagkräftigen Handlungspotential ab, das ein Höchstmaß an Effektivität garantiert. Organisierte, gut ausgerüstete und finanzstarke Täter analysieren permanent und systematisch die polizeilichen Ermittlungsmethoden, Gesetze und Vorschriften, um in kürzester Zeit Gegenstrategien zu entwickeln und umzusetzen. Ein ausschließlich offener Kampf mit klassischen Methoden ist dagegen aussichtslos, weil leicht durchschaubar und reaktiv. Bund und Länder haben deshalb offensive, verdeckte Elemente operativer Ermittlungsführung in Gesetzen und Richtlinien zur Bekämpfung der Organisierten Kriminalität geschaffen.

1. Zusammenarbeit Polizei – Justiz

13 Die gemeinsame Richtlinie zur Zusammenarbeit zwischen Staatsanwaltschaft und Polizei über das Erkennen und Verfolgen gemeinschädlicher Straftaten (RiStBV Anhang E, die nach Entscheidung des Bundesministers für Finanzen auch für den Zoll Wirkung entfaltet) trägt der Gefährlichkeit der Organisierten Kriminalität Rechnung und bezeichnet ihre Verfolgung als zentrale Aufgabe der Strafverfolgungsbehörden. Auf dieser Basis wurden zum Zwecke zügiger und wirksamer Strafverfahrensführung bei bestimmten regionalen Polizeibehörden Fachdienststellen eingerichtet und bei Staatsanwaltschaften OK-Dezernenten mit entsprechender Qualifikation bestimmt. Die Generalstaatsanwaltschaften haben Ansprechpartner benannt, denen Aufgaben der Koordination und des Erfahrungsaustauschs obliegen.

Zahlreiche Länderrichtlinien geben der Verfolgung der Organisierten Kriminalität im Detail Gestalt.

Für die Bereiche Wirtschaftskriminalität und Organisierte Kriminalität bestehen sowohl bei der Polizei als auch bei der Justiz getrennte Organisationsstränge. Trotz vielfältiger Überschneidungen deliktischer, täterbezogener und ermittlungstaktischer Art wurde diese Trennung jahrelang vehement verfochten. Eine gewisse Konkurrenz ist zwischen den beiden Bereichen dabei durchaus zu verzeichnen.

2. Entwicklung einer modernen Auswertelandschaft

14 Die Feststellung Organisierter Kriminalität ist nicht gleichzusetzen mit der Subsumption eines deliktischen Tatbestandes. Die Summe der Teile ergibt nicht ohne weiteres das Ganze (nämlich OK), selbst das Vorliegen definierter Merkmale und Indikatoren läßt den Schluß auf Organisierte Kriminalität nur nach weitergehenden positiven Ermittlungen zu. Andererseits wird das Ganze nicht automatisch über seine einzelnen Teile auffällig. Fakten, die für sich genommen lediglich unwichtige Details gesellschaftlicher und wirtschaftlicher Dynamik zu sein scheinen oder Einzeldelikte der kleinen oder mittleren Kri-

minalität, verknüpfen sich über ihre Zusammenhänge zu organisiert kriminellen Strukturen, zu Organisierter Kriminalität.

Basierend auf diesen Gedanken ist der Einsatz von Spezialkräften erforderlich, die über alle Kriminalitätssparten hinweg nach Tat-/Täterzusammenhängen suchen, Organisationen aufspüren und deren Wirken durchschauen, um diese Erkenntnisse beim Aufdecken weiterer Straftaten tiefreichend und gewinnbringend einzusetzen.

Auswertung nach modernem kriminalpolitischem Verständnis bedeutet aktive zielorientierte Erhebung, Sammlung, Ordnung, Speicherung, **Analyse** und Bewertung von Informationen aus allen erforderlichen Quellen; die **operative Auswertung** mit der Zielsetzung Strafverfahren zu initiieren, zu unterstützen und zu begleiten, die **strategische** darüber hinaus als Führungsinformation und zur Beratung politischer Gremien.

Bislang räumte die Kriminalitätsbekämpfung der Auswertung einen viel zu geringen 15 Stellenwert ein. Es mangelte (und tut dies auch heute noch in weiten Teilen) an personellen, materiellen und zeitlichen Freiräumen. Methodische und organisatorische Veränderungen zugunsten der Auswertelandschaft wurden unter Hinweis auf die bisherigen, wenig operationierbaren Ergebnisse abgelehnt.

Als kreative und aktive Methode erforscht die Auswertung kriminogene Strukturen, Situationen und sonstige kriminalitätsbegünstigende Faktoren. Einflußfaktoren aus den Bereichen Umwelt, Finanzen, Arbeits-, Ausländerverwaltung und Privatwirtschaft vervollständigen die Informationssammlung und dienen der Erstellung realitätsnaher Analysen.

Auf dieser Grundlage können Szenarien entwickelt und Bekämpfungsstrategien an sich ändernde Kriminalitätslagen angepaßt werden.

Dazu gehört es unter anderem, die Grauzone zwischen illegitimem Handeln und Illegalität auszuleuchten, Mißbrauchsmöglichkeiten zu beseitigen und Sanktionen für regelwidriges Verhalten vorzusehen.

3. Gewinnabschöpfung/Finanzermittlungen

16 Die Rückführung der illegal vom Täter erlangten Gewinne an Geschädigte oder die Einziehung zugunsten des Staates hat trotz entsprechender rechtlicher Regelungen in der Praxis bislang zu wenig Berücksichtigung im Strafverfahren gefunden. Diese Kritik trifft insbesondere auf Wirtschaftsstrafverfahren zu, in denen hohe illegale Gewinne geradezu tatbestandsimmanent sind. Allerdings zeichnen sich Groß- und Umfangsverfahren durch die Schwierigkeit aus, Art und Umfang einer Tat hinreichend (und hinreichend schnell) zu erheben und den **Vermögensstatus** der Beschuldigten zeitgerecht festzustellen, um inkriminiertes Vermögen rechtzeitig sichern und im Gerichtsverfahren über dessen Verfall und Einziehung entscheiden zu können.

17 Die Täter bedienen sich komplizierter Firmen- und Rechtskonstruktionen, verschleiern den Fluß von Geld und Gütern durch geschicktes Vermischen legaler und illegaler Geschäfte und erschweren oder verhindern damit gerichtsfeste Ermittlungen. Es erfordert tiefgehende Kenntnisse des Bank- und Finanzwesens und der Funktion wirtschaftlicher Abläufe, um Kapitalumschichtungen der Täter wahrnehmen und hinter die Fassade der scheinbaren Legalität vordringen zu können.

Jüngste kriminalpolitische Entscheidungen setzen nunmehr eine besondere Priorität auf die Intensivierung der Gewinnabschöpfung. Weitergehende rechtliche Novellierungen, personelle Verstärkung im Bereich der Finanzermittlungen und intensivierte Fortbildung bei den Strafverfolgungsbehörden tragen diesen Anforderungen Rechnung, haben jedoch bislang noch nicht in ausreichendem Ausmaß Erfolge gezeitigt.

4. Technische Mittel (§§ 100a, 100c StPO)

18 Die **Überwachung der Telekommunikation** (§ 100a StPO) ist ein bereits klassisches Einsatzmittel zur Bekämpfung der Organisierten Kriminalität. Die besondere Crux liegt in

der Tatsache, daß entsprechende Straftatbestände der Wirtschaftskriminalität im Katalog des § 100a StPO fehlen.

Das Vorliegen einer kriminellen Vereinigung (§ 129 StGB) wird bei Wirtschaftsverfahren in Verkennung der Situation oftmals verneint. Verständlich, wenn als Maßstab der Typ der hierarchisch aufgebauten, abgeschotteten, gewalttätigen OK-Tätergruppe der deliktsübergreifenden Organisierten Kriminalität herangezogen wird.

Bei Betrachtung der Katalogtaten brauchten darüber hinaus schwerwiegende Straftaten der Wirtschaftskriminalität den Vergleich mit Bandendiebstahl oder gewerbsmäßiger Hehlerei nicht zu scheuen. Insofern werden die Strafverfolger hinsichtlich ihrer Forderungen auf Erweiterung des Kataloges nicht nachlassen.

19 Durch das OrgKG vom 15.07. 1992[1] wurde die Befugnis des **Einsatzes technischer Mittel (§ 100c StPO)** in die Strafprozeßordnung eingeführt. Die Norm regelt die Anwendung technischer Mittel außerhalb des von Art. 13 GG geschützten Bereichs:

– Anfertigung von Lichtbildern und Bildaufzeichnungen von Personen und Beweismitteln (bei allen Straftaten und i. V. m. § 46 OWiG)
– Benutzung von technischen Mitteln für Observationszwecke (bei Straftaten von erheblicher Bedeutung)
– Abhören und Aufzeichnen des nichtöffentlich gesprochenen Wortes (bei Katalogtaten gem. § 100a StPO)

Die Rechtsauslegung im Einzelfall ist noch uneinheitlich, teilweise widersprechen sich die Kommentatoren. Der Unsicherheit in der Praxis wird durch die Befürchtung Nahrung gegeben, daß die Gerichtsfestigkeit der nach 100c StPO erlangten beweiserheblichen Information in der Hauptverhandlung womöglich diskutabel ist.

Es bleibt die Aufforderung an Politik und Justiz, diese Rechtsunsicherheiten zugunsten einer schlagkräftigen Ermittlungsmethode zu beseitigen.

5. Informant, Vertrauensperson und Verdeckter Ermittler

20 Eines der wesentlichsten Instrumente der verdeckten Informationsbeschaffung ist der Einsatz von Informanten, Vertrauenspersonen und Verdeckten Ermittlern. Sie werden sowohl in Strafverfahren nach den Vorschriften der Strafprozeßordnung als auch in der Gefahrenabwehr nach den jeweiligen Polizeigesetzen der Bundesländer eingesetzt.

21 Der **Informant** ist eine Privatperson, die im Einzelfall bereit ist, gegen Zusicherung der Vertraulichkeit der Strafverfolgungsbehörde Informationen zu geben. Eine **Vertrauensperson** (VP) ist darüber hinaus bereit, ohne einer Strafverfolgungsbehörde anzugehören, bei der Aufklärung von Straftaten auf längere Zeit vertraulich mitzuwirken. Ihre Identität ist grundsätzlich geheimzuhalten. Neben den Vorschriften der §§ 110a bis 110e StPO werden in den gemeinsamen Richtlinien der Justizminister und -senatoren und der Innenminister und -senatoren der Länder (RiStBV Anlage D) die Voraussetzungen für deren Einsatz, die Zusicherung der Vertraulichkeit und Geheimhaltung sowie das Verfahren geregelt. Die zu treffenden Entscheidungen obliegen grundsätzlich der Staatsanwaltschaft. Entscheidungen und Verfahren sind schriftlich zu dokumentieren, aus Geheimhaltungsgründen jedoch getrennt von Ermittlungs- oder Handakten in den Generalakten der Staatsanwaltschaft abzulegen.

22 Der **Verdeckte Ermittler** (VE) ist ein besonders ausgewählter und ausgestatteter Polizeivollzugsbeamter, der unter einer auf Dauer angelegten, veränderten Identität (Legende) ermittelt, um Anhaltspunkte für Maßnahmen der Strafverfolgung zu gewinnen. Sein Einsatz ist ausschließlich zur Aufklärung von Straftaten von besonderer Bedeutung und erst nach schriftlicher Zustimmung der Staatsanwaltschaft möglich und erfolgt regelmäßig befristet mit einem bestimmten Ermittlungsziel. Ermittlungen gegen einen bestimmten Beschuldigten unterliegen grundsätzlich dem Richtervorbehalt.

[1] BGBl. I, S. 1302.

Der Einsatz dieser Maßnahmen ist bislang im Wirtschaftsbereich nicht geläufig. Das Vordringen in Funktionen einer Organisation, die quantitativ und qualitativ hochwertige Informationen einbringen, ist durch „Außenseiter" nur schwer und mit hohem zeitlichen und logistischen Aufwand zu realisieren. Logistische Vorbereitung und gutes schauspielerisches Talent allein reicht jedoch nicht aus. Insbesondere das Eindringen in höhere, Wirtschafts- und wirtschaftskriminelle Strukturen erfordert intensive Spezialkenntnisse in der Fachmaterie sowie glaubwürdiges Auftreten mit szenetypischen Gepflogenheiten (z. B. Computerkenntnisse, Hacker- und Kapitalanlageszene). Sollte es zu einer Enttarnung kommen, ist eine weitere Verwendung in derselben Branche nur sehr eingeschränkt möglich und gefährlich. Einzelheiten über Führung und Einsatz der Personen regeln Richtlinien und Verfügungen. 23

6. Zeugenschutz

Die erfolgreiche Bekämpfung schwerer und insbesondere Organisierter Kriminalität ist wesentlich vom Zeugenbeweis abhängig. Mit der Nähe des Zeugen zu Tatplanung und Durchführung und der Tiefe seiner Kenntnisse über die Organisationsstrukturen steigt die Bedeutung seiner Aussage. Im gleichen Maß steigt die Gefährdung seiner Person an Gesundheit oder Leben. Die Furcht vor ernsthaften Repressalien ist durchaus berechtigt. Unter Berücksichtigung des besonderen Gefährdungspotentials durch OK-Täter werden die Richtlinien zum Schutz gefährdeter Zeugen ständig fortentwickelt. Sie stellen ein zwar zurückhaltend angewendetes, aber sehr erfolgreiches Instrument dar. 24

Den Zeugenschutzmaßnahmen ist zunächst die Einschätzung der Gefährdungslage, möglicher Angriffshandlungen im Hinblick auf generelle und aktuelle Sicherheitsrisiken sowie eine Analyse der Wirksamkeit zu ergreifender Maßnahmen vorangestellt. Sie sind letztlich abhängig von der Zustimmung des Zeugen und der Einhaltung getroffener Absprachen.

Das Jahreslagebild Zeugenschutz (Bund) weist Delikte der organisierten Wirtschaftskriminalität nicht gesondert aus. Sofern vorhanden, sind Zeugenschutzfälle in Wirtschaftssachen im Bereich Organisierte Kriminalität enthalten. 25

Zunehmende Bedeutung gewinnt wegen der grenzüberschreitenden Begehung der Taten auch der transnationale Schutz von Zeugen.

In den meisten einschlägigen Wirtschaftstrafverfahren fürchten Zeugen, vor allem wenn sie und die Täter Angehörige desselben Unternehmens, derselben Branche oder Behörde sind, um ihre berufliche Existenz, solange die Ermittlungen nicht zu einer endgültigen Entfernung der Täter aus ihrem bisherigen Einflußbereich führen. Deshalb erfolgen Strafanzeigen z. B. oft anonym. Darüber hinaus treten Zeugen an die Strafverfolgungsbehörden heran und geben Auskunft mit der Maßgabe, ihre Person „aus dem Spiel zu lassen". Nach Abwägung der möglichen schädlichen Folgen einer offenen Aussage reagiert die Staatsanwaltschaft in berechtigten Fällen mit einer Vertraulichkeitszusage. Sobald der Zeuge mit dem Fortschritt der Ermittlungen auch deren Erfolg und damit die Sicherung seiner Person (und Existenz) abschätzen kann, verzichtet er nicht selten zugunsten eines offenen Verfahrens auf weiteren Zeugenschutz.

In vielen Fällen der Wirtschaftskriminalität ist die Gefährdung für Leib, Leben und Gesundheit des Zeugen nicht festzustellen. Allein die o. g. persönlichen und beruflichen Gründe reichen zur Anordnung von Zeugenschutz nicht aus. 26

Gleichwohl erschweren Bekanntheitsgrad eines Zeugen sowie berufliche Besonderheiten (Art der Beschäftigung, Grad der Spezialisierung, Höhe des Gehaltes) entsprehende Schutzmaßnahmen.

Wenngleich Zeugen aus dem Bereich der (organisierten) Wirtschaftskriminalität bisher offenbar geringen Gefahren ausgesetzt sind, die keine Zeugenschutzmaßnahmen notwendig machen, sollte die Analyse des Gefährdungspotentials unter entsprechenden Verdachtsgründen trotz allem zu den Standardmaßnahmen eines Wirtschafts-OK-Verfahrens zählen. Die örtlich zuständigen Zeugenschutzdienststellen sowie die Zentralstellen der Länder und des Bundes stehen hierbei beratend zur Verfügung.

7. Schengener Durchführungsübereinkommen

27 Das Schengener Übereinkommen von 1985 ist ein Meilenstein im Einigungsprozeß Europas. Grenzkontrollen im Handels- und Personenverkehr sind dadurch abgeschafft und ein einheitlicher Binnenmarkt der Vertragsstaaten beschlossen worden. Mit Beitritt der Nordstaaten über ein Assoziierungsabkommen haben diese Regelungen ab 1999 für 15 Staaten Gültigkeit. Unter großen Anstrengungen wurden für den Wirtschaftsverkehr damit Freiräume geschaffen. Gleichzeitig erleichtert die Schaffung eines weitgehend einheitlichen kriminalgeografischen Europas die grenzüberschreitende Kriminalität und erschwert ihre Bekämpfung.

Zur Kompensation der entstandenen Strafverfolgungsdefizite vereinbarten die Vertragsstaaten Ausgleichsmaßnahmen im Schengener Durchführungsübereinkommen (SDÜ). Das SDÜ trat im März 1995 in Kraft und beinhaltet insbesondere Regelungen zur Umsetzung des freizügigen Handels- und Personengrenzverkehrs, zu Observation und Nacheile, Personen- und Sachfahndung sowie zur Einrichtung und Nutzung des gemeinsamen Schengener Informationssystems (SIS).

28 Die polizeiliche Zusammenarbeit und gegenseitige Unterstützung bei der Aufklärung und der vorbeugenden Bekämpfung von Straftaten (Art. 39 SDÜ) ermöglicht polizeiliche Handlungen, die nicht einem justitiellen Rechtshilfeersuchen unterliegen (Erkenntnisanfragen, polizeiliche Vernehmung von Beschuldigten und Zeugen ohne Androhung strafprozessualer Zwangsmaßnahmen, Feststellung der Aussagebereitschaft eines Zeugen in Vorbereitung auf ein justitielles Rechtshilfeersuchen, Identitäts-, Aufenthalts-, Telefonanschlußinhaber- und Halterfeststellungen usw.).

Eine Analyse der bisherigen praktischen Umsetzung zeigt, daß einerseits von den Befugnissen nicht ausreichend Gebrauch gemacht wird. Andererseits sind Nachbesserungen in wesentlichen Bereichen unerläßlich. Fehlende Erfahrung im Umgang mit diesem Instrumentarium sowie hemmende, uneinheitliche und bürokratische Bedingungen in den Vertragsstaaten verkürzen die erlangten Vorteile doch erheblich.

Eine verstärkte Fortbildung bei der Anwendung von SDÜ und SIS bei Polizei und Justiz sowie eine weitere Novellierung des SDÜ zugunsten erkannter Problemlösungen ist in den Bundesländern bereits initiiert und läßt hoffen, daß hier ein zunehmend effektives und effizientes Instrument zur Bekämpfung transnationaler Kriminalität entwickelt wird.

8. Europol

29 Mit **Inkrafttreten** des Europolübereinkommens über die **Einrichtung** eines Europäischen Polizeiamtes am 1. Oktober 1998 geschaffen,[2] wurde dem zusammenwachsenden Europa ein eigenes Werkzeug zuerkannt, das die Lösung internationaler Probleme der Inneren Sicherheit des nunmehr gemeinsamen Wirtschafts- und Kriminalitätsraums fördern soll.

Die Zuständigkeit Europols erstreckt sich auf die Verhütung und Bekämpfung des illegalen Drogenhandels, des illegalen Handels mit nuklearen und radioaktiven Substanzen, der Schleuserkriminalität und des Menschenhandels, der Kraftfahrzeugverschiebung, des Terrorismus sowie der jeweils damit verbundenen Geldwäsche und der im Zusammenhang stehenden Straftaten. In einem Anhang zum Übereinkommen werden sonstige schwerwiegende Formen der internationalen Kriminalität genannt, mit deren Befassung Europol ergänzend beauftragt werden könnte, darunter auch die Fälschung von Geld,

---

[2] Abgedruckt im BGBl. Teil II Nr. 50 am 19. 12. 1997.

bargeldlosen Zahlungsmitteln und amtlichen Dokumenten (incl. Handel damit), Umweltkriminalität, illegaler Handel mit Kulturgütern, Kunstgegenständen und Antiquitäten, Betrugsdelikte, Computerkriminalität, Nachahmung und Produktpiraterie, Korruption sowie jeweils damit verbundene Geldwäsche und im Zusammenhang stehende weitere Straftaten.

Europol entfaltet ausschließlich in solchen Fällen Aktivitäten, in denen kriminelle Organisationsstrukturen vorliegen, mindestens zwei EU-Mitgliedstaaten tangiert sind, ein gemeinsames Vorgehen erforderlich ist und das Ermittlungsziel nicht in gleicher Weise von den Mitgliedstaaten allein erreicht werden kann. 30

Zweck ist
- der Austausch strategischer, taktischer und technischer Kenntnisse
- die Verknüpfung aller verfügbaren Informationen und Kontakte
- die Umgehung bürokratischer Wege und Sprachbarrieren sowie
- die Koordination multinationaler Ermittlungen auf Wunsch der beteiligten Mitgliedstaaten

Die aus allen Mitgliedstaaten entsandten Verbindungsbeamten unterliegen den jeweiligen nationalen Bestimmungen und handeln nach nationalem Recht.

Als Nationale Zentrale für Deutschland (ENU) trägt das BKA Sorge für jeden Informationsaustausch (Anlieferung und Abfrage von Informationen) zwischen Europol und den örtlich zuständigen Dienststellen sowie für die Rechtmäßigkeit der Maßnahmen. Der Direktkontakt ist zwar in dringenden Fällen möglich, sollte jedoch auf ein Mindestmaß und unter nachträglicher Beteiligung der ENU reduziert werden. 31

Eine Übertragung operativer Handlungsbefugnisse auf Europol und das Zugeständnis eigener Ermittlungszuständigkeiten wird auch in der „nachkonventionellen" Phase diskutiert, hat jedoch nach derzeitigem Stand keine Aussicht auf Erfolg. Dagegen werden erste Schritte unternommen, die Abgrenzung zu und Verzahnung mit anderen europäischen und internationalen Einrichtungen (Schengen, Interpol) zu regeln, um ein Optimum an Leistungsfähigkeit zu erreichen und Konkurrenzen zu vermeiden.

9. Verfassungsschutz / Nachrichtendienste

Der Organisierten Kriminalität wird vermehrt eine Qualität zugesprochen, die letztlich geeignet ist, die demokratischen Grundlagen unserer Gesellschaft nachhaltig zu schädigen. 32

Die Diskussionen um eine Einbindung des Verfassungsschutzes in die Bekämpfung der Organisierten Kriminalität begegnet aber in den Bundesländern widersprüchlichen Auffassungen.

Befürworter sehen in der Einbindung des Verfassungsschutzes und der Nachrichtendienste eine bessere Chance, Organisationsstrukturen, Verantwortlichkeiten (Hintermänner) und Begehungsweisen der OK-Szene aufdecken zu können, da diese Einheiten nicht dem Legalitätsprinzip unterworfen und zu sofortigem Handeln nicht gezwungen sind und zudem ein reichhaltiges Repertoire erfolgversprechender Ermittlungsmethoden zur Verfügung haben. Eine besondere Verdachtslage ist dagegen nicht erforderlich. Die Bindung der Strafverfolgungsbehörden an das Legalitätsprinzip wird als Hemmschuh im Kampf gegen das organisierte Verbrechen angeführt.

Gegner vertreten die These, die Bekämpfung der Organisierten Kriminalität unterliege allein der Aufgabenbewältigung der Strafverfolgungsbehörden. Selbst eine anzunehmende mittelbare Schädigung demokratischer Prinzipien stehe dem nicht entgegen, da diese schließlich nicht das Ziel der Straftaten, sondern nur Nebenfolge sei. Außerdem stehen den Strafverfolgungsbehörden zwischenzeitlich zahlreiche, „nachrichtentechnische" Instrumente zur verdeckten Datenerhebung zur Verfügung. Das **Legalitätsprinzip** stelle aufgrund der Möglichkeit, den Strafverfolgungszeitpunkt aus taktischen Gründen aufschieben zu können, ebenfalls kein grundlegendes Hemmnis dar. Die rechtsstaatlich 33 gebotene Trennung von Polizei und Nachrichtendiensten solle dagegen nicht vorschnell aufgegeben werden.

Die Konferenz der Innenminister und -senatoren setzte zur Prüfung des Für und Wider eine Arbeitsgruppe aus Experten der Polizei und des Verfassungsschutzes ein. Sie will zu ihrer Herbstsitzung 1999 rechtliche und organisatorische Einwände abschließend geprüft haben und eine Entscheidung herbeiführen.

Erfahrungen des Bundeslandes Bayern, das den Verfassungsschutz im Kampf gegen die Organisierte Kriminalität bereits einsetzt, werden dabei Berücksichtigung finden.

V. Geldwäsche als Bestandteil der Wirtschaftskriminalität

1. Das Phänomen

34 Häufig wird in der Öffentlichkeit der Eindruck erweckt, Geldwäsche sei ein neues Phänomen, dem mit einem neuen Bekämpfungsinstrumentarium begegnet werden muß. Tatsächlich ist das Phänomen der Geldwäsche jedoch so lange existent, wie mit Straftaten Gewinne erzielt werden, die nicht ausschließlich in den Konsum fließen.

Gewinne aus Straftaten werden grundsätzlich auf zwei Arten verwendet. Der überwiegende Teil aller Gewinne aus Straftaten wird von den Tätern für den Konsum, das heißt für die Lebensführung der eigenen Person und nahestehender Angehöriger, aufgewendet. Der geringere Teil aller Gewinne aus Straftaten fließt Einzeltätern oder Tätergruppen in einer Höhe zu, die deren konsumptive Ausgaben deutlich übersteigt. Dadurch entsteht das Bedürfnis, diese Verbrechensgewinne dauerhaft vor dem Zugriff der Strafverfolgungsbehörden zu schützen. Geldwäsche wird dabei kriminologisch als jede Handlung definiert, die darauf gerichtet ist, die inkriminierte Herkunft eines Vermögensgegenstandes zu verschleiern bzw. den Zugriff der Strafverfolgungsbehörden auf diesen Vermögensgegenstand zu erschweren oder zu vereiteln.

35 Damit wird deutlich, daß Geldwäsche ein altes Phänomen ist, das jedoch durch die Inflation der Verbrechensgewinne an Bedeutung gewonnen hat. Mit der Höhe der Verbrechensgewinne steigt auch der Anspruch an eine professionalisierte Geldwäsche. Besondere Bedeutung besitzt die Geldwäsche daher in Deliktsbereichen, die hohe Gewinne zulassen. Der Bereich der Wirtschaftskriminalität ist also aufgrund der Höhe der zu erzielenden Verbrechensgewinne besonders geldwäschesensibel. Ein weiterer Aspekt begründet die Notwendigkeit von Geldwäschehandlungen nach Delikten aus dem Bereich der Wirtschaftskriminalität. Der überwiegende Teil der Delikte der Wirtschaftskriminalität besitzt personalisierbare Geschädigte, die aus der Tat einen zivilrechtlichen Anspruch gegen den Täter erlangen. In der Vergangenheit haben sich die Strafverfolgungsbehörden nicht mit Initiativen zur Abschöpfung krimineller Gewinne hervorgetan, so daß beispielsweise Rauschgifthändler nur geringe Vorkehrungen gegen staatliche Gewinnabschöpfungsmaßnahmen ergreifen mußten. Betrüger hingegen mußten sich stets vor dem Zugriff der Gläubiger auf ihr Vermögen wappnen, was durch Geldwäschehandlungen im kriminologischen Sinn geschah.

36 Geldwäsche wird als dreistufiger Prozeß beschrieben, der aus den Stufen

1. placement (Plazierung, Umwandlung von Bargeld in Buchgeld)
2. layering (Verwischen der Spuren, Verschleierung der Herkunft) und
3. reinvestment (Investition des scheinbar legalen Geldes)

besteht. Dabei ist dieser Prozeß als Kreislauf zu verstehen, denn schließlich will der Täter des Ursprungsdeliktes nach der Geldwäsche in den Genuß des illegal erworbenen Vermögens kommen.

2. Einzelne Erscheinungsformen

Die Erkenntnisse der Ermittlungsbehörden über Geldwäschetechniken beschränken sich bisher weitgehend auf Einzelfälle. Es ist daher mißverständlich, durch Abstraktion von Einzelfällen allgemeine Regeln über die Erscheinungsformen von Geldwäsche aufstellen zu wollen. Festzustellen ist jedoch, daß offensichtlich Täter einzelner Deliktsbereiche unterschiedliche Anforderungen an Geldwäsche stellen. Vielfach reicht es den Tätern aus, kriminell erlangte Gewinne in ihr Herkunftsland zu transferieren. Andere Tätergruppen stellen höhere Anforderungen an die „Sauberkeit" ihres Vermögens, da es in Deutschland oder der Europäischen Union verbleibt. Insofern ist Geldwäsche individuell und läßt sich nur schwer kategorisieren. Die nachfolgend beschriebenen Verhaltensweisen wurden wiederholt bei Geldwäschern bzw. Geldwäscheverdächtigen beobachtet und sind grundsätzlich geeignet, den Zugriff der Strafverfolgungsbehörden auf kriminelle Gewinne zu erschweren. Sie bilden jedoch nur eine kleine, nicht abschließende Auswahl möglicher Geldwäschehandlungen und kommen in der Praxis häufig in Kombinationen miteinander und mit anderen Geldwäschetechniken vor. 37

a) Verdeckte Treuhänderschaft

Der Täter überträgt einen Teil seines kriminell erlangten Vermögens auf eine oder mehrere nichttatbeteiligte Vertrauenspersonen. In einfachen Fällen handelt es sich um nahe Verwandte. Diese geben vor, Eigentümer dieses Vermögens zu sein. Tatsächlich verwalten sie diesen Vermögensteil nur und erhalten teilweise für jede Transaktion ausführliche Weisungen. Da in Deutschland und in vielen anderen Staaten gewinnabschöpfende Maßnahmen Eigentum des Täters an den einzuziehenden Vermögensgegenständen voraussetzen, ist diese einfache Geldwäschetechnik durchaus wirksam. 38

b) Geldwechselgeschäfte

Der Täter möchte sein kriminell erlangtes Bargeld in einer anderen Währung zur Verfügung haben. Er wendet sich an den Inhaber einer Geldwechselstube. Dieser nimmt das Geld entgegen und nimmt wiederum einen Währungsumtausch bei einem Kreditinstitut im benachbarten Ausland vor. Dort scheint der Tausch durch den Inhaber einer Wechselstube unverdächtig. Das Bargeld wird in der gewünschten Währung zurückgezahlt und kann nun einfacher in den Finanzkreislauf eingeschleust werden. 39

c) Geldtransfersysteme

Der Täter möchte sein Bargeld ohne das Hinterlassen von Spuren ins Ausland schaffen. Er zahlt sein Geld in mehreren Beträgen unterhalb der Identifizierungsschwelle bei einem legalen Geldtransferdienst (beispielsweise AMEXCO oder Western Union) ein und übersendet es an einen Empfänger im Ausland. Dort erfolgt die sofortige Bargeldauszahlung. 40

d) Underground banking oder Havala banking

Der Täter A zahlt seinen illegalen Gewinn bei einem Underground Banker ein, um ihn spurlos ins Ausland zu transferieren. Der Underground Banker betreibt zur Tarnung ein Import-/Exportgeschäft und arbeitet mit einem Underground Banker im Empfängerland zusammen. Er schickt eine Nachricht an seinen Partner im Ausland und bittet ihn um Auszahlung des Betrages in der Währung des Empfängerlandes. 41

Im Empfängerland zahlt gleichzeitig ein legaler Unternehmer Geld in der Landeswährung ein, um eine Warenlieferung aus Deutschland unter Umgehung eines langwierigen und teueren Überweisungsweges zu bezahlen. Der dortige Underground Banker bittet nun seinen Partner in Deutschland, den entsprechenden Rechnungsbetrag aus dem legalen Geschäft zu begleichen. Der Underground Banker in Deutschland verwendet zur Auszahlung den kurz zuvor bei ihm eingezahlten illegalen Gewinn.

Damit scheint dieser zu verschwinden. Gleichzeitig wird im Ausland von dem dortigen Underground Banker der bei ihm eingezahlte legale Betrag verwendet, um die Auszahlung an einen Mittäter von A vorzunehmen. Dieser erhält damit scheinbar legales Geld ausgezahlt. Die Herkunft aus einer Straftat in Deutschland ist kaum noch nachzuvollziehen.

Ein auffälliger Bargeldkurierdienst oder geldwäscheverdächtiger Überweisungsverkehr entfällt bei diesem System weitgehend und ist nur für Betragsspitzen zum Ausgleich zwischen beiden Underground Bankern erforderlich.

e) Über- oder Unterfakturierung von Rechnungen

42 Der Täter möchte sein Geld unauffällig ins Ausland schaffen und dort vor dem Zugriff der Strafverfolgungsbehörden sichern. Er bestellt bei einem Unternehmer im Zielland Waren und läßt sich eine weit überhöhte Rechnung ausstellen. Er bezahlt diese Rechnung und erhält den zuviel bezahlten Betrag im Ausland ausgezahlt. Die erhaltenen Waren verkauft er scheinbar mit Verlust und kann diesen zusätzlich noch einkommensteuermindernd in seiner nächsten Steuererklärung geltend machen.

f) Loan back

43 Der Täter möchte im Ausland befindliches illegales Geld in Deutschland verwenden. Er wendet sich an ein dortiges Kreditinstitut und bittet um einen Kredit für ein Geschäft in Deutschland. Als Sicherheit bietet er die Hinterlegung eines Bargeldbetrages in Höhe des Kredites an. Der Kredit wird gewährt. Der Täter kann über scheinbar legales Geld in Deutschland verfügen. Er unterläßt nach einiger Zeit bewußt die Kreditbedienung, so daß der aus Straftaten stammende Betrag im Ausland als Sicherheit verfällt.

VI. Das Bekämpfungsinstrumentarium

1. Internationale Regelungen

44 Im Juli 1989 faßten die Regierungschefs der G-7-Staaten während des Pariser Weltwirtschaftsgipfels den Beschluß, die Anstrengungen zur Bekämpfung der Geldwäsche zu verstärken. Sie richteten die „Financial action task force on money laundering" (FATF) ein, die im Februar 1990 als Zwischenergebnis einen Bericht vorlegte, der 40 Empfehlungen zur Bekämpfung der Geldwäsche enthielt. Die FATF-Empfehlungen bildeten die wesentliche Grundlage der EU-Geldwäscherichtlinie 91/398/EWG vom 10. 6. 1991. Durch diese Richtlinie wurden die Mitgliedsstaaten der EU gezwungen, gesetzgeberische Schritte und konkrete Verwaltungs- und Strafverfolgungsmaßnahmen zur Bekämpfung der Geldwäsche zu unternehmen.

In Deutschland wurde die EU-Richtlinie im wesentlichen durch das Gesetz zur Bekämpfung des illegalen Rauschgifthandels und anderer Erscheinungsformen der Organisierten Kriminalität (1. OrgKG) im September 1992 und das Gesetz über das Aufspüren von Gewinnen aus schweren Straftaten, kurz Geldwäschegesetz (GwG) im November 1993, umgesetzt.

2. Nationale Regelungen

a) Der Geldwäschetatbestand

45 Mit dem 1. OrgKG wurde der Tatbestand der Geldwäsche (§ 261 StGB) neu eingeführt.

Bis zum 9. 5. 1998 wurde der Geldwäschetatbestand viermal geändert und besteht seitdem in der gegenwärtigen Form.

Der Geldwäschetatbestand enthält in Absatz 1 Tatbestandsmerkmale, die auf einen gewissen Unrechtsgehalt bereits in der Wortbedeutung hindeuten, beispielsweise das Verbergen und die Verschleierung der Herkunft von Gegenständen. In Absatz 2 hingegen werden Rechtsfolgen auch an Handlungen geknüpft, die zunächst sozialadäquat sind, wie beispielsweise das Verwahren. Die Unterscheidung zu rechtmäßigen Handlungen erfolgt allein durch das Herrühren der betroffenen Gegenstände aus bestimmten in § 261 StGB abschließend aufgezählten Straftaten. Diese sogenannten Vortaten oder Grunddelikte sind der Ursprung, aus dem Gegenstände stammen müssen, auf die sich die Tathandlungen des § 261 StGB beziehen.

Der Geldwäschetatbestand unterscheidet fünf Grunddeliktsgruppen, und zwar **46**

1. Verbrechen
2. Vergehen nach §§ 332 und 334 StGB sowie nach § 29 Abs. 1 Nr. 1 BtMG und § 29 Abs. 1 Nr. 1 GÜG
3. Vergehen nach § 373 und 374 AO
4. 14 banden- oder gewerbsmäßig begangene Vergehen nach dem StGB sowie banden- oder gewerbsmäßige Vergehen nach § 92a AuslG und § 84 Asyl-VG
5. von einem Mitglied einer Kriminellen Vereinigung nach § 129 StGB begangene Vergehen.

Tatgegenstände sind Gegenstände, die aus den Grunddelikten herrühren, bei den Vergehen nach der Abgabenordnung zusätzlich Gegenstände, zu denen Abgaben hinterzogen wurden.

Grundsätzlich ist Geldwäsche nur vorsätzlich begehbar. Eine Ausnahme bildet nach Absatz 5 die Kenntnis um die Herkunft der Gegenstände aus einem Grunddelikt. Diesbezüglich reicht zur Verwirklichung des Tatbestandes Leichtfertigkeit aus.

Die Grunddelikte der Geldwäsche können auch im Ausland liegen, wenn die Tat auch am Tatort mit Strafe bedroht ist. Die Absätze 9 und 10 enthalten eine sogenannte „kleine Kronzeugenregelung", die den Täter von Strafe freistellt, wenn er die Tat freiwillig anzeigt und damit zur Sicherstellung des Tatgegenstandes beiträgt. Außerdem kann das Gericht die Strafe mildern, wenn der Täter Geldwäschehandlungen oder Grunddelikte über seinen eigenen Tatbeitrag hinaus durch ein freiwilliges Geständnis aufdeckt. **47**

Um eine generelle Doppelstrafbarkeit zu vermeiden, wird nach dem Geldwäschestraftatbestand nicht bestraft, wer wegen Beteiligung an der Vortat strafbar ist.

Der Gesetzgeber beabsichtigte, mit dem Geldwäschetatbestand Vermögen aus schweren Straftaten verkehrsunfähig zu machen. Dieses Ziel ist jedoch bisher nicht erreicht worden und kann mit einem Straftatbestand innerhalb unserer liberalen Wirtschaftsordnung auch nicht erreicht werden. Vermögen sieht man nach wie vor seine Herkunft nicht an. Eine weitergehende Nachforschungspflicht nach der Herkunft von Vermögen, etwa durch Ausdehnung der Strafbarkeit auf die fahrlässige Nichterkennung der Herkunft eines Gegenstandes aus einem Grunddelikt, würde den Kapitalverkehr stark behindern.

Die direkte praktische Bedeutung des Geldwäschetatbestandes im Bereich der Strafverfolgung ist bisher eher gering. Er wirkt häufig als Auffangtatbestand, vorwiegend im Bereich der Betäubungsmittelkriminalität, wenn der Nachweis der Beteiligung am Rauschgifthandel nicht geführt werden konnte. Darüber hinaus entwickelt der Geldwäschetatbestand jedoch präventive Wirkung und führt in Zusammenhang mit dem Geldwäschegesetz zur Aufdeckung von Grunddelikten. **48**

b) Die Instrumente zur Gewinnabschöpfung

Gewinnabschöpfung bedeutet, das Vermögen des Täters mindestens wieder auf die Höhe zurückzuführen, die es vor der Tat besaß. Gewinnabschöpfung bedeutet nicht, dem Staat Einnahmen zu verschaffen. Die Rückgewinnungshilfe für den Geschädigten einer Straftat ist nicht nur eine eindeutig gewinnabschöpfende Maßnahme, sondern auch eine besondere Verpflichtung für die Strafverfolgungsbehörden. **49**

Grundsätzlich bietet das Strafprozeßrecht die Möglichkeit, dem Täter alle geldwerten Vorteile aus der Tat zu entziehen (Verfall). Voraussetzung für jede Form der Gewinnabschöpfung ist jedoch, daß die Verurteilung wegen einer Straftat erfolgt oder bei einer rechtswidrigen Tat aus Gründen nicht erfolgen kann, die in der Person des Täters liegen (beispielsweise bei mangelnder Schuldfähigkeit). Über den Entzug des Vorteils aus der Tat hinaus können dem Täter unabhängig von ihrem Vermögenswert Gegenstände entzogen werden, die Tatmittel oder Tatprodukte darstellen (Einziehung). Außerdem besteht bei bestimmten, schwerwiegenden Straftaten die Möglichkeit, dem Täter Vermögensgegenstände zu entziehen, die nach Überzeugung des Tatrichters nicht aus der abgeurteilten Tat, sondern aus anderen, nicht näher bestimmbaren rechtswidrigen Taten stammen (erweiterter Verfall). Darüber hinaus kann bei bestimmten schwerwiegenden Straftaten durch die Vermögensstrafe das Tätervermögen zum Teil oder insgesamt eingezogen werden.

Alle Instrumente zur Gewinnabschöpfung, die Einziehung und die Vermögensstrafe haben gemeinsam, daß sie grundsätzlich nur auf Gegenstände anwendbar sind, die zum Zeitpunkt der Anordnung im Eigentum des Täters stehen.

aa) Der Verfall und der Verfall von Wertersatz

50 Der Verfall zielt darauf, dem Täter den Vermögensvorteil aus der Tat zu entziehen. Die Anwendung des Verfalls ist ausgeschlossen, wenn dem Geschädigten aus der Tat ein Anspruch erwachsen ist, der den Tatgewinn aufzehrt. Damit ist die Verfallsanwendung für alle Eigentums- und Vermögensdelikte, die natürliche oder juristische Personen als Geschädigte haben, nahezu ausgeschlossen.

Während sich der Verfall ausschließlich auf Gegenstände richtet, die unmittelbar aus der Tat stammen, Ersatzgegenstände für solche Tatgegenstände darstellen oder Nutzungen aus Tatgegenständen sind, trägt der Verfall von Wertersatz dem Umstand Rechnung, daß Tatgegenstände häufig im Tätervermögen nicht mehr vorhanden sind oder eine Verfallsanordnung aus anderen Gründen unmöglich ist. Das Gericht kann in diesen Fällen den Verfall eines Geldbetrages anordnen, der dem Wert der aus der Tat erlangten Gegenstände entspricht. Damit ist der Zugriff auch auf Vermögensgegenstände aus dem Tätervermögen gegeben, die dieser nachweislich legal erlangt hat.

51 Dabei galt bis 1992 das sogenannte „Nettoprinzip". Das bedeutete, das Gericht durfte bei der Verurteilung nur solche Vermögensteile einziehen, die als Zuwachs durch die Tat in das Tätervermögen gelangt waren; von dem Bruttoerlös aus der Tat waren also – ähnlich wie bei der Einkommensbesteuerung – Aufwendungen für die Tat abzuziehen, wobei stets nach dem allgemeinen, strafprozessuellen Grundsatz im Zweifel die für den Täter günstigste Gegebenheit unterstellt werden mußte. In der Praxis führte diese Rechtslage zu einer weitgehenden Nichtanwendung des Verfallsrechts.

1992 wurde § 73 StGB geändert. Abzuschöpfen ist jetzt, was brutto aus der Tat erlangt wurde („Bruttoprinzip").[3] Damit ist ein wesentliches Hindernis für die Anwendung des Verfalls und des Verfalls von Wertersatz entfallen, ohne daß diese Änderung bisher hinreichende Auswirkungen auf die gerichtliche Praxis hatte.

bb) Der erweiterte Verfall

52 Im September 1992 wurde mit dem Gesetz zur Bekämpfung des Rauschgifthandels und anderer Erscheinungsformen der Organisierten Kriminalität (1.OrgKG) in Ergänzung zum bestehenden Verfallsrecht der erweiterte Verfall (§ 73d StGB) eingeführt. Voraussetzung für die Anwendung des erweiterten Verfalls ist, daß der Straftatbestand, nach dem die Verurteilung erfolgt, ausdrücklich auf § 73d StGB verweist. Solche Verweise bestehen bei Straftaten, die auf Gewinnerzielung gerichtet sind und einen starken Unrechtsgehalt aufweisen.

---

[3] BGH, Urteil vom 19. 11. 1993, 2 StR 468/93 (LG Köln), NStZ 1994, S. 123.

Der erweiterte Verfall bietet dem erkennenden Gericht die Möglichkeit, Gegenstände einzuziehen, für die „Umstände die Annahme rechtfertigen", daß diese für oder aus anderen rechtswidrigen Taten erlangt wurden.

Damit werden dem Täter also Gegenstände entzogen, die aus rechtswidrigen Taten stammen, für die keine Verurteilung und auch kein klarer Tatnachweis erfolgt ist. Der BGH hat zwischenzeitlich jedoch eine verfassungskonforme Auslegung der Norm betrieben und verlangt bei der Anwendung über den Gesetzeswortlaut hinaus, daß das Gericht zur tatrichterlichen Überzeugung gelangen muß, daß der Vermögensgegenstand aus nicht näher feststellbaren, rechtswidrigen Taten stammt. Außerdem muß das Gericht zu der Überzeugung gelangen, daß diese rechtswidrige Tat nach dem Inkrafttreten des 1. OrgKG stattfand.[4] Die Anwendung des erweiterten Verfalls führt im Gegensatz zur Anwendung der Vermögensstrafe nicht zu einer generellen Milderung der verhängten Strafe, da der erweiterte Verfall keinen Strafcharakter besitzt.[5] 53

cc) Die Vermögensstrafe

Die Vermögensstrafe (§ 43a StGB) wurde mit dem 1. OrgKG gemeinsam mit dem erweiterten Verfall eingeführt. Aus der Gesetzesbegründung zum 1. OrgKG ergibt sich, daß der Gesetzgeber die Vermögensstrafe als Instrument zur Gewinnabschöpfung zur Bekämpfung der Organisierten Kriminalität eingeführt hat. 54

Die Anwendung der Vermögensstrafe erfordert wiederum einen Verweis der Strafvorschrift auf § 43a StGB. Bei den Straftaten, die auf § 43a StGB verweisen, handelt es sich weitgehend um dieselben, die auch den erweiterten Verfall zulassen. Die Anwendung der Vermögensstrafe erfordert als zusätzliche Voraussetzung die Verurteilung zu einer Freiheitsstrafe von mindestens zwei Jahren. Sind diese Voraussetzungen erfüllt, so kann das Gericht zusätzlich zu der verhängten Freiheitsstrafe auf eine Vermögensstrafe erkennen, die in der Höhe nur durch das Tätervermögen begrenzt ist. Mit der Verhängung der Vermögensstrafe ist gleichzeitig eine Ersatzfreiheitsstrafe auszusprechen, die maximal zwei Jahre beträgt. Diese Freiheitsstrafe ist zu verbüßen, wenn die ausgesprochene Vermögensstrafe nicht beigetrieben werden kann.

Der BGH hat sich zwischenzeitlich intensiv mit dem Instrument der Vermögensstrafe auseinandergesetzt. Als Quintessenz ist festzuhalten, daß die Vermögensstrafe im Gegensatz zu den Intentionen des Gesetzgebers nicht als Instrument zur Gewinnabschöpfung, sondern als Teil einer schuldangemessenen Bestrafung zu verstehen ist. Daher hat ein Gericht bei Verhängung der Vermögensstrafe die gleichzeitig verhängte Freiheitsstrafe entsprechend abzumildern, um eine schuldangemessene Gesamtstrafe auszusprechen.[6] Anhaltspunkt für die Milderung der Freiheitsstrafe ist dabei die Ersatzfreiheitsstrafe.[7] Zum Verhältnis von Verfall und erweitertem Verfall zur Vermögensstrafe führt der BGH aus, daß beide Rechtsinstrumente der Vermögensstrafe vorgehen, da vor Bestimmung des Vermögens sämtliche Verbindlichkeiten (also auch dem Verfall oder dem erweiterten Verfall unterliegende Vermögensteile) abzuziehen sind, da nur das Nettovermögen des Täters der Vermögensstrafe unterliegt.[8] 55

---

4 BGH, Beschluß vom 22. 11. 1994, 4 StR 516/94 (LG Bochum), NStZ 1995, S. 125.

5 BGH, Urteil vom 1. 3. 1995, 2 StR 691/94 (LG Gießen), StV 1995, S. 297.

6 BGH, Beschluß vom 10. 5. 1994, 5 StR 159/94 (LG Hannover), StV 1995, S. 16; BGH, Beschluß vom 18. 5. 94, 5 StR 176/94 (LG Hannover), NStZ 1994, S. 429; BGH, Beschluß vom 6. 7. 94, 3 StR 668/93, (LG Chemnitz), StV 1995, S. 17; BGH, Urteil vom 8. 2. 95, 5 StR 663/94 (LG Hamburg), StV 1995, S. 245.

7 BGH, Urteil vom 20. 9. 1995, 3 StR 267/95 (LG Krefeld).

8 BGH, Beschluß vom 6. 7. 1994, 3 StR 20/94 (LG Wuppertal), StV 1995, S. 19; BGH, Beschluß vom 5. 8. 94, 3 StR 277/94 (LG Wuppertal).

c) Das Geldwäschegesetz

56 Das Geldwäschegesetz (GwG) trat am 29.11. 1993 in Kraft. Das Gesetz verfolgt sowohl einen präventiven Zweck, nämlich **das Verhindern bzw. Erschweren der Geldwäsche,** als auch einen repressiven Zweck, nämlich **das Erleichtern des Aufspürens krimineller Gewinne** und **das Gewinnen von Ansatzpunkten zur Aufdeckung krimineller Strukturen.**[9] Das GwG legt der Wirtschaft im wesentlichen drei Pflichtenkreise auf, und zwar die Identifizierungspflicht, die Verdachtsanzeigepflicht und die Pflicht zur internen Sicherung gegen Geldwäsche.

aa) Die Identifizierungspflicht

57 Bei der Annahme von Bargeld in Höhe von 30 000,– DM oder mehr sind alle Gewerbetreibenden zur Identifizierung des auftretenden Kunden verpflichtet. Gleiches gilt beim Abschluß eines Versicherungsvertrages, wenn die periodischen Jahresprämien 2000,– DM übersteigen oder eine Einmalzahlung oder Zahlung auf ein Beitragsdepot von mehr als 5000,– DM erfolgt.

Die Identifizierung erfolgt wurden Vorlage eines Personalausweises oder Reisepasses. Identifizieren umfaßt die Feststellung der Personalien der auftretenden Person sowie die Frage nach dem wirtschaftlich Berechtigten der Transaktion. Über die Identifizierung sind Aufzeichnungen zu fertigen, die sechs Jahre suchfähig aufbewahrt werden müssen. Die Aufzeichnungen können zur Verfolgung von Straftaten wegen des Geldwäschetatbestandes und der darin genannten Grunddelikte genutzt werden.

bb) Die Verdachtsanzeigepflicht

58 Die Verdachtsanzeigepflicht trifft nur Institute und Spielbanken sowie die zur Durchführung des GwG zuständigen Behörden. Anzeigepflichtig sind Finanztransaktionen, die der Geldwäsche dienen oder im Falle ihrer Durchführung dienen würden. Die Anzeige muß unverzüglich erfolgen; gleichzeitig darf die Finanztransaktion erst nach Zustimmung durch die zuständige Staatsanwaltschaft oder nach Ablauf des zweiten Werktages auf die Anzeigenerstattung ausgeführt werden. Ist ein Aufschub der Transaktion nicht möglich, darf sie sofort ausgeführt werden. Die Anzeigenerstattung ist aber unverzüglich nachzuholen. Der Anzeigeerstatter darf den Betroffenen nicht von der Anzeigenerstattung unterrichten. Die Haftung aufgrund einer Anzeigenerstattung ist auf Fälle mit grob fahrlässig oder vorsätzlich falschen Angaben beschränkt.

Unbeantwortet läßt das Gesetz die Frage, wie und woran eine geldwächeverdächtige Finanztransaktion zu erkennen ist bzw. sich von anderen, unverdächtigen Finanztransaktionen unterscheidet.

59 Informationen aus Verdachtsanzeigen dürfen zur Verfolgung von anderen Straftaten verwertet werden, soweit diese im Höchststrafmaß mit einer Freiheitsstrafe von mehr als drei Jahren bedroht sind. Bei Einleitung eines Strafverfahrens wegen Geldwäsche oder wegen eines Grunddeliktes der Geldwäsche sind die zuständigen Finanzbehörden zu unterrichten.

cc) Die Pflicht zur internen Sicherung gegen Geldwäsche

60 Institute, Spielbanken, Versteigerer und Edelmetallhändler unterliegen zusätzlich der Pflicht, sich durch interne Vorkehrungen gegen den Mißbrauch zur Geldwäsche zu schützen. Das Gesetz benennt dazu

- die Bestimmung einer leitenden Person als Ansprechpartner für die Strafverfolgungsbehörden („Geldwäschebeauftragter")

[9] Harder: Geldwäschebekämpfung durch Finanzermittlungen, Lehr- und Studienbrief Kriminalistik Nr. 25, VDP Hilden.

- die Entwicklung interner Grundsätze, Verfahren und Kontrollen zur Verhinderung der Geldwäsche
- die Sicherstellung der Zuverlässigkeit der Mitarbeiter, die Finanztransaktionen durchführen, und
- die regelmäßige Unterrichtung der Mitarbeiter über Methoden der Geldwäsche.

d) Das Finanzverwaltungsgesetz

Das Gesetz zur Verbesserung der Bekämpfung der Organisierten Kriminalität führte mit den §§ 12a bis 12c Finanzverwaltungsgesetz (FVG) am 9. 5. 1998 eine Deklarationspflicht für Bargeld und bargeldgleiche Zahlungsmittel ein. Reisende haben auf Verlangen von Zoll- bzw. BGS-Beamten entsprechende Gegenstände zu deklarieren, wenn sie konkret nach solchen Gegenständen befragt werden. Umfaßt sind Angaben zur Herkunft, zum wirtschaftlich Berechtigten und zum Verwendungszweck. Bestehen Zweifel an diesen Angaben oder fehlen Angaben zur legalen Herkunft der Gegenstände, können die Gegenstände sichergestellt und bis zum Ablauf des zweiten Werktages nach Auffindung in zollamtliche Verwahrung genommen werden. Diese Frist kann durch Anordnung des zuständigen Amtsrichters einmal um 30 Tage verlängert werden. Von der Sicherstellung sind unverzüglich die zuständigen Strafverfolgungsbehörden in Kenntnis zu setzen. Nach Ablauf der Frist sind die Gegenstände freizugeben, falls sich kein anderer Sicherstellungsgrund – etwa im Rahmen eines Strafverfahrens – ergeben hat. 61

Die Nichtanzeige oder die unvollständige Anzeige von Bargeld oder bargeldgleichen Zahlungsmitteln im Wert von 30 000,– DM oder mehr stellt eine Ordnungswidrigkeit dar. Diese kann mit folgenden Sanktionen geahndet werden: 62

- bei Fahrlässigkeit: Geldbuße bis zu einem Viertel des mitgeführten Betrages
- bei Vorsatz: Geldbuße bis zur Hälfte des mitgeführten Betrages
- bei Vorsatz und besonders schwerem Fall: Geldbuße bis zur Höhe des mitgeführten Betrages.

Folgende Regelbeispiele bestehen für den besonders schweren Fall dieser Ordnungswidrigkeit:

- das Verbergen am Körper, in der Kleidung, in einem Transportmittel oder in sonst schwer zu entdeckender Weise
- das Mitführen einer Schußwaffe
- das Mitführen einer Waffe, eines Werkzeuges oder eines anderen Mittels, um den Widerstand eines anderen durch Gewalt oder durch die Drohung mit Gewalt zu verhindern oder zu überwinden.

3. Die Bekämpfungsansätze

Grundsätzlich gibt es zwei Wege zur Bekämpfung der Geldwäsche, und zwar 63

- die verfahrensunabhängigen Finanzermittlungen und
- die verfahrensintegrierten Finanzermittlungen.

Mit verfahrensunabhängigen Finanzermittlungen werden dabei Ermittlungen bezeichnet, die ausgehend von verdächtigen Finanztransaktionen oder einem verdächtigen Vermögensstatus die Herkunft dieser Vermögensbestandteile aus Straftaten nachzuweisen suchen, ohne daß zunächst ein konkreter Verdacht zur Herkunft der Vermögensbestandteile aus einer konkreten Straftat besteht.

Verfahrensintegrierte Finanzermittlungen bezeichnen im Unterschied dazu Ermittlungen im Strafverfahren zu einer konkreten Straftat, die den Nachweis des Tatbestandes der Geldwäsche oder das Aufspüren und das Sichern von Vermögen der Beschuldigten zur Gewinnabschöpfung oder zur Verhängung der Vermögensstrafe zum Ziel haben.

a) Die verfahrensunabhängigen Finanzermittlungen

64 Verfahrensunabhängige Finanzermittlungen beginnen häufig mit einer Verdachtsanzeige nach dem Geldwäschegesetz, teilweise aber auch mit anderen Hinweisen oder aufgrund von Feststellungen in anderen Strafverfahren. Angezeigt werden meist von einem Kreditinstitut Finanztransaktionen oder die Vermögensverhältnisse eines Kunden, die aus nachvollziehbaren Gründen verdächtig erscheinen. Ein Hinweis auf ein mögliches Grunddelikt der Geldwäsche besteht im Regelfall zu Beginn der Ermittlungen nicht.

Verfahrensunabhängige Finanzermittlungen zielen nun darauf, dieses Grunddelikt festzustellen, nachzuweisen und die Herkunft der verdächtigen Vermögensbestandteile beweissicher nachzuvollziehen. Dazu sind häufig offene strafprozessuale Maßnahmen in der Anfangsphase der Ermittlungen ungeeignet.

Die Ermittlungen versuchen, den Weg des Geldes zu seinem Ursprung nachzuvollziehen, um so den Täter des möglichen Grunddeliktes festzustellen. Bevor es zu offenen strafprozessuellen Maßnahmen kommt, werden die verfahrensunabhängigen Finanzermittlungen zu verfahrensintegrierten Ermittlungen, da nun ein konkreter Verdacht feststeht, aus welcher Straftat die auffälligen Finanztransaktionen bzw. der transferierte Vermögenswert oder der verdächtige Vermögensstatus stammen.

65 Dabei ist festzustellen, daß verfahrensunabhängige Finanzermittlungen häufig zu Ergebnissen führen, die auf den herkömmlichen Ermittlungswegen nicht erzielbar sind. Kriminelle Strukturen werden weitgehend erhellt, und Täter, die sich auf Führungsfunktionen und die Lenkung von Finanzströmen beschränken, rücken ins Blickfeld der Strafverfolgungsbehörden. Besondere Erfolge sind in Deliktsbereichen erzielbar, die aus ihrer Natur heraus die wiederholte Begehung gleichartiger Straftaten bedingen. Folgt man dem Weg des Geldes, so gelangt man zum Täter des Grunddeliktes. Liegt dieses Grunddelikt als einmalige Straftat in der Vergangenheit, sind die Nachweismöglichkeiten stark eingeschränkt. Begeht der Täter des Grunddeliktes jedoch ständig gleichartige Straftaten, ist die Wahrscheinlichkeit des Tatnachweises zukünftiger Straftaten sehr hoch. Diese Tatklärung kann wiederum als Ansatzpunkt zur Aufklärung der Straftaten genutzt werden, die Ursprung der zuvor angezeigten Geldbeträge waren.

Verfahrensunabhängige Finanzermittlungen zielen als ein Ansatz zur Bekämpfung der Organisierten Kriminalität auf die Kernbereiche krimineller Organisationen und sind dabei wesentlich erfolgreicher,[10] als in der Öffentlichkeit häufig behauptet wird.

Unmittelbar zur Gewinnabschöpfung sind verfahrensunabhängige Finanzermittlungen nicht geeignet, da sie vor der Sicherung entsprechender Vermögensbestandteile in verfahrensintegrierte Finanzermittlungen münden. Erst wenn der Nachweis der konkreten Straftat hinter dem verdächtigen Geld absehbar ist, versprechen gewinnabschöpfende Maßnahmen verfahrensintegriert Erfolg. Es zeugt daher nicht von hoher Sachkunde, die Erfolge der Geldwäschegesetzgebung an der Höhe von unmittelbar aufgrund von Verdachtsanzeigen beschlagnahmten Geldsummen messen zu wollen.

66 Die Schwierigkeiten, aber auch die Chancen verfahrensunabhängiger Finanzermittlungen lassen sich am besten an Fallbeispielen darstellen.

67 Im Frühjahr 1994 zeigten verschiedene Kreditinstitute aus dem Ruhrgebiet unabhängig voneinander einen italienischen Staatsangehörigen an, der selbst und durch Beauftragte Beträge zwischen 100 000,– DM und 500 000,– DM bar auf seine Konten einzahlen ließ und nach Italien transferierte. Der Italiener betrieb einen Marmorhandel. Es langen bereits mehrere vage Hinweise darauf vor, daß er in den internationalen Rauschgifthandel involviert sein könnte. Das aufgrund der Verdachtsanzeigen eingeleitete Ermittlungsverfahren führte durch umfangreiche verdeckte Maßnahmen schließlich im September 1995 zur Sicherstellung einer Lieferung von 100 kg Kokainpaste, die in der Holz-

---

[10] Zum Erfolg verfahrensunabhängiger Finanzermittlungen: Managementfassung des Schlußberichtes der Projektgruppe „Länderauswertung Verdachtsanzeigen (LAVA)" des Bundeskriminalamtes, Juni 1998.

verpackung einer Marmorlieferung versteckt war. Die Sicherstellung erfolgte in Antwerpen. Die Lieferung kam aus Brasilien und war für den italienischen Rauschgiftmarkt bestimmt. Der Italiener und sein bolivianischer Lieferant wurden Ende 1997 zu acht und elf Jahren Freiheitsstrafe wegen Betäubungsmittelhandels verurteilt.

An diesem Beispiel wird deutlich, daß verfahrensunabhängige Finanzermittlungen richtig eingesetzt zur Bekämpfung der internationalen organisierten Kriminalität dienen. Sie erfordern jedoch einen hohen Personaleinsatz und „langen Atem" der Ermittler. Die überführten Täter werden schließlich wegen des schwerwiegendsten Delikts angeklagt, was häufig nicht die Geldwäsche ist.

Im Frühjahr 1994 wurde von einem Kreditinstitut aus einem Grenzbezirk zu den Niederlanden ein Niederländer angezeigt, der wöchentlich verschiedene Sorten im Gegenwert von ca. 500 000,– DM auf ein eigens zu diesem Zweck eingerichtetes Konto einzahlte und bei seinem nächsten Besuch das dort angesammelte Geld in niederländischen Gulden bar wieder abhob. Der Niederländer war Inhaber einer Geldwechselstube in Amsterdam. Eine Rückfrage bei den niederländischen Behörden ergab, daß gegen ihn bereits ein Strafverfahren wegen Geldwäsche geführt wurde, trotz Tatnachweis jedoch wegen eines Formfehlers nicht zu einer Verurteilung gebracht werden konnte. 68

Mit Mühe und unter Einschaltung der Generalstaatsanwaltschaft gelang es schließlich, die niederländischen Behörden zur Einleitung eines eigenen Strafverfahrens gegen den Tatverdächtigen zu bewegen. Im Oktober 1996 kam es zur Festnahme. Dem Wechselstubeninhaber konnte die Geldwäsche für mindestens drei weltweit agierende Rauschgiftringe nachgewiesen werden. Er wurde in den Niederlanden wegen des dortigen Geldwäsche- und Hehlereitatbestandes zu einer Freiheitsstrafe von 5 Jahren und einer Geldstrafe von 2 Millionen Gulden verurteilt. Während der Ermittlungen tauschte der Täter vorwiegend britische Pfund, schwedische und norwegische Kronen und spanische Peseten im Gesamtwert von ca. 120 Millionen DM in dem deutschen Kreditinstitut um. Das Kreditinstitut führte diese Kontoverbindung auf ausdrückliche Bitte der Ermittlungsbehörden weiter. Nur so war die Überführung des Täters zu ermöglichen. Nur ca. 30 Millionen DM sind dabei als legaler Umsatz seiner Geldwechselstube zuzurechnen.

Dieses Fallbeispiel zeigt typisch für Geldwäscheverdachtsfälle in NRW einen starken Bezug in die Benelux-Staaten. Vermögenswerte größeren Umfangs, die in NRW „gewaschen" werden, stammen gewöhnlich aus Straftaten im benachbarten Ausland. In der Ermittlungsführung und im Tatnachweis ist eine völlige Abhängigkeit von den Behörden des Staates gegeben, in dem das Geldwäschegrunddelikt begangen wurde.

Im November 1996 wurde ein nigerianischer Staatsangehöriger angezeigt, der einen Betrag von ca. 300 000,– DM nach Großbritannien transferieren wollte. Dieser Nigerianer verfügte über keinen festen Wohnsitz in Deutschland und hatte gegenüber dem Kreditinstitut als Kontaktanschrift die Wohnung eines anderen Nigerianers angegeben. Da verdeckte Maßnahmen keinen Erfolg versprachen, wurde die Wohnanschrift durchsucht und umfangreiches Anschriftenmaterial aufgefunden. Zur Herkunft des Geldes wurden nicht unmittelbar nachzuprüfende Urkunden aus Nigeria vorgelegt, so daß die zunächst erfolgte Pfändung aufgehoben werden mußte. 69

Die folgenden verdeckten Ermittlungen führten zu der Feststellung, daß beide Nigerianer an einer kriminellen Organisation beteiligt sind, die verschiedene Betrugsstraftaten begeht. Unter anderem wurden in Zusammenarbeit mit Tätern in Nigeria sogenannte „Nigerianische Angebotsschreiben" an potentielle Geschädigte verschickt, denen eine hohe Provision in Aussicht gestellt wurde, falls sie ihr Konto für eine (illegale) Finanztransaktion zur Verfügung stellen. Falls jemand auf diese Angebote einging, wurde versucht, ihm Vorausleistungen etwa zur Bestechung von nigerianischen Beamten, zur Eintragung einer Firma ins nigerianische Handelsregister, für Anwaltsgebühren usw. zu entlocken. Zur Geldüberweisung kam es letztendlich nie.

Die in Deutschland ansässigen Täter übernahmen dabei Teilaufgaben. So richteten sie Wohnungen mit Telefonanschlüssen ein, von denen der Fernmeldeverkehr weltweit abgewickelt wurde. Mittels moderner Schaltungen wurden u. a. Gesprächsgebühren für Gespräche zwischen den USA und Nigeria über eine Konferenzschaltung in Deutschland erzeugt. Nach einem bis zwei Monaten wurde die Wohnung verlassen, ohne die Telefongebühren von bis zu 90 000,– DM pro Monat zu entrichten.

Die zweite wesentliche Aufgabe der in Deutschland ansässigen Täter war die Eröffnung von Konten mittels gefälschter britischer Pässe, auf die Geschädigte die Vorleistungen überwiesen. Eingehende Gelder wurden bar abgehoben und per Kurier nach Nigeria gebracht.

Einzelne Geschädigte wurden auf diese Weise und durch andere Betrugsarten um bis zu 500 000,– DM geprellt. Die Gesamtschadenshöhe, die allein durch die Düsseldorfer Tätergruppe verursacht wurde, lag zwischen 5 und 10 Millionen DM. Durch die Ermittlungen aufgrund der Verdachtsanzeige gelang es, mehrere miteinander verbundene Tätergruppen in Norddeutschland, Großbritannien und den USA aufzudecken. Es kam zu umfangreichen Verurteilungen, teilweise auch wegen Mitgliedschaft in einer kriminellen Vereinigung.

Dieses Verfahren zeigt, daß verfahrensunabhängige Finanzermittlungen häufig zu völlig neuen Erkenntnissen für die Ermittlungsbehörden führten. Vor diesem Verfahren nahmen die Ermittlungsdienststellen in Deutschland durchgängig an, daß die Täter dieser Straftaten ausschließlich in Nigeria sitzen und in Deutschland keine Ermittlungsansätze zur Überführung vorhanden seien.

70 Im Frühjahr 1995 zeigte ein Kreditinstitut einen Deutschen an, der ein Konto für die Aktiengesellschaft nach Liechtensteiner Recht als Geschäftsführer und einziger Verfügungsberechtigter eröffnete. Einmal pro Woche erschien er und reichte stapelweise Verrechnungsschecks zum Einzug auf dieses Konto ein. Bei seinem nächsten Besuch reichte er wiederum Verrechnungsschecks ein und hob gleichzeitig das zwischenzeitlich dem Konto gutgeschriebene Geld in bar ab. Dabei handelte es sich um Beträge zwischen 500 000,– DM und 1500 000,– DM. Die weiteren Ermittlungen führten zu dem Ergebnis, daß diese Schecks stets auf einen Betrag lauteten, der ohne Rest durch 1400,– DM zu teilen war. Der Beschuldigte wurde schließlich mit mehreren Kontaktpersonen und rund 2 500 000,– DM in bar festgenommen. Zur Erklärung gab er an, für den European Kings Club zu handeln. Diese Organisation betrog Anleger, indem sie versprach, gegen Zahlung von 1400,– DM 12 Raten zu 200,– DM garantiert zurückzuzahlen (Jahresrendite von bescheidenen 71%).

Tatsächlich handelte es sich um ein Schneeballsystem mit sektenartigen Vertriebsmethoden, mittels dessen in Europa über 50 000 Anleger geschädigt wurden. Ein bereits in Hessen anhängiges Ermittlungsverfahren wurde durch die neuen Erkenntnisse durch die Verdachtsanzeige entscheidend gefördert, so daß es schließlich zur Verurteilung der Verantwortlichen u. a. wegen Mitgliedschaft in einer kriminellen Vereinigung zu langjährigen Freiheitsstrafen kam.

An diesem Fallbeispiel wird deutlich, daß verfahrensunabhängige Finanzermittlungen häufig laufende Betrugshandlungen zum Nachteil von Kapitalanlegern aufdecken, die meist noch nicht zur Anzeige gelangt sind. Damit ergeben sich neue Möglichkeiten zur Ermittlungsführung, die sonst in entsprechenden Betrugsverfahren fehlen, unter anderem die Möglichkeit zu effektiven Maßnahmen zur Rückgewinnungshilfe. Es ist allerdings mit Schwierigkeiten verbunden, zunächst die Geschädigten und auch den Ermittlungsrichter von dem Tatbestand zu überzeugen, der kriminalistisch unzweifelhaft ist. Im vorliegenden Beispiel gelang das nur durch Hinzuziehung eines Experten einer deutschen Großbank als sachverständigen Zeugen, der dem Haftrichter definitiv erklärte, daß eine Rendite von über 70% mit legalen Mitteln nicht erzielbar ist. Auch in Betrugsdienststellen und bei Staatsanwälten steht man Verfahren in diesem Stadium oft skeptisch gegenüber. Letztendlich bietet sich hier jedoch die Chance, den Tatbestand weiter aufzudecken und die Anzahl der Geschädigten kleiner zu halten, als das ohne die frühzeitige Aufdeckung durch eine Verdachtsanzeige möglich wäre.

b) Die verfahrensintegrierten Finanzermittlungen

71 Innerhalb des Strafverfahrens beschäftigen sich verfahrensintegrierte Finanzermittlungen mit den finanziellen Aspekten der Tat und dem Verbleib des aus der Tat Erlangten.

Verfahrensintegrierte Finanzermittlungen sind zumindest in jedem Strafverfahren zu führen, in dem der Täter aus der Straftat etwas erlangt hat, und beschränken sich damit nicht auf einzelne Kriminalitätsbereiche. Sie dienen dazu, dem Täter das Erlangte aus der Straftat zu entziehen. Außerdem sind sie geeignet, durch die Erhellung der finanziellen Aspekte der Tat Mittäter aufzudecken, einzelne (qualifizierende) Tatbestandsmerkmale nachzuweisen und über Hinweise auf die Schwere der Schuld des Täters die Strafzumessung zu unterstützen.

Im Mittelpunkt verfahrensintegrierter Finanzermittlungen stehen die Bemühungen zur Vermögensabschöpfung. Dazu muß das Tätervermögen aufgespürt und mit sichernden Maßnahmen belegt werden. Die Praxis zeigt, daß die Wahrscheinlichkeit der Verhängung von gewinnabschöpfenden Maßnahmen und der Vermögensstrafe durch das Gericht erheblich steigt, wenn zuvor im Ermittlungsverfahren entsprechende sichernde Maßnahmen vorgenommen wurden (obwohl die sichernden Maßnahmen nicht Voraussetzung für die Verhängung von Verfall, Verfall von Wertersatz oder Vermögensstrafe sind!).

Von besonderer Bedeutung sind dabei Probleme der Eigentumsübertragung, da sämt- 72
liche gewinnabschöpfende Maßnahmen sich mit wenigen, sehr speziellen Ausnahmen ausschließlich auf im Eigentum des Täters stehende Gegenstände beziehen. Die Strafverfolgungsbehörden bewegen sich hier in den ungewohnten Rechtsgebieten des Sachenrechts und der Zwangsvollstreckung, wozu eine entsprechende Umorientierung in der Aus- und Fortbildung erforderlich ist.

An dieser Stelle ist der Hinweis erforderlich, daß Vermögensabschöpfung kein Mittel zur Besserung der fiskalischen Situation des Bundes oder des Landes ist, sondern gesetzliches Gebot zur Wiederherstellung eines rechtskonformen Zustandes. Daher steht die Rückgewinnungshilfe für Geschädigte mindestens gleichberechtigt neben gewinnabschöpfenden Maßnahmen zugunsten der Staatskasse. Die Rückgewinnungshilfe für Geschädigte entspricht in besonderem Maß dem Gerechtigkeitsempfinden der Bevölkerung. Das Ermessen der Ermittlungsbehörden wird hier häufig fehlerhaft zu Lasten der Verletzten angewandt, was unzweifelhaft Schadensersatzansprüche der Geschädigten gegen Ermittlungsbehörden entstehen läßt.

4. Bevorstehende Rechtsänderungen

Bereits in der 1998 abgelaufenen Legislaturperiode befand sich ein gemeinsamer Gesetz- 73
entwurf von CDU/CSU, FDP und SPD in der Beratung, der eine weitgehende Reform des Verfallsrechts vorsieht. In der neuen Legislaturperiode ist mit der Verabschiedung zu rechnen.

Inhaltlich sieht dieser Gesetzentwurf vor, die begriffliche Unterscheidung zwischen Einziehung und Verfall zugunsten eines einheitlichen Rechtsinstituts unter dem Begriff „Einziehung" aufzugeben. Der bisherige Ausschluß der Verfallsanordnung bei mutmaßlich aus der Straftat entstandenen Geschädigtenansprüchen soll entfallen. Soweit der Geschädigte nicht im Ermittlungsverfahren seine Ansprüche geltend macht, soll er sich nach Einziehung an den Staat zum Ersatz entsprechender Ansprüche wenden können, soweit zuvor eine Einziehung von Tätervermögen stattfand. Weiter sieht der Gesetzentwurf vor, die Staatsanwaltschaft und ihre Hilfsbeamten zur Selbstvornahme von bisher Gerichtsvollziehern vorbehaltenen Zwangsvollstreckungsmaßnahmen in Strafverfahren zu ermächtigen.

Im kriminalpolitischen Raum wird vielfach die Einführung der sogenannten „Beweislastumkehr" gefordert. Einzelne Vorschläge zielen dabei entweder darauf, im Strafverfahren den (verurteilten) Täter dazu zu veranlassen, die legale Herkunft seines Vermögens nachzuweisen. Soweit er diesen Nachweis nicht führen kann, sollen ihm entsprechende Vermögensbestandteile entzogen werden.

Andere Vorschläge sehen entsprechende Möglichkeiten im Polizeirecht zur Gefahren- 74
abwehr vor. Sie gehen dabei von der Fiktion aus, daß von einem Vermögenszustand eine Gefahr ausgehen kann.

Neben verfassungsrechtlichen Bedenken sprechen gegen diese Vorschläge in erster Linie praktische Erwägungen. Bisher werden die bestehenden Möglichkeiten zur Gewinnabschöpfung von Polizei und Justiz nur unzureichend angewendet. Es fehlt im Bereich der Gewinnabschöpfung sowohl an Personal als auch an Weiterbildungsangeboten für das eingesetzte Personal. Vor einem tiefgreifenden Eingriff in unsere liberale

Rechtsordnung sollte daher zunächst ernsthaft der Vollzug der bestehenden Gesetze betrieben werden.

Außerdem ist absehbar, daß die Beweislast zur Vermögensherkunft nur vordergründig auf den Täter verlagert würde. Sobald irgendeine ausländische Urkunde zur Herkunft der Vermögensgegenstandes vorgelegt wird, trifft die Beweislast zum Nachweis der nichtlegalen Herkunft des Vermögensgegenstandes wieder in vollem Umfang die Behörden, so daß die Beweislastumkehr allenfalls Täter treffen könnte, die nicht über die Möglichkeit zur Beschaffung von solchen Scheinherkunftsnachweisen verfügen.

75 Allen Vorschlägen zur Beweislastumkehr ist außerdem gemeinsam, daß sie keine Aussagen dazu treffen, welche Richter und welche Ermittlungsbeamten diese zusätzlichen Aufgaben übernehmen sollen. Vorschläge zur Beweislastumkehr sind eine Spielwiese für Theoretiker, die lediglich von bestehenden Defiziten bei der Umsetzung der bestehenden Gesetze ablenken.

6. Kapitel. Internationales Wirtschaftsstrafrecht

Literatur: *Achenbach/Wannemacher,* Beraterhandbuch zum Wirtschafts- und Steuerstrafrecht, 1997 ff.; *Alternativ-Kommentar zum Strafgesetzbuch* (AK), Bd. 1, 1990; *Arzt,* Zur identischen Norm beim Personalitätsprinzip und bei der Rechtshilfe, Festgabe zum schweizerischen Juristentag 1988, S. 417; *Bender,* Steuerstrafrecht, 4. Aufl. 1994; *Baumann/Weber/Mitsch,* Strafrecht, Allgemeiner Teil, 10. Aufl. 1995; *Bernhardt/Max Planck Institute for Comparative Public Law and International Law* (Hrsg.), Encyclopedia of Public International Law, Bd. I–III, 1992 ff.; *Cassani,* Die Anwendbarkeit des schweizerischen Strafrechts auf internationale Wirtschaftsdelikte (Art. 3–7 StGB), SchwZStrR 1996, 237; *Cornils,* Die Fremdrechtsanwendung im Strafrecht, 1978; Der Begehungsort von Äußerungsdelikten im Internet, JZ 1999, 394; *Council of Europe, European Committee on Crime Problems,* Extraterritorial criminal jurisdiction, 1990; *Cramer,* Strafbarkeit der Ausnutzung und Weitergabe von Insiderinformationen nach dem Recht der Bundesrepublik Deutschland, Festschrift für Triffterer, 1995, S. 323; *Dahm,* Völkerrecht, Bd. I, 1958, Bd. II, 1961; *Dannecker,* Strafrecht der Europäischen Gemeinschaft, 1995; *Dieblich,* Der strafrechtliche Schutz der Rechtsgüter der Europäischen Gemeinschaften, Diss. Köln, 1985; *Epping,* Die Novellierungen im Bereich des Rüstungsexportrechts, RIW 1991, 461; *Eser,* Grundlagen und Grenzen „stellvertretender Strafrechtspflege" (§ 7 Abs. 2 Nr. 2 StGB), JZ 1993, 875; *Franzen/Gast/Joecks,* Steuerstrafrecht, 4. Aufl., 1996; *Fuhrmann,* Kommentierung zum UWG, in: *Erbs/Kohlhaas,* Strafrechtliche Nebengesetze; *Göhler/Buddendiek/Lenzen,* Lexikon des Nebenstrafrechts (Stand: 1. 11. 1998); *Gössel,* Das Rechtsgut als ungeschriebenes strafbarkeitseinschränkendes Tatbestandsmerkmal, Festschrift für Oehler, 1985, S. 97; *Heinrich,* Der Erfolgsort beim abstrakten Gefährdungsdelikt, GA 1999, 72; *Henkin/Pugh/Schachter/Smit,* International Law, St. Paul, Minn., USA, 1993; *Henrich,* Das passive Personalitätsprinzip im deutschen Strafrecht, 1995; *Holthausen,* Die Strafbarkeit von Auslandstaten Deutscher und das völkerrechtliche Interventionsverbot, NJW 1992, 214; Entgegnung zum Beitrag von *Pottmeyer,* Die Strafbarkeit von Auslandstaten nach dem Kriegswaffenkontroll- und dem Außenwirtschaftsrecht (NStZ 1992, 57), NStZ 1992, 268; *Jacobs* (Hrsg.), Großkommentar zum Gesetz über den unlauteren Wettbewerb; *Jakobs,* Strafrecht, Allgemeiner Teil, 2. Aufl., 1993; *Janovsky,* Die Strafbarkeit des illegalen grenzüberschreitenden Warenverkehrs, NStZ 1998, 117; *Jescheck/Weigend,* Lehrbuch des Strafrechts, Allgemeiner Teil, 5. Aufl. 1997; *Johannes,* Das Strafrecht der Europäischen Gemeinschaften, Europarecht 1968, 65; Zur Angleichung des Straf- und Strafprozeßrechts in der Europäischen Wirtschaftsgemeinschaft, ZStW 83, 531 (1971); *Kohlmann,* Steuerstrafrecht, 7. Aufl. 1997, *Keßeböhmer/Schmitz,* Hinterziehung ausländischer Steuern und Steuerhinterziehung im Ausland, wistra 1995, 1; *Lackner/Kühl,* Kommentar zum Strafgesetzbuch, 23. Aufl. 1999; *Kondring,* Zur Anwendung deutschen Insiderstrafrechts auf Sachverhalte mit Auslandsberührung, Wertpapiermitteilung (WM) 1998, 1369; *Korte,* Der Einsatz des Strafrechts zur Bekämpfung der internationalen Korruption, wistra 1999, 81; *Leipziger Kommentar* (LK) zum Strafgesetzbuch, 10. Aufl., 11. Aufl.; *Liebelt,* Zum deutschen internationalen Strafrecht und seiner Bedeutung für den Einfluß außerstrafrechtlicher Rechtssätze des Auslands auf die Anwendung inländischen Strafrechts, Diss, Münster 1978; Strafbare Verletzung der Buchführungspflicht im Ausland? NStZ 1989, 182; *Martin,* Strafbarkeit grenzüberschreitender Umweltbeeinträchtigungen, 1989; Grenzüberschreitende Umweltbeeinträchtigungen im deutschen Strafrecht, ZRP 1992, 19; *Maurach/Schroeder/Maiwald,* Strafrecht, Besonderer Teil, Teilband 2, 8. Aufl. 1999; *Möhrenschlager,* Einbeziehung ausländischer Rechtsgüter in den Schutzbereich nationaler Straftatbestände in: *Dannecker* (Hrsg.), Die Bekämpfung des Subventionsbetrugs im EG-Bereich, 1993, S. 162; Strafrechtliche Vorhaben zur Bekämpfung der Korruption auf nationaler und internationaler Ebene, JZ 1996, 822; *Nomos-Kommentar zum Strafgesetzbuch* (NK), 1995 ff.; *Oehler,* Internationales Strafrecht, 2. Aufl. 1983; Strafrechtlicher Schutz ausländischer Rechtsgüter, insbesondere bei Urkunden, JR 1980, 485; Zur Frage, unter welchen Voraussetzungen eine von einem Deutschen im Ausland begangene Straftat im Heimatland zu bestrafen ist, JR 1982, 160; *Pappas,* Stellvertretende Strafrechtspflege, 1996; *Pottmeyer,* Die Strafbarkeit von Auslandstaten nach dem Kriegswaffenkontroll- und dem Außenwirtschaftsrecht, NStZ 1992, 57; *Rebholz,* Einfuhr, Durchfuhr und Ausfuhr im Straf- und Ordnungswidrigkeitenrecht, 1991; *Reschke,* Der Schutz ausländischer Rechtsgüter durch das deutsche Strafrecht, Diss. Freiburg, 1962; *Schlüchter,* Zur teleologischen Reduktion im Rahmen des Territorialitätsprinzips, Festschrift für Oehler, 1985, S. 307; *G. Schmitz,* Ist die Fälschung von sog. „Postwertzeichen" (§ 148 StGB) seit der Privatisierung straffrei (Art. 103 Abs. 2 GG)?, ZStW 111, 388 (1999); *Schönke/Schröder,* Kommentar zum Strafgesetzbuch,

25. Aufl. 1997; *Scholten,* Das Erfordernis der Tatortstrafbarkeit in § 7 StGB, 1995; *Schroeder,* Urkundenfälschung mit Auslandsberührung, NJW 1960, 1406; *Schuster,* Die internationale Anwendung des Börsenrechts, 1996; *Shaw,* International Law, 4. Aufl., Cambridge, 1997; *Sieber,* Internationales Strafrecht im Internet, NJW 1999, 2065; *Staubach,* Die Anwendung ausländischen Strafrechts durch den inländischen Richter, 1964; *Sternberg-Lieben,* Internationaler Musikdiebstahl und deutsches Strafanwendungsrecht, NJW 1985, 2121; *Stoffers,* Überblick über die deutsche Rechtsprechung zum Schutz ausländischer Rechtsgüter durch das deutsche Strafrecht, insbesondere im Bereich der Aussage- und Urkundendelikte, JA 1994, 76; *Tröndle/Fischer,* Kommentar zum Strafgesetzbuch, 49. Aufl., 1999; *U. Weber,* Zur Anwendbarkeit des deutschen Urheberstrafrechts auf Rechtsverletzungen mit Auslandsberührung, Festschrift für Stree und Wessels, 1993, S. 613; *Westphal/Stoppa,* Straftaten im Zusammenhang mit der unerlaubten Einreise und dem unerlaubten Aufenthalt von Ausländern nach dem Ausländergesetz, NJW 1999, 2137; *Wiedenbrüg,* Schutz ausländischer öffentlicher Urkunden durch §§ 271, 273 StGB? NJW 1973, 301; *Ziegenhain,* Extraterritoriale Rechtsanwendung und die Bedeutung des Genuine-Link-Erfordernisses, Eine Darstellung der deutschen und amerikanischen Staatenpraxis, Diss. München, 1992; *Zieher,* Das sog. Internationale Strafrecht nach der Reform, 1977; *Ziermann,* Die strafrechtliche Relevanz der sogenannten Grenzverkehrsverträge unter besonderer Berücksichtigung des Internationalen Strafrechts, Diss. Köln, 1992; *Zieschang,* Das EU-Bestechungsgesetz und das Gesetz zur Bekämpfung internationaler Bestechung, NJW 1999, 105.

Inhaltsübersicht

Rn.

I. Einleitung 1

II. Die Einbeziehung des Schutzes ausländischer Rechtsgüter in das deutsche Strafrecht 2–27

1. Wirtschaftsstraftaten, auf die „allgemeine" Straftatbestände anwendbar sind 2–11
2. Ausdehnung von Wirtschaftsstraftatbetänden auf den Schutz ausländischer Rechtsgüter durch „autonome" Entscheidung des Gesetzgebers 12–16
3. Ausdehnung von Wirtschaftsstraftatbeständen auf den Schutz ausländischer Rechtsgüter nach dem Recht der Europäischen Gemeinschaften oder sonst aufgrund völkerrechtlicher Verträge 17–27

III. Die Erfassung von grenzüberschreitenden und im Ausland begangenen Wirtschaftsstraftaten nach dem internationalen Strafanwendungsrecht 28–46

1. Reichweite des Territorialitätsprinzips 28–39
   a) Inlandsbegriff und allgemeine Bestimmung der Staatsgrenze 29
   b) Inlandsbegriff und Grenzen im Zusammenhang mit sog. „Verbringungstatbeständen" 30–33
   c) Ubiquitätstheorie (§ 9 StGB) 34–39
2. Aktives und passives Nationalitätsprinzip – Schutzprinzip 40–44
3. Prinzip der stellvertretenden Strafrechtspflege 45
4. Universalitätsprinzip 46

I. Einleitung

1 Zu einem Schwerpunkt der internationalen Kriminalität ist die **internationale Wirtschaftskriminalität** in ihren vielfältigen Erscheinungsformen geworden. Ihre wirksame Bekämpfung setzt – neben präventiven Maßnahmen – zum einen sowohl ausreichende strafrechtliche Verbote und strafverfahrensrechtliche Regelungen und gut funktionierende staatliche Institutionen (Justiz, Polizei und Verwaltungsbehörden) in den betroffenen Staaten als auch eine effektive Zusammenarbeit zwischen den zuständigen Stellen solcher Staaten bei der Aufklärung, Verfolgung und Aburteilung voraus. Dieser Beitrag befaßt sich mit dem **materiell-strafrechtlichen Bereich**. Dabei wird hier unter „internationaler" Wirtschaftskriminalität diejenige „Wirtschaftskriminalität" verstanden, die aus deutscher Sicht grenzüberschreitend bzw. auslandsbezogen ist. Dieser Auslandsbezug kann darin bestehen, daß die Tat ganz oder teilweise im Ausland begangen wird, was zur Aufklärung und Beweisgewinnung eine Zusammenarbeit mit dem Ausland notwendig machen kann. Ein solcher Auslandsbezug kann aber auch gegeben sein, wenn die Tat sich zwar im Inland abspielt, sich aber gegen ausländische Rechtsgüter richtet.

Darüber hinaus sind auch die Fälle einzubeziehen, in denen Taten – sei es im Inland oder Ausland – die Interessen internationaler oder supranationaler Organisationen verletzen oder gefährden.

II. Die Einbeziehung des Schutzes ausländischer Rechtsgüter in das deutsche Strafrecht

1. Wirtschaftsstraftaten, auf die „allgemeine" Straftatbestände anwendbar sind

Im Inland begangene „Wirtschaftskriminalität", deren Strafbarkeit sich aus dem deutschen Strafrecht ergibt, kann als Folge der deutschen Strafgewalt über das Territorium der Bundesrepublik Deutschland (§ 3 StGB – Territorialitätsprinzip –) grundsätzlich auch im Inland verfolgt werden,[1] gleichgültig, ob sie dort von deutschen Staatsangehörigen oder von Ausländern[2] begangen wird. Ob auch im Ausland von Deutschen oder sogar von Ausländern begangene Wirtschaftsstraftaten in Deutschland verfolgt werden können, hängt davon ab, ob die einschlägigen Tatbestände überhaupt auf Auslandstaten angewandt werden können und ob den deutschen Strafverfolgungsbehörden und Strafgerichten die Befugnis zu deren Verfolgung materiell und prozessual zusteht. 2

a) Was zunächst die **Reichweite von Tatbeständen** betrifft, so bestehen keine Probleme bei solchen Tatbeständen, die sowohl inländische als auch ausländische Rechtsgüter schützen. Dies gilt jedenfalls zunächst für Inlandstaten. Allgemein – nach den Grundsätzen des völkerrechtlichen Fremdenrechts[3] – ist anerkannt, daß Strafvorschriften, die Individualrechtsgüter – wie Leben, Gesundheit, Freiheit, Ehre, Vermögen oder Eigentum – schützen, grundsätzlich jedenfalls auf Inlandstaten anwendbar sind, auch wenn der Rechtsgutsträger ein Ausländer ist.[4] Dies ist auch Folge der Souveränität des Staates über sein Hoheitsgebiet. Das gleiche gilt für ausländische Unternehmen, die im Inland Eigentum oder Vermögen haben bzw. sich im Inland betätigen. In diesem Rahmen können auch Rechtsgüter ausländischer Staaten, wenn sie nicht Ausfluß von Hoheitsgewalt sind, sondern den Charakter von Individualrechten haben, auch im Inland Strafrechtsschutz 3

---

[1] Wenn nicht ein Verfolgungshindernis besteht (Fehlen eines Strafantrags, einer Ermächtigung; Immunität von Abgeordneten, von Diplomaten (dazu BVerfGE 96, 98) oder von Bediensteten supranationaler (wie von Institutionen der Europäischen Gemeinschaften) oder internationaler Organisationen).

[2] Allgemein, auch im Völkerrecht, anerkannt als Folge des Territorialitätsprinzips (ausdrücklich noch erwähnt in § 3 RStGB 1871; § 4 Abs. 1 StGB i. d. F. der VO vom 6. 5. 1940, RGBl. I 754, der bis 31. 12. 1974 galt).

[3] *Jescheck/Weigend,* Lehrbuch des Strafrechts, AT, 5. Aufl. 1997, S. 141; ausführlich *Reschke,* Der Schutz ausländischer Rechtsgüter durch das deutsche Strafrecht, Diss. Freiburg, 1962, S. 102 ff. m. w. N.; vgl. auch *Vagts,* Minimum Standards, in: *Max Planck Institute for Comparative Public Law and International Law/Bernhardt* (ed.), Encyclopedia of Public International Law, Bd. III, 1997, S. 408 ff.; *Shaw,* International Law, 4. Aufl., Cambridge, 1997, S. 569 ff.; *Henkin/Pugh/Schachter/Smit,* International Law, St. Paul, Minn., 1993, S. 716 ff. (zum Thema „Responsibility for injury to aliens – failure to protect aliens or to apprehend and prosecute those who wrongfully inflict injury on aliens").

[4] *Leipziger Kommentar (LK),* StGB, 11. Aufl., Rn. 162 ff. vor § 3 (*Gribbohm*), 1997; *Schönke/Schröder,* StGB, 25. Aufl. 1997, Rn. 15 vor § 3 (*Eser*) m. w. N.; *Tröndle*/Fischer, StGB, 49. Aufl. 1999, Rn. 5 c vor § 3; *Möhrenschlager* in: *Dannecker,* Die Bekämpfung des Subventionsbetrugs im EG-Bereich, 1993, S. 152, 163 m. w. N.; *Oehler,* Int. Strafrecht, Rn. 125, 161, 233; *Ziermann,* Die strafrechtliche Relevanz der sogenannten Grenzverkehrsverträge unter besonderer Berücksichtigung des Internationalen Strafrechts, Diss. Köln, 1992, S. 11 (für das Inland); vgl. auch BGHSt 29, 85, 88 (betr. „in der zivilisierten Welt anerkannte elementare Rechtswerte wie Leib, Leben, Freiheit oder Ehre, die das deutsche Strafrecht auch bei nur ausländischer Wirkung der Tat schützen müßte" unter Bezug auf BGHSt 21, 277, 281, wo auch der Eigentumsschutz miterwähnt wird).

genießen.[5] Inwieweit eine Strafvorschrift sowohl inländische als auch ausländische oder nur inländische Rechtsgüter schützt, läßt sich nicht generell sagen, sondern ist für jeden einzelnen Tatbestand jeweils gesondert zu prüfen. Davon zu trennen ist die Frage, ob auch Auslandstaten, die sich gegen inländische oder auch ausländische Rechtsgüter richten, strafrechtlich verfolgt werden können. Dies richtet sich nach den Regeln des internationalen Strafanwendungsrechts (§§ 4 ff. StGB),[6] sofern sich nicht aus der Strafvorschrift ergibt, daß nur Inlandstaten erfaßt werden.

4 b) Die **§§ 242 ff. und § 246 StGB** kennen grundsätzlich keine inlandsbezogene Begrenzung. **Diebstahl** oder **Unterschlagung** von Gegenständen, die einem Ausländer, einem Unternehmen, das sich (mehrheitlich) in den Händen von Ausländern bzw. einer ausländischen Gesellschaft befindet, oder einer Institution eines ausländischen Staates (z. B. einer Botschaft) oder einer internationalen oder supranationalen Organisation (wie etwa einer Einrichtung der EG) gehören, kann daher in Deutschland verfolgt werden.[7] Dabei ist die Frage, wie und für wen Eigentum erworben wird, nach der lex sitae, d. h. bei Sachen, die im Ausland erworben wurden, nach ausländischem Recht zu beantworten.[8] Unter Umständen ist allerdings die Nichtanerkennung des (ausländischen) Eigentumserwerbs durch den deutschen ordre public zu beachten (vgl. Art. 30 EGBGB).[9]

5 c) Entsprechendes gilt auch für Taten des **Betruges** (§ 263 StGB),[10] des **Computerbetruges** (§ 263 a StGB),[11] des **Versicherungsmißbrauchs** (§ 265 StGB),[12] des **Erschleichens von Leistungen** (§ 265 a StGB), der **Untreue** (§ 266 StGB),[13] der **Hehlerei** (§§ 259 ff.

---

[5] *LK* (Fn. 4), 10. Aufl. 1985, Rn. 37 vor § 3 (*Tröndle*); *Schönke/Schröder* (Fn. 4) Rn. 22; *Tröndle/Fischer* (Fn. 4) Rn. 6 vor § 3; *Möhrenschlager* (Fn. 4); *Ziegenhain*, Extraterritoriale Rechtsanwendung und die Bedeutung des Genuine-Link-Erfordernisses, Eine Darstellung der deutschen und amerikanischen Staatenpraxis (Diss. München), 1992, S. 63; ähnlich *Alternativ-Kommentar zum Strafgesetzbuch (AK) (Lemke)*, 1990, Rn. 20 vor § 3 (für die Zuordnung soll es auf das Schwergewicht der (gefährdeten) Interessen ankommen) und *Nomos-Kommentar zum Strafgesetzbuch (NK) (Lemke)*, 1995 ff., Rn. 30 vor § 3.

[6] Vgl. Rn. 28 ff.

[7] *Möhrenschlager* (Fn. 4); *Reschke* (Fn. 3), S. 136 ff.

[8] So im Erg. schon RGSt 27, 135 (1895 – Unterschlagung von in der Schweiz unter Eigentumsvorbehalt gekauftem Druckerei- und Papierwarenfabrikinventar); dem Erg. zust. *Liebelt*, Zum deutschen internationalen Strafrecht und seiner Bedeutung für den Einfluß außerstrafrechtlicher Rechtssätze des Auslands auf die Anwendung inländischen Strafrechts, Diss. Münster, 1978, S. 218 f., 234, 241; vgl. auch *NK (Lemke)* (Fn. 5) Rn. 32 vor § 3 m. N.

[9] *Schönke-Schröder* (Fn. 4), Rn. 24 vor § 3; *Reschke* (Fn. 3), S. 137 ff. (auch zu Fällen des Erwerbs als Folge von Enteignungen); generell zur Anwendung ausländischen Rechts *Cornils*, Die Fremdrechtsanwendung im Strafrecht, 1978 (Diss. FU Berlin 1977); *Liebelt* (Fn. 8) S. 195 ff.; *Staubach*, Die Anwendung ausländischen Strafrechts durch den inländischen Richter, 1964.

[10] BayObLGSt 1979, 199, 200 = NJW 1980, 1057 (grundsätzlich bejahend bei § 263 StGB; zu Ausnahmen s. u.); *Möhrenschlager* (Fn. 4); *Schröder*, JR 1964, 353; *Reschke* (Fn. 3), S. 141 ff.

[11] Es dürfte davon auszugehen sein, daß die Arbeit des Europarates an einem Übereinkommen über Datennetzkriminalität („cyber space crime") – in Anlehnung an andere Strafrechtskonventionen des Europarates – zu einer Regelung über Computerbetrug führen wird, welche die Vertragsstaaten verpflichten wird, auch Auslandstaten zu erfassen, d. h. auch Vermögen von Ausländern im Ausland gegen Angriffe durch Staatsangehörige eines Vertragsstaates strafrechtlich zu schützen.

[12] Geschütztes Rechtsgut der Neufassung des § 265 StGB ist das Vermögen der Versicherungen; der Tatbestand ist eine Art Vorbereitungshandlung zur Vermögensschädigung, die nicht notwendigerweise eine Vorbereitungshandlung zum Betrug darstellen muß (Ausschußbericht zum 6. StrRG, BT-Drucks. 13/9064, S. 19 f.; Begr. zu § 256 Abs. 2 E 62, BT-Drucks. IV/650 = V/32, S. 427 f.); noch mehr als zum früheren Recht ist daher § 265 StGB geeignet, nicht nur inländische, sondern auch ausländische Versicherungen in ihrem Vermögen zu schützen; vgl. *Tröndle/Fischer* (Fn. 4), Rn. 6 vor § 3; § 265 Rn. 2; *Mitsch*, ZStW 111, 65, 117 (1999) (Struktur einer Betrugsvorbereitung); schon zum früheren Recht bejahend BGHR § 265 I Versicherungsvertrag 2 = wistra 1993, 224 (Anstiftung zum Inbrandsetzen eines in Schweden belegenen und dort versicherten Ferienhauses in betrügerischer Absicht); *LK* (Fn. 4), § 265 Rn. 48 (*Tiedemann*); *Lackner/Kühl*, StGB, 23. Aufl. 1999, Rn. 1.

[13] *Reschke* (Fn. 3), S. 144 ff.

StGB)[14] und des **Mißbrauchs von Scheck- und Kreditkarten** (§ 266 b StGB) als Straftat im Umkreis von Betrug und Untreue.

Bei der Anwendung des allgemeinen Untreuetatbestandes sollte, wenn man die streitige Frage, ob auch ein zu gesetz- oder sittenwidrigen Zwecken begründetes Treueverhältnis eine Betreuungspflicht begründet, mit der h. M.[15] grundsätzlich bejaht, bei der Anwendung auf Ausländer, deren „Treueverhältnis" direkt oder indirekt auf im Ausland stammende Regelungen zurückgeht, zusätzlich für die Entscheidung den deutschen ordre public heranziehen.

Allerdings wird in Fällen, in denen es um den Schutz ausländischer Verwaltungen 6
und Staatseinrichtungen, also um hoheitliche bzw. überindividuelle, z. B. fiskalische Interessen oder Interessen der staatlichen Daseinsvorsorge eines ausländischen Staates oder einer supra- oder internationalen Organisation geht, eine Anwendung dieser Strafvorschriften abgelehnt.[16] Aus diesem Grund verneint die h. M. eine Anwendung des § 263 StGB zwar nicht bei Subventionserschleichungen z. B. zum Nachteil der EG[17] außerhalb des Anwendungsbereichs des § 264 StGB, aber bei der Hinterziehung von ausländischen Steuern, Zöllen oder sonstigen Abgaben, auch wenn die auslandsbezogenen Voraussetzungen der §§ 369 ff. AO nicht vorliegen.[18] Zu überdenken wäre diese Beschränkung hinsichtlich des Schutzes von Rechtsgütern der Europäischen Gemeinschaften, da mittelbar durch deren Schädigung auch Inlandsinteressen betroffen sind; allerdings hat der EuGH in dem bekannten griechischen Mais-Fall[19] aus Art. 5 EG-Vertrag keine automatische Ausdehnung des nationalen Rechtsschutzes auf den Schutz europäischer Rechtsgüter, sondern nur eine Verpflichtung dazu hergeleitet. Bisher beruhen Erstreckungen in diesem Bereich daher auf ausdrücklichen gesetzgeberischen Erweiterungen (s. dazu u.).

Nicht so eindeutig ist die Sachlage bei den Tatbeständen des **Kapitalanlagebetruges** 7
(§ 264 a StGB) und des **Kreditbetruges** (§ 265 b StGB), dies jedenfalls dann, wenn man diese Tatbestände nicht nur als Vorfeldtatbestände (abstrakte Gefährdungstatbestände) zum Betrug ansieht, sondern entsprechend dem Willen des Gesetzgebers[20] mit der überwiegenden Meinung[21] den Schutz überindividueller Schutzinteressen (daneben) besonders hervorhebt. In diesem Fall ist es nicht von vornherein abwegig, eine Beschränkung auf inländische Interessen anzunehmen. Aus dem Wortlaut ergibt sich jedoch eine solche Einschränkung nicht. Der Gesetzgeber wollte auch Anteile an ausländischen Aktiengesellschaften in den Schutzbereich einbeziehen,[22] was allerdings eine Beschränkung auf Handlungen mit möglichen Wirkungen für den deutschen Kapitalmarkt nicht ausschließen würde.[23] Die heutzutage bestehende Verflechtung nationaler und ausländischer Kapi-

---

14 *Reschke* (Fn. 3), S. 148 (soweit es sich bei den Vortaten um nach deutschem Recht strafbare Taten handelt).

15 Vgl. *LK* (Fn. 4), § 266 (*Schünemann*), 1997, Rn. 63 f.; *Tröndle/Fischer* (Fn. 4), § 266 Rn. 9, jeweils m. w. N.; a. A. z. B. *Schönke/Schröder* (Fn. 4), § 266 Rn. 32; *Reschke* (Fn. 3), S. 145 ff.

16 Allgemeine Meinung, vgl. BGHSt 29, 85, 89; *LK* (Fn. 4), Rn. 164; *Schönke/Schröder* (Fn. 4), Rn. 16 ff. vor § 3; *Tröndle-Fischer* (Fn. 4); *Oehler* (Fn. 4), Rn.233, 778 ff., 786; *Kohlmann*, Steuerstrafrecht, 7. Aufl. 1997, § 370 AO, Rn. 113; *Franzen/Gast/Joecks*, Steuerstrafrecht, 4. Aufl. 1996, § 369 AO Rn. 33.

17 *Dannecker*, Strafrecht der Europäischen Gemeinschaft, 1995, S. 161 f.; *Dieblich*, Der strafrechtliche Schutz der Rechtsgüter der Europäischen Gemeinschaften, Diss. Köln, 1985, S. 120 ff.

18 Zuletzt BayObLG (Fn. 10); *LK* (Fn. 4), Rn. 177 vor § 3 m. N. zur Rechtspr. und Lit.; Bedenken dagegen erhebt *Gössel*, Festschrift f. Oehler, 1985, S. 97, 106.

19 EuGH vom 21. 9. 1989, Slg. 1989, 2965 (Rechtssache 68/88 – Kommission – Griechenland) = NJW 1990, 2245 = EuZW 1990, 99 m. Anm. *Tiedemann*.

20 Zu § 264 a StGB RegE, BT-Drucks. 10/318, S. 22; zu § 265 b StGB RegE, BT-Drucks. 7/3441, S. 17 f., Ausschußbericht, BT-Drucks. 7/5291, S. 14.

21 *LK* (Fn. 4), § 264 a, Rn. 13 (*Tiedemann*) m. w. N. in Fn. 11; § 265 b, Rn. 9 ff. m. w. N. in Fn. 7.

22 RegE, BT-Drucks. 10/318, S. 22.

23 Möglicherweise einschränkend in dieser Richtung *Petersen* in: *Gropp* (Hrsg.), Wirtschaftskriminalität und Wirtschaftsstrafrecht in einem Europa auf dem Weg zu Demokratie und Privatisierung, 1998, S. 115, 119.

talanlagemärkte spricht auch für einen weitergehenden Ansatz. Geschützt werden also sowohl Deutsche als auch Ausländer, die im Inland oder Ausland Anteile an inländischen oder ausländischen Gesellschaften erwerben wollen. M. E. bestehen auch keine Bedenken, diese Ansicht auf den Tatbestand des § 265 b StGB zu übertragen. Eine Einschränkung auf den Schutz des inländischen Kreditwesens, wie ihn OLG Stuttgart[24] annimmt, ergibt sich auch hier nicht aus dem Wortlaut und folgt auch nicht zwingend aus der Struktur des § 265 b StGB. Die Anlehnung von Tatbestandselementen an das KWG ist kein ausreichendes Gegenargument. § 265 b StGB ist nicht akzessorisch ausgestaltet wie z. B. ein Teil der Umweltstraftatbestände.[25] Die Lösung von *Tiedemann*, den Tatbestand wenigstens auf den Schutz von Kreditunternehmen in der EU auszudehnen, ist mit dem Wortlaut und der Ausgestaltung des Tatbestandes kaum zu vereinbaren. Dann müßte der Tatbestand eine ausdrückliche Beschränkung auf den Bereich des Gemeinsamen Marktes enthalten, wie dies nun die Gemeinsame Maßnahme vom 22. 12. 1998 über die Bestechung im privaten Sektor[26] vorsieht. § 265 b StGB sollte daher grundsätzlich auch auf Fälle angewandt werden können, in denen etwa ein Deutscher die Tathandlungen im Ausland begeht.[27]

8 Bei den **Urkundenstraftatbeständen** stellt sich auch die Frage, ob geschütztes Rechtsgut nicht nur die Sicherheit und Zuverlässigkeit des inländischen, sondern auch des ausländischen Rechtsverkehrs sein kann.[28] Nach allgemeiner Ansicht ist letzteres jedenfalls für die **§§ 267–270 StGB** zu bejahen,[29] d. h. also, soweit es um den Schutz der Echtheit und Unversehrtheit von Urkunden geht, was auch eine Tat nach § 274 StGB einschließt. Eindeutiger konnte man dies aus dem bis 1943 geltenden Urkundenstrafrecht entnehmen, das ausdrücklich auch den Schutz ausländischer öffentlicher Urkunden miteinschloß und nur auf Täuschungen abstellte.[30]

Sofern im Ausland gefälscht hergestellte oder verfälschte Urkunden im Inland gebraucht werden, etwa durch Vorzeigen an der Grenze beim Einreisen, geht es allerdings noch um die Gefährdung der Sicherheit und Zuverlässigkeit des inländischen Rechtsverkehrs, so daß in einem solchen Fall an einer Strafbarkeit nach § 267 StGB kein Zweifel besteht.[31] Bei der heutigen Verflochtenheit staatlicher und privater internationaler Bezie-

---

[24] NStZ 1993, 545; ebenso LK (Fn. 4), § 265 b, Rn. 118 f. (aber einschränkend); *Tröndle/Fischer*, (Fn. 4) Rn. 6 vor § 3; § 265 b Rn. 6; *Lackner/Kühl* (Fn. 12), § 265 b Rn. 1.

[25] In den Fällen, in denen z. B. Umwelttatbestände allgemein formuliert sind, wird weitgehend versucht, diese so auszulegen, daß auch die ausländische Umwelt in den Schutzbereich miteinbezogen wird.

[26] EG-ABl. Nr. L 358 vom 31. 12. 1998 S. 2.

[27] Im Ergebnis ebenso *LK* (Fn. 4), Rn. 191 vor § 3 *(Gribbohm).*

[28] Dazu zuletzt insbesondere *Schroeder*, NJW 1990, 1406; *Stoffers*, JA 1994, 76, 78 ff.

[29] BayObLGSt 1979, 199, 201 f. = NJW 1980, 1057 (italienische Benzingutscheine als ausländische öffentliche Urkunden; Entfernung von Stempeln); KG JR 1980, 516 (ausländischer Reisepaß mit falschem Dr.-Titel – dazu Oehler, JR 1980, 485); KG JR 1981, 37 (Vorweisen eines gefälschten Kfz-Briefs gegenüber DDR-Grenzbeamten); von dieser Auffassung ging offenbar auch BGHSt 13, 235 (kanadischer Bezugskarten-Fall) aus; *LK* (Fn. 4) Rn. 192 vor § 3 (*Gribbohm*); *LK* (Fn.5), Rn. 34 vor § 3 *(Tröndle)*; *Tröndle/Fischer* (Fn. 4), Rn. 6; *Reschke* (Fn. 3), S. 203 ff.; *Ziermann* (Fn. 4), S. 15; a. A. *Sternberg-Lieben*, NJW 1985, 2121, 2125 (betr. GEMA-Aufdruck auf illegalem Tonträger).

[30] § 267 StGB a. F. lautete: „Wer in rechtswidriger Absicht eine inländische oder ausländische öffentliche Urkunde oder eine solche Privaturkunde, welche zum Beweise von Rechten oder Rechtsverhältnissen von Erheblichkeit ist, verfälscht oder fälschlich anfertigt und von derselben zum Zwecke einer Täuschung Gebrauch macht, wird ... bestraft." Daß auch „ausländische" Privaturkunden unter den Schutz des § 267 StGB a. F. fielen, war selbstverständlich (vgl. *Olshausen*, StGB, 11. Aufl. 1927, Anm. 10 a. E. (*Kirchner*); berechtigte Kritik an der Anknüpfung an einer „ausländischen" (Privat)Urkunde jedoch bei *Schroeder*, NJW 1990, 1406). Der geltende Tatbestand geht auf die Strafrechtsangleichungs-VO vom 29. 5. 1943 (RGBl. I S. 339) zurück, die an der Einbeziehung „ausländischer" Urkunden nichts ändern wollte.

[31] Davon ist das BayObLG, BayObLGSt 1981, 72 (betr. Änderung des Gültigkeitsdatums in einem marokkanischen Reisepaß) als selbstverständlich ausgegangen (streitig war nur die Frage, ob das

hungen im Rechtsverkehr erscheint es notwendig, auch die Täuschung des ausländischen Rechtsverkehrs durch Herstellen unechter *Urkunden* sowie die Verfälschung und den Gebrauch solcher Urkunden etwa durch Deutsche im Ausland tatbestandlich zu erfassen.[32] § 275, auch i.V. mit § 276 a StGB, erfaßt nicht nur die Vorbereitung der Fälschung von inländischen, sondern auch von ausländischen amtlichen Ausweisen, aufenthaltsrechtlichen Papieren und Fahrzeugpapieren;[33] das gleiche gilt für die Strafvorschriften über das **Verschaffen falscher amtlicher Ausweise, aufenthaltsrechtlicher Papiere und Fahrzeugpapiere (§§ 276, 276 a StGB)**;[34] der Begriff „amtlicher" Ausweis enthält also nicht eine stillschweigende Einschränkung auf inländische amtliche Ausweise. Auch die **§§ 277–279 StGB (betr. Gesundheitszeugnisse)** werden so ausgelegt, daß sie auch Fälle von Täuschungen gegenüber ausländischen Behörden erfassen.[35]

Was die **§§ 271 ff. StGB** angeht, so werden ausländische Urkunden als Schutzobjekt einbezogen, auf denen eine inländische Legalisierung angebracht ist oder die aufgrund von Staats- oder Konsularverträgen als öffentliche Urkunden im Inland anerkannt sind und einer derartigen zusätzlichen Legalisierung nicht bedürfen.[36] Das gleiche dürfte gelten, soweit aufgrund Gemeinschaftsrechts bestimmte öffentliche Urkunden eine Schutzwirkung für das gesamte Gebiet der Europäischen Union zum Inhalt haben. Beim Gebrauchmachen von mit falschen Angaben und Ursprungszeugnissen im Ausland erschlichenen belgischen T-2 Versandscheinen (welche die Einfuhrfähigkeit der Ware dokumentieren) zum Zwecke der Täuschung deutscher Zollbehörden bei der Einfuhr hat das OLG Frankfurt[37] entscheidend darauf abgestellt, daß diese Versandscheine auch inländische Interessen schützen. Darüber hinaus werden überwiegend ausländische öffentliche Urkunden in den Schutzbereich auch noch einbezogen, soweit eine Beeinträchtigung oder Gefährdung deutscher Interessen bzw. Schutzgüter in Frage steht.[38] Das ist insbesondere der Fall, wenn im Ausland erschlichene öffentliche Urkunden im Inland in irreführender Weise benutzt werden. Erwägungen, die zur Anwendung der §§ 267 ff. StGB auch auf den Schutz des ausländischen Rechtsverkehrs führen, wie z. B. die Not- 9

Gebrauchmachen im Ausland oder im Inland erfolgte, s. dazu u. Fn. 123); ebenso KG JR 1980, 516; *Jakobs*, Strafrecht, Allgemeiner Teil, 2. Aufl. 1993, S. 109.

[32] Ausdrücklich in dieser Richtung *Schroeder*, NJW 1990, 1406 f.; *Maurach/Schroeder/Maiwald*, Strafrecht, Besonderer Teil, Teilband 2, 7. Aufl. 1991, S. 137; *Reschke* (Fn. 3), S. 204; a. A. *Schlüchter*, Festschrift f. Oehler, 1985, S. 307, 313 f.

[33] *Tröndle/Fischer* (Fn. 4), § 275 Rn. 2, § 276 a Rn. 2.

[34] *Tröndle/Fischer* (Fn. 4), § 276 Rn. 2 (entsprechend dem Willen von Bundesregierung und Gesetzgeber, BT-Drucks. 12/6853 S. 29), § 276 a Rn. 2; *Lackner/Kühl* (Fn. 12), § 276 a Rn. 1 (soweit sie in Deutschland aufgrund zwischenstaatlicher Abkommen anerkannt werden).

[35] BGHSt 18, 333 = NJW 1963, 1318 (betr. § 279 StGB, Gebrauch gegenüber ausländischen Konsulaten im Inland); *LK-Gribbohm* (Fn. 29); *Tröndle/Fischer* (Fn. 4), § 277 Rn. 3; § 279; *Oehler*, Internationales Strafrecht (Fn. 4) Rn. 784.

[36] *LK-Gribbohm* (Fn. 5), ebenso *Tröndle* in der Voraufl. (Fn.25); *Schönke/Schröder* (Fn. 4), § 271 Rn. 1 (*Cramer*).

[37] wistra 1990, 271.

[38] RGSt 68, 300, 302 (1934 – Vorlage eines von einer belgischen Behörde mit Lichtbild des Täters, aber mit fremden Namen versehenen Passes im Inland als Straftat nach § 273 StGB a. F. = § 271 Abs. 2 StGB n. F.); BGH, 5 StR 614/89, 12. 6. 1990; OLG Düsseldorf, NStZ 1983, 221 (Vorlage unrichtiger öffentlicher persischer Beschäftigungszeugnisse bei einer Ärztekammer); KG JR 1980, 516 (Anm. 29); *LK* (Fn. 5), § 271 Rn. 4 a (Tröndle), enger aber *LK* (Fn. 5), Rn. 34 vor § 3; *Tröndle-Fischer* (Fn. 4), § 271 Rn. 3, § 273 Rn. 1; *Lackner/Kühl* (Fn. 12), § 271 Rn. 5; *Oehler* (Fn. 4), Rn. 239, 784; *Schroeder*, NJW 1990, 1406 f.; *Stoffers*, JA 1994, 76, 78; *Cornils* (Fn. 9), S. 97 f. (Vorweisen einer von einem Ausländer in seinem Heimatsstaat durch unzutreffende Angaben erlangten Bescheinigung über die Kinderzahl, um in Deutschland mehr Kindergeld zu bekommen); abl. *Wiedenbrüg*, NJW 1973, 301 und die in Fn. 36 Genannten, die aus dem komplementären Charakter von § 271 StGB zu § 348 StGB auf eine inländische Beschränkung schließen und deshalb eine solche ausdehnende Interpretation ablehnen. Eine Ausnahme macht *Schönke-Schröder-Cramer* (Fn. 36) für den Fall des § 273 StGB a. F. (Gebrauch ausländischer Pässe).

wendigkeit eines Schutzes ausländischer Bürger und Behörden vor dem Gebrauch von falschen Beurkundungen durch Deutsche im Ausland, sollten auch bei § 271 (Abs. 2) StGB zu einer weiteren Auslegung führen.[39]

10 Bei **Insolvenzstraftaten** (§§ 283–283 d StGB) ist eine Auslandserstreckung trotz teilweise begrifflicher Anlehnung an das deutsche Insolvenz-, Handels- und Bilanzrecht ebenfalls zu bejahen. Die §§ 283, 283 a StGB werden angewandt, wenn die Bankrotthandlungen im Ausland geschehen, die objektiven Bedingungen (z. B. Insolvenzeröffnung) aber im Inland eintreten.[40] Dies gilt auch im umgekehrten Fall, d. h., wenn die Bankrotthandlungen im Inland vorgenommen werden, im Ausland jedoch ein Insolvenzverfahren über das betroffene Unternehmen eröffnet wird.[41] Entsprechend ist auch in dem Fall zu verfahren, daß ein Deutscher die Bankrotthandlungen im Ausland begeht und dort auch die objektiven Bedingungen (Zahlungsunfähigkeit, Insolvenzeröffnung usw.) eintreten (sofern die Tat am Tatort auch strafbar ist, § 7 Abs. 2 Nr. 1 StGB). Eine Anwendbarkeit auf Auslandsstraftaten „wäre allerdings ausgeschlossen, wenn durch die Strafnorm ausschließlich inländische Rechtsgüter geschützt würden... Dies ist aber nicht der Fall. Denn geschütztes Rechtsgut der Konkursstraftaten ist das Vermögensinteresse der Gläubiger..."[42] Für die Interpretation der Tatbestandselemente, die sich an das Insolvenz-, Handels- und Bilanzrecht anlehnen, sind bei Auslandstaten dann die entsprechenden ausländischen Regelungen („Fremdrechtsanwendung") maßgebend.[43]

11 Entsprechendes gilt bei der **„Verletzung der Buchführungspflicht"** (§ 283 b StGB)[44] und bei **der Gläubiger- und Schuldnerbegünstigung nach den §§ 283 c und d StGB**.

2. Ausdehnung von Wirtschaftsstraftatbeständen auf den Schutz ausländischer Rechtsgüter durch „autonome" Entscheidung des Gesetzgebers

12 Sofern sich nicht aus der allgemeinen Struktur von Strafvorschriften ergibt, daß diese auch ausländische bzw. supra- oder internationale Rechtsgüter mitschützen, kann eine Einbeziehung – unabhängig von internationalen oder supranationalen Vorgaben[45] – auch durch eine ausdrückliche Ergänzung erfolgen, wie dies z. B. der Reichsgesetzgeber im Urkundenstrafrecht ursprünglich vorgesehen hatte.[46]

Eines der bekanntesten und ältesten Beispiele ist die ausdrückliche Einbeziehung **ausländischen Geldes, ausländischer Wertpapiere und – seit 1975 – generell auch ausländischer Wertzeichen**[47] **in den Schutzbereich der Strafvorschriften gegen Geldfälschung**

---

[39] Wie *Schroeder*, NJW 1990, 1406 f. vorgeschlagen hat.

[40] RGSt 16, 188 (1887; ca. 70 000 RM verspielt in Monte Carlo; Eröffnung des Konkursverfahrens in Brandenburg); RG JW 1935, 2061 (Unternehmen verlegt vor Bedingungseintritt Sitz ins Inland); *LK* (Fn. 4) § 283 Rn. 242 (*Tiedemann*).

[41] *LK-Tiedemann* (Fn. 40) Rn. 243.

[42] OLG Karlsruhe NStZ 1985, 317 (m. Anm. *Liebelt*) = wistra 1985, 157; *LK-Tiedemann* (Fn. 40) Rn. 244 a. E.; zust. auch *Schönke-Schröder* (Fn. 4) § 283 Rn. 29 (*Stree*); vgl. auch kritisch *Liebelt*, NStZ 1989, 182.

[43] *LK-Tiedemann* (Fn. 40) Rn. 92, 244 (ebenso *NK (Kindhäuser)* (Fn. 5), § 283 Rn. 56; anders offenbar zu § 283 b, Rn. 2 gegen OLG Karlsruhe (Fn. 42), das allerdings dann offenbar das in § 283 Abs. 1 Nr. 5 bis 7 StGB in Bezug genommene (deutsche) Handelsrecht zur Anwendung von § 283 StGB auf das Ausland erstreckte; *Liebelt*, NStZ 1989, 182 f.).

[44] OLG Karlsruhe (Fn. 42) gegen Vorinstanz AG Lörrach NStZ 1985, 221 (in Deutschland wohnender Deutscher ließ in der Schweiz als Direktor einer AG mit Sitz in der Schweiz keine Geschäftsbücher führen); i. Erg. zust. *LK-Tiedemann* (Fn. 40) § 283 Rn. 244; *Tröndle/Fischer* (Fn. 4), § 283 b Rn. 2; *Liebelt* (Fn. 42).

[45] Vgl. Rn. 17 ff.

[46] Vgl. Fn. 30.

[47] Für die Strafbarkeit nach § 275 StGB a. F. der Herstellung unechter russischer Stempelmarken aber schon RGSt 6, 388 (1882); neueres Beispiel BGHSt 32, 68 = wistra 1984, 30 (Mitwirkung an

(§§ 146 ff. StGB) durch § 152 StGB.[48] Das 2. WiKG vom 15. Juni 1986[49] enthielt eine ähnliche Gleichbehandlung bezüglich der Fälschung von Vordrucken und Euroscheckkarten, was im 6. StRG vom 26. Januar 1998[50] auf sämtliche garantierten Zahlungskarten ausgedehnt wurde. Die zwangsläufig enge Verbundenheit des nationalen und internationalen Geldverkehrs[51] führte zu dieser Gleichstellung hinsichtlich der Geldfälschung und des Inverkehrbringens gefälschten Geldes, was sich dann auch in Art. 5 des Übereinkommens zur Bekämpfung der Falschmünzerei vom 20. April 1929[52] niederschlug.[53] Nach deutschem Recht kann das (beabsichtigte) Inverkehrbringen auch im Ausland geschehen. Weitergehend als das Übereinkommen hat es darüber hinaus das Universalitätsprinzip, d. h. auch die Strafbarkeit von Auslandstaten von Ausländern ohne Rücksicht auf das Recht des Tatorts, für die §§ 146 ff. – außer für die §§ 147, 148 – StGB eingeführt.[54]

Ein weiteres Beispiel ist in dieser Hinsicht der Tatbestand des **Subventionsbetruges** 13
(§ 264 StGB) als Vorfeldtatbestand zum Betrug. In der durch das Erste Gesetz zur Bekämpfung der Wirtschaftskriminalität (1. WiKG) vom 29. 7. 1976 (BGBl. I 2034) eingeführten Strafvorschrift hatte der Gesetzgeber eine erste „Europäisierung" dadurch erreicht, daß nach § 264 Abs. 6 StGB (a. F.) in den Subventionsbegriff auch eine „Leistung aus öffentlichen Mitteln nach dem Recht der Europäischen Gemeinschaften" einbezogen wurde; zusätzlich legte der Gesetzgeber in § 6 Nr. 8 StGB fest, daß § 264 StGB auch für

---

der Beschaffung von gefälschten niederländischen Sozialversicherungsmarken (Druck in der Schweiz) und deren Inverkehrbringen in den Niederlanden); abl. trotz des Wortlauts von § 152 StGB *Schlüchter* (Fn. 32) S. 317 f., 320 f.

[48] Die ursprüngliche Fassung des § 146 StGB (§ 121 PrStGB 1851 folgend) enthielt direkt die Ausdehnung auf ausländisches Geld („Wer inländisches oder ausländisches Metallgeld oder Papiergeld nachmacht, ..."), dem in § 149 StGB a. F. (§ 123 Pr StGB 1851 folgend) auch schon 1871 bestimmte Wertpapiere gleichgestellt wurden.

Die geltende Regelung des § 152 StGB beruht auf Art. 19 Nr. 59 EGStGB v. 9. 3. 1974 (BGBl. I 469, 484), der zusätzlich die Regelung generell auch auf ausländische amtliche Wertzeichen ausdehnte. Für Beschränkung des Begriffs „ausländisch" auf Nicht-EU-Staaten nunmehr *G. Schmidt*, ZStW 111, 388, 417 f. wegen der EU-rechtlichen Qualifizierung des EU-Gebietes als Inland, was ich im Hinblick auf die weiterbestehende generelle Kompetenz der EU-Mitgliedstaaten für das Strafrecht (auch im Rahmen der sog. 3. „Säule" – Einstimmigkeitsprinzip!) nicht für richtig halte.

[49] BGBl. I 721.

[50] BGBl. I 164.

[51] Näher dazu *Zieher*, Das sog. Internationale Strafrecht nach der Reform, 1977, S. 164.

[52] RGBl. 1933 II 913.

[53] Der US Supreme Court hat im Arjona-Fall die Befugnis des Bundes zur Bestrafung der im eigenen Land begangenen Fälschung ausländischer Banknoten, Wertpapiere und Schuldverschreibungen in dem US-Gesetz von 1884 „to prevent and punish the counterfeiting within the United States of notes, bonds, and other securities of foreign Governments" zuvor sogar aus dem (allgemeinen) Völkerrecht hergeleitet (US v. Arjona, 120 U. S. 479 [1887]): „The law of nations requires every national government to use ‚due diligence' to prevent a wrong being done within its own dominion to another nation with which it is at peace, or to people thereof; and because of this the obligation of one nation to punish those who within its own jurisdiction counterfeit the money of another nation has long been recognised" (zitiert nach *R. S. Clark*, Countering Transnational and International Crime: Defining the Agenda, in: *P. C. Cullen/W. C. Gilmore* (Hrsg.), Hume Papers on Public Policy, Vol. 6 Nos. 1 & 2, Crime sans Frontières: International and European Approaches, Edinburgh University Press, 1998, S. 20, 25).

[54] Ursprünglich nur für Münzverbrechen (§ 4 Abs. 2 Nr. 1 RStGB 1871) nach preußischem Vorbild; auf Münzvergehen ausgedehnt in dem durch die VO vom 6. 5. 1940, RGBl. I 754 eingeführten § 4 Abs. 3 Nr. 7 StGB, was aber dann für den Fall des § 147 StGB – dem E 1962 folgend – durch das EGStGB (Fn. 48) wieder zurückgenommen wurde, vgl. zum Verhältnis zu dem weiterhin einbezogenen § 149 StGB die vorsichtige Kritik von *Zieher* (Fn. 51), S. 165 („eine gewisse, aus praktischen Erwägungen heraus ... nicht unangebrachte Inkonsequenz"). Auf EU-Ebene ist – im Hinblick auf die Einführung des Euro – eine Erweiterung des strafrechtlichen Schutzes von Geld gegen Fälschungen in Vorbereitung (vgl. dazu die Festlegungen in der Ratsentschließung vom 28. 5. 1999, ABl. EG C 171 v. 18. 6. 1999 S. 1 und die Deutsche Initiative dazu, ABl. EG C 322 v. 10. 11. 1999 S. 6).

Auslandstaten (von In- und Ausländern) unabhängig vom Recht des Tatorts gelten sollte. Inzwischen ist diese Vorschrift auf der Grundlage eines neuen EU-Rechtsinstruments noch weiter ausgedehnt worden (s. dazu u. zu 3).[55]

14 Eine ausdrückliche Erweiterung enthält auch der Straftatbestand der **Steuerhinterziehung in § 370 Abgabenordnung (AO),**[56] **der auch für die Hinterziehung von Zöllen, Abschöpfungen** (§ 3 Abs. 1 Satz 2 AO) und Abgaben auf Marktordnungswaren, die zu Marktordnungszwecken erhoben werden (§ 12 Abs. 1 Satz 1 erklärt AO-Vorschriften und damit auch § 370 AO für anwendbar), gilt. Durch ausdrückliche Ergänzung werden heutzutage auch (teilweise) fiskalische Interessen anderer Staaten[57] und auch der EG mitgeschützt.

Nach § 370 Abs. 6 Satz 1 AO gilt § 370 Abs. 1 bis 5 AO „auch dann, wenn sich die Tat auf Eingangsabgaben [= ‚Einfuhrabgaben' i. S. des Zollverwaltungsgesetzes und des Zollkodex[58]] bezieht", die von einem anderen EU-Staat „verwaltet werden" oder einem EFTA-Staat[59] „zustehen".[60] Voraussetzung ist dabei, daß es sich um „Eingangsabgaben" eines ausländischen Staates handelt, die von diesem zur Tatzeit auch erhoben werden.[61] Ob ausländische „Steuertatbestände die Erhebung von Eingangsabgaben i. S. von § 370 Abs. 6 AO regeln und ob die entsprechenden Vorschriften als Ausfüllungsnorm hinreichend bestimmt sind, ist auf der Grundlage des deutschen Steuerrechts in einer vergleichenden Wertung festzustellen".[62]

15 Darüber hinaus sollen durch § 370 Abs. 6 Satz 2 AO auch das Umsatzsteueraufkommen und das Aufkommen auf harmonisierte Verbrauchssteuern (auf Alkohol, Mineralöl, Tabak) anderer EU-Mitgliedstaaten unter bestimmten Voraussetzungen in gleicher Weise wie in Deutschland geschützt werden. Allerdings wird – abweichend von den Eingangsabgaben – das Umsatzsteueraufkommen anderer Staaten nur nach dem Prinzip der Gegenseitigkeit[63] strafrechtlich geschützt. Für die Anwendung ist jedoch zusätzlich noch eine Feststellung des BMF in einer RVO notwendig, für welche EU-Mitgliedstaaten diese Voraussetzungen vorliegen, was die Praktikabilität erheblich beeinträchtigt.[64] Ihr bisheriges Fehlen führt zur Unanwendbarkeit von Absatz 6 Satz 2.

---

[55] Vgl. Rn. 22 ff.

[56] Vgl. hierzu auch Kapitel 9 – Zoll und Steuer, Rn. 107 ff.

[57] Eine Anwendung des Zollstrafrechts (im Vereinszollgesetz von 1869), das keine solche Ergänzung enthielt, auf die Hinterziehung ausländischer Steuern hatte RGSt 14, 124 (1886) abgelehnt.

[58] Art. 4 Nr. 10 Zollkodex; § 1 Abs. 1 Satz 3 Zollverwaltungsgesetz; vgl. OLG Schleswig wistra 1998, 30; *Kohlmann* (Fn. 16) § 370 AO Rn. 119; *Keßeböhmer/Schmitz,* wistra 1995, 1, 2 f. m. w. N.

[59] Island, Liechtenstein, Norwegen, Schweiz. – § 370 Abs. 6 AO erfaßt in bezug auf EFTA-Staaten jede Hinterziehung von Eingangsabgaben und nicht nur solche, die aufgrund unrichtiger Verzollungsunterlagen – die die Ware als aus der EU stammend und deshalb als präferenzberechtigt ausweisen – nicht erhoben werden (OLG Hamburg wistra 1987, 266 = ZfZ 1987, 247 gegen Vorinstanz – Alkoholschmuggel nach Norwegen).

[60] § 373 AO ist in diesen Fällen allerdings nicht anwendbar (BGH wistra 1987, 293; dazu rechtspolitisch krit. *Bender,* Steuerstrafrecht, 4. Aufl. 1994, C III TZ 64 N. 3).

[61] BGH wistra 1991, 29 = ZfZ 1991, 329 (Alkoholschmuggel nach Schweden, das erst ab 1.1. 1985, d. h. noch nicht zum Tatzeitpunkt, Eingangsabgaben erhoben hatte).

[62] BGH a.a.O.; *Kohlmann* (Fn. 16) § 370 AO Rn. 120; *Keßeböhmer/Schmitz,* wistra 1995, 1 m. w. N.; zur Notwendigkeit einer genauen Prüfung und evtl. Einholung einer Auskunft des betr. Staates vgl. *Achenbach/Wannemacher,* Beraterhandbuch zum Wirtschafts- und Steuerstrafrecht, Teil 2, § 7 II Rn. 220 (*Mösbauer/Meine*).

[63] Eine ähnliche Regelung galt für Eingangsabgaben von 1968 bis 1974, die dann aber abgeschafft wurde! (vgl. *Möhrenschlager* (Fn. 4) S. 165 m. N. in Fn. 17 a; abl. früher schon *Johannes,* ZStW 83, 531, 543 f., 549 (1971))! – Zum Begriff der „Gegenseitigkeit" näher *Keßeböhmer/Schmitz,* wistra 1995, 1, 3–5.

[64] Näher zur RVO *Keßeböhmer/Schmitz,* wistra 1995, 1, 5. – Warum für die tatsächliche Feststellung des Rechtszustandes in einem anderen EU-Staat die Zustimmung des Bundesrats erforderlich sein soll, ist mir unerfindlich.

Ein neueres Beispiel liefert auch das **Gesetz über den Wertpapierhandel**[65] **(WpHG)**,[66] das zum Schutze von Anlegern vor allem verbotene Insidergeschäfte bekämpfen will. Auch wenn sich die Verbotsregelungen auf Handlungen im Inland beziehen, wozu wohl auch grenzüberschreitende Handlungen gehören,[67] und deshalb die Strafvorschrift primär deren Bewehrung dient (§ 38 Abs. 1 WpHG), so wird ein räumlich weiterreichender Schutz dadurch erreicht, daß für die Anwendung dieser Strafvorschrift einem Verbot i. S. von § 14 WpHG ein entsprechendes ausländisches Verbot gleichsteht (§ 38 Abs. 2 WpHG). Verstößt daher z. B. ein Deutscher in Frankreich vorsätzlich gegen ein dem deutschen Recht entsprechendes französisches Insiderverbot, was insbesondere im Anwendungsbereich der einschlägigen EG-Richtlinie der Fall sein kann, so kann der Täter nicht nur in Frankreich, sondern auch in Deutschland strafrechtlich verfolgt werden.[68] **16**

Im Zusammenhang mit der Entwicklung und Errichtung wirksamer Maßnahmen zur Bekämpfung des illegalen Einschleusens von Nicht-EG-Ausländern nach der weitgehenden Aufhebung von Grenzkontrollen in den sog. Schengen-Staaten, ist im **Ausländergesetz** durch das Änderungsgesetz vom 16. 12. 1997[69] auch eine Ausdehnung auf den Auslandsbereich vorgenommen worden. Nach § 92 a Abs. 4 AuslG sind auf Zuwiderhandlungen gegen Rechtsvorschriften über die Einreise und den Aufenthalt von Ausländern in das europäische Hoheitsgebiet einer der Vertragsstaaten des Schengener Übereinkommens vom 19. 6. 1990 verschiedene Alternativen der Strafvorschrift des § 92 a AuslG entsprechend anzuwenden, wenn der Täter einen Ausländer unterstützt, der nicht die Staatsangehörigkeit eines EG-Mitgliedstaats oder eines anderen Vertragsstaats des Abkommens über den Europäischen Wirtschaftsraum besitzt.[70]

Schließlich gibt es auch Fälle, in denen die Entscheidung für eine Ausdehnung strafrechtlicher Regelungen auf den Schutz ausländischer oder supranationaler Rechtsgüter zwar „autonom" ist, Anlaß dafür jedoch eine Verpflichtung zur Ahndung bestimmter Verstöße ist, welche die Wahl der Sanktionen jedoch dem nationalen Gesetzgeber überläßt. Dies ist insbesondere dann der Fall, wenn völkerrechtliche Verträge nur eine ganz allgemeine Verpflichtung zur Sanktionierung auferlegen. Im Gemeinschaftsrecht ist dies vor allem in Verordnungen und Richtlinien im sog. „ersten Pfeiler" zu finden, bei denen nach der überwiegenden Meinung der Mitgliedstaaten im Rat der Europäischen Union keine Befugnis besteht, die Mitgliedstaaten zur Einführung von Kriminalstrafen zu zwingen. Deshalb besteht in diesem Bereich vielfach nur eine Verpflichtung zur Ahndung von Verstößen. In Deutschland ist dann bei der Umsetzung zu prüfen, ob zur Bewehrung Bußgeldtatbestände ausreichen oder alternativ oder sogar zusätzlich auch strafrechtliche Regelungen angezeigt sind. In Fällen, in denen es um den Schutz europäischer Rechtsgüter, also nicht nur von Rechtsgütern in den Mitgliedstaaten geht, läßt sich allerdings aus der Entscheidung des EuGH vom 21. 9. 1989[71] zusätzlich eine Verpflichtung herleiten, den nationalen Rechtsgütern gewährten Strafrechtsschutz auch auf europäische Rechtsgüter auszudehnen. Schließlich kann eine Entscheidung für eine strafrechtliche Lösung auch noch auf einer zusätzlichen selbständigen Entschließung im Rat beruhen. Beispiele für die verschiedenen Varianten finden sich in der Umsetzung der Geldwäsche-Richtlinie oder in dem sog. SAEG-Übermittlungsschutzgesetz von 1993 und das Europolgesetz von 1997 (s. u. unter 3 c).[72]

---

[65] Vgl. hierzu auch Kapitel 4 – Kriminalität im Wertpapierhandel Rn. 52 ff.

[66] IdF vom 9. 9. 1998 (BGBl. I 2708).

[67] So im Erg. *Schuster*, S. 471 f.

[68] Vg. *Cramer*, Festschr. f. Trifftener, S. 323, 339 ff.; *Kondring*, WM 1998, 1369; *Schuster*, S. 469 ff. ist bei seiner abweichenden Auslegung dadurch in Schwierigkeiten geraten, daß er irrigerweise die „Reichweite der Tatbestände" nach den Regeln der §§ 3 ff. StSG zu bestimmen versucht.

[69] BGBl. I 2970, 2986.

[70] Dazu *Westphal/Stoppa*, NJW 1999, 2137, 2143 m. N. zur Rechtsprechung.

[71] Slg. 1989, 2965 (Rechtssache 68/88 – Kommission – Griechenland).

[72] Vgl. Rn. 26 f.

3. Ausdehnung von Wirtschaftsstraftatbeständen auf den Schutz ausländischer Rechtsgüter nach dem Recht der Europäischen Gemeinschaften oder sonst aufgrund völkerrechtlicher Verträge

17 a) Wie bei der Erörterung zur Geldfälschung erwähnt,[73] kann eine ausdrückliche Einbeziehung ausländischer Schutzgüter in den Anwendungsbereich eines Straftatbestandes u. U. auch Folge einer sich aus dem **allgemeinen Völkerrecht** ergebenden Verpflichtung zur Gleichstellung inländischer und ausländischer Schutzinteressen sein, wie dies allgemein für die Verletzung von Individualrechtsgütern von Ausländern zumindest im Inland der Fall ist.[74]

18 b) Eine Erweiterung des innerstaatlich beschränkten Anwendungsbereichs kann sich aber unmittelbar oder mittelbar auch aus **völkerrechtlichen Verträgen**, auch solchen zwischen den Mitgliedstaaten der Europäischen Union, und aus **Gemeinschaftsrecht** ergeben.

Von den Mitgliedstaaten der Europäischen Union ratifizierte Verträge können zu einer **direkten Ausdehnung nationaler Straftatbestände** führen. Ein bekanntes Beispiel stellt **Artikel 194 Abs. 1 des Euratom-Vertrages**[75] dar.[76] Nach dieser Vorschrift sind die Mitglieder der Organe der Euratomgemeinschaft, die Mitglieder ihrer Ausschüsse, Beamte und Bedienstete dieser Gemeinschaft und Personen, die durch ihre Amtstätigkeit oder durch ihre öffentlichen oder privaten (!) Verbindungen mit den Organen oder Einrichtungen der Gemeinschaft oder mit den gemeinsamen Unternehmen von etwas Kenntnis erhalten, das aufgrund von Rechtsvorschriften unter Geheimnisschutz steht, zur Geheimhaltung verpflichtet. Die Mitgliedstaaten sind verpflichtet, eine Verletzung dieser Pflicht als einen Verstoß gegen ihre Geheimhaltungsvorschriften anzusehen. Sie wenden dabei hinsichtlich des sachlichen Rechts und der Zuständigkeit ihre Rechtsvorschriften über die Verletzung der Staatssicherheit oder die Preisgabe von Berufsgeheimnissen an. Dementsprechend hat der BGH[77] die Landesverratsvorschrift des § 100e StGB a. F., die eine Gefährdung des Wohls der Bundesrepublik Deutschland verlangte, auf den Fall einer Verletzung von Geheimnissen angewandt, die zu einer Gefährdung des Wohls der Euratomgemeinschaft geführt hatte. Wenn der Täter in einer einem Amtsträger usw. i. S. von § 203 Abs. 2 oder § 353b StGB vergleichbaren[78] Funktion gehandelt hat, sind diese Vorschriften direkt anzuwenden. Der Begriff der Gefährdung wichtiger öffentlicher Interessen in § 353b StGB erfährt dann in seiner Auslegung auch eine entsprechende Veränderung.[79] Art. 194 Euratomvertrag könnte sogar so weit auszulegen sein, daß der Verrat von Euratomgeheimnissen, die einem Deutschen als luxemburgischem Anwalt von der Euratomgemeinschaft anvertraut wurden, nach § 203 Abs. 1 Nr. 3 StGB zu ahnden wäre.[80]

19 Ein anderes Beispiel ist Artikel 16 Satz 3 des (Neapeler) Übereinkommens vom 7. 9. 1967 zwischen Belgien, der Bundesrepublik Deutschland, Frankreich, Italien, Luxemburg und den Niederlanden über die gegenseitige Unterstützung ihrer Zollverwaltungen.[81] Danach genießen die Bediensteten der Zollverwaltung eines Vertragsstaates, die

---

[73] Vgl. Fn. 53; dafür bei der Geldfälschung auch *Dahm*, Bd. II, S. 610.

[74] Vgl. Rn. 3.

[75] BGBl. 1957 II 1014.

[76] In Übereinstimmung mit der überwiegenden Literaturmeinung (*Johannes*, Europarecht 1968, 63, 81 m. N. in Fn. 50) hat der BGH (St 17, 121) eine unmittelbare Anwendbarkeit („self executing") bejaht (zust. *Tröndle/Fischer* (Fn. 4) Rn. 5a vor § 3; Zweifel zuletzt bei *Scholten*, Das Erfordernis der Tatortstrafbarkeit in § 7 StGB, 1995, S. 181).

[77] BGHSt 17, 121 (teilw. kritisch dazu *Oehler* (Fn. 4, Rn. 921).

[78] Vgl. *Oehler* in Fn. 74.

[79] *Johannes*, Europarecht 1968, 63, 86 m. w. N.

[80] In dieser Richtung auch *Johannes*, Europarecht 1968, 63, 89 zur Anwendbarkeit von § 300 StGB a. F. (= § 203 Abs. 1 Nr. 1 StGB).

[81] BGBl. 1969 II 65.

sich im Hoheitsgebiet eines anderen (i. d. R. wohl des benachbarten) Vertragsstaates aufhalten, den – auch strafrechtlichen – Schutz von dessen Zollbediensteten. Insbesondere wird dadurch eine Anwendung des § 113 StGB bei Widerstand gegen den ausländischen Zollbeamten erreicht. Der Vertrag sieht allerdings auch eine Gleichstellung hinsichtlich „der von ihnen begangenen Zuwiderhandlungen" vor. Dadurch ist es z. B. möglich geworden, die Bestechlichkeit von Zollbeamten anderer EU-Staaten in dem Aufenthaltsstaat strafrechtlich zu verfolgen;[82] Fälle hierzu sind mir nicht bekannt geworden. Eine ähnliche Gleichstellungsregelung enthält nun auch Art. 12 Abs. 3 des Abkommens vom 9. Oktober 1997 zwischen der Bundesrepublik Deutschland und der Regierung der Französischen Republik über die Zusammenarbeit der Polizei- und Zollbehörden in den Grenzgebieten;[83] sie wird entsprechend zu interpretieren sein.

c) Ausdehnungen auf den Schutz ausländischer oder supranationaler Rechtsgüter können aber auch Folge der Umsetzung entsprechender Verpflichtungen in völkerrechtlichen Verträgen oder innerhalb der Europäischen Union aus dem Gemeinschaftsrecht sein. Ein älteres Beispiel sind die o. g. Verpflichtungen aus dem Falschmünzereiübereinkommen von 1929, denen das deutsche Recht zu diesem Zeitpunkt allerdings schon entsprach. **20**

Eine ausdrückliche inlandsbezogene Beschränkung im Atomstrafrecht des StGB durch die Abhängigkeit strafbarer Tatbegehung von der „Verletzung verwaltungsrechtlicher Pflichten" (§ 311 Abs. 1 StGB) oder dem Verstoß gegen eine Genehmigungspflicht oder eine Untersagung (§ 328 Abs. 1 Nr. 1 StGB) ist für Vorsatzdelikte durch **Artikel 2 des Gesetzes zu dem Übereinkommen vom 26. Oktober 1979 über den physischen Schutz von Kernmaterial vom 24. 4. 1990**[84] aufgehoben worden: Einer verwaltungsrechtlichen Pflicht bzw. einer Genehmigung oder Untersagung wurde für die Anwendung dieser Strafvorschriften eine entsprechende ausländische verwaltungsrechtliche Pflicht bzw. Genehmigung oder Untersagung gleichgestellt, um – ausgehend von Artikel 8 des Übereinkommens – auch Taten von Staatsangehörigen, die im Ausland begangen werden, strafrechtlich zu erfassen.[85] Die Umsetzung des Übereinkommens des Europarates über den Schutz der Umwelt durch Strafrecht vom 4. 11. 1998[86] in das nationale Recht wird zu noch mehr Änderungen in der gleichen Richtung führen, da bisher auch andere Umweltstraftatbestände, wenn auch nicht alle, auf den Schutz gegen Schädigungen und Gefährdungen im Inland beschränkt sind.

---

[82] Ebenso *Johannes*, Europarecht 1968, 63, 117 f. (mit Kritik an Art. 16). – Das das Abkommen von 1967 ablösende (ratifizierungsbedürftige) Übereinkommen aufgrund von Artikel K.3 des Vertrages über die Europäische Union über gegenseitige Amtshilfe und Zusammenarbeit der Zollverwaltungen vom 18. 12. 1997 [sog. Neapel II-Übereinkommen] (ABl. C 24 vom 23. 1. 1998 S. 1) enthält eine solche Bestimmung nicht mehr. – Näher zur neueren internationalen Entwicklung der Erfassung der Bestechung und Bestechlichkeit ausländischer Amtsträger s. u. Rn. 23 f.

[83] Vgl. dazu das Gesetz vom 14. 9. 1998 (BGBl. II 2479; Inhaltsbeschreibung von *Möhrenschlager* in wistra 1998 H. 8 S. VI). – Hingegen enthalten die Grenzabfertigungs- bzw. -verkehrsverträge mit anliegenden Staaten (Übersicht bei *Ziermann*, Fn. 4, S. 23 ff.) in der Regel nur die Bestimmung, daß die strafrechtlichen Bestimmungen des Gebietsstaates zum Schutze von Amtshandlungen auch für strafbare Handlungen gelten, die im Gebietsstaat gegenüber Bediensteten des Nachbarstaates begangen werden (vgl. *Ziermann*, S. 91 ff.); aus der Regelung in diesen Verträgen, daß eine allgemeine Schutz- und Beistandsgarantie für auf eigenem Staatsgebiet tätige Bedienstete des Nachbarstaates besteht, kann eine Anwendung deutscher Amtsträgertatbestände (wie z. B. nach §§ 331, 332 StGB) nicht hergeleitet werden (*Ziermann*, S. 98 ff.).

[84] BGBl. II 326, zuletzt geändert durch Artikel 4 Abs. 4 des Sechsten Gesetzes zur Reform des Strafrechts (6. StrRG) vom 26. 1. 1998 (BGBl. I 164, 187).

[85] Der Gesetzgeber ist allerdings bei § 328 Abs. 1 Nr. 1 StGB insoweit über die Verpflichtungen aus dem Übereinkommen hinausgegangen, als dieses nur dazu verpflichtete, den vorsätzlich illegalen Umgang mit Kernbrennstoffen nur dann unter Strafe zu stellen, wenn dieser geeignet war, Leib oder Leben zu schädigen.

[86] European Treaty Series (ETS) Nr. 172, vgl. dazu die Übersicht über den Inhalt von *Möhrenschlager*, wistra 1999 H. 1 S. VI ff.

21 Andere und jüngere Beispiele sind in verschiedenen Gesetzen zur Umsetzung **inter- und supranationaler Rechtsinstrumente zur Bekämpfung von Betrug und Bestechung** zu finden:

22 Wie bereits erwähnt, erfaßt § 264 StGB seit 1976 auch Subventionsbetrügereien zum Nachteil der Europäischen Gemeinschaften. In Umsetzung des **Übereinkommens aufgrund von Artikel K.3 des Vertrags über die Europäische Union über den Schutz der finanziellen Interessen der Europäischen Gemeinschaften vom 26. Juli 1995**[87] umfaßt nunmehr aufgrund des **EG-Finanzschutzgesetzes vom 10. 9. 1998**[88] der Begriff „Subvention" jede „Leistung aus öffentlichen Mitteln nach dem Recht der Europäischen Gemeinschaften, die wenigstens zum Teil ohne marktmäßige Gegenleistung gewährt wird" (§ 264 Abs. 7 Nr. 2 StGB), also nicht nur eine „europäische" Subvention an „Betriebe oder Unternehmen, die wenigstens zum Teil ... der Förderung der Wirtschaft dienen soll" (§ 264 Abs. 6 Nr. 2 StGB a. F.).[89] Nach dem neuen Wortlaut könnten nunmehr selbst Subventionen an Empfänger der öffentlichen Verwaltung[90] in den Mitgliedstaaten erfaßt werden, sofern die Voraussetzungen die Anwendung von § 264 Abs. 1 Nrn. 1, 2 bzw. 4 i. V. mit Absatz 8 (subventionserhebliche Tatsachen) oder von § 264 Abs. 1 Nr. 2, der nicht an das Vorliegen einer subventionserheblichen Tatsache i. S. von Absatz 8 anknüpft, vorliegen.

23 Ein weiterer Bereich betrifft die **internationale Bestechung.**[91] Grundsätzlich bezog sich bisher die Bestechung von Amtsträgern nur auf die nationale Ebene. Täter der Bestechlichkeit i. S. der §§ 331, 332 StGB bzw. Bezugspersonen für eine aktive Bestechung i. S. der §§ 333, 334 StGB konnten daher grundsätzlich nur Richter, Amtsträger nach deutschem Recht, für den öffentlichen Dienst aufgrund des Verpflichtungsgesetzes besonders Verpflichtete (§ 11 Abs. 1 Nr. 2 bis 4 StGB) und Soldaten der Bundeswehr (§ 48 Wehrstrafgesetz; §§ 333, 334 StGB) sein. Nur vereinzelt konnte bisher auch die Bestechlichkeit bzw. Bestechung auch ausländischer Amtsträger usw. strafrechtlich verfolgt werden.[92] Dies hat sich in der Zwischenzeit geändert:

---

[87] ABl. EG Nr. C 316 vom 27. 11. 1995 S. 48.

[88] BGBl. II 2322 (Begründung im RegE, BT-Drucks. 13/4025).

[89] Im Erg. werden nunmehr „europäische Subventionen" durch § 264 StGB in einem weiteren Anwendungsbereich geschützt als nationale Subventionen i. S. von § 264 Abs. 7 Nr. 1 StGB!

[90] Nach der alten Fassung war dies wegen der Beschränkung des § 264 StGB auf Subventionen an Betriebe und Unternehmen nicht möglich; selbst der RegE-1.WiKG, BT-Drucks. 7/3441, der die letztere Beschränkung noch nicht kannte, wollte diesen Bereich ausschließen (§ 264 Abs. 6: „Subvention ... ist eine ... Leistung an Empfänger außerhalb der öffentlichen Verwaltung"), weil „für die Vergabe von öffentlichen Mitteln innerhalb der öffentlichen Verwaltung ... ein besonderer Strafschutz nicht geboten" sei. – Die Erläuterungen zum Übereinkommen, abgedruckt in BT-Drucks. 13/10425, S. 14, 16, erwähnen nur Subventionen und Beihilfen aus EG-Fonds, der Europäischen Investitionsbank usw., ohne allerdings zu sagen, ob diese sich nur auf solche an sog. Wirtschaftsteilnehmer beziehen.

[91] Vgl. dazu jüngst *Zieschang,* NJW 1999, 105; *Korte,* wistra 1999, 81; *Gänßle,* NStZ 1999, 543; zu den Entwürfen zu den nachstehend umschriebenen Rechtsinstrumenten und Gesetzen zuvor schon *Möhrenschlager,* JZ 1996, 822, 830 f. – vgl. hierzu allgemein Kapitel 12 – Korruption.

[92] Strafbarkeit der Vorteilsgewährung an und die Bestechung von Soldaten und Beamten der in Deutschland stationierten Truppen der nichtdeutschen Vertragsstaaten des Nordatlantikpaktes oder solchen, die aufgrund einer allgemeinen oder besonderen Anweisung einer Höheren Dienststelle der Truppen zur gewissenhaften Erfüllung ihrer Obliegenheiten förmlich verpflichtet worden sind, durch Anwendung der §§ 333, 334 StGB aufgrund von Art. 7 Abs. 2 Nr. 10 des Vierten Strafrechtsänderungsgesetzes vom 11. 6. 1957, zuletzt geändert durch Art. 5 des Gesetzes zur Bekämpfung der Korruption vom 13. 8. 1997 (BGBl. I 2038).

Weiteres Beispiel Art. 16 Abs. 3 des Neapeler Übereinkommens von 1967 (s. o. zu Rn. 19).

Ein paralleles Beispiel ist die Erfassung des Stimmen(ver)kaufs auch von Abgeordneten des Europäischen Parlaments in § 108 e StGB.

Schließlich können u. U. auch die §§ 299, 300 StGB auf die Bestechung und Bestechlichkeit ausländischer Amtsträger usw. anwendbar sein, wie dies die Rechtsprechung zum Vorgänger (§ 12 UWG) teilweise getan hat.

Auf der Grundlage des **(1.) Protokolls vom 27. September 1996 zum Übereinkommen über den Schutz der finanziellen Interessen der Europäischen Gemeinschaften**[93] und des (noch nicht ratifizierten) **Übereinkommens vom 26. Mai 1997 über die Bekämpfung der Bestechung, an der Beamte der Europäischen Gemeinschaften oder der Mitgliedstaaten der Europäischen Union beteiligt sind,**[94] hat **Art. 2 § 1 EU-Bestechungsgesetz (EU-BestG) vom 10. 9. 1998**[95] die Straftatbestände der Bestechung und Bestechlichkeit auf Bestechungshandlungen für eine künftige richterliche Handlung oder Diensthandlung eines Mitglieds des EuGH, der Kommission und des Rechnungshofes der Europäischen Gemeinschaften und eines Gemeinschaftsbeamten sowie eines Richters und eines Amtsträgers eines anderen EU-Mitgliedstaats anwendbar gemacht. Zusätzlich ist nach **Art. 2 § 1 des Gesetzes zur Bekämpfung internationaler Bestechung (IntBestG) vom 10. 9. 1998**[96] seit 15. 2. 1999[97] die sich auf eine künftige richterliche oder dienstliche Handlung beziehende Bestechung eines Richters, eines Amtsträgers, eines Soldaten eines ausländischen Staates und einer Person, die beauftragt ist, öffentliche Aufgaben für einen ausländischen Staat wahrzunehmen, sowie eines Richters eines internationalen Gerichts, eines Amtsträgers, eines Soldaten oder sonst einer Person, die beauftragt ist, Aufgaben einer internationalen Organisation wahrzunehmen, strafbar, wenn sie begangen wurde, um sich oder einem Dritten einen Auftrag oder einen unbilligen Vorteil im internationalen geschäftlichen Verkehr zu verschaffen oder zu sichern. Diese Assimilationsvorschrift wird in Art. 2 § 2 ergänzt durch eine selbständige Strafvorschrift zur parallelen Erfassung der Bestechung ausländischer Abgeordneter im Zusammenhang mit internationalem geschäftlichen Verkehr, wodurch der Strafrechtsschutz insoweit weiter geht als bei der Bestechung nationaler Abgeordneter nach § 108e StGB; letzteres ist rechtspolitisch unbefriedigend. Zu einer zusätzlichen Ausdehnung wird es mit der Umsetzung des Strafrechtsübereinkommens des Europarates über Korruption vom 27. 1. 1999[98] kommen. Im Hinblick darauf sind Überlegungen, die Einbeziehung der Bestechung und Bestechlichkeit ausländischer und internationaler Amtsträger usw. im Strafgesetzbuch zu regeln, einstweilen zurückgestellt worden.[99] 24

Ein weiteres Beispiel für eine (zukünftige) Einbeziehung ausländischer Schutzinteressen ist die Bestechung im privaten Geschäftsverkehr. Die frühere Regelung in § 12 UWG ist im Kontext des UWG überwiegend so verstanden worden, daß sie sich nur auf Bestechungshandlungen bezog, die sich auf den deutschen Wettbewerb auswirken konnten.[100] An der bisherigen Auslegung wollte der Gesetzgeber mit der Überführung dieser Regelung in das StGB (erweitert als §§ 299, 300) nichts ändern,[101] auch wenn der Wort- 25

---

93 ABl. EG Nr. C 313 S. 1 vom 23. 10. 1996.

94 ABl. EG Nr. C 195 S. 1 vom 25. 6. 1997; die Ratifizierung ist wegen Fehlens des Erläuternden Berichts zurückgestellt worden; dieser ist nach Billigung durch den EU-Rat am 3. 12. 1998 inzwischen veröffentlicht worden (ABl. EG Nr. C 391 vom 15. 12. 1998 S. 1).

95 BGBl. II 2340.

96 BGBl. II 2327.

97 Nach Art. 3 IntBestG treten die strafrechtlichen Regelungen mit dem Inkrafttreten des Übereinkommens in Kraft, was am 15. 2. 1999 geschehen ist (s. Bekanntmachung vom 4. 2. 1999, BGBl. II 87).

98 European Treaty Series (ETS) Nr. 173; am 27. 1. 1999 wurde das Übereinkommen von 21 Staaten gezeichnet (auch von Deutschland); zum Inhalt vgl. die Übersicht von *Möhrenschlager*, wistra 1999 H. 2 S. V.

99 Vgl. RegE-IntBestG, BT-Drucks. 13/10428, S. 6.

100 Vgl. *Fuhrmann*, in: *Erbs/Kohlhaas*, Strafrechtliche Nebengesetze, § 12 UWG, Anm. 1b m. N. zur Rechtsprechung, die auf den Schutz der Interessen inländischer Mitbewerber abhob, der aber auch schon die Frage stellte, ob der Bereich des Binnenmarktes einbezogen werden sollte, sowie *Otto* in: *Jacobs* u. a. (Hrsg.), UWG-Großkommentar, Rn. 5 zu § 12 UWG, 1992; ebenso einschränkend *Sternberg-Lieben*, NJW 1985, 2121, 2125 zu § 4 UWG m. N.

101 Vgl. CDU/CSU/F. D. P.- E, BT-Drucks. 13/5584 S. 15.

laut eine weitere Interpretation nicht von vornherein ausschließen würde. Zu einer weitergehenden Regelung zwingt nun die **„Gemeinsame Maßnahme betreffend die Bestechung im privaten Sektor" vom 22. 12. 1998.**[102] Die Mitgliedstaaten sind danach verpflichtet, ihren gesetzgebenden Körperschaften bis Ende 2000 Vorschläge zur Erfassung eines relativ eng umschriebenen Bereichs von Bestechungshandlungen im Rahmen geschäftlicher Aufgaben vorzulegen, die eine Verzerrung des Wettbewerbs zumindest im **Gemeinsamen Markt** mit sich bringen könnten.

26 Ein weiteres Beispiel aus dem EU-Bereich ist die Umsetzung von Artikel 6 der Verordnung (Euratom, EWG) Nr. 1588/90 des Rates vom 11. Juni 1990 über die Übermittlung von unter die Geheimhaltungspflicht fallenden Informationen an das Statistische Amt der Europäischen Gemeinschaften.[103] Danach sind die EU-Mitgliedstaaten zwar nur verpflichtet, geeignete Ahndungsmaßnahmen bei Verletzung der Verschwiegenheitspflicht durch Bedienstete dieses Amtes zu ergreifen. Aus der Gleichartigkeit des geschützten Rechtsgutes auf EG- und nationaler Ebene und zusätzlich aus der Anwendung der Prinzipien des EuGH-Urteils im griechischen Mais-Fall[104] ergab sich aber zwingend eine Ausweitung der nationalen Geheimnisschutzvorschriften im Wege der Assimilation in **§ 2 des Gesetzes zur Gewährleistung der Geheimhaltung der dem Statistischen Amt der Europäischen Gemeinschaften übermittelten vertraulichen Daten – SAEG-Übermittlungsschutzgesetz – vom 16. 3. 1993**:[105]

„Für die Anwendung der Vorschriften des Strafgesetzbuches über Verletzung von Privatgeheimnissen (§ 203 Abs. 2 Satz 1 Nr. 1, Satz 2, Abs. 4 und 5, § 205), Verwertung fremder Geheimnisse (§§ 204, 205) sowie Verletzung des Dienstgeheimnisses (§ 353b Abs. 1 Satz 1 Nr. 1, Satz 2, Abs. 3 und 4) stehen die in Artikel 2 Nr. 8 und 9 der Verordnung genannten Beamten und sonstigen Bediensteten des Statistischen Amtes der Europäischen Gemeinschaften den Amtsträgern gleich. Ist dem Täter das Geheimnis während seiner Tätigkeit bei einer Dienststelle der Europäischen Gemeinschaften bekannt geworden, wird die Tat nach § 353b StGB nur verfolgt, wenn ein Strafverlangen der Kommission der Europäischen Gemeinschaften vorliegt und die Bundesregierung die Ermächtigung zur Strafverfolgung erteilt."

27 Eine parallele Regelung enthält **Artikel 2 § 7 des Europol-Gesetzes vom 16. 12. 1997**[106] durch die Anwendung der genannten Strafvorschriften (§§ 203–205, 353b StGB) auf Mitglieder des Verwaltungsrates, den Direktor, die stellvetretenden Direktoren, den Finanzkontrolleur, die Mitglieder des Haushaltsausschusses und die Bediensteten von Europol sowie die Verbindungsbeamten und andere nach Art. 32 Abs. 2 des Europol-Übereinkommens zur Verschwiegenheit oder zur Geheimhaltung besonders verpflichteten Personen.

III. Die Erfassung von grenzüberschreitenden und im Ausland begangenen Wirtschaftsstraftaten nach dem internationalen Strafanwendungsrecht

1. Reichweite des Territorialitätsprinzips

28 Dem deutschen Strafrecht unterfallende Wirtschaftsstraftaten sind strafbar, wenn sie im **„Inland" (§ 3 StGB)** begangen werden.

---

102 ABl. EG Nr. L 358 vom 31. 12. 1998 S. 2 (vgl. dazu die Übersicht von *Möhrenschlager*, wistra 1999 H. 3 S. IX f.).

103 ABl. EG Nr. L 151 S. 1.

104 Vgl. oben zu Fn. 19, 68.

105 BGBl. I 336.

106 BGBl. II 2150.

a) Inlandsbegriff und allgemeine Bestimmung der Staatsgrenze

Das „Inland" umfaßt die sechzehn Bundesländer (Präambel zum GG; Art. 1 Einigungsvertrag) einschließlich des Luftraums darüber[107] und des Raums unter Tage. Dazu gehören auch die nationalen Eigengewässer (z. B. Seehäfen, Meeresbuchten) und das daran und an das Festland anschließende Küstengewässer (einschließlich Luftraum darüber und Meeresboden/-untergrund), auf das sich die staatliche Souveränitätsgewalt erstreckt (Art. 1 Abs. 2, Art. 2 Abs. 1 SRÜ[108]). In der Nordsee ist das Küstengewässer seewärts von der Niedrigwasserlinie aus 12 sm breit, in der Ostsee ist es in Teilgebieten kürzer.[109] Kein Inland ist das seewärts angrenzende Meeresgebiet, auch wenn dort bezüglich Tätigkeiten im Bereich des Festlandsockels bzw. der Außenwirtschaftszone bestimmte Befugnisse ausgeübt werden dürfen. Bei Flüssen als Grenze sind zunächst für die genaue Grenzziehung einschlägige Verträge mit dem Nachbarstaat maßgebend, im übrigen bei schiffbaren Flüssen der sog. Talweg (Fahrbahn der abwärtsfahrenden Schiffe), sonst die Flußmitte.[110] Bei Grenzseen ist streitig, ob für die Grenzziehung auf den Hauptschiffahrtsweg oder die Mittellinie abzustellen ist.[111] 29

b) Inlandsbegriff und „Grenzen" im Zusammenhang mit sog. „Verbringungstatbeständen"

Es gibt eine Reihe von Straftatbeständen, bei denen die Strafbarkeit ausdrücklich an das Merkmal der grenzüberschreitenden **„Verbringung"** bzw. an die Tatbestandselemente **„Einfuhr", „Ausfuhr" und „Durchfuhr"** anknüpft.[112] Diese Merkmale werden zwar generell im wesentlichen ähnlich ausgelegt, erfahren aber doch mitunter verschiedene Interpretationen im Kontext der jeweils einschlägigen Gesetze. 30

„Einen einheitlichen Einfuhrbegriff enthalten die Einfuhrgesetze nicht. Sie verstehen jedoch als Einfuhr stets das Verbringen in ein bestimmtes Zielgebiet, neben etwa dem Wirtschaftsgebiet [Geltungsbereich des AWG mit den österreichischen Gebieten Jungholz und Mittelberg, § 4 Abs. 1 Nr. 1 AWG] – § 4 Abs. 2 Nr. 4 AWG – oder dem Gebiet des Geltungsbereichs des Gesetzes – § 2 Abs. 2 BtMG bzw. § 2 Nr. 7 PflanzenSchG – auch das Zollgesetz – § 1 Abs. 2 Satz 2 ZollG [a. F.] – und das Bundesgebiet – § 8 Abs. 1 GetrG –... Diese Gebiete sind nicht deckungsgleich. Das Bundesgebiet ist das Hoheitsgebiet der Bundesrepublik Deutschland. Es umfaßt das Territorium der Bundesländer. Es ist identisch mit dem Geltungsbereich des Grundgesetzes. Das Zollgebiet dagegen ist ... das deutsche Hoheitsgebiet mit den Zollanschlüssen, aber ohne die Zollausschlüsse und ohne die Zollfreigebiete... Zu den Zollfreigebieten gehören... vom Zollgebiet ausgeschlossene Teile von Seehäfen – Freihäfen –..."[113]

Da grenzüberschreitende Verbringungen, anders als etwa im AWG (§ 4 Abs. 2 Nrn. 3 bis 5 i.V. mit § 4 Abs. 1 Nr. 1) oder dem ZollVG (§§ 1 ff.) bzw. dem Zollkodex, oft nicht 31

---

107 Die Höhe des Luftraums ist umstr., vgl. *LK (Gribbohm)* (Fn. 4) Rn. 251 f. vor § 3.

108 Seerechtsübereinkommen der Vereinten Nationen vom 10. 12. 1982, BGBl. 1994 II S. 1799 (abgekürzt im folgenden SRÜ).

109 Art. 3 SRÜ i.V. mit Proklamation der Bundesregierung vom 11. 11. 1994, BGBl. I 3428; *Tröndle/Fischer* (Fn. 4) Rn. 9 vor § 3.

110 *LK* (*Gribbohm*) (Fn. 4) Rn. 246 f. vor § 3; *Tröndle/Fischer* (Fn. 4) Rn. 12 f. vor § 3; *Oehler* (Fn. 4) Rn. 397 (Mittellinie der Hauptschiffahrtsrinne).

111 Vgl. *LK* (*Gribbohm*) (Fn. 4) Rn. 248 vor § 3; zum Bodensee vgl. *LK* a.a.O. Rn. 249; *Tröndle/Fischer* (Fn. 4) Rn. 11 vor § 3, jeweils m. w. N.

112 Vgl. die Zusammenstellung bei *Göhler/Buddendiek/Lenzen*, Lexikon des Nebenstrafrechts (Stand 1. 11. 1998) unter den Stichworten „Ausfuhr", „Durchfuhr", „Einfuhr" und „Verbringen". Vgl. auch die Übersicht bei *Janovsky*, NStZ 1998, 117.

113 OLG Düsseldorf wistra 1993, 195 = NJW 1993, 2253 m. Anm. *Achenbach*, NStZ 1994, 423; Zollgebiet i. S. des Zollkodex ist allerdings das Zollgebiet der Gemeinschaft, vgl. auch § 1 Abs. 1 ZollVG.

näher erläutert sind (wie z. B. in § 86 Abs. 1, § 86 a Abs. 1 Nr. 2, § 130 Abs. 2 Nr. 1 Buchst. d, § 131 Abs. 1 Nr. 4, § 184 Abs. 1 Nrn. 4, 8, 9, Abs. 3 Nr. 3, § 275 Abs. 1, § 276 Nr. 1, § 326 Abs. 2, § 328 Abs. 1 StGB; § 372 Abs. 1 AO; § 143 Abs. 1 Nr. 3 i. V. mit § 14 Abs. 4 Nr. 2 Markengesetz; § 142 Abs. 1 Nr. 1 i. V. mit § 9 Satz 2 Nr. 1 Patentgesetz; § 25 Abs. 1 Nr. 1 i. V. mit § 11 Abs. 1 Satz 2 Gebrauchsmustergesetz; § 10 Abs. 1 Nr. 2 Halbleiterschutzgesetz; § 16 Abs. 1 des Gesetzes zum Schutze des deutschen Kulturgutes gegen Abwanderung), besteht teilweise Streit darüber, ob diese Begriffe im Sinne der Definitionen im Zoll- oder Außenwirtschaftsrechts oder i. S. eines Verbringens in, aus und durch das Bundesgebiet zu verstehen sind.

Selbst im Außenwirtschaftsrecht werden unterschiedliche Begriffe verwendet. Während § 4 Abs. 2 Nr. 3 AWG für die Anwendung von § 34 Abs. 1 AWG grundsätzlich auf das Verbringen aus dem Wirtschaftsgebiet[114] abstellt, ist bei Verstößen gegen die Ausfuhrverbote nach der „Dual-Use"-EG-RatsVO Nr. 3381/94 im Rahmen der Strafvorschrift des § 34 Abs. 2 AWG i. V. mit § 33 Abs. 4 AWG und § 70 a AWV nach Art. 2 Buchst. b der EG-VO an das Verbringen aus dem Zollgebiet der Gemeinschaft gemäß Art. 161 Zollkodex anzuknüpfen.

32 Die neuere Tendenz in der Rechtsprechung neigt, wenn keine anderslautende gesetzliche oder zwischenstaatliche Regelungen vorliegen, zur grundsätzlichen Anknüpfung an die Grenzüberschreitung;[115] auf die Verletzung einer Gestellungspflicht soll es nicht ankommen. Dies gilt jedenfalls regelmäßig dann, wenn z. B. bei der grenzüberschreitenden Verbringung an das „Verbringen in den Geltungsbereich" des betreffenden Gesetzes angeknüpft wird und dieses räumlich für das ganze Bundesgebiet gilt. Eine solche Verbringung wäre also auch dann gegeben, wenn Gegenstände in ein Zollfreigebiet wie etwa den Freihafen von Hamburg[116] oder nach Helgoland unter Überschreitung der Grenzen des Bundesgebiets eingeführt werden;[117] die Weiterverbringung von den Freihäfen ins Inland ist dann, selbst bei Täuschung der Zollgrenzstelle,[118] keine Einfuhr. Im Flugzeugverkehr liegt dann eine Einfuhr mit dem Einfliegen nach Deutschland vor, selbst wenn der Täter die Ware unter Zollverschluß zur vorübergehenden Aufbewahrung in das Zollfreigebiet schaffen ließ;[119] sie liegt im Falle einer Zwischenlandung im Inland vor, wenn der Reisende das Gepäck im allgemeinen auf Verlangen ohne weiteres erlan-

---

114 BGHR AWG § 34 Ausfuhr 1; BayObLG wistra 1998, 119 (Verbringen eines Kfz nach Serbien, wo es einem Dritten überlassen wurde); zum Ausfuhrbegriff des AWG vgl. z. B. *Fuhrmann* in: *Erbs/Kohlhaas*, Strafrechtliche Nebengesetze, § 4 AWG Rn. 9 ff.

115 Nach *Tröndle/Fischer* (Fn. 4), § 22 Rn. 17 a sind Einfuhr- und Hinterziehungsdelikte (spätestens) beim illegalen Grenzübertritt (unter Bezugnahme auf BGHSt 24, 178; NJW 1973, 814) und beim legalen Grenzübertritt spätestens dann vollendet, wenn der Täter die Frage des Zollbeamten nach Bannware wahrheitswidrig verneint (unter Bezugnahme auf BGHSt 25, 139; 31, 164; BayObLG NJW 1983, 1439 m. Anm. *Jakobs* JR 1983, 421) oder Bannware über die Grenze verbringt (unter Bezugnahme auf BGHSt 31, 254; 34, 180 f.; NStE § 29 BtMG Nr. 17; NStZ 1986, 274; Strafverteidiger 1992, 376 m. Anm. *Zazyk*; MDR bei *Holtz* 1983, 622 m. Anm. *Hübner* JR 1984, 82; NJW 1994, 61; LG Berlin Strafverteidiger 1983, 288 (betr. Einfuhr durch Post oder Bahn, auch wenn wegen Entdeckung Täter Zugriff auf Bannware verwehrt, BGH MDR 1986, 420); BGH, 2 StR 221/85, 17. 7. 1985 (Transport im Körper); BGH, 3 StR 398/91, 6. 3. 1992 (auf eine Gestellungspflicht kommt es nicht an)).

116 So OLG Düsseldorf (Fn. 110) bejahend zur Einfuhr in den Freihafen Hamburg für das Kriegswaffenkontrollgesetz (KWKG) entgegen einem Teil der Literatur, die auf die Einfuhr in das Zollgebiet abhebt.

117 BGHSt 31, 252 = EzSt BtMG § 30 Nr. 3 = wistra 1983, 117 (Einfuhr von Betäubungsmitteln, abweichend von BGHSt 25, 137; NStZ 1982, 291); krit. zu dieser Rechtsprechung *Prittwitz*, NStZ 1983, 350. Durch auf § 14 IV ZollVG gestützte VO vom 1. 7. 1993 (BGBl. I 1132) sind auch Freihäfen der Grenzübersicht unterworfen worden.

118 Fall von BGHSt 31, 252 = wistra 1993, 117.

119 So BGH, 5 StR 203/73, 19. 6. 1973 (zustimmend zitiert in BGHSt 31, 252) für Betäubungsmitteleinfuhr.

gen kann.[120] Umgekehrt müßte dann eigentlich eine (vollendete) Einfuhr nicht schon angenommen werden, wenn die Ware nur in ein Zollanschlußgebiet oder unter Täuschung oder unter Umgehung vorgeschobener Zollstellen (einschließlich Täuschung der Zollbediensteten auf den Verbindungswegen grenzüberschreitender Reisezüge) befördert wird, sondern erst dann, wenn die Grenze überschritten wird.[121]

Die überwiegende Meinung neigt in den letzteren Fällen jedoch dazu, die einschlägigen Vereinbarungen mit dem Ausland nicht nur als eine Erweiterung zur Anwendung der Vorschriften über Zoll-,[122] Steuer- und Abgabenhinterziehung, sondern auch zur Anwendung der Strafvorschriften über Einfuhrverbote anzusehen.[123] Dies dürfte auch damit zusammenhängen, daß die zollamtliche Überwachung des Warenverkehrs sich nicht darauf beschränkt, daß Zölle und andere Eingangsabgaben erhoben werden, sondern daß auch alle Vorschriften beachtet werden, welche das Verbringen von Waren über die Zoll- bzw. Hoheitsgrenze beschränken oder verbieten (§ 1 Abs. 3 ZollVG).[124]

Generell ist m. E. jedoch der Ansatz richtig, im Einzelfall zunächst zu prüfen und 33
durch Auslegung zu ermitteln, ob „durch Gesetz innerstaatliches Recht gewordene zwischenstaatliche Vereinbarungen" bestehen, „die zwischen der Bundesrepublik Deutschland und angrenzenden Staaten getroffen sind und die mit der Erweiterung des Zollgebiets der Bundesrepublik ... auch den Geltungsbereich des ... Gesetzes, jedenfalls was die Einfuhr ... anbelangt, über das deutsche Hoheitsgebiet erweitert haben". Nach der neueren Rechtsprechung des BGH erweitern „die zwischenstaatlichen Grenzfertigungsabkommen ... in aller Regel lediglich das deutsche Zollgebiet, nicht den Geltungsbereich deutscher Strafgesetze",[125] wovon es allerdings – wie zuvor gezeigt – auch Ausnahmen gibt.[126]

c) Ubiquitätstheorie (§ 9 StGB)

Von großer Bedeutung für die Frage, ob eine Inlands- oder Auslandstat vorliegt, ist die 34
auf der früheren Rechtsprechung aufbauende Entscheidung des Gesetzgebers, daß für die Bestimmung des Ortes der Tatbegehung sowohl der Ort der Handlung als auch des Erfolgseintritts maßgebend ist (§ 9 Abs. 1 StGB). Dies führt zu einer nicht unerheblichen Ausdehnung des Territorialitätsprinzips und damit der deutschen Strafgewalt.

---

[120] BGH 2 StR 630/83, 11. 1. 1984.; vgl. w. die von *Tröndle/Fischer* (Fn. 4) § 22 Rn. 17 b zitierte Rechtsprechung.

[121] So für die Einfuhr von Waffen OLG Köln NStZ 1982, 122 = ZfZ 1981, 343.

[122] Zu § 372 AO vgl. *Bender* (Fn. 56) C/V TZ 96 T Rn. 2 a.

[123] Vgl. *LK (Gribbohm)* (Fn. 4) Rn. 279 ff. vor § 3 StGB m. N.; zur Anwendung von § 267 StGB im Grenzbereich BayObLGSt 1981, 72 (betr. Österreich).

[124] *LK (Gribbohm)* (Fn. 4) Rn. 280 vor § 3.

[125] BGH NStZ 1992, 338 unter Bezugnahme auf *Rebholz*, Einfuhr, Durchfuhr und Ausfuhr im Straf- und Ordnungswidrigkeitenrecht, 1991, S. 66.

[126] Vgl. zur Ausfuhr nach dem AWG BGH NJW 1992, 3114 = wistra 1993, 24; zur Einfuhr von Betäubungsmitteln BGHSt 31, 215 (betr. Belgien) m. Anm. *Bick* Strafverteidiger 1983, 331; *Hübner* JR 1984, 82; *Körner*, Strafverteidiger 1983, 473 (vollendet bei Verneinung der Frage nach dem Zollgut bei vorgeschobener Grenzabfertigung auf der Eisenbahnstrecke); BGHSt 31, 252 = wistra 1983, 117; BGHSt 31, 374; 34, 180; EzSt BtMG § 30 Nr. 8; BGH JR 1984, 81; BGH NStZ 1986, 274; 1992, 338 = BGHR BtMG § 29 Abs. 1 Nr. 1 Einfuhr 25 (6. 3. 1992, nach Beendigung der Grenzabfertigung des – hier niederländischen – Ausgangsstaates; Vollendung vor vorgeschobener deutscher Zollstelle); Einfuhr 30 (10. 2. 1993) = NStZ 1993, 287; NStZ 1997, 286; OLG Oldenburg MDR 1974, 329; von Kriegswaffen OLG Düsseldorf wistra 1993, 195; BGH NStZ 1993, 594; von Waffen OLG Köln NStZ 1982, 122 = ZfZ 1981, 343 (Einfuhr erst bei Überschreiten der Grenze im Unterschied zu den Straftaten der Zoll- und Steuerhinterziehung; abl. *LK* a.a.O. Rn. 287 vor § 3); von pornographischen Schriften, insbesondere zum Einführerbegriff, BGH 2 StR 260/81, 21. 4. 1982; BayObLG MDR 1970, 941; OLG Bremen NJW 1972, 1678, 1680; LG Bayreuth NJW 1970, 574; Annahme einer Inlandstat nach § 3 StGB beim Gebrauchmachen einer verfälschten Urkunde gegenüber einem deutschen Grenzkontrollbeamten im benachbarten Ausland durch BayObLGSt 1981, 72).

Als Tatort kommt demgemäß jeder Ort in Betracht, an dem irgendein Teil des strafbaren Tatbestandes verwirklicht ist, seien es Ausführungshandlungen (ausreichend auch eine Vorbereitungshandlung als zurechenbare Mittäterschaft; Teilakt im Inland bei Distanzdelikten ins Ausland, wie der Aufgabe eines betrügerischen oder erpresserischen Briefes im Inland) oder tatbestandsmäßige Wirkungen.[127] Kausales Zwischengeschehen einer im Ausland begangenen Tat, mit Wirkungen nach „Transit" durch das Inland (z. B. durch Postsendung, Beförderung in einem den deutschen Luftraum überquerenden Flugzeug) wird man dann jedenfalls als auch im Inland begangen ansehen können, wenn auch inländische Interessen gefährdet sein könnten;[128] erst recht gilt dies, wenn die „Durchfuhr" für sich unter Strafe gestellt ist. Bei der mittelbaren Täterschaft ist sowohl der Ort der Handlung des mittelbaren Täters als auch der des Werkzeugs maßgebend.[129]

35 Bei Unterlassungstaten ist Handlungsort der „Ort . . ., an dem der Täter . . . hätte handeln müssen".[130]

36 Tatort ist auch der „Ort . ., an dem . . . der zum Tatbestand gehörende Erfolg eingetreten ist". Tatwirkungen, die für die Verwirklichung des Tatbestandes irrelevant sind, sind kein Erfolgsort und damit auch kein Tatort.

Das LG Koblenz[131] hat es für den Eintritt eines „Nachteils" i. S. des § 266 StGB allerdings ausreichen lassen, daß durch eine Untreuehandlung im Ausland seitens des bei der Muttergesellschaft angestellten, aber an die Tochtergesellschaft ausgeliehenen Täters ein Schaden bei der 100 %igen Tochterfirma eintrat, deren Muttergesellschaft ihren Sitz im Inland hatte, weil sich der Verlust der Tochterfirma unmittelbar bei der deutschen Mutterfirma auswirke. Diese Auffassung ist allerdings den in der Literatur und vom OLG Frankfurt,[132] wo der Täter allerdings Angestellter der Tochtergesellschaft war, erhobenen Bedenken ausgesetzt.

37 Für die Annahme einer Inlandstat des Betruges oder einer mittelbaren Falschbeurkundung mit der Absicht der Bereicherung (§ 271 Abs. 3 StGB) reicht es hingegen nicht aus, wenn der (erstrebte) Vermögensvorteil im Inland eintritt.[133]

38 Eine Ausnahme gilt in Fällen des Artikels 4 Abs. 1 erster Spiegelstrich des Übereinkommens über den Schutz der finanziellen Interessen der Europäischen Gemeinschaften vom 26. 7. 1995.[134] In dieser durch das Vertragsgesetz[135] innerstaatliches Recht gewordenen Vorschrift wird das Territorialitätsprinzip für (Subventions)Betrügereien zum Nachteil der Europäischen Gemeinschaften auf Fälle ausgedehnt, „in denen der Vorteil" im Inland „erlangt worden ist". Relevant wird dies im Hinblick auf das für § 264 StGB geltende Weltrechtsprinzip (§ 6 Nr. 8 StGB) allerdings nur, wenn es an einem Merkmal zur Anwendung des § 264 StGB, z. B. am Erfordernis einer „subventionserheblichen Tatsache" i. S. von § 264 Abs. 8 StGB, fehlt[136] und deshalb auf § 263 StGB zurückzugreifen ist.

---

[127] Vgl. auch OLG Karlsruhe, NStZ-RR 1998, 348 f.; KG NJW 1999, 3500 (durch Fernsehen im Inland verbreitete Auslandstat nach § 86 a StGB).

[128] *Schönke/Schröder/Eser* (Fn. 4) § 9 Rn. 6; *NK (Lemke)* (Fn. 5) § 9 Rn. 11; weitergehend *LK (Gribbohm)* (Fn.4) § 9 Rn. 12; enger wohl *Tröndle/Fischer* (Fn. 4) § 9 Rn. 2 (nur bei Strafbarkeit der Durchfuhr); generell einschr. Auslegung auch bei *Oehler* (Fn. 4) Rn 252 ff.

[129] BGH wistra 1991, 135.

[130] Näher dazu *LK (Gribbohm)* (Fn. 4) § 9 Rn. 17 m. w. N.

[131] LG Koblenz wistra 1984, 81 (Einbehalten von Schecks in Brasilien); krit. *Schönke-Schröder-Eser* (Fn. 4) § 9 Rn. 6; *Lackner/Kühl* (Fn. 12) § 9 Rn. 2; *Tröndle/Fischer* (Fn. 4) § 9 Rn. 3; einschränkend *NK (Lemke)* (Fn. 5).

[132] OLG Frankfurt NJW 1989, 675 = NStE § 9 StGB Nr. 3 (12. 12. 1988 – Unzulässige Ausstellung und Begebung von Wechseln zum Nachteil der Tochtergesellschaft auf den Cayman Islands).

[133] BayObLG NJW 1992, 1248; OLG Frankfurt wistra 1990, 271 (zu § 273 StGB a. F.); a. A. OLG Stuttgart NJW 1974, 914 und das schweizerische Strafrecht, *Cassani*, SchwZStrR 1997, 237, 255 f.

[134] ABl. EG Nr. C 316 S. 49 vom 27. 11. 1995; auch abgedruckt in BGBl. II 1998 S. 2324.

[135] Vertragsgesetz vom 10. 9. 1998, BGBl. II S. 2322.

[136] Vgl. die Anforderungen des BGH, wistra 1999, 142.

„Erfolg" i. S. des § 9 StGB ist bei Verletzungsdelikten der „Verletzungserfolg", bei konkreten Gefährdungsdelikten der Eintritt der konkreten Gefährdung.[137] Einzubeziehen sind als „zum Tatbestand gehörende Erfolge" auch solche, die in objektiven Bedingungen der Strafbarkeit (z. B. bei den Insolvenzdelikten[138]), in Qualifikationsmerkmalen oder in Regelbeispielen für besonders schwere Fälle (vgl. z. B. § 263 Abs. 3 Satz 2 Nrn. 2, 3; § 264 Abs. 2 Satz 2 Nr. 1; § 267 Abs. 3 Satz 2 Nr. 2, 3 StGB) zu finden sind.[139] Bei abstrakten Gefährdungs- und schlichten Tätigkeitsdelikten reicht der durch ein solches Delikt herbeigeführter (Verletzungs/Gefährdungs)„Erfolg" für die Annahme eines Tatorts nicht aus.[140] Neue Diskussionen zum Ort der Tatbegehung und insbesondere zum Begriff des Erfolges hat die weltweite **Verbreitung von (gefährlichen) Informationen im Internet** ausgelöst.[141]

Schließlich ist „eine Tat" auch an einem „Ort begangen, an dem ... der zum Tatbestand gehörende Erfolg ... nach den Vorstellungen des Täters eintreten sollte". Tritt bei einer Auslandstat der (Verletzungs/Gefährdungs)Erfolg also noch im Ausland ein, obwohl er im Inland eintreten sollte, so liegt gleichwohl auch eine Inlandstat vor. Dies gilt auch für strafbare verselbständigte Vorbereitungshandlungen (z. B. Anschaffung von Geldfälschungswerkzeugen im Ausland zur Verwendung im Inland, § 149 StGB[142]) und beim Versuch (z. B. beim Versuch des Schmuggelns[143] vom Ausland aus, der vor Erreichen der Grenze mißglückt oder – unfreiwillig – aufgegeben wird).

Eine ziemlich weitreichende spezielle Regelung für die Feststellung des Ortes einer Teilnahme enthält § 9 Abs. 2 StGB.[144]

Straftaten auf „deutschen" Schiffen und Luftfahrzeugen (§ 4 StGB) **39**

„Das deutsche Strafrecht gilt, unabhängig vom Recht des Tatorts, für Taten, die auf einem Schiff oder Luftfahrzeug begangen werden, das berechtigt ist, die Bundesflagge oder das Staatszugehörigkeitszeichen der Bundesrepublik Deutschland zu führen."[145] Zu den Schiffen gehören hier sowohl See- als auch Binnenschiffe, nicht aber „feste Plattformen". „Auf" einem Schiff oder Luftfahrzeug ist eine Tat begangen unabhängig davon, ob sich dieses in Bewegung befindet oder nicht, ob die Täter an Bord die Tat begehen oder dort nur der Erfolg eintritt; engere Fassungen dieses Prinzips in völkerrechtlichen Verträgen sind grundsätzlich unerheblich.[146]

---

137 Vgl. BGH NJW 1991, 2498; BayObLG NJW 1957, 1328 (Verrat eines Staatsgeheimnisses durch Ausländer).

138 Vgl. RGSt 16, 188 (s. Fn. 40); 43, 84; ebenso BGHSt 42, 235, 242 f. (betr. § 323 a StGB).

139 *LK (Gribbohm)* (Fn. 4) § 9 Rn. 23; *Lackner/Kühl* (Fn. 12) § 9 Rn. 2, str.

140 H. M.; OLG München Strafverteidiger 1991, 504 (Pkw-Verschiebung); KG (Fn. 124); *LK (Gribbohm)* (Fn. 4) § 9 Rn. 20 m. w. N.; a. A. *Martin*, Strafbarkeit grenzüberschreitender Umweltbeeinträchtigungem, 1989, S. 79, 118 und in ZRP 1992, 19; *Heinrich*, Der Erfolgsort beim abstrakten Gefährdungsdelikt, GA 1999, 72 (mit umfangreichen N. zum Streitstand, S. 74).

141 Vgl. mit zahlreichen N. *Sieber*, NJW 1999, 2065 (bei „Zugänglichmachen" von strafbaren Inhalten im Internet ist ein „Tathandlungs*erfolg*" gegeben, wenn strafbare Inhalte durch Push-Technologien nach Deutschland übermittelt werden, nicht jedoch schon dann, wenn Daten nur auf ausländischen Servern gespeichert und durch Pull-Technologien von Deutschland aus abgerufen werden) und *Cornils*, JZ 1999, 394 (werden vom Ausland her Daten mit rechtswidrigem Inhalt gezielt und kontrolliert auf einem in Deutschland installierten Server abgelegt, so ist eine Inlandstat gegeben, weil der Täter unmittelbar (auch) auf diesem Server handelt).

142 *Schönke/Schröder/Eser* (Fn. 4) § 9 Rn. 9; *Oehler* (Fn. 4) Rn. 258.

143 Zur Abgrenzung Versuch/Vorbereitungshandlung vgl. die Rechtsprechungsnachweise bei *Tröndle/Fischer* (Fn. 4) § 22 Rn. 17.

144 Vgl. dazu OLG Schleswig wistra 1998, 30 m. zust. Anm. *Döllel*, wistra 1998, 70 (Beihilfe zum Schmuggel von 200 Mio. Zigaretten von USA nach Spanien auf einem unter deutscher Flagge fahrenden Schiff). – Teilweise wird eine Einschränkung bei Rechtmäßigkeit der Haupttat im Ausland gemacht (z. B. von *Liebelt*, Fn. 8, S. 256 ff.), was mit dem Wortlaut nicht vereinbar ist (*LK (Gribbohm)*, Fn. 4, Rn. 34 zu § 9).

145 Beispielsfall OLG Schleswig (Fn. 140).

146 Vgl. zum ganzen *LK (Gribbohm)* (Fn. 4) § 4 Rn. 10 ff., 33 ff., 41 ff.

2. Aktives und passives Nationalitätsprinzip – Schutzprinzip

40 a) Auslandstaten Deutscher, die zur Tatzeit am Tatort – nach konkreter **Betrachtungsweise**[147] **– mit (Kriminal)Strafe**[148] **bedroht sind oder dort keiner Strafgewalt unterliegen (hohe See, Antarktis, Mond, Weltraum), sind nach § 7 Abs. 2 Nr. 1 StGB strafbar (eingeschränktes aktives Nationalitäts- bzw. Personalitätsprinzip).** Gleichgestellt sind – wegen des Auslieferungsverbots nach Art. 16 GG – Auslandstaten von Ausländern, die nach der Tat Deutsche geworden (und bis zur rechtskräftigen Verurteilung Deutsche geblieben) sind (sog. Neubürgerklausel).[149] Nach der Rechtsprechung[150] ist es nicht erforderlich, daß der ausländische Straftatbestand sich mit dem des deutschen Rechts deckt oder ihm derselbe Rechtsgedanke zugrunde liegt bzw. daß er das gleiche oder ein vergleichbares Rechtsgut schützt. Das Erfordernis der „doppelten" Strafbarkeit ist allerdings nicht erfüllt, wenn in beiden Ländern die relevanten Strafvorschriften jeweils nur inländische Rechtsgüter schützen. Rechtfertigungs- und Entschuldigungsgründe des Tatortrechts sind grundsätzlich – soweit sie nicht international anerkannten Rechtsgrundsätzen widersprechen, sog. internationaler Order-Public-Vorbehalt[151] – anzuerkennen. Verfahrenshindernisse für die Strafverfolgung am Tatort sind nach der Rechtsprechung irrelevant.[152] Unerheblich ist deshalb auch, ob die Tat am Tatort „faktisch" straflos ist, etwa weil die Verfolgung aus Opportunität unterbleibt.

41 Vereinzelt gilt auch das **uneingeschränkte Nationalitätsprinzip**, d. h. also ohne Rücksicht auf das Tatortrecht, auch bei Wirtschaftsstraftaten, so z. B. bei Außenwirtschafts- und Kriegswaffenstraftaten (§ 35 AWG, § 21 des Gesetzes über die Kontrolle von Kriegswaffen, § 18 des Ausführungsgesetzes zum Chemiewaffenübereinkommen[153]), bei der Abgeordnetenbestechung nach § 5 Nr. 14 a StGB und bei der Bestechung ausländischer Amtsträger (und Abgeordneter) nach § 2 Nr. 1 Buchstabe a des EU-Bestechungsgesetzes und § 3 des Gesetzes zur Bekämpfung internationaler Bestechung.[154]

Hierzu sind auch noch die Fälle hinzuzurechnen, für die das „Universalitätsprinzip" in den Fällen des § 6 StGB (Auslandstaten gegen international geschützte Rechtsgüter) anwendbar ist. § 6 StGB ist auch auf Deutsche anwendbar, die dort genannte Straftaten begehen, ohne daß es auf das Tatortrecht ankommt. Einschlägig sind hier vor allem die Nummern 6 und 7.[155]

42 Eine teilweise Erweiterung gegenüber dem Nationalitätsprinzip durch Elemente des Schutzprinzips[156] stellt die Anknüpfung an die Eigenschaft als „Amtsträger nach deutschem Recht" (§ 11 Abs. 1 Nr. 2 StGB) oder als „für den öffentlichen Dienst besonders

---

147 *LK (Gribbohm)* (Fn. 4) § 7 Rn. 22 m. N.

148 BGHSt 27, 5 (Kriminalstrafe erforderlich, administrative Sanktionen nicht ausreichend).

149 Insoweit liegt der Regelung eher das Prinzip der stellvertretenden Strafrechtspflege zugrunde, das ein Teil der Literatur insgesamt für § 7 Abs. 2 Nr. 1 als maßgebend erklärt (vgl. näher dazu *Scholten*, Das Erfordernis der Tatortstrafbarkeit in § 7 StGB, 1995, S. 108 ff. m. N. zum Streitstand; *Liebelt*, Fn. 8, S. 123 ff., 139 ff.).

150 BGHSt 2, 160; NJW 1954, 1086; 4 StR 173/96, 12. 9. 1996; a. A. z. B. *Arzt* in Festgabe zum schweizerischen Juristentag 1988, S. 417; *Scholten* (Fn. 145) S. 133 ff. m. w. N.

151 Näher dazu *Scholten* (Fn. 145) S. 166 ff.; *Henrich*, Das passive Personalitätsprinzip im deutschen Strafrecht, 1994, S. 105 f. (zu § 7 Abs. 1 StGB).

152 N. im *LK (Gribbohm)* (Fn. 4) § 7 Rn. 32 ff.; *Scholten* (Fn. 145) S. 149 ff.; a. A. z. B. *Eser*, JZ 1993, 875; *Henrich* (Fn. 147) S. 98 f.; *Baumann/Weber/Mitsch*, Strafrecht, AT, 10. Aufl. 1995, S. 90 Rn. 65 m. Anm. 50.

153 Vom 2. 8. 1994, BGBl. I 1954; krit. *Pottmeyer*, NStZ 1992, 57 (verfassungswidrig wegen Verstoß gegen Art. 25 GG); zu Recht abl. dazu *Holthausen*, NStZ 1992, 268. Vgl. dazu auch *Epping*, RiW 1991, 461.

154 Jeweils vom 10. 9. 1998, BGBl. II 2327, 2340.

155 Vgl. Rn. 12, 46.

156 Vgl. Rn. 43 f.

Verpflichteter" (§ 11 Abs. 1 Nr. 4 StGB) in § 5 Nr. 12 StGB dar, soweit dieser „während eines dienstlichen Aufenthalts" eine Straftat im Ausland begeht.[157]

b) **Auslandstaten können auch dann in Deutschland strafrechtlich verfolgt werden, wenn sie „gegen einen [bestimmbaren] Deutschen begangen werden", wenn diese am Tatort strafbar sind oder dort keiner Strafgewalt unterliegen (§ 7 Abs. 1 StGB – eingeschränktes passives Nationalitäts-/Personalitätsprinzip bzw. (Individual)Schutzprinzip).** In der Praxis hat bisher dieses Prinzip, das auch einen Fall stellvertretender Strafrechtspflege darstellt, kaum eine Rolle gespielt,[158] obwohl es auch bei bestimmten individualbezogenen Wirtschaftsstraftaten anwendbar sein kann (wie z. B. (Computer)Betrug, Untreue, Wucher, nicht aber bei Urheberrechtsverletzungen[159]). Grund dafür ist u. a. auch die Schwierigkeit oder Unmöglichkeit, den ausländischen Täter ausgeliefert zu bekommen. Zu weit geht es m. E., wenn ein Teil der Literatur[160] als „Deutschen" i. S. dieser Regelung auch eine juristische Person mit Sitz in Deutschland ansieht.[161] Zur Tatortstrafbarkeit vgl. zu a. 43

Dem weiterreichenden (Real/Staats)**Schutzprinzip** werden beispielsweise die Verletzung von Betriebs- und Geschäftsgeheimnissen[162] nach § 5 Nr. 7 bzw. § 20 a UWG, bestimmte Straftaten gegen die Umwelt (§ 5 Nr. 11 StGB), internationalstrafrechtliche Amtsträgerregelungen in § 5 Nr. 12 (2. Alt.) bis 14 StGB und Artikel 2 § 2 Nr. 1 b; Nr. 2 des EU-Bestechungsgesetzes sowie § 5 Nr. 14 a betr. Abgeordnetenbestechung nach § 108 e StGB zugeordnet. Die Nrn. 12 und 13 erfassen z. B. Straftaten der Vorteilsannahme und der Bestechlichkeit und die Verletzung von Geheimnisschutzvorschriften (§ 203 Abs. 2 Nrn. 1, 2; § 353 b StGB). Dabei werden teilweise nicht nur innerstaatliche, sondern auch ausländische oder supra- (wie etwa EG-Interessen) oder internationale überindividuelle Schutzinteressen miteinbezogen. 44

3. Prinzip der stellvertretenden Strafrechtspflege („aut dedere aut iudicare")

Zusätzlich können Auslandstaten von Ausländern nach der allgemeinen und sehr weitreichenden[163] Regelung in § 7 Abs. 2 Nr. 2 StGB dann im Inland verfolgt werden, wenn der Täter (betroffen im Inland), für den kein Auslieferungshindernis i. S. der §§ 3–9 des Gesetzes über die internationale Rechtshilfe (IRG)[164] vorliegt, nicht ausgeliefert wird. Nichtauslieferung liegt vor, wenn ein betroffener ausländischer Staat (Tatortstaat oder Heimatstaat) kein Auslieferungsersuchen stellt,[165] z. B. weil kein Interesse an der Strafver- 45

157 Vgl. *LK (Gribbohm)* (Fn. 4) § 5 Rn. 87, 90; *Tröndle/Fischer* (Fn. 4) § 5 Rn. 12; *Jakobs* (Fn. 31) V 16, S. 114 (der aber für Straflosigkeit plädiert, wenn die Tat am Tatort wegen der dortigen Verhältnisse zu tolerieren ist); *Henrich* (Fn. 134) S. 35, 7 läßt alle Fälle des § 5 Nr. 12–14 StGB dem Schutzprinzip unterfallen. Für einschränkende Auslegung *Zieher* (Fn. 51) S. 124 f.

158 *Henrich* (Fn. 147) S. 118 ff. 215 ff., der im übrigen – wie auch *Baumann/Weber/Mitsch* (Fn. 148) S. 89 f – grundsätzliche Bedenken gegen die Beibehaltung dieses Prinzips erhebt.

159 *U. Weber*, Festschrift für Stree und Wessels, 1993, S. 614, 622.

160 *Schönke/Schröder/Eser* (Fn. 4) § 7 Rn. 6; *Tröndle/Fischer* (Fn. 4) § 7 Rn. 6; *Jakobs* (Fn. 31) V 18, S. 116; ebenso Appellationsgerichts des Kantons Baselstadt in Schweizerische Juristenzeitung 1956, 362, zit. bei *Henrich* (Fn. 147) S. 109 und in einem Unterschlagungsfall SchweizBG (§ 121 IV 147), dazu *Cassani*, SchwZStrR 1997, 237, 241 ff.

161 Abl. *LK (Gribbohm)* (Fn. 4) Rn. 48 ff.; *Henrich* (Fn. 147) S. 109 ff.; *NK (Lemke)* (Fn. 5) § 7 Rn. 16; abl. auch Council of Europe, *European Committee on Crime Problems*, Extraterritorial jurisdiction, 1990, S. 12 f.

162 Näher dazu im Kapitel „Schutz von Betriebs- und Geschäftsgeheimnissen" unter II 7.

163 Krit. dazu insbesondere *Pappas*, Stellvertretende Strafrechtspflege, 1996.

164 *LK (Gribbohm)* (Fn. 4) § 7 Rn. 71 rechnet hier wegen § 1 Abs. 1, 3 IRG auch vorrangige unmittelbar anwendbare völkervertragsrechtliche Regelungen dazu (auf letztere stellt *Lagodny*, JR 1998, 476 ab, näher *Pappas*, Fn. 159, S. 198 ff.).

165 So z. B. im Fall des LG Kempten, NJW 1979, 225 (Abschieben von Falschgeld, § 147 StGB, in der Schweiz; kein Auslieferungsantrag Schweizer Behörden).

folgung besteht, ein ausländisches Auslieferungsersuchen abgelehnt wird oder die Auslieferung (z. B. aus gesundheitlichen Gründen) nicht durchführbar ist. U. U. kann sich aus den Umständen ergeben, daß solche Auslieferungshindernisse bestehen, so daß sich die Herbeiführung einer Entscheidung der nach § 74 IRG zuständigen Behörde erübrigt.[166] Wenn Auslieferungsverkehr besteht, muß die Auslieferung erfolglos angeboten worden sein, es sei denn, daß nach Ablauf geraumer (= angemessener) Zeit mit einem Auslieferungsersuchen nicht mehr zu rechnen ist.[167]

4. Universalitätsprinzip

46 Unabhängig vom Recht des Tatorts gilt für Auslandstaten von Deutschen und Ausländern das **„Weltrechtsprinzip" des § 6 StGB** auch für bestimmte Wirtschaftsstraftaten (i. w. S.), nämlich nach **Nummer 7** für Geld- und Wertpapierfälschung (§§ 146,[168] 151 und 152 StGB), die Fälschung von Zahlungskarten und Vordrucken für Euroschecke (§ 152 a Abs. 1 bis 4 StGB) sowie die Vorbereitung dieser Taten (§§ 149, 151, 152, 152 a Abs. 5 StGB) und nach **Nummer 8** für den Subventionsbetrug (§ 264 StGB), obwohl damit über die Vorgaben aus internationalen Verträgen (z. B. das Internationale Übereinkommen über die Bekämpfung der Falschmünzerei vom 20. 4. 1929 oder das EU-Übereinkommen über den Schutz der finanziellen Interessen der Europäischen Gemeinschaften) hinausgegangen wird. § 264 StGB bezieht in seinen Schutzbereich allerdings nicht alle Subventionen fremder Staaten mit ein, sondern bezieht sich – wie sich aus § 264 Abs. 7 StGB ergibt – nur auf nach deutschem oder europäischem Recht vergebene Subventionen (in letzterem Fall kann diese Vergabe natürlich auch in anderen EU-Staaten erfolgen). Eine § 264 StGB entsprechende Regelung enthalten § 370 Abs. 7 AO und § 35 MOG.

Der Streit, ob die Nummer 9 (Verfolgungspflicht aufgrund eines zwischenstaatlichen Abkommens) nur dann eingreift, wenn das Abkommen zur Einführung des Weltrechtsprinzips verpflichtet[169] oder auch für beschränktere Verpflichtungen zur Verfolgung von Auslandstaten gilt (was der Wortlaut nicht ausschließt), wird vielfach keine Rolle spielen. Eine genügend bestimmte unmittelbare anwendbare Vertragsregelung wird durch das Zustimmungsgesetz innerstaatliches Recht und wird dann zu einer direkt anwendbaren Regelung des innerstaatlichen Strafanwendungsrechts.[170]

Die Anwendung des § 6 StGB auf eine Auslandstat durch einen Ausländer setzt voraus, daß kein völkerrechtliches Verbot entgegensteht und ein legitimierender Anknüpfungspunkt im Einzelfall einen unmittelbaren Bezug zur Strafverfolgung im Inland herstellt.[171]

---

[166] *LK (Gribbohm)* (Fn. 4) § 7 Rn. 74 ff. m. N. der Rechtsprechung.

[167] *Tröndle/Fischer* (Fn. 4) § 7 Rn. 11 a. E.

[168] Andere Variante im Fall des LG Kempten (Fn. 161) (Sichverschaffen von Falschgeld in Italien, § 146 Abs. 1 Nr. 3 StGB und Beihilfe zur Tat nach § 146 Abs. 1 Nr. 2 StGB).

[169] So *Fischer/Tröndle* (Fn. 4) § 6 Rn. 9, abl. dazu *LK (Gribbohm)* (Fn. 4) § 6 Rn. 72.

[170] Teilweise wohl enger *Zieher* (Fn. 49) S. 166 ff.

[171] BGHSt 27, 30; 34, 334; NStZ 1994, 232; 1999, 236; Strafverteidiger 1999, 240; für Begrenzung aus völkerrechtlicher Sicht früher schon *Dahm*, Völkerrecht, Bd. I, S. 260 f.

7. Kapitel. Die Wirtschafts- und Steuerkriminalität unter Einschaltung von Domizilfirmen

Literatur: *Folkes*, Steuerparadiese für Deutsche, Anonyme Konten im Ausland, Briefkastenfirmen, Doppelwohnsitze, Trusts und Treuhänder, München 1995; *Klein*, Kommentar zur Abgabenordnung, 6. Auflage München 1998; *Kluge*, Das deutsche Internationale Steuerrecht, München 1992; *Meyer*, Die Vermeidung internationaler Doppel- und Minderbesteuerung auf der Grundlage des Ursprungsprinzips, Dissertation Göttingen 1970; *Schmid*, Die internationale Steuerflucht, Möglichkeiten und Bekämpfungsmethoden, Dissertation St. Gallen 1961.

Inhaltsübersicht

Rn.

I. Gründungsmotive . . . 1, 2

II. Systematik des deutschen Internationalen Steuerrechts . . . 3–14
1. Begriff des Internationalen Steuerrechts . . . 3
2. Probleme und Ziele des Internationalen Steuerrechts . . . 4, 5
3. Doppelbesteuerung und Doppelbesteuerungsabkommen . . . 6, 7
4. Steuerflucht . . . 8–11
5. Außensteuergesetz . . . 12
6. Scheingeschäfte und Steuerumgehung . . . 13, 14

III. Einflußnahme und Förderung durch Außenstehende . . . 15, 16

IV. Oasenländer . . . 17–19

V. Die Liechtensteinische Anstalt als Grundbeispiel einer Domizilfirma . . . 20–36
1. Der Gründungsakt . . . 22
2. Die Statuten . . . 23–31
   a) Haftung der Anstalt . . . 24
   b) Anstaltsorgane . . . 25
   c) Der Gründer, resp. Rechtsnachfolger . . . 26
   d) Übertragung der Gründerrechte . . . 27
   e) Der Verwaltungsrat . . . 28
   f) Zeichnungsbefugnis . . . 29
   g) Statutenänderung, Liquidation und Auflösung . . . 30
   h) Repräsentanz . . . 31
3. Die Zessionserklärung . . . 32
4. Blankozession . . . 33
5. Der Verwaltungsrat . . . 34, 35
6. Der Repräsentant . . . 36

Rn.

VI. Weitere Gesellschaftsformen in Liechtenstein . . . 37–39
1. Die Aktiengesellschaft . . . 37
2. Das Treuhandunternehmen (Trust) . . . 38
3. Die Stiftung des Liechtensteinischen Rechts . . . 39

VII. Die Stellung der Domizilfirmen im liechtensteinischen/schweizerischen Wirtschaftsleben . . . 40–42

VIII. Die englischen Briefkastenfirmen . . . 43

IX. Steuer- und Zollmanipulationen . . . 44–48
1. Beispiel der mißbräuchlichen Einschaltung von Basisgesellschaften . . . 44
2. Steuerrechtliche Würdigung der mißbräuchlichen Einschaltung von Basisgesellschaften . . . 45, 46
3. Das steuerunehrliche Grundstücksgeschäft . . . 47
4. Der Im- und Export von Waren . . . 48

X. Die außerfiskalischen Wirtschaftsdelikte . . . 49–57
1. Die Ausnutzung der Liechtensteinischen Aktiengesellschaft . . . 49
2. Die Grundstücksgeschäfte . . . 50
3. Der kriminelle „Unternehmensberater" . . . 51–56
   a) Die Kontaktaufnahme . . . 52
   b) Die Unternehmensanalyse . . . 53
   c) Der Beratungsvertrag . . . 54
   d) Das kriminelle Beratungsziel . . . 55
   e) Strafrechtliche Bewertung . . . 56
4. Der Wechselmißbrauch . . . 57

I. Gründungsmotive

1 Die Kriminalität unter Einschaltung von Domizilfirmen[1] wird durch verschiedene Merkmale geprägt, die von den Tätern genutzt und kombiniert werden:

Zum einen wird das Handeln der Täter über Firmen geleitet, die die eigentlich handelnden Personen abschirmen. Zum anderen erstreckt sich das Handeln zumindest über zwei Länder, was die Aufdeckung von Sachverhalten und die Geltendmachung von zivil- wie strafrechtlichen Ansprüchen erschwert oder sogar vereitelt. Außerdem ist bei der Steuerhinterziehung durch Domizilfirmen die Erstreckung über die Grenzen hinweg Voraussetzung für die Tatbegehung, weil dem Grunde nach rein innerdeutsche Sachverhalte künstlich internationalisiert und damit einer geringeren oder keiner Steuerbelastung unterworfen werden.

Diese Effekte werden von den Tätern genutzt, um sowohl Steuerhinterziehung wie auch allgemeine kriminelle Handlungen zu begehen.

2 Eine Schwierigkeit der Materie liegt darin, daß die Einschaltung von Firmen für das Handeln und wirtschaftliche Agieren dem Grunde nach ebensowenig strafbar ist wie Erstreckung der Tätigkeit über Grenzen hinweg. Gleiches gilt für die Ausnutzung unterschiedlicher Steuerbelastungen.

Die Abgrenzung einer zulässigen Vermeidung und Verminderung der Steuern von einer unzulässigen Hinterziehung von Steuern setzt deswegen Kenntnisse über das Internationale Steuerrecht voraus.

II. Systematik des deutschen Internationalen Steuerrechts

1. Begriff des Internationalen Steuerrechts

3 Unter dem Internationalen Steuerrecht versteht man das Rechtsgebiet, das internationale Steuerfälle zum Gegenstand hat. Der Begriff „International" bezeichnet Sachverhalte, die durch irgendeinen Umstand über die Grenzen des eigenen Staates hinausreichen. Normen des Internationalen Steuerrechts eines Staates regeln, ob und in welchem Umfang Sachverhalte mit Auslandsbezug besteuert werden. Diese Normen können einseitig von einem Staat (Außensteuergesetz) oder durch Übereinkunft zwischen zwei Staaten (Doppelbesteuerungsabkommen) getroffen werden.

2. Probleme und Ziele des Internationalen Steuerrechts

4 Die Bundesrepublik Deutschland kann nur das Welteinkommen der auf ihrem Gebiet ansässigen natürlichen und juristischen Personen der Besteuerung unterwerfen (unbeschränkte Steuerpflicht: § 1 Abs. 1 EStG für natürliche Personen und § 1 Abs. 1 KStG für juristische Personen und weitere Körperschaften, Personenvereinigungen und Vermögensmassen). Bei natürlichen Personen ist der Wohnsitz (§ 8 AO) oder der gewöhnliche Aufenthalt (§ 9 AO), bei juristischen Personen die Geschäftsleitung (§ 10 AO) oder der Sitz (§ 11 AO) maßgeblich.

Bei den im Ausland ansässigen natürlichen und juristischen Personen kann die Bundesrepublik Deutschland nur das im Inland erzielte Einkommen erfassen (beschränkte Steuerpflicht: § 1 Abs. 4 i.V.m. §§ 49 ff. EStG für natürliche Personen und § 2 KStG für juristische Personen). Die Besteuerung des im Inland erzielten Einkommens von im Aus-

[1] Die Begriffe Domizilgesellschaft, Basisgesellschaft, Zwischengesellschaft oder (Steuer-)Oasengesellschaft werden vielfach synonym gebraucht. Gesetzlich definiert ist allein der Begriff der Zwischengesellschaft.

land ansässigen Personen erfolgt grundsätzlich ohne Rücksicht darauf, daß dieses Einkommen im Heimatland dieser Personen entsprechend der unbeschränkten Steuerpflicht ebenfalls besteuert wird.

In dieser Situation kann eine Kollision verschiedener nationaler Steuersysteme auftreten, weil die Besteuerung nach der Ansässigkeit mit der Besteuerung nach der Einkommensquelle zusammentrifft.

Diese Konkurrenz verschiedener Besteuerungshoheiten belastet grenzüberschreitende Aktivitäten, verzerrt den Wettbewerb und verhindert den internationalen Handel; sie wird deswegen als unerwünscht angesehen.[2]

Auf der anderen Seite ist der Anspruch eines Staates auf Deckung seines Finanzbedarfs 5
auch aus der Besteuerung internationaler Sachverhalte und bei der Verfolgung außerfiskalischer Ziele anzuerkennen.

Wenn ein Staat diese Bedürfnisse und damit seine Besteuerungshoheit einseitig oder in Übereinkunft mit anderen Staaten zurücknimmt, stuft er die anderen Ziele wie die Wettbewerbsneutralität internationaler Aktivitäten höher ein.

Die Außenwirtschaftstheorie lehrt, daß der internationale Handel eine Wohlstandssteigerung durch optimale Ressourcenallokation und damit weltweit sich erhöhender Produktion bewirken kann. Voraussetzung hierfür ist, daß jeder Staat und die in ihm tätigen Wirtschaftseinheiten die Aufgaben übernehmen, für die sie aufgrund der Gegebenheiten besonders geeignet sind, während Güter und Dienstleistungen von Handelspartnern bezogen werden, die selbst nur unter ungünstigen Bedingungen erzeugt werden können. Die an einem Ort bestehenden Verhältnisse werden durch natürliche Faktoren (z. B. Klima, Boden, persönliche und technische Gegebenheiten) und künstliche Faktoren bestimmt. Zu den künstlichen Faktoren gehören auch die in den einzelnen Staaten erhobenen Steuern. Sie sind geeignet, Wettbewerbsverzerrungen zu verursachen und den internationalen Handel zu beeinträchtigen. Der internationale Austausch von Gütern und Dienstleistungen soll aber von derartigen Wettbewerbsverzerrungen frei sein, da anderenfalls eine optimale Weltproduktion nicht sichergestellt ist. Dementsprechend stehen zwei Ziele im Mittelpunkt des Internationalen Steuerrechts: die Bekämpfung der Doppelbesteuerung und der Steuerflucht.[3]

3. Doppelbesteuerung und Doppelbesteuerungsabkommen

Unter Doppelbesteuerung wird die Mehrfachbelastung desselben Steuerschuldners we- 6
gen desselben Steuergegenstandes zur gleichen Zeit mit einer gleichen oder gleichartigen Steuer durch mehrere internationale Abgabenhoheiten verstanden. Die Doppelbesteuerung unterscheidet sich damit von der Doppelbelastung, die ausschließlich nationalen Bezug hat.

Die Vermeidung der Doppelbesteuerung erfolgt im Idealfall durch eine Harmonisierung der Steuersysteme der einzelnen Staaten, die eine Konkurrenz der Steuernormen ausschließt. Ein Minus gegenüber diesem Idealfall sind einseitige Maßnahmen in den Steuergesetzen einzelner Staaten oder zweiseitige Maßnahmen zwischen mehreren Staaten (z. B. Doppelbesteuerungsabkommen).

Doppelbesteuerungsabkommen sind völkerrechtliche Verträge, deren Zustandekommen sich nach den Regeln im „Wiener Übereinkommen über das Recht der Verträge (WÜRV)“ vom 23. 5. 1969 (BGBl. 1985 II, S. 926) richtet. Sie ergänzen oder ändern die nationalen Steuergesetze, indem sie im Verhältnis der beiden Vertragsstaaten die Reichweite der jeweiligen Steuerhoheit bestimmen. Doppelbesteuerungsabkommen regeln hingegen nicht, ob und wie besteuert wird. Doppelbesteuerungsabkommen haben damit nur einen negativen Regelungscharakter.

---

[2] *Meyer*, S. 77 ff.
[3] *Kluge*, S. 8 f.

7 Die Bundesrepublik hat mit einer Vielzahl von Staaten Doppelbesteuerungsabkommen geschlossen. Eine aktuelle Aufstellung wird regelmäßig im Bundessteuerblatt veröffentlicht.[4]

In Doppelbesteuerungsabkommen wird meist das Ziel verfolgt, der Besteuerung nach dem Wohnsitz oder der Ansässigkeit Vorrang zu geben vor der Besteuerung nach der Quelle. Dieses Ziel kann aber nicht lückenlos erreicht werden.

Im Anwendungsbereich von Doppelbesteuerungsabkommen versucht der Täter, den Sachverhalt so zu gestalten, daß die Besteuerungshoheit bei dem Staat mit der geringeren Steuerbelastung liegt. In Ausnahmefällen kann sogar ein Staat auf seine Besteuerungshoheit verzichten, ohne daß der andere Staat besteuert.

4. Steuerflucht

8 Anders als bei der Doppelbesteuerung besteht bei der Steuerflucht keine anerkannte Terminologie.

Eine umfassende Definition des Begriffs hat Schmid[5] geliefert. Nach ihm besteht Steuerflucht in der Ausnutzung von Steuerbelastungsdifferenzen zwischen national verschiedenen Steuerhoheiten durch die Verlagerung von vorhandener und/oder künftiger Steuersubstanz (Einkommen und Vermögen bzw. Gewinne und Kapitalien), wobei die Verlagerung mindestens beiläufig zum Zwecke der Steuereinsparung zu erfolgen hat, und als Ergebnis auch eine tatsächliche Steuereinsparung eintreten muß. Es ist jedoch gleichgültig, ob das Vorgehen des Steuerpflichtigen gegenüber dem Fiskus des Steuerfluchtlandes rechtlich eine zulässige Steuerersparnis oder eine untaugliche Steuerumgehung oder eine strafbare Steuerhinterziehung darstellt.

Diese Definition weist als Merkmal das Motiv des Steuerpflichtigen, nämlich die Steuereinsparung, auf. Auf der anderen Seite bleibt unberücksichtigt, ob eine Steuereinsparung durch die Verlagerung des Ursprungsstaates oder des Wohnsitzstaates erreicht wird. Nach Meyer[6] stellen alle jene Fälle keine Steuerflucht dar, in denen die Besteuerung im Ursprungsstaat aufrechterhalten bleibt, aber die bisherige Steuerbelastung im Wohnsitzstaat unterschritten wird.

9 Ursächlich für eine Steuerflucht ist immer, daß die Besteuerung in den betroffenen Staaten dem Grund und der Höhe nach unterschiedlich ist. Während die Orientierung an der Besteuerung der Höhe nach verhältnismäßig einfach ist, stellt sich die Orientierung an der Besteuerung dem Grund nach schwieriger dar. Dies gilt besonders für die Fälle, in denen Ursprungs- und Wohnsitzstaat jeweils von einer Besteuerung im anderen Staat ausgehen und deswegen eine Besteuerung insgesamt unterbleibt.

Einkünfte aus dem Betrieb von Unternehmen der Luft- und Schiffahrt werden in Doppelbesteuerungsabkommen meistens der Besteuerungshoheit des Staates zugewiesen, in dem das Unternehmen seinen Sitz hat. In einzelnen Fällen verzichtet der nach dem Doppelbesteuerungsabkommen eigentlich berechtigte Staat auf das Recht zur Besteuerung von im Ausland erzielten Einkünften aus der Luft- und Schiffahrt. Zu diesen Ländern zählen Panama, Costa Rica, Honduras und Liberia. Im Ergebnis unterliegen Unternehmen mit Sitz in einem dieser Länder mit ihren Einkünften aus dem internationalen Personen- und Frachttransport keiner Einkommen- oder Körperschaftsteuer.[7]

10 Typische Erscheinungsformen der Steuerflucht sind folgende Verhaltensweisen:
- (Wohn-)Sitzvermeidung in einem Hochsteuerland
- (Wohn-)Sitzverlagerung aus einem Hochsteuerland in ein Niedrigsteuerland
- Betriebsstättenvermeidung in einem Hochsteuerland

---

[4] Siehe zuletzt Schreiben des Bundesfinanzministeriums vom 5.1. 1999, BStBl. I 1999, I S. 122 bis 125.

[5] *Schmid*, S. 4.

[6] *Meyer*, S. 122.

[7] *Meyer*, S. 156 f.

- Transfer von Steuersubstanz aus Hoch- in Niedrigsteuerländer durch Erlös- und Aufwandssteuerung (geringe Erlöse und hoher Aufwand in Hochsteuerländern und vice versa in Niedrigsteuerländern)
- Erlangung einer Abkommensberechtigung aus Doppelbesteuerungsabkommen

Der Bekämpfung der Steuerflucht wird bislang nicht die gleiche Aufmerksamkeit gewidmet wie dem Abschluß von Doppelbesteuerungsabkommen. Dies liegt nicht nur daran, daß anders als bei den Doppelbesteuerungsabkommen mit dem Widerstand der Betroffenen gerechnet werden muß. Schwierigkeiten ergeben sich vor allem aus der Umsetzung, weil mit der Bekämpfung Einschränkungen anderer Rechtsgüter wie der wirtschaftlichen Entfaltungsfreiheit über die Grenzen hinaus oder des internationalen Kapitalverkehrs verbunden sind.

In der Bekämpfung sind zwei Reaktionen in der Bundesrepublik Deutschland hervorzuheben. Im Jahr 1964 erging der sog. Oasenbericht der Bundesregierung[8] auf Anfrage des Bundestages; er stellt eine Reihe von Einkommens- und Vermögensverlagerungen in Staaten mit niedrigem Steuerniveau dar und nennt mögliche Bekämpfungsmaßnahmen. Im Jahr 1972 erging das „Gesetz zur Wahrung der steuerlichen Gleichmäßigkeit bei Auslandsbeziehungen und zur Verbesserung der steuerlichen Wettbewerbslage bei Auslandsinvestitionen"[9]. Dieses Gesetz enthält unter seinem Artikel 1 die als Außensteuergesetz fortbestehenden Regelungen, während die Artikel 2 bis 6 verschiedene Änderungen in Körperschaftsteuergesetz, Abgabenordnung u. a. treffen. 11

5. Außensteuergesetz

Das Außensteuergesetz verfolgt das Ziel, vom Gesetzgeber als ungerechtfertigt angesehene Steuervorteile auszugleichen. In den ersten fünf Teilen werden dabei typische Konstellationen aufgegriffen. Eine dieser Konstellationen betrifft die der sog. Basisgesellschaften und Zwischengesellschaften. 12

Unter einer Basisgesellschaft wird das klassische Instrument verstanden, mit dem Steuervorteile in niedrig besteuernden Staaten genutzt werden sollen. Ziel eines Unternehmens ist die Erwirtschaftung eines möglichst hohen Gewinns. Diesem Ziel müssen sich alle Teilbereiche unterordnen, zu denen Beschaffung, Vertrieb und Finanzierung, auch die Steuerpolitik gehören. Mit der Steuerpolitik wird verfolgt, die Gewinne dort anfallen zu lassen, wo sie einer möglichst geringeren Besteuerung unterliegen. Das muß nicht damit übereinstimmen, wo sie aufgrund der Produktionsfaktoren auffallen würden. Eine Basisgesellschaft ist demnach ein selbständiger Rechtsträger, der von inländischen natürlichen oder juristischen Personen im Ausland zur Vereinnahmung von Erträgen ohne wesentliche steuerliche Belastung gegründet wird und im Sitzland keine oder nur geringe wirtschaftliche Interessen verfolgt. Wirtschaftlich geschieht also nichts anderes als bei der Gründung jeder anderen Tochtergesellschaft. Die Unterscheidung erfolgt nach dem Merkmal, daß bei der Basisgesellschaft der steuersparende Aspekt im Vordergrund steht und Antrieb für die Auslandstätigkeit ist.[10]

Eine Körperschaft, Personenvereinigung oder Vermögensmasse im Sinne des Körperschaftsteuergesetzes, die im Inland weder Sitz noch Geschäftsleitung hat, ist Zwischengesellschaft für Einkünfte, die einer niedrigen Besteuerung unterliegen und nicht in dem Katalog der werbenden Einkünfte des § 8 Abs. 1 AStG genannt sind, wenn ein in der Bundesrepublik Deutschland unbeschränkt Steuerpflichtiger zu mehr als der Hälfte beteiligt ist. Eine niedrige Besteuerung liegt nach § 8 Abs. 3 AStG vor, wenn die Einkünfte weder im Staat der Geschäftsleitung noch im Staat des Sitzes der Zwischengesellschaft einer Belastung durch Ertragsteuern von 30 vom Hundert oder mehr unterliegen.

---

[8] Steueroasenbericht der Bundesregierung vom 23. 6. 1964, BT-Dr. IV/2412.
[9] Gesetz vom 8. 9. 1972, BGBl. I 1972, S. 1713 ff.
[10] *Kluge*, S. 137.

6. Scheingeschäfte und Steuerumgehung

13 Die möglichen Maßnahmen von Gesetzgebung und Verwaltung in der Bundesrepublik Deutschland gehen über das Außensteuergesetz hinaus.

Über die Frage hinaus, ob eine Basisgesellschaft aufgrund ihrer Qualifizierung als körperschaftsteuerpflichtiges Gebilde eine Abschirmung gegenüber der deutschen Besteuerung entfalten kann, stellt sich die Frage, ob die Tätigkeit der ausländischen Gesellschaft unter Berufung auf § 41 Abs. 2 AO (Scheingeschäfte) oder auf § 42 AO (Steuerumgehung) als nichtexistent abgelehnt werden kann.

Die Anwendung der §§ 41 und 42 AO ist allgemein schwierig. Im Fall von Basisgesellschaften hatte die Rechtsprechung die Anwendung dieser Vorschriften nahezu aufgegeben.[11] Inzwischen geht die Rechtsprechung von einem Fall des § 42 AO aus, wenn Gründe für die Zwischenschaltung der Basisgesllschaft fehlen, wobei nur wirtschaftliche oder sonstige beachtliche Gründe berücksichtigt werden.[12]

14 Die Finanzverwaltung stützt sich auf §§ 7 ff. AEAStG.[13] In Fällen des Scheingeschäfts und des Mißbrauchs wird die steuerliche Anerkennung versagt und die Verlagerung von Einkünften oder Vermögen ignoriert. Ein Scheingeschäft liegt dann vor, wenn der vom Steuerpflichtigen vorgetragene Sachverhalt nur scheinbar die Voraussetzungen der geltend gemachten Rechtsfolge erfüllt. Ein Mißbrauch liegt dann vor, wenn Sachverhalt und Rechtsfolge sich zwar entsprechen, der Sachverhalt aber einen Mißbrauch darstellt. Ein Mißbrauch wird dann angenommen, wenn der Steuerpflichtige Formen und Gestaltungsmöglichkeiten des bürgerlichen Rechts wählt, die gegenüber den wirtschaftlichen Vorgängen, Tatsachen und Verhältnissen unangemessen sind und durch keine anderen als den Grund der Steuerersparnis gerechtfertigt werden können.

Der Oasenerlaß nennt als Beispiel, daß ein unbeschränkt Steuerpflichtiger dem von ihm beherrschten ausländischen Rechtsträger Patente überträgt oder sie bei diesem entstehen läßt und selbst darauf Lizenzen nimmt oder dem ausländischen Rechtsträger Kapitalien zuführt und sich diese als Darlehen zurückgewähren läßt. Ähnlich liegen die Fälle, in denen in der Bundesrepublik ansässige Künstler als Angestellte ihres eigenen, beherrschten ausländischen Rechtsträgers auftreten.

Ob die Voraussetzungen für eine Steuerumgehung durch Rechtsmißbrauch im Einzelfall vorliegen, entscheidet sich nicht allein nach dem jeweiligen in den Statuten niedergelegten Gesellschaftszweck oder nach den Angaben der Gründer. Der Gesellschaftszweck muß vielmehr tatsächlich vollzogen werden, und die behaupteten wirtschaftlichen Gründe für die Errichtung der Gesellschaft müssen durch wirtschaftliches Handeln der Organe nach der Errichtung in Erscheinung treten.[14]

III. Einflußnahme und Förderung durch Außenstehende

15 Die Täter werden bei ihrem Vorgehen von verschiedenen Ländern unterstützt. Diese Länder ziehen ihre Vorteile weniger aus der Verlagerung oder Absaugung von Gewinnen, weil ihre geringe Steuerbelastung diese Verlagerung erst induziert. Ihre Vorteile bestehen vielmehr aus den Einnahmen durch die Gründungsakte der Briefkastengesellschaften und der damit zusammenhängenden Infrastruktur (Notare, Behörden, Treuhänder) und durch die Kapitalzuflüsse als solche. Aus diesem Grund sind diese Länder nicht daran in-

---

[11] Siehe auch BFH, BStBl. II 1968, S. 695.

[12] BFH, BStBl. II 1986, 496; 1992, 1026; 1993, 84.

[13] BStBl. I 1995, Sondernummer 1; früher: Koordinierter Ländererlaß vom 14. 6. 1965, BStBl. II 1965, S. 74 ff., über die Verlagerung von Einkünften und Vermögen in sogenannte Steueroasenländer, sog. „Steueroasenerlaß". Siehe auch *Kluge*, S. 140, mit Hinweisen zum Schrifttum.

[14] *Kluge*, S. 144 f.

teressiert, Drittstaaten Einblick in diese Geschehnisse zu gewähren. Gründungsorganisatoren derartiger Firmen können deshalb stolz darauf verweisen:

„Die Anonymität ist unser Lebenselexier". „Verschwiegenheit ist Trumpf". „Ist erst einmal das rettende Ufer des Oasenlandes erreicht, so empfängt den Ankömmling lückenlose Diskretion . . ."

Weiße-Kragen-Täter haben erkannt, daß durch Einschaltung von Briefkastenfirmen nicht nur Steuerdelikte, sondern alle übrigen Wirtschaftsstraftaten ermöglicht und erleichtert werden. Selbst Politiker sind offensichtlich nicht einmal mehr davor gefeit, sich zur Verschleierung unsauberer Machenschaften einer Domizilfirma zu bedienen. Alle in den letzten Jahren verübten wirtschaftskriminellen Gangsterstücke von Format zeigten Spuren in Basisländer. In der Praxis mehren sich aber die Anzeichen dafür, daß auch mittelständische und sogar Kleinbetriebe Querverbindungen in das Ausland, insbesondere in Steuerparadiese, unterhalten.

Jeder Kriminalist und Steuerfahnder kann daher bei Durchsuchungsmaßnahmen im **16**
Zusammenhang mit einem äußerlich harmlosen Konkursverfahren auf Schriftverkehr und Bankkonten einer Domizilfirma oder auf deren Bilanzen stoßen. Er darf diese Unterlagen nicht, wie es immer wieder geschieht, nur deshalb achtlos liegen lassen, weil anscheinend nicht der geringste Zusammenhang mit der zu ermittelnden Straftat und dem Beschuldigten besteht. Erkennen und Bekämpfen der modernen Wirtschaftskriminalität erfordern deshalb für jeden Kriminalisten, Staatsanwalt und auch den Richter eine Grundkenntnis über Rechtsgestaltung und Erscheinungsform der Domizilfirmen.

Unterstützt wird die Gründung von Briefkastenfirmen durch Anreize aus dem Inland, insbesondere durch einschlägige Veröffentlichungen, die mit Titeln auftreten wie:

„Steuerparadiese für Deutsche; Anonyme Konten im Ausland, Briefkastenfirmen, Doppelwohnsitze, Trusts und Treuhänder".[15]

Die Ziele dieser Literatur werden kaum verhüllt, wenn der Leser erfährt, daß „das vorliegende Buch über alle legalen Möglichkeiten informiert, Schlupfwinkel auszunutzen, und auch darüber, wie es jene tun würden, die illegal handeln."[16]

IV. Oasenländer

Im Außensteuergesetz wird die Steueroase in § 8 Abs. 3 als ausländisches Gebiet definiert, **17**
in dem die Belastung durch die Einkommensteuer nicht wenigstens 30 v. H. beträgt.

Hierzu gehören u. a.:

Liechtenstein, Monaco (für Ausländer), Schweiz, Luxemburg, Gibraltar, Insel Man, die Bahamas, Bermudas, Cayman, Panama, britische Jungferninseln und die niederländischen Antillen.

Allgemein läßt sich aber sagen, daß sich Steuerfluchtorte rund um den Globus befinden. Da aber Domizilfirmen zunehmend nicht nur zum Zwecke der Steuerverkürzung, sondern zur Verübung anderer Wirtschaftsstraftaten gegründet werden, sind sie auch in den nichttypischen Oasenländern zu finden.

Die Bundesrepublik liegt nicht nur im Ausstrahlungsbereich von Liechtenstein, der Schweiz, Österreich und Luxemburg, sondern es lassen sich auch Schwerpunkte auf den Bahamas und anderen Inseln in der karibischen See erkennen. Hierfür gibt es mutmaßlich folgende Gründe:

Die europäischen Oasenländer bemühen sich darum, nicht Brutstätten der schweren, **18**
gemeinschädlichen Wirtschaftskriminalität zu werden und die inländischen Organe dieser Domizilfirmen vor der Einbeziehung in Ermittlungsverfahren zu bewahren. So wurde im Fürstentum Liechtenstein nach mehrjährigen Beratungen das „Gesetz betreffend

---

[15] Siehe als Beispiel den gleichnamigen Titel von *Folkes*, München 1995.

[16] *Folkes*, S. 11.

die Abänderung des Personen- und Gesellschaftsrechts und das Gesetz über das Treuunternehmen“ vom 15.04. 1980 verabschiedet. Artikel 1063 beinhaltet eine Deklarationspflicht für typische Briefkastenfirmen. Sie müssen innerhalb von 6 Monaten nach Abschluß des Geschäftsjahres beim Öffentlichkeitsregister eine vom Mitglied der Verwaltung unterzeichnete Erklärung einreichen und bestätigen, daß keine kaufmännischen Geschäfte geführt wurden, und daß zum Ende des vorangegangenen Geschäftsjahres eine Vermögensübersicht vorliegt. Die Ausstellung selbst muß nicht vorgelegt werden, so daß die Steuerprivilegien erhalten bleiben. Hingegen muß nach Art. 180 a PGR (Personen- und Gesellschaftsrecht) zumindest ein zur Geschäftsführung und Vertretung befugtes Mitglied der Verwaltung einer Verbandsperson (somit auch Anstalt des liechtensteinischen Rechts) liechtensteinischer Staatsbürger mit inländischem Wohnsitz sein. Er muß die berufliche Zulassung als Rechtsanwalt, Rechtsagent, Treuhänder oder Buchprüfer oder eine von der Regierung anerkannte kaufmännische Befähigung besitzen.

Unbeschadet besonderer Ausnahmen wurden in der Verordnung von 14. Juni 1980 zum Personen- und Gesellschaftsrecht Qualifikationsmerkmale für Verwaltungsräte festgelegt. Art. 4 dieser Verordnung bestimmt außerdem:

„Aus der Zweckbestimmung von Verbandspersonen und Treuunternehmen hat ausdrücklich hervorzugehen, ob ein nach kaufmännischer Art geführtes Gewerbe betrieben wird oder nicht.“

Art. 986 PGR sieht schließlich die Auflösung und Liquidation von Verbandspersonen bzw. Treuunternehmen von Amts wegen vor. Diese Voraussetzungen liegen auch vor, wenn Art. 180 a PGR verletzt ist und „wenn eine Gesellschaft die liechtensteinischen Landesinteressen schädigt oder dem Ansehen des Landes abträglich ist und seine Beziehungen zu anderen Staaten oder internationalen Organisationen stört...“

19 Wenn auch durch die vorbezeichneten Vorschriften der Fortbestand der Domizilfirmen nicht in seinem Grundgehalt angetastet wird, sind die Kontroll- und Liquidationsmöglichkeiten erweitert worden. Wirtschaftsverbrecher haben diese gesetzliche Verschärfung und außerdem gewisse Zugriffsmöglichkeiten der deutschen Ermittlungsbehörden erkannt und verlängern deshalb den Fluchtweg in andere Breiten.

Nach wie vor müssen aber im Hinblick auf die bereits bestehenden Domizilfirmen die Oasen Liechtenstein, Schweiz und Luxemburg im Vordergrund stehen. Im Jahre 1990 wurde in Liechtenstein bei 28 000 Einwohnern die Zahl der Briefkastenfirmen bis zu 100 000 geschätzt, wobei die genaue Zahl wie ein Staatsgeheimnis gehütet wird. In der Mehrzahl der Schweizer Kantone, insbesondere in Zug, Nidwalden und Fribourg, genießen Sitzgesellschaften umfassende Domizilprivilegien. Beschränkungen und Ausnahmen bestehen in den Kantonen Aargau, Appenzell, Schaffhausen, Zürich, Solothurn, Graubünden und Bern.

V. Die Liechtensteinische Anstalt als Grundbeispiel einer Domizilfirma

20 In Anlehnung an die österreichische Gesetzgebung wurde in Liechtenstein eine eigene Modifikation des Personen- und Gesellschaftsrechts (PGR) geschaffen. Dieses bietet wie in keiner anderen Rechtsordnung schlechthin alle Gesellschaftsformen an. Neben den allgemein bekannten Personen- und Kapitalgesellschaften (KG, OHG, GmbH, GmbH & Co KG) hat der liechtensteinische Erfindungsgeist für seinen Steuersäckel das Juwel der Anstalt hervorgebracht. Sie genießt in Liechtenstein eigene Rechtspersönlichkeit und ist zwischenzeitlich im Ausland trotz enormer Vorbehalte zivilrechtlich auch als Träger von Rechten und Pflichten und insbesondere als Vertragspartner z. B. bei Kauf-, Lizenz-, Darlehens- oder Leasingverträgen anerkannt. Einschlägige Rechtsvorschriften für die Anstalten des liechtensteinischen Rechts finden sich in Art. 534 bis 551 PGR.

Die Anstalt ist eine Unternehmensform mit eigener Rechtspersönlichkeit, an deren Kapital, das grundsätzlich nicht in Anteile zerlegt ist, die Beteiligung in Form von Gründerrechten besteht und für deren Verbindlichkeiten nur das Vermögen der Unternehmung haftet. Typisch ist ferner die weitgehende Freiheit, die das Gesetz dem Gründer der Anstalt in der statutenmäßigen Regelung der Anstaltsverhältnisse und insbesondere in der Festlegung der Organisation gewährt. Die Anstalt erwirbt eigene Rechtspersönlichkeit durch Gründung und Eintragung in das Öffentlichkeitsregister. Gründer dieser Anstalt kann jede in- oder ausländische, natürliche oder juristische Person sein, wobei ein Gründer genügt. Das Mindestkapital beläuft sich auf 30 000 sfr, wobei es ausreicht, daß dieses bei der Anmeldung zum Öffentlichkeitsregister durch Bankbürgschaft nachgewiesen wird. Ein einbezahlter Betrag kann vom Gründer nach Eintragung in das Öffentlichkeitsregister unverzüglich beliebig wieder verwendet werden. Daraus wird deutlich, daß die Anstalt in Wirklichkeit ein Nichts mit beschränkter Haftung ist. 21

1. Der Gründungsakt

Es ist problemlos, Inhaber einer Domizilfirma zu werden. Durch Vermittlung inländischer „Spezialisten" oder durch einen Blitzbesuch im Büro eines „Briefkastenverwalters", an dessen Bürohaus zahlreiche Tafeln mit pompösen Firmennamen prangen, kann unverzüglich die Gründung einer Anstalt oder Basisfirma in die Wege geleitet werden. Folgende Einzelmaßnahmen sind zu treffen: 22

- Festlegung des Namens der Anstalt
- Erstellung der Gründungsurkunde durch den „Briefkastenonkel" als fiduziarischen Gründer. Dieser bedient sich aber zumeist nicht seiner Berufsbezeichnung als Rechtsanwalt, sondern schaltet noch eine von ihm allein beherrschte Firma ein.

  Die Gründungsurkunde hat z. B. folgenden Text:

„Die Unterzeichnete, Company Establishment, Vaduz, Fürstentum Liechtenstein, errichtet hiermit als fiduziarische Gründerin im Sinne des Liechtensteinischen Personen- und Gesellschaftsrechts, Art. 534 ff., eine Anstalt als selbständige, juristische Person, mit Sitz in Vaduz, unter dem Namen ... Company Establishment und erklärt die beigeschlossenen Statuten zum integrierenden Bestandteil dieser Urkunde und bindend für das Unternehmen.

Das statutarische Anstaltskapital beträgt sfr 30 000 (in Worten: Schweizer Franken dreißigtausend) und ist lt. beigeschlossenem Kapitalnachweis voll und bar einbezahlt und nicht in Anteile zerlegt.

Der Verwaltungsrat kann aus einem oder mehreren Mitgliedern bestehen. Zum alleinigen Mitglied des Verwaltungsrates mit Einzelzeichnungsrecht wird bestellt:

..., Rechtsanwalt, Vaduz,

zum Repräsentanten wird gem. § 16 der Statuten bestellt:

Fa... Establishment, Vaduz.

Vaduz, den ...

Fürstentum Liechtenstein

Die fiduziarische Gründerin: ...

Company Establishment

2. Die Statuten

Alle Anstalten besitzen im wesentlichen die gleichen Statuten. Neben den Hinweisen für Firma, Sitz und Zweck der Anstalt finden sich z. B. folgende Regelungen: 23

a) Haftung der Anstalt

Die Anstalt haftet mit dem Anstaltskapital und dem Anstaltsvermögen; eine weitergehende Haftung oder Nachschußpflicht des Gründers oder der Organe der Anstalt besteht nicht. 24

b) Anstaltsorgane

25 Die Organe der Anstalt sind:
- der Gründer, resp. seine Rechtsnachfolger (Firmeninhaber);
- der Verwaltungsrat;
- die Kontrollstelle.

c) Der Gründer, resp. Rechtsnachfolger

26 Das oberste Organ der Anstalt ist der Gründer bzw. sein oder seine Rechtsnachfolger, Art. 535 PGR. In seine Kompetenz fallen alle Rechte und Befugnisse, die gemäß Gesetz und gemäß diesen Statuten dem obersten Organ zustehen, insbesondere:
- Bestellung und Abberufung des Verwaltungsrats und der Kontrollstelle;
- Bezeichnung der Destinatäre und die Bestimmung der Art und des Umfanges ihrer Berechtigung;
- Änderung und Ergänzung dieser Statuten, evtl. durch Beistatuten;
- Verteilung des Reingewinnes;
- Auflösung des Unternehmens und Verwendung des Liquidationsergebnisses.

d) Übertragung der Gründerrechte

27 Der Gründer (Inhaber der Gründerrechte) kann alle ihm gemäß Gesetz und gemäß diesen Statuten zustehenden Rechte mittels einer einfachen Urkunde (Zessionserklärung) auf seinen Rechtsnachfolger übertragen. Ferner kann die Rechtsnachfolge des Gründers auch auf dem Erbwege erworben werden, Art. 541 PGR.

e) Der Verwaltungsrat

28 Er besteht aus einer oder mehreren Personen, Art. 544 PGR. Für den Kriminalisten und Staatsanwalt ist aber von ausschlaggebender Bedeutung, daß nicht der Verwaltungsrat, sondern lediglich der Gründer die alleinigen Kompetenzen hinsichtlich der Geschäftsführung besitzt. Er erteilt dem Verwaltungsrat Weisungen und besitzt die allein entscheidende Willensbildung. Dies wird durch folgende weitere Vorschriften in den Statuten verdeutlicht:

f) Zeichnungsbefugnis

29 Die Zeichnungsbefugnis der Verwaltungsratsmitglieder wird durch den Gründer resp. seine Rechtsnachfolger festgesetzt.

g) Statutenänderung, Liquidation und Auflösung

30 Der Gründer oder seine Rechtsnachfolger können durch einstimmigen Beschluß diese Statuten abändern, Art. 549 PGR. In gleicher Weise können der Gründer oder seine Rechtsnachfolger die Auflösung der Anstalt beschließen. Über die Verwendung des Liquidationsergebnisses beschließt der Gründer oder seine Rechtsnachfolger.

Die Statuten enthalten abschließend noch eine Regelung über die Repräsentanz:

h) Repräsentanz:

31 Nach Art. 551 PGR i.V. m. Art. 239 ff. PGR wird als gesetzlicher Vertreter der Anstalt ein Repräsentant bestellt. Erstmals wird der Repräsentant in der Gründungsurkunde genannt.

3. Die Zessionserklärung

Sie ist in der Regel der wichtigste Schlüssel bei einschlägigen Ermittlungen und kann die Strohmannfassade einer Briefkastenfirma durchbrechen. Sie offenbart, wer der eigentliche Herr im Hause ist. Weder in der Gründungsurkunde noch in den Statuten oder im Öffentlichkeitsregister findet sich der Name des eigentlichen Gründers bzw. des Hintermannes. Beim Öffentlichkeitsregister sind nämlich lediglich die Statuten und die Gründungsurkunde zu hinterlegen. Veröffentlicht werden nur Name und Sitz der Gesellschaft, Datum der Eintragung, Zweck, Höhe des Gesellschaftskapitals sowie die Mitglieder der Verwaltung und die Vertretungsverhältnisse. Der meist ohne Schwierigkeit zu erhaltende liechtensteinische Registerauszug gibt nur unvollständige und ohne weitere, durch Ermittlungen gewonnene Erkenntnisse fast nutzlose Auskünfte. Der Weg zum Wirtschaftsstraftäter und eigentlichen Hintermann der Domizilfirma führt nur über die Zessionserklärung. Allein durch sie erhält der wirkliche Kapitaleigner von dem fiduziarischen Gründer alle Rechte an der Anstalt. 32

Beispiel einer Zessions-Erklärung:

„Die Unterzeichnete, Firma G. Company Establishment, Vaduz, als Gründerin der Firma R. Company Establishment mit Sitz in Vaduz, zediert hiermit alle ihr als Gründerin der vorgenannten Firma gemäß Gesetz und Statuten zustehenden Rechte unwiderruflich und mit sofortiger Wirkung an:

Herrn Michael ML, indem sie ausdrücklich erklärt, aus ihrer Eigenschaft als Gründerin keine wie immer gearteten Rechte oder Ansprüche gegen obengenannte Firma zu besitzen und daher auch weder jetzt noch später gegen die genannte Firma Rechte geltend machen zu können.

Vaduz, am . . ."

4. Blankozession

Durch sie wird die Verschleierung auf die Spitze getrieben. In ihr wird nämlich der Empfänger der Zession nicht benannt. Nach liechtensteinischem Recht gilt aber der Inhaber einer Blankozession als Kapitaleigner. Dadurch hat dieser die Möglichkeit, durch Zwischenabtretungen seine Inhaberschaft weiter zu tarnen. So übertrug ein Täter als Inhaber einer Blankozession seine Rechte auf einen Kaufmann in Asien, ließ diesen unter Vorlage der mit Namen ausgefüllten Zession gegenüber liechtensteinischen Banken und Behörden tätig werden, wobei verschwiegen wurde, daß die Gründerrechte durch eine weitere Blankozession auf den eigentlichen Urheber zurückübertragen worden waren. Um diesbezügliche Ermittlungen erfolgreich zu gestalten, ist zu beachten: 33

Inländische Banken, die in Geschäftsverbindungen eingeschaltet werden, mitunter die Gründungskosten finanzieren oder Bürgschaften gegenüber einer liechtensteinischen Bank übernehmen, lassen sich zumeist derartige Zessionen im Original vorlegen und reichen sie unverzüglich zurück. In den Bankunterlagen befinden sich manchmal Fotokopien dieser Blankozession, wobei den Ermittlungsbehörden vorgespiegelt wird, den wirklichen Kapitaleigner nicht zu kennen. Manchmal ergibt sich auch aus Anmerkungen zu Kreditgesuchen oder aus Akkreditivunterlagen ein Hinweis auf zurückgeleitete Zessionen. Eine umfassende und unverzügliche Einvernahme des jeweiligen Kreditsachbearbeiters oder Vorstandes kann in diesem Punkt eine Aufhellung bringen. Grundsätzlich gilt: Wer eine Blankozession vorlegen kann, ist rechtlicher und wirtschaftlicher Inhaber der Domizilfirma.

5. Der Verwaltungsrat

Neben der Vielfalt von Gesellschaftsformen zeichnen sich die Briefkastenfirmen durch organisierte Unverantwortlichkeit aus. Dafür sorgt in Liechtenstein und in der Schweiz das gesetzlich geregelte Repräsentanten- und Verwaltungsratssystem. Es genügt nicht nur 34 allein die Gründung der Firma; sie muß auch verwaltet werden. Daher muß sie auch ein Organ besitzen, das die Domizilfirma gegenüber Dritten vertritt. Dies ist der Verwaltungsrat, der aus einer oder mehreren natürlichen oder juristischen Personen besteht (Art. 180 PGR).

Zu Mitgliedern des Verwaltungsrats können Personen jeder Staatsangehörigkeit bestellt werden, wobei jedoch ein verantwortliches Verwaltungsratsmitglied entweder liechtensteinischer Bürger oder ein Ausländer mit dauerndem Aufenthalt in Liechtenstein sein muß. Hier leuchtet der Glücksstern für staatlich konzessionierte Anwälte und Treuhänder. Sie nehmen nicht nur den Gründungsakt vor. Weniger als 100 dieser „Helfer in Steuersachen" betreuen nämlich alle Domizilfirmen in Liechtenstein. Auch in der Schweiz gibt es entsprechende Massenberatungsbüros. Der Verwaltungsrat kann bei der Vielzahl der ihm anvertrauten Firmen auch nicht annähernd eine geordnete Kontrolle vornehmen. Manche dieser „ahnungslosen" Rechtsvertreter übernehmen gleichwohl ungeprüft und ohne jeden Vorbehalt alle Angaben, die ihnen durch dunkle Hintermänner präsentiert werden, und geben sie mit dem Gewicht ihres guten Rufes als eigene Erklärungen weiter. Sie unterzeichnen Kaufverträge, geben Weisungen auf Neutralisierung von Schmuggelware, erteilen Auskünfte über den Umfang der Geschäfte und die „günstige" wirtschaftliche Situation der Firma und täuschen dadurch einen seriösen Vertragspartner und einen florierenden Geschäftsbetrieb vor.

Nach liechtensteinischem Recht hat ein Geschäftspartner keinen Anspruch auf die Richtigkeit der Angaben solcher Verwaltungsräte. Stets stellen nämlich Klauseln in den Mandatsverträgen folgendes klar:

„Für Handlungen und Anweisungen, gleichgültig welcher Art, trägt der Beauftragte keine Verantwortung, im Gegenteil, eine solche wird von ihm abgelehnt."

Mit derartigen Freizeichnungsformeln möchten die Verwaltungsräte, wenn sie Beihilfe leisten oder Mittäter werden, offensichtlich möglichen Schadensersatzansprüchen vorbeugen.

35 Wie groß die programmierte Wissenslücke des Verwaltungsrates aber sein kann und soll, wird durch die allgemein gebräuchliche Generalvollmacht verdeutlicht. Der eigentliche Kapitalgeber und Firmeninhaber läßt sich nämlich vom Verwaltungsrat eine Vollmacht ausstellen, durch die er Befugnisse eines Handlungsbevollmächtigten übertragen erhält. Gegenüber Dritten, insbesondere gegenüber den Ermittlungsbehörden, gibt er sich unter Vorlage dieser Urkunde als weisungsgebundener Beauftragter der Domizilfirma aus. So bezeichnete sich der Alleininhaber einer Briefkastenfirma gegenüber seinen Außendienstmitarbeitern sowie seinen Lieferanten und Geschäftspartnern in Deutschland als „Generalvertreter" der liechtensteinischen Firma und erweckte damit den Eindruck, nur weisungsgebundene Handlungen vornehmen zu dürfen.

Die Ermittlungsbehörden dürfen sich natürlich bei solchen Strohmannverhältnissen und bei gekünstelter Aufgabenverteilung nicht durch Vorlage derartiger Generalvollmachten irreleiten lassen. Dem erfahrenen Staatsanwalt wird alsbald klarwerden, daß sich hinter der Generalvollmacht, durch die die Verantwortung abgewälzt werden soll, in Wahrheit der Kapitaleigner verbirgt. Manchmal findet er bei Durchsuchungsmaßnahmen noch zusätzlich Unterlagen über Gelddispositionen und Entscheidungen, die die Generalvollmacht der Beschuldigten übersteigen (Abhebung bedeutsamer Geldbeträge bei der Bank von Liechtenstein und Verwendung für rein private Zwecke).

6. Der Repräsentant

36 In bestimmten Fällen müssen Domizilfirmen in Liechtenstein gem. § 239 PGR einen Repräsentanten unterhalten. Er ist nicht Organ. Seine wichtigste Aufgabe besteht in der Entgegennahme von Erklärungen, Zustellungen und Mitteilungen jeder Art seitens der liechtensteinischen Behörden und in der Weiterleitung der Post an die zuständigen Perso-

nen und Firmen. Seine Stellung wird man in Übereinstimmung mit dem liechtensteinischen Sprachgebrauch als „Briefkastenverwalter" bezeichnen müssen.

In der Praxis aber sind, von geringen Ausnahmen abgesehen, der Verwaltungsrat und der Repräsentant identisch. Diese Doppelstellung eröffnet dem liechtensteinischen Treuhänder eine Dauerpfründe. Die jährliche Normalvergütung eines Verwaltungsrates übersteigt grundsätzlich 4000 sfr. Für seine Tätigkeit als Repräsentant kassiert er zusätzlich durchschnittlich ab sfr 3000. Darüber hinaus berechnet der Verwaltungsrat / Repräsentant jede Sonderleistung. So ließ sich ein Repräsentant in einem Ermittlungsverfahren für seine polizeiliche Anhörung 300 sfr für jeden Brief, jedes Ferngespräch, die Erstellung gesonderter Urkunden Vergütungen gewähren, die im Verlaufe eines Jahres bei einer Briefkastenfirma 20 000 sfr überschritten. Schon fünf Domizilfirmen können dem Verwaltungsrat und Repräsentanten auf leichte Art und Weise ein solides Jahreseinkommen garantieren. In der Regel ist es aber ein Glücksfall, diese Abrechnungsunterlagen bei Durchsuchungsmaßnahmen aufzufinden.

VI. Weitere Gesellschaftsformen in Liechtenstein

1. Die Aktiengesellschaft

Neben der Anstalt spielen in Liechtenstein das Treuhandwesen und die Aktiengesellschaft 37
eine beachtliche Rolle. Im Gegensatz zur Liechtensteinischen Anstalt, die weltweit wegen ihrer besonderen Gestaltung erheblichen Rechtsbedenken begegnet, wird die AG überall anerkannt. Trotz gewisser steuerlicher Nachteile soll sie sich nach der Meinung liechtensteinischer Experten wachsender Beliebtheit erfreuen.

Das Mindestaktienkapital beträgt 50 000 sfr. Zur Gründung genügt ein Mann. Das Kapital kann in bar oder in Sachwerten erbracht werden, wobei das Mindestkapital immer in voller Höhe eingezahlt sein muß. Auch hier steht, wie in der Schweiz, das Kapital nach Registrierung wieder voll zur Verfügung. Damit kann auch die AG letztlich ein „leerer Mantel" sein. Die bombastisch gedruckten Aktien besitzen oft nur Makulaturwert und sind, wie geschädigte Gläubiger in Ermittlungsverfahren darlegten, nicht einmal als Tapeten verwendbar.

Oberstes Organ der AG ist die Generalversammlung der Aktionäre bzw. des Alleinaktionärs. Sie muß mindestens einmal im Jahr einberufen werden, z. B. zur Abnahme der Jahresrechnung und zur Erledigung anderer gesetzlicher Pflichten. Die statuarischen Aufgaben der Generalversammlung können aber einem anderen Organ übertragen werden. Der Wirtschaftskriminelle kann somit immer alle Fäden in der Hand behalten. Auch die AG wird durch einen Verwaltungsrat vertreten. Seine Befugnisse können absolut beschränkt werden. Der Hintermann ist somit der Alleinherrscher.

2. Das Treuhandunternehmen (Trust)

Dieses Gebilde erlangte in Liechtenstein als einzigartige Rechtsform eine große Bedeu- 38
tung. In § 3 des Art. 932 a PGR wird der Zweck eines Treuunternehmens vielsagend wie folgt beschrieben:

„Ein Treuunternehmen kann zu irgendeinem beliebigen, bestimmten, vernunftgemäßen und möglichen Zweck, der nicht widerrechtlich, unsittlich oder staatsgefährlich ist, errichtet werden, insbesondere auch zur Anlage von Vermögen, Verteilung von Erträgnissen, Zusammenfassung von Unternehmen durch Übertragung von Anteilen zur treuen Hand oder zum Erwerbe, zu familienfürsorglichen, gemeinnützigen, wohltätigen, anderen persönlichen, unpersönlichen oder dergleichen Zwecken.

Treugeber sind wiederum natürliche oder juristische Personen. Bei der schweren Wirtschaftskriminalität hat aber diese Rechtspersönlichkeit keine überragende Bedeutung erlangt. Die Treuhandbestimmungen in Liechtenstein sind umfangreich und auch kompliziert, Art. 232a PGR mit 170 Paragraphen. Die Anonymität des Treuunternehmens ist wie bei der Anstalt und der AG gewahrt. Organ des Treuunternehmens ist der Treuhänderrat, der sich aus den Treuhändern (bzw. dem Treuhänder) zusammensetzt. Er ist somit dem Verwaltungsrat vergleichbar. Die Treusatzung bezeichnet die Organe, die für die Bestellung von Begünstigten (Benefiziare, Bedachte, Destinatäre, Anwartschaftsberechtigte usw.) zuständig sind. Begünstigter ist zumeist der Treugeber.

3. Die Stiftung des Liechtensteinischen Rechts

39 Um Geld in das Ausland zu verlagern, können sich verschiedenste Organisationen der Gründung einer Stiftung in Liechtenstein, Art. 552–570 PGR, bedienen. Bei ihr handelt es sich, ähnlich wie bei der Anstalt, um ein verselbständigtes Vermögen, das vom Stifter eingebracht wird und dessen Erträge im Sinne der Stiftungsurkunde oder eines Reglements zugunsten der Stiftungsbegünstigten ausgeschüttet werden. Die besondere Anziehungskraft der liechtensteinischen Stiftungen beruht auf den gesetzlichen Rahmenbestimmungen, die breiten Raum für die formelle und materielle Ausgestaltung des individuellen Stifterwillens gestatten. Selbst politische Parteien können Anlaß zur Gründung derartiger Stiftungen haben. Die Stiftung kann auch gemeinnützigen Zwecken oder der Unterstützung und Förderung karitativer, wissenschaftlicher, kultureller oder sozialer Ziele dienen.

Sie darf grundsätzlich kein kaufmännisches Gewerbe betreiben, es sei denn, es dient der Erreichung nichtwirtschaftlicher Zwecke (vgl. Art. 552 ff. PGR); eine derartige Stiftung erlangt ihre Rechtsfähigkeit bereits mit der Errichtung. Stiftungen mit kaufmännischem Gewerbebetrieb werden erst durch die Eintragung im Handelsregister rechtsfähig. Das Stiftungskapital beträgt 30 000 sfr und muß bei Errichtung der Stiftung gewidmet werden. Die Haftung der Stiftung beschränkt sich auf das Stiftungsvermögen. Oberstes Organ ist der Stiftungsrat. Der Stifter hat jedoch ein umfassendes Weisungs- und Vetorecht.

Da die Stiftung, die kein in kaufmännischer Art geführtes Gewerbe betreibt, aus keinem Register ersichtlich ist, erfreut sie sich wegen ihrer absoluten Anonymität zunehmender Beliebtheit in Deutschland.

VII. Die Stellung der Domizilfirmen im liechtensteinischen/ schweizerischen Wirtschaftsleben

40 Im liechtensteinischen Steuerrecht wird scharf zwischen Betriebsgesellschaften (Art. 31 Abs. 1 c StG) einerseits und den Holding- und Sitzgesellschaften andererseits (Art. 83 f. StG) unterschieden. Betriebsgesellschaften sind genehmigungspflichtige Unternehmen, die im Lande selbst ein nach kaufmännischer Art geführtes Gewerbe betreiben (Art. 73 StG). Diese zahlen die auch in anderen Ländern üblichen Ertrags- und Kapitalsteuern, wobei sich jedoch die Steuersätze in bescheidenen Grenzen halten.

Demgegenüber sind Sitz- und Holding-Gesellschaften reine Begriffe des Steuerrechts, die besondere Steuerprivilegien genießen. Das Steuergesetz definiert die Holding-Gesellschaft als

> „im Öffentlichkeitsregister eingetragene juristische Personen sowie nicht eingetragene Stiftungen, deren Zweck ausschließlich oder vorwiegend in der Vermögensverwaltung, in der Beteiligung oder dauernden Verwaltung von Beteiligungen an anderen Unternehmen besteht" (Art. 83 StG)

und Sitzunternehmen als

> „im Öffentlichkeitsregister eingetragene juristische Personen, die in Liechtenstein nur ihren Sitz mit oder ohne Haltung eines Büros haben und hier keine geschäftliche oder kommerzielle Tätigkeit ausüben" (Art. 84 StG).

Diese Gesellschaften, bei denen es sich um Aktiengesellschaften, Anstalten oder GmbHs handeln kann, dürfen zwar in Liechtenstein Büroräume mieten, Angestellte beschäftigen, Korrespondenzen führen und Telefone und Telexanschlüsse halten, aber im übrigen muß ihre Tätigkeit (die Erzeugung von Waren, Unterhaltung von Warenlagern usw.) im Ausland erfolgen.

Da die Holding- und Sitzgesellschaften in Liechtenstein von der Ertrag-, Vermögen- und Erwerbsteuer befreit sind und in beschränkter Weise Kapitalsteuer zu zahlen haben, ist die jährliche Steuerbelastung außergewöhnlich gering. Bei Gründung wird lediglich eine Abgabe von 3% des Kapitals fällig. Darüber hinaus sind nur noch die sonstigen Gründungskosten zu entrichten. Erkennt der Staatsanwalt oder der Kriminalist aus dem Handelsregisterauszug, aus bereits eingegangenen Mitteilungen von Interpol, aus dem Namen des Verwaltungsrates oder der Repräsentanten, aus bereits vorhandenen Geschäftsvorfällen oder aus Feststellungen des Bundesamtes für Finanzen, daß es sich bei dem von Liechtenstein aus tätig gewordenen Unternehmen nicht um eine genehmigungspflichtige Betriebsgesellschaft, sondern um eine Domizilfirma (Briefkastenfirma) handelt, die nur außerhalb des Fürstentums Liechtenstein ihre wirtschaftlichen und finanziellen Aktivitäten entfalten darf, dann besteht der Verdacht, daß diese Sitzgesellschaft nur zur Tarnung wirtschafts- und steuerdeliktischer Aktivitäten gegründet und von der Bundesrepublik aus gesteuert wurde und wird. 41

Die in der Praxis gesammelten Erfahrungen lassen sich nämlich dahingehend zusammenfassen: 42

Ergaben sich bei Bankrottstraftaten, Massenbetrügereien, Untreuehandlungen, schwerwiegenden Wettbewerbsverstößen, bedeutsamen Schmuggelaktionen, Verstößen gegen das Außenwirtschafts- und Kriegswaffenkontrollgesetz, Zoll- und Steuerhinterziehungen, Bestechungen, Verrat von Geschäftsgeheimnissen usw. Verbindungen zu einer Domizilfirma, konnte durch nachhaltige Ermittlungen deren Schleier gelüftet und deren kriminelle Funktion für den bundesdeutschen Täter und Kapitaleigner festgestellt werden.

Die Rechtsformen bei Domizilgesellschaften in der Schweiz ähneln denen in Liechtenstein. Jedoch fallen in der Schweiz zusätzliche kantonale und Gemeindesteuern an. Die Gesamtbelastungen liegen (mit Ausnahme der Kantone Waadt, Wallis, Neuenburg, Genf) im allgemeinen unter 30%; für Domizilgesellschaften gibt es mit einigen wenigen Ausnahmen (Aargau, Appenzell-Immerhofen, Schaffhausen und Zürich) ebenfalls Vergünstigungen. Domizilgesellschaften sind solche, die nur in der Schweiz ansässig sind, keine Geschäftstätigkeit ausüben und keine Rechte an Liegenschaften besitzen. Die Holding- und Domizilgesellschaften werden regelmäßig nur mit der Kapitalsteuer von 0,25 bis 3% belegt. Das Doppelbesteuerungsabkommen Deutschland/Schweiz schränkt bei Basisgesellschaften gem. Art. 23 seine Anwendbarkeit ein, wenn es sich um Scheinkonstruktionen u. a. handelt. Diesen Basisgesellschaften wird auch keine Entlastung von der schweizerischen Quellensteuer zuteil.

VIII. Die englischen Briefkastenfirmen

Anlagebetrüger bedienen sich auch der Gesellschaften des britischen Rechts. Einen Vorrang nimmt hier die Private Limited Company ein. Es ist eine Gesellschaft mit eigener Rechtspersönlichkeit und beschränkter Haftung, die der deutschen GmbH vergleichbar ist; ein Mindestkapital ist jedoch nicht vorgeschrieben. Es handelt sich somit um die preiswerteste Firmengründung. Den Handelsregistereintrag erhält der Wirtschaftsstraftäter innerhalb von 24 Stunden und kann danach sofort am Geschäftsleben teilnehmen. Darüber hinaus ist es in England möglich, eine Kapitalgesellschaft mit zwei Anteilsscheinen zu je 1 Pfund zu gründen. Für diese vorbezeichnete Firma sind ein Direktor und ein Firmensekretär als „Officers" zu bestellen. Jede Gesellschaft benötigt in England eine offizielle Adresse, die nicht mit der echten Domiziladresse identisch sein muß. Häufig 43 wird die Anschrift eines Wirtschaftsprüfers, Rechtsanwalts oder eines Firmengründungsbüros gewählt.

Leben die für die Kontrolle der Firma Verantwortlichen außerhalb des Vereinigten Königreiches und wird dort kein Handel betrieben, so wird diese Firma nach englischem Steuerrecht von der Einkommen- und Körperschaftssteuer befreit. Genau wie in Liechtenstein und in der Schweiz geben Strohmänner (sogenannte Nominees) ihre Namen als Treuhänder für die Anteile und als Direktoren der Gesellschaft. Entscheidend ist, daß die Wirtschaftsstraftäter unter dem Namen dieser Gesellschaft auch Konten eröffnen können. Damit ist der Verschleierung des Tatgeschehens Tür und Tor geöffnet.

Die Firmen, die in Großbritannien nur ihren statutarischen Sitz haben und steuerlich dort nicht als ansässig gelten, wurden in Deutschland weder zivilrechtlich noch steuerrechtlich als Körperschaften anerkannt.[17] Der Bundesminister für Finanzen hatte dies ausdrücklich in dem Erlaß vom 12. 02. 1985 festgestellt (IV O 5–1301 GB-20/85). Diese Auffassung ist inzwischen durch die Rechtsprechung überholt.[18]

IX. Steuer- und Zollmanipulationen

1. Beispiel der mißbräuchlichen Einschaltung von Basisgesellschaften

44 Ein Kaufmann gründete in Vaduz eine Anstalt des Liechtensteinischen Rechts. Unter dem Namen dieser Domizilfirma schloß er im Bundesgebiet mit Lieferanten und zahleichen Handelsvertretern Verträge ab, die alle durch den Verwaltungsrat in Vaduz unterzeichnet waren. Hierbei gab er sich jedoch nur als „Generalvertreter" der liechtensteinischen Firma aus. Durch den Verwaltungsrat hatte sich dieser Kapitaleigner eine entsprechende Urkunde ausstellen lassen. Seine ausschließlich auf das Gebiet der Bundesrepublik beschränkten Geschäfte wickelte er wie folgt ab:

Über Zeitungsausträger sammelte er in allen Bundesländern wahllos mehrere hunderttausend Adressen von heiratsfähigen Mädchen. Pro Adresse zahlte er 20 bis 30 Pfennige. Diesem Personenkreis wurden nun von Vaduz aus reißerische Angebote unter teilweiser Verwendung des Preisausschreibungstricks mit Rückantwortkarte unterbreitet. 15 bis 25 % der Adressaten – bei ihnen handelt es sich nach werbepsychologischen Erfahrungen um potentielle Käufer – antworteten portofrei nach Vaduz. Diese Unterlagen holte nun der Täter anläßlich seiner regelmäßigen Besuche bei seinem Briefkastenbüro in Liechtenstein ab und übergab sie den von ihm unter dem Namen der Domizilfirma beschäftigten Handelsvertretern und Werbekolonnen. Unter Vorlage von Musterkollektionen und der zusätzlichen Anpreisung von Zugaben erlangten diese Haustürwerber in kürzester Zeit Aufträge in Millionenhöhe. Der Täter gab nun die Duplikate der unterschriebenen Auftragsscheine an die in der Bundesrepublik ansässigen Lieferanten (Auslieferer) weiter. Die Textilien und die Zugabe wurden unter dem Firmennamen der Liechtensteinischen Anstalt im Bundesgebiet per Nachnahme versandt. Der Nachnahmebetrag floß über ein bundesdeutsches Postscheckkonto auf das bei einer deutschen Großbank errichtete Konto der Bank von Liechtenstein, wobei zur Weiterleitung lediglich ziffernmäßig das Unterkonto des Täters in Liechtenstein benannt war. Über den Verwaltungsrat und Repräsentanten erhielten die bundesdeutschen Lieferanten per Sammelabrechnung den Kaufpreis. Die überschießenden Beträge (Gewinn) wanderten auf die vom Kapitaleigner in Liechtenstein und in der Schweiz errichteten Konten. Die Handelsvertreter bekamen von ihm unter Verwendung der scheinbar in Vaduz gefertigten Abrechnungen die Provisionen. Um nun bei Nichteinlösung einer Nachnahme den bundesdeutschen Lieferanten auch nicht bei dem Einlieferungspostamt und bei Retouren namentlich in Erscheinung treten zu lassen, ließ der Täter den gesamten Postversand im Selbstbuchersystem unter dem

---

[17] BGHZ 53, 181.
[18] BFH, BStBl. II 1992, 972.

Namen der liechtensteinischen Firma abwickeln und die Retouren von Waren an ein bereits bei den Einlieferungsunterlagen bezeichnetes, vom Einlieferungsort ca. 20 km entferntes Postamt leiten, wo er sie unter Vorlage der Vaduzer Postvollmacht in Empfang nahm. Damit verblieb die Ware im Bundesgebiet, und liechtensteinische Bestimmungen über Betriebsfirmen wurden nicht verletzt. Lediglich die brieflichen Reklamationen liefen nach Vaduz. Die hierauf vom bundesdeutschen Akteur vorgefertigten Antwortschreiben wurden nach Vaduz verbracht und dort durch den liechtensteinischen Verwaltungsrat unterzeichnet.

Der Beschuldigte verdiente jahrelang blendend, zumal die Domizilfirma in Liechtenstein weder zu gewinnabhängigen noch zu umsatzabhängigen Steuern herangezogen wurde. Im Bundesgebiet, wo er die gewerbliche Tätigkeit entfaltet hatte, verschwieg er diese steuerlich relevanten Vorgänge. Der Täter wurde nach langwierigen Ermittlungen überführt und wegen Steuerhinterziehung rechtskräftig abgeurteilt.

2. Steuerrechtliche Würdigung der mißbräuchlichen Einschaltung von Basisgesellschaften

Im vorstehendem Fall wurde durch das Gericht wegen Rechtsmißbrauchs (§ 2 AO) die Basisgesellschaft im Ausland steuerlich nicht anerkannt und der Tatbestand der Steuerhinterziehung bejaht. Die Steuerpflicht kann nämlich nicht durch einen Mißbrauch von Gestaltungsmöglichkeiten umgangen werden. 45

Hierbei legte das Gericht die Rechtsprechung des Bundesfinanzhofs zugrunde, wonach eine Basisgesellschaft den Tatbestand des Rechtsmißbrauchs (§ 42 AO) vor allem dann erfüllt, wenn für ihre Errichtung wirtschaftliche oder sonst beachtliche Gründe fehlen und keine eigene wirtschaftliche Tätigkeit entfaltet wird.[19] Die Frage, ob für die Errichtung der Gesellschaft wirtschaftliche oder sonst beachtliche Gründe vorliegen, ist nicht allein nach dem in den Statuten niedergelegten Gesellschaftszweck oder den Angaben der Gründer zu entscheiden. Der Gesellschaftszweck muß auch tatsächlich vollzogen und die behaupteten Gründe müssen durch wirtschaftliches Handeln der Organe der Gesellschaft in Erscheinung getreten sein.[20] Läßt sich die Gründung einer Domizilfirma nur mit der Absicht der Steuerersparnis erklären, dann fehlt es an sonst beachtlichen Gründen für die Errichtung der Basisgesellschaft.[21]

Diese vom BFH entwickelten Grundsätze werden in der strafgerichtlichen Praxis zu selten herangezogen, obwohl auch der BGH diese Begründung übernommen hat.[22]

Trotz eines nicht nachweisbaren Rechtsmißbrauchs ist inländische Steuerpflicht und eine Steuerhinterziehung dann zu bejahen, wenn die Geschäftsleitung nicht im Ausland, sondern in Wahrheit im Bundesgebiet ihren Sitz hat, § 10 AO. In derartigen Fällen ist nämlich die ausländische Firma im Inland unbeschränkt körperschaftsteuerpflichtig (§ 1 Abs. 1 Ziff. 1, 4 und 5 KStG). Hierzu hat der BFH in seinem Grundsatzurteil vom 17. 07. 1968[23] u. a. ausgeführt:

> „. . . Geschäftsleitung im Inland, d. h. der Mittelpunkt der geschäftlichen Oberleitung, setzt voraus, daß die Gesellschafter im Inland die tatsächliche Geschäftsleitung dadurch voll an sich ziehen, daß sie den laufenden Geschäftsgang nicht nur fallweise beeinflussen, sondern ständig die erforderlichen Entscheidungen von einigem Gewicht selbst treffen . . ."

Damit kommt es darauf an, wo sich der Mittelpunkt der Geschäftsleitung befindet. Er liegt dort, wo diejenigen Maßnahmen getroffen werden, die üblicherweise in die Kompetenz des geschäftsführenden Organs einer Körperschaft fallen.

---

19 *Klein*, AO, § 42 Anm. 4 b und 9 c)
20 BFH BStBl. II 1976, S. 401.
21 BFH BStBl. II 1977, S. 263.
22 BGH v. 21. 01. 1982, wistra 1982, 108 ff.
23 BStBl. II 1968, S. 695 ff.

46 Bei den Ermittlungen ist festzustellen, daß sich die für die Betätigung im „Ausland" maßgebenden Personen in Wahrheit im Inland befinden, im Ausland lediglich eine Adresse besteht, die Buchführung und die Erstellung eines Jahresabschlusses im Inland erledigt wird, Finanzgeschäfte im Inland abgeschlossen werden und damit eine beherrschende Einflußnahme auf sämtliche Geschäftsvorfälle gegeben ist.[24] Bei intensiven Ermittlungen wird sich immer ein derartiger Sachverhalt ergeben. Hier wird der Auslandsfirma steuerlich nicht die Anerkennung versagt, vielmehr wird die Domizilfirma im Inland selbst aus allen mit ihr vorgenommenen Geschäften in Anspruch genommen. Der tatsächliche Inhaber und Geschäftsführer begeht dann Steuerhinterziehung, wenn er die steuerlichen Pflichten der Auslandsfirma als deren Verfügungsberechtigter im Inland nicht erfüllt.

Neben den vorbezeichneten Mißbräuchen wird von den Wirtschaftsstraftätern oft lediglich zum Zwecke des Vereinnahmens von „Zwischengewinnen" eine sogenannte „Fakturierungs-Gesellschaft" als Scheingesellschaft gegründet. Wenn diese Firma lediglich dazu dient, Gelder in das Ausland zu transferieren, liegt ein Scheingeschäft gem. § 41 Abs. 2 AO vor. Hier fehlt es an der Teilnahme am wirtschaftlichen Verkehr, so daß diese Fakturierungs-Gesellschaft steuerlich keine Rolle spielt. Ihr Vermögen wird voll der Inlandsbesteuerung unterworfen.[25]

Die Durchgriffsbesteuerung kommt nach dem Außensteuergesetz (§§ 7 ff.) und in Ausnahmefällen dann in Betracht, wenn die ausländische Kapitalgesellschaft nur als Treuhänder der auf sie übertragenen oder von ihr verwalteten Vermögenswerte anzusehen ist. Im Wege des Durchgriffs werden dann die hinter der Gesellschaft stehenden Treugeber (regelmäßig die Gesellschafter) steuerlich belastet.

Der Staatsanwalt hat deshalb zu prüfen, aus welchen Gründen die Basisgesellschaft steuerlich nicht anerkannt werden darf. Hierbei kommen in Betracht: der Mißbrauch von Gestaltungsmöglichkeiten, das Bestehen der Geschäftsleitung im Inland, das Vorliegen einer Scheingesellschaft oder ein Durchgriff wegen Treuhandverhältnisses. In solchen Fällen wird er die Ermittlungen unter Einschaltung erfahrener Fahndungsprüfer der Finanz führen und die steuerrechtliche Beurteilung rechtzeitig abklären. Soweit noch wegen allgemeiner Straftaten (insbesondere Betrug, strafbare Werbung und Urkundenfälschung) die Kriminalpolizei tätig werden muß, ist für eine Koordinierung der Ermittlungen Sorge zu tragen.

3. Das steuerunehrliche Grundstücksgeschäft

47 Bundesdeutsche Grundstücksspekulanten, bestimmte Bauträger und sogenannte Betreuungsunternehmen versuchen, ihre Grundstücksgeschäfte und ihre Einkünfte aus Vermietung und Verpachtung den Finanzbehörden zu verheimlichen. Hierbei wird auch in bedeutsamer Weise Grunderwerbssteuer verkürzt. So gründete der Beschuldigte in Liechtenstein eine Domizilfirma. Diese erwarb im Bundesgebiet Grundstücke und errichtete auf ihnen Gebäude und größere Wohnanlagen. Die Firma wurde durch das Amtsgericht als juristische Person anerkannt und als Eigentümerin der Grundstücke in das Grundbuch eingetragen. Nunmehr verkaufte der Grundstückseigentümer, der auch alleiniger Kapitaleigner der Domizilfirma war, diese liechtensteinische Firma ohne Wissen der bundesdeutschen Behörden an eine schweizerische AG, hinter der sich wiederum ein bundesdeutscher Steuerzahler verbarg.

Obwohl die Domizilfirma des Verkäufers nur diese Grundstücke und die darauf errichteten Gebäude besaß und keine anderen Handelsgeschäfte betrieb, wurde kein beurkundungspflichtiger Grundstücksverkauf, sondern eine nach liechtensteinischem Recht

[24] *Zacharias/Weisert*, Errichtung einer Basisgesellschaft in einem Niedrigsteuerland, NJW 1988, 1421 ff.

[25] BFH, NJW 1976, 1232; FG Baden-Württemberg, EFG 1997, 1442.

formfreie Abtretung der Gründerrechte auf die schweizerische AG vorgenommen. Im Grundbuch blieb nach wie vor die liechtensteinische Anstalt als Eigentümerin eingetragen. Der Kaufpreis belief sich auf 16 Millionen DM. Hieraus errechnet sich nach der damaligen Rechtslage eine Grunderwerbssteuer unter Zugrundelegung des Steuersatzes von 7 % in Höhe von 1120 000 DM.

Der Bundesfinanzhof hat eine derartige Rechtsgestaltung als Rechtsmißbrauch gem. § 42 AO eingestuft.[26] Die Täter verschleiern auch sämtliche aus diesen Mietverhältnissen erzielten Einnahmen und außerdem alle Veräußerungsgewinne.

Solche Machenschaften können zumeist nur dann aufgehellt werden, wenn Hinweise auf Käufer und Verkäufer bestehen und die Durchsuchungs- und Beschlagnahmemaßnahmen gleichzeitig an deren Wohnsitzen in der Bundesrepublik und, soweit nach Rechtshilfeübereinkommen möglich, auch im Ausland durchgeführt werden. Entscheidende Ermittlungsfehler werden durch Beamte der Finanzbehörden dann gemacht, wenn sie trotz Vorliegens entsprechender Verdachtsgründe ohne Einschaltung des Staatsanwalts sukzessive weiterermitteln. Wartet das Finanzamt gar noch eine steuerliche Klärung des Sachverhalts durch das Finanzgericht ab, dann können bei weiteren Ermittlungen Beweismittel nicht mehr aufgefunden und sichergestellt werden.

Die vorbezeichnete Form der Kriminalität scheint sich auf die neuen Bundesländer auszudehnen. Zahlreiche Grundstücke werden dort treuhänderisch für Firmen in Oasenländern erworben. Hierauf werden durch die ausländischen Firmen große Gebäudeanlagen errichtet, die oft auch aus „gewaschenen Geldbeträgen" finanziert werden. Die Übertragung der Eigentumsrechte an dubiose Hintermänner unter den im Ausland bestehenden Firmennamen bleibt daher den deutschen Finanzbehörden unbekannt. Hier wird sich ein beachtliches Ermittlungsfeld öffnen.

4. Der Im- und Export von Waren

Die Täter sind Importeure von Waren aller Art, insbesondere auch von Textilien aus sogenannten Billigländern. Durch die Einschaltung von Domizilfirmen verfolgen sie mehrere Absichten. Sie erstreben zunächst das Erzielen hoher Gewinne, die den deutschen Steuerbehörden verborgen bleiben sollen. Weiterhin unterlaufen sie Marktordnungsmaßnahmen, z. B. die des Übereinkommens Textil und Bekleidung (in der EU in Kraft gesetzt durch die EG-Verordnung 3289/94, ABl. EG Nr. L 349 vom 31. 12. 1994, früher Welttextilabkommen). 48

Die einfachste, jedoch leider sehr verbreitete Art der Steuerhinterziehung wird dadurch bewirkt, daß der jeweilige bundesdeutsche Kapitaleigner einer Briefkastenfirma eine Kaufpreisspaltung beim Warenverkehr mit Drittländern vornimmt. Obwohl er vom Bundesgebiet aus die Ware in Drittländern zu Billigstpreisen eingekauft und bereits zu Höchstpreisen an die Abnehmer abdisponiert hat, schaltet er zur Verschleierung der wirklichen Geschäftsabläufe seine ausländische Briefkastenfirma dazwischen. Sie tritt für ihn als Käuferin der Ware z. B. zum Preise von 5 Millionen DM auf und verkauft sie z. B. für 10 Millionen an ihn als den wirklichen Drahtzieher dieses Geschäfts. In dem Oasenland wird nun der Gewinn von 5 Millionen DM angesammelt; in der Bundesrepublik werden wegen des hohen Anschaffungspreises die betrieblichen Kosten künstlich in die Höhe getrieben, so daß sich aus der Weiterveräußerung an die inländischen Abnehmer nur ein unbedeutender Gewinn, mitunter sogar ein Verlust ergibt. Der abgezweigte Gewinn bleibt unversteuert.

Diese Masche wird von Exporteuren in umgekehrter Weise ausgenützt. Beim Verkauf von Ware in das Ausland wird wiederum eine Spaltung der Verkaufspreise vorgenommen. Die Ware läuft vom Bundesgebiet an den echten ausländischen Käufer. Die Weisung hierzu erteilt zum Schein die Briefkastenfirma des inländischen Verkäufers. Sie tritt

[26] BFH v. 13. 12. 1991, BStBl. II 1992, S. 202 m. w. N.

nämlich als Käufer (Rechnungsbetrag 500 000 DM) auf und veräußert die Ware für 1,5 Millionen DM. Die Differenz bleibt für den Täter im Basisland hängen.

Kapitaleigner von Briefkastenfirmen unterlaufen auch die Marktordnungsregelungen auf dem Agrar- und Textilsektor. So wurden z. B. aufgrund des Übereinkommens Textil und Bekleidung zwischen der EU und einer Reihe von Niedrigpreisländern Abkommen über Lieferselbstbeschränkungen bei Textil- und Bekleidungserzeugnissen getroffen. Hiernach sind Exportländer gehalten, im einzelnen festgelegte Exportquoten nicht zu überschreiten und die Einhaltung der Quoten durch Vergabe von Exportlizenzen zu gewährleisten. Die EU-Mitgliedstaaten, insbesondere auch die Bundesrepublik, überwachen diese Vereinbarungen durch Vergabe von Einfuhreinzelgenehmigungen. Die Täter kaufen in den Billigländern Quotenware und Nichtquotenware; letztere jedoch zu einem erheblich niedrigeren Preis. Diese Nichtquotenware wird aber dann zur Verschleierung über Domizilfirmen gesteuert. Sie schließen die Kauf- und Verkaufsverträge ab.

X. Die außerfiskalischen Wirtschaftsdelikte

1. Die Ausnutzung der Liechtensteinischen Aktiengesellschaft

49 Der Wirtschaftsstraftäter kaufte den in einem Chiffre-Inserat angebotenen Firmenmantel einer liechtensteinischen AG. Hierbei erwarb er 50 Aktien einer juristischen Person, die weder über Aktiva noch Passiva verfügte. Der Vorteil dieses Mantelkaufs bestand noch darin, daß die Gründungskosten einer juristischen Person eingespart wurden und die Aktien unverzüglich für eine sofort durchzuführende kriminelle Transaktion zur Verfügung standen.

Der Käufer des vorbezeichneten Firmenmantels verlieh dieser wertlosen juristischen Person einen Scheinwert. Er brachte nämlich in diese Firma ein „geistiges" Eigentum ein, welches in der angeblichen Entwicklung elektronisch gesteuerter Einkaufszentren bestand. Den Einbringungswert setzte er mit 500 000 DM an und berechnete den Wert pro Aktie auf 10 000 DM. In Anzeigen offerierte er diese Wertpapiere wie folgt:

„Seltene Gelegenheit. Aktiengesellschaft in Liechtenstein verkauft Aktien zum Verkaufspreis von 10 000 DM pro Aktie. Die zu erwartende Rendite ist 200 %. An schnell entschlossene Käufer . . ."

Der angeblich gutgläubige Verwaltungsrat erteilte den Kaufinteressierten die glänzendsten Auskünfte und bestätigte die Realisierung der Entwicklungsvorhaben und den bereits getätigten Abschluß einschlägiger Verträge mit Handelsketten. Aufrund dieser positiven Auskünfte, die noch durch bundesdeutsche Banken erhärtet wurden, gelang es dem Täter, seine Aktien an den Mann zu bringen.

Die Strafverfolgungsbehörden werden in gleichgelagerten Fällen nicht nur die Ermittlungen gegen den Haupttäter, sondern gegen den eine Vogel-Strauß-Politik betreibenden Verwaltungsrat führen müssen, wozu auch bei gravierenden Betrügereien die Erwirkung eines Haftbefehls gehört, der außerhalb Liechtensteins vollzogen werden kann. Es darf davon ausgegangen werden, daß der durch einen Haftbefehl eingeschränkte Bewegungsraum für einen Verwaltungsrat unerträglich ist. Eine derartige einschneidende Maßnahme wird aber nur dann geboten sein, wenn nicht nur aus dem laufenden, sondern auch aus anderen Verfahren erkennbar wurde, daß dieser Verwaltungsrat Handreichungen für hochkriminelle Wirtschaftsstraftaten leistet. Hier ist ein Erfahrungsaustausch mit anderen Staatsanwaltschaften unerläßlich. Man wird aus der von der Fürstlich Liechtensteinischen Regierung offiziell publizierten Liste der Rechtsanwälte und aus den auf sonstige Weise bekannten Treuhändern und Rechtsagenten eine zahlenmäßig kleine Gruppe entdecken, die in den Verdacht von Gehilfen oder Mittätern gerät.

2. Die Grundstücksgeschäfte

Die Inhaber von Aktiengesellschaften in Oasenländern verstehen es auch, Käufern der Aktien eine außergewöhnliche Wertsteigerung im Zusammenhang mit Grundstücksgeschäften vorzuspiegeln. Die AG erwirbt in Drittländern ein wertloses Grundstück. Unter Einschaltung dubioser Gutachter, die offizielle Dokumente verwenden, wird bestätigt, daß die Grundstücke wertvollstes Bauland geworden oder umfangreiche ausbeutungsfähige Bodenschätze gefunden worden seien. Auf diese Art und Weise verstehen es die Tätergruppen, Jahr für Jahr ihre nach wie vor wertlosen Aktien tausendfach an gutgläubige Interessenten zu Phantasiepreisen abzusetzen. Hinter einer vorgespiegelten Fassade aus Sicherheit, Seriosität und wirtschaftlichem Erfolg verbirgt sich in Wirklichkeit ein wirtschaftliches Vakuum. 50

Das Verteidigungsvorbringen dieser Beschuldigten ist an Dreistigkeit kaum zu übertreffen. Werden sie in U-Haft genommen, drohen sie Schadensersatzforderungen in Millionenhöhe an, weil durch die Ermittlungsmaßnahmen der „inkompetenten" Staatsanwälte und Ermittlungsrichter die Aktionäre um ihr Geld gebracht worden seien. Das Entwicklungsprojekt einer Handelskette oder die Ausbeutung der Grundstücke haben unmittelbar vor der Vollendung gestanden. Diese Chance sei nunmehr durch die Festnahme oder Ermittlungsmaßnahme zerstört.

3. Der kriminelle „Unternehmensberater"

Die „Unternehmensberatung" aus Steuerparadiesen ist ein Problem eigener Art, das seit Jahrzehnten seine gleichbleibende Bedeutung besitzt. Die Täter agieren wiederum unter dem Tarnmantel einer von ihnen erworbenen oder errichteten AG oder Anstalt in einem Basisland. Diese Firmen bieten unter Verwendung ausgeklügelter Systeme Dienstleistungen der verschiedensten Art auf dem Gebiet des „consulting" an. 51

Die „Consulting"-Beratungsunternehmen bedienen sich im wesentlichen eines gleichartigen und nur in bestimmten Nuancen oder Fachbereichen abgewandelten Systems. Ihre Straftaten und die dann durch ihre Opfer zwangsläufig durchgeführten Folgehandlungen werden in drei Stufen organisiert.

a) Die Kontaktaufnahme

Zunächst ist es erforderlich, die Verbindung zu dem in der Bundesrepublik befindlichen Unternehmen herzustellen. Diese Aufgaben hat der „Kontakter" zu erfüllen. Durch Zeitungsinserate, die noch das Steuerparadies verschleiern, werden in der Bundesrepublik sogenannte Geschäftsdelegierte für die Managementberatung gesucht und angeworben. Auf welch einfache, jedoch psychologisch wirksame Art und Weise diese Kontakter die Geschäftsverbindung zu Firmeninhabern herstellen, konnte aus zahlreichen sichergestellten Unterlagen aufgehellt werden. Diesen Personen wird ein standardisierter Werbetext vorgegeben, der das Einleitungsgespräch, alle denkbaren Einwendungen des Kunden und die hierauf zu erteilenden Antworten enthält. Z. B.: 52

„Mein Name ist... Ich gehöre der... AG an... wir sind Spezialisten auf kommerziellem Gebiet, hinsichtlich der Produktivität, Rentabilität, Führungsfragen sowie aller Fragen, die die Weiterbildung des Personals kleiner und mittlerer Unternehmen betreffen."

Bei diesem ersten Gespräch wird bereits in wahrheitswidrigen Angaben beiläufig vorgespiegelt, daß die Beratungs-AG außergewöhnlich große betriebliche und steuerlich legale Vorteile verschaffen könne.

Dieses erste Kontaktgespräch wird zunächst telefonisch mit einem aus dem Branchenverzeichnis ausgewählten Firmeninhaber abgewickelt und führt bei dem späteren mündlichen Gespräch zu dem scheinbar preisgünstigen Analyse- oder Diagnoseauftrag.

b) Die Unternehmensanalyse

53 Zu dem aus angeblicher Kulanz kurzfristig eingeräumten Vorzugstermin erscheint ein sogenannter „Analytiker" in dem Betrieb. Von diesem Diagnose-Spezialisten werden aber keine eigenen Leistungen erbracht, zumal er hierzu aufgrund seiner mangelnden Vorbildung gar nicht fähig und in der Lage ist. Er läßt sich von Betriebsangehörigen lediglich aus Bilanzen, Gewinn- und Verlustrechnungen sowie den Lohnkonten Zahlen zur Verfügung stellen und überträgt sie in mitgebrachte Vordrucke. Unter Berücksichtigung bestimmter Kennzahlen bereitet er den Analysebericht vor. Seine Arbeiten verrichtet er in einem von ihm geforderten separaten Zimmer und unterhält Telefonkontakte zu seinen ausländischen Hintermännern. Mit deren Hilfe werden sogenannte Schwachstellen im Fiskal- und Kapitalbereich durch den Analytiker in einem besonders gewählten Zeitpunkt herausgestellt und eine Abhilfe durch Einsatz eines Beraters zugesichert.

Gleichzeitig wird andeutungsweise auf die Möglichkeit hingewiesen, durch Auslandsbeziehungen steuerliche Lasten des Betriebes zu senken und dessen Kapital zu stärken. Der Analytiker muß bei diesem Gespräch auch psychologische Weisungen seines Hintermannes beachten, wonach er das Analyseergebnis nicht alsbald, sondern erst nach einigen Tagen, wenn möglich am Freitag, offenbaren darf, damit das künftige Opfer und der damit gewonnene potentielle Steuerhinterzieher von der Notwendigkeit einer Sanierungsmaßnahme, die durch einen Berater vorgenommen werden muß, überzeugt wird.

c) Der Beratungsvertrag

54 Zwangsläufig geht der angesprochene Unternehmer, wie durch Analytiker in Ermittlungsverfahren im einzelnen bekundet wurde, aufgrund des ausgeklügelten Systems in die Falle und unterzeichnet unverzüglich den Beratungsvertrag. In diesem werden alle erdenklichen betriebsfördernden Maßnahmen wie z. B.:
- Erarbeitung einer Konzeption zur betriebsgerechten Finanz- und Kapitalplanung mit optimaler Gewinnerhaltung und fiskalischen Handhabung...
- Einführung einer Betriebsabrechnung, Finanz- und Investitionsplanung mit Kapital-Regulation, Überwachung und Kontrolle einer Rentabilitäts-Kosten-Gewinn-Kontrolle...

versprochen.

Diese Formulierungen besagen alles und gar nichts. Der angesprochene Unternehmer läßt sich durch sie täuschen und erhofft den Goldregen. Hierbei nimmt er auch in Kauf, daß der Beratungsvertrag, abweichend vom Analyse-Vertrag, keine Pauschvergütung, sondern ein vom Aufwand her nicht begrenztes beachtliches Stunden- oder Tageshonorar enthält.

d) Das kriminelle Beratungsziel

55 Im Gegensatz zu seriösen Unternehmens-, Beratungs- und Treuhandgesellschaften wollen die Beratungsschwindler von vornherein keine steuer-, handels- und zivilrechtlich zulässige sowie keine betriebswirtschaftlich sinnvolle Gestaltungsmöglichkeit suchen und aufzeigen. Dazu sind sie aufgrund der mangelnden Qualifikation ihrer Mitarbeiter auch gar nicht in der Lage. Eine Überprüfung der von solchen dubiosen Unternehmensberatern gefertigten Gutachten ergab, daß es sich zum Teil um wörtliche Abschriften aus Lehrbüchern und allgemeine Floskeln, nicht aber um eine betriebsbezogene Analyse und Beratung handelte.

Bereits durch den Abschluß der Analyse- und Beratungsvereinbarung wird deshalb der Tatbestand des Eingehungsbetrugs durch Mitarbeiter und Hintermänner erfüllt. Dem aufgrund des Beratungsvertrages in der bundesdeutschen Firma erschienenen Durchführer geht es aber neben der Erschleichung des Honorars noch darum, dem Vertragspartner illegale Kapitalverlagerungen ins Ausland und damit zusammenhängende

Steuermanipulationen schmackhaft zu machen, wobei er häufig den Hinweis gibt, daß es alle erfolgreichen Kaufleute so treiben. Ist nun der Angesprochene bereit, diesen Pfad zu beschreiten, kommt es meist zu persönlichen Gesprächen mit dem eigentlichen Hintermann im Ausland. Dort werden u. a. folgende Möglichkeiten aufgezeigt:

- Errichtung eines Bankkontos im Oasenland
- Speisung und Auffüllung dieses Kontos durch fingierte Beraterrechnungen. Durch diese „Betriebsausgaben" werde der steuerliche Gewinn gemindert,
- Rückfluß dieses gebildeten Kapitals als Darlehen in die bundesdeutsche Firma (Gewinnminderung durch Zinszahlungen),
- Gründung einer Domizilfirma zum Zwecke des Einkaufs- und Verkaufssplittings,
- Gründung einer weiteren Domizilfirma als Voraussetzung für das sogenannte „Sale-and-Lease-back-System". Dieser Domizilfirma werden durch den bundesdeutschen Unternehmer geeignete Anlagegüter, z. B. Baumaschinen, Lastzüge usw., zu Buchwerten verkauft und im Leasingverfahren zurückvermietet. Der niedrige Kaufpreis wird nicht ausbezahlt, sondern zunächst mit den monatlich fälligen und künstlich hochgehaltenen Leasinggebühren verrechnet. Diese und die weiteren Leasingzahlungen dienen der Gewinnminderung in der Bundesrepublik und der Kapitalansammlung im Ausland.
- Auch Neuanschaffungen von Anlagegütern werden unter dem Tarnmantel der Domizilfirma vorgenommen und mit dem Leasingsystem gekoppelt. Die Zahlungsmittel werden u. a. durch Handgepäck zur Domizilfirma ins Ausland verbracht und von dort an den Verkäufer weitergeleitet. Auch hier zahlt der wirkliche Eigentümer nochmals hohe Leasinggebühren.

e) Strafrechtliche Bewertung

Werden die vorbezeichneten Maßnahmen durch den bundesdeutschen Kaufmann akzeptiert und durchgeführt, erfüllt er hierdurch die Tatbestände der Steuerhinterziehung. Der Anlageberater ist Mittäter, seine Helfershelfer sind Teilnehmer. Führt der inländische Täter durch diese Handlungen eine Krise im Sinne der Bankrottstraftaten herbei oder handelt er bereits in der Krise, so sind seine Transaktionen und die damit zwangsläufig verbundene unrichtige Buchführung bzw. Bilanzerstellung gem. § 283 Abs. 1 Nr. 1, Nr. 5, Nr. 7 oder nach Abs. 2 StGB zu beurteilen. Hier wiederum ist der Anlageberater Teilnehmer an diesen Bankrottstraftaten. In mehreren Fällen ließen sich die Täter noch zu falschen eidesstattlichen Versicherungen über ihr Vermögen hinreißen, indem sie die ins Ausland verbrachten Werte verschwiegen. 56

Zumeist sind aber die inländischen Kaufleute, wenn sie sich mit dubiosen ausländischen Beratungsfirmen einließen, nochmals die Betrogenen, die sich aus dem eigenen Tarnungsnetz nicht mehr befreien können. Um nämlich eine Identität zwischen der ausländischen Domizilfirma und dem inländischen Unternehmen nicht von jedermann erkennen zu lassen, schlägt der kriminelle Anlageberater vor, die fingierten Verträge mit einer vom Anlageberater beherrschten Firma abzuschließen und die sich aus den fingierten Rechnungen ergebenden Schuldbeträge auf ein Bankkonto dieser Firma zu überweisen. Damit wird noch der Anlageberater der Alleinverfügungsberechtigte über das Vermögen des Beratenen. Die Versprechungen, die Gelder auf ein im Oasenland errichtetes Konto des deutschen Unternehmers zu überweisen, hält er nur am Anfang ein und zweigt schließlich lohnende Summen für sich ab. (In einzelnen Fällen behaupteten die Täter aufgrund der fingierten Kaufunterlagen sogar gegenüber den Opfern ihr „Eigentumsrecht".) Wie Hohn klingt es, wenn in beschlagnahmten Unterlagen Schriftstücke des Beraters mit folgendem Inhalt gefunden wurden:

„Es darf nicht vergessen werden, daß Sie, sehr geehrter Herr . . . . ., sehr viel Vertrauen zu Ihnen nicht bekannten Personen erbringen müssen. Vergessen Sie jedoch nicht, daß z. B. der zur Verfügung gestellte Vorstandsvorsitzende ebenso großes Vertrauen in Sie setzen muß, da er als Vorstandsvorsitzender für sämtliche Schäden, die aus Rechtsgeschäften entstanden sind, die den kaufmännischen Gepflogenheiten nicht entsprechen, persönlich haftbar gemacht werden kann . . ."

Diese Großbetrüger werden deshalb häufig nicht ihrer gerechten Strafe zugeführt, weil die Opfer zielgerichtet selbst in strafbare Handlungen so tief verwickelt wurden, daß sie den Gang zum Staatsanwalt oder zur Polizei fürchten. Sie müssen zähneknirschend schweigen.

Diese Zwangslage muß durch den Staatsanwalt erkannt werden. Taktisch falsch ist es, den auf diese Weise Hereingelegten oder gegebenenfalls nachträglich Erpreßten als Hauptschuldigen zu behandeln. Liefert er als Kronzeuge die Beweismittel für die Überführung der kriminellen Hintermänner und damit den Schlüssel für die überörtliche Aufklärung zahlreicher Straftaten, muß dieses Verhalten bei der weiteren Sachbehandlung, insbesondere bei einer evtl. späteren Strafzumessung, berücksichtigt werden. In Ausnahmefällen kann sogar die Einstellung des Ermittlungsverfahrens gem. § 153 StPO unter Auferlegung einer Geldbuße in Erwägung gezogen werden. Ein erfahrener Verteidiger wird hier mitwirken, dem Beschuldigten gegebenenfalls die Gesetzeswohltat einer strafbefreienden Selbstanzeige oder die Vorteile eines umfassenden Geständnisses nahezubringen.

In einschlägigen Ermittlungsverfahren wurde außerdem deutlich, daß eine Vernehmung dieser Beschuldigten durch Kriminalbeamte oder Steuerfahnder entweder überhaupt nicht oder nur selten zum Ziele führte, zumal sie als Hilfsbeamte der Staatsanwaltschaft auf die Art des Abschlusses eines Ermittlungsverfahrens keinen Einfluß nehmen können. Die Vernehmung durch den Staatsanwalt ist immer geboten. Unternimmt aber der inländische Täter noch Verdunklungsmaßnahmen und glaubt er, die Strafverfolgungsbehörden an der Nase herumführen zu können, müssen alle strafprozessual zulässigen Zwangsmittel ausgeschöpft werden. Unvertretbar ist es, die finanzamtliche Betriebsprüfung oder Steuerbehandlung abzuwarten.

Ausländische „Unternehmensberater", bei denen sich zumindest die Muttergesellschaft in Oasenländern befindet, verstanden es in den letzten Jahren, mit bundesdeutschen Kreditinstituten Verbindung aufzunehmen und bei drohender Insolvenz von Firmen ein Sanierungskonzept zu empfehlen. In Einzelfällen machten hier die Banken eine Kreditgewährung und Umschuldung von der Einschaltung und Beauftragung der Unternehmensberater abhängig. Auf diese Weise flossen Geldbeträge in Millionenhöhe als Beratungshonorar ins Ausland. Das Sanierungskonzept war unbrauchbar; die in Aussicht gestellte Umschuldung und die neuen Bankkredite unterblieben. Der völlige Zusammenbruch der bundesdeutschen Firma war die Folge. Der Staatsanwalt wird hier auch die Einleitung von Ermittlungsverfahren gegen die Verantwortlichen der Kreditinstitute wegen Betrugs, Gläubigerbegünstigung und gegebenenfalls Untreue zu prüfen haben.

4. Der Wechselmißbrauch

57 Auch der Wechselmißbrauch ist unter dem Deckmantel der Domizilfirma möglich. Der Kapitaleigner, z. B. einer liechtensteinischen Anstalt oder einer sonstigen Gesellschaft, läßt zahlreiche Wechsel durch den Verwaltungsrat unter dem wohlklingenden Namen der Domizilfima akzeptieren (z. B. Multi-Merkant-Establishment-Universal merkantile, PO Box . . . -Fl. 9490 Vaduz). Diese Papiere, in denen zunächst sowohl der Aussteller als auch der Remittent fehlten, werden bei einer ausländischen Bank zahlbar gestellt. Zur Vortäuschung eines Warengeschäfts tragen sie noch den Vermerk „Wert in Waren". Diese Wechsel werden nun im Bundesgebiet Lieferanten zur Regulierung der Verbindlichkeit überlassen. Alle Papiere gehen zu Protest. Im Verlaufe der Ermittlungen bestätigten dann die Verwaltungsräte, daß diesen Akzepten Warengeschäfte zugrunde gelegen hätten, die mit anderen Drittländern ausgeführt, jedoch durch die Vertragspartner nicht ordnungsgemäß abgewickelt worden seien. Der Beschuldigte habe diesen Geschehensablauf nicht voraussehen können.

Den Opfern wird ein gewissenhafter Rechtsanwalt nur empfehlen, sogar von einem zivilrechtlichen Wechselprozeß Abstand zu nehmen, um nicht weitere Unkosten zu haben. Denn wer wird bei vernünftigen Überlegungen einen Prozeß gegen eine vermögenslose Domizilfirma anstrengen, gegen die auch bei Obsiegen ein Urteil niemals mit Erfolg vollstreckt werden kann? Die Opfer können gegen den inländischen Täter nur dann erfolgreich vorgehen, wenn dessen Identität mit der des Kapitaleigners der Domizilfirma durch die Ermittlungsbehörden festgestellt wird. Ermittlungsmühen dürfen hier nicht gescheut werden.

8. Kapitel. Die Entwicklung des Wirtschaftsrechts unter dem Einfluß des Europarechts

Literatur: *Albrecht, Hans-Jörg/Kürzinger, Josef* (Hrsg.): Kriminologie in Europa – Europäische Kriminologie?, 1994; *Alvazzi del Frate, Anna/Norberry, Jennifer* (eds.): Environmental and Sustainable Development, 1993; *de Angelis, Francesco:* Les risques de l'internationalisation des échanges économiques en tant que défi pour l'harmonisation du droit judiciaire, in: Dannecker, Gerhard (Hrsg.): Die Bekämpfung des Subventionsbetrugs im EG-Bereich, 1993, S. 139 ff.; *Appel, Ivo:* Kompetenzen der Europäischen Gemeinschaft zur Überwachung und sanktionsrechtlichen Ausgestaltung des Lebensmittelstrafrechts, in: Dannecker, Gerhard (Hrsg.): Lebensmittelstrafrecht und Verwaltungssanktionen in der Europäischen Union, 1994, S. 165 ff.; *Assmann, Heinz-Dieter:* Das künftige deutsche Insiderrecht, AG 1994, S. 237 ff.; *Aaronowitz, A. A./Laagland, D. C. G./Paulides, G.:* Value-added Tax Fraud in the European Union, 1996; *Bacigalupo, Enrique:* Möglichkeiten einer Rechtsangleichung im Strafrecht zum Schutz der Finanzinteressen der Europäischen Gemeinschaften, in: Dannecker, Gerhard (Hrsg.): Die Bekämpfung des Subventionsbetrugs im EG-Bereich, 1993, S. 146 ff.; *ders./Delmas-Marty, Mireille/Grasso, Giovanni/Smith, J. C./Tiedemann, Klaus*: La fraude au budget Communautaire, Rapport de synthèse, EG-Kommission, GD XX, 1993; *Barents, René*: The System of Deposits in Community Agricultural Law: Efficiency v. Proportionality, ELR 1985, S. 239 ff.; *Beisse, Heinrich:* Grundsatzfragen der Auslegung des neuen Bilanzrechts, BB 1990, S. 2007 ff.; *Berg, Wilfried:* Daten- und Geheimnisschutz als Schranke von Betrugsbekämpfung und Kontrollen, insbesondere im Agrar- und Lebensmittelbereich, in: Streinz, Rudolf/Dannecker, Gerhard/Sieber, Ulrich/Ritter, Markus (Hrsg.): Die Kontrolle der Anwendung des Europäischen Wirtschaftsrechts in den Mitgliedstaaten, 1998, S. 145 ff.; *Berger, Christian:* Der Schutz elektronischer Datenbanken nach der EG-Richtlinie vom 11. 03. 1996, GRUR 1997, S. 169 ff.; *Bernardi, Alesandro:* „Principi di diritto" e diritto penale europeo, 1988; *Biancarelli, Jaques/Maidani, Dominique*: L'incidence du droit communautaire sur le droit pénal des Etats membres, Rev. sc. crim. 1984, S. 225 ff., S. 455 ff.; *Bieneck, Klaus:* Strafrechtliche Relevanz der Insolvenzordnung und aktueller Änderungen des Eigenkapitalersatzrechts, StV 1999, S. 43 ff.; *Bigay, Jaques:* Droit communautaire et droit pénal, RTDE 1972, S. 725 ff.; *Bittmann, Folker:* Zahlungsunfähigkeit und Überschuldung nach der Insolvenzordnung, wistra 1998, S. 321 ff.; 1999, S. 10 ff.; *Bleckmann, Albert:* Gemeinschaftsrechtliche Probleme des Entwurfs des Bilanzrichtlinien-Gesetzes, BB 1984, S. 1525 ff.; *ders.:* Die Richtlinie im Europäischen Gemeinschaftsrecht und im Deutschen Recht, in: Leffson, Ulrich/Rückle, Dieter/Großfeld, Bernhard (Hrsg.): Handwörterbuch unbestimmter Rechtsbegriffe im Bilanzrecht, 1986, S. 11 ff.; *ders.:* Die Überlagerung des nationalen Strafrechts durch das Europäische Gemeinschaftsrecht, in: Festschrift für Walter Stree und Johannes Wessels, 1993, S. 107 ff.; *Böse, Martin:* Strafen und Sanktionen im europäischen Gemeinschaftsrecht, 1996; *Bonichot, Jean-Claude:* Droit communautaire et droit pénal, Rev. sc. crim. 1988, S. 581 ff.; *ders.:* Droit communautaire, Rev. sc. crim. 1989, S. 562 ff.; *ders.:* Droit communautaire, Rev. sc. crim. 1990, S. 155 ff.; *Brechmann, Winfried:* Die richtlinienkonforme Auslegung, 1994; *Breuer, Barbara:* Der Im- und Export von Abfällen innerhalb der EU aus umweltstrafrechtlicher Sicht, 1998; *Bridge, J. W.:* The European Communities and the Criminal Law, CLR 1976, S. 88 ff.; *Bruns, Wilhelm:* Der strafrechtliche Schutz der Europäischen Marktordnungen für die Landwirtschaft, 1980; *von Bubnoff, Eckhart:* § 129 StGB, in: Leipziger Kommentar, 11. Aufl. 1995; Bundeskriminalamt (Hrsg.): Organisierte Kriminalität in einem Europa durchlässiger Grenzen, 1991; *Caraccioli, Ivo:* La protection des ressources propres de la Communauté et l'évolution du droit pénal fiscal en Europe, Rivista Trimestrale di Diritto Penale dell'Economia 1994, S. 185 ff.; *Carl, Dieter:* Kampf gegen die Geldwäsche – Gesetzliche Maßnahmen der EG und der Bundesrepublik, wistra 1991, S. 288 ff.; Commission des Communautés Européennes (ed.): Etude sur les systèmes de sanctions administratives et pénales des Etats Membres ainsi que sur les principes généraux du système de sanctions communautaires, Rivista Trimestrale di Diritto Penale dell'Economia 1994, S. 542 ff. Council of Europe (ed.): Consistency in Sentencing, 1993; *Cuerda, Antonio:* Besitzt die Europäische Gemeinschaft ein ius puniendi?, in: Schünemann, Bernd/Suárez González, Carlos (Hrsg.): Bausteine des europäischen Wirtschaftsstrafrechts, 1994, S. 367 ff.; *Dannecker, Gerhard:* Erfahrungen im Bereich der Subventionskriminalität und rechtspolitische Bestrebungen zur Verbesserung des Schutzes der EG-Finanzinteressen, in: ders. (Hrsg.): Die Bekämpfung des Subventionsbetrugs im EG-Bereich, 1993; *ders.* (Hrsg.): Die Bekämpfung des Subventionsbetrugs im EG-Bereich, 1993; *ders.:* Harmonisierung des Strafrechts in der Europäischen Gemeinschaft, Rivista Trimestrale di Diritto Penale dell'Economia 1993, S. 961 ff.; *ders.:* Strafrechtliche und strafprozessuale Probleme der Kooperation von Behörden und Unternehmen im Lebensmittelrecht, ZLR 1993, S. 251 ff.; *ders.* (Hrsg.): Lebensmittelstrafrecht und Verwaltungssanktionen in der Europäischen Union, 1994; *ders.:* Sanktionen und Grundsätze des Allgemeinen Teils im Wettbewerbsrecht der Europäischen Gemeinschaft, in: Schünemann, Bernd/Suárez González, Carlos (Hrsg.): Bausteine eines europäischen Wirtschaftsstrafrechts, 1994, S. 331 ff.; *ders.:* Auswirkungen der „Novel Food"-Verordnung auf die lebensmittelrechtlichen Sorgfaltspflichten, in: Streinz, Rudolf (Hrsg.): „Novel Food" – Rechtliche und wirtschaftliche Anwendung neuer biotechnologischer Verfahren bei der Lebensmittelherstellung, 2. Aufl. 1995, S. 217 ff.; *ders.:* Der strafrechtliche Schutz der betriebsverfassungsrechtlichen Organe und ihrer Mitglieder, in: Festschrift für Wolfgang Gitter 1995, S. 167 ff.; *ders.:* Strafrecht der Europäischen Gemeinschaft, in: Eser Albin/Huber Barbara(Hrsg.): Strafrechtsentwicklung in Europa, 4.3, 1995, S. 1965 ff.; *ders.:* Einfluß des EG-Rechts auf den strafrechtlichen Täuschungsschutz im Lebensmittelrecht, WiVerw 1996, S. 190 ff.; *ders.:* Artikel „Europäische Gemeinschaft und Strafrecht", in: Ulsamer, Gerhard (Hrsg.): Lexikon des Rechts. Strafrecht, Strafverfahrensrecht, 2. Aufl. 1996, S. 302 ff.; *ders.:* Strafrecht in der Europäischen Gemeinschaft – Eine Herausforderung für Strafrechtsdogmatik, Kriminologie und Verfassungsrecht, JZ 1996, S. 869 ff.; *ders.:* Sanktionen in der EU – Neuere Entwicklungen auf dem Gebiet des Schutzes der Finanzinteressen der Europäischen Gemeinschaft durch straf- und verwaltungsrechtliche Sanktionen, Europa-Blätter, Beilage zum Bundesanzeiger, 1996, S. 72 ff.; 1997, S. 11 ff. *ders.:* Die Datenbankrichtlinie der Europäischen Gemeinschaft: Ein wichtiger Schritt zur Verbesserung des urheberrechtlichen Schutzes von Datenbanken, Europa-Blätter 1997, S. 80 ff.; *ders.:* Strafrechtlicher Schutz der Finanzinteressen der Europäischen Gemeinschaft gegen Täuschung, ZStW 108 (1996), S. 577 ff.; *ders.:* Gemeinschaftsrechtliche Geldbußen, in: Immenga, Ulrich/Mestmäcker, Ernst-Joachim (Hrsg.): EG-Wettbewerbsrecht. Kommentar, Bd. II, 1997, S. 1753 ff.; *ders.:* Das Unternehmen als „Good Corporate Citizen" – ein Leitbild der europäischen Rechtsentwicklung, in: Alwart, Heiner (Hrsg.): Verantwortung und Steuerung von Unternehmen in der Marktwirtschaft, 1998, S. 5 ff.; *ders.:* Der Einfluß des Gemeinschaftsrechts auf das nationale Strafrecht, in: Gropp, Walter (Hrsg.): Wirtschaftskriminalität und Wirtschaftsstrafrecht in einem Europa auf dem Weg zur Demokratie und Privatisierung, 1998, S. 161 ff.; *ders.:* Die Entwicklung des Strafrechts unter dem Einfluß des Gemeinschaftsrechts, Jura 1998, S. 79 ff.; *ders.:* Inhalt und Grenzen der lebensmittelrechtlichen Sorgfaltspflichten im Hinblick auf gentechnisch hergestellte Lebensmittel, ZLR 1998, S. 425 ff.; *ders.:* Beweiserhebung, Verfahrensgarantien und Verteidigungsrechte im europäischen Kartellordnungswidrigkeitenverfahren als Vorbild für ein europäisches Sanktionsverfahren, ZStW 111 (1999), S. 256 ff.; *ders.:* Das Übereinkommen über den Schutz der finanziellen Interessen der Europäischen Gemeinschaften – Zur Umsetzung der im Jahre 1994 verabschiedeten Betrugsbekämpfungsstrategie der Europäischen Kommission, in: Leitner, Roman (Hrsg.): Aktuelles zum Finanzstrafrecht. Beiträge der Finanzstrafrechtlichen Tagung in Linz 1998, 1999, S. 9 ff.; *ders.:* Der Allgemeine Teil eines europäischen Strafrechts als Herausforderung für die Strafrechtswissenschaft. Zur Ausgestaltung der Rechtfertigungs- und Entschuldigungsgründe, in: Festschrift für Hans Joachim Hirsch, 1999, S. 141 ff.; *ders.:* Sorgfaltspflichten im Hinblick auf das Inverkehrbringen und die Kennzeichnung neuartiger Lebensmittel und neuartiger Lebensmittelzutaten nach der Novel Food-Verordnung und der Neuartige-Lebensmittel- und Lebensmittelzutaten-Verordnung, in: Streinz, Rudolf (Hrsg.): Neuartige Lebensmittel, 1999, S. 159 ff.; *ders./Fischer-Fritsch, Jutta:* Das EG-Kartellrecht in der Bußgeldpraxis, 1989; *ders./Görtz-Leible:* Entsanktionierung der Straf- und Bußgeldvorschriften des Lebensmittelrechts, 1996; *ders./Streinz, Rudolf:* Umweltpolitik und Umweltrecht: Strafrecht, in: Rengeling, Hans-Werner (Hrsg.): Handbuch zum europäischen und deutschen Umweltrecht, Bd. 1, Allgemeines Umweltrecht, S. 114 ff.; *Delmas-Marty, Mireille* (Hrsg.): Quelle Politique Pénale pour l'Europe?, 1993; *dies.* (ed.): La responsabilité pénale dans l'entreprise. Vers un espace juidiciaire européen unifié?, Rec. sc. Crim. 1997, S. 253 ff.; *dies.* (Hrsg.): Corpus Juris der strafrechtlichen Regelungen zum Schutz der finanziellen Interessen der Europäischen Union, 1998; *Dieblich, Franz:* Der strafrechtliche Schutz der Rechtsgüter der Europäischen Gemeinschaften, 1985; *Dine, Janet:* European Community Criminal Law?, CLR 1993, S. 246 ff.; *Eiding, Lutz:* Strafrechtlicher Schutz elektronischer Datenbanken, 1996; *Enschede, Ch. J.:* Een uniform europees strafrecht? – ober grenzen en nationale identiteit, 1990; *Eser, Albin:* Wege und Hürden transnationaler Strafrechtspflege in Europa, in: Bundeskriminalamt (Hrsg.): Verbrechensbekämpfung in europäischer Dimension, 1992, S. 21. ff.; *ders./Huber, Barbara* (Hrsg.): Strafrechtsentwicklung in Europa, Bd. III, Teil 1, 1990; *ders.* (Hrsg.): Strafrechtsentwicklung in Europa, Bd. IV, Teil 1, 1993; *European Communities Commission* (ed.): Legal Protection of the Financial Interests of the Community, 1990; *European Commission* (ed.): Protecting the Community's Financial Interests. The Fight against

Fraud, Annual Report 1995 Europa-Dokumente: Die Angleichung des Bilanzrechts in der Europäischen Gemeinschaft, EWS 1991, S. 67 ff.; *Everling, Ulrich:* Europäisches Gemeinschaftsrecht und nationales Recht in der praktischen Rechtsanwendung, NJW 1967, S. 465 ff.; *ders.:* Rechtsvereinheitlichung durch Richterrecht in der Europäischen Gemeinschaft, RabelsZ (50) 1986, S. 193 ff.; *ders.:* Zur Auslegung des durch EG-Richtlinien angeglichenen nationalen Rechts, ZGR 1992, S. 376 ff.; *Di Fabio, Udo:* Richtlinienkonformität als ranghöchstes Normauslegungsprinzip?, NJW 1990, S. 947 ff. *ders.:* Die „Dritte Säule" der Union – Rechtsgrundlagen und Perspektiven der europäischen Polizei- und Justizzusammenarbeit, DÖV 1997, S. 89 ff.; *Fisahn, Andreas:* Europol – Probleme der Kontrolle, KJ 1998, S. 358 ff.; *Forkel, Hans-Walter:* Grenzüberschreitende Umweltbelastungen und deutsches Strafrecht, 1988; *Fornasier, Raffaelo:* Le pouvoir répressif des Communautés européennes et la protection de leurs intérêts financiers, RMC 1982, S. 399 ff.; *France, E. Roger:* The Influence of European Community law on the criminal law of the member states, European Journal of Crime, Criminal Law and Criminal Justice 1994, S. 343; *Franzheim, Horst/Kress, Claus:* Die Bedeutung der EWG-Richtlinien über Abfälle für den strafrechtlichen Abfallbegriff, JR 1991, S. 402 ff.; *Frenz, Walter:* Kommentar zum Kreislaufwirtschafts- und Abfallgesetz, 1996; *Fritsch, Klaus:* Das neue Kreislaufwirtschafts- und Abfallrecht, 1996; *Funck-Brentano, Lise:* Gemeinschaftsrecht und Zollhinterziehung, EuZW 1992, S. 745 ff.; *Gaster, Jens,* Einzelstaatliche Umsetzung der Datenbankrichtlinie – Ein Statusreport, MMR aktuell 5/1998, V; *Gersdorf, Hubertus:* Das Kooperationsverhältnis zwischen deutscher Gerichtsbarkeit und EuGH, DVBl 1994, S. 674 ff.; *van Gerven, Walter/Zuleeg, Manfred* (Hrsg.): Sanktionen als Mittel zur Durchsetzung des Gemeinschaftsrechts, 1996; *Gleß, Sabine/Lüke, Monika:* Strafverfolgung über die Grenzen hinweg – Formen der Zusammenarbeit europäischer Länder zur Kriminalitätsbekämpfung –, Jura 1998, S. 70 ff.; *Grabitz Eberhard/Hilf Meinhard* (Hrsg.): Kommentar zur EU, Loseblattsammlung, Stand Mai 1998; *Grams, Hartmut A.:* Zur Gesetzgebung der Europäischen Union: eine vergleichende Strukturanalyse aus staatsorganisatorischer Sicht, 1998; *Grasso, Giovanni:* Comunità Europee e Diritto Penale, 1989; *ders.:* La tutela penale degli interessi finanziari delle communità europee, Rivista Trimestrale di Diritto Penale dell'Economia 1989, S. 373 ff.; *ders.:* Recenti Sviluppi in Tema di Sanzioni amministrative comunitarie, Rivista Trimestrale di Diritto Penale dell'Economia 1993, S. 740 ff.; *Greve, Vagn:* Rechtsangleichung auf dem Gebiet des Strafrechts, in: Sieber, Ulrich (Hrsg.): Europäische Einigung und Europäisches Strafrecht, 1993, S. 107 ff.; *Gröblinghoff, Stefan:* Die Verpflichtung des deutschen Strafgesetzgebers zum Schutz der Interessen der Europäischen Gemeinschaften, 1996; *Gropp, Walter* (Hrsg.): Wirtschaftskriminalität und Wirtschaftsstrafrecht in einem Europa auf dem Weg zur Demokratie und Privatisierung, 1998; *Händel, Konrad:* Verbrechensbekämpfung in europäischer Dimension, NJW 1992, S. 2069; *Heilbronner, Kay* (Hrsg.): Zusammenarbeit der Polizei- und Justizverwaltungen in Europa, 1996; *Heine, Günter:* Aspekte des Umweltstrafrechts im internationalen Vergleich, GA 1986, S. 67 ff.; *ders.:* Die strafrechtliche Verantwortlichkeit von Unternehmen: internationale Entwicklung – nationale Konsequenzen, ÖJZ 1996, S. 211 ff.; *ders.:* Strafrecht und „Abfalltourismus" in: Festschrift für Otto Triffterer, 1996, S. 401 ff.; *Heine, Joachim F.:* Harmonisierungsbestrebungen der Europäischen Kommission bezüglich präventiver Eingriffsbefugnisse und verwaltungsrechtlicher Sanktionen, in: Dannecker, Gerhard (Hrsg.): Lebensmittelstrafrecht und Verwaltungssanktionen in der Europäischen Union, 1994, S. 23 ff.; *ders.:* Kontroll- und Sanktionssysteme des Gemeinschaftsrechts zur Bekämpfung von Betrug und anderen Unregelmäßigkeiten zu Lasten des EG-Haushalts, in: Streinz, Rudolf/Dannecker, Gerhard/Sieber, Ulrich/Ritter, Markus (Hrsg.): Die Kontrolle der Anwendung des Europäischen Wirtschaftsrechts in den Mitgliedstaaten, 1998, S. 179 ff.; *Heinrichs, Helmut:* Umsetzung der EG-Richtlinie über mißbräuchliche Klauseln in Verbraucherverträgen durch Auslegung, NJW 1995, S. 153 ff.; *Heise, Friedrich Nicolaus:* Europäisches Gemeinschaftsrecht und nationales Strafrecht – Die Auswirkungen des Vorrangs des Gemeinschaftsrechts und der gemeinschaftsrechtskonformen Rechtsanwendung auf das deutsche materielle Strafrecht, 1998; *ders.:* Europäisches Gemeinschaftsrecht und nationales Strafrecht. 1998.; *Heitzer, Anne:* Punitive Sanktionen im Europäischen Gemeinschaftsrecht, 1996.; *Hemesath, Wolfgang:* Das Schengener Informationssystem – SIS – Ausschreibungskategorien und Ausschreibungsmethoden, Kriminalistik 1995, S. 169 ff.; *Hertweck, Günter:* Hindernisse auf dem Weg nach Europa. Probleme der grenzüberschreitenden justiziellen Zusammenarbeit, Kriminalistik 1995, S. 721 ff.; *Heukels, Ton:* Intertemporales Gemeinschaftsrecht, 1990.; *Hirsch, Burkhard:* Immunität für Europol – eine Polizei über dem Gesetz?, ZRP 1998, S. 10 ff.; *Höffner, Dietmar:* Überschuldung: Ein Tatbestandsmerkmal im Schnittpunkt von Bilanz-, Insolvenz- und Strafrecht, BB 1999, S. 198 ff., S. 252 ff.; *Höpfel, Frank:* Die internationale Dimension des Umweltstrafrechts, in: Festschrift für Otto Triffterer, 1996, S. 425 ff.; *Hoffmann, Gerhard:* Das Verhältnis des Rechts der Europäischen Gemeinschaften zum Recht der Mitgliedstaaten, DÖV 1967, S. 433 ff.; *Hoffmann, Michael:* Grundfragen der grenzüberschreitenden Verbringung von Abfall nach nationalem Recht und nach EG-Recht, 1994; *Hohmann, Gert:* Die Verkehrsauffassung im deutschen und europäischen Lebensmittelrecht, 1994.; *Hohmann, Olaf:* Das Rechtsgut der Umweltdelikte. Grenzen des strafrechtlichen Umweltschutzes, 1991; *Howarth, David:* '1992' and the Criminal Law, Journal of Criminal Law vol. 53 (1989), S. 358 ff.; *Hufen, Friedhelm:* Verfassungsrechtliche Maßstäbe und Grenzen lebensmittelstrafrechtlicher Verantwortung, 1987; *ders.:* Von den Konsequenzen einer personalen Rechtsgutsbestimmung im Umweltstrafrecht, GA 1992, S. 76 ff.; *Hund, Horst:* Ist die Sicherung illegaler Gewinne die „Achillesferse" der Organisierten Kriminalität?, ZRP 1996, S. 1 ff.; *Hugger, Heiner:* Zur strafbarkeitserweiternden richtlinienkonformen Auslegung deutscher Strafvorschriften, NStZ 1993, S. 421 ff.; *van der Hulst, Jaap* (ed.): EC Fraud, 1993; *Hummer, Waldemar/Obwexer, Walter:* Österreich in der Europäischen Union, Bd. III, Die Schengener Übereinkommen und die Zusammenarbeit in den Bereichen Justiz und Inneres, 1996; *Immenga, Ulrich/Mestmäcker, Ernst-Joachim* (Hrsg.): EG-Wettbewerbsrecht. Kommentar, Bd. I und II, 1997; Innenministerium Baden-Württemberg (Hrsg.): Europa – der neue kriminalgeographische Raum, 1992; *Ipsen, Hans Peter:* Europäisches Gemeinschaftsrecht, 1972; *Jaeger, Rolf/Bleibtreu, Eike:* Großer Lauschangriff durch die Polizei – Gefahr für die Freiheit oder Waffe gegen organisierte Kriminalität?, Der Kriminalist 1992, S. 358 ff.; *Jähnke, Burkhard/Laufhütte, Heinrich Wilhelm/Odersky, Walter* (Hrsg.): Leipziger Kommentar. Großkommentar zum Strafgesetzbuch, 11. Aufl., 20. Lieferung (§§ 125–141) 1995; 24. Lieferung (§§ 264–265 b) 1997; *Jescheck, Hans-Heinrich:* Das Strafrecht der Europäischen Verteidigungsgemeinschaft, ZStW 65 (1953), S. 113 ff.; S. 496 ff.; S. 511 ff.; *Johannes, Hartmut:* Das Strafrecht im Bereich der Europäischen Gemeinschaften, EuR 1968, S. 63 ff.; *ders.:* Neue Tendenzen im Strafrecht der Europäischen Gemeinschaften, RIDP 1971, S. 82 ff.; *ders.:* Zur Angleichung des Straf- und Strafprozeßrechts in der Europäischen Wirtschaftsgemeinschaft, ZStW 83 (1971), S. 531 ff.; *Jung, Heike:* Criminal Justice – a European Perspective, CLR 1993, S. 235 ff.; *ders./Schroth, Hans-Jürgen:* Das Strafrecht als Gegenstand der Rechtsangleichung in Europa, GA 1983, S. 241 ff.; *Kasten, Verena:* Europarechtliche und völkerrechtliche Aspekte der grenzüberschreitenden Abfallverbringung, 1997; *Kattau, Thomas:* Strafverfolgung nach Wegfall der europäischen Grenzkontrollen, 1993; *Katzenberger, Paul:* TRIPS und das Urheberrecht, GRUR Int. 1995, S. 447 ff.; *Keijzer, Nico:* Internationalisierung van het Strafrecht, 1986; *Keßeböhmer/Schmitz:* Hinterziehung ausländischer Steuern und Steuerhinterziehung im Ausland. § 370 Abs. 6 und 7 AO, wistra 1995, S. 1 ff.; *Kimminich, Otto/von Lersner, Heinrich/Storm, Peter-Christoph* (Hrsg.): Handbuch des Umweltrechts, Bd. I, 2. Aufl. 1994; *Kirchner, Christian:* Zur zentralen Rolle der zivilrechtlichen Sanktionen im Recht des Insiderhandels, in: Festschrift für Zenturo Kitigawa, 1992, S. 665 ff.; *Klages, Johannes:* Meeresumweltschutz und Strafrecht, 1989; *Koch, Hans-Jörg:* Weinrecht, 3. Aufl. 1991; *Krämer, Ludwig:* Art. 130 r bis 130 t EWG-Vertrag, in: *von der Groeben, Hans/Thiesing, Jochen/Ehlermann, Claus-Dieter:* Kommentar zum EWG-Vertrag, Bd. 4, Art. 189–248 EWGV, 4. Aufl. 1991; *Krey, Volker:* Zur Verweisung auf EWG-Verordnungen in Blankettstrafgesetzen am Beispiel der Entwürfe eins Dritten und Vierten Gesetzes zur Änderung des Weingesetzes, EWR 1981, S. 109 ff.; *Kühl, Kristian:* Europäisierung der Strafrechtswissenschaft, ZStW 109 (1997), S. 777 ff.; *Kühne, Hans-Heiner:* Kriminalitätsbekämpfung durch innereuropäische Grenzkontrollen, 1991; *Kuhl, Lothar/Spitzer, Harald:* Die Verordnung (Euratom, EG) Nr. 2185/96 des Rates über die Kontrollbefugnisse der Kommission im Bereich der Betrugsbekämpfung, EuZW 1998, S. 37 ff.; *Labayle, Henri:* L'application du titre VI du Traité sur l'Union européenne et la matière pénale, Rev. sc. crim. 1995, S. 35 ff.; *Lackner, Karl/Kühl, Kristian:* Strafgesetzbuch, 23. Aufl. 1999; *Le Jeune, Pierrick:* La coopération policière Européenne contre le terrorisme, 1992; *Leffson, Ulrich/Rückle, Dieter/Großfeld, Bernhard* (Hrsg.): Handwörterbuch unbestimmter Rechtsbegriffe im Bilanzrecht des HGB, 1986; *Lugt, Marieke:* Enforcing European and National Food Law in the Netherlands and England, 1999; *Lutter, Marcus:* Die Auslegung angeglichenen Rechts, JZ 1992, S. 593 ff.; *Magiera, Siegfried:* Kompetenzgrenzen und Strukturprinzipien der Europäischen Gemeinschaften, in: Festschrift für Rudolf Morsey, 1991, S. 211 ff.; *Maunz, Theodor/Dürig, Günter/Herzog, Roman:* Kommentar zum Grundgesetz, Bd. IV (Art. 70–91 b GG, Loseblattsammlung, Stand: Juni 1998 (34. Lieferung); *Meier, Gert:* Die lebensmittelrechtlichen Verkehrspflichten des Handels nach der Produktsicherheitsrichtlinie 92/59/EWG, ZLR 1992, S. 563 ff.; *Mennicke, Petra R.:* Sanktionen gegen Insiderhandel, 1996; *Messinne, Jules/Bultot, Fabienne:* Les instruments juridiques belges de lutte contre la fraude aux intérêts financiers des Communautés européennes, 1998; *Mezetti, Enrico:* La tutela penale degli interessi finanziari dell' Unione Europea, 1994; *Mögele, Rudolf:* Neuere Entwicklungen im Recht der Europäischen Gemeinschaften, BayVBl 1993, S. 129 ff.; *ders.:* Zusammenwirken von Kommission und Mitgliedstaaten zur Betrugsbekämpfung, insbesondere im Bereich des Agrar- und Lebensmittelrechts: Zentrale Kontrolle des dezentralen Vollzugs, in: Streinz, Rudolf/Dannecker, Gerhard/Sieber, Ulrich/Ritter, Markus (Hrsg.): Die Kontrolle der Anwendung des

Europäischen Wirtschaftsrechts in den Mitgliedstaaten, 1998, S. 219 ff.; *Mok, M. R.:* Europees ekonomisch strafrecht, Delikt en Delinkwent, 1974; *Moll, Dietmar:* Europäisches Strafrecht durch nationale Blankettstrafgesetzgebung?, 1998; *Möhrenschlager, Manfred:* Einbeziehung ausländischer Rechtsgüter in den Schutzbereich nationaler Straftatbestände, in: Dannecker, Gerhard (Hrsg.): Die Bekämpfung des Subventionsbetrugs im EG-Bereich, 1993, S. 162 ff.; *Moosmayer, Klaus:* Einfluss der Insolvenzordnung 1999 auf das Insolvenzrecht, 1997; *Müller, Günter:* Rechtsprechung im Vergleich der Länder Europas, DRiZ 1993, S. 381 ff.; *Müller, Udo:* Korruption in der öffentlichen Verwaltung. Typologie und Schaden im Baubereich, Kriminalistik 1993, S. 509 ff.; *ders./Marcus, Paul:* Der Korruption auf der Spur, Kriminalistik 1995, S. 103 ff.; *Naucke, Wolfgang:* Strafrecht. Eine Einführung, 8. Aufl. 1998; *Nelles, Ursula:* Europäisierung des Strafverfahrens – Strafprozeßrecht für Europa?, ZStW 109 (1997), S. 727 ff.; *Neßler, Volker:* Richterrecht wandelt EG-Richtlinien. Die EuGH-Rechtsprechung zur unmittelbaren Wirkung von Richtlinien als Problem des europäischen Richterrechts, RIW 1993, S. 206 ff.; *Niessen, Herman:* Zu den jüngsten Entwicklungen des Bilanzrechts der Europäischen Gemeinschaft, WPg 1991, S. 193 ff.; *Nieto Martín, Adán:* Fraudes Communitarios (Derecho Penal Económico Europeo), 1996; *Nilsson, Hans G.:* Gegenwärtige und zukünftige Aktivitäten des Europarates, in: *Sieber*, Ulrich (Hrsg.): Europäische Einigung und Europäisches Strafrecht, 1993, S. 99 ff.; *Oehler, Dietrich:* Fragen zum Strafrecht der Europäischen Gemeinschaft, in: Festschrift für Hans-Heinrich Jescheck, Bd. 2, 1985, S. 1399 ff.; *ders.:* Der Europäische Binnenmarkt und sein wirtschaftsstrafrechtlicher Schutz, in: Festschrift für Jürgen Baumann, 1992, S. 561 ff.; *Oppenheimer, Tamar:* Aktivitäten der UNO auf dem Gebiet der Verbrechensbekämpfung, in: Sieber, Ulrich (Hrsg.): Europäisches Einigung und Europäisches Strafrecht, 1993, S. 103. ff.; *Oswald, Katharina:* Die Implementation gesetzlicher Maßnahmen zur Bekämpfung der Geldwäsche, 1997; *Otto, Harro:* Der Mißbrauch von Insider-Informationen als abstraktes Gefährdungsdelikt, in: Schünemann, Bernd/Suárez González, *Carlos* (Hrsg.): Bausteine eines europäischen Wirtschaftsstrafrechts, 1994, S. 447 ff.; *Pabsch, Wiegand C.:* Der strafrechtliche Schutz der überstaatlichen Hoheitsgewalt, 1965; *Pache, Eckhard:* Zur Sanktionskompetenz der europäischen Wirtschaftsgemeinschaft. Das EuGH-Urteil vom 27. November 1992 in der RS C-240/90, EuR 1993, S. 173 ff.; *ders.*: Der Schutz der finanziellen Interessen der Europäischen Gemeinschaften, 1994; *Perron, Walter:* Überlegungen zum Erkenntnisziel und Untersuchungsgegenstand des Forschungsprojektes „Allgemeiner strafrechtlicher Strukturvergleich", Grenzüberschreitungen 1995, S. 127 ff.; *ders.:* Sind die nationalen Grenzen des Strafrechts überwindbar? Überlegungen zu den strukturellen Voraussetzungen der Angleichung und Vereinheitlichung unterschiedlicher Strafrechtssysteme, ZStW 109 (1997), S. 281 ff.; *Pfohl, Michael:* Artenschutz-Strafrecht, wistra 1999, S. 161 ff.; *Pieper, Stefan Ulrich:* Subsidiarität – Ein Beitrag zur Begrenzung der Gemeinschaftskompetenzen, 1993; *Priebe, Reinhard*: Sanktionen und sanktionsgleiche Maßnahmen im Rahmen der Gemeinschaftsfonds – Neue Entwicklungen in der Gemeinschaftsgesetzgebung, in: van Gerven, Walter/Zuleeg, Manfred (Hrsg.): Sanktionen als Mittel zur Durchsetzung des Gemeinschaftsrechts, 1996, S. 55 ff.; *Prieß, Hans-Joachim:* Die Verpflichtung der Europäischen Gemeinschaft zur Amts- und Rechtshilfe – Zum EuGH-Beschluß vom 13. 7. 1990 –, EuR 1991, S. 342 ff.; *ders.:* Artikel 209 a EGV, in: *von der Groeben, Hans/Thiesing, Jochen/Ehlermann, Claus-Dieter* (Hrsg.): Kommentar zum EU-/EG-Vertrag, Bd. 4: Art. 137–209 a EGV, 5. Aufl. 1997, S. 297 ff.; *ders./Spitzer, Harald:* Die Betrugsbekämpfung in der Europäischen Gemeinschaft, EuZW 1994, S. 297 ff.; *Pühs, Wolfgang:* Der Vollzug von Gemeinschaftsrecht. Formen und Grenzen eines effektiven Gemeinschaftsvollzugs und Überlegungen zu seiner Effektuierung, 1997; *Randelzhofer, Albrecht:* Umweltschutz im Völkerrecht. Grundstrukturen und Prinzipien, Jura 1992, S. 1 ff.; *Reichart, Matthias:* Die Bemühungen der Vereinten Nationen zur Schaffung eines „Weltstrafgesetzbuches", ZRP 1996, S. 134 ff.; *Reindl, Susanne:* Untersuchungshaft und Menschenrechtskonvention, 1997; *Reisner, Sigrun:* Die Strafbarkeit von Schein- und Umgehungshandlungen in der EG. Ein rechtsvergleichender Beitrag zum strafrechtlichen Schutz der Finanzinteressen der EG, 1995; *Remmers, Burkhard:* Die Entwicklung der Gesetzgebung zur Geldwäsche, 1998; *Rengeling, Hans-Werner (Hrsg.):* Kreislaufwirtschafts- und Abfallrecht. Neue Entwicklungen in der Bundesrepublik und in der Europäischen Gemeinschaft, 1994; *Rengier, Rudolf:* Anmerkung zum Urteil des BGH v. 2. 3. 1994–2 StR 604/93 (BGHSt 40, 79), JR 1996, S. 34 ff.; *Ress, Georg:* Stichwort „Europäische Gemeinschaften", in: Kimminich, Otto/von Lersner, Heinrich/Storm, Peter-Christoph (Hrsg.): Handbuch des Umweltrechts, Bd. I, 2. Aufl. 1994; *Riettiens, Harald:* Der Abfallbegriff im Strafrecht. Zur Definition des Tatmittels der umweltgefährdenden Abfallbeseitigung, 1994; *Riondato, Silvio:* Competenza Penale della Comunità Europea, 1996; *Rönnau, Thomas:* Strafrechtliche Produkthaftung und der Grundsatz des freien Warenverkehrs (Art. 30–37 EGV), wistra 1994, S. 203 ff.; *Rogall, Klaus:* Die Auswirkungen des neuen Kreislaufwirtschafts- und Abfallgesetzes auf das Umweltstrafrecht, in: Festschrift für Karlheinz Boujong, 1996, S. 807 ff.; *Rüther, Frederik:* Harmonie trotz Dissonanz, ZStW 105 (1993), S. 30 ff.; *Rump, Jürgen:* Die Bedeutung der Verwaltungsentscheidungen und -tätigkeiten für die Verfolgung und Ahndung von Zuwiderhandlungen gegen EG-Regelungen, in: Dannecker, Gerhard (Hrsg.): Die Bekämpfung des Subventionsbetrugs im EG-Bereich, 1993, S. 35 ff.; *ders.:* Betrugsbekämpfung im Veterinär- und Lebensmittelbereich – Lagebericht aus der Sicht der deutschen Zollfahndung, in: Streinz, Rudolf/Dannecker, Gerhard/Sieber, Ulrich/Ritter, Markus (Hrsg.): Die Kontrolle der Anwendung des Europäischen Wirtschaftsrechts in den Mitgliedstaaten, 1998, S. 375 ff.; *ders.:* Der Schutz der Finanzinteressen der Europäischen Union aus Sicht der Zollfahndung, in: *Leitner, Roman* (Hrsg.): Aktuelles zum Finanzstrafrecht, 1999, S. 75 ff.; *Sammer, Elisabeth:* Die Sorgfaltspflichen im Lebensmittelstraf- und Ordnungswidrigkeitenrecht unter besonderer Berücksichtigung der europarechtlichen Überlagerung, 1998; *Schermers, Henri G./Pearson, Patrick J.:* Some comments on Article 5 of the EEC Treaty, in: Festschrift für Ernst Steindorff, 1990, S. 1359 ff.; *Schick, Peter J.:* Grunderfordernisse des Allgemeinen Teils für ein europäisches Sanktionenrecht. Landesbericht Österreich, ZStW 110 (1998), S. 473 ff.; *Schmidl, Michael:* Bekämpfung der Produktpiraterie in der Bundesrepublik Deutschland und in Frankreich. Zur Notwendigkeit eines europäischen Markenstrafrechts am Beispiel der Gemeinschaftsmarke, 1999; *Schönke, Adolf/Schröder, Horst:* Strafgesetzbuch, 25. Aufl., 1997; *Schomburg, Wolfgang/Lagodny, Otto:* Internationale Rechtshilfe in Strafsachen, 3. Aufl. 1998; *Schünemann, Bernd* (Hrsg.): Bausteine des europäischen Strafrechts. Coimbra-Symposium für Claus Roxin, 1995; *Schünemann, Bernd/Suárez González, Carlos* (Hrsg.): Bausteine des europäischen Wirtschaftsstrafrechts, 1994; *Schüppen, Matthias:* Systematik und Auslegung des Bilanzstrafrechts, 1993; *Schweitzer, Michael/Hummer, Waldemar:* Europarecht, 5. Aufl. 1996; *Schwind, Hans-Dieter:* Kriminologie, 9. Aufl. 1998; *Sevenster, Hanna G.:* Criminal Law and EC-Law, CMLR vol. 29 (1992), S. 29 ff.; *Sgubbi, Filippo:* Diritto penale comunitario, in: Digesto italiano delle dottrine penalistiche, 4. Aufl. 1990, Bd. IV, S. 90 ff.; *Sieber, Ulrich:* Europäische Einigung und Europäisches Strafrecht, ZStW 103 (1991), S. 957 ff.; *ders.* (Hrsg.): Europäische Einigung und Europäisches Strafrecht, 1993; *ders.:* Entwicklungsstand und Perspektiven des europäischen Wirtschaftsstrafrechts, in: Schünemann, Bernd/Suárez González, Carlos (Hrsg.): Bausteine des europäischen Wirtschaftsstrafrechts, 1994, S. 349 ff.; *ders.:* Das Sanktionensystem zum Schutz der europäischen Gemeinschaftsinteressen, in: Festschrift für Friedrich Geerds, 1995, S. 113 ff.; *ders.:* Subventionsbetrug und Steuerhinterziehung zum Nachteil der Europäischen Gemeinschaft, SchweizZStrR 1996, S. 357 ff.; *ders.:* Memorandum für ein Europäisches Modellstrafgesetzbuch, JZ 1997, S. 369 ff.; *ders.:* Auf dem Weg zu einem europäischen Strafrecht – Einführung zum Corpus Juris der strafrechtlichen Regelungen zum Schutz der finanziellen Interessen der EU –, in: Delmas-Marty, Mireille (Hrsg.): Corpus Juris der strafrechtlichen Regelungen zum Schutz der finanziellen Interessen der Europäischen Union, 1998; *ders.:* EURO FRAUD – Subventionsbetrug und Steuerhinterziehung zum Nachteil der Europäischen Gemeinschaft, in: Streinz, Rudolf/Dannecker, Gerhard/Sieber, Ulrich/Ritter, Markus (Hrsg.): Die Kontrolle der Anwendung des Europäischen Wirtschaftsrechts in den Mitgliedstaaten, 1998, S. 75 ff.; *Sommermann, Karl-Peter:* Der Schutz der Menschenrechte im Rahmen des Europarates, 1990; *Soulard, Christophe:* Droit Communautaire, Rev. sc. crim. 1993, S. 147 ff.; *Spannowsky, Willy:* Schutz der Finanzinteressen der EG zur Steigerung der Effizienz des Mitteleinsatzes, JZ 1992, S. 1160 ff.; *ders.:* Wettbewerbsverzerrende Defizite des gemeinschaftsrechtlichen Sanktions- und Vollstreckungssystems, JZ 1994, S. 326 ff.; *Sperber, Elisabeth:* Koordinierung der Betrugsbekämpfung im Veterinär- und Lebensmittelbereich – Fallstudien aus der Sicht von UCLAF, in: Streinz, Rudolf/Dannecker, Gerhard/Sieber, Ulrich/Ritter, Markus (Hrsg.): Die Kontrolle der Anwendung des Europäischen Wirtschaftsrechts in den Mitgliedstaaten, 1998, S. 379 ff.; *Starke, Henning:* Das französische Insiderstrafrecht, 1993; *Stoffers, Kristian F.:* Der Schutz der EU-Finanzinteressen durch das deutsche Straf- und Ordnungswidrigkeitenrecht, EuZW 1994, S. 304 ff.; *ders.:* Kompetenz der Europäischen Gemeinschaft und der Kommission zur Einführung von Sanktionen, JA 1994, S. 131 ff.; *Streinz, Rudolf:* Bundesverfassungsgerichtlicher Grundrechtsschutz und Europäisches Gemeinschaftsrecht, 1989; *ders.:* Deutsches und Europäisches Lebensmittelrecht. Der Einfluß des Rechts der Europäischen Gemeinschaften auf das deutsche Lebensmittelrecht, WiVerw 1993, S. 1 ff.; *ders.:* Die demokratische Legitimation der Europäischen Gemeinschaft nach dem Vertrag von Maastricht und ihre Bedeutung für das Lebensmittelrecht, ZLR 1994, S. 537 ff.; *ders.:* Europäisches Lebensmittelrecht unter Berücksichtigung der Auswirkungen auf Österreich, 1994; *ders.:* Europarecht, 4. Aufl. 1999; *Streng, Franz:* Die Öffnung der Grenzen und die Grenzen des Strafrechts, JZ 1993, S. 109 ff.; *ders.:* Kultureller Pluralismus und Strafgleichheit, in: *Lampe, Ernst-Joachim* (Hrsg.): Rechtsgleichheit und Rechtspluralismus, 1995, S. 279 ff.; *Sturm, Joachim:* Das Schengener Durchführungsübereinkommen – SDÜ. Grundsätzliche Aspekte über einen europäischen Raum ohne Binnengrenzen, Kriminalistik 1995, S. 162 ff.; *ders.:* SCHENGEN – EUROPOL – INTERPOL. Konkurrenz oder Partnerschaft?,

Kriminalistik 1997, S. 99 ff.; *Teske, Horst:* Die Sanktion von Vertragsverstößen im Gemeinschaftsrecht, EuR 1992, S. 265 ff.; *Thomas, Sven:* Die Anwendung europäischen materiellen Rechts im Strafverfahren, NJW 1991, S. 2233 ff.; *Tiedemann, Klaus:* Tatbestandfunktionen im Nebenstrafrecht, 1969; *ders.:* Der Allgemeine Teil des europäischen supranationalen Strafrechts, in: Festschrift für Hans-Heinrich Jescheck, Bd. 2, 1985, S. 1411 ff.; *ders.:* Reform des Sanktionswesens auf dem Gebiete des Agrarmarktes der Europäischen Wirtschaftsgemeinschaft, in: Festschrift für Gerd Pfeiffer, 1988, S. 101 ff.; *ders.:* Anmerkung zum Urteil des EuGH vom 21. 09. 1989 RS. 68/88 (Kommission/Griechenland), EuZW 1990, S. 100 f.; *ders.:* Der Strafschutz der Finanzinteressen der Europäischen Gemeinschaft, NJW 1990, S. 2226 ff.; *ders.:* Anmerkung zum Urteil des EuGH vom 27. 10. 1992 RS. C-240/90 (Bundesrepublik Deutschland/Kommission), NJW 1993, S. 49 ff.; *ders.:* Europäisches Gemeinschaftsrecht und Strafrecht, NJW 1993, S. 23 ff.; *ders.:* Strafrecht in der Marktwirtschaft, in: Festschrift für Walter Stree und Johannes Wessels, 1993, S. 527 ff.; *ders.:* Das neue Strafgesetzbuch Spaniens und die europäische Kodifikationsidee, JZ 1996, S. 647 ff.; *ders.:* Strafbarkeit von juristischen Personen? – Eine rechtsvergleichende Bestandsaufnahme mit Ausblicken für das deutsche Recht –, in:; *Schoch, Friedrich K./Stoll, Hans/ders.:* Freiburger Begegnung. Dialog mit Richtern des Bundesgerichtshofs, 1996, S. 30 ff.; *ders.:* § 264 StGB, in: Leipziger Kommentar, 11. Aufl. 1997; *ders.:* Pour un espace juridique commun après Amsterdam, Agon 1997, Nr. 17, S. 12 f.; *ders.:* Grunderfordernisse des Allgemeinen Teils für ein europäisches Sanktionenrecht. Generalbericht, ZStW 110 (1998), S. 497 ff.; *ders.:* Re-Europäisierung des Strafrechts versus Nationalismus der (deutschen) Strafrechtslehre, GA 1998, S. 311 ff.; *Tiedemann, Paul,* Das Kautionsrecht der EWG – ein verdecktes Strafrecht?, NJW 1983, S. 2727 ff.; *Tippach, Stefan U.:* Das Insiderhandelverbot und die besonderen Rechtspflichten der Banken, 1995; *Tolmein, Oliver:* Europol, StV 1999, S. 108 ff.; *Tomuschat, Christian:* Die Arbeit der ILC im Bereich des materiellen Völkerstrafrechts, in:; *Hankel, Gerd/Stuby, Gerhard* (Hrsg.): Strafgerichte gegen Menschlichkeitsverbrechen. Zum Völkerstrafrecht 50 Jahre nach den Nürnberger Prozessen, 1995, S. 270 ff.; *Tröndle, Herbert/Fischer, Thomas:* Strafgesetzbuch, 49. Aufl. 1999; *Triffterer, Otto:* Bestandsaufnahme zum Völkerstrafrecht, in: Hankel, Gerd/Stuby, Gerhard (Hrsg.): Strafgerichte gegen Menschlichkeitsverbrechen. Zum Völkerstrafrecht 50 Jahre nach den Nürnberger Prozessen, 1995, S. 169 ff.; *Tsolka, Olga:* Der allgemeine Teil eines europäischen supranationalen Strafrechts, 1995; *Tulkens, Francoise/van den Wyngaert, Christine/Verougstraete, Ivan (eds.):* La protection juridique des intérêts financiers des Communautés européennes, 1992; *Uhlenbruck, Wilhelm:* Strafrechtliche Aspekte der Insolvenzrechtsreform 1994, wistra 1996, S. 1 ff.; *ders.:* Strafbefreiende Wirkung des Insolvenzplans, ZInsO 1998, S. 250 ff.; *Ulsamer, Gerhard* (Hrsg.): Lexikon des Rechts. Strafrecht, Strafverfahrensrecht, 2. Aufl. 1996; *Vervaele, John A.:* Fraud against the Community. The Need for European Fraud Legislation, 1992; *ders.:* Administrative Law Application and Enforcement of Community Law in the Netherlands, 1994; *ders.:* La fraude communautaire et le droit pénal européen des affaires, 1994; *ders. (éd.):* La lutte contre la fraude à la TVA dans l'Union européenne, 1996; *ders.* (ed.): Compliance and Enforcement of European Community Law, 1999; *Vogel, Joachim:* Die Kompetenz der EG zur Einführung supranationaler Sanktionen, in: Dannecker, Gerhard (Hrsg.): Die Bekämpfung des Subventionsbetrugs im EG-Bereich, 1993, S. 170 ff.; *ders.:* Schein- und Umgehungshandlungen im Strafrecht, insbesondere im europäischen Recht, in: Schünemann, Bernd/Suárez González, Carlos (Hrsg.): Bausteine eines europäischen Wirtschaftsstrafrechts, 1994, S. 151 ff.; *ders.*: Betrug zum Nachteil der finanziellen Interessen der Europäischen Gemeinschaften, Rivista Trimestrale di Diritto Penale dell'Economica 1995, S. 631 ff.; *ders.:* Wege zu europäisch-einheitlichen Regelungen im Allgemeinen Teil des Strafrechts, JZ 1995, S. 331 ff.; *ders.:* Geldwäsche – ein europaweit harmonisierter Straftatbestand?, ZStW 109 (1997), S. 335 ff.; *ders.:* Elemente der Straftat: Bemerkungen zur französischen Straftatlehre und zur Straftatlehre des common law, GA 1998, S. 127 ff.; *Vogler, Theo:* Die strafrechtlichen Konventionen des Europarats, Jura 1992, S. 586 ff.; *ders.:* Diskussionsbeitrag zum Thema „Die Zukunft des Europäischen Strafrechts", in: Sieber, Ulrich (Hrsg.): Europäisches Einigung und Europäisches Strafrecht, 1993, S. 128 ff.; *Wachholz, Rolf-Peter:* EUROPOL aus Sicht der Bundesländer. Besondere Probleme im Rahmen der internationalen Zusammenarbeit, Kriminalistik 1995, S. 715 ff.; *Wägenbauer, Bertrand:* Ist der Anwendungsbereich der EG-Richtlinie zur Bekämpfung der Geldwäsche hinreichend bestimmt?, EuZW 1994 S. 711 ff.; *Weber, Friedrich K:* Naturschutz mit den Mitteln des Straf- und Ordnungswidrigkeitenrechts, 1991; *de Weerth, Jan:* Die Bilanzordnungswidrigkeiten nach § 334 HGB unter besonderer Berücksichtigung der europarechtlichen Bezüge, 1994; *Wegschneider, Herbert:* Probleme grenzüberschreitender Umweltkriminalität, DRiZ 1983, S. 56 ff.; *ders.:* Grenzüberschreitende Umweltbeeinträchtigungen im Spiegel des alten und des neuen Strafrechts, JBl 1989, S. 214 ff.; *Weidemann, Clemens:* Übergangsprobleme bei der Privatisierung des Abfallwesens. Zum Inkrafttreten des Kreislaufwirtschafts- und Abfallgesetzes, NJW 1996, S. 2757 ff.; *Weigend, Thomas:* Strafrecht durch internationale

Vereinbarungen – Verlust an nationaler Strafrechtskultur?, ZStW 105 (1993), S. 774 ff.; *ders.:* Strafrechtliche Pornographieverbote in Europa, ZUM 1994, S. 133 ff.; *Wenig, Fritz:* Art. 172 EWGV, in: Grabitz Eberhard/Hilf Meinhard (Hrsg.): Kommentar zu EU, Loseblattsammlung, Stand Mai 1998; *Westphal, Volker-Gerd:* Geldfälschung und die Einführung des Euro, NStZ 1998, S. 555 f.; *Wieberneit, Bernd:* Europarechtlicher Ordnungsrahmen für Umweltsubventionen, 1997; *Wilckesmann, Peter:* Plädoyer für das Schengener Informationssystem (SIS), NStZ 1999, S. 68 ff.; *Wittkämper, Gerhard. E. /Krevert, Peter/Kohl, Andreas:* Europa und die innere Sicherheit. Auswirkungen des EG-Binnenmarktes auf die Kriminalitätsentwicklung und Schlußfolgerungen für die polizeiliche Kriminalitätsbekämpfung, 1996; *Wolfgang, Hans-Michael:* Betrugsbekämpfung im Marktordnungsrecht, in: Ehlers, Dirk/ders.: Rechtsfragen der Europäischen Marktordnungen, 1998, S. 209 ff.; *Wuermeling, Ulrich:* Neuer Rechtsschutz für Datenbanken, NJW-CoR 1996, S. 183 ff.; *van den Wyngaert, Christine* (ed.): Criminal procedure systems in the European Community, 1993.; *Zuleeg, Manfred:* Das Recht der europäischen Gemeinschaften im innerstaatlichen Bereich, 1969; *ders.:* Der Beitrag des Strafrechts zur europäischen Integration, JZ 1992, S. 761 ff.

Inhaltsübersicht

Rn.

Einführung 1, 2

A. Harmonisierungsbestrebungen auf dem Gebiet des Wirtschafts- und Verwaltungsstrafrechts 3–38

I. Entwicklung der europäischen Einigung von der Gründung der EGKS bis hin zum Amsterdamer Vertrag 4–8
1. Gründungsverträge 4
2. Einheitliche Europäische Akte 5
3. Maastrichter Vertrag 6
4. Amsterdamer Vertrag 7
5. Entstehung einer einheitlichen Rechtsordnung 8

II. Verbindung der Europäischen Gemeinschaft und der EFTA-Staaten einem Europäischen Wirtschaftsraum (EWR) 9

III. Räumliche Erweiterung der Europäischen Union 10, 11
1. Assoziierung der mittel- und osteuropäischen Staaten 10
2. Spezielle Abkommen mit weiteren Staaten 11

IV. Europa als kriminalgeographischer Raum 12–15
1. Entstehung eines kriminalpolitischen Raumes 12
2. Kriminalitätslage 13
3. Ausgleichsmaßnahmen für den Verzicht auf Grenzkontrollen 14
4. Notwendigkeit einer Annäherung der nationalen Strafrechtsordnungen 15

V. Überblick über die gegenwärtige Bedeutung des Europarechts für das Straf- und Sanktionenrecht 16–38
1. Begriff des Europarechts 16, 17
2. Einfluß des Europarechts im weiteren Sinne auf das Straf- und Sanktionsrecht 18–23

Rn.

a) Europäische Menschenrechtskonvention 19
b) Europäisches Auslieferungsübereinkommen 20
c) Europäisches Übereinkommen über die Rechtshilfe in Strafsachen 21
d) Europ. Ausschuß für Strafrechtsfragen des Europarats 22
e) Ausblick 23

3. Einfluß des Europarechts im engeren Sinne auf das Straf- und Sanktionenrecht 24–38
a) Übereinkommen zwischen den Mitgliedstaaten der EU . . 24–32
aa) Übereinkommen über die Auslieferung zwischen den Mitgliedsstaaten der uropäischen Union 25
bb) Übereinkommen betreffend die Vollstreckungshilfe und den Grundsatz „ne bis in idem" 26
cc) Übereinkommen über den Schutz der finanziellen Interessen der Europäischen Gemeinschaften . 27, 28
dd) Erstes Zusatzprotokoll zum Schutz der finanziellen Interessen der EG der Bekämpfung der Korruption und Übereinkommen zur Bekämpfung der Bestechung 29
ee) Zweites Zusatzprotokoll zum Schutz der finanziellen Interessen der EG zur Bekämpfung der Geldwäsche 30
ff) Drittes Zusatzprotokoll betreffend die Auslegung des Übereinkommens über den Schutz der finanziellen Interessen der EG 31

Rn.

gg) Sonstige Rechtsakte 32
b) Initiativen der Gemeinschaftsorgane auf dem Gebiet des Straf- und Sanktionenrechts 33–38
aa) Europäisches Parlament 34
bb) Rat der Europäischen Gemeinschaft 35
cc) Europäischer Gerichtshof 36
dd) Europäische Kommission . . 37, 38

B. Die Bedeutung des Gemeinschaftsrechts für das nationale Wirtschaftsstrafrecht 39–105

I. Kompetenzen der Europäischen Gemeinschaft auf dem Gebiet des Kriminalstrafrechts 40–42
1. Prinzip der begrenzten Einzelermächtigung 40
2. Rechtssetzung im Rahmen der intergouvernementalen Zusammenarbeit 41
3. Kompetenzen der Bekämpfung von Betrug zum Nachteil der EG (Art. 280 [ex-Art. 209 a] EGV) 42

II. Bußgeldkompetenz der Europäischen Gemeinschaft aufgrund primärrechtlicher Regelungen 43–49
1. Europäisches Kartellrecht 44–46
a) Kompetenzen im EG-Vertrag 44
b) Kompetenzen im EGKS-Vertrag 45
c) Kompetenzen im EAG-Vertrag 46
2. Die vom Gerichtshof und dem Gericht erster Instanz zu verhängenden Geldbußen 47, 48
a.) Satzungen des EuGH und des EuG 47
b) Verfahrensordnungen 48
3. Weitergehende Bußgeldkompetenzen 49

III. Kompetenz zur Einführung und Verhängung sonstiger repressiver Verwaltungssanktionen . . 50–53
1. Strafzuschläge und Kautionsverfall 51
2. Subventionskürzungen, Abzüge und Subventionssperren 52
3. Allgemeiner Teil für ein Europäisches Verwaltungssanktionenrecht 53

IV. Verpflichtung der Mitgliedstaaten zur Sanktionierung der Verletzung des Gemeinschaftsrechts 54–69
1. Verpflichtung der Mitgliedstaaten zum Erlaß von Sanktionsnormen 54–57
2. Inhalt der Richtlinien und Verordnungen, die zum Erlaß von Strafnormen verpflichten 58–69

Rn.

a) Verpflichtung zur Einführung „geeigneter Maßnahmen" 58
b) Verzicht auf die Forderung nach Einführung bestimmter Sanktionen 59
c) Überblick über die Richtlinien und Verordnungen 60–69
aa) Verordnung über die gemeinsame Marktorganisation für Wein 61
bb) Insider-Richtlinie 62, 63
cc) Richtlinie zur Bekämpfung der Geldwäsche 64
dd) Verordnung zur Bekämpfung des Abfalltourismus . . 66, 67
ee) Datenbank-Richtlinie 68, 69

V. Ausdehnung des Anwendungsbereichs der nationalen Strafrechtsordnungen (Asimilierungsprinzip) 70–73
1. Verweisungsnormen im primären Gemeinschaftsrecht 71
2. Verweisungsnormen im sekundären Gemeinschaftsrecht 72
3. Ausdehnung des Schutzes nationaler Vorschriften auf Gemeinschaftsrechtsgüter 73

VI. Anwendungsvorrang des Gemeinschaftsrechts 74–80
1. Harmonisierende Wirkung des Anwendungsvorrangs des Gemeinschaftsrechts 74
2. Vorrang des Gemeinschaftsrechts vor dem nationalen Straf- und Bußgeldrecht 75–78
a) Vorrang des Sekundärrechts 75
b) Vorrang des Primärrechts 76
c) Strafbarkeitsbegrenzende Funktion des Verhältnismäßigkeitsgrundsatzes 77
d) Strafbarkeitsbegrenzende Funktion des Diskriminierungsverbots 78, 79
3. Vorrang des Gemeinschaftsrechts vor dem nationalen Strafverfahrensrecht 80

VII. Gemeinschaftsrechtskonforme Auslegung 81–95
1. Gemeinschaftsrechtskonforme Auslegung des gesamten nationalen Rechts 81, 82
a) Richtlinienkonforme Auslegung 81
b) Gemeinschaftsrechtskonforme Auslegung 82
2. Gemeinschaftsrechtskonforme Auslegung des nationalen Strafrechts 83–95
a) Vorgaben des EuGH bezüglich einer einheitlichen Auslegung im strafrechtlichen und außerstrafrechtlichen Bereich 83

Rn.

b) Verfassungsrechtliche Grenzen der gemeinschaftsrechtskonformen Auslegung 84, 85
c) Richtlinienkonforme Auslegung des Abfallbegriffs des § 326 StGB 86–88
d) Richtlinienkonforme Auslegung des Steuerstrafrechts 89
e) Richtlinienkonforme Auslegung des Bilanzstrafrecht 90
f) Gemeinschaftskonforme Auslegung des Lebensmittelstrafrecht 91–93
g) Richtlinienkonforme Auslegung des Verbots der Verbreitung pornographischer Darstellungen 94
h) Gemeinschaftsrechtskonforme Auslegung der Straftatbestände des Kernstrafrechts 95

VIII. Ausweitung der nationalen Straf- und Bußgeldvorschriften auf Verstöße gegen das Gemeinschaftsrecht durch Blankettstrafgesetze 96–105
1. Naturschutzstrafrecht 97–99
2. Weinstrafrecht 100
3. Lebensmittelstrafrecht 101, 102
4. Marken- und Patentstrafrecht . . 103, 104
5. Strafrechtlicher Schutz der betriebsverfassungsrechtlichen Organe und ihrer Mitglieder und Geheimnisschutz 105

C. Bekämpfung von Unregelmäßigkeiten zu Lasten des Haushalts der Europäischen Gemeinschaft 106–155

I. Der EG-Haushalt als Angriffsobjekt 107–123
1. Finanzielle Interessen der EG . . 107–110
a) Einnahmen der Europäischen Gemeinschaft 108
b) Ausgaben der EG 109
c) Schadensumfang 110
2. Funktionsweise des Agrarmarkts und der Strukturfonds 111–116
a) Agrarmarkt 111–113
b) Strukturfonds 114–116
aa) Wirtschaftsförderung 114
bb) Förderung von Forschung und technischer Entwicklung 115
cc) Förderung in den Bereichen Ausbildung, Soziales und Kultur 116
3. Allgemeine Erscheinungsformen von Wirtschaftskriminalität zu Lasten des EG-Haushalts 117–123
a) Hinterziehung von Abgaben 118
b) Erschleichung von Subventionen 119
c) Erschleichung sonstiger Beihilfen und Vergünstigungen 120

Rn.

d) Handeln im Bereich der „Grauzone“ 121, 122
e) Sonstige Verschleierungsmaßnahmen 123

II. Strafrechtlicher Schutz der EG-Finanzinteressen 124–150
1. Schutz der Gemeinschaftseinnahmen 125–128
a) Marktordnungsverstöße 126, 127
b) Straftatbestände 128
2. Schutz der Gemeinschaftsausgaben 129
a) Betrügerische Verhaltensweisen 130
b) Straftatbestand des Subventionsbetrugs 131–136
3. Zuständigkeit für die Verfolgung von Unregelmäßigkeiten zu Lasten des EG-Haushalts 137–150
a) Zuständigkeit der Wirtschaftsstrafkammer 137
b) Zuständigkeit der Hauptzollämter und der Zollfahndungsämter 138, 139
c) Meldepflicht nationaler Vergabestellen 140, 141
d) Unterstützung der Strafverfolgungsbehörden durch die AG 142–146
aa) UCLAF 143
bb) OLAF 144
cc) IRENE 145, 146
e) Europäisches Parlament 147, 148
f) Rechnungshof 149, 150

III. Schutz der EG-Finanzinteressen durch Verwaltungssanktionen und Kontrollmaßnahmen der Kommission 151–155
1. Verordnung Nr. 2988/95 über den Schutz der finanziellen Interessen der Europäischen Gemeinschaften 152, 153
2. Verordnung Nr. 2185/96 des Rates vom 11. 11. 1996 betreffend die Kontrollen und Überprüfungen vor Ort durch die Kommission zum Schutz der finanziellen Interessen der Europäischen Gemeinschaften vor Betrug und anderen Unregelmäßigkeiten 154, 155

D. Europäische Zusammenarbeit bei der Kriminalitätsbekämpfung in der EU – Bedeutung der „dritten Säule“ 156–168

I. Internationale Zusammenarbeit zur Kriminalitätsbekämpfung im Rahmen der Konsultationsgruppen TREVI 157–160
1. Arbeitsgruppen TREVI 158, 159
2. Bedeutung der Arbeitsgruppen TREVI für die intergouvernementale Zusammenarbeit 160

	Rn.
II. Zusammenarbeit im Rahmen der Schengener Abkommen	161–164
1. Übereinkommen betreffend den schrittweisen Abbau der Grenzkontrollen an den gemeinsamen Grenzen	161
2. Durchführungsübereinkommen zum Übereinkommen betreffend den schrittweisen Abbau der Grenzkontrollen an den gemeinsamen Grenzen vom 14. 6. 1986 (SDU)	162–164
a) Polizeiliche Zusammenarbeit	163
b) Schengener Informationssystem (SIS)	164
III. Internationale Kooperation im Rahmen der Polizeilichen und Justiziellen Zusammenarbeit in Strafsachen	165–168
1. Einbindung der Kriminalitätsbekämpfung in die „dritte Säule"	165
2. EUROPOL	166–168
E. Ausblick	169–179
I. Bereichsspezifische Harmonisierung des Strafrechts und Einführung gemeinschaftsrechtlicher Geldbußen	170–175
1. Notwendigkeit einer Vereinheitlichung des Allgemeinen und des Besonderen Teils des Wirtschaftsstrafrechts	171, 172
2. Angleichung des Wirtschaftsstrafrechts	173
3. Angleichung des Umweltstrafrechts	174
4. Einführung gemeinschaftsrechtlicher Geldbußen im Zuständigkeitsbereich der Kommission	175
II. Europäisches Modellstrafgesetz	176–178
III. Corpus Juris der strafrechtlichen Regelungen zum Schutz der finanziellen Interessen der Europäischen Union	179

Einführung

Die voranschreitende europäische Einigung[1] sowie die Globalisierung der Wirtschaft und das Vordringen neuer Technologien in den Bereichen Computertechnik, Telekommunikation und Biotechnologie wirken sich auch auf die Kriminalität, insbesondere die Wirtschaftskriminalität,[2] aus. Die EG reagiert hierauf insbesondere durch außerstrafrechtliche Maßnahmen, die der Schaffung der erforderlichen Rahmenbedingungen in den sich entwickelnden Wirtschaftsbereichen und dem Schutz der Verbraucher dienen. Die Einhaltung der rechtlichen Vorgaben wird durch **Sanktionsvorschriften** angestrebt. So kennt das Gemeinschaftsrecht Geldbußen, die die Kommission verhängen kann, sowie Sanktionen unterhalb der Geldbußen, die die EG einführt, die jedoch von den Verwaltungsbehörden der Mitgliedstaaten verhängt werden.[3] Daneben finden sich gemeinschaftsrechtliche Vorgaben auf dem Gebiet des Strafrechts, die die Mitgliedstaaten in nationales Recht umsetzen müssen.[4] Außerdem haben die Gerichte in den Mitgliedstaaten die gemeinschaftsrechtlichen Regelungen bei der Anwendung und Auslegung des nationalen Rechts zu berücksichtigen.[5] Auf diese Weise wirken sich die gemeinschaftsrechtlichen Vorgaben neben dem Verwaltungsrecht auch auf das nationale Wirtschafts- und Verwaltungsstrafrecht in den Mitgliedstaaten der EU aus.[6] 1

---

[1] Zu den Perspektiven der EU-Erweiterung aus deutscher Sicht vgl. *Seidel* EuZW 1999, 449.

[2] Vgl. den Überblick bei *Wittkämper/Krevert/Kohl*, Europa und die innere Sicherheit, 1996, S. 79 ff.

[3] Näher dazu unten Rn. 40 ff.

[4] Näher dazu unten Rn. 54 ff.

[5] Näher dazu unten Rn. 70 ff.

[6] Zusammenfassend dazu *Böse*, Strafen und Sanktionen im Europäischen Gemeinschaftsrecht, 1996, S. 30 ff.; *Dannecker*, Strafrecht der Europäischen Gemeinschaft, in: *Eser/Huber* (Hrsg.), Strafrechtsentwicklung in Europa, 4.3., 1995, S. 64 ff.; *ders.*, Artikel „Europäische Gemeinschaft und Strafrecht", in: *Ulsamer* (Hrsg.), Lexikon des Rechts. Strafrecht, Strafverfahrensrecht, 2. Aufl. 1996, S. 302 ff.; *Dieblich*, Der strafrechtliche Schutz der Rechtsgüter der Europäischen Gemeinschaften, 1985, S. 26 ff.; *Grasso*, Communità Europee e diritto penale, 1989, S. 1 ff.; *Sieber* SchweizZStW 103 (1991), 957 ff.; *K. Tiedemann* NJW 1993, 13 ff.

2 Im folgenden werden zunächst die Einigungsbestrebungen auf dem Gebiet des Wirtschafts- und Verwaltungsstrafrechts und deren Auswirkungen auf die Wirtschaftskriminalität aufgezeigt (A.). Anschließend wird die Bedeutung des Gemeinschaftsrechts für das Wirtschaftsstrafrecht dargestellt (B.). Einen Schwerpunkt der Annäherung der nationalen Strafrechtsordnungen bildet der Schutz der finanziellen Interessen der EG, der deshalb zusammenhängend unter (C.) dargestellt wird. Der sodann folgende Abschnitt (D.) befaßt sich mit der Rolle der Europäischen Union bei der Kriminalitätsbekämpfung. Abschließend wird in einem Ausblick (E.) zu den zu erwartenden Harmonisierungsbestrebungen für den Bereich des Strafrechts im europäischen Kontext Stellung genommen.

A. Harmonisierungsbestrebungen auf dem Gebiet des Wirtschafts- und Verwaltungsstrafrechts

3 Zunächst soll die **Entwicklung der europäischen Integration** von der Gründung der Europäischen Gemeinschaft für Kohle und Stahl (EGKS), der Europäischen Wirtschaftsgemeinschaft (EWG) und der Europäischen Atomgemeinschaft (EAG) bis hin zum Amsterdamer Vertrag kurz nachgezeichnet und ein Ausblick auf die zukünftigen Erweiterungsbestrebungen der EU gegeben werden (I. – III.). Hieran schließt sich ein Überblick über die Europäische Union als kriminalpolitischer Raum an (IV.). Sodann werden im Überblick die aktuellen Einwirkungsmöglichkeiten des Gemeinschaftsrechts auf die Strafrechtsordnungen der Mitgliedstaaten dargestellt (V.).

I. Entwicklung der europäischen Einigung von der Gründung der EGKS bis hin zum Amsterdamer Vertrag

1. Gründungsverträge

4 Grundlage der Europäischen Union (EU) sind die **Europäischen Gemeinschaften** E(W)G, EGKS und EAG, die die „erste Säule" der Union bilden, die **Gemeinsame Außen- und Sicherheitspolitik** (GASP), die die „zweite Säule" der Union ausmacht, und die **Polizeiliche und Justizielle Zusammenarbeit in Strafsachen** (PJZS) als „dritte Säule". Die drei Europäischen Gemeinschaften weisen gegenüber sonstigen internationalen Organisationen des allgemeinen Völkerrechts die Besonderheit auf, daß sie unmittelbar in die Mitgliedstaaten hineinwirken können und somit supranationale Organisationen darstellen.

Der **EGKS-Vertrag** wurde am 18. 4. 1951 in Paris unterzeichnet und ist am 23. 7. 1952 in Kraft getreten. Am 25. 3. 1957 wurden in Rom die **Verträge zur Gründung der Europäischen Wirtschaftsgemeinschaft** (heute: Europäische Gemeinschaft – EG) und der **Europäischen Atomgemeinschaft** abgeschlossen, die am 1. 1. 1958 in Kraft traten. Seitdem befinden sich die Gemeinschaften in einem stetigen wirtschaftlichen und politischen Wachstum.

2. Einheitliche Europäische Akte

5 Dieser Entwicklung wurde zunächst durch die Einheitliche Europäische Akte (EEA) vom 28. 2. 1986 Rechnung getragen, die die Gründungsverträge der Gemeinschaft abänderte und dem Ziel diente, die Europäische Gemeinschaft in eine **Europäische Union** umzuwandeln und einen Binnenmarkt bis Ende 1992 zu verwirklichen. Außerdem enthält die EEA Regeln für die Europäische Politische Zusammenarbeit, die zuvor schon ohne ausdrückliche vertragliche Grundlage praktiziert wurde.

3. Maastrichter Vertrag

Eine umfassende Änderung und Ergänzung haben die Gemeinschaftsverträge durch den **Vertrag über die Europäische Union** (Maastrichter Vertrag) vom 7. 2. 1992 erfahren, der am 1. 11. 1993 in Kraft getreten ist und mit dem das Ziel verfolgt wurde, die Gemeinschaft schrittweise zu einer politischen Union und damit zu einem umfassend geeinten, vollintegrierten, dauerhaften und handlungsfähigen Verband ihrer Mitglieder zu entwickeln. Mit dem Maastrichter Vertrag wurde die Europäische Union gegründet, in die die Europäischen Gemeinschaften als sog. „erste Säule" überführt wurden. Kernstück des Unionsvertrags ist die Schaffung einer Wirtschafts- und Währungsunion durch eine eng koordinierte Wirtschaftspolitik und die Einführung einer einheitlichen Währung. Darüber hinaus wurde durch den Maastrichter Vertrag die Gemeinsame Außen- und Sicherheitspolitik sowie die Zusammenarbeit in den Bereichen Justiz und Inneres als **„zweite und dritte Säule"** der Europäischen Union übernommen. 6

4. Amsterdamer Vertrag

Der Amsterdamer Vertrag vom 2. 10. 1997, der am 1. 5. 1999 in Kraft getreten ist, hält an der Struktur der Europäischen Union fest, verlagert aber über die gemeinsame Visapolitik gegenüber Drittstaaten hinaus weitere Materien der Asyl-, Visa- und Einwanderungspolitik von der Zusammenarbeit in den Bereichen Justiz und Inneres in den Titel IV EGV und bringt Änderungen bezüglich der Institutionen, der Instrumente und der Entscheidungsverfahren.[7] Von der ZBJI verblieben im Titel VI EUV die Polizeiliche und Justizielle Zusammenarbeit in Strafsachen (PJZS) als „dritte Säule". Maßnahmen der Zusammenarbeit aus diesem Bereich werden nur beschränkt der Jurisdiktion des EuGH unterworfen. Zur Verwirklichung der Ziele der Union gehört somit ausdrücklich auch eine **Annäherung auf dem Gebiet des Strafrechts** der Mitgliedstaaten.[8] 7

5. Entstehung einer einheitlichen Rechtsordnung

Damit entsteht unter dem Dach der EU eine einheitliche Rechtsordnung, die sich in einem dynamischen Entwicklungsprozeß befindet. **Rechtsangleichung** in der EU ist gleichwohl kein allgemeinpolitischer Auftrag zur Herstellung einer generellen Rechtseinheit, sondern durch die Erreichung des jeweiligen internen Ziels auf dem „Weg zu einer immer engeren Union der Völker Europas" definiert und beschränkt. Während der Ausbau der europäischen Rechtsordnungen, insbesondere des Verwaltungs- und des Wirtschaftsverwaltungsrechts, grundsätzlich bereits weit fortgeschritten ist, ist das Strafrecht – insbesondere unter dem Blickwinkel der Kriminalitätsbekämpfung – noch aufbaubedürftig. 8

II. Verbindung der Europäischen Gemeinschaft und der EFTA-Staaten zu einem Europäischen Wirtschaftsraum (EWR)

Neben der EU ist im vorliegenden Zusammenhang der Europäische Wirtschaftsraum (EWR) zu erwähnen. Das **EWR-Abkommen** wurde am 2. 5. 1992 von den Vertragsparteien des E(W)G-Vertrages sowie von Österreich, Finnland, Island, Liechtenstein, Norwegen und der Schweiz unterzeichnet. Es handelt sich dabei um eine Anschlußregelung 9

---

7 Neben inhaltlichen Änderungen wurde durch den Amsterdamer Vertrag eine neue Numerierung des EGV und des EUV eingeführt. Im folgenden wird die neue Zählung verwendet und auf die alte Numerierung verwiesen.

8 Eingehend dazu unten Rn. 41.

an die bereits seit 1972 mit den Mitgliedstaaten der EFTA abgeschlossenen Freihandelsabkommen. Wegen eines negativen Referendums in der Schweiz blieb dieser die Teilnahme am EWR verwehrt; allerdings fanden mit der Schweiz auf deren Antrag Verhandlungen über einzelne Teilbereiche der Zusammenarbeit statt. Das EWR-Abkommen trat am 1. 1. 1994 in Kraft. Durch den Beitritt Schwedens, Österreichs und Finnlands zur EU besteht das EWR-Abkommen nunmehr nur noch mit den Vertragspartnern Island, Norwegen und Liechtenstein.

Vorrangig wird das **Ziel** verfolgt, eine weitestmögliche Verwirklichung des freien Waren-, Dienstleistungs-, Personen- und Kapitalverkehrs innerhalb des Europäischen Wirtschaftsraums zu schaffen und die Zusammenarbeit bei den begleitenden und horizontalen Politiken zu erweitern. Nach Art. 1 Abs. 1 EWR-Abkommen ist das Ziel dieses Assoziierungsabkommens, eine beständige und ausgewogene **Stärkung der Handels- und Wirtschaftsbeziehungen** zwischen den Vertragsparteien unter gleichen Wettbewerbsbedingungen zu erreichen und die Einhaltung gleicher Regeln zu fördern, um einen homogenen europäischen Wirtschaftsraum zu schaffen.

III. Räumliche Erweiterung der Europäischen Union

1. Assoziierung der mittel- und osteuropäischen Staaten

10 Die **mittel- und osteuropäischen Staaten** (MOE-Staaten) Estland, Polen, Slowenien, Tschechien, Zypern, Bulgarien, Lettland, Litauen, Slowakei und Rumänien streben mittelfristig die Mitgliedschaft in der EU an; mit einem Teil dieser Staaten sind bereits konkrete Beitrittsverhandlungen aufgenommen worden. Mit allen diesen Staaten wurden **Assoziierungsabkommen** abgeschlossen, die die Entwicklung zu einem freien Warenverkehr innerhalb eines Zeitraums von 10 Jahren zugunsten dieser Staaten regeln.[9] In- und Ausländer aus dem Hoheitsgebiet der Vertragspartner sollen bezüglich der Niederlassungsfreiheit gleichgestellt werden. Die Arbeitnehmerfreizügigkeit bleibt auf die bereits legal im Gebiet des jeweiligen Vertragsstaates zugelassenen Personen beschränkt.

2. Spezielle Abkommen mit weiteren Staaten

11 Mit weiteren Staaten wie Armenien, Aserbaidschan, Georgien, Kasachstan, Kirgisistan, Moldavien, der Russischen Föderation, der Ukraine und Usbekistan wurden spezielle **Abkommen über Partnerschaft und Zusammenarbeit** geschlossen.

IV. Europa als kriminalgeographischer Raum

1. Entstehung eines kriminalpolitischen Raumes

12 Durch den Beitritt von Schweden, Finnland und Österreich zur EU ist ein neuer kriminalgeographischer Raum[10] mit ca. 3,2 Mill. Quadratkilometern und ca. 370 Millionen Einwohner entstanden. Damit sind die Weichen für den weltweit größten Binnenmarkt, insbesondere wenn man den EWR mitberücksichtigt, entstanden.[11] Die mit der Realisierung des Binnenmarktes veränderten Bedingungen üben **Einfluß auf die Kriminalität** und deren Bekämpfung aus, denn der durch den offenen Markt entstandene freie

---

[9] Näher dazu *Schweitzer/Hummer*, Europarecht, 5. Aufl. 1996, Rn. 698.

[10] So *Innenministerium Baden-Württemberg*, Europa – der neue kriminalgeographische Raum, 1992.

[11] *Schwind*, Kriminologie, 9. Aufl. 1998, § 31 Rn. 22.

Personenverkehr und die Waren-, Dienstleistungs- und Kapitalströme werden auch für kriminelle Zwecke genutzt.[12]

2. Kriminalitätslage

Zu den schwerwiegenden Formen der internationalen Kriminalität zählen angesichts 13
des Umfangs, der Schadenshöhe, der Erheblichkeit der Gefährdung und des grenzüberschreitenden Tätigkeitsfeldes, neben der Wirtschafts- und Umweltkriminalität, der Drogen- und Menschenhandel, die Korruption und schließlich der internationale Terrorismus.[13] Den weitgehenden Wegfall der **Binnengrenzkontrollen** sowie die immer größer werdende **wirtschaftliche Verflechtung** hat sich vor allem die organisierte Kriminalität zunutze gemacht.[14]

Die internationale und europäische Kriminalitätslage ist bislang nicht hinreichend analysiert, so daß **systematische Verbrechensstatistiken und Lagebilder** fehlen.[15] Als Ursachen hierfür werden verschiedene rechtliche, politische und polizeipraktische Faktoren genannt. Die Hindernisse sind dabei primär polizeirechtlicher Natur, da bislang diesbezüglich einheitliche Vorschriften fehlen. Auch mangelt es an dem politischen Willen, systematisch angelegte und miteinander vergleichbare Kriminalitätsdaten zu erheben. Dennoch besteht Einigkeit darüber, daß die europäische organisierte Kriminalität kontinuierlich zunimmt.[16] Im Hinblick auf die Schädigung der finanziellen Interessen der EG hat sich der Subventionsbetrug als spezifisches Betätigungsfeld der europäischen organisierten Kriminalität als ein besonders lukrativer Kriminalitätssektor erwiesen.[17] Daher wird die Subventionskriminalität zum Nachteil der Europäischen Gemeinschaften seit Jahrzehnten als typisches Beispiel für die sich durch die fortschreitende Integration der EU ergebenden Tatgelegenheiten angesehen.[18]

3. Ausgleichsmaßnahmen für den Verzicht auf Grenzkontrollen

Der Verzicht auf Grenzkontrollen innerhalb der EG und die politische Entwicklung hin 14
zu einer Europäischen Union haben zu kriminalpolitischen Entscheidungen geführt, die die gezielte Verstärkung der **Kontrollen an den Außengrenzen der EG** unter Festlegung gemeinsamer Kontroll- und Überwachungsstandards, die Errichtung eines automatisierten Fahndungs- und Informationssystems, die Verbesserung der grenzüberschreitenden polizeilichen Zusammenarbeit einschließlich der polizeilichen Nacheile, die Vereinfachung und Beschleunigung der Rechtshilfe und des Auslieferungsverkehrs sowie den Aufbau von EUROPOL betreffen.[19]

4. Notwendigkeit einer Annäherung der nationalen Strafrechtsordnungen

Die Ermittlung und Verfolgung von grenzüberschreitender Kriminalität wird maßgeb- 15
lich dadurch erschwert, daß die **Strafverfolgungssysteme national begrenzt** sind. Die Erstreckung des nationalen Strafrechts auf ausländische Sachverhalte über das Territoriali-

---

[12] Zu den Kriminalphänomenen im Wirtschaftsbereich vgl. *Wittkämper/Krevert/Kohl*, Europa und die innere Sicherheit, S. 79 ff.

[13] *Dannecker* JZ 1996, 878 f.

[14] *Bundeskriminalamt* (Hrsg.), Organisierte Kriminalität in einem Europa durchlässiger Grenzen, 1991, S. 179 ff.; *Wittkämper/Krevert/Kohl*, Europa und die innere Sicherheit, S. 189 ff.

[15] *Albrecht/Kürzinger* (Hrsg.), Kriminologie in Europa – Europäische Kriminologie, 1994, S. 1 ff.

[16] *Wittkämper/Krevert/Kohl*, Europa und die innere Sicherheit, S. 114 ff.

[17] Eingehend dazu *Sieber* ZStrR 1996, 357 ff.

[18] Näher dazu unten Rn. 106 ff.

[19] Näher dazu unten Rn. 156 ff.

tätsprinzip hinaus bietet keinen hinreichenden Schutz gegen die in ihrem Umfang zunehmende internationale Kriminalität.[20] Die damit verbundenen Überlappungen haben zwischenstaatliche Interessenkonflikte zur Folge und verhelfen nicht zu der beabsichtigten effektiven Verfolgung und Ahndung der Täter. Wenn sich die Bedrohung von Rechtsgütern nicht an nationale Grenzen hält, darf auch die Reaktion nicht partikularistisch ausfallen,[21] sofern nicht die Effizienz der Verbrechensbekämpfung Schaden nehmen soll. Ansonsten wird durch „Oasen der Straflosigkeit" oder eine zu milde Sanktionierung dem Kriminalitätstourismus Vorschub geleistet.[22] Darüber hinaus erfordern Handlungen, die in einem Mitgliedstaat begangen werden und schädigende Auswirkungen in einem anderen Staat haben, ohne daß Grenzkontrollen möglich sind, wie im Bereich der Umweltbeeinträchtigungen, eine Vereinheitlichung des Strafrechts. Daher machen die **grenzüberschreitenden Probleme** bei der Verfolgung und Ahndung von Straftaten eine Harmonisierung auf dem Gebiet des Wirtschaftsstrafrechts erforderlich.

Aus diesem Grund steht die Frage im Raum, ob und wann es ein europaweit **einheitliches materielles und formelles Straf- und Ordnungswidrigkeitenrecht** geben wird.[23] Allerdings werden Forderungen nach einer Vereinheitlichung des Strafrechts angesichts der kulturellen Wertevielfalt[24] und des weithin politischen Charakters des Strafrechts als problematisch angesehen. Dies zeigt sich in den Schwierigkeiten, die sich bei dem Versuch der UNO, ein „Weltstrafgesetzbuch" zu schaffen, gestellt haben.[25]

Im Hinblick darauf, daß die EG grundsätzlich keine direkte Regelungsbefugnis auf dem Gebiet des Strafrechts hat, besteht die Tendenz in den Mitgliedstaaten, die **nationalen Strafrechtsordnungen aufeinander abzustimmen**. Dies zeigt sich insbesondere in nationalen Strafgesetzen, die dem Schutz europäischer Rechtsgüter dienen, wie dem Tatbestand des Subventionsbetrugs und der Steuerhinterziehung, sowie in den Korruptionstatbeständen.[26] Bedeutsamer dürften die EG-Richtlinien und -Verordnungen sein, die die Mitgliedstaaten zur Einführung geeigneter Sanktionen verpflichten.[27] Aufmerksamkeit verdient schließlich die Entwicklung eines europäischen Ordnungswidrigkeiten- und Sanktionenrechts, das in einigen Bereichen bereits besteht und erfolgreich praktiziert wird.[28]

V. Überblick über die gegenwärtige Bedeutung des Europarechts für das Straf- und Sanktionenrecht

1. Begriff des Europarechts

a) Europarecht im weiteren Sinne

16 Der Begriff des Europarechts ist mehrdeutig.[29] Es kann zwischen dem Europarecht im engeren Sinne – dem Gemeinschaftsrecht und dem Unionsrecht – und dem Europarecht im weiteren Sinne unterschieden werden. Ursprünglich bezeichnete man nämlich als Europarecht umfassend das **Recht der europäischen internationalen Organisationen**, und zwar der west-, süd- und nordeuropäischen – unter Ausgrenzung der osteuropäischen – Organi-

[20] Vgl. dazu *Collardin* CR 1995, 618 ff.; *Sieber* NJW 1999, 2065 ff.

[21] *Jung/Schroth* GA 1983, 242 f.; *Weigend* ZStW 105 (1993), 784.

[22] *Jung* CLR 1993, 237 f.

[23] So *Naucke*, Strafrecht. Eine Einführung, 8. Aufl. 1998, § 4 Rn. 136.

[24] *Vogler*, in: *Sieber* (Hrsg.), Europäische Einigung und Europäisches Strafrecht, 1993, S. 130; *Weigend* ZStW 105 (1993), 774 f.

[25] *Reichart* ZRP 1996, 134 ff.

[26] Näher dazu unten Rn. 70 ff., 128 und 131 ff.

[27] Näher dazu unten Rn. 54 ff.

[28] Näher dazu Rn. 43 ff.

[29] *Schweitzer/Hummer*, Europarecht, Rn. 1 ff.; *Streinz*, Europarecht, 4. Aufl. 1999, § 1 Rn. 1.

sationen. Zu diesen Organisationen gehören insbesondere der Europarat, dem inzwischen mehr als 40 Staaten aus allen Teilen Europas angehören, und die Organisation für Europäische Wirtschaftliche Zusammenarbeit (OEEC), die im Jahre 1960 in die Organisation für Wirtschaftliche Zusammenarbeit und Entwicklung (OECD) umgewandelt wurde.

b) Europarecht im engeren Sinne

Parallel dazu wurden die Europäischen Gemeinschaften gegründet und der Begriff des Europarechts auf das **Recht der drei Europäischen Gemeinschaften** EGKS, EWG und EAG bezogen. Durch den Vertrag von Maastricht wurden diese drei Gemeinschaften in die Europäische Union integriert, die, als Europarecht im engeren Sinne, das **Gemeinschaftsrecht** sowie die Gemeinsame Außen- und Sicherheitspolitik und die Polizeiliche und Justizielle Zusammenarbeit in Strafsachen, das sog. **Unionsrecht**, umfaßt. 17

2. Einfluß des Europarechts im weiteren Sinne auf das Straf- und Sanktionenrecht

Die Anfänge eines europäischen Strafrechts beruhen auf zwei Einrichtungen, in denen die Bestrebungen zum Zusammenschluß Europas zunächst Ausdruck gefunden haben: dem **Europarat**, der im Jahre 1949 gegründet wurde, und der **EWG**, die im Jahre 1957 entstanden ist. Regelungen, die als Ursprung eines europäischen Strafrechts angesehen werden können, sind die Europäische Konvention zum Schutze der Menschenrechte und Grundfreiheiten vom 4. 11. 1950 (EMRK) mit ihren Zusatzprotokollen, die Straßburger Verträge über die gegenseitige Zusammenarbeit auf dem Gebiet der Strafrechtspflege und die Anfänge einer überstaatlichen Aktivität der Europäischen Gemeinschaften in einem Bereich, der zum Sanktionenrecht gehört, wenn es auch noch kein eigentliches Strafrecht ist. 18

a) Europäische Menschenrechtskonvention

Im Rahmen des Europarats ist eine große Anzahl von Verträgen über die Zusammenarbeit in der Strafrechtspflege ausgearbeitet worden, die den Mitgliedstaaten zur Unterzeichnung vorliegen. Zu den wichtigsten dieser Konventionen gehört die Europäische Menschenrechtskonvention vom 4. 11. 1950 (EMRK),[30] die in allen europäischen Staaten in Kraft getreten ist, und zwar teils als dem nationalen Recht übergeordnetes Verfassungsrecht, teils als einfaches Gesetzesrecht, wie in Deutschland. Mit dieser Konvention hat der Europarat einen **strafrechtlichen und strafprozessualen Minimalkonsens** geschaffen,[31] der auch vom EuGH anerkannt wird.[32] 19

b) Europäisches Auslieferungsübereinkommen

Weiterhin ist das Europäische Auslieferungsübereinkommen vom 13. 12. 1957[33] hervorzuheben. Dieses Übereinkommen stellt die **Auslieferung von Verurteilten** oder strafrechtlich verfolgten Personen auf eine rechtsstaatliche Grundlage und erhöht ihre praktische Wirksamkeit. Es gilt insbesondere ein Auslieferungsverbot bei der Gefahr, daß der Betroffene unter dem Deckmantel des Strafverfahrens einer Verfolgung oder Bestrafung aus rassischen, religiösen oder nationalen Gründen oder wegen seiner politischen Anschauungen ausgesetzt wird. 20

---

[30] Konvention zum Schutze der Menschenrechte und Grundfreiheiten, BGBl. 1952 II S. 686, 953; 1968 II S. 1116, 1120. Die Neufassung gemäß Protokollnummer 11 ist am 1. 11. 1997 in Kraft getreten.

[31] *Sommermann*, Der Schutz der Menschenrechte im Rahmen des Europarates, 1990.

[32] Vgl. dazu *Streinz*, Europarecht, Rn. 220 ff., 360 f. m. weit. Nachw.

[33] BGBl. 1964 II S. 1369; 1976 II S. 1778; 1982 I S. 2071; 1994 II S. 299.

c) Europäisches Übereinkommen über die Rechtshilfe in Strafsachen

21 Das Europäische Übereinkommen über die Rechtshilfe in Strafsachen vom 20. 4. 1959,[34] das ebenfalls in fast allen Mitgliedstaaten des Europarats sowie in Israel gilt, regelt die sog. **kleine Rechtshilfe**, d. h. die Vernehmung von Zeugen und Sachverständigen im Ausland auf Grund von Rechtshilfeersuchen, die Übermittlung von Akten und anderem Beweismaterial vom Ausland und ins Ausland sowie den internationalen Austausch von Strafregisterauszügen.

d) Europäischer Ausschuß für Strafrechtsfragen des Europarats

22 Darüber hinaus gehen vom Europarat die verschiedensten **Initiativen in strafrechtlichen Angelegenheiten** aus. Der Europäische Ausschuß für Strafrechtsfragen des Europarats (European Committee on Crime Problems) koordiniert hier die Arbeit an Fragen des Straf- und Strafverfahrensrechts, der Strafvollstreckung, des Strafvollzugs, der Kriminologie und der Kriminalpolitik.[35]

e) Ausblick

23 Zusammenfassend kann festgehalten werden, daß die Europäische Menschenrechtskonvention als eine Art **„Grundgesetz des Europarats"** erhebliche Bedeutung für das Strafrecht und das Strafverfahrensrecht erlangt hat, daß aber die Harmonisierungsverträge mit Ausnahme der Auslieferungs- und Rechtshilfeübereinkommen mangels der erforderlichen Ratifizierung durch die große Mehrheit der Staaten noch nicht ihre volle Wirksamkeit entfaltet haben.

Noch **zu regelnde Bereiche** sind insbesondere die Überwachung bedingt Verurteilter oder Entlassener, die Vollstreckungs- und Strafverfolgungsübernahme und die Überstellung verurteilter Personen.[36] Die EU ist dabei, für ihren Bereich durch den Rat die Rolle des Europarats bei der Ausarbeitung, Weiterentwicklung und Vertiefung europäischer Rechtshilfeübereinkommen im Rahmen der Justiziellen Zusammenarbeit in Strafsachen zu übernehmen.

3. Einfluß des Europarechts im engeren Sinne auf das Straf- und Sanktionenrecht

a) Übereinkommen zwischen den Mitgliedstaaten der EU

24 Durch den Maastrichter Vertrag[37] wurde die justizielle Zusammenarbeit in Strafsachen als Bereich des „Gemeinsamen Interesses" in Teil VI als „dritte Säule" eingeführt.[38] Dabei wurde nicht der Versuch unternommen, mit dem Vertrag ein völlig neues System zu errichten. Vielmehr beschränkte man sich darauf, **existierende Übereinkommen** daraufhin zu überprüfen, inwieweit eine höhere Ebene der Kooperation zwischen den Mitgliedstaaten erreicht werden kann. Zusätzlich wird im Rahmen der EU auf technologische Entwicklungen Rücksicht genommen, und es werden neue Kriminalitätsformen aufgegriffen. Außerdem wurden Lücken in bestehenden Übereinkommen ausgefüllt.

Zu nennen sind zunächst die Übereinkommen, die die **Auslieferung**, die **Vollstrekkungshilfe** und den Grundsatz **„ne bis in idem"** betreffen. Den bedeutendsten Schritt

---

[34] BGBl. 1964 II S. 1369; 1386; 1976 II S. 1799; 1982 I S. 2071.

[35] Vgl. den Überblick über die Konventionen zur zwischenstaatlichen Zusammenarbeit in strafrechtlichen Angelegenheiten bei *Schomburg/Lagodny,* Internationale Rechtshilfe in Strafsachen, 3. Aufl. 1998, Einleitung Rn. 27.

[36] Vgl. die Übersicht bei *Vogler* Jura 1992, 586 ff.

[37] BGBl. 1992 II S. 1251; 1993 II S. 1947.

[38] Siehe oben Rn. 6.

stellt jedoch die Unterzeichnung des Übereinkommens aufgrund von Art. K.3 EUV über den **Schutz der finanziellen Interessen der Europäischen Gemeinschaften**[39] am 26. 7. 1995 dar, in dem die diesbezügliche Angleichung der Betrugsstrafbarkeit in den Mitgliedstaaten vorgesehen wurde. Da die finanziellen Interessen der EG nicht nur durch betrügerische Handlungen, sondern auch durch Bestechungshandlungen sowie durch Handlungen, die im Namen von juristischen Personen begangen werden, und durch Handlungen im Zusammenhang mit Geldwäsche geschädigt oder gefährdet werden können, wurden zur Ergänzung des Übereinkommens und zur Verstärkung des Schutzes der EG-Finanzinteressen drei Zusatzprotokolle geschlossen, die von den Mitgliedstaaten unterzeichnet und in Deutschland weitgehend in nationales Recht umgesetzt wurden.

aa) Übereinkommen über die Auslieferung zwischen den Mitgliedstaaten der Europäischen Union

Neben dem **Abkommen vom 26. Mai 1989 zwischen den Mitgliedstaaten der Europäischen Gemeinschaften über die Vereinfachung und Modernisierung der Verfahren zur Übermittlung von Auslieferungsersuchen**,[40] das die Zusammenarbeit zwischen den Mitgliedstaaten auf dem Gebiet der Auslieferung verbessern soll, ist das **Übereinkommen vom 10. März 1995 aufgrund von Art. K.3 des Vertrages über die Europäische Union über das vereinfachte Auslieferungsverfahren zwischen den Mitgliedstaaten der Europäischen Union**[41] zu nennen, das die Möglichkeit zur Zustimmung zur vereinfachten Auslieferung bei gleichzeitigem Verzicht auf die Einhaltung des Spezialitätsgrundsatzes vorsieht. 25

Das **Übereinkommen vom 27. September 1996 aufgrund von Art. K.3 des Vertrages über die Europäische Union über die Auslieferung zwischen den Mitgliedstaaten der Europäischen Union**[42] beseitigt eine Reihe von Auslieferungshindernissen zwischen den Mitgliedstaaten der EU: Nach Art. 2 werden die Ausnahmen bezüglich auslieferungsfähiger Delikte reduziert. Das Erfordernis beiderseitiger Strafbarkeit entfällt in bestimmten Fallgestaltungen zur Bekämpfung der organisierten Kriminalität (Art. 3). Das „politische Delikt" ist grundsätzlich entfallen (Art. 5). Die Auslieferung ist auch bei Fiskaldelikten vorgesehen; die Möglichkeit von Vorbehalten wird begrenzt (Art. 6). Eigene Staatsangehörige sollen ausgeliefert werden können; diesbezüglich sind zeitlich begrenzte Vorbehalte möglich (Art. 7). Das Übereinkommen enthält weiterhin Vorschriften über die Verjährung (Art. 8), die Amnestie (Art. 9), die Spezialität (Art. 10 und 11), die Weiterleitung (Art. 12), die Durchlieferung (Art. 16) und über die Übermittlung von Dokumenten durch Fax (Art. 13) sowie über weitere formelle Erleichterungen (Art. 14 und 15).

bb) Übereinkommen betreffend die Vollstreckungshilfe und den Grundsatz „ne bis in idem"

Die **Vollstreckungshilfe** ist in dem Übereinkommen zwischen den Mitgliedstaaten der Europäischen Gemeinschaften über die Vollstreckung ausländischer strafrechtlicher Verurteilungen vom 13. November 1991 geregelt.[43] 26

Die Geltung des Grundsatzes **„ne bis in idem"** ist in dem Übereinkommen zwischen den Mitgliedstaaten der Europäischen Gemeinschaften über das Verbot der doppelten Strafverfolgung vom 25. Mai 1987 (EG-ne-bis-in-idem-Übereinkommen) vereinbart.[44]

---

39 ABl. 1995, Nr. C 316 vom 27. 11. 1995, S. 48.
40 BGBl. 1995 II S. 969; 1997 II S. 1689.
41 ABl. 1995, Nr. C 78 vom 30. 3. 1995, S. 2ff.
42 ABl. 1996, Nr. C 313 vom 23. 10. 1996, S. 11ff.
43 BGBl. 1997 II S. 1351.
44 BR-Drucks. 283/97.

cc) Übereinkommen über den Schutz der finanziellen Interessen der Europäischen Gemeinschaften

27 Das Übereinkommen über den Schutz der finanziellen Interessen der Europäischen Gemeinschaften geht auf intensive Bemühungen um **einheitliche Regelungen** in den 90er Jahren zurück.[45] Es sieht ein einheitliches Betrugsstrafrecht vor.[46] Ausgehend von einer einheitlichen Definition des Betrugs verpflichten sich die Mitgliedstaaten, die im Hinblick auf den Gemeinschaftshaushalt als betrügerisch definierten Handlungen grundsätzlich zum Straftatbestand zu erheben (Art. 1) und Strafen vorzusehen, die zumindest in schweren Betrugsfällen zur Auslieferung führen können (Art. 2). Die Mitgliedstaaten müssen ferner die erforderlichen Maßnahmen ergreifen, damit Leiter oder Entscheidungsträger von Unternehmen als strafrechtlich verantwortlich angesehen werden können (Art. 3). Weiterhin enthält das Übereinkommen Bestimmungen über die Gerichtsbarkeit der Mitgliedstaaten (Art. 4) und sieht Bestimmungen in bezug auf Auslieferung und Verfolgung vor (Art. 5). In Art. 6 wird der Grundsatz einer verstärkten justiziellen Zusammenarbeit in Strafsachen bekräftigt. Art. 7 enthält den Grundsatz „ne bis in idem", und in Art. 8 sind die Voraussetzungen aufgeführt, unter denen der EuGH zur Beilegung von Streitigkeiten zwischen den Mitgliedstaaten sowie zwischen den Mitgliedstaaten und der Kommission zuständig ist. In Art. 9 ist der Grundsatz verankert, wonach dieses Übereinkommen die Mitgliedstaaten nicht daran hindert, innerstaatliche Rechtsvorschriften zu erlassen, die über die Verpflichtungen aus dem Übereinkommen hinausgehen. Art. 10 sieht die Einführung eines Informationssystems zwischen den Mitgliedstaaten und der Kommission vor.

Zu dem Übereinkommen über den Schutz der finanziellen Interessen der EG ist **kritisch anzumerken**, daß es unterlassen wurde, den Schuldgrundsatz festzuschreiben und durch eine ausdrückliche Verankerung des Grundsatzes „in dubio pro reo" einen hohen rechtsstaatlichen Standard zu sichern. Vielmehr kann nach Art. 1 Abs. 4 des Übereinkommens der vorsätzliche Charakter der Tat aus den objektiven Umständen geschlossen werden. Zudem wird im Erläuternden Bericht zur Frage der Verantwortlichkeit der Unternehmensleiter ausdrücklich die Möglichkeit einer objektiven strafrechtlichen Verantwortung erwähnt.[47] In Deutschland und in Italien kommt eine verschuldensunabhängige Haftung wegen der verfassungsrechtlichen Garantie des Grundsatzes „nulla poena sine culpa" nicht in Betracht.

28 Dieses Übereinkommen mußte bis Mitte 1998 in **innerstaatliches Strafrecht** umgesetzt werden.[48] Bezüglich § 370 AO bestand jedoch für den deutschen Gesetzgeber kein Handlungsbedarf, da diese Vorschrift bereits alle von dem Übereinkommen umschriebenen Tathandlungen umfaßt. § 264 StGB wurde durch das Gesetz zu dem Übereinkommen vom 26. Juli 1995 über den Schutz der finanziellen Interessen der Europäischen Gemeinschaften (EG-Finanzschutzgesetz) geändert.[49]

dd) Erstes Zusatzprotokoll zum Schutz der finanziellen Interessen der EG zur Bekämpfung der Korruption und Übereinkommen zur Bekämpfung der Bestechung

29 Bestechungshandlungen von oder gegenüber nationalen oder Gemeinschaftsbeamten, die für die Erhebung, die Verwaltung oder die Bewilligung ihrer Kontrolle unterliegender Gemeinschaftsmittel verantwortlich sind, stellen neben oder zusammen mit dem Be-

---

[45] Siehe dazu den Erläuternden Bericht zum Übereinkommen über den Schutz der finanziellen Interessen der Europäischen Gemeinschaften, ABl. 1997, Nr. C 191 vom 23. 6. 1997, S. 1ff.

[46] Vgl. den rechtsvergleichenden Überblick bei *Dannecker*, ZStW 108 (1996), 577ff.; *ders.*, JZ 1996, 869f.

[47] Erläuternder Bericht zum Übereinkommen über den Schutz der finanziellen Interessen der Europäischen Gemeinschaften, ABl. 1997, Nr. C 191 vom 23. 6. 1997, S. 7.

[48] Vgl. bzgl. gewisser Änderungen durch das 6. StrRG vom 26. 1. 1998, BGBl. 1998 I S. 164.

[49] Siehe dazu unten Rn. 131ff.

trug ein zentrales Problem der Schädigung der EG-Finanzinteressen dar.[50] Deshalb wurde am 27.9. 1996 das **Protokoll zur Bekämpfung der Korruption** unterzeichnet, das ebenso wie das Übereinkommen über den Schutz der finanziellen Interessen der EG „ein Bündel von Mindestnormen"[51] enthält. Dieses Protokoll erweitert das Übereinkommen auf Bestechungshandlungen zum Nachteil der finanziellen Interessen der EG, an denen nationale oder Gemeinschaftsbeamte beteiligt sind. Hervorzuheben ist insbesondere die Pflicht zur Bestrafung von Bestechlichkeit (Art. 2) und Bestechung (Art. 3). Art. 4 enthält den Assimilationsgrundsatz, und Art. 5 regelt Anforderungen an Sanktionen sowie das Verhältnis zur Disziplinargewalt. Art. 6 verpflichtet zur Bestrafung von Auslandstaten. Art. 7 bestimmt das Verhältnis zum Übereinkommen zum Schutz der finanziellen Interessen. Art. 8 schließlich sieht die Einschaltung des EuGH für Streitigkeiten zwischen einem oder mehreren Mitgliedstaaten und der EG-Kommission vor.

Außerdem wurde am 26. 5. 1997 das Übereinkommen über die Bekämpfung der Bestechung, an der Beamte der Europäischen Gemeinschaften oder der Mitgliedstaaten der Europäischen Union beteiligt sind,[52] unterzeichnet, das den strafrechtlichen Schutz auf **Bestechungshandlungen**, die nicht im Zusammenhang mit der Schädigung von EG-Finanzinteressen stehen, ausweitet.

In Deutschland fehlte eine **Assimilation von Amtsträgern der EU und der Mitgliedstaaten** mit deutschen Amtsträgern (vgl. §§ 332 ff., 11 Abs. 1 Nr. 2 StGB). Durch das Gesetz zu dem Protokoll vom 27. September 1996 zu dem Übereinkommen über den Schutz der finanziellen Interessen der Europäischen Gemeinschaften (EU-Bestechungsgesetz)[53] wurde dem Europarecht Rechnung getragen.[54]

ee) Zweites Zusatzprotokoll zum Schutz der finanziellen Interessen der EG zur Bekämpfung der Geldwäsche

Das zweite Protokoll zu dem Übereinkommen über den Schutz der finanziellen Interessen der EG vom 19. 6. 1997[55] enthält zum einen Regelungen über die Normierung eines **Geldwäschetatbestands**. Die Vorschrift des § 261 StGB, die die Strafbarkeit wegen Geldwäsche regelt und die durch das Gesetz zur Bekämpfung des illegalen Rauschgifthandels und anderer Erscheinungsformen der Organisierten Kriminalität vom 15. 7. 1992[56] in das Strafgesetzbuch eingefügt wurde, wurde bereits 1993, 1994 und 1998 geändert.[57] Dadurch ist den Vorgaben des zweiten Zusatzprotokolls im wesentlichen Rechnung getragen. 30

Daneben betont das Zusatzprotokoll, daß die finanziellen Interessen der EG durch Handlungen, die im Namen von juristischen Personen begangen werden oder im Zusammenhang mit illegaler Geldwäsche stehen, geschädigt oder gefährdet werden können.[58] Die **Strafbarkeit bzw. Ahndbarkeit juristischer Personen** ist derzeit in den einzelnen Mitgliedstaaten völlig uneinheitlich ausgestaltet.[59]

---

50 Vgl. die Erwägungsgründe zum Protokoll aufgrund von Art. K. 3 EUV zum Übereinkommen über den Schutz der finanziellen Interessen der Europäischen Gemeinschaften, ABl. 1996, Nr. C 313 vom 23. 10. 1996, S. 2.

51 So der Erläuternde Bericht zu dem Protokoll zum Übereinkommen über den Schutz der finanziellen Interessen der Europäischen Gemeinschaften, ABl. 1998, Nr. C 115 vom 15. 1. 1998, S. 12.

52 ABl. 1997, Nr. C 195 vom 25. 6. 1997, S. 2.

53 BGBl. 1998 II S. 2340.

54 Näher dazu unten Rn. 73.

55 ABl. 1997, Nr. C 221vom 19. 7. 1997, S. 11.

56 BGBl. 1992 I S. 1302.

57 Zuletzt durch Gesetz vom 4. 5. 1998, BGBl. I S. 845.

58 Vgl. die Erwägungsgründe zum Zweiten Protokoll aufgrund von Art. K.3 EUV zum Übereinkommen über den Schutz der finanziellen Interessen der Europäischen Gemeinschaften, ABl. 1997, Nr. C 221 vom 19. 7. 1997, S. 12.

59 Zusammenfassend dazu G. *Heine* ÖJZ 1996, 211ff.

ff) Drittes Zusatzprotokoll betreffend die Auslegung des Übereinkommens über den Schutz der finanziellen Interessen der EG

31 Am 29. 11. 1996 wurde das Protokoll betreffend die Auslegung des Übereinkommens über den Schutz der finanziellen Interessen der Europäischen Gemeinschaften im Wege der Vorabentscheidung[60] unterzeichnet. Nach Art. 2 Abs. 1 dieses Protokolls kann jeder Mitgliedstaat durch eine Erklärung die **Zuständigkeit des EuGH für die Auslegung des Übereinkommens** und des ersten Protokolls im Wege der Vorabentscheidung anerkennen.

gg) Sonstige Rechtsakte

32 Weiterhin sind zu nennen: die Entschließung des Rates vom 23. November 1995 über den **Schutz von Zeugen** im Rahmen der Bekämpfung der internationalen organisierten Kriminalität,[61] die Entschließung des Rates vom 19. Dezember 1996 über Personen, die im Rahmen der **Bekämpfung der internationalen organisierten Kriminalität** mit den Justizbehörden zusammenarbeiten,[62] die Gemeinsame Maßnahme vom 22. April 1996 betreffend den Rahmen für den **Austausch von Verbindungsrichtern/-staatsanwälten** zur Verbesserung der justiziellen Zusammenarbeit zwischen den Mitgliedstaaten der Europäischen Union,[63] der Rechtsakt des Rates vom 26. Mai 1997 über die Ausarbeitung des Übereinkommens aufgrund von Art. K.3 Abs. 2 lit. c des Vertrages über die Europäische Union über die **Bekämpfung der Bestechung**, an der Beamte der Europäischen Gemeinschaften und der Mitgliedstaaten der Europäischen Union beteiligt sind.[64]

b) Initiativen der Gemeinschaftsorgane auf dem Gebiet des Straf- und Sanktionenrechts

33 Nach h. M. besitzt die EG nur in einem sehr eingeschränkten Maße **Kompetenzen auf dem Gebiet des Strafrechts.**[65] Sie kann keine Kriminalstrafen, wohl aber verwaltungsstrafrechtliche und verwaltungsrechtliche Sanktionen einführen.[66] Dennoch haben die Organe der Gemeinschaft mit unterschiedlicher Intensität gefordert, auch das Strafrecht in den Prozeß der Rechtsangleichung und Harmonisierung mit einzubeziehen.

aa) Europäisches Parlament

34 Trotz der eingeschränkten Kompetenzen auf dem Gebiet des Straf- und Sanktionenrechts befürwortete das Europäische Parlament von Anfang an eine Harmonisierung nationaler Strafgesetze. Dabei wurde durchaus die Problematik gesehen, daß eine allgemeine Harmonisierung des nationalen Strafrechts der Mitgliedstaaten eine heikle Angelegenheit ist und deshalb kaum in naher Zukunft verwirklicht werden dürfte. **Anweisungen in einzelnen Bereichen** wurden jedoch für möglich und geboten gehalten.[67] So forderte das Europäische Parlament die Kommission schon früh auf, „zur Harmonisierung der be-

---

[60] ABl. 1997, Nr. C 191 vom 23. 7. 1997, S. 1.

[61] ABl. 1995, Nr. C 327 vom 7. 12. 1995, S. 5.

[62] ABl. 1997, Nr. C 10 vom 11. 1. 1997, S. 1.

[63] ABl. 1996, Nr. L 105 vom 27. 4. 1996, S. 1ff.

[64] ABl. 1997, Nr. C 195 vom 25. 6. 1997, S. 1ff.

[65] Eingehend dazu unten Rn. 40ff.

[66] EuGH NJW 1993, 48 mit Anm. *K. Tiedemann*; eingehend zu diesem Urteil auch *Pache* EuR 1993, 174ff.; *Vogel*, in: *Dannecker* (Hrsg.), Die Bekämpfung des Subventionsbetrugs im EG-Bereich, 1993, S. 170ff.; vgl. auch *Appel*, in: *Dannecker* (Hrsg.), Lebensmittelstrafrecht und Verwaltungssanktionen in der Europäischen Union, 1994, S. 175ff. sowie *Pache*, Der Schutz der finanziellen Interessen der Europäischen Gemeinschaften, 1994, S. 304ff., die eine Strafkompetenz der EG bejahen.

[67] ABl. 1977, Nr. C 57 vom 7. 3. 1977, S. 55f.

stehenden einzelstaatlichen Gesetzesbestimmungen betreffend die Sanktionen bei Verstößen gegen das Gemeinschaftsrecht den Rückgriff auf Artikel 100 des EWG-Vertrages in Erwägung zu ziehen und Untersuchungen in den Mitgliedstaaten und Beratungen mit ihnen durchzuführen, um die Möglichkeit der künftigen Anwendung von Artikel 100 beurteilen zu können".[68]

In seiner Stellungnahme zur Einführung des Statuts der **Europäischen Aktiengesellschaft** hielt das Parlament eine Anweisung auf dem Gebiet des Strafrechts für möglich und erforderlich, indem es darlegte, „daß zur Gewährleistung der Einheitlichkeit der Strafen in einer Gemeinschaftsrichtlinie die Art der Verstöße und die entsprechenden Strafen festgelegt werden müssen".[69]

Auch auf dem Gebiet des **Schutzes der Finanzinteressen der EG**[70] vertrat das Parlament die Auffassung, „daß die Verträge der Europäischen Gemeinschaft in den in ihre Zuständigkeit fallenden Bereichen bereits eine Befugnis zur Setzung strafrechtlicher Normen zuerkennen und daß diese Befugnis mittels Richtlinien (Artikel 100 des EWG-Vertrages) und Verordnungen (Artikel 235 des EWG-Vertrages) wahrgenommen werden könnte mit dem Ziel, den strafrechtlichen Schutz der finanziellen Interessen der Gemeinschaft innerhalb der einzelnen staatlichen Rechtsordnungen zu harmonisieren".[71]

bb) Rat der Europäischen Gemeinschaft

Der Rat hat die Vorstöße der Kommission, die auf eine Harmonisierung nationaler Strafnormen durch Anweisungen zielten, stets blockiert und lediglich in der Entschließung des Rates und der im Rat vereinigten Vertreter der Regierungen der Mitgliedstaaten vom 13. 11. 1991 angedeutet, daß im Bereich der **Betrügereien zum Nachteil der EG** eine stärkere Harmonisierung notwendig sei.[72] **35**

cc) Europäischer Gerichtshof

Der EuGH hat durch eine eigenständige und dynamische – am „effet utile" und an der „implied powers"-Doktrin ausgerichtete – Auslegung des Primär- und Sekundärrechts maßgeblich zur Durchsetzung des Gemeinschaftsrechts beigetragen. So hat er vor allem wiederholt den **Vorrang des Gemeinschaftsrechts** vor nationalem Recht, auch vor nationalem Strafrecht, betont.[73] Weiterhin hat der EuGH in ständiger Rechtsprechung anerkannt, daß Richtlinien unter bestimmten Voraussetzungen eine unmittelbare Wirkung entfalten können, die allerdings nur zur Einschränkung, nicht hingegen zur Begründung der Strafbarkeit führen kann, sowie die **gemeinschaftsrechtskonforme Auslegung** in den Vordergrund gestellt.[74] **36**

---

[68] ABl. 1977, Nr. C 57 vom 7. 3. 1977, S. 56.

[69] ABl. 1974, Nr. C 93 vom 7. 8. 1974, S. 24.

[70] Näher dazu unten C.

[71] ABl. 1991, Nr. C 305 vom 25. 11. 1991, S. 107; vgl. auch die Entschließung zur Bekämpfung der Betrügereien im internationalen Maßstab, ABl. 1994, Nr. C 20 vom 24. 1. 1994, S. 187, und die Entschließung zur eigenständigen Ermittlungs- und Untersuchungsbefugnis, über die die Union im Rahmen des rechtlichen Schutzes ihrer finanziellen Interessen verfügt, ABl. 1994, Nr. C 91 vom 28. 3. 1994, S. 334 f.

[72] ABl. 1991, Nr. C 328 vom 17. 12. 1994, S. 2; vgl. auch die Entschließung des Rates über den rechtlichen Schutz der finanziellen Interessen der Gemeinschaft vom 6. 12. 1994, ABl. 1994, Nr. C 355 vom 14. 12. 1994, S. 2; vgl. dazu *Möhrenschlager*, in: *Dannecker* (Hrsg.), Die Bekämpfung des Subventionsbetrugs im EG-Bereich, S. 162; *K. Tiedemann* NJW 1993, 26.

[73] Vgl. dazu im einzelnen unten Rn. 74 ff.

[74] Vgl. dazu im einzelnen unten Rn. 81ff.

dd) Europäische Kommission

37 Außerdem wird vom EuGH das Recht der EG anerkannt, die Mitgliedstaaten in **Richtlinien und Verordnungen** zur Einführung von strafrechtlichen Sanktionen zu verpflichten.[75] Hiervon hat die Kommission Gebrauch gemacht und mit Richtlinien und Verordnungen einen prägenden Einfluß auf die Ausgestaltung einzelner Delikte in den Strafrechtsordnungen der Mitgliedstaaten genommen.

Angesichts des komplizierten internationalen Wettbewerbssystems einerseits und der grenzüberschreitenden Probleme bei der Bekämpfung der Wirtschaftskriminalität sowie auf dem Gebiet des Umweltschutzes andererseits besteht bei der Kommission Einigkeit darüber, daß es erforderlich ist, daß die Gemeinschaft ihre **Handlungsinstrumente konsequent nutzt** bzw. sich neue schafft[76] oder sich darum bemüht, daß die erforderlichen Instrumente von den Mitgliedstaaten geschaffen werden. Hierbei kommt es allerdings immer wieder zu Unstimmigkeiten und Schwierigkeiten, weil sich die Mitgliedstaaten gerade auf dem Gebiet des Strafrechts äußerst zurückhaltend hinsichtlich einer Vereinheitlichung zeigen.

38 Die Kommission sieht es als vorrangige Aufgabe an, die **kriminogenen Ursachen** der Straftaten zu verringern.[77] Insbesondere das hochkomplexe Netz von Subventionen schafft einen Anreiz zur Deliktsbegehung. Es ist eine zwangsläufige Folge der politischen Entscheidung, das Preisniveau im Binnenmarkt über dem des Weltmarktes zu stabilisieren.[78] Die Bereitschaft der Subventionsnehmer, Unregelmäßigkeiten zu Lasten der EG zu begehen, wird weiterhin durch das schwach ausgeprägte Unrechtsbewußtsein der Täter begünstigt, die sich nicht selten als „Vertreter nationaler Interessen" gegen die unpersönliche Brüsseler Bürokratie sehen. Durch die Bestrebungen der Kommission, die kriminogenen Faktoren zu verringern, wird dem Umstand Rechnung getragen, daß das Strafrecht scheitern muß, wenn Marktbedürfnisse und -strukturen die Deliktsbegehung fördern.[79]

B. Die Bedeutung des Gemeinschaftsrechts für das nationale Wirtschaftsstrafrecht

39 Nach dem Überblick über die Entstehung und die zu erwartende Fortentwicklung der europäischen Einigungsbestrebungen auf dem Gebiet des Wirtschafts- und Verwaltungsstrafrechts soll im folgenden untersucht werden, welche **Auswirkungen das Gemeinschaftsrecht auf das Wirtschaftsstrafrecht** im einzelnen gehabt hat und noch haben wird. Zunächst ist der Frage nachzugehen, ob der EG eine eigene Kompetenz auf dem Gebiet des Kriminalstrafrechts zukommt (I.). Hieran schließt sich die Darstellung der Bußgeldkompetenzen der Europäischen Gemeinschaft an, wobei die wichtigsten Bereiche der gemeinschaftsrechtlichen Geldbußen kurz dargestellt werden (II.). Sodann wird ein Überblick über die Kompetenzen der EG zur Einführung und Verhängung sonstiger repressiver Verwaltungssanktionen gegeben (III.). Der folgende Abschnitt befaßt sich mit der Verpflichtung der Mitgliedstaaten zur Sanktionierung von Gemeinschaftsrechtsverletzungen (IV.). Daran anschließend wird auf das sog. Assimilierungsprinzip eingegangen, das die Ausdehnung des Anwendungsbereichs der nationalen Strafrechtsordnungen auf den Schutz gemeinschaftlicher Rechtsgüter betrifft (V.). Abschnitt VI befaßt sich mit dem Anwendungsvorrang des Gemeinschaftsrechts und Abschnitt VII mit der gemein-

---

[75] Vgl. dazu im einzelnen unten Rn. 54ff.

[76] *Schweitzer/Hummer,* Europarecht, Rn. 335ff.

[77] Hierzu *Sieber* SchweizZStR 1996, 377f.

[78] Allerdings gibt es mehr oder weniger kriminalitätsanfällige Subventionstechniken; dazu *Sieber* SchweizZStR 1996, 379f.

[79] So auch *Sieber* SchweizZStR 1996, 378 m. weit. Nachw.

schaftsrechtskonformen Auslegung, über die eine besonders weitgehende Beeinflussung der nationalen Strafrechtsordnungen erfolgen kann. Schließlich wird zur Ausweitung der nationalen Straf- und Bußgeldvorschriften auf Verstöße gegen das Gemeinschaftsrecht durch Blankettstrafgesetze Stellung genommen (VIII.).

I. Kompetenzen der Europäischen Gemeinschaft auf dem Gebiet des Kriminalstrafrechts

1. Prinzip der begrenzten Einzelermächtigung

Die Kompetenzen der EG zur Rechtssetzung ergeben sich aus dem Primärrecht der Gemeinschaft. Hierbei gilt das Prinzip der begrenzten Einzelermächtigung, d. h. die Rechtsetzungsorgane der Gemeinschaft bedürfen einer **ausdrücklichen Kompetenzzuweisung in den Gründungsverträgen**, um Rechtsakte erlassen zu können (vgl. Art. 249 [ex-Art. 189] Abs. 1 EGV sowie insbesondere Art. 5 [ex-Art. E] EUV und Art. 5 [ex-Art. 3 b] Abs. 1 EGV).[80] Die einzelnen Ermächtigungen sind teilweise so weit formuliert, daß sie grundsätzlich auch strafrechtliche Maßnahmen rechtfertigen könnten.[81] Sowohl in der Rechtsprechung des EuGH[82] und des BGH[83] als auch in der Literatur[84] besteht jedoch weitgehend Einigkeit darüber, daß die Mitgliedstaaten beim Abschluß der Verträge von Rom der EG keine kriminalstrafrechtliche Kompetenz übertragen haben.[85] Die Mitgliedstaaten sehen das Strafrecht vielmehr nach wie vor als Ausdruck ihrer Souveränität an.[86] Auch wenn teilweise geltend gemacht wird, daß das Strafrecht nicht schlechthin aus dem Anwendungsbereich des Gemeinschaftsrechts ausgeschlossen werden dürfe, weil die Mitgliedstaaten verpflichtet seien, ihr nationales Recht in den Dienst der Integration zu stellen und sich die Annahme eines absoluten Souveränitätsvorbehalts bei den Mitgliedstaaten aus integrativer Sicht als kontraproduktiv erweise,[87] besteht Einigkeit darüber, daß die vertragsschließenden Staaten die Ausübung einer so wesentlichen Befugnis wie die Androhung und Verhängung echter Kriminalstrafen ohne eine entsprechende ausdrückliche Ermächtigung der EG nicht überlassen haben.[88] Dies muß um so mehr gelten, als die Organe der EG nur bedingt demokratisch legitimiert sind.[89] In diesem Zusammenhang ist zu beachten, daß das BVerfG zu Recht in seiner **Maastricht-Entscheidung**[90] den Ansatz der EG, über Art. 308 (ex-Art. 235) EGV immer neue Kompetenzen zuzuweisen, abgelehnt und die Notwendigkeit der Abgrenzung zwischen der Wahrnehmung von Hoheitsbefugnissen und der Vertragsänderung hervorgehoben hat. 40

---

80 *Streinz*, Europarecht, Rn. 436.

81 *Sieber* ZStW 103 (1991), 969.

82 EuGH Slg. 1981, 2595, 2618 (*Casati*); Slg. 1989, 221f. (*Cowan/Trésor public*).

83 BGHSt 25, 193 f.

84 *Oehler*, FS Baumann 1992, S. 561; *K. Tiedemann* NJW 1993, 23 ff.; *Vogel*, in: *Dannecker* (Hrsg.), Die Bekämpfung des Subventionsbetruges im EG-Bereich, S. 175 ff.

85 Vgl. nur *Böse*, Strafen und Sanktionen im Europäischen Gemeinschaftsrecht, S. 54 ff.; *Gröblinghoff*, Die Verpflichtung des deutschen Strafgesetzgebers zum Schutz der finanziellen Interessen der Europäischen Gemeinschaften, 1996, S. 141; *Pühs*, Der Vollzug des Gemeinschaftsrechts, 1997, S. 276 f., jeweils m. weit. Nachw.

86 *Weigend* ZStW 105 (1993), 775 m. weit. Nachw.; vgl. auch *Böse*, Strafen und Sanktionen im Europäischen Gemeinschaftsrecht, S. 55 ff.

87 *Zuleeg* JZ 1992, 762; zustimmend *Appel*, in: *Dannecker* (Hrsg.), Lebensmittelstrafrecht und Verwaltungssanktionen in der Europäischen Union, S. 177.

88 Zur Rechtslage nach Inkrafttreten des Amsterdamer Vertrages vgl. unten Rn. 49.

89 Vgl. dazu *Grams*, Zur Gesetzgebung der Europäischen Union, 1998, S. 65 ff.; *Oehler*, FS Baumann 1992, S. 561.

90 BVerfGE 89, 155.

2. Rechtssetzung im Rahmen der intergouvernementalen Zusammenarbeit

41 Der Unionsvertrag bestätigt die Auffassung, daß die EG keine generelle Kompetenz zum Erlaß strafrechtlicher Normen hat,[91] indem die Regelungen über die Zusammenarbeit in Strafsachen der intergouvernementalen Zusammenarbeit zugeordnet wurden.[92] Dieser Bereich wurde also nicht „vergemeinschaftet", d. h. der Kompetenz der EG und dem Bereich des EG-Rechts übertragen, sondern im Wege der Zusammenarbeit der Mitgliedstaaten als **„Angelegenheit von gemeinsamem Interesse"** behandelt.[93] Die Reform der Zusammenarbeit in den Bereichen Justiz und Inneres, die der Maastrichter Vertrag in Art. K normiert hat, durch den **Amsterdamer Vertrag** hat für diesen Bereich an der Grundkonzeption nichts geändert.

Ziel der **Polizeilichen und Justiziellen Zusammenarbeit in Strafsachen** nach Titel VI des EU-Vertrages in der Fassung des Amsterdamer Vertrages ist es, „den Bürgern in einem Raum der Freiheit, der Sicherheit und des Rechts ein hohes Maß an Sicherheit zu bieten" (Art. 29 Abs. 1 EUV). Hierzu soll die Europäische Union ein gemeinsames Vorgehen der Mitgliedstaaten im Bereich der polizeilichen und justiziellen Zusammenarbeit in Strafsachen entwickeln. Das genannte Ziel soll „durch die Verhütung und die Bekämpfung der – organisierten oder nichtorganisierten – Kriminalität, insbesondere des Terrorismus, des Menschenhandels und der Straftaten gegenüber Kindern, des illegalen Drogen- und Waffenhandels, der Bestechung und Bestechlichkeit sowie des Betrugs" erreicht werden (Art. 29 Abs. 2 EUV). In Art. 31 lit. e EUV wird näher ausgeführt, daß zum gemeinsamen Vorgehen bei der justiziellen Zusammenarbeit in Strafsachen auch die schrittweise Annahme von Maßnahmen zur Festlegung von Mindestvorschriften sowohl über die Tatbestandsmerkmale als auch die Sanktionen in den Bereichen der organisierten Kriminalität, des Terrorismus und des illegalen Drogenhandels gehören.

Änderungen ergeben sich weiterhin hinsichtlich der **Instrumente der intergouvernementalen Zusammenarbeit**. So führt Art. 34 EUV Rahmenbeschlüsse zur Angleichung der Rechts- und Verwaltungsvorschriften sowie „andere Maßnahmen" ein, die die bisherigen „Gemeinsamen Maßnahmen" ersetzen. Rahmenbeschlüsse zur Angleichung der Rechts- und Verwaltungsvorschriften der Mitgliedstaaten sind hinsichtlich des zu erreichenden Ziels verbindlich, die innerstaatlichen Stellen bestimmen Form und Mittel. Rahmenbeschlüsse sind nicht unmittelbar wirksam. Beibehalten wurden die Instrumente der „Gemeinsamen Standpunkte", die das Vorgehen der Union in einer bestimmten Frage bestimmen (Art. 34 Abs. 2 lit. a EUV), sowie die Möglichkeit, völkerrechtliche Übereinkommen zu schließen, die der Annahme durch die Mitgliedstaaten bedürfen (Art. 34 Abs. 2 lit. d EUV).

Die Zuweisung des Strafrechts zum Bereich der Zusammenarbeit in der „dritten Säule" der EU sperrt nicht von vornherein **Kompetenzen der EG in einzelnen Bereichen**, die mehr oder weniger strafrechtsrelevante Bereiche erfassen oder sich auf diese auswirken. Vielmehr erfolgt die Betrachtung der in Art. 29 Abs. 1 EUV aufgeführten Materien ausdrücklich „unbeschadet der Zuständigkeiten der Europäischen Gemeinschaft" (vgl. Art. 29 Abs. 1 EUV).

---

[91] Zur strafrechtlichen Kompetenz auf dem Gebiet der Bekämpfung des Betrugs zu Lasten der EG gemäß Art. 280 Abs. 4 EGV vgl. unten Rn. 42.

[92] *Sieber*, in: *Schünemann/Suárez González* (Hrsg.), Bausteine des europäischen Wirtschaftsstrafrechts, 1994, S. 356.

[93] Vgl. zu dieser Unterscheidung *Streinz*, Europarecht, Rn. 69.

3. Kompetenzen zur Bekämpfung von Betrug zum Nachteil der EG (Art. 280 [ex-Art. 209 a] EGV)

Art. 280 EGV in der Fassung des Amsterdamer Vertrages, der den bisherigen Art. 209 a EGV erheblich modifiziert hat, betrifft die Kompetenzen der Gemeinschaft zur Bekämpfung von Betrügereien zum Nachteil der Europäischen Gemeinschaft. Nach **Art. 280 Abs. 1 EGV** bekämpfen die Gemeinschaft und die Mitgliedstaaten Betrügereien und sonstige gegen die finanziellen Interessen der EG gerichtete Handlungen mit abschreckenden Maßnahmen, die in den Mitgliedstaaten einen effektiven Schutz bewirken. Durch diese Vertragsformulierung wird die Rechtsprechung des EuGH im „*Mais*-Urteil" aufgegriffen (näher dazu unten Rn. 54 ff.). 42

Art. 280 Abs. 2 EGV enthält die bisher in ex-Art. 209 a Abs. 1 EGV enthaltene Regelung, und **Art. 280 Abs. 3 EGV** beinhaltet das bisher durch ex-Art. 209 a Abs. 2 EGV erfaßte Gebot der Zusammenarbeit zwischen den Mitgliedstaaten. Durch die Formulierung „zusammen mit der Kommission" statt wie bisher „mit Unterstützung der Kommission" wird die Rolle der Kommission gestärkt.[94]

Durch **Art. 280 Abs. 4 EGV** wird dem Rat eine ausdrückliche Kompetenz zugewiesen, zur Gewährleistung eines effektiven und gleichwertigen Schutzes in den Mitgliedstaaten die erforderlichen Maßnahmen zur Verhütung und Bekämpfung von Betrügereien, die sich gegen die finanziellen Interessen der Gemeinschaft richten, zu beschließen. Das schließt eine Kompetenz zur Angleichung der internationalen Rechtsvorschriften ein und hat gemäß Art. 251 (ex-Art. 189 b) EGV nach Anhörung des Rechnungshofes zu geschehen. Somit gilt in diesem Bereich das Mitentscheidungsverfahren, zudem kann der Rat mit qualifizierter Mehrheit entscheiden. Des weiteren wird die Stellung des Rechnungshofes gestärkt. Unklar ist gegenwärtig, wie weit die Kompetenzen reichen, die durch Art. 280 Abs. 4 EGV dem Rat eingeräumt werden. Nach Abs. 4 S. 2 bleibt die „Anwendung des Strafrechts der Mitgliedstaaten und ihre Strafrechtspflege von den Maßnahmen des Rates unberührt". Dies kann dahingehend ausgelegt werden, daß eine genuine Strafrechtskompetenz der EU gegeben sein soll. Für diese Ansicht spricht, daß durch Art. 280 Abs. 4 S. 2 EGV nur die **Anwendung des Strafrechts** der Mitgliedstaaten unberührt bleibt, nicht hingegen die Rechtssetzung.[95] Letztlich würde eine Kompetenz des Rats, unmittelbar geltende Strafvorschriften zu erlassen, keine so grundlegende Neuerung darstellen, wie es auf den ersten Blick scheinen mag. Vielmehr gibt es bereits gegenwärtig gemeinschaftsrechtliche Regelungen, die den Anwendungsbereich der nationalen Strafrechtsordnungen ausdehnen, indem sie auf nationale Strafrechtsnormen verweisen (Assimilierung) und dadurch erreichen, daß die den Schutz nationaler Rechtsgüter bezweckenden Strafnormen auch für entsprechende Gemeinschaftsgüter anwendbar sind.[96]

Gemäß **Art. 280 Abs. 5 EGV** legt die Kommission in Zusammenarbeit mit den Mitgliedstaaten dem Europäischen Parlament und dem Rat jährlich einen Bericht über die Maßnahmen vor, die zur Durchführung dieses Artikels getroffen wurden.

II. Bußgeldkompetenz der Europäischen Gemeinschaft aufgrund primärrechtlicher Regelungen

Im **Primärrecht** finden sich nur vereinzelt ausdrückliche Ermächtigungen für den Rat der Gemeinschaft, supranationale Geldbußen einzuführen. Zu nennen sind Art. 83 (ex-Art. 87) EGV, Art. 64 EGKSV und Art. 83 EAGV. Von den in diesen Normen vorgesehenen 43

---

94 Denkschrift zum Amsterdamer Vertrag, BR-Drucks. 784/97, S. 159.

95 Vgl. *K. Tiedemann* Agon 1997 Nr. 17, 12 f.

96 Vgl. *Dannecker* Jura 1998, 80 f.; vgl. auch *Böse*, Strafen und Sanktionen im Europäischen Gemeinschaftsrecht, S. 107 ff.

Bußgeldkompetenzen hat der Rat mehrfach Gebrauch gemacht. Praktische Bedeutung kommt insbesondere den Bußgeldvorschriften im europäischen Wettbewerbsrecht zu.

1. Europäisches Kartellrecht[97]

a) Kompetenzen im EG-Vertrag

44 Nach **Art. 83 (ex-Art. 87) Abs. 2 lit. a EGV** ist die Beachtung der Verbote wettbewerbswidrigen Verhaltens insbesondere durch die Einführung von Geldbußen und Zwangsgeldern zu gewährleisten. Von dieser Ermächtigung hat der Rat durch Einführung der Bußgeldvorschriften des Art. 15 VO 17/62[98] und der Zwangsgeldvorschrift des Art. 16 VO 17/62 Gebrauch gemacht. Um klarzustellen, daß es sich bei den Geldbußen nicht um Kriminalstrafen handelt, benennen die aufgrund der Ermächtigungen im EG-Vertrag ergangenen Verordnungen die Sanktionen ausdrücklich als „Entscheidungen nichtstrafrechtlicher Art". Die Rechtsnatur der Geldbußen wird gleichwohl ganz überwiegend als „Strafrecht im weiteren Sinne" qualifiziert und mit den Geldbußen des deutschen, italienischen und portugiesischen Ordnungswidrigkeitenrechts verglichen.[99] Dies bedeutet, daß grundsätzlich die besonderen rechtsstaatlichen Garantien des materiellen Strafrechts und des Strafverfahrensrechts auch für EG-rechtliche Geldbußen gelten müssen.[100]

Nach **Art. 15 VO 17/62** kann die Kommission Geldbußen gegen Unternehmen und Unternehmensvereinigungen verhängen, wenn diese vorsätzlich oder fahrlässig gegen das Verbot wettbewerbsbeschränkenden Verhaltens oder das Verbot des Mißbrauchs einer marktbeherrschenden Stellung verstoßen oder aber die Anmelde- und Auskunftspflichten betreffend Absprachen vorsätzlich oder fahrlässig verletzt haben.

Entsprechende Regelungen enthalten auch die Verordnungen über **Wettbewerbsregelungen für den Eisenbahn- und Straßenverkehr**[101] und **für den See- und den Luftverkehr**[102] sowie die Verordnung über die **Kontrolle von Unternehmenszusammenschlüssen.**[103] An die Stelle dieser gegenwärtig geltenden Verordnungen für die einzelnen Sektoren (Land-, See- und Luftverkehr) tritt die Verordnung (EG) Nr. 2843/98, die eine Vereinfachung der Wettbewerbsregeln im Verkehrsbereich bringt.[104]

b) Kompetenzen im EGKS-Vertrag

45 Auch im EGKS-Vertrag sehen einige Vorschriften die Verhängung von **Geldbußen** durch die Kommission **gegen Unternehmen** vor, wenn diese die von der Kommission festgesetzten Erzeugerquoten für Stahl überschreiten (Artt. 58 § 4, 59 § 7) oder gegen die Wettbewerbs- oder Kartellvorschriften der Montanunion aus Artt. 60 ff., 65 ff. verstoßen (Artt. 64; 65 § 5; 66 §§ 5, 6, 7). Diese Geldbußen sind in der Höhe nicht absolut begrenzt, sondern richten sich nach dem Wert der unzulässigen Erzeugung bzw. dem durch eine unzulässige Absprache erzielten Umsatz. Sie dürfen in der Regel das Doppelte dieser Beträge nicht übersteigen.

---

[97] Eingehend dazu unten Kapitel 15 Rn. 140 ff.

[98] ABl. 1962, S. 204 ff.; zur Entstehungsgeschichte vgl. *Dannecker*, in: *Immenga/Mestmäcker* (Hrsg.), EG-Wettbewerbsrecht. Kommentar, Bd. II, 1997, VO 17, Vorbem. Art. 15 Rn. 2.

[99] Vgl. *Böse*, Strafen und Sanktionen im Europäischen Gemeinschaftsrecht, S. 137 ff.; *Dannecker*, in: *Immenga/Mestmäcker* (Hrsg.), EG-Wettbewerbsrecht. Kommentar, Bd. II, VO 17, Art. 15 Rn. 199 ff.; *ders./Fischer-Fritsch*, Das EG-Kartellrecht in der Bußgeldpraxis, 1989, S. 7; *Zuleeg* JZ 1992, 763, jeweils m. weit. Nachw.

[100] *Dannecker/Fischer-Fritsch*, Das EG-Kartellrecht in der Bußgeldpraxis, S. 7.

[101] VO 1017/68, ABl. 1968, Nr. L 175 vom 23. 7. 1968, S. 1 f.

[102] VO 3975/87, ABl. 1987, Nr. L 347 vom 11. 12. 1987, S. 1 ff.

[103] Fusionskontrollverordnung 4064/89, ABl. 1989, Nr. L 395 vom 30. 12. 1989, S. 1 ff.

[104] ABl. 1998, Nr. L 354 vom 22. 12. 1998, S. 22 ff.

c) Kompetenzen im EAG-Vertrag

Art. 83 Abs. 1 EAGV sieht lediglich vor, daß **Zwangsmaßnahmen** festgesetzt werden können Diese Zwangsmaßnahmen werden teilweise als dem Bußgeldrecht der EG und EGKS vergleichbar angesehen, indem ihnen eine repressive Funktion zugeschrieben wird.[105] 46

Die in Art. 83 Abs. 1 Unterabs. 2 a–d EAGV vorgesehenen Zwangsmaßnahmen sind der Schwere nach geordnet und in dieser Reihenfolge auch zu verhängen. Die Kommission kann zunächst das Unternehmen bei einem Verstoß gegen die Artt. 77 ff. EAGV **verwarnen**. Sodann kommt der **Entzug besonderer Vorteile** in Betracht, d. h. von Leistungen, die unmittelbar von der EAG oder im Rahmen eines von der EAG abgeschlossenen Vertrages gewährt werden, insbesondere finanzielle Hilfen für Forschungsprojekte, für gemeinsame Unternehmen oder für Schürfungsvorhaben. Darüber hinaus kann die Kommission die **Verwaltung des Unternehmens** bis zu vier Monaten einer anderen Person oder Personengruppe übertragen, die im Einvernehmen zwischen Kommission und dem Mitgliedstaat, in dem sich das Unternehmen befindet, bestellt wird. Der Betriebserlös fließt jedoch weiterhin dem Eigentümer zu. Als gravierendste Zwangsmaßnahme kann die Kommission schließlich verfügen, daß dem Unternehmen die **Ausgangsstoffe** oder die besonderen spaltbaren Stoffe teilweise oder vollständig **entzogen** werden. Der vollständige Entzug solcher Stoffe hat zwangsläufig eine **Betriebsstillegung** zur Folge. Die Vollstreckung der Sanktionen obliegt den Mitgliedstaaten. Sie haben auch dafür Sorge zu tragen, daß die Verstöße beendet werden.

2. Die vom Gerichtshof und dem Gericht erster Instanz zu verhängenden Geldbußen

a) Satzungen des EuGH und des EuG

In den Satzungen des EuGH steht dem Gerichtshof für **ausbleibende Zeugen** die Befugnis zur Verhängung von Geldbußen zu (Art. 24 der Satzung des EuGH der EWG und Art. 25 der Satzung für die EAG). Nach Art. 46 Abs. 1, Art. 47 Abs. 1 und Art. 46 Abs. 1 der Satzungen des EuGH der EWG und der EAG gelten diese Bestimmungen auch für das Verfahren vor dem EuG.[106] 47

b) Verfahrensordnungen

Während die Befugnis des EuGH und des EuG, **Geldbußen** festzusetzen, in den Satzungen nur sehr knapp erwähnt wird, sind die **Verfahrensordnungen** in dieser Hinsicht ausführlicher. Nach Art. 48 § 2 Abs. 1 Verfahrensordnung des EuGH und Art. 69 § 2 Abs. 1 Verfahrensordnung des EuG kann gegen einen Zeugen, der trotz ordnungsgemäßer Ladung nicht erscheint, eine Geldbuße von bis zu 5000 Ecu verhängt werden. Eine solche Sanktion kann auch festgesetzt werden, wenn der Zeuge die Aussage, die Eidesleistung oder die Versicherung an Eides statt verweigert (Art. 48 § 2 Abs. 2 Verfahrensordnung des EuGH, Art. 69 § 2 Abs. 2 Verfahrensordnung des EuG). 48

Erscheint ein Zeuge in **vernehmungsunfähigem Zustand**, so wird auch dies als Ausbleiben angesehen und kann nach Art. 48 § 2 der Verfahrensordnung des EuGH bzw. Art. 69 § 2 Verfahrensordnung des EuG geahndet werden. Gleiches gilt für die **Verspätung des Zeugen**, sofern es sich nicht nur um eine geringfügige Verspätung handelt.

---

[105] *Fornasier* RMC 1982, 403; vgl. auch *Mok*, Europees ekonomisch strafrecht, Delikt en Delinkwent, 1974, S. 269.

[106] *Böse*, Strafen und Sanktionen im Europäischen Gemeinschaftsrecht, S. 243 ff.

3. Weitergehende Bußgeldkompetenzen

49 Umstritten ist, ob die Gemeinschaft auch außerhalb der genannten Vorschriften die Kompetenz zur Schaffung von Bußgeldtatbeständen hat. In diesem Zusammenhang wird die Vorschrift des **Art. 229 (ex-Art. 172) EGV als Ermächtigungsnorm** diskutiert. Die Ableitung einer allgemeinen Befugnis des Rats aus Art. 229 (ex-Art. 172) EGV, Verstöße gegen EG-Verordnungen auch mit „strafrechtlichen" Folgen zu versehen,[107] wird jedoch überwiegend abgelehnt.[108] Berücksichtigt man nämlich, daß Geldbußen und Zwangsgelder in Art. 83 (ex-Art. 87) EGV ausdrücklich genannt sind, so kann die wesentlich allgemeinere Rechtsgrundlage des Art. 229 (ex-Art. 172) EGV eine so wichtige Ermächtigung nicht indirekt enthalten. Schließlich muß berücksichtigt werden, daß die Mitgliedstaaten bei den Reformen der Gemeinschaftsverträge auf eine diesbezügliche Klarstellung verzichtet haben, so daß die hier vertretene Ansicht durch den Amsterdamer Vertrag bestätigt wird.

III. Kompetenz zur Einführung und Verhängung sonstiger repressiver Verwaltungssanktionen

50 Von den Kriminalstrafen und Geldbußen sind die sonstigen supranationalen Sanktionen des Sekundärrechts zu unterscheiden. Die EG hat vor allem im **Agrar- und Fischereibereich** verschiedene verwaltungsrechtliche Sanktionen vorgesehen, die von den Mitgliedstaaten im Falle einer unberechtigten Inanspruchnahme von Gemeinschaftssubventionen verhängt werden können.[109] Diese Sanktionen reichen von der Kürzung oder Versagung von Beihilfen bis hin zu Rückforderungen mit Zusatzbeträgen, die über die bloße Rückforderung der unrechtmäßig erlangten Beihilfen hinausgehen, sowie zum Ausschluß von künftigen Subventionen. Es kann also zwischen Sanktionen, die zu finanziellen Einbußen führen, und solchen, die einen – zumindest zeitweiligen – Rechtsverlust zum Inhalt haben, differenziert werden.

Die Verordnungen, die diese Sanktionen enthalten, sind fast ausschließlich solche der Kommission zur Durchführung von Ratsverordnungen. Dabei waren die Sanktionen in den Verordnungen zunächst nicht systematisch geregelt. Erst im Jahre 1995 wurde eine **Rahmenverordnung** eingeführt, die einige Grundsätze für alle Sanktionen vorsieht, so z. B. das Verhältnismäßigkeitsprinzip, das Rückwirkungsverbot, die Regelungen für die Verfolgungs- und Vollstreckungsverjährung und über das Verhältnis zu nationalen Sanktionen.[110]

1. Strafzuschläge und Kautionsverfall

51 Zu finanziellen Einbußen führen **pauschalierte Rückzahlungsaufschläge** und erhöhte **Zinsforderungen**, die sog. Strafzuschläge. Diese finden sich vornehmlich im subventionsrechtlichen Bereich. Die in den Verordnungen vorgesehenen Zuschläge, die von den Mitgliedstaaten erhoben werden, reichen von der einfachen Verzinsung von Rückerstattungsbeiträgen erschlichener Subventionen bis hin zu **Strafzuschlägen** in Höhe von bis zu 40 %.[111]

---

107 *Wenig*, in: *Grabitz/Hilf* (Hrsg.), Kommentar zur Europäischen Union, Stand Mai 1998, Art. 172 Rn. 2; so auch *Ipsen*, Europäisches Gemeinschaftsrecht, 1972, S. 533 ff.

108 Vgl. nur *Pache*, Der Schutz der finanziellen Interessen, S. 306 m. weit. Nachw.

109 Einen Überblick über die verschiedenen Verordnungen gibt *Heitzer*, Punitive Sanktionen im Europäischen Gemeinschaftsrecht, 1996, S. 47 ff.

110 VO 2988/95, ABl. 1995, L 312 vom 23. 12. 1995, S. 1 ff.; eingehend dazu *Heitzer*, Punitive Sanktionen im Europäischen Gemeinschaftsrecht, S. 170 ff.

111 Näher dazu *K. Tiedemann* NJW 1993, 27; vgl. auch *Heitzer*, Punitive Sanktionen im Europäischen Gemeinschaftsrecht, S. 47 ff.

Weiterhin sehen die Marktordnungen der EG auf dem Sektor des Agrarmarktes für die Einfuhr bestimmter Agrarprodukte aus Drittländern sowie teilweise für deren Ausfuhr Lizenzen vor, die nicht nur zur Ein- bzw. Ausfuhr berechtigen, sondern hierzu auch verpflichten. Der Zweck solcher Ein- und Ausfuhrlizenzen besteht darin, den Behörden der Gemeinschaft eine zuverlässige Prognose über die künftigen Warenströme zu ermöglichen. Der Antragsteller muß eine **Lizenz-Kaution** beibringen, um sicherzustellen, daß er seiner Verpflichtung während der Gültigkeitsdauer der Lizenz tatsächlich nachkommt. Die Höhe der Kaution ist in den einschlägigen Gemeinschaftsvorschriften genau festgelegt. Die Kaution verfällt, wenn die Einfuhr oder Ausfuhr nicht bis zum Ablauf der Lizenz durchgeführt wird, es sei denn, daß ein Fall höherer Gewalt vorliegt.[112]

Die Stellung einer Kaution ist darüber hinaus in solchen Fällen erforderlich, in denen die Gemeinschaft z. B. Beihilfen dafür gewährt, daß sich ein Antragsteller verpflichtet, auf dem Markt überschüssige Waren für einige Zeit vom Markt zu nehmen und privat einzulagern, oder in denen eine bestimmte Verarbeitung von Überschußprodukten vorgeschrieben wird, um den Markt nicht weiter mit dem betreffenden Produkt zu belasten. Eine **Einlagerungskaution** verfällt, wenn der private Lagerhalter die Ware nicht, nicht rechtzeitig oder unsachgemäß einlagert oder sie vor Ablauf der festgelegten Zeit wieder auslagert. Bei den **Verarbeitungskautionen** tritt ein Verfall ein, wenn der Kautionssteller die vorgeschriebene Verarbeitung nicht oder nicht fristgerecht vornimmt. Schließlich gibt es Fälle von Kautionsstellungen mit Verfallsregelungen im Bereich von **Abschöpfungsfreistellungen** und **Ausfuhrerstattungen**. Der vollständige Verfall einer Kaution ist bei einer Verletzung bloßer Nebenpflichten nicht zulässig,[113] da auch beim Kautionsrecht der Grundsatz der Verhältnismäßigkeit zu beachten ist.

Das Gemeinschaftsrecht regelt für keinen der genannten Fälle, welcher konkrete Anspruch mit der zu stellenden Kaution gesichert werden soll. Aus diesem Grund wird in der Literatur die Frage aufgeworfen, ob es sich bei dem Kautionsverfall um eine **verdeckte Strafsanktion** handele, für deren Verhängung die EG keine Kompetenz habe.[114] Der EuGH[115] und auch das Bundesverfassungsgericht[116] verneinten jedoch den Strafcharakter des Kautionsverfalls und qualifizierten den Verfall als rein verwaltungsrechtliche Sanktion, weil die Kaution nur die Sicherheit für die Erfüllung einer freiwillig übernommenen Verpflichtung sei und daher einer Strafsanktion nicht gleichgestellt werden könne.[117] Hingegen werden Strafzuschläge in der Literatur als Strafen im weiteren Sinne eingeordnet.[118]

2. Subventionskürzungen, Abzüge und Subventionssperren

Die zweite Gruppe von Sanktionen, zu denen die **Kürzung oder Streichung von Subventionen**, die sog. Abzüge und die Subventionssperren, gehören, führen zu einem Rechtsverlust. So können im Bereich der Agrarsubventionen bei Überschreitung der gemeldeten beihilfefähigen Flächen um bis zu 10 % die Beihilfen um den entsprechenden Prozentsatz gekürzt werden. Wird die Fläche um mehr als 10 % überschritten, so kann die gesamte Subvention für den Bewilligungszeitraum gestrichen werden. 52

112 EuGH Slg. 1968, 577 (*Schwarzwaldmilch*); vgl. dazu *Dannecker*, in: *Schünemann/Suárez González* (Hrsg.), Bausteine des Europäischen Wirtschaftsstrafrechts, S. 340 f.

113 EuGH Slg. 1979, 2137 (*Atlanta Amsterdam/Produktschap vor Vee en Vlees*).

114 *P. Tiedemann* NJW 1983, 2727 ff.

115 Vgl. EuGH Slg. 1970, 1125 (*Internationale Handelsgesellschaft mbH/Einfuhr- und Vorratsstelle für Getreide und Futtermittel*); vgl. auch *Barents* ELR 1985, 242.

116 BVerfGE 37, 271, 288 (*Solange I*).

117 *P. Tiedemann* NJW 1983, 2727 ff.

118 *Böse,* Strafen und Sanktionen im Europäischen Gemeinschaftsrecht, S. 262 ff.; differenzierend *Heitzer*, Punitive Sanktionen im Europäischen Gemeinschaftsrecht, S. 88 ff.

Der Kürzung von Subventionen stehen die sog. **Abzüge** gleich. Sie können verhängt werden, wenn in den Subventionsanträgen nur zum Teil unrichtige Angaben gemacht wurden und der Verstoß nicht schwerwiegend war. Welche dieser Sanktionen im Einzelfall verhängt wird, bestimmt sich nach Art und Schwere der Täuschungshandlung.

Eine besonders einschneidende Maßnahme stellt schließlich die **Subventionssperre** dar. Bei erheblichen Unregelmäßigkeiten kann ein Landwirt über den beantragten Subventionsgewährungszeitraum hinaus auch für zukünftige Bewilligungszeiträume von der Subventionierung völlig ausgeschlossen werden.[119]

3. Allgemeiner Teil für ein Europäisches Verwaltungssanktionenrecht

53 Mit der **Verordnung (EG, EURATOM) des Rates Nr. 2988/95 über den Schutz der finanziellen Interessen der Gemeinschaften**[120] sind die ersten Schritte zur Durchführung einer Harmonisierung auf Gemeinschaftsebene getan, um wirksam gegen die Schädigung der EG-Finanzen vorzugehen.[121] Diese Verordnung ist Ende 1995 in Kraft getreten und in all ihren Teilen verbindlich; sie gilt in jedem Mitgliedstaat unmittelbar. Sie sieht die Einführung von verwaltungsrechtlichen Maßnahmen und Sanktionen als Reaktionen auf Handlungen zum Nachteil der finanziellen Interessen der Gemeinschaften, die neben den Kriminalstrafen verhängt werden sollen, vor.[122] Diese Sanktionen werden von den Verwaltungsbehörden der Mitgliedstaaten verhängt.

Der Rat hat sich mit dieser Verordnung darüber hinaus das Ziel gesetzt, einen „allen Bereichen der Gemeinschaftspolitik gemeinsamen rechtlichen Rahmen" für die bereits bestehenden und die zukünftig einzuführenden Sanktionsvorschriften des europäischen Verordnungsrechts zu schaffen sowie einheitliche Modalitäten der Sanktionierung festzulegen, also eine Art **Allgemeinen Teil für ein europäisches Verwaltungssanktionenrecht** zu normieren, der von den Mitgliedstaaten bei der Verhängung gemeinschaftsrechtlicher Sanktionen anzuwenden ist. Es wird zwischen „verwaltungsrechtlichen Maßnahmen" und „verwaltungsrechtlichen Sanktionen" unterschieden. Sanktionen dürfen grundsätzlich nur für vorsätzliche und fahrlässige Unregelmäßigkeiten verhängt werden, Maßnahmen können auf jede Unregelmäßigkeit folgen.[123]

IV. Verpflichtung der Mitgliedstaaten zur Sanktionierung der Verletzung des Gemeinschaftsrechts

1. Verpflichtung der Mitgliedstaaten zum Erlaß von Sanktionsnormen

54 Im Zusammenhang mit der Sanktionskompetenz der EG kommt insbesondere der Entscheidung des EuGH zum sog. „**Griechischen Maisfall**" aus dem Jahre 1989 tragende Bedeutung zu,[124] die im Rahmen eines Vertragsverletzungsverfahrens ergangen ist. In diesem Urteil, in dem es um Betrügereien im Zusammenhang mit Agrarabschöpfungen unter Mitwirkung griechischer Beamter ging, kam der Gerichtshof zu dem Ergebnis, daß die Griechische Republik gegen Art. 10 (ex-Art. 5) EGV verstoßen habe, weil sie keine

---

119 Zur Einordnung als Strafe vgl. *Heitzer*, Punitive Sanktionen im Europäischen Gemeinschaftsrecht, S. 105 ff.

120 ABl. 1995, Nr. L 312 vom 18. 12. 1995, S. 1 ff.; näher dazu unten Rn. 152 f.

121 Näher dazu *Dannecker* ZStW 108 (1996), 603 ff.

122 Näher dazu *Heitzer*, Punitive Sanktionen im Europäischen Gemeinschaftsrecht, S. 121 ff.

123 Näher dazu *Heitzer*, Punitive Sanktionen im Europäischen Gemeinschaftsrecht, S. 6 ff.

124 EuGH Slg. 1989, 2965 ff. mit Anm. *Bleckmann* WuR 1991, 283 f.; *Tiedemann* EuZW 1990, 100 f.; vgl. auch *Böse*, Strafen und Sanktionen im Europäischen Gemeinschaftsrecht, S. 410 f.; *Bonichot* Rev. Science crim. 1990, 155 f.; *Gröblinghoff*, Die Verpflichtung des deutschen Strafgesetzgebers, S. 12 ff.; *Stoffers* JA 1994, 131 ff.

straf- oder disziplinarrechtlichen Verfahren gegen die Personen eingeleitet hatte, die an der Durchführung und Verschleierung der Abschöpfungshinterziehung beteiligt gewesen waren.[125] Nach Ansicht des EuGH haben die Mitgliedstaaten die Verpflichtung, alle geeigneten Maßnahmen zu treffen, um die Geltung und Wirksamkeit des Gemeinschaftsrechts zu gewährleisten. Dies ergebe sich aus dem Grundsatz der Gemeinschaftstreue und dem Effektivitätsprinzip.[126] Hierzu gehöre es, daß Verstöße gegen das Gemeinschaftsrecht nach ähnlichen sachlichen und verfahrensrechtlichen Regelungen geahndet würden wie gleichartige Verstöße gegen nationales Recht. Zwar verbleibe den Mitgliedstaaten die Wahl der Sanktionen; die nationalen Stellen müßten aber bei Verstößen gegen das Gemeinschaftsrecht mit derselben Sorgfalt vorgehen, die sie bei der Anwendung der entsprechenden nationalen Vorschriften walten ließen (**Gleichstellungserfordernis**).[127] Darüber hinaus müßten die Sanktionen jedenfalls wirksam, verhältnismäßig und abschreckend sein (**Mindesttrias**).[128]

Die Verpflichtung zum Erlaß von Sanktionsnormen kann sich zum einen aus dem **Primärrecht** und zum anderen aus dem **Sekundärrecht** in Verbindung mit Art. 10 (ex-Art. 5) EGV ergeben. So muß sich der Gesetzgeber fragen, ob er ein im Primärrecht angelegtes Rechtsgut schützen muß, so z. B. die Existenz und die Aufgaben des Gerichtshofs. Im Sekundärrecht geht es darum, Verhaltensnormen zur Anwendung zu verhelfen, die strafrechtlich relevante Rechtsgüter schützen sollen. Dabei darf die Sanktionsnorm nicht unverhältnismäßig sein, insbesondere nicht durch unangemessene Strenge eine Grundfreiheit beeinträchtigen; auch darf sie nicht den Wettbewerb verzerren.

Der EuGH überprüfte im Fall *„van de Venne"*[129] die Verpflichtung der Mitgliedstaaten, 55
die **Strafbarkeit juristischer Personen** einzuführen. Ein Lastwagenfahrer war überführt worden, die gemeinschaftsrechtlich vorgeschriebenen Lenk- und Ruhezeiten nicht eingehalten zu haben. Nach belgischem Recht konnten nur der Fahrer und im Betrieb verantwortliche Personen strafrechtlich haften, nicht aber das Unternehmen an sich, weil Belgien die Strafbarkeit juristischer Personen nicht kennt. In der einschlägigen EG-Verordnung war vorgesehen, daß die Unternehmen für die Einhaltung der vorgeschriebenen Lenk- und Ruhezeiten zu sorgen haben. Der EuGH präzisierte die Mindesterfordernisse, die Art. 10 (ex-Art. 5) EGV an eine nationale Sanktionsnorm im Dienste der Gemeinschaft stellt. Der EuGH wiederholte – unter Berufung auf das Urteil im Fall *„Hansen"* – sinngemäß die entscheidenden Passagen des *„Mais"*-Urteils (Gleichstellungserfordernis und Mindesttrias) und folgerte daraus, daß die Mitgliedstaaten nicht verpflichtet seien, die Strafbarkeit juristischer Personen einzuführen: „Zuwiderhandlungen gegen Art. 15 der Verordnung ... können durch die Anwendung von Bestimmungen bestraft werden, die mit den Grundprinzipien des nationalen Strafrechts in Einklang stehen, sofern die sich daraus ergebenden Sanktionen wirksam, verhältnismäßig und abschreckend sind."[130]

Die Entscheidung im *Mais-Fall* bedeutet eine **Fortentwicklung der Rechtsprechung**, 56
denn der EuGH hatte zunächst in dem Urteil *„Amsterdam Bulb"*[131] dargelegt, daß Art. 10 (ex-Art. 5) EGV den einzelnen Staaten die Wahl der sachgerechten Maßnahmen einschließlich der Wahl der – auch strafrechtlichen – Sanktionen überlasse. Die Mitgliedstaaten könnten Sanktionen wählen, die ihnen sachgerecht erschienen.[132]

---

[125] *Schermers/Pearson*, FS Steindorff 1990, S. 1366 f.; kritisch zur Anweisungskompetenz der Gemeinschaft direkt aus Art. 10 (ex-Art. 5) EGV *Appel*, in: *Dannecker* (Hrsg.), Lebensmittelstrafrecht und Verwaltungssanktionen in der Europäischen Union, S. 172 f.

[126] Vgl. dazu *Bleckmann*, FS Stree und Wessels 1993, S. 109 f.

[127] Vgl. dazu *Zuleeg* JZ 1992, 767.

[128] So auch EuGH Slg. 1990, 2935 (*Hansen*); Slg. 1990, 423 (*Zwartveld*).

[129] EuGH Slg. 1991 I, 4371.

[130] EuGH Slg. 1991 I, 4388.

[131] EuGH Slg. 1977, 137 ff.

[132] EuGH Slg. 1977, 150.

57 Im Fall „*von Colson* und *Kamann*“ wurde die Freiheit der Mitgliedstaaten bei der **Wahl der Sanktionen** eingeschränkt, ohne eine Strafverpflichtung zu statuieren: Die Klägerinnen waren wegen ihres Geschlechts bei der Besetzung von Sozialarbeiterstellen nicht berücksichtigt worden. Hierin lag nach Auffassung des EuGH ein Verstoß gegen eine EG-Richtlinie, die einen gleichen Zugang von Männern und Frauen zum Beruf vorgab. Das deutsche Arbeitsgericht hatte den beiden Frauen nur die Erstattung von Fahrtkosten zugesprochen. Der Gerichtshof gab der Klage statt und legte dar, daß die Sanktion „eine wirklich abschreckende Wirkung gegenüber dem Arbeitgeber“ haben müsse.[133] Der Mitgliedstaat könne unter den verschiedenen Möglichkeiten auswählen. Entscheide er sich jedoch für eine Entschädigung, so müsse diese jedenfalls, damit ihre Wirksamkeit und ihre abschreckende Wirkung gewährleistet sei, in einem angemessenen Verhältnis zu dem erlittenen Schaden stehen und somit über einen rein symbolischen Schadensersatz hinausgehen.[134] Diese Kriterien belassen dem Gesetzgeber einen sehr viel weiteren Spielraum bei der Ausgestaltung der zivilrechtlichen Normen als die Entscheidung „*Griechischer Mais*“, weil der EuGH die Kriterien der Wirksamkeit, Verhältnismäßigkeit und abschreckenden Wirkung ausdrücklich auf die zivilrechtliche Entschädigung beschränkt hat. Demgegenüber war in dem „*Mais-Urteil*“ zum einen die Forderung neu, daß Verstöße gegen Gemeinschaftsrecht nach ähnlichen sachlichen und verfahrensrechtlichen Regeln geahndet werden müssen wie nach Art und Schwere gleichartige Verstöße gegen nationales Recht, und zum anderen die Ausweitung der Erfordernisse der Wirksamkeit, Verhältnismäßigkeit und abschreckenden Wirkung auf jede Sanktionsnorm, die Verstöße gegen Gemeinschaftsrecht ahnden soll. Die Verpflichtung zur Gleichbehandlung hat der Gemeinschaftsgesetzgeber für den Bereich der Bekämpfung von Betrügereien zum Nachteil der EG in Art. 209 a EGV a. F. aufgenommen und so eine primärrechtliche Grundlage geschaffen.[135] Diese Rechtsprechung bleibt auch nach der Regelung in Art. 209 a EGV a. F. bzw. Art. 280 EGV n. F. außerhalb der Betrugsbekämpfung von Bedeutung.

2. Inhalt der Richtlinien und Verordnungen, die zum Erlaß von Strafnormen verpflichten

a) Verpflichtung zur Einführung „geeigneter Maßnahmen“

58 Die Gemeinschaft selbst hat sich bislang im wesentlichen damit begnügt, die Forderung nach wirksamen Sanktionen im Recht der Mitgliedstaaten zu erheben, ohne die konkrete Art und das Ausmaß der Sanktionen näher festzulegen. Auch in der „Richtlinie zur Koordinierung der Vorschriften betreffend Insider-Geschäfte“[136] und der „Richtlinie zur Verhinderung der Nutzung des Finanzsystems zum Zwecke der Geldwäsche“[137] hat der Rat von der ursprünglich vorgesehenen Regelung, die Mitgliedstaaten zur Androhung von Kriminalstrafen ausdrücklich zu verpflichten, abgesehen.[138] Hierzu hat die Kommission insbesondere die Formulierung verwandt, die Mitgliedstaaten hätten **„geeignete Maßnahmen“** zum Schutz bestimmter Interessen zu treffen.

b) Verzicht auf die Forderung nach Einführung bestimmter Sanktionen

59 Die Formulierung, die Mitgliedstaaten hätten „geeignete Maßnahmen“ einzuführen, ist z. B. in Art. 5 der Richtlinie des Rates zur Erhaltung der wildlebenden Vogelarten[139] ent-

---

133 EuGH Slg. 1984, 1908.

134 EuGH Slg. 1984, 1909.

135 Zur Rechtslage nach dem Amsterdamer Vertrag vgl. oben Rn. 42.

136 Richtlinie des Rates 89/592/EWG vom 13.11. 1989, ABl. 1989, Nr. L 334 vom 18.11. 1989, S. 30.

137 Richtlinie des Rates 91/308/EWG vom 10.6.1991, ABl. 1991, Nr. L 166 vom 28.6.1991, S. 77.

138 Vgl. dazu *Vogel* ZStW 109 (1997), 335 ff.

139 Richtlinie 79/409/EWG, ABl. 1979, Nr. L 103 vom 25. 4. 1979, S. 1.

halten, wonach die Mitgliedstaaten „die erforderlichen Maßnahmen zur Schaffung einer allgemeinen Regelung zum Schutz aller unter Art. 1 fallenden Vogelarten" treffen. Daraufhin wurde in England ein Straftatbestand eingeführt, der einen Verstoß gegen die Verbote zum Schutz der Vögel mit Geldstrafe sanktioniert.[140] Angesichts des Wortlauts des Art. 249 (ex-Art. 189) Abs. 3 EGV, der die Richtlinie für jeden Mitgliedstaat, an den sie gerichtet wird, nur hinsichtlich des zu erreichenden Zieles für verbindlich erklärt, den innerstaatlichen Stellen jedoch die Wahl und Form der Mittel überläßt, ist fraglich, ob die EG die Mitgliedstaaten auf diese Weise gleichwohl zur **Androhung bestimmter Sanktionen** verpflichten kann. In der Literatur wird dies zum Teil bejaht.[141] Zu bedenken ist hierbei jedoch, daß die Notwendigkeit einer solchen Gemeinschaftsinitiative allenfalls dann gegeben ist, wenn durch die Unterschiede in den Mitgliedstaaten schwerwiegende Wettbewerbsverzerrungen herbeigeführt werden oder wenn die Erreichung der von der EG verfolgten Ziele – vor allem des Gesundheitsschutzes und des freien Warenverkehrs – ernsthaft gefährdet erscheinen.[142] Hingegen reicht es als Rechtfertigung für ein solches Bestreben nicht aus, daß einzelne Verstöße nicht oder in den Mitgliedstaaten nach unterschiedlichen Maßstäben geahndet werden. Außerdem ist zu berücksichtigen, daß der nationale Umsetzungsakt nur noch einen Formalismus bedeuten würde, wenn die Straftatbestände und die Höhe der strafrechtlichen Sanktionen detailliert vorgegeben werden könnten.

c) Überblick über die Richtlinien und Verordnungen

Von der Möglichkeit, die Mitgliedstaaten **allgemein zum Erlaß von Strafnormen** zu verpflichten, hat die EG mittlerweile mehrfach Gebrauch gemacht. Die **bisherigen Richtlinien und Verordnungen**, die zur Einführung nationaler Strafnormen verpflichten, betreffen neben den bereits oben erwähnten Bereichen z. B. Begleitpapiere für den Transport von Weinbau-Erzeugnissen und die im Weinsektor zu führenden Ein- und Ausgangsbücher, das Bilanz- und Außenwirtschaftsrecht und das Datenbankrecht. Kriminalpolitische Elemente finden sich auch in der Richtlinie 93/37/EWG des Rates vom 14. 6. 1993 zur Koordinierung der Verfahren zur Vergabe öffentlicher Bauaufträge aus dem Jahre 1993,[143] die es ermöglichen will, Unternehmer abzuweisen, die bereits verurteilt worden sind oder gegen die Sozialgesetzgebung verstoßen haben. 60

Im folgenden soll auf die Verordnung über die gemeinsame Marktorganisation für Wein, die Richtlinien über das Insiderrecht, die Bekämpfung der Geldwäsche, die Überwachung und Kontrolle der Verbringung von Abfällen sowie auf die Datenbankrichtlinie näher eingegangen werden, die die Mitgliedstaaten zur Einführung geeigneter und abschreckender Sanktionen verpflichten.

aa) Verordnung über die gemeinsame Marktorganisation für Wein

In der Verordnung (EWG) des Rates zur Änderung der Verordnung (EWG) Nr. 337/79 über die gemeinsame Marktorganisation für Wein ist in Art. 1 unter 9. vorgesehen: „Die Mitgliedstaaten treffen die Maßnahmen, die zur Bestrafung von Zuwiderhandlungen gegen die Verpflichtung, die in diesem Artikel vorgesehene Destillation vorzunehmen, geeignet sind. Diese Maßnahmen müssen sich in jedem Fall auf Geldstrafen erstrecken, deren Höhe zwischen dem Wert des nichtdestillierten Erzeugnisses und dem Dreifachen dieses Wertes liegt."[144] 61

---

140 Siehe dazu *France* European Journal of Crime, Criminal Law and Criminal Justice 1994, 343.

141 Vgl. *Funck-Brentano* EuZW 1992, 745; *Grasso*, Comunità Europee e Diritto Penale, S. 192 ff.

142 *G. Heine*, in: *Dannecker* (Hrsg.), Lebensmittelstrafrecht und Verwaltungssanktionen in der Europäischen Union, 1994, S. 34 f.

143 ABl. 1993, Nr. L 199 vom 9. 8. 1993, S. 54 ff.

144 ABl. 1981, Nr. C 277 vom 29. 10. 1981, S. 5, 11.

bb) Insider-Richtlinie

62 Um die **Funktionsfähigkeit der Kapitalmärkte** sicherzustellen,[145] hat die EG neben der Transparenzrichtlinie vom 12.12. 1988[146] die Insider-Richtlinie am 13.11. 1989[147] erlassen. Diese Richtlinie sieht insbesondere eine Begriffsbestimmung der Insider-Information, eine Aufzählung der in Betracht kommenden Wertpapiere (Art. 1) sowie eine Bestimmung des tauglichen Täterkreises vor. Kern der Regelung ist das Verbot für Primär- und Sekundärinsider, aufgrund der Insiderinformation Wertpapiere zu erwerben oder zu veräußern (Art. 2 und 4), sowie das Verbot für den Primärinsider, die Information an Dritte weiterzugeben oder Dritten auf ihrer Grundlage den Erwerb oder die Veräußerung zu empfehlen (Art. 3). Nach Art. 13 legt jeder Mitgliedstaat fest, wie Verstöße gegen die aufgrund der Richtlinie erlassenen Vorschriften zu ahnden sind. Im deutschen Schrifttum war heftig umstritten, ob zur Umsetzung der Richtlinie ein Strafgesetz erforderlich sei.[148]

63 Mit der Verabschiedung des **Zweiten Finanzmarktförderungsgesetzes** vom 1.8. 1994[149] wurde das Wertpapierhandelsgesetz eingeführt, das die Insiderrichtlinie und die Transparenzrichtlinie in nationales Recht umsetzte. Ziel des Wertpapierhandelsgesetzes ist es, das Vertrauen in die Funktionsfähigkeit des deutschen Finanzmarktes und damit die Attraktivität und Wettbewerbsfähigkeit des Finanzplatzes Deutschland zu fördern. Dazu soll insbesondere das strafbewehrte Verbot von Insidergeschäften und die Verpflichtung zur Ad-hoc-Publizität von kursrelevanten Tatsachen beitragen. Durch die Insiderstrafbestimmungen, die seit dem 1.8. 1994 in Kraft sind, wurden erstmals Börsentransaktionen, bei denen Insiderinformationen Grundlage des Wertpapiergeschäfts sind,[150] unter Strafandrohung gestellt (§ 38 WpHG). In diesem Fall geht das nationale Recht über die gemeinschaftsrechtlichen Vorgaben hinaus, indem auch der privatrechtlich organisierte Freiverkehr in den Regelungsbereich der Insiderüberwachung einbezogen wurde. Dadurch hat der Gesetzgeber dem Umstand Rechnung getragen, daß das Publikum nicht zwischen den geregelten Märkten und dem Freiverkehr unterscheidet.[151] Diese Ausweitung des strafrechtlichen Schutzes über die Mindestvorgaben der EG-Richtlinie hinaus ist allerdings im Hinblick auf die Strafwürdigkeit fragwürdig, weil der Freiverkehr nicht die Garantien gewähren kann, die der amtliche Handel bietet. Zudem führt diese Ausweitung zu einem uneinheitlichen Schutz der Kapitalmärkte in der EG.

Lediglich die im außerbörslichen Telefonverkauf gehandelten Werte sowie die **Anlagen des „grauen" Kapitalmarktes** werden von dem Anwendungsbereich des Wertpapierhandelsgesetzes nicht erfaßt.[152]

Weitere Änderungen sieht Art. 3 des **Dritten Finanzmarktförderungsgesetzes**[153] vom 24. 3. 1998, das am 1. 4. 1998 in Kraft getreten ist, vor. So kann das Bundesaufsichtsamt für den Wertpaierhandel Erleichterungen für Auslandsemittenten bezüglich der Ad-hoc-Publizität gewähren. Das Vierte Finanzmarktfördergesetz wird gegenwärtig vorbereitet.

---

[145] Eingehend dazu *Tippach*, Das Insiderhandelsverbot und die besonderen Rechtspflichten der Banken, 1995, S. 4; vgl. auch *Otto*, in: *Schünemann/Suárez González* (Hrsg.), Bausteine des europäischen Wirtschaftsstrafrechts, S. 452 ff.

[146] ABl. 1988, Nr. L 364 vom 12. 12. 1988, S. 62.

[147] ABl. 1989, Nr. L 334 vom 13. 11. 1989, S. 30.

[148] Bejahend *Starke*, Das französische Insiderstrafrecht, 1993, S. 243 ff.; verneinend *Kirchner*, FS Kitagawa 1992, S. 677; eingehend dazu *Gröblinghoff*, Die Verpflichtung des deutschen Strafgesetzgebers, S. 49 f.

[149] BGBl. I S. 1749.

[150] Näher dazu *Assmann* AG 1994, 245.

[151] BT-Drucks. 12/6679, S. 45.

[152] *Assmann* AG 1994, 245.

[153] BGBl. 1998 I S. 536 ff.

cc) Richtlinie zur Bekämpfung der Geldwäsche

Als weitere Gemeinschaftsinitiative, die zu strafrechtlichen Regelungen geführt hat, ist die Verpflichtung zur Einführung der **Strafbarkeit der Geldwäsche** in der Richtlinie 91/308/EWG des Rates der Europäischen Gemeinschaften zur Verhinderung der Nutzung des Finanzsystems zum Zwecke der Geldwäsche vom 10. 6. 1991 zu nennen.[154] Art. 14 lautet: „Jeder Mitgliedstaat trifft geeignete Maßnahmen, um die vollständige Anwendung aller Bestimmungen dieser Richtlinie sicherzustellen, und legt insbesondere fest, wie Verstöße gegen die aufgrund dieser Richtlinie erlassenen Vorschriften zu ahnden sind." Dabei hielt der Rat auch den Erlaß von Strafgesetzen für erforderlich, wie den Begründungserwägungen zu entnehmen ist. Dort ist vorgesehen, daß die Geldwäsche vor allem mit strafrechtlichen Mitteln und im Rahmen der internationalen Zusammenarbeit zwischen den Justiz- und Vollzugsbehörden zu bekämpfen sei, wie dies für den Drogenbereich im Übereinkommen der Vereinten Nationen vom 20. 12. 1988 gegen den unerlaubten Verkehr mit Suchtstoffen und psychotropen Stoffen (**Wiener Drogenkonvention**)[155] und im Übereinkommen des Europarats über das Waschen, das Aufspüren, die Beschlagnahme und die Einziehung der Erträge aus Straftaten (**Europaratsübereinkommen**)[156] vorgesehen ist. Durch den Hinweis auf die Übereinkommen wird zugleich deutlich, daß keine eigene Kompetenz in Anspruch genommen wird, zum Erlaß von Strafgesetzen anzuweisen. Demgegenüber hatte die Kommission noch in ihrem Vorschlag vorgesehen, daß die Mitgliedstaaten dafür zu sorgen haben, daß das Waschen der Erlöse aus schweren Straftaten nach ihren nationalen Rechtsvorschriften als strafbare Handlung gilt.[157] Der Verpflichtung, die Geldwäsche zu bestrafen, liegt die Forderung der im Bereich der Bekämpfung der organisierten Kriminalität tätigen Experten zugrunde, man müsse den Tätern illegal erwirtschaftete Gewinne und damit die Grundlage für weitere kriminelle Geschäfte entziehen.[158] Inzwischen wurde entsprechend diesen inter- und supranationalen Vorgaben ein welt- und europaweit harmonisiertes Niveau der materiell-rechtlichen Strafbarkeit der Geldwäsche geschaffen.[159] **64**

In Deutschland wurde durch das Gesetz zur Bekämpfung des illegalen Rauschgifthandels und anderer Erscheinungsformen der Organisierten Kriminalität vom 15. 7. 1992 der **Straftatbestand der Geldwäsche** eingeführt.[160] Um zu verhindern, daß die illegalen Gelder in den legalen Wirtschaftskreislauf gelangen, wird es jedem Bürger verboten, solche illegal erlangten Gelder anzunehmen.

Weiterhin ist in Titel III des **Anhangs zum Übereinkommen über den Schutz der finanziellen Interessen der EG**[161] vorgesehen, daß auch die Geldwäsche von Gewinnen aus einem Betrug zu Lasten der EG von den Mitgliedstaaten unter Strafandrohung gestellt werden muß. Die überwiegende Zahl der Ermittlungsfälle betrifft gegenwärtig Täter, die in ihrem gewöhnlichen Geschäftsbereich neben reellen Geschäften gelegentlich oder öfter Unregelmäßigkeiten begehen. Gleichwohl gibt es Anzeichen, daß sich angesichts der Höhe der auf dem Spiel stehenden Beträge mafiaähnliche Strukturen bilden, wie sie aus dem Bereich des Rauschgift-, Gold-, Waffen- und Zigarettenschmuggels bekannt sind. **65**

Im Hinblick darauf, daß beim Erlaß der Geldwäscherichtlinie und der nationalen Strafvorschrift **Erkenntnisse der Kriminologie** nicht hinreichend berücksichtigt worden

---

[154] ABl. 1991, Nr. L 166 vom 28. 6. 1991, S. 77 ff.; vgl. dazu *Carl* wistra 1991, 288; *Dannecker* Jura 1998, 33; *Vogel* ZStW 109 (1997), 335.

[155] International Legal Materials 1989, S. 493; in der Bundesrepublik Deutschland ratifiziert durch Gesetz vom 22. 7. 1993, BGBl. II S. 1136.

[156] European Treaties Series No. 141.

[157] ABl. 1990, Nr. C 106 vom 28. 04. 1990, S. 8.

[158] Kritisch dazu *Hund* ZRP 1996, 1.

[159] Vgl. den Überblick bei *Vogel* ZStW 109 (1997), 342 ff.

[160] BGBl. 1992 I S. 1302.

[161] Näher dazu oben Rn. 30.

waren,[162] bedurfte dieser Tatbestand, obwohl er bereits mehrfach geändert werden mußte,[163] einer erneuten Änderung.[164] Die Notwendigkeit hierfür ergab sich aus dem Umstand, daß § 261 StGB zwar die Annahme von Geldern verbietet, die aus einer Wirtschaftsstraftat herrühren, „die von einem Mitglied einer Bande, die sich zur fortgesetzten Begehung solcher Taten verbunden hat, gewerbsmäßig begangen worden sind" (§ 261 Abs. 1 Nr. 3 StGB). Solche Fälle banden- und zugleich gewerbsmäßigen Vorgehens sind bei Wirtschaftsdelikten bislang in der Praxis aber kaum aufgetreten. Ausgangspunkt einer Gesetzgebungsreform sollte jedoch stets die Phänomenologie strafwürdigen und -bedürftigen Verhaltens sein, die hier eine Erweiterung des § 261 StGB erforderte.[165] Inzwischen hat der Gesetzgeber § 261 StGB durch das Gesetz zur Verbesserung der Bekämpfung der organisierten Kriminalität (OrgKVerbessG)[166] entsprechend geändert.

dd) Verordnung zur Bekämpfung des Abfalltourismus

66 Der seit den 80er Jahren in zunehmendem Umfang auftretende Abfalltourismus und die Gefahren, die mit dem **unkontrollierten oder illegalen Transport** verbunden sind, insbesondere durch das Verbringen von gefährlichen Abfällen in ein Land, in dem eine angemessene Entsorgung wegen des Fehlens entsprechender Spezialbetriebe nicht möglich ist, haben zu verstärkten Aktivitäten der EG auf dem Gebiet des grenzüberschreitenden Abfallverkehrs geführt.[167]

Ein wichtiger Schritt hierzu war das **Basler Übereinkommen** vom 22. 3. 1989 über die Kontrolle der grenzüberschreitenden Verbringung gefährlicher Abfälle und ihrer Entsorgung,[168] nach dessen Art. 4 jegliches illegale Geschäft mit Abfällen geahndet werden muß. Dieses völkerrechtliche Übereinkommen wurde von der EG unterzeichnet. Um die Verpflichtungen aus dem Basler Übereinkommen zu erfüllen, insbesondere um die unmittelbare Anwendbarkeit in den Mitgliedstaaten sicherzustellen,[169] erließ der Rat am 01. 02. 1993 die „Verordnung zur Überwachung und Kontrolle der Verbringung von Abfällen in der, in die und aus der Europäischen Gemeinschaft" (EGAbfVerbrV),[170] in der die Mitgliedstaaten zur Einführung nationaler Strafvorschriften in diesem Bereich verpflichtet wurden.

67 Nach Art. 26 Abs. 5 der Verordnung sind die Mitgliedstaaten verpflichtet, die **illegale Abfallbeförderung** zu verbieten und durch geeignete rechtliche Maßnahmen zu ahnden. In der EGAbfVerbrV werden den Mitgliedstaaten detaillierte Pflichten auferlegt. Hierin spiegeln sich erste Ansätze der EG wider, unmittelbaren Einfluß auf die nationalen Strafrechtsordnungen zu nehmen und auf eine Harmonisierung der nationalen Strafgesetze hinzuwirken.

---

[162] Vgl. dazu *Dannecker* JZ 1996, 873 f.

[163] Neufassung des § 261 Abs. 1 StGB durch das Verbrechensbekämpfungsgesetz vom 28. 10. 1994, BGBl. 1994 I S. 3186; Änderung von § 261 Abs. 1 Nr. 2 StGB durch das Grundstoffüberwachungsgesetz vom 7. 10. 1994, BGBl. 1994 I S. 2843.

[164] *Oswald*, Die Implementation gesetzlicher Maßnahmen zur Bekämpfung der Geldwäsche in der Bundesrepublik Deutschland, 1997, S. 31, 59; *Remmers*, Die Entwicklung der Gesetzgebung zur Geldwäsche, 1998.

[165] *K. Tiedemann*, FS Stree und Wessels 1993, S. 539.

[166] BGBl. 1998 I S. 845 ff.

[167] *M. Hoffmann*, Grundfragen der grenzüberschreitenden Verbringung von Abfall nach nationalem Recht und nach EG-Recht, 1994; *Kasten*, Europarechtliche und völkerrechtliche Aspekte der grenzüberschreitenden Abfallverbringung, 1997; *Rengeling* (Hrsg.), Kreislaufwirtschafts- und Abfallrecht, 1994. Siehe dazu *G. Heine*, FS Triffterer 1996, S. 401 ff.

[168] BGBl. 1994 II S. 2703 ff.; siehe dazu das deutsche Ausführungsgesetz BGBl. 1994 I S. 2771 ff.

[169] Siehe dazu *M. Hoffmann*, Grundfragen der grenzüberschreitenden Verbringung von Abfall, S. 30 f.; vgl. auch *Breuer*, Der Im- und Export von Abfällen innerhalb der Europäischen Union aus umweltstrafrechtlicher Sicht, 1998, S. 53.

[170] *Hohmann*, Das Rechtsgut der Umweltdelikte, 1991, S. 179 ff.; *ders.* GA 1992, 76 ff.

Aufgrund der in der Verordnung statuierten Verpflichtung wurde durch das **Zweite Gesetz zur Bekämpfung der Umweltkriminalität** (2. UKG)[171] die Vorschrift des § 326 Abs. 2 StGB geschaffen, wonach sich strafbar macht, wer Abfälle im Sinne des Abs. 1 entgegen einem Verbot oder ohne die erforderliche Genehmigung in den, aus dem oder durch den Geltungsbereich des Gesetzes verbringt. Das Verbringen muß entgegen einem Verbot oder ohne die erforderliche Genehmigung erfolgen. Als absolute Verbringungsverbote sind die in § 14 Abs. 1 Nr. 5 AbfVerbrG angeführten Verbote der EG-Verordnung genannt. Die speziell für die grenzüberschreitende Abfallverbringung erforderliche Genehmigung bestimmt sich nach der EG-Verordnung und nach § 11 StrlSchV. Auch ausländische Genehmigungen können aufgrund europäischen Rechts tatbestandsausschließend wirken, selbst wenn die Genehmigung gegen Gemeinschaftsrecht verstößt.[172] Für Genehmigungen im Anwendungsbereich der EGAbfVerbrV sieht § 4 AbfVerbrG ein detailliert geregeltes Verfahren mit komplexen Kontrollsystemen vor. Dabei werden unterschiedliche Anforderungen je nach Art und Gefährlichkeit des Abfalls und den jeweils beteiligten bzw. betroffenen Staaten gestellt. Im einzelnen wird zwischen dem Verbringen von Abfällen zur Beseitigung innerhalb der EG und zur Verwertung innerhalb der EG sowie zwischen der Ausfuhr in Nicht-EG-Mitgliedstaaten und der Ein- und Durchfuhr aus solchen Staaten unterschieden.

Bei auf unlautere Weise durch Täuschung, Drohung etc. erlangten Genehmigungen ist, sofern eine deutsche Behörde die Genehmigung erteilt hat, § 330 d Nr. 5 StGB anzuwenden, mit der Folge der Unwirksamkeit der Genehmigung. In der Literatur ist allerdings umstritten, ob diese **Mißbrauchsregeln** auch auf ausländische Genehmigungen anzuwenden sind. Teilweise wird § 330 d Nr. 5 StGB auf eine durch unlautere Weise erlangte Genehmigung einer ausländischen Behörde im Hinblick auf die Anerkennung fremder Hoheitsbefugnisse für nicht anwendbar erachtet, was zur Folge hat, daß in solchen Fällen eine wirksame internationale Bekämpfung des „Abfalltourismus" nicht möglich ist.[173] Dies trifft allerdings nur insoweit zu, als die Genehmigung einer ausländischen Behörde aus völkerrechtlichen Gründen anerkannt werden muß, was nur eingeschränkt der Fall ist. Keinesfalls gilt dies aber für die in § 330 d Nr. 5 StGB genannten Fälle der Drohung, Kollusion oder Erschleichung.

ee) Datenbank-Richtlinie

Ziel der Datenbank-Richtlinie vom 11. 3. 1996[174] ist es, einen **funktionierenden Binnenmarkt** mit Datenbanken durch Angleichung der Schutzbestimmungen in den Mitgliedstaaten der EU zu errichten. Auch diese Richtlinie enthält die Verpflichtung für die Mitgliedstaaten, erforderliche Sanktionen einzuführen. Im Hinblick darauf, daß die Richtlinie einem zweispurigen Schutzkonzept folgt[175] – Art. 3 sieht für den Schöpfer von Datenbanken ein Urheberrecht und Art. 7 für den Hersteller von Datenbanken ein „Schutzrecht sui generis" vor[176] –, waren die Mitgliedstaaten verpflichtet, den bislang bestehenden strafrechtlichen Schutz bis zum 1. 1. 1998 auszuweiten. 68

Das **zweispurige Schutzkonzept**, das die Datenbank-Richtlinie verfolgt, führt zu einer Vervielfachung der Schutzrechte an Datenbanken und damit zu einem unübersichtlichen Rechtszustand. Dies wird vor allem deutlich, wenn man sich vor Augen führt, daß folgende Rechtspositionen zu berücksichtigen sind: das Eigentum an dem Datenbankträger; das Urheberrecht an der Datenbank, soweit es sich um eine geistige Schöpfung handelt; die Urheberrechte an den einzelnen Beiträgen, die in der Datenbank gesammelt

171 BT-Drucks. 8/2382, 10.
172 Vgl. dazu *Breuer,* Der Im- und Export von Abfällen, S. 136.
173 Vgl. dazu *G. Heine,* FS Triffterer 1996, S. 419 f.
174 ABl. 1996, Nr. L 77 vom 27. 03. 1996, S. 20 ff.
175 Eingehend dazu *Berger* GRUR 1997, 169 ff.
176 Näher dazu *Eiding,* Strafrechtlicher Schutz elektronischer Datenbanken, 1996, S. 29 ff.

sind; das „Schutzrecht sui generis" für den Hersteller der Datenbank; das Urheberrecht an den zur Nutzung der Datenbank erforderlichen Computerprogrammen; das Rechtsverhältnis zwischen dem Hersteller der Datenbank und dem Erwerber, in dem die Netzwerknutzung, die Lieferung von Ergänzungen etc. geregelt wird.[177]

Diese komplizierte Rechtslage hätte vermieden werden können, wenn sich der Gemeinschaftsgesetzgeber dazu entschlossen hätte, ein reines Leistungsschutzrecht für Datenbanken vorzusehen. Dadurch wäre nicht nur ein hinreichender Schutz für Datenbanken, sondern zugleich eine Harmonisierung der Schutzrechte innerhalb der EG erzielt worden. Eine Rechtsvereinheitlichung kann aber nach der gegenwärtigen Konzeption der Datenbank-Richtlinie wegen deren urheberrechtlichen Komponente nicht erreicht werden, denn die urheberrechtlichen Konzeptionen der Mitgliedstaaten weisen erhebliche Abweichungen voneinander auf. Allerdings war der Rückgriff auf das Urheberrecht im Rahmen der Datenbank-Richtlinie vor dem Hintergrund **internationaler Verträge** unverzichtbar, weil sich die Mitgliedstaaten der EU und die EG selbst in Art. 10 Abs. 2 des TRIPS-Abkommens verpflichtet haben, Datenbanken gerade durch das Urheberrecht zu schützen.[178] Daher konnte den Bedenken, daß das Urheberrecht aufgrund seiner persönlichkeitsrechtlichen Komponente kein adäquates Schutzregime für Datenbanken darstellt, nicht Rechnung getragen werden. Auf das „Schutzrecht sui generis" kann nicht verzichtet werden, wenn man die Schutzlücken eines ausschließlich urheberrechtlichen Schutzsystems nicht hinnehmen will, was angesichts der Bedeutung der Datenbanken im internationalen Wirtschaftsverkehr unvertretbar wäre. Aus diesem Grund kann die **Rechtsverdoppelung** an elektronischen Datenbanken in absehbarer Zeit nicht aufgegeben werden. Daher ist es dem deutschen Gesetzgeber nicht erspart geblieben, das zweispurige Schutzkonzept in nationales Recht umzusetzen und den strafrechtlichen Schutz auf beide Schutzrechte auszudehnen.

69 Diese Verpflichtung hat der deutsche Gesetzgeber dadurch erfüllt, daß er durch das **Gesetz zur Regelung der Rahmenbedingungen für Informations- und Kommunikationsdienste** (Informations- und Kommunikationsdienste-Gesetz – IuKDG)[179] die Vorgaben der Richtlinie 96/9/EG vom 11. 3. 1996 des Europäischen Parlaments und des Rats über den rechtlichen Schutz von Datenbanken[180] in Art. 7 – Änderung des Urheberrechtsgesetzes –, der am 1. 1. 1998 fristgemäß in Kraft getreten ist (Art. 11 IuKDG), in nationales Recht umgesetzt hat.[181] Während der urheberrechtliche Schutz von Sammelwerken und Datenbankwerken keine besonderen Probleme für die Rechtsanwendung aufwirft, hat der Gesetzgeber bei der Umsetzung des sui-generis-Rechts an Datenbanken in den §§ 87 a ff. UrhG eine Einordnung dieses Rechts als „verwandtes Schutzrecht" vorgenommen. Dabei hat er die materiellen Vorgaben der Datenbank-Richtlinie nur teilweise erfüllt, so daß in zahlreichen Fällen eine richtlinienkonforme Auslegung erforderlich wird, die einen Rückgriff auf die gemeinschaftsrechtlichen Vorgaben erfordert. Kritisch anzumerken ist insbesondere, daß der Gesetzgeber die Verwertungshandlungen nicht auf den Inhalt der Datenbanken bezogen und auch nicht ausdrücklich klargestellt hat, daß ephemere Speicherungen dem Vervielfältigungsbegriff unterfallen. Im Vordergrund des strafrechtlichen Schutzes von Datenbanken mußte das Urheberstrafrecht stehen, weil die EG-Richtlinie subjektive Rechte vorsieht. Bezüglich der Umsetzung des urheberrecht-

---

[177] *Berger* GRUR 1997, 170.

[178] Zum TRIPS-Abkommen vgl. *Katzenberger* GRUR Int. 1995, 447 ff.

[179] Gesetz vom 22. Juli 1997, BGBl. 1997 I S. 1870 ff.

[180] ABl. 1995, Nr. L 77 vom 27. 3. 1996, S. 20 ff.; vgl. auch Gemeinsamer Standpunkt (EG) Nr. 20/95 vom 10. 7. 1995, ABl. 1995, Nr. C 288 vom 30. 10. 1995, S. 14; Vorschläge der Kommission für eine Richtlinie des Rates über den Rechtsschutz von Datenbanken vom 13. 5. 1992 und vom 3. 10. 1993, ABl. 1992, Nr. C 156 vom 23. 6. 1992, S. 4 ff. und ABl. 1993, Nr. C 308 vom 15. 11. 1993, S. 1 ff.; vgl. auch *Wuermeling* NJW-CoR 1996, 183 ff.

[181] Zur Umsetzung vgl. die Begründungen zum Ausschuß-Entwurf vom 11. 6. 1997, BT-Drucks. 13/7934, S. 42 ff.; zur Umsetzung in anderen Mitgliedstaaten der EU *Gaster* MMR aktuell 5/1998, V.

lichen Schutzes von Datenbanken konnte sich der Gesetzgeber an der Einbeziehung der Computerprogramme in den urheberrechtlichen Schutz orientieren. Eine Ausweitung des materiellen Urheberrechts durch § 4 UrhG hat zugleich zu einer Erweiterung des Schutzbereichs des § 106 UrhG geführt, die vertretbar ist, sofern – trotz des in der Datenbank-Richtlinie vorgeschriebenen Verzichts auf die Berücksichtigung von qualitativen und ästhetischen Kriterien – nicht gänzlich auf eine eigenständige schöpferische Leistung verzichtet wird. Der strafrechtliche Schutz des „Schutzrechts sui generis" ist durch die Einfügung von § 108 Abs. 1 Nr. 8 UrhG gewährleistet. Positiv ist hervorzuheben, daß der Gesetzgeber die in der Datenbank-Richtlinie verwendeten Begriffe wie „entnehmen" und „weiterverwenden" nicht übernommen hat, sondern für die Tathandlung auf das Verwerten abstellt. Inhaltliche Differenzen resultieren hieraus grundsätzlich nicht, da das nationale Recht der Umsetzung gemeinschaftsrechtlicher Vorgaben dient und deshalb richtlinienkonform auszulegen ist.

V. Ausdehnung des Anwendungsbereichs der nationalen Strafrechtsordnungen (Assimilierungsprinzip)

Trotz fehlender Kompetenz der EG auf dem Gebiet des Kriminalstrafrechts gibt es gemeinschaftsrechtliche Regelungen, die den Anwendungsbereich der nationalen Strafrechtsordnungen ausdehnen, indem sie auf nationale Strafrechtsnormen verweisen (Assimilierung) und dadurch erreichen, daß die den Schutz nationaler Rechtsgüter bezweckenden Strafnormen auch für entsprechende **Gemeinschaftsrechtsgüter** anwendbar sind.[182] Durch solche Verweisungen entstehen neue, abgeleitete Normen, so daß insofern von einem **gemeinschaftsrechtlichen Strafrecht** gesprochen werden kann.[183] 70

1. Verweisungsnormen im primären Gemeinschaftsrecht

Im Bereich des primären Gemeinschaftsrechts betrifft die Ausdehnung des Anwendungsbereichs nationaler Straftatbestände durch EG-Vorschriften die **Eidesverletzungen**, die vor dem EuGH und dem EuG begangen werden,[184] den **Geheimnisverrat der Bediensteten der Atomüberwachungsbehörde** sowie Strafnormen zur Ahndung von **Verstößen gegen die gemeinsame Verfahrensordnung des Gerichtshofes der Europäischen Gemeinschaft**.[185] 71

2. Verweisungsnormen im sekundären Gemeinschaftsrecht

Auch im sekundären Gemeinschaftsrecht finden sich mehrere Verordnungen, die für die Verletzung EG-rechtlicher Normen auf die inhaltlich entsprechenden **nationalen Strafvorschriften verweisen** und diese für anwendbar erklären, so z. B. Art. 5 VO Nr. 28/62 des Rates zur Durchführung einer Lohnerhebung.[186] Eine gleichlautende Regelung enthält Art. 5 Abs. 2 der VO Nr. 188/64/EWG des Rates zur Durchführung einer Erhebung 72

---

182 *Cuerta*, in: *Schünemann/Suárez González* (Hrsg.), Bausteine des Europäischen Wirtschaftsstrafrechts, S. 373.

183 *K. Tiedemann* NJW 1993, 25.

184 Näher dazu *Böse*, Strafen und Sanktionen im Europäischen Gemeinschaftsrecht, S. 107 ff.; *Dannecker*, Strafrecht in der Europäischen Gemeinschaft, in: *Eser/Huber* (Hrsg.), Strafrechtsentwicklung in Europa, 4.3, S. 34 ff., *Johannes* EuR 1968, 69 ff.; *ders.* ZStW 83 (1971), 546 ff.; *Pabsch*, Der strafrechtliche Schutz der überstaatlichen Hoheitsgewalt, 1965, S. 155 f.; *Pache*, Der Schutz der finanziellen Interessen der Europäischen Gemeinschaften, S. 232 f.

185 Vgl. dazu *Bridge* CLR 1976, 88 f.

186 ABl. 1962, 1277.

über Struktur und Verteilung der Löhne in Industrie und Handwerk.[187] Dadurch wurde § 13 a. F. des Gesetzes über die Statistik für Bundeszwecke erweitert.[188] Nunmehr enthält § 18 Abs. 1 BStatG vom 22. 1. 1987 einen generellen Verweis auf durch Rechtsakte der Europäischen Gemeinschaften angeordnete Erhebungen. Ein weiteres Beispiel bietet die VO Nr. 1468/81 des Rates vom 19. 5. 1981 betreffend die gegenseitige Unterstützung der Verwaltungsbehörden der Mitgliedstaaten und die Zusammenarbeit dieser Behörden mit der Kommission, um die ordnungsgemäße Anwendung der Zoll- und der Agrarregelungen zu gewährleisten.[189]

Die Gemeinschaft hat in den letzten Jahren allerdings vom **Erlaß von Verordnungen abgesehen**,[190] die auf nationale Strafvorschriften verweisen, weil in der Literatur die Kompetenz der EG zunehmend in Frage gestellt wurde, die Strafbarkeit bestimmter Verhaltensweisen selbst zu begründen und damit gleichsam unmittelbar geltendes materielles Strafrecht zu schaffen.[191]

3. Ausdehnung des Schutzes nationaler Vorschriften auf Gemeinschaftsrechtsgüter

73 Bei mehreren Straftatbeständen ist umstritten, ob sie auch dem Schutz von EG-Rechtsgütern dienen. In der Regel wird danach unterschieden, ob die betreffende Vorschrift Individualinteressen oder staatliche Interessen schützt. Während Individualrechtsgüter universalen Schutz erhalten, unterfallen Rechtsgüter ausländischer Staaten nicht dem Schutz der nationalen Strafnormen. So ist umstritten, ob **ausländische öffentliche Urkunden**, z. B. der EG, dem Schutz deutscher Straftatbestände unterfallen. Hingegen wird der Straftatbestand der Geldfälschung auf den Euro anwendbar sein, wenn dieser als Barzahlungsmittel eingeführt sein wird.[192]

Außerdem ist fraglich, ob **Maßnahmen von EG-Beamten** nach § 113 StGB und das Vertrauen in die Sachlichkeit der durch die EG-Verwaltung getroffenen Entscheidungen nach den Vorschriften über die Vorteilsgewährung und Bestechung geschützt werden. Diesbezüglich hat der Gesetzgeber das Gesetz zu dem Übereinkommen vom 26. Juli 1995 aufgrund von Artikel K.3 des Vertrages über die Europäische Union über die Errichtung eines Europäischen Polizeiamts (EUROPOL-Gesetz) vom 16. 12. 1997[193] erlassen und in Art. 2 § 8 für die Anwendung der Vorschriften des Strafgesetzbuches über Verletzung von Privatgeheimnissen, Verwertung fremder Geheimnisse sowie Verletzung des Dienstgeheimnisses vorgesehen, daß die Mitglieder des Verwaltungsrats, der Direktor, die Stellvertretenden Direktoren, der Finanzkontrolleur, die Mitglieder des Haushaltsausschusses und die Bediensteten von EUROPOL sowie die Verbindungsbeamten den Amtsträgern und die anderen nach Art. 32 Abs. 2 des Übereinkommens zur Verschwiegenheit oder zur Geheimhaltung besonders verpflichteten Personen den für den öffentlichen Dienst besonders Verpflichteten gleichstehen.

Nach dem Gesetz zu dem Übereinkommen vom 17. Dezember 1997 über die Bekämpfung der Bestechung ausländischer Amtsträger im internationalen Geschäftsverkehr (Gesetz zur Bekämpfung internationaler Bestechung) vom 19. 9. 1998[194] werden ausländische

---

[187] ABl. 1964, 3634.

[188] Eingehend dazu *Johannes* EuR 1968, 103 ff.

[189] ABl. 1981 L 144, 1 ff.; ähnlich Art. 10 Abs. 4 VO Nr. 1681/94 der Kommission vom 11. 7. 1994, ABl. 1994 L 178, 43.

[190] *Pache*, Der Schutz der finanziellen Interessen der Europäischen Gemeinschaften, S. 236.

[191] Vgl. nur *Bruns*, Der strafrechtliche Schutz der Europäischen Marktordnungen für die Landwirtschaft, 1980, S. 91; *Dieblich*, Der strafrechtliche Schutz der Rechtsgüter der Europäischen Gemeinschaften, S. 245 f.; *Oehler*, FS Jescheck 1985, S. 1407 f.; a. A. *Johannes*, EuR 1968, 108 ff.

[192] Näher dazu *Westphal* NStZ 1998, 555 f.

[193] BGBl. 1998 II S. 2150.

[194] BGBl. 1998 II S. 2327.

mit inländischen Amtsträgern bei **Bestechungshandlungen** gleichgestellt. Außerdem wird die Bestechung ausländischer Abgeordneter im internationalen geschäftlichen Verkehr unter Strafandrohung gestellt.

Nach dem Gesetz zu dem Protokoll vom 27. September 1996 zu dem Übereinkommen über den Schutz der finanziellen Interessen der Europäischen Gemeinschaften (**EU-Bestechungsgesetz**) vom 10. 9. 1998[195] werden ausländische und EU-Amtsträger den inländischen Amtsträgern bei Bestechungshandlungen gleichgestellt.

VI. Anwendungsvorrang des Gemeinschaftsrechts

1. Harmonisierende Wirkung des Anwendungsvorrangs des Gemeinschaftsrechts

Wenn Vorschriften des Gemeinschafts- und des nationalen Rechts denselben Lebensvorgang betreffen, kommen sie grundsätzlich nebeneinander zur Anwendung.[196] Sofern allerdings ein sog. **Kollisionsfall** vorliegt, weil sich die Regelungen widersprechen, hat nach Auffassung des EuGH[197] das Gemeinschaftsrecht Anwendungsvorrang, der bewirkt, daß das Gemeinschaftsrecht in seinem Anwendungsbereich nationales Recht verdrängt bzw. zur Anpassung zwingt.[198] 74

Die Frage, ob das Gemeinschaftsrecht selbst den Vorrang seiner Rechtsnormen anordnet, ist am einfachsten für **Verordnungen** zu beantworten. Für diese bestimmt Art. 249 (ex-Art. 189) Abs. 2 EGV, daß sie in allen Teilen verbindlich sind und unmittelbar in jedem Mitgliedstaat gelten. Diese Anordnung wäre sinnlos, wenn die Verbindlichkeit durch später erlassenes nationales Recht aufgehoben werden könnte.[199] Auch der Vorrang des Primärrechts wird allgemein anerkannt.[200] Hingegen kommt **Richtlinien**, wenn sie zu ihrer Wirksamkeit in der innerstaatlichen Rechtsordnung der Umsetzung durch den zuständigen nationalen Gesetzgeber bedürfen, nur im Falle ihrer unmittelbaren Anwendbarkeit Vorrang vor dem nationalen Recht zu.[201]

2. Vorrang des Gemeinschaftsrechts vor dem nationalen Straf- und Bußgeldrecht

a) Vorrang des Sekundärrechts

Die Vorrangfrage stellt sich auch im Verhältnis des Gemeinschaftsrechts zu den nationalen Strafrechtsordnungen und wird auch für das Strafrecht bejaht.[202] So ging es beispielsweise im Fall *„Auer"* um einen Österreicher, der in Italien Veterinärmedizin studiert hatte. Nach Abschluß seines Examens praktizierte er im Elsaß und verstieß damit gegen einen französischen Straftatbestand, der für eine entsprechende berufliche Tätigkeit ein französisches Diplom forderte. Weil eine von Frankreich noch nicht umgesetzte Richtlinie allerdings die Anerkennung aller in der EG erworbener Diplome vorsah, stellte der EuGH 75

195 BGBl. 1998 II S. 2340.

196 EuGH Slg. 1964, 1251, 1270; vgl. auch *Heise*, Europäisches Gemeinschaftsrecht und nationales Strafrecht, 1998, S. 5 ff.

197 Vgl. grundlegend EuGH Slg. 1963, 1 (*Van Gend & Loos*), BVerfGE 37, 271 (*Solange I*); 73, 339 (*Solange II*).

198 *G. Hoffmann* DÖV 1967, S. 433 ff.; *Lutter* JZ 1992, S. 596.

199 *Gersdorf* DVBl. 1994, 677.

200 *Zuleeg*, Das Recht der europäischen Gemeinschaften im innerstaatlichen Bereich, 1969, S. 155.

201 Näher dazu *Heise*, Europäisches Gemeinschaftsrecht und nationales Strafrecht, S. 9 ff.

202 *Howarth* JCL 1989, 358 f.; vgl. auch EuGH EuZW 1997, 574 ff. (*Tommaso Morellato/Unità Sanitaria Locale [USL] Nr. 11 Pordnone*) zur Unanwendbarkeit einer italienischen Bußgeldvorschrift und EuGH EuZW 1999, 476 ff. (*Antoine Kortas*) zum schwedischen Lebensmittelstrafrecht.

fest, daß das EG-Recht Vorrang vor der nationalen Regelung habe, und hielt das widersprechende französische Recht wegen der Kollision mit dem Gemeinschaftsrecht für nicht anwendbar.[203] Das Gemeinschaftsrecht kann sich im Hinblick auf unterschiedliche Rechtslagen in den Mitgliedstaaten also **strafrechtsbegrenzend** auswirken. Dies gilt auch für das Ordnungswidrigkeitenrecht.

Dem Gemeinschaftsrecht kommt auch Vorrang vor dem nationalen Recht zu, wenn die Frist für die Umsetzung einer Richtlinie nach Begehung der Tat, aber vor der Verurteilung abgelaufen ist, sofern die Vorschriften der Richtlinie für den Angeklagten günstiger als die des nationalen Rechts sind. Denn im Strafrecht ist zum Zeitpunkt der Verkündung des Urteils das mildeste Gesetz anzuwenden.[203a]

b) Vorrang des Primärrechts

76 Entsprechend stellte der EuGH im Fall *„Sagulo"*[204] fest, daß die in Art. 39 (ex-Art. 48) EGV primärrechtlich verankerte **Freizügigkeit der Arbeitnehmer** es verbiete, von Angehörigen der Mitgliedstaaten den Besitz einer allgemeinen Aufenthaltserlaubnis zu verlangen. Damit scheide eine Strafbarkeit nach § 47 Abs. 1 Nr. 2 AuslG aus, denn „die innerstaatlichen Stellen dürfen wegen der Nichtbeachtung einer mit dem Gemeinschaftsrecht unvereinbaren Vorschrift keine Sanktionen verhängen".[205] Außerdem nahm der EuGH zu der Frage der Strafzumessung Stellung und legte dar, daß, wenn ein Angehöriger eines Mitgliedstaats bereits wegen eines Verstoßes gegen die mit dem Gemeinschaftsrecht unvereinbare innerstaatliche Vorschrift verurteilt worden sei, die Rechtskraft es verbiete, diese Verurteilung ungeschehen zu machen. Allerdings dürfe diese Verurteilung von einem erkennenden Gericht in einem neuen Verfahren nicht als strafschärfender Umstand gewertet werden.

c) Strafbarkeitsbegrenzende Funktion des Verhältnismäßigkeitsgrundsatzes

77 Auch der Verhältnismäßigkeitsgrundsatz kann sich begrenzend auf das Strafrecht, insbesondere auf die **strafrechtlichen Sanktionen**,[206] auswirken. So hat der EuGH im Fall *„Casati"*[207] dargelegt, daß die Mitgliedstaaten zwar für die Strafgesetzgebung und die Strafverfahrensvorschriften grundsätzlich zuständig blieben, daß aber das Gemeinschaftsrecht Kontrollmaßnahmen, deren Aufrechterhaltung den Mitgliedstaaten nach dem Gemeinschaftsrecht im Rahmen des freien Waren- und Personenverkehrs gestattet ist, **Schranken** setze: „Die administrativen oder strafrechtlichen Maßnahmen dürfen nicht über den Rahmen des unbedingt Erforderlichen hinausgehen, die Kontrollmodalitäten dürfen nicht so beschaffen sein, daß sie die vom Vertrag gewollte Freiheit einschränken, und es darf daran keine Sanktion geknüpft sein, die so außer Verhältnis zur Schwere der Tat steht, daß es sich als eine Behinderung der Freiheit erweist."[208] Im Fall *„Donckerwolcke"*[209] wurden zwei Belgier, die Textilprodukte aus dem Libanon bzw. aus Syrien in Belgien in den freien Verkehr gebracht hatten, ohne das Ursprungsland entsprechend den nationalen Zollbestimmungen anzugeben, zu einer Geldstrafe in Höhe des Wertes der eingeführten Waren verurteilt. Der EuGH sah in der Verpflichtung, das Ursprungsland anzugeben, zwar keine nach Art. 28 (ex-Art. 30) EGV verbotene Maßnahme mit gleicher

---

[203] EuGH Slg. 1983, 2739 ff. Vgl. auch die Fälle *„Donckerwolcke"*, EuGH Slg. 1976, 1921 ff. und *„Kirk"*, EuGH Slg. 1984, 2689 ff. Näher dazu *Dannecker*, Strafrecht der Europäischen Gemeinschaft, in: *Eser/Huber* (Hrsg.), Strafrechtsentwicklung in Europa, 4.3, S. 77 ff.

[203a] EuGH EuZW 1999, 477 (*Antoine Kortas*).

[204] EuGH Slg. 1977, 1495 ff.

[205] EuGH Slg. 1977, 1504 (*Sagulo*).

[206] Vgl. dazu *Sevenster* CMLR 1992, 46; vgl. auch *Biancarelli/Maidani* Rev. science crim. 1984, 458 ff.

[207] EuGH Slg. 1981, 2595 ff.

[208] EuGH Slg. 1981, 2618.

[209] EuGH Slg. 1976, 1921 ff.

Wirkung wie mengenmäßige Beschränkungen, wandte jedoch den Verhältnismäßigkeitsgrundsatz an und kam zu dem Ergebnis, es dürfe nichts anderes als die Angabe des Ursprungs der Ware gefordert werden, so wie der Händler ihn kennt oder vernünftigerweise kennen kann. Außerdem dürfe, wenn der Importeur die Pflicht zur Angabe des ersten Ursprungs der Ware verletze, keine Sanktion verhängt werden, die zu dem Verstoß angesichts der bloßen Ordnungsfunktion der verletzten Norm außer Verhältnis stehe.[210]

d) Strafbarkeitsbegrenzende Funktion des Diskriminierungsverbots

Neben dem Verhältnismäßigkeitsgrundsatz kann auch das gemeinschaftsrechtliche Diskriminierungsverbot zur Begrenzung des Strafrechts führen, wenn im Zusammenhang mit der **Warenverkehrsfreiheit** oder der **Freizügigkeit der Arbeitnehmer** Handlungen, die einen Gemeinschaftsbezug aufweisen, im Verhältnis zu vergleichbaren Verhaltensweisen mit einem nationalen Bezug strenger geahndet werden. Zu nennen sind hier die Urteile „*Kirk*" und „*Redmond*". Im Fall „*Kirk*" enthielt das vom Vereinigten Königreich ausgesprochene strafbewehrte Fischereiverbot eine ungerechtfertigte Benachteiligung dänischer Fischer, und im Fall „*Redmond*" war das nordirische Schweinevermarktungssystem geeignet, ungerechtfertigte Diskriminierungen herbeizuführen. 78

Im Fall „*Drexl*"[211] war die **Höhe der strafrechtlichen Sanktion** problematisch. Der deutsche Staatsbürger Drexl, der in Italien arbeitete, hatte in Deutschland einen Pkw erworben, die damals 13%ige Mehrwertsteuer bezahlt und den Wagen nach Italien eingeführt. Dort wurde er wegen Bannbruchs verurteilt, weil er bei der Einfuhr des Fahrzeugs nicht die in Italien erhobene Mehrwertsteuer in Höhe von 18% entrichtet hatte. Zum einen stellte sich die Frage, ob bei der Ermittlung der Höhe der Steuerhinterziehung die dem Ausfuhrmitgliedstaat entrichtete Mehrwertsteuer in Anrechnung zu bringen ist; dies hat der EuGH bejaht. Außerdem mußte geklärt werden, ob die vorgesehenen strafrechtlichen Sanktionen mit dem Gemeinschaftsrecht vereinbar waren. Dies war zweifelhaft, weil das italienische Recht für Verstöße gegen die Vorschriften über die Mehrwertsteuer bei der Einfuhr sehr viel höhere strafrechtliche Sanktionen vorsah als bei vergleichbaren Verstößen im Inlandsverkehr. Der EuGH legte dar, daß Sanktionen nicht die Wirkung haben dürfen, die vom EG-Vertrag gewährten Freiheiten zu beeinträchtigen. Insbesondere dürften die angedrohten Sanktionen im Verhältnis zur Schwere des Verstoßes nicht unverhältnismäßig sein.[212] Ein solches Mißverhältnis bestehe im italienischen Recht, das für Verstöße bei der Einfuhr regelmäßig Gefängnisstrafen und die Einziehung der Ware vorsehe, während für vergleichbare Verstöße bei Inlandsgeschäften solche Sanktionen fehlten bzw. nicht allgemein verhängt würden. 79

3. Vorrang des Gemeinschaftsrechts vor dem nationalen Strafverfahrensrecht

Der Fall „*Cowan*"[213] betraf die Vereinbarkeit einer Norm des französischen Strafverfahrensrechts mit dem gemeinschaftsrechtlichen **Diskriminierungsverbot**. Ein britischer Staatsbürger war bei einem Aufenthalt in Paris tätlich angegriffen und schwer verletzt worden. Das französische Strafverfahrensrecht sah für solche Fälle eine Entschädigungspflicht des Staates vor, jedoch unter der Voraussetzung, daß der Betroffene französischer Staatsbürger oder Inhaber einer Fremdenkarte ist oder Staatsangehöriger eines Staates ist, der mit Frankreich ein Gegenseitigkeitsabkommen für die Anwendung der genannten Bestimmungen geschlossen hat. Diese Voraussetzungen lagen in dem konkreten Fall nicht vor. Der EuGH stellte zunächst fest, daß das Straf- und Strafverfahrensrecht grund- 80

[210] EuGH Slg. 1976, 1937; vgl. auch EuGH Slg. 1977, 2280 (*Rivoira*).
[211] EuGH Slg. 1988, 1213 ff.
[212] EuGH Slg. 1988, 1233 f.
[213] EuGH Slg. 1989, 195 ff.

sätzlich in den Zuständigkeitsbereich der Mitgliedstaaten falle, das Gemeinschaftsrecht dieser Zuständigkeit jedoch Schranken setze. „Derartige Rechtsvorschriften dürfen weder zu einer Diskriminierung von Personen führen, denen das Gemeinschaftsrecht einen Anspruch auf Gleichbehandlung verleiht, noch die vom Gemeinschaftsrecht garantierten Grundfreiheiten beschränken".[214]

VII. Gemeinschaftsrechtskonforme Auslegung

1. Gemeinschaftsrechtskonforme Auslegung des gesamten nationalen Rechts

a) Richtlinienkonforme Auslegung

81 Der EuGH vertritt in ständiger Rechtsprechung die Auffassung, daß nationales Recht richtlinienkonform auszulegen ist.[215] Dogmatisch stützt er diese Auffassung auf folgende **Begründung**: „Allerdings ist klarzustellen, daß sich die aus einer Richtlinie ergebende Verpflichtung der Mitgliedstaaten, das in dieser vorgesehene Ziel zu erreichen, sowie die Pflicht der Mitgliedstaaten gemäß Art. 10 (ex-Art. 5) EGV, alle zur Erfüllung dieser Verpflichtung geeigneten Maßnahmen allgemeiner oder besonderer Art zu treffen, allen Trägern öffentlicher Gewalt in den Mitgliedstaaten obliegen, und zwar im Rahmen ihrer Zuständigkeiten auch den Gerichten. Daraus folgt, daß das nationale Gericht bei der Anwendung des nationalen Rechts, insbesondere auch der Vorschriften eines speziell zur Durchführung der Richtlinie 76/207 erlassenen Gesetzes, dieses nationale Recht im Lichte des Wortlauts und der Richtlinie auszulegen hat, um das in Art. 189 Abs. 3 (249 Abs. 3 EGV n. F.) genannte Ziel zu erreichen."

b) Gemeinschaftsrechtskonforme Auslegung

82 Im Jahre 1989 forderte der EuGH, daß **Empfehlungen** gemäß Art. 249 (ex-Art. 189) EGV bei der Auslegung des nationalen Rechts zu berücksichtigen sind, obwohl diese Rechtsform keine Verbindlichkeit aufweist:[216] „Die innerstaatlichen Gerichte sind nämlich verpflichtet, bei den Entscheidungen der bei ihnen anhängigen Rechtsstreitigkeiten die Empfehlungen zu berücksichtigen, insbesondere dann, wenn diese Aufschluß über die Auslegung zu ihrer Durchführung erlassener innerstaatlicher Rechtsvorschriften geben oder wenn sie verbindliche gemeinschaftliche Vorschriften ergänzen sollen."

Im Urteil „*Marleasing*" kommt der EuGH dann zum ersten Mal zu dem Ergebnis, daß sich das Gebot der gemeinschaftsrechtskonformen Auslegung nicht auf Umsetzungsakte beschränkt, sondern – gleich, ob es sich um vor oder nach der Richtlinie erlassene Vorschriften handelt – die Auslegung soweit wie möglich am Wortlaut und Zweck der Richtlinie auszurichten ist, um das mit der Richtlinie verfolgte Ziel zu erreichen.[217] Auch wenn es sich um eine vor der Richtlinie erlassene Vorschrift handelt, muß das nationale Recht somit richtlinienkonform ausgelegt werden. Somit ist davon auszugehen, daß nach Auffassung des EuGH das **gesamte nationale Recht** im Lichte des Wortlauts und Zwecks einer Richtlinie auszulegen ist, sofern es nur in deren Regelungsbereich fällt.[218]

---

214 EuGH Slg. 1989, 222.

215 EuGH Slg. 1984, 1909 *(von Colson und Kamann)*; Slg. 1984, 1942 *(Harz)*; Slg. 1991 I, 4159 *(Marleasing)*.

216 EuGH Slg. 1989, 4421 *(Grimaldi)*.

217 EuGH Slg. 1990 I, 4159 *(Marleasing)*.

218 Eingehend dazu *Brechmann*, Die richtlinienkonforme Auslegung, 1994, S. 69; *Heinrichs* NJW 1995, 154.

2. Gemeinschaftsrechtskonforme Auslegung des nationalen Strafrechts

a) Vorgaben des EuGH bezüglich einer einheitlichen Auslegung im strafrechtlichen und außerstrafrechtlichen Bereich

Auch das Strafrecht ist gemeinschaftsrechtskonform auszulegen und im Lichte des Gemeinschaftsrechts fortzubilden.[219] Dabei geht der EuGH davon aus, daß gemeinschaftsrechtliche Normen stets gleich auszulegen sind, sei es im Rahmen eines außerstrafrechtlichen Verfahrens oder im Rahmen des Strafrechts, wenn dieses außerstrafrechtliche Regeln des Gemeinschaftsrechts in Bezug nimmt.[220] Demgegenüber wird in Deutschland im Strafrecht eine Begrenzung der Sanktionsvorschriften auf tatbestandsmäßig zweifelsfreie Verstöße gefordert, da nur so dem verfassungsrechtlich garantierten Bestimmtheitsgebot Rechnung getragen werden kann.[221] Dies soll gleichermaßen für auf EG-Richtlinien beruhende Sanktionsvorschriften gelten.[222] Hiergegen spricht jedoch, daß nur allgemeine Rechtsgrundsätze zu einer Begrenzung der gemeinschaftsrechtskonformen Auslegung führen können. Das Gebot einer restriktiven Auslegung im Strafrecht ist aber kein solcher Grundsatz. **83**

b) Verfassungsrechtliche Grenzen der gemeinschaftsrechtskonformen Auslegung

Bezüglich der gemeinschaftsrechtskonformen Auslegung des Strafrechts ist zu beachten, daß ein Teil der Literatur[223] diese Auslegungsmethode für das Strafrecht ablehnt. Zur Begründung wird vorgetragen, das EG-Recht dürfe zur Auslegung des Strafrechts generell nicht herangezogen werden. Hierbei handelt es sich jedoch um eine petitio principii: Grenzen für eine gemeinschaftsrechtskonforme Auslegung des Strafrechts können sich lediglich aus verfassungsrechtlichen Vorgaben ergeben. In diesem Zusammenhang kommt als begrenzende Norm der Grundsatz „**nullum crimen sine lege**" in Betracht. Hiernach bildet der mögliche Wortsinn eine Grenze für die Auslegung.[224] **84**

Problematisch wird die **Reichweite der gemeinschaftsrechtskonformen Auslegung** erst dann, wenn ein klar erkennbarer Widerspruch zwischen nationalem Gesetz und Richtlinie oder zwischen einer an einer EG-Richtlinie orientierten Auslegung und nationalem Verfassungsrecht besteht. Hierbei geht es um die Frage, ob die Richtlinie oder Verordnung ein imperatives, andere Auslegungsregeln überspielendes Interpretationsgebot enthält[225] oder ob das Verfassungsrecht bei der Berücksichtigung des EG-Rechts zu beachtende Grenzen statuieren kann.[226]

Gegen eine Anerkennung der gemeinschaftsrechtskonformen Auslegung als ranghöchstes Auslegungsprinzip spricht, daß auch der EuGH die Ansicht vertritt, daß die gemeinschaftsrechtskonforme Auslegung „ihre Grenzen in den allgemeinen Rechtsgrundsätzen, die Teil des Gemeinschaftsrechts sind, und insbesondere in dem Grundsatz der Rechtssicherheit und im Rückwirkungsverbot" finde.[227] In den Entscheidungen „*von Colson und Kamann*" und „*Harz*" erklärte der EuGH den eindeutigen **Wortlaut des Gesetzes** zur Grenze der Auslegung: „Es ist Sache des nationalen Gerichts, das zur Durchführung der **85**

---

219 Näher dazu *Dannecker* JZ 1996, 873; *Hugger* NStZ 1993, 421 ff.; zur richtlinienkonformen Auslegung des Straftatbestandes der Geldwäsche *Vogel* ZStW 109 (1997), 348 ff.

220 EuGH Slg. 1986, 805 ff. *(Gemeinsame Marktorganisation für Wein)*.

221 Grundlegend dazu *K. Tiedemann*, Tatbestandsfunktionen im Nebenstrafrecht, 1969, S. 172 ff.

222 *de Weerth*, Die Bilanzordnungswidrigkeiten nach § 334 HGB unter besonderer Berücksichtigung der europarechtlichen Bezüge, 1994, S. 65 ff.

223 *Hugger* NStZ 1993, 421 ff.

224 *Dannecker*, in: *Schünemann/Suárez González* (Hrsg.), Bausteine eines europäischen Wirtschaftsstrafrechts, S. 345.

225 So z. B. *Everling* RabelsZ (50) 1986, 225, der die Rechtsprechung des EuGH wiedergibt.

226 *Heise*, Europäisches Gemeinschaftsrecht und nationales Strafrecht, S. 109 ff.

227 EuGH Slg. 1987, 3986 *(Kolpinghuis Nijmegen BV)*; vgl. dazu auch *Zuleeg* JZ 1992, 765.

Richtlinie erlassene Gesetz unter voller Ausschöpfung des Beurteilungsspielraums, den ihm das nationale Recht einräumt, in Übereinstimmung mit den Anforderungen des Gemeinschaftsrechts auszulegen und anzuwenden."[228] Der Wortlaut des Gesetzes, aber auch der erkennbar andere Wille des Gesetzgebers muß daher im Strafrecht eine Grenze für die gemeinschaftsrechtskonforme Interpretation bilden.[229]

c) Richtlinienkonforme Auslegung des Abfallbegriffs des § 326 StGB

86 § 326 StGB, dem im Bereich des Umweltstrafrechts eine große praktische Bedeutung zukommt,[230] regelt die umweltgefährdende Abfallbeseitigung. Zentraler Begriff der Absätze 1 und 2 dieser Vorschrift ist der des „Abfalles".[231] Den Tatbeständen der Absätze 1 und 2 liegt dabei ein eigenständiger strafrechtlicher Abfallbegriff zugrunde, der allerdings in enger Anlehnung an die gesetzliche Abfalldefinition des Umweltverwaltungsrechts zu bestimmen ist.[232] Erfaßt werden Stoffe, deren sich der Besitzer, weil er sie nicht weiter zu verwenden beabsichtigt, entledigen will (sog. **„gewillkürter Abfall"**), sowie Stoffe, deren geordnete Entsorgung zur Wahrung des Allgemeinwohls, insbesondere zum Schutz der Umwelt, geboten ist (sog. **„Zwangsabfall"**).[233]

Für die Auslegung des umweltverwaltungsrechtlichen sowie des strafrechtlichen Abfallbegriffs ist nach h. M. das EG-Recht von besonderer Bedeutung. Bezüglich des Abfallbegriffs hat der **EuGH** im Jahre 1990[234] festgestellt, daß der Begriff „Abfall" i. S. des Art. 1 der Richtlinie des Rates 75/442[235] und des Art. 1 der Richtlinie des Rates 78/319[236] Stoffe nicht ausschließe, die wirtschaftlich wiederverwertet werden können. Der Abfallbegriff setze nicht voraus, daß der Besitzer, der sich eines Stoffes oder Gegenstandes entledige, die Absicht haben müsse, jede wirtschaftliche Wiederverwertung durch andere Personen auszuschließen. Zur Begründung führte er an, daß die Ziele der beiden Richtlinien – der Schutz der menschlichen Gesundheit und der Umwelt – beeinträchtigt würden, wenn ihre Anwendung davon abhinge, ob der Besitzer die Absicht habe, die wirtschaftliche Wiederverwendung der Stoffe und Gegenstände, deren er sich entledige, durch andere Personen auszuschließen.[237] Für das italienische Abfallrecht ergaben sich aus diesen Ausführungen Konsequenzen in der Entscheidung *„Zanetti u. a."*, in der der EuGH ausdrücklich erklärt hat, daß eine nationale Regelung, die den Begriff „Abfall" so definiere, daß Stoffe und Gegenstände, die einer wirtschaftlichen Wiederverwendung zugeführt werden könnten, nicht darunter fielen, mit den Richtlinien 75/442 und 78/319 des Rates nicht vereinbar sei.[238]

---

[228] EuGH Slg. 1984, 1909 *(von Colson und Kamann)*; Slg. 1984, 1942 *(Harz)*.

[229] *Beisse* BB 1990, 2012; *Bleckmann*, in: *Leffson/Rückle/Großfeld* (Hrsg.), Handwörterbuch unbestimmter Rechtsbegriffe im Bilanzrecht des HGB, 1986, 28; *ders.*, BB 1984, 1526; vgl. auch *Gröblinghoff*, Die Verpflichtung des deutschen Strafgesetzgebers, S. 51 f.; *Dieblich*, Der strafrechtliche Schutz der Rechtsgüter der Europäischen Gemeinschaften, S. 148 ff.; *Heise*, Europäisches Gemeinschaftsrecht und nationales Strafrecht, S. 151 ff., *Möhrenschlager*, in: *Dannecker* (Hrsg.), Die Bekämpfung des Subventionsbetrugs im EG-Bereich, S. 164.

[230] Siehe dazu *Riettiens*, Der Abfallbegriff im Strafrecht, 1994, S. 30 ff.

[231] Siehe dazu *Riettiens*, Der Abfallbegriff im Strafrecht, S. 46 ff.

[232] So schon BGHSt 37, 21; *Schönke/Schröder-Lenckner*, Strafgesetzbuch, 25. Aufl. 1997, § 326 Rn. 2 a; *Riettiens*, Der Abfallbegriff im Strafrecht, S. 49 ff.; *Rogall*, FS Boujong 1996, S. 807 (810); *Tröndle/Fischer*, Strafgesetzbuch, 49. Aufl. 1999, § 326 Rn. 2.

[233] BGHSt 37, 23 f.; (334, 336); *Lackner/Kühl*, Strafgesetzbuch, 23. Aufl. 1999, § 326 Rn. 2 a; *Tröndle/Fischer*, StGB § 326 Rn. 2.

[234] EuGH Slg. 1990 I, 1461 ff. (*Vessoso und Zanetti*).

[235] Richtlinie 75/442 des Rates über Abfälle, ABl. 1975, Nr. L 194 vom 25. 7. 1975, S. 47.

[236] Richtlinie 78/319 des Rates über giftige und gefährliche Abfälle, ABl. 1978, Nr. L 84 vom 31. 3. 1978, S. 43.

[237] EuGH Slg. 1990 I, 1478.

[238] EuGH Slg. 1990 I, 1509, 1522 (*Zanetti*).

Der **BGH** hat bei der Bestimmung des strafrechtlichen Abfallbegriffs die Auslegung des EuGH übernommen und entschieden, daß gewillkürter Abfall auch dann vorliegt, wenn ein Stoff nach seiner Entsorgung zwar wiederverwertet oder weiterverarbeitet werden kann, der Besitzer sich aber des Stoffes entledigen will, weil dieser für ihn wertlos geworden ist.[239] In der Literatur wird deshalb die Auffassung vertreten, daß die Auslegung des Abfallbegriffs einen Anwendungsfall für die richtlinienkonforme Auslegung im Strafrecht darstelle.[240] Im Ergebnis kommt man auch dann zu einer Anerkennung der richtlinienkonformen Auslegung des strafrechtlichen Abfallbegriffes, wenn man den strafrechtlichen Abfallbegriff als dynamische Verweisung interpretiert, wobei sich die Verweisung auf einen nationalen Abfallbegriff bezieht, der im Lichte europarechtlicher Maßgaben auszulegen ist.[241] **87**

Der Rechtsprechung des EuGH entsprechend wurde der europarechtliche Abfallbegriff durch die **Rahmenrichtlinie** aus dem Jahre 1991[242] konkretisiert; erfaßt werden danach alle Stoffe oder Gegenstände, die unter die in einem Anhang aufgeführten Abfallgruppen fallen und deren sich der Besitzer entledigt, entledigen will oder entledigen muß.[243] Diese Definition hat auch Eingang in das am 7. 10. 1996 in Kraft getretene KrW-/AbfG[244] gefunden. In § 3 dieses Gesetzes wird der gemeinschaftsrechtliche Abfallbegriff übernommen, und es werden sowohl „Abfälle zur Verwertung" wie auch „Abfälle zur Beseitigung" erfaßt.[245] Das deutsche Abfallrecht knüpft an diese Unterscheidung nunmehr organisationsrechtliche Konsequenzen, indem sich die staatliche Entsorgungstätigkeit im Nicht-Hausmüllbereich nur noch auf Abfälle zur Beseitigung bezieht.[246] Die Übernahme des europäischen Abfallbegriffes in das KrW-/AbfG bietet eine Gewähr dafür, daß der bisherige Anwendungsbereich des Abfallstrafrechts nicht eingeschränkt wird,[247] denn angesichts der dynamischen Verweisung im Abfallstrafrecht führt die Änderung des verwaltungsrechtlichen Verweisungsgegenstandes nunmehr zur Heranziehung der Definitionen des KrW-/AbfG.[248] Inhaltlich war die Konkretisierung und Erweiterung des Abfallbegriffes im bisherigen Recht freilich schon im Wege der gemeinschaftsrechtskonformen Auslegung erreicht worden.[249] **88**

d) Richtlinienkonforme Auslegung des Steuerstrafrechts

Das Gemeinschaftsrecht hat vor allem Auswirkungen auf Straftatbestände, die **Blankettgesetze** darstellen oder einen blankettähnlichen Charakter aufweisen[250] und auf EG-rechtliche Regelungen Bezug nehmen. Als Beispiel kann § 370 AO (Steuerhinterziehung) genannt werden, weil dieser Straftatbestand sowohl die Hinterziehung von Zöllen des Gemeinsamen Zolltarifs[251] als auch von Abschöpfungen und Marktordnungsabgaben erfaßt. **89**

---

239 BGHSt 37, 333.

240 *Dannecker* JZ 1996, 873; *K. Tiedemann* NJW 1993, 24 ff.; a. A. *Hugger* NStZ 1993, 422; kritisch auch *Fritsch*, Das neue Kreislaufwirtschafts- und Abfallrecht, 1996, Rn. 833.

241 Siehe dazu *Rogall*, FS Boujong 1996, S. 812; vgl. auch *Riettiens*, Der Abfallbegriff im Strafrecht, S. 29.

242 Richtlinie 91/156/EWG über Abfälle vom 18. 03. 1991, ABl. 1991, Nr. L 78 vom 26. 3. 1991, S. 32.

243 Siehe dazu *Ress*, Stichwort „Europäische Gemeinschaften", in: *Kimminich/von Lersner/Storm* (Hrsg.), Handwörterbuch des Umweltrechts, 2. Aufl. 1994, Bd. I, Sp. 616 f.

244 BGBl. 1994 I S. 2705 ff.

245 Siehe dazu *Frenz*, Kommentar zum Kreislaufwirtschafts- und Abfallgesetz, 1996, § 3 Rn. 6 ff.

246 Siehe dazu *Weidemann* NJW 1996, 2757 ff.

247 *Rogall*, FS Boujong 1996, S. 813.

248 *Fritsch*, Das neue Kreislaufwirtschafts- und Abfallrecht, Rn. 838; *Rogall*, FS Boujong 1996, S. 820 f.; vgl. auch *Heise*, Europäisches Gemeinschaftsrecht und nationales Strafrecht, S. 167 ff.

249 *Schönke/Schröder-Lenckner*, StGB, § 326 Rn. 2 b.

250 *Thomas* NJW 1991, 2234.

251 *Funck-Brentano* EuZW 1992, 745.

In einem Verfahren aus dem Jahre 1990, in dem sich ein Angeklagter gegen den ihm gemachten Vorwurf der **Umsatzsteuerhinterziehung** mit der Behauptung wandte, daß zumindest die Umsätze aus Kreditvermittlungen nach den Gemeinschaftsrichtlinien nicht der Umsatzsteuer unterlegen hätten, hielt die erste Instanz sein Verteidigungsvorbringen für unbeachtlich, weil sie dem Angeklagten nicht glaubte, „daß er bei seinen steuerlichen Fachkenntnissen auch nur im entferntesten davon ausging, daß die deutsche Gesetzgebung durch Europäische Gemeinschaftsrichtlinien außer Kraft gesetzt wird". Der BGH[252] hob das Urteil mit der Begründung auf, daß die darin zum Ausdruck kommende Rechtsauffassung, innerstaatliches Recht gehe dem Gemeinschaftsrecht stets vor, unzutreffend sei. Zwar entfalte die Richtlinie gegenüber dem einzelnen Marktbürger keine unmittelbare Wirkung, sondern wende sich ausschließlich an die Mitgliedstaaten. Letztere seien allerdings verpflichtet, ihr nationales Recht an die Bestimmungen der Richtlinie anzupassen. Erfolge die Umsetzung der Richtlinie nicht innerhalb der vorgesehenen Frist, so könne sich nach ständiger Rechtsprechung des EuGH auch ein einzelner davon betroffener Marktbürger auf die Bestimmungen der Richtlinie berufen, wenn diese so klar umrissen sind, daß sie auch ohne Durchführungsmaßnahmen des nationalen Gesetzgebers angewendet werden können.

e) Richtlinienkonforme Auslegung des Bilanzstrafrechts

90 Mit dem Bilanzrichtliniengesetz vom 19.12. 1985[253] wurden die **Vierte, Siebente und Achte Richtlinie des Rates zur Koordinierung des Gesellschaftsrechts**[254] zusammengefaßt und in deutsches Recht umgesetzt. Die Vorgaben der Richtlinien betreffen vor allem Kapitalgesellschaften und führen in diesem Bereich zu erhöhten Anforderungen an die Rechnungslegung und Bilanzierung. Außerdem werden zusätzliche Strafvorschriften gefordert.[255] So verpflichtet Art. 51 Abs. 3 der Vierten Richtlinie die Mitgliedstaaten, sofern sie bestimmte kleine Kapitalgesellschaften von der Pflicht, Jahresabschluß und Lagebericht überprüfen zu lassen, befreien, Sanktionen für den Fall vorzusehen, daß diese Kapitalgesellschaften Jahresabschluß und Lagebericht nicht ordnungsgemäß erstellen. Da der Gemeinschaftsgesetzgeber offenbar davon ausging, daß die Jahresabschlußprüfung eine hinreichende Kontrolle gewährleistet, sind im Hinblick auf große Kapitalgesellschaften der Richtlinie keine Sanktionen vorgesehen.

Inzwischen wurden auf dem Gebiet der Rechnungslegung weitere Richtlinien erlassen, die sich schwerpunktmäßig mit dem **Jahresabschluß** befassen und daher künftig auch in strafrechtlicher Hinsicht für die Mitgliedstaaten bedeutsam sein können.[256] Hauptdiskussionspunkte bilden die richtlinienkonforme Auslegung des § 264 Abs. 2 HGB (Rechnungslegung)[257] und der Begriff des Jahresabschlußberichts (§ 242 Abs. 3 HGB).[258]

---

252 BGHSt 37, 168ff.; vgl. auch EuGH Slg. 1982, 53.

253 BGBl. 1985 I, 2355.

254 4. Richtlinie 78/660/EWG vom 25.7. 1978 über den Jahresabschluß von Gesellschaften bestimmter Rechtsformen, ABl. 1978, Nr. L 222 vom 14.8. 1978, S. 11; 7. Richtlinie 83/349/EWG vom 18.7. 1983 über den konsolidierten Abschluß, ABl. 1983, Nr. L 193 vom 18.7. 1983, S. 1; 8. Richtlinie 84/253/EWG vom 10.4. 1984 über die Zulassung der mit der Pflichtprüfung der Rechnungslegungsunterlagen beauftragten Personen, ABl. 1984, Nr. L 126 vom 12.5. 1984, S. 20.

255 Zur fehlenden Sanktionierung der Offenlegung des Jahres- und Konzernabschlusses in Deutschland trotz entsprechender Anweisung durch die EG-Richtlinie vgl. *Niessen*, WPg 1991, 200; *de Weerth*, Die Bilanzordnungswidrigkeiten nach § 334 HGB, S. 29ff.

256 Vgl. *Beisse* BB 1990, 2007ff.; Europa-Dokumente: Die Angleichung des Bilanzrechts in der Europäischen Gemeinschaft, EWS 1991, 67ff.

257 Näher dazu *Schüppen*, Systematik und Auslegung des Bilanzstrafrechts, 1993, S. 210ff.

258 Näher dazu *Heise*, Europäisches Gemeinschaftsrecht und nationales Strafrecht, S. 173ff.; *Schüppen*, Systematik und Auslegung des Bilanzstrafrechts, S. 196ff. m. weit. Nachw.

f) Gemeinschaftsrechtskonforme Auslegung des Lebensmittelstrafrechts

Für das deutsche Lebensmittelstrafrecht, in dem die Verantwortung eines Herstellers oder Inverkehrbringers durch die Rechtsfigur der sog. Kettenverantwortung[259] bestimmt wird, stellt sich die Frage, ob die **lebensmittelrechtlichen Sorgfaltspflichten** durch das Gemeinschaftsrecht begrenzt werden.[260] Der Grundsatz der Kettenverantwortung besagt, daß jeder Beteiligte einer Angebotskette gleichermaßen für den ordnungsgemäßen Zustand der gesetzlich bestimmten Tatobjekte, d. h. für deren Übereinstimmung mit sämtlichen lebensmittelrechtlichen Vorschriften, strafrechtlich verantwortlich ist.[261] 91

Die lebensmittelrechtlichen Vorschriften und Sorgfaltspflichten der Mitgliedstaaten stellen geradezu klassische Fälle von **„Maßnahmen gleicher Wirkung wie mengenmäßige Beschränkungen"** im Sinne von Art. 28 (ex-Art. 30) EGV dar. In der „*Dassonville*"-Entscheidung subsumierte der EuGH hierunter „jede Handelsregelung der Mitgliedstaaten, die geeignet ist, den innergemeinschaftlichen Handel unmittelbar oder mittelbar, tatsächlich oder potentiell zu behindern".[262] Im Fall „*Cassis de Dijon*"[263] wurde bestätigt, daß dies auch unterschiedslos für Inlands- und Importprodukte geltende Maßnahmen sein können. Der Grundsatz des freien Warenverkehrs in der Gemeinschaft erfordert nach der Rechtsprechung des EuGH, daß die Einfuhrmitgliedstaaten die in anderen Mitgliedstaaten nach deren Vorschriften rechtmäßig hergestellten und vermarkteten Lebensmittel auf ihrem Hoheitsgebiet auch dann zulassen müssen, wenn diese den Vorschriften des innerstaatlichen Rechts nicht entsprechen.[264] Gegen diese Grundsätze verstoßen nach Ansicht der Europäischen Kommission die strengen Anforderungen der deutschen Gerichte und Behörden an die lebensmittelrechtlichen Sorgfaltspflichten des Importeurs.[265] So vertritt die nationale Rechtsprechung die Auffassung, daß der Importeur seine Sorgfaltspflichten nur dann erfüllt, „wenn er jede importierte Einzelpackung darauf überprüft oder überprüfen läßt, ob sie den deutschen lebensmittelrechtlichen Vorschriften genügt".[266] Die Untersuchungs- und Kontrollpflicht des Importeurs von Waren aus einem Mitgliedstaat der EU soll grundsätzlich unabhängig von bereits vorgenommenen Kontrollen im Herstellungsland gelten. Diese vom Importeur verlangten Maßnahmen führen jedoch zu einer Verteuerung der Importe, da es u. U. zu einer Verdoppelung von Kontrollen und daher zu einer Erhöhung von Kosten kommt. Außerdem ergibt sich aus dem System der strengen Haftung des Importeurs ein Anreiz, auf Importe zu verzichten und inländische Produkte vom nationalen Hersteller zu erwerben.[267]

Bei der gemeinschaftsrechtskonformen Bestimmung der Sorgfaltspflichten ist jedoch auch zu berücksichtigen, daß die Mitgliedstaaten zur Sicherung eines **effektiven Gesundheitsschutzes** zuständig sind, sofern eine Harmonisierung auf Gemeinschaftsebene noch nicht stattgefunden hat.[268] Allerdings sind Importhindernisse zum Zwecke des Ge- 92

---

[259] Vgl. dazu *Hufen*, Verfassungsrechtliche Maßstäbe und Grenzen lebensmittelstrafrechtlicher Verantwortung, 1987, S. 34 ff.

[260] Näher dazu *Heise*, Europäisches Gemeinschaftsrecht und nationales Strafrecht, S. 179 ff.

[261] BGH LRE 2, 41: „Der das Lebensmittelrecht bestimmende Grundgedanke, den Verbraucher vor Gesundheitsschäden oder Übervorteilung zu schützen, legt jedem, der in der Kette vom Hersteller bis zum Verbraucher am Handel mit Lebensmitteln beteiligt ist, die Pflicht auf, zu prüfen, ob die von ihm vertriebene Ware den lebensmittelrechtlichen Anforderungen genügt."

[262] EuGH Slg. 1974, 852.

[263] EuGH Slg. 1979, 664.

[264] EuGH Slg. 1979, 649.

[265] Vgl. die Note der Kommission zur Stellung des Importeurs der Bundesrepublik, EuZW 1990 90 f.

[266] OLG Düsseldorf LRE 26, 353.

[267] Vgl. die Note der Kommission zur Stellung des Importeurs in der Bundesrepublik, EuZW 1990, 90 f.

[268] *Streinz*, Europäisches Lebensmittelrecht unter Berücksichtigung der Auswirkungen auf Österreich, 1994, S. 12.

sundheitsschutzes nur hinzunehmen, wenn sie notwendig sind. Insbesondere dürfen sie nicht zu einer willkürlichen Diskriminierung importierter Erzeugnisse führen. Hieraus folgt, daß Zertifikate aus anderen Mitgliedstaaten anzuerkennen sind, sofern sie mit nationalen Untersuchungen gleichwertig sind. Dies ist dann der Fall, wenn der Ausfuhrstaat vergleichbar hohe Maßstäbe wie das Inland für die Lebensmittelkontrolle vorgibt. Dies hat zur Folge, daß sich der Importeur durch die in einem anderen Mitgliedstaat ausgestellten Bescheinigungen und Untersuchungsbefunde entlasten kann, wenn die ausstellende Stelle ein hinlängliches Maß an Sicherheit und Vertrauenswürdigkeit bietet.[269]

93 Eine weitere Begrenzung der lebensmittelrechtlichen Sorgfaltspflichten ergibt sich nach Auffassung eines Teils der Literatur aus der **Produktsicherheitsrichtlinie** vom 29. 6. 1992[270], die auch auf Lebensmittel Anwendung findet. In Art. 3 der Richtlinie sind die Verkehrspflichten des Herstellers und Händlers so geregelt, daß sie in der Sache weitgehend der im deutschen Schrifttum geforderten sog. Stufenverantwortung entsprechen, welche gegenüber der Kettenverantwortung das differenziertere Institut darstellt und eine Begrenzung der Verantwortlichkeit nicht erst anhand von Zumutbarkeitserwägungen vornimmt. Auch aus diesem Grunde sind die Sorgfaltspflichten des Lebensmittelrechts im Lichte der Produktsicherheitsrichtlinie zu bestimmen.[271]

Für den **lebensmittelrechtlichen Täuschungsschutz** führt das Gemeinschaftsrecht zu einer weitreichenden Begrenzung der nationalen Straf- und Bußgeldvorschriften.[272] So enthält die Richtlinie 79/112/EWG des Rates vom 18.12. 1978 zur Angleichung der Rechtsvorschriften der Mitgliedstaaten über die Etikettierung und Aufmachung von Lebensmitteln sowie die Werbung hierfür[273] spezielle lebensmittelrechtliche Täuschungsvorschriften, von denen auszugehen ist, wenn überprüft werden soll, ob eine Angabe irreführend ist. Eine Auslegung in Anlehnung an die nationale Rechtsprechung zum Irreführungsverbot ohne Berücksichtigung der gemeinschaftsrechtlichen Vorgaben verstieße gegen das Gemeinschaftsrecht.

g) Richtlinienkonforme Auslegung des Verbots der Verbreitung pornographischer Darstellungen

94 Die strafbarkeitsbegrenzende Wirkung des Gemeinschaftsrechts kommt auch bei der **Fernseh-Richtlinie des Rates** der EG aus dem Jahre 1989 zum Tragen,[274] nach der die EG-Staaten durch „angemessene Maßnahmen" zu verhindern haben, daß Sendungen von Fernsehveranstaltern, die ihrer jeweiligen Rechtshoheit unterworfen sind, Pornographie oder grundlose Gewalttätigkeiten enthalten (Art. 22 Abs. 1 der Richtlinie). Jeder Mitgliedstaat ist somit für die von seinem Gebiet aus gesendeten, nicht für die bei ihm empfangenen Programme verantwortlich. Nach Art. 2 Abs. 2 der Richtlinie muß damit jeder Mitgliedstaat auf seinem Gebiet ungehindert empfangen lassen, was der Sendestaat gestattet, auch wenn dadurch Strafrechtsvorschriften verletzt werden. Eine Ausnahme hiervon gilt nur für Fälle wiederholter Verstöße gegen Art. 22 der Richtlinie, wenn ein Ver-

---

269 Dazu *Sammer*, Die Sorgfaltspflichten im Lebensmittelstrafrecht, 1998, S. 165.

270 ABl. 1992, Nr. C 228 vom 4. 9. 1992, S. 24.

271 Vgl. *Dannecker* ZLR 1993, 261; *Heise*, Europäisches Gemeinschaftsrecht und nationales Strafrecht, S. 183 f.; *Meier* ZLR 1992, 567 ff.; *Sammer*, Die Sorgfaltspflichten im Lebensmittelstrafrecht, S. 166 ff.; zum britischen Recht vgl. *Dannecker*, in: *ders.* (Hrsg.), Lebensmittelstrafrecht und Verwaltungssanktionen in der Europäischen Union, S. 207.

272 Eingehend dazu *Dannecker* WiVerw 1996, 190 ff.

273 ABl. 1978, Nr. L 33 vom 2. 3. 1978, S. 1 in der Fassung der Richtlinie 91/72/EWG vom 10. 11. 1991, ABl. 1993, L 42 vom 19. 2. 1993, S. 27; geändert durch die Richtlinie 97/4/EG des Europäischen Parlaments und des Rates vom 27. 1. 1997 zur Änderung der Richtlinie 79/112/EWG zur Angleichung der Rechtsvorschriften der Mitgliedstaaten über die Etikettierung und Aufmachung von Lebensmitteln sowie die Werbung hierfür, ABl. 1997, Nr. L 43 vom 14. 2. 1997, S. 21.

274 Richtlinie 89/552 BBPS, Slg. Nr. IV. 4.7.

stoß gegen das Pornographieverbot vorliegt. Das Pornographieverbot ist ein Begriff des Gemeinschaftsrechts, der gemeinschaftsrechtlich auszulegen ist. Im Hinblick darauf, daß Art. 22 der Richtlinie Pornographie als einen Unterfall der schweren Beeinträchtigung der körperlichen und sittlichen Entwicklung Minderjähriger anführt und sie insoweit der Darstellung „grundloser" Gewalttätigkeit gleichstellt, zielt das gemeinschaftliche Pornographieverbot auf den Schutz Jugendlicher vor der Vermittlung unerwünschter Einstellungen zur Sexualität ab. Hingegen ist – abweichend von der deutschen Rechtslage nach § 184 d StGB – nicht der Schutz Erwachsener vor ungewollter Konfrontation mit Sexualität intendiert.[275]

h) Gemeinschaftsrechtskonforme Auslegung der Straftatbestände des Kernstrafrechts

Im Hinblick auf die **strafrechtliche Produkthaftung** wird diskutiert, ob die Anwendung des Kernstrafrechts als Maßnahme gleicher Wirkung i. S. v. Art. 28, 29 (ex-Art. 30, 34) EGV handlungsbeschränkend wirken kann.[276] Dies wird in bezug auf die strafrechtliche Produkthaftung bejaht, weil die Anwendung des Tatbestandes der fahrlässigen Körperverletzung die Wirkung eines Ein- und Ausfuhrverbotes entfalte, unabhängig von den Grenzwerten, die der gemeinschaftliche oder nationale Normgeber als Ergebnis einer Risikoabwägung und auf der Basis wissenschaftlicher Erkenntnisse festgelegt habe. Zwar werden im nicht harmonisierten Bereich in der Regel die Voraussetzungen des Art. 28 (ex-Art. 30) EGV vorliegen, in dessen Rahmen dem Gesundheitsschutz hohe Bedeutung beizumessen ist. Bedenken gegen nationale Strafurteile bestehen jedoch dann, wenn an die Kausalität im Strafrecht geringere Anforderungen als im EG-Recht zum Nachweis der Gesundheitsschädlichkeit (Art. 28 [ex-Art. 30] EGV) gestellt werden.[277] Im harmonisierten Bereich hingegen, in dem Art. 28 (ex-Art. 30) EGV nicht mehr eingreift, kann das Gemeinschaftsrecht strafrechtsbegrenzende Funktion entfalten, soweit die Gemeinschaft bestimmte Beeinträchtigungen bei der Festsetzung von Grenzwerten als noch zumutbar angesehen hat. In solchen Fällen dürfen, soweit es sich um geringfügige Beeinträchtigungen der Körperintegrität handelt, diese nicht als strafbare Körperverletzungen gewertet werden.[278] 95

Weiterhin wird die Frage aufgeworfen, ob das Gemeinschaftsrecht die Auslegung des nationalen Strafrechts in der Weise beeinflußt, daß der strafrechtliche Rechtsgüterschutz auf **EG-Rechtsgüter** ausgedehnt wird. So könnten Beamte der Gemeinschaftsorgane bei ihrer Tätigkeit durch § 113 StGB geschützt sein.[279] Außerdem könnten die durch Gemeinschaftsorgane ausgestellten Urkunden dem Regelungsbereich der §§ 271 ff. StGB unterfallen. Schließlich sind §§ 129 und 129 a StGB – Bildung krimineller oder terroristischer Vereinigungen – zu nennen, die nach der Rechtsprechung des BGH nur auf Vereinigungen anwendbar sind, die wenigstens eine Teilorganisation im Inland haben. Gemäß Artikel 4 Unterabsatz 1 der gemeinsamen Maßnahme vom 21. 12. 1998 betreffend die Strafbarkeit der Beteiligung an einer kriminellen Vereinigung in den Mitgliedstaaten der Europäischen Union[280] haben die Mitgliedstaaten der EU dafür zu sorgen, daß die Beteiligung an einer kriminellen Vereinigung in ihrem Hoheitsgebiet strafrechtlich ge-

---

275 Näher dazu *Weigend* ZUM 1994, 139 f.

276 *Rönnau* wistra 1994, 203 ff.; vgl. auch *Spannowsky* JZ 1992, 1160 ff.; *ders.* JZ 1994, 327; *K. Tiedemann* NJW 1990, 2231.

277 *Rönnau* wistra 1994, 210.

278 Zur Auslegung des Konkursstrafrechts nach Inkrafttreten der Insolvenzordnung 1999 vgl. *Moosmayer*, Einfluß der Insolvenzordnung 1999 auf das Insolvenzstrafrecht, 1997; vgl. auch *Bieneck* StV 1999, 43 ff.; *Bittmann* wistra 1998, 321 ff.; 1999, 10 ff.; *Höffner* BB 1999, 198 ff., 252 ff.; *Reck* Betrieb und Wirtschaft 1997, 743 ff.; *Uhlenbruck* wistra 1996, 1 ff.; *ders.* ZInsO 1998, 250 ff.

279 *Dieblich*, Der strafrechtliche Schutz der Rechtsgüter der Europäischen Gemeinschaft, S. 157 ff.

280 ABl. 1998, Nr. L 351 vom 29. 12. 1998, S. 1.

ahndet werden kann, und zwar „unabhängig von dem Ort im Hoheitsgebiet der Mitgliedstaaten, an dem die Vereinigung ihre Operationsbasis hat oder ihre strafbaren Tätigkeiten ausübt". Hieraus folgt, daß für das Gebiet der EU an der Einschränkung der §§ 129, 129 a StGB nicht länger festgehalten werden kann. Im Hinblick auf das grundsätzliche Erfordernis eines organisatorischen Anknüpfungspunktes im Inland hat Deutschland der gemeinsamen Maßnahme nach Maßgabe folgender Erklärung zugestimmt: „Deutschland geht davon aus, daß bei der Abstimmung nach Artikel 4 Unterabsatz 2 dem Schwerpunkt der Lokalisierung, d. h. der örtlichen Zuordnung der kriminellen Vereinigung oder eines Teils der Organisation, angemessen Rechnung getragen wird." Angesichts der Tatsache, daß der Wortlaut der §§ 129 und 129 a StGB einer Erweiterung im Wege der Auslegung unter Berücksichtigung der neuen gemeinsamen Maßnahme nicht entgegensteht, ist die bisherige restriktive Auslegung der §§ 129 und 129 a StGB für den Bereich der Europäischen Union nicht mehr haltbar.[281]

VIII. Ausweitung der nationalen Straf- und Bußgeldvorschriften auf Verstöße gegen das Gemeinschaftsrecht durch Blankettstrafgesetze

96 Mehrere nationale Straf- und Bußgeldtatbestände in Form von **Blankettgesetzen** haben in den letzten Jahrzehnten dadurch eine Ausweitung erfahren, daß sie auf EG-Verordnungen verweisen. Zu nennen sind das Lebensmittel- und das Weinstrafrecht, das Steuer- und Zollstrafrecht, das Außenwirtschaftsstrafrecht, das Naturschutz- und Markenstrafrecht sowie Strafnormen des Betriebsverfassungsgesetzes.[282] Dabei entspricht es der h. M. und auch der Rechtsprechung des BVerfG zu EG-Blanketten,[283] daß straf- und bußgeldrechtliche Blankettgesetze, in denen lediglich die wesentlichen Strafbarkeitsvoraussetzungen sowie Art und Maß der Strafe bestimmt sind, die konkrete Beschreibung des Straftatbestandes aber durch die Verweisung auf ausfüllende Vorschriften in unmittelbar geltenden Rechtsakten der EG ersetzt werden, ebenso zulässig sind wie Blankettverweisungen auf nationale Normen.[284]

1. Naturschutzstrafrecht

97 Mit der sog. Artenschutznovelle[285] vom 10. 12. 1986 wurde in § 30 a BNatSchG ein Straftatbestand verabschiedet, der bestimmten, als ahndungswürdig erachteten Formen des nationalen und internationalen Handels mit gefährdeten Arten entgegenwirken soll. Die Auslegung dieser Strafvorschrift war mit erheblichen Problemen verbunden. Beispielhaft genannt sei hier eine Entscheidung des BGH aus dem Jahre 1996 zu dieser Strafvorschrift,[286] in der das Gericht die Vereinbarkeit der Blankettverweisungstechnik mit dem **Demokratieprinzip** und dem **Bestimmtheitsgrundsatz** bestätigt hat. Diese Entscheidung betraf die Strafvorschrift des § 30 a Abs. 2 BNatSchG, nach der sich strafbar macht, wer eine in § 30 Abs. 1 BNatSchG bezeichnete vorsätzliche Handlung begeht, die sich auf eine vom Aussterben bedrohte Art bezieht. Was eine „vom Aussterben bedrohte Art" ist, regelt Anhang A/Anhang I der Verordnung (EWG) Nr. 3626/92 des Rates zur Anwendung des Übereinkommens über den internationalen Handel mit gefährdeten Arten freilebender

---

[281] Vgl. aber *Bubnoff*, in: LK, Strafgesetzbuch, 11. Aufl. 1995, § 129 Rn. 31.

[282] Näher dazu *Moll*, Europäisches Strafrecht durch nationale Blankettstrafgesetzgebung?, 1998, S. 49 ff.

[283] BVerfGE 29, 210.

[284] BVerfGE 75, 342.

[285] BGBl. 1986 I S. 2349.

[286] BGH wistra 1997, 25 ff.

Tiere oder Pflanzen in der Gemeinschaft vom 3.12. 1982,[287] auf die in den Vorschriften des BNatSchG verwiesen wird. Der im BNatSchG verwendete Begriff der „besonders geschützten Art“ wird ebenfalls durch die genannte EG-Verordnung konkretisiert.

In der Literatur werden Bedenken gegen dieses „**unübersichtliche Strafrecht**“ erhoben, das erst aus Einzelregelungen des BNatSchG, der immer wieder geänderten EG-Verordnung und der BArtSchV mit angehängten Katalogen zu ermitteln sei.[288] Demgegenüber hat der BGH zu der Strafnorm des § 30 a i.V. m. § 30 Abs. 1 Nr. 3 BNatSchG entschieden, daß die Verweisung auf die EG-Verordnung als blankettausfüllende Norm weder gegen das Demokratieprinzip noch gegen das Bestimmtheitsgebot verstoße.[289] Der deutsche Gesetzgeber hat nach Auffassung des BGH durch Verwendung der genannten Formulierungen die Voraussetzungen der Strafbarkeit selbst hinreichend genau umschrieben. Das Demokratieprinzip hindere den Gesetzgeber nicht, zur weiteren Spezifizierung des Straftatbestandes auf die Verordnung (EWG) Nr. 3626/82 zu verweisen. Auch das Bestimmtheitsgebot sei nicht verletzt, weil die Verweisung auf die EG-Verordnung allein der weiteren Präzisierung des bereits bestimmten Straftatbestandes diene. Auch eine längere Verweisungskette sei im Nebenstrafrecht üblich und diene der lückenlosen Erfassung komplexer Materien.[290]

Weiterhin hat der BGH[291] in der genannten Entscheidung festgestellt, daß der deut- 98
sche Gesetzgeber nicht gehindert ist, mit seinem strafrechtlichen Artenschutz **weitergehende Maßnahmen** zu ergreifen, als sie in der Verordnung vorgesehen sind. Das hohe strafrechtliche Schutzniveau der deutschen Naturschutzstraftatbestände spielt dabei eine Vorreiterrolle; so bestehen z. B. in Österreich Bestrebungen, den unerlaubten Handel mit gefährdeten Tieren und Pflanzen unter Strafe zu stellen, um nicht hinter den Regelungen in anderen EU-Staaten zurückzubleiben und zu einem Umschlagplatz für gefährdete Arten zu werden.[292]

Durch das **Zweite Gesetz zur Änderung des Bundesnaturschutzgesetzes**[293] vom 99
30. 4. 1998, das am 9. 5. 1998 in Kraft getreten ist, wurde der unbefriedigende Rechtszustand behoben und § 30 a BNatSchG neu geregelt.[294]

2. Weinstrafrecht

Die Sanktionsregelungen des Weinrechts sind vor allem in §§ 67 ff. WeinG enthalten. 100
Das tatbestandsmäßige Verhalten ergibt sich aus den in EG-Verordnungen, dem Weingesetz und in Ausführungsbestimmungen hierzu normierten Ge- und Verboten. Dabei ist das Weinstrafrecht durch eine Vielzahl von überwiegend dynamischen Verweisungen auf das Gemeinschaftsrecht geprägt. Hieraus ergeben sich verfassungsrechtliche Probleme im Hinblick auf den Bestimmtheitsgrundsatz und das Demokratieprinzip.[295] Insbesondere **dynamische Verweisungen**, die sich auf das Verweisungsobjekt in seiner jeweils geltenden Fassung beziehen, stellt sich die Frage nach deren Verfassungsmäßigkeit,[296] weil der Gesetzgeber selbst die Voraussetzungen der Strafbarkeit bestimmen muß und diese Entscheidungen nicht der Exekutive überlassen darf.

---

287 ABl. 1982, Nr. L 384 vom 31. 12. 1982, S. 1.

288 *Weber*, Naturschutz mit den Mitteln des Straf- und Ordnungswidrigkeitenrechts, 1991, S. 86 ff. m. weit. Nachw.

289 BGH wistra 1997, 25 ff.

290 BGH wistra 1997, 26.

291 BGH wistra 1997, 27.

292 Vgl. dazu *Höpfel*, FS Triffterer, 1996, S. 430 f.

293 BGBl. 1998 I S. 823.

294 Näher dazu *Pfohl* wistra 1999, 161 ff.

295 Eingehend dazu *Koch*, Weinrecht, 3. Aufl. 1991, Erläuterungen: Strafe und Bußgeld, S. 11 ff.; s. aber auch BGH wistra 1997, 25 ff.

296 *Krey* EWR 1981, 109, 143.

3. Lebensmittelstrafrecht

101 Das **„Zweite Gesetz zur Änderung des Lebensmittel- und Bedarfsgegenständegesetzes"** vom 25. 11. 1994[297] ergänzt die lebensmittelrechtlichen Straf- und Bußgeldvorschriften durch die §§ 56 ff. LMBG, die strafrechtliche Sanktionen für Verstöße gegen das Recht der Europäischen Gemeinschaft vorsehen. Hierbei hat der Gesetzgeber allerdings darauf verzichtet, die Rechtsverordnungen der Gemeinschaft bzw. die unmittelbar geltenden gemeinschaftsrechtlichen Regelungen, die sanktionsbewehrt sein sollen, ausdrücklich zu benennen, während hinsichtlich der Verstöße gegen deutsches Recht eine solche ausdrückliche Bezeichnung vorliegt. Vielmehr stellt er nur auf die inhaltliche Entsprechung des unmittelbar geltenden Gemeinschaftsrechts mit dem Inhalt der Sanktionsnormen des deutschen Rechts ab und überläßt dem deutschen Verordnungsgeber die eigentliche Ausfüllung der Blankettgesetze. In der Amtlichen Begründung heißt es hierzu: „Außerdem wird eine Blankettvorschrift in das Lebensmittel- und Bedarfsgegenständegesetz eingefügt, die die zügige Strafbewehrung von unmittelbar geltendem Gemeinschaftsrecht durch den Erlaß von Rechtsverordnungen ermöglicht."[298] Die straf- und bußgeldrechtlichen Blankettnormen verweisen damit nicht – wie die Blankettstraf- und -ordnungswidrigkeitengesetze im Zusammenhang mit Verstößen gegen nationales Lebensmittelrecht – auf *bestimmte*, d. h. konkret benannte Tatbestände im EG-Recht, sondern auf nationale Rechtsverordnungen, die erst festlegen sollen, welche EG-rechtlichen Ge- und Verbote sanktioniert sind. Der weitere, zusätzliche Verweis in der Verordnungsermächtigung des § 60 LMBG auf die Blankettvorschriften der §§ 51 ff. LMBG hat dabei lediglich den Zweck, eine inhaltliche Anknüpfung an die Verstöße gegen deutsches Recht hervorzuheben.

102 Es ist äußerst zweifelhaft, ob diese vom Gesetzgeber gewählte Technik den Anforderungen des **Art. 103 Abs. 2 GG** an die **Bestimmtheit und Vorhersehbarkeit von Strafnormen** gerecht wird.[299] Das BVerfG[300] spricht nämlich Art. 103 Abs. 2 GG neben der freiheitssichernden Funktion des Bestimmtheitsgebots – der Bürger soll sich am Strafgesetz orientieren und die möglichen Fälle strafbaren Handelns vorhersehen können – eine gewaltenteilungssichernde Funktion zu: Der Gesetzgeber muß über die wesentlichen Voraussetzungen der Strafbarkeit – d. h. „ob und in welchem Umfang er ein bestimmtes Rechtsgut, dessen Schutz ihm wesentlich erscheint, gerade mit den Mitteln des Strafrechts verteidigen will"[301] – entscheiden. Außerdem muß den Anforderungen des Art. 80 GG Rechnung getragen werden. Nach der Rechtsprechung des Bundesverfassungsgerichts muß eine Ermächtigungsnorm inhaltlich bereits „so substantiiert sein, daß schon aus ihr, nicht erst aus der ermächtigten Verordnung erkennbar und vorhersehbar wird, was vom Bürger gefordert werden kann."[302] Die Strafbarkeit muß also auf Grund des Gesetzes vorhersehbar sein. Als Gesetz, welches die Grundlage der Bestimmtheit und Vorhersehbarkeit bietet, kommt es daher nicht auf die Ermächtigungsnorm im Sinne des Art. 80 GG (§ 60 LMBG), sondern auf die die Strafandrohung enthaltende Vorschrift, also auf die §§ 56 ff. LMBG selbst, an.[303]

Zwar hat der Gesetzgeber in den §§ 56 ff. LMBG den Zweck der Sanktionen hinreichend festgelegt. Durch die bloße **„Entsprechensklausel"**, d. h. die Formulierung „... die inhaltlich... entspricht", fehlt es aber an einer ausreichenden Vorhersehbarkeit des Inhalts der Blankettstrafgesetze, weil sich ohne Zuhilfenahme der Rechtsverordnungen nach

---

297 BGBl. 1994 I S. 3538; zur Rechtslage in Österreich vgl. *Kert* JBl 1999, 87 ff.

298 BT-Drucks. 12/6992, S. 12.

299 Näher dazu *Dannecker/Görtz-Leible*, Entsanktionierung der Straf- und Bußgeldvorschriften des Lebensmittelrechts, 1996, S. 88 ff.; vgl. auch *Moll*, Europäisches Strafrecht durch nationale Blankettstrafgesetzgebung?, S. 119 ff.

300 BVerfGE 75, 341.

301 BVerfGE 71, 115.

302 BVerfGE 14, 185 m. weit. Nachw.

303 Vgl. BVerfGE 14, 253.

§ 60 LMBG weder bestimmen noch vorhersehen läßt, welche Ge- und Verbote des unmittelbar geltenden Gemeinschaftsrechts als Straftat oder Ordnungswidrigkeit geahndet werden sollen und wann dies der Fall sein soll. Der Gesetzgeber muß aber – wie sich aus dem Grundgesetz ergibt – die maßgebenden Vorschriften selbst setzen. „Er darf sich nicht in der Weise der Verantwortung entziehen, daß er einen Teil der Gesetzgebung auf die Exekutive überträgt."[304] Bei Strafgesetzen gelten diesbezüglich, wie das Bundesverfassungsgericht ausführt, besondere Anforderungen: „Der Gesetzgeber muß die Ermächtigung zur Strafandrohung im Gesetz unzweideutig aussprechen und dabei Inhalt, Zweck und Ausmaß der Ermächtigung so genau umreißen, daß die Voraussetzungen der Strafbarkeit und die Art der Strafe für den Bürger schon aus der Ermächtigung und nicht erst aus der auf sie gestützten Verordnung voraussehbar sind."[305] Gerade diese Anforderungen werden aber in der Ermächtigungsnorm des § 60 LMBG nicht erfüllt, weil es dem Verordnungsgeber hier letztlich überlassen bleibt, „zu bezeichnen" und damit konstitutiv festzulegen, welche Tatbestände als Straftat nach § 56 Abs. 1 und § 57 LMBG bzw. als Ordnungswidrigkeit nach § 58 Abs. 2 Nr. 1 oder § 59 Abs. 1 LMBG geahndet werden können.

4. Marken- und Patentstrafrecht

Eine mit den §§ 56 ff. LMBG vergleichbare Regelung findet sich in **§ 144 Abs. 2 MarkenG**, der die strafbare widerrechtliche Benutzung geographischer Herkunftsangaben regelt. Nach § 144 Abs. 1 MarkenG wird bestraft, wer im geschäftlichen Verkehr widerrechtlich eine geographische Herkunftsangabe, einen Namen, eine Angabe oder ein Zeichen benutzt. Nach Abs. 2 wird ebenso bestraft, wer im geschäftlichen Verkehr widerrechtlich eine nach Rechtsvorschriften der Europäischen Gemeinschaften geschützte geographische Angabe oder Ursprungsbezeichnung benutzt, soweit eine Rechtsvorschrift nach Abs. 6 für einen bestimmten Tatbestand auf diese Strafvorschrift verweist. In § 144 Abs. 6 MarkenG wird das Bundesministerium der Justiz ermächtigt, durch Rechtsverordnung ohne Zustimmung des Bundesrats die Tatbestände zu bezeichnen, die als Straftaten nach Abs. 2 geahndet werden können, soweit dies zur Durchsetzung des in Rechtsvorschriften der Europäischen Gemeinschaft vorgesehenen Schutzes von geographischen Angaben und Ursprungsbezeichnungen erforderlich ist. 103

Der Gesetzgeber ist mit dieser strafrechtlichen Regelung seiner allgemeinen Verpflichtung aus **Art. 10 (ex-Art. 5) EGV** auf dem Gebiet des Schutzes eingetragener Bezeichnungen im Sinne der Verordnung 2081/92 nachgekommen, indem er den Anwendungsbereich des Strafrechts auf den gemeinschaftsrechtlichen Schutzgegenstand entsprechend dem nationalen Schutz ausgeweitet hat. Diese Ergänzung der Strafvorschrift des § 144 MarkenG ist durch das Inkrafttreten der Verordnung 40/94/EG des Rates vom 20. 12. 1993 über die Gemeinschaftsmarke[306] erforderlich geworden.[307]

Um die Schwächen des derzeitigen Systems zu überwinden und **neuartige geistige Eigentumsrechte** zu schützen, wurde die Verordnung (EG) Nr. 241/1999 zur Änderung der Verordnung (EG) Nr. 3295/94 zum Verbot der Überführung **nachgeahmter Waren** und unerlaubt hergestellter Vervielfältigungsstücke oder Nachbildungen in den freien Verkehr erlassen.[308] Durch diese Änderung wird das Verfahren zum Schutz des geistigen Eigentums auf **Patente** ausgedehnt, und die Zollbehörden können bei Waren in Freizonen und Freilagern sowie bei allen verdächtigen Waren tätig werden, die sich unter Zollkontrolle 104

[304] *Maunz*, in: *Maunz/Dürig/Herzog*, Kommentar zum Grundgesetz, Stand Juni 1998 Art. 80 Rn. 28.

[305] BVerfGE 14, 185 f.

[306] ABl. 1994, Nr. L 8 vom 12. 1. 1994, S. 1 ff.

[307] Weitergehend *Schmidl*, Bekämpfung der Produktpiraterie in der Bundesrepublik Deutschland und in Frankreich, 1999, S. 154 ff., der einen gemeinschaftsweit einheitlichen strafrechtlichen Schutz fordert.

[308] ABl. 1999, Nr. L 27 vom 2. 2. 1999, S. 1 ff.

befinden. Auch diesbezüglich stellt sich die Frage nach der Ausweitung des strafrechtlichen Schutzes entsprechend den gemeinschaftsrechtlichen Vorgaben.

5. Strafrechtlicher Schutz der betriebsverfassungsrechtlichen Organe und ihrer Mitglieder und Geheimnisschutz

105 Ein weiteres Beispiel für die Ausweitung des nationalen Strafrechts auf Verstöße gegen das Gemeinschaftsrecht bildet das Gesetz über die Europäischen Betriebsräte (EBRG), durch das die EG-Richtlinie 94/45/EWG umgesetzt wurde, um die grenzüberschreitende Unterrichtung und Anhörung der Arbeitnehmer in gemeinschaftsweit tätigen Unternehmen und Unternehmensgruppen zu verbessern. Nach § 42 BetrVG ist u. a. strafbar, wer die Bildung und Tätigkeit des Europäischen Betriebsrats behindert oder stört oder ein Mitglied oder Ersatzmitglied der im Gesetz geregelten Organe um seiner Tätigkeit willen benachteiligt oder begünstigt. Weiterhin ist strafbar, wer als Arbeitnehmervertreter oder Sachverständiger Betriebs- oder Geschäftsgeheimnisse offenbart, die als Folge der amtlichen Tätigkeit bekanntgeworden sind. Ergänzend zu diesen Strafvorschriften wird in den **§§ 44, 45 EBRG** die Verletzung bestimmter Aufklärungs- und Auskunftspflichten durch den Arbeitgeber mit Geldbuße bedroht.

Diese Sanktionsvorschriften entsprechen den Straf- und Ordnungswidrigkeitentatbeständen der **§§ 119 ff. BetrVG**, die dem nationalen Schutz der betriebsverfassungsrechtlichen Organe und ihrer Mitglieder und dem Geheimnisschutz dienen.[309] Voraussetzung für eine Strafverfolgung ist in allen Fällen ein Strafantrag, der vom Betriebsrat bzw. einem anderen betriebsverfassungsrechtlichen Organ oder einer im Betrieb vertretenen Gewerkschaft gestellt werden kann.

C. Bekämpfung von Unregelmäßigkeiten zu Lasten des Haushalts der Europäischen Gemeinschaft

106 Die Bekämpfung von Unregelmäßigkeiten zu Lasten des EG-Haushalts stellt einen Schwerpunkt im Bereich der Einflußnahme des Europarechts auf das nationale Wirtschaftsstrafrecht der Mitgliedstaaten dar. Solche Unregelmäßigkeiten sollten nach Ansicht der europäischen Organe, d. h. des Europäischen Parlaments,[310] des Europäischen Rats und der EG-Kommission, insbesondere durch den Einsatz des Strafrechts bekämpft werden.[311] In diesem Bereich, in dem seit Jahren die Diskussion um die Harmonisierung des Strafrechts in der EG dominiert, konnte eine weitgehende Angleichung der Rechtsvorschriften in den Mitgliedstaaten erzielt werden,[312] so daß der Schutz der EG-Finanzinteressen eine Vorreiterrolle auf dem Weg zu einem **vereinheitlichten Strafrecht** einnimmt. Besonders hervorzuheben ist das „Corpus Juris der strafrechtlichen Regelungen zum Schutz der finanziellen Interessen der Europäischen Union".[313]

Im folgenden wird zunächst zum EG-Haushalt als Angriffsobjekt der Unregelmäßigkeiten Stellung genommen (I.). Anschließend wird der strafrechtliche Schutz der EG-Finanzinteressen dargestellt und ein Überblick über die Zuständigkeit nationaler und ge-

[309] Näher zum strafrechtlichen Schutz der betriebsverfassungsrechtlichen Organe und ihrer Mitglieder *Dannecker*, FS Gitter 1995, S. 167 ff.

[310] Entschließung des Europäischen Parlaments, ABl. 1979, Nr. C 39 vom 12. 02. 1979, S. 30 ff.

[311] Näher dazu *Dannecker*, Strafrecht der Europäischen Gemeinschaft, in: *Eser/Huber* (Hrsg.), Stafrechtsentwicklung in Europa, 4.3., S. 174 ff. m. weit. Nachw.

[312] Vgl. dazu den Überblick bei *Böse*, Strafen und Sanktionen im Europäischen Gemeinschaftsrecht, passim; und bei *Dannecker*, Artikel „Europäische Gemeinschaft und Strafrecht", in: *Ulsamer* (Hrsg.), Lexikon des Rechts, Strafrecht, S. 492.

[313] *Delmas-Marty* (Hrsg.), Corpus Juris der strafrechtlichen Regelungen zum Schutz der finanziellen Interessen der Europäischen Union, 1998; eingehend dazu Rn. 179.

meinschaftlicher Behörden gegeben (II.). Sodann folgt eine Übersicht über den Schutz der Finanzinteressen durch Verwaltungssanktionen und Kontrollmaßnahmen der Kommission (III.).

I. Der EG-Haushalt als Angriffsobjekt

1. Finanzielle Interessen der EG

Der Schutz der **finanziellen Interessen der Europäischen Gemeinschaft** gegen Wirtschaftsstraftaten stellt seit mehreren Jahren ein vorrangiges Problem für die Strafrechtspraxis und Strafgesetzgebung dar. Dies ist vor allem dadurch bedingt, daß die Fremdfinanzierung der EG durch Beschluß des Rates vom 21. 4. 1970 auf Eigenfinanzierung umgestellt worden ist.[314] Der Begriff der finanziellen Interessen der EG umfaßt sowohl die Einnahmen als auch die Ausgaben sowie alle sonstigen von der Gemeinschaft oder in ihrem Auftrag verwalteten Finanzmittel. 107

a) Einnahmen der Europäischen Gemeinschaft

Die **Einnahmen der EG** setzen sich aus einem Beitrag auf der Grundlage des Bruttosozialproduktes der Mitgliedstaaten, aus Mehrwertsteuereinnahmen der Mitgliedstaaten[315] und aus Zöllen sowie aus Agrarbeiträgen und anderen Einfuhrabgaben im Rahmen der gemeinsamen Agrarpolitik zusammen.[316] Durch die Hinterziehung von Zöllen wird das Finanzaufkommen der Europäischen Gemeinschaft unmittelbar und durch nationale Steuerhinterziehung mittelbar geschmälert. 108

b) Ausgaben der EG

Die finanziellen Interessen der Gemeinschaft betreffen auch die Ausgaben, d. h. die **Mittelverwendung der EG** nach Maßgabe des Haushaltsplans. Es geht um das Interesse der Gemeinschaft, daß die für bestimmte Zwecke vorgesehenen Finanzmittel auch tatsächlich zu diesem Zweck eingesetzt werden. 109

Die Ausgaben betreffen hauptsächlich **Subventionen und sonstige Beihilfen**, die in unterschiedlicher Art und unter verschiedenster Bezeichnung gewährt werden. Mit ihnen sollen diejenigen Ziele verwirklicht werden, die in Art. 2 und 3 EGV umschrieben sind. Neben den Sozial-, Regional- und Forschungsfonds kommt vor allem dem Europäischen Ausrichtungs- und Garantiefonds für die Landwirtschaft (EAGFL) ein hoher Stellenwert zu. Wegen seiner Funktion für die Agrarmarktpolitik der Europäischen Gemeinschaft weist dieser Fonds den größten Umfang auf. Auch in diesen Bereichen treten Manipulationen zur Erlangung unberechtigter Beihilfen und Subventionen auf, die den EG-Haushalt unmittelbar schädigen.

c) Schadensumfang

Die Schäden, die der EG durch solche Delikte entstehen, können nicht detailliert bestimmt werden. Im Jahre 1994 machten die (aufgedeckten) Subventionserschleichungen ca. 1,5 % des Gesamthaushaltsplans aus.[317] Jedoch muß von einem **Dunkelfeld** in Höhe 110

---

314 ABl. 1970, Nr. L 94 vom 28. 4. 1970, S. 9 ff.

315 VO (EWG, Euratom) Nr. 1553/89 über die endgültige einheitliche Regelung für die Erhebung der Mehrwertsteuereigenmittel, ABl. 1989, Nr. L 155 vom 7. 6. 1983, S. 9.

316 Vgl. dazu die Übersicht bei *Rump*, in: *Dannecker* (Hrsg.), Die Bekämpfung des Subventionsbetrugs im EG-Bereich, 1993, S. 45; vgl. auch *Prieß*, in: *Groeben/Thiesing/Ehlermann* (Hrsg.), Kommentar zum EU-/EG-Vertrag, 5. Aufl. 1997, Art. 209 a Rn. 15.

317 Erläuternder Bericht zum Übereinkommen über den Schutz der finanziellen Interessen der Europäischen Gemeinschaften, ABl. 1997, Nr. C 191 vom 23. 6. 1997, S. 3.

von 10–15 % ausgegangen werden.[318] Im Jahre 1998 ging allein UCLAF in 5000 Fällen einem Betrugsverdacht nach; die Schadenssumme lag hier bei 1 Milliarde Euro.

2. Funktionsweise des Agrarmarkts und der Strukturfonds

a) Agrarmarkt

111 Die Mitgliedstaaten haben auf dem Agrarsektor alle Kompetenzen an die Europäische Gemeinschaft abgetreten. Die EG greift lenkend in dieses Marktsegment ein, indem sie künstlich erhöhte Preise schafft, um so den Landwirten ein Einkommen auf einem relativ hohen Niveau zu ermöglichen. Rechtliche Bestimmungen dazu finden sich in gemeinschaftsrechtlichen Marktordnungsgrundverordnungen[319] und dem deutschen Marktordnungsgesetz (MOG).[320] Damit die teueren EG-Produkte auf dem Weltmarkt dennoch konkurrenzfähig bleiben, werden den Exporteuren für Ausfuhren in Drittländer Erstattungen – der Sache nach handelt es sich hierbei um Exportsubventionen – in Höhe der Differenz zwischen Weltmarkt- und EG-Preis gewährt. Diese **Ausfuhrerstattungen** haben somit das Ziel, den hohen EG-Binnenmarktpreis bei der Ausfuhr auf das Niveau des Weltmarkts herunterzuschrauben, um die Produkte exportfähig zu machen.

Um zugleich den Markt der Europäischen Gemeinschaft vor preiswerten Importen aus Drittländern abzuschirmen, werden in großem Umfang von den Importeuren von Waren aus Drittländern, die nicht bevorzugt behandelt werden, **Einfuhrzölle** erhoben. Dadurch wird der Weltmarktpreis für Marktteilnehmer in der EG künstlich auf den EG-Preis angehoben. Der Importeur zahlt den vereinbarten Weltmarktpreis an seinen Lieferanten im Drittland und die Abschöpfungen an die zuständigen Stellen in der EG. Die erforderliche Überprüfung bei der Einfuhr obliegt den nationalen Zollbehörden, denn die Zölle stehen den nationalen Steuern gleich (vgl. § 3 Abs. 1 S. 2 AO, Art. 4 Nr. 10 Zollkodex).

112 Weiterhin werden durch Interventionen der EG große saisonale Überschüsse vom Markt genommen. Die dafür zuständigen **Interventionsstellen** müssen zu einem festgesetzten Preis Agrarerzeugnisse wie Getreide, Reis, Fette und Tabak innerhalb der Europäischen Gemeinschaft aufkaufen, zwischenlagern und vernichten (denaturieren) oder in umgewandelter Form (z. B. Butterschmalz statt Butter) in ein Entwicklungsland exportieren. Der mit der Umwandlung beauftragte Unternehmer erhält eine Denaturierungsprämie. Den Erzeugern von Produkten wie Getreide, Reis, Ölsaaten, Oliven, Milch und Zucker wird ein Mindestpreis garantiert. Für Produkte wie Schweinefleisch, Fisch, Eier, Wein, Obst und Gemüse bestehen partielle Preisgarantien und/oder Produktions- oder Verbrauchsbeihilfen. Daneben sind Produktions- und Lagerkostenabgaben vorgesehen.

113 Schließlich werden seit 1992 ergänzend zu den Ausfuhrerstattungen **direkte Beihilfen** an die Landwirte gewährt, weil sich die Erstattungen beim Export und die Zölle beim Import von Waren als besonders kriminalitätsanfällig erwiesen haben.[321] Solche Beihilfen umfassen Stillegungsprämien für Ackerflächen, flächenbezogene Ausgleichszahlungen an Erzeuger von Produkten wie Getreide, Ölsaaten und Eiweißpflanzen, wenn abhängig von der Konjunktur Flächen stillgelegt werden, Schlachtprämien z. B. für Rinder usw.[322] Für die Vergabe dieser Prämien sind die Landwirtschaftsämter zuständig. Bei Unregelmäßigkeiten ist die Staatsanwaltschaft darauf angewiesen, von diesen Dienststellen die

---

[318] *Sieber* SchweizZStR 1996, 358 f.; *K. Tiedemann,* FS Pfeiffer 1988, S. 104 ff.; *Dannecker,* JZ 1996, 875 m. weit. Nachw.

[319] Z. B. in der EG-Ausfuhrerstattungsverordnung VO (EWG) Nr. 3665/87, ABl. 1987, Nr. L 351 vom 14. 12. 1987, S. 1 ff.

[320] BGBl. 1995 I S. 1146 ff.

[321] *Dannecker,* in: *ders.* (Hrsg.), Die Bekämpfung des Subventionsbetrugs im EG-Bereich, 1993, S. 24 ff.

[322] Nachweise bei *Sieber* SchweizZStR 1996, 367 Fn. 37–39.

erforderlichen Informationen über möglichen Mißbrauch zu erhalten; dies stellt ein allgemeines Problem der Strafverfolgung dar.

b) Strukturfonds

aa) Wirtschaftsförderung

Mehr als ein Drittel des EG-Haushalts fließt in Förderprogramme der EU. Den bedeutendsten Teil der Wirtschaftsförderung machen Strukturfonds aus. Im Förderzeitraum 1994–1999 stehen über 280 Milliarden DM (143 Milliarden Euro) zur **Förderung strukturschwacher Regionen** zur Verfügung. Sie verteilen sich auf verschiedene Fördertöpfe, nämlich den Europäischen Fonds für regionale Entwicklung (EFRE),[323] den Europäischen Sozialfonds (ESF),[324] den Europäischen Ausrichtungs- und Garantiefonds für die Landwirtschaft (EAGFL),[325] das Finanzierungsinstrument zur Ausrichtung der Fischereiwirtschaft (FIAF)[326] und den Kohäsionsfonds.[327] Zu den Fördergebieten in Deutschland zählen auch die neuen Bundesländer und die in der Umstellung befindlichen ehemaligen Grenzgebiete. Die Strukturfonds vergeben Zuschüsse zu den Fördermaßnahmen, die von den Mitgliedstaaten bzw. deren Projektträgern kofinanziert werden. Erhebliche Beträge werden auch für die einzelnen Politiken der Gemeinschaft, etwa die Verkehrspolitik, Forschungs-, Energie- und Industriepolitik, sowie für Entwicklungshilfeaufgaben verwendet.[328] 114

Über die **Verwendung der Mittel** entscheidet nicht die EG, sondern der jeweilige Mitgliedstaat. Die Brüsseler Kommission prüft nur die Kohärenz geplanter Maßnahmen mit den Strukturfondsverordnungen. Empfänger können Unternehmen sein, die etwa in strukturschwachen Gebieten investieren oder modernisieren wollen, oder auch Gebietskörperschaften für die Verbesserung der Infra- oder Fremdenverkehrsstruktur. Bei der Vergabe von EG-Mitteln haben nicht nur die zuständigen Bundes- und Landesbehörden, sondern auch die Organe der EG ein Kontrollrecht.

bb) Förderung von Forschung und technischer Entwicklung

Neben den Strukturfonds sind weiterhin EG-Förderprogramme zur Forschung und technologischen Entwicklung zu nennen. Hierbei wird die grenzüberschreitende Zusammenarbeit von Wissenschaftlern an Hochschulen und in Unternehmen mit dem Ziel gefördert, die langfristige **Wettbewerbsfähigkeit** der EG auf den Weltmärkten zu sichern. 115

cc) Förderung in den Bereichen Ausbildung, Soziales und Kultur

Daneben gibt es Programme zugunsten eines **„Europa der Bürger"** in Form von Ausbildungs-, Sozial- und Kulturförderung. Schließlich werden Maßnahmen zur **Zusammenarbeit mit Drittländern** gefördert. Dabei geht es um die Umstrukturierung der mittel- und osteuropäischen Volkswirtschaften und um die Gewährung von Entwicklungshilfe im engeren Sinne. Zu den Mittelempfängern gehören auch Unternehmen, die bereit sind, im Rahmen von joint ventures zusammenzuarbeiten. 116

---

323 VO (EWG) Nr. 4254/88 zur Durchführung der VO (EWG) Nr. 2052/88 in bezug auf den Europäischen Fonds für regionale Entwicklung, ABl. 1988, Nr. L 374 vom 31. 12. 1988, S. 15.

324 Beschluß des Rates 83/516 EWG über die Aufgaben der Europäischen Sozialfonds, ABl. 1983, Nr. L 289 vom 22. 10. 1983, S. 38; ABl. 1985, Nr. L 370 vom 31. 12. 1985, S. 40.

325 VO (EWG) Nr. 4256/88 zur Durchführung der VO (EWG) Nr. 2052/88 hinsichtlich des EAGFL, Abteilung Ausrichtung, ABl. 1988, Nr. L 374 vom 31. 12. 1988, S. 25 i. d. F. der VO (EWG) Nr. 2085/93, ABl. 1993, Nr. L 193 vom 31. 7. 1993, S. 44.

326 VO (EWG) 2847/93 zur Einführung einer Kontrollregelung für die gemeinsame Fischereipolitik, ABl. 1993, Nr. L 261 vom 20. 10. 1993, S. 1.

327 VO (EG) Nr. 1164/94 zur Errichtung des Kohäsionsfonds, ABl. 1994, Nr. L 130 vom 28. 5. 1994, S. 1.

328 Zusammenfassend *Pache*, Der Schutz der finanziellen Interessen der Europäischen Gemeinschaften, S. 52 f.

3. Allgemeine Erscheinungsformen von Wirtschaftskriminalität zu Lasten des EG-Haushalts

117 Die Unregelmäßigkeiten[329] und Manipulationen zu Lasten des EG-Haushalts beziehen sich vor allem auf die Beantragung von Subventionen und sonstigen Beihilfen sowie auf die Nichtabführung von Zöllen. Alle Steuer-, Zoll- und Subventionsnormen kommen als **Ansatzpunkte für Rechtsverletzungen**, die eine Strafbarkeit begründen können, in Frage.[330]

Dabei liegt der **Anreiz zur Begehung von Straftaten** zum einen in der dirigistischen Agrarpolitik der EG, die mit einer erheblichen Normenflut verbunden ist.[331] So wird beispielsweise im Tarifsystem der EG eine „Kombinierte Nomenklatur" verwendet, die mehr als 10 000 verschiedene achtstellig bezifferte Warennummern aufweist,[332] so daß die Rechtslage äußerst unübersichtlich ist. Zum anderen setzt die EG erhebliche Geldflüsse entgegen den Marktbedingungen in Bewegung, die dazu verleiten, Gewinne zu realisieren, die auf einem freien Markt niemals erzielt werden könnten.

a) Hinterziehung von Abgaben

118 Im Rahmen der Hinterziehung von Zöllen bei der Einfuhr von Waren in die EG spielt die klassische Methode der **unterlassenen Anmeldung** eine gewichtige Rolle. Noch bedeutsamer sind in diesem Zusammenhang **Falschanmeldungen** der Warenmenge nach Zahl und Gewicht sowie unrichtige Angaben bezüglich der Warengattung oder deren Qualität. Wenn zu geringe Warenmengen angegeben werden, werden entsprechend niedrige Zölle erhoben. Gleiches gilt für unrichtige Angaben hinsichtlich der Warengattung oder deren Qualität. Sofern die Qualität von Waren zu niedrig eingestuft wird, werden geringere Zölle und Abschöpfungen als gesetzlich vorgesehen erhoben.

Weiterhin sind die Fälle **falscher Angaben** bezüglich des **Ursprungslandes** der Waren von Bedeutung, vor allem im Hinblick auf diejenigen Länder, denen Präferenzen beim Absatz ihrer Erzeugnisse im Gebiet der EG eingeräumt worden sind. Ebenso können falsche Angaben hinsichtlich der **Warenbestimmung** zur Hinterziehung von Abgaben führen, wenn die Abgabenhöhe von der Verwendung der Produkte oder von ihrem Bestimmungsland innerhalb oder außerhalb der EG abhängt.[332a]

b) Erschleichung von Subventionen

119 Das Vorgehen bei der Erschleichung von Subventionen bei der Ausfuhr von Waren in Drittländer entspricht im wesentlichen demjenigen bei der Hinterziehung von Abgaben bei der Einfuhr. Auch in diesem Bereich finden sich **unrichtige Angaben** bezüglich Menge, Gewicht, Gattung und Ursprungsland der Waren. Während beim Import hochwertige Produkte als minderwertige Ware bezeichnet oder zu geringe Mengen angegeben werden, um nicht den vollen Betrag der Zölle bezahlen zu müssen, werden bei der Ausfuhr minderwertige Erzeugnisse als hochwertige deklariert oder zu hohe Exportmengen angemeldet, um dadurch in den Genuß einer überhöhten Ausfuhrerstattung zu gelangen. Hinzu kommen Falschanmeldungen hinsichtlich des Bestimmungslandes und des Verwendungszwecks der ausgeführten Waren.

---

[329] Zum Begriff der Unregelmäßigkeiten vgl. *Prieß*, in: *Groeben/Thiesing/Ehlermann* (Hrsg.), Kommentar zum EU-/EG-Vertrag, Art. 209 a Rn. 7 ff. m. weit. Nachw.

[330] *Sieber* SchweizZStR 1996, 362.

[331] *K. Tiedemann,* FS Pfeiffer, S. 103.

[332] *Sieber* SchweizZStR 1996, 364. Näher dazu siehe die Erläuterungen zur kombinierten Nomenklatur der Europäischen Gemeinschaften, ABl. 1998, Nr. C 287 vom 15. 9. 1998, S. 1 ff.

[332a] *Rump,* in: *Leitner* (Hrsg.), Aktuelles zum Finanzstrafrecht, 1999, S. 75 ff.

c) Erschleichung sonstiger Beihilfen und Vergünstigungen

Die Unregelmäßigkeiten beschränken sich nicht auf den Handel mit Drittstaaten. Auch **innerhalb der EU** werden zahlreiche Beihilfen und Vergünstigungen gewährt, die zu Unrecht in Anspruch genommen werden können. Unregelmäßigkeiten treten hier insbesondere in folgenden Bereichen auf: begünstigte Verwendung von Butter zur Herstellung von Backwaren und Speiseeis, Subventionierung privater Lagerhaltung von Schweinefleisch, Zahlung von Prämien für die Denaturierung von Getreide, Gewährung von Prämien an die Erzeuger von Rind- und Schaffleisch, Falschangaben hinsichtlich der Referenzmenge für Milch. 120

d) Handeln im Bereich der „Grauzone"

Zahlreiche Unregelmäßigkeiten betreffen den Bereich der „Grauzone".[333] Viele spektakuläre Fälle beziehen sich auf die **Ausnutzung von Gesetzeslücken**.[334] Hierbei sind die Erscheinungsformen rechtlich in zwei unterschiedliche Bereiche aufzuteilen, zum einen in Scheingeschäfte, bei denen entweder überhaupt keine Handlung oder aber eine solche Handlung vorgenommen wird, die eine andere Handlung verdeckt, zum anderen in Umgehungsgeschäfte, deren Besonderheit darin besteht, daß eine Lücke im Gesetz oder jedenfalls eine schlechte Formulierung der gesetzlichen Regelung im Einklang mit ihrem Wortlaut, aber entgegen ihrem Sinn ausgenutzt wird.[335] Der Fehler liegt bei der Umgehung also beim Gesetz- oder Verordnungsgeber. Grundsätzlich gilt: Je detaillierter die Regelung ist, um so zahlreicher sind die Umgehungsmöglichkeiten. Das EG-Recht ist mit seiner an der französischen Gesetzgebung ausgerichteten detaillierten Ordnungstechnik, durch die sichergestellt werden soll, daß die nationalen Verwaltungsbehörden keinen Ermessensspielraum bei der Bestimmung der Vergabevoraussetzungen haben sollen, besonders anfällig für solche Umgehungen.[336] Lücken können z. B. bei sog. dissonanten Tarifen vorliegen. Dabei ist für die Ausfuhr von Waren aus dem Binnenmarkt eine Exporterstattung vorgesehen, die höher ist als die spiegelbildliche Abgabenbelastung bei der Einfuhr.[337] Daraus erwächst ein Anreiz, dieselbe Ware leicht verändert zuerst aus-, dann wieder einzuführen (z. B. auf dem Wege Deutschland–Schweiz–Italien). 121

Scheingeschäfte werden in den meisten Rechtsordnungen als rechtlich unbeachtlich behandelt (vgl. § 117 Abs. 1 BGB). Die Beurteilung der **Umgehungsgeschäfte** sowohl auf EG-Ebene als auch in den Mitgliedstaaten war lange Zeit problematisch.[338] Der Mißbrauch gemeinschaftsrechtlicher Vorschriften ist durch die formale Einhaltung bestehender Regelungen gekennzeichnet. Sein Unrechtsgehalt ergibt sich aus der Zielrichtung der Schädigung der finanziellen Interessen der EG, die aus der sonst wirtschaftlich sinnlosen Gestaltung von Rechtsgeschäften abzuleiten ist.[339] Mittlerweile ist durch die verbindliche und unmittelbar geltende „Verordnung (EG, EURATOM) des Rates über den Schutz der finanziellen Interessen der Europäischen Gemeinschaften" vom 18. 12. 1995 dieses Problem dadurch behoben, daß Umgehungsgeschäfte ausdrücklich für rechtlich unbeachtlich erklärt werden. Diese Umgehungsklausel, die § 4 SubvG entspricht, 122

---

333 Vgl. ABl. 1977, Nr. C 157 vom 5. 6. 1977, S. 1; ABl. 1986, Nr. C 321 vom 15. 12. 1986, S. 51 ff.

334 Vgl. dazu die Beispielsfälle bei *Dannecker*, in: *ders.* (Hrsg.), Die Bekämpfung des Subventionsbetrugs im EG-Bereich, S. 29 ff.; *K. Tiedemann* NJW 1990, 2230.

335 *Dannecker*, in: *ders.* (Hrsg.), Die Bekämpfung des Subventionsbetrugs im EG-Bereich, S. 29 ff.; *K. Tiedemann* NJW 1990, 2230.

336 *K. Tiedemann* NJW 1990, 2230; *Reisner*, Die Strafbarkeit von Schein- und Umgehungshandlungen in der EG, 1995, S. 25 ff.

337 Vgl. *Sieber* SchweizZStR 1996, 370 f. mit weiteren Fällen.

338 Näher *K. Tiedemann* NJW 1990, S. 2230 f.; *Dannecker* ZStW 108 (1996), S. 582 f.

339 Näher dazu *Reisner*, Die Strafbarkeit von Schein- und Umgehungshandlungen in der EG, S. 295 ff.; *Vogel*, in: *Schünemann/Suárez González* (Hrsg.), Bausteine des europäischen Wirtschaftsstrafrechts, S. 154 f., 173 ff.

findet auch im Strafrecht Anwendung, so daß die Strafbarkeit jetzt auch im Bereich der „Grauzone“ begründet ist.[340]

e) Sonstige Verschleierungsmaßnahmen

123 Als weitere Besonderheiten, die Wirtschaftsstraftaten zu Lasten des EG-Haushaltes aufweisen, können gezielte Einflußnahmen genannt werden, die bis zur **Bestechung** von Zollbeamten oder Tierärzten reichen können. Zur Verschleierung der tatsächlichen Umstände bedienen sich die Täter oft **gefälschter Urkunden** (Versandscheine, Präferenznachweise, Ursprungszeugnisse, veterinärärztliche Zeugnisse). Stempelfälschungen sind hier besonders verbreitet. Es werden auch häufig **Gesellschaften** mit dem Ziel **gegründet** und eingeschaltet, den wirtschaftlich Berechtigten und im Haftungsfalle Verpflichteten sowie die Herkunfts- und Bestimmungsländer zu verschleiern.

Die Beeinträchtigung der EG-Finanzinteressen findet häufig durch **organisierte Kriminalität** statt, die sich die genannten Umstände besser zunutze machen kann. Dabei ist nicht nur an die Mafia oder ähnliche Ringe von Straftätern (insbesondere Schmugglerringe) zu denken, die nur zum Zwecke krimineller Machenschaften existieren.[341]

Auch Unternehmen, die im übrigen einer legalen Geschäftstätigkeit nachgehen, kommen als Täter des sog. **„occupational crime“** in Frage. Teilweise werden sie durch den Konkurrenzdruck seitens betrügerischer Wettbewerber geradezu in die Kriminalität gedrängt, wenn sie nicht aus dem Markt verdrängt werden wollen. Die fraglichen Unternehmen sind häufig kleinere Handelsgesellschaften mit bis zu 10 Angestellten. Nur wenige leitende Mitarbeiter sind in die betrügerischen Praktiken eingeweiht.[342]

II. Strafrechtlicher Schutz der EG-Finanzinteressen

124 Auf vorsätzliche (und leichtfertige) Schädigungen der Finanzinteressen der EG finden grundsätzlich die **Straf- und Bußgeldtatbestände des nationalen Rechts** Anwendung. Um sicherzustellen, daß alle Mitgliedstaaten einen hinreichenden strafrechtlichen Schutz gewähren, wurden Übereinkommen, die sich auf den Schutz der finanziellen Interessen der EG beziehen, geschlossen.[343]

1. Schutz der Gemeinschaftseinnahmen

125 Auf der Einnahmenseite werden die EG-Finanzinteressen insbesondere durch die Verkürzung von Zöllen und Steuern beeinträchtigt. Hierauf finden in Deutschland der Straftatbestand der **Steuerhinterziehung** und der Ordnungswidrigkeitentatbestand der leichtfertigen **Steuerverkürzung** Anwendung.

a) Marktordnungsverstöße

126 Aus der Fülle der **Hinterziehung von Einfuhrzöllen** ragen die Marktordnungsverstöße durch Verschleierung von Abschöpfungsvoraussetzungen hervor. Einige Beispiele sollen

---

[340] Art. 4 Abs. 3 der VO erfaßt „Handlungen, die nachgewiesenermaßen die Erlangung eines Vorteils, der den Zielsetzungen der einschlägigen Gemeinschaftsvoraussetzungen zuwiderläuft, zum Ziel haben, indem künstlich die Voraussetzungen für die Erlangung dieses Vorteils geschaffen werden“.

[341] Vgl. dazu Erwägungsgründe zum Übereinkommen über den Schutz der finanziellen Interessen der Europäischen Gemeinschaften, ABl. 1995, Nr. 316 vom 27. 11. 1995, S. 49, sowie den Erläuternden Bericht zum Übereinkommen über den Schutz der finanziellen Interessen der Europäischen Gemeinschaften, ABl. 1997, Nr. C 191 vom 23. 6. 1997, S. 1.

[342] Zum Vorstehenden vgl. *Sieber* SchweizZStR 1996, 369 ff.

[343] Näher dazu oben Rn. 27 ff.

das Vorgehen der Täter verdeutlichen:[344] Die Täter importieren hochwertiges ausländisches Fleisch als Schlachtabfälle. Eine weitere, in der Praxis häufig auftretende Erscheinungsform ist, daß die Täter zur Verschleierung Zertifikate der Behörden des Lieferlandes fälschen. Die Begehung von Steuer- und Zollverkürzungen wird nicht selten dadurch erleichtert, daß die zur Untersuchung jeder Sendung verpflichteten Tierärzte unzulässigerweise auf eine Beschau verzichten. Teilweise wäre eine Beschau allerdings nicht zur Aufdeckung von Unregelmäßigkeiten geeignet, weil z. B. bei zerkleinertem Fleisch eine serologische Untersuchung nicht möglich ist.[345] Weiterhin können **Herkunftszeugnisse von Drittlandswaren** gefälscht werden, indem z. B. als Ursprungsland ein zollfreies Land angegeben wird. Solche Fälschungen sind vor dem Hintergrund zu sehen, daß die EG-Kommission kurzfristig Ausfuhrzölle erheben kann, um das Hereindrängen von Billigware aus Drittländern auf den EG-Markt zu verhindern. Die Täter vermeiden durch die Manipulationen die hohen Einfuhrzölle, indem sie als Herkunftsland ein Drittland angeben, das nicht mit hohen Zöllen belastet ist.

Besonders manipulationsanfällig ist das sog. **externe Versandverfahren**.[346] In diesem **127**
Verfahren werden Waren unter zollamtlicher Kontrolle von einem Ort an der Außengrenze der EG zu einem anderen befördert, ohne daß die Waren in der EG verbleiben sollen. Manipulationen sind für die Täter bei hochbesteuerten Waren wie Zigaretten und Alkohol besonders attraktiv. Bei ordnungsgemäßem Ablauf des Versandverfahrens werden die Zölle zunächst nicht erhoben. Es muß jedoch eine Sicherheit bei der Abgangszollstelle gestellt werden. Treffen die Waren bei der Bestimmungszollstelle ein, trägt diese auf dem Versandschein das Ergebnis ihrer Kontrollen ein. Ein Rückschein geht dann an die Abgangszollstelle, die die geleistete Sicherheit freigibt. Die Täter konnten jahrelang schon dadurch Gewinne machen, daß sie die Waren in die EG einführten und die Sicherheit einfach verfallen ließen, denn diese entsprach in ihrer Höhe nicht dem Wert der zu entrichtenden Einfuhrzölle. Die Vollstreckung in die gestellte Sicherheit brachte daher keinen hinreichenden Ausgleich. Dieser Mißstand wurde mittlerweile behoben.[347] Aber auch bei abschreckenden Sicherheitsleistungen bleibt das Versandverfahren manipulationsanfällig. Die Täter fälschen die Rückscheine und täuschen der Abgangszollstelle dadurch vor, daß die Waren ordnungsgemäß bei der Bestimmungszollstelle eingetroffen seien. Die Aufdeckung wird durch die hohe Zahl an Versandvorgängen, überlastete Zollstellen und gut organisierte Deliktsbegehung erschwert.

b) Straftatbestände

Als Straftatbestand kommt in diesem Bereich neben den **Urkundsdelikten** die **Steuerhinterziehung** (§ 370 AO) in Betracht. Die Anwendbarkeit dieser nationalen Normen **128**
für Straftaten zu Lasten der EG-Einnahmen ergibt sich ausdrücklich aus den sog. **Assimilationsklauseln** der §§ 3 Abs. 1 S. 2, 370 Abs. 6 AO sowie § 1 Abs. 3 ZollG und § 2 Abschöpfungsgesetz.[348] § 370 AO erfaßt hinsichtlich der EG-relevanten Einnahmen die Hinterziehung der Mehrwertsteuer und der Zölle (§ 3 Abs. 1 S. 2 AO, Art. 4 Nr. 10 Zollkodex).[349] Bei § 370 Abs. 6 AO ist zu beachten, daß als objektive Strafbarkeitsbedingung

---

[344] Zu weiteren Tatbegehungsweisen vgl. die Betrugsbekämpfungsberichte der EG-Kommission; siehe dazu krit. auch Sonderbericht des Rechnungshofes der EG, ABl. 1998, Nr. C 230 vom 22. 7. 1998, S. 1 ff.

[345] Vgl. *Sieber* SchweizZStR 1996, 365.

[346] Vgl. *Sieber* SchweizZStR 1996, 362 ff.

[347] Vgl. Europäische Kommission, Schutz der finanziellen Interessen der Gemeinschaft, Betrugsbekämpfung, Jahresbericht 1995, S. 26 ff.

[348] Zur Rechtslage in anderen europäischen Staaten vgl. *Dannecker* ZStW 108 (1996), 585 ff.; vgl. auch *Stoffers* EuZW 1994, 306.

[349] Eingehend dazu *Bacigalupo*, in: *Dannecker* (Hrsg.), Die Bekämpfung des Subventionsbetrugs im EG-Bereich, S. 148 ff.

für eine Verfolgung im Inland die Gegenseitigkeit der Strafverfolgung verbürgt sein muß.[350] In Fällen leichtfertiger Tatbegehung liegt eine Ordnungswidrigkeit nach § 378 AO vor.

2. Schutz der Gemeinschaftsausgaben

129 Auf der Ausgabenseite werden die EG-Finanzinteressen insbesondere durch die rechtswidrige Inanspruchnahme von Subventionen und Erstattungen beeinträchtigt. Hierauf finden in Deutschland die Straftatbestände des **Subventionsbetrugs** und des **Betrugs** Anwendung.

a) Betrügerische Verhaltensweisen

130 Auf der **Ausgabenseite** werden die finanziellen Interessen der EG durch vielgestaltige Formen von Subventionserschleichungen beeinträchtigt. Die größten Schäden entstehen wiederum im Bereich des Agrarmarktes. Agrarausfuhren aus dem Binnenmarkt werden durch den EAGFL subventioniert. Daneben interveniert die EG durch ein kompliziertes System von Beihilfen an Landwirte und andere agrarische Erzeuger; auch solche Beihilfen können erschlichen werden. Die Tatbegehungsweisen entsprechen in verschiedener Hinsicht denen bei der Hinterziehung von Abgaben.

Beispielsweise kommt das **externe Versandverfahren** zum Zuge. Exportware wird überwiegend an Binnenzollstellen abgefertigt und den Ausgangszollstellen durch Versand zugeführt. Die Täter erreichen durch Fälschung von Versandscheinen und Bestechung von Zollbeamten, daß im Binnenmarkt verbliebene Ware als exportiert bestätigt wird. Die Ware kann auch tatsächlich ausgeführt worden sein, aber unter Tarnladungen versteckt oder mit falschen Papieren wieder eingeführt werden.[351] Daran können sich Hinterziehungsstraftaten anschließen, wie sie oben geschildert wurden. **Täuschungen über die Menge oder Qualität** der ausgeführten Ware verlaufen genau spiegelbildlich zu den Manipulationen bei der Abgabenhinterziehung. Wieder können neben dem Tatbestand des Subventionsbetrugs Urkunds- und Bestechungsdelikte vorliegen. **Quotenregelungen** wie bei Milch und Milchprodukten können unterlaufen werden, indem eine zweite Buchführung aufgebaut und so über die tatsächlich hergestellte Menge getäuscht wird. **Strukturfondsmittel** können erschlichen werden, indem die Täter die Tatbestandsvoraussetzungen für die Förderwürdigkeit oder tatsächlich nicht erbrachte Leistungen vortäuschen oder indem Nebenbestimmungen und Auflagen nicht beachtet werden.[352]

b) Straftatbestand des Subventionsbetrugs

131 Die zentrale Strafrechtsnorm zur Erfassung solcher Unregelmäßigkeiten ist der Tatbestand des Subventionsbetrugs gemäß § 264 StGB.[353] Die 1976 in das StGB eingefügte Norm bringt gegenüber dem Tatbestand des § 263 StGB eine dahingehende Beweiserleichterung, daß kein durchlaufender Kausalzusammenhang zwischen Täuschungshandlung, Irrtumserregung, Vermögensverfügung und Vermögensschaden erforderlich ist.[354] § 264 StGB verzichtet auf den Eintritt einer Verletzung oder konkreten Gefährdung des Vermögens. Es handelt sich also um ein **abstraktes Gefährdungsdelikt**.[355]

§ 264 StGB wurde durch das Gesetz zu dem Übereinkommen vom 26. Juli 1995 über den Schutz der finanziellen Interessen der Europäischen Gemeinschaften (EG-Finanz-

---

350 Vgl. zu § 370 Abs. 6 und 7 AO *Keßeböhmer/Schmitz* wistra 1995, 1 ff.

351 Vgl. *Sieber* SchweizZStR 1996, 365 f.

352 Vgl. *Sieber* SchweizZStR 1996, 367 f.

353 Vgl. *K. Tiedemann* NJW 1990, 2227; *Thomas* NJW 1991, 2236; zur Rechtslage in anderen europäischen Staaten *Dannecker* ZStW 108 (1996), 590 f.

354 Vgl. *K. Tiedemann*, in *LK*, § 264 Rn. 16.

355 BGHSt 34, 267 ff.; *Schönke/Schröder-Lenckner*, StGB, § 264 Rn. 5.

schutzgesetz)[356] geändert. Die **Ausdehnung des Subventionsbegriffs** auf Leistungen an Private sowie auf andere Zwecke als die der Wirtschaftsförderung gilt nur für Subventionen nach dem Gemeinschaftsrecht. Dies hat dazu geführt, daß der Tatbestand des Subventionsbetruges von zwei unterschiedlichen Subventionsbegriffen ausgeht, je nachdem, ob es sich um eine Subvention nach nationalem oder nach Gemeinschaftsrecht handelt. Während nationale Subventionen nur dann § 264 StGB unterfallen, wenn es sich um Leistungen aus öffentlichen Mitteln nach Bundes- oder Landesrecht an Betriebe oder Unternehmen handelt, die wenigstens zum Teil ohne marktmäßige Gegenleistungen gewährt werden und der Förderung der Wirtschaft dienen sollen, sind gemäß § 264 Abs. 7 S. 1 Nr. 2 StGB Leistungen „aus öffentlichen Mitteln nach dem Recht der Europäischen Gemeinschaften" bereits dann geschützt, wenn sie wenigstens zum Teil ohne marktmäßige Gegenleistung gewährt werden. Weder muß es sich um Wirtschaftssubventionen handeln, noch muß der Empfänger ein Betrieb oder Unternehmen sein. Die Legaldefinition des § 264 Abs. 7 S. 1 Nr. 2 StGB ist bei EG-Subventionen regelmäßig erfüllt, insbesondere bei Ausfuhrerstattungen und Beihilfen an Unternehmen aus Sozial- und Regionalfonds. Weniger eindeutig ist die Rechtslage bei Interventionszahlungen der Interventionsstelle und bei Lagerbeihilfen. Für die Abgrenzung von Betrug und Subventionsbetrug ist entscheidend, ob die Leistung von einer Gegenleistung abhängig ist. Während in der Praxis teilweise die Auffassung vertreten wird, marktmäßige Gegenleistungen seien bei Interventionszahlungen nicht erkennbar, so daß es sich um Subventionen handele, sind andere der Meinung, daß die Voraussetzungen einer Subvention nicht vorlägen, so daß die strengeren Voraussetzungen des § 263 StGB erfüllt sein müßten.[357] Häufig wird schon angesichts des Wortlauts, der lediglich eine teilweise Freiheit von einer Gegenleistung voraussetzt, § 264 StGB einschlägig sein.

Unterschiede sollen sich für Subventionen nach EG-Recht auch dadurch ergeben, daß **132**
auf das Erfordernis der Bezeichnung durch den Subventionsgeber als **subventionserheblich** nach § 264 Abs. 8 StGB bei EG-Subventionen verzichtet werden soll,[358] weil diese Einschränkung in dem Übereinkommen über den Schutz der finanziellen Interessen der EG nicht vorgesehen ist. Dadurch soll für EG-Subventionen ein Tatbestandsmerkmal, das der Gesetzgeber im Interesse der Rechtsklarheit und der Vorhersehbarkeit für den Bürger eingeführt hat, entfallen. Diese Auffassung verstößt jedoch gegen Art. 103 Abs. 2 GG, da dem Gesetz eine solche Einschränkung nicht entnommen werden kann.

Als **Tathandlung** wurde neben unrichtigen und unvollständigen Angaben und dem pflichtwidrigen Inunkenntnislassen durch § 264 Abs. 1 Nr. 2 StGB die Verpflichtung aus Art. 1 Abs. 1 a des Übereinkommens vom 26. 7. 1995 umgesetzt und das Verwenden eines Gegenstandes oder einer Geldleistung entgegen der Verwendungsbeschränkung unter Strafandrohung gestellt. Nach früherem Recht war die mißbräuchliche Verwendung von Mitteln zu anderen Zwecken als denen, zu denen sie ursprünglich gewährt worden sind, nicht generell erfaßt. Sie ist auch nicht durch den allgemeinen Betrugstatbestand des § 263 StGB abgedeckt. Vielmehr erfaßte § 264 Abs. 1 Nr. 2 StGB a. F. nur Fälle, in denen eine Verpflichtung bestand, die Absicht, eine Subvention entgegen einer Verwendungsbeschränkung zu verwenden, rechtzeitig vorher anzuzeigen, wie dies z. B. § 3 Abs. 2 SubvG vorsieht. Diese Vorschrift ist aber nicht auf Subventionen nach europäischem Recht anwendbar.[359]

Als einen **besonders schweren Fall** des Subventionsbetrugs begründende Umstände **133**
nennt der Erläuternde Bericht[360] beispielhaft Rückfalltaten, einen entsprechend hohen

[356] BGBl. 1998 II S. 2322.

[357] So auch *K. Tiedemann* NJW 1990, 2227. Zur Diskussion vgl. *Dieblich*, Der strafrechtliche Schutz der Rechtsgüter der Europäischen Gemeinschaften, S. 110 ff.

[358] BT-Drucks. 7/5291 S. 13.

[359] *K. Tiedemann*, in: LK, § 264 Rn. 92 f.

[360] Erläuternder Bericht zum Übereinkommen über den Schutz der finanziellen Interessen der Europäischen Gemeinschaften, ABl. 1997, Nr. C 191 vom 23. 6. 1997, S. 6.

Grad an Organisiertheit, die Zugehörigkeit des Täters zu einer kriminellen Vereinigung oder einer organisierten Bande oder die Bestechlichkeit von Beamten. Diese Erwägungen hat der deutsche Gesetzgeber aufgegriffen und die bandenmäßige Begehung in § 264 Abs. 3 i.V. m. § 263 Abs. 5 StGB als Regelbeispiel für einen besonders schweren Fall eingeführt. Die bandenmäßige Hinterziehung von Eingangsabgaben oder des Bannbruchs ist bereits durch § 373 AO als qualifizierter Tatbestand erfaßt.

134 Bei **leichtfertiger Begehungsweise** kommt nach § 264 Abs. 4 StGB lediglich ein niedrigerer Strafrahmen zur Anwendung; es handelt sich nicht wie bei der leichtfertigen Steuerverkürzung um eine bloße Ordnungswidrigkeit.[361] Leichtfertigkeit setzt voraus, daß der Täter grob fahrlässig, „an der Grenze zum Vorsatz" gehandelt hat.[362]

135 Nach § 264 Abs. 5 StGB wird wegen **tätiger Reue** straffrei, wer freiwillig verhindert, daß aufgrund der Tat die Subvention gewährt wird, oder, wenn die Subvention ohne sein Zutun nicht gewährt wird, sich freiwillig und ernsthaft bemüht hat, die Gewährung zu verhindern.

136 Nach § 6 Nr. 8 StGB (**Weltrechtsprinzip**) unterliegt der Subventionsbetrug unabhängig vom Tatortrecht auch bei einer Auslandstat dem deutschen Strafrecht. Somit können Ausländer auch dann in Deutschland vor Gericht gestellt werden, wenn sie in anderen EU-Ländern oder in Drittländern einen Subventionsbetrug zum Nachteil der EG begangen haben. Begehen Deutsche die Tat im Ausland, greift § 7 Abs. 2 Nr. 1 StGB ein.

3. Zuständigkeit für die Verfolgung von Unregelmäßigkeiten zu Lasten des EG-Haushalts

a) Zuständigkeit der Wirtschaftsstrafkammer

137 Gemäß § 74 c Abs. 1 Nr. 5 GVG ist die **Wirtschaftsstrafkammer** für Subventionsbetrügereien nach § 264 StGB zuständig, wenn der Staatsanwalt wegen der besonderen Bedeutung des Falles Anklage zum Landgericht erhebt.

b) Zuständigkeit der Hauptzollämter und der Zollfahndungsämter

138 Für das sonstige Verfahrensrecht ist hervorzuheben, daß im Bereich des EG-Marktordnungsrechts nicht mehr die Oberfinanzdirektion, sondern die Staatsanwaltschaft zuständig ist (Art. 6 Nr. 7 b 1. WiKG). Bei Rechtsverstößen im Zusammenhang mit dem EG-Agrarbereich greifen die §§ 1 Abs. 1, 35, 37 MOG ein, nach denen der Staatsanwalt Ermittlungen auch durch die **Hauptzollämter** oder die **Zollfahndungsämter** vornehmen lassen kann, und zwar auch bei Straftaten nach §§ 263, 264 StGB. Die Kompetenzen der Beamten der Zollfahndung und diejenigen der Kriminalpolizei decken sich allerdings nicht völlig. Nur der Zollbeamte hat, soweit ein Steuerdelikt verwirklicht ist, gemäß § 404 AO i.V. m. § 110 StPO ohne weiteres das Recht zur Durchsicht der Papiere. Er kann also an Ort und Stelle Beweiserhebliches von Unwichtigem trennen und einer Beweisvereitelung vorbeugen. Handelt es sich hingegen nicht um ein Steuerdelikt, sondern um einen Betrug oder einen Subventionsbetrug, so hat der Zollbeamte keine weitergehenden Rechte als ein Kriminalbeamter. In diesem Fall obliegt die Durchsicht der Papiere dem Staatsanwalt. Daraus ergibt sich für die Staatsanwaltschaft die bisweilen schwierige Entscheidung, ob sie die Polizei oder die Zollfahndung mit den Ermittlungen beauftragt. Kommen Steuerstraftaten in Frage, ist die Zollfahndung vorzuziehen, um keine Zuständigkeitsüberschreitungen zu riskieren. Hinzu kommt die besondere Erfahrung der Zollbeamten in internationalen Angelegenheiten und hinsichtlich der sich oft ändernden nationalen, internationalen und gemeinschaftsrechtlichen Regelungen. Schließlich besteht zwischen den inländischen und ausländischen Zolldienststellen in der Regel eine intensive Zusammenarbeit.

---

361 Dazu *K. Tiedemann* NJW 1990, 2228.

362 So *K. Tiedemann*, in: LK, § 264 Rn. 123.

Nach § 37 Abs. 2 MOG haben die Hauptzollämter und Zollfahndungsämter sowie deren Beamte auch ohne ausdrückliches Ersuchen der Staatsanwaltschaft die Aufgabe, Verstöße gegen Marktordnungsbestimmungen zu ermitteln. Sie sind insofern gem. § 37 Abs. 3 S. 2 MOG **Hilfsbeamte der Staatsanwaltschaft** und haben gemäß § 163 StPO die Ermittlungsunterlagen unverzüglich der Staatsanwaltschaft zuzuleiten. 139

Der deutsche Gesetzgeber hat darüber hinaus dem **Zollkriminalamt** (ZKA) mit Gesetz vom 7. 7. 1992 weitergehende Kompetenzen eingeräumt.[363] Der Staatsanwalt muß mit dem ZKA eng zusammenarbeiten, weil dieses die Möglichkeit hat, durch eine genaue Marktbeobachtung Betrugsbekämpfungsstrategien zu entwickeln und die Überwachungs- und Ermittlungsmaßnahmen der Zolldienststellen zu koordinieren.[364]

c) Meldepflicht nationaler Vergabestellen

Bei der Vergabe von Fördermitteln der EG sind nationale Stellen beteiligt. Die Staatsanwaltschaft ist darauf angewiesen, von den Vergabebehörden die erforderlichen Informationen über eventuelle Mißstände zu erlangen. Ein Haupthindernis liegt hierbei in der mangelhaften Erfüllung der **Meldepflicht durch die öffentlichen Stellen**, die den Verdacht eines Subventionsbetruges den Strafverfolgungsbehörden mitteilen müssen. Diese Verpflichtung wird aber in gewissen Verwaltungsbereichen restriktiv gehandhabt. 140

Die Verwaltung steht zwischen ihren Verpflichtungen, einerseits mit der Staatsanwaltschaft zu kooperieren und andererseits das Vertrauensverhältnis zu den Subventionsnehmern aufrechtzuerhalten. Bei **geringfügigen Unregelmäßigkeiten** geht die Praxis der Ämter dahin, das Vorliegen einer Straftat aus subjektiven Gründen zu verneinen. Hiergegen spricht jedoch, daß sich die durch kleinere Verstöße verursachten Schäden zu einem beträchtlichen Gesamtschaden summieren können.

Das **Gemeinschaftsrecht** verpflichtet die Behörden der Mitgliedstaaten, der Kommission Betrügereien und Unregelmäßigkeiten im Bereich der gemeinsamen Agrar- und Strukturpolitik sowie der Erhebung von Zöllen und Agrarabgaben mitzuteilen.[365] Eine Sanktion ist mit der Verletzung dieser Pflicht nicht verbunden.[366] 141

d) Unterstützung der Strafverfolgungsbehörden durch die EG

Die Bekämpfung der Kriminalität zu Lasten des EG-Haushalts ist zwar Aufgabe der einzelnen Mitgliedstaaten. Angesichts der grenzüberschreitenden Aktivitäten vieler Täter und Täterorganisationen kommen auf die Strafverfolgungsbehörden jedoch vielfältige Anforderungen im Hinblick auf eine **internationale Zusammenarbeit** zu.[367] 142

aa) UCLAF

Die nationalen Behörden wurden seit dem Jahre 1988 von der UCLAF, der „Unité de coordination de la lutte antifraude" oder „Betrugsbekämpfungseinheit", unterstützt,[368] die inzwischen von ihrer Nachfolgeorganisation OLAF[369] abgelöst wurde. Ziel der Maßnahmen der UCLAF war es, die im Fall von Betrügereien einzuziehenden Beträge festzu- 143

---

363 BGBl. 1992 I S. 1222.

364 Vgl. zu Verfolgungsstrategien *Rump*, in: *Dannecker* (Hrsg.), Die Bekämpfung des Subventionsbetrugs im EG-Bereich, S. 35 ff.

365 Art. 3 und 5 der Verordnung 595/91, ABl. 1991, Nr. L 67 vom 14. 3. 1991, S. 11 ff.; Art. 23 Abs. 1 der Verordnung 2083/93, ABl. 1993, Nr. L 193 vom 31. 7. 1993, S. 1 ff.; Art. 6 Abs. 3 der Verordnung 1552/89, ABl. 1989, Nr. L 155 vom 7. 6. 1989, S. 1 ff.

366 *K. Tiedemann*, in: LK, § 264 Rn. 170.

367 Vgl. oben Rn. 16 ff.

368 Vgl. zu den Aufgaben der UCLAF Europäische Kommission, Jahresbericht der Kommission über die Betrugsbekämpfung, Bilanz der Tätigkeiten 1992 und Aktionsprogramm 1993, KOM(93), 141 endg., S. 57.

369 Näher dazu unten Rn. 144.

stellen und die Verfolgung der einzelnen Straftaten durch die Staatsanwaltschaften der Mitgliedstaaten vorzubereiten. Die UCLAF konnte die Fahndungsdienststellen der Mitgliedstaaten auffordern, Ermittlungen durchzuführen, und bei Straftaten, die über den Bereich einzelner Mitgliedstaaten hinausgehen, die Ermittlungen koordinieren und auch selbst vornehmen. Sie besaß jedoch keine eigene strafrechtliche Ermittlungsbefugnis und konnte deshalb weder Personen festnehmen, Hausdurchsuchungen durchführen, Dokumente beschlagnahmen noch Zeugen zwangsweise vernehmen. Bei der Durchführung ihrer Ermittlungen war sie deshalb stets auf die **Mithilfe der nationalen Ermittlungsbehörden** unter Beachtung des jeweiligen Strafprozeßrechts angewiesen. Allerdings konnte UCLAF Informanten aus der Praxis Geldzahlungen für deren Hinweise leisten.[370] Zu den Aufgaben von UCLAF gehörte auch, für die mit Ermittlungen und Kontrollen befaßten nationalen Beamten, Staatsanwälte und Richter Fortbildungs- und Informationsseminare zu veranstalten.

bb) OLAF

144 Am 1.6. 1999 wurde auch als Reaktion auf die Kritik des Rechnungshofes der EG[371] an der UCLAF das bisherige Amt zur Betrugsbekämpfung durch das neu gegründete Amt zur Betrugsbekämpfung OLAF (Office de la lutte antifraude) ersetzt, das den Kampf gegen die Unregelmäßigkeiten in der EU bzw. den Mitgliedstaaten intensivieren soll. Dieses Amt soll mit ca. 300 Mitarbeitern ausgestattet werden, während UCLAF nur ca. 150 Mitarbeiter hatte. Administrativ ist OLAF der Kommission angegliedert. Es handelt sich jedoch um ein **unabhängiges Amt**, das neben den Subventionsnehmern und den Behörden der Mitgliedstaaten auch die Kommission kontrollieren soll.

cc) IRENE

145 Besondere Bedeutung kommt des weiteren den Datenbanken „IRENE" und „PRE-IRENE" sowie „IRENE 1995" zu.[372] Sie erfassen Tausende seit 1992 bekanntgewordener Betrugsfälle aus dem Bereich der EU inklusive der Tatbegehungsweisen und Tätergruppen. Mittels einer „**Schwarzen Liste**„ können Marktteilnehmer identifiziert werden, bei denen aufgrund bisheriger Erfahrungen Unregelmäßigkeiten nicht ausgeschlossen werden können.[373]

Die Kommunikation der zuständigen Betrugsbekämpfungsdienststellen wird weiter durch die Systeme **„SCENT"**,[374] **„SCENT FISCAL"** und das **„Zollinformationssystem SID"** verbessert. Dieses Verbundsystem soll eine Kontrolle der Außengrenzen der Gemeinschaft ermöglichen und die Bekämpfung von Unregelmäßigkeiten in den Bereichen Landwirtschaft und Zollwesen erleichtern. Außerdem soll eine zentrale Datenbank aufgebaut werden.

146 Schließlich ist auf die Datenbanken **„DAF"** (Documentation Antifraude)[375] und **„CELEX"** hinzuweisen. DAF ermöglicht es, die Systeme für die Kontrolle und die Betrugsbekämpfung in den Mitgliedstaaten hinsichtlich verschiedener Finanzierungsinstrumente zu überschauen. Ferner gibt DAF Auskunft über die Stellen, die für die Verwaltung und allgemeine Kontrolle zuständig sind oder mit den Ermittlungen in Betrugsfällen beauftragt werden. CELEX informiert allgemein über die EG-rechtlichen Regelungen, DAF

---

[370] *Sieber* SchweizZStR 1996, 383.

[371] ABl. 1998, Nr. C 230 vom 22.7. 1998, S. 1ff.

[372] Vgl. *Sieber* SchweizZStR 1996, 384. Der Name leitet sich von „Irrégularités, Enquêtes, Exploitation" her.

[373] Ein Problem der schwarzen Liste dürfte darin liegen, daß die Täter durch die Gründung von neuen und Strohgesellschaften eine Stigmatisierung vermeiden können.

[374] „Systems for a Customs Enforcement Network".

[375] Näher dazu *Prieß*, in: *Groeben/Thiesing/Ehlermann* (Hrsg.), Kommentar zum EU-/EG-Vertrag, Artikel 209 a Rn. 129.

speziell über die rechtlichen Regelungen der Betrugsbekämpfung. Neben OLAF werden weitere nationale und supranationale Stellen in der Informationsgewinnung hinsichtlich betrügerischer Machenschaften tätig.[376]

e) Europäisches Parlament

Über die **Entlastung zur Ausführung des Haushaltsplans** entscheidet das Europäische Parlament.[377] Dem Beschluß des Parlaments muß eine Empfehlung des Rates vorausgehen, der mit qualifizierter Mehrheit zu beschließen hat. Dabei betrifft die Kontrollfunktion des Parlaments lediglich den Bereich der Ausgaben. Grundlage der Entscheidung sind die von der Kommission erstellte Haushaltsrechnung und Vermögensübersicht sowie der Jahresbericht des Rechnungshofs und die Antworten der kontrollierten Organe. Für die laufende Haushaltskontrolle ist primär der Ausschuß für Haushaltskontrolle zuständig. 147

Durch den Maastrichter Vertrag wurde Art. 193 (ex-Art. 138 c) EGV eingefügt, der vorsieht, daß auf Antrag eines Viertels der Mitglieder des Parlaments ein **Untersuchungsausschuß** einzusetzen ist, der von Gemeinschaftsorganen, Mitgliedstaaten oder Einzelpersonen angezeigte Verstöße gegen Gemeinschaftsrecht oder Mißstände bei dessen Ausführung zu prüfen hat. 148

f) Rechnungshof

Die umfassende Kontrolle der Recht- und Ordnungsmäßigkeit von Einnahmen und Ausgaben bzw. der Verwendung von Gemeinschaftsmitteln obliegt dem Rechnungshof. Seitdem der Rechnungshof den Status eines Organs der Gemeinschaft erhalten hat, ist er als **Kontrollorgan** maßgeblich aufgewertet. Um die Rolle des Rechnungshofes bei der Betrugsbekämpfung zu stärken, wurde dessen Rechtsstellung durch den Amsterdamer Vertrag weiter verbessert. So wurde der Rechnungshof in den Kreis der **klageberechtigten Institutionen** einbezogen. 149

Zudem erhält der Rechnungshof das Recht, **Prüfungen vor Ort** künftig sowohl in den Räumlichkeiten der Einrichtungen, die Einnahmen und Ausgaben für Rechnung der Gemeinschaft verwalten, als auch der natürlichen und juristischen Personen, die Zahlungen aus dem Haushalt erhalten, durchzuführen.[378] Beamte des Rechnungshofes treten also zukünftig neben die Ermittler der Zoll- und Steuerfahndung.

Der Rechnungshof erstattet nach Abschluß eines jeden Rechnungsjahres einen **Jahresbericht**, der Grundlage für die Entscheidung des Europäischen Parlaments über die Entlastung der Kommission ist. Daneben werden besondere Jahresberichte über die Haushaltsrechnung der Sondereinrichtungen und -stellen der Gemeinschaft erstellt.[379] 150

III. Schutz der EG-Finanzinteressen durch Verwaltungssanktionen und Kontrollmaßnahmen der Kommission

Neben den oben dargestellten Sanktionenbestimmungen[380] hat der Gemeinschaftsgesetzgeber zwei wichtige Verordnungen erlassen, die **Verwaltungssanktionen** und -maßnahmen vorsehen und die Kommission zu **Kontrollen vor Ort** ermächtigen. 151

---

376 *Sieber* SchweizZStR 1996, 384 f.

377 Ausführlich zur Kontrolle durch das Europäische Parlament *Vervaele*, Fraud against the Community, 1992, S. 75 ff.

378 Siehe dazu die Denkschrift zum Amsterdamer Vertrag, BR-Drucks. 784/97, S. 158.

379 Ausführlich dazu *Vervaele*, Fraud against the Community, S. 62 ff.

380 Siehe oben Rn. 10 ff.

1. Verordnung Nr. 2988/95 über den Schutz der finanziellen Interessen der Europäischen Gemeinschaften

152 Neben dem Kriminalstrafrecht darf die Bedeutung von **verwaltungsrechtlichen Maßnahmen und Sanktionen** bei der Bekämpfung von Unregelmäßigkeiten zum Nachteil des EG-Haushaltes nicht unterschätzt werden. Dies gilt um so mehr, als die Grenze zwischen Verwaltungssanktionen und Strafsanktionen nicht immer klar zu ziehen ist.[381] Um einen allen Bereichen der Gemeinschaftspolitik gemeinsamen rechtlichen Rahmen für die verwaltungsrechtlichen Sanktionen festzulegen, gilt seit Dezember 1995 die Verordnung Nr. 2988/95 über den Schutz der finanziellen Interessen der Europäischen Gemeinschaften.[382]

In Art. 1 Abs. 2 der Verordnung 2988/95 wird zunächst der Tatbestand der **Unregelmäßigkeit** definiert. Hierunter ist jeder Verstoß gegen eine Gemeinschaftsbestimmung als Folge einer Handlung oder Unterlassung eines Wirtschaftsteilnehmers, die einen Schaden bewirkt hat bzw. haben würde, zu verstehen. Dies umfaßt betrügerische Praktiken im Sinne des Übereinkommens über den Schutz der finanziellen Interessen der EG.[383] Die verwaltungsrechtlichen **Maßnahmen**, die für schuldlose Verstöße vorgesehen werden, sind in Art. 4 geregelt. Danach bewirkt jede Unregelmäßigkeit in der Regel den Entzug des rechtswidrig erlangten Vorteils. Rechtsmißbräuchliche Handlungen, insbesondere Umgehungsgeschäfte, haben zur Folge, daß der betreffende Vorteil nicht gewährt oder entzogen wird.

Unregelmäßigkeiten, die vorsätzlich oder fahrlässig begangen werden, können gemäß Art. 5 zu **verwaltungsrechtlichen Sanktionen** führen. Als solche werden die Zahlung einer Geldbuße, die Zahlung eines Betrages, der den erhaltenen oder hinterzogenen Betrag übersteigt, der vollständige oder teilweise Entzug eines Vorteils, auch wenn dieser nur zum Teil rechtswidrig erlangt wurde, der vorübergehende Entzug einer Genehmigung oder der Verlust einer Sicherheit oder einer Garantie genannt. Daneben kommen weitere ausschließlich wirtschaftliche Sanktionen gleichwertiger Art und Tragweite in Betracht. Gemäß Art. 7 können die verwaltungsrechtlichen Maßnahmen oder Sanktionen **gegen natürliche oder juristische Personen** verhängt werden.

153 Diese Verordnung enthält **keine unmittelbar geltenden Sanktionsvorschriften**, sondern allgemeine Regelungen, die auf im Gemeinschaftsrecht existierende verwaltungsrechtliche Maßnahmen und Sanktionsvorschriften anwendbar sind. Es handelt sich also um eine Art „Allgemeiner Teil" für gemeinschaftsrechtliche Sanktionen, der allerdings rudimentär geblieben ist. Insbesondere fehlen allgemeine Rechtsgrundsätze wie das Gesetzlichkeitsprinzip, das Schuldprinzip, der Ausschluß der Verantwortung, der Versuch, die Beteiligung, das Handeln für einen anderen, die Verletzung von Kontrollpflichten und die Zumessung von Sanktionen.[384] Für eine ausdrückliche Regelung hätte gesprochen, daß der EuGH bei der Bestimmung von allgemeinen Rechtsgrundsätzen den in den Mitgliedstaaten geltenden Rechtsgrundsätzen lediglich Anregungen entnimmt und eine gemeinschaftsautonome Bestimmung der im Gemeinschaftsrecht geltenden allgemeinen Rechtsgrundsätze vornimmt.

---

381 Vgl. oben Rn. 50 ff.

382 ABl. 1995, Nr. L 312 vom 23. 12. 1995, S. 1.

383 ABl. 1995, Nr. L 312 vom 23. 12. 1995, S. 1.

384 Siehe dazu *Böse*, Strafen und Sanktionen im Europäischen Gemeinschaftsrecht, S. 180 ff.; *Dannecker* ZStW 108 (1996), 608; *Kühl* ZStW 109 (1997), 789.

2. Verordnung Nr. 2185/96 des Rates vom 11. 11. 1996 betreffend die Kontrollen und Überprüfungen vor Ort durch die Kommission zum Schutz der finanziellen Interessen der Europäischen Gemeinschaften vor Betrug und anderen Unregelmäßigkeiten

Die Verordnung Nr. 2185/96 des Rates vom 11. 11. 1996 betreffend die Kontrollen und Überprüfungen vor Ort durch die Kommission zum Schutz der finanziellen Interessen der Europäischen Gemeinschaften vor Betrug und anderen Unregelmäßigkeiten[385] ermöglicht es der Kommission, im Bereich der Betrugsbekämpfung die nationalen Behörden und die Wirtschaftsteilnehmer **vor Ort zu kontrollieren** und zu überprüfen. Diese Befugnisse treten ergänzend zu den Möglichkeiten und Aufgaben der Mitgliedstaaten und der OLAF bei der Betrugsbekämpfung hinzu und sollen insbesondere bei schweren oder grenzüberschreitenden Unregelmäßigkeiten sowie in Fällen, in denen ein Eingreifen zur Sicherstellung eines gleichwertigen, wirksamen Schutzes der finanziellen Interessen in der Gemeinschaft erforderlich ist, genutzt werden. Dabei haben die Kontrolleure der Kommission Zugang zu allen relevanten Informationen und Unterlagen wie die nationalen Behörden. Die dabei gewonnenen Beweise sind in Kontroll- und Überprüfungsberichten aufzubereiten, die dann in den Verwaltungs- und Gerichtsverfahren einschließlich der Strafverfahren vor einem nationalen Gericht verwendet werden können. Deshalb müssen die Kommissionsbediensteten bei der Erstellung der Berichte die im nationalen Recht jeweils vorgesehenen Verfahrenserfordernisse berücksichtigen, um die Verwertbarkeit der Beweismittel zu ermöglichen.[386] Damit kommen die Verteidigungsrechte insbesondere der Anspruch auf rechtliches Gehör, das Recht auf Akteneinsicht, das Recht auf anwaltlichen Beistand und der Schutz der Vertraulichkeit des anwaltlichen Schriftverkehrs sowie die Pflicht zur Wahrung vertraulicher Angaben und das Auskunftsverweigerungsrecht wegen der Gefahr der Selbstbelastung zum Tragen. 154

Im Hinblick darauf, daß diese Grundrechte und rechtsstaatlichen **Anforderungen an ein faires Verfahren** zwar allgemein anerkannt und durch die Rechtsprechung des EuGH konkretisiert worden sind, daß aber zentrale Fragen wie z. B. das Auskunftsverweigerungsrecht juristischer Personen, der Umfang des Akteneinsichtsrechts und die Vertraulichkeit des anwaltlichen Schriftverkehrs kontrovers diskutiert werden, wäre eine detailliertere Regelung der Anforderungen an ein faires Verfahren sinnvoll gewesen, um eine möglichst umfassende Verwertung der Kontroll- und Überprüfungsberichte in den nationalen Strafverfahren sicherzustellen. 155

D. Europäische Zusammenarbeit bei der Kriminalitätsbekämpfung in der EU – Bedeutung der „dritten Säule"

Die Zusammenarbeit zur Kriminalitätsbekämpfung über die Grenzen hinweg[387] erfolgte zunächst in den siebziger Jahren auf informeller Basis im Rahmen verschiedener **TREVI-Konsultationsgruppen** (Terrorisme, Radicalisme, Extremisme et Violence Internationale) (I.). Als die Binnengrenzen zwischen den Mitgliedstaaten der EG wegfielen und insbesondere keine Personenkontrollen an den Binnengrenzen mehr durchgeführt wurden, wurde die grenzüberschreitende Strafverfolgung durch das „Übereinkommen betreffend den schrittweisen Abbau der Grenzkontrollen an den gemeinsamen Grenzen" 156

385 ABl. 1996, Nr. L 292 vom 15. 11. 1996, S. 2.

386 Näher dazu *Kuhl/Spitzer* EuZW 1998, 40 ff.; *Nelles* ZStW 109 (1997), 743 ff.

387 Vgl. dazu *Händel* NJW 1992, 2069 ff.; *Heilbronner* (Hrsg.), Zusammenarbeit der Polizei- und Justizverwaltungen in Europa, 1996; *Hertweck* Kriminalistik 1995, 721 ff.; *Jaeger* Der Kriminalist 1992, 158 ff.; *Kühne*, Kriminalitätsbekämpfung durch innereuropäische Grenzkontrollen?, 1991; *Sturm* Kriminalistik 1997, 99 ff.

(**Schengen I**)[388] formal verankert und das „Durchführungsabkommen zum Übereinkommen betreffend den schrittweisen Abbau der Grenzkontrollen an den gemeinsamen Grenzen vom 14. 6. 1985 (**SDÜ**)"[389] geschlossen (II.). Schließlich wurden Maßnahmen innerhalb der „dritten Säule" der EU, der **Zusammenarbeit in den Bereichen Justiz und Inneres**, getroffen, die über die klassische intergouvernementale Zusammenarbeit hinausgingen und zur Bekämpfung von Betrügereien im internationalen Maßstab und der Drogenabhängigkeit sowie durch justizielle Zusammenarbeit in Strafsachen und durch polizeiliche Zusammenarbeit zur Bekämpfung schwerwiegender Formen internationaler Kriminalität erfolgten; hierzu gehört auch der „Aufbau eines unionsweiten Systems zum Austausch von Informationen im Rahmen eines europäischen Polizeiamts (EUROPOL)" (III.). Schließlich wird eine **Verbesserung der grenzüberschreitenden Strafverfolgung** durch eine eigenständige Wahrnehmung von Kompetenzen durch Organe der EG angestrebt, die sich auf die Bekämpfung der Drogenkriminalität und der Betrügereien zum Nachteil der finanziellen Interessen der EG bezieht (IV.).

I. Internationale Zusammenarbeit zur Kriminalitätsbekämpfung im Rahmen der Konsultationsgruppen TREVI

157 Die Innen- und Justizminister der Mitgliedstaaten der damaligen EG beschlossen erst im Jahre 1976 ein Programm zur Verbesserung der Zusammenarbeit im Bereich der Inneren Sicherheit. Im Hinblick darauf, daß bis zum Vertrag von Maastricht die Europäische Gemeinschaft keine Kompetenz im Bereich der Innen- und Rechtspolitik hatte, wurden auf EG-Ebene lediglich **Konsultationsgruppen und Ausschüsse** gebildet, die die Zusammenarbeit fortentwickeln sollten.

1. Arbeitsgruppen TREVI

158 Im Bereich der Strafverfolgung war die Notwendigkeit der Bekämpfung des **politischen Terrorismus** in den siebziger Jahren Anlaß für eine engere Zusammenarbeit der Mitgliedstaaten.[390] Der Europäische Rat von Rom reagierte auf die neue Herausforderung durch die Einführung einer informellen, jedoch regelmäßigen Zusammenarbeit der nationalen Behörden in Arbeitsgruppen im Jahre 1975. Ziel dieser Zusammenkünfte war es, Informationen und Erfahrungen im Hinblick auf die Bekämpfung des politischen Terrorismus zwischen den Staaten auszutauschen und gemeinsame polizeiliche Strategien zu entwickeln.[391]

In der Folgezeit wurde diese Zusammenarbeit in fünf **regelmäßig tagende Gruppen** – TREVI I, II, III, TREVI '92 und die Ad-hoc-Gruppe EUROPOL – umgesetzt, die jedoch nicht in den institutionellen Rahmen der Gemeinschaften eingegliedert waren.

Die Arbeitsgruppe **TREVI I** befaßt sich mit allgemeinen Fragen der Terrorismusbekämpfung. **TREVI II** wurde anläßlich der Ereignisse im Heysel-Stadion in Brüssel am 29. 5. 1985, bei denen mehr als 400 Personen verletzt und 39 getötet wurden, gegründet. Aufgabe dieser Gruppe war es, den Informationsaustausch über schwerwiegende Störungen der öffentlichen Ordnung insbesondere im Zusammenhang mit Fußball-Rowdytum auszutauschen. Die Arbeitsfelder wurden später ergänzt durch einen Informationsaustausch und die Zusammenarbeit in den Feldern Polizeiausrüstung, polizeiliche Kommunikation und Informationsverarbeitung, polizeiliche Ausbildung einschließlich Sprach-

---

[388] Zur Entstehungsgeschichte vgl. *Kattau*, Strafverfolgung nach Wegfall der europäischen Grenzkontrollen, 1993, S. 2 ff.

[389] BGBl. 1993 II S. 1013 ff.; zur Geschichte des SDÜ vgl. *Sturm* Kriminalistik 1995, 162 f.

[390] *Gleß/Lüke* Jura 1998, 71.

[391] *Di Fabio* DÖV 1997, 96.

schulung, Polizeitechnik und Kriminaltechnik sowie Polizeiforschung, so daß der Schwerpunkt auf technischem Gebiet lag.
Die Arbeitsgruppe TREVI III wurde im Jahre 1985 gegründet, um die Zusammenarbeit bei der Bekämpfung der internationalen organisierten Kriminalität zu verbessern. Ein Arbeitsschwerpunkt lag bei der Bekämpfung des illegalen Rauschgifthandels. Als Untergruppe von TREVI III wurde im Jahre 1990 die Ad-hoc-Arbeitsgruppe „European Drug Intelligence Unit (EDU)" eingerichtet. Aufgabe dieser Untergruppe war zunächst, die Gründung einer supranationalen Stelle zur Bekämpfung der Rauschgiftkriminalität vorzubereiten. Im Jahre 1991 wurde eine Ausweitung des Aufgabenbereichs beschlossen und die Bekämpfung schwerwiegender internationaler Kriminalität einbezogen. Nach einem Beschluß des Europäischen Rats von Essen im Jahre 1994 wurde die Zuständigkeit auf die Bekämpfung des illegalen Handels mit radioaktiven und nuklearen Materialien, der Schleuserkriminalität und der Verschiebung von Kraftfahrzeugen sowie die „mit diesen Kriminalitätsfeldern zusammenhängende Geldwäsche" ausgedehnt.[392] Weiterhin wurde die Bekämpfung des Menschenhandels in den Kompetenzkatalog aufgenommen.[393] Dabei war von Anfang an vorgesehen, daß EDU in dem geplanten Europäischen Polizeiamt aufgehen sollte, sobald die Mitgliedstaaten ein solches einrichteten.

Auf dem EG-Gipfel in Luxemburg im Jahre 1991 erklärten sich die Staats- und Regierungschefs der EG-Staaten bereit, eine eurokriminalpolizeiliche Zentralstelle (**EUROPOL**)[394] zu schaffen.

Von 1988–1992 wurden in einer weiteren Ad-hoc-Arbeitsgruppe **TREVI '92** Aus- 159
gleichsmaßnahmen für den Wegfall der Kontrollen an den Binnengrenzen beraten, um Sicherheitsverluste beim Abbau der Binnengrenzen in der EU zu überprüfen.

Am 26. 5. 1995 wurden grundsätzlich alle **Personenkontrollen** an den Binnengrenzen der Schengener Vertragsstaaten – außer Griechenland und Italien – abgeschafft. Seit dem 1. 4. 1998 sind die Personenkontrollen auch an den Grenzen Österreichs, Italiens und Portugals zu den anderen Mitgliedstaaten weggefallen.

2. Bedeutung der Arbeitsgruppen TREVI für die intergouvernementale Zusammenarbeit

Die Ergebnisse, die im Rahmen der TREVI-Arbeitsgruppen erreicht wurden, gingen 160
als Grundbestand in die Verhandlungen über den Maastricht-Vertrag ein und bildeten die Grundlage der weiteren Zusammenarbeit im Rahmen der **„dritten Säule"**.

Auf der Grundlage des Titel VI des EU-Vertrages wurde die **K 4-Kooperation** fortentwickelt. An der Spitze dieser Kooperation steht der „Rat der Justiz- und Innenminister". Außerdem wurde der „Ausschuß ständiger Vertreter" als EU-Institution eingerichtet, dem die Botschafter der EU-Staaten in Brüssel angehören.

II. Zusammenarbeit im Rahmen der Schengener Abkommen

1. Übereinkommen betreffend den schrittweisen Abbau der Grenzkontrollen an den gemeinsamen Grenzen

Ausgehend von einem durch den Europäischen Rat im Jahre 1984 gefaßten Beschluß, 161
daß eine europäische Integration durch den Wegfall der Binnengrenzen zwischen den Mitgliedstaaten erfolgen sollte, wurden die Personenkontrollen an den Binnengrenzen teilweise abgeschafft. Im Jahre 1985 schlossen Frankreich, Deutschland und die Benelux-Staaten in Schengen einen völkerrechtlichen Vertrag (**Schengen I**), der die Beseitigung

392 ABl. 1995, Nr. L 62 vom 20. 3. 1995, S. 1.
393 ABl. 1996, Nr. L 342 vom 31. 12. 1996, S. 4.
394 Näher dazu unten Rn. 166 ff.

aller Binnengrenzen und die gemeinsame Kontrolle der Außengrenzen vorsah. Diesem Abkommen waren schon vor der Regierungskonferenz von Amsterdam Spanien, Portugal, Italien, Griechenland, Österreich und die Länder der Nordischen Union im Juni 1997 beigetreten. Im Rahmen der Regierungskonferenz wurde dann beschlossen, den Besitzstand von Schengen in die „dritte Säule" der Europäischen Union zu überführen. Allerdings konnten Großbritannien und Irland weiterhin frei entscheiden, ob und welchen Maßnahmen der Schengener Verträge sie beitreten wollten.

2. Durchführungsübereinkommen zum Übereinkommen betreffend den schrittweisen Abbau der Grenzkontrollen an den gemeinsamen Grenzen vom 14. 6. 1985 (SDÜ)

162 Die durch den Wegfall der Binnengrenzkontrollen befürchtete Einbuße an innerer Sicherheit sollte das Durchführungsübereinkommen zum Übereinkommen betreffend den schrittweisen Abbau der Grenzkontrollen an den gemeinsamen Grenzen vom 14. 6. 1985[395] (**Schengen II**) ausgleichen. Die hierin vorgesehenen Maßnahmen umfassen die polizeiliche Zusammenarbeit zur vorbeugenden Bekämpfung und zur Aufklärung von strafbaren Handlungen, die Einrichtung einer zentralen Personen- und Objektdatensammlung, das Schengener Informationssystem (SIS), die Vollstreckungszusammenarbeit in Strafsachen, Regelungen über den Strafklageverbrauch, die erleichterte Auslieferung und Übertragung der Vollstreckung von Strafurteilen, die Bekämpfung der Betäubungsmittelkriminalität und die Harmonisierung des Waffenrechts.

a) Polizeiliche Zusammenarbeit

163 Im Rahmen der polizeilichen Zusammenarbeit ist insbesondere die **grenzüberschreitende Observation** (Art. 40 SDÜ) vorgesehen, wonach die Polizei eines Schengen-Staates eine Person auch auf dem Hoheitsgebiet einer anderen Vertragspartei observieren darf, wenn es sich um die Fortsetzung einer Maßnahme handelt, die im Rahmen eines Ermittlungsverfahrens im eigenen Lande wegen Verdachts auf Beteiligung an einer auslieferungsfähigen Straftat begonnen wurde. Außerdem muß der Staat, auf dessen Hoheitsgebiet gehandelt werden soll, zuvor um Rechtshilfe ersucht worden sein und diesem Ersuchen zugestimmt haben.

Die zweite neue Form polizeilicher Tätigkeit über die Grenzen hinweg ist die **grenzüberschreitende Nacheile** (Art. 41 SDÜ). Sie ist zulässig, wenn eine Person auf frischer Tat betroffen wird oder aus der Haft entflohen ist und die Behörden des Staates, auf dessen Hoheitsgebiet nachgeeilt wird, nicht rechtzeitig informiert werden und deshalb die Verfolgung nicht selbst an der Grenze aufnehmen können.

b) Schengener Informationssystem (SIS)

164 Das Schengener Informationssystem (SIS) ist ein **staatsübergreifendes computergestütztes, polizeiliches Fahndungssystem** im Rahmen des Schengener Durchführungsübereinkommens. Es ermöglichte zunächst in Deutschland, Frankreich, den Niederlanden, Belgien, Luxemburg, Spanien, Portugal, Italien, Österreich und Griechenland den Zugriff auf zur Zeit ca. 9 Millionen Datensätze. Im Dezember 1996 sind die EU-Staaten der nordischen Paßunion Dänemark, Schweden und Finnland dem Schengen-Verbund beigetreten bzw. haben als Nicht-EU-Staaten (Norwegen und Island) ein Kooperationsabkommen mit dem Schengen-Verband geschlossen. Auf der europäischen Regierungskonferenz in Amsterdam im Juni 1997 wurde beschlossen, das bisherige Schengener Vertragswerk in den Rechtsrahmen der EU zu integrieren, so daß auch den Nicht-Schengen-Staaten Großbritannien und Irland eine Teilnahme am SDÜ und insbesondere am SIS ermöglicht wird.

---

[395] BGBl. 1993 II S. 1013 ff.

Der Datenverbund durch das SIS (Art. 92ff. SDÜ) gliedert sich in eine zentrale elektronische Datenverarbeitungseinheit in Straßburg und in die nationalen Schengener Informationssysteme, in denen die gesamten **Fahndungsinformationen in allen Vertragsstaaten** in gleicher Weise verfügbar ist. SIS eröffnet den Polizeidienststellen der Schengen-Staaten einen Online-Zugang zu den Datenbeständen der Polizeibehörden der anderen Staaten.[396] Umfaßt sind eine Personen- und eine Sachfahndungsdatei.

Seit Inkrafttreten des SDÜ gilt der Grundsatz, daß die internationale Fahndung in den Vertragsstaaten grundsätzlich im SIS und nicht mehr über Interpol erfolgt. Eine **Ausschreibung im SIS** nach Art. 95 SDÜ ist einem Ersuchen um vorläufige Festnahme im Sinne des Art. 16 EuAlÜbK[397] gleichgestellt (Art. 64 SDÜ). Die Verantwortung für die Zuständigkeit der Ausschreibung obliegt in allen Schengen-Staaten der ausschreibenden Justizbehörde, die die Fahndung betreibt. Die Suchbehörde hat gemäß Art. 95 Abs. 2 SDÜ zu prüfen, ob die Festnahme zur Auslieferung nach dem Recht der anderen Schengen-Staaten möglich ist.[398]

III. Internationale Kooperation im Rahmen der Polizeilichen und Justiziellen Zusammenarbeit in Strafsachen

1. Einbindung der Kriminalitätsbekämpfung in die „dritte Säule"

In der ersten Hälfte der neunziger Jahre wurden zur Bekämpfung der internationalen Or- 165
ganisierten Kriminalität, insbesondere des illegalen Drogenhandels und der Geldwäsche, **grenzüberschreitende Maßnahmen** gefordert, die über das klassische Konzept der intergouvernementalen Zusammenarbeit hinausgingen. Im Vertrag von Maastricht wurde die bereits bestehende informelle Zusammenarbeit bei der Kriminalitätsbekämpfung in die Zusammenarbeit in den Bereich Justiz und Inneres eingegliedert. Vorgesehen ist eine Zusammenarbeit zur Bekämpfung von Betrügereien im internationalen Maßstab und der Drogenabhängigkeit im Rahmen der justiziellen Zusammenarbeit in Strafsachen und polizeiliche Zusammenarbeit zur Bekämpfung schwerwiegender Formen der internationalen Kriminalität.

Für die Kriminalitätsbekämpfung als Zusammenarbeit in der „dritten Säule" standen den Mitgliedstaaten als **Handlungsinstrumente** zur Verfügung: die Unterrichtung und Konsultation der Mitgliedstaaten untereinander, die Festlegung gemeinsamer Standpunkte und das Ergreifen gemeinsamer Maßnahmen. Außerdem konnten die Mitgliedstaaten völkerrechtliche Übereinkommen ausarbeiten, die durch Ratifikation geltendes Recht in der nationalen Rechtsordnung werden. Alle Maßnahmen mußten einstimmig beschlossen werden. Nach **Art. 34 EUV n. F.** kann der Rat gemeinsame Standpunkte annehmen, Rahmenbeschlüsse zur Angleichung der Rechts- und Verwaltungsvorschriften der Mitgliedstaaten annehmen, Beschlüsse für jeden anderen Zweck annehmen und Übereinkommen erstellen, die er den Mitgliedstaaten zur Annahme empfiehlt. Die erforderliche Mehrheit bestimmt sich nach Art. 34 Abs. 2 und 3 EUV n. F.

2. EUROPOL

Besonderer Hervorhebung bedürfen Bestrebungen, ein europäisches Polizeiamt (EURO- 166
POL) einzuführen. Nach dem ursprünglichen Übereinkommen über die Errichtung eines Europäischen Polizeiamtes (**EUROPOL-Übereinkommen**)[399] sollte das Polizeiamt als

396 *Hemesath* Kriminalistik 1995, 169 ff.
397 Europäisches Auslieferungsübereinkommen, BGBl. 1976 II S. 1778 ff.
398 Zu den Fahndungserfolgen vgl. *Wilckesmann* NStZ 1999, 69.
399 ABl. 1995, Nr. C 316 vom 27. 11. 1995, S. 1.

örtliche und organisatorische Zusammenfassung von EUROPOL-Bediensteten und nationalen Polizeibeamten unter Leitung eines Direktors und Mitwirkung eines Verwaltungsrats ein unionsweites Informationssystem und Strategien zur Bekämpfung grenzüberschreitender Kriminalität in den Bereichen Drogenkriminalität, Menschenhandel und Kraftfahrzeugkriminalität sowie die mit den genannten Taten verbundene Geldwäsche und die mit den genannten Taten in Zusammenhang stehenden Taten eingeführt werden.

Das Abkommen über die Errichtung eines europäischen Polizeidienstes „EUROPOL" wurde unter der deutschen EU-Präsidentschaft im 2. Halbjahr 1994 weitgehend abgeschlossen. Die Unterzeichnung erfolgte am 26. 7. 1995 in Brüssel durch die Botschafter der EU-Staaten. Der Beginn der Arbeiten an der **Ratifizierung** verzögerte sich jedoch um ein weiteres Jahr, da keine Einigung über die Vorabentscheidungskompetenz des EuGH erzielt werden konnte.[400] Für die dann beginnenden Ratifizierungsverfahren in den Mitgliedstaaten setzte der Europäische Rat eine Frist bis Ende 1997. Der deutsche Vertragsgesetzentwurf wurde im Dezember 1996 dem Parlament zugeleitet und am 10. 10. 1997 vom Bundestag und am 7. 11. 1997 vom Bundesrat verabschiedet.[401] Damit konnte die von allen Mitgliedstaaten im Juni 1998 ratifizierte EUROPOL-Konvention am 1. 10. 1998 in Kraft treten und EUROPOL seine Arbeit offiziell aufnehmen.[402]

167 Die **Ziele von EUROPOL** ergeben sich aus Art. 2 des EUROPOL-Übereinkommens. Hiernach soll die Leistungsfähigkeit und die Zusammenarbeit der für die Verhütung und Bekämpfung des Terrorismus, des illegalen Drogenhandels und sonstiger schwerwiegender Formen der internationalen Kriminalität zuständigen Behörden der Mitgliedstaaten verbessert werden, sofern Anhaltspunkte für eine kriminelle Organisation vorliegen und von den genannten Kriminalitätsformen zwei oder mehr Mitgliedstaaten betroffen sind. Es geht also um die Bekämpfung schwerwiegender Formen der internationalen Kriminalität. Spätestens 2 Jahre nach Inkrafttreten des EUROPOL-Übereinkommens soll EUROPOL seine Arbeit auf dem Gebiet der Bekämpfung bestimmter terroristischer Aktionen aufnehmen. Die Mittel, die der europäischen Polizei zur Erfüllung ihrer Aufgaben zur Verfügung stehen, können als Datensammlung und Datenanalyse umschrieben werden.[403] Im Mittelpunkt stehen der polizeiliche Informationsaustausch und die Verbrechensanalyse.[404] Spezialkenntnisse der nationalen Ermittlungsbehörden sollen vertieft, Beratungen angeboten, strategische Erkenntnisse übermittelt und Gesamtberichte über den Stand der Arbeit ausgearbeitet werden. Darüber hinaus sollen die Mitgliedstaaten durch Beratungen und Forschung auf den Gebieten der Fortbildung ihrer Bediensteten, der Organisation und der materiellen Ausstattung unterstützt werden.

Was die **Fortentwicklung von EUROPOL** anbetrifft, wird sich EUROPOL neben den bisherigen Aufgabenbereichen spätestens Ende 2002 mit bestimmten begangenen oder bevorstehenden terroristischen Straftaten befassen. Darüber hinaus können weitere, im Anhang zum EUROPOL-Übereinkommen aufgeführte Deliktsfelder auf EUROPOL übertragen werden; hierunter fallen Straftaten gegen das Leben, die körperliche Unversehrtheit, Vermögensdelikte, der illegale Handel mit Waffen und bedrohten Tier- und Pflanzenarten sowie diverse Umweltstraftaten. Außerdem soll der Rat gemäß Art. 30 Abs. 2 lit. a EUV n. F. innerhalb von 5 Jahren nach Inkrafttreten die Rolle von EUROPOL weiter stärken. Nach Art. 30 Abs. 2 lit. b EUV n. F. soll sich EUROPOL an die zuständigen Behörden der Mitgliedstaaten mit dem Ersuchen wenden können, Ermittlungen in speziellen Fällen vorzunehmen und zu koordinieren.

168 Nach den Beschlüssen der **Amsterdamer Regierungskonferenz** sollen den EUROPOL-Beamten weitere Befugnisse eingeräumt werden, insbesondere soll die Möglichkeit

---

400 *Wachholz* Kriminalistik 1995, 715.
401 Vgl. dazu *Hirsch* ZRP 1998, 10.
402 *Tolmein* StV 1999, 108.
403 *Fisahn* KJ 1998, 362.
404 *Gleß/Lüke* Jura 1998, 77.

geschaffen werden, Ermittlungsmaßnahmen nationaler Behörden und operative Maßnahmen gemeinsamer Teams der Mitgliedstaaten zu unterstützen.

E. Ausblick

Die aktuelle Situation des Strafrechts auf Gemeinschaftsebene ist durch die Forderung nach strafrechtlichen **Sanktionen gegen Unternehmen**,[405] durch die Entwicklung zu einem modernen **Verwaltungsstrafrecht**[406] sowie durch eine **Harmonisierung des Wirtschafts- und Umweltstrafrechts**,[407] aber auch – im Rahmen der Europäischen Union – durch eine zunehmende **Zusammenarbeit der Mitgliedstaaten** bei der Kriminalitätsbekämpfung im präventiven und repressiven Bereich geprägt (I.). Demgegenüber tritt die Einführung eines europäischen Modellstrafrechts[408] in den Hintergrund (II.). Hingegen sind die Bestrebungen, ein „Corpus Juris der strafrechtlichen Regelungen zum Schutz der finanziellen Interessen der Europäischen Union" einzuführen, erfolgversprechender (III.). 169

I. Bereichsspezifische Harmonisierung des Strafrechts und Einführung gemeinschaftsrechtlicher Geldbußen

Im Hinblick auf die erheblichen politischen Schwierigkeiten bei der Übertragung von strafrechtlichen Kompetenzen auf die EG bzw. deren Ausgestaltung und die Zurückhaltung bezüglich der Bereitschaft zur Strafrechtsharmonisierung,[409] die vor allem auch aus dem Sondercharakter des Strafrechts als Inbegriff nationaler Souveränität herrührt, sind jedenfalls kurzfristig keine umfassenden Veränderungen auf dem Gebiet des EG-Strafrechts zu erwarten.[410] Dennoch kann eine Tendenz festgestellt werden, daß das Strafrecht im Rahmen der EG immer häufiger Berücksichtigung findet und daß zahlreiche Anstrengungen unternommen werden, **einheitliche Lösungsvorschläge** für den Bereich des Wirtschaftsstrafrechts zu erarbeiten. 170

1. Notwendigkeit einer Vereinheitlichung des Allgemeinen und des Besonderen Teils des Wirtschaftsstrafrechts

Als Prinzipien, die für eine Vereinheitlichung der Straftatbestände sprechen, werden die Rechtssicherheit, der Gleichheitssatz und die Gerechtigkeit[411] sowie die identitätsbildende Wirkung des Strafrechts[412] genannt. Weiterhin muß die Vorhersehbarkeit gewährleistet sein. Diesbezüglich wird hervorgehoben, daß der europäische Bürger bei grenzüberschreitender Tätigkeit 15 nationale Blankettverweisungen nicht mehr vorhersehen kann und deshalb bei detaillierten Marktregelungen des Wirtschaftsstrafrechts schnell den Überblick verliert.[413] Es sei aus verfassungs- und menschenrechtlichen Gründen angebracht, **Rechtssicherheit, -klarheit und -bestimmtheit** zu gewährleisten.[414] Außer- 171

---

405 Der EuGH hat eine Verpflichtung zur Einführung der Strafbarkeit juristischer Personen bereits in der Entscheidung *„Van de Venne"* verneint; EuGH Slg. 1991 I, 4371 ff.

406 *Heitzer*, Punitive Sanktionen im Europäischen Gemeinschaftsrecht, S. 10 ff.

407 Vgl. dazu *Dannecker*, Strafrecht der Europäischen Gemeinschaft, in: *Eser/Huber* (Hrsg.), Strafrechtsentwicklung in Europa, 4.3, S. 26 ff.

408 *Sieber* JZ 1997, 369 ff.

409 *Weigend* ZStW 105 (1993), 785; *Rüter* ZStW 105 (1993), 443.

410 *Dannecker* Jura 1998, 79, 87; vgl. auch *Schomburg* DRiZ 1999, 111.

411 *Sieber* ZStW 103 (1991), 975; *ders.* JZ 1997, 374.

412 *Sieber* ZStW 103 (1991), 978; *Zuleeg* JZ 1992, 763.

413 *Sieber* JZ 1997, 374.

414 *Vogel* JZ 1995, 333; *Zuleeg* JZ 1992, 774.

dem wäre es wünschenswert, wenn die Frage, welches Recht zur Anwendung kommt, nicht mehr gestellt werden müßte. Schließlich wird auf die Zweckmäßigkeit einer Harmonisierung abgestellt, die sich insbesondere im Bereich der Rechtshilfe auswirken würde.[415]

Neben diesen allgemeinen Gründen für eine Strafrechtsangleichung gibt es weitere Gesichtspunkte, die sich aus den Besonderheiten des Strafrechts ergeben. So ist der **Schutz supranationaler Rechtsgüter**, insbesondere der Finanzinteressen der EU, erforderlich. Weiterhin zeigt sich die Problematik bei der Verletzung gemeinschaftsrechtlicher Normen. Wenn Verstöße in einem Mitgliedstaat strenger als in einem anderen geahndet werden, steht zu befürchten, daß die verbotene Tätigkeit in das Land verlagert wird, in dem keine Sanktionen verhängt werden. Dadurch entstehen **Wettbewerbsverzerrungen**.[416] Aus diesem Grunde sowie wegen der Gefahr, daß „Kriminalitätsoasen" entstehen, ist jedenfalls der Schutz supranationaler Rechtsgüter unabdingbar.

172 Aufgrund der zunehmenden internationalen Verflechtungen im Bereich der Wirtschaft, des grenzüberschreitenden Handels und des Tourismus, begünstigt durch eine ausgeprägte Mobilität, kommt es zu einem Anstieg der Konfrontation mit internationalem Recht, weshalb heute ein verstärktes **Bedürfnis nach Rechtsvereinheitlichung** besteht.[416a]

Einen weiteren Anlaß, die Strafrechtsordnungen zu vereinheitlichen, bildet das Phänomen der **internationalen Kriminalität**. Die Öffnung der Binnenmarktgrenzen einerseits und die nationale Begrenztheit der Strafverfolgungssysteme andererseits erweist sich bei der Aufrechterhaltung der bisherigen Rechtsordnungen als schwierig. Maßnahmen auf ausschließlich nationaler Ebene wie die Auslandserstreckung des eigenen Rechts über das Territorialitätsprinzip hinaus bieten keinen hinreichenden Schutz gegen die internationale Kriminalität. Diese Situation wird sich verschärfen, wenn die EU um die Staaten Mittel-, Ost- und Südosteuropas, des baltischen Raumes und um Zypern, die um Aufnahme in die Union gebeten haben, erweitert wird.

2. Angleichung des Wirtschaftsstrafrechts

173 In dem Entwurf eines „Rahmenbeschlusses" des Rates vom 29. 3. 1999 ist die Einführung eines harmonisierten Strafrechtsschutzes auf dem Gebiet öffentlicher Ausschreibungen vorgesehen. Kurz- und mittelfristig ist es weiterhin erforderlich, die Straf- und Bußgeldtatbestände im Wirtschaftsstrafrecht – so z. B. das Gesellschafts-, Kapitalanlage-, Konkurs-, Lebensmittel-, Patent-, Marken-, Urheber- sowie das Wettbewerbsstrafrecht – zu harmonisieren, soweit dies notwendig ist, um die **Einhaltung des Gemeinschaftsrechts** sicherzustellen und um **Wettbewerbsverzerrungen** zu vermeiden.[417] Hierzu bedarf es zum einen einer Vereinheitlichung der Verbotstatbestände und der angedrohten Sanktionen[418] sowie einer Harmonisierung der allgemeinen Zurechnungsregeln. Eine gleichmäßige Anwendung der Strafgesetze durch die nationalen Gerichte setzt zum einen zwingend allgemeine Grundsätze[419] und zum anderen eine gleichmäßige Anwendung

---

415 *Zuleeg* JZ 1992, 764 ff.

416 *Jung* CLR 1993, 237, 240.

416a *Sieber* JZ 1997, 369 f.

417 *Bleckmann*, FS Stree und Wessels 1993, S. 112; *Dannecker* Rivista Trimestrale di Diritto Penale 1993, S. 993 f., 1019 f.; *ders.* JZ 1996, 879; *Keijzer,* in: Internationalisierung van het Strafrecht, 1986, S. 28 ff.; *Spannowski* JZ 1994, 327; zum Lebensmittelstrafrecht vgl. *Streinz* WiVerw 1993, S. 31 ff.

418 Zur Notwendigkeit einer Harmonisierung des Strafprozeßrechts vgl. *de Angelis*, in: *Dannecker* (Hrsg.), Die Bekämpfung des Subventionsbetrugs im EG-Bereich, S. 139 ff.; kritisch *Schomburg* DRiZ 1999, 111.

419 *K. Tiedemann* ZStW 110 (1998), 500; *Greve*, in: *Sieber* (Hrsg.), Europäische Einigung und Europäisches Strafrecht, S. 107.

der Normen und Sanktionen durch die Strafverfolgungsorgane voraus, die bislang nicht erreicht ist.[420]

3. Angleichung des Umweltstrafrechts

Ein weiterer Schwerpunkt zukünftiger Harmonisierung sollte das Umweltstrafrecht sein.[421] Zwar hat der Umweltschutz in der Europäischen Gemeinschaft in den letzten 20 Jahren immer mehr an Bedeutung gewonnen.[422] Jedoch machen die bei grenzüberschreitenden Fällen auftretenden Probleme und Strafbarkeitslücken[423] deutlich, daß der Schutz von Umweltgütern in der EG eine **gemeinsame Angelegenheit aller Mitgliedstaaten** ist[424] und daß eine Vereinheitlichung des Strafrechts im Interesse eines besseren und effektiveren Umweltschutzes dringend geboten ist.[425] Zugleich sind aber auch verwaltungsrechtliche Probleme zu lösen, so z. B. die rechtliche Beurteilung grenzüberschreitender Umweltbelastungen, die nach dem Recht des ausländischen Handlungsortes erlaubt sind. Die Lehre vom Umweltvölkerrecht neigt hier noch zu der Annahme, daß die Störung aus dem Nachbarstaat geduldet werden muß, sofern die Erlaubnis nicht ihrerseits völkerrechtswidrig ist.[426] Deshalb sind in diesem Bereich gemeinschaftsrechtliche Regelungen erforderlich, um den Umweltschutz effektiv durchsetzen zu können.[427] 174

4. Einführung gemeinschaftsrechtlicher Geldbußen im Zuständigkeitsbereich der Kommission

Soweit die Europäische Kommission selbst als Verwaltungsbehörde zuständig ist, wie dies z. B. für die Notifizierung und Genehmigung neuartiger Lebensmittel in der **„Novel Food"-Verordnung** vorgesehen ist, sollte in Anlehnung an das EG-Kartellrecht eine ausdrückliche Übertragung der Sanktionskompetenz für gemeinschaftsrechtliche Unternehmensgeldbußen durch die Mitgliedstaaten auf die Gemeinschaft erfolgen. Die supranationalen Sanktionen sollten dann von der Europäischen Kommission verhängt werden.[428] 175

---

420 Vgl. die Beiträge in *Vervaele* (Hrsg.), Compliance and Enforcement of European Community Law, 1999. Zur unterschiedlichen Rechtsprechung in den europäischen Staaten vgl. *G. Müller* DRiZ 1993, 381 ff.

421 Ein Überblick über die Umweltstrafgesetze in ausländischen Rechtsordnungen findet sich bei *Eser/Huber* (Hrsg.), Strafrechtsentwicklung in Europa III, Teil 1, 1990, 9 ff., 25 ff., 47 f., 320 ff., 431, 496, 603 ff.; *dies.* (Hrsg.), Strafrechtsentwicklung in Europa IV, Teil 1, 1993, 22 f., 32, 104 f. 201 ff., 237, 282 f., 454 f., 462, 524, 562, 662 f., 726, 763, 831, 850 f., 871; *G. Heine* GA 1986, 67 ff.; vgl. auch *Alvazzi del Frate/Norberry* (Hrsg.), Environmental and Sustainable Development, 1993.

422 Zur Entstehung der gemeinschaftsrechtlichen Umweltpolitik vgl. *Krämer*, in: *Groeben/Thiesing/Ehlermann*, Kommentar zum EWG-Vertrag, 4. Aufl. 1991, Art. 130 r bis 130 t, Rn. 1 ff.

423 *Ferchland*, in: *Polizeiführungsakademie* (Hrsg.), Schlußbericht über das Seminar Umweltkriminalität vom 16. bis 22. Oktober 1989, 1990, 45 ff.; *Forkel*, Grenzüberschreitende Umweltbelastungen und Deutsches Strafrecht, 1987; *Klages*, Meeresumweltschutz und Strafrecht, 1989; *Wegscheider* DRiZ 1983, 56 ff.; *ders.* JBl. 1989, 214 ff.

424 So ausdrücklich *Rengier* JR 1996, 36.

425 *Dannecker* Rivista Trimestrale di Diritto Penale dell'Economia 1993, 994, 1019 f.; zu den umweltstrafrechtlichen Vorhaben des Europarats vgl. insbesondere Draft Convention for the Protection of the Environment through Criminal Law, Dok. Council of Europe DIR/JUR (95) 11; zu den Bestrebungen, die sich international auswirkenden Umweltverstöße als Verbrechen gegen die Menschlichkeit zu ahnden, vgl. *Triffterer*, in: *Hankel/Stuby* (Hrsg.), Strafgerichte gegen Menschheitsverbrechen, 1995, S. 210; *Tomuschat*, ebenda, S. 285.

426 Allgemein zum Umweltschutz im Völkerrecht *Randelzhofer* Jura 1992, 1 ff.

427 *Dannecker/Streinz*, in: *Rengeling* (Hrsg.), Handbuch zum europäischen und deutschen Umweltrecht, Bd. 1, 1998, § 8 Rn. 96 f.

428 Näher dazu *Dannecker*, in: *Streinz* (Hrsg.), Novel Food, 2. Aufl. 1995, S. 240 ff.

Bislang obliegt es in diesem Bereich den Mitgliedstaaten, Rechtsverstöße unter Sanktionsandrohung zu stellen.[429]

II. Europäisches Modellstrafgesetz

176 Als Möglichkeit, auf eine Vereinheitlichung der nationalen Strafrechtsordnungen hinzuwirken, kann daran gedacht werden, ein europäisches Modellstrafgesetzbuch zu entwikkeln. In der Literatur[430] finden sich gewichtige Stimmen, die sich gegen eine bloße Teilharmonisierung des Strafrechts und für die Ausarbeitung und Einführung eines Europäischen Modellstrafrechts[431] aussprechen, das jedenfalls langfristig sowohl **Straftatbestände** wie Mord, Totschlag, Diebstahl und Raub als auch **Regelungen für den Allgemeinen Teil** umfassen soll. Der Vorteil eines solchen Vorgehens wird darin gesehen, daß auch Empfehlungen privater Vereinigungen oder hoheitlicher Organisationen herangezogen werden können.[432]

Gegen diese Forderung spricht, daß es nicht Sinn eines zukünftigen Europas sein kann, **gewachsene Rechtskulturen** und **Traditionen** einzuebnen.[433] Dies gilt sowohl für den Besonderen Teil, wie ein Blick auf die unterschiedliche Ausgestaltung des Betrugs, der Untreue, der Steuerhinterziehung usw. zeigt, als auch für den Allgemeinen Teil. Dort sind z. B. die Anforderungen an eine Rechtfertigung unterschiedlich geregelt, soweit die Proportionalität des eingesetzten zu dem verteidigten Gut in Frage steht; die Strafbarkeit des unechten Unterlassungsdelikts wird nicht in allen Mitgliedstaaten der EU anerkannt; die Behandlung des Rechtsirrtums, dem im Bereich des Wirtschafts- und Nebenstrafrechts zentrale Bedeutung zukommt, ist uneinheitlich; und selbst die Geltung strafrechtlicher Fundamentalprinzipien wie des Analogieverbots ist nicht in allen Mitgliedstaaten anerkannt. Die Bestrebungen zur Einführung eines europäischen Modellstrafrechts können daher allenfalls langfristig erfolgreich sein. Vor allem ist diesbezüglich zweifelhaft, ob eine generelle Harmonisierung auf dem Gebiet des Strafrechts erforderlich ist, die zur Folge hätte, daß kulturelle Besonderheiten, die sich insbesondere in den nationalen Strafrechtsordnungen widerspiegeln, verlorengingen und dadurch die **Normakzeptanz** in der Bevölkerung verringert werden würde. Daher ist es vorzugswürdig, die Vereinheitlichung des Strafrechts der Entwicklung der politischen Union anzupassen und den Weg einer schrittweisen Harmonisierung unter Berücksichtigung des in Art. 10 (ex-Art. 3 b) EGV vorgesehenen Subsidiaritätsprinzips fortzusetzen. Für ein solches Vorgehen spricht weiterhin, daß zahlreiche Mitgliedstaaten wie die Bundesrepublik Deutschland und Österreich ihre Strafgesetzbücher in den siebziger Jahren, andere Staaten wie Portugal, Frankreich und Spanien erst in den neunziger Jahren neu kodifiziert haben.[434] Daher ist die Erarbeitung eines Europäischen Modellstrafgesetzes eher Angabe des Europarates[434a] als der EU.

177 Insgesamt erscheint es vorzugswürdig, daß sich die EG an den kriminalpolitischen Überlegungen und Vorgaben der UNO,[435] des Europarats[436] und der OECD beteiligt,

---

429 Zur diesbezüglichen Rechtslage in Deutschland vgl. *Dannecker* ZLR 1998, 426.

430 So insbesondere *Sieber* ZStW 103 (1991), 963 ff.; vgl. auch *Vogel* JZ 1995, 334 m. weit. Nachw.

431 Auch der Europarat hatte im Jahre 1971 in Erwägung gezogen, einen europäischen Model Penal Code zu schaffen; vgl. dazu *Sevenster* CMLR 29 (1992), 38 m. weit. Nachw.; zu neueren Bestrebungen *Sieber* JZ 1997, 369 ff.

432 *Sieber* ZStW 103 (1991), 961 f.; *Vogel* JZ 1995, 334.

433 *Weigend* ZStW 105 (1993), 783 ff.; vgl. auch *Rüter* ZStW 105 (1993), 144.

434 Vgl. dazu *K. Tiedemann* JZ 1996, 647 f. m. weit. Nachw.

434a Eingehend dazu *Sieber* JZ 1997, 369 ff.

435 *Oppenheimer*, in: *Sieber* (Hrsg.), Europäische Einigung und Europäisches Strafrecht, 1993, S. 103 ff.

436 *Nilsson*, in: *Sieber* (Hrsg.), Europäische Einigung und Europäisches Strafrecht, S. 99 ff.; vgl. auch *Vogler* Jura 1992, 586 ff.

soweit sich diese **internationalen Organisationen** mit der Bekämpfung der schwerwiegenden internationalen Kriminalität befassen.[437] In Teilbereichen ist eine solche Vorgehensweise bereits festzustellen, wie ein Blick auf die Drogenpolitik[438] und die Terrorismusbekämpfung[439] der EU zeigt. Weitere Schwerpunkte im Rahmen eines zusammenwachsenden Europas könnten die Vereinheitlichung der Strafzumessung,[440] mit der sich der Europarat eingehend befaßt hat,[441] und die Korruptionsbekämpfung[442] sein, die gegenwärtig sowohl international als auch national diskutiert wird und bisher zu einer Ausweitung des Anwendungsbereichs der nationalen Strafgesetze auf EG-Beamte geführt hat.[443] Eine solche wiederum bereichsspezifisch orientierte Kriminalpolitik könnte sich auf die drängendsten Probleme der Kriminalitätsbekämpfung konzentrieren und liefe nicht Gefahr, an der Zurückhaltung der Nationalstaaten bezüglich einer generellen Harmonisierung auf dem Gebiet des Strafrechts zu scheitern.

Trotz der notwendigen Kritik an den gemeinschaftsrechtlichen Vorgaben für die nationalen Strafrechtsordnungen ist gleichwohl positiv hervorzuheben, daß es den Organen der Europäischen Gemeinschaft innerhalb weniger Jahrzehnte gelungen ist, in bedeutsamen Teilbereichen des Strafrechts eine Harmonisierung, jedenfalls aber eine **Annäherung der nationalen Strafrechtsordnungen** der Mitgliedstaaten durchzusetzen. Wenn die Europäische Gemeinschaft auf dem Gebiet der Strafrechtsharmonisierung nicht selten aus politischen Erwägungen Kompromisse eingegangen ist, um überhaupt einen Konsens zu finden, auch wenn dadurch keine in allen Teilen befriedigenden Lösungen erzielt werden konnten, war diese „Politik der kleinen Schritte" auf dem Gebiet der grenzüberschreitenden Kriminalitätsbekämpfung angesichts der Widerstände der Mitgliedstaaten notwendig. Hinzu kommt, wie die bisherigen Erfahrungen zeigen, daß Änderungen und Ergänzungen bestehender Rechtsakte der Europäischen Gemeinschaft leichter durchzusetzen sind als die Einführung umfassender Neuregelungen. 178

III. Corpus Juris der strafrechtlichen Regelungen zum Schutz der finanziellen Interessen der Europäischen Union

Auf dem Gebiet der **Betrugsbekämpfung** wurde im Jahre 1996 von einer internationalen Expertengruppe ein „Corpus Juris der strafrechtlichen Regelungen zum Schutz der finanziellen Interessen der Europäischen Union"[444] vorgelegt, das über das Übereinkommen über den Schutz der finanziellen Interessen der Europäischen Gemeinschaft von 1994 hinausgeht und auf eine Harmonisierung im Sinne einer vollständigen Vereinheitlichung der dort vorgesehenen Straftatbestände gerichtet ist. Das Corpus Juris enthält so- 179

---

437 *Vogler*, in: *Sieber* (Hrsg.), Europäische Einigung und Europäisches Strafrecht, 1993, S. 129.

438 VO (EG) Nr. 3677/90 vom 13. 12. 1990, ABl. 1990, Nr. L 357 vom 20. 12. 1990, S. 1 ff., geändert durch VO (EG) Nr. 900/92 vom 31. 12. 1992, ABl. 1992, Nr. L 96 vom 10. 4. 1992, S. 1 ff. und Richtlinie vom 10. 6. 1991, ABl. 1991, Nr. L 1966, S. 77 ff.; *Sieber* ZStW 103 (1991), 961 f.; vgl. auch *Jung* StV 1990, 512; *Jung/Schroth* GA 1983, 251 f.

439 Vgl. dazu *Labayle* Rev. science crim. 1995, S. 47 ff.; *Le Jeune*, La coopération policière Européenne contre le Terrorisme, 1992.

440 Vgl. dazu *Rüter* ZStW 105 (1993), 44 ff.; *Streng*, in: *Lampe* (Hrsg.), Rechtsgleichheit und Rechtspluralismus, 1995, S. 294 ff.

441 *Council of Europe* (ed.), Consistency in Sentencing, 1993.

442 Vgl. dazu *European Commission* (Hrsg.), Protecting the Community's Financial Interests. The Fight against Fraud, Annual Report 1995, S. 17.

443 Vgl. dazu *Kaiser*, Universitas 46, S. 1062 ff. Zur Typologie der Korruption in der öffentlichen Verwaltung und Finanzkontrolle vgl. *U. Müller* Kriminalistik 1993, 509 ff.; *ders./Marcus* Kriminalistik 1995, 103 ff.

444 Näher dazu *Sieber*, in: *Delmas-Marty* (Hrsg.), Corpus Juris der strafrechtlichen Regelungen zum Schutz der finanziellen Interessen der Europäischen Union, S. 6 ff.

wohl Regelungen in Bereichen des Allgemeinen Teils als auch des Besonderen Teils und des Strafverfahrensrechts. Die Straftatbestände regeln den vorsätzlichen sowie den grob fahrlässigen Betrug zum Nachteil der EG-Finanzinteressen, den Ausschreibungsbetrug, die Bestechlichkeit und Bestechung, den Mißbrauch von Amtsbefugnissen, die Amtspflichtverletzung, die Verletzung eines Dienstgeheimnisses, die Geldwäsche und Hehlerei sowie die Bildung einer kriminellen Vereinigung zum Schaden des Gemeinschaftshaushalts. Außerdem werden einheitliche Strafen für alle Tatbestände für natürliche und juristische Personen festgelegt.

Das Corpus Juris versteht sich als **Diskussionsgrundlage** für die Fortentwicklung bzw. Weiterentwicklung der in ihm enthaltenen Regeln,[445] die in Teilbereichen noch nicht überzeugen kann. Dies gilt insbesondere für das Strafverfahrensrecht, bei dem man sich im wesentlichen auf die Statuierung der in der EMRK garantierten Mindestgarantien beschränkt hat. Diese Schwächen des Corpus Juris zeigen zugleich, daß es geboten ist, rechtsvergleichende Untersuchungen durchzuführen, auf die bei der Vorbereitung von Rechtsreformen zurückgegriffen werden kann.

Der **materiell-strafrechtliche Teil des Corpus Juris**, der Vorschriften über den Vorsatz, den Irrtum, die individuelle strafrechtliche Verantwortlichkeit, die strafrechtliche Verantwortlichkeit des Leiters eines Unternehmens und die strafrechtliche Verantwortlichkeit juristischer Personen enthält (Art. 10–14), soll in naher Zukunft in eine Richtlinie oder einen Rahmenbeschluß übernommen werden. Dadurch sollen die Mitgliedstaaten zur Umsetzung in nationales Recht verpflichtet werden. Diese Bestrebungen der Kommission können jedoch eine weitere **Reform der Agrarmarktpolitik** nicht ersetzen, die darauf gerichtet sein muß, die Verantwortung für die Einkommensstützung der Landwirtschaft in die nationale Zuständigkeit zu überführen. Hierbei handelt es sich um eine unerläßliche Voraussetzung für die aus politischen Gründen unausweichliche Ost-Erweiterung der EU.

---

[445] Siehe auch *Dannecker*, FS Hirsch 1999, S. 141, 143.

9. Kapitel. Zoll*

Literatur: *Achenbach/Wannemacher,* Beraterhandbuch zum Steuer- und Wirtschaftsstrafrecht § 22 Abschn. III, Zuwiderhandlungen gegen das Kriegswaffenkontrollgesetz (Stand: 2. Erg.-Lief. 1998); *Anton,* Nochmals: Entziehen aus der zollamtlichen Überwachung in ZfZ 1996, Seite 326–329; *Artzt,* Doppelfunktionales Handeln des Polizeivollzugsdienstes in Kriminalistik 1998, Seite 353–356; *Bartels/Bayer/Conzelmann* Grundstoffüberwachungsgesetz Anwendungshilfe für Wirtschaftsbeteiligte in AW-Prax 1995, Seite 161–164 und 210–214; *Bender,* BtM-Schmuggel als Steuerstraftat in ZfZ 1984, Seite 322–327; *ders.,* Das Zoll- und Verbrauchsteuerstrafrecht mit Verfahrensrecht Stand Juni 1997; *ders.,* Erweiterte Ermittlungsbefugnisse der Finanzbehörden im allgemeinstrafrechtlichen Bereich? in wistra 1998, Seite 93–95; *Benfer,* Grundrechtseingriffe im Ermittlungsverfahren 2. Auflage 1990; *Bernsmann,* Anmerkung zum Urteil des OLG Oldenburg v. 23. 10. 1995 – Ss 331/95 – in StV 1996, Seite 416–418; *Bieneck* (Hrsg.), Handbuch des Außenwirtschaftsrechts einschl. Kriegswaffenkontrollrecht 1998; *Bilsdorfer,* Die Informationsquellen und -wege der Finanzverwaltung 3. Auflage 1993; *Birk* (Hrsg.), Gemeinschaftssteuern in Handbuch des Europäischen Steuer- und Abgabenrechts, 1995; *ders.,* (Hrsg.), Verteilung der Finanzhoheit in Handbuch des Europäischen Steuer- und Abgabenrechts, 1995; *Bischeltsrieder,* Wirtschaftskriminalität 1991; *Brandl,* Die Grundstoffüberwachung – Eine neue Aufgabe der Zollverwaltung – in ddz 1996, Seite F 22 ff.; *Brenner,* Bannbruch, auch fahrlässiger – „Fossil" oder Notwendigkeit? in ZfZ 1980, Seite 240–242; *Bruns,* Das Dunkelfeld der Organisierten Kriminalität in Der Kriminalist 1996, Seite 697–704; *Dahlhoff,* Der neue § 34 AWG, in: NJW 1991, Seite 208–212; *Dekker/Rittenauer,* Körperschmuggel von Rauschgiften in Kriminalistik 1997, Seite 339–342; *Delmas-Marty* (Hrsg.), Corpus Juris der strafrechtlichen Regelungen zum Schutz der finanziellen Interessen der Europäischen Union 1998; *Dißars/Dißars,* Die Steueraufsicht in besonderen Fällen und ihre verfassungsrechtlichen Ausübungsschranken in ZfZ 1996, Seite 130–138; *Dörschuck,* Doppelfunktionales Handeln des Polizeivollzugsdienstes in Kriminalistik 1997, Seite 740–746; *Dreher/Tröndle* Kommentar zum StGB, 47. Auflage 1995; *Drews/Wacke/Vogel/Martens,* Gefahrenabwehr Allgemeines Polizeirecht (Ordnungsrecht) des Bundes und der Länder 9. Auflage 1986; *Erbs/Kohlhaas,* Strafrechtliche Nebengesetze Kommentar, Stand: 1. April 1997; *Fehn,* Neues vom Fördertatbestand des § 20 KWKG, in AW-Prax 1997, Seite 278–280; *ders.,* Nochmals: Förderung im Sinne des § 20 KWKG, in AW-Prax 1997, Seite 385–386; *ders.,* Die erschlichene Ausfuhrgenehmigung in AW-Prax 1998, Seite 16–18 (authorisierte Fassung = Beilage zur AW-Pax 3/1998); *ders.,* Ungenehmigte Einfuhren von radioaktiven Stoffen und Zollfahndung in ZfZ 1998, Seite 70–71; *Frick,* Auskunftsersuchen der Steuerfahndung gemäß § 208 Abs. 1 Satz 1 Nr. 3 AO in BB 1988 (2), Seite 109–112; *Fuchs,* Betrugsbekämpfung und Zollpraxis in AW-Prax 1996, Seite 32–34; *Gast-De Haan/Joecks/Voss,* Steuerstrafrecht mit Steuerordnungswidrigkeiten und Verfahrensrecht Kommentar 4. Auflage 1996; *Grützner/Pötz/Vogler/Wilkitzki,* Internationaler Rechtshilfeverkehr in Strafsachen mit Kommentar zum Gesetz über die internationale Rechtshilfe in Strafsachen (IRG) 2. Aufl., Stand Juni 1998, Heidelberg; *Gusy,* Vorbeugende Verbrechensbekämpfung nach dem Außenwirtschaftsgesetz in StV 1992, Seite 484–489; *Halla-Heißen/Nonhoff,* Marktordnungsrecht Marktordnungswaren im grenzüberschreitenden Warenverkehr AW-Prax Schriftenreihe Köln: Bundesanzeiger, 1997; *Hamacher,* Der hinreihende Anlaß für Ermittlungen in DStZ 1988, Seite 217–219; *Hantke,* Grundlagen des Außenwirtschaftsgesetzes als rechtlicher Rahmen der Internationalisierung deutscher Unternehmen, in Handbuch Internationales Management – Sonderdruck –, von Macharzina/Oesterle (Hrsg.), Seite 160–176; *ders.,* Die neuen Bestimmungen im deutschen Außenwirtschaftsrecht, in Deutsche Ausfuhrkontrolle 1992, von Bebermeyer (Hrsg.), Seite 77–87; *Harder,* Zum Teil-Embargo gegen Libyen; in AW-Prax 1998, Seite 163–166; *Heise/Tegtmeyer,* Polizeigesetz Nordrhein-Westfalen Kommentar 7. Auflage 1990; *Hellmann,* Das Neben-Strafverfahrensrecht der Abgabenordnung 1995; *Henke,* Verbote und Beschränkungen für den Warenverkehr über die Grenze in AW-Prax 1995, Seite 333–338, 371–375, 407–411; *Henke/Huchatz,* Das neue Abgabenverwaltungsrecht für Einfuhr- und Ausfuhrabgaben Die Überlagerung der Abgabenordnung durch den Zollkodex in ZfZ 1996, Seite 226–233, 262–274; *Hetzer,* Geldwäschebekämpfung oder Staatsbankrott? in Kriminalistik 1999, 218–224; *Hidien,* Einführung in die Aufgaben der deutschen Zollverwaltung in ZfZ 1988, Seite 326–334; *Hocke/Berwald/Maurer,* Kommentar zum Außenwirtschaftsrecht, Stand: Februar 1998; *Hohrmann,* Entwicklungen im Versandverfahren in ZfZ 1997, Seite 399–407; *Holthausen,* Zur Begriffs-

---

* Die Teile VI, IX, XI–XIII wurden verfaßt unter Mitarbeit von *Hans-Joachim Brandl,* Oberregierungsrat im Zollkriminalamt. Teil X wurde verfaßt von *Marion Harder,* Oberregierungsrätin im Zollkriminalamt.

bestimmung der A-, B- und C-Waffen i. S. der Nrn. 2, 3 und 5 der Kriegswaffenliste des Kriegswaffenkontrollgesetzes in NJW 1992, Seite 2113–2118; *ders.*, Das Kriegswaffenexportrecht als Verfassungsauftrag des Art. 26 Abs. 2 GG, in RIW 1997, Seite 369–376; *ders.*, Die Strafbarkeit der Ausfuhr von Kriegswaffen und sonstigen Rüstungsgütern, in NStZ 1988, Seite 206–208, 256–261; *ders.*, Der Verfassungsauftrag des Art. 26 II GG und die Ausfuhr von Kriegswaffen, in JZ 1995, Seite 284–290; *ders.*, Enumerative Listen im Kriegswaffenkontrollrecht und ihre „Umgehung" mittels technischer Manipulationen, in wistra 1997, Seite 129–134; *ders.*, Zum Tatbestand des Förderns in den neuen Strafvorschriften des Kriegswaffenkontrollgesetzes (§§ 16–21 KWKG), in NJW 1991, Seite 203–207; *ders.*, Nochmals: „Rose"-Urteil des LG Stuttgart, in AW-Prax 1998, Seite 97–99; *Hucko*, Außenwirtschaftsrecht, Kriegswaffenkontrollrecht, Textsammlung mit Einführung, 6. Auflage, April 1997; *ders.*, Was die Richter leider falsch beurteilt haben, in AW-Prax 1997, Seite 172–173; *Hübschmann/Hepp/Spitaler*, Abgabenordnung, Finanzgerichtsordnung Kommentar 10. Auflage 1995; *Hund*, Polizeiliches Effektivitätsdenken contra Rechtsstaat in ZRP 1991, Seite 463–468; *Jaeger*, Vorfeldermittlungen und Datenumwidmung im Spannungsfeld von Polizeirecht, Strafverfahrensrecht und nachrichtendienstlichen Befugnissen in Der Kriminalist 1996, Seite 329–332, 377–380; *Janovsky*, Die Strafbarkeit des illegalen grenzüberschreitenden Warenverkehrs in NSJ 1998, Seite 117; *ders.*, Ermittlungen in Wirtschaftsstrafsachen in Kriminalistik 1998, Seite 269, 331; *Jarass/Pieroth*, Kommentar zum Grundgesetz, 4. Auflage 1997; *Jarke*, Das Verwertungsverbot des § 393 Abs. 2 S. 1 AO in wistra 1997, Seite 325; *Jatzke*, Die steuerlichen Folgen bei Diebstahl von unter Steueraussetzung stehenden verbrauchsteuerpflichtigen Waren in ZfZ 1997, Seite 408; *ders.*, Die steuerlichen Folgen bei Diebstahl von unter Steueraussetzung stehenden verbrauchsteuerpflichtigen Waren in ZfZ 1997, Seite 408; *Joecks*, Urkundenfälschung „in Erfüllung steuerrechtlicher Pflichten" (§ 393 Abs. 2 Satz 1 AO)? in wistra 1998 Seite 86–91; *Kampf*, Zollrechtliche Versandverfahren in AW-Prax 1996, Seite 11–14; *ders.*, Aktionsplan für das Versandverfahren in Europa Perspektive für das Jahr 2000 in AW-Prax 1997, Seite 421–423; *ders.*, Grenzbeschlagnahmen bei Produktpiraterie in AW-Prax 1998, Seite 301–303; *ders.*, Aktuelle Fragen zur „Grenzbeschlagnahme" bei Markenrechtsverletzungen in ZfZ 1998, Seite 331–335; *Kerner*, Kriminologie Lexikon 4. Auflage 1991; *Klein/Orlopp*, Abgabenordnung- einschließlich Steuerstrafrecht – Kommentar 5. Auflage 1995; *Kleinknecht/Meyer-Goßner*, Strafprozeßordnung Kommentar 42. Auflage 1995; *Klinkhammer*, Amts- und Rechtshilfe im Bereich der Steuerhinterziehung und des Subventionsbetrugs in ZfZ 1996, Seite 37–40; *Koch*, Abgabenordnung AO 1977 Kommentar 4. Auflage 1993; *Kohlmann*, Steuerstraf- und Steuerordnungswidrigkeitenrecht einschließlich Verfahrensrecht Kommentar 7. Auflage 1997; *Körner*, Betäubungsmittelgesetz Arzneimittelgesetz Kommentar 4. Auflage 1994; *Kraushaar*, Der Körperschmuggel von Kokain Dissertation Gießen, 1992; *Krey*, Strafverfahrensrecht, Band I 1988; *ders.*, Rechtsprobleme des strafprozessualen Einsatzes Verdeckter Ermittler BKA-Forschungsreihe 1993; *Krehl*, Strafbarkeit wegen Sieglbruchs (§ 136 II StGB) bei Verletzung ausländischer Zollplomben? in NJW 1992, Seite 604–606; *Kube*, Prävention von Wirtschaftskriminalität (unter Berücksichtigung der Umweltkriminalität) – Möglichkeiten u. Grenzen aus der Reihe: Berichte des Kriminalistischen Instituts des Bundeskriminalamts, 2. Auflage 1985; *Kühn/Kutter/Hofmann*, Abgabenordnung Finanzgerichtsordnung, Nebengesetze Kommentar 16. Auflage 1990; *Kunzmann*, Die Kollision zwischen der Aufgabe der Gefahrenabwehr und anderen Aufgaben der Polizei 1990; *Merten/Merten*, Vorbeugende Verbrechensbekämpfung in ZRP 1991, Seite 213–220; *Möller/Wilhelm*, Allgemeines Polizei- und Ordnungsrecht, 4. Auflage 1995; *Mösbauer*, Staatsaufsicht über die Wirtschaft 1990; *Müller/Wabnitz/Janovsky*, Wirtschaftskriminalität 4. Auflage 1997; *Muhler*, Was der Gesetzgeber leider nicht bedacht hat, in ZRP 1998, Seite 4–6; *Ohström*, Zollamtshilfe in der EG, Neuregelungen der Amtshilfe zwischen Zollverwaltungen innerhalb der EG – Die EG-VO 515/97 und das Neapel-II-Übereinkommen – in AW-Prax 1999, 169–172; *Petry*, Die Zusammenarbeit der Zollverwaltungen und § 66 des Gesetzes über die internationale Rechtshilfe in Strafsachen in ZfZ 1986, Seite 258–264; *Pottmeyer*, Kriegswaffenkontrollgesetz, Kommentar, 2. Auflage 1994; *Pütz*, Steuer- und Zollfahnder als Hilfsbeamte der Staatsanwaltschaft in wistra 1990, Seite 212–216; *Reiche*, Die strafrechtliche Ermittlungskompetenz der Zollfahndung – Anmerkung zum Urteil des BGH vom 24. 10. 1989 – 5 StR 238–239/89 – in wistra 1990, Seite 90–93; *Riegel*, Datenschutz bei den Sicherheitsbehörden 2. Auflage 1992; *Rump*, Die Bedeutung der Verwaltungsentscheidungen und -tätigkeiten für die Verfolgung und Ahndung von Zuwiderhandlungen gegen EG-Regelungen, Referat vor der Europäischen Rechtsakademie Trier zum Thema: Die Bekämpfung des Subventionsbetruges im EG-Bereich, anläßlich der Tagung am 8.–10. 10. 1992 in Trier, unveröffentlicht; *Scholler/Schloer*, Grundzüge des Polizei- und Ordnungsrechts in der Bundesrepublik Deutschland 4. Auflage 1993; *Schröder*, Verwaltungsrechtshilfe mit dem Ausland in Fiskalsachen in ddz 1981, Seite F 121–F 126; *Schrömbges*, Die Auswirkungen der Uruguay-Runde des GATT/WTO auf das Marktordnungsrecht – Teil 1 in ZfZ 1996, Seite 2–14; *Schwarz/Wockenfoth*, Zollrecht Kommentar, Texte und Entscheidungssammlung 3. Auflage 1995; *Schwind/Ahlborn/Weiß*, Dukelfeldforschung in Bochum 1986/87 1989; *Soiné*, Datenverarbeitung für Zwecke künftiger Strafverfahren in CR 1998,

Seite 257–264; *Soyk,* Die Steuerentstehung beim Entziehen verbrauchsteuerpflichtiger Waren aus dem Steueraussetzungsverfahren in ZfZ 1998, Seite 2–11; *Spohn,* Die neuen Bestimmungen des Kriegswaffenkontrollgesetzes in Deutsche Ausfuhrkontrolle 1992, von Hartmut Bebermeyer (Hrsg.), Seite 13–19; *Spriegel,* Steuergeheimnis und nichtsteuerliche Straftat in wistra 1997, Seite 321–325; *Sprögel,* Genehmigungspolitik für Kriegswaffen nach dem Kriegswaffenkontrollgesetz (KWKG) in Deutsche Ausfuhrkontrolle 1992, von Hartmut Bebermeyer (Hrsg.), Seite 21–28; *Tiedemann,* Der Strafschutz der Finanzinteressen der Europäischen Gemeinschaft in NJW 1990, Seite 2226–2233; *Tipke/Kruse,* Abgabenordnung und Finanzgerichtsordnung (ohne Steuerstrafrecht) Kommentar 15. Auflage 1994; *Volk,* Der Tatbegriff und die Bestimmtheit von Durchsuchungsbeschlüssen im Steuerstrafrecht In wistra 1998, Seite 281–283, *Wamers,* Das Zollkriminalinstitut – Zentrales Zollfahndungsamt in ddz 1988, Seite F29–F31; *ders.,* Der Schußwaffengebrauch in Notwehr und in rechtmäßiger Dienstausübung in ddz 1989, Seite F81–F86; *ders.,* Die Fiktion des Art. 2 Abs. 2 U Abs. 2 S. 2 ZollschuldVO in ddz 1989, Seite F145–F147; *ders.,* Der Zollfahndungsdienst wurde 70 Jahre jung in ddz 1990, Seite F68; *ders.,* Vorfeldermittlungen in ddz 1991, Seite F29–F33; *ders.,* Gemeinsame Ermittlungsgruppen Rauschgift von Zoll und Polizei in der Bundesrepublik Deutschland in Der Kriminalist 1992, Seite 542–544; *ders.,* Das neue Zollverwaltungsgesetz und seine Kontrollbefugnisse nach §§ 10, 5 und 12 ZVG in ddz 1993, Seite F48–F50; 5/93, F61–F66; *ders.,* Das Zollkriminalamt in ddz 1994, Seite 1737–1739, 1747–1753; *ders.,* Die Zuständigkeit des Zollfahndungsdienstes für die Bekämpfung der Geldwäsche nach § 12 a FVG in ddz 1994, Seite F99–F100; *ders.,* Marktbeobachtung Band 2 der Schriftenreihe des ZKA 1995; *ders.,* Illegaler Technologietransfer – Eine Sonderform der Organisierten Kriminalität 1996; *ders.,* Der Bannbruch, Straftat und/oder Ordnungswidrigkeit? in AW-Prax 1999, 212–215; *Wendeborn,* Das Recht der Steuerfahndung gemäß §§ 208, 404 AO Europäische Hochschulschriften, 1989; *Werner,* Die neuen internationalen Grundlagen der Exportkontrolle, in: RIW 1988, Seite 179 ff.; *Werner, G.,* Die Bekämpfung der Geldwäsche in Deutschland – Der gesetzliche Rahmen, aus: Geldwäsche, Problemanalyse und Bekämpfungsstrategien, Dokumentation der Friedrich-Ebert Stiftung, 1993/94; *Weßlau,* Vorfeldermittlungen Probleme der Legalisierung „vorbeugender Verbrechensbekämpfung" aus strafprozeßrechtlicher Sicht 1989; *Wewel,* Schutz der Union durch Zusammenarbeit im Zollwesen in ZfZ 1995, Seite 226–232; *Weyarn,* Das Evokationsrecht und die Informationsmöglichkeiten der Staatsanwaltschaft in wistra 1994, Seite 87–91; *Witte,* Zollkodex Kommentar 1994; *Witte/Halla-Heißen,* Zollverfahren und sonstige zollrechtliche Bestimmungen Ein systematischer Überblick über die zollrechtlichen Gestaltungsmöglichkeiten in AW-Prax 1996, Seite 431–434, und 1997, Seite 31–34; *Witte/Wolffgang,* Lehrbuch des Zollrechts Öffentliches Recht des grenzüberschreitenden Warenverkehrs 1991; *dies.,* Lehrbuch des europäischen Zollrechts 2. Auflage 1995; *Wittkämper/Krevert/Kohl,* Europa und die innere Sicherheit Auswirkungen des EG-Binnenmarktes auf die Kriminalitätsentwicklung und Schlußfolgerungen für die polizeiliche Kriminalitätsentwicklung BKA-Forschungsreihe 1996; *Wolffgang,* Steuerliche Amtshilfe innerhalb der EG in Handbuch des Europäischen Steuer- und Abgabenrechts, von Birk (Hrsg.), 1995; *ders.,* Informantenschutz im Steuerrecht in Recht der Persönlichkeit, von Erichsen/Kollhosser/Welp (Hrsg.), 1996; *Wolters,* Verbrechensbekämpfung – Eine europäische Sache? in Kriminalistik 1997, Seite 86–91.

Inhaltsübersicht

	Rn.
I. Organisation und Aufbau des Zollfahndungsdienstes	1–13
1. Regionale Präsenz und zentrale Aufgabenerfüllung	4, 5
2. Weisungsverhältnisse	6
3. Sondereinheiten des Zollfahndungsdienstes	7–13
a) Gemeinsame Rauschgift- und Finanzermittlungsgruppen und Clearingstellen	7
b) Gemeinsame Grundstoffüberwachungsstelle ZKA/BKA	8
c) Sachgebiete Flughafen	9
d) Observationseinheiten Zoll	10
e) Zentrale Unterstützungsgruppe Zoll	11
f) Zentrale Technikgruppe Zoll	12
g) Sonstige Sondereinheiten des Zolls	13
II. Die besondere Ermittlungssituation des Zollfahndungsdienstes i. R. der Aufgaben der Zollverwaltung	14–20
III. Enge Verbindung zwischen zollamtlicher Überwachung und Ermittlungen des Zollfahndungsdienstes	21–50
1. Überwachungsaufgaben der Zollverwaltung	22–31
a) Steueraufsicht	25
b) Betriebsprüfungen durch die Hauptzollämter für Prüfungen	26
c) Überwachung des Warenverkehrs über die Grenzen	29, 30
d) BillBZ	31
2. Überwachungsaufgaben und -instrumente des Zollfahndungsdienstes	32–46

Rn.
a) Bedeutung der Vorfeldermittlungen . . . 33–43
aa) Vorfeldermittlungen aufgrund der Polizeigesetze . . . 37
bb) Vorfeldermittlungen im steuerlichen Bereich . . . 38–43
(1) Charakter der Vorfeldermittlungen nach § 208 Abs. 1 Nr. 3 AO . . . 38, 39
(2) Eingriffsvoraussetzungen . . . 40–43
b) Zollrechtliche Überwachung . . . 44, 45
c) Marktbeobachtung durch den Zollfahndungsdienst . . . 46
3. Besondere Überwachungsaufgaben des ZKA . . . 47–50
a) Marktbeobachtung durch das ZKA . . . 47
b) Außenwirtschaftsüberwachung durch das ZKA . . . 48–50
4. Übersicht über die Verfahrenszuständigkeiten der Zollbehörden bei Ermittlungsverfahren . . . 50 a

IV. Ermittlungsaufgaben des Zollfahndungsdienstes im Überblick . . . 51–54

V. Ermittlungsbefugnisse der Zollbehörden . . . 55–74
1. Ermittlungsbefugnisse der Hauptzollämter . . . 56–62
a) Das Hauptzollamt in der Funktion der Staatsanwaltschaft . . . 57–59
b) Ermittlungsbefugnisse des Hauptzollamts im übrigen . . . 60–62
2. Ermittlungsbefugnisse der Zollfahndungsämter . . . 63–71
a) Strafrechtliche Ermittlungen . . . 64–67
b) Steuerliche Ermittlungen . . . 68–71
3. Verhältnis der steuerlichen zu den strafrechtlichen Ermittlungen . . . 72–74

VI. Bedeutung der Zollverfahren und ihrer rechtlichen und praktischen Ausgestaltung für Zuwiderhandlungen . . . 75–105
1. Rechtliche Entwicklung . . . 75, 76
2. Zollverfahren im allgemeinen . . . 77–85
a) Überwachung . . . 78, 79
b) Zollrechtliche Bestimmung . . . 80–84
aa) Interner Versand . . . 82
bb) Warenausfuhr . . . 83
cc) Zollrechtlich freier Verkehr . . . 84
c) Manipulationsmöglichkeiten . . . 85
3. Nichterhebungsverfahren und Zollverfahren mit wirtschaftlicher Bedeutung . . . 86–101
a) Aktive Veredelung . . . 87
b) Passive Veredelung . . . 88
c) Umwandlung . . . 89
d) Vorübergehende Verwendung . . . 90
e) Zollager . . . 91
f) Versandverfahren . . . 92–101
aa) Allgemein . . . 93
bb) Gemeinschaftliches Versandverfahren . . . 94–96

Rn.
cc) Gemeinsames Versandverfahren . . . 97
dd) TIR-Übereinkommen . . . 98
ee) ATA-Übereinkommen . . . 99
ff) Sonstige Versandverfahren . . . 100
gg) Die Verschlußsicherheit bei Versandverfahren . . . 101
4. Sonstige zollrechtliche Bestimmungen . . . 102–105

VII. Strafrechtlicher Schutz bei den sog. Zollstraftaten . . . 106

VIII. Ermittlung von Steuerstraftaten . . . 107–134
1. Begriff der Steuerstraftaten nach § 369 AO . . . 107
2. Steuerhinterziehung . . . 108–120
a) Einfuhrabgaben der EG . . . 114–116
b) Verbrauchsteuern . . . 117–119
c) Schwere Steuerhinterziehung . . . 120
3. Bannbruch . . . 121–125
4. Wertzeichenfälschung . . . 126
5. Gewerbsmäßiger, gewaltsamer und bandenmäßiger Schmuggel . . . 127
6. Steuerhehlerei . . . 128
7. Begünstigung . . . 129
8. Einziehung . . . 130
9. Das Schmuggelprivileg . . . 131
10. Selbstanzeige bei Steuerhinterziehung . . . 132, 133
11. Im Zusammenhang mit Steuerdelikten stehende Straftaten . . . 134

IX. Ermittlung von Zuwiderhandlungen gegen Marktordnungsregelungen der Europäischen Gemeinschaft . . . 135–139
1. Vorbemerkungen . . . 135
2. Grundsätzliche Regelungssystematik . . . 136
3. Hinterziehung von Abschöpfungen und Agrarzöllen . . . 137
4. Subventionsbetrug bei Ausfuhrerstattungen . . . 138, 139

X. Ermittlung von Zuwiderhandlungen gegen die Außenwirtschaftsbestimmungen . . . 140–201
1. Vorbemerkungen . . . 140–144
a) Allgemeines . . . 140, 141
b) Abgrenzung KWKG/AWG . . . 142
c) Abgrenzung CWÜAG/AWG . . . 143
d) Abgrenzung CWÜAG/KWKG . . . 144
2. Außenwirtschaftsgesetz . . . 145–181
a) Grundsätze . . . 145
b) Die Systematik des AWG . . . 146
c) Die Außenwirtschaftsverordnung . . . 147–149
aa) Allgemeines . . . 147
bb) Die Systematik der AWV . . . 148
cc) Die Ausfuhrliste . . . 149
d) Die Entwicklung des Außenwirtschaftsrechts seit 1961 . . . 150–153
aa) Allgemeines . . . 150
bb) Die Schwellenländer und ihre Rüstungsprojekte . . . 151

Rn.

cc) Die neuen Beschränkungen 152, 153
e) Auswirkungen des EG-Rechts auf das Außenwirtschaftsrecht . 154–157
aa) Grundsätzliches 154
bb) Das Ausfuhrverfahren 155
cc) Die EG-dual-use-VO 156
dd) Genehmigungspflichten bei der Ausfuhr/Verbringung von Gütern 157
f) Zur Verfassungsmäßigkeit der Außenwirtschaftsbestimmungen 158
g) Die Bußgeld- und Strafbestimmungen des AWG 159–175
aa) Allgemeines 159, 160
bb) Ordnungswidrigkeiten § 33 AWG 161
cc) Straftaten § 34 AWG 162–175
h) modi operandi des illegalen Technologietransfers 176–178
aa) Allgemeines 176
bb) Ausfuhrschmuggel 177
cc) Begehungsweisen u. Verschleierungsmethoden 178
i) Möglichkeiten des Erkennens des illegalen Technologietransfers durch die Zollbehörden 179
k) Internationale Zusammenarbeit . . . 180
l) Sonstige Delikte 181
3. Kriegswaffenkontrollgesetz 182–195
a) Allgemeine 182
b) Die Systematik des KWKG. 183
c) Die Kriegswaffenliste 184–186
aa) Allgemeines 184, 185
bb) Die Systematik der KWL 186
d) Die Beschränkungen 187–194
aa) Genehmigungsvorbehalte . 187–190
1. Allgemeines 187, 188
2. Ein-, Aus- und Durchfuhr 189
3. „Auslandsgeschäfte“ 190
bb) Verbote 191–194
e) Die Strafbestimmungen 195
4. Das Chemiewaffenübereinkommen 196–201
a) Das Ausführungsgesetz und die Ausführungsverordnung zum CWÜ 197
b) Die Strafbestimmungen des CWÜAG 198–201

XI. Ermittlung von Verstößen gegen Verbote und Beschränkungen im grenzüberschreitenden Warenverkehr (Bannbruch) 202–222
1. Der Bannbruch als Blankettgesetz . . . 202
2. Markengesetz 203
a) Vorbemerkungen 203
b) Rechtsgrundlagen 204
c) Aufgaben der Zollverwaltung . 205–208
aa) Zollabfertigung 205–207
bb) Ermittlungen 208
3. Artenschutz 209–213
a) Vorbemerkungen 209
b) Rechtsgrundlagen 210

Rn.

c) Aufgaben der Zollverwaltung . 211, 212
aa) Zollabfertigung 211
bb) Ermittlungen 212
d) Täterprofil und Methoden 213
4. Lebensmittel- und Bedarfsgegenständegesetz 214–217
a) Vorbemerkungen 214
b) Rechtsgrundlagen 215
c) Aufgaben der Zollverwaltung . 216, 217
aa) Zollabfertigung 216
bb) Ermittlungen 217
5. Abfallrecht 218–222
a) Vorbemerkungen 218
b) Rechtsgrundlagen 219
c) Aufgaben der Zollverwaltung . 220–222
aa) Zollabfertigung 220, 221
bb) Ermittlungen 222

XII. Finanzermittlungen 223–238
1. Die Rolle der Finanzermittlungen im Rahmen der OK-Bekämpfung 223, 224
2. Der Anfangsverdacht – der Vortatenkatalog 225
3. Zollspezifischen Informationsquellen und Ermittlungsansätze 226–236
a) Informationspotential der Betriebs- und Außenprüfungsdienste 226–230
b) Informationspotential des Zollabfertigungsdienstes 231–233
aa) Einfuhrabfertigung 232
bb) Ausfuhrabfertigung 233
c) Zusammenarbeit der Zollverwaltungen 234
d) Zusammenarbeit mit den Länderfinanzverwaltungen 235
e) Informationen aufgrund der Grenzkontrolle 236
4. Verdachtsanzeigen und Ermittlungen 237
5. Aufgaben des ZKA bei der Bekämpfung der Geldwäsche 238

XIII. Ermittlung von Verstößen gegen das GÜG 239–249
1. Vorbemerkungen 239
2. Der Sinn der Grundstoffüberwachung 240
3. Die Überwachung der gelisteten Grundstoffe 241–244
4. Das polizeiliche Monitoringsystem . . 245
5. Ermittlungen 246–249
a) Ermittlungen nach dem GÜG . 247, 248
b) Ermittlungen nach § 18a i. V. m. § 29 Abs. 1 Nr. 11 BtMG. 249

XIV. Verhältnis von Gefahrenabwehr und Strafverfolgung 250–252
1. Problem des Aufgabenvorrangs der Gefahrenabwehr 250
2. Kollisionsregeln 251, 252

XV. Bedeutung des Steuergeheimnisses i. R. der Tätigkeit der Zollverwaltung 253–262
1. Art. 15 Zollkodex 253
2. § 30 AO 254–262

Rn.

a) Bedeutung des Steuergeheimnisses . . . 254, 255
b) Voraussetzungen f. d. Schutz des Steuergeheimnisses . . . 256
c) Problem des parallelen Aufgabenvollzugs . . . 257, 258
d) Steuergeheimnis und nichtsteuerliche Straftat . . . 259
e) Offenbarungsermessen . . 260
f) Informationsaustausch i. R. der Zusammenarbeit der Zollverwaltungen . . . 261
g) Das sog. Bankgeheimnis . . . 262

XVI. Das ZKA . . . 263–268
1. Stellung und Funktion des ZKA im Zollfahndungsdienst . . . 264
2. Ermittlungsaufgaben und -befugnisse des ZKA . . . 265
3. Unterstützende Funktionen des ZKA bei Ermittlungen des Zollfahndungsdienstes . . . 266, 267
4. Informationssysteme des Zollfahndungsdienstes und des ZKA . . . 268

XVII. Zusammenarbeit des ZKA und des Zollfahndungsdienstes mit anderen Behörden . . . 269–290
1. Zusammenarbeit mit den übrigen Dienststellen des Zolls . . . 269
2. Zusammenarbeit im nationalen Bereich . . . 270–273
a) Kooperation mit der Steuerfahndung . . . 271
b) Kooperation mit der Polizei . . . 272
c) Kooperation mit anderen Behörden . . . 273

Rn.

3. Internationale und europäische Zusammenarbeit im Wege der Amtshilfe . . . 274–290
a) Empfehlungen der Weltzollorganisation . . . 277
b) Bilaterale und multilaterale Zollunterstützungsverträge; EG-Amtshilfeverordnung; EG-Amtshilfegesetz . . . 278–283
c) Zusammenarbeit mit der EG-Kommission . . . 284–287
aa) Das Amt für Betrugsbekämpfung der Europäischen Gemeinschaft – OLAF . . . 285
bb) Operative Aufgaben der OLAF . . . 286
cc) Sonstige Aufgaben der OLAF . . . 287
d) Zusammenarbeit im Rahmen des Schengener Durchführungsübereinkommens (SDÜ) . . . 288
e) Übersicht . . . 288
f) Verhältnis der Amtshilfe zur justiziellen Rechtshilfe . . . 289, 290

Anhang 1
Bestehende Verbote und Beschränkungen . . . 291

Anhang 2
Fundstellennachweis des Gemeinschaftsrechts . . . 292

Anhang 3
Übersicht § 34 AWG . . . 293

I. Organisation und Aufbau des Zollfahndungsdienstes

1 Die Gesamtheit des Begriffs „Zoll" stellt für die meisten Juristen, die im Rahmen der Bekämpfung der Wirtschaftskriminalität in der Strafverfolgung tätig sind, im wahrsten Sinne des Wortes „ein Buch mit sieben Siegeln" dar. Ursache sind sicherlich nicht nur fehlende Ausbildungsinhalte in Studium und Referendarausbildung, vielmehr stellt sich der **Aufgabenkatalog der Zollverwaltung**, bei dem schon fast die klassische Aufgabe der Zollerhebung im Hintergrund steht, auch als unübersichtliches Konglomerat von ausschließlichen, Sonder- und Teil-Zuständigkeiten dar. Schon das Verhältnis des allgemeinen Steuerrechts zu den Besonderheiten des Zollrechts sowie des Steuerstrafrechts zum allgemeinen Strafrecht birgt genügend Problemfelder. Hinzu kommt, daß das nationale Recht teilweise, allerdings zunehmend, durch das Recht der Europäischen Gemeinschaft ersetzt oder überlagert wird – und zwar nicht immer im Wege einer gesamtheitlichen Kodifizierung, sondern leider häufig durch Regelung von Teilbereichen. Die Geschwindigkeit, mit der der nationale Gesetzgeber und der EG-Verordnungsgeber das einschlägige Recht zur Verwirklichung eines einheitlichen Binnenmarktes in Europa und zur Anpassung an neue tatsächliche Gegebenheiten angepaßt haben, trägt ein übriges zur Unsicherheit im Umgang mit der Zollverwaltung bei. Die Problematik wird ebenfalls nicht vereinfacht durch das Nebeneinander von eingeschränkter EG-Verordnungskompetenz und verbleibender nationaler Rechtssetzungsbefugnis im Bereich des Straf- und Strafprozeßrechts.

2 Die Zollverwaltung ist **Einnahmeverwaltung** für Zölle, Verbrauchsteuern und die früheren Abschöpfungen der EG für Marktordnungswaren. Sie ist Subventionsverwaltung im Hinblick auf die Ausfuhrerstattung für Marktordnungswaren. Sie nimmt aufgrund besonderer Rechtskonstruktion in breitem Umfang **Maßnahmen der Gefahrenabwehr** im Zusammenhang mit der Gewährleistung der Einhaltung von Verboten und Beschränkungen im grenzüberschreitenden Warenverkehr (VuB) über die Außengrenzen, aber auch über die Binnengrenzen der Gemeinschaft wahr. Sie ist **Überwachungsbehörde** zur Sicherung der Einnahmen der Bundesrepublik und der EG, der Einhaltung der VuB, der Rechtmäßigkeit von Subventionszahlungen und im Rahmen der Außenwirtschaftsüberwachung. Auf einigen Gebieten nimmt die Zollverwaltung i. R. des Ordnungswidrigkeitenrechts die Stellung der für die Verhängung von Bußgeldern zuständigen **Bußgeldbehörde** ein. Schließlich hat sie durch den Zollfahndungsdienst und andere Stellen des Zolls **Aufgaben der Strafverfolgung**, teils in der Funktion als Polizeibehörde, teils in der Rolle als Staatsanwaltschaft, zu vollziehen.

Die Aufgabenvielfalt der Zollverwaltung spiegelt sich zu einem erheblichen Teil auch in den **Funktionen** des Zollfahndungsdienstes einschließlich des Zollkriminalamtes wider:

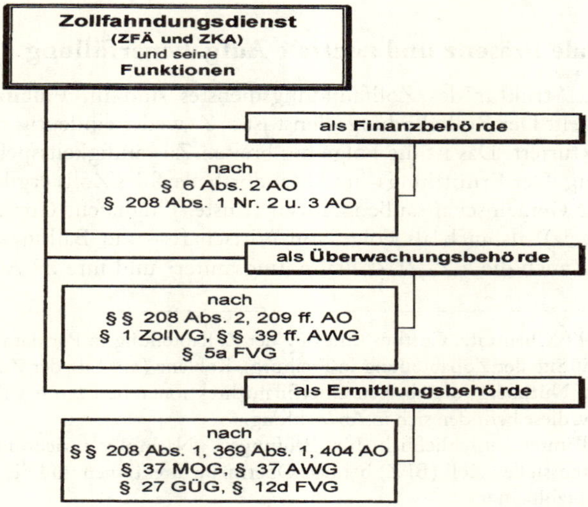

Das Aufgabenspektrum hat naturgemäß seine Konsequenzen in der **Struktur** der Zollverwaltung gefunden. Während Aufbau und Struktur von Staatsanwaltschaften und Bundes- sowie Landespolizeibehörden, ja meist sogar der Finanzbehörden und der Steuerfahndungsdienste der Länder jedem Strafverfolger selbstverständlich geläufig sind, bestehen für die Bundesfinanzbehörden und hier vor allem für den seit 1919 existierenden Zollfahndungsdienst[1] regelmäßig „weiße Flecken" in der Vorstellung. Die Unkenntnis der Behördenstruktur und der bestehenden Aufgaben und Kompetenzen und daraus folgende Unsicherheiten führen in der Praxis leider sehr häufig zu fehlender Zusammenarbeit mit den Dienststellen der allgemeinen Zollverwaltung und den Dienststellen des Zollfahndungsdienstes.

3 Die Zollverwaltung ist nach dem Modell des klassischen dreistufigen Verwaltungsaufbaus gegliedert. Oberste Bundesbehörde ist das Bundesministerium der Finanzen, das in der Zollabteilung über ein gesondertes Referat für die Fachaufsicht über den Zollfahn-

[1] *Wamers,* ddz 1990, F68.

dungsdienst verfügt. In der Mittelinstanz üben die 8 Oberfinanzdirektionen[2] (OFD) die Dienst- und Fachaufsicht über die ihnen unterstehenden Ortsbehörden des Bundes aus. Die Oberfinanzdirektionen sind in der Person des Oberfinanzpräsidenten zugleich für die Landesfinanz- wie die Bundesfinanzbehörden zuständig. Die **Ortsbehörden** sind die Hauptzollämter (HZA) und die Zollfahndungsämter (ZFA). Die Hauptzollämter arbeiten – mit Ausnahme der seit 1996/97 geschaffenen Prüfungshauptzollämter für die Betriebsprüfungen (HZA-Prüf; oft inklusive Außenprüfung und Steueraufsicht) – nach dem Prinzip der Allzuständigkeit in ihrem Bezirk. In den Hauptzollämtern, mit Ausnahme der HZÄ-Prüf[3] und bei Zentralisierung, gibt es regelmäßig sog. Buß- und Strafsachenstellen, die unter anderem die reinen Steuerstrafverfahren (§ 386 AO) des Bezirks führen. Die Zollämter und Zollkommissariate sind nur unselbständige Teildienststellen der Hauptzollämter. Daneben existieren noch die Zollehranstalten und die Zolltechnischen Prüf- und Lehranstalten als eigenständige Ortsbehörden für den Fortbildungsbereich bzw. den Bereich der zolltechnischen Untersuchungen. Die **Hauptstelle des jeweiligen Zollfahndungsamtes** ist in einzelne Fachsachgebiete gegliedert; zahlreiche Fahndungsämter verfügen zudem noch über Zweigstellen, ausgelagerte Sachgebiete oder besonders spezialisierte Ermittlungsgruppen. In der Praxis der Zollverwaltung hat sich seit langem das örtliche Zollfahndungsamt als das für alle konkreten Ermittlungs- und Strafverfolgungsangelegenheiten zuständige Ermittlungsorgan herauskristallisiert.

1. Regionale Präsenz und zentrale Aufgabenerfüllung

4 Aufbau und Struktur des Zollfahndungsdienstes sind im **Finanzverwaltungsgesetz**[4] (FVG) geregelt. Der Zollfahndungsdienst ist z. Z. weder eindeutig zentral, noch klar dezentral strukturiert. Das ist die Folge des breiten Zuständigkeitsspektrums von Zoll und Zollfahndung. Der Ermittlungs- und Standortbedarf des Zolls ergibt sich sowohl aus der Existenz der Gemeinschaftsaußengrenzen (Küste, Flughäfen, Grenzen zu Polen, Tschechien, Schweiz), als auch als Folge von Wirtschafts- und Ballungszentren. Aus diesem Grunde sind auch die z. Z. 21 Zollfahndungsämter[5] und ihre 29 Außenstellen[6] flächen-

[2] Stand 1999: Chemnitz, Cottbus (mit Sitz der Zollabteilung in Potsdam), Hamburg, Hannover, Karlsruhe (mit Sitz der Zollabteilung in Freiburg), Koblenz (mit Sitz der Zollabteilung in Neustadt a. d.W.), Köln, Nürnberg; die übrigen Oberfinanzdirektionen besitzen seit 1998 keine Zollabteilungen mehr bzw. diese befinden sich in Abwicklung.

[3] Hauptzollämter ausschließlich für Prüfungen, Nachfolgeeinrichtungen für die früheren Betriebsprüfungsstellen Zoll (BPZ) bei den Oberfinanzdirektionen und die Außenprüfungssachgebiete der Hauptzollämter.

[4] Gesetz über die Finanzverwaltung – Finanzverwaltungsgesetz – (FVG) in der Fassung des Artikels 5 in Verbindung mit Artikel 17 des Finanzanpassungsgesetzes v. 30. 8. 1971 (BGBl. I S. 1426).

[5] Z. Z. (1999) Berlin, Bremen, Dresden, Düsseldorf, Erfurt, Frankfurt, Freiburg, Hamburg, Hannover, Karlsruhe, Kiel, Koblenz, Köln, Magdeburg, München, Münster, Nürnberg, Potsdam, Saarbrücken, Stuttgart, Rostock.

[6] Z. Z. (1999) Aachen (Ermittlungsgruppe für Zigaretten und BtM des ZFA Köln), Bad Reichenhall (Ermittlungsgruppe für BtM des ZFA München), Bielefeld (Ermittlungsgruppe für Zigaretten und Markenpiraterie des ZFA Münster), Duisburg (ausgelagertes Sachgebiet für Zigaretten und BtM des ZFA Düsseldorf), Flensburg (wird aufgelöst), Forst (Zweigstelle des ZFA Potsdam), Frankfurt/M-Flughafen (ausgelagertes Sachgebiet Flughafen des ZFA Frankfurt/M), Frankfurt/O (Zweigstelle des ZFA Potsdam), Halle (Ermittlungsgruppe für Zigaretten des ZFA Magdeburg), Heidelberg (Ermittlungsgruppe für Zigaretten des ZFA Karlsruhe), Kaiserslautern (Zweigstelle des ZFA Koblenz), Kassel (Ermittlungsgruppe für Zigaretten des ZFA Frankfurt/M), Kleve (Ermittlungsgruppe für BtM des ZFA Düsseldorf), Leipzig (ausgelagertes Sachgebiet für Zigaretten des ZFA Dresden), Lindau (ausgelagertes Sachgebiet für Zigaretten und Marktordnungen des ZFA München), Löbau (Zweigstelle des ZFA Dresden), Ludwigslust (Zweigstelle des ZFA Rostock), Lübeck (Zweigstelle des ZFA Kiel), Mönchengladbach (ausgelagertes Sachgebiet für BtM des ZFA Düsseldorf), Neubrandenburg (Zweigstelle des ZFA Rostock), Nordhorn (Ermittlungsgruppe für BtM des ZFA

deckend vertreten. Zweigstellen besitzen eine fachliche Allzuständigkeit, ausgelagerte Sachgebiete und spezielle Ermittlungsgruppen sind fachlich auf bestimmte Ermittlungsfelder beschränkt. Die immer höheren organisatorischen und personellen Anforderungen an den Zollfahndungsdienst bei der Bekämpfung der grenzüberschreitenden Wirtschaftskriminalität und der Organisierten Kriminalität haben Ende 1998 zu ersten Überlegungen über eine organisatorische Straffung, Zusammenlegung von Zollfahndungsämtern und damit eine personelle Verstärkung der voraussichtlich 8 oder 10 verbleibenden Zollfahndungsämter geführt.

Anzumerken ist hierbei, daß die örtlichen Fahndungsämter trotz eines gesondert zugewiesenen Fahndungsbezirks[7] als Bundesbehörden auch jeweils bundesweit ermitteln können.

Da im weiteren noch die nachfolgend angesprochenen Sondereinheiten des Zollfahndungsdienstes hinzukommen, ergibt sich schon aus der Anzahl der dislozierten Dienststellen der unabweisbare Bedarf nach einer koordinierenden und lenkenden Zentralstelle. Daher wurde durch Änderung des FVG im Jahre 1992 anstelle des ehemaligen Zollkriminalinstituts (ZKI)[8] eine neue Zentralstelle, nämlich das **Zollkriminalamt** (ZKA)[9] geschaffen. Neben den Koordinierungs- und Leitungsfunktionen übt das ZKA vor allen Dingen eine Servicefunktion für den Zollfahndungsdienst aus. Den Aufgaben und Kompetenzen des ZKA ist nachfolgend ein eigener Abschnitt gewidmet. 5

Eine Schnell**übersicht** über die deutschen Fahndungsämter (Stand 1998) gibt nachstehende Darstellung (s. S. 508).

2. Weisungsverhältnisse

Der im FVG gewählte Verwaltungsaufbau mit den daraus resultierenden **Weisungsbefugnissen**, die dort ebenfalls festgelegte Weisungsbefugnis des ZKA in Ermittlungsverfahren gegenüber den Zollfahndungsämtern, die Weisungsbefugnis der Staatsanwaltschaft in Ermittlungsverfahren nach der StPO und die Stellung der Hauptzollämter als Staatsanwaltschaft nach § 386 AO bei reinen Steuerstrafverfahren ergeben ein für einen Außenstehenden nur schwer zu durchschauendes Weisungssystem. 6

Das Bundesministerium der Finanzen übt seine Dienst- und Fachaufsicht – auch in Ermittlungsverfahren, soweit keine Weisung einer Staatsanwaltschaft entgegensteht – gegenüber den örtlichen Zollfahndungsämtern entweder über die für die Fachaufsicht in der Mittelinstanz zuständigen Oberfinanzdirektionen oder unmittelbar und direkt aus. Das ZKA, das ebenfalls der **Fachaufsicht** des Bundesfinanzministeriums untersteht, kann als Bundesoberbehörde die Zollfahndungsämter in Ermittlungsangelegenheiten unter Umgehung der Oberfinanzdirektionen direkt anweisen. Die Staatsanwaltschaft als Herr des Ermittlungsverfahrens kann in dieser Eigenschaft die Ermittlungsbehörden ZKA und Zollfahndungsamt unmittelbar anweisen; ihre Ermittlungsanweisungen gehen den Fachweisungen des Bundesministeriums der Finanzen, des ZKA oder der Oberfinanzdirektion vor. Soweit das Hauptzollamt in Steuerstrafverfahren die Funktion der Staatsanwaltschaft übernimmt, kann es als Ortsbehörde die Oberbehörde ZKA und die anson-

Hannover), Offenburg (wird aufgelöst), Oldenburg (ausgelagertes Sachgebiet für Marktordnungen des ZFA Hannover), Passau (Zweigstelle des ZFA München), Plauen (Ermittlungsgruppe für grenzbezogene Ermittlungen des ZFA Dresden), Radolfzell (Zweigstelle des ZFA Freiburg), Stralsund (ausgelagerte Ermittlungsgruppe des ZFA Rostock), Trier (ausgelagertes Sachgebiet für BtM des ZFA Koblenz), Vreden (Ermittlungsgruppe für Zigaretten und BtM des ZFA Münster), Weiden (Zweigstelle des ZFA Nürnberg), Würzburg (Ermittlungsgruppe für Zigaretten und Zollzuwiderhandlungen des ZFA Nürnberg).

[7] Die Fahndungsbezirke sind bisher stets identisch mit den Grenzen der Bundesländer oder eines bzw. mehrerer Regierungsbezirke.

[8] *Wamers,* ddz 1988, F29-F31.

[9] *Wamers,* ddz 1994, F37-F39, F47-F48.

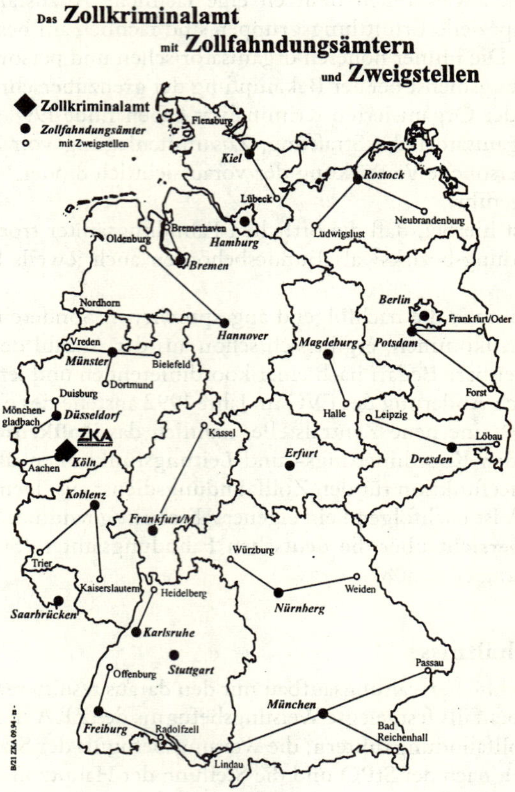

sten gleichrangige Ortsbehörde Zollfahndungsamt in Ermittlungsverfahren anweisen. Von Weisungen der Oberfinanzdirektion und des Bundesministeriums der Finanzen ist es in diesen Fällen als Staatsanwaltschaft frei. Jedoch kann die Staatsanwaltschaft de facto Weisungen an das Hauptzollamt geben; erfüllt das Hauptzollamt als Staatsanwaltschaft diese Weisungen nicht, kann nämlich die Staatsanwaltschaft das Steuerstrafverfahren jederzeit gem. § 386 Abs. 4 AO an sich ziehen.

Die nachfolgende Darstellung gibt einen **Überblick** über die Weisungsverhältnisse:

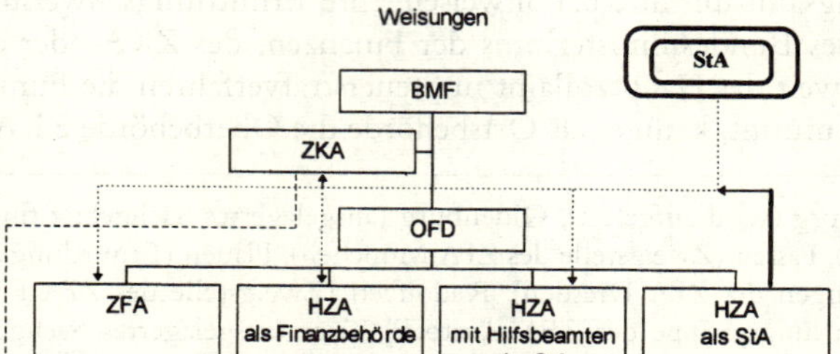

3. Sondereinheiten des Zollfahndungsdienstes

a) Gemeinsame Rauschgift- und Finanzermittlungsgruppen und Clearingstellen

Sich überschneidende und zum Teil deckungsgleiche Zuständigkeiten hatten schon seit 1970 und wegen einer entsprechenden Forderung im nationalen Rauschgiftbekämpfungsplan der Bundesregierung in vermehrtem Umfang seit 1990 zur Bildung von 28 sog. Gemeinsamer Ermittlungsgruppen Rauschgift[10] von Zoll und Polizei geführt, die unter Konzentration der Kräfte die mittlere, schwere und organisierte Rauschgiftkriminalität bekämpfen. Eine vergleichbare Kooperation existiert zwischen Polizei und Zoll zur Bekämpfung der Geldwäsche gem. § 261 StGB, da die Zollfahndung nach § 12 a FVG ebenfalls eine weitreichende Zuständigkeit zur Verfolgung dieser Deliktsform besitzt. Z. Z. bestehen insgesamt 14 gemeinsame Finanzermittlungsgruppen bzw. Clearingstellen zwischen Zoll und Polizei in der Bundesrepublik, darunter die Gemeinsame Finanzermittlungsgruppe von BKA und ZKA in Wiesbaden, die in geringem Umfang die in der Bundesrepublik fehlende Zentralstellenfunktion zu erfüllen vermag. Kritisch anzumerken ist hierbei, daß diese Organisationsformen zu einer nicht unerheblichen strukturellen Zersplitterung des deutschen Zollfahndungsdienstes geführt hat, da die Polizeien der Länder aufgrund ihrer sehr unterschiedlichen Organisationsvorgaben in den verschiedenen Länder-Polizeigesetzen das sich anbietende Modell jeweils einer GER oder GFG bei den Landeskriminalämtern nicht umsetzen konnten. 7

b) Gemeinsame Grundstoffüberwachungsstelle ZKA/BKA

Aufgrund des § 6 GÜG[11] wurde eine gemeinsame Grundstoffüberwachungsstelle von ZKA und BKA beim BKA in Wiesbaden – die GÜS – eingerichtet, die die Erkenntnisse aus der zollamtlichen Überwachung des grenzüberschreitenden Verkehrs mit chemischen Grundstoffen, die zur Herstellung von Betäubungsmitteln geeignet sind, sowie der Erkenntnisse aus dem vom BKA mit der chemischen Industrie freiwillig vereinbarten Monitoring-System koordinieren und auswerten soll. Die gesetzliche Kompetenz zur Überwachung der Ein-, Aus- und Durchfuhr liegt bei der Zollverwaltung (§ 24 GÜG). 8

c) Sachgebiete Flughafen

An den großen Flughäfen der Bundesrepublik (z. B. Frankfurt, München, Düsseldorf, Berlin, Köln) hat der Zollfahndungsdienst zur Bekämpfung besonderer Kriminalitätsformen im Fracht- und Reiseverkehr spezielle Flughafensachgebiete eingerichtet, deren Ermittlungsbeamte vor allem mit den Besonderheiten des Flug- und Luftfracht- sowie des internationalen Luftpostverkehrs vertraut sind. 9

d) Observationseinheiten Zoll

Der Zollfahndungsdienst unterhält bundesweit bei etlichen Fahndungsämtern spezialisierte Observationseinheiten, sog. OEZ,[12] die in etwa den Mobilen Einsatzkommandos der Polizei vergleichbar sind. Diese Einheiten sind u. a. auch darauf spezialisiert, bundesweit und im europäischen Rahmen verdächtige LKW-Transporte auf der Grundlage der StPO oder i. R. der zollamtlichen Überwachung zu observieren und verfügen hierzu über moderne Technik. 10

---

[10] Zur Historie vgl. *Wamers,* der kriminalist 1992, 542–544.

[11] Grundstoffüberwachungsgesetz vom 7. 10. 1994, BGBl. 1994 I S. 2835 ff.

[12] OEZ = Observationseinheit Zoll.

e) Zentrale Unterstützungsgruppe Zoll

11 Das ZKA unterhält i. R. seiner Servicefunktion für den Zollfahndungsdienst die sog. Zentrale Unterstützungsgruppe Zoll (ZUZ), eine auf Zugriffe, Festnahmen, Durchsuchungen und Beschlagnahmen bei gewaltbereiten Tätern spezialisierte Einheit nach SEK-Muster. Diese Einheit wird darüber hinaus ebenfalls bei europaweiten und technisch aufwendigen Observationsmaßnahmen sowie in bestimmten Personenschutzfällen tätig. Sie wird in technischer Hinsicht von einer Zentralen Technikgruppe Zoll (ZTZ) des ZKA unterstützt.

f) Zentrale Technikgruppe Zoll

12 Die sog. ZTZ des ZKA hat als Aufgabe die technische Unterstützung der Zollfahndungsämter, insbesondere der OEZ der Zollfahndungsämter und der ZUZ des ZKA bei technisch besonders anspruchsvollen oder aufwendigen Ermittlungseinsätzen.

g) Sonstige Sondereinheiten des Zolls

13 Nicht zum Zollfahndungsdienst, sondern zu den Grenz-Hauptzollämtern zählen die sog. „S-Trupps" oder „GASt'en S".[13] Dies sind Sondereinheiten speziell zur Bekämpfung des Rauschgift- und Waffenschmuggels an den Außengrenzen der Gemeinschaft und im sog. grenznahen Raum[14] (dem früheren Zollgrenzbezirk). Sie gehören dem Grenzaufsichtsdienst der Hauptzollämter an und sind Bestandteil der **Zollkommissariate**, die sich wiederum in die sog. Grenzaufsichtsstellen (GASt'en) gliedern. An den größeren Flughäfen, die ebenfalls EG-Außengrenzen darstellen, existieren mit gleicher Aufgabenstellung sog. **Überwachungstrupps** (Ü-Trupps) der örtlich zuständigen Hauptzollämter, welche den Reisenden- und Frachtverkehr überwachen. Als Ausgleichsmaßnahme zu dem durch den Abbau der Kontrollen an den Binnengrenzen der Gemeinschaft entstandenen Sicherheitsdefizit (Stichwort: einheitlicher kriminalgeographischer Raum) wurden durch die Zollverwaltung bei zahlreichen Hauptzollämtern sog. **Mobile Kontrollgruppen** (MKG's) geschaffen, die zu Kontrollen in zoll- und verbrauchsteuerrechtlicher Hinsicht sowie zur Kontrolle der Einhaltung der (überwiegend nationalen) Vorschriften über die Verbote im grenzüberschreitenden Warenverkehr im gesamten Gebiet der Bundesrepublik befugt sind. Alle diese Sondereinheiten arbeiten auf der Grundlage der Vorschriften über die zollamtliche Überwachung nach §§ 1, 10 ZollVG, §§ 209 ff. AO. Im Aufgriffsfalle arbeiten sie eng mit der Zollfahndung zusammen, die deren größere Ermittlungsfälle übernimmt. Kleinere Fälle werden durch sie meist abschließend bearbeitet und nur über die Zollfahndung an die Staatsanwaltschaft weitergeleitet. Die Angehörigen dieser Sondereinheiten sind regelmäßig Hilfsbeamte der Staatsanwaltschaft auf der Grundlage der Rechtsverordnungen der Bundesländer zu § 152 GVG.

II. Die besondere Ermittlungssituation des Zollfahndungsdienstes i. R. der Aufgaben der Zollverwaltung

14 Die Zollverwaltung als Bundesfinanzbehörde[15] (Erhebung von Abgaben) ist zugleich **Überwachungsbehörde**[16] (Steueraufsicht, Sicherung der Einhaltung der Verbote und Beschränkungen im grenzüberschreitenden Warenverkehr) sowie auch **Strafverfolgungs-**

---

[13] GASt S = Sonder-Grenzaufsichtsstelle.

[14] Gem. § 14 Abs. 1 ZollVG ein Raum von ca. 30 km Tiefe entlang der Außengrenzen der Gemeinschaft.

[15] Vgl. § 6 AO.

[16] Vgl. §§ 6, 209 AO, 1 ZollVG.

behörde,[17] (Zollfahndung: Verfolgung von Steuerstraftaten, Verstößen gegen das AWG,[18] KWKG,[19] MOG[20] und gegen diverse Verbotsgesetze[21]). Der Gesetzgeber hat diese Aufgabenkonstellation im wohlverstandenen Eigeninteresse des Staates geschaffen, um den Besonderheiten der Aufgabenstellung des Zolls gerecht zu werden. Berufsanfängern und selbst Praktikern, die nicht ständig mit dem Zoll bzw. Zollfahndungsdienst zusammenarbeiten, sind diese Funktionen, die eine besondere Bedeutung für die Aufnahme von Ermittlungsverfahren bzw. die Gewinnung des Anfangsverdachts i. S. der StPO haben, selten mit hinreichender Deutlichkeit bekannt. Die Notwendigkeit dieser **Aufgabenkombination** besonders im Bereich der Verfolgung von Wirtschaftsstraftaten wird jedoch bei näherer Betrachtung schnell klar.

Im Regelfall kommt den Strafverfolgungsbehörden eine Straftat durch ein bestimmtes **15** Ereignis zur Kenntnis und dieses löst ihre Tätigkeit im Rahmen der Strafverfolgung aus:

1. Die Tat wird der Allgemeinheit bekannt und durch Zeugen der Polizei angezeigt.
2. Die Tat wird von dem Geschädigten angezeigt.

Anzeigen sind in der Masse auch heute noch Hauptansatzpunkte für die polizeiliche Strafverfolgung. Ermittlungsverfahren, die „von Amts wegen" eingeleitet werden, stellen einen erheblich geringeren Anteil dar. Der durch Strafanzeigen ins Rollen gebrachte Teil der Ermittlungsverfahren beträgt immerhin konstant 85–90 %[22,23] Die Polizei ist bei der Aufklärung und Verfolgung von Straftaten also überwiegend reaktiv tätig. Die Interessenlage aller Beteiligten ist hierbei klar: Die Öffentlichkeit wünscht Wiederherstellung der Sicherheit und Ordnung sowie Bestrafung des Täters. Der Geschädigte wünscht in erster Linie Bestrafung des Täters, Schutz vor Wiederholung und schließlich auch Wiedergutmachung.[24] Öffentlichkeit und Tatopfer haben klare und nachvollziehbare Gründe für ihr Handeln und das erstrebte Ziel.

Anders dagegen die **Ausgangslage des Zolls**. Schon die Lage des Zollbeamten an der **16** Grenze unterscheidet sich von der Situation eines Polizeibeamten erheblich. Der Polizeibeamte kennt aufgrund der Strafanzeige eine Tat und sucht den Täter, oder er kennt Tat und Täter und fahndet nach dem flüchtigen Beschuldigten. Der Polizeibeamte befindet sich also häufig reaktiv in der Strafverfolgung.[25] Der Zollbeamte hingegen weiß bei der Kontrolle des Waren- und Reiseverkehrs zur Unterbindung von Schmuggel aller Art

---

[17] Vgl. §§ 208, 404 AO, 37 AWG, 37 MOG usw.

[18] Außenwirtschaftsgesetz – AWG; v. 28.4. 1961 (BGBl. I S. 481; zuletzt geändert BGBl. I S. 1850; v. 11.12. 1996).

[19] Gesetz über die Kontrolle v. Kriegswaffen – KWKG; v. 22.11. 1990 (BGBl. I S. 2506).

[20] Gesetz zur Durchführung der Gemeinsamen Marktorganisationen (MOG) v. 20.9. 1995 (BGBl. I S. 1146).

[21] Vgl. § 372 AO.

[22] *Weßlau*, Vorfeldermittlungen, 49/50; *Kerner*, Kriminologie Lexikon, 24, spricht von 85 %–95 %; *Schwind/Ahlborn/Weiß*, Dunkelfeldforschung Bochum, 223, gehen von etwa 90 % aus (m. w. N.); *Bruns*, der kriminalist 96, 697–704 (702), berichtet, daß 81 % der Verfahren aus der organisierten Schutzgelderpressung durch Strafanzeige eingeleitet wurden (1992/93); *Kraushaar*, Körperschmuggel v. Kokain, 98, geht dagegen bei Rauschgiftschmuggeldelikten allgemein von einer Dunkelziffer von 80 %–90 % aus; vgl. zur Thematik des Dunkelfeldes ingesamt, dort 96–107; *Scholler/Schloer*, Polizei- und Ordnungsrecht, 17, gehen etwa bei Umweltdelikten davon aus, daß nur ca. 25 % zur Anklage kommen.

[23] Und dennoch ist von einer hohen Dunkelziffer nicht angezeigter Straftaten und Straftäter auszugehen, da die Geschädigten oftmals einer privaten Schadensregulierung und nicht dem Strafverfahren den Vorrang einräumen; vgl. *Kube*, Prävention, 36 m. w. N.

[24] Vgl. *Schwind/Ahlborn/Weiß*, wie vor, 236–241.

[25] Auch für diese Aussage gelten im Polizeibereich jedoch einige wesentliche Einschränkungen: Im Bereich des Drogen- und Waffenhandels gibt es auch dort kein entsprechendes Anzeigeverhalten der Bevölkerung. Folglich zwingt dies die Polizei ebenso zu eigener Informationsbeschaffung. *Weßlau*, Vorfeldermittlungen, 107, erklärt damit die Häufung von V-Mann-Einsätzen gerade in diesen Bereichen.

nicht, ob im konkreten Fall eine Tat überhaupt vorliegt, ob ihm also ein Täter gegenübersteht. Weder die Öffentlichkeit noch ein im Einzelfall Geschädigter machen ihn auf eine Straftat aufmerksam. Die Öffentlichkeit erstattet ebenfalls mangels Kenntnis keine Anzeige zum Schutz der verschiedenen Rechtsgüter (Schutz des Steueraufkommens, Schutz der Wirtschaft, Schutz der Verbraucher, Schutz der Landwirtschaft, Schutz der finanziellen Interessen der Europäischen Gemeinschaft).

Straftaten oder Verstöße, bei denen sich mangels geschädigter Individualinteressen niemand als Opfer versteht[26] oder bei denen ein völlig **anonymer Schaden** eintritt (Steuerhinterziehung, Subventionsbetrug), geraten nicht in das Blickfeld der Strafverfolgungsbehörden von Polizei und Zoll. Mangels Anfangsverdacht sind diese Delikte durch Strafverfolgungsmaßnahmen der StPO[27] nicht aufklärbar,[28] obwohl sie sich häufig öffentlich abspielen.

17 Der Zollbeamte sucht unabhängig von einem Anfangsverdacht nach der StPO oder der Annahme einer konkret abzuwehrenden Gefahr auf der Grundlage eines Polizeigesetzes im Rahmen der gesetzlich angeordneten sog. „**zollamtlichen Überwachung**" nach Tat **und** Täter. Allgemein wird ausgehend von Sinn, Zweck und Ziel unter zollamtlicher Überwachung **das umfassende Recht der Zollverwaltung zur Sicherung aller zollrechtlichen Belange durch Überwachung verstanden.**[29] Der entscheidende Unterschied zwischen polizeilichem Handeln i. R. der Gefahrenabwehr und zöllnerischer Tätigkeit i. R. der zollamtlichen Überwachung ist der, daß die Zollverwaltung für ihr Handeln nicht der Annahme einer Gefahr oder einer Störung bedarf. Die zollamtliche Überwachung besteht kraft Gesetzes als „dauernde Last" oder als „dauernder Zustand". Ihr Einsetzen ist somit quasi anlaßlos, wenn ihre Voraussetzungen einmal gegeben sind (Verbringen von Waren, Herstellung verbrauchsteuerpflichtiger Waren usw.).[30] Sie bedeutet laufende Kontrolle ihres Gegenstandes aufgrund einer latenten Gefahr.

Die Notwendigkeit hierzu hat der Gesetzgeber in zahlreichen Fällen eines besonders sensiblen Warenverkehrs gesehen und den Beamten des Zollgrenzdienstes hierfür das geeignete **Überwachungs-Instrumentarium** (unabhängig von der StPO) an die Hand gegeben. Aufgrund § 10 ZollVG kann jedermann im grenznahen Raum (früher: Zollgrenzbezirk) angehalten, können Behältnisse und Transportmittel ohne jeglichen Verdacht durchsucht werden. Bei Vorliegen zureichender tatsächlicher Anhaltspunkte (**kein**! Anfangsverdacht i. S. der StPO)[31] auf am Körper verborgene Gegenstände ist eine körperliche Durchsuchung zulässig. Schließlich ist z. B. auf § 11 UZwG[32] hinzuweisen, der die Durchsetzung des Anhalterechts im „Zollgrenzbezirk" – notfalls mit der Schußwaffe – unabhängig von der Kenntnis eventueller Straftaten zur Sicherstellung der Zollkontrollen ermöglicht.[33] Das Anhalterecht und dessen zwangsweise Durchsetzung sind die grundlegenden Voraussetzungen für die Arbeit der Zollverwaltung i. R. des Grenzaufsichtsdienstes.

---

[26] In diesem Sinne auch *Schwind/Ahlborn/Weiß*, Dunkelfeldforschung Bochum, 227–232, 247/248, die unter Bezugnahme auf weitere deutsche u. ausländische Untersuchungen auf die Motivationsfaktoren – Ausmaß der Verletzung, Höhe des finanziellen Schadens – für ein Anzeigeverhalten hinweisen.

[27] Strafprozeßordnung (StPO) v. 7. 4. 1987 (BGBl. I S. 1074, ber. S. 1319).

[28] *Weßlau*, aaO, 52; *Wittkämper*, Europa u. die innere Sicherheit, 29, 30, 31 m. w. N.; *Jaeger*, der kriminalist 1996, 329.

[29] *Kampf* in *Witte/Wolffgang*, Lehrbuch des Zollrechts, Rn. 76, *Kampf* in *Witte/Wolffgang*, Lehrbuch des europ. Zollrechts, Rn. 107, *Schwarz* in *Schwarz/Wockenfoth*, Zollrecht, Art. 37 ZK Rn. 20; *Schwarz*, wie vor, § 1 ZollVG Rn. 5.

[30] *Tipke/Kruse*, AO, § 209 Rn. 2; *Mösbauer*, Staatsaufsicht, 561: Prohibitivwirkung der Aufsicht.

[31] Vgl. *Wamers*, ddz 1993, F48–F50, F61–F66; so auch *Henke* AW-Prax 1995, 336.

[32] Gesetz über den unmittelbaren Zwang bei Ausübung öffentlicher Gewalt durch Vollzugsbeamte des Bundes (UZwG) v. 10. 3. 1961 (BGBl. I S. 165).

[33] Vgl. hierzu BGHSt v. 26. 10. 1988 – 3 StR 198/88, n. v.; *Wamers* ddz 1989, F81–F86; ZP 1989, 15–27.

Die Sachlage für den Zollfahndungsdienst stellt sich nicht anders dar als beim Grenzbeamten. Selbst größte Fälle der Steuerhinterziehung oder des Subventionsbetruges werden weder durch Hinweise der Allgemeinheit noch durch Strafanzeige des Geschädigten bekannt.[34] Der Geschädigte ist hier der Fiskus oder die Europäische Gemeinschaft (EG),[35] die die Subventionen durch die jeweilige nationale Zollverwaltung aufgrund vorgetäuschter Voraussetzungen leistet. Letztlich sind hier die Allgemeinheit, die Steuerzahler der EG geschädigt. Neben der in solchen Fällen regelmäßig für die Aufnahme einer Strafverfolgung fehlenden Strafanzeige kommt hier hinzu, daß Straftäter, die einer scheinbar legalen Beschäftigung nachgehen, die eine legale Existenz vorweisen können, von den „üblichen Verdächtigungsstrategien" nicht erfaßt werden.[36] Es handelt sich folglich um sog. **Kontrolldelikte**, die im Gegensatz zu den Anzeigedelikten nahezu ausschließlich durch proaktives Handeln, d. h. Kontrollen und Überwachung aufgedeckt werden.[37] Die Zollverwaltung führt aus diesem Grunde neben den eigentlichen Grenzkontrollen durch ihre Außen- und Betriebsprüfungsdienste bei Unternehmen, die am grenzüberschreitenden Warenverkehr/Außenwirtschaftsverkehr teilnehmen oder die subventionserhebliche Geschäfte tätigen, Betriebsprüfungen bzw. Außenwirtschaftsprüfungen oder Marktordnungsprüfungen als Überwachungsmaßnahmen mit dem Ziel durch, eventuelle Unregelmäßigkeiten aufzudecken. 18

Abgesehen von den für die Auslösung von Ermittlungshandlungen fehlenden Strafanzeigen und Hinweisen bestehen auch ansonsten erhebliche **Probleme der Informationsbeschaffung** in den fast umfassend steuer- oder spezialgesetzlich geregelten Zuständigkeitsbereichen der Zollverwaltung. Erkenntnisse liegen bei der Polizei meist nur in bestimmten Teilbereichen vor (z. B.: Erkenntnisse zu Waffendelikten, Straßenhandel mit geschmuggelten Zigaretten etc.). Mit Ausnahme der Steuerverwaltungen der Länder und der Steuerfahndung haben nämlich andere Überwachungs- und Ermittlungsbehörden kaum Zugang zu dem durch das Steuergeheimnis in besonderer Weise geschützten Bereich der Steuererhebung, Steuerverwaltung, Warenabfertigung, Betriebs- und Außenprüfung usw. Theoretisch könnte dies für die Zollverwaltung außerhalb des rein steuerlichen Bereiches, etwa bei den Verboten und Beschränkungen im Warenverkehr, anders sein, weil dort andere, nichtsteuerliche Verfahrensregelungen gelten. Tatsächlich fallen derartige Erkenntnisse aber regelmäßig auch hier im Zusammenhang mit steuerlichen Vorgängen an, so daß die Einschaltung anderer Ermittlungsbehörden, wenn nicht unzulässig, so doch zumindest wenig aussichtsreich und effektiv ist. 19

Was ist also bezeichnend für Zuwiderhandlungen im Zuständigkeitsbereich der Zollverwaltung?

---

34 *Wittkämper*, Europa u. die innere Sicherheit, 30, 31; *Joecks* in *Franzen/Gast/Joecks*, Steuerstrafrecht, Einleitung Rn. 13.

35 Es wird hier im Zollrecht korrekt der Begriff der Europäischen Gemeinschaft (EG) und nicht der der Europäischen Union (EU) verwandt, weil die EU selbst kein Recht setzt, sondern die EG sowie die einzelnen Mitgliedstaaten. Die EU ist ein vertraglicher Zusammenschluß (EUV) der Mitgliedstaaten der EG und der EG als Völkerrechtssubjekt selbst, die durch die Mitgliedstaaten, für den Bereich der dort verbliebenen Gesetzgebungskompetenzen, und durch die EG, für die dort bereits vorhandenen Verordnungskompetenzen, handelt. Die EU ist (noch) kein Völkerrechtssubjekt. Recht der EG ist folglich kein EU-Recht; es gibt keine finanziellen Interessen der EU, sondern nur der EG sowie ihrer Mitgliedstaaten; es gibt keinen EU-, sondern nur einen eigenen EG-Haushalt usw.

36 *Weßlau*, aaO, 52; (Aussehen, Arbeitslosigkeit, Mittellosigkeit, Vorbestraftsein, Ertappen auf frischer Tat, Auffallen bei nächtlicher Polizeistreife usw.) *Wittkämper*, aaO, 30, 31; *Jaeger*, der kriminalist 1996, 329.

37 Bereits 1980 machten bei den – polizeilich bekanntgewordenen – Wirtschaftsstraftaten die Kontrolldelikte etwa $^1/_3$ aller Fälle schwerer Wirtschaftskriminalität aus, vgl. *Kube*, Prävention, 36, Fußnote 100; typisches Kontrolldelikt ist neben den Steuerdelikten auch der Subventionsbetrug, vgl. Projektstudium Wirtschaftskriminalität, 216.

20 **Typisch ist, daß die Öffentlichkeit und der Geschädigte** (beides sind hier die Allgemeinheit, der Steuerzahler, der Verbraucher, die Bundesrepublik Deutschland, der Fiskus, die Europäische Gemeinschaft – je nach Verstoß und Rechtsgebiet) **von der Straftat, dem Täter und dem verursachten Schaden nichts erfahren**, obwohl die Tat sich häufig öffentlich ereignet.

So ganz neu ist diese Erkenntnis freilich nicht. Schon im **Einrichtungserlaß**[38] des Reichsministers der Finanzen zur Gründung eines deutschen Zollfahndungsdienstes vom 24.12. 1919 ist eigentlich „modern und fortschrittlich" festgehalten, daß es Aufgabe der Zollfahndung sein sollte,

> den Spuren des Schmuggels und der Kapitalflucht, auch soweit sie sich ins Innere des Landes erstreckten oder jenseits der Grenzen lagen, nachzugehen und auf eine enge Fühlungnahme zwischen den örtlichen Polizei- und Zolldienststellen zu achten. Insbesondere sollten die Zollfahnder personenbezogene Daten sammeln über Schmuggler, Schieber, Wucherer, Geld- und Edelsteinhändler, -käufer oder -verkäufer, Erwerber oder Ausgeber größerer Geldsummen oder Vermögensstücke, häufig Reisende oder sonst in irgendeiner Weise auffallende Persönlichkeiten. Zu diesem Zweck hatte sich der Fahndungsbeamte mit den Handels- und Handwerkskammern, den Landräten der Grenzkreise und den Polizeiverwaltungen der Grenzstädte sowie den Finanzämtern und der Post und Eisenbahn in Verbindung zu setzen, um Informationen über Geld- und Warenbewegungen, Fremdenzu- und -abzug zu erhalten.

Die der Arbeit des Zolls und der Zollfahndung zugrundeliegenden Verhältnisse haben sich im Kern jedenfalls kaum geändert, schon von Beginn an war der Zollfahndungsdienst mit dem Grundproblem der Informationsbeschaffung konfrontiert.

III. Enge Verbindung zwischen zollamtlicher Überwachung und Ermittlungen des Zollfahndungsdienstes

21 Das **Ermittlungsaufkommen** von z. Z. 50–60 Ermittlungen des Zollfahndungsdienstes p. a. resultiert aus den vorg. Gründen zu einem erheblichen Teil aus den Ergebnissen der Maßnahmen der zollamtlichen Überwachung. Die Staatsanwaltschaften sollten von diesem Instrumentarium in der Zusammenarbeit mit den Zollbehörden und dem Zollfahndungsdienst in der Praxis i. R. sog. Vorfeldermittlungen, Vorermittlungen, Verdachtsabklärungsverfahren oder auch Beobachtungsverfahren gerade auch bei der „Annahme" von Fällen der Wirtschaftskriminalität bzw. auch Organisierter Kriminalität entsprechenden Gebrauch machen, was aber selten geschieht. Wichtig erscheint deshalb, daß die Praktiker in den Staatsanwaltschaften zumindest Kenntnis von diesem Instrumentarium haben, denn häufig genug scheitern entsprechende Ermittlungen an der Gewinnung eines nachweisbaren Anfangsverdachts.

1. Überwachungsaufgaben der Zollverwaltung

22 Die gesetzlich angeordnete **zollamtliche Überwachung** geschieht nicht nur in körperlicher Form an den Grenzen und an den Binnen- und Grenzzollämtern im Rahmen der Grenzaufsicht und Warenabfertigung. Vielmehr bedient sich die Zollverwaltung eines ganzen Systems von Überwachungsmaßnahmen zur Verhinderung und Aufdeckung von Zuwiderhandlungen. Gesetzliche Grundlage für die zollamtliche Überwachung im nationalen Recht sind § 1 ZollVG für die Bereiche Zölle, Verbrauchsteuern und Verbote und Beschränkungen im grenzüberschreitenden Warenverkehr und – als sog. Steueraufsicht ausschließlich für den steuerlichen Bereich der Zölle und Verbrauchsteuern – die §§ 209 ff. AO; die Außenwirtschaftsüberwachung ist in den §§ 39 ff., 46 AWG und die Überwachung der Marktordnungsregelungen in § 28 MOG festgelegt.

[38] Vgl. *Wamers,* ddz 1990, F68.

Allgemein wird ausgehend von Sinn, Zweck und Ziel unter zollamtlicher Überwachung **das umfassende Recht der Zollverwaltung zur Sicherung aller zollrechtlichen Belange durch Überwachung verstanden.**[39] **23**

Der BFH hat sich in einer Entscheidung zum alten § 57 ZG aus dem Jahre 1970[40] mit dem **Zweck und Wesen der zollamtlichen Überwachung** wie folgt auseinandergesetzt:

„Sobald der Zollverwaltung auch nur vorübergehend die Möglichkeit genommen wird, das Vorhandensein oder den Verbleib der Ware, die der zollamtlichen Überwachung unterliegt, zu prüfen, ist das Ziel der zollamtlichen Überwachung gefährdet, das vor allem darin besteht, die Erhebung der Eingangsabgaben und die Beachtung der Verbote und Beschränkungen für den Warenverkehr über die Grenze zu sichern – § 1 Abs. 1 S. 2 ZG. Die zollamtliche Überwachung ist demgemäß ihrem Wesen nach eine fortdauernde Maßnahme, die nicht unterbrochen werden kann, ohne daß mit der Unterbrechung die Überwachung entfällt. Zwar erfordert die Überwachung nicht, daß die Zollverwaltung die Ware ständig bewacht. Es reicht vielmehr aus, daß die Zollverwaltung ständig die Möglichkeit zur Kontrolle hat."

Ausreichend für die Annahme einer zollamtlichen Überwachung ist, wenn die Zollverwaltung sich die ständige Möglichkeit einer Kontrolle durch geeignete Maßnahmen sichert. Welcher Instrumentarien sie sich hierzu bedient (Verfahrensregelungen, Dokumente, Beobachtung, Datenverarbeitung, Marktbeobachtung[41] usw.), spielt im Hinblick auf den Zweck der Maßnahme keine Rolle.[42]

Im **Zollkodex** der Europäischen Gemeinschaft, der nach Art. 189 EGV unmittelbar geltendes Recht darstellt, ist die zollamtliche Überwachung für zahlreiche zollrechtliche Sachverhalte angeordnet, vgl. Art. 37, 53, 82, 98, 101, 122, 182, 183 ZK. Mit Ausnahme des zollrechtlich freien Verkehrs unterliegen alle Zollverfahren (Art. 4 Nr. 16 ZK) der zollamtlichen Überwachung. Zur Ausfüllung der verschiedenen Regelungen heißt es in Art. 4 Nr. 13 ZK: **„zollamtliche Überwachung**: allgemeine Maßnahmen der Zollbehörden, um die Einhaltung des Zollrechts und gegebenenfalls der sonstigen für Waren unter zollamtlicher Überwachung geltenden Vorschriften zu gewährleisten". Danach sindfolglich alle Maßnahmen zur Sicherung der Einhaltung der Regelungen des Zollrechts zulässig, soweit sie den allgemeinen Grundsätzen der Bestimmtheit, Tauglichkeit, Notwendigkeit und Verhältnismäßigkeit sowie Zumutbarkeit entsprechen. Durch die Formulierung werden alle steuerlichen Belange, handelspolitischen und VuB-Belange[43] mitumfaßt.[44] Weiter definiert Art. 4 Nr. 14 ZK unter dem Stichwort **„zollamtliche Prüfung"** derartige Maßnahmen als „besondere Amtshandlungen zur Gewährleistung der Einhaltung des Zollrechts und gegebenenfalls der sonstigen für Waren unter zollamtlicher Überwachung geltenden Vorschriften, wie Beschau der Waren, Überprüfung des Vorhandenseins und der Echtheit von Unterlagen, Prüfung der Unternehmensbuchführung oder sonstiger Schriftstücke, Kontrolle der Beförderungsmittel, Kontrolle des Ge- **24**

---

[39] *Kampf* in *Witte/Wolffgang*, Lehrbuch des Zollrechts, Rn. 76, *Kampf* in *Witte/Wolffgang*, Lehrbuch des europ. Zollrechts, Rn. 107, *Schwarz* in *Schwarz/Wockenfoth*, Zollrecht, Art. 37 ZK Rn. 20; *Schwarz*, wie vor, § 1 ZollVG Rn. 5.

[40] BFH in ZfZ 1971, 113; 1985, 365; ebenso *Hess. FG* v. 22. 4. 1993, in EFG 1993, 818; *Hans. OLG* v. 15. 12. 1994, in TranspR 1995, 240.

[41] So auch *Witte/Kampf* ZK Art. 37 Rn. 5; *Witte* ZK Art. 203 Rn. 2, 3; vgl. zum Begriff des Entziehens aus der zollamtlichen Überwachung insgesamt *Anton* ZfZ 1996, 326–329 (326, 327).

[42] *Witte*, wie vor, meint, daß ein Entziehen nur möglich sei, wenn konkrete Überwachungsmaßnahmen bereits begonnen wurden und diese nicht mehr fortgeführt werden können; a. A. *Anton*, wie vor; davon wird die Annahme des Vorliegens der zollamtlichen Überwachung nach Art. 37 Abs. 1 S. 1 ZK aber nicht berührt, *Witte*, wie vor, Rn. 2.

[43] VuB: Verbote u. Beschränkungen im grenzüberschreitenden Warenverkehr.

[44] So auch *Schwarz* in *Schwarz/Wockenfoth*, Zollrecht, § 1 ZollVG Rn. 5; *Friedrich* in *Schwarz/Wockenfoth*, Zollrecht, Art. 4 Nr. 13 ZK Rn. 58, vertritt die Meinung, die zollamtliche Überwachung nach Art. 4 Nr. 13 ZK diene lediglich der Einhaltung des ZK.

päcks und sonstiger Waren, die von oder an Personen mitgeführt werden, Durchführung von behördlichen Nachforschungen und dergleichen". Die Aufzählung ist erkennbar nicht abschließend und läßt folglich weitere sachgerechte Maßnahmen zur Einhaltung des Zollrechts nach nationalem und nach Gemeinschaftsrecht zu, vgl. Art. 37 Abs. 1 S. 2, Art. 4 Nr. 23, Art. 13 ZK.

Die kurze Darstellung zeigt bereits, daß sich mit dem Instrument der zollamtlichen Überwachung im Vorfeld des Anfangsverdachts recht weitgehende Prüfungs- und Aufklärungsmaßnahmen durchführen lassen.

a) Steueraufsicht

25 Nach §§ 209 ff. AO unterliegen zoll- und verbrauchsteuerlich erhebliche Sachverhalte wie Herstellung, Lagerung und Handel in einem Zoll- oder Verbrauchsteuerverfahren sehr weitgehenden Aufsichtsmaßnahmen. Im Rahmen der **Nachschau** und der **Verdachtsnachschau** gem. § 210 Abs. 1, 2 u. 3 AO können Fahrzeuge angehalten, Behältnisse durchsucht, Grundstücke, Wohn- und Geschäftsräume betreten, Sachverhalte geprüft und bei Gefahr im Verzug Räume ohne richterliche Anordnung durchsucht werden, da es sich nicht um eine strafprozessuale, sondern um eine Maßnahme der Gefahrenabwehr handelt (§ 210 Abs. 2 S. 2 AO). Geschäftsbücher, -papiere, Aufzeichnungen und Urkunden können eingesehen, Verfügungsverbote (Sicherstellungen) ausgesprochen und sichergestellte Sachen ggf. in das Eigentum des Bundes überführt werden.

b) Betriebsprüfungen durch die Hauptzollämter für Prüfungen

26 Die Hauptzollämter für Prüfungen führen zur Sicherung des Zoll- und Verbrauchsteueraufkommens bei entsprechenden Unternehmen nach §§ 193 ff. AO **Betriebs- bzw. Außenprüfungen** durch und kontrollieren hierbei die gesamten Geschäftsaufzeichnungen bzw. die Buchführungsunterlagen. Vergleichbare **Außenwirtschafts- oder Marktordnungsprüfungen** nach dem AWG und dem MOG werden durch die HZÄ-Prüf durchgeführt bei Firmen, die am Außenwirtschaftsverkehr bzw. am Verkehr mit Marktordnungswaren der EG teilnehmen. Für die Anordnung einer Betriebsprüfung der vorg. Sachverhalte bedarf es keines besonderen Anlasses außer der tatsächlichen Teilnahme an entsprechenden Warenverkehren. Die betroffenen Personen und Unternehmen sind nach § 200 AO zur **Mitwirkung** in Form der Vorlage der Geschäftsbücher, -papiere, -aufzeichnungen und Urkunden sowie entsprechender Auskünfte verpflichtet. Geprüft werden können allerdings nur die im Rahmen einer solchen Verpflichtung (freiwillig) vorgelegten Unterlagen. Gem. § 328 AO kann zwar theoretisch die Vorlage von Unterlagen oder die Erteilung von Auskünften mit **Zwangsmitteln** erzwungen werden, eine Ersatzvornahme in Form einer zwangsweisen Durchsuchung und Beschlagnahme von Papieren ist jedoch regelmäßig nach § 393 AO nicht möglich. Dies bedeutet für den Fall, daß der Außenprüfer infolge Nichtvorlage oder verweigerter Auskunft oder aufgrund des bisherigen Ergebnisses seiner Prüfung den Verdacht einer Straftat im Zusammenhang mit den geprüften Sachverhalten gewinnt, daß die Betriebsprüfung abzubrechen, durch den Prüfer als Finanzbehörde ein Ermittlungsverfahren einzuleiten (§ 397 Abs. 1 AO) und die Zollfahndung zu benachrichtigen ist. Soweit Anlaß besteht, ist der Betroffene i. S. von § 393 Abs. 1 S. 3 und 4 AO hierüber zu belehren, etwa wenn er in Unkenntnis des gewonnenen Anfangsverdachts weiterhin ihn belastende Unterlagen im Rahmen der Prüfung vorlegt. Anderenfalls würde dies aufgrund der Mitwirkungspflicht zu einer unzulässigen Selbstbelastung des von der Prüfung betroffenen Straftäters und zu einem **Beweisverwertungsverbot** führen.

27 In der Praxis sind die betroffenen Personen, die die weitere Herausgabe von Papieren oder Auskunftserteilung im Verlaufe einer Betriebsprüfung verweigern, jedoch regelmäßig bereits aus eigener Erkenntnis über das Bestehen des Anfangsverdachts einer Straftat im Bilde. Aufgrund der sich aus der Betriebsprüfung ergebenden Vorwarnung besteht

in diesen Fällen häufig die **Gefahr der Verdunkelung** durch Beiseiteschaffen von beweiserheblichen Unterlagen. Der Betriebsprüfer ist daher gehalten, die Zollfahndung unverzüglich zu unterrichten oder selbst steuerstrafrechtliche Ermittlungen aufzunehmen.[45] Wegen Gefahr im Verzuge kann der Zollfahndungsbeamte als Hilfsbeamter der Staatsanwaltschaft zur Sicherung der Beweismittel im ersten Angriff u. U. die sofortige Durchsuchung und Beschlagnahme nach §§ 94 Abs. 2, 98 Abs. 1, 102, 105 Abs. 1 StPO vornehmen, ggf. die vorläufige Festnahme unter den Voraussetzungen des § 127 Abs. 2 vornehmen. Der Betriebsprüfer selbst ist kein Hilfsbeamter der Staatsanwaltschaft i. S. des § 152 GVG und der entsprechenden Rechtsverordnungen der Länder. Leider sehen im Prüfungsalltag Prüfungsbeamte zu selten einen Anfangsverdacht, so daß die Zollfahndungsbeamten erst aufgrund der routinemäßigen Übersendung des schriftlichen Prüfungsberichtes nach etlichen Wochen ggf. einschreiten können.

Wie wichtig die zeitliche Komponente im Zusammenspiel zwischen abgebrochener Betriebsprüfung und sofortigem Tätigwerden der Zollfahndung ist, zeigt sich an folgendem Fall aus der Fahndungspraxis: 28

Ein bereits seit Jahren im bislang unbewiesenen Verdacht von Zuwiderhandlungen gegen das AWG stehendes Beschaffungsunternehmen eines sog. Schwellenlandes[46] wird erneut einer Außenwirtschaftsprüfung nach § 44 AWG unterzogen. Ab einem bestimmten Zeitpunkt, wo auch dem Prüfer die Prüfung eines bestimmten Geschäftsvorgangs sensibel zu werden scheint, verweigern die ausländischen Mitarbeiter des Unternehmens die Vorlage der vom Prüfer nachdrücklich verlangten weiteren Geschäftsunterlagen. Alle Mitarbeiter hüllen sich in Schweigen bzw. unterhalten sich aufgeregt nur noch in ihrer Landessprache. Der Prüfer bricht die Außenwirtschaftsprüfung ab, fährt zurück in seine Dienststelle, bespricht sich mit seinen Vorgesetzten und informiert das zuständige Zollfahndungsamt am nächsten Tag. Die Zollfahndungsbeamten sehen einen Anfangsverdacht einer Straftat nach § 34 Abs. 1 oder 2 AWG für eine noch nicht näher zu bezeichnende Zuwiderhandlung gegen die Außenwirtschaftsvorschriften als gegeben an und durchsuchen wegen Gefahr im Verzuge sofort die Geschäftsräume. Dabei stellen sie fest, daß die Geschäftsführer und der überwiegende Teil der ausländischen Mitarbeiter unter Mitnahme nicht unerheblicher Teile der Buchhaltung und Geschäftspapiere bereits in ihr Heimatland abgeflogen sind. Die Auswertung der noch sichergestellten Unterlagen führt zur Einleitung zahlreicher Ermittlungsverfahren gegen das von der Prüfung betroffenen Unternehmen und einiger damit kooperierender Firmeninhaber.

c) Überwachung des Warenverkehrs über die Grenzen

Der **Grenzzolldienst** der Zollverwaltung [Grenzabfertigungsdienst (GAbfD) und Grenzaufsichtsdienst (GAD)] hat den gesamten Warenverkehr über die Außengrenzen der Gemeinschaft zu überwachen. Der Abfertigungsdienst nimmt diese Aufgabe i. R. der Warenabfertigung in den Grenzzollämtern an der Außengrenze der Gemeinschaft wahr. Der Grenzaufsichtsdienst, der in den Zollgrenzkommissariaten der Grenzhauptzollämter organisiert ist, nimmt überdies im Wege der Auftragsverwaltung für das Bundesministerium des Innern zugleich auch grenzpolizeiliche Aufgaben des Bundesgrenzschutzes wahr. Die Aufgabe der Überwachung des Warenverkehrs umfaßt nach § 1 ZollVG insbesondere die Sicherung der Erhebung der Einfuhrabgaben (Zölle, EUSt und Verbrauchsteuern) sowie die Sicherung der Einhaltung der Verbote und Beschränkungen für das Verbringen von Waren in den Geltungsbereich des ZollVG. Darüber hinaus hat der Grenzaufsichtsdienst ganz allgemein die Einhaltung des Zollrechts zu gewährleisten. Die Beamten des GAD sind nach den Rechtsverordnungen der Länder zu § 152 GVG Hilfsbeamte der Staatsanwaltschaft. Die Beamten der Reisendenabfertigung an den Grenzzollämtern nehmen funktional ebenfalls Aufgaben des Grenzaufsichtsdienstes wahr. Die 29

---

45 BFHE 151/324, BStBl. II 1988, 113; BFH-Beschluß v. 16.12. 1997 – VII B 45/97, NJW 1998, 1734 (1735).

46 An der Schwelle zu einem Industrieland stehendes Entwicklungsland wie z. B. Iran, Irak, Pakistan, Indien, Syrien, Libyen usw.

Beamten der Warenabfertigung der Zollämter an der Grenze und im Binnenland gehören nicht zum Grenzaufsichtsdienst.

30 Der für die zollrechtlichen Befugnisse zunächst maßgebliche Zollkodex der EG verweist für Maßnahmen der zollamtlichen Überwachung und zollamtlichen Prüfung auf die jeweils eingeräumten Befugnisse nach nationalem Recht der Mitgliedstaaten. Die für die Überwachung des Warenverkehrs über die Grenze erforderlichen nationalrechtlichen **Befugnisse** ergeben sich aus

§ 10 **Abs. 1** ZollVG[47]	(**anlaßlose Kontrolle**: Anhalterecht im grenznahen Raum der Zollgrenze der Gemeinschaft; Recht zur Ausweiskontrolle; Recht an Bord und von Bord von Fahrzeugen aller Art zu gelangen; Recht zur Kontrolle von Gepäck, Beförderungsmitteln und Ladung;)
§ 10 **Abs. 2** ZollVG	(**Anlaßkontrolle**: Rechte nach Abs. 1 außerhalb des grenznahen Raumes im gesamten Hoheitsgebiet, wenn Grund zu der Annahme besteht (zureichende tatsächliche Anhaltspunkte[48] dafür vorliegen), daß Waren, die der zollamtlichen Überwachung nach dem Zollkodex oder dem ZollVG unterliegen, mitgeführt werden. Für die Kontrolle ist kein Anfangsverdacht nach der StPO erforderlich, lediglich eine sog. begründete Vermutung.[49])
§ 10 **Abs. 3** ZollVG	(In den Fällen der Abs. 1 oder 2 können Personen im gesamten Hoheitsgebiet bei Vorliegen tatsächlicher Anhaltspunkte für das Bei-sich-Führen der vorgenannten Waren körperlich durchsucht werden. Sie können an Ort und Stelle abgetastet werden, wenn die Annahme besteht, daß sie Waffen in oder unter ihrer Kleidung verborgen halten.[50])
§ 11 ZollVG	(Im Rahmen der Erfassung des Warenverkehrs kann durch Überholung geprüft werden, ob Nichtgemeinschaftswaren eingeführt wurden oder der Gestellungspflicht vollständig genügt worden ist. Der Gestellungspflichtige hat dabei auf seine Kosten und Gefahr die erforderliche Hilfe nach zollamtlicher Anweisung zu leisten.)

[47] Gem. § 10 Abs. 5 ZollVG werden das Freiheitsrecht, das Brief- und Postgeheimnis sowie das Grundrecht auf Unverletzlichkeit der Wohnung (Art. 2, Art. 10, Art. 13 GG) durch die Abs. 1–4 eingeschränkt.

[48] Tatsächliche Anhaltspunkte sind keine Tatsachen, die als solche vorliegen. Vielmehr müssen zwar Tatsachen gegeben sein, sie entfalten ihre vom Gesetz zugelassene Wirkung aber erst dadurch, daß sie bei kriminalistischer oder sonstiger sachverständiger Würdigung die Annahme (Vermutung) eines bestimmten Sachverhaltes rechtfertigen – vgl. *Scholler/Schloer*, Polizei- u. Ordnungsrecht, 170; es handelt sich um gerichtlich voll nachprüfbare unbestimmte Rechtsbegriffe; BMF-Erlaß v. 27. 10. 1998 – III B 1 – Z 0701 – 12/98: Für verdachtsunabhängige Kontrollen nach § 10 Abs. 2 ZollVG reicht es aus, wenn nach *allgemeiner zöllnerischer Erfahrung* z. B. an bestimmten Orten in verstärktem Maße mit einem überwachungsbedürftigen Sachverhalt zu rechnen ist.

[49] Vgl. *Wamers,* ddz 1993, F 48–F 50; F 61–F 66; so auch *Henke* AW-Prax 1995, 336; und *Kampf* in *Witte/Wolffgang,* Lehrbuch des europ. Zollrechts, Rn. 175–177; *Kraushaar,* Körperschmuggel v. Kokain, 57; *Decker/Rittenauer,* Kriminalistik 1997, 339 (340); a. A. offenbar *Schwarz* in *Schwarz/Wockenfoth,* Zollrecht, § 10 ZollVG Rn. 8 und *Dißars/Dißars* ZfZ 1996, 130 (137); *Hellmann,* Strafverfahrensrecht der AO, 22, stellt schlicht auf die Formulierung vergleichbar § 152 Abs. 2 StPO ab.

[50] *Hellmann,* a.a.O., 242–244, hält auch die frühere Regelung wegen der Nutzung des Begriffs „Verdacht" (heute: Vorliegen zureichender Anhaltspunkte) für eine dem Strafverfahrensrecht zuzuordnende Vorschrift. Er übersieht dabei sowohl die von der zollamtlichen Überwachung (Gefahrenabwehr) ausgehende Begründung des Gesetzgebers (BT-Drucks. 12/3436, 14–15) als auch die Tatsache, daß die vorliegende Regelung Nachfolger des alten § 71 ZG ist, der ebenso von Überwachungsbefugnissen u. nicht von einer Strafverfolgungsmaßnahme ausging. *Hellmann* stellt deshalb auch fest, daß § 10 Abs. 3 ZollVG im Hinblick auf die Befugnisse nach der StPO eigentlich überflüssig sei. Auch hier verkennt er, daß der Gesetzgeber nach seiner Begründung eine neue Kontrollbefugnis zwischen anlaßloser Grenzkontrolle (Aufsicht) u. Strafverfolgung schaffen wollte. Für beide Überwachungsfälle nach § 10 Abs. 1 u. 2 ZollVG gibt Abs. 3 also ein Überwachungsinstrument der Gefahrenabwehr; vgl. *Wamers,* ddz 1993, F 48–F 50; F 61–F 66; vgl. BMF-Erlaß v. 27. 10. 1998 – III B 1 – Z 0701 – 12/98.

§ 12 ZollVG	(Bei Vorliegen zureichender tatsächlicher Anhaltspunkte für einen Verstoß gegen ein Einfuhr-, Ausfuhr- oder Durchfuhrverbot werden die Waren der Staatsanwaltschaft bzw. der zuständigen Verwaltungsbehörde vorgelegt. Dies gilt nach § 5 ZollVG auch bei Postsendungen.)
§ 14 **Abs.** 2 ZollVG	(Betretungsrecht für Zollbedienstete im grenznahen Raum der Zollgrenze der Gemeinschaft, ohne Gebäude.)

d) BillBZ

Besondere Organisationseinheiten der Hauptzollämter, die sog. BillBZ-Einheiten,[51] nehmen nach § 150a Abs. 3 u. 1 AFG[52] im Wege der Außenprüfung Kontrollen mit dem Ziel der Feststellung vor, ob u. a. ausländische Arbeitnehmer mit einer gültigen **Arbeitserlaubnis** und zu vergleichbaren Bedingungen wie deutsche Arbeitnehmer beschäftigt werden, bzw. nach § 107 Abs. 2 u. 1 SGB IV,[53] ob Beschäftigte zur **Sozialversicherung** angemeldet sind. Vergleichbare Kontrollen und Prüfungen erfolgen gem. § 2 i.V. m. § 1 AEntG[54] sowie nach dem Gesetz zur Bekämpfung der Schwarzarbeit[55] Durch das SGB-III-Änderungsgesetz[56] haben die Angehörigen der BillBZ seit dem 1.1. 1998 Polizeibefugnisse und die Eigenschaft der Hilfsbeamten der Staatsanwaltschaft erhalten – vgl. § 307 SGB III. 31

2. Überwachungsaufgaben und -instrumente des Zollfahndungsdienstes

Da es sich bei der überwiegenden Zahl der vom Zollfahndungsdienst zu verfolgenden Straftaten um Kontrolldelikte handelt, stand er immer schon vor dem Problem, die Schwelle des Anfangsverdachts zu erreichen, weil die Begehung der Straftaten sich gerade bei den Wirtschaftsdelikten regelmäßig unter dem Deckmantel scheinbar legaler Geschäfte abspielt. 32

Die Zollfahndung war daher schon von Beginn an in besonderem Maße auf geeignete Instrumentarien im **Vorfeld strafrechtlicher Ermittlungen** angewiesen. Diese Möglichkeiten sollten gerade auch der Staatsanwaltschaft für eine erfolgreiche Zusammenarbeit mit der Zollfahndung bei der Gewinnung des Anfangsverdachts geläufig sein, hängt doch der Erfolg der Bekämpfung der Wirtschaftskriminalität vor allem in ihrer organisierten Form nicht selten hiervon ab.

a) Bedeutung der Vorfeldermittlungen

Vorfeldermittlungen haben für die Zollfahndung insbesondere eine Bedeutung, wenn sie zoll- oder steuerrechtlich erhebliche Sachverhalte im Rahmen scheinbar legaler Geschäftsvorfälle untersucht. Ursache für diese Situation ist, daß im Zoll- sowie Verbrauchsteuerbereich im Unterschied zu den übrigen Steuerarten die Abgaben immer an der **hochbelasteten Ware** selbst hängen; Entstehung und Fälligkeit von Zoll und Verbrauchsteuer richtet sich in allen Fällen nach dem jeweiligen Schicksal der steuerpflichtigen Ware. Der Ware selbst ist aber im Regelfall nicht anzusehen, ob die auf ihr liegende Steuer schon entrichtet ist oder ob sich die Ware unter Hinterziehung der Steuern im ge- 33

---

[51] BillBZ: Bekämpfung illegaler Beschäftigung durch die Zollverwaltung.

[52] AFG: Arbeitsförderungsgesetz i. d. F. von Art. 11 des Gesetzes zur Refrorm der Arbeitsförderung v. 24. 3. 1997, BGBl. I S. 594.

[53] SGB: Sozialgesetzbuch IV v. 23. 12. 1976, BGBl. I S. 3845 mit zahlreichen Änderungen bis BGBl. I 1994 S. 918, 1014, 1229, 1792, 1890.

[54] AEntG: Arbeitnehmerentsendegesetz; Gesetz über zwingende Arbeitsbedingungen bei grenzüberschreitenden Dienstleistungen v. 26. 2. 1996, BGBl. I, 227; zuletzt geändert durch das Erste Gesetz zur Änderung des Dritten Buches Sozialgesetzbuch und anderer Gesetze v. 16. 12. 1997, BGBl. I, 2970.

[55] Gesetz zur Bekämpfung der Schwarzarbeit v. 30. 3. 1957, BGBl. I S. 315, i. d. F. v. 29. 1. 1982, BGBl. I S. 109.

[56] BGBl. 1997 I S. 2970.

schäftlichen Verkehr befindet. Die Zollverwaltung ist daher nicht selten gehalten, den zollredlichen Erwerb und Besitz von steuerpflichtigen Waren zu überprüfen. Der Bereich der sog. Vorfeldermittlungen[57] durch den Zollfahndungsdienst ist daher einer besonderen Beachtung wert. Da Vorfeldermittlungen keine strafrechtlichen Ermittlungen nach der StPO darstellen, kann ihnen aber kein strafrechtlicher Anfangsverdacht zugrunde liegen.[58] Auf der anderen Seite wird vielfach vertreten, daß Vorermittlungen als sog. Verdachtsprüfungsverfahren natürlicher Bestandteil der polizeilichen **Ermittlungen** seien und ihnen ein strafverfahrensrechtlicher Charakter zukomme.[59] Vorfeldermittlungen dienen dem **Zweck**, durch geeignete Maßnahmen festzustellen, ob ein Anfangsverdacht nach § 152 Abs. 2 StPO begründet werden kann. Sie werden deshalb gelegentlich auch als „Verdachtsprüfungsverfahren" bezeichnet.[60] Denn für den Anfangsverdacht nach StPO sind bloße Vermutungen niemals ausreichend. Das Strafverfahren – und das Ermittlungsverfahren ist ja dessen erster Teilabschnitt – ermöglicht eine Reihe schwerer Eingriffe in die Sphäre des Beschuldigten; bloße Vermutungen ohne Tatsachenhintergrund können dies niemals rechtfertigen.[61]

34 Allerdings können derartige **Vermutungen** Anlaß zu besonderer Achtsamkeit und zu Beobachtungen geben.[62] Die Auswertung allgemein zugänglicher Quellen und Informationen,[63] die Bewertung bereits vorliegender Erkenntnisse, die Einbeziehung offenkundiger Tatsachen, die unverbindliche (informatorische) Befragung Betroffener und Dritter[64] und ggf. auch die Einholung von einfachen Register- oder Behördenauskünften[65] oder Ersuchen auf Akteneinsicht, soweit die erbetenen Angaben nicht besonders geschützte personenbezogene Daten darstellen oder einer besonderen Amtsverschwiegenheit unterliegen, z. B. dem Steuer- oder Sozialgeheimnis,[66] kommen insoweit in Betracht. Ebenso werden kurzfristige Observationen, der Einsatz von Scheinkäufern, ja sogar von Verdeckten Ermittlern für zulässig gehalten.[67]

Die gängige Praxis der Steuerbehörden im System der **Kontrollmitteilungen** der Finanzbehörden kann ebenfalls diesem Vorabklärungsbereich zugerechnet werden.[68]

---

[57] Auch Vorermittlungen, Initiativermittlungen, vorbeugende Bekämpfung von Straftaten usw.; vgl. *Jaeger*, Vorfeldermittlungen, der kriminalist 1996, 329.

[58] Vgl. *LG Offenburg* in NStZ 1993, 506.

[59] Vgl. zum Stand der Diskussion: *Joecks* in *Franzen/Gast/Joecks*, Steuerstrafrecht, § 404 AO Rn. 32–33.

[60] RiStBV, Anlage E, Nr. 6; vgl. *Jaeger*, der kriminalist 1996, 329, 330; zur Doppelfunktion der steuerlichen Vorfeldermittlungen vgl. *Joecks* in *Franzen/Gast/Samson*, Steuerstrafrecht, § 404 AO Rn. 29; *Schick* in *Hübschmann/Hepp/Spitaler*, AO, § 208 Rn. 132 = Prüfung, ob wirklich der Verdacht einer Straftat besteht; *Tipke/Kruse*, AO, § 208 Rn. 3 = Prüfung der Entkräftung oder Erhärtung; dazu gehört auch die sog. informatorische Befragung, die der Gewinnung eines groben Bildes dient, ob ein Anfangsverdacht wirklich gegeben ist – *Kleinknecht/Meyer*, StPO, § 163 Rn. 9; *Tipke/Kruse*, a.a.O.; Ermittlungen zur Entkräftung oder Erhärtung eines schon *bestehenden* Anfangsverdachtes sind bereits natürlicher Bestandteil des Ermittlungsverfahrens. Die Grenzen sind in diesem Punkt allerdings sehr fließend.

[61] Die Rechtspraxis geht bei der Annahme eines Anfangverdachts sehr weit; vgl. *Kleinknecht/Meyer*, StPO § 152 Rn. 4; es genügen auch entfernte Indizien. Anderseits schützt § 152 Abs. 2 StPO den Bürger vor Ermittlungen ohne konkreten Verdacht – vgl. *Merten/Merten*, ZRP 1991, 220.

[62] *Kleinknecht/Meyer*, StPO, § 152 Rn. 4; die Staatsanwaltschaften leiten bei derartigen Sachverhalten häufig ein sog. Beobachtungsverfahren ein. Rechtsgrundlage ist dabei jedenfalls nicht die StPO; vgl. *Tipke/Kruse*, AO, § 208 Rn. 3.

[63] Vgl. *Soiné*, CR 1998, 257 (259).

[64] Vgl. hierzu *Weßlau*, Vorfeldermittlungen, 80, 155–157; *Soiné*, CR 1998, 257 (259).

[65] Vgl. die Aufzählung bei *Bischeltsrieder*, Wirtschaftskriminalität, 14, 15; *Soiné*, CR 1998, 257 (259).

[66] Zur Zulässigkeit der Durchbrechung des Sozialgeheimnisses im Unterschied auch zum Steuergeheimnis vgl. *LG Darnstadt* NJW 1978, 901; *LG Marburg* NJW 1978, 2306.

[67] *Soiné*, CR 1998, 257 (259, 260) m. w. N.

[68] Vgl. *Bilsdorfer*, Informationsquellen u. -wege, 33–45.

Im Rahmen der gesetzlich geregelten Vorfeldermittlungen in § 208 Abs. 1 Nr. 3 AO hat der BFH für den Fall eines Auskunftsersuchens nach § 93 Abs. 1 AO entschieden, daß das **Recht der informationellen Selbstbestimmung** einem Auskunftsersuchen **nicht** entgegensteht.[69] Das **LG Offenburg** hat in einem Beschluß v. 25. 5. 1993[70] darüber hinaus sogar die Zulässigkeit von **richterlichen Untersuchungshandlungen** (richterliche Einvernahme, i. R. v. § 162 StPO) im Rahmen von Vorermittlungen anerkannt. Die Auffassung von *Hund*,[71] daß die Aufnahme jedweder **Ermittlungshandlungen außerhalb der StPO** schlichtweg unzulässig sei, beruht wohl auf der Unkenntnis des gesetzlich geregelten Falles einer Vorfeldermittlung in § 208 Abs. 1 Nr. 3 AO. Daß es entgegen *Hund* Belege für die Notwendigkeit und Zulässigkeit solcher Maßnahmen gibt, hat der Gesetzgeber durch die Gesetzesbegründung zu § 208 AO und verschiedene Regelungen in Polizeigesetzen[72] bewiesen. 35

Die **Zulässigkeit** derartiger Vorfeldermittlungen kann man begründen mit dem Grundgedanken der §§ 160 Abs. 1, 161 S. 1, 163 Abs. 1 StPO, wonach die Ermittlungsbehörden aufgrund des Legalitätsprinzips alle strafbaren Handlungen zu erforschen haben, und hieraus auf die Notwendigkeit einer Pflicht zur Prüfung aller bestehenden Vermutungen auf ihren Verdachtsgehalt (Anfangsverdacht) schließen. § 161 StPO stellt den Strafverfolgungsbehörden dann Ermittlungen jeder Art (begrenzt auf die Verdachtsabklärung) frei.[73] Der Praxis ist nämlich zuzugeben, daß Vorfeldermittlungen zulässig sein müssen, denn wenn die Ermittlungsbehörden schon die Vermutung einer Straftat (im Gegensatz zur völligen Nichtkenntnis eines Sachverhalts) haben, können sie schlechterdings nicht abwarten, bis ihnen der Anfangsverdacht sozusagen „auf dem Silbertablett serviert" wird. Die Vermutung ist vielmehr sinnvollerweise auf ihren Verdachtsgehalt abzuklären.[74] Ob und wieweit das Recht auf informationelle Selbstbestimmung in diesem Rahmen Grenzen für die Vorfeldermittlungen der Strafverfolgungsbehörden zieht, wird wohl noch einige Zeit umstritten bleiben. 36

Vorfeldermittlungen kommen in der Praxis der Ermittlungsbehörden immer häufiger vor, weil manche Bereiche der Kriminalität eine Entwicklung genommen haben (vollständige Abschottung, Einsatz von Strohleuten, Scheinfirmen, Gewalt, Drohung mit Gewalt, kriminelle Vereinigungen usw.), die es den Strafverfolgungsbehörden sehr schwer macht, einen Anfangsverdacht noch nachvollziehbar zu begründen.[75] Dabei liegt manche Vermutung in gewissen Deliktsbereichen geradezu auf der Hand, doch es gibt häufig nicht einmal **eine** Tatsache, mit der ein Anfangsverdacht zu begründen wäre. Solche Schwierigkeiten findet man häufig im Bereich der **Organisierten (Wirtschafts-) Kriminalität** in allen ihren Erscheinungsformen.

aa) Vorfeldermittlungen aufgrund der Polizeigesetze

Die Problematik mangelnder strafprozessualer Handlungsgrundlagen für Vorfeldermittlungen haben alle Landesgesetzgeber durch Schaffung entsprechender Regelungen in den **Polizeigesetzen** (für Observationen, Einsätze von V-Leuten, Verdeckten Ermittlern, 37

---

69 BFHE 148, 108, 116, 117.

70 *LG Offenburg* NStZ 1993, 506.

71 *Hund,* ZRP 1991, 463–464.

72 Vgl. *Jaeger*, der kriminalist 1996, 331, Fußn. 39; auch sächs. VerfGH in JZ 1996, 957 ff. (967, 968) zu § 39 Abs. 1 Nr. 2, Buchst. a sächs. PolG.

73 So *Jaeger*, a.a.O., 330, unter Hinweis auf die Initiativermittlungen nach RiStBV, Anlage E, Nr. 6; ablehnend *Benfer*, Grundrechtseingriffe, 19, unter Hinweis auf den Charakter des § 163 StPO als Aufgabenzuweisung.

74 Vgl. *Wendeborn*, Recht der Steuerfahndung, 86; so *Rump*, Verwaltungsentscheidungen, 4: ... wenn ein Anlaß zu der Annahme besteht, daß ein Sachverhalt der Aufklärung *bedarf*. Die Vorfeldermittlungen sollen zum strafprozessualen Anfangsverdacht hinführen ...

75 Vgl. *Jaeger*, der kriminalist 1996, 329.

Informationsbeschaffung u. -verarbeitung) unter dem Gesichtspunkt der Gefahrenabwehr, d. h. vorbeugenden Verbrechensbekämpfung, entschärft[76] – z. B. §§ 1 Abs. 1, 15 Abs. 1, § 24 Abs. 2 PolG NW.[77] So hat der sächs. VerfGH im Urteil v. 14. 5. 96[78] zu entsprechenden Regelungen des sächsischen Polizeigesetzes festgestellt, daß die Datenerhebung im Vorfeld konkreter Gefahren zur Verhinderung und vorbeugenden Bekämpfung von Straftaten von erheblicher Bedeutung verfassungsrechtlich im Grundsatz unbedenklich sei. Vorfeldbefugnisse seien in der Auseinandersetzung mit moderner, vor allem organisierter Kriminalität unverzichtbar. Wörtlich führt er aus:

„Die Polizei muß als Widerpart des organisierten Verbrechens ihre Fahndungs- und Beobachtungsmethoden der Langfristigkeit und Weiträumigkeit der gegnerischen Strategien anpassen ... Für eine wirksame Bekämpfung der organisierten Kriminalität mit dem Ziel der vorbeugenden Verbrechensbekämpfung ist eine frühzeitige Informationsbeschaffung und -auswertung entscheidend, die durch operatives Vorgehen in kriminalstrategischer Zielsetzung erfolgt ...“

Vor diesem Hintergrund ist es nach Auffassung des sächs. VerfGH vertretbar und vom gesetzgeberischen Gestaltungsermessen gedeckt, den Sicherheitsorganen Befugnisse zu Ermittlungen und Informationseingriffen einzuräumen, die auch das **Vorfeld einer konkreten Gefahr** einer Straftatbegehung nicht ausklammern. Denn nach der verfassungsmäßigen Ordnung sei die polizeiliche Tätigkeit nicht generell auf die Abwehr einzelner konkreter Gefahren beschränkt. Informationseingriffe der Sicherheitsbehörden seien vielmehr auch vor Erreichen dieser Schwelle rechtsstaatlich unbedenklich.[79]

bb) Vorfeldermittlungen im steuerlichen Bereich

Grundsätzlich gilt das zuvor Erörterte für alle Vorfeldermittlungen, gleichgültig ob diese durch die Polizei oder den Zollfahndungsdienst, ob für Außenwirtschaftszwecke, für Zwecke der Bekämpfung der Drogenkriminalität oder zur Ermittlung von steuerlichen Vergehen durchgeführt werden.

38 (1) Charakter der Vorfeldermittlungen nach § 208 Abs. 1 Nr. 3 AO

Für die Zollfahndung ergibt sich bei den Vorfeldermittlungen die Besonderheit, daß in der Abgabenordnung – vergleichbar den Polizeigesetzen der Länder zur Gefahrenabwehr – der **gesetzlich geregelte Fall** einer Vorfeldermittlung enthalten ist, nämlich die Vorfeldermittlungen des Zollfahndungsdienstes für den steuerlichen Sektor nach §§ 208 Abs. 1 Nr. 3, 85 AO. Zu beachten ist hierbei, daß § 208 Abs. 1 Nr. 3 AO von **unbekannten Steuerfällen** und nicht von Steuerstraftaten i. S. des § 369 AO spricht. Gemeint sind also unbekannte Steuervorgänge, die zugleich die klassischen Delikte der Steuerhinterziehung (§ 370 AO) oder die Bußgeldtatbestände der leichtfertigen Steuerverkürzung (§ 378 AO), der Steuergefährdung (§ 379 AO) und der Gefährdung der Abzugsteuern (§ 380 AO) ausmachen.

39 Die Aufgabenzuweisung in dieser Vorschrift entspricht im Rahmen der hergebrachten **Doppelzuständigkeit**[80] **der Zollfahndung** zu steuerlichen und steuerstrafrechtlichen Ermittlungen der Überwachungsfunktion der Zollfahndung im Rahmen der Steueraufsicht.[81] Hier ist für den Bereich der Aufdeckung unbekannter Steuerfälle nach herr-

---

[76] Zur verfassungsrechtlichen Frage der Gesetzgebungskompetenz von Bund und Ländern vgl. *Soiné*, CR 1998, 257 (259).

[77] Polizeigesetz des Landes Nordrhein-Westfalen v. 24. 2. 1990, GV NW 205; vgl. *Jaeger*, der kriminalist 1996, 331 u. Fn. 39.

[78] Sächs. VerfGH v. 14. 5. 96 – Vf. 44-II-94 –, 53–56; auszugsweise veröffentlicht in JZ 1996, 957–969 (959/960).

[79] Sächs. VerfGH v. 14. 5. 96 – Vf. 44-II-94 –, 53–56; auszugsweise veröffentlicht in JZ 1996, 957–969 (959/960).

[80] *Mösbauer*, Staatsaufsicht, 503, 520.

[81] So *Himsel* in *Koch*, AO, § 208 Rn. 23; *Klein/Orlopp*, AO, § 208 Anm. 4.

schender Auffassung eine ausdrückliche Rechtsgrundlage für sog. Vorfeldermittlungen eingeräumt worden.[82] Die Aufgabenzuweisung erfaßt nach ihrem Wortlaut Vorfeldermittlungen nicht für alle Steuer**straftaten** i. S. der §§ 208 Abs. 1 Nr. 1, 369 AO,[83] sondern nur die Ermittlung unbekannter Steuer**fälle**. Der Charakter der Vorschrift ist sehr umstritten. Sie ist nach zutreffender Auffassung **steuerstrafrechtlich** und nicht ausschließlich steuerrechtlich ausgerichtet,[84] da die Ermittlung unbekannt gebliebener Steuerpflichtiger und unbekannter steuerlicher Sachverhalte der Natur nach eine Vorbereitung auf die Einleitung eines Steuerstrafverfahrens darstellt; die Erforschung der zugrundeliegenden steuerlichen Grundlagen ist zwingend und untrennbar zugleich **„Verdachtsprüfungsverfahren"** im Hinblick auf eine mögliche Steuerhinterziehung usw.[85] Deshalb ist diese Kompetenz augenscheinlich auch gerade der Strafverfolgungsbehörde Zollfahndungsdienst übertragen worden und nicht etwa einem Hauptzollamt. Das Verfahren ist allerdings an der Funktion der Steueraufsicht/zollamtlichen Überwachung ausgerichtet, wonach es Steuerstraftaten und -ordnungswidrigkeiten zu verhindern und aufzuklären gilt.[86] In der Literatur wird vom „Gewinnen eines groben Bildes, ob wirklich der Verdacht einer Straftat besteht" gesprochen.[87] Dem entspricht auch die Begründung des Finanzausschusses:[88] „...dies gilt insbesondere in solchen Fällen, in denen noch keine hinreichenden Anhaltspunkte für das Vorliegen einer Steuerstraftat oder Steuerordnungswidrigkeit vorliegen, andererseits ein dahingehender Verdacht nach den gegebenen Umständen naheliegt." Die Begründung wird vielfach als mißglückt bezeichnet, weil sie von einem Verdacht spricht und ein Verdacht bereits die Einleitung eines Steuerstrafverfahrens zwingend nach sich ziehen würde.[89] Der Wortlaut geht aber nicht vom Vorliegen des Verdachts aus, sondern nur davon, daß er naheliegt, d. h. eben noch nicht gegeben ist.

(2) Eingriffsvoraussetzungen

Die h. M. legt daher die Vorschrift dahingehend aus, daß Voraussetzung für die Ermittlungen nach § 208 Abs. 1 Nr. 3 AO das Bestehen einer **Vermutung** unbekannter Steuer- **40**

---

82 *Kohlmann*, Steuerstrafrecht, § 404 AO Rn. 41; *Joecks* in *Franzen/Gast/Joecks*, Steuerstrafrecht, § 404 AO Rn. 28–33, der davon ausgeht, daß es sich sowohl um ein sog. „Verdachtsprüfungsverfahren", also Vorermittlungen in dem oben gen. Sinne, als auch um Ermittlungen für die Besteuerung handelt (Doppelnatur, Doppelfunktion), Rn. 32; *Mösbauer*, Staatsaufsicht, 433: allgemeine Steueraufsicht; *Klein/Orlopp*, AO, § 208 Anm. 4; *Schick* in *Hübschmann/Hepp/Spitaler*, AO, § 208 Rn. 132; vgl. auch *Tipke/Kruse*, AO, § 208 Rn. 5, 5 a; *Hellman*, Strafverfahrensrecht der AO, 245–248, geht von der rein steuerrechtlichen Natur aus.

83 Ansonsten wäre vom § 208 Abs. 1 Nr. 3 AO auch der Bannbruchtatbestand des § 372 AO (Rauschgiftschmuggel und andere Verstöße gegen Verbote im grenzüberschreitenden Warenverkehr) miterfaßt.

84 So *Schick* in *Hübschmann/Hepp/Spitaler*, AO, § 208 Rn. 132, 122; § 404 Rn. 101, 102, 104; a. A. *Wenzeborn*, Recht der Steuerfahndung, 92, der seine Meinung letztlich damit begründet, daß der Gesetzgeber ansonsten expressis verbis eine Rechtsgrundlage für strafprozessuale Vorermittlungen hätte schaffen können; setzt man seine Argumente um, kommt man zum gegenteiligen Ergebnis. Zweifelhaft gerade wegen der von ihm selbst zitierten Begründung des Finanzausschusses (74); vgl. auch *Himsel*, in *Koch*, AO, § 397 Rn. 7; offen: *Joecks* in *Franzen/Gast/Joecks*, Steuerstrafrecht, § 404 AO Rn. 29–32 (Doppelnatur).

85 *Schick* in *Hübschmann/Hepp/Spitaler*, AO, § 208 Rn. 132.

86 Vgl. hierzu jedoch § 393 Abs. 1 AO. Die Rechtsstellung des Betroffenen richtet sich im Besteuerungs- und im Strafverfahren nach den für das jeweilige Verfahren geltenden Vorschriften. Im Bereich der Vorfeldermittlung befindet der Betroffene sich in einem Besteuerungsverfahren, jedoch bereits häufig unmittelbar vor der Einleitung des Ermittlungsverfahrens nach der StPO.

87 Vgl. *Schick* in *Hübschmann/Hepp/Spitaler*, AO, § 208 Rn. 132; vgl. hierzu auch *Kleinknecht/Meyer*, StPO, § 163 Rn. 9.

88 BT-Drucks. 7/4292, 36.

89 Vgl. *Frick*, BB 1988, 110.

tatbestände und unbekannter Steuerpflichtiger ist[90] bzw. daß ein sog. „Kontrollbedürfnis" besteht.[91]

Dies bedeutet aber nicht, daß damit Ermittlungen „ins Blaue hinein" zulässig sein würden. Die dem Zweck der Vorschrift entsprechenden Eingriffsvoraussetzungen[92] müssen schon aus rechtsstaatlichen Gründen und aus Gründen der Rechtssicherheit erfüllt sein, weil ansonsten der Steuerbürger einer schrankenlosen Ausforschung unterworfen wäre.[93] Welche Grundlage die Aufnahme derartiger Ermittlungen zuläßt, ist einigermaßen umstritten. Allgemein ist anerkannt, daß natürlich die Möglichkeit einer Steuerverkürzung objektiv bestehen muß, sonst fehlt entsprechenden Ermittlungen nach unbekannten Steuerfällen jede sinnvolle Basis.[94] Darüber hinaus ist unstreitig, daß die Maßnahmen der Vorfeldermittlung, z. B. das Auskunftsersuchen, zur Sachverhaltsaufklärung **geeignet**, zur Aufgabenerfüllung der Zollfahndungsämter **notwendig**, dem Betroffenen auferlegte Handlungspflichten **(tatsächlich und rechtlich) möglich** und die Inanspruchnahme des Betroffenen **erforderlich, verhältnismäßig** (Zweck-Mittel-Relation) und **zumutbar** sein müssen.[95]

41 Ebenfalls unstreitig ist, daß **konkrete Anhaltspunkte**[96] im Einzelfall oder in Gruppen von Einzelfällen immer genügenden Anlaß zur Aufnahme von Vorfeldermittlungen bieten.[97] Diese brauchen und dürfen sich auch nicht zu einem strafrechtlichen Anfangsverdacht verdichtet haben, da ansonsten das Ermittlungsverfahren nach der StPO mit den besonders ausgestalteten Rechten für den Beschuldigten einzuleiten wäre.[98] Wenn in der Literatur z. T. von konkreten Anhaltspunkten „nach Art eines strafrechtlichen Anfangsverdachts"[99] gesprochen wird, ist dies unzutreffend oder zumindest mißverständlich. Als ausreichende konkrete Anhaltspunkte, gelegentlich auch als konkrete Erfahrungen bezeichnet, hat die Rechtsprechung z. B. Chiffreanzeigen in Tageszeitungen zum Verkauf teurer ausländischer Grundstücke gelten lassen.[100] Gleiches würde im Fall von namentlichen oder unter Chiffre aufgegeben Zeitungsannoncen zum Verkauf sog. Markenzeichenfälschungen gelten, da hier ebenfalls hinreichender Anlaß zu der Annahme besteht, daß diese unter Umgehung der Einfuhrabgaben eingeschmuggelt wurden (denn ansonsten wären sie bei der zollamtlichen Abfertigung beschlagnahmt worden). Soweit im Zusammenhang mit Außenprüfungen der Hauptzollämter oder der Betriebsprüfungen des Zolls Unregelmäßigkeiten oder Unstimmigkeiten der Buchführung aufgedeckt werden, können diese ebenfalls Anlaß zu entsprechenden Vorfeldermittlungen hinsichtlich verbrauchsteuerrechtlicher oder einfuhrabgabenrechtlicher Tatbestände sein.

42 Nach herrschender Auffassung im Schrifttum und nach den vorg. BFH-Entscheidungen reichen schon **abstrakte Anhaltspunkte** für die Aufnahme der Ermittlungen aus, d. h., es genügt die **allgemeine Erfahrung** der Finanzbehörde, daß die **Vermutung** be-

---

[90] *Schick*, in *Hübschmann/Hepp/Spitaler*, AO, § 208 Rn. 132, 133; *Kohlmann*, Steuerstrafrecht, § 404 AO Rn. 42; vgl. auch *Klein/Orlopp*, AO, § 208 Anm. 4.

[91] *Mösbauer*, Staatsaufsicht, 504; *Tipke/Kruse*, AO, § 208 Rn. 5 a, 3; *Hellmann*, Strafverfahrensrecht der AO, 248–261, kommt zu dem Ergebnis, daß § 208 Abs. 1 Nr. 3 AO strafprozessualen Anfangsverdacht i. S. des § 152 Abs. 2 StPO meint und diesen voraussetzt.

[92] § 208 Abs. 1 Nr. 3 AO ist Aufgaben- und Befugnisnorm.

[93] Vgl. Beschluß des Großen Senats des BFH v. 13. 2. 1968 in BStBl. II 1968, 365, 369.

[94] *Tipke/Kruse*, AO, § 208 Rn. 4; *Joecks* in *Franzen/Gast/Joecks*, Steuerstrafrecht, § 404 AO Rn. 31; *Schick* in *Hübschmann/Hepp/Spitaler*, AO, § 208 Rn. 134; *Kohlmann*, Steuerstrafrecht, § 404 AO Rn. 42; *Klein/Orlopp*, AO, § 208 Anm. 4; *Mösbauer*, Staatsaufsicht, 520.

[95] BFHE 148, 108, 115, m. w. N.; 149, 404, 407; *Frick*, a.a.O., 111.

[96] *Hamacher*, DStZ 1988, 217; bestimmte Verdachtsgründe nicht notwendigerweise bereits strafrechtlicher Natur.

[97] BFH BStBl. II 1968, 365, 368; BFHE 148, 108, 113; 149, 404, 405.

[98] BFHE 148, 108, 113.

[99] *Hamacher*, a.a.O., 217.

[100] BFHE 148, 108.

gründet ist, ein Steuertatbestand sei verwirklicht worden.[101] Während der Verdacht voraussetzt, daß Anhaltspunkte vorliegen, die nicht bloß auf die Möglichkeit, sondern auf eine gewisse, wenn auch zweifelhafte Wahrscheinlichkeit einer Tatbestandsverwirklichung schließen lassen, genüge zur Eröffnung eines Verfahrens nach § 208 Abs. 1 Nr. 3 AO schon die bloße Möglichkeit (d. h. die Vermutung) einer Tatbestandsverwirklichung [102] Die notwendige Begründung dieser Vermutung erfolgt dann zumindest mit der als tatsächlichem Anhaltspunkt vorliegenden Erfahrung der Finanzbehörde in derartigen Fällen.

Die Auffassung von der Notwendigkeit einer „begründeten Vermutung" ist auch von der finanzgerichtlichen Rechtsprechung übernommen worden. Nach BFH BStBl. II 68/365, 369, ist ausreichend, wenn aufgrund **konkreter Momente** oder aufgrund **allgemeiner Erfahrung** die Möglichkeit der Tatbestandsverwirklichung (Steuerverkürzung) in Betracht kommt. Dann bestehe ein begründeter Anlaß zum Tätigwerden. BFHE 148/108 läßt bei Auskunftsersuchen gegenüber Zeitungsverlagen zu den Auftraggebern von Chiffreanzeigen über den Verkauf ausländischer Immobilien genügen, daß die allgemeine Erfahrung der Möglichkeit objektiver Steuerverkürzungen besteht.[103] BFHE 149/404 hat bei **Sammelauskunftsersuchen** an Kreditinstitute zu Provisionszahlungen an Kreditvermittler als hinreichenden Anlaß zugelassen, daß aufgrund konkreter Anhaltspunkte oder nach allgemeiner Erfahrung verhältnismäßig viele Vermittler ihre Provisionen nicht versteuern. Genügend war auch hier, daß die Möglichkeit einer objektiven Steuerverkürzung im übrigen bestand. Ähnlich FG Hamburg[104] bei Goldgeschäften von Zahnärzten mit Scheideanstalten; ebenso FG Hamburg[105] gegenüber bei der Veräußerung eingeschalteten Maklern zu Auskunftsersuchen betr. Yachteignern. Nach *Tipke-Kruse*[106] gilt dies auch für Nebeneinkünfte z. B. bei Verlagen hinsichtlich der Autoreneinkünfte. Bei neuen Gewerbeanmeldungen für den An- und Verkauf von Edelmetallen bestand ebenfalls bis Ende 1992 eine nachweisbare Erfahrung der Zollfahndungsämter und Steuerfahndungsstellen, daß es sich hierbei häufig um Gründungen zum Zwecke des An- und Verkaufs von unter Umgehung der Einfuhrumsatzsteuer eingeschmuggeltem Gold aus Luxemburg handelte.[107] Diese neben konkreten Anhaltspunkten (bzw. konkreter Erfahrung) zumindest notwendige allgemeine Erfahrung des Zollfahndungsamtes oder der Finanzbehörden zur Begründung der Vermutung darf aber wiederum nicht nur ganz theoretischer Natur sein, sondern muß sich als Tatsache (ggf. statistisch) auch **objektiv** nachwei- 43

---

101 *FG Hamburg* in EFG 1987, 9–12 (10); 275 (276).

102 Vgl. *Tipke/Kruse*, AO, § 208 Rn. 5, 3; *Schick* in *Hübschmann/Hepp/Spitaler*, AO, § 208 Rn. 132; *Kohlmann*, Steuerstrafrecht, § 404 AO Rn. 42; *Himsel* in *Koch*, AO, § 397 Rn. 7; *Joecks* in *Franzen/Gast/Joecks*, Steuerstrafrecht, § 404 AO Rn. 33, der von zu verifizierender Vermutung spricht; so *Mösbauer*, Staatsaufsicht, 521; *Klein/Orlopp*, AO, § 208 Anm. 4, spricht im Zusammenhang mit der Möglichkeit einer Steuerverkürzung von dem Erfordernis eines *hinreichenden Anlasses* für die Aufnahme der Ermittlungen, sieht diese aber ebenfalls als gegeben an, wenn konkrete Anhaltspunkte oder allgemeine Erfahrungen dies gebieten; *Wendeborn*, Recht der Steuerfahndung, 96, unter Bezugnahme auf den Großen Senat des Reichsfinanzhofes, RStBl. 1933, 520.

103 Die Ausführungen in den Entscheidungsgründen sind etwas verwirrend, weil z. T. von gerechtfertigter Tätigkeit aufgrund **konkreter** Erfahrungen und z. T. von einem hinreichenden Ermittlungsanlaß aufgrund **allgemeiner** Erfahrungen gesprochen wird – BFHE 108, 113. Gemeint ist offensichtlich, daß konkrete Erfahrungen zu den bereits konkreten Momenten (tatsächliche Anhaltspunkte) zu zählen sind, die neben der allgemeinen Erfahrung zur Aufnahme der Vorfelderrmittlungen ausreichen.

104 *FG Hamburg* in EFG 1987, 9–12.

105 *FG Hamburg* in EFG 1987, 275, 276.

106 *Tipke/Kruse*, AO, § 208 Rn. 5.

107 Durch das Verbrauchsteuer-Binnenmarktgesetz v. 2. 12. 92 (BGBl. I S. 2150 ff.) sind Lieferungen von Goldbarren, Goldmünzen und unverarbeitetem Gold – auch aus anderen EG-Staaten oder Drittstaaten – ab 1. 1. 1993 steuerfrei gestellt worden. Grund war, daß die private Einfuhr von Gold aus anderen EG-Staaten mit dem Binnenmarkt nicht mehr der Einfuhrumsatzsteuer unterliegt.

sen lassen.[108] Das ist nach BFHE 149/404 dann der Fall, wenn diese Erfahrungen sich in einem bestimmten Umfeld gründen, z. B. eine nach allgemeinen Kriterien umschriebene Gruppe von Steuerpflichtigen betreffen, und als solche auch tatsächlich von der Behörde gemacht worden sind.[109] Objektiv nachweisbar sind derartige Erfahrungen, wenn etwa verhältnismäßig vielen Gruppenmitgliedern über das normale(?) Maß hinausgehende Steuerverkürzungen nachgewiesen werden konnten, z. B. in den oben genannten Fällen der Gewerbeanmeldung zu Zwecken des Edelmetallhandels.

b) Zollrechtliche Überwachung

44 Einen Sonder- und Ausnahmefall der zollamtlichen Überwachung stellt die sog. Zoll**rechtliche** Überwachung dar. Wie ihr Name schon sagt, handelt es sich auch um eine **Überwachungsmaßnahme nach Zollrecht**. Entgegen der begrifflichen Ähnlichkeit der Bezeichnung handelt es sich per Definition inhaltlich jedoch nicht um das gleiche wie die zollamtliche Überwachung des Warenverkehrs. Die Zollrechtliche Überwachung (Kurzbezeichnung: **ZÜ**) ist funktional ein Unterfall der sog. **polizeilichen Beobachtung** (PB) nach § 163e StPO sowie der nicht veröffentlichten Polizeidienstvorschrift (PDV) 384.2; sie ist auch in dieser Dienstvorschrift geregelt, weil die ZÜ eine Ausschreibung in einem besonders geschützten Bestand des polizeilichen Informationssystems INPOL für Grenzbeamte ist.[110] Materiellrechtlich ist sie eine Form der Überwachung des Warenverkehrs als Unterfall der zollamtlichen Überwachung.

Die Maßnahme der polizeilichen Beobachtung dient gem. § 163e StPO zur Bekämpfung von **Straftaten von erheblicher Bedeutung** bzw. nach der genannten Dienstvorschrift u. a. der Abwehr von Gefahren für die öffentliche Sicherheit und Ordnung bei gefährlichen Intensivtätern und besonders gefährlichen Straftaten (z. B. Rauschgiftschmuggel und Handel, Waffenschmuggel und Handel).[111] Die polizeiliche Beobachtung setzt nach dem Wortlaut der StPO-Vorschrift eine bereits begangene Straftat voraus.[112] Die ZÜ ist ein Sonderfall dieser Beobachtung, die dort als „Überwachung nach zollrechtlichen Bestimmungen durch Zolldienststellen" definiert ist. Personen und Fahrzeuge können im Gegensatz zur PB zur ZÜ bereits ausgeschrieben werden, wenn die begründete Vermutung besteht, daß sie i. R. des grenzüberschreitenden Verkehrs in nicht unerheblichem Umfang als Schmuggler auftreten bzw. zu Schmuggelzwecken eingesetzt werden. Strafprozessuale oder polizeirechtliche Maßnahmen können daher aufgrund der ZÜ nicht ergriffen werden; sie ist für und nur für die Zollbehörden ggf. Anlaß zu einer ohnehin anlaßlos durchführbaren üblichen Kontrollmaßnahme nach Zollvorschriften an der Grenze, wie Kontrollen, Überholung, Durchsuchung usw. – vgl. § 10 Abs. 1 ZollVG.[113]

Die Nutzung des **polizeilichen DV-Systems INPOL** für die ZÜ stellt wegen dessen Verfügbarkeit und technischer Präsenz an den Grenzübergangsstellen/Grenzzollämtern bzw. bei den Funkleitstellen der Zollverwaltung nur das technische Vehikel dar. Einen Zugriff auf diesen Datenbestand haben nur die zuständigen Vollzugsbeamten des Grenzzolldienstes und der Zollfahndung. Mit Ausnahme der Beamten des Bundesgrenzschutzes, die im Rahmen der Verbundregelung zollrechtliche Aufgaben wahrnehmen, stehen die Informationen der ZÜ der Polizei **nicht** zur Verfügung. Ein Informationsaustausch zwischen Zoll und Polizei findet grundsätzlich in bezug auf eine ZÜ nicht statt, in Fällen

---

[108] BFHE 149, 404 (405–406); *Frick*, a.a.O., 109, 111; *Hamacher*, a.a.O., 217.

[109] BFHE 149/404, 405–406.

[110] Vgl. *Riegel*, Datenschutz, 127.

[111] Soweit die PB von Staatsanwaltschaft, Polizei oder Zollfahndungsdienst für Zwecke der Strafverfolgung vorgenommen wird, ist dies in § 163e StPO geregelt. Die polizeiliche Gefahrenabwehr richtet sich nach den vorhandenen Bestimmungen der Länderpolizeigesetze – vgl. *Riegel*, Datenschutz, 129.

[112] Vgl. insgesamt zur Thematik *Krahl*, NStZ 1998, 339–342.

[113] Weitere Einzelheiten sind wegen der VS-Einstufung nicht möglich.

schwerer Kriminalität allenfalls insoweit, als der hinweisgebenden Stelle ein negatives Ergebnis mitgeteilt wird (= ergebnislos). Bei positivem Ergebnis – also Feststellung des Schmuggels – ist ein Strafverfahren einzuleiten, und es gelten die hierfür vorgesehenen Meldepflichten wie Rauschgift- oder Waffensofortmeldung an BKA, ZKA, LKA und hinweisgebende Stellen z. B. ZFA.

Die Ausschreibung zur ZÜ hat den Zweck, die betroffenen Personen und Kraftfahrzeuge im Rahmen der üblichen **Überwachung** des grenzüberschreitenden Verkehrs (§§ 1, 10 Abs. 1 ZollVG) und bei Antreffen i. R. der zollamtlichen Kontrollen im Binnenbereich durch die MKG's (Mobile Kontrollgruppen der Hauptzollämter)[114] nach §§ 1, 10 Abs. 2 ZollVG einer eingehenden Kontrolle **nach zollrechtlichen Vorschriften** zuzuführen. Basis der ZÜ-Ausschreibung sind tatsächliche Anhaltspunkte, die die Annahme begründen, daß die Personen oder Fahrzeuge im grenzüberschreitenden Verkehr als Schmuggler auftreten oder die Fahrzeuge zu Schmuggelzwecken eingesetzt werden. Es ist nicht zu übersehen, daß die Zollrechtliche Überwachung wie auch die Polizeiliche Beobachtung einen Eingriff in das Persönlichkeitsrecht des einzelnen darstellt. Die ZÜ wird daher hauptsächlich bei der Annahme von Fällen des Rauschgift- oder Waffenschmuggels angeordnet. Sie wird jedoch unter Beachtung der Verhältnismäßigkeit auch bei anderen Fällen mutmaßlich schwerer Zollstraftaten in Betracht kommen.

Man kann die ZÜ als einen Fall einer bereits auf eine konkrete Person/ein bestimmtes Fahrzeug zugeschnittenen zollamtlichen Überwachung verstehen, ähnlich der Beobachtung eines einzelnen Unternehmens. In jedem Fall handelt es sich um eine Form der zollamtlichen Überwachung des grenzüberschreitenden **Waren**verkehrs.[115]

Keine zollrechtliche Überwachung im vorgenannten Sinne, aber eine inhaltlich nahestehende Maßnahme stellen die durch den Zollfahndungsdienst häufig i. R. einer zollamtlichen Überwachung durchgeführten **Observationen von sensiblen Warensendungen** im TIR-[116] oder im gemeinschaftlichen Versandverfahren nach dem Zollkodex dar. Gegenstand solcher Maßnahmen sind regelmäßig LKW-Sendungen hoch abgabenbelasteter Waren wie Zigaretten, Alkohol, Fleisch oder Vieh. Ausgangspunkt derartiger – nicht selten auch grenzüberschreitender – Observationen ist die beim Zollfahndungsdienst vorliegende Erkenntnis, daß in bestimmten Branchen gehäuft solche Waren widerrechtlich aus dem Versandverfahren entnommen und somit der (papiermäßigen) zollamtlichen Überwachung entzogen werden, um sie unbelastet von Abgaben auf dem EG-Binnenmarkt absetzen zu können. 45

Die Zollverfahren werden dann entweder ohne Kontrollen papiermäßig im Massengeschäft an der Bestimmungsstelle des Versandverfahrens erledigt oder die „Erledigung" erfolgt durch **gefälschte Stempel und Unterschriften** der in den Zollpapieren genannten Bestimmungsstelle.[117]

So konnte bei einer Überprüfung der Ausfuhr von ca. 750 Zigarettentransporten jeweils mit einer Steuerlast von etwa 1 bis $1^1/_2$ Mio. DM mit Bestimmungsland Marokko von der Zollfahndung festgestellt werden, daß die Ausfuhrbescheinigungen der EG-Ausgangszollstelle Algeciras in Spanien in

---

114 Die MKG's des Zolls wurden als Ausgleichsmaßnahme für das durch den Wegfall der Binnengrenzkontrollen innerhalb der EG entstandene Sicherheitsdefizit eingerichtet. Vgl. auch *Wamers,* ddz 1993, F48–F50; F61–F66.

115 *Riegel*, Datenschutz, 132, bezeichnet die ZÜ als Maßnahme der Personenkontrolle. Er irrt, denn die ZÜ ist auf die Bekämpfung des Warenschmuggels (Rauschgift, Waffen) ausgerichtet – vgl. insoweit auch den Text des § 10 ZollVG. Auch die Kontrolle der Reisenden an den Zollämtern ist eine Warenkontrolle des Zolls. Anders beim BGS = Personenkontrolle.

116 TIR-Verfahren = Transport International de Marchandises par la Route; Warentransport auf der Grundlage des sog. TIR-Übereinkommens; Zollübereinkommen über den internationalen Warentransport mit Carnets TIR (Convention Douaniere Relative Au Transport International De Marchandises Sous Le Couvert De Carnets TIR) (carnet = Versandschein); vgl. Zollglossar, 98.

117 Vgl. die Darstellung in: ZKA Lagebild zur OK 1996, 95–106, und BKA, Jahresbericht 1996 zur Kriminalitätslage, 22–29; Fuchs, AW-Prax 1996, 32–34; *Kampf*, AW-Prax 1996, 11–14.

400 Fällen gefälscht (nachgemachter Stempel) und die Waren unversteuert auf den EG-Markt gelangt waren.

Derartige Machenschaften lassen sich tatsächlich nur verhindern und die Straftat damit aufklären, wenn im Rahmen der zollamtlichen Überwachung (ohne entspr. begründbaren Anfangsverdacht) oder im Rahmen von Strafverfahren gegen vermutete Täter der Transport lückenlos und grenzüberschreitend bis zur illegalen Entnahme aus der zollamtlichen Überwachung observiert wird. Rechtlich basiert eine solche Observation entweder auf den Befugnissen des Zolls i. R. der zollamtlichen Überwachung nach § 1 ZollVG bzw. dem Zollkodex oder bei bereits anhängigen strafrechtlichen Ermittlungen auf § 100 c StPO.

c) Marktbeobachtung durch den Zollfahndungsdienst

46 Das System der Marktbeobachtung ist eines der wichtigsten Instrumente des Zollfahndungsdienstes bei der Aufdeckung von Zuwiderhandlungen in allen Zuständigkeitsbereichen. Es handelt sich dabei weder um strafprozessuale Ermittlungen noch um Vorfeldermittlungen im Sinne des § 208 Abs. 1 Nr. 3 der Abgabenordnung, sondern um eine **wertneutrale Abklärung** aller öffentlich oder der Zollverwaltung im Rahmen ihrer Aufgabenerfüllung zur Verfügung stehenden Informationen.[118] Die Marktbeobachtung ist sozusagen das informationstechnische Pendant zu der ansonsten körperlichen oder buchmäßigen zollamtlichen Überwachung der Warenverkehre.

Mit anderen Worten: Sie ist eine **fortlaufende Erhebung, Verarbeitung und Nutzung, Auswertung und Steuerung von Informationen über wirtschaftliche Abläufe und Verhältnisse und daran beteiligte Firmen und Personen in Wirtschaftsbereichen, für die die Zollverwaltung Zuständigkeiten zur Überwachung unter dem Gesichtspunkt der Verhinderung, Aufdeckung und Verfolgung von Zuwiderhandlungen besitzt.**[119] Nicht die Abweichung von normalen Marktmechanismen an sich ist für die Marktbeobachtung von Bedeutung, sondern nur diejenigen abweichenden Verhaltensweisen, die dem Betreffenden ungerechtfertigte, von der Rechtsordnung nicht gewollte (illegale) Vorteile bringen oder bringen könnten.

Die Aufgabe der Marktbeobachtung selbst wird seit jeher durch den **Zollfahndungsdienst** gem. § 208 Abs. 2 Nr. 2 AO erfüllt, weil eben hier ohnehin die meisten Erkenntnisse in der Zollverwaltung zusammenlaufen.[120] Nach der Vorschrift des § 208 Abs. 2 Nr. 2 AO können dem Zollfahndungsdienst alle Aufgaben aus dem Zuständigkeitsbereich der gesamten Zollverwaltung übertragen werden.[121] Keiner Übertragung bedurfte es allerdings für den Bereich der Steueraufsicht nach § 209 Abs. 1 und 3 AO i.V. m. § 1 ZollVG, da die Zollfahndungsämter und das Zollkriminalamt nach § 6 Abs. 2 Nrn. 2 u. 5 AO zu den Finanzbehörden i. S. des § 210 AO gehören.[122]

Es handelt sich bei § 208 Abs. 2 Nr. 2 AO nach zutreffender Ansicht um eine Blankettnorm, aufgrund der durch **innerdienstliche Maßnahmen** der Zollverwaltung (etwa Erlaß des BMF) Zuständigkeiten der Zollfahndung begründet werden können **(„Zuständigkeitsjoker")**.[123] Der Gesetzgeber hat für die Übertragung der zusätzlichen Aufgaben und Zuständigkeiten aus dem Bereich der Zollverwaltung in Form des innerdienstlichen Aktes **keine** besondere Form vorgeschrieben.[124] Der Zollfahndungsdienst

---

[118] Vgl. zur Thematik insgesamt *Wamers*, Marktbeobachtung, Schriftenreihe des ZKA, Bd. 2.

[119] BT-Drucksache 12/1460 v. 5. 11. 1991.

[120] Vgl. etwa die Aufgabenbeschreibungen in § 5 a Abs. 1 Nr. 1 FVG und § 208 Abs. 1 Nr. 3 AO.

[121] *Himsel* in *Koch*, AO, § 208 Anm. 38; *Schick* in *Hübschmann/Hepp/Spitaler*, AO, § 208 Rn. 159: „Zuständigkeitsjoker".

[122] Im Besteuerungsverfahren gehören die Dienststellen des Fahndungsdienstes im Unterschied zum Strafverfahren (§ 386 AO) zu den Finanzbehörden.

[123] So *Schick* in *Hübschmann/Hepp/Spitaler*, AO, § 208 Rn. 159, mit weiteren Hinweisen.

[124] *Tipke/Kruse*, AO, § 208 Rn. 6; *Mösbauer*, Staatsaufsicht, 524.

hat diese Aufgabe der Marktbeobachtung aus der Entwicklung heraus übernommen, und der Bundesminister der Finanzen hat dem in Kenntnis der Aufgabenerfüllung konkludent in zahlreichen Erlassen zugestimmt.[125] Zu den Folgemaßnahmen einer Marktbeobachtung vgl. beispielhaft nachfolgende **Übersicht**.

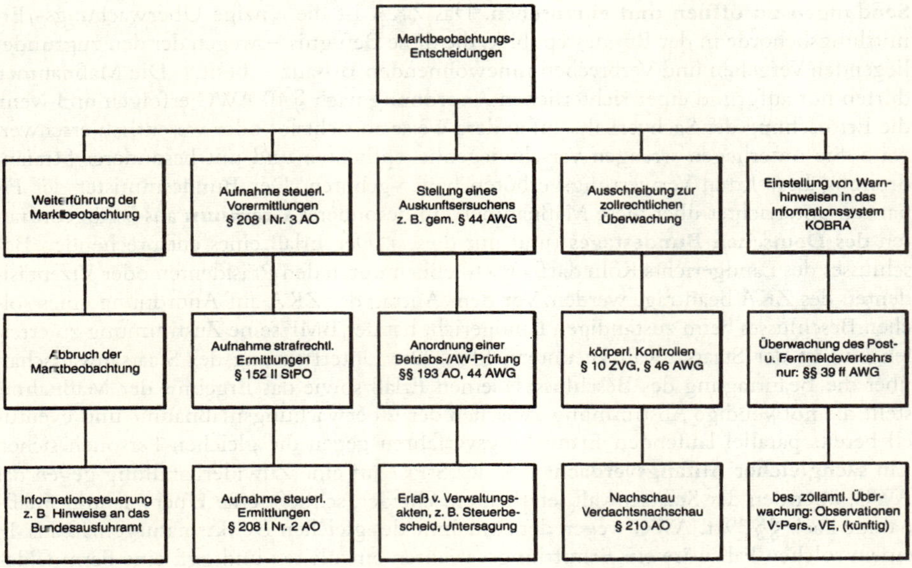

3. Besondere Überwachungsaufgaben des ZKA

a) Marktbeobachtung durch das ZKA

Das ZKA als Zentralstelle des deutschen Zollfahndungsdienstes hat nach § 5a Abs. 1 FVG für den Zollfahndungsdienst alle Informationen von Bedeutung zu sammeln, auszuwerten und an die zuständigen Dienststellen der Fahndung und der allgemeinen Zollverwaltung (Betriebsprüfung, Grenzaufsichtsdienst usw.) zu steuern. Es war also nur konsequent, daß der Gesetzgeber dem ZKA auch die Aufgabe der Marktbeobachtung für den **überregionalen, internationalen und globalen Bereich** zugewiesen hat. Mit der Schaffung des neuen § 5a FVG wurde diese Aufgabe als Abs. 1 Nr. 2 für den gesamten inländischen und grenzüberschreitenden Wirtschaftsverkehr (Zölle, VSt, MOG, AWG/KWKG, VuB-Regelungen) dem ZKA zugewiesen.[126] **47**

b) Außenwirtschaftsüberwachung durch das ZKA

Die Marktbeobachtung des ZKA umfaßt ebenfalls den Bereich der **Außenwirtschaftsüberwachung**. Hier wurde durch den Gesetzgeber jedoch zur Aufdeckung und speziell zur Verhinderung der politisch so überaus nachteiligen Folgen von Verstößen gegen die Exportkontrollvorschriften und zum Schutz der in § 7 AWG genannten Rechtsgüter[127] als Folge des sog. Rabta-Skandals Ende der 80er Jahre ein außerordentlich weitreichendes Instrumentarium der Überwachung geschaffen. **48**

---

125 *Witte/Kampf*, ZK, Art. 37 ZK Rn. 5, weisen als Grundlage auf § 208 Abs. 1 Nr. 3 AO (Vorfeldermittlungen unbekannter **Steuer**fälle): dies kann aber ohnehin nur für den steuerlichen Bereich gelten.

126 BT-Drucksache, a.a.O.

127 Sicherheit der Bundesrepublik Deutschland, friedliches Zusammenleben der Völker, auswärtige Beziehungen Deutschlands.

49 Durch das Gesetz zur Änderung des Außenwirtschaftsgesetzes, des Strafgesetzbuches und anderer Gesetze vom 28. Februar 1992[128] wurde als wesentlichste Neuregelung u. a. das ZKA durch die §§ 39ff. AWG ermächtigt, im Rahmen der Außenwirtschaftsüberwachung – und somit vor einem Anfangsverdacht nach der StPO – den **Fernmeldeverkehr zu überwachen** und dem Brief-, Post- oder Fernmeldegeheimnis unterliegende **Sendungen zu öffnen und einzusehen**. Das ZKA ist die einzige Überwachungs-/Ermittlungsbehörde in der Bundesrepublik, die diese Befugnis – wegen der den zugrundeliegenden Vergehen und Verbrechen innewohnenden Brisanz – besitzt. Die Maßnahmen dürfen nur aufgrund einer richterlichen Anordnung nach § 40 AWG erfolgen und wenn die Erforschung des Sachverhalts auf andere Weise aussichtslos oder wesentlich erschwert wäre. Sie unterliegen strengen Verschwiegenheitspflichten und mit besonderer Strafandrohung bewehrten Verwertungsverboten bzw. -geboten. Der Bundesminister der Finanzen unterrichtet über diese Maßnahmen ein besonderes **Gremium** aus 5 Abgeordneten **des Deutschen Bundestages** (und nur dieses). Der Erlaß eines entsprechenden Beschlusses des Landgerichts Köln darf ausschließlich durch den Präsidenten oder Vizepräsidenten des ZKA beantragt werden. Vor dem Antrag des ZKA auf Anordnung eines solchen Beschlusses beim zuständigen Landgericht hat der BMF seine Zustimmung zu erteilen und ist der Staatsanwalt zu unterrichten. Die Unterrichtung der Staatsanwaltschaft über die Beantragung des Beschlusses, seinen Erlaß sowie das Ergebnis der Maßnahme stellt die notwendige Abstimmung zwischen der Überwachungsmaßnahme und eventuell bereits parallel laufenden Ermittlungsverfahren gegen die gleichen Personen sicher. Ein **sachgleicher Anfangsverdacht** i. S. der StPO auf eine Zuwiderhandlung gegen das AWG, über den der Staatsanwalt letztlich entscheidet, schließt eine Überwachungsmaßnahme nach §§ 39ff. AWG wegen der Annahme des gleichen Delikts naturgemäß aus. In einem solchen Fall wäre ein Ermittlungsverfahren einzuleiten und ggf. eine Fernmeldeüberwachung nach § 100a Nr. 3 StPO zu beantragen. Liegt ein Anfangsverdacht nicht vor, kann die Überwachungsmaßnahme unter der Sachherrschaft des ZKA durchgeführt werden. Ergibt sich hierbei der Anfangsverdacht einer Straftat nach dem AWG/KWKG, ist die Maßnahme abzubrechen und in das Ermittlungsverfahren zu überführen. Nicht ausgeschlossen sind zeitgleiche Fernmeldeüberwachungsmaßnahmen nach § 100a StPO und § 39 AWG, wenn sich die StPO-Maßnahme auf eine Tat in der Vergangenheit (Repression) und die Maßnahme der Außenwirtschaftsüberwachung auf die Verhinderung einer Tat für die Zukunft richtet (Prävention).

Zu den Besonderheiten des Verfahrensablaufs vgl. im übrigen die **Übersicht** auf der nächsten Seite.

50 Materiellrechtlich dürfen diese Überwachungsmaßnahmen nach § 39 Abs. 2 Nr. 1 AWG in der Hauptsache gegenüber Personen angeordnet werden, **bei denen Tatsachen die Annahme rechtfertigen, daß sie Straftaten von erheblicher Bedeutung** nach § 34 Abs. 1–6 AWG (Vergehen und Verbrechen) oder bestimmte Straftaten nach dem KWKG[129] (Verbrechen), auch soweit es sich um Auslandstaten Deutscher handelt, **planen**.

Mit dieser Regelung des AWG wurde eine schmerzliche Lücke bei der Bekämpfung des illegalen Technologietransfers geschlossen, denn es kann wegen der besonderen Eigenart der Straftaten nach dem AWG und KWKG nicht genügen, illegale Rüstungsexporte nachträglich lediglich zu bestrafen, da dann der Schaden für die in § 7 AWG genannten Rechtsgüter bereits eingetreten ist (die Ware ist exportiert). Vielmehr sollte neben der Strafverfolgung der **Eintritt des Schadens** bereits vermieden werden können. Hierzu bedurfte es im Rahmen der Außenwirtschaftsüberwachung des Zolls einer Ver-

---

[128] Die zeitliche Befristung der Geltung des Gesetzes wurde bereits zweimal – bis nunmehr 1999 – verlängert.

[129] § 19 Abs. 1–3, § 20 Abs. 1 u. 2, jeweils auch in Verbindung mit § 21; § 22a Abs. 1 Nr. 4, 5 u. 7 KWKG.

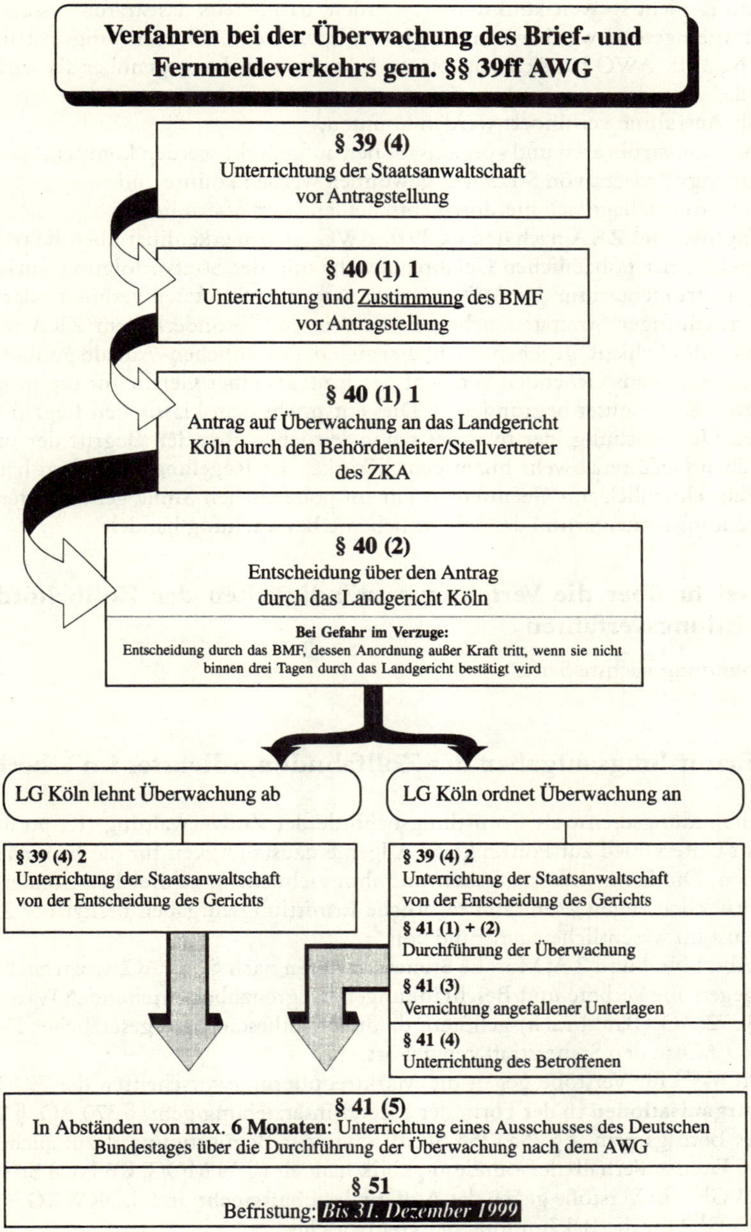

besserung der Möglichkeiten der Aufklärung bereits vor Begehung der strafbaren Handlungen.

Insbesondere bei Hinweisen aus dem Bereich der Auslandsaufklärung des Bundesnachrichtendienstes oder bei Erkenntnissen ausländischer Zoll-, Überwachungs- oder Polizeibehörden, die auf bevorstehende rechtswidrige Machenschaften oder Planungen im Inland hindeuteten, konnten diese nicht selten aus Gründen des Quellenschutzes nicht **gerichtsverwertbar** gemacht oder wegen der konspirativen, abgeschotteten Vorgehensweise der (künftigen) Straftäter trotz Außenwirtschaftsprüfungen und intensiver Marktbeobachtung nicht so weit konkretisiert werden, daß bereits das strafprozessuale Instrumentarium eingesetzt werden konnte. Das zollspezifische Überwachungsinstrumentarium der §§ 39 ff. AWG hat sich seit seinem Inkrafttreten demgegenüber als wirksam erwiesen, da

- illegale Ausfuhren verhindert werden konnten,
- Beschaffungsstrukturen und -organisationen aufgedeckt werden konnten,
- der Anfangsverdacht von Straftaten gewonnen werden konnte und
- die Beweismittellage sich hierdurch entscheidend verbessern ließ.

Die **Befugnisse des ZKA** nach den §§ 39 ff. AWG reichen erkennbar über die traditionellen Bereiche einer polizeilichen Gefahrenabwehr und der Strafverfolgung hinaus. Denn mit dem Instrumentarium des AWG können nicht nur Straftaten verhütet oder die Verfolgung zukünftiger Straftaten sichergestellt werden,[130] sondern dem ZKA wird hierdurch die Möglichkeit gegeben, sich diejenigen tatsächlichen Anhaltspunkte zu verschaffen, die den ausreichenden Verdacht des Eintritts einer Gefahr für die in § 7 AWG geschützten Rechtsgüter begründen.[131] Dies entspricht dem klassischen Begriff der zollamtlichen Überwachung, der insoweit schon seit jeher über den Begriff der präventivpolizeilichen Gefahrenabwehr hinausgeht. Kritiker der Regelung übersehen häufig, daß es nicht ausschließlich um Gefahrenabwehr im polizeilichen Sinne geht, sondern daß es sich um ein Instrumentarium der zollamtlichen **Überwachung** handelt.

4. Übersicht über die Verfahrenszuständigkeiten der Zollbehörden bei Ermittlungsverfahren

50a Siehe Abbildung nächste Seite.

IV. Ermittlungsaufgaben des Zollfahndungsdienstes im Überblick

51 Der Zollfahndungsdienst als Ermittlungsbehörde der Zollverwaltung (Kripo des Zolls) besitzt im Unterschied zur Polizei keine Allgemeinzuständigkeit für die Ermittlungen in Strafsachen. Die Ermittlungsaufgaben sind ihm vielmehr in zahlreichen Sonderregelungen ausdrücklich zugewiesen. Strafrechtliche Ermittlungsaufgaben besitzt der Zollfahndungsdienst im wesentlichen aufgrund von

- § 208 Abs. 1 Nr. 1 und 2 AO für die **Steuerstraftaten** nach § 369 AO, wozu auch die Verstöße gegen alle Verbote und Beschränkungen im grenzüberschreitenden Warenverkehr nach § 372 AO (Bannbruch) gehören, da dieser Tatbestand per gesetzlicher Definition im § 369 AO zu den Steuerstraftaten gehört.
- § 37 MOG[132] für Verstöße gegen die Marktregulierungsvorschriften der EG i. R. der **Marktorganisationen** in der Form der Steuerhinterziehung gem. § 370 AO, § 35 MOG und des Betrugs gem. §§ 263, 264 StGB sowie der Begünstigung dazu; auch wenn es sich um Taten außerhalb der Bundesrepublik handelt (§ 36 MOG, § 6 Nr. 8 StGB).
- § 37 AWG[133] für Verstöße gegen das **Außenwirtschaftsrecht** und das **KWKG**.[134]
- § 12 a FVG[135] für die Bekämpfung der **Geldwäsche**.

---

[130] Etwa i. S. des § 1 Abs. 1 S. 2 PolGNW.

[131] Vgl. *Gusy*, StV 1992, 484–489; (485).

[132] MOG: Marktorganisationsgesetz.

[133] AWG: Außenwirtschaftsgesetz.

[134] KWKG: Kriegswaffenkontrollgesetz; da AWG und KWKG zu den VuB-Tatbeständen gehören, sind Zuwiderhandlungen aber schon über §§ 372, 369 AO als Steuerstraftaten erfaßt.

[135] FVG: Finanzverwaltungsgesetz; da es bisher noch keine spezialgesetzliche Regelung für die Aufgaben und Befugnisse des Fahndungsdienstes und des ZKA („Zollfahndungsgesetz" bzw. „ZKA-Gesetz") gibt, wurde die Aufgabe im FVG geregelt.

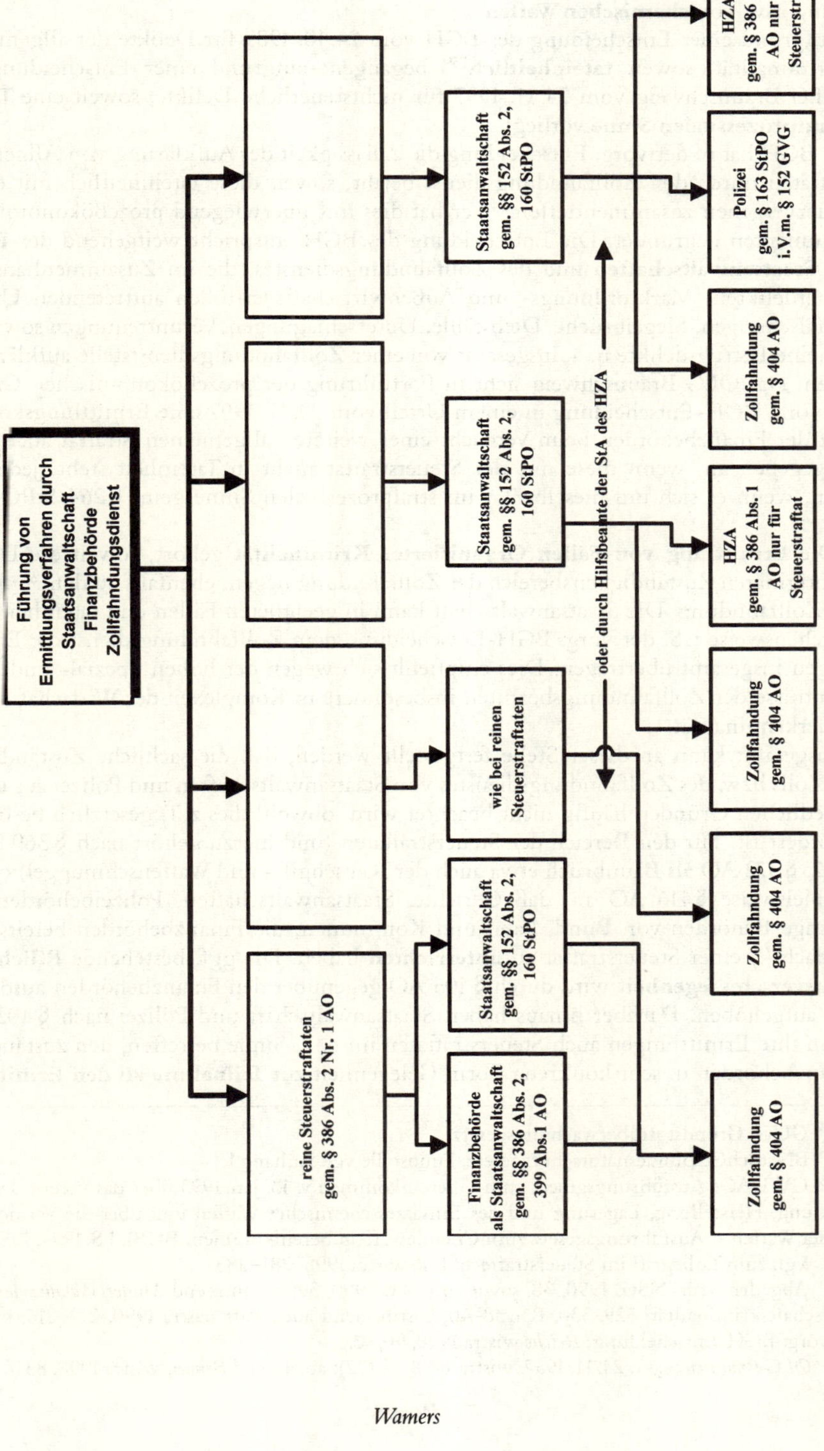
Führung von Ermittlungsverfahren durch Staatsanwaltschaft Finanzbehörde Zollfahndungsdienst
reine Steuerstraftaten gem. § 386 Abs. 2 Nr. 1 AO
Finanzbehörde als Staatsanwaltschaft gem. §§ 386 Abs. 2, 399 Abs.1 AO
Staatsanwaltschaft gem. §§ 152 Abs. 2, 160 StPO
Zollfahndung gem. § 404 AO
wie bei reinen Steuerstraftaten
Zollfahndung gem. § 404 AO
Zollfahndung gem. § 404 AO
Staatsanwaltschaft gem. §§ 152 Abs. 2, 160 StPO
HZA gem. § 386 Abs. 1 AO nur für Steuerstraftat
oder durch Hilfsbeamte der StA des HZA
Staatsanwaltschaft gem. §§ 152 Abs. 2, 160 StPO
Zollfahndung gem. § 404 AO
Polizei gem. § 163 StPO i.V.m. § 152 GVG
HZA gem. § 386 Abs. 1 AO nur für Steuerstraftat

- § 27 GÜG[136] zur Verfolgung illegaler **Abzweigungen von sog. Drogenvorprodukten** (precursor).
- § 30 c BNatSchG[137] bei der Verfolgung illegalen Verbringens **geschützter Tiere und Pflanzen**.
- § 20 CWÜAG[138] bei Verstößen gegen das Verbot der Entwicklung, Herstellung, Lagerung usw. von **chemischen Waffen**.
- Aufgrund einer Entscheidung des BGH vom 24.10. 1989 für Delikte der allgemeinen Kriminalität, soweit **tateinheitlich**[139] begangen; aufgrund einer Entscheidung des OLG Braunschweig vom 24.11. 1997 für nichtsteuerliche Delikte, soweit eine **Tat im strafprozessualen Sinne** vorliegt.

52 Der BGH hat in der vorg. Entscheidung die Zulässigkeit der Aufklärung von Allgemeinstraftaten durch den Zollfahndungsdienst bejaht, soweit diese tateinheitlich mit einem Steuervergehen zusammentreffen;[140] er hat dies mit überwiegend prozeßökonomischen Argumenten begründet. Die Entscheidung des BGH entspricht weitgehend der **Praxis der Staatsanwaltschaften** und des Zollfahndungsdienstes, die im Zusammenhang mit Steuerdelikten, Marktordnungs- und Außenwirtschaftsverstößen auftretenden Urkundenfälschungen, Siegelbrüche, Diebstähle, Unterschlagungen, Veruntreuungen sowie allgemeine Betrugsdelikte u. a. insgesamt von einer Zollfahndungsdienststelle aufklären zu lassen. Das OLG Braunschweig sieht in Fortführung der prozeßökonomischen Gründe der vorg. BGH-Entscheidung in einem Urteil vom 24.11. 1997 eine Ermittlungskompetenz der Finanzbehörden beim Verdacht einer weiteren allgemeinen Straftat auch dann als gegeben an, wenn diese mit der Steuerstraftat nicht in Tateinheit steht, jedenfalls dann, wenn es sich um dieselbe Tat im strafprozessualen Sinne gem. § 264 StPO handelt.[141]

53 Die **Ermittlung von Fällen Organisierter Kriminalität** gehört, soweit die Delikte im originären Zuständigkeitsbereich der Zollfahndung liegen, ebenfalls zu den Aufgaben der Zollfahndung. Die Staatsanwaltschaft kann in geeigneten Fällen und tateinheitlicher Begehensweise i. S. der vorg. BGH-Entscheidung dem Zollfahndungsdienst die Ermittlungen insgesamt übertragen. Dies empfiehlt sich wegen der hohen Spezial- und Sachkenntnisse der Zollfahndungsbeamten insbesondere in Komplexen der Wirtschafts- und Steuerkriminalität.

54 Insgesamt kann an dieser Stelle festgestellt werden, daß die sachliche Zuständigkeit des Zolls bzw. des Zollfahndungsdienstes von Staatsanwaltschaften und Polizei aus unterschiedlichen Gründen häufig nicht beachtet wird, obwohl dies z. T. gesetzlich besonders gefordert ist. Für den Bereich der Steuerstraftaten (und hierzu gehört nach § 369 Abs. 1 Nr. 2, § 372 AO als Bannbruch etwa auch der Rauschgift- und Waffenschmuggel) ordnet beispielsweise § 116 AO an, daß Gerichte, Staatsanwaltschaften, Polizeibehörden und sonstige Behörden von Bund, Land und Kommunen, die Finanzbehörden bereits vom Verdacht(!) einer Steuerstraftat zu **unterrichten** haben. Die ggf. bestehende **Pflicht zur Amtsverschwiegenheit** wird durch § 105 AO gegenüber den Finanzbehörden ausdrücklich aufgehoben. Darüber hinaus haben Staatsanwaltschaft und Polizei nach § 403 AO, wenn ihre Ermittlungen auch Steuerstraftaten im o. g. Sinne betreffen, den zuständigen Finanzbehörden in sehr konkreter Form Gelegenheit zur **Teilnahme an den Ermittlun-**

---

136 GÜG: Grundstoffüberwachungsgesetz.

137 BNatSchG: Bundesnaturschutzgesetz, Fundstelle vgl. Anhang 1.

138 CWÜAG: Ausführungsgesetz zum Übereinkommen v. 13. Jan. 1993 über das Verbot der Entwicklung, Herstellung, Lagerung und des Einsatzes chemischer Waffen und über die Vernichtung solcher Waffen – Ausführungsgesetz zum Chemiewaffenübereinkommen, BGBl. I S. 1994, 1954 ff.

139 Vgl. zum Tatbegriff im Steuerstrafrecht *Volk* wistra 1998, 281–283.

140 Abgedruckt in NStZ 1990, 38, sowie in wistra 1990, 59; zustimmend *Müller/Wabnitz/Janovsky*, Wirtschaftskriminalität, 329, 330, Rn. 38–40; zustimmend auch *Pütz* wistra 1990, 212–216; kritisch zur vorg. BGH-Entscheidung: *Reiche* wistra 1990, 90, 93.

141 *OLG Braunschweig* v. 24.11. 1997, wistra 1998, 71 (72); ablehnend *Bender*, wistra 1998, 83 ff.

gen anzubieten. Eine vergleichbare Regelung über die Mitteilungspflicht aller deutschen Gerichte und Behörden wegen des Verdachts des Subventionsbetrugs beinhaltet § 6 SubventionsG.[142]

V. Ermittlungsbefugnisse der Zollbehörden

Die Ermittlungsbefugnisse der Zollbehörden richten sich nach den Vorschriften über das **Steuerstrafverfahren** gem. §§ 385 ff. AO. § 385 AO bestimmt, daß allgemeine Gesetze über das Strafverfahren, namentlich die StPO, das GVG und das JGG Anwendung finden, soweit nicht die Regelungen der AO anderes bestimmen. 55

Wer die Vorschriften über das Steuerstrafverfahren in der AO unvoreingenommen liest, muß den Eindruck gewinnen, daß das **Schwergewicht der Ermittlungen** auf der Verwaltungsseite bei den Hauptzollämtern liegen müsse. Trotz der ausgeprägten Rechtsstellung der Hauptzollämter im Steuerstrafverfahren ist die Ermittlungspraxis eine gänzlich andere; die Zollfahndungsämter nehmen nahezu alle Ermittlungshandlungen für die Staatsanwaltschaft bzw. die Hauptzollämter vor. Dennoch ist die Rechtsstellung der Hauptzollämter eine Besonderheit im Strafverfahren.

1. Ermittlungsbefugnisse der Hauptzollämter

Das Hauptzollamt hat nach § 116 AO einen Anspruch auf Unterrichtung vom **Verdacht einer Steuerstraftat** gegenüber Gerichten und Behörden von Bund und Ländern sowie den Trägern kommunaler Selbstverwaltung. Die Pflicht zur Wahrung des Amtsgeheimnisses ist für die gen. Behörden in diesem Fall nach § 105 AO aufgehoben. 56

Beim Verdacht einer Steuerstraftat ermittelt gem. § 385 AO die Finanzbehörde den Sachverhalt anstelle der Polizei. Zu den **Finanzbehörden im Ermittlungsverfahren** gehören im Bereich des Zolls die Hauptzollämter – § 386 Abs. 1 Satz 1 AO. Lediglich im Besteuerungs- oder Steuerverwaltungsverfahren gehören hierzu auch die Zollfahndungsämter gem. § 6 AO.

Das Hauptzollamt (HZA) kann im Besteuerungsverfahren unterschiedliche Befugnisse haben. Entscheidend ist gem. § 386 Abs. 2 AO, ob es sich bei der Straftat ausschließlich um eine **Steuerstraftat** handelt, oder aber eine Steuerstraftat vorliegt und zusätzlich zwar andere Strafgesetze verletzt sind, diese jedoch Kirchensteuern oder andere öffentlich-rechtliche Abgaben betreffen, die an Besteuerungsgrundlagen, Steuermeßbeträge oder Steuerbeträge anknüpfen. Die zweite Alternative kommt allerdings nur für die Steuerfahndungsstellen der Länder in Betracht und nicht für die Hauptzollämter.

Bestimmte Befugnisse bleiben dem HZA immer erhalten: So behält das HZA das ihm zustehende **Recht auf Akteneinsicht** bei der Staatsanwaltschaft und bei Gericht sowie das Recht zur Besichtigung sichergestellter oder beschlagnahmter Gegenstände nach § 395 AO.

Das HZA hat ebenfalls einen Anspruch darauf, gegenüber dem entscheidenden Gericht die nach Auffassung des HZA entscheidungserheblichen Gesichtspunkte, erst recht bei der Frage einer Verfahrenseinstellung, vorzutragen. In der Hauptverhandlung hat der Vertreter des HZA das **Recht auf Vortrag** und zur Befragung von Angeklagten, Zeugen und Sachverständigen – § 407 AO. Der an der Hauptverhandlung teilnehmende Vertreter des HZA kann zugleich als Zeuge geladen und gehört werden, auch wenn er vor seiner Vernehmung in seiner Eigenschaft als Vertreter der Finanzbehörde an der Hauptverhandlung teilgenommen hat.[143]

---

[142] SubventionsG = Gesetz gegen mißbräuchliche Inanspruchnahme von Subventionen v. 29. 7. 1976, BGBl. I S. 2034 (2037).

[143] LG Dresden, Beschl. v. 10. 11. 1997 – 8 NS 101 JS 44995/95, NStZ 1998, 576–577.

Behördliche Ermittlungstermine, Termine zur Vernehmung durch den beauftragten oder ersuchten Richter und der Termin zur Hauptverhandlung sind dem HZA **mitzuteilen**. Ebenso sind das Urteil und abschließende Entscheidungen dem HZA mitzuteilen – §§ 403 Abs. 1 Satz 2, 407 Abs. 1 Satz 3, Abs. 2 AO.

a) Das Hauptzollamt in der Funktion der Staatsanwaltschaft

57 Bei reinen Steuerdelikten führt das Hauptzollamt nach § 386 Abs. 2 AO das Ermittlungsverfahren **selbständig** durch. Dies bedeutet, daß das HZA gem. § 399 Abs. 1 AO die Rechte und Pflichten der **Staatsanwaltschaft** im Ermittlungsverfahren wahrnimmt. In dieser Eigenschaft kann es selbst Ermittlungen führen oder die Ermittlungen unter seiner Sachherrschaft dem Zollfahndungsamt übertragen. Regelmäßig werden die Ermittlungen des Hauptzollamtes selbst aufgrund innerorganisatorischer Regelungen durch die Angehörigen der Straf- und Bußgeldsachenstellen der Hauptzollämter geführt; Ermittlungen kann das HZA aber auch durch die Beamten der Steueraufsicht oder der Außenprüfung führen. Es kann seine Ermittlungen auch durch diejenigen Beamten führen, die ansonsten Hilfsbeamte der Staatsanwaltschaft sind. Dies ist letztlich nicht entscheidend, denn gem. §§ 386 Abs. 2, 399 Abs. 1 AO führt die Finanz**behörde** als Behörde die Ermittlungen; welche Beamte des HZA hierbei für das HZA tätig werden, ist unerheblich.

Das Recht zur selbständigen Ermittlung gilt ausnahmsweise dann nicht, sobald gegen den oder einen von mehreren Beschuldigten wegen der Tat ein **Haftbefehl** oder Unterbringungsbefehl erlassen ist – § 386 Abs. 3 AO. D. h., das HZA ist als Staatsanwaltschaft auch zuständig für die Beantragung des Haftbefehls.

58 Das HZA kann die Strafsache jederzeit an die Staatsanwaltschaft abgeben, und die Staatsanwaltschaft kann diese jederzeit an sich ziehen. Beides ist eine Ermessensentscheidung. Eine erneute Abgabe an das HZA ist allerdings nur mit dessen Einvernehmen möglich. Die durch nichts eingegrenzte Möglichkeit der **Ausübung des Evokationsrechts** ist eine Folge des geltenden Anklagemonopols der Staatsanwaltschaft, begründet aber keine Fachaufsichts- oder sonstige Überwachungsbefugnis für die Staatsanwaltschaft.[144] Eine Mitteilungspflicht des HZA über anhängige Strafverfahren besteht ebensowenig wie ein Recht der Staatsanwaltschaft auf Vorlage von Verfahrenslisten o. ä.[145] Gerade deshalb ist eine vertrauensvolle Zusammenarbeit zwischen der Staatsanwaltschaft und dem HZA notwendig, etwa um Gesichtspunkte der Strafzumessung zur Geltung zu bringen.

59 Bieten die Ermittlungsergebnisse Anlaß zur Beantragung eines **Strafbefehls**, so beantragt das HZA diesen gem. § 400 AO beim Richter, wenn die Sache hierfür geeignet erscheint. Ist dies nicht der Fall, gibt es das Verfahren an die Staatsanwaltschaft zur Anklageerhebung ab. Hat das HZA Strafbefehl beantragt, nimmt es nach § 406 AO die Funktion der Staatsanwaltschaft so lange ein, wie nicht eine Hauptverhandlung einberaumt oder Einspruch gegen den Strafbefehl erhoben wird – § 406 Abs. 1 AO.

Das HZA kann auch nach § 401 AO den Antrag stellen, **Einziehung oder Verfall** selbständig anzuordnen oder eine Geldbuße gegen juristische Personen und Personenvereinigungen selbständig festzusetzen – § 401 AO, §§ 440, 442 Abs. 1, 444 Abs. 3 StPO. Auch hier nimmt sie die Rechte und Pflichten der Staatsanwaltschaft solange wahr, wie nicht mündliche Verhandlung beantragt oder vom Gericht angeordnet wird.

b) Ermittlungsbefugnisse des Hauptzollamts im übrigen

60 Liegt nicht ausschließlich eine Steuerstraftat im vorg. Sinne vor, hat das HZA dennoch gem. § 386 Abs. 1 AO die Befugnis zur Ermittlung des dem Verdacht der Steuerstraftat zugrundeliegenden Sachverhalts, jedoch unter der **Sachherrschaft der Staatsanwaltschaft**, die daneben zur Aufklärung der nichtsteuerlichen Sachverhalte eine Zollfahndungsdienststelle oder eine Polizeidienststelle einschalten kann. In diesen Fällen, in den

---

[144] Vgl. allgemein *Weyarn,* wistra 1994, 87 ff.

[145] *Kohlmann*, Steuerstrafrecht, § 386 AO Rn. 25.

Fällen der § 37 AWG, § 37 MOG und wenn überhaupt die Staatsanwaltschaft das Verfahren führt, hat das HZA nach §§ 402 Abs. 1, 399 Abs. 2 Satz2 AO dieselben Rechte und Pflichten wie die **Behörden des Polizeidienstes** nach der StPO; es kann Beschlagnahmen, Durchsuchungen, Untersuchungen, Notveräußerungen und sonstige Maßnahmen wie die Hilfsbeamten der Staatsanwaltschaft nach der StPO anordnen. Das HZA ist in Fällen der Ermittlungsführung durch Staatsanwaltschaft und Polizei befugt, an diesen Ermittlungen teilzunehmen und Beschuldigte, Zeugen und Sachverständige zu befragen – § 403. Dies gilt auch in Fällen einer richterlichen Untersuchungshandlung nach § 162 StPO (§ 403 Abs. 2 AO).

Die Staatsanwaltschaft kann im übrigen aber auch das **Zollfahndungsamt** anstelle des HZA mit den steuerstrafrechtlichen und steuerlichen Ermittlungen gem. §§ 208 Abs. 1 Nr. 1 u. 2, 404 AO sowie den Ermittlungen nach § 37 AWG, § 37 MOG betrauen. Dies entspricht wegen der darauf ausgerichteten personellen und logistischen Ausstattung der Zollfahndungsämter der täglichen Praxis der Staatsanwaltschaften. Es empfiehlt sich in allen Fällen des Zusammentreffens von Steuerhinterziehung und Bannbruch, um die Einheitlichkeit der Ermittlungen zu wahren. Das HZA behält jedoch in jedem Fall seine Rechte als Finanzbehörde im Steuerstrafverfahren. 61

Neben den Befugnissen des HZA als Finanzbehörde i. S. des § 386 AO sind ebenfalls die Befugnisse bestimmter Beamter der Hauptzollämter in deren Eigenschaft als **Hilfsbeamte der Staatsanwaltschaft** zu beachten. Hierzu gehören nach den Verordnungen der Bundesländer zu § 152 GVG bestimmte Beamte des Grenzaufsichtsdienstes (Grenzaufsichtsbeamte der Grenzkommissariate, Beamte der Reisendenabfertigung bei den Grenzzollämtern, Beamte der Überwachungsgruppen und der Vorfelddienste der Flughafenzollämter), des Steueraufsichtsdienstes sowie der Mobilen Kontrollgruppen (MKG) und der BillBZ der Hauptzollämter. Im Verhältnis zum Zollfahndungsamt und seinen Ermittlungsbeamten wird innerhalb der Zollverwaltung regelmäßig von einer Fachweisungsbefugnis in bezug auf die Ermittlungshandlungen der o. g. sonstigen Hilfsbeamten des Zolls ausgegangen, weil der Zollfahndungsdienst in der Praxis ohnehin die Ermittlungen früher oder später übernimmt bzw. übernehmen kann. 62

2. Ermittlungsbefugnisse der Zollfahndungsämter

Der tatsächliche **Schwerpunkt der Ermittlungstätigkeit** in der Zollverwaltung liegt nicht bei den Hauptzollämtern, sondern eindeutig bei den Zollfahndungsämtern. Die jeweiligen Ermittlungsbefugnisse der Zollfahndungsämter und ihrer Beamten richten sich entsprechend der Doppelnatur ihrer Aufgabenstellung als Strafverfolgungsbehörde/-beamte bzw. als Finanzbehörde/beamte nach der jeweiligen Art der Ermittlungsaufgabe aus § 208 AO. Die Unterscheidung wird schon aus §§ 6, 386 Abs. 1 Satz 2 AO deutlich: Während die Zollfahndungsämter im Rahmen des Besteuerungs-/Steuerverwaltungsverfahrens zu den Finanzbehörden nach § 6 AO gehören, sind die Finanzbehörden i. R. des strafrechtlichen Ermittlungsverfahrens als Hauptzollamt, Finanzamt, Bundesamt für Finanzen sowie die Familienkasse definiert. Ansonsten ständen den Zollfahndungsämtern bei reinen Steuerstraftaten die Befugnisse der Staatsanwaltschaft nach § 386 Abs. 2 AO zu, sie wären also Polizei und Staatsanwaltschaft in einem. 63

Den Zollfahndungsämtern steht gegenüber allen deutschen Gerichten und Behörden ein Anspruch auf Mitteilung über den Verdacht einer Steuer-(Zoll-)straftat oder eines Subventionsbetruges gem. § 116 AO, § 6 SubventionsG zu (Mitteilungspflicht).

a) Strafrechtliche Ermittlungen

Wenn Zollfahndungsämter und die Zollfahndungsbeamten wegen des Verdachts von Steuerstraftaten gem. § 208 Abs. 1 Nr. 1 und 2 AO ermitteln, haben sie im Strafverfahren nach § 404 AO dieselben Rechte und Pflichten wie die **Behörden und Beamten des** 64

Polizeidienstes nach den Vorschriften der StPO. Die Zollfahndungsbeamten sind gem. § 404 AO **Hilfsbeamte der Staatsanwaltschaften** i. S. des § 152 GVG.[146] Das gleiche gilt bei Ermittlungen nach § 37 AWG, § 37 MOG usw. Sie können folglich u. a. Durchsuchungen, Beschlagnahmen, Untersuchungen und sonstige Maßnahmen nach den für die Hilfsbeamten der Staatsanwaltschaft geltenden Vorschriften der StPO anordnen (§§ 404 Satz 2, 399 Abs. 2 Satz 2 AO). Weitergehende Befugnisse als Polizeibeamte besitzen sie im Steuerstrafverfahren bei der Durchsicht von Papieren der von Durchsuchungen Betroffenen. Im Unterschied zu § 110 StPO steht ihnen nach § 404 AO selbst die Durchsicht der Papiere neben dem Staatsanwalt zu. Dies gilt jedoch nur bei reinen Steuerstrafverfahren i. S. von § 386 Abs. 2 sowie bei Strafverfahren, die sowohl Steuerstraftaten als auch andere Delikte zum Gegenstand haben. Stehen den steuerstrafrechtlichen Ermittlungen nach § 208 Abs. 1 Nr. 1 AO Verfolgungshindernisse entgegen wie z. B. die Strafverfolgungsverjährung oder der Strafaufhebungsgrund der Selbstanzeige nach § 371 AO, ist die Zollfahndung davon unabhängig nach wie vor befugt, die steuerlichen Ermittlungen nach § 208 Abs. 1 Nr. 2 AO durchzuführen, dann jedoch auf der Grundlage der steuerverfahrensrechtlichen Vorschriften der AO.[147]

65 **Hinweis**: Der gesetzlich in § 369 AO definierte Begriff der Steuerstraftaten umfaßt neben der Zoll- und Steuerhinterziehung, der Hinterziehung von Marktordnungsabgaben/Abschöpfungen (§ 12 MOG[148]) sowie der Steuerhehlerei auch den sog. Bannbruch, also **alle** Verstöße gegen Ein-, Aus- und Durchfuhrverbote. Folglich steht den Zollfahndungsbeamten das Recht zur Durchsicht von Papieren auch bei Ermittlungen wegen Rauschgiftschmuggel, Waffenschmuggel, Sprengstoffschmuggel, Verstößen gegen das KWKG und AWG,[149] Zuwiderhandlungen gegen Einfuhrverbote nach dem AMG,[150] LBMG,[151] BNatSchG[152] usw.[153] zu. Ermittelt ein Zollfahndungsamt allerdings ausschließlich wegen Subventionsbetruges (z. B. Ausfuhrerstattungen auf dem Agrarsektor), stehen seinen Beamten diese Durchsichtsrechte nicht zu.

66 Gem. § 208 Abs. 1 Satz 2 AO haben die Zollfahndungsämter zugleich die **Ermittlungsbefugnisse**, die den Hauptzollämtern (im Besteuerungsverfahren) zustehen mit gewissen zusätzlichen Erleichterungen – vgl. dort.

Wenn die Zollfahndungsbeamten Ermittlungen nach § 37 AWG, § 37 MOG führen, führen sie diese immer als Hilfsbeamte der Staatsanwaltschaft. Sie haben derartige Untersuchungen nach § 37 Abs. 2 AWG, § 37 Abs. 2 MOG jedoch unabhängig von eventuellen **Ermittlungsersuchen der Staatsanwaltschaft** zu führen, und zwar ohne Beschränkungen auf Maßnahmen wegen Gefahr im Verzuge zur Verhütung von Verdunkelungsmaßnahmen – vgl. § 163 Abs. 1 StPO.

67 **Hinweis**: Der Staatsanwalt sollte sich bei Durchsuchungen und Beschlagnahmen bei Firmen, vor allem bei Speditionen, Schiffahrtsunternehmen, Im- und Exportunterneh-

---

146 GVG: Gerichtsverfassungsgesetz v. 9. 5. 1975, BGBl. I S. 1077; Nach den Rechtsverordnungen der Bundesländer zu § 152 Abs. 2 GVG (vgl. im einzelnen dort) gehören aufgrund dieser Verordnungen ebenfalls zu den Hilfsbeamten der Staatsanwaltschaft: Beamte des Grenzaufsichtsdienstes, Beamte des Steueraufsichtsdienstes, Beamte der Mobilen Kontrollgruppen, Beamte der BillBZ.

147 BFH-Beschluß v. 16. 12. 1997 – VII B 45/97, NJW 1998, 1734–1736.

148 MOG: Gesetz zur Durchführung der Gemeinsamen Marktorganisationen (MOG) v. 20. 9. 1995, (BGBl. I S. 1146).

149 AußenwirtschaftsG – AWG; v. 28. 4. 1961, BGBl. I S. 481; zuletzt geändert BGBl. I S. 1850 v. 11. 12. 1996; Außenwirtschaftsverordnung – AWV; v. 22. 11. 1993, BGBl. I S. 1934, 2493; G. über die Kontrolle v. Kriegswaffen – KWKG v. 22. 11. 1990, BGBl. I S. 2506; die Verbote nach AWG, KWKG wie i. ü. auch nach BtMG sind zwar eigenständig normiert und pönalisiert, fallen aber immer auch unter den Tatbestand des Bannbruchs nach § 372 AO.

150 G. über den Verkehr mit Arzneimitteln; v. 19. 10. 1994 (BGBl. I S. 3018).

151 G. über den Verkehr mit Lebensmitteln, Tabakerzeugnissen, kosmetischen Mitteln u. sonstigen Bedarfsgegenständen – LBMG; v. 8. 7. 1993, BGBl. I S. 1169.

152 G. über Naturschutz u. Landschaftspflege; v. 12. 3. 1987, BGBl. I S. 889.

153 Vgl. Anhang 1.

men, an die oftmals andere Taktik der Zollfahnder im Unterschied zur Polizei gewöhnen. Zollfahnder haben häufig die Möglichkeit, von den Beamten der Betriebsprüfung, der Außenprüfung oder auch der Steueraufsicht genaue Hinweise über die Fundorte der gesuchten Unterlagen, die Systematik der Registratur und Aktenaufbewahrung, ja sogar Tips zu vermuteten „besonderen Aufbewahrungsorten" für sensible Akten zu erhalten. Zollfahndungsbeamte beschlagnahmen daher oftmals gezielt ganz bestimmte Unterlagen. Sie vermeiden hierbei zu Recht die undifferenzierte Sicherstellung ganzer LKW-Ladungen sog. Beweismaterials, mit dessen Auswertung sie ohnehin zeitlich und personell sehr belastet wären und dessen Wert für das Ermittlungsverfahren nicht selten zweifelhaft ist.

b) Steuerliche Ermittlungen

Bei den steuerlichen Ermittlungen ist für die gesetzlichen Befugnisse genau zu unterscheiden, in welchem **Aufgabenzusammenhang** diese erfolgen. Zu unterscheiden sind die steuerlichen Ermittlungen i. R. der strafrechtlichen Ermittlungen wegen einer Steuerstraftat nach § 208 Abs. 1 Nr. 2 AO (ohne Feststellung des Entstehens und des Umfangs einer entstandenen Steuer ist die Feststellung einer Steuerhinterziehung nicht vorstellbar) von den steuerlichen Vorfeldermittlungen und den sonstigen (steuerlichen) Ermittlungen nach § 208 Abs. 2 AO. 68

Erfolgen die steuerlichen Ermittlungen zur **Aufklärung einer Steuerstraftat**, steht hierfür das Instrumentarium der StPO zur Verfügung. Zugleich können die Zollfahndungsbeamten aber auch von ihren steuerlichen Ermittlungsbefugnissen Gebrauch machen (§ 208 Abs. 1 Satz 2 u. 3 AO), d. h., sie können unmittelbar Dritte befragen, Bücher und Urkunden einsehen oder sich vorlegen lassen. Es besteht eine Auskunfts-, Vorlage- und Mitwirkungspflicht des Steuerpflichtigen und der Beteiligten gem. §§ 93, 97, 200 AO. 69

Erfolgen steuerliche Ermittlungen **außerhalb eines Strafverfahrens**, stehen nur die zuvor genannten steuerlichen Ermittlungsinstrumentarien sowie die Befugnisse aus der zollamtlichen Überwachung (Steueraufsicht) gem. §§ 209, 210 ff. AO bzw. dem Zollkodex und §§ 1, 10 ZollVG zur Verfügung. Hauptanwendungsfall sind die Vorfeldermittlungen nach § 208 Abs. 1 Nr. 3 AO. 70

Völlig unabhängig von den Aufgaben und Kompetenzen nach §§ 208 Abs. 1, 404 AO sind die Zollfahndungsämter aber nach § 208 Abs. 2 AO auf Ersuchen der ansonsten zuständigen Finanzbehörde zuständig für sonstige steuerliche Ermittlungen, vor allem eine Außenprüfung (anstelle der Betriebsprüfungsdienste) gem. §§ 193 ff. AO, sowie zuständig für die ihnen sonst i. R. der Zuständigkeit der Finanzbehörden **übertragenen Aufgaben**. Dabei handelt es sich nach zutreffender Ansicht um eine Blankettnorm, aufgrund der durch **innerdienstliche Maßnahmen** der Zollverwaltung (etwa Erlaß des BMF) Zuständigkeiten der Zollfahndung begründet werden können **(„Zuständigkeitsjoker")**.[154] Der Gesetzgeber hat für die Übertragung der zusätzlichen Aufgaben und Zuständigkeiten aus dem Bereich der Zollverwaltung in Form des innerdienstlichen Aktes **keine** besondere Form vorgeschrieben.[155] Die Befugnisse der Ermittlungsbeamten richten sich hierbei nach den jeweiligen steuerlichen Befugnisnormen für das zugewiesene Aufgabengebiet. 71

3. Verhältnis der steuerlichen zu den strafrechtlichen Ermittlungen

Die parallelen Befugnisse zu steuerlichen und strafrechtlichen Ermittlungen des Zollfahndungsbeamten einerseits und die steuerlichen Befugnisse des Ermittlers sowie die Mitwirkungspflichten des Beschuldigten bei der Aufklärung der Besteuerungsgrundlagen i. R. eines Steuerstrafverfahrens andererseits stehen in einem erkennbaren Widerspruch zueinander. Dies hat seinen Grund in der grundsätzlichen gesetzlichen **Gleich-** 72

[154] So *Schick* in *Hübschmann/Hepp/Spitaler*, AO, § 208 Rn. 159, mit weiteren Hinweisen.
[155] *Tipke/Kruse*, AO, § 208 Rn. 6; *Mösbauer*, Staatsaufsicht, 524.

rangigkeit von Besteuerungs- und Strafverfahren. Diese Widersprüchlichkeit erfährt ihre zumindest teilweise Auflösung durch § 393 Abs. 1 AO. Danach richten sich die Rechte und Pflichten des Steuerpflichtigen und des Zollfahndungsdienstes zwar grundsätzlich nach den für das jeweilige Verfahren geltenden Vorschriften. Im Besteuerungsverfahren darf jedoch die bestehende Auskunfts- und Mitwirkungspflicht mit Zwangsmitteln (§ 328 AO) nicht durchgesetzt werden, wenn der Steuerpflichtige dadurch gezwungen würde, sich selbst wegen einer von ihm begangenen Steuerstraftat oder -ordnungswidrigkeit zu belasten – Verbot des Zwangs zur Selbstbelastung[156]. Dies gilt stets bei bereits eingeleiteten Steuerstrafverfahren.

73 Umgekehrt stehen nichtsteuerliche Straftaten folglich der Durchsetzung der Mitwirkungspflichten durch Zwangsmaßnahmen im Besteuerungsverfahren nicht entgegen. Werden allgemeine Straftaten hierbei in Erfüllung steuerlicher Pflichten oder in Unkenntnis der Einleitung eines Steuerstrafverfahrens offenbart, sind Gerichte und Staatsanwaltschaften gem. § 393 Abs. 2 AO an einer Verwertung dieser Erkenntnisse gehindert – Verwertungs-/Verfolgungsverbot (besondere Ausprägung des Steuergeheimnisses) –, es sei denn, ein zwingendes öffentliches Interesse an der Strafverfolgung i. S. von § 30 Abs. 4 Nr. 5 AO würde bejaht. Das Verwertungsverbot greift auch dann, wenn der Steuerpflichtige auf Verlangen der Finanzbehörde (in Erfüllung steuerlicher Pflichten) gefälschte Belege vorlegt, nicht jedoch, wenn dem Steuerpflichtigen keine Vorlagepflicht obliegt.[157]

74 Das Problem spiegelt sich auch in § 30 Abs. 4 Nr. 4 Buchst. a) u. b) AO wider und hat vor allem bei **Zufallsfunden** (Zufallserkenntnissen) eine Bedeutung. Besteht eine Tateinheit zwischen Steuerstraftat und einer sonstigen Straftat, ist eine Offenbarung zur Verfolgung der außersteuerlichen Tat ohne Einschränkungen nach § 30 Abs. 4 Nr. 1 AO möglich. Ein Steuerstrafverfahren ist jedes Verfahren, in dem eine Ahndung wegen einer Steuerstraftat (neben anderen Straftaten) in Frage kommt. Bei Tatmehrheit können die Erkenntnisse für die Verfolgung außersteuerlicher Straftaten nur im Rahmen des § 30 Abs. 4 Nr. 4 u. 5 AO verwandt werden.

Auch ansonsten bestehen im Steuerstrafverfahren einige Besonderheiten. So wird im Rahmen von Ermittlungen wegen Verdachts einer Steuerhinterziehung nach § 208 Abs. 1 Nrn. 1 u. 2 AO das Strafverfahren dann regelmäßig bis zum rechtskräftigen Abschluß des Besteuerungsverfahrens nach § 396 AO **ausgesetzt** werden, wenn Zweifel daran bestehen, ob ein Steueranspruch besteht, ob Steuern verkürzt wurden oder ob ungerechtfertigte Steuervorteile erlangt wurden.

Wenn die Finanzbehörde das Strafverfahren selbständig führt, es sich also um reine Steuerdelikte handelt, können wegen der engen steuerlichen Nähe abweichend von § 138 Abs. 1 StPO nach § 392 AO anstelle von **Strafverteidigern** oder Hochschullehrern auch Steuerberater, Steuerbevollmächtigte, Wirtschaftsprüfer oder vereidigte Buchprüfer als Verteidiger auftreten.

VI. Bedeutung der Zollverfahren und ihrer rechtlichen und praktischen Ausgestaltung für Zuwiderhandlungen

1. Rechtliche Entwicklung

75 Der **EWG-Vertrag** war von Anfang an auf eine generelle Wirtschaftsintegration ausgelegt (Art. 2 EGV). Durch die Einrichtung eines gemeinsamen Marktes, d. h. Abschaffung von Zöllen und mengenmäßigen Beschränkungen sowie Maßnahmen gleicher Wirkung, Einführung eines gemeinsamen Zolltarifs, gemeinsame Außenhandelspolitik, Gewähr-

[156] Vgl. hierzu ausführlich *Streck/Spatscheck*, wistra 1998, 334–342.

[157] Vgl. *BayObLG* wistra 1998, 117; ablehnend *Joecks*, wistra 1998, 86 ff.; *BayObLG* StV 1998, 367–368; siehe für nicht vorlagepflichtige Unterlagen auch: *BayObLG* v. 18. 12. 1998 – 4 St RR 2/98 – in StV 1998, 368 (nur Leitsatz).

leistung des freien Personen-, Dienstleistungs- und Kapitalverkehrs, gemeinsame Agrarpolitik, gemeinsame Verkehrspolitik, Einführung eines gemeinschaftlichen Wettbewerbssystems, Koordinierung der nationalen Wirtschaftspolitik und Angleichung des Rechts in den Mitgliedstaaten sollten Vollbeschäftigung, Steigerung des Lebensstandards und eine allgemeine Wirtschaftsausweitung erreicht werden.

Die **Einheitliche Europäische Akte** (EEA), deren Hauptziel die Einrichtung eines Europäischen Binnenmarktes bis Ende 1992 war, und die **Verträge von Maastricht**, die die Fortentwicklung des EWG-Vertrages unter Einbeziehung der Regelungen über die Wirtschafts- und Währungsunion (WWU), die Ausgestaltung der Gemeinsamen Außen- und Sicherheitspolitik (GASP) und die Einführung einer innen- und justizpolitischen Zusammenarbeit (ZBJI) beinhalteten, führten letztlich zur heutigen Europäischen Union (EU). Insbesondere die Einführung der innen- und justizpolitischen Zusammenarbeit war dringend notwendig, da mit Schaffung des Binnenmarktes die Kontrollen an den Binnengrenzen der Mitgliedstaaten entfallen sollten und damit eine Bekämpfung der Kriminalität nur noch im Landesinneren möglich ist. Zugleich fällt damit der Überwachung der EG-Außengrenze eine besondere Bedeutung – auch im Hinblick auf die Verantwortung der EG-Mitgliedstaaten untereinander – zu.

Bereits seit 1968 gibt es keine Zölle mehr zwischen den Mitgliedstaaten,[158] seit 1970 auch keinerlei innergemeinschaftliche Zölle auf Agrarprodukte. Nur gegenüber sog. Drittländern werden Abgaben erhoben, deren Höhe sich EG-einheitlich nach dem Gemeinsamen Zolltarif (GZT)[159] bemißt. Seit Verwirklichung des Gemeinsamen Binnenmarktes zum 31. 12. 1992 werden der freie Kapital- und Warenverkehr gewährleistet. Das Zollgebiet ist nicht die Bundesrepublik Deutschland in ihren Hoheitsgrenzen, sondern die Europäische Gemeinschaft, bestehend aus dem Gebiet ihrer Mitgliedstaaten nach Art. 3 ZK. Die deutsche Zollverwaltung hat sämtliche Grenzzollämter an den Binnengrenzen aufgelöst und die Warenkontrollen an den Hoheitsgrenzen zu benachbarten EG-Mitgliedstaaten eingestellt. Zur Vermeidung möglicher Sicherheitsdefizite wurden gleichzeitig Ausgleichsmaßnahmen, z. B. Einrichtung von Mobilen Kontrollgruppen (MKG) im Binnenland, ergriffen. Alle Waren werden innerhalb der Gemeinschaft nun nicht mehr „ein"- oder „ausgeführt", sondern lediglich „verbracht", der bis dato an Ein- und Ausfuhr geknüpfte Steuerausgleich für die nationale Umsatzsteuer (Befreiung bzw. Erhebung in Form der sog. Einfuhrumsatzsteuer) wurde durch die Neueinführung der „Steuer auf den innergemeinschaftlichen Erwerb" ersetzt, ein Steuerausgleich für die nationalen Verbrauchsteuern durch weitgehende Harmonisierung entbehrlich.

Zum 1. 1. 1994[160] ist der Zollkodex (ZK)[161] als in jedem Mitgliedstaat unmittelbar anzuwendendes Zollgesetz in Kraft getreten. Zuvor war bereits das ZG, die dazu erlassene AZO und auch die bis heute gültige Abgabenordnung (AO 1977)[162] für den Bereich der Einfuhr- und Ausfuhrabgaben gemeinschaftsrechtlicher Art weitgehend durch eine fast unüberschaubare Anzahl von EG-Verordnungen und dazu erlassenen Durchführungsverordnungen teilweise überlagert und insoweit obsolet geworden.[163]

Für Straftaten, die vor dem 1. 1. 1994 begangen wurden, ergibt sich hieraus das Problem, in jedem Einzelfall prüfen zu müssen, ob und inwieweit nationales Recht zum 76

[158] Vorübergehend gab es für neue Beitrittsländer den sog. „Beitrittszoll". Dieser gegenüber dem „normalen" Zollsatz niedrigere Satz wurde bei Einfuhren aus diesen Ländern zeitlich begrenzt angewendet, um den Übergang in die EG fließend zu gestalten, und letztlich auf 0 % abgesenkt.

[159] Verordnung (EWG) Nr. 2658/87 des Rates über die zolltarifliche Nomenklatur sowie den Gemeinsamen Zolltarif (in der jeweils geltenden Fassung)/Gemeinsamer Zolltarif der Europäischen Wirtschaftsgemeinschaft im Sinne des Artikels 9 EWG-Vertrag; Fundstelle vgl. Anhang 2.

[160] Die Regelungen des Ausfuhrverfahrens traten bereits zum 1. 1. 1993 in Kraft.

[161] Fundstelle vgl. Anhang 2.

[162] Abgabenordnung (AO 1977) vom 16. März 1976, BGBl. I S. 613, berichtigt 1977 I S. 269.

[163] *Henke/Huchatz*, ZFZ 1996, 226–229 Hampel/Benkendorf, Abgabenordnung A.2. und A.5.1.

Zeitpunkt der Tat noch anwendbar bzw. durch gemeinschaftsrechtliche Bestimmungen bereits überlagert war.[164]

Folgende EG-Verordnungen bzw. Richtlinien, die mit Ablauf des 31.12. 1993 aufgehoben wurden, kommen hierfür im Einzelfall in Betracht:

- Verordnung (EWG) Nr. 802/68 des Rates vom 27. Juni 1968 über die gemeinsame Begriffsbestimmung für den **Warenursprung**.
- Verordnung (EWG) Nr. 754/76 des Rates vorn 25. März 1976 über die **zolltarifliche Behandlung von Waren, die in das Zollgebiet der Gemeinschaft zurückkehren**.
- Verordnung (EWG) Nr. 2779/78 des Rates vom 23. November 1978 **zur Verwendung der Europäischen Rechnungseinheit (ERE)** in den den Zollbereich betreffenden Rechtsakten.
- Verordnung (EWG) Nr. 1430/79 des Rates vom 2. Juli 1979 über die **Erstattung oder den Erlaß von Eingangs- oder Ausfuhrabgaben**.
- Verordnung (EWG) Nr. 1697/79 des Rates vom 24. Juli 1979 betreffend die **Nacherhebung** von noch nicht vom Abgabenschuldner angeforderten Eingangs- oder Ausfuhrabgaben für Waren, die zu einem Zollverfahren angemeldet worden sind, das die Verpflichtung zur Zahlung derartiger Abgaben beinhaltet.
- Richtlinie 79/695/EWG des Rates vom 24. Juli 1979 zur Harmonisierung der Verfahren für die **Überführung von Waren in den zollrechtlich freien Verkehr**.
- Verordnung (EWG) Nr. 1224/80 des Rates vom 28. Mai 1980 über den **Zollwert** der Waren.
- Richtlinie 81/177/EWG des Rates vorn 24. Februar 1981 zur Harmonisierung der **Verfahren für die Ausfuhr** von Gemeinschaftswaren.
- Verordnung (EWG) Nr. 3599/82 des Rates vom 21. Dezember 1982 über die **vorübergehende Verwendung**.
- Verordnung (EWG) Nr. 2763/83 des Rates vorn 26. September 1983 über das Zollverfahren der **Umwandlung** von Waren unter zollamtlicher Überwachung vor ihrer Überführung in den zollrechtlich freien Verkehr.
- Verordnung (EWG) Nr. 2151/84 des Rates vom 23. Juli 1984 betreffend das **Zollgebiet der Gemeinschaft**.
- Verordnung (EWG) Nr. 1999/85 des Rates vom 16. Juli 1985 über den **aktiven Veredelungsverkehr**.
- Verordnung (EWG) Nr. 3632/85 des Rates vom 12. Dezember 1985 zur Festlegung der Voraussetzungen, unter denen eine Person eine **Zollanmeldung** abgeben kann.
- Verordnung (EWG) Nr. 2473/86 des Rates vom 24. Juli 1986 über den **passiven Veredelungsverkehr und den Standard-Austausch-Verkehr**.
- Verordnung (EWG) Nr. 2144/87 des Rates vom 13. Juli 1987 über die **Zollschuld**.
- Verordnung (EWG) Nr. 1031/88 des Rates vom 18. April 1988 über die **zur Erfüllung einer Zollschuld verpflichteten Personen**.
- Verordnung (EWG) Nr. 1970/88 des Rates vorn 30. Juni 1988 über den **Dreiecksverkehr** im Rahmen des passiven Veredelungsverkehrs und des Standard-Austausch-Verkehrs.
- Verordnung (EWG) Nr. 2503/88 des Rates vom 25. Jul i 1988 über **Zollager**.
- Verordnung (EWG) Nr. 2504/88 des Rates vom 25. Juli 1988 über **Freizonen und Freilager**.
- Verordnung (EWG) Nr. 4151/88 des Rates vom 21. Dezember 1988 **zur Festlegung der Vorschriften für in das Zollgebiet der Gemeinschaft verbrachte Waren**.
- Verordnung (EWG) Nr. 1854/89 des Rates vom 14. Juni 1989 über die **buchmäßige**

---

[164] Hierauf weiter einzugehen, würde den Rahmen sprengen, da die unterschiedlichen Fallgestaltungen und verschiedenen Zeitpunkte der Tatbegehung zu einer fast unendlichen Konstellation von gesetzlichen Verknüpfungen führen. Letztlich ist jedoch die Rechtssystematik im Zollkodex weitgehend fortgeschrieben worden.

Erfassung und die Voraussetzungen für die Entrichtung der Eingangs- oder Ausfuhrabgaben bei Bestehen einer Zollschuld.

- Verordnung (EWG) Nr. 1855/89 des Rates vorn 14. Juni 1989 über die **vorübergehende Verwendung von Beförderungsmitteln**.
- Verordnung (EWG) Nr. 3312/89 des Rates vom 30. Oktober 1989 über **die vorübergehende Verwendung von Behältern**.
- Verordnung (EWG) Nr. 4046/89 des Rates vom 21. Dezember 1989 über die **Sicherheitsleistungen** für Zollschulden.
- Verordnung (EWG) Nr. 1715/90 des Rates vom 20. Juni 1990 über die von den Zollbehörden der Mitgliedstaaten erteilten **Auskünfte** über die Einreihung von Waren in der Zollnomenklatur.
- Verordnung (EWG) Nr. 2726/90 des Rates vom 17. September 1990 über das **gemeinschaftliche Versandverfahren**.
- Verordnung (EWG) Nr. 717/91 des Rates vom 21. März 1991 über das **Einheitspapier**.
- Verordnung (EWG) Nr. 719/91 des Rates vom 21 März 1991 über die Verordnung der **Carnets TIR und der Carnets ATA als Versandpapiere** in der Gemeinschaft.
- Fundstelle für alle EG-Verordnungen vgl. Anhang 2.

2. Zollverfahren im allgemeinen

Der Zollkodex und die hierzu erlassene EG-Durchführungsverordnung (Zollkodex-DVO) stellen heute das **verbindliche Zollrecht aller EG-Mitgliedstaaten** dar. Er regelt die Ein- bzw. Ausfuhr von Waren, d. h. den Warenverkehr zwischen der Gemeinschaft und Drittländern (Art. 1 ZK). Waren haben entweder den Status der „Gemeinschaftsware", wenn sie sich im freien Verkehr der Gemeinschaft befinden, oder sind „Nichtgemeinschaftswaren"; die Ein- bzw. Ausfuhr von Waren hat in der Regel einen Statuswechsel zum Ziel. Den Staatsanwälten ist schon die „Begriffswelt des Zolls" gemeinhin nicht zugänglich. Sie und die wesentlichen Verfahrensabläufe sind jedoch unabdingbare Voraussetzung für eine sachgerechte Verfolgung von Zollstraftaten i. R. der §§ 369 ff. AO und § 264 StGB. Eine Einführung in die Thematik in kursorischer Form ist deshalb dringend notwendig. 77

Sinn und Zweck der Zollverfahren i. w. S. – der ZK spricht hier von der zollrechtlichen Bestimmung einer Ware (Art. 4 Nr. 15 ZK) – ist die Erhebung der Ein- und Ausfuhrabgaben sowie die Berücksichtigung der wirtschaftlichen Belange der Marktteilnehmer, indem die notwendigerweise mit dem Warenverkehr über die Grenze verbundenen Förmlichkeiten vereinfacht und unnötige Belastungen aller Beteiligten vermieden werden. Die Kehrseite dieses Entgegenkommens gegenüber den Wirtschaftsbeteiligten in Form der weitreichenden Verfahrenserleichterungen ist es, daß gleichzeitig kriminellen Elementen immer neue und zugleich sehr spezielle Manipulationsmöglichkeiten eröffnet werden. **Die Grundkenntnis der einzelnen Verfahren ist deshalb unabdingbare Voraussetzung, derartige Manipulationen überhaupt erkennen und bekämpfen zu können.**

a) Überwachung

Grundsätzlich steht es den Zollbeteiligten frei, welche zollrechtliche Bestimmung eine Ware erhalten soll. Aber auch schon vorher setzen Überwachungsmaßnahmen an und sind gesetzliche Verpflichtungen zu beachten, damit die Zollbehörden ihre Aufgaben,

- Erhebung der Ein- und Ausfuhrabgaben,
- Überwachung des Verkehrs mit verbrauchsteuerpflichtigen Waren,
- Beachtung der Verbote und Beschränkungen (VuB) und
- sonstige – nach anderen Rechtsvorschriften – übertragene Aufgaben

wahrnehmen können.

Die Überwachung der nachfolgend beschriebenen, teilweise zeitlich unbefristeten Zollverfahren erstreckt sich räumlich wie zeitlich weit über den eigentlichen Einfuhrvorgang hinaus. In Deutschland werden zur Zeit in über 5000 privaten Zollagern Nichtgemeinschaftswaren zeitlich unbegrenzt unter zollamtlicher Überwachung gelagert, etwa 10 Millionen Warensendungen werden unter zollamtlicher Überwachung jährlich durch Deutschland transportiert.

78 Alle eingeführten Waren unterliegen vom Zeitpunkt ihres Verbringens über die Grenze an **der allgemeinen zollamtlichen Überwachung** (Art. 37 ZK). Sie sind von demjenigen, der die Ware körperlich verbracht hat, unverzüglich[165] und unverändert auf zugelassenen Verkehrswegen (§ 2 ZollVG, §§ 2–4 ZollV) i. d. R. zur nächsten Zollstelle (§ 4 ZollVG, § 7 ZollV) unter Beachtung der Öffnungszeiten (§ 3 ZollVG) zu transportieren und dort zu gestellen (Art. 38, 40 ZK). Die Gestellung ist Mitteilung (schriftlich, mündlich, schlüssiges Verhalten), daß Waren am Ort der Gestellung eingetroffen sind. Wichtig: Diese globale Mitteilung reicht für versteckte/verheimlichte Waren zu einer ordnungsgemäßen Gestellung nicht aus; hier ist eine besondere Mitteilung erforderlich (§ 8 ZollV).

Mit der ordnungsgemäßen Gestellung endet grundsätzlich die allgemeine zollamtliche Überwachung. Bis hierhin ist die Verwirklichung des Einfuhrschmuggels gemäß Art. 202 Abs. 1 a), nämlich durch das verbotswidrige Verbringen i. S. d. ZK, überhaupt möglich.

Beispiele:
1. Einfuhrschmuggel von Edelsteinen und hochwertigem Schmuck mittels Kleinflugzeugen, die außerhalb der zugelassenen Zollflugplätze landen.
2. Einfuhrschmuggel von gefälschten Markenuhren (Falsifikaten) über die grüne Grenze.

Entsprechendes gilt für den Einfuhrschmuggel durch das verbotswidrige Verbringen aus Freizonen und Freilagern.

79 Für gestellte Gemeinschaftswaren ergeben sich aus dem Verbringen keine weiteren Verpflichtungen,[166] über sie kann frei verfügt werden. Für Nichtgemeinschaftswaren geht mit der ordnungsgemäßen Gestellung die allgemeine zollamtliche Überwachung nahtlos in eine **konkrete zollamtliche Überwachung** (bezogen auf die gestellte Nichtgemeinschaftsware) über, mit der Folge, daß ab diesem Zeitpunkt die Ware nicht mehr eingeschmuggelt, sondern nur noch gemäß Art. 203 Abs. 1 ZK der (konkreten) zollamtlichen Überwachung entzogen werden kann. Entscheidendes Kriterium dafür, ob die Zollschuld durch Einfuhrschmuggel (Art. 202 ZK) oder durch Entziehen (Art. 203 ZK) entstanden ist, ist die Tatsache, ob die Ware sich bereits – wenn auch nur für einen ganz kurzen Zeitraum – in der konkreten zollamtlichen Überwachung befunden hat. Ein Entziehen aus der allgemeinen zollamtlichen Überwachung gibt es nicht, hier ist nur Einfuhrschmuggel möglich.

Beispiele:
1. Der auf dem zugelassenen Zollflughafen gestellte Schmuck und die Edelsteine werden ohne Zustimmung der Zollstelle vor Überlassung vom Täter entfernt. (= kein Schmuggel)
2. Offen im Kofferraum eines PKW liegende Pakete mit gefälschten Markenuhren werden ohne Zustimmung der Zollstelle vor Überlassung vom Amtsplatz entfernt. (= kein Schmuggel)

Aber: Sind die Falsifikate z. B. im PKW besonders versteckt, so reicht die allgemeine Mitteilung, daß sich Waren am Amtsplatz befinden, für eine ordnungsgemäße Gestellung nicht aus. Hier wäre eine besondere Mitteilung erforderlich gewesen. Mangels ordnungsgemäßer Gestellung ist die Ware nicht in die konkrete zollamtliche Überwachung gelangt, die allgemeine zollamtliche Überwachung dauert noch an mit der Folge, daß kein Entziehen, sondern ein Einfuhrschmuggel vorliegt.

Die konkrete zollamtliche Überwachung dauert vom Zeitpunkt der Gestellung mindestens so lange an, bis die Nichtgemeinschaftsware einen Statuswechsel durchlaufen hat.

---

[165] Ohne schuldhaftes Zögern (§ 121 BGB).

[166] Es ergeben sich u. U. Verpflichtungen z. B. zur ordnungsgemäßen Erledigung eines internen Versandverfahrens. Ein Verstoß hat jedoch keinerlei zollschuldrechtliche Folgen.

Um die Ware nun tatsächlich auch zollamtlich erfassen zu können – bisher ist der Zollstelle ja lediglich bekannt, daß sich irgendeine Ware auf dem Amtsplatz befindet –, ist nach Gestellung eine summarische Anmeldung (meist in Form eines Handelspapiers) abzugeben. Vom Zeitpunkt der Abgabe der summarischen Anmeldung an befinden sich die Waren in der sog. „vorübergehenden Verwahrung"; über sie darf nur sehr eingeschränkt verfügt werden.

b) Zollrechtliche Bestimmung 80

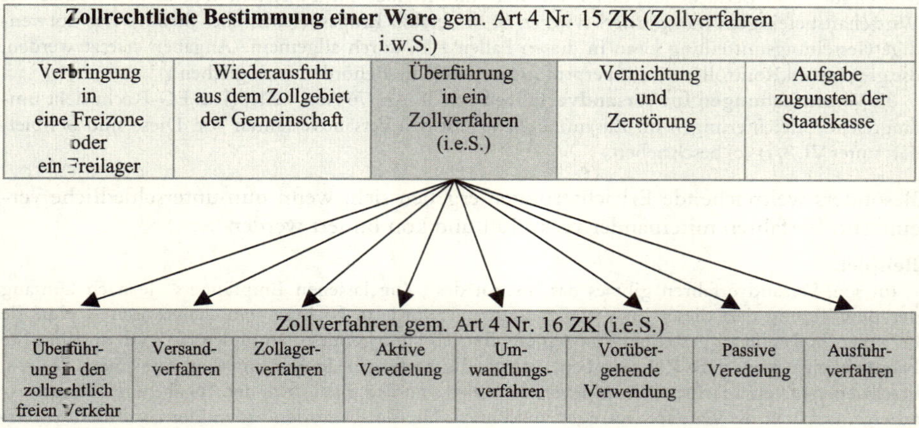

Grundsätzlich können Waren jederzeit unter den festgesetzten Voraussetzungen eine beliebige zollrechtliche Bestimmung erhalten (Art. 58 ZK). Wenn sie in ein Zollverfahren i. e. S. übergeführt werden sollen, sind sie zu dem betreffenden Verfahren anzumelden. Ansonsten bedarf es regelmäßig lediglich einer Mitteilung, welche zollrechtliche Bestimmung die Ware erhalten soll,[167] damit die Zollstelle prüfen kann, ob und inwieweit möglicherweise VuB oder handelspolitische Beschränkungen entgegenstehen. Die Zollanmeldung ist zugleich Wissens- und Willenserklärung, Willenserklärung in bezug auf das gewählte Zollverfahren, Wissenserklärung in bezug auf die über die Ware mitgeteilten Daten und Umstände. Sie kann entweder schriftlich, mittels Einheitspapier (Art. 62 Abs. 2 ZK), mit Mitteln der elektronischen Datenverarbeitung (Datenträger oder Online-Anmeldungen), mündlich oder durch konkludentes Verhalten, wenn diese Möglichkeit im Zollkodex vorgesehen ist (z. B. die zugelassene Benutzung des grünen Ausgangs an Flughäfen), erfolgen.

Um den Belangen der Wirtschaft entgegenzukommen und im Interesse einer zügigen Zollabfertigung (z. B. bei großen Einfuhrvolumen, Abfertigung von Massengütern), läßt das Zollrecht als Ausnahme von den o. a. Anmeldungen – und hieraus ergibt sich ein nahezu unüberschaubares Maß an Manipulationsmöglichkeiten – eine Reihe von **vereinfachten Verfahren** zu.

Dazu zählen: 81

die **unvollständige Zollanmeldung** gemäß Art. 76 Abs. 1 a) ZK, (Hier liegen i. d. R. entweder einige für das gewählte Zollverfahren erforderliche Angaben im Anmeldezeitpunkt noch nicht vor, oder aber es fehlen noch beizufügende Unterlagen. Die fehlenden Angaben oder Unterlagen sind der Zollstelle innerhalb eines Monats im Weg einer ergänzenden Anmeldung nachzuliefern.)

die **vereinfachte Zollanmeldung** gemäß Art. 76 Abs. 1 b) ggf. i. V. m. a) ZK, (Im Rahmen dieses bewilligungsbedürftigen Verfahrens verzichtet die Zollstelle grundsätzlich auf die Abgabe des Ein-

---

[167] Ausnahme: Die Wiederausfuhr von Waren im Anschluß an ein Zollverfahren mit wirtschaftlicher Bedeutung bedarf einer Zollanmeldung (Art. 182 Abs. 3 ZK).

heitspapiers zugunsten anderer Handels- oder Verwaltungunterlagen bzw. verzichtet grundsätzlich auf Angaben im Einheitspapier.)

das **Anschreibeverfahren** gemäß Art. 76 Abs. 1 c) ZK, (Bedarf der besonderen Bewilligung. Nach Gestellung findet die Überführung der Ware in das gewählte Zollverfahren im Betrieb des Zollbeteiligten durch Anschreibung in den Geschäftsbüchern statt. Insoweit hat die Anschreibung des Beteiligten die gleiche Wirkung wie die Annahme der Zollanmeldung durch die zuständige Zollstelle.)

das **Anschreibeverfahren mit Gestellungsbefreiung** gemäß Art. 76 Abs. 1 c) ZK, (Diese Erweiterung des vorstehend geschilderten Verfahrens kommt hauptsächlich bei der Abfertigung von Massengütern in Betracht, bei denen die Ware unmittelbar auf kürzestem Weg in den Betrieb des Wirtschaftsbeteiligten transportiert wird (z. B. Mineralöl, Erdgas, elektrischer Strom). Die notwendige Gestellungsmitteilung kann in diesen Fällen z. B. durch allgemeine Angaben ersetzt werden, die gleichwohl Kontrollen und Überprüfungen durch die Behörden ermöglichen.)

die **Vereinfachungen im Versandverfahren** gemäß Art. 76 Abs. 4 ZK. (Das EG-Recht sieht umfangreiche Erleichterungen im Zusammenhang mit den Versandverfahren vor. Diese sind beispielhaft unter VI. 3. f) cc) beschrieben.)

Besonders weitreichende Erleichterungen ergeben sich, wenn nun unterschiedliche vereinfachte Verfahren miteinander verknüpft und kombiniert werden.

Beispiel:

Im sog. Versandverfahren gibt es das Institut des „Zugelassenen Empfängers". Je nach Umfang der Bewilligung darf dieser im Versandverfahren beförderte Nichtgemeinschaftswaren – ohne sie bei einer Zollstelle zu gestellen – in seinem Betrieb entgegennehmen und sogar evtl. angebrachte Nämlichkeitsmittel (z. B. Zollplomben) selbständig entfernen. In Kombination mit einem der o. a. beschriebenen vereinfachten Anmeldeverfahren bedarf es lediglich noch der Abgabe einer Eingangsanzeige, um über die Ware frei verfügen zu können. Die Zollbehörden haben hier zwar die theoretische Möglichkeit, die Ware unmittelbar nach Eintreffen im Betrieb zu beschauen und ggf. Muster und Proben zu nehmen, jedoch wird auch der böswillige Wirtschaftsbeteiligte nun seine Zollanmeldung den tatsächlichen Feststellungen der überprüfenden Beamten entsprechend bei der Zollstelle einreichen. Verzichtet die Zollbehörde andererseits im konkreten Fall auf die Inaugenscheinnahme der Ware unmittelbar nach Eintreffen der Ware im Geschäftsbetrieb und wartet den Eingang der vollständigen Zollanmeldung ab, hat sie mangels Zugriffsmöglichkeit faktisch keine Prüfungsmöglichkeit anhand der Ware mehr, weil diese längst verkauft oder weiterverarbeitet worden ist; jedenfalls läßt sich die Nämlichkeit nicht mehr feststellen, der Beteiligte könnte den Zollbeamten irgendeine (zur abgegebenen Zollanmeldung passende) Ware vorführen. Zur unmittelbaren Prüfung stehen letztlich nur noch die – möglicherweise perfekt manipulierten – Buchführungsunterlagen zur Verfügung.

Vereinfachte Verfahren sollen grundsätzlich nur vertrauenswürdigen Firmen und nur, wenn ein gewisses Ein- bzw. Ausfuhrvolumen erreicht wird, gewährt werden. Daneben können nach dem Wortlaut und der Systematik des Gesetzes die unter 1.–4. genannten Vereinfachungen nur dem jeweiligen Anmelder selbst gewährt werden. Gleichwohl räumt das Bundesministerium der Finanzen (BMF) in seiner Dienstanweisung[168] die Anmeldevereinfachungen auch den Spediteuren als direkten Vertretern i. S. v. Art. 5 Abs. 2, 1. Tiret ZK ein.

Gleichzeitig ist bei den für die Bewilligungen zuständigen Hauptzollämtern festzustellen, daß diese aus verwaltungsökonomischen Gesichtspunkten den Wirtschaftsbeteiligten die Inanspruchnahme der vereinfachten Verfahren ans Herz legen und dabei immer niedrigere Anforderungen an die Zuverlässigkeit und das Im- bzw. Exportvolumen der Bewilligungsnehmer stellen. Dabei bergen gerade die vereinfachten Verfahren nicht zu unterschätzende Risiken und Manipulationsmöglichkeiten in sich. Verfehlungen der Wirtschaftsbeteiligten werden erst zu einem sehr späten Zeitpunkt kumuliert im Rahmen der Sammelabrechnung, anläßlich von Außen- bzw. Betriebsprüfungen oder aufgrund gezielter Hinweise der Konkurrenz bzw. Marktbeobachtungsanalysen des ZKA durch den Zollfahndungsdienst aufgedeckt. Der wirtschaftliche Schaden hat dann meist

[168] Vorschriftensammlung Bundesfinanzverwaltung – VSF – Z 1211 Abs. 4.

schon enorme Größenordnungen erreicht und ist nicht mehr reparabel. Vielfach treten aber auch ganz einfach Beweisschwierigkeiten auf, weil Manipulationen in der Buchführung nicht mehr nachgewiesen werden können.

aa) Interner Versand

Das interne Versandverfahren hat nur relativ geringe Bedeutung. Normalerweise sind Transporte von Gemeinschaftswaren zwischen zwei Orten **innerhalb** der Gemeinschaft seit Inkrafttreten des Binnenmarktes an keine Zollformalitäten mehr gebunden. Jedoch können nicht alle derartigen Warenbewegungen, z. B. nach Griechenland oder Italien, durchgeführt werden, ohne auf diesem Weg zum Zielort ein Drittland (Nachfolgestaaten Jugoslawien/Schweiz) zu passieren. 82

Sinn und Zweck des internen Versandverfahrens ist es, Gemeinschaftswaren ohne den sonst mit Verlassen der EG eintretenden Statuswechsel (Gemeinschaftsware wird zur Nichtgemeinschaftsware) über ein Drittland an einen anderen Ort innerhalb der Gemeinschaft zu befördern. Deshalb gilt im internen gemeinschaftlichen Versandverfahren der Versandschein T 2 am Bestimmungsort zugleich auch als Nachweis des Gemeinschaftscharakters der beförderten Ware. Wählt der Wirtschaftsbeteiligte ein anderes Beförderungsverfahren, etwa

- das Carnet TIR-Verfahren mit Carnet TIR als Versandschein,[169]
- das Carnet ATA-Verfahren mit Carnet ATA als Versandschein[170]
- Versand aufgrund des Rheinmanifestes,[171]
- Versand aufgrund des NATO-Truppenstatuts mit Vordruck AE 302 als Versandschein[172] und
- den Postverkehr,

ist der Status der Ware durch ein Präferenzpapier T 2 L- nachzuweisen.[173]

bb) Warenausfuhr

Das Ausfuhrverfahren sichert neben der Erhebung evtl. Ausfuhrabgaben (nicht bedeutend) vor allem die Beachtung von Beschränkungen bei der Warenausfuhr aus der EG. Insoweit hat der ZK bei den Ausfuhrförmlichkeiten die Ausfuhrbestimmungen des nationalen Außenwirtschaftsrechts abgelöst. Für die materiellrechtlichen Genehmigungsvoraussetzungen gilt jedoch immer noch das AWG. Ausfuhrbeschränkungen ergeben sich einerseits aus dem **nationalen Außenwirtschaftsrecht**, im Hinblick auf die sog. Dual-use-Güter oder Embargobestimmungen, aber auch aus **EG-Recht**. Die zum Teil komplizierten Zusammenhänge bei Zuwiderhandlungen gegen die Außenwirtschaftsbestimmungen bei der Ausfuhr von Waren sind im Kapitel X. ausführlich beschrieben. 83

cc) Zollrechtlich freier Verkehr

Die Abfertigung einer Ware zum zollrechtlich freien Verkehr ist wohl das wichtigste Zollverfahren. Aus dem Ausland eingeführte Waren sollen auf Dauer im Zollgebiet der Gemeinschaft verbleiben, dort in den Wirtschaftskreislauf eingehen, d. h. selbst Gemeinschaftsware werden. Dieser „Normalfall" einer zollrechtlichen Bestimmung bedarf keiner 84

---

[169] Rechtsgrundlagen sind das Zollübereinkommen vom 14. November 1975 (TIR-Übereinkommen 1975) über den internationalen Warentransport mit Carnets TIR (BGBl. 1979 II S. 446) und das Gesetz zu diesem Übereinkommen vom 21. Mai 1979 (BGBl. 1979 II S. 445) i. V. m. Art. 91 ZK und der Zollkodex-DVO.

[170] Rechtsgrundlage ist das ATA-Übereinkommen i. V. m. Art. 91 ZK und der Zollkodex-DVO.

[171] Rechtsgrundlage ist Art. 9 Revidierte Mannheimer Rheinschiffahrtsakte vom 17. Oktober 1968 (BGBl. 1969 II S. 598 ff.) i. V. m. Art. 91 ZK und der Zollkodex-DVO.

[172] Rechtsgrundlage ist Art. XI Abs. 4 und 13 des Abkommens zwischen den Parteien des Nordatlantikvertrages über die Rechtsstellung ihrer Truppen – Nato-Truppenstatut – (BGBl. II 1961 S. 1190).

[173] Umkehrschluß aus Art. 163 Abs. 4 ZK.

besonderen Bewilligung, jedoch sind derart bestimmte Waren den Zollbehörden anzumelden.

Nach Prüfung der VuB[174] und möglicher handelspolitischer Regelungen entsteht für die Ware in der Regel eine Zollschuld nach Art. 201 ZK sowie eine Verbrauchsteuerschuld – Einfuhrumsatzsteuer und ggf. spezielle Verbrauchsteuer für verbrauchsteuerpflichtige Güter – nach den nationalen Verbrauchsteuergesetzen. Mit Überlassung der Ware an den Zollbeteiligten endet schließlich regelmäßig auch die zollamtliche Überwachung.

Beispiel:

Ein deutscher Importeur führt Spielwaren (Tamagoshi-Eier) aus Japan ein und beantragt beim Zollamt in Köln die Abfertigung der elektronischen Haustiere zum freien Verkehr. Nach Überlassung der Ware an den Importeur kann dieser frei über die Ware verfügen.

Nur ausnahmsweise unterliegen eingeführte Nichtgemeinschaftswaren auch nach Überlassung bzw. vollzogenem Statuswechsel zur Gemeinschaftsware weiterhin der zollamtlichen Überwachung. Der Gemeinsame Zolltarif (GZT), die Zollbefreiungsverordnung (Zollbef.VO)[175] und nationale Vorschriften sehen in bestimmten Fällen vor, daß Waren zu einem ganz bestimmten Verwendungszweck zollbegünstigt behandelt werden. Diese besondere Vergünstigung – sie kann in einem niedrigeren Zollsatz oder auch in einer gänzlichen Zollbefreiung bestehen – ist jedoch davon abhängig, daß die Einhaltung des Verwendungszwecks zur Vermeidung von Wettbewerbsverzerrungen überwacht wird (Art. 82 ZK). In diesen Fällen endet die zollamtliche Überwachung der Gemeinschaftsware mit Zweckerreichung durch entsprechende Verwendung.

Beispiel:

Kasein zur Herstellung von künstlichen Spinnstoffen unter zollamtlicher Überwachung unterliegt einem Zollsatz von 1 %. Wird es zu anderen Zwecken eingeführt, beträgt der Zollsatz 11,5 %.

c) Manipulationsmöglichkeiten

85 Kriminellen Wirtschaftsbeteiligten ist daran gelegen, die Abgabenbelastung unter Inkaufnahme von Gesetzesverstößen so niedrig wie möglich zu halten. Ihre Motivation liegt darin, sich Wettbewerbsvorteile bzw. Gewinn mit kriminellen Mitteln zu verschaffen. Sie verzerren damit nicht nur den Wettbewerb und fügen dem Fiskus bzw. dem EG-Haushalt großen Schaden zu. Gravierender ist noch, daß legal arbeitende Firmen – manchmal ganze Branchen – durch diese kriminellen Machenschaften nicht mehr konkurrenzfähig bleiben.

Ermittlung und rechtliche Bewertung in Fällen des klassischen Einfuhrschmuggels z. B. über die grüne Grenze bereitet auch unspezialisierten Staatsanwälten und ihren Hilfsbeamten in der Praxis selten Schwierigkeiten. Der kriminelle Intelligenztäter nutzt jedoch das Dickicht der sehr komplizierten Rechtsmaterie und die Tatsache, daß seine Manipulation erst mit enormem Aufwand aufgedeckt werden kann. Daß Wirtschaftsstraftäter dabei zunehmend kollusiv zusammenarbeiten, organisiert vorgehen und den Ermittlungsbehörden in puncto Internationalität, Flexibilität und materieller Ausstattung häufig überlegen sind, macht die Ermittlungen nicht leichter.

Die Fülle der Möglichkeiten, hier zu betrügen, ist enorm.

1. So werden eingeführte Waren der Zollstelle überhaupt nicht angemeldet. Als „leer" deklarierte LKW befördern tatsächlich Ware, wobei der Täter darauf vertraut, daß eine Kontrolle nicht stattfindet. Oder aber der ordnungsgemäß angemeldeten Ware ist eine andere, nicht angemeldete „beigepackt". Tatsächlich sind die Chancen einer Entdeckung, wenn sich nicht aus den vorgelegten Papieren Auffälligkeiten ergeben, gering, weil be-

---

174 VuB = Verbote und Beschränkungen für den grenzüberschreitenden Warenverkehr, vgl. § 1 Abs. 3 ZollVG.

175 Verordnung (EWG) Nr. 918/83 des Rates über das gemeinschaftliche System der Zollbefreiungen vom 28. März 1983, Fundstelle vgl. Anhang 2.

dingt durch das hohe Verkehrsaufkommen und die damit verbundene Überlastung der Abfertigungsbeamten die Teil- oder Gesamtbeschau z. B. eines 40'-Containers eher die Ausnahme ist.

2. Häufig werden der Zollstelle auch über Gewicht, Menge oder Wert der eingeführten Waren unrichtige Angaben gemacht.

3. In anderen Fällen gewährt die Gemeinschaft Waren aus bestimmten Ländern aus unterschiedlichen Gründen besondere Vergünstigungen. Ursprung oder Herkunft der Ware ist, um die Vergünstigung in Anspruch nehmen zu können, den Zollbehörden durch Ursprungszeugnisse bzw. Präferenznachweise, die die jeweilige Zollanmeldung ergänzen, nachzuweisen. Immer wieder werden derartige Unterlagen verfälscht – z. B. durch das nachträgliche Erhöhen der darin genannten Mengen – oder auch komplett gefälscht Werden solche Unterlagen der Zollanmeldung beigefügt, ist tateinheitlich der Tatbestand des § 267 StGB erfüllt. Besonders schwierig gestalten sich die Ermittlungen, wenn zwar echte, aber unrichtige, durch Bestechung oder auf ähnliche Weise erlangte Urkunden der zuständigen ausländischen Stellen der Zollanmeldung beigefügt werden.

4. Eine weitere Möglichkeit der Manipulation bietet die Beschaffenheit einer Ware. Diese ist ausschlaggebend für die Einreihung in den GZT, und davon wiederum ist die Höhe des Zollsatzes abhängig. Hierbei macht sich der Täter die Unkenntnis der Zollbeamten (z. B. gebrauchte Maschinen werden als Schrott angemeldet) zunutze.

5. In der Mehrzahl aller Fälle wird der Zoll auf den Wert einer Ware erhoben. Der Zollwert einer eingeführten Ware ist der sog. Transaktionswert, der gemäß Art. 28 ff. ZK ermittelt wird. Allein hieraus ergeben sich vielfältige Manipulationsmöglichkeiten.

a) Immer noch gebräuchlich sind doppelte Rechnungen. Dabei wird dem Empfänger die tatsächliche Rechnung per Post oder auf anderem Wege übersandt. Der Zollstelle wird jedoch eine unterfakturierte Rechnung über der Warenwert vorgelegt.

b) Einfacher noch gestaltet sich die Manipulation bei miteinander verbundenen Unternehmen. Bei diesen ist die Vorlage einer unterfakturierten Rechnung bei der Zollstelle erst gar nicht erforderlich. Die Rechnung mit den faktisch unrichtigen, weil zu niedrigen, Werten geht mit den falschen Werten auch in die Buchführung und damit in den Jahresabschluß der Empfängerfirma über. Zwar entstehen hierdurch beim Empfänger Gewinne und beim außerhalb der EG ansässigen Lieferanten Verluste, die sich letztlich in der Gesamtkonzernbilanz jedoch wieder ausgleichen. Der zusätzliche Gewinn liegt in den ersparten Zöllen.

c) Häufig wird auch der Kaufpreis auf mehrere Rechnungen aufgeteilt. Zum Teil werden bereits geleistete Vorauszahlungen in der dem Zoll vorgelegten Rechnung nicht mehr aufgeführt, zum Teil werden die zum Zollwert (Transaktionswert) der Ware gehörenden Nebenkosten, wie z. B. Provisionen, Umschließungskosten, Verpackungskosten, Entwicklungs- und Werkzeugkosten etc. gem. Art. 32 ZK unter Umgehung des Zolls separat in Rechnung gestellt.

Viele der geschilderten Manipulationen lassen sich anläßlich der Zollabfertigung – insbesondere bei Inanspruchnahme der vereinfachten Verfahren – bei der abfertigenden Zollstelle nicht feststellen. Eine Aufdeckung ist in diesen Fällen – wenn überhaupt – lediglich anläßlich einer Prüfung durch die Zollbehörden (z. B. durch den Prüfungsdienst) oder aufgrund bestimmter Verdachtsmomente durch den Zollfahndungsdienst möglich. Dabei sind die Ermittlungsbehörden zur Erlangung beweiserheblicher Unterlagen zunehmend auf die Mithilfe ausländischer Behörden angewiesen.

3. Nichterhebungsverfahren und Zollverfahren mit wirtschaftlicher Bedeutung

Unter wirtschaftlichen Gesichtspunkten gibt es eine Vielzahl von Fallgestaltungen, in **86**
denen die Vollverzollung zu ökonomisch unsinnigen und auch fiskalisch ungewollten Ergebnissen führen würde. So macht es z. B. keinen Sinn, eine Ware, die im Zollgebiet zum

späteren noch ungewissen Verkauf lediglich gelagert werden soll – also de facto zunächst noch gar nicht in den Wirtschaftskreislauf eingeht –, zu diesem Zeitpunkt schon zu verzollen und zu versteuern. Genausowenig Sinn macht es, eine eingeführte Ware zu verzollen und zu versteuern, die in der Gemeinschaft lediglich mit dem Ziel eines anschließenden Exportes in dritte Länder weiterverarbeitet werden soll; auch diese Ware geht nach Einfuhr nicht in das Wirtschaftssystem der EG ein. Dies würde lediglich zu einer nutzlosen Kapitalbindung führen.

Wenn Waren in die Gemeinschaft eingeführt werden, dort aber nicht, noch nicht oder nicht vollständig in den Wirtschaftskreislauf eingehen sollen, sieht das Zollrecht besondere Verfahren vor. Der ZK unterscheidet hier, je nachdem, ob die Erhebung von Zoll vorgesehen ist oder nicht, zwischen Zollverfahren mit wirtschaftlicher Bedeutung und Nichterhebungsverfahren. Es gibt auch Zollverfahren mit wirtschaftlicher Bedeutung, die bei Vorliegen bestimmter Voraussetzungen ebenfalls zur gänzlichen Befreiung von Abgaben führen; diese sind dann zugleich Zollverfahren mit wirtschaftlicher Bedeutung und Nichterhebungsverfahren (Art. 84 Abs. 1 ZK).

a) Aktive Veredelung

87 Bei der Herstellung von Wirtschaftsgütern, die in Länder außerhalb der EG ausgeführt werden sollen, werden häufig Nichtgemeinschaftswaren als Vorprodukte eingesetzt. Diese werden im Zuge zunehmender Globalisierung dort eingekauft, wo sie in der geforderten Qualität zu den günstigsten Konditionen bezogen werden können. Da solche, außerhalb der Gemeinschaft eingekauften Rohstoffe oder Halbfertigprodukte letztlich ja mit dem Fertigprodukt wieder exportiert werden, wäre es systemwidrig, diese zu verzollen. Das würde die Wettbewerbsfähigkeit des Herstellers auf dem Weltmarkt beeinträchtigen. Deshalb können diese Vorprodukte im Anschluß an ihre Einfuhr aufgrund einer Bewilligung zur sog. aktiven Veredelung abgefertigt werden.

Das Zollverfahren der aktiven Veredelung ist entweder ein Zollverfahren mit wirtschaftlicher Bedeutung oder ein Nichterhebungsverfahren, je nachdem, ob im Zeitpunkt der Abfertigung der Ware ein Zollbetrag mit dem Ziel der Erstattung bei der dann nachzuweisenden Ausfuhr der Fertigerzeugnisse erhoben oder bereits in jenem Zeitpunkt auf eine Erhebung verzichtet wird.

Besondere Manipulationsmöglichkeiten bei der aktiven Veredelung als Zollverfahren mit wirtschaftlicher Bedeutung (Zollrückvergütungsverfahren) sind deshalb nicht gegeben, weil ja die Ware zunächst unter Erhebung von Zoll in den freien Verkehr übergeführt worden ist. Erst die Inanspruchnahme der Zollrückvergütung im Zusammenhang mit der Ausfuhr der Fertigerzeugnisse oder deren Übergang in bestimmte andere Zollverfahren könnte durch Vorlage ge- oder verfälschter Nachweise erschlichen werden (Art. 128 ZK).

Bei der aktiven Veredelung als Nichterhebungsverfahren befindet sich die Ware bis zur ordnungsgemäßen Erledigung des Verfahren weiterhin in der besonderen zollamtlichen Überwachung. Jede betrügerische Handlung in der Absicht, Zoll zu hinterziehen, führt zwangsläufig zu einer Zollschuldentstehung nach Art. 203 Abs. 1 ZK, weil damit die Ware der zollamtlichen Überwachung entzogen wird. Tathandlung kann jede Handlung sein, die es den Zollbehörden unmöglich macht, die ordnungsgemäße Verwendung und den Verbleib der Ware festzustellen.

Beispiel: Die Vorprodukte gehen entgegen den in der Bewilligung festgeschriebenen Mengen (Ausbeutesatz = Mengenverhältnis der Fertigprodukte zu den in ihnen enthaltenen Vorprodukten) in geringerem Umfang in das Fertigprodukt ein. Auf diese Weise zusätzlich „gewonnene“ Vorprodukte gehen in den Wirtschaftskreislauf der Gemeinschaft ein, indem sie entweder direkt veräußert werden oder der Produktion von Erzeugnissen dienen, die in der EG verbleiben.

b) Passive Veredelung

Die ebenfalls bewilligungsbedürftige passive Veredelung stellt das Spiegelbild der aktiven Veredelung dar. Gemeinschaftsware wird in ein Drittland exportiert, dort ggf. unter Beifügung von Drittlandserzeugnissen weiterverarbeitet und anschließend wieder in die Gemeinschaft eingeführt. Dabei soll bei der Einfuhr der Fertigerzeugnisse bei der Zollberechnung der in der Ware enthaltene (wertmäßige) Anteil der Vorprodukte, die zuvor ohne Erlaß oder Erstattung von Abgaben aus der Gemeinschaft zu diesem Zweck ausgeführt worden sind, außer Ansatz bleiben. Lediglich der im Zollwert der Ware enthaltene Anteil an Drittlandsleistungen wird der Verzollung unterworfen (Differenzverzollung).[176] Das wirtschaftliche Bedürfnis für dieses Verfahren ergibt sich bei personalaufwendigen Herstellungsprozessen durch die in bestimmten Drittländern erheblich niedrigeren Personalkosten. 88

Für mögliche Manipulationen ergeben sich drei unterschiedliche Anknüpfungspunkte, was mit dem Verfahrensablauf in drei selbständigen Abschnitten zusammenhängt:

- Im Verfahren der passiven Veredelung werden Gemeinschaftswaren aus dem Zollgebiet der Gemeinschaft (vorübergehend) ausgeführt. Dabei gelten die gleichen Voraussetzungen und Einschränkungen, wie sie für das Ausfuhrverfahren vorgesehen sind (Art. 145 Abs. 2 ZK); damit sind grundsätzlich auch die gleichen Manipulationsmöglichkeiten gegeben. Es bietet sich an, papiermäßig mehr als tatsächlich auszuführen.
- Die Waren werden in einem Drittland den bewilligten Veredelungsvorgängen unterzogen. Dabei müssen alle für die spätere Abgabenbegünstigung vorausgesetzten Bedingungen und Verpflichtungen erfüllt werden (Art. 150 Abs. 2 ZK). Hier ergeben sich Manipulationsanreize aus den eingeschränkten Überprüfungsmöglichkeiten im Drittland, beispielsweise geringere Angaben über die tatsächlich erfolgten Drittlandsleistungen.
- Schließlich werden die Veredelungserzeugnisse wieder eingeführt. Dabei sind neben den Manipulationsmöglichkeiten, wie sie für die Abfertigung von Waren zum freien Verkehr bereits beschrieben sind, weitere, die sich aus der Besonderheit der Differenzverzollung ergeben (beispielsweise führt eine zu hohe Bewertung der ursprünglich ausgeführten Vorerzeugnisse bei der Wiedereinfuhr zu einem zu niedrigen Differenzzoll), gegeben.

c) Umwandlung

Zweck des bewilligungsbedürftigen Umwandlungsverfahrens ist es, eine eingeführte Ware durch Be- bzw. Verarbeitung in eine Ware anderer Beschaffenheit „umzuwandeln", damit diese in den Wirtschaftskreislauf der Gemeinschaft eingehen kann. Dies macht dann Sinn, wenn die neu entstandene Ware niedriger belastet ist. Da der GZT von seinem Aufbau her Waren um so weniger belastet, je geringer die Verarbeitungsstufe ist, ist dieses Verfahren mit wirtschaftlicher Bedeutung nur selten anwendbar. 89

Beispiele:

1. Umwandlung zollpflichtiger Waren in Abfälle.
2. Wiedergewinnung von Rohwaren aus Waren (Kupfer aus isolierten Drähten).
3. Herstellung von Musterbüchern aus Stoffen oder Tapeten.

Die denkbaren Manipulationsmöglichkeiten ähneln denen der oben beschriebenen aktiven Veredelung als Nichterhebungsverfahren. Jedoch werden hier die unter zollamtlicher Überwachung umgewandelten Erzeugnisse nicht wieder ausgeführt, sondern – regelmäßig unter Erhebung der Abgaben für die umgewandelte Ware – in ein anderes Zollverfahren überführt.

---

[176] Die allgemein übliche, sinngemäße Anwendung der Zollvorschriften ist für Einfuhrumsatzsteuer hinsichtlich der passiven Veredelung aber ausgeschlossen (§ 21 Abs. 2 UStG). Die Abgabenvergünstigung ergibt sich ausschließlich aus den nationalen Vorschriften (§ 11 Abs. 2 UStG).

d) Vorübergehende Verwendung

90 Nach der Systematik des EG-Zollrechts sollen nur diejenigen Einfuhrwaren belastet werden, die auch auf Dauer in den Wirtschaftskreislauf der Gemeinschaft eingehen. Waren, die lediglich vorübergehend hier verwendet und anschließend wieder ausgeführt werden sollen, dürfen danach nicht belastet sein. Insoweit ist dieses ebenfalls bewilligungsbedürftige Zollverfahren ein Nichterhebungsverfahren. Der Warenkreis, für den eine derartige Bewilligung erteilt werden kann, ist in der Zollkodex-DVO erschöpfend aufgeführt (Art. 141 ZK). Hierzu gehören insbesondere und auch für den Nichtzöllner einleuchtend:

- Beförderungsmittel wie z. B. Straßenfahrzeuge (zum privaten wie auch gewerblichen Gebrauch), alle Arten von Wasserfahrzeugen, Luftfahrzeuge, aber auch Container und Paletten,
- Berufsausrüstungen (Fotoausrüstung des Reporters),
- Ausstellungsgut,
- pädagogische Materialien und wissenschaftliches Gerät,
- Ausrüstung für Katastropheneinsätze,
- Umschließungen,
- Matrizen, Modelle, Mustervorlagen, Meßgeräte, Waren für Vorführungen und Untersuchungen, Warenmuster,
- Erprobungsware, Kunstwerke für Verkaufsausstellungen, Kürschner-/Schmuck-/Teppichwaren zu Ansichtszwecken,
- persönliche Gebrauchsgegenstände von Reisenden,
- Tiere zu Dressur- bzw. Zuchtzwecken bzw. zur ärztlichen Behandlung etc.

Daneben gibt es aber auch für andere Güter ein wirtschaftliches Interesse, diese vorübergehend in der Gemeinschaft zu verwenden.

Beispiel:
Eine sehr teure Straßenbaumaschine wird aus Ungarn eingeführt, um hier für den Zeitraum von 1 Jahr beim Bau einer Bundesautobahn verwendet zu werden. Danach wird sie wieder ausgeführt und weiter in Ungarn eingesetzt.

Eine gänzliche Zollfreistellung kann nicht in Frage kommen, weil die Ware zumindest vorübergehend in den Wirtschaftskreislauf der Gemeinschaft eingeht. Bei der vorübergehenden Verwendung als Zollverfahren mit wirtschaftlicher Bedeutung (unter teilweiser Abgabenbefreiung) wird deshalb für diese Waren die Höhe der Einfuhrabgaben für jeden angefangenen Monat der Verwendung auf 3 % des Wertes festgesetzt, der sich für die Ware normalerweise bei einer Überführung in den freien Verkehr der Gemeinschaft ergeben würde.

e) Zollager

91 Das Zollagerverfahren nimmt unter den Zollverfahren insoweit eine besondere Stellung ein, als es sowohl für Nichtgemeinschaftsware wie auch für Gemeinschaftsware interessant sein kann. Für die Nichtgemeinschaftswaren, weil hierdurch fällige Abgabenzahlungen vermieden bzw. zeitlich bis zum Verkauf geschoben werden können; für Gemeinschaftswaren, weil u. U. an die Ausfuhr von Waren geknüpfte Erstattungen zeitlich vorverlegt werden können. Kapitalbindung wird vermieden.

Der Zollkodex sieht unterschiedliche öffentliche, für die Nutzung durch jedermann vorgesehene, und private Zollager, die lediglich der Lagerinhaber nutzen kann, vor. Das Zollagerverfahren ist ein Zollverfahren mit wirtschaftlicher Bedeutung. Bis auf das öffentliche Zollager, das von den Zollbehörden selbst betrieben wird, bedürfen sie der Bewilligung.

Soweit ein Zollager als sog. **Transitlager** genutzt wird, ermöglicht es dem Wirtschaftsbeteiligten, eine Nichtgemeinschaftsware ohne Zahlung von Abgaben bis zur Wiederausfuhr zu lagern. Bei einer Abfertigung zum **freien Verkehr** zu beachtende VuB[177] und handelspolitische Maßnahmen sind weder bei der Überführung in das Zollagerverfahren noch während der Lagerung anwendbar.

Beispiel: Spirituosen dürfen nur eingeführt werden, wenn sie in bezug auf ihre Etikettierung bestimmte Voraussetzungen erfüllen. Bei der Abfertigung zum Zollagerverfahren und der anschließenden Aufnahme in ein Zollager ist dies unbeachtlich. Sollten die Waren später entgegen der Planung nicht ausgeführt, sondern zum freien Verkehr der Gemeinschaft abgefertigt werden, ist es sogar möglich, die notwendige Etikettierung im Rahmen der zugelassenen Lagerbearbeitung im Zollager vorzunehmen.

Im Rahmen der **Kreditfunktion** des Zollagers ist es üblich, Waren bis zu ihrer Überführung in den freien Verkehr der Gemeinschaft über Jahre hinweg ohne Erhebung von Abgaben dort zu lagern.

Beispiel: Lagerfähige Weine werden bis zur Erlangung ihrer vollen Reife im Zollager „aufbewahrt", bevor sie dann unter Erhebung der Abgaben in den freien Verkehr der Gemeinschaft überführt werden.

Daneben ist aber auch die Funktion des Zollagers als **Erstattungslager** in bestimmten Fällen sinnvoll. So kann der Wirtschaftsbeteiligte die im Rahmen der aktiven Veredelung an den Zeitpunkt der Wiederausfuhr geknüpfte Zollrückerstattung vorher beanspruchen, wenn er die Wiederausfuhrware schon in ein Zollagerverfahren überführt. Auch den in Art. 238 ZK vorgesehenen Erlaß oder die Erstattung von Einfuhrabgaben kann er bereits bei Überführung in das Zollagerverfahren in Anspruch nehmen, wenn die spätere Wiederausfuhr beabsichtigt ist. Bedeutung erlangt das Zollager als Erstattungslager aber auch in den Fällen, in denen für bestimmte, in der Gemeinschaft gewonnene oder hergestellte landwirtschaftliche Erzeugnisse Erstattungen nach dem Marktordnungsrecht für den Fall der Ausfuhr in dritte Länder vorgesehen sind.

f) Versandverfahren

Ein großer Teil der Zollstraftaten (Zoll- und Steuerhinterziehung, Subventionsbetrug) 92
wird im Zusammenhang mit externen Versandverfahren begangen.[178] Die Zahl der bewußt falschen Warenanmeldungen steigt permanent an. So beklagte der Rat der Europäischen Union bereits 1995[179] den bedeutenden Umfang der betrügerischen Praktiken im Zusammenhang mit Versandverfahren, die insbesondere bei sensiblen Waren zum **vorrangigen Betätigungsfeld großer krimineller Organisationen** geworden seien. Weiter betonte er, daß diese Entwicklung nicht nur zu spürbaren Verlusten bei den Einnahmen der einzelnen Mitgliedstaaten und der Gemeinschaft, sondern auch zu schwerwiegenden wirtschaftlichen Schäden aufgrund des unlauteren Wettbewerbs infolge des betrügerischen Verbringens auf den Markt unter Umgehung der Gemeinschaftsregelungen führe. Ebenfalls bereits 1995 bemängelt das Europäische Parlament die äußerst unzureichenden Ermittlungstätigkeiten der Mitgliedstaaten in bezug auf die Bekämpfung von Betrügereien zu Lasten des Gemeinschaftshaushalts.[180]

---

177 Soweit jedoch Verbote bereits an das *Verbringen* von Waren in das Zollgebiet der Gemeinschaft oder das nationale Hoheitsgebiet und nicht erst an deren Abfertigung geknüpft sind, ist jedoch eine Abfertigung zu einem Zollverfahren (Zollager, Veredelung, Verwendung, Freihafen, Freilager, Umwandlung, usw.) schon unzulässig. Grund hierfür ist, daß diese Verbote an den Tatbestand des Verbringens über die Hoheitsgrenze oder die Gemeinschaftsaußengrenze und nicht erst an die zollrechtliche Einfuhr anknüpfen.

178 Vgl. ausführlich *Hohrmann*, ZfZ 1997, 399 ff.

179 Entschließung vom 23. November 1995, 95/C 327/02.

180 *Ausschuß für Haushaltskontrolle*, Entwurf des Berichts über die Verwaltung der Eigenmittel vom 1. Juni 1995 – PE 213 380 –.

Heute werden im Rahmen gemeinschaftlicher Versandverfahren mehr als 10 Millionen unverzollte und unversteuerte Warensendungen jährlich in der bzw. durch die Bundesrepublik Deutschland befördert. Einhergehend mit der – insbesondere durch die Intensivierung des Warenverkehrs mit den osteuropäischen Staaten – stetig anwachsenden Zahl von Versandverfahren steigen auch die damit zusammenhängenden Zuwiderhandlungen. Ohne die Zahl der lediglich formell nicht ordnungsgemäß abgeschlossenen Versandverfahren zu berücksichtigen, hat das BMF für die Jahre 1992–1994 den durch betrügerische Machenschaften in Zusammenhang mit diesem Verfahren verursachten **Steuerschaden mit mehr als 1 Milliarde DM festgestellt**. Dabei ging das BMF lediglich von 1000 Betrugsfällen (Quote 0,01 %) jährlich aus. Die für das Jahr 1996 festgestellten EG–„Verluste“ betrugen ca. 150 Mio. DM, die nationalen Verluste ca. 430 Mio. DM.[181]

Die externen Versandverfahren, allen voran das externe gemeinschaftliche Versandverfahren und das Carnet TIR-Verfahren, bieten sich dem Wirtschaftskriminellen für seine Manipulationen geradezu an, weil sie lediglich auf einer papiermäßigen Überwachung beruhen. Das System hat nicht Schritt halten können mit der geradezu stürmischen Entwicklung in den 90er Jahren, dem stark zunehmenden Handelsvolumen, der Öffnung nach Osteuropa, der Einführung des Binnenmarkts, der Erweiterung der Länder, für die es gilt, und vor allem nicht mit den immer raffinierter agierenden Tätern, die zunehmend international und organisiert tätig sind. Inzwischen übersteigt die Menge des – im Rahmen der nach wie vor manuellen Bearbeitung – anfallenden Papiers die Möglichkeiten der Zolldienststellen in bezug auf eine zeitnahe Erledigung. Dies alles macht die Versandverfahren insbesondere beim Versand hochabgabenbelasteter Waren für Betrügereien anfällig, die – wenn überhaupt – erst mit erheblicher zeitlicher Verzögerung entdeckt werden.

aa) Allgemein

93 Das externe Versandverfahren ist ein Nichterhebungsverfahren i. S. d. Zollkodex (Art. 84 Abs. 1 a) ZK). Ziel ist die zeitweilige Nichterhebung von Abgaben auf Waren, die entweder aus einem Mitgliedstaat der EG in ein Drittland versandt werden oder umgekehrt aus einem Drittland in das Zollgebiet der Gemeinschaft importiert werden. Die Nichterhebung gilt dabei so lange, bis die Waren entweder das Zollgebiet verlassen, in ein anderes Zollverfahren übergeführt werden oder nach Zahlung der Abgaben in den Wirtschaftskreislauf der Gemeinschaft eingehen. Zwischen zwei Orten der Gemeinschaft sind Nichtgemeinschaftswaren grundsätzlich in einem externen Versandverfahren zu befördern.

Beispiele:

1. Russischer Wodka für Spanien wird mit Lastkraftwagen über Polen in die Bundesrepublik Deutschland eingeführt. An der polnisch/deutschen Grenze wird ein Versandverfahren nach Spanien eröffnet, so daß der Wodka ohne Erhebung von Zoll, Branntweinsteuer und Einfuhrumsatzsteuer durch Deutschland, Frankreich und Spanien bis zum Bestimmungsort transportiert werden kann, wo dann das Versandverfahren beendet und die Abfertigung zum freien Verkehr der Gemeinschaft beantragt wird.
2. Ein Container mit amerikanischen Landwirtschaftsmaschinen wird in Rotterdam entladen, per Schiene/LKW nach Setè (Frankreich) befördert, um dort an seinen Bestimmungsort in Nordafrika verschifft zu werden. In diesem Fall wird die Ware von Rotterdam nach Setè in einem externen Versandverfahren befördert, um die Zahlung von Abgaben in der Gemeinschaft zu vermeiden.
3. Österreichische Landwirtschaftserzeugnisse, für die eine Ausfuhrerstattung nach dem Marktordnungsrecht in Betracht kommt, werden von Salzburg aus per LKW nach Hamburg verbracht und dort in ein Drittland verschifft. In diesem Fall können die Ausfuhrförmlichkeiten bereits in Salzburg erledigt werden, und die Ware wird von dort aus im externen Versandverfahren durch Österreich und Deutschland nach Hamburg transportiert, wo dann der Versand abgeschlossen und die Ware tatsächlich ausgeführt wird.

---

[181] *Kampf*, Aktionsplan für das Versandverfahren in Europa, in AW-Prax.

Bei **allen** Versandverfahren bedarf es immer einer (natürlichen oder juristischen) Person, die den Behörden gegenüber für den ausgesetzten Abgabenbetrag haftet; ggf. sind entsprechende Sicherheiten zu hinterlegen.

Je nach Transportweg und unter Umständen auch dem Zweck, für den die Waren bestimmt sind, kommen unterschiedliche Arten von Versandverfahren in Frage:

- Das externe gemeinschaftliche Versandverfahren,[182]
- das gemeinsame Versandverfahren,[183]
- das Carnet TIR-Verfahren mit Carnet TIR als Versandschein,
- das Carnet ATA-Verfahren mit Carnet ATA als Versandschein,
- Versand aufgrund des Rheinmanifestes,
- Versand aufgrund des NATO-Truppenstatuts mit Vordruck AE 302 als Versandschein und
- der Postverkehr.

bb) Gemeinschaftliches Versandverfahren

Das gemeinschaftliche externe Versandverfahren (gVV) ist in der ganz überwiegenden Mehrzahl der Fälle das zwingend vorgeschriebene Versandverfahren für den Transport von Waren zwischen zwei Orten innerhalb der Gemeinschaft.[184] Von bestimmten Vereinfachungen abgesehen, dient regelmäßig das sog. T 1-Dokument als Versandschein. 94

Für jedes Versandverfahren ist ein **Hauptverpflichteter** zu benennen, also die Person, die für die ausgesetzten Zölle und Steuern der im Versandverfahren beförderten Waren als Zollschuldner unmittelbar und ohne Rücksicht auf ein Verschulden[185] haftet. Dies hat theoretisch zur Folge, daß der potentielle Abgabenbetrag bei Eröffnung des Versandverfahrens als Barbetrag zur Sicherheit bei einer Zollstelle zu hinterlegen ist. Das ist jedoch relativ kompliziert, weil die bei der Zollzahlstelle hinterlegte Sicherheit jeweils nach Abschluß eines Verfahrens wieder auszuzahlen ist. Der Zollkodex sieht deshalb für Wirtschaftsbeteiligte, die regelmäßig Versandverfahren durchführen, einfachere Alternativen vor:

Zur Sicherung der Abgaben hat der Hauptverpflichtete eine einklagbare Bürgschaft zu stellen, die einen Betrag von mindestens 100 % der für die geschätzten wöchentlichen Beförderungen des Hauptverpflichteten fälligen Zölle und Steuern abdeckt (**Gesamtbürgschaft**). Daneben kann in besonderen Fällen die Sicherheit auch in Form einer **Pauschalbürgschaft** (z.Z. 7000 ECU) geleistet werden; dies hat in der Praxis jedoch kaum Relevanz. Als Folge zahlreicher und umfangreicher Verstöße gegen die Versandvorschriften in den 90er Jahren ist bei besonders empfindlichen Waren wie Alkohol oder Zigaretten etc. jeder einzelne Versand durch eine Bürgschaft in Höhe von 100 % des möglichen Abgabenbetrages abzusichern (**Einzelbürgschaft**). 95

Die besonderen Schwerpunkte der weitgehend papiermäßigen Überwachung und Abwicklung dieses meistangewendeten Versandverfahrens liegen naturgemäß an dem Ort,

---

182 Rechtsgrundlage ist Art. 91 ZK i.V. m. Art. 93–97 ZK und die Zollkodex-DVO.

183 Rechtsgrundlage ist das Übereinkommen zwischen der EWG und den EFTA-Ländern vom 20. Mai 1987 über ein gemeinsames Versandverfahren (Übereinkommen EWG – EFTA Gemeinsames Versandverfahren). Das Übereinkommen ist seit 1988 bis heute jährlich mehrfach angepaßt worden. Zu den herausragenden Änderungen gehören der „Ausstieg" einiger Unterzeichnerländer, der durch den EG-Beitritt bedingt war, sowie die Einbeziehung der sog. Visegrád-Länder (Republik Polen, Republik Ungarn, Tschechische Republik und Slowakische Republik) als Vertragsparteien in das Übereinkommen zum 1. Juli 1996. Das gemeinsame Versandverfahren hat keine Rechtsgrundlage im ZK; es gilt deshalb beim Transport innerhalb der Gemeinschaft als gemeinschaftliches Versandverfahren i. S. v. Art. 91 ZK.

184 *Witte/Kampf* ZK Rn. 13.

185 Vgl. BFH-Urteil v. 26.8. 1997 – VII R 82/96, ZfZ 1998, 234–235; FG München, Urteil v. 29.10. 1997 – 3 K 1058/96, ZfZ 1998, 243–244; für Carnet TIR-Inhaber: FG München, Urteil v. 15.10. 1997 – 3 K 2216/96, ZfZ 1998, 241243.

wo das gVV eröffnet wird (Abgangsstelle), und dem Ort, wo es letztlich beendet wird (Bestimmungsstelle). Der Zollkodex sieht für das gVV besondere, bewilligungsbedürftige Vereinfachungen der Förmlichkeiten bei der Abgangsstelle und bei der Bestimmungsstelle vor:

So kann für den sog. Zugelassenen Versender (ZV) bewilligt werden, daß dieser die Ware nicht bei der Abgangsstelle, sondern in seinem Betrieb bzw. am Ort der Verladung gestellt (Gestellung außerhalb des Amtsplatzes). Auch ist es u. U. nicht erforderlich, daß der Zollstelle eine Versandanmeldung vorgelegt wird, vielmehr kann er diese bereits vorab dort blanko ausfertigen lassen. Die beabsichtigte Versendung einer Ware ist dann lediglich zur Wahrung der faktischen Überwachungsmöglichkeit vorab per Versandanzeige mitzuteilen. Der ZV selbst vervollständigt dann im Zeitpunkt des Versands die vorabgefertigte Versandanmeldung zum Versandschein, legt – sofern ihm dies bewilligt ist – selbst die zollsicheren Verschlüsse (Nämlichkeitsmittel) an und wird mit Unterzeichnung der Versandanmeldung gleichzeitig zum Hauptverpflichteten des nun eröffneten Versandverfahrens. Erst nach dem Versand wird eine Ausfertigung des Versandscheins der Abgangsstelle übersandt (Art. 402 Abs. 2 Zollkodex-DVO).

Der Hauptverpflichtete kann die sich aus dem Versandverfahren ergebende Verpflichtung zur ordnungsgemäßen Wiedergestellung bei einer Bestimmungsstelle auch dadurch erfüllen, daß er die Sendung an einen Zugelassenen Empfänger (ZE) übergibt. Dem ZE ist bewilligt, die ordnungsgemäße Durchführung des Versandverfahrens ohne Mitwirkung einer Zollstelle selbst zu prüfen, entsprechende Prüfungsvermerke im Versandschein einzutragen und u. U. angebrachte Nämlichkeitsmittel zu entfernen. Den Empfang der Ware hat der ZE lediglich nachträglich mittels einer Eingangsanzeige, die zugleich auch Gestellungsmitteilung (die Ware ist auch hier an dem bewilligten Ort außerhalb des Amtsplatzes gestellt) ist, der Bestimmungsstelle mitzuteilen. Über die gelieferte Ware kann der ZE bereits in diesem Zeitpunkt verfügen, was insbesondere in Kumulation mit anderen vereinfachten Verfahren im Zusammenhang mit der Überführung von Waren in den freien Verkehr dem Wirtschaftsbeteiligten erhebliche Zeit- und Kostenvorteile verschafft.

Die im Zusammenhang mit dem gVV bewilligungsfähigen Vereinfachungen räumen den Wirtschaftsbeteiligten äußerst weitreichende Befugnisse und Möglichkeiten ein. Insbesondere beim Versand von Waren zwischen einem ZV und einem ZE haben die Zollbehörden eigene zollamtliche Überwachungs- und Prüfungsmöglichkeiten auf ein absolutes Minimum reduziert. Dabei ergeben sich unter Umständen Konstellationen, in denen die de facto verbliebene Überwachungsmöglichkeit geradezu sinnlos wird (siehe Beispiel unter VI. 2. b)).

96 Auch ohne die besonderen Gefahren der Vereinfachungen ist das Versandverfahren für Manipulationen anfällig. Als Hauptverpflichtete treten in aller Regel große Unternehmen, die regelmäßig Transporte im Versandverfahren durchführen, oder aber Spediteure auf. Kleinere Firmen – aber regelmäßig auch die kriminellen Beteiligten – bedienen sich grundsätzlich der Speditionsfirmen, die dann auch als Hauptverpflichtete für das Versandverfahren auftreten. Im Falle der betrügerischen Manipulation werden deshalb nicht nur Zölle und Steuern hinterzogen, sondern tateinheitlich auch der Spediteur geschädigt (§ 264 StGB). Mittlerweile haben die Zuwiderhandlungen in den Versandverfahren eine Größenordnung angenommen, die eine große Anzahl von Spediteuren in den Ruin getrieben hätte, würde die deutsche Zollverwaltung die Haftungsbeträge beitreiben. Die Zollverwaltung kann jedoch aufgrund des Gemeinschaftsrechts, das einen Erlaß in diesem Fall nicht vorsieht, weder rechtlich noch im Billigkeitswege auf den Anspruch verzichten. Faktisch werden aber zur Zeit fast ausnahmslos diese Beträge den – selbst betrogenen – Speditionsfirmen gestundet, um eine ansonsten anrollende Konkurswelle zu vermeiden. Ob die Ansprüche des Fiskus jemals realisiert werden können, ist deshalb mehr als zweifelhaft.

cc) Gemeinsames Versandverfahren

97 Das gemeinsame Versandverfahren beruht auf einem internationalem Übereinkommen. Es gilt für Warenbeförderungen zwischen den Rest-EFTA- und den Visegrädländern sowie den Mitgliedstaaten der Gemeinschaft.

Für das gemeinsame Versandverfahren gelten regelmäßig die gleichen Regelungen wie für das gemeinschaftliche Versandverfahren. Auch die Bürgschaftsregelungen sind ähnlich.

Beispiel: Amerikanische Traktoren werden im Hamburger Hafen angeliefert und von dort aus per LKW an den Bestimmungsort in der Schweiz transportiert. Um die sonst fälligen Abgaben aussetzen zu können, wird die Ware in Hamburg zum gemeinsamen Versandverfahren – Versandpapier ist hier ebenfalls der Versandschein T 1 – abgefertigt. Das Verfahren wird bei einem Zollamt in der Schweiz beendet.

dd) TIR-Übereinkommen

Das TIR-Verfahren[186] beruht ebenfalls auf einem internationalen Übereinkommen, dem inzwischen 62 Länder beigetreten sind. Das als Versandpapier genutzte Carnet TIR-Papier wird ausschließlich von dem in Genf/CH ansässigen Internationalen Güterverkehrsverband (IRU) gedruckt und dann blanko an die nationalen Verbände, die gleichzeitig auch die Bürgschaften übernehmen, verteilt. Die nationalen Verbände geben die einzelnen Carnets gegen Gebühr an die Wirtschaftsbeteiligten aus. 98

Die Abläufe ähneln denen im gemeinsamen bzw. gemeinschaftlichen Versandverfahren. Der wesentliche Unterschied liegt darin, daß hier nicht unter Benutzung eines einheitlichen Versandpapiers ein Versandverfahren vom Abgangs- bis zum Bestimmungsort durchgeführt wird. Vielmehr wird unter Verwendung eines einheitlichen Carnets bei Einfuhr in das Zollgebiet eines Unterzeichnerlandes ein jeweils neues nationales Versandverfahren eröffnet und bei Ausfuhr wieder beendet, so daß sich der gesamte Transportweg als eine Kette von nationalen Versandverfahren darstellt.[187] Dies hat zur Folge, daß im Falle von Zuwiderhandlungen derjenige nationale Verband als Bürge für die entstandenen Abgaben haftet, in dessen Land die Zuwiderhandlung begangen worden ist. Die Höhe der Bürgschaft entspricht 50 000 US-$ je LKW-Ladung. Bei Gewinnen von ca. 1,5 Mio. DM pro nicht wieder gestelltem Carnet TIR bei Zigaretten nahmen in den 90er Jahren die Mißbräuche einen derartigen Umfang an, daß den nationalen Verbänden der Konkurs drohte. Aufgrund der Betrügereien wurde die Höhe der Bürgschaft bei Tabak- und Alkoholtransporten vorübergehend auf 200 000 US-$ je ausgestelltem Carnet erhöht. Zigaretten und Alkohol können zwischenzeitlich nicht mehr mit Carnet TIR in oder durch die EG ein- bzw. durchgeführt werden.

Beispiel:

Wodka wird von Minsk/Belarus im Carnet TIR-Verfahren über Polen nach Düsseldorf/Deutschland befördert.

Das Verfahren beginnt mit der Eröffnung des Versandverfahrens beim Zollamt Minsk unter Verwendung des vom weißrussischen Güterverkehrsverbandes *Belarussian Association of international Road Carriers, BY – 220024 Minsk (BAIRC)* ausgestellten Carnets. In Grodno (Grenzzollamt Belarus/Polen) endet das weißrussische Versandverfahren, gleichzeitig wird für den Transport durch Polen ein polnisches Verfahren unter Verwendung desselben Carnets eröffnet. Der gleiche Vorgang wiederholt sich an der polnisch/deutschen Grenze, wo das polnische Verfahren endet und von wo aus ein deutsches Versandverfahren bis zur Bestimmungsstelle in Düsseldorf beginnt.

Über ein System der gegenseitigen Unterrichtung zwischen den jeweiligen nationalen Eingangs- und Ausgangsstellen wird „sichergestellt", daß die eingeführten Waren auch wieder ausgeführt werden. Dieses System dient gleichzeitig der Feststellung, wo, d.h. in welchem Unterzeichnerland, eine Zuwiderhandlung begangen wurde.

---

186 TIR = **T**ransports **I**nternationaux **R**outiers.

187 Das Zollgebiet der Gemeinschaft gilt als ein nationales Zollgebiet im Sinne des Übereinkommens.

ee) ATA-Übereinkommen

99 Das Carnet ATA stellt primär ein „Verwendungspapier" dar, mit dem Waren in einem Unterzeichnerland des ebenfalls internationalen Übereinkommens vorübergehend – insbesondere zu Ausstellungszwecken – verwendet werden können. Während die im Carnet enthaltenen weißen Volets die Überwachung der vorübergehenden Verwendung (Verwendungszweck, Verwendungsfrist etc.) sichern, dienen die ebenfalls in ausreichender Anzahl vorhandenen blauen Volets als Versandpapiere zur Überbrückung der Transportstrecken zwischen den einzelnen Verwendungsorten.

Beispiel:

Bilder eines amerikanischen Malers sollen auf Ausstellungen bzw. Kunstmessen in London, Paris, Wien, Berlin, Warschau und zuletzt Minsk für jeweils 2–3 Monate ausgestellt werden und anschließend wieder an das ausleihende Museum zurückgehen. Die „Wanderausstellung" wird mittels eines einzigen Carnets ATA abgewickelt, wobei die blauen Volets jeweils dem Versand zwischen den einzelnen Ausstellungsorten dienen.

ff) Sonstige Versandverfahren

100 Für die Beförderung von Waren aller Art auf dem Rhein als internationaler Wasserstraße kann der Wirtschaftsbeteiligte alternativ zu dem ansonsten zwingend vorgeschriebenen gemeinschaftlichen Versandverfahren das vereinheitlichte Verfahren auf der Grundlage des Rheinmanifestes wählen, wenn Abgangs- und Bestimmungsort innerhalb der Gemeinschaft liegen.

Ausschließlich Waren, die von militärischen Einrichtungen eingeführt und aufgrund des NATO-Truppenstatuts grundsätzlich zollfrei verwendet werden dürfen (z. B. Ausrüstungsgegenstände, aber auch Zigaretten oder Spirituosen für die in Deutschland stationierten US-Streitkräfte), können besonders behandelt werden. Der amtliche Vordruck AE 302 dient nicht nur als Beleg für die ordnungsgemäße Übernahme durch die berechtigte militärische Einrichtung zur zollfreien Verwendung, sondern kann zuvor bereits als Versandpapier im externen Versand verwendet werden.

Weitere – in diesem Kontext weniger bedeutende – Besonderheiten und Vereinfachungen ergeben sich im Postversand und in Zollverfahren mit wirtschaftlicher Bedeutung, wenn die Überwachung des damit zusammenhängenden Versands im Rahmen des jeweiligen Zollverfahrens sichergestellt ist.

gg) Die Verschlußsicherheit bei Versandverfahren

101 Der Warenverkehr im Versandverfahren ist in Anbetracht des Im- und Exportvolumens der EG ein Massenverfahren. Gerade hierbei kommt es im Interesse der Wirtschaft auf möglichst unaufwendige und schnelle Abfertigungsmodalitäten an, die zugleich jedoch die berechtigten Interessen des Zollverwaltung an der Überwachung der Verkehre und der Abgabenerhebung zugunsten des Fiskus berücksichtigen. Aus diesem Grunde spielt das sog. „Verplomben" oder „Verbleien" von Transportfahrzeugen im (grenzüberschreitenden) Warenverkehr eine besondere Rolle als durch die Zollverwaltungen schnell überprüfbares Mittel der Integrität des Warenverkehrs. Für das externe gemeinschaftliche Versandverfahren sieht Art. 349 Abs. 1 ZK-DVO demgemäß auch vor, daß die Nämlichkeit der Ware grundsätzlich durch Verschluß gesichert wird. Nach Abs. 2 der Regelung erfolgt der Verschluß durch sog. Raumverschluß (Zollblei), wenn das Beförderungsmittel bereits aufgrund anderer Vorschriften zugelassen oder von der Abgangszollstelle als verschlußsicher anerkannt worden ist.

Als verschlußsicher i. S. des Abs. 3 der Vorschrift werden Beförderungsmittel anerkannt,

a) an denen Verschlüsse einfach und wirksam angebracht werden können,

b) die so gebaut sind, daß keine Waren entnommen oder hinzugefügt werden können, ohne sichtbare Spuren des Aufbrechens zu hinterlassen oder den Verschluß zu verletzen,

c) die keine Verstecke enthalten, in denen Waren verborgen werden können,

d) deren Laderäume für die Kontrolle durch die Zollbehörden leicht zugänglich sind.

Nähere technische Ausgestaltungen zur Verschlußsicherheit eines Fahrzeuges gibt das EG-Recht nicht vor.

Beim TIR-Verfahren ist nach dem TIR-Übereinkommen von 1975 das Vorliegen eines förmlichen Verschlußanerkenntnisses für das Transportmittel Voraussetzung für die Teilnahme am Verfahren. Grundlage für eine einheitliche Auslegung der Bestimmungen sind die vom ZKA auf der Basis der Anlage 2 des TIR-Übereinkommens erarbeiteten Leitfäden für

- Straßenfahrzeuge und Behälter mit Schutzdecke,
- Straßenfahrzeuge und Behälter mit Kofferaufbau und
- Straßenfahrzeuge und Behälter mit wärmegedämmtem Aufbau,

nach denen sich die deutsche und zunehmend auch die Fahrzeugaufbau-Industrie der Gemeinschaft richtet.

Manipulationen an den Zollplomben, sonstigen zugelassenen Verschlüssen, Verschlußseilen, Riegeln, Scharnieren und Aufbauten sind eine beliebte Tatvariante bei Wirtschaftskriminellen, da sie nach außen eine scheinbare Verschlußsicherheit dokumentieren, die den Zollbeamten u. U. von einer Kontrolle oder Beschau der Waren abhält, so daß er lediglich aufgrund der vorgelegten Zollpapiere abfertigt. Tatsächlich sind jedoch zu den papiermäßig gemeldeten Waren zusätzliche Waren beigefügt oder bereits wieder entnommen worden.

Beispiel:
Das die Schutzdecke (Plane) mit dem Festaufbau des LKW verbindende und am Heck des Fahrzeugs mit einem Zollblei gesicherte Stahlseil mit Nylonummantelung wird an der Stirnwand des Aufliegers sauber durchtrennt und nach Bei- oder Entladung mit einem Spezialkleber wieder so unauffällig verklebt, daß die Manipulation nur durch Fachleute erkennbar ist.

Beispiel:
Die durch bestimmte Alunieten am Festaufbau des LKW angebrachten Scharniere werden durch Auf- und Wegbohren der Nieten entfernt, die Nämlichkeit der Warenladung beeinträchtigt und die Nieten mit Kleber scheinbar ordnungsmäß wieder eingeklebt.

Häufig wird nur durch den hierauf spezialisierten Gutachter für Verschlußsicherheit des ZKA eine derartige Manipulation in gerichtsverwertbarer Weise nachgewiesen werden können, weshalb der Staatsanwalt zumindest in schwierigeren Fällen hierauf zur Beweissicherung von Anfang an hinwirken sollte.

In den vorgenannten Fällen liegt neben einer möglichen Steuerhinterziehung regelmäßig tateinheitlich Siegelbruch nach § 136 Abs. 2 StGB vor. Geschützt wird das Siegel (Zollblei, Zollplombe) wegen der in ihm zum Ausdruck kommenden staatlichen Hoheitsgewalt. Geschützt werden aber nicht nur deutsche Siegel, Bleie bzw. Plomben der Zollverwaltung, sondern ebenso auch solche der Zollverwaltungen der übrigen EG-Mitgliedstaaten oder solcher Staaten, deren Siegel aufgrund unmittelbar geltenden EG-Rechts in der Gemeinschaft als ebenso gültig anerkannt werden, nicht jedoch Siegel dritter Staaten, z. B. Rußlands.[188]

4. Sonstige zollrechtliche Bestimmungen

Für **Freizonen und Freilager** gilt, obwohl sie zum Zollgebiet der Gemeinschaft gehören, 102
die gesetzliche Fiktion, daß sich die in ihnen befindlichen Waren nicht im Zollgebiet der Gemeinschaft befinden. Dies ermöglicht im Zusammenhang mit der Einfuhr von Waren die unbefristete Aussetzung der Abgabenerhebung, im Zusammenhang mit der Ausfuhr die vorzeitige Erstattung bzw. den sonst an die Ausfuhr geknüpften Erlaß von Abgaben. Insoweit sind Freizone und -lager mit der Einrichtung des oben beschriebenen Zollagers vergleichbar. Freizonen und Freilager unterscheiden sich lediglich dadurch, daß die Frei-

188 Vgl. insgesamt *Krehl*, NJW 1992, 604 ff.; vgl. ebenso BMF-Erlaß III B 2 – Z3510 – 89/95 v. 22. 2. 1996 (VSF-N 1596) und III B 2 – Z3510 – 107/96 v. 24. 1. 1997 (VSF-N 0797).

zone durch ein räumlich begrenztes Gebiet gekennzeichnet ist, während das Freilager ein bestimmtes Gebäude oder einen Gebäudeteil bezeichnet.

Hinweis: Nationale Verbotsvorschriften knüpfen an den Geltungsbereich des jeweiligen Gesetzes und damit an das deutsche Hoheitsgebiet an; folglich gelten diese Verbote für den grenzüberschreitenden Warenverkehr bereits beim Verbringen in das Hoheitsgebiet, ungeachtet dessen, ob die Ware in eine Freizone oder in den freien Verkehr gelangen soll.

Beispiel:

Der Tatbestand des Einfuhrschmuggels von Betäubungsmitteln wird erfüllt, auch wenn der Container mit den Drogen für eine Freizone bestimmt ist. Mit anderen Worten: Auch die Einfuhr von Drogen in eine Freizone bleibt verboten.

103 Auch die **Wiederausfuhr** von Nichtgemeinschaftswaren ist kein Zollverfahren und bedarf insoweit keiner Anmeldung, sondern lediglich der Mitteilung an die Zollbehörden. Die zollamtliche Überwachung stellt sicher, daß die Ware auch ordnungsgemäß das Zollgebiet der Gemeinschaft verläßt. In Fällen eines der Wiederausfuhr vorangegangenen Zollverfahrens mit wirtschaftlicher Bedeutung (Zollagerverfahren, Umwandlungsverfahren, aktives Veredelungsverfahren, vorübergehende Verwendung) ist jedoch eine Ausfuhranmeldung erforderlich (Art. 182 Abs. 3 ZK).

104 Daneben läßt das Zollrecht auch die u. U. wirtschaftlich sinnvolle **Vernichtung** oder **Zerstörung** einer Nichtgemeinschaftsware zu. Vernichtung bedeutet, daß die Ware im Anschluß an die Behandlung wirtschaftlich nicht mehr erfaßbar bzw. substanziell nicht mehr vorhanden ist.

Beispiel:

Wegschütten eines umgeschlagenen Rotweins.

Zerstörung bedeutet die zerstörerische Veränderung einer Ware, wobei aber wirtschaftlich verwertbare Reste verbleiben.

Beispiel:

Verschrotten einer durch Seewasser geschädigten Sendung HiFi-Geräte.

Die verbliebenen Reste/Abfälle müssen eine für Nichtgemeinschaftswaren zulässige zollrechtliche Bestimmung erhalten (Art. 182 Abs. 5 ZK).

105 Die im EG-Zollrecht – unter dem Vorbehalt entsprechender nationaler Vorschriften – grundsätzlich zugelassene **Aufgabe der Ware zugunsten der Staatskasse**, das ist der vom Wirtschaftsbeteiligten durch Verzicht auf die Ware initiierte Eigentumsübergang auf den Fiskus, gibt es in Deutschland zur Zeit nicht.

VII. Strafrechtlicher Schutz bei den sog. Zollstraftaten

106 Zu unterscheiden sind hier die nationalen und gemeinschaftsrechtlichen Vorschriften zum Schutz der

a) finanziellen Interessen
aa) bei den Steuereinnahmen der Bundesrepublik und der EG (Zölle, *Abschöpfungen*, Verbrauchsteuern, EUSt)
bb) bei den Subventionen, insbesondere den Ausfuhrerstattungen der Gemeinschaft
b) Sicherheitsinteressen, außenpolitischen Interessen, wirtschaftlichen Interessen
aa) im Rahmen der Ein-, Aus- und Durchfuhrkontrollen nach dem Außenwirtschaftsgesetz
bb) im Rahmen der Ein-, Aus- und Durchfuhrkontrollen nach dem Kriegswaffenkontrollgesetz
cc) im Rahmen der Ein-, Aus- und Durchfuhrkontrollen nach dem Chemiewaffenübereinkommen
c) öffentlichen Sicherheit und Ordnung
aa) im Rahmen des Waffen- und Sprengstoffrechts
bb) im Zusammenhang mit dem Geldverkehr und der Echtheit von Ausweispapieren
cc) im Zusammenhang mit der Einfuhr extremistischen Propagandamaterials

d) zahlreichen sonstigen staatlichen und gemeinschaftlichen Interessen
aa) Schutz der Jugend
bb) Schutz der Volksgesundheit
cc) Schutz der einheimischen Wirtschaft
dd) Schutz der Verbraucher
ee) Schutz der Tier- und Pflanzenwelt
ff) Schutz der Umwelt
gg) Schutz des Kulturguts.

Zum Umfang der von der Zollverwaltung zu gewährleistenden Einhaltung von Verboten und Beschränkungen im grenzüberschreitenden Warenverkehr über die Außengrenzen **und**[189] Binnengrenzen der Gemeinschaft vgl. Anhang 1.

Kompetenzen zur Schaffung eines EG- oder EG-einheitlichen Straf- und **Strafverfahrensrechts** stehen der Gemeinschaft nicht zu, da dies nicht zu den im EGV genannten Zielen Zollunion, Binnenmarkt, Wirtschafts- und Währungsunion gehört, zur Erreichung dieser Ziele auch nicht erforderlich ist und folglich das Prinzip der begrenzten Einzelermächtigung und der Subsidiaritätsgrundsatz entgegenstehen – Art. 3b EGV. Der strafrechtliche Schutz der finanziellen Interessen der Gemeinschaft steht somit ausschließlich den Mitgliedstaaten zu.

Art. 209a Abs. 1 EGV verpflichtet allerdings die einzelnen Mitgliedstaaten, zur Bekämpfung von **Betrug**[190] **zum Nachteil der Gemeinschaft** die gleichen Maßnahmen wie zur Bekämpfung von Straftaten zu ihrem eigenen Nachteil zu ergreifen. Deutschland nimmt beim strafrechtlichen (sowie ordnungswidrigkeitenrechtlichen) Schutz der Gemeinschaftsinteressen im EG-Vergleich einen Spitzenplatz ein. Im nationalen Bereich dürfen erkannte Mißbräuche aus fiskalischen und wirtschaftspolitischen Erwägungen (z. B. Vermeidung von Anlastungen der EG) nicht unter der Decke gehalten werden.

Im Mittelpunkt des Schutzes der Einnahmen steht im deutschen Strafrecht die Steuerhinterziehung gem. § 370 AO. Erfaßt werden für den Zuständigkeitsbereich der Zollverwaltung die Hinterziehung von Zöllen, Abschöpfungen, Einfuhrumsatzsteuer (EUSt) und Verbrauchsteuern. Damit sind neben dem **Steueranspruch des Bundes** folglich auch die **finanziellen Interessen der Gemeinschaft** auf der Einnahmeseite geschützt.[191] Eine Ausweitung der geschützten Rechtsgüter und eine Aufbrechung des Territorialprinzips enthalten Abs. 6 u. 7.

Der Ausgabenschutz vor allem der Ausfuhrerstattungen der EG ist durch den Straftatbestand des Subventionsbetruges in § 264 StGB gewährleistet. **Subventionen** i. S. dieser Vorschrift sind neben den Leistungen aus öffentlichen Mitteln nach Bundes- und Landesrecht insbesondere solche nach dem Recht der Europäischen Gemeinschaft – § 264 Abs. 6 StGB. Welche Bedeutung dieser Strafnorm beigemessen wird, verdeutlicht § 6 Nr. 8 StGB. Hiernach gilt das deutsche Strafrecht unabhängig vom Recht des Tatortes auch für einen im Ausland begangenen Subventionsbetrug (Weltrechtsgrundsatz). Damit können die von Ausländern in anderen Mitgliedstaaten der EG verübten einschlägigen Straftaten auch in Deutschland verfolgt werden – gleichlautend insoweit auch § 35 MOG, § 370 Abs. 7 AO.

Die Interessen des Bundes und der Gemeinschaft an der Einhaltung zahlreicher Verbote und Beschränkungen im grenzüberschreitenden Warenverkehr sind strafrechtlich umfassend durch die **Mantelvorschrift** des Bannbruchs gem. § 372 AO gewahrt, der die

---

189 Durch den Wegfall der Zollkontrollen an den Binnengrenzen der EG ist die Aufgabe zur Überwachung der nationalgesetzlich geregelten VuB nicht entfallen, weil die deutschen Verbotstatbestände an den Geltungsbereich des jeweiligen Gesetzes anknüpfen und nicht an die Zollgrenze u. an Zollgrenzkontrollen.

190 Betrügereien = alle Straftaten u. Ordnungswidrigkeiten, die sich gegen die finanziellen Interessen der EG richten, sowie Schein- u. Umgehungsgeschäfte auch ohne formalen Rechtsverstoß – vgl. *Prieß* in *Groeben/Thiesing/Ehlermann*, EU-/EG-Vertrag, Art. 209a EGV Rn. 8, 13.

191 Vgl. hierzu: *Tiedemann*, NJW 1990, 2226.

in vielen Nebengesetzen enthaltenen und dort auch jeweils einzeln nochmals strafbewehrten Verbote zum Zwecke einer einheitlichen Zuständigkeit und Strafverfolgung durch die Zollverwaltung zusammenfaßt.

Verstöße gegen die **Außenwirtschaftsregelungen** des AWG und der AWV sind in §§ 33, 34 AWG, die bezüglich Kriegswaffen in den §§ 19 bis 21, 22a KWKG zusammengefaßt.

VIII. Ermittlung von Steuerstraftaten

1. Begriff der Steuerstraftaten nach § 369 AO

107 Die Steuerstraftaten sind in § 369 AO abschließend **gesetzlich definiert**. Hierzu gehören nach Abs. 1

- die Taten, die nach den Steuergesetzen strafbar sind;
  hierbei handelt es sich um die Tatbestände der Steuerhinterziehung gem. § 370 AO, des gewerbsmäßigen, gewaltsamen und bandenmäßigen Schmuggels nach § 373 AO und der Steuerhehlerei gem. § 374 AO;
- der Bannbruch;[192]
  hierbei handelt es sich um Zuwiderhandlungen gegen außerhalb der AO in Sondergesetzen geregelte Verbotstatbestände für die Ein-, Aus- oder Durchfuhr von Waren;
- die Wertzeichenfälschung und deren Vorbereitung, soweit die Tat Steuerzeichen betrifft; hierbei handelt es sich um eine besondere Deliktsform der §§ 148, 149 StGB;
- die Begünstigung von Personen, die eine der Taten nach den vorstehenden Buchstaben a) bis c) begangen haben.

Nicht (mehr) zu den Steuerstraftaten gehört der Straftatbestand des **Bruchs des Steuergeheimnisses** gem. § 355 StGB, der bis 1974 noch in der alten RAO[193] geregelt war. Auch die in § 353 Abs. 1 StGB geregelte **Abgabenüberhebung** stellt keine Steuerstraftat dar. Beide Delikte sind gem. § 369 nicht nach Steuergesetzen, sondern nach dem StGB strafbar.

2. Steuerhinterziehung

108 Hinterzogen bzw. verkürzt werden nach § 370 AO **Steuern** i. S. des § 3 AO. Die AO gilt nach § 1 Abs. 1 AO für alle Steuern, die durch Bundesrecht oder Recht der Europäischen Gemeinschaften geregelt sind, soweit sie durch Bundesfinanzbehörden oder Landesfinanzbehörden (vgl. § 6 Abs. 2 AO) verwaltet werden. Der § 370 AO ist eine **Blankettnorm**. Die Entstehung und die Höhe der Steuern sind in den jeweiligen Steuergesetzen geregelt – vgl. nachfolgenden Buchst. b). Steuern sind nach der Legaldefinition des § 3 Abs. 1 AO Geldleistungen, die keine Gegenleistung für eine besondere Leistung darstellen und von einem öffentlich-rechtlichen Gemeinwesen zur Erzielung von Einnahmen allen auferlegt werden, bei denen der Tatbestand zutrifft, an den das Gesetz die Leistungspflicht knüpft.

Nicht zu den Steuern zählen die Verwaltungsgebühren, die eine Gegenleistung für die Inanspruchnahme einer Leistung der Verwaltung darstellen; ebenfalls keine Steuern sind die Benutzungsgebühren, die eine Gegenleistung für die Inanspruchnahme öffentlicher Einrichtungen sind. Auch Beiträge stellen keine Steuern dar, sie sind Abgaben für die Zurverfügungstellung öffentlicher Einrichtungen ohne Rücksicht darauf, ob sie in Anspruch genommen werden. Nicht zu den Steuern nach § 3 Abs. 1 AO gehören ebenfalls die steuerlichen Nebenleistungen gem. § 3 Abs. 3 AO (Verspätungszuschläge, Säum-

---

192 Bann = Verbot.
193 RAO = Reichsabgabenordnung vor 1977.

niszuschläge, Zwangsgelder, Zinsen und Kosten), da diese nur Folgeansprüche i. S. eines allgemeinen Zahlungsanspruches des Fiskus sind.[194]

Hinter dem Begriff „Steuern" verbergen sich recht unterschiedliche Abgaben. Die Zollverwaltung erhebt **Verbrauchsteuern, Zölle** und (bisher) **Abschöpfungen**. Diese sind allesamt Steuern i. S. von § 3 Abs. 1 Satz 1 u. 2 AO.

Geschützt wird durch § 370 AO allerdings nur der staatliche Anspruch auf ein vollständiges und rechtzeitiges Steueraufkommen sowie das Interesse an allgemeiner Steuergerechtigkeit.

Die Steuerhinterziehung für Zölle und Verbrauchsteuern kann gem. Art. 212 Satz 1 ZK, § 370 Abs. 5 AO auch hinsichtlich solcher Waren begangen werden, deren Ein-, Aus- oder Durchfuhr verboten ist; auch gem. § 40 AO ist ein bestehendes Verbot nach der im Steuerrecht herrschenden **wirtschaftlichen Betrachtungsweise** unerheblich. Hier wird im Zollrecht ggf. tateinheitlich Steuerhinterziehung und Bannbruch begangen. Eine Ausnahme besteht jedoch aufgrund des Vorrangs des Gemeinschaftsrechts (Art. 189 EGV) ebenfalls aufgrund einer wirtschaftlichen Betrachtungsweise nach Art. 212 Satz 2 ZK für **Suchtstoffe und psychotrope Stoffe sowie Falschgeld**, weil diese Waren – abgesehen von einem legalen Verkehr – nicht in den Wirtschaftskreislauf eingehen.[195] Man beachte aber die Fiktion des Art. 212 Satz 3 ZK für den Einfuhrschmuggel, wonach eine Zollschuld als entstanden gilt, wenn diese im nationalen Recht Voraussetzung für eine Strafbarkeit ist (nach § 370 AO).[196] Die herrschende Meinung[197] lehnt die Anwendung dieser Fiktion im deutschen Strafrecht jedoch ab, weil die EG keine Gesetzgebungskompetenz im Bereich des Strafrechts habe und Gegenstand der Steuerhinterziehung nur ein tatsächlich entstandener Steueranspruch sein könne. Die h. M. verkennt jedoch, daß der EG-Verordnungsgeber in Art. 212 ZK keine Regelung des Strafrechts, sondern eine Regelung zur Zollschuldentstehung getroffen hat, wozu er eine Gesetzgebungskompetenz, wenn er will auch im Wege der Fiktion, besitzt. Diese geht dann wegen des Vorrangs des Gemeinschaftsrechts nach Art. 189 EGV auch nationalem Recht mit der Folge vor, daß eine Zollschuld für die Anwendbarkeit des § 370 AO als entstanden gilt. 109

Steuern werden i. S. des § 370 Abs. 4 namentlich dann verkürzt, wenn sie nicht, nicht in voller Höhe oder nicht rechtzeitig festgesetzt werden. Eine vorläufige Steuerfestsetzung oder eine Festsetzung unter Vorbehalt der Nachprüfung hindern die Annahme einer Steuerhinterziehung nicht. Steuern können jedoch nicht nur im Festsetzungsverfahren, sondern, wie sich aus der Formulierung des Gesetzgebers „namentlich" ergibt, auch im Beitreibungsverfahren hinterzogen werden. Dies kann etwa durch betrügerische Abwendung von Vollstreckungsmaßnahmen geschehen.[198]

§ 370 AO richtet sich aber nicht nur gegen die Steuerverkürzung, sondern ebenso ist das Erschleichen nicht gerechtfertigter Steuervorteile strafbar. Dies betrifft beispielsweise das betrügerische Erlangen abschöpfungsfreier Einfuhren.[199] Gleichfalls ist die pflichtwidrige Nichtverwendung von Steuerzeichen (Steuerbanderolen auf Tabakwaren) als Steuerhinterziehung nach § 370 Abs. 1 Nr. 3 AO strafbar. Die leichtfertige Tatbegehung ist im Unterschied zum Subventionsbetrug jedoch lediglich als Ordnungswidrigkeit zu ahnden – § 378 AO. Die leichtfertige Steuerverkürzung unterscheidet sich im objektiven Tatbestand nicht von der Steuerhinterziehung. 110

Unter Aufbrechung des **Territorialprinzips** im deutschen Strafrecht (§ 3 StGB) erstreckt der Gesetzgeber den Schutz des § 370 AO in Abs. 6 u. 7 AO auf weitere Fälle:

194 BGH-Urteil v. 19. 12. 1997 – 5 StR 569/96, NJW 1998, 1568–1577 (1575–1576) m. w. N.

195 Vgl. EuGH v. 26. 10. 1982, NStZ 1983, 179, ZfZ 1983, 10; EuGH v. 6. 12. 1990, ZfZ 1991, 106, 107.

196 Vgl. hierzu die Ausführungen von *Wamers* zum inhaltsgleichen früheren Art. 2 EG-ZollschuldVO, ddz 1989, F145-F147.

197 Vgl. zum Meinungsstand *Kohlmann*, Steuerstrafrecht, § 370 Rn. 102.1.

198 BGH-Urteil v. 19. 12. 1997 – 5 StR 569/96, NJW 1998, 1568–1577 (1571) m. w. N.

199 BGHSt 25, 190, 195, NJW 1973, 1562; BGH JZ 1975, 183 ff.

111 – Geschützt sind im deutschen Steuerstrafrecht nach Abs. 6 Satz 1 auch diejenigen Eingangsabgaben, die von einem anderen Mitgliedsstaat der EG verwaltet werden (das sind die für die gesamte EG einheitlich geregelten Einfuhrabgaben nach Art. 4 Nr. 10 ZK) oder die einem Mitgliedstaat der EFTA[200] oder einem mit dieser assoziierten Staat zustehen (dies sind die Eingangsabgaben nach den materiellen steuerrechtlichen Vorschriften dieses Staates).[201] Verbrauchsteuern werden hiervon nur erfaßt, sofern sie bei der Einfuhr erhoben werden.

– Unter den in Abs. 6 Satz 2 genannten Voraussetzungen (Gegenseitigkeit und das Bestehen einer entsprechenden feststellenden Rechtsverordnung des BMF sind objektive Strafbarkeitsbedingung) werden auch Umsatzsteuern und harmonisierte Verbrauchsteuern geschützt, die von einem anderen Mitgliedstaat der EG verwaltet werden und die sich auf die in Art. 3 Abs. 1 der „Richtlinie 92/12/EWG des Rates über das allgemeine System, den Besitz, die Beförderung und die Kontrolle verbrauchsteuerpflichtiger Waren“[202] genannten Waren beziehen (Mineralöl, Alkohol u. alkoholische Getränke, Tabakwaren). Die Regelung ist die Konsequenz der Einführung des Binnenmarktes zum 1. 1. 1993 mit dem damit verbundenen Wegfall der Grenzkontrollen an den Binnengrenzen der Gemeinschaft. Während im Reiseverkehr das Ursprungslandprinzip gilt (USt. und VSt werden im Land des Erwerbs gezahlt), ist für den gewerblichen Warenverkehr das Bestimmungslandsprinzip maßgebend (USt. und VSt werden im Bestimmungsland der EG gezahlt).

§ 370 Abs. 6 AO

anwendbar
- bei Zöllen
- beim Versand (T1) innerhalb der EG
- bei Verbrauchsteuern in den EFTA-Staaten, sofern diese bei der Einfuhr erhoben werden

nicht anwendbar
- bei harmonisierten Verbrauchsteuern beim Versand innerhalb der EG, da objektive Strafbarkeitsvoraussetzung die Verbürgung der Gegenseitigkeit ist

– Gem. Abs. 7 gilt der Strafrechtsschutz des Tatbestandes der Steuerhinterziehung (Abs. 1 bis 6) unabhängig vom Recht des Tatortes auch für Taten, die außerhalb des Geltungsbereiches der AO begangen wurden (**Universalitätsprinzip**). Damit wird die Strafbarkeit auch auf Auslandstaten von Deutschen und Ausländern ausgedehnt. Dies ist im Hinblick auf den Abs. 6 seit dem Inkrafttreten des EG-Finanzschutzgesetzes[203] am 22. 9. 1998 jedenfalls unzweifelhaft der Fall, bis dahin erfaßte der Wortlaut des Abs. 7 nur die Absätze 1 bis 5 des § 370 AO. Entgegen seiner mißverständlichen Formulierung sollte der alte Abs. 7 nach wohl überwiegender Auffassung in der Literatur auch für Taten nach Abs. 6 gelten – Begründung: gesetzgeberisches Versehen, denn als Abs. 7 wurde der alte Abs. 6 mit unverändertem Wortlaut übernommen. Daß dies tatsächlich so gewollt war, ergab eine historische, teleologische Auslegung der Vorschrift unter Einbeziehung der Gesetzesbegründung.[204] Die Absätze 6 und 7 sollten sich da-

---

200 Norwegen, Schweiz, Liechtenstein, Island.

201 Zum Begriff der erfaßten Eingangsabgaben vgl. *OLG Hamburg* wistra 1987, 266 ff.

202 Fundstelle vgl. Anhang 2.

203 EGFinSchG – Gesetz zu dem Übereinkommen vom 26. Juli 1995 über den Schutz der finanziellen Interessen der Europäischen Gemeinschaften, BGBl. II 1998, 2322.

204 Vgl. die ausführlichen Ausführungen von *Kohlmann*, Steuerstrafrecht, § 370 Rn. 102.5; *Bender*, Zoll- u. Verbrauchsteuerstrafrecht, Tz. 64.5; vgl. BT-Drucks. 12/2906, 35, 47.

nach nicht ausschließen, sondern standen nach dieser Auffassung selbständig nebeneinander, wobei Abs. 6 aufgrund seiner Verweisung selbst Bestandteil des Straftatbestandes nach den Absätzen 1 bis 5 sein sollte.[205] Dies ist nach dem Streitstand sicherlich die anzunehmede Absicht des Gesetzgebers gewesen, doch darauf kam es nicht an, denn die Grenze der Auslegung war der Wortlaut des Abs. 7, der eindeutig nicht auf Abs. 6 verwies. Wollte man trotz des entgegenstehenden klaren Wortlauts Abs. 6 in Abs. 7 mit einbeziehen, so verstößt dies gegen Art. 103 Abs. 2 GG und den Grundsatz „nulla poena sine lege".[206]

Tathandlungen nach § 370 Abs. 1 Nr. 1 AO sind falsche oder unvollständige Angaben 112 zur Bezeichnung (Fleischabfall statt Rinderfilet) oder über Art (Saft statt Alkohol), Menge und Wert (gebrauchte Kamera aus Honkong, interne Verrechnungs- statt Warenwerte bei Firmen im Verbund) eingeführter Waren durch mündliche oder schriftliche Erklärung bzw. Vorlage unterfakturierter Warenrechnungen („Rechnungen für den Zoll") oder durch konkludentes Handeln (Benutzung des „grünen" Ausgangs anstelle des „roten" beim Verlassen des Zollbereichs auf den Flughäfen).

Tathandlung nach § 370 Abs. 1 Nr. 2 AO ist die pflichtwidrige Nichtanmeldung[207] mitgeführter/eingeführter Waren durch Nichterfüllung der Gestellungsmitteilung nach Art. 40 ZK, Unterlassen der summarischen Anmeldung nach Art. 43 ZK oder Unterlassen der Anmeldung zur Überführung in ein Zollverfahren (wozu auch die Überführung in den freien Verkehr der Gemeinschaft gehört – Art. 4 Nr. 15, 16 ZK).

Hierdurch muß eine Steuer verkürzt worden sein (Erfolgsdelikt). Verkürzt ist die 113 Steuer nach Abs. 4 Satz 1, wenn die Steuern nicht, nicht in voller Höhe oder verspätet festgesetzt wird.[208] Der **Versuch** (§§ 22, 23 StGB) beginnt bei der Steuerhinterziehung zu dem Zeitpunkt, zu dem der Täter die Abgabe einer Steueranmeldung oder -erklärung in der Absicht unterläßt, auf diese Weise Steuern zu sparen. Das erforderliche unmittelbare Ansetzen zur Steuerhinterziehung erfordert ein Verhalten des Täters i. S. der jeweiligen Tatalternativen nach § 370 Abs. 1 Nr. 1 bis 3, das nach seiner Vorstellung von der Tat geeignet ist, eine Gefährdung des geschützten Rechtsguts unmittelbar herbeizuführen.[209]

Da die Regelungen der Steuerstraftaten in der AO für den Bereich des Strafrechts abschließende Regelungen darstellen, kommt daneben weder für Steuern noch für steuerliche Nebenleistungen eine Anwendung des Betrugstatbestandes nach § 263 StGB in Betracht.[210]

a) Einfuhrabgaben der EG

Nationale Zölle der Mitgliedstaaten der EG gibt es gem. Art. 9, 12 EGV nicht mehr. Zwi- 114 schen den Mitgliedstaaten werden an den Binnengrenzen keine Zölle erhoben. Die EG ist u. a. eine Zollunion, die nur noch Gemeinschaftszölle aufgrund eines Gemeinsamen Zolltarifs (vgl. Art. 18 ff. EGV) und auf der Grundlage eines **EG-einheitlichen Zollrechts** – dem sog. Zollkodex – an ihren Außengrenzen erhebt. Mit dem Inkrafttreten des für die gesamte EG geltenden Zollkodex zum 1. Januar 1994 wurde i. ü. das alte deutsche Zollgesetz (ZG) aufgehoben, da der Zollkodex als EG-Verordnung nach Art. 189 EGV unmittelbar geltendes Recht ist und Vorrang vor entgegenstehendem nationalem

---

205 *OLG Schleswig*, Beschluß vom 17. 9. 1997, wistra 1998, 30; Anmerkung *Döllel*, wistra 1998, 70; ablehnend *LG Kiel* NStZ 1998, 200 (201); *Franzen/Gast/Joecks*, Rn. 33 zu § 370 AO.

206 So mit sehr überzeugender Begründung *LG Kiel* NStZ 1998, 200 (201, 202).

207 Nach *Hübner in Hübschmann/Hepp/Spitaler* Rn. 13 zu § 370 AO: unechtes Unterlassungsdelikt.

208 Zum Begriff der Steuerverkürzung siehe BGHSt 24/181; 21/113; *Hübner* in *Hübschmann/Hepp/Spitaler* Rn. 12 a zu § 370 AO.

209 *LG Kiel* NStZ 1998, 200 (201); vgl. allgemein *Engelhardt* in *Hübschmann/Hepp/Spitaler*, Rn. 143 bis 148 zu § 370 AO.

210 BGH-Urteil v. 19. 12. 1997 – 5 StR 569/96, NJW 1998, 1568–1577 (1576) m. w. N.

Recht hat – Art. 189 EGV. Nur soweit die EG entweder keine Regelungskompetenzen besitzt, z. B. für die nationalen Verbrauchsteuern oder die auf nationalem Recht beruhenden Verbote und Beschränkungen für den grenzüberschreitenden Warenverkehr (VuB),[211] oder es dem nationalen Gesetzgeber im Zollkodex freigestellt hat, ergänzende bzw. ausfüllende Regelungen zu treffen oder ganz einfach auf bestehendes nationales Recht verweist (z. B. bei den Rechtsmitteln gem. Art. 245 ZK), trifft das Zollverwaltungsgesetz (ZollVG)[212] seit 1. Jan. 1993 noch nationale Regelungen.

115 Der Wirtschaftsstraftäter richtet seine Angriffe vorrangig gegen die **Einfuhrabgaben der EG**. Nach Art. 4 Nr. 10 ZK sind dies im wesentlichen Zölle und Abgaben mit gleicher Wirkung bei der Wareneinfuhr sowie bei der Einfuhr erhobene Abgaben, die im Rahmen der gemeinsamen Agrarpolitik oder aufgrund von Sonderregelungen für bestimmte landwirtschaftliche Verarbeitungserzeugnisse vorgesehen sind. Vor der Uruguay-Runde des GATT[213] waren bis zum 1. 7. 1995 hier neben oder anstelle von Zöllen noch die sog. **Abschöpfungen** zu beachten. Abschöpfungen stellen jedenfalls nach nationalem Recht Steuern i. S. der Abgabenordnung dar – § 3 Abs. 1 Satz 2 AO. Durch Abschöpfungen wurde die Nichtgemeinschaftsware auf das höhere Preisniveau des EG-Binnenmarktes gehoben, um die Konkurrenzfähigkeit der landwirtschaftlichen Produkte des Binnenmarktes zu gewährleisten. Damit sollte der landwirtschaftlichen Bevölkerung ein angemessenes Einkommen gesichert werden. Durch den Ministerrat der EG wurden alljährlich die sog. Interventions- und Richtpreise für den EG-Binnenmarkt festgelegt, die oft erheblich über dem Weltmarktpreisniveau lagen. Die Differenz zwischen dem Richtpreis und dem Weltmarktpreis wurde als Schwellenwert bezeichnet. Er bildete die Grundlage der Einfuhrabschöpfungen. Der Importeur zahlte den vereinbarten Weltmarktpreis an seinen Verkäufer außerhalb der Gemeinschaft und die Abschöpfungen bei der Einfuhr an die zuständige Zollbehörde. Die Abschöpfungen stehen bzw. standen der EG zu. Die frühere Hinterziehung der bisherigen Abschöpfungen wird bis zum Ablauf der längsten Festsetzungsfrist von 10 Jahren gem. § 169 Abs. 2 Satz 2 AO bzw. bis zum Ablauf der strafrechtlichen Verjährungsfrist von 5 Jahren noch eine Bedeutung haben.

Der Schutz der Produktion der EG-Landwirtschaft erfolgt jedoch weiterhin über das System der **Agrarzölle**. Die Zolltarife der Agrarzölle werden in vergleichbarer Weise wie früher die Abschöpfungen in bestimmten Intervallen angepaßt. Die Zölle der EG sind Wirtschaftszölle (erhoben für den Vorgang der Einfügung der Nichtgemeinschaftsware in den Wirtschaftskreislauf des Binnenmarktes), Schutzzölle (zum Schutz der einheimischen Wirtschaft – z. B. Antidumpingzölle, zum Schutz der Landwirtschaft – Agrarzölle), aber auch Finanzzölle (zur Finanzierung des allgemeinen EG-Haushalts) als natürliche Folge einer jeden Zollerhebung.

116 Die Zölle und die früheren sog. Abschöpfungen[214] stehen der EG zu. Eine **Ertragshoheit der EG** im eigentlichen Sinne besteht aber nicht. Nach dem sog. Eigenmittelsystem verfügt die EG auf der Grundlage des Gemeinschaftsrechts originär über Finanzmittel, die jedoch nicht von ihr selbst, sondern von den Mitgliedstaaten erhoben und an die EG abgeführt werden.[215] In diesem Sinne also ist die „Ertragshoheit" für Zölle, einen Teil der Mehrwertsteuer und eines Satzes vom Bruttosozialprodukt aller Mitgliedstaaten im Rahmen der Ablösung des Systems der Finanzbeiträge der Mitgliedstaaten durch das

---

[211] VuB sind sowohl an den Außengrenzen der Gemeinschaft als auch an den Binnengrenzen zu den EG-Nachbarstaaten von der Zollverwaltung zu überwachen, da die nationalen Verbotsregelungen nicht auf Zollgrenzen, sondern auf den Geltungsbereich des nationalen Verbots abstellen – Territorialprinzip § 3 StGB.

[212] Zollverwaltungsgesetz (ZollVG) i. d. F. des Zollrechtsänderungsgesetzes v. 21. 12. 1992, BGBl. I S. 2125.

[213] GATT: General Agreement on tariffs and trade (Welthandelsabkommen), jetzt institutionalisiert zur Welthandelsorganisation (WTO).

[214] Abschöpfungen entfallen seit 1. 7. 1995, vgl. *Schrömbges,* ZfZ 1996, 2–14 (5/6).

[215] *Birk*, Gemeinschaftssteuern, Rn. 2.

System der Eigenmittel der Gemeinschaft zur Finanzierung des EG-Haushalts nach Art. 201 EGV auf die Gemeinschaft übergegangen – vgl. hierzu Art. 2 Abs. 1 Buchst. a)–c) des sog. EG-Eigenmittelbeschlusses.[216]

b) Verbrauchsteuern

Entstehung und Fälligkeit der Verbrauchsteuern sind in den einzelnen nationalen Verbrauchsteuergesetzen geregelt. In der Bundesrepublik Deutschland existieren **Verbrauchsteuergesetze** für Mineralöl (MinöStG[217]), Strom (StromStG[218]), Tabak (TabStG[219]), Branntwein (BranntwMonG[220]), Bier (BierStG[221]), Schaumwein (SchaumwZwStG[222]), Kaffee (KaffeeStG[223]) und Wein.[224] Auch die Einfuhrumsatzsteuer (EUSt) ist eine Verbrauchsteuer; sie entspricht der nationalen Umsatzsteuer – Mehrwertsteuer (MwSt). „Verbrauchsteuern sind auf Abwälzbarkeit angelegte Steuern auf die in der Einkommensverwendung zum Ausdruck kommende steuerliche Leistungsfähigkeit, die nur auf einer Stufe grundsätzlich auf den konsumtiven Verbrauch von ausgewählten Waren erhoben werden und bei denen der Steuerentstehungstatbestand an einen tatsächlichen Vorgang oder Zustand anknüpft".[225] Die Verbrauchsteuern werden abhängig von unterschiedlichen tatsächlichen Anknüpfungspunkten in den einzelnen Verbrauchsteuergesetzen (Herstellung, Entnahme aus dem Steuerlager oder aus dem Versorgungsnetz) u. a. auch bei der Einfuhr von Nichtgemeinschaftswaren neben den Einfuhrabgaben nach dem Zollkodex erhoben. 117

Als ganz neue, nicht harmonisierte Verbrauchsteuer wurde zum 1. 4. 1999 mit dem Gesetz zum Einstieg in die ökologische Steuerreform die **Stromsteuer** eingeführt. Sie stellt die Zollverwaltung und auch den Zollfahndungsdienst vor völlig neue Aufgaben. Die Stromsteuer entsteht im Regelfall dadurch, daß Strom vom Letztverbraucher aus dem Versorgungsnetz rechtmäßig entnommen wird – § 5 Abs. 1 StromStG. Steuerschuldner ist in diesem Fall das Versorgungsunternehmen – § 5 Abs. 2 StromStG. Entsteht die Steuer aufgrund widerrechtlicher Entnahme von Strom aus dem Netz, ist Steuerschuldner der „Stromdieb" – § 6 StromStG. Hier liegt ggf. Tateinheit mit der Entziehung elektrischer Energie gem. § 248 c StGB vor.

Von aktueller Bedeutung sind seit der deutschen Vereinigung besonders die zahlreichen Ermittlungsverfahren zur Bekämpfung des (organisierten) **Zigaretten- und Alkoholschmuggels,** wobei sich die Absatzschwerpunkte der Täter im Verlaufe mehrerer 118

---

216 Beschluß des Rates v. 31. 10. 94; Fundstelle vgl. Anhang 2; vgl. i. ü. *Birk*, Verteilung der Finanzhoheit, Rn. 31.

217 Mineralölsteuergesetz i. d. F. von Abschnitt 1 Artikel 5 des Verbrauchsteuer-Binnenmarktgesetzes v. 21. 12. 1992, BGBl. I S. 2150, 2185.

218 Das Stromsteuergesetz ist als Art. 1 des Gesetzes zum Einstieg in die ökologische Steuerreform vom 24. 3. 1999 beschlossen worden; BGBl. I S. 378.

219 Tabaksteuergesetz i. d. F. des Art. 1 des Verbrauchsteuer-Binnenmarktgesetzes v. 21. 12. 1992, BGBl. I S. 2150.

220 Gesetz über Branntweinmonopol v. 8. 4. 1922, RGBl. I S. 335, 405; zuletzt geändert durch Art. 3 des Gesetzes z. Änderung v. Verbrauchsteuergesetzen u. des EG-Amtshilfegesetzes v. 12. 7. 1996, BGBl. I S. 962.

221 Biersteuergesetz i. d. F. des Art. 2 des Verbrauchsteuer-Binnenmarktgesetzes v. 21. 12. 1992, BGBl. I S. 2150, 2158; 1993/169.

222 Gesetz zur Besteuerung von Schaumwein und Zwischenerzeugnissen i. d. F. von Abschnitt 1 Art. 1 des Verbrauchsteuer-Binnenmarktgesetzes v. 21. 12. 1992, BGBl. I S. 2166, 2176.

223 Kaffeesteuergesetz i. d. F. von Abschnitt 1 Art. 6 des Verbrauchsteuer-Binnenmarktgesetzes v. 21. 12. 1992, BGBl. I S. 2150, 2199.

224 Vgl. §§ 26–28 Verbrauchsteuer-Binnenmarktgesetz v. 21. 12. 1992, BGBl. I, 2150; eine bis dato nicht existierende Weinsteuer mußte aus Harmonisierungsgründen dem Grunde nach eingeführt werden, der Steuersatz auf Wein ist in der Bundesrepublik allerdings „0".

225 *Jatzke*, ZfZ 1997, 55 (Fußn. 12).

Jahre immer weiter von den neuen Bundesländern in die alten Bundesländer verlagert haben. Der jährliche Steuerschaden für die Bundesrepublik Deutschland beträgt ca. 1 bis 1,5 Milliarden DM. Der Ausfall an Zöllen und anteiliger Umsatzsteuer für die Europäische Gemeinschaft betrug 1997 rd. 838 Mio DM. Die bekannten Hellfelderkenntnisse zum Zigarettenschmuggel lassen bereits die ganze Dimension dieses Kriminalitätsfeldes erkennen:

	Sicherstellungen	**Strafverfahren**
1995	758 Mio. Zigaretten	49200
1996	674 Mio. Zigaretten	40894
1997	542 Mio. Zigaretten	28543
1998	595 Mio. Zigaretten	23389

Dabei handelt es sich allerdings nicht nur um die klassischen Fälle der Hinterziehung der Einfuhrabgaben – inklusive eben der Verbrauchsteuern – beim Schmuggel in als leer deklarierten LKW, von Reisenden im PKW oder durch Personen über die „grüne Grenze“ sowie als Beiladung versteckt unter im übrigen deklarierter Tarnladung oder um Schmuggel unter Manipulation der zuvor beschriebenen Versandverfahren bei der Durchfuhr. Vielmehr existiert daneben noch ein eigenständiges Manipulationsfeld auf dem Sektor der verbrauchsteuerpflichtigen Waren.

Es besteht nämlich bei verbrauchsteuerpflichtigen Gemeinschaftswaren, vor allem bei hochsteuerbarem Mineralöl, Tabak, Alkohol und alkoholischen Getränken, in vielen Fällen ein wirtschaftliches Bedürfnis, diese Waren z. B. nach ihrer Herstellung ohne Zahlung der Steuern – und somit ohne Bindung von Kapital – für einen bestimmten Zeitraum in einem Steuerlager zu lagern, die Waren von einem Steuerlager zu einem anderen Steuerlager oder zu einer steuerbegünstigten Verwendung unter Steueraussetzung zu transportieren, die Waren ohne Zahlung der Verbrauchsteuern dem Steuerlager zu entnehmen und aus dem Steuererhebungsgebiet (Bundesgebiet) oder aus der Gemeinschaft auszuführen usw. Zur Sicherung der an der Gemeinschaftsware haftenden Verbrauchsteuer wird die Ware in solchen Fällen mit einem sog. „begleitenden Verwaltungsdokument“ im Verfahren der Steueraussetzung gem. Art. 15 der EG-Richtlinie 92/12/EWG,[226] § 141 BranntwMonG innerhalb der Gemeinschaft transportiert. Es handelt sich dabei um ein innergemeinschaftliches Steuerversandverfahren, dessen Einzelheiten in Umsetzung der vorg. Richtlinie in den jeweiligen Verbrauchsteuergesetzen und zahlreichen Dienstanweisungen geregelt ist. Auch dieses Verfahren ist äußerst mißbrauchsanfällig. Zu den häufigsten Manipulationen gehört beispielsweise das Vortäuschen der Ausfuhr von im Steuerversandverfahren mit Begleitdokument transportiertem Tabak oder Alkohol durch Verfälschen des Rückscheins oder die Nichterledigung des Verfahrens, obwohl die hochbelastete Ware tatsächlich unversteuert im Verbrauchsteuergebiet verbleibt. Darüber hinaus werden die begleitenden Verwaltungsdokumente gegen gefälschte Ausfuhrpapiere mit anderer Warenbezeichnung ausgetauscht, gefälschte Ausfuhrpapiere mit anderen Warenbezeichnungen bei der Ausfuhrabfertigung vorgelegt, Angaben nicht existenter Empfänger im begleitenden Verwaltungsdokument vorgenommen.

Wird der Alkohol durch deutsche Täter aus einem Steuerlager eines EG-Mitgliedstaates bezogen und im Steueraussetzungsverfahren nach Deutschland befördert, von hier aus dann in ein anderes Mitgliedsland der EG (etwa Schweden) unter Tarnladungen unter Hinterziehung der dortigen Verbrauchsteuern eingeschmuggelt, liegt keine Strafbarkeit nach § 370 Abs. 6 AO vor, solange die in Abs. 6 S. 3 der Vorschrift vorausgesetzte Rechtsverordnung über die Feststellung der verbürgten Gegenseitigkeit noch nicht erlassen ist. Wird der Alkohol allerdings in einen Mitgliedstaat der Rest-EFTA (z. B. Norwegen) ge-

[226] Richtlinie 92/12 (EWG) des Rates über das allgemeine System, den Besitz, die Beförderung und die Kontrollen verbrauchsteuerpflichtiger Waren v. 25. 2. 92; VO (EWG) Nr. 2719/92 der Kommission zum begleitenden Verwaltungsdokument bei der Beförderung verbrauchsteuerpflichtiger Waren unter Steueraussetzung v. 11. 9. 92; Fundstellen vgl. Anhang 2.

schmuggelt, so ist, wenn bei der Einfuhr Branntweinsteuer hätte erhoben werden müssen, nach Abs. 6 S. 1 die Verfolgung wegen einer Steuerstraftat möglich. Mitgliedstaaten der EFTA und mit diesen assoziierte Staaten stehen sich somit beim Einfuhrschmuggel von Alkohol u. U. besser als die EG-Mitgliedstaaten.

Dem Staatsanwalt gegenüber sei hier der Hinweis erlaubt, daß auch der Diebstahl von Verbrauchsteuergut aus einem Zoll- oder einem Steuerlager sowie aus einem Zoll- oder Steuerversandverfahren zugleich eine Steuerhinterziehung des Diebes (Steuerhehlerei des Hehlers) darstellt mit entsprechenden steuerlichen Folgen für die Täter, vgl. § 71 AO.[227] 119

Stets aktuell geblieben ist im übrigen die sog. „Verdieselung" von Heizöl, d. h., steuerbegünstigtes Heizöl wird vorschriftswidrig aus dem Mineralöllager oder aus einer zweckgebundenen Verwendung unter Manipulationen entnommen und anstelle von hochbelastetem Diesel in Kraftfahrzeugen oder Baumaschinen verwendet.

c) Schwere Steuerhinterziehung

§ 370 Abs. 3 enthält Regelbeispiele für besonders schwere Fälle der Steuerhinterziehung. 120
Ein solcher erschwerter Fall liegt vor, wenn der Täter aus grobem Eigennutz Steuern in großem Ausmaß verkürzt, seine Stellung als Amtsträger (§ 11 Abs. 1 Nr. 2 StGB) mißbraucht, sich der Mithilfe eines amtsmißbräuchlich handelnden Amtsträgers bedient oder eine fortgesetzte Steuerverkürzung unter Verwendung ge- oder verfälschter Belege begeht. Als Amtsträger kommen Zollbeamte oder BGS-Beamte in Betracht, die ihre Dienststellung etwa durch Vorzeigen des Dienstausweises, Benutzung des Dienstkraftfahrzeuges, Ausnutzung ihrer Vorgesetzteneigenschaft, Ausnutzung des Dienstes auf ausländischem Hoheitsgebiet, usw. mißbrauchen, um nicht kontrolliert zu werden. Die Höhe des verursachten Steuerschadens ist unerheblich,[228] sehr geringer Schaden läßt jedoch ein Regelbeispiel entfallen.[229] Der Strafrahmen beträgt zwischen 6 Monaten und 10 Jahren.

3. Bannbruch

Der Tatbestand des Bannbruchs nach § 372 AO gehört zu den unbekanntesten, jedenfalls 121
unbeliebtesten Tatbeständen der Strafjustiz, wenn man diese Aussage von der tatsächlichen Anwendung der Vorschrift abhängig macht. Dabei besteht der Sinn der Vorschrift vorwiegend in zwei Aspekten: Sie erfaßt als **Blankettnorm** in praktikabler Form die zahlreichen, in einzelnen Sondergesetzen[230] vorliegenden Verbotstatbestände in einer Norm für den Zoll/Zollfahndungsdienst und begründet damit zugleich eine einheitliche Strafverfolgungskompetenz für den Zollfahndungsdienst für alle erfaßten Verbotstatbestände unterschiedlicher Art.

Ausschlaggebend für die Einbeziehung des Bannbruchs in den Kreis der Steuerstraftaten waren neben historischen Erwägungen – die Zollverwaltung hat diese Aufgabe traditionell schon immer wahrgenommen – praktische und verfahrensrechtliche Überlegungen. Da die Zollverwaltung im Rahmen der Warenabfertigung und der Grenzüberwachung im Bereich der Abgabenerhebung ohnehin schon kontrollierte und **Verstöße gegen Verbote und Beschränkungen des grenzüberschreitenden Warenverkehrs** regelmäßig mit abgabenrechtlich relevanten Sachverhalten zusammenfallen, konnte sie diese Aufgabe sinnvollerweise mit übernehmen.[231] Damit wurde zugleich sichergestellt, daß

227 Vgl. insgesamt zur Thematik *Jatzke,* ZfZ 1997, 408; *Soyk,* ZfZ 1998, 2.

228 *Klein/Orlopp,* Anm. 15 zu § 370 AO.

229 *Janovsky,* NStZ 1998, 117 (119).

230 Vgl. zu den Verbotstatbeständen Anhang 1.

231 BGH NJW 1973, 815; *Hübner* in *Hübschmann/Hepp/Spitaler,* AO, vor § 372 Rn. 15, 16; *Bender,* Zoll- u. Verbrauchsteuerstrafrecht, Tz. 96, 1).

im grenzüberschreitenden Waren- und Reiseverkehr nicht eine Vielzahl von Überwachungs- und Verfolgungsbehörden von Bund und Ländern zeitlich und örtlich nebeneinanderher arbeiten. Daher ist einer Verwaltung, der Zollverwaltung, als **Komplementärbefugnis** zu ihrer Überwachungsaufgabe bei der Kontrolle des Warenverkehrs nach § 1 ZollVG, § 209 AO auch die Strafverfolgungskompetenz zugeschrieben worden, um eine materiellrechtlich und verfahrensrechtlich einheitliche Handhabung der Vorschriften zu gewährleisten. Die **Zusammenfassung aller Verstöße** gegen Ein-, Aus- und Durchfuhrverbote im Bannbruchtatbestand ist sicherlich eine komplizierte und im deutschen Strafrecht einmalige Regelung, aber sie ist praxisnah, weil sie die Vielzahl der unterschiedlich geregelten Verbote für eine einheitliche Anwendung durch die Zollverwaltung zusammenfaßt und eventuell fehlende Strafandrohungen ersetzt.

122 Unabhängig davon, ob ein Verstoß gegen diese Verbote in den spezialgesetzlichen Vorschriften pönalisiert wird, ist der entsprechende Verstoß gegen derartige Bestimmungen nach dem im Wortlaut des § 372 Abs. 1 AO eindeutig zum Ausdruck kommenden Willen des Gesetzgebers **immer** ein Bannbruch.[232] Dies hat *Hübner* mit seiner sog. **„Manteltheorie"**, nach der der Bannbruchtatbestand alle Zuwiderhandlungen gegen entsprechende Verbote wie ein Mantel umfaßt, besonders plastisch und deutlich umschrieben.[233] Ein Verstoß gegen ein Ein-, Aus- oder Durchfuhrverbot behält somit immer die Qualität eines Bannbruchs, wird damit jedoch nicht zwingend zu einer Steuer**straftat**. Verurteilt werden müßte der Täter z. B. bei Rauschgiftschmuggel wegen der Straftat des Bannbruchs nach § 372 Abs. 1 u. 2 AO in der Form der unerlaubten Einfuhr von Betäubungsmitteln nach § 29 Abs. 1 Nr. 1 BtMG.

Fast alle Verbote sind zwischenzeitlich in den jeweiligen Sondergesetzen bereits mit Strafe bewehrt. Nur das Einfuhrverbot des § 3 BranntwMonG kennt keine **eigene Strafbewehrung**. Auch der zwischenzeitlich aufgehobene § 2 des Beitrittsgesetzes zum Madrider Abkommen für den Bereich des Warenzeichenrechts besaß keine eigenständige Pönalisierung.

123 Aus §§ 372 Abs. 2, 370 Abs. 1 AO ergibt sich, daß der Bannbruch einen **Vergehenstatbestand** darstellt, der im Höchstmaß eine Freiheitsstrafe von 5 Jahren vorsieht, soweit nicht § 372 Abs. 2 AO auf eine Strafandrohung in Sondervorschriften verweist. Dadurch wird dem unterschiedlichen Unrechtsgehalt der Vielzahl der im Bannbruchtatbestand zusammengefaßten Bannbruchverstöße Rechnung getragen. Ein Bannbruch kann folglich Verbrechen oder Vergehen sein.[234] Soweit die Tat in einem Nebengesetz als Ordnungswidrigkeit qualifiziert ist, sind die Konsequenzen aufgrund der widersprüchlichen Formulierung des § 372 Abs. 1 u. 2 sowie des § 369 Abs. 1 Nr. 2 AO einigermaßen umstritten,[235] jedenfalls wird bei einfachem(!) Bannbruch wegen Abs. 2 daraus keine Straftat: Die Handlung ist nach den vorstehenden Ausführungen zutreffenderweise als Bannbruch nach § 372 Abs. 1 AO zu qualifizieren und gem. § 372 Abs. 2 AO i. V.m: dem Owi-Tatbestand mit Geldbuße zu ahnden,[236] der Bannbruch ist also hier Ordnungswidrigkeit.

Die Materie ist bis heute sehr umstritten, und es zeugt nicht von Gesetzgebungskünsten, daß es Literatur und Lehre bisher nicht gelungen ist, zu einer einheitlichen, dogmatisch überzeugenden herrschenden Meinung zu gelangen.

---

[232] *Bender*, Zoll- u. Verbrauchsteuerstrafrecht, Tz. 96, 1); *Hübner* in *Hübschmann/Hepp/Spitaler*, AO, vor § 372 Rn. 22.

[233] BGH in NJW 1973, 1707 (1708); *Hübner*, a.a.O., § 372, Rn. 81; zuletzt *Fehn*, ZfZ 1998, 70–71, der zum Ergebnis kommt, auch Ordnungswidrigkeiten würden über § 372 AO zur Straftat, die jedoch nur zu „bebußen" seien.

[234] *Hübner*, a.a.O., vor § 372 Rn. 34, 96 ff.

[235] Vgl. zum Stand der Diskussion *Kohlmann*, Steuerstrafrecht, § 372 Rn. 41–45.

[236] A. A. mit guten Argumenten *Fehn* ZfZ 1998, 70.

Die ganze Problematik des Bannbruchtatbestands liegt in seiner Konstruktion, vor allem dem Verhältnis der beiden Alternativen des Abs. 2 zueinander, dem Verhältnis des Abs. 2 zu den Verbotsgesetzen und der scheinbar ungelösten Frage, ob Bannbruch nach Abs. 2 2. Alternative Straftat und/oder Ordnungswidrigkeit ist oder ob Bannbruch nicht immer nur Steuerstraftat sein kann (argumentum ex § 369 Abs. 1 AO). Dogmatisch richtig und rechtssystematisch nachvollziehbar kann nur nachfolgende Auffassung sein:[237]

Der Bannbruch des § 372 Abs. 1 AO ist zunächst eindeutig Steuerstraftatbestand nach der AO – § 369 Abs. 1 Nr. 2 AO. Sieht das Verbotsgesetz selbst keine Sanktion vor, wird der Täter nach Abs. 2 1. Altern. i.V.m § 370 AO wie ein Steuerhinterzieher bestraft.

Der Bannbruch bleibt aber, auch wenn die Ahndung aus einem anderen Gesetz erfolgt, nach der Manteltheorie von *Hübner*[238] **immer** Bannbruch und damit stets Steuer-„delikt", weil die Tat nach der Formulierung des Abs. 2 die Qualität als Bannbruch nicht verlieren soll, da nur die Ahndung (Strafe oder Geldbuße) und **nicht der Tatbestand** subsidiär ist. Demzufolge entzieht sich der Bannbruchtatbestand den gebräuchlichen Konkurrenzregeln des StGB, wenn dies auch erkennbar der einzige derartige Fall im deutschen Strafrecht ist.[239]

Bannbruch kann nach Abs. 2 des § 372 AO sowohl **Steuerstraftat** als auch **Steuerordnungswidrigkeit** sein, und zwar in Abhängigkeit davon, ob die Zuwiderhandlung gegen die Verbotsregelung im Nebengesetz mit Strafe oder mit einem Bußgeld bedroht ist; sie bleibt aber immer Bannbruch.[240] Damit ist dem differierenden Unrechtsgehalt der sehr unterschiedlichen in § 372 AO zusammengefaßten Zuwiderhandlungen vollauf Rechnung getragen. Dieses Ergebnis entspricht grundsätzlich auch der inneren Systematik des Steuerstrafrechts in der AO, wonach gem. § 369 Abs. 1 Nr. 1 AO als Steuerstraftaten die in den Steuergesetzen (AO u. a.) so bezeichneten Taten definiert sind und wonach gem. § 377 AO Steuerordnungswidrigkeiten ebenfalls die in den Steuergesetzen als solche bezeichneten Bußgeldtatbestände sind. So weit, so gut: Jedoch definiert § 369 Abs. 1 Nr. 2 AO den Bannbruch eigenständig als Steuerstraftat, ohne differenzierende Aussagen etwa zu § 372 AO zu treffen. Hier beginnt der scheinbar nicht auflösbare Widerspruch zur Aussage des § 372 Abs. 2 AO, wonach Bannbruch eben nicht Straftat sein muß, sondern nur sein kann, wenn keine Bußgeldandrohung aus dem Verbotsgesetz eingreift. Diesen Widerspruch des Gesetzgebers kann man m. E. nur bewältigen, indem man § 369 AO so interpretiert, daß die Aussage „Bannbruch ist Steuer**straftat**„ sich i. S. des § 12 StGB nur auf die Fälle bezieht, in denen das Verbotsgesetz keine Sanktion vorsieht und nach § 370 AO bestraft wird, sowie auf die Fälle, in denen das Verbotsgesetz eine Strafe vorsieht, die für den Bannbruch maßgeblich ist. In beiden Fällen ist jedoch nach § 369 AO eine solche Straftat **Steuer**straftat. Folglich stellt § 372 Abs. 2 AO den „Schalter" für die Einreihung als Straftat in § 369 AO oder als Ordnungswidrigkeit in § 377 AO dar. Wenn man den Wunsch des Gesetzgebers bei der Schaffung der Vorschrift zugrundelegt, **alle** Verstöße gegen VuB in einer Regelung und zur Verfolgung durch eine Behörde (Zoll) zusammenfassen zu wollen, erscheint eine solche Gesetzessystematik auch nachvollziehbar und sinnvoll.

Ein Widerspruch zur 1. Alternative des Abs. 2, der unterschiedslos alle **Fälle ohne eigene Straf- oder Bußgeldandrohung** dem Strafrahmen des § 370 AO unterwirft, besteht nicht. Abgesehen davon, daß mit dem Wegfall des § 2 des Beitrittsgesetzes zum Madrider Warenzeichenabkommen die 1. Altern. des Abs. 2 des § 372 AO kaum noch eine praktische Bedeutung hat und der Gesetzgeber ohnehin dazu übergegangen ist, alle Zuwiderhandlungen in den Nebengesetzen eigenständig zu pönalisieren, bleibt es in der Macht des Gesetzgebers und seiner Bewertung des Unrechtsgehalts einer Zuwiderhandlung, ob er eine Strafe oder Buße in den Nebengesetzen vorsieht oder die Tat über den möglichen Strafrahmen des § 372 Abs. 2 1. Altern., § 370 AO geahndet wissen will. Vgl. zur Systematik die **Übersicht** auf der nächsten Seite.

Auch der **versuchte Bannbruch** kann strafbar sein. Erfolgt eine Bestrafung aus § 372 Abs. 2 AO, ergibt sich dies schon aus § 370 Abs. 1 u. 2; erfolgt die Bestrafung wegen der subsidiären Strafandrohung des Bannbruchs aus der Verbotsnorm eines Nebengesetzes, kommt es darauf an, ob dieses Nebengesetz in seiner Verbotsnorm eine Strafbarkeit des Versuchs vorsieht. 124

[237] Vgl. ausführlich *Wamers*, AW-Prax 1999, 212.

[238] *Hübner* in *Hübschmann/Hepp/Spitaler*, Rn. 22 vor § 372 AO.

[239] *Hübner*, wie vor, Rn. 81 zu § 372 AO.

[240] A. A. *Hübner* in *Hübschmann/Hepp/Spitaler*, Rn. 90 zu § 372 AO.

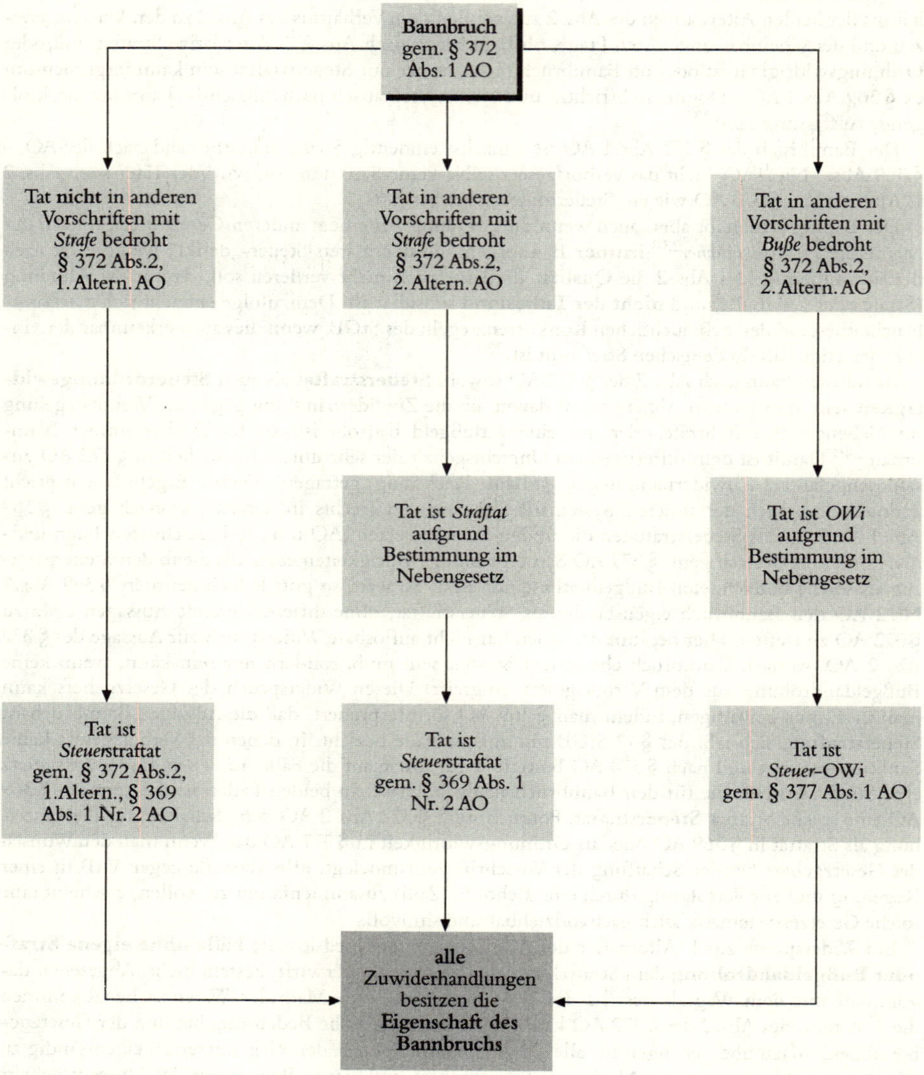

125 Im Verhältnis zu anderen pönalisierten Einfuhrtatbeständen ist beim einfachen Bannbruch nicht der Tatbestand, sondern **die Strafandrohung** des Bannbruchs subsidiär. Dieser Auffassung hat sich die überwiegende Zahl der Stimmen des abgaben- und steuerstrafrechtlichen Schrifttums angeschlossen.[241]

Der BGH hat diese Auffassung schon im Jahre 1973 zum inhaltsgleichen § 396 Abs. 2 RAO – alter Fassung – mehrfach bestätigt[242] und hierzu ausgeführt:

„Danach erscheint die ... im Schrifttum vertretene Auslegung als zutreffend, daß – abweichend von der bisherigen Rechtslage – der Bannbruch diese Eigenschaft auch dann

---

[241] *Körner,* BtMG, § 21 Rn. 4; *Hübner,* a.a.O., § 372 Rn. 81; *Senge* in *Erbs/Kohlhaas/Meyer,* § 372 AO Anm. 20, 21; *Kohlmann,* Steuerstrafrecht, § 372 Rn. 28; *Ricke,* ZfZ 1976, 143 (145); *Bender,* ZfZ 1984, 322–327(325); *Brenner,* ZfZ 1980, 240–242 (240); *Wamers,* der kriminalist 1988, 196/197; *ders.,* der kriminalist 1991, 52 ff.

[242] BGH in NJW 1973, 1707 (1708); 1973, 814; BGHSt 25, 139.

nicht verliert, wenn die Subsidiaritätsklausel Platz greift; nur treten die Vorschriften der Abgabenordnung gegenüber den anderen Vorschriften, auf die § 396 Abs. 2 AO verweist, regelmäßig zurück. Wird die Zuwiderhandlung gegen das Einfuhr-, Ausfuhr- oder Durchfuhrverbot dagegen nicht durch bloße Umgehung oder Täuschung der Zollbehörde, sondern auf eine für diese besonders gefährliche Weise oder gewerbsmäßig begangen, so steht die „Subsidiaritätsklausel" der Anwendbarkeit des die besonderen Begehungsweisen mit erhöhter Strafdrohung erfassenden § 397 AO (Anm. des Verf.: entspricht § 373 AO – neu) nicht entgegen ... **Diese Regelung des gegenseitigen Verhältnisses des § 396 AO (Anm. des Verf.: § 372 AO – neu), der Vorschriften, auf die er in seinem Absatz 2 verweist, sowie des § 397 AO (Anm. des Verf.: entspricht § 373 AO – neu) läßt sich mit den herkömmlichen Konkurrenzregeln nicht eindeutig erfassen. Dem Gesetzgeber steht es jedoch frei, wie hier, das Verhältnis von Strafvorschriften zueinander in einer Weise zu bestimmen, die sich nicht genau in eine der von Rechtsprechung und Schrifttum entwickelten Konkurrenzformen einordnen läßt. Für die Auslegung maßgebend ist nicht die Übereinstimmung ihres Ergebnisses mit dogmatischen Regeln, sondern der von rechtspolitischer Zielsetzung getragene und im Gesetz zum Ausdruck gekommene Wille des Gesetzgebers, bestimmte Verhaltensweisen in bestimmter Weise mit Strafe zu bedrohen.**"[243]

Lediglich eine Mindermeinung in der Literatur[244] vertritt die Auffassung, daß sich aus § 372 Abs. 2 AO die Subsidiarität des Bannbruchtatbestandes (nicht der Strafandrohung) ergebe, so daß bei Verbotsgesetzen mit eigener Strafandrohung (z. B. BtMG) bereits der Tatbestand des Bannbruchs wegen der begangenen Delikte nach den spezialgesetzlichen Vorschriften nicht eingreifen könne. Zugleich wird jedoch zutreffenderweise auch von dieser Meinung vertreten, dies gelte nur für den einfachen Bannbruch; bei den qualifizierten Formen nach § 373 AO (gewerbsmäßiger, gewaltsamer oder bandenmäßiger Bannbruch) komme vielmehr die Verurteilung nach § 373 AO in Betracht.

Daß es aufgrund des § 372 Abs. 2 AO nicht sehr häufig zu **Verurteilungen wegen einfachen Bannbruchs** kommt,[245] liegt in der strafrechtsdogmatisch ungewohnten Mantelnatur der Vorschrift sowie in der Subsidiaritätsklausel des Abs. 2, nimmt aber der Vorschrift nicht ihren vorgenannten Sinn. Diese Auffassung hat ausdrücklich der BGH geteilt,[246] und die Zollverwaltung verfolgt daher in jahrzehntelanger Rechtspraxis sämtliche Verbotsverstöße auch unter dem Gesichtspunkt des Bannbruchs. Man beachte zum Bannbruchtatbestand auch die Besonderheiten zu § 373 AO unter nachstehender Ziffer 5.

4. Wertzeichenfälschung

Die Wertzeichenfälschung und deren Vorbereitung gem. §§ 148, 149 StGB, soweit Steuer- 126
zeichen Gegenstand sind, betrifft die Fälschung von deutschen **Steuerbanderolen auf Tabakwaren** – vgl. § 12 TabStG. Das seltene Delikt hat eine Neuauflage durch in Osteuropa total gefälschte deutsche Steuerzeichen erhalten, die gelegentlich auf geschmuggelten Zigarettenpackungen vorgefunden wurden. Die Fälschungen sind im kriminaltechnischen Labor des ZKA schnell nachweisbar.

Gem. § 152 StGB ist auch die Fälschung **ausländischer Steuerzeichen** in der Bundesrepublik strafbar, jedoch nicht als Steuerstraftat gem. § 369 Abs. 1 Nr. 3 AO, sondern als allgemeines Delikt gem. §§ 148, 149, 152 StGB. Im Jahre 1996 haben russische Straftäter bei mehreren deutschen Druckereien den Versuch unternommen, dort zum Zwecke der Hinterziehung russischer Steuern russische Steuerbanderolen für Feinsprit und alko-

---

243 BGH in NJW 1973, 1708.

244 *Voß* in *Franzen/Gast/Joecks*, Steuerstrafrecht, § 372 Rn. 41; unklar *Janovsky*, NStZ 1998, 117 (119).

245 Vgl. *Voß* in *Franzen/Gast/Joecks*, a.a.O., § 372 Rn. 3.

246 BGHSt 25, 137 ff. (139); vgl. ausführlich *Hübner* in *Hübschmann/Hepp/Spitaler* Rn. 81 bis 88 zu § 372 AO mit zahlreichen weiteren Nachweisen.

holische Getränke in der Russischen Föderation drucken zu lassen. Das notwendige Spezialpapier wird dabei den Druckereien von den russ. Auftraggebern zur Verfügung gestellt.

Der **Versuch** der Steuerzeichenfälschung ist nach § 148 Abs. 3 StGB strafbar. Die zum Straftatbestand verselbständigte Vorbereitungshandlung kennt den **persönlichen Strafaufhebungsgrund** der tätigen Reue in § 149 Abs. 3 StGB.

5. Gewerbsmäßiger, gewaltsamer und bandenmäßiger Schmuggel

127 Es handelt sich nicht um strafschärfende Regelbeispiele, sondern um einen **eigenständigen Straftatbestand**. Interessant ist, daß der Gesetzgeber hier den Begriff des „Schmuggels", der sonst nicht im Gesetzeswortlaut auftaucht, in die Überschrift der Regelung aufgenommen hat. Mit dem leicht erhöhten Strafrahmen von 3 Monaten bis zu 5 Jahren wird danach bestraft,

- wer gewerbsmäßig Eingangsabgaben hinterzieht oder Bannbruch (hier nur durch Verstoß gegen Monopolvorschriften) begeht,

  [Gewerbsmäßig handelt, wer die Absicht hat, sich durch wiederholte Tatbegehung eine fortlaufende Erwerbsquelle zu verschaffen;[247] plant der Täter fortlaufende Wiederholung, reicht einmalige Tat aus, erheblicher Gewinn ist nicht erforderlich;[248] Indizien für eine Gewerbsmäßigkeit sind: Herstellung von Rechnungsformularen nicht existierender Firmen zur Ausstellung unterfakturierter Rechnungen, Gründung von Scheinfirmen, Bildung von Rückstellungen in der Buchhaltung für den Fall des „Auffliegens", Herstellung von speziellen Schmuggelverstecken in Fahrzeugen für den grenzüberschreitenden Warenverkehr, Ankauf manipulierbarer Zollverschlüsse, nachträgliches Aufheben der Verschlußsicherheit von Fahrzeugen im TIR- oder Versandverfahren.]

- wer eine Eingangsabgabenhinterziehung oder einen Bannbruch (jede Form des Bannbruchs) begeht, bei denen einer der Beteiligten eine Schußwaffe mitführt,
- wie vor, bei denen ein Beteiligter eine Waffe im untechnischen Sinne bei sich führt, um den Widerstand eines anderen zu überwinden,
- wer als Mitglied einer Bande mit einem anderen Bandenmitglied Eingangsabgabenhinterziehung oder Bannbruch begeht.

  [Indikatoren für die Annahme einer bandenmäßigen Tatbegehung mit gefestigtem Bandenwillen z. B. beim Zigaretten- oder Alkoholschmuggel sowie beim Subventionsbetrug können sein
  - das Eingebundensein in einer bandenmäßigen Organisation,
  - eine „geschäftsmäßige Auftragsverwaltung",
  - eine genaue gemeinsame Buchführung,
  - die arbeitsteilige und gleichberechtigte Abwicklung von Akquisition, Vermittlungstätigkeit und Forderungseinziehung,
  - das Vorliegen einer gemeinsamen Kasse sowie
  - die Beteiligung an den gemeinsam erwirtschafteten Gewinnen und Verlusten.[249]

Die besonderen persönlichen Merkmale des Täters nach § 373 Abs. 1 und 2 AO müssen gem. § 28 Abs. 2 StGB bei jedem Tatbeteiligten gesondert festgestellt werden.

Wesentliche Bedeutung erlangt der Bannbruch gerade in seinen gewerbsmäßigen, gewaltsamen oder bandenmäßigen Erscheinungsformen gem. § 373 Abs. 1 u. 2 AO, da die **Subsidiaritätsklausel** des § 372 Abs. 2 nur für den einfachen Bannbruch gilt.[250] Dies gilt auch für Zuwiderhandlungen gegen Verbringungsverbote, die sich im jeweiligen Nebengesetz zwar als bloße **Ordnungswidrigkeiten** darstellen, in ihren besonders gefährlichen Erscheinungsformen nach § 373 AO aber zur Straftat werden.[251]

---

[247] *Klein/Orlopp*, Anm. 3 zu § 373.
[248] *Franzen/Gast/Joecks*, Rn. 10, 11 zu § 373.
[249] BGH, Urteil v. 23. 7. 1998–4 StR 238/98, StV 1998, 599.
[250] *Kohlmann*, Steuerstrafrecht, § 372 Rn. 4, 46.
[251] *Kohlmann*, Steuerstrafrecht, § 372 Rn. 46.

6. Steuerhehlerei

Die Steuerhehlerei nach § 374 AO ist dem Hehlerei-Tatbestand des § 259 StGB nachempfunden, wobei Gegenstand der Tat Waren sind, hinsichtlich derer Zoll oder Verbrauchsteuern hinterzogen oder Bannbruch nach § 372 Abs. 2(!), § 373 AO begangen worden sein muß. Die Vorschrift setzt nicht voraus, daß die Steuerhinterziehung oder der Bannbruch durch einen „anderen" begangen worden sein muß. Allerdings handelt es sich um eine mitbestrafte Nachtat, wenn der Hehler selbst vorher die Steuerhinterziehung begangen hat. Abs. 2 der Vorschrift erstreckt die Strafbarkeit in einer § 370 Abs. 6 AO vergleichbaren Weise auch auf Waren, hinsichtlich derer Eingangsabgaben hinterzogen wurden, die von einem anderen EG-Mitgliedstaat verwaltet werden oder einem EFTA-Staat zustehen. Regelmäßig handelt es sich bei Hehlerei von Waren, die aus einem Steuerlager gestohlen wurden, auch um Steuerhehlerei. 128

Steuerhehlerei kann unabhängig vom Recht des Tatortes auch außerhalb des Geltungsbereichs der AO begangen werden – § 374 Abs. 2, 2. Altern. AO. Das Problem des Bezugs von Abs. 6 und 7 auf die Abs. 1 bis 5 des § 370 AO besteht hier nicht.

7. Begünstigung

Die Vorschrift macht eine **sachliche Begünstigung** nach § 257 StGB zur Steuerstraftat, wenn die Vortat eine (rechtswidrige) Steuerstraftat war.[252] Die Begünstigung einer steuerstrafrechtlichen Begünstigung selbst ist keine Steuerstraftat mehr.[253] Persönliche Strafaufhebungsgründe des Vortäters (§ 371 AO – Selbstanzeige oder § 24 StGB – strafbefreiender Rücktritt) schließen eine Bestrafung wegen Begünstigung nicht aus. 129

Durch Änderung und Aufspaltung des § 257 StGB a.F. in die §§ 257, 258 StGB ist die (persönliche) Begünstigung/Strafvereitelung herausgefallen und somit keine Steuerstraftat mehr. Die Vorschrift dient dem Interesse der Rechtsordnung an der Wiederherstellung des vorherigen gesetzmäßigen Zustandes.[254]

8. Einziehung

Gem. § 375 Abs. 2 AO können in Fällen der Steuerhinterziehung, des Bannbruchs nach § 372 Abs. 2, § 373 und der Steuerhehlerei die Tatgegenstände (z. B. verbrauchsteuerpflichtige Waren) und die zur Tat benutzten Beförderungsmittel eingezogen werden. Die Vorschrift verweist auf die Möglichkeiten einer erweiterten Einziehung nach § 74a StGB. 130

Nach § 76 AO ruht auf verbrauchsteuer- oder zollpflichtigen Waren ohnehin die Sachhaftung, die jederzeit im Wege der Beschlagnahme gem. Abs. 3 vor, neben oder nach einer Beschlagnahme nach der StPO zur Realisierung der steuerlichen Ansprüche geltend gemacht werden kann. Für dieselben Waren ist zudem noch die Möglichkeit der Sicherstellung im Aufsichtsweg gem. § 215 AO unter bestimmten Voraussetzungen möglich.

9. Das Schmuggelprivileg

Bei Steuerstraftaten nach § 369 AO im grenzüberschreitenden Reiseverkehr (also nicht bei einem illegalen Grenzübertritt und nicht im Zusammenhang mit gewerblichem Warenverkehr) besteht unter Umständen gem. § 32 ZollVG ein zwingendes **Verfahrens-** 131

---

[252] Zur Begünstigung nach Steuerhinterziehung vgl. BGH-Urteil v. 26. 10. 1998 – 5 StR 746/97, wistra 1999, 103–108.

[253] *Kohlmann*, Steuerstrafrecht, § 369 Rn. 42.

[254] *Kohlmann*, Steuerstrafrecht, § 369 Rn. 38.

hindernis, wenn die eingeschmuggelte Ware weder zum Handel noch zur gewerblichen Verwendung bestimmt ist und wenn die verkürzten Einfuhrabgaben 250,– DM nicht übersteigen. Weiterhin ist Voraussetzung, daß die Ware nicht verheimlicht oder versteckt wurde und es sich nicht um eine Wiederholungs-Steuerstraftat innerhalb von 6 Monaten handelt. Entgegen der früheren Fassung des alten § 80 ZG bezieht sich das Privileg nunmehr wegen des ausdrücklichen Wortlauts der Regelung auf **alle Steuerstraftaten** und nicht nur auf Fälle kleinerer Steuerhinterziehungen im Reiseverkehr.[255]

Eine vergleichbare Entkriminalisierungsfunktion besitzt auch § 30a TabStG. Danach ist nicht wegen Steuerhehlerei strafbar, sondern nur wegen einer Ordnungswidrigkeit mit einer Geldbuße zu belegen, wer vorsätzlich oder fahrlässig zum Eigenverbrauch nicht mehr als 1000 (eingeschmuggelte) Zigaretten ohne Steuerbanderole erwirbt.

10. Selbstanzeige bei Steuerhinterziehung

132 Obwohl der Täter bereits eine Steuerstraftat verwirklicht hat, kann er sich nachträglich durch den **persönlichen Strafausschließungsgrund** der Selbstanzeige des § 371 AO Straffreiung verschaffen, so daß eine Strafverfolgung nicht mehr möglich ist – § 170 Abs. 2 StPO. Dies gilt bereits nach dem Wortlaut der Vorschrift jedoch nur für die Fälle der Steuerhinterziehung nach § 370 Abs. 1 bis 3 AO, nicht jedoch für Fälle des § 373 AO.[256] Die Straffreiheit wird erlangt durch Berichtigung unrichtiger, Ergänzung unvollständiger oder Nachholung unterlassener Angaben bei der Zollbehörde. Die Erklärung des Steuerhinterziehers muß inhaltlich den Anforderungen genügen, die an den Täter bei ordnungsgemäßer Erfüllungen seiner steuerlichen Pflichten gestellt werden, d. h., die Finanzbehörde muß aufgrund der Erklärung in der Lage sein, die Steuer festzusetzen.[257] Eine unvollständige Erklärung kann als Selbstanzeige nur in dem Umfang strafbefreiend wirken, wie die zutreffenden Angaben nachgeholt werden. Dies kann auch innerhalb einer einzigen Hinterziehungshandlung gelten.[258] Ausreichend ist, wenn die Erklärung nicht gegenüber der örtlich und sachlich zuständigen Zollbehörde abgegeben werden kann, daß sie bei einer Zollbehörde nach § 6 AO abgegeben wird und die zutreffende Zollstelle sich aus der Selbstanzeige ergibt.[259] Die strafbefreiende Wirkung kommt nur dem Tatbeteiligten zugute, der die Selbstanzeige erstattet[260] und der die gesetzlichen Voraussetzungen des § 371 AO in seiner Person verwirklicht, d. h. Täter oder Mittäter ist. Zwar ist nicht erforderlich, daß dieser Personenkreis auch tatsächlich höchstpersönlich die Angelegenheit zur Anzeige bringt; es genügt die Veranlassung der Abgabe der Berichtigungserklärung[261] durch den Steuerberater, Rechtsanwalt, Strafverteidiger, Wirtschaftsprüfer usw., doch sollte aus Beweis- und aus Sicherheitsgründen dies auch in irgendeiner Form nachweisbar sein. Sowohl eine verdeckte Stellvertretung wie auch eine mündliche Bevollmächtigung an einen Vertreter reichen rechtlich für eine wirksame Selbstanzeige aus.

Bei eingetretener Steuerverkürzung tritt nach § 371 Abs. 3 AO für einen Tatbeteiligten die Straffreiheit nur ein, wenn die zu seinen Gunsten hinterzogene Steuer innerhalb einer ihm bestimmten angemessenen Frist nachentrichtet wird.

Beispiel:

So räumt z. B. ein Zigarettenschmuggler nach dem Aufgriff an der Gemeinschaftsaußengrenze durch den Grenzaufsichtsdienst gegenüber der ihn vernehmenden Zollfahndung weitere drei Fälle

---

255 *Kohlmann*, Steuerstrafrecht, § 372 Rn. 56.
256 *Franzen/Gast/Joecks*, Rn. 39 zu § 371 AO m. w. N.
257 BGHSt 12, 100 ff.; *Janovsky*, NStZ 1998, 117 (122).
258 Vgl. BGH-Beschluß v. 13. 10. 1998 – 5 StR 392/98, NStZ 1999, 38.
259 *Klein/Orlopp*, Anm. 5 zu § 371 AO.
260 *Franzen/Gast/Joecks*, Rn. 32 zu § 371 AO.
261 BGH, 13. 11. 1952, BStBl. 1953, 5, 107.

von Zigarettenschmuggel ein und bezahlt die angefallenen Eingangsabgaben innerhalb der ihm gesetzten Frist. Täter strafbar für aktuellen Aufgriff, straffrei für die eingeräumten drei vorherigen Fälle.

Die strafbefreiende Wirkung der Selbstanzeige entfällt, wenn vor der nachzuholenden Erklärung ein Amtsträger der Finanzbehörde zu einer steuerlichen Prüfung oder zur Ermittlung einer Steuerstraftat oder -ordnungswidrigkeit erscheint, dem Täter die Einleitung des Straf- oder Bußgeldverfahrens wegen der Tat bekanntgegeben worden ist oder die Tat zum Zeitpunkt der Selbstanzeige bereits entdeckt war und der Täter dies wußte oder damit rechnen mußte. Erscheinen muß ein Zoll- oder Zollfahndungsbeamter zu einer steuerlichen Prüfung oder Ermittlung; Staatsanwalt oder Polizeibeamte, die zur Durchsuchung wegen einer Steuerstraftat erscheinen, reichen nicht aus, da sie für die Ermittlung der Besteuerungsgrundlagen nicht zuständig sind.[262]

Die **Sperrwirkung** tritt für den Bereich des durch die Prüfungsanordnung gem. 133
§ 196 AO gezogenen Prüfungsumfangs bzw. des Umfangs des dem Beschuldigten gegenüber eröffneten Strafverfahrens ein. Steuerliche Ermittlungen der Zollfahndungsämter bedürfen keiner Prüfungsanordnungen, vgl. § 208 Abs. 1 Nr. 2 u. 3, Abs. 1 Satz 2, Abs. 2 AO. Bei tatmehrheitlichen Steuerhinterziehungen kann die Selbstanzeige mit strafbefreiender Wirkung für jede einzelne noch nicht entdeckte Tat abgegeben werden.[263] Soll eine Sperrwirkung aufgrund entdeckter Tat eintreten, muß die Tatentdeckung einen Umfang erreicht haben, der eine Verurteilung des Beschuldigten wahrscheinlich macht.[264] Vermutete weitere Steuerhinterziehungen wegen entdeckter Schmuggelverstecke reichen mangels Konkretisierung von Ort und Zeit der Tat nicht aus, wohl aber Geständnisse eines Mittäters, von denen der Beschuldigte wußte oder hätte wissen müssen.[265] Eine Teilentdeckung hindert die strafbefreiende Wirkung für die ganze Tat auch dann, wenn noch nicht alle Einzelheiten zu übersehen sind.[266]

Die Selbstanzeige ist zu einem wichtigen **Instrumentarium bei der Bekämpfung der Organisierten Kriminalität** im Bereich des Alkohol- und Zigarettenschmuggels geworden. Hintergrund: Oftmals kann diesen Deliktsformen nur durch den gezielten Einsatz von V-Leuten oder Verdeckten Ermittlern begegnet werden. Als nicht seltene Situation ergibt sich dabei, daß „zwangsweise" rechtlich eine Tat-Beteiligung der V-Person oder des Verdeckten Ermittlers in Frage steht. Dabei scheiden Täterschaft oder Mittäterschaft regelmäßig zwar aus, weil durch die vorherige Bekanntgabe der „Tathandlungen" gegenüber Staatsanwaltschaft und Zollfahndung und die Zusammenarbeit mit den Behörden ja gerade dokumentiert wird, daß der VE oder die VP keinen subjektiven Willen (Vorsatz) zur Tatbegehung als eigene Tat besitzen. Möglicherweise fördern die vorg. in die kriminelle Gruppierung eingeschleusten Personen aber im Zusammenhang mit ihrer Aufklärungsarbeit jedoch die fremde Tat, etwa durch Unterstützung beim Transport, Bereitstellung von Lagerhallen usw. In diesen Fällen läge eine Beihilfe zur Steuerhinterziehung gem. § 27 StGB, § 370 AO vor. Zwar sollte in solchen Fällen regelmäßig eine vorherige Freistellungserklärung/ein vorheriger Verzicht auf die **Erhebung** der Abgaben durch das Bundesministerium der Finanzen für die V-Person oder den Verdeckten Ermittler vorliegen, dies ändert aber an der Tatsache der **Entstehung** der Steuerschuld beim Haupttäter durch das vorschriftswidrige Verbringen der Ware in das Zollgebiet der Gemeinschaft gem. Art. 202 Abs. 1 u. 2 ZK oder durch die Entziehung der Ware aus der zollamtlichen Überwachung nach Art. 203 Abs. 1 u. 2 ZK – und somit an der vollendeten Steuerverkürzung nach § 370 AO – nichts. Auch könnte in solchen Fällen angenommen werden, daß die V-Person oder der Verdeckte Ermittler die fremde Tat realisiert wis-

262 Vgl. *Janovsky,* NStZ 1998, 117 (122).
263 Vgl. *Janovsky,* NStZ 1998, 117 (122).
264 BGH wistra 1985, 74; 1988, 308; *Franzen/Gast/Joecks,* Rn. 188 zu § 371 AO.
265 *Janovsky,* NStZ 1998, 117 (122).
266 *Engelhardt* in *Hübschmann/Hepp/Spitaler,* Rn. 246 zu § 371 AO m.w.N.

sen will, weil nur in diesem Fall ja die Strafverfolgung zum Zuge kommen kann. Somit läge eine Beihilfe zur Steuerhinterziehung vor. Offenbart sich der Gehilfe gegenüber der Zollfahndung (= Steuerbehörde; nicht möglich gegenüber Polizei oder Staatsanwaltschaft) in bezug auf eine unbekannte Steuerhinterziehung, greift der nachträgliche, persönliche Strafaufhebungsgrund der Selbstanzeige nach § 371 AO ein. Dies gilt allerdings nur, soweit nicht der Ausschließungsgrund gem. § 371 Abs. 2 Nr. 1 a) AO gegeben ist, was regelmäßig der Fall ist, weil die Zollfahndung aufgrund der ihr vorliegenden Informationen der VP oder des VE nach Vollendung der Tat zugreift und die Beteiligten festnimmt, folglich also zur Ermittlung der Steuerhinterziehung erschienen ist. Handelt die Person also ohne Wissen der Finanz- und Strafverfolgungsbehörden und offenbart sich später, bleibt sie straffrei; handelt sie mit Wissen der Behörden, um diesen bei der Überführung der Täter zu helfen, macht sie sich strafbar.

Zwar kann eine Selbstanzeige gemeinhin nur bereits begangene Steuerhinterziehungen betreffen, allerdings liegt dem § 371 AO auch ein völlig anderes Täterbild (Einzeltäterschaft), als man es heute beim Organisierten Zigarettenschmuggel, bei der Organisierten Steuerhinterziehung durch Banden oder kriminelle Vereinigungen mit zahlreichen Tatbeteiligten antrifft, zugrunde. Die gezielte Bekämpfung einer organsierten Steuerkriminalität durch die Ermittlungsinstrumentarien der V-Person und des Verdeckten Ermittlers gehörten ebenso mit Sicherheit nicht zum Vorstellungsbild des Gesetzgebers bei der Schaffung des § 371 AO. In diesen Fällen muß man daher die Möglichkeit einer vorherigen, **vorauseilenden Selbstanzeige** gegenüber der Zollfahndung anerkennen und zulassen. Dies verstößt auch nicht gegen das Analogieverbot des Art. 103 Abs. 2 GG, da diese Auslegung nicht strafbegründend, sondern strafaufhebend wirkt.

Alternativ käme zur Begründung der Straffreiheit der Verdeckten Ermittler und der gen. V-Personen auch noch die Annahme eines „agent provocateur" in Betracht, der zwar die Tatvollendung, nicht aber die Tatbeendigung i. S. einer endgültigen Sicherung der Tatvorteile (Beutesicherung) will, wie dies im Zusammenhang mit den grenzüberschreitenden kontrollierten Lieferungen von Betäubungsmitteln (= Rauschgiftschmuggel) möglich ist.[267]

11. Im Zusammenhang mit Steuerdelikten stehende Straftaten

134 • Eine der häufigsten Straftaten im Zusammenhang mit dem Schmuggel und dem Mißbrauch von Versandverfahren ist der **Siegelbruch** gem. § 136 Abs. 2 StGB. Er wird tateinheitlich mit der Steuerhinterziehung begangen, wenn z. B. die heimliche Beiladung vom verplombten LKW vor Gestellung beim zuständigen Binnenzollamt geholt wird oder die Ware der zollamtlichen Überwachung i. R. des Versandverfahrens gem. Art. 203 ZK bei der Durchfuhr durch die Gemeinschaft unter Aufbrechen der Zollverschlüsse entzogen wird.

• Häufig ist die **Urkundenfälschung** gem. § 267 StGB in der Form der Herstellung oder des Gebrauchs ge- oder verfälschter Ursprungsnachweise einer Ware, um hierdurch in den Genuß von Zollpräferenzen (niedrigerer oder entfallender Zoll) zu kommen; die Herstellung[268] und der Gebrauch einer unterfakturierten Rechnung ist kein Urkundsdelikt, da diese selbst lediglich eine schriftliche Lüge darstellt. Urkundenfälschung in Form des Aufbringens von Falschstempeln auf die Kontroll-/Erledigungsexemplare von Versandscheinen, um die ordnungsgemäße Erledigung des Versandverfahrens vorzutäuschen, die Ware tatsächlich jedoch in den freien Verkehr der Gemeinschaft zu brin-

[267] Vgl. hierzu ausführlich: *Krey*, Rechtsprobleme des strafprozessualen Einsatzes Verdeckter Ermittler, Rn. 529–554 (531, 548, 551, 554), m. w. N., u. a. für Fälle der Anstiftung u. Beihilfe zu Betrug.

[268] Herstellung durch den Berechtigten oder auf eine nicht existente Firma oder Person.

gen, ist trotz Einführung eines neuen Sicherungssystems[269] für Zollstempel im Jahre 1998 durch die deutsche Zollverwaltung ein Massendelikt geblieben.

- Eine (schwere) **mittelbare Falschbeurkundung** gem. §§ 271, 272 StGB begeht derjenige regelmäßig tateinheitlich, der sich im Massenverkehr der Zollstellen fälschlicherweise die Ausfuhr einer Ware im Waren- oder Reiseverkehr beurkunden läßt, obwohl eine Ausfuhr nicht stattfindet und auch nicht stattgefunden hat, um hierdurch die Erstattung im Inland gezahlter Umsatzsteuern zu bewirken (Steuerhinterziehung) oder die Voraussetzungen für die Auszahlung einer Ausfuhrerstattung (Subventionsbetrug) nachzuweisen.
- Einen Betrug nach § 263 StGB nebst Urkundenfälschung begehen diejenigen Straftäter, die auf einer total gefälschten Rechnung oder einer echten Rechnung selbst einen Zollstempel nebst Unterschrift als **Ausfuhrnachweis** per Kopie aufbringen, um sich hiermit bei darauf spezialisierten Firmen, sog. „tax-free-shops", z. B. auf Flughäfen die auf den Rechnungsbetrag entfallende Umsatzsteuer (MwSt) erstatten zu lassen. Legt die Firma diesen Beleg dem Finanzamt vor und erkennt das Finanzamt den Beleg wegen der Stempelfälschung nicht an, bleibt das Unternehmen auf der von ihm bereits verauslagten Umsatzsteuererstattung sitzen. Steuerstrafrechtlich ist der Vorgang irrelevant.
- **Diebstahl oder Unterschlagung** gem. §§ 242, 246 StGB aus einem Zoll- oder Steuerlager fallen mit Steuerhinterziehung zusammen. Danach ist an der Ware Hehlerei und Steuerhehlerei möglich.
- Im Bereich des organisierten Zigaretten-, Alkohol-, Waffen- oder Rauschgiftschmuggels oder auch der Markenpiraterie wird neben der Steuerhinterziehung und/oder dem Bannbruch nicht selten zugleich eine **kriminelle Vereinigung** gem. § 129 StGB vorliegen, wenn ein Teil der Organisation im Inland liegt. Auf die besonderen Voraussetzungen für die Annahme einer solchen Organisationsform im Unterschied zur Bande sei hingewiesen. In einem solchen Fall kann dann auch außerhalb des Drogen- und Waffenschmuggels eine Fernmeldeüberwachung nach § 100 a StPO beantragt werden.
- Die Steuerdelikte des gewerbsmäßigen, gewaltsamen und bandenmäßigen Schmuggels und der Steuerhehlerei nach §§ 373, 374 AO können Grunddelikt der **Geldwäsche** gem. § 261 StGB sein, nicht jedoch die einfache Steuerhinterziehung gem. § 370 AO.[270]

IX. Ermittlung von Zuwiderhandlungen gegen Marktordnungsregelungen der Europäischen Gemeinschaft

1. Vorbemerkungen

Die Marktordnungsregelungen der EG nehmen innerhalb des Gemeinsamen Marktes eine besondere Rolle ein. Im Gegensatz zu anderen Marktsegmenten bedürfen die Landwirtschaft und der Handel mit landwirtschaftlichen Erzeugnissen einer besonderen Behandlung. Dies wird sehr schnell aus den Besonderheiten des Landwirtschaftsmarktes deutlich: 135

1. Die landwirtschaftliche Produktion und damit ihr Ertrag sind abhängig von nicht veränderbaren bzw. beeinflußbaren Faktoren wie Lage, regionalen Verhältnissen, Klima, Wetter etc.
2. Die Produkte sind i. d. R. nur begrenzt haltbar.
3. Im Produktionsprozeß sind teure und aufwendige, gleichzeitig aber nur saisonal beschränkt einsetzbare Maschinen und Geräte notwendig.

---

[269] Das Sicherungssystem betrifft nur die Sicherung der vom deutschen Zoll aufgebrachten Stempel. Stempelfälschungen können seitdem nicht nur durch kriminalwissenschaftliche Gutachten des ZKA, sondern auch durch elektronische Detektion(-sgeräte) erkannt werden.

[270] Vgl. *Hetzer*, Kriminalistik 1999, 218–224.

Dies bedingt außergewöhnliche Preis- und Mengenschwankungen, die sich den üblichen Marktmechanismen entziehen. Wegen der begrenzten Lagerfähigkeit führt ein Überangebot nicht zwangsläufig zu sinkenden Preisen, andererseits hängt das Angebot nicht nur vom Preis, sondern zusätzlich vom Zeitpunkt und Ertrag einer Ernte ab. Daneben ist die EG bestrebt, eine eigenständige landwirtschaftliche Produktion zur Sicherung einer autarken Versorgung der Bevölkerung zu erhalten. Die MO-Regelungen sind Ausfluß eines **geplanten Marktes**, der sich grundsätzlich **nicht** nach Angebot und Nachfrage richtet.

Die Auswirkungen derartiger Marktregulierungen mit Abnahmegarantien und Ausfuhrsubventionen treffen häufig auf Unverständnis („Butterberge" und „Milchseen"). Folgekosten durch (nochmals) subventionierte Ausfuhren oder Marktbereinigung durch Vernichtung ehemals hochwertiger Produkte verursachten Kopfschütteln angesichts gleichbleibend hoher Verbraucherpreise. Straftäter reizte dieses System geradezu zu einer Beteiligung am Wirtschaftskreislauf mit MO-Waren. Kriminelle Geschäftsleute haben es immer wieder verstanden, dieses auf Garantie der Abnahme zu festgesetzten Preisen und auf Ausfuhrsubventionen basierende System für ihre Manipulationen zu nutzen. Im Jahre 1991 wurde aufgrund des finanziellen Drucks, aber auch bedingt durch die massiven Vorwürfe, daß diese protektionistische Agrarpolitik erhebliche Spannungen im Welthandel provoziere, die Gemeinsame Agrarpolitik (GAP) grundlegend reformiert. Gleichwohl gibt es genügend Ansatzpunkte für Manipulationen, teilweise hat die Reform sogar neue Möglichkeiten geschaffen.

Die Wirtschaftsstraftäter wissen, daß der EG-**Haushalt** mit steigender Tendenz im Jahre 1997 nahezu 165 Milliarden DM erreicht hat. Als größter Ausgabenblock schlägt hier die Agrarförderung mit etwa 82 Milliarden DM zu Buche. Die Zahl der festgestellten Fälle von Betrug und Unregelmäßigkeiten zu Lasten des EG-Haushalts ist von 4552 (1996) auf 5162 (1997) gestiegen. Das entsprechende Schadensvolumen erhöhte sich von 2,6 auf 2,8 Mrd. DM.[271]

Die Eigenmittel der Gemeinschaft werden unbeschadet des für den Verwaltungsapparat aufzuwendenden Kostenanteils bislang mit nahezu 90% für die Erfüllung der in Art. 2 u. 3 des EGV beschriebenen Ziele eingesetzt. Etwa die Hälfte der EG-Gesamtausgaben und damit der größte Ausgabeposten betrifft die Finanzierung der Agrarpolitik. Davon entfallen allein $^{2}/_{5}$ auf die Ausfuhrerstattungen. Den zweitgrößten Ausgabenanteil – etwa ein Drittel – beanspruchen die Aufwendungen für die verschiedenen Strukturfonds der EG. Aus dem Volumen dieser Ausgaben ragt der **Europäische Ausrichtungs- und Garantiefonds für die Landwirtschaft** (EAGFL) heraus, der in den letzten Jahren mehr als die Hälfte der gesamten EG-Fördermittel umfaßte und 1997 durch Unregelmäßigkeiten einen Schaden von ca. 624 Mio. DM verbuchte. Eine Spitzenstellung krimineller Interessen der Straftäter nehmen folglich die Ausfuhrerstattungen ein, mit denen die Gemeinschaft den Export von Agrarprodukten fördert. Sie stellen das Spiegelbild der früheren Abschöpfungen bzw. der Agrarzölle dar, bei denen es sich nicht um die Rückzahlung bezahlter Abgaben durch die Finanzbehörden, sondern in Wahrheit um Exportsubventionen handelt. Hierdurch soll die Überproduktion landwirtschaftlicher Erzeugnisse im EG-Markt abgebaut und der im Vergleich zum Weltmarkt höhere Binnenmarktpreis gestützt werden. Ist nämlich der Weltmarktpreis niedriger als der vergleichbare Produktpreis auf dem Binnenmarkt, soll die Konkurrenzfähigkeit auf dem Weltmarkt und die Ausfuhrmöglichkeit dadurch erreicht werden, daß der Ausführer den Unterschiedsbetrag zwischen dem niedrigen Weltmarktpreis und dem höheren Binnenmarktpreis beim nachgewiesenen Export als Zuschuß erhält. Damit wird der hohe EG-Binnenmarktpreis auf den niedrigeren Weltmarktpreis heruntergeschraubt. Für derartige Ausfuhrerstattungen ist in Deutschland zentral das Hauptzollamt Hamburg-Jonas zuständig.

---

271 *Betrugsbekämpfung*, Jahresbericht 1997 der Europäischen Kommission, IP/98/400.

In Anbetracht der kriminellen Gewinnchancen, die sich skrupellosen Geschäftemachern bei der Ausnutzung der zahllosen Schwächen der EG-Marktordnungsregelungen bieten, im Hinblick auf die Jahr für Jahr von der EG-Kommission beklagten Milliardenverluste der Gemeinschaft, bleibt es unverständlich, weshalb die Gemeinschaft – besser gesagt, die für eine Strafverfolgung originär zuständigen Mitgliedstaaten – es bis heute nicht geschafft haben, ein einheitliches Strafrecht und Strafverfahrensrecht zur Verfolgung dieser Straftäter zu schaffen, obgleich zwischenzeitlich ernstzunehmende Vorschläge für eine entsprechende Kodifikation auf Gemeinschaftsebene vorliegen.[272]

2. Grundsätzliche Regelungssystematik

Eine eingehende Darstellung der weitgehend unübersichtlichen und komplexen Regelungen im Marktordnungsrecht ist an dieser Stelle wegen ihres erforderlichen Umfangs nicht angebracht. Sie ist für die Ermittlungspraxis auch entbehrlich, weil Staatsanwalt und Richter es im Strafverfahren mit fachlich entsprechend aus- und vorgebildeten Zollfahndern zu tun haben werden, die – im Wissen um die Komplexität der Materie – fallbezogen beraten und auch im Schlußbericht die fallspezifischen rechtlichen Grundlagen ausführlich darstellen werden. Gleichwohl sollten auch Angehörige der Strafverfolgungsbehörden und die Richter die Systematik zumindest in groben Zügen kennen, um z. B. die im Schlußbericht eines Zollfahndungsamts dargestellte Kette der einschlägigen Vorschriften und Regelungen nachvollziehen und überprüfen zu können. 136

Das Marktordnungsrecht der EG ist in weiten Teilen durch völkerrechtliche Verträge beeinflußt.[273] Das primäre Gemeinschaftsrecht widmet ihm im EG-Vertrag einen ganzen Titel.[274] Darauf basierend hat der Rat insgesamt 22 sog. Grundverordnungen erlassen, die jeweils Regelungen für einen ganz bestimmten Produktbereich treffen (gemeinsame Marktorganisationen):

1. **Lebende Pflanzen und Waren des Blumenhandels**
   (VO (EWG) *234/68* über die Errichtung einer gemeinsamen Marktorganisation für lebende Pflanzen und Waren des Blumenhandels[275])
2. **Bestimmte in Anhang II des Vertrages aufgeführte Erzeugnisse**
   (VO (EWG) 827/68 über die gemeinsame Marktorganisation für bestimmte in Anhang II des Vertrages aufgeführte Erzeugnisse [275])
3. **Tabak**
   (VO (EWG) 2075/92 über die gemeinsame Marktorganisation für Rohtabak[275])
4. **Flachs und Hanf**
   (VO (EWG) 1308/70 über die gemeinsame Marktorganisation für Flachs und Hanf[275])
5. **Hopfen**
   (VO (EWG) 1696/71 über die gemeinsame Marktorganisation für Hopfen[275])
6. **Obst und Gemüse**
   (VO (EWG) 2220/96 über die gemeinsame Marktorganisation für Obst und Gemüse[275])
7. **Trockenfutter**
   (VO(EWG) 603/95 über die gemeinsame Marktorganisation für Trockenfutter[275])
8. **Zucker**
   (VO (EWG) 1785/81 über die gemeinsame Marktorganisation für Zucker[275])

---

[272] Vgl. die sehr eingehenden Ausführungen von *Sieber* in der Einführung zu *Delmas-Marty*, Corpus Juris der strafrechtlichen Regelungen zum Schutz der finanziellen Interessen der Europäischen Union.

[273] Zu den besonders starken Auswirkungen der 8. Welthandelsrunde und insbesondere des 1993 abgeschlossenen Übereinkommens über die Landwirtschaft siehe *Halla-Heißen/Nonhoff*, Marktordnungsrecht, 41–46.

[274] In *Titel II EGV* sind neben grundsätzlichen Aussagen zur Landwirtschaft insbesondere die „gemeinsame Agrarpolitik" und die „gemeinsame Organisation der Agrarmärkte" geregelt.

[275] Fundstelle vgl. Anhang 2.

9. **Getreide**
(VO (EWG) Nr. 1766/92 über die gemeinsame Marktorganisation für Getreide[275])
10. **Schweinefleisch**
(VO (EWG) 2759/75 über die gemeinsame Marktorganisation für Schweinefleisch[275])
11. **Eier**
(VO (EWG) Nr. 2771/75 über die gemeinsame Marktorganisation für Eier[275])
12. **Geflügelfleisch**
(VO (EWG) 2777/75 über die gemeinsame Marktorganisation für Geflügelfleisch[275])
13. **Fischereierzeugnisse/Aquakultur**
(VO (EWG) Nr. 3759/92 über die gemeinsame Marktorganisation für Fischereierzeugnisse und Erzeugnisse der Aquakultur[275])
14. **Reis**
(VO (EWG) 3072/95 über die gemeinsame Marktorganisation für Reis[275])
15. **Wein**
(VO (EWG) 822/87 über die gemeinsame Marktorganisation für Wein[275])
16. **Rindfleisch**
(VO (EWG) 805/68 über die gemeinsame Marktorganisation für Rindfleisch[275])
17. **Verarbeitungserzeugnisse Obst und Gemüse**
(VO (EWG) 2201/96 über die gemeinsame Marktorganisation für Verarbeitungserzeugnisse aus Obst und Gemüse[275])
18. **Saatgut**
(VO (EWG) 2358/71 zur Errichtung einer gemeinsamen Marktordnung für Saatgu[275])
19. **Milch und Milcherzeugnisse**
(VO (EWG) 804/68 über eine gemeinsame Marktorganisation für Milch und Milcherzeugnisse[275])
20. **Fette**
(VO (EWG) 136/66/EWG über die Errichtung einer gemeinsamen Marktorganisation für Fette[275])
21. **Schaf- und Ziegenfleisch**
(VO (EWG) 3013/89 über die gemeinsame Marktorganisation für Schaf- und Ziegenfleisch[275])
22. **Bananen**
(VO (EWG) 404/93 über die gemeinsame Marktorganisation für Bananen[275])

Die Kommission hat zu den einzelnen Grundverordnungen jeweils Durchführungsverordnungen erlassen, die die jeweilige Grundverordnung für einen Produktsektor ergänzen bzw. die Verfahrensvorschriften beinhalten (sog. **sektorale** DVOen). Daneben gibt es **allgemeine** DVOen, die sektorübergreifend für alle Marktordnungen gelten und insoweit für alle Produktsektoren gleiche Regelungen schaffen (z. B. LizenzVO, ErstattungsVO, FristenVO). Darüber hinaus sind auch im Zollkodex Bedingungen und Verfahrensvorschriften für Agrarerzeugnisse geregelt, die jedoch nur unbeschadet der o. a. speziellen Regelungen greifen.

Die Verordnungen entfalten in den Mitgliedstaaten gem. Art. 189 EGV unmittelbare Wirkung. Da diese jedoch für die organisatorische Durchführung der Marktordnungen zuständig und Zuständigkeiten und Pönalisierung ohnehin national zu regeln sind, ergeben sich wichtige Regelungsinhalte, wie Sicherheiten, Lizenzen, Zinsen, Zuständigkeiten der Behörden etc. aus dem nationalen Marktordnungsgesetz (MOG) sowie den auf dessen Grundlage erlassenen nationalen Durchführungsverordnungen. Daraus ergibt sich im Marktordnungsrecht folgende spezielle Normenpyramide (siehe Abbildung nächste Seite).

3. Hinterziehung von Abschöpfungen und Agrarzöllen

137 Bis zum 30. Juni 1995 sind bei der Einfuhr von Agrarprodukten sog. Abschöpfungen als Einfuhrabgaben erhoben worden. Der Abschöpfungsbetrag stellte quasi den Differenzbetrag zwischen dem Preis einer Ware auf dem Weltmarkt und dem – in der Regel höheren – Binnenmarktpreis (vom Rat festgesetzter „Schwellenpreis") dar. Durch das

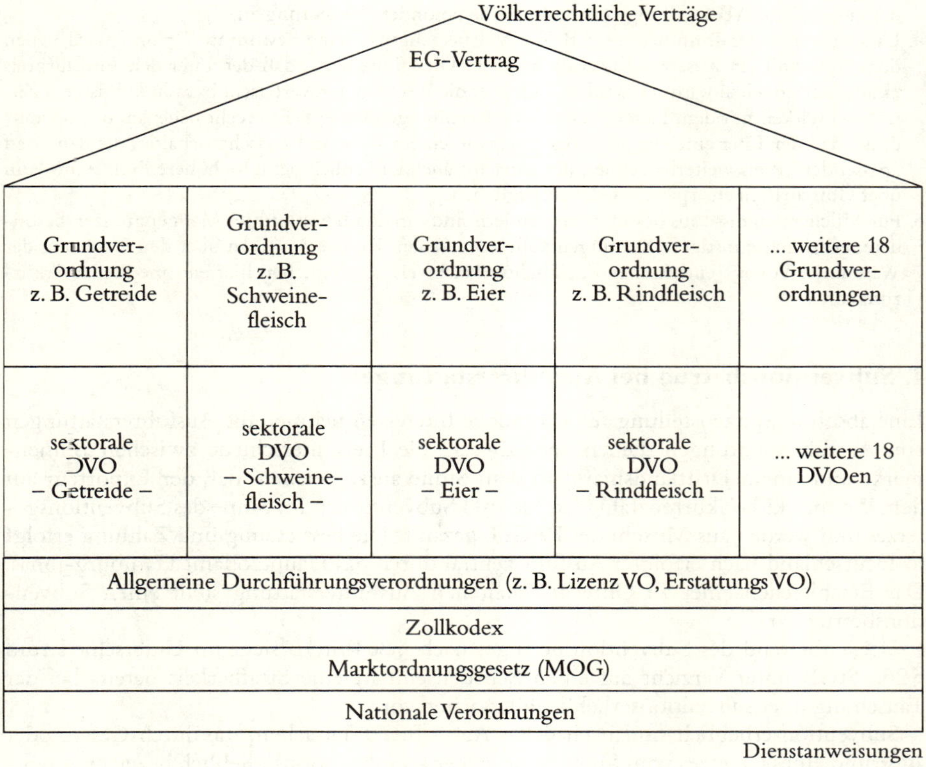

komplizierte und ausgesprochen flexible (die Abschöpfungen wurden teilweise täglich neu festgesetzt) Abschöpfungssystem wurde der Preis einer Ware auf Binnenmarktniveau angehoben. Die variablen Abschöpfungen wurden ab dem 1. Juli 1995 durch feste Zölle (Agrarzölle) ersetzt. Um dennoch den unter 1. genannten Besonderheiten des Agrarmarkts Rechnung tragen zu können, sieht das EG-Recht heute für bestimmte Marktordnungswaren unter jeweils besonders geregelten Bedingungen die Erhebung von „besonderen Zöllen", „Kontingentzöllen" und – zusätzlich zu den vertraglich geregelten Agrarzöllen – sog. „Zusatzzöllen" vor.

Die Fülle der potentiellen Manipulationsmöglichkeiten läßt sich in diesem Zusammenhang nicht annähernd darstellen. Im folgenden seien einige typische Fälle aufgeführt:

1. Für Weizen (Standardqualität) können die festgesetzten Zollsätze in Abhängigkeit von Qualität, Transportweg bzw. Verwendung erhöht oder vermindert werden. Die Qualitäten ergeben sich u. a. aus dem Proteingehalt und dem spezifischen Gewicht. Niedrigere Qualitäten bedingen einen höheren Zollsatz, was dazu verleitet, eine höhere Qualität anzumelden. Da die Feststellung der tatsächlichen Qualität nur über die Entnahme einer Probe möglich ist, wird der Täter versuchen, diese zu manipulieren (z. B. durch Abdecken des von oben zugänglichen Silos mit einer Lage hochwertigen Weizens).
2. Der „normale" Zollsatz geht von einem CIF[276]-Einfuhrpreis aus, der die Frachtraten von den USA bis zum Hafen in Rotterdam beinhaltet. Davon abweichende Transportwege erhöhen diesen Preis, was zu einer Ermäßigung des Zollsatzes führt. Falsche Angaben zum Transportweg führen hier zu erheblichen Steuerverkürzungen (es geht um ganze Schiffsladungen Weizen!).
3. Vielfach sind im Marktordnungsrecht Zollermäßigungen vorgesehen, wenn die Ware einer besonderen Verwendung zugeführt wird. So unterliegt als Braugerste zur Herstellung von Bier ange-

[276] CIF = cost, insurance, freight.

meldete Gerste einem erheblich reduzierten Zollsatz von lediglich 8 Ecu/t. Der Überwachung der tatsächlichen Verwendung kommt hier eine besondere Bedeutung zu.

4. Unterschreitet der Einfuhrpreis z. B. für Milcherzeugnisse eine bestimmte Grenze, wird neben dem Agrarzoll ein Zusatzzoll (Zzoll) erhoben. Dies führt dazu, daß der Täter den Einfuhrpreis „künstlich" anheben wird. Dies tut er, indem er die Rechnungen verfälscht bzw. in kollusivem Zusammenwirken mit dem Lieferanten falsche Rechnungen vorlegt. Ein recht neuer modus operandi ist, daß der Täter eine eigene (Filial-)Firma in einem Drittland zwischenschaltet, die dann den „passenden" Preis weiterberechnet; der zunächst auch tatsächlich bezahlte höhere Preis wird dann über Gutschriften etc. später wieder ausgeglichen.
5. Für Milcherzeugnisse aus bestimmten Ländern sind innerhalb bestimmter Mengengrenzen besondere, erheblich günstigere Kontingentzölle vorgesehen. Falsche Angaben über den Ursprung der Ware unter Vorlage entsprechend gefälschter Nachweise ermöglichen hier enorme Steuerverkürzungen.

4. Subventionsbetrug bei Ausfuhrerstattungen

138 Eine absolute Spitzenstellung für kriminelle Interessen nehmen die Ausfuhrerstattungen ein. Ausfuhrerstattungen dienen dem Zweck, die Preisunterschiede zwischen Binnenmarkt und einem Drittlandsmarkt in dem Sinne auszugleichen, daß der Exporteur auf dem Weltmarkt konkurrenzfähig ist. Sie sind Subventionen im Sinne des Subventionsgesetzes und werden aus Mitteln des EAGFL gezahlt. Die Festsetzung und Zahlung erfolgt in Deutschland nach erfolgter Ausfuhr zentral durch das Hauptzollamt Hamburg-Jonas. Das Erschleichen einer zu Unrecht erhaltenen Ausfuhrerstattung stellt einen Subventionsbetrug dar.

Der Tatbestand des Subventionsbetruges nach § 264 StGB sieht im Unterschied zum § 263 StGB unter Verzicht auf einen Schadenseintritt eine Strafbarkeit bereits bei der Täuschung über subventionserhebliche Tatsachen vor.

Subventionserheblich sind nach § 264 Abs. 7 StGB Tatsachen, die durch Gesetz oder aufgrund eines Gesetzes vom Subventionsgeber als subventionserheblich bezeichnet worden sind oder von denen die Bewilligung, Gewährung, Rückforderung, Weitergewährung oder das Belassen der Subvention oder eines Subventionsvorteils gesetzlich abhängig ist. Die für die Anahme einer subventionserheblichen Tatsache notwendige Bezeichnung durch den Subventionsgeber erfordert eine klare, unmißverständliche, auf den konkreten Fall bezogene Angabe; die Subventionserheblichkeit darf sich nicht lediglich aus dem Zusammenhang ergeben.[277] Eine subventionserhebliche Tatsache aufgrund einer gesetzlichen Abhängigkeit kann nur angenommen werden, wenn das Gesetz selbst mit hinreichender Deutlichkeit zum Ausdruck bringt, daß die Subventionierung unter den im Gesetz genannten Voraussetzungen erfolgen soll, was regelmäßig ausgeschlossen ist, wenn das Gesetz der Verwaltung ein Ermessen für die Subventionsvergabe einräumt.[278] Ebenfalls als Subventionsbetrug strafbar ist auch die nachträglich unterlassene Mitteilung über

den Wegfall der Subventionsvoraussetzungen und
die zweckwidrige Verwendung der gewährten Subventionen (§ 3 Abs. 1 u. 2 SubventionsG).

§ 264 StGB schützt ausdrücklich auch Leistungen aus öffentlichen Mitteln der Gemeinschaft. Vergleichbar § 370 Abs. 6, 7AO dehnt § 6 Nr. 8 StGB seinen Schutz auch auf Taten aus, die von Deutschen und Ausländern im Ausland begangen werden. Im Unterschied zur Steuerhinterziehung, bei der Leichtfertigkeit gem. § 378 AO nur eine Ordnungswidrigkeit darstellt, ist Subventionsbetrug gem. § 264 Abs. 3 StGB auch in seiner leichtfertigen Begehungsform strafbar.

---

277 BGH-Urteil v. 11. 11. 1998 – 3 StR 101/98, StV 1999, 252.
278 BGH-Urteil wie vor.

In bezug auf die hier erheblichen Ausfuhrerstattungen gilt es, einen nicht unerheblichen Teil an Luft-, Umgehungs-, Schein- und wirtschaftlich unsinnigen Geschäften festzustellen: 139

Die Höhe der Ausfuhrerstattung wird warenabhängig und grundsätzlich in Abhängigkeit vom Preisunterschied Weltmarktpreis / Binnenmarktpreis von der EG-Kommission festgesetzt. Um den besonderen Verhältnissen in bestimmten dritten Ländern Rechnung zu tragen, werden bei Ausfuhren bestimmter Waren in diese Länder auch höhere bzw. niedrigere Ausfuhrerstattungen gewährt. Diese sog. „**differenzierte Ausfuhrerstattung**" soll EG-Erzeugnisse auch in diesen Ländern konkurrenzfähig machen. Die Unterschiede in der Höhe des Erstattungssatzes sind es, die hier den Betrugsanreiz ausmachen. Ist die Ware zur Ausfuhr in ein Drittland mit einem niedrigeren Erstattungssatz bestimmt, läßt es sich aber einrichten, daß der Transportweg der Ware durch ein Land mit einem höheren Erstattungssatz führt, wird der Betrüger immer versuchen, eine höhere Subvention zu erschleichen.

Erstattungsfähige Erzeugnisse müssen grundsätzlich aus dem freien Verkehr der Gemeinschaft stammen, sie müssen also den Status einer „Gemeinschaftsware" haben. In einigen Marktordnungen ist aber neben dem Gemeinschaftswarenstatus auch der Ursprung in der Gemeinschaft Voraussetzung für eine Ausfuhrerstattung. Waren, die vollständig in der Gemeinschaft gewonnen wurden, haben logischerweise auch hier ihren Ursprung. **Ursprungswaren** sind aber auch ehemals aus dritten Ländern ordnungsgemäß eingeführte Waren, wenn sie in der Gemeinschaft die letzte wesentliche Be- oder Verarbeitung erfahren haben.[279] Außer bei lebenden Rindern, wo der Ursprung durch Vorlage einer Zuchtbescheinigung nachzuweisen ist, beschränkt sich der Ursprungsnachweis zur Zeit allein auf die Angaben des Exporteurs in der Ausfuhranmeldung. Dem Betrüger ist es ein leichtes, durch die Angabe eines unzutreffenden Ursprungslandes in der Ausfuhranmeldung unberechtigt Ausfuhrerstattungen zu erhalten. Der Zollverwaltung wird es warenbezogen äußerst schwerfallen, nachzuweisen, daß eine Ware ihren Ursprung nicht in der Gemeinschaft hat und somit der Antrag auf Ausfuhrerstattung zu Unrecht gestellt wurde. Ermittlungsansätze werden sich in solchen Fällen fast ausschließlich aufgrund von Betriebsprüfungen, z. B. durch die HZÄ-Prüf ergeben.

Umfangreiche Manipulationsmöglichkeiten ergeben sich ebenso – wie auch bei der Einfuhr von Marktordnungswaren – durch die schlichte **Falschanmeldung**. Nach Art. 13 ErstattungsVO muß ein erstattungsfähiges Erzeugnis von gesunder und handelsüblicher Qualität sein, d. h., die Ware muß innerhalb der Gemeinschaft marktfähig sein. Es ist für einen Betrüger immer wieder ein besonderer Reiz, nicht verkehrsfähige, verdorbene und damit faktisch wertlose Waren als Waren von handelsüblicher Qualität ins Ausland zu „entsorgen" und dabei zudem kräftige Ausfuhrerstattungen zu kassieren. Von besonderer Qualität ist der Coup dann, wenn der Betrüger selbige Ware anschließend wieder – diesmal als wertlosen „Abfall" einführt, um sie sogleich falsch angemeldet erneut unter Beantragung einer Ausfuhrerstattung aus der Gemeinschaft auszuführen. Einmal in einem solchen „**Kreisverkehr**", kann der Straftäter mit ein und derselben LKW-Ladung in kürzester Zeit enorme Summen erschleichen.

Aber auch **Falschtarifierungen** haben wegen der unterschiedlichen Erstattungssätze erhebliche Auswirkungen auf die Höhe der gezahlten Subventionen. Falschtarifierungen werden dadurch erleichtert, daß die Einreihung von Marktordnungswaren in den Zolltarif relativ schwierig ist. Sie sind – wie oben bereits geschildert – meist nur durch die Untersuchung bei einer zolltechnischen Prüfungs- und Lehranstalt im Anschluß an eine Probenentnahme – feststellbar.

Anfang 1998 war die Europäische Kommission großangelegten Betrügereien im Rindfleischhandel mit Südafrika auf der Spur. Die Brüsseler Betrugsbekämpfungseinheit UCLAF hatte gegen 11 Handelsunternehmen in verschiedenen Mitgliedstaaten der EG Verwaltungsermittlungen wegen Zoll-

[279] Artikel 23, 24 ZK.

und Steuerhinterziehung sowie Subventionsbetrug in Höhe von „mehreren zehn Millionen ECU" aufgenommen. Folgender Sachverhalt lag zugrunde:

Südafrika versucht mittels hoher Einfuhrzölle seine nationale Fleischwirtschaft zu stützen und zu erhalten. Die EG versucht ihrerseits mittels subventionierter Ausfuhren, EG-Ware auf den dortigen Markt zu drücken. Für internationale Straftäter war dies bei einer Ausfuhrsubvention von fast 6000,– DM/t gefrorenes Rindfleisch (Stand: Anfang 1997) geradezu eine Herausforderung. Im konkreten Fall war das aus verschiedenen EG-Mitgliedstaaten stammende Rindfleisch unter Umgehung der hohen südafrikanischen Einfuhrzölle (40% Zollsatz) zunächst nach Afrika **eingeschmuggelt** worden. Durch die Inanspruchnahme der professionellen Hilfe bestochener afrikanischer Zollbeamter haben die Täter dann gefälschte afrikanische Importpapiere erlangt, die sie in ihren Heimatländern den zuständigen Zollbehörden vorlegten und **damit zusätzlich EG-Ausfuhrerstattungen erschlichen**. Zumindest ein Teil dieser Fleischausfuhren soll in Südafrika zu Dosenfleisch verarbeitet worden sein. Dieses zum Teil anschließend in unterschiedliche EG-Länder reexportierte Fleisch soll – gleichfalls unter Mithilfe bestochener Beamter – mit falschen Ursprungszeugnissen versehen worden sein, um die Einfuhren im Rahmen der **zollfreien EG-Sonderkontingente** für die dem Lomé-Abkommen angeschlossenen benachbarten Entwicklungsländer (AKP-Länder) abwickeln zu können. Auf diese Weise haben die Täter für ein und dieselbe Ware gleich dreimal „kassiert".

Praktisch ist jedes Kriterium, welches die Zahlung einer Ausfuhrerstattung dem Grunde oder der Höhe nach bestimmt, geeignet, Basis für einen Subventionsbetrug zu werden. Die Höhe der gezahlten Subventionen macht gerade die Manipulationen im Marktordnungsbereich für die Wirtschaftsstraftäter so interessant. Andererseits schrecken die komplexen rechtlichen Bestimmungen, die warenbezogenen Schwierigkeiten bei den Ermittlungen und die meist komplizierte Beweiserhebung im Ausland die Beamten der Verfolgungsbehörden davon ab, sich intensiver mit dieser speziellen Form der Wirtschaftskriminalität zu beschäftigen. Wenn jedoch der Faden einmal aufgenommen ist, sollte man sich hier nicht im Interesse eines zügigen Verfahrens auf das Offenkundige beschränken, sondern nachhaken und umfassend ausermitteln. Wirtschaftskriminelle, die sich in diesem Kriminalitätsfeld bewegen, tun dies nur in seltenen Fällen als Einzeltäter oder einmalig.

X. Ermittlung von Zuwiderhandlungen gegen die Außenwirtschaftsbestimmungen

1. Vorbemerkungen

a) Allgemeines

140 Ein Schwerpunkt der Tätigkeit des Zollfahndungsdienstes sind Ermittlungen wegen Verdachts von Zuwiderhandlungen gegen die „Außenwirtschaftsbestimmungen", d.h. jene Normen, die den Wirtschaftsverkehr mit dem Ausland aus wirtschafts-, außen- und sicherheitspolitischen Gründen regeln. Unter dem Begriff „Außenwirtschaftsbestimmungen" werden hier folgende Komplexe zusammengefaßt:

- die Verstöße gegen das Außenwirtschaftsgesetz (AWG)/die Außenwirtschaftsverordnung (AWV) einschließlich
- der Verstöße gegen die nach dem AWG zu ahndenden Rechtsakte der EG, ferner
- die Verstöße gegen das Kriegswaffenkontrollgesetz (KWKG), soweit sie mit dem grenzüberschreitenden Waren-/Dienstleistungsverkehr in Zusammenhang stehen, sowie
- die Verstöße gegen das Ausführungsgesetz zum Chemiewaffenübereinkommen (CWÜAG)/die Ausführungsverordnung zum Chemiewaffenübereinkommen (CWÜV), soweit sie mit dem grenzüberschreitenden Waren-/Dienstleistungsverkehr in Zusammenhang stehen.

Obgleich diese Regelungen im Detail Unterschiede aufweisen, gibt es hinsichtlich der modi operandi der Täter und damit auch der Durchführung der Ermittlungen große Ähnlichkeiten. Darüber hinaus überschneiden sich die Regelungsmaterien der drei Gesetze in einigen Bereichen. So können z. B. bei der Ausfuhr von Chemikalien Beschränkungen (Verbote/Genehmigungserfordernisse) nach allen drei Gesetzen bestehen, die **nebeneinander** zu beachten sind.

Das Außenwirtschaftsrecht **im engeren Sinn** umfaßt das AWG und die aufgrund des AWG ergangenen Rechtsverordnungen, d.h. die Außenwirtschaftsverordnung (AWV) sowie zwei Zuständigkeitsverordnungen. Dem Außenwirtschaftsrecht i.e.S. hinzuzurechnen sind auch die seit dem 1.7.1995 geltende Verordnung (EG) Nr. 3381/94 über eine Gemeinschaftsregelung der Ausfuhrkontrolle von Gütern mit doppeltem Verwendungszweck[280] (EG-dual-use-VO), die durch den Beschluß über die gemeinsame Aktion zur Ausfuhrkontrolle von Gütern mit doppeltem Verwendungszweck (94/942 GASP)[281] ergänzt wird, ferner die das Ausfuhr**verfahren** regelnden Bestimmungen des Zollkodex (ZK) und der Durchführungsverordnung zum Zollkodex (ZKDVO). KWKG und CWÜAG sind hingegen nur in Teilbereichen dem Außenwirtschaftsrecht zuzuordnen. Die Bestimmungen in diesen beiden Gesetzen betreffen sowohl Sachverhalte mit Auslandsbezug (z. B. Ein- und Ausfuhr) als auch Handlungen im Inland (z. B. Herstellung von Kriegswaffen bzw. Chemikalien). 141

Zum Außenwirtschaftsrecht **im weiteren Sinn** gehören darüber hinaus alle Vorschriften, die den Außenwirtschaftsverkehr aus **anderen** als den o.g. wirtschafts-, außen- und sicherheitspolitischen Gründen regeln. Dies sind z. B. das Marktordnungsgesetz (MOG), das für die Ein- und Ausfuhr von Marktordnungswaren gilt, und das Artenschutzrecht (vgl. XI. 3.).

b) Abgrenzung KWKG/AWG:

Das KWKG ist im Verhältnis zum AWG ein Spezialgesetz. Daraus folgt jedoch nicht, daß der Außenwirtschaftsverkehr mit Kriegswaffen (Ein-, Aus- und Durchfuhr der unter die Kriegswaffenliste fallenden Gegenstände sowie Rechtsgeschäfte und Tätigkeiten, die sich nach § 4 a KWKG auf diese Gegenstände beziehen) nicht dem AWG unterliegt. § 6 Abs. 4 KWKG und § 1 Abs. 2 AWG bestimmen beide ausdrücklich, daß Vorschriften in anderen Gesetzen unberührt bleiben. Soweit Beschränkungen sowohl nach AWG als auch nach KWKG bestehen, sind diese deshalb nebeneinander zu beachten.[282] 142

Beispiel:

Für die Ausfuhr von Maschinengewehren ist sowohl eine Genehmigung nach dem KWKG als auch eine Genehmigung nach dem AWG erforderlich, wobei die Genehmigung nach AWG erst dann erteilt werden soll,[283] wenn die KWKG-Genehmigung erteilt ist. Eine ungenehmigte Ausfuhr derartiger Waffen ist somit regelmäßig eine in Tateinheit begangene Zuwiderhandlung gegen das AWG und das KWKG.

c) Abgrenzung CWÜAG/AWG

Das CWÜAG ist im Verhältnis zum AWG ebenfalls ein Spezialgesetz. § 2 Abs. 1 Satz 4 CWÜAG bestimmt jedoch, daß Beschränkungen, die sich aus anderen Vorschriften ergeben, unberührt bleiben. Somit sind die Verbote und Genehmigungserfordernisse gemäß CWÜAG/CWÜV neben den Beschränkungen gemäß AWG (und KWKG) zu beachten (vgl. § 1 Abs. 2 AWG, Art. 22 der Verordnung (EG) Nr. 3381/94,[284] § 6 Abs. 4 KWKG). 143

Beispiel:

Für die Ausfuhr von bestimmten Chemikalien, die sowohl für zivile Zwecke als auch als Ausgangsstoffe für die Herstellung von chemischen Waffen verwendet werden können, ist sowohl eine

---

280 Fundstelle vgl. Anhang 2.
281 Fundstelle vgl. Anhang 2.
282 *Fuhrmann* in *Erbs/Kohlhaas*, A 217 Vorbemerkung, Rn. 10.
283 Erlaß des BMWi vom 20. 8. 1986 – V A 8 – 510385/1 VS-NfD.
284 Fundstelle vgl. Anhang 2.

Ausfuhrgenehmigung nach der o. a. VO (EG) 3381/94 als auch nach dem CWÜAG/der CWÜV erforderlich.

Die ungenehmigte Ausfuhr derartiger Chemikalien ist regelmäßig eine in Tateinheit begangene Zuwiderhandlung gegen die o.a. EG-VO und das CWÜAG i.V.m. der CWÜV und nach dem AWG und dem CWÜAG strafbar.

d) Abgrenzung CWÜAG / KWKG

144 Das KWKG wird durch das CWÜAG ergänzt und abgerundet. Die Beschränkungen nach KWKG und CWÜAG bestehen ebenfalls nebeneinander (vgl. § 6 Abs. 4 KWKG, § 2 Abs. 1 Satz 4 CWÜAG). Bei in Tateinheit begangenen Zuwiderhandlungen gegen das KWKG und das CWÜAG sind die Strafnormen des CWÜAG nur dann anzuwenden, wenn die Tat nicht nach § 20 KWKG mit Strafe bedroht ist (§§ 16, 17 CWÜAG). Die Strafbestimmungen des CWÜAG gelten somit nur **subsidiär**. Soweit die in Teil A Abschnitt III (= Nrn. 5 und 6) der Kriegswaffenliste (KWL[285]) genannten Waren betroffen sind, wird die Anwendung der Strafnormen des CWÜAG im Hinblick auf die weitreichenden Verbote gem. §§ 18, 21 KWKG nur in Ausnahmefällen in Betracht kommen, so z. B. in jenen Fällen, in denen die „Zivilklausel“[286] greift.

Beispiel:

Ein Institut einer deutschen Universität stellt zu wissenschaftlichen Forschungszwecken 200 Gramm Sarin her. Sarin ist ein chemischer Kampfstoff. Er ist sowohl in Nr. 5 der KWL als auch in Anhang 1, Liste 1, CWÜV erfaßt. Nach der „Zivilklausel“ gilt das zu dem o. a. Zweck hergestellte Sarin nicht als „Waffe“ i. S. des § 1 Abs. 1 KWKG i.V. m. Nr. 5 der KWL, d. h., die Bestimmungen des KWKG sind nicht anwendbar. Nach § 2 Abs. 1 Nr. 2 lit. a) CWÜV bedarf die Produktion von mehr als 100 Gramm Sarin im Jahr zu Forschungszwecken der Genehmigung. Die ungenehmigte Produktion von 200 Gramm Sarin ist gem. § 13 Abs. 2 Nr. 2 CWÜV als Straftat nach § 16 Abs. 1 Nr. 3 CWÜAG zu ahnden.

2. Außenwirtschaftsgesetz

a) Grundsätze

145 In der Nachkriegszeit war der deutsche Außenhandel zunächst durch die Devisenbewirtschaftungsgesetze[287] geregelt, die vom Prinzip des Verbots mit Erlaubnisvorbehalt beherrscht waren. Im Gegensatz dazu stellt das Außenwirtschaftsgesetz (AWG) vom 28. April 1961 auf den Grundsatz der Freiheit des Außenwirtschaftsverkehrs ab (§ 1 Abs. 1 AWG):

„**Der** Waren-, Dienstleistungs-, Kapital-, Zahlungs- und sonstige Wirtschaftsverkehr mit fremden Wirtschaftsgebieten sowie der Verkehr mit Auslandswerten und Gold zwischen Gebietsansässigen (**Außenwirtschaftsverkehr**) **ist grundsätzlich frei**. Er unterliegt den Einschränkungen, die dieses Gesetz enthält oder die durch Rechtsverordnung aufgrund dieses Gesetzes vorgeschrieben werden.“

In dieser Vorschrift kommt das gesetzgeberische „Programm“ des AWG zum Ausdruck: Grundsätzlich ist im Außenwirtschaftsverkehr alles erlaubt, was nicht aus besonderen

---

[285] Kriegswaffenliste (Anlage zu § 1 Abs. 1 KWKG).

[286] Teil A vor Nr. 1 der KWL; die „Zivilklausel“ ist eine Ausnahmebestimmung zu Teil A der KWL, die dem Umstand Rechnung trägt, daß etliche der in Teil A der KWL aufgezählten Güter nicht ausschließich für militärische, sondern auch für zivile Zwecke verwendet werden (z. B. Krankheitserreger für die Entwicklung/Herstellung von Impfstoffen).

[287] „Gesetz Nr. 53 (Neufassung) Devisenbewirtschaftung und Kontrolle des Güterverkehrs“ der amerikanischen Militärregierung, das gleichnamige Gesetz der britischen Militärregierung und die „Verordnung Nr. 235“ des französischen Hohen Kommissars, Gesetz Nr. 33 des Rates der Alliierten Hohen Kommission; in Berlin: „Verordnung über Devisenbewirtschaftung und Kontrolle des Güterverkehrs“; Neufassung des MRG Nr. 53 vom 10. 9. 1949, BAnz. Nr. 2 vom 27. 9. 1949.

Gründen Einschränkungen unterliegt. Art und Ausmaß der möglichen Beschränkungen und Handlungspflichten sind in § 2 AWG festgelegt. § 2 Abs. 1 AWG bestimmt:

„Soweit in diesem Gesetz **Beschränkungen** zugelassen sind, kann durch Rechtsverordnung vorgeschrieben werden, daß Rechtsgeschäfte und Handlungen allgemein oder unter bestimmten Voraussetzungen

1. einer Genehmigung bedürfen oder
2. verboten sind."

Die Beschränkungen sind dabei nach Art und Umfang auf das Maß zu begrenzen, das notwendig ist, um den in der Ermächtigung angegebenen Zweck zu erreichen (§ 2 Abs. 3 AWG)

b) Die Systematik des AWG

Beim AWG handelt es sich weitgehend um ein **Blankettgesetz**, d. h., das AWG selbst enthält grundsätzlich keine unmittelbar wirkenden Beschränkungen des Außenwirtschaftsverkehrs, sondern ermächtigt die Verordnungsgeber (§ 27 AWG) zum Erlaß von Rechtsverordnungen, die derartige Beschränkungen vorsehen (§ 2 i. V. m. §§ 5 bis 24 AWG). Die §§ 5 bis 24 AWG enthalten die nach Art. 80 Abs. 1 S. 2 GG erforderliche Konkretisierung von Inhalt, Zweck und Ausmaß der gestatteten Verordnungen. **146**

Diese materiellrechtlichen Ermächtigungen zur Anordnung von Beschränkungen lassen sich unterteilen in allgemeine und besondere Ermächtigungsnormen. Die drei **allgemeinen Ermächtigungen** dienen

- der Erfüllung zwischenstaatlicher Vereinbarungen (§ 5),
- der Abwehr schädigender Einflüsse aus dem Ausland (§ 6) und
- dem Schutz der Sicherheit und der auswärtigen Interessen der Bundesrepublik Deutschland sowie des friedlichen Zusammenlebens der Völker (§ 7).

Charakteristisch für diese drei Bestimmungen ist, daß sie zu den genannten Zwecken die Beschränkung (aller) „Rechtsgeschäfte und Handlungen im Außenwirtschaftsverkehr" gestatten und somit Eingriffe in alle Bereiche des Außenwirtschaftsverkehrs ermöglichen. Die **besonderen Ermächtigungen** (§§ 6 a, 8 ff. AWG) betreffen jeweils nur einen bestimmten Bereich des Außenwirtschaftsverkehrs; die Eingriffsgründe sind regelmäßig eng begrenzt. Sofern die besonderen Ermächtigungen nicht greifen, können Beschränkungen des Außenwirtschaftsverkehrs immer dann aufgrund der allgemeinen Ermächtigungen erfolgen, wenn deren Voraussetzungen vorliegen. Darüber hinaus läßt das AWG ausnahmsweise auch im Einzelfall Regelungen durch Verwaltungsakt zu. Die **„Einzeleingriffsermächtigung"** gem. § 2 Abs. 2 AWG[288] erlaubt dem BMWi,[289] notwendige Beschränkungen von Rechtsgeschäften und Handlungen im Außenwirtschaftsverkehr anzuordnen, um eine im einzelnen Falle bestehende Gefahr für die in § 7 Abs. 1 AWG genannten Rechtsgüter abzuwenden.

Unmittelbare Regelungen von **Genehmigungspflichten** enthält lediglich § 10 AWG, der die **Einfuhr** von Waren betrifft und insoweit auf die Maßgabe der Einfuhrliste verweist. Die ungenehmigte Einfuhr von in der Einfuhrliste als genehmigungspflichtig gekennzeichneten Waren ist stets und ausschließlich eine Ordnungswidrigkeit gem. § 33 Abs. 2 Nr. 1 a. AWG, die gem. § 33 Abs. 6 AWG mit einer Geldbuße bis zu einer Million DM geahndet werden kann.

c) Die Außenwirtschaftsverordnung

aa) Allgemeines

In der Verordnung zur Durchführung des AWG (Außenwirtschaftsverordnung – AWV) sind die Beschränkungen und die Verfahrens-, Melde- und Bußgeldbestimmungen **147**

288 Eingeführt durch das Gesetz zur Änderung des AWG . . . vom 28. 2. 1992, BGBl. I S. 372.

289 Bundesminister für Wirtschaft im Einvernehmen mit dem Auswärtigen Amt und dem Bundesminister der Finanzen.

zusammengefaßt, die die Verordnungsgeber (§ 27 AWG) aufgrund der Ermächtigungen des AWG erlassen haben. Die AWV enthält somit – neben der EG-dual-use-VO – die eigentlichen konkreten Regelungen für den Außenwirtschaftsverkehr. Diejenigen Vorschriften der AWV, die Beschränkungen anordnen, nennen im Hinblick auf Art. 80 Abs. 1 S. 3 GG in ihrer Überschrift die entsprechende Ermächtigungsnorm des AWG.

bb) Die Systematik der AWV

148 Die AWV ist in Kapitel eingeteilt, in denen im wesentlichen die Regelungen zu einzelnen Bereichen des Außenwirtschaftsverkehrs zusammengefaßt sind.

Kapitel	**§§**	**Inhalt**
I	1–4 b	Allgemeine Vorschriften
II	5–21 a	Warenausfuhr
III	21 b–37	Wareneinfuhr
IV	39–43 a	Sonstiger Warenverkehr (Durchfuhr, Transithandelsgeschäfte)
V	40–50 b	Dienstleistungsverkehr
VI	51–58 c	Kapitalverkehr
VII	59–69	Zahlungsverkehr
VII a ff.	69 a ff.	Besondere Beschränkungen (Embargos)
VIII	70	Bußgeldvorschriften
IX	72	Übergangs- und Schlußvorschriften

Die in den Kapiteln VII a ff. AWV enthaltenen Bestimmungen sind in Umsetzung von **Embargomaßnahmen** der Vereinten Nationen (VN) bzw. entsprechender EG-Rechtsakte ergangen. Zuwiderhandlungen gegen diese „VN-Embargobestimmungen" sind gem. § 34 Abs. 4 AWG unmittelbar als Verbrechen mit Strafe bedroht.

Hinweis:

In den Kapiteln VII a ff. AWV sind nicht alle „VN-Embargobestimmungen" enthalten. In jüngerer Zeit hat das BMWi verstärkt von der Möglichkeit Gebrauch gemacht, entsprechende EG-Verordnungen im BGBl. bzw. im BAnz. zu veröffentlichen und dadurch die Strafbewehrung von Zuwiderhandlungen gem. § 34 Abs. 4 AWG zu gewährleisten.

Die Bußgeldvorschriften des § 70 AWV, sind – soweit sie auf § 33 Abs. 1, 4 oder 5 verweisen – zugleich Voraussetzung für die etwaige Strafbarkeit nach § 34 Abs. 2 AWG.

cc) Die Ausfuhrliste

149 Die AWV wird durch mehrere Anlagen und Länderlisten ergänzt. Unter strafrechtlichen Gesichtspunkten ist die wichtigste Anlage die **Ausfuhrliste** (Anlage AL zur AWV) – **Teil I** –. In Teil I der AL sind jene Waren erfaßt, deren Ausfuhr aus außen- und sicherheitspolitischen Gründen Beschränkungen unterliegt. So verweist die Strafnorm des § 34 Abs. 1 AWG unmittelbar auf bestimmte Abschnitte bzw. Positionen von Teil I der AL. Die darin erfaßten Waren sind so sensibel, daß ihre ungenehmigte Ausfuhr stets mit Strafe bedroht ist.

Teil I der AL besteht seit dem 1. 7. 1995[290] aus drei Abschnitten:

Abschnitt A	Waffen, Munition, Rüstungsgüter
Abschnitt B	Liste sonstiger Güter (nur: nationale Positionen[291])
Abschnitt C	Gemeinsame Güterliste der EG -Anhang I[292]- und nationale Sonderpositionen (Kennungen 901 bis 999)

Die Erfassung von Waren in Teil I der AL beruht ganz überwiegend auf internationalen Vereinbarungen (COCOM,[293] WArr,[294] Australia Group,[295] MTCR,[296] NSG[297])[298] und zu einem geringen Teil auf von der Bundesregierung selbst gesetzten politischen Grundlagen. Teil I der AL stellt somit eine an politischen Entscheidungen orientierte Regelung dar. Die aus den internationalen Vereinbarungen hervorgegangenen Güterlisten werden einer laufenden Revision unterzogen. Der Bestand der in Teil I der AL erfaßten Waren ist einem ständigen Wechsel unterworfen und nicht auf Dauer angelegt. Insoweit handelt es sich bei den in Teil I der AL enthaltenen Regelungen um **Zeitgesetze**[299] i. w. S.

Die Warenliste zu Art. 3 der EG-dual-use-VO,[300] die ebenfalls auf den Listen der o. a. internationalen Exportkontrollregime basiert, ist in die ab 1. 7. 1995 geltende Neufassung der deutschen Ausfuhrliste[301] integriert worden.

In den übrigen Teilen der AL (derzeit gibt es nur noch den Teil II der AL) sind Waren erfaßt, deren Ausfuhr aus anderen als den o. g. Gründen Beschränkungen unterliegt. Z. Zt. sind in Teil II der AL bestimmte Agrarerzeugnisse erfaßt, deren Ausfuhr gem. § 6 a AWV unter den dort genannten Voraussetzungen genehmigungspflichtig ist. Die unge-

290 1. 7. 1995 = Inkrafttreten der 88. VO zur Änderung der Ausfuhrliste vom 17. 2. 1995, BAnz. Nr. 110 vom 14. 6. 1995.

291 Abschnitt B enthält jene „nationalen Sonderpositionen", die nicht in die Systematik des Abschnitts C passen; derzeit: Pos. 0101 „Elektroschlagstöcke und Elektroschockgeräte, ... Daumenschrauben und Fußfesseln".

292 Anhang I des Beschlusses 94/942/GASP; Fundstelle vgl. Anhang 2.

293 **Co**ordinating **Com**mittee for East-West-Trade Policy; später: Coordinating Committee on Multilateral Strategic Export Controls, gegründet 1949; das Kontrollregime des COCOM ist seit dem 1. 4. 1994 außer Kraft gesetzt.

294 Wassenaar-Arrangement; das WArr ist das im Dezember 1995 in der Nähe von Den Haag vereinbarte Nachfolgeregime des COCOM. Das WArr ist am 1. 11. 1996 in Kraft getreten. Es soll die bestehenden Nichtverbreitungsregime für Massenvernichtungswaffen und ihre Träger (Raketen) ergänzen. Gegenstand des WArr sind im wesentlichen konventionelle Rüstungsgüter und sensitive Güter mit doppeltem Verwendungszweck.

295 Australische Gruppe, gegründet 1985; benannt nach dem Tagungsort und Sekretariat bei der Australischen Botschaft in Paris; Ziel der Australia Group ist die Verhinderung der Weiterverbreitung von chemischen und biologischen Waffen. Ihre Kontrolliste umfaßt Chemikalien, biologische Agenzien und Toxine sowie Herstellausrüstung für diese Waren.

296 Missile Technologie Control Regime, gegründet 1987; Ziel des MTCR ist es, die Verbreitung von Flugkörpern mittlerer und großer Reichweite (und entsprechender Technologie) zu kontrollieren, mit denen ABC-Waffen befördert werden können, weil derartige Flugkörper eine besondere Bedrohung der internationalen Sicherheit darstellen.

297 Nuclear Suppliers Group, gegründet 1975; Ziel der NSG ist die Nichtverbreitung von Gütern, die der Entwicklung und Herstellung von Atomwaffen dienen können. Die NSG ergänzt den Vertrag über die Nichtverbreitung von Kernwaffen (NVV) aus dem Jahr 1968.

298 Vgl. insgesamt: *Werner* RIW 1998, 179 ff.

299 *Haase* in *Hocke/Berwald/Maurer*, Außenwirtschaftsrecht, Vorbemerkungen vor § 5 AWV, 2. a); vgl. i. ü. BGH Beschluß v. 14. 7. 1998 – 1 StR 110/98 (Serbien-Embargo), wistra 1998, 306.

300 Fundstelle vgl. Anhang 2.

301 88. VO zur Änderung der AL vom 17. 2. 1995, in Kraft getreten am 1. 7. 1995, BAnz. Nr. 110 vom 14. 6. 1995.

nehmigte Ausfuhr dieser Waren ist eine Ordnungswidrigkeit und gem. § 70 Abs. 3 Nr. 1 AWV i.V. m. § 33 Abs. 3 Nr. 2, Abs. 6 AWG mit Bußgeld bewehrt.

d) Die Entwicklung des Außenwirtschaftsrechts seit 1961

aa) Allgemeines

150 Das AWG ist seit seinem Inkrafttreten am 1. 9. 1961 **im Kern** im wesentlichen unverändert geblieben. Die Änderungen, die seit 1990 vorgenommen wurden, betrafen vor allem den Exportkontrollbereich[302] (= 3. Teil des AWG). So wurde u. a. die Straf- und Bußgeldbewehrung von Zuwiderhandlungen erheblich verschärft. Seit dem 7. 3. 1992[303] besteht ferner die Möglichkeit der Brutto-Abschöpfung der durch illegale Exporte erlangten Vermögensvorteile.[304] Die Änderungen des § 34 AWG sind chronologisch in Anhang 3 dargestellt.

Charakteristisch für die Entwicklung des Außenwirtschaftsrechts sind neben den Änderungen des AWG vor allem die vielfältigen Änderungen der AWV, durch die die materiellen Bestimmungen den ständigen außenwirtschaftlichen und vor allem sicherheits- und außenpolitischen Veränderungen angepaßt werden. Seit der Neufassung der AWV vom 18. 12. 1986[305] wurden bislang[306] siebenundvierzig(!) Änderungsverordnungen erlassen. Anlaß dieser gesetzgeberischen Maßnahmen, soweit sie der Verhinderung der Proliferation[307] dienten, waren die sich seit etwa Mitte der 80er Jahre abzeichnenden Änderungen der globalen sicherheitspolitischen Lage, vor allem die verstärkten Beschaffungsbemühungen von Staaten der „Dritten Welt“ in den Bereichen der A-, B-, C-Waffen und Trägertechnologie. Bis Mitte der 80er Jahre waren das sicherheitspolitische Lagebild und damit auch die Ausfuhrbestimmungen und Exportkontrollen der westlichen Industrienationen im wesentlichen vom „kalten Krieg“ und – als dessen Folge – vom COCOM-Regime geprägt. Hauptziel der gemeinsamen Embargopolitik war es, den technologischen Vorsprung der westlichen Länder gegenüber dem Ostblock zu erhalten. Folgerichtig waren deshalb – neben Waffen und Rüstungsgütern – vor allem „Hochtechnologiewaren“ (Waren strategischer Bedeutung hohen technologischen Standards) Gegenstand des COCOM-Regimes und damit der nationalen Exportkontrollen. Ergänzt wurde das COCOM seit 1975 durch die Nuclear Suppliers Group (NSG).

bb) Die Schwellenländer und ihre Rüstungsprojekte

151 Die Beschaffungswünsche der aus **heutiger** Sicht sensiblen Länder (Irak, Iran, Libyen, Syrien, Pakistan, Indien usw.) waren bis Anfang/Mitte der 80er Jahre regelmäßig auf komplette Waffensysteme gerichtet. Grund hierfür war u. a. die mangelnde industrielle Infrastruktur in diesen Ländern, die eigenständigen Rüstungsprojekten enge Grenzen setzte. Zudem waren zu Zeiten des „kalten Krieges“ konventionelle Waffen/Rüstungsgüter von einer der beiden Seiten relativ leicht erhältlich.

---

[302] Mit den Begriffen Exportkontrolle und Embargo werden Beschränkungen des Außenwirtschaftsverkehrs bezeichnet, die aus außen- und sicherheitspolitischen Gründen angeordnet werden. Embargovorschriften im engeren Sinn sind jene Bestimmungen, mit denen internationale, vor allem VN-Embargos, national umgesetzt werden.

[303] Inkrafttreten des Gesetzes zur Änderung des Außenwirtschaftsgesetzes, des Strafgesetzbuches und anderer Gesetze vom 28. 2. 1992, BGBl. I S. 372.

[304] Änderung der §§ 73, 73 b StGB und § 29 a OwiG.

[305] BGBl. I S. 2671.

[306] Stand: Mai 1999.

[307] Proliferation (engl. und franz.) = (sprunghafte) Vermehrung; terminus technicus für (unkontrollierte) „Weiterverbreitung“ in bezug auf Massenvernichtungswaffen/Trägertechnologie sowie konventionelle Kriegswaffen (durch Lieferländer); Gegensatz: Procurement = „Beschaffung/Beschaffungsbemühungen“ (der Empfängerländer).

Bereits einige Jahre vor dem Zerfall des Ostblocks zeichnete sich dann ein markanter Wechsel in der Beschaffungspolitik einiger Länder der Dritten Welt ab. Mit zunehmender Industrialisierung und höherem Ausbildungsstand breiterer Bevölkerungsschichten fand eine Verlagerung zur eigenständigen Produktion von Rüstungsgütern statt. Angestrebt wurden dabei nicht etwa die Entwicklung und Produktion von High-Tech-(Waffen-)Systemen westlichen Standards, sondern vielmehr relativ anspruchslose Technologien und der Eigen-/Nachbau technisch anspruchsloser Waffen. Die Schwellenländer streben u. a. die eigenständige Produktion von A-, B-, C-Waffen und weitreichenden Trägersystemen (Raketen) an, die dem Low-tech-Bereich zuzurechnen sind:

Beispiele:

Die Technologie der russischen SCUD – eine mit Flüssigtreibstoff angetriebene **Trägerrakete** – basiert auf der während des 2. Weltkriegs entwickelten „V2"; das System SCUD ist ca. 50 Jahre alt.

Die bekanntesten **chemischen Kampfstoffe** (Lost, Sarin, Soman) wurden teils bereits zur Zeit des 1. Weltkriegs entwickelt, produziert und eingesetzt. Sie sind relativ einfach und mittels technologisch recht anspruchsloser Verfahren herstellbar, vor allem, wenn dabei „westliche" Sicherheitsstandards außer acht gelassen werden.

Für die Produktion von **Nuklearwaffen** wird u. a. hochangereichertes Uran benötigt. Es gibt verschiedene Verfahren der Urananreicherung, u. a. mittels Gaszentrifugen („GUZ-Technologie") und durch elektromagnetische Isotopentrennung (EMIS-Verfahren[308]).

Das GUZ-Verfahren gibt es etwa seit den 50er Jahren. Urananreicherung mit Gaszentrifugen betrieb nach vorliegenden Erkenntnissen die ehemalige Sowjetunion. Deutschland, Großbritannien und die Niederlande verfügen ebenfalls seit den 50er Jahren über diese Technologie. Kommerziell (für zivile Zwecke) wird das Gaszentrifugenverfahren von der URENCO genutzt und weiterentwickelt. Die URENCO ist ein – zwischenzeitlich privatisiertes – Gemeinschaftsunternehmen Deutschlands, Großbritanniens und der Niederlande. Die Gaszentrifugentechnologie unterliegt dem Geheimschutz.

Die USA haben während des 2. Weltkriegs ein anderes Verfahren der Isotopentrennung für den Bau von Nuklearwaffen entwickelt, das EMIS-Verfahren. Es ist relativ energieaufwendig, erfordert große Anlagen und ist – weil sehr kostenintensiv – für die kommerzielle Nutzung weniger interessant.

Festzuhalten ist: Etliche chemische Kampfstoffe sowie bestimmte Trägerraketen und Anlagen zur Urananreicherung können mit relativ geringem technischen Aufwand hergestellt werden, vielfach sogar mit Maschinen eines derart geringen technischen Standards, die – weil völlig veraltet – auf dem westlichen Markt kaum mehr erhältlich sind und von den Güterlisten der Exportkontrollregime nicht erfaßt werden.

Die für ihre Rüstungsprojekte erforderliche Produktionsausrüstung (Maschinen und Anlagen) sowie Komponenten für Waffen und Treibstoffe suchten die sensiblen Länder überwiegend in den westlichen Industrienationen – so auch in Deutschland – zu beschaffen. Sie waren dabei durchaus erfolgreich:

Beispiele:

Anfang der 80er Jahre wurde bekannt, daß auch Pakistan ein eigenständiges Nuklearprogramm anstrebt. Abdul Quadeer Khan, der „Vater des pakistanischen Nuklearprogramms", verschaffte sich während seiner Tätigkeit in der niederländischen Urananreicherungsanlage in Almelo Zugang zur Gaszentrifugentechnologie und transferierte mutmaßlich auch entsprechende Fertigungszeichnungen in seine Heimat. Zur selben Zeit wurde in Pakistan – unter Beteiligung eines deutschen Unternehmens – eine Uranaufbereitungsanlage errichtet.[309]

1983/84 gab es erste Hinweise, daß der Irak mit deutscher Hilfe eine Anlage zur Herstellung chemischer Waffen errichtet, die als „Produktionsanlage für Pestizide" bezeichnet wurde.

1988/89 wurde bekannt, daß in Rabta/Libyen von einer deutschen Firma eine Anlage zur Herstellung chemischer Waffen errichtet wurde.

---

308 EMIS = Electro Magnetic Isotope Separation.

309 Vgl. AG Freiburg v. 11. 2. 1985 – 20 AK 46/82 41 Ls 103/82 –, n. v.

Ebenfalls 1989/90 gab es erste Hinweise auf ein irakisches Raketenprogramm, das auf der SCUD-Technologie basieren sollte und auf diesbezügliche irakische Beschaffungsbemühungen u. a. bei deutschen Unternehmen. Durch die nach dem 2. Golfkrieg ab 1991 aufgrund entsprechender Resolutionen des Sicherheitsrates der Vereinten Nationen durch die UNSCOM[310] durchgeführten Inspektionen im Irak wurde dann zumindest ein größerer Teil der irakischen Massenvernichtungswaffen- und Raketenprogramme bekannt bzw. entsprechende Hinweise verifiziert:

- In der angeblichen Pestizidfabrik in Samarra waren große Mengen chemischer Kampfstoffe hergestellt worden.
- Irak betrieb ein Nuklearprogramm, wobei beide gängigen Verfahren der Urananreicherung versucht wurden (Gaszentrifugen und EMIS = Electro Magnetic Isotope Separation).
- Irak betrieb verschiedene Raketenprogramme, u. a. den Nachbau bzw. die Reichweitensteigerung von SCUD-Raketen sowie die Herstellung von Festtreibstoffraketen auf Basis der „Condor II"-Technologie.

Das Bekanntwerden dieser Vorgänge führte u. a. zur Gründung der Australia Group und des MTCR.

cc) Die neuen Beschränkungen

152 1989/1990 begann eine geographische Neuorientierung im Exportkontrollbereich sowie die Erweiterung der Genehmigungstatbestände um länderspezifische und/oder auf den Verwendungszweck bzw. den Endempfänger abgestellte Beschränkungen. Durch die sogenannte **„Lex Rabta"**[311] (§§ 5 b, 38 Abs. 5, 45 a AWV) wurden im März 1989 die Lieferung von Waren und Fertigungsunterlagen sowie das Erbringen von Dienstleistungen nach/für Libyen, die mit der Errichtung oder dem Betrieb einer Anlage zur Herstellung von chemischen Waffen im Sinne der KWL in Zusammenhang stehen, verboten. Das Lieferverbot des § 5 b AWV umfaßt **sämtliche** für den genannten Zweck bestimmte Waren, unabhängig davon, ob sie in der Ausfuhrliste erfaßt sind oder es sich um „nicht gelistete"[312] und damit grundsätzlich ohne Beschränkungen nach AWG/AWV lieferbare Waren handelt.

Beispiel:

Ein deutscher Unternehmer liefert eine Wasseraufbereitungsanlage nach Libyen, wo sie in einer Lebensmittelfabrik installiert und im Zusammenhang mit der Herstellung von Getreideflocken eingesetzt wird. Wasseraufbereitungsanlagen sind in der Ausfuhrliste nicht erfaßt. Die Ausfuhr dieser Anlage nach Libyen ist deshalb genehmigungsfrei zulässig.

Exportiert der deutsche Unternehmer jedoch die gleiche Wasseraufbereitungsanlage nach Libyen, damit sie dort in einer Chemiewaffenanlage Verwendung findet, ist die Lieferung gem. § 5 b AWV verboten und gem. § 34 Abs. 1 AWG n. F. strafbar.

Von Mitte April 1992 bis Anfang April 1999 war diese Handlung **daneben** auch gem. § 34 Abs. 4 AWG strafbar:

Der Sicherheitsrat der Vereinten Nationen (VN-SR) hat im April 1992 gem. Kapitel VII der Charta der VN ein Teil-Embargo gegen Libyen verhängt, das u. a. ein totales Waffen- und Rüstungsembargo umfaßt. Am 5. April 1999 hat der VN-SR die Sanktionsmaßnahmen der VN-Resolution 748 (1992) und 883 (1993) **ausgesetzt.**[313]

Das „Waffenembargo" gegen Libyen wurde durch § 69 g Abs. 1 Nrn. 2 und 3 und Abs. 2 AWV a. F. bzw. § 69 1 AWV n. F. (die beiden vorgenannten Bestimmungen sind identisch) in nationales Recht umgesetzt. Danach ist u. a. „die Lieferung von Rüstungsmaterial und damit im Zusammenahng stehender Waren aller Art" nach Libyen verboten. Die Lieferung einer Wasseraufbereitungsanlage für eine Chemiewaffenanlage nach Libyen ist somit auch gem. § 69 g AWV a. F. bzw. § 69 l

---

[310] United Nations Special Commission.

[311] 3. Verordnung zur Änderung der AWV vom 22. 3. 1989, BGBl. I S. 535, in Kraft getreten am 1. 4. 1989.

[312] Nicht in der AL erfaßte Waren.

[313] Runderlaß Außenwirtschaft Nr. 7/99, BAnz. Nr. 88 vom 12. Mai 1999, S. 7714.

AWV n. F. verboten. Gem. § 69 l Abs. 3 AWV[314] gelten die Beschränkungen des § 69 l Abs. 1 und 2 ab dem 6. April 1999 nicht mehr, soweit (und solange) der VN-SR ihre Aussetzung erklärt hat.

Die Verbote gem. §§ 5 b und 69 g a. F. bzw. 69 l AWV n. F. bestehen nebeneinander. Durch die verbotswidrige Ausfuhr der Wasseraufbereitungsanlage für eine Chemiewaffenanlage in Libyen hat der Unternehmer somit in Tateinheit eine Straftat nach § 34 Abs. 1 AWG i. V. m. § 5 b AWV und eine Straftat gem. § 34 Abs. 4 AWG i. V. m. § 69 g Abs. 2 a. F. bzw. § 69 l Abs. 1 n. F. AWV begangen.

Teil I der Ausfuhrliste wurde um einige – teils zweifelhafte – „nationale" Positionen ergänzt, die ebenfalls nur für Ausfuhren nach bestimmten Ländern gelten:

So wurde u. a. die Ausfuhr von Segelflugzeugen, Motorseglern, Hängegleitern nach Syrien, Libyen und Libanon unter Genehmigungsvorbehalt gestellt, weil derartige Sportgeräte für „Selbstmordattentate" gegen Israel verwendet worden waren.

Aktuell: vgl. Teil I Abschnitt B der AL und „nationale" Sonderpositionen (Kennungen 901 bis 999) in Teil I Abschnitt C der AL.

Beispiel:
Position 2B**909:** Fließdrückmaschinen und Maschinen mit kombinierter Fließdrück- und Drückfunktion, die nicht von der Nr. 2B009, 2B109 oder 2B209 erfaßt werden, mit allen folgenden Eigenschaften …, wenn Käufer- oder Bestimmungsland Irak, Libyen, Nordkorea oder Syrien ist.

Position 9A**992:** Lastkraftwagen mit Allradantrieb und einer Nutzlast größer als 1000 kg, wenn Käufer- oder Bestimmungsland Nordkorea ist.

1991/1992 wurden weitere länderspezifische Genehmigungstatbestände für die Ausfuhr von nicht in der Ausfuhrliste erfaßten Waren erlassen, sogenannte **„catch-all-Klauseln"**. Durch § 5 c AWV[315] wurde die Ausfuhr von Waren und Fertigungsunterlagen nach bestimmten Ländern unter Genehmigungsvorbehalt gestellt, wenn diese Güter für die Errichtung bzw. den Betrieb einer Anlage zur Herstellung, Modernisierung oder Wartung von Waffen, Munition oder Rüstungsmaterial bzw. zum Einbau in diese Waren bestimmt sind und der Ausführer von dieser beabsichtigten Verwendung Kenntnis hat. Die Vorschrift war eine Konsequenz aus seinerzeit laufenden Ermittlungsverfahren, bei denen festgestellt wurde, daß die Unternehmen nachweislich Kenntnis von der (beabsichtigten) militärischen Verwendung der gelieferten Waren hatten, jedoch im Einzelfall nicht oder nur unter großen Schwierigkeiten nachweisbar war, daß die Ausfuhrwaren „speziell konstruiert" und damit von der AL erfaßt waren. Mit § 5 d AWV wurde Anfang 1992 dann eine dem § 5 c vergleichbare Regelung im Hinblick auf Waren für kerntechnische Zwecke in die AWV eingefügt. **153**

Hinweis:
Zu beachten ist, daß jeweils sämtliche Bedingungen der §§ 5 c bzw. 5 d AWV nebeneinander erfüllt sein müssen, damit überhaupt ein Genehmigungserfordernis nach diesen Bestimmungen besteht. Eine dieser Bedingungen ist bei beiden Normen die „positive Kenntnis des Ausführers". Liegt diese „positive Kenntnis" nicht beim Ausführer, sondern nur bei Dritten (z. B. Vermittler, ausländischer Kunde) vor, ist die Ausfuhr somit nicht nach §§ 5 c bzw. 5 d AWV genehmigungspflichtig. Gleiches gilt für die „catch-all-Klausel" gem. Art. 4 EG-dual-use-VO,[316] der die Ausfuhr „nicht gelisteter" Waren im Zusammenhang mit A-, B-, C-Waffen und Trägerraketen betrifft.

Beispiele:
I. Ein deutsches Unternehmen hat 1989 eine „einfache" Werkzeugmaschine Typ „XZ" an ein Rüstungsunternehmen im Iran geliefert, wo sie, wie der Fa. bekannt ist, zur Herstellung von Artillerieraketen eingesetzt wird. Das iranische Rüstungsunternehmen bestellt nunmehr Ersatzteile im Wert von 40 000,– DM für diese bestimmte Maschine. Die Ersatzteile sind in der Ausfuhrliste nicht erfaßt. Weil der Ausführer Kenntnis vom Verwendungszweck der Maschine und damit auch von der

---

314 Eingefügt durch die 46. Verordnung zur Änderung der AWV vom 7. Mai 1999, BAnz. Nr. 88 vom 12. Mai 1999, S. 7713.

315 14. Verordnung zur Änderung der AWV vom 11. 3. 1991, BAnz. Nr. 50 vom 13. 3. 1991, in Kraft getreten am 14. 3. 1991.

316 Fundstelle vgl. Anhang 2.

„rüstungstechnischen" Verwendung der bestellten Ersatzteile hat und die sonstigen Kriterien des § 5 c AWV erfüllt sind, bedarf die Ausfuhr einer Genehmigung nach § 5 c AWV. Die ungenehmigte Ausfuhr der Ersatzteile ist eine Ordnungswidrigkeit gem. § 33 Abs. 1 AWG i.V.m. §§ 70 Abs. 1 Nr. 1b, 5c AWV und nach § 34 Abs. 2 AWG strafbar, sofern einer der dort genannten Zusatztatbestände[317] erfüllt ist.

II. Das o.g. deutsche Unternehmen hat in 1989 auf Vermittlung eines Industrieberaters mehrere Werkzeugmaschinen des Typs „XY" nach dem Iran ausgeführt. Einige Maschinen wurden an den o.g. Rüstungsbetrieb geliefert, die übrigen Maschinen an eine Firma, die Automobilteile herstellt. Der iranische Rüstungsbetrieb benötigt nun Ersatzteile für seine Maschinen „XY" und wendet sich deswegen an den Industrieberater. Dieser Vermittler und auch der iranische Endempfänger kennen § 5c AWV und wissen, daß eine Genehmigung möglicherweise nicht erteilt wird. Sie verabreden, daß gegenüber dem Hersteller (= Ausführer) als Käufer und Empfänger der iranische Automobilteilehersteller vorgeschoben wird und dieser dann die Ersatzteile an den Rüstungsbetrieb weitergibt. Der Ausführer der Ersatzteile wird getäuscht. Er hat somit keine „positive Kenntnis" über den tatsächliche Verwendungszweck der Waren. Obwohl alle übrigen Kriterien des § 5 c AWV erfüllt sind, ist die Ausfuhr genehmigungsfrei zulässig. Die „positive Kenntnis" des Vermittlers und des tatsächlichen (ausländischen) Endempfängers sind irrelevant, es sei denn, sie sind selbst Ausführer.[318] Damit ein Genehmigungserfordernis nach § 5 c (bzw. 5 d) AWV überhaupt besteht, müssen sämtliche Kriterien erfüllt sein. Die subjektive Komponente „positive Kenntnis des Ausführers" ist hier nicht gegeben. Eine Tatbegehung in „mittelbarer Täterschaft" (durch den Vermittler bzw. Endempfänger), mittels des indolosen Ausführers, kommt bei den §§ 5 c, 5 d AWV deshalb nie in Betracht.

§ 5e AWV[319] beinhaltet ein **endempfängerspezifisches** Genehmigungserfordernis für Ausfuhren an bestimmte Institutionen in Syrien:

„Die Ausfuhr von nicht in der Ausfuhrliste genannten Waren und Unterlagen zur Fertigung dieser Waren bedarf der Genehmigung, wenn sie für das syrische ‚Centre d.Etudes et de Recherches Scientifiques (CERS)/Scientific Studies and Research Centre (SSRC)' oder das syrische ‚Higher Institute...' bestimmt sind."

e) Auswirkungen des EG-Rechts auf das Außenwirtschaftsrecht

aa) Grundsätzliches

154 Das von der Europäischen Gemeinschaft (EG) gesetzte Recht hat Vorrang vor dem nationalen Recht (Art. 189 EGV). Die EG verfügt innerhalb der ihr durch die Verträge zugewiesenen Befugnisse[320] über Rechtssetzungs-, nicht jedoch über Rechtsanwendungs- und Rechtsdurchsetzungskompetenz. Insoweit sind auch weiterhin nationale Regelungen erforderlich.

Im Bereich des Warenverkehrs ergibt sich die Rechtssetzungskompetenz der EG vor allem aus Art. 113 EGV, der den Übergang der **handelspolitischen** Zuständigkeiten von den Mitgliedstaaten auf die EG festlegt. Die EG hat damit zwar eine weitreichende, jedoch keine umfassende Rechtssetzungskompetenz im Bereich des Außenwirtschaftsverkehrs. Wesentliche Einschränkungen bestehen insoweit aufgrund der Art. 36 und 223 EGV. Zulässig nach Art. 36 EGV sind u.a. nationale Ausfuhr- und Durchfuhrbeschränkungen, die „aus Gründen der öffentlichen Sittlichkeit, Ordnung und Sicherheit" gerechtfertigt sind. Von Bedeutung ist Art. 36 EGV vor allem im Hinblick auf nationale Bestimmungen im Bereich „dual-use-Güter" (z. B. §§ 5 c–5 e AWV).

So wurde in einigen Straf- und Verwaltungsgerichtsverfahren die Vereinbarkeit z. B. von § 5 a AWV a. F. i.V.m. Abschnitt D der AL bzw. von § 5c AWV mit den Bestimmungen des EGV in

---

317 Eignung der Handlung, die äußere Sicherheit der Bundesrepublik Deutschland zu gefährden, das friedliche Zusammenleben der Völker zu gefährden oder die auswärtigen Beziehungen der Bundesrepublik Deutschland erheblich zu gefährden.

318 Zum materiellrechtlichen Ausführerbegriff: Urteil BGH vom 20. 8. 1992 – 1 StR 229/92.

319 § 5e AWV wurde 1993 erlassen; 27. VO zur Änderung der AWV vom 2. 4. 1993; BAnz. Nr. 67 vom 7. 4. 1993.

320 Art. 3b EG-Vertrag – sog. Prinzip der begrenzten Einzelermächtigung.

Zweifel gezogen. In seinen Entscheidungen[321] hat der EuGH jeweils die Auffassung der Bundesregierung bestätigt, daß diese nationalen Bestimmungen vor allem im Hinblick auf Art. 36 EGV mit dem EGV vereinbar und zulässig sind.

Art. 223 EGV bestimmt, daß „jeder Mitgliedstaat die Maßnahmen ergreifen kann, die seines Erachtens für die Wahrung seiner wesentlichen Sicherheitsinteressen erforderlich sind, soweit sie die Erzeugung von Waffen, Munition und Kriegsmaterial oder den Handel damit betreffen". Nationale Beschränkungen in bezug auf Waren, die dem KWKG unterfallen bzw. in Teil I Abschnitt A der AL erfaßt sind, sind danach uneingeschränkt zulässig und stets mit dem EGV vereinbar.

Die Verwirklichung des **EG-Binnenmarktes** zum 1. Januar 1993 hat zu grundlegenden Änderungen des Außenwirtschaftsrechts geführt. Gemeinschaftsrechtlich ist der Warenverkehr zwischen den EG-Mitgliedstaaten seitdem keine Ein- bzw. Ausfuhr mehr und unterliegt damit an den Binnengrenzen der Gemeinschaft keinen zollamtlichen oder außenwirtschaftsrechtlichen Formalitäten. Außenwirtschaftsrechtliche Beschränkungen bestehen allerdings nach wie vor auch im Handel mit EG-Mitgliedstaaten (§ 7 AWV).

bb) Das Ausfuhrverfahren

Das Ausfuhrverfahren, d. h. die (zoll- und) außenwirtschaftsrechtliche Behandlung von Waren bei der Ausfuhr aus dem Zollgebiet der EG, ist seit dem 1. 1. 1993 durch den Zollkodex (Art. 161, 182 und 183) und (aktuell) die ZKDVO (Art. 788) geregelt. Das Ausfuhrverfahren ist nunmehr ein Zollverfahren nach Art. 4, Nr. 16, Buchst. h) ZK, so daß für Rechtsstreitigkeiten in bezug auf die Ausfuhrabfertigung nicht mehr die Verwaltungsgerichte, sondern die Finanzgerichte zuständig sind.[322] Die Verfahrensregelungen der AWV sind durch die 29. VO zur Änderung der AWV vom 4. 8. 1993[323] dem EG-Recht angepaßt worden. **155**

cc) Die EG-dual-use-VO

Durch die VO(EG) 3381/94[324] (EG-dual-use-VO) ist das Exportkontrollrecht seit dem 1. 7. 1995 für einen wesentlichen Teil der Güter mit doppeltem Verwendungszweck nunmehr EG-rechtlich geregelt.[325] Sie betrifft vor allem die **Ausfuhr** von Gütern aus dem Gemeinschaftsgebiet (Art. 3). Ferner sind für die **Verbringung** bestimmter Waren nach anderen EG-Mitgliedstaaten Genehmigungspflichten vorgesehen (Art. 19, 20). Die Dual-use-VO enthält „Öffnungsklauseln" (Art. 5), die nationale „Sonderregelungen" ermöglichen. Nationale Bestimmungen bestehen darüber hinaus weiterhin u. a. im Bereich „Waffen und sonstige Rüstungsgüter" (Teil I Abschnitt A der AL), weil die EG insoweit keine Regelungskompetenz hat (Art. 223 EGV). **156**

dd) Genehmigungspflichten bei der Ausfuhr/Verbringung von Gütern

– Übersicht – **157**

Genehmigungspflicht	Waren	Zuwiderhandlungen
Art. 3 VO 3381/94 – Ausfuhr –	Anhang I – Beschluß 94/942/GASP	Je nach Art der Güter: a) § 34 I AWG **oder** b) § 34 II AWG i. V. m. § 33 IV AWG, § 70 Va) AWV

[321] EuGH v. 17. 10. 1995 – Rs C-83/94 und Rs C-70/94.
[322] *Witte/Wolffgang,* ZK, Rn. 4 zu Art. 161.
[323] BAnz. 7333.
[324] Fundstelle vgl. Anhang 2.
[325] Vgl. ausführlich *Hahn,* AW-Prax 1995, 5 ff. und 1996, 264 ff.

Genehmigungspflicht	Waren	Zuwiderhandlungen
Art. 4 VO 3381/94 – Ausfuhr –	„nicht gelistete" Waren für bestimmte Zwecke im Bereich A-B-C-Waffen und Trägerraketen	§ 34 II AWG i. V. m. § 33 IV AWG, § 70 Va) AWV
Art. 19 I lit. b) VO 3381/94 – Verbringung –	Anhang IV – Beschluß 94/942/GASP	§ 34 II AWG i. V. m. § 33 IV AWG, § 70 Va) AWV
§ 5 I AWV – Ausfuhr –	Teil I Abschnitt A der AL + Unterlagen/Software	§ 34 I AWG
§ 5 II AWV – Ausfuhr –	a) Teil I Abschnitt B der AL b) Teil I Abschnitt C Kennungen 901 bis 999 der AL incl. Technologien und Software	§ 34 II AWG i. V.m § 33 I AWG, § 70 I AWV
§ 5 c I AWV – Ausfuhr –	„nicht gelistete" Waren für „konventionelle" Rüstungsprojekte/Länderliste K/„positive Kenntnis"	§ 34 II AWG i. V. m. § 33 I AWG, § 70 I AWV
§ 5 d I AWV – Ausfuhr –	„nicht gelistete" Waren für kerntechnische Zwecke/ genannte Länder/ „positive Kenntnis"	§ 34 II AWG i. V. m. § 33 I AWG, § 70 I AWV
§ 5 e I AWV – Ausfuhr –	„nicht gelistete" Waren für bestimmte Empfänger in Syrien	§ 34 II AWG i. V. m. § 33 I AWG, § 70 I AWV
§ 7 II AWV – Verbringung –	Wie § 5 I AWV	§ 34 I AWG
§ 7 III AWV – Verbringung –	Teil I Abschnitt C der AL Nrn. 1C353, 1C352, 1C353	§ 34 I AWG
§ 7 IV AWV – Verbringung – endgültiges Bestimmungsziel außerhalb der EU	a) Teil I Abschnitt B der AL b) Teil I Abschnitt C der AL incl. Technologie und Software	Je nach Art der Güter: § 34 I AWG **oder** § 34 II AWG i. V. m. § 33 I AWG, § 70 I AWV
§ 7 V AWV – Verbringung – Bedingungen wie § 5 c I AWV	„nicht gelistete" Waren	§ 34 II AWG i. V. m. § 33 I AWG, § 70 I AWV
§ 7 VI AWV – Verbringung – Bedingungen wie § 5 d I AWV	„nicht gelistete" Waren	§ 34 II AWG i. V. m. § 33 I AWG, § 70 I AWV
§ 7 VII AWV – Verbringung – Bedingungen wie § 5 e I AWV	„nicht gelistete" Waren	§ 34 II AWG i. V. m. § 33 I AWG, § 70 I AWV

Daneben bestehen nationale Ausfuhrverbote (§ 5 b AWV) sowie nationale und EG-rechtliche Beschränkungen, die in Umsetzung von Sanktionsmaßnahmen der VN ergangen sind, ferner nationale Regelungen bezüglich der übrigen Bereiche des Außenwirtschaftsverkehrs (z. B. Wissenstransfer, Dienstleistungen, Zahlungsverkehr).

f) Zur Verfassungsmäßigkeit der Außenwirtschaftsbestimmungen

In Anbetracht der teils drakonischen Strafandrohung des § 34 AWG ist eine Zunahme der Fälle zu verzeichnen, in denen in Strafverfahren quasi als „letzter Rettungsanker" Zweifel an der Verfassungsmäßigkeit der Außenwirtschaftsbestimmungen (AWG/AWV) geltend gemacht werden. Soweit das BVerfG mit derartigen Fällen überhaupt befaßt wurde, hat es diese nicht zur Entscheidung angenommen.[326] Nach Auffassung des BVerfG entsprechen die §§ 33, 34 AWG den Anforderungen des Bestimmtheitsgebots gem. Art. 103 Abs. 2 GG.[327] Auch sind die Ermächtigungsnormen des AWG mit dem GG vereinbar.[328] 158

Ergänzend sei wegen der umfassenden Ausführungen zu grundsätzlichen Fragen auf die sog. „Extasy-Entscheidung" des BVerfG[329] hingewiesen. Die Beschwerdeführer hatten u. a. eine Verletzung von Art. 103 Abs. 2 und Art. 104 Abs. 1 Satz 1 GG durch die durch Rechtsverordnung erfolgte Aufnahme von MDMA und MDE in die Anlage I zum BTMG gerügt, weil durch jede Ergänzung der Anlage I im Verordnungswege ein neuer Straftatbestand geschaffen werde. Sie drangen damit jedoch nicht durch.

Hinweis:
In den o. a. Fällen ist es auch möglich, das Bundesministerium der Justiz um eine Stellungnahme zu ersuchen.

g) Die Bußgeld- und Strafbestimmungen des AWG

aa) Allgemeines

Zuwiderhandlungen gegen die außenwirtschaftsrechtlichen Genehmigungsvorbehalte, Verbote und Verfahrensbestimmungen sind nach § 33 AWG mit Bußgeld und zu einem geringeren Teil nach § 34 AWG mit Strafe bedroht. Die beiden Vorschriften waren ursprünglich dergestalt aufeinander abgestimmt, daß die Zuwiderhandlungen grundsätzlich Ordnungswidrigkeiten darstellten und nur ein kleiner Teil der Zuwiderhandlungen (§ 33 Abs. 1 AWG) beim Hinzutreten besonderer Qualifikationen Straftaten waren (§ 34 Abs. 1 AWG a. F. = § 34 Abs. 2 AWG n. F.). § 34 AWG war zunächst als Erfolgsdelikt, ab Mitte 1990 dann als Gefährdungsdelikt ausgestaltet. Nach der „AWG-Novelle" von 1992[330] stellen nunmehr illegale Exporte besonders sensibler Waren, Fertigungsunterlagen und Technologien in jedem Fall Straftaten dar (34 Abs. 1 AWG n. F.). Neu eingefügt wurde dabei u. a. auch der Verbrechenstatbestand des § 34 Abs. 4 AWG, der seitdem bei Zuwiderhandlungen im Zusammenhang mit VN-Sanktionmaßnahmen einschlägig ist. Die Änderungen des § 34 AWG sind in Anhang 3 dargestellt. 159

Die verbotswidrige bzw. ungenehmigte Ein-, Aus- und Durchfuhr von Waren nach AWG/AWV inklusive der EG-dual-use-VO ist stets auch ein **Bannbruch** gem. § 372 AO, d. h. eine Steuerstraftat. Die Strafandrohung der AO ist allerdings subsidiär (§ 372 Abs. 2 AO). 160

---

[326] BVerfG v. 21. 7. 1992 – 2BvR 858/92, NJW 1993, 1909; BVerfG v. 25. 10. 1991 – 2BvR 374/90, NJW 1992, 2624.

[327] Vgl. ausführlich: *Holthausen/Hucko*, NStZ-RR 1998, 225–232 (226 + 227).

[328] BVerfG v. 11. 10. 1994 – 1 BvR 337/92, Zollnachrichten- und Fahndungsblatt 1995, 10 ff.

[329] BVerfG v. 4. 5. 1997 – 2 BvR 511/96, n. v.

[330] Gesetz zur Änderung des Außenwirtschaftsgesetzes, des Strafgesetzbuches und anderer Gesetze vom 28. 2. 1992, BGBl. I, 372 (auch bezeichnet als 7. Gesetz zur Änderung des AWG).

bb) Ordnungswidrigkeiten – § 33 AWG

161 § 33 AWG ist ganz überwiegend eine **Blankettnorm**, die verschiedene Bußgeldtatbestände unterschiedlichen Charakters enthält. Unter strafrechtlichen Gesichtspunkten bedeutsam sind vor allem die Normen des § 33 Abs. 1, 4 und 5, weil Zuwiderhandlungen gegen diese Bestimmungen bei Hinzutreten besonderer Qualifikationen nach § 34 Abs. 2 AWG n. F. mit Strafe bedroht sind.

cc) Straftaten – § 34 AWG

(1) § 34 Abs. 1 AWG

162 § 34 Abs. 1 AWG n. F. wurde durch das Gesetz zur Änderung des AWG vom 28. 2. 1992 eingefügt. Die Bestimmung ist lex specialis zu § 34 Abs. 2 AWG. Die von § 34 Abs. 1 erfaßten Zuwiderhandlungen sind derart schwerwiegend, daß sie stets geeignet sind, die in § 34 Abs. 2 n. F. genannten Rechtsgüter zu gefährden.[331]

Tathandlung des § 34 Abs. 1 Satz 1 ist die Ausfuhr (§ 4 Abs. 2 Nr. 3 AWG) bestimmter, in der Ausfuhrliste genannter Waren, Fertigungsunterlagen und Technologien **ohne** die erforderliche **Genehmigung**. Die nicht gegenständliche Übermittlung von Fertigungsunterlagen, Unterlagen über Technologien oder Datenverarbeitungsprogrammen durch Daten- oder Nachrichtenübertragungstechnik ist der Ausfuhr gleichgestellt (§ 4 b AWV).

Beachte:

Seit dem 1. 7. 1995 ist für die in Teil I Abschnitt C der AL erfaßten Waren (mit Ausnahme der hier nicht interessierenden nationalen Sonderpositionen) hinsichtlich der **Genehmigungspflicht** die im Zeitpunkt der Ausfuhr geltende Fassung der Warenlisten zur EG-dual-use-VO maßgeblich, für die **Strafbarkeit** nach § 34 Abs. 1 Satz 1 AWG hingegen der Wortlaut der Ausfuhrliste. Dies ist insoweit problematisch, als die entsprechenden Änderungen der AL zwecks „Anpassung" an die jeweils aktuelle Fassung der EG-Warenlisten zumeist mit zeitlicher Verzögerung erfolgen. Folgende Fallgestaltungen sind denkbar:

Beispiele:

I. In der EG-Warenliste wird eine Position der Kategorie „0" mit Wirkung vom 1. 4. 1997 ersatzlos gestrichen. Die Änderung der AL erfolgt mit Wirkung vom 15. 4. 1997. Werden die in der weggefallenen Position zuvor erfaßten Waren am 2. 4. 1997 ausgeführt, unterliegt die Ausfuhr somit keinen Beschränkungen nach Art. 3 EG-dual-use-VO. Eine Straftat nach § 34 Abs. 1 Satz 1 AWG liegt trotz (noch) bestehender Erfassung der Waren in der AL somit nicht vor.

II. In die EG-Warenliste wird eine Ware der Kategorie „0" mit Wirkung vom 1. 4. 1997 **neu** aufgenommen. Die entsprechende Änderung der AL erfolgt mit Wirkung vom 15. 4. 1997. Die „neu erfaßten" Waren werden am 2. 4. 1997 ungenehmigt ausgeführt. Die ungenehmigte Ausfuhr ist nicht nach § 34 Abs. 1 Satz 1 AWG strafbar, weil die Waren (noch nicht) in der AL erfaßt sind. Die Tat kann jedoch unter den dort genannten Voraussetzungen nach § 34 Abs. 2 AWG i. V. m. § 33 Abs. 4 AWG, § 70 Abs. 5 a) AWV geahndet werden. Die Subsidiaritätsklausel in § 34 Abs. 2, letzter Halbsatz AWG greift insoweit nicht.

Hinweis:

Mit Inkrafttreten der EG-dual-use-VO zum 1. 7. 1995 und der entsprechenden Änderung der AL[332] wurden die Abschnitte B bis E (a. F.) der Ausfuhrliste gänzlich umgestaltet. Lediglich Abschnitt A der AL blieb unverändert. Die „Anpassung" des § 34 Abs. 1 S. 1 AWG an die geänderte AL erfolgte erst durch das 9. AWG-Änderungsgesetz,[333] das am 18. 12. 1996 in Kraft getreten ist. § 34 Abs. 1 AWG ist somit im Zeitraum 1. 7. 1995 bis 17. 12. 1996 nur für die ungenehmigte Ausfuhr von Waren des Teils I Abschnitt A der AL einschlägig. Eine „Strafbarkeitslücke" ist dadurch nicht entstanden, weil die ungenehmigte Ausfuhr der sonstigen – vor und nach diesem Zeitraum erfaßten – Waren nach § 34 Abs. 2 AWG geahndet werden kann. Die Subsidiaritätsklausel in § 34 Abs. 2, letzter Halbsatz AWG greift insoweit nicht.

---

331 BT-Drucksache 12/1134, 8, 9.

332 88. Verordnung zur Änderung der Ausfuhrliste vom 17. 2. 1995, in Kraft getreten am 1. 7. 1995, BAnz. 110 v. 14. 6. 1995.

333 9. Gesetz zur Änderung des AWG vom 11. 12. 1996, BGBl. I S. 1850.

Tathandlung des Tatbestandes gem. § 34 Abs. 1, Satz 2 ist die **verbotswidrige** Ausfuhr von Waren und Unterlagen. Als Verbote i. S. dieser Bestimmung kommen nur gesetzliche Verbote (durch Gesetz oder Rechtsverordnung) in Betracht,[334] z. B. § 5 b AWV und Ausfuhrverbote, die in Umsetzung von VN-Sanktionsmaßnahmen erlassen wurden (§§ 69 a ff. AWV).

Hinweis:

Fuhrmann[335] vertritt die Auffassung, daß auch Ausfuhren entgegen einer Anordnung des BMWi[336] (Verwaltungsakt) als verbotswidrige Ausfuhren nach § 34 Abs. 1 S. 2 AWG zu ahnden sind. Diese Auffassung begegnet Bedenken. Sie entspricht offenkundig nicht dem Willen des Gesetzgebers,[337] zumal sowohl § 34 Abs. 1 als auch § 2 Abs. 2 AWG mit demselben Gesetz[338] erlassen und – nachdem die Durchsetzung der Anordnungen nur mit Mitteln des Verwaltungszwanges unbefriedigend erschien – mit § 33 Abs. 2 Nr. 1 AWG[339] dann „nachträglich"[340] ein eigener Bußgeldtatbestand für Zuwiderhandlungen geschaffen wurde. Zu berücksichtigen ist m. E. auch, daß die Anordnung des BMWi Bindungswirkung nur für jene Person entfaltet, an die sie gerichtet ist. Die Ausfuhr der gleichen Waren zum selben Zeitpunkt nach demselben Bestimmungsland und an denselben Empfänger durch eine **andere Person** ist uneingeschränkt zulässig.

Idealkonkurrenz von § 34 Abs. 1 AWG ist möglich mit Zuwiderhandlungen nach § 34 Abs. 4 AWG [vgl. Beispiel „Wasseraufbereitungsanlage" in 2. d) cc)], §§ 19, 20, 20 a, 22 a KWKG, §§ 16, 17 CWÜAG, § 80 StGB. Häufig vorkommende Fälle der **Realkonkurrenz** sind Urkundsdelikte (§ 267 StGB) und Steuerhinterziehung (§ 370 AO) z. B. in der Form der Nichtversteuerung erzielter Gewinne.

(2) § 34 Abs. 2 AWG[341]

Bei den Tatbeständen des § 34 Abs. 2 AWG handelt es sich um zweistufige Delikte. Tatbestandsmäßig sind Zuwiderhandlungen gegen folgende Bußgeldtatbestände des § 33 AWG (**Grundtatbestände**): 163

- § 33 Abs. 1 AWG i. V. m. § 70 Abs. 1 AWV
- § 33 Abs. 4 AWG i. V. m. § 70 Abs. 4 oder 5 oder 5 a oder 5 b AWV
- § 33 Abs. 5 Nrn. 1, 3 und 4 AWG
- § 33 Abs. 5 Nr. 2 AWG i. V. m. § 70 Abs. 4 oder 5 oder 6 AWV,

wenn die Zuwiderhandlung geeignet ist, eines der in § 34 Abs. 2 Nrn. 1–3 genannten Rechtsgüter

- die äußere Sicherheit der Bundesrepublik Deutschland
- das friedliche Zusammenleben der Völker oder
- die auswärtigen Beziehungen der Bundesrepublik Deutschland erheblich

zu gefährden (**Zusatztatbestand**).

Der Tatbestand des § 34 Abs. 2 AWG ist als **abstraktes Gefährdungsdelikt**,[342] genauer gesagt: als **abstrakt-konkretes Gefährdungsdelikt**[343] ausgestaltet; er wird sogar als „be- 164

---

334 BT-Drucksache 12/1134, 8, 9.

335 *Fuhrmann* in *Erbs/Kohlhaas,* Strafrechtliche Nebengesetze, Rn. 12 zu § 34.

336 „Einzeleingriff" gem. § 2 Abs. 2 AWG.

337 BT-Drucksache 12/1134, 8, 9.

338 Gesetz zur Änderung des Außenwirtschaftsgesetzes, des Strafgesetzbuches und anderer Gesetze vom 28. 2. 1992, BGBl. I S. 372.

339 8. Gesetz zur Änderung des Außenwirtschaftsgesetzes vom 9. 8. 1994, BGBl. I S. 2068.

340 BT-Drucksache 12/6911, 9; die Aufnahme einer inhaltsgleichen Vorschrift in den Gesetzestext im Rahmen des 7. AWG-Änderungsgesetzes war seinerzeit versehentlich unterblieben.

341 § 34 Abs. 2 AWG n. F. ist identisch mit § 34 Abs. 1 AWG i. d. F. des 5. Gesetzes zur Änderung des AWG vom 20. 7. 1990, BGBl. I S. 1457.

342 Vgl. Begründung BT-Drucksache 11/4230, 7; a. A.: *Dahlhoff,* NJW 1991, 208 ff., der von einem „konkreten Gefährdungsdelikt mit erleichterter Beweisführung" ausgeht.

343 BGH, Urteil vom 25. 3. 1999 – 1 StR 493/98 (LG Mannheim), NJW 1999, 2129. Der BGH führt u. a. aus: „Bei § 34 II AWG handelt es sich um ein abstrakt-konkretes Gefährdungsdelikt (eine

sonderes abstraktes" bzw. „potentielles" Gefährdungsdelikt[344] bezeichnet. Eine Gefährdung der genannten Rechtsgüter braucht nicht eingetreten zu sein. Es genügt, daß die Handlung leicht eine konkrete Gefährdung auslösen kann.[345] Die potentielle Gefährdung der genannten Rechtsgüter muß durch objektive Kriterien sicherheits- oder außenpolitischer Art belegt werden. Das Verschulden des Täters muß sich sowohl auf die Zuwiderhandlung (Grundtatbestand) als auch auf die Gefährdungseignung der Handlung (Zusatztatbestand) erstrecken.[346]

Nach der Subsidiaritätsklausel (§ 34 Abs. 2, letzter Halbsatz) ist die Vorschrift nur dann anzuwenden, wenn die Tat nicht nach § 34 Abs. 1 oder 4 mit Strafe bedroht ist.

- Gefährdung der **äußeren** Sicherheit der Bundesrepublik Deutschland (§ 34 Abs. 2 Nr. 1).

165 Von einer Gefährdung der äußeren Sicherheit ist auszugehen, wenn die in Frage stehende außenwirtschaftliche Handlung geeignet ist, zu einer Beeinträchtigung der äußeren Sicherheit der Bundesrepublik beizutragen. Die äußere Sicherheit der Bundesrepublik wird u. a. dadurch beeinträchtigt, wenn ihre Fähigkeit gemindert wird, sich gegen äußere Eingriffe aller Art zur Wehr zu setzen bzw. ihre Machtinteressen zu wahren. Die Auslegung des Begriffs ist wandelbar. U. a. ist sie abhängig von der sicherheitpolitischen Lage, wobei auf die Situation zum Zeitpunkt der Vornahme der ungenehmigten außenwirtschaftlichen Handlung abzustellen ist. Aufgrund der Bündnisverpflichtungen[347] kann eine Gefährdung der äußeren Sicherheit der Bundesrepublik z. B. auch dann vorliegen, wenn nicht sie selbst, sondern ein NATO-Partner in mögliche militärische Konflikte hineingezogen werden könnte oder sich die militärisch-strategische Situation zuungunsten eines NATO-Partners verändert.

Urteile zu § 34 Abs. 2 Nr. 1 AWG n. F. liegen – soweit ersichtlich – bislang nicht vor. Hingegen gibt es einige wenige Urteile zu § 34 Abs. 1 Nr. 1 AWG a. F.[348] (Beeinträchtigung der äußeren Sicherheit der Bundesrepublik Deutschland[349]) im Zusammenhang mit der illegalen Ausfuhr von Hochtechnologiewaren nach dem ehemaligen Ostblock.

Beispiele:

I. Der Angeklagte A hatte in den 80er Jahren modernste Technologie und entsprechendes Know-how im Bereich der Funk-/Nachrichtentechnik von erheblichem wirtschaftlichen und materiellen Wert nach dem Ostblock geschafft. Dies ermöglichte dem Ostblock neben der Gewinnung neuer Erkenntnisse über den technologischen Stand des Westens eine Verringerung auch des technischen Vorsprungs, der von erheblicher wirtschaftlicher und sicherheitspolitischer Bedeutung war. Vor allem wurde laut Gutachten eines Sachverständigen des BWB[350] dem Ostblock durch die Lieferungen des A. die Sammlung weiterer Erkenntnisse auf militärischem Gebiet durch verbesserte

---

Untergruppe der abstrakten Gefährdungsdelikte). Dies ergibt sich bereits aus dem Wortlaut der Vorschrift. Dieser läßt die abstrakt gefährliche Handlung für sich genommen zur Erfüllung des Tatbestandes nicht genügen, sondern verlangt ergänzend, daß diese zur Gefährdung der in § 34 II AWG genannten Schutzgüter (s. auch § 7 I AWG) geeignet sein muß. Danach ist zwar die Feststellung des Eintritts einer konkreten Gefahr nicht erforderlich. Vom Tatrichter verlangt wird aber die Prüfung, ob die jeweilige Handlung i. S. des § 34 III AWG bei genereller Betrachtung gefahrengeeignet ist.

344 *B. J. Fehn*, AW-Prax 1998, 16 ff. – autorisierte Fassung – (= Beilage zur AW-Prax 3/98).

345 *Friedrich* in *Hocke/Berwald/Maurer*, Rn. 3 zu § 34 AWG; *Dreher/Tröndle*, Rn. 13 a vor § 13 StGB.

346 Zur fahrlässigen Begehungsweise siehe § 34 Abs. 7 AWG.

347 Art. 5 des Nordatlantikvertrages v. 4. 4. 1949.

348 *OLG Koblenz* v. 7. 9. 1990 – OJs 9/88, ZfZ 1991, 66 ff.; *LG Lübeck* v. 26. 6. 1989 – 4 Kls (4/89), n.v.

349 Vgl. „Beeinträchtigung der Sicherheit der Bundesrepublik Deutschland" in § 92 Abs. 3 Nr. 2 StGB und BGH zu § 89 StGB v. 9. 12. 1987 – 3 StR 489/87, NStZ 1988, 215 ((Bestrebungen gegen die) **äußere Sicherheit** = „Fähigkeit der Bundesrepublik Deutschland, sich gegen Angriffe von außen zur Wehr zu setzen").

350 Bundesamt für Wehrtechnik und Beschaffung, Koblenz.

Möglichkeiten der Aufklärung des gegnerischen [= westlichen] Fernmeldewesens sowie der Funkmessung und -überwachung erleichtert. Das Gericht gelangte deshalb zu der Überzeugung, daß durch die illegalen Lieferungen des A die äußere Sicherheit der Bundesrepublik Deutschland **beeinträchtigt** wurde.[351]

II. Der Angeklagte M. hatte im Zeitraum 1978–1983 ungenehmigt Hochtechnologiewaren (moderne Computer und dazugehörende Peripheriegeräte sowie Ausrüstung für die Herstellung integrierter Schaltkreise) im Wert von mehreren Mio. DM in den Ostblock exportiert. Voraussetzung für die Erfüllung des (Zusatz)Tatbestandes des § 34 Abs. 1 Nr. 1 AWG war nach Auffassung der Kammer, „daß die exportierte Ware aufgrund ihrer besonderen sicherheitsrelevanten Eigenschaften oder aufgrund des Exportvolumens zu einer Stärkung des militärisch-strategischen Potentials des östlichen Machtbereichs führt und damit eine Schwächung der Sicherheit und Verteidigungsfähigkeit des westlichen Bündnisses nach sich zieht". Aufgrund von Stellungnahmen des Bundesministeriums der Verteidigung stand zur Überzeugung der Kammer fest, daß durch die Handlung des M. die Sicherheit der Bundesrepublik Deutschland **beeinträchtigt** worden ist.[352]

Hinweis:

Sofern eine Gefährdung dieses Rechtsgutes in Betracht zu ziehen ist, empfiehlt es sich, eine Stellungnahme des Bundesministeriums der Verteidigung einzuholen. Derartige Gutachten sind für die Gerichte zwar nicht bindend, liefern regelmäßig jedoch wertvolle Anhaltspunkte für die Subsumtion.

• Gefährdung des friedlichen Zusammenlebens der Völker (§ 34 Abs. 2 Nr. 2 AWG).

Das Prinzip des friedlichen Zusammenlebens der Völker hat Verfassungsrang.[353] Nach Art. 26 Abs. 1 GG ist die Störung des friedlichen Zusammenlebens der Völker verfassungswidrig. Ein Anwendungsfall ist danach die Vorbereitung eines Angriffskrieges. Eine **Störung** des Völkerfriedens liegt vor bei jeder militärischen Aktion, die nicht völkerrechtlich als Verteidigung gegen einen Angriff oder als Kollektivmaßnahme der UN gerechtfertigt ist. Störung ist dabei jede Handlung, von der Vorbereitung über die Förderung bis hin zur militärischen Aktion selbst.[354] Als Störung des Völkerfriedens sind also nicht nur Kriege, sondern auch Gewaltanwendungen unterhalb der Kriegsebene, z. B. einzelne Kommandounternehmen in fremden Territorien, anzusehen, ebenso ethnische Konflikte oder Bürgerkriege (nur: Auseinandersetzungen zwischen unterschiedlichen ethnischen Volksgruppen). Eine **Störung** des Völkerfriedens ist auch anzunehmen, wenn die Voraussetzungen für ein Einschreiten des Sicherheitsrats der Vereinten Nationen vorliegen:[355] Bedrohung des Friedens, Verletzung des Friedens, Angriffshandlung. 166

So können z. B. Lieferungen rüstungsrelevanter Waren in „Spannungsgebiete" geeignet sein, das friedliche Zusammenleben der Völker zu gefährden. Dies vor allem, wenn sie an jene Partei erfolgen, die Verursacher der Spannungen ist und deren „Bedrohungspotential" dadurch gestärkt wurde.

Urteile zu § 34 Abs. 2 Nr. 2 AWG n. F. liegen – soweit ersichtlich – bislang nicht vor. Hingegen gibt es einige wenig Urteile zu § 34 Abs. 1 Nr. 2 AWG a. F. („**Störung** des friedlichen Zusammenlebens der Völker").

Beispiel:

Der Angeklagte A hatte im Jahre 1986 4 St. elektronische Komponenten im Wert von insgesamt ca. 500 000 DM ungenehmigt nach dem Iran ausgeführt. Die Komponenten waren nach Überzeugung des Gerichts dazu bestimmt, in iranische Kampfhubschrauber eingebaut zu werden. Ob ein Einbau tatsächlich erfolgte, hat das Gericht nicht festgestellt. Bei den Waren handelte es sich um das Hauptbestandteil eines Navigationssystems, welches besonders für militärische Zwecke, d.h. zum Einbau in Marinehubschrauber zur Unterwasseraufklärung und gezielter Seebekämpfung konstruiert wurde. Nach Auffassung des Gerichts wurde „durch die Verbringung der Geräte von der Bun-

---

351 Urteil *OLG Koblenz* vom 7. 9. 1990 – OJs 9/88.

352 *LG Lübeck* v. 26. 6. 1989 – 4 KLs (4/89), n.V.

353 *Jarass* in *Jarass/Pieroth*, Rn. 1 zu Art. 24 GG.

354 *W. Schäfer*, AW-Prax 1998, 205 (207), unter Hinweis auf VG Frankfurt v. 15. 5. 1997 – 1 E 3692/94 (V), rk.

355 Art. 39 der Charta der Vereinten Nationen; BT-Drucksache 3/1285.

desrepublik Deutschland in den Iran ohne Genehmigung das friedliche Zusammenleben der Völker **gestört**, da zum Zeitpunkt der Ausfuhr sich der Iran in einem Krieg mit dem Irak befand, der auf Seiten Irans kein Verteidigungskrieg mehr war." Die Feststellungen zum Verlauf des 1. Golfkriegs hat das Gericht dabei aufgrund verschiedener Berichte renommierter deutscher Tageszeitungen getroffen, die u. a. auch berichtet hatten, daß der von der Bevölkerungszahl her überlegene, jedoch an Material weit unterlegene Iran im fraglichen Zeitraum (1986) Kinder, Jugendliche und alte Leute nahezu unbewaffnet in den „Heiligen Krieg" gegen den Irak schickte. Insoweit hielt das Gericht auch die Behauptung für widerlegt, daß die fraglichen Waren für den Einbau in Rettungshubschrauber bestimmt gewesen seien.[356]

• **Erhebliche** Gefährdung der auswärtigen Beziehungen der Bundesrepublik Deutschland (§ 34 Abs. 2 Nr. 3 AWG).

167 Von einer erheblichen Gefährdung der auswärtigen Beziehungen der Bundesrepublik Deutschland ist dann auszugehen, wenn die Bundesrepublik durch die fragliche außenwirtschaftliche Handlung in eine Lage gebracht werden kann, die es ihr unmöglich macht oder zumindest ernstlich erschwert, ihre außenpolitischen Interessen zur Geltung zu bringen oder glaubhaft zu vertreten. Die Bundesrepublik vertritt jedenfalls seit den frühen 80er Jahren kontinuierlich eine sehr restriktive Exportkontrollpolitik[357] und setzt sich auch auf internationaler Ebene[358] dafür ein.

So ist auf Initiative der Bundesregierung[359] mit Art. 4 der EG-dual-use-VO auch auf EG-Ebene jedenfalls im A-B-C-Waffen- und Trägertechnologiebereich eine den deutschen „catch-all-Klauseln" (§§ 5c, 5d AWV a. F.) vergleichbare Regelung geschaffen worden.

Illegale Ausfuhren von Waren, die aufgrund internationaler Absprachen oder aufgrund nationaler Regelungen Ausfuhrbeschränkungen unterliegen, werden der Bundesregierung als Vollzugsdefizit angelastet und sind deshalb geeignet, das Vertrauen der Partnerstaaten in die Zuverlässigkeit Deutschlands als Partner internationaler Absprachen zu erschüttern.[360]

Ob im jeweiligen Einzelfall von einer erheblichen Gefährdung der auswärtigen Beziehungen auszugehen ist, wird sich nur unter Berücksichtigung der auswärtigen Beziehungen insgesamt beurteilen lassen.[361] Ein Indiz dafür kann in Anbetracht von § 3 Abs. 1 AWG auch die Mitteilung des BAFA[362] sein, daß die fragliche Ausfuhr im Antragsfall nicht genehmigungsfähig gewesen wäre. Grundsätzlich empfiehlt es sich jedoch, sich bezüglich dieser Frage des Sachverstandes des Auswärtigen Amtes (AA) zu bedienen und ein entsprechendes Gutachten einzuholen.

Hinweis:

Für die Erstattung fundierter und sachgerechter Gutachten benötigt das AA eine möglichst genaue Sachverhaltsdarstellung, die, auch um zeitraubende Rückfragen zu vermeiden, soweit möglich mindestens folgende Angaben enthalten sollte: Warenart, Menge, Warenwert, Beschränkungsgrund (z. B.: Art. 3 EG-dual-use-VO i. V. m. Position ... Anhang I oder § 5d AWV), Bestimmungsland und Endempfänger, Zeitpunkt der Ausfuhr und – soweit bekannt – Verwendungszweck der Waren. Bei mehreren Ausfuhren sollten die einzelnen Taten entsprechend aufgeschlüsselt werden.

---

356 *LG Augsburg* v. 28. 9. 1990 – 9 KLs 502 Js 20662/88 (§ 34 Abs. 1 Nr. 2 AWG a. F. = Erfolgsdelikt).

357 Vgl. u. a. „Politische Grundsätze der Bundesregierung für den Export von Kriegswaffen und sonstigen Rüstungsgütern" – Bulletin vom 5. 5. 1982 – und „Grundsätze der Bundesregierung zur Prüfung der Zuverlässigkeit von Exporteuren von Kriegswaffen und rüstungsrelevanten Gütern" – BAnz. 1990, 6406 und BAnz. 1991, 545.

358 Z. B. im Rahmen der internationalen Exportkontrollregime COCOM, WArr, NSG, MTCR, Australia Group.

359 Bericht der Bundesregierung vom 11. 8. 1994, BT-Drucksache 12/8368.

360 Vgl. ausführlich *Dahlhoff*, NJW 1991, 208 ff.

361 Vgl. auch BVerfG v. 25. 10. 1991 – 2BvR 374/90, NJW 1992, 2624.

362 Bundesausfuhramt.

Zu § 34 Abs. 2 Nr. 3 AWG n. F. bzw. § 34 Abs. 1 Nr. 3 AWG i. d. F. des 5. AWG-ÄndGes. liegen – soweit ersichtlich – erst wenige Urteile vor, die zumeist nur sehr kurz begründet sind.[363]

Beispiele:

I. Ungenehmigte Ausfuhr von Dichtungsringen für Hydraulikzylinder an ein Kernkraftwerk in Indien. Straftat nach § 34 Abs. 2 Nr. 3 AWG, § 33 Abs. 1 AWG i. V. m. § 70 Abs. 1 Nr. 1 b) AWV, § 5 d AWV. Das LG Würzburg[364] sah die Gefährdung der auswärtigen Beziehungen als erwiesen an, weil das BAFA kurz vor der fraglichen Ausfuhr einen Ausfuhrgenehmigungsantrag derselben Fa. u. a. für die gleichen Waren, die für denselben Empfänger bestimmt waren, aus diesem Grund abschlägig beschieden hatte.

In diesem Zusammenhang ist auch ein Urteil des VG Frankfurt a. M. beachtlich: Das Gericht hat den Antrag der Klägerin, das BAFA zur Erteilung der (beantragten) Genehmigung zu verpflichten abgelehnt, weil die Erbringung der Dienstleistung den Schutzzweck des § 7 Abs. 1 Nr. 3 AWG mehr als unwesentlich gefährden würde. Es führte dazu u. a. aus: Eine **erhebliche Störung** der auswärtigen Beziehungen liegt nur dann vor, wenn die Beziehungen anhaltend oder tiefgreifend gestört werden. Dies ist insbesondere dann der Fall, wenn die Bundesrepublik Deutschland aufgrund des fraglichen Geschäfts international starke diplomatische Mißbilligung erfährt und die Glaubhaftigkeit und Zuverlässigkeit der Bundesrepublik Deutschland insbesondere bei den befreundeten Staaten in Zweifel gezogen werden kann.[365]

II. Das LG Hildesheim,[366] das zur Frage der Eignung der Handlungen, die auswärtigen Beziehungen der Bundesrepublik Deutschland erheblich zu gefährden, feststellte, daß die Ausfuhren in einem „Special Report" des Simon-Wiesenthal-Centers erwähnt worden waren; Reaktionen staatlicher Stellen hätten die Ausfuhren jedoch nicht hervorgerufen. Nach den Feststellungen des LG hatten die Angeklagten im Zeitraum 31. 8. 1990 bis 12. 12. 1990 in jeweils 4 rechtlich selbständigen Handlungen Tiefbohr- und Drehmaschinen für die Herstellung von Kanonenrohren (Gesamtwert: 7,3 Mio. DM) ungenehmigt nach dem Iran ausgeführt. Bemerkenswert ist die Verwerfung der Revision durch den BGH[367] nach § 349 Abs. 2 StPO zu diesem Fall: sie enthält den Zusatz „Die unverständlich milden Strafen beschweren die Angeklagten nicht".[368]

III. Das LG Stuttgart[369] stellte zur Eignung der Handlungen, die auswärtigen Beziehungen der Bundesrepublik Deutschland erheblich zu gefährden u. a. fest: „Die Lieferungen von Teilen für den Bau von Gasultrazentrifugen waren, wenn sie bekannt geworden wären, geeignet, die Glaubwürdigkeit der Politik der Bundesrepublik Deutschland hinsichtlich der Nichtverbreitung von Atomwaffen erheblich in Zweifel zu ziehen, ihr internationales Ansehen zu beeinträchtigen und die Durchsetzung dieser Politik zu erschweren. Dabei spielt es keine Rolle, ob die nationalen Ausfuhrbeschränkungen der Bundesrepublik weitergehen als die anderer Staaten, die Bundesrepublik also mehr tut, als ihre Verpflichtungen aus internationalen Vereinbarungen einzuhalten. Nachdem dies die erklärte Politik der Regierung der Bundesrepublik ist, die sie international durchzusetzen versucht, ist ein Verlust an Glaubwürdigkeit und politischem Durchsetzungsvermögen auch dann zu besorgen, wenn ihr vorgeworfen werden kann, sie halte sich nicht an eigene Vorgaben, sie werde den eigenen Ansprüchen nicht gerecht. Dabei spielt es keine Rolle, ob den deutschen Behörden in den einzelnen Fällen unerlaubter Ausfuhr ein Mitverschulden oder irgend geartetes Versagen nachgewiesen werden kann. Eine politische Verantwortung wird der Regierung stets angelastet werden. Nach einem Verschulden oder Versagen im juristischen Sinne wird in solchen Fällen nicht gefragt."

Einige Urteile zu § 34 Abs. 1 Nr. 3 AWG a. F.[370] sind in ihren Ausführungen ebenfalls beachtlich:

---

363 *LG Nürnberg-Fürth* v. 13. 3. 1997 – 12 Kls 152 Js 439/93, n. v.

364 *LG Würzburg* v. 21. 10. 1996 – 3 Ns 102 Cs 156 Js 249/95, ZfZ 1998, 101 ff. mit Anmerkungen von *Ricke*.

365 So *W. Schäfer*, AW-Prax 1998, 205 (207), unter Hinweis auf VG Frankfurt v. 15. 5. 1997 – 1 E 3692/94 (V), rk.

366 *LG Hildesheim* v. 7. 6. 1996 – 15 Kls 95 Js 29458/91, n. v.

367 BGH v. 22. 10. 1996 – S StR 490/96, n. v.; *Bieneck*, AW-Prax 19/97, 387 ff.

368 Zwei Angeklagte erhielten eine Gesamtfreiheitsstrafe von 1 Jahr u. 6 Monaten zur Bewährung, ein Angeklagter wegen Beihilfe eine Geldstrafe von 120 Tagessätzen.

369 LG Stuttgart v. 20. 07. 1998 – 11 Kls 181 Js 85721/93, n. v.

370 Erhebliche Störung der auswärtigen Beziehungen.

- Das LG Münster[371] sah eine „erhebliche Störung der Auswärtigen Beziehungen" als erwiesen an, weil die Angst der israelischen Bevölkerung vor irakischen Raketenangriffen und die öffentliche Empörung über „deutsche Zulieferungen zum irakischen Raketenprogramm" den Bundesaußenminister zu einer „eiligen Reise nach Israel" veranlaßt hatte. Das Urteil betraf die ungenehmigte Ausfuhr von in der AL erfaßten Fließdrückmaschinen nach dem Irak für das dortige Raketenprogramm.
- Das AG Freiburg[372] hielt bereits 1985 „ausländische Reaktionen" für den Nachweis einer „erheblichen Störung..." nicht für erforderlich. Es stellte auf den Schutzzweck der Strafnorm ab. Durch sie sollen unmittelbar die eigenen Interessen der Bundesrepublik Deutschland im internationalen Verkehr geschützt werden.

Ausfuhren, Dienstleistungen, Lieferungen im Rahmen von Transithandelsgeschäften und Wissenstransfer, die auf der Grundlage des § 7 AWG durch Rechtsverordnung oder nach Art. 3 und 4 der EG-dual-use-VO Beschränkungen unterliegen und ungenehmigt bzw. verbotswidrig erfolgen, dürften grundsätzlich geeignet sein, eines oder mehrere der in § 34 Abs. 2 AWG genannten Schutzgüter zu gefährden.

Beispiele:

I. Wartung von Geräten in einer Anlage zur Herstellung von chemischen Waffen in Libyen durch Mitarbeiter eines deutschen Unternehmens. Eine derartige Tätigkeit ist eine Dienstleistung, deren Erbringung nach § 45 a AWV verboten ist (Ordnungswidrigkeit gem. § 33 Abs. 1 AWG i.V.m. § 70 Abs. 1 Nr. 6 AWV). Die Handlung ist nach § 34 Abs. 2 AWG strafbar, sofern einer der dort genannten Zusatztatbestände erfüllt ist. Ferner war die Erbringung derartiger Dienstleistungen im Zeitraum April 1992 bis Anfang April 1999[373] aufgrund des Teil-Embargos gegen Libyen (§ 69 l Abs. 2 AWV) verboten und nach § 34 Abs. 4 AWG strafbar. § 34 Abs. 2 AWG ist im Hinblick auf die Subsidiaritätsklausel (§ 34 Abs. 2, letzter Halbsatz) insoweit nicht anwendbar.

II. Montage von Artillerieraketen im Iran durch einen deutschen Techniker. Die Tätigkeit ist eine Dienstleistung, deren Erbringung nach § 45 b Abs. 1 AWV genehmigungsbedürftig ist. Erfolgt sie ungenehmigt, ist der Tatbestand des § 33 Abs. 1 AWG i.V.m. § 70 Abs. 1 Nr. 6 a AWV erfüllt. Die Handlung ist nach § 34 Abs. 2 AWG strafbar, sofern einer der dort genannten Zusatztatbestände erfüllt ist.

III. Eine deutsche Firma (Verkäufer) schließt mit einem pakistanischen Rüstungsbetrieb (Käufer) einen Vertrag über die Lieferung von 4 to Ammoniumperchlorat (APC) bestimmter Qualität nach Pakistan. Die zu liefernden Waren bezieht der deutsche Verkäufer jedoch nicht in Deutschland, sondern kauft sie bei einem Hersteller in der Republik Südafrika. Die 4 to APC werden unmittelbar – ohne deutschen Boden zu berühren – von Südafrika nach Pakistan versandt. APC ist eine Komponente für Festtreibstoffe. Die Ware ist in Teil I Abschnitt A (Position 0008) der AL erfaßt. Bei dem Geschäft handelt es sich um ein Transithandelsgeschäft (§ 40 Abs. 4 AWV). Die Veräußerung des APC durch die deutsche Firma an den pakistanischen Kunden bedarf nach § 40 Abs. 1 AWV der Genehmigung. Die ungenehmigte Veräußerung ist eine Ordnungswidrigkeit nach § 33 Abs. 1 AWG i.V.m. § 70 Abs. 1 Nr. 2 AWV und nach § 34 Abs. 2 AWG strafbar, sofern einer der dort genannten Zusatztatbestände erfüllt ist.

168 Einer besonders intensiven Prüfung, ob eine Straftat nach § 34 Abs. 2 AWG vorliegt und damit eine Zuständigkeit der Staatsanwaltschaft für die Verfolgung von Zuwiderhandlungen gegeben ist, bedürfen hingegen jene Fälle, in denen Grundtatbestände gem. § 33 Abs. 4 und 5 AWG verwirklicht sind/sein könnten. Ein Großteil dieser Grundtatbestände betrifft Zuwiderhandlungen gegen Form- bzw. Verfahrensvorschriften.[374] Eine mögliche Gefährdung der Schutzgüter des § 34 Abs. 2 Nrn. 1 und 2 AWG durch Verstöße gegen Form-/Verfahrenvorschriften ist von vornherein auszuschließen. Die potentielle

---

[371] *LG Münster* v. 24. 6. 1994 – 11 Kls 6 Js 157/91 (12/93).

[372] *AG Freiburg* v. 11. 3. 1985 – 20 AK 46/82 41 Ls 103/82.

[373] § 69 l Abs. 3 AWV; die Sanktionsmaßnahmen gegen Libyen wurden am 05. April 1999 ausgesetzt.

[374] § 33 Abs. 5 Nrn. 1, 3, 4 AWG; § 33 Abs. 4 und Abs. 5 Nr. 2 AWG i.V.m. § 70 Abs. 4, 5, 6 AWV.

Eignung derartiger Zuwiderhandlungen, die auswärtigen Beziehungen der Bundesrepublik **erheblich** zu gefährden, ist zumindest höchst unwahrscheinlich.

Beispiele:

I. Die Firma A stellt Verpackungskartons und Wellpappe her, importiert Rohmaterial für die Produktion und exportiert die Fertigprodukte. Sie nimmt es mit der Buchführung nicht sehr genau, Belege werden nur in Ausnahmefällen aufbewahrt, so daß sich die Durchführung einer Außenwirtschaftsprüfung (§ 44 AWG) als unmöglich erweist. Dieses Verhalten ist eine Ordnungswidrigkeit nach § 33 Abs. 5 Nr. 4 AWG. Es ist offenkundig, daß das schlichte „Wegwerfen von Geschäftsunterlagen" nicht geeignet ist, die äußere Sicherheit der Bundesrepublik Deutschland oder das friedliche Zusammenleben der Völker zu gefährden. Eine generelle objektive Gefährlichkeit dieses Tuns für die auswärtigen Beziehungen der Bundesrepublik Deutschland ist ebenfalls nicht erkennbar. Selbst wenn dieses „Wegwerfen von Geschäftsunterlagen" im Ausland bekannt würde, könnte es der Bundesregierung z. B. nicht als Vollzugsdefizit bei der Exportkontrolle angelastet werden und damit ihren Ruf als zuverlässiger Partner der internationalen Exportkontrollregime schädigen, denn Ziel der Regime ist die Verhinderung der Weiterverbreitung von Waffen und Rüstungsgütern pp. und nicht die Gewährleistung einer „ordnungsgemäßen Buchführung" der Firmen in den Partnerstaaten. Somit liegt eine Ordnungswidrigkeit nach § 33 Abs. 5 Nr. 4. AWG vor, die nach § 33 Abs. 6 mit einer Geldbuße bis zu 50 000,– DM geahndet werden kann.

II. Der A plant, eine Werkzeugmaschine nach dem Iran auszuführen. Er weiß, daß er die erforderliche Genehmigung nicht erhalten würde. Er täuscht gegenüber dem BAFA vor, daß die Maschine für ein Automobilwerk in Ungarn bestimmt ist, und legt zum Nachweis dafür fingierte Verträge und Endverbleibserklärungen des vorgeblichen ungarischen Käufers vor. Das BAFA erteilt die beantragte Genehmigung. A nimmt dann von seinem Exportvorhaben nach Iran Abstand; zu einer Ausfuhr der Werkzeugmaschine kommt es nicht. A hat somit (nur) den Tatbestand des § 33 Abs. 5 Nr. 1 AWG „Erschleichen einer Genehmigung durch unrichtige Angaben" verwirklicht. Was A mit der erschlichenen Genehmigung ursprünglich anzufangen gedachte, ist unerheblich. Die erschlichene Genehmigung selbst ist offenkundig nicht geeignet, die Schutzgüter des § 34 Abs. 2 Nrn. 1 und 2 zu verletzen. Ebenso ist eine objektive Gefährlichkeit für die Schutzgüter des § 34 Abs. 2 Nr. 3 AWG zu verneinen. Selbst wenn die Tatsache der Erschleichung einer Genehmigung im Ausland bekannt werden und zu Demarchen der Partnerstaaten führen würde, wären diese unbeachtlich, weil als rein politisch motiviert anzusehen.[375] Somit liegt eine Ordnungswidrigkeit nach § 33 Abs. 5 Nr. 1 AWG vor, die gem. § 33 Abs. 6 AWG mit einer Geldbuße von bis zu 1 Mio. DM geahndet werden kann.

Idealkonkurrenz von § 34 Abs. 2 AWG ist möglich mit Zuwiderhandlungen nach §§ 19, 20, 20 a, 22 a KWKG, §§ 16, 17 CWÜAG, § 80 StGB. Häufig vorkommende Fälle der **Realkonkurrenz** sind Urkundsdelikte (§ 267 StGB) und Steuerhinterziehung (§ 370 AO) z. B. in der Form der Nichtversteuerung erzielter Gewinne.

(3) § 34 Abs. 3 AWG

§ 34 Abs. 3 AWG wurde ebenfalls durch das Gesetz zur Änderung des AWG ... vom 28. 2. 1992 erlassen. Tatbestand ist die **Förderung** der (ungenehmigten/verbotswidrigen) Ausfuhr in den Fällen des § 34 Abs. 1 und 2 durch Zurverfügungstellen der auszuführenden Ware, von Unterlagen zu ihrer Fertigung oder wesentlicher Bestandteile. Der Tatbestand erfaßt somit bestimmte, **Tat** erhobene, verselbständigte Beihilfehandlungen. Mit der Vorschrift sollen illegale Exporte über Strohmänner o. ä. Konstruktionen unter Strafe gestellt werden.[376] Strafbar ist nur die vorsätzliche Förderung der Ausfuhr; dolus eventualis ist ausreichend. **169**

Voraussetzung der Strafbarkeit wegen Förderung ist zumindest der Versuch[377] (§ 34 Abs. 5) einer ungenehmigten bzw. verbotswidrigen Ausfuhr, denn frühestens beim Versuch einer illegalen Ausfuhr kann überhaupt eine Gefährdung der durch das AWG/die

---

375 Vgl. ausführlich *B. J. Fehn*, AW-Prax 1998, 16 ff. – autorisierte Fassung (= Beilage zur AW-Prax 3/98).

376 Vgl. Begründung BT-Drucksache 12/1134, 9.

377 *Friedrich* in *Hocke/Berwald/Maurer*, Ziff. 4 zu § 34; a. A. *Fuhrmann* in *Erbs/Kohlhaas*, Rn. 20 zu § 34 AWG.

AWV geschützten Rechtsgüter in Betracht kommen. *Fuhrmann* vertritt hingegen die Auffassung, eine versuchte illegale Ausfuhr reiche nicht aus, die Ausfuhr müsse vollendet sein. Diese Auffassung begegnet Bedenken. Die Vorschriften, denen § 34 Abs. 3 nachgebildet ist, sind insoweit nicht mit § 34 Abs. 3 vergleichbar, als die geförderten Taten selbst nicht strafbar sind.[378]

Beispiel:
Die Firma A entwickelt aufgrund eines Vertrages mit einer Organisation im Land X mit erheblichem Aufwand ein neues Feuerleitsystem für Kampfpanzer, für das nur im Land X und ggf. einigen weiteren „sensiblen Ländern" überhaupt ein Markt vorhanden ist. Sie erfährt dann aufgrund einer Voranfrage beim BAFA, daß die Ausfuhr (nach dem Land X) nicht genehmigungsfähig ist. A storniert den Vertrag mit dem Land X und veräußert die Technologie und die gefertigten Prototypen an die inländische Firma B, die ihrerseits zu denselben Konditionen wie die Firma A einen Vertrag mit der Organisation im Land X geschlossen hat und die Waren und Unterlagen dann ungenehmigt nach dem Land X ausführt.

Die Vorschrift hat in der Praxis kaum Bedeutung. Neben dem Fall, der zum Erlaß der Bestimmung führte, ist erst ein Fall bekanntgeworden, in dem eine Anwendung der Vorschrift möglicherweise in Betracht gekommen wäre, wenn, was nicht geschah, wenigstens der Versuch einer ungenehmigten Ausfuhr unternommen worden wäre. Die Entstehung der Vorschrift dürfte auch vor dem Hintergrund zu sehen sein, daß seinerzeit die (streitige) Auffassung vertreten wurde, daß Straftaten nach § 34 AWG verwaltungsakzessorische Sonderdelikte seien und als Täter nur der „verfahrensrechtliche" Ausführer (§ 8 Abs. 1 AWV a. F.; neu: Art. 788 ZKDVO, § 17 Abs. 1 AWV, „Verbringer" § 21 Abs. 1 AWV) in Betracht komme. Der BGH hat diese Auffassung hingegen verworfen.[379] Der für den Erlaß der Vorschrift ursächliche Fall war insoweit signifikant, als die Geschäftsgestaltung sehr stark auf eine im Hinblick auf die „Sonderdeliktstheorie" gewählte Strohmannkonstruktion hinwies: Die Firma B. war erst kurze Zeit vor der Ausfuhr der Waren gegründet worden und wäre schon in Anbetracht ihrer personellen und finanziellen Ausstattung selbst nicht in der Lage gewesen, den vertraglichen Verpflichtungen nachzukommen.

(4) § 34 Abs. 4 AWG

170 Auch § 34 Abs. 4 AWG wurde durch das Gesetz zur Änderung des AWG... vom 28. 2. 1992 erlassen.

Durch die Bestimmung werden Verstöße gegen **wirtschaftliche Sanktionsmaßnahmen**, die vom Sicherheitsrat der Vereinten Nationen (VN) aufgrund von Kapitel VII der Charta der VN beschlossen wurden und durch Gesetz, Rechtsverordnung oder durch im BGBl. oder BAnz. veröffentlichte EG-Rechtsakte in das Außenwirtschaftsrecht übernommen worden sind, unter Strafandrohung gestellt.[380] Die Umsetzung derartiger VN-Sanktionsmaßnahmen erfolgte bislang nur durch Rechtsverordnungen (Kapitel VII a ff. AWV) und durch im Bundesanzeiger veröffentlichte EG-Rechtsakte. Nach dem Wortlaut der Bestimmung sind von ihr **nur** Zuwiderhandlungen gegen jene Vorschriften erfaßt, die der Durchführung einer vom VN-SR[381] beschlossenen **wirtschaftlichen** Sanktionsmaßnahme dienen. Sofern EG-rechtliche oder nationale Beschränkungen über die VN-SR-Beschlüsse hinausgehen, sind Zuwiderhandlungen gegen diese „überschießenden" Bestimmungen nicht nach § 34 Abs. 4 strafbar.[382]

---

[378] §§ 19 Abs. 1 Nr. 2, 20 Abs. 1 Nr. 2 KWKG, die wiederum § 120 StGB nachgebildet sind. „Selbstbefreiung eines Gefangenen" ist nicht strafbar; Förderhandlungen (im Ausland) im Zusammenhang mit ABC-Waffen sind am Tatort ebenfalls regelmäßig nicht strafbar, sondern im Gegenteil hoch erwünscht.

[379] BGH v. 20. 8. 1992 – 1StR 229/92, ZfZ 1993, 24 ff.; a. A. *Holthausen*, NStZ 1993, 568 ff.

[380] Vgl. Begründung BT-Drucksache 12/1134, 9.

[381] Sicherheitsrat der Vereinten Nationen.

[382] BGH v. 21. 4. 1995 – 1 StR 700/94, NStZ 1995, 548 ff.

Die VN-Sanktionsmaßnahmen sind regelmäßig sehr weitgehend und umfassen zumeist nicht nur die Ausfuhr, sondern jegliche Lieferung von Waren.[383] Die jeweiligen nationalen bzw. EG-rechtlichen Regelungen zur Umsetzung der VN-Sanktionen sind dementsprechend weit gefaßt.

Beispiel:

Der deutsche Händler H. läßt in Indien Rohre für Treibstofftanks von Raketen fertigen und von dort aus unmittelbar nach Libyen versenden. Käufer/Empfänger ist eine militärische Beschaffungsorganisation der libyschen Regierung, mit der H. einen entsprechenden Liefervertrag geschlossen hat. Die Lieferung von „Rüstungsgütern" nach Libyen ist nach § 69 l AWV verboten und nach § 34 Abs. 4 AWG strafbar.[384]

Idealkonkurrenz von § 34 Abs. 4 AWG ist möglich mit Zuwiderhandlungen nach § 34 Abs. 1 AWG, §§ 19, 20, 20 a, 22 a KWKG, §§ 16, 17 CWÜAG, § 80 StGB.

Häufig vorkommende Fälle der **Realkonkurrenz** sind bei Zuwiderhandlungen gegen **Ausfuhr**verbote Urkundsdelikte (§ 267 StGB), Steuerhinterziehung (§ 370 AO) z. B. in der Form der Nichtversteuerung erzielter Gewinne und Ordnungswidrigkeiten nach § 33 Abs. 4 und 5 Nr. 2 AWG z. B. durch falsche Angaben in Ausfuhranmeldungen; bei Verstößen gegen **Einfuhr**verbote[385] daneben § 31 MOG, § 267 StGB (Gebrauchmachen von falschen Urkunden – z. B. von Präferenznachweisen) und § 370 AO (Verkürzung von Einfuhrabgaben).

(5) § 34 Abs. 5 AWG

Die Vorschrift bestimmt die Strafbarkeit des Versuchs (§ 22 StGB) in den Fällen des § 34 Abs. 1 und 2 (Vergehen). Die Aufnahme des § 34 Abs. 4 in diese Bestimmung war nicht erforderlich, weil es sich um einen Verbrechenstatbestand handelt – § 23 Abs. 1 StGB. Ein Versuch der illegalen Ausfuhr ist frühestens dann anzunehmen, wenn die Ware verladen wird, um demnächst in Richtung Grenze in Bewegung gesetzt zu werden.[386] In Anbetracht des zweistufigen Ausfuhrverfahrens dürfte im Zeitpunkt der Gestellung bei der, bzw. Ausfuhrabfertigung durch die Ausfuhrzollstelle stets ein Versuch der illegalen Ausfuhr vorliegen. 171

(6) § 34 Abs. 6 AWG

Die Bestimmung des § 34 Abs. 6 betrifft kein eigenständiges Delikt, sondern stellt eine Strafschärfung dar für besonders schwere Fälle der Zuwiderhandlungen nach § 34 Abs. 1 und 2 AWG. Die Vorschrift betrifft sowohl unbenannte „schwere Fälle" als auch zwei Regelbeispiele. Ein schwerer Fall liegt danach in der Regel vor, 172

- wenn der Täter die Gefahr eines schweren Nachteils für die äußere Sicherheit der Bundesrepublik Deutschland herbeiführt oder
- wenn der Täter gewerbsmäßig oder als Mitglied einer Bande, die sich zur fortgesetzten Begehung **solcher Straftaten** verbunden hat, unter Mitwirkung eines anderen Bandenmitglieds handelt.

Bei der Auslegung der Begriffe „gewerbsmäßig" und „bandenmäßig" sind die von der Rechtsprechung entwickelten Grundsätze anwendbar. Aufgrund des Wortlauts der Bestimmung muß sich die Bande zur fortgesetzten Begehung von Straftaten nach § 34 AWG verbunden haben.

In der Praxis von besonderer Bedeutung ist regelmäßig der Strafschärfungsgrund „gewerbsmäßiges Handeln"

---

383 Aktuell vgl. z. B. das Embargo gegen den Irak und die Teil-Embargos gegen Libyen (z. Zt. ausgesetzt) und Sierra Leone.

384 § 69 l Abs. 3 AWV; die Sanktionsmaßnahmen gegen Libyen wurden am 05. April 99 ausgesetzt. Das Lieferverbot galt von Mitte April 1992 bis Anfang April 1999.

385 Z. B. Irak-Embargo und ehem. „Jugoslawien"-Embargo.

386 *Fuhrmann* in *Erbs/Kohlhaas*, Rn. 28 zu § 34 AWG.

(7) § 34 Abs. 7 AWG

173 Die Vorschrift bestimmt, daß Zuwiderhandlungen nach § 34 Abs. 1, 2 und 4 auch dann strafbar sind, wenn sie fahrlässig[387] begangen werden. Das BVerfG[388] hat (in anderem Zusammenhang) ausgeführt: „Von einem im Außenhandel tätigen Unternehmer kann verlangt werden, daß er sich über die einschlägigen Vorschriften unterrichtet."

(8) § 34 Abs. 8 AWG

174 Danach handelt ohne Genehmigung im Sinne des Abs. 1, „wer aufgrund einer durch unrichtige oder unvollständige Angaben erschlichenen Genehmigung handelt. Satz 1 gilt in den Fällen der Absätze 2 und 4 entsprechend."

Die Bestimmung wurde ebenfalls durch das 7. AWG-Änderungsgesetz[389] eingefügt. Sie hat klarstellende Funktion[390] und betrifft jene Fälle, in denen eine – die konkrete Ausfuhr scheinbar abdeckende – Genehmigung durch unrichtige oder unvollständige Angaben erschlichen wurde.

Beispiele:

I. A will eine Werkzeugmaschine an die Fa. X nach dem Iran ausführen. Die iranische Fa. X ist langjähriger Kunde des A und ganz überwiegend im zivilen Bereich tätig. A weiß jedoch, daß sein iranischer Kunde X die Werkzeugmaschine bei der Fertigung von Rohren für Artillerieraketen einsetzten will. Im Antrag auf Ausfuhrgenehmigung beschreibt er die Maschine zutreffend und gibt auch Iran als Käufer-/Bestimmungsland und X als Käufer und Endverwender an. Zum Verwendungszweck gibt er an „Herstellung von Rohren". Die Angaben des A im Antrag auf Ausfuhrgenehmigung sind zwar richtig, aber unvollständig. Erteilt das BAFA aufgrund dieser Angaben des A die Genehmigung, so wurde sie aufgrund unvollständiger Angaben erschlichen, denn die vollständigen Angaben zum Verwendungszweck hätten lauten müssen „Herstellung von Rohren für Artillerieraketen".

II. Sachverhalt wie I. Das BAFA gibt sich mit den Angaben des A im Antrag auf Ausfuhrgenehmigung jedoch nicht zufrieden, sondern bittet den A. um ergänzende Angaben zum Endempfänger und zum Verwendungszweck der Waren. A teilt dem BAFA daraufhin wahrheitswidrig mit, daß die Fa. X ausschließlich im zivilen Bereich tätig ist und die Werkzeugmaschine zur Produktion von Rohren für die Fertigung von Lampenmasten einsetzen will. Um dies glaubhaft zu machen, legt A dem BAFA eine entsprechende Erklärung der Fa. X vor. Erteilt das BAFA aufgrund dieser zusätzlichen Angaben des A die Ausfuhrgenehmigung, so wurde diese durch unrichtige Angaben erschlichen.

III. A verhandelt wegen der Lieferung von je einer Werkzeugmaschine des Typs Y mit einer Fa. B. in Ungarn, die mit der Maschine Lampenmasten fertigen will und mit einer Fa. X. im Iran, die mit der Maschine Rohre für Artillerieraketen fertigen will. Er beantragt deshalb Ausfuhrgenehmigungen wie folgt:

- Ausfuhr nach Ungarn; Käufer/Empfänger: Fa. B; Verwendungszweck: Herstellung von Lampenmasten
- Ausfuhr nach Iran; Käufer/Empfänger: Fa. X, Verwendungszweck: Herstellung von Rohren für Artillerieraketen.

Das BAFA erteilt die Ausfuhrgenehmigung für die Lieferung der Maschine nach Ungarn; die Ausfuhrgenehmigung für die Lieferung nach Iran wird hingegen versagt.

Das Geschäft mit dem ungarischen Käufer B kommt letztlich nicht zustande. Die iranische Fa. X ist weiterhin an der Maschine sehr interessiert. A. liefert die Maschine über Ungarn in den Iran (**Umgehungsausfuhr)** und legt bei der Ausfuhrabfertigung die für die Ausfuhr nach Ungarn erteilte Genehmigung vor. Im vorliegenden Fall handelt es sich um eine „schlichte" ungenehmigte Ausfuhr, denn die von A verwendete Genehmigung deckt die tatsächliche Lieferung/das tatsächliche Geschäft nicht ab. Die „verwendete" Genehmigung für Ungarn war nicht erschlichen, denn die An-

---

387 *Tröndle* in *Dreher/Tröndle*, Rn. 12 zu § 15: Fahrlässiges Handeln bedeutet, daß der Täter einen Tatbestand rechtswidrig und vorwerfbar verwirklicht, ohne die Verwirklichung zu erkennen oder zu wollen.

388 BVerfG v. 21. 7. 1992 – 2BvR 858/92, n. v.

389 Gesetz zur Änderung des Außenwirtschaftsgesetzes, des Strafgesetzbuches und anderer Gesetze vom 28. 2. 1992, BGBl. I S. 372.

390 Vgl. BT-Drucksache 12/1134, 9.

gaben des A zum Zeitpunkt der Antragstellung/Erteilung der Genehmigung waren zutreffend, d.h. sie bezogen sich auf ein reales beabsichtigtes Geschäft.

Eine Genehmigung ist auch dann erschlichen, wenn die Angaben zwar zum Zeitpunkt der Antragstellung richtig waren, sich der Kenntnisstand des Antragstellers über genehmigungserhebliche Tatsachen jedoch vor Erteilung der Genehmigung oder vor der Ausfuhr ändert. Der Antragsteller hat insoweit eine Aufklärungspflicht aus vorangegangenem Tun.[391]

Beispiel:

A. schließt mit der iranischen Fa. X einen Vertrag über die Lieferung einer Werkzeugmaschine. Die Fa. X ist langjähriger Kunde des A und nach Kenntnis des A nur im zivilen Bereich tätig. Nach Mitteilung der Fa. X. will diese die Maschine zur Herstellung von Lampenmasten verwenden. A beantragt eine Ausfuhrgenehmigung für die Lieferung der Werkzeugmaschine an die Fa. X nach Iran und gibt an, daß X nur im zivilen Bereich tätig ist und die Maschine zur Herstellung von Lampenmasten einsetzen will. Kurze Zeit nach Antragstellung erfährt A, daß die iranische Fa. X sich nunmehr auch mit der Produktion von militärischen Gütern befaßt und die zu liefernde Maschine tatsächlich bei der Herstellung von Rohren für Artillerieraketen einsetzen will. Die ursprünglichen Angaben im Antrag auf AG sind somit nicht mehr zutreffend; A hat insoweit eine Aufklärungspflicht gegenüber dem BAFA. Revidiert er seine Angaben nicht und erteilt das BAFA aufgrund der nunmehr unzutreffenden Angaben die beantragte Genehmigung, ist diese durch unrichtige Angaben erschlichen.

(9) § 35 AWG

Die Bestimmung wurde 1992 durch das 7. AWG-Änderungsgesetz eingefügt und erstreckt die Strafbarkeit nach § 34 unabhängig vom Recht des Tatorts auch Taten im Ausland, wenn der Täter Deutscher ist. Sie ergänzt § 7 Abs. 2 Nr. 1 StGB und stellt klar, daß die Strafandrohung des § 34 AWG für Deutsche im Ausland auch dann gilt, wenn die Tat am Tatort nicht mit Strafe bedroht ist.[392] Im Hinblick auf § 9 StGB kommt eine Anwendung dieser Bestimmung nur in Betracht, wenn die Tat ausschließlich im Ausland begangen worden ist und keinerlei Inlandsbezug hat.[393] **175**

Beispiele:

I. Ein deutscher Techniker führt im Iran Wartungsarbeiten an Kampfpanzern durch. Die Erbringung derartiger Dienstleistungen ist nach § 45b Abs. 1 AWV genehmigungsbedürftig. Liegt die erforderliche Genehmigung nicht vor, ist die Handlung nach § 33 Abs. 1 AWG i.V.m. § 70 Abs. 1 Nr. 6a. AWV ordnungswidrig und – sofern einer der dort genannten Zusatztatbestände erfüllt ist – nach § 34 Abs. 2 AWG i.V.m. § 35 AWG strafbar.

Die Beschränkungen nach § 45b AWV gelten auch für Deutsche, die nicht Gebietsansässige (§ 4 Abs. 1 Nr. 5 AWG) sind (§ 45b Abs. 5 AWV).

II. Ein deutscher Kaufmann (Inhaber einer Einzelfirma in Deutschland) hält sich zeitweise in seiner Ferienwohnung auf Malta auf und tätigt dabei auch von dort aus Geschäfte. U.a. schließt er mit einem pakistanischen Rüstungsbetrieb einen Vertrag über die Lieferung von 4 to. Ammoniumperchlorat (APC) nach Pakistan. Die zu liefernden Waren kauft er von einer Firma in Südafrika, von wo aus sie unmittelbar – ohne deutschen Boden zu berühren – an den pakistanischen Rüstungsbetrieb versandt werden. Die Zahlungsabwicklung für das Geschäft erfolgt über eine Schweizer Bank. Bei dem Geschäft handelt es sich um ein Transithandelsgeschäft (§ 40 Abs. 4 AWV), das nach § 40 Abs. 1 AWV der Genehmigung bedarf. Die Durchführung von Transithandelsgeschäften unterliegt – soweit bekannt – nach maltekischem Recht keinen Beschränkungen. Die ungenehmigte Veräußerung des APC an den pakistanischen Kunden ist eine Ordnungswidrigkeit nach § 33 Abs. 1 AWG i.V.m. § 70 Abs. 1 Nr. 2 AWV und ist – sofern einer der dort genannten Zusatztatbestände erfüllt ist – nach § 34 Abs. 2 AWG i.V.m. § 35 AWG strafbar.

---

391 *Holthausen*, NStZ 1988, 256, 261.

392 Vgl. BT-Drucksache 12/1134, 9.

393 Vgl. *Tröndle* in LK, Rn. 10ff. zu § 9 StGB: Tatort ist nicht nur der Erfolgsort, sondern auch der Handlungsort des Täters/der Teilnehmer.

Die Beschränkungen des § 40 AWV gelten nach der Definition des Begriffs „Transithandelsgeschäft" (§ 40 Abs. 4 AWV) nur für Gebietsansässige (§ 4 Abs. 1 Nr. 5 AWG). Wo die Verhandlungen geführt bzw. die entsprechenden Verträge abgeschlossen werden, ist hingegen nicht relevant.

Anmerkung: § 40 AWV und § 4 a KWKG sind **nicht** vergleichbar. Die Beschränkungen des § 40 AWV betreffen Rechtsgeschäfte von Gebietsansässigen unabhängig vom Handlungsort. Die Beschränkungen des § 4 a KWKG betreffen hingegen Realakte (Tätigkeiten), die zumindest teilweise im Bundesgebiet ausgeübt werden. Die Nationalität bzw. der Wohn-/Geschäftssitz des Handelnden sind irrelevant.

h) modi operandi des illegalen Technologietransfers

aa) Allgemeines

176 Die modi operandi des illegalen Technologietransfers und vor allem die Methoden der Täter zur Verschleierung derartiger illegaler Aktivitäten sind sehr vielfältig. Sie sind bei illegalen **Ausfuhren** u. a. abhängig von Art und Umfang der Waren sowie davon, ob es sich bei dem Täter um einen Hersteller oder Händler handelt. Das Entdeckungsrisiko bei der Ausfuhr(abfertigung) ist regelmäßig gering, selbst wenn die Zollbehörden eine Beschau durchführen. Es gibt wohl keinen Zollbeamten, der z. B. durch Beschau einer Werkzeugmaschine feststellen könnte, ob die Ausfuhr genehmigungspflichtig ist, oder der in der Lage wäre festzustellen, ob die angegebenen technischen Parameter bzw. Leistungsdaten tatsächlich zutreffen. Selbst „speziell konstruierte" Teile z. B. für Kampfflugzeuge, Raketen oder Gaszentrifugen sehen zumeist völlig harmlos aus. Plausible, unverdächtige und anscheinend zutreffende Warenbezeichnungen (Angaben in der Ausfuhrerklärung) lassen sich leicht finden.[394]

Beispiele:

I. „Spiralfedern aus Stahl", von Aussehen und Abmessung jenen Federn ähnlich, die z. B. für Federbeine der Stoßdämpfer von Mopeds verwendet werden, entpuppten sich im Zuge der Ermittlungen als speziell konstruierte, genehmigungspflichtige (von einem gutgläubigen inländischen Zulieferanten des Ausführers „nach Zeichnung" und spezifischen Materialvorgaben als „Sonderserie" angefertigte) Federn für Ventilsteuerungen einer bestimmten Boden-Boden-Rakete.

II. „Aluminiumröhrchen für die Fertigung von Kugelschreiberhülsen" waren tatsächlich genehmigungspflichtige „Entnahmehaken" für Gaszentrifugen für die Urananreicherung.

III. Kriminelle Ausführer setzten regelmäßig alles daran, für den Fall einer Beschau vor allem bei harmlos aussehenden und als solchen deklarierte Waren, keinen Anlaß für kritische Fragen zu bieten. Es war folglich die absolute Ausnahme, daß ein Zollbeamter bei der Ausfuhrabfertigung einer Sendung mit angeblichen „Teilen für Milchseparatoren" in der Kiste auch Fachbücher über Raketentechnik(!) fand und sich zu Recht fragte, wofür eine Molkerei wohl derartige Bücher brauchen könnte. Die Ermittlungen ergaben, daß es sich bei den Waren tatsächlich um Lochböden für die Brennkammer einer Boden-Boden-Rakete handelte.

bb) Ausfuhrschmuggel

177 Der Ausfuhrschmuggel, d. h. die illegale Ausfuhr von Waren ohne ihre Überführung in das Ausfuhrverfahren, ist relativ selten. Gegenstand des Ausfuhrschmuggels sind zumeist Waren geringer Abmessungen, die relativ leicht transportiert oder (z. B. auch in größeren legalen Ausfuhrsendungen) versteckt werden können. Modi operandi sind in diesen Fällen:

– Versand per Post/Kurier-/Paketdienst mit falschen Waren-, Wert- und Inhaltsangaben (z. B.: Warenmuster), teils auch deklariert als „Geschenksendung" an vorgebliche Privatpersonen,

[394] Vgl. insgesamt zu dieser Thematik *Wamers*, Illegaler Technologietransfer – Eine Sonderform der Organisierten Kriminalität.

- Übergabe der Waren im Inland an die Botschaft/konsularische Vertretung des Bestimmungslandes, die sie dann als Diplomatenpost bzw. per Kurier nach dem Bestimmungsland verbringt,
- nicht deklarierter Beipack in umfangreichen (legalen) Ausfuhrsendungen,
- Ausfuhren im Reisegepäck anläßlich von Geschäfts-/Urlaubsreisen.

cc) Begehungsweisen und Verschleierungsmethoden

Illegale Ausfuhren von Anlagen bzw. großen Maschinen pp. erfolgen vielfach mittels 178
- unzutreffender oder erschlichener Ausfuhrgenehmigungen oder Negativbescheinigungen[395]/„Auskünften zur Güterliste" sowie entsprechender
- unzutreffender Angaben über Käufer-/Bestimmungsland bzw. Endempfänger usw. in den Ausfuhrerklärungen;
- Umgehungsausfuhren (vgl. Beispiel III. zu § 34 Abs. 8 AWG) [Umgehungsausfuhren/und Umgehungseinfuhren sind die typische Begehungsweise bei aufgrund von VN-Sanktionsmaßnahmen verbotenen Aus- bzw. Einfuhren (Straftaten nach § 34 Abs. 4 AWG)]
- unzutreffender/unvollständiger Warenbeschreibungen in den Ausfuhrerklärungen (Falschdeklaration);
- „Aufteilung" von Verträgen zur Ausnutzung von Wertgrenzen,

d. h., die Genehmigungs-/Zollbehörden werden über Warenart, Empfänger und/oder Bestimmungsland oder über die den Ausfuhren tatsächlich zugrundeliegenden Geschäfte/Verträge getäuscht.

Beispiele:

I. Vgl. Beispiele zu § 34 Abs. 1, 2 und 8 AWG

II. Der Ausführer A erhält vom Rüstungsbetrieb X in Pakistan einen Auftrag über die Lieferung von Ersatzteilen im Wert von 12500,– DM für eine Werkzeugmaschine, die, wie A weiß, bei der Produktion von Rohren für Artillerieraketen eingesetzt wird. A geht zu Recht davon aus, daß die nach § 5c AWV erforderliche Ausfuhrgenehmigung nicht erteilt werden würde. A erteilt dem X eine Auftragsbestätigung und veranlaßt den X in Anbetracht der Wertgrenze des § 5 c Abs. 3 AWV, den „Gesamtauftrag" in 3 Aufträge mit Werten von je unter 5000,– DM aufzuteilen, um so das Genehmigungserfordernis des § 5 c AWV zu umgehen. Die Ersatzteile versendet er in 3 (Teil-)Partien innerhalb weniger Tage per Spedition nach Pakistan.

Tatsächlich handelt es sich trotz der Teillieferungen und der aufgeteilten Bestellung um einen einheitlichen wirtschaftlichen Gesamtvorgang (§ 4 Abs. 2 AWV). Die Ausfuhr der Ersatzteile ist nach § 5 c AWV genehmigungsbedürftig, weil die Wertgrenze gem. § 5 c Abs. 3 AWV überschritten ist.

Um das Risiko der Entdeckung der illegalen Aktivitäten zu minimieren, werden die Geschäfte zumeist konsequent verschleiert z. B. durch
- Zwischenschaltung von Scheinfirmen oder Domizilgesellschaften bei der Vertrags-, Rechnungs- und Zahlungsabwicklung,
- Zahlungsabwicklung über Privatkonten oder (gegenüber den Behörden) geheimgehaltene (Geschäfts-)Konten bei ausländischen Banken,
- „Bereinigung" von Geschäftsunterlagen [d. h. während oder spätestens nach der Abwicklung des Geschäfts werden „belastende" Unterlagen, die Aufschluß über die tatsächliche Beschaffenheit der Ware bzw. den sensiblen Hintergrund des Geschäfts geben könnten, vernichtet oder durch Dokumente mit harmlosem/nichtssagendem Inhalt ersetzt],

[395] Negativbescheinigung ist eine förmliche Bestätigung des BAFA, daß die darin genannte Ware nicht in der Ausfuhrliste/den Warenlisten zur EG-dual-use-VO erfaßt ist. Sie enthält **keine** Aussagen hinsichtlich der Genehmigungspflichten für nicht gelistete Güter. Die Negativbescheinigung dient dem Ausführer als Beweismittel für die Zulässigkeit der Ausfuhr gegenüber den Zollstellen gem. § 10 Abs. 1 S. 2 AWV. Der Vordruck „Negativbescheinigung" wurde vom BAFA bis zum 31. 3. 1998 verwendet. Seit dem 1. 4. 1998 wird nur noch die „Auskunft zur Güterliste" verwandt.

- Täuschung inländischer Zulieferanten über den Verwendungszweck/den Endverbleib der Ware,
- „gezielte Auswahl der Zulieferanten" [bei Waren mit hohem Wiedererkennungswert (z. B. Komponenten für Gaszentrifugen oder für Raketen) werden zumeist gezielt Firmen als Zulieferanten gewählt, die nicht in diesem Bereich tätig waren /sind, weil bei Fachfirmen, zumal wenn sie der Geheimschutzbetreuung unterliegen, stets damit zu rechnen ist, daß sie die Behörden über derartige „suspekte Beschaffungsversuche" informieren],
- vollständiges Beiseiteschaffen der Unterlagen und Nichterfassung der Geschäfte in der kaufmännischen Buchführung sowie Zahlungsabwicklung über Privatkonten oder geheimgehaltene ausländische Konten [häufige Verschleierungsmethode von Händlern bei Transithandelsgeschäften und Ausfuhrschmuggel; auch die Erbringung von Dienstleistungen kann entsprechend verschleiert werden]. Die in Realkonkurrenz begangene Steuerhinterziehung (Nichtversteuerung der Gewinne) ist in diesen Fällen systemimmanent,
- Zerlegung von Waren in genehmigungsfreie Komponenten, um Genehmigungspflichten bei der Ausfuhr zu umgehen [z. B. bei genehmigungspflichtigen CNC-gesteuerten Werkzeugmaschinen: geliefert wird zunächst eine Werkzeugmaschine mit mechanischer Steuerung, dann als „Ersatzteil" die CNC-Steuerung; die Maschine wird dann im Bestimmungsland mit der CNC-Steuerung ausgerüstet],
- Segmentierung der Beschaffungen/Einkäufe [= Beschaffung der für bestimmte Vorhaben benötigten Waren bei verschiedenen Lieferanten unter Verschleierung des tatsächlichen Verwendungszwecks. Diese Methode wird sowohl von ausländischen Beschaffern als auch z. B. von inländischen „Generalunternehmern" angewandt],
- Abwicklung von Ausfuhrgeschäften, ohne als Ausführer in Erscheinung zu treten.

Beispiel:

Die letztgenannte Methode in Kombination mit weiteren der o. a. Verschleierungsmaßnahmen wurde im Fall „Rabta" gewählt. Der deutsche Unternehmer I. hatte mit den libyschen Machthabern einen Vertrag über die Lieferung einer Anlage zur Herstellung chemischer Kampfstoffe geschlossen. Die für den Bau der Anlage erforderlichen Komponenten beschaffte er ganz überwiegend bei inländischen Zulieferanten, denen er vorspiegelte, als Vertreter der Firma PT in Hongkong zu handeln, die dort eine Anlage zur Herstellung von Pharmazeutika errichte. Die deutschen Zulieferanten erhielten dann von der Firma PT in Hongkong entsprechende Bestellungen und Zahlungen und führten die Waren (wie sie glaubten) nach Hongkong aus. Als Lieferbedingungen war „ab Werk" bzw. „frei Lager" einer deutschen Fa. des I. vereinbart worden. Die Abholung bei den Zulieferanten bzw. die Transporte „ab Lager" (Verbringung aus dem Wirtschaftsgebiet nach Belgien und der Weitertransport von Belgien nach Libyen) wurden von I. veranlaßt. Eine aufgrund ausländischer Hinweise bei der Firma des I. durchgeführte Außenwirtschaftsprüfung lief ins Leere. Das „Libyen-Geschäft" war buchmäßig nicht erfaßt. Die Zahlungsabwicklung erfolgte über verdeckte Schweizer Konten des I. und nicht über Firmenkonten. Da I. nicht als Ausführer aufgetreten war (die Ausfuhrabfertigung war jeweils von den Zulieferanten vorgenommen worden, die gutgläubig davon ausgingen, die Lieferungen aufgrund eines mit der Hongkonger Firma PT geschlossenen Vertrages vorzunehmen und damit Ausführer zu sein), waren die entsprechenden Ausfuhren auch der für die Firma des I. zuständigen Zollstelle nicht bekannt. Die Zulieferanten waren weder „Ausführer" im formellen Sinn (§ 8 Abs. 1 AWV a. F., Art. 788 ZKDVO), denn ihren Lieferungen lag kein „Ausfuhrvertrag" zugrunde, noch waren sie „Ausführer" im materiellen Sinn, denn sie hatten die Waren weder aus dem Wirtschaftsgebiet verbracht noch sie verbringen lassen.

Das Prinzip einer organisatorisch-technischen Splittung zur Verschleierung einer Beschaffungsmaßnahme wird an folgender schematischen **Übersicht** deutlich:

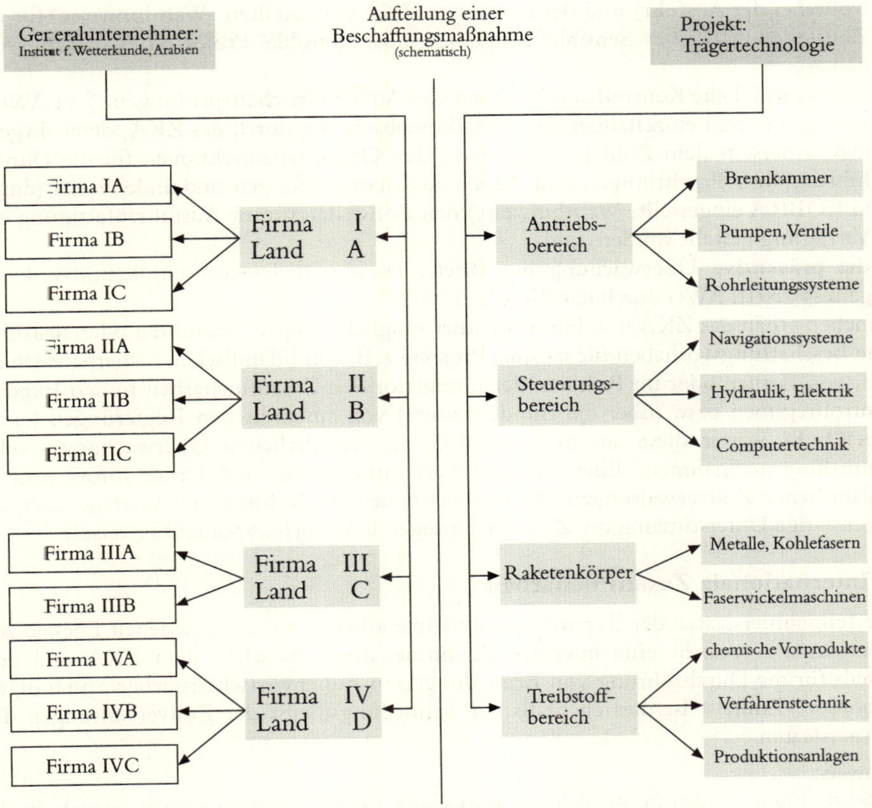

i) Möglichkeiten des Erkennens des illegalen Technologietransfers durch die Zollbehörden

Durch das AWG werden Interessen des Staates geschützt und keine Individualrechtsgüter. 179
Strafanzeigen durch Bürger sind in diesem Bereich schon aus diesem Grund die absolute Ausnahme. Es handelt es sich folglich um Kontrolldelikte, die regelmäßig nur durch Maßnahmen der zollamtlichen Überwachung[396] bzw. der Außenwirtschaftsüberwachung[397] (§§ 44, 46 AWG) aufgedeckt werden können. Der Zollverwaltung steht ein vielfältiges Instrumentarium für die Überwachung des Außenwirtschaftsverkehrs zur Verfügung, durch das illegale Aktivitäten erkannt werden können:

---

396 Vgl. zum Begriff Art. 4 Nr. 13 u. 14 ZK.

397 Die Begriffe „zollamtliche Überwachung" (Art. 4 Nr. 13 ZK i.V.m. Art. 4 Nr. 14 ZK) und „Außenwirtschaftsüberwachung" sind nicht deckungsgleich. Gegenstand der zollamtlichen Überwachung gem. ZK ist nur der grenzüberschreitende **Waren**verkehr (Art. 1 ZK). Gegenstand der (unmittelbaren) Außenwirtschaftsüberwachung gemäß § 46 AWG ist darüber hinaus die Ein-, Aus- und Durchfuhr von **Sachen**, denen die Wareneigenschaft fehlt (§ 4 Abs. 2 Nr. 2 AWG, d.h. bewegliche Sachen, die **nicht** Gegenstand des Handelsverkehrs sein können, sowie Wertpapiere und Zahlungsmittel). Wichtiger Teil der Außenwirtschaftsüberwachung sind ferner die umfangreichen, den gesamten Außenwirtschaftsverkehr betreffenden Übrwachungs-/Prüfungsbefugnisse gemäß § 44 AWG.

- das zweistufige Verfahren bei der Ausfuhrabfertigung (Kontrolle durch die Ausfuhr- und durch die Ausgangszollstelle) einschließlich des DV-Verfahrens KOBRA (Kontrolle bei der Ausfuhr) und der darin vom ZKA eingestellten „Warnhinweise" für die Zollstellen (z. B. über „sensible" Empfänger oder „sensible" Projekte/Beschaffungsvorhaben),
- die nachträgliche Kontrolle im Rahmen von Außenwirtschaftsprüfungen (§ 44 AWG),
- die länder- und einzelfallbezogene Marktbeobachtung durch das ZKA, deren Ergebnisse einerseits dem Zollfahndungsdienst/den Oberfinanzdirektionen für die Durchführung von Ermittlungen und Außenwirtschaftsprüfungen und andererseits (durch in KOBRA eingestellte Warnhinweise) den Zollstellen für die Ausfuhrabfertigung zur Verfügung gestellt werden, und
- die **präventive** Überwachung des Brief-, Post- und Telekommunikationsverkehrs gem. §§ 39 ff. AWG durch das ZKA (seit 1992[398]).

Daneben erhält das ZKA u. a. Hinweise über mögliche illegale Ausfuhren oder ausländische Beschaffungsvorhaben für sensible Projekte z. B. von inländischen Sicherheitsbehörden, von Firmen oder im Rahmen der internationalen Zusammenarbeit in den Exportkontrollregimen bzw. (über die Bundesressorts) von ausländischen Regierungen („non paper"). Es wertet diese aus und veranlaßt die erforderlichen Überwachungs- oder Ermittlungsmaßnahmen. Eine wichtige Erkenntnissquelle sind ferner Informationen ausländischer Zollverwaltungen (Amtshilfeersuchen im Rahmen der Verträge über die gegenseitige Unterstützung der Zollverwaltungen bzw. auch „Spontanhinweise").

k) Internationale Zusammenarbeit

180 Die Teilnehmerstaaten der Exportkontrollregime arbeiten auf verschiedenen Ebenen zusammen, u. a. besteht eine intensive Zusammenarbeit zwischen dem ZKA und den jeweils für die Durchführung von Ermittlungen in Außenwirtschaftssachen zuständigen Behörden. Zumeist ist dies ebenfalls der Ermittlungsdienst der Zollverwaltungen der Partnerstaaten.

Hinweis:

Relativ häufig werden für die Zahlungsabwicklung illegaler Geschäfte Konten genutzt, die die Täter bei **Schweizer Banken** unterhalten. Die Schweiz gewährt auch bei Außenwirtschaftsstraftaten justitielle Rechtshilfe. Die Schweizer Banken informieren ihre Kunden regelmäßig jedoch über derartige Rechtshilfeersuchen. Nach Schweizer Recht hat der (ausländische) Beschuldigte – so er einen Schweizer Anwalt mit der Wahrnehmung seiner Interessen beauftragt – das Recht auf Akteneinsicht und kann auch Rechtsmittel gegen die Erledigung des Rechtshilfeersuchens einlegen. Das Recht auf Akteneinsicht besteht sowohl hinsichtlich des Rechtshilfeersuchens als auch der zu übersendenden Erledigungsstücke, d.h., der Beschuldigte erhält noch vor den ersuchenden Behörden Kenntnis von den Beweismitteln. Die Schweizer Behörden müssen in diesen Fällen volle Akteneinsicht gewähren, es sei denn, daß in dem Rechtshilfeersuchen ausdrücklich (mit Begründung!) Beschränkungen bezüglich der Akteneinsicht erbeten werden. Sofern derartige Beschränkungen nicht erbeten sind, wird Akteneinsicht gewährt, ohne zuvor mit der ersuchenden Behörde Rücksprache zu nehmen.

l) Sonstige Delikte

181 Verstöße gegen die nach § 34 Abs. 4 AWG strafbewehrten VN-Sanktionsmaßnahmen sind Verbrechen. Insoweit ist § 30 StGB zu beachten.

Vorwiegend bei illegalen Ausfuhren unter Verwendung erschlichener Genehmigungen sind Urkundsdelikte (§ 267 StGB), zumeist in Form der Herstellung bzw. des Gebrauchmachens falscher Endverbleibsbescheinigungen, relativ häufig feststellbar.

Steuerhinterziehung in Form der Nichtversteuerung erzielter Gewinne ist eine sehr häufige, bei bestimmten Verschleierungsmethoden auch systemimmanente Begleit-

[398] 7. Gesetz zur Änderung des AWG vom 28. 2. 1992, BGBl. I, 372.

erscheinung des illegalen Technologietransfers. Die erzielten Gewinne sind zumeist beträchtlich. Bei Lieferung von „dringend gesuchten" Waren für sensible Rüstungsprojekte sind Gewinnspannen von ca. 300 % keine Seltenheit.

Die Durchführung von Finanzermittlungen ist deshalb auch im Hinblick auf die mögliche Gewinnabschöpfung (§§ 73 ff. StGB) angezeigt. Auf § 36 AWG (Einziehung und erweiterter Verfall) wird hingewiesen

3. Kriegswaffenkontrollgesetz

a) Allgemeines

Das Gesetz über die Kontrolle von Kriegswaffen (Kriegswaffenkontrollgesetz – KWKG) **182**
vom 20. 4. 1961[399] ist das Ausführungsgesetz zu Artikel 26 Abs. 2 GG. Es wurde zeitgleich mit dem AWG erlassen und ist am 1. 6. 1961 in Kraft getreten. Anders als das AWG, das vom Grundsatz der Freiheit des Außenwirtschaftsverkehrs geprägt ist, sieht das KWKG Beschränkungen für (nahezu) jeglichen Umgang mit Kriegswaffen vor. Bei den Regelungen des KWKG handelt es sich um repressive Verbote mit Erlaubnisvorbehalt; im Bereich der A-, B-, C-Waffen um absolute Verbote. Ein Anspruch auf die Erteilung von Genehmigungen nach KWKG besteht nicht (§ 6 Abs. 1 KWKG), ferner gibt es obligatorische Versagungsgründe (§ 6 Abs. 3 KWKG).

Das KWKG ist seit seinem Inkrafttreten im Jahre 1961 im wesentlichen unverändert geblieben. Ergänzungen um für die Strafverfolgungsbehörden wichtige Bestimmungen erfolgten 1978[400] (u. a.: Erlaß des § 4 a KWKG) und 1990 durch das Gesetz zur Verbesserung der Überwachung des Außenwirtschaftsverkehrs und zum Verbot von Atomwaffen, biologischen und chemischen Waffen.[401] Diese Änderungen waren Anlaß für die Neufassung des Gesetzes vom 22. 11. 1990.[402] In 1998 gab es eine weitere Änderung des KWKG, die das „Verbot von Antipersonenminen" (APM) und „Strafvorschriften gegen APM" umfaßt (§§ 18 a, 20 a KWKG – neu –).[403]

b) Die Systematik des KWKG

Übersicht **183**

Abschnitt	§§	Inhalt
Erster Abschnitt	1 bis 11	Genehmigungsvorschriften
Zweiter Abschnitt	12 bis 15	Überwachungs- und Ausnahmevorschriften
Dritter Abschnitt	16, 17	Besondere Vorschriften für Atomwaffen
Vierter Abschnitt	18, 18 a	Besondere Vorschriften für biologische und chemische Waffen sowie für Antipersonenminen
Fünfter Abschnitt	19 bis 25	Straf- und Bußgeldvorschriften
Sechster Abschnitt	26 bis 29	Übergangs- und Schlußvorschriften

---

399 BGBl. I, 444.

400 Artikel 2 des Gesetzes zur Änderung des Waffenrechts vom 31. 5. 1978, BGBl. I, 641.

401 BGBl. I, 2507 ff.

402 KWKG in der Fassung der Bekanntmachung vom 22. 11. 1990, BGBl. I, 2507 (zuletzt geändert durch Artikel 10 des Gesetzes vom 28. 10. 1994, BGBl. I, 3186).

403 Artikel 2 des Ausführungsgesetzes zum Übereinkommen über das Verbot des Einsatzes, der Lagerung, der Herstellung und der Weitergabe von Antipersonenminen und über deren Vernichtung vom 3. 12. 1997, BGBl. I, 1778, in Kraft getreten am 10. 7. 1998.

Das KWKG wird ergänzt durch die KWL[404] (Anlage zu § 1 Abs. 1 KWKG), drei Durchführungsverordnungen sowie zwei Verordnungen über allgemeine Genehmigungen und die Kriegswaffenmeldeverordnung.

c) Die Kriegswaffenliste

aa) Allgemeines

184 Der Begriff „Kriegswaffen" ist im KWKG nicht definiert, sondern wird durch die Definitionen und jeweiligen Gattungsbegriffe in der Kriegswaffenliste – KWL – (Anlage zu § 1 Abs. 1 KWKG) ausgefüllt. Kriegswaffen im Sinne des KWKG sind gemäß § 1 Abs. 1 KWKG alle (und nur die) in der KWL genannten Gegenstände, Stoffe und Organismen. Die Aufzählung in der KWL ist abschließend. Nach Sinn und Zweck des Art. 26 GG sind „zur Kriegführung bestimmte Waffen" nur solche, die zu bewaffneten Auseinandersetzungen zwischen Staaten objektiv geeignet sind (§ 1 Abs. 2 KWKG). Das Kriterium der „objektiven Eignung ..." ist u. a. im Hinblick auf demilitarisierte Kriegswaffen bedeutsam, da diese keine Kriegswaffen i. S. des KWKG mehr sind.

Beispiel:

Umbau eines Patrouillenbootes (= Kriegsschiff) zu einer Luxusyacht. Werden die „zivilen" Aufbauten entfernt, lebt die Kriegswaffeneigenschaft des Rumpfes (Nr. 23 der KWL) wieder auf.

Verwendung des Fahrgestells eines Kampfpanzers als Plattform für den Bau von Feuerlöschfahrzeugen für die Bekämpfung von Bränden von Erdölquellen. Werden die „zivilen" Aufbauten entfernt, lebt die Kriegswaffeneigenschaft des Fahrgestells (Nr. 27 der KWL) wieder auf.

185 In der KWL sind neben (kompletten) Waffen bzw. Waffensystemen auch bestimmte wichtige Bestandteile von Kriegswaffen gesondert erfaßt. Von Bedeutung für die Anwendung der KWL speziell für Strafverfahren wegen der illegalen Ausfuhr von Kriegswaffen (KW) ist die vom BGH durch Urteil vom 23. 11. 1995[405] bestätigte **„Bausatztheorie"**. Durch sie wird der – jeder Enumeration innewohnenden – Möglichkeit Rechnung getragen, daß Genehmigungserfordernisse/Verbote durch (technische) Manipulationen umgangen werden.[406] So können wohl die meisten KW so weit zerlegt werden, daß die jeweiligen Einzelteile nicht mehr von der KWL (und teilweise ggf. auch noch nicht einmal mehr von der AL) erfaßt werden, jedoch vom Empfänger leicht zusammengefügt werden können.

Pottmeyer[407] vertritt die Auffassung, die „Bausatztheorie" überschreite die Wortlautgrenze und sei deshalb eine unzulässige strafrechtliche Analogie. Diese Auffassung wird – soweit ersichtlich – von der Rechtsprechung abgelehnt und auch in der Literatur[408] ganz überwiegend nicht geteilt. Auf die Auffassung Pottmeyers hatte sich die Revision in jenem Verfahren gestützt, das Gegenstand des vorgenannten BGH-Urteils war. Der BGH hat dazu ausgeführt: „Die von Pottmeyer (Kommentar zum KWKG 2. Aufl. § 1 Rn. 89) erhobenen Bedenken, ... greifen nicht durch. Der Wortsinn der Kriegswaffenliste wird nicht dadurch überschritten, daß Einzelteillieferungen, die eine komplette Kriegswaffe (oder ein in der Kriegswaffenliste gesondert aufgeführtes Waffenteil) ergeben, mit Lieferungen der komplett montierten Waffe gleichgesetzt werden. Gerade bei der Versendung von Industrieprodukten ist es im Interesse eines wirtschaftlichen und sicheren Transportes üblich, die Ware in Einzelteilen oder Bausätzen zu verpacken. Eine solche Lieferung wird im Wirtschaftsleben regelmäßig als Lieferung der kompletten Ware angesehen."

---

[404] Kriegswaffenliste.

[405] BGH v. 23. 11. 1995 – 1StR 296/95, NStZ 1996, 137 ff.

[406] Vgl. ausführlich *Holthausen*, wistra 1997, 129 ff.

[407] *Pottmeyer* KWKG Rn. 84 ff. zu § 1.

[408] Vgl. *Holthausen*, wistra 1997, 129 ff., m. w. N.

Von der „Bausatztheorie" ebenfalls abgedeckt sind
- zeitlich versetzte Teillieferungen[409] von Komponenten (die in der Gesamtheit „komplette" KW ergeben) und
- „unvollständige Bausätze" bzw. „unvollständige KW" bei Fehlen leicht ersetzbarer bzw. leicht herstellbarer Teile.[410]

bb) Die Systematik der KWL

Die KWL ist zweigeteilt. In Teil A sind jene Kriegswaffen erfaßt, auf deren Herstellung die Bundesrepublik Deutschland verzichtet hat (Atomwaffen, biologische und chemische Waffen).[411] In Teil B sind die „sonstigen Kriegswaffen" aufgeführt. 186

Übersicht

Teil	Abschnitt	Nrn.	Inhalt
A	**Vor** Abschnitt I	Ohne	„Zivilklausel"
	I.	1, 2	Atomwaffen
	II.	3, 4	Biologische Waffen
	III.	5, 6	Chemische Waffen
B	I.	7 bis 12	Flugkörper
	II.	13 bis 16	Kampfflugzeuge und -hubschrauber
	III.	17 bis 23	Kriegsschiffe und schwimmende Unterstützungsfahrzeuge
	IV.	24 bis 28	Kampffahrzeuge
	V.	29 bis 36	Rohrwaffen
	VI.	37 bis 39	Leichte Panzerabwehrwaffen, Flammenwerfer, Minenleg- und Minenwurfsysteme
	VII.	40 bis 48	Torpedos, Minen, Bomben, eigenständige Munition
	VIII.	49 bis 55	Sonstige Munition
	IX.	56 bis 60	Sonstige wesentliche Bestandteile
	X.	61	Dispenser
	XI.	62	Laserwaffen

Hinweis:
- Die „Zivilklausel" gilt nur für Teil A der KWL.
- Die Begriffsbestimmungen der „Atomwaffen" in § 17 Abs. 2 KWKG und in Teil A I. (= Nr. 1 und 2) der KWL sind **nicht** identisch.
- Die Aufzählung der in Nr. 3 der KWL namentlich genannten biologischen Agenzien ist **nicht** abschließend.

---

[409] Vgl. auch: § 2 Abs. 2 KWMV, BGBl. I, 92.
[410] Vgl. *Holthausen*, wistra 1997, 129 ff., m. w. N.
[411] Vgl. ausführlich: *Holthausen*, NJW 1992, 2113 ff.

d) Die Beschränkungen

aa) Genehmigungsvorbehalte

1. Allgemeines

187 Die Genehmigungsvorbehalte sind in den §§ 2 bis 4a KWKG geregelt. Diese Bestimmungen betreffen nach ihrem Wortlaut sämtliche Kriegswaffen i. S. der KWL. § 1 Abs. 3 KWKG stellt insoweit jedoch klar, daß auf A-Waffen i. S. des § 17 Abs. 2 KWKG und B- und C-Waffen nur noch die Bestimmungen des dritten und vierten Abschnitts anzuwenden sind.[412] In Anbetracht der Verbote in §§ 17, 18 und 18a KWKG sind die §§ 2 bis 4a KWKG deshalb nur für den Bereich der konventionellen Waffen, d. h. die in Teil B der KWL genannten Waren mit Ausnahme der Antipersonenminen und ggf. auch für Atomwaffen anwendbar.[413]

Die Genehmigungspflichten beziehen sich grundsätzlich[414] nicht auf Rechtsgeschäfte, sondern auf Handlungen (Realakte). Genehmigungsbedürftig sind nur Handlungen im Bundesgebiet (territorialer Ansatz). Die territoriale Beschränkung auf das Bundesgebiet ergibt sich einerseits aus der konkreten Ausgestaltung der Bestimmungen[415] und andererseits – im Umkehrschluß – aus § 21 KWKG. Die Genehmigungstatbestände sind ausnahmslos so konstruiert, daß die Genehmigung **vor** Beginn der genehmigungsbeürftigen Handlung vorliegen muß.

Beispiel:
Wer Kriegswaffen herstellen will, bedarf der Genehmigung (§ 2 Abs. 1 KWKG).

Ungenehmigtes Handeln (= tatbestandsmäßiges Handeln bei Verstößen gegen Genehmigungspflichten) liegt vor, wenn
- keine Genehmigung eingeholt wurde,
- die eingeholte Genehmigung die tatsächlich vorgenommene Handlung nicht abdeckt oder
- die Genehmigung erst nach Durchführung der Handlung eingeholt wurde.

188 Übersicht

	Genehmigungspflicht	Inhalt	Zuwiderhandlungen
I	§ 2 Abs. 1	Herstellung	§ 22a Abs. 1 Nr. 1
I	§ 2 Abs. 2	Erwerb der tatsächlichen Gewalt	§ 22a Abs. 1 Nr. 2
I	– wie vor –	Überlassung der tatsächlichen Gewalt	§ 22a Abs. 1 Nr. 2
I	§ 3 Abs. 1	Befördernlassen im Bundesgebiet	§ 22a Abs. 1 Nr. 3
I	§ 3 Abs. 2	Selbstbeförderung im Bundesgebiet	§ 22a Abs. 1 Nr. 3
A	§ 3 Abs. 3	Einfuhr	§ 22a Abs. 1 Nr. 4
A	– wie vor –	Ausfuhr	§ 22a Abs. 1 Nr. 4
A	– wie vor –	Durchfuhr	§ 22a Abs. 1 Nr. 4

412 BT-Drucksache 11/4609, 8.

413 Z. B. im Rahmen der Ausnahmeregelungen des § 16 KWKG und für die zwar in Nr. 2 der KWL, nicht jedoch in § 17 Abs. 2 KWKG genannten „Teile, Vorrichtungen, Baugruppen oder Substanzen, die für Atomwaffen wesentlich sind".

414 Ausnahme (streitig): § 4a Abs. 2 KWKG, der neben dem Realakt des „Abschließens." auch eine rechtsgeschäftliche Komponente beinhaltet; vgl. *Holthausen*, Anm. zum Urteil des AG Bergisch Gladbach v. 27. 1. 1981 – E 43 – Ls 121 Js 215/80, NStZ 1982, 515 ff.

415 *Spohn* in *Bebermeyer*, Deutsche Ausfuhrkontrolle 1992, 13–19.

	Genehmigungspflicht	Inhalt	Zuwiderhandlungen
A	– wie vor –	Sonstige Verbringung in das/aus dem Bundesgebiet	§ 22 a Abs. 1 Nr. 4
A	§ 4 Abs. 1	Beförderung außerhalb des Bundesgebiets mit deutschen Schiffen/Luftfahrzeugen	§ 22 a Abs. 1 Nr. 5
A	§ 4 a Abs. 1	Vermittlung von Verträgen über Erwerb oder Überlassen von KW	§ 22 a Abs. 1 Nr. 7
A	– wie vor –	Nachweis der Gelegenheit zum Abschluß der vorgenannten Verträge	§ 22 a Abs. 1 Nr. 7
A	§ 4 a Abs. 2	Abschluß eines Vertrages über das Überlassen von KW	§ 22 a Abs. 1 Nr. 7

I = reine Inlandssachverhalte
A = dem Außenwirtschaftsrecht zuzurechnende Sachverhalte mit Auslandsbezug (Zuständigkeit des Zollfahndungsdienstes für die Durchführung von Ermittlungen: vgl. § 37 AWG)

2. Ein-, Aus- und Durchfuhr

Die Genehmigungserfordernisse bei der Ein-, Aus- und Durchfuhr von KW sind in § 3 Abs. 3 i.V.m. Abs. 1 oder 2 KWKG geregelt. Die Anwendung dieser Bestimmungen bei der Ein- und Durchfuhr von KW ist regelmäßig unproblematisch. Wichtig ist, daß die erforderliche Genehmigung vor Verbringung der KW über die deutsche Hoheitsgrenze erteilt sein muß. Der Zeitpunkt der zollamtlichen Abfertigung ist insoweit nicht maßgeblich. **189**

Auch bei der Ausfuhr von KW muß die Genehmigung vor Beginn der „Ausfuhrbeförderung" und zwar (u. a.) für das zutreffende Ausfuhrzielland/Endverbleibsland und den zutreffenden Endempfänger/Endverbleib erteilt sein.

Beispiel:

Die Firma R. schloß mit Saudi-Arabien einen Vertrag über die Lieferung von 1500 Maschinengewehren MG3. Sie beantragte die nach § 3 Abs. 3 KWKG erforderliche Genehmigung für die „Beförderung zur Ausfuhr" nach Saudi-Arabien, die vom BMWi jedoch nicht erteilt wurde, weil Saudi-Arabien (= Ausfuhrzielland/Endverbleibsland) als Spannungsgebiet galt. Um den Vertrag dennoch durchführen zu können, verabredete die Fa. R. mit einer italienischen Firma, daß diese als Käufer/Endempfänger auftreten solle, weil für den Endverbleib in Italien als NATO-Land eine Genehmigung problemlos erhältlich war. Für die Abwicklung der Weiterleitung der MG3 von Italien nach Saudi-Arabien schaltete die Fa. R. eine luxemburgische Firma ein, die über gute Kontakte zu Saudi-Arabien verfügte. Das BMWi wurde durch Vorlage italienischer Importzertifikate getäuscht und erteilte in Unkenntnis des wahren Bestimmungslandes die beantragte „Beförderungsgenehmigung" für die Ausfuhr der MG3 nach Italien, von wo aus sie nach Saudi-Arabien weiterversandt wurden[416] („klassische" Umgehungsausfuhr).

Die eingeholte Genehmigung deckte die tatsächlich vorgenommene Handlung nicht ab, die Handlung (Ausfuhrbeförderung) erfolgte somit ungenehmigt und war nach § 16 Abs. 2 KWKG a. F. (= neu: § 22 a Abs. 1 Nr. 4 KWKG) strafbar. Die nach AWG/AWV erforderliche Ausfuhrgenehmigung wurde gleichfalls mit entsprechenden falschen Angaben erschlichen, die Ausfuhr erfolgte ungenehmigt. Danach läge im o. a. Fall ein tateinheitlicher Verstoß gegen des KWKG und das AWG vor, der aktuell nach § 34 Abs. 1 AWG und § 22 a Abs. 1 Nr. 4 KWKG strafbar wäre.

Vereinzelt werden in Anbetracht des Wortlauts des § 3 Abs. 3 KWKG Zweifel erhoben, ob es sich um einen echten „Ausfuhrgenehmigungstatbestand" handelt,[417] d.h., ob z. B.

[416] Vgl. ausführlich *LG Düsseldorf* v. 27. 5. 1986 – X – 64/83, NStZ 1988, 231 ff.; zum selben Fall *OLG Düsseldorf* v. 15. 12. 1983 – 1 WS 1053 – 1055/83, NStZ 1987, 565 ff.

[417] *Pottmeyer* KWKG Rn. 131 ff. zu § 3.

Ausfuhrzielland und Endverbleib der Ware Regelungsinhalt der entsprechenden KWKG-Genehmigung sind/sein können. Nach überwiegender Auffassung handelt es sich um einen echten Ausfuhrgenehmigungstatbestand.[418] Dies ist u. a. auch aus den „Politischen Grundsätzen der Bundesregierung für den Export (sic!) von Kriegswaffen und sonstigen Rüstungsgütern“[419] sowie der Kriegswaffenmeldeverordnung herzuleiten. Soweit ersichtlich bestanden in der Rechtsprechung derartige Zweifel nicht. Die Gerichte gingen zutreffend davon aus, daß § 3 Abs. 3 KWKG als echter Ausfuhrgenehmigungstatbestand aufzufassen ist. Eine andere Auslegung würde dem Verfassungsauftrag des Art. 26 GG zuwiderlaufen. Auf die Ausführungen von *Holthausen* sei verwiesen.[420]

Hinweis:
Es ist ständige Verwaltungspraxis der Genehmigungsbehörden (vor allem des BMWi), die Genehmigungen so abzufassen, daß Ausfuhrzielland, Endverbleib und Käufer/Endempfänger Inhalt der jeweiligen Genehmigungen sind. Jede Abweichung vom Genehmigungsinhalt hat zur Folge, daß die **gesamte Handlung** nicht mehr von der Genehmigung gedeckt ist und somit ungenehmigt erfolgt.[421]

3. „Auslandsgeschäfte“

190 Der 1978 in das KWKG eingefügte § 4 a KWKG betrifft Auslandsgeschäfte. Durch die Vorschrift soll verhindert werden, daß Deutschland zum Tummelplatz von Waffenhändlern wird.[422] Die Anwendung des § 4 a KWKG ist in der Praxis recht problematisch.

Genehmigungsbedürftige Handlungen sind:
- Die **Vermittlung** eines Vertrages über den Erwerb oder das Überlassen von KW, die sich außerhalb des Bundesgebiets befinden (§ 4 a Abs. 1 KWKG),
- der **Nachweis** der Gelegenheit zum Abschluß eines solchen Vertrages (§ 4 a Abs. 1 KWKG)

  und
- der **Abschluß eines Vertrages** über das Überlassen von KW, die sich außerhalb des Bundesgebietes befinden (§ 4 a Abs. 2 KWKG).

Die Begriffe „Vermitteln“ und „Nachweis der Gelegenheit zum Vertragsabschluß“ entstammen dem Maklerrecht (§§ 652 ff. BGB). Für die Anwendung des § 4 a Abs. 1 KWKG ist es nicht maßgeblich, ob die Vermittlungs-/Nachweistätigkeit gewerbsmäßig, entgeltlich, gefälligkeitshalber oder unentgeltlich durchgeführt wird. § 4 a Abs. 2 KWKG hat den Zweck, die Umgehung des Genehmigungserfordernisses nach § 4 a Abs. 1 KWKG zu verhindern, die dadurch erfolgen könnte, daß die Vermittlung (an einen Käufer) in die Form eines Eigengeschäfts gekleidet wird.

Entscheidend für die Anwendung des § 4 a KWKG ist u. a., daß die genehmigungsbedürftige Tätigkeit zumindest teilweise von deutschem Boden aus ausgeübt wird. Eine Vermittlungs- oder Nachweistätigkeit i. S. des § 4 a Abs. 1 KWKG, die von einem Deutschen **ausschließlich im Ausland** begangen wird, unterliegt nicht dem Genehmigungsvorbehalt des § 4 a KWKG und ist somit nicht nach § 22 a Abs. 1 Nr. 7 KWKG strafbar. Zur Abgrenzung Vorbereitungshandlung („Sondierungen“)/Versuch/Vollendung ist im Urteil des BGH vom 27. 7. 1993[423] folgendes ausgeführt:

---

418 *Sprögel* in *Bebermeyer* (Hrsg.), Deutsche Ausfuhrkontrolle 1992, 21–28 (fehlinterpretiert von *Pottmeyer* KWKG Rn. 132 zu § 3). Die Ausfuhr wird von *Sprögel* im einleitenden Überblick über die Bestimmungen des KWKG zwar nicht gesondert erwähnt, jedoch befaßt er sich in dem Artikel dann schwerpunktmäßig mit dem „Export von Kriegswaffen“, wobei er die je nach Zielland unterschiedliche Genehmigungspolitik darstellt.

419 Beschluß der Bundesregierung v. 28. 4. 1982, Bulletin v. 5. 5. 1982; *Hucko*, Außenwirtschaftsrecht und Kriegswaffenkontrollrecht, 236 ff.

420 *Holthausen*, NStZ 1988, 206 ff., 256 ff.; *ders.*, JZ 1995, 284 ff.

421 *Holthausen*, NStZ 1988, 206 ff.

422 BT-Drucksache 8/1614, 14, 16.

423 BGH v. 27. 7. 1993–1 StR 339/93, m. w. N., NStZ 1994, 135 ff., ZfZ 1994, 151 ff.

- „Für die Frage, ob die Schwelle zum Versuch überschritten ist, kommt es nicht darauf an, ob all die Angaben, die § 5 a I der 2. DVO zum KWKG für einen Genehmigungsantrag vorschreibt, hätten gemacht werden können." (*Pottmeyer* vertritt die Auffassung, daß keine Genehmigung erforderlich ist, solange nicht die in § 5 a Abs. 1 und 2 der 2. DVO zum KWKG genannten Mindestangaben gemacht werden können.)[424]
- „Für die Annahme eines strafbaren Versuchs [ist es] unerheblich, ob später die Abnehmerseite am Erwerb der Waffen kein Interesse mehr hatte."
- „Das Verbrechen der unerlaubten Vermittlung eines Kriegswaffengeschäfts [ist] erst dann vollendet, wenn es – im Sinne einer tatsächlichen Einigung – zum Vertragsabschluß gekommen ist."

Die ungenehmigte Vermittlung nach § 4 a KWKG ist gem. § 22 a Abs. 1 Nr. 7 KWKG als Verbrechen mit Strafe bedroht. Auf § 30 StGB ist insoweit hinzuweisen.

Beispiel:

Die in Deutschland ansässigen B. und S. haben sich gemeinschaftlich handelnd bemüht, Abnehmer für in Kolumbien befindliche Kampfflugzeuge zu finden und einen entsprechenden Vertrag zu vermitteln, wobei sie mit verschiedenen potentiellen Abnehmern Kontakt aufnahmen. Dabei verabredeten B. und S. u. a. für den Fall, daß die „Sondierungen" erfolgreich sein würden, zwar beim BMWi eine Genehmigung nach § 4 a KWKG zu beantragen, dabei allerdings falsche Angaben über das Geschäft zu machen und fingierte Endverbleibsbescheinigungen zu verwenden. Hier war ein Versuch einer Straftat nach § 22 a Abs. 1 Nr. 7 KWKG noch nicht gegeben; es lag lediglich eine Verabredung eines Verbrechens der ungenehmigten Vermittlung eines Vertrages über Kriegswaffen vor.[425]

bb) Verbote

Durch die KWKG-Novelle vom 5. 11. 1990[426] wurden die Entwicklung und die Herstellung von sowie der Umgang mit A-, B-, C-Waffen schlechthin (in bezug auf A-Waffen mit Einschränkungen) verboten – §§ 17, 18 KWKG. Vor Inkrafttreten der KWKG-Novelle galten auch für A-, B-, C-Waffen die Genehmigungspflichten der §§ 2 bis 4 a KWKG. Praktische Bedeutung hatte dieser Genehmigungsvorbehalt jedoch insoweit nicht, als sich die Bundesrepublik bereits 1954[427] völkerrechtlich verpflichtet hatte, A-, B-, C-Waffen auf ihrem Territorium nicht herzustellen. Die Erteilung entsprechender Genehmigungen war aufgrund dieser völkerrechtlichen Verpflichtung von vornherein ausgeschlossen. Die KWKG-Novelle hatte insoweit lediglich klarstellende Funktion. Von besonderer Bedeutung ist sie jedoch deshalb, weil dadurch nunmehr umfassende Verbote für die Mitwirkung Deutscher an der Entwicklung, Herstellung pp. von A-, B-, C-Waffen **im Ausland** geschaffen wurden. Ausnahmen gelten insoweit nur für Atomwaffen der NATO (§ 16 KWKG) sowie für „dienstliche Handlungen" in bezug auf chemische Waffen der NATO (§ 22 KWKG). 191

Das Verbot von Atomwaffen ist in § 17 Abs. 1 KWKG, das Verbot von biologischen und chemischen Waffen in § 18 KWKG geregelt. Der in 1998 neu erlassene § 18 a Abs. 1 KWKG normiert das Verbot jeglichen Umgangs mit Antipersonenminen, soweit er nicht nach Abs. 3 gemäß den Bestimmungen des Übereinkommens zulässig ist. Die Vorschrift ist im wesentlichen dem Wortlaut des § 18 KWKG nachgebildet.[428] In Abs. 2 wird auf die Legaldefinition des Begriffs Antipersonenmine gemäß Artikel 2 des Übereinkommens ... vom 3. 12. 1997[429] verwiesen. 192

---

424 *Pottmeyer* KWKG Rn. 88 ff. zu § 4 a.

425 *LG Hamburg* v. 22. 2. 1991 – (99) 17/88 KLs – 141 Js 117/87, n. v.

426 Gesetz zur Verbesserung der Überwachung des Außenwirtschaftsverkehrs und zum Verbot von Atomwaffen, biologischen und chemischen Waffen v. 5. 11. 1990, BGBl. I S. 2428.

427 Protokoll Nr. III zum sog. Revidierten Brüsseler Vertrag vom 23. 10. 1954, BGBl. 1955 II S. 266.

428 BT-Drucksache 13/10116, 10.

429 Übereinkommen über das Verbot des Einsatzes, der Lagerung, der Herstellung und der Weitergabe von Antipersonenminen sowie über deren Vernichtung vom 3. 12. 1997, BT-Drucksache 13/9817.

Folgende Handlungen sind in bezug auf A-, B-, C-Waffen[430] und Antipersonenminen nach den §§ 17 Abs. 1, 18 und 18a KWKG verboten und nach den §§ 19, 20 und 20a KWKG strafbar: Entwickeln, Herstellen, Handeltreiben, Erwerben, Überlassen, Einführen, Ausführen, Durchführen, sonstiges Verbringen in das oder aus dem Bundesgebiet sowie (sonstiges) Ausüben der tatsächlichen Gewalt. Ferner ist verboten und unter Strafe gestellt: zu einer der o. g. (verbotenen) Handlungen zu verleiten (§ 17 Abs. 1 Nr. 1a., § 18 Nr. 1a., § 18a Abs. 1 Nr. 2 KWKG) oder eine der o. g. (verbotenen) Handlungen zu fördern (§ 17 Abs. 1 Nr. 2, § 18 Nr. 2, § 18a Abs. 1 Nr. 3 KWKG).

193 **Ausnahmen** von den o. a. Verboten sind in den §§ 16, 22 und 18a Abs. 3 KWKG geregelt. Zu beachten sind ferner die **„Zivilklausel"** (Teil A vor Abschnitt I der KWL) sowie die Ausnahmebestimmung des § 17 Abs. 2, letzter Satz KWKG. Soweit die Voraussetzungen der vorgenannten Regelungen erfüllt sind, ist Kriegswaffeneigenschaft nicht gegeben.[431]

194 In der Praxis von besonderer Bedeutung sind die Fördertatbestände (§ 17 Abs. 1 Nr. 2, § 18 Nr. 2, § 18a Abs. 1 Nr. 3 KWKG).[432] „Fördern" nach dieser Bestimmungen ist jede Hilfeleistung bzw. Unterstützung i. S. der Beihilfe nach § 27 Abs. 1 StGB. Es handelt sich hierbei um verselbständigte Teilnahmedelikte, die – im Gegensatz zu § 27 Abs. 1 StGB – keine tatbestandsmäßige und rechtswidrige Haupttat voraussetzen.[433] Die Fördertatbestände dienen dem Zweck, Teilnahmehandlungen **umfassend zu verbieten** und unter Strafe zu stellen.[434] Nach der Gesetzesbegründung[435] soll das Fördern auch solche Handlungen, die nur mittelbar dem Aufbau einer B- oder C-Waffenproduktion dienen, wie z. B. die Lieferung von Einrichtungsgegenständen für eine ausländische Giftgasfabrik, umfassen.

Beispiele:

I. Der deutsche Unternehmer R. ließ in Indien eine Gaswaschanlage, die für eine Anlage zur Herstellung chemischer Waffen bestimmt war, herstellen und lieferte diese nach Libyen an eine militärische Beschaffungsorganisation. Hinsichtlich des Vorwurfs der „Förderung der **Herstellung** chemischer Waffen" wurde der Angeklagte freigesprochen.[436] Nicht zutreffend gewürdigt hat das Gericht hingegen den vom Angeklagten durch die genannte Handlung verwirklichten Tatbestand der „Förderung der **Entwicklung** chemischer Waffen" (Straftat nach § 20 Abs. 1 Nr. 2 KWKG). Der Angeklagte wurde lediglich wegen eines vollendeten Verstoßes gegen das AWG (§ 34 Abs. 4 AWG i.V. m. §§ 69 g a. F./69 l n. F. AWV) durch die verbotswidrige Lieferung von „Rüstungsmaterial" nach Libyen zu einer mehrjährigen Freiheitsstrafe verurteilt.[437]

II. Drei deutsche Kaufleute stellten 1991 bis 1993 u. a. eine Steuerungsanlage her, die in ihrer technischen Konzeption jener Steuerungsanlage entsprach, die ursprünglich für die CW-Anlage in Rabta geliefert worden war, und führten diese in Teillieferungen über Belgien nach Libyen aus. Die StA sah in diesem Fall einen tateinheitlichen Verstoß

– gegen das KWKG durch verbotswidrige „Förderung der Entwicklung chemischer Waffen" (Straftat nach § 20 Abs. 1 Nr. 2 KWKG) und
– gegen das AWG (Waffenembargo gegen Libyen) durch verbotswidrige Lieferung von „Rüstungsgütern" i. e. S. (Waren der Pos. 0018 des Teils I Abschnitt A der AL, Straftat nach § 34 Abs. 4 AWG i.V. m. § 69g AWV a. F.)

---

430 Zur Begriffsbestimmung der A-, B-, C-Waffen: vgl. ausführlich *Holthausen*, NJW 1992, 2113 ff.

431 BT-Drucksache 11/4609, 8.

432 Vgl. ausführlich *Holthausen*, NJW 1991, 203 ff.

433 BT-Drucksache 11/4609, 10.

434 BT-Drucksache 11/4609, 9.

435 BT-Drucksache 11/4609, 10.

436 Das Urteil ist in der Literatur heftig kritisiert worden; vgl. ausführlich zur „Förderung der Entwicklung": *Hucko*, AW-Prax 1997, 172 ff., *Holthausen*, NStZ 1997, 288 ff.; *Fehn*, AW-Prax 1997, 278 ff.; *ders.*, AW-Prax 1997, 385 ff.; *ders.*, in *Achenbach/Wannemacher* § 22 Abschn. III, Rn. 47 ff., 68. Zustimmend *Kreuzer*, NStZ 1997, 292. Zu den Erwägungen des LG *Muhler*, ZRP 1998, 4 ff.; Entgegnung zu *Kreuzer: Holthausen*, AW-Prax 1998, 97 ff.

437 *LG Stuttgart* v. 1. 10. 1996 – 8 KLs 47/96, NStZ 1997, 288 ff.

– sowie eine verbotswidrige Ausfuhr von Waren für eine Anlage zur Herstellung chemischer Waffen in Libyen (Straftat nach § 34 Abs. 1 AWG i. V. m. § 5 b AWV) als gegeben an. Das Gericht ließ die Anklage in allen Punkten zu. Ein Urteil wegen des Verstoßes gegen das KWKG erging nicht, weil es insoweit im Rahmen einer „Absprache zur Beschleunigung des Verfahrens" zu einer Einstellung gemäß § 154 a StPO kam. Die Angeklagten wurde wegen Verstoßes gegen das AWG (§ 34 Abs. 4 AWG i. V. m. §§ 69 g AWV a. F./69 l AWV n. F.) zu mehrjährigen Freiheitsstrafen verurteilt.[438]

e) Die Strafbestimmungen

Die ungenehmigte bzw. verbotswidrige Ein-, Aus- und Durchfuhr von Kriegswaffen ist stets auch ein **Bannbruch** gemäß § 372 AO, d. h. eine Steuerstraftat. Im Hinblick auf die Strafvorschriften des KWKG ist die Straf**androhung** der AO allerdings subsidiär (§ 372 Abs. 2 AO). 195

Zuwiderhandlungen gegen die Genehmigungsvorschriften gemäß den §§ 2 bis 4 a KWKG und die Verbote gemäß den §§ 17, 18 und 18 a KWKG sind nach den §§ 19, 20, 20 a und 22 a KWKG mit Strafe bedroht. Die Anwendung der vorgenannten Strafvorschriften bereitet in der Praxis kaum Probleme. Auf folgende Besonderheiten ist hinzuweisen:

- **„Strafvorschriften gegen Atomwaffen" – § 19 KWKG**

§ 19 Abs. 2 KWKG enthält Qualifikationstatbestände gegenüber § 19 Abs. 1 KWKG.[439]

§ 19 Abs. 2 Nr. 1 KWKG entspricht § 34 Abs. 6 Nr. 2 AWG (auf die entsprechenden Erläuterungen wird insoweit verwiesen).

§ 19 Abs. 2 Nr. 2 KWKG entspricht ganz überwiegend § 34 Abs. 2 AWG (auf die entsprechenden Erläuterungen und Beispiele wird insoweit verwiesen); Schutzgüter des § 19 Abs. 2 Nr. 2 a) sind jedoch sowohl die **innere** als auch die äußere Sicherheit der Bundesrepublik Deutschland.[440]

§ 19 Abs. 6 KWKG ist eine Ausnahmebestimmung zu § 19 Abs. 1 bis 5 KWKG. Die Vorschrift beinhaltet einen Tatbestandsausschluß zur „Legalisierung" bestimmter benannter („erwünschter") Handlungen.

- **„Strafvorschriften gegen biologische und chemische Waffen" – § 20 KWKG**

§ 20 Abs. 4 KWKG ist eine Ausnahmebestimmung zu § 20 Abs. 1 bis 3 KWKG. Die Vorschrift beinhaltet einen Tatbestandsausschluß zur „Legalisierung" bestimmter benannter („erwünschter") Handlungen.[441]

§ 22 KWKG bestimmt, daß die §§ 18, 20 und 21 unter bestimmten Voraussetzungen nicht für auf **chemische** Waffen der NATO bezogene dienstliche Handlungen gelten.

- **„Sonstige Strafvorschriften" – § 22 a KWKG**

§ 22 a entspricht § 16 KWKG a. F. Als Täter von Straftaten nach § 22 a KWKG kommt grundsätzlich nur derjenige in Betracht, der für die Handlung einer Genehmigung bedurft hätte. § 5 Abs. 1 und 2 KWKG („Befreiungen") sind insoweit zu beachten. § 22 a Abs. 5 KWKG beinhaltet persönliche Strafaufhebungsgründe im Hinblick auf § 22 a Abs. 1 Nrn. 3 und 4.[442]

- **Auslandstaten – § 21 KWKG**

§ 21 KWKG entspricht § 35 AWG. Er erstreckt die Strafandrohung des § 19 KWKG – beschränkt auf einige besonders gravierende Straftaten – und der §§ 20, 20 a KWKG – um-

---

[438] *LG Mönchengladbach* v. 30. 10. 1997 – 12 Kls 4/97 (8).

[439] *Steindorf* in *Erbs/Kohlhaas* KWKG Ziff. 7 ff. zu § 19.

[440] Schutzgut des § 34 Abs. 2 Nr. 1 ist hingegen nur die äußere Sicherheit der Bundesrepublik Deutschland.

[441] BT-Drucksache 11/4609, 10, Begründung zu § 20 Abs. 4 KWKG: „§ 20 Abs. 4 nimmt zwei Handlungsweisen vom Tatbestand aus: Taten, die der Vernichtung von B- oder C-Waffen – z. B. von Altbeständen an C-Waffen aus der Zeit der beiden Weltkriege – durch die dafür zuständigen Stellen dienen – dabei ist in erster Linie an Kampfmittelbeseitigungsanlagen der Bundeswehr gedacht –, sind nicht strafbar . . .".

[442] *Steindorf* in *Erbs/Kohlhaas*, Ziff. 6. zu § 22 a KWKG.

fassend – auf Taten gemäß den §§ 17 Abs. 1, 18 und 18 a KWKG, die von Deutschen im Ausland begangen werden.

4. Das Chemiewaffenübereinkommen

196 Die Bundesrepublik Deutschland hat am 13. 1. 1993 in Paris das Chemiewaffenübereinkommen (CWÜ) unterzeichnet.[443] Das CWÜ ist für Deutschland am 29. 4. 1997 in Kraft getreten.[444] Es beinhaltet im wesentlichen das Verbot der Entwicklung, Herstellung, Lagerung und des Einsatzes chemischer Waffen, die Vernichtung solcher Waffen sowie Meldepflichten und Inspektionen. Das CWÜ umfaßt neben den chemischen Kampfstoffen auch Vorprodukte, die bei der Synthese derartiger Kampfstoffe eingesetzt werden (können). Die in Ausführung des Chemiewaffenübereinkommens (CWÜ) ergangenen Regelungen sind eine relativ neue Materie. Bislang ist – soweit ersichtlich – noch kein Strafverfahren bekannt geworden, in dem Ermittlungen wegen Verdachts des Verstoßes gegen das CWÜAG geführt wurden.

a) Das Ausführungsgesetz und die Ausführungsverordnung zum CWÜ

197 Das Ausführungsgesetz zum CWÜ vom 2. 8. 1994[445] – CWÜAG – ist im wesentlichen ein Blankettgesetz. Es ermächtigt die Bundesregierung, durch Rechtsverordnung Beschränkungen (§ 2) und Meldepflichten (§ 3) anzuordnen. Daneben enthält es u. a. Bußgeld- und Strafbestimmungen (§§ 15–17). Aufbau und Struktur des CWÜAG sind weitgehend an das AWG angelehnt. Die Bestimmungen des § 20 CWÜAG und des § 37 AWG (Befugnisse der Zollbehörden) sind identisch.

Die Ausführungsverordnung zum Chemiewaffenübereinkommen – CWÜV – vom 20. 11. 1996[446] enthält die eigentlichen materiellrechtlichen Beschränkungen (Verbote/Genehmigungsvorbehalte) und Meldepflichten, die in Umsetzung des CWÜ erforderlich sind. Die §§ 1 und 2 CWÜV beinhalten (auch) Verbote (§ 1) und Genehmigungsvorbehalte (§ 2), die den **Außenwirtschaftsverkehr** mit den dem CWÜ unterfallenden Waren betreffen:

Übersicht

§	Inhalt/Ware	Zuwiderhandlung CWÜV	Zuwiderhandlung CWÜAG
1 Nr. 1. a)	**Einfuhr** aus einem Nichtvertragsstaat Chemikalien der Liste 1	§ 13 I Nr. 1	§ 16 I Nr. 2
1 Nr. 1 b)	**Ausfuhr** in einen Nichtvertragsstaat Chemikalien der Liste 1	wie vor	wie vor
1 Nr. 1 c)	**Ausfuhr** in einen Vertragsstaat nach (vorheriger) Einfuhr aus einem Vertragsstaat Chemikalien der Liste 1	wie vor	wie vor
1 Nr. 1 d)	**Durchfuhr,** wenn Ursprungsland usw. ein Nichtvertragsstaat ist Chemikalien der Liste 1	wie vor	wie vor

443 Das Zustimmungsgesetz zum CWÜ datiert vom 5. 7. 1994, BGBl. II S. 806; nach Artikel 1 des Gesetzes wurde das CWÜ (in englischer und französischer Sprache) dabei mit einer amtlichen deutschen Übersetzung veröffentlicht, BGBl. II S. 807 ff.

444 BGBl. 1996 II, S. 2618.

445 BGBl. I S. 1954.

446 BGBl. I S. 1794.

§	Inhalt/Ware	Zuwiderhandlung CWÜV	Zuwiderhandlung CWÜAG
1 Nr. 1 e)	Handlungen nach § 1 Nr. 1 Buchst. a) bis d) **als Deutscher im Ausland**	wie vor	wie vor
1 Nr. 2	Errichtung von Einrichtungen, die zur Produktion von Chemikalien der Liste 1 bestimmt sind ... **als Deutscher im Ausland**	§ 13 I Nr. 2	§ 16 I Nr. 2
1 Nr. 3	Produktion, Verarbeitung usw. von Waren der Liste 1 **als Deutscher in einem Nichtvertragsstaat**	§ 13 I Nr. 4	§ 16 I Nr. 2
2 I Nr. 2 c)	**Ein-, Aus- und Durchfuhr** von Chemikalien der Liste 1 (soweit nicht nach § 1 verboten)	§ 13 III Nr. 2	§ 16 II
2 I Nr. 3	**Ausfuhr** in einen Nichtvertragsstaat Chemikalien der Listen 2 und 3	§ 13 III Nr. 3	§ 16 II
2 III	Anmelde-/Vorführpflicht für genehmigungspflichtige Ein-, Aus- und Durchfuhr	§ 12 Nr. 3	§ 15 I Nr. 1 a)

Die §§ 12 (Ordnungswidrigkeiten) und 13 (Straftaten) CWÜV sind i. V. m. den die Beschränkungen bzw. Meldepflichten anordnenden Bestimmungen der CWÜV die ausfüllenden Vorschriften zu den Blankettbußgeld- und -strafbestimmungen des CWÜAG.

b) Die Strafbestimmungen des CWÜAG

198 Die nach dem CWÜAG/der CWÜV ungenehmigte bzw. verbotswidrige Ein-, Aus- und Durchfuhr von Chemikalien ist stets auch ein **Bannbruch** gemäß § 372 AO, d. h. eine Steuerstraftat. Im Hinblick auf die Strafvorschriften des CWÜAG ist die Straf**androhung** der AO allerdings subsidiär (§ 372 Abs. 2 AO).

Die Strafbestimmungen des CWÜAG (§§ 16, 17) sind nach ihrem Wortlaut jeweils **nur** dann anzuwenden, wenn die Tat nicht nach § 20 KWKG mit Strafe bedroht ist.

199 **§ 16 CWÜAG** stellt Verstöße gegen das CWÜAG unter Strafe, soweit nicht das allgemeine Chemiewaffenverbot (§ 17 CWÜAG) betroffen ist.

Auf folgende Besonderheiten ist hinzuweisen:

- Gemäß § 16 Abs. 1 Nr. 1 werden Ordnungswidrigkeiten nach § 15 Abs. 1 Nr. 1 Buchstabe b), 3 oder 4 als Straftat geahndet, wenn die Handlung geeignet ist, die auswärtigen Beziehungen **erheblich zu gefährden**. Die Vorschrift entspricht insoweit § 34 Abs. 2 Nr. 3 AWG. Tathandlungen sind hier jedoch die Verletzung von Melde- und Auskunftspflichten sowie von Duldungs- und Mitwirkungspflichten im Zusammenhang mit Inspektionen. Derartige Pflichtverletzungen können im Einzelfall die Gefahr einer Verletzung des Übereinkommens durch den Staat herbeiführen, wenn dieser z. B. dadurch nicht in der Lage ist, die geforderten Meldungen an die Organisation weiterzugeben.[447]
- § 16 Abs. 3 CWÜAG betrifft kein eigenständiges Delikt, sondern stellt eine **Strafschärfung** dar für besonders schwere Fälle von Zuwiderhandlungen nach § 16 Abs. 1 Nrn. 2 und 3. Die Vorschrift betrifft sowohl unbenannte schwere Fälle als auch zwei Regelbeispiele. Sie entspricht § 34 Abs. 6 AWG; auf die entsprechenden Erläuterungen wird insoweit verwiesen. Ein besonders schwerer Fall durch Herbeiführung der Gefahr eines schweren Nachteils für die auswärtigen Beziehungen der Bundesrepublik Deutschland (§ 16 Abs. 3 Nr. 1 CWÜAG) kann z. B. vorliegen, wenn durch die verbotenen oder

[447] Vgl. ausführlich BT-Drucksache 12/7207, 17.

ungenehmigten Handlungen Verdachtsinspektionen ausgelöst werden oder die Bundesrepublik beschuldigt wird, sich nicht in ausreichendem Maß für die Nichtverbreitung von Massenvernichtungswaffen eingesetzt zu haben.[448]

- § 16 Abs. 4 CWÜAG entspricht im wesentlichen § 34 Abs. 8 AWG; auf die entsprechenden Erläuterungen wird insoweit verwiesen.

200 **§ 17 Abs. 1 und 2 CWÜAG** sind § 20 KWKG nachgebildet. Die Vorschrift ergänzt § 20 KWKG insoweit, als sie auch den Umgang mit etwaigen neuentwickelten, noch nicht in die KWL aufgenommenen chemischen Kampfstoffen unter Strafe stellt. Ferner erfaßt § 17 CWÜAG den mißbräuchlichen Umgang mit solchen toxischen Chemikalie (Vorprodukten), die auch für Chemiewaffenzwecke verwendet werden können, jedoch wegen ihrer umfangreichen zivilen Verwendung nicht in die KWL eingestellt sind.[449]

201 **§ 18 CWÜAG** bestimmt, daß § 16 Abs. 1 Nr. 2, Abs. 5 und § 17 unabhängig vom Recht des Tatorts auch für Taten gelten, die im Ausland begangen wurden, wenn der Täter Deutscher ist. Die Vorschrift entspricht § 35 AWG; auf die entsprechenden Erläuterungen wird insoweit verwiesen.

XI. Ermittlung von Verstößen gegen Verbote und Beschränkungen im grenzüberschreitenden Warenverkehr (Bannbruch)

1. Der Bannbruch als Blankettgesetz

202 Über die Definition des Bannbruchs als Steuerstraftat ist dem Zoll neben der Überwachungsfunktion aller Verbote und Beschränkungen (VuB) im Interesse einer einheitlichen materiell- und verfahrensrechtlichen Handhabung auch die Stafverfolgungskompetenz bei Zuwiderhandlungen zugeschrieben worden. § 372 AO ist ein Blankettgesetz, das zu seiner Anwendung der Ausfüllung durch andere Gesetze[450] bedarf. Dabei ist es unerheblich, ob der Straftäter gegen „absolute" oder „relative" Verbringungsverbote verstößt oder diese Verbote in Steuergesetzen oder sonstigen Einzelgesetzen normiert sind. Der Bannbruch wird regelmäßig durch Verstoß gegen die Straf- bzw. Bußgeldnormen der jeweiligen Verbotsgesetze verwirklicht, wobei sich die Pönalisierung wegen § 372 Abs. 2 AO ausschließlich aus den Verbotsgesetzen ergibt.

Wenn auch die VuB-Gesetze überwiegend nichtwirtschaftliche Verbote betreffen (z. B. Rauschift, Waffen), so haben sie in anderen Bereichen unter den Gesichtspunkten des Schutzes der Wirtschaft (Schutz vor Falsifikaten) oder als Hindernis gegen wirtschaftlichen Mißbrauch (Abfallbeseitigung, schädigende Lebensmittel) sowie gegen wirtschaftliche Ausbeutung der Umwelt (Naturschutz) eine nicht zu unterschätzende Bedeutung.

2. Markengesetz

a) Vorbemerkungen

203 Schon seit mehr als 15 Jahren ein attraktives Betätigungsfeld organisierter Wirtschaftskriminalität, nimmt die Zahl der Ermittlungsverfahren im Bereich der sog. „Markenpiraterie" immer noch weiter zu. Unter Einsparung der hohen Entwicklungs- und Werbekosten und ohne Kosten für Imagepflege und laufende Qualitätskontrollen kopieren „Trittbrettfahrer der Wirtschaft" die am Markt erfolgreich vertretenen Markenartikel. Dabei scheidet eine Verfolgung der Straftaten als Betrug oftmals aus, weil der „kostenbewußte" Verbraucher gerne auch zu solchen Produkten greift, obwohl er weiß, daß es sich um Fälschungen handelt. Die immer perfekter werdenden Fälschungen ermöglichen es

---

448 Vgl. ausführlich BT-Drucksache 12/7207, 18.
449 Vgl. ausführlich BT-Drucksache 12/7207, 18.
450 Vgl. Anlage 1.

in großem Umfang, Falsifikate in die legalen Vertriebswege einzuschleusen. In diesen Fällen werden auch die Verbraucher getäuscht.

Der deutschen und europäischen Wirtschaft entstehen durch diese Machenschaften Verluste im Milliardenbereich. Zumindest für den unwissenden Abnehmer bzw. Verbraucher ergibt sich ein besonderes Gefahrenpotential daraus, daß die Falsifikate in bezug auf Sicherheit und Qualität den Originalen in der Regel nachstehen.

Beispiele:

I. So ergab sich vor wenigen Jahren eine erhebliche Gefährdung durch in den Verkauf gelangte, qualitativ mangelhafte Falsifikate von Bremsbelegen eines namhaften Herstellers.

II. Auch die FORMEL 1 des Motorsports blieb nicht verschont: Die Ursache für den Ausfall des Wagens von Mika Häkkinen Ende April 1998 in Imola hat McLaren-Teamchef Ron Dennis zur Klage über Produktfälscher veranlaßt. Ein minderwertiges Kugellager hatte zu dem Getriebeschaden, durch den der Siegesaspirant kurz vor Ende des Rennens ausfiel, geführt. Der Hersteller des Kugellagers habe von einem Zulieferer ein von asiatischen Produktfälschern kopiertes Billigteil erhalten. Dies habe der Belastung nicht standgehalten.[451]

Es gibt nahezu kein namhaftes Produkt, das nicht Ziel einer Fälschung sein könnte, die Zeiten, in denen reine Luxusprodukte gefälscht wurden, sind längst vorüber: Kosmetika, Kleidung, Schuhe, Uhren, Brillen, Feuerzeuge, Plüschtiere, Küchengeräte, Möbel, Kfz-Ersatzteile wie z. B. Mercedes-Sterne,[452] elektrische Sicherungen, Fußbälle, Fan-Artikel, Getränke, Zigaretten, Reinigungs- und Hygieneartikel, Kochtöpfe, Heimwerker-Werkzeuge, Mikroprozessoren, Videospiele, Musikcassetten, CDs, Gartenzwerge, Gartenstühle, ja sogar Oldtimer-Fahrzeuge (Mercedes-Coupe 300 SL mit Flügeltüren als Komplettnachbau!).[453] So ist es kein Wunder, wenn Experten mit Arbeitsplatzverlusten in Deutschland von jährlich 70 000 Stellen rechnen. Spitzenreiter unter den Herstellerstaaten für gefälschte Markenprodukte sind Tschechien, Polen, Thailand, Türkei, China, Vietnam, Hongkong und Japan. Die deutsche Zollverwaltung beschlagnahmte 1998 mehr als 2000 Warensendungen mit gefälschten Produkten und zog dabei Falsikate im Wert von rd. 28 Mio. DM aus dem Verkehr.

b) Rechtsgrundlagen

Das Markenrecht ist 1995 grundlegend reformiert worden. Bis zum 31. 12. 1994 waren Verstöße auf der Grundlage des Warenzeichengesetzes (WZG)[454] bzw. des Beitrittsgesetzes zum Madrider Abkommen[455] zu verfolgen. In Umsetzung einer EG-Richtlinie[456] und der sog. ProduktpiraterieVO der EG[457] wurde in Deutschland im Rahmen einer Gesamtreform des Markenrechts das Markengesetz (MarkenG)[458] erlassen. Aufgrund der 204

451 *McLaren ein Opfer von Produktfälschern*, Kölner Stadtanzeiger v. 11. 5. 1998.

452 Gefälschte Mercedes-Sterne einer türkischen Firma aus Istanbul, Cannstatter Zeitung v. 19. 3. 1998.

453 Vgl. Zoll aktuell 2/98, 12.

454 Warenzeichengesetz v. 5. 5. 1936 (RGBl. II S. 134).

455 Gesetz über den Beitritt des Reiches zu dem Madrider Abkommen, betreffend die Unterdrükkung falscher Herkunftsangaben auf Waren v. 21. 3. 1925 (RGBl. 1925 II S. 115; BGBl. 1967 I S. 953; 1974 I S. 469).

456 Erste Richtlinie des Rates zur Angleichung der Rechtsvorschriften der Mitgliedstaaten über die Marken v. 21. 12. 1988, Fundstelle vgl. Anhang 2.

457 VO (EG) Nr. 3295/94 über Maßnahmen zum Verbot der Überführung nachgeahmter Waren und unerlaubt hergestellter Vervielfältigungsstücke oder Nachbildungen in den zollrechtlich freien Verkehr oder in ein Nichterhebungsverfahren sowie zum Verbot ihrer Ausfuhr und Wiederausfuhr; seit 1. 7. 1999 unter der Bezeichnung: VO (EG) Nr. 3295/94 über Maßnahmen, welche das Verbringen von Waren, die bestimmte Rechte am geistigen Eigentum verletzen, in die Gemeinschaft sowie ihre Ausfuhr und Wiederausfuhr aus der Gemeinschaft betreffen; Fundstelle vgl. Anhang 2.

458 Gesetz über den Schutz von Marken und sonstigen Kennzeichen (Markengesetz – MarkenG), BGBl. 1994 I S. 3082.

darin enthaltenen Ermächtigung wurde die Markenverordnung (MarkenV)[459] erlassen. Der Schutz der Kennzeichen, der Marken, geschäftlichen Bezeichnungen, Geschmacksmusterrechte und geographischen Herkunftsangaben sind darin vereinheitlicht. Von der ProduktpiraterieVO wurden bislang nicht die Patente und Gebrauchsmusterrechte erfaßt, deren Schutz dem nationalen Recht obliegt. Mit der neuen Verordnung (EG) Nr. 241/99 vom 25. 1. 1999[460] wurde der Anwendungsbereich der VO (EG) Nr. 3295/94 ab 1. 7. 1999 auf Patente und ergänzende Schutzzertifikate für Arzneimittel und Pflanzenschutzmittel erweitert. Nachahmungen oder unerlaubte Vervielfältigungsstücke, die im persönlichen Reisegepäck innerhalb der Freimengen nach Gemeinschaftsrecht aus Drittländern eingeführt werden, werden gem. Art. 10 von der Verordnung nicht erfaßt. Eine Grenzbeschlagnahme zur Verhinderung von **Parellelimporten** kann weder auf die ProduktpiraterieVO der EG noch auf das MarkenG gestützt werden[461], da dies Art. 1 Abs. 4 der ProduktpiraterieVO ausdrücklich ausschließt und § 146 MarkenG voraussetzt, daß die Ware widerrechtlich mit einer Marke versehen worden ist.

Die ProduktpiraterieVO der EG geht als unmittelbar anwendbares Gemeinschaftsrecht der nationalen Regelung des Markengesetzes vor.[462] Entsprechend sieht § 146 Abs. 1 MarkenG sein Eingreifen auch nur für den Fall vor, daß die ProduktpiraterieVO nicht einschlägig ist, z. B. bei Markenrechten nach § 4 Nrn. 2, 3 MarkenG. § 150 MarkenG regelt, daß für das weitere Verfahren nach der ProduktpiraterieVO die §§ 146 Abs. 2 bis 149 MarkenG analog anzuwenden sind.

c) Aufgaben der Zollverwaltung

aa) Zollabfertigung

205 Schutzrechtsverletzende Waren unterliegen bei ihrer **Einfuhr, Ausfuhr oder Wiederausfuhr** aus bzw. nach Nichtgemeinschaftsstaaten an der Gemeinschaftsaußengrenze oder bei der Abfertigung bei einem Binnenzollamt **auf vorherigen Antrag** bei der Zentralstelle der deutschen Zollverwaltung[463] und gegen Sicherheitsleistung des Rechtsinhabers bei **offensichtlicher**[464] Verletzung des Markenrechts der Beschlagnahme (§ 146 MarkenG). Einen vergleichbaren Antrag auf Grenzbeschlagnahme gegen vorherige Sicherheit sieht auch Art. 3 ProduktpiraterieVO vor. Für die Zeit vor dem 1. 1. 1995 finden sich gleichartige Regelungen im WZG bzw. Produktpirateriegesetz (PrPG).[465] Die ProduktpiraterieVO (EG) sieht für die sog. Grenzbeschlagnahme bei **Verdacht** einer Markenrechtsverletzung eine Zurückbehaltung der Waren oder eine Aussetzung der Überlassung der Waren vor, damit diese nicht in den freien Verkehr der Gemeinschaft gelangen oder in ein sog. Nichterhebungsverfahren. Erfolgt innerhalb von 10 Tagen nach Mitteilung der Zurückbehaltung oder Aussetzung vom Schutzrechtsinhaber keine Mitteilung über getroffenen Maßnahmen der Zivilgerichte[466] (einstweilige Verfügung), hebt die Zollabfertigungsstelle ihre Maßnahmen auf, auch wenn der Verfügungsberechtigte gegen die Zollmaßnahmen bisher keinen Einspruch eingelegt hat. Die Frist kann allerdings um maximal 10 Tage verlängert werden (Art. 7 Abs. 1 der ProduktpiraterieVO). Art. 4 der

---

[459] Verordnung zur Ausführung des Markengesetzes (Markenverordnung – MarkenV) v. 30. 11. 1994 (BGBl. I S. 3555).

[460] VO (EG) Nr. 241/99 v. 25. 1. 1999; Fundstelle vgl. Anhang 2.

[461] *FG München* v. 24. 6. 1998 – 3 K 5312/97 u. 875/98 (n. rk.), ZfZ 1998, 349–351.

[462] Vgl. ausführlich zur Problematik *Kampf* ZfZ 1998, 331–335; *OLG München* v. 19. 3. 1997 – 29 AR 34/96, ZfZ 1997, 204–207.

[463] Dies ist hier die Oberfinanzdirektion Nürnberg, Außenstelle München.

[464] *Kampf* ZfZ 1998, 331–335 (332, 333): Offensichtlich bedeutet, daß die Rechtsverletzung eindeutig und unzweifelhaft ist, Offensichtlichkeit ist also die Form eines qualifizierten Verdachts mit erhöhter Wahrscheinlichkeit.

[465] Produktpirateriegesetz (PrPG) v. 7. 3. 1990 (BGBl. I S. 422).

[466] Vgl. *OLG München* v. 19. 3. 1997 – 29 AR 34/96, ZfZ 1997, 204–207.

ProduktpiraterieVO gibt der Zollverwaltung zusätzlich die Möglichkeit, auch dann, wenn noch kein Antrag des Schutzrechtsinhabers nach Art. 3 vorliegt, für eine Frist von 3 Tagen die Ware zurückzubehalten oder deren Überlassung auszusetzen, wenn es sich bei den Waren **offensichtlich** um illegale Nachahmungen oder Vervielfältigungsstücke handelt, um den Schutzrechtsinhaber zu benachrichtigen und die Gelegenheit für einen entsprechenden Antrag zu geben. Bei den Beschlagnahmen oder Zurückbehaltungsmaßnahmen handelt es sich zollrechtlich um Maßnahmen der vorübergehenden Verwahrung, vgl. Art. 51 Abs. 1, 50 Zollkodex. Wichtig ist also in jedem Fall, ob Schutzmaßnahmen auf Gemeinschaftsrecht oder nationales Recht gestützt werden.

Nach Art. 8 der sog. Produktpiraterieverordnung haben die Zollstellen in der Regel die schutzrechtsverletzenden Waren entschädigungslos zu vernichten, wozu eine einfache Entfernung der Marken oder Ensemble auf den nachgeahmten Waren nicht ausreicht.

Daneben ergibt sich eine **Verpflichtung** der Zollbehörden zur Beschlagnahme von Amts wegen bei nach EG-Recht oder nationalem Recht geschützten geographischen Herkunftsangaben (§ 151 MarkenG) anläßlich einer **Ein-, Aus- und Durchfuhr** (Verbot i. S. des Bannbruchtatbestandes des § 372 AO). Bis zum 1. 1. 1995 ergab sich diese Verpflichtung aus § 2 des Gesetzes über den Beitritt des Reichs zum Madrider Abkommen. Dieses schloß jedoch eine noch weitergehende Verpflichtung zur Grenzbeschlagnahme bei falschen Angaben über Gattung, Art oder charakteristischen Eigenschaften der Ware ein. 206

Die deutsche Zollverwaltung erfüllt ihre Aufgabe im Rahmen der **zollamtlichen Überwachung** der Hoheitsgrenzen zu den Nachbarstaaten der EG (da nationale Verbote an die Hoheitsgrenzen anknüpfen) unter dem Vorbehalt, daß Kontrollen der Zollbehörden überhaupt stattfinden, sowie der Außengrenzen der Gemeinschaft beziehungsweise bei der Erledigung der Zollförmlichkeiten bei der Einfuhr, Ausfuhr oder Wiederausfuhr von Waren. Bei Drittlandseinfuhren in die EG unterliegen Waren zusätzlich also auch im Rahmen der Zollabfertigung einer entsprechenden Kontrolle.[467]

Wichtig ist hier die Feststellung, daß die vorg. Beschlagnahmemaßnahmen nach § 146 Abs. 2 MarkenG oder nach der ProduktpiraterieVO qualitativ **Maßnahmen des Zollrechts** bzw. Markenrechts sind und keine strafprozessualen Maßnahmen darstellen. Der Tatbestand des § 146 MarkenG sieht ein Eingreifen auch nur im Falle eines vorhergehenden Antrags und Leistung einer Sicherheit durch den Schutzrechtsinhaber, aber nicht von Amts wegen vor; § 146 MarkenG stellt insoweit also einen zollamtlichen Überwachungstatbestand, jedoch kein Einfuhrverbot i. S. des § 372 AO dar. Die Beschlagnahmeverpflichtung des Zolls bei offensichtlicher widerrechtlicher Kennzeichnung **geographischer** Herkunftsangaben nach § 151 MarkenG ist inhaltlich demgegenüber ein eindeutiges Ein-, Aus- und Durchfuhrverbot und Voraussetzung für die Annahme eines Bannbruchs, der hier im übrigen mangels Strafandrohung im Markengesetz (§ 144) nach § 372 Abs. 2 AO wie eine Steuerhinterziehung bestraft wird.[468] 207

Weitere strafrechtliche Verbots- und damit zugleich Bannbruchtatbestände ergeben sich, wie z. T. schon bei den Tatbeständen des früheren WZG, aus der Regelung des § 143 Abs. 1 Nr. 1 bis 3 MarkenG,[469] wonach unter den dort genannten Voraussetzungen u. a. das widerrechtliche In-Verkehr-Bringen und die Ein- und Ausfuhr von Falsifikaten, Aufmachungen, Verpackungen oder Kennzeichnungsmitteln mit Strafe bedroht sind (Was mit Strafe bedroht ist, ist auch verboten!). Dem steht nicht entgegen, daß gem. Abs. 4 der Vorschrift die Tat nur auf Antrag oder bei Vorliegen eines besonderen öffentlichen Interesses von Amts wegen verfolgt wird, denn dies sind Verfahrensvoraussetzungen und keine Verbotsvoraussetzungen. § 14 Abs. 3 Nr. 4 MarkenG führt Regelbeispiele des untersagten Benutzens an.

---

[467] Vgl. *Kampf,* AW-Prax 1998, 301–303.

[468] Vgl. *Henke* in *Bieneck,* Außenwirtschaftsrecht, § 3 Rn. 78; *Henke,* AW-Prax 1995, 409.

[469] Zu beachten ist, daß nach § 14 Abs. 2 u. 3 MarkenG der Begriff des „Benutzens" u. a. das Inverkehrbringen und die Ein- und Ausfuhr umfaßt.

Ein Einschmuggeln von Falsifikaten (Nichtanmelden und Verheimlichen) erfüllt zwar den Tatbestand einer Steuerhinterziehung gem. § 370 AO, nicht jedoch den § 143 Abs. 1 Nr. 1 MarkenG, weil das strafbare **geschäftliche Benutzen** der Marke voraussetzt, daß die Einfuhr unter der Marke erfolgt, die Marke also bei der Einfuhr eingesetzt oder kenntlich gemacht wird – vgl. § 14 Abs. 3 Nr. 4 MarkenG. § 14 Abs. 3 Nr. 2 MarkenG verbietet als typische Benutzerhandlung aber, die Ware unter dem Zeichen widerrechtlich anzubieten, in den Verkehr zu bringen und **zu den genannten Zwecken zu besitzen**. Nicht der bloße Besitz, jedoch der zweckgerichtete Besitz von Falsikaten ist somit nach § 143 Abs. 1 Nr. 1, § 14 Abs. 2 Nr. 2 MarkenG strafbar, wenn jemand gefälschte Uhren einführt, um diese seinen Geschäftsfreunden zu Werbezwecken zukommen zu lassen.[470]

bb) Ermittlungen

208 Die Zuständigkeit für Ermittlungen von Verstößen ergibt sich für den Zollfahndungsdienst aus §§ 208, 404 AO. Die einschlägige Steuerstraftat ist der Bannbruch (§ 372 AO). Der objektive Tatbestand des Bannbruchs ist erfüllt, wenn gegen die sich aus dem EG-Recht oder nationalem Recht ergebenden Ein-, Aus- oder Durchfuhrverbote verstoßen wird. Zu beachten ist, daß dem Zollfahndungsdienst im Steuerstrafverfahren auch das sonst der Staatsanwaltschaft vorbehaltene Recht zur Durchsicht der Papiere zusteht. In der Praxis bedeutet das eine erhebliche Arbeitserleichterung für den Staatsanwalt, bekommt er doch in der Regel ein „rundes Ermittlungsergebnis" auf den Tisch.

3. Artenschutz

a) Vorbemerkungen

209 Das Artenschutzrecht ist dem Natur- und Umweltschutzrecht zuzurechnen. Geschütztes Rechtsgut ist die Tier- und Pflanzenwelt. Jedes Jahr sterben etwa 1000 Pflanzen- oder Tierarten weltweit aus. Je seltener eine Art ist, desto wertvoller ist sie auch für den Täter. Abgesehen von den Touristen, die es nach wie vor als schick ansehen, eine vom Aussterben bedrohte Art als „Trophäe" einzuschmuggeln, hat sich ein besonderer Typ von Wirtschaftkriminellen entwickelt, der aus purer Gewinnsucht mit raren Exemplaren handelt und dadurch gezielt ganze Arten ausrottet. Dem entgegenzuwirken, dient der Artenschutz. Derzeit werden etwa 8000 Tierarten und rund 40 000 Pflanzenarten geschützt.

b) Rechtsgrundlagen

210 Das Artenschutzrecht basiert auf dem CITES[471]-Übereinkommen oder auch „Washingtoner Artenschutzübereinkommen" (WA) von 1973, dem weltweit 136 Staaten beigetreten sind, und der VO (EG) Nr. 338/97 vom 1. 6. 1997[472] sowie der EG-DurchführungsVO Nr. 939/97 vom 1. 6. 1997.[473] Das CITES-Handelsabkommen will den Handel lediglich regulieren, nicht grundsätzlich verbieten, um ein Aussterben bestimmter Arten zu verhindern. Je nach Schutzbedürftigkeit wird der Handel mit den in den Anlagen zu diesem Abkommen genannten Arten eingeschränkt oder im Extremfall **verboten**.[474] In Deutschland ist das WA bereits am 20. Juni 1976 in Kraft getreten, seit dem 1. Januar 1984 ist es nach Gemeinschaftsrecht[475] in der gesamten EG anwendbar.

---

470 Vgl. eingehend OLG Stuttgart, Urteil v. 26. 10. 1998 – 1 Ss 433/98, wistra 1999, 152.

471 CITES = **C**onvention in **i**nternational **t**rade in **e**ndangered **s**pecies of wild fauna and flora (Abkommen über den internationalen Handel mit gefährdeten Arten freilebender Tiere und Pflanzen).

472 Fundstelle vgl. Anhang 2.

473 Fundstelle vgl. Anhang 2.

474 Die Anhänge werden regelmäßig auf den sog. Vertragsstaatenkonferenzen von den am WA beteiligten Staaten an die jeweils aktuellen Gegebenheiten angepaßt.

475 VO (EG) Nr. 3626/82, Fundstelle vgl. Anhang 2.

Das neue Gemeinschaftsrecht schränkt den Handel über das WA hinaus für geschützte Arten und Teile und Erzeugnisse davon weiter ein. Darüber hinaus sind die Mitgliedstaaten nicht mehr ermächtigt, national restriktivere Maßnahmen zu ergreifen.[476] Hiervon hatte der Gesetzgeber bisher im Bundesnaturschutzgesetz (BNatSchG) und aufgrund darin enthaltener Ermächtigung der Bundesminister für Umwelt, Naturschutz und Reaktorsicherheit in der Bundesartenschutzverordnung (BArtSchV)[477] Gebrauch gemacht.[478]

Soweit der Handel nicht gänzlich verboten ist, sind nach o.a. Vorschriften je nach Schutzbedürfnis für den internationalen Handel Ein- und/oder Ausfuhrgenehmigungen bzw. Einfuhrbescheinigungen erforderlich. Diese werden in der Bundesrepublik Deutschland vom Bundesamt für Naturschutz (BfN), das gleichzeitig auch für die Beurteilung, ob und ggf. in welchem Umfang geschützte Arten zum Handel freigegeben werden können, sowie für die Überprüfung der Papiere der Herkunftsländer zuständig ist, ausgestellt. CITES-Bescheinigungen, die den legalen Besitz eines Exemplares früher bestätigten, gibt es nach neuem EG-Recht nicht mehr. Statt dessen besteht die Möglichkeit, eine Bescheinigung nach Art. 10 EG-VO, Art. 20 DVO zu beantragen.

c) Aufgaben der Zollverwaltung

aa) Zollabfertigung

Die Abfertigungszollstellen sind neben der sich aus § 1 Abs. 3 ZVG ergebenden allgemeinen Überwachung aller Verbote und Beschränkungen zuständig für die Überwachung der Ein- und Ausfuhren von Pflanzen und Tieren sowie Geräten, Mitteln und Vorrichtungen, die den Regelungen nach VO (EG) oder BNatSchG unterliegen (§ 21d BNatSchG). Wegen der erforderlichen Spezialkenntnisse dürfen derartige Waren nur über sog. **WA-befugte Zollstellen** ein- bzw. ausgeführt werden. Im Rahmen ihrer Aufgabenzuweisung können die Zollstellen Maßnahmen wie „in Verwahrung nehmen", „Sachverständige hinzuziehen", „Beschlagnahmen" und „Einziehungen" vornehmen. Die Beschlagnahme durch die Zollstelle ist in diesem Zusammenhang keine Maßnahme des Strafverfahrensrechts, sondern eine verwaltungsrechtliche Maßnahme i. S. einer Zwangsmaßnahme (zur Vorlage der entsprechenden Dokumente). Die Einziehung nach BNatSchG ist eine allein dem Artenschutz dienende und verschuldensunabhängige Maßnahme ohne Sanktionswirkung. 211

bb) Ermittlungen

Neben der auf § 30c BNatSchG gründenden Zuständigkeit für Ermittlungen von Verstößen, ergibt sich die Zuständigkeit des Zollfahndungsdienstes auch aus §§ 208, 404 AO. Die einschlägige Steuerstraftat ist der Bannbruch (§ 372 AO). Der objektive Tatbestand des Bannbruchs ist erfüllt, wenn gegen die sich aus der EG-VO, dem nationalen BNatSchG oder der BArtSchV ergebenden Ein- oder Ausfuhrverbote verstoßen wird. Regelmäßig wird tateinheitlich auch der Tatbestand des § 370 AO (Steuerhinterziehung) erfüllt, wenn die geschützten Arten mit Einfuhrabgaben belastet sind und eingeschmuggelt werden. Soweit sich die Befugnisse ausschließlich auf § 30c BNatSchG stützen, steht dem Zollfahndungsdienst das Recht zur Durchsicht der Papiere **nicht** zu. 212

d) Täterprofil und Methoden

Vom Ameisenschmuggel durch Touristen abgesehen handelt es sich bei den Kriminellen in diesem Bereich meist um skrupellose Täter, die des enormen Profits wegen geschützte 213

[476] Vgl. Art. 16 VO (EG) Nr. 338/97; Art. 4 Abs. 6 VO (EG); *Stüwe*, ZfZ 1997, 254 (259).
[477] VO zum Schutz wildlebender Tier- und Pflanzenarten, Fundstelle vgl. Anhang 1.
[478] Vgl. insgesamt zum neuen Artenschutzrecht *Stüwe*, ZfZ 1997, 254 ff.

Tiere und Pflanzen handeln. Beschaffung und Schmuggel sind regelmäßig gut organisiert.

Nach wie vor werden etwa $^3/_4$ der geschützten Arten über die Flughäfen eingeschmuggelt. Dies hängt damit zusammen, daß dieser Verkehrsweg offensichtlich die attraktivste Verbindung zu den Gebieten darstellt, in denen geschützte Arten vorkommen und gewildert werden. Daneben gewinnt aber auch der Postversand zunehmend an Attraktivität. Dabei nehmen die Täter häufig keinerlei Rücksicht auf das Leben der Tiere, weil diese oft auch tot (als Tierpräparat) noch ihren Wert haben. Neben den im Rahmen der Abfertigung zum freien Verkehr festgestellten Falschanmeldungen (z. B. Elfenbein als Kunststoffware, Handtaschen aus Krokodilleder als Krokoimitat etc.) hat die Zollverwaltung insbesondere folgende Schmuggelmethoden festgestellt:

- Schmuggel von narkotisierten Papageien in Reisekoffern,
- Schmuggel von Greifvogelküken in Frachtkisten,
- Schmuggel von lebenden Schlangen am Körper verknotet,
- Schmuggel von lebenden Schlangen in Leinensäcken,
- Schmuggel Hunderter von Papageien im Kofferraum eines PKW,
- Schmuggel von Finken im Reserverad eines PKW.

4. Lebensmittel- und Bedarfsgegenständegesetz

a) Vorbemerkungen

214 Die Gesundheit als höchstes Gut des Menschen wird in einer Vielzahl von Gesetzen und Verordnungen[479] geschützt. Das Lebensmittel- und Bedarfsgegenständegesetz (LMBG)[480] ist aufgrund einer Gesamtreform des Lebensmittelrechts am 1.1. 1975 in Kraft getreten. Lediglich ein Teil der Regelungen betreffend einige Zusatzstoffe, Pflanzenbehandlungsmittel, Tabakerzeugnisse und kosmetische Mittel trat erst am 1.1. 1978 in Kraft.

b) Rechtsgrundlagen

215 Das LMBG faßt eine Vielzahl im Laufe der Zeit zum Schutz der Gesundheit geschaffener Gesetze in sinnvoller Weise zusammen. Die unterschiedlichen gesetzlichen Regelungen sind aufgrund einer Ermächtigung in Art. 4 LMBRG[481] inzwischen weitgehend aufgehoben und durch Rechtsverordnungen ersetzt worden.

Die in den verbliebenen nationalen Gesetzen und auch dem LMBG enthaltenen absoluten Verkehrsverbote werden teilweise im innergemeinschaftlichen Handel durch Art. 30 EGV suspendiert. Eine Ausnahme ergibt sich jedoch wieder über Art. 36 EGV, wonach Art. 30 den nationalen Einfuhrverboten und -beschränkungen dann nicht entgegensteht, wenn diese z. B. dem Schutz der menschlichen Gesundheit dienen.

c) Aufgaben der Zollverwaltung

aa) Zollabfertigung

216 Erzeugnisse, die nicht den in der Bundesrepublik Deutschland geltenden lebensmittelrechtlichen Vorschriften entsprechen, unterliegen einem Verbingungsverbot. Die Verbote und Einfuhrbeschränkungen, z. B. Einfuhr nur nach Untersuchung auf Einfuhrfähigkeit, sind jeweils in den einzelnen Spezialgesetzen und -verordnungen oder im LMBG normiert. Die Zollverwaltung sichert die Einhaltung dieser VuB im Rahmen der **zollamt-**

---

[479] Vgl. Anhang 1 Nrn. 17–37.

[480] Gesetz über den Verkehr mit Lebensmitteln, Tabakerzeugnissen, kosmetischen Mitteln und sonstigen Bedarfsgegenständen (Lebensmittel- und Bedarfsgegenständegesetz – LMBG) i. d. F. d. Zweiten ÄndG vom 25. 11. 1994 (BGBl. I 3538).

[481] Gesetz zur Gesamtreform des Lebensmittelrchts (LMGRG).

lichen Überwachung anläßlich der Abfertigung der Waren. Die Mitwirkung der Zolldienststellen ist z. B. in § 16 Fleischhygienegesetz und in § 8 EiprodukteVO vorgeschrieben. Im Verkehr der EG-Mitgliedstaaten untereinander wird die Einhaltung der VuB im Rahmen der **allgemeinen zollamtlichen Überwachung** stichprobenweise z. B. durch Kontrollen der MKG geprüft.

bb) Ermittlungen

Die Zuständigkeit des Zollfahndungsdienstes ergibt sich hier wieder aus §§ 208, 404 AO für den Bannbruch, der aus dem Spezialgesetz, hier §§ 51, 56, 57 LMBG, zu bestrafen ist. Auch hier steht dem Zollfahndungsdienst im Rahmen des Ermittlungsverfahrens das Recht auf Durchsicht der Papiere zu. 217

5. Abfallrecht

a) Vorbemerkungen

Auch das Abfallrecht ist dem Natur- und Umweltrecht zuzurechnen. Es dient in erster Linie der Vermeidung, dann der Verwertung und schließlich der möglichst umweltschonenden Beseitigung von Abfällen. Sein Ziel ist die Erhaltung einer intakten Umwelt für nachfolgende Generationen. Das Abfallrecht ist in der Vergangenheit mehrfach novelliert worden. Insbesondere wurde die bis dato problematische Unterscheidung zwischen *Abfall* und *Wirtschaftsgut* aufgegeben, so daß heute Abfälle auch dann der Überwachung unterliegen, wenn sie nicht entsorgt, sondern weiterverwertet werden sollen. Die folgenden Ausführungen beschränken sich im Hinblick auf die Aufgabenerfüllung des Zolls auf das grenzüberschreitende Verbringen von Abfällen. 218

b) Rechtsgrundlagen

Rechtsgrundlage für die Überwachung und Kontrolle der Verbringung von Abfällen innerhalb der Europäischen Gemeinschaft bzw. in beiden Richtungen über die Grenzen der Europäischen Gemeinschaft ist die seit dem 8. 5. 1994 geltende EG-Abfallverbringungsverordnung.[482] Die nationale Ausführungsregelung zu dieser VO stellt das nur wenige Monate später in Kraft getretene Abfallverbringungsgesetz[483] dar. Beide Normen regeln den Transport von Abfällen über die nationalen Grenzen der Mitgliedstaaten, d. h., rein innerstaatliche Transporte wie auch die EG nicht berührende Drittlandstransporte sind nicht erfaßt. 219

Die Regelung folgt – ähnlich der Grundstoffüberwachung (s. Rn. 239) – einem abgestuften System. Maßgeblich für die Kontrollintensität ist hier die Zugehörigkeit eines konkreten Abfallstoffes zu einer von insgesamt 3 Listen. Stoffe der sog. grünen Liste werden gering, Stoffe der sog. roten Liste am strengsten kontrolliert; dazwischen existiert die sog. gelbe Liste.

Zuwiderhandlungen sind nach nationalem Recht strafbar. Eigene Strafvorschriften enthält das AbfVerbrG allerdings nicht, diese finden sich im allgemeinen Strafrecht (Umweltgefährdende Abfallbeseitigung nach § 326 (§ 330) StGB).

---

[482] VO (EG) Nr. 259/93 des Rates vom 1. 2. 1993 zur Überwachung und Kontrolle der Verbringung von Abfällen in der, in die und aus der Europäischen Gemeinschaft – EG-AbfVerbrVO, Fundstelle vgl. Anhang 2.

[483] Gesetz über die Überwachung und Kontrolle der grenzüberschreitenden Verbringung von Abfällen (Abfallverbringungsgesetz – AbfVerbrG) v. 30. 9. 1994 (BGBl. I 2771).

c) Aufgaben der Zollverwaltung

aa) Zollabfertigung

220 Neben der sich schon aus § 1 Abs. 3 ZollVG ergebenden generellen Verpflichtung zur Überwachung aller bestehenden Verbote und Beschränkungen (VuB), sieht § 5 AbfVerbrG die Mitwirkung bestimmter Zollstellen bei der Überwachung des Verbringens von Abfällen über die deutschen Grenzen vor. Besteht der Verdacht eines Verstoßes gegen VuB, die sich aus der AbfVerbrVO oder dem AbfVerbrG ergeben, haben die Zolldienststellen das Recht, Abfälle, Beförderungsmittel bzw. Verpackungsmittel zurückzuweisen oder sicherzustellen, oder anzuordnen, daß diese den zuständigen Behörden vorgeführt werden. Im Zusammenhang mit der Bekämpfung illegaler Praktiken bei der grenzüberschreitenden Abfallverbringung erhobene Daten dürfen von den Behörden der Zollverwaltung verarbeitet und gemäß § 9 AbfVerbrG auch weitergegeben werden.

221 Für die abfertigenden Zollbeamten ist es vor Ort das Hauptproblem, illegale Abfalltransporte überhaupt zu erkennen (z. B. belastete Erden oder PCB-, blei- oder arsenverseuchten Bauschutt). Grenzüberschreitende Abfalltransfers sind regelmäßig klassische Delikte internationaler Wirtschaftskriminalität. Vorrangige Zielrichtung der Täter ist nicht die Verseuchung der Umwelt, sondern die Erlangung maximaler Gewinne, die denen im illegalen Rauschgifthandel durchaus nicht nachstehen, jedoch für die Täter mit weit weniger Risiken behaftet sind. So treten die Täter selbst beim Grenzübertritt gar nicht in Aktion. Die im Auftrag tätige Abfertigungsspedition, der Fuhrunternehmer und der Fahrer eines mit Abfall beladenen LKW wissen häufig überhaupt nicht, daß hier „gefährlicher Sondermüll" ins Ausland entsorgt werden soll. Auch die die Ware begleitenden Papiere enthalten regelmäßig keinen Hinweis auf die Gefährlichkeit der Fracht und lassen auch keine Unregelmäßigkeiten erkennen.

bb) Ermittlungen

222 Das Verbringen von Abfällen entgegen einem Verbot über die nationale Grenze nach, aus oder durch Deutschland ist zugleich Straftat nach § 326 Abs. 2 StGB und § 372 AO. Das Verbot kann sich sowohl aus EG-Recht als auch nationalem Recht ergeben; es kann sowohl absolut als auch relativ – z. B. Verbringen ohne die erforderliche Genehmigung – sein. Die Zuständigkeit des Zollfahndungsdienstes für die Ermittlung von Verstößen ergibt sich wiederum aus § 208 Abs. 1 Nr. 1 AO. Dem Zollfahndungsdienst steht neben der Staatsanwaltschaft auch das Recht auf Durchsicht der Papiere zu.

Wie die meisten Kriminalitätsfelder, bei denen mit einem minimalen Aufwand und Entdeckungsrisiko ein Maximum an Gewinn herausgeholt werden kann, übt auch die illegale Abfallentsorgung eine große Anziehungskraft auf organisierte Täterstrukturen aus. Ermittlungen, aufgrund eines einzelnen entdeckten Transportes oder aus sonstigem konkretem Anlaß einmal aufgenommen, fördern häufig eine fortlaufende Tatbegehung über Jahre hinweg zutage. Staatsanwälte und Ermittler müssen sich in diesen Fällen immer auf äußerst langwierige und umfangreiche Ermittlungsverfahren einstellen.

Beispiel:

Im März 1998 kamen erstmals mutmaßliche Müllschieber wegen Bildung einer kriminellen Vereinigung vor Gericht.[484] Sie sollen Hunderttausende von Tonnen Sondermüll und Altöl illegal entsorgt haben. 7 Hauptangeklagte, 7000 Ordner ausgewertete Geschäftsunterlagen und 641 Seiten Anklageschrift sind Indiz für den enormen Personal- und Ermittlungsaufwand.

Zumeist sind im Laufe der Jahre mit dem Ziele der Verschleierung ganze Netzwerke kollusiv arbeitender Firmen im In- und Ausland entstanden, die erkannt und zerschlagen werden müssen.

---

484 *Der Spiegel* 10/98, Wasser zu Wein.

XII. Finanzermittlungen

Die Geldwäsche wird an anderer Stelle im Zusammenhang mit der Beschreibung der organisierten Wirtschaftskriminalität ausführlich erörtert. An dieser Stelle ist deshalb nur soweit darauf einzugehen, wie die **Zollverwaltung** in das Aufspüren und die anschließende Verfolgung der Geldwäsche eingebunden ist.

1. Die Rolle der Finanzermittlungen im Rahmen der OK-Bekämpfung

Mit dem Gesetz zur Bekämpfung des illegalen Rauschgifthandels und anderer Erscheinungsformen der organisierten Kriminalität (OrgKG) vom 15. 7. 1992[485] wurde in der Bundesrepublik Deutschland erstmals ein Instrument geschaffen, durch verbesserte Möglichkeiten der Abschöpfung von Gewinnen aus Straftaten dem organisierten Verbrechen die finanziellen Ressourcen zu entziehen. Dazu diente neben der Einführung der Vermögensstrafe (§ 43 a StGB) und des Erweiterten Verfalls (§ 73 d StGB) insbesondere die Einführung der neuen Strafvorschrift gegen die Geldwäsche (§ 261 StGB). Dabei erstreckt sich der Tatbestand des § 261 StGB heute weit über die ursprüngliche Umsetzung des Übereinkommens der Vereinten Nationen gegen den unerlaubten Verkehr mit Suchtstoffen und psychotropen Stoffen hinaus auch auf die „Wäsche" von nicht unmittelbar mit der Bekämpfung der Drogenkriminalität zusammenhängenden Gegenständen. 223

Von Anfang an hat der Gesetzgeber mit der Formulierung des Artikels 3 des Geldwäschegesetzes (GwG), mit dem der frühere § 12 a (jetzt 12 d) FVG eingeführt wurde, der Tatsache Rechnung getragen, daß **Geldwäsche häufig in Verbindung mit zollrechtlich relevanten Vorgängen** steht. Auf diese Weise hat er das im Bereich der Zollverwaltung in beträchtlichem Umfang vorhandene Informationspotential ausschöpfen wollen, um es durch den Zollfahndungsdienst ermitteln zu lassen. Es sollte gewährleistet werden, daß Informationen, die andere Bereiche der Zollverwaltung, z. B. Prüfungsdienste und Abfertigungsdienst, erhalten, unmittelbar, schnell und mit der nötigen Sensibilität umgesetzt werden können. Die Zuständigkeit des ZKA ergibt sich aus seiner Funktion als Zentralstelle des Zollfahndungsdienstes gem. § 5 a Abs. 3 i. V. m. § 12 d FVG. 224

2. Der Anfangsverdacht – der Vortatenkatalog

Eine besondere Schwierigkeit bei der Bekämpfung der Geldwäsche liegt in dem schwer lösbaren Problem des doppelten Anfangsverdachts, d. h., zur Strafverfolgung muß neben dem Verdacht der Geldwäsche zugleich auch der **Verdacht des Grunddelikts** festgestellt werden. Dies stellt eine in der Praxis der Überwachungs- und Ermittlungsbehörden oft unüberwindbare Hürde dar. 225

§ 12 d FVG weist dem Zollfahndungsdienst Aufgaben und Befugnisse nicht nur für die Verfolgung der international organisierten Geldwäsche selbst, sondern auch **aller damit im Zusammenhang stehender Straftaten** (Grunddelikte und andere, soweit diese Verbindungen mit dem grenzüberschreitenden Kapital-, Dienstleistungs- oder Warenverkehr aufweisen) zu. Damit nähert sich die Ermittlungszuständigkeit des Zollfahndungsdienstes einer Vollzuständigkeit bei grenzüberschreitenden Fällen der Geldwäsche, was von den Staatsanwaltschaften in Unkenntnis des § 12 d FVG nahezu regelmäßig übersehen wird.[486]

Der zunächst noch sehr eng gefaßte Vortatenkatalog war bereits 1994 im Rahmen des Verbrechensbekämpfungsgesetzes[487] um banden- und gewerbsmäßig begangene Ver-

485 BGBl. 1992 I S. 1302.
486 *Wamers*, ddz 1994, F99–F100.
487 BGBl. 1994 I S. 3186.

gehen aus dem Bereich der Vermögens-, Urkunden- und Bestechungsdelikte erweitert worden. Bisher mußte jedoch im Bereich der Zolldelikte, soweit nicht ein Verbrechenstatbestand oder ein BtM-Delikt gegeben war, allzu häufig mit der Hilfskonstruktion der kriminellen Vereinigung gem. § 261 Abs. 1 Nr. 4 i.V.m. § 129 StGB vorgegangen werden. Hauptanwendungsfall war in der Vergangenheit der organisierte Schmuggel und Vertrieb von unversteuerten Zigaretten durch polnische und vietnamesische Banden. Mit dem Gesetz zur Verbesserung der Bekämpfung der Organisierten Kriminalität vom 4. 5. 1998 sind nach dem Willen des Gesetzgebers weitere Vortaten, insbesondere auch bestimmte **Zollstraftaten nach der Abgabenordnung**, aufgenommen worden.

Die den Zollfahndungsdienst primär tangierenden Grunddelikte des Geldwäschetatbestandes sind nach § 261 Abs. 1 StGB nunmehr Verbrechen (z. B. § 34 Abs. 4 AWG), Vergehen nach § 29 Abs. 1 Nr. 1 BtMG und § 29 Abs. 1 Nr. 1 GÜG, bandenmäßig oder gewerbsmäßig begangener Subventionsbetrug gem. § 264 StGB, von einem Mitglied einer kriminellen Vereinigung (§ 129 StGB) begangene Steuerdelikte sowie Fälle des gewerbsmäßigen, gewaltsamen und bandenmäßigen Schmuggels und der Steuerhehlerei (§§ 373, 374 AO) jeweils auch i.V.m. § 12 Abs. 1 MOG. Für die Annahme einer Gewerbsmäßigkeit im Sinne von § 261 Abs. 4 Nr. 2 StGB, § 373 AO reicht es aus, wenn der Täter sich mittelbare geldwerte Vorteile über Dritte aus der Tathandlung verspricht.[488]

3. Zollspezifischen Informationsquellen und Ermittlungsansätze

a) Informationspotential der Betriebs- und Außenprüfungsdienste

226 Die Fälle der Geldwäsche zeigen, daß vielfach Geldwäschehandlungen nicht allein durch das reine Transferieren über verschiedene Bankkonten erfolgen, sondern – um ein Vielfaches intelligenter – daß durch normal erscheinende Handelsgeschäfte illegale Gelder von einem Land in ein anderes verbracht werden und erst die genaue Analyse den Verdacht der Geldwäsche begründet. Diese Fälle werden wegen ihrer Komplexität nicht immer bereits durch den Zollabfertigungsdienst bei der zollamtlichen Überwachung des grenzüberschreitenden Warenverkehrs aufgedeckt, sondern erregen häufig erst bei der Betriebs- und Außenprüfung der Unternehmen durch die Zollverwaltung die Aufmerksamkeit der Zollbeamten.

227 Der Ankauf von Waren mit **überfakturierten Rechnungen** fällt regelmäßig erst im Rahmen einer Prüfung der betrieblichen Buchführung durch den Vergleich aller zur Verfügung stehenden Unterlagen auf. In einigen bisher bekanntgewordenen, spezifischen Fällen besitzen oder gründen die Geldwäscher ein Unternehmen oder bedienen sich eines neutralen Unternehmens und kaufen Ware in besonders großen Mengen auf. Dafür lassen sie sich jedoch eine Rechnung ausstellen, die weit über dem Wert der tatsächlich gelieferten Ware liegt. Auf diese Weise können Gelder in der Höhe des überfakturierten Wertes transferiert werden.

Beispiele:

I. Eine in der Türkei ansässige Exportfirma lieferte in einem, wie später festgestellt wurde, Gesamtumfang von 12,4 Mio. DM Waren in die Bundesrepublik Deutschland. Parallel für die tatsächlich gelieferte Ware wurden Scheinrechnungen in Höhe von 28,9 Mio. DM gestellt. Auf diese Weise wurden zwar in der Türkei auch geringe Ausfuhrsubventionen erschlichen, gleichzeitig jedoch umfangreiche Gelder zum Zwecke der Einschleusung in den legalen Finanzkreislauf aus der Bundesrepublik Deutschland in die Türkei transferiert.

II. In einem weiteren Fall ist bekanntgeworden, daß ein Unternehmen große Mengen Melonen zu Preisen geliefert bekam, die bei wirtschaftlicher Betrachtungsweise zu einem Verkaufspreis von über 10,00 DM pro Melone an den Verbraucher geführt hätte. Solche Geschäfte sind wirtschaftlich unsinnig und erhärten den Verdacht, daß der Geschäftsvorfall allein der Verschleierung eines illegalen Geldtransfers dient.

---

[488] BGH-Urteil v. 1. 7. 1998 – 1 StR 246/98, NStZ 1998, 622.

Eine weitere typische Handlungsform ist der Ankauf von **wertlosen oder stark fehlerhaften Waren.** Auch bei dieser Vorgehensweise besitzen oder gründen die Täter ein Unternehmen oder bedienen sich eines neutralen Unternehmens. Sie kaufen Ware an, die entweder wertlos oder auf den Märkten im Empfängerland nicht absetzbar ist, melden sie zum Teil auch beim Zoll zur sofortigen Vernichtung an, um keine Einfuhrabgaben zahlen zu müssen, bezahlen aber gleichwohl die entsprechende Ware, um auf diese Weise Drogen- oder sonstige illegale Gelder in die Transit- oder Ursprungsländer zu versenden. 228

III. In einem Fall hat eine Täterorganisation wertlose Schrott- und Sandsteinlieferungen aus der Türkei bezogen und hierfür ca. 250 Mio. DM bezahlt. Die Waren waren erkennbar für die Empfangsfirma nicht verwendungsfähig. Parallele Fälle betrafen die Einfuhr von Blechbestecken, zerfallenden Ledernetzhemden und BHs einer in Westeuropa bisher unbekannten Übergröße.

Eine weitere, nur mit wenig Risiko behaftete Geldwaschmethode ist der **papiermäßige Ankauf von wertvollen Waren**, obwohl tatsächlich andere, wesentlich geringwertigere Ware geliefert wird. Zur Abfertigung wird eine in der Regel wertlose oder minderwertige Ware angemeldet. Durch den tatsächlichen Saldoausgleich für die per Rechnung und Lieferdokument scheinbar gelieferten Gegenstände können große Summen schwarzer Gelder gewaschen werden. 229

IV. In diesem Fall hat sich ein Unternehmen gemäß den Begleitdokumenten Herrenhemden liefern lassen. Tatsächlich geliefert wurde jedoch eine große Menge Hohlblocksteine. Signifikanterweise wurden die im Lieferschein angegebenen hochwertigen Waren, die auch in Rechnung gestellt worden waren, bezahlt (Tatumfang über 1 Mio. DM). Die Aufarbeitung des Falles ergab vier verschiedene Einfuhrorte in der Bundesrepublik Deutschland mit einem Volumen von rd. 1 Mrd. DM transferierten Geldes.

Von besonderer Professionalität zeugt der Geldtransfer in Form der **Bezahlung echter Rechnungen** unbeteiligter Firmen (Doublettenzahlungen). 230

V. Die Täter erfahren über Mittelsmänner von tatsächlichen ordnungsgemäßen Lieferungen türkischer Unternehmen an deutsche Firmen und bringen sich in den Besitz einer Rechnungskopie. Dann zahlen sie nach entsprechender Manipulation der Rechnung bzw. Erstellung einer nahezu identischen Rechnung, neben der Empfängerfirma, für die erfolgte Lieferung der Ware, jedoch an ihre Zielkonten mit z.T. zutreffenden, z.T. überhöhten Rechnungssummen. So scheint bei einer Nachprüfung der Zahlung ein tatsächlicher Liefervorgang zugrunde zu liegen.

b) Informationspotential des Zollabfertigungsdienstes

Der enge Kontakt der Zollverwaltung mit dem grenzüberschreitenden Waren-, Kapital- und Dienstleistungsverkehr muß von den Strafverfolgungsbehörden für die Bekämpfung der internationalen Geldwäsche künftig erheblich intensiver abgeschöpft werden. Geldwäsche ist ein internationales, globales Kriminalitätsfeld und ihre Bekämpfung keine beschränkt nationale Strafverfolgungsaufgabe mehr. 231

aa) Einfuhrabfertigung

Die zollrechtliche Einfuhrabfertigung ist eine Verwaltungshandlung der Zollverwaltung aus Anlaß des Grenzübertritts oder bei der Abfertigung zum freien Verkehr. In diesem Zusammenhang werden Warenbewegungen von Personen und Unternehmen über die Grenze – allerdings nur in einem zeitlich begrenzten Rahmen – überprüft. 232

Bei dieser Prüfung kann die Wirtschaftlichkeit und Sinnhaftigkeit tatsächlicher Warenlieferungen und Geldbewegungen in das richtige Verhältnis zum Unternehmenszweck gesetzt werden. Von Vorteil ist hier besonders, daß mit Hilfe der Warenbeschau und dem Abgleich mit Begleit- und Zolldokumenten Widersprüchlichkeiten aufgedeckt und damit Ansätze illegalen Handels gefunden werden können. Erleichterungen, die den Unternehmen kraft Gesetzes eingeräumt werden, und der zeitliche Druck, dem die Beamten ausgesetzt sind, machen eine gezielte Arbeit zur Aufdeckung von Geldwäsche bei der Durchführung des zollrechtlichen Abfertigungsverfahrens jedoch nur zum Teil möglich.

Falsche Warenlieferungen, für den Unternehmenszweck sinnlose Lieferungen, Überfakturierungen und auffällige Ausfuhren können somit zollspezifischen Ansatz zur Aufnahme von Geldwäscheermittlungen bieten.

bb) Ausfuhrabfertigung

233 Die Praxis der Geldwäscher geht auch dahin, daß Waren von besonderem wirtschaftlichen Wert in Europa mit Drogengeldern eingekauft und in Hersteller- bzw. Transitländer verkauft werden. So ist es kein Geheimnis, daß Luxuslimousinen, Flugzeuge, Sportboote u. ä. in Europa angekauft und in Staaten Südamerikas verkauft werden, wobei die für die Bezahlung erforderlichen Gelder aus Drogengeschäften oder anderen kriminellen Machenschaften stammen. Zum Teil werden diese Gegenstände in den Rauschgiftursprungs- und Transitländern wiederum für die Logistik der Drogenkriminalität eingesetzt.

Bei entsprechender Sensibilität der Abfertigungsbeamten in Zusammenhang mit der Feststellung von Ausfuhren von Gegenständen mit besonderem Wert in rauschgiftsensible Ursprungs- oder Transitländer werden ebenfalls erhebliche Informationen im Zusammenhang mit der Bekämpfung der Geldwäsche erworben.

c) Zusammenarbeit der Zollverwaltungen

234 Da die Aufgaben und Zuständigkeiten der Zollverwaltungen Europas und auch der Industriestaaten außerhalb Europas, insbesondere der USA und Kanadas, ähnlich gelagert sind, erwirtschaften die Zollverwaltungen im Rahmen der Warenabfertigung bei der Kontrolle der Ein- und Ausfuhren sowie durch die zollrechtliche Nachprüfung eine Informationsbasis, die im Rahmen der multilateralen und bilateralen Zollunterstützungsabkommen und -verträge wirksam umgesetzt werden können. Insbesondere hat sich in diesem Bereich die Zusammenarbeit mit der amerikanischen Zollverwaltung bewährt. Die US-amerikanische Zollverwaltung verfügt aufgrund ihrer Befugnisse bei der Kontrolle des grenzüberschreitenden Waren- und Kapitalverkehrs über ein erhebliches Informationsaufkommen, das dem deutschen Zollfahndungsdienst zur Verfügung gestellt wird.

Weiterhin können aufgrund der eigenen Ermittlungen der Zollverwaltungen in verfahrensintegrierten oder verfahrensunabhängigen Geldwäscheermittlungen die deutschen Zollfahndungsdienststellen Erkenntnisse in besonderer Weise umsetzen. Die Zusammenarbeit der Zollverwaltungen ist daher international für die Bekämpfung der Geldwäsche keinesfalls hinwegzudenken.

d) Zusammenarbeit mit den Länderfinanzverwaltungen

235 Nicht unerheblich ist ebenfalls das Informationspotential bei den Landesfinanzverwaltungen. Hier sind Erkenntnisse der Finanzämter, der Betriebs- und Steuerprüfungsdienste sowie der Steuerfahndung auch für die Bekämpfung der Geldwäsche besonders wertvoll. So können beispielsweise auffällige umsatzsteuerpflichtige Umsätze oder Firmenführungen mit hohen, aber wenig gewinnbringenden Umsätzen oder Nichtanmeldung von Umsätzen oder Gewinnen Ansätze für Geldwaschaktivitäten bieten. Bereits in der Vergangenheit haben Zoll- und Landesfinanzbehörden – z. B. bei der gemeinsamen Bekämpfung des Goldschmuggels – hervorragend kooperiert. Diese Informationen können dem Zollfahndungsdienst zufließen und von diesem umgesetzt werden. Die Weiterbearbeitung durch den Zollfahndungsdienst garantiert auch für den Bereich der Finanzverwaltung die erforderliche Sensibilität im Hinblick auf das Steuergeheimnis.

e) Informationen aufgrund der Grenzkontrolle

Die Zollbeamten wie auch die durch den Zoll beauftragten Grenzschutzbeamten erhalten bei der allgemeinen Kontrolle des grenzüberschreitenden Warenverkehrs bei Reisenden – sowohl bei der Einfuhr als auch bei der Ausfuhr – Kenntnis von mitgeführten Devisen oder devisenähnlichen Mitteln oder erlangen auf andere Weise Informationen über Auslandskonten bzw. nicht-körperliche Geldtransfers (z. B. bei Auffinden von Konto- oder Depotauszügen). 236

Insbesondere durch das körperliche Verbringen von Verbrechensgewinnen über die nationalen Grenzen wurde die Herkunft dieser Mittel bisher ohne das Risiko von Verdachtsanzeigen der Banken wirksam verschleiert. Nach Inkrafttreten des GwG haben die kriminellen Organisationen vermehrt versucht, durch den körperlichen Transport von Vermögenswerten über die Grenzen die strenge Überwachung der Finanzinstitute zu umgehen. Soweit die Zollbeamten im Rahmen ihrer Tätigkeit Informationen erlangen, die den Verdacht auf eine Geldwäschetat begründen – wenn also zureichende tatsächliche Anhaltspunkte gem. § 152 StPO vorliegen, sind diese Fälle durch den Grenzbeamten als Hilfsbeamten der Staatsanwaltschaft im ersten Angriff aufzugreifen und an den Zollfahndungsdienst zur weiteren Aufklärung abzugeben.

Seit 1998[489] ist darüber hinaus das Verbringen von Bargeld und gleichgestellten Zahlungsmitteln über die Gemeinschaftsgrenzen und die Hoheitsgrenzen Deutschlands in den neuen §§ 12 a ff. FVG der zollamtlichen Überwachung unterstellt. Mitgeführte Bargeldbeträge und ihnen gleichgestellte Mittel ab einem Schwellenwert von 30 000,– DM sind der Zollbehörde auf Befragen anzuzeigen. Dies entspricht den in anderen Mitgliedstaaten der EG und insbesondere den USA bereits getroffenen Maßnahmen. Dort führen die Zollbehörden seit Jahren erfolgreich Kontrollen des Bargeldverkehrs durch

Im Vorfeld der Gesetzesänderung hatte das ZKA eine anonymisierte Studie über Bargeldfeststellungen an den Grenzen durchgeführt. Mangels entsprechender Rechtsgrundlage beruhte diese Studie **ausschließlich auf Zufallsfeststellungen** im Rahmen der allgemeinen Abfertigungs- und Überwachungstätigkeit.

Dem ZKA wurden für die Zeit von Oktober 1995 bis Juni 1997 insgesamt 1550 grenzüberschreitende Transporte von Bargeld (Gesamtsumme mehr als 141 Mio. DM) durch die Zollstellen mitgeteilt. In mehr als der Hälfte der Fälle lag die jeweilige Summe zwischen 20 000,– und 50 000,– DM. Geldtransporteure waren überwiegend Osteuropäer, aber auch Staatsangehörige aus der Schweiz, Nigeria und der Türkei.

Daß die Herkunft dieser Beträge u. U. zweifelhaft war, belegen folgende Einzelfälle:

1. Im Rahmen der Zollkontrolle entdeckten Zollbeamte an der deutsch-schweizer Grenze ca. 20 000,– DM, die im Fahrzeug eines Albaners versteckt waren. Die eingeleiteten Ermittlungen ergaben, daß der Fahrer einem Drogenhändlerring zuzurechnen ist, der die Stadt Zürich mit Betäubungsmitteln versorgt. Durch die daraufhin mit den Schweizer Behörden koordinierten Ermittlungen gelang es, den Organisator des Drogenhandels, einen weiteren in Deutschland aufhältigen Albaner, festzunehmen.
2. Im Gepäck eines türkischen Staatsangehörigen, der über einen deutschen Flughafen im Transit von Spanien in die Türkei unterwegs war, wurden umgerechnet 960 000,– DM festgestellt. Rauschgiftspürhunde hatten an dem Gepäckstück angezeigt. Zum Hintergrund seiner Reise und zu dem Geldtransport machte der Türke widersprüchliche Angaben; nach Sachlage handelte es sich offensichtlich um einen Geldkurier einer Drogenorganisation.
3. Eingearbeitet in die Seitenteile eines Koffers haben Zollbeamte 100 000,– austr. Dollar bei der Einreise eines Australiers entdeckt. Mittels eines Drogenschnelltests wurden an den Geldscheinen Anhaftungen von Kokain festgestellt.

Nicht zuletzt diese Studie des ZKA lieferte den parlamentarischen Gremien die die aktuelle Gesetzesänderung begründenden Sachargumente.

---

[489] Gesetz zur Verbesserung der Bekämpfung der Organisierten Kriminalität v. 4. 5. 1998, BGBl. 1998 I S. 845–850.

Die Übertragung dieser Überwachungsaufgabe auch an den Hoheitsgrenzen (Binnengrenzen der Gemeinschaft) auf die deutsche Zollverwaltung widerspricht auch nicht den Vorschriften des Schengener Durchführungsübereinkommens (SDÜ). Danach sind nämlich lediglich systematische, unabhängig von jedem anderen Anlaß durchgeführte Grenzkontrollen unzulässig. Die Zollverwaltung nimmt deshalb schon heute flexible Kontrollen im Grenzbereich und Binnenland, z. B. mittels der speziell zu diesem Zweck eingerichteten Mobilen Kontrollgruppen (MKG), vor. An den EG-Außengrenzen – z. B. Deutschland/Schweiz – wird die Erfüllung der neuen Aufgabe ohnehin im Rahmen der Zollabfertigung/-überwachung sichergestellt. Auch im Binnenland ist ein Kontrollbeamter einer MKG befugt, Reisende sowie im gewerblichen Warenverkehr tätige Fahrer und Beifahrer eines Beförderungsmitttels zur Feststellung des Grenzübertritts nach dem Zielort oder dem Herkunftsort der Fahrt zu befragen, auch die Begleitpapiere für Ware und LKW zur Kontrolle zu verlangen, wenn Grund zu der Annahme besteht, daß ein Grenzübertritt erfolgt ist oder beabsichtigt wird und dabei Zahlungsmittel im Wert ab 30 000 DM mitgeführt werden.

4. Verdachtsanzeigen und Ermittlungen

237 Kredit- und Finanzinstitute sowie die Spielbanken sind nach § 11 Abs. 1 GwG verpflichtet, bei Verdacht, daß eine finanzielle Transaktion der Geldwäsche dienen könnte, den zuständigen Strafverfolgungsbehörden gegenüber eine sog. **Verdachtsanzeige** abzugeben. Der Begriff der „Verdachtsanzeige" ist überaus mißverständlich. Das GwG – früher auch Gewinnaufspürungsgesetz genannt – verpflichtet die Institute lediglich, den Strafverfolgungsbehörden, die im Rahmen des § 11 GwG in Wirklichkeit als Überwachungsbehörden(!) in Erscheinung treten, die für eine Überwachung oder Marktbeobachtung erforderlichen Daten zu liefern.[490] Für die Qualität eines „Verdachtes" haben die Banken nicht einzustehen. Das GwG ist nämlich in der Tat von seiner Substanz her eine Verwaltungsregelung zur Sicherung des Datenaufkommens für Überwachungszwecke, es ist dem Verwaltungsrecht und nicht dem Strafrecht zuzuordnen.[491]

Demzufolge sind die sog. Verdachtsanzeigen der Banken, soweit ihnen überhaupt die Qualität der Anzeige einer Straftat i. S. der StPO zugemessen werden kann, allenfalls die Basis zur Gewinnung eines Anfangsverdachts innerhalb der Frist, sie können jedoch in den seltensten Fällen Grundlage für die sofortige Einleitung eines Strafverfahrens durch die Staatsanwaltschaft sein.[492] § 11 GwG sichert den Strafverfolgungsbehörden ein Meldeaufkommen, kein Strafverfahrensaufkommen. Dessen ungeachtet betrachten in der Praxis viele Staatsanwaltschaften die Bankenmeldungen als Strafanzeige i. S. der StPO und bejahen, überwiegend aus pragmatischen Erwägungen, zudem schon den Anfangsverdacht.[493] So behandeln zumindest die Staatsanwaltschaften in NW, Thüringen und

[490] So *Bottke*, wistra 1995, 121–130 (125); Zur Meldepflicht nach dem GwG allgemein vgl. *Carl/Klos*, wistra 1994, 161–167.

[491] Vgl. *Werner*, Geldwäsche, 88; so auch BMF in einer Stellungnahme zur Novellierung des GwG aus Februar 1996 – VII B 1 – W 5023–48/96 – : Die Anzeige nach § 11 GwG stellt keinen Strafanzeige gemäß § 158 StPO dar. Die Anzeige wird nicht mit dem erkennbaren Willen erstattet, die Strafverfolgung zu veranlassen, sondern der Anzeigenerstatter will der ihm obliegenden **gewerberechtlichen Pflicht** des Geldwäschegesetzes nachkommen (**Hervorhebung** v. Verfasser); so auch *Findeisen*, wistra 1997, 121 ff. (122) sowie Fußn. 19; siehe auch *Bottke*, a.a.O., 128, 129, der nur von „verdachtsindizierenden Meldungen" spricht. A. A. *Körner/Dach*, Geldwäsche, 60, 61, sowie *Fülbier/Aepfelbach*, Geldwäschegesetz, 187/188.

[492] Die zur Meldepflicht der Banken führenden auffälligen Tatsachen sollen nach der Gesetzesbegründung allgemein in allen Auffälligkeiten bei der Abwicklung von Finanztransaktionen bzw. allen Abweichungen vom gewöhnlichen Geschäftsgebaren liegen, soweit ein Bezug zu Geldwäscheaktivitäten erkennbar wird; vgl. BT-Drucks. 12/2704 v. 29. 5. 1992, 36.

[493] Im Jahre 1995 wurden bei 2759 Verdachtsanzeigen aufgrund § 11 GwG 2614 Ermittlungsverfahren eingeleitet; vgl. BKA Lageüberblick-Finanzermittlungen-1995 (OA 14 – 1-6808.37/95), 1.

Hessen (und mutmaßlich noch weitere) eingehende Verdachtsanzeigen der Banken nach dem GwG als JS-Sache, also wie ein nach einer Strafanzeige eingeleitetes Strafverfahren, gelegentlich zudem mit dem Kuriosum der Eintragung des JS-Aktenzeichens mit gleichzeitiger Einstellungsverfügung.[494]

Bei der absolut überwiegenden Anzahl der von den Instituten gemeldeten Fälle hält dies jedoch einer Nachprüfung nicht stand. Vielmehr erscheint diese Verfahrensweise erkennbar als Konsequenz der Tatsache, daß die Strafverfolgungsbehörden als Verwaltungs-/Überwachungsbehörden tätig werden und sich hierbei einfach des vertrauten strafprozessualen Instrumentariums bedienen. Demgegenüber hat die Zollfahndung von Anfang an die Auffassung vertreten, daß Bankenmeldungen keine ausschließliche Grundlage für die Annahme eines Anfangsverdachts i. S. des § 152 Abs. 2 StPO sind.[495,496] Zuständige Strafverfolgungsbehörden für die Entgegennahme von Verdachtsanzeigen sind

- die Staatsanwaltschaften,
- die Länderpolizeidienststellen,
- das Bundeskriminalamt,
- die Zollfahndungsämter und
- das Zollkriminalamt.

Die genannten Kredit- und Finanzinstitute können demnach ihre Verpflichtung durch Abgabe einer Verdachtsanzeige bei einer der genannten Behörden erfüllen. Zur Vermeidung von Informationsverlusten und Doppelgleisigkeit bei den möglichen Ermittlungen haben sich deshalb die beteiligten Bundes- und Landesbehörden weitestgehend darauf geeinigt, sowohl für den Bereich des **Clearing** (Annahme und Abklärung der Verdachtsanzeigen) als auch der **Ermittlungen** Zentralstellen einzurichten.

Aufgrund der für das BKA und das ZKA geltenden Gesetze haben diese beiden Behörden eine **„Gemeinsame Finanzermittlungsgruppe Bundeskriminalamt/Zollkriminalamt“** (GFG) eingerichtet. Die GFG führt Ermittlungen im Bereich der international organisierten Geldwäsche und der damit im Zusammenhang stehenden Straftaten.

Auf Länderebene hat die Polizei bei den jeweiligen LKÄ zentralisiert. Dort wurden – zuletzt in NW – 13 Gemeinsame Finanzermittlungsgruppen zusammen mit den regionalen Zollfahndungsämtern eingerichtet, um konzentriert und unter Ausschöpfung aller bestehenden Ressourcen in diesem Deliktsbereich ermitteln zu können.

Der Zollfahndungsdienst ermittelt Geldwäschedelikte vor allem im Hinblick auf folgende Grunddelikte:

- Betäubungsmitteldelikte i. S. einer verbotenen Ein-, Aus- und Durchfuhr bzw. des illegalen Verbringens,
- Verbrechen nach dem AWG – § 34 Abs. 4 AWG,
- kriminelle Vereinigungen gem. § 129 StGB, z. B. in Fällen des Alkohol- oder Zigarettenschmuggels, die durch derartige Gruppierungen begangen werden,
- Subventionsbetrug auf dem Gebiet der EG-Agrarmarktregelungen – § 264 StGB,
- schwere Formen der Steuerhinterziehung gem. § 373 AO und der Steuerhehlerei nach § 374 AO.

5. Aufgaben des ZKA bei der Bekämpfung der Geldwäsche

Im wesentlichen nimmt das ZKA als Zentralstelle des Zollfahndungsdienstes bei der 238
Bekämpfung der Geldwäsche folgende Aufgaben wahr:

- Unterstützung bei gegenseitigen Ersuchen der Zollverwaltungen oder der Polizei,

---

494 Protokoll der 2. Arbeitsbesprechung Geldwäsche (des Zollfahndungsdienstes) am 30. 11. u. 1. 12. 1995 beim Zollkriminalamt.

495 Im Jahre 1995 erfolgte 1 Verurteilung wegen Geldwäsche; vgl. BKA Lageüberblick-Finanzermittlungen-1995 (OA 14 – 1-6808.37/95), Urteile Geldwäsche, 1 (AG Hamburg v. 17. 10. 1995).

496 Vgl. *Wamers,* ddz 1994, F99 (F100).

- Koordinierung der Ermittlungen der Zollfahndungsämter auf nationaler und internationaler Ebene,
- Informationssammlung und -aufbereitung für den Zollfahndungsdienst,
- Informationsaustausch auf nationaler und internationaler Ebene,
- Verbindungsstelle zu den Polizeibehörden des Bundes und der Länder,
- die Vertretung des Zollfahndungsdienstes in nationalen und internationalen Gremien,
- die Analyse und Nutzung zollspezifischer Informationsquellen der deutschen Zollverwaltung.

XIII. Ermittlung von Verstößen gegen das GÜG

1. Vorbemerkungen

239 Der expandierende Drogenhandel und die zunehmend technisierte Herstellung neuer Arten von Drogen unter Verwendung auf dem Weltmarkt frei erhältlicher Grundsubstanzen waren Anlaß, den Verkehr mit Chemikalien, die als Grundstoffe für die illegale Herstellung von Betäubungsmitteln aus dem legalen Verkehr mit diesen Stoffen abgezweigt werden können, zu überwachen.

Auf die Problematik einer möglichen Abzweigung legal gehandelter chemischer Substanzen zur illegalen Herstellung von Betäubungsmitteln wurde bereits im Rahmen des Suchtstoffübereinkommens von 1961 hingewiesen. Jedoch konnte man sich erst 27 Jahre später im Rahmen des Wiener Übereinkommens vom 20. 12. 1988[497] auf einheitliche Maßnahmen einigen. Die Umsetzung innerhalb der EG erfolgte durch die sog. Grundverordnung[498] und die dazu erlassene Durchführungsverordnung.[499] Diese regeln die Überwachung des Verkehrs mit diesen Stoffen durch ein vorgeschriebenes Genehmigungsverfahren und verpflichten die Mitgliedstaaten zur nationalen Umsetzung und zur Strafbewehrung für den Fall von Zuwiderhandlungen. In Deutschland erfolgte die nationale Umsetzung vorübergehend durch eine Änderung des Betäubungsmittelgesetzes (BtMG);[500] am 1. 3. 1995 trat das Grundstoffüberwachungsgesetz (GÜG) in Kraft.[501]

2. Der Sinn der Grundstoffüberwachung

240 Das GÜG soll die Abzweigung von Grundstoffen für Zwecke der Drogenherstellung verhindern und die Verfolgung von Verstößen sicherstellen. Angestrebter Idealzustand ist die Nichtverfügbarkeit der zur Drogenherstellung benötigten chemischen Stoffe. Da die sog. precursor (Vorläufersubstanzen) somit für den illegalen Markt der Drogenherstellung „knapp"gehalten werden, bietet es sich auch für ansonsten dem Bereich des illeaglen Drogenhandels nicht verbundene Personen und Unternehmen an, aus dieser Situation mit Wucherpreisen für die gemeinhin weniger profitablen Chemikalien Gewinn zu schlagen.

---

[497] Artikel 12 Übereinkommen der Vereinten Nationen vom 20. 12. 1988 gegen den unerlaubten Verkehr mit Suchtstoffen und psychotropen Stoffen (BGBl. 1993 II 1136).

[498] VO (EG) Nr. 3677/90 des Rates über Maßnahmen gegen die Abzweigung bestimmter Stoffe zur unerlaubten Herstellung von Suchtstoffen und psychotropen Substanzen, Fundstelle vgl. Anhang 2.

[499] VO (EG) Nr. 3769/92 der Kommission zur Durchführung und Änderung der VO (EG) Nr. 3677/90, Fundstelle vgl. Anhang 2.

[500] Gesetz über den Verkehr mit Betäubungsmitteln (Betäubungsmittelgesetz BtMG) in der Neufassung vom 1. 3. 1994, BGBl. I 358.

[501] Gesetz zur Überwachung des Verkehrs mit Grundstoffen, die für die unerlaubte Herstellung von Betäubungsmitteln mißbraucht werden können (Grundstoffüberwachungsgesetz – GÜG) vom 7. 10. 1994, BGBl. 1994 I S. 2835–2843.

Grundstoffe im Sinne des GÜG können sein:

- Vorprodukte,
  Dies sind Stoffe und Verbindungen, die im wesentlichen zur Herstellung eines bestimmten Endprodukts verwendet werden. Sie gehen in das Produkt ein und haben einen bedeutenden Anteil an der Molekularstruktur des Endprodukts (Beispiel: Ephedrin).
- Essentielle chemische Stoffe,
  Dies sind Stoffe, die an einer Reaktion teilnehmen und zu einem geringen Anteil in die Molekularstruktur des Endprodukts eingehen (Beispiel: Essigsäureanhydrid).
- Reagenzien,
  Stoffe, die zur Erzeugung oder Unterstützung einer chemischen Reaktion benötigt werden. Sie gehen nur zu einem sehr geringen Teil in das Endprodukt ein (Beispiel: Kaliumpermanganat).
- Lösungsmittel,
  Stoffe, die lediglich als Hilfsmittel zum Lösen bestimmter Chemikalien oder zur Reinigung des Endprodukts Verwendung finden. Sie gehen nicht in die Molekularstruktur des Produkts ein (Beispiel: Aceton).
- Katalysatoren.
  Stoffe, die zwar eine chemische Reaktion unterstützen oder sogar erst möglich machen, selbst aber nicht in das Produkt eingehen.

3. Die Überwachung der gelisteten Grundstoffe

Die Überwachung des Verkehrs mit Grundstoffen über die Grenze obliegt ausschließlich der Zollverwaltung mit ihren Dienststellen[502] (Abfertigungszollstellen, Prüfungsdienststellen, Zollfahndungsdienst). Für die Koordinierung dieser Maßnahmen ist das ZKA zuständig, das gleichzeitig als EG-Korrespondenzbehörde fungiert. 241

ZKA und BKA haben gemeinsam eine **Grundstoffüberwachungsstelle** (GÜS) eingerichtet, die sich aus erfahrenen Beamten beider Dienststellen zusammensetzt und die im Falle möglicher Zuwiderhandlungen die vorgeschriebenen Meldungen der unterschiedlichen Behörden und die nach dem GÜG vorgeschriebenen Verdachtsanzeigen der Wirtschaftsbeteiligten entgegennimmt, auswertet und an die zuständigen Stellen weiterleitet. Dort werden auch die Ermittlungen der Zoll- und Polizeidienststellen von Bund und Ländern koordiniert und fachlich unterstützt; daneben gilt die GÜS im Ermittlungsbereich ebenfalls als EG-Korrespondenzbehörde.

Gesetzlich geregelt ist der Verkehr mit insgesamt 22 Chemikalien, deren Verwendung im Zusammenhang mit der weltweiten illegalen Rauschgiftproduktion bekannt ist. Diese sind in drei Kategorien eingeteilt, die unterschiedlich strengen Überwachungs- und Kontrollmaßnahmen[503] unterliegen: 242

Chemikalie	(Haupt)-Typ	Mögliches Endprodukt
KATEGORIE 1		
EPHEDRIN	Vorprodukt	Methamphetamine
ERGOMETRIN	Vorprodukt	LSD
ERGOTAMIN	Vorprodukt	LSD
LYSERGSÄURE	Vorprodukt	LSD
1-PHENYL-2-PROPANON	Vorprodukt	Amphetamin, Methamphetamine
PSEUDOEPHEDRIN	Vorprodukt	Methamphetamin

[502] *Brandl,* ddz 1996, F 22 ff.

[503] Zur Vertiefung siehe *Brandl,* ddz 1996, F 22 ff.

Chemikalie	(Haupt)-Typ	Mögliches Endprodukt
N-ACETYL-ANTHRANILSÄURE	Vorprodukt	Methaqualon
3,4 METHYLENDI-OXYPHENYL-PROPAN-2-ON	Vorprodukt	MDMA, MDA, MDE
ISOSAFROL	Vorprodukt	MDMA, MDA
PIPERONAL	Vorprodukt	MDMA, MDA, MDE
SAFROL	Vorprodukt	MDMA, MDA, MDE
KATEGORIE 2		
ESSIGSÄUREANHYDRID	Reagenz	Heroin, Kokain, Metamphetamine, Methaqualon
ANTHRANILSÄURE	Vorprodukt	Methaqualon
PHENYLESSIGSÄURE	Vorprodukt	Amphetamin, Methamphetamine
PIPERIDIN	Vorprodukt	PCP
KATEGORIE 3		
ACETON	Lösungsmittel	alle Betäubungsmittel
ETHYLETHER	Lösungsmittel	alle Betäubungsmittel
METHYLETHYLKETON	Lösungsmittel	Kokain; Methamphetamine
TOLUOL	Lösungsmittel	alle Betäubungsmittel, insbes. Kokain
KALIUMPERMANGANAT	Reagenz	Kokain
SCHWEFELSÄURE	Reagenz	Methamphetamine, Methaqualon, MDA
SALZSÄURE	Reagenz	alle Betäubungsmittel

243 Auch Mischungen, die einen dieser Stoffe enthalten, unterliegen grundsätzlich diesen Bestimmungen. Herstellung, Erwerb, Abgabe an Dritte, Veräußerung oder sonstiges Inverkehrbringen eines Grundstoffs der am strengsten überwachten Kategorie 1 bedürfen jeweils einer Erlaubnis des Bundesinstituts für Arzneimittel und Medizinprodukte in Berlin (BfArM). Auch die Einfuhr, Ausfuhr und Durchfuhr bedarf einer besonderen Erlaubnis. Für Grundstoffe der Kategorien 2 und 3 genügt im Regelfall die formelle Anzeige beim BfArM.[504]

244 Für die Bundesrepublik Deutschland mit ihrer exportorientierten chemischen Industrie kommt besondere Bedeutung der Überwachung der Chemikalien**ausfuhren** zu. Die Ausfuhr von Grundstoffen ist grundsätzlich genehmigungsbedürftig. Das Verfahren zur Genehmigungserteilung ist in den o. a. genannten EG-Verordnungen einheitlich geregelt. Je nachdem, welcher Grundstoff bzw. in welches Bestimmungsland ein Grund-

[504] Zur Vertiefung siehe *Bartels, Bayer, Conzelmann*, AW-Prax 1995, 161–164 und 210–214.

stoff ausgeführt werden soll, wird die **Ausfuhrgenehmigung** als **individuelle** Ausfuhrgenehmigung oder **offene** Einzelgenehmigung erteilt.

Eine individuelle Ausfuhrgenehmigung ist erforderlich für jede einzelne Ausfuhr

- eines Grundstoffes der Kategorie 1,
- von Essigsäureanhydrid, wenn es in bestimmte (sensible) Länder exportiert werden soll, Dies trifft z.Zt. für die Länder Guatemala, Hongkong, Indien, Iran, Kolumbien, Libanon, Malaysia, Myanmar, Singapur, Syrien, Thailand und die Türkei zu. In allen anderen Fällen ist eine „offene Einzelgenehmigung" erforderlich.
- eines Grundstoffes der Kategorien 1, 2 oder 3, wenn dieser nach Kolumbien ausgeführt werden soll.

Eine offene Einzelgenehmigung ist erforderlich für Ausfuhren von

- Anthranilsäure, Phenylessigsäure und Piperidin,
- Essigsäureanhydrid (in nicht sensible Länder),
- Methylethylketon (MEK), Kaliumpermanganat,
- Toluol und Schwefelsäure, wenn es in bestimmte Länder exportiert wird, Dies trifft für die Länder Argentinien, Bolivien, Brasilien, Chile, Kolumbien, Costa Rica, El Salvador, Ecuador, Guatemala, Honduras, Hongkong, Panama, Paraguay, Peru, Syrien, Thailand, Türkei und Uruguay zu.
- Aceton, Ethylether und Salzsäure, ebenfalls bei Exporten in bestimmte Länder. Dies sind Argentinien, Bolivien, Brasilien, Chile, Kolumbien, Costa Rica, El Salvador, Ecuador, Guatemala, Honduras, Hongkong, Iran, Libanon, Myanmar, Panama, Paraguay, Peru, Singapur, Syrien, Thailand, Türkei und Uruguay.

4. Das polizeiliche Monitoringsystem

Bereits vor Inkrafttreten der angeführten EG-Verordnungen und des GÜG hatte das BKA – in Ermangelung gesetzlicher Grundlagen – ein **freiwilliges Monitoringsystem** eingerichtet. Grundlage war eine Vereinbarung mit der bundesdeutschen chemischen Industrie. Darin hatten sich Industrieunternehmen verpflichtet, dem BKA oder einer der Spiegeldienststellen beim jeweiligen LKA „ungewöhnliche" Anfragen und Warenorders unter Nennung des (potentiellen) Käufers mitzuteilen. 245

Wenngleich die systematische Weitergabe privatrechtlich erlangter Informationen über Dritte an Strafverfolgungsbehörden datenschutzrechtlich bedenklich ist, hat sich das System gleichwohl in der Praxis trotz seiner Lückenhaftigkeit als erfolgreich und flexibel erwiesen. Flexibel insbesondere deshalb, weil auf kurzem Wege den veränderten Verhältnissen entsprechend bestimmte Chemikalien aus der Meldeverpflichtung entnommen bzw. in diese einbezogen werden konnten. Die auf diese Weise erlangten Erkenntnisse und Hinweise waren in der Regel Grundlage für die Einleitung von Ermittlungen wegen des Verdachts einer versuchten Straftat nach dem BtMG.[505]

Die Lückenhaftigkeit des Monitoringsystems hat sich in der Vergangenheit immer dann gezeigt, wenn es um bedeutende wirtschaftliche Interessen von Chemieproduzenten bzw. -händlern ging. Bei unbedeutenden Bestellungen, bei denen nur ein geringes Interesse der Lieferanten vorlag, gestaltete sich die Zusammenarbeit mit den Strafverfolgungsbehörden hervorragend. Anders jedoch, wenn es sich um für den Lieferanten bedeutende, weil stark gewinnbringende Umsätze handelte, oder auch, wenn eine Rufschädigung wegen involvierter Betriebsangehöriger zu befürchten war. So hat zum Beispiel ein Chemieunternehmen – obwohl Teilnehmer am freiwilligen Monitoring-System – gerade seine kriminellen Grundstoffexporte bewußt verschwiegen.

Mit Inkrafttreten des GÜG ist in bezug auf die dort gelisteten Chemikalien das Monitoringsystem obsolet geworden.[506]

---

505 *Körner*, Rn. 87 und 88 zu § 29 BtMG.

506 BT-Drucksache 12/6961 zu § 4 GÜG.

5. Ermittlungen

246 Mit den Ermittlungen im Falle von Straftaten kann die Staatsanwaltschaft gem. § 27 GÜG – wegen der aus der Abfertigung und vor allem der Überwachung resultierenden besonderen Sachnähe folgerichtig – die Zollfahndungsämter und die Hauptzollämter beauftragen. Zollfahndungsämter und Hauptzollämter haben Ermittlungen aber auch ohne Ersuchen der Staatsanwaltschaft durchzuführen. Daneben können aufgrund ihrer Allzuständigkeit auch Polizeidienststellen Ermittlungsverfahren nach dem GÜG führen. Ihnen stehen jedoch möglicherweise unter den Gesichtspunkten des Zollgeheimnisses (Art. 15 ZK) bzw. des Steuergeheimnisses (§ 30 AO) nicht immer alle Informationen zur Verfügung.

a) Ermittlungen nach dem GÜG

247 Ermittlungen nach dem Grundstoffüberwachungsgesetz sind in der Praxis ausgesprochen aufwendig und schwierig zu führen. Wie sonst kaum besteht hier eine permanente Abhängigkeit von und Verbindung mit der Überwachung. Dies macht eine besonders enge Zusammenarbeit von Überwachungs- und Ermittlungsbehörden erforderlich.

Die Ermittlungen gestalten sich deshalb so besonders schwierig, weil 99 % dieser Grundstoffe legal gehandelt und auch irgendwo auf der Welt legalen Verwendungszwecken zugeführt werden. Lediglich geschätzte 1 % dieser Stoffe werden – oft nach mehreren Zwischenverkäufen in verschiedenen Ländern – zeitlich und örtlich vom Einkauf bei einem deutschen Chemiekonzern oder Händler getrennt, in einem anderen Land abgezweigt, um sie letztlich der illegalen Verwendung zuzuführen. Das BfArM als Genehmigungsbehörde sowie die Überwachungs- und Ermittlungsbehörden können bei einer Warenbestellung in der Regel nicht oder nur sehr schwer erkennen, ob die beantragte oder angezeigte Lieferung oder ein Teil davon später in einem anderen Staat zur Rauschgiftproduktion abgezweigt werden soll. Andererseits kann das BfArM eine beantragte Genehmigung nur bei Vorliegen konkreter Verdachtsmomente versagen, ansonsten wäre sie verwaltungsgerichtlich einklagbar. Nur durch gezielte Überwachungsmaßnahmen und u. U. besondere taktische Maßnahmen (wie z. B. kontrollierte Lieferungen) läßt sich – zumindest für die in diesem Zusammenhang interessanten Abzweigungen im Anschluß an die Ausfuhr – ein Anfangsverdacht i. S. der StPO überhaupt formulieren.

248 Die möglichen Grundstraftatbestände enthält § 29 Abs. 1 GÜG mit einem Strafrahmen von bis zu 5 Jahren Freiheitsstrafe; im Falle der qualifizierten Begehungsweise sieht Absatz 3 eine Strafverschärfung in Form einer Mindestfreiheitsstrafe von einem Jahr vor. Auch bei fahrlässiger Begehungsweise ist Freiheitsstrafe bis zu einem Jahr neben Geldstrafe möglich.

Nach § 29 Abs. 2 GÜG ist auch der Versuch strafbar. Zu beachten ist hier in der Ermittlungspraxis, daß von einem Versuch erst ausgegangen werden kann, wenn der Täter gewisse, sehr konkrete auf den Erwerb von Grundstoffen gerichtete Aktivitäten unternimmt. Keinesfalls ausreichend sind z. B. die Anfrage, ob und zu welchen Konditionen er die Ware beim Lieferanten erhält, oder Kaufverhandlungen, auch nicht der Auftrag bzw. die Bestellung an einen Händler. Dies alles sind lediglich straflose Vorbereitungshandlungen. Von einem Beginn des Erwerbs wird frühestens im Zeitpunkt der körperlichen Übergabe der Ware oder der Zahlung des Kaufpreises ausgegangen werden können.

Ist nachweisbar beabsichtigt, die Chemikalie anschließend weiterzuveräußern, wird aber auch die Bestellung von Grundstoffen bereits einen Versuch darstellen. Handeltreiben i. S. v. § 29 Abs. 1 Nr. 1 GÜG ist in Anlehnung an die Begriffsinterpretation[507] aus dem Betäubungsmittelrecht bereits dann gegeben, wenn die Geschäftspartner sich konkret zu einem beabsichtigten Geschäft erklären.[508] Auf

507 *Körner*, Rn. 139–140 zu § 29 BtMG.
508 *Pelchen* in *Erbs/Kohlhaas,* Rn. 6 zu § 29 BtMG.

das dingliche Geschäft kommt es nicht mehr an. Ist die Bestellung verbindlich, z. B. durch Auftragsbestätigung, Festlegung eines Liefertermins etc., kann m. E. von einem vollendeten Handeltreiben mit Grundstoffen ausgegangen werden.

Hinzuweisen ist auf die Besonderheit des § 3 GÜG, mit dem der Gesetzgeber den besonderen Anforderungen im Zusammenhang mit der **Überführung** der Täter Rechnung trägt. Hier ist durch das GÜG wie bei Drogen die Möglichkeit der Durchführung **kontrollierter Transporte** eröffnet.[509] Wird diese kriminaltaktische Maßnahme von den zuständigen Behörden ordnungsgemäß durchgeführt, machen sich die Beamten weder nach § 29 Abs. 1 Nr. 1 GÜG strafbar, weil die Grundstoffe nicht zur unerlaubten Herstellung von Betäubungsmitteln, sondern zur Überführung der Täter übergeben werden, noch nach § 29 Abs. 1 Nr. 2, weil sie insoweit von der Erlaubnispflicht befreit sind (§ 7 Abs. 3 GÜG).

Häufig wird ein Nachweis nur durch den Einsatz von **Verdeckten Ermittlern** (VE) mit ihrer entsprechenden Logistik zu führen sein.

So ist z. B. für alle Waren der Kategorie 1 der deutsche Chemikalienhändler nach § 4 Abs. 1 Nr. 1 u. 3 GÜG verpflichtet, auch den potentiellen (illegalen) Käufer auf die bestehenden Erlaubnispflichten hinzuweisen. Soweit dieser sich nicht durch Vorlage gefälschter Unterlagen Zugang zur Ware verschafft, wird deshalb ein Geschäft regelmäßig nicht zustande kommen. Die Tat bleibt im Vorbereitungsstadium stecken, ein Versuch liegt – wie oben beschrieben – noch nicht vor. Der mögliche Täter wird sich dem Fokus der Überwachungs- und Ermittlungsbehörden wieder entziehen und neue Quellen suchen.

Jedoch kann der Chemikalienhändler den VE problemlos beliefern, da dieser von der Erlaubnispflicht befreit ist. Der VE seinerseits ist nicht verpflichtet, den Täter auf die sich bereits aus dem Gesetz ersichtliche Erlaubnispflicht hinzuweisen. Der Täter wird sich später im Verfahren auch nicht darauf berufen können, in unzulässiger Weise zur Tat provoziert worden zu sein. Denn in Kenntnis der bestehenden Erlaubnispflicht hat er sich ja gerade deshalb an den Dritten (den VE) gewandt, weil er einerseits wußte, daß er eine Erlaubnis für den Bezug von Grundstoffen zur Betäubungsmittelherstellung nicht erhalten würde, andererseits er dort ohne die erforderliche Erlaubnis beliefert würde.

Den Einsatz von Verdeckten Ermittlern hat der BGH in diesem Zusammenhang gebilligt und die mögliche Tatprovokation als einen lediglich für die Strafzumessung bedeutsamen Umstand angesehen.[510]

b) Ermittlungen nach § 18 a i. V. m. § 29 Abs. 1 Nr. 11 BtMG

Bereits vor Inkrafttreten des GÜG war die Abzweigung von Grundstoffen zur illegalen Herstellung von Betäubungsmitteln vorübergehend aufgrund der am 28. 4. 1994 in das BtMG aufgenommenen Vorschriften strafbar. Für Aufträge und Bestellungen, die in den Zeitraum vom 28. 4. 1994 bis zum 1. 3. 1995 (Inkrafttreten des GÜG) fallen, ist der Sachverhalt unter § 18 a i. V. m. § 29 Abs. 1 Nr. 11 BtMG zu subsumieren. 249

Vor dem 28. 4. 1994 waren derartige Vorgänge **nicht** strafbar. Im Einzelfall ist zu prüfen, ob nicht möglicherweise eine Strafbarkeit wegen versuchten Handels mit Betäubungsmitteln gegeben sein kann. Mit dieser Zielrichtung wird im übrigen auch das o. a. polizeiliche Monitoringsystem heute von der GÜS für einige abzweigungsverdächtige, aber nicht unter die Bestimmungen der Grundverordnung und des GÜG fallende Chemikalien fortgeführt.

509 Siehe auch BT-Drucksache 12/6961, Anlage 2, Stellungnahme des Bundesrates zu § 3 GÜG.
510 BGH NStZ 1993, 584, 585.

XIV. Verhältnis von Gefahrenabwehr und Strafverfolgung

1. Problem des Aufgabenvorrangs der Gefahrenabwehr

250 Die Behörden des Zollfahndungsdienstes üben zugleich Ermittlungs- und Überwachungsaufgaben aus. In diesem Zusammenhang stellt sich daher zusätzlich die Frage nach dem Verhältnis zwischen zollamtlicher Überwachung und der staatsanwaltschaftlichen Sachleitungsbefugnis nach §§ 152 Abs. 1 GVG, 161 S. 2 StPO, da die Zollfahndungsbeamten regelmäßig zugleich Polizeibehörden bzw. ihre Beamten Hilfsbeamte der Staatsanwaltschaft sind – §§ 404 AO (i. V. m. 5 a FVG), 37 AWG, 37 MOG, 27 GÜG usw. Schließlich kann die **Interessenlage** zwischen der die Ermittlungen führenden Staatsanwaltschaft und der im Zusammenhang mit der zollamtlichen Überwachung/Außenwirtschaftsüberwachung an einer Gefahrenabwehr, Abwehr eines steuerlichen Schadenseintritts bzw. Verhinderung einer Straftat interessierten Fahndungsbehörde unterschiedlich ausgerichtet sein.

Bei der sog. **Aufgabenkollision** ist die Frage, ob bei **zwei** unterschiedlichen Maßnahmen mit unterschiedlichen Zielen, die sich ganz oder zum Teil ausschließen, die eine Maßnahme Vorrang vor der anderen hat. Dies ist zu unterscheiden von dem sog. doppelfunktionalen Handeln,[511] also einer Maßnahme, die zugleich eine gesetzliche Überwachungs-/Gefahrenabwehrgrundlage als auch eine strafprozessuale Grundlage hat. Bei doppelfunktionalem Handeln handelt es sich also um **eine** Maßnahme, die auf zwei unterschiedliche Grundlagen gestützt werden kann.

Die Staatsanwaltschaft ist Herr des Ermittlungsverfahrens und dem Legalitätsprinzip nach § 152 Abs. 2 StPO verpflichtet. Die Fahndungsbeamten haben als Hilfsbeamte der Staatsanwaltschaft deren Aufträgen, Ersuchen und Weisungen Folge zu leisten – §§ 152 GVG, 161 StPO. Die Fahndungsbeamten haben in ihrer Überwachungsfunktion aber zusätzliche **Aufgaben der Gefahrenabwehr**, die über die Strafverfolgungsaufgabe hinausgehen. Die zollamtliche Überwachung hat primär den Zweck, Schäden vom deutschen Fiskus, von der Europäischen Gemeinschaft, der deutschen Wirtschaft, der Bevölkerung, der Jugend, der Volksgesundheit, der Sicherheit der Bundesrepublik, dem friedlichen Zusammenleben der Völker, den auswärtigen Beziehungen der Bundesrepublik usw. fernzuhalten, die Begehung von entsprechenden Straftaten zu verhindern, also insgesamt Nachteile für das Gemeinwohl abzuwehren.

Dadurch können sich Konstellationen ergeben, daß durch die Abwehr von Gefahren für das Gemeinwohl zugleich Beeinträchtigungen der staatsanwaltschaftlichen Strafverfolgungsmaßnahmen herbeigeführt werden. Dieses Problem stellt sich in der Praxis regelmäßig bei der Frage der **Informationsweitergabe** an die an der Überwachung, d. h. an der Abwehr weiterer Schäden beteiligten Behörden, wenn der Staatsanwalt den über alle Einzelheiten des Ermittlungsverfahrens unterrichteten Zollfahndungsbeamten im Hinblick auf die Sicherung des Ermittlungserfolges aufgrund seiner Sachherrschaft über das Ermittlungsverfahren die Weitergabe der Informationen an das eigene Ministerium (BMF), das für die Exportkontrollen zuständige Bundeswirtschaftsministerium (BMWi) oder das Bundesausfuhramt (BAFA) bzw. sonstige Stellen untersagen will.

Beispiel:

So führt z. B. ein Zollfahndungsamt für die Staatsanwaltschaft ein Verfahren wegen des Verdachts des Verstoßes gegen die Bestimmungen des AWG durch die illegale Lieferung von Waren für das libysche Trägertechnologieprogramm. Die Staatsanwaltschaft hat aus ermittlungstaktischen Gründen zum Schutz des Ermittlungserfolgs gegenüber der Zollfahndung einen Informationsvorbehalt gel-

---

[511] Vgl. *Benfer*, Grundrechtseingriffe, 3–5; *Drews/Wacke/Vogel/Martens*, Gefahrenabwehr, 138, 139, und *Heise/Tegtmeyer*, Polizeigesetz NW, Rn. 37–41 zu § 1; siehe auch *Bernsmann* (Anmerkung zum Urteil des *OLG Oldenburg* v. 23. 10. 1995), StV 1996, 416 (417); *Dörschuck*, Kriminalistik 1997, 740–746; *Artzt*, Kriminalistik 1998, 353–356.

tend gemacht und lediglich einer Unterrichtung der zuständigen Bundesministerien in allgemeiner Form, d.h. ohne Nennung des Beschuldigten, der von diesem für die Abwicklung der illegalen Exporte benutzten Firmen sowie der Lieferwege zugestimmt. Konsequenz: Die für die präventive Außenwirtschaftsüberwachung zuständige Zollbehörde kann ohne Name und Sitz des Ausführers und ggf. des Lieferwegs bei den Ausfuhr- und Ausgangszollstellen keine gezielten, auch nicht mit der Staatsanwaltschaft abgestimmten Kontrollen zur Verhinderung laufender oder weiterer Ausfuhren durchführen. Das BAFA[512] als Genehmigungsbehörde kann nicht ausschließen, daß weitere illegale Lieferungen unter möglicherweise erschlichenen Ausfuhrgenehmigungen erfolgen. Der Schaden für die in § 7 Abs. 1 AWG genannten Rechtsgüter droht sich ggf. unkontrolliert auszuweiten.

2. Kollisionsregeln

Gesetzliche **Kollisionsregeln** für einen solchen Fall, etwa im Sinne von „Prävention vor Repression", lassen sich wegen der prinzipiellen einfachgesetzlichen und verfassungsrechtlichen Gleichrangigkeit von Aufgaben der Strafverfolgung und der Gefahrenabwehr nicht finden.[513] Lediglich die Richtlinien für das Straf- und Bußgeldverfahren (RiStBV) machen hierzu in Anlage B III eine Aussage: 251

„Ergeben sich bei einem einheitlichen Lebenssachverhalt gleichzeitig und unmittelbar Aufgaben der Strafverfolgung und der Gefahrenabwehr, so sind die Staatsanwaltschaft und die Polizei zuständig, die zur Erfüllung ihrer Aufgaben notwendigen Maßnahmen zu treffen.

In einem solchen Fall ist eine enge und vertrauensvolle Zusammenarbeit zwischen Staatsanwaltschaft und Polizei in ganz besonderem Maße erforderlich. Die partnerschaftliche Zusammenarbeit gebietet es, daß jede Stelle bei der Wahrnehmung ihrer Aufgaben auch die Belange der übrigen sich aus dem Lebenssachverhalt stellenden Aufgaben berücksichtigt.

Schaltet sich die Staatsanwaltschaft ein, so werden Staatsanwaltschaft und Polizei möglichst im Einvernehmen handeln.

Dies gilt auch dann, wenn die Situation die gleichzeitige angemessene Wahrnehmung beider Aufgaben nicht zuläßt. In diesem Fall ist nach dem Grundsatz der Güter- und Pflichtenabwägung jeweils für die konkrete Lage zu entscheiden, ob die Strafverfolgung oder die Gefahrenabwehr das höherwertige Rechtsgut ist.

Erfordert die Lage unverzüglich eine Entscheidung über die Anwendung unmittelbaren Zwanges und ist ein Einvernehmen darüber, welche Aufgabe in der konkreten Lage vorrangig vorzunehmen ist, ... nicht herzustellen, so entscheidet hierüber die Polizei."

Häufig wird die Überwachungsbehörde allerdings bereits zu einem Zeitpunkt handeln oder handeln müssen (Sofortmaßnahmen), zu dem die Staatsanwaltschaft sich noch nicht in das Verfahren eingeschaltet hat, so daß deren Weisungsbefugnis ohnehin noch nicht tangiert wird.[514] Hat die Staatsanwaltschaft die Sachherrschaft über ein Verfahren in diesem Stadium aber bereits übernommen, muß schlicht **Einvernehmen** zwischen Zoll/Zollfahndung und der Staatsanwaltschaft hergestellt werden, ob Maßnahmen der Gefahrenabwehr bei Abwägung der beteiligten Interessen der Vorrang gebührt oder nicht.

Hierbei haben Staatsanwalt und Überwachungsbehörde naturgemäß eine materiellrechtliche **Güterabwägung** vorzunehmen zwischen dem Strafverfolgungsinteresse des Staates, dem Legalitätsprinzip, einerseits und der Abwehr des sicher, wahrscheinlich oder möglicherweise eintretenden Schadens an den denkbaren, von dem Überwachungsauftrag geschützten Rechtsgütern andererseits, wie Leib und Leben einzelner oder eines größeren Teils der Bevölkerung (z. B. beim Nuklearschmuggel), die Sicherheit des Staates, die Gefährdung der außenpolitischen Beziehungen i. R. des AWG oder KWKG, wirtschaftliche Nachteile des deutschen Handels oder der Industrie, steuerlich erhebliche Einbußen der EG oder des deutschen Fiskus usw. Eine andere Lösungsmöglichkeit bietet das geltende Recht nicht an.[515]

---

512 BAFA = Bundesausfuhramt.

513 *Kunzmann*, Kollision zwischen Gefahrenabwehr u. a. Aufgaben, 52, 120.

514 Analog § 35 Abs. 2 S. 1 VwVfG, § 25 S. 1 AO.

515 *Kunzmann*, Kollision zwischen Gefahrenabwehr u. a. Aufgaben, 120, 167; *Drews/Wacke/Vogel/Martens*, Gefahrenabwehr, 138, 139.

Es darf davon ausgegangen werden, daß ein verantwortungsbewußter und verständiger Staatsanwalt sich im Rahmen einer solchen Güterabwägung berechtigten Präventionsmaßnahmen nicht versagen wird.

252 Im Eil- und Konfliktfall wird man sich allerdings unabhängig von einem solchen „good-will-Modell" schon aus zeitlichen Gründen nur mit einer verfahrensrechtlich praktikablen Lösung durchsetzen können. Hier bleibt mit einem Teil der Literatur u. U. nur die Entscheidung, daß der Gefahrenabwehr regelmäßig **Vorrang** vor der Strafverfolgung zukommt.[516] Dabei soll sich für den Bereich des Polizeirechts dieser Vorrang aus den Grundentscheidungen der Verfassung, vor allem aus der nach Art. 1 Abs. 1 Satz 2 GG staatlich zu schützenden Menschenwürde als oberstem Verfassungswert herleiten. Der Strafverfolgungsanspruch besitze als Ausdruck des Rechtsstaatsprinzips demgegenüber nur geringeren Verfassungsrang.[517] Dies mag im Rahmen polizeilicher Tätigkeit zum Schutz von Leib, Leben und Gesundheit des Menschen überzeugen,[518] bei anderen Rechtsgütern wie der Sicherung des Steueraufkommens nach der AO oder dem Schutz der außenpolitischen Beziehungen der Bundesrepublik Deutschland vor Beeinträchtigungen wird es weiterhin bei der allgemeinen Güterabwägung im Einzelfall verbleiben müssen, so daß es letztlich auch bei den Grundsätzen der **vertrauensvollen Zusammenarbeit** zwischen Zoll und Staatsanwaltschaft zur Lösung des Konflikts verbleibt.

Entscheidend ist allerdings nach der Richtlinie, daß der Polizei/der Zollfahndung bei der Güterabwägung das Primat der Entscheidung zukommt (**Letztentscheidungsrecht**). Die Richtlinie bezieht dies zwar nach dem Wortlaut nur auf den unmittelbaren Zwang, der Gedanke ist jedoch zu verallgemeinern. In welcher Funktion die Polizei oder Zollfahndung ihre Entscheidung ausübt (richtig: Behörde der Gefahrenabwehr), mag dahinstehen.

XV. Bedeutung des Steuergeheimnisses i. R. der Tätigkeit der Zollverwaltung

1. Art. 15 Zollkodex

253 Mit Schaffung des Zollkodex besitzt das europäische Zollrecht seit 1. 1. 1993 in Art. 15 ZK eine eigenständige Regelung zur Frage der **Verwendung steuerlicher Angaben** im Rahmen des Amtsgeheimnisses (Zollgeheimnisses). Als unmittelbar geltendes Gemeinschaftsrecht hat Art. 15 ZK Vorrang vor der Regelung des § 30 AO. Danach fallen Angaben, die vertraulich mitgeteilt werden oder die ihrer Natur nach vertraulich sind, unter eine **Geheimhaltungspflicht**. Der **Schutzbereich** umfaßt den Schutz sowohl von Individual-[519] und Behördeninteressen[520] als auch den Schutz des Vertrauens der Allgemeinheit in die Verschwiegenheit amtlicher Stellen.[521]

Unter dem **Begriff der Angaben** sind alle Informationen oder Unterlagen geschützt, von denen der zur Geheimhaltung verpflichtete Amtsträger in seinem Amt, in Ausübung seines Amtes oder anläßlich seiner Amtsausübung gleich auf welche Weise Kenntnis er-

---

[516] Vgl. *Benfer*, Grundrechtseingriffe, 5–8; *Krey*, Strafverfahrensrecht, Rn. 503, 509, 510, (u. a. für den Fall des unmittelbaren Zwangs) m. w. N.; *Kunzmann*, Kollision zwischen Gefahrenabwehr u. a. Aufgaben, mit Stellungnahme zu Krey, Rieß u. a., 91–97; *Möller/Wilhelm*, Allg. Polizei- und Ordnungsrecht, 217.

[517] *Möller/Wilhelm*, Allg. Polizei- u. Ordnungsrecht, 217, m. w. N.; *Heise/Tegtmeyer*, Polizeigesetz NW, § 1 Rn. 39, 40 u. 44; § 59 Rn. 4.

[518] So *Drews/Wacke/Vogel/Martens*, Gefahrenabwehr, 138, 139.

[519] Z. B. Schutz persönlicher oder betrieblicher Geheimnisse.

[520] Z. B. bei Zusammenarbeit mit Informanten.

[521] *Witte/Reiche*, a.a.O., Art. 15 Rn. 2.

langt hat.[522] Im Unterschied zum Steuergeheimnis nach § 30 AO schützt Art. 15 ZK alle Informationen und nicht nur solche, die aus einem Steuerverwaltungsverfahren oder einem Gerichts- oder einem Steuerstrafverfahren stammen.[523] Die so erlangten Kenntnisse müssen jedoch ihrer Natur nach vertraulich sein, oder aber vertraulich mitgeteilt werden, um unter die Geheimhaltungspflicht zu fallen. In diesem Sinne sind auch unter der Voraussetzung der Vertraulichkeit oder unter förmlicher Zusage der Vertraulichkeit mitgeteilte Informationen von Hinweisgebern ihrer Natur nach geheimhaltungsbedürftig.[524]

Die durch Art. 15 ZK geschützten Informationen dürfen nicht an Dritte weitergegeben werden; sie sind insoweit auch ausreichend gegen eine mögliche Kenntnisnahme durch Dritte zu schützen.[525] Zulässig ist die Weitergabe, außer in Fällen ausdrücklicher Zustimmung des Informationsgebers und im Rahmen von Gerichtsverfahren, nur auf der Grundlage des Gemeinschaftsrechts[526] oder des entsprechenden Rechts der Mitgliedstaaten.[527] Somit verweist Art. 15 ZK wegen der Offenbarungsbefugnisse im Hinblick auf aus steuerlichen Verfahren (§ 30 Abs. 2 Nr. 1 AO) erlangte Informationen (sic!) wiederum auf die Regelung des Steuergeheimnisses in § 30 AO.[528] Im übrigen kommt mangels bereichspezifischer Regelungen (beachte jedoch §§ 12, 28 Abs. 3 ZollVG) das BDSG als nationales Recht zum Zuge.

2. § 30 AO

a) Bedeutung des Steuergeheimnisses

Im Unterschied zu den datenschutzrechtlichen Problemen der Datenschutzgesetze spielt die Institution des Steuergeheimnisses in der Arbeit des Zollfahndungsdienstes eine weitaus gewichtigere Rolle. Das Steuergeheimnis des § 30 AO ist unter Datenschutzaspekten gesehen ein ausreichender und **amtshilfefester Schutz** gegen Zweckentfremdung durch Weitergabe von Daten.[529] Die Erfahrungen der Ermittlungspraxis des Zollfahndungsdienstes zeigen, daß das Steuergeheimnis bei der Aufklärung gewichtiger Straftatbestände kein wirkliches Hindernis darstellt. Als Problem stellt sich nach aller Erfahrung im Umgang mit dem Steuergeheimnis in der Praxis lediglich die ungenügende Kenntnis der Vorschrift dar. 254

Der Grund für die Existenz des Steuergeheimnisses ist, daß dem Steuerpflichtigen im Besteuerungsverfahren eine sehr weitgehende **Offenbarungs- und Mitwirkungspflicht** zur Feststellung der Besteuerungsgrundlagen obliegt – vgl. z. B. §§ 90, 93, 97, 100 AO. Es soll die Beteiligten im Besteuerungsverfahren zu wahrheitsgemäßen Angaben veranlassen.[530] Zum Ausgleich hierfür gewährt der Staat den besonderen Schutz des Steuergeheimnisses.[531] Die Steuerdaten dürfen folglich nur für Zwecke eines Besteuerungsverfahrens[532] verwandt werden. Ausnahmen von der Gewährleistung des Steuergeheimnisses sieht der § 30 AO aber in seinem Abs. 4 selbst vor.[533] Nur unter diesen Voraussetzungen darf ein tatsächlich bestehendes Steuergeheimnis durchbrochen werden. Das Steuerge- 255

---

522 *Witte/Reiche*, a.a.O., Art. 15 Rn. 6.
523 Vgl. *Rüsken* in *Klein/Orlopp*, Anm. 1 zu § 30 AO.
524 *Witte/Reiche*, a.a.O., Art. 15 Rn. 10.
525 *Witte/Reiche*, a.a.O., Art. 15 Rn. 14.
526 Z. B. Art. 153 Abs. 1 S. 2, Abs. 3 ZKDVO.
527 Z. B. § 30 AO; § 12 ZollVG; BDSG.
528 *Witte/Reiche*, a.a.O., Art. 15 Rn. 19–22; *Henke/Huchatz*, ZfZ 1996, 264.
529 BVerfG in BStBl. II 1991, 654 ff. (668).
530 Vgl. AEAO, Ziff. 6 zu § 30 AO; *Hellmann*, Strafverfahrensrecht der AO, 29.
531 *Tipke/Kruse*, AO § 30 Rn. 3, m. w. N.; *Hellwig* in *Hübschmann/Hepp/Spitaler*, AO, § 30 Rn. 5, 6; *Pfaff*, Steuergeheimnis, 5, 6 zum alten § 22 AO m. w. N.
532 Steuerverwaltungsverfahrens, gerichtlichen Verfahrens in Steuersachen.
533 Die Fälle des öffentl. Interesses unter Ziff. 5 sind selbst jedoch nur Beispiele. Eine weitere Ausnahme ist in § 30a AO im Zusammenhang mit der Bekämpfung der Schwarzarbeit vorgesehen.

heimnis besteht grundsätzlich auch bei einem steuerstrafrechtlichen Ermittlungsverfahren, wenn und soweit die Erkenntnisse aus einem vorherigen Besteuerungsverfahren übernommen worden[534] sind oder auch erst im Rahmen der Ermittlungen anfallen; im letzteren Fall jedoch können sie auch zur Strafverfolgung wegen allgemeiner Kriminalitätsdelikte nach § 30 Abs. 4, Ziff. 4 a AO verwandt werden.

Vorsätzlich falsche Angaben eventuell i. V. m. Urkundenfälschung, Betrug, Siegelbruch usw. dürfen nach § 30 Abs. 5 AO gegenüber den Strafverfolgungsbehörden immer offenbart werden.

Gesetzliche Durchbrechungen des Steuergeheimnisses finden sich, abgesehen von § 30 Abs. 4 u. 5 AO, im § 31 AO bei der Mitteilung von Besteuerungsgrundlagen zwischen berechtigten Behörden sowie zur Bekämpfung illegaler Beschäftigung und des Leistungsmißbrauchs durch Mitteilungen an Arbeitsämter und Sozialversicherungsträger im § 31 a AO. Weiterhin ist eine gesetzliche Durchbrechung des Steuergeheimnisses vorgesehen nach § 117 AO, § 76 Abs. 2 u. 5 AuslG, §§ 153 a, 149 Abs. 2 Nr. 3 GewO, § 10 Abs. 1 u. 2 StBerG, § 8 AbschöpfungserhebungsG, § 2 Abs. 1 u. 2 EGAHG, der EG-AmtshilfeVO 515/97 sowie dem Übereinkommen von Neapel über die Zollzusammenarbeit.[535,536]

Zu den außersteuerlichen Vorschriften, auf die nach § Abs. 4 Nr. 2 eine Offenbarung gestützt werden kann, gehören insbesondere:
- § 643 der Zivilprozeßordnung;
- § 125 a Abs. 2 des Gesetzes über die Angelegenheiten der freiwilligen Gerichtsbarkeit;
- § 17 Satz 2 des Gesetzes über das gerichtliche Verfahren in Landwirtschaftssachen;
- § 19 Abs. 2 des Gesetzes über die Kosten in Angelegenheiten der freiwilligen Gerichtsbarkeit;
- § 7 Abs. 2 des Gesetzes über die Preisstatistik;
- § 77 Abs. 3 des Ausländergesetzes;
- § 5 Abs. 2, § 10 StBerG;
- § 29 Abs. 1 Satz 4 des Gerichtskostengesetzes;
- § 52 des Jugendarbeitsschutzgesetzes;
- § 197 Abs. 2 Satz 2 des Baugesetzbuches;
- § 25 Abs. 3 des Personenbeförderungsgesetzes;
- § 34 des Erdölbevorratungsgesetzes;
- § 9 des Gesetzes über Steuerstatistiken;
- § 21 Abs. 4 SGB X;
- § 20 Abs. 4 des Unterhaltssicherungsgesetzes;
- § 5 Abs. 3 des Gesetzes über den Abbau der Fehlsubventionierung im Wohnungswesen;
- § 94 a des Zweiten Wohnungsbaugesetzes;
- § 102 b Abs. 3 des Güterkraftverkehrsgesetzes;
- § 3 a der Verfahrensordnung für Höfesachen;
- § 8 Abs. 2 des Gesetzes über das Kreditwesen;
- § 27 Abs. 1 Satz 2 des Gesetzes zur Regelung offener Vermögensfragen;
- § 153 a Abs. 1 Satz 2 der Gewerbeordnung;
- § 474 Abs. 3 der Strafprozeßordnung i. V. m. §§ 385, 399 AO;
- § 125 c des Beamtenrechtsrahmengesetzes.

b) Voraussetzungen für den Schutz des Steuergeheimnisses

256 Auch für die Dienststellen der Bundeszollverwaltung gilt das in § 30 AO geregelte Steuergeheimnis als verbindlich, da die Oberfinanzdirektionen (Zollabteilungen),

---

534 Vgl. auch § 393 Abs. 2 AO.

535 Vgl. die Zusammenstellung von *Rüsken* in *Klein/Orlopp*, Anm. 5 zu § 30 AO.

536 Vgl. nachfolgend Rn. 259.

Hauptzollämter, deren Zollämter und Zollkommissariate, die Hauptzollämter für Prüfungen sowie die Zollfahndungsämter zu den in § 6 AO genannten **Finanzbehörden des Bundes** zählen.[537]

Nur diejenigen Erkenntnisse[538] unterfallen dem Steuergeheimnis, die

- in einem **Verwaltungsverfahren in Steuersachen** (Besteuerungsverfahren, Steuerfestsetzung, Steuerprüfung, Steueraufsicht),
- in einem **gerichtlichen Verfahren in Steuersachen** (Verfahren vor den Finanzgerichten),
- in einem **Strafverfahren wegen einer Steuerstraftat** (Ermittlungsverfahren der Zoll- oder Steuerfahndung, der Staatsanwaltschaft oder eines Strafgerichtes bei Vorbereitung und Durchführung der gerichtlichen Hauptverhandlung),
- in einem **Bußgeldverfahren wegen einer Steuerordnungswidrigkeit** (Ermittlungen durch Zoll- oder Steuerfahndung, Hauptzollamt, Finanzamt oder Festsetzung des Bußgeldes durch die zuständige Verwaltungsbehörde Finanzamt, Hauptzollamt oder Oberfinanzdirektion) oder
- aus anderem Anlaß durch **Mitteilung der Finanzbehörde** oder die gesetzlich **vorgeschriebene Vorlage eines Steuerbescheides** oder einer entspr. Bescheinigung über die steuerlich getroffenen Feststellungen (z. B. nach dem Gesetz über die freiwillige Gerichtsbarkeit, dem Steuerberatungsgesetz, dem Gerichtskostengesetz, dem Sozialgesetzbuch, dem Wohnungsbaugesetz, dem Gesetz über den Abbau der Fehlsubventionierung im Wohnungswesen usw.[539])

bekannt geworden sind.

An das Steuergeheimnis sind auch diejenigen Behörden, Staatsanwaltschaften und Gerichte gebunden, denen die Erkenntnisse zulässigerweise aufgrund gesetzlicher Vorschriften übermittelt worden sind.

c) Problem des parallelen Aufgabenvollzugs

Tatsachen, die zugleich **parallel** in einem Besteuerungsverfahren wie auch in einem Überwachungsverfahren mit nichtsteuerlichem Gegenstand – etwa Überwachung der Betäubungsmitteleinfuhren nach § 21 BtMG – bekannt werden, dürfen aus dem Überwachungsverfahren heraus ohne Beachtung des Steuergeheimnisses für bestimmte andere Zwecke verwendet werden, nämlich für ein Überwachungs- oder Ermittlungsverfahren, das den Gegenstand der Überwachung betrifft[540] – vgl. § 12 ZollVG. Ansonsten wäre die Zollverwaltung daran gehindert, alle Verstöße, die ihr im Rahmen der ihr übertrage- 257

537 Zoll- und Steuerfahndung haben in Ermittlungsverfahren gem. § 386 Abs. 1, S. 2 AO allerdings nicht die Stellung einer Finanzbehörde. Das Hauptzollamt (Finanzamt) nimmt bei reinen Steuerstrafverfahren (= Verfahren, die ausschließlich Steuerdelikte betreffen) nach der genannten Vorschrift die Funktion der Staatsanwaltschaft ein und kann die Ermittlungen als Herrin des Verfahrens selbständig führen. Der Zollfahndungsdienst nimmt gegenüber dem Hauptzollamt bei alleinigem Vorliegen von Steuerstraftaten wie auch gegenüber der Staatsanwaltschaft bei Delikten der allgemeinen Kriminalität die Stellung der Hilfsbeamten der Staatsanwaltschaft ein, vgl. § 404 AO, § 152 GVG

538 § 30 AO spricht von „Verhältnissen eines anderen". Dies geht über den Begriff der personenbezogenen Daten des Betroffenen nach dem BDSG hinaus und erfaßt neben den in Abs. 2 Nr. 2 ausdrücklich genannten Betriebs- und Geschäftsgeheimnissen **alle** Verhältnisse (steuerliche, wirtschaftliche, berufliche und persönliche Daten). „Eines anderen" bedeutet, daß neben dem Steuerpflichtigen auch beteiligte Dritte geschützt werden; geschützt sind auch Auskunftspersonen; problematisch, ob V-Leute und Informanten erfaßt werden – vgl. *Klein/Orlopp*, AO, § 30 Nr. 36; BFH in BStBl. 1985, 571; 1994, 552; **bejahend**: *Tipke/Kruse*, AO, § 30 Rn. 7, unter Hinweis auf § 86 2 Nr. 1 AO; *Wolffgang*, Informantenschutz, 417–420 (in der Praxis werden V-Leute und Informanten sowohl über § 30 als auch über die Vertraulichkeitszusage von Ermittlungsbehörde und Staatsanwaltschaft geschützt – vgl. § 96 StPO.); **verneinend** mit ausführlicher Stellungnahme *Hellwig* in *Hübschmann/Hepp/Spitaler*, AO, § 30 Rn. 93–96 c; vgl. allgemein *Kühn/Kutter/Hofmann*, AO, § 30 Nr. 3 a (84); *Bilsdorfer*, Informationsquellen u. -wege, 32.

539 Vgl. im einzelnen AEAO Nr. 8 zu § 30.

540 BMF-Erlaß vom 19. 11. 1991 – III A 7 – Z 2751 – 74/90; BMJ an das Bundesministerium der Finanzen vom 27. 2. 1985, – 3650 –13 – 35186/85 –, Seite 2–3.

nen zollamtlichen Überwachung im rein äußerlichen Zusammenhang mit Besteuerungshandlungen auffallen, strafrechtlich zu verfolgen.

Für Delikte aus dem Bereich des MOG ist zu unterscheiden: Soweit es sich um Abgaben nach dem MOG handelt, gilt nach § 12 Abs. 1 MOG die AO und somit das Steuergeheimnis. Betrifft die Tat Subventionszahlungen und ist die Erkenntnis aus der zollamtlichen Überwachung nach § 28 MOG erlangt, kann sie für die Verfolgung des Betrugstatbestands verwandt werden.

258 **Delikte der allgemeinen Kriminalität** (z. B. Verdacht des Diebstahls der vorgeführten Nichtgemeinschaftswaren) dürfen von den Zollbeamten mangels entsprechenden Überwachungsauftrags des Gesetzgebers nicht verfolgt werden, da insoweit das Steuergeheimnis aus dem parallelen Besteuerungsverfahren greift.[541] Dies gilt auch dann, wenn es sich bei den Zollbeamten im Einzelfall um **Hilfsbeamte der Staatsanwaltschaft** gem. § 152 GVG handelt.[542] Denn der Zollbeamte wird im Rahmen der Überwachung nicht in seiner Eigenschaft als Hilfsbeamter tätig, da ihm in dieser Funktion die besonderen verdachtsunabhängigen Befugnisse der Überwachungstatbestände **nicht** zustehen. Erst die rechtlich **zulässige** Kenntnisnahme von strafrechtlich relevanten Sachverhalten versetzt ihn in die Lage, in seiner Eigenschaft als Hilfsbeamter der Staatsanwaltschaft zu fungieren.[543,544] Hier ist für die Staatsanwaltschaften auf den Rechtsgedanken in § 393 Abs. 2 AO zu verweisen.

d) Steuergeheimnis und nichtsteuerliche Straftat

259 Gem. § 30 Abs. 4 AO ist eine Offenbarung der nach Abs. 2 erlangten Erkenntnisse u. a. gem. Abs. 4 Nr. 4 zulässig, wenn dies der Durchführung eines Strafverfahrens wegen einer nichtsteuerlichen Straftat dient und die Kenntnisse

- in einem Steuerstrafverfahren oder einem Bußgeldverfahren wegen einer Steuerordnungswidrigkeit erlangt worden sind; dies gilt nicht, wenn die Tatsachen bereits vor Einleitung eines steuerlichen Straf- oder Bußgeldverfahrens im Besteuerungsverfahren (Offenbarungs- und Mitwirkungspflichten!) bekanntgeworden sind oder der Steuerpflichtige sie in Unkenntnis der eingeleiteten Verfahren offenbart hat;
- ohne Bestehen einer steuerlichen Verpflichtung oder unter Verzicht auf ein Auskunftsverweigerungsrecht erlangt worden sind. In diesem Fall besteht kein schutzwürdiges Interesse.

Kommen Erkenntnisse, die nach Abs. 4 Nr. 4 nicht gegen den Steuerpflichtigen verwendet werden dürfen, im Zusammenhang mit der Verfolgung einer Steuerstraftat der Staatsanwaltschaft oder dem Gericht dennoch zur Kenntnis, dürfen sie zur Verfolgung einer außersteuerlichen Straftat gem. § 393 Abs. 2 AO nicht gegen den Steuerpflichtigen verwendet werden – **Verwendungsverbot**. Irrig ist die Annahme, ein solcher Informationsaustausch sei aus dem Gesichtspunkt des § 386 AO zwischen Finanzbehörde und Staatsanwaltschaft zulässig, denn die Vorschrift regelt lediglich die Zuständigkeit zur Verfolgung von Steuerstraftaten und gerade nicht von Allgemeindelikten. Beachte: Fällt eine Steuerstraftat mit einem außersteuerlichen Delikt **tateinheitlich** zusammen, handelt

---

541 Es sei denn, ein Fall des § 30 Abs. 4 Nr. 5 AO (zwingendes öffentliches Interesse) liege vor.

542 Das sind in der Praxis für die Zollverwaltung regelmäßig die nach § 152 Abs. 2 GVG in den jeweiligen Rechtsverordnungen der Bundesländer genannten Beamtengruppen des Grenzaufsichtsdienstes und – soweit sie funktional Grenzaufsichtsdienst ausüben – der Beamten des Grenzabfertigungsdienstes der Zollämter (= bei der Reisendenabfertigung, nicht bei der Warenabfertigung!). Die Beamten des Zollfahndungsdienstes sind nach § 404 AO, letzter Halbs., immer Hilfsbeamte der Staatsanwaltschaft.

543 A. A. offenbar *Körner*, BtMG, § 21 BtMG Rn. 12; aufgrund der Sonderregelungen in §§ 5, 12 ZollVG wird die Auffassung praktisch jedoch nicht relevant.

544 I. Ü. wären Staatsanwaltschaften u. Gerichte i. R. der §§ 393 Abs. 2, 30 Abs. 4 Nr. 4 a) 2. Halbsatz AO an das Steuergeheimnis gebunden; vgl. hierzu *BayObLG*, Beschluß v. 6. 8. 96, StV 1996, 657–658.

es sich *auch* um eine Steuerstraftat, die der Staatsanwaltschaft nach § 393 Abs. 2 AO rechtmäßig zur Kenntnis gebracht wird.[545]

e) Offenbarungsermessen

Hat der Zoll- oder Zollfahndungsbeamte i. R. eines Steuerverwaltungsverfahrens Kenntnis von einer allgemeinen (nichtsteuerlichen) Straftat oder Ordnungswidrigkeit erlangt und liegt zugleich einer der Ausnahmetatbestände des § 30 Abs. 4 AO zur Durchbrechung des Steuergeheimnisses vor, so ist die Offenbarung aus eigener Entscheidung oder auf Ersuchen einer anderen Behörde zulässig, aber nicht zwingend. Sie bleibt nach § 30 Abs. 4 S. 1 AO i. V. m. § 5 AO eine **Ermessensentscheidung der Finanzbehörde**.[546] Etwas anderes gilt nur, wenn ein Gesetz eine Offenbarungspflicht ausdrücklich vorsieht oder wenn das Ermessen i. S. des § 5 AO auf „Null" schrumpft – etwa bei Gefahren für Leib oder Leben eines einzelnen.[547] Ist allerdings eine Offenbarung nach § 30 AO zulässig, hat die Finanzbehörde einem Auskunftsverlangen der Staatsanwaltschaft Folge zu leisten.[548] 260

So ist ein Fall des HZA Würzburg aus dem Jahr 1992 bekannt, in dem Staatsanwaltschaft und Polizei aufgrund eines richterlichen (!) Durchsuchungs- und Beschlagnahmebeschlusses die entsprechenden Akten und Unterlagen bei dem die Offenbarung und Herausgabe verweigernden Hauptzollamt zwangsweise beschlagnahmten.[549] Erst die Intervention der Oberfinanzdirektion bei der Generalstaatsanwaltschaft führte zur Freigabe und Nichtverwertung der Unterlagen.

f) Informationsaustausch i. R. der Zusammenarbeit der Zollverwaltungen

Auch im Rahmen der Zusammenarbeit mit den übrigen Zollverwaltungen der EG gilt der Schutz des Steuergeheimnisses. Die EG-VO 515/97[550] als unmittelbar geltendes Recht und das durch Gesetz in innerstaatliches Recht transformierte Übereinkommen von Neapel[551] begründen die Zulässigkeit der Offenbarung nach § 30 Abs. 4 Nr. 2 AO. Die Art. 42, 34 bis 36 der EG-VO gewährleisten einen dem Steuergeheimnis **vergleichbaren Schutz** für die konventionell oder automatisiert in andere Mitgliedstaaten der EG mitgeteilten Erkenntnisse. Gleichartige Regelung treffen Art. 20 Abs. 2 des Neapeler Übereinkommens bzw. Art. 15 und Art. 25 des Übereinkommens aufgrund von Art. K.3 des Vertrages über die Europäische Union über gegenseitige Amtshilfe und Zusammenarbeit der Zollverwaltungen, sog. Neapel II-Übereinkommen.[552] Die bilateralen Zollunterstützungsabkommen, die die Bundesrepublik u. a. mit den USA und Kanada abgeschlossen hat, weisen einen dem Übereinkommen von Neapel vergleichbaren Schutz auf. 261

Auskünfte i. R. der Zusammenarbeit der Mitgliedstaaten der Weltzollorganisation auf der Grundlage der Brüsseler Zollratsempfehlungen gelten nach Ziffer 6 der Empfehlung ohne Regelung weiterer Einzelheiten ebenfalls als **vertraulich**.

---

545 Vgl. eingehend zur Problematik des § 393 AO: *BayObLG* v. 6. 8. 1996, wistra 1996, 353; *Spriegel*, wistra 1997, 321; *Jarke*, wistra 1997, 325.

546 *Hellmann*, Strafverfahrensrecht der AO, 32; *Bilsdorfer*, Informationsquellen u. -wege, 109.

547 So auch BMF-Erlaß vom 1. 7. 1993 – IV A 5 – S 0130 – 41/93 – (auszugsweise abgedruckt in NJW 1993, 2730) zur Frage der Offenbarung von Erkenntnissen über Verstöße gegen Umweltschutzbestimmungen; a. A. *Hellmann*, Strafverfahrensrecht der AO, 32.

548 Vgl. AEAO, Ziff. 6 zu § 30 AO.

549 Beschluß des Amtsgericht Würzburg v. 7. 5. 92–1Gs 1656/92; vgl. zur Unzulässigkeit derartiger Maßnahmen *LG Darmstadt* in NJW 1978, 901; *LG Marburg* in NJW 1978, 2306; *LG Bremen* in NJW 1981, 592; *Kleinknecht/Meyer*, StPO, § 96 Rn. 2, § 161 StPO Rn. 1 u. 5.

550 Fundstelle vgl. Anhang 2.

551 BGBl. 1969 II S. 65.

552 Fundstelle vgl. Anhang 2.

g) Das sog. Bankgeheimnis

262 Das Bankgeheimnis steht in keinem inneren oder äußeren Zusammenhang zum Zoll- oder zum Steuergeheimnis. Häufig wird ihm allerdings eine vergleichbare Schutzfunktion wie dem Steuergeheimnis zugeschrieben. Das Bankgeheinmnis nach § 30a AO, so man es als solches überhaupt bezeichnen kann, ist in seinen Voraussetzungen und seinem Schutzbereich nicht mit dem Steuergeheimnis zu verwechseln. Es hat seine rechtliche Grundlage ausschließlich in den haupt- oder nebenvertraglichen Pflichten des Bank-(betreuungs-)Vertrages zwischen dem jeweiligen Kreditinstitut und seinen Bankkunden. Auch ohne ausdrückliche vertragliche Vereinbarung ergibt es sich aufgrund Treu und Glauben aus den bankgeschäftlichen Verträgen. Es bezieht sich im übrigen auch **nur** auf Bankgeschäfte im Sinne des § 1 Abs. 1 KWG[553] und beispielsweise nicht auf den Ankauf von (aus Nichtgemeinschaftsstaaten eingeschmuggeltem) Gold oder sonstigen Edelmetallen. Für die Finanzbehörden existiert es in der Form der der Finanzbehörde nach § 30a Abs. 1 auferlegten Rücksichtnahme zum Schutz des Vertrauensverhältnisses zwischen Kreditinstitut und Bankkunden sowie in einer gewissen Einschränkung i. R. der allgemeinen Überwachung (Abs. 1 und Abs. 3) ohnehin nur im **Besteuerungsverfahren** bzw. Steuerverwaltungsverfahren. Dies ergibt sich bereits aus dem eindeutigen Gesetzeswortlaut sämtlicher Absätze der Vorschrift. Während die Vorschrift für die Landesfinanzbehörden für die Versteuerung des Einkommens der Bankkunden eine praktische Bedeutung hat, spielt sie für die Zollfahndung nur eine untergeordnete Rolle. In einem Ermittlungsverfahren/Strafverfahren wegen einer (Steuer-)Straftat gibt es kein Bankgeheimnis, es gibt auch kein daraus resultierendes Zeugnisverweigerungsrecht,[554] noch gar ein Beschlagnahmeverbot.[555] Auch die Verwertung von Zufallsfunden wird dadurch nicht gehindert.[556] Es spielt für die Zollfahndung jedoch dann regelmäßig eine Rolle, wenn sie bei den Banken Vorfeldermittlungen zur Aufdeckung unbekannter Steuerfälle durchführt, etwa Auskunft über alle Goldankäufe in einem bestimmten Zeitraum verlangt, da sie sich dabei nicht im Strafverfahren, sondern im Steuerverwaltungsverfahren befindet.[557] Da Goldankäufe jedoch **keine** Bankgeschäfte sind, kommt die Vorschrift des § 30a AO hier entgegen weitverbreiteter Ansicht bei den Kreditinstituten gerade nicht zur Anwendung.

Weigern sich die Banken jedoch, im Ermittlungsverfahren Auskunft zu erteilen oder Kontounterlagen zur Verfügung zu stellen, bleibt nur die Beantragung eines richterlichen Durchsuchungs- und Beschlagnahmebeschlusses, alternativ die Vorladung des Sachbearbeiters der Bank zur Vernehmung als Zeuge mit der Aufforderung, die entsprechenden Unterlagen mitzubringen.[558]

XVI. Das ZKA

263 Am 15. 7. 1992 trat das Gesetz zur Änderung des Finanzverwaltungsgesetzes und anderer Gesetze[559] in Kraft. Durch den neu eingefügten § 5a FVG wurde die Zentralstelle des deutschen Zollfahndungsdienstes, das Zollkriminalamt – kurz: ZKA – als Bundesoberbehörde errichtet. Es trat an die Stelle des bisherigen Zollkriminalinstituts (ZKI) und übernahm neben neuen auch dessen bisherige Aufgaben. Da das ZKA **selbständige Bundesoberbehörde** i. S. des Art. 87 Abs. 3 Satz 1 GG ist, leitet es seine Aufgaben nicht von der

553 Gesetz über das Kreditwesen (Kreditwesengesetz) v. 22. 1. 1996, BGBl. I S. 64, ber. S. 519.
554 *Hellwig* in *Hübschmann/Hepp/Spitaler,* Rn. 3 zu § 30a AO.
555 *Janovsky,* Kriminalistik 1998, 269 (273).
556 *Hellwig* in *Hübschmann/Hepp/Spitaler,* Rn. 21 zu § 30a AO.
557 Vgl. *Wamers,* ddz 1991, F29.
558 Vgl. allgemein zu Ermittlungsproblemen mit Banken *Janovsky,* Kriminalistik 1998, 269 (273).
559 Gesetz zur Änderung des Finanzverwaltungsgesetzes und anderer Gesetze v. 7. 7. 1992, BGBl. I S. 1222.

Zuständigkeit des Bundesministeriums für Finanzen ab, sondern erledigt die ihm durch Gesetz zugewiesenen Aufgaben in eigener Zuständigkeit – § 4 Abs. 2 FVG. Neben den für das ZKA als Bundesoberbehörde gesetzlich festgelegten Aufgaben[560] hat das BMF dem ZKA eine ganze Reihe zusätzlicher Aufgaben im Erlaßwege, z.T. mit Zentralstellenfunktion für die gesamte Zollverwaltung, zugewiesen.[561] Mitte 1998 hat das BMF im übrigen die Arbeiten an dem seit 1992 ruhenden Entwurf eines ZKA-Gesetzes wiederaufgenommen. Darin sollen die Aufgaben und Befugnis des ZKA als Finanzbehörde, Ermittlungsbehörde, Überwachungsbehörde und als Zentralstelle des Zollfahndungsdienstes inklusive der bereichsspezifischen Datenschutzregelungen des ZKA zusammengefaßt werden.

1. Stellung und Funktion des ZKA im Zollfahndungsdienst

Das ZKA mit rd. 600 Mitarbeitern hat für den Zollfahndungsdienst und für Teile der 264
übrigen Zollverwaltung die Funktion einer **Zentralstelle**, einer Koordinierungsstelle, einer unterstützenden Service-Behörde sowie einer Fachaufsichtsbehörde im Ermittlungsbereich. Nur insoweit unterstehen die Zollfahndungsämter dem ZKA in fachlicher Hinsicht. Im übrigen unterstehen die Zollfahndungsämter nach § 8 Abs. 4 FVG den Oberfinanzdirektionen als Mittelbehörden. Das ZKA ist in bezug auf die eigene Aufgabenerfüllung zugleich **Ermittlungs- und Überwachungsbehörde**.

Die Überwachungsaufgabe nach § 5 a FVG erstreckt sich auf die Überwachung des **Wirtschaftsverkehrs mit dem Ausland**, d. h. den gesamten Waren-, Dienstleistungs- und Kapitalverkehr, soweit er unter Zuständigkeitsgesichtspunkten für die Zollverwaltung von Belang ist. Die zollamtliche Überwachung durch das ZKA erfolgt in der Form der sog. Marktbeobachtung, wie sie an anderer Stelle erläutert ist. Als besondere Ausprägung der zollamtlichen Überwachung und Marktbeobachtung in der Form der Außenwirtschaftsüberwachung nach AWG/KWKG sind die Befugnisse zur Überwachung des Post- und Fernmeldeverkehrs nach §§ 39 ff. AWG zu erwähnen.

2. Ermittlungsaufgaben und -befugnisse des ZKA

Im Ermittlungsbereich hat das ZKA gem. § 5 a Abs. 1 Nr. 4 FVG die Ermittlungen der 265
Zollfahndungsämter zu koordinieren und zu lenken. Dabei kann es sowohl den Fahndungsämtern als auch den anderen ermittlungsführenden Dienststellen der Zollverwaltung (Hauptzollämter, Oberfinanzdirektionen in bezug auf Zuwiderhandlungen gegen das AWG) **fachliche Weisungen** erteilen. Bei den Hauptzollämtern gilt dies allerdings nur, soweit diese die Ermittlungen nicht selbständig als Staatsanwaltschaft nach §§ 386 Abs 2, 399 Abs. 1 AO führen. Mit den Zollfahndungsämtern verkehrt das ZKA hierbei unter Umgehung der Mittelbehörden zur Beschleunigung unmittelbar.

Dem ZKA steht es nach eigenem Ermessen frei, sich lenkend an den Ermittlungen der Zollfahndung zu beteiligen oder in Fällen von überörtlicher Bedeutung die Verfahren zur **eigenen Ermittlung** an sich zu ziehen. Von der Möglichkeit eigener Ermittlungen macht das ZKA nur sehr zurückhaltenden Gebrauch, da das Schwergewicht der Ermittlungstätigkeit vor Ort bei den hierfür geschaffenen Zollfahndungsämtern liegt. Bisher hat das ZKA überwiegend Ermittlungen aus dem Bereich des AWG/KWKG geführt, die aus seinen Überwachungsmaßnahmen nach den §§ 39 ff. AWG herrührten und/oder die eine besondere (politische) Brisanz besaßen.

Soweit das ZKA selbst ermittelt oder sich an Ermittlungen beteiligt, stehen ihm und seinen Beamten gem. § 5 a Abs. 3 FVG die **Befugnisse der Zollfahndungsämter** zu. Da

560 Das ZKA leitet als Bundesoberbehörde seine Aufgaben grundsätzlich nicht per Auftragsverwaltung von der Zuständigkeit des BMF ab, sondern erhält sie unmittelbar durch Gesetz zugewiesen. Vgl. die Regelungen in § 4 Abs. 2 u. 3 FVG und § 208 Abs. 2 AO.

561 Z. B. als Zentralstelle für den Rechtshilfe- und Amtshilfeverkehr mit dem Ausland auch außerhalb von Ermittlungsverfahren im steuerlichen Bereich und im Subventionsbereich.

die Beamten des ZKA als Zollfahndungsbeamte Hilfsbeamte der Staatsanwaltschaft sind, kann die Staatsanwaltschaft nach eigenem Ermessen dem ZKA auch unmittelbar Ermittlungsaufträge erteilen, denen das ZKA auch als Zentralstelle des Zollfahndungsdienstes folgen muß.

Für die Staatsanwaltschaft ist die koordinierende und leitende Funktion des ZKA nicht nur im nationalen Rahmen von Bedeutung, sie wird sie auch zur **Koordinierung mit ausländischen Zollfahndungsdiensten**, mit anderen Fahndungsdiensten der EG und zur Koordinierung mit dem OLAF nutzen.

3. Unterstützende Funktionen des ZKA bei Ermittlungen des Zollfahndungsdienstes

266 Die **Unterstützung des Zollfahndungsdienstes** ist ein deutlicher Schwerpunkt der Arbeit des ZKA. Es ist für den Staatsanwalt, aber auch über den Bereich der Ermittlungen der Fahndungsämter nützlich, von den Möglichkeiten des ZKA Kenntnis zu haben, um sie ggf. auch im Wege der Amtshilfe in Anspruch nehmen zu können.

Das ZKA beschafft nach § 5 a Abs. 1 Nr. 1 FVG für den Fahndungsdienst alle erreichbaren **Informationen**, wertet sie aus und steuert sie an die Zollfahndungsämter sowie andere Zollstellen (Betriebsprüfung, Steueraufsicht, Grenzaufsichtsdienst, [Grenz-]Abfertigungsdienst). Zu diesem Zweck ist das ZKA auch Erfassungs- und Übermittlungsstelle für die **DV-Informationssysteme** des Zollfahndungsdienstes (z. B. INZOLL) und für solche DV-Informationssysteme, an die die Zollverwaltung angeschlossen ist; letzteres betrifft vor allem die Systeme der Polizei, der EG-Kommission und der Weltzollorganisation (WCO). Es ist im übrigen zuständig für die gesamte Datenverarbeitung im Zollfahndungsdienst.

Die internationale Stellung des ZKA wird verdeutlicht dadurch, daß es Zentralstelle für den **Amts- und Rechtshilfeverkehr** mit dem Ausland ist. Dies gilt insbesondere für die Zusammenarbeit aufgrund der EG-Amtshilfe-Verordnung 515/97, des Abkommens von Neapel mit allen EG-Mitgliedstaaten, dem noch nicht in Kraft getretenen Übereinkommen aufgrund von Art. K.3 des Vertrages über die Europäische Union über gegenseitige Amtshilfe und Zusammenarbeit der Zollverwaltungen sowie den zahlreichen bilateralen Zollunterstützungsabkommen.

Im **kriminalwissenschaftlichen und -technischen Bereich** hat sich das ZKA einen guten Ruf erworben bei der Untersuchung von (mutmaßlich) ver- oder gefälschten Dokumenten, Stempeln, Unterschriften. Es macht Altersbestimmungen von Schriftstükken und Schriften und wertet Schreibmaschinenfarbbänder aus. Das ZKA hält eine einzigartige, DV-gestützte Sammlung von Zollstempeln für die gutachterlichen Untersuchungen vor. Es bedient sich bei den Urkunden-Überprüfungen hochmoderner Technik. Als Mittel zur Bekämpfung der zahlreichen Stempelfälschungen im Zusammenhang mit der Erledigung von Versandverfahren hat das ZKA in Zusammenarbeit mit privaten Unternehmen ein Sicherungssystem entwickelt, das zwischenzeitlich über die Europäische Gemeinschaft hinaus Beachtung und Anerkennung gefunden hat.

Das ZKA ist im kriminaltechnischen Bereich ebenfalls zuständig für die Untersuchung von Zollplomben, -bleien und Verschlußseilen an Transportmitteln und -behältern, sowie für den Nachweis, daß Behältnisse oder Verschlüsse widerrechtlich geöffnet worden sind. Es gibt für die Hersteller von Containern und LKW-Aufbauten umfangreiche technische Konstruktionsleitfäden und – zeichnungen zur Herstellung der Verschlußsicherheit nach dem sog. TIR-Übereinkommen heraus.

Schließlich führt das ZKA in seinem chemischen Labor besonders komplexe Betäubungsmitteluntersuchungen für den Zollfahndungsdienst durch.[562]

---

[562] Die normalen qualitativen und quantitativen Rauschgiftuntersuchungen werden wie die übrigen zolltechnischen Untersuchungen in den 5 Zolltechnischen Prüfungs- und Lehranstalten der Zollverwaltung in Köln, Berlin, Hamburg, München und Frankfurt durchgeführt.

Die **zentrale Logistik** des ZKA stattet die Zollfahndungsämter u. a. mit hochwertiger Waffen-, Funk-, Foto-, Video-, Überwachungs- und Peiltechnik aus und hält für besonderen Bedarf einen zentralen Technikpool bereit. Soweit nicht die stationären Möglichkeiten des ZKA in Köln genutzt werden, stellt es den Fahndungsämtern aus seinem Pool entsprechende mobile Geräte für Maßnahmen nach § 100a StPO zur Verfügung.

Zu den unterstützenden Maßnahmen dieser Dienststelle zählt auch die Möglichkeit der Unterstützung durch die **Zentrale Technikgruppe Zoll** (ZTZ) und die **Zentrale Unterstützungsgruppe Zoll** (ZUZ); letztere entspricht in Ausbildung, Ausstattung und Einsatzzweck einem Sondereinsatzkommando (SEK) der Polizei. Die ZUZ kommt vor allem bei Maßnahmen gegen gewaltbereite Täter und bei technisch besonders aufwendigen (europaweiten) Observationen u. a. mit Satellitenpeiltechnik zum Einsatz. Auf dem letztgenannten Gebiet arbeitet sie sehr häufig auf Veranlassung des OLAF der Europäischen Kommission (s. Rn. 284 bis 287). Die ZUZ ist nicht zu verwechseln mit den Observationseinheiten der Zollfahndungsämter.

Das ZKA betreibt für den Zollfahndungsdienst ein eigenes **Zeugenschutzprogramm** inklusive Personenschutz für besonders gefährdete Personen.

Schließlich sind alle **Maßnahmen nach § 110a StPO** in personeller und logistischer Hinsicht für den Fahndungsdienst beim ZKA zentralisiert. Auch auf diese Tatsache sollte der Staatsanwalt im wohlverstandenen Eigeninteresse stets sein Augenmerk richten.

Das ZKA ist rund um die Uhr besetzt und erreichbar (seit 1. 7. 1998 unter neuer **267**
Adresse):

Zollkriminalamt
Bergisch Gladbacher Str. 837
51069 Köln
Tel.: 0221/672–0
Fax: 0221/672–4500
e-mail: Pressestelle@zollkriminalamt.de

Über das ZKA kann auch in Eilfällen jederzeit Kontakt zu anderen ausländischen Zoll- und Zollfahndungsbehörden, zu EUROPOL, Interpol und ausländischen Polizeibehörden, z. B. FBI, DEA usw., hergestellt werden. Z. Z. befinden sich beim ZKA Zollverbindungsbeamte der USA, der Niederlande und der skandinavischen Länder sowie ein DEA-Verbindungsbeamter mit jeweils eigenem Büro. Außerdem hält das ZKA engen Kontakt zu den Zollattachés der USA, Frankreichs und den Rauschgift- sowie Steuerverbindungsbeamten Großbritanniens. Schließlich unterhält die Weltzollorganisation (WCO) beim ZKA ein RILO (Regional Intelligence Liason Office) mit Beamten aus Großbritannien, Frankreich, Skandinavien und Deutschland.

4. Informationssysteme des Zollfahndungsdienstes und des ZKA

Das ZKA betreibt für die Zollverwaltung bzw. für den Fahndungsdienst eine Reihe **268**
von DV-**Informationssystemen**. Das bekannteste dürfte INZOLL[563] sein, eine Datei aller natürlichen und juristischen Personen, gegen die ermittelt wurde bzw. wird, einschließlich dazugehöriger Sachverhaltsdaten. Daneben existieren spezielle Dateien zur Bekämpfung des Zigarettenschmuggels (COLUMBUS) und zur Außenwirtschaftsüberwachung (KOBRA,[564] SAMBA[565]). Schließlich betreibt das ZKA zur Bekämpfung der weltweiten Rauschgiftkriminalität die Informationssysteme Balkan-Info,[566] Mar-Info[567]

---

563 INZOLL = **In**formationssystem der **Zoll**fahndung.

564 KOBRA = **Ko**ntrolle **b**ei de**r** **A**usfuhr.

565 SAMBA = **S**ammlung **a**ller **M**eldungen u. **B**erichte **A**ußenwirtschaft.

566 Balkan-Info = System zur Bekämpfung des Drogenschmuggels auf der sog. Balkanroute.

567 Mar-Info = System zur Bekämpfung des Drogenschmuggels auf seegehenden Schiffen; Yacht-Info = System zur Bekämpfung des Drogenschmuggels auf privaten Sportbooten, Luxusschiffen usw.

und Cargo-Info.[568] An das polizeiliche Informationssystem INPOL ist das ZKA mit Zugriff auf mehrere Dateien angeschlossen. Auf die Möglichkeit einer Ausschreibung zur **zollrechtlichen Überwachung** sei in diesem Zusammenhang hingewiesen; wegen der Voraussetzungen im Unterschied zur polizeilichen Beobachtung nach § 163 e StPO sei auf Rn. 44, 45 verwiesen.

Mit der Weltzollorganisation (WCO) steht das ZKA über das System CIS[569] und mit der EG-Kommmission über das System SCENT[570] (CIS[571]/AFIS[572]) mit seinen Datenbanken, Fahndungs- und Auskunftssystemen in Verbindung.

Die Systematik des für die Exportkontrollen außerordentlich bedeutsamen DV-Überwachungssystems KOBRA wird durch folgende Darstellung (s. nächste Seite) deutlich.

XVII. Zusammenarbeit des ZKA und des Zollfahndungsdienstes mit anderen Behörden

1. Zusammenarbeit mit den übrigen Dienststellen des Zolls

269 Die Zusammenarbeit im Rahmen der zollamtlichen Überwachung oder der Ermittlung von Zuwiderhandlungen zwischen Zollfahndungsdienst und ZKA und der übrigen Zollverwaltung geschieht in vielfältiger Weise nach dem Grundsatz der Einheit der Zollverwaltung und auf der Grundlage der AO, des ZollVG, der verschiedenen Sondergesetze und zahlreicher Dienstvorschriften. Sie ist besonders eng in der Kooperation mit denjenigen Zollbeamten außerhalb des Fahndungsdienstes, die ebenfalls **Hilfsbeamte der Staatsanwaltschaft** sind, sowie mit den **Buß- und Strafsachenstellen** der Hauptzollämter. Aber auch die **Prüfungsdienste** (HZÄ-Prüf) und der Fahndungsdienst ergänzen sich in der täglichen Aufgabenerfüllung durch wechselseitigen Informationsaustausch für den jeweiligen Aufgabenbereich. Von Bedeutung ist vor allem die Tatsache, daß die Zollfahndungsbeamten der Fahndungsämter und des ZKA im Rahmen ihrer (steuerlichen und strafrechtlichen) Ermittlungs- und Überwachungsaufgaben über die Möglichkeit des jederzeitigen und unmittelbaren Zugriffs auf die steuerlichen Akten und Abfertigungsvorgänge und -unterlagen der allgemeinen Zollverwaltung verfügen und hierbei nicht durch die Schranken des Art. 15 ZK und des § 30 AO an der Informationsbeschaffung gehindert sind, da sie selbst dem Zoll- und Steuergeheimnis unterliegen.

2. Zusammenarbeit im nationalen Bereich

270 Die Zusammenarbeit im nationalen Bereich mit anderen Verwaltungs-, Überwachungs- und Ermittlungsbehörden, Staatsanwaltschaften, den Gerichten und ggf. den Kommunalverwaltungen müßte nach der ausdrücklichen Gesetzeslage ausgezeichnet sein, ist doch zugunsten der Finanzbehörden kaum ein Bereich nicht geregelt worden: § 105 AO (**Aufhebung der Verschwiegenheitspflichten**), § 111 AO (**Amtshilfepflicht**), § 116 AO (**Mitteilungspflichten beim Verdacht einer Steuerstraftat**), § 6 SubventionsG (**Mitteilungspflicht beim Verdacht des Subventionsbetrugs**), § 403 AO (**Beteiligungspflichten bei der Aufklärung von Steuerstraftaten**), § 13 FVG (**Beistandspflichten der örtlichen Polizei- und Gemeindebehörden**). Dennoch ist festzustellen, daß diese gesetzlichen Verpflichtungen tatsächlich – meist aus Unkenntnis – häufig unbeachtet bleiben. Die

---

568 Cargo-Info = System zur Bekämpfung des Drogenschmuggels im Luftfrachtverkehr.

569 CIS = Customs Information System.

570 SCENT = System Customs Enforcement Network.

571 CIS = Customs Information System.

572 AFIS = Antifraud Information System.

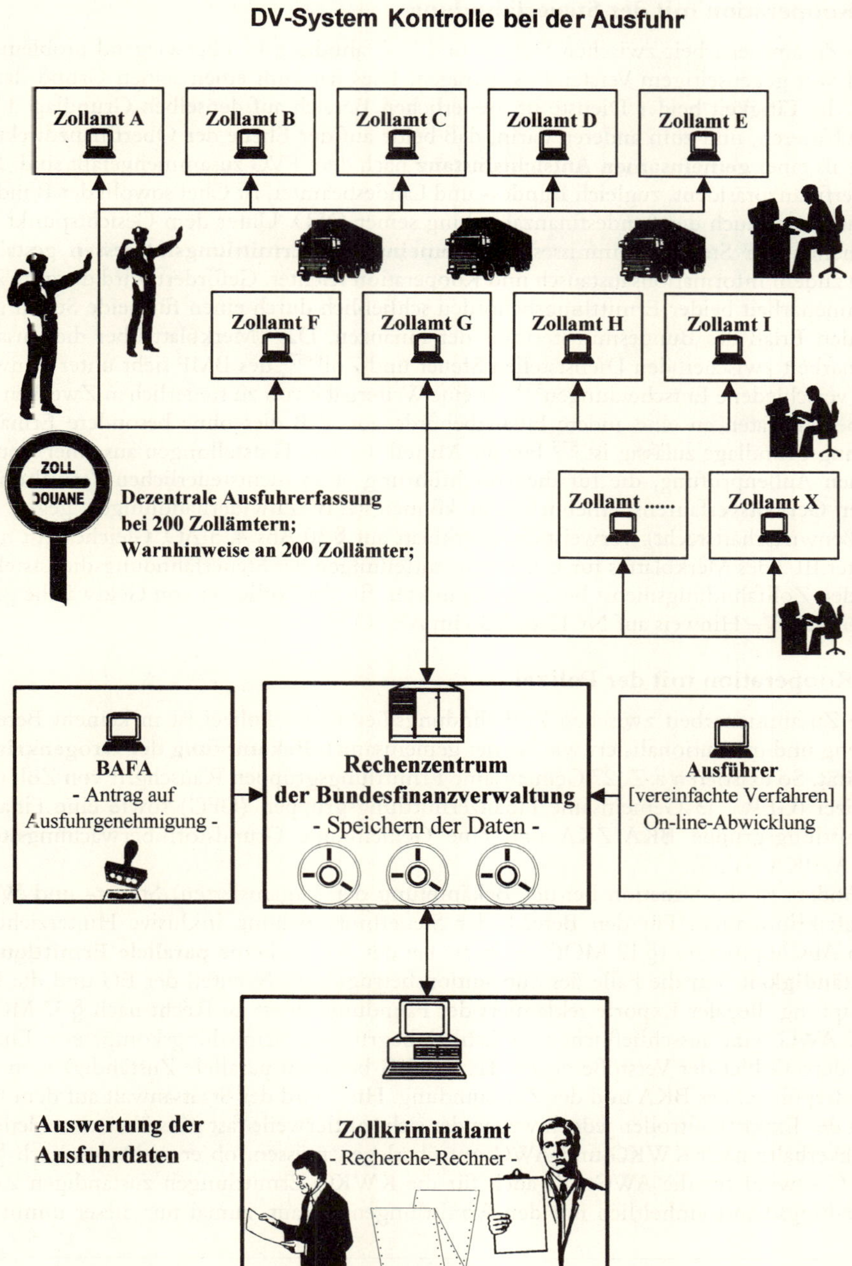
DV-System Kontrolle bei der Ausfuhr
Zollamt A
Zollamt B
Zollamt C
Zollamt D
Zollamt E
Zollamt F
Zollamt G
Zollamt H
Zollamt I
ZOLL
DOUANE
Dezentrale Ausfuhrerfassung
bei 200 Zollämtern;
Warnhinweise an 200 Zollämter;
Zollamt ......
Zollamt X
BAFA
- Antrag auf
Ausfuhrgenehmigung -
Rechenzentrum
der Bundesfinanzverwaltung
- Speichern der Daten -
Ausführer
[vereinfachte Verfahren]
On-line-Abwicklung
Auswertung der
Ausfuhrdaten
Zollkriminalamt
- Recherche-Rechner -

Nichtbeachtung fachlich spezialisierter und besonders kompetenter Ermittlungsbehörden trägt aber nicht zum erwünschten Ermittlungserfolg bei.

a) Kooperation mit der Steuerfahndung

271 Die Zusammenarbeit zwischen Steuer- und Zollfahndung ist überwiegend problemfrei und von gegenseitigem Verständnis getragen. Dies hat zum einen seinen Grund darin, daß die Tätigkeit beider Dienste im steuerlichen Bereich auf denselben Grundlagen der AO basieren, und zum anderen darin, daß beide auf der Ebene der Oberfinanzdirektionen als einer **gemeinsamen Aufsichtsinstanz** nach dem FVG zusammengefaßt sind. Der Oberfinanzpräsident, zugleich Bundes- und Landesbeamter, ist Chef sowohl der Bundesfinanz- wie auch der Landesfinanzabteilung seiner OFD. Unter dem Gesichtspunkt des gemeinsamen Steuergeheimnisses und **gemeinsamer Ermittlungsinteressen** gestalten sich zudem Informationsaustausch und Kooperation leichter. Gefördert wird die gute Zusammenarbeit beider Ermittlungsbehörden schließlich durch einen für beide Seiten geltenden Erlaß des Bundesministeriums der Finanzen. Das „Merkblatt über die Zusammenarbeit zwischen den Dienststellen Steuer und Zoll"[573] des BMF sieht unter Hinweis auf verschiedene Entscheidungen[574] für eine Weitergabe von zu steuerlichen Zwecken erhobenen Daten an eine andere Finanzbehörde vor, daß dies ohne besondere Ermächtigungsgrundlage zulässig ist.[575] Für die Mitteilung von Feststellungen aus einer steuerlichen Außenprüfung, die für die Durchführung eines nichtsteuerlichen Verwaltungs- oder Gerichtsverfahrens erheblich sein können (z. B. Zuwiderhandlungen gegen das Außenwirtschaftsrecht), verweist das Merkblatt auf § 30 Abs. 4, 5 AO. Gleiches gilt nach Ziffer III 2 des Merkblattes für Erkenntnismitteilungen der Steuerfahndungsdienststellen an den Zollfahndungsdienst bei Anhaltspunkten für das Vorliegen von Geldwäsche gem. § 261 StGB – Hinweis auf Nr. 12 zu § 30 im AEAO.[576]

b) Kooperation mit der Polizei

272 Die Zusammenarbeit zwischen Zollfahndungsdienst und Polizei ist in keinem Bereich so eng und institutionalisiert wie bei der gemeinsamen **Bekämpfung der Drogenkriminalität**. So existieren z. Z. 27 Gemeinsame Ermittlungsgruppen Rauschgift von Zoll und Polizei (GER), 13 Gemeinsame Finanzermittlungsgruppen (GFG) sowie eine Finanzermittlungsgruppe BKA/ZKA und eine Gemeinsame Grundstoffüberwachungsstelle ZKA/BKA (GÜS).

Anders ist die Situation bei der Bekämpfung der (organisierten) Steuer- und Wirtschaftskriminalität. Für den Bereich der Steuerhinterziehung inklusive Hinterziehung von Abschöpfungen (§ 12 MOG) existiert bei der Polizei **keine parallele Ermittlungszuständigkeit**. Für die Fälle des Subventionsbetrugs zum Nachteil der EG und die Bekämpfung illegaler Exporte reklamiert der Fahndungsdienst zu Recht nach § 37 MOG, § 37 AWG seine ausschließliche und fachlich begründete Ermittlungskompetenz. Einzig auf dem Gebiet der Verstöße gegen das KWKG bestehen parallele Zuständigkeiten der Länderpolizei, des BKA und der Zollfahndung. Hier wird der Staatsanwalt auf dem Gebiet der Exportkontrollen jedoch wegen der sich mittlerweile fast stets überschneidenden Sachverhalte nach KWKG und AWG gut überlegen müssen, ob er nicht den nach § 37 AWG sowohl für die AWG- als auch für die KWKG-Ermittlungen zuständigen Zollfahndungsdienst einheitlich mit den Ermittlungen betraut, zumal nur dieser unmittel-

---

573 BMF-Erlaß vom 28. 12. 1995 – III A 6 – S 0060 – 7/95.

574 BFH-Beschluß vom 2. 4. 1992 – VII B 129/91 = BStBl. 1992 II S. 616 ff.; BFH-Urteil v. 27. 10. 1993 – I R 25/92 = BStBl. 1994 II, 210 ff. m. w. N.; die interne Weitergabe v. Finanzbehörde zu Finanzbehörde ist keine Weitergabe i. S. von § 30 AO – BFH BStBl. 1994 II, 210, 212.

575 Nr. I 1 des Merkblatts.

576 AEAO = Anwendungserlaß zur AO v. 15. 7. 1998 – IV A4 – S 0062 – 13/98.

baren Zugriff auf die Vorgänge der gemeinschaftsrechtlich geregelten Ausfuhrabfertigung und der Außenwirtschaftsüberwachung besitzt.

Anlaß zu enger Zusammenarbeit (z. B. in Form einer SoKo) besteht einerseits dann, wenn Delikte aus dem Zuständigkeitsbereich der Zollfahndung tatmehrheitlich[577] mit Delikten aus dem allgemeinen Kriminalitätsbereich zusammenfallen (etwa Zigarettenschmuggel, Schutzgelderpressung, Tötungsdelikte), andererseits, wenn es sich um **deliktsübergreifende Organisierte Kriminalität** mit vergleichbaren Erscheinungsformen handelt. Die Annahme Organisierter Kriminalität allein ist allerdings kein Kriterium für die (Nicht-)Zuständigkeit des Zollfahndungsdienstes; vielmehr hat der Fahndungsdienst von jeher schon immer mit Organisierter Kriminalität oder OK-ähnlichen Delikten in grenzüberschreitender, gewerblicher oder geschäftsmäßiger Form zu tun gehabt. Zur Bekämpfung der Organisierten Kriminalität stehen dem Zollfahndungsdienst mit den Instrumentarien der OEZ, ZTZ, ZUZ, Peil- und TÜ-Technik, der Einsätze von V-Personen und Verdeckten Ermittlern, dem Zeugen- und Personenschutz sowie seiner hochspezialisierten Fachkompetenz auch die geeigneten Mittel zur Verfügung.

c) Kooperation mit anderen Behörden

Vor allem auf dem Gebiet des **Außenwirtschaftsrechts** arbeitet der Zoll bzw. das ZKA eng mit den entsprechenden Genehmigungsbehörden BAFA und BAW[578] zusammen, vgl. etwa §§ 45, 45 a AWG. Wenn die illegale Technologiebeschaffung zugleich den Tatbestand der geheimdienstlichen Agententätigkeit nach § 99 StGB nahelegt, kooperiert das ZKA ebenso mit dem Generalbundesanwalt oder dem BKA. Da die Technologiebeschaffung speziell mancher Schwellenländer nachrichtendienstlich gesteuert wird, ist eine Zusammenarbeit mit den Nachrichtendiensten zur Erlangung entsprechender Erkenntnisse aus dem Ausland und Inland auf der Grundlage der Gesetze für den BND und das Bundesamt für Verfassungsschutz unverzichtbar. Eine vergleichbare Zusammenarbeit existiert mit den verschiedenen Genehmigungs- und Überwachungsbehörden nach Bundes- und Landesrecht auf den Gebieten des AMG, LMBG, BNatSchG, usw. – vgl. i.ü. Anhang 1. 273

3. Internationale und europäische Zusammenarbeit im Wege der Amtshilfe

Grundlage des Informationsaustausches auch im Rahmen von strafrechtlichen Ermittlungen ist § 117 AO, der die **zwischenstaatliche Amtshilfe** betrifft.[579] Rechtshilfe setzt im steuerlichen Sinne eine Hilfeleistung an ein Gericht voraus, die in den §§ 111–115, 117 AO nicht geregelt werden sollen.[580] Danach ist es den Zollbehörden aufgrund und im Rahmen innerstaatlichen Rechts (Abs. 1),[581] wozu die innerstaatlich anwendbaren völkerrechtlichen Vereinbarungen, die unmittelbar geltenden EG-Verordnungen[582] und das EG-Amtshilfegesetz (Abs. 2) gehören, gestattet, Amtshilfe zu leisten und in Anspruch zu nehmen. Auch ohne Unterstützungsvereinbarung kann nach Abs. 3 im Einzelfall unter 274

577 Für tateinheitlich begangene Delikte vgl. BGH NStZ 1990, 38 ff.; für tatmehrheitlich begangene Delikte vgl. unter dem Gesichtspunkt einer Tat i. S. der StPO OLG *Braunschweig* wistra 1998, 71 ff.

578 BAW = Bundesamt für Wirtschaft.

579 Entgegen der amtlichen Überschrift und den Formulierungen in den Abs. 1–5 betrifft § 117 AO lediglich Fälle der Amtshilfe und nicht der Rechtshilfe der Justiz – vgl. *Söhn* in *Hübschmann/Hepp/Spitaler,* Rn. 14 zu § 117 AO; *Wolffgang,* Steuerliche Amtshilfe innerhalb der EG, Rn. 2 (Fußnote), Seite 991; ebenso *Bilsdorfer,* Informationsquellen u. -wege, 96.

580 So *Söhn* in *Hübschmann/Hepp/Spitaler,* Rn. 14 zu § 117 AO; *Tipke/Kruse,* § 117 AO, Rn. 1 c.

581 Stichworte: Steuergeheimnis, Datenschutz, Amtsverschwiegenheit usw.

582 Die Aufzählung kann inbezug auf ohnehin unmittelbar geltende VOen der Gemeinschaft sowie in nationales Recht transformierte völkerrechtliche Vereinbarungen nur deklaratorischen Charakter besitzen.

den dort genannten Voraussetzungen nach pflichtgemäßem Ermessen Amtshilfe geleistet werden.[583] Gem. § 117 Abs. 4 i.V. m. § 114 AO richtet sich die Zulässigkeit der erbetenen Amtshilfe bei der ersuchenden Behörde und bei der ersuchten Behörde nach dem für die jeweilige Behörde geltenden Recht. Die ersuchende Behörde trägt die Verantwortung für die Zulässigkeit nach ihrem innerstaatlichem Recht für von der ersuchten Behörde erbetene Amtshandlungen. Die ersuchte Behörde ist nach dem für sie geltenden innerstaatlichen Recht für die Zulässigkeit und Rechtmäßigkeit der Durchführung der ihr angetragenen Amtshilfemaßnahmen verantwortlich – vgl. § 114 Abs. 2 AO.

275 Gem. Abs. 4 S. 3 des § 117 AO i.V. m. § 91 AO soll bei der Übermittlung von Auskünften und Unterlagen dem von der Auskunft Betroffenen **Gelegenheit zur Stellungnahme** (rechtliches Gehör) gewährt werden, damit der Betroffene ggf. Rechtsschutz gegen die Auskunfterteilung in Anspruch nehmen kann; der Finanzrechtsweg nach § 33 FGO ist gegeben.[584] Nach § 91 Abs. 2 u. 3 AO kann davon jedoch bei entgegenstehendem zwingenden öffentlichen Interesse oder wenn es nach den Umständen des Einzelfalls nicht geboten ist, abgesehen werden.[585] Dies wird bei der Ermittlung von Straftaten regelmäßig der Fall sein, weil ansonsten der Ermittlungserfolg, die Aufdeckung und ggf. Verhinderung von (unbekannten) Zuwiderhandlungen, gefährdet oder vereitelt würde, wenn dem Betroffenen durch Informationen zur Stellungnahme die Maßnahme vorzeitig bekanntwürde.

276 Häufig ist in Justizkreisen noch die Meinung anzutreffen, der nach den entsprechenden EG-Verordnungen (beispielsweise VO (EG) 515/97) sowie den bi- und multilateralen Zollunterstützungsabkommen zulässige Amtshilfeverkehr mit ausländischen Zollbehörden betreffe ausschließlich die Amtshilfe für Zwecke des Besteuerungsverfahrens[586] und nicht auch die Strafverfolgung. Dem ist für den Zollbereich zu entgegnen, daß die Zollunterstützung regelmäßig auch die **Verfolgung von Zuwiderhandlungen** umfaßt. Einerseits betrifft das Übereinkommen von Neapel alle Verstöße gegen Zollvorschriften (also auch VuB, AWG, KWKG), andererseits ist im Übereinkommen von Neapel sowie in der Amtshilfeverordnung der EG auch die Aufdeckung und Verfolgung von Zuwiderhandlungen gegen die Zollgesetze Amtshilfegegenstand. Selbst die Brüsseler Zollratsempfehlungen kennen eine solche Beschränkung nicht, begrenzen aber die Auskunftserteilung auf die der ersuchten Verwaltung bereits vorliegenden oder die aufgrund des Ersuchens durch Einleitung eines eigenen Ermittlungsverfahrens ohnehin ermittelten Erkenntnisse.

a) Empfehlungen der Weltzollorganisation

277 Soweit keine bi- oder multilateralen Abkommen mit der Bundesrepublik Deutschland oder der Europäischen Gemeinschaft geschlossen wurden, kommt eine internationale Zusammenarbeit der Zollfahndungsdienste nur auf der Grundlage der sog. **Brüsseler Zollratsempfehlung** in Betracht.

Die Brüsseler Zollratsempfehlung[587] **(WZO)** über die gegenseitige Verwaltungshilfe vom 5. 12. 1953[588] ist von folgenden Staaten – z.T. mit Vorbehalten – angenommen worden: Ägypten,

---

583 U. a. bei verbürgter Gegenseitigkeit, Zweckbindung nur für Besteuerungs- oder Steuerstrafverfahren, Vermeidung einer Doppelbesteuerung, Einhaltung des ordre public; vgl. *Klinkhammer*, ZfZ 1996, 40.

584 Vgl. *Wolffgang*, Steuerl. Amtshilfe innerhalb der EG, Rn. 67.

585 Die Aufzählung in Abs. 2 der Vorschrift enthält Regelbeispiele und ist insoweit nicht abschließend.

586 So noch *Müller/Wabnitz/Janovski*, Wirtschaftskriminalität, 312, Rn. 62; *Janovsky*, Kriminalistik 1998, 331–341 (335).

587 Vgl. *Klinkhammer*, a.a.O., 39; *Schröder*, ddz 1981, F125.

588 Übersetzung der Empfehlung des Rates für die Zusammenarbeit auf dem Gebiete des Zollwesens über gegenseitige Verwaltungshilfe v. 5. 12. 1953; BGBl. 1959 II S. 1501. Der Brüsseler Zollrat

Algerien, Argentinien, Australien, Belgien, Deutschland, Dänemark, Finnland, Frankreich, Griechenland, Indien, Iran, Irland, Island, Israel, Italien, Japan, Kanada, Republik Korea, Lesotho, Luxemburg, Malawi, Malta, Mauritius, Neuseeland, Niederlande, Nigeria, Norwegen, Österreich, Pakistan, Portugal, Ruanda, Rumänien, Schweden, Senegal, Slowakei, Spanien, Tansania, Thailand, Tschechische Republik, Türkei, Tunesien, Vereinigtes Königreich Großbritannien und Nordirland, USA und Zypern.

Die Zollratsempfehlung umfaßt eine Zusammenarbeit bei sämtlichen Delikten im Zuständigkeitsbereich der Zollverwaltungen [auch Verstöße gegen Einfuhrverbote (Bannbruch)], jedoch beschränkt auf die **zur Verfügung stehenden** Erkenntnisse und Auskunftsmöglichkeiten. Soweit die mit dem Ersuchen verbundene Information allerdings Anlaß ist, ein eigenes Ermittlungsverfahren einzuleiten, werden auch daraus resultierende Erkenntnisse von der Empfehlung umfaßt.

Die **Empfehlung des Rates für die Zusammenarbeit auf dem Gebiete des Zollwesens** (heute Weltzollorganisation: WZO) über gegenseitige Verwaltungshilfe (Brüsseler Zollratsempfehlung) vom 5.12. 1953 sieht zur Bekämpfung von Zuwiderhandlungen gegen die Zollgesetze (u. a. Schmuggel und andere Arten der Eingangs- oder Ausgangsabgabenhinterziehung, Verstöße gegen VuB, Umgehung eines Ein- oder Ausfuhrbewilligungszwangs) beispielsweise vor:

- Die Zollverwaltung eines Mitgliedstaates überwacht auf Ersuchen eines anderen Mitgliedstaates
  - Warensendungen, die der ersuchende Staat als Gegenstand eines umfangreichen Schmuggels in Richtung seines eigenen Hoheitsgebietes bezeichnet,
  - die Ein- und Ausreise aller Personen, von denen bekannt ist, daß sie sich mit Schmuggel befassen,
  - alle Land-, Wasser- und Luftfahrzeuge, bei denen der Verdacht besteht, daß sie zum Schmuggel benutzt werden.
- Die Zollverwaltungen der Mitgliedstaaten erteilen einander so schnell und ausführlich wie möglich alle Auskünfte über neue Wege und Mittel der Zollhinterziehung und übermitteln einander Abschriften der von ihren Fahndungsdienststellen ausgearbeiteten Berichte, die besondere Arten der Zollhinterziehung behandeln und anderen Mitgliedstaaten dienlich sein können.

Die Zusammenarbeit aufgrund der Zollratsempfehlungen stellt die niedrigste Stufe der Kooperation der Zollverwaltungen dar.

b) Bilaterale und multilaterale Zollunterstützungsverträge; EG-Amtshilfeverordnung; EG-Amtshilfegesetz

Da der Informations- und Aufklärungsbedarf der Zollverwaltungen und der Zollfahndungsdienste aus der Natur der grenzüberschreitenden Warenverkehre heraus stets auf der schnellen **Kooperation mit den ausländischen Zollpartnern** basiert, haben die Zollverwaltungen schon frühzeitig zahlreiche sog. Zollunterstützungsverträge zur gegenseitigen Unterstützung bei der Aufklärung von Zuwiderhandlungen abgeschlossen. Die bi- und multilateralen Verträge, die die Bundesrepublik abgeschlossen hat, stellen völkerrechtliche Verträge, die in nationales Recht transformiert wurden, dar. Für die Kooperation der EG-Mitgliedstaaten untereinander und mit der EG-Kommission auf dem Gebiet des Zollrechts sind selbstverständlich ebenso eine Reihe von Verordnungen geschaffen worden. Die ebenfalls existierenden Verträge der Europäischen Gemeinschaft als solcher mit 278

(CCC) nennt sich heute Weltzollorganisation (WZO, engl. WCO). Die 6 Empfehlungen beziehen sich im wesentlichen auf die Überwachung schmuggelverdächtiger Personen, Fahrzeuge und Warensendungen, den Austausch von Erkenntnissen zu neuen Kontroll- und Fahndungsrastern und – bei ausdrücklichem Ersuchen – auf **zur Verfügung stehende** Erkenntnisse aus Ermittlungen wegen Zuwiderhandlungen gegen die Zollgesetze. Eigenständige Ermittlungsersuchen kennen die Empfehlungen nicht.

Nichtgemeinschaftsstaaten sind dem EG-Recht zuzuordnen. Daneben existieren noch sog. Verwaltungsabkommen zwischen den einzelnen, für den Zoll jeweils nach nationalem Recht zuständigen Ministerien.

Von eminenter praktischer Bedeutung für die Zusammenarbeit innerhalb der Europäischen Gemeinschaft ist neben anderen EG-Verordnungen vor allem die am 1. 3. 1998 in Kraft getretene EG-VO 515/97 (Nachfolgerin der EG-VO 1468/81), die sog. **Amtshilfeverordnung.**

Zur Anwendung kommen im einzelnen:

Die **VO (EWG) Nr. 1468/81** v. 19. 5. 1981 bzw. ab 1. 3. 1998 die **VO (EG) Nr. 515/97** v. 13. 3. 1997 über die gegenseitige Unterstützung der Verwaltungsbehörden der Mitgliedstaaten zur ordnungsgemäßen Anwendung der Zoll- und Agrarregelungen;[589]

das Abkommen von Neapel v. 7. 9. 1967 von EG-Mitgliedstaaten über die gegenseitige Unterstützung ihrer Zollverwaltungen;[590]

das Übereinkommen aufgrund von Artikel K.3 des Vertrages über die Europäische Union über gegenseitige Amtshilfe und Zusammenarbeit der Zollverwaltungen (kurz: Neapel II) v. 18. 12. 1997;[591] das neue Übereinkommen ist **noch nicht in Kraft** getreten;

bilaterale Verträge mit Finnland (1975),[592] Island (1977),[593] Kanada (1984),[594] Kroatien (1974),[595] Norwegen (1974),[596] Österreich (1970),[597] Polen (1992),[598] Russ. Föderation (1992),[599] Schweden (1972),[600] Slowenien (1974),[601] Spanien (1969),[602] Ungarn (1991),[603] Tschechien (1995),[604] USA (1973);[605]

das **Helsingforser Abkommen** zur Bekämpfung des Alkoholschmuggels v. 19. 8. 1925 von Dänemark, Deutschland, Estland, Finnland, Lettland, Litauen, Norwegen, Polen, Russische Föderation und Schweden;[606]

das **Abkommen zwischen der EG und den USA** über Zusammenarbeit und gegenseitige Amtshilfe im Zollbereich v. 21. 5. 1997;[607]

das **Protokoll Nr. 6** zum **Europaabkommen** v. (unterschiedl. Abschlußzeiten[608]) zwischen der EG sowie ihren Mitgliedstaaten[609] und Bulgarien, Polen,[610] Rumänien, Slowakei, Tschechien, Un-

---

589 Fundstellen vgl. Anhang 2.

590 Übereinkommen zwischen Belgien, der Bundesrepublik Deutschland, Frankreich, Italien, Luxemburg und den Niederlanden über gegenseitige Unterstützung ihrer Zollverwaltungen v. 7. 9. 1967; BGBl. 1969 II S. 66; Gesetz zu dem Übereinkommen wie vor v. 14. 1. 1969; BGBl. II S. 65; Protokoll zum Beitritt Griechenlands v. 7. 9. 1967; BGBl. 1969 II S. 80; andere Mitgliedstaaten sind später beigetreten.

591 Fundstelle vgl. Anhang 2.

592 BGBl. 1976 II S. 546.

593 BGBl. 1978 II S. 854.

594 BGBl. 1978 II S. 854.

595 Zollunterstützungsvertrag mit dem ehem. Jugoslawien; BGBl. 1975 II S. 409; z. Z. nicht angewandt.

596 BGBl. 1975 II S. 758.

597 BGBl. 1980 II S. 1244.

598 BGBl. 1994 II S. 93.

599 BGBl. 1996 II S. 2613.

600 BGBl. 1976 II S. 1672.

601 Vgl. Kroatien.

602 BGBl. 1971 II S. 93.

603 BGBl. 1993 II S. 115.

604 BGBl. 1996 II S. 1066.

605 BGBl. 1975 II S. 446.

606 RGBl. 1926 II S. 221; 1927 II S. 878; vgl. *Schröder*, a.a.O., F125.

607 ABl. (EG) Nr. L 222/16 /17) v. 12. 8. 1997.

608 Mit Polen und Ungarn am 1. 2. 1994, mit CR, Slowakei, Rumänien und Bulgarien seit dem 1. 2. 1995 in Kraft getreten.

609 Sog. gemischtes Abkommen, weil die EG im Bereich der VuB und der Strafverfolgung nur eingeschränkte bzw. keine Kompetenz hat; soweit bilaterale Abkommen mit den Staaten bestehen, ist die Anwendung des Protokolls für Deutschland obsolet.

610 ABl. (EG) Nr. L 114/145 v. 30. 4. 92.

garn zur Gewährleistung der Einhaltung des Zollrechts, der Verhütung und Aufdeckung von Zuwiderhandlungen und deren Ermittlungen, einschließlich VuB;

Zusammenarbeitsvereinbarung (Verwaltungsvereinbarung) zwischen der Generaldirektion Zölle und indirekte Verbrauchsteuern der Franz. Republik und der Zollverwaltung der Bundesrepublik Deutschland über die Verbesserung der Zusammenarbeit auf dem Gebiet der Schmuggelbekämpfung v. 28. 3. 1994;

Vereinbarungen zwischen dem Staatl. Komitee der Republik Weißrußland und dem BMF der Bundesrepublik Deutschland über die Zusammenarbeit der Zollverwaltungen zur Bekämpfung des Rauschgiftschmuggels v. 9.2./25. 4. 1994[611] **sowie** zur Bekämpfung des Schmuggels mit Kernmaterial sowie dessen Spalt- und Abfallstoffen v. 9.2./25. 4. 1994;[612]

Protokoll Nr. 2 über Amtshilfe im Zollbereich zu dem Abkommen über Partnerschaft und Zusammenarbeit zwischen den Europäischen Gemeinschaften und ihren Mitgliedstaaten sowie Kirgisistan, Russische Föderation,[613] Ukraine, Weißrußland;

Daneben existieren noch Abkommen der Bundesrepublik Deutschland über die Zusammenarbeit bei der Bekämpfung der Organisierten Kriminalität, des Terrorismus und anderer Straftaten von erheblicher Bedeutung, in die neben der Polizei auch der Zoll eingebunden ist, mit Kasachstan Lettland, Polen, Ukraine, Weißrußland.

Die wichtigsten Grundlagen[614] für den Informationsaustausch i. R. der Zollzusammenarbeit für die Bereiche Zölle, Agrarregelungen und Verbote und Beschränkungen im grenzüberschreitenden Warenverkehr stellen die **EG-VO 515/97 über die gegenseitige Unterstützung der Verwaltungsbehörden der Mitgliedstaaten und die Zusammenarbeit dieser Behörden mit der Kommission** vom 13. 3. 1997,[615] das **Zollunterstützungsübereinkommen von Neapel** aus dem Jahre 1967[616] und das **Zollunterstützungsübereinkommen aufgrund von Art. K.3 EUV** (sog. Neapel II-Übereinkommen) dar.[617] Das Neapel II-Übereinkommen ist am 18.12. 1997 paraphiert worden. Es bedarf zu seinem Inkraftreten noch der Ratifizierung und der Notifizierung seiner Annahme durch die Vertragsstaaten; danach tritt es 90 Tage nach der Notifikation des letzten Mitgliedstaates der EG in Kraft – vgl. Art. 32 Abs. 1 bis 3 des Übereinkommens. Mit seinem Inkrafttreten wird das alte Neapeler Übereinkommen vom 7. 9. 1967 aufgehoben (Art. 32 Abs. 6).[618] Alle drei Regelungen haben zum Inhalt, Zuwiderhandlungen gegen die Zollgesetze zu verhindern, aufzudecken und zu **verfolgen**. Während die VO die Zusammenarbeit auf dem Gebiet des Zollwesens regelt (= Zoll- u. Agrarrecht), stellen die Übereinkommen die Grundlage für die Zusammenarbeit auf dem Gebiet der Bekämpfung von Zuwiderhandlungen gegen die Zollgesetze, vor allem der Verbote für den grenzüberschreitenden Warenverkehr dar (alle Einfuhrabgaben incl. EUSt sowie Verbote und Beschränkungen). Zollbehörden i. S. der Regelungen sind nicht unbedingt die so **formal bezeichneten Behörden**, sondern diejenigen Verwaltungsstellen, die nach dem jeweiligen innerstaatlichen Recht mit dem Vollzug des Zollrechts ganz oder z. T. befaßt sind – vgl. Art. 1 Abs. 1 VO(EG) 515/97, Art. 1 Abs. 2 des Neapeler Übereinkommens[619] 279

---

611 Regierungsvereinbarung.

612 Regierungsvereinbarung.

613 ABl. (EG) Nr. L 247/16 v. 13. 10. 95.

614 Vgl. *Ohström*, AW-Prax 1999, 169; *Klinkhammer*, ZfZ 1996, 37–40; *Petry*, ZfZ 1986, 258–264; auch *Schröder*, ddz 1981, F121-F126.

615 Die VO(EG) 1468/81 wird mit Wirkung vom 13. 3. 1998 durch die neue Amtshilfeverordnung 515/97 ersetzt; Fundstellen vgl. Anhang 2.

616 Übereinkommen zwischen Belgien, der Bundesrepublik Deutschland, Frankreich, Italien, Luxemburg und den Niederlanden über gegenseitige Unterstützung ihrer Zollverwaltungen v. 7. 9. 1967 BGBl. 1969 II S. 66; Gesetz zu dem Übereinkommen wie vor v. 14. 1. 1969; BGBl. II S. 65; Protokoll zum Beitritt Griechenlands v. 7. 9. 1967; BGBl. 1969 II S. 80; andere Mitgliedstaaten sind später beigetreten.

617 Vgl. *Wewel*, ZfZ 1995, 226–232; *Klinkhammer*, ZfZ 1996, 37–40.

618 Vgl. insgesamt *Wewel*, ZfZ 1995, 228.

619 Vgl. *Klinkhammer*, ZfZ 1996, 37–40 (37).

sowie Art. 4 Nr. 7 des Neapel II-Übereinkommens. Somit kann, je nach Ausgestaltung der innerstaatlichen Organisation, im Einzelfall auch eine ausländische Polizei- oder sonstige Verwaltungsbehörde Zollbehörde i. S. der vorg. Regelungen sein.

Wesentliche Teile der Unterstützungsregelungen sind **deckungsgleich**,[620] jedoch geht die EG-VO als unmittelbar anzuwendendes Gemeinschaftsrecht den beiden Übereinkommen von Neapel vor – Art. 189 EGV.

280 Die EG-VO 515/97 erfaßt in ihrem **Anwendungsbereich** die Zusammenarbeit bei der Durchführung der gemeinschaftlichen Zoll- und Agrarregelungen einschließlich der EG-Außenwirtschaftsregelungen (handelspolitische Maßnahmen) – Art. 1 Abs. 1, Art. 2 Abs. 1 der VO. Sie gilt neben dem Erhebungs-/Erstattungsverfahren vor allem auch für Maßnahmen zur Vorbeugung von Zuwiderhandlungen und der Ermittlung von Verstößen gegen die Zoll- und Agrarregelungen der EG.[621]

Die VO stellt ausländische Ersuchen inländischen Ersuchen und der eigenen Aufgabenwahrnehmung gleich – Art. 9 Abs. 1, somit sind Zwangsmaßnahmen möglich[622]. Die ersuchte Behörde teilt der ersuchenden Zollbehörde das Ergebnis ihrer Ermittlungen einschließlich zugehöriger Dokumente, Beweismittel oder Ablichtungen davon mit – Art. 8, 9 Abs. 1 EG-VO. In solchen Fällen kann bei bereits vorliegender **Justizanhängigkeit** nach nationalem Recht eine vorherige Zustimmung der Staatsanwaltschaft oder des Gerichts für die Übermittlung von Erkenntnissen und Beweismitteln erforderlich sein. Grundsätzlich geht die EG-AmtshilfeVO als unmittelbar geltendes Gemeinschaftsrecht jedoch innerstaatlichen gesetzlichen Regelungen vor,[623] nur die Durchführung bestimmt sich nach innerstaatlichem Recht. (Hinweis: Für die deutsche Zollverwaltung gibt es wegen der Mehrfachfunktionalität als Finanz-, Überwachungs- und Ermittlungsbehörde eine derartige Bindung an die Staatsanwaltschaft praktisch nicht; die Staatsanwaltschaft ist Herr nur über das Ermittlungsverfahren.) Ermittlungsbeamte können sich auch nach Art. 10 EG-VO im beiderseitigen Einvernehmen vor Ort bei der ersuchten Behörde Kopien von den dort vorhandenen Unterlagen fertigen; sie können, wenn nationales Recht nicht entgegensteht, bei den Ermittlungshandlungen der ersuchten Behörde anwesend sein – Art. 9 Abs. 2 EG-VO.

Das Übereinkommen von Neapel aus dem Jahre 1967 erstreckt sich über den **Anwendungsbereich** der EG-VO hinaus auch auf die Einfuhrumsatzsteuer sowie insbesondere auf Verbote und Beschränkungen – Art. 2 des Übereinkommens; es ist folglich in diesem Bereich auch neben der VO 515/97 anwendbar.[624] Wie die übrigen Zollunterstützungsverträge gilt auch das Übereinkommen von Neapel für die Unterstützung sowohl im Verwaltungs- als auch im Ermittlungsbereich,[625] wird jedoch auf dem Gebiet des Zollrechts von der EG-VO verdrängt. Beide Regelungen erlauben Unterstützung auf Ersuchen des jeweiligen Staates, aber auch sog. Spontanmitteilungen – Art. 13 der VO, Art. 8 des Übereinkommens.

Das Übereinkommens von Neapel sieht eine Reihe von typischen Ermittlungs- und Unterstützungsmaßnahmen vor (in Klammern die Neuregelungen des Neapel II-Übereinkommens):

---

[620] Vgl. die vergleichende tabellarische Übersicht in Anhang A zum Erläuternden Bericht über das sog. Neapel II-Übereinkommen; Fundstelle vgl. Anhang 2.

[621] *Petry,* ZfZ 1986, 258 (263).

[622] Ziffer 1.2 zu Art. 1 des Erläternden Berichts zum Neapel II-Übereinkommen; *Petry,* ZfZ 1986, 263; *Schröder,* ddz 1981, F121–F126 (F122); *Wolffgang,* Steuerl. Amtshilfe innerhalb der EG, Rn. 44, 1008.

[623] Vgl. im einzelnen *Söhn* in *Hübschmann/Hepp/Spitaler,* Rn. 406, 410–413 zu § 117 AO.

[624] Wegen der weitgehenden Überlagerung beider Regelungen – wobei im Unterschied zur VO die Übereinkommen auch den repressiven Bereich der Strafverfolgung umfaßen – hilft man sich im Fahndungsdienst damit, daß man Ersuchen auf beide Rechtsgrundlagen stützt – vgl. *Wewel,* ZfZ 1995, 228.

[625] *Petry,* ZfZ 1986, 260, 262; *Wolffgang,* Steuerl. Amtshilfe innerhalb der EG, Rn. 42, 1007.

- Nach Art. 8 (Art. 8 bis Art. 12; Art. 16, Art. 17) erteilen sich die Zollverwaltungen unaufgefordert oder auf Ersuchen durch Übersenden von Berichten, Niederschriften oder beglaubigten Kopien von Schriftstücken alle ihnen zur Verfügung stehenden Informationen über geplante oder festgestellte Verstöße gegen die Zollgesetze.[626]
- Gem. Art. 10 veranlassen die Vertragsstaaten, daß ihre Fahndungsdienste unmittelbar in Verbindung stehen, um durch Informationsaustausch die Verhinderung, Ermittlung und Verfolgung von Zuwiderhandlungen gegen ihre Zollgesetze zu erleichtern.
- Gem. Art. 11 (Art. 10 Abs. 3) können sich Bedienstete der ersuchenden Zollverwaltung nach Zustimmung der ersuchten Zollverwaltung bei deren Dienststellen alle Auskünfte aus Büchern, Verzeichnissen oder Schriftstücken, die zur Durchführung der Zollgesetze geführt werden, verschaffen und hiervon Kopien fertigen.
- Art. 12: Auf Ersuchen der Gerichte oder Behörden können die Zollverwaltungen ihre Bediensteten ermächtigen, dort als Zeugen oder Sachverständige zu erscheinen und auszusagen.
- Nach Art. 13 (Art. 8, Art. 12) veranlaßt die ersuchte Zollverwaltung alle amtlichen Ermittlungen wegen Zuwiderhandlungen gegen die Zollgesetze, insbesondere die Vernehmung Beschuldigter, Zeugen oder Sachverständiger, und teilt das Ergebnis mit.
- Gem. Art. 14 (Art. 12 Abs. 2) dürfen die Ermittlungsbeamten der ersuchenden Zollverwaltung bei den vorg. Ermittlungsmaßnahmen anwesend sein.

Bei Informationen nach den beiden Übereinkommen von Neapel oder der EG-VO 515/ 281
97 bestehen keine Einschränkungen der **Verwertbarkeit**, da beide Regelungen eine allseitige Verpflichtung der Zollverwaltungen und der EG-Mitgliedstaaten zur Unterstützung im Sinne einer Gleichmäßigkeit der Besteuerung und einer gleichmäßigen Rechtsanwendung innerhalb der EG zum Gegenstand haben.[627] Daneben können und sollen auch Ermittlungserkenntnisse (also „harte Daten") auf Ersuchen oder unaufgefordert nach Art. 8 des Neapeler Übereinkommens, Art. 14 und Art. 18 des Neapel II-Übereinkommens sowie Art. 8 der EG-VO 515/97 für Zwecke der Strafverfolgung übermittelt werden.

Das Neapel II-Übereinkommen sieht wesentliche Verbesserungen und Vereinfachungen der Zollzusammenarbeit vor allem auf dem Gebiet der Strafverfolgung bei grenzüberschreitenden Observationen (Art. 21), Nacheile (Art. 20), dem grenzüberschreitenden Einsatz von verdeckten Ermittlern (Art. 23) und bei sog. kontrollierten Lieferungen (Art. 22) vor.[628]

Im Zusammenhang mit dem Wegfall der Binnengrenzkontrollen haben die Kommis- 282
sion und die Mitgliedstaaten der Gemeinschaft als Ausgleichsmaßnahme die Einrichtung eines bzw. zweier **Zollinformationssysteme** (CIS[629]) beschlossen. Im Rahmen der neuen EG-Amtshilfeverordnung wird für den Zuständigkeitsbereich der EG (Zölle, Marktordnungsregelungen) ein CIS II und i. R. einer Konvention der Mitgliedstaaten (Neapel II) ein CIS I für die nationalen VuB sowie Außenwirtschafts-, Embargo- und KWKG-Bestimmungen vorgesehen.[630,631] Das CIS sieht u. a. eine **zollrechtliche Überwachung** (Art. 5) von Personen u. Fahrzeugen und eine Speicherung von Daten über Waren, Trans-

---

626 Zollgesetze umfassen nach Art. 2 des Übereinkommens alle Rechtsvorschriften über die Ein-, Aus- u. Durchfuhr, die sich auf Zölle, Abschöpfungen und alle sonstigen Abgaben oder auf Verbote u. Beschränkungen beziehen.

627 Vgl. BMF-Erlaß v. 4. 1. 1990 – III A 6 – Z 4601 – 1/90, VSF N0590, zum Neapeler Übereinkommen von 1967; Ausnahme: ordre public Art. 17 EG-VO 1468/81, Art. 19 des Übereinkommens von Neapel.

628 Allerdings mit sog. „option in"- und „option out"-Möglichkeiten, vgl. Art. 20 Abs. 6 u. 7; Art. 21 Abs. 4; Art. 23 Abs. 5; Erklärungen im Anhang zum Neapel II-Übereinkommen.

629 Customs Information System.

630 Vgl. die Darstellung von *Wewel*, ZfZ 1995, 226–232; Text des Übereinkommens von CIS I im Amtsblatt der EG v. 27. 11. 1995 Nr. C 316/33–42.

631 Die entsprechenden Regelungen enthalten i. ü. eigenständige Bestimmungen zur Datenverarbeitung und zum Schutz personenbezogener Daten.

portmittel, Unternehmen, Personen, Tendenzen bei Betrugspraktiken und Verfügbarkeit von Sachkenntnis (Art. 3) vor. Es hat den Anschein, als würden die zollamtliche Überwachung bzw. die Marktbeobachtung hierdurch auf eine neue rechtliche und dv-technische Grundlage gestellt. Unverständlicherweise ist bisher jedoch im Informationssystem CIS, das im wesentlichen eine Ausschreibungsdatei darstellt, kein EG-weiter **Kriminalaktennachweis** der europäischen Zollfahndungsdienste vorgesehen. Sowohl im Ermittlungs- als auch im Überwachungsbereich wird der deutsche Zollfahndungsbeamte voraussichtlich auch künftig bei der Aufnahme und Durchführung von Beobachtungen und Ermittlungen keine Kenntnis davon haben, daß eventuell der irische, der spanische oder der griechische Zollfahndungsdienst eine bestimmte Firma oder Person bereits zum Gegenstand seiner Aktivitäten gemacht hat.

283 Nach Art. 42, Art. 34 bis 36 der EG-VO besitzen mitgeteilte Erkenntnisse **vertraulichen Charakter** und fallen unter das Steuergeheimnis. Sie genießen den gleichen Schutz, den das innerstaatliche Recht des Empfangsstaates für Auskünfte dieser Art gewährt (§ 30 AO, Art. 15 ZK). Eine Mitteilung darf nur an zur Kenntnis befugte Funktionsträger der Mitgliedstaaten oder der Kommission erfolgen. Eine Verwendung zu einem anderen als dem in der VO vorgesehenen Zweck ist unzulässig, es sei denn, die die Auskunft erteilende Behörde billigt die Zweckänderung ausdrücklich (soweit sie nach ihrem Recht dazu befugt ist) oder die Auskunft findet für ein Ermittlungs- oder Gerichtsverfahren wegen Zuwiderhandlung gegen die Zoll- bzw. Agrarregelungen Anwendung, was in der Folge eingeleitet worden ist.[632] Eine entsprechende Regelung findet sich in Art. 20 des Neapeler Übereinkommens bzw. in Art. 25 und Art. 27 des Neapel II-Übereinkommens.

Für den Bereich der Verbrauchsteuern auf Mineralöl, Tabakwaren, Alkohol und alkoholische Getränke ist im übrigen auch noch das **EG-Amtshilfegesetz** für die Zollverwaltung von Bedeutung – vgl. § 1 Abs. 1 Nr. 3 EG-AHG. Das EG-AHG stellt die Umsetzung der EG-Richtlinie 77/799 in nationales Recht dar. Es erlaubt in diesem Bereich den entsprechenden Informationsaustausch u. a., wenn tatsächliche Anhaltspunkte die Vermutung rechtfertigen, daß Verbrauchsteuern eines Mitgliedstaates der EG nicht zutreffend erhoben worden sind oder nicht zutreffend erhoben werden könnten, oder daß zum Zwecke der Steuerumgehung Geschäftsbeziehungen über dritte Mitgliedstaaten oder andere Staaten geleitet worden sind.

c) Zusammenarbeit mit der EG-Kommission

284 Auch die Zusammenarbeit der Mitgliedstaaten mit der Kommission ist in der EG-AmtshilfeVO 515/97 geregelt – Art. 17 u. 18 EG-VO. Obwohl die Bekämpfung der gegen die finanziellen Interessen der EG gerichteten Kriminalität Aufgabe der einzelnen Mitgliedstaaten ist, weil der Europäischen Gemeinschaft aufgrund der Verträge nach wie vor keine Kompetenz zur Regelung des Straf- und Strafprozeßrechts und zu einer eigenen Strafverfolgung zusteht, wurde bereits 1988 die Dienststelle „Koordinierung der Maßnahmen zur Betrugsbekämpfung" (**UCLAF** = Unité de Coordination de la lutte antifraude) eingerichtet, die heute – unter der Bezeichnung OLAF (Office de la lutte antifraude) – eine Stärke von rund 150 Mitarbeitern hat. Sie ist in der Kommission zentral für alle Bereiche der Betrugsbekämpfung zum Nachteil der finanziellen Interessen der Gemeinschaft zuständig, also vor allem bei Zöllen und auf dem Marktordnungs- und Subventionssektor. Bei der UCLAF handelte es sich um gemeinschaftsunmittelbaren Vollzug im Bereich der internen Organisation.

---

632 *Klinkhammer*, a.a.O., 38.

aa) Das Amt für Betrugsbekämpfung der Europäischen Gemeinschaft – OLAF

Aufgrund sich in den Jahren 1997 und 1998 häufender Vorwürfe aus dem politisch-parlamentarischen Raum über eine ungenügende Aufklärung von Fällen mutmaßlicher interner Unregelmäßigkeiten im Zusammenhang mit Subventionsvorgängen und -vergaben in der Kommission[633] sowie mutmaßlicher Unregelmäßigkeiten bei Subventionsvoraussetzungen und -vergaben in den Mitgliedstaaten wurde der UCLAF durch das Europäische Parlament Versagen vorgeworfen. Daher hat die Kommission der EG im Jahre 1998 die Einrichtung eines Europäischen Amtes für Untersuchungen zur Betrugsbekämpfung (OLAF) vorgeschlagen. Ein veränderter Entwurf wurde am 6. 5. 1999 vom Europäischen Parlament gebilligt. Das Amt wurde danach zum 1. 6. 1999 eingerichtet. Entgegen dem ursprünglichen Entwurfsvorschlag,[634] der das Amt als eine von der Kommission der EG unabhängige Einrichtung mit eigener Rechtspersönlichkeit vorsah, wurde OLAF nunmehr doch innerhalb der Kommission eingerichtet, allerdings mit Unabhängigkeitsgarantie, Weisungsfreiheit und vollem Zugang zu vertraulichen Informationen. Das neue Amt besitzt Befugnisse zu **externen Untersuchungen** in den Mitgliedstaaten sowie **internen Untersuchungen** in den Organen und unabhängigen Einrichtungen der Gemeinschaft. Es soll künftig ausschließlich die Untersuchungen vornehmen, mit denen bisher die kommissionsinterne Task Force „Koordinierung der Maßnahmen zur Betrugsbekämpfung“ – UCLAF – befaßt war. 285

Der Direktor des OLAF soll künftig frei über die Ermittlungen seiner Einheit entscheiden können. Die externen Untersuchungen nach Art. 3 Abs. 1 des VO-Entwurfs betreffen

- Kontrollen und Überprüfungen vor Ort in den Mitgliedstaaten nach der VO Nr. 2185/96[635] betreffend die Kontrollen und Überprüfungen vor Ort durch die Kommission zum Schutz der finanziellen Interessen der Europäischen Gemeinschaften vor Betrug und anderen Unregelmäßigkeiten,
- Kontrollen und Überprüfungen vor Ort nach Maßgabe der sektorbez. Regelungen[636] gem. Art. 9 Abs. 2 der VO Nr. 2988/95[637] über den Schutz der finanziellen Interessen der Europäischen Gemeinschaften sowie
- die Teilnahme an Kontrollen und Überprüfungen der Kommission vor Ort in den Mitgliedstaaten gem. Art. 9 Abs. 1 der VO Nr. 2988/95[638] über den Schutz der finanziellen Interessen der Europäischen Gemeinschaften.

---

633 In Veröffentlichungen war von Ausgaben in Höhe von ca. 2 Milliarden DM die Rede, für die angeblich keine Belege und Nachweise vorliegen.

634 Vorschlag der Kommission für eine VO (EG, Euratom) des Rates zur Einrichtung eines Europäischen Amtes für Untersuchungen zur Betrugsbekämpfung vom 1. 12. 1998 (vorläufige Fassung), KOM(1998) 717 endg. – 98/0329 (CNS).

635 Fundstelle vgl. Anhang 2.

636 Das sind z. B.: VO Nr. 729/70 über die Finanzierung der gemeinsamen Agrarpolitik, VO Nr. 595/91 betreffend Unregelmäßigkeiten und die Wiedereinziehung zu Unrecht gezahlter Beträge im Rahmen der Finanzierung der Gemeinsamen Agrarpolitik sowie die Einrichtung eines einschlägigen Informationssystems und zur Aufhebung der VO Nr. 283/72, die VO Nr. 4253/88 zur Durchführung der VO Nr. 2052/88 hinsichtlich der Koordinierung der Interventionen der verschiedenen Strukturfonds einerseits und zwischen diesen und den Interventionen der Europäischen Investitionsbank und der sonstigen vorhandenen Finanzinstrumente andererseits, VO Nr. 1164/94 zur Errichtung des Kohäsionsfonds, VO Nr. 1553/89 über die endgültige einheitliche Regelung für die Erhebung der Mehrwertsteuereigenmittel, VO Nr. 515/97 über die gegenseitige Amtshilfe zwischen Verwaltungsbehörden der Mitgliedstaaten und die Zusammenarbeit dieser Behörden mit der Kommission im Hinblick auf die ordnungsgemäße Anwendung der Zoll- und der Agrarregelung (sog. EG-Amtshilfe-VO); alle Fundstellen vgl. Anhang 2.

637 Fundstelle vgl. Anhang 2.

638 Fundstelle vgl. Anhang 2.

Die **Befugnisse** des Amtes und seiner Angehörigen bei externen Untersuchungen richten sich nach den Regelungen, die in künftigen Rechtsakten enthalten sein werden, mit denen dem Amt die Befugnisse für externe Kontrollen übertragen werden – Art. 3 Abs. 1 des VO-Entwurfs. Es wird im Hinblick auf die bisher von den Mitgliedstaaten sorgsam gehütete nationale Strafverfolgungskompetenz von erheblichem Interesse sein, wie diese Befugnisse in den künftigen Rechtsakten der Gemeinschaft ausgestaltet sein werden.

Die internen Untersuchungen, die bisher in die Organisationsbefugnisse der einzelnen Organe und Einrichtungen der Gemeinschaft fallen, können nach Art. 3 Abs. 2 des VO-Entwurfs durch Beschlüsse dieser Organe und Einrichtungen unter Festlegung der Modalitäten ihrer Durchführung dem Amt zugewiesen werden. Es handelt sich dabei nach dem ausdrücklichen Wortlaut des VO-Vorschlags um **„administrative Untersuchungen"**.

Dem Europäischen Amt für Betrugsbekämpfung können gem. Art. 3 Abs. 3 des Vorschlags der Kommission auch „Untersuchungen in anderen Bereichen" zugewiesen werden. Mit dieser General- und Öffnungsklausel werden offensichtlich alle denkbaren künftigen Untersuchungen betreffend die finanziellen Interessen der Gemeinschaft abgedeckt.

Der Personalkörper des OLAF soll von nunmehr etwa 150 auf 300 Ermittler verdoppelt werden.

bb) Operative Aufgaben des OLAF

286 Das OLAF **unterstützt** die Mitgliedstaaten bei der Ermittlung von Straftaten zum finanziellen Nachteil der Gemeinschaft und der Mitgliedstaaten. Hierbei ist das Ziel ihrer Maßnahmen, die einzuziehenden Beträge festzustellen und die Verfolgung der einzelnen Straftaten durch die Staatsanwaltschaften der Mitgliedstaaten anzuregen und vorzubereiten.

Es kann die Fahndungsdienststellen der einzelnen Mitgliedstaaten lediglich auffordern, Ermittlungen durchzuführen. Es kann sich auch, wenn das nationale Recht es zuläßt und der zuständige Staatsanwalt seine Einwilligung erteilt, an den Ermittlungen der nationalen Ermittlungsbehörden ohne eigenständige strafprozessuale Befugnisse beteiligen. Dies gilt jedoch nicht für Maßnahmen der StPO, die den Hilfsbeamten der Staatsanwaltschaft vorbehalten ist, wie z. B. Durchsuchungen, Beschlagnahmen, verantwortliche Vernehmungen des Beschuldigten, Telefonüberwachungen usw. – vgl. Art. 9 Abs. 2 VO (EG) 515/97. Insoweit sind die Angehörigen des OLAF den Ermittlungsbeamten eines ersuchenden Staates i. R. der Zollunterstützung gleichgestellt. Die Organisation OLAF ist auch befugt, außerhalb des Strafprozeßrechts **Verwaltungsermittlungen** zu betreiben. Selbst Ermittlungen auf der Grundlage der StPO vorzunehmen, ist ihm (noch) nicht gestattet. OLAF kann i. R. von sog. Missionsreisen von Angehörigen des OLAF und nationalen Ermittlungsbeamten insbesondere Beweismittel außerhalb der Mitgliedstaaten der Gemeinschaft beschaffen und bei Straftaten, die über den Bereich einzelner Mitgliedstaaten hinausgehen, die Ermittlungen im Einvernehmen mit den nationalen Strafverfolgungsbehörden koordinieren. Das OLAF besitzt aber keine eigene strafrechtliche Ermittlungsbefugnis. Es kann weder Personen festnehmen, Hausdurchsuchungen durchführen, Dokumente beschlagnahmen oder Zeugen zwangsweise vorführen und vernehmen. Bei Durchführung seiner Ermittlungen ist es deshalb immer auf die Mithilfe der nationalen Ermittlungsbehörden unter Beachtung des jeweiligen Strafprozeßrechts angewiesen.

Die frühere UCLAF hat in der Vergangenheit schwerpunktmäßig sog. Task Forces für die Bereiche Milcherzeugnisse, Zigaretten, Textilien, Olivenöl und Rindfleisch eingerichtet.

In der **Datenbank** IRENE-95 des OLAF sind nahezu 20 000 Betrugsfälle aus dem Bereich der EG registriert. Die Zusammenarbeit mit den für den Zoll- und Agrarbereich zuständigen Dienststellen wird durch einen direkten Datenaustausch erleichtert. Die Tatbegehungsweisen und die einzelnen Tätergruppen werden in dieser Datenbank erfaßt. Der Begriff des „Betrugs" ist hierbei allerdings **nicht** exakt i. S. der §§ 263, 264 StGB zu verstehen, sondern umfaßt insgesamt alle schuldhaften Zuwiderhandlungen gegen die finanziellen Interessen der EG (commercial fraud) i. S. von Straftaten, Ordnungswidrigkeiten Verstößen gegen Verwaltungsregelungen und sonstige Unregelmäßigkeiten mit möglichen Nachteilen für den EG-Haushalt.[639] Der Begriff des Betrugs muß hier in diesem Zusammenhang folglich nicht unbedingt eine Straftat nach nationalem Recht darstellen – vgl. Art. 6 des Übereinkommens über den Schutz der finanziellen Interessen der Europäischen Gemeinschaften.[640] Die in Art. 1 Abs. 1 des vorg. Übereinkommens vorgenommene Definition des Begriffs Betrug lautet wie folgt:

(1) Für die Zwecke dieses Übereinkommens umfaßt der Tatbestand des Betrugs zum Nachteil der finanziellen Interessen der Europäischen Gemeinschaften

a) im Zusammenhang mit Ausgaben jede vorsätzliche Handlung oder Unterlassung betreffend
   - die Verwendung oder Vorlage falscher, unrichtiger oder unvollständiger Erklärungen oder Unterlagen mit der Folge, daß Mittel aus dem Gesamthaushaltsplan der Europäischen Gemeinschaften oder aus den Haushalten, die von den Europäischen Gemeinschaften oder in deren Auftrag verwaltet werden, unrechtmäßig erlangt oder zurückbehalten werden;
   - das Verschweigen einer Information unter Verletzung einer spezifischen Pflicht mit derselben Folge;
   - die mißbräuchliche Verwendung solcher Mittel zu anderen Zwecken als denen, für die sie ursprünglich gewährt worden sind;

b) im Zusammenhang mit Einnahmen jede vorsätzliche Handlung oder Unterlassung betreffend
   - die Verwendung oder Vorlage falscher, unrichtiger oder unvollständiger Erklärungen oder Unterlagen mit der Folge, daß Mittel aus dem Gesamthaushaltsplan der Europäischen Gemeinschaften oder aus den Haushalten, die von den Europäischen Gemeinschaften oder in deren Auftrag verwaltet werden, rechtswidrig vermindert werden;
   - das Verschweigen einer Information unter Verletzung einer spezifischen Pflicht mit derselben Folge;
   - die mißbräuchliche Verwendung eines rechtmäßig erlangten Vorteils mit derselben Folge;

(2) …

cc) Sonstige Aufgaben des OLAF

Zwischen den UCLAF-Ermittlern und Vertretern der nationalen Ermittlungsstellen, insbesondere mit dem ZKA, findet ein **regelmäßiger Erfahrungsaustausch** über Fortschritte auf dem Gebiet der Betrugsbekämpfung statt. Das OLAF veranstaltet Fortbildungs- und Informationsseminare für das mit den Kontrollen und Ermittlungen befaßte nationale Personal, sowie – gemeinsam mit dem ZKA – für Staatsanwälte und Richter. Bislang wurde es versäumt, den bundesdeutschen Staatsanwaltschaften diesen Kenntnisstand zu vermitteln. 287

Da ohne die Mitwirkung der Bürger eine effektive Strafverfolgung in diesem Bereich nicht möglich ist, hat das OLAF ein kostenloses und vertrauliches **Betrugsbekämpfungstelefon** in allen Mitgliedstaaten eingerichtet (in Deutschland: Tel. 0130/820595). An Hinweisgeber können durch das OLAF Belohnungen gezahlt werden.

---

[639] Vgl. *Prieß* in *Groeben/Thiesing/Ehlermann*, Rn. 7 bis 16 zu Art. 209 a EGV.

[640] Übeinkommen aufgrund von Artikel K.3 des Vertrages über die Europäische Union über den Schutz der finanziellen Interessen der Europäischen Gemeinschaften, Fundstelle vgl. Anhang 2.

d) Zusammenarbeit im Rahmen des Schengener Durchführungsübereinkommens (SDÜ)

288 Nach Art. 39 SDÜ[641] haben sich die Vertragsparteien verpflichtet, daß ihre Polizeidienste sich untereinander nach Maßgabe des nationalen Rechts und ihrer jeweiligen Zuständigkeit im Interesse der vorbeugenden Bekämpfung und der **Aufklärung von strafbaren Handlungen** Hilfe leisten (sofern ein Ersuchen oder dessen Erledigung nach nationalem Recht nicht den Justizbehörden vorbehalten ist und die Erledigung des Ersuchens die Ergreifung von Zwangsmaßnahmen durch die ersuchte Vertragspartei nicht erfordert).[642] Diese Bestimmung über die polizeiliche Zusammenarbeit betrifft auch den deutschen Zollfahndungsdienst, da er – wie sich aus den Art. 40 Abs. 4 (grenzüberschreitende Observation), Art. 41 Abs. 7 (grenzüberschreitende Nacheile) des SDÜ ergibt – unter den Begriff der Polizeidienste (materiell-rechtlicher Polizeibegriff) fällt. Weil dies nach den genannten Bestimmungen umgekehrt auch für einige Zollverwaltungen der anderen Vertragsstaaten gilt, ergibt sich hieraus eine Basis für eine entsprechende Zusammenarbeit der Zollverwaltungen und der Polizeien im Rahmen des SDÜ. Neben einer engeren Kooperation im Bereich der Strafverfolgung erstreckt sich diese gem. Art. 46 SDÜ aber auch auf **Spontanmitteilungen**

- zur Unterstützung bei der Bekämpfung zukünftiger Straftaten,
- zur Verhütung einer Straftat oder
- zur Abwehr von Gefahren, die für die öffentliche Sicherheit und Ordnung (zollamtliche Überwachung) von Bedeutung sein können,

also auf Felder, die den Kernbereich zollamtlicher Überwachung ausmachen. Eine Beschränkung auf bestimmte Straftaten oder Gefahrenlagen enthält die Regelung nicht, so daß alle Steuerstraftaten und Zuwiderhandlungen gegen VuB, das AWG/KWKG sowie das MOG und hierauf deutende Überwachungserkenntnisse erfaßt werden. Eine vergleichbare Regelung sieht Art. 50 SDÜ für die „Rechtshilfe" vor, wo pauschal auf das Neapeler Übereinkommen und die EG-VO 1468/81 (nunmehr VO (EG) 515/97) verwiesen wird.[643] Auch das SDÜ sieht i. ü. die Möglichkeit einer zollrechtlichen Überwachung vor – vgl. Art. 99 Abs. 1, 2, 4 u. 5 SDÜ. Das SDÜ und das Neapel II-Übereinkommen bestehen nebeneinander.[644] Zur Frage des Strafklageverbrauchs nach Art. 54 SDÜ vgl. das Urteil des BGH vom 2. 2. 1999.[645]

e) Übersicht

Grafik siehe nächste Seite.

---

[641] Übereinkommen zur Durchführung des Übereinkommens von Schengen vom 14. Juni 1985 zwischen den Regierungen der Staaten der BENELUX-Wirtschaftsunion, der Bundesrepublik Deutschland und der Französischen Republik betreffend den schrittweisen Abbau der Kontrollen an den gemeinsamen Grenzen vom 19. Juni 1990 einschließlich der Erklärungen zur Nacheile gemäß Artikel 41 Abs. 9 des Übereinkommens, BAnz. v. 23. 11. 1990, 1–27.

[642] Vgl. zu § 39 SDÜ insgesamt *Wolters*, Kriminalistik 1997, 86–91.

[643] In Wahrheit handelt es sich nicht um Rechtshilfe, sondern um Amtshilfe, vgl. *Wilkitzki* in *Grützner/Pötz*, Rn. 38 zu § 59 IRG.

[644] Ziffer XVI. der Einleitung des Erläuternden Berichts zum Neapel II-Übereinkommen.

[645] BGH-Urteil v. 2. 2. 1999 – 5 StR 596/96, StV 1999, 244–246 mit Anm. *Schomburg*.

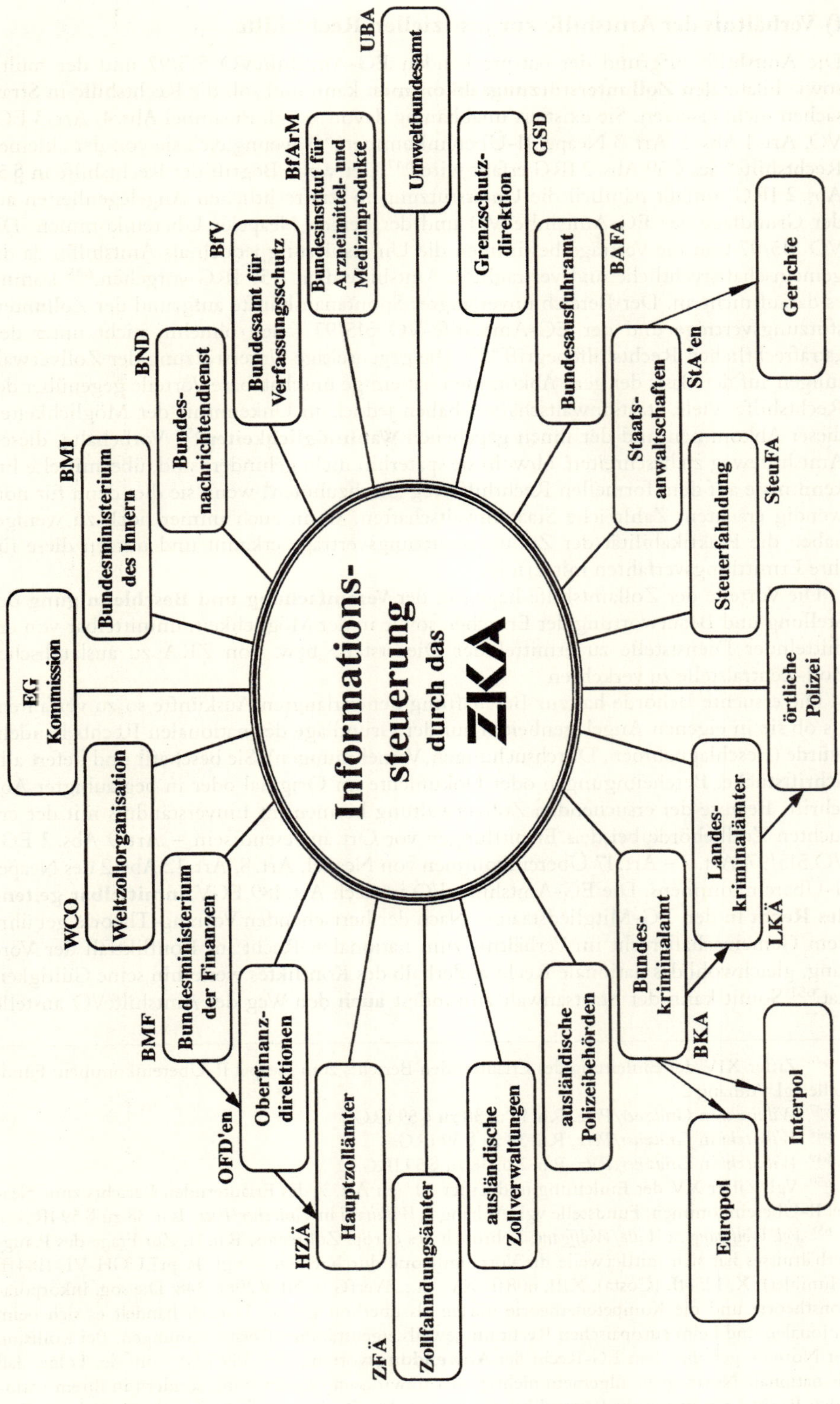
Informations-
steuerung
durch das
ZKA
EG
Kommission
Bundesministerium
des Innern
BMI
Bundes-
nachrichtendienst
BND
Bundesamt für
Verfassungsschutz
BfV
Bundesinstitut für
Arzneimittel- und
Medizinprodukte
BfArM
Umweltbundesamt
UBA
Grenzschutz-
direktion
GSD
Bundesausfuhramt
BAFA
Staats-
anwaltschaften
StA'en
Gerichte
Steuerfahndung
SteuFA
örtliche
Polizei
Landes-
kriminalämter
LKÄ
Bundes-
kriminalamt
BKA
Interpol
Europol
ausländische
Polizeibehörden
ausländische
Zollverwaltungen
Zollfahndungsämter
ZFÄ
Hauptzollämter
HZÄ
Oberfinanz-
direktionen
OFD'en
Bundesministerium
der Finanzen
BMF
Weltzollorganisation
WCO

f) Verhältnis der Amtshilfe zur justiziellen Rechtshilfe

289 Die Amtshilfe aufgrund der entsprechenden EG-AmtshilfeVO 515/97 und der multi- sowie bilateralen **Zollunterstützungsabkommen** kann und soll die Rechtshilfe in Strafsachen nicht ersetzen. Sie existiert unabhängig davon – vgl. Präambel Abs. 4, Art. 3 EG-VO, Art. 1 Abs. 2, Art. 3 Neapel II-Übereinkommen,[646] wenngleich sie von der „kleinen Rechtshilfe" des § 59 Abs. 2 IRG erfaßt wird.[647] Der weite Begriff der Rechtshilfe in § 59 Abs. 2 IRG umfaßt nämlich die Unterstützung in strafrechtlichen Angelegenheiten auf der Grundlage der EG-Amtshilfe-VO und der beiden Neapeler Übereinkommen. Die VO 515/97 und die Verträge bestimmen die Unterstützung jedoch als Amtshilfe; da die gemeinschaftsrechtliche und vertragliche Amtshilfe dem § 59 IRG vorgehen,[648] kommt es darauf nicht an. Der Bereich unverlangter Spontanauskünfte aufgrund der Zollunterstützungsverträge und der EG-Amtshilfe-VO 515/97 fallen ohnehin nicht unter den „strafrechtlichen Rechtshilfebegriff".[649] Die gegenseitige Unterstützung der Zollverwaltungen auf der Basis der gen. Abkommen hat einige unschätzbare Vorteile gegenüber der Rechtshilfe. Viele Staatsanwaltschaften haben jedoch in Unkenntnis der Möglichkeiten dieser Abkommen und der ihnen gegebenen **Wahlmöglichkeiten**[650] Vorbehalte, diesen Amtshilfeweg zu beschreiten, obwohl sie späterhin nicht gehindert sind, übermittelte Erkenntnisse auf dem formellen Rechthilfeweg „nachzuholen", wenn sie dies denn für notwendig erachten. Zahlreiche Staatsanwaltschaften, wenn auch immer noch zu wenige, haben die Praktikabilität der Zollunterstützungsverträge erkannt und nutzen diese für ihre Ermittlungsverfahren mit Erfolg.

Die Vorteile der Zollamtshilfe liegen in der **Vereinfachung und Beschleunigung** der Stellung und Beantwortung der Ersuchen sowie in der Möglichkeit, unmittelbar von ermittelnder Dienststelle zu ermittelnder Dienststelle bzw. von ZKA zu ausländischer Zoll-Zentralstelle zu verkehren.

290 Die ersuchte Behörde hat zur Beschaffung der verlangten Auskünfte so zu verfahren, als ob sie in eigenen Angelegenheiten auf der Grundlage des nationalen Rechts handeln würde (Beschlagnahmen, Durchsuchungen, Vernehmungen). Sie beschafft und liefert alle Schriftstücke, Bescheinigungen oder Dokumente im Original oder in beglaubigter Abschrift. Beamte der ersuchenden Zollverwaltung können im Einverständnis mit der ersuchten Zollbehörde bei den Ermittlungen vor Ort anwesend sein – Art. 9 Abs. 2 EG-VO 515/97, Art. 7 – Art. 17 Übereinkommen von Neapel, Art. 8, Art. 12 Abs. 2 des Neapel II-Übereinkommens. Die EG-Amtshilfe-VO ist nach Art. 189 EGV **unmittelbar geltendes Recht** in den EG-Mitgliedstaaten. Nach der herrschenden Vorrang-Theorie gebührt dem Gemeinschaftsrecht im Verhältnis zum nationalen Recht im Konfliktfall der Vorrang, gleichwohl das nationale Recht außerhalb des Konfliktes weiterhin seine Gültigkeit hat.[651] Somit kann der Staatsanwalt zumindest **auch** den Weg der AmtshilfeVO anstelle

---

[646] Ziffer XIV. der Einleitung des Erläuternden Berichts zum Neapel II-Übereinkommen; Fundstelle vgl. Anhang 2.

[647] *Wilkitzki* in *Grützner/Pötz*, Rn. 16 u. 38 zu § 59 IRG.

[648] *Wilkitzki* in *Grützner/Pötz*, Rn. 38 zu § 59 IRG.

[649] *Wilkitzki* in *Grützner/Pötz*, Rn. 2 u. 38 zu § 59 IRG.

[650] Vgl. Ziffer XV. der Einleitung und Ziffer 3.1. (zu Art. 3) des Erläuternden Berichts zum Neapel II-Übereinkommen; Fundstelle vgl. Anhang 2; *Wilkitzki* in *Grützner/Pötz*, Rn. 38 zu § 59 IRG.

[651] *Vgl. Wolffgang* in *Witte/Wolffgang*, Lehrbuch des europ. Zollrechts, Rn. 11; Zur Frage des Rangverhältnisses hat sich mittlerweile die Vorrangtheorie durchgesetzt – vgl. RsprEUGH VI, 1184 ff. (Humblet); X, 1251 ff. (Costa); XIII, 608 ff; XV, 1 ff.; BVerfG in NJW 1968/348; Die sog. Inkorporationstheorie und die Kompetenztheorie dürfen als überholt gelten. Danach handelt es sich beim nationalen und beim europäischen Recht um jeweils eigenständige Rechtsordnungen. Bei Kollision der Normen gebührt dem EG-Recht der **Anwendungs**vorrang (Art. 189 EGV) mit der Folge, daß die nationale Norm nicht allgemein nichtig oder unwirksam ist oder wird, sondern in ihrem nationalen Rechtskreis weiterhin Bestand hat. Sie ist ggf. EG-Rechts-konform auszulegen. Vgl. *von Bog-*

der justiziellen Rechtshilfe beschreiten. Die beiden Übereinkommen von Neapel sind **völkerrechtliche Verträge**, sie sind bzw. werden durch ein entsprechendes Gesetz in nationales Recht transformiert.[652] Aus diesem Grunde sind die erlangten Beweismittel, Vernehmungsniederschriften und Dokumente nicht nur im Besteuerungsverfahren oder im Verfahren vor den Finanzgerichten **gerichtsverwertbar**, sondern auch im Strafverfahren (vgl. z. B. Art. 15 des Neapeler Übereinkommens, Art. 14, Art. 18 und Art. 19 Abs. 7 des Neapel II-Übereinkommens; ausdrücklich auch: Art. 12, 16 EG-VO). Es gilt der Grundsatz der Einheit der Rechtsordnung. Zahlreiche nähere Einzelheiten finden sich im Erläuternden Bericht zum Neapel II-Übereinkommen.

Im Unterschied zur Rechtshilfe ist die Zollunterstützung also meist schnell, unmittelbar und direkt und ihre Ergebnisse sind ebenso gerichtsverwertbar. Es gibt keinen ersichtlichen Grund, weshalb der Staatsanwalt im Ermittlungsverfahren keinen Gebrauch von ihr machen sollte. Im Unterschied zum **Interpol- oder Europol-Weg** liefert die Zollunterstützung gerichtsverwertbare Informationen und Beweismittel.

Anhang 1

Bestehende Verbote und Beschränkungen

Im wesentlichen bestehen zur Zeit in folgenden Gesetzen und Rechtsverordnungen Verbote und Beschränkungen für den grenzüberschreitenden Warenverkehr (Klammerzusatz: Fundstelle der letzten [Neu-] Bekanntmachung): 291

A. Schutz der öffentlichen Ordnung

1. **Banknotenpapier**
   G. betr. den Schutz des zur Anfertigung v. Reichsbanknoten verwendeten Papiers gg. unbefugte Nachahmung; v. 2. 1. 1991;
   (RGBl. 1911 I S. 25;
   BGBl. 1968 I S. 503;
   BGBl. 1974 I S. 469)
2. **Münzen, Medaillen**
   G. über die Ausprägung v. Scheidemünzen; v. 8. 7. 1950;
   (BGBl. I S. 323;
   BGBl. 1963 I S. 55;
   BGBl. 1974 I S. 469, 1942)
3. **Schuldurkundenpapier**
   G. über den Schutz des zur Anfertigung von Schuldurkunden des Reichs u. der Länder verwendeten Papiers gg. unbefugte Nachahmung; v. 3. 7. 1925;
   (RGBl. I S. 93;
   BGBl. 1968 I S. 503;
   BGBl. 1974 I S. 469)
4. **Geld- u. Urkundenfälschungen, papiergeldähnliche Drucks. u. Abbildungen**
   §§ 127–129, 131 OWiG; v. 19. 2. 1987;
   (BGBl. I S. 602)
5. **Waffen u. Munition** (ohne Kriegswaffen)
   WaffenG; v. 8. 3. 1976;
   (BGBl. I S. 432)

---

dandy in *Grabitz*, Europ. Außenwirtschaftsrecht, 341; *Wolff/Bachof/Stober*, Verwaltungsrecht I, § 26, Rn. 9; zum Vorrang des Gemeinschaftsrechts ausführlich: *Erhard* in *Lenz*, EG-Handbuch, 95–105; *Jarass/Pieroth*, GG, Rn. 11 zu Art. 24 GG.

[652] Gesetz zum Übereinkommen v. 7. 9. 1967 zwischen …, v. 14. 1. 1969, BGBl. II S. 65; Art. 32 des Neapel II-Übereinkommens.

VO z. WaffG;
(1. WaffV v. 10. 3. 1987; BGBl. I S. 777;
2. WaffV v. 13. 12. 1976; BGBl. I S. 3387;
3. WaffV v. 2. 9. 1991; BGBl. I S. 1872)

VO über die Zuständigkeit der Hauptzollämter z. Verfolgung bestimmter Ordnungswidrigkeiten nach dem WaffG u. dem SprengStG; v. 1. 6. 1976;
(BGBl. I S. 1616)

6. Kriegswaffen

G. über die Kontrolle v. Kriegswaffen – KWKG; v. 22. 11. 1990;
(BGBl. I S. 2506)

7. Sprengstoffe

G. über explosionsgefährliche Stoffe; v. 17. 4. 1986;
(BGBl. I S. 577)

8. Kernbrennstoffe, sonstige radioaktive Stoffe

G. über die friedliche Verwendung der Kernenergie u. den Schutz gg. ihre Gefahren – AtomG; v. 15. 7. 1985;
(BGBl. I S. 1565)

StrahlenschutzVO; v. 30. 6. 1989;
(BGBl. I S. 1321, 1926)

9. Schriften, Ton- u. Bildträger, Abbildungen od. Darstellungen mit verfassungswidrigem Inhalt

G. z. Überwachung strafrechtlicher und anderer Verbringungsverbote; v. 24. 5. 1961;
(BGBl. I S. 607)

10. Schutz der öffentl. Ordnung u. Sittlichkeit

§§ 131, 184 StGB; v. 10. 3. 1987;
(BGBl. I S. 945, ber. S. 1160)

G. über die Verbreitung jugendgefährdender Schriften; v. 12. 7. 1985;
(BGBl. I S. 1502)

11. Amtliche Ausweispapiere

§§ 275, 276, 276 a StGB; v. 10. 3. 1987;
(BGBl. I S. 945, ber. S. 1160)

[Verbot der Einfuhr v. Platten, Drucksätzen usw. oder von Papier zur Herstellung v. amtl. Ausweisen, von unechten, verfälschten od. falsch beurkundeten amtl. Ausweisen, aufenthaltsrechtlichen Papieren od. Fahrzeugbriefen u. -scheinen];

12. Fernmeldeanlagen

Telekommunikationsgesetz; v. 25. 7. 1996;
(BGBl. I S. 1120)

B. Schutz der Umwelt

13. Beseitigung v. Abfällen

G. zur Förderung der Kreislaufwirtschaft u. Sicherung der umweltverträglichen Beseitigung von Abfällen (Kreislaufwirtschafts- u. Abfallgesetz – KrW-/AbfG); v. 27. 9. 1994;
(BGBl. I S. 2705)

G. über die Überwachung u. Kontrolle der grenzüberschreitenden Verbringung von Abfällen – AbfallverbringungsG; v. 30. 9. 1994;
(BGBl. I S. 2771)

G. über die Vermeidung u. Entsorgung v. Abfällen – AbfG; v. 27. 8. 1986;
(BGBl. I S. 1410, 1501)

VO (EG) Nr. 259/93 des Rates zur Überwachung und Kontrolle der Verbringung von Abfällen in der, in die u. aus der Europäischen Gemeinschaft; v. 1. 2. 1993;
(ABl. der EG Nr. L 30 v. 6. 2. 1993, S. 1;
ABl. der EG Nr. L 288 v. 9. 11. 1994, S. 36;
ABl. der EG Nr. L 304 v. 27. 11. 1996, S. 15)

Abfallbestimmungs-VO; v. 3. 4. 1990;
(BGBl. I S. 614)

14. Ottokraftstoffe

G. zur Verminderung v. Luftverunreinigungen durch Bleiverbindungen in Ottokraftstoffen für Kfz-Motore – BenzinbleiG; v. 5. 8. 1971;
(BGBl. I S. 1234)

15. Immissionsschutz

G. zum Schutz vor schädlichen Umwelteinwirkungen durch Luftverunreinigungen, Geräusche, Erschütterungen u. ähnl. Vorgänge – BImmSchG; v. 14. 5. 1990;
(BGBl. I S. 880)

16. Chemische Stoffe u. a.

G. zum Schutz vor gefährlichen Stoffen, ChemikalienG; v. 25. 7. 1994; § 21a Abs. 2 ChemG;
(BGBl. I S. 1703, 1963, 2705)
§ 5 a AbfG; v. 27. 8. 1986;
(BGBl. I S. 1410, 1501)
FCKW-Halon-Verbots-VO; v. 6. 5. 1991;
(BGBl. I S. 1090)
[Verbot des Inverkehrbringens von Halonen u. halonhaltigen Erzeugnissen];
VO (EG) Nr. 3093/94 des Rates über Stoffe, die zum Abbau der Ozonschicht führen v. 15. 12. 1994
(ABl. der EG Nr. L 333 v. 22. 12. 1994, S. 1)
GefahrstoffVO; v. 26. 10. 1993;
(BGBl. I S. 1782, 1870, 2049)

C. Schutz der menschlichen Gesundheit

17. Fleisch

FleischhygieneG; v. 8. 7. 1993;
(BGBl. I S. 1189)
FleischhygieneVO; v. 30. 10. 1986;
(BGBl. I S. 1678)
Zweite VO zum Schutz gegen die Spongiforme Rinderenzephalopatie (Zweite BSE-Schutzverordnung); v. 21. 3. 1997;
(BGBl. I S. 565)

18. Geflügelfleisch

GeflügelfleischhygieneG; v. 17. 7. 1996;
(BGBl. I S. 991)
VO über die amtl. Untersuchungen des Schlachtgeflügels u. des Geflügelfleisches; v. 3. 11. 1976;
(BGBl. I S. 3077)

19. Methylalkoholhaltige Erzeugnisse

G. über das Branntweinmonopol; v. 8. 4. 1922;
(RGBl. I S. 335; 405)

20. Phosphorzündwaren

G. betr. Phosphorzündwaren; v. 10. 5. 1903;
*(RGBl. I S. 217;
BGBl. 1968 I S. 503; 1974 I S. 469)*

21. Wein, Likörwein, Schaumwein, weinhaltige Getränke u. Branntwein aus Wein

WeinG; v. 27. 8. 1982;
(BGBl. I S. 1196)
VO über Schaumwein u. Branntwein aus Wein; v. 15. 7. 1971;
(BGBl. I S. 939)

VO zur Überwachung des Verkehrs mit Wein, Likörwein, Schaumwein, weinhaltigen Getränken und Branntwein aus Wein; v. 14. 1. 1991;
(BGBl. I S. 78)

VO (EG) Nr. 2392/89 des Rates zur Aufstellung allg. Regeln für die Bezeichnung u. Aufmachung der Weine u. Traubenmoste v. 24. 7. 1989;
(ABl. der EG Nr. L 323 v. 9. 8. 1989, S. 13)

22. Grundstoffe für Betäubungsmittel

GrundstoffüberwachungsG; v. 7. 10. 1994;
(BGBl. I S. 2835)

VO (EG) Nr. 3677/90 des Rates über Maßnahmen gegen die Abzweigung bestimmter Stoffe zur unerlaubten Herstellung von Suchtstoffen und psychotropen Substanzen v. 13. 12. 1990;
(ABl. der EG Nr. L 357 v. 20. 12. 1990, S. 1;
Nr. L 96 v. 10. 4. 1992, S. 1;
Nr. L 267 v. 28. 10. 1993, S. 8)

VO (EG) Nr. 3769/92 der Kommission zur Durchführung und Änderung der VO (EG), wie vor, v. 21. 12. 1992;
(ABl. der EG Nr. L 383 v. 29. 12. 1992, S. 17;
Nr. L 267 v. 28. 10. 1993, S. 8)

23. Betäubungsmittel

G. über den Verkehr mit Betäubungsmitteln – BtMG; v. 1. 3. 1994;
(BGBl. I S. 358)

Betäubungsmittel-AußenhandelsVO; v. 16. 12. 1981;
(BGBl. I S. 1420;
BGBl. 1992 I S. 2483; 1994 I S. 1416)

24. Krankheitserreger

G. zur Verhütung u. Bekämpfung übertragbarer Krankheiten – BSeuchenG; v. 18. 12. 1979;
(BGBl. I S. 2262; ber.
BGBl. 1980 I S. 151)

25. Arzneimittel

G. über den Verkehr mit Arzneimitteln; v. 19. 10. 1994;
(BGBl. I S. 3018)

VO z. Ausdehnung der Vorschriften über die Zulassung u. staatliche Chargenprüfung auf Testsera u. Testantigene; v. 31. 10. 1978;
(BGBl. I S. 1720;
BGBl. 1985 I S. 768; 1993 I S. 1148)

26. Produktsicherheit

VO (EG) Nr. 339/93 des Rates über die Kontrolle der Übereinstimmung von aus Drittländern eingeführten Erzeugnissen mit den geltenden Produktsicherheitsvorschriften v. 8. 2. 1993;
(ABl. der EG Nr. L 40 v. 17. 2. 1993, S. 1)

27. Lebensmittel

G. über den Verkehr mit Lebensmitteln, Tabakerzeugnissen, kosmetischen Mitteln u. sonstigen Bedarfsgegenständen – LBMG; v. 8. 7. 1993;
(BGBl. I S. 1169)

VO über hygienische Anforderungen an Transportbehälter zur Beförderung v. Lebensmitteln; v. 13. 4. 1987;
(BGBl. I S. 1212)

28. Eiprodukte

VO über die hygienischen Anforderungen an Eiprodukte; v. 17. 12. 1993;
(BGBl. I S. 2288)

29. Enteneier
VO über Enteneier; v. 25. 8. 1954;
(BGBl. I S. 265;
BGBl. 1954 I S. 265, 1956 I S. 944, 1975 I S. 537)

30. Speiseeis
VO über Speiseeis; v. 15. 7. 1933;
(RGBl. I S. 510;
BGBl. 1961 S. 227 usw., 1995 I S. 543)

31. Teigwaren
VO über Teigwaren; v. 12. 11. 1934;
(RGBl. I S. 1181;
BGBl. 1956 I S. 944 usw.;
BGBl. 1993 I S. 2285)

32. Labaustauschstoffe
Käse-VO; v. 14. 4. 1986;
(BGBl. I S. 412; 1995 I S. 553)

33. Milch u. Milcherzeugnisse
VO über Hygiene- und Qualitätsanforderungen an Milch u. Erzeugnisse auf Milchbasis; v. 24. 4. 1995;
(BGBl. I S. 544)

34. Nitritpökelsalz und jodiertes Speisesalz
VO über das Inverkehrbringen v. Zusatzstoffen u. einzelnen wie Zusatzstoffe verwendeten Lebensmitteln – ZusatzstoffverkehrsVO; v. 10. 7. 1984;
(BGBl. I S. 897; 1989 I S. 1123 usw.; 1993 I S. 512, 2092)

35. Jodierter Kochsalzersatz u. a.
VO über diätetische Lebensmittel – DiätVO; v. 25. 8. 1988;
(BGBl. I S. 1713;
BGBl. 1989 I S. 1123, usw.;
BGBl. 1994 I S. 1416)

36. Fischereierzeugnisse und Muscheln
FischhygieneVO; v. 31. 3. 1994;
(BGBl. I S. 737; 1995 I S. 1779)

37. Schutz der Bevölkerung gg. Strahlenbelastung
G. zum vorsorgenden Schutz der Bevölkerung gg. Strahlenbelastung – StrahlenschutzvorsorgeG; v. 19. 12. 1986;
(BGBl. I S. 2610)

D. Schutz der Tierwelt

38. Tierseuchenrecht
TierseuchenG; v. 20. 12. 1995;
(BGBl. I S. 2038)
VO über das innergemeinschaftliche Verbringen sowie die Einfuhr und Durchfuhr von Tieren und Waren; v. 31. 3. 1995;
(BGBl. I S. 431; 1996 I S. 528)
VO über die Beförderung von Tieren, Teilen, Erzeugnissen und Rohstoffen von Tieren sowie von sonstigen Gegenständen, die Träger v. Ansteckungsstoffen sein können, durch den Nord-Ostsee-Kanal; v. 19. 7. 1983;
(BGBl. I S. 1015; 1991 I S. 1151)

39. Tierseuchenerreger u. Impfstoffe
VO über das innergemeinschaftliche Verbringen und die Einfuhr von Tierseuchenerregern; v. 13. 12. 1982;
(BGBl. I S. 1728 usw.; 1995 I S. 1549)

40. Artenschutz

G. über Naturschutz u. Landschaftspflege; v. 12. 3. 1987;

(BGBl. I S. 889)

VO (EG) Nr. 3626/82 des Rates zur Anwendung des Übereinkommens über den intern. Handel mit gefährdeten Arten freilebender Tiere u. Pflanzen in der Gemeinschaft v. 3. 12. 1982;

(ABl. EG Nr. L 384 v. 31. 12. 1982, S. 1 usw.; Nr. L 201 v. 24. 7. 1986, S. 1)

VO (EG) Nr. 348/81 des Rates über eine gem. Regelung für die Einfuhr v. Walerzeugnissen; v. 20. 1. 1981;

(ABl. der EG Nr. L 39 v. 12. 2. 1981 S. 1)

VO zum Schutz wildlebender Tier- u. Pflanzenarten – BundesartenschutzVO; v. 18. 9. 1989;

(BGBl. I S. 1677, 2011; 1994 I S. 1523, 3082)

41. Tierschutzrecht

TierschutzG; v. 17. 2. 1993;

(BGBl. I S. 254)

VO über den Schutz v. Tieren beim grenzüberschreitenden Transport; v. 29. 3. 1983;

(BGBl. I S. 409; 1994 I S. 2018)

42. Tierarzneimittel

AMG; v. 19. 10. 1994;

(BGBl. I S. 3018)

43. Futtermittel

FuttermittelG; v. 2. 8. 1995;

(BGBl. I S. 990)

Futtermittel-VO; v. 11. 11. 1992;

(BGBl. I S. 1898; usw.; 1994 I S. 398)

E. Schutz der Pflanzenwelt

44. Sanitärer Pflanzenschutz

PflanzenschutzG; v. 15. 9. 1986;

(BGBl. I S. 1505)

PflanzenbeschauVO; v. 10. 5. 1989;

(BGBl. I S. 905; usw.; 1996 I S. 232)

45. Forstliches Saat- u. Pflanzgut

G. über forstliches Saat- u. Pflanzgut; v. 26. 7. 1979;

(BGBl. I S. 1242)

VO über die Meldung u. Vorführung v. forstl. Vermehrungsgut bei der Einfuhr; v. 3. 8. 1979;

(BGBl. I S. 1327)

46. Saatgutverkehr

G. über den Verkehr mit Saatgut; v. 20. 8. 1985;

(BGBl. I S. 1633; usw.; 1994 I S. 2018, 3082)

VO über die Meldung u. Vorführung v. Saatgut bei der Einfuhr; v. 24. 6. 1975;

(BGBl. I S. 1496)

47. Artenschutz

wie unter Nr. 40

F. Gewerblicher Rechtsschutz

48. Schutz der Warenbezeichnungen und Patente

G. über den Schutz von Marken und sonstigen Kennzeichen – MarkenG; v. 25. 10. 1994;

(BGBl. I S. 3082; ber.
BGBl. 1995 I S. 156)

VO (EG) Nr. 3295/94 des Rates über Maßnahmen, welche das Verbringen von Waren, die bestimmte Rechte am geistigen Eigentum verletzen, in die Gemein-

schaft sowie ihre Ausfuhr und Wiederausfuhr aus der Gemeinschaft betreffen v. 25. 1. 1999;
(ABl. der EG Nr. L 27 v. 2. 2. 1999, S. 1)

49. Schutz des geistigen Eigentums
UrhRG; v. 9. 9. 1965;
(BGBl. I S. 1273)
GebrauchsmusterG; v. 28. 8. 1986;
(BGBl. I S. 1455)
GeschmacksmusterG; v. 11. 1. 1876;
(RGBl. S. 11)
SortenschutzG; v. 11. 12. 1985;
(BGBl. I S. 2170)

50. Schutz kubanischer Herkunftsbezeichnungen
Abkommen zw. der BRD u. Kuba über die Wiederherstellung gewerblicher Schutzrechte u. über den Schutz von Herkunftsbezeichnungen; v. 22. 3. 1954;
(BGBl. II S. 1113)

51. Schutz französischer Herkunftsbezeichnungen
Abk. zw. der BRD u. Frankreich über den Schutz v. Herkunftsangaben, Ursprungsbezeichnungen u. a. geographischen Bezeichnungen; v. 8. 3. 1960;
(BGBl. II S. 23)

52. Schutz italienischer Herkunftsbezeichnungen
Abk. zw. der BRD u. Italien wie vor; v. 23. 7. 1963;
(BGBl. II S. 157)

53. Schutz griechischer Herkunftsbezeichnungen
Abk. zw. der BRD u. Griechenland wie vor; v. 16. 4. 1964;
(BGBl. II S. 177)

54. Schutz schweizerischer Herkunftsbezeichnungen
Vertrag zw. der BRD u. der Schweiz über den Schutz von Herkunftsangaben u. a. geographischen Bezeichnungen; v. 7. 3. 1967;
(BGBl. II S. 139)

55. Schutz spanischer Herkunftsbezeichnungen
Vertrag zw. der BRD u. Spanien über den Schutz von Herkunftsangaben, Ursprungsbezeichnungen u. a. geographischen Bezeichnungen; v. 11. 9. 1970;
(BGBl. II S. 110; 1994 II S. 3534)

G. Schutz des Kulturgutes

56. Ausfuhr v. Kulturgut
G. zum Schutz deutschen Kulturgutes gg. Abwanderung; i. d. F. der Bekanntmachung v. 8. 7. 1999;
(BGBl. I S. 1754, 1755)
VO (EG) Nr. 3911/92 des Rates über die Ausfuhr von Kulturgütern v. 9. 12. 1992;
(ABl. der EG Nr. L 395 v. 31. 12. 1992, S. 1; L 267 v. 19. 10. 1996, S. 30)

H. Monopole

57. Branntwein
G. über das Branntweinmonopol; v. 8. 4. 1922;
(RGBl. I S. 335, 405)

58. Verfrachtung alkoholischer Waren
G. über die Verfrachtung alkoholischer Waren; v. 2. 1. 1975;
(BGBl. I S. 289)

I. Verkehrsbeschränkungen auf dem Gebiet des Außenhandels

59. Ein-, Aus- u. Durchfuhr bestimmter Waren u. Technologien
AußenwirtschaftsG – AWG; v. 28. 4. 1961;
(BGBl. I S. 481; zuletzt geändert BGBl. I S. 1850; v. 11. 12. 1996)

AWV; v. 22. 11. 1993;
(BGBl. I S. 1934, 2493)
VO (EG) Nr. 3381/94 des Rates über eine Gemeinschaftsregelung der Ausfuhrkontrolle von Gütern mit doppeltem Verwendungszweck, v. 19. 12. 1994;
(ABl. der EG Nr. L 367 v. 31. 12. 1994, S. 1)
[sog. dual-use-VO];
G. zu dem Übereinkommen v. 13.1. 1993 über das Verbot der Entwicklung, Herstellung, Lagerung und des Einsatzes chemischer Waffen und über die Vernichtung solcher Waffen (Gesetz zum Chemiewaffenübereinkommen); v. 5. 7. 1994;
(BGBl. I S. 806)
AusführungsG zum Chemiewaffenübereinkommen; v. 2. 8. 1994;
(BGBl. I S. 1954)
AusführungsVO zum Chemiewaffenübereinkommen; v. 20. 11. 1996;
(BGBl. I S. 1794)

J. Verkehrsbeschränkungen auf dem Gebiet der Verbrauchsteuern

60. Tabaksteuer
TabakStG; v. 21. 12. 1992;
(BGBl. I S. 2150)

61. Biersteuer
BiersteuerG; v. 21. 12. 1992;
(BGBl. I S. 2150, 2158; ber. BGBl. 1993 I S. 169)

K. Sonstige Verbote u. Beschränkungen

62. Eichgesetz
G. über das Meß- u. Eichwesen; v. 22. 2. 1985;
(BGBl. I S. 410)
EichO; v. 12. 8. 1988;
(BGBl. I S. 1657)

63. Handelsklassen
HandelsklassenG; v. 23. 11. 1972;
(BGBl. I S. 2201)

64. Kristallglaskennzeichnung
G. zur Kennzeichnung v. Bleikristall u. Kristallglas; v. 25. 6. 1971;
(BGBl. I S. 857)

65. Textilkennzeichnung
TextilkennzeichnungsG; v. 14. 8. 1986;
(BGBl. I S. 1285)

Eine nahezu vollständige Zusammenstellung findet sich in der Vorschriftensammlung der Bundesfinanzverwaltung (VSF) im Stoffgebiet „Sonstige Vorschriften", Abschnitt – VuB –, SV 01 00 ff.[653]

Anhang 2

Fundstellennachweis des Gemeinschaftsrechts – chronologisch –

292 VO (EWG) Nr. 3025/66/EWG des Rates über die Errichtung einer gemeinsamen Marktorganisation für Fette v. 22. 9. 1966, ABl. der EG Nr. 136/66 v. 30. 9. 1966.

VO (EWG) Nr. 234/68 des Rates über die Errichtung einer gemeinsamen Marktorganisation für lebende Pflanzen und Waren des Blumenhandels v. 27. 2. 1968, ABl. der EG Nr. L 55/1 v. 2. 3. 1968.

---

[653] Herausgegeben vom Bundesministerium der Finanzen, Bonn.

VO (EG) Nr. 802/68 des Rates über die gemeinsame Begriffsbestimmung für den Warenursprung v. 27. 6. 1968, ABl. der EG Nr. L 148/1 v. 28. 6. 1968.

VO (EWG) Nr. 804/68 des Rates über eine gemeinsame Marktorganisation für Milch und Milcherzeugnisse v. 27. 6. 1968, ABl. der EG Nr. L 148/13 v. 28. 6. 1968.

VO (EWG) Nr. 805/68 des Rates über die gemeinsame Marktorganisation für Rindfleisch v. 27. 6. 1968, ABl. der EG Nr. L 148/24 v. 28. 6. 1968.

VO (EWG) Nr. 827/68 des Rates über die gemeinsame Marktorganisation für bestimmte in Anhang II des Vertrages aufgeführte Erzeugnisse v. 28. 6. 1968, ABl. der EG Nr. L 151/16 v. 30. 6. 1968.

VO (EWG) Nr. 729/70 des Rates über die Finanzierung der gemeinsamen Agrarpolitik v. 21. 4. 1970, ABl. der EG Nr. L 94/13 v. 21. 4. 1970.

VO (EWG) Nr. 1308/70 des Rates über die gemeinsame Marktorganisation für Flachs und Hanf v. 29. 6. 1970, ABl. der EG Nr. L 146/1 v. 4. 7. 1970.

VO (EWG) Nr. 1696/71 des Rates über die gemeinsame Marktorganisation für Hopfen v. 26. 7. 1971, ABl. der EG Nr. L 175/1 v. 4. 8. 1971.

VO (EWG) Nr. 2358/71 des Rates zur Errichtung einer gemeinsamen Marktordnung für Saatgut v. 26. 10. 1971, ABl. der EG Nr. L246/1 v. 5. 11. 1971.

VO (EWG) Nr. 2759/75 des Rates über die gemeinsame Marktorganisation für Schweinefleisch v. 29. 10. 1975, ABl. der EG Nr. L 282/1 v. 1. 11. 1975.

VO (EWG) Nr. 2771/75 des Rates über die gemeinsame Marktorganisation für Eier v. 29. 10. 1975, ABl. der EG Nr. L 282/1 v. 1. 11. 1975.

VO (EWG) Nr. 2777/75 des Rates über die gemeinsame Marktorganisation für Geflügelfleisch v. 29. 10. 1975, ABl. der EG Nr. L 282/1 v. 1. 11. 1975.

VO (EG) Nr. 754/76 des Rates über die zolltarifliche Behandlung von Waren, die in das Zollgebiet der Gemeinschaft zurückkehren v. 25. 3. 1976, ABl. der EG Nr. L 89/1 v. 2. 4. 1976.

Richtlinie (EG) Nr. 77/799 des Rates über die gegenseitige Amtshilfe zwischen den zuständigen Behörden der Mitgliedstaaten im Bereich der direkten Steuern und der Mehrwertsteuer v. 19. 12. 1977, ABl. der EG Nr. L 336, S. 15; u. a. geändert durch die Richtlinie 79/1070/EWG des Rates v. 6. 12. 1979 zur Änderung der Richtlinie 77/799/EWG (ABl. der EG Nr. L 331, S. 8) und der Richtlinie 92/12/EWG des Rates v. 25. 2. 1992 über das allgemeine System, den Besitz, die Beförderung und die Kontrolle verbrauchsteuerpflichtiger Waren (ABl. der EG Nr. L 76, S. 1).

VO (EG) Nr. 2779/78 des Rates zur Verwendung der Europäischen Rechnungseinheit (ERE) in den den Zollbereich betreffenden Rechtsakten v. 23. 11. 1978, ABl. der EG Nr L 333/5 v. 30. 11. 1978.

VO (EG) Nr. 1430/79 des Rates über die Erstattung oder den Erlaß von Eingangs- oder Ausfuhrabgaben v. 2. 7. 1979, ABl. der EG Nr. L 175/1 v. 12. 7. 1979.

VO (EG) Nr. 1697/79 des Rates betreffend die Nacherhebung von noch nicht v. Abgabenschuldner angeforderten Eingangs- oder Ausfuhrabgaben für Waren, die zu einem Zollverfahren angemeldet worden sind, das die Verpflichtung zur Zahlung derartiger Abgaben beinhaltet v. 24. 7. 1979, ABl. der EG Nr. L 197/1 v. 3. 8. 1979.

Richtlinie Nr. 79/695/EWG des Rates zur Harmonisierung der Verfahren für die Überführung von Waren in den zollrechtlich freien Verkehr v. 24. 7. 1979, ABl. der EG Nr. L 205/19 v. 13. 8. 1979.

VO (EG) Nr. 1224/80 des Rates über den Zollwert der Waren v. 28. 5. 1980, ABl. der EG Nr. L 134/1 v. 31. 5. 1980.

VO (EG) Nr. 348/81 des Rates über eine gem. Regelung für die Einfuhr v. Walerzeugnissen v. 20. 1. 1981; ABl. der EG Nr. L 39 v. 12. 2. 1981, S. 1.

Richtlinie Nr. 81/177/EWG des Rates zur Harmonisierung der Verfahren für die Ausfuhr von Gemeinschaftswaren v. 24. 2. 1981, ABl. der EG Nr. L 83/40 v. 30. 3. 1981.

VO (EG) Nr. 1468/81 des Rates betreffend die gegenseitige Unterstützung der Verwaltungsbehörden der Mitgliedstaaten und die Zusammenarbeit dieser Behörden mit der

Kommission, um die ordnungsgemäße Anwendung der Zoll- und Agrarregelungen zu gewährleisten v. 19. 5. 1981; ABl. der EG Nr. L 144, S. 1 v. 2. 6. 1981.

VO (EWG) Nr. 1785/81 des Rates über die gemeinsame Marktorganisation für Zucker v. 30. 6. 1981, ABl. der EG L 177/4 v. 1. 7. 1981.

VO (EG) Nr. 3626/82 des Rates zur Anwendung des Übereinkommens über den intern. Handel mit gefährdeten Arten freilebender Tiere u. Pflanzen in der Gemeinschaft v. 3. 12. 1982; ABl. der EG Nr. L 384 v. 31. 12. 1982, S. 1; usw.; Nr. L 201 v. 24. 7. 1986, S. 1.

Richtlinie Nr. 81/177/EWG des Rates zur Harmonisierung der Verfahren für die Ausfuhr von Gemeinschaftswaren v. 24. 2. 1981, ABl. der EG Nr. L 83/40 v. 30. 3. 1981.

VO (EG) Nr. 3599/82 des Rates über die vorübergehende Verwendung v. 21. 12. 1982, ABl. der EG Nr. L 376/1 v. 31. 12. 1982.

VO (EG) Nr. 918/83 des Rates über das gemeinschaftliche System der Zollbefreiungen v. 28. 3. 1983, ABl. der EG Nr. L 105 v. 23. 4. 1983.

VO (EG) Nr. 2763/83 des Rates über das Zollverfahren der Umwandlung von Waren unter zollamtlicher Überwachung vor ihrer Überführung in den zollrechtlich freien Verkehr v. 26. 9. 1983, ABl. der EG Nr. L 272/54 v. 5. 10. 1985.

VO (EG) Nr. 2151/84 des Rates betreffend das Zollgebiet der Gemeinschaft v. 23. 7. 1984, ABl. der EG Nr. L 197/1 v. 27. 7. 1984.

VO (EG) Nr. 1999/85 des Rates über den aktiven Veredelungsverkehr v. 16. 7. 1985, ABl. der EG Nr. L 188/1 v. 20. 7. 1985.

VO (EG) Nr. 3632/85 des Rates zur Festlegung der Voraussetzungen, unter denen eine Person eine Zollanmeldung abgeben kann v. 12. 12. 1985, ABl. der EG Nr. L 350/1 v. 27. 12. 1985.

VO (EG) Nr. 2473/86 des Rates über den passiven Veredelungsverkehr und den Standard-Austausch-Verkehr v. 24. 7. 1986, ABl. der EG Nr. L 212/1 v. 2. 8. 1986.

VO (EWG) Nr. 822/87 des Rates über die gemeinsame Marktorganisation für Wein v. 16. 3. 1987, ABl. der EG Nr. L 84/1 v. 27. 3. 1987.

VO (EG) Nr. 2144/87 des Rates über die Zollschuld v. 13. 7. 1987, ABl. der EG Nr. L 201/15 v. 22. 7. 1987.

VO (EG) Nr. 2658/87 des Rates über die zolltarifliche Nomenklatur sowie den Gemeinsamen Zolltarif, ABl. der EG Nr. L 256 v. 7. 9. 1987, S. 1 (in der jeweils geltenden Fassung).

VO (EG) Nr. 1031/88 des Rates über die zur Erfüllung einer Zollschuld verpflichteten Personen v. 18. 4. 1988, ABl. der EG Nr. L 102/5 v. 21. 4. 1988.

VO (EG) Nr. 1970/88 des Rates über den Dreiecksverkehr im Rahmen des passiven Veredelungsverkehrs und des Standard-Austausch-Verkehrs v. 30. 6. 1988, ABl. der EG Nr. L 174/1 v. 6. 7. 1988.

VO (EG) Nr. 2503/88 des Rates über Zollager v. 25. 7. 1988, ABl. der EG Nr. L 225/1 v. 15. 8. 1988.

VO (EG) Nr. 2504/88 des Rates über Freizonen und Freilager v. 25. 7. 1988, ABl. der EG Nr. L 225/8 v. 5. 8. 1988.

VO (EG) Nr. 4151/88 des Rates zur Festlegung der Vorschriften für in das Zollgebiet der Gemeinschaft verbrachte Waren v. 21. 12. 1988, ABl. der EG Nr. L 367/1 v. 31. 12. 1988.

VO (EWG) Nr. 4253/88 des Rates zur Durchführung der Verordnung (EWG) Nr. 2052/88 hinsichtlich der Koordinierung der Interventionen der verschiedenen Strukturfonds einerseits und zwischen diesen und den Interventionen der Europäischen Investitionsbank und der sonstigen vorhandenen Finanzinstrumente andererseits v. 19. 12. 1988, ABl. der EG Nr. L 374 v. 31. 12. 1988.

Erste Richtlinie Nr. 89/104/EWG des Rates zur Angleichung der Rechtsvorschriften der Mitgliedstaaten über die Marken v. 21. 12. 1988, ABl. der EG Nr. L 40 v. 11. 2. 1989.

VO (EWG) Nr. 1553/89 des Rates über die endgültige einheitliche Regelung für die Erhebung der Mehrwertsteuereigenmittel v. 29. 5. 1989, ABl. der EG Nr. L 155/9 v. 7. 6. 1989.

VO (EG) Nr. 1854/89 des Rates über die buchmäßige Erfassung und die Voraussetzungen für die Entrichtung der Eingangs- oder Ausfuhrabgaben bei Bestehen einer Zollschuld v. 14. 6. 1989, ABl. der EG Nr. 186/1 v. 30. 6. 1989.

VO (EG) Nr. 1855/89 des Rates über die vorübergehende Verwendung von Beförderungsmitteln v. 14. 6. 1989, ABl. der EG Nr. L 186/8 v. 30. 6. 1989.

VO (EG) Nr. 2392/89 des Rates zur Aufstellung allg. Regeln für die Bezeichnung u. Aufmachung der Weine u. Traubenmoste v. 24. 7. 1989; ABl. der EG Nr. L 323 v. 9. 8. 1989, S. 13.

VO (EWG) Nr. 3013/89 des Rates über die gemeinsame Marktorganisation für Schaf- und Ziegenfleisch v. 25. 9. 1989, ABl. der EG L 289/1 v. 7. 10. 1989.

VO (EG) Nr. 3312/89 des Rates über die vorübergehende Verwendung von Behältern v. 30. 10. 1989, ABl. der EG Nr. L 321/5 v. 4. 11. 1989.

VO (EG) Nr. 4046/89 des Rates über die Sicherheitsleistungen für Zollschulden v. 21. 12. 1989, ABl. der EG Nr. L 388/1 v. 30. 12. 1989.

VO (EG) Nr. 386/90 des Rates über die Kontrolle bei der Ausfuhr landwirtschaftlicher Erzeugnisse, für die Erstattungen oder andere Zahlungen geleistet werden v. 12. 2. 1990, ABl. der EG Nr. L 42 v. 16. 2. 1990, S. 6.

VO (EG) Nr. 1715/90 des Rates über die von den Zollbehörden der Mitgliedstaaten erteilten Auskünfte über die Einreihung von Waren in der Zollnomenklatur v. 20. 6. 1990, ABl. der EG Nr. L 160/1 v. 26. 6. 1990.

VO (EG) Nr. 2726/90 des Rates über das gemeinschaftliche Versandverfahren v. 17. 9. 1990, ABl. der EG Nr. L 262/1 v. 26. 9. 1990.

VO (EG) Nr. 3677/90 des Rates über Maßnahmen gegen die Abzweigung bestimmter Stoffe zur unerlaubten Herstellung von Suchtstoffen und psychotropen Substanzen v. 13. 12. 1990; ABl. der EG Nr. L 357 v. 20. 12. 1990, S. 1; Nr. L 96 v. 10. 4. 1992, S. 1; Nr. L 267 v. 28. 10. 1993, S. 8.

VO (EWG) Nr. 595/91 des Rates betreffend Unregelmäßigkeiten und die Wiedereinziehung zu Unrecht gezahlter Beträge im Rahmen der Finanzierung der Gemeinsamen Agrarpolitik sowie die Einrichtung eines einschlägigen Informationssystems und zur Aufhebung der Verordnung (EWG) Nr. 283/72 v. 4. 3. 1991, ABl. der EG Nr. L 67/11 v. 14. 3. 1991.

VO (EG) Nr. 717/91 des Rates über das Einheitspapier v. 21. 3. 1991, ABl. der EG Nr. L 78/1 v. 26. 3. 1991.

VO (EG) Nr. 719/91 des Rates über die Verordnung der CarnetsTIR und der CarnetsATA als Versandpapiere in der Gemeinschaft v. 21. 3. 1991, ABl. der EG Nr. L 18/6 v. 26. 3. 1991.

VO (EG) Nr. 218/92 des Rates über die Zusammenarbeit der Verwaltungsbehörden auf dem Gebiet der indirekten Besteuerung (MWSt.) v. 27. 1. 1992, ABl. der EG Nr. L 24, S. 1.

Richtlinie Nr. 92/12/EWG des Rates über das allgemeine System, den Besitz, die Beförderung und die Kontrolle verbrauchsteuerpflichtiger Waren v. 25. 2. 1992, ABl. der EG Nr. L 76/1 v. 23. 3. 1992.

VO (EWG) Nr. 1766/92 des Rates über die gemeinsame Marktorganisation für Getreide v. 30. 6. 1992, ABl. der EG Nr. L 181/21 v. 1. 7. 1992

VO (EWG) Nr. 2075/92 des Rates über die gemeinsame Marktorganisation für Rohtabak v. 30. 6. 1992, ABl. EG Nr. L 215/70 v. 30. 7. 1992.

VO (EWG) Nr. 2719/92 der Kommission zum begleitenden Verwaltungsdokument bei der Beförderung verbrauchsteuerpflichtiger Waren unter Steueraussetzung v. 11. 9. 1992, ABl. der EG Nr. L 276 v. 19. 9. 1992, S. 1.

VO (EG) Nr. 2913/92 des Rates zur Festlegung des Zollkodex der Gemeinschaften v.

12. 10. 1992, ABl. der EG Nr. L 302 S. 1, ber. ABl. der EG Nr. L 79 v. 1. 4. 1993, S. 84 u. durch ABl. der EG Nr. L 97 v. 18. 4. 1996, S. 38; [Zollkodex-(ZK)].

VO (EG) Nr. 3911/92 des Rates über die Ausfuhr von Kulturgütern v. 9. 12. 1992, ABl. der EG Nr. L 395 v. 31. 12. 1992, S. 1; L 267 v. 19. 10. 1996, S. 30.

VO (EG) Nr. 3769/92 der Kommission zur Durchführung und Änderung der VO (EG) Nr. 3677/90, v. 21. 12. 1992, ABl. der EG Nr. L 383 v. 29. 12. 1992, S. 17; Nr. L 267 v. 28. 10. 1993, S. 8.

VO (EWG) Nr. 3759/92 des Rates über die gemeinsame Marktorganisation für Fischereierzeugnisse und Erzeugnisse der Aquakultur v. 17. 12. 1992, ABl. der EG Nr. L 388/1 v. 31. 12. 1992.

VO (EG) Nr. 259/93 des Rates zur Überwachung und Kontrolle der Verbringung von Abfällen in der, in die u. aus der Europäischen Gemeinschaft, v. 1. 2. 1993, ABl. der EG Nr. L 30 v. 6. 2. 1993, S. 1; ABl. der EG Nr. L 288 v. 9. 11. 1994, S. 36; ABl. der EG Nr. L 304 v. 27. 11. 1996, S. 15.

VO (EG) Nr. 339/93 des Rates über die Kontrolle der Übereinstimmung von aus Drittländern eingeführten Erzeugnissen mit den geltenden Produktsicherheitsvorschriften v. 8. 2. 1993, ABl. der EG Nr. L 40 v. 17. 2. 1993, S. 1.

VO (EWG) Nr. 404/93 des Rates über die gemeinsame Marktorganisation für Bananen v. 13. 2. 1993, ABl. der EG Nr. L 47/1 v. 25. 2. 1993.

VO (EG) Nr. 2454/93 der Kommission mit Durchführungsvorschriften zu der VO (EWG) Nr. 2913/92 des Rates zur Festlegung des Zollkodex der Gemeinschaften – Zollkodex DVO – v. 2. 7. 1993, ABl. der EG Nr. L 253 v. 11. 10. 1993, S. 1; ber. ABl. der EG v. 19. 10. 1994 Nr. L 268, S. 32, und ber. ABl. der EG v. 19. 7. 1996 Nr. L 180, S. 34.

VO (EG) Nr. 163/94 des Rates zur Änderung der Verordnung (EWG) Nr. 386/90 über die Kontrolle bei der Ausfuhr landwirtschaftlicher Erzeugnisse, für die Erstattungen oder andere Zahlungen geleistet werden v. 24. 1. 1994, ABl. der EG Nr. L 24 v. 29. 1. 1994, S. 2.

VO (EG) Nr. 1164/94 des Rates zur Errichtung des Kohäsionsfonds v. 16. 5. 1994, ABl. der EG Nr. L 130 v. 25. 5. 1994.

Beschluß des Rates über das System der Eigenmittel der Gemeinschaften v. 31. 10. 1994, ABl. der EG Nr. L 293 v. 12. 11. 1994, S. 9; sog. EG-Eigenmittelbeschluß.

VO (EG) Nr. 3093/94 des Rates über Stoffe, die zum Abbau der Ozonschicht führen v. 15. 12. 1994, ABl. der EG Nr. L 33; v. 22. 12. 1994, S. 1.

Beschluß der Rates 94/942/GASP über die v. Rat gemäß Art. J. 3 des Vertrages über die Europäische Union angenommene gemeinsame Aktion zur Ausfuhrkontrolle von Gütern mit doppeltem Verwendungszweck v. 19. 12. 1994, ABl. der EG Nr. L 367 S. 8.

VO (EG) Nr. 3122/94 der Kommission zur Festlegung der Kriterien für die Risikoanalyse bei landwirtschaftlichen Erzeugnissen, für die eine Erstattung gewährt wird v. 20. 12. 1994, ABl. der EG Nr. L 330/31 v. 21. 12. 1994.

VO (EG) Nr. 3295/94 des Rates über Maßnahmen zum Verbot der Überführung nachgeahmter Waren und unerlaubt hergestellter Vervielfältigungsstücke oder Nachbildungen in den zollrechtlich freien Verkehr oder in ein Nichterhebungsverfahren sowie zum Verbot ihrer Ausfuhr und Wiederausfuhr v. 22. 12. 1994, ABl. der EG Nr. L 341, S. 8. Seit 1. 7. 1999 gültig unter der Bezeichnung: VO (EG) ..... über Maßnahmen, welche das Verbringen von Waren, die bestimmte Rechte am geistigen Eigentum verletzen, in die Gemeinschaft sowie ihre Ausfuhr und Wiederausfuhr aus der Gemeinschaft betreffen.

VO (EG) Nr. 3381/94 des Rates über eine Gemeinschaftsregelung der Ausfuhrkontrolle von Gütern mit doppeltem Verwendungszweck v. 19. 12. 1994, ABl. der EG Nr. L 367, S. 1.

VO(EWG) Nr. 603/95 des Rates über die gemeinsame Marktorganisation für Trockenfutter v. 21. 2. 1995, AB1. der EG Nr. L 63/1 v. 21. 3. 1995.

Übereinkommen aufgrund von Artikel K.3 des Vertrages über die Europäische Union über den Schutz der finanziellen Interessen der Europäischen Gemeinschaften v. 26. 7. 1995, BGBl. 1998 II, 2324.

Rechtsakt des Rates über die Fertigstellung des Übereinkommens aufgrund von Artikel K.3 des Vertrages über die Europäische Union über die Errichtung eines Europäischen Polizeiamtes (Europol-Übereinkommen) v. 26. 7. 1995, ABl. der EG Nr. C 316 v. 27. 11. 1995, S. 1.

VO (EG) Nr. 2988/95 des Rates über den Schutz der finanziellen Interessen der Europäischen Gemeinschaften v. 18. 12. 1995, ABl. der EG Nr. L 312/1 v. 23. 12. 1995.

VO (EWG) Nr. 3072/95 des Rates über die gemeinsame Marktorganisation für Reis v. 22. 12. 1995, ABl. der EG Nr. L 329/18 v. 30. 12. 1995.

VO (EG) Nr. 2185/96 des Rates betreffend die Kontrollen und Überprüfungen vor Ort durch die Kommission zum Schutz der finanziellen Interessen der Europäischen Gemeinschaften vor Betrug und anderen Unregelmäßigkeiten v. 11. 11. 1996, ABl. der EG Nr. L 292/2 v. 15. 11. 1996.

VO (EWG) NR. 2200/96 des Rates über die gemeinsame Marktorganisation für Obst und Gemüse v. 28. 10. 1996, ABl. der EG Nr. L 297/1 v. 21. 11. 1996.

VO (EWG) Nr. 2201/96 des Rates über die gemeinsame Marktorganisation für Verarbeitungserzeugnisse aus Obst und Gemüse v. 28. 10. 1996, ABl. der EG Nr. L 297/29 v. 21. 11. 1996.

VO (EG) Nr. 338/97 des Rates über den Schutz von Exemplaren wildlebender Tier- und Pflanzenarten durch Überwachung des Handels v. 9. 12. 1996, ABl. der EG Nr. L 61/1 v. 3. 3. 1997 i. d. F. der VO (EG) Nr. 2307/97 der Kommission zur Änderung der VO (EG) Nr. 338/97 des Rates über den Schutz von Exemplaren wildlebender Tier- und Pflanzenarten durch Überwachung des Handels v. 18. 11. 1997, ABl. der EG Nr. L 325/1 v. 27. 11. 1997.

VO (EG) Nr. 515/97 des Rates über die gegenseitige Amtshilfe zwischen Verwaltungsbehörden der Mitgliedstaaten und die Zusammenarbeit dieser Behörden mit der Kommission im Hinblick auf die ordnungsgemäße Anwendung der Zoll- und der Agrarregelung v. 13. 3. 1997, ABl. der EG Nr. L 82 v. 22. 3. 1997, S. 1; ber. ABl. der EG Nr. L 123 v. 15. 5. 1997, S. 25.

VO (EG) Nr. 939/97 der Kommission mit Durchführungsbestimmungen zur VO (EG) Nr. 338/97 des Rates über den Schutz von Exemplaren wildlebender Tier- und Pflanzenarten durch Überwachung des Handels v. 26. 5. 1997, ABl. der EG Nr. L 140/9 v. 30. 5. 1997.

Übereinkommen aufgrund von Artikel K.3 des Vertrages über die Europäische Union über gegenseitige Amtshilfe und Zusammenarbeit der Zollverwaltungen v. 18. 12. 1997, ABl. der EG Nr. C 24/1 v. 23. 1. 1998.

Erläuternder Bericht über das Übereinkommen aufgrund von Artikel K.3 des Vertrages über die Europäische Union über gegenseitige Amtshilfe und Zusammenarbeit der Zollverwaltungen v. 28. 5. 1998, ABl. der EG Nr. C 189/1 v. 17. 6. 1998.

VO (EG) Nr. 241/99 des Rates über die Änderung der VO (EG) Nr. 3295/94 des Rates über Maßnahmen zum Verbot der Überführung nachgeahmter Waren und nunerlaubt hergestellter Vervielfältigungsstücke oder Nachbildungen in den zollrechtlich freien Verkehr oder in ein Nichterhebungsverfahren sowie zum Verbot ihrer Ausfuhr und Wiederausfuhr v. 22. 12. 1994 v. 25. 1. 1999, ABl. der EG Nr. L 27/1 v. 2. 2. 1999.

Anhang 3

Übersicht § 34 AWG

293 **3. Gesetz zur Änderung des AWG** v. 29. 3. 1976[654] – gültig bis 5. 8. 1990

(1)Mit Freiheitsstrafe bis zu drei Jahren oder mit Geldstrafe wird bestraft, wer eine in § 33 Abs. 1 genannte Handlung begeht und dadurch

1. die Sicherheit der Bundesrepublik Deutschland beeinträchtigt,
2. das friedliche Zusammenleben der Völker stört oder
3. die auswärtigen Beziehungen der Bundesrepublik Deutschland erheblich stört.

(2) Der Versuch ist strafbar.

(3) Wer in den Fällen des Absatzes 1

1. den Erfolg fahrlässig verursacht oder
2. fahrlässig handelt und den Erfolg fahrlässig verursacht,

wird mit Freiheitsstrafe bis zu einem Jahr oder mit Geldstrafe bestraft.

5. Gesetz zur Änderung des AWG v. 20. 7. 1990[655] – gültig v. 6. 8. 1990–6. 3. 1992

(1) Mit Freiheitsstrafe bis zu **fünf** Jahren oder mit Geldstrafe wird bestraft, wer eine in § 33 Abs. 1 bezeichnete Handlung begeht, die **geeignet** ist,

1. die äußere Sicherheit der Bundesrepublik Deutschland,
2. das friedliche Zusammenleben der Völker oder

die auswärtigen Beziehungen der Bundesrepublik Deutschland erheblich **zu gefährden**.

(2) Der Versuch ist strafbar.

(3) In besonders schweren Fällen ist die Strafe Freiheitsstrafe von sechs Monaten bis zu zehn Jahren. Ein besonders schwerer Fall liegt in der Regel vor, wenn der Täter

1. gewerbsmäßig oder als Mitglied einer Bande, die sich zur fortgesetzten Begehung solcher Straftaten verbunden hat, unter Mitwirkung eines anderen Bandenmitglied handelt oder
2. durch eine in Absatz 1 Nr. 1 bezeichnete Tat die Gefahr eines schweren Nachteils für die äußere Sicherheit der Bundesrepublik Deutschland herbeiführt.

(4) Handelt der Täter in den Fällen des Absatzes 1 fahrlässig, so ist die Strafe Freiheitsstrafe bis zu **zwei** Jahren oder Geldstrafe.

Gesetz zur Änderung des AWG, des StGB und anderer Gesetze v. 28. 2. 1992[656] – gültig v. 7. 3. 1992–1. 1. 1993

(1) Mit Freiheitsstrafe bis zu fünf Jahren oder mit Geldstrafe wird bestraft, wer ohne Genehmigung in Teil I Abschnitte A, B, C Nr. 1711, D oder E der Ausfuhrliste (Anlage AL zur Außenwirtschaftsverordnung) genannte Waren, Unterlagen zur Fertigung dieser Waren oder Unterlagen über die in Teil I Abschnitte A und B der Ausfuhrliste benannte Technologien, technische Daten und technische Verfahren ausführt. Ebenso wird bestraft, wer Waren, deren Ausfuhr verboten ist, oder Unterlagen zur Fertigung solcher Waren, ausführt.

(2) Mit Freiheitsstrafe bis zu fünf Jahren oder mit Geldstrafe wird bestraft, wer eine in § 33 Abs. 1 oder 4 bezeichnete Handlung begeht, die geeignet ist,

1. die äußere Sicherheit der Bundesrepublik Deutschland,
2. das friedliche Zusammenleben der Völker oder
3. die auswärtigen Beziehungen der Bundesrepublik Deutschland erheblich

zu gefährden, wenn die Tat nicht in Absatz 1 oder 4 mit Strafe bedroht ist.

---

654 BGBl. I S. 869.

655 BGBl. I S. 1457.

656 BGBl. I S. 372 (= 7. Gesetz zur Änderung des AWG).

(3) Ebenso wird bestraft, wer in den Fällen des Absatzes 1 oder 2 die Ausfuhr dadurch fördert, daß er die auszuführende Ware oder Unterlagen zu ihrer Fertigung oder wesentliche Bestandteile davon zur Verfügung stellt.

(4) Mit Freiheitsstrafe nicht unter zwei Jahren wird bestraft, wer einer Vorschrift dieses Gesetzes oder einer aufgrund dieses Gesetzes erlassenen Rechtsverordnung oder einem im Bundesgesetzblatt oder im Bundesanzeiger veröffentlichten Rechtsakt der Europäischen Gemeinschaften zur Beschränkung des Außenwirtschaftsverkehrs, die der Durchführung einer vom Sicherheitsrat der Vereinten Nationen nach Kapitel VII der Charta der Vereinten Nationen beschlossenen wirtschaftlichen Sanktionsmaßnahme dienen, zuwiderhandelt. In minder schweren Fällen ist die Strafe Freiheitsstrafe von drei Monaten bis zu fünf Jahren.

(5) In den Fällen der **Absätze 1** und 2 ist der Versuch strafbar.

(6) In besonders schweren Fällen der Absätze 1 und 2 ist die Strafe Freiheitsstrafe nicht unter zwei Jahren. Ein besonders schwerer Fall liegt in der Regel vor, wenn der Täter

1. die Gefahr eines schweren Nachteils für die äußere Sicherheit der Bundesrepublik Deutschland herbeiführt oder
2. gewerbsmäßig oder als Mitglied einer Bande, die sich zur fortgesetzten Begehung solcher Straftaten verbunden hat, unter Mitwirkung eines anderen Bandenmitglieds handelt.

(7) Handelt der Täter in den Fällen der Absätze 1, 2 oder 4 fahrlässig, so ist die Strafe Freiheitsstrafe bis zu drei Jahren oder Geldstrafe.

(8) Ohne Genehmigung im Sinne des Absatzes 1 handelt auch, wer aufgrund einer durch unrichtige oder unvollständige Angaben erschlichenen Genehmigung handelt. Satz 1 gilt in den Fällen der Absätze 2 und 4 entsprechend.

Artikel 20 des Verbrauchsteuer-Binnenmarktgesetzes v. 21. 12. 1992[657] – gültig v. 1. 1. 1993–16. 8. 1994

(1) Mit Freiheitsstrafe bis zu fünf Jahren oder mit Geldstrafe wird bestraft, wer ohne Genehmigung in Teil I Abschnitte A, B, C **Nr. 1 C 991**, D oder E der Ausfuhrliste (Anlage AL zur Außenwirtschaftsverordnung) genannte Waren, Unterlagen zur Fertigung dieser Waren oder Unterlagen über die in Teil I Abschnitte A und B der Ausfuhrliste benannte Technologien, technische Daten und technische Verfahren ausführt. Ebenso wird bestraft, wer Waren, der Ausfuhr verboten ist, oder Unterlagen zur Fertigung solcher Waren, ausführt.

Abs. 2 – 8 unverändert.

8. Gesetz zur Änderung des AWG v. 9. 8. 1994[658] – gültig v. 17. 8. 1994 – 17. 12. 1996

(1) unverändert

(2) Mit Freiheitsstrafe bis zu fünf Jahren oder mit Geldstrafe wird bestraft, wer eine in § 33 Abs. 1, **4 oder 5** bezeichnete Handlung begeht, die geeignet ist,

1. die äußere Sicherheit der Bundesrepublik Deutschland,
2. das friedliche Zusammenleben der Völker oder
3. die auswärtigen Beziehungen der Bundesrepublik Deutschland erheblich

zu gefährden, wenn die Tat nicht in Absatz 1 oder 4 mit Strafe bedroht ist.

Abs. 3–8 unverändert

9. Gesetz zur Änderung des AWG v. 11. 12. 1996[659] – gültig ab 18. 12. 96 – aktuell

Mit Freiheitsstrafe bis zu fünf Jahren oder mit Geldstrafe wird bestraft, wer ohne Genehmigung

---

[657] BGBl. I S. 2150.

[658] BGBl. I S. 2068.

[659] BGBl. I S. 1850.

in Teil I Abschnitt A oder C Kategorie 0, Kategorie 1 Nr. 1 C 350, 1C351, 1C352, 1C353, 1C354, Kategorie 2 Nr. 2B350, 2B351 oder 2B352 der Ausfuhrliste (Anlage AL zur Außenwirtschaftsverordnung) genannte Waren, Unterlagen zur Fertigung dieser Waren oder

Unterlagen über die in Teil I Abschnitt A oder Abschnitt C Kategorie 0 der Ausfuhrliste in einzelnen Nummern genannten Technologien oder dort genannte Datenverarbeitungsprogramme

ausführt. Ebenso wird bestraft, wer Waren, deren Ausfuhr verboten ist, oder Unterlagen zur Fertigung solcher Waren ausführt.

Abs. 2–8 unverändert

10. Kapitel. Steuerstrafrecht

Literatur: *Abramowski,* Die strafbefreiende Selbstanzeige (§ 371 AO) im internationalen Vergleich. DStZ 1992, 300; *ders.*, Verfassungswidrigkeit des steuerlichen Selbstanzeigeprivilegs?, DStZ 1992, 460; *Apitz,* Neue Entwicklungen zur tatsächlichen Verständigung, StBp 1997, 257; *App,* Checkliste zur Erstattung einer Selbstanzeige nach Steuerhinterziehung, DB 1996, 1009; *Bansemer,* Steuerhinterziehung im Beitreibungsverfahren, wistra 1994, 327; *Behr,* Die Strafbarkeit von Bankmitarbeitern als Steuerhinterziehungsgehilfen bei Vermögensstransfers ins Ausland, wistra 1999, 245; *Bilsdorfer,* Die Offenbarungsbefugnis der Finanzbehörden im Steuerstraf- und Bußgeldverfahren, wistra 1984, 8; *ders.*, Abgrenzung von Steuerhinterziehung und Betrug, StBp 1990, 117; *ders.*, Die Informationsquellen und -wege der Finanzverwaltung, 4. Aufl. 1999; *Blesinger,* Das Steuergeheimnis im Strafverfahren wistra 1991, 239 u. 294; *ders.*, Die Einleitung des Steuerstrafverfahrens, wistra 1994, 48; ders., Zur Anwendung des Täter-Opfer-Ausgleichs im Steuerstrafrecht, wistra 1996, 90; *Blumers/Göggerle,* Handbuch des Verteidigers und Beraters im Steuerstrafverfahren, 2. Aufl. 1989; *Bublitz,* Der Verlustabzug gemäß § 10 d EStG im Steuerstrafrecht, DStR 1985, 653; *Carl,* Internationale Rechtshilfe in Steuerstrafsachen, DStZ 1993, 653; *Carl/Klos,* Schwarzgeldtransfer nach Luxemburg – Zur Rechtmäßigkeit der Durchsuchung von Kreditinstituten durch die Steuerfahndung, wistra 1994, 211; *dies.*, Geldwäschegesetz und Datenweitergabe zu Besteuerungszwecken, DStZ 1994, 68; *Cramer,* Einstellung nach Einstellung – eine verfahrensrechtliche und verfahrenspraktische Notwendigkeit in den Massenverfahren wegen Beihilfe zur Steuerhinterziehung durch Bankmitarbeiter, wistra 1999, 290; *Dannecker,* Steuerhinterziehung im internationalen Wirtschaftsverkehr, 1984; *Dilgers/Graß,* Rechtsprechungsänderung zur fortgesetzten Steuerhinterziehung – Konsequenzen für Straf- und Besteuerungsverfahren, DStR 1992, 1001; *Dörn,* Strafverfolgung der Nichtabgabe von Steuererklärungen, wistra 1991, 10; *ders.*, Steuerhinterziehung und Steuerrecht, wistra 1992, 241; *ders.*, Schätzung im Steuerstraf- und Besteuerungsverfahren, wistra 1993, 1 u. 50; *ders.*, Tatentdeckung (§ 371 Abs. 2 Nr. 2 AO) durch Kontrollmaterial, wistra 1993, 169; *ders.*, Versuch oder Vollendung der Steuerverkürzung durch Nichtabgabe von Steuererklärungen bei; Veranlagungssteuern, DStZ 1994, 39; *ders.*, Verfolgung von Subventionsbetrug (§ 264 StGB) durch die Finanzbehörde, DStZ 1995, 164; ders., Steuerlicher und strafprozessualer Arrest, StBp 1999, 130; *Dressler,* Rechtshilfe in Steuerstrafsachen durch die Schweiz, wistra 1989, 161; *ders.*, Gewinn- und Vermögensverlagerungen in Niedrigsteuerländer und ihre steuerliche Überprüfung, 2. Aufl. 1995; *Dumke,* Zur Nachentrichtungspflicht für hinterzogene Steuern bei der strafbefreienden Selbstanzeige, BB 1981, 117; *Eich,* Die tatsächliche Verständigung im Steuerverfahren und Steuerstrafverfahren, Köln 1992; *Eilers,* Schutz des Steuergeheimnisses zugunsten von Informanten der Finanzverwaltung?, DB 1986, 19; *Flore/Dörn/Gillmeister,* Steuerfahndung und Steuerstrafverfahren, Luchterhand 1998; *Firnhaber,* Die strafbefreiende Selbstanzeige im Steuerrecht, Düsseldorf 1962; *Franzen,* Grenzen der strafbefreienden Selbstanzeige, wistra 1986, 210; *Franzen/Gast/Joecks,* Steuerstrafrecht, 4. Aufl. 1996; *Göhler,* Kommentar zum OWiG, 11. Aufl. 1995; *Gramich,* Limitierung der selbständigen Ermittlungskompetenz des Finanzamts im Sinne des § 386 Abs. 1, Abs. 2 Nr. 1 AO oder Verbrauch der Strafklage, wistra 1988, 251; *Grezesch,* Steuererklärungspflichten im Strafverfahren, DStR 1997, 1273; *Hamacher,* Kontrollmitteilungen bei Banken und funktionaler Kontenbegriff des § 154 AO, DB 1999, 1824; *Hardtke,* Steuerhinterziehung durch verdeckte Gewinnausschüttung, Greifswald 1994; ders., Zur Tathandlung bei Steuerhinterziehung infolge verdeckter Gewinnausschüttung, wistra 1997, 17; *Hardtke/Westphal,* Die Bedeutung der strafrechtlichen Ermittlungskompetenz der Finanzbehörde für das Steuergeheimnis, wistra 1996, 91; *Hassemer,* Professionelle Adäquanz, wistra 1995, 41 und 81; *Hetzer,* Denunziantenschutz durch Steuergeheimnis, NJW 1985, 2991; *Hildebrandt,* Verwertungsverbote für Tatsachen oder Beweismittel im Steuerstrafverfahren und im Besteuerungsverfahren, DStR 1982, 20; *ders.*, Die Behandlung vertraulicher Anzeigen im Steuerstrafverfahren, wistra 1988, 300; *Hübschmann/Hepp/Spitaler,* Kommentar zur Abgabenordnung und Finanzgerichtsordnung (Loseblatt); *Jarke,* Das Verwertungsverbot des § 393 Abs. 2 Satz 1 AO, wistra 1997, 325; *dies.*, Strafbefreiende Drittanzeige nach § 371 Abs. 4 AO bei vorsätzlich falscher Steuererklärung?, wistra 1999, 286; *Joecks,* Steuerliche Schätzungen im Strafverfahren, wistra 1990, 52; *ders.*, Abzugsverbot für Bestechungs- und Schmiergelder, DStR 1997, 1025 ders., Urkundenfälschung „in Erfüllung steuerrechtlicher Pflichten" (§ 393 Abs. 2 Satz 1 AO)?, wistra 1998, 86; Karlsruher Kommentar zur Strafprozeßordnung, 5. Aufl. 1997; *Keßeböhmer/Schmitz,* Hinterziehung ausländischer Steuern und Steuerhinterziehung im Ausland, § 370 Abs. 6 u. 7 AO, wistra 1995, 1; *Klein,* Abgabenordnung, 6. Auflage 1998; *Kleinknecht/Meyer-Goßner,* Strafprozeßordnung, 43. Aufl. 1997; *Klos,* Die Vorfeldermittlungen der Steuerfahndung im Spiegel der Rechtsprechung, wistra 1988, 92; *Kniffka,* Die Durchsuchung von Kreditinstituten im Steuerstrafverfahren, wistra 1987, 309; *Koch/Scholtz,* Abgabenordnung, 5. Auflage 1996; *Kohlmann,* Steuerstraf- und Steuerordnungswidrigkeitenrecht (Loseblatt); *Kottke,* Steuerersparung, Steuerumgehung, Steuerhinterziehung, 9. Aufl. 1991; ders., Schwarzgeld- was tun?, 7. Aufl. 1997; *Krekeler,* Probleme der Verteidigung in Wirtschaftsstrafsachen, wistra 1983, 43; *Krekeler/Schütz,* Die Durchsuchung von bzw. in Unternehmen, wistra 1995, 50; *Kreutziger,* Rechtsschutz gegen Maßnahmen der Steuerfahndung, DStZ 1987, 346; *Kühn/Hofmann,* Abgabenordnung, 17. Aufl. 1995; *Küster,* Die Befugnisse der Steuerfahndung im Steuerstrafverfahren, BB 1980, 1371; *Lanser,* Österreichische Rechtshilfe in Strafsachen, insbesondere im Zusammenhang mit dem Bankgeheimnis, wistra 1999, 213; *Leise/Dietz/Cratz,* Steuerverfehlungen (Loseblatt); *Leisner,* Ausforschungsdurchsuchung?, BB 1994, 1941; *Lenckner/Schuhmann/Winkelbauer,* Grund und Grenzen der strafrechtlichen Selbstanzeige im Steuerrecht und das Wiederaufleben der Berichtigungsmöglichkeit im Fall der Außenprüfung, wistra 1983, 123 u. 172; *Liebsch/Reifelsberger,* Die Grenzen des Evokationsrechts, wistra 1993, 325, *Löwe-Krahl,* Beteiligung von Bankangestellten an Steuerhinterziehungen ihrer Kunden, wistra 1995, 201; *Löwe/Rosenberg,* Die Strafprozeßordnung und das Gerichtsverfassungsgesetz, 25. Aufl. 1997; *Lohmeyer,* Praxis der Steuerfahndung, 1985; *Lübben/Zülke,* Anfertigung von Kontrollmitteilungen bei Kreditinstituten im Rahmen von Außenprüfungen, StBp 1999, 169; *Maier,* Die mittelbare Täterschaft bei Steuerdelikten, MDR 1986, 358; *Maier,* Reichweite des Verwertungsverbots nach § 393 Abs. 2 Satz 1 AO, wistra 1997, 53; *Malms,* Einstellung nach §§ 153 und 153a StPO durch die Finanzbehörden, wistra 1994, 337; *Meine,* Das Vorteilsausgleichsverbot in § 370 Abs. 4 Satz 3 AO, wistra 1982, 129; *ders.,* Die Reichweite des Verwertungsverbots nach § 393 Abs. 2 AO, wistra 1985, 186; *ders.,* Zum Streitstand: Das Kompensationsverbot gem. § 370 Abs. 4 Satz 3 AO, wistra 1991, 127; *ders.,* Steuervermeidung, Steuerumgehung, Steuerhinterziehung, wistra 1992, 81; *Meyer,* Der Verbotsirrtum im Steuerstrafrecht, NStZ 1986, 443; *Mösbauer,* Steuerstraf- und Steuerordnungswidrigkeitenrecht, 1989; ders., Aktuelle Rechtsfragen bei der Abgrenzung des Versuchs von der Vorbereitungshandlung im Steuerstrafrecht, DStZ 1997, 577; ders., Das Erscheinen eines Amtsträgers der Finanzbehörde zur steuerlichen (Außen-)Prüfung als Sperre für die Straffreiheit nach § 371 AO, StBp 1999, 225; *Müller,* Steuergeheimnis und Verwertungsverbot bei nichtsteuerlichen Straftaten, DStR 1986, 699; *Müller/Gugenberger,* Wirtschaftsstrafrecht, 2. Aufl. 1992; *Müller/Wabnitz/Janovsky,* Wirtschaftskriminalität, 4. Aufl. 1997; *Neck,* Selbstanzeige durch Einreichung der Einkommenssteuererklärung, DStR 1985, 505; *Olbertz,* Tatsächliche Verständigung im Steuerrecht, StW 1994, 201; *Park,* Die Ausweitung des Abzugsverbots für Bestechungs- und Schmiergelder durch das Steuerentlastungsgesetz 1999/2000/2002, DStR 1999, 1097; *Patzelt,* Ungerechtfertigte Steuervorteile und Verlustabzug im Steuerstrafrecht, Köln 1990; *Pelchen,* Die Verwertung steuerrechtlicher Schätzungen im Strafverfahren, MDR 1982, 10; *Pfeiffer/Fischer,* Strafprozeßordnung 1995; *Pütz,* Steuer- und Zollfahnder als Hilfsbeamte der Staatsanwaltschaft, wistra 1990, 212; *ders.,* Fahndungsermittlungen in den Bank-Verfahren nach dem Meistbegünstigungsprinzip?, wistra 1998, 54; *Pump,* Zur steuerlichen und steuerstrafrechtlichen Verantwortlichkeit des Strohmanns als Gewerbetreibender, DStZ 1986, 537; *Quedenfeld/Füllsack,* Verteidigung in Steuerstrafsachen, C.F. Müller 1996; *Rainer,* Beratungshinweise zur Selbstanzeige vor und während der Betriebsprüfung oder Steuerfahndung, DStR, 1992, 901; *Ransiek,* Pflichtwidrigkeit und Beihilfeunrecht, wistra 1997, 41; *Reiche,* Die strafrechtliche Ermittlungskompetenz der Zollfahndung, wistra 1990, 90; *Reiß,* Besteuerungsverfahren und Strafverfahren, Köln 1987; *ders.,* Tatbestandsirrtum und Verbotsirrtum bei der Steuerhinterziehung, wistra 1987, 161; *Rengier,* Praktische Fragen bei Durchsuchungen, insbesondere in Wirtschaftsstrafsachen, NStZ 1981, 372; *Rieß,* Die Versagung der Abzugsfähigkeit von „Schmiergeldern" bei Einstellung des Strafverfahrens nach den §§ 153ff StPO, wistra 1997, 137; *Rose/Rose,* Steuerplanung und Gestaltungsmißbrauch, 2. Aufl. 1998; *Rüster,* Rechtsstaatliche Probleme im Rechtsbereich zwischen Besteuerungsverfahren und Strafverfahren, wistra 1988, 49; *Samson,* Steuerhinterziehung, nemo tenetur und Selbstanzeige – Eine Dokumentation, wistra 1988, 130; *ders.,* Strafbefreiende Fremdanzeige (§ 371 Abs. 4 AO) und Berichtigungspflicht (§ 153 AO), wistra 1990, 245; *Sauer,* Außenprüfung und Steuerfahndung, DStZ 1988, 339; *Schick,* Steuerfahndung im Rechtsstaat, JZ 1982, 125; *Schlüchter,* Zur Irrtumslehre im Steuerstrafrecht, wistra 1985, 43; *Schmidt,* Einkommensteuer Kommentar, 17. Aufl. 1998; *Schmidt-Troje,* Die Steuerfahndung, 2. Aufl. 1997; *Schönke/Schröder,* Strafgesetzbuch, 25. Aufl. 1997; *Schröder/Muuss,* Handbuch der steuerlichen Betriebsprüfung (Loseblatt); *Schuhmann,* Zur Aussetzung des Verfahrens nach § 396 AO, wistra 1992, 172; *ders.,* Zur Bekanntgabe der Einleitung eines Straf- oder Bußgeldverfahrens nach der Abgabenordnung, wistra 1992, 293; *ders.,* Berichtigung von Erklärungen (§ 153 AO) und Selbstanzeige, wistra 1994, 45; *Schwarz,* Abgabenordnung (Loseblatt); *Seer,* Verständigungen in Steuerverfahren, Köln 1996; *Siegismund/Wickern,* Das Gesetz zur Entlastung der Rechtspflege – ein Überblick über die Änderungen der StPO, des GVG, des JGG und des StGB, wistra 1993, 81 u. 136; *Spatscheck/Alvermann,* Internet-Ermittlungen im Steuerstrafprozeß, wistra 1999, 333; *Spriegel,* Steuergeheimnis und nichtsteuerliche Straftat, wistra 1997, 321; *Streck,* Die Steuerfahndung, 3. Aufl. 1996; *ders.,* Die Selbstanzeige – Beratungssituation, DStR 1996, 288, *Streck/Mack,* Banken und Bankkunden im Steuerfahndungsverfahren, BB 1995, 2137, *Stypmann,* Methoden zur Feststellung der Steuerverkürzung und Schätzung im Steuerstrafrecht, wistra 1983, 95; *Suhr/Naumann/Bilsdorfer,* Steuerstrafrecht, 4. Aufl. 1986; *Teske,* Die neuere Rechtsprechung zur Selbstanzeige, wistra 1990, 139; *Tipke,* Zur Steuerfahndung bei Banken und Bankkunden, BB 1998, 241, *Tipke/Kruse,* Abgabenordnung und Finanzgerichtsordnung (Loseblatt); *Tormählen,* Befugnisse der Steuerfahndung bei Sachverhalten, in denen Strafverfolgungsverjährung, aber noch keine Festsetzungsverjährung nach § 169 AO eingetreten ist, wistra 1993, 174; *Tröndle,* Strafgesetzbuch und Nebengesetze, 48. Aufl. 1997; *Ulmer,* Die verspätete Abgabe von Steuererklärungen im Steuerstrafrecht, wistra 1983, 22; *ders.,* Steuervermeidung, Steuerumgehung, Steuerhinterziehung, DStZ 1986, 292; *Ulsenheimer,* Zur Frage der Steuerhinterziehung durch Steuerumgehung, wistra 1983, 12; *Von Briel/Ehlscheid,* Steuerstrafrecht, DAV 1997; *Vogelberg,* Die Selbstanzeige im Steuerstraf- und Steuerordnungswidrigkeitenrecht, NWB Beilage 2/1994; *Volk,* Der Tatbegriff und die Bestimmtheit von Durchsuchungsbeschlüssen im Steuerstrafrecht, wistra 1998, 281; *Wannemacher,* Steuerberater und Mandant im Steuerstrafverfahren, 3. Aufl. 1989; *Weber-Blank,* Einstellung von Steuerstrafverfahren durch die Strafsachenstellen der Finanzbehörden nach §§ 153 und 153 a StPO ohne Zustimmung des Gerichts, wistra 1995, 134, *Weihrauch,* Verteidigung im Ermittlungsverfahren, 5. Aufl. 1997; *Wenzig,* Die Prüfungshandlungen, StBp 1981, 73; *ders.,* Die Mitwirkungspflicht des Steuerpflichtigen und ihre Grenzen, DStZ 1986, 375; *Weyand,* Steuerhinterziehung unter Beteiligung von Amtsträgern der Finanzbehörde, wistra 1988, 180; *ders.,* Verteidigung in Steuerstrafsachen, NStR 1989, 37; *ders.,* Legalitätsprinzip und Praxis des Steuerstrafverfahrens, DStZ 1990, 166; ders., Das Evokationsrecht und die Informationsmöglichkeiten der Staatsanwaltschaft – Theorie und Praxis, wistra 1994, 87; *ders.,* Neue Anweisungen für das Straf- und Bußgeldverfahren (Steuer), INF 1995, 513; *Ziemer/Haarmann/Lohse/Beermann,* Rechtsschutz in Steuersachen (Loseblatt).

Inhaltsübersicht

Rn.

I. Allgemeines
1. Bedeutung, Ausmaß 1–4
2. Begriffsbestimmung, Abgrenzung 5–7

II. Materielles Steuerstrafrecht
1. Steuerstraftaten (§ 369 AO) 8
   a) Taten, die nach den Steuergesetzen strafbar sind 9
   b) Begünstigung dieser Taten 10
2. Steuerhinterziehung (§ 370 AO) 11
   a) Normzweck, geschütztes Rechtsgut 12–13
   b) Tatbestandsverwirklichung 14
      aa) durch Handeln 15–21
      bb) durch Unterlassen 22–25
   c) Erfolg 26
      aa) Steuerverkürzung 27–28
      bb) nicht gerechtfertigte Steuervorteile 30
      cc) Kompensationsverbot 31
   d) Schuld
      aa) Vorsatz 32–34
      bb) Unrechtsbewußtsein 35
   e) Versuch 36
      aa) Straflose Vorbereitungshandlung 37–41
      bb) strafbarer Versuch 42–44
      cc) Vollendung 45–47
      dd) Beendigung 48–49
   f) Täterschaft, Teilnahme
      aa) Täterkreis 50–52
      bb) Allein-, Mit-, mittelbare Täterschaft 53–55
      cc) Anstiftung, Beihilfe 56–61
      dd) Mitwirkung von Bankbediensteten bei der Steuerhinterziehung 62–68
   g) Konkurrenzen 69–70
      aa) Hinterziehung mehrerer Steuern 71–73
      bb) Zusammentreffen mit anderen Straftatbeständen 74–75
   h) Rechtsfolgen
      aa) Strafen 76
      bb) Nebenfolgen 77
      cc) Sanktionspraxis 78–80
3. Selbstanzeige (§ 371 AO)
   a) Allgemeines, Normzweck 81–82
   b) Rechtsnatur 83–84
   c) Verhältnis zu § 153 AO 85–86
   d) Voraussetzungen 87
      aa) Nacherklärung 88–91
      bb) Nachzahlung 92–95
   e) Ausschluß der Wirksamkeit 96–98
      aa) Erscheinen eines Amtsträgers . . 99–104
      bb) Bekanntgabe der Einleitung eines Verfahrens 105
      cc) Tatentdeckung 106–107
   f) Mißbrauch der Selbstanzeige . . . 108–118

Rn.
III. Formelles Steuerstrafrecht
1. Vorschriften für die Durchführung von Steuerstrafverfahren
a) allgemeines Strafverfahrensrecht . . 119–120
b) AO-Vorschriften 121
c) AStBV (St) 122
d) Verletzung des Legalitätsprinzips durch Justiz, Behörden und Finanzverwaltung 123–125
2. Ermittlungskompetenz der Finanzbehörde 126
a) selbständige Ermittlungskompetenz (§ 386 Abs. 2 AO) 127–131
b) Begriff und Organisation der Finanzbehörde 132–134
c) Aufgaben und Befugnisse der Bußgeld- und Strafsachenstelle
aa) Aufgaben 135–137
bb) Befugnisse 138–144
d) Aufgaben und Befugnisse der Steuerfahndung 145
aa) Aufgaben 146–155
bb) Befugnisse 156–162
e) Bedeutung der Außenprüfung für das Steuerstrafverfahren 163–164
aa) Mißachtung des Legalitätsprinzips während der Prüfung 165–166
bb) Mißachtung des Legalitätsprinzips in der Schlußbesprechung 167
cc) Die tatsächliche Verständigung im Besteuerungsverfahren 168
dd) Der „Grüne Bogen“ 169
f) finanzbehördliche Amts- und Rechtshilfe mit dem Ausland 170–172
3. Ermittlungskompetenz der Staatsanwaltschaft
a) originäre Ermittlungskompetenz 173
b) übertragene Ermittlungskompetenz 174
aa) durch Gesetz 175–177
bb) durch Abgabe der Finanzbehörde 178
cc) durch Evokation 179–180
c) Rückübertragung an die Finanzbehörde 181

Rn.
d) Stellung des Finanzamts im Verfahren der Staatsanwaltschaft
aa) Bußgeld- und Strafsachenstelle 182–185
bb) Steuerfahndung 186–187
cc) Der Einsatz von Fahndungsbeamten bei allgemeinen Straftaten 188
dd) Mißachtung der Rechte des Finanzamts durch den Staatsanwalt 189
e) Bedeutung einer engen Zusammenarbeit zwischen Staatsanwaltschaft und Finanzamt 190
aa) Einleitung des Steuerstrafverfahrens 191–193
bb) Bestimmung der strafprozessualen Maßnahmen 194–196
cc) Beschleunigungsgebot 197
dd) straffe, verfahrensfördernde Sachleitung durch den Staatsanwalt 198
4. Schutz und Durchbrechung des Steuergeheimnisses 199
a) Inhalt und Bedeutung des Steuergeheimnisses 200
b) zulässige Durchbrechung des Steuergeheimnisses 201
aa) bei Zulassung durch Gesetz 202
bb) zur Durchführung des Steuerstrafverfahrens 203
cc) für nach Einleitung des Steuerstraf- oder -bußgeldverfahrens erlangte Kenntnisse 204–205
dd) bei zwingendem öffentlichen Interesse oder vorsätzlich falschen Angaben 206–209
c) Verwertungsverbot für Staatsanwaltschaft und Gericht bei Nichtsteuerstraftaten (§ 393 Abs. 2 AO) 210
d) Ausnahmen vom Verwertungsverbot 211
5. Sonstige Besonderheiten des Steuerstrafverfahrens
a) Steueramtsgerichte (§ 391 AO) 212
b) Verteidigung (§ 392 AO) 213
c) Aussetzung des Steuerstrafverfahrens (§ 396 AO) 214
d) Einstellung wegen Geringfügigkeit (§ 398 AO) 215

I. Allgemeines

1. Bedeutung, Ausmaß

1 Der Schaden, den die Bundesrepublik Deutschland durch Steuerkriminalität erleidet, ist beträchtlich. Schätzungen beziffern die Einnahmeausfälle durch Steuerhinterziehung auf zwischen 50 und 150 Milliarden DM jährlich. Erfahrungen der Strafverfolgungsbehörden von Justiz und Finanzverwaltung zeigen, daß Steuerkriminalität in den letzten Jahren nicht abgenommen hat, sondern zunimmt.

2 Dabei kommen die Steuerstraftäter aus allen Bevölkerungsschichten und Berufsgruppen. Man findet hier den Großunternehmer und den Kleingewerbetreibenden, den pro-

movierten Diplomkaufmann und den biederen Handwerksmeister, den Bankdirektor und den kleinen Angestellten, den Politiker und die Prostituierte, den Beamten und den Arbeiter – einen Querschnitt der Gesellschaft. Beängstigend – aber nicht verwunderlich – ist, daß die **Steuerkriminalität zunehmend Betätigungsfeld der organisierten Wirtschaftskriminalität** wird. Täter, die nicht vor Mord und Totschlag zurückschrecken, haben erst recht keine Skrupel, Steuern zu hinterziehen. Mafiaähnliche Organisationen nutzen ihre Strukturen, um länderübergreifend (z. B. durch Umsatzsteuermanipulationen) großangelegte Steuerbetrügereien zu begehen.

Die meisten Verstöße aus dem Bereich der Wirtschaftskriminalität betreffen wohl das Steuerrecht. Die Gründe für dieses erschreckende Ausmaß an Steuerstraftaten sind mannigfaltig. Übersteigertes Gewinnstreben und übertriebene Geldgier waren schon immer Antrieb zur Steuerhinterziehung. Gesetzgeberische Versäumnisse und Fehler, komplizierte Steuergesetze und hohe Steuersätze gehören ebenso dazu wie mangelnder Gesetzesvollzug[1] durch die Finanzverwaltung, u. a. wegen zu geringer Prüfungsdichte durch Außenprüfungsdienste. D. h., der Gesetzgeber fördert Steuerverdrossenheit und Steuerwiderstand, die beim Bürger zunächst zu Steuervermeidungsstrategien und schließlich immer häufiger zur Steuerhinterziehung führen. Begünstigt wird dies durch die zu geringe Entdeckungsgefahr wegen der – ebenfalls von der Politik zu verantwortenden – mangelhaften Personalausstattung bei Finanz und Justiz. 3

Doch egal wie hoch der tatsächlich hinterzogene Betrag auch ist, egal welche Gründe die Steuerstraftäter für ihr kriminelles Tun haben mögen – der Staat kann und darf sich damit nicht abfinden. Er muß dafür sorgen, daß die Straftäter überführt und verurteilt und die hinterzogenen Steuern von ihnen nachbezahlt werden. Diese Verpflichtung ergibt sich aus den Steuer- und Strafgesetzen. Denn Steuerhinterziehung ist kriminelles Unrecht. Steuerhinterziehung ist Betrug an Staat und Gesellschaft. Deshalb besteht **Verfolgungszwang** (Legalitätsprinzip, §§ 152 Abs. 2, 160 Abs. 1 StPO). Außerdem ist die **gesetzmäßige und gleichmäßige Steuererhebung** ein **Gebot der Gerechtigkeit**. **Steuerhinterziehung** führt auch zu Wettbewerbsverzerrungen zu Lasten der ehrlichen Unternehmer und **ist** deshalb **wirtschaftsschädlich**. 4

Zudem kann es sich der Staat nicht leisten, auf die ihm zu Unrecht vorenthaltenen Steuerbeträge zu verzichten.

Die Verfolgung der Steuerkriminalität liegt im elementaren Interesse des Staates.

2. Begriffsbestimmung und Abgrenzung

Im Kapitel Steuerstrafrecht werden ausschließlich straf- und strafverfahrensrechtliche Fragen behandelt, die **Steuerstraftaten** betreffen, für deren Verfolgung neben der Justiz die **Steuerverwaltung**, d. h. das **Finanzamt**, zuständig ist. 5

Die übrigen Steuer-(Zoll-)straftaten, mit denen in erster Linie die Zollverwaltung befaßt ist, werden im 9. Kapitel: Zoll angesprochen.

Steuerstrafrecht, das vor allem – wenn auch nicht abschließend – im Achten Teil der Abgabenordnung (§§ 369 ff. AO) geregelt ist, wird hier zudem **im engen Sinn** verstanden. Die Ausführungen beschränken sich auf Steuer**straftaten**, im wesentlichen auf die zentrale Steuerstraftat **Steuerhinterziehung** (§ 370 AO), und deren Verfolgung. 6

Auf Steuerordnungswidrigkeiten wird nur eingegangen, wenn dies zum Verständnis erforderlich ist.

Steuerstrafrecht in diesem Sinn befaßt sich mit kriminellem Verhalten. Die Strafverfolgungsbehörden und Strafgerichte haben es überwiegend mit Steuerkriminellen, mit Wirtschaftsstraftätern zu tun, die den Staat und die Allgemeinheit vorsätzlich schädigen. Die leichtfertige Steuerverkürzung (§ 378 AO), eine bloße Ordnungswidrigkeit, sowie sonstige Bußgeldtatbestände besitzen nur untergeordnete Bedeutung.

---

[1] Siehe etwa BVerfG BStBl. 1991 II, 654.

7 Von den Steuerhinterziehern zu unterscheiden sind die Steuerpflichtigen, die ihre Steuerzahlungen durch rechtlich erlaubte oder auch mißbilligte Steuergestaltung vermindern wollen. Denn im Steuerrecht herrscht grundsätzlich Gestaltungsfreiheit. Jeder darf seine Verhältnisse so einrichten, daß er möglichst wenig Steuern bezahlen muß. Daraus kann ihm selbst dann kein strafrechtlicher Vorwurf gemacht werden, wenn er eine wirtschaftlich unangemessene Gestaltung wählt, für die es außer der Steuerumgehung keinen vernünftigen Grund gibt. Falls er eine solche unangemessene Gestaltung dem Finanzamt zutreffend offenlegt, wird diese lediglich wegen Mißbrauch von rechtlichen Gestaltungsmöglichkeiten steuerlich nicht anerkannt (§ 42 AO). Erst der Steuerpflichtige, der eine mißbilligte Gestaltung wählt **und** dies dem Finanzamt nicht, nicht zutreffend oder nicht vollständig erklärt, wird zum Steuerstraftäter.

Somit haben Steuergestaltung, Steuervermeidung, Steuerumgehung zunächst noch nichts mit Steuerstrafrecht zu tun. Erst die Täuschung des Finanzamts führt dazu, daß die Gestaltung des Steuerpflichtigen strafbar wird.

Wenn der Steuerpflichtige etwa für ein Geschäft eine Vermittlungsprovision an eine ausländische Briefkastenfirma in einem Niedrigsteuerland zahlt, deren Anteilseigner er selbst ist, so führt dies zu einer Gewinnverlagerung ins Ausland, die allein steuerliche Gründe hat. Offenbart er dem Finanzamt, daß er der Inhaber der Briefkastenfirma ist, ist dieses in der Lage, die Gestaltung als Steuerumgehung zu erkennen und nach § 42 AO nicht zu akzeptieren. Eine Steuerstraftat ist nicht gegeben.

In der Praxis führen Steuerumgehungen jedoch zumeist zu Steuerhinterziehungen, weil der Steuerpflichtige weiß, daß er den Zweck der Steuerumgehung – die Steuerersparnis – nur erreichen kann, wenn er dem Finanzamt den wahren Sachverhalt nicht offenlegt.

II. Materielles Steuerstrafrecht

1. Steuerstraftaten (§ 369 AO)

8 In § 369 Abs. 1 AO ist geregelt, welche Taten Steuerstraftaten sind.

Außerdem bestimmt § 369 AO in seinem Absatz 2, daß für Steuerstraftaten die allgemeinen Gesetze über das Strafverfahren gelten, soweit die Strafnormen der Steuergesetze nichts anderes bestimmen.

Die in den Ziffern 2 und 3 des § 369 Abs. 1 AO genannten Delikte Bannbruch und Wertzeichenfälschung betreffen die Zollverwaltung und werden im 9. Kapitel: Zoll angesprochen.

Für die Steuerverwaltung sind die Ziffern 1 und 4 des § 369 Abs. 1 AO von Bedeutung.

Danach sind Steuerstraftaten

a) Taten, die nach den Steuergesetzen strafbar sind (§ 369 Abs. 1 Nr. 1 AO)

9 Das ist vor allem die **Steuerhinterziehung** (§ 370 AO).

Die Formulierung des Abs. 1 Nr. 1 von § 369 AO bedeutet, daß etwa die **Verletzung des Steuergeheimnisses** (§ 30 AO) keine Steuerstraftat (mehr) ist, denn deren Strafbarkeit ergibt sich nicht aus den Steuergesetzen, sondern aus § 355 StGB.

b) Begünstigung dieser Taten

10 Steuerstraftat ist gem. § 369 Abs. 1 Nr. 4 AO auch die **Begünstigung** (§ 257 StGB) einer Person, die eine Steuerhinterziehung begangen hat. Begünstigung begeht, wer einem anderen, der eine rechtswidrige Tat begangen hat, in der Absicht Hilfe leistet, ihm die Vorteile der Tat zu sichern (sog. sachliche Begünstigung).

Zu beachten ist, daß die Strafvereitelung (§ 258 StGB, sog. persönliche Begünstigung) bezüglich der Vortat Steuerhinterziehung keine Steuerstraftat ist, was Auswirkungen auf die strafrechtliche Ermittlungskompetenz hat.[2]

2. Steuerhinterziehung (§ 370 AO)

Zentrale Vorschrift des Steuerstrafrechts ist § 370 AO, der die **Steuerhinterziehung** regelt. **11**
Steuerhinterziehung ist eine **besondere Form des Betrugs**. Soweit durch die Tat Steuern verkürzt werden, geht § 370 AO deshalb § 263 StGB vor. § 370 AO ist eine sog. **Blankettvorschrift**. D. h., zur Ausfüllung der Norm (welche steuerlichen Pflichten bestehen, welche Angaben sind steuerlich erheblich?) müssen die Steuergesetze herangezogen werden.

a) Normzweck, geschütztes Rechtsgut

§ 370 AO hat den Zweck, das **Vermögensinteresse** des Staates zu schützen. **12**
Es soll der staatliche Anspruch auf den vollen Steuerertrag gesichert werden.
Geschütztes Rechtsgut ist somit das Interesse des Staates am **rechtzeitigen** und vollständigen Steueraufkommen.

Gemeint ist damit das Aufkommen des deutschen Fiskus an deutschen Steuern nach deutschem Recht.

Durch § 370 Abs. 6 AO sind jedoch auch bestimmte EU-Abgaben strafrechtlich geschützt. **13**

Für die bundesdeutschen Ermittlungsbehörden ist besonders zu beachten, daß § 370 Abs. 6 AO die Hinterziehung von Eingangsabgaben, die von einem anderen Mitgliedsstaat der Europäischen Gemeinschaft verwaltet werden oder die einem Mitgliedstaat der Europäischen Freihandelsassoziation oder einem mit dieser assoziierten Staat zustehen, mit Strafe bedroht.

Im Zusammenhang mit dem Wegfall der Steuergrenzen durch die Einführung des Europäischen Binnenmarktes zum 1. Januar 1993 wurde durch eine Änderung des § 370 Abs. 6 AO die Strafbarkeit auf Hinterziehung von Umsatzsteuern und harmonisierte Verbrauchssteuern, die von einem anderen Mitgliedstaat verwaltet werden, ausgedehnt.[3]

Besonders zu beachten ist, daß bei Hinterziehung dieser Steuerarten als objektive Bedingung der Strafbarkeit die Gegenseitigkeit der Strafverfolgung verbürgt sein muß. Dies muß in einer Rechtsverordnung festgestellt sein (§ 370 Abs. 6 S. 3 AO). Eine solche Rechtsverordnung gemäß § 370 Abs. 6 S. 4 AO ist noch nicht erlassen worden.

b) Tatbestandsverwirklichung

Das Gesetz beschreibt in § 370 Abs. 1 AO, welche Handlungen oder Unterlassungen **14**
vorliegen müssen, damit der Tatbestand der Steuerhinterziehung verwirklicht ist. Die drei Möglichkeiten der Tatbestandsverwirklichung (§ 370 Abs. 1 Nrn. 1–3 AO) sind abschließend.

Die Ziff. 3 (pflichtwidriges Unterlassen der Verwendung von Steuerzeichen oder Steuerstemplern – erheblich nur noch für die Tabaksteuer) ist für die Steuerverwaltung ohne Bedeutung.

aa) Tatbestandsverwirklichung durch Handeln

Der eine Grundtatbestand der Steuerhinterziehung betrifft die Tatbestandsverwirk- **15**
lichung **durch Handeln** (§ 370 Abs. 1 Nr. 1 AO).

---

[2] Siehe dazu unten Rn. 126 ff.
[3] Siehe *Keßeböhmer/Schmitz* wistra 1995, 1 ff.

Danach begeht Steuerhinterziehung, wer der Finanzbehörde oder einer anderen Behörde über steuerlich erhebliche Tatsachen **unrichtige** oder **unvollständige Angaben** macht.

Steuerhinterziehung kann somit **Begehungsdelikt** sein.

16 Die unrichtigen oder unvollständigen Angaben müssen „über steuerlich erhebliche Tatsachen" gemacht worden sein. **Steuerlich erhebliche Tatsachen** sind Tatsachen, die Grund und/oder Höhe des Steueranspruchs beeinflussen oder die das Finanzamt zur Einwirkung auf den Steueranspruch veranlassen können.

Das ist in jedem Verfahrensstadium möglich – bei der Festsetzung, bei der Erhebung oder Vollstreckung, während einer Außenprüfung oder im Rechtsbehelfsverfahren.

17 Der Hauptfall der Steuerhinterziehung durch Handeln ist zwar **die Abgabe unrichtiger** Jahres-**Steuererklärungen** oder **Steueranmeldungen** (z. B. Umsatzsteuervoranmeldung, Lohnsteueranmeldung, Kapitalertragsteueranmeldung) beim Finanzamt.

Die Tatbestandsverwirklichung durch Handeln ist jedoch auch erfüllt, wenn ein Steuerpflichtiger im Verlaufe einer Außenprüfung eine drohende Steuernachzahlung aufgrund der Feststellungen des Betriebsprüfers dadurch kompensieren oder mindern will, daß er gegenüber dem Prüfer unrichtige Angaben macht oder falsche Unterlagen vorlegt.

Ebenfalls Steuerhinterziehung durch Handeln begeht der Steuerpflichtige, der in einem Stundungsantrag seine wirtschaftliche Lage unzutreffend so schlecht darstellt, daß ihm das Finanzamt zu Unrecht eine Stundung gewährt.

Oder derjenige, der, um eine Vollstreckungsmaßnahme des Finanzamts aufzuschieben, dem Fiskus eine nicht (mehr) bestehende Forderung zur Sicherheit abtritt.

Oder jemand, der seine Steuerschuld mit ungedeckten Schecks „begleichen" will.

18 Die Erscheinungsformen der Steuerhinterziehung durch Handeln sind vielfältig.

Die Steuererklärungen und Steueranmeldungen werden durch die Steuerbetrüger durch unterschiedlichste Manipulationen unrichtig oder unvollständig erstellt.

Die Täter gehen dabei raffiniert und kompliziert, aber auch primitiv und einfach vor. Ergebnis ist jedoch überwiegend die Erklärung zu niedriger Umsätze und/oder Einkünfte.

19 Das kann durch das von jeher praktizierte Verkürzen von Betriebseinnahmen („schwarze" Einnahmen) ebenso geschehen wie durch das Geltendmachen von fingierten Betriebsausgaben, etwa durch Vortäuschen von Ausgaben als betrieblich, die in Wahrheit privater Natur sind, oder durch Gebrauch von gefälschten Belegen.

Dabei wird letzteres für die Praxis zu einem immer größeren Problem.

Früher wurde häufig versucht, die Anerkennung fingierter Betriebsausgaben durch die Vorlage von „frisierten" Kopien beim Finanzamt zu erzielen. Das Original besitze man nicht mehr. Solche Manipulationen bemerkten die Finanzbeamten relativ oft. Im übrigen durfte das Finanzamt die Anerkennung von Kopien ablehnen und konnte darauf bestehen, daß Originale vorgelegt werden.

Bereits durch die immer besser werdenden Kopiermöglichkeiten wurden die Täuschungsversuche erfolgreicher. Oft konnte man, wenn die Täter geschickt vorgingen, die Fälschungen nicht mehr erkennen.

Nahezu unmöglich wird dies mittlerweile durch den Einsatz der modernen Technik der EDV. Vielleicht gibt es noch Steuerpflichtige, die keinen PC besitzen. Es gibt aber sicher kaum mehr Steuerhinterzieher, die ohne PC „arbeiten". Und die mit dem PC gefertigten Ausgabenbelege, Rechnungen usw., die ausgedruckt werden, sind sämtlich „Originale". Mit guten Scannern läßt sich jeder Rechnungsvordruck auf dem heimischen PC installieren, und die Produktion fingierter Ausgabenbelege kann beginnen.

Begegnet werden kann diesem Problem in der Praxis wohl nur dadurch, daß die Prüfungsdichte durch die Finanzämter erheblich gesteigert wird. Außerdem müssen die prüfenden Steuerbeamten verstärkt Kontrollmitteilungen schreiben, um eine korrespondierende Überprüfung beim angeblichen Rechnungsaussteller zu ermöglichen. Schließlich sollte seitens des Gesetzgebers überlegt werden, ob nicht der in Deutschland so streng praktizierte Datenschutz kriminelles Verhalten auf diesem Gebiet erleichtert.

In den USA beispielsweise, einem Staat, der auf seine lange demokratische Geschichte stolz ist, gibt es eine Vielzahl von Verpflichtungen der Gewerbetreibenden, Banken usw., den Finanzbehörden über geschäftliche Transaktionen Mitteilung zu machen.

Diese (Kontroll-)Mitteilungen werden über spezielle Softwareprogramme zentral ausgewertet und den für die einzelnen Steuerpflichtigen zuständigen Finanzämtern zugeleitet. Gibt der Steuerpflichtige seine Steuererklärung ab, werden seine Angaben wiederum über EDV-Programme mit dem vorliegenden Kontrollmaterial verprobt. Die Steuerpflichtigen wissen dies. Ihnen ist bewußt, daß viele Manipulationen bei der finanzbehördlichen Überprüfung auffallen würden.

Vielleicht ist u. a. diese Gesetzes- und Verwaltungspraxis in den Vereinigten Staaten ein Grund dafür, daß die Steuerhinterziehungsquote in den USA für viel niedriger gehalten wird (und wohl auch ist) als in Deutschland – die Entdeckungsgefahr ist ganz einfach erheblich größer.

Neben den Einnahmeverkürzungen und den Manipulationen bei den Betriebsausgaben durch gefälschte Belege, Scheinrechnungen, Abdeckrechnungen und ähnlichem werden Steuerhinterziehungen durch Handeln bewirkt, indem Auslandsgeschäfte vorgetäuscht, Strohmannverhältnisse genutzt, kick-backs vereinbart und betriebliche oder private Zahlungsvorgänge trotz entsprechender Konten bei der Hausbank unsichtbar für das Finanzamt über CpD-Konten gebucht werden. 20

Aber auch die Bildung von Rückstellungen, obwohl keine Inanspruchnahme droht, die Wertberichtigung von Forderungen, für die kein Ausfallrisiko besteht, das vorgetäuschte Ehegattenarbeitsverhältnis oder das fingierte Verwandtendarlehen gehören zur Palette der Hinterziehungstatbestände des § 370 Abs. 1 Nr. 1 AO.

Es ist gänzlich unmöglich, die denkbaren Fallgestaltungen auch nur annähernd zu beschreiben. Alle diese Handlungen führen jedoch dazu, daß die Angaben gegenüber dem Finanzamt unrichtig oder unvollständig sind. 21

bb) Tatbestandsverwirklichung durch Unterlassen

Der zweite Grundtatbestand der Steuerhinterziehung umschreibt die Tatbestandsverwirklichung **durch Unterlassen** (§ 370 Abs. 1 Nr. 2 AO). 22

Danach macht sich wegen Steuerhinterziehung strafbar, wer die Finanzbehörden über steuerlich erhebliche Tatsachen pflichtwidrig in Unkenntnis läßt.

Das heißt, Steuerhinterziehung ist auch **Unterlassungsdelikt**.

Der Täter muß **pflichtwidrig** handeln, d. h. ein rechtlich gebotenes Tun unterlassen. 23
Es muß eine Verpflichtung bestehen, dem Finanzamt Angaben über die steuerlich erheblichen Tatsachen zu machen. Diese Pflicht muß der Täter verletzen, indem er das Finanzamt dadurch in Unkenntnis läßt, daß er die Angaben nicht macht.

Die Pflichten ergeben sich aus den Steuergesetzen. Sie können ausdrücklich geregelt sein, aber auch auf einer besonderen Aufforderung des Finanzamts, etwa zur Abgabe einer Steuererklärung, beruhen.

Der Hauptfall der Steuerhinterziehung durch Unterlassen ist die **Nichtabgabe von** 24
Jahres-**Steuererklärungen** oder **Steueranmeldungen**, obwohl der Steuerpflichtige dazu verpflichtet wäre.

Aber auch durch die nicht rechtzeitige Erklärungsabgabe wird das Finanzamt in Unkenntnis gelassen. Bei Fristverlängerung liegt somit keine Tatbestandsverwirklichung durch Unterlassen vor.

25 Ebenfalls Steuerhinterziehung durch Unterlassen verwirklicht, wer seiner **Berichtigungspflicht** nach § 153 AO nicht nachkommt. Erkennt ein Steuerpflichtiger **nachträglich**, daß seine Steuererklärung falsch war und dadurch eine Steuerverkürzung eintritt, so ist er zur unverzüglichen Richtigstellung verpflichtet. Unterläßt er die rechtlich gebotene Richtigstellung, so läßt er das Finanzamt über steuerlich erhebliche Tatsachen in Unkenntnis und ist damit Steuerhinterzieher durch Unterlassen.[4]

c) Erfolg

26 Steuerhinterziehung ist ein Erfolgsdelikt.

Das ergibt sich aus der gesetzlichen Formulierung des § 370 Abs. 1 AO („... und dadurch Steuern verkürzt oder ... nicht gerechtfertigte Steuervorteile erlangt.").

Das Handeln oder Unterlassen muß für die Steuerverkürzung oder die Erlangung der nicht gerechtfertigten Steuervorteile ursächlich ein.

aa) Steuerverkürzung

27 **Steuerverkürzung** liegt nach der Legaldefinition in § 370 Abs. 4 S. 1 AO namentlich dann vor, wenn die Steuern nicht, nicht in voller Höhe oder nicht rechtzeitig festgesetzt werden,[5] was auch für vorläufig (§ 165 AO) oder unter Vorbehalt der Nachprüfung (§ 164 AO) festgesetzte Steuern oder für Steueranmeldungen (§§ 167, 168 AO) gilt.

Das bedeutet, die Ist-Einnahme des Staates ist niedriger als die Soll-Einnahme, weil das Finanzamt die Steuern aufgrund der Handlungen oder Unterlassungen des Täters nicht, zu niedrig oder zu spät festsetzt und der Täter nicht, zu wenig oder zu spät zahlt.

28 Verkürzt müssen **Steuern** im Sinn von § 3 Abs. 1 AO sein. Nicht dazu gehören die steuerlichen Nebenleistungen (§ 3 Abs. 3 AO) wie Verspätungszuschläge, Säumniszuschläge, Zwangsgelder, Zinsen und Kosten.

29 Die bloße Nichtzahlung einer Steuerschuld, ohne daß eine Tatbestandsverwirklichung nach § 370 Abs. 1 AO vorausging, ist keine Steuerverkürzung im Sinne von § 370 AO.

bb) Nicht gerechtfertigte Steuervorteile

30 Der Taterfolg der Steuerhinterziehung tritt auch ein, wenn der Täter **nicht gerechtfertigte Steuervorteile** erlangt.

Steuervorteile sind z. B. Steuervergütungen (§ 370 Abs. 4 S. 2 AO), etwa ein Vorsteuerüberschuß zugunsten des Steuerpflichtigen, aber auch eine Stundungsverfügung (§ 222 AO) oder ein Erlaß (§ 227 AO), ein Vollstreckungsaufschub (§ 258 AO) oder eine Niederschlagung (§ 261 AO), die Herabsetzung von Einkommensteuervorauszahlungen oder sonstige Steuervergünstigungen.

Nicht gerechtfertigt ist der Steuervorteil, wenn das Finanzamt die Vergünstigung bei Mitteilung des zutreffenden Sachverhalts durch den Steuerpflichtigen nicht gewährt hätte.

cc) Kompensationsverbot

31 Nach § 370 Abs. 4 S. 3 AO bleibt es bei der Steuerverkürzung, selbst wenn die Steuer aus anderen Gründen hätte ermäßigt werden können (sog. Kompensations- oder **Vorteilsausgleichsverbot**).

---

[4] Siehe dazu auch Rn. 85.

[5] Siehe dazu auch Rn. 12: Interesse des Staates am vollständigen und rechtzeitigen Steueraufkommen als geschütztes Rechtsgut des § 370 AO.

Damit soll verhindert werden, daß der Täter den durch seine Tathandlung bewirkten Erfolg durch Vorbringen anderer Gründe mindern oder beseitigen kann. Andere Gründe sind solche, die nicht zur Verkürzung geführt haben.

Der BGH bezeichnet als andere Gründe solche, die mit den falschen Angaben nicht in einem unmittelbaren wirtschaftlichen Zusammenhang stehen.[6]

Danach werden z. B. einem Autohändler, der zehn Autos „schwarz" verkauft hat, nicht nur die 300 000 DM Einnahmen zugerechnet, sondern die im unmittelbaren wirtschaftlichen Zusammenhang mit den Verkäufen stehenden Einkaufskosten für die Autos von 200 000 DM müssen berücksichtigt werden, so daß eine Steuerverkürzung nur aus dem Saldo von 100 000 DM zu berechnen ist.

Andererseits verneint der BGH den unmittelbaren wirtschaftlichen Zusammenhang zwischen Umsatzsteuer und Vorsteuer und wendet hier das Kompensationsverbot an. D. h., die Umsatzsteuerverkürzung durch den Autohändler errechnet sich aus dem Schwarzumsatz, ohne daß Vorsteuern aus dem Einkauf gegengerechnet werden. Die „anderen", steuermindernden Gründe können jedoch bei der Strafzumessung strafmildernd berücksichtigt werden.

Die Rechtsprechung zum Kompensationsverbot ist sehr kasuistisch[7] und z. T. methodisch nicht nachvollziehbar. Letztlich ist die dogmatische Diskussion für die Rechtspraxis nicht sehr bedeutsam, weil die Gerichte bei der Strafzumessung im Ergebnis doch nur auf den tatsächlich verursachten, endgültig beabsichtigten oder eingetretenen (verwirklichten) Schaden abstellen.

d) Schuld

aa) Vorsatz

Steuerhinterziehung ist nur dann strafbar, wenn sie vorsätzlich begangen wird. 32
Fahrlässige Begehung ist nach § 370 AO nicht strafbar. Die grob fahrlässige Verwirklichung des § 370 Abs. 1 AO wird lediglich als leichtfertige Steuerverkürzung (§ 378 AO) mit Geldbuße bis zu hunderttausend Mark und damit als Ordnungswidrigkeit geahndet.

Das Wissen und Wollen des Täters muß alle objektiven Tatbestandsmerkmale einschließlich des Erfolgs umfassen.

Handelt der Täter in Unkenntnis oder im Irrtum über Tatbestandsmerkmale (§ 16 StGB, Tatbestandsirrtum), so handelt er nicht vorsätzlich.

Irrt der Täter nur über bestimmte Handlungspflichten, berührt dies nicht den Vorsatz, sondern das Unrechtsbewußtsein (sog. Verbotsirrtum).[8]

Bei Steuerhinterziehung muß kein direkter Vorsatz vorliegen, sondern es genügt 33
bedingter Vorsatz.

Der Steuerpflichtige, der nicht genau weiß, ob seine Zinseinnahmen über dem Sparerfreibetrag liegen, der dies aber für möglich hält, jedoch zu bequem ist, die Zinsen zu addieren und („was soll's, sei's drum") keine Kapitaleinkünfte erklärt, handelt, wenn die Zinsen über dem Freibetrag liegen, vorsätzlich, denn er nimmt die Tatbestandsverwirklichung einschließlich des Erfolgs billigend in Kauf.

An die Rechtskenntnisse des Täters werden keine überspannten Anforderungen ge- 34
stellt, und das ist auch gut so. Denn trotz der allseits beklagten Kompliziertheit des Steuerrechts wissen die allermeisten Steuerpflichtigen ganz genau, daß sie ihre Umsätze und Einkünfte korrekt und vollständig erklären müssen, daß sie keine Schein- oder Falschbelege verwenden oder Privatausgaben als betriebliche Kosten angeben dürfen.

---

6 Siehe etwa BGH wistra 1994, 183.

7 Siehe *Meine* wistra 1982, 129.

8 *Schlüchter* wistra 1985, 43 ff. und 54 ff.

D.h., derjenige, der unrichtige oder unvollständige Angaben macht bzw. pflichtwidrig Angaben unterläßt und dadurch Steuern verkürzen will, der handelt auch vorsätzlich.

bb) Unrechtsbewußtsein

35 Zum schuldhaften Verhalten gehört neben dem Vorsatz das Unrechtsbewußtsein. Kennt der Täter die Rechtswidrigkeit seines Verhaltens nicht, so fehlt ihm das Unrechtsbewußtsein.

Er handelt zwar vorsätzlich, weil er weiß und will, was er tut, glaubt aber, es sei erlaubt.

Konnte er das Unrecht nicht erkennen, so handelt er nicht schuldhaft (Verbotsirrtum, § 17 StGB) und bleibt deshalb straffrei.

e) Versuch

36 Der Versuch der Steuerhinterziehung ist nach § 370 Abs. 2 AO strafbar.

Die ausdrückliche Regelung ist nach § 23 Abs. 1 StGB notwendig, weil Steuerhinterziehung ein Vergehen ist.

Der Versuch der Steuerhinterziehung setzt Vorsatz und den Beginn der Tatausführung, das unmittelbare Ansetzen zur Tat voraus.

aa) Straflose Vorbereitungshandlung

37 Der Täter hat noch nicht mit der Ausführung der Steuerhinterziehung begonnen (Versuch), wenn er zwar aufgrund seines Tatentschlusses bereits Maßnahmen trifft, die eine künftige Steuerverkürzung bewirken sollen (z. B. Buchung fingierter Betriebsausgaben aufgrund falscher Belege), die Tat jedoch erst durch eine weitere Willensbetätigung (z. B. Abgabe der Steuererklärung, in der die Einkünfte aus Gewerbebetrieb wegen der Verbuchung der fingierten Betriebsausgaben zu niedrig erklärt sind) in Gang gesetzt wird.

Die reine Falschbuchung allein kann ohne die spätere Steuererklärungsabgabe beim Finanzamt nicht in eine Handlung im Sinne von § 370 Abs. 1 AO münden. Der Täter könnte immer noch von seinem Tatentschluß abrücken und beim Finanzamt richtige Angaben machen, er könnte seine Falschbuchung korrigieren und den zutreffenden gewerblichen Gewinn erklären. Er hat es noch in der Hand, steuerehrlich zu bleiben.

Sein Handeln entfaltet noch keine Außenwirkung, es spielt sich noch in seinem internen Bereich, in seiner Sphäre ab.

Deshalb werden solche Maßnahmen noch als **straflose Vorbereitungshandlungen** bezeichnet.

Beispiele für Manipulationen, die als Vorbereitungshandlungen angesehen werden, sind: Verbuchen von Privataufwand als Betriebsausgabe; Einlösung betrieblicher Schecks über Privat- oder CpD-Konten; Errichten von Konten auf falschem Namen; Nichtbuchung von Geschäftsvorfällen; Absprachen über Schwarzgeschäfte; Erstellen falscher Inventuren; Aufstellen einer falschen Bilanz oder Erfolgsrechnung; Ausfüllen falscher Steuererklärungen oder -anmeldungen usw. usw.

38 Die genannten Manipulationen werden häufig nicht vom Täter allein durchgeführt. Er benutzt Komplizen. Will er z. B. Möbel für seine Privatwohnung zu Unrecht als Büroeinrichtungsgegenstände steuerlich geltend machen, braucht er dazu eine entsprechend abgefaßte Rechnung des Möbelhändlers. In der Praxis sind solche Manipulationen zum Massengeschäft, zum Volkssport geworden.

39 Wie gehört, handelt es sich dabei zunächst (im Hinblick auf § 370 AO) noch um straflose Vorbereitungshandlungen.

Einzige Sanktionsmöglichkeit im Vor-Versuchsstadium ist § 379 AO (z. B. bei Ausstellen falscher Belege, Nicht- oder Falschverbuchung von Geschäftsvorfällen), wonach eine Geldbuße wegen der Ordnungswidrigkeit der **Steuergefährdung** verhängt werden kann.

Wird aus der strafbaren Vorbereitungshandlung aufgrund weiteren Handelns eine Steuerhinterziehung, ist jedoch **immer** zu **bedenken, ob nicht** der Rechnungsaussteller wegen **Beihilfe** zur Steuerhinterziehung zu verfolgen ist. 40

Dies wird in der Praxis der Steuerbehörden und insbesondere der Betriebsprüfung sträflich vernachlässigt.

Die dolosen Rechnungsaussteller kommen zumeist ungeschoren davon, was eine eklatante Verletzung des Legalitätsprinzips durch die Finanzbehörden darstellt.

Selbst die Anwendung des § 379 AO wird versäumt.

Wenn man das Übel der falschen Rechnungsausstellungen wirklich wirksam bekämpfen will, müssen aber auch die Gehilfen streng verfolgt und entsprechend hart bestraft werden.

Denn wozu sonst als zur Steuerhinterziehung sollte die falsche Rechnung nütze sein? Dessen ist sich der Rechnungsaussteller völlig bewußt. Deshalb ist seine Beihilfe zur Steuerhinterziehung in der Regel problemlos zu begründen.

Das Ausmaß an Manipulation und die Bedenkenlosigkeit, mit der die Gefährdungshandlungen, die in Wahrheit bereits Angriffe auf die Rechtsordnung darstellen, begangen werden, zeigen, daß die Handhabung des Gesetzes durch die Steuer- und Justizorgane nicht gerade wirkungsvoll ist. 41

Gesetz und Gesetzesvollzug besitzen keine abschreckende Wirkung.

Durch die Rechtspraxis wird das Vertrauen der Allgemeinheit in die Rechtssicherheit erschüttert.

Es scheint deshalb überlegenswert, ob die Redlichkeit und Sauberkeit des Geschäftsverkehrs, deren Einhaltung auch der Sicherung des Steueraufkommens dient, nicht besser dadurch geschützt werden sollten, daß ihre Verletzung im Unrechtsgehalt stärker mißbilligt und als Straftat verfolgt wird. Die jetzige Regelung jedenfalls ist eine zu stumpfe Waffe.

bb) Strafbarer Versuch

Der **strafbare Versuch** der Steuerhinterziehung (§ 370 Abs. 2 AO) setzt (subjektiv) den Entschluß zur Tatbestandsverwirklichung des § 370 Abs. 1 AO einschließlich des Erfolgs, (objektiv) **das unmittelbare Ansetzen zur Tat** und (negativ) das Fehlen der Tatbestandsvollendung voraus.[9] 42

Beim **Begehungsdelikt** (§ 370 Abs. 1 Nr. 1 AO) besteht das unmittelbare Ansetzen darin, daß der Täter dem Finanzamt gegenüber Angaben macht, die auf eine Steuerverkürzung zielen. Das geschieht zumeist durch die Abgabe unrichtiger Steuererklärungen oder Steueranmeldungen beim Finanzamt. 43

Beim **Unterlassungsdelikt** (§ 370 Abs. 1 Nr. 2 AO) liegt Versuch dann vor, wenn der Täter es trotz Ablaufs einer Frist unterläßt, dem Finanzamt Angaben zu machen. Dies geschieht in der Regel dadurch, daß Steuererklärungen oder -anmeldungen beim Finanzamt nicht abgegeben werden. 44

cc) Vollendung

Vollendet ist die Steuerhinterziehung mit dem **Eintritt des Erfolgs**, d. h. mit dem Steuerverkürzungseintritt oder der Erlangung des Steuervorteils. 45

Beim **Begehungsdelikt** ist dies in den meisten Fällen der Zeitpunkt der Bekanntgabe des Steuerbescheids (§ 122 Abs. 1 AO) nach Abgabe einer unrichtigen oder un- 46

[9] Siehe dazu *Mösbauer* DStZ 1997, 577 ff.

vollständigen Jahressteuererklärung bei Veranlagungssteuern (z. B. Einkommen-, Körperschaft-, Gewerbesteuer usw.). Bei Abgabe unrichtiger Steueranmeldungen für Fälligkeitssteuern (z. B. Umsatzsteuer, Lohnsteuer) liegt Vollendung bereits mit der Einreichung beim Finanzamt vor, weil eine Festsetzung in der Regel nicht erforderlich ist.

47 Beim **Unterlassungsdelikt** wird bei den Veranlagungssteuern eine vollendete Straftat erst zu dem Zeitpunkt angenommen, in dem das Finanzamt bei pflichtgemäßen Angaben des Steuerpflichtigen spätestens die Steuer festgesetzt hätte. Das ist nach hM der Fall, wenn das zuständige Finanzamt seine Veranlagungsarbeiten im wesentlichen abgeschlossen hat.[10] Für die Einkommen-, Körperschaft- oder Gewerbesteuer 1997 beispielsweise dürfte dieser Zeitpunkt in den meisten Bundesländern Mitte des Jahres 1999 (30. 5. bzw. 30. 6. 1999) liegen.

Bei Fälligkeitssteuern ist die Hinterziehung durch Unterlassen bereits mit Ablauf der Frist vollendet, in der der Steuerpflichtige hätte anmelden müssen.

dd) Beendigung

48 Die Beendigung der Steuerhinterziehung muß von deren Vollendung unterschieden werden.

Bedeutsam ist dies zum einen, weil die Verfolgungsverjährung nach § 78 StGB gemäß § 78 a StGB erst zu laufen beginnt, wenn die Tat beendet ist.

Zum zweiten ist die Bestimmung des Tags der Tatbeendigung deshalb wichtig, weil Hilfe zur Tat bis zu diesem Zeitpunkt noch Beihilfe (§ 27 Abs. 1 StGB) ist, während Hilfe nach Tatbeendigung Begünstigung (§ 257 StGB) darstellt. Bei Beihilfe zur Steuerhinterziehung ist Selbstanzeige (§ 371 AO) möglich, bei Begünstigung hingegen nicht.

49 Die Steuerhinterziehung ist mit Erfolgseintritt zwar vollendet, aber nicht zwingend beendet. So liegt vollendete Steuerhinterziehung vor, wenn der auf unrichtigen Angaben des Steuerpflichtigen bestehende Steuerbescheid bekanntgegeben wurde. Die Tat ist aber noch nicht beendet, solange der Steuerpflichtige seine unrichtige Erklärung durch weitere Angaben – etwa im Rechtsbehelfsverfahren – ergänzt oder erweitert.

Zumeist fallen bei der Steuerhinterziehung Vollendung und Beendigung jedoch zeitlich zusammen.

f) Täterschaft, Teilnahme

aa) Täterkreis

50 Als Täter einer Steuerhinterziehung kommt nicht nur der Steuerpflichtige in Betracht, sondern jede Person („wer"), die der Finanzbehörde gegenüber falsche Angaben macht oder Angaben pflichtwidrig unterläßt.

Das Begehungsdelikt (§ 370 Abs. 1 Nr. 1 AO) kann somit von jedermann verwirklicht werden, das Unterlassungsdelikt (§ 370 Abs. 1 Nr. 2 AO) von jedem, den eine Pflicht zu steuerlich erheblichen Angaben trifft.

Die Steuerverkürzung muß sich nicht zum Vorteil des Täters, sondern kann sich auch zum Vorteil Dritter auswirken.

51 Als Täter kommen neben dem Steuerpflichtigen u. a. in Betracht:

– Angestellte, wie z. B. der Geschäftsführer, der eine überhöhte Rückstellung in der Bilanz ausweist und deshalb eine falsche Körperschaftsteuererklärung abgibt; oder der Prokurist, der Einnahmen nicht verbuchen läßt und demzufolge eine falsche Umsatzsteuervoranmeldung einreicht; oder der Lohnbuchhalter, der

---

[10] So BGH NJW 1981, 1970; BGH wistra 1992, 93; BayObLG wistra 1993, 274.

Schwarzlöhne zahlt und daher in der Lohnsteueranmeldung zu geringe Steuerabzugsbeträge ausweist;[11]

- Angehörige, wie die Ehefrau, die im Bewußtsein der Unrichtigkeit der erklärten Zinseinnahmen die gemeinsame Steuererklärung unterschreibt, oder der Sohn, im Gaststättenbetrieb des Vaters zuständig für die Kassenführung und die Umsatzsteuererklärungen, der Manipulationen an den Registrierkassen vornimmt und damit „Schwarzumsätze" ermöglicht;
- Steuerberater, die Bilanzen und Steuererklärungen erstellen, obwohl sie aufgrund der fehlerhaften Buchführung des Mandanten erkennen, daß diese nur unrichtig sein und zur Steuerverkürzung führen können,[12] oder die in Kenntnis der Unrichtigkeit des Finanz- und Vermögensstatus des Steuerpflichtigen einen Stundungsantrag stellen;
- Finanzbeamte, wie der Veranlagungssachbearbeiter, der bewußt zu niedrige Steuern festsetzt, oder der Betriebsprüfer, der steuerlich erhebliche Geschäftsvorfälle vorsätzlich nicht erfaßt, oder der Beamte der Finanzkasse, der tatsächlich nicht erfolgte Zahlungen des Steuerpflichtigen verbucht oder nicht berechtigte Erstattungen anweist.[13]

Sind an einer Steuerhinterziehung (auch) andere Personen als der Steuerpflichtige beteiligt, ist jedoch immer zu erwägen, ob statt Täterschaft nicht Anstiftung oder Beihilfe gegeben sind. Dies ist Tatfrage. **52**

bb) Allein-, Mit-, mittelbare Täterschaft

Nach § 25 StGB wird bei der Täterschaft zwischen Alleintäter, Mittäter und mittelbarem Täter unterschieden. **53**

Danach ist Täter, wer den gesamten Tatbestand selbst (unmittelbare Täterschaft) oder durch einen anderen (mittelbare Täterschaft) verwirklicht.

Während nach der Rechtsprechung für die Abgrenzung zwischen Täterschaft und Teilnahme der Täterwille entscheidend ist (sog. animus-Theorie),[14] stellt die hM in der Literatur auf die objektive Tatherrschaft ab (sog. Tatherrschaftslehre).[15] **54**

Der Tatherrschaftslehre ist schon aufgrund des Gesetzeswortlauts (§ 25 Abs. 1 StGB: wer die Tat selbst begeht) der Vorzug zu geben. Wer alle Tatbestandsmerkmale selbst verwirklicht, kann nur Täter und nicht bloß Teilnehmer sein.

Danach ist Alleintäter, wer die alleinige Tatherrschaft besitzt. **55**

Begehen mehrere die Steuerhinterziehung aufgrund eines gemeinsamen Tatentschlusses in bewußtem und gewolltem Zusammenwirken gemeinschaftlich, so sind sie Mittäter (§ 25 Abs. 2 StGB).

Dazu muß jeder Mittäter einen wesentlichen, die Tat erst ermöglichenden Beitrag leisten.[16]

Mittelbarer Täter ist, wer sich zur Tatbestandsverwirklichung eines Tatmittlers (eines sog. Werkzeugs) bedient, der selbst nicht Täter oder Mittäter ist. Der Tatmittler hat keinerlei Tatherrschaft. Sein Beitrag ist gegenüber dem des Täters, der hinsichtlich der Tat eine beherrschende Stellung besitzt, nur von untergeordneter Bedeutung.

cc) Anstiftung, Beihilfe

Auch Teilnahme (Anstiftung, Beihilfe) an Steuerhinterziehung ist häufig festzustellen. **56**

---

[11] Siehe etwa BGHSt 20, 178; BGH BStBl. 1961 I, 495.
[12] Siehe BGH wistra 1993, 302.
[13] Siehe z. B. BGH wistra 1984, 69; 1987, 27.
[14] *Joecks* in Franzen/Gast/Joecks § 369 AO 69 ff.
[15] *Suhr/Naumann/Bilsdorfer* Rn. 40.
[16] *Joecks* in Franzen/Gast/Joecks § 369 Rn. 76.

57 Voraussetzung für die Teilnahme ist eine vorsätzliche, rechtswidrige Haupttat.

58 **Anstiftung** (§ 26 StGB) begeht, wer den Steuerhinterzieher (Haupttäter) zu dessen Steuerhinterziehung (Haupttat) vorsätzlich bestimmt, d. h. dessen Tatentschluß hervorruft.

59 **Beihilfe** (§ 27 StGB) begeht, wer dem Steuerhinterzieher bei dessen Haupttat vorsätzlich Hilfe leistet, d. h. dessen Tat erleichtert, unterstützt oder fördert.
Versuchte Teilnahme ist straflos.

60 Die Bestrafung wegen Teilnahme richtet sich nach der Strafandrohung für den Täter. Für den Gehilfen ist jedoch – anders als für den Anstifter – eine Strafmilderung gem. § 49 Abs. 1 StGB zwingend vorgeschrieben (§ 27 Abs. 2 StGB).

61 Bei dem oben unter Rn. 51 genannten Personenkreis wird häufig statt Täterschaft Anstiftung oder auch nur Beihilfe vorliegen.

dd) Mitwirkung von Bankbediensteten bei der Steuerhinterziehung

62 In der Praxis zunehmend bedeutsam sind die Fälle der Mitwirkung von Bankbediensteten bei der Steuerhinterziehung. Während die Ermittlungsbehörden früher derartige Straftaten weitgehend übersahen, sind Staatsanwaltschaften und Steuerfahndung immer mehr mit „Bankenfällen" befaßt.

So sind Mitarbeiter von Kreditinstituten beim Schwarzgeldtransfer ins Ausland behilflich, erleichtern die Verheimlichung von Betriebseinnahmen durch Verbuchung über CpD-Konten, unterstützen die Verkürzung von Zinseinkünften durch die diskrete Abwicklung von Tafelgeschäften oder ermöglichen die steuerschädliche Verlagerung von Gewinnen über Briefkastenfirmen in Oasenländer.

In all diesen Fällen liegt zumindest Beihilfe zur Steuerhinterziehung vor.

Der **Schwarzgeldtransfer** in das Ausland (vornehmlich nach Luxemburg und in die Schweiz, aber auch zunehmend in andere Länder mit „sicherem" Bankgeheimnis) hat mit Bekanntwerden der Einführung der Zinsabschlagsteuer im Jahre 1992 einen neuen Höhepunkt erreicht.

Die jährlichen Steuerausfälle, die auf der Nichterklärung der steuerpflichtigen Einkünfte aus den ins Ausland transferierten Kapitalvermögen beruhen, werden auf jeweils zweistellige Milliardenbeträge geschätzt. Ein Großteil dieses Schadens aus den Kapitaltransaktionen ins Ausland, die in den meisten Fällen zum Zwecke der Steuerhinterziehung erfolgten, ist unter Mithilfe der Banken entstanden.

Das Bundesverfassungsgericht[17] hat deshalb den Verdacht ausgesprochen, daß „die Organisation der Bank und ihrer Luxemburger Tochter systematisch im großangelegten Stil zu Hilfeleistungen bei der Hinterziehung von Einkommen- und Vermögensteuer mißbraucht wurde".

Durch Steuerfahnder wurde festgestellt, daß bestimmte Banken bei der Kontoführung gegen die Kontenwahrheitspflicht des § 154 AO verstoßen hatten. Statt Überweisungen von Kundenkonten direkt auf ein Kundenkonto der ausländischen Bank durchzuführen, wurden Barauszahlungen vom Kundenkonto sowie entsprechende Bareinzahlungen auf ein Sammelkonto der ausländischen Bank, die über ein bankinternes Konto des deutschen Kreditinstitutes gebucht wurden, fingiert. Die Einzahlungsbelege enthielten dabei z. T. keine Unterschriften, sondern nur Zahlen oder Pseudonyme. Die Rückübertragung der verschobenen Gelder oder von Zinsen erfolgte mittels anonymer Barschecks der Tochterbank im Ausland gezogen auf die Mutterbank in der Bundesrepublik. **Die Papierspur des Geldflusses wurde durch das Zurverfügungstellen dieser anonymisierenden Transfersysteme zwischen In- und Auslandskonten verwischt.**[18] Damit wurde ein System bereit gestellt, durch

---

[17] wistra 1994, 211 ff.

[18] Siehe auch *Carl/Klos* wistra 1994, 221 ff. m. w. N.

das Steuerhinterziehungen ermöglicht und erleichtert wurden. Der Bankmitarbeiter hat sich hier zumindest einer **Beihilfe zur Steuerhinterziehung** schuldig gemacht. **Die Verwendung von bankinternen oder CpD-Konten ist hier ein Indiz für die Beihilfe zur Steuerhinterziehung.**[19]

Die banktechnische Abwicklung des Schwarzgeldtransfers ist nur bei einem hohen systematischen Organisationsgrad möglich. Hat eine Bank für den Bereich ihrer Niederlassungen derartige Geschäfte ermöglicht, dann ist zumindest bei den Filialen, bei denen Einzelfälle solch verschleierter Geldtransfers festgestellt wurden, eine Durchsuchung und Beschlagnahme mit dem Ziel der Aufdeckung weiterer Fälle zulässig. § 30 a AO steht diesen Ermittlungen nicht entgegen.

Zunehmend erkennen Steuerfahnder im Bundesgebiet auch, daß über CpD-Konten **63**
(= conto pro diverse) zugunsten von Bankkunden widerrechtlich Millionenbeträge bei Kreditinstituten gebucht und damit der Besteuerung entzogen werden.

Die CpD-Konten unterscheiden sich grundsätzlich von den Kunden- und sonstigen betriebsinternen Konten der Banken. **Bei den Kundenkonten müssen gem. § 154 Abs. 1 AO Legitimationsprüfungen mit Aufzeichnung von Namen und Anschrift des jeweiligen Kontoinhabers erfolgen.** Damit können die Ermittlungsbehörden im Bedarfsfall die Geschäftsverbindung zwischen dem Kunden und der Bank überprüfen.

Die CpD-Konten hingegen sind Sammelkonten, auf denen Geschäftsvorfälle verbucht werden, die keiner bestimmten Person zugeordnet werden können oder zugeordnet werden sollen.[20]

Das CpD-Konto darf aufgrund der gesetzlichen Bestimmungen nur als reines bankinternes Verrechnungskonto verwendet werden, z. B. wenn im Zeitpunkt der Buchung der Name des Begünstigten nicht zu ermitteln ist oder nicht geklärt werden kann, ob der bei der Bank eingegangene Betrag dem Begünstigten noch zusteht. Dem Kreditinstitut soll zur Vermeidung unberechtigter Gutschriften eine Prüfungsmöglichkeit eröffnet werden. Gewisse Kreditinstitute versuchen aber, durch unzulässige CpD-Buchungen gute Kunden zu erhalten oder zu gewinnen. Daß sie dadurch an Steuerhinterziehungen mitwirken, nehmen sie in Kauf.

Selbstverständlich können Bankbedienstete auch durch finanzielle Zuwendungen **64**
aus Täterkreisen zu Gefälligkeitsbuchungen über CpD-Konten veranlaßt werden. Als Beispiel für bereits Mitte der 80er Jahre bekanntgewordene kriminelle Manipulationen sei auf die Entscheidung des LG Düsseldorf[21] und auf den Bericht von Kniffka[22] verwiesen. Die mit den Gepflogenheiten der Banken besonders vertrauten Straftäter haben aber zwischenzeitlich die Geldverschleierung über CpD-Konten noch erheblich ausgeweitet.

Es ist nicht mehr nötig, Bargeld im Koffer zu einer ausländischen Bank zu bringen; hier kann die inländische Bank behilflich sein. So legte ein Täter Kundenschecks über 500 000 DM seiner Bank vor. Statt diese ordnungsgemäß auf dem betrieblichen Girokonto des Täters bei der Bank einzubuchen, kaufte diese die Papiere angeblich an, verbuchte diesen Vorgang auf ein CpD- oder sonstiges Sammelkonto und stellte dem Einreicher den Betrag in bar zur Verfügung. Dieser wiederum veranlaßte abredegemäß an einem anderen Schalter der Bank die Bargeldüberweisung auf sein bei einem ausländischen Tochterunternehmen der Bank bestehendes Konto. Hierbei wurde der Betrag über eine Clearingstelle geleitet, so daß die nachträgliche Aufhellung des Geldweges erschwert wurde. Diese, der steuerlichen Erfassung entzogenen Gelder wurden dann für Schmiergeldaktionen im In- und Ausland ver-

---

[19] *Carl/Klos* NWB, Fach 13, 849.

[20] Siehe *Carl/Klos* wistra 1990, 45 ff.; *Carl/Klos* NWB Fach 13, 849 ff.; *Kottke* NWB Fach 21, 1117 ff.

[21] wistra 1985, 201.

[22] wistra 1987, 309.

wendet. Soweit die Hereinnahme der Schecks als Ankauf deklariert wurde, handelte es sich um eine Schutzbehauptung zur Täuschung der Ermittlungsbehörden.

65 In anderen Fällen wurden die über CpD-Konten erlangten Gelder dazu verwendet, sofort bei dem jeweiligen Kreditinstitut sog. **„Tafel- oder Schaltergeschäfte"** abzuwickeln. Effektive Wertpapierstücke werden gegen Barzahlung ausgehändigt oder zurückgenommen, Zinscoupons eingelöst und Devisengeschäfte gegen Barzahlung (Zug um Zug) abgewickelt. Die Erträgnisse aus den Tafelpapieren, die wie geschildert häufig aus Schwarzgeld angeschafft werden, werden selbstverständlich dem Finanzamt ebenfalls nicht erklärt. Auch hier laufen alle Geschäfte über betriebsinterne Konten der Bank ab, so daß der Name des Kunden niemals bekannt wird. Die Engländer nennen diese Art der Wertpapiergeschäfte „under the table", wodurch bereits verdeutlicht wird, daß ein Außenstehender keinen Einblick in diese Vorgänge erlangen soll.[23]

66 **Das Bundesfinanzministerium hat erkannt, daß anonyme Bankgeschäfte, die unter Verstoß gegen § 154 AO ausgeführt werden, äußerst steuerschädlich sein können.** Aus diesem Grund hat der Bundesminister der Finanzen am 8. Oktober 1991 seinen Anwendungserlaß für die Abgabenordnung (AEAO) modifiziert.[24] Hiernach hat sich das Kreditinstitut aufgrund des § 154 AO vor Erledigung von Aufträgen, die über ein Konto abgewickelt werden sollen, bzw. vor Überlassung eines Schließfachs Gewißheit über die Person und Anschrift des Verfügungsberechtigten zu verschaffen. Hierunter fallen sowohl der Gläubiger der Forderung und seine gesetzlichen Vertreter als auch jede Person, die zur Verfügung über das Konto bevollmächtigt ist (Kontovollmacht). Nummernkonten sind somit verboten.

Die Bank muß ein alphabetisches Namensverzeichnis der Verfügungsberechtigten führen, um jederzeit über die Konten und Schließfächer Auskunft geben zu können. Durch einen Verstoß gegen § 154 AO kann sowohl der Tatbestand der Steuergefährdung gem. § 379 Abs. 1 Nr. 2 bzw. Abs. 2 Nr. 2 AO als auch der Tatbestand der Steuerhinterziehung gem. § 370 AO erfüllt sein. Wird deshalb durch einen Finanzbeamten ein entsprechender Verstoß festgestellt, so soll er die für Straf- und Bußgeldsachen zuständige Stelle unterrichten.

67 Bedenklich ist, daß nach einer Entscheidung des BGH in Zivilsachen vom 18. Oktober 1994[25] § 154 AO im Gegensatz zu § 8 GeldwäscheG ausschließlich die formale Kontenwahrheit fordert. Hiernach muß die Bank lediglich feststellen, ob der Kontoinhaber oder der Bevollmächtigte tatsächlich existiert. Feststellungen darüber, wer materiell der Inhaber des Kontos ist, sind nicht erforderlich.

Eine Änderung des § 154 AO ist geboten, da sich ansonsten die Bank an der Verschleierung von Vermögenswerten zum Zwecke der Steuerhinterziehung beteiligen kann.

68 Ob der Mißbrauch der Tafelgeschäfte durch das Zinsabschlagsgesetz, das Erträge aus Tafelgeschäften mit 35 % belastet (§ 43 a Abs. 1 Nr. 4 EStG), und durch die Identifizierungs- und Aufzeichnungspflichten des Geldwäschegesetzes eingeschränkt werden kann, bleibt abzuwarten.

g) Konkurrenzen

69 Treffen mehrere Straftaten zusammen, so stehen diese in einem bestimmten Verhältnis (Konkurrenz) zueinander.

Unterschieden wird zwischen Tateinheit, Tatmehrheit und Gesetzeskonkurrenz.

Tateinheit ist gegeben, wenn dieselbe Handlung ein Strafgesetz mehrmals oder mehrere Strafgesetze gleichzeitig verletzt.

---

[23] Siehe auch *Dahm/Hamacher*, WM 1993, 445.

[24] BStBl. 1991 I, 932.

[25] NJW 1995, 261 ff.

Tatmehrheit liegt vor, wenn mehrere selbständige Straftaten begangen und diese gleichzeitig abgeurteilt werden.

Gesetzeskonkurrenz bestimmt beim Verstoß einer Handlung gegen mehrere Strafnormen das Verhältnis dieser Vorschriften zueinander, indem es nur eine für anwendbar erklärt (Spezialität oder Subsidiarität).

Für die Steuerhinterziehung ist die Konkurrenzfrage deshalb besonders bedeutsam, 70
weil zum einen eine einzige Falschangabe (z. B. Vorlage eines fingierten Ausgabebelegs beim Betriebsprüfer) zur Verkürzung **mehrerer Steuern** (Einkommen-, Gewerbe-, Umsatzsteuer) führen kann, zum andern mehrere oder auch viele Verfehlungen (z. B. schwarz vereinnahmte Zahlungen von Privatpatienten durch einen Arzt während eines Jahres) sich nur bei **einer Steuer** (Einkommensteuer) auswirken können.

Ob Tateinheit (§ 52 StGB) oder Tatmehrheit (§ 53 StGB) vorliegt, ist von Bedeutung für die Bestrafung. Außerdem spielt die Unterscheidung für die Ermittlungskompetenz der Finanzbehörde eine Rolle.[26]

aa) Hinterziehung mehrerer Steuern

Grundsätzlich liegt Tatmehrheit (§ 53 StGB) vor, wenn zu verschiedenen Steuerar- 71
ten (z. B. Einkommensteuer und Umsatzsteuer) mehrere unrichtige Steuererklärungen abgegeben oder pflichtwidrig keine Steuererklärungen eingereicht werden. Ausnahmsweise wird Tateinheit (§ 52 StGB) dann angenommen, wenn mehrere Steuererklärungen (z. B. zur Körperschaft- und Gewerbesteuer) durch **eine** körperliche Handlung **gleichzeitig** abgegeben werden **und** zum Teil übereinstimmende falsche Angaben enthalten.[27]

Die gleichzeitige Abgabe von Steuererklärungen allein führt nicht zur Tateinheit.[28] Wenn der Täter etwa zum gleichen Zeitpunkt und durch dieselbe Handlung eine Umsatzsteuervoranmeldung, in der er Vorsteuern aus gefälschten Ausgabebelegen ausweist, sowie eine Erbschaftsteuererklärung, in der er umfangreiches Bargeldvermögen des Erblassers verschweigt, abgibt, so liegt selbstverständlich Tatmehrheit vor. Unterläßt er jedoch in den gleichzeitig abgegebenen Einkommen- und Gewerbesteuererklärungen jeweils die von ihm getätigten OR-Geschäfte, ist Tateinheit anzunehmen.

Die Änderung der Rechtsprechung des BGH zum **Fortsetzungszusammenhang**[29] 72
hat erhebliche Auswirkungen auf die Praxis der Steuerstrafverfahren. Durch die Fiktion der fortgesetzten Handlung wurden früher an sich tatmehrheitlich zusammentreffende Steuerhinterziehungen als eine Tat im Rechtssinne betrachtet. **Dies ist nun für sämtliche Steuerarten ausgeschlossen**.

So nachvollziehbar die BGH-Rechtsprechung wegen der bisherigen problematischen Konsequenzen für die Verjährung bei Steuerhinterziehung (Verjährungsbeginn erst mit Beendigung des letzten Teilakts) auch sein mag, führt sie doch in der Praxis der Ermittlungsbehörden und der Gerichte zu einer Reihe von Schwierigkeiten, durch die nicht zuletzt die wirksame Verfolgung und tatangemessene Bestrafung hochkrimineller, raffinierter Weiße-Kragen-Täter erschwert wird. Dies gilt um so mehr, als die strenge Rechtsprechung des BGH und der OLG zum Beschleunigungsgebot den mit Wirtschafts- und Steuerstrafverfahren hoffnungslos überlasteten Strafverfolgungsbehörden weitere Hürden aufbaut.[30]

Es erscheint deshalb aus Sicht des Praktikers zu weitgehend, daß die Fortsetzungstat 73
bei Steuerhinterziehung vom 5. Senat des BGH generell abgelehnt wird. Hat etwa

---

[26] Siehe dazu unten Rn. 127 bis 131 und 176.

[27] BGH wistra 1996, 62; wistra 1995, 22.

[28] *Joecks* in Franzen/Gast/Joecks § 370 Rn. 307; *Suhr/Naumann/Bilsdorfer* Rn. 93.

[29] BGH GrS wistra 1994, 185; BGH wistra 1994, 266.

[30] Siehe unten Rn. 79.

ein Steuerpflichtiger den Gesamtvorsatz gefaßt, künftig auf die gleiche Art und Weise Steuern zu verkürzen, und entsprechende Vorkehrungen hierzu getroffen (Institutionalisierung, Systeminstallierung), so ist es praxisfern und rein theoretisch anzunehmen, der Täter fasse bei Abgabe jeder einzelnen falschen Steuererklärung, deren Unrichtigkeit auf seinem ursprünglichen Vorsatz sowie seinem eingerichteten Verkürzungssystem beruht, jeweils einen neuen Tatentschluß.

Der Unternehmer, der gemäß Absprache seinem Lieferanten in Südostasien überfakturierte Rechnungen bezahlt und die überhöhten Beträge durch diesen auf sein Nummernkonto in die Schweiz rücküberweisen läßt („kick-back"), der Ladeninhaber, der seine Registrierkasse so manipuliert, daß täglich ab 16.00 Uhr Eingaben (und damit Umsätze) automatisch unterdrückt werden, der Exporteur, der seine Waren nicht direkt dem ausländischen Abnehmer in Rechnung stellt, sondern die Fakturierung und damit Gewinnabsaugung über eine angeblich als Zwischenhändler tätige Briefkastenfirma in einem Oasenland bewerkstelligt, hinter der tatsächlich er steht und dies dem Finanzamt verschweigt, der Transportunternehmer, der eine Vielzahl allein von seinen Aufträgen abhängige und weisungsgebundene Fahrer als angebliche Selbständige („Scheinselbständige") beschäftigt und keine Lohnsteuern anmeldet –

all diese Täter haben zum Zwecke der Steuerhinterziehung ein **System errichtet**, durch das **zwangsläufig** die jeweiligen Steuererklärungen immer und immer wieder – und zwar zumeist viele Jahre lang – unrichtig sind. Sie haben das **Verkürzungssystem installiert** und lassen es nun (bis auf weiteres) „arbeiten", ohne sich bei den monatlichen oder jährlich abzugebenden Steuererklärungen weitere Gedanken zu machen.

In diesen Fällen ist es bei natürlicher Betrachtung und nach den Feststellungen der Strafverfolgungsbehörden so, daß **der Täter** mit der Abgabe der jeweiligen Steuererklärung keine neue Entscheidung mehr trifft. Er **handelt** vielmehr **jedesmal erneut in Vollzug des einmal und bis auf weiteres gefaßten Gesamtvorsatzes.** Damit wird trotz der stückweisen Verwirklichung des einheitlichen Vorsatzes aus den mehreren Handlungen eine einzige Tat. Die einzelnen Teilakte sind nur unselbständige Bestandteile eines einheitlichen Geschehens.

Deshalb sollte der BGH zumindestens für den Bereich der Umsatzsteuer seine Rechtsprechung der Ablehnung der Fortsetzungstat bei Steuerhinterziehung überdenken.

Die Entscheidung des Großen Senats des BGH ließe dies wohl auch zu.[31]

bb) Zusammentreffen mit anderen Straftatbeständen

74 Im Zusammenhang mit Steuerhinterziehung werden häufig auch andere Straftatbestände verwirklicht.

Dem Betrug (§ 263 StGB) oder Subventionsbetrug (§ 264 StGB) geht § 370 AO als das speziellere Gesetz regelmäßig vor (Spezialität).[32]

Die Steuerordnungswidrigkeiten (§§ 378–382 AO) sind im Verhältnis zu § 371 AO nachrangig (Subsidiarität, § 21 OWiG).

75 Zur Frage, ob beim Zusammentreffen mit sonstigen Straftaten Tateinheit oder Tatmehrheit vorliegt, gibt es umfangreiche Rechtsprechung.[33]

Tateinheit liegt häufig vor mit Urkundenfälschung (§ 267 StGB), kann aber auch gegeben sein mit falscher eidesstattlicher Versicherung (§ 156 StGB, § 284 AO), Untreue (§ 266 StGB), Pfandsiegel- und Verstrickungsbruch (§ 136 StGB).

Tatmehrheit hingegen wird angenommen beim Zusammentreffen von Lohnsteuer-

---

[31] *Joecks* in Franzen/Gast/Joecks § 370 Rn. 308.

[32] Siehe oben Rn. 69.

[33] Siehe etwa bei *Joecks* in Franzen/Gast/Joecks § 370 Rn. 319 f.

hinterziehung und Beitragsvorenthaltung (§ 266a StGB), aber auch zumeist bei Unterschlagung (§ 246 StGB), Hehlerei (§ 259 StGB), Bankrott (§ 283 StGB) und Bestechung (§ 334 StGB).

h) Rechtsfolgen

aa) Strafen

Steuerhinterziehung ist nach § 370 Abs. 1 AO mit Freiheitsstrafe bis zu 5 Jahren oder mit Geldstrafe bedroht. 76

Hat sich der Täter durch die Straftat bereichert oder zu bereichern versucht, was gerade bei Steuerhinterziehung häufig der Fall ist, kann nach § 41 StGB neben der Freiheitsstrafe zusätzlich eine Geldstrafe verhängt werden.

In besonders schweren Fällen von Steuerhinterziehung, für die in § 370 Abs. 3 Nrn. 1–4 AO Regelbeispiele aufgezählt sind, beträgt die Freiheitsstrafe 6 Monate bis 10 Jahre.

Für die Höhe der Strafe ist neben den allgemeinen Strafzumessungsgründen (§ 46 StGB) die Höhe der verkürzten Steuern von Bedeutung.[34]

bb) Nebenfolgen

Wird wegen Steuerhinterziehung eine Freiheitsstrafe von mindestens einem Jahr verhängt, kann das Gericht nach § 375 Abs. 1 AO die bürgerlichen Ehrenrechte (Fähigkeit, öffentliche Ämter zu bekleiden oder Rechte aus öffentlichen Wahlen zu erlangen) aberkennen (§ 45 Abs. 2 StGB) und nach § 375 Abs. 2 AO die Einziehung von Deliktswerkzeugen oder -produkten anordnen. 77

cc) Sanktionspraxis

Bei Verurteilungen wegen Steuerhinterziehung sind Geldstrafen die Regel, Freiheitsstrafen die Ausnahme. 78

Das mag bei kleineren und mittleren Hinterziehungsfällen durchaus tat- und schuldangemessen sein. Es ist jedoch dann bedenklich, wenn Gerichte selbst bei Steuerhinterziehung von mehreren hunderttausend Mark und mehr den Betrug am Staat lediglich mit Geldstrafen ahnden.

Damit wird der kriminelle Unrechtsgehalt der Steuerhinterziehung verniedlicht. Es ist für die Ermittlungsbehörden in Steuerstrafsachen nicht nachvollziehbar, daß einen Täter, der seinen Geschäftspartner um 10 000 DM betrügt oder der vom Sozialamt 5000 DM erschleicht, die Keule des Gesetzes trifft, während der Steuerbetrüger vergleichsweise milde davonkommt.

Es verblüfft in großen Steuerstrafverfahren immer wieder zu sehen, wie die Gerichte etwa bei mit Steuerhinterziehung zusammentreffenden Delikten wie Untreue, Unterschlagung oder Urkundenfälschung mit harter Hand zulangen, während sie beim Strafausspruch für das Steuerdelikt Milde walten lassen.

Das wird zum einen der Bedeutung der Steuerhinterziehung als besonderer Form des Betrugs nicht gerecht.

Zum andern führt es dazu, daß weder beim Täter noch in der Bevölkerung präventive Wirkung erzielt wird.

Die Gleichgültigkeit und Bedenkenlosigkeit gegenüber der Steuerhinterziehung wird somit durch die Sanktionspraxis gefördert.

Auch die den Tätern überaus entgegenkommende Rechtsprechung,[35] eine „überlange Verfahrensdauer“ großzügig strafmildernd zu berücksichtigen, ist in Steuer- 79

---

[34] BGH HFR 1979, 110; BGH BB 1984, 2180.

[35] Siehe z. B. BGH wistra 1995, 21; wistra 1997, 262.

strafsachen nicht immer angebracht. Die Finanzbehörden und Staatsanwaltschaften entdecken die Steuerhinterziehung häufig naturgemäß erst Jahre nach Tatbegehung, Vorbereitungshandlungen und Tatentschluß. Die Ermittlungen gestalten sich bereits aus diesem Grunde schwierig und zeitaufwendig. Hinzu kommt, daß die Steuerbetrüger sehr oft hochintelligente und gerissene Täter mit erheblicher krimineller Energie sind, die ihre Manipulationen auf raffinierte Weise eingefädelt und durchgeführt haben. Auch das erschwert und verzögert die Verfahren.

Es ist deshalb ganz zwangsläufig, daß Ermittlungen in Steuerstrafverfahren länger dauern als Verfahren bei Allgemeindelikten.

Ein Täter, der ein kompliziertes Lügengebäude errichtet und jahrelang Täuschungsmanöver betrieben hat, kann häufig nicht in wenigen Monaten überführt werden. Dazu brauchen die Ermittler, die zudem mit einer Flut von Fällen kämpfen, ganz einfach Zeit. Das scheint bei der Bewertung, wann eine Verfahrensdauer als überlang anzusehen ist, von den Gerichten nicht immer ausreichend berücksichtigt.

80 Übertrieben täterfreundlich wirkt häufig auch die Zurückhaltung, die manche Gerichte dabei üben, Schätzungen der Besteuerungsgrundlagen durch die Finanzbehörden als ausreichend für eine Verurteilung anzusehen. Dadurch werden gerade Täter mit hoher krimineller Energie, die ihre steuerlichen Pflichten aufs Gröbste verletzt haben, begünstigt.[36] Zwar darf das Gericht Schätzungen der Finanzbehörde zum Umfang der Steuerverkürzung nicht einfach übernehmen.[37] Grund und Höhe der Steuerverkürzung müssen vielmehr nach der freien, aus dem gesamten Verfahren gebildeten Überzeugung des Tatrichters erwiesen sein.[38] Hierfür sind die Schätzungsmethoden der Geldverkehrs- oder Vermögenszuwachsrechnung für das Steuerstrafverfahren allerdings grundsätzlich anerkannt.[39] Auch eine Nachkalkulation kann als Nachweis einer bestimmten Mindestverkürzung durchaus geeignet sein.[40] Andererseits erfordert der Grundsatz „in dubio pro reo" nicht, daß dem Angeklagten jeder erdenkliche, auch abseitige Einwand abgenommen wird.[41] Leider werden die Anforderungen an die Überzeugung von der Schuld des Steuerstraftäters seitens der Gerichte zuweilen verkannt, überspannt und überzogen. Dadurch wird in Schätzungsfällen die angemessene Bestrafung gerade derjenigen Täter verhindert, die durch ihr pflichtwidriges Verhalten (z. B. Unterlassen von Aufzeichnungen und Buchführung, Vernichten von Unterlagen) die Schätzung erst notwendig gemacht haben.

Insgesamt fällt die Bestrafung bei Steuerhinterziehung häufig ungewöhnlich mild aus. Abschreckende Wirkung wird durch die Sanktionspraxis kaum erzielt.

3. Selbstanzeige (§ 371 AO)

a) Allgemeines; Normzweck

81 Das Steuerstrafrecht hält für den Täter eine besondere Wohltat bereit.

Der Steuerbetrüger, der Steuerhinterziehung versucht oder vollendet hat, kann ohne Strafe davonkommen, wenn er sein Fehlverhalten durch Selbstanzeige ausdrücklich korrigiert und wiedergutmacht (§ 371 AO).[42]

---

[36] Zum Problem der Schätzung im Steuerstrafrecht siehe *Dörn* wistra 1993, 1 u. 50.

[37] BayObLG wistra 1993, 236.

[38] BGH wistra 1986, 65.

[39] *Joecks* wistra 1990, 52; *Suhr/Naumann/Bilsdorfer* Rn. 258.

[40] *Dörn* wistra 1993, 1 (4).

[41] *Joecks* in Franzen/Gast/Joecks § 370 Rn. 59.

[42] Für die Ordnungswidrigkeit „leichtfertige Steuerverkürzung" gibt es ebenfalls die Möglichkeit der Selbstanzeige (§ 378 Abs. 3 AO).

Das Institut der Selbstanzeige ist eine Besonderheit, eine Ausnahmeerscheinung im Strafrecht. Ansonsten gibt es die Möglichkeit, Straffreiheit trotz vollendeter Straftat zu erlangen, nicht.[43] Der strafbefreiende Rücktritt nach § 24 StGB ist nur im Stadium des Versuchs möglich.[44]

Die Rechtfertigung für die Selbstanzeige könnte sich aus steuer- und kriminalpolitischen sowie strafrechtlichen Erwägungen ergeben. Überwiegend wird angenommen, die Selbstanzeigemöglichkeit sei vor allem aus fiskalischen Gründen geschaffen worden.[45] Der Staat verkaufe die Strafsanktion gegen Fiskalgeld.[46] Die Selbstanzeige solle dem Täter einen Anreiz bieten, dem Fiskus bisher verheimlichte, verborgene, unbekannte Steuerquellen zu erschließen und seine steuerlichen Pflichten nachträglich zu erfüllen. Damit sollten das Steueraufkommen erhöht und dem Finanzamt Ermittlungen erspart werden. Außerdem diene die Selbstanzeige dem Zweck, dem Steuerpflichtigen die Rückkehr zur Steuerehrlichkeit zu erleichtern.[47] **82**

b) Rechtsnatur

Die wirksame Selbstanzeige ist ein **persönlicher Strafaufhebungsgrund** („wird ... straffrei", § 371 Abs. 1 AO). Sie kommt grundsätzlich[48] nur dem Täter oder Teilnehmer einer Steuerhinterziehung selbst zugute, der ihre Voraussetzungen in seiner Person erfüllt. **83**

Die z. T. vertretene Rechtsauffassung, es handele sich bei der Selbstanzeige um einen **Strafausschließungsgrund**, ist überholt. Strafausschließungsgründe sind nur solche Umstände, die bereits im Zeitpunkt der Tat vorliegen.[49]

Die Einordnung als Strafaufhebungs- und nicht als Strafausschließungsgrund hat Bedeutung für das Verfahren, nach dem die Überprüfung der Selbstanzeige durchzuführen ist. Da der Strafaufhebungsgrund „wirksame Selbstanzeige" die bereits begründete Strafbarkeit nur nachträglich beseitigt, sind die Feststellungen, ob die Selbstanzeige tatsächlich wirksam ist, im Strafverfahren (und damit nach den Vorschriften der StPO) und nicht im Besteuerungsverfahren (nach den Regeln der AO) zu treffen. **84**

c) Verhältnis zu § 153 AO

Die Selbstanzeige muß von der Berichtigung nach § 153 AO unterschieden werden. **85**

Ein Steuerpflichtiger, der **nachträglich** erkennt, daß seine „Erklärung" unrichtig oder unvollständig war und dadurch Steuern verkürzt wurden oder werden könnten, muß dies nach § 153 AO unverzüglich anzeigen und richtigstellen. Eine Richtigstellung nach § 153 AO und eine Selbstanzeige nach § 371 AO können inhaltlich durchaus deckungsgleich sein. Allerdings besteht die Berichtigungspflicht nach § 153 AO nur bei **nachträglichem** Erkennen. Sie gilt nicht, wenn der Steuerpflichtige bereits bei Erklärungsabgabe die Unrichtigkeit kannte und damit **vorsätzlich** Steuerhinterziehung beging. Denn für den Straftäter gibt es keine Pflicht zur Selbstbelastung (nemo-tenetur). Er kann allerdings die Möglichkeit, durch Selbstanzeige (§ 371 AO) straffrei zu werden, wahrnehmen.

Die Berichtigung nach § 153 AO ist somit eine Pflicht, die Selbstanzeige nach § 371 AO ein Angebot.

---

[43] Siehe aber die Regelung des § 266 a Abs. 5 StGB.

[44] Zu einem Sonderfall der „tätigen Reue" siehe auch § 264 Abs. 4 StGB.

[45] *Joecks* in Franzen/Gast/Joecks § 371 Rn. 32.

[46] *Streck* Rn. 184.

[47] *Joecks* in Franzen/Gast/Joecks § 371 Rn. 13; zur Frage, ob der Gesetzeszweck auch erreicht wird, siehe unten Rn. 108 ff.

[48] Zur Ausnahme „Fremdanzeige" siehe unten Rn. 86.

[49] *Scheurmann-Kettner* in Koch/Scholtz § 371 Rn. 3.

Unterläßt der Steuerpflichtige die Berichtigung nach § 153 AO pflichtwidrig und vorsätzlich, so verwirklicht er dadurch den Tatbestand der Steuerhinterziehung nach § 370 Abs. 1 Nr. 2 AO.[50]

86 Eine Berichtigung nach § 153 AO kann in bestimmten Fällen als sog. **Fremdanzeige** zur Straffreiheit Dritter, die ihre Verpflichtung nach § 153 AO verletzt haben, führen (§ 371 Abs. 4 AO).

Durch § 371 Abs. 4 AO soll verhindert werden, daß ein nach § 153 AO zur Berichtigung Verpflichteter diese deshalb unterläßt, weil er dadurch Dritte der Strafverfolgung aussetzen würde.

Umstritten ist, ob die Straffreiheit durch Fremdanzeige auch solchen Dritten zugute kommt, die bereits ihre ursprüngliche Erklärung vorsätzlich falsch abgegeben hatten.[51]

d) Voraussetzungen einer wirksamen Selbstanzeige

87 Der Täter oder Teilnehmer einer vollendeten oder versuchten Steuerhinterziehung muß, um straffrei zu werden, sein Fehlverhalten wiedergutmachen, indem er (zwingend) nacherklärt und (falls erforderlich) nachzahlt.

aa) Nacherklärung

88 Unrichtige oder unvollständige Angaben müssen berichtigt oder ergänzt, unterlassene Angaben müssen nachgeholt werden (§ 371 Abs. 1 AO).

Die für eine wirksame Selbstanzeige erforderliche Nacherklärung ist **bei der Finanzbehörde** einzureichen. Streitig ist, ob damit alle Finanzbehörden nach § 6 Abs. 2 AO gemeint sind[52] oder nur die sachlich und örtlich zuständige Finanzbehörde.[53]

In der Steuerverwaltung wird die weite Auffassung vertreten. Danach genügt es, wenn die Selbstanzeige bei irgendeiner Finanzbehörde i. S. von § 6 Abs. 2 AO, aber auch beim Betriebsprüfer oder Steuerfahnder abgegeben wird. Jeder Finanzbeamte, der eine Selbstanzeige erhält und für deren Überprüfung örtlich und/oder sachlich nicht zuständig ist, ist gehalten, diese unverzüglich an die zuständige Stelle des zuständigen Finanzamts weiterzuleiten.

Nach dem Wortlaut des § 371 Abs. 1 AO genügt eine Adressierung an eine andere Behörde (z. B. Polizei, Staatsanwaltschaft) nicht. Nach hM gilt die Selbstanzeige jedoch dann als abgegeben, wenn sie nach Weiterleitung durch die andere Behörde, zu der diese wegen §§ 111, 116 AO verpflichtet ist, bei einer Finanzbehörde eingeht. Das Risiko einer verspäteten Weiterleitung durch die andere Behörde trägt allerdings der Selbstanzeigeerstatter.[54] Deshalb ist ihm zu empfehlen, die Selbstanzeige möglichst beim zuständigen Finanzamt einzureichen.

89 Die Selbstanzeige muß **von dem Steuerhinterzieher** (Täter oder Teilnehmer) erstattet werden. Dieser muß das allerdings nicht persönlich tun. Er kann damit auch einen **Bevollmächtigten** (zumeist Rechtsanwalt, Steuerberater) beauftragen. Eine allgemeine Vertretungsvollmacht oder Geschäftsführung ohne Auftrag werden nicht anerkannt. Die Selbstanzeige für einen Dritten bedarf vielmehr einer besonderen Vollmacht, eines ausdrücklichen Auftrags hierzu.[55]

90 Eine bestimmte **Form** ist für die Vollmacht ebensowenig vorgeschrieben wie für die Nacherklärung selbst. Die Selbstanzeige muß deshalb nicht schriftlich, sondern

---

[50] Siehe oben Rn. 25.

[51] Siehe *Samson* wistra 1990, 245; OLG Stuttgart wistra 1996, 190; LG Bremen wistra 1998, 317, AG Bremen wistra 1998, 316; *Jarke* wistra 1999, 286.

[52] So *Joecks* in Franzen/Gast/Joecks § 371 Rn. 90; *Suhr/Naumann/Bilsdorfer* Rn. 426.

[53] So etwa H-H-Sp-*Engelhardt* § 371 Rn. 102; *Scheurmann-Kettner* in Koch/Scholtz § 371 Rn. 15.

[54] Siehe *Suhr/Naumann/Bilsdorfer* Rn. 431.

[55] Siehe *Scheurmann-Kettner* in Koch/Scholtz § 371 Rn. 8.

kann auch mündlich, telefonisch oder zu Protokoll abgegeben werden. Um Zweifel auszuschließen, ist jedoch die Schriftform empfehlenswert.

Die Selbstanzeige muß auch nicht als solche bezeichnet werden. Sie muß jedoch inhaltlich denselben Anforderungen genügen, denen der Selbstanzeigeerstatter bei ordnungsgemäßer Erfüllung seiner steuerlichen Pflichten schon früher hätte entsprechen müssen.[56] An den Inhalt der Selbstanzeige werden keine geringeren, aber auch keine strengeren Anforderungen gestellt als an die ursprüngliche Steuererklärung.

Wenn der Täter umfassend straflos ausgehen will, muß er vollständige und wahrheitsgemäße Angaben machen. Ansonsten wird er nur teilweise („insoweit") straffrei. 91

Durch die Selbstanzeige muß das Finanzamt in die Lage versetzt werden, ohne weitere, langwierige Ermittlungen oder Berechnungen die richtigen Steuern festsetzen zu können **(Grundsatz der Materiallieferung).** Deshalb genügt es nicht, wenn der Täter nur mitteilt, seine Steuererklärung sei falsch, aber keine richtigen Zahlen vorlegt. Oder wenn er lediglich erklärt, Selbstanzeige zu erstatten, und eine Betriebsprüfung beantragt. Oder wenn er die verkürzten Beträge stillschweigend nachzahlt.[57] Das Risiko für die Richtigkeit und Vollständigkeit der Selbstanzeige trägt der Täter. Er sollte deshalb im Zweifel (z. B. wenn seine Buchführung mangelhaft ist oder er OR-Geschäfte getätigt hat) lieber zu viel selbstanzeigen als zu wenig.

Wenn dem Täter bei Erstellung der Selbstanzeige die vollständige Nacherklärung noch nicht möglich ist, wird ihm vom Finanzamt eine kurze aber angemessene Frist zur Vervollständigung eingeräumt (sog. angebahnte, stufenweise Selbstanzeige).[58]

Nach der Rechtsprechung ist die zutreffende Umsatzsteuerjahreserklärung als Selbstanzeige hinsichtlich vorheriger unrichtiger Umsatzsteuervoranmeldungen zu werten.[59] Gleiches gilt für die Einkommensteuererklärung bezüglich eines zuvor mit unrichtigen Angaben versehenen Antrags auf Herabsetzung der Einkommensteuervorauszahlungen.[60]

bb) Nachzahlung

Der Steuerhinterzieher wird durch seine Selbstanzeige nur dann straffrei, wenn er **die zu seinen Gunsten hinterzogenen Steuern** innerhalb einer ihm bestimmten angemessenen Frist nachbezahlt (§ 371 Abs. 3 AO). 92

Die für das Steuerstrafverfahren zuständige Stelle (Finanzamt, Staatsanwaltschaft, Strafgericht) muß für die Nachzahlung eine **Frist bestimmen**. Diese Frist muß **angemessen** sein. Dabei dürften neben dem Normzweck der Selbstanzeige und den Tatumständen auch die Verhältnisse des Täters zu berücksichtigen sein, aber auch die Vorteile, die er bisher aus seiner Tat gezogen hat. Die Frist kann deshalb relativ kurz sein. 93

Die Nachzahlungsfrist ist eine strafrechtliche, keine steuerliche Frist. Für Streitigkeiten über die Angemessenheit der Frist sind deshalb nicht die Finanzgerichte, sondern die ordentlichen Gerichte zuständig. Allerdings ist streitig, ob es überhaupt ein Rechtsmittel gegen die Fristsetzung nach § 371 Abs. 3 AO gibt.[61] Die Angemessenheit der Frist ist jedoch als Vorfrage im strafgerichtlichen Verfahren stets überprüfbar.[62]

---

[56] BGHSt 12, 100.

[57] Siehe zu diesen und weiteren Beispielen *Joecks* in Franzen/Gast/Joecks § 371 Rn. 56.

[58] *Scheurmann-Kettner* in Koch/Scholtz § 371 Rn. 21.

[59] BGH wistra 1999, 27.

[60] *Gast-de Haan* in Klein § 371 Anm. 3.

[61] *Joecks* in Franzen/Gast/Joecks § 371 Rn. 116 f.

[62] *Scheurmann-Kettner* in Koch/Scholtz § 371 Rn. 41.

94 Der Täter muß nur die „zu seinen Gunsten hinterzogenen Steuern" nachzahlen. Umstritten ist, ob „zu seinen Gunsten" Vorteile jeglicher Art[63] oder nur steuerliche Vorteile[64] oder unmittelbare wirtschaftliche Vorteile (so die h. M.)[65] bedeutet. Jedenfalls entfällt eine Nachzahlungspflicht für Teilnehmer, die nur zur Hinterziehung zugunsten Dritter beigetragen und selbst keinerlei Vorteil aus der Tat gezogen haben.

Andererseits trifft die Pflicht zur Nachentrichtung nicht nur den Steuerpflichtigen, zu dessen Vorteil sich die Steuerverkürzung regelmäßig auswirkt. Nach h. M. muß deshalb etwa der Buchhalter, der falsche Umsatzsteuervoranmeldungen für den Firmenchef abgegeben hatte, um (mittelbar) seinen Arbeitsplatz zu erhalten, nicht nachzahlen. Dagegen ist die Steuerverkürzung aufgrund der Abgabe einer unrichtigen Steuererklärung durch den Gesellschafter-Geschäftsführer einer Einmann-GmbH zu dessen Gunsten erfolgt, weshalb er nachzahlen muß, um straffrei zu werden.

95 Bei einer nur versuchten Steuerhinterziehung bedarf es für die Wirksamkeit einer erstatteten Selbstanzeige keiner Entrichtung der später festgesetzten Steuern.

e) Ausschluß der Wirksamkeit

96 Der Steuerhinterzieher bekommt die Chance, durch Selbstanzeige straffrei auszugehen, nicht unbegrenzt geboten. Nur eine **rechtzeitige** Selbstanzeige ist wirksam. Wenn der vorrangige fiskalische Zweck der Selbstanzeige die Erschließung dem Staat unbekannter Steuerquellen durch den Täter ist, so macht es keinen Sinn mehr, dem Hinterzieher einen Anreiz zur Aufdeckung seines Fehlverhaltens durch Inaussichtstellen von Straffreiheit zu bieten, wenn das Finanzamt dessen Mithilfe hierzu nicht mehr benötigt, weil es den zutreffenden steuerlichen Sachverhalt schon festgestellt hat oder demnächst ermitteln wird.[66] Liegt eines der in § 371 Abs. 2 AO abschließend genannten drei Ereignisse vor, wird der Täter zur Aufdeckung des Sachverhalts nicht mehr gebraucht, eine Selbstanzeige wäre verspätet, die Straffreiheit ausgeschlossen (sog. Sperrwirkung der Ausschlußgründe des § 371 Abs. 2 AO).

97 Beim Bußgeldtatbestand der leichtfertigen Steuerverkürzung gibt es nur den einen Ausschlußgrund der Bekanntgabe einer Verfahrenseinleitung (§ 378 Abs. 3 AO).

98 Aus der zeitlichen Begrenzung der Selbstanzeigemöglichkeit durch die Ausschlußgründe des § 371 Abs. 2 AO läßt sich – wenn dies auch nirgends im Gesetz so bezeichnet wird – der **Grundsatz der Freiwilligkeit** als Voraussetzung einer wirksamen Selbstanzeige entnehmen. Liegt ein Ausschlußgrund vor, erfolgt die Selbstanzeige nicht mehr freiwillig, sondern ist nur noch eine Flucht nach vorne.[67]

aa) Erscheinen eines Amtsträgers

99 Wenn ein Amtsträger der Finanzbehörde zur steuerlichen Prüfung oder zur Ermittlung einer Steuerstraftat oder einer Steuerordnungswidrigkeit erschienen ist, kann eine wirksame Selbstanzeige nicht mehr erstattet werden (§ 371 Abs. 2 Nr. 1 a AO).

Amtsträger der Finanzbehörde sind nach § 7 AO Beamte und Angestellte, die dazu bestellt sind, Aufgaben der öffentlichen Verwaltung wahrzunehmen. In den Fällen des § 371 Abs. 2 Nr. 1 a AO sind dies vor allem Außenprüfer (Betriebsprüfer, Umsatzsteuersonderprüfer, Lohnsteueraußenprüfer) und Steuerfahndungsprüfer, aber auch Personen, die im Veranlagungsverfahren als Prüfer tätig werden (etwa in der betriebsnahen Veranlagung).

---

63 So *Meine* wistra 1983, 61.
64 Siehe H-H-Sp-*Engelhardt* § 371 Rn. 156.
65 Siehe *Joecks* in Franzen/Gast/Joecks § 371 Rn. 100 f.
66 Siehe *Lenckner/Schumann/Winkelbauer* wistra 1983, S. 123 ff. (125).
67 *Joecks* in Franzen/Gast/Joecks § 371 Rn. 130 f.

Steuerfahnder sind auch dann Amtsträger der Finanzbehörde, wenn sie im Auftrag der Staatsanwaltschaft tätig werden.[68]

Erschienen ist der Prüfer, wenn er am **Prüfungsort** in **Prüfungsabsicht** angekommen ist. Eine Prüfungsanordnung oder -ankündigung oder die Anmeldung zur Prüfung bewirken noch keine Sperre. Ob für den Eintritt der Sperrwirkung das Betreten der Wohn- oder Geschäftsräume eines Steuerpflichtigen oder eines sonstigen Prüfungsortes Voraussetzung ist[69] oder ob es genügt, wenn der Prüfer in das Blickfeld des Selbstanzeigenden getreten ist,[70] ist streitig. 100

Jedenfalls muß eine Prüfungs- oder Ermittlungshandlung nicht erfolgt sein, um die Ausschlußwirkung herbeizuführen.

Steuerliche Prüfung bedeutet nicht nur Maßnahmen der Außenprüfungsdienste. Auch Prüfungen der Steuerfahndung nach § 208 Abs. 1 S. 1 Nr. 3 AO[71] und betriebsnahe Veranlagungen gehören dazu.[72] 101

Der **Umfang der Sperrwirkung** soll sich nach hM[73] in zeitlicher, sachlicher und persönlicher Hinsicht aus dem Prüfungsauftrag des Amtsträgers ergeben. Das heißt bei Betriebsprüfungen, daß die Sperrwirkung sich für die Steuerarten und die Veranlagungszeiträume aus der schriftlichen Prüfungsanordnung (§ 196 AO) ergeben soll. 102

Für Ermittlungen der Steuerfahndung ist dies kein taugliches Kriterium, denn diese ermittelt ohne Prüfungsanordnung im Sinne von § 196 AO.[74] Für den Umfang der Sperrwirkung wird deshalb teilweise (eng) auf Einleitungsvermerk und Durchsuchungsbeschluß,[75] teilweise (weiter) auf den **Sachzusammenhang**[76] abgestellt.

Für eine umfassende Sperrwirkung beim Erscheinen eines Steuerfahnders spricht, daß dieser nicht durch eine Prüfungsanordnung in seinen Ermittlungen eingeschränkt ist, sondern alle aufdeckungswürdigen und nicht verjährten Sachverhalte aufklären will.

Der persönliche Umfang der Sperrwirkung erfaßt alle Personen, bei denen der Amtsträger zur steuerlichen Prüfung oder zu steuerrechtlichen Ermittlungen erschienen ist. Das bedeutet bei betrieblichen Steuerhinterziehungen, daß für alle beteiligten Betriebsangehörigen eine wirksame Selbstanzeige ausgeschlossen ist.[77] Die Sperrwirkung gilt jedoch nicht für Dritte, wie Geschäftspartner, Kunden, Lieferanten, die an der Steuerhinterziehung beteiligt waren. 103

Ist die steuerliche Prüfung oder sind die strafrechtlichen Ermittlungen abgeschlossen, lebt nach heute vorherrschender Auffassung für die nicht entdeckten Taten das Selbstanzeigerecht wieder auf.[78] 104

Nach einer steuerlichen Prüfung ist dies der Zeitpunkt der Versendung der Berichtigungsbescheide,[79] nach strafrechtlichen Ermittlungen der Verfahrensabschluß durch Urteil, Strafbefehl oder Einstellung.[80]

Daß die Möglichkeit der Selbstanzeige nach Abschluß der Prüfungshandlungen wiederaufleben soll, ergibt sich nicht aus dem Gesetzeswortlaut. Als Begründung

---

68 LG Stuttgart wistra 1990, 72; *Scheurmann-Kettner* in Koch/Scholtz § 371 Rn. 24; a. A.: *Felix* BB 1985, 1781.

69 So *Joecks* in Franzen/Gast/Joecks § 371 Rn. 138.

70 So OLG Stuttgart NStZ 1989, 436.

71 H-H-Sp/*Engelhardt* § 371 Rn. 215.

72 BayObLG wistra 1987, 77.

73 Siehe etwa *Scheurmann-Kettner* in Koch/Scholtz § 371 Rn. 28.

74 Siehe unten Rn. 145 ff.

75 So *Joecks* in Franzen/Gast/Joecks § 371 Rn. 158.

76 Z. B. *Franzen* wistra 1986, S. 210; *Scheurmann-Kettner* in Koch/Scholtz § 371 Rn. 28.

77 Siehe aber LG Stuttgart NStZ 1990, 189 zu ausgeschiedenen Betriebsangehörigen.

78 *Gast-de Haan* in Klein § 371 Anm. 6 f.

79 BGH wistra 1994, 228.

80 *Joecks* in Franzen/Gast/Joecks § 371 Rn. 208.

wird von der h. M. wiederum der Normzweck der Selbstanzeige angeführt, bisher verborgene Steuerquellen zum Sprudeln zu bringen. Da die Entdeckungsgefahr für den Täter nach erfolgloser Prüfung kleiner geworden sei, die Wahrscheinlichkeit des Verborgenbleibens für das Finanzamt hingegen größer, sei eine Selbstanzeige wieder „freiwillig", wieder autonome Entscheidung und dürfe mit Straffreiheit belohnt werden.[81]

bb) Bekanntgabe der Einleitung eines Verfahrens

105 Nach § 371 Abs. 2 Nr. 1 b AO tritt die Sperrwirkung auch ein, wenn dem Täter oder seinem Vertreter vor der Nacherklärung die Einleitung des Straf- oder Bußgeldverfahrens wegen der Tat bekanntgegeben worden ist. Entscheidend für den Ausschluß der Straffreiheit ist nicht die Einleitung des Verfahrens, sondern deren **Bekanntgabe**.

Eingeleitet ist nach § 397 Abs. 1 AO, sobald die Ermittlungsbehörde eine Maßnahme trifft, die erkennbar auf ein steuerstrafrechtliches Vorgehen abzielt. Bekanntgegeben ist die Einleitung, wenn sie dem Täter oder seinem Vertreter amtlich mitgeteilt worden ist.

Die Bekanntgabe bewirkt eine Selbstanzeigesperre für die Steuerarten und Veranlagungszeiträume sowie die Beschuldigten, auf die sich die Einleitung bezieht („wegen der Tat"). D. h. der Umfang der Sperrwirkung ergibt sich aus dem Inhalt der amtlichen Mitteilung.[82]

In den Fällen des § 371 Abs. 2 Nr. 1 b AO wird häufig zusätzlich der Ausschlußgrund des § 371 Abs. 2 Nr. 1 a AO vorliegen, weil zur Aufklärung der Steuerstraftat ein Steuerfahnder oder ein anderer Prüfer erscheinen wird. Der Ausschlußgrund des Erscheinens kann dann ggf. kumulierend wirken.[83]

cc) Tatentdeckung

106 War die Tat zum Zeitpunkt der Selbstanzeige bereits ganz oder teilweise entdeckt, so tritt die Sperrwirkung ein, wenn der Täter von der Tatentdeckung wußte oder damit hätte rechnen müssen (§ 371 Abs. 2 Nr. 2 AO). Objektiv muß die Tat entdeckt sein. Subjektiv muß der Täter zumindest damit rechnen. Tatentdeckung verlangt mehr als die Bekanntgabe der Einleitung des Strafverfahrens nach § 371 Abs. 2 Nr. 1 b AO. Einzuleiten ist ein Strafverfahren immer schon dann, wenn ein Anfangsverdacht besteht, wenn also zureichende tatsächliche Anhaltspunkte für einen strafrechtlich verfolgbaren Sachverhalt vorliegen.

Tatentdeckung hingegen ist erst anzunehmen, wenn zum objektiven und subjektiven Tatbestand so viel bekannt ist, daß bei vorläufiger Tatbewertung eine Verurteilung wahrscheinlich ist.[84]

Um dies annehmen zu können, bedarf es zumindest eines Blicks in die Steuerakten des Betroffenen. Die Kontrollmitteilung des Betriebsprüfers über eine Schwarzzahlung allein, ist noch keine Tatentdeckung. Frühestens mit der Überprüfung anhand der Steuerakte des Geldempfängers kann die Tat entdeckt sein. Die Beschlagnahme von Bankunterlagen, mit denen die hinter anonymen Geldtransfers nach Luxemburg stehenden Geldanleger enttarnt wurden, kann zwar den Anfangsverdacht der Steuerhinterziehung begründen. Eine Tatentdeckung ist ohne Abgleich der Zahlen mit der Steuerakte aber noch nicht anzunehmen.

Die Tat kann nicht nur von der zuständigen Finanzbehörde, sondern auch von anderen Behörden oder auch Privatpersonen entdeckt sein, wenn davon auszugehen

---

[81] *Joecks* in Franzen/Gast/Joecks § 371 Rn. 204.
[82] *Joecks* in Franzen/Gast/Joecks § 371 Rn. 182.
[83] Siehe oben Rn. 99.
[84] BGH wistra 1988, 308.

ist, daß diese die zuständige Behörde verständigen bzw. die Strafverfolgung veranlassen.[85]

Sperrwirkung tritt nur ein, wenn der Täter von der Tatentdeckung **wußte oder** 107
bei verständiger Würdigung **hätte wissen müssen.**

Das ist der Fall, wenn sich dem Täter nach seinen individuellen Fähigkeiten und aufgrund des ihm bekannten Ermittlungsstands die Tatsache der Tatentdeckung aufdrängen mußte. Benachrichtigt etwa ein Steuerpflichtiger seinen Geschäftspartner vom Besuch der Steuerfahndung, die bei ihm Unterlagen über nicht verbuchte Zahlungen an diesen beschlagnahmt hat, so muß der Benachrichtigte davon ausgehen, daß der Steuerfahnder unverzüglich die Überprüfung seiner Steuerakten vorgenommen oder veranlaßt hat. Die Tat ist entdeckt, wenn sich die Nichterklärung aus den Akten ergibt.

f) Mißbrauch der Selbstanzeige

In der Praxis wird der nicht durch statistisches Zahlenwerk untermauerte Pseudo- 108
optimismus des Gesetzgebers, daß durch die strafbefreiende Selbstanzeige die Steuerehrlichkeit gefördert und das Steueraufkommen erhöht werde, nicht geteilt. Aufgrund der in Betriebsprüfung und Steuerfahndung gewonnenen Erfahrung ist vielmehr vom Gegenteil auszugehen. Die Gesetzesbestimmung verleitet den gut beratenen Steuerpflichtigen sogar zur kalkulierbaren, relativ risikolosen Steuerhinterziehung. Er kann bei Entdeckungsgefahr, die bei Beratern und Steuerpflichtigen aufgrund der bekannt schlechten Personallage der Finanzverwaltung eher gering eingeschätzt wird, ja immer noch durch rechtzeitige Selbstanzeige straflos davonkommen. Dies zeigen die Massenverfahren gegen Kapitalanleger deutlich, wo die Täter mit der Selbstanzeige so lange zuwarten, bis es wirklich nicht mehr anders geht.

Die reuigen Sünder sind selten! Der Täter erstattet die Selbstanzeige nicht, weil er 109
wieder steuerehrlich werden oder dem Fiskus zu mehr Einnahmen verhelfen will, sondern wenn ihm die Entdeckung droht. Der Steuerhinterzieher – kleine Steuersünder mögen in Ausnahmefällen vom Gewissen getrieben sein – bedient sich der Möglichkeit der Selbstanzeige nur dann, wenn eine Verschleierung seiner Tat nicht mehr möglich ist.

Selbstanzeigen werden zumeist erstattet, wenn eine Außenprüfung angekündigt wird, wenn Ermittlungen bei Geschäftspartnern angestellt werden, wenn Steuerverfehlungen bei Gerichtsverfahren (z. B. Arbeitsgericht, Familiengericht) offenkundig werden oder wenn Anzeigen durch Mitgesellschafter, Mitarbeiter, Nachbarn, Ehepartner usw. drohen, d.h. wenn das Finanzamt den zutreffenden steuerlichen und strafrechtlichen Sachverhalt ohnehin demnächst aufdecken würde.

Daß durch Selbstanzeigen ein „Sprudeln unbekannter Steuerquellen" hervorgerufen 110
werde,[86] ist **bloße Illusion.** Es sprudelt nur die Quelle, die sowieso bekanntgeworden wäre. **Die gesetzgeberische Absicht wird** deshalb aus der Sicht der Praxis **völlig verfehlt.**

Hinzu kommt, daß in Rechtsprechung, Verwaltung und Literatur § 371 AO grund- 111
sätzlich zugunsten des Selbstanzeigers ausgelegt wird. Dies geschieht regelmäßig unter Hinweis auf den (verfehlten) Gesetzeszweck und zum Teil gegen den Gesetzeswortlaut.

So handelten die Finanzbehörden in Bayern bis Frühjahr 1998 rechtsfehlerhaft, weil sie bei Selbstanzeigen kein Ermittlungsverfahren einleiteten. Das bis dahin übliche „selbständige Selbstanzeigeverfahren" widersprach dem Legalitätsprinzip, da § 371 AO einen persönlichen Straf**aufhebungs**grund („wird straffrei") beinhaltet, der das

---

85 *Scheurmann-Kettner* in Koch/Scholtz § 371 Rn. 34/1; BGH wistra 1987, 341.
86 *Joecks* in Franzen/Gast/Joecks § 371 Rn. 28.

Vorliegen einer Steuerstraftat voraussetzt. Die Überprüfung einer Selbstanzeige muß daher im Strafverfahren nach den Vorschriften der StPO und nicht im Besteuerungsverfahren nach den steuerlichen Verfahrensregeln der AO erfolgen. Dies wird häufig auch heute noch von den Finanzämtern verkannt.

112 Von Rechtsprechung und Verwaltung wird auch die verdeckte Selbstanzeige durch einfaches korrigierendes Verhalten (z. B. richtige Einkommensteuererklärung im Anschluß an unrichtigen Vorauszahlungs-Herabsetzungsantrag[87]) anerkannt. Diese **verdeckte Richtigstellung** ohne jede Bezugnahme auf die vorherigen falschen Angaben entspricht nicht dem Wortlaut und Sinn des § 371 Abs. 1 AO.

113 Noch weniger nachvollziehbar ist die manchmal zu beobachtende Praxis, auch dolose Selbstanzeigen, d. h. solche, die wiederum Lücken, Unrichtigkeiten und Unwahrheiten enthalten, unter Hinweis auf den Wortlaut des § 371 Abs. 1 AO („insoweit") als teilweise wirksam anzuerkennen.[88] Eine solche Nacherklärung ist keine Berichtigung, Ergänzung oder Nachholung, sondern **erneutes Täuschen** der Finanzbehörde, das **nicht** noch **mit Straffreiheit honoriert** werden darf.

114 Auch die Anerkennung der sogenannten „angebahnten und stufenweisen Selbstanzeigen" läßt sich durch nichts aus dem Gesetz begründen. Wer Selbstanzeige erstattet, muß Material für die Steuerfestsetzung liefern. Gegebenenfalls muß er ausreichend hohe, geschätzte Zahlen vorlegen. Das Risiko der Richtigkeit und Vollständigkeit liegt allein beim Täter. Die angebahnte, stufenweise „Selbstanzeige" ist keine Selbstanzeige, sondern bloße Ankündigung, höchstens Selbstanzeige „dem Grunde nach". Wenn aber die Selbstanzeige „dem Grunde nach" vorliegt, ist das Finanzamt verpflichtet, ein Steuerstrafverfahren einzuleiten und bekanntzugeben.[89] Damit aber tritt die Sperrwirkung des § 371 Abs. 2 Nr. 1 b AO ein.

Die Anerkennung der „angebahnten oder stufenweisen" Selbstanzeige durch die Finanzverwaltung widerspricht damit dem Legalitätsprinzip.[90]

115 Nicht vertretbar ist zudem die Gewährung unangemessen großzügiger Zahlungsfristen (§ 371 Abs. 3 AO) durch die Finanzämter. Bei der Bestimmung der angemessenen Frist wird zumeist allein auf die finanziellen Verhältnisse des Anzeigeerstatters abgestellt und viel zu wenig auf die Tatumstände, die kriminelle Energie sowie die oft jahrelangen Vorteile, die der Täter durch die Tat hatte. Die Frist nach § 371 Abs. 3 AO ist aber eine strafrechtliche, weshalb auch **strafrechtliche Gesichtspunkte** in die Entscheidung einzufließen haben.

116 Schließlich zeigt die restriktive Auslegung des § 371 Abs. 2 AO durch die Rechtsprechung und Verwaltung, daß diese offenbar allein das finanzpolitische Ziel der Selbstanzeigevorschrift sehen. Daß dieses nicht erreicht wird, übersieht man völlig.

Die starre Ausrichtung an der Prüfungsanordnung im Fall des Erscheinens nach § 371 Abs. 2 Nr. 1 a AO ergibt sich weder aus dem Gesetzeswortlaut, noch wird sie dem Sinn der Norm gerecht. Ein Amtsträger, der zur Prüfung erschienen ist, bedeutet Entdeckungsgefahr nicht nur für die in einer Prüfungsanordnung genannten Steuern und Zeiträume, sondern für alle nicht verjährten Sachverhalte, die mit dessen Prüfungsauftrag im Zusammenhang stehen. Deshalb ist der **Lehre vom Sachzusammenhang** der Vorzug zu geben.

117 Zu welchen Mißbräuchen und Fehlentwicklungen die rein fiskalische Betrachtung der Selbstanzeige führt, wird durch folgende, in Finanzämtern geübte Sachbehandlung verdeutlicht: Selbst beim Vorliegen eindeutig belastender Kontrollmitteilungen wird den Tätern durch die Veranlagungsstellen noch die Möglichkeit der Selbstanzeige angetragen, ohne daß hiervon die Bußgeld- und Strafsachenstellen verständigt

---

[87] Siehe oben Rn. 91.
[88] Siehe auch BGH wistra 1999, 27.
[89] LG Hamburg wistra 1988, 120.
[90] *Joecks* in Franzen/Gast/Joecks § 371 Rn. 75.

werden. Diese Sachbehandlung steht nicht im Einklang mit dem Legalitätsprinzip und berührt die Grenzen der Strafvereitelung.

Alles in allem: die Selbstanzeigevorschrift verfehlt ihr gesetzgeberisches Ziel. Sie bewirkt sogar das Gegenteil von dem, was beabsichtigt ist. Sie begünstigt Steuerhinterziehung und führt insgesamt zu Mindereinnahmen des Fiskus. Damit privilegiert das Steuerstrafrecht vor allem intellektuelle Täter. **118**
Diesen Tendenzen muß der Gesetzgeber entgegentreten!

III. Formelles Steuerstrafrecht

1. Vorschriften für die Durchführung von Steuerstrafverfahren

a) Allgemeines Strafverfahrensrecht

Die AO regelt weder das materielle, noch das formelle Steuerstrafrecht abschließend. **119** So wie § 369 Abs. 2 AO für Steuerstraftaten die Anwendung der allgemeinen Gesetze über das Strafrecht für anwendbar erklärt, bestimmt § 385 Abs. 1 AO für das Steuerstraf**verfahren** die Geltung der **allgemeinen Gesetze über das Strafverfahren.** Neben den in § 385 Abs. 1 AO beispielhaft genannten Vorschriften der StPO, des GVG und des JGG gehören zum allgemeinen **Strafverfahrensrecht** u. a. das Bundeszentralregistergesetz (BZRG), das Gerichtskostengesetz (GKG), das Gesetz über die Entschädigung von Zeugen und Sachverständigen (ZSEG), die Bundesrechtsanwaltordnung (BRAO), das Steuerberatungsgesetz (StBerG), die Menschenrechtskonvention (MRK), das Gesetz über die internationale Rechtshilfe in Strafsachen (IRG), das Gesetz über die Entschädigung für Strafverfolgungsmaßnahmen (StrEG).

Daneben sind von den Ermittlungsbehörden Verwaltungsanweisungen zu beachten, **120** wie die Richtlinien für das Strafverfahren und das Bußgeldverfahren (RiStBV) oder die Richtlinien für den Verkehr mit dem Ausland in strafrechtlichen Angelegenheiten (RiVASt).

b) AO-Vorschriften

Die Normen des allgemeinen Strafverfahrensrechts gelten im Steuerstrafverfahren **121** gemäß § 385 Abs. 1 AO aber nur, „soweit die folgenden Vorschriften nichts anderes bestimmen".

Das bedeutet, daß in Steuerstrafverfahren vorrangig die **AO-Vorschriften** anzuwenden sind, die einige Besonderheiten gegenüber dem allgemeinen Strafverfahrensrecht aufweisen. Die §§ 409 bis 412 AO regeln das steuerliche Bußgeldverfahren.

c) AStBV (St)

Neben den Vorschriften der AO und des allgemeinen Strafverfahrensrechts haben **122** die Finanzbehörden eine Reihe von Verwaltungsvorschriften im Steuerstrafverfahren zu beachten.

Am wichtigsten sind die im Jahre 1984 eingeführten „Anweisungen für das Straf- und Bußgeldverfahren (Steuer)", zumeist als **AStBV(St)** oder ASB bezeichnet. Sie werden mittlerweile im gesamten Bundesgebiet angewendet und gelten für alle Bediensteten der Steuerfahndung, der Bußgeld- und Strafsachenstellen sowie anderer Stellen der Finanzbehörden, soweit es sich um die Zusammenarbeit mit Steuerfahndung oder Bußgeld- und Strafsachenstellen handelt oder wenn sie Maßnahmen im Straf- oder Bußgeldverfahren treffen (Nr. 1 Abs. 1 S. 2 AStBV).

Während anfangs zum Teil heftige Kritik an den AStBV(St) geäußert wurde,[91] wer-

---

[91] Siehe z. B. *Blumers* DB 1982, 1642 und 1983, 633; *Felix/Streck* wistra 1982, 161.

den diese heute nicht nur von der Finanzverwaltung als sinnvoll und nützlich erachtet.[92]
Sie sollen der einheitlichen Handhabung des steuerstrafrechtlichen Verfahrensrechts im Bundesgebiet und der reibungslosen Zusammenarbeit von Ermittlungsbehörden und Gerichten dienen. Was die Steuerfahndung und die Bußgeld- und Strafsachenstellen anbelangt, werden diese Ziele sicherlich erreicht. In den übrigen Stellen der Finanzämter herrscht jedoch immer noch weitgehende Unkenntnis über die AStBV(St), weshalb diese häufig nicht beachtet werden.
Von den Außenprüfungsdiensten der Finanzbehörden ist zusätzlich die „Allgemeine Verwaltungsvorschrift für die Betriebsprüfung – Betriebsprüfungsordnung – (BpO)" anzuwenden (vgl. dort insbesondere § 9 BpO).

d) Verletzung des Legalitätsprinzips durch Justiz, Behörden und Finanzverwaltung

123 Weil für das Steuerstrafverfahren ausdrücklich die Vorschriften der StPO Anwendung finden, gilt beim Verdacht der Steuerhinterziehung **zwingend** das **Legalitätsprinzip** (§§ 152 Abs. 2, 160 Abs. 1 StPO). Für die Finanzbehörden ergibt sich dies ferner aus § 85 S. 2 AO. Diese **Pflicht zur Verfolgung von Steuerhinterziehung wird** durch Justiz, Behörden und Finanzverwaltung jedoch tagtäglich **verletzt**, so daß Steuerkriminelle auf gesetzwidrige Weise besser gestellt werden als andere Straftäter.

124 Die Nichtbeachtung der **Verpflichtung zur Anzeige von Steuerstraftaten** gemäß § 116 AO ist ein trübes Kapitel in der Justiz- und Behördenpraxis. § 116 AO, der vorschreibt, daß alle deutschen Gerichte und Behörden die Finanzämter beim Verdacht einer Steuerstraftat zu unterrichten haben, scheint vielen Beamten, Richtern und sogar Staatsanwälten unbekannt zu sein. Damit läuft eine zentrale Vorschrift für die effektive Strafverfolgung von Steuerkriminellen weitgehend ins Leere. Gerade in Arbeits- und Familiengerichtsverfahren werden häufig Tatsachen bekannt, die den Verdacht der Steuerhinterziehung begründen. Mitteilungen an die Steuerfahndung oder Bußgeld- und Strafsachenstellen der Finanzämter ergehen hingegen höchst selten. Lediglich die Zollbehörden und Polizeidienststellen, die mit der Bearbeitung von Wirtschaftsstraftaten befaßt sind, sowie die Zusammenarbeitsbehörden zur Bekämpfung illegaler Beschäftigung erfüllen die Unterrichtungspflicht nach § 116 AO zufriedenstellend.
Selbst Staatsanwälte und Strafrichter vernachlässigen sträflich ihre Verpflichtung nach § 116 AO. So kommt es immer wieder vor, daß in umfangreicheren Strafverfahren der Steuerhinterziehungskomplex nach §§ 154, 154 a StPO aus verfahrensökonomischen Gründen ausgeschieden wird. Das ist sinnvoll und legitim. Rechtlich unvertretbar ist es aber, wenn in solchen Fällen die Anzeige nach § 116 AO ans Finanzamt unterlassen wird. Denn die Anzeigepflicht dient nicht allein der Verfolgung der Steuerhinterziehung, sondern auch der Durchführung der zutreffenden Besteuerung.[93] Der Täter entgeht durch die Beschränkung der Strafverfolgung der Bestrafung wegen der Steuerstraftat. Durch die Nichtanzeige seitens der Justiz verbleiben ihm aber zusätzlich die Früchte seines kriminellen Tuns. **Die Mißachtung des § 116 AO begünstigt** damit **auf gesetzwidrige Weise die Steuerbetrüger**.

125 Auch in der Finanzverwaltung wird das Legalitätsprinzip immer wieder verletzt. Obwohl die Finanzbehörden nach § 85 S. 2 AO insbesondere sicherzustellen haben, daß Steuern nicht verkürzt werden, und über § 385 Abs. 1 AO die §§ 152 Abs. 2, 160 Abs. 1 StPO beachten **müssen**, wird Steuerkriminalität nicht in der gebotenen Weise verfolgt. Dabei sind die individuellen Verstöße von Finanzbeamten gegen die Verfolgungspflicht[94] von untergeordneter Bedeutung.

---

[92] Siehe z. B. *Bilsdorfer* NJW 1992, 1924.
[93] *Förster* in Koch/Scholtz § 116 Rn. 4.
[94] Siehe dazu z. B. oben Rn. 117 sowie unten Rn. 165 ff.

Der eigentliche Skandal ist, daß die Finanzbehörden aufgrund ihrer personellen Ausstattung und Organisationsmängel gar nicht in der Lage sind, ihren gesetzlichen Pflichten nach §§ 152 Abs. 2, 160 Abs. 1 StPO, § 85 S. 2 AO nachzukommen. Insbesondere die völlig unzureichende Prüfungsdichte wegen der viel zu geringen Zahl von Betriebs- und Umsatzsteuerprüfern ist geradezu eine **Einladung zur Steuerhinterziehung**. Präventivwirkung durch die Außenprüfung wird schon lange nicht mehr erzielt.

Allein die Steuerfahndung stellt noch ein effektives Instrument zur Bekämpfung von Steuerkriminalität dar. Doch auch deren Personalstärke ist unbefriedigend. Trotz der in den letzten Jahren erfolgten Personalverstärkungen in der Steuerfahndung erstickt diese in immer mehr Arbeit (siehe z. B. die sog. „Bankenverfahren"). Nötig ist deshalb eine rasche Personalaufstockung aller Prüfungsdienste der Finanzverwaltung.

Eine wirksame Abschreckung potentieller Steuerhinterzieher wird nur erreicht, wenn jeder Steuerpflichtige auch ernsthaft damit rechnen muß, daß seine Steuererklärungen durch Außenprüfer kontrolliert werden könnten. Die Finanzämter sollten deshalb die Steuerfestsetzung weitgehend per Selbstveranlagung der Steuerpflichtigen und durch EDV-Unterstützung erledigen und die qualifizierten Finanzbeamten vornehmlich als Prüfer einsetzen. Eine wirksame Bekämpfung und Eindämmung der Steuerkriminalität wäre die Folge.

Gefordert ist hierbei aber zunächst **der Gesetzgeber**. Zum einen muß er die Steuergesetze drastisch und radikal vereinfachen, zum anderen die erforderlichen Mittel für die sächliche und personelle Ausstattung der Finanzverwaltung in den Haushalten bereitstellen.

2. Ermittlungskompetenz der Finanzbehörde

Bei allgemeinen Straftaten besitzt die Staatsanwaltschaft ein Ermittlungsmonopol. Dieses 126
wird für Steuerstrafverfahren durch § 386 AO, in dem der Finanzbehörde eine teils unselbständige (§ 386 Abs. 1 S. 1 AO), teils selbständige (§ 386 Abs. 2 AO) Ermittlungskompetenz zugewiesen ist, zwar nicht aufgehoben, aber eingeschränkt.

Hieraus ergibt sich in der Praxis leider ein Kompetenzspannungsfeld, das sich nachteilig auf die Kriminalitätsbekämpfung und begünstigend für die großen Steuerstraftäter auswirkt. Um die Zusammenarbeit zwischen Staatsanwaltschaft und Finanzbehörde zum Vorteil beider Seiten zu gestalten, muß der Staatsanwalt über die Organisationsformen der Finanzverwaltung sowie über seine eigenen Rechte und Pflichten im Steuerstrafverfahren hinreichend Bescheid wissen. Mit dieser Problematik wird er weder auf der Universität noch im Vorbereitungsdienst konfrontiert.

a) Selbständige Ermittlungskompetenz (§ 386 Abs. 2 AO)

§ 386 Abs. 1 S. 1 AO bestimmt, daß bei dem Verdacht einer Steuerstraftat die Finanzbe- 127
hörde den Sachverhalt ermittelt. Damit ist für die Verfolgung von Steuerhinterziehung in erster Linie das Finanzamt zuständig.

Für diese Regelung gibt es sachliche Gründe. Die meisten Steuerhinterziehungsfälle werden im Besteuerungsverfahren, vor allem von den Prüfungsdiensten der Steuerverwaltung (Steuerfahndung, Betriebsprüfung, Umsatzsteuersonderprüfung, Lohnsteueraußenprüfung, betriebsnahe Veranlagung), aufgedeckt. Für die Aufklärung der Steuerhinterziehung ist die Feststellung der Höhe der Steuerverkürzung unerläßlich. Die Ermittlung der Besteuerungsgrundlagen ist deshalb untrennbar mit der Erforschung des Steuerdelikts verbunden. Für die steuerlichen Feststellungen braucht man aber zwingend die besondere Sachkunde von speziell ausgebildeten Finanzbeamten, die umfassende Kenntnisse des Steuerrechts besitzen.

Die allgemeine (unselbständige) Ermittlungsbefugnis der Finanzbehörde nach § 386 Abs. 1 S. 1 AO, die bei jedem Verdacht einer Steuerhinterziehung gilt, steigert sich für die in § 386 Abs. 2 AO genannten Fälle zu einer **selbständigen Ermittlungskompetenz.**

128 So führt die Finanzbehörde das Ermittlungsverfahren **selbständig** durch, **wenn** die Tat **ausschließlich** eine **Steuerstraftat**[95] darstellt (§ 386 Abs. 2 Nr. 1 AO). Für die Steuerverwaltung heißt dies, daß nach der Nr. 1 des § 386 Abs. 2 AO vor allem Verfahren wegen Steuerhinterziehung oder Begünstigung hierzu selbständig geführt werden.

129 Darunter fallen nach der Rechtsprechung des BGH[96] aber auch die Fälle der Vortäuschung eines steuerlich erheblichen Sachverhalts. Erschlich ein Täter vom Finanzamt Vorsteuerbeträge, indem er Unternehmen, Geschäftsbeziehungen, Umsätze, Betriebsausgaben, kurzum den gesamten Steuersachverhalt lediglich vorspiegelte, nahm man früher Betrug an. Der BGH behandelt diese fingierten Steuerfälle nun als Steuerhinterziehung. § 385 Abs. 2 AO hat deshalb praktisch keine Bedeutung mehr.

130 Die Finanzbehörde besitzt die selbständige Ermittlungskompetenz darüber hinaus auch für die den Steuerstraftaten **gleichgestellten Straftaten.** Dabei handelt es sich um Delikte, die keine Steuerstraftaten sind, für die aber die Vorschriften der AO entsprechend gelten, wie etwa bei Verstößen gegen **Prämien- und Zulagengesetze** (z. B. § 5 Abs. 2 Sparprämiengesetz, § 8 Abs. 2 Wohnungsbauprämiengesetz, § 14 Abs. 3 Vermögensbildungsgesetz). Auch für die Verfolgung von **Subventionsbetrug** (§ 264 StGB), soweit er sich auf Investitionszulagen bezieht (z. B. § 9 Investitionszulagengesetz), hat die Finanzbehörde dieselben Befugnisse wie bei der Verfolgung von Steuerstraftaten. Die **selbständige Ermittlungskompetenz** bei gleichgestellten Straftaten ist sinnvoll, denn die genannten Prämien, Zulagen und Investitionszulagen werden von den Finanzbehörden verwaltet.

131 Nach § 386 Abs. 2 Nr. 2 AO ermittelt die Finanzbehörde auch selbständig, **wenn die Steuerstraftat zugleich andere Strafgesetze verletzt** und deren Verletzung **Kirchensteuern** oder andere öffentlich-rechtliche Abgaben betrifft, die an Besteuerungsgrundlagen anknüpfen, wie z. B. die Beiträge an Industrie- und Handelskammern oder Handwerkskammern, die am vom Finanzamt festgesetzten Gewerbesteuermeßbetrag ausgerichtet sind.

b) Begriff und Organisation der Finanzbehörden

132 Soweit die AO in den §§ 386 ff. die Bezeichnung Finanzbehörde verwendet, handelt es sich hierbei – abweichend von § 6 Abs. 2 AO – um **Hauptzollamt, Finanzamt,** das **Bundesamt für Finanzen** und die **Familienkasse** (§ 386 Abs. 1 S. 2 AO). Für diese Behörden sind Organisations- und Geschäftsordnungen erlassen (vgl. Art. 108 Abs. 7 GG und §§ 2 Abs. 1, 5 Abs. 1 FVG).

Steuerstrafrecht im hier verstandenen Sinn befaßt sich ausschließlich mit Straftaten hinsichtlich solcher Steuern, für die die **Steuer-,** nicht die Zoll**verwaltung** zuständig ist. Die Finanzbehörde, mit der es die Beteiligten eines Steuerstrafverfahrens (Staatsanwaltschaft, Beschuldigter, Verteidiger, Strafgericht) in der täglichen Arbeit zu tun haben, ist demnach im wesentlichen das **Finanzamt** (§ 387 Abs. 1 AO, § 17 FVG). Die Oberfinanzdirektionen sind nicht Finanzbehörde i. S. v. § 386 AO. Sie besitzen keinerlei Ermittlungskompetenz, sondern üben lediglich die Dienstaufsicht über die Finanzämter aus.

133 Die Finanzämter sind Landesbehörden. Die einzelnen Bundesländer haben unterschiedliche Organisationsformen für die Verfolgung von Steuerstraftaten geschaffen. Gemeinsam ist allen Bundesländern, daß sie von der Möglichkeit des § 387 Abs. 2 AO Gebrauch gemacht und die sachliche Zuständigkeit zur Verfolgung von Steuerstraftaten durch Zuständigkeitsverordnungen auf gemeinsame **Bußgeld- und Strafsachenstellen**

---

95 Siehe zu diesem Begriff Rn. 9 f.

96 Siehe etwa BGH wistra 1986, 172.

(BuStra) sowie **Steuerfahndungsstellen** (Steufa) in bestimmten Finanzämtern konzentriert haben, die für den Bereich mehrerer Finanzämter zuständig sind.

Während in Niedersachsen, Nordrhein-Westfalen und Berlin eigene Finanzämter für Fahndung und Strafsachen eingerichtet wurden, die dann jeweils aus Bußgeld- und Strafsachenstelle sowie Steuerfahndung bestehen, sind die Bußgeld- und Strafsachenstellen sowie die Steuerfahndungsstellen in den übrigen Bundesländern unselbständige Dienststellen von normalen Festsetzungsfinanzämtern.

Am effektivsten scheint die Organisationsform des Fahndungs- und Strafsachen- **134**
amtes. Hier ist der strafrechtliche und strafprozessuale Sachverstand der Finanzbehörde gebündelt. Örtliche Zuständigkeitsbereiche von BuStra und Steufa decken sich. Die Zusammenarbeit zwischen BuStra und Steufa sowie mit der Schwerpunktstaatsanwaltschaft und dem Steueramtsgericht kann ohne Reibungsverluste vonstatten gehen.

Die Einrichtung von BuStra und Steufa als unselbständige Dienststellen bei Veranlagungsfinanzämtern hat den Nachteil, daß die Vorsteher solcher Finanzämter der Verfolgung der Steuerkriminalität zumeist weit weniger Bedeutung beimessen als dem reibungslosen Ablauf der Steuerfestsetzung. Das führt dazu, daß durch häufige Personalwechsel in BuStra und Steufa, die im Hinblick auf die effektive Durchführung der Veranlagung erfolgen, eine wirkungsvolle Strafverfolgung erschwert wird. Es sollte deshalb von den Ober- und Mittelbehörden sichergestellt werden, daß Sachgebietsleiter und Sachbearbeiter in BuStra und Steufa nur im Einvernehmen mit der OFD bestellt oder wieder anders eingesetzt werden dürfen.

BuStra und Steufa an einem **Festsetzungs**finanzamt kann jedoch allenfalls dann noch hingenommen werden, wenn sich deren örtliche Zuständigkeitsbereiche decken. Das ist auch in vielen Bundesländern so. Unhaltbar aber war bis Ende 1999 der Zustand in Bayern, wo zwar die Steufa-Stellen für ein größeres Gebiet (zumeist für einen Regierungsbezirk) zuständig sind, diese Steufa-Stellen aber jeweils mit mehreren BuStra-Stellen (bis zu vier) zusammenarbeiten mußten, die zum Teil räumlich weit entfernt lagen. Dies war eine unverständliche Verschleuderung personeller und sachlicher Ressourcen. Die Arbeit der Beschäftigten in BuStra und Steufa wurde dadurch unnötig behindert.

c) Aufgaben und Befugnisse der Bußgeld- und Strafsachenstellen

aa) Aufgaben

Wenn die Bußgeld- und Strafsachenstelle im Rahmen ihrer selbständigen Kompe- **135**
tenz gemäß § 386 Abs. 2 AO ermittelt, tritt sie insoweit an die Stelle der Staatsanwaltschaft. Sie ist dabei nicht an Weisungen der Staatsanwaltschaft gebunden, sondern handelt in eigener Verantwortung.[97] Ihre Ermittlungsarbeit ist nicht Hilfstätigkeit für die Staatsanwaltschaft, sondern staatsanwaltschaftliche Tätigkeit.[98] Die BuStra erfüllt dann die **Aufgaben**, die sonst die Staatsanwaltschaft erledigt. Sie nimmt sämtliche Rechte und Pflichten wahr, die der Staatsanwaltschaft im Ermittlungsverfahren zustehen (§ 399 Abs. 1 AO). Man bezeichnet die Bußgeld- und Strafsachenstelle deshalb auch als *„Staatsanwaltschaft des Fiskus"*. Als solche muß sie beim Verdacht einer Steuerstraftat das Steuerstrafverfahren einleiten (§ 397 AO, §§ 152 Abs. 2, 160 Abs. 1 StPO).

Der Verdacht der Steuerhinterziehung ist gegeben, wenn ausreichende tatsächliche **136**
Anhaltspunkte dafür vorliegen, daß der objektive und subjektive Tatbestand des § 370 AO verwirklicht sind. Dafür genügen Indizien, die das nach kriminalistischer Erfahrung als möglich erscheinen lassen. Verdachtsgründe werden der BuStra durch

---

97 *Suhr/Naumann/Bilsdorfer* Rn. 601.

98 *Joecks* in Franzen/Gast/Joecks § 386, Rn. 4 und 5.

Mitarbeiter der Veranlagungsstellen in den Finanzämtern, vor allem jedoch durch Sachbearbeiter der Außenprüfungsdienste und der Steuerfahndung bekannt. Auch von anderen Behörden, der Polizei, dem Zoll, von Staatsanwaltschaften und Gerichten werden gemäß § 116 AO – wenn auch unzulänglich[99] – Verdachtsgründe mitgeteilt. Außerdem erfährt die Finanzbehörde immer wieder durch Anzeigen (z.T. auch anonym) von Steuerhinterziehungen.

137 Hat die BuStra das Steuerstrafverfahren eingeleitet, muß sie die Ermittlungen führen (§§ 386, 399 AO) und dabei alle erforderlichen Maßnahmen treffen oder veranlassen.

bb) Befugnisse

138 Für die Erfüllung ihrer staatsanwaltschaftlichen Aufgaben im Rahmen ihrer selbständigen Ermittlungskompetenz nach § 386 Abs. 2 AO besitzt die BuStra auch staatsanwaltschaftliche **Befugnisse** (§ 399 Abs. 1 AO).

139 So kann die BuStra nach § 161 StPO zur Erforschung des Sachverhalts der Steuerhinterziehung **von allen öffentlichen Behörden Auskunft verlangen** und **Ermittlungen** entweder selbst **vornehmen oder** durch die Polizei, meistens aber die Steufa, **vornehmen lassen.**

Die BuStra darf und wird regelmäßig **Vernehmungen von Beschuldigten, Zeugen und Sachverständigen** vornehmen. Der Beschuldigte ist nach § 163 a Abs. 1 StPO auch zwingend vor Abschluß der Ermittlungen zu vernehmen, falls das Verfahren nicht eingestellt werden soll. Beschuldigte, Zeugen und Sachverständige sind verpflichtet, auf Ladung bei der BuStra (nicht aber bei der Steufa) zu erscheinen (§§ 163 a Abs. 3 S. 1, 161 a Abs. 1 StPO).

Während der Beschuldigte ein Aussageverweigerungsrecht hat, worüber er zu belehren ist (§ 136 StPO), besteht für Zeugen und Sachverständige eine Aussagepflicht (§ 161 a Abs. 1 StPO).

140 Die BuStra kann beim Amtsgericht – Ermittlungsrichter – beantragen, richterliche Untersuchungshandlungen vorzunehmen (§ 162 StPO). So ist sie befugt, u. a. **Anträge auf richterliche Zeugenvernehmung** (§§ 48 ff. StPO), **Durchsuchung** (§§ 102, 103 StPO), **Beschlagnahme** (§ 94 StPO), **Postbeschlagnahme** (§ 99 StPO) und **Haftbefehl** (§§ 112 ff. StPO) zu stellen. Nach Erlaß eines Haftbefehls entfällt allerdings die selbständige Ermittlungsbefugnis der Finanzbehörde (§ 386 Abs. 3 AO).[100] In der Praxis macht die BuStra deshalb von ihrer Befugnis, Antrag auf Haftbefehl zu stellen, auch kaum Gebrauch, sondern gibt die Sache entsprechend AStBV (St) Nr. 18 Abs. 1 S. 2 Buchst. a schon vorher unverzüglich an die Staatsanwaltschaft ab.

141 Bei Gefahr im Verzug kann die BuStra auch selbst Durchsuchung und Beschlagnahme sowie vorläufige Festnahme anordnen und durchführen. **In der Regel wird sie sich** zur Durchführung dieser Maßnahmen jedoch **der Hilfe der Steuerfahndung bedienen.**

142 Sie hat auch das Recht, Herausgabeverlangen nach § 95 StPO zu stellen, im Rahmen von Durchsuchungen die Papiere durchzusehen (§ 110 Abs. 1 StPO) sowie die Sicherstellung von Gegenständen und Vermögensvorteilen (§ 111 b StPO), aber auch die körperliche Untersuchung von Beschuldigten und Dritten (§§ 81 a–c StPO) zu veranlassen. Schließlich kann sie u. U. im Verkehr mit ausländischen Behörden Rechtshilfeersuchen stellen bzw. erledigen.[101]

143 Nach Abschluß der Ermittlungen wird sie entweder Antrag auf Erlaß eines Strafbefehls stellen (§§ 400, 406 AO), die Sache an die Staatsanwaltschaft abgeben (§ 386

---

[99] Siehe oben Rn. 124.
[100] Siehe unten Rn. 175.
[101] Siehe dazu unten Rn. 170 ff.

Abs. 4 AO) oder das Verfahren einstellen (§ 398 AO, §§ 153 bis 154c, 170 StPO). Mit diesen drei Möglichkeiten endet die selbständige Ermittlungsbefugnis der BuStra. Bei allem, was danach kommt, ist wieder zwingend die Staatsanwaltschaft beteiligt, und die BuStra besitzt nur noch eine unselbständige Ermittlungskompetenz.[102]

Die Einstellungspraxis mancher BuStra-Stellen gibt allerdings zu Bedenken Anlaß. **144** Im Hinblick auf die personelle Unterbesetzung der BuStra-Stellen hat sich bei den Finanzbehörden bundesweit eine Einstellungspraxis von Steuerstrafverfahren herausgebildet, die das Legalitätsprinzip berührt. So stellen die Finanzbehörden Steuerdelikte, bei denen der Schaden die 1000-DM-Grenze nicht übersteigt, i. d. R. wegen Geringfügigkeit gem. § 398 AO ein. In Einzelfällen erfolgt Einstellung sogar bei noch weit größeren Steuerverkürzungen. Aufschlußreich ist hierbei, daß die Strafsachenstellen der Hauptzollämter einen wesentlich strengeren Maßstab anlegen. Es sind keine Gründe ersichtlich, bei der Ahndung von Steuerdelikten andere Maßstäbe als bei der Verfolgung der allgemeinen Kriminalität, z. B. von Kaufhausdiebstählen, anzulegen. Auch in den Nrn. 77 und 78 der AStBV (St) sind klare Hinweise für den Anwendungsbereich des § 398 AO und der §§ 153, 153a StPO enthalten.[103]

Aufzuwerfen ist auch die Frage, ob nicht auf Umwegen das durch das Bundesverfassungsgericht für verfassungswidrig erklärte Strafbescheids- und Unterwerfungsverfahren der Finanzbehörden in Steuerstrafsachen[104] dadurch fröhliche Urstände feiert, daß die Finanzbehörden dem Steuerpflichtigen die „Unterwerfungsmöglichkeit" in der Schlußbesprechung einräumen, die Zusicherung eines Bußgeldbescheides statt Strafbefehls geben und schließlich von der Abgabe des Verfahrens an die Staatsanwaltschaft völlig absehen.[105]

d) Aufgaben und Befugnisse der Steuerfahndung

Während die Bußgeld- und Strafsachenstellen in der AO nicht ausdrücklich angesprochen werden, sondern behördenintern die strafprozessuale Ermittlungskompetenz der Finanzbehörde wahrnehmen, sind Aufgaben, Befugnisse und Rechtsstellung der Steuerfahndung und ihrer Beamten in den §§ 208, 404 AO ausdrücklich geregelt. **145**

aa) Aufgaben

Der Steuerfahndung werden in § 208 AO strafrechtliche und steuerliche Aufgaben **146** zugewiesen. Man spricht deshalb zu Recht von der **Doppelfunktion der Steufa**.

Die **strafrechtliche Aufgabe** der Steuerfahndung ergibt sich aus § 208 Abs. 1 S. 1 **147** **Nr. 1** AO. Danach hat die Steuerfahndung **Steuerstraftaten** und Steuerordnungswidrigkeiten **zu erforschen**. Dabei hat sie das Legalitätsprinzip zu beachten. Die Ermittlung und Verfolgung von Steuerhinterziehungsfällen ist die weitaus wichtigste Aufgabe der Steuerfahndung und ihrer Fahndungsprüfer.

Die **steuerlichen Aufgaben** der Steuerfahndung sind in § 208 Abs. 1 S. 1 Nrn. 2 **148** und 3, Abs. 2 AO definiert.

Zum einen hat die Steufa nach § 208 Abs. 1 S. 1 **Nr. 2** AO in den strafrechtlichen Fällen nach § 208 Abs. 1 S. 1 Nr. 1 AO die **Besteuerungsgrundlagen zu ermitteln.** Diese Aufgabenzuweisung wirft eine Reihe von Fragen auf. So könnte – entgegen der hier vertretenen Auffassung – die Ermittlung der Besteuerungsgrundlagen

---

102 Siehe dazu unten Rn. 182 ff.

103 Siehe hierzu *Malms* wistra 1994, 337 ff.; *Weber-Blank* wistra 1995, 134 ff.

104 Siehe BVerfGE 22, 49.

105 Siehe auch unten Rn. 178.

allein zum Steuerstrafverfahren gehören, weil sie untrennbarer Teil und Voraussetzung für die Erforschung einer Steuerhinterziehung (Höhe der Steuerverkürzung) sei.[106] Dann stellte sich die Frage, ob § 208 Abs. 1 S. 1 Nr. 2 AO überhaupt eine **eigenständige Bedeutung** zukommt. Die Finanzverwaltung geht jedenfalls davon aus, daß auch in Fällen der Verfolgungsverjährung oder des Todes des Beschuldigten die Steuerfahndung nach § 208 Abs. 1 S. Nr. 2 AO tätig werden darf.[107] In diesen Fällen ist aber ein Steuerstrafverfahren nicht mehr zulässig.

Die Auffassung der Verwaltung ist zutreffend,[108] denn auch in diesen Fällen lag eine Steuerstraftat vor, so daß der von der Vorschrift geforderte tatsächliche Zusammenhang gegeben ist.[109]

Schließlich ist zu klären, nach welchen Verfahrensvorschriften die Aufgabe des § 208 Abs. 1 S. 1 Nr. 2 AO zu erfüllen ist.[110]

149 Eine weitere **steuerliche**[111] **Aufgabe** der Steuerfahndung ist nach § 208 Abs. 1 S. 1 **Nr. 3** AO die **Aufdeckung und Ermittlung unbekannter Steuerfälle.** Mit diesen sog. **Vorfeldermittlungen** wird die Steuerfahndung ihrer seit jeher anerkannten Überwachungsaufgabe im Rahmen der **allgemeinen Steueraufsicht** gerecht.[112] Sie darf danach unbekannte steuerliche Sachverhalte bei bekannten wie unbekannten Steuerpflichtigen ermitteln oder auch Nachforschungen nach unbekannten Steuerpflichtigen anstellen.[113] Voraussetzung ist, daß aufgrund **konkreter Anhaltspunkte** oder aufgrund **allgemeiner Erfahrung** die Möglichkeit eines Steueranspruchs, d. h. einer objektiven Steuerverkürzung, feststeht.[114] Ist dies der Fall, so handelt es sich beim Tätigwerden der Steuerfahndung nicht um Ermittlungen „ins Blaue hinein", sondern es liegt ein **hinreichender Anlaß** vor. Hierzu gibt es umfangreiche Rechtsprechung von BFH und Finanzgerichten.[115] Bei Prüfungen nach § 208 Abs. 1 S. 1 Nr. 3 AO wird dem Steuerpflichtigen zu Beginn der Prüfung grundsätzlich ein **Merkblatt** über dessen Rechte und Pflichten ausgehändigt. Aufgrund des Tätigwerdens der Steuerfahndung im Rahmen der steuerlichen Vorfeldermittlungen nach § 208 Abs. 1 S. 1 Nr. 3 AO werden häufig Erkenntnisse gewonnen, die von der zunächst bloßen Vermutung einer objektiven Steuerverkürzung in den Verdacht der objektiven und subjektiven Tatbestandsverwirklichung der Steuerhinterziehung führen. Die steuerliche Aufgabe nach § 208 Abs. 1 S. 1 Nr. 3 AO mündet dann in die strafrechtliche gem. § 208 Abs. 1 S. 1 Nr. 1 AO. Die **steuerlichen Vorfeldermittlungen** nach § 208 Abs. 1 S. 1 Nr. 3 AO sind zu unterscheiden von den **strafrechtlichen Vorermittlungen** nach § 160 Abs. 1 StPO, § 404 AO, die strafprozessuale Verdachtsprüfungen sind.[116]

150 Mögliche **steuerliche Aufgaben** der Steuerfahndung sind nach § 208 Abs. 2 AO schließlich Außenprüfungen oder sonstige steuerliche Ermittlungen **auf Ersuchen** der zuständigen Finanzbehörde sowie ihr sonst im Rahmen der Zuständigkeit der Finanzbehörde **übertragene Aufgaben**.

151 Die steuerlichen Aufgaben nach § 208 Abs. 2 AO sind in der Steuerfahndungspraxis ohne jede Bedeutung.

---

[106] So BFH BStBl. 1983 II, 482.

[107] Siehe AStBV(St) Nr. 143 Abs. 1 S. 2.

[108] Siehe auch BFH BStBl. 1998 II, S. 231; a. A. *Joecks* in Franzen/Gast/Joecks § 404 Rn. 24 ff.

[109] So auch *Rüsken* in Klein § 208 Anm.4.

[110] Siehe dazu unten Rn. 159 bis 162.

[111] Umstr.: siehe hier Kap. 9 – Zoll, Rn. 38 f.; *Joecks* in Franzen/Gast/Joecks § 404 Rn. 32; wie hier: *Gast-de Haan* in Franzen/Gast/Joecks § 397 Rn. 49.

[112] Siehe auch Pflicht nach § 85 S. 2 AO; *Scheurmann-Kettner* in Koch/Scholtz § 208 Rn. 23.

[113] Siehe *Rüsken* in Klein § 208 Anm. 5.

[114] So BFH BStBl. 1990 II, 1010; 1992 II, 707.

[115] Siehe Beispiele bei *Rüsken* in Klein § 208 Anm. 5.

[116] AStBV (St) Nr. 121 Abs. 3; siehe auch *Gast-de Haan* in Franzen/Gast/Joecks § 397 Rn. 49.

Vorfeldermittlungen nach § 208 Abs. 1 S. 1 Nr. 3 AO werden zwar immer wieder durchgeführt, stellen aber nur den geringeren Teil der Steuerfahndungsarbeit dar. **Zentraler Aufgabenbereich der Steuerfahndung ist und bleibt die strafrechtliche Aufgabe der Erforschung von Steuerstraftaten nach § 208 Abs. 1 S. 1 Nr. 1 AO sowie die hierzu notwendige Ermittlung der Besteuerungsgrundlagen gemäß § 208 Abs. 1 S. 1 Nr. 2 AO.**

Die Anlässe für ein Tätigwerden der Steuerfahndung sind vielfältig.

So gehen bei allen Steuerfahndungsstellen tagtäglich – zum Teil auch anonyme – **152** **Anzeigen** ein, denen die Fahndungsprüfer nachzugehen haben. Manche enthalten nur vage, unschlüssige Verdächtigungen, wenn etwa neidische Nachbarn oder mißgünstige Geschäftskonkurrenten die Anzeigeerstatter sind. In vielen Anzeigen werden jedoch Hinterziehungssachverhalte so detailliert geschildert, daß ein Einschreiten der Steufa zwingend geboten ist. Die betrogene Ehefrau, die im Betrieb mitgearbeitet hat, der verlassene Geliebte, der über die Einkommens- und Vermögensverhältnisse der Partnerin Bescheid weiß, der gekündigte Mitarbeiter, der die „schwarzen" Auslandsgeschäfte mit abwickelte, der übervorteilte Mitgesellschafter, der sich für verdeckte Entnahmen rächen will – das sind Insider, die die steuerlichen Manipulationen des Täters häufig sehr genau kennen. Steuerstrafverfahren aufgrund von Anzeigen bilden jedoch – entgegen weitverbreiteter Auffassung – nur einen verhältnismäßig kleinen Teil der Steufa-Arbeit.

Verdachtsmeldungen erhält die Steuerfahndung auch von **anderen Behörden** außer- **153** halb der Steuerverwaltung, vor allem von Polizei, Zoll und Staatsanwaltschaften, aber auch von Kreisverwaltungsbehörden, Arbeitsverwaltung, Sozialversicherungsträgern und Gerichten. Bei konsequenter Beachtung der Verpflichtung zur Anzeige nach § 116 AO[117] müßten aber weit mehr solcher Mitteilungen erfolgen. Aufgrund der Änderung des Geldwäschegesetzes ist damit zu rechnen, daß insbesondere die Anzeigen durch Polizei, Zoll und Staatsanwaltschaften künftig sprunghaft ansteigen werden.

Den Hauptteil der Steufa-Arbeit machen die Fälle aus, die auf Meldungen aus der **154** **eigenen Steuerverwaltung** beruhen. Feststellungen von Veranlagungsbeamten bei der Bearbeitung von Steuererklärungen, vor allem aber Erkenntnisse aus der Außenprüfungstätigkeit von Betriebsprüfern, Umsatzsteuersonderprüfern, Lohnsteueraußenprüfern und Prüfern der betriebsnahen Veranlagung begründen häufig den Verdacht der Steuerhinterziehung und die Notwendigkeit strafprozessualer Maßnahmen durch die Steuerfahndung. Weil diese Sachverhalte bereits von Steuerfachleuten vorgeprüft wurden, sind dies auch die lohnendsten Fälle. Wenden sich die genannten Finanzbeamten nicht direkt an die Steufa, sondern zunächst an die BuStra, so hat diese als Steuerstaatsanwaltschaft umgehend zu erwägen, ob nicht zur weiteren Aufklärung des Falles die Einschaltung der Steufa geboten ist.

Außerdem bearbeitet die Steuerfahndung noch Fälle aufgrund von **Selbstaufgrif-** **155** **fen.** Wenn etwa in einem laufenden Fahndungsfall Sachverhalte festgestellt werden, die den Verdacht weiterer Steuerhinterziehungen durch Dritte ergeben, hat die Steufa selbstverständlich auch diese Strafverfahren durchzuführen.

bb) Befugnisse

Zur Erfüllung ihrer strafrechtlichen und steuerlichen Aufgaben hat die Steuerfahn- **156** dung **strafprozessuale und steuerverfahrensrechtliche Befugnisse.**

Diese ergeben sich aus §§ 404, 208 Abs. 1 S. 2 AO.

Nach § 404 S. 1 AO haben die Steuerfahndungsdienststellen und ihre Beamten **im** **157** **Steuerstrafverfahren** dieselben **Rechte und Pflichten**, die die StPO **der Polizei**

[117] Siehe oben Rn. 124.

gibt. Man bezeichnet die Steuerfahndung deshalb auch als *„Kriminalpolizei des Fiskus"*.
Die Steuerfahndungsbeamten sind **Hilfsbeamte der Staatsanwaltschaft** (§ 404 S. 2 HS 2 AO). Sie haben daneben die Befugnisse nach § 399 Abs. 2 S. 2 AO, die im Fall der Zuständigkeitskonzentration nach § 387 Abs. 2 AO immer bei der an sich zuständigen Finanzbehörde verbleiben (§ 404 S. 2 HS 1, 1. Alt. AO). Schließlich sind sie anders als die übrigen Hilfsbeamten **zur Durchsicht der Papiere** (§ 110 Abs. 1 StPO) des von der Durchsuchung Betroffenen befugt (§ 404 S. 2 HS 1, 2. Alt. AO).
Aus ihrer strafrechtlichen Hauptaufgabe nach § 208 Abs. 1 S. 1 Nr. 1 AO ergibt sich deshalb gemäß § 404 AO, daß das **Schwergewicht der Steuerfahndungsarbeit bei der polizeilichen, strafprozessualen Tätigkeit** liegt. Dabei bedient sich die Steuerfahndung aller der Finanzbehörde nach der StPO zustehenden Möglichkeiten. Durchsuchungen, Beschlagnahmen, vorläufige Festnahmen, Vernehmungen usw. sind – wie bei der Polizei – Alltagsarbeit der Steuerfahnder. Dabei hat die Steuerfahndung bei **Gefahr im Verzug** das Recht, Durchsuchungen und Beschlagnahmen selbst anzuordnen und vorläufige Festnahmen vorzunehmen.
Weitere strafprozessuale Rechte und Pflichten der Steuerfahndung sind u. a. das **Recht des ersten Zugriffs** (§ 163 Abs. 1 StPO), die **Entgegennahme von Strafanzeigen** (§ 158 StPO), die **Auskunftseinholung von Dritten** (§§ 163, 161 StPO), der Erlaß eines **Steckbriefs** (§ 131 Abs. 2 StPO), die **Sicherstellung** von Verfalls- oder Einziehungsgegenständen (§ 111 b, e StPO), die Festnahme **von Störern** (§ 164 StPO), die **Identitätsfeststellung** (§ 163 b StPO) sowie die Übersendung des **Ermittlungsergebnisses an die BuStra** (§ 163 Abs. 2 StPO).

158 Wenn die BuStra in Verfahren nach § 386 Abs. 2 AO gemäß § 399 Abs. 1 AO Steuerstaatsanwaltschaft ist, so sind die Steuerfahndungsbeamten in diesen Verfahren nach dem Gesetz deren Hilfsbeamte. Nach der Gesetzeslage sieht es damit so aus, als sei die BuStra Herrin des Verfahrens, die der Steufa Weisungen über Umfang, Art und Durchführung deren Ermittlungen erteilt. In der Praxis werden die meisten Strafverfahren allerdings von der Steufa weitgehend selbständig aufgegriffen und durchgeführt. Die BuStra wird häufig nur bei der Beantragung richterlicher Beschlüsse auf Anregung der Steufa und sonstigen Entscheidungen formeller Art tätig. Oft beginnt erst nach Übersendung des Ermittlungsberichts der Steufa eine effektive Arbeit der BuStra.
Das Nebeneinander und Hintereinander der Steufa- und BuStra-Arbeit begünstigt die Steuerkriminellen. Es verzögert den Abschluß der Steuerstrafverfahren, weil mögliche Verfahrensbeschränkungen unterlassen und nötige Ermittlungen teilweise zu spät erfolgen. Die enge, intensive und vertrauensvolle Zusammenarbeit zwischen Steufa und BuStra sollte deshalb die Regel werden. Hierzu müssen den Steuerfahndungs- und BuStra-Stellen aber auch sinnvolle Organisationsformen[118] sowie ausreichende personelle und sächliche Ausstattung zur Verfügung gestellt werden.

159 Zur Erfüllung ihrer **steuerlichen Aufgaben** besitzt die Steuerfahndung die **steuerverfahrensrechtlichen Befugnisse** der AO (§ 208 Abs. 1 S. 2 AO). Bestimmte Einschränkungen (wie z. B. die Erstbefragungspflicht des Steuerpflichtigen gemäß §§ 93 Abs. 1 S. 3, 97 Abs. 2 S. 1 AO) gelten für die steuerlichen Ermittlungen der Steufa nicht; § 393 Abs. 1 AO bleibt unberührt (§ 208 Abs. 1 S. 3 AO). Das heißt: die Steuerfahndung bedient sich allein der Befugnisse nach den **Vorschriften der AO**, wenn sie ihren rein steuerlichen Aufgaben nach § 208 Abs. 2 AO oder nach § 208 Abs. 1 S. 1 Nr. 3 AO nachkommt. Gleiches gilt, wenn die Steuerfahndung im Rahmen der eigenständigen Bedeutung des § 208 Abs. 1 S. 1 Nr. 2 AO vorgeht. Das ist dann der Fall, wenn die Ermittlung der Besteuerungsgrundlagen zwar im Zusammenhang mit einer Steuerhinterziehung steht, ein Strafverfahren aber z. B. des-

---

[118] Siehe dazu Rn. 133 f.

wegen nicht oder nicht mehr betrieben werden kann, weil Verfolgungsverjährung eingetreten oder der Beschuldigte verstorben ist.[119]

Andererseits ermittelt die Steuerfahndung **allein** nach den **Vorschriften der StPO**, wenn sie ihre rein strafrechtliche Aufgabe nach § 208 Abs. 1 S. 1 Nr. 1 AO erfüllt. Wenn die Steufa ausschließlich unter strafrechtlichen Gesichtspunkten vorgeht, so etwa bei Ermittlungen zur Schuld,[120] benutzt sie ausschließlich ihre strafprozessualen Befugnisse. **160**

Fraglich ist allerdings, welcher Befugnisnormen sich die Steuerfahndung dann bedienen darf, wenn sie ihrer Aufgabe nach § 208 Abs. 1 S. 1 Nr. 2 AO nachgeht, um die Besteuerungsgrundlagen in einem laufenden Steuerstrafverfahren zu ermitteln, wenn somit zwei Verfahren **gleichzeitig** betrieben werden – ein **Steuerstrafverfahren** und ein **Besteuerungsverfahren**. Darf sie im Besteuerungsverfahren nach den AO-Vorschriften ermitteln und die Erkenntnisse im Strafverfahren verwenden? Darf sie im Strafverfahren nach den StPO-Vorschriften Feststellungen treffen, die in das Besteuerungsverfahren eingehen? **161**

Die gesetzliche Regelung (§ 208 Abs. 1 S. 2 AO) ist an sich eindeutig – sie darf. Die Grenze bildet allein § 393 Abs. 1 AO, der das Verhältnis von Besteuerungs- und Steuerstrafverfahren regelt und sicherstellt, daß der Beschuldigte nicht zur Selbstbelastung gezwungen werden darf. Somit ist alles, was die Steuerfahndung zulässig nach steuerverfahrensrechtlichen Vorschriften ermittelt hat, auch strafprozessual verwertbar – und umgekehrt.[121]

Diese weitreichenden Möglichkeiten der Steuerfahndung werden in der Literatur teilweise mit Unbehagen kommentiert.[122] Die angebliche Machtfülle der Steufa wird kritisiert.[123] Es wird die Befürchtung geäußert, daß Verfahren mit unterschiedlicher Stellung des Betroffenen miteinander vermischt werden.[124] Es müsse sichergestellt werden, daß die Steufa nicht willkürlich die Verfahrensarten wechsele und sich die ihr jeweils günstigsten Rechte auswähle.[125] **162**

Dieses aus dogmatischer Sicht durchaus verständliche Unbehagen kann von der Steuerfahndungspraxis nicht bestätigt werden. Die Steuerfahndung wechselt nicht nach Belieben die Verfahrensart. Wird ein Steuerstrafverfahren betrieben, so ermittelt die Steuerfahndung auch die Besteuerungsgrundlagen **grundsätzlich** nach den Strafprozeßvorschriften. So werden Dritte nicht nach § 93 AO um Auskunft ersucht, sondern gemäß § 161 StPO bzw. gleich als Zeugen vernommen. Der Vorrang der StPO gegenüber der AO bei der Ermittlung der Besteuerungsgrundlagen im Rahmen des Strafverfahrens ist für die Steufa auch ausdrücklich in den AStBV (St) Nr. 11 Abs. 1 S. 2 vorgeschrieben. Desgleichen ist es selbstverständliche Pflicht für Steuerfahnder, den Betroffenen nach der StPO und nach § 393 Abs. 1 S. 4 AO zu belehren. Auch der Vorwurf, die Steufa nehme bei der Belehrung des Steuerpflichtigen über die Nichterzwingbarkeit seiner steuerlichen Mitwirkungspflichten Drohgebärden ein, indem sie auf eine mögliche Schätzung hinweist,[126] ist unbegründet. Der Eindruck, daß auf den Steuerpflichtigen ein Druck zur Mitwirkung ausgeübt werden soll, ist im Steuerstrafverfahren ausdrücklich zu vermeiden (AStBV (St) Nr. 28 S. 3). Aber selbst wenn die Steuerfahndung ausnahmsweise im Rahmen eines Steuerstrafverfahrens aufgrund von AO-Normen ermittelt, macht sie dem Betroffenen deutlich, nach welcher Verfahrensordnung sie vorgeht und daß die Feststellun-

---

119 Siehe oben Rn. 148; AStBV (St) Nr. 143 Abs. 1 S. 2.
120 Siehe *Rüsken* in Klein § 208 Anm. 4.
121 *Joecks* in Franzen/Gast/Joecks § 404 Rn. 82; *Rüsken* in Klein § 208 Anm. 3, § 393 Anm. 3 c.
122 *Scheurmann-Kettner* in Koch/Scholtz § 208 Rn. 22/4.
123 *Streck* Rn. 1.
124 *Joecks* in Franzen/Gast/Joecks § 404 Rn. 17.
125 *Streck* Rn. 23 und 28; *Joecks* in Franzen/Gast/Joecks § 404 Rn. 80, § 393 Rn. 18.
126 *Streck* Rn. 25.

gen für ein Steuerstrafverfahren benötigt werden. Rechte des Betroffenen werden in Steuerfahndungsfällen nicht unterlaufen. Im Gegenteil – **für den Bürger ist stets klar erkennbar, nach welcher Verfahrensart die Steufa vorgeht und ob ein Steuerstrafverfahren betrieben wird.**

e) Bedeutung der Außenprüfung für das Steuerstrafverfahren

163 Häufig erlangen die Bußgeld- und Strafsachenstellen Kenntnis von Steuerdelikten im Zusammenhang mit Außenprüfungen, die früher als Betriebsprüfungen bezeichnet wurden. An sich unterliegen einer regelmäßigen Außenprüfung alle gewerblichen oder land- und forstwirtschaftlichen Betriebe sowie die freiberuflich tätigen Personen (§ 193 Abs. 1 AO).

Diese kontinuierliche Überprüfung der einzelnen Betriebe ist den überlasteten und personell unzulänglich besetzten Außenprüfungsstellen nicht mehr möglich. Weil sie einen halbwegs hinnehmbaren Prüfungsturnus aufrechterhalten müssen, sind die viel zu wenigen Betriebsprüfer gezwungen, ihre Prüfungen noch schneller abzuschließen. Um das zu erreichen, haben die Finanzbehörden der Bundesländer mit den *„Grundsätzen zur Rationalisierung der Betriebsprüfung"* **Anordnungen über eine schwerpunktmäßige Prüfung von Betrieben** erlassen und damit ihre bisherigen Weisungen eingeschränkt. Im einzelnen ist u. a. angeordnet, daß Prüfungsschwerpunkte und auszusparende Prüfungsfelder festzulegen und aktenkundig zu machen sind. Nach Aktenlage nicht prüfungsbedürftige Betriebe sind von vorneherein von der Prüfung auszusparen bzw. – wenn dies erst bei der Prüfungsvorbereitung erkennbar wird – vom Prüfungsgeschäftsplan abzusetzen. Ggf. sind laufende Prüfungen vorzeitig zu beenden. D. h., es wird im einzelnen Betrieb weniger angeschaut und zügiger geprüft. Selbst wenn die festgelegten Schwerpunkte genau geprüft werden, wird insgesamt beim Steuerpflichtigen weniger überprüft. Zwangsläufig wird sich diese innerdienstlich angeordnete Sachbehandlung auf eine Verminderung der Meldungen von Steuerhinterziehungsverdachtsfällen an die BuStra-Stellen auswirken.

Wer schneller prüft, sieht weniger.

164 Erkennt ein Betriebsprüfer bereits im Verlauf seiner Prüfung greifbare **Anhaltspunkte für das Vorliegen einer Steuerstraftat**, so hat er unverzüglich die zuständige BuStra-Stelle hierüber zu unterrichten (§ 9 S. 1 Betriebsprüfungsordnung – BpO) und ggf. mit der Steuerfahndung Kontakt aufzunehmen (AStBV (St) Nr. 114 Abs. 1 i. V. m. Nr. 113 Abs. 1 und 4). Wird daraufhin ein Steuerstrafverfahren bereits während der Prüfung eingeleitet, so dürfen die Ermittlungen nach § 194 AO beim Steuerpflichtigen, soweit der Verdacht reicht, erst fortgesetzt werden, wenn ihm die Einleitung des Strafverfahrens mitgeteilt wurde (§ 397 Abs. 3 AO, § 9 S. 2 BpO). Er ist in diesem Fall nach § 393 Abs. 1 AO zu belehren (§ 9 S. 3 BpO). Der Steuerpflichtige hat jetzt die Rechte des Beschuldigten im Strafverfahren. Im Besteuerungsverfahren kann seine Mitwirkung nicht mehr erzwungen werden (§ 393 Abs. 1 S. 3 AO).

Bei Gefahr im Verzug, insbesondere wenn der Verlust von Beweismitteln zu befürchten ist, kann der Betriebsprüfer als Amtsträger der Finanzbehörde das Ermittlungsverfahren selbst einleiten und alle Zwangsmaßnahmen der StPO ergreifen (§ 399 Abs. 2 S. 2 AO).[127] Dies kommt jedoch nur in seltenen Ausnahmefällen in Betracht. In der Regel kann der Betriebsprüfer hierfür rechtzeitig die Hilfe der Steuerfahndung in Anspruch nehmen.

Sind die Verdachtsgründe nicht so eindeutig und besteht nur die Möglichkeit, daß aufgrund der Prüfungsfeststellungen ein Straf- oder Bußgeldverfahren durchgeführt werden muß, so soll der Steuerpflichtige in der Schlußbesprechung darauf hingewiesen werden (§ 201 Abs. 2 AO).

---

[127] *Scheurmann-Kettner* in Koch/Scholtz § 397 Rn. 11.

aa) Mißachtung des Legalitätsprinzips während der Prüfung

Aus den genannten Regelungen der AO und BpO ergibt sich, daß die Betriebsprüfer im Rahmen ihrer Außenprüfungen das Legalitätsprinzip zu beachten haben. Sie sind **beim Verdacht der Steuerhinterziehung zur Unterrichtung von BuStra oder Steufa verpflichtet.** 165

Der einer Punktebewertung (und damit zumindestens subjektiv einem Statistikdruck) unterliegende Außenprüfer hat grundsätzlich ein Interesse daran, seine begonnene Prüfung möglichst zügig und ohne Probleme zu Ende zu führen. Der Abschluß seiner Arbeit scheint ihm aber gefährdet oder nur mit Verzögerung möglich, wenn dem Steuerpflichtigen die Einleitung eines Steuerstrafverfahrens nach § 397 Abs. 3 AO bekanntgegeben wurde. Diesem stehen nämlich dann die Rechte eines Beschuldigten zu. Für Zwecke der Besteuerung bleibt der Steuerpflichtige zwar auch nach der Einleitung des Steuerstrafverfahrens noch zur Mitwirkung verpflichtet, die aber zwangsweise nicht mehr durchsetzbar ist (§ 393 Abs. 1 S. 3 AO, AStBV (St) Nr. 11 Abs. 2). Im Strafverfahren kann der Steuerpflichtige seine Mitwirkung verweigern, ohne daß daraus für ihn Nachteile entstehen.

Mancher Außenprüfer wird deshalb zur Erhaltung einer guten Atmosphäre („Prüfungsklima") die Möglichkeit des § 201 Abs. 2 AO im Auge behalten und selbst bei schwersten Verdachtsgründen den Steuerstraftatbestand geflissentlich übersehen oder notwendige Hinweise bis zur Auswertung aller Unterlagen hinausschieben.

Ein solches Verhalten stellt einen eklatanten Verstoß gegen das Legalitätsprinzip dar und kann den Straftatbestand der Strafvereitelung im Amt (§ 258 a StGB) erfüllen. Im übrigen kann die Verletzung der §§ 397, 393 Abs. 1 S. 4 AO, § 9 S. 3 BpO, § 136 StPO zu einem Verwertungsverbot (§ 136 a StPO) führen.[128]

Die Außenprüfer müssen deshalb immer wieder eindringlich auf ihre Verpflichtungen nach § 9 BpO hingewiesen werden. Außerdem sollte die Bereitschaft der Außenprüfung zur Unterrichtung von BuStra und Steufa dadurch gefördert werden, daß Betriebsprüfungsfälle, die in Steuerstrafverfahren münden, statistisch höher bewertet werden.

Schließlich zeigt auch die Nichterfüllung der **Mitteilungspflicht**[129] nach § 4 Abs. 5 166
Nr. 10 Einkommensteuergesetz (EStG) durch die Betriebsprüfer, daß das Legalitätsprinzip in der Außenprüfungspraxis nicht ausreichend beachtet wird. Mit der Vorschrift des § 4 Abs. 5 Nr. 10 EStG wollte der Gesetzgeber eine wirksamere Bekämpfung der Korruption fördern.[130]

Aus Sicht der Praxis wurde dieses Ziel auch nicht annähernd erreicht. Zwar war der Ansatz richtig, die Finanzbehörden einzubinden. Erfahrungsgemäß treffen gerade Betriebsprüfer immer wieder Feststellungen hinsichtlich der Zahlungen von **Schmier- und Bestechungsgeldern**. Die Möglichkeit der Versagung der Schmiergelder als Betriebsausgabe nur bei rechtskräftiger Verurteilung oder Verfahrenseinstellung nach §§ 153 ff. StPO erwies sich jedoch als völlig unpraktikabel.[131]

Offenbar unterließen es deshalb die Außenprüfer gleich, die Anwendung des § 4 Abs. 5 Nr. 10 EStG überhaupt in Erwägung zu ziehen. Sie übersahen dabei gleich mit, daß sie – ohne jedes Ermessen – beim Verdacht eines Korruptionsfalls die Staatsanwaltschaft zu unterrichten haben.

Jedenfalls sind Ermittlungs- und Strafverfahren, die aufgrund von Mitteilungen der Finanzbehörden durchgeführt wurden, bislang nicht bekanntgeworden. Hin-

---

128 *Joecks* in Franzen/Gast/Joecks § 393 Rn. 47.

129 Siehe dazu Anwendungserlaß zur Abgabenordnung zu § 30 Ziff. 6 Satz 6, BStBl. 1998 I, 630.

130 Umfassend zum Korruptionsunwesen siehe Kap. **12** *(Schubert)*.

131 Siehe zur Problematik: *Salzberger/Theisen* DB 1996, 396; *Rieß* wistra 1997, 137; *Joecks* DStR 1997, 1025; *Heinicke* in Schmidt Rn. 607–610 .

gegen werden nach wie vor vieltausendfach jährlich Schmiergelder als Betriebsausgaben anerkannt. Man kann nur hoffen, daß die zum 1. 4. 1999 in Kraft getretene Gesetzesänderung zu einer Verbesserung der Korruptionsbekämpfung führen wird. So wird die Versagung von Schmier- und Bestechungsgeldern als Betriebsausgaben sicherlich dadurch etwas leichter, daß bereits das Vorliegen eines rechtswidrigen Korruptionsdelikts ausreicht und nicht eine rechtskräftige Justizentscheidung abgewartet werden muß. Außerdem besteht nun eine gegenseitige Unterrichtungspflicht zwischen Finanzbehörden und Staatsanwaltschaft.
Es bleibt abzuwarten, ob von der geschärften steuerlichen Waffe zur Korruptionsbekämpfung von der Außenprüfungspraxis jetzt endlich auch Gebrauch gemacht wird.

bb) Mißachtung des Legalitätsprinzips in der Schlußbesprechung

167 Über das Ergebnis der Außenprüfung findet regelmäßig eine **Schlußbesprechung** statt (§ 201 Abs. 1 AO), an der je nach Bedeutung des Betriebs neben dem Außenprüfer und dessen Sachgebietsleiter Beamte des Finanzministeriums, der Oberfinanzdirektionen, zumindest aber der Vorsteher des Finanzamts oder der für die jeweilige Veranlagung zuständige Sachgebietsleiter teilnehmen können. Bei dieser Besprechung werden die Prüfungsfeststellungen erörtert. Spätestens zu diesem Zeitpunkt kann der Steuerpflichtige erkennen, welche Steuernachzahlungen auf ihn zukommen und ob die Gefahr einer Strafverfolgung besteht. Jedes Finanzamt erstrebt eine einverständliche Regelung über die einzelnen Prüfungsfeststellungen, um Einsprüchen und Klagen beim Finanzgericht und damit einer erheblichen zusätzlichen Arbeitsbelastung vorzubeugen. Der gut beratene Steuerpflichtige kennt diese Situation und die vom Finanzamt für so wichtig gehaltenen Statistiken. Er wird deshalb bestrebt sein, unter allen Umständen eine schriftliche Niederlegung von strafrechtlich relevanten Vorgängen auszuschließen, um eine folgende Überprüfung durch die BuStra-Stelle zu verhindern. Um für die Feststellung der Steuerschuld strittige Punkte wird nun gefeilscht und heftig gekämpft (sog. „orientalische Phase" der Schlußbesprechung). Dies gilt insbesondere, wenn Bewertungsfragen eine Rolle spielen. Der Steuerpflichtige wird erfahrungsgemäß seine Zustimmung zur Höherbewertung seines Umlaufvermögens von 1 Million DM auf 2 Millionen DM leichter erteilen, wenn ihm ausdrücklich oder in verschlüsselter Weise die Zusicherung gegeben wird, daß es mit dem derzeitigen steuerlichen Prüfungsergebnis sein Bewenden habe und die Strafsachenstelle keine Information erhalte.
Auch diese in der Praxis teilweise bestehende Sachbehandlung verstößt gegen das Legalitätsprinzip. Sie wurde aber vom Gesetzgeber durch § 201 Abs. 2 AO zwangsläufig gefördert. Für diese gesetzliche Regelung bestand keine sachliche Notwendigkeit.[132] Die **Unterrichtungspflicht** der BuStra-Stellen durch die Außenprüfung **müßte** in § 9 BpO nur zeitlich **vorverlagert** werden. Nicht erst beim Verdacht der Steuerhinterziehung, was zureichende Anhaltspunkte zum objektiven wie subjektiven Tatbestand voraussetzt, müßte die BuStra durch den Außenprüfer informiert werden, sondern bereits, wenn der Verdacht der Verwirklichung des objektiven Tatbestandes des § 370 AO gegeben und das Vorliegen des subjektiven Tatbestands nicht auszuschließen ist. Es macht keinen Sinn, in diesen Fällen, die solche im Sinne des § 201 Abs. 2 AO sind, bis zur Schlußbesprechung zuzuwarten und die Beachtung dann auch noch ins Ermessen des Außenprüfers („soll") zu stellen. Eine unverzügliche Informationspflicht gegenüber der BuStra gemäß § 9 BpO auch in diesen Fällen würde der zutreffenden strafrechtlichen Behandlung von Feststellungen bei Außenprüfungen nur förderlich sein. Gerade der Außenprüfer ist durchaus in der

[132] Siehe *Weyand* StBp 1988, 93 und DStZ 1993, 160.

Lage, seine unmittelbaren Wahrnehmungen zum objektiven Tatbestand der Steuerhinterziehung selbst zutreffend zu würdigen. Im übrigen könnten strafrechtliches Wissen und Bewußtsein der Außenprüfer dadurch verbessert werden, daß diese während ihrer Betriebsprüfungsausbildung – wie dies z. B. im Bundesland Sachsen der Fall ist – eine gewisse Zeit **in BuStra und Steufa** hospitieren. Die sofortige Unterrichtung der BuStra über die objektiven Tatumstände versetzte diese in die Lage zu entscheiden, ob die Feststellungen auch in subjektiver Hinsicht ausreichen, einen Straftatverdacht zu begründen. Damit wäre sichergestellt, daß die zuständige Stelle ohne Verzug die gesetzlich gebotenen weiteren Schritte veranlaßt.
Der Gesetzgeber bringt die Außenprüfer mit der Regelung des § 201 Abs. 2 AO und den Fallstricken bei ihrer Anwendung in die Gefahr der Strafvereitelung im Amt. Weiterhin riskiert er ein Verwertungsverbot bezüglich der vom Steuerpflichtigen vorgelegten, belastenden Beweismittel. Zwischenzeitlich haben versierte Steuerberater und Wirtschaftsprüfer diese Problematik erkannt und erreichen in der Schlußbesprechung mit dem Hinweis auf das Verwertungsverbot nicht nur steuerliche Vorteile, sondern auch die Zusicherung, daß ihren Mandanten keine strafrechtlichen Folgen treffen werden. Der unerfahrene Steuerpflichtige hingegen wird voll zur Kasse gebeten und läßt sich die Verwertung aller Beweismittel widerspruchslos gefallen.
In Einzelfällen versuchen Steuerberater und Rechtsanwälte nicht nur Einfluß auf den Abschluß der Außenprüfung zu nehmen, sondern auch auf den Abschluß des Steuerstrafverfahrens bei den BuStra-Stellen. So machen sie z. B. das Angebot, der Steuerpflichtige sei dann bereit, einen Strafbefehl zu akzeptieren, wenn die Finanzbehörde die mit dem Steuerdelikt im Zusammenhang stehenden allgemeinen Straftatbestände (z. B. § 266 a StGB) der Staatsanwaltschaft verschweigt und von einer Abgabe absieht. Solche Ansinnen sind von der BuStra schärfstens zurückzuweisen.

cc) Die tatsächliche Verständigung im Besteuerungsverfahren

Vermehrt werden Außenprüfungen durch tatsächliche Verständigungen abgeschlossen. 168
Hierbei handelt es sich um – zumeist schriftliche – Vereinbarungen zwischen dem Steuerpflichtigen und dem Finanzamt über den der **Besteuerung** zugrunde zu legenden Sachverhalt. Sie ist nur im Bereich der Sachverhaltsermittlung und lediglich dann zulässig, wenn diese nur unter erschwerten Umständen möglich wäre (z. B. Schätzungsfälle, Bewertungsfragen, sonstige Beweisprobleme). Sie ist in der Finanzrechtsprechung anerkannt[133] und in jedem Abschnitt des Besteuerungsverfahrens, selbst nach Einleitung eines Steuerstrafverfahrens, möglich.[134]
Durch die tatsächliche Verständigung darf aber der Strafanspruch des Staates nicht vereitelt oder beeinträchtigt werden. Aus verfahrensökonomischen Gründen sollte vielmehr darauf hingewirkt werden, daß der Inhalt der tatsächlichen Verständigung auch die Grundlage des Steuerstrafverfahrens bildet. Aus diesem Grunde ist es in Fällen, bei denen bereits während der Prüfung das Steuerstrafverfahren eingeleitet wurde, unerläßlich, daß der Inhalt der tatsächlichen Verständigung von der Betriebsprüfung zuvor mit der BuStra-Stelle, in bedeutenden Fällen mit der Staatsanwaltschaft abgestimmt wird.[135]

dd) Der „Grüne Bogen“

Wurde während der Außenprüfung das Steuerstrafverfahren eingeleitet oder bei 169
der Schlußbesprechung der Hinweis nach § 201 Abs. 2 AO gegeben, so muß der Außenprüfer z. B. in Bayern den sogenannten großen „Grünen Bogen“ (in anderen

---

133 BFH, BStBl. 1985 II, 354; 1991 II, 45; 1991 II, 673.
134 Siehe AO-Kartei der OFD Nürnberg § 88 Karte 1.
135 Siehe auch *Weyand* NWB Fach 13, 765.

Bundesländern den „Roten Aktenvermerk") ausfüllen und der BuStra-Stelle zuleiten. Dieser innerdienstliche Vermerk wird dem Prüfungsbericht beigefügt, nicht jedoch in die Steuerakten eingeheftet. Er enthält u.a. und vor allem die straf- und bußgeldrechtlich bedeutsamen Feststellungen des Prüfers. Hierzu gehören Angaben über den objektiven Tatbestand, d.h. über die Tathandlung, die festgestellten Verletzungen steuerlicher Pflichten sowie über Art und Höhe der strafrechtlich erheblichen Berichtigungen; weiterhin über die subjektive Tatseite und die Verantwortlichkeit bestimmter Personen. Außerdem vermerkt der Prüfer Wiederholungsfälle und die vom Steuerpflichtigen zu seiner Rechtfertigung gemachten Angaben. Auch zu Strafmilderungs- oder Strafschärfungsgründen und zu den Beweismitteln werden Feststellungen getroffen. Ist dieser „Grüne Bogen" sorgfältig ausgefüllt, was allerdings häufig nicht der Fall ist, so läßt sich hieraus durch die BuStra oft ohne Schwierigkeiten der Entwurf eines Strafbefehlsantrags oder die Abgabe an die Staatsanwaltschaft fertigen.

Aufgrund der für die Finanzverwaltung geltenden Dienstanweisung gelangt der „Grüne Bogen" als rein verwaltungsinternes Schriftstück nicht zu den Ermittlungsakten, die an Staatsanwaltschaft oder Gericht gehen. In dem Abgabe- oder Abschlußvermerk der BuStra an die Staatsanwaltschaft bzw. an das Gericht sind jedoch in der Regel die Feststellungen des Betriebsprüfers umfassend enthalten. Bei lückenhaften Vermerken der BuStra kann die Staatsanwaltschaft darauf dringen, daß der als Zeuge in der Hauptverhandlung zu vernehmende Außenprüfer seine Feststellungen detailliert darlegt und sämtliche im „Grünen Bogen" enthaltenen Anmerkungen zu strafrechtlichen Fragen erläutert.

Insoweit ist sichergestellt, daß trotz der innerdienstlichen Natur des „Grünen Bogens" dessen strafrechtlich bedeutsamer Inhalt vollständig Eingang in den Strafprozeß findet.

f) Finanzbehördliche Amts- und Rechtshilfe mit dem Ausland

170 Eine wirksame Bekämpfung von Steuerstraftaten ist ohne **zwischenstaatliche Rechtshilfe in Strafsachen** nicht mehr vorstellbar. Die Globalisierung schreitet auch im Bereich der Steuerkriminalität unaufhaltsam voran.[136] Steuerbetrüger führen ihr wirtschaftsschädliches Treiben verstärkt unter dem scheinbaren Schutz fremder Rechtsordnungen durch und versuchen, es so vor den deutschen Strafverfolgern zu verschleiern. Dem kann nur durch eine möglichst enge, schnelle und unbürokratische Zusammenarbeit mit ausländischen Ermittlungsbehörden begegnet werden. Die Möglichkeiten der Aufklärung von Auslandssachverhalten über das Bundesamt für Finanzen (Informationszentrale Ausland) sowie deutsche Auslandsvertretungen reichen allein nicht aus.

Die Rechtshilfe mit dem Ausland in Strafsachen – unter besonderer Berücksichtigung auch der Fiskaldelikte – wird in diesem Handbuch in **Kapitel 19: Rechtshilfe** umfassend dargestellt. Hier soll nur auf einige Aspekte der **finanzbehördlichen** Amts- und Rechtshilfe hingewiesen werden.

171 Bei der Verfolgung von Steuerstraftaten mit Auslandsbezug müssen die Finanzbehörden **zwischen** der **Amts- und** der **Rechtshilfe unterscheiden.**

Die Abgrenzung zwischen Amts- und Rechtshilfe ist umstritten. Während zum Teil – wie auch in § 117 AO – überhaupt keine Unterscheidung getroffen wird,[137] differenzieren andere danach, ob die Hilfe durch Behörden (dann Amtshilfe) oder durch Gerichte (dann Rechtshilfe) geleistet wird.[138] Wieder andere halten für entscheidend, ob es um steuerrechtliche Fragen geht (dann Amtshilfe) oder um den strafrechtlichen

[136] Siehe Beispiele bei Rn. 2, 7, 18 bis 20.

[137] *Streck* Rn. 625 und 641.

[138] Siehe z. B. *Creifelds,* Rechtswörterbuch „Amtshilfe".

Gehalt eines Verhaltens des Steuerpflichtigen (dann Rechtshilfe),[139] was wohl zutreffend ist (siehe auch § 59 Abs. 2 JRG, Nr. 2 RiVASt), betrachten als Rechtshilfe dann aber nur Ermittlungsmaßnahmen etwa nach dem JRG, dem europäischen Übereinkommen über die Rechtshilfe in Strafsachen (EuRhÜbK) u.ä., während Amtshilfe Hilfe aufgrund bilateraler oder multilateraler **steuerlicher** Abkommen und Verträge (wie z. B. Doppelbesteuerungsabkommen – DBA, EG-Amtshilfegesetz u. ä.) sein soll.[140]

Nach meiner Auffassung ist ausschlaggebend, bei welcher Aufgabe Hilfe geleistet wird, und nicht, wer die Hilfe leistet.[141] Danach ist Rechtshilfe jede Unterstützung in strafrechtlichen, Amtshilfe solche in steuerlichen Aufgaben. Erhalten die Finanzbehörden durch andere Behörden **Hilfe im Steuerstrafverfahren,** so ist dies **Rechtshilfe.** Bekommen sie **Unterstützung** durch Gerichte **im Besteuerungsverfahren**, ist dies **Amtshilfe.** Im zwischenstaatlichen Bereich heißt dies, daß Amtshilfe jede Unterstützung eines Besteuerungsverfahrens **im anderen Staat**, Rechtshilfe jede Unterstützung eines Steuerstrafverfahrens **im anderen Staat** ist. Dabei spielt es keine Rolle, ob ein Gericht oder eine Behörde das Verfahren betreibt oder die Hilfe gewährt.

Es kommt m. E. auch nicht darauf an, nach welchen Abkommen oder Verträgen die Hilfe geleistet wird. Auch Unterstützung aufgrund eines Doppelbesteuerungsabkommens (DBA) oder z. B. nach dem Vertrag mit Österreich vom 4. 10. 1954[142] kann **Rechtshilfe** sein, **wenn** die Hilfe **für Zwecke eines Steuerstrafverfahrens** benötigt und geleistet wird. Die Finanzbehörde (in der Regel durch die BuStra oder die Steufa) macht in ihren Ersuchen an den ausländischen Staat auch **immer deutlich, wenn** die erbetenen Erkenntnisse nicht nur für Besteuerungszwecke, sondern **für ein Steuerstrafverfahren benötigt** werden.

Die Unterstützung aufgrund DBA mit großer Auskunftsklausel oder nach sonstigen steuerlichen Amts- und Rechtshilfeverträgen (außer Österreich z. B. auch mit Schweden, Finnland, Italien) ist grundsätzlich auch zur Verwendung in Steuerstrafverfahren vorgesehen.[143] Auch das Bundesfinanzministerium (BMF) geht in seinem „Merkblatt zur zwischenstaatlichen Amtshilfe durch Auskunftsaustausch in Steuersachen" vom 1. 12. 1988 (ebenso im nunmehr aktualisierten „Merkblatt" vom 3. 2. 1999)[144] in Nr. 1.2 offenbar davon aus, daß noch nach Einleitung eines Steuerstrafverfahrens Auskünfte nach den DBA, dem EG-Amtshilfegesetz oder nach Amts- und Rechtshilfevereinbarungen erhoben und sowohl im Besteuerungs- wie **im Strafverfahren verwendet werden dürfen.**[145] Allerdings sollen Auskünfte in rein strafrechtlichen Fragen nur nach den Regeln über die zwischenstaatliche Rechtshilfe in Strafsachen eingeholt werden. Welche Regeln das sein sollen, wird offengelassen.[146] Das vom BMF angekündigte „Merkblatt zur Rechtshilfe in Steuerstrafsachen", das hierzu Einzelheiten enthalten sollte, ist bis heute (d. h. nach über 10 Jahren!) nicht erschienen.

Egal ob man auf der finanzbehördlichen Schiene nur Amts- oder auch Rechtshilfe als möglich ansieht, die Kompetenzen des Finanzamts sind nach derzeitigem Rechtsstand dann erschöpft, wenn im Ermittlungsverfahren **Zwangsmaßnahmen,** wie z. B. Durchsuchungen, Beschlagnahmen, Herausgabe von Gegenständen u.ä., erforderlich werden. Dann ist nach der gegenwärtigen Rechtslage (siehe Nr. 123 RiVASt) der **Justizweg** zu beschreiten.

---

139 *Joecks* in Franzen/Gast/Joecks § 399 Rn. 79.

140 *Joecks* in Franzen/Gast/Joecks § 399 Rn. 80 ff. und 90 ff.

141 So auch *Förster* in Koch/Scholtz § 111 Rn. 2.

142 BStBl. 1955 I, 433.

143 Siehe *Vogel*, Kommentar zu DBA Art. 26 OECD-MA Rn. 41; so z. B. auch die Regelung in Art. 26 DBA-USA, BStBl. 1991 I, 94.

144 BStBl. 1988 I, 466 und BStBl. 1999 I, 228.

145 So auch *Joecks* in Franzen/Gast/Joecks § 399 Rn. 79.

146 Siehe hierzu auch AStBV (St) Nr. 1 Abs. 2 S. 5 ff.

Die Möglichkeiten der finanzbehördlichen Amts- und Rechtshilfe mit dem Ausland im Zusammenhang mit Steuerstrafverfahren **entsprechen nicht** mehr den **Anforderungen der Praxis.**

172 Ein großes Ärgernis bei der Inanspruchnahme von internationaler Amts- und Rechtshilfe ist der langwierige, bürokratische Dienstweg. Der finanzbehördliche Gang vom Finanzamt über die OFD, das Landesfinanzministerium, an das Bundesfinanzministerium bzw. das Bundesamt für Finanzen, an das ausländische Finanzministerium und dort vielleicht ähnlich zum ausländischen Finanzamt und dann nach Erledigung in gleicher Weise wieder zurück, ist uneffektiv und behindert die Strafverfolgung in unerträglicher Weise. Die Erledigung von zwischenstaatlichen Auskunftsersuchen dauert zum Teil Jahre! Es ist aus Sicht der Praxis völlig unverständlich, daß vom BMF nicht darauf gedrungen wird, mit möglichst vielen Ländern Amts- und Rechtshilfevereinbarungen zu treffen wie etwa mit Österreich oder Schweden, nach denen der unmittelbare Verkehr zwischen den Oberfinanzdirektionen, in dringenden Fällen (und das sind Steuerstrafverfahren in der Regel) sogar zwischen den Finanzämtern vorgesehen ist. Wenigstens zwischen den Ländern der EU sollte der unmittelbare Verkehr auf Finanzamtsebene möglichst bald zugelassen werden.
Auch die Rechtshilfe auf dem Justizweg dauert häufig zu lange. Das liegt zum Teil an dem auch hier zu bürokratischen Geschäftsweg. Es liegt aber auch an der Regelung der Nr. 123 RiVASt, wonach bei Zwangsmaßnahmen grundsätzlich die Staatsanwaltschaft und nicht mehr die Finanzbehörde zuständig ist. Das führt zwangsläufig zu Verzögerungen. Die nach dem Gesetz (§ 386 Abs. 2 AO) mit selbständiger Ermittlungskompetenz ausgestattete BuStra darf innerhalb Deutschlands – wie die Staatsanwaltschaft – Durchsuchungen und Beschlagnahmen veranlassen. Warum dies nicht mehr der Fall sein soll, wenn es um Durchsuchungen und Beschlagnahmen im Ausland geht, ist nicht ohne weiteres nachvollziehbar. Ein Grund könnte sein, daß Rechtshilfesachen generell als so bedeutsam angesehen werden, daß sie in die Sachleitung der Staatsanwaltschaft gehören. Davon scheint aber die Staatsanwaltschaft, wie Erfahrungen aus der Praxis zeigen, selbst nicht auszugehen.
Es bleibt zu hoffen, daß das BMF mit dem Bundesjustizministerium bald eine Regelung trifft, um endlich den Finanzbehörden das Beschreiten des Rechtshilfewegs auch für Zwangsmaßnahmen ohne zwingende Einschaltung der Staatsanwaltschaft zu ermöglichen.
Im Interesse einer schnelleren Auslandsaufklärung der international verflochtenen Steuerkriminalität müssen den Finanzbehörden im zwischenstaatlichen Rechtshilfeverkehr größere Möglichkeiten eingeräumt werden.

3. Ermittlungskompetenz der Staatsanwaltschaft

a) Originäre Ermittlungskompetenz

173 Die Staatsanwaltschaft ist die umfassend zuständige Strafverfolgungsbehörde. Bei allgemeinen Straftaten liegt die Ermittlungskompetenz ausschließlich bei ihr.[147] Als *„geborene“* **Herrin des Ermittlungsverfahrens**[148] hat sie ein Ermittlungsmonopol, das durch die Rechte der Finanzbehörde nicht durchbrochen, sondern nur latent eingeschränkt wird.[149] Selbst bei Führung des Ermittlungsverfahrens durch die BuStra aufgrund deren selbständiger Ermittlungsbefugnis gemäß § 386 Abs. 2 AO bleibt die Staatsanwaltschaft Herrin des Verfahrens.[150]

[147] Siehe Rn. 126; *Pfeiffer* in Pfeiffer/Fischer § 152 Rn. 1.
[148] BVerfG NJW 1976, 231; *Pfeiffer* in Pfeiffer/Fischer § 160 Rn. 2.
[149] *Joecks* in Franzen/Gast/Joecks § 386 Rn. 4.
[150] So OLG Stuttgart wistra 1991, 190.

Sie kann ihre **originäre Ermittlungskompetenz** aufgrund des § 386 Abs. 4 S. 2 AO auch jederzeit durchsetzen.

b) Übertragene Ermittlungskompetenz

In der Regel ist das Finanzamt einem steuerstrafrechtlich relevanten Sachverhalt näher als die Staatsanwaltschaft. Bei pflichtgemäßer Erfüllung der gesetzlichen Aufgaben werden der Finanzamtsvorsteher bzw. die von ihm beauftragen Beamten bei Anhaltspunkten für eine Steuerhinterziehung die zuständige BuStra oder Steufa unverzüglich unterrichten (AStBV (St) Nr. 113 Abs. 1 S. 1). Diese werden dann die Ermittlungen aufnehmen (§ 386 Abs. 1 S. 1 AO). 174

Die allermeisten Steuerstrafverfahren beginnen somit im Bereich der Finanzbehörde. Von dort gelangen sie – sofern die BuStra das Ermittlungsverfahren nicht selbst abschließt oder abschließen kann – aus verschiedenen Gründen in die weitere Zuständigkeit der Staatsanwaltschaft.[151]

aa) Übertragene Ermittlungskompetenz durch Gesetz

Durch Gesetz sind dem Finanzamt **Haftsachen** immer entzogen (§ 386 Abs. 3 AO). Sobald gegen einen Beschuldigten ein **Haft- oder Unterbringungsbefehl** erlassen ist, geht die selbständige Ermittlungskompetenz der Finanzbehörde unter und die Zuständigkeit automatisch auf die Staatsanwaltschaft über. Wenn der Beschuldigte später wieder auf freien Fuß gesetzt wird, bleibt die Ermittlungskompetenz bei der Staatsanwaltschaft.[152] Bei Teilnahme mehrerer Personen an einer Steuerstraftat wird bei Erlaß eines Strafbefehls die Staatsanwaltschaft auch für die vom Haftbefehl nicht betroffenen Beteiligten zuständig.[153] 175

Der Staatsanwaltschaft ist kraft Gesetzes (§ 386 Abs. 2 AO) die Zuständigkeit in Steuerstrafverfahren auch dann übertragen, wenn die **Steuerstraftat mit einem allgemeinen Delikt**, wie Urkundenfälschung, Untreue, falsche eidesstattliche Versicherung, **tateinheitlich (§ 52 StGB) zusammentrifft.** 176

Dies ist z. B. der Fall, wenn bei der Einkommensteuererklärung gefälschte Belege über Betriebsausgaben, Werbungskosten, Sonderausgaben oder über außergewöhnliche Belastungen eingereicht werden. Zwischenzeitlich haben sich ganze Tätergruppen auf die Fälschung von Lohnsteuerkarten spezialisiert. Erkennt die Finanzbehörde diesen Sachverhalt, so ist ihr eine abschließende Verfügung durch die BuStra (z. B. in Form eines Strafbefehlsantrags) verwehrt. Bei guter Zusammenarbeit zwischen Staatsanwaltschaft und Finanzbehörden werden BuStra bzw. Steufa den **Staatsanwalt sofort unterrichten**, zwischenzeitlich alle erforderlichen Ermittlungshandlungen vornehmen und die Ermittlungsakten mit einem umfassenden Zwischenbericht unverzüglich der Staatsanwaltschaft vorlegen. Diese Aktenvorlage ist nicht zu verwechseln mit der Abgabe nach § 386 Abs. 4 S. 1 AO,[154] die auf einer Ermessensentscheidung des Finanzamts beruht,[155] sondern Zuständigkeitswechsel durch Gesetz.

Die Staatsanwaltschaft ist kraft Gesetzes auch dann zuständig, wenn die Steuerstraftat und das Allgemeindelikt, wie Betrug, Kreditbetrug, Bankrott, Hehlerei, Unterschlagung, Bestechung, in **Tatmehrheit** (§ 53 StGB) begangen sind und die mehreren Taten als **eine Tat im prozessualen Sinn** (§ 264 StPO), d. h. nach natürlicher Auffassung als ein einheitlicher Lebensvorgang,[156] anzusehen sind.

---

151 Siehe auch oben Rn. 143.

152 *Cratz* in Leise/Dietz/Cratz § 386 Rn. 36.

153 *Suhr/Naumann/Bilsdorfer* Rn. 608.

154 Siehe Rn. 178.

155 *Joecks* in Franzen/Gast/Joecks § 386 Rn. 17.

156 *Kleinknecht/Meyer-Goßner* § 264 Rn. 2; *Fischer* in Pfeiffer/Fischer § 264 Rn. 2.

Beschränkt die Staatsanwaltschaft die Strafverfolgung nach § 154a StPO auf die Steuerstraftat und sieht von der Ermittlung des Allgemeindelikts ab, so verbleibt es bei ihrer ausschließlichen Zuständigkeit. Sie kann das Verfahren nicht nach § 386 Abs. 4 S. 3 AO[157] wieder an das Finanzamt abgeben.[158]

177 In der Praxis liegen Erkenntnisse vor, daß Finanzbehörden in Tateinheit zur Steuerhinterziehung stehende allgemeine Delikte „übersehen" und den Sachverhalt in bestimmten Fällen nicht einmal als Straftat, sondern nur als Ordnungswidrigkeit würdigen.

Ähnliche Probleme sind auch zu beobachten, wenn neben der Steuerhinterziehung tatmehrheitlich andere Strafgesetze verletzt wurden. Nicht selten beachtet das Finanzamt nur das Steuerdelikt und unterläßt es, die Sache der Staatsanwaltschaft vorzulegen. Vielmehr erledigt sie das Steuerstrafverfahren entweder gemäß § 153a StPO oder durch Strafbefehlsantrag. Erlangt die Staatsanwaltschaft hiervon Kenntnis, so hat sie das Verfahren selbstverständlich unverzüglich zu übernehmen und die Strafverfolgung zu betreiben. Hierbei handelt es sich nicht um die Ausübung des Evokationsrechts,[159] sondern um die Regelung der funktionellen und sachlichen Zuständigkeit.

Die Einschaltung des Staatsanwalts durch die Finanzbehörde ist – neben der rechtlichen Verpflichtung hierzu – auch deshalb bedeutsam, weil bei einer isolierten Betrachtung des Steuerdelikts der strafrechtlich bedeutsame Hintergrund nicht aufgehellt, sondern zwangsläufig verniedlicht wird, so daß eine Strafe bezüglich des Steuerdelikts nicht den Unrechtsgehalt aller Taten auslotet. Diese Handhabung ist mit einer geordneten Strafrechtspflege unvereinbar. Wegen der vom Finanzamt unterlassenen Verfahrensvorlage werden bedeutsame Wirtschaftsdelikte dem Staatsanwalt häufig erst bei der Bearbeitung von Insolvenzverfahren bekannt. Hierbei kann er mit Überraschung feststellen, daß das Finanzamt bereits einen rechtskräftigen Strafbefehl wegen Steuerhinterziehung erwirkt hatte, in welchem zum Nachweis der Steuerverkürzung umfangreiche Buchführungsmanipulationen festgestellt worden waren. Die durch diese unrichtige Buchführung und Bilanzierung verwirklichte Bankrottstraftat nach § 283 Abs. 1 Nr. 5 und 7 StGB war bislang unter den Tisch gefallen. Bei den weiteren Ermittlungen kann sich ergeben, daß der Gemeinschuldner Wirtschaftsgüter mehrfach, hierbei auch dem Finanzamt zur Erlangung einer Steuerstundung, sicherungsübereignet hatte und dieser Komplex im Strafbefehlswege lediglich als Steuerhinterziehung, nicht aber als Betrug oder Unterschlagung zum Nachteil der übrigen Sicherungsnehmer geahndet worden war. Neben dem Problem des Verbrauchs der Strafklage und der fehlerhaften Strafzumessung stellt sich bei einer unterlassenen Unterrichtung der Staatsanwaltschaft durch die BuStra zusätzlich die Frage der vermeidbaren Zusatzermittlungen.[160,161] Der Staatsanwalt darf aber umgekehrt bei seiner Sachbearbeitung die angemessene Ahndung der Steuerstraftat nicht vernachlässigen.[162] Und er hat gemäß § 116 AO, Nr. 266 Abs. 1 RiStBV mit dafür zu sorgen, daß der Steuerhinterzieher die verkürzten Steuern nachzahlen muß.[163]

---

157 Siehe dazu unten Rn. 181.

158 *Cratz* in Leise/Dietz/Cratz § 386 Rn. 34; a. A.: *Joecks* in Franzen/Gast/Joecks § 386 Rn. 19.

159 Siehe Rn. 179.

160 Siehe unten Rn. 198.

161 Zur Frage des Einsatzes der Steuerfahndung bei allgemeinen Straftaten siehe Rn. 188.

162 Siehe oben Rn. 78.

163 Siehe oben Rn. 124 .

bb) Übertragene Ermittlungskompetenz durch Abgabe der Finanzbehörde

Die Ermittlungskompetenz kann auch **durch Abgabe der Finanzbehörde** (§ 386 Abs. 4 S. 1 AO) auf die Staatsanwaltschaft übertragen werden. Darüber hat die BuStra nach pflichtgemäßem Ermessen zu entscheiden.[164] Nach AStBV (St) Nr. 18 Abs. 1 kommt die Abgabe an die Staatsanwaltschaft insbesondere in Betracht, wenn die Anordnung der Untersuchungshaft geboten erscheint, die Strafsache besondere Schwierigkeiten aufweist, prozessual selbständige Allgemeindelikte mit vorliegen, die sinnvollerweise in einem einheitlichen Ermittlungsverfahren verfolgt werden, höhere Freiheitsstrafen zu erwarten sind, ein Amtsträger der Finanzbehörde der Beteiligung verdächtig ist, Abgeordnete oder Diplomaten beschuldigt werden – kurzum, wenn der Sache eine solche Bedeutung zukommt, daß die Leitung des Ermittlungsverfahrens in der Verantwortlichkeit der Staatsanwaltschaft liegen sollte. Das gilt auch bei Verfahren gegen Jugendliche oder Heranwachsende (§§ 79 Abs. 1, 109 Abs. 2 JGG) sowie bei Anhaltspunkten für eine verminderte Schuldfähigkeit des Beschuldigten (AStBV (St) Nr. 19). 178

Die Finanzbehörde kann die Sache **jederzeit** abgeben. Die Staatsanwaltschaft ist verpflichtet, das Verfahren zu übernehmen.[165]

Eine besondere Form ist für die Abgabe nicht vorgeschrieben. Sie wird jedoch i. d. R. schriftlich mit einer erschöpfenden Darstellung der bisherigen Ermittlungsergebnisse sowie den Gründen für die Abgabe zu erfolgen haben. In Zweifelsfällen empfiehlt sich die vorherige persönliche oder telefonische Kontaktaufnahme der BuStra mit der Staatsanwaltschaft.

cc) Übertragene Ermittlungskompetenz durch Evokation

Die Staatsanwaltschaft kann schließlich die Ermittlungskompetenz in jedem Steuerstrafverfahren **durch Evokation** (§ 386 Abs. 4 S. 2 AO) **jederzeit** an sich ziehen. 179
Das Evokationsrecht ist Ausfluß des in der StPO geregelten Anklagemonopols der Staatsanwaltschaft.[166] Diese Befugnis ist umfassend und weder durch eine gesetzliche Bestimmung noch durch eine Verwaltungsanordnung eingeengt.[167] Gleichwohl wird der Staatsanwalt dieses Recht nur in besonderen, jedoch kasuistisch nicht erfaßbaren Fällen ausüben. **Unter keinen Umständen darf die Evokation zu einem Instrument der Überwachung des Finanzamts umfunktioniert werden.** Der Staatsanwalt wird die Sachbehandlung in eigener Zuständigkeit dann vornehmen, wenn er gegen den Täter in anderer Sache bereits ermittelt hat und die Einbeziehung des Steuerdelikts in die zu erhebende Anklage zweckmäßig ist. Dies gilt insbesondere in Bankrottstraftaten und selbstverständlich bei Vergehen des Betrugs und der Untreue oder bei Korruptionsdelikten, bei den der Täter die erlangten Vermögensvorteile nicht der Besteuerung unterworfen hat. Weiterhin, wenn Bedienstete der Finanzverwaltung oder anderer öffentlicher Verwaltungen an den Steuerstraftaten beteiligt waren. Erkennt der Staatsanwalt, daß ein wegen des Verdachts der Steuerhinterziehung Beschuldigter in sachfremder Weise durch unbegründete Dienstaufsichtsbeschwerden oder Ausschöpfung aller seiner Beziehungen auf die Finanzbehörden einzuwirken versucht, wird er die Übernahme verfügen. Die Evokation ist auch dann geboten, wenn besondere Ermittlungsmaßnahmen, wie z. B. Durchsuchungen an zahlreichen Orten, erforderlich sind. Auch der **Umfang** oder die **besondere Bedeutung** des Verfahrens können die Ausübung des Evokations-

---

164 *Gast-de Haan* in Klein § 386 Anm. 5.

165 *Scheurmann-Kettner* in Koch/Scholtz § 386 Rn. 23; *Suhr/Naumann/Bilsdorfer* Rn. 609; *Joecks* in Franzen/Gast/Joecks § 386 Rn. 38.

166 *Cratz* in Leise/Dietz/Cratz § 386 Rn. 42.

167 *Joecks* in Franzen/Gast/Joecks § 386 Rn. 44.

rechts geboten erscheinen lassen (Nr. 267 Abs. 1 RiStBV). Ebenso können Gründe der **Strafzumessung** eine Übernahme notwendig machen.[168] Der Staatsanwalt muß unter Beachtung von Nr. 267 Abs. 2 RiStBV zumindest in allen Grenzsituationen uneinheitlicher Strafzumessung eingreifen und eigenen Erwägungen bezüglich der festzusetzenden Strafe Vorrang einräumen.

180 Gerade das Evokationsrecht fordert ein **besonderes Vertrauensverhältnis** zwischen Staatsanwaltschaft und Finanzbehörden. Es kommt nur dann zur Geltung, wenn zwischen Staatsanwaltschaft und Finanzamt eine intensive Fühlungnahme und enge Zusammenarbeit besteht.[169,170] Die BuStra-Stellen sind in AStBV (St) Nr. 18 Abs. 2 angewiesen, die Staatsanwaltschaft in allen Fällen von besonderer Bedeutung zu unterrichten.[171] Außerdem werden BuStra und Steufa in AStBV (St) Nr. 72 regelmäßige Kontaktgespräche und laufender Informationsaustausch mit der Staatsanwaltschaft empfohlen.

Die Finanzbehörden sollen im Rahmen einer vertrauensfördernden Zusammenarbeit und zur wirksamen Bekämpfung von Wirtschaftskriminalität die Staatsanwaltschaft auch in anderen Fällen der Verfolgung nichtsteuerlicher Straftaten, z. B. durch allgemeine Auskünfte, unterstützen.[172]

181 c) Rückübertragung an die Finanzbehörde

Gemäß § 386 Abs. 4 S. 3 AO kann die Staatsanwaltschaft die Strafsache in den Fällen der vorherigen Abgabe durch die Finanzbehörde nach § 386 Abs. 4 S. 1 AO bzw. der Evokation nach § 386 Abs. 4 S. 2 AO wieder an die BuStra abgeben. Dies muß **im Einvernehmen** mit dem Finanzamt geschehen. Ein die Bearbeitung verzögerndes Hin- und Herschieben soll dadurch vermieden werden.[173]

Die Rückübertragung betrifft nur die Fälle der fakultativen Zuständigkeit der Staatsanwaltschaft, nicht die Fälle der Vorlage der Sache an die Staatsanwaltschaft aufgrund der gesetzlichen Ermittlungskompetenz (z. B. nach § 386 Abs. 3 AO).[174] D. h., die Staatsanwaltschaft kann eine Steuerstrafsache nicht nach § 386 Abs. 4 S. 3 AO wieder an die BuStra zurückgeben, weil ein Haftbefehl aufgehoben wurde oder weil sie das Allgemeindelikt nach § 154 a StPO eingestellt hat.

Anders dürfte es sein, wenn sich der Straftatverdacht bezüglich des mit der Steuerhinterziehung zusammenhängenden Allgemeindelikts nicht bestätigt. Dann bestand keine (ausschließliche) gesetzliche Zuständigkeit der Staatsanwaltschaft. Die BuStra besitzt die selbständige Ermittlungskompetenz gemäß § 386 Abs. 2 AO.[175]

Für eine vernünftige Handhabung der Rückübertragungsmöglichkeit ist wie bei Abgabe und Evokation eine von gegenseitigem Vertrauen geprägte Zusammenarbeit zwischen Staatsanwaltschaft und Finanzamt unerläßlich. Maßstab für die Entscheidung muß immer sein, wie die Strafverfolgung des Steuerkriminellen am wirkungsvollsten durchgeführt werden kann. Statistische Erwägungen – manchmal bei jüngeren, noch unerfahrenen Staatsanwälten erkennbar – dürfen nicht ausschlaggebend sein.

---

[168] A. A.: *Liebsch/Reifelsberger* wistra 1993, 325 (328).

[169] *Suhr/Naumann/Bilsdorfer* Rn. 610.

[170] Hierzu und zu den Grenzen des Evokationsrechts siehe *Liebsch/Reifelsberger* (FN 168) S. 325 ff.

[171] Zur Informationspflicht siehe *Gramich* wistra 1988, 251.

[172] Zum Evokationsrecht allg. siehe *Weyand* wistra 1994, 87.

[173] *Joecks* in Franzen/Gast/Joecks § 386 Rn. 48.

[174] Siehe oben Rn. 175 und 176; wie hier auch: *Joecks* in Franzen/Gast/Joecks § 386 Rn. 48; a. A.: *Suhr/Naumann/Bilsdorfer* Rn. 605.

[175] Ähnlich wohl *Scheurmann-Kettner* in Koch/Scholtz § 386 Rn. 26.

d) Stellung des Finanzamts im Verfahren der Staatsanwaltschaft

aa) Bußgeld- und Strafsachenstelle

Führt der Staatsanwalt das Ermittlungsverfahren originär, aufgrund gesetzlicher Übertragung, nach erfolgter Abgabe durch die Finanzbehörde oder weil er evoziert hat, so besitzt die **BuStra** gemäß § 402 Abs. 1 AO dieselben **Rechte und Pflichten** wie die Behörden **des Polizeidienstes** nach der StPO (siehe vor allem §§ 161, 163 StPO) sowie die Befugnisse nach § 399 Abs. 2 S. 2 AO. Die Bustra ist somit Hilfsorgan der Staatsanwaltschaft.[176] **182**

Ihre Beamten haben alle den Hilfsbeamten der Staatsanwaltschaft zustehenden Befugnisse.[177]

Die Befugnis zur Durchsicht der Papiere (§ 110 StPO) besitzt die BuStra im Verfahren der Staatsanwaltschaft, im Unterschied zur Steufa (§ 404 S. 2 AO), nicht.[178]

Außer für die BuStra, der regelmäßig nach § 387 Abs. 2 AO die Zuständigkeit für den Bereich mehrerer Finanzämter übertragen ist, gilt § 402 Abs. 1 AO gemäß § 402 Abs. 2 AO für jedes dieser Finanzämter. Die Tatsache, daß damit straf- und strafprozeßrechtlich nicht geschulte Beamte von Besteuerungsdienststellen im staatsanwaltschaftlichen Verfahren strafverfahrensrechtliche Befugnisse besitzen, mit denen sie überfordert sind,[179] hat in der Praxis keine nachteiligen Konsequenzen. Der erfahrene Staatsanwalt wendet sich mit seinen Ersuchen nicht an Veranlagungsbeamte, sondern beauftragt mit Ermittlungshandlungen die mit diesen Fragen vertrauten Beamten von BuStra oder Steufa. Diese sind verpflichtet, dem staatsanwaltschaftlichen Ersuchen im Rahmen **ihrer Aufgaben und ihrer Zuständigkeit** nachzukommen (§ 161 S. 2 StPO, AStBV (St) Nr. 84 Abs. 5). **183**

Bei Ermittlungen von Staatsanwaltschaft oder Polizei im Steuerstrafverfahren hat die BuStra nach § 403 AO bestimmte Beteiligungsrechte. Die BuStra ist befugt, an diesen Ermittlungen teilzunehmen (§ 403 Abs. 1 S. 1 AO), weshalb ihr Ort und Zeit der Ermittlungshandlungen rechtzeitig mitgeteilt werden sollen (§ 403 Abs. 1 S. 2 AO). Der Vertreter des Finanzamts hat ein Fragerecht gegenüber Beschuldigten, Zeugen und Sachverständigen (§ 403 Abs. 1 S. 3 AO). **184**

Nach § 403 Abs. 2 AO bestehen diese Rechte der BuStra auch für richterliche Verhandlungen, bei denen der Staatsanwalt anwesend sein darf.

Außerdem hat der Staatsanwalt der zuständigen BuStra die Anklageschrift oder den Antrag auf Erlaß eines Strafbefehls zu übersenden (§ 403 Abs. 3 AO). Will er das Verfahren einstellen, beschränken oder von der Verfolgung absehen, so hat er die BuStra vorher hierzu zu hören (§ 403 Abs. 4 AO).

Weiterhin hat die BuStra nach § 395 AO ein Einsichtsrecht in die Akten, die dem Gericht vorliegen oder vorzulegen wären. Dieses Recht dient auch steuerrechtlichen Zwecken (AStBV (St) Nr. 85 Abs. 3).

Schließlich gibt § 407 Abs. 1 AO der BuStra auch im gerichtlichen Verfahren ein Anhörungs-, Anwesenheits- und Fragerecht. Sie hat zwar nicht die Befugnis, prozessuale Anträge (z. B. Beweisanträge) zu stellen. Ihr Vertreter erhält jedoch in der Hauptverhandlung auf Verlangen das Wort und kann bei einer guten Zusammenarbeit mit der Staatsanwaltschaft seine besondere Sach- und Rechtskunde im zu behandelnden Fall verfahrensdienlich zur Geltung bringen. Ihm ist auch zu gestatten, Fragen an Angeklagte, Zeugen und Sachverständige zu stellen. Um die Rechte in der Hauptverhandlung wahrnehmen zu können, ist der BuStra der Termin mitzu- **185**

---

[176] *Cratz* in Leise/Dietz/Cratz § 402 Rn. 3; *Scheurmann-Kettner* in Koch/Scholtz § 402 Rn. 3; *Joecks* in Franzen/Gast/Joecks § 402 Rn. 10.

[177] *Scheurmann-Kettner* in Koch/Scholtz § 402 Rn. 5.

[178] *Joecks* in Franzen/Gast/Joecks § 402 Rn. 10.

[179] So zutreffend *Gast-de Haan* in Klein § 402 Anm. 4.

teilen (§ 407 Abs. 1 S. 3 AO). Der BuStra-Vertreter muß die Gelegenheit erhalten vorzutragen, was er aus Sicht des Finanzamts bei der Entscheidung für bedeutsam hält. Deshalb muß die BuStra vor einer evtl. Einstellung gehört werden, wodurch § 407 Abs. 1 S. 2 AO die Vorschrift des § 403 Abs. 4 AO ergänzt.[180] Außerdem müssen das Urteil und andere verfahrensabschließende Entscheidungen der BuStra mitgeteilt werden (§ 407 Abs. 2 AO).

bb) Steuerfahndung

186 Rechtlich hat die Steuerfahndung im staatsanwaltschaftlich geleiteten Steuerstrafverfahren an sich keine andere Stellung als im Verfahren, das die BuStra aufgrund ihrer selbständigen Ermittlungskompetenz gemäß § 386 Abs. 2 führen darf.
D. h., die Steuerfahndungsbeamten sind **Hilfsbeamte der Staatsanwaltschaft** (§ 404 S. 2 HS 2 AO) und haben die **polizeilichen Rechte und Pflichten der StPO** (§ 404 S. 1 AO[181]). Darüber hinaus haben sie im Gegensatz zur Polizei oder zur BuStra im staatsanwaltschaftlichen Verfahren das Recht zur **Durchsicht der Papiere** (§ 110 Abs. 1 StPO) des von der Durchsuchung Betroffenen **(§ 404 S. 2 AO)**.

187 In der Praxis weicht die Zusammenarbeit von Staatsanwaltschaft und Steuerfahndung allerdings in mancherlei Hinsicht von derjenigen zwischen BuStra und Steufa ab. Nach dem Gesetz mag zwischen BuStra und Steufa ein Verhältnis wie zwischen Staatsanwaltschaft und Polizei mit Weisungsrechten und Befolgungspflichten bestehen – tatsächlich aber nicht.[182] Auch nach dem Finanzverwaltungsgesetz besteht keinerlei Über-/Unterordnungsvehältnis. Beide Stellen, BuStra wie Steufa, sind unselbständige Dienststellen eines Fahndungs- und Strafsachenfinanzamts oder eines sonstigen Finanzamts. Der Steuerfahnder betrachtet den BuStra-Beamten nicht als Staatsanwalt, sondern als Kollegen. Aufgrund der begrenzten und immer noch viel zu geringen Zahl von Steuerfahndern muß sich die Steufa in der Praxis auf die gewichtigen Fälle beschränken, in denen Durchsuchungen, Beschlagnahmen, Bankermittlungen, größere Vernehmungen, Amts- und Rechtshilfeersuchen usw. erforderlich sind. Die kleineren, zumeist einfacheren Fälle kann die BuStra z. T. auch mit Hilfe anderer Dienststellen (etwa Außenprüfungsstellen, Umsatzsteuersonderprüfung) ausermitteln und die strafprozessualen Maßnahmen selbst durchführen. Die bedeutsamen Fälle werden naturgemäß von der Steufa unter der Sachleitung der Staatsanwaltschaft erledigt. Dabei erkennt die Steuerfahndung die straf- und strafverfahrensrechtliche Kompetenz und Leitungsbefugnis des Staatsanwalts selbstverständlich und gerne an. Der Steuerfahnder ist froh, wenn der Staatsanwalt seine Pflicht zur Leitung der Ermittlungen von Anfang an und während des gesamten Verfahrens wahrnimmt. Andererseits wird ein kluger Staatsanwalt die steuerliche Sachkunde und das praktische Geschick des erfahrenen Steuerfahnders nutzen, um eine wirksame Strafverfolgung zu erreichen.
D. h., in Verfahren nach § 386 Abs. 2 AO ermittelt die Steufa den Fall zumeist selbständig aus, und die BuStra erfährt die Einzelheiten des Falles umfassend erst mit Übersendung des Ermittlungsberichts des Steuerfahnders. Das hat den Nachteil, daß die Möglichkeiten der §§ 154, 154 a StPO häufig ungenutzt bleiben oder zu spät ergriffen werden. Die Steufa hätte sich Ermittlungen ersparen können. Andererseits müssen manchmal Nachermittlungen geführt werden, weil die BuStra einem Gesichtspunkt eine andere Bedeutung beimißt als der Steuerfahnder. Bei rechtzeitiger Absprache hätte der Fahndungsprüfer die gewünschte Ermittlungshandlung gleich mit erledigen können. Der erfahrene Staatsanwalt wird von vorneherein die besondere Sach- und Rechtskunde des Steuerfahnders für die Förderung des Verfahrens

---

[180] *Joecks* in Franzen/Gast/Joecks § 407 Rn. 6.
[181] Siehe dazu Rn. 157.
[182] Siehe dazu Rn. 158.

voll ausschöpfen. Hierzu erteilt er der Steuerfahndung unmittelbar den Ermittlungsauftrag und begleitet das Verfahren von der Einsatzbesprechung bis zum Abschluß mit Rat und Tat.

cc) Der Einsatz von Fahndungsbeamten bei allgemeinen Straftaten

Bei der Zusammenarbeit zwischen Staatsanwaltschaft und Steuerfahndung taucht immer wieder die Frage auf, wer bei „gemischten Strafverfahren" (d. h. bei Tateinheit oder Tatmehrheit zwischen Steuerhinterziehung und Urkundenfälschung, Untreue, Diebstahl, Betrug, Bankrottstraftaten, Korruptionsdelikten usw.) welche Ermittlungen führen darf oder muß.[183] Die Steuerfahndung verneint manchmal aus rechtlichen Gründen ihre **Ermittlungskompetenz bezüglich des Allgemeindelikts**. Der Staatsanwalt pocht auf seine Stellung als Herr des Verfahrens und die Erfüllung seiner Ersuchen und Aufträge durch seine Hilfsbeamten. Beides führt in der Praxis zu Unstimmigkeiten, die die Durchführung des Ermittlungsverfahrens und die künftige Zusammenarbeit beeinträchtigen. Grund ist möglicherweise eine verengte Sicht des Rechtsproblems auf beiden Seiten. Während manche Steuerfahnder unter Hinweis auf die Aufgabenzuweisung gemäß § 208 Abs. 1 S. 1 Nr. 1 AO nur eine eng begrenzte Ermittlungstätigkeit bezüglich der Steuerhinterziehung für zulässig halten, entnehmen manche Staatsanwälte dem BGH-Urteil vom 24. Oktober 1989[184] fälschlich eine allgemeine Zuständigkeit hinsichtlich des Nichtsteuerdelikts.[185] Eine solche hat der BGH in seiner Entscheidung jedoch nirgends behauptet.[186] Der BGH hat zunächst lediglich festgestellt, daß die Ermittlungskompetenz der Fahndung nicht deshalb entfalle, weil die aufzuklärende Steuerhinterziehung zugleich die Tatbestandsvoraussetzungen eines Allgemeindelikts erfüllt.[187] Die Fahndung habe deshalb dem Ersuchen der Staatsanwaltschaft nachzukommen und in dem dadurch vorgegebenen Rahmen die **Steuer**straftaten in ihrem ganzen tatsächlichen Umfang zu erforschen. Das gelte auch dann, wenn die Tat zugleich andere Strafgesetze verletze. In „gemischten Ermittlungsverfahren" darf und muß die Fahndung deshalb auf Ersuchen des Staatsanwalts den Sachverhalt **insoweit** ausermitteln, als dieser **für die Steuerstraftat bedeutsam** ist.[188] Das bedeutet keine Kompetenzerweiterung. Die Kompetenz der Steufa entfällt aber auch nicht. 188

Begeht etwa ein Beschuldigter unter Vorlage einer gefälschten Quittung die Anerkennung von Betriebsausgaben, so muß die Steufa die Fälschung aufklären, denn diese ist die „unrichtige Angabe" im Sinne des § 370 Abs. 1 Nr. 1 AO, auch wenn der Steuerfahnder damit eine tateinheitlich begangene Urkundenfälschung aufdeckt. Oder hat der Beschuldigte als GmbH-Geschäftsführer erheblichen Privataufwand zu Lasten der GmbH als Betriebsausgaben verbucht und Steuererklärungen mit entsprechend zu niedrigen Gewinnen abgegeben, so muß die Steufa die Manipulation in ihrem gesamten Umfang überprüfen, auch wenn sie dabei neben der Steuerhinterziehung eine Untreue aufdeckt.

Die Steufa darf und muß also im **Steuerstrafverfahren** Allgemeindelikte mit aufklären, **soweit sie *dabei* ihre Aufgabe nach § 208 Abs. 1 S. 1 Nr. 1 AO wahrnimmt**. Gerade in Steuerstrafverfahren kommen Wirtschafts-, Vermögens-, Eigentums-, Konkursdelikte, aber auch sonstige Straftaten häufig vor. Die Steuerfahndung darf sich dadurch nicht von Ermittlungen zur Steuerhinterziehung abhalten lassen. Ihre Feststellungen sind hinsichtlich der Allgemeindelikte uneingeschränkt verwertbar.

---

[183] Zum ähnlichen Problem bei der Zollfahndung siehe Kap. **9** – Zoll Rn. 51 ff., 55 ff.
[184] wistra 1990, 59.
[185] So auch unzutreffend OLG Braunschweig wistra 1997, 71.
[186] Insoweit überzogen und polemisch *Reiche* wistra 1990, 90.
[187] Ebenso *Joecks* in Franzen/Gast/Joecks § 386 Rn. 18; a. A.: OLG Frankfurt, wistra 1987, 32.
[188] *Cratz* in Leise/Dietz/Cratz § 404 Rn. 64.

Die Handlungen der Steufa bezüglich des zu ermittelnden Sachverhalts (z. B. Vernehmung, Durchsuchung usw.) betreffen mit ihren rechtlichen Folgen die gesamte prozessuale Tat. Dies kann u. a. Auswirkungen auf Verjährung oder Strafklageverbrauch haben. Auch deshalb ist es wichtig, daß Staatsanwaltschaft und Steuerfahndung bei ihren Ermittlungen, die Steuerhinterziehung **und** Allgemeindelikte betreffen, den Rahmen der rechtlichen Möglichkeiten voll ausschöpfen.

Dabei sollte der Staatsanwalt allerdings hinsichtlich der Aufklärung der Allgemeindelikte immer die begrenzten personellen und organisatorischen Möglichkeiten der Steuerfahndung berücksichtigen und in der Regel für die Nichtsteuerdelikte Beamte der Kriminalpolizei mit heranziehen.[189] Andererseits sollte die Steufa Verständnis für Bitten von Staatsanwaltschaft und Polizei zeigen und in geeigneten Fällen auch bei Nichtsteuerdelikten behilflich sein. So können Steuerfahnder in entsprechenden Fällen ohne weiteres als Sachverständige für Buchhaltungsfragen hinzugezogen werden.[190]

dd) Mißachtung der Rechte des Finanzamts durch den Staatsanwalt

189 Die **BuStra** ist im vom Staatsanwalt geführten Steuerstrafverfahren in allen Verfahrensabschnitten **Nebenbeteiligte**.[191] Der Staatsanwalt hat die Rechte der BuStra nach §§ 402, 403 AO zu wahren und die Beachtung der Rechte nach § 407 AO sicherzustellen.

Dies geschieht leider nicht immer.[192] So beachten vor allem noch unerfahrene Staatsanwälte zum Teil ihre Verpflichtung nach § 403 Abs. 1 S. 2 AO, Nr. 266 Abs. 1 RiStBV nicht, die BuStra von ihren Ermittlungen wegen Steuerhinterziehung zu unterrichten. Folglich kann die Finanzbehörde ihr Recht nach § 403 Abs. 1 S. 1 AO, an den Ermittlungshandlungen teilzunehmen, häufig gar nicht wahrnehmen. Oft werden auch Vernehmungstermine dem Finanzamt nicht oder zu spät mitgeteilt. Vernimmt der Staatsanwalt den Beschuldigten oder Zeugen persönlich, muß er diesen Termin mit dem BuStra-Leiter oder sachbearbeitenden Steuerfahnder persönlich abstimmen. Es kommt auch immer wieder vor, daß von der Staatsanwaltschaft ein Ermittlungsverfahren oder ein Ermittlungskomplex wegen Steuerhinterziehung ohne Anhörung des Finanzamts eingestellt wird. Dadurch wird nicht nur das Anhörungsrecht der Finanzbehörde (§ 403 Abs. 4 AO) mißachtet, sondern oft zugleich die zutreffende Besteuerung eines Steuerbetrügers vereitelt, weil der Staatsanwalt seine Verpflichtung aus § 116 AO gleich mit verletzt.[193] Schließlich wird gelegentlich übersehen, daß Strafbefehlsanträge oder Anklageschriften durch die Staatsanwaltschaft der BuStra mitzuteilen sind (§ 403 Abs. 3 AO). Nur so kann diese sich hinreichend auf eine Hauptverhandlung vorbereiten und dort ihre Rechte nach § 407 AO zur Geltung bringen. Manchmal unterlassen auch die Gerichte die Mitteilung an die BuStra über den Termin der Hauptverhandlung, insbesondere dann, wenn in umfangreicheren Verfahren das Steuerdelikt nur einen Teilkomplex darstellt. Ist zur Hauptverhandlung kein Vertreter des Finanzamts erschienen, sollte der Staatsanwalt zunächst formlos klären, ob die nach dem Gesetz gebotene Benachrichtigung (§ 407 Abs. 1 S. 3 AO) erfolgte. Die Mißachtung des § 407 Abs. 1 AO kann unter Umständen eine Verletzung der Aufklärungspflicht und damit einen Revisionsgrund darstellen (§ 244 Abs. 2 StPO), wenn die Teilnahme und Anhörung des BuStra-Vertreters möglicherweise zu einer anderen Beurteilung der Strafsache geführt hätte.[194]

---

[189] Siehe auch unten Rn. 195.
[190] LG Stuttgart wistra 1997, 279.
[191] *Kleinknecht/Meyer-Goßner* Einl. Rn. 14.
[192] Siehe hierzu *Liebsch/Reifelsberger* wistra 1993, 325.
[193] Siehe dazu oben Rn. 124.
[194] *Cratz* in Leise/Dietz/Cratz § 407 Rn. 9; *Joecks* in Franzen/Gast/Joecks § 407 Rn. 18.

Die Teilnahme des Vertreters der Finanzbehörde in einer Hauptverhandlung hat schon manche Fehlentscheidung verhindert.

e) Bedeutung einer engen Zusammenarbeit zwischen Staatsanwaltschaft und Finanzamt

Die bereits mehrfach verlangte enge Kooperation von Staatsanwaltschaft und Finanzamt im staatsanwaltschaftlichen Ermittlungsverfahren wegen Steuerhinterziehung muß vom Beginn bis zum Abschluß des Verfahrens bestehen. Bearbeiter von BuStra und Steufa haben häufig ausgezeichnete steuerrechtliche Kenntnisse und jahrelange strafprozessuale Erfahrung. Die Personalfluktuation in den Schwerpunktstaatsanwaltschaften für Wirtschafts- und Steuerstrafsachen ist leider groß. **190**

Deshalb sollte sich der – vielleicht auf dem Gebiet des Steuerrechts noch unsichere und unerfahrene – Staatsanwalt die Sach- und Rechtskunde der Finanzbeamten zunutze machen. Nur so können Steuerstrafverfahren rechtlich zutreffend und ermittlungstaktisch sinnvoll sowie straff und zügig geführt werden.

aa) Einleitung des Steuerstrafverfahrens

Bereits die **Einleitung des Steuerstrafverfahrens**[195] durch den Staatsanwalt ist in aller Regel nicht möglich, ohne daß er Fühlung mit BuStra oder Steufa aufnimmt. **191**

Einleitung des Steuerstrafverfahrens ist jede Maßnahme der Finanzbehörde, der Polizei, der Staatsanwaltschaft, eines ihrer Hilfsbeamten oder des Strafrichters, um gegen jemanden wegen einer Steuerstraftat strafrechtlich vorzugehen (§ 397 Abs. 1 AO). Die Maßnahme ist unter Angabe des Zeitpunktes **unverzüglich** in den Akten zu vermerken (§ 397 Abs. 2 AO).

Dies gilt für alle in § 397 Abs. 1 AO zur Einleitung des Steuerstrafverfahrens befugten Stellen, wird jedoch immer wieder übersehen – möglicherweise, weil es in der StPO keine vergleichbare Regelung gibt.

Die Einleitung des Steuerstrafverfahrens und deren Bekanntgabe an den Beschuldigten (§ 397 Abs. 3 AO) haben eine Reihe von bedeutsamen Rechtswirkungen, z. B. für die Verfolgungsverjährung (§§ 369 Abs. 2, 376 AO, § 78 c Abs. 1 Nr. 1 StGB), die Selbstanzeige (§§ 371 Abs. 2 Nr. 1 b, 378 Abs. 3 AO), die örtliche und sachliche Zuständigkeit (§§ 388, 390 AO), die Offenbarungsbefugnis bezüglich außersteuerlicher Straftaten (§ 30 Abs. 4 Nr. 4 a AO), die Verwertbarkeit von Angaben des Steuerpflichtigen bei Nichtsteuerdelikten (§ 393 Abs. 2 AO), die Rechtsstellung des Steuerpflichtigen/Beschuldigten (§ 393 Abs. 1 S. 3 AO, §§ 136, 163 a Abs. 3 und 4 StPO) und den Ablauf der steuerlichen Festsetzungsfrist (§ 171 Abs. 5 S. 2 AO). Deshalb sind im **Einleitungsvermerk** und bei der Mitteilung an den Beschuldigten möglichst genaue Angaben über die Steuerarten und Steuerjahre, auf die sich die Tat bezieht, sowie die Tathandlung, den Tatzeitpunkt sowie die Gesetzesbestimmungen erforderlich (AStBV (St) Nr. 29 und 26 Abs. 2 S. 2). **192**

Einzuleiten ist ein Steuerstrafverfahren, wenn sich der Verdacht einer verfolgbaren Steuerstraftat ergibt (§ 152 Abs. 2 StPO). Dazu müssen zureichende tatsächliche Anhaltspunkte für eine Steuerhinterziehung vorliegen.[196] D. h., es genügt der sog. Anfangsverdacht. Die bloße **Möglichkeit** einer schuldhaften Steuerverkürzung reicht nicht aus. **193**

Tathandlungen der Steuerhinterziehung nach § 370 Abs. 1 AO sind unrichtige, unvollständige oder pflichtwidrig unterlassene Angaben des Täters i. d. R. gegenüber dem Finanzamt. Ein Tatverdacht kann deshalb in den meisten Fällen nur begründet

---

[195] Allgemein zur Einleitung des Steuerstrafverfahrens *Blesinger* wistra 1994, 48.

[196] Siehe oben Rn. 136.

werden, wenn zuvor zumindest ein fachmännischer Blick in die Steuerakten des Verdächtigen geworfen wurde. Dazu bedarf es der Kontaktaufnahme des Staatsanwalts mit BuStra oder Steufa. Dies wird bedauerlicherweise manchmal versäumt.

Es verwundert deshalb nicht, daß Ermittlungsersuchen und -aufträge von Staatsanwälten an die Finanzämter nach Einleitung des Steuerstrafverfahrens (durch die Staatsanwaltschaft oder Polizei) zum Teil die nichtssagenden Floskeln enthalten „wegen des Verdachts der Steuerhinterziehung" oder gar nur „wegen AO". Auf welche Tathandlung, welchen Tatzeitpunkt, welche Steuerarten und -zeiträume der „Tatvorwurf" sich beziehen soll, bleibt offen.

Ob hier überhaupt eine Einleitung vorliegt, die die vorstehend aufgeführten Rechtsfolgen entfalten könnte, ist fraglich.[197] Zudem stellt sich nach solchen „Einleitungen" schon anhand einer bloßen Überprüfung des Inhalts der Steuerakten immer wieder heraus, daß ein strafrechtlicher Vorwurf nicht aufrechterhalten werden kann. Bei der gebotenen vorherigen Einschaltung des Finanzamts durch den Staatsanwalt wären die leichtfertige unzutreffende Beschuldigung und unnötiger Verwaltungsaufwand vermieden worden.

bb) Bestimmung der strafprozessualen Maßnahmen

194 Die **Bestimmung der strafprozessualen Maßnahmen** durch den Staatsanwalt sollte gleichfalls in enger Abstimmung mit der Bußgeld- und Strafsachenstelle bzw. der Steuerfahndungsstelle erfolgen. Hat der Staatsanwalt selbst das Ermittlungsverfahren wegen einer Steuerstraftat eingeleitet, so wird er im Benehmen mit der zuständigen **BuStra** abklären, ob und bei welchen Finanzämtern Erkenntnisse über den Beschuldigten vorliegen. Nicht selten ermöglichen die bereits vorhandenen Beweismittel des Staatsanwalts in Verbindung mit den Erkenntnissen der BuStra aus den Steuer- und Außenprüfungsakten eine Überführung des Täters auch ohne Einschaltung der Steuerfahndung. Die Bearbeiter der Bußgeld- und Strafsachenstelle können auch einzelne erforderliche Vernehmungen im Auftrag der Staatsanwaltschaft durchführen. Die BuStra wird dann die hinterzogenen Steuern feststellen und hierüber der Staatsanwaltschaft in einem abschließenden Vermerk Mitteilung machen.

Handelt es sich um einen weithin noch ungeklärten, in alle strafrechtlichen Bereiche ragenden Ermittlungskomplex, der Durchsuchungs- und Beschlagnahmeaktionen, umfangreiche Vernehmungen und qualifizierte Bankermittlungen notwendig macht, erteilt der Staatsanwalt den Ermittlungsauftrag unmittelbar der **Steuerfahndung**. Die einzelnen strafprozessualen Maßnahmen sind vom Staatsanwalt im Benehmen mit der Steuerfahndung zu bestimmen.

195 Dabei ist in „gemischten Strafverfahren" stets die Einschaltung der Kriminalpolizei und ggf. der Zollfahndung zu bedenken. In solchen Fällen hat der Staatsanwalt darauf zu achten, daß bestimmte Ermittlungen gemeinsam geführt und vor allem die Ergebnisse gemeinsam ausgewertet werden. Insbesondere in den immer zahlreicher werdenden Fällen der organisierten Wirtschaftskriminalität sollte auch erwogen werden, **gemeinsame Ermittlungsgruppen** aus Kriminalpolizisten und Fahndern einzurichten. Diese haben sich in der Praxis bewährt und führen zu erheblichen Synergieeffekten.

196 Bei der Festlegung der Ermittlungsmaßnahmen muß dem Staatsanwalt klar sein, daß in Steuerstrafverfahren **Ermittlungen bei Banken** unerläßlich sind. Im Strafverfahren, auch wegen Steuerhinterziehung, gibt es kein Bankgeheimnis (§ 30a AO). Vor allem die Kreditakten oder Kredithandakten sind häufig eine wahre Fundgrube für die Steuerfahnder. Nicht selten finden sich darin die zutreffenden Umsatz- und Gewinnzahlen des Beschuldigten sowie erhebliche, bisher unbekannte Geldvermö-

---

[197] Verneinend OLG Hamburg wistra 1987, 189; BayObLG wistra 1988, 81; siehe auch: *Gast-de Haan* in Franzen/Gast/Joecks § 397 Rn. 90 u. 95.

gen, die zur Erlangung von Krediten nur bei der Bank wahrheitsgemäß angegeben wurden. Auch Hinweise, daß inländische Beschuldigte die wirklichen Inhaber von Briefkastenfirmen in Oasenländern sind, werden gelegentlich in Vermerken, die in den Kreditakten enthalten sind, entdeckt. Dazu ist es aber erforderlich, daß eine Durchsuchung der Bank nach §§ 103, 105 StPO und eine Beschlagnahme der Beweismittel (§§ 94, 98 StPO) beantragt und angeordnet wird. Bei einer evtl. Abwendungsbefugnis im Durchsuchungs- und Beschlagnahmebeschluß ist hinsichtlich der Kreditakten die **sofortige und vollständige Herausgabe** anzuordnen. Außerdem ist die Überprüfung der CpD- und ähnlicher bankinterner Konten zu veranlassen.

Auch Ermittlungen beim Steuerberater des Beschuldigten, in dessen Geschäftsräumen sich zumeist auch beschlagnahmefähige Gegenstände befinden, dürfen im Steuerstrafverfahren nicht vergessen werden.

Nach Festlegung und Vorbereitung der erforderlichen strafprozessualen Maßnahmen ist deren Durchführung in der Regel unter Leitung des Staatsanwalts unter Teilnahme der Steuerfahndung und der sonst noch beteiligten Ermittlungsbehörden in einer Einsatzbesprechung detailliert und minutiös zu besprechen.

cc) Beschleunigungsgebot

Das **Beschleunigungsgebot** im Strafverfahren (Art. 6 Abs. 1 S. 1 MRK)[198] gebietet, daß Ermittlungsverfahren wegen Steuerhinterziehung zügig durchgeführt werden. Die täterfreundliche Rechtsprechung[199] berücksichtigt nicht immer die besonderen Schwierigkeiten in Steuerstrafverfahren. Um eine tatangemessene Bestrafung von Steuerhinterziehern zu erreichen, ist möglichst schnell Anklage zu erheben. Hierfür genügt es nicht, wenn der Staatsanwalt nach Einleitung des Verfahrens und Bestimmung der strafprozessualen Maßnahmen regelmäßig schriftlich Sachstandsberichte von der Steuerfahndung anfordert. Er muß vielmehr gemeinsam mit dem Finanzamt alle Maßnahmen zur Beschleunigung des Verfahrens erwägen und treffen sowie insbesondere die Möglichkeiten der §§ 154, 154a StPO nutzen (Nr. 5 Abs. 1 S. 2 RiStBV). Dabei hat er auch auf die Belange des Finanzamts hinsichtlich der Steuerfestsetzung Rücksicht zu nehmen. Er muß über die Informationsmöglichkeiten der Finanzbehörden Bescheid wissen (z. B. Informationszentrale Ausland des Bundesamts für Finanzen, Informationszentrale Steufa beim Finanzamt Wiesbaden II, Zollkriminalamt usw.[200]) und sie ausschöpfen lassen. Er darf die Steufa nicht mit einfacheren Ermittlungen belasten, die auch von der BuStra erledigt werden können, insbesondere in Fällen, die gar nicht von der Steufa bearbeitet werden, sondern von der BuStra abgegeben wurden. Dadurch werden nur gewichtigere Verfahren unnötig verzögert. Er sollte auch in geeigneten Fällen die tatsächliche Verständigung im Besteuerungsverfahren[201] durch die Steufa zulassen. Dadurch kann häufig zugleich der Abschluß des Steuerstrafverfahrens beschleunigt werden. 197

Und er muß darauf dringen, daß BuStra und Steufa den staatsanwaltschaftlich geführten steuerstrafrechtlichen Ermittlungsverfahren absoluten Vorrang einräumen. Denn diese Verfahren betreffen regelmäßig die besonders bedeutsamen und strafrechtlich gewichtigen Kriminalfälle.

dd) Straffe, verfahrensfördernde Sachleitung durch den Staatsanwalt

Die **straffe, verfahrensfördernde Sachleitung durch den Staatsanwalt** im Ermittlungsverfahren wegen Steuerhinterziehung ist ein „Muß" von der Einleitung bis 198

[198] Siehe hierzu auch AStBV (St) Nr. 6, 9, 37 u. 117 und unten Rn. 214.

[199] Siehe oben Rn. 79.

[200] Ausführlich hierzu Kap. **22** – Die Zusammenarbeit der Ermittlungsbehörden mit anderen Institutionen bei der Aufklärung von Wirtschaftsstraftaten.

[201] Siehe oben Rn. 168.

zum Abschluß. Dazu ist die fortwährende **persönliche Mitwirkung des Staatsanwalts** (Nr. 3 RiStBV) unerläßlich.

So sollte er – jedenfalls in schwierigen Fällen – an Durchsuchungen und Beschlagnahmen teilnehmen sowie besonders wichtige Vernehmungen mit durchführen. Er muß Rechtshilfeangelegenheiten mit dem Ausland vorantreiben, sich dabei jedoch unbedingt des Sachverstands der Finanzbehörde bedienen. Die enge Zusammenarbeit von Staatsanwalt und Steuerfahnder ist vor allem in Haftsachen wichtig. In „gemischten Strafverfahren" ist besonders die Koordinationskraft des Staatsanwalts gefragt.

All dies setzt eine besondere Kommunikationsfähigkeit auf beiden Seiten voraus.

Das Ermittlungsverfahren ist zwar ein schriftliches Verfahren (§ 163 Abs. 2 StPO).[202] Das Verhältnis zwischen dem Staatsanwalt und seinen Hilfsbeamten im Finanzamt sollte jedoch nicht nur ein schriftlich-bürokratisches, sondern auch ein persönliches sein. Ein dauernder Informations- und Gedankenaustausch zwischen Staatsanwaltschaft und Finanzamt schafft Vertrauen, zeigt mögliche Verfahrensschwerpunkte und Beschränkungsmöglichkeiten auf, hilft Doppel- und Nachermittlungen sowie Verfahrensfehler zu vermeiden. Er führt auch dazu, daß der erforderliche Ermittlungsbericht des Steuerfahnders bzw. der strafrechtliche Vermerk der BuStra rechtzeitig der Staatsanwaltschaft vorgelegt wird und den Anforderungen einer Anklageschrift oder Einstellungsverfügung entspricht.

Kurzum – der verantwortungsbewußte und nachdrückliche Gebrauch der Sachleitungskompetenz durch den Staatsanwalt fördert die Durchführung des Steuerstrafverfahrens in beträchtlichem Maße.

4. Schutz und Durchbrechung des Steuergeheimnisses

199 In der Praxis ist immer wieder festzustellen, daß sowohl bei den Finanzämtern als auch bei den Strafverfolgungsbehörden eine große Unsicherheit über den Umfang und den Inhalt des Steuergeheimnisses (§ 30 AO) besteht. Zu dieser Verunsicherung haben auch ministerielle Erlasse und verschiedene OFD-Verfügungen beigetragen. Eine praktikable Handhabung des § 30 AO wurde nicht aufgezeigt. In zahllosen Verfahren stellt sich immer wieder die Kernfrage, wann das Finanzamt der Staatsanwaltschaft einen Sachverhalt offenbaren darf, der (auch) ein Allgemeindelikt betrifft. Dabei sind die Schwierigkeiten, die § 30 AO den Ermittlungsbehörden und Finanzämtern bereitet, unverständlich. Bei zutreffender Auslegung und Handhabung des § 30 AO dürfte kein Verfahren wegen einer bedeutsamen Straftat unter Berufung auf das Steuergeheimnis vereitelt oder behindert werden.[203]

a) Inhalt und Bedeutung des Steuergeheimnisses

200 Amtsträger (§ 7 AO) und die diesen nach § 30 Abs. 3 AO gleichgestellten Personen haben das Steuergeheimnis zu wahren (§ 30 Abs. 1 AO). Das Steuergeheimnis ist ein qualifiziertes Amtsgeheimnis und geht den Regelungen der Datenschutzgesetze vor.[204] Geschützt durch das Steuergeheimnis sind alle **Verhältnisse eines anderen** (§ 30 Abs. 2 Nr. 1 AO) und **fremde Betriebs- und Geschäftsgeheimnisse** (§ 30 Abs. 2 Nr. 2 AO), die in einem Verfahren (auch Steuerstrafverfahren) oder aus anderem Anlaß bekanntgeworden sind (§ 30 Abs. 2 AO).[205] Auch das unbefugte **Abrufen von Daten** im automatisierten Verfahren gilt als Verletzung des Steuergeheimnisses (§ 30 Abs. 2 Nr. 3 AO). Die vorsätzliche Verletzung des Steuergeheimnisses ist strafbar (§ 355 StGB).

---

[202] *Pfeiffer* in Pfeiffer/Fischer § 163 Rn. 9.
[203] Ebenso auch Kap. **9** – Zoll, Rn. 254 ff.
[204] *Tipke/Kruse* § 30 Rn. 2; BFH BStBl. 1994 II, 552.
[205] *Tipke/Kruse* § 30 Rn. 5.

Das Steuergeheimnis ist das Gegenstück zu den weitreichenden Auskunfts- und Mitwirkungspflichten des Steuerpflichtigen und anderer Personen im Besteuerungsverfahren.[206] Es soll verhindern, daß Verhältnisse des Steuerpflichtigen, die er in Erfüllung steuerlicher Pflichten gemacht hat, zu anderen als steuerlichen Zwecken verwendet werden.[207] Neben dem Schutz der Interessen des Steuerpflichtigen dient das Steuergeheimnis auch dem öffentlichen Interesse. Es soll die Bereitschaft der Steuerbürger zur wahrheitsgemäßen Offenlegung steuerlicher Sachverhalte fördern.[208]

b) Zulässige Durchbrechung des Steuergeheimnisses

Der Gesetzgeber sieht in § 30 eine Reihe von Ausnahmen vor, bei deren Vorliegen 201
die Durchbrechung des Steuergeheimnisses zulässig ist (sog. **Offenbarungsbefugnis**). Die Offenbarungsbefugnis gilt dabei immer nur, „soweit" sie für den gesetzlich vorgesehenen Zweck erforderlich ist.

Dabei spielt § 30 Abs. 4 Nr. 3 AO für den Bereich des Strafverfahrensrechts kaum eine Rolle, weil der **Betroffene** der Offenbarung in aller Regel nicht **zustimmen** wird.

aa) bei Zulassung durch Gesetz

Weitgehend unproblematisch ist die Anwendung des § 30 Abs. 4 Nr. 2 AO, wonach 202
die Durchbrechung des Steuergeheimnisses erlaubt ist, wenn sie **durch Gesetz ausdrücklich zugelassen** ist. Die Offenbarungsbefugnis kann sich dabei aus steuerlichen (z. B. §§ 31, 31 a, 88 a, 93 a, 188, 117 AO, DBA, §§ 1 Abs. 2, 2 Abs. 2 EG-AmtshilfeG, §§ 5 a, 9 InvZulG) oder außersteuerlichen[209] Vorschriften ergeben. Auf die Kritik[210] an dem BMF-Schreiben vom 17. März 1981,[211] wonach § 6 des Subventionsgesetzes (SubvG) keine Befugnis zur Offenbarung i. S. des § 3 Abs. 4 Nr. 2 AO verleihe, hat der Gesetzgeber nur unzureichend reagiert. Die Finanzämter dürfen jetzt zwar nach § 31 a Abs. 3 AO Anhaltspunkte für Subventionserschleichung den Subventionsgebern mitteilen. Eine Anzeige an die Staatsanwaltschaft soll jedoch weiterhin nur unter den Voraussetzungen des § 30 Abs. 4 und 5 AO zulässig sein.[212] Im Hinblick auf den durch Subventionsbetrug nicht nur die Allgemeinheit, sondern auch die wirtschaftlichen Mitbewerber treffenden Schaden in Milliardenhöhe sollte der Bundesfinanzminister die Entschließung von 1981 aufheben und klarstellen, daß § 6 SubvG auch die Finanzbehörden zur Unterrichtung der Strafverfolgungsbehörden verpflichtet.

bb) zur Durchführung des Steuerstrafverfahrens

Nach § 30 Abs. 4 Nr. 1 AO ist die Offenbarung erlangter Kenntnisse nicht nur **zur** 203
Durchführung eines Besteuerungs-, sondern auch eines **Steuerstrafverfahrens** zulässig. Das Steuergeheimnis darf die Durchführung eines Verfahrens wegen Steuerhinterziehung, d. h. gegen eine Person, die ihre steuerlichen Pflichten verletzt hat, nicht behindern.[213] Das gilt z. B. bei Vernehmungen, Durchsuchungen und Beschlagnahmen, Hinzuziehung der Polizei oder **Abgabe an die Staatsanwaltschaft**. Die Verwendung solcher Tatsachen, soweit sie nichtsteuerliche Straftaten betreffen,

---

206 *Tipke/Kruse* § 30 Rn. 3.
207 *Koch* in Koch/Scholtz § 30 Rn. 2.
208 *Rüsken* in Klein § 30 Anm.1.
209 Siehe beispielhaft die Aufzählung im AEAO zu § 30 unter Ziff.8, BStBl. 1998 I, 630.
210 *Müller/Wabnitz/Janovsky* S. 321 Rn. 19.
211 AO-Kartei § 30 Karte 7.
212 *Tipke/Kruse* § 31 a Rn. 4.
213 Siehe auch *Blesinger* wistra 1991, 241 und 295.

nach Abgabe gem. § 386 Abs. 4 AO durch den Staatsanwalt, regelt § 393 Abs. 2 AO.[214]

Auch die für die Höhe des Tagessatzes erforderlichen Angaben über Einkommen und Vermögen des Täters dürfen Staatsanwaltschaft und Gericht mitgeteilt werden (AStBV (St) Nr. 112 Abs. 3).[215]

cc) für nach Einleitung des Steuerstraf- oder -bußgeldverfahrens erlangte Kenntnisse

204 Das Steuergeheimnis darf auch durchbrochen werden, **soweit** dies der **Durchführung eines Strafverfahrens wegen eines Allgemeindelikts** dient, **und** die **Kenntnisse nach Einleitung eines Steuerstraf- oder Steuerbußgeldverfahrens erlangt** worden sind (§ 30 Abs. 4 Nr. 4 a AO).

Danach dürfen insbesondere Zufallsfunde, aber auch sonstige Kenntnisse über nichtsteuerliche Straftaten der Staatsanwaltschaft zugeleitet werden. Dies wird von den Finanzbehörden sehr oft übersehen und auch von manchen Staatsanwälten verkannt.

Die Einleitung (und Bekanntgabe) eines Strafverfahrens während einer Außenprüfung[216] hat somit erhebliche Bedeutung für eine evtl. Offenbarungsbefugnis hinsichtlich anschließend getroffener Feststellungen zu anderen Delikten, wie z. B. Untreue, Bankrott, Bestechung u.ä. Was der Steuerpflichtige in Unkenntnis der Einleitung offenbart hat, unterliegt nämlich weiter dem Steuergeheimnis; ebenso bereits vor Einleitung im Besteuerungsverfahren erlangte Kenntnisse.

Die Vorschrift betrifft nur Fälle der Tatmehrheit von Steuerstraftat und nichtsteuerlichem Delikt. Bei Tateinheit muß das Finanzamt wegen der gesetzlichen Zuständigkeit der Staatsanwaltschaft (§ 386 Abs. 2 AO) dieser die Sache vorlegen[217] und darf dies bereits nach § 30 Abs. 4 Nr. 1 AO, weil ein Steuerstrafverfahren jedes Verfahren ist, in dem eine Bestrafung wegen Steuerhinterziehung in Betracht kommt, unabhängig von einem gleichzeitig bestehenden außersteuerlichen Straftatbestand.[218]

§ 30 Abs. 4 Nr. 4 a AO ist eine für die Strafverfolgungspraxis bedeutsame Vorschrift. Sie läßt die Durchbrechung des Steuergeheimnisses in vielen Fällen, vor allem Steuerfahndungsfällen, zu.

Die dadurch bestehenden Möglichkeiten der wirksamen Bekämpfung vor allem der Wirtschaftskriminalität müssen von Staatsanwaltschaft und Finanzbehörde in vollem Umfang ausgeschöpft werden.

205 Darüber hinaus ist nach § 30 Abs. 4 Nr. 4 b AO die Weitergabe von strafrechtlichen Erkenntnissen zulässig, wenn der Betroffene den Sachverhalt mitgeteilt hat, **ohne hierzu steuerlich verpflichtet zu sein**. Darunter fallen vor allem Angaben durch Anzeigeerstatter über strafrechtlich erhebliche nichtsteuerliche Sachverhalte.[219] Allerdings unterliegen die Verhältnisse des Anzeigeerstatters selbst (so z. B. auch sein Name) nach Auffassung der Finanzverwaltung dem Steuergeheimnis, sofern sie nicht vorsätzlich falsch sind.[220] Gleichfalls dürfen Angaben offenbart werden, die jemand unter Verzicht auf ein Auskunftsverweigerungsrecht (§§ 101 ff. AO) gemacht hat.

---

214 Siehe dazu unten Rn. 210 f.
215 Ebenso *Blesinger* FN 213.
216 Siehe oben Rn. 164 f.
217 Siehe oben Rn. 176.
218 *Rüsken* in Klein § 30 Anm. 5.
219 *Koch* in Koch/Scholtz § 30 Rn. 23.
220 So auch BFH BStBl. 1994, 552.

dd) bei zwingendem öffentlichen Interesse oder vorsätzlich falschen Angaben

Große Verunsicherung besteht bei den Finanzbehörden über die Auslegung des „**zwingenden öffentlichen Interesses**" bezüglich der Offenbarungsmöglichkeit gemäß § 30 Abs. 4 Nr. 5 AO. Wann zwingendes öffentliches Interesse vorliegt, wird im Gesetz nicht erläutert. In den Buchstaben a–c der Vorschrift werden nur Beispiele („namentlich") genannt. So ist die Offenbarung nach Buchstabe a zulässig zur Verfolgung von **Verbrechen und vorsätzlichen schweren Vergehen** gegen Leib, Leben, den Staat und seine Einrichtungen. Buchstabe c läßt die Durchbrechung des Steuergeheimnisses **zur Richtigstellung in der Öffentlichkeit verbreiteter Tatsachen** zu, die geeignet sind, das Vertrauen der Allgemeinheit in die Verwaltung erheblich zu erschüttern. Damit kann sich die Finanzverwaltung gegen verleumderische Angriffe wehren.[221] Bedeutung für die Strafverfolgungsbehörden hat letzteres kaum. **206**

Um so mehr Bedeutung muß der Offenbarungsbefugnis nach § 30 Abs. 4 Nr. 5 b AO für die **Bekämpfung der Wirtschaftskriminalität** beigemessen werden. Nach dieser Gesetzesbestimmung ist eine Durchbrechung des Steuergeheimnisses zulässig zur Verfolgung von **schweren Wirtschaftsstraftaten**, aufgrund derer die Gefahr einer erheblichen Störung der wirtschaftlichen Ordnung oder einer Erschütterung des Vertrauens der Allgemeinheit auf die Redlichkeit des Geschäftsverkehrs oder auf die ordnungsgemäße Arbeit der Behörden zu besorgen ist. Nach Nr. 14 des Anwendungserlasses zur AO[222] genügt hierfür nicht, daß es sich um ein Wirtschaftsdelikt handelt, welches gemäß § 74 c GVG zur Zuständigkeit des Landgerichts gehört. Vielmehr müßten die besonderen Voraussetzungen des § 30 Abs. 4 Nr. 5 b AO vorliegen. Durch diesen Erlaß werden die Finanzbeamten mit der unbestimmten Gesetzesformulierung alleingelassen – und sind überfordert. **207**

Einer rechtsfehlerhaften Auslegung sind keine Schranken gesetzt. Die Berichtspflicht an die OFD in Zweifelsfällen tut ein übriges: Der ängstliche Beamte zweifelt lieber nicht und spart sich den Bericht. Den Wirtschaftskriminellen läßt man laufen. Auch manche Stimme in der Literatur,[223] die die Offenbarung nur bei Bankenzusammenbrüchen oder hochkriminellen Großkonkursen u.ä. zulassen will, dient unsicheren Finanzbeamten als Begründung, selbst schwerste wirtschaftsdeliktische Vorgänge, die auch mit der organisierten Kriminalität in Verbindung stehen, der Staatsanwaltschaft nicht zu offenbaren. Nach zutreffender Ansicht umfaßt § 30 Abs. 4 Nr. 5 b AO neben großen Konkursen und Firmenzusammenbrüchen sowie betrügerischen Abschreibungsgesellschaften[224] auch größere Korruptionsfälle[225] und Subventionserschleichungen.[226]

Im Bereich der **organisierten Wirtschaftskriminalität** liegen immer die Voraussetzungen des § 30 Abs. 4 Nr. 5 AO vor. Wegen der besonderen Gefährlichkeit dieser Kriminalitätsform ist der Gesetzgeber aufgerufen, zusätzlich zum Mitteilungsrecht der Finanzbehörden eine **Mitteilungspflicht** festzulegen. Außerdem müssen die Sachbearbeiter bei den Finanzämtern mit den Methoden und Entwicklungen der organisierten Kriminalität vertraut gemacht werden, um entsprechende Verdachtsmomente, etwa bei Steuerfahndungs-, Außenprüfungs- oder Umsatzsteuersonderprüfungen, zu erkennen. Die Finanzbehörden erlangen nämlich häufig wesentliche Erkenntnisse über verdächtige oder kriminelle Geldbewegungen. Der Anwendungserlaß zur AO stellt in Nr. 12 klar, daß bei **Geldwäsche** ein zwingendes öffentliches Interesse **208**

---

221 *Rüsken* in Klein § 30 Anm. 5 e) cc.

222 BStBl. 1998 I, 630.

223 Siehe z. B. *Tipke/Kruse* § 30 Rn. 64 u. 65.

224 *Rüsken* in Klein Anm. 5 e) bb.

225 *Joecks* in Franzen/Gast/Joecks § 393 Rn. 83.

226 *Koch* in Koch/Scholtz § 30 Rn. 28; siehe auch AStBV (St) Nr. 112 Abs. 7 u. 8.

zur Offenbarung nach § 30 Abs. 4 Nr. 5 AO[227] befugt. Zur wirksamen Bekämpfung der organisierten Kriminalität ist eine enge Zusammenarbeit aller damit befaßten Behörden (Staatsanwalt, Kriminalpolizei, Zollfahndung, Steuerfahndung) unabdingbar. In geeigneten Fällen sind **gemeinsame Ermittlungsgruppen**[228] sinnvoll. Schließlich muß der Staatsanwalt die Änderungen der §§ 10 Abs. 2, 11 Abs. 5 Geldwäschegesetz (GwG) beachten, die in Geldwäschefällen nunmehr ausdrücklich die Weitergabe von Erkenntnissen an die Finanzbehörden vorschreiben, damit die Verwendung von Geldwäscheaufzeichnungen, -mitteilungen und Verdachtsanzeigen im Steuerstraf- und Besteuerungsverfahren erweitern und den Zugriff auf das Vermögen Krimineller verbessern. Die Mitteilungspflicht nach dem GwG geht weiter als § 116 AO, weil sie keinen Verdacht einer Steuerstraftat voraussetzt.

Anfragen von Staatsanwalt, Kriminalpolizei oder Zollfahndung zu OK-Sachverhalten beim Finanzamt sollten an die zuständigen Steuerfahndungsstellen gerichtet werden (in Bayern z. B. sind dies für den Bereich der OFD München die Steuerfahndungsstelle beim Finanzamt München I und für den Bereich der OFD Nürnberg die Steuerfahndungsstelle beim Finanzamt Nürnberg-West). Auf das Vorliegen von OK- oder Geldwäsche-Verdachtsmomenten ist besonders hinzuweisen.[229]

Aus Sicht der Strafverfolgungsbehörden haben BFH[230] und Finanzverwaltung zu hohe Hürden vor eine Offenbarung aus „zwingendem öffentlichen Interesse" gestellt. Diese werden von den Finanzbeamten selten überwunden. Ob das mit einer geordneten Strafrechtspflege sowie der im zwingenden öffentlichen Interesse liegenden Pflicht zur Verfolgung gemeinschädlicher Wirtschaftskriminalität im Einklang steht, darf bezweifelt werden.

Der durchschnittliche Steuerbürger, auf dessen Verständnis es nach Auffassung des Niedersächsischen Finanzgerichts bei der Beurteilung dieser Rechtsfrage ankommt,[231] wird manches Mal den Kopf schütteln.

209 Schließlich läßt § 30 Abs. 5 AO zu, daß die Finanzämter der Staatsanwaltschaft **vorsätzlich falsche Angaben** des Betroffenen mitteilen. Das ist z. B. der Fall, wenn ein Anzeigeerstatter durch die vorsätzlich falschen Angaben einen Straftatbestand verwirklicht[232] oder sich ein Steuerpflichtiger mit einer falschen Steuerbilanz einen Kredit erschlichen hat.[233]

c) Verwertungsverbot für Staatsanwaltschaft und Gericht bei Nichtsteuerstraftaten (§ 393 Abs. 2 AO)

210 Den Steuerbürger treffen weitreichende Mitwirkungs- und Offenbarungspflichten.[234] Er muß besteuerungserhebliche Tatsachen dem Finanzamt sogar erklären, wenn sein Verhalten gesetz- oder sittenwidrig war (§ 40 AO). Auch solche Angaben, die eine Selbstbezichtigung darstellen können, unterliegen grundsätzlich dem Steuergeheimnis. Um zu verhindern, daß diese **in Erfüllung steuerlicher Pflichten** erfolgten Angaben entgegen § 30 Abs. 2 AO zu einer Strafverfolgung wegen einer **nichtsteuerlichen Straftat** führen, hat der Gesetzgeber in § 393 Abs. 2 S. 1 AO ein Verwertungsverbot für diejenigen **Tatsachen und Beweismittel** geschaffen, die der Staatsanwaltschaft oder dem Gericht **aus den Steuerakten bekanntwerden**, wenn sie der Steuerpflichtige **vor Einleitung des Steuerstrafverfahrens** oder **in Unkenntnis der Einleitung** gemacht hat.

---

[227] BStBl. 1998 I, 630.

[228] Siehe oben Rn. 195.

[229] *Hardtke/Westphal* wistra 1996, 91.

[230] Siehe etwa BStBl. 1987 II, 546.

[231] EFG 1991, 436.

[232] *Koch* in Koch/Scholtz § 30 Rn. 30.

[233] *Streck* Rn. 736.

[234] Siehe oben Rn. 200.

§ 393 Abs. 2 S. 1 AO ergänzt damit die Regelung des § 30 Abs. 4 Nr. 4 a AO. Die Vorschrift betrifft alle Fälle, in denen den Strafverfolgungsbehörden Erkenntnisse aus Steuerakten zugänglich gemacht werden, z. B. durch Vorlage einer Sache gemäß § 386 Abs. 2 AO oder durch Abgabe der Sache nach § 386 Abs. 4 S. 1 AO oder durch Evokation nach § 386 Abs. 4 S. 2 AO.

Nur Tatsachen oder Beweismittel, die **der Steuerpflichtige** offenbart hat, unterfallen dem Verwertungsverbot.[235] Das Verwertungsverbot gilt auch nur für Kenntnisse aus **den Steuerakten**, zu denen **nicht** die **Steuerstrafakten** zählen.[236]

Und schließlich unterliegt dem Verwertungsverbot nur das, was der Steuerpflichtige **in Erfüllung seiner steuerlichen Pflichten** dem Finanzamt offenbart hat. Seine steuerlichen Pflichten erfüllt nur der Steuerbürger, der zutreffende Angaben macht und der Wahrheit entsprechende Beweismittel vorlegt. Das BayObLG hat in rechtsirriger Weise in seinen Entscheidungen vom 6. August 1996[237] und vom 18. November 1997[238] ein Verwertungsverbot auch dann bejaht, wenn ein Steuerpflichtiger zur Verschleierung seiner falschen Steuererklärung dem Finanzamt oder dem Außenprüfer ge- bzw. verfälschte Belege vorgelegt hat. Diese fehlerhaften Entscheidungen[239] verkennen, daß § 393 Abs. 2 S. 1 AO nur wahre Angaben schützt. Wer vorsätzlich falsche Angaben macht oder in krimineller Weise gefälschte Unterlagen vorlegt, verletzt seine steuerlichen Pflichten. Er handelt somit gerade nicht in Erfüllung, sondern in strafrechtlich relevanter Verletzung seiner steuerlichen Pflichten. Die Beschlüsse des BayObLG werden deshalb zu Recht von der Praxis nicht beachtet.

Eine Fernwirkung entfaltet das Verwertungsverbot des § 393 Abs. 2 AO nach überwiegender Auffassung nicht.[240]

d) Ausnahmen vom Verwertungsverbot

Das Verwertungsverbot des § 393 Abs. 2 S. 1 AO besteht nach § 393 Abs. 2 S. 2 AO nicht bei **Straftaten, an deren Verfolgung ein zwingendes öffentliches Interesse** (§ 30 Abs. 4 Nr. 5 AO) **besteht.**[241] Mit dieser Regelung werden Offenbarungsbefugnis und Verwertungsbefugnis in Übereinstimmung gebracht. Nach herrschender Meinung ist § 393 Abs. 2 S. 2 AO verfassungsgemäß.[242] **211**

5. Sonstige Besonderheiten des Steuerstrafverfahrens

a) Steueramtsgerichte (§ 391 AO)

Steuerrecht und Steuerstrafrecht sind besondere Rechtsgebiete, mit denen der Jurist auf der Universität und im Vorbereitungsdienst wenig vertraut gemacht wird. **212**

Wer als Staatsanwalt oder Richter in diesem Bereich tätig ist, braucht Spezialkenntnisse. Durch die Einrichtung von Schwerpunktstaatsanwaltschaften für Wirtschafts- und Steuerstrafsachen sowie von Wirtschaftsstrafkammern bei den Landgerichten gemäß § 74 c GVG wurde dem Rechnung getragen.

---

[235] *Scheurmann-Kettner* in Koch/Scholtz § 393 Rn. 20; *Wisser* in Klein § 393 Anm. 7 f.

[236] *Cratz* in Leise/Dietz/Cratz § 403 Rn. 27, *Wisser* in Klein § 393 Anm. 3 e; a. A.: *Joecks* in Franzen/Gast/Joecks § 393 Rn. 59.

[237] wistra 1996, 353.

[238] wistra 1998, 117.

[239] Abl. etwa: *Maier* wistra 1997, 53; *Jarke* wistra 1997, 325; *Joecks* wistra 1998, 86; zustimmend soweit ersichtlich nur *Spriegel* wistra 1997, 321.

[240] Siehe *Hildebrandt* DStR 1982, 20; a. A.: *Joecks* in Franzen/Gast/Joecks § 393 Rn. 66; allg.: *Meine* wistra 1985, 186.

[241] Siehe oben Rn. 206 bis 208.

[242] *Scheurmann-Kettner* in Koch/Scholtz § 393 Rn. 23; *Wisser* in Klein § 393 Anm. 7 g; *Rüster* wistra 1988, 49.

Auch durch die **Konzentration** der Steuerstrafsachen bei einem bestimmten Amtsgericht nach § 391 AO soll die Strafrechtspflege gefördert werden.[243]
Der Strafrichter beim sog. Steueramtsgericht gewährleistet, daß in Verfahren wegen Steuerstraftaten die erforderliche **Sach- und Rechtskunde** vorhanden ist.
§ 391 Abs. 1 AO regelt die **örtliche Zuständigkeit** bei sachlicher Zuständigkeit des Amtsgerichts. Sie ist bei dem Amtsgericht konzentriert, in dessen Bezirk das Landgericht seinen Sitz hat. Allerdings kann die Zuständigkeit nach § 391 Abs. 2 AO abweichend von Abs. 1 geregelt werden, um regionalen Bedürfnissen Rechnung zu tragen. Dies ist in etlichen Ländern auch durch Rechtsverordnung geschehen (so etwa in Baden-Württemberg, Bayern, Bremen, Hessen, Niedersachsen, Nordrhein-Westfalen, Rheinland-Pfalz und Sachsen); die entsprechend bestimmten Amtsgerichte sind zumeist für mehrere LG-Bezirke zuständig.
§ 391 Abs. 3 AO führt eine weitere Konzentration dadurch herbei, daß beim nach Abs. 1 oder Abs. 2 örtlich zuständigen Amtsgericht die Steuerstrafsachen **einem bestimmten Richter zugewiesen** werden sollen.
Gemäß § 391 Abs. 4 AO verbleibt es bei der Zuständigkeit des Steueramtsrichters, auch wenn die Steuerstraftat mit Allgemeindelikten zusammentrifft. Dies gilt nicht, wenn dieselbe Handlung ein Betäubungsmitteldelikt ist oder wenn es um Kraftfahrzeugsteuerhinterziehung geht.
Die Zuständigkeitskonzentration gemäß § 391 AO hat sich in der Praxis überaus bewährt.

b) Verteidigung (§ 392 AO)

213 Für die Verteidigung im Steuerstrafverfahren ist ergänzend zu den Bestimmungen der §§ 137 ff. StPO die Regelung des § 392 AO zu beachten. Diese weitet den Personenkreis der möglichen Verteidiger erheblich aus. Es können danach auch **Steuerberater, Steuerbevollmächtigte, Wirtschaftsprüfer und vereidigte Buchprüfer** Verteidiger im Steuerstrafverfahren sein. Grund ist, daß dieser Personenkreis **wegen seiner besonderen Sachkunde in Steuerdingen** eine sachgerechte Verteidigung, zu der u. a. die Feststellung der **Höhe der Steuerverkürzung** gehört, zu gewährleisten scheint.[244]
Auch mit dem **Grundsatz der Waffengleichheit** ist diese Ausweitung begründbar, denn auf der Seite der Strafverfolgungsorgane steht das **Finanzamt** (BuStra, Steufa) mit seinem Fachwissen.
Alleinverteidiger kann ein steuerlicher Berater nur sein, wenn das Ermittlungsverfahren nach §§ 386 Abs. 2, 391 AO vom Finanzamt aufgrund dessen selbständiger Ermittlungskompetenz[245] geführt wird. Diese eigene Zuständigkeit endet spätestens mit dem Erlaß des Strafbefehls. Die dem steuerlichen Berater nach § 80 AO erteilte allgemeine Vollmacht erstreckt sich nur auf das Besteuerungsverfahren.[246] Er benötigt deshalb für die Tätigkeit als Verteidiger eine **besondere Vollmacht**.
Bei Ermittlungskompetenz der Staatsanwaltschaft kann der Angehörige der steuerberatenden Berufe die Verteidigung grundsätzlich nur noch **gemeinschaftlich** mit einem Rechtsanwalt führen (§ 392 Abs. 1 HS 2 AO). In der Praxis machen die Gerichte in Steuerstrafverfahren allerdings häufig Gebrauch von § 138 Abs. 2 StPO i. V. m. § 392 Abs. 2 AO und genehmigen die Alleinverteidigung, wenn das Gericht von der **Sachkunde** des steuerlichen Beraters **auf strafrechtlichem oder strafprozessualem Gebiet** überzeugt ist. Ob diese Einschätzung immer zutrifft, darf bezweifelt werden.
Der steuerliche Berater sollte im übrigen gründlich überlegen, ob er als Alleinverteidiger fungieren soll. Es kann nämlich zu Konfliktfällen kommen. So kann eine Inter-

243 *Joecks* in Franzen/Gast/Joecks § 391 Rn. 3.
244 *Cratz* in Leise/Dietz/Cratz § 392 Rn. 16; *Gast-de Haan* in Franzen/Gast/Joecks § 392 Rn. 14.
245 Siehe oben Rn. 127 bis 131.
246 *Wisser* in Klein § 392 Anm. 1; *Cratz* in Leise/Dietz/Cratz § 392 Rn. 27.

essenkollision entstehen, wenn der Berater an der Fertigung der unrichtigen Steuererklärung mitgewirkt hat. Möglicherweise ist der Berater über das Verhalten des Mandanten enttäuscht, der sich auch ihm gegenüber wahrheitswidrig verhalten hat. Schließlich kommt es nicht selten vor, daß der Berater als Zeuge in Betracht kommt.[247] Ein möglicher Zeuge sollte vor seiner Vernehmung aber nicht während der Hauptverhandlung im Sitzungssaal anwesend sein (§§ 243 Abs. 2 S. 1, 58 Abs. 1 StPO).[248] Wegen der denkbaren Konfliktsituationen, die zu einer Befangenheit des Beraters führen können, sollte dieser das Interesse seines Mandanten genau bedenken und im Zweifel auf die Verteidigung, jedenfalls auf die Alleinverteidigung, verzichten.
Und eines muß Rechtsanwälten wie steuerlichen Beratern immer bewußt sein: vom Verteidiger in Steuerhinterziehungsfällen wird mehr verlangt als reine Strafverteidigung und mehr als bloße Steuerberatung.[249]

c) Aussetzung des Steuerstrafverfahrens (§ 396 AO)

Aus Gründen der Rechtssicherheit und im Interesse der Einheitlichkeit der Rechtsordnung sollten einander widersprechende Entscheidungen im Besteuerungsverfahren und im Steuerstrafverfahren vermieden werden.[250] **214**
Nach § 396 Abs. 1 AO **kann** deshalb das Strafverfahren bis zum rechtskräftigen Abschluß des Besteuerungsverfahrens ausgesetzt werden, wenn die Beurteilung der Tat als **Steuerhinterziehung** davon abhängt, ob ein **Steueranspruch** besteht, ob **Steuern verkürzt** oder ob **nicht gerechtfertigte Steuervorteile erlangt** sind.
Allerdings ist und bleibt die Ermittlung des Sachverhalts die Aufgabe der Strafverfolgungsorgane.[251]
Die Aussetzung zur Klärung steuerlicher Vorfragen ist deshalb nur zulässig, wenn **Zweifel dem Grunde nach** bestehen. Wenn nur die Höhe der Steuerverkürzung oder nicht gerechtfertigten Steuervorteile zweifelhaft ist, darf nicht ausgesetzt werden.[252]
Das Strafverfahren kann ausgesetzt werden, muß aber nicht. Denn der **Strafrichter hat die volle Vorfragenkompetenz** und wäre auch an eine evtl. finanzgerichtliche Entscheidung nicht gebunden.[253] Über die Aussetzung haben im Ermittlungsverfahren die Staatsanwaltschaft oder die Finanzbehörde, sofern sie das Steuerstrafverfahren nach § 386 Abs. 2 AO selbständig führt, nach pflichtgemäßem Ermessen zu entscheiden. Nach Anklageerhebung entscheidet über die Aussetzung das Gericht (§ 396 Abs. 2).
Während der Aussetzung ruht die Verjährung (§ 396 Abs. 3 AO). Dadurch wird auch der Ablauf der absoluten Verjährung gehemmt.[254]
Ob dies auch für ein zur Steuerhinterziehung in Tateinheit stehendes Allgemeindelikt gilt, ist streitig.[255]
Gesonderte Rechtsmittel gegen die Aussetzung bzw. deren Ablehnung sind in der Regel nicht zulässig. Die Entscheidung muß mit dem Rechtsmittel gegen das Urteil gerügt werden.[256]
Ein ausgesetztes Verfahren kann jederzeit weiter betrieben werden.[257]

---

247 *Wisser* in Klein § 392 Anm. 1.
248 Str. bzgl. Verteidiger: siehe *Fischer* in Pfeiffer/Fischer § 243 Rn. 4 u. § 58 Rn. 1; *Kleinknecht/Meyer-Goßner* § 243 Rn. 8.
249 *Gast-de Haan* in Franzen/Gast/Joecks § 392 Rn. 15.
250 *Scheurmann-Kettner* in Koch/Scholtz § 396 Rn. 2; *Cratz* in Leise/Dietz/Cratz § 396 Rn. 3.
251 *Wisser* in Klein § 396 Anm.1.
252 *Gast-de Haan* in Franzen/Gast/Joecks § 396 Rn. 18.
253 *Wisser* in Klein § 396 Anm. 1.
254 BayObLG wistra 1990, 203; OLG Karlsruhe wistra 1990, 205.
255 Bejahend: *Gast-de Haan* in Franzen/Gast/Joecks § 396 Rn. 34; verneinend: *Cratz* in Leise/Dietz/Cratz § 396 Rn. 22.
256 *Wisser* in Klein § 396 Anm. 4.
257 *Cratz* in Leise/Dietz/Cratz § 396 Rn. 14.

In der Praxis kommt die Aussetzung nach § 396 AO nicht allzu oft vor. Bedienstete der BuStra sind Finanzbeamte, der Staatsanwalt ist in der Schwerpunktstaatsanwaltschaft für Wirtschafts- und Steuerstrafsachen tätig, Richter am Amtsgericht ist der Steueramtsrichter, und am Landgericht sind die Richter der Wirtschaftsstrafkammern zuständig – alles Personen mit (auch) steuerrechtlichen Kenntnissen. Die allermeisten steuerlichen Probleme können diese rechtskundigen Amtsträger ohne weiteres selbst lösen.

§ 396 AO darf auch nicht dazu dienen, schwierige (aber mögliche) Entscheidungen hinauszuschieben und auf andere abzuwälzen. Auch im Steuerstrafverfahren ist das **Beschleunigungsgebot** (Art. 6 Abs. 1 S. 1 MRK) zu beachten.[258] Die Aussetzung hat immer verfahrensverzögernde Wirkung und sollte deshalb nur bei tatsächlich drohender Gefahr von widersprüchlichen Entscheidungen verfügt werden.

d) Einstellung wegen Geringfügigkeit (§ 398 AO)

215 Nach § 398 AO kann die Staatsanwaltschaft – bzw. bei selbständiger Ermittlungskompetenz nach § 386 Abs. 2 AO die Finanzbehörde – ein Strafverfahren wegen Steuerhinterziehung (§ 370 AO) ohne Zustimmung des Gerichts einstellen, wenn die **Steuerverkürzung** oder die Steuervorteile **geringwertig** sind, den Täter nur **geringe Schuld** trifft und **kein öffentliches Interesse** an der Strafverfolgung besteht. Das ist eine Durchbrechung des grundsätzlich geltenden Legalitätsprinzips durch Opportunitätsgesichtspunkte.

Diese Regelung war für notwendig erachtet worden, weil die zustimmungsfreie Einstellung nach § 153 Abs. 1 S. 1 StPO a. F. durch die Staatsanwaltschaft nur für Vermögensdelikte galt.[259] Steuerhinterziehung wurde zwar als betrugsähnliche Straftat, nicht aber als Vermögensdelikt angesehen.

Mit der Änderung des § 153 StPO durch das Rechtspflegeentlastungsgesetz vom 11. Januar 1993[260] ist die Einschränkung auf Vermögensdelikte entfallen. Voraussetzung für eine Einstellung nach § 153 Abs. 1 S. 2 StPO ist nur noch, daß es sich bei der Tat um ein Vergehen handelt, das nicht mit einer im Mindestmaß erhöhten Strafe bedroht ist, und die durch sie verursachten Folgen gering sind. § 153 Abs. 1 S. 2 StPO gilt damit auch bei Steuerhinterziehung. § 398 AO hat seine eigenständige Bedeutung verloren.[261]

Gleichwohl gilt er weiter und wird jedenfalls in der Praxis der Finanzbehörden auch weiter angewendet.

Es ist grundsätzlich auch unerheblich, ob ein Steuerstrafverfahren nach § 398 AO oder nach § 153 Abs. 1 S. 2 StPO eingestellt wird. Entscheidend ist, daß bei der Prüfung, ob **geringfügige Steuerverkürzung** und **geringe Schuld** vorliegen, die richtige Meßlatte angelegt wird.[262] Die großzügige Einstellungspraxis mancher Finanzämter, die bei Verkürzungsbeträgen von 1000 DM und mehr nach § 398 AO einstellen, kann nicht hingenommen werden. Eine solche Vorgehensweise bagatellisiert die Straftat Steuerhinterziehung und fördert die verbreitete Mentalität, es handele sich nur um ein Kavaliersdelikt.[263] Sie wird im übrigen dem kriminellen Unwertgehalt der Steuerhinterziehung als Betrug an Staat und Gesellschaft nicht gerecht und führt zu einer unangemessenen Besserstellung des Steuerhinterziehers gegenüber dem Straftäter eines Allgemeindelikts.

---

[258] *Gast-de Haan* in Franzen/Gast/Joecks § 396 Rn. 20; siehe oben Rn. 197.

[259] *Cratz* in Leise/Dietz/Cratz § 398 Rn. 1.

[260] BGBl. I 1993, 50.

[261] *Gast-de Haan* in Klein § 398 Rn. 1; *Joecks* in Franzen/Gast/Joecks § 398 Rn. 4; *Kleinknecht/Meyer-Goßner* § 153 Rn. 20; *Siegismund/Wickern* wistra 1993, 84; str.: *Weber-Blank* wistra 1994, 134; *Malms* wistra 1994, 338.

[262] Siehe oben Rn. 144.

[263] *Joecks* in Franzen/Gast/Joecks § 398 Rn. 15.

11. Kapitel. Straftaten im Gesundheitswesen

Literatur: *Arzt, G.*, Zur Strafbarkeit wegen versuchten Betruges bei bedingt vorsätzlicher irriger Annahme der Rechtswidrigkeit eines Vermögensvorteils, JR 1997, 469; *Bringewat, P.*, Die Wiederverwendung von Herzschrittmachern, JA 1984, 61; *Bruns, W.*, Der sog. Herzklappenskandal – eine strafrechtliche Zwischenbilanz, ArztR 1998, 237; *Dahm, F.*, Zur Problematik der Gewährung von Preisnachlässen und Zuwendungen im Gesundheitswesen, MedR 1992, 250; *Dauster, M.*, Private Spenden zur Förderung von Forschung und Lehre, NStZ 1999, 63; *Ehlers, A.*, Ärztliche Abrechnungsmanipulationen gegenüber der gesetzlichen Krankenversicherung, Festschrift für Schüler-Springorum, 1993, 163; *Feigen, H.*, Die Verteidigung des Arztes in Betrugssachen unter Berücksichtigung der Folgesachen, MedR 1988, 283; *Fischer, K. / Uthoff R.*, Das Recht der formularmäßigen Einwilligung des Privatpatienten bei externer Abrechnung, MedR 1996, 115; *Gaidzik, P.*, Abrechnung unter Verstoß gegen die Pflicht zur persönlichen Leistungserbringung – Betrug des Arztes gemäß § 263 StGB, wistra 1998, 329; *Goetze, E. / Teyssen J.*, Kassenärztliches Wirtschaftlichkeitsgebot und Abrechnungsbetrug, DMW 1987,1184; *Goetze*, Zum Umfang staatsanwaltschaftlicher Ermittlungsrechte am Beispiel des kassenärztlichen Abrechnungsbetruges, NStZ 1986, 529; *Gramberg-Danielsen, B. / Kern, B.*, Die Schweigepflicht des Arztes gegenüber privaten Verrechnungsstellen, NJW 1998, 2708; *Hahn, B.*, Zulässigkeit und Grenzen der Delegierbarkeit ärztlicher Aufgaben, NJW 1981, 1977; *Hasselhorst*, Erfahrungen einer Kriminalbehörde mit Abrechnungsmanipulationen, Wirtschaftlichkeitsprüfung 1990, 59; *Hellmann, U.*, Abrechnungsbetrug eines Arztes bei Abrechnung von tatsächlich durch ärztliches Hilfspersonal erbrachten und medizinisch indizierten Leistungen, für die lediglich keine Einzelanweisungen des Arztes vorlagen?, NStZ 1995, 232; *Kamps, H.*, Rechtsfragen bei Ermittlungsverfahren gegen Kassenärzte wegen fehlerhafter Honorarabrechnungen, MedR 1988, 127; *Kern, B.-R. / Schumann, E.*, Zu den Anforderungen an eine formularmäßige Honorarvereinbarung bei Zahnärzten, JZ 1999, 154; Kommentar zur GoÄ, Deutscher Ärzteverlag; *Körner-Dammann, M.*, Weitergabe von Patientendaten an ärztliche Verrechnungsstellen, NJW 1992, 729; *Landesbeauftragter für den Datenschutz Rheinland-Pfalz*, Rechte des Patienten im Ermittlungsverfahren gegen seinen Arzt wegen Abrechnungsbetrug, NJW 1991, 2337; *Laufs / Uhlenbruck*, Handbuch des Arztrechts, 2. Auflage; *Leingärtner*, Geschenke eines Chefarztes an Mitarbeiter dem Abzug unterliegende Betriebsausgaben bei den Einkünften aus freiberuflicher Tätigkeit, RWP 1985, 1133 SG 1.3, 1252; *Lüderssen, K.*, Die Zusammenarbeit von Medizinprodukteindustrie, Krankenhäusern und Ärzten – Strafbare Kollusion oder sinnvolle Kooperation?, 1998; *ders.*, Antikorruptions-Gesetze und Drittmittelforschung, JZ 1997, 112; *Mennicke, P. / Radtke, H.*, Die Abtretung von Honorarforderungen aus strafrechtlicher Sicht, MedR 1993, 400; *Michalowski, S.*, Schutz der Vertraulichkeit strafrechtlich relevanter Patienteninformationen, Zeitschrift für die gesamten Strafrechtswissenschaften 109, 519; *Möller, K.-H.*, Arzt und Staatsanwalt am Beispiel der Laborgemeinschaften, ArztuR 1992 Nr. 13 – 15; *ders.*, Vertragsärztliche Leistungserbringungsgemeinschaften, MedR 1998, 60; *Mühlhausen, H.*, Abrechnungsbetrug aus Sicht der Staatsanwaltschaft, Zeitschrift für ärztliche Fortbildung und Qualitätssicherung 1998, 614 ff.; *Müller, R. und Wabnitz, H.*, Kriminalität oder Grauzone im Gesundheitswesen, NJW 1984, 1789; *Naase, B.*, Abrechnungsskandale niedergelassener Ärzte, SozSich 1986, 369; *Nasser, S. / Zrenner, K.*, Illegaler Tierarzneimittelverkehr, NJW 1982, 2098; *Ratzel, R.*, Arzt und (Pharma-)Industrie, MedR 1998, 98; *Räpple, T.*, Zuwendungen und Rabatte im Gesundheitswesen in: Werben und Zuwendungen im Gesundheitswesen, 1996; *Rudolf, W.*, Rechte des Patienten im Ermittlungsverfahren gegen seinen Arzt wegen Abrechnungsbetruges, NJW 1991, 2337; *Rudolf*, Abrechnungsbetrug, NJW 1991, 2337; *Salditt, F.*, Feststellung von Schuldumfang und Schadenshöhe durch Hochrechnung, Strafverteidiger 1990, 151; *Schnapp, F.*, Anzeigepflicht der Krankenkassen und kassenärztlichen Vereinigungen beim Verdacht auf sogenannten Abrechnungsbetrug, NJW 1988, 738; *Seibert, U.*, Zur Zulässigkeit der Beschlagnahme von ärztlichen Abrechnungsunterlagen bei den Krankenkassen, NStZ 1987, 398; *Steinhilper*, Arzt und Abrechnungsbetrug; *Taupitz, J.*, Ärztliche Honorarvereinbarung nach der Neufassung der GOÄ, ArztR 1996, 209; *Teyssen, J.*, Vom Umfang staatsanwaltschaftlicher Ermittlungsrechte am Beispiel des kassenärztlichen Abrechnungsbetruges, NStZ 1988, 529; *Wartensleben, H.*, Abrechnungsbetrug aus der Sicht des Verteidigers, Zeitschrift für ärztliche Fortbildung und Qualitätssicherung 1998, 602 ff.; *Wasmuth, J.*, Beschlagnahme von Patientenkarteien und Krankenscheinen im Strafverfahren wegen Abrechnungsbetruges des Arztes, NJW 1989, 2297; *Weber / Droste*, Kassenarztrechtliche Probleme bei manipulierten Honorarabrechnungen unter besonderer Berücksichtigung der Rechtsprechung, NJW 1990, 2281; *Zierholz, H.*, Arzt im Strafrecht, JZ 1998, 245.

Inhaltsübersicht

Rn.

I. Das Gesundheitswesen 1–4

II. Der Abrechnungsbetrug 5–64
1. Das legale Abrechnungssystem des Kassenarztes 5–8
2. Das System der Leistungsziffern 9, 10
3. Die Typologie der Täuschungshandlungen 11–24
a) Die Scheinbehandlung 12
b) Der falsche Behandler 13, 14
c) Der schnelle Behandler 15
d) Der Vielarbeiter 16
e) Der Pauschalierer 17
f) Die falsche Kombination der Leistungen 18
g) Der unwirtschaftliche Behandler 19
h) Die Arztpraxis im Krankenhaus 20
i) Die Gefälligkeitsbehandlung oder die falsche Diagnose 21
j) Der Laborarzt 22–24
4. Strafrechtliche Bewertung 25–27
5. Die Aufgaben der kassenärztlichen Vereinigungen 28–32
a) Kontrollinstrumentarien 28
b) Abweichen vom Durchschnittswert 29
c) Plausibilitätsprüfung 30
d) Einzelfallprüfung 31
e) Sanktionensystem der kassenärztlichen Vereinigung 32
6. Abrechnungsmanipulationen beim Privatpatienten 33–44
a) Abrechnungsmodus 33–35
b) Privatärztliche Verrechnungsstellen 36–40
c) Betrug durch unrichtige Berechnung des Gebührenfaktors 41
d) Vereinbarungen zwischen Arzt und Patient 42
e) Gemeinschaftliche Täuschung der Krankenversicherung 43
f) Steuerhinterziehung 44
7. Das rechtswidrige Abdingen der Regelsätze der ärztlichen Gebührenordnung 45–50
a) Der Gebührenrahmen 45
b) Erhöhung der Hebesätze durch Honorarvereinbarung 46
c) Das rechtswidrige Abbedingen 47–49
d) Wettbewerbsbeschränkende Maßnahmen 50
8. Sonstiger Mißbrauch im Bereich ärztlicher Leistungen 51, 52
9. Besonderheiten im Ermittlungsverfahren 53–64
a) Durchsuchung und Beschlagnahme versus Schweigepflicht 53–55
b) Patientenbefragung 56
c) Das ärztliche Hilfspersonal 57, 58
d) Fehlende Anzeigepflicht der kassenärztlichen Vereinigungen und der Krankenkassen 59
e) Die Schätzung 60, 61
f) Strafzumessung 62
g) Verlust der Approbation 63, 64

III. Die Bestechung im medizinischen Bereich, insbes. in Krankenhäusern 65–79
1. Die Organisation 65–67
2. Beschaffung medizinischer Geräte 68, 69
3. Die Pseudozugabe im ärztlichen Bereich 70, 71
4. Die gutachterliche Tätigkeit 72, 73
5. Die Kommissionszuwendung 74
6. Untreue durch überhöhten Kaufpreis 75
7. Zuwendungen über Fördervereine 76
8. Die Drittmittelforschung 77
9. Der nichtmedizinische Bereich 78, 79

IV. Der Zahnarzt- und Dentalbereich 80–86
1. Zahnersatzleistungen 81–83
a) Die gesetzliche Regelung 81, 82
b) Unzulässige Zuwendungen 83
2. Einbehalten von Altzahngold 84
3. Vereinbarung von Nachlässen 85
4. Betrug z. N. der Zusatzversicherung 86

V. Straftaten im Pharmazie- und Rezeptbereich 87–97
1. Rezeptabrechnung der Apotheken 87–89
2. Der Wareneinkauf per Rezept 90, 91
3. Die Sprechstundenbedarfsrezepte 92–94
4. Beteiligung am Rezeptumsatz 95, 96
5. Betrug mit reimportierten Arzneimitteln 97

VI. Der illegale Tierarzneimittelmarkt 98–113
1. Die Abgabe von Tierarzneimitteln durch den Tierarzt 98–100
2. Der illegale Tierarzneimittelmarkt 101–107
a) Futterarzneimittel 102
b) Gefahren der Massentierhaltung 103, 104
c) „Autobahntierärzte“ 105
d) Mißbrauch von Betreuungsverträgen 106, 107
3. Strafrechtliche Bewertung 108–110
4. Ermittlungshinweise 111–113

I. Das Gesundheitswesen

Das Gesundheitswesen ist von ethischen Leitsätzen geprägt und die Fürsorge für die Gesundheit des Menschen ist höchstes Gut. Trotzdem hat das Gewinnstreben einiger Ärzte, Tierärzte, Apotheker und anderer wiederholt zu zahlreichen und teilweise umfangreichen Ermittlungsverfahren geführt. 1

Der gesamte Bereich des Gesundheitswesens bleibt nicht von bedenklichen, durch materielles Gewinnstreben verursachten Straftaten verschont. Den Angehörigen dieser Berufsgruppen, die durch standrechtliche Vorschriften gebunden sind, wurde in der Vergangenheit ein außergewöhnlich hohes Maß an Vertrauen entgegengebracht. Die Kontrolle durch berufsständische Organisationen erschien ausreichend. Selbst die Finanzbehörden beschränkten ihre Überprüfung oft im wesentlichen auf die Abgrenzung von privaten und beruflich veranlaßten Ausgaben. Mit Zunahme der vom Gesetzgeber mitverursachten und nach wie vor nicht ausreichend verhinderten Kostenexplosion wuchs auch im Hinblick auf das differenzierte Abrechnungssystem bei bestimmten Angehörigen dieser Berufsgruppen die materielle Begehrlichkeit. Diese wurde noch durch das gewandelte Anspruchsdenken der Patienten gefördert.

Die zahlenmäßige Zunahme der Anzahl der Mitglieder dieser Berufsgruppen einerseits und die Beschränkung der für die Bezahlung der ärztlichen Tätigkeit zur Verfügung stehenden Mittel andererseits führte in manchen Fällen dazu, daß bei einigen Ärzten erhebliche Liquiditätsengpässe eingetreten sind, die diese um so anfälliger für illegale und nicht korrekte Abrechnung machen.

Leider funktioniert auch die **standesrechtliche Aufsicht** nicht in allen Fällen. Oft kann der Eindruck entstehen, daß Ärztekammern ihre Mitglieder eher nach außen schützen als daß sie bemüht sind, schwarze Schafe auszumerzen. Kassenärztliche Vereinigungen, die häufig als erste von Abrechnungsmanipulationen des Arztes erfahren, zeigen diesen meist zu spät an. Durch ein „Drohen" mit einer Strafanzeige in Besprechungen wird der Arzt oft vorgewarnt und kann so wichtige beweiserhebliche Unterlagen beiseite schaffen und vernichten. 2

Diese in den Heilberufen festgestellte Kriminalität erschüttert das früher vorhandene Vertrauen in das redliche Verhalten der Angehörigen der Heilberufe. Eine zielgerichtete Bekämpfung der wirtschaftsdeliktischen Gesetzesverstöße fordert nicht nur der Grundsatz der Prävention, sondern liegt auch im Interesse der ständischen Berufsvertretungen. Das ärztliche Ethos und die Ehre der im Gesundheitswesen tätigen Personen darf nicht durch schwarze Schafe auf Dauer befleckt werden.

Ein Wandel des Verständnisses bei den im Gesundheitswesen Tätigen ist zwingend geboten. Die Bekämpfung der schwarzen Schafe, die den Ruf **aller** im Bereich des Gesundheitswesen Beschäftigten gefährden, muß zu einem gemeinsamen Anliegen werden. Falsch verstandene Kollegialität darf nicht zu einem Schutz von Abrechnungsbetrügern und anderen Straftätern führen. Andererseits sind die Strafverfolgungsbehörden oft auf das Fachwissen und die Zusammenarbeit etwa mit kassenärztlichen Vereinigungen angewiesen, um auftretende Straftaten effizient und schnell bekämpfen zu können. 3

Es erscheint wenig verständlich, wenn der Geschäftsführer eines medizinischen Fachverbandes auf einer Tagung über Arzt und Strafrecht von dem „Überfall der Staatsanwaltschaft" spricht, wenn er eine richterlich angeordnete Durchsuchungsmaßnahme der Ermittlungsbehörden meint. Nur eine Selbstreinigung des Gesundheitswesens kann zu einem Wiederherstellen des öffentlichen Vertrauens in diesen für das menschliche Wohlergehen äußerst bedeutsamen Bereich führen.

Mit Ausnahme der Besonderheiten im tierärztlichen und Futtermittelbereich standen bei den einschlägigen wirtschaftsstrafrechlichen Ermittlungen die **Tatbestände des Betrugs, der Urkundenfälschung und der Steuerhinterziehung** im Vordergrund. 4

II. Der Abrechnungsbetrug

1. Das legale Abrechnungssystem des Kassenarztes

5 Die wichtigste Einnahmequelle des Kassenarztes sind seine über die Versichertenkarte abgerechneten ärztlichen Leistungen. Der Patient erhält von seiner gesetzlichen Krankenkasse eine **Chipkarte**, auf der seine persönlichen Abrechnungsdaten gespeichert sind. Leider haben sich Gesetzgeber und Krankenkassen nicht dazu durchringen können, medizinische Informationen (wie Diagnose), Hinweise auf Gesundheitsrisiken (wie Allergien u. a.) und Daten letzter apparativer Untersuchungen zu speichern. Durch diese Informationen, deren Abruf durch eine nur dem Patienten bekannte PIN geschützt sein könnte, wäre ein wichtiger Beitrag zum Schutz des Patienten, aber auch zur Kostendämpfung zu leisten.

Der Patient ist verpflichtet, bei dem jeweiligen Arzt den Anspruch auf kassenärztliche Versorgung durch Vorlage dieser Versichertenkarte nachzuweisen. Die ärztlichen Leistungen werden vierteljährlich über die kassenärztliche Vereinigung des Bezirks abgerechnet. Diese Stelle leitet die Unterlagen nach entsprechender Prüfung den zur Zahlung verpflichteten Krankenkassen zu, die dann eine Gesamtvergütung mit befreiender Wirkung an die jeweiligen kassenärztlichen Vereinigungen leisten.

6 Das Kassenarztrecht[1] wurde durch das Gesundheits-Reformgesetz[2] mit Wirkung vom 1. Januar 1989 in die §§ 72–106 SGB V übernommen und durch das Gesundheitsstrukturgesetz[3] mit Wirkung vom 1. Januar 1993 in wesentlichen Teilen geändert. Letztmals erfolgten durch das zweite GKV-Neuordnungsgesetz[4] Änderungen, die zu einer Umverteilung der Finanzmittel vom Versicherten auf die Leistungsträger führten.[5]

Die **kassenärztlichen Vereinigungen**[6] haben gem. § 75 Abs. 2 S. 2 SGB V die Erfüllung der den Kassenärzten obliegenden Pflichten zu überwachen und die Kassenärzte nötigenfalls unter Anwendung der in § 81 Abs. 5 SGB V vorgesehenen Maßnahmen zur Einhaltung ihrer Pflichten anzuhalten.

Dieses unter Ausschaltung des Patienten festgelegte Überwachungssystem ist weitgehend ungeeignet, führte auch zur Kostenexplosion im Gesundheitswesen und kann kriminelle Praktiken nicht verhindern. Diese Fehlentwicklung hat sicherlich auch der Gesetzgeber mitverursacht. Ursprünglich erhielt der behandelnde Arzt unabhängig von der Vielzahl seiner Leistungen eine Pauschalvergütung. Durch § 85 Abs. 2 S. 2 SGB V wurde die Möglichkeit geschaffen, die Einzelleistungen des Arztes als Bemessungsgrundlage festzulegen. Durch die Verträge zwischen den kassenärztlichen Vereinigungen und den gesetzlichen Krankenkassen wurde dieses Vergütungssystem vereinbart.

7 Nach § 85 Abs. 1 SGB V entrichtet die Krankenkasse nach Maßgabe des Gesamtvertrages für die gesamte vertragsärztliche Versorgung mit befreiender Wirkung eine Gesamtvergütung an die kassenärztliche Vereinigung, die nicht überschritten werden kann.

8 Die **kassenärztliche Vereinigung** nimmt die Aufteilung dieser Gesamtvergütung auf die einzelnen Ärzte nach § 85 Abs. 4 Satz 1 SGB V vor. Der jeweilige Arzt bekommt für die von ihm erbrachten Leistungen eine Vergütung überwiesen, die der Anzahl der von ihm erbrachten Punkte multipliziert mit dem sog. **Punktwert** entspricht. Für jede ärztliche Leistung ist eine bestimmte Punktzahl festgelegt. Der Punktwert wird von der kassenärztlichen Vereinigung ermittelt, indem die zur Verfügung stehende Gesamtvergü-

---

[1] Zur geschichtlichen Entwicklung der kassenärztlichen Versorgen vgl. *Laufs/Uhlenbruck* a.a.O., 6. Kapitel.

[2] BGBl. 1988 I S. 2477.

[3] BGBl. 1992 I S. 2266.

[4] BGBl. 1997 I S. 1520.

[5] *Laufs/Uhlenbruck* a.a.O., § 23 Rn. 37 ff.

[6] *Laufs/Uhlenbruck* a.a.O., § 25 Rn. 1 ff., § 26 Rn. 1 ff.

tung durch die Summe der von allen Ärzten der kassenärztlichen Vereinigung erbrachten „Punkte" geteilt wird. Je mehr Patienten behandelt oder je mehr Leistungen je Patient erbracht werden, um so weniger Honorar erhält der Arzt somit für die von ihm erbrachten Leistungen.

Die kassenärztliche Vereinigung nimmt anhand der vierteljährlichen Honorarabrechnungen der Vertragsärzte eine sachlich-rechnerische Prüfung vor. Ob der Arzt die Leistung aber tatsächlich erbracht hat, wird in den seltensten Fällen überprüft.[7]

Der Kassenpatient, der der beste Kontrolleur ärztlicher Leistungen sein könnte, erlangt keine Kenntnis von der Abrechnung des Arztes und den von ihm bezeichneten Leistungen. Der Arzt teilt die erbrachten Leistungen nur der kassenärztlichen Vereinigung und diese der gesetzlichen Krankenkasse mit. Damit wurde ein **Freiraum für Abrechnungsmanipulationen im Rahmen des Vergütungssystems geschaffen.**

2. Das System der Leistungsziffern

Grundlage für die Abrechung der ärztlichen Leistungen sind Leistungskataloge, die in 9
einzelnen Leistungsziffern bestimmte ärztliche Handlungen beschreiben und ihnen einen Punktwert zuweisen.

Die Leistungsziffern lassen sich unterteilen in Leistungen, die **vom Arzt selbst** 10
höchstpersönlich zu erbringen sind und in solche, die **durch ärztliches Assistenzpersonal** erbracht werden können. Voraussetzung hierfür ist jedoch die Anwesenheit des Arztes in der Praxis sowie die persönliche Anordnung und Überwachung durch den Arzt. Persönliche Leistungen dürfen auch auf genehmigte Assistenten und angestellte Ärzte erbracht werden, sofern sie dem Praxisinhaber zugeordnet werden können.[8]

Manche Leistungsziffern setzen voraus, daß die Untersuchung eine bestimmte Mindestzeit in Anspruch genommen hat. Damit soll sichergestellt werden, daß der Arzt auch eine gründliche Untersuchung des Patienten vornimmt.

Nur wenn die Voraussetzungen der Leistungsbeschreibung vorliegen, besteht ein Anspruch des Kassenarztes auf Bezahlung der von ihm erbrachten Leistungen.

3. Die Typologie der Täuschungshandlungen

In zahlreichen Ermittlungsverfahren wurde festgestellt, daß Ärzte vielfach bei der Ab- 11
rechnung **Leistungsziffern über nicht erbrachte Leistungen** eintragen oder durch ihr Personal eintragen lassen. Von einzelnen Ärzten jeglicher Fachrichtung werden durch fingierte Leistungspositionen den Krankenversicherungsträgern und damit letztlich der Versichertengemeinschaft sehr hohe Schäden zugefügt.

Dem Erfindungsreichtum und der Phantasie des einzelnen Arztes sind hier keine Grenzen gesetzt

a) Die Scheinbehandlung

Der Patient legt bei Beginn der ärztlichen Behandlung seine Chipkarte in der Arztpraxis 12
vor. In seine EDV oder in Hilfsbelege werden durch den Arzt oder dessen Mitarbeiter die erbrachten Leistungen eingetragen und dann an die kassenärztliche Vereinigung zur Abrechnung eingereicht. Eine Kontrolle darüber, ob der Arzt die einzelnen bei der Abrechnung geltend gemachten Leistungen auch tatsächlich erbracht hat bzw. ob der Patient an dem jeweiligen Tag auch tatsächlich in der Praxis war, erfolgt durch die Krankenkassen bzw. die kassenärztlichen Vereinigungen im Normalfall nicht.

---

7 *Laufs/Uhlenbruck* a.a.O., § 32 Rn. 33.
8 *Wartensleben* a.a.O., S. 603.

Gelegentlich wurden durch den Arzt Untersuchungen abgerechnet, obwohl der Arzt den Patienten nur zufällig auf der Straße getroffen hatte und nach seinem Befinden gefragt hatte.

Auch werden durch Ärzte Leistungen abgerechnet, obwohl sie in ihrer Praxis nicht über die entsprechende Ausstattung verfügen. So rechnet ein Arzt etwa ein Belastungs-EKG ab, obwohl er nicht über eine entsprechende Ergometrievorrichtung verfügt.

Kommt der Patient in die Praxis, um sich ein Rezept für laufende von ihm einzunehmende Medikamente abzuholen, so wird ihm oft das Rezept ausgehändigt, ohne daß der Arzt ihn gesehen, geschweige denn untersucht hat. Gleichwohl wird vom Arzt eine Untersuchung oder Beratung abgerechnet.

b) Der falsche Behandler

13 In vielen Fällen schreiben die Leistungsbeschreibungen die höchstpersönliche Leistungserbringung durch der Arzt vor.

Hiergegen verstößt der Arzt aber, indem er die Untersuchung oder Behandlung durch die Sprechstundenhilfe vornehmen läßt. Zwingend durch den Arzt zu erbringende Leistungen oder Beratungen wurden tatsächlich durch nichtärztliches Personal erbracht.[9]

14 Beschäftigt der Arzt in seiner Praxis einen Arzt im Praktikum oder einen Weiterbildungsassistenten, so dürfen von diesen Personengruppen nur eingeschränkt abrechenbare Leistungen erbracht werden. So darf der AiP etwa nur unter Aufsicht des Arztes arbeiten. Nur mit dieser Maßgabe gestattet die kassenärztliche Vereinigung die Behandlung durch den Assistenten.

Ein Weiterbildungsassistent wird dem Arzt durch die kassenärztliche Vereinigung oft nur mit der Maßgabe genehmigt, daß er nur mit 50% der Arbeitskraft in der Praxis eingesetzt werden darf.

In beiden Fällen arbeitet der AiP bzw. der Weiterbildungsassistent oft wie ein voll ausgebildeter Arzt in der Praxis mit. Rechnet der Arzt diese Leistungen ab, begeht er Betrug gegenüber der kassenärztlichen Vereinigung. Er täuscht hier über die Person des Leistungserbringers. Wären der Kasse die wahren Verhältnisse mitgeteilt worden, wäre es nicht zu einer Erstattung gekommen.

c) Der schnelle Behandler

15 Bestimmte Leitungen dürfen nur dann abgerechnet werden, wenn der Arzt eine bestimmte Zeitdauer für die Untersuchung oder Behandlung benötigt hat.

Wird die Behandlungs- oder Untersuchungsdauer nicht erreicht, ist die Leistung nicht erstattungsfähig.

d) Der Vielarbeiter

16 Korrektes ärztliches Arbeiten und ordentliche Abrechnung setzen eine ordnungsgemäße Dokumentation voraus. In manchen Fällen wird diese durch den Arzt nicht zeitnah gefertigt. Sich stapelnde Patientenkarteien werden am Wochenende vom Arzt bearbeitet und die von ihm erbrachten Leistungen werden nachträglich eingetragen. In diesen Fällen kann sich der Arzt nicht immer mehr genau an das erinnern, was er am Patienten gearbeitet hat und wird (meist) weitergehende Leistungen abrechnen.

e) Der Pauschalierer

17 Oft arbeitet der Arzt mit EDV-Programmen, die bei Angabe einer Diagnose oder einer Behandlungsart kombinierbare Leistungsziffern, die hier von der kassenärztlichen Vereinigung akzeptiert werden, in die Abrechnung eintragen. Die tatsächlich vom Arzt

---

[9] BGH wistra 1992, 253 ff.

geleistete Arbeit wird nicht berücksichtigt. Eine Korrektur der durch das EDV-Programm gemachten Vorgaben findet durch den Arzt nicht statt.

Vergleichbar sind die Fälle, in denen entsprechende allgemeine Anweisungen an die Arzthelferinnen gegeben worden sind.

Wer so mit seiner Abrechnung umgeht, der nimmt zumindest billigend in Kauf, daß er unrichtig und damit zu hoch abrechnet.

f) Die falsche Kombination der Leistungen

Manche Leistungsziffern dürfen nicht zusammen mit anderen Leistungsziffern abgerechnet werden, da die mit der einen Ziffer vergütete Leistung als Teilmenge bereits in der anderen umfangreicheren Leistungsziffer enthalten ist. 18

Hier versuchen sich die Ärzte meistens damit zu exculpieren, daß sie behaupten, nicht gewußt zu haben, daß sie beide Ziffern nicht zusammen abrechnen dürfen.

Entsprechende Warnhinweise in Rundschreiben der kassenärztlichen Vereinigungen, in denen auf den Widerspruch in den Abrechnungen hingewiesen werden, können ein Indiz für das Wissen des Arztes sein. Wurde der Arzt in einem kassenrechtlichen Abrechnungsverfahren bereits auf seine unkorrekte Abrechnung hingewiesen oder wurden ihm Leistungsziffern in früheren Abrechnungen bereits durch die kassenärztliche Vereinigung gestrichen, so dürfte der Nachweis einer Täuschungshandlung und des entsprechenden Vorsatzes unproblematisch sein.

g) Der unwirtschaftliche Behandler

Die kassenärztliche Versorgung umfaßt nur solche Leistungen, die zweckmäßig, notwendig und wirtschaftlich sind. Leistungen, die für den Heilerfolg nicht notwendig oder unwirtschaftlich sind, kann der Versicherte nicht verlangen und der an der kassenärztlichen Versorgung teilnehmende Arzt darf sie nicht verordnen.[10] 19

h) Die Arztpraxis im Krankenhaus

In vielen Fällen gehen Krankenhäuser dazu über, Teile der zuvor in der Klinik erbrachten Leistungen an niedergelassene Ärzte zu vergeben, die oft in den Räumen des Krankenhauses praktizieren (z. B. Radiologen oder Pathologen). 20

Delegieren nun diese Ärzte ihre Arbeit in der Praxis auf ärztliche Mitarbeiter der Klinik, so begehen sie gegenüber der kassenärztlichen Vereinigung bzw. der Krankenkasse einen Abrechnungsbetrug, da diese (Klinik-)Ärzte gegenüber der Kasse nicht abrechnungsberechtigt sind und der Arzt mit seiner Abrechnung erklärt, die Leistungen selbst erbracht zu haben.[11]

i) Die Gefälligkeitsbehandlung oder die falsche Diagnose

In vielen Fällen möchten Patienten ärztliche Leistungen oder Verordnungen, die ihnen aufgrund der Bestimmungen der Krankenkasse nicht oder so nicht zustehen. 21

Will nun etwa der Patient, etwa für den bevorstehenden Urlaub, Massagen verschrieben haben, die bei seiner Erkrankung nicht verordenbar sind, wird in vielen Fällen die Diagnose verändert, um eine abrechenbare Leistung zu verordnen.

Dies wird durch den betrügerischen Arzt auch gemacht, um von ihm angeblich durchgeführte Untersuchungen erstattet zu bekommen, ohne daß der Patient hiervon etwas weiß.

---

10 BGH NStZ 1993, 388.
11 BGH wistra 1998, 329 mit Anmerkung *Gaizig*.

j) Der Laborarzt

22 Bei laborärztlichen Leistungen wird unterschieden zwischen solchen, die der Arzt in eigener Praxis erbringt, denen, die in einer Laborgemeinschaft durchgeführt werden und jenen, die der Arzt an einen Laborarzt weitergegeben hat. Bei den in eigener Praxis erbrachten Leistungen und denUntersuchungen durch die Laborgemeinschaft rechnet der niedergelassene Arzt die Leistung selbst ab, bei der Überweisung an den Laborarzt bekommt dieser unmittelbar das Honorar.

Bei Laborleistungen handelt es sich um Massenuntersuchungen, bei denen eine hohe Stückzahl zu einem Absinken der Kosten führt. Laborärzte erwirtschaften in die Millionen gehende Umsätze. Kriminelle Laborärzte geben einen Teil des durch die Massenuntersuchungen angewachsenen Gewinnes an ihre Auftraggeber, den einzelnen niedergelassenen Arzt weiter.

Dies geschieht zum einen durch nicht gebuchte „schwarze" Zahlungen, mit denen der niedergelassene Arzt unzulässig an den Leistungen des Laborarztes beteiligt wird.

23 In anderen Fällen ist der niedergelassene Arzt an einer Laborgemeinschaft beteiligt. Diese Laborgemeinschaft ist aber in Wirklichkeit eine Außenstelle des Laborarztes. Laborgemeinschaften als vertragsärztliche Leistungserbringungsgemeinschaften[12] sind nur unter den Voraussetzungen der §§ 15 Abs. 3 BMV-Ä bzw. 14 Abs. 2 EKV-Ä zulässig. Wird hiergegen verstoßen, liegt Abrechnungsbetrug vor.

Der Arzt rechnet die Kosten für die Untersuchung selbst gegenüber der Krankenkasse oder dem Patienten ab und bezahlt die Kosten an die Laborgemeinschaft. Der hier von ihm zu zahlende Preis wird abhängig von der Anzahl der Überweisungen an den Laborarzt gestaffelt.

Um besonders günstige Preisstaffelungen zu erreichen, ist der niedergelassene Arzt natürlich versucht, beim Laborarzt medizinisch an sich nicht erforderliche und besonders teure Laborleistungen in Auftrag zu geben.

Gerade bei Laborleistungen ist es besonders einfach, Gebührenziffern, die tatsächlich nicht erbracht wurden, abzurechnen.

24 Der Laborarzt begeht in manchen Fällen auch dadurch Betrug, dass er einen weiteren Laborarzt zum Schein anstellt. Dieser Arzt erbringt in Wirklichkeit keine eigenen Leistungen im Labor. Der Laborarzt erreicht aber hierdurch, dass er aufgrund der Anzahl der von ihm beschäftigten Ärzte von der kassenärztlichen Vereinigung ein höheres Honorarbudget zugewiesen bekommt.

4. Strafrechtliche Bewertung

25 In all den oben beispielhaft dargestellten Fällen spiegelt der Arzt gegenüber der kassenärztlichen Vereinigung bzw. der Krankenkasse vor, er habe die Leistungen, so wie von ihm abgerechnet, erbracht und seine Abrechnung entspreche den Bestimmungen über die Leistungserbringung.

Einen Anspruch auf Bezahlung der von ihm abgerechneten Leistungen hat der Kassenarzt aber nur, wenn er die Voraussetzungen der jeweiligen von ihm abgerechneten Leistungsziffern in vollem Umfang erbracht hat. Hierüber täuscht er in den Fällen des Abrechnungsbetruges.

26 Der abrechnende Arzt sichert bei der Quartalsabrechnung der kassenärztlichen Vereinigung zumindest konkludent zu, daß die von ihm abgerechnete Leistung unter die entsprechende Leistungsbeschreibung der Gebührenziffer fällt, daß seine Leistung zu den kassenärztlichen Versorgungsleistungen gehört und daß diese nach dem allgemeinen Bewertungsmaßstab abgerechnet werden darf.[13]

---

[12] *Möller* a. a. O. MedR 1998, 60.

[13] BGH wistra 1992, 253 ff.

Bei Abrechnung gegenüber der kassenärztlichen Vereinigung ist das Quartal der Abrechnungszeitraum. Mehrere Falschabrechnungen in unterschiedlichen Quartalen stehen daher zueinander in Tatmehrheit, § 53 StGB.[14] 27

Subjektiv ist zu unterscheiden zwischen Falschabrechnungen, die der Arzt bewußt durchführt, d. h., bei denen er weiß, daß er die Leistung nicht oder nicht so erbracht hat und solchen Falschabrechnungen, bei denen es um die Auslegung der einzelnen Leistungsziffern geht.[15]

Wurde der Arzt jedoch durch die kassenärztliche Vereinigung bereit darauf hingewiesen, daß er die Leistungsbeschreibung falsch auslegt und rechnet er weiterhin so ab, dürfte sich der Nachweis vorsätzlichen Handelns einfacher gestalten. In diesen Fällen sollten immer entsprechende Vernehmungen bei der kassenärztlichen Vereinigung geführt werden.

5. Die Aufgaben der kassenärztlichen Vereinigungen

a) Kontrollinstrumentarien

Um unrichtige Abrechnungen feststellen zu können, haben die kassenärztlichen Vereinigungen ein mehrstufiges Kontrollsystem entwickelt, mit dem zunächst nur statistische Auffälligkeiten eines Arztes festgestellt werden und erst in einer weiteren Stufe aufwendige Einzelfallprüfungen vorgenommen werden. 28

b) Abweichen vom Durchschnittswert

Für einzelne Facharztgruppen einer Region werden für ein Abrechnungsquartal Durchschnittspunktwerte festgelegt. Die einzelne Abrechnung des jeweiligen Kassenarztes wird EDV-gestützt daraufhin überprüft, ob sie von dem Durchschnitt der Facharztgruppe abweicht. 29

Wird eine Überschreitung des Facharztdurchschnittes um einen bestimmten Prozentsatz festgestellt, was meist automatisiert mittels EDV überprüft wird, dann erfolgen weitere Kontrollen.

c) Plausibilitätsprüfung

Bei der Plausibilitätsprüfung, § 83 Abs. 2 SGB V, erfolgt eine Überprüfung der Abrechnung des Arztes dahingehend, ob er die abgerechneten Leistungen in der ihm zur Verfügung stehenden Zeit tatsächlich hat erbringen können. 30

Die Auswahl der Ärzte erfolgt nach dem Stichprobenverfahren anhand einer Prüfliste, §§ 106, 297 SGB V.

Hierfür wurden alle Leistungsziffern durch die kassenärztliche Vereinigungen mit einem Zeitfaktor versehen. Mit EDV-Unterstützung wird nun festgestellt, welche Zeit der Arzt für die von ihm abgerechneten Leistungen benötigen würde.

Die hierbei für eine Leistung zugrunde gelegten Zeitwerte sind jedoch meist sehr gering, d. h. es wird wesentlich weniger Zeit angenommen, als sie der Arzt tatsächlich benötigt. Hierdurch werden nur deutlich auffällige Behandler erfaßt. Erst bei einer Überschreitung der Durchschnittswerte um 50% wird von einem „auffälligen Mißverhältnis" gesprochen, das zu Honorarkürzungen führen kann.[16]

d) Einzelfallprüfung

Die kassenärztlichen Vereinigungen und die Krankenkassen beschäftigen sog. **Prüfärzte.** 31
Hierbei handelt es sich um erfahrene Kassenärzte, die die Abrechnung eines auffällig

---

14 BGH NStZ 1992, 436 (noch zum Gesamtvorsatz).

15 *Mühlhausen* a.a.O., S. 615.

16 *Laufs/Uhlenbruck* a.a.O., § 34 Rn. 14.

gewordenen Arztes überprüfen. Während bei den bisher dargestellten Überprüfungsinstrumentarien nur mit Annäherungwerten oder statistischen Auffälligkeiten gearbeitet wurde und eine automatische Auswertung mit EDV vorgenommen wurde, erfolgt jetzt eine Einzelfallüberprüfung der Abrechnung des Arztes.

e) Sanktionensystem der kassenärztlichen Vereinigung

32 Die Reaktionsmöglichkeiten der kassenärztlichen Vereinigung auf unrichtige oder überzogene Abrechnungen sind weit gespannt und reichen von der Beanstandung bis hin zum Entzug der Kassenarztzulassung.

In der Praxis wird hier am meisten von der Möglichkeit der Honorarkürzung Gebrauch gemacht. Ist der Arzt mit dieser Maßnahme einverstanden, so unterbleibt in aller Regel eine Strafanzeige.

6. Abrechnungsmanipulationen beim Privatpatienten

a) Abrechnungsmodus

33 Im Gegensatz zum Kassenpatienten erhält der Privatpatient von seinem behandelnden Arzt die Rechnung mit Aufgliederung der erbrachten Leistungen. Die Abrechnung erfolgt hier auf der Grundlage der GOÄ.[17]

Nach § 1 Abs. 2 Satz 1 GOÄ darf der Arzt Vergütungen nur für Leistungen berechnen, die nach den Regeln der ärztlichen Kunst für eine medizinisch notwendige ärztliche Versorgung erforderlich sind. Leistungen, die über das Maß einer erforderlichen ärztlichen Versorgung hinausgehen, dürfen nur dann berechnet werden, wenn sie auf Verlangen des Zahlungspflichtigen erbracht wurden, § 1 Abs. 1 Satz 2 GOÄ. Letztere sind nach § 12 Abs. 3 Satz 5 GOÄ in der Rechnung de Arztes gesondert auszuweisen.

34 Die einzelnen Gebührenwerte können durch einen **Multiplikator**, der abhängig von der Schwierigkeit und dem Umfang der ärztlichen Leistung im Einzelfall ist, erhöht werden, § 5 GOÄ.

In der Praxis hat sich eingebürgert, daß für nichtärztliche Leistungen oder für Laborleistungen grundsätzlich der 1,8fache Satz und für ärztliche Leistungen der 2,3fache Satz berechnet und von den Kassen bzw. den Beihilfestellen bezahlt wird. Eine weitere Erhöhung, meist auf den 3,5fachen Satz, bedarf der Begründung durch den Arzt im Einzelfall.

Die Rechnungen legt der Patient seiner Krankenkasse und/oder der Beihilfestelle vor und bezahlt den Betrag unmittelbar an den Arzt. Im Rahmen der jeweiligen Versicherungsbedingungen oder der Beihilfevorschriften bekommt der Patient eine Erstattung der an den Arzt zu zahlenden Beträge.

35 Die ärztliche Gebührenordnung ist für den Laien z.T. unübersichtlich und schwer durchschaubar. Auch hier entsteht für den Arzt die Versuchung falsch oder unrichtig abzurechnen. Angriffsobjekt der Betrügereien ist im allgemeinen die **private Krankenversicherung** und bei öffentlichen Bediensteten die **Beihilfestelle** und damit der Staat oder kommunale Dienststellen. Auch wenn der Patient die Einzelheiten der Rechnung in Hinblick auf seinen vollen Erstattungsanspruch häufig nicht voll überprüft, geht der Arzt, der nicht ein besonderes Vertrauensverhältnis zum Patienten hat, ein höheres Entdeckungsrisiko als bei der Abrechnung gegenüber der kassenärztlichen Vereinigung ein.

b) Privatärztliche Verrechnungsstellen

36 Die Abrechnung der privatärztlichen Leistungen erfolgt teilweise über privatärztliche Verrechnungsstellen, deren Bedeutung aber in Hinblick auf die zunehmende Ausstattung der Arztpraxen mit EDV schwindet.

---

[17] Gebührenordnung für ärztliche Leistungen vom 12. November 1982 in der Fassung vom 23. Dezember 1995, BGBl. 1995 I 1861.

Der Arzt teilt hier der jeweiligen Abrechnungsstelle Namen und Anschrift des Patienten, Diagnose und die erbrachten Leistungsziffern der GOÄ mit. Die Verrechnungsstelle erstellt für den Arzt die Rechnung, verschickt diese an den Patienten und nimmt den außergerichtlichen Forderungseinzug vor.

Nach 1 Abs. 1 Nr. 5 Rechtsberatungsgesetz bedarf die Abrechnungsstelle der Genehmigung ihrer Tätigkeit als Inkassounternehmen durch den zuständigen Landgerichtspräsidenten.

Die Abrechnung mit dem Arzt erfolgt teilweise rein im Wege des Inkassos. Hier leitet 37 die Verrechnungsstelle die bei ihr eingezahlten Rechnungssummen nach Abzug des vereinbarten Honorars an den Arzt weiter.

In anderen Fällen erfolgt die Abrechnung auch über Factoring, indem die Verrechnungsstelle dem Arzt die Forderung abkauft und diese mit Versenden der Rechnung an den Patienten an den Arzt bezahlt. Üblich ist es aber, daß die Forderung, falls sie nicht innerhalb eines bestimmten Zeitraumes vom Patienten bezahlt wird, dem Arzt rückbelastet wird.

Der Patient muß der Einschaltung einer Verrechnungsstelle und damit der Weitergabe 38 der Behandlungsdaten an diese ausdrücklich zustimmen. Die Abtretung einer ärztlichen oder zahnärztlichen Honorarforderung an eine gewerbliche Verrechnungsstelle, die zum Zwecke der Rechnungserstellung und Einziehung unter Übergabe der Abrechnungsunterlagen erfolgt, ist jedoch wegen Verletzung der ärztlichen Schweigepflicht (§ 203 I Nr. 1 StGB) gem. § 134 BGB nichtig, wenn der Patient ihr nicht zugestimmt hat.[18]

Für die Annahme einer stillschweigenden Einwilligung des Patienten in die Weitergabe der Abrechnungsunterlagen an eine gewerbliche Verrechnungsstelle zum Zwecke der Rechnungserstellung und Forderungseinziehung genügt es nicht, daß der Patient die ärztliche Behandlung in Anspruch nimmt, nachdem er schon früher Rechnungen des Arztes durch diese Verrechnungsstelle erhalten und bezahlt hat.[19]

Je nach Gestaltung des Vertrages der Verrechnungsstelle mit dem Arzt begeht diese Be- 39 trug bzw. Untreue, wenn sie Gelder von Patienten einzieht und diese Forderung zuvor dem Arzt gegenüber nicht bezahlt hat oder wenn sie im Wege des Inkasso eingezogene Gelder nicht an der Arzt weiterleitet.

Es sind auch Fälle bekannt geworden, in denen die Verrechnungstelle dem Arzt eine „günstige Anlage" der vereinnahmten Gelder anbot und ihm so das „Unterbringen" von Schwarzgeldern ermöglichte. Die Verrechnungsstelle hat sich in diesen Fällen zumindest der Beihilfe zur Steuerhinterziehung schuldig gemacht.

Manche kriminelle Verrechungsstellen bieten dem Arzt auch den Service einer „maxi- 40 malen" Abrechnung. Hier ist es nicht der Arzt, der der Abrechnungsstelle die einzelnen von ihm erbrachten Leistungsziffern mitteilt. Mitgeteilt wird nur eine Diagnose oder ein Oberbegriff der erbrachten Leistung (z. B. „Blinddarmoperation"). Die Abrechnungsstelle erstellt dann die Patientenrechnung unter Zugrundelegung aller bei einer derartigen Behandlung üblicherweise vorkommenden Leistungen – egal, ob wirklich durchgeführt oder nicht.

„Optimierungen" der Abrechnung erfolgen etwa auch bei zeitbezogenen Leistungen. So kostet etwa eine durchgeführte Narkose für jede begonnene halbe Stunde einen bestimmten Betrag. Im „Bedarfsfall" wird die Narkosedauer vom 2:25 Stunden auf 2:35 Stunden angehoben – und schon ist mehr verdient!

Bei einer anderen Fallgestaltung werden vom Arzt der Abrechnungsstelle Vorgaben dahingehend gemacht, was die Operation insgesamt kosten soll. Die Abrechnungsstelle stellt dann – EDV-gestützt – die Leistungsziffern entsprechend zusammen.

---

18 BGH, BGHZ 115, 123.

19 BGH NJW 92, 2348.

c) Betrug durch unrichtige Berechnung des Gebührenfaktors

41 Zusätzlich zu den bei der Kassenabrechnung geschilderten Manipulationsmöglichkeiten wird bei der Abrechnung privatärztlicher Leistungen auf tatsächlich erbrachte Leistungen ein **zu hoher Gebührenfaktor** in Ansatz gebracht.[20] So wird verbreitet „automatisch" der 2,3fache Gebührensatz berechnet, obwohl hier an sich nur der 1,8fache Gebührensatz zulässig wäre. In diesen Fällen täuscht der Arzt über den Schwierigkeitsgrad der von ihm erbrachten Leistungen.

d) Vereinbarungen zwischen Arzt und Patient

42 Weit verbreitet ist auch die Vereinbarung zwischen Privatpatienten und Arzt, sich im Falle der **Teilhonorierung** durch die Versicherung oder die Beihilfestelle mit diesen Beiträgen zufriedenzugeben. Um aber dem Arzt die volle Honorierung zu verschaffen, werden Einzelleistungen fingiert. Verschiedentlich werden auch falsche, zumeist spätere Behandlungsdaten eingesetzt, um Zeitbegrenzungen beim Ersatz ärztlicher Leistungen zu umgehen oder dem Patienten die Vorteile einer erst abzuschließenden Zusatzversicherung zu verschaffen.

Um derartigen Manipulationen entgegenzuwirken, enthalten die **Beihilfeanträge** die Erklärung des Antragstellers, daß er spätere Preisnachlässe der Beihilfestelle unverzüglich mitteilen werde. Das Unterlassen dieser Meldung begründet den Tatbestand des Betruges. Durch den Preisnachlaß hat sich der beihilfefähige Rechnungsbetrag verringert. Der Schaden liegt in der Differenz zwischen dem geltend gemachten und dem tatsächlichen Beihilfeanspruch. Der Nachweis vorsätzlichen Handelns ist aufgrund der abgegebenen Erklärung unproblematisch.[21]

e) Gemeinschaftliche Täuschung der Krankenversicherung

43 In anderen Fällen wird durch den Arzt der Abschluß einer Krankenhauszusatzversicherung angeraten, um etwa einen notwendigen Krankenhausaufenthalt als Privatpatient genießen zu können. Um Schwierigkeiten mit etwaigen Leistungsausschlüssen entgegnen zu können, bestätigt der Arzt dem Patienten bewußt wahrheitswidrig, daß ein Krankenhausaufenthalt nicht erforderlich ist.

Da es sich bei der Bestätigung über den Gesundheitszustand des künftigen Versicherungsnehmers um ein Zeugnis über den Gesundheitszustand eines Menschen handelt,[22] liegt neben dem Betrug z. N. der Krankenkasse hier meist auch ein Vergehen des Ausstellens unrichtiger Gesundheitszeugnisse nach § 278 StGB[23] vor.

f) Steuerhinterziehung

44 Gerade die Abrechnung der privatärztlichen Tätigkeit hat wiederholt die Möglichkeit geboten, über schwarze Konten Honorare zu vereinnahmen, ohne sie in der Buchhaltung und damit in der Steuererklärung zu erfassen.

Auffällig ist immer, wenn der Arzt auf verschiedenen Rechnungen unterschiedliche Bankkonten angibt. Hier ist zu prüfen, ob auch beide Konten in die Buchhaltung Eingang finden.

Hinweise können auch daraus gewonnen werden, nach welchen Kriterien die unterschiedlichen Bankkonten auf den jeweiligen Rechnungen angegeben wurden. Hinweise

---

[20] Vgl. oben Rn. 34.

[21] Zu derartigen Manipulationen und ihrer rechtlichen Problematik vgl. *Müller/Wabnitz* „Kriminalität oder Grauzone im Gesundheitswesen", NJW 1984, 1789, 1790.

[22] *Tröndle/Fischer,* StGB, § 277 Rn. 3.

[23] Vgl. hierzu *Laufs/Uhlenbruck*, § 146 Rn. 1 ff., 6.

können hier das Abrechnungsprogramm oder eine Vernehmung der Arzthelferinnen geben.

7. Das rechtswidrige Abdingen der Regelsätze der ärztlichen Gebührenordnung

a) Der Gebührenrahmen

In der Gebührenordnung für Ärzte (GOÄ)[24] wird in § 5 Abs. 2 S. 3 bestimmt, daß der Arzt in der Regel nur eine Gebühr zwischen dem einfachen und dem 2,3fachen des Gebührensatzes berechnen darf. Ein Überschreiten des 2,3fachen Gebührensatzes ist nur zulässig, wenn besondere Schwierigkeiten des Falles dies rechtfertigen. Eine Erhöhung der Gebühr bis zum 3,5fachen (§ 5 Abs. 1 S. 1 GOÄ) setzt entweder eine Begründung durch den Arzt oder eine Vereinbarung mit dem Privatpatienten voraus. 45

b) Erhöhung der Hebesätze durch Honorarvereinbarung

§ 2 GOÄ räumt dem Arzt ergänzend das Recht ein, mit dem Patienten vor Erbringung der ärztlichen Leistung in einem gesonderten Schriftstück eine abweichende Regelung von § 5 GOÄ (Gebührenrahmen) zu treffen. Der Arzt ist jedoch an das Leistungsverzeichnis der GOÄ gebunden. Die Vereinbarung anderer Gebührenmaßstäbe ist mit den Motiven des Gesetzgebers nicht in Einklang zu bringen.[25] Obwohl die abweichenden Honorarvereinbarungen für den Patienten in ihren finanziellen Auswirkungen und im Umfang der Abweichung gegenüber der amtlichen Gebührenordnung erkennbar sein müßten, entsprechen vielfach im gesamten Bundesgebiet die in den einzelnen Arztpraxen verwendeten Abdingungserklärungen nicht diesen Erfordernissen. Der Zahlungspflichtige erleidet dadurch erhebliche finanzielle Einbußen. 46

Die staatlichen und kommunalen Beihilfestellen errechnen die Höhe der zu leistenden Beihilfe grundsätzlich aus dem 2,3fachen Regelsatz (§ 5 GOÄ). Auch bei Privatversicherern führt die Abdingung und damit die Erhöhung des Regelsatzes vielfach zur Minderung des Erstattungsanspruchs. Der Patient hat somit diese Differenz aus eigener Tasche zu zahlen.

c) Das rechtswidrige Abbedingen

Diese Vermögenseinbuße ist dann strafrechtlich als Vermögensschaden zu beurteilen, wenn die Abbedingung der Regelsätze durch mangelhafte Aufklärung erschlichen wurde. Werden in einer Arztpraxis dem Patienten ohne nähere Erläuterung formularmäßige Honorarvereinbarungen abverlangt, die keinerlei Hinweise auf die finanziellen Folgen enthalten, steht nicht nur die zivilrechtliche Gültigkeit dieser Vereinbarung in Frage, sondern der Verdacht des Betrugs ist begründet. Im übrigen darf diese Vereinbarung gem. § 2 Abs. 2 S. 3 GOÄ keine weiteren Erklärungen enthalten.[26] 47

Soweit in **Krankenhäusern** durch das Pflegepersonal oder sonstige Bedienstete des Krankenhausträgers die Behandlung eines oft hilflosen Patienten davon abhängig gemacht wird, daß er zunächst eine gesonderte Honorarvereinbarung unterzeichnet und eine Koppelung mit den Leistungen des Chefarztes vorgenommen wird, werden wohl die Grenzen der Nötigung und ggf. der Erpressung überschritten. 48

Bedenklich ist auch, wenn der Patient nach einer ambulanten Untersuchung durch den Operateur einen Operationstermin vereinbart und ihm erst *nach* der Krankenhaus- 49

---

[24] Vgl. oben Rn. 33

[25] Kommentar zur GOÄ, § 2 Anm. 1.

[26] Zur Anwendung des AGB-Gesetzes und Nichtigkeit der Vereinbarung vgl. AG Bad Homburg NJW 1984, 2637 und *Kölsch*, NJW 1985, 2172, siehe auch Kommentar zur GOÄ, a.a.O., Anm. 2.3.3.; BGH NJW 1992, 746.

aufnahme eine Honorarvereinbarung zur Unterschrift vorgelegt wird. Viele Patienten können oder trauen sich in dieser Situation dann nicht mehr, die Unterschrift zu verweigern. Oft wurde auch durch die Aufnahme bereits ein Behandlungsvertrag mit Vereinbarung privatärztlicher Leistungen abgeschlossen und der Patient hat keinen Anlaß, einer Abänderung dieses Vertrages in Form der nachträglichen Honorarvereinbarung zuzustimmen.

d) Wettbewerbsbeschränkende Maßnahmen

50 Zu beachten ist auch, ob durch die zwischen Ärzten einer Region oder einer größeren Stadt erfolgten Absprachen über Abdingung oder bewußte Mißachtung der GOÄ eine wettbewerbsbeschränkende Maßnahme zu bejahen ist. In diesen Fällen liegt eine Zuwiderhandlung gegen § 81 Abs. 1 Nr. 1 GWB i. V. m. § 1 GWB und somit eine Ordnungswidrigkeit vor. Es ist deshalb unverzüglich die zuständige Landeskartellbehörde und bei bundesweiten Verstößen das Bundeskartellamt in die Ermittlungen einzuschalten.[27]

8. Sonstiger Mißbrauch im Bereich ärztlicher Leistungen

51 Der Arzt muß in zahlreichen Fällen **therapeutisch-physikalische Behandlungen**, z. B. Massagen, Fangopackungen, Krankengymnastik, Elektrotherapie, Hydrotherapie, Rotlicht usw. verordnen. Die hier anzuwendenden Richtlinien werden gem. §§ 32, 33, 124, 127 SGB V zwischen den ärztlichen Berufsverbänden, den Leistungserbringern und den Verbänden der Krankenkassen und der Ersatzkassen vereinbart.

Die Inhaber derartiger Therapieinstitute erstreben eine Steigerung ihrer Einkünfte durch Zuweisung zahlreicher Patienten. Die Patienten äußern oft den Wunsch, z. B. anstelle einer Heilgymnastik oder Massage die Sauna und das Solarium auf „Krankenschein" in Anspruch nehmen zu dürfen. Einzelne Inhaber solcher Institute ließen sich sofort die Versicherungskarte aushändigen und überbrachten diesen jenem Arzt, der sich zu manipulierten Verordnungen bereit zeigte. Ohne den Patienten untersucht zu haben, verschrieb er physikalische Therapie und rechnete gegenüber den Krankenkassen in Wahrheit nicht erbrachte Leistungen ab.

52 Neben dem Verstoß gegen Standespflichten, die zum Entzug der kassenärztlichen Zulassung führen sollten, erfüllt der Arzt den Tatbestand des Betrugs. Der Inhaber des therapeutischen Instituts und der Patient sind Mittäter. Diese handeln häufig auch ohne Kenntnis des Arztes, wenn für tatsächlich erforderliche vom Arzt verschriebene Massage etwa ein Gang in die Sauna finanziert wird.

9. Besonderheiten im Ermittlungsverfahren

a) Durchsuchung und Beschlagnahme versus Schweigepflicht

53 Bei begründetem Tatverdacht sind die betreffenden **Patientenkarteien** zu beschlagnahmen und die dort vorgenommenen Eintragungen mit dem Inhalt der Abrechnung gegenüber der kassenärztlichen Vereinigung zu vergleichen;[28] das Beschlagnahmeverbot des § 97 StPO gilt hier nicht, da der Arzt selbst Beschuldigter ist.[29]

Verschiedentlich scheuen sich nämlich die Ärzte, in den Krankenblättern fingierte Werte einzutragen, zumal in der Folgezeit ärztliche Behandlungsfehler zu befürchten wären, wenn aufgrund der unrichtigen Dokumentation eine weitere Behandlung erfolgen würde. Oft ist in der Arztpraxis auch eine „doppelte Buchhaltung" vorhanden, indem

---

[27] Zur Problematik bei Kartellabsprachen durch Ärzte vgl. OLG München, NStZ 1985, 175.

[28] Zur Zulässigkeit der Beschlagnahme ärztlicher Patientenkarteikarten bei Verdacht des Abbruchs der Schwangerschaft, vgl. BGH NJW 1992, 763 ff. – Fall Theissen.

[29] Vgl. hierzu allgemein *Wasmuth* a.a.O., NJW 1989, 2297 ff., *Kleinknecht/Meyer-Goßner*, StPO, § 97 Rn. 18 ff.

der Arzt sowohl Eintragungen in einer papierenen Patientenkartei als auch in einem EDV-System vornimmt. Aus den Krankenunterlagen und einem Vergleich mit der tatsächlichen Abrechnung können wertvolle Erkenntnisse gewonnen werden.

Der Kassenarzt ist gem. § 5 des Bundesmantelvertrages Ärzte (BMV-Ä) verpflichtet, über den Befund und die Behandlungsmaßnahmen Aufzeichnungen zu machen und diese mindestens zehn Jahre nach Abschluß der Behandlung aufzubewahren, soweit nicht andere Vorschriften eine längere Aufbewahrung erfordern.[30] Die entsprechenden Abrechnungsunterlagen bei der kassenärztlichen Vereinigung und den Krankenkassen werden in der Regel mindestens fünf Jahre aufbewahrt, wobei Krankenscheine und sonstige Berechtigungsscheine für die Leistung von den Kassen nur solange aufbewahrt werden, wie dies für die Prüfungszwecke der Kassen erforderlich ist. Um dem Verlust von Beweisunterlagen vorzubeugen, muß der Staatsanwalt bei Einleitung von Ermittlungen unverzüglich die kassenärztliche Vereinigung und die Krankenkassen auffordern, die den Arzt betreffenden Unterlagen nicht zu vernichten oder gespeicherte Daten zu löschen. 54

Nach § 73 Abs. 1 und 3 SGB X ist für die Übermittlung der bei der kassenärztlichen Vereinigung und bei den Krankenkassen vorhandenen Patienten- und Behandlungsdaten ein richterlicher Beschluß erforderlich. Abrechnungsbetrug ist immer eine Straftat von erheblicher Bedeutung im Sinne dieser Vorschrift.

Der Staatsanwalt muß bei der Auswertung der beschlagnahmten Unterlagen im Hinblick auf facharztspezifische Leistungen und Manipulationen einen Sachverständigen hinzuziehen. Über große Erfahrungen und entsprechende Routine verfügen hier die Prüfärzte der AOKs, auf die ggf. zurückgegriffen werden sollte.

Um eine nachträgliche Verfälschung zu verhindern, müssen grundsätzlich die Originalunterlagen beschlagnahmt werden, wobei dem Arzt zur Ermöglichung weiterer Behandlungen eine Fotokopie im Bedarfsfall zur Verfügung gestellt werden kann. 55

b) Patientenbefragung

Während bei der Ermittlung von allgemeinen Betrugsdelikten die Vernehmung der Geschädigten, ggf. auch lediglich durch Übersendung eines Fragebogens, hilfreich ist, bietet ein derartiges Vorgehen in den Fallgestaltungen des Abrechnungsbetruges meist nur wenig Aussicht auf Erfolg. 56

Patienten müßten sich an oft einige Jahre zurückliegende ärztliche Behandlungen erinnern und darüber Aufschluß geben, welche Untersuchungen oder Behandlungen der Arzt an ihnen vorgenommen hat. Hiermit ist die Erinnerung des Einzelnen oft überfordert.

c) Das ärztliche Hilfspersonal

In verschiedenen Fällen werden die Staatsanwaltschaften durch Angehörige des Hilfspersonals des Arztes fernmündlich und anonym über „Luftabrechnungen" unterrichtet. Diesen Mitteilungen wird nicht immer die erforderliche Aufmerksamkeit gewidmet. Bei derartigen Benachrichtigungen muß der Staatsanwalt mit der kassenärztlichen Vereinigung in Verbindung treten und eine spezielle Überprüfung der einschlägigen Abrechnungsunterlagen des Arztes anregen. 57

Die Ermittlungen müssen sich auf die alsbaldige bzw. sofortige Vernehmung der Arzthelferinnen und in geeigneten Fällen auf die der Patienten erstrecken. Das ärztliche Hilfspersonal sollte alsbald, möglichst in zeitlichem Zusammenhang mit einer laufenden Durchsuchungsmaßnahme vernommen werden. In den meisten Fällen ist in einer Praxis eine erfahrene und lang in der Praxis arbeitende Arzthelferin die Vertrauensperson des Arztes, die für ihn auch die Abrechnungen durchführt.

Oft ist es auch sinnvoll, durch Vernehmungen festzustellen, ob vor kürzerer Zeit Arzthelferinnen entlassen wurden oder von sich aus gekündigt haben. Diese sind dann oft 58

[30] Vgl. DOK 1978, 795.

eher bereit, Angaben zu machen als Mitarbeiterinnen des Arztes, die für den Fall einer negativen Aussage gegen ihren Arbeitgeber um den eigenen Arbeitsplatz fürchten oder die ggf. Mittäter oder Gehilfen sein können.

Versucht der Arzt, durch Weisungen gegenüber seinem Personal das Beweisergebnis zu seinen Gunsten zu beeinflussen, so ist bei Verdunklungsgefahr auch die Festnahme zu veranlassen. In bestimmten Fällen kann bei der Verhaftung eines Arztes zur Gewährleistung der ärztlichen Versorgung die Unterrichtung der Gesundheitsbehörden sachdienlich sein.[31]

d) Fehlende Anzeigepflicht der kassenärztlichen Vereinigungen und der Krankenkassen

59 Ärztliche Verfehlungen werden leider durch die Versicherungsträger und die kassenärztlichen Vereinigungen unter Verkennung des Datenschutzes nur sporadisch zur Anzeige gebracht. **Der Gesetzgeber hat es versäumt, eine Anzeigepflicht festzulegen, die im Interesse der Allgemeinheit wäre**.[32]

Gleichwohl ist eine enge Zusammenarbeit zwischen mitteilenden Stellen und der Staatsanwaltschaft unerläßlich. Die kassenärztlichen Vereinigungen und die Krankenkassen gewinnen häufig und frühzeitig Erkenntnisse, die auf mögliche Abrechungsbetrügereien hindeuten. Sie überwachen nach § 106 SGB V die Wirtschaftlichkeit der kassenärztlichen Versorgung.[33] Auffälligkeiten werden dann festgestellt, wenn der Arzt bei seinen abgerechneten Leistungen und seinen Verordnungen 50% über dem Durchschnitt seiner Berufsgruppe liegt (Auffälligkeitsprüfung). Daneben wird in bestimmten Fällen geprüft, ob der Arzt die von ihm an einem bestimmten Tag berechneten ärztlichen Leistungen auch innerhalb seiner Arbeitszeit hätte erbringen können. Die so gewonnenen Erkenntnisse dürfen nicht nur zu Rückforderungen oder Kürzungen führen, sondern müssen Anlaß zu einer sorgfältigen Prüfung der kassenärztlichen Vereinigung dahingehend geben, ob die Staatsanwaltschaft zu unterrichten ist.

e) Die Schätzung

60 Bei Ermittlungen wegen Abrechnungsbetrug werden in vielen Fällen umfangreiche Unterlagen sichergestellt, deren Auswertung die Kapazität der Ermittlungsbehörden überschreitet. Geht man allein von einer mittleren Arztpraxis aus, in der im Quartal etwa 1500 Patienten behandelt werden, so ist klar, daß von vornherein eine Beschränkung des Ermittlungsverfahrens zwingend geboten ist.

Aber auch dann, wenn die Ermittlungen auf bestimmte Fallgruppen beschränkt werden, sind oft noch mehrere Tausend Einzelfälle, in denen unrichtige Angaben gegenüber der kassenärztlichen Vereinigung oder dem Patienten gemacht wurden, zu ermitteln.

Die Rechtsprechung[34] hat in diesen Fällen die Ermittlung der Schadenshöhe durch Stichprobe und Wahrscheinlichkeitsrechnung zugelassen. Die Schätzung ist dann zulässig, wenn die gezogene Stichprobe keine Auffälligkeiten aufweist, sie für eine Hochrechnung ausreichend groß bemessen ist und die Berechnungsmethode von einem Sachverständigen nicht zu beanstanden ist.

Auch wenn es sich bei dieser Art der richterlichen Überzeugungsbildung um Wahrscheinlichkeitsüberlegungen handelt, die begrifflich die (völlige) Überzeugung ausschließen, hat der BGH[35] die Schätzung zur Schadensermittlung zu Recht zugelassen.[36] Heutige statistische Methoden erlauben es, die Genauigkeit und Aussagekraft einer Stich-

---

[31] Vgl. auch MiStrA Nr. 24.

[32] Vgl. hierzu *Schnapp/Düring* a.a.O., NJW 1988, 738.

[33] Vgl. oben Rn. 23.

[34] BGHSt 36, 320 = NStZ 1990, 197; BGH wistra 1990, 227; BGH wistra 1993, 300.

[35] Rn. 24.

[36] A. A. *Salditt* a.a.O.

probe mit einem sehr hohen Wahrscheinlichkeitsgrad festzulegen. Eine verbleibende Unsicherheit kann durch einen „Sicherheitsabschlag" bei dem durch die Hochrechnung ermittelten Betrag ausgeglichen werden.

Da es sich bei der Schätzung um Berechnungen im Bereich der Strafzumessung handelt, müssen für jeden Tatzeitraum (= Abrechnungsperiode gegenüber der kassenärztlichen Vereinigung) gesonderte Zahlen festgelegt werden. 61

Zumindest in umfangreichen Verfahren sollte die Hilfe eines (auch) für Statistik sachkundigen Sachverständigen herangezogen werden, um Art und Umfang der zu ziehenden Stichprobe, d. h. der auszuermittelnden Einzelfälle, festzustellen und die Berechnungsmethode für die Hochrechnung festzulegen.

f) Strafzumessung

Der BGH hat wiederholt klargestellt, daß das Vertrauen, das die Versichertengemeinschaft, die gesetzlichen Kassen und die kassenärztliche Vereinigung dem Arzt aufgrund der Struktur des Abrechnungswesens entgegenbringen, in Fällen, in denen über mehrere Jahre hinweg in vielen Fällen falsch abgerechnet wurde, schwer mißbraucht wurde. Der Täter habe hier regelmäßig ein solches Maß an Sozialschädlichkeit und persönlicher Schuld verwirklicht, daß die Taten mit einer empfindlichen Freiheitsstrafe zu ahnden seien.[37] 62

g) Verlust der Approbation

In Fällen des Abrechnungsbetruges mit einem hohen Schaden, der über einen langen Zeitraum betrieben wurde, sollte immer auch an ein Berufsverbot nach § 70 StGB gedacht werden, das im Ermittlungsverfahren bereits vorläufig nach § 132 a StPO verhängt werden kann. 63

Der Abrechnungsbetrug kann, wenn er über Jahre hinweg in großem Stil betrieben wird, auch **verwaltungsrechtlich** zum Verlust der Approbation führen. Auch wenn es sich beim Abrechnungsbetrug nicht um Verfehlungen handelt, die den eigentlichen beruflichen Kernbereich berühren, kann das Verhalten doch geeignet sein, einen Mangel an Zuverlässigkeit für die Ausübung des ärztlichen Berufs erkennen zu lassen.[38] 64

In dem verwaltungsrechtlichen Entzugsverfahren können die staatsanwaltschaftlichen Ermittlungsakten verwerten.[39]

Verzichtet der Arzt freiwillig auf die Approbation, so ist dies bei der Strafzumessung zugunsten des Arztes zu werten.

III. Die Bestechung im medizinischen Bereich, insbesondere in Krankenhäusern[40]

1. Die Organisation

Seit 1. Januar 1979 haben die Krankenhäuser aufgrund der Verordnung über die Rechnungs- und Buchführungspflichten jährlich Wirtschaftspläne zu erstellen und die Geschäftsvorfälle nach den Grundsätzen kaufmännischer Buchführung aufzuzeichnen. Die meisten Krankenhäuser in der Bundesrepublik werden durch Gebietskörperschaften (Städte, Landkreise, Bezirke und auch das Bundesland selbst, z. B. Universitätskliniken), in geringerem Umfange durch kirchliche Institutionen und in Einzelfällen durch Privat- 65

37 BGH Strafverteidiger 1993, 520 = wistra 1993, 300; BGH NStZ 1991, 181; BGH NStZ 1992, 436.

38 Bayer. VGH, ArztR 1991, 107; Baden-Württemb. VGH, NVwZ-RR 1995, 203.

39 BVerwG v. 28. April 1998, 3 B 174/97.

40 Vgl. hierzu auch Kapitel 12 – Korruption.

personen betrieben. Bei kommunalen Krankenhäusern handelt es sich zumeist um eine rechtlich-organisatorisch und wirtschaftlich unselbständige Einrichtung. Das Krankenhaus wird in diesen Fällen durch den Oberbürgermeister, Stadtrat, sowie durch die vom Stadtrat bestellten Organe verwaltet und vertreten. Die Vorschriften über die Gemeinnützigkeit (§§ 51ff., 67 AO) finden in der Regel Anwendung. Zur Erfüllung dieser Gemeinnützigkeitsvoraussetzung muß die Geschäftsführung der Krankenhaussatzung entsprechen (vgl. § 63 AO).

66 Die Beschäftigten in öffentlichen Krankenhäusern sind daher in der Mehrzahl Amtsträger oder für den öffentlichen Dienst förmlich besonders Verpflichtete. Sie schlagen den zur Vergabe und Auftragserteilung berufenen Organen und Vertretern die Beschaffung der einzelnen Wirtschaftsgüter vor, wobei die Grundsätze der VOL (Verdingungsordnung-Leistung) oder VOB (Verdingungsordnung-Bau) bei der Auftragserteilung beachtet werden sollen. Zahlreiche Ausgaben unterfallen aber den Geschäften der laufenden Verwaltung.

67 Bei der Beschaffung beweglicher und unbeweglicher Anlagegüter unterscheidet man den medizinischen, wirtschaftlichen und verwaltungsmäßigen Bedarf. Lebensmittel, bestimmter medizinischer Bedarf, Arzneimittel, Betriebsstoffe, Waschmittel, Desinfektionsmittel, Haushaltsverbrauchsmittel, Bürobedarf werden zumeist durch die für diesen Funktionsbereich zuständigen **Wirtschaftsleiter** unmittelbar beschafft.

So gibt es die Funktion eines technischen Leiters, eines Wäschereileiters, eines Lebensmitteleinkäufers usw. Die Anbieter von Wirtschaftsgütern haben daher einen großen Kreis von Ansprechpartnern, denen Leistungen aller Art angeboten werden können. Während die Preise für Lebensmittel, Büromöbel, Brennmaterial, Bettwäsche, Reinigungsmittel und die Notwendigkeit ihrer Beschaffung im Bereich des zwar schwer, jedoch noch Überprüfbaren liegen, tappen die Krankenhausträger bei der Beschaffung im medizinischen Bereich hoffnungslos im Dunkeln. Welcher Stadtrat kann beurteilen, ob ein kostspieliges Untersuchungsgerät für die medizinische Versorgung und Betreuung der Patienten sachdienlich und erforderlich ist?

2. Beschaffung medizinischer Geräte

68 Durch Hersteller- oder Vertriebsfirmen kostspieliger medizinischer Geräte wird zumeist ohne Wissen des Krankenhausträgers – nicht selten geschieht dies auch auf Kongressen. den für bestimmte Bereiche verantwortlichen Ärzten die kostenlose und unverbindliche Erprobung neu entwickelter Untersuchungs- und Behandlungsgeräte angeboten. Dies erfolgt aber nicht unter dem Aspekt der Nächstenliebe, sondern allein zur Erlangung eines Wettbewerbsvorsprungs bezüglich des geplanten Verkaufs dieses Gerätes. Die Gegenstände werden dann im jeweiligen Krankenhaus angeliefert, ohne in einem Geräteverzeichnis erfaßt zu werden. Der Arzt benützt die Apparatur vor allem im ambulanten Bereich und berechnet die ärztlichen Leistungen gegenüber Privatpatienten und in besonderen Fällen auch gegenüber den Kassen.

Hierbei wird sogar die vom Krankenhausträger vorgeschriebene Behandlungs- und Leistungsorganisation, z. B. Zentralisierung einer bestimmten Aufgabe im diagnostischen Bereich, mißachtet. Erlangt der Krankenhausträger zufällig Kenntnis von dieser wettbewerbswidrigen Maßnahme und zeigt er keine Ankaufsbereitschaft, wird das Gerät unverzüglich durch den so „uneigennützigen" Anbieter wieder abgeholt. In der Regel aber kauft der ahnungslose Krankenhausträger aufgrund der gegebenen fachärztlichen Beurteilung die längst in der Klinik aufgestellte Apparatur. Bislang fehlen in den meisten Krankenhäusern für den ärztlichen Bereich eindeutige Anweisungen des Krankenhausträgers, wonach derartige wettbewerbswidrige Angebote unverzüglich zu melden sind und unter keinen Umständen angenommen werden dürfen.

Wer ein Gerät kostenlos und unverbindlich zum eigenen Nutzen erproben darf, wird grundsätzlich bei der Entscheidung über den Ankauf befangen sein. Die spätere Ersatzbeschaffung und der Erwerb von Zubehör sind außerdem eine zwangsläufige Folge der Erstentscheidung.

Auf den ärztlichen Entscheidungsträger, der auf die Beschaffung der medizinischen Geräte Einfluß nehmen kann, wird aber durch die Herstellerfirmen in noch stärkeren Umfang Einfluß genommen. Dies beginnt bei der Ermöglichung der kostenlosen Teilnahme an Kongressen im In- und Ausland und endet bei der kostenlosen Zuwendung von Kraftfahrzeugen. **69**

3. Die Pseudozugabe im ärztlichen Bereich

Manche Firmen haben erkannt, daß der Arzt in bestimmten Fällen auch beim Ankauf anderer Gegenstände, insbesondere bei Arzneimitteln und medizinischen Produkten wie etwas Herzklappen, Hüftprothesen, Kathetern u. a. zu Rate gezogen wird. Die im Angebot vorgesehenen Artikel sind als Zuwendung an den Mediziner ungeeignet. Eine unmittelbare persönliche Geldzuwendung wäre zu plump. Es muß deshalb durch den Anbieter eine besondere Aufgeschlossenheit für die Probleme des Krankenhauses vorgespiegelt werden. Für den Fall einer Auftragserteilung für Medikamente u. a. stellt dieses Lieferwerk dem Arzt und damit „mittelbar" dem Krankenhaus kostenlos z. B. ein Ultraschallgerät zur Verfügung, was aber wiederum die Berechnung gesonderter ärztlicher Leistungen ermöglicht. **70**

Als ein mit den Gepflogenheiten der Anbieter und „Schmierer" vertrauter Insider im Bundesgebiet mehrere dieser Fälle aufdeckte, wovon auch Staatsanwaltschaften Kenntnis erlangten, kam es zu einem Ermittlungskuriosum. Die Krankenhausträger genehmigten nach Entdeckung der Tat mit Rückwirkungshinweis die Vorteilsannahme, um die Anwendung des § 331 StGB auszuschließen. Der Landrat eines Kreiskrankenhauses genehmigte sogar die dem Arzt zur Beschaffung einer medizinischen Apparatur gemachte Geldzuwendung, obwohl sich dieser Betrag noch zum Zeitpunkt der Entdeckung auf dem Privatkonto des Krankenhausarztes befand. Weder die Öffentlichkeit noch die Mitbewerber erhielten Kenntnis über die im Bundesgebiet anhängig gewesenen Ermittlungsverfahren. **71**

Nach wie vor erblicken die Krankenhausträger in derartigen Zuwendungen eine direkte oder indirekte Begünstigung ihres Krankenhauses und verkennen, daß der Anbieter solcher Vorteile in Wahrheit sein Schäfchen ins Trockene bringt, der Käufer die Zeche vielleicht doppelt bezahlen muß und der lautere freie Wettbewerb durch solche Machenschaften empfindlich gestört wird.

4. Die gutachterliche Tätigkeit

Bei besonders hochsensiblen medizinischen Apparaturen ist der Verschleiß groß, so daß neben laufend zu erwerbendem Zubehör nach einer gewissen Zeitspanne eine Neuanschaffung unerläßlich ist. Um aber mit dem Krankenhausträger und anderen Kliniken im Geschäft zu bleiben, braucht der Anbieter einen Fürsprecher. Aus diesem Grund wird dann z. B. einem Radiologen das Angebot unterbreitet, daß er für seine fortlaufenden Erfahrungsberichte über die Einsatz- und Leistungsfähigkeiten eines bestimmten Gerätes honoriert werde. Hiervon erlangt der Krankenhausträger nur in wenigen Fällen Kenntnis, weil diese Tätigkeit nicht zu den Dienstaufgaben des Arztes gehört und diesem mangels Belehrung nicht bekannt ist, daß auch die Honorierung seiner Gutachten eine Vorteilsgewährung und -annahme zumindest gem. § 299 StGB beinhaltet. Durch flankierende Maßnahmen – hierzu gehören auch sachdienliche Belehrungen des Arztes und Auferlegung einer Meldepflicht bezüglich der Vorteilsangebote – muß den Grundsätzen des lauteren Wettbewerbs Rechnung getragen werden. **72**

Diese Forderung ist um so dringlicher, als auch Verkaufsspezialisten der pharmazeutischen Industrie nicht nur bei frei praktizierenden, sondern auch bei Krankenhausärzten die Gunst für ihre Produkte durch besondere Zuwendungen erkaufen. Die Absatzwerbung wird über eine angeblich wissenschaftliche Erprobung betrieben. Der Krankenhausträger muß in der Folgezeit den Ankauf dieser zumeist teueren Medikamente entweder über die eigene Krankenhausapotheke oder über die sonstigen, für die Belieferung zuständigen Apotheken vornehmen. Bei den sogenannten Arzneimitteltests handelt es sich in Wahrheit um längst erprobte und zugelassene Präparate. Eine neue wissenschaftliche Auswertung wird von den Herstellern gar nicht erstrebt.

73 Durch das Anbieten und Entgegennehmen derartiger pseudowissenschaftlicher Aufträge wird der Tatbestand des § 299 StGB, und, soweit es sich um Bedienstete eines öffentlichen Trägers handelt, auch der Tatbestand der Vorteilsannahme bzw. Vorteilsgewährung gemäß §§ 331 ff. StGB erfüllt. Erprobt jedoch der Arzt ohne Einwilligung des Patienten nicht zugelassene Medikamente, so wird er zwar im Rahmen der Forschung tätig; seine Handlungen sind jedoch als Körperverletzung und ggf. als Tötungsdelikte zu würdigen. Weiterhin verstößt er gegen die ärztlichen Standespflichten und den mit dem Krankenhausträger abgeschlossenen Dienstvertrag.

5. Die Kommissionszuwendung

74 Die Herstellerfirmen medizinischer Hilfsmittel (z. B. Endoprothesen, Implantate, Herzschrittmacher usw.) überlassen den für bestimmte Fachbereiche zuständigen Krankenhausärzten „kommissionsweise" medizinische Hilfsmittel zum Zwecke der Vorratshaltung. Die Verfügungsbefugnis liegt ausschließlich in der Zuständigkeit des Arztes. Wird dieses Hilfsmittel für einen Patienten benötigt, erstattet der Facharzt der Lieferfirma Meldung. Diese wiederum übersendet dann dem Krankenhausträger die Rechnung. Bestimmte Firmen sollen dem „Kommissionär" für seine Mühewaltung eine Entschädigung zukommen lassen. Hier handelt es sich ebenfalls um eine rechtswidrige Vorteilsgewährung und Annahme.

6. Untreue durch überhöhten Kaufpreis

75 Schmiergelder an Ärzte werden teilweise dadurch finanziert, daß der Lieferant den Kaufpreis der Ware um den Schmiergeldbetrag erhöht. Pro gekaufte Herzklappe erhält der Arzt etwa 10% des Kaufpreises. Dieser Zuwendungsbetrag ist in dem erhöhten Kaufpreis enthalten. In diesen Fällen muß das Krankenhaus letztlich das Schmiergeld bezahlen.

Neben den Bestechungsdelikten kann tateinheitlich durch den Arzt eine Untreue zum Nachteil des Trägers der Klinik verwirklicht werden.

Um den Nachweis der Entgegennahme der Vorteile zu verschleiern, erfolgen diese nicht nur durch Überweisung auf Auslandskonten, sondern auch Gewährung sonstiger Vorteile, wie der Finanzierung eines Kongreßbesuches im Ausland mit allen denkbaren Annehmlichkeiten.

7. Zuwendungen über Fördervereine

76 Krankenhausärzte gründen häufig sog. gemeinnützige Fördervereine. Als Vereinszweck ist die Sammlung von Zuwendungen zur Unterstützung der Ausstattung einer bestimmten Abteilung eines Krankenhauses angegeben. Mitglieder dieses Vereins sind zumeist nur Ärzte dieser Krankenhausabteilung.

Diese Vereine verfügen über bedeutsame Geldbeträge, die aber nicht von Einzelpersonen gespendet wurden. Über diese Fördervereine werden vielmehr Zuwendungen von Pharmafirmen oder Medizingeräteherstellern verschleiert und gewaschen. Im Regelfall handelt es sich bei den Überweisungen um Boni und Rabatte, die für den Bezug von Waren und Geräten, die das Krankenhaus erworben hat, an den Förderverein gezahlt werden. Diese Nachlässe werden beim Krankenhaus nicht gebucht, der Zuwender erhält andererseits oft eine Spendenquittung des Fördervereins. Um Zahlungen an den Förderverein zu begründen, führt dieser auch angebliche wissenschaftliche Studien durch oder sponsort solche.

Mit den vom Förderverein angesammelten Mitteln werden Kongreßreisen von Ärzten finanziert, Kongresse gesponsort oder medizinische Geräte angeschafft und dem Krankenhaus für die jeweilige Abteilung „geschenkt". Auch medizinisches und nichtmedizinisches Personal, das das Krankenhaus angestellt hat, wird dann durch den Förderverein teilweise bezahlt.

Da die Zuwendungen an den Förderverein, dessen Vorsitzender meist der Chefarzt der Abteilung ist, die dieser fördert, in Zusammenhang mit dem Bezug von Waren durch das Krankenhaus stehen, handelt es um strafbare Zuwendungen an Dritte, die dem Amtsträger einen mittelbaren Nutzen bringen.[41] Auch der Tatbestand der Steuerhinterziehung (Hinterziehung von Umsatzsteuer oder Einkommen-/Körperschaftssteuer) und möglicherweise der Vorwurf eines Betruges zum Nachteil der Krankenkassen, da Rabatte an diese nicht weitergegeben werden, ist zu prüfen.

8. Die Drittmittelforschung

Forschung ist nicht immer durch die Haushalte der Universitäten ausreichend finanzierbar. Andererseits sind Pharmafirmen und Medizingerätehersteller auf die wissenschaftliche Mitarbeit von in der praktischen Patientenversorgung tätigen Ärzten angewiesen. Krankenhausforschung wird daher auch offen durch die Industrie unterstützt und gesponsort. Die Drittmittelzuwendung erfolgt gezielt für ein bestimmtes Forschungsvorhaben und für einen abgegrenzten Verwendungszweck. 77

Dies ist dann nicht zu beanstanden, wenn die Forschung und der Einsatz der Drittmittel entsprechend §§ 22ff. bzw. § 52 Hochschulrahmengesetzes erfolgt. Dies und nur dies ist der legale Weg zur Finanzierung von Forschung. Zu beachten sind hierbei auch von den Universitäten erlassene Bestimmungen, die die Drittmittelforschung im einzelnen regeln können.

Sobald Zuwendungen verdeckt oder direkt vom Drittmittelgeber an den angestellten oder beamteten Arzt erfolgen besteht immer der Verdacht strafrechtlich relevanten Verhaltens.

9. Der nichtmedizinische Bereich

Der für den nichtmedizinischen Bereich verantwortliche Krankenhausverwalter ist nicht 78
in der Lage, alle für ein Krankenhaus notwendigen Beschaffungen persönlich durchzuführen und zu überwachen. Er bedient sich deshalb zahlreicher Mitarbeiter, die im Krankenhausstellenplan ausgewiesen sind. Hierzu gehören z. B. der Lebensmitteleinkäufer, der Wäschereileiter, der Leiter des hauswirtschaftlichen Dienstes (z. B. für Reinigungsmittel, Infektionsmittel, Haushaltsverbrauchsmittel) und der Leiter des technischen Werkdienstes (Werkstättenbedarf). Die Investitionsgüterbeschaffung wird durch den Verwaltungsleiter vorbereitet, der sich hierbei besonderer Zuarbeiter bedienen kann. Die Zuständigkeit für die Vergabe richtet sich nach der jeweiligen Geschäftsordnung. Das Anbieten und Fordern von Vorteilen spielt sich daher wie in allen übrigen Wirtschaftsbereichen ab.

Gleichwohl zeigen sich hier gewisse Besonderheiten. Auf Bedenken stoßen Fachvereinigungen, die in der Rechtsform von eingetragenen Vereinen tätig werden. Vereinsmitglieder sind sowohl Ressortleiter in Krankenhäusern als auch Produzenten von Wirtschaftsgütern, die auch in Krankenhäusern verwendet werden. Der Verein gibt Fach-

---

[41] BGHSt 35, 128.

zeitschriften heraus, deren finanzielle Stabilität durch Inseratenwerbung bestimmter Herstellerfirmen gesichert wird. Zahlreiche dieser Firmen veranstalten sogenannte Fortbildungskurse, zu denen die für die Bedarfsdeckung der Krankenhäuser zuständigen Angestellten eingeladen werden. Bei diesen ausgewählten Besuchern wird zwangsläufig das Kaufinteresse gesteuert. Manche Krankenhausträger erkennen die Gefahren, die aus dieser Werbung erwachsen und lehnen es zu Recht ab, für die oft mehrtägigen Veranstaltungen Dienstreise anzuordnen.

79 Einkaufsleiter sind auch das Ziel anderer Beeinflussung. Manche Herstellerfirmen verstehen es, ihre Produkte durch eine Koppelung mit einer Ausspielung an den Mann zu bringen. Ungeklärt blieb bislang, wieso gerade die vorbezeichneten Krankenhausbediensteten die Gewinner z. B. ausgewählter Ferienreisen wurden. Aber selbst **Krankenhausausschuß- und Beiratsmitglieder** verkennen die Gefahren der ausgeklügelten Werbung und lassen sich sogar von Anbietern zu besonderen Flugreisen und interessanten Besichtigungen von Fabrikationsstätten einladen. Inwieweit **kommunale Mandatsträger** Beauftragte des geschäftlichen Betriebes (Krankenhaus) sein können, ist in der Rechtslage und in der Rechtsprechung noch nicht hinreichend geklärt. Eine extensive Auslegung erscheint aber dringend geboten. Ein Fehlverhalten dieses Personenkreises öffnet zwangsläufig die Schmiergeld- und Bestechungsschleusen für die Bediensteten dieses Unternehmens.

Bei allen Ermittlungen zur Bestechung im Krankenhausbereich hängt die mögliche Strafverfolgung davon ab, daß das Vorliegen einer Unrechtsvereinbarung[42] nachgewiesen werden kann.

IV. Der Zahnarzt- und Dentalbereich

80 Die Abrechnung der zahnärztlichen Leistungen ist vergleichbar mit der des Humanmediziners.[43] Auch hier erfolgt diese mit den gesetzlichen Krankenkassen und den Ersatzkassen unter Einschaltung der kassenzahnärztlichen Vereinigung.

Für die Behandlung des Privatpatienten ist die Gebührenordnung für Zahnärzte (GOZ) vom 22. Oktober 1987[44] maßgeblich.

1. Zahnersatzleistungen

a) Die gesetzliche Regelung

81 Besonderheiten bestehen im Bereich der **Zahnersatzleistungen**, bei denen ein Behandlungsplan zu erstellen ist. Dieser Behandlungsplan muß zusammen mit einem Kostenvoranschlag von der gesetzlichen Krankenkasse gebilligt werden. Diese erstattet lediglich einen Teil der Kosten, den Rest trägt der Patient.

Der Gesetzgeber erhoffte sich durch die in § 30 SGB V getroffene Regelung des Vergütungssystems für zahntechnische Leistungen eine beachtliche Kostendämpfung. Aufgrund dieser gesetzlichen Regelung haben die Landesverbände der Sozialversicherer mit den regionalen Innungen des Zahntechnikerhandwerks im Benehmen mit den kassenzahnärztlichen Vereinigungen Vereinbarungen über die Vergütung und die Rechnungslegung für zahntechnische Leistungen im Rahmen der kassenzahnärztlichen Versorgung getroffen. Darüber hinaus wurde ein Leistungsverzeichnis für zahntechnische Leistungen erstellt, das der ärztlichen Gebührenordnung vergleichbar ist.[45] Dieser direkte Eingriff des Gesetzgebers in die sonst rein zivilrechtlichen Beziehungen zwischen Endverbrau-

---

[42] Vgl. *Tröndle/Fischer,* StGB, § 331 Rn. 18.
[43] Vgl. hierzu oben Rn. 5 ff.
[44] BGBl. I 2316.
[45] Vgl. hierzu die in § 8 SGB V getroffene Regelung.

cher, Zahnarzt und Labor führte jedoch zu einem neuen wirtschaftsdeliktischen Verhalten.[46]

Nach § 9 des Gesamtvertrags Zahnärzte Bayern, § 11 Abs. 2 Ersatzkassenvertrag und 82
§ 9 der Gebührenordnung für Zahnärzte dürfen Zahnärzte an Fremdleistungen, insbesondere an den teuren Zahnersatzleistungen keinen Gewinn machen. Sie müssen die Rechnungen des zahntechnischen Labors ohne Aufschlag an die Kasse bzw. den Privatpatienten weitergeben.

Spätere Rückvergütungen des Labors dürfen sie ebenfalls nicht behalten. Lediglich ein Barzahlungsrabatt von 3% darf aufgrund der bestehenden Verträge teilweise vereinnahmt werden.

b) Unzulässige Zuwendungen

Nach wie vor gewähren aber bestimmte Dentallabors im In- und Ausland den Zahnärz- 83
ten **unzulässige geldwerte Zuwendungen**, die den leistungspflichtigen Sozialversicherungsträgern und Leistungsendempfängern verschwiegen werden. Insbesondere wird bei Sammelabrechnungen der Dentallabors den Zahnärzten ein geringerer Betrag in Rechnung gestellt, als in den Einzelabrechnungen für den Leistungsendempfänger und den Sozialversicherungsträger ausgewiesen. Diesen Differenzbetrag zwischen Sammelrechnung und der Summe der Einzelrechnungen wird vom Zahnarzt unter Mißachtung der gesetzlichen Bestimmungen einbehalten und dem Zahlungspflichtigen verschwiegen. Auch werden dem Zahnarzt als Gegenleistung für den Zahnersatz geldwerte Leistungen, wie aufwendige Urlaubsreisen oder Praxiszuschüsse gewährt. Bei billiger Fertigung von Zahnersatz in Asien oder den früheren Ostblockstaaten werden im Zusammenwirken von manchen Zahnärzten und zahntechnischen Labors Scheinrechnungen wie für in Deutschland hergestellte Prothesen erstellt. Den Preisunterschied zwischen der deutschen und der ausländischen Ware teilen sich rechtswidrig das Labor und der Zahnarzt.

Strafrechtlich sind die fälschlicherweise als Rabatte bezeichneten Geldzuflüsse als Betrug und Steuerhinterziehung ohne Rücksicht auf die prozentuale Abstufung zu beurteilen. In den anderen Fällen liegt Betrug z. N. der Kassen bzw. des Privatpatienten vor.

2. Einbehalten von Altzahngold

Aber auch das **Einbehalten und das Verwerten von Altzahngold** ohne sachgerechte Auf- 84
klärung des Patienten wird offensichtlich nach wie vor von einzelnen Zahnärzten praktiziert. Verschweigt der Zahnarzt dem Patienten die tatsächlichen Eigentumsrechte am Altzahngold und eignet er sich dieses zu, so erfüllt er den Tatbestand des Betruges. Weiterhin erzielt er hierdurch eine Betriebseinnahme, deren Nichtangabe als Steuerhinterziehung zu werten ist.

3. Vereinbarung von Nachlässen

Gerade im Bereich der Zahnbehandlung, insbesondere wenn aufwendige prothetische 85
Arbeiten durchgeführt werden sollen, ist bei Behandlungsbeginn nicht immer sicher, in welchem Umfang die vom Zahnarzt zu erbringenden Leistungen von der Krankenkasse bezahlt werden und welche Zuzahlung durch den Patienten zu leisten ist. Bestimmte Zahnärzte treffen daher mit den Patienten **Vereinbarungen über Preisnachlässe,** die dem Versicherer und der Beihilfestelle nicht zur Kenntnis gelangen oder verborgen bleiben sollen. Verabredet wird hier meist, daß der Patient nur einen bestimmten Höchstbetrag selbst bezahlen muß und der Zahnarzt auf den Differenzbetrag zwischen Rechnungsbe-

[46] Vgl. hierzu *Müller/Wabnitz* a.a.O., NJW 1984, 1785 ff.

trag auf der einen Seite und der Summe aus Krankenkassenleitung und Patientenzuzahlung auf der anderen Seite verzichtet.

Durch derartige Manipulationen wird der Tatbestand des Betrugs erfüllt. Die Kassen werden über die tatsächliche Rechnungshöhe getäuscht, da ihnen die Nachlaßvereinbarung verschwiegen wird.

4. Betrug z. N. der Zusatzversicherung

86 In anderen Fällen hat der Zahnarzt die Notwendigkeit aufwendiger und damit teurer Zahnersatzleistungen festgestellt. Um die Durchführung dieser Arbeiten zum eigenen Vorteil zu ermöglichen, hat der Zahnarzt dem Patienten den Abschluß einer Zusatzversicherung angeraten und dieser gegenüber wahrheitswidrig bestätigt, daß eine Zahnbehandlung derzeit nicht erforderlich sei. Nach Ablauf der Wartezeit wurde diese dann durchgeführt und der Ersatz von der Kasse gefordert. Auch hier liegt gemeinschaftlicher Betrug durch Zahnarzt und Patient zum Nachteil der Krankenkasse vor, da die Frage im Versicherungsvertrag, ob eine Zahnbehandlung beabsichtigt ist, wahrheitswidrig verneint wird. Daneben kann auch ein Vergehen nach § 278 StGB gegeben sein.

V. Straftaten im Pharmazie- und Rezeptbereich

1. Rezeptabrechnung der Apotheken

87 Die weithin fehlende Überwachung im Heilgewerbe führte auch dazu, daß sich im **Rezeptbereich** besondere Kriminalitätsformen entwickelten. In das vom Arzt für den Kassenpatienten ausgefertigte Formularrezept setzt der Apotheker lediglich noch den Abgabepreis für die von ihm ausgefolgten Arznei- und Hilfsmittel in maschinenlesbarer Form ein. Diese Urkunde ist sodann einem Wertpapier, nämlich einem Scheck vergleichbar, für den eine Einlösungsgarantie besteht. Die Krankenkassen sind gem. § 31 SGB V verpflichtet, die Versicherten mit diesen Heilmitteln zu versorgen und dem Apotheker die verauslagte Leistung abzüglich einer vom Versicherten regelmäßig zu leistenden Zuzahlung zu ersetzen.

Eine Direktabrechnung zwischen den Apothekern und den gesetzlichen Krankenkassen und Ersatzkassen bildet die Ausnahme. Im Regelfall erfolgt periodisch eine Erledigung über Verrechnungsstellen, die aufgrund einer Vereinbarung zwischen den Berufs- und Standesvertretungen der Apotheker und den Krankenkassen errichtet wurden. Eine frist- und abrechnungsgerechte Bezahlung ist somit sichergestellt.

88 **Den Krankenversicherungsträgern fehlt** aber die **Nachprüfungsmöglichkeit**, ob die verordneten Arznei-, Verbands- und Hilfsmittel tatsächlich an die im Rezept benannte Person ausgegeben wurden § 106 SGB V enthält lediglich Vorschriften bezüglich der Überwachung der Wirtschaftlichkeit der kassenärztlichen Versorgung. Diese richtet sich gegen die Verschreibung zu teuerer Medikamente. Für die Apotheker ergeben sich aus § 129 SGB V besondere Pflichten zur preisgünstigen Abgabe von Arzneimitteln. Das SGB sieht aber keine schriftliche Empfangsbestätigung durch den Verwender des Rezepts vor.

Ebensowenig läßt sich problemlos feststellen, welche Rezepte für einen bestimmten Patienten durch verschiedene Ärzte ausgestellt wurden. Auch läßt sich auf diesem Weg nur schwierig die Verschreibungspraxis eines Arztes überprüfen. Dies ist nur anhand einer manuellen Auswertung der bei den Verrechnungsstellen verwahrten Rezepte möglich. Ggf. müssen Nachfragen bei den unterschiedlichen für die jeweiligen gesetzlichen Krankenkassen und die Ersatzkassen zuständigen Verrechnungsstellen gehalten werden.

89 Der Privatpatient bezahlt seine Rezepte selbst und legt die mit dem Quittungsstempel des Apothekers versehenen Rezepte seiner Privatkasse zur Erstattung vor. Neben einer

Überprüfung der Patientenkartei des Arztes kann hier nur eine Nachfrage bei den Krankenkassen Gewißheit über Verschreibungspraxis etc. schaffen.

2. Der Wareneinkauf per Rezept

Der Patient läßt sich von seinem Arzt teuere, in Wahrheit nicht benötigte Medikamente 90
verordnen. Von manchem Apotheker begehrt und erhält er aber dann anstelle der Medikamente Alkoholika, Kosmetika, Diätnahrung und sonstige, auch in Apotheken erhältliche Verbrauchs- und Genußmittel. Auf dem **Rezept** wird aber der Wert des verordneten Arznei- und Hilfsmittels vermerkt. Hierdurch erreicht der Apotheker eine Steigerung seines Umsatzes und sichert sich für die Zukunft einen kaufbereiten „zufriedenen" Kunden. Die gesetzliche Krankenkasse erstattet den angegebenen Rezeptwert. Der Privatpatient täuscht seine Krankenversicherung oder Beihilfestelle und erschleicht sich eine Leistung, auf die er keinen Anspruch hat. Der Apotheker und der Patient sind somit Mittäter eines gemeinschaftlichen Betrugs.

Der Wareneinkauf über Rezepte zu Lasten der gesetzlichen Krankenversicherungen wird vielfach auch durch Beschäftigte in Apotheken und Arztpraxen vorgenommen. Dieser Personenkreis kann sich verhältnismäßig gefahrlos Rezepte auf eigenen Namen oder auf die Namen von Angehörigen oder Bekannten verschaffen und als Zahlungsmittel zum Bezug sonstiger Waren aus dem Sortiment der Apotheke verwenden.

In mehreren Fällen waren die manipulierten Entnahmen so kostenträchtig, daß sie erst 91
innerhalb einiger Monate durch Kassenrezepte abgedeckt werden konnten. In derartigen Fällen werden zumeist von den in den Apotheken beschäftigen „Käufern" in Schmierheften genaue Aufzeichnungen geführt, die im Fall einschlägiger Ermittlungen eine wertvolle Beweisgrundlage sind. In einigen Fällen konnte der Nachweis solcher Manipulationen durch die Auswertung der bei den Krankenkassen bzw. Verrechnungsstellen eingereichten Rezepte geführt werden. Hieraus ergab sich nämlich, daß bestimmte Medikamente in einem derartigen Umfang überhaupt nicht von den jeweiligen Patienten eingenommen werden konnten.

3. Die Sprechstundenbedarfsrezepte

Aber auch manche Ärzte verwenden Rezepte als Zahlungsmittel oder als sonstige Geld- 92
einnahmequelle.

In jeder Arztpraxis werden für die Patienten Arzneien, Verbands- und Heilmittel bereitgehalten. Aufgrund von Vereinbarungen zwischen den kassenärztlichen Vereinigungen und den Krankenkassen ist der Arzt berechtigt, diesen Sprechstundenbedarf über Rezepte ohne Angabe eines Patienten zu verordnen und sich auf Kosten der Kassen ersatzweise bei einer Apotheke wieder zu beschaffen. Der Arzt muß jedoch im Gegensatz zu der früheren Regelung die Medikamente in Einzelrezepten auf besonderen Formularen aufführen.

Mittel, die zu den allgemeinen Unkosten der Praxis gehören, sowie diagnostische und therapeutische Hilfsmittel und Reagenzien fallen nicht darunter. Die einzelne Arztpraxis kann aber bezüglich ihres verordnungsfähigen Sprechstundenbedarfes nicht hinreichend überprüft werden. Mancher Apotheker ist bestrebt, sich den Arzt als Dauerkunden zu erhalten und ist daher geneigt, Privateinkäufe gegen **Sprechstundenbedarfsrezepte** vornehmen zu lassen oder den der Verschreibung innewohnenden Geldwert aufzuteilen.

Häufig reichen aber derartige Rezepte nicht aus, um die Begehrlichkeit bestimmter Ärzte 93
zur Deckung ihres Privatbedarfs zu befriedigen. Aus diesem Grund braucht diese Tätergruppe den Namen von Patienten lediglich zur Ausfertigung von Kassenrezepten. Diese Verschreibungen gelangen nie in die Hand des Patienten, sondern werden zwischen Arzt und Apotheker zum gemeinsamen Vorteil verwertet. Auch hier hat die zur Zahlung ver-

pflichtete Krankenkasse keine ausreichende Überprüfungsmöglichkeit. Der auf einem Rezept bezeichnete Patient hat weder die Pflicht, den Empfang der Medikamente, noch die Bezahlung seiner gem. § 31 SGB V geschuldeten Rezeptgebühr unterschriftlich zu bestätigen.

94 In den vorbezeichneten Fällen erfüllen **Apotheker und Arzt** den Tatbestand des **gemeinschaftlichen Betrugs** gem. §§ 263, 25 Abs. 2 StGB und der **Steuerhinterziehung** nach § 370 AO, denn die geldwerten Zuflüsse beim Arzt werden grundsätzlich nicht als Betriebseinnahmen erfaßt und damit nicht der Besteuerung unterworfen.

4. Beteiligung am Rezeptumsatz

95 Schwierig nachzuweisen ist eine weitere Form der **Schwarzeinnahmen** bestimmter Ärzte, Altersheime oder Krankenhäuser aus einer **Beteiligung am Rezeptumsatz der Apotheken**. Durch streng vertrauliche Vereinbarungen zwischen einzelnen Ärzten und dem Apotheker wird festgelegt, den Patienten zur Einlösung seines Rezepts bei einer bestimmten Apotheke zu veranlassen. Dies geschieht teilweise mit dem unzutreffenden Hinweis, daß das einschlägige Medikament dort sofort zu erhalten sei oder von der Apotheke kostenlos ins Altersheim geliefert werde. Für diese Umsatzsteigerung lassen sich bestimmte Ärzte oder sonstige Verantwortliche im Krankenhaus oder Altersheim einen prozentualen Anteil am Rezeptwert versprechen und auf „schwarze Konten" einzahlen oder in bar bzw. mit Waren abgelten. Teilweise werden auch Medikamente, die für die Heimapotheke benötigt werden und sonst teuer bezahlt werden müßten, kostenlos geliefert.

96 Auch hier ist die Einkommensteuerhinterziehung zu bejahen, da ein Ausweis als Betriebseinnahmen nicht erfolgt. Dieses Ermittlungsdickicht zu durchdringen, wird den Betriebsprüfern, den Steuerfahndern und dem Staatsanwalt wohl nur durch Ausschöpfung vertraulicher Mitteilungen möglich sein.

5. Betrug mit reimportierten Arzneimitteln

97 Pharmaunternehmen verkaufen häufig Arzneimittel im Ausland deutlich billiger als in der Bundesrepublik. Durch auf Reimport spezialisierte Firmen werden diese Arzneimittel nach Deutschland eingeführt und hier oft zur Hälfte des Preises eines „deutschen Arzneimittels" dem Apotheker verkauft.

Für diese Reimportarzneimittel muß der Apotheker nach Arzneimittelpreisverordnung einen niedrigeren Abgabepreis verlangen. Um einen zusätzliche Gewinn zu erzielen versieht er diese Arzneimittel mit dem Preis des inländischen Produkts. Der Kasse oder dem Patienten, der das Medikament selbst bezahlen muß, spiegelt er damit vor, ein deutsches Arzneimittel verkauft zu haben. Der Betrugsschaden liegt in Differenz des erlaubten und des tatsächlich verlangten Verkaufspreises.

VI. Der illegale Tierarzneimittelmarkt

1. Die Abgabe von Tierarzneimitteln durch den Tierarzt

98 Zahlreiche Ermittlungsverfahren stützen sich auf den Vorwurf des unerlaubten Inverkehrbringens von Arzneimitteln. Soweit Tierärzte als Mitbeschuldigte in Betracht kommen, ist zu beachten, daß nach § 43 Abs. 1 AMG Arzneimittel im Einzelfall **grundsätzlich nur in Apotheken** in den Verkehr gebracht werden dürfen. Eine Ausnahme von diesem sogenannten Apothekenmonopol macht § 43 Abs. 4 AMG für Tierärzte. Die Abgabe von Arzneimitteln durch Tierärzte ist jedoch nur im Rahmen einer ordnungsgemäßen Behandlung von Tieren oder Tierbeständen zulässig.[47]

[47] Vgl. § 12 Abs. 1 der VO über tierärztliche Hausapotheken, BGBl. I 1995, 260 ff.

Nach § 13 Abs. 1 TÄHV ist der Tierarzt verpflichtet, bei der Abgabe von allen Arzneimitteln die zur Anwendung bei Tieren bestimmt sind, die der Lebensmittelgewinnung dienen, einen schriftlichen Nachweis zu erstellen (tierärztlicher Arzneimittelabgabebeleg), von dem das Original beim Tierhalter und die Durchschrift beim Tierarzt drei Jahre aufzubewahren ist. 99

Der Gesetzgeber hat aus den sog. Östrogenskandalen und den zahlreichen Ermittlungs- und Strafverfahren wegen der illegalen Abgabe, Beschaffung und Verwendung von Tierarzneimitteln im gesamten Bundesgebiet Konsequenzen gezogen und beginnend mit dem 1. Gesetz zur Änderung des Arzneimittelgesetzes vom 24. Februar 1983, nunmehr i. d. F. vom 19. Oktober 1994 eine Verschärfung und Ergänzung des Arzneimittelgesetzes beschlossen, um den ungerechtfertigten Erwerb oder die unkontrollierte Abgabe von Arzneimitteln zu verhindern.

Die Vorschrift des § 95 AMG wurde in Abs. 1 in den Nummern 4 ff. um die Fälle erweitert, in denen verschreibungspflichtige Arzneimittel unter Nichtbeachtung der arzneimittelrechtlichen Vorschriften verschrieben, in den Verkehr gebracht, abgegeben, angewandt oder bezogen werden. Bisherige Ordnungswidrigkeiten werden dadurch ganz oder teilweise zu Straftaten. Wenn der Täter durch eine der in § 95 Abs. 1 AMG bezeichneten Handlungen „die Gesundheit einer großen Zahl von Menschen gefährdet" (Abs. 3 Ziff. 1) oder „aus grobem Eigennutz für sich oder einen anderen Vermögensvorteile großen Ausmaßes erlangt" (Abs. 3 Ziff. 3), verwirklicht er einen besonders schweren Fall, bei dem der Strafrahmen von 1 Jahr bis zu 10 Jahren reicht. 100

2. Der illegale Tierarzneimittelmarkt

Mit dieser Gesetzesverschärfung wurde zunächst eine geringe Hemmschwelle geschaffen. **Der illegale Arzneimittelmarkt blüht aber nach wie vor.** Experten schätzten 1998 den Umsatz europaweit auf über 5 Milliarden DM. Die in einschlägigen Strafverfahren wegen Beweisschwierigkeiten erfolgten Freisprüche haben die Täter ermutigt, mit noch besseren Verschleierungsmethoden zu arbeiten. Die illegalen Maßnahmen werden durch die Tätergruppen teilweise generalstabsmäßig organisiert. 101

Einzelne gewinnsüchtige **Tierärzte** wirken bei der Planung, Durchführung und Verschleierung dieser Aktionen mit. Sie verschaffen dem Tierhalter Arzneimittel, obwohl sie weder den Bauernhof noch die Stallungen kennen, geschweige denn den Tierbestand untersucht haben.

a) Futterarzneimittel

Nach wie vor arbeiten die Tierärzte auch mit Mischfutterbetrieben zusammen und kümmern sich in Wahrheit nicht um die Auswahl und Zusammensetzung der **Fütterungsarzneimittel.** 102

Futtermittelhändler und deren Vertreter kennen die verbotenen Wünsche und Bestrebungen der Tierhalter. Diese sind genauestens mit den Behandlungsmethoden ihrer zuständigen Tierärzte vertraut. Aus diesem Grund sind die Tierhalter bestrebt, das Honorar des Tierarztes zu sparen. Das Arzneimittel wird ihnen durch die kriminellen Tätergruppen z. B. für einen Einzelpreis von 12,– DM geliefert, während die tierärztliche Leistung einschließlich Medikament Kosten in Höhe von 88,– DM verursachen würde.

b) Gefahren der Massentierhaltung

Je umfangreicher die Tierhaltung, desto größer ist das Interesse am illegalen Erwerb von Arzneimitteln. Bei Großbetrieben sind z. B. bei einem Viehbestand von 600 bis 1000 Kälbern täglich durchschnittlich 10 bis 15 Tiere zu behandeln. Selbst wenn der Tierarzt bei Massenuntersuchungen mit geringeren Gebührensätzen arbeitet bzw. kalkuliert, erreicht die Tagesrechnung einen Gesamtbetrag von mindestens 400,– DM. Da der Tierhalter 103 auch einem Preisdruck ausgesetzt ist, wird er bemüht sein, Kosten aus tierärztlichen Leistungen einzusparen.

Darüber hinaus erliegt er immer der Versuchung, den Masterfolg durch Anwendung von Hormonen und Anabolika zu beschleunigen. In einem größeren Mastbetrieb können monatlich 50 bis 100 Tonnen Futtermittel benötigt werden. Der ebenfalls im Wettbewerb stehende Futtermittelhändler und -vertreter erkennt und analysiert diese Situation und bietet in Form des sogenannten „Naturalrabattes" bei entsprechender Bestellung der Futtermittel oder Fütterungsarzneimittel apotheken- und verschreibungspflichtige Tierarzneimittel und außerdem die verbotenen Hormone zu Niedrigstpreisen oder als kostenlose Zugabe an.

In zahlreichen Fällen geben Bauern diese preisgünstig erworbenen Arzneimittel und Hormone im Rahmen der „entgeltlichen Nachbarschaftshilfe" an andere Tierhalter mit geringem Aufschlag weiter.

104 Bei Durchsuchungen in großen Kälbermastbetrieben werden immer wieder umfangreiche „Apotheken" gefunden, die den Bedarf des Bestandes für mehrere Monate abdeckten. Diese Arzneien sind häufig in mehr oder weniger raffinierten Verstecken dem Zugriff der Ermittlungsbehörden entzogen.

c) „Autobahntierärzte"

105 Über sogenannte Autobahntierärzte füllen die Tiermäster regelmäßig ihren Arzneimittelbestand auf. Alle diese Maßnahmen müssen verschleiert werden. Über die Arzneimittel und Hormone werden überhaupt keine Rechnungen und Belege ausgefertigt. Soweit der Kaufpreis im Rechnungsbetrag der gelieferten Futtermittel einbezogen ist, fehlen entsprechende Hinweise. Alle Täter errichten geheime Lagerräume und gut getarnte Verstecke. Betriebsfremde Kraftfahrzeuge werden von „Autobahntierärzten" oder den Händlern eingesetzt, die jeglicher behördlichen Observation entgehen wollen.

Bei den Autobahntierärzten handelt es sich um kriminelle Tierärzte, denen teilweise sogar die Zulassung entzogen wurde und die oft ausländische Tierärzte zur Behandlung vorschieben. Dieser Personenkreis verkauft in großem Umfang Tierarzneimittel an Mastbetriebe, ohne die erforderlichen Untersuchungen vorgenommen zu haben. Sie sind nicht von einer Praxis aus tätig, sondern betreiben in Wahrheit ein verbotenes Reisegewerbe, indem sie in ihrem Fahrzeug ständig große Mengen Arzneimittel mit sich führen. Diese hier mitgeführten Arzneimittel unterliegen auch den Vorschriften der Tierärztlichen Hausapothekenverordnung.[48]

d) Mißbrauch von Betreuungsverträgen

106 Für die ordnungsgemäße Behandlung und die Abgabe von Tierarzneimitteln stellt § 12 Abs. 2 TÄHV gewisse Kriterien auf, wobei zwischen einer einmaligen Behandlung von Tieren oder Tierbeständen und einer fortlaufend durchgeführten Bestandsbetreuung, wie sie heute im Rahmen sog. **Betreuungsverträge** vielfach praktiziert wird, unterschieden wird.

Allerdings rechtfertigt der zwischen Tierarzt und Tierhalter geschlossene Betreuungsvertrag für sich allein noch keine Arzneimittelabgabe. Diese ist vielmehr erst dann zulässig, wenn der Tierarzt den betreuten Bestand regelmäßig selbst untersucht. Diese Untersuchungen müssen in dem Einzelfall angepaßten Abständen erfolgen. Die Anwendung der Arzneimittel und der Behandlungserfolg müssen vom Tierarzt kontrolliert werden, § 12 TÄHV. Eine Nichtbeachtung dieser Vorschriften beinhaltet eine unerlaubte Arzneimittelabgabe, §§ 95 Abs. 1 Nr. 8, 56 a AMG.

107 Soweit Tierärzte eine ordnungsgemäße Betreuung vorspiegeln, wird dieses **Verteidigungsvorbringen** bei Vorliegen folgender Sachverhalte **widerlegt**:

---

[48] BVerwG, NVwZ 94, 1013.

- Die Vielzahl von abgeschlossenen Betreuungsverträgen schließt praktisch eine ordnungsgemäße Untersuchung der einzelnen Tiere aus.
- Übersteigt z. B. die Medikamentenabgabe des Tierarztes die Millionengrenze, so kann selbst bei Beschäftigung weiterer Tierärzte keine reguläre Verordnung – bei ständiger Untersuchung und Behandlung der Tiere – vorliegen.
- Enthalten Betreuungsverträge die Befugnis, den Tierbestand auch in Abwesenheit des Tierhalters untersuchen und somit den „unverschlossenen" Stall betreten zu dürfen, dann soll in der Regel durch derartige Formulierungen künftigen Ermittlungen vorgebeugt werden. Der Tierhalter bestätigt zumeist eine angebliche Abwesenheit. Die Ermittlungsbeamten müssen daher beim Vorliegen einer derartigen Schutzvorschrift in Betreuungsverträgen schon nach dem ersten Zugriff alle in der Tierhaltung beschäftigten Personen zu der Frage vernehmen, ob und wann der Stall tatsächlich unverschlossen und unbeaufsichtigt war. Weiterhin müssen der Zeitaufwand und die einzelnen Wegstrecken des Tierarztes bei Abwicklung von Betreuungsverträgen gegenübergestellt werden.

3. Strafrechtliche Bewertung

Die vorbezeichneten Tatbegehungen sind im wesentlichen in den §§ 95 ff. Arzneimittelgesetz und § 51 Lebensmittel- und Bedarfsgegenständegesetz unter Strafe gestellt. Die Regelungen des AMG sind sehr kasuistisch und aufgrund ihrer zahlreichen Verweisungen innerhalb des Gesetzes unübersichtlich. 108

§ 95 AMG umfaßt vorsätzliche und fahrlässige Handlungen mit besonders hohem Gesundheitsrisiko, § 96 AMG betrifft vorsätzliche Verstöße gegen Vorschriften, die Gesundheitsgefahren vorbeugen sollen.[49] Der Strafrahmen von drei bzw. einem Jahr ist in Anbetracht der gesundheitlichen Gefährdung des Verbrauchers zu niedrig.

Mögliche Täter sind Hersteller, Händler, Tierarzt und Tierhalter. Unterschieden wird ferner zwischen apothekenpflichtigen und verschreibungspflichtigen Arzneimitteln sowie Fütterungsarzneimitteln. Letztere dürfen bei Verschreibung durch einen Tierarzt nach § 56 Abs. 1 AMG unmittelbar vom Hersteller an den Tierhalter abgegeben werden. 109

Nach §§ 51, 15 LMBG wird der Tierhalter unter Strafe gestellt, wenn vom Tier gewonnene Lebensmittel gewerbsmäßig in den Verkehr gebracht werden, die mit Rückständen verbotener Wirkstoffe, z. B. manche Antibiotika, belastet sind. Die Strafbarkeit des Tierarztes richtet sich in diesen Fällen nach § 95 Abs. 1 Nr. 1 AMG. 110

Der graue Arzneimittelmarkt wird häufig unter **Mißachtung der buchführungs- und steuerrechtlichen Vorschriften** abgewickelt. Ergeben sich derartige Verdachtsmomente, so muß der Staatsanwalt grundsätzlich die Steuerfahndung hinzuziehen.

Nach wie vor versuchen Tierärzte, die Ermittlungsbehörden durch eine Falschauslegung eines Beschlusses des Bayer. Obersten Landesgerichts vom 24. März 1988[50] irrezuführen. In dieser Entscheidung ging es um das Problem, ob und wann ein Tierarzt die zur Transportvorbereitung von Ferkeln notwendigen Beruhigungsmittel an Tierhalter abgeben darf. Kennt er den Tierbestand, so kann nach diesem Beschluß sogar in bestimmten Fällen eine telefonische Beratung als ordnungsgemäße Behandlung angesehen werden. Hierzu stellt aber das Bayer. Staatsministerium des Innern einschränkend fest:

„... daß der Beschluß des Bayer. Obersten Landesgerichts ausschließlich die Voraussetzungen festlegt, unter denen die zur Transportvorbereitung von Ferkeln notwendigen Beruhigungsmittel vom Tierarzt an Tierhalter abgegeben werden dürfen ... Dagegen sind vor der Abgabe anderer, insbesondere therapeutisch einzusetzender Tierarzneimittel durch den Tierarzt an den Tierhalter die hohen

---

[49] *Erbs/Kohlhaas*, Strafrechtliche Nebengesetze, AMG, Vorbemerkung vor § 95.
[50] RReg. 4 St. 249/87.

Anforderungen an den Begriff der Behandlung der Tiere bzw. des Tierbestandes weiterhin in vollem Umfang zu erfüllen."

4. Ermittlungshinweise

111 Nach Nr. 26 MiStrA ist in Ermittlungsverfahren gegen Tierärzte der Erlaß eines Strafbefehls, die Erhebung der öffentlichen Klage und das Urteil der zuständigen Behörde und der Tierärztekammer mitzuteilen.

112 Der Staatsanwalt wird grundsätzlich in Verfahren, die die illegale Abgabe von Tierarzneimitteln betreffen, die Erkenntnisse der jeweiligen Veterinärämter und der **Tierärztekammern** auswerten müssen.

113 Grundsätzlich besteht die Möglichkeit, den Weg eines Tierarzneimittels von der Herstellung bis zur Anwendung zu verfolgen und die jeweilige Abgabe und Anwendung auf ihre Legalität zu überprüfen. Nach § 64 AMG sind die mit der Überwachung der Arzneimittelabgabe beauftragten Personen berechtigt, Betriebe unangemeldet zu überprüfen und hierbei Grundstücke zu betreten.

Durchsuchungen versprechen aufgrund des hohen Organisationsgrades der Tätergruppen und der guten Kommunikation unter den Tierhaltern nur dann Erfolg, wenn sie zeitgleich stattfinden. Außerdem sollte in allen Fällen ein Sachverständiger mitgenommen werden, der bereits vor Ort wertvolle Hinweise über die Art der aufgefundenen Arzneimittel geben kann.

12. Kapitel. Korruption

Literatur: *Ahlf,* Zum Korruptionsbegriff, Kriminalistik 1996, 154 ff.; *Bangard,* Aktuelle Probleme der Sanktionierung von Kartellabsprachen, wistra 1997, 161 ff.; *Benfer,* Eingiffsrechte, München 1997; *Claussen,* Korruption im öffentlichen Dienst, Köln 1995; *Dauster,* Private Spenden zur Förderung von Forschung und Lehre, NStZ 1999, 63 ff.; *Dölling,* Gutachten zum 61. Deutschen Juristentag 1996 Abt.C, München 1996; *Huhn,* Die strafrechtl.Problematik des Submissionsbetrugs, Diss. München 1996; *Janowsky,* Ermittlungen in Wirtschaftsstrafsachen, Kriminalistik 1998, 269 ff., 331 ff.; *Karehnke,* Amtshilfe und sonstige Auskünfte durch Rechnungshöfe, DÖV 1972, 809 ff.; *König,* Neues Strafrecht gegen die Korruption, JR 1997, 397 ff.; *Korte,* Der Einsatz des Strafrechts zur Bekämpfung der int. Korruption, wistra 1999, 81 ff.; *ders.,* Bekämpfung der Korruption und Schutz des freien Wettbewerbs, NStZ 1997, 513 ff.; *Krug,* Korruption in verschiedenen Wirtschaftssystemen, Wiesbaden 1997; *Lenckner,* Privatisierung der Verwaltung und „Abwahl des Strafrechts"?, ZStW 106, 502 ff.; *Lüdersen,* Antikorruptions-Gesetze und Drittmittelforschung, JZ 1997, 112 ff.; *Lüderssen,* Submissionsabsprachen sind nicht eo ipso Betrug, wistra 1995, 243 ff.; *Möhrenschlager,* Bericht aus der Gesetzgebung, wistra 1999, Heft 5, S. V; *Müller,* Korruption in der öffentlichen Verwaltung, Kriminalistik 1993, 509 ff.; *Müller/Marcus,* Der Korruption auf der Spur, Kriminalistik 1995, 103 ff.; *Otto,* Submissionsbetrug und Vermögensssschaden, ZRP 1996, 300 ff.; *ders.,* Wettbewerbsbes chränkende Absprachen bei Ausschreibungen, § 298 StGB, wistra 1999, 41 ff.; *ders.,* Anm. zu OLG Frankfurt v. 30. 8. 1996, NStZ 97, 202 ff.; *Regge/Rose/Steffens,* Der praktische Fall: Ein teures Rathaus, JuS 1999, 159 ff. *Schaupensteiner,* Spiegel 1999, 58; *ders.,* Das Korruptionsbekämpfungsgesetz, Kriminalistik 1996, 237 ff., 306 ff.; *dres.,* Bekämpfung von Korruptionsdelinquenz, Kriminalistik 1994, 514 ff.; *ders.,* Submissionsabsprachen und Korruption im öffentlichenBauwesen, ZRP 1993, 250 ff.; *Stemmer/Augustin,* Manipulationen am Bau, Kriminalistik 1996, 35 ff.; *v. Arnim,* Abgeordnetenkorruption, JZ 1990, 1014 ff.; *Vahlenkamp/Knauß,* Korruption – hinnehmen oder handeln?, BKA Wiesbaden 1995; *Vergaberecht,* dtv-Gesetzessammlung, München 1999; *Volk,* Kronzeuge praeter legem, NJW 1996, 879 ff.; *Wittig,* § 299 StGB durch Einschaltung von Vermittlerfirmen bei Schmiergeldzahlungen, wistra 1998, 7 ff.; *Zieschang,* Das EU-Bestechungsgesetz und das Gesetz zur Bekämpfung int .Bestechung, NJW 99, 105 ff.

Inhaltsübersicht

	Rn.
I. Allgemeines	1–28
1. Begriff	1–5
2. Ursachen	6
3. Auswirkungen, Schaden	7, 8
4 Öffentliches Dienstrecht	9–13
Regelungen in den Bundesländern	13
5 Vergabewesen	14–30
a) Begriffe	15–17
b) Richtlinien	
aa) Inländische Ausschreibungen	18
bb) Europaweite Ausschreibungen	19, 20
c) Praxis und Manipulationen	21–28
Phasen der Vergabe	21–27
Vergaberichtlinien	28
II. Materielles Recht	29–102
1. Überblick und Schema	29–33
2. Die Bestechung von Amtsträgern nach §§ 331 ff. StGB	34–71
a) Grundsätze	34
b) Amtsträger	35
aa) private Helfer, Bauingenieure	36–42
funktionaler Amtsträgerbegriff	37
Bestellungsakt	38
Organisatorische Betrachtungsweise	39
Eingliederungserfordernis	40
Sonstige Stellen	41
Zusammenfassung	42
bb) privatisierte öffentliche Aufgaben	43–47
Daseinsvorsorge, Leistungsverwaltung	44, 45
Organisationsprivatisierung	46
Eingliederung, Inhaberaufsicht	47
cc) Europäische/internationale Korruption	48–51
EU-Bestechungsgesetz	49
G. z. Bekämpfung der internat. Bestechung	50
Ausländische Abgeordnete	51
c) Unrechtsvereinbarung	52–56
Gegenleistung, „Anfüttern"	52
„für die Dienstausübung"	53
Wohlwollen, Bestimmtheit	54, 55
Äquivalenzverhältnis	56
d) Vorteilsbegriff, Zuwendungen an Dritte	57–62
Beratungsvertrag	58
Verfügungsgewalt	59
Immaterieller Schaden	60
Drittbegünstigung	61

Rn.
Drittmittel für Lehr- und Forschungsinstitute 62
e) Täterschaft 63–65
Mittäterschaft 63
Tat-„Mittler" 63, 64
Parameter 65
f) Sonstiges
aa) Verjährung 66–68
bb) Konkurrenzen 69, 70
cc) Irrtum 71
3. Angestelltenbestechung, §§ 299 ff. StGB 72–82
Grundsätzliches 72
a) Unrechtsvereinbarung 73
b) Zukunftsbezug 74
c) Täter 75
d) Bevorzugung 76
e) Täterschaft 77
f) Strafantrag 78, 79
g) Geheimnisverrat, § 17 UWG 80–82
4. Betrug 83–93
a) zum Nachteil eines Mitbewerbers 83
Gewinnerwartungschance 84
Schaden bei Mitbewerber 85
Verhältnis Eingehungs-/Erfüllungsbetrug 86
b) zum Nachteil des Auftraggebers 87
c) Vermögensschaden 88
aa) Theorie 88
bb) Probleme der Praxis 89
Gewinnminderung durch Schmiergeld? 89
Rn.
cc) Mindestschaden, Spiegelung 90
dd) Indizien 91
d) Sonstiges
Mittäter, Konkurrenzen 92, 93
5. Submissionsbetrug, § 298 StGB 94
6. Untreue 95–99
a) Der „untreue Bauingenieur" 96
b) Der „untreue Mitarbeiter". 97
Schaden 98
Teilnahme 99
7. Steuerhinterziehung 100, 101
8. Abgeordnetenbestechung 102

III. Ermittlungshinweise 103–118
1. Informationsgewinnung 104
a) Anzeigepflicht 105
b) Selbstanzeige 106
c) Kronzeugenregelung 107
d) Vertraulichkeitszusage 108
e) Durchsuchung 109
f) Untersuchungshaft 110
g) Überwachung Telekommunikation 111
h) Amtshilfe 112–116
aa) Landesrechnungshof/Prüfverbände 112
bb) Steuerfahndung 113
cc) Kartellbehörden 114
dd) Korruptionsbeauftragter 115
ee) Sonstiges 116
2. Informationsverarbeitung 117
Vermögensstrafe, erweiterter Verfall 118

I. Allgemeines

Bestechung macht die Augen des Weisen blind und verdreht die Sache dessen, der im Recht ist
(Mose 16, 19)

1. Begriff

1 Korruption ist in aller Munde; über Korruption, ihre Ursachen, ihre Auswirkungen und ihre Bekämpfung wird seit Ende der 80 er Jahre verstärkt diskutiert. Aktionen der Justiz in Italien haben Erschreckendes ans Licht gebracht. Dachte man bei Korruption bisher vor allem an südamerikanische Landstriche, haben „Skandale" in Frankreich, Belgien, Spanien, Österreich und Deutschland deutlich gemacht, daß auch hochentwickelte Wirtschaftssysteme in traditionsreichen Rechtsstaaten gefährdet sind. Selbst der Sport und dessen Verwaltung sind offenbar nicht nur edel und gut, sondern, sofern es um materielle Interessen geht, ebenfalls der Korruption zugänglich. Der Stoßseufzer Vergils in der Aeneis (3, 56 ff.), wozu der verfluchte Hunger nach Geld nicht die Menschen treibe („Quid non mortalia pectora cogis, auri sacra fames!"), ist aktuell wie eh und je. Große Bauaufträge für Klärwerke, Flughäfen, Fassadengestaltungen, Abwasserkanäle werden nicht allzu selten „abgesichert" durch Zusatzleistungen, euphemistisch häufig als „nützliche Aufwendungen" tituliert.

Der 61. Deutsche Juristentag in Karlsruhe hat sich 1996 mit Änderungen des Straf- und Strafprozeßrechts beschäftigt, um der Gefahr von Korruption begegnen zu können.

Das Gutachten von Prof. Dölling sowie die anschließenden Beratungen mündeten in ein längere Zeit von der Praxis gefordertes Korruptionsbekämpfungsgesetz vom 13. 8. 97.[1] Betroffen stellt die deutsche Öffentlichkeit fest, daß das Bild des sauberen, ordentlichen Deutschland nicht so glänzt, wie das alle gerne sehen wollten; die Theorie von einzelnen schwarzen Schafen erscheint fragwürdig, wenn auch eine Dämonisierung des Problemfelds ebensowenig zur Problemlösung beiträgt.

Unklar bleibt dabei in der Regel der Begriff der Korruption. Denn in der Rechts- 2
sprache der Bundesrepublik Deutschland gibt es die „Korruption" als „terminus technicus" nicht.

Rein ökonomisch und moralisch neutral betrachtet, handelt es sich um einen Tausch von Leistungen, die für die Interessenten ansonsten nicht, oder nur sehr schwer zugänglich wären; er ist immer nur – ökonomisch gesehen – die zweitbeste Lösung, da auch Ressourcen verschwendet werden; denn die Geheimhaltung kostet Geld, Gegenmaßnahmen müssen finanziert werden, die Leistung verteuert sich dadurch.

Ökonomisch-politisch handelt es sich um einen freiwilligen, heimlichen Tausch von Leistungen, der unter Verstoß gegen Normen zustande kommt, seien es Gesetze oder Verhaltensnormen von ganzen Gruppen; dabei mißbraucht einer der Beteiligten seine Macht- oder Vertrauensstellung.

Sozialwissenschaftlich bildet sich ein ähnliches Muster für die Korruption heraus: ein Amtsträger mißbraucht das ihm anvertraute Amt, um private Vorteile zu erlangen; sein Verhalten wird in gegenseitiger Übereinstimmung geheimgehalten.

Politisch betrachtet bezeichnet man die Korruption schließlich als das Verhalten, das persönlichen Gewinn auf Kosten der Allgemeinheit sucht.

Der Jurist, insbesondere der Strafrechtler, sieht die Korruption vor allem in der Form 3
der §§ 331 bis 334, der §§ 263, 266 und der neuen §§ 298 bis 302 Strafgesetzbuch. Auch diese Strafnormen lassen sich im wesentlichen darauf zurückführen, daß jemand freiwillig und aus Gewinnsucht seine Macht- oder Vertrauensstellung bzw. eine ihm eingeräumte Befugnis im öffentlichen oder privaten Bereich mißbraucht, damit gegen Normen verstößt, sich dessen bewußt ist und daher heimlich handelt. Diese Form der Korruption läßt sich in allen Wirtschaftssystemen antreffen. Sowohl in einer Monopolwie auch in einer Marktwirtschaft, in einem totalitären oder liberalen Gesellschaftssystem finden sich Biotope für korruptives Verhalten.

Die Dissertation von Krug[2] zieht Parallelen zwischen Korruption und Prostitution als zwei gleich alten und als ähnlich empfundenen menschlichen Phänomenen. Beide seien Formen sozialen Fehlverhaltens, durch uneinheitliche, nicht eindeutige und nicht klar abgrenzbare Charakteristika gekennzeichnet, beiden liege ein moralisch anrüchiges „do ut des" zugrunde, in beiden Fällen sei es die Moralvorstellung einer Gesellschaft, die die Nachfrage nach Korruption oder Prostitution bestimme und – so Krug – „wo Geld lockt, findet sich auch ein Anbieter, der die erwünschte Gegenleistung erbringt."

Trotz – oder vielleicht wegen – dieses schillernden Erscheinungsbilds der Korruption 4
wird von namhaften Kriminologen eine Strukturierung versucht; damit soll eine Unterscheidung möglich sein zwischen dem Amtsträger, der sich beispielsweise durch die Zahlung eines „privaten Bußgelds" davon abbringen läßt, einen Autofahrer einer Alkoholkontrolle zu unterziehen, und dem Amtsträger, der als Teil eines komplexen Systems mithilft, staatliche Aufträge in Millionenhöhe bestimmten „Freunden" zukommen zu lassen. Während sich im erstgenannten Fall die Bestechung als relativ schlicht, phantasielos und riskant darstellt, zeigt sich bei der Vergabe von Aufträgen ein viel diffizileres, nur schwer durchschaubares und intelligent verknüpftes, verdunkeltes Netz von Beziehungen; denn in diesem Bereich soll die Vergabe von öffentlichen Aufträgen „berechenbar" gemacht werden; Konkurrenten sprechen sich heimlich untereinander ab, um den von ihnen aus-

---

[1] BGBl. I 2038.

[2] *Krug*, Korruption in verschiedenen Wirtschaftssystemen, Wiesbaden 1997.

erwählten Auftragnehmer der öffentlichen Hand präsentieren zu können. Wo dies nicht möglich ist, wird der lästige Konkurrent eben anders, mit Hilfe eines Amtsträgers, ausgeschaltet werden. Die meisten der damit verbundenen Schmiergelder werden der öffentlichen Hand versteckt wieder in Rechnung gestellt.

5 Daher wird unterschieden zwischen **situativer** Korruption und **struktureller** Korruption. Bei der situativen Korruption erfolgen spontane Angebote, bei der strukturellen Korruption wird der Amts- oder Vertrauensträger zielgerichtet und mit langem Atem beeinflußt. Die Erfahrung zeigt, daß gerade im Problemfeld der strukturellen Korruption diese nicht aus heiterem Himmel fällt, sondern sich schleichend entwickelt; da dient zunächst eine kleine Aufmerksamkeit, die unverdächtig erscheint, der „Pflege guter Beziehungen". War es zunächst die Flasche Sekt zu Weihnachten, zieht sich die Korruptionsspur schließlich über den Besuch des Münchener Oktoberfestes zu „Tagungsreisen" in die Karibik, günstig erlangten Bauleistungen oder gar festen Bestechungssätzen (so der in München bekannte „Mister 3 %" im Rahmen von Elektrokartellen). Kennzeichen der strukturellen Korruption ist in der Regel die professionelle Arbeitsweise der Beteiligten, die nüchtern kaufmännisch und buchhalterisch kalkulierten Geldzahlungen, das Einkalkulieren von Verfolgungsmechanismen und die Akzeptanz korruptiven Handelns als Teil einer „normalen" Akquisition.[3]

Ist Ziel des korruptiven Verhaltens nicht allein das Streben nach Geld und wirtschaftlichen Vorteilen, sondern die unmittelbare Einflußnahme auf Politik und Verwaltung zur Machtausübung, sprechen Kriminologen von **systemischer** Korruption. Sie untergräbt das gesamte politische und gesellschaftliche System und ist der Organisierten Kriminalität zuzuordnen.

2. Ursachen

6 Empirische Kausalanalysen zu den Ursachen der Korruption in Deutschland fehlen uns derzeit noch; einige plausible Annahmen sind aber dennoch möglich.[4] Der Staat hat Nachfragemacht entwickelt; er ist in vielen Bereichen ein wichtiger, wenn nicht der wichtigste Auftraggeber für die Wirtschaft. Unternehmen und gesellschaftliche Kräfte versuchen daher, auf die staatlichen Entscheidungen Einfluß zu nehmen. Die zunehmenden Kontakte zwischen Staat, Wirtschaft und Gesellschaft lassen auch die Gefahr der Korruption anwachsen.

Die ausufernde Staatstätigkeit geht Hand in Hand mit einer „Normenflut"; die Verwaltungsvorgänge werden immer komplizierter, die Suche nach „pragmatischen" Lösungen immer notwendiger. Diese informellen Lösungen in den „Grauzonen der öffentlichen Verwaltung" begünstigen Korruption.

Die öffentliche Verwaltung muß, um den komplexen Bedarfssituationen gerecht zu werden, sich zunehmend spezialisieren; dadurch wird aber auch die Steuerung und Kontrolle durch die vorgesetzten Stellen immer schwieriger. Die erkennbaren Kontrolldefizite schaffen Freiräume, die mißbraucht werden können. Auch der „schlanke Staat" kann auf Kontrollen nicht verzichten, will er nicht mutieren zu einem magersüchtig-hilflosen Gebilde.

Denn gerade die Kontrollücken werden dann gefährlich, wenn an die Stelle gemeinschaftsbezogener Werte eine hedonistisch-materialistische Einstellung tritt. Fehlt beispielsweise die innere Bindung an einen Beruf, verblaßt das Berufsethos, und die Arbeit reduziert sich zu reinem Gelderwerb. Übersteigt schließlich der Lebensstandard das Niveau, das durch die staatliche Besoldung gewährleistet wird, wird die Suche nach Nebenerwerbsquellen immer dringender. Die Untersuchung des Bundeskriminalamts[5] hat er-

---

[3] Vgl. *Ahlf*, Kriminalistik 96, 154 ff.

[4] *Dölling*, Gutachten zum 61. Deutschen Juristentag Karlsruhe 1996 C 30 ff.

[5] *Vahlenkamp/Knauß*, Korruption – hinnehmen oder handeln?, S. 144 ff.

bracht, daß die Bereicherungsabsicht das dominierende Tatmotiv der Korrumpierenden **und** Korrumpierten ist. Damit hat also tatsächlich der häufig zitierte Wertewandel bei uns Einzug gehalten. Die Täter auf der öffentlichen Seite handeln nicht aus materieller Not, sondern meist aus dem Bedürfnis nach Luxus heraus. Eine zunehmend überforderte Staatsverwaltung bietet andererseits aber auch dem Unternehmer keine Gewähr für korrekte Entscheidungen; um nicht einem – von ihm als „blind" empfundenen – Schicksal ausgeliefert zu sein, versucht er dann die ökonomisch zweitbeste Lösung zu erzielen, nämlich die Entscheidungssituation korruptiv zu gestalten, durch „Schmiergelder" ein gewünschtes Verwaltungshandeln sicherzustellen.

3. Auswirkungen/Schaden

Welchen Umfang die Korruption in Deutschland angenommen hat, kann zuverlässig – 7
und seriös – wohl niemand darstellen; jede Bestechungshandlung, jede korruptive Einflussnahme auf staatliches Handeln, die entdeckt wird, wird auch statistisch erfaßt. So verwundert nicht, daß in der polizeilichen Kriminalstatistik die Aufklärungsquote bei Bestechungs- bzw. Amtsdelikten bei 90 % liegt. Aber diese Aufklärungsquote sagt nur etwas aus über das sogenannte Hellfeld, also über die Fälle, die sichtbar sind. Da korruptive Beziehungen grundsätzlich nicht öffentlich angebahnt, vertieft oder aufrechterhalten werden, kann das Dunkelfeld allenfalls geschätzt, eher vermutet, wenn nicht gar nur spekulativ ausgeleuchtet werden. Der Bestecher und der Bestechende (so die situative Korruption) handeln ohne Zeugen; auch bei der systematischen Korruption handeln nur Eingeweihte, die kein Interesse an Offenlegung haben. Ein Mitbewerber, der aufgrund derartiger Machenschaften möglicherweise nicht zum Zuge kommt, kann sich zwar die wahren Gründe seines Scheiterns denken, beweisen kann er sie nicht; er wird daher den Strafverfolgungsbehörden seine Vermutungen nur selten mitteilen. Denn gerade wenn sich das System der Beziehungen im Untergrund verfestigt hat, sieht er für sich selbst bessere Chancen, wenn er versucht, nach und nach in das System aufgenommen zu werden und dadurch zu Aufträgen zu gelangen, als die Öffentlichkeit oder die Strafverfolgungsbehörden zu informieren.

Das Ausmaß der Korruption wird also im wesentlichen von einem Dunkelfeld be- 8
stimmt, das nach den derzeitigen kriminologischen Erkenntnissen nur schemenhaft erkennbar ist.

Der Hessische Rechnungshof, ein Vorreiter bei der Bekämpfung der Korruption, geht davon aus, daß die Hälfte aller öffentlichen Aufträge durch unzulässige Absprachen verteuert werden, wobei der Überteuerungsfaktor bis zu 20 %, wenn nicht höher, betragen kann.[6] Oberstaatsanwalt Schaupensteiner von der Staatsanwaltschaft Frankfurt, ebenfalls ein Pionier bei der Korruptionsbekämpfung, schätzt den Schaden, der dem Steuerzahler jährlich durch Bestechung und Preisabsprachen rund um öffentliche Bauprojekte entsteht, auf ca. 10 Mrd. DM.[7] Staatsanwaltschaftliche Ermittlungen in München haben ein sehr unterschiedliches Bild ergeben; soweit korruptive Angebote feststellbar waren, konnte man einen durchschnittlichen Schaden von 5 bis 10 % des Angebotspreises feststellen; allerdings wurde auch klar, daß manche Aufträge bis zu 100 % überhöht waren. Es gab beispielsweise einen Auftrag über 70 Mio. DM, der nur in Höhe von 60 Mio. DM einem realen Gegenwert entsprach, die restlichen 10 Mio. DM waren ungerechtfertigte Überhöhungen, die teils dem Bestochenen, teils auch dem Bestecher und seiner Firma zugute kamen. Bei der Überprüfung eines in München ansässigen Absprachekartells wurde offenkundig, daß von ca. 250 Bauvorhaben eines bestimmten Bereichs mindestens 50, also immerhin jedes 5., korruptiv manipuliert worden waren (Tendenz: je höher der Auftrag, desto wahrscheinlicher Manipulation und Korruption).

---

[6] *Müller*, Kriminalistik 93, 515 ff.

[7] Spiegel 99 Heft 1, 58.

Der finanzielle Schaden ist also in jedem Fall erheblich; Bau- und Beschaffungskosten steigen an, manche Projekte können daher von den öffentlichen Auftraggebern nicht verwirklicht werden; zumindest fließen Steuergelder an Empfänger, für die sie nicht vorgesehen sind. Die öffentlichen Kassen müssen sich, insbesondere die Kommunen, immer höher verschulden, die Kreditaufnahme steigt. Nachtragshaushalte werden erforderlich mit der Konsequenz, daß Steuern und Abgaben ebenfalls steigen.

Dort, wo Korruption zur Geschäftspolitik gehört, also Bestechung und Vorteilsgewährung zur Auftragsakquisition eingesetzt werden, besteht auch die Gefahr innovativer Defizite; wenn nicht mehr die beste, ökonomischste, umweltverträglichste, modernste technische Leistung ausschlaggebend dafür ist, einen Auftrag zu erhalten, sondern lediglich die Höhe des Bestechungsgeldes, dann wird die Forschungsabteilung eines Unternehmens immer weniger wichtig; letztlich wirkt Korruption innovationsfeindlich. Langfristig werden Unternehmen, die sich mehr auf ihre Scheckbuchdiplomatie als ihre solide Leistung verlassen, vom Weltmarkt ins Abseits gedrängt werden.

Die Auswirkungen der Korruption betreffen aber nicht nur den finanziellen Schaden; auch in der öffentlichen Verwaltung sind Auswirkungen feststellbar; das korrekte Verwaltungshandeln wird beeinträchtigt und damit auch das eigene Berufsethos. Der Zerfall der Arbeitsmoral führt zu einem Ansehens- und Vertrauensverlust, der nur schwer wiedergutzumachen ist. Für korrekte Anbieter entsteht in manchen Fällen geradezu eine Zwangslage, sich den bestehenden korruptiven Systemen anzuschließen. Monopolbildungen werden erleichtert; unwissentlich kann damit bereits die Unterstützung der Organisierten Kriminalität verbunden sein.

Auch die gewerbliche Wirtschaft leidet unter Korruption; mit Manipulationen sind häufig geschäftliche Abhängigkeiten verbunden, die bis zur Erpreßbarkeit reichen können. Auch wird die faktische Dominanz der „Großen" dadurch bestätigt. Ganze Branchen, und mit ihnen der Großteil ehrlicher Unternehmer, kommen in Verruf und müssen dem Seriositätsverlust offensiv entgegenwirken. Zudem müssen die Bestechungsgelder erwirtschaftet werden, sei es durch einen Preisanstieg oder entsprechende Qualitätsminderung.

4. Öffentliches Dienstrecht

9 Nicht allein das Strafrecht bekämpft korruptive Mechanismen. Das Dienstrecht versucht das gleiche auf seiner Ebene. Die Beamtengesetze von Bund und Ländern verbieten grundsätzlich die Annahme von Belohnungen und Geschenken. Auch wenn die Normen teilweise differieren, ist das zugrundeliegende Prinzip, das generell anhand des Bundesrechts kurz dargestellt werden soll, gleich:

Nach § 70 des Bundesbeamtengesetz (BBG) darf der Beamte „auch nach Beendigung des Beamtenverhältnisses, keine Belohnungen oder Geschenke in bezug auf sein Amt annehmen. Ausnahmen bedürfen der Zustimmung der obersten oder der letzten obersten Dienstbehörde. Die Befugnis zur Zustimmung kann auf andere Behörden übertragen werden."

Nahezu gleichlautend bestimmt dies auch § 43 des Beamtenrechtsrahmengesetzes; beide Gesetze wurden durch das Gesetz zur Bekämpfung der Korruption vom 13. 8. 1997 leicht geändert, um den Grundsatz des **Verbots** hervorzuheben. Ergänzend wird häufig § 54 Satz 3 BBG herangezogen, wonach das Verhalten des Beamten innerhalb und außerhalb des Dienstes der Achtung und dem Vertrauen gerecht werden muß, die sein Beruf erfordern.

Sinngemäß gelten diese Pflichten auch bei Arbeitern und Angestellten des öffentlichen Dienstes (§ 10 BAT, § 12 MTB, sowie Runderlaß des Bundesministers des Inneren vom 20. 3. 62).

10 Grundsätzlich ist daher jede Annahme von Vorteilen für einen Angehörigen des öffentlichen Dienstes verboten, sofern nicht eine ausdrückliche oder stillschweigende Zustim-

mung vorliegt, bzw. nachträglich die Einwilligung erklärt wird. Um eine möglichst einheitliche Handhabung sicherzustellen, haben der Bund und zahlreiche Länder ergänzende Verwaltungsvorschriften erlassen, so der Runderlaß des Bundesministers des Inneren vom 20. 3. 62 (GemMBl. 62, 120).[8] Nach herrschender Meinung umfaßt das Verbot des § 70 BBG über den Wortlaut hinaus die **Annahme von allen Vorteilen**, nicht nur von Belohnungen und Geschenken.[9] In Betracht kommen sowohl immaterielle Vorteile (z. B. intime Beziehungen) wie auch Rabatte, Zurverfügungstellung von Leihwägen, überzogene Honorierung von Gutachtensaufträgen oder mittelbare Zuwendungen. Entscheidend ist aber die Amtsbezogenheit der Zuwendung, d. h. es muß ein innerer Zusammenhang zwischen Zuwendung und Amtsstellung bestehen.[10]

Stillschweigend genehmigt gelten in der Regel **geringwertige** Aufmerksamkeiten; der geringe Wert muß für einen objektiven Betrachter offensichtlich sein (z. B. Kugelschreiber, Kalender u. a.), wobei der Wert unter Umständen dadurch gemindert sein kann, daß die „Aufmachung" den Werbecharakter deutlich erkennen läßt.[11] Im Zweifel ist der Amtsträger jedenfalls verpflichtet, die Entscheidung seines Vorgesetzten einzuholen; diese Pflicht wird aus § 55 BBG, der Unterstützungs- und Informationspflicht, gefolgert.

Ebenfalls stillschweigend genehmigt gelten Vorteile dann, wenn sie aus Gründen der **11**
Höflichkeit nicht abgelehnt werden können. Neben den üblichen Jubiläums-Geschenken eröffnet sich hier das Problemfeld der Bewirtungen; sofern die Bewirtung im Rahmen einer Teilnahme an allgemeinen Veranstaltungen geleistet wird, gilt sie in der Regel als gerechtfertigt, z. B. bei der Einführung oder Verabschiedung von Dienststellenleitern, bei der Durchführung von Kongressen u. ä.[12]

Allerdings wird das Gebot der Höflichkeit um so schneller seine Grenzen erreichen, je näher der „dienstliche Bezug" zum Amtsträger führt. So werden bei Prüfern mit Überwachungsaufgaben lediglich Erfrischungsgetränke als problemlos anerkannt, eine weitergehende Bewirtung dürfte jedoch als pflichtwidrig anzusehen sein.

Nicht jeder dienstrechtliche Verstoß ist gleichzeitig eine strafbare Handlung; für „Verschulden" im Sinne des Dienstrechts genügt z. B. ein fahrlässiges Fehlverhalten. Andererseits ist in jedem nach §§ 331, 332 StGB strafbaren Handeln auch ein Verstoß gegen die Dienstpflichten zu sehen; zwar erfaßt § 70 Bundesbeamtengesetz nur die **Annahme** eines Vorteils, während das Strafgesetzbuch auch das Fordern bzw. das Versprechenlassen eines Vorteils genügen läßt. Die dienstrechtliche Pflichtwidrigkeit stützt sich dann auf die Grundnorm des § 54 Satz 3 BBG.[13] Daraus folgt auch, daß ein strafgerichtlicher Freispruch nicht zwangsläufig die dienstrechtliche Pflichtwidrigkeit entfallen läßt.

Der Dienstvorgesetzte eines Bundesbeamten muß bei Bekanntwerden von Tatsachen, **12**
die den Verdacht eines Dienstvergehens begründen, Vorermittlungen zur Sachverhaltsaufklärung einleiten; insoweit unterliegt er dem Legalitätsprinzip (§ 26 Bundesdisziplinarordnung). Nach diesen Vorermittlungen ist über Art und Umfang der disziplinären Reaktion zu befinden, auch, ob überhaupt eine erforderlich ist; abweichend von dem oben geschilderten Legalitätsprinzip gilt hier das Opportunitätsprinzip (§ 3 Bundesdisziplinarordnung). Besteht Anlaß, von einem schweren Dienstvergehen auszugehen, wird ein förmliches Disziplinarverfahren eingeleitet und ein unabhängiger Untersuchungsführer von der Einleitungsbehörde bestellt. Interessant ist die durch das Gesetz zur Bekämpfung der Korruption vom 13. 8. 1997 vorgenommene Änderung der Bundesdisziplinarordnung: Nach § 11 der Bundesdisziplinarordnung wurde ein neuer § 11a eingefügt, der eine Art atypische Kronzeugenregelung enthält. Ist nämlich wegen der Annahme von Be-

---

[8] Und der BMF-Erlaß vom 13. 3. 90 (MinBeFin 90, 112 ff.).
[9] *Claussen,* Korruption im öffentlichen Dienst, B Rn. 17.
[10] *Claussen* a.a.O., B Rn. 23.
[11] *Claussen* a.a.O., B Rn. 29.
[12] *Claussen* a.a.O., B Rn. 37.
[13] *Claussen* a.a.O., B Rn. 37.

lohnungen oder Geschenken ein Amtsträger aus dem Dienst entfernt worden, kann die letzte oberste Dienstbehörde die Gewährung einer monatlichen Unterhaltsleistung zusagen, „wenn er sein Wissen über Tatsachen offenbart hat, deren Kenntnis dazu beigetragen hat, Straftaten, insbesondere nach den §§ 331 bis 335 des Strafgesetzbuchs, zu verhindern oder über seinen eigenen Tatbeitrag hinaus aufzuklären". Ein interessanter Ansatz, der in der Praxis allerdings noch keinen breiten Raum eingenommen hat!

13 Die eben dargestellten Grundlinien gelten für Angehörige des öffentlichen Dienstes im Bundesbereich. Die Bundesländer haben meist ähnliche Regelungen, die sich auf nachfolgende Normen stützen:

Baden-Württemberg:
- § 89 Landesbeamtengesetz
- VwV vom 21. 7. 97, GABl. 97, 487 ff. – Ziff. 2.2.1 und VwV – Geschenkannahme v. 4. 11. 98, GABl. 98, 669 ff .(keine feste Wertgrenze)

Bayern:
- Artikel 79 Bayerisches Beamtengesetz
- Artikel 44 des Gesetzes über kommunale Wahlbeamte
- gemeinsame Bekanntmachung (GemBekBoG) vom 7. 11. 95, JMBl. 96, 2 ff.
- Bekanntmachung des Staatsministeriums der Finanzen vom 1. 10. 1962 und Entschließung vom 29. 10. 62, FMBl. 62, 1814 ff. (keine feste Grenze)

Berlin:
- § 34 Landesbeamtengesetz
- Ausführungsvorschriften der Senatsverwaltung für Inneres vom 9. 3. 90, Dienstblatt I, 87 ff. (keine feste Grenze)

Brandenburg:
- § 37 Landesbeamtengesetz
- Verwaltungsvorschrift des Ministers des Inneren vom 12. 4. 96, ABl. 96, 418 ff. (keine feste Grenze, Ablieferungspflicht über 50,– DM)

Bremen:
- § 69 Bremer Beamtengesetz
- Beachtungshinweise durch einzelne Ressorts, stillschweigende Genehmigung bis 20,– DM beabsichtigt

Hamburg:
- § 74 Hamburger Beamtengesetz

Hessen:
- § 84 Hessisches Beamtengesetz
- Erlaß des Hessischen Ministers des Inneren vom 3. 6. 96 (StAnz 96, 334 ff.), geändert durch Erlaß vom 30. 1. 98 (StAnz 98, 487 ff.).

Mecklenburg-Vorpommern:
- § 76 Landesbeamtengesetz

Niedersachsen:
- § 78 Niedersächsisches Beamtengesetz

Nordrhein-Westfalen:
- § 76 Landesbeamtengesetz
- VerwaltungsVO des Ministeriums für Inneres und Justiz und des Finanzministeriums i. d. F. v. 21. 8. 98, Mbl NRW 98, 1014 ff., 1017, 1018 (keine feste Grenze)

Rheinland-Pfalz:
- § 78 Landesbeamtengesetz
- Verwaltungsvorschrift der Landesregierung vom 29. 10. 96, MinBlRh-Pf 96, 160 ff., Ziffer 3 (keine feste Grenze)

Saarland:
- § 83 Saarländisches Beamtengesetz
- Erlaß des Ministers des Inneren vom 23. 7. 76, Gz. 2040–4 (keine feste Grenze)

Sachsen:
- § 90 Beamtengesetz für den Freistaat Sachsen
- Hinweise des Sächsischen Staatsministeriums des Inneren vom 04. 7. 96, Sächsisches ABl. 96, 832 ff. (Grenze für geringwertige Aufmerksamkeiten bei 10,– DM)

Sachsen-Anhalt:
- § 70 Beamtengesetz des Landes Sachsen-Anhalt
- Runderlaß des Ministeriums des Inneren vom 24. 11.95, MBl.LSA 96,6 ff.
- Gem. RdErl. v. 2. 3. 98, Mbl. LSA 98, 472 ff. – Ziff 3 (keine feste Grenze)

Schleswig-Holstein:
- § 85 Landesbeamtengesetz
- Runderlasse des Innenministers Schleswig-Holstein vom 30. 4 . 62 (ABl. Schl.-H. 62, 219 ff.) und vom 10. 5. 77 (ABl. Schl.-H. 77, 453 ff.), Neufassung bereits im Entwurf erstellt (keine feste Grenze)

Thüringen:
- § 73 Thüringer Beamtengesetz
- Gemeinsame Bekanntmachung der Thüringer Staatskanzlei und Ministerien vom 15. 8. 96, StAnz 96, 1663 ff. (Grenze für geringwertige Aufmerksamkeiten bei 20,– DM)

5. Vergabewesen

Korruption kann überall stattfinden, wo Amtsträger handeln; dazu gehört auch das sogenannte Vergabewesen. Der Staat und seine Institutionen erteilen nicht nur Genehmigungen oder vergeben Fördermittel; der Bund, das Land, die Kommunen und zahlreiche öffentliche Institutionen (schätzungsweise 35 000 in Deutschland) müssen in Kontakt zur gewerblichen Wirtschaft treten, um ihre Aufgaben erfüllen zu können. Beim Bau einer Turnhalle, eines Klärwerks oder eines Flughafens müssen geeignete Partner gesucht und sachgerechte Aufträge erteilt werden; für den Umbau eines Gebäudes benötigt man einen Architekten; um Dienstbehörden mit den notwendigen Fahrzeugen auszustatten, werden diese in großem Umfang angeschafft bzw. geleast. Vom Bleistift über Verkehrseinrichtungen an den Autobahnen bis zum Bau ganzer Klärwerke reicht die Nachfragemacht des Staates. Ca. 13 % des Bruttoinlandsprodukts hängen von staatlichen Aufträgen ab. 14

Diese Aufträge, die „Vergaben" genannt werden, dürfen nicht willkürlich erteilt werden; die staatlichen Stellen müssen sich einheitlichen Regeln unterordnen. Das dazu entwickelte Vergaberecht ist mehrfach geändert worden, vor allem unter dem Einfluß von EU-Richtlinien; geblieben ist der Ansatzpunkt für die entsprechenden Richtlinien, nämlich das Haushaltsrecht. Alle Richtlinien sollen gewährleisten, daß die öffentlichen Gelder sachgerecht und wirtschaftlich eingesetzt werden. Auch der Wettbewerber soll unter bestimmten Voraussetzungen die Möglichkeit haben, die für ihn erfolglos gebliebene Vergabe überprüfen zu können. Das Vergaberecht[14] versucht die Interessen der staatlichen Auftraggeber und der privaten Auftragnehmer in Einklang zu bringen. Für den Problembereich Korruption sind einige Grundkenntnisse hilfreich.

a) Begriffe

Grundlage des Vergaberechts sind das Haushaltsgrundsätzegesetz, die Bundes- und Landeshaushaltsordnungen bzw. die Haushaltsordnungen aller anderen öffentlich-rechtlichen Körperschaften (z. B. § 55 BHO). 15

Das öffentliche Vergaberecht folgt im wesentlichen dem „Wettbewerbsprinzip"; die staatliche Institution veröffentlicht, welche Aufträge sie demnächst vergeben möchte; dieser Vorgang wird als **Ausschreibung** bezeichnet. Die Veröffentlichung erfolgt zumin-

[14] Vgl. Textausgabe Vergaberecht dtv 1998.

dest in den amtlichen Blättern, wobei gleichzeitig in der Regel eine Frist bis zur Abgabe von Angeboten bestimmt wird. Die Angebote werden in einem ungeöffneten Umschlag unter Verschluß gehalten und erst bei einem Eröffnungstermin geöffnet; dieser Eröffnungstermin (**Submission**) ist ein genau bestimmter Zeitpunkt, zu dem mit der Öffnung und Verlesung des ersten Angebots begonnen wird und zu dem gleichzeitig die Angebotsfrist endet. Die Angebote werden bewertet, und dem Bieter mit dem wirtschaftlichsten Angebot wird schließlich der Zuschlag erteilt. Sodann erfolgt der Abschluß des privatrechtlichen Vertrages.

16 So schlicht und logisch der Verfahrensgang scheint, bedarf er doch bei der praktischen Umsetzung großer Sorgfalt und Einhaltung diverser Normen. Die Ausschreibungen werden in der Regel landes- bzw. bundesweit durchgeführt; sie müssen europaweit erfolgen, wenn bestimmte Schwellenwerte überschritten werden. Bei Bauaufträgen liegt der Schwellenwert bei 5 Mio. ECU, für Liefer- und Dienstleistungsaufträge bei 200 000 ECU. Zur Umrechnung in Deutsche Mark gibt es eine eigene Bekanntmachung des Bundesministeriums für Wirtschaft vom 18. 12. 1997, die bis zum 31. 12. 1999 gilt.[15] Bauaufträge über einen Wert von 9 606 331 DM müssen daher in ganz Europa bekanntgemacht werden, Liefer- und Dienstleistungsaufträge über einen Wert von 384 253 DM, jeweils ohne Umsatzsteuer. Ein Aufspalten von Ausschreibungen, um die Schwellenwerte zu umgehen, ist unzulässig; alle Teilaufträge, z. B. bei einzelnen Losvergaben, sind grundsätzlich zusammenzurechnen. Bei Daueraufträgen ist der tatsächliche Gesamtwert des Auftrages entscheidend, hilfsweise für länger als 4 Jahre laufende Verträge der Wert für 4 Jahre.

17 Kommt allein deutsches Vergaberecht zur Anwendung, unterscheidet man zwischen
- öffentlicher Ausschreibung
- beschränkter Ausschreibung und
- freihändiger Vergabe.

Die **öffentliche Ausschreibung**, die die Regel sein muß (sollte), wendet sich an einen unbeschränkten Bieterkreis. Jeder Unternehmer, der durch ein Amtsblatt oder sonstige Veröffentlichung von einem entsprechend ausgeschriebenen Vorhaben erfährt, kann seine Leistungen anbieten.

Im Gegensatz dazu wendet sich die **beschränkte Ausschreibung** lediglich an ausgewählte Unternehmen, die aufgefordert werden, entsprechende Angebote abzugeben. Beschränkte Ausschreibungen sind (so § 3 Nr. 3 Abs. 1 VOB/A) nur zulässig, wenn eine öffentliche Ausschreibung unverhältnismäßige Kosten provozieren würde, sie ohne Erfolg bereits durchgeführt wurde oder aus sonstigen Gründen, z. B. wegen der Eilbedürftigkeit oder Geheimhaltung (Militärbeschaffung) unzweckmäßig ist.

Keinerlei Förmlichkeiten gibt es für die **freihändige Vergabe** von Aufträgen. Diese – meist zu Recht mißtrauisch betrachtete – Vergabeform darf nur in wenigen Ausnahmefällen angewandt werden (vgl. § 3 Nr. 4 VOB/A); in der Regel wird dies nur bei Aufträgen von geringem Wert oder bei besonderer Eilbedürftigkeit zulässig sein.

Bei der Anwendung der europäischen Richtlinien werden die gleichen Vergabeformen anders bezeichnet, nämlich als
- offenes Verfahren
- nicht offenes Verfahren
- Verhandlungsverfahren.

---

[15] Vergaberecht dtv Nr. 14.

b) Richtlinien

aa) Inländische Ausschreibungen

18 Das neue Vergaberechtsänderungsgesetz (VgRÄG) vom 26. 8. 1998[16] hat zwar mit Wirkung vom 1. Januar 1999 die §§ 57a bis §§ 57c des Haushaltsgrundsätzegesetz vom 19. August 1969[17] aufgehoben, die Verordnung über die Vergabebestimmungen für öffentliche Aufträge (Vergabeverordnung-VgV[18]) gilt jedoch fort, bis die nach dem Vergaberechtsänderungsgesetz mögliche neue Vergabeverordnung erlassen wurde.

Nach § 1 der noch geltenden Vergabeverordnung vom 22. 2. 1994 sind für Bauleistungen einschlägig die VOB/A, für alle sonstigen Lieferungen und Leistungen die VOL/A. Diese lediglich für nationale Ausschreibungen geltenden Normen werden üblicherweise „Basisparagraphen" genannt.

In § 3 der VOB/A werden die Arten der Vergabe benannt, ferner in § 6 das Angebotsverfahren dargestellt. Entscheidend für den Teil des Korruptionsstrafrechts sind dabei folgende Festlegungen:

§ 2 VOB/A:	Wettbewerbsprinzip, Diskriminierungsverbot, Zuverlässigkeitsbedingung
§ 3 VOB/A:	Grundsatz der öffentlichen Ausschreibung
§ 5 VOB/A:	Grundsätzlich Leistungsverträge nach Einheitspreisen oder in geeigneten Fällen für eine Pauschalsumme, Stundenlohnverträge jedoch nur für Bauleistungen geringeren Umfangs
§ 8 VOB/A:	Sicherung des Wettbewerbsprinzips
§ 17 Nr. 6 VOB/A:	Geheimhaltungspflicht der Namen der Bewerber, die Vergabeunterlagen erhalten oder eingesehen haben
§ 22 Nr. 1 VOB/A:	Angebote sind bis zum Eröffnungstermin unter Verschluß zu halten
§ 24 VOB/A:	Nr. 1: Verhandlungen nach Öffnung der Angebote nur zur Aufklärung des Angebotsinhalts, ansonsten nach Nr. 3 Verbot von Nachverhandlungen

Ähnliche Normen finden sich auch in den VOL/A.

bb) Europaweite Ausschreibungen

19 Das Vergaberechtsänderungsgesetz vom 26. 8. 1998 hat einen Teil 4 in das Gesetz gegen Wettbewerbsbeschränkungen (GWB) eingefügt. Der erste Abschnitt des vierten Teils des GWB in der Fassung vom 26. 8. 1998[19] befaßt sich in den nachfolgenden §§ 97 ff. mit dem Vergabeverfahren. § 100 setzt für die Anwendung dieser Normen voraus, daß die Schwellenwerte (vgl. oben) überschritten sind.

Über § 97 Abs. 6 GWB und die bereits erwähnte (alte) Vergabeverordnung gelten materiell die deutschen Verdingungsordnungen; im Unterschied zur lediglich inländischen Ausschreibung wird nicht nur unterschieden zwischen Bauleistungen (VOB/A) und sonstigen Lieferungen und Leistungen (VOL/A), sondern für freiberufliche, nicht eindeutig und erschöpfend beschreibbare Leistungen gilt oberhalb der EGSchwellenwerte die VOF, die Verdingungsordnung für freiberufliche Leistungen in der Fassung vom 12. 5. 1997.[20]

Im wesentlichen bestehen die bereits für den nationalen Teil festgestellten Prinzipien fort, nämlich der Wettbewerbsgrundsatz, das Diskriminierungsverbot, das Verbot vergabefremder Kriterien und das Verhandlungsverbot.

20 Die betroffenen Auftraggeber, für die die genannten Regelungen gelten, führt § 98 GWB enumerativ auf. Darin enthalten sind die „klassischen" öffentlichen Auftraggeber,

---

16 BGBl. I, 2512 ff.
17 BGBl. I, 1273.
18 BGBl. I, 321.
19 BGBl. I, 2512.
20 Vergaberecht dtv Nr. 6.

aber auch die juristischen Personen des öffentlichen und privaten Rechts, die zu dem besonderen Zweck gegründet wurden, im Allgemeininteresse liegende Aufgaben nichtgewerblicher Art zu erfüllen und bei denen öffentliche Stellen durch Beteiligung, sonstige überwiegende Finanzierung oder über ihre Leitung jeweils die Aufsicht ausüben oder mehr als die Hälfte der geschäftsführenden oder aufsichtausübenden Organe bestimmt haben. Weiter gilt das GWB auch für natürliche oder juristische Personen privaten Rechts, die auf dem Gebiet der Trinkwasser- oder Energieversorgung, des Verkehrs oder der Telekommunikation tätig sind, wenn sie staatlich beherrscht sind oder – als Private – ihre Tätigkeit auf der Basis ausschließlicher Rechte ausüben. Diese Unternehmen nennt man **„Sektorenauftraggeber"**, da allein der Sektor, in dem sie tätig sind, bereits zur Anwendung der Vergaberichtlinien führt. Während der typische Beispielsfall, die privatisierte Deutsche Bahn, sicher darunter fiele, dürfte auf dem Telekommunikationssektor bereits genügend Wettbewerb herrschen, um nach § 4 Abs. 3 Nr. 8 der geltenden Vergabeverordnung von einer Freigabe auszugehen.

Bereits die letzten Beispiele zeigen den Einfluß der EU-Richtlinien. Sinn und Zweck dieser Richtlinien, die durch das GWB in das deutsche Recht umgesetzt wurden, ist die Herstellung und Aufrechterhaltung des Wettbewerbs. Darum muß jede staatliche Tätigkeit davon erfaßt werden, egal welcher Rechtsform sie sich bedient. Anders als das deutsche Recht, das die Vergaberegeln aus dem Haushaltsrecht und dem Interesse an wirtschaftlicher Verwendung der staatlichen Gelder begründet, hat das europäische Recht zum Ziel, Wettbewerbsgleichheit und -freiheit sicherzustellen.

Selbst rein private Auftraggeber müssen sich an die Vergaberegeln halten, nämlich in den Fällen, „in denen sie für Tiefbaumaßnahmen, für die Errichtung von Krankenhäusern, Sport-, Erholungs- oder Freizeiteinrichtungen, Schul-, Hochschul- oder Verwaltungsgebäuden oder für damit in Verbindung stehende Dienstleistungen und Auslobungsverfahren von ... (öffentlichen) Stellen ... Mittel erhalten, mit denen diese Vorgaben zu mehr als 50 % finanziert werden" (§ 98 Nr. 5 GWB), oder wenn sie mit öffentlichen Stellen einen „Vertrag über die Erbringung von Bauleistungen abgeschlossen haben, bei dem die Gegenleistung für die Bauarbeiten statt in einer Vergütung in dem Recht auf Nutzung der baulichen Anlage, ggf. zuzüglich der Zahlung eines Preises besteht, ... (Baukonzession)," (§ 98 Nr. 6 GWB).

c) Praxis und Manipulationen

21 An einem Beispiel sollen der normale Verlauf eines Bauvorhabens und die Manipulationsmöglichkeiten aufgezeigt werden:

Eine Gemeinde ist gewachsen und bedarf eines neuen Klärwerks.

In der **Vorplanungsphase** werden sich die Gemeindeverwaltung und die Gemeinderäte darüber Gedanken machen, was zu tun ist. Baut man auf dem Gemeindegebiet eine eigene Kläranlage, sollte man sich mit anderen Gemeinden zum Bau einer gemeinsamen größeren Anlage verständigen, hat eine Nachbargemeinde mit ihrem Klärwerk gar noch Kapazitäten frei und vor allem, was wird und darf das Projekt kosten? Da die Beantwortung dieser Fragen auch von dem technisch Machbaren und dessen Kosten abhängt, wird sich die Gemeinde des Sachverstands eines Planers bedienen. Dieser Planer wird dann die groben Kosten errechnen; in geheimer Sitzung wird der Gemeinderat sodann eine Entscheidung über das weitere Vorgehen treffen und dabei gleichzeitig das Budget, also die eingeplanten Kosten, festlegen.

In diesem Vor-Planungsprozeß sind zahlreiche Einflußmöglichkeiten vorhanden; der Planer könnte die Kosten zielgerecht schätzen, verschiedene Interessengruppen könnten sich, ohne ihre Verbindungen zu eventuell interessierten Baufirmen offenzulegen, positionieren und die zunächst allgemein geführte, öffentliche Diskussion lenken.

22 Diesem Zeitabschnitt folgt die **Planungsphase**. Hier wird in der Regel ein Planungsbüro damit beauftragt, das konkrete Klärwerk zu entwerfen. Dabei sind Überdimensio-

nierungen möglich, unnötige Leistungen können eingeplant werden (z. B. Fliesen in einem schlichten Pumpenraum, in dem Sichtbeton genügt), die Konstruktion in Beton, Stahl oder Holz könnte bereits mit Rücksicht auf die Firma erfolgen, die den Auftrag schließlich bekommen sollte. Auch bei Bausystemen, Patenten und Steuerungstechniken können jetzt bereits die Weichen gestellt werden; z. B. wer einen Pkw mit einem 3flügeligen Stern auf der Kühlerhaube als Konstruktionsvoraussetzung beschreibt, wird auch ein solches Modell erhalten. Fabrikate „ohne Stern" bleiben chancenlos.

Aufgrund der Planung wird dann das **Leistungsverzeichnis** erstellt, in dem alle er- 23
forderlichen Arbeiten detailliert aufgeführt sind. Dieses Leistungsverzeichnis ist dann die Grundlage des durch die Ausschreibung zu ermittelnden Angebots einer Firma. Das Leistungsverzeichnis ist – vereinfacht ausgedrückt – das Fundament, ja geradezu das „Grundgesetz" für den später durchgeführten Bau. Hier können bereits einige spätere Anbieter bevorzugt werden, z. B. durch die Verwendung bestimmter Materialien oder Fabrikate. Gleichzeitig können hier bereits Scheinpositionen, überhöhte oder zu niedrige Mengen eingeplant werden; so gab es Fälle, in denen unveränderte Muster-Leistungsverzeichnisse von Firmen in das Leistungsverzeichnis übernommen wurden. Auch können Bieter dadurch abgeschreckt werden, daß unzumutbar kurze Ausführungstermine in Verbindung mit hohen Vertragsstrafen in das Leistungsverzeichnis aufgenommen werden.[21]

Nachdem das Leistungsverzeichnis erstellt wurde, erfolgt sodann die **Ausschreibung.** 24
Die Möglichkeiten der Manipulation sind vielfältig und werden bzw. wurden auch tatsächlich genutzt.

In manchen Geschäftsbereichen (z. B. Klärwerksbau, Kanalbau, Fassadenbau u. a.) ist der Markt in Deutschland sehr übersichtlich. Gerade für Großprojekte kommen mitunter nur ein Dutzend Firmen in Betracht. Aber auch bei weniger spezialisierten Geschäftsbereichen kann sich regional ein fast geschlossener Markt entwickeln; so ist meist bei mittleren Projekten notwendig, daß ein Bauhof zumindest im Umkreis von 50 bis 100 km vorhanden ist, um Materialzulieferung und Logistik zu gewährleisten.

Wird eine **beschränkte** Ausschreibung vorgenommen, so können die angeschriebenen Unternehmen sich absprechen und sowohl den Preis wie auch den Auftragnehmer aus ihrem Kreis bestimmen. Die nicht zum Zug gekommenen Firmen werden dann – so ihre Hoffnung – bei einem späteren Bauvorhaben den Zuschlag erhalten bzw. als Subunternehmer einbezogen. Manchmal werden auch Ausgleichszahlungen des Auftragnehmers für die leer ausgegangenen Bewerber geleistet.

Besonders problemlos können die **Absprachen** erfolgen, wenn den Unternehmen das Budget der Gemeinde wie auch die angeschriebenen Unternehmer bekannt sind; da nach der VOB/A diese Punkte geheimzuhalten sind (s.o Rn. 18), geht dies nur dadurch, daß ein Angehöriger der Gemeinde oder des beauftragten Bauplanungsbüros seine Verschwiegenheitspflichten verletzt. Die Kosten für dessen Hilfsbereitschaft werden in der Regel in dem Angebot versteckt, also der Gemeinde wieder in Rechnung gestellt.

Dies geschieht häufig über Drittfirmen, die letztendlich Leistungen an den Informanten weitergeben; sowohl Geld wie auch überbezahlte Gutachten- oder Sachverständigenaufträge waren festzustellen, ebenso auch kostenlose Leistungen für das Anwesen des „Tipgebers".

Aber auch wenn eine **öffentliche** Ausschreibung vorgenommen wird, kann bei übersichtlichem Markt die Person des Auftragnehmers gesteuert werden. Die interessierten Firmen können z. B. einen „Dumping-Preis" gestalten, den jeder andere Außenseiter nicht mehr unterbieten kann; die Kosten dafür werden meist durch Nachtragsaufträge oder Änderungen in der Ausführung wieder eingebracht. Im übrigen können die interessierten Firmen in kollusivem Zusammenwirken mit einem Angehörigen des Planungsbüros sogenannte „Luftnummern" vereinbaren, also Teile des Leistungsverzeichnisses,

---

[21] *Stemmer/Augustin,* Kriminalistik 96, 32 ff.

von denen bereits zum Zeitpunkt der Ausschreibung – nur den Insidern – bekannt ist, daß diese Teile nicht zur Ausführung gelangen. Natürlich können insoweit sensationell niedrige Preise angeboten werden, die durch höhere Preise bei anderen Leistungspositionen im Ergebnis wieder wettgemacht werden. Auch kann eine „Urkalkulation" dadurch verzerrt werden, daß die Firmen den Arbeitsaufwand des Personals und teilweise auch die Stoffkosten ganz bewußt um bis zu 30 % reduzieren, andererseits aber besonders hohe Zuschläge für Nebenleistungen zum Ausgleich vorsehen. Der Angebotspreis ist niedrig, die Vergütung für zusätzliche Leistungen gleicht diesen Nachlaß jedoch nicht nur aus, sondern macht das angeblich kostengünstigste Angebot in der Endabrechnung häufig zum teuersten. Begnügt sich der Auftraggeber beim Vergleich der Angebote mit dieser „Vorkalkulation", ist er bereits Opfer einer Manipulation.[22]

25 An diese Phase schließt sich dann die eigentliche **Submission**, also der Zeitpunkt, zu dem die Angebote eröffnet und schließlich bewertet werden. Manchmal werden plötzlich Nachlässe noch eingefügt bzw. gestrichen, Blätter ausgetauscht, Zahlen umgeschrieben und Kommas versetzt. All dies geht nur, wenn ein Angehöriger entweder der Vergabebehörde oder des Bauplanungsbüros mitwirkt.

26 Die anschließende **Vergabe** beruht auf dem Leistungsverzeichnis; oft erkennt der Bauherr nicht, daß das nach Einheitspreisen aufgestellte Leistungsverzeichnis beachtliche Mengenreserven enthält. Wird aufgrund des Leistungsverzeichnisses dann der Auftrag zu der pauschalierten Summe vergeben, kommen Einsparungen nicht mehr dem Bauherrn, sondern allein dem Unternehmer zugute. Lag ein korruptives Zusammenwirken mit der Vergabeseite vor, kann allein dadurch nahezu jeder Auftrag konkurrenzlos erlangt werden. Selbst harmlos erscheinende Anschlussaufträge, die in der Regel ohne Ausschreibung freihändig vergeben werden, entwickeln nach Auftragsvergabe oft ein so dynamisches Eigenleben, daß ihr Wert den Hauptauftrag erreicht, manchmal sogar übersteigt.

27 Auch in der nachfolgenden **Abrechnungsphase** gibt es zahlreiche Untiefen. So können bei manchen Aufträgen die verbauten Mengen kaum mehr nachgerechnet werden; bei unserem Beispielsfall, einem Klärwerk, werden oft Hunderte von Kilometern Elektrokabel verlegt. Diese liegen gut vergraben in der Erde und können häufig nachträglich nicht mehr kontrolliert werden. Ebenso können die notwendigen Kubikmeter Bauaushub, wenn die Bauaufsicht nicht vor Ort die notwendigen Sicherheitsvorkehrungen einleitet, im nachhinein nur vertrauensvoll „abgenickt" werden; in einem konkreten Fall fiel den Strafverfolgungsbehörden allerdings auf, daß für das Verlegen eines Abwasserkanals von 25 m Länge ca. 3000 Kubikmeter Erdaushub geltend gemacht wurden. Auch Doppelberechnungen, Nebenleistungen als Nachtrag, Preisänderungen ohne notwendigen Nachtrag, Scheinrechnungen von Firmen sowie die Ausweisung von Mängelbeseitigungen als Nachtrag gehören zu der Palette, die mitunter phantasievoll benutzt wird.

Eine wesentliche Verantwortung liegt bei der Bauaufsicht, insbesondere bei der Abnahme. Werden Mängel nicht erkannt, sind sowohl weitere „Nachfolgeaufträge" bereits vorgezeichnet als auch der finanzielle Schaden absehbar. Zu weiteren Details wird der bereits erwähnte Aufsatz von *Stemmer/Augustin*, Manipulationen am Bau empfohlen.[23]

Die soeben geschilderten Phänomene sollen nicht den Eindruck erwecken, als seien derartige Manipulationen an der Tagesordnung; die Mehrzahl aller Vergaben wird korrekt vorgenommen. Alle geschilderten „Tricks" sind aber nicht erfunden, sondern beruhen auf praktischen Erfahrungen. Man kann derartige Manipulationen nur erkennen, wenn man das Vergabesystem in groben Zügen versteht, die Manipulationsmöglichkeiten einkalkuliert und Gefährdungspunkte focussiert. Die inzwischen erfolgte Sensibilisierung durch die öffentliche Aufmerksamkeit hat manches verbessert; verschiedene Geschäftsbereiche haben eigene ethische Standards verabschiedet, da es auch nicht im Inter-

---

22 *Stemmer/Augustin* a.a.O., 35 ff., 37.

23 Kriminalistik 96, 35 ff.

esse eines ehrlichen Unternehmens liegt, wenn Manipulationen den Markt trüben und fairen Wettbewerb ausschließen.

Zahlreiche Landesregierungen haben zur Ergänzung der VOB/A und VOL/A weitere Vergaberichtlinien erlassen, die der Korruption vorbeugen sollen: 28

Baden-Württemberg: VwV Korruptionsverhütung und -bekämpfung vom 21. 7. 97, GABl. 97, 487 ff., 489

Bayern: Bekanntmachung der Bayerischen Staatsregierung vom 14. 5. 96, JMBl. 96, 77 ff.

Berlin: Rundschreiben zu den Richtlinien zur Korruptionsprävention der Anti-Korruptions-Arbeitsgruppe der Berliner Verwaltung vom 7. 9. 98, DBl. des Senats 98, 149 ff.

Hamburg: Richtlinie der Finanzbehörde für die Vergabe von Lieferungen und Leistungen vom 6. 1. 97

Hessen: Erlaß des Hessischen Ministeriums des Innern und für Landwirtschaft, Forsten und Naturschutz vom 14. 4. 98, StAnz 98, 1432 ff.

Gemeinsamer Runderlaß der Hessischen Landesregierung vom 3. 4. 95, StAnz 95

Rheinland-Pfalz: VwV der Landesregierung vom 29. 10. 96, Mbl. 98, 472 ff.

Thüringen: Richtlinie des Ministeriums für Wirtschaft und Infrastruktur vom 20. 3. 98, ThStAnz. 98, 666 ff.

Bund: Richtlinie der Bundesregierung zur Korruptionsprävention in der Bundesverwaltung vom 17. 6. 98

II. Materielles Recht

Überall gibt es jeweils eigentümliche Weisen der Korruption durch Privatinteressen. Das stillschweigende Wissen aller Beteiligten läßt sie bestehen.

(Karl Jaspers, Die geistige Situation der Zeit, Berlin 1931)

1. Überblick und Schema

Die Erscheinungsformen der Korruption sind – wie oben dargestellt – vielfältig und schillernd. Das Handeln der Beteiligten bewegt sich auf dem Markt der verschiedenen wirtschaftlichen Interessen. Das deutsche Strafrecht bekämpft auf verschiedenen Ebenen die Erscheinungsformen der Korruption. 29

a) Am deutlichsten ist die Situation des Entscheidungsträgers, dessen Handeln beeinflußt werden soll; seine Genehmigungen, seine Erlaubnisse, seine beschleunigenden Aktivitäten und seine Aufträge werden erkauft durch Vorteile. Im Rahmen staatlicher Autorität sanktionieren die §§ 331 (Vorteilsannahme) und 332 (Bestechlichkeit) StGB das Fehlverhalten auf der **passiven** Seite. Der Geldgeber auf der **aktiven** Seite macht sich strafbar nach den §§ 333 (Vorteilsgewährung) und 334 (Bestechung) StGB. Der Gesetzgeber sieht hier das geschützte Rechtsgut in der Lauterkeit der Verwaltung und dem Vertrauen der Allgemeinheit in die korrekten Entscheidungen der staatlichen Hoheitsträger.

Werden private Entscheidungsträger beeinflußt, wird dies gem. § 299 StGB geahndet, auf der passiven Seite durch Abs. 1, auf der aktiven Seite durch Abs. 2 dieser Norm. Geschützt wird der freie und faire Wettbewerb.

In beiden Segmenten, sowohl im öffentlichen wie auch im privaten Bereich, treten flankierende Normen hinzu. Besitzen die „bestochenen" Entscheidungen vermögensrechtliche Relevanz, ist auch die Untreue nach § 266 StGB zu prüfen. Diese Norm schützt das Rechtsgut Vermögen, ohne daß es auf eine Vermögensverschiebung oder Bereicherung ankäme. Die Geldgeber können sich als Teilnehmer ebenfalls strafrechtlich zu verantworten haben.

Und schließlich steht die Steuerhinterziehung nach § 370 Abgabenordnung im Raum, da in aller Regel der Entscheidungsträger das von ihm vereinnahmte Geld nicht den Finanzbehörden offenbart.

30 **b)** Eine andere, ausgedehnte Korruptionssituation hat sich im Bereich des staatlichen und privaten Vergabewesens ergeben, wobei die klassischen Korruptionsparagraphen 331 ff. StGB nicht mehr im Zentrum stehen. Werden Ausschreibungen beschränkt vorgenommen oder ist der Markt oligopolartig bereits aus sich heraus auf eine überschaubare Anzahl von Unternehmen beschränkt, kann durch Absprachen die Vergabe gesteuert werden. Die damit verbundene Wettbewerbswidrigkeit sanktioniert vor allem § 298 StGB, der ähnlich wie § 299 StGB nicht die Lauterkeit der Verwaltung, sondern den freien Wettbewerb schützen soll. Je weniger Unternehmen als Anbieter in Betracht kommen, desto leichter kann die Steuerung auch ohne den Entscheidungsträger erfolgen. Wird der Entscheidungsträger ohne Zuwendungen beeinflußt, kommt durch die Vorspiegelung eines Wettbewerbsangebots zusätzlich § 263 StGB in Betracht. Erkennt der Entscheidungsträger die wirtschaftlich ungünstige Situation für das von ihm zu verantwortende Vermögen, ist weiterhin eine Untreue nach § 266 StGB möglich, die keine Bereicherungsabsicht des Entscheidungsträgers verlangt.

Wollen die am Auftrag interessierten Unternehmen jedoch ihre Absprachen auch durch Zuwendungen an den Entscheidungsträger absichern (bei beschränkter Ausschreibung durch das Auskundschaften der angeschriebenen Firmen, Preisgabe des zur Verfügung stehenden Budgets), greifen die §§ 331 ff. sowie § 299 StGB zusätzlich ein.

Es überschneiden und überlagern sich damit Normen, die einerseits die Lauterkeit der Verwaltung, andererseits den freien Wettbewerb, das Vermögen als solches, und schließlich das Vermögen vor unlauterer Vermögensverschiebung schützen sollen.

31 **c)** Eine Strafbarkeit der **passiven Seite** (Vorteilsnehmer) kann grob schematisiert werden:

Sachverhaltsbeschreibung	Amtsträger und Gleichgestellte	keine Amtsträger
kein pflichtwidriges Verhalten, weite Unrechtsvereinbarung	§ 331 StGB	–
Pflichtwidrigkeit bzw. Unlauterkeit	§ 332 StGB	§ 299 I StGB (früher § 12 UWG)
besonders schwerer Fall	§ 331 II StGB § 332 II StGB § 335 StGB	§ 300 StGB
Einwirkung auf Submissionsverfahren	§§ 298, 25, 26, 27 StGB	§§ 298, 25, 26, 27 StGB
Mißbrauchstatbestand und Schaden	§ 266 StGB	§ 266 StGB
zusätzlich Bereicherungsabsicht und Täuschung eines übergeordneten Entscheidungsträgers	§§ 263, 25, 26, 27 StGB	§§ 263, 25, 26, 27 StGB
Einkünfte dem Finanzamt nicht offenbart	§ 370 Abgabenordnung	§ 370 Abgabenordnung

32 **d)** Nach ähnlichem **Schema** können die strafrechtlichen Sanktionen für die **aktive Seite** (Vorteilsgeber) skizziert werden:

Sachverhaltsbeschreibung	Amtsträger und Gleichgestellte	keine Amtsträger
keine Pflichtwidrigkeit des Entscheidungsträgers weite Unrechtsvereinbarung	§ 333 StGB	–
Pflichtwidrigkeit/Unlauterkeit und Unrechtsvereinbarung	§ 334 StGB	§ 299 II StGB (früher § 12 UWG)
Besonders schwere Fälle	§ 333 II StGB § 334 II StGB § 335 StGB	§ 300 StGB
Einwirkung auf das Submissionsverfahren	§ 298 StGB	§ 298 StGB
Mißbrauchstatbestand und Schaden	§§ 266, 26, 27 StGB	§§ 266, 26, 27 StGB
zusätzlich Bereicherungsabsicht	§ 263 StGB	§ 263 StGB
Bei „kick-Back-Zahlungen" und Nichtangabe bei den Steuerbehörden hinsichtlich Körperschafts-, Gewerbe- und Einkommenssteuern	§ 370 Abgabenordnung	§ 370 Abgabenordnung

Jeder Sachverhalt hat naturgemäß eine andere Ausprägung. Manches kann vermutet **33**
und spekuliert, nicht aber nachgewiesen werden. Abschließend zu diesem Übersichtsteil daher noch ein – zugegeben grob vereinfachtes – Schema, das die jeweiligen Anforderungen an die Tatbestandsverwirklichung aufzeigen soll:

	§ 331 StGB	§ 332 StGB	§ 333 StGB	§ 334 StGB	§ 229 StGB	§ 266 StGB	§ 263 StGB	§ 298 StGB	§ 370 AO
Amtsträger	+	+	+	+	–	–	–	–	–
Vertrauensstellung	–	–	–	–	+	+	–	–	–
Vorteil	+	+	+	+	+	–	+	–	+
Schaden	–	–	–	–	–	+	+	–	+
Pflichtwidrigkeit/ Unlauterkeit	–	+	–	+	+	+	–	+	+
Konkrete Unrechtsvereinbarung	–	+	–	+	+	–	–	+	-

Die oben genannte Systematik zeigt die wesentlichen Strafnormen auf, die bei der Korruptionsbekämpfung anfallen. Nicht selten mit den genannten Delikten verbunden sind auch noch folgende Normverletzungen:
Verwertung fremder Geheimnisse, § 204 StGB
Verletzung des Dienstgeheimnisses und besonderer Geheimhaltungspflichten, § 353 b StGB
Verrat von Geschäfts- und Betriebsgeheimnissen, § 17 UWG
Unterschlagung, § 246 StGB
Subventionsbetrug, § 264 StGB
Urkundenfälschung, § 267 StGB
Strafvereitelung im Amt, § 258 a StGB
Falschbeurkundung im Amt, § 348 StGB
Verleitung eines Untergebenen zu einer Straftat, § 357 StGB.

Die Kernnormen, auf denen im wesentlichen die Korruptionsbekämpfung in der Praxis beruht, sollen im Folgenden näher erläutert werden.

2. Die Bestechung von Amtsträgern gemäß den §§ 331 ff. StGB

a) Grundsätze

34 Der 30. Abschnitt des Strafgesetzbuchs umfaßt unter der Überschrift „Straftaten im Amt" in den §§ 331 ff. die typischen Amtsträgerdelikte, in den §§ 333 und 334 (Vorteilsgewährung, Bestechlichkeit) aber eigentlich systemwidrig Delikte, die ein externer Dritter begeht. Die Grundnormen der §§ 331 bis 334 StGB sind spiegelbildlich aufgebaut, d. h., der Vorteilsannahme des § 331 entspricht die Vorteilsgewährung nach § 333 StGB, der Bestechlichkeit nach § 332 StGB die Bestechung nach § 334 StGB. Das Korruptionsbekämpfungsgesetz vom 13. 8. 97[24] hat zahlreiche Veränderungen an dem Grundsystem vorgenommen. Teilweise wurde die schon vorhandene Rechtsprechung bzw. Literaturmeinung legislatorisch fixiert, teilweise Neuland betreten. Die folgende Darstellung geht vom aktuellen Stand aus, gibt aber auch – wo es wesentlich erscheint – Hinweise auf die Situation bis zum 13. 8. 97.

§ 331 StGB stellt einen Amtsträger oder einen für den öffentlichen Dienst besonders Verpflichteten unter Strafe, wenn er oder ein Dritter „für die Dienstausübung" einen Vorteil fordert, sich versprechen läßt oder annimmt. Der Tatbestand umfaßt also begangene oder künftige Diensthandlungen, die nicht pflichtwidrig waren.

Der Tatbestand der Bestechlichkeit nach § 332 StGB unterscheidet sich von der Vorteilsannahme im Wesentlichen dadurch, daß eine pflichtwidrige Diensthandlung als Gegenleistung des Amtsträgers gefordert wird. Auch läßt es § 332 Abs. 3 StGB bei einer künftigen Handlung für die Vollendung des Tatbestandes genügen, wenn sich der Amtsträger dem anderen gegenüber zur Pflichtverletzung oder zur Beeinflussung seines Ermessens „bereit gezeigt hat".

Auf der Seite des Gebers entspricht die Vorteilsgewährung nach § 333 StGB nunmehr vollständig, sozusagen reziprok, der Vorteilsannahme nach § 331 StGB, genauso wie § 334 StGB das passende Gegenstück zu § 332 StGB darstellt.

Die Tatbestände erscheinen zunächst klar, beinhalten aber einige Problempunkte, die für eine umfangreiche und teilweise kontroverse Rechtsprechung und für eine noch zahlreichere Literatur gesorgt haben.

Der **Begriff des Amtsträgers** war und ist umstritten; ob ein der Ausschreibungsbehörde „helfender" Bauingenieur ebenfalls darunter zu zählen ist, wird differenziert betrachtet, ebenso inwieweit die Privatisierung staatlicher Aufgaben die Handelnden aus dem Rahmen der §§ 331 ff. StGB entläßt. Häufig – und seit 10. 9. 98 erfolgreich – wurde gefordert, auch Amtsträger ausländischer Staaten und internationaler Organisationen einzubeziehen (nachfolgend b).

Auch die als gesetzliche Voraussetzung nur mittelbar aufscheinende **Unrechtsvereinbarung** gab zu erheblichen Diskussionen Anlass. Wie konkret müssen Leistung und Gegenleistung abgesprochen sein, wie kann unter Berücksichtigung des Bestimmtheitsgebot verhindert werden, daß nicht von vornherein jeder Nachweis einer Bestechungshandlung nahezu unmöglich gemacht wird (nachfolgend c)?

Schließlich bedarf es der Klarstellung, welche **„Vorteile"** dem Amtsträger zugeflossen sein müssen (nachfolgend d) und welche **Formen der Täterschaft** denkbar sind (nachfolgend e). Der Gliederungspunkt f) wird kurz einige weitere Besonderheiten beleuchten.

b) Amtsträger

35 Der Begriff des „Amtsträgers" wird vom Gesetz definiert in § 11 Abs. 1 Nr. 2 StGB. Während lit.a und lit.b unproblematisch sind, da hier auf das öffentlich-rechtliche Verhältnis abgestellt wird, bestehen unterschiedliche Auffassungen über die Reichweite von lit. c. Danach sind Amtsträger im strafrechtlichen Sinne auch diejenigen, die ansonsten – ohne ein öffentlich-rechtliches Beamten- oder Angestelltenverhältnis begründet zu haben –

[24] BGBl. I 2038.

dazu bestellt sind, bei einer Behörde oder bei einer sonstigen Stelle oder in deren Auftrag Aufgaben öffentlicher Verwaltung wahrzunehmen, und zwar unbeschadet der zur Aufgabenerfüllung gewählten Organisationsform.

aa) Private Gehilfen, Bauingenieure

Im Rahmen der Korruptionsbekämpfung von Bedeutung ist der Status von Privaten, die von einer Körperschaft des öffentlichen Rechts herangezogen werden, um bei der Erfüllung der staatlichen Aufgaben zu helfen. Werden öffentliche Aufträge vergeben, wird zunehmend die Sachkunde des beispielsweise zuständigen Regierungsrates nicht mehr genügen. Schon die Aufstellung des Leistungsverzeichnisses wird nur noch in den seltensten Fällen von der ausschreibenden Behörde selbst vorgenommen. Denn im Leistungsverzeichnis müssen die neuesten technischen Möglichkeiten berücksichtigt werden; die Errechnung des konkreten Bedarfs erfordert Spezialisten, die fortwährend im Kontakt mit der ausführenden Praxis stehen. Daher greifen staatliche Stellen zunehmend auf private Bauingenieurbüros zurück, denen diese Aufgaben übertragen werden. 36

Mit ihnen werden Vereinbarungen geschlossen, die ihre Aufgaben konkret benennen. Das kann die Erstellung des Leistungsverzeichnisses sein, ebenso – häufig – die Durchführung einer Submission, die Bewertung der Angebote, die Empfehlung des besten Angebotes bis zur Bauüberwachung und Abnahme. Werden diese „privaten Mitarbeiter" förmlich verpflichtet (nach dem Verpflichtungsgesetz vom 2. 3. 94[25]), sind die §§ 331 ff. StGB zwar nicht nach § 11 Abs. 1 Nr. 2 anwendbar, aber nach Nr. 4 des § 11 StGB. Leider wird von einer entsprechenden Verpflichtung nicht allzu häufig Gebrauch gemacht, so daß eine Anwendbarkeit der §§ 331 ff. StGB davon abhängt, ob der eingeschaltete Bauingenieur „Amtsträger" im Sinne des § 11 Abs. 1 Nr. 2 StGB ist.

Der Bundesgerichtshof hat in seiner Entscheidung vom 9. 10. 97[26] durch den 1. Strafsenat die weitere Rechtsentwicklung beeinflußt. 37

Der Bundesgerichtshof hatte die Frage zu entscheiden, ob ein Beamter der evangelischen Landeskirche in Baden, der das ihr gewidmete Vermögen kirchlicher Stiftungen verwaltete, Amtsträger im strafrechtlichen Sinne sei. Nach § 11 Abs. 1 Nr. 2 c StGB kann – so der BGH – jeder, ohne Beamter im staatsrechtlichen Sinne zu sein, als Amtsträger eingestuft werden,

„der von einer nach öffentlichem Recht zuständigen Stelle ausdrücklich oder stillschweigend zu Dienstverrichtungen berufen ist, die aus der Staatsgewalt abgeleitet sind und staatlichen Zwecken dienen ...".

Diese bereits in der Rechtsprechung des Reichsgerichts determinierte **funktionale Betrachtungsweise** wurde in der genannten Entscheidung vom Bundesgerichtshof weiter angereichert; er stellt wesentlich darauf ab, welche Befugnisse die staatlichen Stellen, z. B. das Kultusministerium, besitzen, um auf die Verwaltung des kirchlichen Vermögens einzuwirken. Da im vorliegenden Falle im wesentlichen nur noch ein Informationsrecht des baden-württembergischen Kultusministeriums bestand, verneinte er das Vorliegen von Amtsträgern.

Das Bayerische Oberste Landesgericht nahm in seinem Beschluß vom 20. 7. 95[27] explizit dazu Stellung, ob einem Ingenieurbüro, das von der Bayerischen Verwaltung der staatlichen Schlösser, Gärten und Seeen mit der Erarbeitung der Beträge zur Haushaltsunterlage, der Genehmigungs- und Ausführungsplanung, der Vorbereitung der Vergabe und der Objektüberwachung betraut war, die Amtsträgereigenschaft zukommt. Es stellt klar, daß die Legaldefinition des Amtsträgers in § 11 Abs. 1 Nr. 2 lit. c StGB auf zwei Kriterien beruht, nämlich auf der **Bestellung** und der **Funktion**. Der Bestellungsakt kann zwar 38

[25] BGBl. I 469, 545 und BGBl. I 1942; Auszug im Anhang 19 von *Tröndle/Fischer*, StGB.

[26] BGHSt 37, 191 ff.

[27] NJW 96, 268 ff.

formlos erfolgen, gleichwohl ist er für den Begriff des Amtsträgers konstitutiv. Wäre jeder schuldrechtliche Vertrag bereits eine Bestellung, so bliebe für § 11 Abs. 1 Nr. 4 StGB kein Raum mehr, da dort diejenigen erfaßt werden, die, ohne Amtsträger zu sein, für den öffentlichen Dienst besonders verpflichtet wurden.

„Wenn auch der öffentlich-rechtliche Akt der Bestellung keiner Form bedarf, muß er sich jedenfalls in einer Weise vollziehen, daß der Betroffene nach außen hin als Repräsentant der öffentlichen Verwaltung erscheint bzw. auftreten kann. Der bloße Abschluß eines schuldrechtlichen Vertrages mit der Übertragung von Leistungen nach der HOAI ist dafür jedenfalls nicht ausreichend."

Diese Entwicklung bestätigt auch die Entscheidung des Bundesgerichtshofs vom 21. 8. 96.[28] in der es um einen Dolmetscher ging, der in 75 Fällen vom Inhaber einer Fahrschule Geldbeträge dafür annahm, daß er bei theoretischen Prüfungen als Dolmetscher und Übersetzer den meist aus dem arabischen Sprachraum stammenden Fahrschülern unerlaubte Hilfestellung gab. Eine Amtsträgereigenschaft nach § 11 Abs. 1 Nr. 2 lit. c StGB ließ der BGH daran scheitern, daß keine genügende Bestellung vorlag.

„Diese liegt, wie weit der Begriff auch sonst zu fassen sein mag..., jedenfalls nicht schon darin, daß die Behörde oder Stelle einen freiberuflich tätigen Dolmetscher oder Übersetzer wiederholt oder auch regelmäßig bei amtlichen Prüfungsverfahren zum Zweck der Verständigung mit dem Prüfling mitwirken lässt..."

Denn er handele im individuellen Interesse des Bewerbers, der die Verständigungssperre zu überwinden habe. Anders als bei Verhandlungen vor Gericht (§ 185 GVG) sei er daher nur für den Prüfling tätig geworden.

39 In weiteren drei Entscheidungen hat der Bundesgerichtshof versucht, die Abgrenzung Amtsträger – Privater weiter zu verdeutlichen. In der Entscheidung vom 15. 5. 97[29] legt der Bundesgerichtshof zunächst die verschiedenen Betrachtungsweisen dar. Bei **rein funktionaler Betrachtungsweise** wäre kein besonderer Bestellungsakt für die freiberuflichen Ingenieure erforderlich, die mit der Vorbereitung der öffentlichen Ausschreibung von Klärwerkseinrichtungen beauftragt waren. Denn dann würde sich die Amtsträgereigenschaft im Fall der Wahrnehmung von Aufgaben der öffentlichen Verwaltung, die der BGH im vorliegenden Fall zweifelsfrei annahm, ohne Weiteres ergeben. Eine beachtliche Meinung in der Literatur[30] will den funktionalen Amtsträgerbegriff einschränken, aber nicht durch einen besonderen Bestellungsakt, sondern durch eine „verwaltungsspezifische Handlungsform". Das bedeutet, daß ein besonders typisches Verwaltungshandeln vorliegen muß, das die mangelnde Eingliederung in die Verwaltungsorganisation ausgleicht.

Weiter verweist der Bundesgerichtshof auf die **organisatorische Betrachtungsweise**, die sowohl die Bestellung des Amtsträgers verlangt als auch seine Funktion bei der Wahrnehmung von Aufgaben der öffentlichen Verwaltung. Der BGH legt schließlich dar, daß § 11 Abs. 1 Nr. 2 lit.c StGB auf die Eigenschaft einer Person abstellt und nicht auf die konkrete Handlung. Er folgt daher dem Bayerischen Obersten Landesgericht und verlangt eine von der privatrechtlichen Beauftragung zu unterscheidende Bestellung zum Amtsträger. Diese Bestellung muß

„ihn entweder zu einer über den einzelnen Auftrag hinausgehenden längerfristigen Tätigkeit oder zu einer organisatorischen Eingliederung in die Behördenstruktur führen... Wenn sie in dieser Weise begründet wird, ist auch für die Normadressaten hinreichend deutlich, daß mit dem Auftrag besondere strafbewährte Verhaltenspflichten verbunden sind."

Im konkreten Fall fehlte dies nach Ansicht des BGH bei dem eingeschalteten Ingenieur.

40 In der Entscheidung vom 29. 1. 98[31] hat der Bundesgerichtshof, ebenfalls beim Problem eines eingeschalteten Planungsingenieurs, seine Auffassung modifiziert. Der freiberuflich

[28] BGHSt 42, 232 ff.
[29] NStZ 97, 540, Anmerkung *Ransiek* NStZ 97, 519 ff., Anmerkung *Haft* NStZ 98, 29 ff.
[30] *Eser* in Schönke-Schröder, StGB, § 11 Rn. 21; *Lenckner*, ZStW 106, 502 ff., 530 ff.
[31] NJW 98, 2373 ff.

tätige Diplomingenieur war mit der Vorbereitung von Ausschreibungen für Fernmeldeanlagen in Krankenhäusern beauftragt. Bei einem Treffen in St. Moritz vereinbarte er, gegen eine Vergütung von 1% der Nettoauftragssumme die Namen der Mitbieter und die Höhe des Budgets zu offenbaren. Der Bundesgerichtshof weist darauf hin, daß für eine Amtsträgereigenschaft nach § 11 Abs. 1 Nr. 2 lit. c StGB ein Bestellungsakt erforderlich ist. Doch dieser Bestellungsakt ist formfrei möglich:

„Dabei ist Voraussetzung für eine solche Bestellung das Heranziehen zu einer über den einzelnen Auftrag hinausgehenden längerfristigen Tätigkeit oder eine Eingliederung in die Behördenstruktur (BGHSt 43, 96 ff.). Diese Voraussetzungen liegen z. B. vor, wenn ein Architekt für eine Kommune langfristig aufgrund eines Rahmenvertrages alle baulichen Angelegenheiten eines bestimmten Objekts betreut. Sie sind auch zu bejahen, wenn in einer kleinen Gemeinde, die kein Bauamt besitzt, ein Architekt dessen Aufgaben übernimmt (Ortsarchitekt). Ein Planungsingenieur kann Amtsträger sein, wenn er für einen längeren Zeitraum beauftragt ist, Ausschreibungen durchzuführen oder Vergaben vorzubereiten oder bei allen städtischen Bauprojekten die Kostenkontrolle zu übernehmen."

Der Bundesgerichtshof hat die Amtsträgereigenschaft des Bauingenieurs bejaht, soweit das Städtische Krankenhaus betroffen war. Denn bereits seit dem Jahr 1970 habe er für die betroffene Stadt gearbeitet, die ihm seit 1972 im Rahmen eines Ingenieurvertrages für das Städtische Krankenhaus die Zuständigkeiten zur Vorbereitung der Bauausführung, das Erstellen der Firmenvorschlagslisten und Leistungsverzeichnisse, des Vergabevorschlags sowie die Bauleitung und die Abnahme übertragen hatten. Der BGH schließt insoweit mit der bemerkenswerten Feststellung:

„Bei einer solchen langjährigen und intensiven Verbindung des freiberuflichen Ingenieurs mit der Stadtverwaltung, die die öffentliche Aufgabe nicht selbst erfüllen kann, ist es rechtlich unzweifelhaft, daß der Ingenieur von der Stadt persönlich beauftragt sein und wie eines ihrer Organe nach außen auftreten sollte."

Bei einem zweiten Krankenhaus lehnte der BGH die Amtsträgereigenschaft ab, da das landgerichtliche Urteil keine der oben dargestellten Feststellungen enthielt.

Abschließend noch eine Entscheidung des Bundesgerichtshofs vom 19. 12. 97,[32] die sich 41
mit einem weiteren interessanten Aspekt befaßt; Angestellte der Deutschen Gesellschaft für technische Zusammenarbeit (GTZ) sind Amtsträger, da bereits die GTZ selbst eine sonstige Stelle i. S. d. § 11 Abs. 1 Nr. 2 lit. c StGB ist (vgl. dazu unten bb, Rn. 43). Der Gesetzgeber habe die „sonstige Stelle" den Behörden gleichgestellt mit der Folge, daß sie auch die Merkmale aufweisen muss, die diese Gleichstellung rechtfertigen. Dazu gehören beispielsweise Ausschüsse und Beiräte, die institutionell in bestimmte Entscheidungsabläufe des Gesetzesvollzuges einbezogen sind. Aber auch privatrechtlich organisierte Einrichtungen, wie die GTZ, sind jedenfalls dann als „sonstige Stelle" anzuerkennen, wenn sie als verlängerter Arm des Staates erscheinen. Angehörige dieser „sonstigen Stellen" sind dadurch **automatisch** Amtsträger, ohne daß es einer eigenen, öffentlich-rechtlichen Bestellung bedürfte. Ein eigener Bestellungsakt könnte auch keine Verdeutlichungs- oder Warnfunktion mehr aufweisen, da den Mitarbeitern einer solchen Stelle

„ohnehin bewußt ist, bei einer Organisation tätig zu sein, die – ihrer Zweckbestimmung gemäß – Aufgaben der öffentlichen Verwaltung erfüllt. Daß sie Amtsträger sind, folgt bereits daraus, daß nach dem Gesetz die „sonstige Stelle" einer Behörde gleichsteht; ihre Angestellten sind deshalb ebenso Amtsträger wie diejenigen, die von einer Behörde in einem öffentlich-rechtlichen Anstellungsverhältnis beschäftigt werden."

Die dargestellte Rechtsprechung, die von der Literatur nicht immer gebilligt wird, läßt 42
sich dahingehend zusammenfassen:

Ein privat Tätiger wird dann zum Amtsträger, wenn er für staatliche Stellen öffentliche Aufgaben wahrnimmt und dazu öffentlich-rechtlich bestellt wurde. Die öf-

[32] BGHSt 43, 370 ff.

fentlichrechtliche Bestellung kann formlos erfolgen, u. a. auch durch eine langjährige Übung und ständige Tätigkeit des Privaten. Amtsträger sind auch Angestellte einer „sonstigen Stelle", ohne daß es einer besonderen Bestellung bedürfte.

bb) Privatisierte öffentliche Aufgaben

43 Wie der oben angesprochene Fall der Deutschen Gesellschaft für technische Zusammenarbeit (GTZ) gezeigt hat, ist für die Amtsträgereinschaft auch von Bedeutung, ob eine Behörde oder eine „sonstige Stelle" Private mit öffentlichen Verwaltungsaufgaben beauftragt. Probleme ergeben sich, wenn Aufgaben der Daseinsvorsorge auch von juristischen Personen des Privatrechts wahrgenommen werden, die von der öffentlichen Hand beherrscht sind. Mit dem Korruptionsbekämpfungsgesetz vom 13. 8. 97 wurde § 11 Abs. 1 Nr. 2 lit.c durch den Passus ergänzt: „unbeschadet der zur Aufgabenerfüllung gewählten Organisationsform". Ob dadurch aber sämtliche Unklarheiten beseitigt sind, wird erst die Zukunft erweisen.[33] Der Gesetzgeber reagierte mit dieser Neufassung auf eine Entscheidung des Bundesgerichtshofs vom 29. 1. 92,[34] in der die Amtsträgereigenschaft des Geschäftsführers einer GmbH verneint wurde, obwohl sie als landeseigenes Unternehmen auf dem Gebiet des sozialen Wohnungsbaus tätig war. Angesichts der zunehmenden Privatisierung staatlicher Aufgaben sah der Gesetzgeber die Gefahr, daß die Flucht ins Privatrecht auch deutliche strafrechtliche Erleichterungen nach sich ziehen könnte. Um dem zu begegnen, war die **Klarstellung** geboten, daß für die Frage der Amtsträgerschaft die **Art einer Aufgabe** maßgeblich ist und nicht, in welcher juristischen Form sie wahrgenommen wird. Wegen der Bedeutung dieser Privatisierung staatlichen Handelns, z. B. im Bereich der Telekommunikation, des Verkehrswesens, der Verwaltung staatlicher Immobilien, der Führung von Krankenhäusern und anderen Instituten, lohnt ein Blick auf die Rechtsprechung der letzten Jahre, die sich zunehmend dem Problem stellte. Durch den neu in das Strafgesetzbuch eingestellten § 299 StGB hat das Problem allerdings etwas von seiner Dramatik verloren.

Am 10. 3. 83 entschied der Bundesgerichtshof,[35] daß die Vorstandsmitglieder der westdeutschen Landesbank Amtsträger im Sinne des § 11 Abs. 1 Nr. 2 lit. c StGB auch dann seien, wenn sie im Geschäftsbankbereich tätig werden. Der Angeklagte, der Vorsitzender des Vorstands der Westdeutschen Landesbank Girozentrale, einer rechtsfähigen Anstalt des öffentlichen Rechts war, erhielt seit 1972 etwa 1 Mio. DM als Beraterhonorar, die für die Kreditgeschäfte des Vorteilsgebers offenbar gut angelegt waren. Da die Westdeutsche Landesbank eine Anstalt des öffentlichen Rechts war und sie nach § 36 des Sparkassengesetzes für Nordrhein-Westfalen die Aufgaben einer Staats- und Kommunalbank sowie einer Sparkassenzentralbank wahrnahm, bejahte der Bundesgerichtshof die Amtsträgereigenschaft aufgrund der staatlichen Daseinsvorsorge. Interessant ist vor allem der Hinweis, daß die Vorstandsmitglieder der Westdeutschen Landesbank nicht nur dann als Amtsträger gelten, wenn sie im typischen Daseinsvorsorgebereich tätig waren, sondern in jeder Hinsicht. Denn eine Unterscheidung der einzelnen Tätigkeitsbereiche sei nicht möglich. Außerdem gelte die Amtsträgereigenschaft

„... ausnahmslos für sämtliche Vorstandsmitglieder, ohne Rücksicht darauf, welcher Aufgabenbereich ihnen in der Geschäftsverteilung zugewiesen ist, ...":

44 Großes Aufsehen erregte die bereits erwähnte Entscheidung des Bundesgerichtshofs vom 29. 1. 92[36] Das Land Berlin hatte eine gemeinnützige Wohnungsbaugesellschaft in der Form einer GmbH gegründet, deren gesamtes Stammkapital vom Land gehalten

---

[33] krit. *Tröndle,* StGB, § 11, Rn. 22.
[34] BGHSt 38, 199 ff.
[35] BGHSt 31, 264 ff.
[36] BGHSt 38, 199 ff.

wurde. Durch die Berufung von Politikern und politischen Beamten in die Organe der GmbH sollten die Interessen des Anteilseigners am Wohnungsbau gewahrt werden. Die Dienstverträge der Geschäftsführer waren privatrechtlich ausgestaltet, nahmen aber an verschiedenen Stellen auf Regelungen des BAT Bezug. Die angeklagten Geschäftsführer erhielten beachtliche Geldbeträge und auch Naturalien und stimmten daraufhin auch recht zweifelhaften Verträgen zu. Der Bundesgerichtshof hatte zu prüfen, ob sie Amtsträger im Sinne des § 11 Abs. 1 Nr. 2 lit. c StGB waren. Unzweifelhaft ist danach Amtsträger, wer öffentlich-rechtliche Befugnisse, also hoheitliche Gewalt ausübt (Eingriffsverwaltung); dann käme es nicht darauf an, ob derjenige im öffentlich-rechtlichen Dienstverhältnis oder im Dienst einer privaten Gesellschaft stehe. Im Bereich der Leistungsverwaltung muß jedoch unterschieden werden zwischen der erwerbswirtschaftlich-fiskalischen Betätigung (Bewertung vom BGH offengelassen) und der Tätigkeit im Rahmen der Daseinsvorsorge. Werden Angehörige von öffentlich-rechtlichen Körperschaften im Bereich der Daseinsvorsorge tätig, gelten sie als Amtsträger aber eben aufgrund ihres öffentlich-rechtlichen Beschäftigungsverhältnisses. Anderes gilt, wenn die Aufgaben der Daseinsvorsorge (im konkreten Fall: Sicherung des sozialen Wohnungsbaus) durch zu diesen Zwecken eigens gegründete Kapitalgesellschaften oder andere Vereinigungen des Privatrechts abgedeckt werden sollen. Denn allein der **Zweck** der Gründung macht die Gesellschaft noch nicht zu einer Stelle, die Aufgaben der öffentlichen Verwaltung wahrnimmt.

„Entscheidet sich die öffentlich-rechtliche Körperschaft bewußt für die Verwendung der privatrechtlichen Organisationsform, so spricht dies in der Regel dafür, daß auch im Zusammenhang mit dem Wirken der privatrechtlichen Gesellschaft, ihrer Organe und ihrer sonstigen Angestellten diejenigen Regeln gelten, die sonst auf privatrechtliche Gesellschaften und die in ihrem Rahmen Handelnden anzuwenden sind ..."

Daß sämtliche Anteile einer öffentlich-rechtlichen Körperschaft gehören, spielt keine entscheidende Rolle, ebensowenig eine etwa vorbehaltene Beaufsichtigung. Ausnahmen erkennt der Bundesgerichtshof für den Fall an, daß die private Gesellschaft (mit staatlicher Mehrheitsbeteiligung) bei funktioneller Betrachtungsweise im Ganzen als „sonstige Stelle i. S. d. § 11 Abs. 1 Nr. 2 lit. c StGB aufgefaßt werden kann. Dies könne dann angenommen werden, wenn der Bürger

„zur Befriedigung grundlegender Lebensbedürfnisse ohne Ausweichmöglichkeiten auf die Leistungen einer von einer öffentlich-rechtlichen Körperschaft in privatrechtlicher Form organisierten Einrichtung angewiesen ist".

Im Fall der Berliner Wohnungsbaugesellschaft lehnte der Bundesgerichtshof dies jedoch ab, da sie gleichberechtigt neben anderen privaten, ebenfalls nach dem 2. Wohnungsbaugesetz geförderten Anbietern stand.

An die eben zitierte Rechtsprechung des Bundesgerichtshofs schließt sich auch das Kammergericht in seinem Beschluß vom 15. 11. 93 an:[37] Danach ist als „sonstige Stelle" sowohl die Treuhandanstalt wie auch die Treuhand-Liegenschaftsgesellschaft mbH, eine Tochtergesellschaft der Treuhandanstalt, anzusehen. Denn die Treuhandanstalt hatte als rechtsfähige bundesunmittelbare Anstalt des öffentlichen Rechts öffentliche Aufgaben wahrzunehmen, die sie teilweise ihrer privatrechtlich organisierten Tochtergesellschaft übertragen hatte. Der Gesellschaftsvertrag der Treuhand-Liegenschaftsgesellschaft mbH definierte deren Aufgabe dahin, „im Auftrag und Verrechnung der Treuhandanstalt die Privatisierung und Verwertung volkseigenen Vermögens nach den Prinzipien der sozialen Marktwirtschaft durchzuführen". Wegen der engen Verzahnung zwischen Treuhandanstalt und Liegenschafts GmbH übernimmt auch die GmbH die Qualifikation als „sonstige Stelle" i. S. d. § 11 Abs. 1 Nr. 2 lit. c StGB. Da der Tätigkeitsbereich der Treuhand zwar auch auf erwerbswirtschaftliches Handeln ausgerichtet war, darüber hinaus aber öffent- 45

[37] NStZ 94, 242.

lich-rechtliche Aufgaben umfaßte, wurde damit der Bereich des fiskalischen Handelns überschritten. Das Kammergericht wertet den hier vorliegenden Fall als die mögliche Ausnahme, die der Bundesgerichtshof in der vorher genannten Entscheidung ausdrücklich zuließ; bei funktioneller Betrachtungsweise stehe hier die Liegenschaftsgesellschaft einer Verwaltungsbehörde so nahe, daß sie als „sonstige Stelle" aufgefaßt werden könne. Zudem arbeitete sowohl die Treuhandanstalt wie auch ihre Tochtergesellschaft ohne jegliche Konkurrenz, da die öffentliche Aufgabe der Privatisierung früheren volkseigenen Vermögens allein diesen Institutionen zugewiesen war.

Eine Bestätigung erfolgte durch das bereits ober unter Rdnr. 41 zitierte Urteil des Bundesgerichtshofs vom 19. 12. 97[38], in der die Arbeit der Deutschen Gesellschaft für technische Zusammenarbeit (GTZ) zu beurteilen war. Die GTZ war 1974/75 von der Bundesrepublik in Form einer GmbH gegründet worden. Ihr Zweck, die Bundesregierung „bei der Erreichung ihrer entwicklungspolitischen Ziele" zu unterstützen, genügt dem Bundesgerichtshof, um der GTZ die Wahrnehmung von „Aufgaben der öffentlichen Verwaltung" zu attestieren. Der Bundesgerichtshof führt dazu aus:

> „An der Zugehörigkeit dieser Funktionen zu den Aufgaben der öffentlichen Verwaltung ändert es nichts, daß die GTZ als GmbH eine juristische Person des Privatrechts ist. Bund, Länder und Gemeinden bedienen sich zur Erfüllung ihrer Verwaltungsaufgaben nicht allein ihres Behördenapparats oder juristischer Personen des öffentlichen Rechts (Anstalten, Stiftungen), sondern weithin auch privatrechtlicher Organisationen."

46 Die Entscheidung verweist darauf, daß die Wahl der privatrechtlichen Organisationsform nicht die Aufgabe selbst verwandele; denn durch die Verselbständigung von Verwaltungsträgern bzw. die Privatisierung der öffentlichen Verwaltung werde nicht der Charakter einer Maßnahme als Verwaltungsaufgabe verändert, sondern lediglich die Organisation ihrer Wahrnehmung privatisiert (sogenannte Organisationsprivatisierung). Nachdem der Bundesgerichtshof geklärt hat, daß die GTZ Aufgaben der öffentlichen Verwaltung wahrnehme, war nun zu prüfen, ob sie auch als „sonstige Stelle" i. S. d. § 11 StGB anzusehen war. Für die Auslegung dieses Begriffs ist nach Ansichts des Bundesgerichtshofs entscheidend, daß die „sonstige Stelle" Merkmale aufweisen muß, die diese Gleichstellung rechtfertigen; dies kann entweder durch die Einbeziehung in bestimmte Entscheidungsabläufe des Gesetzesvollzugs erfolgen, oder auch – wie hier – darin liegen, daß die Einrichtungen bei der Wahrnehmung dieser Aufgaben „derart staatlicher Steuerung unterliegen, daß sie bei Gesamtbewertung der sie kennzeichnenden Merkmale gleichsam als „verlängerter Arm" des Staates erscheinen".[39] Beachtlich sind vor allem die Parameter, aus denen der Bundesgerichtshof für die GTZ diese Charakterisierung entnimmt: Die Inhaberschaft sämtlicher Geschäftsanteile und die damit verbundenen Aufsichtsbefugnisse (sogenannte Inhaberaufsicht) seien allein nicht entscheidend; wesentlich sei aber, daß die GTZ gemäß der ihr durch **Gesellschafts- und Generalvertrag** zugewiesenen Aufgabe vor allem **im Auftrag der Bundesregierung** und in dem von ihr vorgesehenen Umfang Verwaltungsaufgaben durchführt, die dafür benötigten **Mittel aus dem Bundeshaushalt** erhält und dabei der ständigen **Prüfung und Kontrolle** durch das Bundesministerium für wirtschaftliche Zusammenarbeit unterworfen war. Danach sei die GTZ so in die Verantwortungshierarchie der unmittelbaren Staatsverwaltung eingebunden, daß sie der Nachordnung von Behörden in einem hierarchischen Instanzenzug klassischer Prägung durchaus entspräche.

47 Abschließend zu diesem Komplex ist noch auf die Entscheidungen einzugehen, die sich mit dem Status der Flughafen Frankfurt AG befassen. Sowohl das Landgericht Frankfurt[40] wie auch das Oberlandesgericht Frankfurt[41] und schließlich der Bundesge-

---

[38] BGHSt 43, 370 ff.

[39] Unter Bezugnahme auf *Lenckner*, a.a.O., 515.

[40] NStZ-RR 1996, 259 ff.

[41] NStZ 97, 200 ff.

richtshof in seiner Entscheidung vom 3. 3. 99[42] haben sich Gedanken über die Mitarbeiter der Flughafen Frankfurt AG gemacht. Das Landgericht Frankfurt verneinte die Amtsträgereigenschaft, das Oberlandesgericht Frankfurt tendierte zwar auch eher dazu, mußte aber letztlich bei der Haftprüfungsentscheidung nicht definitiv dazu Stellung nehmen, der Bundesgerichtshof schließlich verneint die Qualität der Flughafen Frankfurt AG als „sonstige Stelle" i. S. v. § 11 Abs. 1 Nr. 2 lit. c StGB. Der Bundesgerichtshof nimmt zunächst Bezug auf seine Entscheidungen zur Wohnungsbaugesellschaft und zur GTZ, qualifiziert die Tätigkeit der Flughafen Frankfurt AG auch als Aufgabe der Daseinsvorsorge, sieht aber keine Merkmale, die die Gleichstellung mit einer Behörde rechtfertigen könnten. Eine so enge Steuerung durch die öffentliche Hand, daß man von einer „Eingliederung" sprechen könnte, läge nicht vor. Die durch die Anteilseignerschaft begründete Inhaberaufsicht beschränke sich auf die Rahmen- und Globalsteuerung durch den Aufsichtsrat, der nur wenige Male im Jahr tage. Die Anteilseigner nähmen Einfluß auf Grundsatzfragen, nicht aber auf Einzelentscheidungen. Auch begründet das Luftverkehrsrecht zwar zahlreiche Pflichten und staatliche Genehmigungsvorbehalte für das Betreiben von Flughäfen, die sich aber an alle Unternehmer richteten, ohne zwischen öffentlichen und privaten Trägern zu unterscheiden. Derartige Pflichten und Genehmigungsvorbehalte seien ein klassisches und probates Instrumentarium des Verwaltungsrechts. Auch die Tatsache, daß zahlreiche Angestellte vom Land Hessen mit Kontrollbefugnissen gemäß § 29c Abs. 1 Satz 3 Luftverkehrsgesetz beliehen worden seien, mache zwar diese Personen zu Amtsträgern, nicht aber die gesamte Flughafen AG. Dem Angewiesensein des Luftverkehrs auf die Benutzung von Verkehrsflughäfen stehe eine Kontrahierungspflicht des Flughafenbetreibers gegenüber. Dieser Benutzungs- und Kontrahierungszwang betreffe jedoch ausschließlich die zwischen Betreiber und Nutzer des Flughafens bestehenden Rechtsbeziehungen und könne schon begrifflich die staatliche Steuerung des Flughafenunternehmens nicht erfassen. Der Bundesgerichtshof kommt zu dem Ergebnis:

„Da sich die FAG demnach bei Gesamtbetrachtung der sie kennzeichnenden Merkmale nicht wesentlich von einem Flughafenbetreiber in ausschließlich privater Trägerschaft unterscheidet, erscheint es nicht gerechtfertigt, die Gesellschaft im Rahmen des § 11 Abs. 1 Nr. 2 Buchst. c StGB einer Behörde gleichzustellen und sie als ‚sonstige Stelle' im Sinne der Vorschrift zu werten."

Im Ergebnis bleibt festzuhalten, daß nur bei Wahrnehmung typischer, klassischer öffentlicher Aufgaben eine privatisierte staatseigene Gesellschaft als „sonstige Stelle" anerkannt wird. Dies dürfte im Bereich der Eingriffsverwaltung – so dies überhaupt möglich ist – unstreitig sein; in dem weiten Bereich der Daseinsvorsorge erfordert dies jedoch, daß der öffentlich-rechtliche Zweck der Gesellschaft so dominant und die Steuerung durch staatliche Stellen so stringent ist, daß nahezu von einer Eingliederung der privaten Gesellschaft in die Verwaltungshierarchie ausgegangen werden kann. Allein die Anteilseignerschaft genügt nicht.

Der Bundesgerichtshof hat sich allerdings noch nicht damit auseinandergesetzt, welche Qualität den Anlagen zum Bundesangestelltentarif zukommt; in den dazu erstellten Listen werden Firmen benannt, bei denen die Arbeitszeit von Beschäftigten denen bei der öffentlichen Verwaltung gleichgesetzt werden. Im Rahmen eines bei der Staatsanwaltschaft München I geführten Ermittlungsverfahrens hat dieses Argument – zumindest vorerst – eine nicht unerhebliche Rolle gespielt.

cc) Europäische und internationale Amtsträger

Die engen wirtschaftlichen Verflechtungen der verschiedenen Länder, insbesondere innerhalb der Europäischen Union, verbunden mit dem Zuwachs von Kompetenzen zwischenstaatlicher, internationaler Institutionen hat deutlich gemacht, daß die Beschrän- 48

[42] StV 99, 366 ff.

kung der strafrechtlichen Korruptionsbekämpfung auf „deutsche Amtsträger" wohl zu kurz greift. Nach § 7 Abs. 1 und 2 StGB wäre eine Geltung des deutschen Strafrechts für Auslandstaten durchaus möglich, allein § 11 Abs. 1 Nr. 2 StGB stellt für den Amtsträger auf deutsches Recht ab. Die Vereinigten Staaten von Amerika waren die ersten, die schokkiert durch den sogenannten Lockheed-Skandal auch die Bestechung ausländischer Amtsträger 1977 unter Strafe stellten.[43] Dies machte das Defizit der nationalen Gesetzgebung bei der Korruptionsbekämpfung in Deutschland deutlich. Zahlreiche Aktivitäten auf den Ebenen der EU, des Europarats, der OECD und der Vereinten Nationen kamen in Gang. Ergebnis waren zwei Abkommen der Europäischen Union, und zwar das Übereinkommen über den Schutz der finanziellen Interessen der EG lt. Protokoll vom 27. 9. 96 und das Übereinkommen vom 26. 5. 97 über die Bekämpfung der Bestechung, an der Beamte der EG oder der Mitgliedsstaaten der EU beteiligt sind. Diese Übereinkommen wurden in deutsches Recht umgesetzt mit dem Gesetz vom 10. 9. 98;[44] dieses Gesetz trat am 22. 9. 98 in Kraft. Auch das im Rahmen der OECD abgeschlossene Übereinkommen über die Bekämpfung der Bestechung ausländischer Amtsträger im internationalen Geschäftsverkehr vom 17. 12. 97 wurde mittlerweile durch Gesetz vom 10. 9. 98[45] umgesetzt; dieses Gesetz trat am 15. 2. 99 in Kraft.

49 Das **EU-Bestechungsgesetz** erweitert für die §§ 332, 334 bis 336 und 338 StGB deren Anwendbarkeit auf Amtsträger eines anderen EU-Mitgliedsstaates, auf Gemeinschaftsbeamte sowie Mitglieder der Kommission und des Rechnungshofs der Europäischen Gemeinschaft. Diese Erweiterung gilt nicht für die §§ 331 und 333 StGB, die Vorteilsannahme und Vorteilsgewährung. Auch werden lediglich **künftige** richterliche oder sonstige Diensthandlungen erfaßt, für bereits vorgenommene rechtswidrige Diensthandlungen gilt die Erweiterung des Amtsträgerbegriffes nicht. Die Beurteilung, ob eine Person Amtsträger eines anderen EU-Mitgliedsstaates ist, erfolgt grundsätzlich an dem Recht des Mitgliedsstaates, dem der Amtsträger angehört. Nach § 1 Abs. 1 Nr. 2 lit. a EU-Bestechungsgesetz wird diese aber nur dann einem inländischen Amtsträger gleichgestellt, wenn deren Stellung **auch** dem Verständnis des Amtsträgers i. S. d. § 11 Abs. 1 Nr. 2 StGB entspricht. Sofern in anderen Mitgliedsstaaten Kirchenbeamte oder andere Funktionsträger als „Amtsträger" gelten, wird diese Bewertung für das Gebiet der Bundesrepublik Deutschland nicht übernommen.

Die Definition des Gemeinschaftsbeamten ergibt sich aus dem ebenfalls im Bundesgesetzblatt abgedruckten Protokoll über das EU-Übereinkommen. Das Europäische Patentamt (EPA) ist keine EG-Einrichtung, so daß das EU-Bestechungsgesetz für die Mitarbeiter dieser größten internationalen Organisation mit Sitz in Deutschland nicht gilt. Die passive Bestechung von Mitarbeitern des EPA ist daher in Deutschland nach wie vor straflos; die aktive Bestechung wird in dem nachfolgend dargestellten Gesetz zur Bekämpfung internationaler Bestechung geregelt.[46]

§ 2 EU-Bestechungsgesetz regelt Bestechungshandlungen im Ausland, die umfassend strafrechtlich sanktioniert werden. Danach wäre auch die Bestechung eines italienischen Beamten durch einen britischen Bürger nach dem deutschen Strafrecht zu verfolgen. Gerade die Ereignisse der letzten Jahre haben gezeigt, wie dringend diese Ergänzung des StGB war. Da die Verteilung erheblicher finanzieller Mittel auch korruptive Sehnsüchte weckt, unterstützt das EU-BestG die Standhaftigkeit des ehrlichen EU-Apparates und ermöglicht erstmals strafrechtliche Ermittlungen von deutscher Seite aus.

50 Das **Gesetz zur Bekämpfung internationaler Bestechung (IntBestG)** enthält im wesentlichen die Gleichstellung von ausländischen und inländischen Amtsträgern sowie Richtern bei Bestechungshandlungen. Die Gleichstellung gilt allerdings nur für die ak-

---

[43] Vgl. zur gesamten Problematik *Korte,* wistra 99, 81 ff.

[44] BGBl. II 2340 ff., Auszüge in *Tröndle,* StGB Anhang 21.

[45] BGBl. II, 2327 ff.; Auszüge in *Tröndle,* StGB Anhang 22.

[46] Vgl. *Korte* a.a.O., 84 und Fußnote 47.

tive Seite, also für den Bestechenden. Der macht sich bei seiner Bestechung strafbar nach dem § 334, auch i.V. m. §§ 335, 336, 338 Abs. 2 StGB, wenn sie sich auf eine **künftige** richterliche oder sonstige Diensthandlung bezieht und bezweckt, sich einen unbilligen Vorteil im internationalen geschäftlichen Verkehr zu verschaffen oder zu sichern. Eine künftige Handlung liegt – gleiches gilt für das EUBestechungsgesetz – auch vor, wenn zwar nach der Diensthandlung ein Vorteil gewährt wird, das Verhalten aber auf einer vorausgegangenen Abrede beruht.[47] Die Begründung zum Vertragsgesetz weist nochmals darauf hin, daß nicht jede Bestechung ausländischer Amtsträger, sondern nur die erfaßt wird, die im Zusammenhang mit internationalem geschäftlichem Verkehr steht. Der Begriff „geschäftlicher Verkehr" ist dabei weit im Sinne des Gesetzes gegen den unlauteren Wettbewerb zu verstehen. Er muß grenzüberschreitend oder auslandsbezogen sein, genügend ist allerdings auch ein Geschäftsverkehr mit internationalen Organisationen, die im Inland ihren Sitz haben.

Einem Amtsträger im Sinne deutscher Normen werden die Amtsträger eines ausländischen Staates und die Personen, die beauftragt sind, „bei einer oder für eine Behörde eines ausländischen Staates, für ein öffentliches Unternehmen mit Sitz im Ausland oder sonst öffentliche Aufgaben für den ausländischen Staat wahrzunehmen, ... (und) Amtsträger und sonstige Bedienstete einer internationalen Organisation und eine mit der Wahrnehmung ihrer Aufgaben beauftragte Person" gleichgestellt. Anders als § 11 Abs. 1 Nr. 4 StGB, bei der eine förmliche Verpflichtung erforderlich ist, stellt § 1 Nr. 2 lit. b IntBestG auf eine bloße Beauftragung ab, da kaum anzunehmen ist, daß im Ausland entsprechende Regelungen des deutschen Verpflichtungsgesetzes bestehen. Es genügt also somit – anders als nach der Diskussion oben bei Rn. 36 ff. – eine einmalige Auftragserteilung zur Wahrnehmung öffentlicher Aufgaben und die Vorschriften der Bestechung finden Anwendung. Da im Unterschied zu dem oben erwähnten EU-BestG nicht auf § 11 Abs. 1 Nr. 2 StGB ergänzend Bezug genommen wird, gilt letztlich für die internationale Bestechung ein weiterer Amtsträgerbegriff als für die inländische. Im Hinblick auf den neuen § 299 StGB ist das Ergebnis zwar hinnehmbar, läßt aber die Systematik des § 11 Abs. 1 StGB als harmonisierungsbedürftig erscheinen.

Zusätzlich enthält § 2 IntBestG einen Sondertatbestand der (aktiven) Bestechung aus- 51
ländischer Abgeordneter bzw. deutscher oder ausländischer Parlamentarier im Zusammenhang mit internationalem geschäftlichem Verkehr. Da § 108 e StGB enger gefasst ist, war die Einführung eines eigenen neuen Tatbestandes erforderlich.[48]

Strafbar macht sich danach, wer sich oder einem Dritten einen Auftrag bzw. einen unbilligen Vorteil im internationalen geschäftlichen Verkehr dadurch verschaffen oder sichern möchte, daß er dem Mitglied eines Gesetzgebungsorgans eines ausländischen Staates oder einem Mitglied einer parlamentarischen Versammlung einer internationalen Organisation einen Vorteil anbietet, verspricht oder gewährt, damit er eine ihm zustehende Handlung vornimmt bzw. unterläßt. Unglücklich ist wiederum, daß damit die Bestechung ausländischer Parlamentarier weit eher einer Strafsanktion unterfällt als eines inländischen Parlamentsangehörigen. Deutsche Abgeordnete sind nur dann von § 2 IntBestG erfaßt, wenn sie Mitglied einer parlamentarischen Versammlung einer internationalen Organisation sind.

Auch im IntBestG wird in § 3 eine Gerichtsstandsregelung vorgenommen, wonach das deutsche Strafrecht für alle Bestechungstaten eines Deutschen im Ausland anwendbar ist. Die Ermittlungsschwierigkeiten werden wohl von niemandem verkannt, zeigen aber das Interesse des deutschen Gesetzgebers an einer möglichst lückenlosen Verfolgung von Bestechungshandlungen. Denn fast den größten Schaden richtet die Korruption in Entwicklungsländern an; nach der Ansicht von Experten sind rd. ein Drittel ihrer Auslandsschulden auf Korruption zurückzuführen. So würden manche Kraftwerke und Stau-

[47] *Korte* a.a.O., 86, bei Fußnote 76.
[48] *Zieschang,* NJW 99, 105 ff., 107.

dämme nur gebaut, weil sich bei Großanlagen risikoloser Geld in falsche Kanäle lenken lasse, als bei vielen kleinen, übersichtlichen Vorhaben. Da Kredite eher aufgrund des Bestechungshonorars vergeben werden als mit Rücksicht auf Bonitätskriterien, sei auch die Auswirkung auf die internationale Finanzkrise nicht zu vernachlässigen.[49]

Es bleibt zu hoffen, daß das geschriebene Recht auch mit Leben erfüllt werden kann.

c) Unrechtsvereinbarung

52 Der Terminus technicus „Unrechtsvereinbarung" findet sich nicht ausdrücklich in den §§ 331 ff. StGB, ist jedoch ein Kernstück dieser Normen. Denn sie verlangen bzw. haben bis zu Inkrafttreten des neuen Korruptionsbekämpfungsgesetzes vom 13. 8. 97 verlangt, daß die Amtsperson einen Vorteil **als Gegenleistung** für die Vornahme einer Diensthandlung erhält oder erhalten soll.[50] Die Rechtsprechung hat zusammen mit umfangreicher Literatur darum gerungen, dieses Äquivalenzverhältnis zwischen Diensthandlung und Vorteil näher auszuleuchten; einerseits war eine unkontrollierbare Ausweitung der Norm ins Nebulöse zu verhindern, andererseits durfte durch übertriebene Anforderungen nicht von vornherein jeder Ermittlungsansatz zum Scheitern gebracht werden.

Im wesentlichen stand die Praxis vor dem Problem, eine Vorteilszuwendung für den Amtsträger einer bestimmten, zumindest bestimmbaren Diensthandlung zuzuordnen. Schriftliche Aufzeichnungen über ein derartiges Synallagma sind – natürlicherweise – nie auffindbar. Ein Nachweis mag dann gelingen, wenn die Bestechungssumme sich in klaren Prozentsätzen zum Bestechungswert ermitteln ließ. Weit komplizierter war die Situation, wenn ganz bewußt ein unmittelbarer zeitlicher Zusammenhang mit den Diensthandlungen vermieden wurde; gerade bei langwährenden „Korruptionsverhältnissen" wurde fast ein Kontokorrent geführt, so daß die Zahlungen sich in unregelmäßigen Abständen aus verschiedenen „erdienten" Bruchteilen zusammensetzten. Zahlungen für „Wohlverhalten" oder zur „Klimapflege" genügten ohnehin nicht, da dabei konkretisierbare Amtshandlungen nicht in Aussicht genommen waren. Dieses, im Bereich der Organisierten Kriminalität als „Anfüttern" bezeichnete Verhalten, war mit den §§ 331 ff. StGB bislang nicht zu sanktionieren.[51]

53 So wurde die Unrechtsvereinbarung als „normative Schwachstelle" der Bestechungsdelikte bezeichnet. Nach dem Gutachten und den Beratungen zum 61. Deutschen Juristentag 1996 hat der Gesetzgeber durch das Korruptionsbekämpfungsgesetz vom 13. 8. 97 reagiert. Für die Delikte der Bestechlichkeit und Bestechung (§§ 332, 334 StGB) verbleibt es bei der bisher erforderlichen Unrechtsvereinbarung. Für die Vorteilsannahme und Vorteilsgewährung (§§ 331, 333 StGB) wurde ein Vorschlag Döllings[52] aufgegriffen und im Gesetzestext dahin gefaßt, daß der Vorteil **für die Dienstausübung** gefordert, versprochen oder angenommen werden muß. Das Wort „für" zeigt allerdings, daß es grundsätzlich bei einer Unrechtsvereinbarung bleibt, jedoch keine bestimmte oder konkret bestimmbare Diensthandlung mehr den Gegenwert für den Vorteil darstellen muß.

Gemäß der Intention dieser Formulierung sollen damit auch Zuwendungen strafrechtlich erfaßt werden, die – wenn auch nicht einer bestimmten Diensthandlung zugeordnet – in dem Bewußtsein vorgenommen werden, der Amtsträger werde dies honorieren. Denn schon diese Verknüpfung von Vorteil und Amtsführung gefährdet eine nüchterne, allein sachorientierte Dienstausübung. Die abstrakte Gefährdung der geschützten Rechtsgüter rechtfertigt eine Sanktionierung durch das Strafrecht.[53] Damit ist zumindest bei der Vorteilsannahme und der Vorteilsgewährung auch das „Anfüttern" des Amtsträgers strafbar.

---

[49] Süddeutsche Zeitung vom 14. 2. 99.

[50] *Dölling* a.a.O. C 62 ff.; *Fischer* in Tröndle, StGB, § 331 Rn. 15.

[51] *Schaupensteiner*, Kriminalistik 94, 522 ff.

[52] a.a.O. C 64 ff.

[53] *Fischer* in Tröndle, StGB, § 331 Rn. 18, 19; krit: *Lüdersen*, JZ 97, 112 ff. *König*, JR 97, 397 ff.

Für die Tatbestände der §§ 332, 334 StGB aber bleibt der Nachweis **einer Unrechtsvereinbarung** notwendig.

Zahlreiche Entscheidungen des Bundesgerichtshofs haben sich mit der Unrechtsvereinbarung befaßt. Bereits in der Entscheidung vom 27. 10. 60[54] verwies der BGH darauf, daß allein die Zahlung eines Geldbetrages, um sich das Wohlwollen des Amtsträgers zu versichern, nicht genügt. Der konkrete Fall war allerdings auch wenig „gefahrgeneigt", da die Vorteilsgeber sich bei dem offenbar hohen Offizier der Bundeswehr nicht getrauten, eine Hotelrechnung über 13,50 DM nachzusenden. Die potentiellen Lieferanten der Bundeswehr wollten „nicht kleinlich" erscheinen. **54**

Am 29. 2. 84[55] bekräftigte der Bundesgerichtshof seine Auffassung. Mit zahlreichen Hinweisen auf die frühere Rechtsprechung verlangte er, daß die Anforderungen an die Bestimmtheit der zu entgeltenden Diensthandlung nicht überspannt werden dürften, also die Diensthandlung in ihrer konkreten Gestalt nach Zeitpunkt, Anlaß und Ausführungsweise nicht in allen Einzelheiten schon feststehen müsse:

„Vielmehr genügt es, wenn sich das Einverständnis der Beteiligten darauf bezieht, daß der Amtsträger innerhalb eines bestimmten Aufgabenbereiches oder Kreises von Lebensbeziehungen nach einer gewissen Richtung hin tätig werden soll ... Die einvernehmlich ins Auge gefaßte Diensthandlung muss dabei nach ihrem sachlichen Gehalt zumindest in groben Umrissen erkennbar und festgelegt sein ..."

Im damals entschiedenen Fall genügte dem Bundesgerichtshof nicht, daß der Amtsträger Mitarbeiter des Bundeskriminalamts war; er war nämlich mit den Angelegenheiten des Geldgebers in keiner Weise dienstlich befaßt; das offenbar vorhandene Ermittlungsverfahren war längst abgeschlossen, so daß die eventuell erkauften „Leistungen" nicht einem Beschuldigten gelten konnten. Der Umstand allein, daß der Angeklagte dem Bundeskriminalamt angehörte, war nicht ausreichend, da zumindest Richtung und sachlicher Gehalt der erwarteten Diensthandlung hätte bestimmbar sein müssen. Als Hinweis für die Zukunft gab der Bundesgerichtshof mit auf den Weg:

„Allerdings wird oft schon das Verhältnis zwischen dem dienstlichen Zuständigkeitsbereich des Amtsträgers einerseits und der Berufs- oder Geschäftstätigkeit des Vorteilsgebers Sachbeziehungen und Berührungspunkte hervortreten lassen, die Rückschlüsse auf die Art der mit dem Vorteil zu erkaufenden Diensthandlung gestatten."

Bei der Entscheidung des Bundesgerichtshofs vom 16. 3. 99[56] wird der Unterschied zwischen dem früheren § 331 StGB und dem nunmehr geltenden § 331 StGB deutlich. Der Angeklagte, ein Leitender Regierungsdirektor eines Bundesamtes, erhielt innerhalb von ca. 2 Jahren insgesamt knapp 100 000 DM für die Erstellung von Gutachten, die tatsächlich jedoch überwiegend wertlos waren. Dennoch gelang der Nachweis eines Äquivalents an Diensthandlungen für diesen Vorteil nicht. Zwar hat der Angeklagte im Schriftverkehr mit den Geldgebern auf seine „Einflußnahmemöglichkeiten bei verschiedenen Werften" hingewiesen, jedoch konnte die tatsächliche Umsetzung dieser Absicht in der Hauptverhandlung nicht konkretisiert werden. Die Geldgeber wollten sich offenbar nur die allgemeine Geneigtheit des Angeklagten sichern, was für die Tatbestandsmäßigkeit des § 331 StGB a. F. nicht genügend war: **55**

„Die allgemeine Zusicherung, sich für den Vorteilsgeber zu verwenden und ihn auch außerhalb des eigenen Zuständigkeitsbereichs freundlich weiter zu empfehlen, war jedenfalls nach den hier anzuwendenden Vorschriften der §§ 331 ff. StGB a. F. für eine Strafbarkeit nicht ausreichend, und zwar selbst dann nicht, wenn die Empfehlung des Amtsträgers wegen seiner allgemeinen Stellung durchaus Gewicht hatte."

---

[54] BGHSt 15, 217 ff.
[55] BGHSt 32, 290 ff.
[56] 5 StR 470/98.

Nach dem Korruptionsbekämpfungsgesetz und der Neufassung des § 331 StGB hätte die Entscheidung vermutlich anders gelautet.

56 In seiner Entscheidung vom 8. 6. 99[57] zeigt der Bundesgerichtshof den Zusammenhang zwischen Pflichtwidrigkeit und Unrechtsvereinbarung auf. Bei einer rechtsfähigen Körperschaft des öffentlichen Rechts war ein Sachbearbeiter tätig, der Leasing-Verträge für technische Geräte zugunsten einer bestimmten Firma manipulierte; er erhielt dafür im Zeitraum von 4 Jahren über 1,2 Mio DM. Im Laufe der „erfolgreichen" Geschäftsbeziehungen wurde auch der Referatsleiter eingebunden, der neben Waren im Wert von rd. 10 000 DM auch Zahlungen in Höhe von ca. 55 000 DM erhielt. Das Landgericht hatte in dem Verhalten des Referatsleiters keine pflichtwidrige Diensthandlung erkennen können und ihn daher lediglich wegen Vorteilsannahme verurteilt. Der Bundesgerichtshof hob diese Entscheidung auf und stellte klar, daß die **Vorgesetzteneigenschaft** des Angeklagten näher geklärt werden müsse; habe der Sachbearbeiter nämlich seiner Dienstaufsicht unterstanden, hätte er dem von ihm erkannten pflichtwidrigen Verhalten entgegentreten müssen. Die Verletzung dieser Aufsichtspflicht stehe dann in dem erforderlichen Äquivalenzverhältnis zwischen gewährtem Vorteil und pflichtwidriger Diensthandlung, so daß die Unrechtsvereinbarung zu bejahen gewesen wäre.

Zusammenfassend: Seit 20. 8. 97, dem Inkrafttreten des Korruptionsbekämpfungsgesetzes, genügt für die Vorteilsannahme und Vorteilsgewährung eine gelockerte Unrechtsvereinbarung, so z. B., wenn der Amtsträger durch Vorteile „günstig gestimmt" oder wenn sein Wohlwollen erkauft werden soll. Eine Beziehung der Vorteile zu der Dienstausübung muß nach wie vor bestehen. Für die Tatbestände der Bestechlichkeit und der Bestechung ist eine konkretisierbare Unrechtsvereinbarung erforderlich, schon allein, um auch ein pflichtwidriges Verhalten des Amtsträgers feststellen zu können. Je enger der Pflichtenkreis des Amtsträgers ist, desto eher kann von einem konkreten Äquivalenzverhältnis ausgegangen werden. Überspannte Anforderungen werden nicht gestellt.

d) Vorteilsbegriff und Zuwendungen an Dritte

57 Die §§ 331 ff. StGB setzen voraus, daß der Amtsträger einen **Vorteil** für sich oder einen Dritten erhält bzw. fordert oder sich versprechen läßt. Das Tatbestandsmerkmal „Vorteil" ist weit auszulegen, wie sich schon aus der Entwicklung der Norm ergibt.[58] Die Rechtsprechung versteht unter Vorteil jede Leistung, auf die der Amtsträger keinen Rechtsanspruch hat und die seine wirtschaftliche, rechtliche oder auch nur persönliche Lage objektiv verbessert.[59] Danach fallen auch immaterielle Leistungen unter den Vorteilsbegriff, wenn sie zu einer Besserstellung der Amtsperson führen. Geldzuwendungen, Sachwerte, Rabatte, Urlaubsreisen und was das Füllhorn des geneigten Zuwenders sonst noch an geldwerten Leistungen zu bieten hat, fallen unstreitig in den Normbereich. Einladungen zum Essen bringen Abgrenzungsschwierigkeiten mit sich. Hier helfen zum einen die Vorschriften des öffentlichen Dienstrechtes (vgl. oben I.4.), die zumindest festlegen, wann dienstrechtlich das Verhalten des Amtsträgers zutreffend war. Im Rahmen der Sozialadäquanz[60] können solche Leistungen außer Betracht bleiben, die der Höflichkeit oder Gefälligkeit entsprechen und als gewohnheitsrechtlich anerkannt gelten.

58 Geklärt hat der Bundesgerichtshof in seiner oben zitierten Entscheidung auch den häufig vorkommenden Fall, daß die Zuwendungen nicht „blanko" erfolgen, sondern aufgrund eines rechtswirksam abgeschlossenen Beratungsvertrages. Das Landgericht hatte deshalb davon Abstand genommen, Vorteile i. S. d. §§ 331 ff. StGB anzunehmen, da die

---

[57] 1 StR 210/99.

[58] *Dauster*, NStZ 99, 63 ff., 64.

[59] BGHSt 31, 264 ff., 279.

[60] *Fischer* in Tröndle, StGB, § 331 Rn. 20.

Höhe der Gelder auch den vom Angeklagten erbrachten Beratungsleistungen durchaus entsprochen hätten. Dies lehnt der Bundesgerichtshof ab. Denn ein Vorteil für den Amtsträger könne bereits im Abschluß des Vertrages liegen, der Leistungen an den Amtsträger zur Folge hat. Dies gelte selbst dann, wenn diese nur das angemessene Entgelt für die von ihm selbst aufgrund des Vertrages geschuldeten Leistungen sind; denn ansonsten könnten Bestechungstatbestände stets durch die Vereinbarung eines Vertragsverhältnisses zwischen Amtsträger und Leistungsgeber umgangen werden. Im Abschluß des Beratungsvertrages lag sonach bereits das Sichversprechenlassen eines Vorteils, ohne daß es darauf angekommen wäre, ob die Zahlungen als angemessene Honorierung der Beratungsleistungen anzusehen waren.

Ein Vorteil wurde auch für den Fall angenommen, daß ein Amtsträger sich Geld hat 59
geben lassen, um es an politische Parteien weiterzuleiten; er spiegelte dem Geldgeber vor, damit das politische Umfeld für eine projektierte Anlage günstig zu beeinflussen. Von den erhaltenen 300 000 DM gab er lediglich 20 000 DM an den Fraktionsvorsitzenden einer der „Rathausparteien" weiter. Anders als das Landgericht sah der Bundesgerichtshof[61] durchaus einen materiellen Vorteil für den Angeklagten. Denn bereits mit der Aushändigung der geforderten Beträge sei ein materieller Vorteil eingetreten.

„Entscheidend ist danach für das Vorliegen eines Vorteils, daß der Amtsträger zunächst die Verfügungsmöglichkeit über die Zuwendung erhält, wobei der Geber in der Regel keinen Einfluß auf die weitere Verwendung des von ihm Gegebenen mehr hat, insbesondere die Durchführung der Abrede, das Zugewendete absprachegemäß weiterzugeben, nicht erzwingen kann."

Ein weiteres Beispiel für die Anwendung des weiten Vorteilsbegriffs, diesmal zum imma- 60
teriellen Schaden, bietet der vom Bundesgerichtshof am 24. 4. 85 entschiedene Fall.[62] Der Angeklagte stellte deutsche Führerscheine aus, obwohl er wußte, daß die Antragsteller nicht im Besitz einer ausländischen Fahrerlaubnis waren. Nachdem er bei den ersten Angehörigen einer ethnischen Minderheit pflichtwidrig Führerscheine vergab, kamen offenbar immer wieder andere Angehörige, um ebenfalls Führerscheine zu erwerben. Das Landgericht stellte fest, daß der Angeklagte deren Druck jeweils nachgab, um seine Beamtenlaufbahn keinem Risiko auszusetzen. Schließlich habe er die Stelle eines Leiters des Straßenverkehrsamtes angestrebt und wollte seine Aussichten nicht durch das Auftauchen eines pflichtwidrigen Verhaltens gefährden. Der Bundesgerichtshof sieht keinen Anlaß, das Verhalten des Angeklagten aus dem Bereich der §§ 331 ff. auszunehmen. Als eine Verbesserung sei nicht nur eine Besserstellung gegenüber dem gegenwärtigen Zustand anzusehen; vielmehr kann sich eine Verbesserung auch aus einem Vergleich mit der Entwicklung der Lebensverhältnisse für den Fall ergeben, daß die Unrechtsvereinbarung nicht geschlossen bzw. das pflichtwidrige Verhalten unterlassen wird. Ein Vorteil ist daher auch eine ausdrückliche oder stillschweigende Zusage, die für den Amtsträger (möglicherweise) ungerechtfertigt günstige berufliche Situation ungestört zu erhalten. Die Beibehaltung der gegenwärtigen beruflichen Situation und die Erhaltung der Chance zu deren weiteren Verbesserung seien Vorteile, die bei der Anwendung des § 332 StGB zu berücksichtigen seien.

Bis zum Inkrafttreten des Korruptionsbekämpfungsgesetzes reichten **Zuwendungen an** 61
Dritte für die Tatbestandserfüllung nur aus, wenn sie der Amtsperson zumindest mittelbar zugute kamen. Erst das Korruptionsbekämpfungsgesetz hat auch die „Drittbegünstigung" in die §§ 331 ff. einbezogen. Aufgrund der Rechtslage, die bis zum 19. 8. 97 galt, hatten sich Rechtsprechung und Literatur eingehend damit befaßt, wie „Umgehungszahlungen" an Dritte dem Amtsträger zugerechnet werden könnten. Gerade im Bereich der Wirtschaftskriminalität wurde diese Verschleierungsart häufig benutzt, um den Tatnachweis zu erschweren: Die Zwischenschaltung einer oder mehrerer Firmen, möglichst noch

---

[61] BGHSt 35, 128 ff., 134.
[62] NJW 85, 2654 ff.

im Ausland, gehörte zum Standard der Verdunkelungsmaßnahmen.[63] Zuwendungen an Angehörige wurden aber regelmäßig als Ersparnis eigener Aufwendungen dem Amtsträger zugerechnet. Immer erforderlich war, daß dem Amtsträger durch die Leistung an Dritte ein eigener, und sei es noch so geringfügiger, Vorteil zukommt; zumindest soviel an Vorteil, daß dies für seine Diensthandlung von Bedeutung sein konnte. Je überschaubarer die beschenkte Institution war, bzw. je deutlicher die Beziehung zwischen Amtsträger und Institution war, um so eher konnte auch ein eigennütziges Handeln des Amtsträgers anerkannt werden. Bei den „Parteispenden-Fällen" mußte zumindest eine persönliche Besserstellung des Amtsträgers damit verbunden sein, wenn die Partei erhebliche Vorteile bekam. Aufgrund der erheblichen Kritik an dieser Situation[64] hat das Korruptionsbekämpfungsgesetz diesen Mißstand beseitigt. Durch die Einbeziehung der Drittbegünstigung stellt sich die Frage, ob der Dritte auch in die Unrechtsvereinbarung einzubeziehen sei. Mit Fischer[65] sollte es auf die Berechtigung des Dritten, den Vorteil zu erlangen, nicht ankommen. Denn die Strafwürdigkeit des amtlichen Tuns liegt in dem Synallagma zwischen dienstlicher Handlung und ungerechtfertigtem Vorteil. Entsprechend dem Gedanken des § 328 BGB läßt sich von einer „Unrechtsvereinbarung" zugunsten eines Dritten sprechen, der aber nicht selbst einen Anspruch erwirbt. Für die Beurteilung des Äquivalenzverhältnisses, sei es gelockert bei den §§ 331, 333 StGB oder sei es im strengen Sinne der §§ 332, 334 StGB, kommt es daher allein auf die Beziehung zwischen dem Vorteilsgeber und dem Amtsträger an. Der „Dritte" kann jede natürliche oder juristische Person sein, die von den beiden Parteien vereinbart wird; damit spielen auch Firmenverflechtungen und Abrechnungsansprüche zwischen diesen Firmen keine wesentliche Rolle mehr.

62 Entgegen der Ansicht von Dauster[66] wird dabei auch der materielle Vorteil beispielsweise bei der Anstellungskörperschaft erfaßt. Auch der Arzt, der das ihm zur Verfügung gestellte Geld seinem Lehr- oder Forschungsinstitut zuwendet, hatte bereits nach dem „alten Recht" einen Vorteil erlangt. Denn, wie oben bereits ausgeführt, genügt allein nach Ansicht des Bundesgerichtshofs das Erlangen der Verfügungsmacht. Auch darf bei der Diskussion des Vorteilsbegriffs nicht übersehen werden, daß die §§ 331 ff. nicht zu den Vermögens- oder Vermögensverschiebungsdelikten wie beispielsweise §§ 266, 263 StGB gehören. Eine „Bereicherung" darf mit dem „Vorteil" des Amtsträgers nicht verwechselt werden und wird von den §§ 331 ff. auch nicht vorausgesetzt. Maßgeblich ist allein, daß Entscheidungen eines Amtsträgers von neben der Sache liegenden Argumenten, z. B. Zuwendungen, abhängig gemacht werden. Insoweit kann es keinen Unterschied machen, ob der Arzt oder die Anstellungskörperschaft Vorteile erhält. Denn auch die Anstellungskörperschaft, beispielsweise das Lehr- oder Forschungsinstitut, dürfte die Vergabe von Aufträgen nicht davon abhängig machen, daß „Nebenleistungen" erbracht werden. Wenn aber bereits die Gleichsetzung Anstellungskörperschaft – handelnder Amtsträger zu jeweils dem gleichen Unwerturteil führen würde, kann es weiter keinen Unterschied machen, ob der Vorteil bei dem Institut oder dem Arzt anlangt. Denn in jedem Fall, für den tatbestandsmäßig die §§ 331 ff. StGB überhaupt in Betracht kommen, muß ein neben der Sache liegender Vorteil versprochen bzw. gewährt werden. Die Intention des Gesetzgebers zum Korruptionsbekämpfungsgesetz will auch das – bis dahin straflose – Erschleichen von Wohlwollen erfassen; die Neuregelungen wurden in dem Bewußtsein vorgenommen, diese Lücke zu schließen und damit auch das „Anbahnungsstadium" von langfristiger Korruption in den Strafbarkeitsbereich aufzunehmen. Daher scheint ein Rekurs auf Artikel 5 Abs. 3 GG fraglich; es mag dahingestellt sein, daß Wissenschaftsfreiheit auch das Recht auf Sponsoring beinhaltet. Die Frage des Sponsoring in diesem Zusam-

---

[63] *Dölling* a.a.O. C 67.

[64] u. a. *Schaupensteiner*, KR 96, 243.

[65] In *Tröndle*, StGB, § 331 Rn. 11 c.

[66] a.a.O., Rn. 57.

menhang stellt sich aber nach dem „Wie“. Gegen ein Mäzenatentum für Lehr- und Forschungseinrichtungen wird niemand etwas haben, ist es denn wirklich auch altruistisch angelegt. Als Bezeichnung von Geldern, die „für die Dienstausübung“ geleistet werden, scheint der Begriff Mäzenatentum aber nicht angemessen. Hier besteht die Gefahr, daß sachfremde Erwägungen das dienstliche Verhalten beeinflussen; dieser Gefahr begegnet das Korruptionsbekämpfungsgesetz durch die Neuformulierung der §§ 331, 333 StGB.

e) Täterschaft

Schon die Struktur der §§ 331 ff. StGB zeigt, daß für die Teilnahmehandlungen Besonderheiten gelten müssen. Während die §§ 331 und 332 StGB als Handelnde Amtsträger verlangen, erfassen spiegelbildlich dazu die §§ 333 und 334 StGB die Vorteilsgeber; die Teilnahme an den Handlungen des jeweiligen Gegenübers ist also durch selbständige Tatbestände geregelt.[67] **63**

Bei den §§ 331, 332 StGB setzt eine Mittäterschaft voraus, daß beide Täter zur Zeit der Tat die Eigenschaft des Amtsträgers innehatten. Die zentrale Tathandlung der §§ 331, 332 StGB ist das Fordern, das Sich-Versprechen-Lassen oder das Annehmen eines Vorteils. Die Mittätereigenschaft erfordert daher, daß **diese** Handlung von den Mittätern gemeinschaftlich vorgenommen wird, die als Gegenleistung in Aussicht gestellte Amtshandlung hingegen braucht nicht in Mittäterschaft begangen zu werden.[68] In dem vom Bundesgerichtshof entschiedenen Fall hatten zwei Bundesbahnbeamte unzulässige Hilfe bei Laufbahnprüfungen geleistet. Während einer der beiden im Personalbüro der Bundesbahndirektion tätig war, war der andere ein Bahnhofsvorsteher. Der erstere teilte die Prüfungsfragen offenbar dem zweiten mit, der sie den Prüflingen zugänglich machte. Zwar kannten sich die Prüflinge und das Mitglied der Personalabteilung nicht, auf Aufforderung des Bahnhofsvorstehers wurden aber Geldgeschenke und andere Zuwendungen an das Mitglied des Personalbüros geleistet. In seiner Revision machte der „Mittler“ geltend, er sei zu Unrecht als Mittäter angesehen worden. Der Bundesgerichtshof weist darauf hin, daß Mittätern der Bestechlichkeit nicht eine gemeinschaftlich begangene Amtshandlung, sondern das gemeinschaftliche Fordern, Sich-Versprechen-Lassen und Annehmen eines Vorteils für eine Amtshandlung zur Last gelegt wird. Notwendig ist allein, daß diese Amtshandlung bei jedem der Beteiligten „in das Amt einschlägt“. Eine gemeinschaftliche Bestechlichkeit soll danach jedenfalls dann vorliegen, wenn die betreffende Amtshandlung zumindest teilweise in den Amtskreis jedes Mittäters fällt und daher jeder teilnehmende Beamte im Rahmen seines Tätigkeitsbereichs an der Gesamthandlung mitwirkt und so zum Gesamterfolg beiträgt. Diese Entscheidung des Bundesgerichtshofs bietet eine tragfähige Entscheidungsgrundlage für zahlreiche Fälle; auch bei der Vergabe von größeren Aufträgen kommt es häufig vor, daß kein unmittelbarer Kontakt zwischen dem Auftragnehmer und dem Auftraggeber stattfindet. Häufig werden Mittler eingesetzt, um beiden Seiten eine gewisse Anonymität zu gewährleisten. Mitunter laufen die korrupten Beziehungen geradezu staffettenartig durch verschiedene Entscheidungsebenen. Die Entscheidung des Bundesgerichtshofs hat klargestellt, daß auch Mittler, wenn sie Amtsträger sind, nicht nur als Gehilfen, sondern auch als Mittäter angesehen werden können. Da der Korruptions-Mittler regelmäßig ebenfalls Vorteile erlangt und ohne sein Zutun das gesamte Netz nicht zustande gekommen wäre, genügt dies für die Annahme der Mittäterschaft; es kommt nicht darauf an, ob er selbst für die Amtshandlung zuständig ist. Ein teilweiser „Einschlag“ in seinen dienstlichen Pflichtenkreis genügt.

Weiterer Klärung bedarf die Situation, wenn der Mittler kein Amtsträger, sondern dem privaten Bereich zuzurechnen ist. So findet sich bei den Vergabe-Kartellen häufig ein „Moderator“, der von den am Kartell beteiligten Firmen beauftragt wird, Budget und **64**

---

67 *Fischer* a.a.O., § 331, Rn. 34; BGHSt 37, 207 ff., 212, 213.

68 BGHSt 14, 123 ff., 129, 130.

Bieterliste beim Amtsträger – natürlich gegen Entgelt – in Erfahrung zu bringen. Ist er nun Teilnehmer an der Tat des Bestochenen oder an der Tat des Bestechenden?

Der Bundesgerichtshof hat in seiner Entscheidung vom 24. 10. 90[69] einige wenige, knappe Hinweise gegeben. Im damals entschiedenen Fall gab es zunächst einen bestochenen Amtsträger, der ausländische Führerscheine zu Unrecht „umschrieb". Sein Ansprechpartner war der Bestecher, der seinerseits Interessenten durch die damals Angeklagten zugeführt bekam. Das Landgericht hatte die beiden Angeklagten wegen Beihilfe zur Bestechlichkeit verurteilt, zu Unrecht, wie der Bundesgerichtshof ausführt. Er verweist darauf, daß wegen der Sondertatbestände der §§ 331, 332 und 333, 334 die Beteiligung Außenstehender nicht schlechthin allgemeinen Teilnahmeregeln folgt. Wie die Teilnahme von Personen, die außenstehende Dritte sind, generell zu beurteilen ist, hat der Bundesgerichtshof offengelassen. Im konkreten Fall hat er aber Parameter aufgestellt, die einen Lösungsweg aufzeigen:

Die „Zubringer" für den Bestecher kannten wohl ihn, nicht aber den bestochenen Amtsträger. Sie wußten lediglich, daß es einen Beamten oder Angestellten geben muss, von dem die Führerscheine „besorgt" werden konnten.

Weiter waren beide „Zubringer" aus verschiedenen Gründen dem Bestecher zugetan und wollten ihm einen Gefallen erweisen.

Daraus schließt der Bundesgerichtshof, daß die Angeklagten den Bestecher bei dessen strafbarem Tun Beihilfe leisten wollten; auch wenn sie wußten, daß sie dabei auch die Bestechlichkeit eines Amtsträgers förderten, hätte nur eine Veruteilung wegen Beihilfe zur Bestechung erfolgen dürfen.

65 Maßgeblich ist also, wessen Tat der „Mittler" fördern möchte, die des Amtsträgers oder die des Bestechenden. Der Wille eines Täters ist nicht immer leicht zu erforschen. Fischer[70] meint, wenn der Gehilfe von vornherein „in gleicher Weise Geber und Empfänger unterstützen will", müßten bei der Strafzumessung Wertungswidersprüche, die sich aus der Struktur der Bestechungstatbestände ergeben, vermieden werden; es sei dann aus dem härteren Strafrahmen zu bestrafen, da der mildere zurücktrete. Bevor man zu dieser Lösung gelangt, können jedoch folgende Parameter im Anschluß an die BGH-Entscheidung noch überprüft werden:

– Bekanntheit und vertrauensvoller Umgang mit Vorteilsempfänger und Vorteilsgeber: Sowie eine dieser beiden Personen überhaupt nicht bekannt wird, dürfte nach dem Bundesgerichtshof eine Teilnahme an dessen Tat auszuschließen sein.
– Interesse an der Tat: Der Bundesgerichtshof hat u. a. darauf abgestellt, daß die außenstehenden Dritten dem Vorteilsgeber einen „Gefallen" erweisen wollten. Denn sie waren ihm, weil sie zuvor selbst auf diese Weise Führerscheine erlangt hatten, zu Dank verpflichtet und wollten ihm die Bestechungsgelder der Führerschein-Interessenten zukommen lassen. Auch hier läßt sich der generelle Ansatz finden, daß das eigene Interesse des außenstehenden Dritten nutzbar zu machen ist.
– Vertreterähnliche Stellung: In dem eingangs dargestellten Fall des Submissions-Kartells wurde der Moderator für die Vorteilsgeber tätig; er wurde aus dem Kreis der Firmen ausgewählt, um den Kontakt mit dem Amtsträger zu suchen und die erforderlichen Informationen von ihm zu erhalten. Er wird daher deutlich für die „Geber"-Seite tätig. Auch wenn die Fälle nicht immer so eindeutig sind, wird man darauf zu achten haben, in wessen Interesse der außenstehende Dritte, der Mittler, der „Moderator" tätig wird. Erhält er selbst Vorteile, kann nicht allein die Herkunft des Vorteils entscheidend sein, sondern wem er sie letztlich zu danken hat, d. h. also, wer ihn in dieses Geschäft einbezogen hat. Das kann sowohl der Amtsträger sein, der für seine Korruptionsbereitschaft zahlreiche Nachfrager sucht (Führerscheine, Genehmigungen u. a.), oder aber der Vorteilsgeber, der die Beziehungen des Mittlers zum Amtsbetrieb nutzen möchte.

---

[69] BGHSt 37, 207 ff., 212, 213.
[70] *Tröndle*, StGB, § 331, Rn. 34.

Nach den derzeit geltenden §§ 331 ff. StGB ist die Entscheidung, zu welcher Tat Hilfe geleistet werden soll, wegen der Spiegelbildlichkeit der Normen kein erhebliches Problem mehr. Anders war es nach dem alten Recht, da der Dritte beispielsweise straflos blieb, wenn der Amtsträger dazu veranlaßt wurde, einen Vorteil nachträglich für eine bereits vorgenommene Diensthandlung anzunehmen. Denn der alte § 333 StGB erfaßte auf der aktiven Seite lediglich „künftige Diensthandlungen", während auf der passiven Seite § 331 StGB diese Beschränkung nicht enthielt.

f) Sonstiges

aa) Verjährung

Gem § 78 Abs. 3 Nr. 4 StGB verjähren Straftaten nach den §§ 331 bis 334 StGB nach 5 Jahren. Laut § 78 a StGB beginnt die Verjährung, sobald die Tat beendet ist bzw., wenn ein zum Tatbestand gehörender Erfolg erst später eintritt, mit diesem Zeitpunkt. Es stellt sich die Grundsatzfrage, wann ist eine Vorteilsannahme bzw. Bestechlichkeit beendet; im Zeitpunkt der Unrechtsvereinbarung, bei der Annahme des Vorteils, bei der Verwertung der unlauter erworbenen Informationen oder, wenn ein Auftrag unlauter erlangt wurde, mit der Beendigung dieses Projekts? 66

Der Bundesgerichtshof hat in seiner Entscheidung vom 29. 1. 98[71] klargestellt, daß bei einer Bestechung die Tat dann beendet ist, wenn der Beamte die Amtshandlung vollzogen hat und (ggf.) der ihm dafür versprochene Vorteil in seinem letzten Stück gewährt wurde. Zugrunde lag der nicht allzu seltene Fall, daß mit einem Amtsträger die Herausgabe von Budget und Bieterlisten gegen Zahlung von 3 % der Nettoauftragssumme vereinbart wurde. Der zuständige Bauausschuß beschloß die Auftragsvergabe an den unlauteren Konkurrenten, die Zahlung unterblieb jedoch aus nicht mehr aufklärbaren Gründen. Daher war in erster Linie auf den Zeitpunkt der Unrechtsvereinbarung abzustellen. Offengelassen hat der Bundesgerichtshof, ob auch der Vollzug der Unrechtsvereinbarung, nämlich die Überlassung geheimer Informationen, noch zur tatbestandsmäßigen Handlung des § 334 StGB a. F. zu rechnen war, denn auch dies erfolgte seiner Ansicht nach in verjährter Zeit. Jedenfalls kommt es nicht auf den Zeitpunkt der Auftragsvergabe oder des Zuschlagbeschlusses an, ebensowenig auf den Zeitpunkt, in dem von den Informationen Gebrauch gemacht wurde. Denn die Verwendung, also die wirtschaftliche Nutzung der durch Bestechung erlangten Informationen zählt nicht mehr zu den tatbestandsmäßigen Handlungen der Bestechung selbst. Der Kernvorwurf, der den §§ 331 ff. StGB zugrunde liegt, ist, daß ein Amtsträger sich um seines Vorteils Willen für eine richtige oder pflichtwidrige Diensthandlung bezahlen läßt. Die Konsequenzen aus einem derartigen Verhalten können ggf. nach §§ 263 und 266 StGB geprüft werden, sind aber nicht mehr von der Tatbestandsbeschreibung der §§ 331 ff. StGB erfaßt. 67

Demzufolge beginnt die Verjährung mit dem letzten Teilakt, der für den jeweiligen Tatbestand der §§ 331 bis 334 StGB gesetzt wurde; das kann die Annahme des Vorteils sein, das kann der Dienstakt sein, der erkauft wurde. Alle Teilakte dieser Diensthandlung sind jeweils Zäsuren, die die Beendigung des Tatbestands jeweils schrittweise in die Zukunft verlegen. Wird also – wie hier – aus unerklärlichen Gründen der Bestechungslohn nicht bezahlt, ist auf den letzten Teilakt abzustellen. In Weiterführung der Rechtsprechung des Bundesgerichtshofs, für den im konkreten Fall ein Bezug auf die Unrechtsvereinbarung genügte, muß jede erkaufte Diensthandlung als Teilakt der Beendigung angesehen werden; die klare Grenze liegt in der „Verwertung", also in den Folgen der Diensthandlung. Die klare Trennung des Bundesgerichtshofs zwischen tatbestandsmäßiger Handlung und Verwertung der Diensthandlung würde verschwommen, wollte man die Diensthandlung nicht in den tatbestandsmäßigen Teilakt der Bestechungstatbestände einbeziehen. 68

---

71 NJW 98, 2373 ff.

Die Absicht, den Vorteil zu einem späteren Zeitpunkt auszuzahlen, kann für den Beginn der Verjährungsfrist auch dann nicht maßgebend sein, wenn der Zeitpunkt bereits näher eingegrenzt wurde. Denn die Verjährungsvorschriften können nur an äußeren Geschehensabläufen anknüpfen und nicht an inneren Tatsachen, die keine ebenso präzise zeitliche Grenzziehung zulassen[72].

bb) Konkurrenzen

69 Alle in den §§ 331 ff. aufgeführten Tatbestandsvarianten sind grundsätzlich selbständig. Entscheidend ist der Inhalt der Unrechtsvereinbarung. Wenn das „Annehmen" des Vorteils im dort bestimmten sachlichen Zusammenhang und zeitlichen Rahmen erfolgte, nimmt der Bundesgerichtshof eine tatbestandliche Handlungseinheit an.[73] Findet in dem Zwischenraum zwischen Fordern bzw. Versprechen und dem schließlichen Annehmen der Leistung jedoch eine Verurteilung statt oder hat der jeweilige Täter bereits den gesamten „Bestechungsvorgang" als gescheitert betrachtet, so liegt eine Zäsur vor, so daß die spätere Annahme einer Leistung in Tatmehrheit zu den vorangegangenen Aktivitäten steht.[74]

Die Neufassung der §§ 331 und 333 StGB, die lediglich eine gelockerte Unrechtsvereinbarung beinhalten, läßt eine Handlungseinheit zwischen dem Fordern/Versprechen und der nachfolgenden Annahme wohl nur noch selten zu; da bereits das „Anfüttern" unter Strafe gestellt wird und daher eine lediglich lockere Unrechtsvereinbarung genügt, wird wohl nur in seltenen Fällen sich der rote Faden vom Beginn der korruptiven Beziehung bis zur Annahme des Vorteils ziehen lassen. In Betracht kommt die tatbestandliche Handlungseinheit aber immer dann, wenn eine die konkretisierbaren Diensthandlungen beinhaltende Unrechtsvereinbarung vorliegt bzw. nachgewiesen werden kann. Bei den §§ 332, 334 StGB ist diese Unrechtsvereinbarung im herkömmlichen Sinne ohnehin stets erforderlich.

70 Die im großen Rahmen der Wirtschaftskriminalität stattfindende Korruption beschränkt sich in der Regel nicht auf einmalige Vorgänge. Die langfristigen Beziehungen zwischen Vorteilsgeber und Vorteilsnehmer beruhen in der Regel auf einer Unrechtsvereinbarung, die mitunter lange Zeit zurückliegt. Oft haben sich eingespielte Rituale entwickelt, deren Ursprung die Akteure, da oft selbst nur noch Nachfolger der früheren Generationen, nicht mehr kennen. Eine fortgesetzte Handlung kommt nach der ständigen Rechtsprechung des Bundesgerichtshofs auch für Bestechungsdelikte nicht mehr in Betracht. Nach der Rechtsprechung des Bundesgerichtshofs[75] stehen beispielsweise regelmäßige Zahlungen aufgrund einer früheren Unrechtsvereinbarung immer dann im Verhältnis der Tatmehrheit, wenn die Laufzeit der Vorteilsgewährung offen ist. Die Unrechtsvereinbarung ist nicht dazu in der Lage, diese Handlungen zu einer tatbestandlichen Handlungseinheit zu verklammern. Das wäre allenfalls dann noch anzunehmen, wenn bereits in einer Unrechtsvereinbarung die Gesamtsumme aller Vorteile festgelegt worden wäre und diese dann nur noch in Teilleistungen erbracht würden. Immer dann, wenn aber von einem „Open-end"-Charakter auszugehen ist bzw. wenn der versprochene Vorteil von der künftigen Entwicklung aller möglichen Umstände abhängt, verbleibt es bei der Tatmehrheit.[76]

Mit teilweise typischen Begleitnormen der §§ 331 ff. ist Tateinheit möglich, beispielsweise mit Betrug, Erpressung oder Untreue. Die Untreue ist geeignet, beispielsweise Delikte der §§ 332 und 263 StGB zu einer Tat zu verklammern.

---

72 a.a.O., 2373.

73 BGH NStZ 95, 92.

74 *Fischer* in Tröndle a.a.O., 331, Rn. 35.

75 NStZ-RR 98, 269 ff.

76 BGH NStZ-RR 96, 354.

cc) Irrtum

Nach § 331 Abs. 3 StGB kann eine Vorteilsannahme genehmigt werden. Welche Behörde zuständig ist, ergibt sich aus den jeweiligen Regelungen der Bundesländer bzw. des Bundes (vgl. oben I.3.) Eine derartige Genehmigung mag nicht sehr wahrscheinlich erscheinen; der Bundesgerichtshof hat jedoch in einer Entscheidung von 1983[77] Stellung dazu genommen, wann und mit welchen Folgen ein Irrtum über den Rechtfertigungsgrund des § 331 Abs. 3 StGB angenommen werden kann. Der damals angeklagte Vorsitzende des Vorstands der West-LB beriet einen Kunden in dessen geschäftlichen Angelegenheiten und nahm häufig auch an Besprechungen mit dessen Geschäftspartnern teil; dieser zahlte dem Angeklagten schließlich 1000000 DM in bar, um die bisher geleisteten Arbeiten pauschal abzugelten. Auch sollte der Angeklagte in der Zukunft als Berater weiterhin tätig werden. Er wurde dies, und zwar auch insoweit, als die West-LB einen ausgesprochend notleidend gewordenen Kredit einer anderen Bank an den Kunden in Höhe von 30000000 DM ablöste. Der Angeklagte hatte nach den Feststellungen des Landgerichts das „Honorarangebot" zunächst nicht angenommen, sondern darauf hingewiesen, daß er erst die Zulässigkeit der Honorierung prüfen müsse. Da sein Dienstvertrag und das dort in Bezug genommene Aktiengesetz keine Aussage über eine eventuelle Honorierung enthielten, nahm der Angeklagte an, er dürfe als Nebentätigkeit auch den Kunden der Bank beraten und daher auch Geldzahlungen annehmen. Er hat sich über die tatsächlichen Voraussetzungen des § 331 Abs. 3 StGB geirrt. Ein solcher Irrtum ist nach dem Bundesgerichtshof wie ein den Vorsatz ausschließender Irrtum über Tatumstände nach § 16 Abs. 1 StGB zu bewerten. Der Angeklagte blieb insoweit straflos. Mag ein derartiger Fall künftig auch immer seltener vorkommen, könnte die Irrtumsproblematik gemäß § 331 Abs. 3 StGB aber neue Bedeutung im Zusammenhang mit der Drittmittelforschung bzw. allgemein mit dem Sponsoring von staatlichen Leistungen erhalten.[78] Denn wenn auch für den Amtsträger die Annahme von Vorteilen „für die Dienstausübung" ohnehin genehmigungspflichtig ist, um ein Dienstvergehen zu vermeiden, muß ein entsprechender Einwand des Geldgebers sorgfältiger geprüft werden. Ihm könnte die innerbehördliche Genehmigungspraxis unbekannt sein; allerdings werden die Umstände des Einzelfalls (Höhe der Zuwendung, offenes Handeln oder Heimlichkeit, zutreffende oder unzutreffende Lieferscheine und dgl. mehr) deutlich machen, ob es sich wirklich um einen Irrtum handelt oder lediglich um eine Ausrede. 71

3. Angestelltenbestechung, §§ 299ff. StGB

Es bedurfte nicht der Privatisierung öffentlicher Aufgaben und interpretatorischer Schwierigkeiten zu § 11 Abs. 1 Nr. 2 StGB (siehe oben Rn. 36ff.), um die §§ 299ff. StGB (bis zum Korruptionsbekämpfungsgesetz: § 12 UWG) ins Zentrum des Interesses zu rükken. Polizeiliche und staatsanwaltschaftliche Ermittlungen haben immer wieder ergeben, daß Firmen, die zur Auftragsakquisition auch zum Mittel des Schmiergeldes greifen, selbst häufig Geschädigte ihrer eigenen Angestellten sind. Es mag dahingestellt bleiben, ob und welche Wechselwirkungen damit verbunden sind. Ein Bericht in der Frankfurter Allgemeinen Zeitung vom 30. 8. 99 schildert die Erfahrungen einer Wirtschaftsprüfungs- und Beratungsgesellschaft; danach lassen sich leitende Mitarbeiter häufig bei Geschäftsabschlüssen direkt bezahlen oder von dem künftigen Partner Rückzahlungen (sogenannte kick-backs) versprechen. Über $^2/_3$ der durch Wirtschaftskriminalität entstandenen Schäden soll durch eigene Mitarbeiter verursacht worden sein. Typischer Fall dafür sei die Korruption. Nur wenig dringt davon bisher nach außen, denn es steigert nicht das Ansehen eines Unternehmens, Opfer krimineller und korrupter Mitarbeiter geworden zu sein. 72

---

[77] BGHSt 31, 264ff., 285.

[78] Vgl. *Korte*, NStZ 97, 513ff., 515.

Die typische Korruptions-Situation ähnelt derjenigen, wie sie bei den §§ 331 ff. StGB anzutreffen ist: Ein Lieferant möchte einen Auftrag und ist bereit, dafür auch Schmiergelder zu bezahlen. Diese Schmiergelder erreichen den bestechlichen Mitarbeiter des Unternehmens nur in den seltensten Fällen direkt, sondern häufig über verschiedene zwischengeschaltete Firmen, mitunter auch Briefkastenfirmen im Ausland.

Das Korruptionsbekämpfungsgesetz vom 13. 8. 97 hat die bis dahin geltende Regelung des § 12 UWG in das Strafgesetzbuch als § 299 übernommen. Abs. 1 des § 299 regelt die passive Bestechlichkeit, Abs. 2 die aktive Bestechung, in Anlehnung an die Gliederung der §§ 331, 332 und 333, 334 StGB. Die Übernahme in das Strafgesetzbuch soll – so die Begründung des Gesetzentwurfes – das Bewußtsein in der Bevölkerung dafür schärfen, „daß es sich auch bei der Korruption im geschäftlichen Bereich um eine Kriminalitätsform handelt, die nicht nur die Wirtschaft selbst betrifft, sondern Ausdruck eines allgemeinen sozialethisch mißbilligten Verhaltens ist".

Neu ist eine mögliche Höchststrafe von bis zu 3 Jahren Freiheitsstrafe (früher höchstens 1 Jahr Freiheitsstrafe) sowie der von 3 Monaten bis zu 5 Jahren reichende Strafrahmen für besonders schwere Fälle (§ 300 StGB). § 299 läßt im Gegensatz zu § 12 UWG eine Drittbegünstigung genügen; für die Ermittlungsbehörden wesentlich ist die Möglichkeit, auch ohne Strafantrag bei der Annahme eines besonderen öffentlichen Interesses die Ermittlungen aufzunehmen (§ 301 StGB).

Die Parallelität des neuen Gefüges läßt zahlreiche Rückgriffe auf die Regelung der §§ 331 ff. StGB zu. Im folgenden sollen daher vor allem die Unterschiede und besondere Problemfelder erörtert werden.

a) Unrechtsvereinbarung

73 § 299 StGB ist eher den Bestechlichkeits-/Bestechungsnormen der §§ 332, 334 StGB nachgebildet als der Vorteilsannahme/Vorteilsgewährung nach §§ 331/333 StGB. So ist auch eine Unrechtsvereinbarung erforderlich, die Erweiterung bei der Vorteilsannahme/Vorteilsgewährung findet im § 299 StGB keine Entsprechung. Die zukünftige Bevorzugung muß daher für beide Teile hinreichend konkretisiert sein, die Herbeiführung eines allgemeinen Wohlwollens genügt dafür nicht.[79]

b) Zukunftsbezug

74 Anders als bei den §§ 331 ff. StGB stellt § 299 StGB nur die Einflußnahme unter Strafe, die in die Zukunft gerichtet ist. Belohnungen für in der Vergangenheit liegende Bevorzugungen bleiben daher straflos, es sei denn, sie sind lediglich der Vollzug eines früheren Forderns oder Sich-Versprechen-Lassens.

c) Täter der Bestechlichkeit

75 § 299 Abs. 1 setzt voraus, daß der Angestellte oder Beauftragte eines geschäftlichen Betriebes bestochen worden ist. Nicht erfaßt ist der Geschäftsinhaber selbst, der in der Annahme von „Sonderleistungen" völlig frei ist; er darf sich beim Abschluß von Verträgen durchaus auch von unsachlichen Motiven leiten lassen.

Der Begriff des Angestellten und Beauftragten ist nach herrschender Meinung weit auszulegen; das befugte Tätigwerden „für den Betrieb" genügt, eine dauernde Anstellung ist nicht erforderlich.[80]

Als Beauftragter wird jeder angesehen, der aufgrund seiner Stellung im Betrieb berechtigt und verpflichtet ist, auf Entscheidungen, die den Waren- und Leistungsaustausch des Betriebs betreffen, Einfluß zu nehmen.[81]

---

[79] *Fischer* in Tröndle a.a.O., § 299, Rn. 11 und 12.

[80] *Baumbach/ Hefermehl*, Wettbewerbsrecht, § 12 UWG, Rn. 4.

[81] BGHSt 2, 401 ff.

Eine Einschränkung des Täterkreises erfolgt aber dadurch, daß er in einem „geschäftlichen Betrieb“ tätig werden muß. Dazu ist zwar eine Gewinnerzielungsabsicht nicht erforderlich, aber ein nach kaufmännischen Gesichtspunkten geordneter und auf Dauer angelegter Betrieb. Auch wohltätige oder lediglich sozialen Zwecken dienende Betriebe sind davon ebenso erfaßt wie diejenigen der sogenannten freien Berufe.

d) Bevorzugung

Gegenstand des § 299 StGB ist eine unlautere Bevorzugung bei dem Bezug von Waren 76 oder gewerblichen Leistungen. Nichtgewerbliche Leistungen, diejenigen beispielsweise der freien Berufe, aber auch der geschäftlichen Aufklärungs- und Beratungstätigkeit sind damit also nicht erfaßt. „Unlauter“ ist die Bevorzugung dann, wenn das Verhalten als ein Verstoß gegen die guten Sitten i. S. d. § 1 UWG anzusehen ist, also grundsätzlich immer, wenn die Angestellten der Erwartung des Geldgebers nachkommen und ihren Geschäftsherrn unter dem Einfluß der empfangenen oder zu erwartenden Vorteile beeinflussen würden, egal ob sie dies auch später tatsächlich so umsetzen.[82] Das unlautere Verhalten muß nicht eine Pflichtwidrigkeit gegenüber dem Geschäftsherrn darstellen oder heimlich erfolgen. Auch wenn also Zuwendungen offen mit Wissen oder Billigung des Geschäftsherrn geschehen, kann § 299 StGB eingreifen. Bereits das Reichsgericht hat im sogenannten Korkengeld-Fall[83] es als strafbar angesehen, wenn ein Sekthändler mit Wissen des Geschäftsinhabers eines Weinrestaurants dessen Kellnern sogenannte Korkengelder verspricht, damit sie den Gästen die von ihm vertriebene Sektmarke empfehlen. Die Heimlichkeit des Vorgangs ist jedoch ebenso ein starkes Indiz für die unlautere Bevorzugung wie die Verletzung der sich aus Arbeitsvertrag ergebenden Dienstpflichten.

e) Täterschaft

Ähnlich wie bei den Amtsdelikten (vgl. oben Rn. 63–65) ist auch bei § 299 StGB bei 77 dem Zwischenschalten von Vermittlern jeweils zu fragen, auf welcher Seite, in wessen Auftrag, in wessen Interesse der Vermittler jeweils tätig wird. So löst Wittig[84] die dort beschriebene Sachverhaltskonstellation von eigens gegründeten „Vermittlerfirmen“ über eine analoge Anwendung der zu §§ 331 ff. StGB erfolgten Rechtsprechung des Bundesgerichtshofs.[85] Angestellte eines Konzerns gründeten selbständige Gesellschaften, die von Lieferantenfirmen „Vermittlungsprovisionen“ in Höhe von 5 % forderten; die für die Strohfirmen handelnden Personen waren dort angestellt und gehörten nicht dem Konzern an. Sie brüsteten sich mit ihren guten Kontakten – was ja auch zutreffend war – zu den für die Auftragsvergabe maßgeblichen Personen in dem Konzern. Da sie selbst nicht Angestellte oder Beauftragte des geschädigten Konzerns waren, dürfte eine unmittelbare Anwendung von § 299 Abs. 1 StGB nicht in Betracht kommen. Aber auch § 299 Abs. 2 StGB wird dem Handeln dieser Strohfirma-Angestellten nicht gerecht, so daß am sachgerechtesten die Subsumtion als Beihilfe zur passiven wirtschaftlichen Bestechung gemäß §§ 299 Abs. 1, 27 StGB erscheint.

f) Strafantrag

Bis zum Inkrafttreten des Korruptionsbekämpfungsgesetzes am 20. 8. 97 verlangte § 22 78 UWG als Voraussetzung der Strafverfolgung einen Antrag. Den Antrag konnten die in § 13 Abs. 2 Nr. 1, 2 und 4 UWG bezeichneten Gewerbetreibenden, Verbände und Kammern stellen. Die Antragsberechtigung hat § 301 Abs. 2 StGB grundsätzlich übernom-

---

82 *Baumbach/Hefermehl* a.a.O. Rn. 12.
83 RGSt 48, 291 ff., 293.
84 wistra 98, 7 ff.
85 BGHSt 37, 206 ff., 212.

men. Strafantragsberechtigt sind der unmittelbar Verletzte selbst, also der beeinträchtigte Mitbewerber, der Geschäftsherr und andere Mitbewerber, Verbände und Industrie- und Handelskammern. Den Verbraucherverbänden steht dieses Antragsrecht ebensowenig zu, wie ein Geschädigter sich „aus dem Publikum" allgemein ergeben kann.[86] Beispiele für klagebefugte Verbände benennen Baumbach/Hefermehl in Rn. 30a der Kommentierung zu § 13 UWG, so die Wettbewerbszentrale, der Deutsche Schutzverband gegen Wirtschaftskriminalität, der Verband der Rundfunkgesellschaften und andere mehr.

79 § 301 Abs. 1 StGB gestattet auch die Verfolgung von Amts wegen, wenn die Strafverfolgungsbehörde wegen des besonderen öffentlichen Interesses ein Einschreiten für geboten hält. Die bisherige Nr. 260 der Richtlinien für das Strafverfahren und das Bußgeldverfahren (RiStBV) ist derzeit noch nicht an § 299 StGB angepasst; hier hilft der Blick auf die anderen Fälle, in denen der Gesetzgeber eine ähnliche Regel-Ausnahme-Konstruktion gewählt hat: § 376 StPO sieht eine öffentliche Klage bei Privatklagedelikten dann vor, wenn dies im öffentlichen Interesse liegt. Der Begriff des „öffentlichen Interesses" muß weiter sein als der des „besonderen öffentlichen Interesses"; bei einfacher vorsätzlicher und fahrlässiger Körperverletzung hat § 230 Abs. 1 StGB eine ähnliche Regelung vorgesehen. Nr. 234 RiStBV sieht dann ein besonderes öffentliches Interesse an der Verfolgung als gegeben, wenn der Täter einschlägig vorbestraft ist, roh oder besonders leichtfertig gehandelt hat oder durch die Tat eine erhebliche Verletzung verursacht wurde. Auf § 299 StGB angewandt, wird ein besonderes öffentliches Interesse dann anzunehmen sein, wenn der Täter einschlägig vorbestraft ist, wenn er sich erhebliche Vorteile verschafft hat (aus Gründen der Systematik aber noch unterhalb des Niveaus, in dem besonders schwere Fälle nach § 300 StGB angesiedelt sind) oder wenn er besonders raffiniert – z. B. durch Einschaltung von „Strohfirmen", teilweise eventuell gar im Ausland – und planvoll gehandelt hat. Ähnlich wie bei Nr. 243 Abs. 3 RiStBV (Verkehrsstraftaten, Körperverletzung im Straßenverkehr) wird es auch bei § 301 StGB ankommen auf das Maß der Bevorzugung, auf besondere gefährdende Umstände, auf Tatfolgen und auf einschlägige Vorbelastungen.

g) Geheimnisverrat, § 17 UWG

80 § 17 UWG sanktioniert den Verrat von Betriebs- oder Geschäftsgeheimnissen mit Freiheitsstrafen bis zu 3 Jahren oder Geldstrafe. Diese Norm steht, nachdem § 12 UWG nunmehr als § 299 StGB in das Strafgesetzbuch genommen wurde, in Gefahr, nicht mit der genügenden Aufmerksamkeit beachtet zu werden. Gerade aber im Bereich der geschäftlichen Korruption und im Umfeld von Ausschreibungen kommt § 17 UWG eine erhebliche Bedeutung zu.

Der Bundesgerichtshof hat in seiner Entscheidung vom 10. 5. 95[87] dargestellt, daß die durch eine öffentliche Ausschreibung erlangten Angebote für den ausschreibenden Unternehmer ein Geschäftsgeheimnis i. S. d. § 17 Abs. 2 Nr. 2 UWG sind. Nach dem mitgeteilten Sachverhalt hatte der angeklagte Heizungsbauer verschiedene Mitarbeiter eines für die amerikanischen Streitkräfte in Deutschland tätigen Vergabebüros dazu bewogen, die Angebotspreise der Mitbewerber offenzulegen, so daß er ein passendes Angebot abgeben konnte. Obwohl diese Angebote ursprünglich bei den Wettbewerbern erstellt wurden, stehen sie auch in Beziehung zum Geschäftsbetrieb der ausschreibenden Dienststelle. Die Kalkulation erfolgte zum einen nach den Vorgaben der Ausschreibung, also dem Leistungsverzeichnis, zum anderen aufgrund der „kaufmännischen Initiative dieser Dienststellen, nämlich der in der Ausschreibung zum Ausdruck gebrachten Nachfrage". Schon der Zweck des Ausschreibungsverfahrens mache deutlich, daß diese Angebote der Geheimhaltung bedürften. Eine vorzeitige Bekanntgabe begünstigt Manipulationen und verzerrt die Marktlage.

---

[86] *Baumbach/Hefermehl* a.a.O., § 22 UWG, Rn. 3 und 4.

[87] NJW 95, 2301/2302.

§ 17 Abs. 1 UWG bestraft den Verräter; Abs. 2 dieser Norm bestraft denjenigen, der sich ein Geschäfts- oder Betriebsgeheimnis unbefugt verschafft oder sichert oder ein unlauter erlangtes unbefugt verwertet oder jemandem mitteilt. Der Bundesgerichtshof hat in der eben zitierten Entscheidung dazu auch festgestellt, daß § 17 Abs. 2 Nr. 2 UWG ein zweiaktiges Delikt darstellt, bei dem der unbefugten Verwertung eines Geschäfts- oder Betriebsgeheimnisses dessen unbefugte Erlangung vorgelagert sein muß. Die Erlangung der geheimen Informationen wurde durch Angestelltenbestechung bewirkt, so daß das Verschaffen der Kenntnis der Geheimnisse gleichzeitig die Tatbestände der §§ 12 Abs. 1 (nunmehr 299 Abs. 2 StGB) und 17 Abs. 2 Nr. 2 UWG erfüllt. Die Verwertung endet in derartigen Fällen mit der Verwendung der Geheimnisse durch Einreichung des Bieterangebots.[88]

Nicht jedes unbefugte Sichverschaffen von Geschäfts- oder Betriebsgeheimnissen, 81
technisch als „Ausspähen" bezeichnet, ist strafbar, sondern nur dann, wenn es in bestimmten Erscheinungsformen geschieht, so unter Anwendung technischer Mittel, oder durch Herstellung einer verkörperten Wiedergabe des Geheimnisses (gemeint sind beispielsweise Ablichtungen, Fotografien, Zeichnungen, Tonbandaufzeichnungen u. a.) oder durch Wegnahme einer das Geheimnis verkörpernden Sache (§ 17 Abs. 2 Nr. 1 UWG). Werden so Betriebsgeheimnisse ausgespäht, bleibt die Strafbarkeit bestehen, auch wenn eine Umsetzung in Form der Verwertung schließlich unterbleibt.[89]

Abs. 2 Nr. 2 des § 17 UWG schließlich stellt die unbefugte Verwertung oder die un- 82
befugte Mitteilung eines Geheimnisses unter Strafe. Voraussetzung ist, daß sich der Täter die Kenntnis des Geschäfts- oder Betriebsgeheimnisses unbefugt verschafft oder gesichert hat, beispielsweise durch eine oben genannte Handlung des qualifizierten Ausspähens. Es handelt sich insoweit um einen Auffangtatbestand, der eine Handlung umschreibt, die gegen das Gesetz oder die guten Sitten verstößt, also jede unredliche Erlangung umfaßt.[90] Liegt eine Form der Angestelltenbestechung vor (§ 299 StGB bzw. § 12 Abs. 1 UWG), so ist diese Voraussetzung erfüllt. In dem vom Bayerischen Obersten Landesgericht entschiedenen Fall war der Angeklagte Bauingenieur, der u. a. mit der Planung der Elektroinstallation und Beleuchtung für eine Lagerhalle beauftragt worden war. Gegen Zahlung von 5 % aus der Nettoauftragssumme verriet er dem Geschäftsführer einer interessierten Firma die Mitbieter. Dieser Geschäftsführer führte die üblichen Absprachen durch mit dem Ergebnis, daß seine Firma die günstigste Bieterin war und den Auftrag erhielt. Der Bauingenieur, der einem Ingenieurbüro vorstand, war in die Organisation des Auftraggebers nicht eingebunden und daher trotz weitester Auslegung nicht als Angestellter des Auftraggebers anzusehen. Eine Strafbarkeit nach § 17 Abs. 1 StGB schied daher aus. Bestand hatte aber die Verurteilung des Bauingenieurs wegen Beihilfe zur unbefugten Verwertung verratener Geschäftsgeheimnisse. Denn der erfolgreiche Bieter machte sich ein unbefugt erlangtes Geschäftsgeheimnis zunutze, zu dem der Bauingenieur Beihilfe leistete. Damit wird die Beschränkung des § 17 Abs. 1 auf Angestellte, Arbeiter oder Lehrlinge eines Geschäftsbetriebs (§ 299 StGB erfaßt dagegen auch „Beauftragte") zwar beachtet, der Unrechtsgehalt aber über §§ 17 Abs. 2 UWG und 27 StGB angemessen gewürdigt.

4. Betrug

Unlautere Machenschaften im Subventionsverfahren können auch unter den Tatbestand 83
des Betrugs nach § 263 StGB subsumiert werden. Im wesentlichen kommen zwei Fallgestaltungen in Betracht:

---

[88] BayObLG NJW 96, 268 ff., 272.
[89] *Baumbach/Hefermehl* a.a.O., § 17 UWG Rn. 25.
[90] BayObLG a.a.O., S. 272 m. w. N.

a) Betrug zum Nachteil eines Wettbewerbers

Derjenige, der sich in einem Submissionsverfahren den Zuschlag durch Täuschung der Vergabestelle verschafft, kann sich des Betrugs zum Nachteil des sonst aussichtsreichsten Mitbewerbers schuldig machen.[91] Nach der Rechtsprechung des Bundesgerichtshofs schützt § 263 auch Erwerbs- und Gewinnaussichten, wenn ihnen bereits ein wirtschaftlicher Wert zukommt. Der Geringstbietende in einem Submissionsverfahren hat eine begründete Aussicht auf Gewinn und damit bei der korrekten Handhabung durch die Vergabestellen eine sichere Anwartschaft. Wenn ein Mitbewerber seinem Gebot, das an sich vorschriftwidrig war und ausgeschlossen gehört hätte, durch nachträgliches Umfälschen den Anschein verleiht, als habe er es korrekt abgegeben und damit die Vergabestelle täuscht, der bringt den Niedrigstbietenden um den ihm sonst gewissen Zuschlag und die daraus resultierende Gewinnerwartung. Eine Verurteilung nach § 263 StGB hatte daher vor dem Bundesgerichtshof[92] Bestand.

Mit der Entscheidung vom 29. 5. 87 wurde vom Bundesgerichtshof diese Rechtsansicht bekräftigt:[93]

84 Bei der Ausschreibung von „gärtnerischen Arbeiten" war ein Angebot das preiswerteste. Die Konkurrenzfirma hatte ein ca. 200 000 DM darüberliegendes Angebot abgegeben, es nach Ablauf des Submissionstermins aber im Hinblick auf das günstigste Angebot des Wettbewerbers nachträglich verfälscht und gedrückt. So erhielt die Konkurrenzfirma den Zuschlag, während die Gewinnerwartung der eigentlich günstigsten Firma in Höhe von 93 000 DM sich nicht erfüllte. Das Urteil des Landgerichts, das die Konkurrenzfirma wegen Betrugs nach § 263 StGB verurteilte, bestätigte der Bundesgerichtshof. In Ergänzung zur früheren Entscheidung wies der Bundesgerichtshof ausdrücklich darauf hin, daß auch eine Stoffgleichheit zwischen der Gewinnerwartungschance und der beabsichtigten Bereicherung der Konkurrenzfirma bestand. Der Begriff „Stoffgleichheit" sei insoweit irreführend, entscheidend sei allein, daß dieselbe Vermögensverfügung des Getäuschten (hier die Vergabestelle), die den Täter bereichern soll, auch unmittelbar den Schaden herbeiführt. Genau dies ist aber bei der Vergabeentscheidung gegeben; mit dem Zuschlag an die betrügerische Konkurrenzfirma wird gleichzeitig die Gewinnerwartungschance des ehrlichen Wettbewerbers zunichte gemacht. Ein mit dem Schaden identischer Vorteil ist keine Voraussetzung für § 263 StGB.

85 Ebenso hat der Bundesgerichtshof in seiner Entscheidung vom 29. 1. 97[94] festgestellt, daß bei der Manipulation von Ausschreibungsunterlagen nicht nur die Vergabebehörde geschädigt wird, sondern es sich auch um einen Betrug zum Nachteil von Mitbewerbern handeln kann. Der fragliche Bauunternehmer hatte bewußt einzelne Positionen in seinem Angebot lediglich mit Bleistift eingetragen, Seitenüberträge ausgelassen und Betragsangaben in Worten lediglich mit „ziffriger Schreibweise" ausgefüllt (z. B.: statt fünfhundertvierundzwanzig: fünf-zwei-vier). Auf diese Weise konnte er zusammen mit einem Sachbearbeiter der Kommune sein Angebot später so „frisieren", daß er als günstigster Anbieter den Auftrag erhielt.

Das Landgericht Frankfurt sah einen Schaden für die Stadt nicht nachgewiesen. Der Bundesgerichtshof läßt dies offen, stellt aber fest, daß in diesen Fällen Betrug zum Nachteil von Mitbewerbern vorliege, da das manipulierte Angebot bei einer ordnungsgemäßen Vergabe keine Berücksichtigung gefunden hätte. Die Gewinnerwartung habe einen Vermögenswert dargestellt, dessen Einbuße auch zu einem Vermögensschaden geführt habe. Der Bundesgerichtshof empfiehlt, den entstandenen Mindestschaden erforderlichenfalls zu schätzen. Daß möglicherweise der unterlegene Bewerber einen anderen Auf-

---

[91] BGHSt 17, 147 ff.

[92] BGHSt 17, 147 ff., 148, 149.

[93] BGHSt 34, 379 ff., 390 ff.

[94] NStZ 97, 542 ff.

trag von der Kommune erhielt und damit seinen Schaden kompensieren konnte, kann nichts daran ändern, daß ein tatbestandsmäßiger Betrugsschaden bereits entstanden war.

Der Bundesgerichtshof hat sich in seiner Entscheidung vom 29. 1. 99[95] erneut zum Betrugsschaden geäußert; im konkreten Fall hatte der Bauunternehmer mit einem Amtsträger vereinbart, Erdarbeiten zu einem Preis von 9,70 DM/m^3 auszuführen, gleichzeitig aber abgesprochen, den Vertrag mit einem Kubikmeterpreis von 10,70 DM abzuschließen und den Überpreis von 1,00 DM/m^3 dem Amtsträger zukommen zu lassen. Das Landgericht Frankfurt hatte eine Verurteilung wegen Betruges abgelehnt, da der durch die Herbeiführung der Auftragsvergabe begangene Eingehungsbetrug bereits mit Abschluß des Vertrags im Jahre 1984 beendet gewesen und mithin die Strafverfolgung verjährt sei. An dem daran anschließend verübten Erfüllungsbetrug, der in der unbeanstandeten Weitergabe der überhöhten Rechnungen zur Auszahlung liege, habe aber der Angeklagte nicht mitgewirkt. Dieser Auffassung widerspricht der Bundesgerichtshof. Der Kommune sei vorgespiegelt worden, daß ein Preis von 10,70 DM ausschließlich als Vergütung für die zu erbringende Leistung bestimmt war, während tatsächlich ein Anteil von 1,00 DM zweckentfremdet Amtsträgern zugewandt wurde. Diese zum Vertragsschluß führende Täuschung sei auch für die aufgrund des Vertrages geleisteten Zahlungen ursächlich gewesen. Der Vertrag selbst habe einen Vermögensnachteil für die Kommune erbracht (Eingehungsbetrug). Die Erfüllung dieser Verpflichtung habe jedoch zu einer Vertiefung dieses Nachteils geführt und den der vermögensnachteiligen Verpflichtung entsprechenden Schaden endgültig herbeigeführt. In einer derartigen Situation sei der Eingehungsbetrug bloßes Durchgangsstadium zur Erfüllungsphase. Die Täuschung, die dem Vertrag zugrunde lag, bilde mit dem anschließenden Erfüllungsschaden eine Betrugstat. Somit beginne die Strafverfolgungsverjährung erst mit der letzten aufgrund des Vertragsschlusses geleisteten Zahlung. Erst zu diesem Zeitpunkt sei die Entstehung des Betrugsschadens abgeschlossen. 86

Diese Fallgestaltungen kommen mithin dann in Betracht, wenn ein konkreter korrekter Wettbewerber dadurch geschädigt wird, daß der unlautere Konkurrent die Vergabestelle über das von ihm abgegebene Angebot täuscht. In den entschiedenen Fällen des Bundesgerichtshofs fand eine Manipulation des Angebots **nach** dem Submissionstermin statt. Folgt man aber den Ausführungen des Bundesgerichtshofs, ist dies keine notwendige Voraussetzung; genügend wäre, daß ein Angebot vorliegt, das den Vergabevorschriften nicht entspricht und bei dem der Auftraggeber darüber getäuscht wird, daß es sich um ein ansonsten nicht zu berücksichtigendes Angebot handelt. Dies wäre bei allen abgesprochenen Angeboten der Fall (§ 25 Nr. 1 Abs. 1 lit. c VOB/A).

b) Betrug zum Nachteil des Auftraggebers

Im Gegensatz zu einer früheren, wohl mißverstandenen Rechtsprechung ist seit der Entscheidung des Bundesgerichtshofs vom 8. Januar 1992[96] auch der Weg einer Verurteilung nach § 263 StGB für den Fall eröffnet, in dem ein Absprachekartell den Angebotspreis verabredet und den Auftraggeber damit darüber täuscht, daß das scheinbar günstigste Angebot nicht das tatsächlich preiswerte ist, sondern durch Verabredungen und Mittelwertbildung zustande gekommen ist. Bis zu der genannten Entscheidung des Bundesgerichtshofs war man der Ansicht, daß Submissionsabsprachen entweder zu keinem Betrugsschaden geführt hätten oder daß dieser zumindest nicht nachweisbar sei; ein wahrer Marktpreis habe sich nicht entwickeln können, so daß ein Vergleichspreis nicht zur Verfügung stehe.[97] 87

Der Entscheidung des Bundesgerichtshofs lag folgender Sachverhalt zugrunde: Für den ausgeschriebenen Reinausbau bewarben sich verschiedene Firmen, die aber bereits im Jahre 1978 eine Kartellvereinbarung über die Vergabe von Wasserbauarbeiten getroffen

95 BGH NStZ 99, 542.

96 BGHSt 38, 186 ff.

97 *Bangart*, wistra 97, 161 ff., 162.

hatten. 5 Firmen hatten sich über die Höhe der Angebotspreise und den Zuschlag an eine bestimmte Firma geeinigt. Vor dieser Einigung hatten die Kartellmitglieder eine sogenannte Nullbasis intern ermittelt, die alle normal kalkulierten Angebote der Kartellfirmen berücksichtigte und unter Vernachlässigung des niedrigsten und des höchsten Gebotes sich als arithmetisches Mittel errechnete. Zu diesem Mittelwert bot dann die vom Kartell bestimmte Firma ihre Leistungen an, alle anderen Mitglieder des Kartells gaben darüberliegende Gebote ab. Ursprünglich hatten die neun Kartellmitglieder intern Angebote zwischen 10 Mio. DM und 16,8 Mio. DM abgegeben, der Nullpreis wurde sodann auf eine Ausgangsbasis von 15 Mio. DM und wegen der Ausgleichszahlungen an die nicht berücksichtigten Kartellmitglieder auf rd. 19 Mio. DM DM festgelegt. Die Stillhaltezahlungen betrugen etwa 5,1 Mio. DM.

Da die auserkorene Firma versicherte (wie von allen Anbietern gefordert), keine Preisabsprache mit anderen Bietern getroffen zu haben, lag eine Täuschungshandlung gegenüber der Vergabestelle vor. Dort wurde auch ein entsprechender Irrtum erregt, der zu einer Vermögensverfügung führte, nämlich die Belastung des Vermögens der Stadt mit einer Verbindlichkeit. Der problematische Parameter bei der Anwendung des § 263 StGB für den geschilderten Fall ist der

c) Vermögensschaden

aa) Theorie

88 Der Bundesgerichtshof[98] stellt fest, daß der Vermögensschaden in der Differenz zwischen dem Zuschlagspreis und dem „hypothetischen" Marktpreis besteht. Er verwirft ausdrücklich die Argumentation des zuvor entscheidenden Landgerichts, wonach der Zuschlagspreis auch „angemessen" gewesen wäre. Dies sei nicht der zutreffende Vergleichswert, vielmehr müsse das günstigste Angebot zum Vergleich herangezogen werden, das sich bei einem funktionierenden Wettbewerb gebildet hätte.

Der Bundesgerichtshof übersieht nicht, daß die Ermittlung dieses hypothetischen Wettbewerbspreises im nachhinein nur schwer möglich ist, da ein Wettbewerb aufgrund der Absprachen gerade nicht stattgefunden hat. Diesen Schwierigkeiten dürfen aber Staatsanwaltschaft und Gericht nicht ausweichen. Die Feststellung des Vermögensschadens sei Sache der tatrichterlichen Beweiswürdigung im Einzelfall, insbesondere der jeweils ermittelten Indizien. Im Zweifel dürfe der Tatrichter, wenn er zu der Überzeugung komme, daß ein Schaden entstanden sei, dessen Höhe „unter Beachtung des Zweifelsatzes schätzen, wenn seine genaue Ermittlung nicht möglich ist".[99]

Zum einen verweist der Bundesgerichtshof auf statistische Untersuchungen, die Durchschnittswerte für die durch Preisabsprachen von Bauunternehmen erzielten Mehrerlöse ausweisen. Weiter spricht nach seiner Auffassung eine hohe Wahrscheinlichkeit dafür, daß Submissionskartelle nur dann agieren, wenn sie den Kartellmitgliedern auch höhere als sonst erzielbare Marktpreise einbringen.

Bereits das unredliche Sichverschaffen der Bieterliste und des Budgets, beides geheimzuhaltende Faktoren der Auftragsvergabe im Submissionsverfahren, erlaube ein weniger scharfes Kalkulieren als es der freie Wettbewerb sonst zuließe.

Die Ermittlung des sogenannten Nullpreises sei ebenfalls ein starkes Indiz. Besonders gewichtig sei aber vor allem die Tatsache, daß Zahlungen in Millionenhöhe an andere Kartellmitglieder und sogenannte Außenseiter geleistet wurden.

Und schließlich argumentiert der Bundesgerichtshof[100], daß bei auf der Anbieterseite in unzulässiger Weise beschränktem Wettbewerb der sogenannte Selbstkostenfestpreis die zulässige Preisobergrenze darstelle (§ 5 Abs. 3, §§ 7, 9 Baupreisverordnung Nr. 1/72).

---

[98] BGHSt 38, 187 ff., 190 ff.

[99] BGHSt 36, 320, 328.

[100] BGHSt 38, S. 191 unten, 192 oben.

Die Entscheidung des Bundesgerichtshofs ist in der Literatur angegriffen worden,[101] wurde aber von ihm in späteren Entscheidungen aufrechterhalten. Im Urteil des 1. Senats vom 15. 5. 97[102] sieht der Bundesgerichtshof den Schaden zumindest in der Höhe der gezahlten Schmiergelder. Er bestätigt den Würdigungsspielraum des Tatrichters, der die vorhandenen Indizien ausschöpfen müsse. Die Verleugnung der Submissionsabsprachen im Angebot deuteten ebenso auf einen niedrigeren Wettbewerbspreis hin wie die Verschaffung von Informationen über Mitbieter und Budget, die weitgehende Ausschöpfung dieses Budgets und die Zahlung von Schmiergeldern und Abstandssummen. Der Schaden sei sicherlich mindestens in Höhe der nach Auftragserhalt abgeführten Schmiergeldbeträge entstanden.

bb) Praxis

Die Rechtsprechung ebenso wie die Angriffe dagegen zeigen, daß der Vermögensschaden bei der Anwendung des § 263 StGB auf Submissionsabsprachen bei den Ermittlungen Schwierigkeiten mit sich bringt. Häufig wird jedoch aufgrund der mittelbaren Indizien ein Mindestschaden feststellbar sein. 89

Relativ häufig wird von den Kartellmitgliedern vorgetragen, die „Stillhaltezahlungen" an die nicht berücksichtigten Bauunternehmer würden aus der Gewinnspanne bezahlt werden, hätten also keinen Einfluß auf den Marktpreis. Bei *Otto*[103] findet sich dazu eine erhellende Berechnung von Huhn:[104]

Er vergleicht die der Entscheidung des Bundesgerichtshofs zugrundeliegenden Zahlen mit den vom Bauhauptgewerbe für die Jahre 1982 bis 1985 dargestellten Bruttoumsatzrenditen. Dann müßten die Abstandszahlungen von ca. 5,1 Mio. DM mindestens den geplanten Gewinn ausmachen, die kalkulierten Selbstkosten würden dann bei ca. 13,8 Mio. DM liegen. Das Verhältnis zwischen Gewinn und Selbstkosten betrüge 1:2,7, d. h., auf die Selbstkosten würde ein Gewinn von etwa 37 % aufgeschlagen worden sein, eine völlig unrealistische und – so Huhn – „traumhafte Gewinnspanne". Die Umsatzrendite (Gewinn geteilt durch Auftragshöhe, hier 5,1 Mio.:18,0 Mio.) würde im vorliegenden Fall bei mindestens 27 % liegen, während sonst die durchschnittliche Bruttoumsatzrendite nur bei 3 % läge. Dadurch weist Huhn überzeugend nach, daß ein Gewinn wie im vorliegenden Fall völlig unrealistisch wäre, um davon noch ca. 5 Mio. DM Ausgleichszahlungen zu bestreiten.

cc) Spiegelung

Bei manchen Absprachekartellen besteht auch die Übung der „Spiegelung": 90

Die Kartellmitglieder treffen sich, um durch gemeinsame Absprachen die Vergabe beispielsweise einer Turnhalle sicherzustellen; jedes Mitglied bringt eine eigenständig ermittelte Kalkulation zu dem Vorhaben mit. Diese Angebote werden als „Vorsubmission" anonym eingesammelt und von dem Moderator der Runde bewertet; das jeweils niedrigste und höchste Angebot bleibt außer Betracht, aus den verbleibenden Angeboten wird der Mittelwert errechnet, der dem Auftraggeber gegenüber sodann als günstigster Wert vorgetäuscht wird. Alle anderen Mitglieder des Kartells geben entsprechend höhere Angebote ab, und zwar, wenn sie mit ihrer Ursprungskalkulation unter dem Mittelwert lagen in gleicher Höhe spiegelbildlich über dem „Null-Niveau". Hat also die Firma X ein Angebot über 12 Mio. DM abgegeben, während als Mittelwert ein Angebot von 15 Mio. DM festgelegt wurde, so ist sie verpflichtet, ihr eigenes Angebot – wenn sie nicht den Auftrag erhalten soll – zu 18 Mio. DM einzureichen. Diese „Spiegelung" hatte eine kartellstabilisierende Funktion, da eine häufige Nähe des eigenen Angebotes zu den Höchst-

---

101 *Lüderssen*, wistra 95, 243 ff.; *Otto*, ZRP 96, 300 ff.

102 wistra 97, 336 ff., 340.

103 wistra 99, 41 ff., 44, bei Fußnote 43.

104 *Huhn*, Diss. München 1996, S. 151 ff.

preisen die Gefahr bedeutete, gegenüber dem Auftraggeber schnell in den Geruch einer „teueren Firma“ zu geraten. Möglicherweise würde der Auftraggeber die Firma allgemein als wenig produktiv und nicht effektiv organisiert abqualifizieren.

Um diese Konsequenz zu vermeiden, sind alle Kartellmitglieder darauf bedacht, nicht übermäßig gering oder übermäßig hoch zu kalkulieren, sondern sich möglichst an einen erwarteten Durchschnittspreis anzunähern.

Bei einer derartigen Spiegelung kann, wenn sie entsprechend belegt ist, ein Mindestschaden errechnet werden. Da nur feststeht, daß der vom Kartell angegebene günstigste Wert tatsächlich ein Mittelwert ist, müssen die verbleibenden Angebote der Kartellmitglieder nun so gewichtet werden, daß sich dieser Mittelwert ergibt. Unbekannt ist, welches der nach außen als höher erscheinenden Angebote zuvor niedriger war. Es empfiehlt sich daher, alle vorhandenen Angebote versuchsweise in Blöcke aufzuteilen, die annähernd den gleichen Wert erreichen. Das jeweils größte Angebot mag zur Sicherheit außer Betracht bleiben, das nächste stellt dann aber den Preis dar, der in der Vorsubmission der günstigste, zumindest zweitgünstigste war. Für strafrechtliche Ermittlungen muß auch genügen, wenn die Spannbreite zwischen dem „Nullpreis“ und den übrigen Angeboten der Kartellmitglieder errechnet wird. Dieser Mittelpreis kann dann nach unten gespiegelt werden, so daß er einen „Mindestschaden“ wiedergibt, der für den Vermögenschaden im Sinne des Betruges nach § 263 StGB genügt.

Beispiel:
Als Nullpreis steht ein Angebot über DM 15 Mio fest. Die übrigen Kartellmitglieder haben Angebote eingereicht, die bei 16, 17, 18, 19 und 20 Mio DM liegen. Der Mittelwert würde (läßt man die beiden höchsten Angebote sicherheitshalber außer Betracht) bei 16,5 Mio DM liegen, also einen Überstand von 1,5 Mio DM ausmachen. Diesen Wert nach unten gespiegelt ergäbe ein günstigeres Angebot in Höhe von 13,5 Mio DM. Dieses Angebot dürfte ohne Bedenken als günstigstes Angebot zu unterstellen sein.

dd) Einschätzungen

91 Auch können Zeugenaussagen ergeben, daß bei abgesprochenen Bauvorhaben Zuschläge für „Wagnis und Gewinn“ in Höhe von 2 bis 5 % einkalkuliert wurden, die ansonsten im Wettbewerb nicht angesetzt worden wären. Auch würden in einem funktionierenden Wettbewerb die Geschäftskosten nicht in voller Höhe von ca. 6 bis 10 % berücksichtigt werden können, sondern entsprechend vermindert werden. Schließlich kann darauf abgestellt werden, daß nach statistischen Erhebungen des Bundeskartellamtes Auftraggeber ein durchschnittlich 10 % günstigeres Angebot erhalten können, wenn Preisabsprachen nicht stattfinden. Hier sei verwiesen auf die Bundestags-Drucksache 10/53050, S. 95 ff. Dort wird unter der Überschrift „Bauwirtschaft und Grundstückswesen“ darüber berichtet, daß das Bundeskartellamt die Differenz zwischen der niedrigsten Vorkalkulation und dem niedrigsten abgesprochenen Angebot als Grundlage für die Mehrerlösberechnung genommen hat. „Im gewogenen Mittel dieser Fälle betrug die Differenz 10,3 %.“

d) Sonstiges

92 Die Mitglieder eines Kartells, die „Schutzangebote“ abgegeben haben, kommen als **Mittäter eines Betruges** in Betracht. Die Täuschungshandlung liegt in dem Einreichen der manipulierten Angebote; der subjektive Tatbestand unterscheidet sich von dem erfolgreichen Auftragnehmer dadurch, daß ein eigennütziger Betrug ausscheidet. Es genügt jedoch, den Vorteil für einen anderen zu erstreben (fremdnütziger Betrug). Die Ausgleichszahlungen würden für eine Bereicherungsabsicht wohl nicht genügen, da es hier an der Stoffgleichheit zwischen der Verfügung des Geschädigten und den erhaltenen Vorteilen fehlt.

93 Zu den **Konkurrenzen** hat der Bundesgerichtshof in einem Beschluß vom 18. 5. 98[105] festgestellt, daß grundsätzlich zwischen der Bestechungshandlung und der in Aussicht

[105] Geschäftszeichen 1 StR 198/98.

gestellten „bevorzugenden Behandlung" Tatmehrheit besteht. Dies gelte auch dann, wenn dem Tatgeschehen eine einheitliche Unrechtsvereinbarung zugrunde liege. Tateinheit ist gleichwohl möglich, wenn der Beitrag zum Betrug zusammenfällt mit dem Beitrag zur Bestechung bzw. Vorteilsgewährung.

5. Submissionsbetrug, § 298 StGB

Der durch das Gesetz der Bekämpfung der Korruption vom 13. 8. 97 neu in das Strafgesetzbuch eingefügte § 298 soll den freien Wettbewerb schützen und ist als abstraktes Gefährdungsdelikt aufgebaut; es handelt sich um kein Vermögensdelikt, so daß weder Vermögensschaden noch Bereicherungsabsicht von Bedeutung sind. Ansatzpunkt ist vielmehr eine rechtswidrige Absprache von potentiellen Anbietern, um den Ausschreibenden zur Annahme eines bestimmten Angebots zu veranlassen. **94**

Wegen des unterschiedlichen Rechtsgutes zu § 263 StGB stehen die §§ 263 und 298 StGB in Idealkonkurrenz zueinander. Der Gesetzgeber hatte die Absicht,[106] die Beweisschwierigkeiten für eine Verurteilung nach § 263 StGB zu umgehen und eine als rechtspolitisch schmerzlich empfundene Strafbarkeitslücke zu schließen. Auch wenn die Strafdrohung (bis zu 5 Jahren Freiheitsstrafe) parallel zum Betrug ausgestaltet ist, honoriert der Abs. 3 des § 298 StGB ausdrücklich die tätige Reue; damit wird die Stellung des Delikts „im Vorfeld des Betrugs" verdeutlicht.[107] Zu näheren Details: vgl. *Dannecker,* Kartellrecht.

6. Untreue

Im Rahmen der „Korruptionsdelikte" hat die Untreue nach § 266 StGB vor allem in zwei typischen Konstellationen Bedeutung: **95**

a) Ein Täter wird, ohne Amtsträger zu sein, für eine staatliche Körperschaft tätig und schädigt diese, z. B. der „untreue Bauingenieur".

b) Ein Angehöriger eines staatlichen oder privaten Unternehmens schädigt diese durch rechtlich nachteilige Verfügungen.

a) Der „untreue Bauingenieur"

Der Bundesgerichtshof selbst hat in seinen Entscheidungen immer wieder[108] darauf hingewiesen, daß die Verneinung der Amtsträgereigenschaft für einen Bauingenieur zu keiner Strafbarkeitslücke führt, da eine Verurteilung wegen Untreue in Betracht kommt. **96**

Denn die Übernahme der Verpflichtung, die Ausschreibung von Aufträgen vorzubereiten und an ihr mitzuwirken, begründet eine Treuepflicht i. S. d. § 266 Abs. 1 StGB.[109] Im konkreten Fall wurde das Ingenieurbüro von einer Landesverwaltungsbehörde beauftragt, für die elektrotechnische Ausstattung im Südtrakt eines Schlosses die notwendigen Haushaltsunterlagen zu erarbeiten, die Ausführung zu planen, die Vergabe vorzubereiten und auch die Objektüberwachung durchzuführen. Mit einer an dem Auftrag interessierten Firma vereinbarte der Leiter des Ingenieurbüros die Zahlung von 5 % aus der Nettoauftragssumme für Bekanntgabe des Budgets und Mitteilung über die ansonsten zur Abgabe eines Angebots aufgeforderten Firmen.

Diese umfassenden Aufgaben, verbunden mit großer Selbständigkeit bei der Erfüllung, begründen die von § 266 Abs. 1 2. Alternative StGB geforderte Vermögenswahrnehmungspflicht. Diese Pflicht hat der Bauingenieur verletzt, da durch die Bekanntgabe des Budgets und der Bieterlisten ein ordnungsgemäßes Ausschreibungsverfahren unmöglich

---

106 Vgl. *Otto,* wistra 99, 41 ff., 46.
107 *Fischer* in Tröndle, § 298, Rn. 20.
108 Vgl. BGH NStZ 97, 540. ff., 541
109 BayOLG NJW 96, 268 ff.

wurde. Die Verletzung einer wesentlichen Vertragspflicht, die auf die Wahrnehmung fremder Vermögensinteressen ausgerichtet war, rechtfertigte eine Verurteilung wegen Untreue.

Der von § 266 StGB geforderte Nachteil entspricht im wesentlichen dem Vermögensschaden bei § 263 StGB (vgl. oben 3.). Auch bereits eine Vermögensgefährdung kann einen Schaden darstellen wie hier, wenn Bieterlisten und Budget bekanntgemacht werden.

§ 266 StGB erfordert aber immer ein Handeln, das gegen Hauptpflichten verstößt. Nicht genügen würde es, wenn sich beispielsweise ein Bauingenieur Bestechungsgeld für eine unkorrekte Abnahme bezahlen läßt, aber in Wirklichkeit keine unkorrekte Abnahme durchführt. Er hat damit seine Treuepflicht nicht verletzt und keinen Schaden bei seinem Auftraggeber herbeigeführt. Damit entfällt § 266 StGB, denn weder ist eine versuchte Untreue strafbar, noch genügt die Nichtabführung des erhaltenen „Schmiergeldes" an den Auftraggeber nach §§ 675, 667 BGB.

b) Der „untreue Mitarbeiter"

97 Der Mitarbeiter ist in der Beschaffungsstelle einer Kommune zuständig für die Auftragserteilung und dazu allein entscheidungsbefugt. Für die Ausstattung des Rathauses erhält er mehrere Angebote, von denen er das eigentlich günstigste verschwinden läßt. Gegen Zahlung eines „Honorars" erhält die zweitgünstigste Firma den Auftrag.[110] Der Mißbrauchstatbestand in der ersten Alternative des § 266 StGB ist davon geprägt, daß dem rechtlichen Können nach außen ein rechtliches Nicht-Dürfen im Innenverhältnis gegenübersteht. Ob aber tatsächlich ein rechtlich wirksamer Vertrag zustande kommt, ist allein nach den Regeln des bürgerlichen Rechts zu beurteilen. Bei kollusivem Zusammenwirken ist von der Nichtigkeit des Vertrags nach § 138 BGB auszugehen; damit entfällt eine Untreue i. S. d. § 266 Abs. 1 1. Alternative StGB. So bedenklich es auf den ersten Blick scheint, daß ein besonders verwerfliches Verhalten zur Nichtigkeit des Vertrags und damit zur Unanwendbarkeit des § 266 StGB führt, so zwingend ist jedoch der dogmatische Ansatz, der auf die zivilrechtliche Verbindlichkeit von abgeschlossenen Geschäften abstellt. Eine Strafbarkeitslücke liegt auch nicht vor, da § 266 Abs. 1 2 Alternative StGB in Form des Treubruchstatbestandes eingreift. Der objektive Tatbestand liegt vor, da den Mitarbeiter eine umfassende Vermögenswahrnehmungspflicht trifft. Die Gemeinde trifft zwar wegen der Nichtigkeit des zivilrechtlichen Vertrages gemäß § 138 BGB grundsätzlich keine Zahlungspflicht, der Vermögensnachteil ist jedoch zumindest durch die Erfüllung des Vertrages durch Bezahlung gegeben. Auch liegt bereits in dem Vertragsabschluß eine konkrete Vermögensgefährdung durch die rechtlich dem ersten Anschein nach bindende Verpflichtung der staatlichen Stelle.

98 Ähnliche Konstellationen finden sich auch außerhalb des staatlichen Bereichs. In vielen Branchen ist festzustellen, daß Arbeitnehmer, die über Auftragsvergaben bei ihren Firmen zu entscheiden haben, sich das Ergebnis ihrer Entscheidung von Nachfragern vergüten lassen. Auch hier kommt Untreue in Betracht. Denn jeder Arbeitnehmer ist kraft seines Anstellungsvertrages verpflichtet, den wirtschaftlich größtmöglichen Vorteil für seinen Arbeitgeber zu erzielen.[111] Das Hanseatische Oberlandesgericht hat im Rahmen einer Haftprüfungsentscheidung eine Untreue für den Fall bejaht, daß ein mit Prokura versehener Abteilungsleiter Einkäufe vereinbart hat, die ihm eine erhebliche Provision einbrachten. An dem Nachteil i. S. d. § 266 StGB ändere sich auch daran nichts, daß der vom Täter vertretenen Firma immer noch ein erheblicher Gewinn verblieb und sie ihre Marktposition beträchtlich ausweiten konnte. Denn entscheidend sei der Vergleich, wie sich das Vermögen der Treugeberin mit und ohne die Treupflichtverletzung dargestellt hätte. Hätte der Mitarbeiter redlich gehandelt, wären zumindest seine Provisionen, die

---

[110] Nachgebildet dem „praktischen Fall" bei *Regge, Rose, Steffen* JuS 99, 159 ff., 162.

[111] Hanseatisches OLG, unveröffentlichter Beschluß vom 26. 10. 94, Geschäftszeichen II Ws 424/94 H.

von der Lieferfirma einkalkuliert waren, entfallen und der Gewinn seiner eigenen Firma wäre erheblich höher gewesen. Ohne Bedeutung ist, ob Leistung und Gegenleistung äquivalent waren, da allein die Möglichkeit eines noch vorteilhafteren Vertragsabschlusses für den Nachteil i. S. d. § 266 StGB genüge.

Der Schmiergeldleistende wird in der Regel als Gehilfe des Haupttäters nach § 266 99
StGB anzusehen sein; denn in aller Regel ist ihm nicht nur die Vermögenswahrnehmungspflicht bekannt, sondern ebenso das Pflichtwidrige dessen Tuns; dem Schmiergeldzahlenden kommt es gerade darauf an, daß er einen Brückenkopf beim Auftraggeber erreicht, der ihn bevorzugt und damit günstigere Konkurrenten aus dem Felde schlägt. Damit umfaßt sein Wissen und Wollen aber gerade auch den Vermögensnachteil beim Auftraggeber.

7. Steuerhinterziehung

In manchen Konzernen erfolgen Auftragsvergaben nur mit vorher vereinbarten Schmier- 100
geldzahlungen. Um das notwendige Geld dafür zu beschaffen, erhalten die Lieferfirmen Scheinaufträge oder Nachtragsaufträge. Die dafür erstellten Rechnungen beziehen sich meist auf Planungsleistungen, Montagearbeiten, Baustellenleitung oder Baustellenaufsicht. Auch „Baggerstunden" sind eine beliebte Rechnungsgröße, die nach außen unauffällig wirkt und teilweise nur schwer nachprüfbar ist. Die ausgestellten Scheinrechnungen werden von den Nachfrage-Unternehmern meistens als Umsätze erfaßt und verbucht, wenn auch wiederum andere Scheinrechnungen zum Ausgleich der Besteuerung vorliegen.

Die korrupten Mitarbeiter des Auftraggebers sorgen in diesen Fällen dafür, daß durch manipulierte Aufträge oder überhöhte Zahlungen die Schmiergelder „wieder hereinkommen", die sie selbst von den Nachfragefirmen dann erhalten.

Steuerlich ist dieses Verhalten folgendermaßen zu würdigen:

Bei dem Schmiergeldempfänger sind die Schmiergeldzahlungen einkommenssteuerpflichtig i. S. d. § 22 Nr. 3 EStG. Anders als bei den Bestechungsvorschriften ist es nicht erforderlich, eine Zahlung einer konkreten Gegenleistung zuzuordnen.

Eine Umsatzsteuerpflicht trifft den Schmiergeldempfänger dann, wenn er „nachhaltig" tätig wird, also wenn das Verhalten des Empfängers ein auf die Erzielung von Einnahmen gerichteter Dauerzustand ist.

Für den Schmiergeldzahlenden gilt folgendes: Die Schmiergeldzahlungen waren bis 101
1995 als Betriebsausgaben abzugsfähig, wenn der Empfänger der Zahlungen benannt wurde. Nach der Änderung des § 4 Abs. 5 Nr. 10 EStG war dieser Betriebsausgabenabzug seit 1996 nicht mehr möglich, wenn insoweit eine rechtskräftige Verurteilung oder eine Einstellung nach den §§ 153 bis 154e StPO stattfand bzw. ein Bußgeld rechtskräftig verhängt wurde.

Die massive Kritik an der Abzugsfähigkeit von Bestechungsgeldern hat zu einem neuen Steuerentlastungsgesetz 1999/2000/2002 vom 24. 3. 99 geführt.[112] § 4 Abs. 5 Satz 1 Nr. 10 des Einkommenssteuergesetzes hat danach folgenden Wortlaut:

„Die folgenden Betriebsausgaben dürfen den Gewinn nicht mindern:
10: Die Zuwendung von Vorteilen somit damit zusammenhängende Aufwendungen, wenn die Zuwendung der Vorteile eine rechtswidrige Handlung darstellt, die den Tatbestand eines Strafgesetzes oder eines Gesetzes verwirklicht, das die Ahndung mit einer Geldbuße zuläßt. Gerichte, Staatsanwaltschaften oder Verwaltungsbehörden haben Tatsachen, die sie dienstlich erfahren und den Verdacht einer Tat im Sinne des Satzes 1 begründen, der Finanzbehörde für Zwecke des Besteuerungsverfahrens und zur Verfolgung von Steuerstraftaten und Steuerordnungswidrigkeiten mitzuteilen. Die Finanzbehörde teilt Tatsachen, die den Verdacht einer Straftat oder Ordnungswidrigkeit im Sinne des Satzes 1 begründen, der Staatsanwaltschaft oder der Verwaltungsbehörde mit. Diese unterrichten die Finanzbehörde von dem Ausgang des Verfahrens und den zugrundeliegenden Tatsachen."

---

[112] BGBl. I 402; vgl. *Möhrenschlager*, wistra 99, Heft 5, S. V.

Damit ist nun klargestellt, daß Bestechungsgelder nicht als Betriebsausgaben abgezogen werden dürfen, wenn sie als rechtswidrige Handlung einschlägige Normen verletzen. Eine vorherige Einstellung nach den §§ 153 ff. StPO oder gar Verurteilung ist nicht mehr erforderlich.

8. Abgeordnetenbestechung, § 108 e StGB

102 Abgeordnete sind keine Amtsträger; die §§ 311 ff. StGB sind daher für sie nicht anwendbar. Einzig § 108 e StGB regelt den Teilbereich des „Stimmenkaufs", also nur das verwerfliche Abstimmungsverhalten von Mandatsträgern in parlamentarischen Gremien. Erforderlich ist eine konkrete Unrechtsvereinbarung,[113] was eine eventuelle Strafverfolgung nahezu unmöglich machen dürfte. Die notwendige Reform konnte bisher nicht durchgeführt werden; Grund zur Sorge bietet nicht der bestechliche Abgeordnete, sondern vielmehr seine Schutz- und Wehrlosigkeit gegen dreiste und drastische Bestechungsversuche von Interessenten.[114] Unzweifelhaft können Abgeordnete nicht den Amtsträgern im Sinne von § 11 Abs. 1 Nr. 2 StGB gleichgestellt werden, denn sie haben keine Gesetze zu vollziehen und sich an vorgegebenen Sachgesichtspunkten zu orientieren; sie sind vielmehr im politischen Meinungsstreit tätig und dabei legitimerweise „Interessenvertreter".[115] Notwendig wäre offenbar eine grundlegende Diskussion zur Konkretisierung von Verhaltensnormen für Abgeordnete, die das ganze Verhalten, auch in Fraktionsabstimmungen und Ausschüssen, erfassen, gleichzeitig aber auch auf die Besonderheiten der ersten Gewalt Rücksicht nehmen. Im Rahmen der Wirtschaftskriminalität kommt § 108 e StGB jedoch derzeit keine nennenswerte Bedeutung zu.

III. Ermittlungshinweise

Zur Gerechtigkeit gehört: Macht, Weisheit und Wille.
(Leonardo da Vinci)

103 Jedes strafrechtliche Verfahren hat seine individuelle Prägung; im Ermittlungsstadium müssen sich die Strafverfolgungsbehörden, wenn sie einen Anfangsverdacht angenommen haben, vortasten, um ein ausgewogenes Bild der Realität zu erhalten. Nur ohne Scheuklappen, mit Energie, Kompetenz und Fairneß kann ein Ermittlungsverfahren geführt werden; häufig wird sich ein Verdacht nicht bestätigen, oder zumindest nicht nachweisen lassen. Der kluge Verteidiger wird beobachten, was die Strafverfolgungsbehörden bereits wissen, und muß abschätzen, wann welche Taktik dem Mandanten am größten hilft. Kommen die „Einschläge" immer näher, lohnt sich mitunter die Flucht nach vorne, bzw. in die Strafzumessungsgründe nach § 46 StGB. Vor Gericht schlägt dann die große Stunde des Verteidigers, der mit taktischem Fingerspitzengefühl, ebenfalls ohne Scheuklappen und mit Kompetenz das jeweilige Prozeßstadium zu analysieren, zu bewerten und Konsequenzen daraus zu ziehen hat.

Bezogen auf die Korruptionsbekämpfung ergeben sich aus der Praxis einige Hinweise zum Ermittlungsverfahren, die nur unvollständig bleiben können:

---

[113] *Fischer* in Tröndle, § 108 e Rn. 11.

[114] *von Arnim* JZ 90, 1014 ff.

[115] Vgl. *Dölling* a.a.O., C 82 ff.

1. Informationsgewinnung

Korruptionsdelikte werden in der Regel heimlich, verdeckt, „diskret" begangen. Die Aufklärungsquote in den Polizei- und Justizstatistiken liegt um die 90%; das bedeutet leider nicht, daß es keine unaufgeklärten Korruptionsfälle gäbe; deutlich wird daran vielmehr, daß das Dunkelfeld sehr groß ist. Eine bekanntgewordene Tat wird in der Regel auch „aufgeklärt"; die meisten Delikte bleiben jedoch „unauffällig", gehen also in die Kriminalstatistik überhaupt nicht ein. Die Strafverfolgungsorgane sind daher darauf angewiesen, von Verdachtsmomenten zu erfahren, Anhaltspunkte für ihre Nachforschungen zu erhalten und dieses Wissen sodann systematisch auszubauen. 104

a) Anzeigepflicht

Obwohl von vielen Praktikern gefordert, hat auch das Korruptionsbekämpfungsgesetz vom 13. 8. 97 keine allgemeine Anzeigenpflicht gebracht, wie sie beispielsweise § 6 des Subventionsgesetzes beim Verdacht eines Subventionsbetruges festsetzt. Es steht grundsätzlich im Ermessen eines Behördenleiters, ob er einen von ihm vermuteten Korruptionsfall der Polizei oder Staatsanwaltschaft mitteilt oder eine lediglich interne Regelung als genügend erachtet. Nicht selten ist die Sorge anzutreffen, sich keinen „guten Namen" zu verschaffen, wenn man Mitarbeiterinnen oder Mitarbeiter der Vorteilsannahme oder Bestechlichkeit überführt. Begrüßenswert sind Initiativen von verschiedenen Ländern oder Kommunen, den aufrechten Gang zu fördern und die Bekämpfung eines behördeneigenen Filzes als zukunftsorientiert darzustellen. So hat beispielsweise in einer beachtlichen Broschüre der Gemeinde- und Städtebund Thüringen einen Leitfaden zur Korruptionsverhütung in Städten und Gemeinden herausgegeben, der in verständlicher Sprache klare Hinweise und Tips zur Verhütung von Korruption, aber auch zur Bekämpfung bereits aufgetretener Korruptionsfälle gibt. 105

Eine gesetzliche Anzeigepflicht würde allen Amtsvorstehern und Behördenleitern den Geruch nehmen, „Nestbeschmutzer" zu sein.

Manche Bundesländer haben für das jeweilige Land eine Anzeigepflicht begründet:

Baden-Württemberg:	Verwaltungsvorschrift Korruptionsverhütung und -bekämpfung vom 21. 7. 97, GABl. vom 30. 9. 97, dort Ziffer 3.3
Bayern:	Bekanntmachung der Bayerischen Staatsregierung vom 14. 5. 96, JMBl. 96, 77 ff., Ziffer 5
Hessen:	Erlaß des Hessischen Ministeriums des Inneren und für Landwirtschaft vom 14. 4. 99 für Kommunen, Abschnitt III
Nordrhein-Westfalen:	Beabsichtigter Runderlaßs im Namen des Ministerpräsidenten und aller Landesministerien, vorgesehen Ziffer II.6
Rheinland-Pfalz:	Verwaltungsvorschrift der Landesregierung vom 29. 10. 96, MBl. 97, 160, dort Ziffer 8.2
Sachsen-Anhalt:	Verwaltungsvorschrift zur Vermeidung und Bekämpfung der Korruption, Gemeinsamer Runderlaß vom 2. 3. 98, MBl. 98, 472, dort zu Ziffer 9
	Erlaß der Landesregierung vom 10. 9. 96 zur Korruptionsbekämpfung, SchlHA 96, 292, zu Abschnitt II, Ziffer 4
Bund:	Richtlinie der Bundesregierung zur Korruptionsbekämpfung in der Bundesverwaltung vom 17. 6. 98, Ziffer 12

b) Selbstanzeige

Anders als im Steuerstrafverfahren (§ 371 Abgabenordnung) gibt es keine ähnliche Norm für Korruptionsstraftaten. Jedoch zeigt die praktische Erfahrung, daß eine modifizierte Form der Selbstanzeige eine erhebliche Wirkung bei der Strafzumessung gewinnt. Bei 106 den Staatsanwaltschaften gehen um so häufiger Selbstanzeigen ein, je eher damit gerechnet werden muß, daß ansonsten die Staatsanwaltschaft von sich aus zum potentiellen Täter kommt.

c) Kronzeugenregelung

107 Das Korruptionsbekämpfungsgesetz von 1997 hat ebenfalls die Vorschläge, die eine Kronzeugenregelung für Korruptionsdelikte vorsahen, nicht aufgegriffen. Wie oben unter Abschnitt I.3. Rn. 9 ff. erwähnt, wurde die Idee der Kronzeugenregelung zwar im neuen § 11 a Bundesdisziplinarordnung aufgenommen, eine Entsprechung im Strafgesetzbuch fehlt jedoch.

Der Gutachter des 61. Deutschen Juristentags 1996[116] hat eine Kronzeugenregelung vorgeschlagen, um denen, die sich im Korruptionsnetz verstrickt haben, einen Ausstieg aus der Illegalität zu erleichtern. Die vorhandenen Möglichkeiten der §§ 153 ff. StPO und des § 46 StGB sind begrenzt. Ähnlich wie bei § 31 BtmG sollte die große Bedeutung der Aufklärung von Korruptionstaten es wert sein, auf den staatlichen Strafanspruch ganz oder teilweise zu verzichten. Vielleicht wird der Gesetzesentwurf des Bundesrats vom November 1995 (BR-Drs. 298/95) irgendwann noch einmal Wirklichkeit.

d) Vertraulichkeitszusage

108 Nicht nur innerhalb eines Gewerbebetriebes, sondern auch innerhalb mancher Branchen kennt man sich sehr gut. Beispielsweise konkurrieren bundesweit im Fassadenbau nur wenige große, leistungsfähige Firmen; auch größere Bauvorhaben können angesichts der notwendigen Logistik meist nur von wenigen bundesweit bekannten Firmen federführend durchgeführt werden. Im regionalen Bereich sind Mitbewerber und Konkurrenten ebenfalls bestens bekannt, sei es durch gesellschaftliche oder geschäftliche Kontakte einander verbunden. So will häufig auch der solide Unternehmer nicht unbedingt als derjenige bekannt werden, der Staatsanwaltschaft oder Polizei mit Informationen über andere Konkurrenten versieht. Er möchte zwar dem Filz und Sumpf ein Ende bereiten, möchte nicht länger Wettbewerbsnachteile durch korruptive Manipulationen hinnehmen, will aber gleichzeitig nicht in der ganzen Branche oder in seinem sozialen Nahfeld geächtet werden. Sinnvollerweise wird dann ein Rechtsanwalt eingeschaltet, der in der Staatsanwaltschaft vorfühlt, unter welchen Bedingungen sie mit einer vertraulichen Aussage seines Mandanten einverstanden wäre.

Die Justizbehörden können sich auf die Anlage D der RiStBV (Richtlinien für das Strafverfahren und das Bußgeldverfahren) berufen. Der aussagewillige Wettbewerber ist gemäß Ziffer 2.1 als Informant anzusehen, dem unter den Voraussetzungen der Ziffer 3 Vertraulichkeit zugesichert werden kann. Voraussetzung ist eine sonst aussichtslose oder wesentlich erschwerte Aufklärung der Tat und das Ziel, weitere Beweismittel zu erlangen, die auch vor Gericht präsentiert werden können. Korruptionsdelikte können unter Umständen in den Bereich der Schwerkriminalität eingestuft werden, in der Regel sind sie im Bereich der mittleren Kriminalität (Ziffer 3.1, lit b) anzusiedeln: Eine Vertraulichkeitszusage kommt dann „ausnahmsweise" in Betracht, „wenn durch eine Massierung gleichartiger Straftaten ein die Erfüllung öffentlicher Aufgaben oder die Allgemeinheit ernsthaft gefährdender Schaden eintreten kann".

Hier empfiehlt sich, im Vorgespräch mit dem Rechtsanwalt abzuklären, welche Dimension die angekündigte Aussage enthält. Geht es um die Aufdeckung eines umsatzstarken Bieter-Kartells und kann die Aussage dazu verhelfen, beispielsweise den Veranstalter des Kartells zu enttarnen und in Rechnungen versteckte Schmiergeldzahlungen aufzudecken, scheint eine Vertraulichkeitszusage wahrscheinlich. Das Verfahren nach Abschnitt 1 Ziffer 5 ist zu beachten.

---

116 *Dölling* a.a.O., C73.

Die Zusage der Vertraulichkeit sollte die Ausnahme sein, denn in einem gerichtlichen Verfahren müßte sich die Staatsanwaltschaft analog § 96 StPO darauf beziehen, daß das Präsentieren des Zeugen dem Wohle eines Landes Nachteile bereiten würde. In vielen Fällen kann auch ein vertrauliches Vorgespräch dem Zeugen Angst nehmen; so ist es manchmal ausreichend, wenn der Zeuge nicht gerade als derjenige in den Akten erkennbar wird, der als erster den Stein geworfen hat. „Danach" ist eine wahrheitsgemäße Aussage bei der Staatsanwaltschaft oder Polizei vom sozialen Status her in der Regel nicht mehr schädlich.

e) Durchsuchung

Durchsuchungen und Beschlagnahmen sind in Ermittlungsverfahren der Wirtschaftskriminalität an der Tagesordnung. **109**

Selbstverständlich sind Durchsuchungen sorgfältig vorzubereiten, vor allem ohne Kenntniserlangung durch die Beschuldigten. Aus dem Handelsregister lassen sich Geschäftsführer und Prokuristen entnehmen, auch Gewerbeämter sind eine probate Quelle, um sich ein Bild über die beanstandete Firma zu machen. Nützlich kann auch ein Blick in die Schuldnerkartei des Amtsgerichts sein, um Auskünfte über Vermögensverhältnisse von Firmen oder Betroffenen zu erlangen. Bei Beamten ist es sinnvoll, bei der jeweiligen Landesbesoldungsstelle nachzufragen, um die Einkommensverhältnisse festzustellen. Auch ein Blick in das Grundbuch kann sich lohnen. Häufig übersehen wird das Gewerbezentralregister, das vom Generalbundesanwalt in Berlin geführt wird. Dort sind Geldbußen und Gewerbeuntersagungen eingetragen, also Daten, die über die Zuverlässigkeit einer Firma Auskunft geben können.

Ebenso wie die erste Vernehmung eines Beschuldigten hat auch der Erlaß eines Durchsuchungsbeschlusses verjährungsunterbrechende Wirkung. Nach einer Entscheidung des Bayerischen Obersten Landesgerichts vom 20. 7. 95[117] umfaßt die Unterbrechungshandlung den geschichtlichen Vorgang, der im Beschluß geschildert ist. Auch wenn sich der Durchsuchungsbeschluß (oder auch Haftbefehl) lediglich auf Bestechlichkeit bezieht, ist die damit verbundene Untreue ebenfalls mit erfaßt.

f) Untersuchungshaft

Besondere Bedeutung bei Korruptionsdelikten hat der Haftgrund der Verdunkelungsgefahr gemäß § 112 Abs. 2 Ziffer 3 StPO. Es fehlt nicht an kritischen Stimmen gegenüber der Justiz, insbesondere der Staatsanwaltschaft bei der Beantragung entsprechender Haftbefehle.[118] **110**

Ohne Zweifel muss die Verdunkelungsgefahr auf „bestimmten Tatsachen" beruhen, die nicht durch Vermutungen oder Spekulationen ersetzt werden können. Daß ein Beschuldigter die Aussage verweigert, einer Ladung der Polizei keine Folge leistet, die Tatbeute nicht aufgefunden werden kann, alle diese Umstände sind verständlicherweise nicht allein geeignet, eine Verdunkelungsgefahr zu begründen.[119] Anders ist es aber, wenn die Lebensführung des Verdächtigen insgesamt auf Verheimlichen, Verdecken, Täuschen, Drohen und Gewaltanwendung ausgerichtet ist, insbesondere in Zusammenhang mit organisiertem Verbrechen oder Terrorismus steht. Auch das Oberlandesgericht Frankfurt hat sich in seiner Entscheidung vom 30. 8. 96[120] mit dem Haftgrund der Verdunkelungsgefahr befaßt. Straftaten nach den §§ 331 ff. StGB begründen allein aus ihrem Deliktscharakter noch keine Verdunkelungsgefahr; diese kann allerdings dann bejaht werden, wenn der Beschuldigte „derart in ein System von Vorteilsgewährungen eingebettet ist,

---

117 NJW 96, 268 ff., 271.
118 Vgl. *Volk*, NJW 96, 879 ff., 882.
119 *Benfer*, Eingriffsrechte Rn. 693 ff., 696.
120 NStZ 97, 200 ff., 201; Anmerkung *Otto*, NStZ 97, 202 ff.

daß Planung und Ausführung der konkreten Tat Ähnlichkeiten mit der Vorgehensweise von Wirtschaftskriminellen aufweisen".

Im konkreten Fall ging es um Schmiergeldzahlungen in Höhe von mindestens 100 000 DM an einen Mitarbeiter der Flughaften Frankfurt AG, die über verschiedene Scheinrechnungen an eine eigens für solche Zwecke gegründete Scheinfirma flossen. Nach Ansicht des Oberlandesgerichts Frankfurt zeigt sich darin ein so enges Beziehungsgeflecht des Täters, daß ein Schluß auf eine systematische Verdunkelungsabsicht nach Bekanntwerden der Tat gerechtfertigt ist. Allerdings müßten Verdunkelungshandlungen mit großer Wahrscheinlichkeit zu erwarten sein, wenn der Beschuldigte nicht in Haft genommen wird oder dort bleibt. Der Haftbefehl wurde dennoch aufgehoben, denn immerhin war der Sachverhalt größtenteils geklärt; einer der Beschuldigten hatte sich umfangreich geständig eingelassen (wenn auch erst nach Vorhalten) und hatte Hilfe dabei geleistet, tatrelevante Unterlagen herauszusuchen. Durch seinen Beitrag konnte das „System" aufgeklärt werden, so daß eine Einflußnahme auf die Überprüfung der Auftragsunterlagen nicht mehr möglich war. Andererseits bedeutet diese Entscheidung, daß der Haftbefehl wohl aufrechtzuerhalten gewesen wäre, wenn keine Kooperation mitgeholfen hätte, das Korruptionsgeflecht zu entwirren. In seiner Anmerkung weist Otto[121] darauf hin, daß auch vor der Tat eingeleitete Verschleierungsmaßnahmen, z. B. Absprachen für den Fall einer strafrechtlichen Ermittlung, auf konkreten Tatsachen beruhende Indizien sein können, die den dringenden Verdacht der Verdunkelung begründen. Der Schluß von der Art des Delikts allein auf die Verdunkelungsgefahr sei jedoch mit der gesetzlichen Systematik der Haftgründe, und insbesondere § 112 Abs. 3 StPO nicht zu vereinbaren. In Übereinstimmung mit dem Oberlandesgericht Frankfurt stellt er fest, daß Verdunkelungsgefahr aufgrund besonderer Umstände der Tat dann begründet werden kann, wenn die Tatbegehung „aus einem Verbund heraus" erfolgt, der über die Tatbegehung hinausgeht und dem Täter Tarnung und Schutz vor Strafverfolgungsmaßnahmen gewähren soll, wie dies bei kriminellen oder terroristischen Vereinigungen mit mafiösen Strukturen der Fall sein kann. Anders als in früheren Entscheidungen des OLG Frankfurt will er es nicht genügen lassen, wenn bei Bestechungsdelikten möglichst viele tatnahe Personen eingeweiht und verstrickt werden, um die Erfolgsaussichten für die verwirklichten Taten zu erhöhen.

g) Überwachung von Telekommunikation

111 Auch hier zögert der Gesetzgeber, die Überwachung des Fernmeldeverkehrs gemäß § 100a StPO auf zumindest schwere Bestechungsdelikte der §§ 332 und 334 StGB auszudehnen. Ein neues Gesetz zur Überwachung der Telekommunikation soll diesem Defizit demnächst abhelfen.

h) Amtshilfe

112 Die Ermittlungsbehörden sind darauf angewiesen, Erkenntnisse von allen Behörden zu erlangen, die an der Aufklärung eines Korruptionsverdachts mitwirken können. Deren Sachkompetenz ist für eine effektive und rasche Aufklärung unverzichtbar. Besonders bewährt haben sich in der Praxis die Kontakte zu folgenden Institutionen:

aa) Landesrechnungshof bzw. kommunale Prüfungsverbände

Die Mehrzahl aller Landesrechnungshöfe ist zwar der Auffassung, daß die Abwehr von Korruption nicht ihre vorrangige Aufgabe darstelle. Es bestünde sonst die Gefahr, daß angesichts der begrenzten Ressourcen der Finanzkontrolle andere Aufgaben vernachlässigt werden müßten und so prüfungsfreie Räume entstünden. Unter Bezug auf den Aufsatz von Karehnke[122] wird eine allgemeine Einbindung in die Amtshilfebestimmungen als

[121] a.a.O., 202.
[122] DÖV 72, 809ff.

nicht gerechtfertigt angesehen, weil dadurch möglicherweise Verweigerungs- und Schutzrechte der geprüften Stelle verletzt werden würden. Denn die Auskunfts- und Vorlagepflichten der geprüften Behörden (entsprechend der jeweiligen Landeshaushaltsordnung) bestehen meist ausschließlich zum Zwecke der Finanzkontrolle. Ohne Einverständnis der geprüften Stelle sehen sich manche Landesrechnungshöfe nicht ohne weiteres befugt, Auskunft über Prüfungsfeststellungen und damit verbundene Interna zu erteilen.

Die dem Status von Gerichten nachgebildete Unabhängigkeit der Rechnungshöfe muß unbestritten gewahrt bleiben. Verständlich ist auch, daß sich die Rechnungshöfe nicht als „verlängerter Arm" der Staatsanwaltschaften sehen möchten; zur Erfüllung ihrer Aufgabe sind sie auf wahrheitsgemäße Angaben der geprüften Behörden angewiesen, deren Auskunftsbereitschaft sie grundsätzlich nicht durch die Bedrohung mit strafrechtlichen Ermittlungen beinträchtigen lassen wollen. Andererseits ist es auch gerade Aufgabe der Rechnungshöfe, finanziellen Schaden von staatlichen Institutionen abzuwenden. Empfehlenswert scheint daher eine Absprache mit den Landesrechnungshöfen dahin, daß bei dem begründeten Verdacht strafbarer Handlungen das der geprüften Stelle übergeordnete Ministerium vom Rechnungshof zu informieren ist, um das Erforderliche zu veranlassen. Wird von dort aus weder der Verdacht ausgeräumt, noch die Staatsanwaltschaft informiert, so sollte der Rechnungshof zumindest in schwerwiegenden Fällen die Staatsanwaltschaft auch unmittelbar unterrichten, sofern nicht durchgreifende Belange der Finanzkontrolle entgegenstehen.

Ziel muß es sein, eine zumindest annähernd gute Zusammenarbeit zu erreichen, wie sie in Hessen zwischen dem dortigen Landesrechnungshof und den Ermittlungsbehörden besteht.[123]

Die Landesrechnungshöfe sind zuständig für Landesbehörden; für die Kommunen sind in den meisten Bundesländern eigene Prüfinstitutionen oder Prüfungsverbände installiert worden, die in ihrem Status nicht unerheblich voneinander abweichen. Da bei Korruptionsdelikten gerade auch das Vergabewesen der Kommunen von besonderer Bedeutung ist, ist hier die Kontaktaufnahme mit der jeweiligen landesspezifischen kommunalen Prüfungsstelle (beispielsweise Kommunaler Prüfungsverband in München) aufzunehmen.

bb) Steuerfahndung

Wie bereits oben dargestellt, geht Steuerhinterziehung oft Hand in Hand mit typischen Korruptionsdelikten. Denn Bestechungszahlungen werden entweder nicht versteuert oder durch unzutreffende Rechnungen (um Abzugsfähigkeit zu erlangen) kaschiert. 113

Dies zeigt bereits die Bedeutung der Steuerstraftaten, für die § 386 Abs. 1 Abgabenordnung die Ermittlungskompetenz den Finanzbehörden auferlegt. Tätig werden dabei meist zentralisierte Ermittlungsstellen bei den Finanzämtern, nämlich die Straf- und Bußgeldsachenstelle bzw. Steuerfahndung. Nach § 208 Abgabenordnung ist die Steuerfahndung nicht nur zuständig zur Erforschung von Steuerstraftaten und -ordnungswidrigkeiten bei konkretem Tatverdacht, sondern auch für die Aufdeckung und Ermittlung noch unbekannter Steuerfälle. Nach § 404 sind die Angehörigen der Steuer- und Zollfahndung Hilfsbeamte der Staatsanwaltschaft mit umfassenderen Rechten, als sie den Polizeibeamten zustehen (§ 399 Abs. 2 Satz 2 Abgabenordnung). Durch die Neuregelung von § 4 Abs. 5 Satz 1 Einkommenssteuergesetz 1999/2000/2002 wird der notwendige Informationsaustausch auch durch den Gesetzgeber noch unterstrichen.

cc) Kartellbehörden

Seit dem Korruptionsbekämpfungsgesetz 1997 sind wettbewerbsbeschränkende Absprachen bei Ausschreibungen nunmehr nach § 298 StGB strafbar. Der neue § 81a GWB 114

[123] *Müller/Marcus*, Kriminalistik 95, 103 ff.; *Schaupensteiner*, ZRP 93, 250, Kriminalistik 94, 514. ff.

führt aber zur ausschließlichen Zuständigkeit der Kartellbehörden, wenn Geldbußen gegen **Unternehmen** verhängt werden sollen, auch wenn sie den Tatbestand des § 38 Abs. 1 GWB beinhalten. Nach § 81a Satz 2 GWB kann die zuständige Kartellbehörde das Verfahren nach § 30 UWG der Staatsanwaltschaft zuleiten.

Um Informationsdefizite zu vermeiden, insbesondere den Verjährungseintritt bei Kartellordnungswidrigkeiten nicht zu übersehen, ist eine enge Zusammenarbeit und ein reger Informationsaustausch zwischen Kartellbehörde und Staatsanwaltschaft unbedingt erforderlich. Die neugefaßte Nr. 242 der Richtlinien für das Strafverfahren und das Bußgeldverfahren (RiStBV), die bundeseinheitlich gelten, bestimmt daher auch in Abs. 1, daß bei dem Verdacht einer Kartellordnungswidrigkeit „frühestmöglich" eine Zusammenarbeit von Staatsanwaltschaft und Kartellbehörde sicherzustellen ist. Doppel-Ermittlungen müssen ebenso vermieden werden wie sich überkreuzende oder zeitlich konkurrierende Vollstreckungsmaßnahmen.

Verständlich ist der Wunsch der Kartellbehörde, nicht erst dann in Ordnungswidrigkeitenverfahren ermitteln zu dürfen, wenn die Staatsanwaltschaft nach längerer Zeit von einer Anklageerhebung gegen den Geschäftsführer absieht. Solange die Staatsanwaltschaft aber beispielsweise gegen den Geschäftsführer ermittelt, sollte durch Arbeitsteilung ein möglichst schnelles Verfahren ermöglicht werden, insbesondere rasch entschieden werden, ob und wann die Kartellbehörde das Ordnungswidrigkeitenverfahren abschließen kann. Hier dürfte keine Richtlinie helfen, sondern lediglich das Gespräch.

dd) Korruptionsbeauftragter

115 Sofern in den Kommunen oder staatlichen Ämtern, bei denen Korruptionsverdacht aufgetreten ist, bereits ein Korruptionsbeauftragter benannt worden ist, empfiehlt sich die Zusammenarbeit mit ihm. Auf diesem Weg sind schnelle und verläßliche Informationen aus den Behörden möglich, ohne die Beschuldigten vorzeitig zu warnen. Das „Insider-Wissen" kann manch anderen umständlichen Weg der Informationsgewinnung gut ersetzen.

ee) Sonstiges

116 Das Reservoir staatlicher Informationsstellen ist, wie bereits oben erwähnt, auszuschöpfen. Schuldnerkartei, Handelsregister, Gewerbeämter, Gewerberegister können Ermittlungen beschleunigen und vereinfachen. Janowsky[124] hat ein breites Spektrum der Ermittlungen in Wirtschaftsstrafsachen dargestellt. Auch Zufallsfunde und anonyme Anzeigen haben nach den Erfahrungen der Praxis zahlreiche Ermittlungen in Gang gesetzt; beispielsweise wurden bei einer durch die Steuerfahndung in anderer Sache durchgeführten Durchsuchung in einem Keller Akten-Ordner mit seltsamen Zahlungsbelegen ins Ausland aufgefunden, die mit dem Inhaber des Kellers offenbar nichts zu tun hatten. Weitere Nachforschungen und Ermittlungen hatten schließlich zu einem Verfahren geführt, das großangelegte Manipulationen im Fassadenbau zum Gegenstand hatte.

2. Informationsverarbeitung

117 Die Strafverfolgungsorgane bemühen sich in der Regel, den Verfahrensstoff schnell abzustecken und „in die Tiefe" zu ermitteln, um ein anklagereifes Ergebnis zu erzielen. Bei der Ermittlung von Korruptionsvorwürfen empfiehlt sich eine modifizierte Strategie:

Hat eine Firma einen Amtsträger oder bei der Vergabe beteiligten Bauingenieur bestochen, kann davon ausgegangen werden, daß diese Firma es nicht zum ersten und einzigen Mal unternommen hat, auf diese Weise zu Aufträgen zu kommen. Die Ermittlungen müssen daher darauf ausgedehnt werden, welche Großaufträge die Firma auch noch von

[124] Kriminalistik 98, 269 ff., 331 ff.

anderen Unternehmen und Institutionen erhalten hat. Dies führt zu einer Verbreiterung des Ermittlungs-Plafonds. Ebenfalls selten ist allerdings, daß auch der Amtsträger nur dieses eine Mal unkorrekt bei der Auftragsvergabe gehandelt hat; es muß daher möglichst schnell ermittelt werden, welche anderen Aufträge der Amtsträger selbst oder durch Beauftragte vergeben hat. Die dabei erkannten Bauvorhaben müssen auf die zugrundeliegenden Submissionen überprüft und die Ermittlungen möglicherweise auf die daran beteiligten Firmen ausgedehnt werden. Es gilt dann das, was am Anfang dieses Absatzes erwähnt wurde, d. h., daß die Ermittlungen über die Baufirmen ebenfalls wieder fortgesetzt werden müssen.

Die Anfangsermittlungen müssen daher erst „in die Breite" gehen, um die Zusammenhänge zwischen Bauvorhaben, Auftragnehmern und Auftraggebern zu erkennen. Eine geschickte Ermittlungsführung wird rechtzeitig Grenzen stecken und sodann erst „in die Tiefe" arbeiten.

EDV-unterstützte Sammlungen bieten hier eine unverzichtbare Hilfestellung; es muß sichergestellt sein, daß der Name eines bei einem Submissionskartell tätigen Prokuristen sofort darauf abgefragt werden kann, bei welchen anderen Bauvorhaben dieser Name als Teilnehmer von Abspracherunden ebenfalls aufgetaucht ist. Die Vernetzung der Informationen sollte branchenübergreifend sein, um Abgrenzungsschwierigkeiten zu vermeiden.

Die Auswertung eventuell sichergestellter Unterlagen bildet die Haupttätigkeit der Strafverfolgungsorgane. Die Submissionsunterlagen bei größeren Vergaben müssen gründlich überprüft und auf Abweichungen untersucht werden. Mit Tinte übermalte Bleistiftstriche oder fehlerhafte Seitenüberträge sind (so schon nach der Entscheidung des Bundesgerichtshofs vom 29. 1. 97) gute Anzeichen für Manipulationen. Die wiederholte Bevorzugung von bestimmten Unternehmen, die jahrelange Zusammenarbeit mit diesen, die allzu häufigen freihändigen oder beschränkten Vergaben und das Splitten von Bauaufträgen sind Indikatoren zum Erkennen von Korruption.[125] Auffallend häufige Rechenfehler bei Überprüfungen, Nachbesserungen im Leistungsverzeichnis, überhandnehmende Nachtragsaufträge und fragwürdige Beschaffungen sind ebenso symptomatisch wie auffallend hohe Beträge für „nützliche Aufwendungen". Gerade „Baggerstunden" sind ein häufig angewandtes Mittel, um den zu kurz gekommenen Kartellmitgliedern Ausgleichszahlungen zukommen zu lassen. Ebenso auffällig sind Honorare für das „Kolorieren von Planunterlagen", das von Familienangehörigen des Bauingenieurs bzw. Amtsträgers durchgeführt wird. Exotische Rechnungen, die sich zufällig in den Buchungsunterlagen der betroffenen Firmen finden, sollten ebenfalls stutzig machen: Klärwerke in Riga, Shanghai oder auf den Malediven sind zumindest ein Anlaß zur Nachfrage. Wenn dann das in Rechnung gestellte Honorar für „Planüberprüfungen" auch noch in zeitlichem und prozentualem Zusammenhang zum Vergabevolumen eines inländischen Bauprojekts steht, ist aus dem harmlos erscheinenden Buchungsbeleg ein profundes Beweisstück geworden.

Bei den Ermittlungen sollte auch an die Ersatzansprüche der Geschädigten gedacht **118**
werden; dingliche Arreste sind nach den §§ 111e und 111d StPO zulässig; § 338 StGB ermöglicht die Verhängung von Vermögensstrafen nach § 43a StGB und macht den erweiterten Verfall nach § 73d StGB zulässig. Bei Amtsträgern steht einem Verfall auch nicht § 73 Abs. 1 Satz 2 StGB entgegen (Vorrang eines anderweitigen Ersatzanspruches), da dem Dienstherrn kein Anspruch auf Herausgabe des Schmiergeldes zusteht – anders als bei einem privaten Dienstherrn. Wie auch bei der Organisierten Kriminalität ist der Gewinnabschöpfung besondere Aufmerksamkeit zu widmen.

Die Korruption kann eingedämmt werden, sie ist kein Schicksal. Die Strafverfolgung kann nur einen, den letzten Beitrag zur Bekämpfung liefern. Jeder vermiedene Korruptionsfall ist aber bereits ein Erfolg. Die nicht unkomplizierte Materie verdient energischen,

---

[125] *Vahlenkamp/Knauß*, Korruption – hinnehmen oder handeln?, 225 ff.

fairen und kompetenten Einsatz. Die Strafprozeßordnung, das Strafgesetzbuch und die Nebengesetze geben eine gute Plattform für die Ermittlungen ab; Verteidigerin, Verteidiger werden darin ihren Mandanten vor Schlimmem bewahren können, Staatsanwältin und Staatsanwalt müssen ohne Scheuklappen den roten Faden des Ermittlungsverfahrens verfolgen. Die Bekämpfung der Korruption dient nicht nur dem fiskalischen Interesse des Staates, sondern vor allem der Herstellung eines gerechten und fairen Wettbewerbs. Ein Erfolg wäre es, wenn alle am Verfahren Beteiligten zu dem Schluß kämen, den Goethe in Wilhelm Meisters Wanderjahre gezogen hat:

„Mit Recht und Gericht ist nicht zu spaßen."

13. Kapitel. Strafbare Werbung

Literatur: Kommentare und Monographien: *Baumbach/Hefermehl,* Wettbewerbsrecht, 20. Auflage, 1998; *Köhler/Piper,* Gesetz gegen den unlauteren Wettbewerb, 1995; *Löffler,* Presserecht, 4. Auflage, 1997; *Otto* in: UWG-Großkommentar, 5. Lieferung, §§ 2–6 e UWG, 1992.
Aufsätze: *Endriß,* Strafbare Werbung beim Vertrieb von Zeitschriften, wistra 1989, 90 ff.; *ders.,* Nochmals – Strafbare Werbung beim Vertrieb von Zeitschriften, wistra 1990, 335 ff.; *Freitag,* Urteilsanmerkung zu OLG Köln 13. 02. 1976 (Ss 329/75), NJW 1977, 116; *Leible,* Multi-Level-Marketing ist nicht wettbewerbswidrig!, WRP 1998, 18 ff.; *Mähnkopf/Sonnberg,* Betrug durch Versenden eines optisch als Rechnung aufgemachten Angebots?, NStZ 1997, 187 f.; *Otto,* Die Reform des strafrechtlichen Schutzes vor unwahrer Werbung – Dargestellt am Problem der Bekämpfung unwahrer Werbung für Adreßbücher u. ä. Verzeichnisse, GRUR 1979, 90 ff.; *ders.,* Zur Strafbarkeit der progressiven Kundenwerbung nach § 6 c UWG, wistra 1998, 227 ff.; *Tetzner,* Zur Auslegung des § 4 UWG, NJW 1964, 1356 f.; *Thume,* Multi-Level-Marketing, ein stets sittenwidriges Vertriebssystem?, WRP 1999, 280 ff.

Inhaltsübersicht

		Rn.
I.	**Werbung als Instrument der Wirtschaftskriminalität**	1–5
II.	**Schwindel mit Arbeitsplätzen und Nebenverdienst**	6–12
	1. Vorgetäuschtes Anstellungsverhältnis	6, 7
	2. Heimarbeitsschwindel	8–10
	3. Attraktive Auslandsjobs	11
	4. Bauernfängerei mit Servicenummern	12
III.	**Dubiose Chiffreanzeigen**	13–15
IV.	**Kredite für jedermann**	16–18
V.	**Sammlungen zu angeblich sozialen Zwecken**	19–22
VI.	**Mißstände bei der Haustürwerbung**	23–32
	1. Kein generelles Verbot	23
	2. Schwindel beim Zeitschriftenvertrieb	24–26
	3. Strafbarkeitsvoraussetzungen	27–29
	4. Erforderliche Sachverhaltsfeststellungen	30, 31
	5. Selbsthilfemaßnahmen der Wirtschaft	32
VII.	**Bauernfängerei mit Kaffeefahrten**	33–39
	1. Als Ausflug getarnte Verkaufsveranstaltungen	33, 34
	2. Rechtliche Beurteilung	35–37
	3. Widerrufsrecht auch bei Fahrten über die Grenze	38
	4. Vergleichbare Mißstände bei anderen Verkaufsveranstaltungen	39
VIII.	**Werbung mit Mondpreisen**	40–46
	1. Vorgetäuschte Preisreduzierungen	40–42
	2. Beweisprobleme bei der Rechtsverfolgung	43–46
IX.	**Manipulierte Räumungsverkäufe**	47–53
	1. Beliebtes Lockmittel zur Umsatzsteigerung	47–49
	2. Organisierter Schwindel durch professionelle Täter	50–52
	3. Defizite bei der Strafverfolgung	53
X.	**Orientteppichschwindel**	54–66
	1. Der Zwangsvollstreckungstrick	55–57
	2. Verwertung sicherungsübereigneter oder verpfändeter Teppiche	58–61
	3. Schwindel mit Wanderlagern	62, 63
	4. Mißstände bei Räumungsverkäufen	64–66
XI.	**Heil- und Arzneimittelschwindel**	67–70
	1. Straftaten im Reisegewerbe	67, 68
	2. Publikumswerbung	69, 70
XII.	**Progressive Kundenwerbung**	71–73
XIII.	**Kettenbriefe und Pyramidenspiele**	74–81
	1. Kettenbriefaktionen	75–77
	2. Pyramidenspiele	78–81
XIV.	**Anzeigen- und Adreßbuchschwindel**	82–96
	1. Versand fingierter Rechnungen	83, 84
	2. Sonstige Schwindelmethoden	85–87
	3. Unzulänglichkeit des Zivilrechts	88–90
	4. Gegenmaßnahmen der Wirtschaft	91
	5. Vernachlässigung des Strafrechts	92–96
XV.	**Geldmacherei mit Abmahnungen**	97–107
	1. Viel Ertrag mit wenig Aufwand	97, 98
	2. Abmahnvereine	99–101
	3. Abmahnungen durch Pseudo-Wettbewerber	102–104
	4. Strafrechtliche Beurteilung	105–107
XVI.	**Pressespezifische Besonderheiten**	108, 109
	1. Strafprozessuale Aspekte	108
	2. Verjährung	109

I. Werbung als Instrument der Wirtschaftskriminalität

1 Den Luxus, nicht zu werben, kann sich heute kaum noch ein Unternehmen leisten. Das hat sich inzwischen auch bei Wirtschaftskriminellen herumgesprochen. Obwohl sie ihren Geschäften sonst lieber im Verborgenen nachgehen, wissen sie den **Multiplikatoreneffekt** öffentlicher Werbung zu schätzen. Wer schnell und einfach ein möglichst breites Publikum erreichen will, greift zum Mittel der Werbung. Dabei ist der zu kriminellen Zwecken eingesetzten Werbung ihre Köderfunktion meist entweder gar nicht oder nur bei einem gewissen Maß an Skepsis anzusehen. Gerade alte, sozial schwache oder geschäftlich unerfahrene Menschen fallen deshalb häufig auf Anzeigen herein, in denen etwa für lukrative Nebentätigkeiten, für billige Kredite ohne Bonitätsprüfung oder für angebliche Qualitätsware zu drastisch herabgesetzten Preisen geworben wird. In den Jahren nach der Wiedervereinigung war die Zahl der Opfer in den neuen Bundesländern besonders hoch, weil man dort noch keine Erfahrung mit solchen Machenschaften hatte. Die daraus resultierende Arglosigkeit wurde und wird noch heute von Schwindlern weidlich ausgenutzt.

2 Bei der Überprüfung von Werbemaßnahmen unter strafrechtlichen Aspekten ist zunächst der im Nebenstrafrecht versteckte Tatbestand der **strafbaren Werbung im Sinne von § 4 UWG** zu beachten. Danach macht sich strafbar, wer in der Absicht (es reicht direkter Vorsatz), den Anschein eines besonders günstigen Angebots hervorzurufen, öffentlich oder gegenüber einem größeren Personenkreis wissentlich (hier reicht bedingter Vorsatz) unwahre und zur Irreführung geeignete Angaben über geschäftliche Verhältnisse macht. Die Vorschrift wird häufig als ineffektiv kritisiert; Reformbestrebungen scheiterten aber wiederholt.[1] Werbung kann darüber hinaus den Tatbestand des – zumindest versuchten – **Betrugs** (§§ 263, 23 StGB) erfüllen. Simples Beispiel: Es wird für den Versand gar nicht vorhandener Produkte gegen Vorkasse geworben. Je nach Sachlage kann es aber schwierig zu beurteilen sein, ob die Verbreitung einer Werbung in böser Absicht bereits für sich betrachtet als Betrugsversuch oder bloß als straflose Vorbereitungshandlung zu werten ist. Tateinheit zwischen § 263 StGB und § 4 UWG ist möglich, aber nicht die Regel. Während nämlich der Betrugstatbestand keine für einen größeren Personenkreis bestimmte Erklärung fordert und auch nicht voraussetzt, daß der Anschein besonderer Günstigkeit erweckt wird, ist umgekehrt das Betrugsmerkmal der Vermögensschädigung nicht Voraussetzung für § 4 UWG. Darüber hinaus können je nach Sachverhalt weitere Straftatbestände verwirklicht sein. Auf sie wird nachfolgend jeweils im konkreten Zusammenhang verwiesen.

3 Nicht nur die rechtliche Würdigung, sondern auch und vor allem die tatsächliche Verfolgung strafbarer Werbung bereitet oft Probleme. Reisende Täter, Strohleute, Briefkastenadressen und sich im Ausland verlierende Spuren machen den Verfolgungsbehörden das Leben schwer. Mit der wachsenden Nutzung des Internets durch Täter und Opfer werden sich diese Probleme noch vergrößern. Allerdings scheint auch vielen Staatsanwälten der Tatbestand des § 4 UWG nicht recht geheuer zu sein. Es mag gelegentlich die Ansicht bestehen, hier handele es sich eigentlich gar nicht um eine „richtige" Straftat. Diese Ansicht wäre grundfalsch. Massenweiser Nepp durch ausgeklügelte – oder auch plumpe – Schwindelwerbung zeugt von einer erheblich größeren kriminellen Energie als viele bereitwillig verfolgte Allerweltsdelikte. Da im übrigen § 4 UWG keine Vermögensschädigung voraussetzt, wird sich ein Anfangsverdacht nach dieser Vorschrift oftmals früher bejahen lassen als nach § 263 StGB. Damit läßt sich entscheidende Zeit gewinnen. Außerdem üben Ermittlungen nach § 4 UWG eine **wichtige Türöffnerfunktion** aus, weil sie Hinweise auf sonst unerkannte weitere Wirtschaftsstraftaten liefern können.

4 Die Verfolgung einer Straftat nach § 4 UWG durch die Staatsanwaltschaft setzt ausdrücklich **keinen Strafantrag** voraus.[2] Zwar handelt es sich um ein Privatklagedelikt

---

[1] Dazu näher Großkommentar-*Otto*, § 4 UWG, Rn. 1f.

[2] § 22 Abs. 1 S. 1 UWG.

(§ 374 Abs. 1 Nr. 7 StPO); das für die öffentliche Klage nach § 376 StPO erforderliche öffentliche Interesse an der Strafverfolgung soll aber gemäß Nr. 260 RiStBV schon angesichts der typischerweise vorliegenden Breitenwirkung strafbarer Werbung in der Regel bejaht werden. Man darf sich insbesondere nicht damit zufriedengeben, daß das zivile Wettbewerbsrecht für die Verfolgung irreführender oder sonst unlauterer Werbung eine gut geölte Maschinerie bereitstellt. Dabei ist zu berücksichtigen, daß sich entschlossene Täter durch zivilrechtliche Maßnahmen nicht beeindrucken lassen. Selbst Ordnungsgelder wegen Zuwiderhandlungen gegen gerichtliche Verbote werden nicht selten von vornherein einkalkuliert und aus dem Erlös der Schwindelaktionen mit Leichtigkeit bezahlt. Wirkung zeigt bei solchen Tätern allein ein Strafverfahren, zumal dann, wenn eine Freiheitsstrafe droht. Größerer **strafrechtlicher Verfolgungsdruck** wäre deshalb die wirksamste Waffe im Kampf gegen Schwindelwerbung.

Als Ansprechpartner bei der Verfolgung strafbarer Werbung stehen den Ermittlungs- 5
behörden vor allem die Industrie- und Handelskammern zur Verfügung. Die Bekämpfung derartiger Mißstände zählt zu den gesetzlichen Aufgaben der Kammern. Sie können oft mit näheren Informationen zu Tätern, deren Vorgehensweise und den wirtschaftlichen Hintergründen bestimmter Schwindelmethoden weiterhelfen. Solche Informationen sammelt auf überregionaler Ebene als Spitzenorganisation der Industrie- und Handelskammern auch der Deutsche Industrie- und Handelstag (DIHT), Adenauerallee 148, 53113 Bonn, Tel. 0228/104-322, Fax 104-330 (ab Oktober 1999 Breite Straße 29, 10178 Berlin). Mit dem DIHT organisatorisch verbunden ist die Arbeitsgemeinschaft für Sicherheit der Wirtschaft (ASW), Schedestr. 9 a, 53113 Bonn, Tel. 0228/104-510, Fax 104-580 (ab Oktober 1999 in Berlin). Der Deutsche Schutzverband gegen Wirtschaftskriminalität, Landgrafenstr. 24 B, 61348 Bad Homburg, Tel. 06172/12150, Fax 84422, der eng mit den Industrie- und Handelskammern und dem DIHT zusammenarbeitet, ist den Ermittlungsbehörden ebenfalls gern mit Auskünften behilflich.

II. Schwindel mit Arbeitsplätzen und Nebenverdienst

1. Vorgetäuschtes Anstellungsverhältnis

In Zeiten hoher Arbeitslosigkeit haben Betrüger, die ihren Opfern die Chance auf einen 6
Arbeitsplatz vorgaukeln, oft leichtes Spiel. Besonders in den neuen Bundesländern nutzen Straftäter die Hoffnung vieler Arbeitssuchender auf eine neue Beschäftigung skrupellos aus. So inserierte dort eine in Wirklichkeit gar nicht existierende GmbH in Zeitungsanzeigen wie folgt:

„xy-GmbH stellt ein: Wirtschaftsberater im Außendienst, Festgehalt DM 5000,– zuzügl. Provision und KM-Geld; Regionalschulungsleiter, Festgehalt DM 8000,– zuzügl. Spesen und KM-Geld; auch für Neueinsteiger – Sie werden von einer international tätigen Schulungsakademie ausgebildet. Tel. Terminvereinb. ...“

Etwa 80 Interessenten aus den neuen Bundesländern, die sich daraufhin telefonisch meldeten, wurden zu einer Informationsveranstaltung eingeladen. Dort war plötzlich von der versprochenen Festanstellung keine Rede mehr. Vielmehr wurden vorformulierte Franchiseverträge mit dem Hinweis verteilt, für die Unterzeichnung räume man eine Überlegungsfrist von drei Tagen ein. Gleichzeitig wurden den Erschienenen aber bereits Bestellungen für Schulungsunterlagen und Seminare entlockt. Von der Zusage, die Bestellungen stünden natürlich unter dem Vorbehalt, daß der Franchisevertrag zustandekomme, fand sich später in den Formularen nichts wieder. Statt die erhoffte Anstellung zu erreichen, wurden die Arbeitssuchenden so mit ganz erheblichen Forderungen konfrontiert.

Durch die **Vorspiegelung der Festanstellung** zu attraktiven Konditionen wurde hier 7
mittels unwahrer Angaben gezielt der Anschein eines besonders günstigen Angebots im

Sinne von § 4 UWG geweckt. Eine unmittelbare Beschäftigung durch den Werbenden selbst übt nämlich auf Arbeitssuchende höhere Anziehungskraft aus als die bloße Vermittlung einer Beschäftigung oder – wie hier – der Abschluß eines Franchisevertrags.[3] Das von falschen Zusagen begleitete Unterschieben von Schulungsverträgen erfüllt zudem den **Betrugstatbestand**. Selbst wenn in solchen Fällen die Seminare tatsächlich stattfinden und die Schulungsunterlagen ausgehändigt werden sollten, könnten die Geprellten doch regelmäßig gar nichts damit anfangen. Das Betrugsmerkmal des Vermögensschadens dürfte deshalb jedenfalls unter dem Gesichtspunkt des persönlichen Schadenseinschlags erfüllt sein.

2. Heimarbeitsschwindel

8 Auch Heimarbeitsschwindler kassieren gerne angebliche „Schulungsgebühren" ab. So suchte etwa ein belgisches Unternehmen in deutschen Zeitungen bundesweit nach Heimarbeitern für die haupt- oder nebenberufliche Computererfassung von Adressen mit einem versprochenen Einkommen von „garantiert 2400.- DM, 4800,– DM und mehr". Anfragende Interessenten bekamen einen Vertragsentwurf übersandt, wonach für jede in den Computer eingegebene Adresse eine Vergütung von DM 0,20 geleistet werde. Zunächst müsse der Interessent indessen eine Schulung absolvieren und hierfür DM 398,– **im voraus bezahlen**. Dieser Betrag werde dann später bei erfolgreicher Mitarbeit rückvergütet. Gutgläubig Zahlende hörten anschließend nie wieder etwas von dem Unternehmen. Die belgischen Geschäftsräume wurden von der dortigen Polizei verlassen aufgefunden, der mit gefälschten Papieren ausgestattete Geschäftsführer hatte sich seiner Festnahme durch Flucht entzogen.

9 Noch schlimmer trifft es die Opfer einer im Heimarbeitsbereich ebenfalls recht verbreiteten Schwindelmethode. Dabei wird den an Heimarbeit Interessierten – oft geschäftlich unerfahrenen Hausfrauen, die das Familieneinkommen aufbessern wollen – per Zeitungsanzeige eine attraktive Erwerbsmöglichkeit vorgegaukelt. In Wirklichkeit geht es den Tätern von Anfang an um etwas ganz anderes. Ein typischer Kleinanzeigentext lautet etwa so:

„Wir suchen Heimstrickerinnen (auch Anfängerinnen) für masch. Strickwarenherstellung. Garantierte mehrjährige Beschäftigung, gesetzl. geregelte Bezahlung einschließl. Urlaubsgeld. Falls Maschine vorhanden, bitte Prüfung unserer Dienstleistungsprogramme, wenn nicht vorhanden, Maschine durch uns erhältlich. Zunächst schriftliche Angebote anfordern. Einweisung erfolgt in Ihrer Wohnung. Schreiben Sie sofort an: ... Postfach."

Wer darauf antwortet, erhält kurze Zeit später Besuch von einem gewandt auftretenden Außendienstmitarbeiter des werbenden Unternehmens. Dieser eröffnet, Voraussetzung für die Ausübung der Tätigkeit sei der **Erwerb einer Strickmaschine** (oder eines Computers etc.) für z. B. DM 3500,–. Bei Leistung einer Anzahlung könne mit dem Lieferanten ein günstiger Restkaufpreis vereinbart werden, der sich aus dem künftigen Verdienst problemlos tilgen lasse. Geht das Opfer darauf ein, werden zunächst Probearbeiten mit gleichfalls zu erwerbendem Material auf der gelieferten Maschine angefordert. Diese Probearbeiten werden in ausgeklügelter Weise immer wieder beanstandet, bis das Opfer entnervt aufgibt. Sodann meldet sich der Lieferant der Maschine – in Wirklichkeit ein Strohmann des werbenden Unternehmens – und verlangt den Restkaufpreis. Das Opfer ist verzweifelt, weil es das Geld für die nun nutzlose Maschine ohne den erhofften Zusatzverdienst weder aufbringen kann noch will. In dieser Situation klingeln Beauftragte des Lieferanten an der Wohnungstür. Sie stellen dem verzweifelten Opfer in scheinbarer Aufwallung von Großzügigkeit die Entlassung aus dem Kaufvertrag für den Fall in Aussicht, daß die Maschine sofort zurückgegeben und über die bereits erfolgte

[3] Vgl. BayObLG wistra 1989, 118.

Anzahlung hinaus noch eine **beträchtliche Abstandssumme** geleistet werde. Das Opfer durchschaut das abgekartete Spiel nicht, leiht sich Geld bei Freunden oder nimmt einen Kleinkredit auf und zahlt in dem Glauben, noch einmal mit einem blauen Auge davongekommen zu sein. Die Täter aber haben bereits das nächste Opfer an der Angel, dem sie die zurückerhaltene Maschine erneut für DM 3500,– verkaufen. Damit beginnt das Spiel von vorn.

Es kommt in solchen Fällen entscheidend auf den Nachweis an, daß **von vornherein keine Heimarbeit vergeben**, sondern lediglich die Abstandssumme kassiert werden sollte. Dann liegt der Betrug auf der Hand. Bei den Ermittlungen ist zu beachten, daß Heimarbeiter als nichtselbständige Beschäftigte (§ 12 Abs. 2 i.V. m. § 7 Abs. 1 SGB IV) binnen 14 Tagen bei den für ihren Wohnsitz zuständigen Allgemeinen Ortskrankenkassen anzumelden sind, nach Maßgabe von § 104 SGB IV auch bei Vorliegen eines geringfügigen Beschäftigungsverhältnisses. Sind diese Anmeldungen unterblieben und sind auch keine Registrierungen bei dem für den Firmensitz des Unternehmens zuständigen Sozialversicherungsträger erfolgt, spricht dies für die Betrugsabsicht. Es müssen dann die Wohn- und Geschäftsräume der Verdächtigen durchsucht, alle Werbe- und Verkaufsunterlagen sichergestellt und gegebenenfalls auch die Bankunterlagen ausgewertet werden. Achtung: Die Heimarbeitsschwindler beschäftigen oft einige **Vorzeigemitarbeiter**, um Gesetzestreue vorzutäuschen. Außerdem reagieren sie auf Ermittlungen häufig mit der Androhung von Schadensersatzansprüchen und der Vorlage von zivilrechtlichen Zahlungsurteilen, die sie bei – über die wahren Hintergründe nicht informierten – Amtsgerichten gegen ihre Opfer erwirkt haben. 10

3. Attraktive Auslandsjobs

Vergleichsweise plump wirkt dagegen eine andere Masche, bei der die Verschaffung von **Vollzeit-Arbeitsplätzen im Ausland** vorgegaukelt wird. So suchte etwa ein Unternehmen von Luxemburg aus in deutschen Tageszeitungen per Anzeige Mitarbeiter für die Ölförderung, den Pipelinebau und sonstige Bauprojekte in verschiedenen Ländern. Wer sich als Interessent meldete, erhielt per Post sogleich einen bereits einseitig unterzeichneten Arbeitsvertrag. So wurden für einen Einsatz in Australien folgende Konditionen geboten: 11

Bruttomonatslohn 4928,– US-Dollar zuzüglich einer Auslösung von 38 US-Dollar pro Tag, zwei freie Tage pro Woche, sechs freie Heimflüge und 60 Tage Urlaub pro Jahr, Lohnfortzahlung im Krankheitsfall, Kost und Logis im Drei-Sterne-Hotel mit Schwimmbad, Sauna und Tennisanlage gratis.

Die Sache hatte nur einen Haken: Dem gegengezeichneten Arbeitsvertrag sollte der neue Mitarbeiter einen Scheck über DM 880,– beifügen, und zwar „zur Sicherstellung der Stornokosten“ für den Fall, daß die Arbeit ohne wichtigen Grund nicht angetreten werde. Der Betrag werde dann später zurückerstattet. Tatsächlich fiel eine beträchtliche Anzahl von Interessenten auf diesen Schwindel herein und glaubte allen Ernstes daran, daß ein Arbeitgeber solche Jobs blindlings ohne Ansehen der Person vergebe. Kein Opfer hat von den DM 880,– etwas wiedergesehen.

4. Bauernfängerei mit Servicenummern

Beliebt ist schließlich auch die Werbung für angebliche Verdienstmöglichkeiten (und für vieles andere) unter Angabe einer **kostenträchtigen Service-Telefonnummer** (0190, künftig 0900). Hier werden die dem Anrufer belasteten hohen Gesprächsgebühren zum Teil an den Anschlußinhaber weitergeleitet. Darauf haben es Schwindler abgesehen und treiben durch lange und langsam gesprochene Ansagetexte die Kosten des Anrufers in die Höhe. Kommt es dem Anschlußinhaber lediglich auf das Abkassieren seines Gebührenanteils an, ohne daß den Anrufern die beworbenen Verdienstmöglichkeiten (oder die 12 sonst versprochenen Leistungen) verschafft werden können, ist der Betrugstatbestand erfüllt. Erfährt das jeweilige Telekommunikationsunternehmen von einem solchen Mißbrauch einer seiner Servicenummern und unternimmt nichts, können die Verantwortlichen unter Umständen als Gehilfen zur Verantwortung gezogen werden. Die Telekom und andere Diensteanbieter haben Maßnahmen zur Bekämpfung derartigen Schwindels ergriffen und sich insoweit einer freiwilligen Selbstkontrolle unterworfen.

III. Dubiose Chiffreanzeigen

13 Wer per Chiffreanzeige inseriert, will seine Identität nicht preisgeben. Das hat regelmäßig seine Gründe, die allerdings gelegentlich wenig ehrenwert sind. Insbesondere **Hehler und Steuerhinterzieher** inserieren aus auf der Hand liegenden Motiven gerne unter Chiffre. So werden beispielsweise bei Einbrüchen in Deutschland jährlich Schmuck, Antiquitäten und Orientteppiche in Millionenwerten gestohlen und unentdeckt weiterveräußert, wobei chiffrierte Anzeigen eine wichtige Rolle spielen. In ihnen täuscht der Hehler typischerweise einen Privatverkauf aus frei erfundenem Anlaß vor. Eine solche Anzeige könnte etwa wie folgt lauten:

„Sehr gut erhaltener Keschan, 4 x 6m, 19. Jhd., und eine Brücke wegen Kleinwohnung preisgünstig abzugeben ... Chiffre."

Chiffreanzeigen dieser Art sind zahlreich und können natürlich auch einen ganz seriösen Hintergrund haben. Es bedarf deshalb eines besonderen Gespürs dafür, wo sich ein Nachfassen lohnen könnte. Namentlich im Orientteppichbereich kommt bei den Ermittlungen erschwerend hinzu, daß inserierende Hehler oftmals ganz offiziell den Teppichhandel im stehenden oder reisenden Gewerbe ausüben und dann stets über Ware verfügen, deren ordnungsgemäße Herkunft sie dokumentieren können. Außerdem lassen sich gestohlene Orientteppiche durchaus „umfrisieren", so daß sie kaum noch als Diebesgut zu identifizieren sind.

14 Dessenungeachtet wird sich aber in solchen Fällen zumindest das Vorliegen einer Straftat nach § 4 UWG begründen lassen. Eine wissentlich unwahre und zur Irreführung geeignete Angabe im Sinne dieser Vorschrift liegt darin, daß der Inserent einen **Privatverkauf vorspiegelt** und das Publikum damit über den gewerblichen Charakter des Angebots täuscht. Darüber hinaus wird durch die Ankündigung einer preisgünstigen Kaufgelegenheit aus privater Hand auch der Anschein eines besonders günstigen Angebots im Sinne von § 4 UWG hervorgerufen.[4] In diesem Zusammenhang ist wieder an die „Türöffnerfunktion" von § 4 UWG zu erinnern, da die zunächst allein auf den Verdacht strafbarer Werbung gestützten Ermittlungen zur Aufdeckung weiterer Straftaten bis in den Bereich der organisierten Kriminalität hinein führen können.

Auch der Verdacht der Steuerhinterziehung dürfte sich bei derart inserierenden Händlern regelmäßig bewahrheiten. So hatte beispielsweise der Anbieter des oben erwähnten Keschan-Teppichs ausweislich der bei ihm sichergestellten Geschäftsunterlagen immense Umsätze erzielt, jedoch beim Finanzamt weder Umsatz- noch Einkommensteuererklärungen abgegeben.

15 Die Begleitumstände des Absatzes per Chiffreanzeige beworbener Ware sind gelegentlich dergestalt, daß auch der Käufer sich unangenehme Fragen stellen lassen müßte – und es deshalb tunlichst unterläßt, die Ermittlungsbehörden einzuschalten. Wer sich etwa mit einem anonym bleibenden Verkäufer auf einem Parkplatz trifft und dort Bargeld gegen Teppich tauscht, läuft Gefahr, selbst als Hehler belangt zu werden.

---

[4] BayObLG RReg. 4 St 55/71, bestätigt durch RReg. 4 St 164/83.

IV. Kredite für jedermann

Einen Kredit, so wird gelegentlich überspitzt formuliert, bekommt nur, wer nachweist, daß er gar keinen braucht. Gleichwohl gelingt es dubiosen Kreditvermittlern immer wieder, einem ebenso leichtgläubigen wie finanzschwachen Adressatenkreis durch Werbeanzeigen weiszumachen, jeder könne sofort zu günstigen Konditionen ohne Sicherheiten und lästige Fragen Bargeld in die Hand bekommen. Auch **verschweigen die Inserenten häufig ihre Vermittlereigenschaft** und erwecken den Eindruck, die Kredite würden von ihnen selbst vergeben. All dies dient dazu, Kreditsuchende erst einmal an die Angel zu bekommen und darauf zu setzen, daß diese dann angesichts des lockenden Geldes alle mit der Kreditvergabe verbundenen Konditionen kritiklos akzeptieren. Nachfolgend drei insoweit typische Werbeanzeigen: 16

Geld
Auszahlung nur per Post, Monatsrate für je 1000 DM Blitzkredit 36 DM, Versicherungskredit 18 DM, Immobilien KG..., Telefonkredit: Ruf... Wählen auch Sie diesen Weg – ohne peinliche Fragen – einfach, bequem, schnell, diskret

Geldmarkt
Sofort Bargeld, Blitzkredit, 3000 DM, 5000 DM, 7000 DM, mtl. Raten 100 DM, 160 DM, 220 DM, einschl. Zins u. Geb. in 47 Mon., Versicherungskredit z. B. 10 000 mtl. Bel. 180 DM f. Beamte a. L. – f. Led., getr. Lb., Gesch., Verw., Verheiratete – auch in schwierigen Fällen – auch zu besteh. Darlehen

Sofort Bargeld per Post
Blitzkredit, 3000 DM, 5000 DM, 7000 DM, mtl. Rate 100 DM, 160 DM, 220 DM
Name:
Wohnort:
Kredithöhe DM:

Alle drei Anzeigen stammten von einem Kreditvermittler, was aus dem Text jeweils nicht hervorging. Wer sich auf eine der Anzeigen meldete, mußte dem Vermittler zunächst jeweils formularmäßig einen „Darlehensbeschaffungsauftrag" erteilen, sich zur Zahlung einer Erfolgsprovision verpflichten sowie Fragen zu den persönlichen und wirtschaftlichen Verhältnissen einschließlich bestehender finanzieller Verpflichtungen beantworten. Zusätzlich wurde eine Auskunftei mit Bonitätsrecherchen beauftragt. Schließlich ließ sich der Vermittler zur Entgegennahme des Kredits und zum Einbehalt der Erfolgsprovision ermächtigen.

Das Bayerische Oberste Landesgericht hat durch Urteil vom 22. November 1974[5] und zwei Verwerfungsbeschlüsse vom 18. Februar 1975[6] und vom 15. Mai 1975[7] in diesen und ähnlichen Fällen ein Vergehen nach § 4 UWG bejaht. Als unwahr und zur Irreführung geeignet wurden die Anzeigen schon insoweit angesehen, als der Werbende jeweils seine **Vermittlereigenschaft verschwiegen** hatte.[8] Außerdem wurde vor allem in den ersten beiden Anzeigen gezielt der falsche Eindruck erweckt, die Kreditwürdigkeit spiele keine Rolle. Damit verbunden war ersichtlich auch die Absicht, den Anschein eines besonders günstigen Angebots im Sinne von § 4 UWG hervorzurufen; denn insbesondere durch Betonung der scheinbar problemlosen Krediterlangung wollte der Inserent sein Angebot beim Publikum als besonders vorteilhaft erscheinen lassen. 17

Als strafbare Werbung angesehen wurde auch eine Zeitungsanzeige, in der ein Kreditvermittler für Teilzahlungskredite zu einem effektiven Jahreszins von 6,53% warb, dabei aber verschwieg, daß solche Kredite allenfalls bei hohen Darlehen über lange Laufzeiten

---

[5] RReg 4 St 62/74.
[6] RReg 6 St 36/75.
[7] RReg 4 St 39/75.
[8] So unter Verweis auf die anfallende Vermittlungsprovision auch AG München WRP 1980, 53.

in Verbindung mit einer als Sicherheit abgeschlossenen Lebensversicherung gewährt werden können.[9]

18 Ermittlungen im Hinblick auf § 4 UWG können auch hier zur Aufdeckung weiterer Straftaten führen. Zu nennen ist namentlich das betrügerische Erschleichen von Sicherheiten, aber auch der **Kreditwucher nach § 302 a Abs. 1 Nr. 2 StGB**. Außerdem ist zu beachten, daß im Reisegewerbe zwar der Abschluß von Darlehensverträgen, nicht aber die für den Darlehensnehmer kostenpflichtige Vermittlung solcher Verträge zulässig ist, § 56 Abs. 1 Nr. 6 GewO. Kreditvermittler, die Verstöße gegen dieses Verbot beharrlich wiederholen, machen sich gemäß § 148 Nr. 1 in Verbindung mit § 145 Abs. 1 Nr. 6 GewO gleichfalls strafbar.

V. Sammlungen zu angeblich sozialen Zwecken

19 Appelle an die Hilfsbereitschaft unter besonderer Herausstellung eines gemeinnützigen Zwecks sind häufig zu beobachten. Meist geht es dabei zwar durchaus mit rechten Dingen zu, manchmal aber auch nicht. Angesichts der nach wie vor ausgeprägten Spendenwilligkeit der Bevölkerung und der verbreiteten Arglosigkeit gegenüber vermeintlich uneigennützig handelnden Organisationen tun sich hier ergiebige Pfründe für Straftäter auf.

Teilweise wird dabei – dann regelmäßig über einen eigens gegründeten, vermeintlich gemeinnützigen Verein – unter **Vorspiegelung eines karitativen Zwecks** zu Sach- oder Geldspenden aufgerufen. Der Erlös solcher Aktionen wandert in die Taschen der Täter. Dies erfüllt den Betrugstatbestand, wobei trotz bewußter Vermögenseinbuße der nach § 263 StGB erforderliche Vermögensschaden nach den Grundsätzen der Zweckverfehlung zu bejahen ist. Bei Aufrufen gegenüber einem größeren Personenkreis wird daneben auch der Tatbestand der strafbaren Werbung gemäß § 4 UWG erfüllt sein. Der hiernach erforderliche **Anschein eines besonders günstigen Angebots**, auf den es der Täter abgesehen haben muß, braucht sich nämlich nicht unbedingt auf materielle Kriterien zu stützen, sondern kann – wie beim vermeintlich karitativen Zweck – **auch geistiger oder ideeller Natur** sein.[10] Schließlich liegt schon angesichts der steuerlichen Privilegierung, die sich solche vermeintlich gemeinnützigen Vereine erschlichen haben, auch regelmäßig Steuerhinterziehung vor.

20 Schwieriger zu beurteilen ist die Rechtslage, wenn karitative Organisationen bei der Mitgliederwerbung oder bei Sammlungen **mit gewerblichen Unternehmen zusammenarbeiten**. So verneinte der BGH[11] etwa den Betrugstatbestand in einem Fall, in dem ein gemeinnütziger Verein neue Mitglieder durch bezahlte Werber akquirieren ließ und die Werber dafür vom ersten Jahresbeitrag jeweils 80% und von den Folgebeiträgen jeweils 20% als Provision in die eigene Tasche steckten. Hier, so der BGH, fehle es bereits an einer Täuschungshandlung, da über die Verwendung der Beiträge gegenüber den geworbenen Mitgliedern keine Erklärungen abgegeben worden seien und eine besondere Aufklärungspflicht nicht bestanden habe.

21 Anders liegt der Fall dagegen dann, wenn sich geschäftstüchtige Unternehmen von gemeinnützigen – und rechtlich oftmals unbedarften – Organisationen gegen Entgelt **ermächtigen lassen, in deren Namen Sammlungen durchzuführen**. Mißstände bestehen dabei insbesondere auf dem Gebiet der Altkleidersammlungen, die den durchführenden Unternehmen durchaus Jahresumsätze von 10 bis 15 Mio. DM einbringen können. Aufrufe zu entsprechenden Sachspenden erfolgen typischerweise auf Handzetteln mit Namen, Emblem und Tätigkeitsspektrum angesehener Wohlfahrtsorganisationen, so daß die Werbungsadressaten den Eindruck gewinnen, ihre Kleiderspende diene einem guten

---

[9] AG München ZIP 1981, 276.

[10] BGHSt 4, 44; BayObLG RReg 4 St 251/84; Großkommentar-*Otto*, § 4 UWG, Rn. 97 m. w. N.

[11] NJW 1995, 539.

Zweck. Tatsächlich zahlt das gewerbliche Unternehmen der Wohlfahrtsorganisation aber häufig nur ein eher symbolisches Pauschalentgelt oder einen geringfügigen Anteil von dem – bereits um die großzügig bemessenen Kosten gekürzten – Nettoerlös der Sammelaktion. Von dieser Einnahmenverteilung ist auf den Werbezetteln regelmäßig mit keinem Wort die Rede. Allenfalls findet sich an unauffälliger Stelle der kleingedruckte Hinweis, daß vom Erlös nur noch die Unkosten abgingen und/oder daß mit der Durchführung der Sammlung ein gewerbliches Unternehmen beauftragt sei.

Bei einem solchen Sachverhalt liegt anders als in dem oben geschilderten, vom BGH entschiedenen Fall der **Betrug** auf der Hand, da hier den Spendenwilligen gezielt suggeriert wird, ihre Leistung komme einem gemeinnützigen Zweck zugute. Auch der Tatbestand der strafbaren Werbung ist hier nach den eingangs dargelegten Grundsätzen zu bejahen.[12] Interessant ist in diesem Zusammenhang auch eine Entscheidung des OLG Hamm,[13] wonach die Vereinbarung, durch die sich ein gewerblicher Altkleidersammler gegenüber einer gemeinnützigen Organisation 90% des Erlöses einer solchen Sammelaktion ausbedingt, nach § 2 Abs. 3 des nordrhein-westfälischen Sammlungsgesetzes nichtig ist

22 Die Gefahr strafrechtlicher Verfolgung trifft in den zuletzt geschilderten Fällen nicht nur die gewerblichen Altkleidersammler, sondern auch die Verantwortlichen der mit den gewerblichen Sammlern kooperierenden gemeinnützigen Organisationen. Wenn sie es zulassen oder gar unterstützen, daß im Namen ihrer Organisationen Sammelaktionen stattfinden, deren Erlös sich ganz oder zum weit überwiegenden Teil Gewerbetreibende in die Tasche stecken, liegt der Verdacht der – mindestens bedingt vorsätzlichen – Teilnahme auf der Hand. Außerdem kann solchen Organisationen unter Umständen die Gemeinnützigkeit aberkannt werden.

VI. Mißstände bei der Haustürwerbung

1. Kein generelles Verbot

23 Es gehört zu den Merkwürdigkeiten des deutschen Wettbewerbsrechts, daß die unaufgeforderte Werbung für Waren und Dienstleistungen an der Haustür höchstrichterlich als **generell zulässig** angesehen wird.[14] Dabei muß man wissen, daß beispielsweise Telefonwerbung wegen der damit verbundenen Belästigung des Angerufenen von den Gerichten einhellig als unlauter und damit als Verstoß gegen § 1 UWG verboten wird. Das gleiche gilt für Werbung per Telefax und, wie sich neuerdings abzeichnet, auch für E-Mail-Werbung. Es wird aber niemand ernsthaft behaupten können, daß die Belästigung etwa durch ein Telefonat, das man durch Auflegen beenden kann, größer sei als diejenige durch einen unerbetenen Vertreter an der Haustür, dem man Auge in Auge gegenübersteht und den man oft kaum wieder los wird. Daß etwa das Haustürwiderrufsgesetz Regeln für Haustürgeschäfte aufstellt und sie damit implizit als zulässig ansieht, hindert die Wettbewerbsgerichte nicht im mindesten daran, im Rahmen von § 1 UWG auch bei Vertreterbesuchen – wie schon seit langem bei der Telefonwerbung – die vorherige Einholung des Einverständnisses der Umworbenen zu verlangen. Solange in dieser Hinsicht nichts geschieht, wird man der Mißstände beim Geschäft zwischen Tür und Angel nicht Herr werden, sondern lediglich die Auswüchse bekämpfen können.

12 So auch BayObLG RReg 4 St 251/84.

13 NJW-RR 1995, 1010.

14 Kritisch etwa *Köhler/Piper*, § 1 UWG, Rn. 23.

2. Schwindel beim Zeitschriftenvertrieb

24 Zeitschriftenabonnements werden häufig von sog. **Drückern** an der Haustür vertrieben. Dabei ist organisierter Schwindel an der Tagesordnung. Drückerkolonnen bestehen aus 4 bis 7 Personen (einer Kleinbusbesatzung), die von einem Kolonnenführer straff geführt werden. Ihm übergeordnet ist in der Regel ein Organisationsleiter, der den Kontakt zum Verlag oder zu einem zwischengeschalteten Abonnement-Verwaltungsunternehmen hält. Die Drücker stammen meist aus gefährdetem Milieu. Ihre Anwerbung durch Kolonnenführer oder Organisationsleiter erfolgt typischerweise über Zeitungsanzeigen, denen nicht anzusehen ist, um welche Tätigkeit es wirklich geht. Der Tatbestand der strafbaren Werbung wird häufig erfüllt sein.[15]

Zwar müssen die Drücker regelmäßig unterschreiben, daß sie über die für sie maßgeblichen gesetzlichen Vorschriften und die Grundsätze des lauteren Wettbewerbs belehrt und zu deren Beachtung angehalten wurden. Tatsächlich werden sie aber vom Kolonnenführer oder den anderen Mitgliedern der Kolonne sofort mit allen Tricks und Schlichen des Geschäfts an der Haustür vertraut gemacht.

25 Besonders beliebt ist dabei die **Mitleidsmasche**, nach der sich der Drücker als armer Student, entlassener Strafgefangener, Betreuer eines Alten- oder Kinderheims, ehemaliger Alkoholiker oder Drogensüchtiger, Schwerkranker etc. ausgibt. Ausgebuffte Drükker spielen beispielsweise absolut überzeugend die folgende Rolle:

Der Zeitschriftenwerber gibt sich an der Haustür als ein auf Bewährung entlassener Drogentäter aus, der – nunmehr geläutert und clean – sein verpfuschtes Leben zum Besseren wenden will. Sein einziges Problem sei die Bewährungsauflage, bis morgen einen festen Wohnsitz nachzuweisen. Sonst müsse er wieder ins Gefängnis. Zwar habe er eine kleine, bescheidene Wohnung an der Hand, die aber anderweitig vergeben werde, wenn er nicht bis heute um 17.00 Uhr eine Kaution leiste. Die Summe habe er fast zusammen, es fehle nur noch ein Betrag in Höhe der Provision für ein einziges Abonnement, und jetzt sei es schon 16.30 Uhr...

Daneben oder statt dessen wird auch gerne vorgetäuscht, das Unternehmen, für das man Abonnenten werbe, unterstütze aus dem erzielten Erlös gemeinnützige Organisationen oder **spende für wohltätige Zwecke**. Gerade alte und geschäftlich unerfahrene Menschen fallen auf so etwas oft herein.

26 Auch außerhalb der Zeitschriftenwerberszene gibt es Schwindel an der Haustür. So werden industriell gefertigte Besen, Bürsten und andere Haushaltswaren als angebliche **Blindenwaren** von reisenden Vertretern zu überhöhten Preisen feilgeboten. Behindertenwerkstätten werden gleichfalls gerne als angebliche Produktionsstätten genannt. In diesen Fällen ist es jeweils allein der Mitleidsbonus, mit dessen Hilfe die Täter den ansonsten kaum verkäuflichen Produkten zum Absatz verhelfen.

Darüber hinaus sind natürlich auch bei Haustürgeschäften die gewöhnlichen Betrügereien zu beobachten, bei denen billiger Ramsch als vermeintliches Qualitätsprodukt oder Hehlerware als Notverkauf zum Schnäppchenpreis angeboten werden.

3. Strafbarkeitsvoraussetzungen

27 Bei der strafrechtlichen Beurteilung der geschilderten Fälle bereitet insbesondere der Tatbestand der strafbaren Werbung gemäß § 4 UWG häufig Probleme. Diese Vorschrift setzt nämlich unter anderem eine öffentliche Bekanntmachung oder eine für einen größeren Kreis von Personen bestimmte Mitteilung voraus. Für Haustürverkäufe wird aber typischerweise nicht in Zeitungsanzeigen, Wurfsendungen etc. geworben. Jedoch können auch mündliche Erklärungen, die **nacheinander einer größeren Zahl von Personen gegenüber** abgegeben wurden, den Anforderungen von § 4 UWG genügen, wenn sie

[15] Vgl. dazu oben Rn. 6ff.

nach Sinn und Inhalt miteinander übereinstimmen.[16] Es kommt also darauf an, ob z. B. ein Zeitschriftenwerber einer größeren Anzahl von Anwohnern nacheinander dieselbe Lügengeschichte aufgetischt hat.

Weiter erfordert § 4 UWG unwahre und zur Irreführung geeignete Angaben über **geschäftliche Verhältnisse**. Als nicht ausreichend ist es insoweit nach der Rechtsprechung anzusehen, wenn ein Zeitschriftenwerber lediglich falsche Angaben über seine persönlichen Lebensverhältnisse, die Beweggründe für seine Werbetätigkeit und die beabsichtigte Verwendung seines Verdienstes aus der Zeitschriftenwerbung macht.[17] Wer also z. B. wahrheitswidrig mit der oben unter Rn. 25 erwähnten Geschichte hausiert, handelt zwar unter verschiedenen Gesichtspunkten wettbewerbswidrig, erfüllt aber nicht den Straftatbestand des § 4 UWG. Anders verhält es sich dagegen, wenn der Werber fälschlich behauptet, das Unternehmen, für welches er Abonnenten werbe, unterstütze aus dem erzielten Gewinn karitative Zwecke. In einem solchen Fall läßt sich eine Täuschung über „geschäftliche Verhältnisse" im Sinne von § 4 UWG bejahen.[18] Auch der Anschein eines besonders günstigen Angebots, auf dessen Erweckung die Absicht des Täters gerichtet sein muß, wird dann regelmäßig vorliegen, weil ein solcher Anschein auch geistiger oder ideeller Natur sein kann.[19]

Daneben ist in diesen Fällen auch der **Betrugstatbestand** zu prüfen. So hat das OLG Düsseldorf[20] die Verurteilung eines Zeitschriftenwerbers wegen Betrugs nach den Grundsätzen der **Zweckverfehlung** darauf gestützt, daß der Werber wahrheitswidrig behauptet hatte, die Provisionen aus der Abonnementwerbung kämen einer von ihm gegründeten karitativen Organisation zugute, und daß gerade dies der Hauptbeweggrund des Opfers für die Abonnierung der Zeitschrift gewesen sei. Nach anderer Ansicht scheidet jedoch auch bei Vortäuschung eines sozialen Zwecks ein Betrug aus, wenn die Zeitschrift nicht mehr kostet als sonst und nicht nutzlos für den Getäuschten ist, weil es dann an einem Vermögensschaden fehle.[21] Dem Vorliegen eines Vermögensschadens nicht entgegen steht jedenfalls die Widerrufsmöglichkeit nach dem Verbraucherkreditgesetz (oder nach dem Haustürwiderrufsgesetz bei Geschäften mit einmaliger Zahlung), ebensowenig die Akzeptierung jedes Widerrufs durch den – mit unlauteren Methoden der Werber rechnenden – Zeitschriftenverlag; denn gerade der erfolgreich Getäuschte wird ja in aller Regel gar nicht auf die Idee kommen, von seinem Recht zum Widerruf Gebrauch zu machen. 28

Gerade bei der Zeitschriftenwerbung kommt es zudem häufig zu **weiteren Straftaten** wie z. B. Urkundenfälschung (durch fingierte Bestellungen), Hausfriedensbruch, Beleidigung, Körperverletzung oder Nötigung (durch gewaltsames Aufdrücken der Haus- oder Wohnungstür). Außerdem melden sich Kolonnenführer und Werber nicht selten arbeitslos und kassieren dann zusätzlich zu ihren oft beträchtlichen Provisionseinnahmen in betrügerischer Weise auch Arbeitslosenunterstützung. Ferner werden die Werber trotz ihres typischerweise eindeutigen Arbeitnehmerstatus von Kolonnenführern oder Organisationsleitern häufig als freie Handelsvertreter geführt, so daß **Sozialabgaben und Lohnsteuer hinterzogen** werden. Schließlich sind die Werber oft nicht im Besitz der nach § 55 der Gewerbeordnung erforderlichen Reisegewerbekarte, was nach § 145 Abs. 1 Nr. 1 der Gewerbeordnung eine Ordnungswidrigkeit und bei beharrlicher Wiederholung gemäß § 148 Nr. 1 der Gewerbeordnung eine Straftat darstellt. 29

---

16 BGHSt 24, 272.

17 BGH NJW 1990, 2395; BayObLG wistra 1991, 119.

18 BGH a.a.O.

19 Vgl. oben Rn. 19.

20 NJW 1990, 2397.

21 OLG Köln NJW 1979, 1419; ähnlich OLG Hamm NJW 1969, 1778; kritisch auch *Endriß*, wistra 1989, 90 u. wistra 1990, 335.

4. Erforderliche Sachverhaltsfeststellungen

30 Schon im Zuge der Ermittlungen ist gerade auf dem Gebiet der Zeitschriftenwerbung den oben geschilderten Problemen bei der strafrechtlichen Beurteilung Rechnung zu tragen. Was hier versäumt wird, läßt sich kaum noch nachholen. So dürfen es die ermittelnden Beamten nicht bei der Vernehmung von ein oder zwei Zeugen bewenden lassen, sondern sie müssen ihrerseits von Tür zu Tür ziehen, um herauszufinden, ob der Werber **gegenüber einem größeren Personenkreis** im Sinne von § 4 UWG gleichartige unwahre Angaben gemacht hat. Außerdem ist genauestens zu ermitteln, ob der Werber lediglich über seine persönlichen Lebensumstände gelogen oder aber über „geschäftliche Verhältnisse" im Sinne von § 4 UWG – etwa durch Vorspiegelung karitativer Aktivitäten – getäuscht hat.

Getäuschte, deren Adressen etwa sichergestellten Bestellunterlagen entnommen wurden, sind zudem im Hinblick auf die oben unter Rn. 28 erwähnte Rechtsprechung zu § 263 StGB danach zu befragen, ob gerade die täuschenden Angaben Anlaß für die Bestellung gaben und ob die betreffende Zeitschrift möglicherweise völlig nutzlos für den Abonnenten ist.

Um der unberechtigten Inanspruchnahme von Arbeitslosenunterstützung und der Hinterziehung von Sozialabgaben und Lohnsteuer auf die Spur zu kommen, sind schließlich generell auch die Sozialversicherungsträger und die Finanzbehörden in die Ermittlungsarbeit mit einzubeziehen.

31 Erschwerend bei Ermittlungen gerade im Zeitschriftenwerbermilieu wirkt sich aus, daß die Täter oftmals alles tun, um ihre Identität und ihren Aufenthaltsort zu verschleiern. So werden Bestellscheine ausgetauscht, Mitglieder verschiedener Werbekolonnen gegeneinander ausgewechselt, auf Geheiß der Kolonnenführer Pensionen als angebliche neue Wohnsitze angemeldet und bei Vernehmungen falsche oder längst wieder aufgegebene Wohnadressen angegeben. Spätere Vorladungen oder Zustellungen gehen dann ins Leere. Deshalb sollte nach Möglichkeit schon bei der ersten Beschuldigtenvernehmung eine **Wohnsitzüberprüfung** durchgeführt werden, um Falschangaben sofort auf die Schliche zu kommen. Ist bei dringendem Verdacht der strafbaren Werbung, des (versuchten) Betrugs oder einer anderen Straftat abzusehen, daß der Beschuldigte nach seiner Vernehmung sofort ins Milieu abtauchen und sich so der Strafverfolgung entziehen wird, ist in letzter Konsequenz sogar an die Beantragung eines – ggf. gegen Sicherheitsleistung außer Vollzug zu setzenden – Haftbefehls zu denken.

5. Selbsthilfemaßnahmen der Wirtschaft

32 Seriöse Verlags- und Abonnementverwaltungs-Unternehmen haben selbst ein Interesse an der Bekämpfung der geschilderten Mißstände. Die Arbeitsgemeinschaft Abonnentenwerbung und der Bundesverband des werbenden Buch- und Zeitschriftenhandels haben deshalb ein Informationssystem zur Erfassung und Vehinderung gesetzwidriger Werbepraktiken und zur Ausschaltung von Wiederholungstätern aufgebaut.[22] Den Ermittlungsbehörden wird von dort bereitwillig Auskunft über besondere Praktiken einzelner Werber, bestimmter Werbegruppen und über bekannt gewordene Ermittlungsergebnisse erteilt.

---

[22] Die Anschrift beider Organisationen lautet: Brahmsweg 3, 50169 Kerpen, Tel. 0 22 73/10 47, Fax 48 31.

VII. Bauernfängerei mit Kaffeefahrten

1. Als Ausflug getarnte Verkaufsveranstaltungen

Der Begriff „Kaffeefahrten", der sich für Veranstaltungen der nachfolgend beschriebenen Art eingebürgert hat, ist **gefährlich verharmlosend**, weil er genau das verkörpert, was den meist älteren und geschäftlich unerfahrenen Teilnehmern solcher Veranstaltungen fälschlich suggeriert werden soll: einen gemütlichen Ausflug mit Kaffee und Kuchen in eine reizvolle Gegend und in netter Gesellschaft. Einer der beliebtesten Begriffe, mit denen für solche Omnibusfahrten zumeist per Post- oder Hauswurfsendung, aber auch in anderer Weise geworben wird, ist das Adjektiv „unvergeßlich". Dies trifft auch häufig zu, dann allerdings regelmäßig in einem etwas anderen als dem von den Teilnehmern erhofften Sinn. 33

Zweck solcher Ausflugsfahrten ist praktisch immer, **den Teilnehmern etwas zu verkaufen**. Das ist im Prinzip nicht verwerflich, und es mag durchaus Kaffeefahrten geben, bei denen – nicht nur strafrechtlich, sondern auch wettbewerbsrechtlich – alles mit rechten Dingen zugeht. Die Regel ist das leider nicht. Wurde früher nicht selten – mit der Folge zahlreicher Ermittlungsverfahren wegen strafbarer Werbung – die geplante Verkaufsveranstaltung völlig verschwiegen, so offenbaren die Werbeankündigungen dies inzwischen in der Regel mehr oder weniger diskret. Beliebt sind etwa Hinweise wie „Teilnahmemöglichkeit an einer Verkaufsshow mit vielen interessanten Produkten" oder schlichter „Freiwillige Teilnahme an einer Werbeverkaufsveranstaltung". Nähere Angaben über die angebotenen Produkte unterbleiben stets, da die Teilnehmer sich sonst vorab anderweitig informieren könnten. Angelockt werden die Interessenten typischerweise durch eine schwärmerische Beschreibung des Ausflugs, kombiniert mit dem Versprechen, jeder Teilnehmer erhalte beispielsweise ein „deftiges Mittagessen" und/oder Kaffee und Kuchen, oft auch weitere Zuwendungen wie z. B. sechs frische Landeier, ein halbes Pfund „gute Butter" etc. Das Ganze wird beworben zu einem ausgesprochen günstig erscheinenden Preis, der die Kosten des Veranstalters zumeist gleichwohl gerade deckt. In der Praxis kann das so aussehen:

An einer Fahrt nehmen 48 Personen teil, die je DM 14,– einschließlich Mittagessen, Kaffee und Kuchen bezahlen, also insgesamt DM 672,–. Davon sind dem Busunternehmer DM 320,– und dem Gastwirt am Zielort DM 312,– zu bezahlen, womit beide angesichts der umsatzschwachen Zeit (typischerweise tagsüber an einem Werktag) zufrieden sind. Der Veranstalter erzielt also sogar einen Überschuß von DM 40,–. Darüber hinaus verkauft er den zumeist betagten Fahrtteilnehmern Rheumadecken und als „technische Messeneuheit" angeblich energiesparende Heizgeräte für insgesamt DM 14860,–, wobei einzelne Rentner für über DM 1000,– bestellen. Im normalen Fachhandel hätten die Artikel weniger als die Hälfte gekostet, das Heizgerät etwa statt DM 386,– nur DM 177,–.

Mit Verkaufsveranstaltungen nach diesem Muster werden Jahresumsätze von insgesamt mehr als einer Milliarde DM erzielt. Zu manchen Aktionen karren die Veranstalter über Wochen hinweg insgesamt mehrere tausend Teilnehmer aus der näheren und weiteren Umgebung herbei. Ihre enormen Verkaufserfolge verdanken die Veranstalter in erster Linie der **gezielten Ausnutzung von Unerfahrenheit und Leichtgläubigkeit** der sich überwiegend im Rentenalter befindlichen Teilnehmer. In abgelegenen Gasthöfen, deren Umgebung keinerlei Anreiz bietet, sich der „freiwilligen" Verkaufsprozedur zu entziehen, werden die Teilnehmer von rhetorisch und psychologisch geschulten Verkäufern in die Mangel genommen. Dabei wird zum einen das Gefühl geschürt, die Teilnehmer müßten sich für diesen schönen, preisgünstigen Ausflug durch einen Kauf erkenntlich zeigen. Zum anderen werden die zielgruppenspezifisch ausgewählten Produkte – Gesundheitsdecken, Lebenselixiere, Heizgeräte, aber auch Schnellkochtöpfe etc. – in den 34 höchsten Tönen als neuartig, besonders hochwertig und – nur jetzt – extrem preisgünstig gepriesen, weshalb man sofort zugreifen müsse. Dies verfehlt seine Wirkung nicht.

2. Rechtliche Beurteilung

35 **Wettbewerbsrechtlich** sind die geschilderten Praktiken nach §§ 1 und 3 UWG unter verschiedenen Gesichtspunkten **eindeutig unzulässig**. Konkurrenten der Veranstalter und klagebefugte Vereine können deswegen die Zivilgerichte anrufen. Strafrechtlich liegen die Dinge häufig weniger klar. So wird der Tatbestand des § 4 UWG bei der Gestaltung der Werbeunterlagen meist umkurvt, indem dort vielleicht irreführende, aber nicht objektiv unwahre Aussagen getroffen werden. Insbesondere findet sich fast immer – wenn auch unauffällig und wenig aussagekräftig – ein Hinweis auf die geplante Verkaufsveranstaltung.

Bei der Durchführung der Veranstaltungen kommt es dagegen häufiger zu Straftaten, für deren Nachweis die **Zeugenaussagen der Mitfahrer von zentraler Bedeutung** sind. So ist es zwar nicht schlechthin strafbar, im Zusammenhang mit solchen Fahrten Waren zu Preisen zu verkaufen, die über dem Fachhandelsniveau liegen. Es kann aber der Betrugstatbestand erfüllt sein, wenn überteuerte Waren gerade als besonders preisgünstig angepriesen wurden und/oder den Käufern Eigenschaften oder Wirkungen vorgespiegelt wurden, welche die Produkte tatsächlich gar nicht haben. Wird die Ausnutzung von Unerfahrenheit oder mangelndem Urteilsvermögen der Fahrtteilnehmer gezielt zur Durchsetzung extrem überteuerter Preise eingesetzt, ist zudem der Straftatbestand des **Wuchers**, § 302 a StGB, einschlägig.

36 Auch wenn es zu keiner – versuchten oder vollendeten – Vermögensschädigung gekommen ist, muß ferner stets § 4 UWG beachtet werden. Allerdings müssen die in Frage kommenden Werbebehauptungen dann zumindest „für einen größeren Kreis von Personen bestimmt" sein. Dies ist bei einmaligen Erklärungen gegenüber dem geschlossenen Kreis von Teilnehmern an einer Kaffeefahrt grundsätzlich nicht der Fall.[23] Vielmehr muß darüber hinaus – ähnlich wie bei Erklärungen von Zeitschriftenwerbern[24] – nachgewiesen werden, daß gleichlautende Angaben nach und nach gegenüber einer Vielzahl weiterer Personen gemacht wurden.[25] Dies wird die **Befragung von Teilnehmern anderer Kaffeefahrten desselben Veranstalters** unausweichlich machen. Die übrigen Tatbestandsmerkmale von § 4 UWG – unwahre und irreführende Angaben in der Absicht, den Anschein eines besonders günstigen Angebots hervorzurufen – werden dann je nach Sachlage häufig erfüllt sein. Achtung: Bei **Arzneimitteln** und anderen Mitteln im Sinne von § 1 des Heilmittelwerbegesetzes sind gemäß § 14 HWG i. V. m. § 3 HWG bereits **vorsätzlich irreführende Angaben strafbar**, ohne daß es auf die zusätzlichen Kriterien von § 4 UWG noch ankommt.

37 Gewerberechtlich handelt es sich bei den Werbeverkaufsveranstaltungen um **Wanderlager**, die gemäß § 56 a der Gewerbeordnung zwei Wochen vor Beginn unter Beifügung der beabsichtigten Werbung bei der zuständigen Behörde angezeigt werden müssen. Diese **Anzeigepflicht** wird häufig in ordnungswidriger Weise mißachtet oder dadurch zu umgehen versucht, daß die Veranstalter ein stationäres Gewerbe mit dem jeweiligen Gasthof als Betriebsstätte anmelden oder die Fahrtteilnehmer als „Clubmitglieder" verdingen, um eine geschlossene Veranstaltung vorzutäuschen. Ferner benötigen die Werbeverkäufer eine Reisegewerbekarte gemäß § 55 GewO. Auch hier stellen Verstöße normalerweise lediglich eine Ordnungswidrigkeit dar; jedoch machen sich die Täter bei beharrlicher Wiederholung gemäß § 148 Nr. 1 GewO strafbar.

---

[23] Vgl. *Baumbach/Hefermehl*, 20. Aufl., § 4 UWG, Rn. 4.

[24] Oben Rn. 27.

[25] BGHSt 24, 272; *Baumbach/Hefermehl* a.a.O., Rn. 5.

3. Widerrufsrecht auch bei Fahrten über die Grenze

Verträge, die auf Kaffeefahrten oder ähnlichen Freizeitveranstaltungen geschlossen wurden, unterliegen gemäß § 1 Abs. 1 Nr. 2 des Haustürwiderrufsgesetzes einem einwöchigen Widerrufsrecht. Zur Umgehung wird gelegentlich – insbesondere im grenznahen Bereich – der Zielort der Fahrt ins Ausland verlegt und die Verkaufsveranstaltung dort durchgeführt. Durch solche Manipulationen läßt sich aber gemäß Art. 29 Abs. 1 Nr. 3 des Einführungsgesetzes zum Bürgerlichen Gesetzbuch der **zwingende Verbraucherschutz**, den u. a. das Haustürwiderrufsgesetz gewährt, nicht umgehen, und zwar unabhängig davon, ob die abgeschlossenen Verträge im übrigen deutschem oder ausländischem Recht unterliegen. Wenn ein Veranstalter gleichwohl unter Verweis auf den Vertragsschluß im Ausland Fahrtteilnehmer, die den Kauf bereuen, über das Bestehen des Widerrufsrechts täuscht, kann dies den Betrugstatbestand erfüllen. Bei Tatbegehung im Ausland ist § 7 StGB zu beachten. 38

Ob die Aktivitäten deutscher Veranstalter im Ausland auch den deutschen Zivilvorschriften des Rechts gegen den unlauteren Wettbewerbs unterliegen, ist gesondert unter Anknüpfung an den sog. Ort der wettbewerblichen Interessenkollision zu prüfen.[26] Mit der oben erörterten Frage nach der Anwendbarkeit der deutschen Bestimmungen über das Widerrufsrecht hat das nichts zu tun.

4. Vergleichbare Mißstände bei anderen Verkaufsveranstaltungen

Die rechtlichen Ausführungen zu den Begleitumständen von Kaffeefahrten lassen sich jedenfalls im Prinzip auch übertragen auf sonstige Werbeverkaufsveranstaltungen. Bei der Werbung für letztere werden lediglich anstelle der gemeinsamen Ausflugsfahrt andere Lockmittel eingesetzt, so z. B. großzügige Bewirtung, Tanz und Unterhaltung, eine Gratisverlosung etc. Die Schwindelpraktiken, die hier wie dort häufig zu beobachten sind, unterscheiden sich kaum voneinander. Wiederum sind bevorzugte Opfer geschäftlich unerfahrene, meist ältere Menschen. 39

VIII. Werbung mit Mondpreisen

1. Vorgetäuschte Preisreduzierungen

Für überhöhte, nicht kaufmännisch kalkulierte, sondern willkürlich festgesetzte Preise hat sich im Wettbewerbsrecht der Begriff „Mondpreise" eingebürgert. Natürlich wirbt niemand damit, solche Preise aktuell zu fordern. Mondpreise werden in der Werbung vielmehr verbreitet als Vergleichsgröße genannt, um die eigenen Preise besonders niedrig erscheinen zu lassen. Bei der mit Abstand beliebtesten Variante der Mondpreiswerbung täuscht der Werbende vor, seinen **eigenen Preis drastisch reduziert zu haben**. Kaum etwas übt nämlich auf das Publikum einen vergleichbar starken Lockreiz aus. Der zu zahlende Preis als solcher, obwohl für nüchterne Rechner an sich das viel wichtigere Kriterium, tritt dagegen beim Kaufentschluß oft in den Hintergrund. 40

Die Werbung mit Eigenpreisvergleichen war bis Juli 1994 gemäß § 6e UWG weitgehend unzulässig. Die erst Anfang 1987 in Kraft getretene Vorschrift wurde unter anderem deshalb wieder aufgehoben, weil sie auch wahre Angaben verbot und aus diesem Grund vom Europäischen Gerichtshof für unvereinbar mit dem Gemeinschaftsrecht erklärt worden war. Nach Wegfall dieses bereits im Vorfeld der Irreführung greifenden Verbots hat die Werbung mit Mondpreisen wieder zugenommen. Eine entsprechende Werbeanzeige könnte etwa wie folgt lauten: 41

---

26 Vgl. *Baumbach/Hefermehl*, Einl. UWG, Rn. 184f; BGH NJW 1991, 1054.

„Wahnsinn! Luxuskomfort jetzt zum Spottpreis: Couchgarnitur im Landhausstil für den gehobenen Geschmack, massiv Eiche, Polster aus echtem Leder, Dreisitzer und zwei Sessel, früher DM 3598,–, jetzt nur noch DM 1598,–!!!"

Hinter dieser Werbung kann dreierlei stecken. Erstens: Der Händler hat für diese Couchgarnitur tatsächlich eine angemessene Zeitlang ernsthaft DM 3998,– verlangt und diesen Preis dann aus irgendwelchen Gründen – vielleicht mangels Verkaufserfolgs – um mehr als die Hälfte herabgesetzt. Zweitens: Der höhere Preis wurde nur zum Schein und in der Gewißheit, daß ihn niemand bezahlen würde, kurzzeitig verlangt, um dann publikumswirksam reduziert werden zu können. Wiederholt der Händler dieses Wechselspiel von höherem Scheinpreis und niedrigerem Werbepreis systematisch, spricht man von „Preisschaukelei". Drittens: Die Garnitur hat nie DM 3998,– gekostet; der Preis ist frei erfunden.

Im zweiten und dritten Fall liegt Mondpreisschwindel vor, und zwar einmal in der subtileren, einmal in der noch dreisteren Form. Die Ware ist jeweils von vornherein mit einem Verkaufspreis von DM 1598,– kalkuliert und damit wahrscheinlich nicht einmal besonders günstig. Ohne den Werbehinweis auf die angebliche Preisreduzierung hätte sich kaum jemand für das Angebot interessiert.

42 Auch **unverbindliche Preisempfehlungen** des Herstellers, auf die in der Werbung für Markenware gern als Vergleichsgröße Bezug genommen wird, können sich als Mondpreise entpuppen. Dies ist zum einen dann der Fall, wenn der empfohlene Preis die auf dem Markt tatsächlich geforderten Preise erheblich übersteigt. Eine solche Preisempfehlung ist gemäß § 23 Abs. 3 GWB mißbräuchlich und kann dem Hersteller vom Bundeskartellamt verboten werden. Zum anderen sind auch Werbehinweise auf längst aufgehobene unverbindliche Preisempfehlungen – etwa bei Auslaufmodellen – als Mondpreiswerbung anzusehen.

2. Beweisprobleme bei der Rechtsverfolgung

43 Zivilrechtlich betrachtet stellt sich die Werbung mit Mondpreisen im oben erläuterten Sinn als eindeutiger Verstoß gegen das Irreführungsverbot des § 3 UWG dar. Allerdings bereitet schon dort die Beweisführung in der Regel Probleme, vor allem bei den Eigenpreisvergleichen. Diese Beweisprobleme stellen sich auch und erst recht beim Straftatbestand des § 4 UWG. Ob ein Händler den in der Werbung genannten höheren Preis in der Vergangenheit wirklich nicht oder nicht ernsthaft gefordert hat, ist oft kaum noch festzustellen. Selbst wenn sichergestellte Geschäftsunterlagen keinen Verkauf zu dem höheren Preis ausweisen, schließt dies ja noch nicht aus, daß der Händler sich zumindest um einen solchen Verkauf bemüht und den Preis erst nach Einsicht in die Erfolglosigkeit dieses Bemühens reduziert hat. Besser ist die Beweissituation, wenn ein Konkurrent oder ein Wettbewerbsverein über längere Zeit hinweg **systematisch Material gesammelt** hat und dann, oftmals parallel zur Erhebung einer zivilrechtlichen Unterlassungsklage, Strafanzeige erstattet. Läßt sich durch Prospekte, Fotos, Zeugenaussagen oder andere Beweismittel eindeutig nachweisen, daß der angeblich geforderte höhere Preis in Wirklichkeit nie verlangt wurde, dürfte einer Verurteilung nach § 4 UWG in der Regel nichts im Wege stehen.

44 Schwieriger wird es, wenn der höhere Preis zumindest für kurze Zeit tatsächlich verlangt wurde. Ob der Händler dies ernsthaft oder nur zum Schein tat, ob er also wissentlich unwahre Angaben über den früheren Preis der Ware gemacht hat oder nicht, hängt letztlich von seiner **inneren Willensrichtung** ab. Dies wirft die mit dem Beweis subjektiver Tatsachen typischerweise verbundenen Probleme auf. Immerhin dürfte die Dauer, während der die Ware zum höheren Preis angeboten wurde, ein maßgebliches Indiz für oder gegen die Ernsthaftigkeit der Preisgestaltung sein. So sah das OLG Stuttgart[27] in

[27] WRP 1996, 469.

einem Fall, in dem ein Möbelhändler innerhalb von 13 Tagen diverse Artikel erst im Preis erhöht, dann wieder reduziert und sie dann mit der Preisherabsetzung beworben hatte, den Vorwurf der Preisschaukelei als erwiesen an. Die Verurteilung erfolgte allerdings nach § 3 UWG, nicht nach § 4 UWG. Als **angemessen langen Zeitraum** für die Aufrechterhaltung der Preise erachtete das Gericht **bei Möbeln** im Regelfall einen Zeitraum von mindestens **einem Monat**.

Auch ihre Höhe als solche kann die angeblich früher verlangten Preise als Mondpreise entlarven. So hatte ein Orientteppichhändler im Rahmen eines Räumungsverkaufs mit Preisherabsetzungen von bis zu 65% geworben. Die Ausgangspreise, von denen herab diese beachtlichen Reduzierungen erfolgten, waren aber mit **Handelsspannen von teilweise über 500%**, in einem Fall sogar von fast 800%, gepolstert. Das Berliner Kammergericht[28] sah deshalb die Ausgangspreise zu Recht als völlig überzogene Mondpreise an. Zwar handelte es sich wiederum um ein zivilrechtliches Wettbewerbsverfahren; es dürfte aber auch der dort nicht geprüfte Tatbestand strafbarer Werbung erfüllt gewesen sein.

Sollten sich in einem solchen Fall selbst die niedrigeren aktuellen Preise, gemessen am handelsüblichen Preis vergleichbarer Ware, als überteuert erweisen, kommt neben § 4 UWG auch eine Strafbarkeit wegen **Betrugs** in Betracht. Drastisches Beispiel hierfür ist etwa eine Zeitungsanzeige, in der für einen eintägigen Wanderlager-Verkauf von u. a. Kochtopfsets und Bestecken „bekannter Marken und Superqualität" geworben wurde. Den angegebenen Verkaufspreisen – jeweils zwischen 100,– DM und 200,– DM – wurden absurde, über zehnmal so hohe „Ladenpreise" gegenübergestellt, die für diese Waren sonst zu bezahlen seien. Die Überprüfung vor Ort ergab dann, daß statt der angeblichen Markenware anonyme Fernost-Billigprodukte verkauft wurden, die selbst den als einmalig beworbenen Niedrigpreis nicht annähernd wert waren. 45

Zusätzliche Probleme bei der strafrechtlichen Verfolgung ergeben sich, wenn Mondpreiswerbung zentral gesteuert und gleichlautend für eine ganze Reihe von Filialen oder verbundene Unternehmen veröffentlicht wird. Hier schiebt der Händler vor Ort die Schuld auf die Unternehmens- oder Verbundzentrale, diese verweist auf die Werbeagentur, und am Ende will keiner gewußt haben, daß es sich um unwahre Angaben handelte. In solchen Fällen kann nur die Sicherstellung der Geschäftsunterlagen in Zentrale und Filialen einschließlich der Korrespondenz mit Werbeagentur oder Druckerei zum Erfolg führen, gegebenenfalls ergänzt durch eine Vernehmung des Verkaufspersonals. 46

IX. Manipulierte Räumungsverkäufe

1. Beliebtes Lockmittel zur Umsatzsteigerung

Die Ankündigung eines Räumungsverkaufs übt auf große Teile des Publikums nach wie vor magische Anziehungskraft aus. In der Hoffnung auf eine günstige Kaufgelegenheit strömen dann Menschen herbei, die am selben Geschäft sonst achtlos vorbeigehen würden. Wegen dieser enormen Lockwirkung sind Räumungsverkäufe im Einzelhandel gemäß § 8 UWG nur unter bestimmten Voraussetzungen zulässig. Dies ist der Fall bei **Aufgabe des gesamten Geschäftsbetriebs** oder dann, wenn die Räumung des Warenbestands wegen eines **Schadensereignisses** (z. B. durch Feuer, Wasser oder Sturm) oder eines baugenehmigungspflichtigen **Umbaus** unvermeidlich ist. Außerdem muß jeder Räumungsverkauf zuvor bei der örtlichen Industrie- und Handelskammer **angezeigt** werden. 47

Die Aussicht, in kurzer Zeit hohe Umsätze zu erzielen, macht Räumungsverkäufe für unseriöse Geschäftemacher außerordentlich attraktiv. Betrachtet man die Mißstände nach Branchen, so rangiert der **Orientteppichhandel**, dem unten ein eigener Abschnitt gewid-

---

28 WRP 1993, 293 u. 364.

met ist, einsam an der Spitze. Aber auch bei Uhren und Schmuck, Möbeln, Pelzen und Leder sowie manchen anderen Warengattungen steht der Schwindel mit Räumungsverkäufen hoch im Kurs.

48 Die Bandbreite der Methoden, mit denen bei Räumungsverkäufen Verstöße gegen die gesetzlichen Vorschriften getarnt werden, reicht von rustikal bis raffiniert. So wird oft der **Grund für den Räumungsverkauf vorgetäuscht**, indem etwa gegenüber der zuständigen Industrie- und Handelskammer eine Geschäftsaufgabe angezeigt wird, obwohl von vornherein geplant ist, den Geschäftsbetrieb – häufig durch einen Strohmann im selben Ladenlokal – fortzuführen. Dies ist im Vorfeld des Räumungsverkaufs schwer zu erkennen und noch schwerer zu beweisen, so daß zumeist nur im nachhinein versucht werden kann, wenigstens die Fortführung des Geschäfts zu unterbinden. Den Profit mit dem Räumungsverkauf hat der Veranstalter dann aber bereits gemacht.

Zuweilen werden Geschäfte auch schon **kurz nach ihrer Eröffnung wieder geschlossen** – natürlich nicht, ohne daß zuvor ein lukrativer Räumungsverkauf beworben und durchgeführt wurde. Selbst wenn in solchen Fällen am Räumungsverkaufsgrund der Geschäftsaufgabe als solchem nicht zu rütteln ist, liegt doch der Verdacht nahe, daß Zweck des Geschäftsbetriebs von vornherein ausschließlich der möglichst baldige Räumungsverkauf war. Eine Betriebsdauer von weniger als einem Jahr, auffallend geringe Umsätze während dieser Zeit und ein im Vergleich dazu immenser Warenbestand bei Durchführung des Räumungsverkaufs sind typische Indizien hierfür. Aus wettbewerbsrechtlicher Sicht ist der Räumungsverkauf dann mißbräuchlich im Sinne von § 8 Abs. 6 Nr. 1 UWG.

49 Der Schwindel setzt sich in verstärktem Maße fort bei der Durchführung vieler Räumungsverkäufe. So werden nach der oben beschriebenen **Mondpreismethode** Preise willkürlich hochgezeichnet, wieder herabgesetzt und dann als drastisch reduziert beworben. Der Verbraucher wird von der Werbung angelockt, sieht im Geschäft die Schilder und Etiketten mit den durchgestrichenen Preisen und freut sich über die einmalige Kaufgelegenheit. In Wirklichkeit bezahlt er bestenfalls ganz normale Einzelhandelspreise.

Auch beim Warenbestand wird oft manipuliert. Beliebt ist zum einen das sogenannte **Vorschieben** von Ware, also das Aufblähen des Lagers speziell im Hinblick auf den bevorstehenden Räumungsverkauf, zum anderen das als **Nachschieben** bezeichnete Heranschaffen neuer Ware während der Dauer des Räumungsverkaufs. Beides ist nach § 8 Abs. 5 Nr. 2 UWG verboten. Gleiches gilt für das Einbringen von Kommissionsware – also von fremder Ware – in den Räumungsverkauf. Die zivilrechtliche Unterbindung solcher Machenschaften – und damit auch die Verhinderung mancher Straftat – würde wesentlich erleichtert, wenn den Industrie- und Handelskammern im Gesetz ausdrücklich das Recht zur Überprüfung von Geschäftsunterlagen des Räumungsverkaufsveranstalters, so namentlich von Einkaufsrechnungen, Umsatzsteuervoranmeldungen sowie Gewinn- und Verlustrechnungen, zugebilligt würde. Angesichts der insoweit unklaren Fassung von § 8 Abs. 4 UWG verweigern clevere Räumungsverkaufsschwindler den Kammern nicht selten kaltlächelnd den Einblick in solche Unterlagen.

2. Organisierter Schwindel durch professionelle Täter

50 Eine bestimmte Spezies hat die Organisation und Durchführung gesetzwidriger Räumungsverkäufe sogar zum Hauptberuf gemacht. Die sogenannten **Räumungsverkaufsprofis** tummeln sich besonders gern in den bereits genannten Branchen Orientteppiche, Möbel, Uhren und Schmuck. Sie suchen gezielt nach finanzschwachen, einen Käufer für ihr Geschäft suchenden oder aus sonstigen Gründen aufgabewilligen Einzelhändlern, um diese zu einem Räumungsverkauf wegen Geschäftsaufgabe zu bewegen. Manchmal werben sie auch selbst mehr oder weniger unverblümt für ihre Dienste als „Berater" bei ohnehin geplanten Räumungsverkäufen. Die Zusammenarbeit sieht dann so aus, daß nach außen hin der Händler als Veranstalter des Räumungsverkaufs auftritt, der Räu-

mungsverkaufsprofi jedoch ab sofort das Kommando übernimmt. Er kümmert sich um die Formalitäten und die Werbung, stellt Verkaufspersonal, frisiert die Preise nach bereits oben beschriebener Methode, schafft zusätzliche Ware zum Einschleusen in den Räumungsverkauf heran und besorgt im Streitfall einen Rechtsanwalt.

In einem entsprechenden Vertragsentwurf, der von Orientteppichprofis stammt, heißt 51
es beispielsweise bezeichnenderweise wie folgt:

„Die Unterzeichnenden kommen überein, daß die Herren XY (Anm.: die Räumungsverkaufsprofis) das Ladengeschäft der Firma Z in... zum... zu 99% übernehmen. Die Übernahme erfolgt im Innenverhältnis, im Außenverhältnis bleibt Herr Z der alleinige Inhaber und Eigentümer. Der Vertrag wird notariell beurkundet.

Die Herren XY verpflichten sich, bei einem von behördlicher Seite störungsfreien Sonderverkauf das Warenlager mit ca. 1 Mio. Ware zu übernehmen. Der genaue Wert wird durch eine gemeinsame Inventur und Bewertung ermittelt.

Ab dem Übernahmezeitpunkt gehen sämtliche anfallenden Kosten zu Lasten der Herren XY. Die Herren XY werden Ware an die Firma Z liefern, die ordnungsgemäß verbucht wird und in die Bilanz einfließt. Für diese Waren erhält die Firma Z Gutschriften und einen Kommissionsschein, so daß sie von der Abnahmeverpflichtung befreit ist.

Die Kasse wird von beiden Parteien geführt und abgerechnet.

Herr Z erhält ab dem Übernahmezeitpunkt auf alle übernommenen Teppiche 50% vom Verkaufserlös, auf alle neu in das Ladengeschäft eingebrachten 5%. In der ersten Sonderverkaufswoche sollte dann, je nach Höhe des Restbestandes und des Umsatzes, der Rest bezahlt werden. Ist dies nicht möglich, dann in den beiden darauffolgenden Wochen."

Aus dieser Vereinbarung geht eindeutig hervor, daß **der Geschäftsinhaber nur noch als Strohmann** fungiert und daß von außen herbeigeschaffte Teppiche als vermeintliche Räumungsverkaufsware abgesetzt werden sollen. Ein Händler, der sich auf so etwas einläßt, macht sich zum Komplizen der Räumungsverkaufsprofis. Zu Opfern werden dagegen die arglosen Kunden und die gesetzestreuen Mitbewerber.

In einem anderen Vertrag, der von Räumungsverkaufsprofis aus der Möbelbranche 52
verwendet wurde, heißt es unverblümt:

„Der Auftragnehmer (Anm.: der Räumungsverkaufsprofi) wird in Absprache mit dem Auftraggeber ausreichend Warenbestand auf Kommissionsbasis zur Verfügung stellen und garantiert, daß die von ihm eingebrachte Ware zumindest eine 80%ige Kalkulation auf den berechneten EK-Wert erreicht."

Weiter hinten im selben Vertrag ist dann die Rede von der

„Errichtung einer klassischen Orientteppichabteilung im Untermietungsverhältnis"

durch den Räumungsverkaufsprofi. Dieser nistet sich also in den Geschäftsräumen des Möbelhändlers mit neu herangeschafften Teppichen ein, wobei gegenüber dem Publikum gezielt der Eindruck erweckt wird, als handele es sich auch insoweit um Räumungsverkaufsware. Dieser **„Shop in the shop"-Trick** gehört gleichfalls zum gängigen Repertoire der Schwindler. Daß die Masche beim Publikum zieht, zeigen die Dankschreiben von Händlern, mit denen der Verwender des zuletzt zitierten Vertrags wirbt. So heißt es in einem dieser Schreiben:

„Sie und Ihr Team haben Unmögliches möglich gemacht, allein die von Ihnen eingebrachte Ware führte zu einem Umsatz von 1,3 Mio. DM, und das bei einer Durchschnittskalkulation von 104%."

Die Räumungsverkaufsprofis treten gegenüber Industrie- und Handelskammern und Behörden in der Regel ausgesprochen selbstbewußt auf. Unter der Hand lassen sie auch schon einmal verlauten, daß sie nicht die Absicht haben, sich bei ihren Geschäften von Leuten stören zu lassen, die im Monat höchstens soviel verdienen wie sie selbst an einem Tag.

3. Defizite bei der Strafverfolgung

53 Strafrechtlich wird der Räumungsverkaufsschwindel nur selten verfolgt, obwohl der **Tatbestand der strafbaren Werbung oft genug eindeutig erfüllt** ist. So liegen bei der Werbung mit Mondpreisen, mit vorgetäuschtem Räumungsverkaufsgrund oder mit Aussagen, die über das Nachschieben von Ware hinwegtäuschen, jeweils unwahre Angaben über „geschäftliche Verhältnisse" im Sinne von § 4 Abs. 1 UWG vor. Die Vorschrift nennt in diesem Zusammenhang nämlich als Beispiele ausdrücklich Angaben über die Preisbemessung von Waren, über den Anlaß oder Zweck des Verkaufs und über die Menge der Vorräte.

Daß die Täter die Unwahrheit dieser Angaben kennen, also vorsätzlich handeln, liegt in den meisten Fällen auf der Hand. Auch kommt es ihnen stets darauf an, den Anschein eines besonders günstigen Angebots im Sinne von § 4 Abs. 1 UWG hervorzurufen. **Ob das Angebot wirklich oder – wie meist – nur scheinbar günstig ist, spielt keine Rolle.**[29] Andernfalls würde man § 4 UWG zu sehr in die Nähe des Betrugstatbestands rücken. So wurde ein Räumungsverkaufsprofi, der die Werbetrommel für einen von ihm organisierten Uhren- und Schmuck-Räumungsverkauf mit nachgeschobenen Armbanduhren gerührt hatte, wegen strafbarer Werbung verurteilt, ohne daß es auf die Preisgünstigkeit der nachgeschobenen Ware angekommen wäre.[30] Sollte sich in einem solchen Fall die vermeintlich günstige Ware auch noch als überteuert erweisen, wäre zusätzlich der Betrugstatbestand zu prüfen.

Ebenfalls nach § 4 UWG verurteilt wurde ein Orientteppichhändler, der wahrheitswidrig einen Räumungsverkauf wegen Aufgabe des gesamten Geschäftsbetriebs angekündigt hatte, während in Wirklichkeit lediglich eine unselbständige Filiale des Unternehmens geschlossen wurde.[31]

X. Orientteppichschwindel

54 Es gibt keine andere Einzelhandelsbranche, in der unseriöse Absatzmethoden auch nur annähernd so verbreitet sind wie im Orientteppichhandel. Gewinnspannen von 500% und mehr sind hier durchaus keine Seltenheit. Da die meisten Verbraucher nicht über die erforderlichen Kenntnisse verfügen, Beschaffenheit und Wert eines Orientteppichs zu beurteilen, haben die Schwindler mit ihren großspurigen Ankündigungen vermeintlich sensationeller Angebote nach wie vor enormen Erfolg. **Die Werbung wird oft zentral gestaltet**; bestimmte Elemente typischer Werbeanzeigen, Prospekte und Wurfsendungen tauchen als Versatzstücke bundesweit immer wieder auf. So ist stets von gewaltigen Preisreduzierungen die Rede, wobei sich merkwürdigerweise eine angebliche Herabsetzung um 68% besonderer Beliebtheit erfreut. Gleichzeitig wird der regelmäßig **frei erfundene Anlaß für den Sonderverkauf** – z. B. drängende Gläubiger, kaufmännische Fehlkalkulation, Krankheit – näher erläutert, um der Werbung größere Glaubwürdigkeit zu verleihen. Schließlich fehlen im Falle der Geschäftsaufgabe nur selten Abschiedsworte des Inhabers, der seiner treuen Kundschaft für das gezeigte Vertrauen dankt und mit dem „unabänderlichen Beschluß" oder der „endgültigen Entscheidung" schweren Herzens die Aufgabe seines Lebenswerks verkündet. Dabei wird als Krönung ab und zu die angebliche akademische Bildung des Inhabers erwähnt – offenbar in der Erwartung, daß Akademiker per se als besonders ehrenwert angesehen werden. Darüber hinaus läßt sich beim Orientteppichschwindel je nach den näheren Begleitumständen zwischen **verschiedenen Fallgruppen** unterscheiden:

---

29 So zutreffend OLG Celle NJW 1987, 78; *Baumbach/Hefermehl*, 20. Aufl., § 4 UWG, Rn. 9; a. A. Großkommentar-*Otto*, § 4 UWG, Rn. 96.

30 OLG Celle a.a.O.

31 AG Koblenz WRP 1992, 750.

1. Der Zwangsvollstreckungstrick

Bei der Ausführung dieses Tricks arbeitet ein Teppichhändler mit einem Komplizen zusammen. Der Komplize erwirkt gegen den Teppichhändler zunächst einen vollstreckbaren Zahlungstitel, typischerweise in Form eines Versäumnisurteils, eines Vollstreckungsbescheids oder einer notariellen Urkunde. Obwohl der Titel sich auf einen **frei erfundenen Anspruch** – z. B. DM 500 000,– Kaufpreis aus einer Teppichlieferung – stützt, verteidigt sich der Teppichhändler nicht. Sodann vollstreckt der Komplize aus seinem Titel, indem er einen Gerichtsvollzieher beauftragt und in Absprache mit dem Teppichhändler bei jenem einen größeren Posten Orientteppiche – oft dubioser Herkunft – pfänden läßt. Schließlich werden die gepfändeten Teppiche vom Gerichtsvollzieher nach vorheriger öffentlicher Ankündigung **zwangsversteigert** (§§ 814, 816 Abs. 3 ZPO). Der Erlös wandert in die Taschen der Täter. 55

Solche Veranstaltungen haben großen Zulauf, weil Interessenten als selbstverständlich davon ausgehen, daß man bei einer zwangsweisen Versteigerung günstiger an einen Orientteppich kommt als im normalen Handel. Gerade das ist hier aber nicht der Fall. Der Teppichhändler hat nämlich **Gefälligkeitsgutachten mit völlig übersetzten Schätzwerten** beigebracht, auf deren Basis die Mindestgebote für die Versteigerung festgelegt wurden. Als Folge übersteigen bereits die Mindestgebote, die sich nach § 817 a ZPO auf wenigstens 50% des (vermeintlichen) gewöhnlichen Verkaufswerts belaufen müssen, zum Teil deutlich die wahren Verkehrswerte. Daneben beruht die besondere Zugkraft solcher Zwangsversteigerungen sicher auch darauf, daß die Mitwirkung des Gerichtsvollziehers, also eines staatlichen Vollstreckungsorgans, dem Publikum signalisiert, es gehe alles mit rechten Dingen zu. Daß der Gerichtsvollzieher lediglich als Instrument mißbraucht wird, erkennen nur Eingeweihte.

Bei einer abgewandelten Variante des Zwangsvollstreckungstricks ergeht es anderen staatlichen Institutionen ähnlich. In einem solchen Fall lassen die Täter **gezielt Zoll- oder Steuerschulden auflaufen**, um dann unter Hinweis auf diese Schulden wiederum eine zwangsweise Verwertung der Teppiche und damit eine günstige Kaufgelegenheit zu suggerieren. Oft wird, ohne daß die zuständige Behörde Vollstreckungsmaßnahmen eingeleitet hätte, in marktschreierischer Weise z. B. ein „großer Verwertungsverkauf zur Befriedigung von Abgabenschulden beim Hauptzollamt XY“ mit angeblich dramatischen Preisvorteilen beworben. Tatsächlich ist die Ware wiederum weit überteuert. 56

Wettbewerbsrechtlich liegt in allen genannten Fällen ein eindeutiger Verstoß gegen das Irreführungsverbot des § 3 UWG vor. Es kam allerdings schon vor, daß die Verfolgung erschwert wurde, weil das von den Tätern mißbräuchlich für Werbezwecke eingespannte Hauptzollamt unter Berufung auf das Steuergeheimnis seine Kooperation verweigerte. 57

Strafrechtlich erfordert § 4 UWG über den Irreführungstatbestand des § 3 UWG hinaus – unter anderem – nicht nur zur Irreführung geeignete, sondern auch **objektiv unwahre Angaben**. Ob solche vorliegen, wenn in der Werbung etwa auf einen tatsächlich bestehenden, wenn auch von den Parteien **konspirativ herbeigeführten Vollstreckungstitel** Bezug genommen wird, mag auf den ersten Blick zweifelhaft erscheinen. Nach zutreffender Ansicht wird man die Frage aber bejahen müssen, denn mit der Ankündigung einer Zwangsversteigerung untrennbar verbunden – und hier sogar beabsichtigt – ist jedenfalls die Behauptung einer **Zwangslage**, an der es jedoch bei einem zwischen den Parteien abgesprochenen Vorgehen gerade fehlt.[32] Es ist auch unschädlich, wenn in solchen Fällen die öffentliche Ankündigung der Zwangsversteigerung lediglich durch den Gerichtsvollzieher erfolgt, nicht jedoch durch den Händler und seinen vermeintlichen

---

32 Im Ergebnis ebenso LG Essen WRP 1963, 373; OLG Köln NJW 1976, 1547; zustimmend Großkommentar-*Otto*, § 4 UWG, Rn. 39 m. w. N. in Fn. 42; ablehnend *Tetzner*, NJW 1964, 1356; *Freitag*, NJW 1977, 116.

Gläubiger. Der Gerichtsvollzieher muß die Versteigerung nämlich kraft Gesetzes (§ 816 Abs. 3 ZPO) öffentlich ankündigen und fungiert insoweit lediglich als Werkzeug der hinter ihm stehenden – mittelbaren – Täter.[33]

Darüber hinaus wird häufig auch der **Betrugstatbestand** erfüllt sein. Zwar erwirbt der Ersteigerer vom Gerichtsvollzieher kraft hoheitlichen Akts in jedem Falle Eigentum am Teppich, also auch dann, wenn es sich um Diebesgut handeln sollte. Haben die Täter jedoch mit falschen Wertgutachten die Mindestgebote nach oben getrieben mit der Folge, daß die Ersteigerer statt der angekündigten günstigen Gelegenheiten völlig überteuerte Teppiche erstehen, die ihr Geld nicht wert sind, so liegt die beim Betrug erforderliche Vermögensschädigung vor. Schließlich dürften die Täter ihre Gewinne in den seltensten Fällen ordnungsgemäß versteuern, so daß regelmäßig auch Steuerhinterziehung vorliegt.

2. Verwertung sicherungsübereigneter oder verpfändeter Teppiche

58 Eine weitere beliebte Masche besteht darin, daß die Täter bei einem Kreditinstitut ein in Wirklichkeit **gar nicht benötigtes Darlehen** aufnehmen. Dieses Darlehen wird umfangreich gesichert, unter anderem durch die Übereignung von Orientteppichen. In der Folge kommen die Täter ihren Rückzahlungsverpflichtungen bewußt nicht nach und stellen der auf Zahlung drängenden Bank schließlich anheim, sie möge sich durch Verwertung der sicherungsübereigneten Teppiche befriedigen. Gleichzeitig wird der Bank ein Auktionator benannt, der dann regelmäßig den Verwertungsauftrag erhält und der in Ausführung dieses Auftrags den Verkauf oder die **Versteigerung des Sicherungsguts** anmeldet, öffentlich ankündigt und schließlich durchführt. Wiederum glaubt das Publikum daran, bei einer solchen „großen Versteigerung von sicherungsübereigneten Orientteppichen im Auftrag der darlehensgewährenden Bank" günstig einen Teppich erstehen zu können. In Wirklichkeit wurden aber auch hier mit Hilfe von Gefälligkeitsgutachten angebliche Verkehrswerte und **Mindestgebote künstlich hochgesetzt**, so daß von Preisvorteilen gegenüber dem normalen Einzelhandel keine Rede sein kann. Der Auktionator ist zumeist in die Hintergründe eingeweiht; bei den Gläubigerbanken scheinen die Verantwortlichen gelegentlich zumindest die Augen vor der Realität zu verschließen.

59 Bei einer anderen Spielart der gerade geschilderten Methode werden die Teppiche vom Händler nicht sicherungsübereignet, sondern **an einen Pfandleiher verpfändet**. Die Wiederauslösung unterbleibt in beiderseitigem Einverständnis. Statt dessen wird wiederum ein Auktionator eingeschaltet und mit der Versteigerung oder dem freien Verkauf der verpfändeten Orientteppiche beauftragt. Der Rest läuft ab wie oben beschrieben, wobei den Teppichen auch hier durch bestellte Gutachten weit übersetzte Werte bescheinigt werden.

60 Daß ungebrauchte sicherungsübereignete Orientteppiche überhaupt publikumswirksam versteigert werden können, ist auf eine Entscheidung des Bundesgerichtshofs vom 20. Oktober 1972[34] zurückzuführen. Aus gewerberechtlichen Gründen darf nämlich normalerweise nur gebrauchte Ware Gegenstand einer Versteigerung sein. Eine Ausnahme gilt unter anderem gemäß § 12 Abs. 1 Nr. 3 der Versteigererverordnung für den Fall, daß die öffentliche Versteigerung aufgrund gesetzlicher Vorschrift erfolgt. Das ist bei sicherungsübereigneter Ware an sich nicht der Fall, weil die Art der Verwertung sich dort nach der Sicherungsabrede richtet, nicht nach dem Gesetz. Anders verhält es sich bei der Pfandverwertung, wo die Versteigerung den gemäß § 1235 BGB gesetzlich vorgesehenen Regelfall darstellt. Gleichwohl behandelt der BGH beide Fälle aus wirtschaftlichen Erwägungen vom Ergebnis her gleich.

Lassen sich also solche Versteigerungen nicht von vornherein verhindern, so bieten die bestehenden Vorschriften doch Handhabe, die Mißbräuche zumindest in Grenzen zu

[33] So im Ergebnis auch LG Essen a.a.O.
[34] NJW 1973, 246.

halten. In den Fällen der oben zitierten Ausnahmevorschrift des § 12 Abs. 1 VerstV muß der Versteigerer bei der Anzeige Namen und Anschrift seines Auftraggebers offenbaren, ferner eine Aufstellung des Versteigerungsguts nach Art, Beschaffenheit und Menge sowie Unterlagen beifügen, die das Vorliegen eines der Ausnahmetatbestände belegen. Außerdem sind bei Teppichen und Pelzwaren Schätzgutachten eines öffentlich bestellten und vereidigten Sachverständigen einzureichen. Die zuständige Verwaltungsbehörde und in ihrem Auftrag auch die Industrie- und Handelskammer sind zur umfassenden **Überprüfung der Zulässigkeit** von Versteigerungen berechtigt. Einzelheiten des Verfahrens regelt § 5 VerstV. Es empfiehlt sich, bei Ermittlungen gegen Versteigerer oder deren Auftraggeber Kontakt mit den genannten Stellen aufzunehmen.

Aus strafrechtlicher Sicht ist die mißbräuchlich herbeigeführte Verwertung von Pfand- 61
oder Sicherungsgut im Hinblick auf § 4 UWG vom Prinzip her ebenso zu behandeln wie das oben geschilderte konspirative Zusammenwirken von Teppichhändler und Vollstreckungsgläubiger. Das gilt jedenfalls für all diejenigen Fälle, in denen der Teppichhändler mit dem Sicherungsnehmer bzw. Pfandgläubiger wie dort im heimlichen Einvernehmen handelt. Dagegen wird man in der bloßen Ankündigung von Verwertungsmaßnahmen durch eine Bank, die nicht in Komplizenschaft mit dem Teppichhändler agiert, wohl noch keine unwahre Angabe über geschäftliche Verhältnisse im Sinne von § 4 Abs. 1 UWG sehen können. In einem solchen Fall – wie auch sonst – kann aber je nach den weiteren Umständen durchaus der Tatbestand des Betrugs erfüllt sein, ebenso derjenige der Steuerhinterziehung.

3. Schwindel mit Wanderlagern

Wanderlager sind zeitlich begrenzte Verkaufsveranstaltungen im Reisegewerbe. Im 62
Orientteppichhandel erfreuen sie sich außerordentlicher Beliebtheit. Die Wanderlager finden statt in leerstehenden Hallen oder Ladenlokalen, die von den Veranstaltern für kurze Zeit angemietet werden, manchmal auch in Gasthäusern oder Hotels. Solche Verkäufe müssen, wenn – wie stets – eine öffentliche Ankündigung erfolgen soll, nach näherer Maßgabe von § 56 a GewO zwei Wochen vor der ersten Werbeankündigung **bei der zuständigen Behörde angezeigt** werden. Um diese Anzeigepflicht zu umgehen, melden unseriöse Veranstalter am Ort des geplanten Verkaufs **zum Schein ein stehendes Gewerbe** an. Die Anmeldung erfolgt meist durch Strohleute. An einem Samstagmorgen, wenn weder Behörden noch Gerichte besetzt sind, wird dann per Anzeige oder Hauswurf marktschreierisch mit angeblich sensationellen Preisvorteilen für das Wanderlager geworben. Der Verkauf beginnt sofort, wird unter **Verletzung des Ladenschlußgesetzes** über den Sonntag hinweg fortgeführt und am Montag beendet. Behördliche Untersagungsverfügungen oder gerichtliche Verbote kommen damit fast immer zu spät.

In anderen Fällen werden Orientteppich-Wanderlager zwar gemäß § 56 a GewO angezeigt. Auch dann schieben die Veranstalter aber häufig Strohleute vor. Außerdem wird der zuständigen Behörde bei der Anzeige oft ein auffallend harmloser Ankündigungstext übergeben, der zu keinerlei Beanstandungen Anlaß gibt. Die später tatsächlich veröffentlichte Werbeankündigung strotzt dann dagegen vor irreführenden und sonst unzulässigen Angaben. Wiederum erfolgen Werbung und Durchführung regelmäßig am Wochenende, so daß sofortiges Einschreiten kaum möglich ist.

Die geschilderten Verstöße gegen die gewerberechtliche Anzeigepflicht und gegen das 63
Ladenschlußgesetz stellen lediglich Ordnungswidrigkeiten dar, deren Ahndung die Täter selten sonderlich beeindruckt. Um so wichtiger ist es deshalb, gesetzwidrige Wanderlagerveranstaltungen von vornherein zu unterbinden oder zumindest so schnell wie möglich abzubrechen, auch wenn die Täter dies auf den beschriebenen Wegen geschickt zu verhindern suchen. Die strafrechtliche Beurteilung richtet sich nach dem Inhalt der Ankündigung und den Begleitumständen des Wanderlagerverkaufs. Wird z. B. unter Hinweis auf einen frei erfundenen Anlaß („zwangsweise Liquidierung eines Großlagers")

besondere Preisgünstigkeit suggeriert, so liegt in der Regel ein Vergehen nach § 4 UWG vor. Bringen die Veranstalter mit Hilfe von bestellten Gutachten und Mondpreisangaben Teppiche zu überhöhten Preisen an den Mann, handelt es sich (auch) um Betrug.

4. Mißstände bei Räumungsverkäufen

64 Die oben unter Randnummern 47 ff geschilderten Schwindelmethoden bei Räumungsverkäufen sind auch und in besonderem Maße im Orientteppichhandel zu beobachten. Gerade hier werden Räumungsverkäufe als willkommene Möglichkeit betrachtet, von Ort zu Ort vagabundierende Überbestände an Ware in den Markt zu drücken. Zu diesem Zweck werden Geschäftsbetriebe ausschließlich in der Absicht errichtet, sie zur Ermöglichung eines Räumungsverkaufs wegen Geschäftsaufgabe möglichst bald wieder zu schließen. Um die Mißbräuchlichkeit dieses Vorgehens zu verschleiern, werden ständig neue **Strohleute** als Geschäftsinhaber vorgeschoben. Ihre angebliche Erfolglosigkeit dient dann häufig als Begründung dafür, warum das Geschäft so rasch wieder geschlossen werden müsse. Sogar vermeintliche **Bürgen**, die nach eigenem Bekunden für die Verbindlichkeiten von Teppichhändlern in Anspruch genommen wurden und dafür angeblich deren Teppichbestände übereignet erhielten, eröffnen gelegentlich Orientteppichgeschäfte. Nach kurzer Zeit stellt sich stets heraus, daß der geschäftlich unerfahrene Bürge dieser Aufgabe nicht gewachsen ist und das Geschäft wieder schließen muß – natürlich erst nach vorherigem Räumungsverkauf.

Das **Vor- und Nachschieben** großer Mengen von Teppichen – oftmals unverzollt oder Hehlerware – ist in den genannten Fällen die Regel. Fehlende oder manipulierte Herkunftsbelege erschweren häufig die Identifizierung der Teppiche. Ferner ist auch hier **Mondpreisschwindel** an der Tagesordnung. In Wirklichkeit sind die Teppiche selbst die angeblich dramatisch reduzierten Preise oft nicht einmal annähernd wert.

65 Räumungsverkäufe wegen Geschäftsaufgabe enden speziell im Orientteppichhandel häufig mit **Versteigerungen**. Da § 8 UWG für den Räumungsverkauf keine bestimmte Art der Veräußerung vorschreibt und § 12 Abs. 1 Nr. 2 VerstV die Versteigerung ungebrauchter Ware für den Fall der Geschäftsaufgabe ausdrücklich zuläßt, sind solche Versteigerungen, sofern sie innerhalb der Frist von 24 Werktagen gemäß § 8 Abs. 2 UWG stattfinden, grundsätzlich erlaubt. Jedoch wird auch bei Versteigerungen im Rahmen von Räumungsverkäufen häufig mit bestellten Sachverständigengutachten gearbeitet, die den Teppichen **weit übersetzte Schätzwerte** bescheinigen, so daß auch die deutlich unter diesen Werten angesiedelten Mindestgebote in Wirklichkeit alles andere als günstig sind.

Die in der Versteigerung nicht abgesetzten Teppiche werden dann regelmäßig zum sog. **Nachverkauf** gemäß § 20 VerstV gegeben, der wegen § 8 Abs. 6 Nr. 2 UWG weder am Ort des Räumungsverkaufs noch in einer Nachbargemeinde stattfinden darf. Tatsächlich wird die Ware oft an verschiedene andere Orte verbracht mit der Folge, daß unzulässigerweise nicht nur einer, sondern gleich mehrere „Nachverkäufe" werbewirksam angekündigt und durchgeführt werden. Ob dabei wirklich nur übriggebliebenes Versteigerungsgut angeboten oder auch andere Ware mit einbezogen wird, ist dann kaum noch festzustellen.

66 Strafrechtlich sind die hier geschilderten Machenschaften nach den bereits unter Randnummer 53 erläuterten Grundsätzen zu beurteilen. Es ist insbesondere darauf hinzuweisen, daß bei Mondpreisangaben, vorgetäuschtem Räumungsverkaufsgrund und beim Nachschieben von Ware **fast immer der Straftatbestand des § 4 UWG erfüllt** ist, zumal es nach zutreffender Ansicht nicht darauf ankommt, ob der von den Tätern erweckte Anschein eines besonders günstigen Angebots trügerisch ist oder nicht. Wichtig für die Ermittlungen ist, daß neben den beim Tatverdächtigen sichergestellten Rechnungen und Belegen auch die Versteigerungs- und Räumungsverkaufsunterlagen bei der jeweils zuständigen Industrie- und Handelskammer ausgewertet werden.

XI. Heil- und Arzneimittelschwindel

1. Straftaten im Reisegewerbe

Der Schwindel mit obskuren Gesundheitspräparaten, lebensverlängernden Elixieren und Wundermedizin gegen nahezu jede Krankheit ist wahrscheinlich nur unwesentlich jünger als die Menschheit. Je stärker jemand unter – wirklichen oder eingebildeten – Krankheiten leidet oder sich vor ihnen fürchtet, desto geringer ist erfahrungsgemäß seine Skepsis gegenüber solchen Mitteln. Deshalb sind **alte und kranke Menschen** die bevorzugte Zielgruppe von Heil- und Arzneimittelschwindlern. Die Geschäfte werden vor allem an der Haustür gemacht. Dort können die gewandt und vertrauenerweckend auftretenden Täter ihre Opfer persönlich ansprechen, sich mitfühlend von deren Krankheiten berichten lassen und sogleich das jeweils geeignete Mittel präsentieren. Potentielle Opfer werden durch Herumfragen in der Nachbarschaft ausfindig gemacht, aber auch durch Adressenaustausch mit anderen reisenden Tätern und sonstigen Vertreibern von „Wundermitteln". 67

Die Vielfalt der auf diesem Wege vertriebenen Präparate ist beeindruckend. Insbesondere gegen typische Altersleiden wie Rheuma, Krampfadern, Durchblutungsstörungen, Schwindelgefühle, Herz- und Kreislaufprobleme, aber auch gegen Migräne, Magenleiden und sonstige Beschwerden wird eine Fülle von Heilmitteln feilgeboten. Sie alle haben eines gemeinsam: ihre weitgehende **Wirkungslosigkeit**, kaschiert lediglich von gelegentlichen Plazebo-Effekten. Was die angeblich lebensverlängernden Elixiere betrifft, so kann man ihnen bestenfalls bescheinigen, daß sie das Ableben nicht nennenswert beschleunigen. Von Nutzen sind sie lediglich für die Täter. So wurden für hunderte von Mark „Kuren" verkauft, die im wesentlichen aus Traubensaft bestanden. Ein reisender Täter erleichterte über 70 Rentnerinnen und Rentner um jeweils DM 3000,– bis DM 5000,– für ein lebensspendendes Wundermittel, wobei er so dreist vorging, seine Opfer zur Bank zu begleiten und sich dort ihre Ersparnisse aushändigen zu lassen. Regelmäßig dichten die Täter nicht nur den angebotenen Präparaten wundersame Wirkungen an, sondern auch sich selbst Kenntnisse in Arzneimittel- und Heilkunde. So werden aufkeimende Zweifel der zumeist betagten Opfer durch ein paar fachmännisch klingende Erläuterungen schnell zerstreut.

Strafrechtlich ist in den geschilderten Fällen der **Betrugstatbestand** regelmäßig erfüllt. 68
Ob auch ein Vergehen der strafbaren Werbung gemäß § 4 UWG vorliegt, hängt vor allem davon ab, ob unwahre Angaben gegenüber einem größeren Personenkreis gemacht wurden. Bei reisenden Tätern kommt es also darauf an, ob sie in einer Vielzahl von Fällen gleichlautende Erklärungen gegenüber ihren Opfern abgegeben haben.[35] Allerdings ist bei der Werbung für Heil- und Arzneimittel zusätzlich der Straftatbestand des § 14 Heilmittelwerbegesetz (HWG) zu beachten, der bereits die (vorsätzliche) irreführende Werbung im Sinne von § 3 HWG unter Strafe stellt, ohne daß es auf die in § 4 UWG geforderten weiteren Voraussetzungen ankäme. Daneben können auch die Tatbestände des Wuchers (§ 302a StGB) und des unerlaubten Ausübens der Heilkunde (§ 5 Heilpraktikergesetz) erfüllt sein.

Erschwerend bei den Ermittlungen wirkt sich aus, daß die Opfer häufig altersbedingt nicht nur körperlich abbauen, sondern auch im Erinnerungsvermögen nachlassen. Bei erkennbarer Gebrechlichkeit und voraussichtlich noch länger andauernden Ermittlungen sollte deshalb die möglichst rasche richterliche Vernehmung veranlaßt werden. Um den Umfang der verfolgten Straftaten und die Anzahl der Geschädigten zu ermitteln, empfiehlt sich zudem die **Einschaltung der Presse** unter Angabe einer zentral zuständigen Dienststelle. Schließlich sollten in die Ermittlungen – soweit ausfindig zu machen –

[35] Vgl. oben Rn. 2, 27, 30.

auch die Hersteller der vertriebenen Präparate und Elixiere einbezogen werden. Wenn sie nicht mit den Tätern unter einer Decke stecken, so können sie doch zumindest Angaben über die Abnehmer, über die Zusammensetzung der Mittel und deren Abgabepreis machen, was die Verfolgung der Täter erleichtert.

2. Publikumswerbung

69 Auch in den Massenmedien – vorzugsweise in Publikationen mit einem hohen Anteil intellektuell genügsamer Leser – wird für alle möglichen Wundermittel geworben. Solche Publikumswerbung verspricht nur verhältnismäßig selten die Erkennung, Beseitigung oder Linderung gravierender körperlicher Krankheiten oder Leiden, weil dann ein Verstoß gegen § 12 HWG (die Vorschrift verweist auf eine Anlage mit einer abschließenden Liste von Krankheiten und Leiden) offenkundig wäre. Derartige Verstöße werden meistens sofort von Mitbewerbern oder Verbänden verfolgt und gegebenenfalls per einstweiliger Verfügung unterbunden. Statt dessen konzentrieren sich die Schwindler zum einen auf die Werbung für Mittel, die angeblich zu einer drastischen Steigerung von Vitalität, Leistungsfähigkeit oder Manneskraft führen. Zum anderen wird Personen, die an **kosmetischen Defiziten** wie z. B. Fettpolstern, Orangenhaut, Glatzköpfigkeit etc. leiden, wirksame Abhilfe versprochen. Daß derartige Mittel zumeist wirkungslos und vereinzelt sogar schädlich sind, hat sich inzwischen in weiten Kreisen herumgesprochen. Dennoch wird der auf diesem Gebiet angerichtete Schaden auf über DM 100 Mio. jährlich geschätzt.

70 Neben den auch hier stets zu prüfenden Tatbeständen des Betrugs und der strafbaren Werbung ist wiederum § 14 i.V. m. § 3 HWG besonders zu beachten. Danach macht sich unter anderem derjenige strafbar, der einem Mittel eine therapeutische Wirkung beilegt, die dieses nicht hat, oder der fälschlich den Eindruck erweckt, ein Erfolg könne mit Sicherheit erwartet werden. Weitere Strafbarkeitsvoraussetzungen bestehen nicht; insbesondere bedarf es keiner Schädigung eines Dritten oder des Anscheins besonderer Günstigkeit. Wenn die strafrechtliche Ahndung von Gesetzesverstößen auf diesem Gebiet gleichwohl eher die Ausnahme darstellt, liegt das sicher auch an der **nur 6 Monate betragenden Verjährungsfrist** bei der Werbung in Presseorganen.[36] Diese kurze Frist führt dazu, daß oftmals bereits Verjährung eingetreten ist, noch bevor getäuschte Verbraucher die Unwirksamkeit oder gar Schädlichkeit des Mittels bemerkt und sich zur Strafanzeige entschlossen haben.

XII. Progressive Kundenwerbung

71 Die sog. progressive Kundenwerbung wurde durch den im Rahmen des 2. WiKG von 1986 neugeschaffenen § 6 c UWG unter Strafe gestellt. Charakteristisches Wesensmerkmal der progressiven Kundenwerbung ist es, **Nichtkaufleute** dadurch als Kunden anzulocken, daß ihnen vermögenswerte Vorteile (z. B. Provisionen, Preisnachlässe) dafür versprochen werden, ihrerseits neue Kunden zu gewinnen, die wiederum mit entsprechenden Anreizen zur weiteren Kundenwerbung veranlaßt werden sollen, und so fort. Alle Kunden werden so unweigerlich in die Vertriebsorganisation des werbenden Unternehmens eingespannt. Profitstreben wird zum Motor des Handelns, während Güte und Preiswürdigkeit des vertriebenen Produkts völlig in den Hintergrund treten.

Bei der organisatorischen Ausgestaltung unterscheidet man gemeinhin zwischen dem sog. **Schneeballsystem**, bei dem das werbende Unternehmen auch die Verträge mit Zweitkunden, Drittkunden etc. selbst abschließt, und dem sog. **Pyramidensystem**, bei dem die Erstkunden mit den Zweitkunden kontrahieren, die Zweit- mit den Dritt-

---

[36] Dazu näher unten Rn. 109.

kunden etc.[37] Da beide Systeme auf dem Prinzip basieren, daß jeder Kunde möglichst viele weitere Kunden gewinnt und diese ihrerseits gleiches tun, stellt sich ein Potenzierungseffekt ein, der binnen kürzester Zeit zur Marktverengung bis hin zur völligen **Marktverstopfung** führt. Das ist vor allem verhängnisvoll für denjenigen Käufer, der sich innerhalb eines Pyramidensystems in der Hoffnung auf Weiterveräußerungsprovisionen und Aufstieg in der Vertriebshierarchie mit großen Warenmengen eingedeckt hat und nun z. B. auf einem ganzen Keller voller Waschmittel sitzt, das niemand mehr haben will.

Da § 6 c UWG nach seinem Wortlaut („Wer es unternimmt..") ein sog. Unterneh- 72
mensdelikt ist, wird bereits der **Versuch als vollendete Tat** bestraft. Ob tatsächlich Kunden gewonnen wurden oder nicht, spielt also keine Rolle.[38] Auch ist es unbeachtlich, ob Warenabnehmern innerhalb eines Pyramidensystems – jedenfalls auf dem Papier – ein Rückgaberecht für nicht abgesetzte Ware eingeräumt wird. Die Strafbarkeit nach § 6 c UWG läßt sich so nicht vermeiden, zumal die Durchsetzbarkeit der Rückabwicklung über verschiedene Vertriebsebenen hinweg – gerade bei zunehmender Marktverengung, wenn alle ihre Ware wieder loswerden wollen – äußerst fraglich sein dürfte. Jedoch muß das System darauf angelegt sein, daß die für den Fall der Werbung neuer Kunden versprochenen **Vorteile vom veranstaltenden Unternehmen gewährt** werden. Beschränkt sich der finanzielle Anreiz, neue Kunden zu gewinnen, dagegen auf den erhofften Weiterveräußerungsgewinn, oder werden Vorteile von Dritten gewährt, die mit dem veranstaltenden Unternehmen nicht wirtschaftlich verbunden sind, scheidet § 6 c UWG aus.[39]

Neben § 6 c UWG können bei progressiver Kundenwerbung je nach Sachverhalt auch die Straftatbestände der §§ 4 UWG und 263 StGB verwirklicht sein. Oft wird dies jedoch nicht der Fall sein, da § 6 c UWG gerade für Sachverhalte geschaffen wurde, die von anderen Straftatbeständen nicht hinreichend erfaßt wurden. Täter ist, wer vorsätzlich die in § 6 c UWG beschriebene Vertriebsmethode anwendet. Das kann auch derjenige sein, der – zunächst nur als Opfer angelockt und damit straflos (notwendige Teilnahme) – später innerhalb der Vertriebshierarchie selbst eine aktive Rolle übernimmt. Die Verfolgung setzt **keinen Strafantrag** voraus.

Nicht ganz unproblematisch ist die rechtliche Beurteilung des sog. **Multi-Level-Mar-** 73
keting, das man auch schlicht als Strukturvertrieb mit zumindest bedenklichen Anklängen an das von § 6 c UWG umrissene Absatzsystem bezeichnen könnte. In einem Fall, in dem es um den Vertrieb von Kosmetika und diätetischen Lebensmitteln amerikanischer Herkunft ging, verneinte das LG Offenburg[40] in einem Zivilverfahren einen Verstoß gegen § 6 c UWG (wie auch gegen §§ 1 und 3 UWG), obwohl der Absatz über ein hierarchisch strukturiertes, den Endverbraucher durch Provisionsversprechen in den Vertrieb einspannendes System erfolgte. Das Gericht begründete seine Entscheidung im wesentlichen damit, daß angesichts der konkreten Umstände des zu beurteilenden Falls zunächst Güte und Preiswürdigkeit des Produkts den Absatz diktierten und erst im Wege der „Nachbetreuung" versucht werde, die Kunden auch als Vertriebspartner zu gewinnen. Auch würden anders als bei (sonstigen) Pyramidensystemen die Abnehmer **nicht zur Vorratshaltung veranlaßt**.[41] Man wird der Entscheidung zumindest in strafrechtlicher Hinsicht vom Ergebnis her beipflichten können. Jedenfalls ist das offensichtliche Unbehagen des Gerichts gegenüber einer Qualifizierung des geschilderten Sachverhalts als strafbares Unrecht nachvollziehbar. Aus möglicherweise ähnlichen Motiven ließ das OLG München[42] bei einem vergleichbaren Sachverhalt die Frage eines Verstoßes gegen

[37] Vgl. *Köhler/Piper*, § 6 c UWG, Rn. 2.
[38] Großkommentar-*Otto*, § 6 c UWG, Rn. 23.
[39] *Köhler/Piper*, § 6 c UWG, Rn. 11 m. w. N.
[40] WRP 1998, 85.
[41] Unter anderem deshalb zustimmend *Leible*, WRP 1998, 18; vgl. auch *Thume*, WRP 1999, 280.
[42] WRP 1996, 42.

§ 6 c UWG ausdrücklich offen, erkannte aber – anders als das LG Offenburg – eine Verletzung von § 1 UWG.

XIII. Kettenbriefe und Pyramidenspiele

74 Während bei der klassischen progressiven Kundenwerbung der Kunde zum willfährigen Werkzeug beim Absatz von Waren oder Dienstleistungen gemacht wird, wollen die Initiatoren von Kettenbriefaktionen oder Pyramidenspielen nichts verkaufen, sondern **schlicht Geld einsammeln**. Das geschieht auf unterschiedliche Weise:

1. Kettenbriefaktionen

75 Harmlose Spielarten von Kettenbriefaktionen, bei denen es nicht um Geld, sondern beispielsweise um das Versenden von Postkarten (und den versprochenen Erhalt einer vielfachen Menge hiervon) geht, kennt fast jeder aus eigener, teilweise noch kindlicher Erfahrung. Schon etwas weniger harmlos, aber rechtlich in der Regel gleichfalls irrelevant sind Appelle an Furcht oder Aberglauben, mit denen die Weiterversendung inhaltlich belangloser Kettenbriefe erzwungen werden soll („Wer die Kette abreißen läßt, dem wird großes Unglück widerfahren"). Im folgenden ist indessen allein die Rede von Kettenbriefen, deren Empfänger **Geldzahlungen** leisten sollen. Das funktioniert in der Regel so, daß Listen mit z. B. zehn untereinander aufgeführten Personen versandt werden. Neuerdings geschieht dies zunehmend auch per E-Mail. Die Adressaten einer solchen Liste werden aufgefordert, der an oberster Stelle genannten Person einen Betrag von z. B. DM 100,– zu überweisen, sodann den Namen dieser Person zu streichen, dafür den eigenen Namen an unterster Stelle neu einzufügen, die so modifizierte Liste an zehn weitere Adressaten eigener Wahl zu senden und jene aufzufordern, entsprechend zu verfahren. Sobald man selbst an oberster Stelle stehe, so die Verheißung, breche gewaltiger Geldsegen über einen herein.

Dieses System der wundersamen Geldvermehrung, bei dem angeblich jeder Mitspieler Gewinn macht, obwohl der Geldfluß doch ausschließlich von Mitspielern gespeist wird, kann aus auf der Hand liegenden Gründen nicht funktionieren. Eine simple Zehnerpotenzrechnung zeigt, daß bei idealem Verlauf der oben beispielhaft geschilderten Kettenbriefaktion (niemand läßt die Kette abreißen, jeder Adressat wird nur einmal angeschrieben) bereits auf der zehnten Stufe Extraterrestrier mitspielen müßten, weil die Erdbevölkerung nicht ausreichte. In der Praxis verebben solche Aktionen mangels neuer Mitspieler natürlich viel früher. **Profit machen lediglich die Initiatoren** und vielleicht einige wenige Mitspieler nach ihnen; die übrigen sehen ihr Geld nicht wieder, von einem Gewinn ganz zu schweigen.

76 Gleichwohl bewegen sich die Versender solcher Kettenbriefe aus strafrechtlicher Sicht je nach konkreter Gestaltung des Ablaufs auf relativ gefahrlosem Terrain. In seiner bekannten „Goldkreis"-Entscheidung[43] stellte der BGH fest, daß es sich bei derartigen Kettenbriefaktionen **nicht um Glücksspiele** im Sinne von §§ 284, 284 a StGB und ebensowenig um Lotterien im Sinne von § 286 StGB handele. Dafür sei nämlich jeweils erforderlich, daß der Mitspieler einen Einsatz leiste. Die – auf jeden Fall verlorene – Geldzahlung an einen anderen Mitspieler könne nicht als ein solcher Einsatz angesehen werden. Ein Verstoß gegen § 6 c UWG scheide schon deshalb aus, weil diese Vorschrift ein Handeln „im geschäftlichen Verkehr" voraussetze. Die durch eine Kettenbriefaktion begründeten Rechtsbeziehungen seien aber rein privater Natur.[44] Dies gilt allerdings

---

[43] NJW 1987, 851.

[44] Ähnlich BGH wistra 1994, 24.

lediglich für sog. **„Selbstläufer"-Aktionen**, die von den Initiatoren nur in Gang gesetzt und dann in ihrem weiteren Verlauf sich selbst überlassen werden.

Bei den sog. **„verwalteten" Kettenbriefaktionen**, deren Veranstalter den Ablauf in gewissem Umfang kontrollieren und typischerweise von neuen Mitspielern Gebühren verlangen, ist das Tatbestandsmerkmal des Handelns im geschäftlichen Verkehr dagegen erfüllt.[45] Deshalb ist in solchen Fällen seit jeher zumindest die zivilrechtliche Verfolgung wegen Verstoßes gegen §§ 1 und 3 UWG möglich. Dagegen wurde auch bei derart „verwalteten" Kettenbriefaktionen ein Vergehen nach § 6 c UWG zunächst verneint, weil die dem neuen Mitspieler versprochenen finanziellen Vorteile nicht vom Veranstalter selbst, sondern von den nachfolgenden Spielteilnehmern gewährt würden. Dies reiche im Rahmen von § 6 c UWG nicht aus.[46] Diese Ansicht ist aber als überholt anzusehen. Der BGH hat nämlich inzwischen im Rahmen der strafrechtlichen Beurteilung eines Pyramidenspiels[47] ausdrücklich entschieden, daß der besondere Vorteil im Sinne von § 6c UWG weder aus dem Vermögen des Veranstalters stammen noch vom Täter selbst gewährt werden muß.[48] Wenn man zudem – zutreffend – im Erwerb der Spielberechtigung durch Zahlung der Gebühren an den Veranstalter die Erlangung eines „Rechts" im Sinne von § 6c UWG sieht,[49] muß man „verwaltete" Kettenbriefaktionen nunmehr grundsätzlich als **strafbar nach § 6c UWG** ansehen. 77

2. Pyramidenspiele

Diese Geldspiele, die von den Initiatoren beschönigend „Unternehmerspiele" oder „Marketingspiele" genannt werden, verdanken ihre Bezeichnung der **pyramidenförmig aufgebauten Hierarchie** unter den Beteiligten. Spielsysteme solcher Art sind international verbreitet; das Internet als Plattform wird zunehmend beliebter. Die amerikanische *Federal Trade Commission* machte dagegen bereits vor einigen Jahren mobil. Der Ablauf der Spiele gestaltet sich teilweise ähnlich wie bei den „verwalteten" Kettenbriefaktionen; jedoch sind die klassischen Pyramidenspiele straffer durchorganisiert und erfordern in der Regel ein sehr viel höheres finanzielles Engagement. Für den Erwerb der Teilnahmeberechtigung – teilweise als „Mitgliedschaftsrecht" bezeichnet – ist zunächst ein Betrag von oftmals **DM 5000,– oder mehr zu entrichten**. Um auch nur diesen Betrag wieder hereinzuholen (geschweige denn die versprochenen phantastischen Gewinne zu erzielen), muß man weitere Teilnehmer anwerben, die dann ihrerseits gleiches zu tun haben. Wer beim Anwerben erfolgreich ist, rückt in der Hierarchie nach oben und kassiert für die Aktivitäten untergeordneter Teilnehmer mit. Dies ist in etwa das gemeinsame Prinzip solcher Spiele. Die Ränge innerhalb der Pyramide können mit „Bauer", „Bube", „König" und „Joker", aber auch mit „Einzelhändler", „Großhändler", „Marketingmanager" und „Marketingdirektor" oder anderen Phantasiebegriffen bezeichnet sein. Die Spielregeln sind im einzelnen meist äußerst kompliziert und undurchschaubar ausgestaltet. Sie zielen stets darauf ab, daß möglichst viel Geld in die Taschen der Veranstalter fließt. 78

Die Methoden, mit denen neue Teilnehmer angeworben werden, muten teilweise geradezu grotesk an, verfehlen aber ihre Wirkung nicht. So locken Werber die von ihnen angesprochenen Kandidaten mit dem Versprechen schnellen Reichtums häufig unter dem Siegel der Vertraulichkeit zu Veranstaltungen, die in eigens angemieteten Sälen stattfinden. Dort beschreiben die rhetorisch und psychologisch geschulten Veranstalter der Spiele schwärmerisch die angeblichen Verdienstmöglichkeiten jedes Teilnehmers und heizen die Stimmung mit in die Menge gebrüllten Suggestivfragen wie „Wollt Ihr alle reich wer- 79

45 BayObLG NJW 1990, 1862.
46 BayObLG a.a.O.
47 Dazu näher unten Rn. 80.
48 NJW 1998, 390.
49 Vgl. unten Rn. 80.

den?" an. Als Antwort brüllt die Menge prompt ein begeistertes „Ja!" zurück. So wird mit kühler Berechnung und bestellten Claqueuren eine **Atmosphäre kollektiver Euphorie** geschürt, aus der heraus reihenweise Verpflichtungserklärungen unterschrieben werden. Daß dem Spiel aus den bereits oben unter Rn. 75 erläuterten Gründen mit mathematischer Gewißheit sehr bald die Teilnehmer ausgehen und deshalb nur einige wenige reich werden können, dämmert den meisten erst viel später. In dem verzweifelten Versuch, wenigstens das eingesetzte Geld zurückzubekommen, werben manche dann, obwohl sie das Spiel durchschaut haben, mit falschen Versprechungen noch Nachbarn, Freunde und Bekannte an. Auf diese Weise entstehen lebenslange Feindschaften.

80 Die Veranstaltung solcher Pyramidenspiele ist als **progressive Kundenwerbung im Sinne von** § 6 c UWG anzusehen. Dies hat der BGH in einem Verfahren, in dem es um das „Unternehmer-Spiel Live" ging, ausdrücklich entschieden.[50] Zum gleichen Ergebnis war das LG Hamburg bereits bei der Beurteilung des berüchtigten Pyramidenspiels „Titan" gekommen.[51] Dabei ist die durch die Einstandszahlung erkaufte Teilnahmeberechtigung als „Recht" im Sinne von § 6 c UWG anzusehen.[52] Auch der Ansicht des BGH, daß es sich bei dem in Aussicht gestellten Provisionsanspruch um einen besonderen Vorteil im Sinne von § 6 c UWG handele und dieser Vorteil nicht vom Veranstalter selbst gewährt werden müsse, ist beizupflichten.[53] Die früher im Hinblick auf Pyramidenspiele verbreitet beklagte **Strafbarkeitslücke besteht damit nicht mehr**.

81 Darüber hinaus kann die Veranstaltung von Pyramidenspielen je nach den konkreten Umständen des Einzelfalls auch den **Betrugstatbestand** erfüllen. Dies ist dann der Fall, wenn die Veranstalter für sich nicht nur den Anteil an den Zahlungen abzweigen, den sie sich für die Organisation und Verwaltung des Spiels ausbedungen haben, sondern – über Strohleute oder fingierte Namen – auch **die oberen Ränge der Pyramide selbst besetzen**. In einem solchen Fall hat sogar derjenige Teilnehmer, der in einem sehr frühen Stadium in das Spiel einsteigt, die ihm vorgegaukelte Gewinnchance nicht mehr. Ferner kommt stets eine Veruntreuung der zu verwaltenden Gelder durch die Veranstalter in Betracht. Geschieht dies unter Einsatz manipulierter Softwareprogramme, ist zusätzlich der Tatbestand des Computerbetrugs, § 263 a StGB, zu prüfen. Zur Spielverwaltung eingesetzte EDV-Anlagen sollten deshalb generell sichergestellt und – über die Suche nach Spielerlisten, geflossenen Geldern etc. hinaus – auf solche Manipulationen hin überprüft werden.

XIV. Anzeigen- und Adreßbuchschwindel

82 Diese Art des Schwindels hat eine jahrzehntelange Tradition. Opfer sind typischerweise Gewerbetreibende. Sie werden von den Tätern durch die nachfolgend beschriebenen Täuschungsmanöver dazu veranlaßt, Geld für die Veröffentlichung von **Firmendaten oder Firmenwerbung in völlig nutzlosen Publikationen** zu bezahlen. Auch die große Zahl seriöser Wirtschaftsverlage gerät hierdurch oftmals zu Unrecht in Mißkredit. Der verursachte Schaden wird vom Deutschen Schutzverband gegen Wirtschaftskriminalität auf über DM 120 Mio. pro Jahr geschätzt, und zwar mit steigender Tendenz. Versuchen von seiten der Wirtschaft, diese Mißstände zu bekämpfen, blieb der Erfolg weitgehend versagt. Dringend erforderlich wäre ein stärkerer Einsatz des Strafrechts. Dies scheitert aber an der verbreiteten **Zaghaftigkeit der Strafverfolgungsbehörden**. So setzen die Täter ihr Treiben unbeeindruckt fort, und zwar unter Einsatz folgender Methoden:

---

50 NJW 1998, 390; so schon zuvor OLG Bamberg wistra 1997, 114; vgl. auch oben Rn. 77.
51 NStZ-RR 1997, 57; a. A. LG Rostock NStZ-RR 1997, 218.
52 BGH a.a.O.; ablehnend OLG Rostock wistra 1998, 234; vgl. auch oben Rn. 77.
53 Kritisch *Otto*, wistra 1998, 227.

1. Versand fingierter Rechnungen

Dies ist die klassische Masche der Anzeigen- und Adreßbuchschwindler. Getarnt als scheinbar seriöse Verlagsunternehmen, versenden sie massenweise Formulare, die **aussehen wie Rechnungen** für die Veröffentlichung von Daten des jeweils angeschriebenen Unternehmens in einem „Branchenbuch", einem „Firmenverzeichnis" oder einem ähnlichen Druckwerk. Die angeforderten Beträge belaufen sich typischerweise auf mehrere hundert DM, gelegentlich auch auf höhere Beträge. Der Rechnungscharakter wird unterstrichen durch Angabe von Geschäftszeichen und Kundennummern, durch Zahlungshinweise („Zahlbar netto binnen 10 Tagen") und durch beigefügte, bereits teilweise ausgefüllte Überweisungsträger. Erst bei genauerem Hinsehen entdeckt der aufmerksame Leser einen kleingedruckten Hinweis darauf, daß mit dem Formular lediglich das **Angebot** - oder besonders beliebt: die „Offerte" – zur Veröffentlichung der Firmendaten unterbreitet werde; die Annahme dieses Angebots erfolge durch Überweisung des jeweils bezifferten Betrags. In besonders krassen Fällen unterbleibt sogar jeder Hinweis auf den bloßen Angebotscharakter. 83

Eine Spielart des Schwindels mit fingierten Rechnungen besteht darin, daß die Täter zunächst gezielt die öffentlichen Bekanntmachungen über **Handelsregistereintragungen** durchforsten. Den derart ermittelten Unternehmen werden sodann Scheinrechnungen übersandt, die durch ihre täuschende Gestaltung den Eindruck erwecken, als stammten sie vom zuständigen Registergericht. Um diesen Eindruck zu unterstreichen, treten solche Versender unter Namen wie „Daten-Handelsregisterverlag", „Register-Handelsverwaltung" oder „Datenzentralverwaltung" auf. Auch werden fingierte Rechnungen oft so gestaltet, als stammten sie vom Bundesanzeiger-Verlag. Daß der Bundesanzeiger-Verlag direkt mit den Registergerichten abrechnet und deshalb selbst gar keine Rechnungen nach außen versendet, ist vielen nicht bekannt. Diese Unkenntnis machen sich die Täter zunutze und verlangen oft das Zigfache dessen, was eine Veröffentlichung im Bundesanzeiger kostet.

Bei den genannten Vorgehensweisen haben es die Täter jeweils darauf abgesehen, daß 84
die versandten Formulare – ihrem Anschein entsprechend – von den Adressaten fälschlich als Rechnungen für bereits erbrachte Leistungen angesehen und die darin angegebenen Beträge ohne weiteres überwiesen werden. Gerade bei etwas größeren Unternehmen, in denen solche Angelegenheiten nicht vom Chef persönlich, sondern routinemäßig von der Buchhaltung erledigt werden, führt die Masche häufig zum Erfolg. Jedoch finden sich auch erstaunlich viele Freiberufler unter den Opfern. Da die Täter in ihren an diskreter Stelle abgedruckten Allgemeinen Geschäftsbedingungen oft vorsehen, daß sich der durch die Zahlung erteilte Auftrag mangels Kündigung **von Jahr zu Jahr verlängert**, werden viele Opfer nach 12 Monaten erneut zur Kasse gebeten. Dann erst dämmert es manchen, daß sie Schwindlern aufgesessen sind. Makabres Aperçu am Rande: Ein besonders unverfroren agierender Verlag durchkämmte Sterbeanzeigen und sandte den Trauernden Scheinrechnungen, die auf den ersten Blick aussahen, als bezögen sie sich auf die bereits veröffentlichte Anzeige.[54]

2. Sonstige Schwindelmethoden

Beliebt bei Anzeigen- und Adreßbuchschwindlern ist auch die Masche, Unternehmen 85
einen vermeintlichen **„Korrekturabzug"** mit der Bitte zu übermitteln, die dort angegebenen Firmendaten auf ihre Richtigkeit zu überprüfen und das Formular gegengezeichnet zurückzusenden. Dabei wird üblicherweise unübersehbar auf die Kostenlosigkeit etwaiger Korrekturen hingewiesen. Daß im Gegensatz hierzu die Veröffentlichung der Daten sehr wohl Kosten auslöst und ein entsprechender Auftrag durch die Unterzeich-

[54] Vgl. LG Berlin WRP 1998, 453.

nung des „Korrekturabzugs" erteilt wird, ergibt sich dagegen – wie bei den fingierten Rechnungen – erst aus einem versteckt angebrachten Hinweis auf dem Formular. Diese Masche ist deshalb besonders erfolgreich, weil Korrekturbögen durchaus auch von seriösen Wirtschaftsverlagen zur Aktualisierung der Daten für ihre Nachschlagewerke versandt werden. Aus diesem Grund schöpfen viele Adressaten beim Erhalt eines solchen Formulars keinen Verdacht.

86 Auch die sog. **„Kölner Masche"** ist gelegentlich zu beobachten. Danach rufen die Täter zunächst bei einem Unternehmen an und erklären beispielsweise, ein angeblich bereits mit dem Unternehmen geschlossener, versehentlich auf zwei oder drei Auflagen eines Nachschlagewerks erstreckter Insertionsvertrag solle – wie von vornherein beabsichtigt – auf eine Auflage beschränkt werden. Dies sei ja auch im Sinne des angerufenen Unternehmens, das hierzu der Ordnung halber sein Einverständnis erklären müsse. Man übersende deshalb im Anschluß an das Telefonat per Telefax ein Formular, das der Angerufene **sofort gegengezeichnet zurückfaxen** möge. Es handele sich um eine reine Formsache. Im Vertrauen auf diese Ankündigung überfliegen viele Adressaten das kurz darauf eintreffende Faxformular nur flüchtig, verfahren wie von den Tätern vorgegeben und übersehen dabei, daß der kostenpflichtige Insertionsauftrag erst durch die angeforderte Unterschrift überhaupt erteilt wird. Mit dieser Masche wurden zum Teil Gewinne in siebenstelliger Höhe eingefahren.[55]

87 Ein Klassiker auf dem Gebiet des Anzeigenschwindels ist schließlich die sog. **„Polizei-Masche"**. Auch hierbei rufen die Täter typischerweise zunächst bei Unternehmen an und erkundigen sich, ob der Angerufene nicht durch Erteilung eines Anzeigenauftrags die örtliche Polizei unterstützen möchte. Erläuternd wird ausgeführt, man gebe im Auftrag der Polizei oder zumindest in Zusammenarbeit mit dieser eine Zeitschrift heraus, die sich für polizeiliche Belange einsetze. Zur Finanzierung suche man noch einige Anzeigenkunden. Da es sich die wenigsten Gewerbetreibenden mit der örtlichen Polizei verscherzen wollen, ist die Resonanz auf solche Anrufe oft positiv. Die weitere Vorgehensweise der Täter ähnelt dann derjenigen bei der „Kölner Masche": Die Angerufenen werden durch **künstlichen Zeitdruck** oder sonstige Täuschungsmanöver dazu gebracht, sogleich ein Auftragsformular zu unterschreiben. Daß sich der hierdurch erteilte Anzeigenauftrag nicht nur auf eine, sondern – so häufig – gleich auf mehrere Ausgaben der Zeitschrift erstreckt, bleibt im Kleingedruckten verborgen und wird durch die blickfangmäßige Herausstellung des Anzeigenpreises für die bloß einmalige Veröffentlichung gezielt verschleiert. So hat ein „Polizei-Verlag" beispielsweise gutgläubigen Inserenten auf diese Weise Aufträge über 12 aufeinanderfolgende Anzeigen zu einem Gesamtpreis von DM 4000,– bis DM 6000,– untergeschoben. Fast überflüssig zu erwähnen, daß solche Schwindler ungeachtet irreführender Zeitschriftentitel wie „Polizei und Bürger" **mit der Polizei absolut nichts zu tun haben**. Die Polizei verwahrt sich mit Nachdruck gegen derartige Vereinnahmungsversuche.

3. Unzulänglichkeit des Zivilrechts

88 Es liegt auf der Hand, daß die gezielt auf Täuschung angelegten Akquisitionsmethoden der Anzeigen- und Adreßbuchschwindler gegen das **Irreführungsverbot des § 3 UWG** verstoßen. Sofern eine Kontaktaufnahme unaufgefordert per Telefon oder Telefax erfolgt, liegt zusätzlich eine Verletzung von § 1 UWG vor. Mitbewerber und Verbände sind zwar zur zivilrechtlichen Verfolgung solcher Verstöße berechtigt und machen – allen voran der Deutsche Schutzverband gegen Wirtschaftskriminalität – von diesem Recht auch Gebrauch. Das beeindruckt die Schwindelunternehmen aber wenig. Wenn sie ertappt und abgemahnt werden, haben sie in der Regel bereits große Mengen fingierter Rechnungen oder sonst irreführend gestalteter Unterlagen versandt – oftmals Tausende oder

[55] Vgl. dazu anschaulich LG Köln WRP 1997, 883.

gar zigtausend in einem Schwung. Die mit Abmahnungen oder einstweiligen Verfügungen verbundenen Kosten zahlen die Unternehmen dann aus der Westentasche. **Gerichtliche Verbote oder abgegebene Unterlassungserklärungen werden umgangen**, indem bei der nächsten Aussendung abgewandelte, natürlich gleichfalls täuschend gestaltete Formulare Verwendung finden. Das Spiel beginnt dann von vorn. Häufig werden auch **kurzerhand neue Unternehmen gegründet**, unter deren Deckmantel die alten Schwindelmethoden weiter praktiziert werden. So wird die Rechtsverfolgung zur Sisyphusarbeit.

Ein wenig schwerer wird den Schwindlern die Arbeit zwar dadurch gemacht, daß nach der Rechtsprechung des BGH nicht nur das oben beschriebene Erschleichen von Aufträgen, sondern auch die **Geltendmachung von Ansprüchen aus derart erschlichenen Aufträgen wettbewerbswidrig** ist.[56] Wer also beispielsweise seine Opfer nach Ablauf eines Jahres unter Berufung auf eine vertragliche Verlängerungsklausel neuerlich zur Kasse bittet, begeht allein hierdurch (erneut) einen Wettbewerbsverstoß. Dieser kann dann wiederum von Mitbewerbern oder Verbänden – nicht dagegen vom Opfer – wettbewerbsrechtlich verfolgt werden. Eine spürbare Eindämmung der Aktivitäten von Anzeigen- und Adreßbuchschwindlern hat sich dadurch aber nicht erreichen lassen. 89

Des weiteren helfen die Amtsgerichte den Geschädigten bei **Rückzahlungsklagen** gegen die Schwindelunternehmen auf verschiedene Weise: Entweder wird argumentiert, es fehle bereits an einer vertraglichen Grundlage für die Zahlung, weil die durch Täuschung provozierte Begleichung einer fingierten Rechnung nicht als (stillschweigende) Annahme eines Vertragsangebots angesehen werden könne.[57] Oder es wird zumindest die Anfechtung des Vertrags wegen arglistiger Täuschung anerkannt.[58] Die große Masse der Geschädigten schreckt aber, selbst wenn die Täuschung im nachhinein bemerkt wurde, vor einem Prozeß zurück, zumal die Schwindelunternehmen sich bei Rückzahlungsbegehren häufig unter Berufung auf ihre Allgemeinen Geschäftsbedingungen aufplustern und ihre Opfer einzuschüchtern versuchen. Fazit also: Die Rechtsbehelfe des Zivilrechts mögen zwar in Einzelfällen zum Erfolg führen; gegen den Anzeigen- und Adreßbuchschwindel als solchen und gegen seine Initiatoren ist aber allein auf diesem Wege nichts auszurichten. 90

4. Gegenmaßnahmen der Wirtschaft

Die Industrie- und Handelskammern sammeln systematisch Unterlagen und Informationen über Anzeigen- und Adreßbuchschwindler und warnen ihre Mitgliedsunternehmen regelmäßig. Sie arbeiten bei der Rechtsverfolgung eng zusammen mit ihrer Spitzenorganisation, dem Deutschen Industrie- und Handelstag (DIHT), sowie mit dem Deutschen Schutzverband gegen Wirtschaftskriminalität.[59] Der Schutzverband mahnt die Schwindelunternehmen ab, leitet gegebenenfalls gerichtliche Schritte gegen sie ein und erstattet Strafanzeigen. Außerdem versendet der Schutzverband eine Liste der von ihm verfolgten Unternehmen per Faxabruf unter 01 90 - 1920 51 (für DM 1,21 pro Minute bei Redaktionsschluß). Auch der organisatorisch beim DIHT angesiedelte Adreßbuchausschuß der Deutschen Wirtschaft, zu dem sich eine Reihe von Wirtschaftsverbänden zusammengeschlossen haben, widmet sich der Bekämpfung des Anzeigen- und Adreßbuchschwindels. Zu den Mitgliedern des Ausschusses zählt unter anderem der Verband Deutscher Adreßbuchverleger,[60] dem der Kampf gegen die Schwindelunternehmen im Interesse seiner seriösen Mitglieder ein besonderes Anliegen ist. 91

---

56 BGH NJW 1993, 3329; NJW 1995, 1361.

57 So AG Hannover WRP 1996, 165; AG Bremen-Blumenthal WRP 1996, 166.

58 So die AGe Hannover und Burgwedel, beide WRP 1996, 166.

59 Anschriften oben Rn. 5.

60 Heerdter Sandberg 30, 40549 Düsseldorf, Tel. 0211/ 57 79 95 - 0, Fax 57 79 95 - 44.

Die genannten Wirtschaftsorganisationen unterhalten nicht nur ein System der gegenseitigen Unterrichtung, der Warnung von Mitgliedsunternehmen und der gebündelten Rechtsverfolgung. Sie bemühen sich auch auf andere Weise nach Kräften, den Schwindelunternehmen das Handwerk zumindest zu erschweren. So wirken sie darauf hin, daß Kreditinstitute den Schwindlern die **Konten sperren** und so verhindern, daß die Täter sich mit der Beute davon machen. In Einzelfällen wurde dies von Kreditinstituten tatsächlich praktiziert und gerichtlich als rechtmäßig anerkannt.[61] Die Justiz leistet ebenfalls ihren Beitrag zur Vorbeugung gegen den Schwindel. So versendet eine wachsende Anzahl von **Amtsgerichten** an Unternehmen, die eine Eintragung im Handelsregister veranlaßt haben, vorformulierte Standardschreiben mit **Warnungen vor fingierten Rechnungen** privater Unternehmen. Entsprechend verfährt inzwischen auch der Bundesanzeiger-Verlag gegenüber seinen Inserenten.

5. Vernachlässigung des Strafrechts

92 Alle geschilderten Bemühungen, die Wachsamkeit potentieller Opfer zu schärfen und den Schwindlern Knüppel zwischen die Beine zu werfen, sind nur von sehr begrenztem Erfolg. Das Kalkül der Täter mit der Gutgläubigkeit und Unaufmerksamkeit ihrer Opfer geht trotz allem immer wieder auf. Die Waffen des Zivilrechts bleiben stumpf. Gegen die geschilderten Mißstände ist deshalb letztlich **nur mit Mitteln des Strafrechts** anzukommen.[62] Dies ist die Überzeugung aller mit der Bekämpfung dieser Mißstände befaßten Organisationen der Wirtschaft. Leider legen die Strafverfolgungsbehörden jedoch insoweit eine außerordentliche Zurückhaltung an den Tag. Eine Anklage wegen Betrugs ist nur solchen Schwindlern sicher, die gegenüber ihren Opfern mit massiven Falschbehauptungen auftreten und von vornherein nachweislich keinerlei Gegenleistung für das ergaunerte Geld erbringen wollen. So wurde etwa ein nach der „Kölner Masche“[63] vorgehender Täter vom LG Köln[64] für zwei Jahre und acht Monate hinter Gittern geschickt.

93 Dagegen werden die Ermittlungen gegen Adreßbuchschwindler, die fingierte Rechnungen mit versteckten Hinweisen auf den bloßen Angebotscharakter des Schreibens versenden, häufig mit der Begründung eingestellt, es fehle bereits an der für einen Betrug erforderlichen **Täuschungshandlung**. Wer das Formular aufmerksam durchlese, erkenne schließlich, daß er zur Zahlung nicht verpflichtet sei. Diese These findet sogar höchstrichterliche Unterstützung. So hielt der BGH[65] die Versendung fingierter Rechnungen „nicht ohne weiteres“ für eine Täuschungshandlung, obwohl erwiesenermaßen eine ganze Reihe von Adressaten entsprechend dem Plan des Täters auf diese Scheinrechnungen hereingefallen waren. In einem ähnlichen Fall ließ das OLG Frankfurt a. M.[66] die Verurteilung wegen versuchten Betrugs daran scheitern, daß auf der Rückseite der versandten Scheinrechnungen Geschäftsbedingungen mit Hinweis auf den bloßen Angebotscharakter abgedruckt waren.

Diese Entscheidungen sind auf **berechtigte Kritik** gestoßen.[67] Regelrecht lebensfremd mutet etwa der Hinweis des BGH an, bei den „im Geschäftsleben erfahrenen“ Lesern solcher Scheinrechnungen sei die Gefahr einer Verwechslung „fernliegend“. Bei unverblendeter Betrachtungsweise drängt es sich demgegenüber geradezu auf, die Übersendung eines Auftragsformulars, das bis in subtilste Details hinein wie eine Rechnung gestaltet ist, als (vorsätzliche) Täuschungshandlung anzusehen. Gleiches gilt sinngemäß für Auf-

---

61 Vgl. OLG Karlsruhe 18. 06. 1997 – Az. 6 W 31/97.

62 Ausführlich zur strafrechtlichen Beurteilung *Otto*, GRUR 1979, 90.

63 Oben Rn. 86.

64 WRP 1997, 883.

65 Urteil vom 27. 02. 1979, NStZ 1997, 186.

66 NStZ 1997, 187.

67 *Mahnkopf/Sonnberg*, NStZ 1997, 187.

tragsformulare in der Gestalt bloßer „Korrekturabzüge".[68] Durch versteckte und kryptisch formulierte Hinweise auf den bloßen Angebotscharakter werden diese Täuschungshandlungen nicht ungeschehen gemacht – und sollen es nach dem Plan der Täter ja auch gerade nicht. Die Vielzahl der Irregeführten zeigt, daß dieser Plan aufgeht. Den leicht zu überlesenden Alibihinweisen auf den Formularen ist lediglich eine strafrechtlich irrelevante **Feigenblattfunktion** beizumessen. Diese Ansicht scheint inzwischen auch bei den Strafgerichten Befürworter zu finden. So verurteilte das Amtsgericht Nürnberg[69] einen nach der beschriebenen Masche vorgegangenen Branchenbuchschwindler wegen Betrugs zu Recht zu einer Freiheitsstrafe von einem Jahr auf Bewährung. Das Landgericht Deggendorf[70] verhängte in einem Fall, in dem eine Mutter und zwei Söhne in großem Umfang Scheinrechnungen für Registereintragungen versandt hatten, ebenfalls wegen Betrugs Freiheitsstrafen zwischen 1 Jahr und 1 Jahr 10 Monaten auf Bewährung.

Nicht selten wird die Strafverfolgung wegen Betrugs auch mit dem weiteren Argu- 94
ment verweigert, jedenfalls fehle es an einer **Vermögensschädigung** der betroffenen Unternehmen. Schließlich bekämen sie für ihr Geld ja eine Veröffentlichung in einem Firmenverzeichnis oder in einer sonstigen Druckschrift. Hierzu ist festzustellen, daß die Täter häufig nicht die geringste Absicht haben, irgendeine Publikation herauszugeben. Gegenteilige Beteuerungen, denen oft viel zu schnell geglaubt wird, könnte man bei eingehenden Ermittlungen zumeist leicht als Schutzbehauptungen entlarven. Zumindest wird man, sofern die Täter bei Aufdeckung des Schwindels noch keinerlei Vorbereitungen zur Erstellung des angeblich geplanten Werks getroffen haben, von einer erheblichen **Vermögensgefährdung** der Betroffenen ausgehen müssen, was im Rahmen von § 263 StGB ausreicht.[71]

Bei korrekter Betrachtungsweise kommt es freilich auch hierauf nicht an. Wer nämlich 95
auf die fingierte Rechnung eines Verlags für Branchenbücher, Firmenregister oder ähnliche Druckwerke hereingefallen ist, bekommt selbst bei Veröffentlichung seiner Unternehmensdaten **niemals einen auch nur annähernd adäquaten Gegenwert** für sein Geld. Dazu muß man wissen, daß nur vollständige Verzeichnisse, die einen kompletten Überblick über die nach Branche, Region oder anderen Kriterien sortierten Unternehmen bieten, in der Hand des Nutzers etwas taugen. Dies gewährleisten seriöse Verlage dadurch, daß sie jedes Unternehmen der betreffenden Branche, Region etc. kostenlos zumindest mit einem Grundeintrag erfassen. Die so erstellten Werke werden an die Nutzer verkauft. Demgegenüber werden in den Verzeichnissen der Schwindelverlage nur solche Unternehmen erfaßt, die auf die fingierte Rechnung hereingefallen sind. Solche Werke finanzieren sich ausschließlich über die Zahlungen der – unfreiwilligen – Inserenten. Die Verteilung erfolgt dann kostenlos – nicht zuletzt deshalb, weil niemand für derart **zufällig entstandene, zwangsläufig lückenhafte Verzeichnisse** auch nur eine Mark ausgeben würde. Wie schlampig zusammengeschustert solche Werke überdies oft sind, mag folgendes Beispiel verdeutlichen:

Der „Business Guide 1996/1997", ein in dünne Pappe gebundenes „Branchenadreßbuch" im DIN A 5-Format, listet auf rund 600 Seiten über 5.000 Gewerbetreibende auf. Alle Aufgeführten verbindet als Gemeinsamkeit, daß sie auf eine rechnungsmäßig gestaltete „Insertionsofferte" für brutto DM 472,40 hereingefallen sind und dem Verlag mithin Einnahmen von annähernd DM 2,5 Mio. beschert haben. Die Versendung dieses Formulars wurde dem Verlag später per einstweiliger Verfügung verboten. Schlägt man in dem Druckwerk etwa unter dem Suchbegriff „Buchdruckereien" nach, so findet man dort u. a. ein Ökumenisches Büro für Frieden und Gerechtigkeit, eine Gaststätte mit Kegelbahn, einen Haarsalon und einen Pizzaimbiß. Alle Handwerker sind unter dem nicht

---

68 So auch *Otto*, GRUR 1979, 90, 102.
69 Urteil vom 25. 11. 1993, Az. 48 Ls 154 Js 1345/92.
70 Urteil vom 23. 02. 1998, 1 Kls 13 Js 7690/96.
71 So zutreffend AG Nürnberg a.a.O.

weiter untergliederten Suchbegriff „Handwerk" zusammengefaßt, und zwar überwiegend nur mit dem Namen ohne jeden spezifizierenden Zusatz. Immerhin 23 Einträge finden sich unter dem Stichwort „Privatadressen". Schließlich strotzt das Werk vor unvollständigen, sinnentstellenden oder schlicht verunglimpfend fehlerhaften Angaben (Originalbeispiel: „DINO Scheißtechnik Blech-und").

Der Eintrag in einem solchen Werk ist nicht nur ohne jeglichen Werbewert, sondern sogar **geschäftsschädigend**. Daß Unternehmen, von denen für eine derartige Veröffentlichung jeweils mehrere hundert DM ergaunert wurden, in ihrer Vermögensbilanz ein Minus aufweisen, sollte außer Zweifel stehen. Der strafrechtlichen Verfolgung solcher Fälle unter dem Gesichtspunkt des Betrugs steht deshalb nichts entgegen. Es müßte nur öfter geschehen. Dann wäre auch das Problem des Anzeigen- und Adreßbuchschwindels in den Griff zu bekommen.

96 Ob neben § 263 StGB auch der **Straftatbestand des** § 4 UWG erfüllt ist, hängt von den Umständen des Einzelfalls ab. Die in der Übersendung einer Scheinrechnung liegende Behauptung, es bestehe bereits eine Geschäftsverbindung zum Absender, aus der heraus der Adressat zur Zahlung verpflichtet sei, dürfte stets als unwahre Angabe über geschäftliche Verhältnisse im Sinne von § 4 UWG anzusehen sein. Gleiches gilt für die Übersendung eines „Korrekturabzugs" zur vermeintlich kostenlosen Datenaktualisierung, wenn der Adressat durch die erbetene Gegenzeichnung in Wirklichkeit einen kostenpflichtigen Anzeigenauftrag erteilt. In letzterem Fall liegt es auch auf der Hand, daß der Adressat den Anschein eines besonders günstigen (nämlich kostenlosen) Angebots im Sinne von § 4 UWG hervorrufen will. Bei der Versendung fingierter Rechnungen wird es daran hingegen fehlen: In solchen Fällen versucht der Absender ja gerade zu verschleiern, daß er überhaupt ein Angebot unterbreitet.[72]

Im übrigen sollten bei Ermittlungen gegen Anzeigen- und Adreßbuchschwindler stets so schnell wie möglich die **Bankguthaben beschlagnahmt** und sämtliche Kontenbewegungen überprüft werden, um das Ausmaß des Schadens festzustellen und zu verhindern, daß Gelder zum Nachteil der Geschädigten verschwinden. Außerdem empfiehlt sich die Einschaltung der Finanzbehörden im Hinblick auf mögliche Steuerdelikte.

XV. Geldmacherei mit Abmahnungen

1. Viel Ertrag mit wenig Aufwand

97 Die Machenschaften der sog. Abmahner unterscheiden sich in einem wesentlichen Punkt von den Aktivitäten der übrigen in diesem Kapitel behandelten Tätergruppen: Abmahner werben nicht selbst, sie stürzen sich vielmehr auf fremde Werbung, insbesondere auf solche in Kleinanzeigen und neuerdings auch zunehmend im Internet. Dort suchen sie gezielt nach – wirklichen oder vermeintlichen – Zuwiderhandlungen gegen das Wettbewerbsrecht. Dabei gilt ihre Vorliebe den massenhaft anzutreffenden und deshalb einfach zu verfolgenden **Bagatellverstößen** wie z. B. (angeblich) unzureichenden Abkürzungen oder Preisangaben in Immobilienanzeigen oder (angeblich) nicht eindeutiger Kennzeichnung des gewerblichen Charakters einer Kleinanzeige. Die Werbungtreibenden werden dann **per Serienbrief flächendeckend abgemahnt**, d. h. unter Androhung gerichtlicher Schritte zur Abgabe einer sog. strafbewehrten Unterlassungserklärung aufgefordert. Gleichzeitig – und darum geht es in erster Linie – stellen die Täter die durch die Abmahnung angeblich entstandenen Kosten in Rechnung. Es liegt auf der Hand, daß das Verhältnis von Aufwand und Ertrag sich vor diesem Hintergrund für die Abmahner außerordentlich erfreulich gestaltet.

98 Das Hauptproblem in solchen Fällen ist folgendes: Bei berechtigten Abmahnungen gewähren Gesetz und Rechtsprechung tatsächlich einen Anspruch auf Erstattung der Ab-

[72] So auch *Otto*, GRUR 1979, 90, 101.

mahnkosten. Das setzt aber erstens voraus, daß der Abmahnende überhaupt – entweder nach § 13 Abs. 2 UWG oder als sog. unmittelbar Verletzter – anspruchsberechtigt ist. Zweitens darf die Geltendmachung des Anspruchs nicht mißbräuchlich im Sinne von § 13 Abs. 5 UWG sein. Um diese Kriterien herum ranken sich viele Streitfragen, die hier allerdings weitgehend außer Betracht bleiben können. Abmahnungen, die wettbewerbsrechtlich fragwürdig erscheinen, gibt es zwar zuhauf. Vorliegend geht es indessen nur um strafrechtlich relevante, also um solche Fälle, in denen die Abmahner **das Bestehen eindeutig nicht existierender Ansprüche vortäuschen**. Dabei ist zweckmäßigerweise nach Abmahnergruppen zu unterscheiden:

2. Abmahnvereine

Seriöse Wettbewerbshüter wie insbesondere die Zentrale zur Bekämpfung unlauteren Wettbewerbs in Bad Homburg sind als sog. Verbände zur Förderung gewerblicher Interessen gemäß § 13 Abs. 2 Nr. 2 UWG zur Verfolgung von Wettbewerbsverstößen befugt. Getarnt als solche Verbände, trieben früher aber auch viele unseriöse, allein zu Abmahnzwecken gegründete Vereine, denen nichts weniger am Herzen lag als der lautere Wettbewerb, ihr Unwesen. Die Zahl derartiger Vereinigungen nahm jedoch deutlich ab, nachdem der Gesetzgeber zur Bekämpfung dieser Heuschreckenplage im Rahmen der UWG-Novelle von 1994 die Voraussetzungen der Abmahnbefugnis in § 13 Abs. 2 Nr. 2 UWG deutlich verschärft hatte. 99

Seither flüchten unseriöse Abmahnvereine zunehmend unter das Tarnkleid des Verbraucherschutzes. Sie mahnen jetzt **als angebliche Verbraucherschutzverbände** im Sinne von § 13 Abs. 2 Nr. 3 UWG in altbekannter Weise weiterhin Bagatellverstöße ab. Derartige Vereinigungen sind unter verschiedenen Gesichtspunkten unter die Lupe zu nehmen: Erste Voraussetzung der Abmahnberechtigung ist, daß solche Verbände rechtsfähig, d. h. **ins Vereinsregister eingetragen** sind. Bereits daran fehlt es häufig, was durch den verschämten Zusatz „i. G." sogar gelegentlich signalisiert wird. Ferner muß die **Aufklärung und Beratung von Verbrauchern** nicht nur zu den satzungsgemäßen Aufgaben eines solchen Verbands zählen, sondern auch tatsächlich praktiziert werden. Die Herausgabe einer belanglosen Informationsschrift mit willkürlich zusammengewürfeltem Inhalt (Originalbeispiel: ein Artikel über die Hundepsyche mit dem Titel „So zeigt Bello seine Zuneigung") reicht hierfür bei weitem nicht. Schließlich müssen durch die abgemahnten Verstöße **wesentliche Verbraucherbelange berührt** werden. 100

Selbst wenn die Anspruchsberechtigung nach den oben aufgeführten Kriterien an sich gegeben sein sollte, dürfte das Vorgehen nicht **vorwiegend auf Einnahmeerzielung gerichtet** und damit mißbräuchlich im Sinne von § 13 Abs. 5 UWG sein. Maßgebliches Indiz für den Mißbrauch ist, daß immer dieselben, häufig und leicht aufzufindenden Bagatellen verfolgt und die Abgemahnten hierfür zur Kasse gebeten werden. Ein damit meistens einhergehendes weiteres Mißbrauchsindiz besteht darin, daß nach fruchtlosen Abmahnungen **keine gerichtlichen Schritte eingeleitet** werden; denn dies spricht dafür, daß der Verein nur am mühelosen Abkassieren, nicht aber an der Abstellung des angeblichen Wettbewerbsverstoßes interessiert ist. Schließlich ist auch ein Blick auf die Höhe der geltend gemachten Abmahnkosten zu werfen. In Anlehnung an die Sätze seriöser Vereine werden verbreitet **Beträge um DM 300,– pro Abmahnung** verlangt. Dem müssen aber entsprechend hohe Personal- und Sachkosten des Vereins gegenüberstehen, die sich meist nicht belegen lassen. Verräterisch ist es, wenn einfach der von der Zentrale zur Bekämpfung unlauteren Wettbewerbs verlangte Betrag von derzeit DM 295,– zzgl. 7% MWSt. übernommen wird, zumal der ermäßigte Mehrwertsteuersatz die Anerkennung des Vereins als gemeinnützig voraussetzt. 101

3. Abmahnungen durch Pseudo-Wettbewerber

102 Zu Abmahnung und ggf. gerichtlicher Verfolgung von Wettbewerbsverstößen sind neben den genannten Verbänden natürlich auch und in erster Linie die **Konkurrenten** der Wettbewerbsstörer berechtigt. Die Voraussetzungen ihrer Verfolgungsbefugnis gemäß § 13 Abs. 2 Nr. 1 UWG wurden durch die UWG-Novelle von 1994 gleichfalls verschärft. Anders als bei den gewerblichen Verbänden ließen sich Mißstände im Abmahnwesen hier aber nicht wesentlich eindämmen. Nach wie vor treten als Abmahner sog. Pseudo-Wettbewerber in Erscheinung, die mit dem Abgemahnten nur scheinbar konkurrieren und denen der mit der Abmahnung beanstandete angebliche Wettbewerbsverstoß als solcher völlig gleichgültig ist. Statt dessen geht es auch hier allein ums Geld.

103 Die Begleitumstände (Bagatellverstöße, flächendeckende Verfolgung etc.) sind im wesentlichen die gleichen wie bei den unseriösen Vereinen. Allerdings **treten für Pseudo-Wettbewerber typischerweise Rechtsanwälte auf**, die dem Abmahnungsempänger ihre vollen Anwaltsgebühren in Rechnung stellen. Diese Gebühren sind wesentlich höher als die üblichen Abmahnpauschalen der Verbände und können sich je nach Streitwert auf über DM 1000,– belaufen. Treibende Kraft bei solchen Abmahnungen ist in aller Regel der Anwalt. Er schiebt den Pseudo-Wettbewerber – das ist häufig jemand aus dem Bekanntenkreis – lediglich als Mandanten vor, um sich so eine bequeme Einnahmequelle zu verschaffen. Gelegentlich hat dieser Mandant **nur zum Schein ein Gewerbe angemeldet**, um so seinen Wettbewerberstatus vorzutäuschen. Es kommt auch vor, daß Anwälte Massenabmahnungen im Namen von Unternehmen versenden, die sie zuvor selbst gegründet haben oder an denen sie maßgeblich beteiligt sind. Ein süddeutscher Anwalt mandatiert sich sogar regelmäßig selbst, mahnt wegen reiner Lappalien bundesweit Immobilienunternehmen ab und behauptet, er stünde mit ihnen über seinen „Zweitberuf" als Altbausanierer im Wettbewerb. Kuriosität am Rande: Ein ausnahmsweise nicht anwaltlich vertretener Abmahner beanstandete, ohne seinen Wettbewerberstatus näher zu erläutern, die Werbung von Immobilienunternehmen und verlangte hierfür eine „Abmahngebühr" von DM 4000,–, später sogar von DM 6000,–(!). Die Überprüfung seiner Anschrift führte zu einem überraschenden Ergebnis – es handelte sich um eine sächsische Justizvollzugsanstalt.

104 Ob ein angeblicher Wettbewerber aus zivilrechtlicher Sicht abmahnbefugt ist, richtet sich danach, ob er **Waren oder gewerbliche Leistungen gleicher oder verwandter Art auf demselben Markt** wie der jeweils im konkreten Fall Abgemahnte vertreibt (§ 13 Abs. 2 Nr. 1 UWG). Ist er also in einer ganz anderen Branche tätig als der Abgemahnte oder so weit entfernt von jenem ansässig, daß sich beide gar nicht ins Gehege kommen können, ist eine Abmahnung von vornherein unberechtigt – völlig unabhängig davon, ob das beanstandete Verhalten einen Wettbewerbsverstoß darstellt oder nicht. Erst recht fehlt es natürlich an der Abmahnbefugnis, wenn ein Gewerbe nur zum Schein angemeldet wurde. Darüber hinaus muß der jeweils gerügte Verstoß geeignet sein, den Wettbewerb auf dem jeweils betroffenen Markt wesentlich zu beeinträchtigen. Dieses durch die UWG-Novelle von 1994 neu eingefügte Kriterium wird allerdings von vielen Gerichten kaum beachtet und ist deshalb weitgehend verkümmert. Schließlich darf die Abmahntätigkeit wiederum nicht mißbräuchlich sein (§ 13 Abs. 5 UWG). Hierzu gelten sinngemäß die im Zusammenhang mit den Verbandsabmahnungen aufgeführten Kriterien.[73]

4. Strafrechtliche Beurteilung

105 Wer aus Gewinnstreben eine Abmahnung versendet, von der er weiß, daß sie unberechtigt ist, begeht einen – zumindest versuchten – **Betrug**, §§ 263, 23 StGB. Dies übrigens nicht nur im Hinblick auf die geltend gemachten Kosten der Abmahnung, sondern auch

---

[73] Vgl. oben Rn. 101.

wegen des mit der Abmahnung regelmäßig verlangten Vertragsstrafeversprechens für den Fall eines weiteren Verstoßes. Mahnt also ein angeblicher Verbraucherschutzverein ab, der in Wirklichkeit gar nicht besteht oder zwar eingetragen ist, aber als einzige Aktivität das Abmahngeschäft betreibt, machen sich die Verantwortlichen wegen Betrugs strafbar. Vorsatz dürfte in solchen Fällen stets gegeben sein. Das gleiche gilt für Rechtsanwälte, die bei Abmahnungen bloße Pseudo-Wettbewerber als Mandanten vorschieben, um auf diese Weise Einnahmen zu erzielen. Sind die Mandanten eingeweiht, machen sie sich ebenfalls strafbar, und zwar je nach Sachlage als Mittäter oder Gehilfen. Schließlich sind Abmahnungen auch dann betrügerisch, wenn mit ihnen vorsätzlich ein nach einhelliger Ansicht rechtmäßiges Verhalten beanstandet wird. Das kommt allerdings selten vor und ist in subjektiver Hinsicht noch seltener nachzuweisen.

Probleme bestehen hingegen dann, wenn die Abmahnberechtigung zwar eigentlich 106 nicht gegeben ist, aber schon einmal von einem Zivilgericht – vielleicht in Unkenntnis der wahren Verhältnisse – bejaht wurde. Zumindest der Nachweis des Betrugsvorsatzes wird dann äußerst schwerfallen. In diesem Zusammenhang sei nicht verschwiegen, daß **einige wenige Zivilgerichte** sich bei der Behandlung dubioser Abmahner bekanntermaßen **extrem großzügig** zeigen. Wer Entscheidungen eines solchen Gerichts hinter sich weiß, reagiert auf Betrugsvorwürfe natürlich mit demonstrativer Empörung. Ähnlich fallen die Reaktionen erfahrungsgemäß aus, wenn nicht die Anspruchsberechtigung als solche in Zweifel gezogen, sondern lediglich der Mißbrauchsvorwurf (§ 13 Abs. 5 UWG) wegen massenweiser Verfolgung von Allerweltsverstößen erhoben wird. Selbst wenn ein solcher Mißbrauch objektiv vorliegen und somit ein Anspruch des Abmahnenden nicht bestehen sollte, wird sich der Betrugsvorsatz oft nur bei Hinzutreten weiterer Tatumstände beweisen lassen. Dies ist etwa dann der Fall, wenn bei Anwaltsabmahnungen die Gebühren durch **Angabe völlig überhöhter Streitwerte** heraufgeschraubt werden.

Bei Ermittlungen gegen unseriöse Abmahner sollten tunlichst die **Industrie- und** 107 **Handelskammern** konsultiert werden. Sie kennen die Aktivitäten vieler Täter und werden über den Deutschen Industrie- und Handelstag ständig über neue überregionale Entwicklungen informiert. Auch der Deutsche Schutzverband gegen Wirtschaftskriminalität verfügt über zahlreiche Informationen auf diesem Gebiet.[74] Umfangreiches Material zu Abmahnern und Abmahnpraktiken im Immobilienbereich hat der Verband Deutscher Makler[75] gesammelt.

XVI. Pressespezifische Besonderheiten

1. Strafprozessuale Aspekte

Strafbare Werbung erscheint häufig als Anzeige in einer periodischen Druckschrift. Da 108 das Zeugnisverweigerungsrecht des § 53 Abs. 1 Nr. 5 StPO nur Personen zusteht, die mit dem redaktionellen Teil einer solchen Druckschrift befaßt sind, können der **Anzeigenleiter und seine Mitarbeiter als Zeugen vernommen** werden. Sie müssen insbesondere Auskunft über die Identität von Chiffre-Inserenten erteilen, aber auch über alle anderen Umstände, die im Zusammenhang mit der betreffenden Werbung von Bedeutung für die Ermittlungen sind. Bei Rundfunk und Fernsehen erstreckt sich das Zeugnisverweigerungsrecht ebenfalls nur auf die redaktionelle Berichterstattung. Laufen die Zeugen allerdings Gefahr, selbst strafrechtlich verfolgt zu werden, steht ihnen nach näherer Maßgabe von § 55 StPO ein Auskunftsverweigerungsrecht zu, über das sie zu belehren sind. Dies kann insbesondere dann von Bedeutung werden, wenn sich die Strafbarkeit des Inhalts der betreffenden Werbung auch dem Anzeigenredakteur als Nichtjuristen aufdrängen

---

[74] Adressen oben Rn. 5.
[75] Höchste Str. 14, 45883 Gelsenkirchen, Tel. 02 09/9 41 45 22, Fax 9 41 45 33.

mußte.[76] Auch die **Beschlagnahme von Beweismitteln im Verlag ist zulässig**, da das Beschlagnahmeverbot gemäß § 97 Abs. 5 StPO wie das Zeugnisverweigerungsrecht auf den redaktionellen Bereich beschränkt ist.

2. Verjährung

109 Nach den Landespressegesetzen verjähren Vergehen, die durch die Veröffentlichung oder Verbreitung von Druckwerken mit strafbarem Inhalt begangen werden, schon **nach Ablauf von 6 Monaten**.[77] Die Frist beginnt bereits mit dem ersten Verbreitungsakt zu laufen.[78] Dies wird üblicherweise mit dem Argument gerechtfertigt, daß der Verstoß mit Erscheinen des Druckwerks offen zutage trete und die Strafverfolgungsbehörden deshalb unverzüglich eingreifen könnten.[79] Die Unwahrheit einer Angabe als wichtigstes Charakteristikum strafbarer Werbung ergibt sich aber typischerweise gerade nicht bereits aus dem gedruckten Text. Auf eine so töricht gestaltete Werbung würde schließlich kaum jemand hereinfallen. Vielmehr wird das Erscheinen der Werbung zunächst in der Regel allenfalls einen Anfangsverdacht begründen, der langwierige Ermittlungen nach sich ziehen kann. Gleichwohl gilt die sechsmonatige presserechtliche Verjährung auch in solchen Fällen.[80] Dies ist zwar ausgesprochen **praxisfeindlich** und zudem wenig plausibel, weil gerade strafbare Printwerbung mit einem typischerweise besonders großen Kreis von Getäuschten verjährungsrechtlich gegenüber anderen Formen strafbarer Werbung privilegiert wird. Pläne zur Einführung einer eigenen Verjährungsregelung in § 4 UWG wurden aber wieder aufgegeben.[81] So wird es weiterhin vorkommen, daß Fälle strafbarer Werbung wegen der kurzen presserechtlichen Verjährung ungeahndet bleiben.

---

[76] Zur zivilrechtlichen Verantwortlichkeit des Verlagspersonals vgl. BGH NJW 1995, 870.

[77] Vgl. im einzelnen *Löffler*, 4. Aufl., Anmerkungen zu LPG § 24.

[78] BGH NJW 1986, 331.

[79] BGH a.a.O.; *Löffler* a.a.O., Rn. 20.

[80] Großkommentar-*Otto*, § 4 UWG, Rn. 152f m. w. N.; a. A. *Baumbach/Hefermehl*, § 4 UWG, Rn. 20.

[81] Dazu näher Großkommentar-*Otto* a.a.O.

14. Kapitel. Produkt- und Markenpiraterie

Inhaltsübersicht

		Rn.
I.	**Einleitung**	1
II.	**Die Definition von Produkt- und Markenpiraterie**	2–12
	1 Statistisches Datenmaterial	4–8
	2 Produkt- und Markenpiraterie – eine Branchenübersicht in Zahlen	9
	3 Tätergruppen	10–12
III.	**Gesetzeslage**	13–29
	1. Produktpirateriegesetz	13–15
	2. Kurzübersicht über die Schutzrechte	16, 17
	3. Markenrecht als Beispiel	18–26
	4. Strafrechtliche Einziehung/Adhäsionsverfahren § 143 Abs. 5 MarkenG	27–29
IV.	**Ermittlungsprobleme**	30–40
	1. Supranationale und bundesdeutsche Sicherstellungsregelungen	30–33
	2. Staatsanwaltschaft	34–39
	a) Ermittlungsauftrag an die Zollfahndung	37
	b) Ermittlungswege des Staatsanwalts	38, 39
	3. Verwertung sichergestellter Fälschungsware	40
V.	**Spezifische Urheberrechtsprobleme**	41–47
VI.	**Die privatrechtliche Situation bei Produkt- und Markenpiraterieverletzungen**	48, 49
VII.	**Präventionsmöglichkeiten**	50
VIII.	**Gegenmaßnahmen der deutschen Wirtschaft**	51–53
IX.	**Schutzrechte im Überblick**	54

I. Einleitung

Auf Produkt- und Markenpiraterie entfällt ein beachtlicher Anteil der Wirtschaftskriminalität. Leider besteht bei den Strafverfolgungsbehörden eine gewisse Tendenz, die Straftatbestände in diesem Bereich als „Kavaliersdelikte“ und damit als von geringem öffentlichen Interesse zu bewerten. Viel zu häufig verlaufen Verfahren aufgrund mangelnder Motivation oder aus Unkenntnis dieser Materie im Sande bzw. werden allenfalls mit geringen Geldstrafen geahndet. Hierbei mag eine Rolle spielen, daß die strafrechtlich relevanten Vorschriften sich alle in den einschlägigen Regelungen zu den gewerblichen Schutzrechten finden (§ 142 PatG, § 25 GebrMG, § 14 GeschmMG, § 143 MarkenG, §§ 106–108 a UrhG) und damit zu den strafrechtlichen Nebengesetzen zählen. Ferner fehlt es bisher an einer einschlägigen Definition des Begriffs „Marken- und Produktpiraterie“. 1

II. Die Definition von Produkt- und Markenpiraterie

Im Grünbuch „zur Bekämpfung von Nachahmungen und Produkt- und Dienstleistungspiraterie im Binnenmarkt“[1] beschäftigt sich die Kommission der Europäischen Union in jüngster Zeit auch damit, eine geeignete Definition für Produkt- und Marken- bzw. Dienstleistungspiraterie zu finden. Diese ist durchaus akzeptabel. 2

Das Grünbuch bezieht die Begriffe „Nachahmungen und Produkt- und Dienstleistungspiraterie“ auf alle Erzeugnisse, Verfahren und Dienstleistungen, die Gegenstand oder Ergebnis einer Verletzung eines Rechts des geistigen Eigentums sind. Dies betrifft also Verletzungen gewerblicher Schutzrechte (Fabrik- oder Handelsmarke, Patent, Geschmacks- oder Gebrauchsmuster, geographische Bezeichnung), von Urheberrechten

[1] KOM (98)569 endg.

bzw. sonstiger Leistungsschutzrechten (Schutz der ausübenden Künstler, Schutz der Hersteller von Tonträgern, Schutz der Hersteller von Filmerstaufzeichnungen, Schutz von Sendeunternehmen) oder die Rechte *sui generis* des Herstellers einer Datenbank.[2]

3 Kennzeichnend für diese Form der Wirtschaftskriminalität ist somit die Verletzung von Rechten des geistigen Eigentums. Auch das Überschreiten des vom Rechtsinhaber genehmigten Produktionsvolumens wird in die Grünbuchdefinition miteinbezogen.

Selbst wenn der Volksmund den Begriffen Produkt- und Markenpiraterie auch die Fälle des schmarotzerischen Nachahmungsverhaltens zuordnen wird, sind dies Fälle, die dem unlauteren Wettbewerbsrecht unterliegen (so auch Grünbuch) und aus der folgenden Betrachtung ausgenommen werden.

1. Statistisches Datenmaterial

4 Aussagekräftiges statistisches Datenmaterial zum Ausmaß und zu den Folgen von Produkt- und Markenpiraterie fehlen. Allerdings sprechen die Beschlagnahmezahlen des deutschen Zolls Bände. Bedenkt man, daß der Zoll nur bei 5 % der Einfuhren eine wirkliche „Beschau" vornehmen kann, stellen die jährlich ansteigenden Zahlen nur die Spitze des Eisberges dar und demonstrieren deutlich das Ausmaß des Problems. Nach Angaben der Oberfinanzdirektion Nürnberg, Zentralstelle Gewerblicher Rechtsschutz mit Sitz in München, ist allein 1998 der beschlagnahmte Warenwert gegenüber dem Vorjahr um 200 % gestiegen. Die Zahl der Beschlagnahmungen selbst stieg um rund 100 %.

Da der Zoll nur die Außengrenzen zur Europäischen Union kontrollieren kann, gibt es keine Zolldaten über das Ausmaß des Delikts aufgrund Produktion im europäischen Binnenmarkt. Selbstverständlich findet auch innerhalb der Gemeinschaft Produkt- und Markenpiraterie statt. Die offenen Grenzen erschweren dabei die Verfolgung erheblich.

5 Außerhalb der Zollstatistiken wird auf Schätzungen zurückgegriffen, die anhand der Erkenntnisse einzelner Branchen und eigener Ermittlungskoordination gewonnen wurden.

Ein Bericht des Ausschusses für Außenwirtschaftsbeziehungen des Europäischen Parlaments vom 9. Oktober 1985,[3] der auf einer Untersuchung des Büros für geistiges Eigentum der internationalen Handelskammer in London beruhte, schätzt bereits den weltwirtschaftlichen Schaden durch Produkt- und Markenpiraterie auf 500 Mrd. US $. Bedenkt man, daß Deutschland mit etwa 11,5 % am Welthandel beteiligt ist, wäre bereits damals ein Schadensvolumen von 55,5 Mrd. DM allein auf Deutschland entfallen. In dem zitierten Dokument wurden ferner die Verluste an Arbeitsplätzen aufgrund dieser Form der Wirtschaftskriminalität auf 100 000 für die damals 10 Mitgliedsländer der EG geschätzt, wovon allein rund 50 000 auf Deutschland entfallen sollten. Da die Erhebung mittlerweile mehr als 13 Jahre zurückliegt, dürfte die Annahme gerechtfertigt sein, daß die Bundesrepublik heute 70 000 bis 80 000 Arbeitsplätze mehr hätte, falls es diese Form der Wirtschaftskriminalität nicht gäbe.

6 Die finanziellen Verluste der Rechtsinhaber sowie die Arbeitsplatzverluste gehen einher mit Einnahmeverlusten auf seiten des Staates, da die Waren meist ohne Entrichtung von Abgaben oder unter falscher Deklaration eingeführt bzw. verkauft werden. Darüber hinaus kann der Kauf schutzrechtsverletzender Waren erhebliche Verbraucherschädigungen nach sich ziehen. So machte sicherheitsgefährdendes Spielzeug aus China, nämlich leicht entflammbare Teddybären, Schlagzeilen. Ferner sind die Fälle untauglicher Bremsbeläge bekannt, die zu schweren Unfällen führten, oder von falschen Pharmaprodukten, die entweder keine der vorgegebenen Inhaltsstoffe enthielten (sogenannten Placebos) oder nur unzureichende, eventuell sogar ihrerseits gesundheitsgefährdende Substanzen aufwiesen. Auch Textilien werden oft mit toxischen Färbemitteln bearbeitet. Die Nach-

---

[2] A.a.O. S. 7.

[3] Dok. A 2–115/85.

ahmer scheren sich nicht um sicherheits- oder gesundheitsrelevante Aspekte. Es geht lediglich darum, mit dem geringsten Aufwand den größtmöglichen Profit zu erzielen.

Das vermeintliche „Schnäppchen" entpuppt sich für den Verbraucher häufig als „Schwarzer Peter". Allein der Kfz-Ersatzteilmarkt schätzt, daß weltweit etwa 8 bis 10 % des Handels mit Ersatzteilen auf illegale Nachahmungen entfallen, die meist nicht den erforderlichen Sicherheitsstandard aufweisen. Im Textilbereich wird der Anteil der Fälschungen auf etwa 10 % geschätzt. 7

Aus neueren Übersichten, die die Internationale Handelskammer durch ihr Londoner Counterfeiting Intelligence Bureau zusammenstellen ließ, gehen folgende Schätzungen hervor: 5 % des weltweiten Umsatzes von Uhren, 6 % des Umsatzes medizinischer Produkte, 5 % des Umsatzes von Parfüms, 10 % des Umsatzes mit Flugzeugersatzteilen, 12 % des Umsatzes von Spielzeug, 33 % des Umsatzes von Musik-CDs und -Kassetten, 50 % des Umsatzes mit Video-Kassetten und 43 % des Umsatzes mit Software sollen bereits auf illegale Nachahmungen im Sinne der Piraterie-Definition entfallen. Im Software-Bereich wird allein der illegale Software-Einsatz in Rußland auf 70 % geschätzt. Diese Schätzungen – selbst wenn sie im Einzelfall überhöht angesetzt sein sollten – unterstreichen dennoch nur allzu deutlich die Brisanz des Problems. 8

Der Deutsche Industrie- und Handelstag hat Mitte 1997 zusammen mit dem Markenverband und dem Bundesverband der Deutschen Industrie eine Umfrage zur Betroffenheit der Unternehmen mit Marken- und Produktpiraterie durchgeführt. Die Resonanz war überwältigend. 1200 Rückläufe konnten verzeichnet werden. Die Aufschlüsselung nach Branchen ergab, daß Marken- und Produktpiraterie sich nicht mehr allein auf den Bereich Textilien und Luxusgüter bzw. Urheberrechtsverletzungen konzentriert, sondern immer mehr die technischen Bereiche betroffen sind. Die Betroffenheit dort lag bei rund 50 %. Zwar sind den Antworten zufolge die Verletzer häufig in Drittländern und damit oft außerhalb der Europäischen Union, namentlich in der Türkei, China, Osteuropa und Asien zu finden; die Produkte erreichen dennoch über die verschiedensten Kanäle den europäischen Markt und dringen damit auch nach Deutschland ein.

Die folgende Branchenübersicht wurde aus verschiedenen Quellen zusammengestellt und unterstreicht deren Tragweite nochmals sehr deutlich.

2. Produkt- und Markenpiraterie – eine Branchenübersicht in Zahlen 9

Software[4]

Marktanteil von Raubkopien (1997):

weltweit	43 %
in China	96 %
in Rußland	89 %
in Westeuropa	39 %
in Deutschland	33 %

Umsatzeinbuße für die Hersteller (1997):

weltweit	11,4 Mrd. US$
in China	1,45 Mrd. US$
in Rußland	252 Mio. US$
in Westeuropa	2,5 Mrd. US$
in Deutschland	509 Mio. US$

geschätzter Verlust von Arbeitsplätzen:

Europ. Union	ca. 200 000 Stellen

[4] 228 Mio. illegale Standardapplikationen neu installiert! Quelle: Studie im Auftrag von Business Software Alliance (BSA) und Software Publishers Association (SPA).

Bild- und Tonträger[5]

Marktanteil von Raubkopien (1996):

Audio weltweit (nach Stückzahlen)	33 %
Video weltweit	50 %

Umsatzvolumen von Audio-Raubkopien:

weltweit 1996	5 Mrd. US$
weltweit 1995	2 Mrd. US$
in Rußland 1997	120 Mio. US$
in Italien 1997	105 Mio. US$
in Deutschland 1997	72 Mio. US$

Umsatzeinbuße der US-Filmindustrie:

weltweit 1997	2,3 Mrd. US$

Textilien und Markenkleidung (europäische Marken)[6]

Marktanteil asiatischer Plagiate (1997):

weltweit (nach Umsatz)	4 % (8,3 Mrd. US$)

Umsatzeinbuße für die Hersteller:

weltweit	8,36 Mrd. US$

Gesamtschaden für die Hersteller (1997):

weltweit	4,4 Mrd. US$

(entgangener Gewinn, Imageschaden, Rechtsverfolgungskosten)

Parfum[7]

Marktanteil von Plagiaten (1996):

weltweit	7 %

Armbanduhren[8]

Marktanteil von Plagiaten (1996):

weltweit	5 %

Kfz-Ersatzteile[9]

Marktanteil von Nachahmungen 1998:

weltweit	10 %

Umsatzeinbuße der Originalhersteller:

weltweit	12 Mrd. US$

Medikamente[10]

Marktanteil von Nachahmungen (3/1999):

weltweit	7 %

Umsatzeinbuße der Originalhersteller (1996):

weltweit	17 Mrd. US$

---

[5] Quellen: International Federation of Phonographic Industry; Motion Picture Association.

[6] Quelle: Bericht des Institut Français de la Mode zu Textilfälschung in Asien, Jan. 1998.

[7] Quelle: Umfrage der International Chamber of Commerce (ICC).

[8] Quelle: Umfrage der International Chamber of Commerce (ICC).

[9] Quelle: Automotive Marketing, 1998.

[10] Quelle: Bundesverband der Pharmazeutischen Industrie, International Chamber of Commerce (ICC).

Spielwaren[11]

Marktanteil von Plagiaten (1996):

weltweit 12 %

3. Tätergruppen

10 Marken- und Produktpirateriefälle im Sinne der Eingangsdefinition können in jeder Produktions- und Handelsstufe angetroffen werden. So hat beispielsweise der Aktionskreis Deutsche Wirtschaft gegen Produkt- und Markenpiraterie (APM) e.V. im Jahre 1998 eine ganze Reihe deutscher Hersteller von Autofußmatten abgemahnt, die diese illegal mit Markenemblemen kennzeichneten. Der Vertrieb gefälschter Textilien kann sowohl im Großhandel als auch im Einzelhandel festgestellt werden. Dabei sind die dort vertriebenen Qualitäten teilweise recht gut, so daß die Preise hier knapp unter dem Originalpreis liegen. Beliebt ist auch der Vertrieb gefälschter Uhren, Textilien, Accessoires etc. über Flohmärkte. Die dort gefundene Ware ist meist qualitativ minderwertiger als die im Groß- oder Einzelhandel erhältliche. Oft wird der Käufer beim Kauf auf Flohmärkten auch davon ausgehen, daß er keine Originalware erwirbt, so daß bei dieser Vertriebsschiene ein Betrugsdelikt mangels Täuschung des Verbrauchers ausscheiden wird. Besonders in der Parfümbranche ist der Handel mit bekannten Markendüften nach sogenannten Konkordanz-Listen geläufig. Dort werden Parfüms à la Chanel Nr. 5 bzw. nach den einschlägigen Düften von Dior etc. angeboten und oft über Kollegen am Arbeitsplatz vertrieben. Neuerdings scheint auch das ziellose Durchfahren von Wohngebieten Furore zu machen, indem dort Personen auf der Straße von Autofahrern angesprochen werden, die angeblich hochwertige Waren von Messen, z. B. Kochtöpfe oder andere Gegenstände, vertreiben wollen, mit der Behauptung, daß sie diese nicht mehr mit nach Hause nehmen möchten. Es ist davon auszugehen, daß die so vertriebene Ware keine Originalware darstellt.

11 Häufig tritt der Fall auf, daß gerade im Textilbereich die Ware, z. B. T-Shirts, und die entsprechenden Markenlogos separat eingeführt werden und dann vor Ort kurz vor dem Verkauf aufgenäht werden. Dieses Verfahren wird mit großem Geschick betrieben und vermeidet häufig das Auffinden und Sicherstellen größerer Warenbestände mit den entsprechenden Markenverletzungen. Damit bleibt der Nachschub, selbst beim Auffinden größerer Partien, für die Täter gesichert.

Vermutungen liegen nahe, daß im Bereich der Verletzung gewerblicher Schutzrechte verstärkt die organisierte Kriminalität Fuß faßt. Die Automobilindustrie hat zumindest aufgrund der Aussagen von Polizei- und Zollbehörden insbesondere in Polen und in der Türkei Anhaltspunkte dafür, daß hier organisierte Hintermänner die Geschäfte durchführen und zum Teil auch Geldwäsche betrieben wird. In Italien hat das bereits erwähnte Counterfeiting Intelligence Bureau der Internationalen Handelskammer beim Auffinden illegaler CDs die Einbindung der Mafia in dieses Geschäft auch aus Geldwäschegründen feststellen können.

12 Die Täter dürften dabei in erster Linie vom Gewinnstreben geleitet sein. Den Fälschern kommt zugute, daß die Reproduktionstechniken immer einfacher und billiger geworden sind. Selbst der Erwerb eines CD-Brenners ist nicht mehr mit allzu hohen Kosten verbunden. Häufig empfinden die Täter dadurch sogar kaum noch Unrechtsbewußtsein. Dies trifft sowohl auf die Hersteller als auch die Händler zu. Für den Käufer selbst zählt meist nur der Preis, für den er die vermeintliche Originalware bekommt. Die einfachen Reproduktionstechniken vermitteln dem Täter nicht mehr das Bewußtsein, daß es sich um Diebstahl von geistigem Eigentum handelt. In Zeiten starker internationaler Konkurrenz haben die Markenpiraten, aufgrund niedrigerer Kosten insbesondere im Bereich der Entwicklung und mangels Absatzrisiko, die Aussicht auf hohe Gewinne.

[11] Quelle: Umfrage der International Chamber of Commerce (ICC).

Gerade die innovativen mittelständischen Betriebe, deren Markterfolg in neu entwickelten Produkten liegt, aber auch Großunternehmen sehen sich zunehmenden Belastungen durch Produkt- und Markenpiraten ausgesetzt. Besonders stark betroffene Unternehmen haben sogar interne Ermittler, um das Problem besser in den Griff zu bekommen. Die Kosten für den Einsatz von Ermittlern und der anschließenden Rechtsverfolgung gehen in die Millionen und sind oft, gerade von den Klein- und mittelständischen Betrieben, kaum mehr zu finanzieren und zu tragen.

III. Gesetzeslage

1. Produktpirateriegesetz

13 Bis zum Jahr 1990 wurde Produkt- und Markenpiraterie durch den Gesetzgeber nicht einmal in § 74 c GVG, der die Wirtschaftsstraftaten erfaßt, eingeordnet. Erst durch das Gesetz zur Stärkung des Schutzes des geistigen Eigentums und zur Bekämpfung der Produktpiraterie (PrPG) vom 7. März 1990[12] wurden ein Großteil der durch die Ermittlungsbehörden und die Wirtschaftsverbände aufgezeigten Lücken geschlossen und die Aufklärungsmöglichkeiten verbessert. Bei dem Gesetz handelte es sich um ein sogenanntes Artikelgesetz, mit dem einheitliche Vorschriften in die verschiedensten Gesetze zum Schutz des geistigen Eigentums eingeführt wurden. Für die Strafverfolgungsbehörden sind folgende Regelungen von Relevanz:

14
- Gemäß § 74 c Abs. 1 Nr. 1 GVG ist die Verletzung geistigen Eigentums unter Benennung der einzelnen Gesetze als Wirtschaftsstraftat eingestuft.
- Die Strafdrohung dieser Schutzgesetze (die §§ 143, 144 MarkenG; § 106 UrhG; § 14 GeschmMG; § 142 PatG; § 25 GebrMG; § 10 HalbleiterschutzG; § 39 SortenschutzG) ist auf 3 Jahre für den Normalfall und bei gewerbsmäßigem Handeln auf 5 Jahre festgelegt worden.
- Für alle Fälle ist der Versuch unter Strafe gestellt.
- Eine Strafantragstellung ist nur im Falle der nicht gewerbsmäßigen Handlung des Täters erforderlich. Bei Bejahung des besonderen öffentlichen Interesses an der Strafverfolgung ist ein Einschreiten von Amts wegen auch hier möglich (vgl z. B. § 143 Abs. 4 MarkenG). Die qualifizierte Schutzrechtsverletzung, also das gewerbsmäßige Handeln, ist Offizialdelikt. Diese Voraussetzungen werden bei organisierter Kriminalität immer zu bejahen sein.
- Piratenwaren und Vorrichtungen, z. B. Maschinen zu ihrer Herstellung, können im Strafverfahren eingezogen werden. Die Einziehung von nicht im Eigentum des Täters stehenden Gegenständen wird durch Verweisung auf die Vorschriften der erweiterten Einziehung, § 74 a StGB, erleichtert (vgl. z. B. § 143 Abs. 5 Satz 2 MarkenG).
- Der nach § 18 MarkenG gegebene Vernichtungsanspruch des Inhabers einer Marke ist aber gegenüber der strafrechtlichen Einziehung vorrangig (vgl. § 143 Abs. 5 MarkenG). In manchen Fällen besteht schließlich die Möglichkeit der öffentlichen Bekanntmachung des Verstoßes gegen das Markengesetz.

15 Trotz dieses gesetzgeberischen Signals zur besseren Bekämpfung der Produkt- und Markenpiraterie hat sich die Ausgangssituation und damit das bestehende Verfolgungsdefizit kaum verändert. Wie eingangs erwähnt, fehlt nach wie vor das Problembewußtsein für dieses Delikt bei den Strafverfolgungsbehörden, die die Notwendigkeit der Ermittlung in diesen Fällen oft hintanstellen und sich vom Rechtsinhaber für dessen Zwecke „mißbraucht“ fühlen. Die Zusammenarbeit und das Verständnis zwischen den Strafverfolgungsbehörden, den geschädigten Unternehmen und den Wirtschaftsverbänden ist daher im Rahmen des rechtlich Möglichen dringend verbesserungsbedürftig.

---

[12] BGBl. I, S. 422.

2. Kurzübersicht über die Schutzrechte

Die gewerblichen Schutzrechte, Marke, Patent, Gebrauchsmuster und Geschmacksmuster gewähren zivilrechtliche Exklusivrechte. Sie stehen einem genau bestimmten Berechtigten zu. Eng mit den gewerblichen Schutzrechten verbunden ist auch das Urheberrecht. Die Schutzgegenstände und die Reichweite der einzelnen Schutzrechte sind jedoch unterschiedlich.[13] **16**

Die Schutzrechte stehen unabhängig nebeneinander. Dies bedeutet, daß für ein und dasselbe Produkt mehrere Schutzrechte eingreifen können.

So kann beispielsweise eine bestimmte technische Vorrichtung an einem Werkzeug durch Patent oder Gebrauchsmuster geschützt sein, gleichzeitig kann das Werkzeug selbst mit einer Marke versehen sein, die äußere Formgestaltung, das Design kann durch Geschmacksmuster geschützt sein. Praktisch kann ein Produkt mit 4 Schutzrechten belegt sein. Für die gewerblichen Schutzrechte bestehen gleichlautende Straf- und Ordnungswidrigkeitstatbestände in den einschlägigen Gesetzen.[14] Die strafrechtlichen Tatbestände sollen exemplarisch am Beispiel des Markenrechts erläutert werden. **17**

3. Markenrecht als Beispiel

Eines der häufigsten Wirtschaftsdelikte in diesem Zusammenhang ist die Verletzung von Markenrechten, die sogenannte Markenpiraterie. Markenpiraten eignen sich die Marke eines anderen Unternehmens an und geben damit vor, selbst Markeninhaber zu sein. Die Unterscheidungs- und Herkunftsfunktion, die Garantiefunktion sowie die hohe Werbefunktion, die der Marke zugunsten des Markeninhabers zukommt, wird dadurch ausgehöhlt. Betonte das Warenzeichengesetz, als Vorgänger des Markengesetzes, in erster Linie die Unterscheidungs- und Herkunftsfunktion der Marke, so stellt das Markengesetz auch ganz entschieden die Garantie- und Werbefunktion der Marke für die Unternehmen in den Mittelpunkt der Schutzfunktion. **18**

Das MarkenG enthält in den §§ 143 bis 145 die relevanten Straf- und Ordnungswidrigkeitstatbestände. Allerdings sind diese Tatbestände von zivilrechtlichen Vorfragen, nämlich der widerrechtlichen Benutzung der Marke, abhängig.

Die Benutzung einer Marke ist dann widerrechtlich, wenn **19**

- der Benutzer nicht Rechtsinhaber ist und für seine Benutzung keine Lizenz vom berechtigten Inhaber nachweisen kann,
- er zwar eine solche Lizenz im Einzelfall nachweisen kann, er jedoch die in der Lizenz erlaubte Produktionsmenge überschreitet und die sogenannte Überschußproduktion selbst vermarktet.

§ 143 MarkenG verweist dabei auf § 14 MarkenG. Die Benutzung muß im geschäftlichen Verkehr erfolgen. Nur der Markeninhaber hat das Recht, das Zeichen zu führen. Er kann seine Waren oder Dienstleistungen, für die er das Zeichen erworben hat, ihre Verpackung, Umhüllung oder Aufmachung mit der Marke versehen. Er allein kann die Ware bzw. Dienstleistung unter dem Zeichen vertreiben sowie auf Ankündigungen, Etiketten, Preislisten und Geschäftspapieren etc. das Zeichen anbringen. Kann ein Dritter für alle diese Tätigkeiten keinen Nachweis erbringen, hierfür die Erlaubnis des Rechtsinhabers zu haben, ist er auch zivilrechtlichen Schadensersatz- und Unterlassungsansprüchen ausgesetzt. Im Hinblick auf die Fragen der widerrechtlichen Nutzung von Schutzrechten ist die Situation auch auf Gebrauchsmuster, Geschmacksmuster und Patente sowie auf Urheberrechtsverletzungen übertragbar. Immer steht nur demjenigen das Recht aus dem Schutzrecht zu, dem es aufgrund der Eintragungsurkunde z. B. des Deutschen Patent- **20**

---

[13] Vgl. Übersichtstabelle Rn. 55.

[14] Vgl. Rn. 1.

amtes zusteht. Dritte müssen den Nachweis erbringen, daß sie für ihre – wie auch immer geartete – Nutzung oder den Vertrieb eine Lizenz des Berechtigten haben.

Bekannte Marken genießen ferner, selbst über den Ähnlichkeitsbereich hinaus, einen hohen Schutz ihrer Unterscheidungskraft und Wertschätzung, der beeinträchtigt werden kann, sofern die Benutzung der Marke durch einen Dritten unlauter ist.

21 § 143 Abs. 1 Ziffer 4 und 5 gewährt auch geschäftlichen Bezeichnungen nach §§ 5, 15 MarkenG den strafrechtlichen Schutz. Die von § 143 Abs. 1 MarkenG erfaßte strafbare Kennzeichenverletzung wird mit Freiheitsstrafe bis zu 3 Jahren oder mit Geldstrafe geahndet. Auch die Verletzung der Gemeinschaftsmarke wird grundsätzlich durch § 143 Abs. 1 a unter Strafe gestellt.

22 Von der Möglichkeit, Freiheitsstrafen zu verhängen, wird allerdings kaum Gebrauch gemacht. Dem Aktionskreis Deutsche Wirtschaft gegen Produkt- und Markenpiraterie (APM) e.V. ist jedenfalls kein einziger Fall diesbezüglich geläufig. Bei der Verhängung von Geldstrafen besteht das Dilemma, daß sich die Geldstrafenbemessung nach den wirtschaftlichen Gegebenheiten des Täters richten muß. Die finanzielle Situation von Flohmarkthändlern verbietet indessen wegen § 40 StGB, daß die Tagessätze bei einer Geldstrafe hoch angesetzt werden können. Für diese Tätergruppe ist es daher kaum abschrekkend, mit entsprechenden Geldsätzen bestraft zu werden. Es ist auch davon auszugehen, daß teilweise die Hintermänner im Endeffekt die Zahlung leisten, so daß damit überhaupt kein Abschreckungspotential verbunden ist. Allgemein werden von der Wirtschaft die verhängten Geldstrafen als viel zu niedrig bewertet.

Die Strafbarkeit der Handlung setzt also das Handeln im geschäftlichen Verkehr, Widerrechtlichkeit und Vorsatz voraus. Auch der bedingte Vorsatz wird erfaßt. § 143 Abs. 1 und Abs. 1 a MarkenG gehen für die Verfolgung grundsätzlich von einer Strafantragstellung aus. Das öffentliche Interesse an der Strafverfolgung wird in diesen Fällen selten bejaht. In der Regel wird auf den Privatklageweg verwiesen. Diese Einordnung in § 374 Abs. 1 Nr. 8 StPO als „leichtes Vergehen" mag mit dafür verantwortlich sein, daß die Strafverfolgungsbehörden häufig zur Einstellung des Verfahrens neigen und trotz der Brisanz dieses Wirtschaftsdelikts auf ein Einschreiten von Amts wegen verzichten.

23 Außerordentlich problematisch gestaltet sich die Praxis bei § 143 Abs. 2 MarkenG. Die gewerbsmäßige Markenverletzung ist mit Freiheitsstrafe bis zu 5 Jahren oder Geldstrafe sanktioniert. Ein Strafantrag muß nicht gestellt werden. Der Qualifikationstatbestand zielt auf die Verhinderung geschäftsmäßiger Produktpiraterie ab.

Nach ständiger Rechtsprechung des BGH[15] handelt derjenige gewerbsmäßig, der sich durch *wiederholte* Begehung einer Straftat aus deren Vorteilen eine *fortlaufende* Einnahmequelle von einigem Umfang und einiger Dauer verschafft. Hier hat man den Wiederholungstäter im Visier, wobei jedoch eine erste, in Wiederholungsabsicht begangene Tat ausreicht.[16]

Eine nur gelegentlich der Ausübung eines Gewerbebetriebes vorgenommene Kennzeichenverletzung ohne Wiederholungsabsicht ist im strafrechtlichen Sinne also noch nicht gewerbsmäßig. Diese auch in der oben zitierten Begründung dargelegte Definition führt leider häufig dazu, daß das Offizialdelikt schnell verneint und eine Strafantragstellung gefordert wird. Angenommen wird dann nur der Tatbestand der einfachen Schutzrechtsverletzung. Auch bei Sicherstellung von mehreren hundert T-Shirts oder gefälschter Kfz-Teile wird die gewerbsmäßige Begehung oft verneint. Hier stellt sich indessen die Frage, ob nicht bei solchen Mengen, selbst wenn der Täter erstmals auffällt, zumindest die Wiederholungsabsicht bejaht werden muß und damit vom Offizialdelikt auszugehen ist. Eine gelegentlich der Ausübung eines Gewerbebetriebes vorgenommene Kennzeichenverletzung ohne Wiederholungsabsicht ist hier nur schwer anzunehmen.

---

[15] Vgl. Nachweise bei *Tröndle/Fischer*, vor § 52 StGB Rn. 43.

[16] Vgl. Begründung Produktpirateriegesetz-Regierungsentwurf vom Juni 1989, Drucksache 11/4792, B I 1 c.

Es geht dabei nicht darum, einen Händler, der vielleicht tatsächlich selbst auf Piratenwaren hereingefallen ist, zu stigmatisieren. Dennoch zeigt die Praxis, daß gerade bei Mischung des Warenbestandes mit Original- und Fälschungsware gewerbsmäßiges Handeln vorliegt und das „Nichtwissen" oft eine reine Schutzbehauptung darstellt. Man verschafft sich damit eine fortlaufende Einnahmequelle bzw. einen fortlaufenden zusätzlichen Gewinn. Leider wird in diesen Fällen ein Einschreiten von Amts wegen oft abgelehnt und selbst bei Auffinden großer Mengen immer ein Strafantrag gefordert. **24**

Bei der Bedeutung, die Produkt- und Markenpiraterie im Rahmen der Wirtschaftskriminalität gewinnt, wird den Wirtschaftskriminellen bei dieser Wertung geradezu zugearbeitet. Diese müssen die Strafdrohung des Gesetzes kaum fürchten. Der wirtschaftliche Schaden, auch für die Allgemeinheit, bleibt damit oft ungesühnt. Im übrigen zeigt die Praxis, daß die Täter oft in der Branche bereits einschlägig bekannt sind.

Üblicherweise wird nämlich nicht nur **ein** Schutzrechtsinhaber verletzt, sondern in der Regel mehrere. So finden sich beim Aufgriff von Jeans nicht nur solche von Levi's oder Joop, sondern eine Mixtur von bekannten Marken aus diesem Bereich. In der Regel ist der Produktpirat nicht auf eine Marke konzentriert, so daß auch dies ein Indiz für gewerbsmäßiges Handeln darstellt. Da die Markeninhaber bisher kaum gemeinsam gegen Markenpiraten vorgehen, kann es vorkommen, daß Erkenntnisse über denselben Verletzer bei verschiedenen Rechtsinhabern bestehen, ohne daß diese voneinander wissen, geschweige denn solches bekannt ist. Mangels solcher Informationen und vor dem Hintergrund anderweitiger Arbeitsbelastung der Staatsanwaltschaften kommt darum das Offizialdelikt nicht zum Tragen. Hier sollten zuweilen auch die einschlägigen Verbände, z. B. der Aktionskreis Deutsche Wirtschaft gegen Produkt- und Markenpiraterie,[17] kontaktiert werden. **25**

§ 143 Abs. 3 MarkenG regelt auch die Strafbarkeit des Versuchs. Wegen der umfassenden Formulierung des zivilrechtlichen Verbotstatbestands, der auch Vorbereitungshandlungen zum Vertrieb widerrechtlich gekennzeichneter Waren dem Ausschließlichkeitsrecht des Markeninhabers unterstellt,[18] dürfte die praktische Relevanz dieser Vorschrift relativ gering sein. **26**

4. Strafrechtliche Einziehung/Adhäsionsverfahren § 143 Abs. 5 MarkenG

§ 143 Abs. 5 MarkenG regelt, daß Gegenstände, auf die sich die Straftat bezieht, im strafrechtlichen Verfahren gemäß § 74 a StGB eingezogen werden können. Die rechtswidrig gekennzeichneten Waren können damit vernichtet werden. Auch die Kennzeichnungsmittel (Etiketten, Anhänger, Aufnäher und ähnliches) können eingezogen werden.[19] Die Einziehung nach § 143 steht im pflichtgemäßen Ermessen des Richters. Selbstverständlich können auch die mit der Marke selbst gekennzeichneten Produkte eingezogen werden. Dies ist gerade Sinn und Zweck der Regelung. **27**

Die Anwendung des § 74 a StGB ermöglicht auch die Einziehung von Gegenständen, die nicht Eigentum des Täters sind, beispielsweise bei ungeklärten Eigentumsverhältnissen der schutzrechtsverletzenden Waren. Unter der Voraussetzung des § 74 a StGB dürfte sich die strafrechtliche Einziehungsmöglichkeit auch auf die zur Herstellung der schutzrechtsverletzenden Waren dienenden Maschinen und sonstiger Gegenstände beziehen.[20]

Der zivilrechtliche Vernichtungsanspruch nach § 18 MarkenG, der dem Inhaber der Marke das Recht gibt, bei Markenverletzungen die im Besitz oder Eigentum des Verletzers befindlichen Gegenstände und die zur Herstellung dieser Gegenstände dienenden **28**

---

17 Vgl. Rn. 53.
18 Vgl. § 14 Abs. 4 MarkenG.
19 Vgl. § 14 Abs. 4 Nr. 1 MarkenG.
20 Vgl. § 18 Abs. 2 MarkenG.

Maschinen zu vernichten, geht, sofern ihm im sogenannten Adhäsionsverfahren (§ 403 bis § 406c StPO) stattgegeben wird, vor. In diesem Fall tritt die strafrechtliche Einziehung zurück.[21] Die Möglichkeit, vermögensrechtliche Ansprüche des Verletzers im Wege des Adhäsionsverfahrens geltend zu machen, spielt insbesondere wegen § 405 StPO eine stark untergeordnete Rolle.

29 Der Vernichtungsanspruch nach § 18 Abs. 1 MarkenG hat – obwohl zivilrechtlich – auch Sanktionscharakter. Der BGH[22] kommt zu der Auffassung, daß nach dem Wortlaut und der Entstehungsgeschichte des Markengesetzes der Anspruch auf Vernichtung der schutzrechtsverletzenden Ware die Regel und nur ausnahmsweise andere Maßnahmen in Betracht kommen sollen. Insbesondere auch deshalb, weil die Verletzung von Schutzrechten in einigen Bereichen des geistigen Eigentums ein Massendelikt sei und daher auch wirksame zivilrechtliche Gegenmaßnahmen erforderlich seien.[23] Diese Wertung sollte im strafrechtlichen Verfahren mitbedacht werden.

IV. Ermittlungsprobleme

1. Supranationale und bundesdeutsche Sicherstellungsregelungen

30 Da schutzrechtsverletzende Waren meist im grenzüberschreitenden Verkehr auffallen, sind die Zollbehörden oft als erste in der Lage, Überprüfungen durchzuführen. Seit der Realisierung des Binnenmarktes am 1. Januar 1993 erfolgt die Einfuhr von Nichtgemeinschaftswaren an den Zollämtern der Gemeinschaftsaußengrenzen. Die deutsche Zollverwaltung ist hiermit nur noch an den Grenzen zu Polen, der Tschechischen Republik, der Schweiz sowie den See- und Flughäfen befaßt.

Bereits im Madrider Abkommen, dem das Deutsche Reich mit Gesetz vom 21. März 1925 beigetreten war,[24] wurde bestimmt, daß die durch Marken und anderes verfälschten Waren bei der Einfuhr oder Ausfuhr zum Zwecke der Beseitigung der unrichtigen Angaben durch die Zollbehörden zu beschlagnahmen sind.

Durch die §§ 107 ff MarkenG wurden die Schutzbestimmungen des Markengesetzes auf die nach dem Madrider Abkommen international registrierten Marken ausgeweitet. Die Marken sind beim Deutschen Patentamt eingetragen.[25] Bei der internationalen Registrierung von Marken werden ausländische Marken auf das Gebiet von Deutschland erstreckt mit der Wirkung, daß diese wie eine in Deutschland eingetragene und geführte Marke wirken. Gesprochen wird von sogenannten IR-Marken.

31 Für die Europäische Union bestehen 2 Verordnungen über Maßnahmen zum Verbot der Überführung nachgeahmter Waren in den zollrechtlich freien Verkehr, und zwar Verordnung (EG) Nr. 3295/94 vom 22. 12. 1994[26] und Verordnung (EG) Nr. 1367/95 vom 16. 06. 1995.[27] Bei der im Jahre 1994 ergangenen Verordnung handelt es sich um Grundvorschriften, die durch die spätere Durchführungsverordnung 1995 ergänzt wurden. Durch die VO (EG) Nr. 241/1999 des Rates vom 25. 1. 1999[28] werden die Möglichkeiten der Ausgangs-VO von 1994 auf alle Schutzrechte, insbesondere auf Patente, Geschmacksmuster und Urheberrechte, erweitert. Aufgrund dieser Bestimmungen versucht die EU, sich gegen die Einfuhr schutzrechtsverletzender Waren dadurch zu wehren, daß diese Gegenstände durch die Zollbehörden festgehalten werden.

---

21 Vgl. § 143 Abs. 5 Satz 2 MarkenG.
22 Vgl. Urteil des BGH vom 10. 04. 1997, BB 1997, 2126 ff.
23 BGH a.a.O. S. 2127.
24 RGBl. 1925 II 115, BGBl. 1975 I 953.
25 Vgl. § 108 Abs. 1 MarkenG.
26 Amtsblatt EG Nr. L 341 vom 30. 12. 1994, 8.
27 Amtsblatt EG Nr. L 133 vom 17. 06. 1995, 2.
28 Amtsblatt EG L 27/1 vom 2. 2. 1999.

Die EU-Vorschriften beziehen sich auf Drittlandsware und beinhalteten ursprünglich (1994) nur Möglichkeiten der Zollbehörden bei der Verletzung von Marken. Aufgrund der dortigen positiven Erfahrungen wurde die Ausdehnung auch auf die anderen Schutzrechte beschlossen.

Im nationalen Bereich sind für die Zollbehörden die Rechte zur Beschlagnahme von „Piratenware" in den §§ 146 ff MarkenG, § 111 UrhG, § 14 a GeschmMG, § 142 a PatG, § 25 a GebrMG, § 9 HalbleiterschutzG, § 40 a SortenschutzG festgelegt. 32

Die Grenzbeschlagnahme durch den Zoll setzt einen Antrag des Rechtsinhabers voraus. Da über den Antrag hinaus in der Regel auch eine Meldung an die Zollfahndungsämter ergeht, kann der Zoll auch innerhalb Deutschlands und nicht nur an der Grenze tätig werden. Für das Ermittlungs- und Strafverfahren hingegen gelten die Vorschriften über die Beschlagnahme von Beweismitteln nach den §§ 94, 98 StPO und für die Einziehung gemäß den §§ 74 ff StGB die Bestimmungen der §§ 111 b ff StPO. 33

2. Staatsanwaltschaft

Der Staatsanwaltschaft werden Fälle von Marken- und Produktpiraterie in der Regel nur auf Strafanzeige des Rechtsinhabers oder seines Beauftragten oder eines anonymen Insiders und Konkurrenten und vereinzelt auch durch die Zollbehörden bekannt. Obwohl sicher mindestens 50 % der Waren, denen Schutzrechtsverletzungen anhaften, eingeführt werden und der Zoll die entscheidenden Kenntnisse erlangt, werden diese Kenntnisse unter Berufung auf das Steuergeheimnis oder wegen enger Auslegung der Beschlagnahmevorschriften nicht an die Strafverfolgungsbehörden weitergeleitet. Auch durch diese Handhabung wird eine wirksame Bekämpfung der Produkt- und Markenpiraterie unterlaufen und verhindert. Ein Großteil der Fälle von Produkt- und Markenpiraterie geht mittlerweile auch auf organisierte Kriminalität zurück. Daher sollte von den Zollbehörden verstärkt von § 30 Abs. 4 Nr. 4 AO Gebrauch gemacht und vom zwingenden öffentlichen Interesse ausgegangen werden. Dies ist dann zulässig, wenn im Einzelfall eine erhebliche Beeinträchtigung der Wirtschaft festgestellt werden kann oder zumindest zu vermuten ist. 34

Das Hindernis des Steuergeheimnisses kann durch vertrauensvolle Zusammenarbeit zwischen Staatsanwaltschaft und den Zollbehörden überwunden werden. Empfehlenswert erscheint ein intensiver Erfahrungsaustausch zwischen Staatsanwaltschaft und den Finanzbehörden. Dies könnte helfen zu verdeutlichen, daß die Verfolgung derartiger Delikte im zwingenden öffentlichen Interesse und damit im Anwendungsbereich des § 30 Abs. 4 AO liegt. Es sind Schutzinteressen der Allgemeinheit und des einzelnen wahrzunehmen. Solche Überzeugungsarbeit lohnt und schult das Problembewußtsein bei den Zoll- und Steuerbehörden, wobei gerade die Zollfahndungsämter schon wegen der Zentralstelle für gewerblichen Rechtsschutz[29] in München durchaus sensibilisiert sind. Ein engerer Kontakt oder ein systematischer Erfahrungsaustausch mit Staatsanwaltschaften wäre auch auf dieser Ebene notwendig. Die Eingangszollbehörde sollte bei der Feststellung bedeutender Schutzrechtsverletzungen von sich aus die Staatsanwaltschaft unterrichten. 35

Die gesetzlichen Regelungen, z. B. § 146 Abs. 2 MarkenG, sehen leider lediglich die Unterrichtung des Verfügungsberechtigten sowie des Antragstellers, also des Rechtsinhabers, bei Beschlagnahmemaßnahmen des Zolls vor. Eine Information der Staatsanwaltschaft ist gesetzlich nicht festgelegt. Obwohl in der Vorschrift des § 146 Abs. 2 MarkenG schon eine partielle Durchbrechung des Steuergeheimnisses gesehen werden kann, kommt diese nur einem verschwindend kleinen Bruchteil der Geschädigten zugute. Die Mitteilung an den Verletzten nach § 146 MarkenG wahrt nach Auffassung des Gesetzgebers allerdings das Brief-, Post- sowie das Steuergeheimnis, da der Verletzte den Ver- 36

[29] Vgl. Rn. 54.

stoß bei der Staatsanwaltschaft anzeigen kann. Verständigt werden grundsätzlich nur jene Rechtsinhaber, die ausdrücklich bei der zentral zuständigen Oberfinanzdirektion Nürnberg einen Grenzbeschlagnahmeantrag gestellt haben. Die Zahl der Firmen, die von diesem Recht Gebrauch machen, ist zwar kontinuierlich gestiegen, eine Vielzahl kleinerer und mittlerer Unternehmen nutzt jedoch diese Möglichkeit nicht. Sie bleiben daher oft schutzlos. Manche Firmen haben zur Sicherstellung der Strafverfolgung bereits in ihrem Beschlagnahmebegehren vorsorglich Strafantrag gestellt. Hierdurch geben die Verletzten zu erkennen, daß sie die Einfuhr der Ware und die mutmaßliche Verletzung ihrer Schutzrechte durch Strafgerichte geahndet wissen wollen. Die Zollbehörden haben daher in diesen Fällen die Akten unverzüglich der Staatsanwaltschaft zuzuleiten.

a) Ermittlungsauftrag an die Zollfahndung

37 Bei der Einfuhr von Piratenware wird nicht notwendigerweise der Tatbestand der Steuerhinterziehung erfüllt.

Eine Steuerstraftat ist nur dann zu bejahen, wenn die einzuführende Ware nicht ordnungsgemäß angemeldet wurde und somit der Anfangsverdacht einer Steuerhinterziehung nach §§ 370 ff. AO besteht. Wird die Ware ordnungsgemäß angemeldet, so liegt kein Bannbruch vor, da es sich bei § 146 MarkenG nur um einen Überwachungstatbestand, nicht aber um ein Einfuhrverbot handelt.[30]

Nur im ersteren Fall besteht somit eine Ermittlungskompetenz der Zollfahndung.

b) Ermittlungswege des Staatsanwalts

38 Die Ermittlungsbehörden sollten im einzelnen noch folgendes beachten: Kriminalpolizei und Zollbehörden sollten bei einschlägigen Erkenntnissen im Bereich der Produkt- und Markenpiraterie sofort die Staatsanwaltschaft verständigen. Der Staatsanwalt sollte zwei Ermittlungswege beschreiten: Der eine führt zum Rechtsinhaber oder dem inländischen Generalunternehmer. Diesen Personen können oft schon über Privatdetektive und Kunden Informationen über Verkaufsorte und Warenfluß zugegangen sein. Vertrauliche Mitteilungen sind in diesem Bereich an der Tagesordnung und für die Ermittlungsbehörden äußerst hilfreich. Manchmal können falsch deklarierte Waren auf diese Weise noch im Zollager aufgespürt werden. Der Verletzte wird den Staatsanwalt auch auf die Mitwirkungsmöglichkeit der bestehenden Fachverbände hinweisen können.

39 Der zweite Ermittlungsweg erfordert den sachgerechten Einsatz der Kriminalpolizei und der Zollfahndung. Selbst wenn nämlich die Ware aus der EU oder Drittländern geliefert wurde, sind die Auftraggeber und Initiatoren solcher Geschäfte oft im Inland zu suchen. Zwischenzeitlich wurden aufgrund internationaler Vereinbarungen Kontrolleinrichtungen in verschiedenen Herkunftsländern geschaffen, die Abwehr und Ermittlungsmaßnahmen gegen solche Wirtschaftskriminellen ermöglichen. Der Staatsanwalt muß bei internationaler Verflechtung sofort Verbindungen mit dem Zollkriminalamt, dem Bundeskriminalamt, dem Bundesamt für Wirtschaft und nötigenfalls EU-Behörden, z. B. der OLAF[31], aufnehmen. Auch eine Kontaktaufnahme mit den einschlägigen Verbänden, wie z. B. dem Aktionskreis Deutsche Wirtschaft gegen Produkt- und Markenpiraterie, kann hilfreiche Kontakte und Erkenntnisse eröffnen. Diese schwierigen, nicht immer vom Erfolg gekrönten Ermittlungsarbeiten sollten nicht gescheut werden.

Von besonderer Bedeutung ist die in die verschiedenen Schutzgesetze eingefügte Bestimmung, daß jeder Verletzer eines Schutzrechtes in gesetzlich genau festgelegtem Umfang dem Verletzten Auskunft über die Herkunft und den Vertriebsweg der schutzrechtsverletzenden Ware geben muß (vgl. § 19 MarkenG). Die Angaben des Auskunftspflichtigen dürfen aber ohne seine Zustimmung in Strafverfahren nicht verwertet werden. Diese

---

[30] Vgl. Kapitel Zoll.

[31] Ehemals UCLAF.

Kollisionsregelung ist aber gegenstandslos, wenn der Auskunftspflichtige ausdrücklich der Verwertung seiner Auskunft für das Strafverfahren zugestimmt hat. Dies ist oft der Fall, wenn es sich bei ihm nur um ein kleines Rädchen in einem großen Laufwerk handelt. Hier kann erfahrungsgemäß die Gesetzeswohltat des § 153 a StPO gewährt werden. Auch Auskünfte, die verschiedenen Verletzten gegenüber abgegeben wurden, können wertvolle Mosaiksteinchen für Erkenntnisse der Verfolgungsbehörden werden. Auch hierfür ist der Informationsaustausch der Rechtsinhaber in den einschlägigen Fachverbänden hilfreich. Eine Kontaktaufnahme kann so neue Ermittlungsansätze bieten.

3. Verwertung sichergestellter Fälschungsware

Auch im Strafverfahren sollte im Hinblick auf die Verwertung von sichergestellter Ware 40
der für das Zivilverfahren geltende § 18 MarkenG zur Richtschnur genommen werden. Der Gesetzgeber geht von der Regel aus, daß die widerrechtlich gekennzeichneten Gegenstände vernichtet werden, es sei denn, der schutzrechtsverletzende Zustand kann anderweitig beseitigt werden **und** die Vernichtung ist für den Verletzer oder den Eigentümer im Einzelfall unverhältnismäßig, d. h. beide Voraussetzungen müssen kumulativ zusammenkommen. In der bereits zitierten Entscheidung des BGH zum Vernichtungsanspruch[32] hat der BGH darauf hingewiesen, daß Sinn und Zweck der Regelung des § 18 MarkenG unter generalpräventiven Erwägungen die umfassende Abwägung des Vernichtungsinteresses des Verletzten und der Öffentlichkeit gegenüber dem Erhaltungsinteresse des Verletzers sei. Der Gesetzgeber wollte, so der BGH, mit der Anordnung der Vernichtung, soweit sie über die bloße Folgenbeseitigung hinausgeht, auch eine Art Sanktionscharakter erreichen und mit den Maßnahmen zur Bekämpfung der Produktpiraterie im Gleichklang mit der internationalen Entwicklung einen generalpräventiven Effekt erzielen. Die Frage des Bestehens einer Beseitigungsalternative ist im Gesetz daher nur als eine, für sich allein nicht ausreichende, Voraussetzung für das Vorliegen einer Ausnahme vom Regelfall vorgesehen. Als Regelfall sieht der BGH die Vernichtung an, um den Sanktionscharakter der Maßnahme herauszustellen.

Von diesen Erwägungen sollten sich auch Staatsanwaltschaft und Gericht leiten lassen. Die Vergabe der Gegenstände an karitative Verbände etc. selbst beim Entfernen beispielsweise von Etiketten, läßt das Delikt wieder als „Kavaliersdelikt“ erscheinen und führt oft dazu, daß die Ware in den wirtschaftlichen Verkehr zurückgeführt wird. Zu bedenken ist ferner, daß die in Frage stehenden Waren oft nicht den technischen oder gesundheitlichen Anforderungen entsprechen. Daher sollte auch dies dazu führen, von einer strikten Vernichtung auszugehen.

V. Spezifische Urheberrechtsprobleme

Neben den Markenverletzungen erlangen die Fälle der Urheberrechtspiraterie einen be- 41
sonderen Stellenwert. Durch die immer einfacheren technischen Möglichkeiten sind Raubkopien, Raubkassetten, Film- und Videokopien, der Diebstahl von Computerprogrammen mittlerweile ein leichtes Unterfangen. Hinzu kommt eine neue Dimension durch die Kommunikation über Internet, die es ermöglicht, auch direkt vom Internet beispielsweise Musiktitel herauszukopieren.

Von Urheberrechtsverletzungen besonders betroffen ist namentlich die Spielzeugindu- 42
strie, was auch der neu eingeführte Negativpreis „Plagiarius-Toys“, der von der Aktion „Plagiarius e.V.“ verliehen wird, dokumentiert.[33] Durch diese Form der Produktpiraterie werden den betroffenen Unternehmen Schäden in Milliardenhöhe zugefügt und auch

[32] Vgl Rn. 29.

[33] Erstmals vergeben anläßlich der Nürnberger Spielwarenmesse März 1999.

das Sittengefüge innerhalb der Gesellschaft tiefgreifend berührt. Das Urheberrechtsgesetz schützt die Urheber von Werken der Literatur, Wissenschaft und der Kunst in vielfacher Art. Die geschützten Werke sind in § 2 des UrhG aufgeführt:

1. Sprachwerke, wie Schriftwerke, Reden und Computerprogramme; Werke der Musik;
2. pantomimische Werke, einschließlich der Werke der Tanzkunst;
3. Werke der bildenden Künste, einschließlich der Werke der Baukunst und der angewandten Kunst und Entwürfe solcher Werke;
4. Lichtbildwerke, einschließlich der Werke, die ähnlich wie Lichtbildwerke geschaffen werden;
5. Filmwerke, einschließlich der Werke, die ähnlich wie Filmwerke geschaffen werden;
6. Darstellungen wissenschaftlicher oder technischer Art, wie Zeichnungen, Pläne, Karten, Skizzen, Tabellen und plastische Darstellungen

werden unter den Schutz gestellt. Nach § 4 UrhG wird der Schutz mittlerweile auch auf Sammelwerke und Datenbanken erstreckt.

43 Voraussetzung für den Schutz ist in aller Regel eine persönliche geistige Schöpfung des Urhebers (vgl. § 2 Abs. 2 UrhG). Dies ist bei den im § 2 aufgeführten Werken dann der Fall, wenn das Werk ein gewisses Maß an Individualität und Originalität aufweist, das aus der persönlichen Vorstellungskraft eines Menschen erwachsen ist. Allerweltsprodukte sind urheberrechtlich nicht geschützt.

44 Für Computerprogramme[34] bestimmt § 69 a Abs. 3 UrhG, daß diese dem Urheberrechtsschutz unterliegen, wenn sie individuelle Werke in dem Sinne darstellen, daß sie das Ergebnis der eigenen geistigen Schöpfung ihres Urhebers sind. Zur Bestimmung ihrer Schutzfähigkeit sind keine anderen Kriterien, insbesondere nicht qualitative oder ästhetische, anzuwenden. Der Schutz von Computerprogrammen ist damit schon auf relativ niedrigem Schöpfungsniveau gegeben. In einer Pressemitteilung der Business Software Alliance vom 26. Februar 1999 wird als Bilanz für das Jahr 1998 festgestellt, daß allein in Deutschland die Raubkopierrate bei Computerprogrammen von 33 % einen jährlichen Schaden von 891 Millionen Mark verursacht. Weltweit entgehen den Herstellern 11,4 Milliarden US $ Umsatz – Geld, das für neue Arbeitsplätze sowie für Forschung und Entwicklung nicht mehr zur Verfügung steht. Für kleine Software-Häuser können diese Urheberrechtsverletzungen existenzgefährdend sein.

45 Schwerpunktbereich für die Ermittlungsbehörden ist im Urheberschutzbereich ferner die Musik- und Tonträgerindustrie: Bei der Tonträgerpiraterie am weitesten verbreitet ist die Raubkopie, bei der Original-CDs unerlaubt vervielfältigt werden. Teilweise werden beim „Raub-Mix" aus verschiedenen Originaltonträgern einzelne Stücke zu einer neuen CD zusammengefügt. Bei der „Ident-Fälschung" wird nicht nur der geschützte Ton, sondern auch das äußere Erscheinungsbild des Tonträgers nachgeahmt. Beim „Bootleg" wird bei einem Originalauftritt der Künstler deren Darbietung unerlaubt mitgeschnitten und dann auf Tonträger verbreitet. Die Film- und Videobranche hat sich im Hinblick auf die Bedrohung in idiesem Bereich in der Gesellschaft zur Verfolgung von Urheberrechtsverletzungen e.V. (GVU)[35] mit Sitz in Hamburg zusammengeschlossen. Soweit für Filmtitel noch keine Videorechte vergeben wurden, übt die Schutzrechte der Verband der Filmverleiher in Wiesbaden aus. In diese Zusammenarbeit ist die GEMA in München mit einbezogen. Die GVU selbst hat eine eigene Abteilung zur Ermittlung von Urheberrechtsverletzungen in diesem Bereich. Die Video- und Filmpiraten gehen hochprofessionell vor. In europäischen Ländern variieren die auf dem Markt befindlichen Raubkopien zwischen 30 % für Italien, 27 % in Irland, 25 % in Griechenland und Zypern, 22 % für Deutschland und die Niederlande, 15 % für die Schweiz, 12 % für Frankreich und Großbritannien. Die Raubkopierrate in Rußland liegt bei 85 %, gefolgt von dem Spitzenreiter Türkei mit einem 95 %igen Anteil. Die Internationale Handelskammer bzw. das Anti-

[34] Vgl. Kapitel 18 – Computer, Rn. 103 ff.
[35] Vgl. Rn. 54.

Counterfeiting Intelligence Bureau in London schätzt, daß die meisten Videokopien, die in Europa aufgefunden werden, aus der Türkei importiert werden.

Der Raubdruck von Büchern hat infolge der Dominanz von Video-Kassetten, CD-Kopien und Computer-Spielen an Bedeutung eingebüßt. Da die Tatbegehungen vielgestaltig sind und in den einzelnen Verbänden ein großes Know-how bezüglich der Tatbegehung besteht, sollte der Staatsanwalt oder Kriminalbeamte bereits bei vertraulichsten Hinweisen von Amts wegen die Ermittlungen aufnehmen und mit den einschlägigen Schutzverbänden in Kontakt treten. 46

Der strafrechtliche Schutz der Urheberrechte ist in den §§ 106 ff. des UrhG geregelt. § 106 UrhG als Grundtatbestand schützt den Urheber vor unerlaubten Vervielfältigungen, Verbreiten oder öffentlicher Wiedergabe seines Werkes. Die Strafdrohung beträgt bis zu drei Jahren bzw. Geldstrafe. Der Versuch ist ebenfalls unter Strafe gestellt. § 107 UrhG stellt die unzulässige Signierung eines Werkes der bildenden Künste bzw. die irreführende Signierung als Scheinoriginal unter Strafe. Meist liegt hier eine Urkundenfälschung oder ein Betrug vor, so daß die Subsidiaritätsklausel des § 107 Abs. 1 UrhG zum Tragen kommt. § 108 UrhG stellt unerlaubte Eingriffe in verwandte Schutzrechte unter Strafe. Diese sind in § 108 UrhG im einzelnen aufgeführt. Grundsätzlich werden die in den §§ 106 bis 108 UrhG geregelten Straftatbestände nur bei Stellung eines Strafantrages verfolgt, es sei denn, das besondere öffentliche Interesse an der Strafverfolgung wird bejaht. 47

Werden die vorgenannten Straftaten gewerbsmäßig verübt, erhöht sich der Strafrahmen nach § 108 UrhG auf Freiheitsstrafe bis zu fünf Jahren oder Geldstrafe. Im Hinblick auf die Anmerkungen zur gewerbsmäßigen Handlung sei auf die Erläuterungen zum Markengesetz verwiesen.[36] Die Regelungen zur Einziehung und auch zur Bekanntgabe der Verurteilung entsprechen den im Markengesetz ausführlich dargelegten Erläuterungen.

VI. Die privatrechtliche Situation bei Produkt- und Markenpiraterieverletzungen

Sofern von den strafrechtlichen Möglichkeiten kein Gebrauch gemacht wird bzw. mangels Strafantragstellung von einem solchen Vorgehen Abstand genommen wird, verlangen die Rechtsinhaber bei Verletzungstatbeständen von dem Verletzer die Abgabe einer strafbewehrten Unterlassungserklärung gemäß den §§ 139 PatG, § 24 GebrMG, 14 a GeschmMG, 14 MarkenG. Im Rahmen dieser Unterlassungserklärung fordern sie den Verletzer auf, auch Auskunft über die Herkunft der Ware und Angaben zu dem Lieferanten der schutzrechtsverletzenden Ware zu geben. Leider muß hier selbst bei Abgabe der Auskunft immer wieder festgestellt werden, daß die Auskünfte unvollständig erteilt werden und keine Kontrolle darüber besteht, wieviel Ware tatsächlich in den Wirtschaftskreislauf eingeführt worden ist. Eine Möglichkeit, auf Geschäftspapiere zurückzugreifen, um die Richtigkeit der Auskunft zu überprüfen, besteht bis dato zivilrechtlich nicht. Insoweit hätte das strafrechtliche Vorgehen deutliche Vorteile, da hier auch die Beschlagnahme von Geschäftspapieren angeordnet werden kann. 48

An die Auskunft schließt sich das Schadensersatzverlangen an, das, wie bereits aufgeführt, mit dem Manko behaftet ist, daß der Schadensersatz auf den Angaben des Auskunftsverpflichteten beruhen muß und oftmals in Lizenzanalogie gefunden wird. Eine tatsächliche Gewinnabschöpfung kommt mangels anderer Angaben häufig nicht zum Tragen. In einem zivilrechtlichen Verfahren kann ferner auch die Vernichtung der schutzrechtsverletzenden Ware bzw. der Produktionsmittel, mit denen diese Waren hergestellt worden sind, bei entsprechendem Antrag, z. B. § 18 MarkenG, angeordnet werden. 49

[36] Vgl. Rn. 23.

VII. Präventionsmöglichkeiten

50 Der Deutsche Industrie- und Handelstag hat für die Unternehmen einen 10-Punkte-Check im Hinblick auf Präventionsmöglichkeiten zur Bekämpfung der Produkt- und Markenpiraterie herausgegeben. Alle Anstrengungen zur Bekämpfung der Produkt- und Markenpiraterie nutzen nichts, wenn die Unternehmen keine Schutzrechtsanmeldungen für ihre Produkte vornehmen. Mit den Schutzrechtsanmeldungen sollte ein Schutzrechtswall aufgebaut werden, der einen potentiellen Verletzer von rechtlichen Auseinandersetzungen abschreckt. Notwendig ist dann aber auch, daß die Unternehmen sich mit einer entsprechenden Dokumentation wappnen, mit der sie die Gerichte überzeugen können. Die Unternehmensorganisation ist darüber hinaus zu überprüfen und ein Ansprechpartner für die Strafverfolgungsbehörden und die Ermittlungsbehörden für Fälle von Marken- und Produktpiraterie zu benennen. Für die Feststellung der Schutzrechtsverletzung muß ein Informationsnetz aufgebaut werden, insbesondere mit Hilfe der Außendienstmitarbeiter. Auch die Möglichkeit der Produktesicherung ist zu überprüfen, um es den Ermittlungsbehörden leichter zu machen, Original und Fälschung schnell voneinander zu unterscheiden. Daneben sollte eine gezielte Öffentlichkeitsarbeit für betroffene Unternehmen ein Muß sein. Neben der Auswahl seriöser Geschäftspartner insbesondere in Drittländern gilt es mit Vertriebsmaßnahmen, ggf. Sonderaktionen, auf das Vorkommen von Fälschungen zu reagieren und ganz besonders auch die Grenzbeschlagnahmemöglichkeiten über den Zoll zu nutzen.

VIII. Gegenmaßnahmen der deutschen Wirtschaft

51 Im Oktober 1997 hat die deutsche Wirtschaft aufgrund der Initiative des DIHT, des Markenverbandes und des BDI den Aktionskreis Deutsche Wirtschaft gegen Produkt- und Markenpiraterie gegründet. Dieser Aktionskreis ist ein Verein, dessen Mitglieder betroffene Wirtschaftsunternehmen sind. Der Verein bietet seinen Mitgliedern gezieltes Monitoring und koordiniert Ermittlungen im In- und Ausland. Er fördert den Informationsaustausch der Unternehmen untereinander und will durch Öffentlichkeitsarbeit über dieses Wirtschaftsdelikt aufklären. APM kann den Ermittlungsbehörden im Einzelfall Kontakte zu den Unternehmen herstellen bzw. auch Informationen über bereits erfolgte Verletzungen geben. Der Aktionskreis Deutsche Wirtschaft gegen Produkt- und Markenpiraterie ist darüber hinaus in ein europäisches Netzwerk vergleichbarer Organisationen z. B. in den Niederlanden, Belgien, Italien und Großbritannien eingebunden. Er ist Mitglied der Global Anti-Counterfeiting Coalition.

52 Die Anschrift lautet:
Aktionskreis Deutsche Wirtschaft gegen
Produkt- und Markenpiraterie e.V. (APM)
Adenauerallee 148
53115 Bonn
Tel.-Nr.: 0228/104328 bzw. 030/20308-2704
Fax-Nr.: 0228/104330

53 Weitere Anschriften zur Kontaktaufnahme:
Gesellschaft zur Verfolgung von
Urheberrechtsverletzungen e.V. (GVU)
Bramfelder Straße 102 A
22305 Hamburg
Tel.-Nr.: 040/6906141-44
Fax-Nr.: 040/6906237

Business Software Alliance
Dillwächterstraße 1
80686 München
Tel.-Nr.: 0 89/54 76 92 55
Fax-Nr.: 0 89/54 76 92 56
Oberfinanzdirektion Nürnberg
Außenstelle München
Zentralstelle Gewerblicher Rechtsschutz
Sophienstraße 6
80333 München
Tel.-Nr.: 0 89/59 95 23 13
Fax-Nr.: 0 89/59 95 18 88

Bundesverband der
Phonografischen Wirtschaft e.V.
Deutsche Landesgruppe der IFPI e.V.
Grelckstraße 36
22529 Hamburg
Tel.-Nr.: 0 40/58 02 58
Fax-Nr.: 0 40/58 28 42

Aktion „Plagiarius“
Nersingerstr. 18
89275 Elchingen
Tel.-Nr.: 0 73 08/8 18-0

IX. Schutzrechte im Überblick

54

	Patent	**Gebrauchsmuster**	**Urheberrecht**
Schutzgegenstand	technische Erfindungen, die neu sind, auf einer erfinderischen Tätigkeit beruhen und gewerblich anwendbar sind (techn. Lehre)	technische Erfindungen, die neu sind Ausgenommen Verfahrenserfindungen	individuelle geistige Leistung, die sich in einem Werk der Literatur, Wissenschaft und Kunst widerspiegelt – Art und Weise der individuellen Darstellung – Computerprogramme – Sammelwerke/ Datenbanken
Formale Entstehungsvoraussetzungen	Anmeldung und Eintragung beim Deutschen Patent- und Markenamt München	Anmeldung und Eintragung beim Deutschen Patent- und Markenamt München	keine; Entstehung von selbst mit Schöpfung des Werkes
Materielle (= inhaltl.) Voraussetzungen	Weltneuheit und Erfindungshöhe **Neu** = Erfindung darf vor Anmeldetag nicht der Öffentlichkeit bekannt geworden sein. **Erfindungshöhe:** Richtet sich nach dem Stand der Technik	Erfinderischer Schritt (= Erfindungshöhe ist geringer als beim Patent anzusetzen) und Neuheit. **Neu** = noch keine **druckschriftliche** Veröffentlichung	persönlich geistige Schöpfung mit individueller Eigenart/ Prägung
Schutzdauer	20 Jahre maximal	10 Jahre maximal	bis 70 Jahre nach Tod des Urhebers
maßgebliche zivilrechtliche Ansprüche	§ 139 PatG: auf Unterlassung und Schadensersatz, § 104 a PatG auf Vernichtung, § 104 b PatG Auskunftsanspruch hinsichtlich Dritter	§ 24 GebrMG: auf Unterlassung und Schadensersatz, § 24 GebrMG auf Vernichtung, § 24 b auf Auskunft hinsichtlich Dritter	§ 97 UrhG: auf Unterlassung und Schadensersatz, §§ 98 und 99 UrhG: auf Überlassung oder Vernichtung, § 101 a auf Auskunft hinsichtlich Dritter
strafrechtliche Vorschriften	§ 142 PatG	§ 25 GebrMG	§§ 106, 107, 108 UrhG

	Geschmacksmuster	**Marke**	**UWG**
Schutzgegenstand	Muster und Modelle mit ästhetischem Zweck bzw. Wirkung für die Herstellung gewerblicher Erzeugnisse (Design) – Schutz der ästhetischen Formgestaltung, des Designs	Schutz der Kennzeichnungsmittel, mit deren Hilfe Waren und Dienstleistungen mehrerer Wettbewerber voneinander unterscheidbar sind	Eigenartige Erzeugnisse, die geeignet sind, Herkunfts- und Gütervorstellungen hervorzurufen – lauteres Verhalten im Wettbewerb
Formale Entstehungsvoraussetzungen	Anmeldung und Eintragung beim Deutschen Patent- und Markenamt Dienststelle Berlin	eingetragene Marke: Anmeldung und Eintragung beim Deutschen Paten- und Markentamt München nicht eingetragene Marke: keine; Entstehung durch Benutzung	
Materielle (= inhaltl.) Voraussetzungen	Neuheit und Eigentümlichkeit **Neu** = wenn die die Eigentümlichkeit begründenden Gestaltungselemente im Anmeldezeitpunkt den inländischen Fachkreisen nicht bekannt waren und bekannt sein konnten **Eigentümlichkeit =** Werk muß von der Persönlichkeit des Gestalters geprägt sein und über das Landläufige, Alltägliche hinausgehen. Der schöpferische Gehalt bestimmt sich anhand der vorhandenen Formelemente	Verwendung eines graphisch darstellbaren Zeichens zur Kennzeichnung von Waren oder Dienstleistungen mit Unterscheidungskraft (Herkunftsfunktion)	**Eigenart:** bestimmt sich nach wettbewerbsrechtlichen Gesichtspunkten, nicht nach dem Grad der schöpferischen Leistung. Entscheidend ist die Art und Weise, wie der Wettbewerber die Leistung eines Mitbewerbers für sich ausnutzt: Gesamtverhalten!
Strafrechtliche Vorschriften	§ 14 GeschmacksmusterG	§ 143 MarkenG	§ 4 UWG

15. Kapitel. Kartellstraf- und -ordnungswidrigkeitenrecht

Literatur: *Achenbach, Hans*: Aus der 1991/1992 veröffentlichten Rechtsprechung zum Wirtschaftsrecht – Teil 1, NStZ 1993, S. 427 ff.; *ders.*: Bußgeldverhängung bei Kartellordnungswidrigkeiten nach dem Ende der fortgesetzten Handlung, WuW 1997, S. 393 ff.; *ders.*: Pönalisierung von Ausschreibungsabsprachen und Verselbständigung der Unternehmensgeldbuße durch das Korruptionsbekämpfungsgesetz 1997, WuW 1997, S. 958 ff.; *ders.*: Die Verselbständigung der Unternehmensgeldbuße bei strafbaren Submissionsabsprachen – ein Papiertiger?, wistra 1998, S. 168 ff.; *ders.*: Das neue Recht der Kartellordnungswidrigkeiten, wistra 1999, S. 241 ff.; *Arzt, Gunther/Baumann, Jürgen*: Kartellrecht und allgemeines Strafrecht, ZHR 134 (1970), S. 24 ff.; *van Bael, Ivo/Bellis, Jean-Francois:* Competition Law of the European Community, 3. Aufl. 1994; *Bangard, Annette:* Aktuelle Probleme der Sanktionierung von Kartellabsprachen, wistra 1997, S. 161 ff.; *Bartling,; Hartwig:* Leitbilder der Wettbewerbspolitik, 1980; *Baums, Theodor:* GWB – Novelle und Kartellverbot, ZIP 1998, S. 233 ff.; *Baumann, Jürgen*: Zum Ärgernis Submissionsbetrug, in: Festschrift für Dietrich Oehler, 1985, S. 291 ff.; *ders.*: Die strafrechtliche Bekämpfung des Subventionsbetruges, NJW 1992, S. 1661 ff.; *Baur, Jürgen F.*: Anwendungsprobleme der Mißbrauchsaufsicht über marktbeherrschende Unternehmen, JA 1987, S. 118 ff.; *ders.*: Der Mißbrauch im deutschen Kartellrecht, 1972; *Bechthold, Rainer:* Die Grundzüge der neuen EWG-Fusionskontrolle, RIW 1990, S. 253 ff.; *ders.*: Die Entwicklung des deutschen Kartellrechts 1993 bis 1995, NJW 1995, S. 1936 ff.; *ders.*: Gesetz gegen Wettbewerbsbeschränkungen. Kommentar, 2. Aufl. 1999; *Bellamy, Christopher/Child, Graham D./Rose, Vivian* (Hrsg.): Common Market Law of Competition, 4. Aufl. 1993; *Bloy, Rene:* Anmerkung zu OLG Stuttgart, Urteil vom 7. 9. 1981–3 Ss 472/81, JR 1982, S. 470 ff.; *Boujong, Karlheinz* (Hrsg.): Karlsruher Kommentar zum Gesetz über Ordnungswidrigkeiten, 1989; *Broß, Siegfried:* Ausgewählte Probleme des Vergabewesens der öffentlichen Hand, VewArch. 84 (1993), S. 395 ff.; *Broß, Siegfried/Thode, Reinhold:* Untreue und Betrug am Bau – und deren Bewältigung durch Teile der Justiz, NStZ 1993, S. 369 ff.; *Bruns, Hans Jürgen:* Können ordnungswidrige Preisabsprachen bei öffentlichen Ausschreibungen nach geltendem Recht auch als Betrug mit Kriminalstrafe geahndet werden?, NStZ 1983, S. 385 ff.; *Buchner, Herbert:* Das Wirtschaftsrecht im Nationalsozialismus, in: Rottleuthner, Norbert (Hrsg.), Recht, Rechtsphilosophie und Nationalsozialismus, ARSP Beiheft Nr. 18, 1983, S. 92 ff.; *Bunte, Hermann-Josef:* Das Verhältnis von deutschem zu europäischem Kartellrecht, WuW 1989, S. 7 ff.; *Callmann, Rudolf:* Das deutsche Kartellrecht, 1934; *Claussen, Hans Rudolf:* Korruption im öffentlichen Dienst, 1995; *Cramer, Peter:* Anmerkung zu BGH, Urteil vom 8. 1. 1992–2 StR 102/91, NStZ 1993, S. 42 ff.; *ders.*: Zur Strafbarkeit von Preisabsprachen in der Bauwirtschaft, 1995; *ders.*: Strafbare Kartelle? Zur strafrechtlichen Beurteilung des sogenannten Submissionsbetrugs, in: Dahs, Hans (Hrsg.), Kriminelle Kartelle?, 1998, S. 27 ff.; *Creutzig, Jürgen:* Zum Fortbestand des selektiven und exklusiven Vertriebssystems der VW AG nach der Kartellentscheidung der Kommission, EuZW 1998, S. 293 ff.; *Dannecker, Gerhard:* Die Verhängung von Geldbußen gegen Unternehmen als Mittel zur Durchsetzung des europäischen Wettbewerbsrechts, MschrKrim 1991, S. 268 ff.; *ders.*: Das intertemporale Strafrecht, 1992; *ders.*: Sanktionen und Grundsätze des Allgemeinen Teils im Wettbewerbsrecht der Europäischen Gemeinschaft, in: Schünemann, Bernd/Suárez Gonzáles, Carlos (Hrsg.), Bausteine des Europäischen Wirtschaftsstrafrechts, 1994, S. 331 ff.; *ders.*: Strafrecht der Europäischen Gemeinschaft, in: Eser, Albin/Huber, Barbara (Hrsg.), Strafrechtsentwicklung in Europa 4.3, 1995; *ders.*: Beweiserhebung, Verfahrensgarantien und Verteidigungsrechte im europäischen Kartellordnungswidrigkeitenverfahren als Vorbild für ein europäisches Sanktionsverfahren, ZStW 111 (1999), S. 256 ff.; *ders.*: Leitlinien der Europäischen Kommission zur Bussgeldbemessung in Kartellverfahren, Festschrift für Roger Zäch, 1999, S. 661 ff.; *ders./Fischer-Fritsch, Jutta:* Das EG-Kartellrecht in der Bußgeldpraxis, 1989.; *Diehl, Heinz:* Die Strafbarkeit von Baupreisabsprachen im Vergabeverfahren, BauR 1993, 1 ff.; *Dölling, Dieter:* Empfehlen sich Änderungen des Straf- und Strafprozeßrechts um der Gefahr von Korruption in Staat, Wirtschaft und Gesellschaft wirksam zu begegnen? – Gutachten C zum 61. Deutschen Juristen Tag, Band I: Gutachten, 1996; *Emmerich, Volker:* Anmerkung zu BGH, Urteil vom 29. 1. 1974, NJW 1975, S. 1599 f.; *ders.*: Kartellrecht, 7. Aufl. 1994; 8. Aufl. 1999; *Fischer-Fritsch, Jutta:* Ahndung supranationaler Wirtschaftsdelikte auf der Ebene der Europäischen Gemeinschaften, in: Albrecht, Hansjörg/Sieber Ulrich (Hrsg.), Zwanzig Jahre Südwestdeutsche Kriminologische Kolloquien, 1984, S. 109 ff.; *Fleischer, Holger:* Behinderungsmißbrauch durch Produktinnovation, 1997; *ders.*: Mißbräuchliche Produktvorankündigungen im Monopolrecht, WuW 1997, S. 203 ff.; *Frankfurter Kommentar*: Gesetz gegen

Wettbewerbsbeschränkungen, Stand: Februar 1993; *Franzen, Karlheinz:* Die Strafbarkeit und Strafwürdigkeit von Bietungsabkommen, 1970; *Geerds, Detlev:* Anmerkung zu BGH, Urteil vom 8.1. 1992 – 2 StR 102/91, DWiR 1992, S. 120 ff.; *Gillmeister, Ferdinand:* Ermittlungsrechte im deutschen und europäischen Kartellordnungswidrigkeitenverfahren, 1985; *Gleiss, Alfred/Hirsch, Martin:* Kommentar zum EWG-Kartellrecht, 3. Aufl. 1978; *Goldmann, Berthold/Lyon-Caen, Antoine/Vogel, Louis:* Droit commercial européen, 5. Aufl. 1994; *Göhler, Erich:* Ordnungswidrigkeitengesetz. Kommentar, 12. Aufl. 1998; *Gröben, Hans, v. d./Thiesing, Jochen/Ehlermann Claus-Dieter* (Hrsg.): Kommentar zum EU-/EG-Vertrag, Band 2/I, 5. Aufl. 1999; *Grützner, Winfried/Reimann, Thomas/Wissel, Holger:* Richtiges Verhalten bei Kartellamtsermittlungen im Unternehmen, 3. Aufl. 1993; *Gutmann, Alexander:* Der Vermögensschaden beim Betrug im Licht der neueren höchstrichterlichen Rechtsprechung (1), MDR 1963, S. 3 ff.; *Gyselen, Luc:* Die Bemessung von Geldbußen im EG-Kartellrecht, WuW 1993, S. 561 ff.; *Häring, Hans:* Das Wettbewerbs- und Kartellrecht in der Bauwirtschaft, 1973; *Haft, Fritjof:* Absprachen bei öffentlichen Bauten und das Strafrecht, NJW 1996, S. 238 ff.; *Hamann, Hartmut:* Das Unternehmen als Täter im europäischen Wettbewerbsrecht, 1992; *Harding, Christopher:* The use of fines as a sanction in E. E. C. competition law, CMLR vol. 16 (1979), S. 591 ff.; *Hailbronner, Kay/Müller-Graff, Peter-Christian:* Handkommentar zum Vertrag über die Europäische Union (EUV, EGV), Loseblattsammlung; *Hefendehl, Roland:* Die Submissionsabsprache als Betrug: Ein Irrweg! – BGHSt 38, 186, JuS 1993, S. 805 ff.; *ders.:* Fallen die Submissionsabsprachen doch unter den Betrugstatbestand?, ZfBR 1993, S. 164 ff.; *Herdzina, Klaus:* Wettbewerbspolitik, 5. Aufl. 1999; *Hirsbrunner, Simon:* Neue Durchführungsbestimmungen und Mitteilungen zur EG-Fusionskontrolle, EuZW 1998, S. 613 ff.; *Huhn, Sascha Peter Michael:* Die strafrechtliche Problematik des Submissionsbetruges unter besonderer Berücksichtigung der neueren Rechtsprechung, 1996; *Immenga, Ulrich:* Bietergemeinschaften im Kartellrecht – ein Problem potentiellen Wettbewerbs, DB 1984, S. 385 ff.; *ders.:* Die Sicherung unverfälschten Wettbewerbs durch Europäische Fusionskontrolle, WuW 1990, S. 371 ff.; *ders./Mestmäcker, Ernst-Joachim* (Hrsg.): EG-Wettbewerbsrecht, 1997; *Jaath, Karl-Ernst:* Empfiehlt sich die Schaffung eines strafrechtlichen Sondertatbestandes zum Ausschreibungsbetrug?, in: Festschrift für Karl Schäfer, 1980, S. 89 ff.; *Janicki, Thomas:* EG-Fusionskontrolle auf dem Weg zur praktischen Umsetzung, WuW 1990, S. 194 ff.; *Joecks, Wolfgang:* Zur Schadensfeststellung beim Submissionsbetrug, wistra 1992, S. 247 ff.; *Joshua, Julian Mathic:* The Element of Surprise: EEC Competition Investigations under Article 14 (3) of Regulation 17, ELR 1983, S. 3 ff.; *Kahlenberg, Harald:* Novelliertes deutsches Kartellrecht, BB 1998, S. 1593 ff.; *Kamburoglou, Pangiotis/Pirrwitz, Björn J.:* Reichweite und Vollstreckung von Nachprüfungsentscheidungen der EG-Kommission, RIW 1990, S. 268 ff.; *Kerner, Hans-Jürgen/Rixen, Stefan:* Ist Korruption ein Strafrechtsproblem?, GA 1996, S. 355 ff.; *Kindhäuser, Urs:* Anmerkung zu BGH, Urteil vom 19.12. 1995 – KRW 33/95 (OLG Frankfurt/Main), JZ 1997, S. 98 ff.; *Klaue, Siegfried:* Zur Rezeption der amerikanischen „essential-facility-doctrine" in das europäische und deutsche Kartellrecht, RdE 1996, S. 51 ff.; *Kleinmann, Werner/Berg, Werner:* Änderungen des Kartellrechts durch das „Gesetz zur Bekämpfung der Korruption" vom 13. 8. 1997, BB 1998, S. 277 ff.; *Klimisch, Annette/Lange, Markus:* Zugang zu Netzen und anderen wesentlichen Einrichtungen als Bestandteil der kartellrechtlichen Mißbrauchsaufsicht, WuW 1998, S. 15 ff.; *Klocker, Peter:* Die Befugnisse des Bundeskartellamts im europäischen Recht, WuW 1990, S. 109 ff.; *Koch, Norbert:* Die neuen Befugnisse der EG zur Kontrolle von Unternehmenszusammenschlüssen, EWS 1990, S. 65 ff.; *König, Peter:* Neues Strafrecht gegen die Korruption, JR 1997, S. 397 ff.; *Korte, Matthias:* Bekämpfung der Korruption und Schutz des freien Wettbewerbs mit den Mitteln des Strafrechts, NStZ 1997, S. 513 ff.; *ders.:* Gesetzgeberische Überlegungen zu einem neuen Straftatbestand gegen wettbewerbsbeschränkende Absprachen bei Ausschreibungen, in: Dahs, Hans (Hrsg.), Kriminelle Kartelle?, 1998, S. 243 ff.; *Kramm, Dieter:* Anmerkung zu BGH, Urteil vom 8. 1. 1992–1 StR 534/92 (BGHSt 39, 36), JR 1993, S. 422 ff.; *Kreis, Helmut W.:* Ermittlungsverfahren der EG-Kommission in Kartellsachen, RIW 1981, S. 281 ff.; *Kube, Edwin/Vahlenkamp, Werner:* Korruption – hinnehmen oder handeln?, VerwArch. 85, 1994, S. 432 ff.; *Lackner, Karl/Kühl, Kristian:* Strafgesetzbuch mit Erläuterungen. Kommentar, 23. Aufl. 1999; *Lammel, Siegbert:* Das Verbot der Kartelle durch § 138 BGB – eine verpaßte Gelegenheit?, Zeitschrift für neue Rechtsgeschichte 1987, S. 51 ff.; *Langen, Eugen/Bunte, Hermann-Josef/Bonnhamm, Joachim* (Hrsg.): Kommentar zum deutschen und europäischen Kartellrecht, Bd. 1, 8. Aufl. 1998; *Lenckner, Theodor:* Vertragswert und Vermögensschaden beim Betrug des Verkäufers, MDR 1961, S. 652 ff.; *ders.:* Anmerkung zu BGH, Urteil vom 18. 7. 1961–1 StR 401/61 (LG Kempten), NJW 1962, S. 59.; *Lieberknecht, Otfried:* Das Verhältnis der EWG-Gruppenfreistellungsverordnungen zum deutschen Kartellrecht, in: Festschrift für Gerd Pfeiffer, 1988, S. 589 ff.; *Lipowsky, Ursula:* Die Zurechnung von Wettbewerbsverstößen zwischen verbundenen Unternehmen im EWG-Wettbewerbsrecht, 1987; *Löwisch, Manfred/von Langsdorff, G.-H.:* Gesetzgebung und Rechtsprechung zum Wirtschafts-, Unternehmens- und Arbeitsrecht seit der Gewerbeordnung für den Norddeutschen Bund, JuS 1973, S. 9 ff.; *Lüderssen, Klaus:* Submissionsabsprachen sind nicht eo ipso Betrug, wistra 1995, S. 243 ff.; *ders.:* Sollen Submissionsabsprachen zu strafrechtlichem Unrecht werden?, BB 1996, Beilage Nr. 11; *ders.:* Strafrechtliche Interventionen im System des Wettbewerbs – kritische Betrachtungen de lege ferenda, in: Dahs, Hans (Hrsg.), Kriminelle Kartelle?, 1998, S. 53 ff.; *Meinhold, Wilko:* Diversifikation, konglomerate Unternehmen und GWB, 1977; *Mestmäcker, Ernst-Joachim:* Über die normative Kraft privatrechtlicher Verträge, JZ 1964, S. 441 ff.; *ders.:* Über das Verhältnis des Rechts der Wettbewerbsbeschränkungen zum Privatrecht, AcP 168 (1968), S. 235 ff.; *ders.:* Europäisches Wettbewerbsrecht, 1974; *Miersch, Michael:* Kommentar zur EG-Verordnung Nr. 4064/89 über die Kontrolle von Unternehmenszusammenschlüssen, 1991; *Mitsch, Wolfgang:* Rechtsprechung zum Wirtschaftsstrafrecht nach dem 2. WiKG, JZ 1994, S. 877 ff.; *Moosäcker, Karheinz:* Die Beurteilung von Submissionsabsprachen nach § 263 StGB, in: Festschrift für Otfried Lieberknecht, 1997, S. 407 ff.; *Morris, Virgina:* The Fines Imposed in EEC Competition Cases in Light of the Pioneer Hi-Fi Decision, California Western International Law Journal vol. 14 (1984), S. 425 ff.; *Möschel, Wernhard:* Siebzig Jahre deutsche Kartellpolitik, 1972; *ders.:* Pressekonzentration und Wettbewerbsgesetz, 1978; *ders.:* Zur Problematik einer Kriminalisierung von Submissionsabsprachen, 1980; *ders.:* Recht der Wettbewerbsbeschränkungen, 1983; *Müller-Gugenberger, Christian/Bieneck, Klaus* (Hrsg.): Wirtschaftsstrafrecht, 2. Aufl. 1992; *Müller-Henneberg, Hans/Schwartz, Gustav* (Hrsg.): Gesetz gegen Wettbewerbsbeschränkungen und europäisches Kartellrecht, Kommentar, 4. Aufl. 1982; *Niebling, Jürgen:* VW-Neufahrzeuge jetzt auch im freien Handel?, BB 1998, S. 335 ff.; *Nolte, Steffen:* Reform des EG-Kartellrechts für Vertriebs- und Zulieferverträge, BB 1998, S. 2429 ff.; *ders.:* Die Strafbarkeit von Submissionsabsprachen nach dem neuen § 298 StGB, wistra 1998, S. 291 ff.; *Oldigs, Dirk:* Möglichkeiten und Grenzen der strafrechtlichen Bekämpfung von Submissionsabsprachen, 1998; *Ortiz Blanco, Luis:* European Community Competition Procedure, 1996; *Otto, Harro:* Buchbesprechung zu K. Tiedemann „Kartellrechtsverstöße und Strafrecht", GA 1978, S. 218 f.; *ders:* Die neuere Rechtsprechung zu den Vermögensdelikten – Teil 2, JZ 1993, S. 652 ff.; *ders.:* Submissionsbetrug und Vermögensschaden, ZRP 1996, S. 300 ff.; *ders.:* Wettbewerbsbeschränkende Absprachen bei Ausschreibungen, § 298 StGB, wistra 1999, S. 41 ff.; *Prieß, Hans-Joachim:* Das öffentliche Auftragswesen in den Jahren 1997 und 1998, EuZW 1999, S. 196 ff.; *Quack, Friedrich:* Anmerkung zu BGH, Urteil vom 8. 1. 1992–2 StR 102/92 (LG Frankfurt/Main), BauR 1992, S. 387 f.; *Ranft, Otfried:* Grundprobleme des Betrugstatbestandes, Jura 1992, S. 66 ff.; *ders.:* Anmerkung zu OLG Düsseldorf, Urteil vom 17. 3. 1993, JR 1994, S. 523 ff.; *ders.:* Betrug durch Verheimlichung von Submissionsabsprachen – eine Stellungnahme zu BGHSt 38, 186, wistra 1994, S. 41 ff.; *Ransiek, Andreas:* Strafrecht und Korruption, StV 1996, S. 446 ff.; *ders.:* Unternehmensstrafrecht, 1996; *Regge, Jürgen/Rose, Gabriele/Steffens, Rainer:* Der praktische Fall – Strafrecht: Ein teures Rathaus, JuS 1999, S. 159 ff.; *Rehbinder, Eckard:* Der Vorrang des EG-Kartellrechts vor nationalem Kartellrecht bei Freistellungen: Dogmatische Konstruktion, Sachargumente und politische Interessen, in: Festschrift für Ernst-Joachim Mestmäcker, 1996, S. 711 ff.; *Rengier, Rudolf:* Strafrecht. Besonderer Teil I, Vermögensdelikte, 3. Aufl. 1999; *Ress, Georg/Ukrow, Jörg:* Neue Aspekte des Grundrechtsschutzes in der Europäischen Gemeinschaft, EuZW 1990, S. 499 ff.; *Richter, Burghard:* Der Vertrag zugunsten Dritter und sein Verhältnis zu § 15 GWB, in: Festschrift für Otfried Lieberknecht, 1997, S. 475 ff.; *Ritter, Lennart/Braun, W. D./Rawlinson, Francis:* EEC Competition Law Practioner's Guide, 1991; *Rittner, Fritz:* Einführung in das Wettbewerbs- und Kartellrecht, 4. Aufl. 1993; *Roberto, Vito:* Zur wettbewerbspolitischen Beurteilung vertikaler Zusammenschlüsse, WuW 1992, S. 803 ff.; *Rodi, Michael:* Die Subventionsrechtsordnung, 1999; *Rust, Ursula:* GWB-Vergaberecht und seine Standards, EuZW 1999, S. 453 ff.; *Rütsch, Claus-Jörg:* Strafrechtlicher Durchgriff auf verbundene Unternehmen?, 1987; *Satzger, Helmut:* Der Submissionsbetrug, 1994; *Schäfer, Peter W.:* Grundzüge des öffentlichen Auftragswesens, BB 1996, Beilage 12; *Schaupensteiner, Wolfgang J.:* Submissionsabsprachen und Korruption im öffentlichen Bauwesen, ZRP 1993, S. 250 ff.; *ders.:* Gesamtkonzept zur Eindämmung der Korruption, NStZ 1996, S. 409 ff.; *Schmid, Reinhard:* Der Ausschreibungsbetrug als ein Problem der Strafgesetzgebung, 1982; *Schmidt, Ingo:* Wettbewerbspolitik und Kartellrecht, 6. Aufl. 1999; *Scholz, Rupert:* Grundrechtsprobleme im europäischen Kartellrecht – zur Hoechst-Entscheidung des EuGH, WuW 1990, S. 99 ff.; *Schriefers, Marcus:* Die Ermittlungsbefugnisse der EG-Kommission in Kartellverfahren, WuW 1993, S. 98 ff.; *Schröder, R.:* Entwicklung des Kartellrechts und des kollektiven Arbeitsrechts durch die Rechtsprechung des Reichsgerichts vor 1914, 1988; *Schroth, Hans-Jürgen:* Economic offences in EEC Law with special reference to english and german Law, 1983; *Schroth, Ulrich:* Strafrecht, Besonderer Teil, 2. Aufl. 1998; *Schütz, Jörg:* Interne Willensbildung und Kartellrecht, WuW 1998, S. 335 ff.; *Seelmann, K.:* Anmerkung zu BGH, Urteil vom 23. 1. 1985–1 StR 691/84, JR 1986, S. 346 ff.; *Seifert, Thomas:* Das „Wasserbau"-Verfahren aus damaliger und heutiger Sicht, in:

Dahs, Hans (Hrsg.), Kriminelle Kartelle?, 1998, S. 17 ff.; *Siohl, Ulrich:* Die Schuldfeststellung bei Unternehmen oder Unternehmensvereinigungen im Rahmen des Art. 15 VO 17 zum EWG-Vertrag, 1986.; *Stächelin, Gregor:* Strafgesetzgebung im Verfassungsstaat, 1998; *Tiedemann, Klaus:* Tatbestandsfunktionen im Nebenstrafrecht, 1969; *ders.:* Welche strafrechtlichen Mittel empfehlen sich für eine wirksame Bekämpfung der Wirtschaftskriminalität?, Gutachten C zum 49. Deutschen Juristentag, 1972, Bd. I: Gutachten; *ders.:* Kartellrechtsverstöße und Strafrecht, 1976; *ders.:* Wirtschaftsstrafrecht und Wirtschaftskriminalität, Bd. 2, 1976; *ders.:* Strafrechtliche Grundprobleme im Kartellrecht, NJW 1979, S. 1849 ff.; *ders.:* Literaturbericht: Nebenstrafrecht und Ordnungswidrigkeiten, ZStW 94 (1982), S. 299 ff.; *ders.:* Der Allgemeine Teil des europäischen supranationalen Strafrechts, in: Festschrift für Hans-Heinrich Jescheck, 1985, S. 1411 ff.; *ders.:* Die Bekämpfung der Wirtschaftskriminalität durch den Gesetzgeber, JZ 1986, S. 865 ff.; *ders.:* Submissionskartell als Betrug?, ZRP 1992, S. 149 ff.; *ders./Otto, Harro:* Literaturbericht: Wirtschaftsstrafrecht (Teil 1), ZStW 102 (1990), S. 94 ff.; *Tröndle, Herbert/Fischer, Thomas:* Strafgesetzbuch und Nebengesetze. Kommentar, 49. Aufl. 1999.; *Tsolka, Olga:* Der Allgemeine Teil des europäischen supranationalen Strafrechts, 1995; *Ulmer, Peter:* Kartellrechtliche Schranken der Preisunterbietung nach § 26 Abs. 4 GWB, in: Festschrift für Otto-Friedrich Freiherr von Gamm, 1990, S. 677 ff.; *Winterfeld, Achim von:* Ermittlungsbefugnisse der EG-Kommission gegenüber Unternehmen am Beispiel des Kartellrechts, RIW 1992, S. 524 ff.; *Wagemann, Markus:* Rechtfertigungs- und Entschuldigungsgründe im Bußgeldrecht der Europäischen Gemeinschaften, 1992; *Weinmann, Günther:* Gesetzgeberische Maßnahmen zur Bekämpfung der Wirtschaftskriminalität: Besteht nach dem 1. und 2. WiKG ein weiterer Regelungsbedarf?, in: Festschrift für Gerd Pfeiffer, 1988, S. 87 ff.; *Weiß, Wolfgang:* Die Verteidigungsrechte im EG-Kartellverfahren, 1996; *Weitbrecht, Andreas:* Drei Jahre europäische Fusionskontrolle – eine Zwischenbilanz, EuZW 1993, S. 687 ff.; *ders.:* Die Entwicklung des Europäischen Kartellrechts im Jahr 1997, EuZW 1998, S. 677 ff.; *Werner, Stefan:* Wirtschaftsordnung und Wirtschaftsstrafrecht im Nationalsozialismus, 1991; *Wiedemann, Gerhard/Bumiller, Ursula* (Hrsg.), Handbuch des Kartellrechts, 1999; *Wolf, Dieter/Buchardi, Wolrad:* Zuständigkeitsprobleme bei der Verfolgung von Submissionsabsprachen, in: Festschrift für Otfried Lieberknecht, 1997, S. 645 ff.; *Wolters, Gereon:* Die Änderungen des StGB durch das Gesetz zur Bekämpfung der Korruption, JuS 1998, S. 1100 ff.

Inhaltsübersicht

Rn.

A. Schutz des freien Wettbewerbs durch straf- und bußgeldrechtliche Sanktionsvorschriften . . . 2–7

I. Schutz des Wettbewerbs . . . 2, 3

II. Überblick über die Wettbewerbs- u. Sanktionsvorschriften . . . 4–7

1. Wettbewerbsvorschriften . . . 4–6
   a) Nationales Recht . . . 4
   b) Gemeinschaftsrecht . . . 5
   c) Verhältnis von Gemeinschaftsrecht und nationalem Recht . . . 6
2. Sanktionsvorschriften . . . 7

B. Deutsches Kartellrecht . . . 8

I. Entstehungsgeschichte . . . 8–17

1. 19. Jahrhundert bis zu den Anfängen der Weimarer Republik . . . 9
2. Kartellverordnung von 1923 . . . 10
3. Nationalsozialismus . . . 11
4. Dekartellierung durch die Alliierten . . . 12
5. GWB von 1957 . . . 13
6. Novellierungen des GWB . . . 14–17
   a) Erste und zweite Novelle . . . 14
   b) Dritte und vierte Novelle . . . 15
   c) Fünfte Novelle . . . 16
   d) Sechste Novelle . . . 17

Rn.

II. Regelungen und Systematik des GWB . . . 18–26

1. Anwendungsbereich des GWB . . . 18
2. Materiellrechtliche Regelungen des GWB über Wettbewerbsbeschränkungen . . . 19–23
   a) Verbot horizontaler Kartelle . . . 20
   b) Verbot vertikaler Vereinbarungen . . . 21
   c) Umgehungsverbote . . . 22
   d) Mißbrauch einer marktbeherrschenden oder marktstarken Stellung . . . 23
3. Zivil- und Verwaltungsrechtliche Sanktionen . . . 24
4. Fusionskontrolle . . . 25
5. Kartellbehörden und Verfahrensvorschriften einschließlich Bußgeldvorschriften . . . 26

III. Neuerungen im Bußgeldrecht und Systematik der Kartellordnungswidrigkeiten . . . 27

1. Neuerungen durch die sechste GWB-Novelle . . . 27–29
   a) Ausweitung der bußgeldrechtlichen Verantwortung . . . 27
   b) Verlängerung der Verjährungsfristen . . . 28

Rn.

c) Verzicht auf eine Anpassung der Bußgeldvorschriften an das EG-Kartellordnungswidrigkeitenrecht 29
2. Blankettgesetzcharakter 30, 31
a) Erfordernis des Zusammenlesens von verweisendem und ausfüllendem Gesetz 30
b) Unechte Blankettgesetze 31
3. Struktur der Bußgeldnormen 32
4. Schwerwiegende Zuwiderhandlungen gegen die materiellen Wettbewerbsvorschriften 33–39
a) Zuwiderhandlungen gegen gesetzliche Verbote 34–36
aa) § 81 Abs. 1 Nr. 1 GBW 35
bb) § 81 Abs. 1 Nr. 2 GWB 36
b) Zuwiderhandlungen gegen vollziehbare Verwaltungsakte der Kartellbehörde 37–39
aa) § 81 Abs. 1 Nr. 5 GWB 37
bb) § 81 Abs. 1 Nr. 6 lit. a GWB . . 38
cc) § 81 Abs. 1 Nr. 9 GWB 39
5. Verstöße gegen Ungehorsamstatbestände 40–44
a) Zuwiderhandlungen gegen gesetzliche Verbote 41–43
aa) § 81 Abs. 1 Nr. 3 GWB 41
bb) § 81 Abs. 1 Nr. 4 GWB 42
cc) § 81 Abs. 1 Nr.7 GWB 43
b) Zuwiderhandlungen gegen vollziehbare Verwaltungsakte der Kartellbehörde gem. § 81 Abs. 1 Nr. 6 lit. b GWB 44

IV. Wettbewerbsverbote in der Bußgeldpraxis 45–75
1. Verbot horizontaler Kartelle nach § 1 GWB 45–51
a) Regelungsgehalt des § 1 GWB . 45–49
b) Erscheinungsformen horizontaler Absprachen 50, 51
2. Verbot vertikaler Vereinbarungen . 52, 53
a) Regelungsgehalt des § 14 GWB . . 52
b) Erscheinungsformen vertikaler Vereinbarungen 53
3. Umgehungsverbote 54–58
a) Empfehlungsverbote 54, 55
aa) Regelungsgehalt des § 22 Abs. 1 GWB 54
bb) Erscheinungsformen der Empfehlungsverbote 55
b) Druckverbot 56, 57
aa) Anwendungsbereich des § 21 Abs. 2 GWB 56
bb) Erscheinungsformen der Einflußnahme auf die unternehmerische Handlungsfreiheit Dritter 57
c) Sonstige Fälle 58
4. Verbot des Mißbrauchs einer marktbeherrschenden oder marktstarken Stellung 59–66
a) Marktbeherrschende Stellung 59
b) Begriff des Mißbrauchs 60

Rn.

c) Behinderungsmißbrauch 61–63
d) Ausbeutungsmißbrauch: Preis- und Konditionenmißbrauch sowie Preis- und Konditionenspaltung 64
e) Verweigerung des Zugangs zu wesentlichen Einrichtungen 65
f) Sonstige Fälle 66
5. Diskriminierungsverbot und Verbot unbilliger Behinderung . . 67–73
a) Abgrenzung zum Behinderungsmißbrauch 68
b) Diskriminierungsverbot 69–72
aa) Behinderungsverbot 70
bb) Verbot unterschiedlicher Behandlung 71
cc) Fälle des Verstoßes gegen das Diskriminierungsverbot 72
c) Verbot unbilliger Behinderung auf horizontaler Ebene 73
6. Boykottverbot 74
7. Aufnahmezwang 75

V. Zusammenschlußkontrolle (Fusionskontrolle) 76–81
1. Ziel der Zusammenschlußkontrolle 76
2. Anwendungsbereich der Zusammenschlußkontrolle 77
3. Anmeldepflicht von Zusammenschlüssen 78
4. Fusionskontrollverfahren 79
5. Bußgeldtatbestände 80, 81
a) Schwerwiegende Verstöße 80
b) Ungehorsamstatbestände 81

VI. Normadressaten der Bußgeldvorschriften und Ahndung jur. Personen 82–84
1. Ahndbarkeit natürlicher Personen über die Zurechnung gem. § 9 OWiG 82
2. Ahndbarkeit natürlicher Personen wg. Aufsichtspflichtverletzung gem. § 130 OWiG 3
3. Ahndbarkeit jur. Personen und Personenvereinigungen gem. § 30 OWiG 84

VII. Bußgeldbemessung und Eintragung in das Gewerbezentralregister oder Bundeszentralregister 85–95
1. Bußgeldbemessung bei natürlichen Personen 85–91
a) Bußgeldrahmen 85
b) Abschöpfung des Mehrerlöses 86
c) Abschöpfung des wirtschaftlichen Vorteils 87
d) Kriterien der Bußgeldbemessung 88–91
aa) Tatbezogene Zumessungskriterien 89

Rn.
bb) Schuldbezogene Zumessungskriterien 90
cc) Wirtschaftliche Leistungsfähigkeit des Täters 91
2. Bußgeldbemessung bei jur. Personen und Personenvereinigungen 92, 93
a) Bußgeldrahmen 92
b) Kriterien der Bußgeldbemessung 93
3. Stundung und Einräumung von Ratenzahlungen 94
4. Eintragung in das Gewerbezentralregister 95

C. Strafbare Submissionsabsprachen 96–139

I. Die durch Submissionsabsprachen verursachten Schäden 98–100

II. Reformen 101–104
1. Vorschlag der Großen Strafrechtskommission und der Sachverständigenkommission zur Bekämpfung der Wirtschaftskriminalität 101, 102
2. Entwurf zum Zweiten Gesetz zur Bekämpfung der Wirtschaftskriminalität 103
3. Gesetz zur Bekämpfung der Korruption 104

III. Erscheinungsformen der Submissionsabsprachen 105–108
1. Absprachen zwischen Marktteilnehmern auf überschaubaren Märkten 106
2. Submissionsabsprachen und Korruption 107
3. Nutzung des Nachverhandlungsverbots und Erteilung von Komplettaufträgen. 108

IV. Submissionsabsprachen als Kartellordnungswidrigkeiten 109

V. Strafbarkeit von Submissionsabsprachen als Betrug 110–120
1. Rechtsprechung des Reichsgerichts und des Bundesgerichtshofs bis zum Jahre 1992 110
2. Änderung der Rechtsprechung des Bundesgerichtshofs in den „Rheinausbau"-Entscheidungen 111–120
a) Täuschungshandlungen, Irrtumserregung und Vermögensverfügung 112
b) Vermögensschaden 113–120
aa) Eingehungsbetrug 114–119
bb) Erfüllungsbetrug 120

VI. Wettbewerbsbeschränkende Absprachen bei Ausschreibungen (§ 298 StGB) 121–137
1. Entstehungsgeschichte 121–123
2. Ausgestaltung der gesetzlichen Regelung 124–136

Rn.
a) Geschütztes Rechtsgut und Ausgestaltung als abstraktes Gefährdungsdelikt 125, 126
b) Ausschreibungen über Waren oder gewerbliche Leistungen 127, 128
c) Abgabe eines Angebots 129
d) Angaben über Waren oder gewerbliche Leistungen 130
e) Rechtswidrige Absprache . . . 131, 132
f) Veranlassen eines bestimmten Angebots als Ziel der Absprache 133, 134
g) Vorsatz 135
h) Tätige Reue 136
3. Konkurrenzen 137

VII. Verfahrensrecht 138, 139
1. Zuständigkeit der Staatsanwaltschaft und der Wirtschaftsstrafkammer 138
2. Zuständigkeit für die Verhängung von Unternehmenssanktionen 139

D. Europäisches Kartellordnungswidrigkeitenrecht 140–229

I. Rechtsgrundlagen und Entstehungsgeschichte der wettbewerbsrechtlichen Bußgeldvorschriften 142–145
1. Ermächtigung zum Erlaß von Verordnungen zur Verwirklichung der Wettbewerbsverbote (Art. 83 EGV) 142, 143
2. Entstehungsgeschichte der Verordnung Nr. 17/62 . . . . 144, 145

II. Wettbewerbsrechtliche Verbotsnormen 146–164
1. Anwendungsbereich der wettbewerbsrechtlichen Vorschriften 146–150
a) Begriff des Unternehmens . . 147–149
b) Begriff des Unternehmensvereinigung 150
2. Materiellrechtliche Wettbewerbsverbote des EG-Vertrags . 151–164
a) Verbot des Art. 81 Abs. 1 EGV 151–161
aa) Koordiniertes Verhalten zwischen Unternehmen . 152–155
bb) Spürbare Wettbewerbsbeschränkung 156
cc) Bezwecken oder Bewirken der Wettbewerbsbeeinträchtigung 157, 158
dd) Freistellungen gem. Art. 81 (ex-Art. 85) Abs. 3 EGV 159–161
b) Mißbrauch einer marktbeherrschenden Stellung 162–164
aa) Marktbeherrschende Stellung 163
bb) Regelbeispiele mißbräuchlichen Verhaltens 164

		Rn.
III.	**Kartellverfahren**	165–179
	1. Rechtsnatur des Verfahrens	165
	2. Einleitung und Ablauf des Verfahrens	166–169
	3. Mitwirkungs- und Duldungspflichten	170–177
	a) Auskunftsverlangen nach Art. 11 VO 17/62	170–172
	b) Nachprüfungsbefugnisse nach Art. 13 u. 14 VO 17/62	173–177
	4. Rechtskontrolle durch den Europäischen Gerichtshof	178, 179
IV.	**Ausgestaltung und Systematik der Bußgeldtatbestände**	180–186
	1. Zurechnung des Verhaltens natürlicher Personen	180
	2. Sanktionierung von Verfahrensverstößen und Verletzungen des materiellen Kartellrechts	181–184
	a) Verfahrensverstöße	182
	b) Verstöße gegen das materielle Kartellrecht	193, 184
	3. Sonderdeliktscharakter u. Ausgestaltung als Blankettgesetze	185, 186
V.	**Wettbewerbsverbote in der Bußgeldpraxis**	187–192
	1. Geltung des Opportunitätsprinzips im Bußgeldrecht	187
	2. Ausübung des Ermessens bei der Verhängung von Geldbußen	188–192
	a) Ahndung klassischer und klarer Wettbewerbsverstöße	188–191
	aa) Horizontale Kartelle	189
	bb) Vertikale Kartelle	190
	cc) Mißbrauchsfälle	191
	b) Formlose Verfahrenserledigung	192
VI.	**Bußgeldbemessung**	193–205
	1. Entwicklung der Sanktionspolitik bis zur Einführung der Leitlinien zur Bußgeldbemessung	193
	2. Leitlinien zur Bußgeldbemessung in Kartellverfahren von 1998	194–201
	a) Bestimmung des Grundbetrages	196–198
	aa) Schwere des Verstoßes	197
	bb) Dauer des Verstoßes	198
	b) Erschwerende Umstände	199
	c) Mildernde Umstände	200
	d) Symbolische Geldbußen	201
	3. Anwendung der Mitteilung vom 18. Juli 1996 über die Nichtfestsetzung oder die niedrigere Festsetzung von Geldbußen	202–205
VII.	**Geldbußen des EWR-Vertrages**	206–208
	1. Geltung der Wettbewerbsregeln	206
	2. Zuständigkeit im Verwaltungsverfahren	207
	3. Gerichtliche Kontrolle	208
VIII.	**Bußgeldtatbestnde der Fusionskontrollverordnung**	209–229
	1. Rechtsgrundlagen der Fusionskotrolle	209
	2. Anwendungsbereich der Fusionskontroll-Verordnung	210
	3. Fusionskontrollverfahren	211–226
	a) Anmeldung von Zusammenschlüssen	212
	b) Aufschub des Vollzugs von Zusammenschlüssen	213
	c) Prüfung der Anmeldung und Einleitung des Verfahrens	214–216
	d) Ermittlungsbefugnisse der Kommission	217–220
	aa) Auskunftsrecht nach Art. 11 FKVO	218
	bb) Nachprüfungsrecht nach Art. 12 und 13 FKVO	219
	e) Entscheidungsbefugnisse der Kommission	221
	f) Verfahrensgarantien und Verteidigungsrechte der Unternehmen	222–225
	g) Veröffentlichen nach Art. 20 FKVO	226
	4. Bußgeldvorschriften der Fusionskontroll-Verordnung	227–229
	a) Leichte Verstöße gegen Anmelde-, Auskunfts- und Duldungspflichten	227
	b) Schwerwiegende Verstöße	228
	c) Berücksichtigung der Art und Schwere bei der Bestimmung der Bußgeldhöhe	229

1 Der Schutz des freien und fairen Wettbewerbs gewinnt als tragendes Grundprinzip der sozialen Marktwirtschaft, das gegen den Mißbrauch durch Wettbewerbsteilnehmer geschützt werden muß, zunehmend an Bedeutung. Das deutsche und das europäische Kartellrecht dienen in erster Linie diesem Schutz. Sie sollen sicherstellen, daß Wettbewerb entstehen kann und bestehender Wettbewerb nicht beeinträchtigt wird. Im folgenden soll zunächst auf den Schutzgegenstand des Kartellstraf- und -ordnungswidrigkeitenrechts, den **Schutz des freien Wettbewerbs**, eingegangen werden (A.). Sodann wird zu den im Gesetz gegen Wettbewerbsbeschränkungen (GWB) enthaltenen **Wettbewerbs- und Sanktionsvorschriften** Stellung genommen (B.). Hieran schließen sich Ausführungen

zur Strafbarkeit von **Submissionsabsprachen** an, die nach der Rechtsprechung des BGH den Betrugstatbestand erfüllen können. Außerdem hat der Gesetzgeber im Jahre 1997 mit § 298 StGB einen Straftatbestand zur Erfassung wettbewerbsbeschränkender Absprachen bei Ausschreibungen eingeführt (C.). Parallel zum nationalen GWB ist das **europäische Wettbewerbsrecht** anwendbar, das Kartellabsprachen und abgestimmte Verhaltensweisen verbietet, die den Wettbewerb in der EG beeinträchtigen, sowie den Mißbrauch einer marktbeherrschenden Stellung untersagt. Dabei steht die Schaffung eines Gemeinsamen Marktes, der gegen künstliche und willkürliche Eingriffe von Unternehmen geschützt werden soll, im Vordergrund. Wenn Unternehmen gegen die Ge- und Verbote des EG-Kartellrechts verstoßen, können diese Verstöße mit Geldbußen geahndet werden. Neben die europäische Kartellverordnung ist die **Verordnung über die europäische Fusionskontrolle** getreten (D.).

A. Schutz des freien Wettbewerbs durch straf- und bußgeldrechtliche Sanktionsvorschriften

I. Schutz des Wettbewerbs

2 Sowohl das GWB als auch das europäische Wettbewerbsrecht dient dem Schutz der einzelnen Märkte vor freiheitsbedrohender Ausübung und Entstehung von Marktmacht. Es soll ein freier Wettbewerb ermöglicht werden. Dem Wettbewerb werden vor allem **wirtschaftspolitische**,[1] daneben aber auch gesellschaftspolitische **Funktionen** zugeschrieben. Zu den wirtschaftspolitischen Funktionen zählen vor allem die Steuerungs- und Ordnungsfunktion sowie die Verteilungs-, die Antriebs- und die Leistungsfunktion. Die gesellschaftspolitischen Funktionen des Wettbewerbs betreffen die Aufgabe, für eine einigermaßen gleichmäßige Machtverteilung in Wirtschaft und Gesellschaft zu sorgen.[2] Hinter dieser Zielsetzung steht die durch geschichtliche Erfahrungen immer wieder bestätigte Überzeugung, daß es vor allem der Wettbewerb ist, der den Aufbau endgültiger Machtpositionen verhindern kann, durch welche die Freiheit und Chancengleichheit aller anderen Marktbeteiligten bedroht[3] und die Erreichung eines möglichst optimalen ökonomischen Wohlstandes gefährdet wird. Die gefährlichsten Wettbewerbsbeschränkungen sind künstliche Marktzutrittsschranken, durch die die Entstehung von Wettbewerb von vornherein verhindert wird. Daher kommt es entscheidend darauf an, die Märkte offenzuhalten, damit die Machtposition von Unternehmen im Wettbewerb bedroht bleibt.[4]

3 Ob die Möglichkeit besteht, aus der Bestimmung des Wettbewerbsbegriffs ein normatives Leitbild der Wettbewerbspolitik zu entwickeln, ist angesichts der Vielgestaltigkeit von Wettbewerbsprozessen in der modernen Wirtschaft umstritten. Letztlich bleibt nur die Möglichkeit, normativ festzulegen, welche Verhaltensweisen als wettbewerbsbeschränkend gelten sollen, weil nach den gemachten Erfahrungen von ihnen typischerweise besondere Gefahren für die Wettbewerbsordnung ausgehen.[5] Die wichtigste wettbewerbspolitische Folgerung, die hieraus gezogen wird, ist die **Erforderlichkeit der Bekämpfung von Wettbewerbsbeschränkungen**.[6] Dies ist Aufgabe des Straf- und Ord-

---

[1] Zu den wirtschaftspolitischen Funktionen des Wettbewerbs *Emmerich*, Kartellrecht, 7. Aufl. 1994, S. 3 ff.

[2] *Mestmäcker* JZ 1964, 441; *ders.* AcP 168 (1968), 235; *I. Schmidt*, Wettbewerbspolitik und Kartellrecht, 6. Aufl. 1999, S. 29 ff.

[3] Vgl. *Emmerich*, Kartellrecht, 8. Aufl. 1999, S. 3.

[4] *Bartling*, Leitbilder der Wettbewerbspolitik, 1980, S. 42, 49 ff.

[5] *Herdzina*, Wettbewerbspolitik, 5. Aufl. 1999, S. 82 ff.

[6] *Emmerich*, Kartellrecht, S. 11; *Tiedemann*, Kartellrechtsverstöße und Strafrecht, 1976, S. 95 ff.

nungswidrigkeitenrechts. Der Gesetzgeber hat aus der Tatsache, daß es sich bei dem freien Wettbewerb in einer Marktwirtschaft um ein überragendes Rechtsgut handelt, nicht die Konsequenz gezogen, den Wettbewerb umfassend als kriminalstrafrechtlich zu schützenden Wert anzuerkennen, sondern sich weitgehend darauf beschränkt, Ordnungswidrigkeitentatbestände einzuführen, obwohl sich in der Öffentlichkeit und in den beteiligten Wirtschaftskreisen eine positive Haltung zum Wettbewerb als Wirtschaftsprinzip durchgesetzt hat.[7] Lediglich Submissionsabsprachen sind nunmehr nach § 298 StGB strafbar.

II. Überblick über die Wettbewerbs- und Sanktionsvorschriften

1. Wettbewerbsvorschriften

a) Nationales Recht

Das **Recht gegen Wettbewerbsbeschränkungen** ist unter anderem in dem **Gesetz gegen** 4
den unlauteren Wettbewerb (UWG)[8] und in dem Gesetz über Lebensmittel und Bedarfsgegenstände (LMBG)[9] sowie im Strafgesetzbuch (§§ 298, 299 StGB) und vor allem im **GWB**[10] geregelt. Um die Funktionsfähigkeit des Wettbewerbs sicherzustellen, verbietet das GWB wettbewerbsbeschränkende Vereinbarungen und vergleichbare Kontakte zwischen Wettbewerbern und unterwirft die auf sonstige Weise entstandene Marktmacht von Unternehmen einer Mißbrauchsaufsicht. Durch die 2. GWB-Novelle wurde im Jahre 1973 eine **Fusionskontrolle** eingeführt, um das Entstehen einer „übermäßigen" Unternehmenskonzentration zu verhindern. Daraus wird deutlich, daß bereits einer Gefährdung des Wettbewerbs begegnet werden soll, die sich aus einer Veränderung der Marktstruktur in Folge des Zusammenschlusses ergeben kann, während es auf das aktuelle oder zukünftige Verhalten der beteiligten Unternehmen nicht ankommt. Durch die Fusionskontrolle sollen die Märkte offengehalten werden.

Das Recht gegen Wettbewerbsbeschränkungen hat seit dem Jahre 1945 eine erhebliche praktische Bedeutung erlangt, was sich nicht zuletzt darin niederschlägt, daß das GWB durch zahlreiche Novellen fortentwickelt wurde.[11] Durch die zahlreichen Änderungen ist das GWB so unübersichtlich geworden, daß die Bundesregierung im Jahre 1993 eine umfassende Reform dieses Gesetzes zwecks Anpassung an das europäische Kartellrecht ankündigte, die durch die sechste Novelle von 1998 erfolgt ist. Diese ist am 1.1. 1999 in Kraft getreten.[12]

b) Gemeinschaftsrecht

Zu dem nationalen Wettbewerbsrecht tritt das **europäische Wettbewerbsrecht** auf der 5
Grundlage der Römischen Verträge. Ziel der Europäischen Gemeinschaft ist nach Art. 2 EGV die Errichtung eines Gemeinsamen Marktes sowie einer Wirtschafts- und Währungsunion, beruhend auf den verschiedenen gemeinsamen Politiken, die im einzelnen in den Artt. 3 und 4 (ex-Artt. 3 und 3 a) EGV aufgezählt sind. Dieser Gemeinsame Markt soll nach Art. 14 (ex-Art. 7 a) Abs. 2 EGV marktwirtschaftlich geprägt sein, das heißt, primär über den Wettbewerb gesteuert werden. Art. 81 (ex-Art. 85) EGV enthält ein Verbot

---

[7] Vgl. dazu *Tiedemann*, Wirtschaftsstrafrecht und Wirtschaftskriminalität, Bd. 2, 1976, S. 18 f.

[8] Näher dazu 1. Kapitel – Allgemeines, Rn. 65.

[9] Näher dazu 8. Kapitel – Die Entwicklung des Wirtschaftsstrafrechts unter dem Einfluß des EG-Rechts, Rn. 101.

[10] BGBl. 1957 I S. 1081.

[11] 1. Novelle: Gesetz vom 15. 9. 1965, BGBl. I S. 1363; 2. Novelle: Gesetz vom 3. 8. 1973, BGBl. I S. 917; 3. Novelle: Gesetz vom 28. 6. 1976, BGBl. I S. 1697; 4. Novelle: Gesetz vom 26. 4. 1980, BGBl. I S. 458; 5. Novelle: Gesetz vom 22. 12. 1989, BGBl. I S. 2486; 6. Novelle: Gesetz vom 26. 8. 1998, BGBl. I S. 2521.

[12] Näher dazu unten Rn. 17.

wettbewerbsbeschränkender Absprachen und abgestimmter Verhaltensweisen; Art. 82 (ex-Art. 86) EGV verbietet den Mißbrauch einer marktbeherrschenden Stellung. Im Jahre 1989 hat der Rat der EG eine europäische Fusionskontroll-Verordnung erlassen, die am 21. 9. 1990 in Kraft getreten ist.

c) Verhältnis von Gemeinschaftsrecht und nationalem Recht

6 Grundsätzlich sind das nationale und das europäische Wettbewerbsrecht **nebeneinander anwendbar**, mit der Folge, daß sich die strengere Rechtsordnung durchsetzt. Dies gilt insbesondere dann, wenn ein Verhalten nach beiden Rechtsordnungen nicht erlaubt ist.

Ein Verhalten, das nach Gemeinschaftsrecht verboten ist, kann nicht durch nationales Recht erlaubt oder gar vorgeschrieben werden. **Parallele Bußgeld- und Verwaltungsverfahren** wegen desselben Verhaltens sind möglich.[13] Dabei muß jede Behörde eine bereits erlassene Bußgeldentscheidung der anderen bei der Bußgeldbemessung berücksichtigen, um dem Verhältnismäßigkeitsgrundsatz Rechnung zu tragen.[14]

Wenn eine **Freistellung der Kommission** vorliegt oder die Voraussetzungen einer Gruppenfreistellung erfüllt sind, haben die europäischen Wettbewerbsregeln Vorrang vor dem nationalen Kartellrecht.[15] Dies gilt auch, wenn die nationale Behörde ein Kartell ausdrücklich gebilligt hat, dieses jedoch gegen Art. 81 (ex-Art. 85) EGV verstößt.[16]

2. Sanktionsvorschriften

7 Um wettbewerbsbeschränkende Absprachen und den Mißbrauch einer marktbeherrschenden Stellung zu verhindern und um die Durchführung der Fusionskontrolle sicherzustellen, sieht sowohl das nationale Recht als auch das Gemeinschaftsrecht als Sanktionen gegen **natürliche und juristische Personen** bzw. gegen **Unternehmen und Unternehmensvereinigungen** grundsätzlich nur die Verhängung von Geldbußen vor. Demgegenüber ist die Sachverständigenkommission zur Bekämpfung der Wirtschaftskriminalität – Reform des Wirtschaftsstrafrechts –[17] im Jahre 1975 zu dem Ergebnis gekommen, daß das Ordnungswidrigkeitenrecht sich zwar im Grundsatz bewährt habe, daß die Bewertung auch schwerer Verstöße als bloße Ordnungswidrigkeiten jedoch nicht mehr der neueren Einschätzung des Verhältnisses von Straftat und Ordnungswidrigkeit entspreche.[18] Im Hinblick auf die Schädlichkeit von Verstößen gegen die marktwirtschaftliche Ordnung und auf die Anerkennung der Marktwirtschaft im öffentlichen Bewußtsein wurde gefordert, bestimmte schwere GWB-Verstöße als kriminelle Straftaten einzustufen, um eine Gleichmäßigkeit und soziale Gerechtigkeit der Strafrechtsordnung herzustellen.

Die weitgehende **Beschränkung** der Sanktionsvorschriften im Kartellrecht durch den deutschen Gesetzgeber **auf Bußgeldtatbestände** ist weiterhin seit den Beratungen der Großen Strafrechtskommission zur Reform des Wirtschaftsstrafrechts im strafrechtlichen Schrifttum immer wieder kritisiert worden, während den meisten wirtschaftsrechtlichen, wirtschaftsverwaltungsrechtlichen und wirtschaftspolitischen Fachleuten die Ausgestaltung als Ordnungswidrigkeit durchaus willkommen ist, weil sie es ermöglicht, den

---

13 EuGH, 13. 2. 1969, Slg. 1969, S. 13 f. (*Walt Wilhelm*); Slg. 1992 I, 4825 f. (*AEB*); *Dannecker*, in: *Immenga/Mestmäcker* (Hrsg.), EG-Wettbewerbsrecht, Bd. II, 1997, Vorbem. Art. 15 VO 17 Rn. 110 ff. m. weit. Nachw.

14 EuGH, 13. 2. 1969, Slg. 1969, S. 15 (*Walt Wilhelm*); BGHSt 24, 54.

15 *Bunte* WuW 1989, 17 f.; *Lieberknecht*, FS Pfeiffer 1988, S. 597 ff.; *Rehbinder*, FS Mestmäcker 1996, S. 715.

16 EuGH, 27. 1. 1987, Slg. 1987, S. 447 ff. (*Feuerversicherung*); KOM., 5. 12. 1984, ABl. 1985, Nr. L 35 vom 7. 2. 1985, S. 25 (*Feuerversicherung*).

17 Siehe dazu oben Kapitel 1 Rn. 54.

18 Näher dazu *Weinmann*, FS Pfeiffer 1988, S. 88.

Kompromiß zwischen Betroffenen und Ahndungsinstanz nach Gesichtspunkten wirtschaftspolitischer Opportunität zu finden. Der Gesetzgeber hat die Empfehlungen der Sachverständigenkommission und die Kritik im strafrechtlichen Schrifttum bislang nicht aufgegriffen und lediglich wettbewerbswidrige Absprachen bei Ausschreibungen durch § 298 StGB mit Kriminalstrafe bedroht.[19]

B. Deutsches Kartellrecht

I. Entstehungsgeschichte

Das **Wesen eines Kartells** besteht darin, daß mehrere Unternehmen durch einen Vertrag ihr Verhalten auf dem Markt koordinieren, um dadurch den Wettbewerb untereinander auszuschließen. Kartelle sind die älteste und in ihrer Relevanz am frühesten erkannte Form der Wettbewerbsbeschränkungen. 8

1. 19. Jahrhundert bis zu den Anfängen der Weimarer Republik

Die **Kartellierung der Märkte** setzte vor allem im Zuge der wirtschaftlichen Rezession ab Mitte der siebziger Jahre des 19. Jahrhunderts ein. Insbesondere die Wirtschaftskrise nach dem Ende der Gründerjahre veranlaßte zahlreiche deutsche Unternehmen dazu, sich dem verschärften Wettbewerb durch Kartellabsprachen zu entziehen.[20] 9

Gefördert wurde diese Entwicklung durch die Rechtsprechung, die Kartelle unter Berufung auf die damals in der Nationalökonomie vorherrschende Meinungen nahezu unbeschränkt zuließ. Als Beispiel kann die Entscheidung des Reichsgerichts[21] zum *„Sächsischen Holzstoff-Kartell"* genannt werden, in dem das Gericht eine Absprache zu beurteilen hatte, die mit dem Ziel getroffen worden war, die Produktion des Verbandes ausschließlich durch eine gemeinsame Verkaufsstelle abzusetzen und Zuwiderhandlungen mit einer Vertragsstrafe zu ahnden. Das RG stellte nicht nur auf das Prinzip der Gewerbefreiheit, sondern auch auf volkswirtschaftliche Erwägungen ab und bezeichnete den Zusammenschluß der Unternehmen jedenfalls für den Fall, daß ihnen anderenfalls der wirtschaftliche Ruin drohe, als „eine dem Interesse der Gesamtheit dienende Maßregel". Der in dieser Entscheidung zum Ausdruck kommende **Grundsatz der Kartellfreiheit** wurde erst angesichts der Bedürfnisse der Kriegswirtschaft in den Jahren 1914 bis 1918 aufgegeben. Nunmehr wurde mittels staatlicher Wirtschaftslenkungsmaßnahmen eingegriffen. Insbesondere wurden Möglichkeiten der Zwangskartellierung geschaffen, die dann in der Weimarer Zeit zu den großen Kohle-, Kali- und Stahlsyndikaten führten. Damit wurden die Kartelle im Ergebnis endgültig legalisiert und der Organisationszwang gegen Außenseiter erheblich gefördert.[22] Deutschland wurde bis zum Ende des 2. Weltkriegs das „Land der großen Kartelle".[23]

---

[19] Näher dazu unten Rn. 17, 121 ff.

[20] *Tiedemann*, Wirtschaftsstrafrecht und Wirtschaftskriminalität, Bd. 2, S. 15 m. weit. Nachw.

[21] RGZ 38, 155, 158 ff.; vgl. dazu *Lammel* Zeitschrift für neue Rechtsgeschichte 1987, 51; *Möschel*, Siebzig Jahre deutsche Kartellpolitik, 1972; *R. Schröder*, Entwicklung des Kartellrechts und des kollektiven Arbeitsrechts durch die Rechtsprechung des Reichsgerichts von 1914, 1988, S. 1 ff. m. weit. Nachw.

[22] *Emmerich*, Kartellrecht, S. 13.

[23] *Oldigs*, Möglichkeiten und Grenzen der strafrechtlichen Bekämpfung von Submissionsabsprachen, 1998, S. 18 f.

2. Kartellverordnung von 1923

10 Die Verschlechterung der wirtschaftlichen Verhältnisse nach dem 1. Weltkrieg und der Druck der Öffentlichkeit zwangen den Gesetzgeber im Jahre 1923 zum Tätigwerden gegen den Mißbrauch wirtschaftlicher Machtstellungen. Die am 2. November 1923 erlassene Kartellverordnung[24] enthielt kein eigentliches Kartellverbot, sondern lediglich ein **Mißbrauchsverbot**, das ein Eingreifen der Behörden in Einzelfällen vorsah. Hiervon wurde aber nur wenig Gebrauch gemacht. § 17 der Kartellverordnung enthielt eine Strafvorschrift, die sich auf die Bedrohung bewußter Zuwiderhandlungen beschränkte. Durch den Verzicht auf ein Kartellverbot wurde letztlich die Legalisierung der Kartelle und des Organisationszwangs gegen Außenseiter weiter gefördert.

3. Nationalsozialismus

11 Während der Zeit des Nationalsozialismus wurden die Kartelle nicht mehr als Gefahrenquelle für die marktwirtschaftliche Ordnung angesehen. Man ging vielmehr davon aus, daß große wirtschaftliche Einheiten besser in die Kriegsvorbereitung eingepaßt werden konnten, weil sie rationeller arbeiteten und leichter zu kontrollieren und zu lenken waren. **Kartelle** wurden also wiederum **als Lenkungsmittel** eingesetzt. Das Zwangskartellgesetz von 1933[25] ermöglichte die Bildung von Zwangskartellen,[26] indem es den Reichswirtschaftsminister ermächtigte, einzelne Unternehmen zu Kartellen, Syndikaten oder ähnlichen Einheiten zu verbinden, wenn dies unter Abwägung der Belange der einzelnen Unternehmen und des Gemeinwohls für die Gesamtwirtschaft geboten erschien.[27] Außerdem konnte der Reichswirtschaftsminister die Rechte und Pflichten der Mitglieder des Zusammenschlusses festlegen und deren Einhaltung beaufsichtigen und gegebenenfalls eingreifen.[28] Neben dem Zwangskartellgesetz wurde ebenfalls im Jahre 1933 eine Kartellverordnung erlassen, die im Rahmen der normalen Kartellüberwachung die Möglichkeiten der Kartellbildung stark erweiterte. Später verloren die Kartelle unter dem Einfluß der Kriegswirtschaft und der staatlichen Marktordnung ihre eigenständige Bedeutung, und der Staat übernahm weitgehend selbst die Überwachung der Wirtschaft.[29]

4. Dekartellierung durch die Alliierten

12 Die Alliierten führten mit ihren Dekartellierungsgesetzen erstmals im Jahre 1947 in Deutschland ein **Kartell- und Monopolisierungsverbot** ein. Es bestand ein striktes, strafbewehrtes Verbot mit engem Erlaubnisvorbehalt. Konzerne und größere Einzelunternehmen wurden aufgrund besonderer Einzelvorschriften bis zu einer Größe, die den alliierten Behörden tragbar erschien, entflochten. Die strikte Dekartellierungsregelungen wurden erst nach und nach unter dem Einfluß der deutschen Rechtsprechung gelockert.

---

[24] Notverordnung vom 2.11. 1923, RGBl. I S. 1090; siehe dazu *Callmann*, Das Deutsche Kartellrecht, 1934.

[25] RGBl. 1933 I S. 488.

[26] *Rittner*, Einführung in das Wettbewerbs- und Kartellrecht, 4. Aufl. 1993, § 5A II cc; *Löwisch/von Langsdorff* JuS 1973, 14.

[27] *Buchner*, in: *Rottleuthner* (Hrsg.), Recht, Rechtsphilosophie und Nationalsozialismus, ARSP Beiheft Nr. 18, 1983, S. 101.

[28] Näher zur Politik der Zwangskartellierung im Nationalsozialismus *Werner*, Wirtschaftsordnung und Wirtschaftsstrafrecht im Nationalsozialismus, 1991, S. 81 ff.

[29] *Huber/Baums*, Frankfurter Kommentar, Stand Januar 1993, § 1 GWB Rn. 8.

5. GWB von 1957

Seit 1950 bemühte sich die Bundesregierung, die alliierten Dekartellierungsgesetze durch ein deutsches Kartellgesetz zu ersetzen, das ein Kartellverbot und eine Fusionskontrolle enthalten sollte.[30] Umstritten war insbesondere, ob ein grundsätzliches Kartellverbot oder eine Mißbrauchsaufsicht nach dem Vorbild der Kartellverordnung von 1923 eingeführt werden sollte. Diese Auseinandersetzung hatte zur Folge, daß man durch das Gesetz gegen Wettbewerbsbeschränkungen von 1957 zwar ein **Kartellverbot** einführte, dieses aber **zahlreiche Ausnahmen** kannte; außerdem wurde die ursprünglich vorgesehene Fusionskontrolle aufgegeben und die Erlaubnis für die Preisbindung für Markenartikel vorgesehen. Das GWB trat am 1. 1. 1958 in Kraft. 13

§ 1 Abs. 1 GWB a. F. bestimmte, daß Verträge, die Unternehmen oder Vereinigungen von Unternehmen zu einem gemeinsamen Zweck schließen, und Beschlüsse von Vereinigungen von Unternehmen unwirksam sind, soweit sie geeignet sind, die Erzeugung oder die Marktverhältnisse für den Verkehr mit Waren oder gewerblichen Leistungen durch Beschränkung des Wettbewerbs zu beeinflussen. Wer sich über die Unwirksamkeit eines Vertrages nach § 1 GWB hinwegsetzte, konnte gemäß § 38 Abs. 1 Nr. 1 GWB a. F. mit einer Geldbuße belegt werden. Dies bedeutet, daß nicht die rechtswidrige Vereinbarung, sondern erst deren Praktizierung bußgeldbedroht war.

6. Novellierungen des GWB

a) Erste und zweite Novelle

Nach einer unerheblichen **ersten Novellierung** des GWB im Jahre 1965 brachte vor allem das Zweite Gesetz zur Änderung des GWB im Jahre 1973 wichtige Ergänzungen und Änderungen. So wurde durch die **zweite Novelle** die **Fusionskontrolle** eingeführt und die Preisbindung für Markenartikel abgeschafft. Daneben wurden Kooperationserleichterungen für kleinere und mittlere Unternehmen eingeführt. Außerdem wurden aufeinander abgestimmte Verhaltensweisen von Unternehmen oder Vereinigungen von Unternehmen, die nach dem GWB nicht zum Gegenstand einer vertraglichen Bindung gemacht werden dürfen, verboten, nachdem der BGH in der Subsumtion solcher Verhaltensweisen unter den Begriff des Vertrages eine im Ordnungswidrigkeitenrecht unzulässige Analogie gesehen hatte.[31] Zudem wurde die Mißbrauchsaufsicht über marktbeherrschende Unternehmen verbessert. 14

b) Dritte und vierte Novelle

Während die **dritte Novelle** keine wesentlichen Neuerungen brachte, führte die **vierte Novelle** von 1980 zu einer Verschärfung der Fusionskontrolle und zur Verbesserung der Mißbrauchsaufsicht über marktbeherrschende Unternehmen. 15

c) Fünfte Novelle

Die **fünfte Novelle** von 1989 diente insbesondere der Verbesserung des **Schutzes kleiner und mittlerer Handelsunternehmen**. Sie brachte neben einer Freistellung von mittelständischen Einkaufsgenossenschaften (§ 5 c GWB), einer Konkretisierung des Diskriminierungsverbots (§ 26 GWB) und einer teilweisen Neufassung hinsichtlich der Ausnahmebereiche weiterhin vor allem eine **Verschärfung der Fusionskontrolle**. Bezüglich der verfahrensrechtlichen Änderungen ist hervorzuheben, daß das europäische Wettbewerbsrecht auch von den nationalen Kartellbehörden anzuwenden ist.[32] 16

---

[30] *Bechtold*, Kartellgesetz, 2. Aufl. 1999, Einführung Rn. 6 f.

[31] BGHSt 24, 54 ff.; vgl. dazu *Dannecker* Rivista Trimestrale di Diritto Penale dell'Economia 1990, 449 ff.

[32] Näher dazu oben Rn. 6.

d) Sechste Novelle

17 Die Bundesregierung hat bereits im Jahre 1995 eine Überprüfung des GWB in Angriff genommen, weil die Systematik des GWB, insbesondere durch die in die Bußgeldtatbestände des § 38 GWB integrierten Ausnahmen vom Empfehlungsverbot, nicht mehr nachvollziehbar war. Am 7. 5. 1998 ist dann die sechste GWB-Novelle vom Bundestag und kurz darauf vom Bundesrat verabschiedet worden, die eine **umfassende Reform des Wettbewerbsrechts** mit sich brachte.[33] Seine endgültige Fassung hat das Gesetz durch die in Art. 3 des Gesetzesbeschlusses vorgesehene Neufassung, in die der durch das Vergaberechtsänderungsgesetz eingefügte sechste Teil noch integriert worden ist,[34] erhalten. Auch das Bußgeldrecht wurde neu geregelt.[35] Das Gesetz ist am 1. 1. 1999 in Kraft getreten.

Mit der Neuregelung des GWB durch die sechste Novelle bezweckte der Gesetzgeber in erster Linie eine **Anpassung** des deutschen Rechts **an das EG-Kartellrecht.**[36] Allerdings ist das Ziel der Harmonisierung des deutschen Rechts mit dem EG-Recht während des Gesetzgebungsverfahrens immer mehr zugunsten des Ziels der gesetzestechnischen Verbesserung und einer punktuellen Verschärfung unter der Überschrift „Stärkung des Wettbewerbsprinzips" in den Hintergrund getreten. Insbesondere wurden die materiellen Regelungen über die „Wettbewerbsbeschränkungen" klarer als im Gemeinschaftsrecht ausgestaltet.

II. Regelungen und Systematik des GWB

1. Anwendungsbereich des GWB

18 Die Vorschriften des GWB richten sich ganz überwiegend an **Unternehmen** und Unternehmensvereinigungen als Normadressaten. Der Begriff des Unternehmens wird extensiv ausgelegt: Es reicht jede selbständige, nicht rein private Tätigkeit einer Person in der Erzeugung oder Verteilung von Waren oder gewerblichen Leistungen.[37] Die Rechtsform und die Gewinnerzielungsabsicht sind unerheblich.[38] Auch die freien Berufe unterfallen dem Unternehmensbegriff. Durch die Begriffsbestimmung wird die Sphäre des privaten Verbrauchers und der hoheitlichen Tätigkeit des Staatswesens aus dem Anwendungsbereich des GWB ausgeschlossen.

2. Materiellrechtliche Regelungen des GWB über Wettbewerbsbeschränkungen

19 Das GWB unterscheidet wie bislang zwischen **Horizontal- und Vertikalvereinbarungen** sowie dem **Mißbrauch einer marktbeherrschenden Stellung**: In den §§ 1–13 GWB finden sich Regelungen über horizontale Kartelle, gefolgt von den Vorschriften der §§ 14–18 GWB über vertikale Kartelle, vom Gesetzgeber ursprünglich als „sonstige Verträge" bezeichnet. Hieran schließen sich die Regelungen über einseitige Verhaltensweisen an, die den Mißbrauch einer marktbeherschenden Stellung betreffen (§§ 19–23 GWB). Die Vorschriften der §§ 24–27 GWB betreffen die Beantragung und Anerkennung der Wettbewerbsregeln von Wirtschafts- und Berufsvereinigungen. Sodann sind Sonderregelungen für die Landwirtschaft in § 28 GWB, für die Kredit- und Versicherungswirtschaft

---

33 Näher dazu unten Rn. 18 ff.
34 Vgl. dazu *I. Schmidt,* Wettbewerbspolitik und Kartellrecht, S. 165 f.
35 Näher dazu unten Rn. 27 ff.
36 BT-Drucks. 13/9720, S. 30 f.
37 BGHZ 19, 79 f.; 36, 102 ff.
38 Grundlegend BGHZ 137, 311 f.

in § 29 GWB und die Urheberrechtsverwertungsgesellschaften in § 30 GWB vorgesehen;[39] der Bereich des Sports ist in § 31 GWB geregelt.

a) Verbot horizontaler Kartelle

§ 1 GWB enthält die Grundnorm gegen horizontale Kartelle. Diese Vorschrift enthält seit der Neuregelung – ebenso wie Art. 81 (ex-Art. 85) Abs. 1 EGV – ein **klares Kartellverbot**, nachdem die Formulierung „sind unwirksam" aufgegeben und durch ein ausdrückliches Verbot für Vereinbarungen zwischen miteinander im Wettbewerb stehenden Unternehmen und aufeinander abgestimmten Verhaltensweisen ersetzt wurde. An das Verbot des § 1 GWB schließen sich in den §§ 2 bis 8 GWB Ausnahmen von dem grundsätzlichen Kartellverbot an, die in Einzelfreistellungen und Bereichsausnahmen eingeteilt wurden. Dieses System wurde insoweit beibehalten, als das Enumerationsprinzip für die Einzelfreistellungen in den §§ 2 bis 6 und 8 GWB unter Streichung der früheren Vorschriften für Rabatt-, Export- und Einfuhrkartelle beibehalten wurde. Jedoch wurde erstmals im deutschen Recht in § 7 Abs. 1 GWB eine Generalklausel nach dem Vorbild des Art. 81 (ex-Art. 85) Abs. 3 EGV eingeführt, die eine Freistellung ermöglicht. Die Bereichsausnahmen in den §§ 28 bis 31 GWB wurden teils eingeschränkt, teils erweitert. 20

b) Verbot vertikaler Vereinbarungen

Das GWB enthält für sämtliche wettbewerbsbeschränkenden Vereinbarungen zwischen Unternehmen auf verschiedenen Wirtschaftsstufen in den §§ 14 bis 18 GWB spezielle Regelungen für Vertikalvereinbarungen. Innerhalb der Vertikalvereinbarungen unterscheidet das Gesetz zwischen **Beschränkungen der Inhaltsfreiheit** – Verbot der Preis- und Inhaltsbindung (§§ 14 und 15 GWB) –, **Beschränkungen der Abschlußfreiheit** – Mißbrauchsaufsicht über Ausschließlichkeitsbindungen (§ 16 GWB) – und **Lizenzverträgen** (§§ 17 und 18 GWB). 21

c) Umgehungsverbote

Im Hinblick darauf, daß die Verbote des GWB, insbesondere die §§ 1, 14 und 17 GWB leicht umgangen werden können, indem Unternehmen dieselben Wirkungen ohne Vertrag oder Verhaltensabstimmung erreichen, hat der Gesetzgeber Umgehungsverbote statuiert, die ebenso wie die verbotene Verständigung behandelt werden. Zu nennen sind insbesondere die **Empfehlungsverbote des § 22 Abs. 1 GWB** und das **Druckverbot des § 21 Abs. 2 GWB**, die aus dem Zusammenhang mit den Bußgeldtatbeständen herausgenommen wurden und nunmehr als selbständige Verbote geregelt sind.[40] 22

Eine **Erweiterung gegenüber der früheren Rechtslage** hat lediglich § 22 Abs. 1 S. 1 GWB insofern erfahren, als es jetzt für die Anwendung des Empfehlungsverbots genügt, wenn die fragliche Empfehlung eine Umgehung der Verbote des GWB bezweckt. Es ist nicht erforderlich, daß es tatsächlich zu einer Umgehung gekommen ist. Den früheren Tatbestand des § 38 Abs. 1 Nr. 10 GWB, wonach die **Mitwirkung an einer Kartellordnungswidrigkeit nach Empfehlung** ahndbar war, hielt der Gesetzgeber im Hinblick auf die Vorschrift des § 14 OWiG für überflüssig.[41]

d) Mißbrauch einer marktbeherrschenden oder marktstarken Stellung

§ 19 GWB regelt den **Mißbrauch einer marktbeherrschenden Stellung**. Während nach § 22 GWB a. F. lediglich eine Eingriffsermächtigung für die Kartellbehörden bestand, ist nunmehr die Ausnutzung einer marktbeherrschenden Stellung entsprechend dem Vor- 23

---

39 Näher dazu *Lux* WRP 1998, 31.

40 Vgl. dazu *Achenbach* wistra 1999, 242; siehe auch unten Rn. 54 ff.

41 Regierungsentwurf, BT-Drucks. 13/9720, S. 68.

bild des Art. 82 (ex-Art. 86) EGV verboten. Weiterhin sind in § 20 GWB ein **Diskriminierungsverbot** und das **Verbot unbilliger Behinderung** statuiert.

3. Zivil- und verwaltungsrechtliche Sanktionen

24 Sodann folgen in §§ 32 bis 34 GWB Regelungen über die **verwaltungs- und zivilrechtlichen Sanktionen**, deutlich getrennt von den Bußgeldtatbeständen, die – sachwidrig[42] – in § 81 GWB in den Abschnitt über das Bußgeldverfahren aufgenommen worden sind. Außerdem sind Vereinbarungen, Beschlüsse und Verhaltensabstimmungen, die gegen § 1 GWB verstoßen, gemäß § 134 BGB nichtig. Die Nichtigkeitsfolge erfaßt bei einem Verstoß gegen § 1 GWB nicht nur den eigentlichen Kartellvertrag, sondern auch die sogenannten Ausführungsverträge, d. h. die Verträge zwischen den Kartellmitgliedern oder mit Dritten, die der Durchführung, Verstärkung oder Ausdehnung der verbotenen Wettbewerbsbeschränkung dienen.

Sofern eine Vereinbarung oder ein Beschluß bei der zuständigen Kartellbehörde **ordnungsgemäß angemeldet** worden ist, ist der Vertrag bis zur Entscheidung der Kartellbehörde bzw. bis zum Ablauf der Widerspruchsfrist nach § 9 Abs. 3 GWB schwebend unwirksam. Lediglich Einkaufsgemeinschaften gemäß § 4 Abs. 2 GWB werden kraft Gesetzes bereits mit der ordnungsgemäßen Anmeldung bei den Kartellbehörden wirksam (§ 9 Abs. 4 GWB).

4. Fusionskontrolle

25 In den §§ 35 bis 43 GWB ist die **Fusionskontrolle** geregelt, gefolgt von den Vorschriften über die Monopolkommission in §§ 44 bis 47 GWB.

5. Kartellbehörden und Verfahrensvorschriften einschließlich Bußgeldvorschriften

26 Die Vorschriften über die Kartellbehörden (§§ 48 bis 53 GWB) und das Kartellverfahren (§§ 54 bis 96 GWB) sind weitgehend identisch mit den früheren Vorschriften, allerdings modifiziert im Bereich der Bußgeldvorschriften, die neu strukturiert worden sind. Für die Durchsetzung der Wettbewerbsverbote und der Aufsichtsrechte und für die Genehmigungen sind die **Kartellbehörden** im kartellrechtlichen Verwaltungsverfahren zuständig. Ihnen stehen Auskunftsrechte, Durchsuchungs- und Beschlagnahmerechte sowie die Beweiserhebung durch Einvernahme von Zeugen und Sachverständigen zu.

Wenn der Verdacht einer Kartellordnungswidrigkeit vorliegt, müssen die Kartellbehörden ihre Ermittlungen aufnehmen. Das **Ordnungswidrigkeitenverfahren**, das sich nach dem Ordnungswidrigkeitengesetz richtet, ist vom kartellrechtlichen Verwaltungsverfahren strikt zu trennen.[43] Das Ordnungswidrigkeitenverfahren weist vor allem insoweit eine Besonderheit auf, als daß der Einspruch gegen einen Bußgeldbescheid nicht zum Amtsgericht, sondern zum Oberlandesgericht (§ 67 OWiG) geht.

---

42 *Achenbach* wistra 1999, 242.

43 Näher zum Ordnungswidrigkeitenverfahren unten Rn. 139.

III. Neuerungen im Bußgeldrecht und Systematik der Kartellordnungswidrigkeiten

1. Neuerungen durch die sechste GWB-Novelle

a) Ausweitung der bußgeldrechtlichen Verantwortung

Die **Bußgeldvorschriften** sind in § 81 GWB geregelt. Nach § 81 Abs. 1 GWB handelt ordnungswidrig, wer vorsätzlich oder fahrlässig den im einzelnen in Bezug genommenen Vorschriften des GWB zuwiderhandelt. Der Gesetzgeber hat dabei den Weg, der mit der Schaffung des § 298 StGB zur Bekämpfung von Submissionsabsprachen eingeschlagen wurde, nicht weiter verfolgt und sieht nach wie vor **ausschließlich Geldbußen als** (strafrechtliche) **Sanktionen** vor. Entgegen der früheren Rechtslage sind nunmehr alle Ordnungswidrigkeitenverstöße auch im Falle **fahrlässigen Verhaltens** ahndbar. Abweichend von der früheren Rechtslage ist nicht mehr erst das Sich-Hinwegsetzen, sondern bereits der **Abschluß der rechtswidrigen Vereinbarung** ahndbar. Dies bedeutet eine Vorverlagerung des bußgeldrechtlichen Schutzes. 27

b) Verlängerung der Verjährungsfristen

Die **Verjährungsfrist** wurde für die wichtigsten Bußgeldtatbestände, insbesondere für Verstöße gegen das Kartell- und Preisbindungsverbot der §§ 1 und 14 GWB, von bisher 3 auf 5 Jahre verlängert. Angesichts der inzwischen erheblich höheren Wahrscheinlichkeit, daß eine Kartellordnungswidrigkeit zugleich auch eine Straftat verwirklicht, ist in § 82 GWB vorgesehen, daß die Kartellbehörde zwar nicht für die Verfolgung der Straftat, wohl aber für die **Festsetzung einer Geldbuße gegen eine juristische Person** oder Personenvereinigung ausschließlich zuständig ist. Damit hat der Gesetzgeber das Ziel verfolgt, daß sich das Strafverfahren gegen die beteiligten natürlichen Personen nicht mildernd auf die Unternehmensgeldbußen auswirkt. 28

c) Verzicht auf eine Anpassung der Bußgeldvorschriften an das EG-Kartellordnungswidrigkeitenrecht

Hervorzuheben ist, daß die im Referentenentwurf vorgesehene **Höhe der Geldbuße** bis zu 10 % des Unternehmensumsatzes[44] nicht übernommen wurde. Insoweit ist es bei der alten Regelung geblieben: bis zu einer Million DM und über diesen Betrag hinaus bis zur dreifachen Höhe des durch die Zuwiderhandlung erlangten Mehrerlöses. Auch die ursprünglich in Erwägung gezogene Bußgeldreduzierung im Falle der **Selbstanzeige**,[45] wie sie sich in der Mitteilung der EG-Kommission über die Nichtfestsetzung oder die niedrigere Festsetzung von Geldbußen in Kartellsachen vom 18. 7. 1996 findet,[46] wurde nicht eingeführt. 29

2. Blankettgesetzcharakter

a) Erfordernis des Zusammenlesens von verweisendem und ausfüllendem Gesetz

Bei § 81 Abs. 1 GWB handelt es sich um eine Blankettvorschrift, weil auf Verbots- und Gebotsvorschriften des GWB verwiesen wird, die zur Ausfüllung des Tatbestandes herangezogen werden müssen. Um den Inhalt der Bußgeldtatbestände zu bestimmen, bedarf es 30

---

[44] § 81 Abs. 2 i. d. F. des Referentenentwurfs vom 22. 7. 1997, S. 40.

[45] BT-Drucks. 13/9720, S. 45.

[46] ABl. Nr. C 207 vom 18. 7. 1996, S. 4, s. dazu *Dannecker*, FS Zäch 1999, S. 677 f.; siehe auch unten Rn. 202 ff.

des Zusammenlesens von verweisendem und ausfüllendem Gesetz. Erst auf diesem Wege kann der **vollständige Tatbestand** gebildet werden. Die durch § 81 Abs. 1 GWB in Bezug genommenen außerstrafrechtlichen Normen erlangen durch das Zusammenlesen nicht die Rechtsqualität einer Bußgeldnorm.[47] Nur soweit diese Vorschriften herangezogen werden, um eine bußgeldrechtliche Verantwortung zu begründen, nehmen sie an der Rechtsnatur der verweisenden (Bußgeld-)Norm teil und müssen dann an den strafrechtlichen Maßstäben der **Auslegung** und des **Analogieverbots** gemessen werden. Die Berücksichtigung strafrechtlicher Besonderheiten bei der Auslegung im Bußgeldrecht hat zur Folge, daß in außerstrafrechtlichen Entscheidungen höhere Anforderungen an das Wettbewerbsverhalten der Unternehmen gestellt werden können als in Bußgeldentscheidungen. Allerdings sollte im Interesse der Rechtssicherheit und Rechtseinheit im Wettbewerbs- und Bußgeldrecht eine einheitliche Auslegung angestrebt werden.[48]

b) Unechte Blankettgesetze

31 Ein echtes Blankettgesetz liegt vor, wenn die Straf- oder Bußgeldvorschrift auf eine Norm verweist, die durch eine andere Instanz als die die Strafandrohung erlassende Instanz gesetzt worden ist.[49] Ein unechtes Blankettgesetz liegt vor, wenn der Normgeber, der die Straf- oder Bußgeldnorm erläßt, auch über die in Bezug genommenen außerstrafrechtlichen Rechtsnormen entscheidet. Im Hinblick darauf, daß § 81 Abs. 1 GWB auf Normen verweist, die von **derselben legislativen Instanz** in demselben Gesetz geregelt sind, handelt es sich um ein unechtes Blankettgesetz, das verfassungsrechtlich unbedenklich ist.

3. Struktur der Bußgeldnormen

32 Was die Struktur der Bußgeldnormen anbetrifft, haben bereits *Arzt* und *Baumann* bezüglich der Bußgeldtatbestände der §§ 38 und 39 GWB a. F. gerügt, daß die Kartellordnungswidrigkeiten ein **verwirrendes und unsystematisches Bild** bieten.[50] In bezug auf § 81 GWB spricht *Achenbach* sogar von einer „chaotischen Struktur der neuen einheitlichen Bußgeldnorm", die eine „wirkliche legislatorische Fehlleistung" darstelle, weil die bisherige klare Trennung in schwere und leichtere Kartellrechtsverstöße aufgegeben worden sei und „die gewichtigen materiellen Bußgeldtatbestände und die weniger gewichtigen eher formalen Zuwiderhandlungen – nach dem aus anderen Gesetzen sattsam bekannten Modell des ‚Ordnungswidrigkeitensalats' – völlig durcheinander" gingen.[51]

Gleichwohl kann in der Sache, entsprechend dem System des materiellen Kartellrechts, folgende **Einteilung in zwei Gruppen** vorgenommen werden: Eine erste Gruppe betrifft **schwerwiegende Zuwiderhandlungen gegen das materielle Kartellrecht**, die mit Geldbuße bis zu 1 Mio. DM und darüber hinaus bis zur dreifachen Höhe des durch die Zuwiderhandlung erlangten Mehrerlöses geahndet werden können. Innerhalb dieser Gruppe kann zwischen Zuwiderhandlungen gegen ein gesetzliches Verbot, ohne daß es eines kartellbehördlichen Aktes bedarf, und verwaltungsakzessorischen Kartellordnungswidrigkeiten, die Zuwiderhandlungen gegen konstitutive Verfügungen der Behörden betreffen, unterschieden werden. Die zweite Gruppe betrifft **leichtere Kartellrechtsverstöße**, z. B. Verstöße gegen Auskunftsrechte der Behörden und gegen Anmeldepflichten, die als **Ungehorsamstatbestände** eingestuft werden können.[52] § 81 Abs. 2 GWB droht für diese

---

[47] Vgl. nur *Dannecker*, Das intertemporale Strafrecht, 1992, S. 476 f. m. weit. Nachw.

[48] *Hamann*, Das Unternehmen als Täter im europäischen Wettbewerbsrecht, 1992, S. 25 f. m. weit. Nachw.

[49] *Tiedemann*, Tatbestandsfunktionen im Nebenstrafrecht, 1969, S. 94 m. weit. Nachw.

[50] *Arzt/Baumann* ZHR 134 (1970), 33.

[51] *Achenbach* wistra 1999, 242.

[52] Zu dieser Systematik, die sowohl den §§ 38, 39 GWB a. F. als auch § 81 GWB n. F. zugrunde liegt, *Achenbach* wistra 1999, 243; vgl. auch *Tiedemann*, Wirtschaftsstrafrecht und Wirtschaftskriminalität, Bd. 2, S. 21.

Verstöße Geldbußen bis zu 50 000 DM an. Sowohl die schwerwiegenden als auch die leichteren Kartellrechtsverstöße können sowohl bei vorsätzlichem als auch bei fahrlässigem Verhalten mit Geldbuße geahndet werden.

4. Schwerwiegende Zuwiderhandlungen gegen die materiellen Wettbewerbsvorschriften

Die schwerwiegenden Zuwiderhandlungen sind dadurch charakterisiert, daß sie nach § 81 Abs. 1 GWB mit **Geldbuße bis zu 1 Mio. DM** und darüber hinaus bis zur dreifachen Höhe des durch die Zuwiderhandlung erlangten Mehrerlöses geahndet werden können. 33

a) Zuwiderhandlungen gegen gesetzliche Verbote

Entgegen der früheren Rechtslage stehen heute Zuwiderhandlungen gegen gesetzliche Verbote im Vordergrund der Bußgeldtatbestände. 34

aa) § 81 Abs. 1 Nr. 1 GBW

§ 81 Abs. 1 Nr. 1 GBW verweist auf die **materiellen Wettbewerbsverbote**, die horizontale und vertikale Absprachen und den Mißbrauch einer marktbeherrschenden Stellung betreffen, und auf die **materiellrechtlichen Vorschriften der Fusionskontrolle**. 35

§ 81 Abs. 1 Nr. 1 GWB droht Geldbußen für Verstöße gegen das Kartellverbot des § 1 GWB, das **horizontale Absprachen** und abgestimmte Verhaltensweisen betrifft, sowie gegen das Verbot von Vereinbarungen über Preisgestaltungen oder Geschäftsbedingungen auf **vertikaler Ebene** einschließlich der Vereinbarung übermäßig beschränkender Lizenz-, Know-how- und gemischter Verträge (§§ 14, 17, 18 GWB) an.

Außerdem werden unter Bußgeldandrohung gestellt:

- die mißbräuchliche Ausnutzung einer **marktbeherrschenden Stellung** (§ 19 Abs. 1 GWB),
- die Verbote der Diskriminierung und der unbilligen Behinderung (§ 20 Abs. 1 bis 4 und 6 GWB),
- die Aufforderung zum Boykott (§ 21 Abs. 1 GWB),
- die Anwendung von Druck- und Lockmitteln (§ 21 Abs. 2 GWB),
- der Zwang zu illegalem Wettbewerbsverhalten (§ 21 Abs. 3 GWB),
- die wirtschaftliche Nachteilszufügung als Vergeltung für eine Anrufung der Kartellbehörde (§ 21 Abs. 4 GWB).

Sodann werden Verstöße gegen die in § 22 Abs. 1 GWB neu geregelten Empfehlungsverbote, die die **Umgehung der im GWB ausgesprochenen Verbote** erfassen, mit Geldbuße bedroht.

Schließlich wird in § 81 Abs. 1 Nr. 1 GWB auf § 41 Abs. 1 S. 1 GWB verwiesen, der es Unternehmen verbietet, einen vom Bundeskartellamt **nicht freigegebenen Zusammenschluß** zu vollziehen oder am Vollzug dieses Zusammenschlusses mitzuwirken.

bb) § 81 Abs. 1 Nr. 2 GWB

§ 81 Abs. 1 Nr. 2 GWB verweist auf Normen, die **unrichtige Angaben verbieten**, so auf § 9 Abs. 2 S. 2 GWB, der unrichtige Angaben bei der Anmeldung von horizontalen Kartellen (Normen- und Typen-, Konditionen-, Spezialisierungs- und Mittelstandskartellen) betrifft, auf § 24 Abs. 4 S. 3 GWB, der unrichtige Angaben von Wirtschafts- und Berufsvereinigungen bei der Stellung eines Antrags auf Anerkennung von Wettbewerbsregeln untersagt, und auf § 39 Abs. 3 S. 4 GWB, der unrichtige Angaben im Zusammenhang mit der Anmeldung eines Unternehmenszusammenschlusses verbietet. 36

b) Zuwiderhandlungen gegen vollziehbare Verwaltungsakte der Kartellbehörde

aa) § 81 Abs. 1 Nr. 5 GWB

37 Gemäß § 81 Abs. 1 Nr. 5 GWB kann mit Geldbuße geahndet werden, wer einer vollziehbaren Auflage, die im Zusammenhang mit einer Freistellung eines **Rationalisierungs-, Strukturkrisen- oder sonstigen Kartells** nach § 10 Abs. 4 S. 3 GWB oder nach § 12 Abs. 2 S. 1 GWB gemacht worden ist, zuwiderhandelt. Ebenso kann geahndet werden, wer eine Auflage, die im Zusammenhang mit der **Freigabe eines Zusammenschlusses** gemäß § 40 Abs. 3 S. 1 GWB oder § 42 Abs. 2 S. 1 GWB gemacht worden ist, nicht einhält.

bb) § 81 Abs. 1 Nr. 6 lit. a GWB

38 Gemäß § 81 Abs. 1 Nr. 6 lit. a GWB kann mit Geldbuße geahndet werden, wer einer vollziehbaren Anordnung zuwiderhandelt, die nach § 12 Abs. 1 Nr. 1 GWB im Zusammenhang mit der **Mißbrauchsaufsicht über ein Normen-, Typen-, Spezialisierungs- oder Mittelstandskartell** ergangen ist. Dies gilt auch für Zuwiderhandlungen gegen entsprechende Anordnungen, die die **Kredit- und Versicherungswirtschaft** (§ 29 Abs. 4 GWB), die **Preisbindung bei Verlagserzeugnissen** (§ 15 Abs. 3 GWB), **Ausschließlichkeitsbindungen** und **Empfehlungsverbote** (§§ 16, 22 Abs. 6 GWB) oder **unverbindliche Preisempfehlungen für Markenwaren** (§ 23 Abs. 3 S. 1) betreffen.

Weiterhin sind Zuwiderhandlungen gegen vollziehbare Untersagungen nach § 32 GWB und gegen die Untersagung oder Einschränkung der **Ausübung des Stimmrechts bei Zusammenschlüssen** gemäß § 41 Abs. 4 Nr. 2 GWB ahndbar.

Schließlich kann mit Geldbuße geahndet werden, wer gegen vollziehbare Anordnungen des Bundeskartellamts verstößt, die **auf der Grundlage des Gemeinschaftsrechts** wegen verbotener Vereinbarungen, Beschlüsse und abgestimmter Verhaltensweisen sowie der verbotenen Ausnutzung einer beherrschenden Stellung getroffen worden sind (§ 50 Abs. 2 S. 2 GWB).

cc) § 81 Abs. 1 Nr. 9 GWB

39 Gemäß § 81 Abs. 1 Nr. 9 GWB kann mit Geldbuße geahndet werden, wer einer einstweiligen Anordnung zur **Regelung eines einstweiligen Zustandes** nach den §§ 60 oder 64 Abs. 3 GWB oder einer Anordnung nach § 65 GWB zuwiderhandelt. Diese Anordnungen betreffen Freistellungen und deren Verlängerung, Widerruf oder Änderung, Erlaubnisse im Rahmen von Zusammenschlüssen und deren Widerruf oder Änderung, Verfügungen der Kartellbehörden im Zusammenhang mit der Freistellung von horizontalen und vertikalen Absprachen und der Rücknahme oder dem Widerruf von Wettbewerbsregeln, die Wirtschafts- und Berufsvereinigungen aufgestellt haben, die Untersagung eines Zusammenschlusses von Unternehmen oder die Statuierung von Auflagen bei der Zusammenschlußkontrolle.

5. Verstöße gegen Ungehorsamstatbestände

40 Die **leichteren Zuwiderhandlungen** sind dadurch charakterisiert, daß sie nach § 81 Abs. 1 GWB nur mit **Geldbuße bis zu 50 000 DM** geahndet werden können.

a) Zuwiderhandlungen gegen gesetzliche Verbote

aa) § 81 Abs. 1 Nr. 3 GWB

41 Nach § 81 Abs. 1 Nr. 3 GWB kann geahndet werden, wer zulässige Beschlüsse nicht, nicht richtig, nicht vollständig oder nicht rechtzeitig anmeldet. Erfaßt werden zum einen die **Verletzung der** gemäß § 9 Abs. 4 S. 1 GWB bestehenden **Pflicht zur Anmeldung** von

zulässigen Mittelstandskartellen, die den gemeinsamen Einkauf von Waren oder die gemeinsame Beschaffung gewerblicher Leistungen zum Gegenstand haben, ohne einen über den Einzelfall hinausgehenden Bezugszwang für die beteiligten Unternehmen zu begründen. Zum anderen wird die Verletzung der Pflicht zur Anmeldung zulässiger Vereinbarungen und Beschlüsse von Vereinigungen von Erzeugervereinigungen gemäß § 28 Abs. 1 S. 2 GWB unter Bußgeldandrohung gestellt.

bb) § 81 Abs. 1 Nr. 4 GWB

Gemäß § 81 Abs. 1 Nr. 4 GWB kann mit Geldbuße geahndet werden, wer eine **Anzeige nach § 9 Abs. 4 S. 3 GWB nicht**, nicht richtig, nicht vollständig oder nicht rechtzeitig **erstattet**. Nach § 9 Abs. 4 S. 3 GWB sind alle zwei Jahre seit der Anmeldung eines Normen-, Typen-, Konditionen-, Spezialisierungs- oder Mittelstandskartells der Kartellbehörde von den beteiligten Unternehmen Änderungen der Satzung, des Gesellschaftsvertrages des Kreises der beteiligten Unternehmen, der Firma oder der sonstigen Bezeichnung, des Orts der Niederlassung oder des Sitzes der beteiligten Unternehmen, der Rechtsform und der Anschrift des Kartells anzuzeigen. 42

Weiterhin verweist die Bußgeldnorm des § 81 Abs. 1 Nr. 4 GWB auf § 39 Abs. 6 GWB. Hiernach müssen die an einem Zusammenschluß beteiligten Unternehmen den **Vollzug des Zusammenschlusses** dem Bundeskartellamt unverzüglich **anzeigen**.

cc) § 81 Abs. 1 Nr. 7 GWB

Gemäß § 81 Abs. 1 Nr. 7 GWB kann mit Geldbuße geahndet werden, wer entgegen § 39 Abs. 1 GWB **Zusammenschlüsse vor dem Vollzug** beim Bundeskartellamt **nicht**, nicht richtig, nicht vollständig oder nicht rechtzeitig **anmeldet**. 43

b) Zuwiderhandlungen gegen vollziehbare Verwaltungsakte der Kartellbehörde gemäß § 81 Abs. 1 Nr. 6 lit. b GWB

Gemäß § 81 Abs. 1 Nr. 6 lit. b GWB kann mit Geldbuße geahndet werden, wer einem **Auskunftsverlangen des Bundeskartellamts** im Rahmen der Zusammenschlußkontrolle nach § 39 Abs. 5 GWB nicht nachkommt. Nach letzterer Vorschrift kann das Bundeskartellamt Auskunft über Marktanteile einschließlich der Grundlagen für die Berechnung oder Schätzung sowie über den Umsatzerlös bei einer bestimmten Art von Waren oder gewerblichen Leistungen verlangen, den das Unternehmen im letzten Geschäftsjahr vor dem Zusammenschluß erzielt hat. 44

IV. Wettbewerbsverbote in der Bußgeldpraxis

1. Verbot horizontaler Kartelle nach § 1 GWB

a) Regelungsgehalt des § 1 GWB

Nach § 1 GWB sind „Vereinbarungen zwischen miteinander im Wettbewerb stehenden Unternehmen, Beschlüsse von Unternehmensvereinigungen und aufeinander abgestimmte Verhaltensweisen, die eine Verhinderung, Einschränkung oder Verfälschung des Wettbewerbs bezwecken oder bewirken, ... verboten“. Diese Vorschrift wurde so vom Gesetzgeber durch die sechste Novelle von 1998 neu gefaßt, um das deutsche Recht **an das europäische Recht anzupassen**.[53] Dieses Ziel wurde jedoch nur teilweise erreicht, denn im nationalen Recht wurde die **Unterscheidung zwischen horizontalen und vertikalen Wettbewerbsbeschränkungen** beibehalten, während im europäischen Recht horizontale und vertikale Wettbewerbsbeschränkungen gleichermaßen Art. 81 (ex-Art. 85) Abs. 1 45

---

[53] Begründung zum Regierungsentwurf der 6. Novelle, BT-Drucks. 13/9720, S. 30 f.

EGV unterfallen. Hingegen wurde im Zuge der Angleichung des Wortlauts des § 1 GWB an Art. 81 (ex-Art. 85) Abs. 1 EGV das Tatbestandsmerkmal der „Eignung zur Beeinflussung der Marktverhältnisse" gestrichen und auf **„bezweckte"** oder **„bewirkte" Wettbewerbsbeschränkungen** abgestellt. Im Hinblick darauf, daß zwischen der im Gemeinschaftsrecht gewählten Formulierung und der Auslegung des Tatbestandsmerkmals der Eignung zur Beeinflussung der Marktverhältnisse in § 1 GWB a. F. durch die deutsche Rechtsprechung inhaltlich kein Unterschied bestand, konnte letzteres Merkmal entfallen.[54]

46 Die Abgrenzung zwischen horizontalen und vertikalen Vereinbarungen bereitet nach wie vor Probleme. Nach der Neuregelung wird in § 1 GWB nicht mehr auf das Verwirrung stiftende Tatbestandsmerkmal des „gemeinsamen Zwecks",[55] sondern darauf abgestellt, ob es sich um eine Vereinbarung **„zwischen miteinander im Wettbewerb stehenden Unternehmen"** handelt. Hiervon werden, worauf bereits während der Beratungen der Novelle in der Literatur kritisch hingewiesen worden ist,[56] problematische Grenzfälle wie wettbewerbsbeschränkende Abreden in Austauschverträgen, Vertragssysteme, Sternverträge und vertragliche Eingriffe in den grundsätzlich schutzwürdigen Drittwettbewerb grundsätzlich nicht erfaßt. § 17 Abs. 4 GWB sieht für Lizenzverträge ausdrücklich vor, daß § 17 GWB, der Vertikalvereinbarungen regelt, die §§ 1 bis 12 GWB unberührt läßt. Hieraus kann geschlossen werden, daß das **vorrangige Kartellverbot des § 1 GWB** auch Vertikalvereinbarungen erfassen kann, sofern die Vertragspartner zugleich als potentielle Konkurrenten angesehen werden können. Angesichts der Tatsache, daß in der Regel ein Lieferant oder Lizenzgeber auf die nächste Marktstufe vordringen kann, ist § 1 GWB in der Mehrzahl der Fälle anwendbar.[57] Für die Abgrenzung wird man – wie bisher – den Tatbestand unter Rückgriff auf die Immanenztheorie restriktiv auslegen müssen, soweit für Wettbewerbsbeschränkungen in Austauschverträgen „bei wertender Betrachtungsweise im Hinblick auf die Freiheit des Wettbewerbs ein anzuerkennendes Interesse" besteht.[58]

47 Weiterhin muß die **Wettbewerbsbeschränkung bezweckt** oder **bewirkt** sein. Eine Regelung über die **Beeinflussung der Marktverhältnisse**, also die Außenwirkung des Kartells, ist in § 1 GWB nicht mehr enthalten. Da hiermit keine sachliche Änderung verbunden sein sollte, muß – ebenso wie in Art. 81 (ex-Art. 85) Abs. 1 EGV – das insbesondere im Hinblick auf die **Spürbarkeit** notwendige Tatbestandsmerkmal der Außenwirkung oder Beeinflussung der Marktverhältnisse weiterhin in § 1 GWB hineininterpretiert werden.[59] Unter der Spürbarkeit der Wettbewerbsbeschränkung versteht man, daß von ihr konkret feststellbare Veränderungen der relevanten Produktions- oder Marktfaktoren zum Nachteil Dritter ausgehen, wobei in erster Linie an die Verringerung der Alternativen der Marktgegenseite zu denken ist. Besonders strenge Maßstäbe werden angelegt, wenn die Wettbewerbsbeschränkung von den Beteiligten geradezu bezweckt ist sowie wenn es sich um Kartelle handelt, die wegen ihrer großen Verbreitung (wie z. B. Submissionskartelle) besonders schädlich sind. In derartigen Fällen sieht die Rechtsprechung bereits marginale Auswirkungen als ausreichend an, um § 1 GWB anzuwenden.[60]

48 Nachdem die Wettbewerbsbeschränkung nach dem Gesetzeswortlaut „bezweckt oder bewirkt" sein muß, dürfte der Theorienstreit zwischen der Zweck- und der Folgetheorie zugunsten der ohnehin in der Rechtsprechung vorherrschenden **Zwecktheorie** entschieden sein. Nach dieser muß die Wettbewerbsbeschränkung nicht Inhalt oder Gegenstand

---

[54] Begründung zum Regierungsentwurf der 6. Novelle, BT-Drucks. 13/9720, S. 31.

[55] Vgl. dazu *Baums* ZIP 1998, 233.

[56] *Baums* ZIP 1998, 234 f.; *Kahlenberg* BB 1998, 1594.

[57] *Baums* ZIP 1998, 233, 234; *Emmerich*, Kartellrecht, S. 33 f.

[58] Vgl. BGH WuW/E 3121 (*Bedfide-Testkarten*); BGH NJW 1997, 2324 (*Druckgußteile*); BGH WuW/E 3138 (*Sole*); BGH ZIP 1998, 1159 (*Subunternehmervertrag*).

[59] Vgl. nur *Emmerich*, Kartellrecht, S. 45.

[60] BGH WuW/E BGH 2002; KG WuW/E OLG 2789; 4891; OLG Celle WuW/E OLG 3330.

des Vertrages sein, vielmehr reicht die wettbewerbsbeschränkende Zielrichtung der Parteien aus, ohne daß es auf die wettbewerbsbeschränkenden Auswirkungen der Vereinbarung auf die Beteiligten oder Dritte ankommt.[61]

Bezüglich der Ahndbarkeit als Ordnungswidrigkeit ist stets § 81 Abs. 5 GWB zu beachten, der klarstellt, daß nach § 1 GWB verbotene Vereinbarungen nicht als Ordnungswidrigkeiten verfolgt werden können, wenn sie **bei der Kartellbehörde angemeldet** worden sind und die Behörde noch nicht widersprochen oder einen Freistellungsantrag noch nicht abgelehnt hat. 49

b) Erscheinungsformen horizontaler Absprachen

In der kartellrechtlichen Praxis spielen Verstöße gegen das Kartellverbot des § 1 GWB eine zentrale Rolle. 80 % der mit einer **Bußgeldverhängung** beendeten Verfahren betreffen solche Verstöße.[62] Klassische Beispiele für horizontale Kartelle[63] sind **Absprachen von Unternehmen über den Preis**, den sie zukünftig gemeinsam fordern wollen, über Rabatte und Preiszuschläge, einschließlich sogenannter Marktinformationsverfahren, die von Angebotsmeldeverfahren bis zu Verbandsstatistiken über die unterschiedlichsten Wirtschaftsdaten reichen. Besonders problematisch sind die identifizierenden Open-Price-Systeme bei denen die Mitglieder vor oder nach einem Angebot oder einem Vertragsabschluß die Konditionen des Geschäfts unter Nennung des Kunden den Konkurrenten melden müssen, so daß auf überschaubaren Märkten mit homogenen Gütern heimliche Preiszugeständnisse und Rabatte ausgeschlossen werden.[64] 50

Weiterhin stellen **Absprachen über die Menge**, die jedes Unternehmen anbieten darf, einschließlich Kapazitäts- und Investitionsbeschränkungen, sowie **Vereinbarungen über Kundengruppen oder das Gebiet**, das jedem der beteiligten Unternehmen zugewiesen werden soll, Beispiele für horizontale Kartelle dar. Durch solche Verhaltensweisen wird die Position der Konkurrenten auf dem Markt verschlechtert. Derartige Absprachen werden auch heute in immer wieder neuen Branchen durch das Bundeskartellamt aufgedeckt.[65]

Weiterhin erfaßt § 1 GWB Fälle der Beschränkung des **Nachfragewettbewerbs**, z. B. die Beschränkung des Wettbewerbs durch Absprachen mehrerer Kaufinteressenten für ein Unternehmen, die den Kaufpreis für dieses drücken wollen, sowie Submissionsabsprachen, durch die sich mehrere Interessenten einigen, daß auf einer Versteigerung nur einer von ihnen mitbieten soll und dafür den anderen Ausgleichszahlungen leistet.

Von den vom Bundeskartellamt in den letzten Jahren geführten Großverfahren waren folgende **Bereiche betroffen**: die Flachglasherstellung, der Heizungs-, Klima- und Sanitärbereich, Straßenmarkierungsarbeiten, Feuerwehrschläuche und Feuerwehraufbauten sowie die Kabelindustrie.[66] 51

2. Verbot vertikaler Vereinbarungen

a) Regelungsgehalt des § 14 GWB

§ 14 GWB verbietet Bestimmungen in Vertikalvereinbarungen, die einer Partei Beschränkungen hinsichtlich des Inhalts der von ihr in der Folgezeit abzuschließenden Folge- oder Zweitvereinbarungen auferlegen. Am bekanntesten sind **vertikale Preisbindungen**, die sich unmittelbar gegen den Preiswettbewerb richten. § 14 GWB verbietet die Fest- 52

---

[61] BGHZ 65, 38 f. (*ZVN*); BGH NJW 1987, 1821 (*Baumarkt-Statistik*); vgl. auch BGHSt 26, 56 mit Anm. *Emmerich* NJW 1975, 1599.

[62] *Klusmann*, in: *Wiedemann* (Hrsg.), Handbuch des Kartellrechts, 1999, § 55 Rn. 1.

[63] Näher dazu *Tiedemann*, Kartellrechtsverstöße und Strafrecht, S. 60 ff.

[64] Grundlegend dazu BGHSt 26, 56.

[65] *Bundeskartellamt* WuW/E BKartA 2892; Tätigkeitsberichte 1993/94, S. 29 ff.; 1995/96, S. 29 ff.

[66] *Bundeskartellamt*, Tätigkeitsberichte 1995/96, S. 29 ff.

legung der Preise oder einzelner Preisbestandteile in der Erstvereinbarung für die Zweitvereinbarung, so z. B. die Festlegung von Höchst- oder Mindestpreisen sowie die Regelung von Preisbestandteilen oder Preisnachlässen (Gewinnspannen, Frachtkosten, Rabatte, Skonti). Gleichermaßen verboten sind **Koppelungsverbote**, die es untersagen, mehrere Waren zu einem günstigen Gesamtangebot zu verbinden.

§ 14 GWB verbietet weiterhin **Konditionenbindungen**, die darin bestehen, daß in der Erstvereinbarung auf die sonstigen Bedingungen der Zweitvereinbarung Einfluß genommen wird. Durch diese wird die Position der Abnehmer der gebundenen Händler maßgeblich verschlechtert, da ihnen die Chance auf ein Entgegenkommen ihrer Vertragspartner genommen wird. Beispiele sind das Verbot des Selbstabholgeschäfts[67] und das Verbot der Vereinbarung eines Kontokorrents mit den Abnehmern[68] oder der Erbringung bestimmter Garantieleistungen.[69] Als weitere Beispiele können Meistbegünstigungsklauseln genannt werden, durch die mächtige Abnehmer versuchen, ihre Lieferanten zu zwingen, ihnen die einem Dritten eingeräumte Vergünstigung ebenfalls zu gewähren.[70]

Wegen des umfassenden Anwendungsbereichs des § 14 GWB wird in Erwägung gezogen, entsprechend der zu § 1 GWB entwickelten Immanenztheorie ungeschriebene Ausnahmen zuzulassen[71] und **Handelsvertreter** und **Kommissionäre**, die an die Weisungen des Geschäftsherrn hinsichtlich der Preise und Konditionen der von ihnen vermittelten Geschäfte gebunden sind, vom Anwendungsbereich des § 14 GWB auszunehmen.[72]

b) Erscheinungsformen vertikaler Vereinbarungen

53 In der **Bußgeldpraxis** spielen insbesondere das Verbot von Preis- und Konditionenbindungen eine Rolle. Hingegen kommt der Mißbrauchsaufsicht über Ausschließlichkeitsbindungen sowie über diesen gleichstehende Vereinbarungen gemäß § 16 GWB in sanktionsrechtlicher Hinsicht keine große Bedeutung zu. Die in den §§ 17 und 18 GWB geregelten Wettbewerbsbeschränkungen in Patentlizenzverträgen und diesen gleichstehenden Verträgen ist generell von nur noch geringer praktischer Bedeutung, seitdem angesichts der zunehmenden internationalen Verflechtung der deutschen Wirtschaft vorrangig das europäische Wettbewerbsrecht Anwendung findet.[73]

3. Umgehungsverbote

a) Empfehlungsverbote

aa) Regelungsgehalt des § 22 Abs. 1 GWB

54 § 22 Abs. 1 GWB richtet sich zum einen gegen einseitige Empfehlungen, die eine Umgehung der im GWB enthaltenen Verbote oder behördlichen Verfügungen durch gleichförmiges Verhalten bezwecken oder bewirken, und zum anderen gegen vertikale Preisempfehlungen. **Adressat der Empfehlungsverbote** ist ausschließlich der Empfehlende, der kein Unternehmen zu sein braucht. Personen, an die die Empfehlung gerichtet ist, sind nicht Normadressat des § 22 Abs. 1 GWB. Letzterer Personenkreis verhält sich erst wettbewerbswidrig, wenn die Empfehlung zu einer Verhaltensabstimmung unter den Adressaten der Empfehlung führt, die dann gegen § 1 GWB verstößt.

---

[67] BGH NJW 1966, 1919.
[68] BGHZ 73, 265 f.
[69] OLG Frankfurt WuW/E OLG 1485.
[70] BGHZ 80, 45 ff.
[71] BGHZ 97, 328 (*Telefunken*); *B. Richter*, FS Lieberknecht 1997, S. 475 ff.
[72] Näher dazu *Emmerich*, Kartellrecht, S. 114 ff.
[73] *Emmerich*, Kartellrecht, S. 151; näher dazu unten Rn. 140 ff.

Nach der Rechtsprechung ist eine **Empfehlung** eine Erklärung, durch die jemand für einen anderen etwas als gut oder vorteilhaft bezeichnet und ihm dies deshalb anrät oder vorschlägt.[74] Entgegen der früheren Rechtslage ist es nicht mehr erforderlich, daß der Verstoß gegen einen objektiven Verbotstatbestand tatsächlich bewirkt wird. Vielmehr genügt es, daß der Verstoß mit der Empfehlung bezweckt wird. In der Praxis sind am häufigsten die Fälle, in denen durch Empfehlungen die Verbote der §§ 1 und 14 GWB umgangen werden.

Das Empfehlungsverbot erweitert als Umgehungstatbestand die Verbote von Absprachen und abgestimmten Verhaltensweisen auf **Fälle schlicht kausal zusammenhängenden Verhaltens**. Eine Empfehlung setzt das Bestreben voraus, den Willen des anderen zu beeinflussen, ohne daß eine rechtliche Verbindlichkeit besteht. Der Adressat der Empfehlung ist deshalb in seiner Entscheidung frei, ob er der Empfehlung folgen will.[75] Umstritten ist, ob der Empfehlende außerdem den Willen haben muß, das Verhalten der Marktteilnehmer zu koordinieren.[76] Hiergegen spricht der Wortlaut, der den Zweck einer Umgehung der Verbote des GWB ausreichen läßt.[77]

bb) Erscheinungsformen der Empfehlungsverbote

Typische Fälle des Empfehlungsverbots sind die Preisempfehlungen, mit denen das Verbot der Preiskartelle in § 1 GWB oder der vertikalen Preisbindung (§ 14 GWB) umgangen werden soll.[78] Beispiele sind die Aufforderung eines Herstellers den Händlern gegenüber, die Preise für alle in gleicher Weise durch den Hersteller auszeichnen zu lassen, die Lieferung der Ware mit Preisaufdrucken und das verbreitete Bruttopreissystem.[79] Weiterhin zu nennen sind die Angabe von Herstellerpreisen in Katalogen, die Empfehlung einer Mineralölfirma an ihre Tankstellenverwalter, nur bei bestimmten Reifenhändlern zu kaufen, die Angabe von Richtwerten für zurückzunehmende Altgeräte bei Umtauschaktionen seitens des Herstellers von Elektrogeräten gegenüber seinen Händlern, das Aufstellen von Preislisten durch Verbände und Innungen. Während die Empfehlung von Verkaufspreisen, von allgemeinen Geschäfts- oder Vertragsbedingungen oder von bestimmten ausschließlichen Lieferanten verboten ist, sind Alternativempfehlungen, bei denen der Empfehlende dem Empfehlungsempfänger unterschiedliche Verhaltensmuster aufzeigt, nicht verboten. Nach § 23 Abs. 1 GWB gilt das Empfehlungsverbot des § 22 Abs. 1 GWB nicht für unverbindliche Preisempfehlungen eines Unternehmens für die Weiterveräußerung seiner Markenwaren. Obwohl Verstöße gegen das Empfehlungsverbot häufig vorkommen, wurden bisher nur wenige Geldbußen wegen solcher Verstöße verhängt. 55

b) Druckverbot

aa) Anwendungsbereich des § 21 Abs. 2 GWB

Um Empfehlungen größeren Nachdruck zu verleihen, werden diese häufig mit der Androhung von Nachteilen oder mit dem Versprechen von Vorteilen verbunden. Hiergegen wendet sich § 21 Abs. 2 GWB, der die **Einflußnahme auf die unternehmerische Handlungsfreiheit Dritter** verbietet. Wenn ein Unternehmen durch Lockung oder Drohung versucht, ein anderes Unternehmen zu einem Verhalten zu zwingen, das nicht zum Ge- 56

---

74 BGHSt 14, 57.

75 BGHZ 125, 318 f. (*Mustermietvertrag*). Vgl. auch BGHSt 14, 55 (*Kohlenplatzhandel*); BGHSt 27, 196.

76 So BGHZ 125, 320 (*Mustermietvertrag*).

77 *Emmerich*, Kartellrecht, S. 171 m. weit. Nachw.

78 *Emmerich*, Kartellrecht, S. 171 f.; *Tiedemann*, Wirtschaftsstrafrecht und Wirtschaftskriminalität, Bd. 2, S. 25.

79 *Emmerich*, Kartellrecht, S. 172.

genstand einer vertraglichen Bindung gemacht werden darf, ist ein solches Verhalten verboten und kann mit Geldbuße geahndet werden.

bb) Erscheinungsformen der Einflußnahme auf die unternehmerische Handlungsfreiheit Dritter

57 Verstöße gegen das Druckverbot führen nur selten zur Verhängung von Bußgeldern. Dies liegt nicht zuletzt darin begründet, daß in der Praxis zahlreiche **Abgrenzungsprobleme** im Hinblick auf die fließende Grenze zwischen erlaubtem Wettbewerbshandeln und verbotener Druckausübung auftreten. Sofern keine Repressalien, sondern **Vorteile in Aussicht gestellt** werden, stellt sich die Frage, ob dadurch der Bußgeldtatbestand erfüllt werden kann. Zwar richtet sich § 21 Abs. 2 GWB auch gegen das Versprechen oder Gewähren von Vorteilen. Ein Verstoß gegen das Druckverbot liegt jedoch nur dann vor, wenn die jeweils gewährten Vorteile über die ansonsten in der entsprechenden Situation als Ausgleich für die Leistung zu erwartenden Gegenleistungen deutlich hinausgehen.[80]

Als Mittel zur Druckausübung werden in der Praxis insbesondere die Androhung von Liefersperren, ein Abschneiden von Lieferquellen oder systematische Preisunterbietungen eingesetzt.[81] In solchen Fällen wurden auch **Geldbußen** verhängt.

c) Sonstige Fälle

58 **§ 21 Abs. 3 GWB** verbietet es schließlich, Unternehmen zu zwingen, einer Vereinbarung oder einem Beschluß im Sinne der §§ 2 bis 8, 28 Abs. 1 GWB beizutreten (Nr. 1) oder sich mit anderen Unternehmen im Sinne des § 37 GBW zusammenzuschließen (Nr. 2) oder in der Absicht, den Wettbewerb zu beschränken, sich im Markt gleichmäßig zu verhalten (Nr. 3). Nr. 1 verbietet jede Form des **Organisationszwangs erlaubter Kartelle**. Allerdings fordert die Rechtsprechung eine qualifizierte Form der Willensbeeinflussung, die so intensiv sein muß, daß dem Außenseiter nur formal ein alternatives Verhalten gegenüber dem geforderten Verhalten verbleibt.[82] Dadurch wird der Anwendungsbereich des § 21 Abs. 3 GWB maßgeblich eingeschränkt.

4. Verbot des Mißbrauchs einer marktbeherrschenden oder marktstarken Stellung

a) Marktbeherrschende Stellung

59 Nach § 19 Abs. 2 S. 1 GWB ist ein Unternehmen marktbeherrschend, soweit es als Anbieter oder Nachfrager „einer bestimmten Art von Waren oder gewerblichen Leistungen" entweder keinem wesentlichen Wettbewerb ausgesetzt ist (Nr. 1) oder eine überragende Marktstellung besitzt (Nr. 2). Aus der Tatsache, daß der Gesetzgeber die Marktbeherrschung auf eine bestimmte Art von Waren oder gewerblichen Leistungen bezieht, wird geschlossen, daß sich die wirtschaftliche Macht nur auf genau abgegrenzte Märkte, die sog. relevanten Märkte, bezieht (**Marktmachtkonzept**). Hieraus folgt, daß zunächst in einem ersten Schritt der relevante Markt[83] und sodann in einem zweiten Schritt der Monopolgrad auf diesem Markt bestimmt werden muß.

In § 19 Abs. 2 GWB wird der **Begriff der Marktbeherrschung** definiert: Sie setzt eine Einzelmarktbeherrschung aufgrund fehlenden wesentlichen Wettbewerbs oder aufgrund überragender Marktstellung oder aber eine Oligopol-Marktbeherrschung voraus. § 19 Abs. 3 S. 1 GWB enthält eine Monopol- und Satz 2 eine Oligopol-Marktbeherrschungs-

---

[80] BGH WuW/E BGH 2377, 2379 (*Abwasserbauvorhaben Oberes Aartal*); KG WuW/E OLG 4398.

[81] *Bunte*, in: *Langen/ders.* (Hrsg.), Kommentar zum deutschen und europäischen Kartellrecht, Bd. 1, 8. Aufl. 1998, § 25 Rn. 47; vgl. auch *Emmerich*, Kartellrecht, S. 174 f.

[82] BGHZ 78, 200 f. (*Rote Liste*).

[83] Näher dazu *Emmerich*, Kartellrecht, S. 179 ff.

vermutung; hiernach müssen die Unternehmen nachweisen, daß „die Wettbewerbsbedingungen zwischen ihnen wesentlichen Wettbewerb erwarten lassen oder die Gesamtheit der Unternehmen im Verhältnis zu den übrigen Wettbewerbern keine überragende Marktstellung hat".

b) Begriff des Mißbrauchs

60 Eine Präzisierung des Mißbrauchsbegriffs findet sich in § 19 Abs. 4 GWB, der im Anschluß an § 22 Abs. 4 GWB a. F. **einzelne Beispiele mißbräuchlichen Verhaltens** marktbeherrschender Unternehmen hervorhebt. Die Schwierigkeiten bei der Konkretisierung des Mißbrauchsbegriffs liegen darin begründet, daß Kriterien entwickelt werden müssen, um feststellen zu können, von welchem Punkt ab der grundsätzlich erlaubte Einsatz eines Aktionsparameters im Wettbewerb bei marktbeherrschenden Unternehmen wegen der nachteiligen Auswirkungen ausnahmsweise verboten ist. Hierbei kommt es in erster Linie darauf an, die wirtschaftliche Bewegungsfreiheit Dritter im Einflußbereich marktbeherrschender Unternehmen zu schützen, um Raum für die Entfaltung kompetitiver Prozesse zu schaffen und schon beherrschte Märkte offenzuhalten.[84] Außerdem sollen Unternehmen vor- und nachgeordneter Wirtschaftsstufen gegen Ausplünderung und Fesselung an das marktbeherrschende Unternehmen geschützt werden.[85]

c) Behinderungsmißbrauch

61 Nach **§ 19 Abs. 4 Nr. 1 GWB**[86] liegt ein Behinderungsmißbrauch vor, wenn ein marktbeherrschendes Unternehmen als Anbieter oder Nachfrager die Wettbewerbsmöglichkeiten anderer Unternehmen in einer für den Wettbewerb auf dem Markt erheblichen Weise ohne sachlich gerechtfertigten Grund beeinträchtigt. Hiervon werden nicht nur Eingriffe in die Bewegungsfreiheit Dritter auf dem beherrschten Markt, sondern auch auf Drittmärkten erfaßt.[87]

62 Einen wichtigen Anwendungsbereich des Behinderungsmißbrauchs bilden **Preisunterbietungen**. Verboten sind insbesondere **Kampfpreisunterbietungen in Vernichtungs- oder Verdrängungsabsicht**, bei denen marktbeherrschende Unternehmen mittels gezielter Preisunterbietungen versuchen, bestimmte Konkurrenten vom Markt zu verdrängen. Gleichermaßen verboten sind Praktiken großbetrieblicher Formen des Einzelhandels, bestimmte Artikel, die erfahrungsgemäß die Aufmerksamkeit der Kunden finden, über lange Zeit hinweg deutlich unter den Einstandskosten anzubieten, um Fachgeschäfte in ihrer Nachbarschaft, die auf diese Artikel spezialisiert sind, aus dem Markt zu drängen.[88] Solche Fallgestaltungen spielen in der Praxis allerdings keine allzu große Rolle.

Von praktischer Relevanz ist insbesondere der **systematische Verkauf unter Einstandspreisen**, weil hierin eine erhebliche Gefährdung des funktionierenden Wettbewerbs auf den betroffenen Märkten liegt. Während die Rechtsprechung zur alten Rechtslage den systematischen Verkauf unter Einstandspreisen als grundsätzlich erlaubt ansah und die nachhaltige Beeinträchtigung der strukturellen Voraussetzungen für einen wirksamen Wettbewerb als ungeschriebenes Tatbestandsmerkmal forderte,[89] hat der Gesetzgeber in § 20 Abs. 4 S. 2 GWB das Verbot des sachlich nicht gerechtfertigten „systematischen" Verkaufs unter Einstandspreis für marktstarke Unternehmen explizit zum Ausdruck gebracht. Wenn aber schon marktstarken Unternehmen der systematische Verkauf unter Einstands-

[84] *Emmerich*, Kartellrecht, S. 197 f.

[85] Gutachten des Wissenschaftlichen Beirats von 1962, BT-Drucks. IV/617, Anhang Nr. 46, S. 96.

[86] Zur Abgrenzung zum Diskriminierungsverbot und zum Verbot unbilliger Behinderung siehe unten Rn. 68.

[87] *Emmerich*, Kartellrecht, S. 178.

[88] *Baur* JA 1987, 120.

[89] Grundlegend BGHZ 129, 211 ff. (*Hitlisten-Urteil*); kritisch dazu *Ulmer*, FS v. Gamm 1990, S. 691 ff.

preis grundsätzlich verboten ist, muß dies erst recht für marktbeherrschende Unternehmen nach den § 19 Abs. 4 GWB gelten. Diese Reglementierung der Preisbildung marktbeherrschender und marktstarker Unternehmen erlangt dadurch besondere Schlagkraft, daß nach den §§ 19 Abs. 4 S. 2 und 20 Abs. 5 GWB eine gesetzliche Beweislastumkehr besteht. Diese Beweislastumkehr darf allerdings im Ordnungswidrigkeitenrecht wegen der Geltung des Grundsatzes „in dubio pro reo" nicht angewandt werden.

63 Verboten sind weiterhin **Koppelungspraktiken**. Zwar läßt § 16 Nr. 4 GWB solche Verträge grundsätzlich zu. Jedoch sind Koppelungsgeschäfte für marktbeherrschende Unternehmen untersagt, weil dadurch die Macht aus einem bereits beherrschten Markt auf noch umkämpfte Märkte übertragen werden kann.[90] Auch **Ausschließlichkeitsbindungen** und **Treuerabatte** sind marktbeherrschenden Unternehmen als geradezu „klassische" Mißbrauchsfälle verboten.[91]

d) Ausbeutungsmißbrauch: Preis- und Konditionenmißbrauch sowie Preis- und Konditionenspaltung

64 In **§ 19 Abs. 4 Nrn. 2 und 3 GWB** werden als weitere Beispiele des Mißbrauchs einer marktbeherrschenden Stellung **verschiedene Formen des Preis- und Konditionenmißbrauchs** genannt. Nach § 19 Abs. 4 Nr. 2 GWB liegt ein Mißbrauch vor, wenn ein marktbeherrschendes Unternehmen Entgelte oder sonstige Geschäftsbedingungen fordert, die von denjenigen abweichen, die sich bei wirksamem Wettbewerb mit hoher Wahrscheinlichkeit ergeben würden. Nach Nr. 3 ist die Forderung ungünstigerer Entgelte oder sonstiger Geschäftsbedingungen durch marktbeherrschende Unternehmen, als diese Unternehmen selbst auf vergleichbaren Märkten von gleichartigen Abnehmern fordern, verboten, sofern der Unterschied nicht sachlich gerechtfertigt ist.

Von Interesse ist insbesondere der **Preismißbrauch**, der seit den siebziger Jahren vom Bundeskartellamt bekämpft wird. Allerdings ist die Überprüfung der Preise marktbeherrschender Unternehmen an Hand des hypothetischen Wettbewerbspreises und der zusätzlich erforderlichen Interessenabwägung mit so großen Schwierigkeiten verbunden, daß eine Kontrolle der Preise nur ausnahmsweise zur Anwendung kommt.[92]

e) Verweigerung des Zugangs zu wesentlichen Einrichtungen

65 Die bisherigen Fälle mißbräuchlichen Verhaltens, die in § 19 Abs. 4 Nrn. 1 bis 3 GWB geregelt sind, wurden ergänzt um die **Zugangsverweigerung zu Netzen oder Infrastruktureinrichtungen**,[93] deren Mitbenutzung erforderlich ist, um auf einem vor- oder nachgelagerten Markt als Wettbewerber des marktbeherrschenden Unternehmens tätig zu werden. Diese erstmalige gesetzliche Ausgestaltung der Essential-Facility-Doctrine[94] kann nur wettbewerbspolitisch gerechtfertigt werden. Tatbestandsmerkmale wie „Netze", „Infrastruktureinrichtungen" und „Unmöglichkeit des Tätigwerdens auf vor- oder nachgelagerten Märkten" bereiten eine Fülle von Auslegungsproblemen. Diese Klausel hat bislang noch keine bußgeldrechtliche Relevanz erlangt.

f) Sonstige Fälle

66 Neben den in § 19 Abs. 4 GWB genannten Beispielen kann auf die **Generalklausel des § 19 Abs. 1 GWB** zurückgegriffen werden, um sonstige Mißbrauchsfälle zu erfassen. Von praktischer Bedeutung sind insbesondere Fälle des Strukturmißbrauchs wegen ihren

---

90 *Baur*, Der Mißbrauch im deutschen Kartellrecht, 1972, S. 198 ff.; *Möschel*, Pressekonzentration und Wettbewerbsgesetz, 1978, S. 115 ff.

91 *Emmerich*, Kartellrecht, S. 203.

92 Näher dazu *Emmerich*, Kartellrecht, S. 207 ff.

93 *Klimisch/Lange* WuW 1995, 15.

94 Näher dazu *Klaue* RdE 1996, 51; *Klimisch/Lange* WuW 1998, 18 ff.

langfristigen wettbewerbsfeindlichen Auswirkungen auf die Marktstrukturen.[95] Als Beispiele können Investitionen und Produktinnovationen mit dem Ziel der endgültigen Marktschließung, Zusammenschlußaktivitäten mit dem Zweck der Beseitigung der letzten Konkurrenten, die vorzeitige Ankündigung von Produktinnovationen zur Behinderung kleinerer Konkurrenten und die Einschränkung der Erzeugung zum Schaden der Verbraucher, insbesondere die Einstellung der Produktion von Ersatzteilen, genannt werden.[96]

5. Diskriminierungsverbot und Verbot unbilliger Behinderung

Zwei **weitere Behinderungsverbote**, die sich inhaltlich im wesentlichen mit den in § 19 GWB statuierten Verboten decken, finden sich in § 20 Abs. 1 und 4 GWB: das Diskriminierungsverbot und das Verbot unbilliger Behinderung. 67

Eine Diskriminierung liegt vor, wenn gleichartige Sachverhalte unterschiedlich behandelt werden. Eine Gefahr für die Wettbewerbsordnung stellen lediglich Diskriminierungen **marktstarker Unternehmen** dar. Deshalb erweitert § 20 Abs. 2 S. 1 GWB den Kreis der Normadressaten des Diskriminierungsverbots auf Unternehmen, von denen kleine und mittlere Anbieter oder Nachfrager einer bestimmten Art von Waren oder gewerblichen Leistungen in einer Weise abhängig sind, daß für sie keine ausreichenden und zumutbaren Möglichkeiten bestehen, auf andere Unternehmen auszuweichen. Dadurch soll die Bekämpfung des Mißbrauchs der Nachfragemacht, insbesondere der Belieferungszwang, dem kleine und mittlere Unternehmen durch Großunternehmen des Handels ausgesetzt sind, erleichtert werden.

a) Abrenzung zum Behinderungsmißbrauch

Im Hinblick darauf, daß **§ 20 GWB** ebenso wie **§ 19 Abs. 4 GWB** der Öffnung der Märkte dient, sind beide Vorschriften **gegeneinander abzugrenzen**: Während in § 19 Abs. 4 GWB auf die fehlende sachliche Rechtfertigung der Beeinträchtigung der Wettbewerbsmöglichkeiten anderer Unternehmen abgestellt wird, kommt es in § 20 Abs. 1 und 4 GWB auf die unbillige Behinderung anderer Unternehmen an. Das Kammergericht grenzt beide Vorschriften danach ab, ob es sich um eine Maßnahme des Leistungs- oder des Nichtleistungswettbewerbs handelt. Auf erstere Maßnahmen wird § 20 GWB, auf letztere § 19 GWB angewendet, sofern die Maßnahme zur Beeinträchtigung der Marktverhältnisse geeignet ist.[97] Nach § 19 Abs. 4 Nr. 1 GWB muß zu der grundlosen Beeinträchtigung der Wettbewerbsmöglichkeiten anderer Unternehmen noch hinzukommen, daß ihre Wettbewerbsmöglichkeiten in einer für den Wettbewerb auf dem Markt erheblichen Weise beeinträchtigt werden. Durch dieses zusätzliche quantitative Tatbestandsmerkmal, dem im Wettbewerbsrecht keine eigenständige Bedeutung beigemessen wird,[98] werden jedenfalls im Ordnungswidrigkeitenrecht weniger gewichtige Beeinträchtigungen aus dem Anwendungsbereich des Tatbestands ausgeschlossen. 68

b) Diskriminierungsverbot

§ 20 Abs. 1 GWB verbietet marktbeherrschenden Unternehmen, ein anderes Unternehmen in einem Geschäftsverkehr, der gleichartigen Unternehmen üblicherweise zugänglich ist, unbillig zu behindern oder gegenüber gleichartigen Unternehmen ohne sachlich gerechtfertigten Grund unterschiedlich zu behandeln. Kriterien für die Gleichartigkeit sind die wirtschaftliche Funktion und die unternehmerische Tätigkeit der Unternehmen. 69

---

95 Näher dazu *Fleischer*, Behinderungsmißbrauch durch Produktinnovation, 1997; *ders.* WuW 1997, 203; *Meinhold*, Diversifikation, konglomerate Unternehmen und GWB, 1977, S. 123 ff.

96 Vgl. *Emmerich*, Kartellrecht, S. 219 m. weit. Nachw.

97 Kritisch dazu *Emmerich*, Kartellrecht, S. 199 f.

98 Vgl. nur *Baur* JA 1987, 119; *Möschel*, Recht der Wettbewerbsbeschränkungen, 1983, Tz. 548.

Die Vorschrift des § 20 Abs. 1 GWB enthält somit das Verbot der Behinderung und der unterschiedlichen Behandlung.

aa) Behinderungsverbot

70 Eine Behinderung im Sinne des § 20 Abs. 1 GWB liegt vor, wenn ein marktbeherrschendes oder marktstarkes Unternehmen die Betätigungs- und Wettbewerbsmöglichkeiten anderer Unternehmen unmittelbar oder mittelbar beeinträchtigt. Dadurch sollen die Wettbewerber gegen **Maßnahmen des Behinderungswettbewerbs** geschützt werden. Angesichts der Weite des Behinderungsbegriffs kommt es entscheidend auf das Merkmal der Unbilligkeit an, das eine umfassende Interessenabwägung erfordert. Diesbezüglich kann auf die Formen des Behinderungsmißbrauchs des § 19 Abs. 4 Nr. 1 GWB zurückgegriffen werden. Als Beispiele unmittelbarer Behinderung von Konkurrenten können Preisunterbietungen, als Fälle mittelbarer Behinderung Ausschließlichkeitsbindungen und Treuerabatte durch marktbeherrschende Unternehmen genannt werden.

bb) Verbot unterschiedlicher Behandlung

71 Weiterhin verbietet § 20 Abs. 1 GWB marktbeherrschenden und marktstarken Unternehmen, andere Unternehmen in einem Geschäftsverkehr, der gleichartigen Unternehmen zugänglich ist, ohne sachlich gerechtfertigten Grund unmittelbar oder mittelbar gegenüber gleichartigen Unternehmen unterschiedlich zu behandeln. Dadurch sollen vor allem die **gleichen Marktchancen der Abnehmer und Lieferanten** marktstarker Unternehmen gegen eine Beeinträchtigung durch diskriminierende Maßnahmen ihrer Marktpartner geschützt werden. Ob eine Ungleichbehandlung grundlos erfolgt, ist nach denselben Kriterien zu bestimmen, die für die Unbilligkeit einer Behinderung im Sinne des § 20 Abs. 1 GWB maßgeblich sind.

cc) Fälle des Verstoßes gegen das Diskriminierungsverbot

72 In der Praxis werden die beiden Verbote des § 20 Abs. 1 GWB zunehmend als ein **umfassendes Diskriminierungsverbot** verstanden,[99] das insbesondere auf Liefersperren, selektive Vertriebssysteme, Diskriminierungen bei Preisen und Konditionen, Bezugssperren sowie auf Rabatt- und Konditionenspreizungen Anwendung findet.

c) Verbot unbilliger Behinderung auf horizontaler Ebene

73 § 20 Abs. 4 S. 1 GWB verbietet marktbeherrschenden Unternehmen, ihre Marktmacht gegenüber kleinen und mittleren Wettbewerbern dadurch auszunutzen, daß solche Wettbewerber unmittelbar oder mittelbar unbillig behindert werden. Nach Satz 2 liegt eine unbillige Behinderung insbesondere dann vor, wenn ein Unternehmen Waren oder gewerbliche Leistungen nicht nur gelegentlich unter Einstandspreis anbietet, außer wenn dies sachlich gerechtfertigt ist. Dieses Verbot des **Untereinstandspreisverkaufs** wurde durch die sechste Novelle von 1998 eingeführt, weil der BGH dieses Verhalten als wettbewerbsrechtlich zulässig angesehen hatte,[100] sofern es nicht systematisch im Wettbewerb eingesetzt wurde und nach seiner Häufigkeit oder Intensität nicht geeignet war, eine Gefahr für die strukturellen Voraussetzungen eines wirksamen Wettbewerbs zu begründen. Nunmehr reicht es aus, wenn das Angebot unter Einstandspreisen „nicht nur gelegentlich" erfolgt.

Nach § 20 Abs. 5 GWB wird vermutet, daß die Voraussetzungen des § 20 Abs. 4 GWB vorliegen, wenn sich „aufgrund bestimmter Tatsachen nach allgemeiner Erfahrung der Anschein" einer unbilligen Behinderung ergibt. Es obliegt dann dem marktstarken

---

[99] *Emmerich*, Kartellrecht, S. 225.
[100] BGHZ 129, 210 ff.

Unternehmen, diesen Anschein zu widerlegen. Diese **Vermutung** kann im Ordnungswidrigkeitenrecht keine Anwendung finden.[101]

6. Boykottverbot

§ 21 Abs. 1 GWB enthält ein bußgeldbewehrtes Boykottverbot. Ein Boykott liegt vor, wenn ein Unternehmen oder eine Unternehmensvereinigung ein anderes Unternehmen in der Absicht, bestimmte Unternehmen unbillig zu beeinträchtigen, zu **Liefer- oder Bezugssperren** auffordert. Hierbei reicht die Aufforderung zum Boykott aus. Es muß nicht zur Durchführung der Maßnahme gekommen sein. Zusätzlich ist die Absicht des Verrufers, wettbewerbsfeindlich zu handeln, erforderlich. 74

Der Unterschied zur Druckausübung liegt darin, daß bei einem Boykottaufruf im Sinne des § 21 Abs. 1 GWB ein **Drei-Personen-Verhältnis** vorliegen muß, das zwischen dem aufrufenden Täter, dem Adressaten des Aufrufs und dem Verrufenen besteht. Einen typischen Fall bildet die Veranlassung von Liefersperren in geschlossenen Vertriebssystemen gegenüber Außenseitern, die sich nicht an die Vertriebsbindung halten. Hierbei handelt es sich um ein **abstraktes Gefährdungsdelikt**, bei dem der mit dem Aufruf beabsichtigte Erfolg nicht eintreten muß.[102] Täter des Sonderdelikts des Boykotts können Unternehmen und Unternehmensverbände sein, so daß handelnde Personen nur die in § 9 OWiG genannten sein können.

7. Aufnahmezwang

Nach § 20 Abs. 6 GWB dürfen **Wirtschafts- und Berufsvereinigungen** sowie **Gütezeichengemeinschaften** die Aufnahme eines Unternehmens nicht ablehnen, wenn die Ablehnung eine sachlich nicht gerechtfertigte ungleiche Behandlung darstellt und zu einer unbilligen Benachteiligung des Unternehmens im Wettbewerb führt. Auch hier bedarf es – wie bei § 20 Abs. 1 GWB – einer Interessenabwägung, um über die Grundlosigkeit der Aufnahmeverweigerung zu entscheiden. Dieses unmittelbar geltende gesetzliche Verbot sieht das GWB erstmals seit der sechsten Novelle von 1998 vor. 75

V. Zusammenschlußkontrolle (Fusionskontrolle)

1. Ziel der Zusammmenschlußkontrolle

Die Fusionskontrolle richtet sich nicht gegen das aktuelle oder zukünftige Verhalten der beteiligten Unternehmen, sondern gegen die Veränderung der Marktstruktur. Ziel der Fusionskontrolle ist es, eine „übermäßige" Unternehmenskonzentration zu verhindern und „angemessene" Marktstrukturen zu schaffen. Die **Gefahren**, die der Wettbewerbsordnung **durch Unternehmenszuammenschlüsse** drohen, beruhen bei horizontalen Fusionen, die im Vordergrund der Fusionskontrolle stehen, darauf, daß die Zahl der selbständigen Wettbewerber auf dem Markt verringert wird. Problematischer ist die Bestimmung der von vertikalen Fusionen ausgehenden wettbewerbsbeeinträchtigenden Wirkungen. Diese werden darin gesehen, daß durch die Verbesserung des Zugangs der beteiligten Unternehmen zum Markt diesen ein Vorsprung gegenüber den einstufigen Konkurrenten erwächst.[103] Gleiches gilt für Marktverkettungsfusionen, die dadurch gekennzeichnet sind, daß sie eine Marktstufe überspringen. Von konglomeraten Zusammenschlüssen zwischen Unternehmen aus verschiedenen Märkten gehen dieselben Gefahren aus, die Großunternehmen für ihre Konkurrenten mit sich bringen: Sie sind zum 76

[101] Siehe oben Rn. 62.
[102] KG WuW/E, OLG 3199, 3206 (*Sportartikelhandel*).
[103] *Roberto* WuW 1992, 803.

einen in der Lage, die Verdrängung ihrer Konkurrenten durch Kampfstrategien über einen längeren Zeitraum hinweg durchzuhalten; zum anderen können die Verluste auf einzelnen Märkten intern ausgeglichen werden. Schließlich wird der Marktzugang für neue Wettbewerber erschwert.[104] Deshalb wird durch die Fusionskontrolle auch das Ziel verfolgt, die Märkte offenzuhalten.

2. Anwendungsbereich der Zusammenschlußkontrolle

77 Zentrale Vorschrift der Fusionskontrolle ist § 36 GWB, der an die Stelle des bisherigen § 24 Abs. 1 GWB getreten ist und ein **grundsätzliches Verbot von Unternehmenszusammenschlüssen** enthält, von denen zu erwarten ist, daß sie zur Entstehung oder Verstärkung einer marktbeherrschenden Stellung führen werden. Nach § 35 Abs. 1 GWB ist der Anwendungsbereich der Fusionskontrolle eröffnet, wenn die beteiligten Unternehmen insgesamt weltweit Umsatzerlöse von mehr als einer Milliarde DM (§ 35 Abs. 1 Nr. 1 GWB) und mindestens ein beteiligtes Unternehmen im Inland Umsatzerlöse von mehr als 50 Mio. DM (§ 35 Abs. 1 Nr. 2 GWB) erzielt haben. Maßgeblich ist das Geschäftsjahr vor dem Zusammenschluß.

Unter welchen Voraussetzungen ein Zusammenschluß vorliegt, bestimmt sich nach § 37 GWB, der in Abs. 1 Nr. 2 den **Kontrollerwerb** als besonderen Zusammenschlußtatbestand übernommen hat. Neben dem Kontrollerwerb gibt es weiterhin die Zusammenschlußtatbestände der **Beteiligung von 50 und 25%** (§ 37 Abs. 1 Nr. 3 a und b GWB) und der Verbindung mit wettbewerblich erheblichem Einfluß (§ 37 Abs. 1 Nr. 4 GWB). Im Zusammenhang mit dem Kontrollerwerb können nunmehr auch **Beteiligungsaufstockungen** fusionskontrollpflichtig werden, wenn sie sich unterhalb oder zwischen den Stufen des Beteiligungserwerbs bewegen (§ 37 Abs. 2 GWB).

Nach der neuen **„Anschlußklausel"** in § 35 Abs. 2 Nr. 1 GWB ist jeder Erwerb eines Unternehmens mit weniger als 20 Mio. DM Umsatz **fusionskontrollfrei**. Neu ist weiterhin, daß die Fusionskontrolle in diesem Fall insgesamt keine Anwendung findet. Dies gilt gleichermaßen bei Anwendung der **Bagatellmarktklausel** des § 35 Abs. 2 Nr. 2 GWB, deren Umsatzschwelle nunmehr 30 Mio. DM beträgt.

3. Anmeldepflicht von Zusammenschlüssen

78 Abweichend von der früheren Regelung gibt es keine Fälle mehr, die zwar fusionskontrollpflichtig sind, aber nur nachträglich angezeigt werden müssen. Nach der Neuregelung sind alle Zusammenschlüsse, die einen der Zusammenschlußtatbestände des § 37 GWB erfüllen und die – durch die Neuregelung von bisher 500 Mio. DM auf eine Milliarde DM erhöhten – Umsatzschwellen des § 35 GWB erreichen, **vor ihrem Vollzug** beim Bundeskartellamt **anzumelden**.

4. Fusionskontrollverfahren

79 Von zentraler Bedeutung ist § 40 GWB, der das Fusionskontrollverfahren nach der Anmeldung regelt. Diese Vorschrift sieht für die Anmeldefälle eine schärfere **Trennung** zwischen **von vornherein unbedenklichen Fällen** und solchen, die einer **vertieften Prüfung** bedürfen, vor. Unbedenkliche Fälle sollen binnen eines Monats abgeschlossen werden. Die Freigabe erfolgt dann durch Ablauf der Monatsfrist, in der Praxis durch formlose Mitteilung, daß die Untersagungsvoraussetzungen des § 36 Abs. 1 GWB nicht erfüllt sind. Das Bundeskartellamt kann sich die Prüfungsbefugnis für insgesamt 4 Monate erhalten, wenn es innerhalb der Monatsfrist mitteilt, daß es in das Hauptprüfverfahren eingetreten ist. Das Hauptprüfverfahren endet stets mit einer anfechtbaren Verfügung. Dies

---

[104] *Emmerich*, Kartellrecht, S. 267.

kann eine Freigabeverfügung sein, die mit Bedingungen und Auflagen verbunden werden kann, oder eine Untersagung.

Nach §41 Abs. 1 GWB dürfen die Unternehmen einen Zusammenschluß, der vom Bundeskartellamt noch nicht freigegeben wurde, nicht vor **Ablauf bestimmter Fristen** (§40 Abs. 1 S. 1 und 2 S. 2 GWB) vollziehen und nicht am Vollzug dieses Zusammenschlusses mitwirken. Das Bundeskartellamt kann von diesem Vollzugsverbot jedoch im Einzelfall eine Befreiung erteilen.

5. Bußgeldtatbestände

a) Schwerwiegende Verstöße

Gemäß §81 Abs. 1 GWB können folgende Rechtsverstöße mit **Geldbuße bis zu einer** 80 **Million DM** und über diesen Betrag hinaus bis zur dreifachen Höhe des durch die Zuwiderhandlung erlangten Mehrerlöses geahndet werden:

Gemäß §81 Abs. 1 Nr. 1 GWB können Verstöße gegen das **Vollzugsverbot in §41 Abs. 1 GWB** geahndet werden. Die Tathandlung ist die Umsetzung der in §37 Abs. 1 GWB aufgeführten Handlungen, die den fusionskontrollrechtlichen Zusammenschlußbegriff definieren. Voraussetzung hierfür ist ein Vollrechtserwerb im Sinne der Zusammenschlußtatbestände des §37 Abs. 1 GWB.

Gleichermaßen kann gemäß §81 Abs. 1 Nr. 7 GWB geahndet werden, wer entgegen **§39 Abs. 1 GWB** Zusammenschlüsse nicht, nicht richtig, nicht vollständig oder nicht rechtzeitig anmeldet. Die Anforderungen an den Inhalt der **Anmeldung** bestimmen sich nach §39 Abs. 3 GWB. Zwar sieht das Gesetz die Sanktionierung einer „nicht rechtzeitigen" Anmeldung vor. Hierbei handelt es sich jedoch um ein Versehen des Gesetzgebers, weil das GWB keine Frist für die Anmeldung enthält. Wenn ein Vorhaben ohne Anmeldung vollzogen wird, ist der Tatbestand des §81 Abs. 1 Nr. 1 GWB erfüllt.

Nach §81 Abs. 1 Nr. 5 GWB kann mit Geldbuße geahndet werden, wer einer **vollziehbaren Auflage** nach §40 Abs. 3 S. 1 GWB, die im Zusammenhang mit der Freigabe eines Zusammenschlusses gemacht worden ist, zuwiderhandelt.

Nach §81 Abs. 1 Nr. 6 a GWB kann geahndet werden, wer einer vollziehbaren Anordnung nach §41 Abs. 4 Nr. 2 GWB, in der die **Ausübung des Stimmrechts** aus Anteilen an einem beteiligten Unternehmen untersagt oder eingeschränkt wird, zuwiderhandelt.

b) Ungehorsamstatbestände

Mit **Geldbuße bis zu 50 000 DM** können folgende Verstöße geahndet werden: 81

Nach §81 Abs. 1 Nr. 4 GWB kann geahndet werden, wer die **unverzügliche Anzeige des Vollzugs** eines im Bundeskartellamt angemeldeten Zusammenschlusses nach §39 Abs. 6 GWB nicht, nicht richtig, nicht vollständig oder nicht rechtzeitig erstattet.

Nach §81 Abs. 1 Nr. 6 b GWB wird mit Geldbuße bedroht, wer einer vollziehbaren Anordnung des Bundeskartellamts zuwiderhandelt, in der gemäß §39 Abs. 5 GWB von einem an einem Zusammenschluß beteiligten Unternehmen **Auskunft über Marktanteile** einschließlich der Grundlagen für die Berechnung oder Schätzung sowie über den Umsatzerlös einer bestimmten Art von Waren oder gewerblichen Leistungen, den das Unternehmen im letzten Geschäftsjahr erzielt hat, verlangt wird.

Nach §81 Abs. 1 Nr. 7 GWB ist bußgeldbedroht, wer entgegen §39 Abs. 1 GWB Zusammenschlüsse **nicht**, nicht richtig, nicht vollständig oder nicht rechtzeitig **anmeldet**.

VI. Normadressaten der Bußgeldvorschriften und Ahndung juristischer Personen

1. Ahndbarkeit natürlicher Personen über die Zurechnung gemäß § 9 OWiG

82 Die meisten Tatbestände des GWB richten sich an Unternehmen. Wenn beispielsweise ein Bußgeld wegen eines Verstoßes gegen das Kartellverbot in § 1 GWB verhängt werden soll, so sind unmittelbar allein Unternehmen **Normadressaten**. Nur sie können die Tatbestandsvoraussetzungen des § 1 GWB erfüllen. Die ahndbaren Tathandlungen können jedoch lediglich von natürlichen Personen ausgeführt werden. Natürliche Personen sind nur dann Adressat der Bußgeldnorm, wenn eine gesetzliche Vorschrift die an das Unternehmen gerichtete Verbotsnorm auf natürliche Personen für anwendbar erklärt. Eine solche Zurechnungsnorm enthält § 9 Abs. 1 OWiG. Hiernach ist es nicht erforderlich, daß ein zum Tatbestand gehörendes besonderes persönliches Merkmal bei der unmittelbar handelnden natürlichen Person vorliegt. Vielmehr reicht es aus, daß der Handelnde als vertretungsberechtigtes Organ einer juristischen Person, als vertretungsberechtigter Gesellschafter einer Personenhandelsgesellschaft oder als gesetzlicher Vertreter eines anderen handelt. Diese Zurechnungsregelung wird in § 9 Abs. 2 OWiG auf sog. gewillkürte Vertreter erweitert.

2. Ahndbarkeit natürlicher Personen wegen Aufsichtspflichtverletzung gemäß § 130 OWiG

83 Im Kartellrecht kommt auch dem Ordnungswidrigkeitentatbestand der **Aufsichtspflichtverletzung** gemäß § 130 OWiG eine große praktische Bedeutung zu.[105] § 130 OWiG setzt u. a. die schuldhafte Verletzung betriebsbezogener Pflichten eines Unternehmensangehörigen als Anknüpfungstat voraus. Sofern die Pflicht das Unternehmen trifft, kann diese gemäß § 9 OWiG auf die Leitungspersonen überwälzt werden. Täter einer Aufsichtspflichtverletzung kann daher nicht nur der Inhaber des Unternehmens, sondern gemäß § 9 Abs. 2 OWiG auch der für den Inhaber des Betriebs mit der Aufsicht Beauftragte sein.[106]

3. Ahndbarkeit juristischer Personen und Personenvereinigungen gemäß § 30 OWiG

84 Geldbußen können neben den unmittelbar handelnden **natürlichen Personen** auch gegen die beteiligten **juristischen Personen und Personenvereinigungen** festgesetzt werden. Voraussetzung für die Festsetzung einer Geldbuße nach § 30 OWiG ist, daß ein Organmitglied, ein Generalbevollmächtigter oder ein in leitender Stellung tätiger Prokurist oder Handlungsbevollmächtigter eine Straftat oder Ordnungswidrigkeit begangen hat, durch die betriebsbezogene Pflichten verletzt worden sind.[107] Wenn nicht nachgewiesen werden kann, daß eine dieser Personen aus der Unternehmensleitung sich an dem straf- oder ahndbaren Wettbewerbsverstoß beteiligt hat, kann eine Geldbuße gegen die juristische Person gleichwohl verhängt werden, sofern eine der Leitungspersonen eine Aufsichtspflichtverletzung gemäß § 130 OWiG begangen hat. Im Hinblick darauf, daß die Aufsichts- und Organisationspflicht im Sinne des § 130 OWiG allen Organen obliegt, kann im Falle einer unübersichtlichen Organisation im Rahmen des § 30 OWiG offenbleiben, welches Organ seiner Aufsichtspflicht nicht nachgekommen ist.[108] Im Falle einer

---

[105] Siehe dazu oben Kapitel 1 Rn. 45 ff.

[106] *Bechtold* NJW 1995, 1940.

[107] Näher dazu oben Kapitel 1 Rn. 102 f.

[108] *Göhler*, Ordnungswidrigkeitengesetz. Kommentar, 12. Aufl. 1998, § 130 Rn. 20.

Einstellung des gegen den Täter gerichteten Bußgeldverfahrens kann das Bußgeldverfahren gegen die juristische Person ausnahmsweise als „objektives Verfahren" abgekoppelt und weitergeführt werden.[109] Nur wenn das Organ oder eine der oben genannten Leitungspersonen eines Unternehmens aus materiellrechtlichen Gründen nicht verfolgt werden kann, entfällt auch die Bebußung des Unternehmens.

Von der Möglichkeit, Geldbußen gegen juristische Personen zu verhängen, wird im Kartellrecht **reger Gebrauch** gemacht,[110] um zu verhindern, daß Unternehmen als Nutznießer des kartellrechtswidrigen Verhaltens den Vorteil aus den rechtswidrigen Taten erhalten, ohne selbst eine Sanktion befürchten zu müssen.

VII. Bußgeldbemessung und Eintragung in das Gewerbezentralregister oder Bundeszentralregister

1. Bußgeldbemessung bei natürlichen Personen

a) Bußgeldrahmen

Mit der Bußgeldbemessung soll das Unrecht der Handlung unter Berücksichtigung der täterbezogenen Umstände und Gesichtspunkte ausgeglichen werden. Dabei muß sich die Sanktion im Rahmen des **gesetzlich geregelten Bußgeldrahmens** bewegen, der die Unter- und Obergrenze der verhängbaren Geldbuße bildet. Das Höchstmaß der zu verhängenden Geldbuße ist für die denkbar schwersten Fälle vorgesehen, während für durchschnittlich schwere Fälle der Mittelwert gedacht ist.[111] Für die Praxis bedeutet das, daß der gesetzliche Bußgeldrahmen in durchschnittlichen Fällen nicht ausgeschöpft werden darf.[112] 85

b) Abschöpfung des Mehrerlöses

Das Kartellordnungswidrigkeitenrecht weist insoweit eine Besonderheit auf, als der Mehrerlös gemäß **§ 81 Abs. 2 GWB** abgeschöpft werden kann. Unter Mehrerlös ist die Differenz zwischen den tatsächlichen Einnahmen infolge des begangenen Ordnungswidrigkeitenverstoßes und den hypothetischen Einnahmen, die der Täter im gleichen Zeitraum ohne einen entsprechenden Verstoß erzielt hätte, zu verstehen.[113] Die bei der Feststellung des Mehrerlöses bestehenden Schwierigkeiten konnten auch durch die schon im Rahmen der 4. GWB-Novelle eingeführte Möglichkeit der Schätzung des Schadens nicht gänzlich beseitigt werden, weil hierbei der Grundsatz „in dubio pro reo" zu beachten ist. 86

c) Abschöpfung des wirtschaftlichen Vorteils

Der **Bußgeldrahmen des § 17 Abs. 4 OWiG**, der die Abschöpfung des wirtschaftlichen Vorteils ermöglicht, ist grundsätzlich weiter gefaßt als der Sonderbußgeldrahmen des § 81 Abs. 2 GWB, der die Mehrerlösabschöpfung zuläßt. Daher kann eine Überschreitung des Bußgeldrahmens gemäß § 17 Abs. 4 OWiG in Betracht kommen.[114] Beide Bestimmungen unterscheiden sich in ihren Tatbestandsvoraussetzungen grundlegend: Bei der Bestimmung des Mehrerlöses im Sinne des § 81 Abs. 2 GWB ist allein auf den durch die Zuwiderhandlung erlangten **zusätzlichen Erlös** abzustellen. Demgegenüber ist der Begriff des wirtschaftlichen Vorteils im Sinne des § 17 Abs. 4 OWiG so zu verstehen, daß 87

[109] § 30 Abs. 4 Satz 1 OWiG.
[110] Vgl. nur *Klusmann*, in: *Wiedemann* (Hrsg.), Handbuch des Kartellrechts, § 55 Rn. 43, sowie *Müller-Gugenberger*, in: *ders.* (Hrsg.), Wirtschaftsstrafrecht, 2. Aufl. 1992, § 46 Rn. 23 m. weit. Nachw.
[111] *Göhler*, OWiG, § 17 Rn. 25 mit weit. Nachw.
[112] *Achenbach* WuW 1997, 398.
[113] BGH WuW/E BGH 2718, 2719 (*Bußgeldbemessung*).
[114] BGH wistra 1991, 269.

nur der **wirtschaftliche Nettovorteil**, der dem Täter im Ergebnis verbleibt, erfaßt wird. Neben zusätzlich erzielten Einnahmen sind auch sonstige Vermögensvorteile wie die Verbesserung der Marktposition, die Einsparung sonstiger notwendiger Kosten sowie weitere Verbesserungen der wirtschaftlichen Gesamtsituation des Täters oder Unternehmens zu berücksichtigen. Von den erzielten wirtschaftlichen Vorteilen sind alle Aufwendungen abzuziehen.

d) Kriterien der Bußgeldbemessung

88 Was die Zumessungskriterien im einzelnen anbetrifft, so werden tatbezogene, täterbezogene und die wirtschaftliche Leistungsfähigkeit des Betroffenen betreffende Umstände berücksichtigt.

aa) Tatbezogene Zumessungskriterien

89 Zu den tatbezogenen Zumessungskriterien gehören insbesondere **negative Tatauswirkungen** wie eine nachhaltige Strukturverschlechterung durch die Erstreckung unzulässiger Absprachen auf große Teile oder die Gesamtheit des relevanten Marktes, die besondere Bedeutung der betroffenen Produkte für die Marktgegenseite, eine Verknappung des Warenangebots, drastische Erhöhungen der Abgabepreise der betroffenen Produkte oder Dienstleistungen sowie das Ausmaß des bei Dritten eintretenden Schadens. Weiterhin werden **Umstände der Tatbegehung** wie die Aufwendung besonderer krimineller Energie, besondere Geheimhaltungsmaßnahmen sowie Dauer, Organisationsgrad und Häufigkeit der Verstöße berücksichtigt.

Bußgeldmindernd wirken sich die geringen wirtschaftlichen und sonstigen Folgen der Tat, rechtliche Zweifelsfragen und die besonders lange Dauer des Bußgeldverfahrens aus.[115]

bb) Schuldbezogene Zumessungskriterien

90 Die schuldbezogenen Zumessungskriterien beziehen sich auf das Ausmaß des Vorwurfs, der den Täter trifft, also seine individuelle Schuld. **Bußgelderhöhend** werden berücksichtigt: besonders verwerfliche Motive des Täters, insbesondere rücksichtsloses Gewinnstreben, der Grad des Vorsatzes, einschlägige Vortaten des Täters, soweit diese sanktioniert worden sind, eine häufig wiederholte Täterschaft über einen langen Zeitraum hinweg, die mangelnde Einsicht des Täters in das Unrecht der begangenen Zuwiderhandlung usw.

Bußgeldmindernd werden berücksichtigt: ein Handeln zur Existenzsicherung oder Abwendung des Verlustes von Arbeitsplätzen, sonstige wirtschaftliche Schwierigkeiten, eine eher passive Tatbeteiligung, eine Tatbeteiligung, die erst aufgrund der Druckausübung anderer zustande gekommen ist, rechtliche Zweifel des Täters im Hinblick auf das Verbotensein seines Handelns, das Vorliegen eines Verbotsirrtums, das Handeln auf Anweisung von Vorgesetzten, kooperatives Verhalten nach der Tat, die behördliche Duldung des Verstoßes, ein die Tatverwirklichung besonders erleichterndes Verhalten der Marktgegenseite und das Bemühen, durch Compliance-Programme Gesetzesverstöße auszuschließen, usw.[116]

cc) Wirtschaftliche Leistungsfähigkeit des Täters

91 Weiterhin ist die wirtschaftliche Leistungsfähigkeit des Täters gemäß § 17 Abs. 3 OWiG zu berücksichtigen. Im Ergebnis sind nur solche Geldbußen festzusetzen, die den Täter **nicht** über Gebühr und damit **unverhältnismäßig** empfindlich treffen. Insbesondere darf die Bußgeldfestsetzung nicht dazu führen, daß der Täter über einen längeren Zeitraum hinweg ohne Einkommen gestellt oder in den Konkurs getrieben wird.

---

[115] Eingehend dazu *Klusmann*, in: *Wiedemann* (Hrsg.), Handbuch des Kartellrechts, § 57 Rn. 82 f.

[116] *Klusmann*, in: *Wiedemann* (Hrsg.), Handbuch des Kartellrechts, § 57 Rn. 85 f.

2. Bußgeldbemessung bei juristischen Personen und Personenvereinigungen

a) Bußgeldrahmen

Gemäß § 30 Abs. 2 S. 1 OWiG beträgt die Geldbuße im Falle einer vorsätzlichen **Straftat** 92
bis zu einer Mio. DM (Nr. 1), im Falle einer fahrlässigen Straftat bis zu 500 000.– DM (Nr. 2). Im Falle einer **Ordnungswidrigkeit** bestimmt sich das Höchstmaß der Geldbuße nach dem für die Ordnungswidrigkeit angedrohten Höchstmaß der Geldbuße (§ 30 Abs. 2 S. 2 OWiG). § 30 Abs. 2 S. 3 OWiG gilt auch bei einer Tat, die gleichzeitig Straftat und Ordnungswidrigkeit ist, wenn das für die Ordnungswidrigkeit angedrohte Höchstmaß der Geldbuße das Höchstmaß nach § 30 Abs. 1 S. 1 OWiG übersteigt. Diese Regelung wurde im Zusammenhang mit der Hochstufung der Submissionsabsprachen zu Straftaten eingeführt.

b) Kriterien der Bußgeldbemessung

Für die Bußgeldbemessung gegenüber juristischen Personen und Personenvereinigungen 93
gelten die **gleichen Grundsätze wie für natürliche Personen**. Diese Grundsätze sind auf das Unternehmen oder den Verband zu beziehen. Zentrales Kriterium der Bußgeldbemessung ist neben der **Schwere der Handlung** auch bei Unternehmensgeldbußen die **wirtschaftliche Lage** des Unternehmens zum Zeitpunkt der Bußgeldentscheidung. Insbesondere ist zu beachten, daß die Existenz- und die Wettbewerbsfähigkeit durch die Bußgeldverhängung nicht nachhaltig gefährdet wird. Außerdem dürfen Arbeitsplätze nicht bedroht werden. Insbesondere in der letzten Zeit ist es bei den Unternehmensgeldbußen zu einer erheblichen Verschärfung des absoluten Bußgeldniveaus gekommen. Bei schweren Verstößen werden Geldbußen verhängt, die bis zu 10 % und mehr der entsprechenden Umsätze in dem verfolgten Zeitraum reichen. Deshalb kommt dem Verhältnismäßigkeitsgrundsatz zunehmend Bedeutung zu.

3. Stundung und Einräumung von Ratenzahlungen

Zahlungserleichterungen in Form von Stundung oder Ratenzahlungen werden in der 94
Praxis entgegen § 18 OWiG meist nicht bereits in Bußgeldverfahren, sondern erst im anschließenden Vollstreckungsverfahren gewährt. Hierzu bedarf es in der Regel eines nach Rechtskraft der Bußgeldentscheidung zu stellenden gesonderten Antrags des Betroffenen, mit dem die Gründe für seine Verhinderung zur sofortigen Zahlung des Bußgeldbetrages darzulegen und durch Beibringung entsprechender Unterlagen zu belegen sind. Allerdings macht die Praxis von der Möglichkeit des § 18 Abs. 1 OWiG nur zurückhaltend Gebrauch.

4. Eintragung in das Gewerbezentralregister

Rechtskräftige Bußgeldentscheidungen der Kartellbehörden oder Gerichte werden ge- 95
mäß § 153 a GewO dem beim Bundeszentralregister in Berlin geführten **Gewerbezentralregister** zur Eintragung mitgeteilt. Eintragungspflichtig sind gemäß § 159 Abs. 2 Nr. 3 GewO entsprechende Bußgeldentscheidungen, die bei oder im Zusammenhang mit der Ausübung eines Gewerbes oder des Betriebs einer sonstigen wirtschaftlichen Unternehmung stehen. Dies ist bei Kartellordnungswidrigkeiten regelmäßig der Fall.

Vorhandene Eintragungen werden gemäß § 153 GewO für Geldbußen bis zu 300 DM nach 3 Jahren und für höhere Geldbußen nach 5 Jahren, gerechnet vom Eintritt der Rechtskraft der Entscheidung an, **getilgt**. Wenn das Register mehrere Eintragungen enthält, so werden auch einzelne Eintragungen erst getilgt, wenn für alle Eintragungen die vorgenannten Fristen abgelaufen sind (§ 153 Abs. 3 GewO).

C. Strafbare Submissionsabsprachen

96 **Absprachen zwischen Anbietern bei Ausschreibungen** der öffentlichen Hand und von privaten Auftraggebern mit dem Ziel, daß die Konkurrenten überhöhte Angebote abgeben und so reihum bei weiteren Ausschreibungen jeweils ein Unternehmen mit seinem dann niedrigsten Angebot den Zuschlag als „Billigster" erlangt, sind seit langer Zeit eine verbreitete Erscheinung[117] und bilden deshalb einen Schwerpunkt bei der Ahndung von Kartellrechtsverstößen. Die Entstehung von Submissionskartellen wird dadurch begünstigt, daß auf der Nachfrageseite ein oligopolistisch strukturierter Markt besteht. Die die Absprachen treffenden Unternehmen berufen sich zur Rechtfertigung ihres Verhaltens in der Regel darauf, daß in ihrer Branche Abwehrmaßnahmen zur Verhinderung eines ruinösen Wettbewerbs unabdingbar seien.[118] Gleichwohl sind solche Absprachen rechtswidrig und können nunmehr grundsätzlich gemäß § 298 StGB bestraft werden. Von den verbotenen Submissionsabsprachen sind **legale Bietergemeinschaften** zu unterscheiden, die vorliegen, wenn mehrere Unternehmen gemeinsam ein Angebot abgeben, das sie wegen der Größe oder Komplexität des Projekts allein nicht abgeben könnten und mit dem sie in offene Konkurrenz zu anderen Bietern treten.[119] Solche Bietergemeinschaften unterfallen weder dem GWB, noch erfüllen sie einen Straftatbestand.

97 Submissionsabsprachen unterscheiden sich von den sonstigen Wettbewerbsverstößen dadurch, daß die Ausschreibenden über die Marktlage getäuscht werden und der Empfänger des Zuschlags unter Umständen einen unberechtigt hohen Preis zu Lasten des Auftraggebers erlangt. Der BGH hat in den *„Rheinausbau"*-Entscheidungen – unter Aufgabe seiner früheren Rechtsprechung[120] – **Submissionskartelle als strafbaren Betrug** angesehen.[121] Die dadurch in der Literatur ausgelösten heftigen Diskussionen über die Schadensproblematik haben den Gesetzgeber schließlich dazu veranlaßt, durch das Gesetz zur Bekämpfung der Korruption vom 13.8. 1997[122] den Straftatbestand „Wettbewerbsbeschränkende Absprachen bei Ausschreibungen" (§ 298 StGB) einzuführen.[123] Daneben finden grundsätzlich die Bußgeldvorschriften des GWB Anwendung und ermöglichen insbesondere die Verhängung von Geldbußen gegen juristische Personen und Personenvereinigungen.

Im folgenden soll zunächst zu den durch Submissionsabsprachen entstehenden Schäden (I.) und zu den Reformüberlegungen der 70er Jahre und der Einführung des § 298 StGB im Jahre 1997 (II.) sowie zu den Erscheinungsformen der Submissionskartelle (III.) Stellung genommen werden. Nach einem Überblick über die Anwendbarkeit der Kartellordnungswidrigkeiten auf Submissionsabsprachen (IV.) wird auf die mit der Anwendung des Betrugstatbestands verbundenen Problemen (V.) und den neu eingeführten Straftatbestand Wettbewerbsbeschränkender Absprachen bei Ausschreibungen (VI.) eingegangen.

---

117 Einen Überblick über die historische Entwicklung gibt *Oldigs*, Möglichkeiten und Grenzen der strafrechtlichen Bekämpfung von Submissionsabsprachen, S. 2f.

118 *Diehl* BauR 1993, 1; *Möschel,* Zur Problematik einer Kriminalisierung von Submissionsabsprachen, 1980, S. 36ff.; *Schaupensteiner* NStZ 1996, 410; vgl. auch *Tiedemann* ZStW 94 (1982), 338ff.; *ders.*, Kartellrechtsverstöße und Strafrecht, S. 82.

119 Näher dazu *Immenga* DB 1984, 385.

120 BGHSt 16, 367.

121 BGHSt 38, 186; BGH NJW 1995, 737 (*„Rheinausbau"*-Entscheidungen).

122 BGBl. 1997 I S. 2038.

123 Zur Entstehungsgeschichte vgl. *Korte*, in: *Dahs* (Hrsg.), Kriminelle Kartelle?, 1998, S. 43ff.

I. Die durch Submissionsabsprachen verursachten Schäden

Ausschreibungen von Waren und gewerblichen Leistungen haben heute im Wirtschaftsleben eine **erhebliche Bedeutung.**[124] Dies gilt zum einen für die Auftragsvergabe durch die öffentliche Hand, zunehmend aber auch für privatwirtschaftliche Aufträge, so z. B. im Bereich der Wasser- und Energieversorgung, des Verkehrswesens und der Telekommunikation.[125] Die Ausschreibungen werden in der Regel nach einem förmlichen Verfahren durchgeführt. Für Bauleistungen gelten die VOB/A[126] und für sonstige Leistungen die VOL/A. Größere Projekte werden zunehmend grenzüberschreitend ausgeschrieben; hierbei sind die gemeinschaftsrechtlichen Vorgaben zu berücksichtigen.[127] Dabei stehen Absprachen über Ausschreibungen in der Bauindustrie im Hinblick auf die Vergabe öffentlicher Aufträge im Mittelpunkt der strafrechtlichen Verfolgung und Ahndung.[128] Daneben sind auch andere Bereiche in einem gewissen Umfang von Submissionsabsprachen betroffen.[129] **98**

Die genaue Höhe des durch Submissionsabsprachen den Auftraggebern zugefügten Schadens ist nicht bekannt. Nach neueren Schätzungen beläuft sich der **Vermögensschaden**, der der öffentlichen Hand allein in der Bauwirtschaft durch Submissionsabsprachen jährlich entsteht, auf ca. 10 Milliarden DM.[130] Man geht davon aus, daß zumindest 30 bis 70 % des Volumens des Baugewerbes durch Absprachen vom ordnungsgemäßen Wettbewerb ausgeschlossen werden und die abssprachebedingten Mehrerlöse mindestens 10 % betragen.[131] Wenn Anbieter Absprachen bei öffentlichen oder privaten Ausschreibungen treffen, wird nicht nur die Gefahr begründet, daß dem Ausschreibenden durch überhöhte Preise ein Schaden entsteht,[132] vielmehr wird das **Ausschreibungsverfahren selbst** letztlich **ad absurdum** geführt. Beide Aspekte zusammen begründen die Sozialschädlichkeit von Submissionsabsprachen. **99**

Die **gesamtwirtschaftliche Gefahr** von Submissionskartellen wird darin gesehen, daß die Gefährlichkeit in dem Maße zunimmt, wie die fortschreitende Spezialisierung zur Verstärkung oligopolartiger Strukturen auf der Anbieterseite führt, mit der Folge, daß durch die Absprachen alle potentiellen Anbieter umfaßt sind und deshalb nahezu beliebige Preiserhöhungen durchgesetzt werden können.[133] Dadurch wird die Preisgestaltung dahingehend beeinflußt, daß auch völlig unrentabel produzierende Unternehmen einträgliche Aufträge erhalten[134] und innovative Unternehmen, die sich nicht an den **100**

---

[124] *Schäfer* Beilage 12 zu BB 1996, 3; *Oldigs*, Möglichkeiten und Grenzen der strafrechtlichen Bekämpfung von Submissionsabsprachen, S. 4 m. weit. Nachw.

[125] *Tröndle/Fischer*, Strafgesetzbuch, 49. Aufl. 1999, § 298 Rn. 3.

[126] Eingehend dazu *Franzen*, Die Strafbarkeit und Strafwürdigkeit von Bietungsabkommen, 1970, S. 8 ff.

[127] Eingehend dazu *Rust* EuZW 1999, 453 ff. m. weit. Nachw.

[128] *Otto* ZRP 1996, 300; *Tiedemann*, Kartellrechtsverstöße und Strafrecht, S. 81; zu den Besonderheiten des Baumarkts vgl. *Oldigs*, Möglichkeiten und Grenzen der strafrechtlichen Bekämpfung von Submissionsabsprachen, S. 9 f.

[129] *Jaath*, FS K. Schäfer 1980, S. 90 ff.; *R. Schmid*, Der Ausschreibungsbetrug als ein Problem der Strafgesetzgebung, 1982, S. 16 ff., 41 ff.; *Tiedemann*, Kartellrechtsverstöße und Strafrecht, S. 80 ff.

[130] Vgl dazu *Huhn*, Die strafrechtliche Problematik des Submissionsbetruges unter besonderer Berücksichtigung der neueren Rechtsprechung, 1996, S. 15 f.; *Schaupensteiner* ZRP 1993, 251; *Tiedemann* ZRP 1992, 151; vgl. auch *Broß* VerwArch 84 (1993), 413.

[131] *Kube/Vahlenkamp* VerwArch 85 (1994), 434; *Schaupensteiner* ZRP 1993, 250 geht sogar von 90 % aus; kritisch zu diesen Schätzungen *Möschel*, Zur Problematik einer Kriminalisierung von Submissionsabsprachen, S. 36 ff.

[132] *Broß/Thode* NStZ 1993, 370; *Müller-Gugenberger*, in: *ders.* (Hrsg.), Wirtschaftsstrafrecht, § 47 Rn. 20; *Dölling*, in: Verhandlungen des 61. Deutschen Juristentages 1996, Bd. I (Gutachten), C 95.

[133] So *Müller-Gugenberger*, in: *ders.* (Hrsg.), Wirtschaftsstrafrecht, § 47 Rn. 1 mit weit. Nachw.

[134] *R. Schmid*, Der Ausschreibungsbetrug als Problem der Strafgesetzgebung, S. 57.

Kartellabsprachen beteiligen, „bestraft" werden. Diese Schäden werden dadurch potenziert, daß die am Markt Beteiligten – von den Bauunternehmern über die Bauherren bis hin zu den Bauschätzern – die bei öffentlichen Ausschreibungen erzielten Preise als Bemessungsgrundlage für weitere Projekte heranziehen.[135] Von den überhöhten Baupreisen und den daraus resultierenden Mieterhöhungen werden letztlich alle Bürger geschädigt.[136]

II. Reformen

1. Vorschläge der Großen Strafrechtskommission und der Sachverständigenkommission zur Bekämpfung der Wirtschaftskriminalität

101 Die hohen Schäden, die dem Staat durch Submissionsabsprachen im Baubereich entstehen, haben bereits in den 60er Jahren zu der Forderung geführt, den Ordnungswidrigkeitentatbestand durch einen Straftatbestand zu ersetzen. Entsprechend enthielt der Entwurf der **Großen Strafrechtskommission** einen speziellen Sondertatbestand (§ 270 Entwurf 1962),[137] der nicht so sehr den Schutz des Wettbewerbs als vielmehr die Vorsorge gegenüber einer Übervorteilung der öffentlichen Hand bezweckte.[138] Die Strafwürdigkeit im Sinne des § 270 Abs. 1 Nr. 2 E62 sollte speziell dadurch begründet werden, daß die Gefährdung der öffentlichen Hand bei der Erfüllung von Gemeinschaftsaufgaben durch bestimmte rechtswidrige Mittel – Bestechung und Drohung – erfolgen mußte.[139]

102 Auch die **Sachverständigenkommission zur Bekämpfung der Wirtschaftskriminalität**[140] hat sich – veranlaßt durch die Aufnahme dieses Themas durch den 49. Deutschen Juristentag und das von *Tiedemann* dazu erstattete Gutachten[141] – für die teilweise Umwandlung der Kartellordnungswidrigkeiten in Straftatbestände ausgesprochen und einen gesonderten Tatbestand für Submissionsabsprachen und ähnliche Verhaltensweisen gefordert.[142] Dabei wurde die Strafwürdigkeit solcher Absprachen im strafrechtlichen Schrifttum nie in Frage gestellt.[143] Insgesamt wurden diese Vorschläge vom Gesetzgeber dennoch zunächst nicht übernommen.

2. Entwurf zum Zweiten Gesetz zur Bekämpfung der Wirtschaftskriminalität

103 Auch im Entwurf zum Zweiten Gesetz zur Bekämpfung der Wirtschaftskriminalität war im Anfangsstadium noch ein Straftatbestand des Submissionsbetrugs (§ 264 a StGB) vorgesehen, der **betrügerische Angebote bei Ausschreibungen** über Waren oder gewerbliche Leistungen unter Strafandrohung stellen wollte.[144] Dieser Vorschlag scheiterte

---

[135] *Häring*, Das Wettbewerbs- und Kartellrecht in der Bauwirtschaft, 1973, S. 58; vgl. auch *Oldigs*, Möglichkeiten und Grenzen der strafrechtlichen Bekämpfung von Submissionsabsprachen, S. 16.

[136] So *Oldigs*, Möglichkeiten und Grenzen der strafrechtlichen Bekämpfung von Submissionsabsprachen, S. 16.

[137] Vgl. dazu *Baumann* NJW 1992, 1662.

[138] Eingehend dazu *Franzen*, Die Strafbarkeit und Strafwürdigkeit von Submissionskartellen und Bietungsabkommen, S. 133 ff.

[139] *Franzen*, Die Strafbarkeit und Strafwürdigkeit von Submissionskartellen und Bietungsabkommen, S. 146 f.; kritisch zu § 270 E 62 *Tiedemann*, Kartellrechtsverstöße und Strafrecht, S. 118 ff.

[140] Näher dazu oben Kapitel 1 Rn. 94.

[141] *Tiedemann*, in: Verhandlungen des 49. Deutschen Juristentages 1972, Bd. I (Gutachten), C ff.

[142] Tagungsberichte der Kommission zur Bekämpfung der Wirtschaftskriminalität, Bd. X, 1976.

[143] *Baumann*, FS Oehler 1985, S. 292 ff.; *Otto* GA 1978, 218 ff.; *R. Schmid*, Der Ausschreibungsbetrug als ein Problem der Strafgesetzgebung, S. 67 ff.; *Tiedemann*, Kartellrechtsverstöße und Strafrecht, S. 26 ff., 95 ff.; *ders.* JZ 1986, 867.

[144] Eingehend dazu *Baumann*, FS Oehler 1985, S. 294 f.; *R. Schmid*, Der Ausschreibungsbetrug als ein Problem der Strafgesetzgebung, S. 76 ff., 194 ff.

jedoch am Widerstand des Wirtschaftsministeriums[145] und wurde auch im Rahmen der dann anstehenden fünften Kartellrechtsnovelle nicht wieder aufgegriffen.

3. Gesetz zur Bekämpfung der Korruption

Erst nachdem sich zeigte, daß die Rechtsprechungsänderung des BGH[146] im Jahre 1992 bezüglich der Anwendbarkeit des Betrugstatbestands auf Submissionsabsprachen keine grundlegende Änderung der Verhältnisse auf dem Baumarkt bewirkte und die Schadensfeststellung im Rahmen des Betrugs mit erheblichen Problemen verbunden war, wurde im Jahre 1997 der Straftatbestand der „Wettbewerbsbeschränkenden Absprachen bei Ausschreibungen" **(§ 298 StGB)** eingeführt.[147] 104

III. Erscheinungsformen der Submissionsabsprachen

Submissionsabsprachen betreffen vor allem den **Preis der Leistung**, können sich aber auch auf sonstige Aktionsparameter beziehen. Die Unternehmen vereinbaren in der Regel zunächst, wer von ihnen aufgrund des vorgeblich günstigsten Angebots den Zuschlag erhalten soll. Ein differenziertes Punktesystem ermöglicht es, daß alle an der Abgabe beteiligten Unternehmen zu einem bestimmten Zeitpunkt und zu einer bestimmten Gelegenheit zum Zuge kommen und den Zuschlag als günstigster Anbieter erhalten. 105

1. Absprachen zwischen Marktteilnehmern auf überschaubaren Märkten

Voraussetzung für die Entstehung von Submissionskartellen[148] ist in der Regel, daß die Unternehmen eine ungefähre **Vorstellung** davon haben, wer sich an der Ausschreibung beteiligen wird, um dann den **Kreis der möglichen Kartellteilnehmer** zu bestimmen.[149] Diese Unternehmen können sich dann abstimmen, um dadurch den Wettbewerb auszuschließen und so einen für sie günstigen Preis zu erzielen. Das Risiko liegt dann allein darin, daß sich noch unbekannte Wettbewerber an der Ausschreibung beteiligen. 106

2. Submissionsabsprachen und Korruption

In der Praxis wird nicht selten der Versuch unternommen, Mitarbeiter des (privaten oder öffentlichen) Auftraggebers zu **bestechen**, damit diese bei einer beschränkten Ausschreibung die anderen Wettbewerber preisgeben oder offenlegen, welche Unternehmen bei einer offenen Ausschreibung die Ausschreibungsunterlagen angefordert haben. Anschließend setzt man sich auch mit den **Außenseitern** in Verbindung, um sie zu bedrängen, sich dem **Kartell anzuschließen**. Daher stehen Submissionsabsprachen nicht selten im Zusammenhang mit **korruptiven Vorgehensweisen**.[150] 107

---

[145] Zur Einführung des Straftatbestands „Wettbewerbsbeschränkende Absprachen bei Ausschreibungen" (§ 298 StGB) vgl. unten Rn. 121 ff.

[146] BGHSt 38, 168 ff.

[147] Näher dazu unten Rn. 123.

[148] Allgemein zu den Erscheinungsformen der Submissionsabsprachen *Jaath*, FS K. Schäfer 1980, S. 90 ff.; *R. Schmid*, Der Ausschreibungsbetrug als ein Problem der Strafgesetzgebung, S. 4 ff.

[149] *Bangard* wistra 1997, 161.

[150] *Vgl. Müller-Gugenberger*, in: *ders.* (Hrsg.), Wirtschaftsstrafrecht, § 47 Rn. 16; *Oldigs*, Möglichkeiten und Grenzen der strafrechtlichen Bekämpfung von Submissionsabsprachen, S. 47 ff.; zur Notwendigkeit, Korruption und Submissionsabsprachen analytisch zu trennen, vgl. *Lüderssen*, in: *Dahs* (Hrsg.), Kriminelle Kartelle?, S. 58.

Weiterhin besteht die Möglichkeit, auf die entscheidenden Personen bei den vergebenden Stellen oder Unternehmen Einfluß zu nehmen. Neben Fällen offensichtlicher Korruption[151] ist die Methode verbreitet, die bestochenen Mitarbeiter des Auftraggebers anzuhalten, „Luftpost" in Ausschreibungsunterlagen einzuarbeiten, die bei den Außenseitern unnötige Zusatzkosten in der Kalkulation hervorruft. In ähnlicher Weise kann mit den **Mitarbeitern des Auftraggebers** vereinbart werden, daß qualitativ minderwertige Ausführungen der Kartellmitglieder später nicht gerügt werden, also de facto ein Verzicht auf Gewährleistungsansprüche vereinbart wird, was die Kartellmitglieder von vornherein mit kostensenkender Wirkung in ihre Kalkulation einbeziehen können. Auch auf diese Weise kann erreicht werden, daß ahnungslose Kartellaußenseiter ein weniger günstiges Angebot einreichen und deshalb den Zuschlag nicht erhalten.[152]

3. Nutzung des Nachverhandlungsverbots und Erteilung von Komplettaufträgen

108 Im Bereich des öffentlichen Vergaberechts fördert insbesondere das **Nachverhandlungsverbot**[153] die Entstehung von Submissionskartellen. Gerade weil die Anbieter der Leistungen wissen, daß die Vertragsbedingungen für alle identisch sind und nur das wirtschaftlichste Angebot den Zuschlag erhalten darf, werden sie in die Lage versetzt, sich über die Preise abzusprechen. Wenn Nachverhandlungen des Auftraggebers zulässig wären, könnte dadurch das Kartell gesprengt werden, weil dann unklar wäre, zu welchen Zugeständnissen der Auftraggeber die Kartellmitglieder in Einzelverhandlungen drängen würde. Diese Ungewißheit wird durch das Nachverhandlungsverbot ausgeschlossen.

Schließlich wird die Bildung von Submissionskartellen dadurch gefördert, daß die Auftraggeber aus Gründen der Ersparnis eigener Verwaltungskosten dazu neigen, **Komplettaufträge** zu erteilen.

IV. Submissionsabsprachen als Kartellordnungswidrigkeiten

109 Submissionsabsprachen unterfielen unproblematisch § 1 GWB a. F. i.V. m. § 38 GWB a. F. und sind auch nach der sechsten GWB-Novelle gemäß **§ 1 GWB i.V. m. § 81 Abs. 1 GWB** als Ordnungswidrigkeiten ahndbar. Das Bundeskartellamt hat in den vergangenen Jahren auch mehrfach Sanktionen gegen Unternehmen wegen Submissionsabsprachen in vielfacher Millionenhöhe verhängt.[154] Dies ist nach Inkrafttreten der sechsten Kartellrechtsnovelle weiterhin möglich. Durch die Einführung des § 298 StGB wurde es erforderlich, § 30 OWiG zu ergänzen. **§ 30 Abs. 2 S. 3 OWiG** sieht nunmehr vor, daß der Bußgeldrahmen bei Geldbußen gegen Unternehmen wegen Straftaten und Aufsichtspflichtverletzungen, bei denen die Pflichtverletzung mit Strafe bedroht ist, der subsidiären Ordnungswidrigkeit zu entnehmen ist, soweit dieser Bußgeldrahmen den für die Straftat als Anknüpfungstat vorgesehenen Bußgeldrahmen übersteigt.

---

151 S. dazu *Claussen*, Korruption im öffentlichen Dienst, 1995, S. 6 ff.

152 Vgl. *Bangard* wistra 1997, 161.

153 Vgl. § 24 Verdingungsordnung für Leistungen. Die Ausschreibungspflicht des Europäischen Vergaberechts beginnt bei öffentlichen Lieferaufträgen über 200 000 Ecu bzw. öffentlichen Bauaufträgen über 5 Mio. Ecu.

154 So z. B. im sog. *„Kabelfall"* insgesamt 265 Millionen DM; vgl. Presseinformation Bundeskartellamt Nr. 2/97 vom 2. 6. 1997.

V. Strafbarkeit von Submissionsabsprachen als Betrug

1. Rechtsprechung des Reichsgerichts und des Bundesgerichtshofs bis zum Jahre 1992

Während das RG in der Ausschaltung des Wettbewerbs durch die Anbieter einen Vermögensschaden sah,[155] hat der BGH im Jahre 1961 die gegenteilige Position vertreten und dargelegt, daß die Verhinderung der Abgabe günstiger Angebote noch **keinen Vermögensschaden** begründe. Vielmehr sei Voraussetzung eines Schadens, daß die aufgrund des manipulierten Angebots erbrachte Leistung weniger wert sei als die Gegenleistung des Auftraggebers.[156] Dieser Nachweis konnte aber in der Praxis kaum geführt werden, da die Einlassung, man habe den Preis so knapp wie möglich kalkuliert, ausreichte, um einen Vermögensschaden bei dem Auftraggeber zu verneinen.[157] Deshalb führte unredliches Bieterverhalten bei Ausschreibungen nur unter dem Gesichtspunkt der Schädigung von Mitbewerbern zur Betrugsstrafbarkeit.[158] 110

2. Änderung der Rechtsprechung des Bundesgerichtshofs in den „Rheinausbau"-Entscheidungen

Im Hinblick auf die Anwendbarkeit des Betrugstatbestands auf Submissionsabsprachen brachten die beiden *„Rheinausbau"*-Entscheidungen des BGH,[159] in denen der Betrugstatbestand auf Submissionsabsprachen grundsätzlich für anwendbar erklärt wurde, eine Änderung der Rechtslage.[160] Diese Entscheidungen betrafen den Zusammenschluß von Unternehmen bei der Ausschreibung eines Bauvorhabens durch die öffentliche Hand zu einem **Submissionskartell**. Die Schwierigkeiten bei der strafrechtlichen Bewertung lagen darin begründet, daß nach der Feststellung eines Sachverständigen zwischen der Bauleistung des vom Kartell herausgestellten Anbieters und der vom öffentlichen Auftraggeber geleisteten Bezahlung kein Mißverhältnis bestand, so daß nach herkömmlicher Rechtsauffassung ein Betrug nicht in Betracht kam. Gleichwohl hat der BGH einen **Schaden im Sinne des Betrugstatbestands** bejaht, weil der mit dem Anbieter vereinbarte Preis „höher als der erzielbare Wettbewerbspreis" gewesen sei. Der erzielbare Wettbewerbspreis wurde also an die Stelle des klassischen Äquivalenzverhältnisses von Leistung und Gegenleistung gesetzt. 111

a) Täuschungshandlung, Irrtumserregung und Vermögensverfügung

Submissionsabsprachen erfüllen regelmäßig die Voraussetzungen der Täuschung, der Irrtumserregung und der Vermögensverfügung des Getäuschten: Durch die Abgabe eines Angebots im Zusammenhang mit dem Umstand, daß es sich um eine Ausschreibung handelt, wird dem Angebotsempfänger gegenüber zumindest konkludent erklärt, daß der Anbietende keine Preisabsprachen mit Wettbewerbern getroffen hat und die angebotenen Preise deshalb das Ergebnis einer aufgrund der Konkurrenzsituation möglichst knappen Kalkulation sind, während der Wettbewerb tatsächlich durch die Vereinbarung ausgeschlossen ist. Hierin liegt eine **Täuschungshandlung**.[161] 112

---

155 RGSt 63, 188; ähnlich OLG Hamm NJW 1958, 1151.

156 BGHSt 16, 367 ff.; zustimmend *Gutmann* MDR 1963, 6; vgl. zu dieser Entscheidung auch *Oldigs*, Möglichkeiten und Grenzen der strafrechtlichen Bekämpfung von Submissionsabsprachen, S. 41 f.

157 *Bruns* NStZ 1983, 387; *Jaath*, FS K. Schäfer 1980, S. 111; *Müller-Gugenberger*, in: *ders.* (Hrsg.), Wirtschaftsstrafrecht, § 47 Rn. 13; vgl. auch *Moosecker*, FS Lieberknecht 1997, S. 408 f.

158 BGHSt 34, 379, 391; vgl. *Baumann* NJW 1992, 1664.

159 Zum Sachverhalt vgl. *Ranft* wistra 1994, 41 f.; *Seifert*, in: *Dahs* (Hrsg.), Kriminelle Kartelle?, S. 18 ff.

160 BGHSt 38, 186; BGH NJW 1995, 737 (*„Rheinausbau"*-Entscheidungen).

161 *Müller-Gugenberger*, in: *ders.* (Hrsg.), Wirtschaftsstrafrecht, § 47 Rn. 6; *Ranft* wistra 1994, 42.

Beim Auftraggeber wird ein entsprechender **Irrtum** erregt, sofern er keine Kenntnis von der Absprache hat. Selbst wenn er Zweifel hat, ob keine Absprache getroffen worden ist, schließt das einen Irrtum nicht aus.[162] Die **Vermögensverfügung** liegt in der Annahme des Angebots, da es sich hierbei um eine das Vermögen belastende Verfügung handelt.[163]

b) Vermögensschaden

113 Während die Tatbestandsmerkmale der Täuschung, Irrtumserregung und Vermögensverfügung in der Regel unproblematisch bejaht werden können, erweist sich die Feststellung eines Vermögensschadens häufig als problematisch. Bei dem **wirtschaftlichen Vermögensschaden**[164] kommt es auf die Wertminderung des Vermögens in seinem funktionalen Gesamtbestand, also auf die Beeinträchtigung der geldwerten Güter einer Person, an. Um beim Submissionsbetrug einen Schaden bejahen zu können, muß der vom Auftraggeber letztlich bezahlte Preis höher als derjenige sein, der ohne die zugrundeliegende Absprache und Täuschung zu zahlen gewesen wäre. Hierbei muß zwischen dem Eingehungsbetrug und dem Erfüllungsbetrug unterschieden werden; der auf Täuschung beruhende Eingehungsbetrug stellt im Falle der Erfüllung des Vertrags ein notwendiges Durchgangsstadium zum Erfüllungsbetrug dar.

aa) Eingehungsbetrug

114 Ein Eingehungsbetrug liegt vor, wenn beim Abschluß eines Vertrages der Vergleich der **Vermögenslage vor und nach dem Eingehen der schuldrechtlichen Verbindlichkeit** ergibt, daß der Betroffene wirtschaftlich schlechter gestellt ist als zuvor.[165] Wenn der Auftraggeber infolge der Täuschung ein Entgelt verspricht, das nicht mehr angemessen ist, liegt unstreitig ein Schaden vor.

115 Darüber hinaus bejaht der **BGH bei Submissionsabsprachen** in der ersten *„Rheinausbau"*-Entscheidung einen Schaden, wenn infolge der Ausschaltung des Wettbewerbs ein höherer Preis vereinbart wird, als nach den Verhältnissen des Marktes erforderlich ist, auch wenn der Preis nicht unangemessen ist. Der BGH stellt nämlich darauf ab, ob der tatsächliche Angebotspreis über dem „Wettbewerbspreis" liegt.[166] Dabei kann der über Angebot und Nachfrage gebildete Marktpreis (Wettbewerbspreis) – so der BGH – nach den Umständen des Einzelfalles hinsichtlich derselben Ware und der Dienstleistung unterschiedlich sein.[167] Dieser bei Submissionsabsprachen vom BGH zugrunde gelegte „hypothetische Wettbewerbspreis" entspricht dem Preis, der sich bei ordnungsgemäßer Durchführung des Ausschreibungsverfahrens gebildet hätte, sich also aus dem günstigsten Angebot ergeben hätte.[168] Der Schaden liegt zwischen dem Zuschlag und dem hypothetischen – durch keine Submissionsabsprache verfälschten – Wettbewerbspreis.

---

[162] *Oldigs*, Möglichkeiten und Grenzen der strafrechtlichen Bekämpfung von Submissionsabsprachen, S. 61 f.

[163] *Ranft* wistra 1994, 42.

[164] BGHSt 3, 102; 15, 83; 16, 221; *Tröndle/Fischer*, StGB, § 263 Rn. 27.

[165] BGHSt 3, 99; 15, 24; 16, 220; 16, 321; 16, 367; 22, 88; 23, 300; 30, 389; BGH NJW 1985, 1563 mit Anm. *Seelmann* JR 1986, 346 f. und *Ranft* Jura 1992, 75 f.; BGH NJW 1991, 2573; vgl. auch *Ranft* JR 1994, 523.

[166] BGHSt 38, 186 ff. mit Anm. *Baumann* NJW 1992, 1661 ff.; *Cramer* NStZ 1993, 40 ff.; *Joecks* wistra 1992, 247 ff.; *Kramm* JZ 1993, 422 ff.; vgl. auch *Achenbach* NStZ 1993, 428; *Broß/Thode* NStZ 1993, 370; *Hefendehl* ZfBR 1993, 164; *Kerner/Rixen* GA 1996, 387; *Mitsch* JZ 1994, 889; *Otto* JZ 1993, 656; *ders.* ZRP 1996, 300; *Quack* BauR 1992, 387 f.; *Ransiek* StV 1996, 452; *Seifert*, in: *Dahs* (Hrsg.), Kriminelle Kartelle?, S. 22 ff.; kritisch *Ranft* wistra 1994, 41.

[167] A. A. die Vorinstanz LG Frankfurt NStZ 1991, 86.

[168] BGHSt 38, 196; BGH NJW 1995, 738.

Die Schadensfeststellung stellt hauptsächlich ein **Beweisproblem** dar. Deshalb nennt der BGH mehrere Indizien dafür, daß der Auftraggeber bei funktionierendem Wettbewerb mit hoher Wahrscheinlichkeit tatsächlich ein geringeres Entgelt hätte versprechen und zahlen müssen. Es handelt sich um folgende **drei Kriterien**: die Tatsache, daß es zu einer Kartellabsprache gekommen ist; die naheliegende Beeinflussung des Preises durch den Wegfall des Geheimwettbewerbs; die Zahlung von Präferenzen an Kartellmitglieder bzw. die Vornahme von Ausgleichszahlungen an Kartellaußenseiter.

Zu der im Einzelfall vom Tatrichter vorzunehmenden Würdigung und zu dem erforderlichen **Grad der richterlichen Überzeugung** hinsichtlich des Schadens führt der BGH aus, daß Voraussetzung einer Verurteilung nach § 263 StGB die auf der Grundlage von Indizien erlangte Überzeugung des Tatrichters ist, daß der Auftraggeber mit hoher Wahrscheinlichkeit ein nur geringeres Entgelt hätte versprechen müssen, sofern die Absprache nicht vorgelegen hätte. Wenn der Tatrichter in diesem Sinne vom grundsätzlichen Vorliegen eines Schadens überzeugt sei, solle er dessen Höhe unter Beachtung des Zweifelssatzes schätzen dürfen, wenn seine genaue Ermittlung nicht möglich sei.[169]

In der Entscheidung *„Rheinausbau II"* hat der BGH diese Grundsätze bestätigt und weiter vertieft. Insbesondere hebt er hervor, daß **Ausgleichszahlungen** „ein sehr gewichtiges Indiz" für das Vorliegen eines überhöhten Preises sind.[170] Wenn man diese Kriterien als ausreichend ansieht, um einen Eingehungsbetrug zu begründen und diese Indizien großzügig – wie der BGH – handhabt, ist dem **Tatrichter ein weiter Spielraum** für die Schadensfeststellung und dessen Schätzung eröffnet,[171] so daß ein erheblicher Teil der Kartellordnungswidrigkeiten nunmehr unter den Straftatbestand des § 263 StGB subsumiert werden kann. 116

In der Literatur ist an den *„Rheinausbau"*-Entscheidungen teilweise erhebliche **Kritik** geübt worden.[172] Bedenken werden zum einen im Hinblick auf die Möglichkeit, den hypothetischen **Wettbewerbspreis mit an Sicherheit grenzender Wahrscheinlichkeit festzustellen**, erhoben.[173] Wenn ein funktionsfähiger Wettbewerb wegen der Submissionsabsprache nicht stattfinden könne, könne auch nicht angenommen werden, daß ohne die Absprache ein niedrigerer Preis erzielbar gewesen wäre. Zum anderen sei der hypothetische Marktpreis als Basis einer Schadensberechnung unbrauchbar, weil bei der Ausschreibung von Bauleistungen wegen ihrer Einmaligkeit der Preis für die zu erbringende Leistung nicht der einzige Parameter einer Ausschreibung sei. Eine Ausschreibung beruhe stets auf einer Kombination zwischen Leistungs-, Qualitäts- und Preiswettbewerb. Deshalb müßten bei der Berechnung des hypothetischen Wettbewerbspreises alle in Betracht kommenden Parameter zueinander in Beziehung gesetzt werden.[174] 117

Selbst wenn sich ein hypothetischer Marktpreis feststellen läßt, bleibt die Frage offen, inwieweit in der **Chance auf einen günstigeren Vertragsabschluß** ein strafrechtlich geschützter Vermögensbestandteil gesehen werden kann. Im Hinblick darauf, daß das durch § 263 StGB geschützte Vermögen auch tatsächliche Erwerbsaussichten umfaßt, wenn diese nur hinreichend konkretisiert sind und ihnen im Wirtschaftsverkehr ein eigener Wert zugemessen wird, kann die Chance des Ausschreibenden, einen Vertrag zu einem günstigen Preis abzuschließen, bereits als Vermögensbestandteil angesehen werden. Voraussetzung hierfür ist allerdings, daß durch die Submissionsabsprache ein dem Ausschreibenden vorliegendes Angebot, das dieser nur anzunehmen braucht, vernichtet wird.

---

169 BGHSt 38, 193 unter Berufung auf BGHSt 36, 328.

170 BGH NJW 1995, 738; vgl. zur entsprechenden Argumentation bei Schmiergeldzahlungen BGH wistra 1997, 337.

171 *Tiedemann* ZRP 1992, 150.

172 *Geerds* DWiR 1992, 120 ff.; *Joecks* wistra 1992, 247; *Moosecker*, FS Lieberknecht 1997, S. 417 ff.

173 *Lüderssen* wistra 1995, 247; *Moosecker*, FS Lieberknecht 1997, S. 426.

174 *Cramer*, Zur Strafbarkeit von Preisabsprachen in der Bauwirtschaft, 1995, S. 15; *ders.*, in: *Dahs* (Hrsg.), Kriminelle Kartelle?, S. 29 ff.; zur Notwendigkeit, auf die konkreten Umstände des Einzelfalles abzustellen, vgl. auch *Satzger*, Der Submissionsbetrug, 1994, S. 133 ff.

Hieran fehlt es aber bei Submissionsabsprachen in aller Regel, weil der Anbieter einem Kartell gegenübersteht, das von vornherein nicht bereit ist, eigenständig kalkulierte Angebote abzugeben. Damit kann in aller Regel weder davon gesprochen werden, daß sich eine solche abstrakte Chance nach dem gewöhnlichen Verlauf der Dinge zu dem erhofften Vermögenszuwachs weiter entwickeln wird, noch daß eine solche Aussicht schon insoweit konkretisiert ist, daß die Realisierung der Chance auch nur wahrscheinlich ist. Es fehlt daher an einer schützenswerten Exspektanz.[175]

118 Die vom BGH aufgestellten Kriterien werden in der Literatur teilweise als geeignet angesehen, eine hinreichende Grundlage für die richterliche Überzeugungsbildung hinsichtlich des Vorliegens eines Vermögensschadens zu vermitteln.[176] Teilweise werden jedoch auch **Bedenken gegen die Tragfähigkeit der** vom BGH genannten **Indizien** erhoben:[177] Als erstes Indiz für die Annahme eines Vermögenschadens führt der BGH an, daß eine **Submissionsabsprache getroffen** worden ist. Submissionskartelle würden – so der BGH – nicht gebildet und am Leben erhalten, wenn sie ihren Mitgliedern keine höheren als die sonst erzielbaren Marktpreise brächten. Der Zweck einer Kartellabsprache kann jedoch ausnahmsweise auch in der Existenzsicherung eines Unternehmens liegen, ohne die wiederum eine Wettbewerbssituation nicht denkbar ist. Insbesondere zielen nicht alle Kartellabsprachen auf einen Vermögensschaden des Ausschreibenden durch Verhinderung eines leistungsgerechten Wettbewerbs ab. Es kann daher nicht generell unterstellt werden, daß Preisabsprachen stets auf höhere als die unter Wettbewerbsbedingungen möglichen Marktpreise abzielen.[178]

Als zweites Indiz nennt der BGH die **Preisbildung ohne Wettbewerbsdruck**. Es liege nahe – so der BGH –, daß unter dem Druck des Wettbewerbs und in Unkenntnis der Angebote anderer die am Auftrag interessierten Unternehmen schärfer kalkulieren und ihre Leistungen zu niedrigeren Preisen anbieten als Unternehmen, die mit keinen Konkurrenzangeboten zu rechnen haben. Hiergegen wendet sich *Cramer* mit der Begründung, daß im Wege einer Hochrechnung aus dem üblichen Verhalten von Unternehmen auf ein Verhalten im Einzelfall geschlossen werde. Es sei jedoch für den jeweiligen Einzelfall festzustellen, in welchem Maße es zu einer Beschränkung des Wettbewerbs zum Zwecke der Erzielung höherer Preise gekommen sei. Wenn der „Nullpreis" von den Kartellmitgliedern als Angebotspreis ausgehandelt worden sei, komme dieser ebenfalls aufgrund eines Wettbewerbs zustande, weil die einzelnen Mitglieder dafür sorgten, daß der „Nullpreis" nicht so hoch angesetzt wird, daß der den Zuschlag Erhaltende überdurchschnittliche Gewinne macht. Insbesondere in Fällen knapper Auftragslage liege die Vermutung nahe, daß kein überhöhter Preis, sondern ein solcher Preis, der den Fortbestand des Unternehmens sichere, gebildet und dem Angebot zugrunde gelegt werde.[179]

Das wichtigste Indiz ist nach Auffassung des BGH die **Leistung von Präferenzen** an mitbietende oder nichtbietende Kartellmitglieder und **von Ausgleichszahlungen** an Kartellaußenseiter. Solche Leistungen würden nur vorgesehen und auch geleistet, wenn der Angebotspreis über dem „hypothetischen Wettbewerbspreis" liege. Dies ist zwar dann der Fall, wenn die Ausgleichszahlung dazu dient, bei der Vergabe nicht berücksichtigte Unternehmen ohne Leistung am Gewinn zu beteiligen, nicht hingegen bei Notkartellen, durch die sichergestellt werden soll, daß jedes Unternehmen einmal mit öffentlichen Aufträgen bedacht wird. Diesbezüglich hebt *Cramer*[180] hervor, daß die Erreichung dieses Ziels davon abhänge, daß in absehbarer Zeit neue Ausschreibungen erfolgen, an denen

---

[175] *Ranft* wistra 1994, 43.

[176] So z. B. *Satzger*, Der Submissionsbetrug, S. 125 ff.

[177] So insbesondere von *Cramer*, in: *Dahs* (Hrsg.), Kriminelle Kartelle?, S. 37 ff.

[178] *Cramer*, in: *Dahs* (Hrsg.), Kriminelle Kartelle?, S. 38; *Ranft* wistra 1994, 43; *Lüderssen* wistra 1995, 243; *Moosecker*, FS Lieberknecht 1997, S. 418 f.

[179] *Cramer*, in: *Dahs* (Hrsg.), Kriminelle Kartelle?, S. 38 f.; vgl. auch *Moosecker*, FS Lieberknecht 1997, S. 419 f.

[180] *Cramer*, in: *Dahs* (Hrsg.), Kriminelle Kartelle?, S. 40 f.

sich die zunächst nicht berücksichtigten Unternehmen nun mit Erfolg beteiligen können. Da man jedoch nicht wisse, wann ein neues Projekt ausgeschrieben werde, müßten Wege gefunden werden, um in der Zwischenzeit die Existenz der zunächst nicht berücksichtigten Unternehmen zu sichern. Soweit durch eine kontinuierliche Auslastung der Kapazitäten die Vorhaltekosten gesenkt werden, könnten Absprachen letztlich auch zu Preisreduzierungen für den öffentlichen Auftraggeber führen, da der darin liegende Vorteil in aller Regel zumindest teilweise auch an diesen weitergegeben werde. Das vom BGH genannte Kriterium der Zahlung von Präferenzen und Ausgleichszahlungen ist als Indiz für einen hypothetischen Wettbewerbspreis unterhalb des tatsächlichen Angebotspreises unter Umständen schwach. Denn wie sich ein Anbieter in einer unverfälschten Wettbewerbssituation verhalten hätte, hängt von zahlreichen Umständen, insbesondere von der tatsächlichen Auftragslage ab.[181]

Der gegen die Ausführungen des BGH erhobene Einwand, **Ausgleichszahlungen** seien ohne jeden **Aussagewert** für den hypothetischen Wettbewerbspreis, weil diese Ausgleichszahlungen lediglich den Gewinn des Zahlenden schmälern, nicht aber auf den Angebotspreis aufgeschlagen würden, dürfte gleichwohl in der Regel zu widerlegen sein, wie das *„Rheinausbau"*-Verfahren[182] zeigt:[183] Der Ermittlung des sog. Nullpreises für das zu schützende Angebot lagen ursprünglich Preisangaben der neuen Kartellmitglieder zwischen 10 Mio. und 16,85 Mio. DM zugrunde. Der sog. Nullpreis wurde auf einer Ausgangsbasis von 15 Mio. DM wegen der Ausgleichszahlungen auf 18,9 Mio. DM festgelegt. An Ausgleichs- und Präferenzzahlungen waren in diesem Preis 5,15 Mio. DM eingeschlossen.[184] 119

bb) Erfüllungsbetrug

Weiterhin zieht der BGH das Vorliegen eines Erfüllungsbetrugs in Betracht, obwohl er einen Eingehungsbetrug bejaht hat.[185] Beim Erfüllungsbetrug ist der Schaden mittels eines **Vergleichs des vertraglichen Anspruchs**, den der Verletzte vor der Täuschung hatte, mit dem, was er tatsächlich **durch die Erfüllung erlangt** hat, zu ermitteln.[186] Ob die vertragsgemäße Ausführung ein „gutes" oder ein „schlechtes" Geschäft ist, ist irrelevant, da § 263 StGB keine ausgewogenen Vertragsverhältnisse, sondern den Schutz gegen vermögensschädigende Täuschungen gewährleisten soll.[187] 120

Der BGH hat einen Erfüllungsbetrug bei Submissionsabsprachen in der *„Rheinausbau I"*-Entscheidung[188] unter Rückgriff auf die § 5 Abs. 3, § 7 und § 9 der Verordnung PR Nr. 1/72 über die Preise für Bauleistungen bei öffentlichen oder mit öffentlichen Mitteln finanzierten Aufträgen vom 6. März 1972 bejaht, falls nicht schon ein Eingehungsbetrug vorliegt. Nach diesen Vorschriften hat eine unzulässige Beschränkung des Wettbewerbs durch Preisabsprachen zur Folge, daß der vereinbarte Preis automatisch auf den Selbstkostenfestpreis beschränkt wird. Wenn die Unternehmen – so der BGH – dieser Konsequenz entgehen wollen, könne dies unter dem Gesichtspunkt des Erfüllungsbetrugs Bedeutung erlangen.[189] Der Schadensnachweis aufgrund der **Selbstkostenfestpreis-Regelung** setzt dabei die Feststellung voraus, daß der Selbstkostenfestpreis niedriger ist als der vertraglich ausbedungene Preis.[190] Zu demselben Ergebnis kommt die unter wett-

---

181 *Ranft* wistra 1994, 43 f.; vgl. auch *Joecks* wistra 1992, 251.
182 BGHSt 38, 194.
183 *Otto* wistra 1999, 44.
184 Vgl. auch *Huhn*, Die strafrechtliche Problematik des Submissionsbetruges, S. 234.
185 Kritisch dazu *Ranft* wistra 1994, 44.
186 RGSt 16, 10; 40, 27; BGHSt 12, 347; *Lenckner* MDR 1961, 652; *ders.* NJW 1962, 59.
187 OLG Stuttgart NStZ 1981, 481 mit Anm. *Bloy* JR 1982, 471.
188 BGH NJW 1992, 923 (in BGHSt 38, 186 ff. nicht abgedruckt).
189 Zustimmend *Geerds* DWiR 1992, 122.
190 Näher dazu *Oldigs*, Möglichkeiten und Grenzen der strafrechtlichen Bekämpfung von Submissionsabsprachen, S. 81 ff.

bewerbsrechtlichen Aspekten konsequente Argumentation von *Tiedemann*, der vorschlägt, den Vermögensschaden im Rahmen von Submissionsabsprachen zu normativieren und stets dann zu bejahen, wenn festgestellt wird, daß das von dem Ausschreibenden angenommene Angebot kein echtes Wettbewerbsangebot war, sondern auf einem durch Submissionsabsprache verfälschten Wettbewerb beruhte.[191]

Weiterhin stützt der BGH den Erfüllungsbetrug darauf, daß der getäuschte Auftraggeber mindestens zeitweilig an der **Geltendmachung ihm zustehender Schadensersatzansprüche** gegenüber absprachebeteiligten Dritten **gehindert** werde.

VI. Wettbewerbsbeschränkende Absprachen bei Ausschreibungen (§ 298 StGB)

1. Entstehungsgeschichte

121 Durch die *„Rheinausbau"*-Entscheidungen des BGH ist keine grundlegende Änderung der Verhältnisse auf dem Baumarkt eingetreten.[192] Entsprechend gering hat der Gesetzgeber die Effektivität der durch den BGH eröffneten Möglichkeit, Submissionsabsprachen durch die Bestrafung als Betrug zu bekämpfen, eingeschätzt[193] und mit § 298 StGB den Straftatbestand der „Wettbewerbsbeschränkenden Absprachen bei Ausschreibungen" eingeführt. Zur Begründung der **Notwendigkeit dieses Straftatbestandes** beruft sich der Gesetzgeber[194] zum einen auf die Erfahrungen der letzten Jahrzehnte, in denen Preisabsprachen in der Bauwirtschaft ständig auftraten. Hierbei habe sich bestätigt, daß präventive Maßnahmen im Ausschreibungsverfahren nicht ausreichend seien und der general- und spezialpräventive Effekt der einschlägigen Bußgeldtatbestände naturgemäß beschränkt sei. Zwar habe der BGH in den genannten Entscheidungen Wege aufgezeigt, den Schadensnachweis für den Betrug zu führen. Jedoch zeige die an diesen Entscheidungen in der Literatur geübte Kritik, daß eine Lösung durch den Gesetzgeber geboten sei. Schließlich habe die Praxis erwiesen, daß trotz der vom BGH aufgezeigten Möglichkeiten des Schadensnachweises die Verfolgung entsprechender Taten nach wie vor häufig an der Beweisbarkeit eines Vermögensschadens scheitere.

122 In einem Entwurf des Bundesrats[195] war die Einführung eines § 264 b StGB – **Ausschreibungsbetrug** – vorgesehen. Hiernach sollte die Abgabe eines Angebots unter Verheimlichung oder Unterdrückung einer auf die Annahme eines bestimmten Angebots abzielenden Absprache unter Strafe gestellt werden und der Ausschreibungsbetrug zum Betrugstatbestand subsidiär sein. Hiervon wich der Gesetzgeber maßgeblich ab, indem er sich dem Vorschlag der Bundesregierung und der damaligen Koalitionsfraktionen anschloß, die einen **eigenständigen Straftatbestand zum Schutz des freien Wettbewerbs** unter Verzicht auf ein Täuschungselement und das Erfordernis eines Vermögensschadens forderten.[196]

123 Die Neuregelung erfolgte im Rahmen des am 20. 8. 1997 in Kraft getretenen **Gesetzes zur Bekämpfung der Korruption**,[197] mit dem unter anderem das Ziel verfolgt wird, im Strafgesetzbuch die Straftatbestände wegen besonders strafwürdiger Verhaltensweisen,

---

[191] *Tiedemann*, Wettbewerb und Strafrecht, S. 18.

[192] *Otto* wistra 1999, 46.

[193] BGHSt 38, 186 ff.; BGH NJW 1995, 737 ff.

[194] BT-Drucks. 13/3353, S. 8 ff. Zur Entstehungsgeschichte vgl. *Oldigs*, Möglichkeiten und Grenzen der strafrechtlichen Bekämpfung von Submissionsabsprachen, S. 55 ff.; *Korte*, in: *Dahs* (Hrsg.), Kriminelle Kartelle?, S. 43 ff.

[195] BT-Drucks. 13/3353.

[196] BT-Drucks. 13/5584.

[197] Gesetz vom 13. 8. 1997, BGBl. I S. 2038.

die dem Prinzip des freien Wettbewerbs zuwiderlaufen, zusammenzufassen und dadurch dem Umstand Rechnung zu tragen, daß sich das Strafrecht nicht mehr auf den Schutz der traditionellen Rechtsgüter wie Leben, Leib, Freiheit, Ehre, Eigentum und Vermögen beschränken dürfe, sondern auch den Schutz überindividueller Interessen mit einbeziehen müsse. Mit dem neuen Straftatbestand des § 298 StGB hat die jahrzehntelang geführte Diskussion über die Strafbarkeit des Submissionsbetruges[198] einen vorläufigen Abschluß gefunden. Außerdem wurde für den privaten Bereich die „Bestechlichkeit und Bestechung im öffentlichen Verkehr", die bislang in § 12 UWG bereits als Straftatbestand geregelt war, nunmehr als § 299 StGB im Strafgesetzbuch loziert.[199]

2. Ausgestaltung der gesetzlichen Regelung

Durch den Straftatbestand des § 298 StGB wird ein Teilbereich der bisherigen Ordnungswidrigkeiten wegen ihres „qualifizierten Unrechtsgehalts" zu einer Straftat hochgestuft.[200] 124

a) Geschütztes Rechtsgut und Ausgestaltung als abstraktes Gefährdungsdelikt

Die Vorschrift des § 298 StGB schützt den **freien Wettbewerb**. Im Vordergrund steht hier die Freiheit der Marktkonkurrenz von unlauteren, nicht offenbarten Einflüssen, die das Austauschverhältnis von Waren und Leistungen einseitig zugunsten eines Beteiligten verzerren.[201] Dadurch soll das Funktionieren des auf dem Leistungsprinzip beruhenden Wettbewerbs sichergestellt werden.[202] Hierbei handelt es sich um ein in hohem Maße von gesetzlichen Vorgaben bestimmtes und vielfältigen Wandlungen unterworfenes Rechtsgut. Das Vermögen des Veranstalters der Ausschreibung und der (möglichen) Mitbewerber gilt lediglich als mitgeschützt.[203] 125

Der Straftatbestand des § 298 StGB stellt die Abgabe von auf Absprachen beruhenden Angeboten auf eine Ausschreibung unter Strafandrohung.[204] Es wurde bewußt auf das Erfordernis der Täuschung und des Vermögensschadens verzichtet und so der Schutz des freien Wettbewerbs durch ein **abstraktes Gefährdungsdelikt** gewährleistet.[205] 126

b) Ausschreibungen über Waren oder gewerbliche Leistungen

§ 298 Abs. 1 StGB stellt die Abgabe von auf Absprachen beruhenden Angeboten auf eine Ausschreibung unter Strafandrohung. Eine **Ausschreibung** im Sinne des Absatzes 1 ist ein Verfahren, mit dem ein Veranstalter Angebote einer unbestimmten Vielzahl von Anbietern für die Lieferung bestimmter Waren oder das Erbringen bestimmter Leistungen einholt. Sie kann als öffentliche Ausschreibung (VOB/A Abschn. 1 § 3 Nr. 1 Abs. 1, VOL/A Abschn. 1 § 3 Nr. 1 Abs. 1), der im Anwendungsbereich von EG-Koordinierungsrichtlinien das Offene Verfahren (VOB/A, VOL/A Abschn. 2 § 3 a Nr. 1 a) entspricht, oder als 127

---

198 Vgl. den Überblick bei *Baumann* NJW 1992, 1661 ff.

199 Vgl. dazu 1. Kapitel Rn. 76.

200 BT-Drucks. 13/5584, S. 9, 13; vgl. auch *König* JR 1997, 402; *Korte* NStZ 1997, 516; *Wolters* JuS 1998, 1101; kritisch dazu *Lüderssen* BB 1996, Beilage Nr. 11.

201 BT-Drucks. 13/5584, S. 13; *Achenbach* WuW 1997, 959; *Korte* NStZ 1997, 516; *Otto* wistra 1999, 42; *Tröndle/Fischer*, StGB, Vor § 298 Rn. 6; kritisch dazu *Oldigs*, Möglichkeiten und Grenzen der strafrechtlichen Bekämpfung von Submissionsabsprachen, S. 119; *ders.* wistra 1998, 293; *Stächelin*, Strafgesetzgebung im Verfassungsstaat, 1998, S. 309.

202 Eingehend dazu *Tiedemann*, Wirtschaftsstrafrecht und Wirtschaftskriminalität, Bd. 2, S. 19 ff.

203 BT-Drucks. 13/5584, S. 13; *Achenbach* WuW 1997, 959; *Kleinmann/Berg* BB 1998, 279; *Otto* wistra 1999, 42; *Tröndle/Fischer*, StGB, § 298 Rn. 6.

204 Eingehend dazu *Wolters* JuS 1998, 1101 f.; vgl. auch *Regge/Rose/Steffens* JuS 1999, 159 ff.

205 *Tröndle/Fischer*, StGB, § 298 Rn. 5; *König* JR 1997, 402.

Beschränkte Ausschreibung (VOB/A, VOL/A Abschn. 1 § 3 Nr. 1 Abs. 2) erfolgen bzw. im Nichtoffenen Verfahren (VOB/A, VOL/A Abschn. 2 § 3 a Nr. 1 b) erfolgen.[206]

§ 298 Abs. 2 StGB stellt der Ausschreibung im Sinne des Absatzes 1 die **freihändige Vergabe** eines Auftrages nach vorangegangenem Teilnahmewettbewerb gleich. Sonstige Vergabearten, insbesondere wenn kein Teilnahmewettbewerb vorausgegangen ist, werden von § 298 StGB nicht erfaßt und werden nur durch Geldbußen gemäß § 81 Abs. 1 Nr. 1 GWB geschützt.

128 Der Anwendungsbereich der § 298 Abs. 1 und 2 StGB ist nicht auf Vergabeverfahren der öffentlichen Hand beschränkt. Vielmehr werden auch Ausschreibungen und freihändige Vergaben **durch private Unternehmen**, die nicht an die VOB/A, VOL/A und VOF gebunden sind, erfaßt, soweit die privaten Vergabeverfahren gleich oder ähnlich ausgestaltet sind.[207] Die verbleibenden Fälle werden durch die Bußgeldvorschriften des GWB erfaßt.

c) Abgabe eines Angebots

129 **Tathandlung** ist die Abgabe eines Angebots, das auf einer rechtswidrigen Absprache beruht. Informelle Bemühungen um eine Auftragserlangung, die noch kein Angebot innerhalb des geregelten Verfahrens sind, sind nicht nach § 298 StGB strafbar, können aber die Voraussetzungen eines Betrugsversuchs erfüllen. Ein Angebot ist abgegeben und die Tat damit vollendet, wenn es dem Veranstalter so zugeht, daß es bei ordnungsgemäßem Ablauf im Ausschreibungsverfahren berücksichtigt werden kann. Wenn der Anbieter und ein Mitarbeiter des Veranstalters kollusiv zusammenwirken, indem z. B. ein zurückdatiertes Angebot nachgereicht wird, ist die Tat erst vollendet, wenn das Angebot in den ordnungsgemäßen Geschäftsgang des Veranstalters gelangt.[208] Die Annahme des Angebots und die Leistungserbringung gehören nicht mehr zum Tatbestand, auch nicht als dessen Beendigungsphase.[209] Dies hat zur Folge, daß die Verjährung bereits mit Zugang des Angebots beginnt und auch eine Beteiligung nach der Vollendung nicht mehr möglich ist.[210]

d) Angaben über Waren oder gewerbliche Leistungen

130 Die Ausschreibung muß sich auf **Waren oder gewerbliche Leistungen** beziehen. Hierzu gehören alle entgeltlichen Leistungen im Geschäftsverkehr einschließlich der Leistungen der freien Berufe, da der Begriff der Gewerblichkeit – entsprechend den Begriffen in den kartellrechtlichen Bestimmungen – extensiv auszulegen ist.[211]

e) Rechtswidrige Absprache

131 Das Angebot muß auf einer rechtswidrigen Absprache beruhen. Unter einer **Absprache** ist ein Übereinkommen unter den potentiellen Anbietern und Veranstaltern über das Verhalten im Ausschreibungsverfahren bzw. bei der freihändigen Vergabe zu verstehen. Eine Absprache kann zwischen mehreren Anbietern oder zwischen mindestens einem Anbieter und Personen auf der Seite des Veranstalters darüber getroffen werden, daß ein oder mehrere bestimmte Angebote abgegeben werden.[212] Bloße Kontakte und Gespräche darüber, wer an der Vergabe interessiert ist und ein Angebot abgeben will, reichen nicht aus.[213]

---

[206] Näher dazu *Rust* EuZW 1999, 453 ff. m. weit. Nachw.

[207] *Lackner/Kühl*, Strafgesetzbuch, 23. Aufl. 1999, § 298 Rn. 2; *Tröndle/Fischer*, StGB, § 298 Rn. 9.

[208] *Tröndle/Fischer*, StGB, § 298 Rn. 11.

[209] *Lackner/Kühl*, StGB, § 298 Rn. 7; a. A. *König* JR 1997, 402.

[210] *Lackner/Kühl*, StGB, § 298 Rn. 7.

[211] *Kleinmann/Berg* BB 1998, 229; *Klusmann*, in: *Wiedemann* (Hrsg.), Handbuch des Kartellrechts, § 56 Rn. 15; *Lackner/Kühl*, StGB, § 298 Rn. 2; *Otto* wistra 1999, 41; *Tröndle/Fischer*, StGB, § 298 Rn. 10.

[212] *Tröndle/Fischer*, StGB, § 298 Rn. 12, 14.

[213] BT-Drucks. 13/5584, S. 13; *König* JR 1997, 402.

Das Tatbestandsmerkmal der Absprache setzt kein Zustandekommen eines Vertrages voraus. Problematisch ist, ob auch „**abgestimmte Verhaltensweisen**" erfaßt werden. Teilweise wird hierin ein Verstoß gegen das Analogieverbot gesehen,[214] teilweise wird hingegen eine extensive Auslegung für zulässig angesehen.[215] Jedenfalls wenn die Koordination der Unternehmen durch wechselseitige Informationen oder zukünftiges Marktverhalten erfolgt, sind die Voraussetzungen einer Absprache erfüllt.[216]

Die Absprache muß **rechtswidrig** sein. Dies ist der Fall, wenn sie sich als ein nach § 1 **132**
GWB unwirksamer Vertrag oder als eine verbotene abgestimmte Verhaltensweise darstellt.[217] Hingegen sind nach §§ 3 bis 7 GWB legalisierte Kartelle (z. B. Rationalisierungs- und Mittelstandskartelle) nicht rechtswidrig und deshalb nicht tatbestandsmäßig, da es sich bei der Rechtswidrigkeit der Absprache um ein Tatbestandsmerkmal handelt.[218]

f) Veranlassen eines bestimmten Angebots als Ziel der Absprache

Ziel der Absprache muß es sein, den Veranstalter zur Annahme eines bestimmten Ange- **133**
bots zu **veranlassen**. Dabei kommt es nicht darauf an, daß die Vereinbarung auf die Annahme des Angebots eines ganz bestimmten Anbieters gerichtet ist. Es reicht aus, wenn die Absprache auf die **Festlegung eines bestimmten Inhalts** des Angebots beschränkt ist, auch wenn es den Anbietern freigestellt ist, ob sie ein Angebot mit dem abgesprochenen Inhalt machen.

Auf das **Verheimlichen der Kartellabsprache** vor dem Veranstalter kommt es **nicht** **134**
an.[219] Der Gesetzgeber hat auf diese Einschränkung verzichtet, um auch diejenigen Fälle zu erfassen, bei denen der Bieter kollusiv mit dem Veranstalter oder einem Mitarbeiter des Veranstalters zusammenarbeitet.[220]

g) Vorsatz

Im subjektiven Bereich ist Vorsatz bezüglich aller Tatbestandsmerkmale – Ausschreibung, **135**
Absprache und deren Rechtmäßigkeit, Angebotsabgabe, Kausalbeziehung zwischen Absprache und Angebot – erforderlich. Hierfür reicht **bedingter Vorsatz** aus.[221] Darüber hinaus muß sich der Vorsatz auf das Ziel der Absprache, die Annahme eines bestimmten Angebots zu veranlassen, beziehen.[222]

h) Tätige Reue

§ 298 Abs. 3 StGB enthält in Anlehnung an die §§ 264 Abs. 4, 264 a Abs. 3 und 265 b **136**
Abs. 2 StGB eine Regelung für die tätige Reue, nach der straflos bleibt, wer freiwillig die Angebotsannahme oder spätere Leistungserbringung durch den Auftraggeber verhindert bzw. sich bei Ausbleiben der Angebotsannahme oder bei ausbleibender Erbringung der Leistung aus anderen Gründen freiwillig und ernsthaft bemüht, die Annahme des Angebots oder das Erbringen der Leistung zu verhindern. Dadurch wird dem Täter ermöglicht, von einem wettbewerbswidrigen Angebot wieder Abstand zu nehmen, ehe es zur Angebotsannahme oder zur Leistungserbringung gekommen ist.[223]

---

214 *Klusmann*, in: *Wiedemann* (Hrsg.), Handbuch des Kartellrechts, § 56 Rn. 16.

215 *Achenbach* WuW 1997, 959; kritisch *Kleinmann/Berg* BB 1998, 279.

216 So *Korte* NStZ 1997, 516.

217 BT-Drucks. 13/5584, S. 14; *Achenbach* WuW 1997, 959; *König* JR 1997, 402; *Tröndle/Fischer*, StGB, § 298 Rn. 12.

218 *Lackner/Kühl*, StGB, § 298 Rn. 3; a. A. *Tröndle/Fischer*, StGB, § 298 Rn. 12.

219 *Lackner/Kühl*, StGB, § 298 Rn. 3.

220 BT-Drucks. 13/5584, S. 14; *Tröndle/Fischer*, StGB, § 298 Rn. 14.

221 Ebenso *Kühl/Lackner*, StGB, § 298 Rn. 5; *Klusmann*, in: *Wiedemann* (Hrsg.), Handbuch des Kartellrechts, § 56 Rn. 21; *Otto* wistra 1999, 41; *Tröndle/Fischer*, StGB, § 298 Rn. 17.

222 *Lackner/Kühl*, StGB, § 298 Rn. 5.

223 BT-Drucks. 13/5584, S. 14 f.

3. Konkurrenzen

137 Wenn **mehrere Handlungen** die Abgabe eines einzigen Angebots zum Ziel haben, liegt eine rechtliche Bewertungseinheit vor.[224] Die Annahme einer fortgesetzten Handlung kommt nicht mehr in Betracht, nachdem der BGH dieses Rechtsinstitut aufgegeben hat.[225]

Das Verhältnis des Tatbestands der wettbewerbsbeschränkenden Absprachen bei Ausschreibungen gemäß § 298 StGB zum **Betrug** gemäß § 263 StGB ist problematisch. Im Hinblick darauf, daß beide Gesetze unterschiedliche Rechtsgüter schützen – § 298 StGB schützt den freien Wettbewerb, § 263 StGB das Vermögen –, ist § 298 StGB nicht lex specialis zu § 263 StGB,[226] so daß beide Straftatbestände nebeneinander anwendbar sind[227] und in Tateinheit stehen können.[228] Allerdings wird angesichts des gleichen Strafrahmens beider Vorschriften im Grundtatbestand ein Rückgriff auf den schwer nachweisbaren Tatbestand des Betruges nur dann erforderlich sein, wenn ein besonders schwerer Fall vorliegt und deshalb die Strafzumessungsregelung in § 263 Abs. 3 StGB zur Anwendung kommen soll.

Bei kollusivem Zusammenarbeiten mit Mitarbeitern des Veranstalters kommen daneben der Tatbestand der **„Bestechlichkeit und Bestechung im öffentlichen Verkehr“** gemäß § 299 StGB und **die Vorteilsannahme und Bestechlichkeit** bzw. **Vorteilsgewährung und Bestechung** gemäß §§ 331 ff. StGB in Betracht, die regelmäßig in Tateinheit zu § 298 StGB stehen werden.[229]

Weiterhin kann § 266 StGB (**Untreue**) zur Anwendung kommen, wenn z. B. Planungsbeauftragte eingeschaltet sind, die vom Bauherrn mit der Vorbereitung der Vergabe betraut wurden und dennoch Kartellabsprachen der Auftragnehmer fördern. Wenn geheime Bieterunterlagen durch den Vergebenden zur Verfügung gestellt werden, kann daneben ein **Geheimnisverrat** vorliegen. Diese Tatbestände stehen in Tateinheit zu § 298 StGB.

VII. Verfahrensrecht

1. Zuständigkeit der Staatsanwaltschaft und der Wirtschaftsstrafkammer

138 Für die Ermittlung in Fällen wettbewerbsbeschränkender Absprachen bei Ausschreibungen ist die Schwerpunktstaatsanwaltschaft für Wirtschaftsstrafsachen und für das gerichtliche Verfahren gemäß § 74 c Abs. 1 Nr. 5 a GVG die Wirtschaftsstrafkammer zuständig. Für die Bußgeldverhängung im Zusammenhang mit Submissionsabsprachen sind hingegen die Kartellbehörden zuständig. Die **Zusammenarbeit zwischen Staatsanwaltschaft und Kartellbehörde** bestimmt sich nach § 41 Abs. 1 OWiG. Nach dieser Vorschrift muß der Beamte der Kartellbehörde die Sache an die Staatsanwaltschaft abgeben, wenn der Verdacht einer Straftat vorliegt.

Nachdem der BGH den Betrugstatbestand auf Submissionsabsprachen für grundsätzlich anwendbar erklärt hatte, bestand bei jeder rechtswidrigen Absprache der Verdacht eines Betrugs, weshalb die Kartellbehörden das Verfahren gemäß § 41 Abs. 1 OWiG an die Staatsanwaltschaft abgeben mußten.[230] Hieraus resultierte die Gefahr, daß ein Verfahren

---

224 BGH JZ 1997, 98 mit Anm. *Kindhäuser.*.

225 BGHSt 40, 138.

226 So aber *Wolters* JuS 1998, 1102 und *Schroth*, Strafrecht, Besonderer Teil, 2. Aufl. 1998, S. 155.

227 *Achenbach* WuW 1997, 959; *Bangard* wistra 1997, 168; *Kleinmann/Berg* BB 1998, 281; *Klusmann*, in: *Wiedemann* (Hrsg.), Handbuch des Kartellrechts, § 56 Rn. 1; *Oldigs* wistra 1998, 296.

228 *König* JR 1997, 401 f.; *Korte* NStZ 1997, 516 f.; *Rengier*, Strafrecht. Besonderer Teil Bd. I, Vermögensdelikte, 3. Aufl. 1999, Rn. 101 a.

229 *Tröndle/Fischer*, StGB, § 298 Rn. 21.

230 Vgl. dazu BGHSt 39, 302.

nach Prüfung durch die Staatsanwaltschaft wieder an die Kartellbehörde zurückgegeben werden mußte, wodurch im Ergebnis eine unnötige Verfahrensverzögerung entstehen konnte. In der Kommentarliteratur wurde deshalb die Auffassung vertreten, daß die Kartellbehörden nicht schon dann verpflichtet sein sollten, das Verfahren abzugeben, wenn lediglich Anhaltspunkte für das Vorliegen einer Straftat erkennbar wurden. Die Kartellbehörde sollte die Ermittlungen unter dem Gesichtspunkt der Ordnungswidrigkeit weiterführen dürfen, wenn damit zu rechnen war, daß die Anhaltspunkte für eine Straftat im weiteren Ermittlungsverfahren entfallen könnten.[231] Diese Auffassung, daß die Kartellbehörde nicht zu einer unverzüglichen Abgabe an die Staatsanwaltschaft verpflichtet sei, sondern zunächst allein weiterermitteln dürfe, weil die Anhaltspunkte für eine Straftat wieder entfallen könnten,[232] hat sich durch die Einfügung des § 298 StGB erübrigt: Soweit die Kartellbehörde Anhaltspunkte dafür hat, daß ein Angebot auf der Grundlage einer rechtswidrigen Submissionsabsprache abgegeben wurde, liegen Anhaltspunkte für eine Straftat vor, weshalb die Sache nach § 41 Abs. 1 OWiG **an die Staatsanwaltschaft abzugeben** ist.

2. Zuständigkeit für die Verhängung von Unternehmenssanktionen

Grundsätzlich ist im Verfahren zur Verhängung einer **Geldbuße gegen juristische Perso- 139**
nen und Personenvereinigungen nach § 30 OWiG **wegen einer Straftat** zunächst die Staatsanwaltschaft im Ermittlungsverfahren und sodann das Strafgericht für die Festsetzung der Geldbuße zuständig.[233] Mit der Hochstufung der Submissionsabsprachen zu Straftaten wären anstelle der bisher zuständigen Kartellbehörden die Staatsanwaltschaften und die Strafgerichte auch für die Bußgeldverhängung gegen Unternehmen zuständig. Hieran hat das Bundeskartellamt erhebliche Kritik geübt,[234] die letztlich dazu geführt hat, daß mit § 81 a GWB eine Sonderregelung eingeführt wurde, nach der die Zuständigkeit zur Verhängung einer Geldbuße nach § 30 OWiG den **Kartellbehörden** auch in Fällen zugewiesen ist, in denen der zum Leitungsbereich der juristischen Person gehörende Unternehmensangehörige eine entsprechende Straftat begangen hat.

§ 81 a S. 1 Nr. 1 GWB dehnt diese **ausschließliche Zuständigkeit der Kartellbehörde** auf die Festsetzung einer Unternehmensgeldbuße als Folge der **Aufsichtspflichtverletzung einer Leitungsperson** gemäß § 130 OWiG aus. Anknüpfungspunkt für die Aufsichtspflichtverletzung ist ein Verhalten eines Unternehmensmitarbeiters, das seinerseits den Tatbestand eines Strafgesetzes und zugleich den des § 81 Abs. 1 Nr. 1 GWB verwirklicht.[235] Die Zuständigkeit der Kartellbehörde endet, wenn sie das Verfahren zur Festsetzung einer Unternehmensgeldbuße an die Staatsanwaltschaft abgibt (§ 81 a S. 2 GWB).

In der praktischen Ermittlungsarbeit kann die **Aufspaltung der Ermittlungs- und Sanktionsbefugnisse** zu Problemen führen, weil auch für die Unternehmensgeldbuße eine Anknüpfungstat ermittelt werden muß.[236] Diesbezüglich stellt sich die praktische Frage, bei welcher Behörde welche Akten geführt werden sollen. Hinzu kommt, daß sich widersprechende Entscheidungen zu vermeiden sind. Dies erfordert, daß Kartellbehörde und Staatsanwaltschaft eng zusammenarbeiten und Kompetenzkonflikte vermeiden.

---

231 *Göhler*, OWiG, § 41 Rn. 4; ähnlich *Lampe*, in: *Boujong* (Hrsg.), Karlsruher Kommentar zum Gesetz über Ordnungswidrigkeiten, 1989, § 41 Rn. 5.

232 So *Wolf/Burchardi*, FS Lieberknecht 1997, S. 654 f.; *Bangard*, wistra 1997, 163.

233 *Göhler*, OWiG, § 30 Rn. 43.

234 *Bundeskartellamt*, Jahresbericht 1995/96, BT-Drucks. 13/7900 S. 33 f.; *Bangard* wistra 1997, 168 ff.; *ders.* WuW 1996, 981 f.

235 Näher dazu *Achenbach* WuW 1997, 960 f.; *ders.* wistra 1998, 168 ff.

236 Zu weitreichenden Überlegungen des Bundeskartellamts, bei der Unternehmensgeldbuße nach dem Vorbild des EG-Kartellrechts auf eine Unternehmensschuld abzustellen, vgl. *Bangard* wistra 1997, 170 ff.

D. Europäisches Kartellordnungswidrigkeitenrecht

140 Der EG-Vertrag enthält in Art. 3 und Art. 4 (ex-Art. 3 a) EGV als Zielvorgabe die **Schaffung eines unverfälschten Wettbewerbs** und in den Artt. 81 bis 85 (ex-Artt. 85 bis 90) EGV materiellrechtliche sowie verfahrensrechtliche Bestimmungen gegen Beeinträchtigungen des europäischen Wettbewerbs. Die Verbotsvorschriften der Artt. 81 und 82 (ex-Artt. 85 und 86) EGV beinhalten das Verbot wettbewerbsbeschränkender Vereinbarungen und Verhaltensweisen sowie das Verbot des Mißbrauchs einer marktbeherrschenden Stellung. Diese Verbotsnormen sind sowohl von der Kommission der EG als auch von den nationalen Behörden und Gerichten anzuwenden. Außerdem enthält das Primärrecht in Art. 83 (ex-Art. 87) EGV eine Ermächtigungsgrundlage zur Einführung von gemeinschaftsrechtlichen Bußgeldvorschriften, von der der Rat durch die Einführung der Verordnung Nr. 17/62[237] Gebrauch gemacht hat. Auch Verstöße gegen Stahlquoten können mit Geldbuße geahndet werden; Artt. 65, 66 EGKSV; vgl. auch Artt. 4, 60 bis 64 EGKSV.[238]

141 Demgegenüber enthält der EG-Vertrag **keine ausdrückliche Bestimmungen über die Kontrolle von Unternehmenszusammenschlüssen**. Auf der Grundlage von Artt. 83 und 308 (ex-Artt. 87 und 235) EGV wurde die am 21. 9. 1990 in Kraft getretene Verordnung Nr. 4064/89 über die Kontrolle von Unternehmenszusammenschlüssen erlassen,[239] die das europäische Instrumentarium zum Schutze des freien Wettbewerbs maßgeblich erweitert hat. Auch in diesem Bereich können Verstöße mit Geldbußen geahndet werden.

I. Rechtsgrundlagen und Entstehungsgeschichte der wettbewerbsrechtlichen Bußgeldvorschriften

1. Ermächtigung zum Erlaß von Verordnungen zur Verwirklichung der Wettbewerbsverbote (Art. 83 [ex-Art. 87] EGV)

142 Der EG-Vertrag selbst droht keine supranationalen Geldbußen an. Jedoch enthielt bereits **Art. 87 Abs. 1 EWGV** (Art. 83 Abs. 1 EGV n. F.) die Ermächtigung und zugleich die Verpflichtung für den Rat der Europäischen Gemeinschaft, binnen drei Jahren nach Inkrafttreten des EWG-Vertrages alle zweckdienlichen Verordnungen oder Richtlinien zur Verwirklichung der in Artt. 85 und 86 EWGV a. F. niedergelegten Grundsätze zu erlassen. Nach Art. 87 Abs. 2 lit. a EWGV a. F. war insbesondere die Beachtung der in Artt. 85 Abs. 1 und 86 EWGV a. F. genannten Verbote durch die Einführung von Geldbußen und Zwangsgeldern zu gewährleisten. Auf dieser Ermächtigungsgrundlage basieren alle Rechtsverordnungen zur Durchführung des europäischen Kartellrechts, insbesondere die **Ratsverordnung Nr. 17/62 vom 6. 2. 1962** (sog. Kartellverordnung, VO 17/62), die der Kommission weitgehende Ermittlungs-, Entscheidungs- und Sanktionsbefugnisse gegen Unternehmen und Unternehmensvereinigungen einräumt. Damit gehört das Kartellrecht zu den wenigen Bereichen, in denen der Kommission eine supranationale Sanktionskompetenz eingeräumt ist.

143 Auf der Grundlage des Art. 83 (ex-Art. 87) EGV sind außerdem mehrere Ratsverordnungen zu **bestimmten Wirtschaftsbereichen** verabschiedet worden, so bezüglich landwirtschaftlicher Erzeugnisse, Eisenbahn- und Straßen- und Binnenschiffsverkehr, See-

---

237 ABl. EG 1962 S. 204 ff.

238 Vgl. dazu *Dannecker*, Strafrechtsentwicklung in Europa, in: *Eser/Huber*, Strafrechtsentwicklung in Europa, 4. 3. 1995, S. 128 ff.

239 Eingehend dazu *Dannecker/Fischer-Fritsch*, Das EG-Kartellrecht in der Bußgeldpraxis, 1989, S. 134 ff.; *Morris* California Western International Law Journal vol. 14 (1984), 425 ff.

verkehr, Luftverkehr. Diese Verordnungen enthalten im wesentlichen Bußgeldbestimmungen, wie sie auch Art. 15 VO 17/62 vorsieht.

2. Entstehungsgeschichte der Verordnung Nr. 17/62

Der ursprüngliche Vorschlag der Kommission für die Kartellverordnung sah Geldbußen nur für die Verletzung verfahrensrechtlicher Gebote vor, um Versäumnisse, unrichtige Angaben oder Verweigerungen bei Anzeigen oder Anträgen sowie bei den von der Kommission angeordneten Auskünften oder Prüfungen zu ahnden. Verstöße gegen die materiellen Wettbewerbsverbote der Artt. 85 und 86 EWGV (Artt. 81 und 82 EGV n. F.) sollten erst in einer späteren Verordnung geregelt werden. Der Wirtschafts- und Sozialausschuß, das Europäische Parlament und der Rat hielten es jedoch für unerläßlich, bereits im Rahmen der Ersten Verordnung auch Sanktionen für Verstöße gegen Artt. 85 und 86 EWGV (Artt. 81 und 82 EGV n. F.) vorzusehen. Das Europäische Parlament vertrat dabei die Ansicht, daß nur die von der Kommission rechtskräftig festgestellten Verstöße zu einer Ahndung führen sollten, sofern diese fortgesetzt würden.[240] Die vom Rat beschlossene Verordnung enthält diese Einschränkung nicht, sondern ermächtigt in Art. 15 Abs. 2 die Kommission, bei Verstößen gegen Artt. 85 Abs. 1 und 86 EWGV (Artt. 81 Abs. 1 und 82 EGV n. F.) oder bei Zuwiderhandlungen gegen eine mit einer Freistellung verbundene Auflage unmittelbar **Geldbußen gegen Unternehmen und Unternehmensvereinigungen** festzusetzen. Sanktionen gegen die für die Unternehmen oder Unternehmensvereinigungen handelnden natürlichen Personen sind nicht vorgesehen. 144

Für die Bußgeldbestimmungen ist in Art. 15 Abs. 5 VO 17/62 ausdrücklich bestimmt, daß es sich um **Entscheidungen „nicht strafrechtlicher Art"** handelt. Indessen besteht Übereinstimmung darüber, daß die Bußgeldbestimmungen den Ordnungswidrigkeiten des deutschen, italienischen und portugiesischen Rechts vergleichbar sind,[241] weil das Element der sozialethischen Verwerflichkeit, das die Kriminalstrafe kennzeichnet, fehlt. Denn auch die Geldbuße europäischen Rechts dient der Ahndung begangenen Unrechts und soll zugleich auf andere abschreckend wirken. 145

II. Wettbewerbsrechtliche Verbotsnormen

1. Anwendungsbereich der wettbewerbsrechtlichen Vorschriften

Die wettbewerbsrechtlichen Verbote richten sich an Unternehmen und Unternehmensvereinigungen. So sind Adressat der Artt. 81 und 82 (ex-Artt. 85 und 86) EGV nur **Unternehmen, Unternehmensvereinigungen** sowie **Vereinigungen von Unternehmensvereinigungen**.[242] Die auf diese Artikel verweisenden Bußgeldvorschriften des Art. 15 Abs. 2 VO 17/62 richten sich gleichermaßen an Unternehmen und Unternehmensvereinigungen, nicht hingegen an die für das Unternehmen handelnden natürlichen Personen. Damit kommt im europäischen Kartellrecht dem Begriff des Unternehmens und der Unternehmensvereinigung zentrale Bedeutung zu. 146

a) Begriff des Unternehmens

Eine Definition des Unternehmens findet sich weder im EG-Vertrag noch in der Verordnung 17/62 noch im EGKS-Vertrag. Jedoch enthält nunmehr Art. 1 des Protokolls 22 zum EWR-Abkommen folgende Unternehmensdefinition: „Als Unternehmen (gilt) jedes Rechtssubjekt, das eine kommerzielle oder wirtschaftliche Tätigkeit ausübt". Im Hinblick 147

---

240 Stellungnahme des Europäischen Parlaments vom 19. 10. 1961, ABl. 1961 S. 1409.

241 Siehe oben Kapitel 8 Rn. 44.

242 *Tiedemann* ZStW 102 (1990), 101.

darauf, daß diese Definition die Abgrenzung der Zuständigkeit der Kommission und der EFTA-Überwachungsbehörde für Kartelle regelt, kann sie auch für die Interpretation des Unternehmensbegriffs des Art. 81 (ex-Art. 85) Abs. 1 EGV herangezogen werden.[243] Die Kommission ging bereits zuvor bei der Bestimmung des für die Tat verantwortlichen Unternehmens von einem **wirtschaftlichen Unternehmensbegriff** aus und forderte hierfür lediglich die Teilnahme am Wirtschaftsleben,[244] ohne daß es auf die Rechtspersönlichkeit des Unternehmens ankommt. Ob eine Gewinnerzielungsabsicht besteht, ist hierfür irrelevant.[245] Dadurch, daß die Kommission die selbständige Ausübung einer wirtschaftlichen Tätigkeit zur maßgeblichen Voraussetzung für die Bejahung der Unternehmenseigenschaft ansieht, kommt es auf die tatsächliche Möglichkeit der Beeinflussung der Wettbewerbsbedingungen am Markt an. Diese Auffassung wird inzwischen auch vom Gerichtshof geteilt.[246]

148 Praktische Relevanz hat der wirtschaftliche Unternehmensbegriff vor allem bei der Ahndung von Verstößen eines **Konzerns** erlangt.[247] Wenn konzernmäßig verbundene Unternehmen gegen Artt. 81 und 82 (ex-Artt. 85 und 86) EGV verstoßen, ist neben oder anstelle der Verantwortung des unmittelbar handelnden Unternehmens auch die Verantwortung eines anderen, in der Regel übergeordneten Konzernunternehmens denkbar. Allerdings ist nicht abschließend geklärt, unter welchen Voraussetzungen das **Vorliegen einer wirtschaftlichen Einheit** näher überprüft werden muß. Erstes Indiz hierfür ist, daß nicht ausschließlich die Muttergesellschaft gehandelt hat, denn in diesem Fall besteht keine Notwendigkeit, auch die Tochterunternehmen bzw. den Gesamtkonzern in die Ahndung mit einzubeziehen. Sodann überprüft die Kommission, ob eine kapitalmäßige Verflechtung besteht. Weitere Kriterien für eine Überprüfung, ob eine wirtschaftliche Einheit vorliegt, sind eine Leitung oder Kontrolle der Obergesellschaft gegenüber abhängigen Gesellschaften, vor allem die Erteilung von Weisungen, sowie die Besetzung der Organe der Tochtergesellschaften mit leitenden Mitarbeitern der Muttergesellschaft.[248]

149 Weiterhin wird eine wirtschaftliche Einheit in Fällen der **Rechtsnachfolge** angenommen, d. h. in Fällen, in denen ein Unternehmen in ein anderes umgewandelt oder in ein bestehendes eingegliedert wurde.[249] Dadurch wird verhindert, daß sich ein Unternehmen der Verhängung einer Geldbuße durch Fusion oder Umwandlung entziehen kann,

---

[243] *Emmerich*, in: *Immenga/Mestmäcker* (Hrsg.), EG-Wettbewerbsrecht, Bd. I, Art. 85 Abs. 1 Rn. 14.

[244] Eingehend dazu *Dannecker/Fischer-Fritsch*, Das EG-Kartellrecht in der Bußgeldpraxis, S. 254 ff., 260 ff.; *Hamann*, Das Unternehmen als Täter im europäischen Wettbewerbsrecht, S. 13 ff.; *Lipowsky*, Die Zurechnung von Wettbewerbsverstößen zwischen verbundenen Unternehmen im EWG-Wettbewerbsrecht, 1987, S. 65 ff.

[245] KOMM., 15. 9. 1989, ABl. Nr. L 284 vom 3. 10. 1989, S. 41 (*Filmeinkauf deutscher Fernsehanstalten*).

[246] KOMM., 23. 4. 1986, ABl. 1986 Nr. L 230 vom 18. 8. 1986, S. 33 (*Polypropylen*); 21. 12. 1988, ABl. 1989 Nr. L 74 vom 17. 3. 1989, S. 11 (*PVC*); 21. 12. 1989 ABl. 1989 Nr. L 74 vom 17. 3. 1989, S. 14 (*LDPE*); 27. 7. 1994, ABl. 1994 Nr. L 239 vom 14. 9. 1994, S. 28 (*PVC*); vgl. auch EuGH DB 1995, 313, 314 (*Viho Europe*).

[247] Vgl. den Überblick bei *Dannecker/Fischer-Fritsch*, Das EG-Kartellrecht in der Bußgeldpraxis, S. 260 ff.; *Hamann*, Das Unternehmen als Täter im europäischen Wettbewerbsrecht, S. 32 ff.; *Lipowsky*, Die Zurechnung von Wettbewerbsverstößen zwischen verbundenen Unternehmen im EWG-Wettbewerbsrecht, S. 15 ff.; *Ransiek*, Unternehmensstrafrecht, 1996, S. 331 ff.; *Ritter/Braun/Rawlinson*, EEC Competion Law a Practioner's Guide, 1991, S. 678 ff.; *Rütsch*, Strafrechtlicher Durchgriff auf verbundene Unternehmen?, 1987, S. 27 ff.

[248] *Dannecker*, in: *Immenga/Mestmäcker* (Hrsg.), EG-Wettbewerbsrecht, Bd. II, Art. 15 VO 17 Rn. 78 ff.; vgl. auch *ders./Fischer-Fritsch*, Das EG-Kartellrecht in der Bußgeldpraxis, S. 274 ff.

[249] Zu den Erscheinungsformen vgl. *Hamann*, Das Unternehmen als Täter im europäischen Wettbewerbsrecht, S. 89 ff.; vgl. auch *Dannecker*, in: *Immenga/Mestmäcker* (Hrsg.), EG-Wettbewerbsrecht, Bd. II, Art. 15 VO 17 Rn. 91 ff.; vgl. auch *ders./Fischer-Fritsch*, Das EG-Kartellrecht in der Bußgeldpraxis, S. 254; *Tsolka*, Der Allgemeine Teil des europäischen supranationalen Strafrechts, 1995, S. 305 ff.

obwohl die Geschäftstätigkeit in gleicher oder ähnlicher Weise unter einem neuen Unternehmensträger fortgesetzt wird. Das erwerbende Unternehmen braucht das gesetzwidrige Verhalten nicht gebilligt, übernommen oder fortgesetzt zu haben. Auch im Falle der Liquidation wird von der Kommission auf den wirtschaftlichen Unternehmensbegriff zurückgegriffen, um die Ahndung von Wettbewerbsverstößen sicherzustellen.

b) Begriff der Unternehmensvereinigung

Bei einer Unternehmensvereinigung handelt es sich um einen **Zusammenschluß mehrerer Unternehmen**, deren Zweck darin besteht, die Interessen ihrer Mitglieder wahrzunehmen, wobei es nicht erforderlich ist, daß der Zusammenschluß eigene Rechtspersönlichkeit aufweist.[250] Ebensowenig spielen hierfür Zweck und Organisation der Vereinigung eine Rolle. Von dem Begriff der Unternehmensvereinigung werden neben privatrechtlichen auch öffentlich-rechtliche Verbände erfaßt.[251] Zwar legt der Wortlaut des Art. 81 (ex-Art. 85) Abs. 1 EGV nahe, daß lediglich Vereinbarungen von Unternehmen als tatbestandsmäßiges Verhalten anzusehen sind. Es besteht jedoch Einigkeit darüber, daß auch wettbewerbsbeschränkende Vereinbarungen von Unternehmensvereinigungen und von Zusammenschlüssen derartiger Vereinigungen Art. 81 (ex-Art. 85) Abs. 1 EGV unterfallen und mit Geldbuße geahndet werden können.[252] 150

2. Materiellrechtliche Wettbewerbsverbote des EG-Vertrags

a) Verbot des Art. 81 Abs. 1 EGV

Die materiellrechtlichen Wettbewerbsverbote sind in Artt. 81 und 82 (ex-Artt. 85 und 86) EGV geregelt. Nach **Art. 81 (ex-Art. 85) Abs. 1 EGV** sind alle Vereinbarungen zwischen Unternehmen, Beschlüsse von Unternehmensvereinigungen und aufeinander abgestimmte Verhaltensweisen verboten, welche den Handel zwischen den Mitgliedstaaten zu beeinträchtigen geeignet sind und eine Verhinderung, Einschränkung oder Verfälschung des Wettbewerbs bezwecken oder bewirken. Damit geht das europäische Wettbewerbsrecht vom **Verbotsprinzip** gegenüber horizontalen und vertikalen Wettbewerbsbeschränkungen, d. h. einer Koordinierung des Wettbewerbsverhaltens zwischen Unternehmen derselben und unterschiedlicher Wirtschaftsstufen, aus. Diese Beschränkungen können sowohl auf einer Vereinbarung als auch auf abgestimmtem Verhalten (concerted practices) beruhen. 151

Der nicht abschließende **Beispielskatalog des Art. 81 (ex-Art. 85) Abs. 1 EGV** nennt als typische Einschränkungen und Verfälschungen des Wettbewerbs Preis- und Konditionenabsprachen, Kontrollvereinbarungen, Marktaufteilungen, die Diskriminierung von Handelspartnern sowie Kopplungsgeschäfte. Diese Beispiele stellen gleichzeitig die Haupterscheinungsformen der europäischen Kartellrechtsdelinquenz dar und werden von der Kommission als besonders schwerwiegende Verstöße gegen die Wettbewerbsvorschriften eingestuft, die in der Regel mit Geldbußen geahndet werden. Der Tatbestand des Art. 81 (ex-Art. 85) Abs. 1 EGV unterscheidet dabei – anders als das deutsche Kartellrecht[253] – nicht ausdrücklich zwischen horizontalen und vertikalen Absprachen.

---

[250] KOMM., 7.12. 1984, ABl. 1985 Nr. L 35 vom 7.2. 1985, S. 39 (*Milchförderungsfonds*); vgl. auch *Emmerich*, in: *Immenga/Mestmäcker* (Hrsg.), EG-Wettbewerbsrecht, Bd. I, Art. 85 Abs. 1 A Rn. 35.

[251] Näher dazu *Emmerich*, in: *Immenga/Mestmäcker* (Hrsg.), EG-Wettbewerbsrecht, Bd. II, Art. 85 Abs. 1 A Rn. 35 f.

[252] Vgl. nur KOMM., 17.12. 1981, ABl. 1982 Nr. L 167 vom 15.6. 1982, S. 39 (*NAVEWA-ANSEAU*); 7.12. 1984, ABl. 1985 Nr. L 35 vom 7.2. 1985, S. 39 (*Milchförderungsfonds*); 10.7. 1986, ABl. 1986 Nr. L 232 vom 19.8. 1986, S. 31 (*Dach- und Dichtungsbahnen*); s. auch *van Bael/Bellis*, Competition law of the EEC, 3. Aufl. 1994, Rn. 211; *Schröter*, in: *Groeben/Thiesing/Ehlermann*, Kommentar zum EWG-Vertrag, 5. Aufl. 1999, Bd. 2/I Artikel 85 Abs. 1 Rn. 45.

[253] Siehe oben Rn. 45.

aa) Koordiniertes Verhalten zwischen Unternehmen

152 Art. 81 (ex-Art. 85) EGV setzt zunächst ein **koordiniertes Verhalten zwischen Unternehmen** und Unternehmensvereinigungen voraus, das geeignet ist, den Handel zwischen den Mitgliedstaaten zu beeinträchtigen. Die erste Form wettbewerbsbeschränkender Maßnahmen sind Vereinbarungen von Unternehmen und Beschlüsse von Unternehmensvereinigungen.

153 Der Begriff der **Vereinbarung** wird im Wettbewerbsrecht weit ausgelegt: Nach Ansicht der Kommission wie auch des Gerichtshofs reicht jede Verständigung von Unternehmen und Unternehmensvereinigungen über ein wettbewerbsbeschränkendes Verhalten aus.[254] Diese Verständigung muß zumindest eine faktische Bindungswirkung entfalten; ansonsten liegt ein abgestimmtes Verhalten vor, das gleichermaßen von Art. 81 (ex-Art. 85) Abs. 1 EGV erfaßt wird.[255] Diese extensive Auslegung des Begriffs der Vereinbarung wird von der Kommission und dem Gerichtshof auch in Bußgeldverfahren zugrunde gelegt.[256]

154 Ein **Beschluß** unterscheidet sich von einer Vereinbarung dadurch, daß er auf der Grundlage eines schon bestehenden Gesamtrechtsaktes – Vereinssatzung, Gesellschaftsvertrag, Geschäftsordnung etc. – ergeht. Nach h. M. setzt ein Beschluß ebenso wie eine Vereinbarung eine zumindest faktische Verbindlichkeit voraus. Hierfür lassen es die Kommission und der Gerichtshof ausreichen, wenn sich die Mitglieder tatsächlich überwiegend an den Beschluß halten.[257]

155 Die zweite Form der verbotenen wettbewerbsbeschränkenden Maßnahmen sind **aufeinander abgestimmte Verhaltensweisen** von Unternehmen und Unternehmensvereinigungen. Hierunter fällt jede Form der willentlichen Koordinierung unternehmerischen Verhaltens am Markt ohne faktische oder rechtliche Bindungskraft. Dabei reicht es aus, wenn der Zweck der Abrede darin besteht, das Verhalten eines Unternehmens auf das eines anderen auszurichten.[258] Durch das Verbot der abgestimmten Verhaltensweisen wird der Anwendungsbereich des Art. 81 (ex-Art. 85) Abs. 1 EGV über den Bereich der Vereinbarungen und Beschlüsse hinaus auf sämtliche Formen der Koordinierung von Unternehmen im Wettbewerb ausgedehnt. Typische Mittel zur Verhaltensabstimmung sind der gegenseitige Informationsaustausch der Unternehmen über ihr zukünftiges Verhalten am Markt sowie jede bewußte praktische Zusammenarbeit. Dabei kann die Koordinierung auch durch Einschaltung von Verbänden oder Treuhändern erfolgen, denen der Informationsaustausch oder die Überwachung der Einhaltung des gemeinsamen Plans übertragen wird.

bb) Spürbare Wettbewerbsbeschränkung

156 Die in Art. 81 (ex-Art. 85) Abs. 1 EGV genannten Maßnahmen sind verboten, sofern sie zu einer spürbaren **Beschränkung des Wettbewerbs innerhalb des Gemeinsamen Marktes** führen oder den Handel zwischen den Mitgliedstaaten beeinträchtigen. Nach ständiger Rechtspraxis muß die Wettbewerbsbeschränkung spürbare Auswirkungen auf Dritte im Sinne der Beeinträchtigung der ihnen bei Wettbewerb offenstehenden Handlungsalternativen haben.[259]

---

254 *Emmerich*, in: *Immenga/Mestmäcker* (Hrsg.), EG-Wettbewerbsrecht, Bd. I, Art. 85 Abs. 1 A Rn. 63 m. weit. Nachw.

255 *Emmerich*, in: *Immenga/Mestmäcker* (Hrsg.), EG-Wettbewerbsrecht, Bd. I, Art. 85 Abs. 1 A Rn. 68.

256 Vgl. KOMM., 10. 7. 1987, ABl. 1987 Nr. L 222 vom 10. 8. 1987, S. 12 (*Tipp-Ex*); 13. 7. 1987, ABl. 1987 Nr. L 222 vom 10. 8. 1987, S. 28 (*Sandoz Italia*).

257 Näher dazu *Emmerich*, in: *Immenga/Mestmäcker* (Hrsg.), EG-Wettbewerbsrecht, Bd. I, Art. 85 Abs. 1 A Rn. 84 ff.

258 *Emmerich*, in: *Immenga/Mestmäcker* (Hrsg.), EG-Wettbewerbsrecht, Bd. I, Art. 85 Abs. 1 A Rn. 1.

259 Vgl. *Emmerich*, Kartellrecht, S. 417 f. m. weit. Nachw.

cc) Bezwecken oder Bewirken der Wettbewerbsbeeinträchtigung

Hinzukommen muß, daß die Wettbewerbsbeeinträchtigung innerhalb des Gemeinsamen Marktes bezweckt oder bewirkt ist. Der **Zweck der Wettbewerbsbeeinträchtigung** ist nicht subjektiv im Sinne einer beabsichtigten Wettbewerbsbeeinträchtigung, sondern objektiv nach der der Maßnahme innewohnenden Tendenz zu bestimmen.[260] Eine Wettbewerbsbeschränkung ist lediglich bezweckt, wenn z. B. die Beteiligten die Vereinbarung nicht befolgen, ihr Marktverhalten also weiterhin autonom bestimmen, so daß die Marktstellung Dritter unberührt bleibt. Diese Zweckbestimmung charakterisiert das tatbestandsmäßige Verhalten und erfordert keinen durch den Handlungsvollzug bedingten Erfolgseintritt.[261] 157

Sofern keine wettbewerbsbeeinträchtigende Zwecksetzung vorliegt, ist der Tatbestand des Art. 81 (ex-Art. 85) Abs. 1 EGV auch dann erfüllt, wenn ein **Bewirken der Wettbewerbsbeeinträchtigung**, das in erster Linie in der Einschränkung der wirtschaftlichen Betätigungsfreiheit der an der Maßnahme Beteiligten gesehen wird, gegeben ist. Wettbewerbsbeschränkende Vereinbarungen oder Verhaltensabstimmungen haben regelmäßig sowohl den Zweck als auch die Wirkung, die Handlungsfreiheit der am Wettbewerb Beteiligten einzuschränken. Sofern sich die bezweckte und die bewirkte Wettbewerbsbeeinträchtigung entsprechen, liegt der Schwerpunkt des Unrechts auf dem Bewirken. 158

dd) Freistellungen gemäß Art. 81 (ex-Art. 85) Abs. 3 EGV

Von den Verboten des Art. 81 (ex-Art. 85) Abs. 1 EGV kann gemäß Art. 81 (ex-Art. 85) Abs. 3 EGV eine Freistellung entweder individuell oder generell mittels einer Gruppenfreistellungsverordnung erteilt werden. Inzwischen sind für wichtige Bereiche zahlreiche Kommissionsverordnungen über **Gruppenfreistellungsverordnungen** erlassen worden, so insbesondere für Alleinvertriebsvereinbarungen, Lizenz- und Franchise-Vereinbarungen, Spezialisierungsvereinbarungen sowie Forschungs- und Entwicklungsvereinbarungen. Diese Gruppenfreistellungsverordnungen werden durch allgemeine Bekanntmachungen der Kommission ergänzt; von besonderer praktischer Bedeutung ist die sogenannte Bagatellbekanntmachung.[262] 159

Bedingung für eine **individuelle Freistellung** ist eine formgerechte Anmeldung bei der Kommission. Außerdem muß die Vereinbarung unter angemessener Beteiligung der Verbraucher an dem entstehenden Gewinn zur Verbesserung der Warenerzeugung oder -verteilung oder zur Förderung des technischen oder wirtschaftlichen Fortschritts beitragen, ohne daß den beteiligten Unternehmen Beschränkungen auferlegt werden, die für die Verwirklichung dieser Ziele nicht unerläßlich sind, oder Möglichkeiten eröffnet werden, für einen wesentlichen Teil der betreffenden Waren den Wettbewerb auszuschalten.[263] 160

Keine förmliche Freistellung vom Kartellverbot bedeuten die sog. **comfort letters**, mit denen die Kommission den Unternehmen auf Antrag mitteilt, daß ihre Absprachen die Voraussetzungen des Art. 81 (ex-Art. 85) Abs. 3 EGV erfüllen.[264] Allerdings entfalten diese Verwaltungsschreiben Vertrauensschutz, so daß die Unternehmen das angemeldete Verhalten praktizieren dürfen. Insbesondere dürfen in einem solchen Fall keine Geldbußen verhängt werden. 161

---

260 KOMM., 13. 12. 1989, ABl. 1990 Nr. L 21 vom 26. 1. 1990, S. 76 (*Bay-o-nox*); *Goldmann/Lyon-Caen/Vogel*, Droit commercial européen, 5. Aufl. 1994, Rn. 510; *Dirksen*, in: *Langen/Bunte* (Hrsg.), Kommentar zum deutschen und europäischen Kartellrecht, Bd. 1, Art. 81 Rn. 54; *Schröter*, in: *Groeben/Thiesing/Ehlermann*, EWG-Vertrag, Artikel 85 Absatz 1 Rn. 111.

261 EuGH, 25. 10. 1983, Slg. 1983, 3151, 3201 (*AEG-Telefunken*).

262 Bekanntmachung über Vereinbarungen von geringer Bedeutung vom 9. 12. 1997 ABl. Nr. C 372 vom 9. 12. 1997, S. 13 ff.

263 Näher dazu *Emmerich*, Kartellrecht, S. 442 ff.

264 Siehe dazu *Emmerich*, Kartellrecht, S. 474 f.

b) Mißbrauch einer marktbeherrschenden Stellung

162 **Art. 82 (ex-Art. 86) EGV** verbietet „die mißbräuchliche Ausnutzung einer beherrschenden Stellung auf dem Gemeinsamen Markt oder einem wesentlichen Teil desselben durch ein oder mehrere Unternehmen, soweit dies dazu führen kann, den Handel zwischen Mitgliedstaaten zu beeinträchtigen". Der Tatbestand des Art. 82 (ex-Art. 86) Abs. 1 EGV hat folgende drei Voraussetzungen: das Bestehen einer marktbeherrschenden Stellung, ihre mißbräuchliche Ausnutzung und die Möglichkeit einer Beeinträchtigung des Handels zwischen den Mitgliedstaaten. Das Mißbrauchsverbot erfaßt sowohl Diskriminierungen und den Ausbeutungsmißbrauch gegenüber vor- und nachgelagerten Wirtschaftsstufen (vertikal) als auch den Behinderungsmißbrauch gegenüber anderen Unternehmen auf derselben Wirtschaftsstufe (horizontal), wobei letzterer als das ernstere Problem des Monopolmißbrauchs anzusehen ist.[265]

aa) Marktbeherrschende Stellung

163 Die Innehabung einer **marktbeherrschenden Stellung** oder auch die schlichte Erlangung einer solchen erfüllt noch nicht den Tatbestand des Art. 82 (ex-Art. 86) EGV. Allerdings hat der EuGH die Verstärkung der Machtstellung als mißbräuchliches Verhalten angesehen, weil der damit erreichte Beherrschungsgrad die restlichen Wettbewerber in wirtschaftliche Abhängigkeit brachte.[266] In einer ausführlichen Bekanntmachung[267] hat die Kommission dargelegt, wie sie bei der Abgrenzung des sachlich und räumlich relevanten Marktes vorgeht. Die Grundsätze dieser Bekanntmachung gelten ausdrücklich auch für die europäische Fusionskontrolle und für die Beurteilung des Vorliegens einer spürbaren Wettbewerbsbeschränkung nach Art. 81 (ex-Art. 85) Abs. 1 EGV sowie für Art. 81 (ex-Art. 85) Abs. 3 EGV. Maßgebliches Kriterium ist für die Kommission auch weiterhin die Austauschbarkeit der Produkte aus der Sicht der Nachfrageseite; hinzu kommt unter bestimmten Voraussetzungen die Umstellungsflexibilität auf der Angebotsseite. Potentieller Wettbewerb wird nach wie vor nicht zum relevanten Markt gerechnet, sondern bei der Gesamtwürdigung der Wettbewerbsverhältnisse und der Frage der Marktbeherrschung in die Betrachtung mit einbezogen.

bb) Regelbeispiele mißbräuchlichen Verhaltens

164 Art. 82 (ex-Art. 86) Abs. 2 EGV nennt folgende **Regelbeispiele für den Mißbrauch einer marktbeherrschenden Stellung**: unmittelbare oder mittelbare Erzwingung von unangemessenen Einkaufs- oder Verkaufspreisen oder sonstigen Geschäftsbedingungen; Einschränkung der Erzeugung, des Absatzes oder der technischen Entwicklung zum Schaden der Verbraucher; Anwendung unterschiedlicher Bedingungen bei gleichwertigen Leistungen gegenüber Handelspartnern, wodurch diese im Wettbewerb benachteiligt werden; die an den Abschluß von Verträgen geknüpfte Bedingung, daß die Vertragspartner zusätzliche Leistungen annehmen, die weder sachlich noch nach Handelsbrauch in Beziehung zum Vertragsgegenstand stehen. Ein solcher Mißbrauch liegt nach Ansicht der Kommission und des Gerichtshofs insbesondere dann vor, wenn Wettbewerber oder Verbraucher Zwangslagen ausgesetzt sind, die nicht von der Wechselwirkung von Angebot und Nachfrage herrühren, sondern aufgrund der marktbeherrschenden Stellung durch positives Tun oder Unterlassen des marktbeherrschenden Unternehmens herbeigeführt werden.[268]

---

[265] Vgl. dazu *Dannecker/Fischer-Fritsch*, Das EG-Kartellrecht in der Bußgeldpraxis, S. 20 f.

[266] EuGH, 21. 2. 1973, Slg. 1973, 215 ff. (*Continental Can*).

[267] Bekanntmachung der Kommission über die Definition des relevanten Marktes im Sinne des Wettbewerbsrechts der Gemeinschaft, ABl. C 372 vom 9. 12. 1997, S. 5.

[268] Vgl. nur *Schröter*, in: *Groeben/Thiesing/Ehlermann*, EWG-Vertrag, Artikel 86 Rn. 146.

III. Kartellverfahren

1. Rechtsnatur des Verfahrens

Für das Verfahren unterscheidet die Verordnung 17/62 nicht zwischen Verwaltungs- und Bußgeldsachen: Für alle verfahrensabschließenden Entscheidungen – Negativattest, Freistellung, Feststellung eines Verstoßes, Untersagung, Geldbuße – ist das gleiche Verfahren vorgesehen. Hierbei handelt es sich nach ständiger Rechtsprechung des Gerichtshofs[269] nicht um ein Gerichts-, sondern um ein **Verwaltungsverfahren**, selbst wenn Geldbußen verhängt werden. 165

2. Einleitung und Ablauf des Verfahrens

Das Kartellverfahren, das von der Kommission durchgeführt wird, kann durch Beschwerden anderer Unternehmen (Art. 3 Abs. 2 VO 17/62), denen in der Praxis große Bedeutung zukommt,[270] oder von Amts wegen, wenn der Verdacht für das Vorliegen von Wettbewerbsbeschränkungen gegeben ist (Art. 3 Abs. 1 VO 17/62), **eingeleitet** werden. Ein solcher Verdacht für das Vorliegen von Wettbewerbsbeschränkungen kann sich auch aus Anfragen von Abgeordneten des Europäischen Parlaments, aus Hinweisen von Opfern oder Interessenverbänden, aus einer kommissionsinternen Auswertung allgemein zugänglicher Quellen oder aus Hinweisen bzw. informellen Kontakten mit mitgliedstaatlichen Behörden ergeben. 166

Nach der Einleitung des Verfahrens erfolgt durch die Kommission entweder eine Vorlage zur Stellungnahme an den **Beratenden Ausschuß** oder eine **Mitteilung der Beschwerdepunkte** (Art. 2 VO 99/63[271]) an die betroffenen Unternehmen, wenn eine Verbotsentscheidung vorbereitet werden soll. Im letzteren Falle werden dem Unternehmen die Beschwerdepunkte einschließlich der Fakten mitgeteilt, aus denen die Kommission ihren Vorwurf herleitet. Nach ständiger Rechtsprechung des Gerichtshofs genügt eine Beschränkung der Beschwerdepunkte auf die wesentlichen Aspekte; allerdings muß die Mitteilung klar und nachvollziehbar sein, um eine sachgerechte Verteidigung zu ermöglichen.[272] Die Feststellung eines Wettbewerbsverstoßes und die Festsetzung von Rechtsfolgen darf sich nur auf ordnungsgemäß mitgeteilte Fakten stützen (Art. 4 VO 99/63); gegebenenfalls ist nach Abschluß der Ermittlungen eine zweite Mitteilung neuer Beschwerdepunkte oder eine Ergänzung der ursprünglichen Mitteilung erforderlich.[273] Nach Art. 2 Abs. 3 VO 99/63 ist die Verhängung von Geldbußen und die Festsetzung von Zwangsgeldern ausgeschlossen, wenn dem Unternehmen keine formgerechte Mitteilung der Beschwerdepunkte zugegangen ist. Diese Regelung dient vor allem der Sicherung des **rechtlichen Gehörs**.[274] 167

Nach der Mitteilung der Beschwerdepunkte an die betroffenen Unternehmen wird von der Kommission das **Anhörungsverfahren** eröffnet.[275] Anschließend wird auf der 168

---

269 EuGH, 13. 7. 1966, Slg. 1966, 299, 321, 385 f. (*Grundig*); 15. 7. 1970, Slg. 1970, 733, 756 (*Buchler*); 18. 5. 1982, Slg. 1982, 1575, 1611 (*AM&S*).

270 Vgl. dazu *Dannecker/Fischer-Fritsch*, Das EG-Kartellrecht in der Bußgeldpraxis, S. 41 ff.; vgl. auch *Kreis* RIW/AWD 1981, 281.

271 Verordnung der Kommission Nr. 99/63 vom 25. 7. 1963, ABl. 1963, S. 2268.

272 EuGH, 7. 6. 1983, Slg. 1983, 1825, 1881 ff. (*MDF Pioneer*); 9. 11. 1983, Slg. 1983, 3461, 3501 (*Michelin Niederlande*).

273 EuGH, 25. 10. 1983, Slg. 1983, 3151, 3220 (*AEG-Telefunken*); 8. 11. 1983, Slg. 1983, 3385 ff. (*NAVEWA-ANSEAU*).

274 Eingehend dazu *Ritter*, in: *Immenga/Mestmäcker* (Hrsg.), EG-Wettbewerbsrecht, Bd. II, Art. 19 Rn. 3 ff.; allgemein zu den Verteidigungsrechten und Verfahrensgarantien vgl. *Dannecker* ZStW 111 (1999), 256 ff.; *Weiß*, Die Verteidigungsrechte im EG-Kartellverfahren, 1996.

275 Näher dazu *Ritter*, in: *Immenga/Mestmäcker* (Hrsg.), EG-Wettbewerbsrecht, Bd. II, Art. 19 Rn. 24 ff.

Grundlage eines Protokolls über die Ergebnisse der Anhörung ein Vorentwurf der Entscheidung von der Kommission erarbeitet, der den Kartellbehörden der Mitgliedstaaten übersandt und sodann vom Beratenden Ausschuß erörtert wird (Art. 10 Abs. 3 und 5 VO 17/62). Den Vorentwurf der Entscheidung erhalten ferner der Juristische Dienst und der Anhörungsbeauftragte zur Stellungnahme. Die **endgültige Entscheidung** der Kommission wird im Regelfall durch den für den Wettbewerb zuständigen Kommissar im schriftlichen Verfahren getroffen, nachdem ihm der endgültige Entscheidungsentwurf und die Stellungnahmen des Beratenden Ausschusses und des Juristischen Dienstes vorgelegt worden sind. Die Kommission verhängt auch die Geldbußen.

169 Für alle in der Kartellverordnung 17/62 vorgesehenen Entscheidungen mit belastender Rechtswirkung gilt das **Opportunitätsprinzip**. Es besteht sowohl ein Entschließungsals auch ein Auswahlermessen der Kommission. Dies gilt auch für die Bußgeldverhängung, für die ausschließlich die Kommission zuständig ist.

3. Mitwirkungs- und Duldungspflichten

a) Auskunftsverlangen nach Art. 11 VO 17/62

170 Die Kommission kann alle zur Durchsetzung der Wettbewerbsregeln der Artt. 81 und 82 (ex-Artt. 85 und 86) EGV erforderlichen Auskünfte einholen (Art. 11 Abs. 1 VO 17/62). **Adressaten der Auskunftspflicht** können Unternehmen und Unternehmensvereinigungen sein, die eines Kartellverstoßes verdächtig sind, sowie dritte Unternehmen, die zu den Verstößen Angaben machen können.[276] Art. 11 Abs. 1 VO 17/62 nennt als Adressaten weiterhin Regierungen und zuständige Behörden der Mitgliedstaaten, die bei den Auskunftsverlangen aber nur eine untergeordnete Rolle spielen. Hingegen sind natürliche Personen nicht zur Auskunft gegenüber der Kommission verpflichtet.

171 Das Auskunftsrecht nach Art. 11 VO 17/62 ist zweistufig aufgebaut.[277] Innerhalb der **ersten Stufe** richtet die Kommission gemäß Art. 11 Abs. 1 und 2 VO 17/62 ein formloses Schreiben, das **einfache Auskunftsverlangen**, an das Unternehmen bzw. die Unternehmensvereinigung und setzt eine angemessene Frist zur Beantwortung. Das Schreiben der Kommission muß auf die Rechtsgrundlage und den Zweck des Verlangens sowie auf die in Art. 15 Abs. 1 lit. b VO 17/62 für den Fall der Erteilung einer unrichtigen Auskunft vorgesehenen Zwangsmaßnahmen hinweisen (Art. 11 Abs. 3 VO 17/62). Dem einfachen Auskunftsverlangen müssen die Unternehmen noch nicht zwingend nachkommen.[278] Sofern sie sich aber entscheiden, Auskünfte zu erteilen, müssen diese richtig sein. Falls unrichtige Auskünfte erteilt werden, kann die Kommission nach Art. 15 Abs. 1 lit. b, 1. Alt. VO 17/62 Geldbußen wegen unrichtiger Auskunftserteilung verhängen.[279]

Sofern ein Unternehmen dem Auskunftsverlangen der Kommission nicht oder nicht vollständig nachkommt, fordert die Kommission auf der **zweiten Stufe** die Auskunft durch eine **förmliche Entscheidung** nach Art. 11 Abs. 5 VO 17/62 an, die dann die Unternehmen zur vollständigen und richtigen Auskunftserteilung verpflichtet. Die förmliche Auskunftsentscheidung ist gegenüber dem einfachen Auskunftsverlangen streng subsidiär; sie darf sich ausschließlich auf Informationen erstrecken, die vorher Gegenstand des einfachen Auskunftsverlangens waren.[280]

---

[276] *Burrichter/Hauschild*, in: *Immenga/Mestmäcker* (Hrsg.), EG-Wettbewerbsrecht, Bd. II, Art. 11 VO 17 Rn. 5; *Schriefers* WuW 1993, 101.

[277] *v. Winterfeld* RIW 1992, 527.

[278] *Grützner/Reimann/Wissel*, Richtiges Verhalten bei Kartellamtsermittlungen, 3. Aufl. 1993, S. 159.

[279] *Dannecker*, in: *Immenga/Mestmäcker* (Hrsg.), EG-Wettbewerbsrecht, Bd. II, Art. 15 VO 17 Rn. 23 m. weit. Nachw.

[280] Vgl. EuGH, 26. 6. 1980, Slg. 1980, S. 2033, 2053 f. (*National Panasonic*); *Gleiss/Hirsch*, Kommentar zum EWG-Kartellrecht, 3. Aufl. 1978, Art. 11 VO 17 Rn. 24.

Was die **inhaltlichen Anforderungen an das Auskunftsverlangen** anbetrifft, muß die förmliche Auskunftsentscheidung die geforderten Auskünfte bezeichnen, eine angemessene Frist zur Erteilung der Auskünfte bestimmen und auf die in Art. 15 Abs. 1 lit. b und Art. 16 Abs. 1 lit. c VO 17/62 vorgesehenen Zwangsmaßnahmen sowie auf das Recht hinweisen, vor dem EuG gegen die Entscheidung Klage zu erheben. Sodann muß die förmliche Entscheidung von der Kommission gemäß Art. 253 (ex-Art. 190) EGV begründet werden. Die Erteilung der Auskunft im Rahmen der Auskunftsentscheidung kann durch Zwangsgeld erzwungen werden (Art. 16 Abs. 1 lit. c VO 17/62).[281] 172

b) Nachprüfungsbefugnisse nach Artt. 13 und 14 VO 17/62

Nach **Art. 14 Abs. 1 VO 17/62** kann die Kommission durch ihre Bediensteten alle zur Durchführung der Wettbewerbsregeln der Artt. 81 und 82 (ex-Artt. 85 und 86) EGV erforderlichen Nachprüfungen bei Unternehmen und Unternehmensvereinigungen vornehmen. Sie kann jedoch nach Art. 13 VO 17/62 auch die zuständigen Kartellbehörden der Mitgliedstaaten mit der Nachprüfung vor Ort beauftragen. Von dieser Delegationsmöglichkeit der Nachprüfungsbefugnisse wird in der Praxis in neuerer Zeit gelegentlich Gebrauch gemacht; zumeist ist dann aber ebenfalls ein Bediensteter der Kommission anwesend (siehe dazu auch Art. 14 Abs. 2 VO 17/62). 173

Bei den Nachprüfungsentscheidungen muß zwischen dem **einfachen Prüfungsauftrag** und der förmlichen Nachprüfungsentscheidung unterschieden werden. Im Falle eines einfachen schriftlichen Prüfungsauftrags gemäß Art. 14 Abs. 1 VO 17/62 sind die Unternehmen nicht verpflichtet, die Nachprüfung zu dulden. Wenn sie aber freiwillig Unterlagen vorlegen, müssen diese vollständig sein; anderenfalls kann die Kommission nach Art. 15 Abs. 1 lit. c VO 17/62 Bußgelder verhängen.[282] 174

Eine durch **förmliche Entscheidung** nach Art. 14 Abs. 3 VO 17/62 angeordnete Nachprüfung ist für die Unternehmen hingegen verpflichtend; insoweit besteht eine Pflicht zur Duldung der Nachprüfungen. Im Falle einer Verweigerung der Nachprüfungsrechte seitens der Unternehmen kann die Kommission Zwangsgelder nach Art. 16 Abs. 1 lit. d VO 17/62 oder Bußgelder nach Art. 15 Abs. 1 lit. c VO 17/62 verhängen[283] und sich nach Art. 14 Abs. 6 VO 17/62 bei der Nachprüfung durch die nationalen Behörden unterstützen lassen. Einer vorherigen Ankündigung eines an ein Unternehmen gerichteten Auskunftsverlangens bedarf es nach Auffassung des EuGH nicht, weil die der Kommission im Kartellbereich übertragenen Befugnisse zur Durchführung von Überprüfungen der Aufrechterhaltung der Wettbewerbsordnung dienten und nicht die Grundrechte der Unternehmen verletzten.[284] 175

Im Unterschied zum Auskunftsverlangen nach Art. 11 VO 17/62 ist für die Nachprüfungsbefugnisse keine zwei-, sondern eine **einstufige Vorgehensweise** vorgeschrieben. Dies legt schon der Wortlaut der Vorschriften nahe.[285] Art. 11 Abs. 5 VO 17/62 bestimmt ausdrücklich, daß die Kommission die Auskunft durch Entscheidung anfordert, wenn sie nicht fristgemäß oder nicht vollständig erteilt wird. In Art. 14 Abs. 3 VO 17/62 fehlt für die Nachprüfung eine solche Bestimmung. Die Kommission wird daher ohne vorherige Ankündigung sofort mittels verpflichtender Nachprüfungsentscheidung vorgehen, falls mit einer Weigerung des Unternehmens zu rechnen ist[286] oder der Verdacht besteht, daß das Unternehmen die Kommission in den bei einer Anmeldung gemachten Angaben irre- 176

281 Näher dazu *Dannecker,* in: *Immenga/Mestmäcker* (Hrsg.), EG-Wettbewerbsrecht, Bd. II, Art. 16 VO 17 Rn. 10, 16.

282 *Dannecker,* in: *Immenga/Mestmäcker* (Hrsg.), EG-Wettbewerbsrecht, Bd. II, Art. 15 VO 17 Rn. 35 m. weit. Nachw.

283 Näher dazu *Dannecker,* in: *Immenga/Mestmäcker* (Hrsg.), EG-Wettbewerbsrecht, Bd. II, Art. 15 VO 17 Rn. 34f., Art. 16 VO 17 Rn. 10, 16.

284 EuGH, 26. 6. 1980, Slg. 1980, S. 2033, 2056 ff. (*National Panasonic*).

285 EuGH, 26. 6. 1980, Slg. 1980, S. 2033, 2053 ff. (*National Panasonic*).

286 *Kreis* RIW/AWD 1981, 292.

geführt hat.[287] Der sofortige Erlaß einer Prüfungsentscheidung kommt auch dann in Betracht, wenn ein Unternehmen besonders schwerwiegender Zuwiderhandlungen verdächtigt wird und deshalb eine Verdunkelungsgefahr besteht oder wenn das Unternehmen bereits in der Vergangenheit nicht zur Zusammenarbeit mit der Kommission bereit war.[288]

177 Was den Umfang des Nachprüfungsrechts anbetrifft, so haben die Kommissionsbediensteten im Rahmen der Nachprüfungen gemäß Art. 14 Abs. 1 S. 2 lit. a bis d VO 17/62 die Befugnis, die Bücher und sonstigen Geschäftsunterlagen zu prüfen, Abschriften oder Auszüge daraus anzufertigen, mündliche Erklärungen an Ort und Stelle anzufordern sowie alle Räumlichkeiten, Grundstücke und Transportmittel der Unternehmen zu betreten. Dabei haben die Unternehmen eine **umfassende Mitwirkungspflicht**,[289] so daß sie nicht nur die Nachprüfung dulden müssen, indem sie Zugang zu den Akten gewähren, sondern darüber hinaus den Kommissionsbediensteten auch konkrete Hinweise geben müssen, wo solche Vorgänge zu finden sind, die für die Kartellbehörde von Interesse sind.[290] Zum Umfang des Nachprüfungsrechts der Kommission hat sich der EuGH maßgeblich in der *„Hoechst"*-Entscheidung aus dem Jahre 1989 geäußert[291] und dargelegt, daß sich ein Unternehmen im Gemeinschaftsrecht nicht auf das Grundrecht der Unverletzlichkeit der Wohnung auch für Geschäftsräume berufen könne.[292]

4. Rechtskontrolle durch den Europäischen Gerichtshof

178 Gegen Entscheidungen der Kommission mit belastender Rechtswirkung steht sowohl den betroffenen Unternehmen als auch abgewiesenen Beschwerdeführern der Rechtsweg zum Europäischen Gerichtshof (Art. 229 [ex-Art. 172] EGV und Art. 17 VO 17/62) offen. Das bedeutet, daß gegen die Verhängung von Geldbußen nach Art. 15 Abs. 1 und 2 VO 17/62 Klage erhoben werden kann.[293] Voraussetzung der **Klagebefugnis** ist stets eine unmittelbare und individuelle Betroffenheit des klagenden Unternehmens, die über eine bloße Interessenbeeinträchtigung hinausgehen muß. Diese Voraussetzungen liegen bereits vor, wenn ein Unternehmen durch seine Beschwerdeführung an der Durchführung und Entscheidung des Kartellverfahrens beteiligt war. Gegen die Einleitung eines Kartellverfahrens und gegen die Mitteilung der Beschwerdepunkte besteht keine Klagebefugnis.[294]

179 Das **Europäische Gericht erster Instanz** (EuG) ist als **erstinstanzliches Gericht** in Wettbewerbssachen zuständig. Das Gericht kann die Geldbußen aufheben, reduzieren und verschärfen. Von der Möglichkeit der Verschärfung wurde bislang aber noch kein Gebrauch gemacht.[295] Die Entscheidungen des EuG unterliegen der Kontrolle des **EuGH**. Es können nicht nur Rechtsverletzungen, sondern auch unrichtige Tatsachenermittlungen gerügt werden.[296]

---

287 *Joshua* ELR 1983, 6.

288 *Burrichter/Hauschild*, in: *Immenga/Mestmäcker* (Hrsg.), EG-Wettbewerbsrecht, Bd. II, Art. 14 VO 17 Rn. 3.

289 EuGH, 21. 9. 1989, Slg. 1989, S. 2859, 2927 (*Hoechst*); *Mailänder*, in: *Müller-Henneberg/Schwartz* (Hrsg.), Gesetz gegen Wettbewerbsbeschränkungen und Europäisches Kartellrecht. Kommentar, 4. Aufl. 1982, Art. 14 VO 17 Rn. 88; *Mestmäcker*, Europäisches Wettbewerbsrecht, 1974, S. 607.

290 *Kamburoglou/Pirrwitz* RIW 1990, 268.

291 EuGH, 21. 9. 1989, Slg. 1989, S. 2589 ff. (*Hoechst*).

292 EuGH, 21. 9. 1989, Slg. 1989, S. 2929 ff. (*Hoechst*); zustimmend *Schriefers* WuW 1993, 105; *Kamburoglou/Pirrwitz* RIW 1990, 270; *v. Winterfeld* RIW 1992, 526; kritisch zu diesem Urteil des EuGH *Moosecker*, in: Forschungsinstitut für Wirtschaftsverfassung und Wettbewerb e.V. (Hrsg.), Schwerpunkte des Kartellrechts 1988/89, 1990, S. 90; *Ress/Ukrow* EuZW 1990, 503; *Scholz* WuW 1990, 107; vgl. auch *Klocker* WuW 1990, 109 ff.

293 Eingehend dazu *Dannecker*, in: *Immenga/Mestmäcker* (Hrsg.), EG-Wettbewerbsrecht, Bd. II, Art. 17 Rn. 1 ff.

294 EuGH, 11. 11. 1981, Slg. 1981, S. 2639 (*IBM-Großcomputer*).

295 *Dannecker*, in: *Immenga/Mestmäcker* (Hrsg.), EG-Wettbewerbsrecht, Bd. II, Art. 17 Rn. 28 ff.

296 *Dannecker*, in: *Immenga/Mestmäcker* (Hrsg.), EG-Wettbewerbsrecht, Bd. II, Art. 17 Rn. 42 ff.

IV. Ausgestaltung und Systematik der Bußgeldtatbestände

1. Zurechnung des Verhaltens natürlicher Personen

Normadressaten der Wettbewerbs- und der Bußgeldvorschriften sind Unternehmen und Unternehmensvereinigungen. Diese können jedoch die tatbestandsmäßigen Verhaltensweisen nicht eigenhändig verwirklichen. Daher ist es erforderlich, auf das Verhalten der für sie handelnden natürlichen Personen abzustellen. Auch können Unternehmen die weitere Voraussetzung der Bußgeldtatbestände des vorsätzlichen oder fahrlässigen Verhaltens nicht selbst erfüllen. Aus diesem Grunde bedarf es der **Zurechnung schuldhafter Handlungen von natürlichen Personen**. Damit stellt sich die Frage, welche Voraussetzungen hierfür erfüllt sein müssen. 180

Die Kommission hat im Fall *„Pioneer"* dargelegt, daß jede natürliche Person, die für das Unternehmen befugterweise tätig wird, unabhängig von ihrer Stellung in der Unternehmenshierarchie, die Verhängung einer Geldbuße auslösen kann.[297] Es kommt hiernach für die Zurechnung nicht darauf an, daß der Unternehmensinhaber oder Geschäftsinhaber selbst gehandelt hat oder Kenntnis von dem Verstoß seines Mitarbeiters oder Beauftragten hatte. Der **Personenkreis**, dessen Verhalten dem Unternehmen zugerechnet wird, wird sehr weit gezogen. Selbst das Verhalten von Beauftragten und Bevollmächtigten eines Unternehmens wird diesem zugerechnet. So führte die Kommission in der Entscheidung *„NAVEWA-ANSEAU"*[298] aus, daß die Verantwortlichkeit der mit Geldbußen belegten Unternehmen auch auf ihrer Eigenschaft als Mitglied des Verbandes, der bei der Ausarbeitung und Anwendung des Übereinkommens eine aktive Rolle gespielt habe, beruhe. Es wird also das Verhalten eines Verbandes den Mitgliedern, für die er tätig geworden ist, zugerechnet.[299] Die mangelnde Berechtigung der handelnden natürlichen Person zu einer wettbewerbswidrigen Vereinbarung schließt eine Zurechnung des Verhaltens zu dem Unternehmen nicht aus. Erst wenn die handelnde Person den Rahmen des ihr übertragenen Aufgabenbereichs eindeutig überschreitet, wird eine Zurechnung verneint.[300]

2. Sanktionierung von Verfahrensverstößen und Verletzungen des materiellen Kartellrechts

Art. 15 VO 17/62 unterscheidet zwischen **leichten und schweren Kartellordnungswidrigkeiten**: In Art. 15 Abs. 1 VO 17/62 werden für Verfahrensverstöße Geldbußen von 100 bis zu 5000 Ecu angedroht, in Abs. 2 sind für Verletzungen des materiellen Kartellrechts Geldbußen bis zu 1 Million Ecu und darüber hinaus von bis zu 10 % des von dem einzelnen an der Zuwiderhandlung beteiligten Unternehmen im letzten Geschäftsjahr erzielten Umsatzes vorgesehen. 181

a) Verfahrensverstöße

Gemäß Art. 15 Abs. 1 VO 17/62 ist die Pflicht der Unternehmen bußgeldbewehrt, **richtige und vollständige Angaben** zu machen, wenn von ihnen die Erteilung eines Negativattestes (comfort letter) oder einer Freistellung vom Kartellverbot beantragt wird. Eine durch Geldbußen sanktionierte Wahrheitspflicht besteht gleichermaßen, wenn die Kommission im Rahmen ihrer Ermittlungen ein Auskunftsbegehren an die Unternehmen richtet oder eine Nachprüfung vornimmt und die Unternehmen unvollständige Doku- 182

297 *Dannecker/Fischer-Fritsch,* Das EG-Kartellrecht in der Bußgeldpraxis, S. 258 f.; *Tiedemann,* FS Jescheck 1985, S. 1419 f.

298 KOMM., 17. 12. 1982, ABl. 1982 Nr. L 167 vom 15. 6. 1982, S. 49.

299 Vgl. auch KOMM., 15. 7. 1982, ABl. 1982 Nr. L 232 vom 6. 8. 1982, S. 37 f. (*SSI*).

300 *Dannecker/Fischer-Fritsch,* Das EG-Kartellrecht in der Bußgeldpraxis, S. 259.

mente vorlegen oder die Durchführung der Nachprüfung nicht dulden (Art. 15 Abs. 1 lit. b i.V. m. Art. 11 VO 17/62 bzw. Art. 15 Abs. 1 lit. c i.V. m. Artt. 13 und 14 VO 17/62).[301] Neben der Pflichtverletzung setzt eine Ahndung den Nachweis von **Vorsatz oder Fahrlässigkeit** seitens des Unternehmens voraus.

Das Unterlassen der Beantwortung eines **formlosen Auskunftsbegehrens** kann nicht mit einer Geldbuße geahndet werden. Die Kommission ist in diesem Fall, wie oben dargelegt, gezwungen, eine förmliche Entscheidung zu erlassen; erst dann ist das Unterlassen der Auskunftserteilung seitens des Unternehmens bußgeldbewehrt. Falls das formlose Schreiben hingegen unrichtig beantwortet wird, kann sofort eine Geldbuße verhängt werden (Art. 15 Abs. 1 lit. b, 1. Alt. VO 17/62).[302] Dabei gelten auch inhaltlich zutreffende, aber unvollständig erteilte Auskünfte als unrichtig, wenn sie den Anschein einer vollständigen Auskunft erwecken.[303]

b) Verstöße gegen das materielle Kartellrecht

183 Von den Verfahrensverstößen sind die schweren, in Art. 15 Abs. 2 lit. a VO 17/62 bußgeldbewehrten Verstöße gegen Artt. 81 und 82 (ex-Artt. 85 und 86) EGV zu trennen. Diese gemeinschaftsrechtlichen Wettbewerbsregeln dienen der **Sicherung der individuellen wirtschaftlichen Freiheit**, sollen aber auch den **Wettbewerb als Institution** garantieren, um dadurch zur Verwirklichung der allgemeinen Vertragsziele beizutragen.[304] So soll im Interesse der Allgemeinheit und insbesondere der Verbraucher eine optimale Nutzung der Produktionsfaktoren bewirkt sowie wirtschaftlicher und technischer Fortschritt ermöglicht werden.

Solche Verstöße gegen die materiellen Wettbewerbsverbote können nach Art. 15 Abs. 2 VO 17/62 von der Kommission mit **Geldbußen gegen die Unternehmen und Unternehmensvereinigungen** geahndet werden, wenn schuldhafte Zuwiderhandlungen gegen das materielle Wettbewerbsrecht vorliegen. Sanktionen gegen die für das Unternehmen handelnden natürlichen Personen sind nicht vorgesehen. Geldbußen können bis zu einer Höhe von 1 Mio. Ecu oder bis zu 10 % des Jahresumsatzes des betroffenen Unternehmens verhängt werden. Dabei bezieht sich die 10 %-Grenze auf den Gesamtumsatz des Unternehmens und nicht auf den Umsatz mit den von den Wettbewerbsverstößen tangierten Produkten (sog. relevanter Umsatz).

184 Nach **Art. 15 Abs. 5 VO 17/62**[305] entfällt mit der Anmeldung die Möglichkeit, wegen der offengelegten wettbewerbsbeschränkenden Handlungen eine Geldbuße festzusetzen. Dabei kommt es auf die materielle Freistellungsfähigkeit des angemeldeten Kartells nicht an. Ihre Rechtfertigung findet die Bußgeldfreiheit darin, daß die Kommission über das wettbewerbswidrige Verhalten der Unternehmen freiwillig informiert wird. Es kommt darauf an, der Kommission zu ermöglichen, im Interesse eines funktionierenden Wettbewerbs sofort einzuschreiten.[306] Die Rechtswidrigkeit des angemeldeten Verhaltens wird durch Art. 15 Abs. 5 VO 17/62 nicht aufgehoben.

---

[301] Eingehend dazu *Dannecker*, in: *Immenga/Mestmäcker* (Hrsg.), EG-Wettbewerbsrecht, Bd. II, Art. 15 VO 17 Rn. 24 ff., 34 f.

[302] KOMM., 17. 11. 1981, ABl. 1982, Nr. L 27 vom 4. 2. 1982, S. 31 ff. (*Comptoir Commercial d'Importation*); 11. 12. 1981, ABl. 1982, Nr. L 113 vom 27. 4. 1982, S. 18 ff. (*National Panasonic Belgium*); 11. 12. 1981, ABl. 1982, Nr. L 211 vom 20. 7. 1982, S. 32 ff. (*National Panasonic France*).

[303] EuGH, 20. 6. 1978, Slg. 1978, S. 1418 (*TEPEA/Watts*); *Dannecker/Fischer-Fritsch*, Das EG-Kartellrecht in der Bußgeldpraxis, S. 51; *Kreis*, RIW/AWD 1981, 295.

[304] Vgl. *Dirksen*, in: *Langen/Bunte* (Hrsg.), Kommentar zum deutschen und europäischen Kartellrecht, Bd. 1, Art. 82 Rn. 76.

[305] Näher zu den Voraussetzungen der Bußgeldfreiheit gemäß Art. 15 Abs. 5 VO 17/63 *Dannecker*, in: *Immenga/Mestmäcker* (Hrsg.), EG-Wettbewerbsrecht, Bd. II, Art. 15 VO 17 Rn. 210 ff. m. w. N.

[306] EuGH, 7. 6. 1983, Slg. 1983, S. 1862 ff. (*MDF Pioneer*); vgl. auch *Dannecker/Fischer-Fritsch*, Das EG-Kartellrecht in der Bußgeldpraxis, S. 79 sowie *Wagemann*, Rechtfertigungs- und Entschuldigungsgründe im Bußgeldrecht der Europäischen Gemeinschaften, 1992, S. 86 f.

3. Sonderdeliktscharakter und Ausgestaltung als Blankettgesetze

Die Kommission ist nicht ermächtigt, natürliche Personen, die für ein Unternehmen handeln, mit Geldbußen zu belegen. Artt. 81 und 82 (ex-Artt. 85 und 86) EGV sowie Art. 15 Abs. 1 und 2 VO 17/62 richten sich nur an Unternehmen und Unternehmensvereinigungen.[307] Im Hinblick darauf, daß nur Unternehmen und Unternehmensvereinigungen Zuwiderhandlungen gegen das Gemeinschaftsrecht begehen können, handelt es sich bei den Bußgeldtatbeständen um **Sonderdelikte**.[308] 185

Die Bußgeldtatbestände des Art. 15 Abs. 1 und 2 VO 17/62 verweisen auf in anderen Gesetzen geregelte Verhaltensnormen. Es handelt sich daher um **Blankettgesetze**, deren vollständiger Tatbestand erst durch das Zusammenlesen von verweisendem und ausfüllendem Gesetz gebildet werden kann.[309] 186

V. Wettbewerbsverbote in der Bußgeldpraxis

1. Geltung des Opportunitätsprinzips im Bußgeldrecht

Für alle in der Kartellverordnung vorgesehenen Entscheidungsarten mit belastender Rechtswirkung gilt das Opportunitätsprinzip. Danach besteht ein **Entschließungs- und Auswahlermessen** der Kommission: Die Kommission „kann" eine Abstellungsverfügung oder einstweilige Anordnung erlassen und Zwangsgelder oder Geldbußen verhängen; sie hat jedoch auch die Möglichkeit, von einem Einschreiten abzusehen. Die Kommission selbst sieht sich generell – also auch bei schwerwiegenden Wettbewerbsverstößen – nicht als verpflichtet an, Geldbußen zu verhängen.[310] Auch der Gerichtshof räumt der Kommission ein entsprechendes Ermessen ein und bejaht nur einen Anspruch betroffener Dritter auf ermessensfehlerfreie Entscheidung.[311] Die Nichtausübung der Ahndungsgewalt durch die Kommission gibt den Adressaten von Bußgeldentscheidungen keinen aus dem Gleichheitsgrundsatz fließenden Anspruch auf Bußgeldfreiheit, wenn in vergleichbaren Fällen keine Sanktionen verhängt worden sind.[312] Sofern die Kommission jedoch von ihrer Ahndungsmöglichkeit Gebrauch macht, muß sie das Gleichbehandlungsgebot beachten. 187

2. Ausübung des Ermessens bei der Verhängung von Geldbußen

a) Ahndung klassischer und klarer Wettbewerbsverstöße

Bezüglich der Entscheidung der Kommission, ob Geldbußen verhängt werden, ist festzustellen, daß sowohl **horizontale** als auch **vertikale Kartelle**, soweit es sich um klassische und klare Wettbewerbsverstöße handelt – hierzu gehören insbesondere Export- und Importbeschränkungen sowie Preis-, Quoten- und Marktaufteilungsabsprachen[313] –, in der Regel geahndet werden.[314] Im Vordergrund des tatbestandsmäßigen Verhaltens stehen Export- und Importverbote, durch die Parallelimporte verhindert werden sollen, sowie 188

[307] Vgl. nur *Dannecker*, in: *Immenga/Mestmäcker* (Hrsg.), EG-Wettbewerbsrecht, Bd. II, Vorbem. Art. 15 VO 17 Rn. 70.

[308] *Dannecker/Fischer-Fritsch*, Das EG-Kartellrecht in der Bußgeldpraxis, S. 253; *Tiedemann*, FS Jescheck 1985, S. 1419.

[309] Eingehend dazu *Dannecker*, in: *Immenga/Mestmäcker* (Hrsg.), EG-Wettbewerbsrecht, Bd. II, Vorbem. Art. 15 VO 17 Rn. 9.

[310] KOMM., 19. 12. 1984, ABl. 1985 Nr. L 92 vom 30. 3. 1985, S. 1 ff. (*Aluminiumeinfuhren aus Osteuropa*); vgl. dazu *Dannecker/Fischer-Fritsch*, Das EG-Kartellrecht in der Bußgeldpraxis, S. 222 ff.

[311] EuGH, 11. 10. 1983, Slg. 1983, S. 3045, 3063 ff. (*Demo-Studio Schmidt*).

[312] EuGH, 12. 7. 1979, Slg. 1979, S. 2435, 2482 (*BMW*).

[313] Vgl. 14. Wettbewerbsbericht 1984, S. 60.

[314] Zur Zulässigkeit der unterschiedlichen Behandlung der verschiedenen Arten von Vereinbarungen EuGH, 10. 12. 1985, Slg. 1985, S. 3801, 3881 (*SSI*).

unmittelbare und mittelbare Preisabsprachen zwischen Konkurrenzunternehmen, deren Gegenstand die Einschränkung der Preisautonomie zwischen Konkurrenten ist. Auch Produktionsbeschränkungen sowie Vereinbarungen über die gegenseitige Respektierung der Heimatmärkte führen häufig zu Geldbußen.

aa) Horizontale Kartelle

189 Einen ersten Schwerpunkt bei der Ahndung mit Geldbußen bilden horizontale Kartelle, bei denen das Wettbewerbsverhalten zwischen Unternehmen derselben Wirtschaftsstufe koordiniert wird, sofern sich die Vereinbarungen auf **klassische Wettbewerbsverstöße** beziehen.[315] Solche Verstöße werden grundsätzlich geahndet und führen zur Verhängung empfindlicher Geldbußen.[316] Wenn hingegen Wettbewerbsbehinderungen, die zwar nicht zu den klassischen, gleichwohl aber zu den **eindeutig wettbewerbswidrigen** gezählt werden können, wie Informationsaustauschsysteme, Konkurrenzverbote im Zusammenhang mit einer Unternehmensübertragung oder der Gründung eines Gemeinschaftsunternehmens, vorliegen, werden diese nur mit Geldbuße geahndet, falls zuvor in einem anderen Verfahren deren Rechtswidrigkeit festgestellt worden ist.[317] Soweit solche wettbewerbswidrigen Verhaltensweisen wie z. B. Informationsaustauschsysteme über vertrauliche und sensible individuelle Geschäftsinformationen zur Überwachung der Marktentwicklung in Verbindung mit klassischen Wettbewerbsverstößen begangen werden, werden diese, auch wenn sie nicht unmittelbar die Festsetzung von Preisen oder die Aufteilung von Märkten beinhalten, mit den klassischen Verstößen zusammengefaßt und im Hinblick auf das Gesamtziel der Kartelle gewürdigt.[318]

bb) Vertikale Kartelle

190 Neben horizontalen Wettbewerbsabsprachen bilden einen weiteren Schwerpunkt bei der Ahndung von Kartellrechtsverstößen vertikale Wettbewerbsbeschränkungen. Die Kommission ging gegen diese Art der Wettbewerbsbeschränkungen konsequent vor, weil die Wettbewerbssituation in der EG dadurch gekennzeichnet war, daß die nationalen Märkte weitgehend abgeschottet waren.[319] Die Kommission schreitet insbesondere gegen **Alleinvertriebs- und Alleinbezugsverträge**[320] sowie gegen **selektive Vertriebssysteme**, durch die die Hersteller von Markenartikeln den Weg ihrer Produkte bis zum Endverbraucher verfolgen, ein und verhängt Geldbußen.[321]

cc) Mißbrauchsfälle

191 Im Vordergrund der Ahndung des Mißbrauchs einer marktbeherrschenden Stellung[322] stehen Fälle der **Erzwingung unangemessener Preise und Bedingungen**[323] sowie **Diskriminierungen**[324] und **Behinderungen** anderer Marktteilnehmer,[325] insbesondere in

---

[315] *Dannecker/Fischer-Fritsch,* Das EG-Kartellrecht in der Bußgeldpraxis, S. 175 ff., 292 ff.

[316] 24. Wettbewerbsbericht 1994, S. 100 ff.

[317] *Dannecker/Fischer-Fritsch,* Das EG-Kartellrecht in der Bußgeldpraxis, S. 314.

[318] 24. Wettbewerbsbericht 1994, S. 104.

[319] *Dannecker/Fischer-Fritsch,* Das EG-Kartellrecht in der Bußgeldpraxis, S. 137 ff., 293 ff.

[320] KOMM., 1. 12. 1976, ABl. 1976 Nr. L 357 vom 29. 12. 1976, S. 40 ff. (*Miller International Schallplatten*).

[321] KOMM, 6. 1. 1982, ABl. 1982 Nr. L 117 vom 30. 4. 1982, S. 15 ff. (*AEG-Telefunken*).

[322] Vgl. den Überblick bei *Dannecker/Fischer-Fritsch,* Das EG-Kartellrecht in der Bußgeldpraxis, S. 234 ff., 299 ff.

[323] KOMM., 2. 1. 1973, ABl. 1973 Nr. L 140 vom 26. 5. 1973, S. 17 (*Zucker*); 19. 12. 1974, ABl. 1975 Nr. L 29 vom 3. 2. 1975, S. 14 (*General Motors*).

[324] KOMM., 11. 7. 1988, ABl. 1988 Nr. L 233 vom 23. 8. 1988, S. 15 (*British Dental Trade Ass.*).

[325] KOMM., 14. 12. 1985, ABl. 1985 Nr. L 374 vom 31. 12. 1985, S. 1 (*ECS/AKZO*); 22. 12. 1987, ABl. 1988 Nr. L 65 vom 11. 3. 1988, S. 19 (*Eurofix-Bauco/Hilti*); 4. 11. 1988, ABl. 1988 Nr. L 317 vom 24. 11. 1988, S. 47 (*Sabena*).

Form des Boykotts, der Liefersperre[326] und der Verkaufsverweigerung[327] sowie der Gewährung von Treuerabatten.[328]

b) Formlose Verfahrenserledigung

Die Kommission macht von dem ihr eingeräumten Ermessen, keine Geldbußen verhängen zu müsen, insbesondere in Fällen **leichterer Kartellverstöße** Gebrauch, so z. B. in Fällen, die in der Nähe einer Gruppenfreistellung liegen, bei wettbewerbswidrigen Absprachen, die noch zu keiner Beeinträchtigung des Wettbewerbs geführt haben, wenn nur kleinere Unternehmen an dem Wettbewerbsverstoß beteiligt sind und das Wettbewerbsverhalten kaum spürbare Auswirkungen auf den Wettbewerb und den zwischenstaatlichen Handel hatte, sowie in Fällen, in denen Unternehmen einen Rechtsstreit vor nationalen Gerichten austragen und diesen durch Einschaltung der Kommission zu ihren Gunsten beeinflussen wollen.[329] Neben solchen leichten Wettbewerbsverstößen können auch schwere Kartellverstöße zur formlosen Verfahrenseinstellung führen,[330] wenn z. B. die Kommission mit den Parteien auf dem Verhandlungswege wettbewerbsrechtlich vertretbare Lösungen finden muß[331] oder wenn die Abgrenzung zwischen erlaubten und verbotenen Wettbewerbsbeschränkungen schwierig ist.[332] 192

VI. Bußgeldbemessung

1. Entwicklung der Sanktionspolitik bis zur Einführung der Leitlinien zur Bußgeldbemessung

In den ersten Jahren nach Inkrafttreten der VO 17/62 verhängte die Kommission bei leichteren Wettbewerbsverstößen Geldbußen von 20 000 bis 500 000 Ecu. Erst mit der *„Pioneer"*-Entscheidung[333] leitete die Kommission dann Ende 1979 eine **Politik strenger finanzieller Sanktionen für gravierende Wettbewerbsverstöße** ein.[334] Diese strenge Ahndung mit hohen Geldbußen wurde in der Folgezeit fortgesetzt und führte dazu, daß regelmäßig **Sanktionen in Millionenhöhe** verhängt wurden.[335] 193

2. Leitlinien zur Bußgeldbemessung in Kartellverfahren von 1998

Im Januar 1998 hat die Kommission Leitlinien für das Verfahren zur Festsetzung von Geldbußen nach Art. 15 VO 17 erlassen. Durch die in diesen Leitlinien niedergelegten Grundsätze sollen die **Transparenz** und die **Objektivität der Entscheidungen** der Kommission im Bereich der Bußgelder sowohl gegenüber dem Unternehmen als auch gegenüber dem Gerichtshof erhöht werden. Gleichzeitig sollen diese Leitlinien das Bestehen 194

---

326 KOMM., 8. 12. 1977, ABl. 1978 Nr. L 22 vom 27. 1. 1978, S. 23 (*Hugin Liptons*).

327 KOMM., 14. 12. 1972, ABl. 1972 Nr. L 299 vom 31. 12. 1972, S. 51 (*ZOJA/CSC-ICI*); 9. 6. 1976, ABl. 1976 Nr. L 223 vom 16. 8. 1976, S. 27 (*Hoffmann-La Roche*); 5. 12. 1988, ABl. 1989 Nr. L 10 vom 13. 1. 1989, S. 50 (*British Industries PLC*).

328 Vgl. dazu *Dannecker/Fischer-Fritsch,* Das EG-Kartellrecht in der Bußgeldpraxis, S. 22 f.

329 Näher dazu *Dannecker/Fischer-Fritsch,* Das EG-Kartellrecht in der Bußgeldpraxis, S. 105 ff., 129 ff.

330 *Dannecker/Fischer-Fritsch,* Das EG-Kartellrecht in der Bußgeldpraxis, S. 127 ff.

331 So z. B. in den Verfahren *„Kohlensaures Natron"*, 11. Wettbewerbsbericht 1981, S. 59 ff., und *„BIEM-IFPI"*, 13. Wettbewerbsbericht 1983, S. 94 f.

332 So z. B. in dem Verfahren *„Tyler-Linde"*, 11. Wettbewerbsbericht 1981, S. 72 f., *„Feldmühle Stora"*, 13. Wettbewerbsbericht 1983, S. 76 f.

333 KOMM., 14. 12. 1979, ABl. 1980 Nr. L 60 vom 5. 3. 1980, S. 21 ff. (*Pioneer*).

334 *Dannecker/Fischer-Fritsch,* Das EG-Kartellrecht in der Bußgeldpraxis, S. 100.

335 *Dannecker,* in: *Immenga/Mestmäcker* (Hrsg.), EG-Kartellrecht, Bd. II, Art. 15 VO 17 Rn. 236 ff.

eines Ermessensspielraums bei der Bußgeldbemessung verdeutlichen, den der Gesetzgeber der Kommission innerhalb der Obergrenze von 10 % des Gesamtumsatzes des zu ahndenden Unternehmens eingeräumt hat. Das für den Gesamtumsatz zugrunde zu legende Geschäftsjahr soll das dem Erlaß der Entscheidung vorausgehende Geschäftsjahr sein. Die Kommission unterstreicht in ihrer Begründung der Leitlinien weiter, daß der gewährte Ermessensspielraum nach zusammenhängenden, nicht diskriminierenden Leitlinien ausgefüllt werden müsse, die im Einklang mit den bei der Ahndung der Verstöße gegen die Wettbewerbsregeln verfolgten Ziele stehen. Diese Leitlinien wurden erstmals in der VW-Entscheidung angewandt, in der das Unternehmen mit einer Geldbuße in Höhe von 102 Mio. Ecu geahndet wurde.[336]

195 Die **Berechnung der Geldbußen** beruht auf folgendem Schema: Zunächst wird in einem ersten Schritt ein Grundbetrag errechnet. Sodann werden erschwerende Umstände und mildernde Gesichtspunkte berücksichtigt. Nach Durchführung der Berechnungen soll die Geldbuße an die Einzelumstände angepaßt werden, indem objektive Faktoren wie z. B. ein besonderer wirtschaftlicher Zusammenhang, der von den Beteiligten erzielte wirtschaftliche oder finanzielle Vorteil oder besondere Merkmale der betreffenden Unternehmen berücksichtigt werden sollen.

a) Bestimmung des Grundbetrages

196 Der **Grundbetrag** wird nach der Maßgabe der in Art. 15 Abs. 2 VO 17 genannten Kriterien, der Schwere und der Dauer des Verstoßes, errechnet.

aa) Schwere des Verstoßes

197 Bei der Bestimmung der Schwere eines Verstoßes sind seine Art und die konkreten Auswirkungen auf den Markt, sofern sie meßbar sind, sowie der Umfang des betreffenden räumlichen Marktes zu berücksichtigen. Die Verstöße werden in minder schwere, schwere und besonders schwere Verstöße unterteilt. Bei **minder schweren Verstößen,** bei denen 1000 bis 1 Mio. Ecu als Ausgangsgröße vorgesehen sind, handelt es sich in den häufigsten Fällen um vertikale Beschränkungen des Handels mit begrenzten Auswirkungen auf den Markt, die zwar einen wesentlichen, jedoch engen Teil des Gemeinschaftsmarkts betreffen. Bei **schweren Verstößen,** bei denen 1 Mio. bis 20 Mio. Ecu vorgesehen sind, handelt es sich in den meisten Fällen um horizontale oder vertikale Beschränkungen wie bei den minder schweren Verstößen, sofern diese entschlossener angewandt werden, deren Auswirkungen auf den Markt umfassender sind und die in einem größeren Teil des Gemeinsamen Marktes zum Tragen kommen können. Ebenfalls liegt ein schwerer Verstoß im Mißbrauch einer marktbeherrschenden Stellung. **Besonders schwere Verstöße,** bei denen über 20 Mio. Ecu vorgesehen sind, werden im wesentlichen in horizontalen Beschränkungen wie z. B. Preiskartellen, Marktaufteilungsquoten und sonstige Beschränkungen der Funktionsweise des Binnenmarktes, wie z. B. der Abschottung der nationalen Märkte oder Mißbräuchen marktbeherrschender Stellungen von Unternehmen in Quasi-Monopolstellung gesehen.

Innerhalb der einzelnen Kategorien, insbesondere bei den als schwer und besonders schwer eingestuften Verstößen, soll eine **Differenzierung entsprechend der Art des begangenen Verstoßes** vorgenommen werden. Die Leitlinien sehen außerdem vor, die tatsächliche wirtschaftliche Fähigkeit der Urheber der Verstöße, Wettbewerber und Verbraucher wirtschaftlich in erheblichem Umfang zu schädigen, zu berücksichtigen. Außerdem ist die Geldbuße auf einen Betrag festzusetzen, der eine hinreichend abschreckende Wirkung entfaltet.

---

[336] ABl. 1998 Nr. L 124 vom 25. 4. 1998, S. 60 ff.; kritisch dazu *Schütz* WuW 1998, 335 ff.; vgl. auch. *Creutzig* EuZW 1998, 293 ff.; *Niebling* BB 1998, 335 ff.; *Nolte* BB 1998, 2429; *Weitbrecht* EuZW 1998, 681.

bb) Dauer des Verstoßes

Bei der Berücksichtigung der Dauer eines Verstoßes wird unterschieden zwischen Verstößen von **kurzer Dauer** – in der Regel weniger als ein Jahr –, bei denen kein Aufschlag vorgenommen werden soll, Verstößen von **mittlerer Dauer** – in der Regel zwischen einem und fünf Jahren –, die zu einem Aufschlag von bis zu 50 % des für die Schwere des Verstoßes ermittelten Betrages führen soll, sowie Verstößen von **langer Dauer** – in der Regel mehr als fünf Jahre –, bei denen für jedes Jahr des Verstoßes bis zu 10 % des für die Schwere des Verstoßes ermittelten Betrages hinzugerechnet werden soll. 198

b) Erschwerende Umstände

Der **Grundbetrag** kann gemäß den Leitlinien bei erschwerenden Umständen **erhöht** werden. Solche Umstände sollen z. B. dann vorliegen, wenn es sich um einen erneuten, gleichartigen Verstoß des Unternehmens handelt, wenn dieses die Zusammenarbeit mit der Kommission verweigert oder sogar Behinderungsversuche während des Untersuchungsverfahrens unternimmt, wenn das Unternehmen im Rahmen eines Kartells als Anführer oder Anstifter aufgetreten ist, wenn Vergeltungsmaßnahmen gegenüber anderen Unternehmen vorgenommen worden sind, um die „Einhaltung" der beschlossenen Kartellverstöße durchzusetzen. Weiterhin kommt eine Erhöhung der Geldbuße in Betracht, wenn dies erforderlich ist, um den Betrag der aufgrund der Verstöße unrechtmäßig erzielten Gewinne zu übertreffen, sofern dieser Betrag objektiv ermittelt werden kann. 199

c) Mildernde Umstände

Als mildernde Umstände werden folgende **Gesichtspunkte** genannt: ausschließlich passive Mitwirkung oder reines Mitläufertum, tatsächliche Nichtanwendung der Vereinbarungen über Verstöße, Beendigung des Verstoßes nach dem ersten Eingreifen der Kommission, insbesondere nach Nachprüfungen, Nachweis berechtigter Zweifel des Unternehmens an der Rechtswidrigkeit seines wettbewerbswidrigen Verhaltens, fahrlässige, unvorsätzliche Verstöße, aktive Mitwirkung des Unternehmens an dem Verfahren außerhalb des Anwendungsbereichs der Mitteilung der Kommission vom 18. 7. 1996 betreffend die Nichtfestsetzung oder niedrigere Festsetzung von Geldbußen. 200

d) Symbolische Geldbußen

Schließlich wird in den Leitlinien hervorgehoben, daß sich die Kommission die Möglichkeit vorbehält, in bestimmten Fällen eine **symbolische Geldbuße** von 1000 Ecu festzusetzen, die nicht anhand der Dauer oder der erschwerenden bzw. mildernden Umstände ermittelt worden sei. Die Begründung für eine symbolische Geldbuße soll im Text der Entscheidung aufgeführt werden. 201

3. Anwendung der Mitteilung vom 18. Juli 1996 über die Nichtfestsetzung oder die niedrigere Festsetzung von Geldbußen

In der Mitteilung der Kommission über die Nichtfestsetzung oder die niedrigere Festsetzung von Geldbußen in Kartellsachen vom 18. 7. 1996[337] nennt die Kommission die Voraussetzungen, unter denen Geldbußen für Unternehmen, die während der Untersuchung eines Kartellfalles mit ihr **zusammenarbeiten**, entweder nicht oder niedriger festgesetzt werden können. 202

Für den Fall, daß die **Selbstanzeige vor einer Nachprüfung** durch die Kommission erfolgt, wird eine Reduzierung der Geldbuße um mindestens 75 % bis zur Möglichkeit einer völligen Bußgeldfreiheit in Aussicht gestellt, sofern das Unternehmen als erstes An- 203

[337] ABl. 1996 Nr. C 207 vom 18. 7. 1996, S. 4 ff.

gaben macht, die für den Beweis des Kartells von entscheidender Bedeutung sind, das Unternehmen zudem seine Teilnahme an dem Kartell spätestens mit der Anzeige beendet und während des gesamten Verfahrens mit der Kommission kooperiert und darüber hinaus insbesondere alle sachdienlichen Informationen und verfügbaren Beweismittel zur Verfügung stellt. Schließlich darf das Unternehmen kein anderes Unternehmen zur Teilnahme am Kartell gezwungen haben und auch nicht Anstifter oder Rädelsführer gewesen sein.

204 Wenn die Selbstanzeige erst **nach erfolgloser Nachprüfung** durch die Kommission erfolgt, wird eine Reduzierung der Geldbuße um 50–75 % in Aussicht gestellt, sofern bei der durchgeführten Nachprüfung keine ausreichenden Beweise für ein Kartell gefunden worden sind. Das Unternehmen muß dieselben Voraussetzungen wie im Falle der Selbstanzeige vor einer Nachprüfung durch die Kommission erfüllen.

205 Wenn ein Unternehmen **mit der Kommission zusammenarbeitet**, ohne daß es die oben genannten Voraussetzungen erfüllt, soll die Geldbuße um 10–50 % niedriger festgesetzt werden. Dies gilt insbesondere dann, wenn ein Unternehmen vor Mitteilung der Beschwerdepunkte Beweismittel liefert, die zur Festsetzung des Vorliegens eines Verstoßes beitragen, oder wenn sich ein Unternehmen gegen die Beschwerdepunkte nicht verteidigt.

VII. Geldbußen des EWR-Vertrages

1. Geltung der Wettbewerbsregeln

206 Im Rahmen der Verhandlungen über den Vertrag über den Europäischen Wirtschaftsraum (EWRV) erfolgte eine integrale und **vollständige Übernahme der EG-Wettbewerbsregeln in den EWR-Vertrag**, die auch im Hinblick auf ihre direkte Anwendung vor nationalen Gerichten den Gemeinschaftsbestimmungen qualitativ gleichgestellt sind.[338] Diese Regeln sind in Art. 16 (staatliche Handelsmonopole) sowie in Artt. 53 ff. EWRV und in dem Protokoll 25 (Kohle und Stahl) enthalten.

2. Zuständigkeit im Verwaltungsverfahren

207 Für die Überwachung und Anwendung der EWR-Wettbewerbsregeln sind die Kommission und ein unabhängiges „EWR-Überwachungsorgan" zuständig, das der Kommission entsprechende Kompetenzen innehat und über die gleichen Befugnisse wie diese verfügt. Im Kartellverfahren besteht für das EWR-Überwachungsorgan somit die Möglichkeit, Ermittlungen anzustellen und Geldbußen zu verhängen. Um Kompetenzüberschneidungen zu vermeiden, gilt grundsätzlich das Prinzip der ausschließlichen Zuständigkeit: Entweder ist die Kommission oder aber das EWR-Überwachungsorgan für die Anwendung der **Artt. 81 und 82 (ex-Artt. 85 und 86) EGV** zuständig.

3. Gerichtliche Kontrolle

208 Die gerichtliche Kontrolle im Wettbewerbsrecht auf seiten der EG wird durch den EWR-Vertrag nicht verändert: Das **EuG** und der **EuGH** bleiben für alle von der Kommission getroffenen Entscheidungen zuständig. Die Kontrolle über Entscheidungen des EWR-Überwachungsorgans übt ein unabhängiger **EWR-Gerichtshof** aus. Alle supranationalen Sanktionen werden von der Kommission, deren Zuständigkeit sich aus Art. 249 (ex-Art. 189) Abs. 1 EGV ergibt, bzw. von dem EWR-Überwachungsorgan in einem verwaltungsrechtlich ausgestalteten Verfahren verhängt.

---

[338] *Dannecker*, in: *Immenga/Mestmäcker* (Hrsg.), EG-Wettbewerbsrecht, Bd. II, Art. 15 VO 17 Rn. 300.

VIII. Bußgeldtatbestände der Fusionskontrollverordnung

1. Rechtsgrundlagen der Fusionskontrolle

Der EG-Vertrag enthält keine Bestimmungen über die Kontrolle von Unternehmenszusammenschlüssen. Der Rat verabschiedete am 21. 12. 1989 die **Verordnung 4064/89 über die Kontrolle von Unternehmenszusammenschlüssen** (Fusionskontroll-Verordnung – FKVO),[339] die am 21. 9. 1990 in Kraft getreten ist[340] und durch die Verordnung (EG) Nr. 1310/97 des Rates vom 30. 6. 1997 geändert wurde.[341] Die Fusionskontrolle ist primär auf den Schutz des freien Wettbewerbs ausgerichtet. Sie hat grundsätzlich Vorrang vor der nationalen Fusionskontrolle und vor der Fusionskontrolle aufgrund der Artt. 81 und 82 (ex-Artt. 85 und 86) EGV. Außerdem wurde auf der Ermächtigungsgrundlage des Art. 23 FKVO eine Durchführungsverordnung über Form, Inhalt und andere Einzelheiten der Anmeldungen nach Art. 4 FKVO, über die nach den Artt. 7, 9 und 10 sowie nach Art. 22 FKVO festgesetzten Fristen sowie über die Anhörung nach Art. 18 FKVO erlassen.[342] 209

2. Anwendungsbereich der Fusionskontroll-Verordnung

Die Fusionskontroll-Verordnung erfaßt Zusammenschlüsse im Sinne einer Eingliederung sowie jeden Anteilserwerb und jeden Abschluß von Unternehmensverträgen, der einem Unternehmen die Kontrolle über ein anderes Unternehmen verschafft (Art. 3 Abs. 1 FKVO). Voraussetzung für ein Eingreifen der Fusionskontroll-Verordnung ist, daß der Zusammenschluß **„gemeinschaftsweite Bedeutung"** hat (Art. 1 Abs. 1 FKVO). Diese wird an zwei Umsatzschwellen gemessen: dem weltweiten Gesamtumsatz der beteiligten Unternehmen (5 Milliarden Ecu) und einem Mindestumsatz von mindestens zwei beteiligten Unternehmen innerhalb der Gemeinschaft von jeweils mehr als 250 Millionen Ecu, soweit nicht zwei Drittel dieses gemeinschaftsweiten Umsatzes innerhalb eines Mitgliedstaates erzielt werden (Art. 1 Abs. 2 FKVO). Unternehmen, deren beabsichtigter Zusammenschluß diese Schwellenwerte überschreiten, ist eine bußgeldbewehrte Anmeldeverpflichtung vor Durchführung des Zusammenschlusses auferlegt (Art. 4 FKVO). Die Kommission hat dann zu prüfen, ob der Zusammenschluß mit dem Gemeinsamen Markt vereinbar ist. Dies ist zu verneinen, wenn durch den Zusammenschluß eine beherrschende Marktstellung begründet oder verstärkt oder wenn ein wirksamer Wettbewerb im Gemeinsamen Markt oder in einem wesentlichen Teil desselben erheblich behindert wird.[343] Im Hinblick auf die Durchführung des EWR-Abkommens berücksichtigt die Kommission nicht nur die Lage der Unternehmen im Gemeinsamen Markt, sondern auch im Gebiet der EFTA-Staaten. Die Fusionskontroll-Verordnung ist außerdem auf Unternehmen aus Drittstaaten anwendbar, und zwar unabhängig davon, wo der Zusammenschluß vollzogen werden soll, sofern sich der Zusammenschluß in der Gemeinschaft auswirkt.[344] 210

Seit der Einführung der europäischen Fusionskontrolle müssen die Unternehmen gegebenenfalls nur noch *ein* **Verfahren vor der Kommission** betreiben, das alle Verfahren

---

339 ABl. 1989 Nr. L 395 vom 30. 12. 1989, S. 1 ff.

340 Zur Entstehungsgeschichte dieser VO vgl. *Miersch*, Kommentar zur EG-Verordnung Nr. 4064/89 über die Kontrolle von Unternehmenszusammenschlüssen, 1991, S. 2 ff. und zu deren Anwendung vgl. 22. Wettbewerbsbericht 1992, S. 221 f.

341 ABl. 1997 Nr. L 180 vom 9. 7. 1997, S. 1 ff.

342 ABl. 1998, Nr. L 61 vom 2. 3. 1998, S. 1 ff. mit Anhang „Formblatt CO zur Anmeldung eines Zusammenschlusses"; näher dazu *Hirsbrunner* EuZW 1998, 613 ff.

343 Näher dazu *Bechtold* RIW 1990, S. 259 ff.; *Koch* EWS 1990, S. 65 ff.; vgl. auch *Immenga* WuW 1990, S. 373 ff.; *Janicki* WuW 1990, S. 194 ff.

344 *Bechtold* RIW 1990, S. 260 f.; *Koch* EWS 1990, S. 67.

ersetzt, die vor Inkrafttreten dieser Verordnung bei verschiedenen nationalen Behörden durchgeführt werden mußten.

3. Fusionskontrollverfahren

211 Das Fusionskontrollverfahren ist zum einen in der **Fusionskontroll-Verordnung** geregelt. Weitere Vorschriften über die Anmeldungen nach Art. 4 FKVO, über Form, Inhalt und andere Einzelheiten der Anmeldungen, über die Fristen sowie über die Anhörung sind in der Verordnung 447/98 geregelt.

a) Anmeldung von Zusammenschlüssen

212 Nach **Art. 4 FKVO** ist jeder Zusammenschluß binnen einer Woche nach Vertragsschluß oder Kontrollerwerb bei der Kommission anzumelden. Bloße Zusammenschlußvorhaben können allerdings nicht angemeldet werden.[345] Jedoch können die anstehenden Fragen in einem informellen Verfahren mit der Kommission vorab geklärt werden.[346]

b) Aufschub des Vollzugs von Zusammenschlüssen

213 Die förmliche Anmeldung löst gemäß Art. 7 Abs. 1 FKVO für die Erfüllungsgeschäfte ein **Vollzugsverbot** aus, bis der Zusammenschluß gemäß Artt. 6 Abs. 1 lit. b oder 8 Abs. 2 FKVO durch die Kommission freigegeben wird. Nach Art. 7 Abs. 4 FKVO kann die Kommission eine Befreiung von dem Vollzugsverbot erteilen. Eine solche Befreiung kann mit Auflagen verbunden werden.

c) Prüfung der Anmeldung und Einleitung des Verfahrens

214 Nach Art. 6 Abs. 1 FKVO beginnt die Kommission unmittelbar nach Eingang der Anmeldung mit der Prüfung der Zulässigkeit des Zusammenschlusses. Innerhalb eines Monats muß die Kommission förmlich über die **Eröffnung des Verfahrens** entscheiden. Wenn der Kommission eine Mitteilung eines Mitgliedstaates nach Art. 9 Abs. 2 FKVO zugeht, in der Bedenken gegen den Zusammenschluß erhoben werden können, beträgt die Frist sechs Wochen (Art. 10 Abs. 1 Unterabs. 2 FKVO).

215 Unter der Voraussetzung, daß kein Zusammenschluß im Sinne der Fusionskontroll-Verordnung vorliegt oder daß das Vorhaben keine gemeinschaftsweite Bedeutung hat, wird die **Unanwendbarkeit der Verordnung gemäß Art. 6 Abs. 1 lit. a FKVO** festgestellt.

Wenn der Zusammenschluß nach Ansicht der Kommission in den Anwendungsbereich der Fusionskontroll-Verordnung fällt, jedoch kein Anlaß zu ernsthaften Bedenken hinsichtlich seiner Vereinbarkeit mit dem Gemeinsamen Markt gibt, trifft die Kommission die **Entscheidung, keine Einwände zu erheben**, und erklärt den Zusammenschluß für vereinbar mit dem Gemeinsamen Markt (Art. 6 Abs. 1 lit. b FKVO).

216 Wenn die Kommission feststellt, daß der angemeldete Zusammenschluß unter die FKVO fällt und Anlaß zu ernsthaften Bedenken hinsichtlich der Vereinbarkeit mit dem Gemeinsamen Markt gibt, **leitet** die Kommission das **Verfahren ein** (Art. 6 Abs. 1 lit. c FKVO).

d) Ermittlungsbefugnisse der Kommission

217 Wenn die Kommission zu dem Ergebnis kommt, daß sie zur Erfüllung der ihr übertragenen Aufgaben Informationen über ein Zusammenschlußvorhaben benötigt, die in der Anmeldung nicht enthalten sind, oder wenn sie vorhandene Daten auf ihre Richtigkeit

---

345 KOMM. EuZW 1991, 187 (*Cookson/ICI*).
346 *Weitbrecht* EuZW 1993, 689.

hin überprüfen will, sehen Artt. 11ff. FKVO die Möglichkeit des **Auskunftsverlangens** sowie des Rechts auf **Nachprüfungen** durch Behörden der Mitgliedstaaten und durch die Kommission selbst vor. Diese Ermittlungsbefugnisse sind weitgehend denen der VO 17/62 nachgebildet.[347]

aa) Auskunftsrecht nach Art. 11 FKVO

Adressaten der Auskunftspflicht sind neben den Regierungen und den zuständigen Behörden der Mitgliedstaaten die Unternehmen und Unternehmensvereinigungen, die an der Fusion beteiligt sind. Das Auskunftsrecht ist auch im Fusionskontrollverfahren nach Art. 11 FKVO **zweistufig** aufgebaut: Zunächst ergeht ein Auskunftsverlangen an die Unternehmen, mit dem sich diese auseinandersetzen sollen, ohne unter einer Sanktionsandrohung zu stehen. Wenn ein Unternehmen allerdings auf das erste Verlangen hin Auskünfte erteilt, müssen diese richtig sind. Falls sich ein Unternehmen weigert, der Auskunftspflicht nachzukommen, ist eine förmliche Auskunftsentscheidung erforderlich, in der auf die Möglichkeit der Sanktionsverhängung nach Art. 14 Abs. 1 lit. c FKVO hinzuweisen ist und die das Unternehmen dann zur Auskunftserteilung verpflichtet. 218

bb) Nachprüfungsrecht nach Art. 12 und 13 FKVO

Wenn bereits Fakten bekannt sind, deren Richtigkeit überprüft werden soll, kann die Kommission gemäß **Art. 12 FKVO** die Nachprüfung durch Behörden der Mitgliedstaaten anordnen. 219

Nach **Art. 13 FKVO** hat die Kommission auch die Möglichkeit, unmittelbar und ohne Einschaltung der nationalen Behörden Nachprüfungen bei den Unternehmen durchzuführen. Art. 13 FKVO unterscheidet ebenso wie Art. 11 VO 17/62 zwischen einer einfachen Nachprüfung und einer verbindlichen Nachprüfungsanordnung. Die in Abs. 1 Buchst. a–d geregelten Einzelbefugnisse entsprechen denen des Art. 14 Abs. 1 VO 17/62, weshalb die Ausführungen des EuGH in dem „Hoechst"-Urteil bezüglich des Umfangs des Nachprüfungsrechts auch hier gelten.[348] 220

e) Entscheidungsbefugnisse der Kommission

Wenn die Kommission zu dem Ergebnis kommt, daß der angemeldete Zusammenschluß genehmigungsfähig ist, erklärt sie den Zusammenschluß für vereinbar mit dem Gemeinsamen Markt. Diese Entscheidung kann mit Bedingung und Auflagen verbunden werden (**Art. 8 Abs. 2 FKVO**). 221

Wenn ein Zusammenschluß die Voraussetzungen für eine Genehmigung nicht erfüllt, wird er für unvereinbar mit dem Gemeinsamen Markt erklärt (**Art. 8 Abs. 3 FKVO**). Sofern der Zusammenschluß bereits vollzogen ist, kann die Kommission in einer Entscheidung nach Art. 8 Abs. 3 FKVO oder in einer gesonderten Entscheidung die Trennung der zusammengefaßten Unternehmen oder Vermögenswerte, die Beendigung der gemeinsamen Kontrolle oder andere Maßnahmen anordnen, um den wirksamen Wettbewerb wiederherzustellen (Art. 8 Abs. 4 FKVO).

f) Verfahrensgarantien und Verteidigungsrechte der Unternehmen

Art. 18 FKVO garantiert den Beteiligten **rechtliches Gehör**. Die Kommission darf ihre Entscheidung gemäß Art. 18 Abs. 3 S. 1 FKVO dieser Verordnung nur auf Einwände stützen, zu denen sich die Beteiligten zuvor äußern konnten. Ausgenommen sind hiervon aber Entscheidungen über den weiteren Aufschub des Vollzuges oder über die Erteilung 222

---

[347] *Miersch*, Kommentar zur EG-Verordnung Nr. 4064/89 über die Kontrolle von Unternehmenszusammenschlüssen, S. 149; siehe dazu oben Rn. 170ff.

[348] *Miersch*, Kommentar zur EG-Verordnung Nr. 4064/89 über die Kontrolle von Unternehmenszusammenschlüssen, S. 156f.

von Befreiungen, die wegen ihrer Eilbedürftigkeit vorläufig erlassen werden können. Die Anhörung ist allerdings unverzüglich nachzuholen (Art. 18 Abs. 2 FKVO). Wenn das Recht auf rechtliches Gehör von der Kommission verletzt wird, liegt hierin ein wesentlicher Verfahrensmangel, der jedoch durch Nachholung geheilt werden kann.

223 Art. 18 Abs. 3 S. 2 FKVO gewährleistet das **Recht** der Betroffenen **auf Verteidigung** während des Verfahrens. Zwar enthält die Fusionskontroll-Verordnung kein ausdrückliches Auskunftsverweigerungsrecht. Diesbezüglich kann auf die Rechtslage im EG-Kartellverfahren verwiesen werden,[349] so daß ausnahmsweise selbstbelastende Auskünfte verweigert werden dürfen, wenn die Erfüllung eines Auskunftsverlangens zu einem Geständnis über die Beteiligung an einer Zuwiderhandlung führen würde.

224 Art. 18 Abs. 3 S. 3 FKVO gewährt den unmittelbar Betroffenen ein **Recht auf Akteneinsicht**, das aber durch die Interessen der Unternehmen an der Wahrung ihrer Geschäftsgeheimnisse begrenzt wird.

225 Während des gesamten Ermittlungsverfahrens und auch bei der Anhörung Beteiligter oder Dritter wird das **Berufsgeheimnis** durch Art. 17 FKVO geschützt. Diese Vorschrift sieht ein Verwertungsverbot für alle im fusionskontrollrechtlichen Verfahren erlangten Daten für andere als mit der Verordnung verfolgte Zwecke vor. Das Berufsgeheimnis umfaßt auch die Geheimhaltungspflicht der beratenden Berufe. Hieraus folgt die Befugnis des Anwalts, alle Auskünfte zu verweigern und die Herausgabe aller Unterlagen abzulehnen, die er im Zusammenhang mit einem Mandatsverhältnis erhalten hat.

g) Veröffentlichen nach Art. 20 FKVO

226 Die Kommission veröffentlicht die nach Artt. 2–5 FKVO erlassenen Entscheidungen im Amtsblatt der Europäischen Kommission unter Angabe der Beteiligten und des wesentlichen Inhalts der Entscheidung. Hierbei ist den Interessen der Unternehmen an der **Wahrung ihrer Geschäftsgeheimnisse** Rechnung zu tragen.

4. Bußgeldvorschriften der Fusionskontroll-Verordnung

a) Leichte Verstöße gegen Anmelde-, Auskunfts- und Duldungspflichten

227 Die Kommission kann gemäß **Art. 14 Abs. 1 FKVO** gegen in Art. 3 Abs. 1 lit. b FKVO bezeichnete Personen sowie gegen Unternehmen und Unternehmensvereinigungen Geldbußen in Höhe von 1000 bis 50 000 Ecu festsetzen, wenn sie vorsätzlich oder fahrlässig
a) die Anmeldung eines Zusammenschlusses nach Art. 4 FKVO unterlassen,
b) in einer Anmeldung nach Art. 4 FKVO unrichtige oder entstellte Angaben machen,
c) eine nach Art. 11 FKVO verlangte Auskunft unrichtig oder nicht innerhalb der in einer Entscheidung nach Art. 11 FKVO gesetzten Frist erteilen,
d) bei Nachprüfungen nach Art. 12 FKVO oder Art. 13 FKVO die angeforderten Bücher oder sonstigen Geschäftsunterlagen nicht vollständig vorlegen oder die in einer Entscheidung nach Art. 13 FKVO angeordnete Nachprüfung nicht dulden.

Die bußgeldbewehrten Anmelde-, Auskunfts- und Duldungspflichten entsprechen den in der VO 17/62 geregelten Pflichten. Lediglich der **Bußgeldrahmen** wurde erheblich **erweitert**.

b) Schwerwiegende Verstöße

228 Gemäß Art. 14 Abs. 2 FKVO kann die Kommission gegen Personen oder Unternehmen **Geldbußen** in Höhe **von bis zu 10% des Gesamtumsatzes**, den die beteiligten Unter-

[349] *Miersch*, Kommentar zur EG-Verordnung Nr. 4064/89 über die Kontrolle von Unternehmenszusammenschlüssen, S. 169; siehe oben Rn. 177; allgemein zu den Verfahrensgarantien *Dannecker* ZStW 111 (1999), 256 ff.

nehmen im letzten Geschäftsjahr mit Waren und Dienstleistungen erzielt haben und die dem normalen geschäftlichen Tätigkeitsbereich der Unternehmen zuzuordnen sind, unter Abzug von Erlösschmälerungen, der Mehrwertsteuer und anderer unmittelbar auf den Umsatz bezogener Steuern, festsetzen, wenn sie vorsätzlich oder fahrlässig

a) gegen Auflagen der Kommission, die mit einer Befreiung nach Art. 7 Abs. 2 oder Art. 8 Abs. 2 FKVO verbunden waren, verstoßen;
b) einen Zusammenschluß vor der Anmeldung oder während der auf die Anmeldung folgenden drei Wochen oder entgegen einer Entscheidung der Kommission, daß der Vollzug des Zusammenschlusses bis zum Erlaß einer endgültigen Entschließung ganz oder teilweise ausgesetzt bleibt (Art. 7 Abs. 2 FKVO), vollziehen;
c) einen durch Entscheidung nach Art. 8 Abs. 3 FKVO für unvereinbar mit dem Gemeinsamen Markt erklärten Zusammenschluß vollziehen oder die in einer Entscheidung nach Art. 8 Abs. 4 FKVO angeordneten Maßnahmen, die auf die Trennung nach einem bereits vollzogenen Zusammenschluß gerichtet sind, um wirksamen Wettbewerb wiederherzustellen, nicht durchführen.

c) Berücksichtigung der Art und Schwere bei der Bestimmung der Bußgeldhöhe

Nach **Art. 14 Abs. 3 FKVO** ist die Art und die Schwere des Verstoßes bei der Festsetzung der Höhe der Geldbuße zu berücksichtigen. In Art. 14 Abs. 4 FKVO werden die Geldbußen als Entscheidungen „nicht strafrechtlicher Art" erklärt, die damit den nationalen Geldbußen entsprechen, wie sie die deutsche, die italienische und die portugiesische Rechtsordnung kennen. **229**

16. Kapitel. Schutz von Geschäfts- und Betriebsgeheimnissen

Literatur: *Arians,* Der strafrechtliche Schutz des Geschäfts- und Betriebsgeheimnisses in der Bundesrepublik Deutschland, in: *Oehler* (Hrsg.), Der strafrechtliche Schutz des Geschäfts- und Betriebsgeheimnisses in den Ländern der Europäischen Gemeinschaft sowie in Österreich und der Schweiz, 1978, S. 307; *Baumbach-Hefermehl,* Wettbewerbsrecht, 20. Aufl. 1998; *Binder,* Strafbarkeit intelligenten Ausspähens von programmrelevanten DV-Informationen, 1994; *Brammssen,* Bedeutung, Definition und Strafschutz, in: *Kragler/Otto* (Hrsg.), Schützen Sie Ihr Unternehmen vor unlauterem Wettbewerb, vor Medienattacken, vor Wirtschaftsspionage, 1991, S. 69; *Bruch,* Zur Frage der Anwendbarkeit der Strafvorschriften des Gesetzes gegen den unlauteren Wettbewerb (§§ 15, 17, 18 und 20 UWG) bei Verletzung nichtdeutscher Unternehmen durch deutsche Staatsbürger, NStZ 1986, 259; *Bundesamt für Sicherheit in der Informationstechnik* (Hrsg.), IT-Grundschutzhandbuch 1998; Sicherer Einsatz von digitalen Telekommunikationsanlagen, 1998; *Dannecker,* Der Schutz von Geschäfts- und Betriebsgeheimnissen, BB 1987, 1614; *Ebert-Weidenfeller,* Sanktionen gegen unlauteren Wettbewerb, in: *Achenbacher/Wannemacher* (Hrsg.), Beraterhandbuch zum Wirtschafts- und Steuerstrafrecht, 1997, Teil 3, § 29; *Eiding,* Strafrechtlicher Schutz elektronischer Datenbanken, 1997; *Fecht/Opfermann/Scheiterle,* BMWi-Dokumentation Nr. 444, Computerspionage, Risiken und Prävention, 1998; *Fuhrmann,* Kommentierung zu dem Gesetz gegen den unlauteren Wettbewerb, in: *Erbs/Kohlhaas,* Strafrechtliche Nebengesetze, U 43; *Harte-Bavendamm,* Der Schutz von Geschäfts- und Betriebsgeheimnissen, in: *Gloy* (Hrsg.), Handbuch des Wettbewerbsrechts, 2. Aufl. 1997; *Hummelt,* Wirtschaftsspionage auf dem Datenhighway, 1997; *Köhler/Piper,* Gesetz gegen den unlauteren Wettbewerb. 1995; *Kragler,* Wirtschaftsspionage – Schutz des Wirtschaftsgeheimnisses, Band 2, Strafrechtlicher Bereich, 1982; Das Strafverfahren wegen privater Wirtschaftsspionage; ausgewählte Fragen zur strafprozessualen Problematik von Verfahren nach §§ 17 ff. UWG, wistra 1983, 1; Schutz des geheimen Know-how, 1987; Maßnahmen zur Prophylaxe und Abwehr, in: *Kragler/Otto* (Hrsg.), Schützen Sie Ihr Unternehmen vor unlauterem Wettbewerb, vor Medienattacken, vor Wirtschaftsspionage, 1991, S. 11; *Meyer/Möhrenschlager,* Möglichkeiten des Straf- und Ordnungswidrigkeitenrechts zur Bekämpfung des unlauteren Wettbewerbs, Wirtschaft und Verwaltung, 1982, S. 21; *Möhrenschlager,* Das neue Computerstrafrecht, wistra 1986, 128 ; Computerstrafrecht und ihre Bekämpfung in der Bundesrepublik Deutschland, wistra 1991, 321; *Müller/Wabnitz/Janovsky,* Wirtschaftskriminalität, 4. Aufl. 1997, 8. Kapitel, S. 225; *Niemeyer,* Geheimnisverletzungen, in: *Müller-Gugenberger* (Hrsg.), Wirtschaftsstrafrecht, 2. Aufl. 1992, § 27, S. 468, *Oehler,* Verrat von Wirtschaftsgeheimnissen, in Jahrbuch 1969 des NRW-Landesamts für Forschung, 1969, S. 383, *Otto,* Verrat von Betriebs- und Geschäftsgeheimnissen, wistra 1988, 125; Kommentierung zu den §§ 17 ff. UWG, in: *Jacobs/Lindacher/Teplitzky,* UWG, Großkommentar zum Gesetz gegen den unlauteren Wettbewerb, 1991; *Pfeiffer,* Der strafrechtliche Verrat von Betriebs- und Geschäftsgeheimnissen nach § 17 UWG, in: Festschrift für Nirk, 1992, S. 861; *Rützel,* Illegale Geheimnisse?, GRUR 1995, 557; *Rupp,* Computersoftware und Strafrecht, Diss. Tübingen, 1985; *Schulze-Heiming,* Der strafrechtliche Schutz gegen die Angriffsformen der Spionage, Sabotage und des Zeitdiebstahls, 1995; *Teufel,* Der Verrat von Wirtschaftsgeheimnissen, in: *Poerting* (Hrsg.), BKA-Schriftenreihe, Bd. 53, Wirtschaftskriminalität Teil 2, 1985, 141; *Tuffner,* Der strafrechtliche Schutz von Wirtschaftsgeheimnissen im Staatsschutzrecht und Wettbewerbsrecht, Diss. Erlangen-Nürnberg, 1978; *Wolff,* Der verfassungsrechtliche Schutz der Betriebs- und Geschäftsgeheimnisse, NJW 1997, 98.

Rechtsvergleichend: *Davis/Hutchison,* Computer Crime in Canada, Carswell, Toronto, 1997 (insbesondere S. 115 ff., 143 f., 174 ff.); *Institute of Law Research and Reform, Ednonton, Alberta and a Federal Provincial Working Party,* Trade Secrets, Report No. 46, 1986 (Kanada), (insbesondere S. 188 ff.); *Oehler* (Hrsg.), Der strafrechtliche Schutz des Geschäfts- und Betriebsgeheimnisses in den Ländern der Europäischen Gemeinschaft sowie in Österreich und der Schweiz, 2 Bände, 1978, 1982 (dazu die ausführliche Besprechung von *Tiedemann,* ZStW 94 (1982) S. 299); *Platzer,* Der Schutz des Unternehmensgeheimnisses in den Mitgliedstaaten der Europäischen Wirtschaftsgemeinschaft, Diss. München, 1966; *Schafheutle,* Wirtschaftsspionage und Wirtschaftsverrat im deutschen und schweizerischen Strafrecht, Diss. Freiburg, 1972; *Ulmer,* Das Recht des unlauteren Wettbewerbs in den Mitgliedstaaten der Europäischen Wirtschaftsgemeinschaft, Bd. I (Vergleichende Darstellungen mit Vorschlägen zur Rechtsangleichung, 1965); II 1 (*Schricker* – Belgien; *Wunderlich* – Luxemburg, 1967); II 2 (*Baeumer* – Niederlande, 1967); III (Reimer – Deutschland, 1968); IV (*Krasser* – Frankreich, 1967); V (*Schricker*

– Italien, 1965); VI (Westerholt – Vereinigtes Königreich von Großbritannien und Nordirland, 1981); VII (Alexandridou – Griechenland, 1994); *Winkler, Ira,* Corporate Espionage, Prima Publ., USA, 1997.

Inhaltsübersicht

	Rn.
I. Einleitung	1
II. Schutz im Gesetz gegen den unlauteren Wettbewerb	2–42
1. Geheimnisverrat (§ 17 Abs. 1 UWG)	2–18
a) Rechtsgut	4
b) Geschäfts- und Betriebsgeheimnis als Tatobjekt	5–10
c) Täterkreis	11
d) Zugänglichkeit des Geheimnisses	12
e) Handlung und Zeitpunkt der Tat	13
f) Subjektive Seite	14–18
2. Geschäfts-/Betriebsspionage	19–24
a) Rechtsgut und Täterkreis	19
b) Ausspähungshandlungen	20–24
3. Geheimnishehlerei (§ 17 Abs. 2 Nr. 2 UWG)	25–29
a) Tathandlungen	26
b) „Unbefugtes" Handeln des Vortäters und Täters	27–29
4. Sanktionen (auch bei besonders schweren Fällen) und sonstige Rechtsfolgen	30
5. Vorlagenfreibeuterei (§ 18 UWG)	31–34
a) Täterkreis	32
b) Tatobjekt und Tathandlung	33, 34
6. Versuch und Vorbereitungshandlungen	35–37
7. Voraussetzungen der Verfolgung von auslandsbezogenen Verstößen	38–40
8. Strafverfolgungsvoraussetzungen (§ 22 Abs. 1 UWG)	41, 42
a) Verfolgung aufgrund eines Strafantrags	41
b) Verfolgung von Amts wegen	42
III. Schutz durch andere strafrechtliche Regelungen	43–48
1. Staatschutzstrafrecht	43–45
a) Verfolgung wegen Verletzung eines Staatsschutzgeheimnisses	44
b) Verfolgung wegen geheimdienstlicher Agententätigkeit	45
2. Strafvorschriften zum Schutz von Privat- und Dienstgeheimnissen	46
3. Gesellschafts-, wirtschafts- und arbeitsrechtliche Strafvorschriften	47, 48
IV. Hinweise zu präventiven Maßnahmen	49–52
1. Personelle und rechtliche Schutzmaßnahmen	50
2. Organisatorische und technische Sicherungsmaßnahmen	51, 52

I. Einleitung

1 „Die strategische Position" und damit die Wettbewerbsfähigkeit „eines Unternehmens hängt von den jeweiligen Stärken oder Schwächen in den Bereichen Forschung und Entwicklung, Finanzen und Controlling, Produktlinien, Zielmärkte, Marketing, Verkauf, Distribution, Produktion, Arbeitskräfte und Einkauf ab."[1] Folge ist deshalb ein Interesse von Unternehmen, die in diesen Bereichen gewonnenen Errungenschaften als wirtschaftlich wertvolles „geistiges Eigentum" vor Spionage und unbefugter Verwertung durch andere Unternehmen (bzw. Personen) zu schützen. Der Aufwand an Kapital und Arbeitskraft soll sich auszahlen und nicht durch unbefugte Verwertung beeinträchtigt werden. Eine solche Gefahr besteht vor allem dort, wo die Verwertung im Ausland erfolgen soll. Diese Interessenlage hat zur Anerkennung des rechtlichen Schutzes von Unternehmensgeheimnissen im Inland und im Ausland[2] auf den genannten Gebieten geführt, der in

[1] *Hummelt*, Wirtschaftsspionage auf dem Datenhighway, Strategische Risiken und Spionageabwehr, 1997, S. 21.

[2] Überblick über das einschlägige ausländische Strafrecht in der Antwort der Bundesregierung auf eine Große Anfrage der SPD-Fraktion, BT-Drucks. 13/8368 (auch abgedruckt in Zeitschrift für Innere Sicherheit (ZFIS) 1997, 95ff.) vom 6. 8. 1997 S. 9ff.; näher Literaturverzeichnis (rechtsvergleichend) – Beispiele für Fälle von, teilweise auch staatlicherseits unterstützter, internationaler Wirtschaftsspionage in *Davis/Hutchison*, Computer Crime in Canada, Carswell, Toronto, 1997, S. 115ff.; *Hummelt* a.a.O. S. 19f. (Lopez-Fall), 39ff., 51ff. und in Verfassungsschutzberichten.

Teilbereichen durch sondergesetzliche Regelungen etwa zum Schutze von Erfindern und Urhebern von Werken geistiger Schöpfung (Zulassung von zeitlich beschränkten Monopolen, die finanziell ausgenützt werden können) nicht zuletzt wegen des Allgemeininteresses an der Verbreitung von solchen Werken ergänzt wird. Im allgemeinen werden die in diesem Deliktsbereich auftretenden Schäden als hoch eingeschätzt; sie sind aber kaum quantifizierbar.[3] Insgesamt wird von einem hohen Dunkelfeld von Straftaten ausgegangen. Die Zahl der Strafverfahren ist nicht hoch. Die Polizeiliche Kriminalistik registrierte von 1994 103, 1995 98, 1996 86, 1997 101 und 1998 102 Fälle des Verrats von Betriebs- und Geschäftsgeheimnissen und 1994 41, 1995 116, 1996 99, 1997 103 und 1998 157 Verstöße gegen § 17 Abs. 2 UWG.

II. Schutz im Gesetz gegen den unlauteren Wettbewerb

1. Geheimnisverrat (§ 17 Abs. 1 UWG)

Die zentrale strafrechtliche Schutzvorschrift zur Wahrung von Unternehmensgeheimnis- 2
sen, d. h. von Betriebs- und Geschäftsgeheimnissen, ist seit 1896 der nunmehrige § 17 des Gesetzes gegen den unlauteren Wettbewerb (UWG), der zwischenzeitlich mehrfach (1909, 1932, 1986) erweitert worden war.[4] Er dient vor allem dem Schutz vor Verrat an und gegen Ausspähung durch Konkurrenten („Konkurrenzausspähung"; Industriespionage); als Unterfall hat in den letzten zwanzig Jahren vor allem die **Computerspionage** an Bedeutung gewonnen.[5] Daneben erfaßt § 17 UWG als volkswirtschaftlich gefährlichere Form – und zwar verstärkt nach der Einengung des Staatsschutzstrafrechts 1968 – auch den Verrat an fremde Nachrichtendienste und die von diesen ausgehende staatlich gelenkte oder unterstützte sog. „Aufklärung" von Unternehmen. Teilweise wird, m. E. zu Unrecht, nur die letztere Form als „Wirtschaftsspionage" bezeichnet.[6]

§ 17 Abs. 1 UWG erfaßt den Verrat durch Betriebsangehörige:

Strafbar macht sich, **wer als Angestellter, Arbeiter oder Lehrling eines Geschäftsbe-** 3
triebs ein Geschäfts- oder Betriebsgeheimnis, das ihm vermöge eines Dienstverhältnisses anvertraut worden oder zugänglich geworden ist, während der Geltungsdauer des Dienstverhältnisses unbefugt an jemand zum Zwecke des Wettbewerbs, aus Eigennutz, zugunsten eines Dritten oder in der Absicht, dem Inhaber des Geschäftsbetriebs Schaden zuzufügen, mitteilt.

a) Rechtsgut

Geschützt wird durch § 17 Abs. 1 UWG primär das (subjektive) Interesse eines Unterneh- 4
mens an der Wahrung der Vertraulichkeit von im Geschäftsleben und im Wettbewerb wichtigen Informationen gegenüber den Angehörigen seines eigenen Unternehmens. Daneben wird in der Literatur als geschütztes Rechtsgut das Interesse der Allgemeinheit an einem nicht durch Mittel des Verrats von Geschäftsgeheimnissen beeinflußten unver-

---

[3] So Bundesregierung (Fn.2) S. 3, 5.

[4] Einen Handlungsbedarf, § 17 UWG neu zu fassen, hat die Bundesregierung in der 13. Legislaturperiode nicht gesehen; sie ist auch der Überlegung des DIHT entgegengetreten, die Regelung ins StGB aufzunehmen (vgl. BT-Drucks. 13/8368, Fn. 2, S. 3, 4f.).

[5] *Hummelt* Fn. 1; *Fecht/Opfermann/Scheiterle*, BMWi-Dokumentation Nr. 444, Computerspionage, Risiken und Prävention, Juli 1998.

[6] So z. B. die Antwort der Bundesregierung in BT-Drucks. 13/8368 (Fn.2) S. 2, die jedoch selbst Zweifel an dieser Unterscheidung aus rechtlicher Sicht äußert; anders *Teufel*, Der Verrat von Wirtschaftsgeheimnissen, in: *Poerting* (Hrsg.), BKA-Schriftenreihe Bd. 53, Wirtschaftskriminalität Teil 2, 1985, S. 141, 154ff., 157ff., 160ff., der zwar zwischen staatspolitisch-strategischer Wirtschaftsspionage und Konkurrenzspionage unterscheidet, aber auf beides den Begriff Wirtschaftsspionage anwendet.

fälschten Wettbewerb genannt.[7] § 17 UWG gehört (neben §§ 826, 823 II i.V. mit § 1004 BGB, § 1 UWG) zu den Vorschriften, die Inhalt und Schranken i. S. von Art. 14 Abs. 1 Satz 2 GG in der Kollision zwischen dem Interesse an der (nachvertraglichen) Wahrung von Betriebs- und Geschäftsgeheimnissen und der Wettbewerbsfreiheit regeln und die als Ausfluß der allgemeinen Handlungsfreiheit geschützte Freiheit im wirtschaftlichen Verkehr begrenzen.[8]

b) Geschäfts- und Betriebsgeheimnis als Tatobjekt

5 Gegenstand des strafrechtlichen Schutzes sind **„Geschäfts- bzw. Betriebsgeheimnisse eines Geschäftsbetriebes"**. Eine genaue Abgrenzung zwischen den beiden Arten von Geheimnissen ist schwierig. Generell beziehen sich Geschäftsgeheimnisse mehr auf den geschäftlichen Verkehr des Unternehmens und Betriebsgeheimnisse mehr auf den technischen Bereich (Betriebsablauf; Herstellung[sverfahren]). In der praktischen Anwendung des § 17 UWG kann dies regelmäßig offengelassen werden. Unter solchen Geheimnissen ist

- jede im (direkten, inneren) Zusammenhang mit einem Geschäftsbetrieb stehende Tatsache bzw. Information zu verstehen,
- die nur einem eng begrenzten Personenkreis bekannt, d. h. nicht offenkundig ist (d. h. nicht allgemein bekannt ist bzw. von einem Interessenten nicht ohne größere Schwierigkeiten in Erfahrung gebracht werden kann),
- und nach dem vom Geschäftsinhaber (bzw. den für diesen verantwortlich Tätigen) gegenüber Mitwissern erkennbar geäußerten oder sich aus der Natur der geheimzuhaltenden Tatsache ergebenden auf einem berechtigten wirtschaftlichen Interesse beruhenden Willen (Aufdeckung geeignet, dem Unternehmen wirtschaftliche Schäden zuzufügen) geheimgehalten werden soll.[9]

aa) Beispiele für solche Tatsachen und Informationen bzw. Daten sind:

6 **aus dem geschäftlichen Bereich**: Absatzplanung, Angebote der am Ausschreibungsverfahren Beteiligten (1), Auftrag an Zeitung zur Veröffentlichung einer Privatanzeige (2); Außendienstunterlagen, Bankkredit, beabsichtigter Zusammenschluß mit anderen Firmen, Bedingungen in Kauf und Verkauf, betriebliche Erfahrung (3), Bezugsquellen, Bieterliste (4), Bilanzen und Jahresabschluß, Gesellschaftsverträge, gewerbliche Schutzrechte in der Vorbereitungsphase bis Eintragung und Offenlegung, Geschäftspolitik, Investitionsplanung, Kalkulationen, Kaufgewohnheiten von Kunden (5), Kundengeschmack (5), Kundenliste (5), Kundenname (6), Lizenzvertrag, Marketingmethoden, Marktuntersuchung, Personalpolitik, Produktqualität, Umsätze, Verkaufsstrategie (5), Vertragsabschlüsse, Werbemethoden, u. U. Zahlungsbedingungen;

---

[7] Vor allem die folgenden Werke, die nicht zu jedem Punkt zitiert werden, sind bei der folgenden Darstellung verwertet worden: *Baumbach/Hefermehl*, Wettbewerbsrecht, 20. Aufl. 1998; *Brammsen* in: *Kragler/Otto* (Hrsg.), Schützen Sie Ihr Unternehmen vor unlauterem Wettbewerb, vor Medienattakken, vor Wirtschaftsspionage, 1991 S. 69; *Ebert-Weidenfeller* in: *Achenbach*/Wannemacher (Hrsg.), Beraterhandbuch zum Wirtschafts- und Steuerstrafrecht, 1997, Teil 3, § 29; *Fuhrmann* in: *Erbs-Kohlhaas*, Strafrechtliche Nebengesetze, zu den §§ 17ff. UWG; *Harte-Bavendamm,* in: *Gloy* (Hrsg.), Handbuch des Wettbewerbsrechts, 2. Aufl. 1997; *K. Meyer/Möhrenschlager*, Möglichkeiten des Straf- und Ordnungswidrigkeitenrechts zur Bekämpfung des unlauteren Wettbewerbs, Wirtschaft und Verwaltung 1982 S. 21, 34; *Müller/Wabnitz/Janovsky*, Wirtschaftskriminalität, 4. Aufl. 1997, S. 225; *Niemeyer* in: *Müller-Gugenberger* (Hrsg.), Wirtschaftsstrafrecht, 2. Aufl. 1992, § 27 S. 483; *Otto* in: *Jacobs u.a* (Hrsg.), UWG-Großkommentar zu §§ 17ff.; *Kragler*, Schutz des geheimen Know-how, 1987 und in *Kragler/Otto* a.a.O. S. 11.

[8] Vgl. BVerfG AP Nr. 5a zu § 611 BGB; BVerfG, 1. Senat, 1. Kammer, 1 BvR 1347/88, 12. 10. 1989 (über iuris abrufbar); BAGE 73, 229 = BB 1994, 1078; vgl. auch *Wolff* NJW 1997, 98.

[9] Vgl. BGHSt 41, 140 = NStZ 1995, 551 = wistra 1995, 266; BGH GRUR 1961, 40 = NJW 1960, 1999 (Wurftaubenpresse); BAGE 41, 21 = NJW 1983, 134.

aus dem technischen Bereich: Computerprogramme (7), Herstellungsverfahren (8), Konstruktionspläne, Programmstand eines computergesteuerten Geldspielgerätes (9); (chemisch-physikalische) Untersuchungen, Versuchsauswertungen und -protokolle, Modelle und Muster(bücher) für neue Produkte, Rezepturen.[10] 7

Keine Geheimnisse sind: Anzahl der Arbeitnehmer (10), Code-Nr. der Originalersatzteile eines KFZ (11); Störanfälligkeit eines Kopiergeräts; Erfahrungen der Verwender von Kopiergeräten mit Kundendienst des Herstellers (12); Absicht des Arbeitnehmers, Arbeitsverhältnis zu einem späteren Zeitpunkt zu kündigen (13). 8

bb) Eine **Beziehung zum Geschäftsbetrieb** liegt auch vor, wenn geheimgehalten werden soll, daß ein Unternehmen ein bestimmtes, wenn auch allgemein bekanntes oder gegenüber dem Stand der Technik nicht neues Herstellungsverfahren[11] bzw. eine allgemein bekannte Vorrichtung anwendet. Sie geht allerdings für ein Unternehmen verloren, das ein Geheimnis an einen Dritten veräußert, der dann allerdings selbst Geheimnisinhaber werden kann. 9

cc) **Offenkundig** ist eine Tatsache, wenn sie allgemein bekannt ist oder von einem Interessenten ohne größere Mühen mit lauteren Mitteln in Erfahrung gebracht werden kann[12] Dies ist dann also nicht der Fall, wenn die Tatsache nur einem eng begrenzten Personenkreis bekannt ist. Die Abgrenzung ist eine Sache des Einzelfalls. Durch Weitergabe von Informationen an bestimmte Kunden oder auch andere Personenkreise (z. B. Anwälte, Steuerberater, Wirtschaftsprüfer) geht der Geheimnischarakter nicht verloren, wenn deren Verschwiegenheit verabredet ist oder vorausgesetzt werden kann. Die Tatsache, daß fachkundige Untersuchungen und Prüfungen durchzuführen sind, hebt die Offenkundigkeit allerdings noch nicht auf, wenn das Geheimnis ohne Opfer und Schwierigkeiten erlangt werden kann. Anders ist dies bei der Auslieferung eines mit Hilfe eines Geheimnisses gefertigten Gerätes, wenn die Konstruktion nur durch mühevolle Zerlegung zu ermitteln ist[13] (ebenso u. U. bei der Rückübersetzung eines komplizierten Computerprogramms). Bei Veröffentlichung in einer Fachzeitschrift, der Offenlegung einer Patentanmeldung, der Bekanntmachung eines Gebrauchsmusters im Patentblatt, der Abbildung eines Geschmacksmusters im Geschmacksmusterblatt liegt Offenkundigkeit vor.

dd) Ein **berechtigtes wirtschaftliches Interesse** an der Geheimhaltung besteht z. B., wenn die Geheimhaltung die Wettbewerbsfähigkeit des Unternehmens berührt bzw. sich darauf bezieht. Ein solches Interesse ist an strafbaren, gesetz- bzw. sittenwidrigen Geschäftsgeheimnissen nicht anzuerkennen (z. B.: an der Herstellung von falsch deklarierten oder gar gesundheitsschädlichen Geheimnissen, an der Produktion von kinderporno- 10

---

[10] Zitate bezogen auf die Zahlen in Klammern (1) OLG München NJW-RR 1996, 1134; (2) BGHSt 41, 140 = NStZ 1995, 551 = wistra 1995, 266; (3) BGHZ 17, 41; (4) BayObLGSt 1995, 110 = NJW 1996, 268 = wistra 1996, 28; (5) BAGE 73, 229 = NStZ 1995, 551; BGH WPM 1999, 1430 (Kundenkartei); BGH NStZ 1992, 451 = wistra 1992, 225 (Kundenbestand); AG Saarbrücken wistra 1991, 318 (Kundenliste); (6) OLG Celle WRP 1995, 114; (7) BayObLGSt 1990, 88 = NStZ 1990, 595 = wistra 1991, 76; wistra 1994, 149; OLG Karlsruhe Rechtspfleger 1992, 268; OLG Hamm RDV 1991, 268; OLG Celle NStZ 1989, 367 = wistra 1989, 355; LG Stuttgart NJW 1991, 441; LG Freiburg NStZ 1990, 343 = wistra 1990, 279; LG Memmingen, CR 1988, 1026; AG Augsburg CR 1989, 1004; AG Ansbach CR 1989, 415; AG Aschaffenburg CR 1988, 1030; (8) OLG Hamm WRP 1993, 36 (Kunststofftiermarken); (9) BayObLGSt 1990, 88 = NStZ 1990, 595; (10) LG Potsdam VIZ 1995, 250; (11) OLG Karlsruhe NJW-RR 1993, 1516; (12) OLG Stuttgart GRUR 1982, 1315; (13) OLG Stuttgart wistra 1990, 277. W. Rechtsprechungsnachweise bei *Baumbach-Hefermehl* (Fn. 7) § 17 Rn. 9; *Niemeyer* (Fn. 7) § 27 Rn. 72; *Otto* (Fn. 7) § 17 Rn. 21.

[11] RGZ 163, 1, 5; BGH(Z) LM Nr. 2 zu § 17 UWG = GRUR 1955, 424 (Möbelwachspaste); GRUR 1961, 40 = NJW 1960, 1999 (Wurftaubenpresse).

[12] Vgl. OLG Köln CR 1998, 199.

[13] Vgl. BAGE 41, 21 = NJW 1983, 134 (Rezeptur eines Reagenzes, wenn quantitative Analyse für ausgebildeten Chemiker von mittlerem Schwierigkeitsgrad und volle Verwertung nicht ohne Detailkenntnisse und erst nach entsprechender Untersuchung möglich); OLG Celle GRUR 1969, 548.

graphischen oder gewaltverherrlichenden Schriften).[14] Dies gilt insbesondere dann, wenn betriebsinternes Vorstelligwerden dagegen erfolg- oder sinnlos ist oder sogar zu unberechtigten Kündigungen führen würde.

Der erforderliche **Geheimhaltungswille** muß für einen durchschnittlichen Beschäftigten erkennbar klar vorliegen. In der Regel ergibt sich dieser, wenn nicht ausdrücklich erklärt, aus Betriebspraxis und -übung bzw. den Usancen des Unternehmens.[15]

c) Täterkreis

11 Was den **Täterkreis** angeht, so wird § 17 Abs. 1 UWG in dem Sinne weit ausgelegt, daß alle Beschäftigten, einschließlich Vorstands- und Aufsichtsratsmitglieder einer AG sowie der Geschäftsführer einer GmbH (trotz der Regelungen in den §§ 404 AktG, 85 GmbHG) und Handelsvertreter als Angestellte nach § 84 II HGB, taugliche Täter sein können. Nicht erfaßt sind allerdings, da nicht ausdrücklich genannt, Beauftragte i. S. des § 299 StGB (bzw. des früheren § 12 UWG), ebenso nicht als solche Gesellschafter und Aktionäre sowie Wirtschaftsprüfer und Steuerberater.

d) Zugänglichkeit des Geheimnisses

12 **Das Geheimnis muß dem Täter anvertraut oder sonst zugänglich geworden sein.** Letzteres liegt auch vor, wenn der Beschäftigte ein Geheimnis zufällig (außer wenn unabhängig vom Arbeitsverhältnis) entdeckt oder es auf strafbare oder sonst unlautere Weise, z. B. durch Diebstahl, Bestechung oder Ausspähen (auch wenn die Voraussetzungen von § 17 Abs. 2 UWG nicht vorliegen) erlangt hat. Auch vom Beschäftigten im Rahmen seines Arbeitsverhältnisses geschaffene Geheimnisse (z. B. sog. Arbeitnehmererfindungen) erfüllen diese Voraussetzung.

e) Handlung und Zeitpunkt der Tat

13 Strafbar macht sich ein Unternehmensangehöriger nur, wenn er **ein Geheimnis während der (rechtlichen) Geltungsdauer des Dienstverhältnisses unbefugt an einen Dritten (auch im Betrieb) mitteilt, so daß er davon Gebrauch machen kann.** Dazu gehören auch Presseveröffentlichungen. Ausreichen kann, je nach Sachlage, auch die Mitteilung an andere Angestellte des Unternehmens. Der Empfänger braucht die Mitteilung nicht zu verstehen, wenn er das Geheimnis verwertet oder verwerten kann. Unbefugt handelt der Täter, der mit der Weitergabe seine Vertragspflichten verletzt, sofern nicht ein Rechtfertigungsgrund vorliegt (z. B. nach § 34 StGB, §§ 94, 99 StPO; bei Anzeige in Fällen des § 138 StGB; bei Aussagepflicht, z. B. gegenüber einem Gericht). Um die Weiterentwicklung von Arbeitnehmern nach Ausscheiden aus dem Unternehmen nicht zu gefährden, hat der Gesetzgeber die Strafbarkeit auf Fälle von Mitteilungen während der rechtlichen Geltungsdauer des Arbeitsverhältnisses beschränkt, das allerdings durch (provozierend) vertragsbrüchiges Verhalten nicht vorzeitig beendet wird.[16] Zwingend ist dieser rechtspolitische Ansatz nicht, da auch im Rahmen einer weitergehenden strafrechtlichen Regelung dieser Gesichtspunkt berücksichtigt werden kann, wie sich bei der Ausgestal-

---

[14] Wie hier *Baumbach-Hefermehl* (Fn. 7) § 17 Rn. 8; *Müller/Wabnitz/Janovsky* (Fn. 7) S. 227; *Rützel*, GRUR 1995, 557; a. A.: *Brammsen* (Anm. 7) S. 76; *Niemeyer* (Fn. 7) § 27 Rn. 73; *Otto* (Fn. 7) § 17 Rn. 16 m. w. N.

[15] Ein Geheimhaltungswille entfällt nicht allein schon deshalb, weil der Betriebsinhaber keine Kenntnis von dem Geheimnis hat. Es genügt, daß ein (geheimhaltungsbedürftiges) Arbeitsergebnis ohne das Dienstverhältnis nicht erzielt worden wäre und der Wille des Unternehmers, es als Geheimnis zu behandeln, wenn er davon erfahren hätte, feststeht (BGH NJW 1977, 1062 betr. Prozeßrechner; BayObLGSt 1990, 88 (vgl. Fn. 10 (9)). – Strafrechtlich bedenklich sind allerdings wettbewerbsrechtliche Neigungen, einen Geheimhaltungswillen im Zweifel zu vermuten (vgl. auch *Otto* (Fn.7) Rn. 18; *Ebert-Weidenfeller* (Fn. 7) § 29 Rn. 81).

[16] BGH NJW 1955, 463 (Anreißgerät); BAGE 41, 21 = NJW 1983, 134.

tung und Handhabung von § 17 Abs. 2 Nr. 2 UWG zeigt. Die Verletzung einer aufgrund einer weitergehenden zivilrechtlichen Vereinbarung (z. B. Lizenzvertrag) oder aufgrund von § 1 UWG bzw. § 826 BGB bestehenden nachwirkenden Geheimhaltungspflicht wirkt sich strafrechtlich im Rahmen des § 17 Abs. 1 UWG nicht aus.

f) Subjektive Seite

Strafbarkeit liegt nur bei **vorsätzlichem Handeln** vor. Darüber hinaus verlangt § 17 Abs. 1 UWG **ein bestimmtes zielgerichtetes Verhalten**, um denjenigen strafrechtlich freizustellen, der solche Geheimnisse etwa im Familienkreis oder gegenüber Freunden preisgibt, was im letzteren Fall u. U. den Strafrechtsschutz doch zu stark verkürzt. **14**

– **Zu Zwecken des Wettbewerbs** handelt der Täter, der die eigene Situation auf dem Markt oder diejenige eines begünstigten Dritten fördern will und dabei fremde Interessen beeinträchtigen will, etwa seinen Kundenkreis auf Kosten von Mitbewerbern erweitern will. Nicht erforderlich ist, daß der Empfänger der Mitteilung selbst mit dem durch den Verrat betroffenen Unternehmen im Wettbewerb steht oder stehen will. Er kann auch nur Vermittler sein, der den Wettbewerb, den der Mitteilende oder ein Dritter beabsichtigt, fördern will; **15**
– aus **Eigennutz handelt**, wer zielgerichtet materielle oder vergleichbare immaterielle Vorteile anstrebt; **16**
– **zugunsten eines Dritten** bedeutet die Begünstigung eines Dritten (einschließlich eines fremden Staates) durch Vorteile materieller oder immaterieller Art; **17**
– eine **Schädigung** eines Unternehmens soll nach h. L. auch die Herabsetzung der Geschäftsehre einschließen. **18**

2. Geschäfts-/Betriebsspionage (§ 17 Abs. 2 Nr. 1 UWG)

a) Rechtsgut und Täterkreis

Der Gesetzgeber hat 1986 im Rahmen des Zweiten Gesetzes zur Bekämpfung der Wirtschaftskriminalität (2. WiKG) in **§ 17 Abs. 2 Nr. 1 UWG** ergänzend eine Strafvorschrift aufgenommen, die schon das **Ausspähen eines Geschäfts- oder Betriebsgeheimnisses** erfaßt. Das unter Rn. 4 gekennzeichnete Rechtsgut soll damit zusätzlich gegen Angriffe von außen geschützt werden; die Regelung erweitert aber auch den Schutz gegen Verletzungshandlungen durch eigene Bedienstete durch Ausdehnung des Strafrechtsschutzes in das Vorfeld des Verrats. Täter kann daher jedermann sein. **19**

b) Ausspähungshandlungen

In objektiver Hinsicht verlangt der Tatbestand das **unbefugte** (d. h. ohne Berechtigung erfolgte) **Sichverschaffen oder Sichern eines Geschäfts- oder Betriebsgeheimnisses unter Anwendung bestimmter Methoden**, d. h. unter Einsatz von „Verkörperungen" und anderen technischen Mitteln. Der Täter hat sich ein solches Geheimnis „verschafft", wenn es (heimlich oder nicht) in seine Verfügungsgewalt gerät (ähnlich wie in § 146 Abs. 1 Nr. 2 StGB[17]), insbesondere wenn er (in verwertbarer Weise) Kenntnis davon erlangt. Voraussetzung ist letzteres aber – wie in den §§ 96 und 202a StGB – nicht, um auch die Fälle zu erfassen, in denen der Täter z. B. Geschäftsunterlagen kopiert oder geheime Informationen auf eine Diskette überträgt, ohne sich mit dem (genauen) Inhalt vertraut zu machen. Ein „Sichern" liegt vor, wenn der Täter das Geheimnis zwar schon kennt, sich jedoch eine genaue oder bleibende Kenntnis verschafft, etwa in Form einer verkörperten Wiedergabe (Aufzeichnung, Kopie, PC-Ausdruck). Um die Strafbarkeit nicht zu weit auszudehnen, sind diese Tathandlungen nur unter bestimmten Voraussetzungen strafbar: **20**

---

[17] Nicht erforderlich ist also ein derivativer Erwerb wie beim „Sichverschaffen" in den §§ 259, 261 StGB.

21 – Ausreichend ist die **Anwendung technischer Mittel**, d. h. der „Einsatz aller im weitesten Sinne der Technik zuzurechnenden Vorrichtungen, die dem Sichverschaffen oder Sichern ... dienen können"[18] (Ablichtungs-, Film-, Photo- und Abhör-, Kleinsenderempfangsgeräte, Telephon, EDV-Anlagen – Abrufen bzw. Ausdrucken von EDV-Daten einschließlich des Erfassens eines Computerprogramms eines Spielautomaten auf einer Diskette und des Ablesens des Sichtanzeigegeräts –[19]);

22 – Ein weiteres Beispiel ist die **Herstellung einer verkörperten Wiedergabe** i. S. einer „Vergegenständlichung eines Geheimnisses ..., die dazu bestimmt ist, das Geheimnis festzuhalten, damit es anderen offenbart werden kann".[19] Diese Alternative überschneidet sich zumeist mit der 1. Alternative und hat selbständige Bedeutung nur, wenn keine technischen Mittel verwendet werden (Abschreiben, Aufzeichnen mit Bleistift; Nachbauten);

23 – Drittes Beispiel ist die **Wegnahme einer Sache, in der das Geheimnis verkörpert ist**. Eine solche Wegnahme (i. S. von § 242 StGB) liegt vor, wenn der Täter ein verkörpertes Geheimnis (Sache, in der das Geheimnis selber verkörpert ist, und verkörperte Wiedergabe), das er nicht schon in Besitz hat, „so an sich bringt, daß er in die Lage versetzt wird, es selber zu verwerten oder an einen anderen weiterzugeben".[20]

24 In **subjektiver** Hinsicht muß vorsätzliches Handeln und zusätzlich das auch in Absatz 1 verlangte zielgerichtete absichtliche Handeln vorliegen.

3. Geheimnishehlerei (§ 17 Abs. 2 Nr. 2 UWG)

25 Im Interesse einer Verstärkung des Schutzes des durch § 17 geschützten Rechtsgutes (s. o. zu 1 und 2) hat der Gesetzgeber 1986 in **§ 17 Abs. 2 Nr. 2 UWG** den Tatbestand der sog. Geheimnishehlerei erweitert. Strafbar macht sich, **wer vorsätzlich ein Geschäfts- oder Betriebsgeheimnis, das er durch eine in § 17 Abs. 1 bezeichnete Mitteilung oder durch eine eigene oder fremde Handlung nach § 17 Abs. 2 Nr. 1 erlangt oder sich sonst unbefugt verschafft oder gesichert hat, unbefugt verwertet oder jemandem mitteilt.** Damit wird in weitem Umfang die unbefugte Verwertung bzw. Mitteilung eines unbefugt verschafften oder gesicherten Geheimnisses unter Strafe gestellt. Auf subjektiver Ebene ist von Bedeutung, daß das Vorliegen von dolus eventualis, was insbesondere hinsichtlich der Vortat von Bedeutung ist, ausreicht. Im übrigen muß auch hier wie in den Fällen des § 17 Abs. 1 und 2 Nr. 1 das dort erörterte zielgerichtete absichtliche Handeln vorliegen.

a) Tathandlungen

26 Das **Erlangen** (i. S. von Verfügungsgewalt, d. h. von Gewahrsam oder Kenntnis i. S. eines Wissens, das zur Verwertung oder Weitergabe befähigt) von Geheimnissen unter Verstoß gegen § 17 Abs. 1 oder 2 Nr. 1 ist nur noch ein Unterfall des unbefugten Verschaffens bzw. Sicherns. Dies bedeutet z. B., daß die Vortat des Ausspähens nicht in den Formen des Absatzes 2 Nr. 1 verwirklicht sein muß. Täter kann jeder sein, auch ein Beschäftigter nach Beendigung seines Arbeitsverhältnisses. Streitig war schon vor der Reform, ob in den Fällen der 1. Alternative der Beschäftigte sich strafbar gemacht haben muß. Da das Gesetz nicht von einer strafbaren Mitteilung spricht, sollte ein rechtswidrig tatbestandsmäßiges Handeln des mitteilenden Angestellten (allerdings mit den subjektiven Zwecksetzungen) ausreichen. Der Streit ist mehr akademischer Natur, da sonst regelmäßig ein „unbefugtes" Verschaffen vorliegt.

---

[18] BT-Rechtsausschußbericht zum 2. WiKG, BT-Drucks. 10/5058 S. 40.

[19] Vgl. OLG Celle NStZ 1989, 367 = wistra 1989, 355; BayObLG NStZ 1994, 287 = wistra 1994, 149.

[20] Unterschlagung steht einer „Wegnahme" nicht gleich, BayObLGSt 1991, 147 = NStZ 1992, 284 = wistra 1992, 153.

Die „Geheimnis**hehlerei**" liegt in einem **Mitteilen** (vgl. dazu näher bei § 17 Abs. 1)[21] oder **Verwerten**. Verwertung setzt eine wirtschaftliche Nutzung[22] i. S. einer auf einen vermögensrechtlichen Gewinn abzielenden (wenn auch nicht immer erfolgreichen) Handlung voraus. Ausreichend kann schon die Herstellung und nicht nur die Inbetriebnahme oder das Inverkehrbringen einer Maschine sein. Auch deren Verbesserung reicht aus. Erfaßt werden auch die Fälle, in denen Spielautomaten mit Hilfe einer zuvor ermittelten mathematischen Formel, die diesen nach einem bestimmten Algorithmus steuert, leergespielt werden.[23] Sichern und Erhalten (also z. B. das Beschaffen von Unterlagen[24]) sowie das Entwerten eines Geheimnisses reichen nicht aus.

b) „Unbefugtes" Handeln des Vortäters und Täters

aa) Schwierigkeiten bereitet das Merkmal **„unbefugtes" Verschaffen bzw. Sichern**, das 27
an die Stelle der Merkmale „durch eine gegen das Gesetz oder die guten Sitten verstoßende eigene Handlung" getreten ist. Im allgemeinen wird dieses Merkmal so verstanden, daß der Täter tatbestandsmäßig handelt, wenn die im Tatbestand beschriebenen Handlungsmerkmale vorliegen und keine tatbestandsausschließenden Voraussetzungen oder Rechtfertigungsgründe gegeben sind. Danach liegt kein unbefugtes Verschaffen vor, wenn der Täter einen (zivilrechtlichen) Anspruch auf Überlassung des Geheimnisses hat,[25] wenn eine (nach BGH auch mutmaßliche) Einwilligung des über das Geheimnis Verfügungsberechtigten vorliegt oder andere Rechtsvorschriften die Tat gestatten.[26] Die überwiegende Meinung knüpft in Anlehnung an das frühere Recht enger an ein gesetzwidriges (insbesondere strafbares) oder sittenwidriges bzw. sonst nicht rechtmäßiges bzw. ordnungsgemäßes Handeln an, wobei Kenntniserlangung nach der Neufassung nicht mehr verlangt wird. **Beispiele:**

- Erlangung durch Straftaten (Diebstahl, Unterschlagung, mittels Hausfriedensbruch, Ausspähen von Daten; Verstoß gegen § 17 Abs. 1[27], Abs. 2 Nr. 1 UWG, s. nachstehend; Bestechung[27a], Nötigung, Betrug, Verstoß gegen UrhG);
- Besichtigung einer Maschine bei einem Konkurrenten als scheinbarer Kunde, um diese nachzubauen; Erschleichen eines Geheimnisses durch Ausfragen von Bediensteten eines fremden Betriebes (und Anfertigenlassen von Zeichnungen); Zerlegung einer durch Kauf erlangten, nach geheimen Konstruktionsunterlagen hergestellten Maschine und Nachbau;
- Verstoß des Beschäftigten gegen § 17 Abs. 1 oder Abs. 2 Nr. 1 und sonstige Fälle vertragswidrigen bzw. unredlichen Erlangens von Geheimnissen von Beschäftigten des geschützten Betriebes seitens eines Beschäftigten;

---

[21] Beispiel: BGH NStZ 1992, 451 = wistra 1992, 225 (Kundenadressen); AG Saarbrücken wistra 1991, 318 (EDV-Kundenliste).

[22] RG forderte eine praktische Verwendung zu gewerblichen Zwecken. – Ausreichend für eine „Verwertung" sind Entwicklungen, die nicht vollständig auf den unerlaubt erlangten Kenntnissen beruhen, aber durch sie mitbedingt und wirtschaftlich bzw. technisch nicht bedeutungslos sind, BGH GRUR 1985, 294 = WRP 1985, 204 (Füllzulage). Ausreichend auch das Eingehen der Grundkonzeption eines Prozeßrechners in einen neuen Rechner einer anderen Firma; ein Verwerten scheitert nicht daran, daß zusätzliche sachliche und finanzielle Mittel notwendig sind, BGH NJW 1977, 1062. Hat ein technischer Zeichner Kenntnisse durch das systematische unredliche Sammeln von betriebsgeheimen Unterlagen vertieft, so liegt ein strafbares Verwerten auch dann vor, wenn er sich dabei dieser Unterlagen nicht unmittelbar bedient, BGHSt 13, 333 = NJW 1960, 207 Kaltfließpressverfahren.

[23] Vgl. die Entscheidungen von OLG Hamm, Karlsruhe, LG Freiburg, Stuttgart, AG Aschaffenburg in Fn. 7.

[24] Vgl. AG Waiblingen CR 1988, 231.

[25] BayObLG BB 1988, 1769.

[26] Z. B. nach § 69a UrhG, LG Mannheim CR 1995, 542.

[27] Auch Anstiftung zum Verrat Dritter, ArbG Bochum BB 1963, 229.

[27a] BayObLGSt 1995, 110, 122.

- Veranlassung von Arbeitskollegen zur Preisgabe (z. B. durch Anfertigung von Zeichnungen) oder Anwendung sonstiger ordnungswidriger Mittel zur Erlangung eines Geheimnisses, mit dem er selbst beruflich nichts zu tun hat;
- Täuschung des Arbeitgebers bei Mitteilung von Geheimnissen über Absicht, diese später als Konkurrent zu benutzen;[28]
- heimlicher Bau einer Maschine während Bestehens des Arbeitsverhältnisses;[29]
- Abschreiben von Vorschriften zur Herstellung von Nitrolacken aus dem Notizbuch eines Arbeitskollegen;
- Abschreiben von Geheimrezepten oder des Verzeichnisses deutscher Lieferanten für Spezialapparate einer chemischen Industrie in einem chemischen Unternehmen;
- Abschreiben von Rabattkundenlisten und eigenmächtige Mitnahme eines Vertreterregisters;
- Übertragung von bestimmten Zeichnungen in eigenes Skizzenbuch;
- Systematisches Sammeln von betriebsgeheimen Unterlagen;[30]
- Systematisches Auswendiglernen einer komplizierten chemischen Formel; Sicheinprägen von Konstruktionsunterlagen durch eine nicht im Rahmen seiner Tätigkeit liegende nähere Beschäftigung mit diesen;[31]
- Abrufen einer im Computer gespeicherten Software;[32]
- Bestimmungswidrige Zerlegung und Zergliederung („reverse engineering") der geheimen inneren Strukturen eines EDV-Programms z. B. eines Geldspielautomaten, auch wenn käuflich erworben;
- Unbefugtes Erlangen von Insiderwissen i. S. des WpHG.

28 Die durch § 17 Abs. 2 Nr. 2 UWG bewirkte nachvertragliche Bindung beeinträchtigt in der Regel nicht die freie Entfaltung und Weiterentwicklung im Berufsleben, das die Verwertung langjährig erworbenen beruflichen Erfahrungswissens gestattet,[33] da es hier strafrechtlich um die unbefugte Verwertung von unbefugt, nicht von befugt erlangten Geheimnissen geht.

29 bb) Ein „unbefugtes" Mitteilen oder Verwerten liegt vor, wenn der Täter weder zu einer solchen Handlung verpflichtet noch berechtigt ist (s. o. zu Rn. 27 und zu § 17 Abs. 1), wobei sich die Berechtigung vor allem aus dem (mutmaßlichen) Willen des über das Geheimnis Verfügungsberechtigten ergeben kann.

4. Sanktionen (auch bei besonders schweren Fällen) und sonstige Rechtsfolgen

30 In allen Fällen des Geheimnisverrats, des Ausspähens und der Geheimnishehlerei kann Geldstrafe oder Freiheitsstrafe bis zu drei, in besonders schweren Fällen bis zu fünf Jahren Freiheitsstrafe (vgl. § 17 Abs. 4 Satz 1) verhängt werden. Nach **§ 17 Abs. 4 Satz 2 liegt ein besonders schwerer Fall in der Regel vor, wenn der Täter bei der Mitteilung** (nach Absatz 1 oder 2 Nr. 2) **weiß, daß das Geheimnis im Ausland verwertet werden soll, oder wenn er es selbst im Ausland**[34] **verwertet.** Zu der zweiten Alternative wird auch der

[28] BAGE 41, 21= NJW 1983, 134.

[29] BGH NJW 1984, 239.

[30] Vgl. BAGE 41, 21= NJW 1983, 134 (Systematisches Ausspähen und Zusammentragen; vgl. auch BGH NJW 1984, 239, heimliche Aufzeichnungen).

[31] BGHZ 38, 391 = NJW 1963, 856 (Industrieböden); BAGE 41, 21 = NJW 1983, 134; BGH NJW 1984, 239 (Festigung beruflich erlangter Kenntnisse durch technische Mittel).

[32] BayObLG NStZ 1994, 287 = wistra 1994, 149.

[33] BAGE 73, 229 = BB 1994, 1078.

[34] Ob das EG-rechtliche Diskriminierungsverbot zu einer einschränkenden Auslegung dieser strafrechtlichen Regelung führt („Ausland" = EG-Ausland, so *Otto* § 17 (Fn. 7) Rn. 113), erscheint mir zweifelhaft. – Nach Auffassung der Bundesregierung (BT-Drucks. 13/8368 S. 4, Fn. 2) könnten zur Klarstellung, daß § 17 IV 2 auch für § 17 II Nr. 1 gilt, in § 17 IV 2 die Worte „bei der Mitteilung" gestrichen werden.

Fall gerechnet, daß ein Beschäftigter ein Geheimnis im Ausland – ohne Einschaltung eines Mitteilungsempfängers – selbst verwertet.

Tatmittel können unter den Voraussetzungen der §§ 74ff. StGB eingezogen werden. Die Abschöpfung des Gewinns nach § 73 Abs. 1, 2 StGB wird zumeist nicht möglich sein, weil regelmäßig dem Inhaber des Geheimnisses als Verletztem ein Anspruch gegen den Täter zustehen wird (vgl. § 73 Abs. 1 Satz 2 StGB).[35]

5. Vorlagenfreibeuterei (§ 18 UWG)

§ 17 UWG schützt ein Unternehmen nicht vor Geheimnisverrat durch Geschäftspartner, denen es vertrauliche Arbeitsergebnisse und -unterlagen zur Weiterverarbeitung überlassen hat. Insbesondere auf Drängen des Stickerei- und Spitzengewerbes, das seinerzeit unter dem Mißbrauch von Schablonen zu leiden hatte, die Zwischenbetrieben zur Herstellung im Wege des Lohnauftrages überlassen worden waren, ist ergänzend als § 18 eine weitere Strafvorschrift in das UWG aufgenommen worden. Danach macht sich strafbar, **wer vorsätzlich die ihm im geschäftlichen Verkehr anvertrauten Vorlagen oder Vorschriften technischer Art, insbesondere Zeichnungen, Modelle, Schablonen, Schnitte, Rezepte, zu Zwecken des Wettbewerbs oder aus Eigennutz unbefugt verwertet oder an jemand mitteilt.** Die Vorschrift dient dem Schutz der Geheimsphäre des anvertrauenden Unternehmens, insbesondere seines betrieblichen Know-hows, gegen Mißbrauch durch Vertragspartner. 31

a) Täterkreis

Täter kann jedermann sein. In Literatur und Rechtsprechung[36] wird zwar aus der Entstehungsgeschichte und dem Merkmal „im geschäftlichen Verkehr" hergeleitet, daß beide Vertragspartner, also auch der Täter, Geschäftsleute sein müssen. Zwingend ergibt sich dies aus dem Text jedoch nicht, so daß § 18 UWG auch anwendbar sein kann, wenn nur der Anvertrauende im Rahmen seines Geschäftsbetriebes handelt.[37] Der Tatbestand erfaßt damit sowohl Täter, die einem Unternehmen angehören, denen die genannten Unterlagen anvertraut worden sind, wie z. B. Beschäftigte von Zuliefer- und Lohnarbeitsbetrieben, von Zwischenmeistern, sog. Lohnveredlern, Lizenznehmer,[38] Angehörige freier Berufe wie Rechts- und Patentanwälte, Wirtschaftsprüfer und Steuerberater oder beratende Ingenieure und freie Programmierer, aber auch einen privatev Abnehmer bzw. Kunden, dem z. B. als Kaufinteressent eines Möbelhändlers oder Architekten oder als Auftragnehmer eines Designers Zeichnungen anvertraut wurden, die dieser dann aber selber verwertete (durch eigene Verwendung oder zur billigeren Herstellung durch einen Dritten).[39] Auch Angehörige von Behörden oder Unternehmen der öffentlichen Hand können Täter sein, was im Hinblick auf das Erfordernis der Übergabe im geschäftlichen Verkehrs regelmäßig ein Handeln im Rahmen erwerbswirtschaftlicher Tätigkeit voraussetzen wird. 32

---

[35] Prinzipiell soll diese Regelung künftig aufgehoben werden (vgl. den „Entwurf eines Gesetzes zur verbesserten Abschöpfung von Vermögensvorteilen aus Straftaten", BT-Drucks. 13/9472 – Zusammenfassung des Inhalts in wistra 1998 Heft 4 S. V –, der in der 13. Legislaturperiode nicht mehr verabschiedet werden konnte; eine Reform plant auch die Koalition von SPD und Bündnis 90/DIE GRÜNEN.

[36] RGSt 44, 152; 48, 76; OLG Karlsruhe WRP 1986, 623.

[37] Die Auffassung in *Meyer/Möhrenschlager* (Fn.7) WiV 1982, 21, 39 gebe ich auf.

[38] BGHZ 17, 41 = NJW 1955, 829 (Mitteilung von auf Betriebsgeheimnissen beruhende Verfahrensvorschriften an Lizenznehmer im Rahmen der Fertigungsberatung).

[39] OLG Hamm NJW-RR 1990, 1380 (vom Designer überlassene Modellkostüme). Zusätzlich, insbesondere, wenn die Voraussetzungen des § 18 UWG nicht vorliegen, ist das Vorliegen einer Straftat nach § 266 StGB bei Verrat durch Freiberufliche usw. zu prüfen, vgl. *Müller/Wabnitz/Janovsky* (Fn. 7) S. 229.

b) Tatobjekt und Tathandlung

33 § 18 schützt Vorlagen und „Vorschriften“ technischer Art. Vorlagen sind Gegenstände, die bei der Anfertigung neuer Sachen als Vorbild dienen. Technische Vorschriften sind Anweisungen über technische Vorgänge.[40] Die genannten Beispiele können unter beide Begriffe fallen. Diese Tatobjekte müssen dem Geschäftspartner „anvertraut“ worden sein (z. B. durch Lizenzvertrag). Der Anvertrauende muß also bei der Übergabe zum Ausdruck gebracht haben, daß er eine vertrauliche Behandlung wünscht, sofern sich dies nicht schon aus den Umständen ergibt.[41] Nach h. M. braucht die anvertraute Vorlage bzw. Vorschrift nicht ein Geschäfts- oder Betriebsgeheimnis zu sein.[42] Sie darf dem Täter allerdings nicht schon sonst bekannt oder sonst offenkundig sein; daß der Täter durch eigene Arbeit ähnliche Vorlagen hätte herstellen und damit ohne die Vorlage hätte tätig werden können, läßt den Strafrechtsschutz noch nicht entfallen.[43]

34 Die Tathandlungen „Verwerten“ und „Mitteilen“ sind entsprechend § 17 UWG auszulegen. Bei der Verwertung reicht aus, daß der von dem Täter tatsächlich benutzte Gedanke von dem in der Vorlage verkörperten technischen Gedanken Gebrauch macht, auch wenn er mit Abweichungen weiterentwickelt wird.[44] Zur subjektiven Seite wird auf die Auslegung in § 17 UWG verwiesen.

6. Versuch und Vorbereitungshandlungen

35 Das 2. WiKG hat für alle Fälle des § 17 UWG generell die **Versuchsstrafbarkeit** (vorher war nur der untaugliche Versuch erfaßt) eingeführt (**§ 17 Abs. 3**), was insbesondere wegen der im Vorfeld noch weitergehenden Strafbarkeit nach **§ 20 UWG** nur konsequent war. **§ 20 UWG** stellt vier verschiedene Tathandlungen unter Strafe. Bestraft wird, **wer zu Zwecken des Wettbewerbs oder aus Eigennutz jemand zu einem Vergehen gegen die §§ 17 oder 18 zu verleiten sucht oder das Erbieten eines anderen zu einem solchen Vergehen annimmt oder sich zu einem solchen Vergehen erbietet oder sich auf das Ansinnen eines anderen zu einem solchen Vergehen bereit erklärt.**

– Strafbar ist also die **versuchte Verleitung** i. S. einer versuchten Anstiftung nach § 30 StGB; die erfolgreiche Verleitung ist eine nach § 26 StGB strafbare Anstiftung. Verleiten bedeutet, erkennbar den Willen bzw. Entschluß zu bestimmten, d. h. zumindest grob umschriebenen nach § 17 oder § 18 UWG strafbaren Verstößen durch gleichwelche subjektiv geeignete Mittel (auch durch Einschaltung von Mittelsmännern) hervorzurufen. Gleichgültig ist der Grund des Scheiterns (nach § 17 Abs. 1 zu Verleitender ist nicht Angestellter des ausgeforschten Betriebes; es liegt kein Geheimnis oder kein Anvertrautsein vor; der zu Verleitende war schon zuvor zur Tat entschlossen; das Vorgehen des Täters erreicht nicht den zu Verleitenden; der zu Verleitende weist das Ansinnen zurück).

36 – Strafbar macht sich nach der 2. Alternative auch, wer ein (auf freiem Willen beruhendes) Angebot zur Tatbegehung annimmt, selbst wenn dieses nicht ernst gemeint war. Ob die Annahmeerklärung zugehen muß, ist – wie bei § 30 StGB – streitig.

– Auch der Erbietende macht sich strafbar, wenn das von ihm erklärte – wenn auch nicht notwendigerweise zugegangene – Angebot ernst gemeint war.

– Schließlich macht sich strafbar, wer auf das von ihm als ernsthaft aufgefaßte Ansinnen eines anderen sich zu einer Tat nach den §§ 17 oder 18 UWG nach außen hin ernstlich bereit erklärt.

---

40 Rspr-N. bei *Otto* (Fn. 7) § 18 Rn. 11.

41 Vgl. OLG Hamm WPR 1993, 36.

42 BGHZ 82, 369 = NJW 1982, 937 (Straßendecke II).

43 BGH NJW 1958, 671; GRUR 1960, 554 = NJW 1960, 2000 (Handstrichverfahren).

44 BGH NJW 1960, 2000 = GRUR 1960, 554.

Das 2. WiKG hat in dem neuen **§ 20 Abs. 3 UWG § 31 StGB (Rücktritt vom Versuch der Beteiligung)** für entsprechend **anwendbar** erklärt, da § 20 Abs. 1, 2 ihrem Wesen nach jedenfalls teilweise Tatbestände der versuchten Teilnahme enthalten. Bestraft wird also derjenige nicht, der freiwillig von einer Tat nach § 20 UWG Abstand nimmt und die durch seine Tat entstandene Gefahr beseitigt oder zu beseitigen sucht. 37

7. Voraussetzungen der Verfolgung von auslandsbezogenen Verstößen

Wie weit auch **Auslandstaten** strafbar sind und verfolgt werden können, richtet sich zunächst einmal danach, inwieweit der Tatbestand als solcher auf im Ausland begangene Taten überhaupt angewandt werden kann. Aus dem Text von § 17 Abs. 2, 3 UWG ergibt sich zunächst nicht, ob diese Strafvorschriften auch auf Fälle angewandt werden können, in denen etwa ein Deutscher im Ausland ausländische Betriebs- bzw. Geschäftsgeheimnisse verletzt. Daß diese Regelungen nicht auch diese Fälle erfassen, kann man jedoch aus § 20a UWG und § 5 Nr. 7 StGB und der Einbettung des § 17 in das UWG herleiten, das bisher prinzipiell nur den Schutz des lauteren Wettbewerbs in Deutschland zum Ziele hat.[45] Aus letzterem folgt allerdings auch, daß ausländische Unternehmen im Inland auch den Schutz der §§ 17, 18 und 20 UWG genießen.[46] Rechtspolitisch wäre es allerdings angebracht, heutzutage den Schutz dieser Vorschriften zumindest für den Bereich des Binnenmarktes auch auf ausländische Betriebe und Unternehmen auszudehnen.[47] 38

Nach § 5 Nr. 7 StGB ist die Verletzung eines Betriebs- oder Geschäftsgeheimnisses, die ein Deutscher oder ein Ausländer im Ausland begeht, strafbar, wenn: 39

- der Betrieb (= Produktions- und Geschäftstätigkeit) im Inland liegt (Briefkastenfirma nicht ausreichend);
- das Unternehmen seinen (Firmen-, Geschäfts-)Sitz im Inland hat, auch wenn es sich in ausländischen Händen befindet;
- das Unternehmen zwar seinen Sitz im Ausland hat, aber von einem Unternehmen mit Sitz im Inland abhängig ist und mit diesem einen (einheitlichen) Konzern (i. S. von § 18 Abs. 1, §§ 339ff. AktG) bildet.

Allgemein wird davon ausgegangen, daß § 20a UWG nur eine klarstellende Regelung zu § 5 Nr. 7 StGB darstellt. Das könnte deshalb zweifelhaft sein, weil § 5 Nr. 7 StGB nicht genau sagt, für welche Straftaten diese Regelung gilt. Aus dem Bezug auf die Verletzung eines Betriebs- oder Geschäftsgeheimnisses könnte nämlich geschlossen werden, daß die Regelung nur auf Taten nach §§ 17 und 18 UWG anwendbar ist, nicht aber auf eine Tat i. S. von § 20 UWG, weil diese keine Verletzung voraussetzt. § 20a UWG ver- 40

[45] I. Erg. ebenso *Oehler* in Jahrbuch 1969 des NRW-Landesamts für Forschung S. 383, 393f.

[46] Ebenso Leipziger Kommentar, StGB, 11. Aufl. § 5 Rn. 37 (Gribbohm); ihm folgend *Arians,* S. 395f. *Ebert-Weidenfeller* (Fn. 7), § 29 Rn. 93; *Fuhrmann* (Fn. 7) § 20a Rn. 2; *Otto* (Fn. 7) § 20a Rn. 7; a. A. *Bruch* NStZ 1986, 259; *Oehler* (Fn. 45) S. 393.

[47] In dieser Richtung auch *Oehler* (Fn. 45) S. 394; der Entwurf eines Modellgesetzes zum Schutz von Fabrikations- und Handelsgeheimnissen der Beratenden Versammlung des Europarates von 1974 (Entschließung 571/1974) ist Geschichte geblieben (kritisch zum Inhalt *Kragler* (1991) (Fn. 7) S. 60ff.). Das ‚Agreement on Trade-Related Aspects of Intellectual Property (TRIPs), 33 International Legal Material 1197, enthält zwar in Art. 39 auch eine Regelung über den Schutz von „trade secrets", sieht jedoch in Art. 61 keine Verpflichtung zu „criminal procedures" in „cases of infringements" vor wie in Fällen von „counterfeiting" und „copyright piracy", sondern überläßt dies dem freien Willen der Vertragsstaaten. – In die Leitlinien für den nationalen Gesetzgeber hat der Strafrechtsausschuß des Europarates 1989 immerhin als fakultative Regelung auch einen Straftatbestand über die vorsätzliche Erlangung mittels unlauterer Mittel bzw. die vorsätzlich rechtswidrige Offenbarung, Mitteilung und Verwertung eines Handels- bzw. Geschäftsgeheimnisses in der Absicht, dem Geheimnisinhaber Schaden zuzufügen oder sich oder einen anderen zu bereichern, aufgenommen (Council of Europe, European Committee on Crime Problems, Computer-Related Crime, Strasbourg, 1990, S. 61ff., 106).

deutlicht demgegenüber, daß auch eine im Ausland begangene vorbereitende Tat i. S. von § 20 UWG im Inland strafrechtlich verfolgt werden kann.[48]

8. Strafverfolgungsvoraussetzungen (§ 22 Abs. 1 UWG)

a) Verfolgung aufgrund eines Strafantrags

41 Grundsätzlich ist zur Strafverfolgung zunächst ein Strafantrag nach § 77 StGB in der Drei-Monats-Frist des § 77b StGB erforderlich. Als „Verletzter" ist in den Fällen des § 17 (einschließlich des § 20) UWG der Inhaber des Betriebs- oder Geschäftsgeheimnisses und in den Fällen des § 18 (einschließlich des § 20) UWG der über die Vorlagen bzw. die Vorschriften Verfügungsberechtigte antragsberechtigt, was jeweils auch eine juristische Person (durch ihre gesetzlichen Vertreter oder von diesen Beauftragte) sein kann. Darüber hinaus muß ein öffentliches Interesse an der Strafverfolgung vorliegen, wenn bei Vorliegen eines Strafantrags die Staatsanwaltschaft die Strafverfolgung betreiben soll, da die §§ 17, 18 und 20 UWG Privatklagedelikte sind (§ 374 Abs. 1 Nr. 7, § 376 StPO). Wird ein solches Interesse von der Staatsanwaltschaft bejaht (vgl. die Hinweise dazu in Nr. 86 Abs. 2, Nr. 260 RiStBV – nicht nur geringfügige Rechtsverletzung –) kann der Verletzte sich dem Verfahren als Nebenkläger anschließen (§ 395 Abs. 2 Nr. 3 StPO). Ist dies nicht der Fall, obliegt dem Verletzten die Strafverfolgung.

b) Verfolgung von Amts wegen

42 Aufgrund des 2. WiKG ist seit 1986 die Verfolgung einer Tat nach den §§ 17, 18 und 20 UWG auch ohne Vorliegen eines Strafantrags möglich. Dies setzt voraus, daß die Staatsanwaltschaft ein besonderes öffentliches Interesse bejaht (§ 22 Abs. 1 Satz 2 UWG). Nach Nr. 260a RiStBV wird dieses insbesondere anzunehmen sein, wenn der Täter wirtschaftsrechtlich vorbestraft ist, die Tat Teil eines gegen mehrere Unternehmen gerichteten Plans zur Ausspähung von Geheimnissen ist oder die Tat den Verletzten in seiner wirtschaftlichen Existenz bedroht. In besonders schweren Fällen des § 17 IV UWG kann das öffentliche Interesse nur ausnahmsweise verneint werden. Dies soll auch für § 18 UWG in § 17 Abs. 4 Satz 2 UWG entsprechenden Situationen gelten. – Zur notwendigen Zusammenarbeit zwischen Unternehmen und Strafverfolgungsbehörden bei der Aufklärung, Verfolgung und der Durchführung des Strafverfahrens wird auf die einschlägige Literatur verwiesen.[49]

III. Schutz durch andere strafrechtliche Regelungen[50]

1. Staatsschutzstrafrecht

43 Der (bloßen, nach § 17 UWG strafbaren) Ausspähung von Betriebs- und Geschäftsgeheimnissen wird vielfach als gefährlichere und gesamtwirtschaftlich schädlichere Form die staatlich gelenkte oder gestützte, von fremden Nachrichtendiensten ausgehende Aufklärung bzw. Ausspähung von Wirtschaftsunternehmen und -betrieben gegenübergestellt. Im engen Zusammenhang steht auch die Beschaffung von Erkenntnissen aus Forschungsinstituten, die Grundlagenforschung betreiben. Berichte der Ämter für Verfassungsschutz zeigen, welche Gefahren auch nach den Veränderungen in Osteuropa weiterhin in dieser Richtung von bestimmten Regierungen und Geheimdiensten aus dieser

---

[48] § 5 Nr. 7 StGB gilt darüber hinaus auch für allgemeine Straftaten, soweit sie der Beschaffung von Geheimnissen dienen (vgl. z. B. LK (Fn. 46), § 5 Rn. 34).

[49] *Müller/Wabnitz/Janovsky* (Fn. 7) S. 231f.; *Kragler* (Fn. 7) (1987) S. 60ff.; (1991), S. 53ff.

[50] Vgl. auch die Übersicht bei *Brammsen* (Fn. 7) S. 99ff.; *Arians*, S. 378ff.; zur Anwendbarkeit der §§ 242ff., 266 StGB z. B. *Dannecker*, BB 1987, 1614, 1618.

Region ausgehen. Experten gehen davon aus, daß auch westliche Staaten Wirtschaftsspionage betreiben. Klassisch war und ist die Ausspähung von wirtschaftlichen Staatsgeheimnissen aus der Rüstungswirtschaft. Neben der Erlangung von Ergebnissen zukunftsorientierter Forschung und Technik ist ein Schwerpunkt auch die Ausspähung moderner Informations- und Kommunikationstechnik.

a) Verfolgung wegen Verletzung eines Staatsschutzgeheimnisses[51]

Die Strafvorschriften zum Schutze von Staatsgeheimnissen (§ 94 – Landesverrat –; § 95 – Offenbaren von Staatsgeheimnissen –; § 96 – Landesverräterische Ausspähung; Auskundschaften von Staatsgeheimnissen –; § 97 – Preisgabe von Staatsgeheimnissen –; § 98 StGB – Landesverräterische Agententätigkeit –) setzen jeweils voraus, daß Gegenstand der Tat ein Staatsgeheimnis i. S. von § 93 I StGB ist. Nach der Reform des Staatsschutzstrafrechts im Jahre 1968 sind wirtschaftliche Geheimnisse nur noch dann Staatsgeheimnisse, wenn ihr Verrat zugleich schwerwiegende Auswirkungen („Nachteil") für die äußere Sicherheit Deutschlands hätte. § 97a – Verrat illegaler Geheimnisse – und § 97b – Verrat in irriger Annahme eines illegalen Geheimnisses – dehnen den Schutz auch auf solche Geheimnisse aus, die gemäß § 93 Abs. 2 StGB keine Staatsgeheimnisse sind. **44**

b) Verfolgung wegen geheimdienstlicher Agententätigkeit

Einen umfassenderen strafrechtlichen Schutz bietet **§ 99 StGB**, sofern der Nachweis gelingt, daß jemand für den Geheimdienst einer fremden Macht tätig ist. Diese geheimdienstliche Tätigkeit muß gegen Deutschland gerichtet sein, wobei es dann ausreicht, daß sie auf die „Mitteilung oder Lieferung von Tatsachen, Gegenständen oder Erkenntnissen" abzielt[52] und deshalb gegebenenfalls auch Betriebs- und Geschäftsgeheimnisse und darüber hinaus auch wirtschaftliche und wissenschaftliche Tatsachen umfassen kann, die gar keine Geheimnisse darstellen. Strafbar ist auch bereits die Bereiterklärung. **45**

Weitergehend als durch § 5 Nr. 7 StGB und § 20a UWG sind nach § 5 Nr. 4 StGB auch Auslandstaten von Deutschen und Ausländern strafbar.

2. Strafvorschriften zum Schutz von Privat- und Dienstgeheimnissen

Ergänzend zu den §§ 17ff. UWG gewähren auch Strafvorschriften der §§ 201ff., 353b und 355 StGB einen zusätzlichen Strafschutz für Betriebs- und Geschäftsgeheimnisse. Bei **§ 201 StGB (Verletzung der Vertraulichkeit des Wortes)** und **§ 202 StGB (Verletzung des Briefgeheimnisses)** ist dies der Fall, wenn das „nichtöffentlich gesprochene Wort" bzw. ein verschlossener Brief (gleichgestellt Schriftstück, Abbildung) als Tatobjekt des Abhörens mit einem Tongerät usw. bzw. des Öffnens oder der Kenntnisverschaffung ein solches Geheimnis enthält. Nach **§ 202a StGB (Ausspähen von Daten)** macht sich strafbar, wer unbefugt gegen unberechtigten Zugang besonders gesicherte nicht unmittelbar wahrnehmbar gespeicherte oder sich in Übermittlung befindliche Daten sich oder einem anderen verschafft. Dazu können auch geheime Betriebs- und Geschäftsdaten gehören (näher zu dem Tatbestand bei Bär). Die **§§ 203 und 204 StGB (Verletzung von Privatgeheimnissen)** rechnen zu den bestimmten Berufsträgern und auch der öffentlichen Hand (Amtsträger usw.) anvertrauten geschützten fremden Geheimnissen ausdrücklich auch Betriebs- und Geschäftsgeheimnisse. Sie werden dort gegen Offenbarung und **46**

---

[51] Vgl. generell insbesondere zum Verhältnis der §§ 17 ff. zum Staatsschutzstrafrecht *Tuffner*.

[52] Berühmter Beispielsfall der KGB-Hacking-Fall, OLG Celle, 4 StE 1/89, 15. 2. 1990 (erörtert von *Bär*, Der Zugriff auf Computerdaten im Strafverfahren, 1992, S. 37f.; *Fecht u. a.* (Fn. 5) S. 4ff.; Hacker überwanden Zugangssperren zu internationalen Datennetzen und brachen u. a. in EDV-Systeme und Datenbanken in den USA ein; sie verkauften Teil ihres Wissens an den KGB über die sowjetische Handelsmission in Berlin. Die Täter wurden zu Freiheitsstrafen von bis zu zwei Jahren verurteilt).

Verwertung auch dann strafrechtlich geschützt, wenn z. B. die subjektiven Voraussetzungen des § 17 UWG nicht vorliegen. Die Strafvorschrift des **§ 353b (Verletzung des Dienstgeheimnisses und einer besonderen Geheimhaltungspflicht)** verlangt demgegenüber zusätzlich eine Gefährdung öffentlicher Interessen durch die unbefugte Offenbarung anvertrauter bzw. bekanntgewordener Geheimnisse. Zu diesen können auch Privatgeheimnisse unter Einschluß von Betriebs- und Geschäftsgeheimnissen gehören (die z. B. im Rahmen von Genehmigungsverfahren von Unternehmen mitgeteilt werden). Bei der **Verletzung des Post- oder Fernmeldegeheimnisses** (**§ 206 StGB**; früher § 354 StGB) können ebenfalls Betriebs- und Geschäftsgeheimnisse betroffen sein. Die Strafvorschrift über die **Verletzung des Steuergeheimnisses (§ 355 StGB)** bezieht sich ausdrücklich auch auf die unbefugte Offenbarung bzw. Verwertung von fremden Betriebs- und Geschäftsgeheimnissen (Abs. 1 Nr. 2) durch Amtsträger (und gleichgestellte Personen) insbesondere in (Straf-, Bußgeld-)Verfahren in Steuersachen.

Mehr am Rande stehen bisher die Strafvorschriften zum Schutze vor Eingriffen in die Privatsphäre im **Bundesdatenschutzgesetz** und den **Datenschutzgesetzen der Länder**. Die Regelung in **§ 43 BDSG** bezieht sich primär auf den Datenschutz in Bundesbehörden (§ 1 Abs. 1 Nr. 1; § 12 Abs. 1 BDSG) und des Wirtschaftslebens (§ 1 Abs. 1 Nr. 3, § 27); das Landesdatenschutzstrafrecht, das teilweise dem BDSG folgt, teilweise aber enger, mitunter auch weiter ist, bezieht sich auf den Schutz von Daten in Landesbehörden. Diese Regelungen dienen dazu, natürliche Personen in ihren Persönlichkeitsrechten gegen das Ausspionieren sie betreffender personenbezogener Daten (Abrufen, Verschaffen aus Dateien; Erschleichen durch unrichtige Angaben) und gegen andere unbefugte Handlungen beim Umgang und der Verarbeitung mit diesen Daten (z. B. zweckwidrige Weitergabe) zu schützen. Da personenbezogene Daten Einzelangaben über persönliche oder sachliche Verhältnisse einer bestimmten oder bestimmbaren natürlichen Person (§ 3 Abs. 1 BDSG) sind, sind solche einer juristischen Person bisher nicht einbezogen. Daraus ergibt sich eine erhebliche Einschränkung zum Schutze von Betriebs- und Geschäftsgeheimnissen. Ist Inhaber solcher Geheimnisse jedoch nicht eine juristische, sondern eine natürliche Person, sind diese Vorschriften anwendbar, da diese sich nicht auf den Schutz des Intimbereichs beschränken, sondern auch den geschäftlicher Bereiche bzw. der Teilnahme am Wirtschaftsverkehr miteinschließen.

3. Gesellschafts-, wirtschafts- und arbeitsrechtliche Strafvorschriften

47 Keine große Bedeutung haben bisher die einschlägigen gesellschaftsrechtlichen Strafvorschriften zum Schutz von Betriebs- und Geschäftsgeheimnissen (§ 404 AktG; § 85 GmbHG; § 333, auch i.V. mit § 340 m HGB; § 151 GenG; § 19 des Gesetzes über die Rechnungslegung von bestimmten Unternehmen und Konzernen (PublG); § 138 Versicherungsaufsichtsgesetz; § 120 BetrVerfG; § 69 Schwerbehindertengesetz) erlangt. Ursache dürfte dafür vor allem die Beschränkung des Täterkreises, das Erfordernis eines Strafantrags und der niedrige Strafrahmen sowie die Tatsache sein, daß in praktisch wichtigen Fällen § 17 UWG anwendbar ist, auch wenn die Tatbestände die subjektiven Begrenzungen des § 17 UWG nicht enthalten.

Die verschiedenen Regelungen weisen durchweg eine einheitliche Struktur auf. Strafbar ist zum einen die **unbefugte Offenbarung von Betriebs- und Geschäftsgeheimnissen** durch Mitglieder von Organen (Vorstand einer AG, Genossenschaft, eines Versicherungsunternehmens; GmbH-Geschäftsführer) oder Aufsichtsräten von (Kapital-) Gesellschaften, einschließlich Abwicklern bzw. Liquidatoren sowie (Abschluß-)Prüfer (und deren Gehilfen), das ihnen in dieser Eigenschaft bekanntgeworden ist, zum anderen die unbefugte Verwertung (s. nächster Absatz). Im SchwBehG gehören Vertrauensleute zum Täterkreis; im BetrVerfG bezieht sich das strafrechtlich bewehrte Verbot naturgemäß auf (Ersatz-)Mitglieder des Betriebsrates, Vertreter von Gewerkschaften bzw. Arbeitgebervereinigungen sowie hinzugezogene Arbeitnehmer, wobei dort für die Strafbarkeit gefordert wird, daß das Geheimnis vom Arbeitgeber ausdrücklich als geheimhaltungsbedürftig bezeichnet worden ist.

Voraussetzung für die Verfolgung ist ein Strafantrag der Gesellschaft usw. oder (so in den zuletzt genannten Gesetzen) des Verletzten (u. U. nach dessen Tod auch von einem Angehörigen), also bei Verrat von Betriebs- und Geschäftsgeheimnissen in der Regel des Arbeitgebers als Verfügungsberechtigtem. Im Hinblick darauf, daß Täter leitende Personen sein können, enthalten die verschiedenen Gesetze besondere Regelungen über die Antragsberechtigung. Im Normalfall kann bei der unbefugten Offenbarung nur Geldstrafe oder Freiheitsstrafe bis zu einem Jahr verhängt werden. Dieser Rahmen erhöht sich auf zwei Jahre, wenn der Täter gegen Entgelt oder in der Absicht, sich oder einen anderen zu bereichern oder zu schädigen, gehandelt hat. Die gleiche Strafe trifft darüber hinaus jeden, der ein Betriebs- oder Geschäftsgeheimnis, das ihm in der dort genannten Eigenschaft bekanntgeworden ist, **unbefugt verwertet.** 48

IV. Hinweise zu präventiven Maßnahmen

Bedeutender als der strafrechtliche Schutz sind in der Praxis vorbeugende Maßnahmen. 49 Sie können vor allem in rechtlichen Maßnahmen gegenüber Angehörigen des Unternehmens und gegenüber Geschäftspartnern sowie in personellen, organisatorischen und technischen Maßnahmen bestehen. Solche Maßnahmen sehen natürlich bei einem kleinen Unternehmen anders aus als bei Großunternehmen.[53] Aufgrund einer 1994 vom Bundesministerium des Innern geschaffenen „Rahmenregelung für die Zusammenarbeit mit der gewerblichen Wirtschaft auf Bundesebene in Sicherheitsfragen" werden der „Arbeitsgemeinschaft für Sicherheit in der Wirtschaft e.V." (ASW) für die Wirtschaft bedeutsame staatliche Sicherheitserkenntnisse zugeleitet, die diese an die in ihr zusammengeschlossenen Wirtschaftsverbände weiterleitet, die ihrerseits dann ihre Mitgliedsunternehmen unterrichten. Die ASW ihrerseits leitet ihr bekanntgewordene Erfahrungen der Wirtschaft zuständigen staatlichen Stellen zu.[54] Für geheimschutzbetreute Unternehmen hat das Bundesministerium für Wirtschaft wertvolle Empfehlungen zum Schutz vor Spionage erarbeitet.

1. Personelle und rechtliche Schutzmaßnahmen

Einer verstärkten Sensibilisierung von Betriebsangehörigen und Geschäftspartnern (Lie- 50 feranten, Zulieferer, Abnehmer, Subunternehmer) über geheimhaltungsbedürftige Tatsachen und das geheime Know-how des Unternehmens dient in Ergänzung zur gesetzlichen Pflicht zur Geheimhaltung nach den §§ 17, 18 UWG die Belehrung darüber und deren schriftliche Dokumentation. Wichtig ist die Festlegung von Verantwortlichkeiten im Betrieb. Neue Mitarbeiter sollen gegebenenfalls über mögliche Interessenkonflikte befragt werden; Auskunftspflichten, z. B. über Nebentätigkeiten, können auch in den Arbeitsvertrag aufgenommen werden. Um Annäherungsversuchen (etwa in Form von nicht nur geringfügigen Bestechungen) entgegenzuwirken, kann dabei die Entwicklung von Ethikrichtlinien („Integrity Guidelines") hilfreich sein, wie sie vor allem aus den USA bekannt sind.

Im Unterschied zur strafrechtlichen Regelung in § 17 Abs. 1 UWG kann zwischen Arbeitgeber und Arbeitnehmer in Schriftform vertraglich zusätzlich vereinbart werden, daß die Geheimhaltungsverpflichtung auch nach dem Ausscheiden aus dem Unternehmen

[53] Zum folgenden z. B. die Hinweise in den in Anm. 1, 2 zitierten Werken, weiter etwa *Kragler* (1982), (1987) S. 44ff.; (1991) S. 27ff.; zum EDV-Bereich vgl. auch *Möhrenschlager* wistra 1991, 321, 330f.; *Dannecker,* BB 1987, 1614, 1619f.; *Binder,* S. 51ff.; *Eiding,* S. 49ff.; *Schulze-Heiming,* S. 66ff.

[54] Vgl. BT-Drucks. 13/8368 S. 5f. (Fn.2).

fortbesteht. Diese darf allerdings nicht so weit reichen, daß der Arbeitnehmer in der korrekten Ausübung seines angestammten und erlernten Berufs unangemessen beschränkt wird; sie muß sich also auf wichtige Unternehmensgeheimnisse beziehen, auf deren Verwertung der Arbeitnehmer bei der Berufsausübung billigerweise nicht angewiesen ist. Weiterhelfen kann dem Unternehmen auch die Vereinbarung einer längeren Kündigungsfrist und die Vereinbarung eines – gesetzlich allerdings auf zwei Jahre befristeten und durch Geld auszugleichenden – Wettbewerbsverbotes.

2. Organisatorische und technische Sicherungsmaßnahmen

51 Von großer Bedeutung ist eine sachgemäße Begrenzung der Zugangsbefugnis zu geheimhaltungsbedürftigen Tatsachen, einschließlich einer auch dokumentierten Zugangskontrolle, sowie eine umfassende Dokumentation und gesicherte Aufbewahrung von Unternehmensgeheimnissen, insbesondere bei deren Speicherung in EDV-Anlagen und auf Datenträgern. Der Bestand solcher Geheimnisse sollte kontinuierlich überprüft werden, was z. B. auch im Zusammenhang eines analytischen Vergleichs der eigenen Produkte mit denen der Konkurrenz geschehen kann. Dies setzt – jedenfalls bei größeren Unternehmen bzw. bei Unternehmen, die besonders wertvolle (Daten-)Geheimnisse zu schützen haben, eine bewertende Analyse über die Risiken von Wirtschaftsspionage voraus, an der Mitarbeiter aller Fachabteilungen, die mit geheimen Informationen und sonstigen Geheimnissen umzugehen haben, beteiligt werden sollten. Sicherheit und Betrieb sollten (bei größeren Unternehmen) voneinander getrennt werden. Der Gefahr des Ausspionierens (etwa durch Photographieren) bei Betriebsbesichtigungen könnte etwa durch Festlegung bestimmter Wege im Unternehmen oder z. B. durch Sichtblenden in bestimmten sensiblen Bereichen begegnet werden.

52 Ein spezieller Bereich ist der Schutz von EDV-Anlagen, EDV-Daten- und -komponenten gegen Spionage (sog. Computerspionage). Der präventiven Sicherung von Hardware, Software und Daten gegen Mißbräuche, unbefugte Nutzung, gegen Verlust und auch Spionage aufgrund organisatorischer und technischer Mängel und Fehlbedienungen von Benutzern, aber auch strafbaren Handlungen dienen die Entwicklung eines IT-Sicherheitskonzepts und konkrete Maßnahmen zur Sicherung dieser Anlagen und Objekte. Dabei spielt vor allem die Datensicherung, in unserem Zusammenhang vor allem gegen den Verlust der Vertraulichkeit („confidentiality"), eine besonders herausragende Rolle. Beispiele dazu finden sich z. B. bereits in den Grundsätzen der Datensicherung in der Bundesverwaltung von 1978 und den IT-Richtlinien für die Bundesverwaltung (z. B. im Bereich von Kontrollen: Zugangs-, Abgangs-, Speicher-, Benutzer-, Zugriffs-, Übermittlungs-, Eingabe-, Auftrags- und Transportkontrollen usw.) und neuerdings z. B. in den vom Bundesamt für Sicherheit in der Informationstechnik (BSI) herausgegebenen Handbüchern, Anleitungen und Empfehlungen[55] sowie in dem Katalog von Sicherheitsanforderungen gemäß § 87 des Telekommunikationsgesetzes.[56] Unterschieden werden z. B. baulich-technische (z. B. beim Zugang; Rechenzentrum als Closed-shop-Betrieb; bauliche und mechanische Schutzmaßnahmen), hardwaretechnische (z. B. bei der Absicherung von Kabeln; beim Schutz gegen Abstrahlungen; Einsatz von sog. Firewalls zur Kontrolle von Ein- und Ausgängen) und softwaretechnischer Schutz einschließlich des Verschlüsselns von Daten (auch durch Programme), Paßwortverfahren sowie rechnergesteuerter Benutzeridentifikation mit Berechtigungsprüfung und Sicherung von Daten durch zusätzliche Speicherung auf externen Datenträgern („back-up"- und Wiederanlaufkonzept).

---

55 Z. B. IT-Grundschutzhandbuch 1998; Sicherer Einsatz von digitalen Telekommunikationsanlagen, Version 2, 1998.

56 Beilage Nr. 208 a zum Bundesanzeiger vom 7. 11. 1997.

17. Kapitel. Illegale Beschäftigung und Leistungsmißbrauch

Literatur: *Bayer, Verwaltungsschule* (Hrsg.), Bekämpfung der Schwarzarbeit, 2. Aufl. 1995; *Handzik*, Steuerabzug gegenüber dem ausländischen Vergütungsgläubiger nach § 50 a Abs. 7 EStG, NWB Fach 3, 10785; *Klein*, Abgabenordnung, 6. Aufl. 1998; *Koberski/Sahl/Hold*, Kommentar zum Arbeitnehmer-Entsendegesetz, 1997; *Koch/Scholtz*, Abgabenordnung, 5. Aufl. 1996; *Kumpf/Roth*, Steuerentlastungsgesetz 1999/2000/2002: Einschneidende neue Einbehaltspflichten bei Zahlungen an Steuerausländer (§ 50 a Abs. 7 und 8 EStG), DB 1999, 815; *Kunz/Kunz*, Scheinselbständigkeit oder (arbeitnehmerähnlich-) selbständig?, DB 1999, 846; *Leise/Dietz/Cratz*, Steuerverfehlungen (Loseblatt); *Leuchten/Zimmer*, Das neue Gesetz zur „Scheinselbständigkeit" – Probleme in der Praxis, DB 1999, 381; *List*, Arbeitnehmertätigkeit oder freie Mitarbeit?, NWB Fach 6, 3919; *Müller/Wabnitz/Janovsky*, Wirtschaftskriminalität, 4. Aufl. 1977; *Sandmann/Marschall*, Kommentar zum AÜG, Stand Juni 1998; Schmidt, Einkommensteuergesetz Kommentar, 17. Aufl. 1998, *Tippke/Kruse*, Abgabenordnung und Finanzgerichtsordnung (Loseblatt); *Wissing/Pitschas/Eicher*, Kommentar zum SGB III, Arbeitsförderung, Stand Mai 1998.

Inhaltsübersicht

	Rn.
A. Arbeitnehmerüberlassung	1–57
I. Definition	1
II. Gesetzliche Voraussetzungen der legalen Arbeitnehmerüberlassung	2–24
1. Gewerbsmäßigkeit	3–5
2. Erlaubnispflicht	6–10
3. Ausnahmen	11–18
a) Nichtanwendung des AÜG	12–17
b) Keine Erlaubnispflicht	18
4. Verbot der Arbeitnehmerüberlassung im Baugewerbe	19–21
5. Arbeitgeberfiktion nach § 10 AÜG	22–24
III. Abgrenzung von Arbeitnehmerüberlassung zu anderen Formen drittbezogenen Personaleinsatzes	25–37
1. Allgemeines	25
2. Werkvertrag	26–32
3. Selbständiger Dienstvertrag	33
4. Dienstverschaffungsvertrag	34
5. Geschäftsbesorgungsvertrag	35
6. Personalgestellung als Nebenleistung	36
7. Personalgestellung als Folgeleistung	37
IV. Erscheinungsformen illegaler Arbeitnehmerüberlassung	38–50
1. Straftaten	39–42
a) § 15 AÜG Verleih ohne Erlaubnis von Arbeitnehmern ohne Arbeitsgenehmigung	39, 40
b) § 15 a AÜG Entleih von Ausländern ohne Arbeitsgenehmigung	41, 42
2. Ordnungswidrigkeiten	43–47
a) § 16 Abs. 1 Nr. 1 AÜG Verleih ohne Erlaubnis	43
b) § 16 Abs. 1 Nr. 1 a AÜG Entleih von einem Verleiher ohne Erlaubnis	44
c) § 16 Abs. 1 Nr. 1 b AÜG Arbeitnehmerüberlassung im Baugewerbe	45
d) § 16 Abs. 1 Nr. 2 AÜG Entleih von Ausländern ohne Genehmigung	46
e) § 16 Abs. 1 Nr. 2 a AÜG Anzeigepflichtverletzung nach § 1 a AÜG	47
3. Fallbeispiele	48–50
a) Scheinwerkverträge	48
b) Scheinselbständige	49
c) Aus- und Fortbildung	50
V. Aufdeckung und Ahndung	51–57
1. Organisation	51–54
2. Verfolgung und Ahndung	55–57
B. Beschäftigung ausländischer Arbeitnehmer	58–94
I. Aufenthaltsrechtlicher Status	58
II. Arbeitsgenehmigung	59–68
1. Arbeitserlaubnis	61
2. Arbeitsberechtigung	62
3. Ausnahmen	63
4. Anwerbestoppausnahmeverordnung	64–68
a) Gastarbeitnehmer (§ 2 Abs. 3 Nr. 1)	65
b) Saisonkräfte (§ 4 Abs. 1)	66
c) Werkvertragsarbeitnehmer (§ 3)	67
d) Grenzgänger (§ 6)	68
III. Illegale Ausländerbeschäftigung	69–87
1. Verstöße gegen das SGB III	69–77
a) Straftaten	69–73
b) Ordnungswidrigkeiten	74–77
2. Verstöße gegen das Ausländergesetz und das Asylverfahrensgesetz	78–85
3. Besondere Erscheinungsformen	86, 87

Rn.

a) Gründung von Gesellschaften bürgerlichen Rechts 86
b) Vortäuschen von Ausnahmen der Arbeitsgenehmigungspflicht 87

IV. Aufdeckung und Ahndung 88–94
1. Elektronischer Datenabgleich 88
2. Verdachtlose Außenprüfungen 89
3. Organisation 90
4. Verfolgung und Ahndung 91–94

C. Gesetz über zwingende Arbeitsbedingungen bei grenzüberschreitenden Dienstleistungen (Arbeitnehmer-Entsendegesetz – AEntG) 95–150

I. Anwendungsbereich 95–98
1. Entwicklung 95
2. Geltungsbereich 96–98

II. Pflichten des Arbeitgebers 99–112
1. Anmeldung 99–102
2. Zahlung des Mindestlohnes 103–105
3. Gewährung von Erholungsurlaub . . . 106
4. Abführung von Beiträgen an gemeinsame Einrichtungen der Tarifvertragsparteien 107–110
5. Befreiung 111, 112

III. Umgehungsversuche 113–115
1. Allgemeines 113
2. Anmeldung 114
3. Zahlung des Mindestlohnes 115

IV. Aufdeckung von Verstößen 116–129
1. Prüfbehörden 116
2. Rechtsgrundlagen 117–122
3. Durchführung von Prüfungen bei Arbeitgebern 123–127
a) Personenbefragung 124
b) Prüfung der Geschäftsunterlagen 125–127
4. Zusammenarbeit mit anderen Stellen 128, 129

V. Ahndung von Verstößen 130–147
1. Zuständige Behörden 130
2. Ahndung von Meldeverstößen 131
3. Ahndung von Verstößen wegen Nichtgewährung des Mindestlohnes 132–137
a) Allgemeine Grundlagen bei der Zumessung der Geldbuße 134
b) Abstrakte Zumessung 135–137
4. Ahndung von Verstößen wegen Nichtgewährung des Erholungsurlaubes, des Urlaubsentgelts und des zusätzlichen Urlaubgeldes 138
5. Ahndung von Verstößen wegen Nichtabführung von Beiträgen an gemeinsame Einrichtungen der Tarifvertragsparteien 139
6. Ahndung von Verstößen von Unternehmern, die einen anderen Unternehmer beauftragen, § 5 Abs. 2 AEntG 140, 141
a) Tatbestand 140

Rn.

b) Sorgfaltspflicht des Auftraggebers 141
7. Ausschluß von öffentlichen Aufträgen, § 6 AEntG 142
8. Anwendung des AEntG bei unerlaubter Arbeitnehmerüberlassung 143
9. Maßnahmen zur Sicherstellung und Vollstreckung des Bußgeldverfahrens 144–146
a) Sicherheitsleistung gem. § 132 StPO i.V.m. § 46 Abs. 1 OWiG . . . 145
b) Dinglicher Arrest gem. § 111 StPO i.V.m. § 46 OWiG. 146
10. Eintragung von Bußgeldentscheidungen in das Gewerbezentralregister (GZR) 147

VI. EU-Entsenderichtlinie 148–150
1. Zustandekommen 148
2. Wesentliche Inhalte 149
3. Umsetzung im nationalen Recht 150

D. Mißbrauch von Leistungen der Bundesanstalt für Arbeit 151–177

I. Geldleistungen der Bundesanstalt für Arbeit 151–161
1. Allgemeines 151
2. Leistungen an Arbeitnehmer . . . 152–156
a) Arbeitslosengeld (§§ 117ff. SGB III) 152
b) Arbeitslosenhilfe (§§ 190ff. SGB III) 153
c) Kurzarbeitergeld (§§ 169ff. SGB III) 154
d) Winterausfallgeld (§§ 209ff. SGB III) 155
e) Leistungen zur beruflichen Weiterbildung (§§ 77ff. SGB III) 156
3. Leistungen an Arbeitgeber 157–159
a) Eingliederungszuschüsse (§§ 217ff. SGB III) 157
b) Förderung von Strukturanpassungsmaßnahmen Ost für Wirtschaftsunternehmen (§ 415 Abs. 3 SGB III) 158
c) Beschäftigungshilfen für Langzeitarbeitslose 159
4. Leistungen an Träger 160, 161
a) Förderung von Maßnahmen zur Arbeitsbeschaffung (ABM §§ 260ff. und § 416 SGB III) 160
b) Förderung von Strukturanpassungsmaßnahmen (§§ 272–279 und § 415 SGB III) 161

II. Leistungsmißbrauch durch Arbeitnehmer 162–166
1. Begehungsarten 162
2. Aufdeckungsmethoden 163–165
a) Datenabgleichsverfahren 163, 164
b) Außenprüfung bei Arbeitgebern 165
3. Ahndung 166

Rn.
III. Leistungsmißbrauch durch Arbeitgeber 167–177
1. Kurzarbeitergeld, Winterausfallgeld 167–169
2. Leistungen an Arbeitgeber und Träger 170–177
a) Allgemeines 170
b) Typische Mißbrauchs-/Begehungsformen 171
c) Varianten der Förderungserschleichung speziell bei ABM . . . 172
d) Vorbeugende Maßnahmen gegen Leistungsmißbrauch 173
e) Aufdeckung 174, 175
f) Ahndung 176, 177

E. Steuerliche Aspekte 178–215
I. Vorbemerkung 178
II. Fallgestaltungen, Beteiligte . . . 179–182
1. Schwarzarbeit 179
2. Scheinselbständigkeit 180
3. Werkverträge mit ausländischen Bauunternehmern 181
4. Illegale Arbeitnehmerüberlassung . . . 182
III. Betroffene Steuerarten 183–202
1. Einkommen-, Körperschaft-, Gewerbesteuer 183–189
Rn.
a) Einkünfte aus Schwarzarbeit 183
b) Scheinselbständigkeit 184
c) Werkverträge mit ausländischen Subunternehmern 185–188
d) Illegale Arbeitnehmerüberlassung 189
2. Umsatzsteuer 190–197
a) Schwarzarbeit 190
b) Scheinselbständigkeit. 191
c) Werkverträge mit ausländischen Subunternehmern 192, 193
d) Illegale Arbeitnehmerüberlassung 194–197
3. Lohnsteuer. 198–202
a) Schwarzarbeit 198
b) Scheinselbständigkeit 199
c) Werkverträge mit ausländischen Subunternehmern 200
d) Arbeitnehmerüberlassung . . . 201, 202
IV. Strafbarkeit der Beteiligten . . . 203–206
1. Schwarzarbeit 204
2. Scheinselbständigkeit 205
3. Illegale Beschäftigung 206
V. Besondere Ermittlungsprobleme und -möglichkeiten 207–215

A. Arbeitnehmerüberlassung

I. Definition

Bei der Arbeitnehmerüberlassung werden einem Dritten vom Arbeitgeber Arbeitnehmer zur Arbeitsleistung zur Verfügung gestellt. Es handelt sich somit um einen sogenannten drittbezogenen Personaleinsatz. 1

Die Arbeitnehmerüberlassung setzt mindestens drei Beteiligte, einen Arbeitsvertrag zwischen zwei Beteiligten und die Arbeitsleistung des Arbeitnehmers nicht bei (seinem) Arbeitgeber, sondern bei einem Dritten voraus.

Arbeitnehmerüberlassung ist auch dann gegeben, wenn zwischen dem überlassenden Arbeitgeber und dem die Arbeitsleistung entgegennehmenden Dritten eine oder mehrere Personen zwischengeschaltet sind, die den Arbeitnehmer weiterüberlassen; sogenannter Ketten- oder Zwischenverleih.

Die einzelnen an der Arbeitnehmerüberlassung Beteiligten werden wie folgt bezeichnet:

- Verleiher = der überlassende Arbeitgeber
- Entleiher = der die Arbeitsleistung entgegennehmende Dritte
- Leiharbeitnehmer = der überlassene Arbeitnehmer
- Leiharbeitsverhältnis = das Arbeitsverhältnis zwischen dem überlassenden Arbeitgeber und dem Leiharbeitnehmer

II. Gesetzliche Voraussetzungen der legalen Arbeitnehmerüberlassung

2 Das Arbeitnehmerüberlassungsgesetz (AÜG) regelt die gewerbsmäßige Arbeitnehmerüberlassung. Die nicht gewerbsmäßige Arbeitnehmerüberlassung unterliegt nicht den Regelungen des AÜG.

Eine Unterscheidung zwischen echten (gelegentlicher Verleih, Mischbetrieb) und unechten (ausschließlicher Verleih als Betriebszweck) Leiharbeitsverhältnissen findet im AÜG nicht statt. Abzustellen ist ausschließlich auf die Gewerbsmäßigkeit.

1. Gewerbsmäßigkeit

3 Als gewerbsmäßig i. S. d. AÜG wird eine Tätigkeit angesehen, wenn sie auf
- eine gewisse Dauer,
- die Erzielung von Gewinnen
- und Wiederholung angelegt ist.

Auf Dauer bedeutet dabei nicht eine fest umrissene Zeitspanne, dieses Merkmal soll lediglich eine Abgrenzung zur nur gelegentlichen Arbeitnehmerüberlassung ermöglichen. Auf die Dauer der einzelnen Überlassungen, den Umfang des Überlassungsgeschäftes hinsichtlich der Zahl der Leiharbeitnehmer oder die zeitliche Dichte der Verleihfälle oder die Verleihdauer kommt es grundsätzlich nicht an.

Bei Wirtschaftsunternehmen kann angenommen werden, daß eine Arbeitnehmerüberlassung nicht nur gelegentlich vorgenommen wird.

4 Bei der Erzielung von Gewinnen reicht die Absicht aus. Diese bezieht sich auf das Gesamtunternehmen. Unerheblich ist dabei, ob Arbeitnehmerüberlassung der Hauptzweck des Unternehmens ist, Gewinnerzielungsabsicht liegt auch dann vor, wenn nur Verluste verringert werden sollen. Ebenso ausreichend für eine Gewinnerzielungsabsicht ist eine Verbesserung der Wettbewerbschancen des Verleihers, die sich erst später in geldwerten Leistungen niederschlagen. So z. B., wenn ein Entleiher durch die Arbeitnehmerüberlassung veranlaßt werden soll, die von den Leiharbeitnehmern durchgeführten Arbeiten in Zukunft dem Verleiher als Werkauftrag zu erteilen.

In Betrieben, die am Wirtschaftsleben teilnehmen, kann davon ausgegangen werden, daß sie mit Gewinnerzielungsabsicht tätig sind. Nur wenn die Voraussetzungen für die Annahme der Gemeinnützigkeit i. S. d. Steuergesetze vorliegen, kann bei wirtschaftlich tätigen Unternehmen eine Gewinnerzielungsabsicht verneint werden.

5 Das Merkmal der Wiederholung muß nicht tatsächlich eintreten; es genügt, wenn der Verleiher diese Möglichkeit in Betracht zieht. Bei Wirtschaftsunternehmen wird dies im Regelfall zu bejahen sein.

2. Erlaubnispflicht

6 Gewerbsmäßige Arbeitnehmerüberlassung ist nur mit einer Erlaubnis zulässig (§ 1 Abs. 1 S. 1 i.V. m. § 2 AÜG). Gemäß § 17 AÜG führt die Bundesanstalt für Arbeit das AÜG durch. Die Bundesanstalt für Arbeit hat die zehn Landesarbeitsämter mit der Erteilung der Erlaubnisse und der Überwachung der Einhaltung der gesetzlichen Bestimmungen durch die Verleiher beauftragt. Örtlich zuständig ist das Landesarbeitsamt, in dessen Bezirk der Verleiher seinen Sitz hat.

Nachfolgend die Anschriften der einzelnen Landesarbeitsämter:
Landesarbeitsamt Nord, Projensdorfer Str. 82, 24106 Kiel
Landesarbeitsamt Niedersachsen-Bremen, Altenbekener Damm 82, 30173 Hannover
Landesarbeitsamt Nordrhein-Westfalen, Josef-Gockeln-Str. 7, 40474 Düsseldorf
Landesarbeitsamt Hessen, Saonestr. 2–4, 60528 Frankfurt

Landesarbeitsamt Rheinland-Pfalz-Saarland, Eschberger Weg 68, 66121 Saarbrücken
Landesarbeitsamt Baden-Württemberg, Jägerstr. 14–18, 70174 Stuttgart
Landesarbeitsamt Bayern, Regensburger Str. 100, 90478 Nürnberg
Landesarbeitsamt Berlin-Brandenburg, Friedrichstr. 34, 10969 Berlin
Landesarbeitsamt Sachsen-Anhalt-Thüringen, Merseburger Str. 196, 06110 Halle
Landesarbeitsamt Sachsen, Paracelsusstr. 12, 09114 Chemnitz

Auch ein Verleiher mit Sitz in einem Mitgliedstaat der EG sowie in einem Vertragsstaat des Abkommens über den Europäischen Wirtschaftsraum – EWR – (s. § 3 Abs. 2 AÜG), der in der Bundesrepublik Deutschland gewerbsmäßig Arbeitnehmerüberlassung betreiben will, benötigt eine Erlaubnis der Bundesanstalt für Arbeit. Für die Erteilung von Erlaubnissen für Verleiher mit Sitz im europäischen Ausland wurden folgende Zuständigkeitsregelungen getroffen:

Herkunftsland:	**zuständiges Landesarbeitsamt:**
Niederlande Großbritannien Irland	Nordrhein-Westfalen
Belgien Frankreich Luxemburg	Rheinland-Pfalz-Saarland
Italien Griechenland Österreich Liechtenstein	Bayern
Spanien Portugal	Baden-Württemberg
Dänemark Schweden Norwegen Finnland Island	Nord

Zwar kann einem Verleiher mit Sitz im europäischen Ausland eine Erlaubnis nach dem AÜG erteilt werden, für ausländische Leiharbeitnehmer werden Arbeitserlaubnisse – soweit erforderlich – nicht erteilt (s. § 6 Abs. 1 Nr. 2 Arbeitsgenehmigungsverordnung).

Eine Erlaubnis zur Arbeitnehmerüberlassung kann nur dann erteilt werden, wenn die 7
vorgesehene Tätigkeit keine Arbeits- oder Ausbildungsstellenvermittlung i. S. d. § 291 SGB III ist, die ebenfalls der Erlaubnis der Bundesanstalt für Arbeit bedarf. Nicht ausgeschlossen ist die Erteilung sowohl einer Erlaubnis nach dem AÜG als auch einer nach § 291 SGB III. Ein Inhaber beider Erlaubnisse muß jedoch, wenn er mit oder für einen Arbeitnehmer einem Dritten gegenüber tätig wird, Handlungen vornehmen, die entweder auf Arbeitnehmerüberlassung oder auf Arbeits- oder Ausbildungsstellenvermittlung gerichtet sind. Entscheidend ist dabei nicht der Wille des Handelnden, sondern wie sich sein Handeln objektiv darstellt.

Auf die Erteilung der Erlaubnis nach dem AÜG besteht ein Anspruch, soweit nicht 8
Versagungsgründe nach § 3 AÜG vorliegen.

Die Erlaubnis ersetzt nicht eine nach § 14 Gewerbeordnung erforderliche Anzeige.

Inhaber der Erlaubnis können natürliche und juristische Personen, Personengesell- 9
schaften und Personengesamtheiten sein. Die Erlaubnis wird einer bestimmten Person, Personengesellschaft oder Personengesamtheit erteilt, nicht einem Betrieb. Bei Umwandlung des Unternehmens, z. B. eine natürliche Person zu einer GmbH, Verlegung, Schließung, Errichtung von Betrieben, Betriebsteilen oder Nebenbetrieben ist nur durch die personenbezogene Erlaubniserteilung die Zuverlässigkeit des Erlaubnisinhabers nachprüfbar; Veränderungen sind daher gemäß § 7 Abs. 1 AÜG anzeigepflichtig.

§ 2 Abs. 1 AÜG erfordert für die Erteilung einer Erlaubnis eine schriftliche Antragstellung. Die Erlaubnis selbst bedarf nicht der Schriftform, sie wird jedoch von den Landesarbeitsämtern schriftlich erteilt.

Die Erlaubnis wird erst mit Bekanntgabe wirksam, d. h. mit Zugang beim Antragsteller. Um sicherzustellen, daß keine Tatsachen eintreten, die eine Versagung der Erlaubnis rechtfertigen, kann die Erlaubnis unter Bedingungen erteilt und mit Auflagen versehen werden.

Eine Erlaubnis kann zunächst nur für ein Jahr befristet erteilt und um jeweils ein weiteres Jahr verlängert werden. Wenn der Verleiher drei aufeinanderfolgende Jahre lang erlaubt tätig war, kann die Erlaubnis unbefristet erteilt werden. Macht der Verleiher drei Jahre lang keinen Gebrauch von der unbefristeten Erlaubnis, so erlischt sie.

Für die Erteilung und Verlängerung einer befristeten Erlaubnis erhebt die Bundesanstalt für Arbeit eine Gebühr in Höhe von jeweils 1000,– DM, für die Erteilung einer unbefristeten Erlaubnis in Höhe von 3000,– DM.

10 Die Erlaubnis oder ihre Verlängerung ist zu versagen, wenn Tatsachen die Annahme rechtfertigen, daß der Antragsteller z. B. die erforderliche Zuverlässigkeit nicht besitzt, nicht in der Lage ist, die üblichen Arbeitgeberpflichten zu erfüllen, unzulässig befristete Arbeitsverträge mit dem Leiharbeitnehmer abschließt oder einem Entleiher denselben Leiharbeitnehmer länger als zwölf aufeinanderfolgende Monate überläßt (s. § 3 AÜG).

Für eine Versagung reicht das Vorliegen von nachweisbaren Tatsachen, die die Annahme eines Versagungsgrundes rechtfertigen, aus. Eine vollständige Aufklärung des Sachverhaltes ist nicht erforderlich.

Für eine Beurteilung der Zuverlässigkeit ist eine Prognose über die zukünftige Entwicklung erforderlich. Einzuschätzen ist, ob der Antragsteller die Arbeitnehmerüberlassung gesetzmäßig ausüben wird. Die gesetzmäßige Ausübung umfaßt die Beachtung der gesamten Rechtsordnung; die Aufzählung in § 3 Abs. 1 Nr. 1 AÜG hat nur beispielhaften Charakter. Unzuverlässig kann z. B. auch ein Verleiher sein, der Vermögensdelikte begangen hat, dem eine andere Gewerbeausübung untersagt wurde oder der wiederholt unter das AÜG fallende Geschäfte nicht als solche abgewickelt hat.

Insbesondere gelten Verleiher als unzuverlässig, wenn sie die Vorschriften des Sozialversicherungsrechts oder des Steuerrechts nicht eingehalten, unerlaubt Arbeitsvermittlung betrieben, ausländische Arbeitnehmer ohne erforderliche Arbeitsgenehmigung beschäftigt oder unerlaubt gewerbsmäßige Arbeitnehmerüberlassung ausgeübt haben.

Auch die Beurteilung, ob die üblichen Arbeitgeberpflichten erfüllt werden können, kann zumindest bei erstmaliger Antragstellung eines reinen Verleihbetriebes nur als Prognose erfolgen. Hier ist jedoch nicht auf die Person des Antragstellers abzustellen, sondern auf den Betrieb. Ist eine Betriebsstätte nicht vorhanden, sollen die Geschäfte z. B. aus einem Hotelzimmer oder einem anderen nicht dauerhaften „Sitz" abgewickelt werden, kann angenommen werden, daß die üblichen Arbeitgeberpflichten nicht erfüllt werden.

Die übrigen Versagungsgründe kommen nur bei einer Verlängerung der Erlaubnis in Betracht, da diese Verfehlungen beinhalten, die nur von einem Verleiher begangen werden können.

3. Ausnahmen

11 Bei den Ausnahmen ist zu unterscheiden zwischen der Nichtanwendung des AÜG und den Ausnahmen von der Erlaubnispflicht nach dem AÜG.

a) Nichtanwendung des AÜG

aa) Spezialgesetzliche Regelung

12 Wegen spezialgesetzlicher Regelungen, die dem AÜG vorgehen, ist die Anwendung des AÜG in folgenden Fällen ausgeschlossen:

- Gesetz über die Schaffung eines besonderen Arbeitgebers für Hafenarbeiter vom 3.7. 1950[1] gilt nur in bestimmten Fällen
- § 5 Abs. 5 Asylverfahrensgesetz
- Personenbeförderungsgesetz (für Mietwagenunternehmen; Verleih eines Kfz mit Fahrer)
- Güterkraftverkehrsgesetz (soweit Güterkraftverkehr betrieben wird; evtl. auch Verleih eines Fahrzeugs mit Fahrer)
- § 34a Gewerbeordnung (Bewachungsunternehmen, soweit sie nur Bewachungsaufgaben übernehmen)

bb) Keine Arbeitnehmerüberlassung

Eine Ausnahme vom gesamten Recht der Arbeitnehmerüberlassung wurde mit § 1 Abs. 1 S. 2 AÜG geschaffen. Diese Ausnahme stellt eine gesetzliche Fiktion dar, d. h. ein bestimmter Sachverhalt, der auch Arbeitnehmerüberlassung sein kann, wird als keine Arbeitnehmerüberlassung fingiert. Eine Widerlegung dieser Fiktion ist nicht möglich. Sie gilt für alle Wirtschaftsbereiche, somit auch für das Baugewerbe. 13

Die Abordnung von Arbeitnehmern zu einer zur Herstellung eines Werkes gebildeten Arbeitsgemeinschaft ist demnach keine Arbeitnehmerüberlassung, wenn

- der Arbeitgeber Mitglied der Arbeitsgemeinschaft ist,
- für alle Mitglieder der Arbeitsgemeinschaft Tarifverträge desselben Wirtschaftszweiges gelten und
- alle Mitglieder auf Grund des Arbeitsgemeinschaftsvertrages zur selbständigen Erbringung von Vertragsleistungen verpflichtet sind.

Für eine Ausnahme ist das Vorliegen aller Voraussetzungen erforderlich, fehlt es an einer, finden die allgemeinen Bestimmungen Anwendung. Eine Abordnung bedingt, daß das Arbeitsverhältnis mit dem Arbeitgeber bestehen bleibt. Sie darf nur zu einer solchen Arbeitsgemeinschaft erfolgen, die zur Herstellung eines konkreten Werkes gebildet wurde. Der Arbeitgeber muß Mitglied dieser Arbeitsgemeinschaft und zur selbständigen Erbringung von Vertragsleistungen verpflichtet sein. Die Überlassung von Arbeitnehmern darf dabei nicht die alleinige Verpflichtung des Arbeitgebers sein. Es muß ein Teil des der Arbeitsgemeinschaft obliegenden Werkes erbracht werden. Für alle Mitglieder der Arbeitsgemeinschaft müssen Tarifverträge desselben Wirtschaftszweiges gelten. Bei der Beurteilung, ob es sich um denselben Wirtschaftszweig handelt, ist vom allgemeinen Sprachgebrauch auszugehen, z. B. Baugewerbe. Die Mitglieder der Arbeitsgemeinschaft müssen tarifgebunden sein, wenn nicht die für sie geltenden Tarifverträge allgemeinverbindlich erklärt wurden.

cc) AÜG nicht anzuwenden

Gemäß § 1 Abs. 3 AÜG ist das AÜG nicht anzuwenden auf die Arbeitnehmerüberlassung 14

- zwischen Arbeitgebern desselben Wirtschaftszweiges zur Vermeidung von Kurzarbeit oder Entlassungen, wenn ein für den Entleiher und für den Verleiher geltender Tarifvertrag dies vorsieht,
- zwischen Konzernunternehmen i. S. d. § 18 Aktiengesetz, wenn der Arbeitnehmer seine Arbeit vorübergehend nicht bei seinem Arbeitgeber leistet, oder
- in das Ausland, wenn der Leiharbeitnehmer in ein auf der Grundlage zwischenstaatlicher Vereinbarungen begründetes deutsch-ausländisches Gemeinschaftsunternehmen verliehen wird, an dem der Verleiher beteiligt ist.

Diese Ausnahme gilt nicht für die Anwendung der §§ 1b S. 1, 16 Abs. 1 Nr. 1b, Abs. 2 und Abs. 5, 17, 18 AÜG. Diese Ausnahme von der Ausnahme betrifft im wesentlichen den Verleih ins Baugewerbe. Für diesen Wirtschaftszweig gilt somit das AÜG uneingeschränkt.

Bei den hier geschilderten Ausnahmefällen liegt gewerbsmäßige Arbeitnehmerüberlassung vor, so daß außerhalb des AÜG stehende Bestimmungen über gewerbsmäßige

---

[1] BGBl. I, S. 352.

Arbeitnehmerüberlassung weiterhin anzuwenden sind. Nur ausgenommen ist die Anwendung des AÜG.

Die Ausnahme greift bereits bei Vorliegen eines der Tatbestände.

15 Der Personalaustausch zwischen Arbeitgebern desselben Wirtschaftszweiges gilt für alle Wirtschaftszweige, mit Ausnahme des Baugewerbes. Auch hier ist vom allgemeinen Sprachgebrauch des Wirtschaftszweiges auszugehen. Für die Ausnahme zur Vermeidung von Kurzarbeit oder Entlassungen muß feststehen, daß diese nur durch die Überlassung vermieden werden können. Kurzarbeit oder Entlassungen müssen nicht im Betrieb des Verleihers drohen, auch wenn im Entleihbetrieb derartige Maßnahmen vermieden werden können, liegt der Ausnahmetatbestand vor. Weitere Voraussetzung ist, daß ein gültiger Tarifvertrag die Überlassung von Arbeitnehmern zwischen Arbeitgebern desselben Wirtschaftszweiges zur Vermeidung von Kurzarbeit oder Entlassungen vorsieht. Erforderlich ist eine ausdrückliche positive Regelung im Tarifvertrag. Nicht erforderlich ist ein und derselbe Tarifvertrag für den Verleiher und den Entleiher. Es muß auch kein allgemeinverbindlicher Tarifvertrag sein; Verleiher und Entleiher müssen jedoch tarifgebunden sein. Inzwischen gibt es mehrere Tarifverträge über Personalaustausch zur Vermeidung von Kurzarbeit oder Entlassungen.

16 Die Nichtanwendung des AÜG ist auch dann vorgesehen, wenn Personal zwischen Konzernunternehmen ausgetauscht wird. Entscheidend ist hier die einheitliche Leitung mehrerer Unternehmen, nicht das Vorliegen einer Aktiengesellschaft. Diese Ausnahme greift auch dann, wenn ein beteiligtes Konzernunternehmen oder der Konzern, zu dem die Unternehmen gehören, ihren Sitz im Ausland haben.

Um zu verhindern, daß durch die Einbeziehung eines reinen Verleihunternehmens in einen Konzern ein unbeschränkter Verleih innerhalb des Konzerns zulässig wird, darf die Überlassung nur vorübergehend sein. Eine zeitliche Beschränkung ist nicht gegeben, es muß jedoch vorgesehen sein, daß der überlassene Arbeitnehmer zu dem abgebenden Arbeitgeber zurückkehrt.

17 Das AÜG ist ferner nicht anzuwenden, wenn ein deutsches Unternehmen, das an einem ausländischen beteiligt ist, Arbeitnehmer dorthin überläßt. Voraussetzung für diese Ausnahme ist jedoch, daß es sich um ein deutsch-ausländisches Gemeinschaftsunternehmen handelt, das auf der Grundlage zwischenstaatlicher Vereinbarungen gegründet wurde. Nicht ausreichend ist die Anwendung von Doppelbesteuerungsabkommen oder sonstigen internationalen Verträgen auf deutsch-ausländische Gemeinschaftsunternehmen.

b) Keine Erlaubnispflicht

18 Gemäß § 1a AÜG bedarf es bei bestimmten Sachverhalten keiner Erlaubnis, obwohl gewerbsmäßige Arbeitnehmerüberlassung vorliegt. Dies ist der Fall bei Arbeitgebern mit weniger als 50 Beschäftigten, wenn diese zur Vermeidung von Kurzarbeit oder Entlassungen ihre Arbeitnehmer bis zu 12 Monate an andere Arbeitgeber überlassen.

Von der Erlaubnispflicht wird der Arbeitgeber aber nur entbunden, wenn er bei Vorliegen aller materiellen Voraussetzungen vorher eine schriftliche Anzeige beim zuständigen Landesarbeitsamt erstattet.

Diese sogenannte Kollegenhilfe greift nicht für Betriebe des Baugewerbes, da die Arbeitgeber lediglich von der Erlaubnispflicht befreit werden, die Anwendung des AÜG – mit dem Verbot der Arbeitnehmerüberlassung in das Baugewerbe – wird nicht ausgeschlossen.

Auch hier müssen alle Voraussetzungen, materielle und die formale Anzeige, vorliegen. Fehlt es an einer materiellen Voraussetzung und an der Anzeige, so ist die Überlassung illegal. Liegen die materiellen Voraussetzungen vor, ist die Anzeige jedoch fehlerhaft (§ 1a Abs. 2 AÜG), bleibt die Arbeitnehmerüberlassung legal; die fehlerhafte Anzeige erfüllt den Tatbestand einer Ordnungswidrigkeit gemäß § 16 Abs. 1 Nr. 2a AÜG.

4. Verbot der Arbeitnehmerüberlassung im Baugewerbe

Die gewerbsmäßige Arbeitnehmerüberlassung in Betriebe des Baugewerbes für Arbeiten, die üblicherweise von Arbeitern verrichtet werden, ist unzulässig (§ 1b S. 1 AÜG). Dieses Verbot gilt auch für Verleiher, die im Besitz einer Erlaubnis sind. 19

Als Betriebe des Baugewerbes gelten solche, die nach § 211 SGB III gewerblich überwiegend Bauleistungen auf dem Baumarkt erbringen. Bauleistungen sind dabei Leistungen, die der Herstellung, Instandsetzung, Instandhaltung, Änderung oder Beseitigung von Bauwerken dienen. Welche Betriebe Baubetriebe sind, ergibt sich aus der Baubetriebe-Verordnung, die das Bundesministerium für Arbeit und Sozialordnung nach § 216 Abs. 2 SGB III erlassen hat. In der Baubetriebe-Verordnung sind in § 1 die Betriebe aufgeführt, die für die Förderung der ganzjährigen Beschäftigung in der Bauwirtschaft zugelassen sind, in § 2 die Betriebe, die nicht zugelassen sind. Das Verbot der Arbeitnehmerüberlassung im Baugewerbe gilt nur für die in § 1 der Baubetriebe-Verordnung genannten Betriebe.

Nur für Arbeiten, die üblicherweise von Arbeitern verrichtet werden, ist die gewerbsmäßige Arbeitnehmerüberlassung unzulässig. Es ist also nicht verboten, in Betriebe des Baugewerbes Arbeitskräfte für Arbeiten zu überlassen, die üblicherweise von Angestellten verrichtet werden. Dabei kommt es nicht auf die Ausgestaltung der arbeitsrechtlichen Beziehungen zwischen dem Verleiher und dem überlassenen Leiharbeitnehmer an, sondern auf die Art der Arbeiten, für die der Arbeitnehmer vom Verleiher an den Entleiher überlassen wird. Ob eine Arbeit vorliegt, die üblicherweise von Arbeitern verrichtet wird ist nach den Verhältnissen im Entleihbetrieb zu beurteilen. Soweit nicht ausdrücklich geregelt ist, welche Arbeitnehmer des Baugewerbes als Angestellte anzusehen sind, ist auf die allgemeine Unterscheidung abzustellen, nach der Arbeiter überwiegend mechanisch-körperliche Arbeiten, Angestellte geistig-gedankliche verrichten.

Da die Abordnung von Arbeitnehmern zu einer Arbeitsgemeinschaft als „keine Arbeitnehmerüberlassung" fingiert wird, gilt das Verbot der Überlassung im Baugewerbe hier nicht. Sofern alle Voraussetzungen des § 1 Abs. 1 S. 2 AÜG[2] vorliegen, ist die Abordnung auch im Baugewerbe zulässig. 20

Die weiteren Ausnahmen des AÜG von der Anwendung des AÜG (§ 1 Abs. 3) gelten ausdrücklich nicht für das Baugewerbe. Im Baugewerbe (§ 1 Baubetriebe-Verordnung) ist damit grundsätzlich weder eine Überlassung zur Vermeidung von Kurzarbeit oder Entlassungen, noch zwischen Konzernunternehmen, noch ins Ausland zu einem Gemeinschaftsunternehmen zulässig.

Neben den in § 2 Baubetriebe-Verordnung genannten Betrieben ist die Arbeitnehmerüberlassung im Baugewerbe jedoch gestattet zwischen Betrieben des Baugewerbes, wenn diese Betriebe von denselben Rahmen- und Sozialkassentarifverträgen erfaßt werden. 21

Diese Ausnahme vom Verbot gilt nur, wenn beide Tarifverträge identisch sind, sowohl Rahmen- als auch Sozialkassentarifvertrag. Die Anwendung allgemeinverbindlicher Tarifverträge durch Gesetz (wie durch das Arbeitnehmer-Entsendegesetz) reicht nicht aus.

Es bestehen vier unterschiedliche Tarifbereiche: Garten- und Landschaftsbau, Gerüstbau Dachdeckerhandwerk und Bauhauptgewerbe. Die abgeschlossenen Tarifverträge sind ausnahmslos allgemeinverbindlich erklärt. Nur innerhalb dieser Bereiche ist der Verleih gestattet, nicht über die jeweiligen Bereiche hinaus.

Erforderlich ist nicht, daß Verleiher und Entleiher dem gleichen örtlichen Geltungsbereich angehören. Es müssen aber Rahmen- und Sozialkassentarifverträge nach deutschem Recht sein. Ein Baubetrieb mit Sitz im Ausland wird daher idR seine Arbeitnehmer nicht an einen deutschen Baubetrieb verleihen dürfen.

Für die vom Verbot der Arbeitnehmerüberlassung im Baugewerbe ausgenommenen Sachverhalte ist das AÜG uneingeschränkt anzuwenden. Es ist daher auch eine Erlaubnis

---

[2] S. Rn. 13.

für die gewerbsmäßige Arbeitnehmerüberlassung erforderlich, soweit nicht eine erlaubnisfreie – aber anzeigepflichtige – Überlassung vorliegt. Grundsätzlich ist damit auch der Konzernverleih i. S. v. § 1 Abs. 3 Nr. 2 AÜG zulässig; er scheidet jedoch zwischen ausländischen und deutschen Konzernunternehmen aus, da hier nicht dieselben Rahmen- und Sozialkassentarifverträge gelten.

5. Arbeitgeberfiktion nach § 10 AÜG

22 Verträge zwischen Verleihern und Entleihern sowie zwischen Verleihern und Leiharbeitnehmern sind gemäß § 9 Nr. 1 AÜG unwirksam, wenn der Verleiher nicht die nach § 1 AÜG erforderliche Erlaubnis hat. Gemäß § 10 AÜG gilt ein Arbeitsverhältnis zwischen dem Entleiher und dem Leiharbeitnehmer als zustande gekommen, wenn der Vertrag zwischen dem Verleiher und dem Entleiher nach § 9 Nr. 1 AÜG unwirksam ist. Beginn, Dauer und Inhalt des Arbeitsverhältnisses sind mit der Fiktionsregelung vorgegeben.

23 Die Fiktion des § 10 Abs. 1 S. 1 AÜG gilt grundsätzlich für alle Rechtsgebiete, somit nicht nur für den gesamten Bereich des Arbeitsrechts, sondern auch für das Verwaltungsrecht und das Sozialversicherungsrecht. Sie entfaltet jedoch keine Wirkung für das Steuerrecht. Im Steuerrecht wurden mit § 42d Abs. 6 bis 8 EStG besondere Regelungen getroffen.

24 Zahlt der Verleiher das vereinbarte Arbeitsentgelt trotz der Unwirksamkeit des Vertrages an den Leiharbeitnehmer, so hat er auch sonstige Teile des Arbeitsentgelts, die bei einem wirksamen Arbeitsverhältnis an einen anderen zu zahlen wären, an den anderen zu zahlen. Neben dem Entleiher gilt der Verleiher hier als Arbeitgeber.

Für den Gesamtsozialversicherungsbeitrag wurde mit § 28e Abs. 2 S. 3 und 4 SGB IV eine ausdrückliche Regelung getroffen, Entleiher und Verleiher haften gesamtschuldnerisch.

Werden Sozialversicherungsbeiträge nicht abgeführt, kommt auch eine strafrechtliche Verfolgung des Entleihers wegen § 266a StGB in Betracht.

Den illegalen Entleiher treffen außerdem die Straf- und Bußgeldvorschriften hinsichtlich illegaler Ausländerbeschäftigung.[3]

III. Abgrenzung von Arbeitnehmerüberlassung zu anderen Formen drittbezogenen Personaleinsatzes

1. Allgemeines

25 Die Arbeitnehmerüberlassung ist abzugrenzen von der Entsendung von Arbeitnehmern im Rahmen von Werk- oder selbständigen Dienstverträgen sowie anderen Formen drittbezogenen Personaleinsatzes.

Bei der Unterscheidung zwischen Arbeitnehmerüberlassung und anderen Formen drittbezogenen Personaleinsatzes darf nicht schematisch vorgegangen werden. Das Vorliegen eines oder mehrerer Kriterien muß noch nicht für oder gegen einen bestimmten Vertragstyp sprechen. Im Hinblick auf die Vielfalt der denkbaren Vertragsgestaltungen kann erst eine Gewichtung einzelner Kriterien im Rahmen einer wertenden Gesamtbetrachtung Aufschluß über die Zuordnung drittbezogenen Personaleinsatzes zu einer bestimmten Vertragsform geben. Dabei ist grundsätzlich der Geschäftsinhalt der zwischen den Beteiligten vereinbarten Verträge entscheidend. Dieser kann sich sowohl aus den schriftlichen Vereinbarungen der Vertragspartner als auch aus der praktischen Durchführung des Vertragsverhältnisses ergeben. Widersprechen sich schriftliche Vereinbarungen und tatsächliche Ausführung, so ist die tatsächliche Durchführung für die Ermittlung des Vertragstyps maßgebend.

---

[3] S. hierzu Rn. 69–76.

2. Werkvertrag

Bei einem Werkvertrag i. S. d. §§ 631ff. BGB verpflichtet sich der Werkunternehmer, dem Besteller ein dem Werkunternehmer zurechenbares Werkergebnis zu erbringen. 26

Für eine Abgrenzung zwischen einem Werkvertrag und Arbeitnehmerüberlassung haben sich in der Praxis folgende Kriterien als hilfreich erwiesen:

- Wurde ein qualitativ individualisierbares und dem Werkunternehmer zurechenbares Werkergebnis vereinbart und erstellt?
- Oblag dem Werkunternehmer die unternehmerische Dispositionsfreiheit gegenüber dem Besteller?
- Oblag dem Werkunternehmer das Weisungsrecht gegenüber seinen im Betrieb des Bestellers tätigen Arbeitnehmern?
- Trägt der Werkunternehmer das unternehmerische Risiko, insbesondere Gewährleistungspflichten?
- Wird die Leistung erfolgsorientiert abgerechnet?

Können diese Fragen alle bejaht werden, ist im Regelfall von einem Werkvertrag auszugehen. Fallen die Antworten teilweise positiv aus, ist im Rahmen der wertenden Gesamtbetrachtung zu beurteilen, ob ein Werkvertrag vorliegt, obwohl einige Kriterien nicht erfüllt werden.

Voraussetzung für einen Werkvertrag ist u. a., daß das zu erstellende Werk bereits vorher ausreichend genau beschrieben ist, um es während oder nach der Erstellung dem Werkunternehmer zurechnen zu können. Ausreichend ist es, das Werkergebnis als Ziel klar zu definieren, wenn sich z. B. einzelne Realisierungsschritte erst während der Durchführung ergeben. Dies ist häufig bei der Erstellung von Software oder bei Reparaturarbeiten an Anlagen der Fall. Ein Indiz für Arbeitnehmerüberlassung kann jedoch ein unbestimmtes Ziel, etwa die Mitarbeit an einem Projekt, sein. 27

Auch die Atomisierung von Gewerken in Kleinstprojekte oder -aufträge kann ein Hinweis darauf sein, daß nicht ein Werk geschuldet wird, sondern die Arbeitsleistung. Anhaltspunkte ergeben sich idR aus Angebotsunterlagen und den schriftlichen Vereinbarungen. Wurden z. B. Bezeichnungen gewählt wie Schreibarbeiten, Zeichenarbeiten oder Schweißen, ohne diese zu konkretisieren, liegt der Schluß nahe, daß es sich um Arbeitnehmerüberlassung handelt.

Auch die Frage, ob ein Unternehmer überhaupt werkvertragsfähig ist, d. h. ob er aufgrund seiner fachlichen Kompetenz in der Lage ist, Werkleistungen zu erbringen, kann von Bedeutung sein. Verfügt der Unternehmer z. B. nicht über erforderliche Maschinen oder Werkzeuge oder fehlt es an einer üblichen Büroorganisation oder mangelt es ihm an fachlicher Kompetenz, um die auszuführenden Arbeiten sachgerecht überwachen zu können, kann dies ein Indiz gegen einen Werkvertrag sein. Werden Material und eventuell Maschinen und Werkzeuge vom Besteller geliefert, muß nicht Arbeitnehmerüberlassung vorliegen. Liefert der Unternehmer auch das Material, liegt idR ein Werklieferungsvertrag vor. Das Werkergebnis muß dem Werkunternehmer nach der Erstellung zurechenbar sein und nicht nur anteilmäßig, z. B. 20% der Schweißarbeiten. 28

Bei Werkverträgen organisiert der Unternehmer die zur Erreichung des wirtschaftlichen Erfolges notwendigen Handlungen selbst, wobei er sich eines Erfüllungsgehilfen bedienen kann. Der Unternehmer bestimmt Art, Ablauf und Einteilung der Arbeiten selbst, er wählt das einzusetzende Personal nach Quantität und Qualität selbst aus und übernimmt dem Personal gegenüber auch die sonstigen Verpflichtungen eines Arbeitgebers, wie die Gewährung von Urlaub oder die Bestimmung der Arbeitszeit und eventuell Anordnung von Überstunden. 29

Die Erbringung der Leistungen im Betrieb des Bestellers läßt nicht unmittelbar auf Arbeitnehmerüberlassung schließen. Werden die Arbeitnehmer des Werkunternehmers jedoch in den Betriebsablauf des Bestellers eingebunden, spricht dies für Arbeitnehmerüberlassung, so z. B. bei Montagebändern oder anderen Produktionsabläufen, bei denen einzelne Arbeitsschritte aufeinander abgestimmt sind.

30 Auch das Weisungsrecht des Unternehmers gegenüber seinen Arbeitnehmern darf nicht auf den Besteller übergehen. Unschädlich sind jedoch Anweisungen, die betriebsspezifisch unvermeidbar sind, oder z. B. solche zur Einhaltung von Sicherheitsbestimmungen. Greift der Besteller darüber hinaus in das Weisungsrecht des Unternehmers ein, z. B. durch fachliche Weisungen oder Überwachung der eingesetzten Arbeitnehmer, kann dies ein Indiz für Arbeitnehmerüberlassung sein.

31 Im Vergleich zu einem Verleiher trägt ein Werkunternehmer ein erhöhtes Unternehmerrisiko. Der Verleiher schuldet dem Entleiher die Überlassung der Arbeitskraft seines Arbeitnehmers, wobei der Entleiher den Arbeitnehmer selbst ausgesucht haben kann. Der Werkunternehmer schuldet die erfolgreiche und fristgerechte Erstellung eines Werkes, er trägt die Vergütungsgefahr bis zur Fertigstellung und die Gewährleistungspflicht. Das Verschulden seiner Erfüllungsgehilfen, hier der Arbeitnehmer, muß er sich anrechnen lassen.

Ein Werkunternehmer wird sich i. d. R. durch Versicherungen oder Rückstellungen gegen diese Risiken absichern. Bei Werkverträgen üblich ist auch die Vereinbarung von Konventionalstrafen, i. d. R. wegen Nichteinhaltung von Fertigstellungsterminen. Vor allem im Baubereich ist es üblich, bis zur Abnahme des Werkes nur Abschlagszahlungen zu leisten, um etwaige Gewährleistungsansprüche oder Konventionalstrafen realisieren zu können. Werden diese Pflichten vertraglich ausgeschlossen, spricht dies für Arbeitnehmerüberlassung. Zur Umgehung werden aber auch solche Pflichten ausdrücklich vereinbart, Einbehalte werden vorgenommen, jedoch unabhängig von der Abnahme des Werkes erstattet. Zur Aufdeckung derartiger Umgehungsversuche müssen die Abrechnungsunterlagen eingehend überprüft werden.

32 Auch die Bemessungsgrundlage für das Entgelt kann Aufschluß darüber geben, ob Arbeitnehmerüberlassung oder ein Werkvertrag vorliegt. Bei einem Werkvertrag wird die Vergütungsregelung regelmäßig entweder in einer Pauschalsumme für das Gesamtwerk oder einzelne Teilabschnitte oder in einem Einheitspreis nach den vereinbarten Berechnungsmaßstäben bestehen. Regelmäßig erfolgt eine Abrechnung jedoch nicht nach geleisteten Arbeitsstunden, es sei denn, dies ist im Rahmen bestimmter Regelungswerke (z. B. HOAI) zugelassen. Auch wenn eine Werkleistung ohne den Einsatz eigener Maschinen oder Werkzeuge erfolgt und die Kalkulation sich daher i. d. R. nur an zu leistenden Arbeitsstunden orientieren kann, wird hier üblicherweise ein Pauschalpreis vereinbart.

Selbst wenn die Abrechnung nicht auf Stundenbasis, sondern nach Stückzahl, Masse oder Gewicht erfolgt, kann Arbeitnehmerüberlassung vorliegen. Auch einem Leiharbeitnehmer können diese Leistungen zugerechnet werden, nachdem sie erbracht wurden. Werden vom Werkergebnis unabhängige Abschlagszahlungen oder solche ohne Schlußrechnung vorgenommen, kann dies ebenfalls für Arbeitnehmerüberlassung sprechen. Die Abrechnungsmodalitäten bedürfen bei der Abgrenzung einer intensiven Prüfung sowohl des Vertrages als auch der Abrechnungsunterlagen.

3. Selbständiger Dienstvertrag

33 Anders als bei Werkverträgen wird bei Dienstverträgen kein bestimmter Erfolg, sondern eine bestimmte Tätigkeit geschuldet. Ein Dienstvertrag liegt nur dann vor, wenn der dienstleistende Unternehmer die geschuldeten Dienste entweder in Person oder mittels seiner Erfüllungsgehilfen unter eigener Verantwortung und nach eigenem Plan ausführt. Das bedeutet insbesondere, daß die Erfüllungsgehilfen bezüglich der Ausführung der zu erbringenden Dienstleistung im wesentlichen frei von Weisungen seitens des Drittbetriebes sind und ihre Arbeitszeit selbst bestimmen können. Ein drittbezogener Personaleinsatz auf dienstvertraglicher Basis ist daher bei Dienstleistungen möglich, die gegenständlich umschrieben werden können und deren Ausführung keine Integration in die Betriebsorganisation des Drittbetriebes bedingen.

4. Dienstverschaffungsvertrag

Da Arbeitnehmerüberlassung eine Form der Dienstverschaffung ist, die Verschaffung von Arbeitsleistungen, kann ein von Arbeitnehmerüberlassung abzugrenzender Dienstverschaffungsvertrag nur dann in Betracht kommen, wenn ein Vertragspartner die Verpflichtung übernimmt, dem anderen Vertragspartner nicht die Arbeitsleistung, sondern die selbständige Dienstleistung eines Dritten zu verschaffen. 34

Voraussetzung dafür ist, daß der überlassene Dritte in wirtschaftlicher und sozialer Selbständigkeit und Unabhängigkeit die Dienste leistet. Arbeitsvertragliche Beziehungen bzw. aufgrund der tatsächlichen Verhältnisse gegebene persönliche Abhängigkeit zu einem der Vertragspartner schließen einen derartigen Dienstverschaffungsvertrag aus. Hier wird dann Arbeitnehmerüberlassung oder Arbeitsvermittlung in Betracht kommen.

5. Geschäftsbesorgungsvertrag

Vom Werkvertrag zu unterscheiden ist ein Geschäftsbesorgungsvertrag. Dieser liegt z. B. 35
vor, wenn eine Werbefirma den Auftrag erhält, mit eigenen personellen und sachlichen Mitteln eine Werbeaktion durchzuführen.

6. Personalgestellung als Nebenleistung

Wird als Nebenleistung eines Kauf- oder Mietvertrages über Anlagen, Geräte, Systeme 36
oder Programme Bedienungs-, Wartungs-, Montage- oder Einweisungspersonal überlassen, wird in aller Regel nicht Arbeitnehmerüberlassung anzunehmen sein, wenn der wirtschaftliche Wert der Hauptleistung erheblich höher ist als die Arbeitsleistung. Werden Personen oder Güter nach den Bestimmungen des Personenbeförderungsgesetzes bzw. des Güterkraftverkehrsgesetzes befördert, sind diese Bestimmungen ohnehin vorrangig und schließen die Anwendung des AÜG aus.[4]

Liegt der Wert der Hauptleistung erheblich unter dem der Arbeitsleistung, muß angenommen werden, daß hier Arbeitnehmerüberlassung vorliegt.

7. Personalgestellung als Folgeleistung

Entsendet ein Unternehmen, das technische Produktionsanlagen, Einrichtungen oder 37
Systeme herstellt und errichtet, eigenes Stammpersonal zu einem Betreiber derartiger Anlagen, Einrichtungen oder Systeme, um dort Revisions-, Instandhaltungs-, Inbetriebnahme-, Änderungs-, Erweiterungsarbeiten oder Ingenieurarbeiten daran durchzuführen, ist dies i. d. R. als Folgeleistung eines Kauf- oder Mietvertrages zu werten. Arbeitnehmerüberlassung ist dann nicht gegeben, wenn das entsendende Unternehmen das Unternehmerrisiko trägt und seine unternehmerische Dispositionsfreiheit gewährleistet ist.

IV. Erscheinungsformen illegaler Arbeitnehmerüberlassung

Das AÜG enthält Straftatbestände (§§ 15, 15a) und Tatbestände, die Ordnungswidrig- 38
keiten darstellen (§ 16). Nur wenige dieser Tatbestände befassen sich mit illegaler Arbeitnehmerüberlassung. Die Ordnungswidrigkeitentatbestände § 16 Abs. 1 Nr. 3 bis 9 AÜG richten sich ausschließlich an den Verleiher, der im Besitz einer Erlaubnis nach § 1 AÜG ist. Diese sollen die Einhaltung der Verpflichtungen des Verleihers u. a. gegenüber der Bundesanstalt für Arbeit sicherstellen.

---

[4] S. Rn. 12.

Nur auf die übrigen Tatbestände, die nicht nur illegale Arbeitnehmerüberlassung enthalten, soll hier eingegangen werden.

1. Straftaten

a) § 15 AÜG Verleih ohne Erlaubnis von Arbeitnehmern ohne Arbeitsgenehmigung

39 Wer als Verleiher einen Ausländer, der eine erforderliche Arbeitsgenehmigung nicht besitzt, ohne Erlaubnis nach § 1 AÜG einem Dritten überläßt, wird mit Freiheitsstrafe bis zu drei Jahren oder mit Geldstrafe bestraft. In besonders schweren Fällen ist die Strafe Freiheitsstrafe von sechs Monaten bis zu fünf Jahren.

Der Tatbestand des § 15 AÜG setzt voraus, daß der Täter Verleiher i. S. d. § 1 Abs. 1 AÜG ist, ohne die dort beschriebene Erlaubnis zu besitzen. Zudem muß mindestens ein überlassener Arbeitnehmer keine Arbeitsgenehmigung haben. Staatsangehörige der Mitgliedstaaten der EG sowie der Vertragsstaaten des Abkommens über den Europäischen Wirtschaftsraum benötigen keine Arbeitsgenehmigung. Zum Erfordernis einer Arbeitsgenehmigung nach § 284 SGB III in anderen Fällen s. Ausführungen unter B. Für eine Tätigkeit als Leiharbeitnehmer werden Arbeitsgenehmigungen jedoch nicht erteilt (§ 6 Abs. 1 Nr. 2 Arbeitsgenehmigungsverordnung – ArGV –). Nur Ausländer, die eine Arbeitsberechtigung bereits haben, können als Leiharbeitnehmer tätig werden.

Der Tatbestand ist nur erfüllt, wenn der Ausländer im Bundesgebiet eingesetzt wird, da nur hier eine Arbeitsgenehmigung erforderlich ist.

Strafbar ist nur der vorsätzliche Verstoß, da fahrlässiges Handeln nicht ausdrücklich mit Strafe bedroht ist. Der Vorsatz muß sich sowohl auf das Wissen der fehlenden Verleiherlaubnis als auch der fehlenden Arbeitsgenehmigung erstrecken.

40 § 15 Abs. 2 AÜG enthält keinen eigenen Tatbestand, sondern eine Strafschärfung für besonders schwere Fälle.

Für besonders schwere Fälle werden hier Regelbeispiele genannt. Auch wenn ein genanntes Regelbeispiel nicht vorliegt, kann es sich um einen besonders schweren Fall handeln. Wenn die objektiven und subjektiven Umstände der Tat die üblicherweise vorkommenden und deshalb für den Strafrahmen zu berücksichtigenden Fälle an Strafwürdigkeit so übertreffen, daß der Strafrahmen zur Ahndung der Tat nicht ausreicht, kann ebenfalls ein besonders schwerer Fall vorliegen.

Das strafschärfende Tatbestandsmerkmal der Gewerbsmäßigkeit ist von der Gewerbsmäßigkeit nach § 1 Abs. 1 AÜG zu unterscheiden. Nur der gewerbsmäßige Verleiher unterfällt den Bestimmungen des AÜG. Die Gewerbsmäßigkeit des § 15 Abs. 2 AÜG muß sich zudem darauf beziehen, daß die Überlassung der ausländischen Arbeitnehmer ohne Arbeitsgenehmigung gewerbsmäßig erfolgt. Dies ist der Fall, wenn sich der Täter gerade durch die wiederholte Überlassung ausländischer Arbeitnehmer ohne Arbeitsgenehmigung eine nicht nur vorübergehende Einnahmequelle verschaffen will. Werden die ausländischen Arbeitnehmer z. B. durch zu niedrige Lohnzahlung ausgebeutet oder in sonstiger Weise benachteiligt, kommt eine solche Qualifizierung in Betracht.

Grober Eigennutz bedeutet das Streben nach wirtschaftlichem Vorteil in besonders anstößigem Maße.

b) § 15a AÜG Entleih von Ausländern ohne Arbeitsgenehmigung

41 § 15a Abs. 1 AÜG bedroht einen Entleiher mit Freiheitsstrafe bis zu drei Jahren oder Geldstrafe, wenn er einen ihm überlassenen Leiharbeitnehmer, der eine erforderliche Arbeitsgenehmigung nicht besitzt, zu Arbeitsbedingungen des Leiharbeitsverhältnisses tätig werden läßt, die in einem auffälligen Mißverhältnis zu den Arbeitsbedingungen deutscher Leiharbeitnehmer stehen, die die gleiche oder eine vergleichbare Tätigkeit ausüben. In besonders schweren Fällen ist die Strafe Freiheitsstrafe von sechs Monaten bis zu fünf Jahren.

Der Täter kann nur ein Entleiher sein, d. h. er kann nicht der Arbeitgeber dieses Ausländers sein, er kann ihn nur als Entleiher tätig werden lassen. Ein Arbeitgeber, der einen Ausländer zu derartigen Bedingungen beschäftigt, wird nach dem SGB III bestraft.

Voraussetzung ist somit, daß eine illegale Arbeitnehmerüberlassung nicht vorliegt, denn dann wäre der Entleiher durch die Fiktion des § 10 AÜG als Arbeitgeber zu bestrafen. Hat der Ausländer keine Arbeitsgenehmigung, liegt eine Ordnungswidrigkeit i. S. d. § 404 Abs. 2 Nr. 2 SGB III vor. Wird der Ausländer zudem zu Arbeitsbedingungen beschäftigt, die in einem auffälligen Mißverhältnis zu denen deutscher Arbeitnehmer stehen, liegt eine Straftat i. S. d. § 406 Abs. 1 Nr. 3 SGB III vor.

Damit handelt es sich bei einem Verstoß nach § 15a Abs. 1 AÜG nicht um einen Fall der unerlaubten Arbeitnehmerüberlassung, sondern der illegalen Ausländerbeschäftigung in einem Leiharbeitsverhältnis.

Tatbestandsmerkmal ist nicht das Tätigwerdenlassen eines Leiharbeitnehmers allein, hinzukommen muß, daß die Arbeitsbedingungen des Leiharbeitsverhältnisses in einem auffälligen Mißverhältnis zu den Arbeitsbedingungen deutscher Leiharbeitnehmer stehen, die die gleiche oder eine vergleichbare Tätigkeit ausüben. Ohne diese Qualifizierung ist der Tatbestand des § 16 Abs. 1 Nr. 2 AÜG gegeben.

Maßgebend sind hier die Arbeitsbedingungen, die dem Arbeitsverhältnis zwischen dem Verleiher und dem ausländischen Leiharbeitnehmer zugrunde liegen. Die tatsächlichen Arbeitsbedingungen sind umfassend zu betrachten. Hierzu gehören neben der Vergütung auch Urlaubsansprüche, Arbeitszeiten sowie sonstige etwaige Nebenleistungen wie Auslösen. Zu vergeichen sind diese mit den Arbeitsbedingungen, die deutschen Leiharbeitnehmern gewährt werden. Abzustellen ist dabei nicht auf einen bestimmten Verleiher, sondern auf die Gruppe vergleichbarer Leiharbeitnehmer insgesamt.

In seinem Urteil vom 22. 4. 1997 befaßte sich der BGH[5] mit der Frage, wann ein auffälliges Mißverhältnis von Entgeltbestimmungen und damit einem Bestandteil der Arbeitsbedingungen gegeben ist. Im zu entscheidenden Fall wurde der Arbeitgeber zweier ausländischer Arbeitnehmer wegen Wuchers nach § 302a Abs. 1 StGB verurteilt, da die Entgeltvereinbarung nur $^{2}/_{3}$ des tariflichen Entgelts betrug und dies als ein auffälliges Mißverhältnis zwischen Leistung und Gegenleistung angesehen wurde.

Die Strafschärfung entspricht der in § 15 AÜG.

§ 15a Abs. 2 AÜG bedroht den Entleih von Leiharbeitnehmern ohne Arbeitsgenehmigung in größerem Umfang sowie die beharrliche Wiederholung mit Freiheitsstrafe bis zu einem Jahr oder mit Geldstrafe. Handelt der Täter aus grobem Eigennutz, ist die Strafe Freiheitsstrafe bis zu drei Jahren oder Geldstrafe. 42

Als umfangreicher Ausländerentleih wird hier die Beschäftigung von gleichzeitig mehr als fünf Ausländern für mindestens dreißig Kalendertage beschrieben. Ein derartiger Tatumfang wird als besonders verwerflich angesehen.

Auch diese Vorschrift gilt nur für den Entleiher, der die ausländischen Leiharbeitnehmer von einem Verleiher mit einer Erlaubnis nach § 1 Abs. 1 AÜG entleiht. Entleiht er von einem Verleiher ohne Erlaubnis, wird er über die Fiktion des § 10 AÜG Arbeitgeber der ausländischen Arbeitnehmer und handelt strafbar nach § 407 Abs. 1 Nr. 1 SGB III.

Strafbedroht ist auch die beharrliche Wiederholung von vorsätzlich begangenen Ordnungswidrigkeiten i. S. d. § 16 Abs. 1 Nr. 2 AÜG. Erfaßt werden die Fälle, in denen eine Abschreckung, z. B. durch eine Ahndung als Ordnungswidrigkeit, nicht erfolgen konnte. Die fahrlässige Begehung derartiger Ordnungswidrigkeiten reicht für den Tatbestand der beharrlichen Wiederholung nicht aus.

Als weitere Strafschärfung ist auch hier das Handeln aus grobem Eigennutz vorgesehen.

5 BB 1997 S. 2166.

2. Ordnungswidrigkeiten

a) § 16 Abs. 1 Nr. 1 AÜG Verleih ohne Erlaubnis

43 Wer als Verleiher gewerbsmäßig Arbeitnehmer an einen Dritten überläßt, ohne die Erlaubnis nach § 1 Abs. 1 AÜG zu haben, handelt ordnungswidrig i. S. d. § 16 Abs. 1 Nr. 1 AÜG. Diese Ordnungswidrigkeit kann mit Geldbuße bis zu 50 000,– DM geahndet werden. Voraussetzung ist, daß der Verleiher mindestens einen Arbeitnehmer überläßt und gewerbsmäßig handelt.

Der Arbeitnehmerbegriff entspricht hier dem des Arbeitsrechts. Es kommt nicht darauf an, ob sogenannte höhere oder niedrigere Dienstleistungen geschuldet werden. Entscheidend ist die persönliche Abhängigkeit. Arbeitnehmer ist nicht, wer eine Arbeitsleistung aufgrund einer mitgliedschaftlichen Verpflichtung zu erbringen hat, wie z. B. ein Vereinsmitglied oder ein Gesellschafter, der wegen des Gesellschaftsvertrages zur Arbeitsleistung verpflichtet ist. Auch Ordensmitglieder oder Beamte unterfallen nicht den Bestimmungen des AÜG.

Das Überlassen sogenannter „freier Mitarbeiter" kann jedoch Arbeitnehmerüberlassung sein, wenn der freie Mitarbeiter tatsächlich Arbeitnehmer ist.

Bußgeldbedroht ist sowohl die vorsätzliche als auch die fahrlässige Tatbegehung. Bei Fahrlässigkeit reicht der Bußgeldrahmen gemäß § 17 Abs. 2 OWiG bis zu 25 000,– DM.

Täter der Ordnungswidrigkeit kann grundsätzlich nur eine natürliche Person sein. Sofern der Verleiher keine natürliche Person ist, richtet sich das Bußgeldverfahren gegen diejenige Person, die zur Geschäftsführung oder zur Vertretung berufen ist (§§ 9, 29 OWiG). In diesen Fällen kann aber auch gegen die Personenhandelsgesellschaft oder die juristische Person als Nebenfolge eine Geldbuße festgesetzt werden (§ 30 OWiG).

Die Verjährung beträgt drei Jahre bzw. zwei Jahre (§ 31 Abs. 2 Nrn. 1, 2 OWiG).

Der Leiharbeitnehmer, der von einem Verleiher ohne Erlaubnis nach § 1 AÜG verliehen wird, handelt nicht ordnungswidrig, da er notwendiger Teilnehmer ist.

b) § 16 Abs. 1 Nr. 1a AÜG Entleih von einem Verleiher ohne Erlaubnis

44 § 16 Abs. 1 Nr. 1a AÜG richtet sich gegen den Entleiher, der sich einen Leiharbeitnehmer von einem Verleiher ohne Erlaubnis überlassen läßt. Die Bußgelddrohung beträgt 50 000,– DM wie gegen den illegalen Verleiher.

Bußgeldbedroht ist sowohl die vorsätzliche als auch die fahrlässige Tatbegehung; bei Fahrlässigkeit beträgt die Bußgelddrohung gemäß § 17 Abs. 2 OWiG 25 000,– DM.

Ein Bußgeldverfahren kann sich nur gegen eine natürliche Person richten, entweder den Entleiher selbst oder einen Vertreter.

Die Verjährung beträgt drei Jahre bzw. zwei Jahre (§ 31 Abs. 2 Nrn. 1, 2 OWiG).

Der Leiharbeitnehmer begeht keine Ordnungswidrigkeit, da er notwendiger Teilnehmer ist.

c) § 16 Abs. 1 Nr. 1b AÜG Arbeitnehmerüberlassung im Baugewerbe

45 § 16 Abs. 1 Nr. 1b AÜG hat mit Wirkung zum 1. 1. 1998 die frühere Bußgeldvorschrift des § 228 Abs. 1 Nr. 3 AFG abgelöst. Wie die Übernahme des Verleihverbots im Baugewerbe in das AÜG, wurde auch die Bußgeldvorschrift übernommen.

Bußgeldbedroht ist der Verleih mit Erlaubnis nach § 1 AÜG in Betriebe des Baugewerbes für Arbeiten, die üblicherweise von Arbeitern verrichtet werden.

Ebenso handelt der Entleiher ordnungswidrig, wenn er sich von einem Verleiher mit Erlaubnis nach § 1 AÜG einen Leiharbeitnehmer für Arbeiten, die üblicherweise von Arbeitern verrichtet werden, überlassen läßt.

Das Verbot bezieht sich nur auf solche Baubetriebe, die in § 1 der Baubetriebe-Verordnung aufgeführt sind. Der Verleih in Betriebe des Baugewerbes, die in § 2 der Baubetriebe-Verordnung aufgeführt sind, ist daher nicht bußgeldbedroht, sofern der Verleiher im Besitz einer Erlaubnis nach § 1 AÜG ist. Ebenso nicht ordnungswidrig ist der Verleih von Arbeitskräften für Arbeiten, die üblicherweise nicht von Arbeitern verrichtet werden.

Bußgeldbedroht ist die vorsätzliche und die fahrlässige Begehungsweise.

Die Ordnungswidrigkeit sowohl des Verleihers als auch des Entleihers kann mit einer Geldbuße bis zu 50 000,– DM, bei Fahrlässigkeit gemäß § 17 Abs. 2 OWiG bis zu 25 000,– DM geahndet werden.

Die Verjährung beträgt drei Jahre bzw. zwei Jahre (§ 31 Abs. 2 Nr. 1, 2 OWiG).

Der Leiharbeitnehmer handelt auch hier nicht ordnungswidrig.

d) § 16 Abs. 1 Nr. 2 AÜG Entleih von Ausländern ohne Genehmigung

Der Entleiher, der einen Ausländer, der eine nach dem SGB III erforderliche Arbeitsgenehmigung nicht besitzt, tätig werden läßt, handelt ordnungswidrig. Voraussetzung ist hier, daß der Verleiher im Besitz einer Erlaubnis nach § 1 AÜG ist oder eine nicht erlaubnispflichtige Überlassung gegeben ist. Andernfalls gilt der Entleiher wegen der Fiktion des § 10 AÜG als Arbeitgeber und handelt ordnungswidrig nach § 404 Abs 2 Nr. 2 SGB III. 46

Der Verleiher ist Arbeitgeber des Leiharbeitnehmers; bei einer Beschäftigung eines Leiharbeitnehmers ohne Arbeitsgenehmigung liegt eine Ordnungswidrigkeit i. S. d. § 404 Abs 2 Nr. 2 SGB III vor.

Die Bußgelddrohung beträgt 500 000,– DM und entspricht damit dem Bußgeldrahmen bei illegaler Ausländerbeschäftigung nach § 404 Abs. 2 Nr. 2 SGB III. Sowohl vorsätzliche als auch fahrlässige Tatbegehung sind mit Geldbuße bedroht; bei Fahrlässigkeit beträgt der Bußgeldrahmen gemäß § 17 Abs. 2 OWiG 250 000,– DM.

Die Verjährung beträgt drei Jahre (§ 31 Abs. 2 Nr. 1 OWiG).

Läßt der Entleiher die Ausländer ohne Arbeitsgenehmigung zu ausbeuterischen Arbeitsbedingungen tätig werden oder liegen andere qualifizierende Merkmale i. S. d. § 15a AÜG vor, so geht der Straftatbestand des § 15a AÜG der Ordnungswidrigkeit i. S. d. § 16 Abs. 1 Nr. 2 AÜG vor.

Der Leiharbeitnehmer handelt ordnungswidrig, wenn er ohne erforderliche Arbeitsgenehmigung tätig wird, § 404 Abs. 2 Nr. 3 SGB III.

e) § 16 Abs. 1 Nr. 2a AÜG Anzeigepflichtverletzung nach § 1a AÜG

Erstattet der – erlaubnisfreie – Verleiher die nach § 1a Abs. 2 AÜG erforderliche Anzeige nicht richtig, nicht vollständig oder nicht rechtzeitig, handelt er ordnungswidrig. Die materiellen Voraussetzungen für eine erlaubnisfreie Überlassung müssen vorliegen, damit der Tatbestand verwirklicht werden kann. Liegen sie nicht vor, ist der Tatbestand des § 16 Abs. 1 Nr. 1 AÜG erfüllt. 47

Bei dieser Ordnungswidrigkeit handelt es sich grundsätzlich nicht um eine Form illegaler Arbeitnehmerüberlassung, sofern „nur" die Anzeige fehlerhaft ist. Sie wird hier aber im Zusammenhang mit illegaler Arbeitnehmerüberlassung genannt, da es in der Praxis vorkommt, daß die Anzeige nicht erstattet wird. Diese „Nichterstattung" ist jedoch nicht im Tatbestand des § 16 Abs. 1 Nr. 2a AÜG enthalten. Zu prüfen ist in diesen Fällen, ob tatsächlich die materiellen Voraussetzungen für eine erlaubnisfreie Überlassung gegeben sind.

Bußgeldbedroht ist die vorsätzliche und die fahrlässige Begehung. Die Ordnungswidrigkeit kann mit einer Geldbuße bis zu 5000,– DM, bei Fahrlässigkeit gemäß § 17 Abs. 2 OWiG bis zu 2500,– DM geahndet werden.

Die Verjährung beträgt ein Jahr (§ 31 Abs. 2 Nr. 3 OWiG).

3. Fallbeispiele

a) Scheinwerkverträge

48 Die häufigste Form der Umgehung des AÜG ist das Vortäuschen eines Werkvertrages. Es werden Werkverträge nur zum Schein abgeschlossen, daneben werden schriftlich oder mündlich Vereinbarungen getroffen, die die Überlassung von Arbeitnehmern zum Inhalt haben. Die zum Schein dokumentierten Regelungen lassen zunächst eine Auslegung als Werkvertrag zu; es werden Werke bezeichnet, die Abrechnung erfolgt nach Leistungen, es sind keine Hinweise zu bestimmten Leiharbeitnehmern oder einer bestimmten Stundenzahl, etc. enthalten. Hier hilft nur die tatsächliche Ausgestaltung des Vertragsverhältnisses zur Klärung, ob tatsächlich ein Werkvertrag vorliegt oder die schriftlichen Vereinbarungen nur zum Schein getroffen wurden.

Derartige Vertragsverhältnisse werden nicht ohne Anlaß geprüft, insbesondere ist es nicht Aufgabe der Bundesanstalt für Arbeit, schriftliche Werkverträge auf ihren Inhalt hin zu überprüfen. Als gewisse Ausnahme hiervon ist jedoch das Zusicherungsverfahren im Rahmen der Tätigkeit von Werkvertragsunternehmen aus den mittel- und osteuropäischen Staaten zu sehen. Diese Unternehmen dürfen auf Grund von bilateralen Regierungsvereinbarungen Werkleistungen in Deutschland erbringen. Die Erteilung von Arbeitsgenehmigungen setzt voraus, daß tatsächlich Werkleistungen erbracht werden. Daher ist die Vorlage der mit deutschen Unternehmern geschlossenen Werkverträge erforderlich. Ergeben sich hier Anhaltspunkte dafür, daß es sich nicht um einen Werkvertrag handelt, wird die Erteilung von Arbeitsgenehmigungen nicht zugesichert. Da nur die schriftlichen Verträge vor Beginn der Tätigkeit prüfbar sind, ist hier die Möglichkeit der „zugesicherten" Umgehung leicht gegeben. Um diese Umgehungsversuche auszuschließen, prüft die Bundesanstalt für Arbeit in diesen Fällen regelmäßig auch die tatsächliche Ausführung.

b) Scheinselbständige

49 Da nur der Verleih von Arbeitnehmern unter die Bestimmungen des AÜG fällt, ist auch der Verleih von sogenannten freien Mitarbeitern oder Selbständigen ein verbreiteter Versuch, das AÜG zu umgehen.

Im grenzüberschreitenden Geschäftsverkehr ist eine Vorgehensweise britischer und niederländischer Verleiher im Baugewerbe besonders auffällig geworden. Nachdem sich die Bauwirtschaft in den Niederlanden Anfang der 90er Jahre erheblich verbesserte, die in Großbritannien jedoch verschlechterte, gingen niederländische Verleiher dazu über, britische Bauarbeiter als Selbständige nach Deutschland zu entsenden.

Zu diesem Zweck wurden von niederländischen Verleihern, sogenannten Koppelbaazen, in Großbritannien Gesellschaften (private company by shares) gegründet, die einer GmbH nach deutschem Recht entsprechen. Diese Gesellschaften inserieren in britischen Zeitungen oder schalten die britische Arbeitsverwaltung ein, um britische Bauarbeiter anzuwerben. Diese Bauarbeiter werden dann als Selbständige deklariert, indem sie sowohl hinsichtlich der britischen Sozialversicherung als auch der Finanzverwaltung als eigenständige Unternehmer bezeichnet werden. Von der Sozialversicherung werden Bescheinigungen (E101) ausgestellt, die grundsätzlich auch bei einer Entsendung Gültigkeit haben.

Diese nun als eigenständige Unternehmer deklarierten Bauarbeiter werden nach Deutschland entsandt, um hier zusammen mit anderen britischen, deutschen oder anderen Bauarbeitern zu arbeiten. Sie werden regelmäßig als Arbeitnehmer tätig. Kann dabei nicht nachgewiesen werden, daß sie überlassen wurden, bleibt regelmäßig der sozialversicherungsrechtliche Status zu klären. Die Bescheinigung des britischen Sozialversicherungsträgers wird von den Einzugsstellen der deutschen Sozialversicherungsträger nicht als bindend angesehen. Der AOK-Bundesverband hat hierzu erklärt, diese britischen

Bescheinigungen haben nur deklaratorischen Charakter, es bleibe der deutschen Sozialversicherung vorbehalten, die Frage der Arbeitnehmereigenschaft und der Entsendung zu entscheiden.

Auch in diesen Fällen kann nur die Überprüfung der tatsächlichen Ausgestaltung des bzw. der Vertragsverhältnisse Aufschluß darüber geben, was wirklich Vertragsinhalt ist.

Unter anderem ist der Einsatz von freien Mitarbeitern bzw. Selbständigen im Bereich der Kopfschlachter und Ausbeiner sowie im Ingenieur- und Softwareentwicklungsbereich verbreitet.

Bei Kopfschlachtern und Ausbeinern kann regelmäßig angenommen werden, daß es sich um Arbeitnehmer handelt, da sie üblicherweise in den Betriebsablauf des Entleihers eingegliedert sind. Auch Regalauffüller sind als Arbeitnehmer zu betrachten, da sie hinsichtlich Zeit, Ort, Dauer und Art der Arbeitsausführung den Weisungen des herstellenden oder verkaufenden Unternehmens unterliegen und in den Betriebsablauf eingebunden sind.

Schwieriger ist die Beurteilung bei Ingenieur- oder Softwareentwicklungsleistungen, da es sich hier auch um selbständige Dienstleistungen handeln kann.

c) Aus- und Fortbildung

Zur Umgehung des AÜG werden auch Aus- oder Fortbildungsmaßnahmen vorgetäuscht. Dies geschieht sowohl zwischen deutschen Unternehmen als auch zwischen deutschen und ausländischen Unternehmen. Bei grenzüberschreitenden Aktivitäten werden Gemeinschaftsunternehmen gegründet, die jedoch nicht als Konzernunternehmen i. S. d. Aktiengesetzes anzusehen sind. Da die Ausnahmeregelung des § 1 Abs. 2 Nr. 2 AÜG nicht greift, werden die ausländischen Arbeitnehmer angeblich zu Schulungszwekken entsandt. Tatsächlich werden sie dann aber wie das eigene Personal des Entleihbetriebes eingesetzt, Schulungsmaßnahmen finden bestenfalls im Rahmen von „learning by doing" statt. Ebenso vorgetäuscht kann der Einsatz von Arbeitnehmern als Schulungsmaßnahme sein, wenn die Arbeitnehmer geschult werden sollen, weil ihr Arbeitgeber eventuell später für den Auftraggeber (Entleiher) als Subunternehmer eigenständig derartige Arbeiten verrichten soll. 50

V. Aufdeckung und Ahndung

1. Organisation

Gemäß § 17 AÜG führt die Bundesanstalt für Arbeit das AÜG durch. Gemäß § 16 Abs. 3 AÜG sind die Hauptstelle der Bundesanstalt für Arbeit, die Landesarbeitsämter und die Arbeitsämter jeweils für ihren Geschäftsbereich Verwaltungsbehörde i. S. d. § 36 Abs. 1 Nr. 1 OWiG. Die sachliche Zuständigkeit der Dienststellen der Bundesanstalt wurde damit festgelegt, die Bestimmung der Geschäftsbereiche obliegt der Bundesanstalt für Arbeit. 51

Bis zum Jahr 1982 waren innerhalb der Bundesanstalt für Arbeit nur die Landesarbeitsämter mit dieser Aufgabe betraut. Nachdem die unerlaubte Arbeitnehmerüberlassung weiter zunahm und auch der Entleih mit Geldbuße bedroht wurde, richtete die Bundesanstalt für Arbeit in insgesamt 29 Arbeitsämtern sogenannte Bearbeitungsstellen zur Bekämpfung der illegalen Beschäftigung ein. In den Jahren 1992 und 1993 wurden in den neuen Bundesländern ebenfalls derartige Stellen eingerichtet. Mittlerweile sind in 44 von 181 Arbeitsämtern für die Verfolgung und Ahndung von Verstößen gegen das AÜG zuständige Stellen eingerichtet. Diese Arbeitsämter übernehmen für andere Arbeitsämter, die nicht mit solchen Stellen ausgestattet sind, auch die Aufgabe, Verstöße gegen das AÜG zu verfolgen und zu ahnden. Sie haben insoweit eine Stützpunktfunktion. 52

In folgenden Arbeitsämtern sind Bearbeitungsstellen zur Bekämpfung der illegalen Beschäftigung eingerichtet:

Arbeitsamt	**zuständig für Arbeitsamtsbezirke**
Hamburg	Hamburg, Bad Oldesloe, Elmshorn, Lübeck
Kiel	Kiel, Flensburg, Heide, Neumünster
Neubrandenburg	Neubrandenburg, Stralsund (Greifswald, Wolgast)
Schwerin	Schwerin
Rostock	Rostock, Stralsund (Bergen, Grimmen)
Braunschweig	Braunschweig, Göttingen, Goslar, Helmstedt
Emden	Emden, Leer, Nordhorn, Wilhelmshaven
Hannover	Hannover, Celle, Hameln, Hildesheim, Nienburg
Lüneburg	Lüneburg, Stade, Uelzen, Verden (Hoya, Rotenburg, Verden)
Oldenburg	Oldenburg, Bremen, Bremerhaven, Osnabrück, Vechta, Verden (Achim, Syke)
Aachen	Aachen, Düren
Bielefeld	Bielefeld, Detmold, Herford, Paderborn
Bochum	Bochum, Dortmund, Essen, Gelsenkirchen, Recklinghausen
Düsseldorf	Düsseldorf, Duisburg, Oberhausen, Solingen, Wuppertal
Hagen	Hagen, Iserlohn, Meschede, Siegen, Soest
Köln	Köln, Bergisch Gladbach, Bonn, Brühl
Mönchengladbach	Mönchengladbach, Krefeld, Wesel
Münster	Münster, Ahlen, Coesfeld, Hamm, Rheine
Frankfurt (Main)	Frankfurt (Main), Darmstadt, Hanau, Offenbach, Wiesbaden
Gießen	Gießen, Fulda, Wetzlar, Limburg
Kassel	Kassel, Bad Hersfeld, Korbach, Marburg
Koblenz	Koblenz, Mayen, Montabaur, Neuwied
Ludwigshafen	Ludwigshafen, Bad Kreuznach, Kaiserslautern, Landau, Mainz, Pirmasens
Saarbrücken	Saarbrücken, Neunkirchen, Saarlouis, Trier
Rastatt	Rastatt, Heidelberg, Karlsruhe, Mannheim, Nagold, Offenburg, Pforzheim
Villingen-Schwenningen	Villingen-Schwenningen, Balingen, Freiburg, Konstanz, Lörrach, Ravensburg, Rottweil
Waiblingen	Waiblingen, Aalen, Göppingen, Heilbronn, Ludwigsburg, Reutlingen, Schwäbisch Hall, Stuttgart, Tauberbischofsheim, Ulm
Aschaffenburg	Aschaffenburg, Coburg, Schweinfurt, Würzburg
Kempten	Kempten, Augsburg, Donauwörth, Memmingen, Weilheim
Nürnberg	Nürnberg, Ansbach, Bamberg, Bayreuth, Hof, Regensburg, Schwandorf, Weiden, Weißenburg
München	München, Freising, Ingolstadt, Rosenheim
Pfarrkirchen	Pfarrkirchen, Deggendorf, Landshut, Passau, Traunstein
Berlin Südwest	Berlin (alle Arbeitsamtsbezirke), Eberswalde (Bernau)
Frankfurt (Oder)	Frankfurt (Oder), Cottbus (derzeit hier als eigene Organisationseinheit im Modellversuch)
Neuruppin	Neuruppin, Eberswalde (Angermünde, Bad Freienwalde, Eberswalde, Prenzlau, Schwedt, Templin)
Potsdam	Potsdam
Gotha	Gotha, Suhl
Halle	Halle, Dessau, Merseburg, Wittenberg
Jena	Jena, Altenburg, Erfurt, Gera
Magdeburg	Magdeburg, Stendal

Arbeitsamt	**zuständig für Arbeitsamtsbezirke**
Nordhausen	Nordhausen, Halberstadt, Sangerhausen
Chemnitz	Chemnitz, Annaberg-Buchholz, Plauen, Zwickau
Dresden	Dresden, Bautzen, Pirna, Riesa
Leipzig	Leipzig, Oschatz

Diese Bearbeitungsstellen zur Bekämpfung der illegalen Beschäftigung sind zuständig für die Verfolgung und Ahndung der Ordnungswidrigkeiten nach § 16 Abs. 1 Nr. 1 und 1a AÜG. Für die Ordnungswidrigkeiten nach § 16 Abs. 1 Nr. 2 sind alle 181 Arbeitsämter zuständig, da es sich um illegale Ausländerbeschäftigung handelt. Die übrigen Ordnungswidrigkeiten werden von den Landesarbeitsämtern verfolgt und geahndet. 53

Bei Verdacht einer Straftat i. S. d. §§ 15 oder 15a AÜG haben die Dienststellen der Bundesanstalt für Arbeit die Sache gemäß § 41 OWiG an die Staatsanwaltschaft abzugeben bzw. Strafanzeige zu erstatten.

Die örtliche Zuständigkeit bestimmt sich regelmäßig nach dem Begehungsort (§ 37 Abs. 1 Nr. 1 OWiG), dem Entdeckungsort (§ 37 Abs. 1 Nr. 1 OWiG) oder dem Wohnsitz des Betroffenen (§ 37 Abs. 1 Nr. 2 OWiG). Diese Zuständigkeitsregelungen stehen gleichrangig nebeneinander. Um Doppelermittlungen zu vermeiden, hat die Bundesanstalt für Arbeit bei Verstößen nach § 16 Abs. 1 Nr. 1 und § 16 Abs. 1 Nr. 1a AÜG für die Dienststellen festgelegt, daß örtlich das Arbeitsamt mit Bearbeitungsstelle zur Bekämpfung der illegalen Beschäftigung zuständig ist, in dessen Bezirk der Verleiher seinen Sitz hat. Diese Dienststelle ist grundsätzlich auch zuständig für die Verfolgung und Ahndung des Entleiherverstoßes, da dieser im unmittelbaren Zusammenhang mit der Tat des Verleihers steht. Diese Zuständigkeitsvereinbarungen schließen Maßnahmen bei Gefahr im Verzuge durch andere Dienststellen jedoch nicht aus. 54

2. Verfolgung und Ahndung

Die Dienststellen der Bundesanstalt für Arbeit verfolgen und ahnden die Ordnungswidrigkeiten nach dem AÜG nach pflichtgemäßem Ermessen. Zu beachten sind dabei die Gebote der Zweckmäßigkeit und der Verhältnismäßigkeit. Anders als Strafverfolgungsbehörden sind die Dienststellen der Bundesanstalt für Arbeit nicht verpflichtet, allen denkbaren Verstößen nachzugehen; es steht ihnen frei, ein Ermittlungsverfahren nach dem OWiG einzuleiten. Selbst wenn Anhaltspunkte für eine Ordnungswidrigkeit nach dem AÜG vorliegen, haben die Dienststellen der Bundesanstalt für Arbeit nach pflichtgemäßem Ermessen darüber zu entscheiden, ob sie diese Ordnungswidrigkeit verfolgen und ahnden wollen. 55

Den Dienststellen der Bundesanstalt für Arbeit stehen für die Durchführung von Ermittlungsverfahren nach dem OWiG verschiedene Ermittlungshandlungen zur Verfügung. Bei der Aufklärung des Sachverhaltes sind sie verpflichtet, neben belastenden auch entlastende Umstände aufzuklären.

Zeugen und Sachverständige sind verpflichtet, auf Ladung im Bußgeldverfahren vor den Dienststellen der Bundesanstalt für Arbeit zu erscheinen und zur Sache auszusagen oder ihr Gutachten zu erstatten. Der vom Bußgeldverfahren Betroffene ist ebenfalls verpflichtet, auf Ladung zu erscheinen, er ist jedoch nicht verpflichtet, zur Sache auszusagen.

Bei Gefahr im Verzuge sind die Dienststellen der Bundesanstalt für Arbeit berechtigt, Geschäftsräume oder die Wohnung des Betroffenen zu durchsuchen, wenn zu vermuten ist, daß dort Beweismittel aufgefunden werden, die der Durchführung des Ermittlungsverfahrens nach dem OWiG dienen. Diese aufgefundenen Beweismittel dürfen beschlagnahmt werden, wenn Gefahr im Verzuge gegeben ist. Besteht keine Gefahr im Verzuge, sind Durchsuchungs- und Beschlagnahmeanordnungen eines Richters beim Amtsgericht erforderlich.

Nach Abschluß der Ermittlungen entscheiden die Dienststellen der Bundesanstalt für Arbeit, ob sie das Verfahren einstellen, eine Verwarnung erteilen oder eine Geldbuße festsetzen. Eine Einstellung ist dem Betroffenen bekanntzugeben, wenn er von dem Ermittlungsverfahren vorher Kenntnis erlangt hat, z. B. durch eine Anhörung nach § 55 OWiG. Eine Verwarnung kann mit oder ohne Erhebung eines Verwarnungsgeldes ausgesprochen werden. Das Verwarnungsgeld beträgt mindestens 5,– DM und höchstens 75,– DM. Ist der Betroffene mit der Verwarnung einverstanden, ist das Bußgeldverfahren damit abgeschlossen. Andernfalls wird es fortgesetzt; regelmäßig durch Festsetzung einer Geldbuße, wenn nicht Tatsachen vorgetragen werden, die zu einer Einstellung des Verfahrens führen.

56 Bei der Festsetzung einer Geldbuße sind gemäß § 17 Abs. 3 OWiG die Bedeutung der Ordnungswidrigkeit, der Vorwurf, der den Täter trifft, sowie seine wirtschaftlichen Verhältnisse zu berücksichtigen. Gemäß § 17 Abs. 4 OWiG soll die festzusetzende Geldbuße den aus der Ordnungswidrigkeit erlangten wirtschaftlichen Vorteil übersteigen; wenn das Höchstmaß der Geldbuße dazu nicht ausreicht, kann es überschritten werden.

Bei vorsätzlicher Begehungsweise beträgt das Höchstmaß der Geldbuße sowohl für illegalen Verleih als auch für illegalen Entleih 50 000,– DM, bei Fahrlässigkeit gemäß § 17 Abs. 2 OWiG 25 000,– DM.

Durch die Festlegung des Bußgeldrahmens hat der Gesetzgeber bereits Anhaltspunkte für die Bedeutung der Ordnungswidrigkeit gegeben. Demnach mißt der Gesetzgeber derartigen Ordnungswidrigkeiten eine große Bedeutung bei. Die Bedeutung der Ordnungswidrigkeit im Einzelfall ergibt sich z. B. aus dem Umfang des Verleihs bzw. Entleihs oder der Dauer der einzelnen Überlassungen.

Der Vorwurf, der den Täter trifft, ist ebenfalls im Einzelfall zu beurteilen, nachdem zunächst geklärt wird, ob der Täter vorsätzlich oder fahrlässig gehandelt hat. Von Bedeutung ist z. B., ob der Täter wiederholt auffällig geworden ist, ob gegebenenfalls ein vermeidbarer Verbotsirrtum vorlag oder ob sonstige Minderungs- oder Erhöhungsgründe vorliegen.

Die wirtschaftlichen Verhältnisse können bei geringen Ordnungswidrigkeiten unberücksichtigt bleiben. Bei illegalem Verleih bzw. Entleih wird es sich regelmäßig nicht um geringe Ordnungswidrigkeiten und geringe Geldbußen handeln, so daß die wirtschaftlichen Verhältnisse zu berücksichtigen sind. Dafür sind jedoch keine umfangreichen Ermittlungen erforderlich. Macht der Betroffene selbst keine Angaben zu seinen wirtschaftlichen Verhältnissen und liegen sonstige Erkenntnisse nicht vor, kann von durchschnittlichen Verhältnissen ausgegangen werden. Bei hohen Geldbußen kommt auch die Gewährung von Ratenzahlungen in Betracht.

Bei der Ermittlung des wirtschaftlichen Vorteils, der gemäß § 17 Abs. 4 OWiG abgeschöpft werden soll, werden alle Vorteile berücksichtigt, die der Täter erlangt hat, so z. B. auch die Verbesserung seiner Marktposition. Der Täter soll durch die Abschöpfung des wirtschaftlichen Vorteils wirtschaftlich so gestellt werden, als ob er die Ordnungswidrigkeit nicht begangen hätte. Die Geldbuße soll den wirtschaftlichen Vorteil übersteigen, damit die Tat selbst zudem sanktioniert wird.

Hat nicht der Täter selbst den wirtschaftlichen Vorteil erlangt, weil der Täter als Vertreter oder Beauftragter eines Unternehmens gehandelt hat, kann der dort erzielte Gewinn durch Festsetzung einer Geldbuße (§ 30 Abs. 4 OWiG) oder durch Anordnung des Verfalls (§ 29a OWiG) abgeschöpft werden. Zu berücksichtigen ist dabei, daß nach § 30 Abs. 4 OWiG i. V. m. § 17 Abs. 4 OWiG der wirtschaftliche Vorteil abzuschöpfen ist, nach § 29a OWiG ist der Verfall nur hinsichtlich des Erlangten anzuordnen.

57 Gegen einen Bußgeldbescheid kann innerhalb von zwei Wochen nach der Zustellung bei der Dienststelle, die den Bußgeldbescheid erlassen hat, Einspruch eingelegt werden. Hilft die Dienststelle der Bundesanstalt für Arbeit diesem nicht ab, gibt sie die Sache an die Staatsanwaltschaft ab, die es dem Amtsgericht zuleitet. Das Amtsgericht entscheidet dann über den Einspruch.

B. Beschäftigung ausländischer Arbeitnehmer

I. Aufenthaltsrechtlicher Status

Ausländische Arbeitnehmer, die nicht Deutsche i. S. d. Art. 116 GG sind, dürfen in der Bundesrepublik Deutschland grundsätzlich nur arbeiten, wenn sie eine Aufenthaltsgenehmigung besitzen. Diese Aufenthaltsgenehmigung darf die Aufnahme einer Arbeit nicht ausschließen. 58

Für die Erteilung der Aufenthaltsgenehmigung, -gestattung und die Duldung sind die Ausländerbehörden zuständig.

Die Aufenthaltsgenehmigung nach § 5 AuslG wird erteilt als:

- Aufenthaltserlaubnis (§§ 15, 17 AuslG), ohne Bindung an einen bestimmten Aufenthaltszweck befristet oder unbefristet;
- Aufenthaltsberechtigung (§ 27 AuslG), endgültige Verfestigung des Aufenthalts, gleicher Schutz vor Ausweisung wie Asylberechtigte;
- Aufenthaltsbewilligung (§§ 28, 29 AuslG), zweckgebundener Aufenthaltstitel, der einen Daueraufenthalt ausschließt, z. B. für Werkvertragsarbeitnehmer, Praktikanten, Studenten;
- Aufenthaltsbefugnis (§ 30 AuslG), Aufenthaltstitel, der aus völkerrechtlichen, humanitären oder politischen Gründen erteilt wird, z. B. Kontingentflüchtlinge.

Eine Aufenthaltsgestattung (§ 55 AsylVfG) wird für Asylbewerber erteilt.

Die Duldung (§§ 55, 56 AuslG) erhalten Ausländer, auf deren Abschiebung vorübergehend verzichtet wird (z. B. abgelehnte Asylbewerber).

II. Arbeitsgenehmigung

Ausländer dürfen eine Beschäftigung nur mit Genehmigung des Arbeitsamtes ausüben und von Arbeitgebern nur beschäftigt werden, wenn sie eine solche Genehmigung besitzen (§ 284 Abs. 1 S. 1 SGB III). Die Genehmigung darf nur erteilt werden, wenn der Ausländer eine Aufenthaltserlaubnis nach § 5 AuslG besitzt, soweit durch Rechtsverordnung nichts anderes bestimmt ist, und wenn die Ausübung einer Beschäftigung nicht durch eine ausländerrechtliche Auflage ausgeschlossen ist (§ 284 Abs. 4 SGB III). 59

Die Genehmigung wird erteilt als Arbeitserlaubnis (§ 285 SGB III) oder als Arbeitsberechtigung (§ 286 SGB III). Sie ist vor Aufnahme der Beschäftigung einzuholen, d. h. nicht nur zu beantragen, sondern sie muß vor Aufnahme der Beschäftigung erteilt sein.

Das Verfahren zur Beantragung und Erteilung der Genehmigung ist in der Arbeitsgenehmigungsverordnung (ArGV) vom 17. 9. 1998[6] geregelt. 60

Die Arbeitsgenehmigung ist von dem Ausländer schriftlich beim zuständigen Arbeitsamt zu beantragen und wird auch schriftlich erteilt (§§ 11 Abs. 1 S. 1, 12 ArGV). Zuständig ist das Arbeitsamt, in dessen Bezirk der Beschäftigungsort des Arbeitnehmers liegt (Ausnahme bei Werkvertragsarbeitnehmern). Dies ist regelmäßig der Ort, an dem sich der Sitz des Betriebes oder der Niederlassung befindet.

Eine Arbeitserlaubnis ist zu versagen, wenn das Arbeitsverhältnis aufgrund einer unerlaubten Arbeitsvermittlung oder Anwerbung zustande gekommen ist oder der Arbeitnehmer als Leiharbeitnehmer tätig werden will. Sie kann versagt werden, wenn der Ausländer gegen die arbeitsgenehmigungsrechtlichen Bestimmungen des SGB III oder die Bestimmungen des AÜG verstoßen hat, er eine widerrufbare oder erloschene Arbeitsgenehmigung trotz Aufforderung nicht dem Arbeitsamt zurückgibt oder wichtige Gründe in der Person des Arbeitnehmers vorliegen (§ 6 ArGV).

---

[6] BGBl. 1998 I, S. 2899ff.

Soll eine Arbeitserlaubnis nach Lage und Entwicklung des Arbeitsmarktes erteilt werden, ist mindestens vier Wochen lang zu prüfen, ob ein deutscher oder ihm gleichgestellter Arbeitnehmer für diese Tätigkeit auf dem Arbeitsmarkt zur Verfügung steht.

Die Arbeitserlaubnis kann widerrufen werden, wenn der Ausländer zu ungünstigeren Arbeitsbedingungen als vergleichbare deutsche Arbeitnehmer beschäftigt wird, das Arbeitsverhältnis aufgrund unerlaubter Arbeitsvermittlung oder Anwerbung zustande gekommen ist oder der Ausländer gegen die arbeitsgenehmigungsrechtlichen Bestimmungen des SGB III oder die Bestimmungen des AÜG verstoßen hat (§ 7 Abs. 1 ArGV).

Die Arbeitserlaubnis erlischt, wenn die aufenthaltsrechtlichen Voraussetzungen nicht mehr vorliegen oder ein Ausbildungsvertrag vorzeitig gelöst wird (§ 8 Abs. 1 ArGV).

1. Arbeitserlaubnis

61 Die Arbeitserlaubnis nach § 285 SGB III kann erteilt werden, wenn sich durch die Beschäftigung von Ausländern nachteilige Auswirkungen auf den Arbeitsmarkt nicht ergeben, für die Beschäftigung deutsche Arbeitnehmer sowie Ausländer, die ihnen hinsichtlich der Arbeitsaufnahme rechtlich gleichgestellt sind, nicht zur Verfügung stehen und der Ausländer nicht zu ungünstigeren Arbeitsbedingungen als vergleichbare deutsche Arbeitnehmer beschäftigt wird.

Die Arbeitserlaubnis kann befristet und auf bestimmte Betriebe, Betriebsgruppen, Wirtschaftszweige oder Bezirke beschränkt werden.

2. Arbeitsberechtigung

62 Die Arbeitsberechtigung nach § 286 SGB III wird erteilt, wenn der Ausländer eine Aufenthaltserlaubnis oder Aufenthaltsbefugnis besitzt und fünf Jahre rechtmäßig eine versicherungspflichtige Beschäftigung im Bundesgebiet ausgeübt hat oder sich seit sechs Jahren im Bundesgebiet ununterbrochen aufhält und nicht zu ungünstigeren Arbeitsbedingungen als vergleichbare deutsche Arbeitnehmer beschäftigt wird.

Die Arbeitsberechtigung wird unbefristet und ohne betriebliche, berufliche und regionale Beschränkungen erteilt, soweit durch Rechtsverordnung nichts anderes bestimmt ist.

3. Ausnahmen

63 Von der Genehmigungspflicht ausgenommen sind Ausländer, denen nach den Rechtsvorschriften der Europäischen Gemeinschaft oder nach dem Abkommen über den Europäischen Wirtschaftsraum Freizügigkeit zu gewähren ist, sowie Ausländer, die im Bundesgebiet geboren sind und eine unbefristete Aufenthaltserlaubnis besitzen, oder Ausländer, die eine Aufenthaltsberechtigung besitzen. Ebenso bedürfen Ausländer keiner Genehmigung, wenn dies in zwischenstaatlichen Vereinbarungen, auf Grund eines Gesetzes oder durch Rechtsverordnung bestimmt ist (§ 284 Abs. 1 S. 2 SGB III).

Ausnahmen von der Arbeitsgenehmigungspflicht sind in § 9 der Arbeitsgenehmigungsverordnung enthalten.

Danach bedürfen keiner Arbeitsgenehmigung

- die in § 5 Abs. 2 des Betriebsverfassungsgesetzes aufgeführten Personen sowie leitende Angestellte mit Prokura oder Generalvollmacht,
- leitende Angestellte eines international tätigen Konzerns oder Unternehmens für eine Beschäftigung in dem inländischen Konzern- oder Unternehmensteil auf der Vorstands-, Direktions- und Geschäftsleitungsebene oder für eine Tätigkeit in sonstiger leitender Position, die für die Entwicklung des Konzerns oder Unternehmens von entscheidender Bedeutung ist, wenn die Beschäftigung im Rahmen des Personalaustausches zur Internationalisierung des Führungskreises erfolgt und die Dauer der Beschäftigung im Inland fünf Jahre nicht übersteigt,
- das fahrende Personal im grenzüberschreitenden Personen- und Güterkraftverkehr

bei Arbeitgebern mit Sitz im Ausland, wenn das Fahrzeug im Sitzstaat des Arbeitgebers zugelassen ist oder das Fahrzeug im Inland zugelassen ist für eine Tätigkeit der Arbeitnehmer im Linienverkehr mit Omnibussen,

- sowie die Besatzungen von Seeschiffen, Binnenschiffen und Luftfahrzeugen mit Ausnahme der Luftfahrzeugführer, Flugingenieure und Flugnavigatoren für eine Tätigkeit bei Unternehmen mit Sitz im Inland,
- Personen, die unter Beibehaltung ihres gewöhnlichen Aufenthaltes im Ausland in das Bundesgebiet entsandt werden, um Montage- und Instandhaltungsarbeiten oder Reparaturen an gelieferten verwendungsfertigen Anlagen oder Maschinen auszuführen, bestellte Anlagen, Maschinen und sonstige Sachen abzunehmen oder in ihre Bedienung eingewiesen zu werden, im Rahmen von Exportlieferungs- oder Lizenzverträgen einen Betriebslehrgang zu absolvieren, für das ausländische Unternehmen unternehmenseigene Messestände aufzubauen, abzubauen und zu betreuen oder vergleichbare Dienstleistungen zu erbringen, die für keinen Geschäftspartner im Bundesgebiet entgeltliche Leistungen sind, wenn im Inland ansässigen Unternehmen in dem jeweils betroffenen Land die gleichen Rechte eingeräumt werden und sofern die Dauer der Beschäftigung drei Monate nicht übersteigt,
- Personen, die unter Beibehaltung ihres gewöhnlichen Aufenthaltes im Ausland in Vorträgen oder Darbietungen von besonderem wissenschaftlichen oder künstlerischen Wert oder bei Darbietungen sportlichen Charakters im Bundesgebiet tätig werden, sofern die Tätigkeit drei Monate nicht übersteigt,
- Personen, die nur gelegentlich mit Tagesdarbietungen auftreten,
- Lehrpersonen, wissenschaftliche Mitarbeiter und Assistenten an Hochschulen oder wissenschaftliche Mitarbeiter an öffentlich-rechtlichen Forschungseinrichtungen, deren Finanzbedarf ausschließlich oder überwiegend von der öffentlichen Hand getragen wird, oder an privaten Forschungseinrichtungen, wenn an der Beschäftigung des Ausländers wegen seiner besonderen fachlichen Kenntnisse auch ein öffentliches Interesse besteht, sowie Lehrpersonen an öffentlichen Schulen und an staatlich anerkannten privaten Ersatzschulen,
- Studenten und Schüler an Hochschulen und Fachschulen im Inland für eine vorübergehende Beschäftigung, Studenten und Schüler ausländischer Hochschulen und Fachschulen für eine Ferienbeschäftigung im Rahmen eines internationalen Austauschprogramms studentischer oder vergleichbarer Einrichtungen im Einvernehmen mit der Zentralstelle für Arbeitsvermittlung der Bundesanstalt für Arbeit sowie Studenten und Schüler für eine von einer Dienststelle der Bundesanstalt für Arbeit vermittelte Ferienbeschäftigung, wenn die Beschäftigung insgesamt drei Monate im Jahr nicht übersteigt,
- Personen für eine Tätigkeit in einer diplomatischen oder konsularischen Vertretung oder bei einer internationalen Organisation sowie private Hausangestellte von Mitgliedern diplomatischer und berufskonsularischer Vertretungen, wenn sie für den Aufenthalt zur Ausübung dieser Tätigkeit keiner Aufenthaltsgenehmigung bedürfen,
- Journalisten, Korrespondenten und Berichterstatter, die für ihren Arbeitgeber mit Sitz im Ausland im Bundesgebiet tätig werden und für die Ausübung dieser Tätigkeit vom Presse- und Informationsamt der Bundesregierung anerkannt sind,
- Berufssportler und -trainer, deren Einsatz in deutschen Sportvereinen oder vergleichbaren sportlichen Einrichtungen, soweit sie am Wettkampf teilnehmen, vorgesehen ist, sofern der zuständige Sportfachverband ihre sportliche Qualifikation oder ihre fachliche Eignung als Trainer bestätigt und der jeweilige Verein oder die Einrichtung ein für den Lebensunterhalt ausreichendes Gehalt zahlt,
- Personen, die auf Grund des Artikels 6 Abs. 1 des Zusatzabkommens zum NATO-Truppenstatut[7] als Mitglieder einer Truppe, eines zivilen Gefolges oder als Angehörige vom Erfordernis einer Aufenthaltsgenehmigung befreit sind,

---

[7] BGBl. 1961 II S. 1183, 1218.

- Personen, die von einem Arbeitgeber mit Sitz im Bundesgebiet als Arbeitnehmer im kaufmännischen Bereich im Ausland beschäftigt werden und unter Beibehaltung ihres gewöhnlichen Aufenthaltes im Ausland im Rahmen ihrer Beschäftigung vorübergehend im Bundesgebiet tätig sind, sofern die Tätigkeit drei Monate nicht übersteigt,
- Studenten ausländischer Hoch- und Fachschulen für ein Praktikum bis zu sechs Monaten, sofern die Beschäftigung in einem unmittelbaren sachlichen Zusammenhang mit dem Fachstudium des Praktikanten steht und im Rahmen eines internationalen Austauschprogramms studentischer oder vergleichbarer Einrichtungen im Einvernehmen mit der Zentralstelle für Arbeitsvermittlung der Bundesanstalt für Arbeit erfolgt,
- Ausländer, die das 16. und noch nicht das 27. Lebensjahr vollendet haben, für die Teilnahme an einem freiwilligen Jahr i. S. d. Gesetzes zur Förderung eines Freiwilligen Sozialen Jahres, i. S. d. Gesetzes zur Förderung eines Freiwilligen Ökologischen Jahres oder im Rahmen eines vergleichbaren Programms der Europäischen Gemeinschaft,
- Personen während eines vorübergehenden Praktikums im Rahmen eines von der Europäischen Union finanziell geförderten Programms, wenn die Beschäftigung im Einvernehmen mit der Zentralstelle für Arbeitsvermittlung der Bundesanstalt für Arbeit erfolgt.

4. Anwerbestoppausnahmeverordnung

64 Ausnahmen von dem seit 1973 bestehenden Anwerbestopp sind in der Anwerbestoppausnahmeverordnung vom 17. 9. 1998[8] geregelt.

Dazu gehören u. a.:

a) Gastarbeitnehmer (§ 2 Abs. 3 Nr. 1)

65 Gastarbeitnehmer können von der Zentralstelle für Arbeitsvermittlung der Bundesanstalt für Arbeit zur Erweiterung ihrer beruflichen und sprachlichen Kenntnisse vermittelt werden. Die Gastarbeitnehmer erhalten anstelle einer Arbeitserlaubnis eine Zulassungsbescheinigung (§ 10 Arbeitsgenehmigungsverordnung), die unabhängig von Lage und Entwicklung des Arbeitsmarktes erteilt wird. Gastarbeitnehmer werden bei dem deutschen Arbeitgeber für bis zu achtzehn Monate beschäftigt; eine Verlängerung ist möglich.

b) Saisonkräfte (§ 4 Abs. 1)

66 Saisonkräfte können insgesamt bis zu drei Monaten jährlich in bestimmten Wirtschaftsbereichen tätig werden. Überwiegend sind dies Bereiche der Landwirtschaft und des Hotel- und Gaststättengewerbes. Für diese Tätigkeiten können nach Lage und Entwicklung des Arbeitsmarktes Arbeitserlaubnisse erteilt werden.

c) Werkvertragsarbeitnehmer (§ 3)

67 Gemäß § 3 Anwerbestoppausnahme-Verordnung kann Ausländern, die auf der Grundlage einer zwischenstaatlichen Vereinbarung zur Erfüllung eines Werkvertrages tätig werden, eine Arbeitserlaubnis bis zur Vollendung des oder der Werke erteilt werden. Die Arbeitserlaubnis wird unabhängig von Lage und Entwicklung des Arbeitsmarktes erteilt. Zuvor wird vom zuständigen Landesarbeitsamt die grundsätzliche Entscheidung getroffen, ob es sich um einen Werkvertrag handelt und die Erteilung von Arbeitserlaubnissen zugesichert werden kann. Für diese Prüfungen hat die Bundesanstalt für Arbeit besondere Zuständigkeitsregelungen getroffen:

---

[8] BGBl. I 1998 S. 2893ff.

Landesarbeitsamt:	Herkunftsland:
Nordrhein-Westfalen	Polen, Lettland
Hessen	Ungarn, Rumänien
Baden-Württemberg	Jugoslawien, Kroatien, Slowenien, Bosnien-Herzegowina, Mazedonien
Bayern	Türkei, Tschechische Republik, Slowakische Republik

Auch für die Erteilung der Arbeitserlaubnisse hat die Bundesanstalt für Arbeit besondere Zuständigkeitsregelungen getroffen. Die für die Erteilung dieser Arbeitserlaubnisse zuständigen Arbeitsämter gehören jeweils zum Bezirk des für die Zusicherung der Arbeitserlaubnisse zuständigen Landesarbeitsamtes.

Ausländische Arbeitnehmer werden jedoch nicht zugelassen, wenn in dem Betrieb oder Betriebsteil des deutschen Werkvertragspartners beschäftigte Arbeitnehmer kurzarbeiten oder das Unternehmen beim Arbeitsamt Kurzarbeit angezeigt hat.

Eine Zusicherung ist auch dann nicht möglich, wenn in dem Arbeitsamtsbezirk, in dem der Werkvertrag durchgeführt werden soll, die Arbeitslosenquote im Durchschnitt der letzten sechs Monate mindestens um 30% über der Arbeitslosenquote für das gesamte Bundesgebiet gelegen hat.

d) Grenzgänger (§ 6)

Einem Ausländer, der in einem an die Bundesrepublik angrenzenden Staat wohnt, **68**
Staatsangehöriger dieses Staates ist und dort keine Sozialleistungen bezieht, kann eine Arbeitserlaubnis erteilt werden, wenn er täglich in seinen Heimatstaat zurückkehrt oder eine auf längstens zwei Tage in der Woche begrenzte Beschäftigung innerhalb der Grenzzone ausübt.

III. Illegale Ausländerbeschäftigung

1. Verstöße gegen das SGB III

a) Straftaten

aa) § 406 SGB III (Unerlaubte Auslandsvermittlung, Anwerbung und Beschäftigung von Ausländern ohne Genehmigung und zu ungünstigen Arbeitsbedingungen)

Unerlaubte Auslandsvermittlung:

Gemäß § 292 Abs. 1 SGB III führt die Bundesanstalt für Arbeit die Vermittlung für **69**
eine Beschäftigung im Ausland außerhalb der Europäischen Gemeinschaft oder des Europäischen Wirtschaftsraumes sowie aus diesem Ausland für eine Beschäftigung im Inland durch. Die Bundesanstalt für Arbeit kann gemäß § 292 Abs. 2 SGB III für die Vermittlung eine Erlaubnis erteilen.

Vermittlung bedeutet jedes Tätigwerden, das auf den Abschluß eines Arbeitsvertrages gerichtet ist. Der tatsächliche Abschluß ist für die Verwirklichung des Tatbestandes nicht erforderlich. Strafbedroht ist nur die Vermittlung von Arbeitnehmern, d. h. solchen Personen, die in ein abhängiges Beschäftigungsverhältnis vermittelt werden sollen. Dazu gehören auch Personen, die zu ihrer Berufsausbildung beschäftigt sind. Die ausdrückliche Strafandrohung für den Versuch ist wegen der weiten Auslegung des Begriffes Vermittlung entbehrlich.

Nur die vorsätzliche Begehung ist strafbar, da fahrlässiges Handeln nicht ausdrücklich genannt ist (§ 15 StGB). Die Strafandrohung ist Freiheitsstrafe bis zu drei Jahren oder Geldstrafe.

Anwerbung:

Gemäß § 302 Abs. 1 SGB III darf nur die Bundesanstalt für Arbeit Ausländer, die nicht **70**
Staatsangehörige eines Mitgliedstaates der Europäischen Union oder des Europäischen

Wirtschaftsraumes sind, im Ausland für eine Beschäftigung im Inland sowie Arbeitnehmer für eine Beschäftigung im Ausland außerhalb der Europäischen Union oder des Europäischen Wirtschaftsraumes anwerben. Die Bundesanstalt für Arbeit kann Arbeitgebern für die Einstellung von Arbeitnehmern im eigenen Unternehmen die vorherige Zustimmung zur Anwerbung erteilen.

Unter Anwerben ist das Einwirken eines Arbeitgebers auf eine oder mehrere Personen, in seinem Betrieb als Arbeitnehmer beschäftigt zu werden, zu verstehen.

Nur die vorsätzliche Begehungsweise sowie die vollendete Tat sind mit Strafe bedroht. Die Strafandrohung ist Freiheitsstrafe bis zu drei Jahren oder Geldstrafe.

Illegale Ausländerbeschäftigung zu ungünstigen Arbeitsbedingungen:

71 Mit Strafe bedroht ist die vorsätzliche Beschäftigung eines Ausländers ohne Arbeitsgenehmigung i. S. d. § 284 Abs. 1 S. 1 SGB III zu Arbeitsbedingungen, die in einem auffälligen Mißverhältnis zu Arbeitsbedingungen deutscher Arbeitnehmer stehen.

Die tatsächlichen Arbeitsbedingungen sind umfassend zu betrachten. Hierzu gehören neben der Vergütung auch Urlaubsansprüche, Arbeitszeiten sowie etwaige Nebenleistungen wie Auslösen. Zu vergleichen sind diese mit den Arbeitsbedingungen, die deutschen oder ihnen gleichgestellten Arbeitnehmern gewährt werden, die die gleiche oder eine vergleichbare Tätigkeit ausüben. Abzustellen ist dabei nicht auf einen bestimmten Arbeitgeber, sondern auf die Gruppe vergleichbarer Arbeitnehmer insgesamt.

In seinem Urteil vom 22. 4. 1997 befaßte sich der BGH[9] mit der Frage, wann ein auffälliges Mißverhältnis von Entgeltbestimmungen und damit einem Bestandteil der Arbeitsbedingungen gegeben ist. Im zu entscheidenden Fall wurde ein Arbeitgeber zweier ausländischer Arbeitnehmer wegen Wuchers nach § 302a Abs. 1 StGB verurteilt, da eine Entgeltvereinbarung in Höhe von $^2/_3$ des tariflichen Entgelts als auffälliges Mißverhältnis zwischen Leistung und Gegenleistung anzusehen ist.

§ 406 Abs. 1 Nr. 3 SGB III stellt ausdrücklich nur vorsätzliches Handeln unter Strafe, bei Fahrlässigkeit kommt eine Ahndung als Ordnungswidrigkeit i. S. d. § 404 Abs. 2 Nr. 2 SGB III in Betracht. Der Versuch ist nicht strafbar (§ 27 StGB).

72 § 406 Abs. 2 SGB III ist kein eigenständiges Delikt, enthalten ist lediglich eine Strafschärfung. Für besonders schwere Fälle wird Freiheitsstrafe von sechs Monaten bis zu fünf Jahren angedroht. Ein solcher besonders schwerer Fall liegt vor, wenn der Täter gewerbsmäßig oder aus grobem Eigennutz handelt.

Als gewerbsmäßig ist das Handeln zu bezeichnen, wenn der Täter sich bei wiederholter Tatbegehung eine nicht nur vorübergehende Einnahmequelle verschaffen möchte. Nicht erforderlich ist, daß es sich um die einzige oder Haupteinnahmequelle handelt.

Aus grobem Eigennutz bedeutet Streben nach Vorteil in besonders anstößigem Maße.

Bei den Beschreibungen gewerbsmäßig und aus grobem Eigennutz handelt es sich um Beispielsfälle; sie stellen keine abschließende Aufzählung dar. Im Rahmen der Gesamtbetrachtung aller Umstände kann ein besonders schwerer Fall auch dann vorliegen, wenn die Tat erheblich vom Durchschnitt der vorkommenden Fälle abweicht.

bb) § 407 SGB III (Beschäftigung von Ausländern ohne Genehmigung in größerem Umfang)

73 Strafbedroht ist die Beschäftigung von Ausländern ohne erforderliche Arbeitsgenehmigung in größerem Umfang sowie die beharrliche Wiederholung der Beschäftigung von Ausländern ohne erforderliche Arbeitsgenehmigung.

Als illegale Ausländerbeschäftigung größeren Umfangs wird hier die Beschäftigung von gleichzeitig mehr als fünf Ausländern für mindestens dreißig Kalendertage beschrieben. Ein derartiger Tatumfang wird als besonders verwerflich angesehen.

Die Strafandrohung bei vorsätzlicher Tatbegehung beträgt Freiheitsstrafe bis zu einem Jahr oder Geldstrafe.

---

[9] BB 1997 S. 2166.

Bei der beharrlichen Wiederholung von vorsätzlich begangenen Ordnungswidrigkeiten i. S. d. § 404 Abs. 2 Nr. 2 SGB III droht ebenfalls Freiheitsstrafe bis zu einem Jahr oder Geldstrafe. Erfaßt werden Fälle, in denen eine Abschreckung, z. B. durch eine Ahndung als Ordnungswidrigkeit, nicht erfolgen konnte.

Handelt der Täter aus grobem Eigennutz, ist die Strafe Freiheitsstrafe bis zu drei Jahren oder Geldstrafe. Grober Eigennutz bedeutet das Streben nach Vorteil in besonders anstößigem Maße.

b) Ordnungswidrigkeiten

aa) § 404 Abs. 2 Nr. 2 SGB III (Beschäftigung eines Ausländers ohne Arbeitsgenehmigung)

Wer einen Ausländer ohne erforderliche Arbeitsgenehmigung beschäftigt, handelt 74
ordnungswidrig. Verboten ist nur die tatsächliche Beschäftigung, der Abschluß eines Arbeitsvertrages ist davon noch nicht erfaßt. Eine Ordnungswidrigkeit kann daher nur vorliegen, wenn aufgrund eines neu begründeten oder nach Ablauf der Geltungsdauer der Arbeitsgenehmigung weiterbestehenden Arbeitsverhältnisses die Arbeitsleistung tatsächlich erbracht wird.

Adressat der Bußgelddrohung ist der Arbeitgeber. Handelt es sich bei diesem um eine juristische Person oder eine Personenhandelsgesellschaft oder wurde die Verantwortung für die Beschäftigung aller oder bestimmter Personengruppen auf andere übertragen, so kann Normadressat auch ein Vertreter oder Beauftragter sein (§ 9 OWiG).

Sowohl die vorsätzliche als auch die fahrlässige Begehungsweise ist mit Geldbuße bedroht, bei Vorsatz bis zu 500 000,– DM, bei Fahrlässigkeit gemäß § 17 Abs. 2 OWiG bis zu 250 000,– DM. Die Verjährung berägt drei Jahre (§ 31 Abs. 2 OWiG).

bb) § 404 Abs. 2 Nr. 3 SGB III (Ausübung einer Beschäftigung ohne erforderliche Arbeitsgenehmigung)

Wer als Ausländer eine Beschäftigung ausübt, ohne im Besitz einer erforderlichen Ar- 75
beitsgenehmigung zu sein, handelt ordnungswidrig.

Die Arbeitsgenehmigung ist vor der Aufnahme der Beschäftigung einzuholen. Die Arbeitsaufnahme bzw. die Fortsetzung der Beschäftigung ist erst gestattet, wenn die Genehmigung erteilt ist. Maßgeblich ist die tatsächliche Ausübung der Beschäftigung, nicht der Abschluß eines Arbeitsvertrages.

Normadressat ist der Arbeitnehmer. Bußgeldbedroht ist sowohl die vorsätzliche als auch die fahrlässige Begehung, bei Vorsatz bis zu 10 000,– DM, bei Fahrlässigkeit gemäß § 17 Abs. 2 OWiG bis zu 5000,– DM. Die Verjährung beträgt zwei Jahre bzw. ein Jahr (§ 31 Abs. 2 Nrn. 2, 3 OWiG).

cc) § 404 Abs. 2 Nr. 4 SGB III (Auskunft über Arbeitsentgelt, Arbeitszeiten und sonstige Arbeitsbedingungen)

Gemäß § 284 Abs. 3 SGB III ist der Arbeitgeber, bei dem ein Ausländer, der eine 76
Arbeitsgenehmigung benötigt, beschäftigt werden soll, verpflichtet, Auskunft über Arbeitsentgelt, Arbeitszeiten und sonstige Arbeitsbedingungen zu erteilen.

Eine Arbeitsgenehmigung oder Arbeitsberechtigung kann nur erteilt werden, wenn der Ausländer nicht zu ungünstigeren Arbeitsbedingungen als vergleichbare deutsche Arbeitnehmer beschäftigt wird.

Zur Prüfung der Arbeitsbedingungen benötigt das Arbeitsamt die Angaben des Arbeitgebers hierzu, da dieser die Arbeitsbedingungen gewährt. Die unrichtige Angabe war vor der Änderung des SGB III durch das 1. SGB III-ÄndG zum 1. 1. 1998 nicht mit Geldbuße bedroht. Gewährte der Arbeitgeber nicht die im Rahmen der Antragstellung angegebenen Arbeitsbedingungen, führte dies zwar zum Widerruf der Arbeitserlaubnis, das Fehlverhalten des Arbeitgebers konnte jedoch nicht sanktioniert werden. Der Straftatbestand des § 406 Abs. 1 Nr. 3 SGB III (vormals § 227a AFG) setzt neben den ungünstigen Arbeitsbedingungen voraus, daß eine Arbeitsgenehmigung nicht vorliegt.

Erteilt der Arbeitgeber vorsätzlich oder fahrlässig unrichtige Auskünfte über Arbeitsentgelt, Arbeitszeiten und sonstige Arbeitsbedingungen, handelt er ordnungswidrig.

Adressat der Bußgelddrohung ist der Arbeitgeber bzw. ein Vertreter oder Beauftragter. Die Ordnungswidrigkeit kann mit einer Geldbuße bis zu 50 000,– DM, bei Fahrlässigkeit gemäß § 17 Abs. 2 OWiG bis zu 25 000,– DM geahndet werden. Die Verjährung beträgt drei Jahre bzw. zwei Jahre (§ 31 Abs. 2 Nrn. 1, 2 OWiG).

dd) § 404 Abs. 1 Nr. 2 SGB III (mittelbare illegale Ausländerbeschäftigung)

77 Dieser Tatbestand wurde ebenfalls mit dem 1. SGB III-ÄndG in das SGB III übernommen. Die Vorschrift ersetzt § 2 Abs. 1 Nr. 2 des Gesetzes zur Bekämpfung der Schwarzarbeit.

Ein Unternehmer, der einen anderen Unternehmer, von dem er weiß oder fahrlässig nicht weiß, daß dieser zur Erfüllung dieses Auftrages Ausländer ohne erforderliche Arbeitsgenehmigung beschäftigt oder einen Nachunternehmer einsetzt oder zuläßt, daß ein solcher tätig wird, der Ausländer ohne erforderliche Arbeitsgenehmigung beschäftigt, handelt ordnungswidrig.

Voraussetzung ist zunächst, daß unmittelbare illegale Ausländerbeschäftigung durch einen Arbeitgeber vorliegt. Die Bußgelddrohung greift zudem nur, wenn der Unternehmer dabei Dienst- oder Werkleistungen in erheblichem Umfang ausführen läßt. Das Tatbestandsmerkmal „in erheblichem Umfang" kann nur im Einzelfall beurteilt werden. Abzustellen ist auf den objektiven Umfang der Leistungen sowie eine damit verbundene Wettbewerbsverzerrung.

Dem Auftraggeber von Dienst- oder Werkleistungen obliegen grundsätzlich keine ausdrücklichen Verpflichtungen, sich um die Rechtmäßigkeit der Beschäftigungsverhältnisse seines Auftragnehmers zu kümmern. Durch diese Bußgeldvorschrift wird er aber zu gewisser Sorgfalt verpflichtet.

Der Täter muß nicht positiv wissen, daß Ausländer ohne erforderliche Arbeitsgenehmigung beschäftigt werden, fahrlässiges Nichtwissen reicht aus. Erlangt er Kenntnis von bestimmten Umständen, wie niedrige Löhne oder schlechte Arbeitsbedingungen, oder deuten bereits Angebotsunterlagen auf auffällig niedrige Löhne hin, muß ihn dies veranlassen, Nachforschungen anzustellen. Ebenso kann es für den Auftraggeber ein Anhaltspunkt für illegale Ausländerbeschäftigung sein, wenn er feststellt, daß der Auftragnehmer überwiegend oder ausschließlich Ausländer einsetzt, die nicht die deutsche Sprache sprechen oder verstehen. Trotz begrenzter Möglichkeiten wird er den Auftragnehmer auffordern können, die Arbeitsgenehmigungen vorzulegen.

Normadressat ist der Unternehmer bzw. sein Vertreter oder ein Beauftragter. Die Ordnungswidrigkeit kann mit einer Geldbuße bis zu 500 000,– DM geahndet werden. Die Verjährung beträgt drei Jahre (§ 31 Abs. 2 Nr. 1 OWiG).

2. Verstöße gegen das Ausländergesetz und das Asylverfahrensgesetz

78 Für die aufenthaltsrechtlichen Maßnahmen und Entscheidungen sind die Ausländerbehörden zuständig (§ 63 Abs. 1 S. 1 AuslG).

a) § 92 Abs. 1 Nr. 1 AuslG (Unerlaubter Aufenthalt)

79 Wer sich ohne Aufenthaltsgenehmigung im Bundesgebiet aufhält und keine Duldung i. S. d. § 55 Abs. 1 AuslG besitzt, wird bei vorsätzlicher Begehungsweise mit Freiheitsstrafe bis zu einem Jahr oder Geldstrafe bestraft, bei Fahrlässigkeit gemäß § 93 Abs. 1 AuslG mit Geldbuße bis zu 5000,– DM (§ 93 Abs. 5 AuslG).

b) § 92 Abs. 1 Nr. 3 AuslG (Zuwiderhandlung gegen eine Auflage)

80 Wer vollziehbaren Auflagen (z. B. Erwerbstätigkeit nicht gestattet, § 14 Abs. 2 AuslG) zuwiderhandelt, wird bei vorsätzlicher Begehungsweise mit Freiheitsstrafe bis zu einem Jahr bestraft, bei Fahrlässigkeit gemäß § 93 Abs. 1 AuslG mit Geldbuße bis zu 5000,– DM (§ 93 Abs. 5 AuslG).

c) § 92a AuslG, § 92b AuslG (Einschleusen von Ausländern)

Wer Ausländer anstiftet oder ihnen Hilfe leistet zu einem unerlaubten Aufenthalt oder der unerlaubten Einreise und dafür einen Vermögensvorteil erhält oder sich versprechen läßt oder wiederholt zugunsten mehrerer Ausländer handelt, wird mit Freiheitsstrafe bis zu fünf Jahren oder Geldstrafe bestraft. Wer dabei gewerbsmäßig oder als Mitglied einer Bande handelt, wird mit Freiheitsstrafe von sechs Monaten bis zu zehn Jahren bestraft (§ 92a Abs 1, 2 AuslG). **81**

Wer diese Tathandlungen als Mitglied einer Bande, die sich zur fortgesetzten Begehung solcher Taten verbunden hat, gewerbsmäßig begeht, wird mit Freiheitsstrafe von einem Jahr bis zu zehn Jahren bestraft (§ 92b Abs. 1 AuslG).

d) § 86 AsylVfG (Zuwiderhandlung gegen Aufenthaltsbeschränkung)

Gemäß § 56 Abs. 1 AsylVfG wird eine Aufenthaltsgestattung räumlich beschränkt. Wer **82**
dieser Beschränkung zuwiderhandelt, handelt ordnungswidrig. Diese Ordnungswidrigkeit kann mit einer Geldbuße bis zu 5000,– DM geahndet werden (§ 86 Abs. 2 AsylVfG).

e) § 85 Nr. 2 AsylVfG (Wiederholte Zuwiderhandlung gegen räumliche Aufenthaltsbeschränkung)

Wer wiederholt gegen die räumliche Beschränkung der Aufenthaltsgestattung ver- **83**
stößt, wird mit Freiheitsstrafe bis zu einem Jahr oder mit Geldstrafe bestraft.

f) § 85 Nr. 5 AsylVfG (Unerlaubte Erwerbstätigkeit während des verpflichteten Aufenthalts in einer Aufnahmeeinrichtung)

Gemäß § 61 Abs. 1 AsylVfG darf ein Ausländer für die Dauer der Pflicht, in einer Auf- **84**
nahmeeinrichtung zu wohnen, keine Erwerbstätigkeit ausüben. Handelt er diesem Verbot zuwider, kann er mit Freiheitsstrafe bis zu einem Jahr oder mit Geldstrafe bestraft werden.

g) Haftung des Arbeitgebers für Abschiebekosten

Wurde der Ausländer von einem Arbeitgeber beschäftigt, ohne daß die Erwerbstätig- **85**
keit nach dem Ausländergesetz oder dem SGB III erlaubt war, und wird der Ausländer abgeschoben oder zurückgeschoben, haftet der Arbeitgeber für die Kosten der Abschiebung oder Zurückschiebung (§ 82 Abs. 4 S. 1 AuslG).

Ebenso haftet, wer Ausländer nach §§ 92a, 92b AuslG eingeschleust hat (§ 82 Abs. 4 S. 2 AuslG).

3. Besondere Erscheinungsformen

a) Gründung von Gesellschaften bürgerlichen Rechts

Zur Umgehung der Arbeitsgenehmigungspflicht und Aufenthaltsgenehmigungspflicht **86**
haben ausländische Arbeitnehmer eine Gesellschaft bürgerlichen Rechts gegründet. Als Gesellschafter und damit nicht abhängig Beschäftigte wollten sie gemeinsam Arbeitsleistungen im Bundesgebiet erbringen.

Bei diesen sogenannten Massen-GbR handelt es sich jedoch tatsächlich um Arbeitnehmer, so daß die Tätigkeit arbeitserlaubnispflichtig ist. Zudem benötigen diese Personen eine Aufenthaltsgenehmigung zur Ausübung der Tätigkeit.

b) Vortäuschen von Ausnahmen der Arbeitsgenehmigungspflicht

Nach § 4 Abs. 6 der Anwerbestoppausnahmeverordnung kann Spezialitätenköchen eine **87**
Arbeitserlaubnis für eine Beschäftigung in einem Spezialitätenrestaurant erteilt werden, wenn sie die fachliche Qualifikation nachgewiesen haben und Staatsangehörige des Staates sind, auf dessen Küche das Restaurant spezialisiert ist. Zudem dürfen Köche gleicher Nationalität auf dem deutschen Arbeitsmarkt nicht zur Verfügung stehen.

Um eine Befreiung von der Arbeitsgenehmigungspflicht zu erreichen, wurde den Köchen Prokura erteilt. Die formale Erteilung der Prokura reicht jedoch nicht aus, entscheidend ist, ob ein solcher Spezialitätenkoch tatsächlich leitende Funktionen ausübt. Dies dürfte im Regelfall nicht gegeben sein. Damit ist ihre Tätigkeit genehmigungspflichtig.

IV. Aufdeckung und Ahndung

1. Elektronischer Datenabgleich

88 Zur Aufdeckung illegaler Ausländerbeschäftigung bedient sich die Bundesanstalt für Arbeit eines elektronischen Datenabgleichverfahrens. Dabei werden die zur Sozialversicherung gemeldeten Arbeitnehmerdaten, die in einer sogenannten Beschäftigtendatei geführt werden, mit den in einer zentralen Arbeitsgenehmigungsdatei enthaltenen Daten abgeglichen. Ergibt sich, daß ein ausländischer Arbeitnehmer zwar zur Sozialversicherung gemeldet wurde, eine für sein Beschäftigungsverhältnis erforderliche Arbeitsgenehmigung jedoch nicht vorliegt, klärt das zuständige Arbeitsamt (Sitz des Arbeitgebers) den Sachverhalt weiter auf und leitet ggf. ein Ermittlungsverfahren nach dem OWiG ein.

2. Verdachtlose Außenprüfungen

89 Da der o. g. Datenabgleich voraussetzt, daß die Arbeitnehmer zur Sozialversicherung gemeldet wurden und dies auch richtig und rechtzeitig, können Beschäftigungsverhältnisse dann nicht aufgedeckt werden, wenn die Arbeitnehmer nicht oder nur als geringfügig Beschäftigte zur Sozialversicherung angemeldet werden.

Gemäß § 304 SGB III sind die Arbeitsämter und die Hauptzollämter daher befugt, ohne Anhaltspunkte für etwaige Rechtsverletzungen Prüfungen durchzuführen. Ziel ist die Aufdeckung und Bekämpfung von Leistungsmißbrauch und illegaler Ausländerbeschäftigung. Im Rahmen der Aufdeckung illegaler Ausländerbeschäftigung haben sie zu prüfen, ob ausländische Arbeitnehmer mit einer erforderlichen Arbeitsgenehmigung und nicht zu ungünstigeren Arbeitsbedingungen als vergleichbare deutsche Arbeitnehmer beschäftigt werden oder wurden.

Die Prüfbefugnis erstreckt sich dabei auf alle ausländischen Arbeitnehmer, unabhängig davon, ob sie eine Arbeitsgenehmigung benötigen. Die Prüfung ausländischer Arbeitnehmer, die keine Arbeitsgenehmigung benötigen, beinhaltet im Rahmen des SGB III nicht die Prüfung der Arbeitsbedingungen (aber ggf. Prüfungen nach dem AEntG).

Die Arbeitsämter und Hauptzollämter werden bei ihren Prüfungen von verschiedenen anderen Behörden unterstützt (§ 304 Abs. 2 SGB III).

Zur Durchführung ihrer Prüfungen dürfen die Arbeitsämter und Hauptzollämter sowie die sie unterstützenden Behörden Grundstücke und Geschäftsräume während der Geschäftszeit unangemeldet betreten.

Zur Aufklärung des Sachverhaltes werden die angetroffenen Personen befragt und die Angaben mit den Geschäftsunterlagen abgeglichen. Alle anläßlich einer Überprüfung angetroffenen Personen sind verpflichtet, ihre Personalien anzugeben. Diejenigen, die bei dem zu überprüfenden Arbeitgeber oder Auftraggeber tätig sind, sind zudem verpflichtet, Angaben zur Sache zu machen, soweit nicht ein Auskunftsverweigerungsrecht besteht (§ 306 Abs. 1 SGB III).

Ausländische Arbeitnehmer haben darüber hinaus ihren Paß, Paßersatz oder Ausweisersatz sowie ihre Aufenthaltsgenehmigung oder Duldung auf Verlangen den Arbeitsämtern oder Hauptzollämtern vorzulegen und auszuhändigen. Ergeben sich Anhaltspunkte für einen Verstoß gegen ausländerrechtliche Vorschriften, können die Arbeitsämter und die Hauptzollämter die genannten Urkunden in Gewahrsam nehmen und der zuständigen Ausländerbehörde zur weiteren Veranlassung übermitteln.

3. Organisation

90 Zur Durchführung der beschriebenen Außenprüfungen und der daraus resultierenden Ermittlungsverfahren nach dem OWiG hat die Bundesanstalt für Arbeit, neben den bereits im Zusammenhang mit der Verfolgung von Verstößen gegen das AÜG dargestellten

Stellen, in jedem Arbeitsamt besondere Stellen für diese Aufgabenerledigung eingerichtet.

Darüber hinaus sind in den Arbeitsämtern Hamburg, Berlin, Köln, Essen, Bielefeld, Hannover, Frankfurt/Main, Waiblingen, Heidelberg, Dresden, Leipzig, Nürnberg und München zusätzliche Außendiensteinheiten tätig, die vorrangig die tatsächliche Ausführung der Werkverträge auf Baustellen, die aufgrund bilateraler Regierungsvereinbarungen durchgeführt werden, überprüfen. Dabei werden jedoch nicht nur diese Vertragsverhältnisse geprüft, sondern alle auf den Baustellen tätigen Arbeitnehmer.

4. Verfolgung und Ahndung

Gemäß § 405 Abs. 1 SGB III sind die Hauptstelle der Bundesanstalt für Arbeit, die Landesarbeitsämter und die Arbeitsämter jeweils für ihren Geschäftsbereich Verfolgungsbehörden i. S. d. § 36 Abs. 1 Nr. 1 OWiG. Die Bundesanstalt für Arbeit hat den Arbeitsämtern die Verfolgung und Ahndung von Ordnungswidrigkeiten wegen illegaler Ausländerbeschäftigung übertragen. 91

Die Arbeitsämter verfolgen und ahnden die Ordnungswidrigkeiten wegen illegaler Ausländerbeschäftigung nach pflichtgemäßem Ermessen.

Die Hauptzollämter sind zwar befugt, Prüfungen zur Aufdeckung illegaler Ausländerbeschäftigung durchzuführen, die Ahndung etwaiger Verstöße obliegt jedoch den Arbeitsämtern, soweit es sich um Ordnungswidrigkeiten handelt. Gemäß § 307 Abs. 2 SGB III haben die Beamten der Hauptzollämter im Rahmen der Prüfungen nach § 304 Abs. 1 SGB III die Rechte und Pflichten der Beamten des Polizeidienstes nach den Bestimmungen der StPO und des OWiG; sie sind insoweit Hilfsbeamte der Staatsanwaltschaft. Die Hauptzollämter haben damit die Möglichkeit, Ermittlungsverfahren einzuleiten und beweissichernde Maßnahmen wie Zeugenvernehmungen oder Durchsuchungen und Beschlagnahmen bei Gefahr im Verzuge zu ergreifen. 92

Besteht der Verdacht einer Straftat nach § 406 oder § 407 SGB III, ist die Sache an die Staatsanwaltschaft abzugeben. Ebenso sind die Strafverfolgungsbehörden zuständig, wenn eine Ordnungswidrigkeit wegen fehlender Arbeitsgenehmigung im Zusammenhang mit fehlender Aufenthaltsgenehmigung steht. Hier kommt eine Straftat des Ausländers ohne Aufenthalts- und ohne Arbeitsgenehmigung in Betracht, sowie eine Beihilfe zu dieser Tat durch den Arbeitgeber, der den Ausländer beschäftigt hat. 93

Die Durchführung eines Ermittlungsverfahrens nach dem OWiG obliegt den Dienststellen der Bundesanstalt für Arbeit.[10] 94

C. Gesetz über zwingende Arbeitsbedingungen bei grenzüberschreitenden Dienstleistungen (Arbeitnehmer-Entsendegesetz – AEntG)

I. Anwendungsbereich

1. Entwicklung

In der Bundesrepublik Deutschland werden zunehmend Dienst- und Werkleistungen von ausländischen Unternehmen erbracht, die aufgrund des bestehenden Lohngefälles ihre entsandten Arbeitnehmer zu weitaus niedrigeren Arbeitsbedingungen beschäftigen können als deutsche Arbeitgeber. Folgen einer solchen ungleichen wirtschaftlichen Wettbewerbssituation sind gespaltene Arbeitsmärkte mit den aus ihnen resultierenden erheblichen sozialen Spannungen. Von einer solchen Entwicklung ist das Baugewerbe in be- 95

[10] S. Rn. 55–57.

sonderer Weise bedroht. Die Forderung nach „gleichem Lohn bei gleicher Arbeit am gleichen Ort", Grundvoraussetzung eines fairen Wettbewerbs, führte zum Erlaß des AEntG, das am 1. 3. 1996 in Kraft getreten ist.

Die Kerninhalte des Gesetzes lassen sich wie folgt beschreiben:

- Soweit tarifvertragliche Regelungen des Baugewerbes über Arbeitsentgelt und Urlaub allgemeinverbindlich sind und somit von deutschen Arbeitgebern zwingend einzuhalten sind, werden sie auch auf ausländische Arbeitgeber und ihre im Inland beschäftigten Arbeitnehmer erstreckt.
- Die international zwingende Wirkung wird gesetzlich auf das Lohnniveau der jeweils untersten Lohngruppe des betreffenden Lohntarifvertrages beschränkt (gesetzliche Änderung ist beabsichtigt).
- Neben den materiell-rechtlichen Urlaubsvorschriften wird auch das in allgemeinverbindlichen Tarifverträgen des Baugewerbes enthaltene entsprechende Sozialkassenverfahren einbezogen.
- Die Einhaltung der Bestimmungen des AEntG wird von den Arbeitsämtern und Hauptzollämtern kontrolliert. Verstöße gegen die Kernverpflichtungen des AEntG sind mit Geldbuße bis zu 500 000,– DM bedroht (Anhebung auf 1 Mio. ist beabsichtigt).

2. Geltungsbereich

96 Nach dem AEntG sind alle Arbeitgeber, die im Inland Bauleistungen i. S. von § 211 Abs. 1 SGB III erbringen, verpflichtet, die in § 1 Abs. 1 S. 1 und 2 AEntG vorgegebenen Bedingungen einzuhalten, wenn und soweit ein für allgemeinverbindlich erklärter Tarifvertrag des Baugewerbes i. S. d. §§ 1 und 2 der Baubetriebe-Verordnung vorliegt, der den Anforderungen des § 1 AEntG entspricht. Gem. § 211 Abs. 1 SGB III ist ein Betrieb des Baugewerbes ein Betrieb, der gewerblich überwiegend Bauleistungen auf dem Bauarbeitsmarkt erbringt. Bauleistungen sind alle Leistungen, die der Herstellung, Instandsetzung, Instandhaltung, Änderung oder Beseitigung von Bauwerken dienen. Die Betriebe, die diese Leistungen erbringen, sind in §§ 1 und 2 der Baubetriebe-Verordnung genannt, die vom Bundesministerium für Arbeit und Sozialordnung auf der Rechtsgrundlage des § 216 Abs. 2 SGB III erlassen wurde. Entgegen seinem Wortlaut gilt das AEntG damit nicht nur für Entsendefälle im Sinne des SGB IV; es findet vielmehr auch dann Anwendung, wenn eine Entsendung im sozialversicherungsrechtlichen Sinne, gleich aus welchem Grund, nicht vorliegt. Das AEntG findet auch Anwendung auf einen Bauarbeitgeber mit Sitz im Inland, der unter den Geltungsbereich eines Tarifvertrages nach § 1 Satz 1 AEntG fällt;[11] gesetzliche Klarstellung ist beabsichtigt. Des weiteren ist der Bereich der Seeschiffahrtsassistenz (Hafenschlepper) in den Geltungsbereich des AEntG mit einbezogen.

97 Die Verpflichtung, die im AEntG vorgegebenen Bedingungen einzuhalten, gilt nach § 1 Abs. 2a AEntG auch für Verleiher von Arbeitnehmern nach dem Arbeitnehmerüberlassungsgesetz (AÜG), wenn der Leiharbeitnehmer Entleiher mit Tätigkeiten beschäftigt wird, die in den Geltungsbereich eines für allgemeinverbindlich erklärten Mindestlohntarifvertrages nach dem AEntG fallen (z. B. Elektrohandwerk). Die gewerbsmäßige Arbeitnehmerüberlassung in Betriebe des Baugewerbes nach § 1 Baubetriebe – Verordnung für Arbeiten, die üblicherweise von Arbeitern verrichtet werden, ist nach § 1b AÜG unzulässig. Zulässig ist hingegen der gewerbsmäßige Arbeitnehmerverleih in Betriebe des Baugewerbes, die in § 2 der Baubetriebe-Verordnung genannt sind.

98 Nicht betroffen von den Bestimmungen des AEntG sind Auftraggeber von Selbständigen, die ohne weiteres Personal als sog. Ein-Mann-Unternehmen tätig sind. Hierzu zählen auch die in nicht unerheblicher Zahl nach Deutschland einreisenden englischen Staatsbürger, die im Heimatland eine „E-101-Bescheinigung" erhalten, die sie als sog.

---

[11] A. A. OLG Düsseldorf Beschl. vom 3. Juli 1998 – wistra 8/98.

self-employed persons, also als Selbständige, ausweist. Sie handeln ihre Vergütung als Subunternehmer mit ihrem Auftraggeber frei aus. Zum Teil handelt es sich allerdings nicht um wirklich Selbständige, sondern um sog. Scheinselbständige und damit um Arbeitnehmer. Diese werden häufig von niederländischen Hintermännern, den sog. Koppelbaazen, nach Deutschland kolonnenweise verliehen. Als (Bau-)Arbeitnehmer wird ihr Arbeitsverhältnis von den Bestimmungen des AEntG (und den entsprechenden für allgemeinverbindlich erklärten Tarifverträgen) erfaßt. Sie haben daher Anspruch auf den Mindestlohn. Da der Verleih der Arbeitskräfte in diesen Fällen regelmäßig (bußgeldbedrohte) Arbeitnehmerüberlassung darstellt, richtet sich der Anspruch auf den Mindestlohn wegen der Fiktion des § 10 AÜG – auch – gegen den deutschen Entleiher.

II. Pflichten des Arbeitgebers

1. Anmeldung

Jeder Arbeitgeber mit Sitz im Ausland, der in Deutschland mindestens einen Arbeitnehmer auf einer Baustelle beschäftigen will, muß dies vor Beginn der Beschäftigung anmelden (§ 3 AEntG). Die Anmeldung soll die prüfenden Behörden – Arbeitsämter und Hauptzollämter – in die Lage versetzen, gezielt (auch) auf Baustellen prüfen zu können, auf denen Bauarbeiter mit Sitz im Ausland tätig sind. 99

Die Anmeldepflicht für Bauleistungen besteht für alle in §§ 1 und 2 der Baubetriebe-Verordnung genannten Betriebe, soweit diese überwiegend Bauleistungen im Sinne von § 211 Abs. 1 SGB III erbringen. Dies gilt unabhängig davon, ob ein für allgemeinverbindlich erklärter Tarifvertrag besteht, der unter das AEntG fällt, oder nicht. Die Meldung muß folgende Angaben enthalten:

- die Namen und Vornamen der in Deutschland beschäftigten Arbeitnehmer
- Beginn und voraussichtliche Dauer der Beschäftigung
- den Ort der Beschäftigung (Baustelle)
- den Ort im Inland, an dem die nach § 2 Abs. 3 erforderlichen Unterlagen bereitgehalten werden
- Name, Vorname, Geburtsdatum des verantwortlich Handelnden und Anschrift in Deutschland
- Name, Vorname eines Zustellungsbevollmächtigten und Anschrift in Deutschland, soweit dieser nicht mit dem verantwortlich Handelnden identisch ist.

Eine Anmeldung müssen auch Verleiher mit Sitz im Ausland abgeben, die im Rahmen des AÜG einen oder mehrere Arbeitnehmer zur Arbeitsleistung einem Entleiher in Deutschland überlassen. Die Meldung des Verleihers muß enthalten: 100

- Namen und Vornamen der von ihm in Deutschland überlassenen Arbeitnehmer
- Beginn und Dauer der Überlassung
- Ort der Beschäftigung (Baustelle)
- den Ort im Inland, an dem die nach § 2 Abs. 3 AEntG erforderlichen Unterlagen bereitgehalten werden
- Name, Vorname eines Zustellungsbevollmächtigten und Anschrift in Deutschland
- Name und Anschrift des Entleihers.

Anders als bei der Meldepflicht für Arbeitgeber mit Sitz im Ausland (§ 3 Abs. 1 AEntG) besteht nach einer internen Weisung der Bundesanstalt für Arbeit für Verleiher mit Sitz im Ausland die Meldepflicht nach § 3 Abs. 2 AEntG auch dann, wenn der Entleiher in seinem Betrieb nicht überwiegend Bauleistungen erbringt. Voraussetzung ist lediglich, daß der Leiharbeitnehmer mit Tätigkeiten beschäftigt wird, die in den Geltungsbereich eines für allgemeinverbindlich erklärten Tarifvertrags nach § 1 Abs. 1 oder 2 AEntG fallen können, unabhängig davon, ob ein solcher Tarifvertrag existiert.

Die Anmeldung hat schriftlich bei dem Landesarbeitsamt zu erfolgen, in dessen Bezirk die Baustelle liegt.

101 Eine Meldung ist auch dann zu erstatten, wenn
- sich der Beginn der Bauleistung ändert,
- andere als die ursprünglich gemeldeten Arbeitnehmer beschäftigt werden, oder
- bereits gemeldete Arbeitnehmer auf einer anderen inländischen Baustelle eingesetzt werden sollen. Gerade dieser Punkt – Abgabe von Doppel- und Mehrfachmeldungen – hat sich in der Praxis als Problem herausgestellt. Bauarbeitgeber, die auf mehreren Baustellen gleichzeitig tätig sind und dieselben Arbeitnehmer auf diesen Baustellen wechselnd einsetzen, melden diese Arbeitnehmer für alle Baustellen und für denselben Zeitraum. Dies ist nach dem AEntG nicht zulässig; jeder Arbeitnehmer, der auf einer anderen Baustelle eingesetzt wird, muß für die neue Baustelle gesondert angemeldet werden. Werden auf die beschriebene Weise unrichtige Meldungen abgegeben, kann dies zu bußgeldrechtlichen Konsequenzen führen.

Problematisch sind allerdings die Fälle, in denen verschiedene Bauleistungen gleichzeitig auf nebeneinanderliegenden oder in unmittelbarer Nähe befindlichen Baustellen erbracht werden und die Arbeitnehmer laufend wechselnd auf den Baustellen eingesetzt werden. Hier kann ein striktes Beharren auf der nach dem Wortlaut des § 3 AEntG bestehenden Meldepflicht bei jedem wechselnden Arbeitnehmereinsatz zu einer Überforderung des betroffenen Arbeitgebers und auch zu einem unverhältnismäßigen Verwaltungsaufwand seitens der Arbeitsverwaltung führen.

In der Praxis mitunter nur unter großen Schwierigkeiten einzuhalten ist die Verpflichtung des Verleihers, dem Landesarbeitsamt vor einer jeden Änderung des Einsatzortes der überlassenen Arbeitnehmer eine Meldung zu erstatten. Der Einsatzort der überlassenen Arbeitnehmer wird vom Entleiher bestimmt, nicht vom Verleiher. Der Verleiher ist daher gezwungen, sich rechtzeitig vom Entleiher über alle Veränderungen unterrichten zu lassen, damit er wiederum ordnungsgemäß die erforderliche Meldung abgeben kann. Da Zuwiderhandlungen bußgeldbedroht sind,[12] obliegt es hier den Ahndungsbehörden in besonderer Weise, Fingerspitzengefühl zu zeigen und die Schuldfrage eingehendst zu prüfen.

102 Neben der Verpflichtung zur Abgabe der Meldung haben sowohl Arbeitgeber als auch Verleiher mit Sitz im Ausland eine – der Meldung beigefügte – Versicherung abzugeben, daß die in § 1 AEntG vorgeschriebenen Arbeitsbedingungen eingehalten werden. Die Versicherung müssen auch Arbeitgeber, die im Rahmen bilateraler Regierungsvereinbarungen tätig werden, abgeben; sie bezieht sich in diesen Fällen nur auf die Zahlung des Mindestlohnes. Die von Arbeitgebern, die im Rahmen bilateraler Regierungsvereinbarungen in Deutschland tätig werden, zu gewährenden materiellen Arbeitsbedingungen (Lohn/Urlaub) richten sich zunächst nach dem insoweit vorrangigen Arbeitserlaubnisrecht sowie den einschlägigen Regierungsvereinbarungen. Die Anwendung des AEntG wird damit jedoch nicht ausgeschlossen.[13]

Für die Abgabe der Meldung und der Versicherung sollte der von der Bundesanstalt für Arbeit herausgegebene Vordruck verwendet werden. Damit wird schon im eigenen Interesse der Arbeitgeber und Verleiher sichergestellt, daß alle erforderlichen Angaben gemacht werden.

2. Zahlung des Mindestlohnes

103 Derzeit – Stand Dezember 1998 – sind in folgenden Bereichen Mindestlohn-Tarifverträge im Sinne des § 1 AEntG für allgemeinverbindlich erklärt:
- Baugewerbe
  Mindestlohn:
  alte Bundesländer 16,– DM, neue Bundesländer 15,14 DM

[12] Vgl. Rn. 131.
[13] Siehe hierzu Rn. 105.

- Dachdeckerhandwerk
  Mindestlohn:
  alte Bundesländer 16,– DM, neue Bundesländer 15,14 DM
- Elektrohandwerk
  Mindestlohn:
  alte Bundesländer 15,90 DM, neue Bundesländer 13,– DM

Die Allgemeinverbindlicherklärung der genannten Tarifverträge endet ohne Nachwirkung mit Ablauf des 31. August 1999.

Nach dem Tarifvertrag zur Regelung eines Mindestlohnes für das Baugewerbe ist maß- 104
geblicher Mindestlohn der Gesamttarifstundenlohn, der sich aus dem Tarifstundenlohn und dem Bauzuschlag zusammensetzt. Es handelt sich dabei um einen Bruttolohn.

Nach dem von der Bundesanstalt für Arbeit herausgegebenen Merkblatt wird bei der Ermittlung des Mindestlohnes von folgenden Grundsätzen ausgegangen:

- Vom Arbeitgeber / Verleiher gezahlte Zulagen oder Zuschläge (mit Ausnahme des Bauzuschlages) werden nicht als Bestandteile des Gesamttarifstundenlohnes berücksichtigt. Hierzu zählen insbesondere Mehrarbeitszuschläge, Nachtzuschläge, Sonn- und Feiertagszuschläge, Auslösungen, Erschwerniszuschläge.
- Zahlungen, die im Arbeitsvertrag als Differenzausgleich zwischen dem heimischen Lohn und dem nach § 1 AEntG geschuldeten Lohn ausgewiesen sind, werden als Bestandteil des Mindestlohnes berücksichtigt.
- Gewährt der Arbeitgeber / Verleiher zusätzlich zum Lohn geldwerte Sachleistungen wie z. B. Unterkunft und / oder Verpflegung, so wird deren Geldwert nicht als Lohnbestandteil berücksichtigt.
- Zahlt der Arbeitgeber / Verleiher dem Arbeitnehmer einen (z. B. monatlichen) Gesamtbetrag, mit dem der Arbeitnehmer auch seine Aufwendungen für Unterkunft und/oder Verpflegung selbst bestreiten soll, so wird bei der Ermittlung des Mindestlohnes von dem Gesamtbetrag die nach der Sachbezugsverordnung jeweils niedrigste Stufe für Unterkunfts- bzw. Verpflegungsleistungen abgezogen.
- Zahlt der Arbeitgeber den Lohn nur abzüglich der Kosten für arbeitgeberseitige Leistungen (z. B. Unterkunft, Verpflegung), so ist lediglich dieser ausgezahlte Betrag als Mindestlohnzahlung zu berücksichtigen.

Der von Arbeitgebern, die im Rahmen bilateraler Regierungsvereinbarungen in 105
Deutschland tätig werden, zu zahlende Arbeitslohn richtet sich zunächst nach dem insoweit vorrangigen Arbeitserlaubnisrecht sowie den einschlägigen Regierungsvereinbarungen. Damit werden allerdings die Bestimmungen des AEntG nicht ausgeschlossen. Das bedeutet:

- wird der nach den Regierungsvereinbarungen zu zahlende Lohn unterschritten, erfolgen (ggf.) Sanktionen, wie sie in den Vereinbarungen enthalten sind; dies können der Widerruf von Arbeitsgenehmigungen sein oder auch der Ausschluß betroffener Arbeitgeber von der künftigen Kontingentvergabe;
- wird darüber hinaus – auch – der im Regelfall darunter liegende Bruttolohn nach dem AEntG unterschritten, erfolgen zusätzlich zu den Sanktionen nach den Regierungsvereinbarungen bußgeldrechtliche Konsequenzen nach dem AEntG und dem OWiG.

Verstöße gegen die Verpflichtung, den jeweils geltenden Mindestlohn zu zahlen, können mit Geldbuße bis zu 500 000,– DM geahndet werden (Anhebung auf 1 Mio. ist beabsichtigt).

3. Gewährung von Erholungsurlaub

Bezüglich der Urlaubsregelung für gewerbliche Arbeitnehmer sind in den nachfolgend 106
aufgeführten Bereichen Tarifverträge, die die Voraussetzungen des AEntG erfüllen, bundesweit für allgemeinverbindlich erklärt (Stand Dezember 1998):

– Dachdeckerhandwerk
– Garten-, Landschafts- und Sportplatzbau
– Steinmetz- und Steinbildhauerhandwerk
– Baugewerbe.

In diesen Tarifbereichen kann von den Kontrollbehörden derzeit geprüft werden, ob tarifgemäß Erholungsurlaub gewährt, Urlaubsentgelt und zusätzliches Urlaubsgeld bezahlt wird.[14]

Verstöße gegen die Gewährung der jeweils tarifvertraglich festgelegten Urlaubsbedingungen können mit Geldbuße bis zu 500000,– DM geahndet werden (Anhebung auf 1 Mio. ist beabsichtigt).

4. Abführung von Beiträgen an gemeinsame Einrichtungen der Tarifvertragsparteien

107 Dem Antrag auf Allgemeinverbindlicherklärung des Tarifvertrages über das Sozialkassenverfahren im Baugewerbe und des Bundesrahmentarifvertrages für das Baugewerbe ist mit der Maßgabe stattgegeben worden, daß die Allgemeinverbindlichkeit der das Urlaubskassenverfahren für Arbeitgeber mit Sitz im Ausland und ihre Arbeitnehmer betreffenden Vorschriften bis zum 31. 8. 1999 befristet wurde. Damit sind auch Arbeitgeber mit Sitz im Ausland verpflichtet, am deutschen Urlaubskassenverfahren teilzunehmen.

108 Für die Durchführung des Urlaubskassenverfahrens im Baugewerbe für Arbeitgeber mit Sitz im Ausland ist die Urlaubs- und Lohnausgleichskasse der Bauwirtschaft (ULAK) in Wiesbaden zuständig.

Die ULAK ist eine gemeinsame Einrichtung der Tarifvertragsparteien der Bauwirtschaft. Diese sind

– der Zentralverband des Deutschen Baugewerbes e.V., Bonn,
– der Hauptverband der Deutschen Bauindustrie, Wiesbaden und
– die Industriegewerkschaft Bauen-Agrar-Umwelt, Frankfurt am Main.

Sie ist rechtlich organisiert als ein Verein mit eigener Rechtspersönlichkeit kraft staatlicher Verleihung.

Für Rechtsstreitigkeiten zwischen der ULAK und Arbeitgebern betreffend die Abführung von Beiträgen ist das Arbeitsgericht Wiesbaden zuständig.

Bei den Beiträgen zur ULAK handelt es sich um eine Umlage zur Absicherung von arbeitsrechtlichen Urlaubsansprüchen; es handelt sich nicht um Beiträge zur Sozialversicherung.

Zur Teilnahme am Urlaubsverfahren der deutschen Bauwirtschaft sind Arbeitgeber mit Sitz im Ausland verpflichtet, wenn

– sie in Deutschland einen Bauauftrag in eigener Verantwortung ausführen,
– dafür gewerbliche Arbeitnehmer nach Deutschland entsenden, die in der Gesamtheit arbeitszeitlich überwiegend bauliche Tätigkeiten verrichten, und
– sie im Heimatstaat nicht weiterhin für diese Arbeitnehmer Beiträge zu einer vergleichbaren Einrichtung abführen.

109 Arbeitgeber, die im Rahmen von Werkverträgen aufgrund bilateraler Regierungsvereinbarungen in Deutschland tätig sind, nehmen am Urlaubskassenverfahren nur hinsichtlich der Arbeitnehmer teil, die einer Arbeitsgenehmigung nicht bedürfen, und solcher ausländischen Arbeitnehmer, die in Deutschland leben und denen eine Arbeitserlaubnis nach § 2 ArGV erteilt wurde (gesetzliche Änderung ist beabsichtigt).

Arbeitgeber mit Sitz in den Staaten, mit denen die Bundesregierung bilaterale Regierungsvereinbarungen zur Ausführung von Werkverträgen geschlossen hat, die Arbeitnehmer nicht im Rahmen dieser Vereinbarungen entsenden, sondern z. B. zur Montage von Fertighäusern und -hallen, nehmen jedoch am Urlaubskassenverfahren teil.

---

[14] Zur Teilnahme am Urlaubskassenverfahren siehe Rn. 107.

Arbeitgeber mit Sitz im Ausland, die an diesem Urlaubsverfahren teilnehmen, haben 110
der ULAK die Stammdaten des Arbeitgebers sowie die seiner Arbeitnehmer mitzuteilen. Für die Beitragserhebung sind monatliche Meldungen zum beitragspflichtigen Bruttolohn der einzelnen Arbeitnehmer erforderlich. Der beitragspflichtige Bruttolohn ist der Lohn, der vom Arbeitnehmer versteuert werden muß bzw. versteuert werden müßte, wenn deutsches Steuerrecht anzuwenden ist bzw. wäre. Die Meldung muß spätestens am 15. des Folgemonats bei der ULAK eingegangen sein.

Bis zu diesem Termin ist auch der Urlaubskassenbeitrag in Höhe von 14,25% der monatlichen Bruttolöhne aller nach Deutschland entsandten Arbeitnehmer zu entrichten. Der Urlaubskassenbeitrag ist zusätzlich zum Lohn zu zahlen und darf weder vom Lohn einbehalten noch abgezogen werden. Die ULAK prüft, ob im Heimatland Beiträge zu einer vergleichbaren Einrichtung gezahlt werden.

Bei Verstößen gegen die Verpflichtung, die Urlaubskassenbeiträge abzuführen, drohen Geldbußen bis zu 500 000,– DM (Anhebung auf 1 Mio. ist beabsichtigt).

5. Befreiung

Nach § 1 Abs. 5 AEntG kann von der Anwendung bestimmter nach dem AEntG beste- 111
hender Verpflichtungen in Ausnahmefällen abgesehen werden, wenn dies in dem betreffenden Fall wegen des geringen Umfangs der zu erbringenden Leistungen angemessen und begründet erscheint. Betroffen sind folgende (nach entsprechenden für allgemeinverbindlich erklärten Tarifverträgen bestehende) Verpflichtungen von Arbeitgebern mit Sitz im Ausland:

– Zahlung des Mindestlohnes (auch bei Verleihern)
– Gewährung der betreffenden Urlaubsbedingungen
– Abführung von Beiträgen an gemeinsame Einrichtungen der Tarifvertragsparteien.

(Gesetzliche Änderung ist beabsichtigt).

Keine Befreiung ist möglich von der Verpflichtung des § 3 AEntG, vor Beginn einer jeden Bauleistung eine Anmeldung beim zuständigen Landesarbeitsamt abgeben zu müssen.

Eine Befreiung von den genannten Verpflichtungen kann nur auf Antrag erfolgen. 112
Für die Entscheidung ist gem. § 2 Abs. 4 AEntG die Bundesanstalt für Arbeit zuständig. Nach deren internen Regelungen entscheidet über den Antrag die Zentralstelle für Arbeitsvermittlung, Feuerbachstraße 42–46, 60326 Frankfurt, die Teil der Bundesanstalt für Arbeit ist.

Unter „geringem Umfang der zu erbringenden Leistungen" sind Bauleistungen zu verstehen, die

– nur kurze Zeit in Anspruch nehmen,
– von einer geringen Zahl von Arbeitnehmern erbracht werden und
– ein geringes Auftragsvolumen besitzen.

Ausländische Hersteller von Fertighäusern, die häufig Interesse an einer möglichen Befreiung bekunden, dürften regelmäßig nicht in den Genuß der Regelung kommen. Zwar ist der Arbeitsaufwand zum Erstellen des Hauses an Ort und Stelle vergleichsweise gering, doch werden derartige Häuser typischerweise in größerer Zahl gefertigt und aufgestellt, so daß die insgesamt zu erbringenden Bauleistungen einen mehr als geringen Umfang aufweisen.

Der Antrag auf Befreiung sollte vor Beginn der „geringfügigen" Bauleistung bei der Zentralstelle für Arbeitsvermittlung gestellt werden. Damit wird das Risiko vermieden, daß einem rückwirkend gestellten Antrag nicht stattgegeben wird und ggf. wegen Nichtgewährung von Arbeitsbedingungen bußgeldrechtliche Konsequenzen gezogen werden.

III. Umgehungsversuche

1. Allgemeines

113 Die Bestimmungen des AEntG legen Bauarbeitgebern erhebliche, die Kalkulation beeinflussende, Verpflichtungen auf. Um die eigene Wettbewerbsposition auf dem umkämpften Bauarbeitsmarkt zu verbessern, wird von nicht wenigen Arbeitgebern mit verschiedenen Umgehungs- und Verschleierungsmethoden versucht, die im AEntG normierten Pflichten zu umgehen.

2. Anmeldung

114 Vor Beginn einer Bauleistung hat jeder Arbeitgeber mit Sitz im Ausland eine Anmeldung beim zuständigen Landesarbeitsamt zu erstatten.[15] Von dort werden die Anmeldungen an die prüfenden Behörden – Arbeitsämter und Hauptzollämter – weitergeleitet, die damit in die Lage versetzt werden, gezielte Prüfungen einleiten zu können. Das Risiko des Überprüftwerdens versuchen manche Arbeitgeber dadurch zu reduzieren, daß sie bewußt eine Meldung erst gar nicht abgeben; sei es, daß sie die Hauptpflichten des AEntG – Mindestlohnzahlung, Abführung der Beiträge an die ULAK – nicht einhalten wollen, sei es, daß sie die Begehung anderer Verstöße beabsichtigen, z. B. unerlaubte Arbeitnehmerüberlassung, Beschäftigung von Ausländern ohne die erforderliche Arbeitsgenehmigung oder Beschäftigung sog. Scheinselbständiger.

Das Risiko, überprüft zu werden, ist aber auch in derartigen Fällen nicht unerheblich. Zwar sind Meldungen nach dem AEntG häufiger Anlaß für Überprüfungen, sie sind aber nicht der einzige. Kontrollen erfolgen z. B. auch nach Hinweisen anderer Behörden, aufgrund anderer eigener Erkenntnisquellen der Prüfbehörden, aufgrund von – glaubhaften – namentlichen oder auch anonymen Anzeigen Dritter oder aber ohne jeglichen Anfangsverdacht. Werden Verstöße aufgedeckt, werden nicht nur diese geahndet, sondern auch der Meldeverstoß nach dem AEntG.

3. Zahlung des Mindestlohnes

115 Gerade zur Umgehung der Verpflichtung, den maßgeblichen Mindestlohn zu zahlen, werden verschiedene Umgehungstaktiken angewandt. Als Beispiele seien genannt:

- Verschiedentlich wurde von Arbeitgebern versucht, den Zeitpunkt der Lohnzahlung so weit in die Zukunft zu verschieben, daß nach Möglichkeit die Bautätigkeit im Bundesgebiet bereits beendet ist. Eine Kontrolle der tatsächlichen Zahlung von Mindestlöhnen im Heimatland der ausländischen Arbeitgeber aber wäre für die deutschen Prüfbehörden mit kaum überwindbaren Schwierigkeiten verbunden. Die Tarifvertragsparteien im Baugewerbe haben dem insoweit einen Riegel vorgeschoben, als im betreffenden Tarifvertrag inzwischen vereinbart wurde, daß der Anspruch auf den Mindestlohn spätestens zur Mitte des Monats fällig wird, der auf den Monat folgt, für den er zu zahlen ist. Der Tarifvertrag ist auch insoweit allgemeinverbindlich.
- Teilweise wird versucht, Zulagen oder Zuschläge, die nicht zum Gesamttarifstundenlohn zählen, als Teil des Mindestlohnes darzustellen. Auslösen und Auslandsauslösen zählen nicht zum Mindestlohn. Gleichwohl wird vorgespiegelt, diese Zahlungen, die dann allerdings nicht als Auslösen bezeichnet werden, würden als Teil des Mindestlohnes gezahlt. Häufig ist die Umgehungsabsicht schon daran zu erkennen, daß für diese Zahlungen keine Abzüge von Lohnsteuern und Sozialversicherungsbeiträgen vorgenommen werden.

---

[15] Siehe Rn. 99.

- Eine häufig praktizierte Verschleierungsmethode besteht darin, daß den ausländischen Arbeitnehmern zwar die ihnen zugesicherten (Monats-)Löhne gezahlt werden, die, umgerechnet auf die vereinbarte Arbeitszeit, tatsächlich den maßgeblichen Stunden-Mindestlohn erreichen würden. In Wirklichkeit werden dann aber weit mehr Arbeitsstunden geleistet (260 bis zu 300 im Monat!), so daß die Mindestlöhne letztlich doch ganz erheblich unterschritten werden.
- Nicht selten werden doppelte Lohnaufzeichnungen geführt. Die einen enthalten unrichtige Angaben und werden den prüfenden Behörden bei Kontrollen vorgelegt. Die anderen enthalten richtige Angaben und dienen intern als Grundlage für die Lohnzahlung.
- Verstöße gegen das AEntG werden häufig bei der Befragung der ausländischen Arbeitnehmer aufgedeckt. Dabei ist es keine Seltenheit, daß diese von ihren Arbeitgebern massiv unter Druck gesetzt werden, unrichtige Angaben zu machen. Werden dann doch zutreffende Auskünfte erteilt, werden die betreffenden Arbeitnehmer entweder sofort entlassen oder in ihr Heimatland zurückgeschickt und zur Rücknahme von Aussagen veranlaßt.

Die Aufdeckung von Mindestlohnverstößen durch die prüfenden Behörden erfolgt im Rahmen von Außenprüfungen bei Arbeitgebern.[16] Der Nachweis solcher Verstöße ist, je nach angewandter Verschleierungsmethode, jedoch sehr zeitaufwendig und schwierig.

IV. Aufdeckung von Verstößen

1. Prüfbehörden

Gem. § 2 Abs. 1 AEntG sind die Bundesanstalt für Arbeit und die Hauptzollämter gleichermaßen für die Prüfung der Arbeitsbedingungen nach § 1 des AEntG zuständig. 116

Seitens der Bundesanstalt für Arbeit prüfen alle Organisationseinheiten, die für die Bekämpfung von illegaler Beschäftigung und Leistungsmißbrauch zuständig sind, auch die Einhaltung der Bestimmungen des AEntG. Im einzelnen sind dies die Arbeitsbereiche für „Ordnungswidrigkeiten / Außendienst“, die in allen 181 Arbeitsämtern eingerichtet sind, außerdem die sog. „Bearbeitungsstellen für die Bekämpfung illegaler Beschäftigung“, die zusätzlich in 44 Arbeitsämtern bestimmte Stützpunktaufgaben wahrnehmen. Hinzugetreten sind seit 1996 die sog. „Prüfgruppen Außendienst Bau“, die in 13 Ballungszentren im Bundesgebiet Prüfungen ausschließlich im Baubereich durchführen.

Seitens der Bundeszollverwaltung sind ca. 70 Hauptzollämter mit der genannten Aufgabe betraut.

2. Rechtsgrundlagen

Die Bundesanstalt für Arbeit bedient sich im Rahmen der Bekämpfung von illegaler Beschäftigung und Leistungsmißbrauch verschiedener Methoden zur Aufdeckung von Verstößen. Sie sind in der nachfolgenden Übersicht stichwortartig beschrieben. 117

Methoden zur Aufdeckung/Bekämpfung illegaler Beschäftigung und Leistungsmißbrauch

Datenabgleichsverfahren

- DALEB-Verfahren
  Datenabgleich Leistungsempfängerdatei mit Beschäftigtendatei
  Ziel: Aufdeckung von Leistungsmißbrauch

[16] Siehe hierzu Rn. 119.

• Kontospiegelverfahren
  Datenabgleich Arbeitserlaubnisdatei mit Beschäftigtendatei
  Ziel: Aufdeckung illegaler Ausländerbeschäftigung

Abgleich nur möglich, wenn Arbeitgeber Meldung an Einzugsstelle abgibt!

Außenprüfungen bei Arbeitgebern

• verdachtlose Prüfungen
• kombinierte Prüfungen SGB III, SGB IV, AEntG
  Ziel: Aufdeckung insbesondere von illegaler Ausländerbeschäftigung, Lohndumping, Leistungsmißbrauch, Verstöße nach AEntG, Meldeverstöße

118 Für die Aufdeckung von Verstößen nach dem AEntG gibt es, wie z. B. bei der illegalen Ausländerbeschäftigung und dem mißbräuchlichen Bezug von Sozialleistungen, kein elektronisches Datenabgleichsverfahren. Vielmehr können Zuwiderhandlungen nur durch Kontrollen im Rahmen von Prüfungen bei Arbeitgebern auf den Baustellen selbst aufgedeckt werden (sog. Außenprüfungen).

Für die Überprüfungen der (Bau-)Arbeitgeber stellt der Gesetzgeber ein rechtliches Instrumentarium zur Verfügung, das sich schon bisher außerhalb spezieller AEntG-Prüfungen bei Kontrollen der Arbeitsämter und Hauptzollämter in Betrieben gut bewährt hat:

119 Gem. § 2 Abs. 2 AEntG sind die §§ 304ff. SGB III entsprechend anzuwenden; diese Bestimmungen sind die tragende Rechtsgrundlage für Prüfungen bei Arbeitgebern, wie sie täglich bundesweit in großer Zahl durchgeführt werden.

Gem. § 304 Abs. 1 SGB III prüfen die Arbeitsämter und Hauptzollämter, ob

– Sozialleistungen nach diesem Buch zu Unrecht bezogen werden oder wurden,
– ausländische Arbeitnehmer mit einer erforderlichen Genehmigung und nicht zu ungünstigeren Arbeitsbedingungen als vergleichbare deutsche Arbeitnehmer beschäftigt werden oder wurden,
– die Angaben des Arbeitgebers, die für die Leistungen erheblich sind, zutreffend bescheinigt wurden.

Die Prüfungen bei den Arbeitgebern können ohne jeglichen Anfangsverdacht erfolgen, sog. verdachtlose Prüfungen. Sie erfolgen im Regelfall auch überraschend ohne vorherige Ankündigung, um die Gefahr von Verschleierungen zu reduzieren.

120 Zur Durchführung ihrer Prüfungen sind die Kontrollbehörden befugt, Grundstücke und Geschäftsräume des Arbeitgebers während der Geschäftszeit zu betreten und dort Einsicht in die Lohn-, Melde- oder vergleichbaren Unterlagen zu nehmen. § 2 Abs. 2 AEntG ergänzt dieses Einsichtsrecht für die Fälle der AEntG-Prüfungen dahingehend, daß die Prüfbehörden auch Einsicht in Arbeitsverträge, Niederschriften nach § 2 des Nachweisgesetzes und andere Geschäftsunterlagen nehmen können, die mittelbar oder unmittelbar Auskunft über die Einhaltung der Arbeitsbedingungen geben können.

Die Prüfbehörden sind weiterhin ermächtigt, die Personalien der bei der Durchführung der Prüfungen angetroffenen Personen zu überprüfen (§ 305 Abs. 1 SGB III).

Strittig wurde in der Vergangenheit die Frage beurteilt, ob die prüfenden Behörden befugt sind, auch bei „Arbeitgebern" als Auftraggeber von Selbständigen zu kontrollieren. Beispiele waren Prüfungen bei Versicherungen bezüglich der Tätigkeit selbständiger Versicherungsvertreter und in Volkshochschulen, die selbständige Honorarkräfte beauftragt haben. Der Gesetzgeber hat die streitige Rechtsfrage nunmehr geregelt und in § 305 Abs. 2 SGB III[17] bestimmt, daß Auftraggeber von Selbständigen Arbeitgebern gleichstehen, wenn die Auftraggeber juristische Personen oder im Handelsregister eingetragen sind. Ausgenommen von entsprechenden Kontrollen sind damit insbesondere Private, die Selbständige beauftragt haben (z. B. der private Hausbesitzer, der einen Handwerker mit Arbeiten in seinem Haus beauftragt hat).

---

[17] In Kraft seit 1. 1. 1998.

Zur Durchführung der Prüfungen sind in § 305 SGB III weitgehende Duldungs- und Mitwirkungspflichten normiert. Arbeitgeber, Arbeitnehmer sowie Dritte, die bei einer Prüfung angetroffen werden, haben diese zu dulden und dabei mitzuwirken; insbesondere treffen sie die in § 306 Abs. 1 SGB III im einzelnen bezeichneten Auskunftspflichten. Ausländische Arbeitnehmer sind verpflichtet, ihren Paß, Paßersatz oder Ausweisersatz und ihre Aufenthaltsgenehmigung oder Duldung den Prüfbehörden vorzulegen und auszuhändigen. 121

Verstöße gegen die Duldungs- und Mitwirkungspflichten sind bußgeldbedroht.

Für die Durchführung von Prüfungen hat der Gesetzgeber in bezug auf die rechtliche Situation der Prüfbehörden – Arbeitsämter und Hauptzollämter – zueinander in § 307 SGB III spezielle Regelungen getroffen. Damit wurde der eher ungewöhnlichen Situation Rechnung getragen, daß verschiedene Behörden mit demselben Prüfauftrag ausgestattet sind. Nach der genannten Bestimmung erfolgen die Prüfungen der Hauptzollämter eigenverantwortlich im Einvernehmen mit der Bundesanstalt für Arbeit. Die Hauptzollämter sind an Erklärungen der Bundesanstalt zu Rechtsfragen von grundsätzlicher Bedeutung, die ihnen über das Bundesministerium der Finanzen zugeleitet werden, gebunden. Bei unterschiedlicher Rechtsauffassung entscheidet das Bundesministerium für Arbeit und Sozialordnung. Anders als die Bediensteten der Arbeitsämter haben die Beamten der Hauptzollämter im Rahmen der Prüfungen nach § 304 Abs. 1 SGB III die Rechte und Pflichten der Beamten des Polizeidienstes nach den Bestimmungen der Strafprozeßordnung und des Gesetzes über Ordnungswidrigkeiten; sie sind insoweit auch Hilfsbeamte der Staatsanwaltschaft. 122

In der Praxis stimmen sich Arbeitsämter und Hauptzollämter in der Regel vor der Durchführung von Prüfungen ab, damit ungeplante Doppel- und Mehrfachprüfungen vermieden werden. Häufig erfolgen auch gemeinsame Prüfungen.

3. Durchführung von Prüfungen bei Arbeitgebern

Die Durchführung einer Außenprüfung läßt sich in ihren wichtigsten Elementen wie folgt kurz skizzieren: 123

Durchführung einer Außenprüfung

Vorbereitung
- Feststellungen zu
  - Lage/Größe der Baustelle
  - Zahl der Arbeitgeber, Arbeitnehmer
  - Nationalität
- ggfs. längere Observation erforderlich
- evtl. Beteiligung Hauptzollamt, andere Behörden, Polizei (Absperrung, Personenschutz)

Prüfung
- Befragung aller angetroffenen Personen (u. a. persönliche Daten, Arbeitgeber, wie lange tätig, Arbeitsgenehmigung, Höhe des Lohnes)
- Prüfung der Lohn- und Meldeunterlagen
- evtl. sofortige Einleitung eines Ermittlungsverfahrens nach dem OWiG, Zeugenvernehmung, Durchsuchung, Beschlagnahme

Nachgehende Tätigkeiten
- Prüfungen Arbeitsgenehmigung, Leistungsmißbrauch
- Durchführung OWiG-Verfahren (z. B. Arbeitnehmerüberlassung, Arbeitsgenehmigung, AEntG)
- Abgabe von Verdachtsfällen an andere Behörden

Die Kontrolle bei Arbeitgebern – hier kurz dargestellt anhand der Überprüfung von Mindestlohnzahlungen – erfolgt in der Prüfpraxis grundsätzlich in zwei Schritten, der Personenbefragung und der nachfolgenden Prüfung der Geschäftsunterlagen.

a) Personenbefragung

124 Auf der Baustelle werden grundsätzlich alle dort angetroffenen Personen befragt. Dies betrifft sowohl alle deutschen und ausländischen Arbeitnehmer, als auch Selbständige, die häufig in Wirklichkeit abhängig Beschäftigte sind („Scheinselbständige") und dann den Mindestlohnbestimmungen unterfallen.

Anläßlich der Personenbefragung ist zu klären, welche Zahlungen der Arbeitnehmer erhält, ob darin nicht zu berücksichtigende Bestandteile enthalten sind, wie viele Arbeitsstunden im Abrechnungszeitraum geleistet wurden, welche Auszahlungsmodalitäten vereinbart wurden sowie, ob und ggf. in welcher Höhe Sozialversicherungsbeiträge und Steuern abgeführt werden. Sofern die Abführung von Sozialversicherungsbeiträgen und Steuern behauptet wird, ist dies durch prüfbare Unterlagen zu belegen. Werden solche nicht vorgelegt, wird der Nettolohn als Berechnungsgrundlage für den Mindestlohn zugrunde gelegt.

b) Prüfung der Geschäftsunterlagen

125 An die Personenbefragung schließt sich grundsätzlich die Prüfung der Geschäftsunterlagen an. Hierbei werden die Angaben, die anläßlich der Personenbefragung gemacht wurden, überprüft und evtl. noch fehlende Angaben zur Feststellung des Bruttolohnes ermittelt.

aa) Berücksichtigungsfähige Angaben

126 Für die Ermittlung des Mindeststundenlohnes werden die tatsächlich geleisteten Arbeitsstunden berücksichtigt, auch wenn ein Verstoß gegen das Arbeitszeitgesetz vorliegt; in diesem Fall sind die für die Verfolgung und Ahndung dieser Verstöße nach Landesrecht zuständigen Behörden, das sind in der Regel die Gewerbeaufsichtsämter oder die Ämter für Arbeitsschutz, zu unterrichten.

Werden Akkordlöhne gezahlt, werden die Abrechnungszeiträume und die in dieser Zeit geleisteten Arbeitsstunden zur Ermittlung des Mindestlohnes berücksichtigt.

Da der Tarifvertrag über den Mindestlohn keine Zuschläge für Überstunden oder Sonn- und Feiertagsarbeit vorsieht, ist auch bei diesen Arbeitsstunden nur von dem Mindestlohn auszugehen.

Bei Arbeitgebern, die im Rahmen von Werkverträgen aufgrund bilateraler Regierungsvereinbarungen in Deutschland tätig sind, werden für die Ermittlung des Mindestlohnes der gezahlte Nettolohn sowie die – ggf. nach Heimatrecht – abgeführten Steuern und Sozialversicherungsbeiträge berücksichtigt.

bb) Arten der einsehbaren Unterlagen

127 Es können alle Unterlagen des Arbeitgebers eingesehen werden, soweit sie zur Feststellung des Mindestlohnes erforderlich sind, auch wenn diese nicht in Erfüllung einer Rechtspflicht, sondern freiwillig erstellt wurden.

Gem. § 2 Abs. 3 AEntG ist der Arbeitgeber mit Sitz im Ausland verpflichtet, die für die Kontrolle der Einhaltung der Rechtspflichten nach § 1 Abs. 1 Satz 3, Abs. 2a und Abs. 3 Satz 2 erforderlichen Unterlagen im Inland bereitzuhalten.

Den Arbeitgeber mit Sitz im Ausland treffen nur eingeschränkt Aufzeichnungs- oder Buchführungspflichten nach deutschem Recht, insoweit gilt auch hier regelmäßig das Heimatrecht des Arbeitgebers.

Die Richtlinie des Rates der Europäischen Gemeinschaften über die Pflicht des Arbeitgebers zur Unterrichtung des Arbeitnehmers über die für seinen Arbeitsvertrag oder sein Arbeitsverhältnis geltenden Bedingungen vom 14. 10. 1991 wurde inzwischen in allen EU-Mitgliedstaaten umgesetzt. Mit diesen Umsetzungsgesetzen werden die Arbeitgeber verpflichtet, bestimmte Dokumente über den Inhalt der Arbeitsbedingungen zu erstellen.

Nach § 2 Abs. 2a AEntG ist der Arbeitgeber zudem verpflichtet, Beginn, Ende und Dauer der täglichen Arbeitszeit des Arbeitnehmers aufzuzeichnen und diese Aufzeichnungen mindestens zwei Jahre aufzubewahren. Außerdem haben nach § 16 Abs. 2 Arbeitszeitgesetz alle Arbeitgeber, die im Inland Arbeitnehmer beschäftigen, die über 8 Stunden täglich hinausgehende Arbeitszeit der Arbeitnehmer einschließlich eines Ausgleichs der über 8 Stunden hinausgehenden Mehrarbeit auf durchschnittlich 8 Stunden werktäglich (48 Stunden pro Woche) innerhalb eines Ausgleichungszeitraums von sechs Kalendermonaten bzw. 24 Wochen aufzuzeichnen und diese Aufzeichnungen mindestens zwei Jahre aufzubewahren. Erfahrungsgemäß werden im Baubereich regelmäßig mehr als 8 Stunden täglich gearbeitet, so daß Arbeitgeber regelmäßig zur Führung von Arbeitszeitnachweisen verpflichtet sind. Werden Arbeitszeitnachweise nicht geführt und liegen ausreichende Anhaltspunkte vor, daß regelmäßig mehr als 8 Stunden täglich gearbeitet wird, werden die für die Verfolgung von Ordnungswidrigkeiten nach dem Arbeitszeitgesetz zuständigen Behörden unterrichtet.

Die genannten Dokumente hat der Arbeitgeber im Inland für längstens zwei Jahre in deutscher Sprache, auf Verlangen der Prüfbehörde auch auf der Baustelle, bereitzuhalten (§ 2 Abs. 3 AEntG). Die Bereithaltungspflicht gilt zunächst für die gesamte Dauer der tatsächlichen Beschäftigung des Arbeitnehmers im Geltungsbereich des AEntG, mindestens für die Dauer der gesamten Bauleistung. Als Obergrenze für die Bereithaltungspflicht gilt ein Zeitrahmen von 2 Jahren.

4. Zusammenarbeit mit anderen Stellen

Die Bundesanstalt für Arbeit und die Hauptzollämter werden bei ihren Prüfungen von verschiedenen anderen Behörden unterstützt. § 2 Abs. 2 Satz 1 AEntG erklärt hierzu § 304 SGB III für entsprechend anwendbar. Nach Abs. 2 dieser Bestimmung werden die Arbeits- und Hauptzollämter von den 128

- nach Landesrecht für die Verfolgung und Ahndung von Ordnungswidrigkeiten nach dem Gesetz zur Bekämpfung der Schwarzarbeit zuständigen Behörden,
- Krankenkassen,
- Trägern der Rentenversicherung,
- Finanzbehörden,
- in § 63 des Ausländergesetzes genannten Behörden,
- Trägern der Unfallversicherung und
- für den Arbeitsschutz zuständigen Landesbehörden unterstützt.

Mit der für die Durchführung des Urlaubskassenverfahrens für das Baugewerbe zuständigen ULAK in Wiesbaden[18] ist eine enge Zusammenarbeit vereinbart worden: Es erfolgt die Übersendung aller Anmeldungen nach dem AEntG, die bei den Landesarbeitsämtern eingehen, an die ULAK. Arbeitsämter und Hauptzollämter informieren die Urlaubskasse außerdem nach der Durchführung von Prüfungen auf Baustellen über dort tätige Arbeitgeber und Arbeitnehmer. Auf diese Weise erhält die ULAK auch Mitteilung über solche Arbeitgeber mit Sitz im Ausland, die ihre Bautätigkeit zu Unrecht nicht angemeldet haben und dann im Regelfall von der Kasse auch nicht erfaßt wurden. Umgekehrt erhalten die prüfenden Stellen von der ULAK Informationen darüber, welche Arbeitgeber trotz Fälligkeit die Sozialkassenbeiträge nicht gezahlt und damit einen Bußgeldtatbestand nach dem AEntG verwirklicht haben. 129

[18] Siehe Rn. 108.

V. Ahndung von Verstößen

Verstöße nach dem AEntG sind ausschließlich als Ordnungswidrigkeiten qualifiziert, es enthält keine Straftatbestände. In bestimmten Fällen können erhebliche Mindestlohnunterschreitungen allerdings den Straftatbestand des Wuchers (§ 302 a StGB) erfüllen.[19]

1. Zuständige Behörden

130 Gem. § 5 Abs. 4 AEntG sind ahndende Verwaltungsbehörden i. S. d. § 36 Abs. 1 Nr. 1 OWiG die Bundesanstalt für Arbeit und die Hauptzollämter. Die Behörde, die die Tat aufgedeckt hat, verfolgt und ahndet den Verstoß.

2. Ahndung von Meldeverstößen

131 Meldeverstöße sind bei vorsätzlichem Zuwiderhandeln mit Geldbuße bis 30 000,– DM bedroht (§ 5 Abs. 1 Nr. 3, Abs. 3 AEntG), bei Fahrlässigkeit reicht der Bußgeldrahmen bis zu 15 000,– DM (§ 404 Abs. 3 SGB III i.V. m. § 17 Abs. 2 OWiG). (Anhebung auf 50 000,— DM bzw. 25 000,– DM ist beabsichtigt). Nachdem inzwischen (nach längeren Anlaufschwierigkeiten) die Verpflichtung zur Anmeldung hinreichend bekannt sein dürfte, wird in der Praxis der ahndenden Behörden immer häufiger von vorsätzlichem Handeln auszugehen sein. Bei der Zumessung der Geldbuße i. S. v. § 17 OWiG wird die Dauer der nicht angemeldeten Bauleistung sowie die Zahl der beschäftigten Arbeitnehmer angemessen berücksichtigt.

3. Ahndung von Verstößen wegen Nichtgewährung des Mindestlohnes

132 Die vorsätzliche Unterschreitung des durch allgemeinverbindlich erklärten Tarifvertrag vorgesehenen Mindestlohnes ist gem. § 5 Abs. 1 Nr. 1 i.V. m. Abs. 3 AEntG mit Geldbuße bis 500 000,– DM bedroht, bei Fahrlässigkeit beträgt der Bußgeldrahmen bis zu 250 000,– DM (§ 5 Abs. 3 AEntG i.V. m. § 17 Abs. 2 OWiG); Anhebung auf 1 Mio. bzw. 500 000,– DM ist beabsichtigt. Eine Nachzahlung des Differenzbetrages zwischen dem tatsächlich gezahlten Lohn und dem Mindestlohn nach Aufdeckung des Sachverhaltes schließt den Tatbestand einer Ordnungswidrigkeit nicht aus. Eine andere Auslegung des Gesetzes würde dessen Wirkung weitgehend zunichte machen, da ein Arbeitgeber stets die Entdeckung der „Tat“ zunächst abwarten könnte, um dann seinen Arbeitnehmern den geschuldeten Lohn nachzuzahlen.

133 In besonders gravierenden Fällen des sog. Lohndumpings kann der Straftatbestand des Wuchers, § 302 a StGB, erfüllt sein. Dies hat der BGH in seinem vielbeachteten Urteil vom 22. 4. 1997[20] entschieden. Zahlt ein Arbeitgeber einigen seiner Arbeitnehmer vorsätzlich einen deutlich unterhalb des Tariflohns liegenden Lohn und nutzt er damit die Unwissenheit der betroffenen Arbeitnehmer aus, so kann er sich wegen sog. Lohnwuchers gem. § 302 a Abs. 1 Nr. 3 StGB strafbar machen. Mit seiner Entscheidung hatte der BGH eine Entscheidung des LG Passau bestätigt, das einen Bauunternehmer zu einer Geldstrafe verurteilt hatte. Dieser hatte im Jahre 1993 zwei tschechische Arbeitnehmer (Grenzgänger) als Maurer beschäftigt und ihnen einen Bruttostundenlohn von 12,70 DM gezahlt, während die deutschen Stammarbeitnehmer 21,– DM in der Stunde erhielten.

Trotz des zwischenzeitlichen Inkrafttretens des AEntG kommt dieser Entscheidung des BGH eine nicht zu unterschätzende Bedeutung zu. Eine deutlich unterschiedliche Entlohnung verschiedener Arbeitnehmer desselben Arbeitgebers ist in der Praxis keine

[19] Siehe Rn. 133.
[20] BB 1997 S. 2166.

Seltenheit. Soweit die prüfenden Arbeitsämter und Hauptzollämter, die zugleich Ahndungsbehörden nach dem OWiG sind, auf derartige Fälle stoßen, sind sie gehalten, entweder Strafanzeige wegen Wuchers zu erstatten oder (nach Einleitung eines Ermittlungsverfahrens nach dem OWiG) die Sache gem. § 41 OWiG an die Staatsanwaltschaft abzugeben.

a) Allgemeine Grundlagen bei der Zumessung der Geldbuße

Gem. § 17 Abs. 3 OWiG sind Grundlage für die Zumessung der Geldbuße die Bedeutung der Ordnungswidrigkeit und der Vorwurf, der den Täter trifft. Die wirtschaftlichen Verhältnisse des Täters sind zu berücksichtigen. **134**

Gem. § 17 Abs. 4 OWiG soll die Geldbuße den wirtschaftlichen Vorteil, den der Täter aus der Ordnungswidrigkeit gezogen hat, übersteigen. Bei der Zumessung der Geldbuße wegen Nichtgewährung des Mindestlohnes kommt dieser Vorschrift in besonderer Weise Bedeutung zu.

b) Abstrakte Zumessung

Eine Geldbuße wegen Nichtgewährung des Mindestlohnes setzt sich im Regelfall zusammen aus dem wirtschaftlichen Vorteil, der aus dem Gewinn und einem Marktvorteil besteht, und einer individuellen Geldbuße. **135**

aa) Wirtschaftlicher Vorteil

Zur Ermittlung des wirtschaftlichen Vorteils ist zunächst der durch die Ordnungswidrigkeit unmittelbar erzielte Gewinn festzustellen. Grundlage dafür sind die Zahl der betroffenen Arbeitnehmer, die von diesen Arbeitnehmern bei Nichtgewährung des Mindestlohnes geleisteten Arbeitsstunden sowie die Höhe der Mindestlohnunterschreitung. **136**

Neben diesem unmittelbar erzielten Gewinn kann zur Ermittlung des wirtschaftlichen Vorteils insgesamt auch ein sog. Marktvorteil berücksichtigt werden, der dem Täter gerade dadurch zukommt, daß er im Vergleich zu gesetzestreuen Mitbewerbern günstiger kalkulieren konnte, deshalb den Auftrag erhielt und seine Marktposition festigen konnte. Eine exakte Ermittlung oder Berechnung des Marktvorteils ist nicht möglich, eine Schätzung allerdings zulässig. Diese Schätzung sollte sich an der Höhe des unmittelbar erzielten Gewinnes orientieren, wobei nach internen Weisungen der Bundesanstalt für Arbeit als Orientierungsgröße 20% des Gewinns herangezogen werden.

bb) Individuelle Geldbuße

Bei der Zumessung der individuellen, täterbezogenen Geldbuße ist hinsichtlich des Vorwurfs, der den Täter trifft, auch die Bedeutung der Ordnungswidrigkeit im Einzelfall zu berücksichtigen; i. d. R. sind Umfang des ordnungswidrigen Handelns und Schuldvorwurf miteinander verknüpft. Da der Umfang des ordnungswidrigen Verhaltens bereits bei der Ermittlung des wirtschaftlichen Vorteils einfließt, kann sich die individuelle Geldbuße ebenfalls an diesem Wert orientieren, sie dürfte im Regelfall aber deutlich darüber liegen. **137**

cc) Zumessungsformel / Fallbeispiel

Die beschriebene Formel zur Bestimmung der Höhe der Geldbuße läßt sich verkürzt wie folgt darstellen:
- Abschöpfung des Gewinns (= betroffene Arbeitnehmer x Zahl der geleisteten Arbeitsstunden x Höhe der Mindestlohnunterschreitung)
- plus 20% des Gewinns als sog. Marktvorteil
- plus individuelle Geldbuße.

Dies würde beispielsweise bei einem Verstoß, bei dem 10 Arbeitnehmer je 200 Stunden mit je 5,– DM Mindestlohnunterschreitung arbeiten, zur Verhängung einer Geldbuße in Höhe von ca. 35 000,– bis 40 000,– DM führen.

dd) Konkrete Zumessung

Bei diesen im Rahmen der abstrakten Zumessung genannten Geldbußen handelt es sich um Richtwerte, die der Ahndungspraxis zugrunde liegen. In jedem Einzelfall ist von der Ahndungsbehörde gem. § 17 Abs. 3 OWiG zu prüfen, ob der Vorwurf, der den Täter trifft, vom Regelfall und damit auch vom Richtwert abweicht und wie sich dies auf die Geldbuße auswirkt.

4. Ahndung von Verstößen wegen Nichtgewährung des Erholungsurlaubes, des Urlaubsentgelts und des zusätzlichen Urlaubsgeldes

138 Derartige Verstöße sind gem. § 5 Abs. 1 Nr. 1, Abs. 3 AEntG bei vorsätzlicher Begehung mit Geldbuße bis zu 500 000,– DM bedroht, bei Fahrlässigkeit bis zu 250 000,– DM (§ 17 Abs. 2 OWiG); Anhebung auf 1 Mio. bzw. 500 000,– DM ist beabsichtigt.

Wie bei einer Unterschreitung des maßgeblichen Mindestlohnes kann sich auch eine Geldbuße wegen Nichtgewährung des Erholungsurlaubes, des Urlaubsentgelts oder des zusätzlichen Urlaubsgeldes aus dem wirtschaftlichen Vorteil und einer individuellen Geldbuße zusammensetzen. Dabei ist bei der Nichtzahlung des Urlaubsentgelts und des Urlaubsgeldes als Gewinn der nicht gezahlte Betrag anzusetzen, bei der Nichtgewährung des Erholungsurlaubes der Betrag, der als Abgeltung in Betracht käme.

5. Ahndung von Verstößen wegen Nichtabführung von Beiträgen an gemeinsame Einrichtungen der Tarifvertragsparteien

139 Die Nichtabführung von Beiträgen ist – wie die Mindestlohnunterschreitung – mit Geldbuße bis 500 000,– DM bedroht (§ 5 Abs. 1 Nr. 2 i. V. m. Abs. 3 AEntG), bei Fahrlässigkeit beträgt der Bußgeldrahmen bis zu 250 000,– DM (§ 17 Abs. 3 OWiG); Anhebung auf 1 Mio. bzw. 500 000,– DM ist beabsichtigt.

Anders als bei der Aufdeckung einer vorsätzlichen Unterschreitung eines tarifvertraglich festgelegten Mindestlohns, die häufig aufwendige Ermittlungen im Rahmen eines Bußgeldverfahrens erforderlich macht, ist hier der Nachweis eines Verstoßes in der Praxis leicht zu führen. Die ULAK teilt initiativ von sich aus oder auf entsprechende Anfrage den Prüfbehörden mit, ob die Beiträge innerhalb der tarifvertraglich vorgesehenen Frist an sie gezahlt wurden oder nicht. Eine Verschleierung ist hier kaum möglich.

Bei der Zumessung der Geldbuße wegen eines Verstoßes sind die bei Mindestlohnunterschreitungen genannten Grundsätze[21] entsprechend heranzuziehen. Somit kann bei der Nichtabführung von Beiträgen zur ULAK als Gewinn ein Betrag in Höhe der abzuführenden Beiträge angesetzt werden. Ebenso kann auch hier für die Ermittlung des wirtschaftlichen Vorteils ein Marktvorteil in Höhe von etwa 20% des Gewinns angenommen werden.

6. Ahndung von Verstößen von Unternehmern, die einen anderen Unternehmer beauftragen, § 5 Abs. 2 AEntG

a) Tatbestand

140 Ein ordnungswidriges Handeln i. S. d. § 5 Abs. 2 AEntG liegt vor, wenn ein Unternehmer Bauleistungen in erheblichem Umfang von einem Unternehmer ausführen läßt, von dem er weiß oder fahrlässig nicht weiß, daß dieser bei der Erfüllung seines Auftrages ge-

---

[21] Rn. 132–137.

gen § 1 AEntG verstößt oder einen Nachunternehmer einsetzt oder zuläßt, daß ein Nachunternehmer tätig wird, der gegen § 1 AEntG verstößt.

Bei dieser Vorschrift geht es um eine Art bußgeldrechtlicher Hauptunternehmerhaftung; eine ähnliche Vorschrift, bezogen auf die Beschäftigung ausländischer Arbeitnehmer ohne die erforderliche Arbeitsgenehmigung (sog. mittelbare illegale Ausländerbeschäftigung), ist in § 404 Abs. 1 Nr. 2 SGB III normiert. Bußgeldbedroht ist somit auch derjenige (Haupt-)Unternehmer, der zwar nicht selbst bei der Beschäftigung von Arbeitnehmern gegen § 1 AEntG verstößt, aber Subunternehmer beschäftigt, die entsprechend handeln. Die Bußgelddrohung besteht auch innerhalb sog. Subunternehmerketten, eine Erscheinungsform, die auf Baustellen gängige Praxis ist. Die Bußgelddrohung richtet sich allerdings nur gegen den Unternehmer, der „weiß oder fahrlässig nicht weiß", daß ein Subunternehmer entsprechend tätig wird.

b) Sorgfaltspflicht des Auftraggebers

Die Frage, wann „fahrlässiges Nichtwissen" vorliegt, kann nicht allgemeingültig be- 141
antwortet werden; erforderlich ist stets eine Prüfung und Wertung im Einzelfall. Unstreitig wird der Auftraggeber durch die Sanktionsregelung des § 5 Abs. 2 AEntG zu einer gewissen Sorgfalt verpflichtet, wobei es keine Regelungen gibt, die ihn zu einem bestimmten Verhalten zwingen. Unterläßt er aber jegliche Prüfung des Handelns seines Subunternehmers, kann dies bereits eine Pflichtverletzung i. S. d. § 5 Abs. 2 AEntG darstellen. Insbesondere gilt dies dann, wenn sich aufgrund der Gesamtumstände Anhaltspunkte für den Auftraggeber ergeben, daß sein Subunternehmer unrechtmäßig handelt, z. B. aufgrund einer äußerst günstigen Preiskalkulation im Rahmen der Angebotsabgabe.

Darüber hinaus gibt es auch keine Möglichkeit, sich von seiner „Haftung" generell freizuzeichnen (was immer wieder versucht wird), indem sich der Auftraggeber z. B. von seinem Auftragnehmer schriftlich bestätigen läßt, daß dieser nicht gegen § 1 AEntG verstößt. Trotz einer solchen Bestätigung kann „Wissen oder fahrlässiges Nichtwissen" beim Auftraggeber aufgrund anderer Umstände vorliegen.

Kann dem Auftraggeber ordnungswidriges Handeln nachgewiesen werden, droht ihm – wie seinem Auftragnehmer – eine Geldbuße bis zu 500 000,– DM (§ 5 Abs. 3 AEntG); Anhebung auf 1 Mio. ist beabsichtigt.

7. Ausschluß von öffentlichen Aufträgen, § 6 AEntG

Nach dieser Vorschrift können Bewerber um einen öffentlichen Auftrag bis zur nach- 142
gewiesenen Wiederherstellung ihrer Zuverlässigkeit wegen Unzuverlässigkeit von der Vergabe ausgeschlossen werden, wenn sie wegen Verstoßes gegen die Bestimmungen des AEntG mit einer Geldbuße von wenigstens 5000,– DM belegt worden sind. Das gleiche gilt nach § 6 Satz 2 AEntG auch schon vor der Durchführung eines Bußgeldverfahrens, wenn im Einzelfall kein vernünftiger Zweifel an einer schwerwiegenden Verfehlung besteht.

Auf Verlangen der Vergabestellen sind die für einen Ausschluß nach § 6 AEntG erforderlichen Auskünfte zu geben. Nachdem rechtskräftige Bußgeldentscheidungen nach § 5 Abs. 1 bis 3 in das Gewerbezentralregister eingetragen werden, sofern die Geldbuße mehr als zweihundert Deutsche Mark beträgt,[22] dürften sich Anfragen der Vergabestellen nur auf laufende Ermittlungsverfahren beziehen.

Bei der Auskunfterteilung an Vergabestellen in laufenden Verfahren dürfte es sich für die Ahndungsbehörden zudem dringend empfehlen, sich strikt auf feststehende Sachverhalte zu beschränken und sich jeglicher (vorausschauenden) Wertung hinsichtlich des Ab-

---

22 Siehe Rn. 147.

schlusses des Bußgeldverfahrens zu enthalten; andernfalls würden sie sich in unkalkulierbare Haftungsrisiken begeben. Die Auslegung der unbestimmten Rechtsbegriffe „kein vernünftiger Zweifel an einer schwerwiegenden Verfehlung“ sollte somit allein den Vergabestellen überlassen werden.

Die Vorschrift des § 6 AEntG ist grundsätzlich in hohem Maße geeignet, den Bestimmungen des AEntG Geltung zu verschaffen. Der Ausschluß von öffentlichen Aufträgen kann einen Bauarbeitgeber u. U. ungleich härter treffen als ein Bußgeldbescheid. Voraussetzung hierfür ist allerdings eine konsequente Anwendung der Vorschrift durch die Vergabestellen.

8. Anwendung des AEntG bei unerlaubter Arbeitnehmerüberlassung

143 Wird ein Arbeitnehmer ohne Erlaubnis i. S. d. Art. 1 § 1 AÜG verliehen, so gilt gem. Art. 1 § 10 AÜG ein Arbeitsverhältnis zwischen dem Entleiher und dem Leiharbeitnehmer zu dem zwischen dem Entleiher und dem Verleiher für den Beginn der Tätigkeit vorgesehenen Zeitpunkt als zustande gekommen. Daraus folgt, daß den Entleiher auch – soweit die Fiktion greift – alle Verpflichtungen eines Arbeitgebers mit Sitz im Inland treffen. Ein Verstoß gegen das AEntG liegt dann vor, wenn die Arbeitsbedingungen nach dem AEntG nicht eingehalten werden. IdR wird eine fehlende Anmeldung nach dem AEntG dem Verleiher zuzurechnen sein, da diese vor Beginn der Bauleistung zu erstatten ist und damit eine Fiktion noch nicht eintritt.

9. Maßnahmen zur Sicherstellung und Vollstreckung des Bußgeldverfahrens

144 Gerade bei der Kontrolle der Bestimmungen des AEntG ergibt sich häufig die Situation, daß Verstöße aufgedeckt werden, aber zu erwarten ist, daß der betroffene Arbeitgeber mit Sitz im Ausland vor Durchführung des Bußgeldverfahrens oder vor Erlaß der Verfallsanordnung gem. § 29 a OWiG ins Heimatland zurückkehrt. Von Österreich abgesehen sind entsprechende Vollstreckungsmaßnahmen entweder nicht möglich oder zumindest mit erheblichen Schwierigkeiten verbunden. Das bedeutet, hat ein Arbeitgeber mit Sitz im Ausland das Bundesgebiet erst einmal verlassen, kann er kaum mehr belangt werden, da Sanktionen damit ins Leere laufen. Für diese Problemstellung stellen das OWiG und die StPO Sicherungsinstrumente zur Verfügung. Diese sind die Sicherheitsleistung (§ 132 StPO) und der dingliche Arrest zur Sicherung des Verfalls (§ 111 d StPO, § 29 a OWiG). Sie dienen dazu, schnell an Vermögenswerte des Betroffenen zu gelangen, ehe dieser das Bundesgebiet verläßt. Dabei können, wenn eine freiwillige Zahlung nicht erfolgt, Vermögenswerte des Betroffenen gepfändet werden, z. B. Geld oder Sachen. Hauptanwendungsfall in der Praxis ist die Pfändung der Werklohnforderung des ausländischen Subunternehmers gegen den Hauptunternehmer.

a) Sicherheitsleistung gem. § 132 StPO i. V. m. § 46 Abs. 1 OWiG

145 Zur Sicherung der Durchführung und Vollstreckung des Bußgeldverfahrens kann gem. § 132 StPO i. V. m. § 46 Abs. 1 OWiG eine Sicherheitsleistung und die Bestimmung eines Zustellungsbevollmächtigten angeordnet werden, wenn eine freiwillige Sicherheitsleistung und/oder Benennung eines Zustellungsbevollmächtigten nicht erfolgt ist oder nicht in Betracht kommt.

Die Anordnung setzt voraus, daß der Betroffene in der Bundesrepublik keinen festen Wohnsitz oder Aufenthalt hat, daß er der Ordnungswidrigkeit dringend verdächtig ist und daß eine Geldbuße zu erwarten ist. Wohnt der Betroffene in Österreich oder hat er dort seinen gewöhnlichen Aufenthalt, kommt die Anordnung einer Sicherheitsleistung und Bestimmung eines Zustellungsbevollmächtigten nicht in Betracht, da zwischen der Bundesrepublik und Österreich ein Abkommen über Amts- und Rechtshilfe in Verwaltungssachen besteht, das eine Zustellung und Vollstreckung eines Bußgeldbescheides in Österreich ermöglicht.

Inhaltlich besteht die Anordnung aus zwei Teilen, der Sicherheitsleistung und der Bestellung eines Zustellungsbevollmächtigten.

Gem. § 132 Abs. 2 StPO ist der Richter bei dem Amtsgericht zuständig, in dessen Bezirk die Handlung vorzunehmen ist. Bei Gefahr im Verzuge kann die Verwaltungsbehörde, also das Arbeitsamt oder das Hauptzollamt, die Anordnung selbst treffen.

b) Dinglicher Arrest gem. § 111 d StPO i.V.m. § 46 OWiG

Zur Sicherung der Vollstreckung des Verfalls gem. § 29a OWiG kann gem. § 111 d StPO 146
i.V.m. § 46 OWiG der dingliche Arrest angeordnet werden.

Der dingliche Arrest kann nur wegen des Verfalls von Vermögensvorteilen (§ 29a OWiG), die der Täter oder ein Dritter aus der Tat erlangt hat, angeordnet werden, nicht wegen eines Bußgeldbescheides. Er dient der Sicherung der Zwangsvollstreckung, i. d. R. durch Pfändung von Forderungen oder beweglichen Sachen (§§ 930 Abs. 1 S. 1, 829, 808 ZPO).

Es muß nach Würdigung des bisherigen Ermittlungsergebnisses eine hohe Wahrscheinlichkeit dafür sprechen, daß der Täter für oder aus einer mit Geldbuße bedrohten Handlung etwas erlangt hat und gegen ihn wegen der Handlung eine Geldbuße nicht festgesetzt wird oder gegen den Täter ein Bußgeldverfahren nicht eingeleitet oder eingestellt wird.

Der dingliche Arrest setzt weiter voraus, daß nach objektiven Maßstäben eine Vereitelung oder wesentliche Erschwerung der Vollstreckung zu befürchten ist (§ 111 d Abs. 2 StPO i.V.m. § 917 ZPO). Als zureichender Arrestgrund ist es anzusehen, wenn die zu sichernde Geldforderung im Ausland – mit Ausnahme Österreich – vollstreckt werden müßte (§ 917 Abs. 2 ZPO), unabhängig davon, ob das überhaupt zulässig wäre.

Gem. § 111 e Abs. 1 S. 1 StPO ist der Richter zur Anordnung des Arrests befugt. Örtlich zuständig ist das Gericht, in dessen Bezirk die Arrestanordnung wirksam werden soll. Bei Gefahr im Verzuge kann die Verwaltungsbehörde die Arrestanordnung selbst erlassen (§ 111 e Abs. 1 S. 1 2. HS StPO i.V.m. § 46 Abs. 2 OWiG).

Gem. § 111 d Abs. 2 StPO i.V.m. § 46 OWiG i.V.m. § 928 ZPO sind die Vorschriften über die Zwangsvollstreckung auf die Vollziehung des Arrests anzuwenden. Die Vollziehung des dinglichen Arrests in bewegliches Vermögen (= bewegliche Sachen, sonstige Rechte und Forderungen) wird durch Pfändung bewirkt (§ 930 Abs. 1 S. 1 ZPO).

10. Eintragung von Bußgeldentscheidungen in das Gewerbezentralregister (GZR)

Arbeitsämter und Hauptzollämter haben gem. § 5 Abs. 6 AEntG das GZR über rechts- 147
kräftige Bußgeldentscheidungen nach § 5 Abs. 1 bis 3 AEntG zu unterrichten, sofern die Geldbuße mehr als 200,– DM beträgt. Mit der Unterrichtung und der Eintragung in das GZR werden u. a. die Voraussetzungen für einen Ausschluß von Unternehmen von öffentlichen Aufträgen gem. § 6 AEntG geschaffen, der allerdings erst bei Geldbußen ab 5000,– DM möglich ist.

VI. EU-Entsenderichtlinie

Der Erlaß des AEntG beruhte nicht auf einem nationalen Alleingang, sondern bewegte sich im Rahmen der Initiativen der EU-Kommission, die Ende 1996 zum Erlaß der EU-Entsenderichtlinie führten.

1. Zustandekommen

148 Der Erlaß der Entsenderichtlinie geht zurück auf Erkenntnisse und Bestrebungen der EU-Kommission Ende der achtziger und Anfang der neunziger Jahre. Damals wurde deutlich, daß im Zuge der Vollendung des gemeinsamen Binnenmarkts die neuen Freiheiten in den Bereichen der Dienstleistungen und des Freizügigkeitsrechts gleichzeitig auch zu erheblichen Wettbewerbsverzerrungen und sozialen Spannungen führen würden, die aus der grenzüberschreitenden Mobilität von Arbeitgebern und Arbeitnehmern resultieren. In der Folgezeit sind zunächst mehrere Anläufe, eine einheitliche Richtlinie zu erlassen, am Widerstand verschiedener EU-Mitgliedsstaaten gescheitert. Hauptkonfliktpunkte waren insbesondere die Inhalte von Mindestvorschriften sowie das Problem, ob die Arbeitsbedingungen, die am jeweiligen Arbeitsort gelten sollen, sofort oder erst ab einer gewissen Schwellenfrist eingehalten werden müssen. Trotz dieser Schwierigkeiten konnte die EU-Entsenderichtlinie als „Richtlinie 96/71/EG des Europäischen Parlaments und des Rates über die Entsendung von Arbeitnehmern im Rahmen der Erbringung von Dienstleistungen" am 16. Dezember 1996 erlassen werden.

2. Wesentliche Inhalte

149 Die Kerninhalte der Richtlinie lassen sich wie folgt zusammenfassen:

Die Richtlinie gilt für Unternehmen mit Sitz in einem Mitgliedsstaat, die ihre Arbeitnehmer in einen anderen Mitgliedsstaat entsenden. Von der Richtlinie nicht betroffen sind Arbeitnehmer, die sich selbst in einem anderen EU-Staat eine Stelle suchen.

Der Begriff des Arbeitnehmers wird in der Richtlinie in dem Sinne verwendet, in dem er im Recht des Mitgliedsstaats, in dessen Hoheitsgebiet der Arbeitnehmer entsandt wird, gebraucht wird.

– Die Mitgliedsstaaten haben dafür zu sorgen, daß den in ihr Hoheitsgebiet entsandten Arbeitnehmern bestimmte Arbeits- und Beschäftigungsbedingungen gewährt werden, die in ihrem Staat
  - durch Rechts- oder Verwaltungsvorschriften und/oder
  - durch für allgemeinverbindlich erklärte Tarifverträge

festgelegt wurden. Tarifverträge können hierbei nur solche sein, wenn sie die im Anhang der Richtlinie genannten Tätigkeiten betreffen. Nach der hier gegebenen Definition sind alle Bauarbeiten erfaßt, die der Errichtung, Instandsetzung, dem Umbau oder dem Abriß von Bauwerken dienen, insbesondere folgende Arbeiten: Aushub, Erdarbeiten, Bauarbeiten im engeren Sinne, Errichtung und Abbau von Fertigbauelementen, Einrichtung oder Ausstattung, Umbau, Renovierung, Reparatur, Abbauarbeiten, Abbrucharbeiten, Wartung, Instandhaltung (Maler- und Reinigungsarbeiten) und Sanierung.

Die Arbeits- und Beschäftigungsbedingungen, für die die Richtlinie Rahmenbedingungen vorgibt, betreffen in erster Linie zu gewährende Mindestlohnsätze. Daneben setzt die Richtlinie aber auch den Rahmen für andere arbeitsrechtliche Vorschriften (vgl. Art. 3 Abs. 1 der Richtlinie).

Der Grundsatz „gleicher Lohn für gleiche Arbeit am gleichen Ort" soll im Normalfall vom ersten Tag der Arbeitsaufnahme an gelten. Hiervon sieht die Richtlinie zwei Ausnahmen vor:

- es kann eine sog. Schwellenfrist von bis zu einem Monat vorgesehen werden;
- ist der Umfang der zu verrichtenden Arbeiten gering (eine Definition hierfür gibt es bislang nicht), so können die Mitgliedsstaaten von den Bestimmungen über die Mindestlohnsätze und den bezahlten Mindestjahresurlaub abweichen.

– Die Mitgliedsstaaten haben geeignete Maßnahmen für den Fall der Nichteinhaltung der Richtlinie vorzusehen.

– Die Mitgliedsstaaten haben die Rechts- und Verwaltungsvorschriften zu erlassen, die erforderlich sind, um dieser Richtlinie spätestens ab dem 16. Dezember 1999 nachzukommen.

3. Umsetzung im nationalen Recht

Das am 1. 3. 1996 in Kraft getretene AEntG ist bis zum 31. 8. 1999 befristet (sog. Entfristung ist beabsichtigt). Es bewegt sich in seinen Kerninhalten innerhalb der Strukturen der EU-Entsenderichtlinie. Es ist deshalb zu vermuten, daß ein Einhalten der die Mitgliedsstaaten verpflichtenden Vorgaben der Entsenderichtlinie nicht den Erlaß eines (völlig) neuen nationalen Gesetzes erforderlich macht. Vielmehr dürfte es ausreichen, das Gesetz zu entfristen und gleichzeitig gewisse – noch erforderliche – Anpassungen an die EU-Entsenderichtlinie vorzunehmen. 150

D. Mißbrauch von Leistungen der Bundesanstalt für Arbeit

I. Geldleistungen der Bundesanstalt für Arbeit

1. Allgemeines

Im Rahmen der Erfüllung ihrer Aufgaben nach dem SGB III erbringt die BA verschiedenartige Geldleistungen an Arbeitnehmer und Arbeitgeber bzw. Träger von Maßnahmen als Lohnersatzleistungen oder im Rahmen aktiver Arbeitsförderung. Zum Teil werden diese Leistungen – von Arbeitgebern wie von Arbeitnehmern – durch Verschweigen anspruchsrelevanter Umstände oder durch Vorspiegeln falscher Tatsachen mißbräuchlich in Anspruch genommen. 151

Die Leistungen an Arbeitnehmer, Arbeitgeber und Träger, die von Mißbrauch am meisten betroffen sind, sind nachfolgend kurz beschrieben.

2. Leistungen an Arbeitnehmer

a) Arbeitslosengeld (§§ 117ff. SGB III)

Kann einem Arbeitslosen nicht sofort zumutbare Arbeit vermittelt werden, so erhält er unter bestimmten Voraussetzungen Arbeitslosengeld anstelle des ausfallenden Entgelts. Das Arbeitslosengeld ist eine Versicherungsleistung. 152

Anspruch auf Arbeitslosengeld hat, wer arbeitslos ist, d. h. beschäftigungslos ist und eine versicherungspflichtige wöchentlich mindestens 15 Stunden umfassende Beschäftigung sucht, die Anwartschaftszeit erfüllt und sich beim Arbeitsamt persönlich arbeitslos gemeldet hat. Die Höhe des Arbeitslosengeldes richtet sich nach dem zuletzt erzielten pauschalierten Nettoentgelt.

b) Arbeitslosenhilfe (§§ 190ff. SGB III)

Wer arbeitslos ist, hat unter bestimmten Voraussetzungen – insbesondere im Anschluß an den Bezug von Arbeitslosengeld – Anspruch auf Arbeitslosenhilfe. Die Arbeitslosenhilfe wird aus Steuermitteln finanziert. 153

Anspruch auf Arbeitslosenhilfe hat, wer arbeitslos ist, d. h. beschäftigungslos ist und eine wöchentlich mindestens 15 Stunden umfassende Beschäftigung sucht, sich beim Arbeitsamt persönlich arbeitslos gemeldet hat, keinen Anspruch auf Arbeitslosengeld hat, bedürftig ist und im letzten Jahr vor der Arbeitslosmeldung Arbeitslosengeld bezogen oder zumindest 150 Kalendertage in einer versicherungspflichtigen Beschäftigung gestanden hat.

c) Kurzarbeitergeld (§§ 169ff. SGB III)

Kurzarbeitergeld wird Arbeitnehmern in Betrieben gewährt, wenn ein vorübergehender, unvermeidbarer Arbeitsausfall eintritt, der auf wirtschaftlichen Ursachen oder auf einem 154 unabwendbaren Ereignis beruht. Durch den Arbeitsausfall muß sich das Entgelt im jeweiligen Kalendermonat für mindestens ein Drittel der im Betrieb oder kurzarbeitenden Abteilung beschäftigten Arbeitnehmer um mehr als 10 Prozent vermindern. Das Kurzarbeitergeld, ein teilweiser Lohnersatz, soll den Arbeitnehmern die Arbeitsplätze und den Betrieben die eingearbeiteten Arbeitnehmer erhalten.

Die Antragstellung auf die Gewährung von Kurzarbeitergeld erfolgt durch den Arbeitgeber.

d) Winterausfallgeld (§§ 209ff. SGB III)

155 Arbeitnehmer in der Bauwirtschaft haben unter bestimmten Voraussetzungen Anspruch auf Winterausfallgeld bei witterungsbedingtem Arbeitsausfall in der Schlechtwetterzeit (1. November bis 31. März) im Anschluß an eine Winterausfallgeld-Vorausleistung.

Die Antragstellung erfolgt wie beim Kurzarbeitergeld durch den Arbeitgeber.

e) Leistungen zur beruflichen Weiterbildung (§§ 77ff. SGB III)

156 Gefördert wird die Teilnahme an beruflichen Weiterbildungsmaßnahmen, wenn diese notwendig sind, um eine berufliche Eingliederung zu ermöglichen, Arbeitslosigkeit abzuwenden oder sie wegen fehlenden Berufsabschlusses als notwendig anerkannt worden sind.

Dabei kann unter bestimmten Voraussetzungen Unterhaltsgeld (Uhg) gewährt werden und es können Weiterbildungskosten (Lehrgangskosten und Kosten für die Eignungsfeststellung, Fahrkosten, Kosten für auswärtige Unterbringung und Verpflegung, Kosten für die Betreuung von Kindern) übernommen werden.

3. Leistungen an Arbeitgeber

a) Eingliederungszuschüsse (§§ 217ff. SGB III)

157 Die BA kann Arbeitgebern zur Eingliederung von förderungsbedürftigen Arbeitnehmern Zuschüsse zu den Arbeitsentgelten zum Ausgleich von Minderleistungen gewähren.

Eingliederungszuschüsse können erbracht werden, wenn

- Arbeitnehmer einer besonderen Einarbeitung zur Eingliederung bedürfen (Eingliederungszuschuß bei Einarbeitung)
- Arbeitnehmer, insbesondere Langzeitarbeitslose, Schwerbehinderte oder sonstige Behinderte wegen in ihrer Person liegender Umstände nur erschwert vermittelt werden können (Eingliederungszuschuß bei erschwerter Vermittlung) oder
- Arbeitnehmer das 55. Lebensjahr vollendet haben und vor Beginn des Arbeitsverhältnisses langzeitarbeitslos waren (Eingliederungszuschuß für ältere Arbeitnehmer).

b) Förderung von Strukturanpassungsmaßnahmen Ost für Wirtschaftsunternehmen (§ 415 Abs. 3 SGB III)

158 Die Leistungen werden Wirtschaftsunternehmen im gewerblichen Bereich in den neuen Bundesländern gewährt. Es handelt sich um

- Lohnkostenzuschüsse für die zusätzliche Einstellung arbeitsloser Arbeitnehmer, wenn der Arbeitgeber in einem Zeitraum von mindestens sechs Monaten vor sowie während der Förderung den Personalstand nicht verringert und für die Arbeitnehmer während der Zuweisung berufliche Qualifizierung vorsieht, die die Vermittlungschancen der Arbeitnehmer im Anschluß an die Zuweisung verbessern kann.

c) Beschäftigungshilfen für Langzeitarbeitslose

159 Rechtsgrundlagen sind die Richtlinien des Bundesministers für Arbeit und Sozialordnung zur Durchführung der Aktion Beschäftigungshilfen für Langzeitarbeitslose 1995–1999.

Es geht hierbei um Beschäftigungshilfen für die Wiedereingliederung von Arbeitnehmern, die unmittelbar vor der Einstellung ein Jahr oder länger beim Arbeitsamt arbeitslos gemeldet sind (Langzeitarbeitslose). Die Beschäftigungshilfe muß für die berufliche Eingliederung des Langzeitarbeitslosen erforderlich sein. Gefördert werden Beschäftigungsverhältnisse, die bis zum 31. 12. 1998 begonnen werden.

4. Leistungen an Träger

a) Förderung von Maßnahmen zur Arbeitsbeschaffung (ABM, §§ 260ff. und § 416 SGB III)

Die Förderung erfolgt durch Lohnkostenzuschüsse/Darlehen für die Beschäftigung von zugewiesenen Arbeitnehmern in Arbeitsbeschaffungsmaßnahmen, wenn **160**
- in den Maßnahmen zusätzliche und im öffentlichen Interesse liegende Arbeiten durchgeführt werden und
- die Träger oder durchführenden Unternehmen Arbeitsverhältnisse mit vom Arbeitsamt zugewiesenen förderungsbedürftigen Arbeitnehmern begründen, die durch die Arbeit beruflich stabilisiert oder qualifiziert und deren Eingliederungsaussichten dadurch verbessert werden können.

Arbeitnehmer sind förderungsbedürftig, wenn sie langzeitarbeitslos sind und die Voraussetzungen für Entgeltersatzleistungen bei Arbeitslosigkeit, bei beruflicher Weiterbildung oder bei beruflicher Eingliederung Behinderter erfüllen. In gesetzlich geregelten Ausnahmefällen kann von der Erfüllung der vorgenannten Voraussetzungen abgesehen werden.

In der Regel werden 30 bis 75 Prozent des berücksichtigungsfähigen Arbeitsentgelts als Zuschuß gewährt. Unter bestimmten Voraussetzungen ist auch ein höherer Zuschuß möglich. Das Arbeitsentgelt ist berücksichtigungsfähig, soweit es 80 Prozent des bis zu einer Obergrenze (150 Prozent der Bezugsgröße nach § 18 SGB IV) maßgeblichen Arbeitsentgelts für eine gleiche oder vergleichbare ungeförderte Tätigkeit, höchstens jedoch 80 Prozent des tariflichen Arbeitsentgelts, nicht übersteigt. Bei Einstiegstarifen für Langzeitarbeitslose oder besonders niedrigen Arbeitsentgelten gelten abweichende Regelungen.

Eine verstärkte Förderung mit zusätzlichen Zuschüssen und Darlehen ist in bestimmten Fällen möglich.

Gefördert werden natürliche und juristische Personen, die Maßnahmen der Arbeitsförderung selbst durchführen oder durch Dritte durchführen lassen. Maßnahmen im gewerblichen Bereich müssen an ein Wirtschaftsunternehmen vergeben werden, in Ausnahmefällen kann die Maßnahme auch in eigener Regie des Trägers durchgeführt werden.

b) Förderung von Strukturanpassungsmaßnahmen (§§ 272–279 und § 415 SGB III)

Die Förderung erfolgt durch Gewährung von Lohnkostenzuschüssen in den alten und neuen Bundesländern, wenn **161**
- die Durchführung der Maßnahme dazu beiträgt, neue Arbeitsplätze zu schaffen,
- dies zum Ausgleich von Arbeitsplatzverlusten erforderlich ist, die infolge von Personalanpassungsmaßnahmen in einem erheblichen Umfang entstanden sind oder entstehen und sich auf dem örtlichen Arbeitsmarkt erheblich nachteilig auswirken und
- die Träger Arbeitsverhältnisse mit vom Arbeitsamt zugewiesenen förderungsbedürftigen Arbeitnehmern begründen.

Voraussetzung ist, daß – förderungsbedürftige – Arbeitnehmer mit bestimmten Arbeiten beschäftigt werden; der Katalog dieser Arbeiten ist für die neuen Bundesländer weiter gefaßt (vgl. § 415 Abs. 1 SGB III).

II. Leistungsmißbrauch durch Arbeitnehmer

1. Begehungsarten

162 Leistungsmißbrauch im hier gebrauchten Sinn ist die unrechtmäßige Inanspruchnahme von Entgeltersatzleistungen der Bundesanstalt für Arbeit (wie z. B. Arbeitslosengeld, Arbeitslosenhilfe, Unterhaltsgeld), die dem Bezieher nicht, nicht mehr oder nicht in vollem Umfang zustehen.

Leistungsmißbrauch wird – in der häufigsten Fallgestaltung – dadurch begangen, daß jemand, der Leistungen der Bundesanstalt für Arbeit beantragt oder bezieht, unter Verstoß gegen die Mitwirkungspflichten des § 60 Abs. 1 SGB I den Bezug von (Neben-)Einkommen aus einer Erwerbstätigkeit dem Arbeitsamt nicht unverzüglich anzeigt.

Je nach Gestaltung des Einzelfalles kann eine Ordnungswidrigkeit nach § 404 Abs. 2 Nr. 26 SGB III oder Betrug (§ 263 StGB) vorliegen.

2. Aufdeckungsmethoden

a) Datenabgleichsverfahren

aa) DALEB-Verfahren

163 Eine wichtige Erkenntnisquelle für die Feststellung von Leistungsmißbrauch (insbesondere bei den Leistungsarten Arbeitslosengeld, Arbeitslosenhilfe und Unterhaltsgeld) ist das sog. DALEB-Verfahren, ein maschineller Datenabgleich zwischen Zeiten des Bezugs von Lohnersatzleistungen und den von den Arbeitgebern an die Einzugsstellen gemeldeten Beschäftigungszeiten (seit 1990 auch für geringfügig Beschäftigte). Werden dabei Überschneidungen festgestellt, d. h. ein gleichzeitig neben dem Leistungsbezug bestehendes Beschäftigungsverhältnis, werden die vom Zentralamt der BA ausgedruckten Überschneidungsmitteilungen den einzelnen Wohnort-Arbeitsämtern der Leistungsempfänger übersandt. Diese prüfen den Grund der Überschneidung sowie die Rechtmäßigkeit des Leistungsbezugs. Wird ein ganz oder teilweise unrechtmäßiger Bezug von Leistungen der BA festgestellt, wird der ursprüngliche Bewilligungsbescheid, soweit er rechtswidrig ist, aufgehoben. Die zu Unrecht erbrachten Leistungen werden zurückgefordert. Besteht darüber hinaus der Verdacht ordnungswidrigen oder strafbaren Verhaltens des Leistungsempfängers, wird ein Ordnungswidrigkeitenverfahren eingeleitet oder der Vorgang an die Staatsanwaltschaft abgegeben.

Mit dem Datenabgleichsverfahren können Fälle nichtangezeigten Nebeneinkommens lückenlos erkannt werden, wenn die Arbeitgeber ihren Meldepflichten nachkommen.

bb) Datenabgleich mit dem Bundesamt für Finanzen

164 Ein spezieller Datenabgleich existiert bei der – vermögensabhängigen – Arbeitslosenhilfe. Hier führt die Bundesanstalt für Arbeit nach den neuen gesetzlichen Regelungen im SGB III eine verschärfte Vermögensüberprüfung durch, um die tatsächliche Bedürftigkeit der Antragsteller zu ermitteln. Die Überprüfung der Vermögenslage erfolgt in laufenden Fällen gemäß § 45 d Einkommensteuergesetz mittels maschineller Anfragen (automatisierter Datenabgleich) beim Bundesamt für Finanzen (BfF). Gegenstand der Anfrage ist die Anzahl der dort erfaßten Freistellungsaufträge. In monatlichem Abstand werden insoweit alle Fälle ausgewählt, bei denen der Bewilligungsabschnitt im selben oder im nachfolgenden Monat ausläuft und noch keine Anfrage durchgeführt worden ist.

b) Außenprüfungen bei Arbeitgebern

Eine wichtige Maßnahme der BA zur Bekämpfung von Leistungsmißbrauch ist die Durchführung von Außenprüfungen bei Arbeitgebern.[23] 165

Gem. § 304 SGB III kann die BA im Rahmen einer Außenprüfung bei einem Arbeitgeber Ermittlungen führen, die zur Feststellung erforderlich sind, ob für den Arbeitgeber Arbeitnehmer oder Selbständige während einer Zeit tätig sind oder waren, für die diese Lohnersatzleistungen beantragt haben, beziehen oder bezogen haben. Die BA ist berechtigt, zu diesem Zweck Unterlagen einzusehen und die Personalien der in diesem Betrieb tätigen Personen zu überprüfen. Arbeitgeber und Arbeitnehmer dieses Betriebes haben diese Maßnahmen zu dulden und bei der Außenprüfung mitzuwirken. Werden die Maßnahmen nicht geduldet oder wird eine Mitwirkung verweigert, so liegt eine Ordnungswidrigkeit i. S. d. § 404 Abs. 2 Nr. 17 und 18 SGB III vor.

Außenprüfungen können ohne konkreten Anfangsverdacht durchgeführt werden (sog. verdachtlose Prüfungen); in der Mehrzahl der Fälle sind jedoch interne Erkenntnisse oder Hinweise von Dritten der Anlaß, entsprechende Prüfungen vorzunehmen. Die Außenprüfungen werden im Regelfall ohne vorherige Ankündigung durchgeführt.

3. Ahndung

Die vorsätzliche oder fahrlässige Nichtanzeige einer Veränderung entgegen § 60 Abs. 1 S. 1 Nr. 2 SGB I ist gem. § 404 Abs. 2 Nr. 26 SGB III mit Geldbuße bedroht. Die Bußgelddrohung reicht bei vorsätzlicher Begehung bis 10 000,– DM; bei Fahrlässigkeit beträgt die Höchstgeldbuße 5000,– DM (§ 404 Abs. 3 SGB III i.V. m. § 17 Abs. 2 OWiG). Je nach Tatbegehung kann auch (Leistungs-)Betrugsverdacht gem. § 263 StGB vorliegen. In diesen Fällen wird die Sache von den Arbeitsämtern entweder nach § 41 OWiG an die Staatsanwaltschaft abgegeben oder Strafanzeige erstattet. 166

III. Leistungsmißbrauch durch Arbeitgeber

1. Kurzarbeitergeld, Winterausfallgeld

Bei den genannten Leistungen handelt es sich um Leistungen an Arbeitnehmer. Allerdings erfolgt Antragstellung einschließlich der Mitteilung aller Angaben, die für die Leistungsgewährung erheblich sind, durch den Arbeitgeber; hierbei geht es in erster Linie um detaillierte Angaben über Umfang und Gründe des Arbeitsausfalles. Auch die Leistung selbst wird an die Arbeitgeber – zur Weiterleitung an die Arbeitnehmer – gezahlt. 167

Diese Tatsache der Einbindung in die Leistungsgewährung macht sich ein Teil der antragstellenden Arbeitgeber zunutze, um sich ungerechtfertigte Vermögensvorteile zu verschaffen.

Hauptanwendungsfälle von vorsätzlichen Schädigungen sind die Abrechnung von Kurzarbeitergeld und Winterausfallgeld anhand manipulierter Arbeitszeitnachweise, indem die Zahl der ausgefallenen Stunden der Wahrheit zuwider angegeben wird. Beim Winterausfallgeld werden die beantragten Leistungen zum Teil nicht an die Arbeitnehmer ausbezahlt. Bei dieser Leistungsart sind auch Fälle bekanntgeworden, in denen erkrankte Arbeitnehmer auf Baustellen mit witterungsbedingtem Arbeitsausfall „umgesetzt" wurden, um Entgeltfortzahlungsansprüche durch – ungerechtfertigte – Leistungszahlungen zu umgehen. In der Praxis treten auch häufig Fallgestaltungen auf, in denen Arbeitgeber und Arbeitnehmer vorsätzlich gemeinschaftlich Leistungsüberzahlungen herbeiführen, indem sie Angaben im Antragsverfahren unterlassen (z. B. geleistete Überstunden), die zu Leistungskürzungen geführt hätten. 168

---

[23] Vgl. hierzu auch Rn. 123.

169 Aufgedeckt werden derartige Manipulationen überwiegend durch tiefergehende Prüfungen der Abrechnungsunterlagen, zum Teil durch spezielle Prüfdienste der Arbeitsämter. In Fällen vorsätzlicher Schädigung wird Strafanzeige wegen Betruges erstattet.

2. Leistungen an Arbeitgeber und Träger

a) Allgemeines

170 Bei den unter den Rn. 157 bis 161 skizzierten Leistungen an Arbeitgeber bzw. Träger von Maßnahmen erfolgt eine Bezuschussung der Lohnkosten der Arbeitnehmer im Rahmen der aktiven Arbeitsförderung der Bundesanstalt für Arbeit. Die Leistungen werden in unterschiedlicher Höhe und Dauer sowie unterschiedlichen Förderungsvoraussetzungen gewährt. Bei allen Leistungen sind von Arbeitgebern bzw. Trägern Versuche festzustellen, durch verschiedenartige Manipulationen den Arbeitsämtern eine – nicht oder nicht im betreffenden Umfang gegebene – Förderungsfähigkeit vorzuspiegeln.

Schon im Hinblick auf den bundesweiten Förderungsumfang und die Zahl der geförderten Arbeitnehmer steht dabei der Mißbrauch von Leistungen bei Arbeitsbeschaffungsmaßnahmen im Vordergrund.

b) Typische Mißbrauchs-/Begehungsformen

171 Typische Mißbrauchs-/Begehungsformen im Zusammenhang mit der Gewährung aller Leistungen sind

aa) Nichtabführung von Sozialversicherungsbeiträgen

Zuschüsse zu Lohnkosten werden beantragt, die Voraussetzungen der Förderung werden dargelegt und die Leistung wird gezahlt. Für die betreffenden geförderten Arbeitnehmer erfolgt jedoch keine Abführung der Sozialversicherungsbeiträge (§§ 263, 266 a StGB).

bb) Abschluß fingierter Arbeitsverträge

Es werden Leistungen für die Beschäftigung von Arbeitnehmern beantragt, diese aber tatsächlich vom Arbeitgeber nicht eingestellt. Dem Arbeitsamt werden bei der Antragstellung fingierte Arbeitsverträge vorgelegt.

cc) Fingierte Lohnvereinbarungen

Der Arbeitgeber beschäftigt Arbeitnehmer, für die eine Förderung beantragt wird. Da die Höhe der Förderung abhängig ist von der Höhe des gezahlten Lohnes, werden dem Arbeitsamt überhöhte unzutreffende Lohnvereinbarungen bzw. Arbeitsverträge vorgelegt.

dd) Gefälschte Lohnzahlungsnachweise

Dem Arbeitsamt wird vorgespiegelt, daß tatsächlich nicht gezahlter Lohn dem Arbeitnehmer zugeflossen ist, um den Lohnzuschuß zu erhalten. Hierzu werden dem Arbeitsamt gefälschte Lohnzahlungsnachweise vorgelegt. Hier sind die Varianten anzutreffen, daß Lohn für bestimmte Zeiten überhaupt nicht gezahlt wird (aus welchen Gründen auch immer) oder daß dem Arbeitnehmer durchgehend weniger an Lohn gezahlt wird als dem Arbeitsamt mitgeteilt.

c) Varianten der Förderungserschleichung speziell bei ABM

172 Träger von ABM sind in der Mehrheit öffentlich-rechtliche Träger, sie können aber auch privatrechtlich organisiert sein, wie die überwiegend in den neuen Bundesländern tätigen Beschäftigungs- und Qualifizierungsgesellschaften.

aa) Arbeitnehmerüberlassung

Eine besonders gravierende Form des Mißbrauchs ist die – stets unzulässige – Überlassung von zugewiesenen Arbeitnehmern an Dritte gegen Entgelt. Es ist dies für den Träger der Maßnahme eine finanziell sehr lukrative Art gesetzeswidrigen Handelns, da für dieselben Arbeitnehmer gleich doppelt abkassiert wird. Zum einen zahlt das Arbeitsamt Zuschüsse für die Lohnkosten der zugewiesenen Arbeitnehmer, zum anderen wird vom Entleiher zusätzlich Entgelt für die Überlassung derselben Arbeitnehmer gezahlt.

Der Maßnahmeträger verhält sich dabei in mehrfacher Weise gesetzeswidrig. Da er in aller Regel eine Erlaubnis zum gewerbsmäßigen Verleih von Arbeitnehmern nach dem AÜG (§ 1 Abs. 1 S. 1 AÜG) nicht besitzen wird (die in dem geschilderten Zusammenhang allerdings auch nicht erteilt werden würde), handelt er ordnungswidrig gem. § 16 Abs. 1 Nr. 1 AÜG. Die Ordnungswidrigkeit ist bei Vorsatz mit Geldbuße bis zu 50 000,– DM bedroht. Gleichzeitig wird in aller Regel der Straftatbestand des Betruges erfüllt sein, da das bewilligende Arbeitsamt über den tatsächlichen Einsatz der zugewiesenen Arbeitnehmer getäuscht wird; die antragsgemäße Bewilligung setzte u. a. voraus, daß die Arbeitnehmer nur für „zusätzliche und im öffentlichen Interesse liegende Arbeiten" eingesetzt werden.

bb) Manipulationen bei Sachkostenrechnungen

Im Rahmen der Durchführung von Sonderprogrammen des Bundes oder in den Fällen sog. verstärkter Förderung (bei letzteren ist Voraussetzung, daß sich auch ein Land an der Förderung beteiligt) können vom Träger in bestimmten Fällen auch die Aufwendungen für Sachkosten geltend gemacht werden. Hierbei wird z.T. versucht, die Förderung für tatsächlich nicht angefallene Sachkosten zu erhalten, indem gefälschte bzw. manipulierte Sachkostenrechnungen eingereicht werden. Mitunter erfolgt auch ein Zusammenwirken mit Firmen, die Rechnungen für nicht erbrachte Leistungen ausstellen. Teilweise werden erhaltene Rabatte nicht angegeben.

Auch werden sog. Doppelabrechnungen in Fällen aufgedeckt, in denen die Maßnahme nicht nur vom Arbeitsamt, sondern zusätzlich auch von einem Dritten (z. B. Land, Kommune) gefördert wird. Hierbei werden dieselben Sachkosten dem Arbeitsamt und dem Dritten gegenüber abgerechnet.

cc) Mißbrauch beim Einsatz der ABM-Kräfte

Maßnahmen sind gem. § 261 Abs. 1 SGB III nur förderungsfähig, wenn die zu verrichtenden Arbeiten zusätzlich sind und im öffentlichen Interesse liegen. Die Art der Tätigkeiten ist im Antragsverfahren präzise zu beschreiben. Im Falle der Förderung werden die zugewiesenen Arbeitnehmer tatsächlich ganz oder teilweise in anderen Bereichen angesetzt, für die die Fördervoraussetzungen meist nicht gegeben sind; Beispiele sind die Heranziehung der Kräfte zur Erfüllung nicht aufschiebbarer Pflichtaufgaben der Träger.

d) Vorbeugende Maßnahmen gegen Leistungsmißbrauch

Die Bundesanstalt für Arbeit als zuständiger Leistungsträger versucht, im Rahmen der ihr obliegenden effektiven Mittelbewirtschaftung, durch eine Reihe von vorbeugenden Maßnahmen mißbräuchliches Verhalten von vornherein zu unterbinden: 173

- Der Arbeitgeber/Träger hat die Anmeldung zur Sozialversicherung der geförderten Arbeitnehmer vorzulegen, ebenso den Arbeitsvertrag mit allen wesentlichen Inhalten.
- Der Bewilligungsbescheid wird nicht nur dem Arbeitgeber/Träger zugeleitet, sondern auch den geförderten/zugewiesenen Arbeitnehmern. Hierdurch können die Arbeitnehmer ersehen, ob der im Arbeitsvertrag vereinbarte Lohn identisch ist mit dem Lohn, der dem Arbeitsamt gegenüber geltend gemacht wird.
- Dem Arbeitsamt müssen nach Ablauf des jeweiligen Lohnzahlungszeitraumes die Lohnabrechnungsunterlagen vorgelegt werden.

e) Aufdeckung

174 Die §§ 304ff. SGB III geben den Arbeitsämtern die rechtliche Grundlage, im Rahmen sog. verdachtloser Außenprüfungen zu kontrollieren, ob Leistungen mißbräuchlich in Anspruch genommen werden oder wurden. Dies betrifft auch die Leistungen an Arbeitgeber. Diese haben die Prüfung zu dulden und dabei mitzuwirken. Über das genannte gesetzliche Prüfrecht hinaus ist die Prüfbefugnis der Arbeitsämter bei ABM auch im jeweiligen Bewilligungsbescheid enthalten.

175 Speziell bei ABM erfolgen, je nach Umfang der Maßnahme, regelmäßige Kontrollen bei den Trägern in bestimmten zeitlichen Abständen. Liegen dem Arbeitsamt Anhaltspunkte für eine nicht zweckentsprechende Verwendung der Förderungsmittel vor, z. B. auch aus Hinweisen Dritter, erfolgt eine unverzügliche Überprüfung der Maßnahme. Die Prüfungen werden grundsätzlich ohne vorherige Ankündigung durchgeführt, um den Prüferfolg nicht zu gefährden.

Die Überprüfungen bestehen grundsätzlich aus zwei Teilen:

- Prüfung der tatsächlichen Durchführung der ABM durch Befragung der Beteiligten einschließlich Kontrollen am Arbeitsplatz. Hierbei wird u. a. geprüft:
  - Wer wird mit welchen Tätigkeiten beschäftigt?
  - Entsprechen die ausgeführten Arbeiten den als förderungswürdig anerkannten?
  - Werden die ABM-Kräfte (auch) anderweitig beschäftigt?
  - Gibt es Hinweise auf Einnahmen aus der Maßnahme, die dem Arbeitsamt verschwiegen wurden?
- Prüfung von Unterlagen beim Träger der Maßnahme. Hierbei wird u. a. geprüft:
  - Entsprechen die abgerechneten Löhne den tatsächlichen Lohnzahlungen?
  - Gibt es Hinweise auf – verschwiegene – Einnahmen?
  - Tatsächlicher Beginn (evtl. Ende) der Maßnahme?
  - Gibt es Hinweise auf Leistungen Dritter, die zu berücksichtigen wären?

f) Ahndung

176 Werden dem Arbeitsamt Unregelmäßigkeiten bzw. Mißbräuche bekannt, sind – neben den strafrechtlichen – auch leistungsrechtliche Konsequenzen zu prüfen. Hierbei kommen insbesondere in Betracht:

- Völlige oder teilweise Aufhebung des Bewilligungsbescheides mit Wirkung für die Zukunft oder die Vergangenheit (§§ 44ff. SGB X, § 330 SGB III),
- Rückforderung gewährter Leistungen (§ 50 SGB X),
- Neubescheidung mit
  - Verkürzung der Förderungsdauer
  - Reduzierung von ABM-Stellen.

177 In den Fällen, in denen Anhaltspunkte für eine vorsätzliche Schädigung des Arbeitsamtes durch mißbräuchliche Inanspruchnahme von Leistungen vorliegen (oder der Versuch hierzu), erstattet das Arbeitsamt Strafanzeige bei der zuständigen Staatsanwaltschaft.

E. Steuerliche Aspekte

I. Vorbemerkung

178 Die in diesem Kapitel unter A–D beschriebenen Spielarten der **illegalen Beschäftigung** haben neben der für die verschiedensten Rechtsgebiete dargestellten straf- und bußgeldrechtlichen Relevanz auch **erhebliche steuerliche Bedeutung.**

Illegale Beschäftigung, organisierte Schwarzarbeit und Scheinselbständigkeit gehen zumeist Hand in Hand mit Steuerhinterziehung. Die Akteure in diesem Bereich der Illegalität verletzen neben den bereits genannten Vorschriften regelmäßig auch ihre steuerlichen Pflichten. Durch dieses sozialschädliche und wettbewerbsverzerrende kriminelle Treiben entgehen dem Staat neben den vorenthaltenen Sozialversicherungsbeiträgen jährlich Milliardenbeträge durch Steuerverkürzung.

II. Fallgestaltungen, Beteiligte

1. Schwarzarbeit

Schwarzarbeit leistet nach § 1 des Gesetzes zur Bekämpfung der Schwarzarbeit (SchwArbG), wer Dienst- oder Werkleistungen in erheblichem Umfang erbringt, erstellt oder bestellt und seine gesetzlichen Mitwirkungs- und Anzeigepflichten verletzt. 179

Die Finanzverwaltung sieht den Begriff Schwarzarbeit umfassender und versteht darunter **jede erwerbswirtschaftliche Betätigung unter Verstoß gegen steuerrechtliche Pflichten**. Nachbarschafts- oder Selbsthilfe sowie reine Gefälligkeiten ohne Entgelt sind keine Schwarzarbeit.

Bei Schwarzarbeit gibt es mindestens zwei Beteiligte, den **Auftraggeber** (z. B. Bauherr eines Eigenheimes) und den **Schwarzarbeiter** (z. B. Maurer, der in seiner Freizeit gegen Bezahlung den Rohbau erstellt). In der Praxis (besonders im Bau- und Baunebengewerbe) werden jedoch verstärkt ganze Schwarzarbeiterkolonnen beobachtet. Dies zeigt, daß von hochkriminellen Tätergruppen organisierte Schwarzarbeit betrieben wird.

Wenngleich die Schwarzarbeit häufig in der Baubranche, in der Gastronomie, im Gebäudereinigergewerbe, aber auch bei privaten Hauswirtschaftsverhältnissen anzutreffen ist, blüht die **Schattenwirtschaft** in nahezu allen Bereichen des Wirtschaftslebens.

2. Scheinselbständigkeit

Scheinselbständigkeit[24] ist in erster Linie ein Problem für die Sozialversicherung. Der Gesetzgeber hat deshalb mit Wirkung zum 01. 01. 1999 durch das „Gesetz zu Korrekturen in der Sozialversicherung und zur Sicherung der Arbeitnehmerrechte" vom 19. 12. 1998[25] Regelungen getroffen, durch die der Mißbrauch der Scheinselbständigkeit in allen Zweigen der Sozialversicherung bekämpft werden soll.[26] Scheinselbständigkeit kann jedoch **auch steuerliche Auswirkungen** haben.[27] 180

Bei der Scheinselbständigkeit gibt es mindestens zwei Beteiligte, den **Auftraggeber** (z. B. ein Fuhrunternehmer) und den **Scheinselbständigen** (z. B. ein Fahrer, der als „Subunternehmer" für den Fuhrunternehmer tätig ist). Der Scheinselbständige ist dabei derart in den Betrieb des Auftraggebers eingegliedert und dessen Weisungen unterworfen, daß er in Wahrheit als Arbeitnehmer des Auftraggebers anzusehen ist. Das tatsächlich bestehende und durchgeführte Arbeitsverhältnis wird durch die rechtliche Gestaltung zum wirtschaftlichen Nutzen des Auftraggebers auf alleiniges Risiko des Scheinselbständigen verschleiert. Der Scheinselbständige hat tatsächlich weiterhin die Pflichten wie ein Arbeitnehmer zu erfüllen, trägt aber die Risiken eines Unternehmers. Häufig war der Scheinselbständige vorher Arbeitnehmer im Betrieb des Auftraggebers.

Im Baugewerbe werden oft Einzelpersonen als „Subunternehmer" eingesetzt (z. B. als Eisenflechter, Verputzer oder Fliesenleger). Scheinselbständige arbeiten aber auch häufig in Kolonnen mit anderen Scheinselbständigen oder mit Arbeitnehmern des Auftraggebers, um mit diesen gemeinschaftlich einen Gesamtauftrag auszuführen.

---

24 Siehe dazu auch Rn. 49.

25 BGBl. 1998 I, 3843.

26 Siehe eingehend hierzu *Leuchten/Zimmer* DB 1999, 381; *Kunz/Kunz* DB 1999, 846.

27 Siehe *List* NWB Fach 6, 3919.

Auch die Scheinselbständigkeit hat sich in weiten Bereichen der Wirtschaft breit gemacht. Manche Fleischzerlegebetriebe oder Transportunternehmen beschäftigen bis zu neunzig Prozent „selbständige" Arbeiter. Aber selbst Kellner werden als „Vermittler gastronomischer Dienstleistungen", Gabelstaplerfahrer als „Verlader und Kommissionierer von Waren" bezeichnet. Sogar Regalauffüllkräfte und Preisauszeichner in Kaufhäusern und Supermärkten sollen selbständige Unternehmer sein.

3. Werkverträge mit ausländischen Bauunternehmern

181 Im Baugewerbe, für das ein Verbot der Arbeitnehmerüberlassung gilt,[28] schließen deutsche Bauunternehmer vielfach **Werkverträge** mit Bauunternehmern aus **mittel- und osteuropäischen Staaten**[29] oder den **EU-Staaten**, aber auch mit deutschen Firmen, die zumeist von Ausländern geführt werden. Sofern die aufenthalts- und arbeitsrechtlichen Vorschriften sowie die Regelungen des AEntG[30] eingehalten werden und die tatsächliche Durchführung des Vertrags der rechtlichen Gestaltung entspricht, ist das grundsätzlich zulässig. Auch diese legale Abwicklung von Werkverträgen besitzt für den deutschen Fiskus **große steuerliche Bedeutung**. Sowohl die deutschen als auch die ausländischen Beteiligten haben eine **Reihe von steuerlichen Verpflichtungen** zu erfüllen, was häufig nicht ausreichend beachtet und überwacht wird.

Beteiligte bei der Durchführung der Werkverträge sind regelmäßig ein deutscher **Generalunternehmer**, mindestens ein ausländischer **Subunternehmer** sowie dessen ausländische **Arbeitnehmer**.

4. Illegale Arbeitnehmerüberlassung

182 Häufig handelt es sich bei den Werkverträgen jedoch um **Scheinwerkverträge,**[31] die lediglich der Umgehung des Verbots der Arbeitnehmerüberlassung im Baugewerbe dienen. Aufgrund mündlicher und schriftlicher Abreden sowie der tatsächlichen Durchführung liegt in Wahrheit **illegale Arbeitnehmerüberlassung**, in der Regel unter Einschaltung ausländischer Unternehmer und Arbeitnehmer, vor. Dabei wird die illegale Arbeitnehmerüberlassung zum Teil mit der Scheinselbständigkeit kombiniert. Beteiligte dieser Spielart der illegalen Beschäftigung sind der **Verleiher**, der **Entleiher** und die **Arbeitnehmer** des Verleihers, die beim Entleiher tätig werden. Der Leiharbeitnehmer stellt häufig als Scheinselbständiger Rechnungen mit Umsatzsteuerausweis an den Verleiher. Dieser wiederum weist in seinen Rechnungen an den Entleiher unzutreffend eine angebliche Werkleistung aus, obwohl er tatsächlich nach genau festgelegten Stundensätzen Arbeitnehmer überlassen hatte. Die rechnungsmäßige Darstellung hat mit der Wirklichkeit nichts zu tun.

Die **illegale Arbeitnehmerüberlassung** ist immer **steuerlich und steuerstrafrechtlich bedeutsam**. Die steuerstrafrechtlichen Ermittlungen sind grundsätzlich von der Steuerfahndung zu führen.

---

[28] Siehe oben Rn. 19–21.
[29] Siehe dazu Rn. 48 u. 67.
[30] Siehe dazu oben Abschnitt C Rn. 95 ff.
[31] Siehe dazu Rn. 48.

III. Betroffene Steuerarten

1. Einkommen-, Körperschaft-, Gewerbesteuer

a) Einkünfte aus Schwarzarbeit

Die Einkünfte aus **Schwarzarbeit** unterliegen der Einkommensteuer. Bei selbständig ausgeübter Schwarzarbeit erzielt der Schwarzunternehmer Einkünfte aus Gewerbebetrieb (§ 2 Abs. 1 Ziff. 2 und § 15 Einkommensteuergesetz–EStG), die er dem Finanzamt erklären und für die er Einkommen- sowie ggf. Gewerbesteuer entrichten müßte. 183

Bei nichtselbständig ausgeübter Schwarzarbeit hat der Schwarzarbeiter Einkünfte aus nichtselbständiger Arbeit (§ 2 Abs. 1 Ziff. 4 und § 19 EStG), für die regelmäßig Einkommensteuer anfallen dürfte.

b) Scheinselbständigkeit

Die **Scheinselbständigkeit** hat ertragsteuerlich keine großen Auswirkungen. Beim Scheinselbständigen erfolgt lediglich eine rechtliche Umqualifizierung der vorgeblichen gewerblichen Einkünfte in solche aus nichtselbständiger Arbeit. Allerdings wird in der Regel die Höhe der erklärten Einkünfte zu korrigieren sein, weil ein Teil der Betriebsausgaben, die der Scheinselbständige bei seiner Gewinnermittlung in Abzug bringt (z. B. Kraftfahrzeugkosten u.ä.), von ihm als Arbeitnehmer nicht oder nicht in voller Höhe als Werbungskosten geltend gemacht werden kann. 184

c) Werkverträge mit ausländischen Subunternehmern

Bei der legalen Abwicklung von **Werkverträgen** mit ausländischen Subunternehmern konnte in der Vergangenheit deren Ertragsbesteuerung im Inland nicht ausreichend sichergestellt werden. Häufig unterblieb eine **Erfassung der ausländischen Firma** durch die Finanzämter schon mangels rechtzeitiger Kenntnis über deren Tätigwerden in Deutschland. Bis das Finanzamt tätig werden konnte, war die Baumaßnahme abgeschlossen und Firmenvertreter und Arbeitnehmer waren längst verschwunden. **Ausländische Subunternehmer** können mit ihren Gewinnen jedoch **unbeschränkt einkommensteuerpflichtig** (z. B. wenn der ausländische Gewerbetreibende seinen Wohnsitz, § 8 AO, oder gewöhnlichen Aufenthalt, § 9 AO, im Inland hat, §§ 1 Abs. 1, 2 Abs. 1 EStG) **oder körperschaftsteuerpflichtig** (z. B. wenn der Ort der Geschäftsleitung, § 10 AO, einer ausländischen Kapitalgesellschaft sich im Inland befindet, § 1 Abs. 1 und 2 Körperschaftsteuergesetz – KStG) sein. Regelmäßig wird aber keine unbeschränkte Steuerpflicht der ausländischen Werkvertragsunternehmen im Inland bestehen, sondern **beschränkte Steuerpflicht**. Diese liegt nach § 49 Abs. 1 Nr. 2a EStG i.V. m. § 2 Nr. 1 und § 8 Abs. 1 KStG für Einkünfte aus einem Gewerbebetrieb vor, für den im Inland eine **Betriebsstätte**, § 12 AO, unterhalten wird oder ein **ständiger Vertreter**, § 13 AO, bestellt ist. Soweit mit dem Ansässigkeitsstaat des im Inland tätigen ausländischen Subunternehmers ein **Doppelbesteuerungsabkommen** (DBA) besteht, bestimmt sich der Betriebsstättenbegriff nach dem jeweiligen Abkommen. Bei Bauausführungen und Montagen ist eine Betriebsstätte in der Regel gegeben, wenn ihre Ausführung zwölf Monate überschreitet (vgl. Art. 5 Abs. 3 OECD-Musterabkommen). Einige DBA weichen hiervon nach oben oder unten ab (das DBA-Portugal nimmt eine Betriebsstätte z. B. bereits ab sechs Monaten an). 185

Bei größeren Werkvertragsausführungen durch ausländische Bauunternehmen ist deshalb häufig beschränkte Steuerpflicht anzunehmen, so daß von diesen Einkommen- bzw. Körperschaftsteuer und ggf. auch Gewerbesteuer (§ 2 Abs. 1 Sätze 1 und 3 Gewerbesteuergesetz – GewStG) zu entrichten wäre. Weil dies – wie vorstehend festgestellt – häufig nicht der Fall war, hatte der Gesetzgeber § 50a Abs. 7 und 8 EStG neu gefaßt.[32] Der bis- 186

[32] Siehe hierzu *Kumpf/Roth* DB 1999, 815.

herige Abs. 7, der die Möglichkeit der **Anordnung eines Steuereinbehalts** durch das Finanzamt gegen den deutschen **Vergütungsschuldner** vorsah, wurde zum neuen Abs. 8. Der Anordnungseinbehalt war damit weiterhin als Auffangtatbestand möglich. Im neuen § 50a Abs. 7 EStG wurde nunmehr mit Wirkung zum 01. 04. 1999 vorgeschrieben, daß jeder deutsche Werkvertragsauftraggeber, ob Unternehmer oder Privatmann, von allen Vergütungen für die Herstellung eines Werks im Inland durch einen im Ausland ansässigen Unternehmer grundsätzlich **25 v. H. der Bruttovergütung** (d. h. ohne Berücksichtigung von Betriebsausgaben wie z. B. Arbeitslöhne) **einzubehalten** und binnen acht Tagen nach Zahlung der Vergütung bei seinem Betriebsfinanzamt **anzumelden** und **abzuführen** hatte. Ein Unterlassen des Steuerabzugs oder ein anderer Vomhundertsatz war nur in Ausnahmefällen unter Vorlage einer entsprechenden Bescheinigung möglich. Kam der Vergütungsschuldner seiner Abzugspflicht nicht nach, haftete er gemäß § 50a Abs. 7 S. 3 i.V. m. § 50a Abs. 5 EStG für den Steuerschaden. Der Vergütungsschuldner hatte dem ausländischen Werkunternehmen auf Verlangen den Steuerabzug zu bescheinigen. Der ausländische Vergütungsgläubiger mußte diese Bescheinigung mit seiner Steuererklärung dem für ihn zuständigen Finanzamt vorlegen, das die für seine Rechnung einbehaltene Steuer mit seiner endgültigen Steuerschuld zu verrechnen und ggf. zu erstatten hatte.

Mit der Gesetzesänderung bestand Hoffnung, daß die inländischen Einkünfte ausländischer Werkvertragsunternehmen endlich ertragsteuerlich besser erfaßt werden. Bevor die Neuregelung des § 50a Abs. 7 EStG jedoch überhaupt Wirkung entfalten konnte, setzte sie der neue Bundesfinanzminister – offenbar vor allem aufgrund der massiven Kritik verschiedener Wirtschaftsverbände – bereits wieder aus. So gab das Bundesministerium der Finanzen in einer Pressemitteilung am 26. Juli 1999 (d. h. nicht einmal vier Monate nach Inkrafttreten der Gesetzesänderung) bekannt, § 50a Abs. 7 EStG werde gestrichen. Im Vorgriff darauf sei der Vollzug mit sofortiger Wirkung einzustellen. Die Neuregelung habe sich nach den bisher gewonnenen Erkenntnissen (welche das sein sollen, wird verschwiegen) nicht bewährt. Der Bundesfinanzminister werde eine Initiative gegenüber seinen europäischen Kollegen starten, um eine gleichmäßige und nicht den Wettbewerb verzerrende Besteuerung der grenzüberschreitend tätigen Unternehmen in Europa zu gewährleisten.

Das unüberlegte, unabgestimmte und überhastete Vorgehen bei Einführung und Aussetzung der Steuerabzugsregelung des neuen § 50a Abs. 7 EStG ist ein erneutes und erschreckendes Beispiel für die seit vielen Jahren **chaotische Steuergesetzgebung** in Deutschland. Dabei könnten sich Regierung und Parlament durchaus an guten Beispielen aus anderen europäischen Ländern wie Belgien, den Niederlanden oder Frankreich orientieren, die taugliche Instrumente wie Sicherungseinbehalte oder Haftungsregelungen benutzen.

In Deutschland hingegen muß weiter auf den Vollzug der gleichmäßigen und gesetzlichen Besteuerung der inländischen Einkünfte ausländischer Werkvertragsunternehmen gewartet werden – ein für viele deutsche Bauunternehmen und Bauarbeiter unerträglicher Zustand.

187 Auch die **ausländischen Arbeitnehmer** sind mit ihren Einkünften aus der nichtselbständigen Arbeit in Deutschland nach §§ 19, 49 Abs. 1 Nr. 4 EStG grundsätzlich beschränkt einkommensteuerpflichtig. Allerdings werden die Vorschriften des EStG durch die DBA-Bestimmungen überlagert. Die Bundesrepublik Deutschland hat danach (vgl. Art. 15 OECD-MA) das Besteuerungsrecht nur dann, wenn der Arbeitnehmer sich im Inland mehr als 183 Tage im Jahr aufhält (dann ist der Arbeitnehmer wegen seines gewöhnlichen Aufenthalts, § 9 AO, in Deutschland sogar unbeschränkt steuerpflichtig) oder sein ausländischer Arbeitgeber eine Betriebsstätte im Inland hat. Das zeigt, daß für die Durchführung der Einkommensteuerveranlagung ausländischer Arbeitnehmer für deutsche Arbeitseinkünfte die Betriebsstättenfeststellung sowie die Ermittlung der Aufenthaltsdauer große Bedeutung haben.

Ein ernstes ertragsteuerliches Problem ergibt sich für deutsche **Generalunternehmer** 188
auch bei legalen, tatsächlich durchgeführten Werkverträgen, insbesondere mit Firmen aus EU-Ländern und hier wiederum besonders mit solchen aus Großbritannien, dadurch, daß die Rechnungsstellung sehr häufig über wirtschaftlich inaktive Firmen (Briefkasten-, Domizilfirmen) erfolgt. Bei Nachfragen des Finanzamts will oder kann der deutsche Steuerpflichtige die hinter den wirtschaftlich inaktiven Firmen stehenden Personen, denen die Gelder tatsächlich zuflossen, nicht benennen. Weil der deutsche Unternehmer seiner erhöhten Mitwirkungspflicht bei Auslands-sachverhalten (§ 90 Abs. 2 AO) nicht nachkommt und den wirklichen Empfänger der Betriebsausgaben nicht benennt, ist ihm gemäß § 160 AO nach pflichtgemäßer Ermessensausübung der Betriebsausgabenabzug in der Regel zu versagen. Denn es ist nicht auszuschließen, daß ein Steuerinländer letztlich der Zahlungsempfänger war. Der Steuerpflichtige wird deshalb für den vermutlichen Steuerausfall quasi in Haftung genommen. Dies kann zu ganz erheblichen wirtschaftlichen Nachteilen bei deutschen Bauunternehmern führen, die ja tatsächlich Aufwendungen hatten. Die konsequente Anwendung des § 160 AO könnte jedoch dazu beitragen, daß der Generalunternehmer sich seine Vertragspartner im Subunternehmerbereich genau ansieht, nur mit seriösen Firmen Verträge schließt und § 90 Abs. 2 AO entsprechende Beweisvorsorge trifft.

d) Illegale Arbeitnehmerüberlassung

Ertragsteuerlich ergeben sich bei der **illegalen Arbeitnehmerüberlassung** keine anderen 189
Probleme als bei der tatsächlichen Durchführung von Werkverträgen.

Der **Verleiher** erzielt Einkünfte aus Gewerbebetrieb, für die er unbeschränkt oder beschränkt steuerpflichtig sein kann.[33] Für die **ausländischen Leiharbeitskräfte** gilt das unter Rn. 187 Angeführte. Und der Betriebsausgabenabzug beim **Entleiher** muß nach § 160 AO noch häufiger versagt werden als in den Fällen tatsächlich durchgeführter Werkverträge, weil sich auf dem Gebiet der illegalen Arbeitnehmerüberlassung hochkriminelle Täter tummeln, deren Handeln durchgängig auf Verschleierung und Täuschung angelegt ist, und der wirklich verleihende Hintermann oft nicht der Rechnungsaussteller ist.

2. Umsatzsteuer

a) Schwarzarbeit

Umsatzsteuerlich erheblich ist nur die selbständig ausgeübte **Schwarzarbeit**. Der selb- 190
ständig tätige Schwarzarbeiter ist Unternehmer im Sinne des § 2 Abs. 1 Umsatzsteuergesetz (UStG). Er müßte deshalb Umsatzsteuervoranmeldungen und Umsatzsteuerjahreserklärungen abgeben (§ 18 UStG), die von ihm erzielten Umsätze erklären und die anfallende Umsatzsteuer entrichten. Der Auftraggeber des Schwarzarbeiters, der die Vergütung zahlt, ohne daß ihm eine Rechnung mit Umsatzsteuerausweis gestellt wird (Schwarzarbeit ist typischerweise ein OR-Geschäft), kann keine Vorsteuer geltend machen (§ 15 Abs. 1 Nr. 1 UStG).

b) Scheinselbständigkeit

Stellt das Finanzamt fest, daß **Scheinselbständigkeit** vorliegt, ergeben sich für den 191
Scheinselbständigen wie für seinen Auftraggeber – im Unterschied zum Ertragsteuerrecht – erhebliche umsatzsteuerliche Auswirkungen. Der Scheinselbständige, der kein Unternehmer, sondern Arbeitnehmer ist, schuldet die Umsatzsteuer, die er in seinen Rechnungen an den Auftraggeber unberechtigterweise ausgewiesen hat, nach § 14 Abs. 3 UStG. Die vom Auftraggeber aufgrund der Rechnung des Scheinselbständigen geltend

---

33 Siehe Rn. 185.

gemachte Vorsteuer wird gestrichen, denn die Leistung wurde von einem Nichtunternehmer ausgeführt (§ 15 Abs. 1 Nr. 1 UStG).

c) Werkverträge mit ausländischen Subunternehmern

192 Bei der Abwicklung von **Werkverträgen** zwischen deutschen Generalunternehmern und ausländischen Subunternehmern werden die umsatzsteuerlichen Bestimmungen immer wieder mißachtet.

Der deutsche Unternehmer, der Leistungen **eines im Ausland ansässigen Unternehmers** bezieht, ist grundsätzlich verpflichtet, von der Gegenleistung Umsatzsteuer einzubehalten und an das für ihn zuständige Finanzamt abzuführen (§ 18 Abs. 8 UStG i. V. m. § 51 Abs. 1 Nr. 1 Umsatzsteuerdurchführungsverordnung – UStDV)[34]. Umsatzsteuerlicher Anknüpfungspunkt ist anders als im Ertragsteuerrecht nicht eine inländische **Betriebsstätte**, sondern die **Ansässigkeit** (siehe dazu § 51 Abs. 3 Satz 1 UStDV). Gemäß § 55 UStDV haftet der deutsche Unternehmer für die nach § 54 UStDV anzumeldende und abzuführende Steuer.

193 Allerdings wird in der Praxis häufig von der sogenannten **Nullregelung**[35] des § 52 Abs. 2 UStDV Gebrauch gemacht. Danach kann vom Steuerabzug abgesehen werden, wenn der im Ausland ansässige Unternehmer keine Rechnung mit gesondertem Umsatzsteuerausweis erteilt hat **und** der Leistungsempfänger im Falle des gesonderten Steuerausweises den Vorsteuerabzug hinsichtlich dieser Steuer voll in Anspruch nehmen könnte. Die Anwendung der Nullregelung ist somit unzulässig, wenn der leistende ausländische Unternehmer dem deutschen Leistungsempfänger eine Rechnung mit gesondertem Umsatzsteuerausweis erteilt hat. Die Begründung des Leistungsempfängers, wenn er die Steuer einbehalte, den Vorsteuerabzug aber nicht geltend mache, trete eine der Nullregelung entsprechende Null-Situation ein, läßt seine Verpflichtung, die Steuer anzumelden und abzuführen, unberührt.[36] Die Nullregelung ist nicht erlaubt bei OR-Geschäften.[37] Außerdem muß die Leistung in der Rechnung so genau beschrieben sein, daß eindeutig und leicht nachprüfbar beurteilt werden kann, über welche Leistung abgerechnet worden ist. Und schließlich muß die Rechnung vom leistenden Unternehmer ausgestellt worden sein.[38] Bei Rechnungsstellung durch wirtschaftlich inaktive Firmen[39] sind Rechnungsaussteller und leistender Unternehmer regelmäßig nicht identisch, so daß die Haftungsnorm des § 55 UStDV anzuwenden ist. Allerdings muß das Finanzamt positive Feststellungen getroffen haben, daß Leistender nicht die Domizilfirma war, sondern die gegenüber dem Leistungsempfänger aufgetretenen Personen nur **unter** dem Namen der Domizilfirma gehandelt haben.[40]

d) Illegale Arbeitnehmerüberlassung

194 Bei der **illegalen Arbeitnehmerüberlassung** ist ein seit vielen Jahren die Finanzämter und Finanzrechtsprechung beschäftigendes Problem die Frage, ob der **Entleiher** zum Vorteuerabzug aus Rechnungen des Verleihers berechtigt ist, in denen fälschlich eine Werkvertragsleistung vorgespiegelt wird, obwohl tatsächlich illegal Personal gestellt wurde.[41]

---

[34] Siehe zum **Abzugsverfahren** ausführlich Abschnitt 233 ff. Umsatzsteuerrichtlinien 1996 (UStR).

[35] Siehe Abschnitt 234 UStR.

[36] BFH v. 11. 12. 1997 VR 44/96, BFHE 185, 275; BFH v. 28. 05. 1998, BFH/NV 1999, 220.

[37] BFH v. 11. 12. 1997 VR 28/97, BFHE 185, 279.

[38] BFH v. 28. 05. 1998, BFH/NV 1999, 220.

[39] Siehe hierzu und zum Problem des § 160 AO Rn. 188.

[40] BFH BStBl. 1994 II, 671; FG Brandenburg EFG 1997, 1267; FG Baden-Württemberg EFG 1998, 605.

[41] Siehe dazu Rn. 182.

Der Entleiher hat grundsätzlich die Voraussetzungen für den Vorsteuerabzug durch Belege nachzuweisen. Ein ausreichender Beleg hierfür ist eine Rechnung des Verleihers im Sinne des § 14 UStG (§ 15 Abs. 1 Nr. 1 UStG). Sind die Angaben über Art und Umfang der Leistung unrichtig oder ungenau, so ist der Vorsteuerabzug grundsätzlich ausgeschlossen.[42] Nach Verwaltungsauffassung hindert sonach die **falsche Leistungsbezeichnung** „Werkvertrag" statt „Arbeitnehmerüberlassung" den Vorsteuerabzug.

In seinem Urteil vom 21. 01. 1993[43] hat jedoch der BFH bei der Inrechnungstellung von Arbeitnehmerüberlassung als regelmäßig genügen lassen, daß die Gewerke angegeben werden, die mit Hilfe der überlassenen Arbeitskräfte erstellt wurden. Allerdings hat der BFH in einem späteren Urteil vom 10. 11. 1994[44] deutlich gemacht, daß der Vorsteuerabzug nur aufgrund einer Rechnung geltend gemacht werden kann, die eine **eindeutige und leicht nachprüfbare Feststellung der Leistung** ermöglicht, über die abgerechnet worden ist. Danach genügt es nicht, wenn die Leistungsbezeichnung unrichtig ist oder so ungenau, daß sie nicht ohne weiteres völlige Gewißheit über Art und Umfang des Leistungsgegenstandes verschafft. Dabei müssen die erforderlichen Angaben entweder aus der Rechnung selbst oder aus solchen Unterlagen hervorgehen, auf die in der Rechnung verwiesen wird. Andere Unterlagen oder Nachweise können nicht berücksichtigt werden.[45]

D. h., die Frage des Vorsteuerabzugs durch den Entleiher muß in jedem Einzelfall sorgfältig geprüft werden. Häufig wird der Vorsteuerabzug zu versagen sein.

Bei illegaler Arbeitnehmerüberlassung im Baubereich durch deutsche Verleihfirmen, 195
die in der Regel von Ausländern beherrscht werden, ist sehr oft der Vorsteuerabzug zu versagen, weil die Rechnungsersteller nicht die tatsächlich Leistenden sind, sondern zur Verschleierung der wirklichen Verhältnisse sogenannte **Abdeckrechnungen** verwendet werden.

Die Abdeckrechnungen werden auf den verschiedensten Ebenen eingesetzt, so vom Entleiher, vom Verleiher oder von weiteren verleihenden Subunternehmern. Vielfach handelt es sich um bloße Scheinfirmen, hinter denen sich organisierte und mafios operierende kriminelle Tätergruppen verbergen.

Sofern die **Leiharbeitnehmer** selbst **als Scheinselbständige** Rechnungen mit Umsatz- 196
steuerausweis an den Verleiher stellen[46], schulden sie die ausgewiesene Steuer nach § 14 Abs. 3 UStG. Der Verleiher kann die Vorsteuer nicht abziehen (§ 15 Abs. 1 Nr. 1 UStG).[47]

Ist der **Verleiher** der illegalen Arbeitnehmerüberlassung ein im Ausland ansässiger Un- 197
ternehmer, so können sich, wie bei der Durchführung von Werkverträgen, die Fragen des **Abzugsverfahrens,** der **Nullregelung** und der **Haftung** nach § 55 UStDV stellen.[48]

3. Lohnsteuer

a) Schwarzarbeit

Der **Auftraggeber** eines nichtselbständig tätigen **Schwarzarbeiters** wäre **als Arbeitgeber** 198
verpflichtet, für den Schwarzarbeiter die Lohnsteuer einzubehalten, dem Finanzamt anzumelden und abzuführen (§§ 38, 41 a EStG). Schuldner der Lohnsteuer ist der Schwarzarbeiter als Arbeitnehmer (§ 38 Abs. 2 S. 1 EStG). Der Arbeitgeber des Schwarzarbeiters haftet nach § 42 d Abs. 1 EStG für die Lohnsteuer. Soweit die Haftung reicht, sind Schwarzarbeiter und Arbeitgeber Gesamtschuldner (§ 42 d Abs. 3 EStG).

---

42 Siehe Abschnitt 202 Abs. 3 Satz 5 UStR.
43 BStBl. 1994 II, 384.
44 BStBl. 1995 II, 395.
45 Siehe Abschnitt 192 Abs. 16 Satz 3 Nr. 2 UStR.
46 Siehe dazu Rn. 182.
47 Wie bei Rn. 191.
48 Siehe hierzu Rn. 192 f.

b) Scheinselbständigkeit

199 Für die **Scheinselbständigkeit** ergeben sich die gleichen lohnsteuerlichen Konsequenzen wie vorstehend ausgeführt. Der Scheinselbständige ist als Arbeitnehmer Schuldner der Lohnsteuer, die sein Auftraggeber als Arbeitgeber hätte einbehalten, anmelden und abführen müssen und für die er gemäß § 42d Abs. 1 EStG haftet. Hinsichtlich der Höhe des für die Lohnsteuerberechnung maßgeblichen Arbeitslohns ist fraglich, ob dies der dem scheinselbständigen Arbeitnehmer zugeflossene Bruttobetrag (einschließlich Umsatzsteuer) oder nur der Nettobetrag ist. Nach meiner Auffassung ist der Nettobetrag als Arbeitslohn anzusetzen, weil nach dem übereinstimmenden Willen der Beteiligten nur dieser zugewendet werden sollte.

c) Werkverträge mit ausländischen Subunternehmern

200 Auch ein ausländischer Subunternehmer, der mit seinen ausländischen Arbeitnehmern einen **Werkvertrag** im Inland erfüllt, hat lohnsteuerliche Verpflichtungen zu erfüllen, wenn er **inländischer Arbeitgeber** ist. Das ist u. a. der Fall, wenn der ausländische Unternehmer im Inland eine Betriebsstätte (§ 12 AO) oder einen ständigen Vertreter (§ 13 AO) hat und Arbeitslohn an Arbeitnehmer zahlt, die er im Inland beschäftigt (§ 38 Abs. 1 Satz 1 Nr. 1 EStG). Maßgeblich dafür, ob eine Betriebsstätte vorliegt, ist allein innerstaatliches Recht. Der Betriebsstättenbegriff des DBA gilt nicht.[49] Damit ist der ausländische Bauunternehmer inländischer Arbeitgeber, wenn die Bauausführung länger als sechs Monate dauert (§ 12 Nr. 8 AO). In der Regel ist bei größeren Bauausführungen auch der Einsatz eines Verantwortlichen (§ 13 AO) erforderlich, so daß der ausländische Unternehmer auch deshalb als inländischer Arbeitgeber anzusehen ist. Der ausländische Bauunternehmer muß deshalb in Deutschland grundsätzlich Lohnkonten führen (§ 41 EStG) und monatliche Lohnsteueranmeldungen abgeben (§§ 38, Abs. 1, 41 EStG). Von diesen Verpflichtungen wird der Arbeitgeber **nur** dann **befreit**, wenn das Besteuerungsrecht **gemäß DBA ausnahmsweise** dem Ausland zugewiesen wird, weil der Arbeitnehmer sich an weniger als 183 Tagen im Jahr in Deutschland aufhält und seinen Lebensmittelpunkt weiterhin im Ausland hat (Art. 15 OECD-MA). Darüber hat auf Antrag des Arbeitnehmers oder Arbeitgebers das Finanzamt zu entscheiden und gegebenenfalls eine Freistellungsbescheinigung nach § 39b Abs. 6 EStG zu erteilen.[50] Der Arbeitslohn des ausländischen Arbeitnehmers darf aber, selbst wenn sich dieser nicht mehr als 183 Tage im Kalenderjahr im Inland aufhält, dann nicht freigestellt werden, wenn der Arbeitgeber eine DBA-Betriebsstätte im Inland unterhält und der Arbeitslohn zu Lasten dieser Betriebsstätte gezahlt wird (Art. 15 Abs. 2 OECD-MA). Lohnsteuerpflicht besteht hier unabhängig von der Dauer der Tätigkeit im Inland vom ersten Tag an. Verletzt der ausländische Arbeitgeber seine Pflicht zum Lohnsteuerabzug, haftet er nach § 42d Abs. 1 EStG.

d) Arbeitnehmerüberlassung

201 Bei **Arbeitnehmerüberlassung**, ob legal oder illegal, sind die lohnsteuerlichen Regelungen für den ausländischen Verleiher noch strenger. Nach § 38 Abs. 1 Satz 1 Nr. 2 EStG ist der ausländische Verleiher generell als Arbeitgeber anzusehen, der Lohnsteueranmeldungen einzureichen und Lohnkonten zu führen hat (§§ 38 Abs. 1, 41 EStG). Im Steuerrecht wird der Entleiher auch bei illegaler Arbeitnehmerüberlassung nicht wie in § 10 AÜG als Arbeitgeber angesehen, sondern dies bleibt grundsätzlich der Verleiher.[51] Bei Arbeitnehmerüberlassung ist außerdem nach Art. 15 OECD-MA das Besteuerungsrecht dem Staat zugewiesen, der für die Besteuerung des Entleihers zuständig ist. Die Dauer des Aufenthalts des Arbeitnehmers im Inland ist ohne Bedeutung. Der Arbeitslohn ausländischer

49 BMF BStBl. 1984 I, 458.
50 Siehe auch Abschnitt 123 Lohnsteuerrichtlinien 1996 (LStR).
51 BFH BStBl. 1982 II, 502.

Leiharbeitnehmer ist daher ab dem ersten Tag ihrer Tätigkeit im Inland lohnsteuerpflichtig.[52] Der ausländische Verleiher hat deshalb von Beginn der Inlandstätigkeit an Lohnkonten zu führen, seine monatlichen Lohnsteueranmeldungen abzugeben, die Lohnsteuer einzubehalten und abzuführen - Pflichten, die bei der illegalen Arbeitnehmerüberlassung laufend und vorsätzlich verletzt werden. Kommt der ausländische Verleiher seinen Verpflichtungen zum Lohnsteuerabzug nicht nach, haftet er gemäß § 42 d Abs. 1 EStG.

Neben der Haftung des Verleihers besteht im Fall der illegalen Arbeitnehmerüberlassung die sogenannte **Entleiherhaftung**[53] des deutschen Entleihers nach § 42 d Abs. 6–8 EStG. Der Gesetzgeber hat mit dieser Regelung eine Gesetzeslücke geschlossen. Weil im Steuerrecht die Fiktion des § 10 AÜG[54] nicht gilt und der Verleiher damit auch bei unerlaubtem Arbeitnehmerverleih Arbeitgeber bleibt[55], konnte der Entleiher grundsätzlich für die vom Verleiher nicht abgeführte Lohnsteuer nicht als Haftender nach § 42 d Abs. 1–5 EStG in Anspruch genommen werden.[56] Durch die Regelung des § 42 d Abs. 6 EStG kann nun auch der Entleiher zur Haftung herangezogen werden. Dies ist in der Praxis besonders bedeutsam, weil der illegale Verleiher für die Finanzbehörden häufig nicht oder nicht mehr greifbar ist. 202

Der **Entleiher** haftet gleichermaßen, wenn er ausnahmsweise deswegen **als Arbeitgeber** anzusehen ist, weil er anstelle des Verleihers die Löhne im eigenen Namen und auf eigene Rechnung an die Leiharbeitnehmer auszahlt, § 42 d Abs. 1–5 EStG.[57] Neben dem Entleiher haftet dann der Verleiher gemäß § 42 d Abs. 7 EStG. Nach § 42 d Abs. 8 EStG besteht für das Finanzamt die Möglichkeit, hinsichtlich der Lohnsteuer der Leiharbeitnehmer eine **Sicherungsanordnung**[58] gegen den Entleiher zu erlassen, wenn dies zur Sicherung des Steueranspruchs notwendig ist, was bei illegalem Arbeitnehmerverleih durch ausländische Verleihfirmen regelmäßig der Fall ist. Der Entleiher hat danach einen bestimmten Teil des mit dem Verleiher vereinbarten Entgelts einzubehalten und ans Finanzamt abzuführen. Die Höhe der einzubehaltenden und abzuführenden Steuer bedarf in der Anordnung keiner Begründung, wenn der Satz von 15 Prozent des vereinbarten Entgelts nicht überschritten wird (§ 42 d Abs. 8 Satz 3 i. V. m. § 42 d Abs. 6 Satz 7 EStG).

Der Verwaltungsakt kann auch mündlich erlassen werden (§ 42 d Abs. 8 Satz 2 EStG).

IV. Strafbarkeit der Beteiligten

203 Bei allen geschilderten Fallgestaltungen können sich sämtliche Beteiligten hinsichtlich jeder genannten Steuer wegen **Steuerhinterziehung** (§ 370 AO)[59] strafbar machen. Die Erfahrungen der Steuerfahndungsstellen zeigen, daß dies auch vieltausendfach der Fall ist. Dabei sind die Feststellungen der Finanzämter nur die Spitze des Eisbergs. Die **Dunkelziffer** der unbekannt bleibenden Fälle dürfte **erschreckend** hoch sein.

1. Schwarzarbeit

204 Für die Strafbarkeit **bei Schwarzarbeit** muß zwischen der selbständig und der nichtselbständig ausgeübten Schwarzarbeit unterschieden werden.[60]

---

52 FG Baden-Württemberg EFG 1997, 82.
53 Siehe ausführlich dazu *Drenseck* in Schmidt § 42 d Rn. 66–75.
54 Siehe oben Rn. 22–24.
55 Siehe Rn. 201 und FN 51.
56 BFH BStBl. 1991 II, 409.
57 *Drenseck* in Schmidt § 42 d Rn. 75.
58 *Drenseck* in Schmidt § 42 d Rn. 74.
59 Zur Steuerhinterziehung allg. siehe Kap. 10 Rn. 11 ff.
60 Siehe oben Rn. 183, 190 u. 198.

Der **Schwarzarbeiter,** der **als Selbständiger** Dienst- oder Werkleistungen anbietet und erbringt, verwirklicht durch die Nichterklärung seiner Umsätze und Gewinne **Hinterziehung von Umsatz-, Einkommen- und Gewerbesteuer** durch Unterlassen.

Der nichtselbständige **Schwarzarbeiter als Arbeitnehmer** und sein **Arbeitgeber** wissen und wollen gemeinsam, daß der Schwarzlohn weder in Lohnsteueranmeldungen des Arbeitgebers noch in der Einkommensteuererklärung des Schwarzarbeiters angegeben wird. Sie sind deshalb **Mittäter** der **Lohn- und Einkommensteuerhinterziehung**.

Schwarzarbeit ist häufig mit **Leistungsmißbrauch**[61] verbunden, wenn der Schwarzarbeiter z. B. Empfänger von Arbeitslosengeld oder -hilfe, Krankengeld oder Sozialhilfe ist. Oft werden Steuern und Sozialabgaben auch durch den **Mißbrauch von geringfügigen Beschäftigungsverhältnissen** hinterzogen. So bezahlt z. B. der Arbeitgeber seinem Arbeitnehmer einen höheren monatlichen Arbeitslohn als 630 DM. Er täuscht dann statt des einen Arbeitsverhältnisses die geringfügige Beschäftigung mehrerer Personen, nicht selten unter Angabe fingierter Namen, vor. Es bleibt zu hoffen, daß die gesetzliche Neuregelung zum 01. 04. 1999 eine spürbare Eindämmung dieser Spielart der Schwarzarbeit und illegalen Beschäftigung bringt.

2. Scheinselbständigkeit

205 **Bei Scheinselbständigkeit** unterläßt der Auftraggeber, der in Wahrheit der Arbeitgeber des Scheinselbständigen ist, ebenfalls einvernehmlich mit diesem pflichtwidrig die Erklärung der verdeckten Lohnzahlungen in monatlichen Lohnsteueranmeldungen. **Auftraggeber** und **Scheinselbständiger** sind deshalb Mittäter der **Lohnsteuerhinterziehung**. Allerdings erklärt der Scheinselbständige in der Regel seine angeblich selbständigen oder gewerblichen Einkünfte in zutreffender Höhe in seiner jährlichen Einkommensteuererklärung. Beim Scheinselbständigen liegt deshalb hinsichtlich der Lohnsteuer nur eine Verkürzung auf Zeit vor, so daß die Schuld geringer zu bewerten ist. Vom Auftraggeber als Arbeitgeber ist die Lohnsteuer zwar auf Dauer verkürzt. Wenn er jedoch davon ausgeht, daß der Scheinselbständige die entsprechenden Zahlungen vollständig in seiner Einkommensteuererklärung angibt, muß bei der Strafzumessung wohl doch nur eine Verkürzung auf Zeit zugrunde gelegt werden.

Der **Auftraggeber** des Scheinselbständigen begeht außerdem noch **Umsatzsteuerhinterziehung**, weil er die zu Unrecht in den Rechnungen ausgewiesene Umsatzsteuer des scheinselbständigen Nichtunternehmers als Vorsteuer in seinen Umsatzsteuervoranmeldungen bzw. -jahreserklärungen geltend macht.

3. Illegale Beschäftigung

206 **Bei illegaler Beschäftigung unter Einschaltung ausländischer Unternehmer und Arbeitnehmer**, insbesondere in der Baubranche, werden regelmäßig steuerstrafrechtliche oder steuerbußgeldrechtliche Tatbestände verwirklicht. Vor allem bei **illegaler Arbeitnehmerüberlassung** werden grundsätzlich Steuern hinterzogen. Dabei muß zwischen der Verantwortlichkeit des Verleihers, des Entleihers und des Leiharbeitnehmers unterschieden werden.[62]

Der **ausländische Verleiher** hat die gleichen Pflichten wie ein inländischer Arbeitgeber.[63]

Er kommt deshalb als **Lohnsteuerhinterzieher** in Frage, wenn er seine von Beginn der Personalüberlassung an bestehende Verpflichtung zur Abgabe von Lohnsteueranmeldungen nicht erfüllt. Erklärt er trotz bestehender unbeschränkter oder beschränkter

[61] Siehe Abschnitt D Rn. 151 ff.

[62] Siehe *Dietz* in Leise/Dietz/Cratz § 370 Rn. 100–105.

[63] Siehe oben Rn. 201.

Steuerpflicht[64] seine Gewinne nicht in **Einkommen-, Körperschaft- und Gewerbesteuererklärungen** und kommt es dadurch zu Steuerverkürzungen, so ist er auch Hinterzieher dieser Steuern.

Möglicherweise ist er auch Gehilfe oder Mittäter an einer **Umsatzsteuerhinterziehung des Entleihers**, wenn er diesem Rechnungen mit Umsatzsteuerausweis und falscher Leistungsbezeichnung ausstellt und dadurch zu einem unberechtigten Vorsteuerabzug verhilft.[65] Dies ist aber unter Berücksichtigung der BFH-Rechtsprechung[66] in jedem Einzelfall sorgfältig zu prüfen. Beim **Entleiher** wie beim **Verleiher** kommt – neben der Umsatzsteuerhinterziehung wegen des Vorsteuerabzugs aus Rechnungen mit falscher Leistungsbeschreibung – noch Umsatzsteuerhinterziehung in Betracht, wenn die Beteiligten Rechnungen von wirtschaftlich inaktiven Scheinfirmen, d. h. solche, die nicht von tatsächlich Leistenden ausgestellt sind (sog. Abdeck- oder Ausgleichsrechnungen), sowie von Scheinselbständigen verwenden.

Beim **Entleiher bzw. Generalunternehmer** ist auch immer zu prüfen, ob dieser nicht **Mittäter**[67] oder **Gehilfe**[68] der **Lohn- und Ertragsteuerhinterziehungen des Verleihers oder Werkvertragsubunternehmers** ist.

Davon dürfte nach den Erfahrungen der Praxis häufig auszugehen sein. Schon anhand des Angebots und der Preisgestaltung des ausländischen Verleihers oder Subunternehmers erkennt der deutsche Entleiher oder Generalunternehmer in vielen Fällen, daß sein Vertragspartner keinesfalls seine steuerlichen Pflichten erfüllen wird. Wenngleich die Steuerhinterziehung nicht das Hauptziel des Entleihers oder Auftraggebers beim Zusammenwirken mit dem Verleiher oder Subunternehmer ist, so wird sie von ihm doch zumeist skrupellos und billigend in Kauf genommen.

Die ausländischen **Leiharbeitnehmer** können Täter einer **Einkommensteuerhinterziehung** und Mittäter der **Lohnsteuerhinterziehung** sein. Erstellen sie als Scheinselbständige unberechtigterweise Rechnungen mit Umsatzsteuerausweis, kommen sie auch als Täter oder Gehilfen von **Umsatzsteuerhinterziehung** in Frage.

Alle geschilderten Steuerhinterziehungstatbestände sind sowohl bei der illegalen Arbeitnehmerüberlassung als auch bei tatsächlich durchgeführten **Werkverträgen** denkbar. Bei letzteren ist darüber hinaus noch **Hinterziehung von Umsatzsteuer** durch Unterlassen des Abzugsverfahrens nach §§ 51 ff. UStDV[69] denkbar.

V. Besondere Ermittlungsprobleme und -möglichkeiten

Illegale Beschäftigung, Schwarzarbeit und Scheinselbständigkeit – egal in welcher Form 207
die **illegale Betätigung** stattfindet, sie spielt sich im Verborgenen ab. Sie ist ihrem Wesen nach auf Verheimlichung, Vorspiegelung, Verdeckung und Täuschung aus. Dabei ist den handelnden Personen die Rechtswidrigkeit ihres Handelns durchaus bewußt.

Solch kriminelles Tun aufzudecken, ist a priori schwierig. Zudem sind die **gesetzlichen Vorschriften** zur Durchsetzung und Überwachung der steuerlichen Erfassung der in diesem Deliktsbereich häufig ausländischen Beteiligten **verbesserungsbedürftig**. Den inländischen Auftraggebern müßten weitergehende Melde- und Mitwirkungspflichten hinsichtlich ausländischer Vertragspartner auferlegt werden.

Die **Informationsgewinnung** und der Informationsfluß über illegale Betätigung er- 208
folgen innerhalb der Finanzverwaltung viel zu selten und viel **zu spät**. Dazu trägt auch

[64] Siehe oben Rn. 185.
[65] Siehe oben Rn. 194; *Müller/Wabnitz/Janovsky* 15. Kapitel Rn. 9.
[66] Z. B. BStBl. 1994 II, 384 u. 1995 II, 395.
[67] So *Müller/Wabnitz/Janovsky* 15. Kapitel Rn. 8.
[68] Siehe dazu BGH wistra 1992, 299.
[69] Siehe dazu oben Rn. 192 f.

die Personalnot beim Lohnsteuer- und beim Umsatzsteuerprüfungsdienst bei. Anders als die Betriebsprüfung, die stets länger zurückliegende Zeiträume prüft, könnten diese Prüfungsdienste grundsätzlich schnelle und kurzfristige „Feuerwehrprüfungen" durchführen und so aktuelle Daten liefern. Allein die Personalmisere verhindert dies. Dadurch werden zeitnahe Feststellungen über die illegale Betätigung vereitelt oder wesentlich erschwert. Vielfach sind dann, wenn das Finanzamt endlich doch Verdacht geschöpft hat, die ausländischen Schlepper oder Vermittler längst über alle Berge. Infolgedessen kann z. B. eine illegale Arbeitnehmerüberlassung oft nicht mehr nachgewiesen werden. Die ausländischen Beteiligten sind nicht mehr greifbar. Und auch dem inländischen Leistungsempfänger kann wegen der schlechten Ermittlungslage ein strafrechtlich vorwerfbares Tun nicht mehr nachgewiesen werden. Was bleibt, ist allein die Möglichkeit, den deutschen Auftraggeber steuerlich per Haftung[70] in die Pflicht zu nehmen – für die Finanzbehörde, die ja auch Strafverfolgungsbehörde[71] ist, ein schwacher Trost. Selbst wenn das Finanzamt durch die **Steuerfahndung** rechtzeitig gegen die illegal Handelnden steuerstrafrechtlich vorgehen kann, zeigt sich immer wieder das Problem, daß die von den Ermittlungen Betroffenen weiter zusammenwirken, weiter verschleiern, weiter vernebeln. Brauchbare Vernehmungsergebnisse sind kaum zu erlangen.

209 Ein weiteres Hemmnis für einen raschen, zeitnahen und reibungslosen Informationsfluß ist, daß für die Ermittlungen bei der Bekämpfung der illegalen Betätigung eine **Vielzahl von Behörden zuständig** ist. Auch wenn sich schon vieles gebessert hat, herrscht doch mitunter bei einigen Behördenvertretern ein unverständliches Ressortdenken vor. Mancher will – wenn auch vielleicht unbewußt – zunächst seinen Erfolg, statt auf das Gesamtergebnis zu sehen. Das führt zu vermeidbaren, uneffektiven Doppel- und Dreifachermittlungen. Zudem wird durch die Aufsplitterung der Ermittlungen häufig nicht der ganze Unrechtsgehalt der Tat ausgeleuchtet.

Hinzu kommt, daß sich die **Staatsanwaltschaft** auf diesem Gebiet der Wirtschaftskriminalität oft erstaunlich vornehm zurückhält.

Ein Ärgernis ist schließlich noch, daß die erforderlichen **Auslandsermittlungen** per Amts- oder Rechtshilfe nicht direkt von deutscher zu ausländischer Finanzbehörde möglich sind, sondern ihren bürokratischen, umständlichen Weg gehen müssen.[72]

210 Andererseits gäbe und gibt es auch **Möglichkeiten** für die Finanzbehörden – insbesondere für die **Steuerfahndungsstellen** –, Straftaten und Rechtsverstöße im Bereich der Schwarzarbeit und illegalen Beschäftigung wirkungsvoll (mit) zu verfolgen.

Durch geringfügige gesetzliche und organisatorische Verbesserungen könnte eine frühzeitige Erfassung der ausländischen Beteiligten erreicht werden.

Zeitnahe Lohnsteuer- und Umsatzsteuerprüfungen würden aktuelle Erkenntnisse erbringen. Dazu müßten diese Prüfungsdienste allerdings personell aufgestockt werden. Durch **sofortige Einschaltung der Steuerfahndung** beim Verdacht der Steuerhinterziehung wird man der ausländischen Täter habhaft. Verschiedene Bundesländer (so Bayern, Baden-Württemberg, Nordrhein-Westfalen) haben für die Verfolgung massiver, bandenmäßig organisierter Steuerhinterziehung durch illegale Betätigung spezialisierte, mit erweiterter Zuständigkeit versehene Abteilungen (sog. **Sonderprüfstellen** oder **Sonderermittlungsgruppen – SEG**) bei den Steuerfahndungsstellen geschaffen. Diese arbeiten ständig und eng mit den anderen Behörden zusammen, werden koordinierend tätig, führen gemeinsame Durchsuchungen mit Polizei, Arbeitsverwaltung und Hauptzollämtern durch und bearbeiten insbesondere die gewichtigeren Fälle mit Auslandsbezug. Die Steuerfahnder erhalten dabei über das Bundesamt für Finanzen – IZA – sowie die IZ-Steufa[73] **rasche Auskünfte über Auslandsbeziehungen** und sonstige Erkenntnisse. Die

---

[70] Siehe Rn. 186, 188 f., 193, 200 ff.

[71] Siehe Kap. 10 Rn. 126 ff.

[72] Siehe dazu Kap. 10 Rn. 172.

[73] Siehe hierzu ausführlich Kap. 22 *(Tschanett).*

Sonderermittlungsgruppen arbeiten äußerst erfolgreich und effizient. Angesichts des Ausmaßes der Steuerkriminalität in diesem Deliktsbereich ist eine kräftige Personalaufstockung der SEG jedoch unerläßlich. Die von den Fahndungsprüfern erzielten steuerlichen Mehrergebnisse sowie die Mehreinnahmen an Steuern und Sozialversicherungsbeiträgen durch die präventive Wirkung übersteigen den Personal- und Sachaufwand um ein Vielfaches.

Der **Informationsaustausch** der Finanzämter **mit anderen Behörden** und Dienststellen ist viel leichter möglich als in anderen Fällen. So wird (z. B. durch § 3 SchwArbG, § 31a AO usw.) durch eine Vielzahl von Gesetzes- und Verwaltungsvorschriften eine **Zusammenarbeit** der für die Bekämpfung der illegalen Betätigung zuständigen Behörden **verpflichtend** vorgeschrieben.[74] Die §§ 31, 31a AO lassen insoweit eine erhebliche **Durchbrechung des Steuergeheimnisses**[75] zu. 211

Die Finanzbehörden können von den sog. **Zusammenarbeitsbehörden**[76] aktuelle Informationen bekommen. Dies wird von der Praxis auch genutzt. Der Finanzverwaltung werden die Erkenntnisse von Arbeitsverwaltung und Zoll über Werkverträge und AEntG frühzeitig zugänglich gemacht. Die Prüfungsdienste der Arbeitsverwaltung (**AD-Bau** und **BillBG**-Stellen) sowie der Hauptzollämter (**BillBZ**-Stellen)[77] überprüfen praktisch jede größere Baustelle und informieren die Steuerfahndung über steuerlich erhebliche Sachverhalte. Vielerorts findet ein regelmäßiger **Erfahrungsaustausch** zwischen den Zusammenarbeitsbehörden, teilweise in gemeinsamen Arbeitskreisen, statt, an dem stets auch die Steuerfahndung teilnimmt.

In gewichtigen Fällen sind **gemeinsame Durchsuchungen** unter Beteiligung der Steuerfahndung (i. d. R. durch die SEG) unerläßlich. Diese strafprozessualen Ermittlungen dürfen nicht im Schneckentempo, sondern müssen als Blitzaktionen durchgeführt werden.[78] Bei besonders bedeutsamen und umfangreichen Tatkomplexen sollten auch die weiteren Ermittlungen von **gemeinsamen Ermittlungsgruppen** unter der **Federführung der Staatsanwaltschaft** vorangetrieben und zu Ende geführt werden.

Die **frühzeitige Einschaltung der Steuerfahndung** durch die anderen Zusammenarbeitsbehörden ist **bei** Hinweisen auf **steuerliche Verfehlungen** zwingend geboten. Bei illegaler Arbeitnehmerüberlassung ist die Steufa immer unverzüglich zu unterrichten. Die anderen Behörden müssen sich ihrer **Anzeigepflicht** gegenüber den Finanzbehörden **gemäß § 116 AO**[79] stets bewußt sein und entsprechend handeln. Nur so ist es möglich, die Täter umfassend und wirkungsvoll zu verfolgen sowie tat- und schuldangemessen zu bestrafen. Denn **Steuerhinterziehung ist** eine **Straftat**. Im Gegensatz zu vielen sonstigen Rechtsverstößen im Zusammenhang mit illegaler Betätigung, die als Ordnungswidrigkeiten nur mit einem Bußgeld sanktioniert werden, können wegen Steuerstraftaten empfindliche Geld- und Freiheitsstrafen verhängt werden. Deshalb ist Ressortdenken[80] fehl am Platz. Es ist allemal besser, daß als Ergebnis gemeinsamer Ermittlungen zwischen AD-Bau, BillBG-Stelle und Steuerfahndung ein Straftäter wegen Steuerhinterziehung mit einer Kriminalstrafe belegt und die Ordnungswidrigkeitenverfahren wegen Verstößen gegen das AÜG oder das AEntG eingestellt werden, als die Verhängung eines Bußgeldes bei isolierten Ermittlungen durch die Arbeitsverwaltung. Wenn die Steufa verspätet unterrichtet wird, sind die Täter entweder nicht mehr greifbar oder vorgewarnt. Jedenfalls hat sich die Ermittlungslage bezüglich der Verfolgung der Steuerstraftat erheblich verschlechtert. 212

[74] Siehe beispielhaft die Bekanntmachung der Bayerischen Staatsregierung v. 28.07. 1998 Nr. B III 2-810-124-4(6), abgedruckt im Allgemeinen Ministerialblatt Nr. 17/1998.

[75] Zum Steuergeheimnis Kap. 10 Rn. 199 ff.

[76] Siehe dazu Rn. 128 f.

[77] Siehe Rn. 116, 88 ff.

[78] *Müller/Wabnitz/Janovsky* 15. Kapitel Rn. 11.

[79] Siehe hierzu Kap. 10 Rn. 124.

[80] Siehe Rn. 209.

Im übrigen sollte bei den Zusammenarbeitsbehörden mitbedacht werden, daß als Folge der Feststellungen der Steuerfahndung eine besonders wirksame **Gewinnabschöpfung** eintritt. Neben der Nachzahlung der hinterzogenen Steuern muß der Steuerstraftäter Hinterziehungszinsen entrichten. Hinzu kommen fühlbare Geldstrafen und -auflagen.

213 Außerdem darf nicht nur der intensive Informationsaustausch zwischen den Behörden im Inland gepflegt werden. Trotz aller noch bestehenden Schwierigkeiten müssen die Möglichkeiten der **internationalen Amts- und Rechtshilfe**[81] umfassend ausgeschöpft werden. Insbesondere bei der Aufdeckung der Geschäftsbeziehungen von Steuerinländern mit wirtschaftlich inaktiven Briefkastenfirmen[82] werden dadurch wertvolle Erkenntnisse gewonnen.

214 Von entscheidender Bedeutung für eine konzertierte, konzentrierte und zügige Durchführung der Ermittlungen bei der Verfolgung von Straftaten bei der illegalen Betätigung ist die verantwortungsbewußte und straffe Handhabung der **Sachleitungsbefugnis** durch die **Staatsanwaltschaft**[83]. Der mit der Sache befaßte Staatsanwalt muß die erforderlichen Ermittlungen bezüglich § 370 AO, § 266a StGB und sonstiger Straftaten veranlassen, für Verfahrenskonzentration und -beschränkung sorgen und an wichtigen Ermittlungsmaßnahmen auch persönlich teilnehmen. Es erscheint sinnvoll, an jeder **Schwerpunktstaatsanwaltschaft** für Wirtschaftsstrafsachen mehrere Staatsanwälte mit diesem Kriminalitätsbereich besonders vertraut zu machen.

215 Etliche Maßnahmen in jüngster Zeit zeigen, daß der Gesetzgeber und die Exekutive die **Bedrohung des Sozialstaats durch** die **illegale Betätigung** zunehmend erkannt haben. Sie dürfen nun nicht auf halbem Weg stehenbleiben. Aufgezeigte gesetzliche und organisatorische Maßnahmen müssen schnellstmöglich erfolgen. Dabei könnte im Interesse einer wirksamen Bekämpfung der Schwarzarbeit und illegalen Beschäftigung eine **einheitliche Strafverfolgungsbehörde** geschaffen werden, die über ausreichenden Unterbau aus qualifizierten Mitarbeitern der Zusammenarbeitsbehörden verfügt und Straftaten und Ordnungswidrigkeiten gemeinsam verfolgt. Ansonsten stellt sich weiter die Frage, ob die Unterbindung der Milliardenschäden verursachenden illegalen Betätigung überhaupt ernsthaft gewollt ist.[84]

---

[81] Siehe hierzu eingehend Kap. 19 *(Veh)* sowie Kap. 10 Rn. 170 ff.

[82] Siehe Rn. 188 f., 193, 206 sowie ausführlich Kap. 7 *(Rödl)*.

[83] Siehe dazu für das Steuerstrafverfahren Kap. 10 Rn. 198.

[84] So *Müller/Wabnitz/Janovsky* 15. Kapitel Rn. 15.

18. Kapitel. Computerkriminalität und EDV-Beweissicherung

Literatur: *Achenbach, H.*, Das Zweite Gesetz zur Bekämpfung der Wirtschaftskriminalität, NJW 1986, 1835; *Achenbach H./Wannemacher, W.*, Beraterhandbuch zum Steuer- und Wirtschaftsstrafrecht, Loseblattausgabe, Herne 1997; *Ackermann, S.*, Ausgewählte Rechtsprobleme der Mailbox-Kommunikation, Diss., Hamburg 1994; *Altenhain, K.*, Die strafrechtliche Verantwortung für die Verbreitung mißbilligter Inhalte in Computernetzen, CR 1997, 485; *Altenhain, K.*, Die gebilligte Verbreitung mißbilligter Inhalte – Auslegung und Kritik des § 5 Teledienstegesetz, AfP 1998, 457; *Amelung, K.*, Grundfragen der Verwertungsverbote bei beweissichernden Haussuchungen im Strafverfahren, NJW 1991, 2533; *Arloth, F.*, Leerspielen von Geldspielautomaten – ein Beitrag zur Struktur des Computerbetrugs, CR 1996, 359; *Artkämper, H.*, Ermittlungsmaßnahmen in Funktelefonnetzen, Kriminalistik 1998, 202; *Arzt, G.*, Zur Beweisbeschaffungspflicht der Banken im Strafverfahren, in: Beiträge zum schweizerischen Bankenrecht, hrsg. von R. Graffenried, Bern 19987, 321; *Auernhammer, H.*, Bundesdatenschutzgesetz, 3. Auflage Köln 1993; *Bär, W.*, Der Zugriff auf Computerdaten im Strafverfahren, Köln 1992; *Bär, W.*, Die Überwachung des Fernmeldeverkehrs, CR 1993, 578; *Bär, W.*, Zugriff auf Fernmeldedaten der Bundespost TELEKOM oder Dritter, CR 1993, 634; *Bär, W.*, Durchsuchungen im EDV-Bereich, CR 1995, 158 (Teil 1) und 227 (Teil 2); *Bär, W.*, Polizeilicher Zugriff auf kriminelle Mailboxen, CR 1995, 489; *Bär, W.*, Beschlagnahme von Computerdaten, CR 1996, 675 (Teil 1) und 744 (Teil 2); *Bär, W.*, EDV-Beweissicherung im Strafverfahrensrecht – Änderungen durch das BegleitG zum TKG, CR 1998, 434; *Bär, W.*, Kapitel 7 Einleitung Strafrecht, in: Roßnagel (Hrsg.) Recht der Multimediadienste, Loseblattausgabe, München 1999; *Barton, D.*, Multimedia-Strafrecht, Neuwied 1999; *Baumbach, A./Hefermehl, W.*, Wettbewerbsrecht, 20. Auflage München 1998; *Bettinger, T./Freytag S.*, Privatrechtliche Verantwortlichkeit für Links, CR 1998, 545; *Betzl, A.*, Computerkriminalität – Dichtung und Wahrheit, DSWR 1972, 317; *Binder, J.*, Strafbarkeit intelligenten Ausspähens von programmrelevanten DV-Informationen, Diss. Marburg 1994; *Bleisteiner, S.*, Rechtliche Verantwortlichkeit im Internet, Köln 1999; *Bohatiuk, E.*, Beweiswert gespeicherter Informationen, CR 1989, 535; *Bottke, W.*, Polizeiliche Ermittlungstätigkeit und Legalitätsprinzip, in: Gedächtnisschrift für Karlheinz Meyer, Berlin 1990, 37; *Breuer, B.*, Anwendbarkeit des deutschen Strafrechts auf exterritorial handelnde Internet-Benutzer, MMR 1998, 141; *Brisch, K.*, EU-Richtlinienvorschlag zum elektronischen Geschäftsverkehr, CR 1999, 235; *Brunnstein, K.*, Computerviren und andere bösartige Software, CR 1993, 456; *Bühler, C.*, Ein Versuch, Computerkriminellen das Handwerk zu legen – Das Zweite Gesetz zur Bekämpfung der Wirtschaftskriminalität, MDR 1987, 448; *Bühler, C.*, Geldspielautomatenmißbrauch und Computerstrafrecht, MDR 1991, 14; *Bullinger, M.*, Freiheit von Presse, Rundfunk, Film, in: Isensee/Kirchhof, Handbuch des Staatsrechts, Band VI, Heidelberg 1989; *Bullinger, M./Mestmäcker, E.-J.*, Multimediadienste – Struktur und staatliche Aufgaben nach deutschem und europäischem Recht, Baden-Baden 1997; *Collardin, M.*, Straftaten im Internet – Fragen zum internationalen Strafrecht, CR 1997, 618; *Conradi, U./Schlämer, U.*, Die Strafbarkeit der Internet-Provider, NStZ 1996, 366 (Teil 1) und 472 (Teil 2); *Dannecker, G.*, Der Schutz von Geschäfts- und Betriebsgeheimnissen, BB 1987, 1614; *Dannecker, G.*, Neuere Entwicklungen im Bereich der Computerkriminalität: Aktuelle Erscheinungsformen und Anforderungen an eine effektive Bekämpfung, BB 1996, 1285; *Dehn, T./Paul, W.*, Vorbeugung bei Computerviren, CR 1989, 68; *Derkesen, R.*, Strafrechtliche Verantwortung für in internationalen Computernetzen verbreitete Daten mit strafbarem Inhalt, NJW 1997, 1878; *Derkesen, R.*, Die Hinterlegung einer Anleitung zur Herstellung von Sprengstoff in einer Mailbox – ein strafbarer Verstoß gegen das WaffG?, NJW 1998, 3760; *Dix, A.*, Gesetzliche Verschlüsselungsstandards – Möglichkeiten und Grenzen der Gesetzgebung, CR 1997, 38; *Dörschuck, M.*, Doppelfunktionales Handeln des Polizeivollzugsdienstes, Kriminalistik 1997, 740; *Eisenberg, U./Nischan, A.*, Strafprozessualer Zugriff auf digitale multimediale Videodienste, JZ 1997, 74; *Engel-Flechsig, S./Maennel, F./Tettenborn, A.*, Das neue Informations- und Kommunikationsdienste-Gesetz, NJW 1997, 2981; *Engel-Flechsig, S.*, Das Informations- und Kommunikationsdienstegesetz des Bundes und der Mediendienstestaatsvertrag der Bundesländer, ZUM 1997, 231; *Erbs, G./Kohlhaas, M.*, Strafrechtliche Nebengesetze, Loseblattausgabe, 5. Auflage 1997 (zitiert: Bearbeiter, in: Erbs/Kohlhaas); *Ernst, S.*, Rechtliche Fragen bei der Verwendung von Hyperlinks im Internet, NJW-CoR 1997, 224; *Ernst, S.*, Internet und Recht, JuS 1997, 776; *Felixberger, S.*, Staatliche Überwachung der Telekommunikation, CR 1998, 143; *Flechsig, N.*, Haftung von Online-Diensteanbietern im Internet, AfP 1996, 333;

Flechsig, N./Gabel, D., Strafrechtliche Verantwortlichkeit im Netz durch Einrichten und Vorhalten von Hyperlinks, CR 1998, 351; *Fromm, F./Nordemann, W.*, Urheberrecht, Kommentar, 9. Aufl. 1998; *Gantner, F.*, „Laden eines Computerprogramms als Vervielfältigung?" – Eine wesentliche Frage falsch gestellt, jur-PC 1994, 2752 (Teil 1) 2793 (Teil 2) und 2835 (Teil 3); *Geis, I.*, Die digitale Signatur, NJW 1997, 3000; *Gerling, R.*, Verschlüsselungsverfahren, DuD 1997, 197; *Gillmeister, F.*, Ermittlungsrechte im deutschen und europäischen Kartellordnungswidrigkeitenrecht, Baden-Baden 1985; *Götz, V.*, Allgemeines Polizei- und Ordnungsrecht, 12. Auflage, Göttingen 1995; *Gola, P.*, Die Entwicklung des Datenschutzrechts im Jahre 1986, NJW 1987, 135; *Goldmann, G./Stenger, H.*, Unbefugtes Eindringen in Computersysteme, CR 1989, 543; *Gounalakis, G.*, Der Mediendienste-Staatsvertrag der Länder, NJW 1997, 2993; *Gundermann, L.*, Das neue TKG-Begleitgesetz – Digitalisierte Telekommunikation und staatliche Eingriffsbefugnisse, K&R 1998, 48; *Gravenreuth, G. von*, Computerviren, 2. Auflage Köln 1998; *Gravenreuth, G. von*, Computerviren, Hacker, Datenspione, Crasher und Cracker, NStZ 1989 201; *Gusy, C., Polizeirecht, 3. Auflage, Tübingen 1996; Gusy, C.*, Zur Zulässigkeit datenschutzrelevanter polizeilicher Observierungen nach Strafprozeßrecht und Polizeirecht, StV 1991, 499; *Hahn, B.*, Erfüllt die Beschädigung privater Telefonanschlüsse auch noch nach der Postreform den Tatbestand der Störung von Telefonanlagen nach StGB § 317?, NStZ 1994, 190; *Haft, F.*, Das Zweite Gesetz zur Bekämpfung der Wirtschaftskriminalität (2. WiKG), NStZ 1987, 6; *Heghmanns, M.*, Computerbezogene Delikte, in: Achenbach/Wannemacher, Beraterhandbuch zum Steuer- und Wirtschaftsstrafrecht, Loseblattausgabe, 1997, § 25; *Helgerth, R.*, Der private Telefonanschluß und seine öffentliche Zweckbestimmung im Rahmen des § 317 StGB, JR 1994, 122; *Heyl, C. von*, Teledienste und Mediendienste nach Teledienstegesetz und Mediendienste-Staatsvertrag, ZUM 1998, 115; *Hilgendorf E.*, Grundfälle zum Computerstrafrecht, JuS 1996, 509 und 702 und 890 und 1082 sowie JuS 1997, 130 und 323; *Hilgendorf E.*, Überlegungen zur strafrechtlichen Interpretation des Ubiquitätsprinzips im Zeitalter des Internet, NJW 1997, 1873; *Hinterseh, S.*, Die strafrechtliche Verantwortlichkeit für Pornographie im Internet: Ein Beitrag zum Thema „Datennetzkriminalität", jur-PC 1996, 460; *Hippel, R. von/Weiß A.*, Eingriffsqualität polizeilicher Observierungen, JR. 1992, 316; *Hochstein, R.*, Teledienste, Mediendienste und Rundfunkbegriff – Anmerkungen zur Abgrenzung multimedialer Erscheinungsformen, NJW 1997, 2977; *Hoeren, T.*, Haftung des Vereins zur Förderung eines Deutschen Forschungsnetzes e.V. als Online-Diensteanbieter, Rechtsgutachten, DFN-Bericht Nr. 83, 1997; *Hoeren, T./Sieber, U.*, Handbuch Multimedia Recht – Rechtsfragen des elektronischen Geschäftsverkehrs, Loseblattausgabe, Stand: Dezember 1998, München 1998; *Hofer, T.*, Computer-Viren – Herkunft, Begriff, Eigenschaften, Deliktsformen, jur-PC 1991, 1367; *Hubmann, H.*, Urheber- und Verlagsrecht, 9. Auflage München 1996; *Jäger, U./Collardin, M.*, Die Inhaltsverantwortlichkeit von Online-Diensten, CR 1996, 236; *Janovsky, T.*, Ermittlungen in Wirtschaftsstrafsachen, Kriminalistik 1998, 269 (Teil 1) und 331 (Teil 2); *Janovsky, T.*, Internet und Verbrechen, Kriminalistik 1998, 500; *Jarass, H.*, Die Freiheit der Massenmedien, Baden-Baden 1978; *Jarass, H.*, Rundfunkbegriffe im Zeitalter des Internet, AfP 1998, 133; *Jessen, H.*, Zugangsberechtigung und besondere Sicherungen i. S. von § 202a StGB, Diss. 1994; *Karlsruher Kommentar zur Strafprozeßordnung*, hrsg. von G. Pfeiffer, 4. Auflage München 1998 (zitiert: KK-Bearbeiter); *Kaspersen, H.*, International Prosecution of Computer Crime, in: Sieber/Kaspersen/Vandenberghe/Stuurmann, The Legal Aspects of Computer Crime and Security, 1987, 50; *Kienle, M.*, Internationales Strafrecht und Straftaten im Internet, Konstanz 1998; *Kleinknecht, T./Meyer-Goßner, L.*, Strafprozeßordnung, 43. Auflage München 1997; *Klesczewski, D.*, Das Auskunftsersuchen an die Post – die wohlfeile Dauerkontrolle von Fernmeldeanschlüssen?, StV 1993, 382; *Knemeyer, F.*, Polizei- und Ordnungsrecht, 6. Auflage, München 1995; *Koch, A.*, Grundrecht auf Verschlüsselung?, CR 1997, 106; *Koch, F.*, Internet-Recht, München 1998; *Koch, F.*, Aspekte des technischen und strafrechtlichen Zugriffsschutzes von EDV-Systemen, RDV 1996, 123; *Koch, F.*, Zivilrechtliche Anbieterhaftung für Inhalte in Kommunikationsnetzen, CR 1997, 193; *Koch, F.*, Grundlagen des Urheberrechtsschutzes im Internet und in Online-Diensten, GRUR 1997, 417; *Koch, F.*, Neue Rechtsprobleme der Internet-Nutzung, NJW-CoR 1998, 45; *Kröger, D./Moos, F.*, Regelungsansätze für Multimediadienste – Mediendienstestaatsvertrag und Teledienstegesetz, ZUM 1997, 462; *Köhntopp, K./Köhntopp, M./Seeger, M.*, Sperrungen im Internet, MMR 1998, 25; *Kramer, B.*, Ermittlungen bei Wirtschaftsdelikten, Stuttgart 1987; *Kramer, B.*, Videoaufnahmen und andere Eingriffe in das Allgemeine Persönlichkeitsrecht auf der Grundlage des § 163 StPO?, NJW 1992, 2732; *Kramer, B.*, Polizeiliche Ermittlungen – § 163 StPO – Ermächtigungsgrundlage oder nur Aufgabenzuweisungsnorm?, Kriminalistik 1993, 227; *Krey, V.*, Strafverfahrensrecht, Band 1, Köln 1988; *Kühne, H.-H.*, Strafprozeßlehre, 4. Auflage, Heidelberg 1993; *Kudlich, H.*, Der heimliche Zugriff auf Daten in einer Mailbox: ein Fall der Überwachung des Fernmeldeverkehrs? – BGH, NJW 1997, 1934, JuS 1998, 209; *Kuner, C.*, Rechtliche Aspekte der Datenverschlüsselung im Internet,

NJW-CoR 1995, 413; *Kuner, C.*, Internationale Zuständigkeitskonflikte im Internet, CR 1996, 453; *Ladeur, K.*, Zur Kooperation von staatlicher Regulierung und Selbstregulierung des Internet, ZUM 1997, 372; *Lackner, K.*, Strafgesetzbuch, 21. Auflage München 1995 (zitiert: Lackner-Bearbeiter); *Langner, R.*, Datenfernkommunikation, Berlin 1989; *Leicht, A.*, Pflicht zur Herausgabe von Datenträgern und Mitwirkungspflichten bei der Aufbereitung von Dateien im Strafverfahren, iur 1986, 346 (Teil 1) und 390 (Teil 2); *Leicht, A.*, Computerspionage – „Die besondere Sicherung gegen unberechtigten Zugang" (§ 202 a StGB), iur 1987, 45; *Lemcke, R.*, Die Sicherstellung gem. § 94 StPO und deren Förderung durch die Inpflichtnahme Dritter als Mittel des Zugriffs auf elektronisch gespeicherte Daten. Diss. Frankfurt 1995; *Lenckner, T./Winkelbauer, W.*, Computerkriminalität – Möglichkeiten und Grenzen des 2. WiKG, CR 1986 483 (Teil 1), 654 (Teil 2) und 824 (Teil 3); *Leipziger Kommentar zum Strafgesetzbuch* (hrsg von H. Jescheck, W. Ruß, G. Wilms), 10. Aufl. 1978 ff. sowie 11. Aufl. 1992 ff. (nur zu § 263 a StGB) (zitiert: LK-Bearbeiter); *Lisken, H./Denninger, E.* (Hrsg.): Handbuch des Polizeirechts, 2. Auflage, München 1996; *Löwe, E./Rosenberg, W.*, Die Strafprozeßordnung und das Gerichtsverfassungsgesetz., Großkommentar, 24. Auflage, Berlin 1984 ff (zitiert: LR-Bearbeiter); *Manssen, G.*, Telekommunikations- und Multimediarecht, Loseblattausgabe, Berlin 1999; *Maunz, T./Dürig, G.*, Grundgesetz-Kommentar, Loseblattausgabe, 7. Auflage München 1996; *Meier, B./Böhm, B.*, Strafprozessuale Probleme der Computerkriminalität, wistra 1992, 166; *Möhrenschlager, M.*, Das neue Computerstrafrecht, wistra 1986, 128; *Möhrenschlager, M.*, Das Computerstraftaten und ihre Bekämpfung in der Bundesrepublik Deutschland, wistra 1991, 321; *Möhrenschlager, M.*, Das OrgKG – eine Übersicht nach amtlichen Materialien, wistra 1992, 281 (Teil 1) und 326 (Teil 2); *Mühlen, H. v. und z.*, Computer-Kriminalität – Gefahren und Abwehr, München 1973; *Müller, R./Wabnitz, H./Janovsky, T.*, Wirtschaftskriminalität, 4. Aufl. München 1997; *Nelles, U.*, Strafprozeßrecht: Spuren in der Datensammlung, JuS 1987, 51; *Neumann, U.*, Unfaires Spiel am Geldspielautomaten – OLG Celle, NStZ 1989, 367, JuS 1990, 539; *Ochsenbein, A.*, Strafrechtliche Aspekte des Internet, Kriminalistik 1998, 685; *Ordemann, H./Schomerus, R.*, Bundesdatenschutzgesetz, 5. Auflage München 1992; *Otto, H.*, Verrat von Betriebs- und Geschäftsgeheimnissen, § 17 UWG, wistra 1988, 125; *Palandt, O.*, Bürgerliches Gesetzbuch, Kommentar, 58. Auflage München 1999 (zitiert: Palandt-Bearbeiter); *Palm, F./Roy, R.*, Mailboxen: Staatliche Eingriffe und andere rechtliche Aspekte, NJW 1996, 1791; *Palm, F./Roy, R.*, Der BGH und der Zugriff auf Mailboxen, NJW 1997, 1904; *Rebmann, K./Schoreit, A.*, Elektronische Datenverarbeitung (EDV) in Strafverfolgungsangelegenheiten und Datenschutz, NStZ 1984, 1; *Regnier, R.*, Praktische Fragen bei Durchsuchungen, insbesondere in Wirtschaftsstrafsachen, NStZ 1981, 372; *Richter, H.*, Mißbräuchliche Benutzung von Geldautomaten, CR 1989, 303; *Ringel, K.*, Rechtsextremistische Propaganda aus dem Ausland im Internet, CR 1997, 302; *Rogall, K.*, Moderne Fahndungsmethoden im Lichte gewandelten Grundrechtsverständnisses, GA 1985, 1; *Rogall, K.*, Informationseingriff und Gesetzesvorbehalt im Strafprozeßrecht, Tübingen 1992; *Rogall, K.*, Zur Zulässigkeit einer langfristigen Video-Überwachung der Wohnungstür eines Tatverdächtigen, NStZ 1992, 45; *Roßnagel, A.*, Die Sicherheitsvermutung des Signaturgesetzes, NJW 1998, 3312; *Roßnagel, A.*, Offene Rechtsfragen des Signaturgesetzes, MMR 1998, 75; *Schatzschneider, W.*, Die Neustrukturierung des Post- und Fernmeldewesens, NJW 1989, 2371; *Scherer, J.*, Rechtsprobleme des Staatsvertrags über Bildschirmtext, NJW 1993, 1832; *Schlüchter, E.*, Zweites Gesetz zur Bekämpfung der Wirtschaftskriminalität, Heidelberg 1987; *Schneider, M.*, Bürokommunikation und Mailboxsysteme, jur-PC 1990, 624 ff. und 689 ff.; *Schneider, J.*, Handbuch des EDV-Rechts, 2. Auflage Köln 1997; *Schmitz, R.*, Ausspähen von Daten, § 202 a StGB, JA 1995, 478; *Schmitz, H./Schmitz D.*, Computerkriminalität, Wiesbaden 1990; *Schönke, A./Schröder, H.*, Strafgesetzbuch, 25. Auflage München 1997 (zitiert: Schönke/Schröder-Bearbeiter); *Schoreit, A.*, Bestimmtheit einer Durchsuchungsanordnung, NStZ 1999, 173; *Schricker, G.*, Urheberrecht, Kommentar, 7. Auflage München 1987; *Schulz, W.*, Jugendschutz bei Tele- und Mediendiensten, MMR 1998, 182; *Schwarz, M.* (Hrsg.): Recht im Internet, Stadtbergen 1997; *Sieber, U.*, Computerkriminalität und Strafrecht, 2. Auflage, Köln 1980; *Sieber, U.*, The International Handbook on Computer Crime, New York 1986; *Sieber, U.*, The International Emergence of Criminal Information Law, Köln 1992; *Sieber, U.*, Information Technology Crime, Köln 1994; *Sieber, U.*, Informationsrecht und Recht der Informationstechnik, NJW 1989, 2569; *Sieber, U.*, Computerkriminalität und Informationsstrafrecht, CR 1995, 100; *Sieber, U.*, Strafrechtliche Verantwortlichkeit für den Datenverkehr in internationalen Computernetzen, JZ 1996, 429 (Teil 1) und 494 (Teil 2); *Sieber, U.*, Cyberlaw: Die Entwicklung im deutschen Recht, in: Cheswick, W./Bellovin, S., Firewalls und Sicherheit im Internet, Bonn 1996, 283; *Sieber, U.*, Kontrollmöglichkeiten zur Verhinderung rechtswidriger Inhalte in Computernetzen, CR 1997, 581 (Teil 1) und CR 1997, 653 (Teil 2); *Sieber, U.*, Die Strafrechtliche Verantwortlichkeit im Internet. Grundlagen, Ziele und Auslegung von § 5 TDG und 5 MDStV, Beilage zu MMR 2/1999; *Skulason, F.*, Viren und Internet, jur-PC 1995, 3453;

Sondermann, H., Computerkriminalität – Die neuen Tatbestände der Datenveränderung gem. § 303 a StGB und der Computersabotage gem. § 303 b StGB, Diss. Münster 1989; *Spindler, G.*, Haftungsrechtliche Grundprobleme der neuen Medien, NJW 1997, 3193; *Stange, A.*, Pornographie im Internet – Versuche einer strafrechtlichen Bewältigung, CR 1996, 424; *Stenger, H.-J.*, Mailboxen – Probleme der Beweissicherung in Strafsachen, CR 1990, 786; *Systematischer Kommentar zum Strafgesetzbuch,* hrsg. von H. Rudolphi, Loseblattausgabe (zitiert: SK-StGB-Bearbeiter); *Systematischer Kommentar zur Strafprozeßordnung,* hrsg. von H. Rudolphi, Loseblattausgabe (zitiert: SK-StPO-Bearbeiter); *Tiedemann, K.*, Datenübermittlung als Straftatbestand, NJW 1981, 945; *Tiedemann, K.*, Die Bekämpfung der Wirtschaftskriminalität durch den Gesetzgeber, JZ 1986, 865; *Tinnefeld, M./Ehmann, E.*, Einführung in das Datenschutzrecht, 3. Auflage München 1998; *Tröndle, H.*, Strafgesetzbuch, 48. Auflage München 1997; *Tschacksch, D.*, Die strafprozessuale Editionspflicht, Gelsenkirchen 1988; *Vassilaki, I.*, Multimediale Kriminalität, CR 1997, 297; *Vassilaki, I.*, Computer- und internetspezifische Entscheidungen der Strafgerichte Einfluß der Informations- und Telekommunikationstechnik auf die Rechtsfortbildung, MMR 1998, 247; *Vassilaki, I.*, Strafrechtliche Verantwortlichkeit durch Einrichten und Aufrechterhalten von elektronischen Verweisen (Hyperlinks), CR 1999, 85; *Volesky, K./Scholten, H.*, Computersabotage – Sabotageprogramme – Computerviren, iur 1987, 280; *Waldenberger, A.*, Zur zivilrechtlichen Verantwortlichkeit für Urheberrechtsverletzungen im Internet, ZUM 1997, 176; *Waldenberger, A.*, Teledienste, Mediendienste und die „Verantwortlichkeit" ihrer Anbieter, MMR 1998, 124; *Welp, J.*, Datenveränderung (§ 303 a StGB) – Teil 1, iur 1988, 443; *Welp, J.*, Datenveränderung (§ 303 a StGB) – Teil 2, iur 1989, 434; *Welp, J.*, Strafrechtliche Aspekte der digitalen Bildbearbeitung, CR 1992, 291 (Teil 1) und 354 (Teil 2); *Welp, J.*, Strafprozessuale Zugriffe auf Verbindungsdaten des Fernmeldeverkehrs, NStZ 1994, 209; *Wenning, R.*, Akteure im Internet: Rechtliche Problemfelder (1. Teil), JurPC Web-Dok. 46/1998; *Widmer, U./Bähler, K.*, Strafrechtliche und aktienrechtliche Haftung von Internet Providern, CR 1996, 178; *Wiebe, A./Funkat, D.*, Multimedia-Anwendungen als urheberrechtlicher Schutzgegenstand, MMR 1998, 69; *Wolter, J.*, Heimliche und automatisierte Informationseingriffe wider Datengrundrechtsschutz – Gesamtanpassung vor Gesamtreform von Strafprozeß und Polizeirecht, GA 1988, 57 (Teil 1) und 129 (Teil 2); *Wuermeling, U.*, Einsatz von Programmsperren – Zivil und strafrechtliche Aspekte, CR 1994, 585; *Wuermeling, U./Felixberger, S.*, Fernmeldegeheimnis und Datenschutz im Telekommunikationsgesetz, CR 1997, 230; *Wuermeling, U./Felixberger, S.*, Staatliche Überwachung der Kommunikation, CR 1997, 555.

Inhaltsübersicht

Rn.

A. Einleitung 1–9

I. Entwicklung der Informationsgesellschaft 1–3

II. Reaktionen des Gesetzgebers 4–9
1. Schaffung eines Datenschutzgesetzes 5
2. Zweites Gesetz zur Bekämpfung der Wirtschaftskriminalität 6
3. Änderungen im Strafverfahrensrecht 7
4. Multimedia-Gesetzgebung 8
5. Entwicklungen im europäischen und internationalen Bereich 9

B. Grundlagen und Verbreitung der EDV . 10–30

I. Grundbegriffe der EDV 11–17
1. Begriff der „elektronisch gespeicherten Daten" 12
2. Bestandteile der Computeranlage . 13, 14
3. Arten der Datenspeicherung . . . 15–17

II. Grundbegriffe der Datenkommunikation 18, 19

III. Mailboxsysteme und Internet . . . 20–27
1. Mailboxsystem 21
2. Internet-Dienste 22–27

Rn.

a) Electronic Mail 23
b) Usenet (Newsgroups) 24
c) Mailing Lists 25
d) File Transfer Protocol (FTP) 26
e) World Wide Web (WWW) 27

IV. Verbreitung und Anwendungsbereiche von EDV-Systemen . . . 28–30

C. Computerkriminalität 31–176

I. Begriff und Überblick 31–36
1. Begriff der Computerkriminalität 31, 32
2. Überblick zu Deliktsformen 33, 34
3. Computerkriminalität in der Kriminalstatistik 35, 36

II. Computerbetrug (§ 263 a StGB) . 37–56
1. Unrichtige Gestaltung des Programms 41
2. Verwendung unrichtiger oder unvollständiger Daten 42, 43
3. Unbefugte Verwendung von Daten 44–50
a) Mißbrauch von Geldautomaten durch Nichtberechtigte . . . 45, 46
b) Mißbrauch von Geldautomaten durch Berechtigte 47

Rn.

c) Mißbrauch von Telekommunikationseinrichtungen 48, 49
d) Leerspielen von Geldspielautomaten 50
4. Unbefugte Einwirkung auf den Ablauf 51
5. Beeinflussung des Ergebnisses eines Datenverarbeitungsvorgangs 52
6. Vermögensschaden 53
7. Subjektiver Tatbestand und Konkurrenzen 54, 55
8. Probleme des Tatnachweises 56

III. Elektronische Urkundendelikte (§§ 269, 270, 274 StGB) 57–69
1. Inhalt und einzelne Tatbestände . . 57–59
2. Fälschung beweiserheblicher Daten (§§ 269, 270 StGB) 60–65
a) Beweiserhebliche Daten 61–63
b) Tathandlungen 64
c) Subjektiver Tatbestand, Rechtswidrigkeit, Schuld 65
3. Unterdrückung beweiserheblicher Daten (§ 274 Abs. 1 Nr. 2 StGB) 66–68
4. Probleme des Tatnachweises. 69

IV. Ausspähen von Daten (§ 202 a StGB) 70–81
1. Daten i. S. d. § 202 a Abs. 2 StGB . 73, 74
2. Datenbestimmung 75, 76
3. Besondere Zugangssicherung . . . 77, 78
4. Unbefugtes Verschaffen der Daten 79
5. Subjektiver Tatbestand, Konkurrenzen 80
6. Probleme des Tatnachweises 81

V. Datenveränderung und Computersabotage (§§ 303 a, 303 b StGB) 82–102
1. Computerviren und andere Sabotageprogramme 84–86
2. Datenveränderung (§ 303 a StGB) . 87–95
a) Tatobjekt 88
b) Tathandlungen 89–93
c) „Rechtswidrigkeit“ der Datenveränderung 94
d) Subjektiver Tatbestand, Versuch, Konkurrenzen 95
3. Computersabotage (§ 303 b StGB) 96–101
a) Datenverarbeitung als Schutzgegenstand 97, 98
b) Taterfolg 99
c) Tathandlungen 100
d) Subjektiver Tatbestand, Versuch, Konkurrenzen 101
4. Probleme des Tatnachweises 102

VI. Illegale Nutzung von Programmen (§§ 106 ff. UrhG) 103–117
1. Schutzfähigkeit von Computerprogrammen 106–109
2. Vervielfältigung 110–112
3. Verbreitung 113
4. Subjektiver Tatbestand/Verfolgungsvoraussetzungen 114, 115
5. Strafbarer Eingriff in fremde Schutzrechte (§ 108 UrhG) 116
6. Probleme des Tatnachweises 117

VII. Persönlichkeitsverletzungen . . 118–138
1. Straftaten nach § 43 BDSG . . . 122–135
a) Straftaten nach § 43 Abs. 1 BDSG 127–129
b) Straftaten nach § 43 Abs. 2 BDSG 130–132
c) Qualifizierungen und Strafverfolgungsvoraussetzungen 133–135
2. Regelungen in den Landesdatenschutzgesetzen 136, 137
3. Probleme des Tatnachweises 138

VIII. Verrat von Betriebs- und Geschäftsgeheimnissen 139–153
1. Tatbestand und Rechtsgut . . . 139–141
2. Geschäfts- und Betriebsgeheimnisse als Tatobjekt 142–145
3. Tathandlungen des § 17 UWG . 146–150
a) Betriebsspionage (§ 17 Abs. 2 Nr. 1 UWG) 147, 148
b) Geheimnishehlerei (§ 17 Abs. 2 Nr. 2 UWG) 149, 150
4. Subjektiver Tatbestand, Konkurrenzen 151, 152
5. Probleme des Tatnachweises 153

IX. Straftaten in Datennetzen 154–176
1. Abgrenzung von Telediensten, Mediendiensten und Rundfunk 157–160
2. Beteiligte Personen und Verantwortlichkeit 161, 162
3. Verantwortlichkeit der Anbieter . 163,164
4. Verantwortlichkeit der Provider 165–169
5. Verantwortlichkeit der Nutzer 170
6. Verantwortlichkeit für Hyperlink 171–173
7. Probleme des Tatnachweises . . 174–176

D. EDV-Beweissicherung 177–264

I. Bedeutung und Überblick . . . 178–181
1. Bedeutung des Ermittlungsverfahrens 178
2. Grenzen der Auslegung 179, 180
3. Einteilung der Zugriffsrechte 181

II. Durchsuchungen im EDV-Bereich 182–206
1. Betroffener Personenkreis . . . 184, 185
2. Inbetriebnahme fremder EDV-Anlagen 186–188
3. Nutzung fremder Programme . 189, 190
4. Reichweite der Durchsuchungsbefugnisse 191–193
5. Durchsuchungen mit Auslandsbezug 194–197
6. Planung und Vollzug von Zwangsmaßnahmen 198–204
a) Vorbereitung der Durchsuchung 198
b) Ausführung der Durchsuchung 199, 200

Rn.
c) Unterbrechung der Kommunikationseinrichtungen 201, 202
d) Heranziehung von anwesenden Personen 203
e) Mitnahme der sichergestellten Gegenstände 204
7. Durchsicht der Papiere 205, 206
III. Beschlagnahme von Computerdaten 207–219
1. Gegenstände als Beweismittel . . 208, 209
2. Potentielle Beweisbedeutung . . 210, 211
3. Formen der Sicherstellung 212
4. Beschlagnahmeverbote 213–215
5. Postbeschlagnahme 216
6. Rasterfahndung 217
7. Durchführung der Sicherstellung und Auswertung von EDV-Unterlagen 218, 219
IV. Strafprozessuale Mitwirkungspflichten 220–231
1. Zeugenpflicht 221–225
a) Reichweite der Zeugenpflichten 222
b) Zeugenpflichten im EDV-Bereich 223, 224
c) Kurzfristige Zeugenladung 225
2. Editionspflicht (§ 95 StPO) . . . 226–231
a) Reichweite der Vorlageverpflichtung 227–229
b) Datenausdruck gem. § 261 HGB 230
c) Kostenerstattung (§ 17 a ZSEG) 231

Rn.
V. Eingriffe in die Telekommunikation 232–246
1. Überwachung der Telekommunikation (§ 100 a StPO) 233–239
a) Begriff der Telekommunikation 234–236
b) Vorliegen einer Katalogtat 237
c) Betroffene Personen 238
d) Einseitige Überwachung der Kommunikation 239
2. Auskunftsanspruch nach § 12 FAG 240–243
3. Auskunftsersuchen gem. §§ 89 und 90 TKG 244, 245
4. Planung und Durchführung von Eingriffen 246
VI. Ermittlungen in Computernetzwerken 247–260
1. Polizeistreifen in Datennetzen . . 248–250
2. Nutzung fremder Zugangsberechtigungen 251–260
a) Abgrenzung von Gefahrenabwehr und Strafverfolgung 253
b) Polizeirechtliche Rechtsgrundlagen 254
c) Strafprozessuale Rechtsgrundlagen 255–260
VII. Zugriff auf verschlüsselte Daten 261–264
1. Methoden der Datenverschlüsselung 262, 263
2. Bekanntgabe von Verschlüsselungsmechanismen 264
E. Zusammenfassung und Ausblick . . . 265–267

A. Einleitung

I. Entwicklung der Informationsgesellschaft

1 Die Weiterentwicklung der Computer- und Informationstechnologie hat in den letzten Jahrzehnten zu grundlegenden Veränderungen in allen Bereichen der Wirtschaft und auch im privaten Bereich geführt. Die Informationsindustrie zählt heute in den westlichen Industrienationen zu den wachstumsstärksten Bereichen der Wirtschaft. Computer und Informationstechnologie sind bereits zu einem wirtschaftlichen Produktionsfaktor geworden, der entscheidend die Wettbewerbsfähigkeit einer Volkswirtschaft prägt. Der durch die Informationstechnik hervorgerufene epochale Wandel in der wirtschaftlichen Entwicklung wird deshalb auch als **„zweite industrielle Revolution"** charakterisiert.[1] Die in allen Bereichen zunehmende Verbreitung von EDV-Anlagen aller Art führt gerade im wirtschaftlichen Sektor zu einer weitestgehenden **Verlagerung menschlicher Tätigkeit auf die Computersysteme**. Statt der bisherigen Arbeit mit schriftlichen Unterlagen gewinnt die beleglose Verarbeitung und Speicherung von Informationen eine immer größere Bedeutung. Diese aktuellen Entwicklungen lassen sich am besten mit den Stichworten Digitalisierung, Miniaturisierung und Integration zusammenfassen. Durch den immer höher werdenden Vernetzungsgrad der EDV-Systeme auf lokaler, nationaler und internationaler Ebene wird der Computer zu einem zentralen Kommunikationsmedium.

[1] Vgl. *Sieber*, NJW 1989, 2570 und CR 1995, 101 f.

Die gerade in den letzten Jahren immer weiter ausgebauten Datenübertragungstechniken führen von den bisherigen Kommunikationsformen der Sprache oder von Texten hin zur Übertragung digitalisierter und damit maschinell verarbeitbaren Informationen. Mit Hilfe der **Digitalisierung** ist es so möglich, große Mengen von Daten, Bildern oder anderen Informationen vollkommen ohne einen Qualitätsverlust und mit hoher Geschwindigkeit zu bearbeiten, zu kopieren, zu übertragen oder anzuzeigen. Die weitere Digitalisierung und Komprimierung von Daten hat in den vergangenen Jahren auch die Formen der Speicherung und Übermittlung von Informationen nachhaltig hin zur **Miniaturisierung** verändert. So ist es bereits heute möglich, auf der Fläche eines Daumennagels Informationen auf einem Chip zu speichern, die dem Inhalt von 100 Büchern zu je 500 Seiten entsprechen. Die Flächendichte von gespeicherten Informationen hat sich damit in den letzten vier Jahrzehnten um den Faktor 130 000 erhöht. Durch die **Integration** kommt es schließlich zu einem immer stärkeren Zusammenwachsen aller bisherigen Kommunikationsformen zum Multimedia-Dialog. So sind über einen Multimedia-PC heute etwa bereits Fernsehen, Radio, Fotobearbeitung, Online-Dienste, Telefon, Telefax u. a. Dienste neben den klassischen Computeranwendungen möglich. Die EDV-Technik läßt es heute in Bruchteilen von Sekunden zu, über den gesamten Erdball etwa Vermögenswerte nahezu ohne Kontrolle zu transferieren und dafür bestehende herkömmliche Überwachungsmechanismen auszuschließen. Damit zeigt sich, daß aus diesen neuen technischen Entwicklungen nicht nur große Chancen, sondern ebenso erhebliche Gefahren erwachsen. Dies gilt insbesondere dann, wenn die modernen Techniken von Straftätern für ihre Zwecke mißbraucht werden. Auf die durch die Informationstechnik hervorgerufenen Veränderungen auf das Recht und damit speziell auch auf das Straf- und Strafverfahrensrecht muß deshalb von seiten des Gesetzgebers angemessen reagiert werden.

Mit dem zunehmenden Einsatz der EDV-Technologie ergeben sich aus strafrechtlicher 2
Sicht auch neue **Gefahren und Mißbrauchsmöglichkeiten**, durch die heute gesamte Bereiche der Wirtschaft lahmgelegt werden und vor allem hohe Schäden angerichtet werden können. Während der Mitarbeiter eines Unternehmens früher einen Sachverhalt aufgrund der ihm in ausgedruckter Form vorliegenden Akten umfassend nachvollziehen und überprüfen konnte, ist eine Kontrolle in dieser Form bei computergestützten Programmerfassungen nur noch in anderer Weise möglich. Während das Wissen über die Funktionsweise der gesamten EDV-Anlage mit kaum mehr überschaubaren System- und Anwenderprogrammen heute nur noch bei wenigen Fachleuten und Experten liegt, sind für den gewöhnlichen Nutzer Fehler in eingesetzten Programmen nur erkennbar, falls sie offen am Bildschirm sichtbar sind oder zu einem unrichtigen Ergebnis führen. Die **Kontrollmöglichkeiten** der Nutzer bleiben damit **beschränkt**. So begannen bereits mit der ersten Verwendung von Computeranlagen Fälle von Beschädigungs- oder Sabotagehandlungen an Rechnern, Programmen oder Datenbeständen. Die EDV wurde von den Tätern auch dazu benutzt, um durch computerbezogene Täuschungshandlungen sich selbst einen finanziellen Vorteil zu verschaffen. Auch weitere spektakuläre Fälle des Eindringens in fremde Computersysteme bis hin zur geheimdienstlichen Agententätigkeit und der Wirtschaftsspionage wurden bekannt.[2] Der die EDV einsetzende Unternehmer sieht sich dabei in den meisten Fällen als Opfer solcher Handlungen. Nachdem aus verfassungsrechtlichen Gründen (Art. 103 Abs. 2 GG) eine Verfolgung solcher Taten aber nur erfolgen kann, wenn bereits zum Zeitpunkt der Tat ein entsprechendes Strafgesetz vorhanden ist, muß der Gesetzgeber auf diese Veränderungen reagieren, um einen ausreichenden Schutz vor den Gefahren dieser neuen Techniken zu gewährleisten.

Neue Probleme ergeben sich aber auch bei der **Ermittlung und Verfolgung von Straftaten**, sofern auf seiten des Täters oder eines sonstigen Beteiligten die EDV als Hilfsmittel 3
eingesetzt wird. Diese Schwierigkeiten sind keineswegs nur auf den Bereich der Compu-

[2] Vgl. dazu *Sieber*, CR 1995, 100 ff. mit der Darstellung aktueller Mißbrauchsformen.

terkriminalität beschränkt, auch wenn dies der Hauptanwendungsbereich sein wird, sondern treten ebenso bei allen anderen Straftaten auf, sofern die Computertechnologie in irgendeiner Form verwendet wird. So ergeben sich etwa gerade im Ermittlungsverfahren für die Strafverfolgungsbehörden **veränderte Anforderungen an** die **Suche** und das **Auffinden** bzw. **Verdunkeln von** relevanten **Beweismitteln**.[3] Die nunmehr nicht mehr in Papierform vorliegenden Beweise lassen sich als digitale Informationen leicht und in anderer Art als bisher vor einem Zugriff der Ermittlungsbehörden verbergen. Durch den Täter können aber auch spezielle Veränderungen an Hard- und Software vorgenommen worden sein, die dazu führen, daß vorhandene Daten unwiederbringlich gelöscht und zerstört werden. Die Strafverfolgungsbehörden müssen deshalb über notwendige **fachspezifische Kenntnisse** im Umgang mit der EDV verfügen. Dies vor allem auch deshalb, um im Rahmen von Ermittlungen sichergestellte Unterlagen in Form von EDV-Beweismitteln auch sachgemäß auswerten zu können. All diese Bereiche machen deutlich, daß es zu einer angemessenen Bewältigung dieser durch die neue EDV-Technik hervorgerufenen Veränderungen im Strafverfahren nur kommen kann, wenn die Ermittlungsbehörden auch über angemessene Eingriffsbefugnisse verfügen, die es ihnen erlauben, die notwendigen Beweise für das weitere Verfahren sicherzustellen.

II. Reaktionen des Gesetzgebers

4 In Zeitungsberichten und wissenschaftlichen Beiträgen lassen sich erste Fälle der sog. „**Computerkriminalität**" als Manipulationen, Sabotagehandlungen oder Spionage bereits **in den 60er Jahren** nachweisen. Dabei wurde jedoch im einzelnen noch darüber diskutiert, ob es sich hierbei um tatsächliche Vorfälle oder um erfundene Sachverhalte handelte.[4] Erst aufgrund des seit den 70er Jahren beginnenden Einsatzes der EDV in verschiedensten Bereichen der Wirtschaft kam es zu ersten Studien zur Computerkriminalität, die auch eine Reihe von tatsächlichen Fällen nachweisen konnten.[5] Damit war der Gesetzgeber gezwungen, auf die sich durch die technischen Entwicklungen ergebenden Herausforderungen auch mit neuen Rechtsnormen zu reagieren. Die **Schaffung neuer bzw. Anpassung bestehender gesetzlicher Bestimmungen** vollzog sich jedoch nicht in einem Schritt, sondern in mehreren zeitlich aufeinanderfolgenden **Reformwellen**, zwischen denen teilweise sogar Jahrzehnte liegen. Dabei zeigt sich auch hier, daß der Gesetzgeber immer wieder gezwungen war, im nachhinein auf die zwischenzeitlich erfolgten neuen technischen Entwicklungen zu reagieren. Erforderlich war insbesondere eine Anpassung der auf körperliche und damit sichtbare Gegenstände bezogenen Rechtsnormen an die unkörperlichen Informationen. Begonnen hat die Entwicklung neuer Rechtsregeln für den Bereich der Computertechnologie mit dem Schutz vor dem Mißbrauch persönlicher Daten durch ein eigenes Bundesdatenschutzgesetz im Jahr 1977. Weiteren Niederschlag fanden die technischen Veränderungen vor allem im Zweiten Gesetz zur Bekämpfung der Wirtschaftskriminalität 1986 (2. WiKG) sowie zuletzt im Informations- und Kommunikationsdienstegesetz, in Kraft getreten zum 1. 8. 1997. Die Reihe der Neuregelungen dürfte durch die künftig noch fällig werdenden Umsetzungen von EU-Richtlinien – wie etwa die EG-Datenschutzrichtlinie – noch fortgesetzt werden.

---

[3] Vgl. näher *Bär*, Der Zugriff auf Computerdaten im Strafverfahren, 1992, 45 ff.

[4] Vgl. dazu nur *von zur Mühlen*, Computer-Kriminalität, – Gefahren und Abwehr, 1973 sowie *Betzl*, DSWR 1972, 317 mit dem bezeichnenden Titel „Computerkriminalität – Dichtung und Wahrheit".

[5] Vgl. nur *Sieber*, Computerkriminalität und Strafrecht, 1. Aufl. 1977 und 2. Auflage 1980 mit einzelnen Fallschilderungen.

1. Schaffung eines Datenschutzgesetzes

Eine erste Reformwelle in den 70er Jahren ergab sich durch den **Schutz des Persönlichkeitsrechts**. Auch wenn das Bundesdatenschutzgesetz vom 27. 1. 1977,[6] neu gefaßt durch Gesetz vom 20. 12. 1990,[7] entsprechend der Begriffsdefinition in § 1 und § 3 nicht ausschließlich auf elektronisch gespeicherte Daten beschränkt ist, sondern generell auf personenbezogene Informationen in automatisierten und nicht-automatisierten Dateien Anwendung findet, dient diese Regelung in erster Linie dem Schutz vor **Gefahren der neuen Computertechnologie**. Vor allem durch die moderne EDV ergab sich eine zunehmende Bedrohung der Privatsphäre. Mit der Computertechnologie war es durch die Sammlung, Speicherung und Übermittlung verschiedenster personenbezogener Daten möglich, diese maschinelle nach bestimmten Kriterien und Merkmalen auszuwerten und so die Persönlichkeitsrechte des einzelnen zu beeinträchtigen. Entsprechend dieses Schutzzieles sollte durch § 43 BDSG deshalb auch nicht die Datenverarbeitung und deren Betreiber, sondern die Privatperson als Opfer vor einer unbefugten Speicherung, Veränderung oder Übermittlung ihrer Daten bewahrt werden. Die zum damaligen Zeitpunkt bestehenden Orwellschen Visionen vom „großen Bruder" und der Gefahr des Computers in der Hand eines Mächtigen mit den dann bestehenden Risiken für die Persönlichkeitsrechte haben sich in der Folgezeit aber durch die massenhafte Verbreitung der Personalcomputer nicht realisiert. 5

2. Zweites Gesetz zur Bekämpfung der Wirtschaftskriminalität

Nachdem die Diskussion um den Computermißbrauch seit den 70er Jahren nicht mehr nur durch Datenschutzkriminalität geprägt wurde, sondern vor allem durch **computerbezogene Wirtschaftsdelikte**, kam es in den 80er Jahren durch die Bekämpfung der EDV-spezifischen Wirtschaftskriminalität zu einer zweiten Reformwelle. Gesetzesänderungen in diesem Bereich waren notwendig, weil einerseits für die Verletzung neuer Formen der immateriellen Güter, wie etwa für Computerprogramme, eigene Straftatbestände fehlten und andererseits mit dem zunehmenden EDV-Einsatz auch neue Tatbegehungen einhergingen, wie etwa die Manipulation eines Computers statt der Täuschung eines Menschen, die von den bestehenden Strafnormen nicht erfaßt wurden. Nachdem im materiellen Strafrecht durch das aus Art. 103 Abs. 2 GG abgeleitete Analogieverbot eine Ausdehnung bestehender Normen auf diese neuen Begehungsformen aber ausgeschlossen war, mußte der Gesetzgeber Anpassungen im geltenden Recht vornehmen. Dies ist mit dem **Zweiten Gesetz zur Bekämpfung der Wirtschaftskriminalität vom 15. 5. 1986 (2. WiKG)**[8] geschehen.[9] Dieses Gesetz bildet heute auch den Kernbereich der gesamten Computerkriminalität. Für den Bereich der Vermögens- und Urkundsdelikte erfolgte eine Neuschaffung des Tatbestandes zum Computerbetrug in § 263 a StGB sowie zur Fälschung beweiserheblicher Daten und zur Urkundenunterdrückung in den §§ 269, 270 und 274 StGB. Bestandteil dieses Gesetzes waren auch zusätzliche Strafnormen für die Datenveränderung und die Computersabotage in den §§ 303 a und 303 b StGB und insbesondere eine neue Regelung für das Ausspähen von Daten in § 202 a StGB. Den technischen Veränderungen angepaßt wurde auch die bereits bestehende Regelung zum Verrat von Wirtschaftsgeheimnissen in § 17 UWG. Der Ge- 6

[6] Vgl. BGBl. 1977, Teil 1, 201 ff.

[7] Vgl. BGBl. 1990, Teil 1, 2954 ff. Weitere Anpassungen erfolgten durch Gesetz vom 27. 12. 1993 (BGBl. 1993, Teil 1, 2378) und 14. 9. 1994 (BGBl. 1994, Teil 1, 2325).

[8] Vgl. BGBl. 1986, Teil 1, 721.

[9] Vgl. zu diesem Gesetz und den damit verbundenen Neuregelungen nur *Achenbach*, NJW 1986, 1835; *Bühler*, MDR 1987, 448; *Haft*, NStZ 1987, 6; *Lenckner/Winkelbauer*, CR 1986, 483, 654, 824; *Möhrenschlager*, wistra 1986, 128; *Schlüchter*, Zweites Gesetz zur Bekämpfung der Wirtschaftskriminalität, 1987; sowie *Tiedemann*, JZ 1986, 865.

setzgeber sah aber keine Notwendigkeit, die Zuständigkeit für die Verfolgung all dieser Delikte umfassend den Schwerpunktstaatsanwaltschaften gem. § 74c GVG zu übertragen. In die erweiterte Ziffer 5 dieser Regelung wurde lediglich zusätzlich der Computerbetrug gem. § 263a StGB und der Kapitalanlagebetrug gem. § 264a StGB aufgenommen, was letztlich zu einer Aufspaltung der Ermittlungskompetenzen führt. Diesem Gesetz vorausgegangen war bereits eine Ausdehnung des Urheberrechtsschutzes von Computerprogrammen durch das Gesetz vom 24. 6. 1985, ergänzt durch das Gesetz vom 9. 6. 1993.[10] Die Programme wurden damit ausdrücklich in den Schutzbereich des § 2 Abs. 1 UrhG aufgenommen. Bestimmte Verletzungshandlungen bei der Verbreitung oder Vervielfältigung von Computerprogrammen waren damit auch über § 106 UrhG strafbar.

3. Änderungen im Strafverfahrensrecht

7 Während es damit aufgrund des 2. WiKG möglich geworden war, neu auftretende Fälle des Mißbrauchs der Informations- und Kommunikationstechnologie durch das geltende Strafrecht zu erfassen, blieb aber im Rahmen des Gesetzgebungsverfahrens im einzelnen unerörtert, mit welchen **strafprozessualen Mitteln** die **neuen Straftatbestände** auch **effektiv verfolgt** werden sollten. Dies wird besonders am Beispiel des Ausspähens von Daten (§ 202a StGB) deutlich. Eine effektive Verfolgung und Ermittlung des Täters ist hier – wie auch die einschlägigen Verfahren zeigen[11] – nur bei Eingriffen in die Telekommunikation möglich, da andernfalls der Täter den Ermittlungsbehörden immer einen Schritt voraus ist. Die Eingriffsvoraussetzungen des § 100a StPO lassen ein solches Vorgehen oder andere vergleichbare Maßnahmen aber gerade nicht zu. Die im Bereich des materiellen Strafrechts aufgetretenen Veränderungen durch die Computertechnologie führten deshalb bei der Strafverfolgung eher zu neuen Problemen statt zu einer Lösung, nachdem insbesondere die weitgehend noch aus dem vergangenen Jahrhundert stammenden Regelungen zur Sicherung von Beweismitteln mit Hilfe der Durchsuchung oder Beschlagnahme auf die Sicherung körperlicher Gegenstände, aber nicht von unkörperlichen Daten fixiert sind. Auch macht etwa eine Ermittlung und Rückverfolgung von Tätern in Datennetzen neue Ermittlungsmaßnahmen erforderlich, für welche die bestehenden Rechtsgrundlagen meist nicht ausreichend sind. Auf die eingetretenen technischen Veränderungen hat der Gesetzgeber bisher nur in geringen Teilbereichen mit dem Gesetz zur Bekämpfung des illegalen Rauschgifthandels und anderer Erscheinungsformen der organisierten Kriminalität **(OrgKG) vom 15. 7. 1992** reagiert.[12] So wurde insbesondere in den §§ 98a ff. StPO nach den ersten bereits im Jahr 1979 im Rahmen der Terroristenfahndung aufgetretenen Fällen eine eigene Rechtsgrundlage für die Durchführung der positiven bzw. negativen Rasterfahndung geschaffen. Weitere wesentliche gesetzliche Veränderungen im Bereich der EDV-Beweissicherung wurden jedoch nicht vorgenommen, sondern betrafen vor allem die polizeiliche Beobachtungsfahndung sowie den Einsatz technischer Mittel und von verdeckten Ermittlern speziell zur Bekämpfung der organisierten Kriminalität. Die Ermittlungsbehörden sind damit, wie im einzelnen noch in Kapitel D darzustellen sein wird, im Strafverfahrensrecht weiterhin auf die Auslegung und Weiterbildung des geltenden Rechtes angewiesen. Verbesserungen könnten sich hier aber durch

---

[10] Vgl. Gesetz zur Änderung von Vorschriften auf dem Gebiet des Urheberrechts vom 24. 6. 1985 (BGBl. 1985, Teil 1, 1137 ff.) und 2. Gesetz zur Änderung des UrhG vom 9. 6. 1993 (BGBl. 1993, Teil 1, 910 ff.).

[11] Vgl. etwa zum KGB- und NASA-Hackingfall die Darstellungen bei *Sieber*, CR 1995, 103 sowie *Hafner/Markoff*, Cyperpunk, 1991 oder *Stoll*, Kuckucksei, Die Jagd auf die deutschen Hacker, die das Pentagon knackten, 1989.

[12] Vgl. BGBl. 1992, Teil 1, 1301 sowie speziell zu diesem Gesetz *Möhrenschlager*, wistra 1992, 281 und 326.

das Strafverfahrensänderungsgesetz (StVÄG) 1999 ergeben, das sich derzeit in den parlamentarischen Beratungen befindet.[13]

4. Multimedia-Gesetzgebung

Die bisherigen Computer-, Telekommunikations- und audiovisuellen Techniken wachsen immer mehr zu Multimedia zusammen. Nicht mehr die für die Industriegesellschaft prägende Produktion von materiellen Gütern, sondern das Angebot von Informationen und Dienstleistungen bestimmt zunehmend das Wirtschaftsleben und entwickelt sich zu einem eigenen Wirtschaftsgut.[14] Der deutsche Gesetzgeber hat auf diese Entwicklung – nachdem bisher nur gesetzliche Regelungen für den Bereich des Rundfunks und der Telekommunikation vorhanden waren – mit der Schaffung eigener rechtlicher Rahmenbedingungen für Tele- und Mediendienste durch das **Informations- und Kommunikationsdienstegesetz (IuKDG)**[15] und den **Mediendienste-Staatsvertrag der Länder**[16] reagiert, die beide zum 1. 8. 1997 in Kraft getreten sind. Ziel dieser Gesetze war es einerseits, auf den tiefgreifenden Wandel der Informationstechnologien durch die Einführung neuer und die Anpassung vorhandener Rechtsgrundlagen zu reagieren, andererseits aber auch bestehende Hemmnisse für die freie Entfaltung der Marktkräfte in diesem Bereich zu beseitigen. Durch die vorgenommenen Änderungen im Strafgesetzbuch und vor allem durch die **Regelungen zur Verantwortlichkeit von Anbietern und Providern in § 5 TDG und** § 5 MDStV haben diese neuen Gesetze auch wesentliche Auswirkungen auf den strafrechtlichen Bereich. Auch wenn der Anteil strafrechtlich relevanter Nutzungen im Vergleich zur Gesamtmenge der übertragenen Daten prozentual gesehen gering – Schätzungen gehen von etwa 1% aus – ist, werden die Informations- und Kommunikationstechnologien zunehmend auch von Straftätern als leistungsfähiges Medium erkannt und für ihre Zwecke genutzt. So werden in Datennetzen etwa Straftaten durch die Verbreitung von Pornographie bis hin zur Darstellung sadistischer Handlungen und vor allem des Mißbrauchs von Kindern begangen. Daneben finden sich aber auch antisemitische und rassistische Propaganda sowie Anleitungen zur Begehung von Straftaten, wie etwa zum Bau von Bomben. Die modernen Verbreitungstechniken eignen sich aber auch für Beleidigungen und Verleumdungen von Personen, Verstöße gegen das Urheberrecht durch unerlaubte Vervielfältigungen und Nutzungen geschützter Werke oder Veränderungen von Programmen und Daten. Nachdem der Gesetzgeber mit den Multimedia-Gesetzen aber juristisches Neuland betreten hat, ist eine Überprüfung der bestehenden Rechtsgrundlagen in einem Zeitraum von 2 Jahren nach Inkrafttreten des IuKDG vorgesehen. 8

5. Entwicklungen im europäischen und internationalen Bereich

Nachdem Computerdaten in Sekundenbruchteilen jederzeit von einem Ort der Welt an einen beliebigen anderen übertragen werden können, gewinnt neben dem nationalen Recht auch die Zusammenarbeit im europäischen und internationalen Bereich immer mehr an Bedeutung. Zusätzlich ist aber auch ein weltweiter Schutz der internationalen, 9

---

[13] Vgl. BR-Drucksache 65/99.

[14] Vgl. dazu nur die Dokumentation *Bundesministerium für Wirtschaft*, Informationsgesellschaft in Deutschland Daten und Fakten im internationalen Vergleich, 1997.

[15] Vgl. zum Text BGBl. 1997, Teil 1, 1870 vom 22. 7. 1997 sowie zum Inhalt nur *Engel/Flechsig*, ZUM 1997, 231; *Engel/Flechsig*, DuD 1997, 8; *Engel-Flechsig/Maennel/Tettenborn*, NJW 1997, 298 ff.; *Ladeur*, ZUM 1997, 372; *Kröger/Moos*, ZUM 1997, 462.

[16] Vgl. zum Text die Veröffentlichungen in den Landesgesetzblättern, etwa BayGVBl. 1997, 225 sowie zum Inhalt *Kuch*, ZUM 1997, 225; *Kröger/Moos*, ZUM 1997, 462; *Knothe*, AfP 1997, 494; *Gounalakis*, NJW 1997, 2993.

zahlreiche Staaten durchquerenden Datenübertragungsnetze erforderlich. Dazu bedarf es einheitlicher rechtlicher Rahmenbedingungen in diesem Bereich. So würden etwa unterschiedliche nationale Gesetzgebungen zur Bekämpfung der Computerkriminalität zwangsläufig zur Bildung sog. „Computer Crime Havens" führen. Länder mit hohem Schutzniveau müssen damit einerseits den Datenfluß in weniger entwickelte Länder begrenzen, während auf der anderen Seite Straftäter gerade versuchen werden, ihre EDV-Aktivitäten in Staaten mit geringem strafrechtlichem Schutz zu verlagern. Nationale Lösungen und Beschränkungen könnten auch deshalb keinen Erfolg haben, da mit Hilfe der weltweiten Telekommunikationsnetze und der heute bestehenden Möglichkeiten der Datenverschlüsselungen jederzeit ein unkontrollierbarer Datenaustausch mit dem Ausland erfolgen kann. Für die durch die **Mobilität und Unkontrollierbarkeit von Daten** geprägte offene Informationsgesellschaft sind deshalb internationale Übereinkommen unverzichtbar. So ist es auch bereits früh zu ersten Bestrebungen einer **internationalen Harmonisierung** des Informationsrechts auf der Ebene der **Europäischen Union**, des **Europarates**, der **OECD**, der **Vereinten Nationen (UN)** und weiterer Organisationen gekommen. Zu erwähnen sind hier im Bereich des Europarates etwa nur das Select Committee of Experts on Computer-Related Crime oder die entsprechende Konferenz der Vereinten Nationen.[17] Zu einer Harmonisierung der nationalen Bestimmungen tragen aber auch Richtlinien der EU, wie etwa die EG-Datenschutzrichtlinie vom 24. 10. 1995,[18] bei. Weitere Richtlinien für den Bereich der Telekommunikation,[19] zur digitalen Signatur, zu Electonic Commerce[20] und zur Verantwortlichkeit bei Multimediadiensten liegen derzeit in Entwürfen vor.[21] Diese werden nach ihrer Verabschiedung zwangsläufig Auswirkungen auf die nationalen strafrechtlichen Bestimmungen haben und damit zumindest im EU-Bereich auch zu einer Vereinheitlichung der jeweiligen einzelstaatlichen Regelungen führen.

B. Grundlagen und Verbreitung der EDV

10 Eine Untersuchung zur Computerkriminalität und zu den Möglichkeiten der Beweissicherung von Computerdaten kann nicht ohne Kenntnisse der Computertechnologie auskommen. Da auch im Bereich der Wirtschaftskriminalität nicht alle beteiligten Staatsanwälte, Richter oder Rechtsanwälte über die erforderlichen technischen Kenntnisse verfügen, sollen daher im folgenden die für das weitere Verständnis notwendigen **Grundbegriffe der EDV und der Datenkommunikation** sowie über das Internet kurz dargestellt werden. Dabei liegt der Schwerpunkt der Darstellung nicht im Bereich der den Informatiker oder Naturwissenschaftler interessierenden Einzelheiten der Computertechnik, sondern orientiert sich allein an den für die spätere Rechtsanwendung relevanten Gesichtspunkten.

---

[17] Vgl. zu diesem Bereich der internationalen Zusammenarbeit vor allem *Sieber*, The International Handbook on Computer Crime, 1986; *Sieber*, The International Emergence of Criminal Information Law, 1992 sowie die zusammenfassenden Darstellungen bei *Sieber* (Hrsg.), Information Technology Crime, 1994, 575 ff.

[18] Vgl. EG-Amtsblatt vom 23. 11. 1995 Nr. L 281/31.

[19] Vgl. Richtlinie 97/66/EG über die Verarbeitung personenbezogener Daten und den Schutz der Privatsphäre im Bereich der Telekommunikation vom 15. 12. 1997, Beilage zu CR 4/1998.

[20] Vgl. den Richtlinienentwurf der EU-Kommission vom 18. 11. 1998 sowie dazu den Bericht in NJW-CoR 1999, 58 und *Brisch*, CR 1999, 235 ff.

[21] Vgl. dazu nur den Vorschlag der Kommission für eine Richtlinie des Rates für elektronische Signaturen, EG-Amtsblatt vom 23. 10. 1998, 98/C 325/04 C 325/5 ff. sowie CR 1999, 473 ff.

I. Grundbegriffe der EDV

11 Da bei den weiteren Ausführungen zu den einzelnen Tatbeständen und auch bei der Beweissicherung immer wieder von **„Daten“** die Rede ist, muß zunächst klargestellt werden, in welchen Fällen davon auszugehen ist, bevor auf die eigentlichen **Hardwarebestandteile** des Computers und die heute relevanten Speichermedien eingegangen werden kann.

1. Begriff der „elektronisch gespeicherten Daten“

12 Der Begriff des „Datums“, der auch in § 202a Abs. 2 StGB und anderen Tatbeständen verwendet wird, bezieht sich allgemein auf Informationen, die auf Statistiken, Messungen, Beobachtungen oder anderen Erkenntnissen beruhen. Er beinhaltet damit eine umfassende Bezeichnung für numerische und alphanumerische Angaben über die verschiedensten Dinge und Sachverhalte.[22] Daten müssen damit nicht notwendig durch eine EDV-Anlage verarbeitbar sein. Dies ergibt sich erst, wenn man den Begriff auf elektronisch, magnetisch oder in sonstiger Weise gespeicherte Informationen begrenzt. Man spricht dann von Computerdaten. Voraussetzung hierfür ist erst die Übertragung der Daten in eine für den Computer verständliche und maschinengerechte Form. Dies geschieht mit Hilfe eines Codes, den Zuordnungsvorschriften zwischen einzelnen Zeichen und dem „technischen Alphabet“. Nach **DIN 44300 (Informationsverarbeitung)** werden Daten in der Informatik deshalb definiert als „Zeichen oder kontinuierliche Informationen, die zum Zweck der Verarbeitung Information aufgrund bekannter oder unterstellter Abmachungen darstellen“.[23] Erfaßt werden somit alle Informationen, die sich in einer für die EDV erkennbaren Weise codieren lassen und so Objekt für den Verarbeitungsprozeß sein können. Als „Maßeinheit“ für die Darstellung der Daten dient ein Zeichenvorrat von mindestens zwei Elementen, der auch als **Binärzeichen oder kurz Bit** bezeichnet wird. Das Bit ist damit die kleinste Informationseinheit, die der Computer darstellen und verarbeiten kann. Es kann – basierend auf dem binären Zahlensystem – entweder den Wert 0 oder 1 haben, was mit den elektrischen Zuständen „ein“ und „aus“ vergleichbar ist. Um nun Schriftzeichen oder andere Informationen darstellen zu können, werden 8 einzelne Bit zu einem sog. **Byte** zusammengefaßt. Durch 8 Bit in Folge lassen sich so 2 hoch 8 und damit 256 Kombinationen von Einsen und Nullen und folglich eine entsprechende Anzahl von alphanumerischen Zeichen und Ziffern darstellen. Die Zuordnung einzelner Bytes zu bestimmten Zeichen wird als Code bezeichnet. Damit nicht alle Rechner mit verschiedenen Codes arbeiten, ist es hier zu Standardisierungen gekommen. Im Zusammenhang mit PCs am verbreitetsten ist heute der American Standard Code of Information Interchange oder kurz der sog. **ASCII-Code**. Ein Kilobyte (KB) sind dann 2 hoch 10 oder 1024 Byte, ein Megabyte (MB) 2 hoch 20 oder 1048756 Byte, ein Gigabyte (GB) 2 hoch 30, also 1073731824 Byte. Geht man standardmäßig davon aus, daß eine Schreibmaschinenseite 26 Zeilen mit je 80 Zeichen enthält, was etwa 2080 Byte entspricht, wird klar, welchen Speicherumfang heutige Datenträger im GB-Bereich einnehmen. Aus technischer Sicht sind damit elektronisch, magnetisch oder in sonstiger Weise gespeicherte Daten nur ein Unterfall des allgemeinen Datenbegriffs.

---

22 Vgl. dazu die Stichworte „Daten“ in *Schneider*, Lexikon der Informatik und Datenverarbeitung, sowie *Müller/Löbel/Schmidt*, Lexikon der Datenverarbeitung.
23 Vgl. Deutsches Institut für Normierung, Informationsverarbeitung 1, 111.

2. Bestandteile der Computeranlage

13 Alles, was man beim Computer „anfassen" kann, was also physikalisch existent ist, wird unter dem Begriff Hardware zusammengefaßt. Wesentlichste Komponente der Hardware ist die **Zentraleinheit**, das eigentliche Herzstück der EDV-Anlage. Daneben sind zur Ein- und Ausgabe, zur Speicherung und zum Ausdruck der Daten weitere sog. Peripheriegeräte notwendig, die regelmäßig über entsprechende Kabel mit der Zentraleinheit verbunden sind. In der Zentraleinheit selbst werden die eigentlichen EDV-Funktionen ausgeführt, die mit ihren Einzelbauteilen auf einer **Hauptplatine**, dem main board, oder auch mehreren Platinen fixiert sind. Zu unterscheiden sind hier neben dem Haupt- oder Arbeitsspeicher der **Zentralprozessor (CPU = central processing unit)** sowie die zur Systemsteuerung notwendigen internen Datenwege zum Transport zwischen Hauptplatine und den einzelnen Bauteilen (Bus-System). Die technischen Bestandteile der Zentraleinheit werden allgemein als Chips bezeichnet. Der Haupt-/Arbeitsspeicher dient dabei zur Aufnahme der zu verarbeitenden Daten und der auszuführenden Programme. Er gliedert sich in den RAM-Speicher (random access memory), den frei verfügbaren Arbeitsspeicher, das Kurzzeitgedächtnis mit Informationen solange der Computer eingeschaltet ist, und den ROM-Speicher (read only memory) oder Festwertspeicher mit Informationen, die fest gespeichert sind und beim Ausschalten des Rechners nicht verlorengehen. Der Zentralprozessor (CPU) enthält das **Steuer- und Rechenwerk** des Computers. Während das Steuerwerk die Reihenfolge der Befehlsausführungen, die Entschlüsselung der Befehle und die Abgabe der digitalen Signale übernimmt, werden durch das Rechenwerk die vom Steuerwerk ankommenden Instruktionen ausgeführt. Da die einzelnen Prozessoren sehr unterschiedlich ausgestaltet sind, können für ein Computersystem entwickelte Programme auf einem anderen bereits nicht mehr lauffähig sein. Deshalb werden bei PCs heute Standardprozessoren verwendet, deren Leistungsfähigkeit abhängig ist von der **Taktfrequenz** (Zahl der Rechenvorgänge pro Minute) und **Architektur** (Bit-Breite, d. h. Anzahl der parallel zu benutzenden Pfade) sowie dem Instruktionssatz (Menge der verfügbaren Maschinenbefehle). Waren vor kurzem noch Prozessoren mit einer Taktfrequenz von 90, 133 oder 166 MHz üblich, gehören heute schon Prozessoren von 233 bis 450 MHz zur Standardausstattung eines Computers. Auch die Größe des Arbeitsspeichers nimmt immer weiter zu. Ein Speicher von 16 oder 32 MB gilt bei den modernen Betriebssystemen Windows 95/98 bereits als zu gering. Neue Rechner sind inzwischen mit einem Arbeitsspeicher von 64 MB oder 128 MB ausgestattet.

14 Da die Zentraleinheit als solche keine Eingaben, Ausdrucke oder Speicherungen von Daten zuläßt, sind hierzu spezielle Zusatzgeräte, die man unter dem Begriff **Peripheriegeräte** zusammenfassen kann, erforderlich. Wichtigstes Gerät zur Eingabe von Befehlen und Zeichen sind zunächst die **Tastatur** und die **Maus**. Für die Tastatur und die Maus haben sich gewisse Standardisierungen herausgebildet, so daß an eine Zentraleinheit auch solche Geräte verschiedener Hersteller angeschlossen werden können. Daneben hat zur visuellen Ausgabe der Daten der **Monitor/Bildschirm** als Anzeigemedium eine wesentliche Bedeutung. Unabhängig vom Rechner können auch hier Bildschirme verschiedenster Größe und Auflösung eingesetzt werden. Die Größe des Bildschirms wird in Zoll angegeben. Während früher noch Bildschirme mit einer Größe von 14 oder 15 Zoll verwendet wurden, haben die Monitore heute eine Größe von mindestens 17 Zoll, wenn nicht bereits von 19 oder 21 Zoll. Doch kann nicht jeder Monitor an jede Zentraleinheit angeschlossen werden. Entscheidend hierfür ist die im jeweiligen Computer eingebaute Grafikkarte, die den Monitor ansteuert und folglich passend sein muß. In das Gehäuse der Zentraleinheit integriert und damit üblicherweise fest eingebaut sind neben dem Hauptspeicher **Massenspeicher** in Form von Diskettenlaufwerken (Floppydisks), CD-ROM-Laufwerken und Festplattenlaufwerken (Harddisks). Während die im Laufwerk eingelegten Disketten oder CDs leicht entfernt und so getrennt verwahrt werden können, ist das Festplattenlaufwerk – sofern es sich nicht um eine Wechselplatte handelt –

regelmäßig fest im Gehäuse der Zentraleinheit eingebaut. Hinsichtlich der Diskettenlaufwerke werden heute nur noch Laufwerke für 3,5 Zoll-Disketten verwendet. Die früheren Disketten im Format 5,25 Zoll sind dagegen weitestgehend verschwunden. Die CD-ROM-Laufwerke unterscheiden sich vor allem hinsichtlich der Geschwindigkeit. So finden sich Laufwerke mit vierfacher bis zu 24- oder 32facher Geschwindigkeit. Zu den Peripheriegeräten zählen auch als Ausgabegeräte die **Drucker**, die über eine Schnittstelle (meist den Parallelport) mit dem Computer verbunden sind. Die Ansteuerung der Drucker erfolgt über die jeweils eingesetzte Software, so daß ein Drucker grundsätzlich an alle Computer angeschlossen werden kann. Während früher noch überwiegend mit Nadeldruckern gearbeitet wurde, gehören heute Tintenstrahl- oder Laserdrucker zum Standard. Daneben haben die meisten Rechner in ihrem Gehäuse Platz, um nachträgliche Zusatzgeräte aufzunehmen, die aber auch als externe Geräte genutzt werden können. So gehören heute vor allem **Datenübertragungseinrichtungen** in Form eines Modems oder einer ISDN-Karte bzw. sonstigen Netzwerkkarte bereits meist zur Standardausstattung eines Rechners. Angeschlossen werden können aber auch Scanner zum Einlesen von Texten und Bildern sowie weitere Bandlaufwerke oder spezielle ZIP-Laufwerke zur Datensicherung.

3. Arten der Datenspeicherung

Da bei jedem Stromausfall bzw. beim Ausschalten des Rechners die im Hauptspeicher abgelegten Informationen gelöscht werden, benötigt ein Computer zusätzliche Speichermedien als Massenspeicher. Diese Speicher dienen dabei auf der einen Seite dem **Bereithalten von Daten** für den Zugriff und der zeitweiligen Zwischenspeicherung von Informationen während der Bearbeitung, auf der anderen Seite aber auch der **dauerhaften Archivierung** in Dateien und damit der Sicherung von Daten und Programmen. So bleibt eine jederzeitige Verfügbarkeit von gespeicherten Informationen gewährleistet. Je nach der Form der Datensicherung lassen sich verschiedene Speicherarten unterscheiden. Dazu zählen die elektromagnetische und die optische Speicherung. 15

Die heute noch am häufigsten verbreitete Speicherform ist die Magnetisierung. Ihr Hauptkennzeichen besteht in einer auf unterschiedlichen Basismaterialien, die flexibel oder hart sein können, aufgetragenen magnetisierbaren Schicht. Die eigentliche Speicherung erfolgt über die Richtung des Magnetisierungszustandes der Bitpositionen. Zum Lesen oder Schreiben der Daten wird das jeweilige beschichtete Speichermedium an einem Magnetkopf vorbeigeführt. Je nach dem verwendeten Material, lassen sich verschiedene elektromagnetische Datenträgerarten unterscheiden. Dazu zählen zunächst die **Magnetbänder**, die vor allem im Großrechnerbereich auch weiterhin zum Einsatz kommen. Hierzu gehören aber ebenso die **Magnetbandkassetten** oder auch Tapes, die vor allem bei Datensicherungsgeräten, den sog. Streamern, verwendet werden. Je nach der Art des Bandes können mit Hilfe dieser Speichermedien mehrere MB bis hin zu über 1 GB Daten gesichert werden. Die zweite wesentliche magnetische Speicherform bildet die **Magnet- oder Festplatte**. Hier ist ein runder starrer Datenträger aus Aluminium mit einer auf beiden Seiten aufgetragenen magnetisierbaren Schicht versehen, auf deren Oberfläche die Daten in konzentrischen Kreisen aufgezeichnet werden. Die Magnetplatten rotieren mit konstanter Geschwindigkeit um die Achse, das Schreiben und Lesen der Daten erfolgt über Schreib-/Leseköpfe. Die Speicherkapazitäten der Magnetplatten werden immer größer. Während noch vor zehn Jahren im PC-Bereich Festplatten mit 20/40 MB im Einsatz waren, gehören heute solche mit über 10 GB fast schon zur Grundausstattung eines neuen Rechners. Dem Bereich der elektromagnetischen Speicherung zuzuordnen sind schließlich auch die **Disketten**. Zwar verfügen heute alle Computer noch über ein entsprechendes Diskettenlaufwerk, meist im Format 3,5 Zoll, doch hat die Bedeutung der Disketten als Speichermedium im Hinblick auf die geringen Speicherkapazitäten in den letzten Jahren abgenommen. Die Daten werden hier entlang konzen- 16 trischer Kreise – den in einzelne Sektoren unterteilten Spuren – auf die Diskette geschrieben. Die maximale Speicherkapazität für eine 3,5 Zoll-Diskette liegt bei 1,44 MB. Doch zeichnet sich gerade hier eine technische Entwicklung hin zu immer kleineren Diskettenformaten mit steigenden Speichermöglichkeiten ab. So finden sich etwa am Markt auch Disketten für sog. ZIP-Laufwerke, die bereits über eine Speicherkapazität von über 100 MB verfügen.

17 Immer mehr an Bedeutung gewinnen neben der elektromagnetischen Speicherung die **optischen Speicher**. Sie greifen auf die Lasertechnik zurück. Damit wird ein aus dem Unterhaltungssektor bekanntes Trägermedium der Compact-Disc (CD) auch für die Computertechnik genutzt. Auf den runden kunststoffbeschichteten als **CD-ROM** bezeichneten Aluminiumscheiben werden dazu die in Binärzeichen umgewandelten Informationen mit einem Laserstrahl in die Spuren der Plattenoberfläche eingebrannt. Es entstehen damit zwischen den sog. „Lands" Vertiefungen, die sog. „Pits", die zu einer Veränderung der Reflexionseigenschaften des Speichermediums führen. Das vom Laser ausgestrahlte Licht wird so von der optischen Platte je nach den vorhandenen Vertiefungen unterschiedlich reflektiert, von einer Photodiode empfangen und in elektronische Signale umgewandelt. Der Vorteil dieses Speichermediums liegt darin, daß ein direkter Zugriff auf die Daten möglich ist bei einer – im Gegensatz zu Magnetplatten – erheblich höheren Speicherkapazität. Die auf der Platte eingebrannten Löcher gewährleisten auch eine geringe Störanfälligkeit – etwa bei magnetischen Strahlungen – und eine lange Lebensdauer. Während es bisher nur schwer möglich war, einmal gespeicherte Daten wieder zu löschen bzw. selbst Informationen auf einer CD einzubrennen, ist dies mit den heute in ständig zunehmendem Maß angebotenen CD-Brennern ohne größere Probleme möglich. Ebenfalls zu den optischen Speicherformen zählt der **Mikrofilm**.[24] Hier werden die Dokumente mit Hilfe des Lichtes und eines Objektives auf dem Trägermedium abgebildet. Da eine Weiterverarbeitung der so gespeicherten Informationen mit Hilfe der EDV aber nicht möglich ist, werden die so erstellten Speichermedien auch als Bildträger bezeichnet. Diese Verfahren werden auch heute noch – vor allem zur Aufbewahrung handelsrechtlicher Dokumente – eingesetzt.

II. Grundbegriffe der Datenkommunikation

18 Damit auf Programme und Daten von verschiedenen Stellen zugegriffen werden kann, um Informationen untereinander auszutauschen, gemeinsam bestimmte Hardware (z. B. Drucker) zu nutzen, ist es erforderlich, Einzelplatzrechner zu einem Netz zusammenzuschließen. Um eine solche Übertragung von Daten zwischen verschiedenen Computersystemen zu ermöglichen, muß zunächst eine entsprechende Verbindung zur Verfügung stehen. Als Übertragungswege stehen dabei neben Leitungen (z. B. Kupfer- oder Glasfaserkabel) auch Funk- und Satellitenstrecken bereit, je nachdem, welche Medien – seien es etwa elektronische Schwingungen oder Laserstrahlen – benutzt werden. Erstreckt sich die Kommunikation zwischen einzelnen EDV-Systemen nur auf den lokalen Bereich, spricht man von einem **Lokal Area Network (LAN)** oder unter Einsatz der modernen Web-Technologie von einem **Intranet**, einem betriebsinternen Internet. Kennzeichnend für diese Systeme ist ein auf einen räumlich begrenzten Bereich (etwa eines Unternehmens) beschränktes Netzwerk mit Hochleistungskommunikationsmedien. Erforderlich ist hierfür der Einbau einer entsprechenden Netzwerkkarte in den Rechner sowie die physikalische Vernetzung der einzelnen Computer miteinander. Entsprechend dem für die Datenkommunikation entwickelten Sieben-Schichtenmodell können so im lokalen Bereich, basierend auf einem einheitlichen Protokoll für den Informationsaustausch zwi-

---

[24] Vgl. zum Mikrofilm und dem COM-Verfahren näher *Bohatiuk*, CR 1989, 535 f.; *Lossau*, Die Entscheidung zum Mikrofilm, Köln 1974, 9 ff.

schen den jeweiligen EDV-Anlagen, Daten ausgetauscht werden. Die Ausdehnung eines solchen lokalen Netzwerkes, das aus Rechnern mit verschiedenen Computerarten (Workstation, PC) und Betriebssystemen (UNIX, Windows 95/98 oder NT) bestehen kann, variiert von wenigen Metern bis zu mehreren hundert Metern. Sofern die Datenübertragung aber nicht mehr auf den lokalen Bereich mit privaten Leitungen beschränkt bleiben soll, spricht man von einem **Wide Area Network (WAN)**. Dieses ist meist zur Überbrückung der entfernten Strecken nur unter Benutzung der zur Verfügung stehenden Telekommunikationseinrichtungen möglich. Dazu bedarf es weiterer technischer Ausstattungen, um eine Datenkommunikation zu ermöglichen.

Zur Datenkommunikation stehen zwei unterschiedliche Formen zur Verfügung. So 19
kann ein Informationsaustausch zunächst über die bestehenden meist noch **analogen Telekommunikationsnetze** abgewickelt werden. Sofern diese Übertragungstechnik eingesetzt wird, ist zwingende Voraussetzung für eine Datenübertragung, daß die digitalen Signale des Computers in eine analoge Darstellungsweise mit einem kommunizierbaren Zeichensystem umgewandelt werden. Dazu müssen von einem technischen Hilfsmittel zunächst die vom Computer ausgehenden digitalen Daten in elektrische Schwingungen codiert werden, ehe beim Empfänger der umgekehrte Schritt der Decodierung zu erfolgen hat. Da die dazu notwendigen Geräte die Funktion eines Modulators und eines Demodulators erfüllen, spricht man kurz von einem **Modem**. Dieses ist bei modernen Standard-PCs meist schon in den Rechner mit eingebaut. Wurden früher bei der Datenübertragung noch Geschwindigkeiten von nur 4800 Bit pro Sekunde erzielt, können mit neuen Modems bereits mindestens 56 KB pro Sekunde an Informationen weitergeleitet werden. Nachdem fast jeder Haushalt über einen Telefonanschluß verfügt, läßt sich das vorhandene Telefonnetz mit Hilfe des Modems ohne großen technischen Aufwand für eine preisgünstige Übertragung der Daten einsetzen. Die Kosten für ein Modem, das heute problemlos – wie ein Fax-Gerät oder Anrufbeantworter – an die Telefonanschlußbuchse angesteckt werden kann, liegen bei nur noch ca. 200 DM. Bei der Kommunikation fallen im übrigen nur noch die Nutzungsentgelte für ein Telefongespräch an. Daneben ist eine Datenübertragung aber auch ohne den Zwischenschritt der Umwandlung in analoge Signale in **digitalisierter Form** möglich. Dazu stehen neben den **Datex-Netzen** der Telekom vor allem die Möglichkeiten von **ISDN** zur Verfügung. Erforderlich ist hier zur Datenübertragung ein entsprechender digitalisierter Telefon- oder Datenanschluß sowie eine im Rechner eingebaute entsprechende ISDN-Netzwerkkarte für die Datenkommunikation. Auf diese Weise lassen sich viel höhere Geschwindigkeiten gegenüber dem analogen Netz bei der Datenübertragung erreichen. Da eine Datenumwandlung entfällt, wird so auch eine mögliche Fehlerquelle bereits ausgeschlossen.

III. Mailboxsysteme und Internet

Mit Hilfe der dargestellten technischen Möglichkeiten zur Datenübertragung werden 20
dem Nutzer verschiedene Formen zur Nutzung der über die Datennetze verfügbaren Dienste angeboten. War es hier zunächst nur möglich, Informationen zu übermitteln, stehen dem Benutzer der **modernen elektronischen Kommunikationsdienste** heute eine Vielzahl weiterer Leistungen zur Verfügung. Damit kann das sich aus dem Zusammenwachsen von Datenverarbeitung, Nachrichtentechnik und weiteren Diensten ergebende Potential genutzt werden. Erste Möglichkeiten zur Datenkommunikation ergaben sich durch das noch von der Deutschen Bundespost betriebene **Bildschirmtext-System (Btx)**. Erst später kamen auch die Möglichkeiten zur Nutzung privater und öffentlicher Mailboxsysteme hinzu. Die Mailboxen haben durch die immer weiter steigende Verbreitung des **Internet** an Bedeutung verloren, da alle bisherigen Leistungen technisch noch weiter entwickelt wurden und nun auch über das Internet angeboten werden können.

1. Mailboxsystem

21 Die Mailbox selbst besteht aus einem zentralen Computersystem, das auch als Mailbox- oder Zentralrechner bezeichnet wird. Über diese EDV-Anlage wird die gesamte Kommunikation abgewickelt. Dort werden auch die abrufbaren Informationen abgespeichert.[25] Von den technischen Voraussetzungen her bedarf es für den Betrieb einer Mailbox nur eines Rechners mit entsprechenden Datenübertragungseinrichtungen, einer Kommunikationssoftware und einer Verbindung zum Telekommunikationsnetz. Der Zugang zur Mailbox erfolgt dann über das öffentliche Telekommunikations- oder Datennetz. Die Nutzung der Mailbox ist teilweise kostenlos, der Anbieter kann jedoch auch Gebühren beim Zugang erheben. Zum Leistungsumfang der Mailbox-Systeme gehören zunächst die Kommunikation mit anderen Teilnehmern, die **Electronic Mail** oder E-Mail, das elektronische Versenden von Nachrichten. Im Rahmen der E-Mail wird jedem Nutzer ein Speicherplatzkontingent auf dem Mailbox-Rechner eingerichtet, über das Mitteilungen an individuelle weitere Nutzer der Mailbox oder an bestimmte Nutzergruppen übermittelt werden können. Die Mailbox erfüllt damit eine vergleichbare Funktion wie eine öffentliche Postfachanlage. Eine weitere wesentliche Funktion der Mailbox besteht im Abruf von Informationen, die in den **sog. „Schwarzen Brettern" oder „Bulletin Boards"** enthalten sind. Es handelt sich hierbei um allen Nutzern zugängliche Informationen, quasi den öffentlichen Bereich der Mailbox. Daneben bieten die Mailboxsysteme den Übergang zu anderen Telekommunikationsdiensten wie Telex, Telefax an. Es besteht über die Mailbox auch die Möglichkeit zur Nutzung von Online-Datenbanken. Man spricht dann vom „Durchschalten" zu diesen Informationssystemen, weil die Mailbox dann lediglich als Clearing-Stelle zwischen Anbieter und Endnutzer eingesetzt wird. Diesem Funktionsumfang der Mailboxen vergleichbar war auch das bisherige Bildschirmtext-Verfahren (Btx) der Telekom. Diese bei Mailboxen bestehenden Funktionalitäten wurden durch den technischen Fortschritt weiter entwickelt hin zu den heute bekannten Möglichkeiten des Internet.

2. Internet-Dienste

22 Über das Internet sind Computer weltweit miteinander vernetzt. Ursprünglich gedacht war dieses Netz in den 60er und 70er Jahren als sog. **„ARPANET" für militärische Zwecke**, um bei einem Ausfall einzelner Rechner über die bestehende Vernetzung trotzdem eine problemlose Kommunikation zu ermöglichen. Dahinter stand die Idee, bei einer Kommunikation zwischen zwei Rechnersystemen **keine direkte Verbindung zwischen Sender und Empfänger** herzustellen, sondern die jeweiligen Nachrichten in einzelne Datenpakete aufzuteilen, jedes Paket mit einer Adresse zu versehen und es sich seinen Weg durch das Netz suchen zu lassen. Die Route, über die ein Datenpaket über die Netzknotenrechner weitergeleitet wird, steht somit nicht fest. Die einzelnen Pakete werden beim Empfänger wieder zu einer einheitlichen Datei zusammengesetzt. Mit Hilfe der oben bereits beschriebenen Datenübertragungstechniken findet so über die Verwendung eines einheitlichen **Internet-Protokolls (IP)** ein Informationsaustausch von einem Rechner zum anderen statt. Jeder Computer im Netz ist durch eine weltweit eindeutige, aus insgesamt vier Ziffergruppen bestehende IP-Adresse bestimmt. Der Weg von einem Rechner zum anderen ist dabei nicht vorgegeben, sondern wird vom Computer je nach Einzelfall selbst gesucht. Fällt ein Rechner auf dem Weg aus oder ist überlastet, sucht sich der Computer automatisch eine andere Verbindung zum Ziel aus. Beim Internet selbst handelt es sich jedoch um kein heterogenes Netz. Hinter dem **Begriff „Internet"** verbergen sich vielmehr eine Reihe **verschiedenster Dienstangebote** mit unterschiedlichsten

---

[25] Vgl. näher zur Mailbox *Langner*, Datenfernkommunikation, 237 ff.; *Schneider*, jur-PC 1990, 624 ff. und *Scheuermann*, jur-PC 1991, 954 ff.

Funktionen. Für das weitere Verständnis ist es deshalb erforderlich, hier eine kurze technische Erläuterung vorzunehmen, soweit dies – unter Einbeziehung von Mißbrauchsmöglichkeiten und Kontrollmaßnahmen – für die spätere strafrechtliche oder strafprozessuale Einordnung von Bedeutung ist.[26]

a) Electronic Mail

Zu den ältesten Diensten in Computernetzwerken gehört die auch bereits bei Mailboxen bekannte elektronische Post oder auch Electronic Mail (E-Mail). Sie ist eine schnelle, weltweit nutzbare Möglichkeit zum **Austausch von Nachrichten in elektronischer Form.**[27] Jeder Internet-Nutzer benötigt dazu eine E-Mail-Adresse. Die Nachrichten selbst lassen sich sowohl an einen konkret bestimmten Adressaten als auch an einen vordefinierten Empfängerkreis – quasi wie ein Rundschreiben – versenden. Mit der E-Mail als einer Form der Individualkommunikation können neben reinen Textbeiträgen auch Bild-, Ton- und sogar Videodateien übermittelt werden. Jeder Teilnehmer an der elektronischen Kommunikation ist durch eine **individuelle E-Mail-Adresse** identifizierbar, die – ähnlich wie eine Postadresse – funktioniert und Einmaligkeit garantiert. Es besteht aber auch die Möglichkeit, Nachrichten unter einem Pseudonym oder über einen anonymisierenden Rechner zu verschicken, ohne daß ein Hinweis auf den ursprünglichen Absender der Nachricht erkennbar ist. Die E-Mail-Adresse gliedert sich dabei in den Benutzernamen links vom „Klammeraffen" @ und in die Internet-Adresse des Rechners rechts. Voraussetzung für die E-Mail ist, daß der jeweils eingeschaltete Internet-Provider einen sog. Mail-Server betreibt, der ständig erreichbar ist. Auf diesem Rechner befindet sich das eigentliche elektronische Postfach des Nutzers, in dem ausgehende E-Mails des Teilnehmers gespeichert und abgesandt sowie die ankommenden Nachrichten bis zum Abruf durch den Empfänger zwischengespeichert werden. In Verbindung mit den E-Mails lassen sich auch Nachrichten über bestimmte Rechner (spezielle Fax-Server) als Fax weiterleiten. Umgekehrt ist auch das Absetzen einer Fax-Nachricht mit anschließender Umsetzung in eine E-Mail über das Internet denkbar. Möglich ist es, über diesen Dienst auch im Internet zu telefonieren. Die E-Mail ist damit generell im Zusammenhang mit **allen Delikten,** bei denen die **Kommunikation eine wichtige Rolle** spielt, nutzbar. Offen versandte Nachrichten können ggf. von unberechtigten Personen mitgelesen und so – etwa zu Zwecken der Wirtschaftsspionage – verwendet werden. Es ist aber auch möglich, die Nachrichten mit verschiedenen Verschlüsselungsprogrammen zu chiffrieren – durch Steganografie lassen sich sogar Texte innerhalb von Ton- bzw. Bilddateien verstecken –, ohne daß für Außenstehende eine Entschlüsselung in angemessener Zeit möglich ist.[28] Ein Mail-Server oder ein anderer Rechner im Netzverbund läßt sich aber auch leicht durch eine Vielzahl von elektronischen Nachrichten blockieren, man spricht dann vom sog. E-Mail-Bombing. Eine **Kontrolle der E-Mail** durch den Service-Provider bzw. den Betreiber des jeweiligen Mail-Servers ist zwar technisch durch sog. Textfilter, die nach bestimmten verbotenen Begriffen suchen, theoretisch möglich, aber im Hinblick auf die übertragenen Datenmengen praktisch kaum durchführbar.[29] Da es sich bei E-Mail aber um Individualkommunikation – wie auch beim Telefon – handelt, ist im Blick auf den Schutz des Brief- und Fernmeldegeheimnisses (Art. 10 GG) eine Kontrolle und Überwachung ohnehin nur in engen rechtlichen Grenzen zulässig. 23

[26] Aus der Vielzahl der zum Internet erschienen Publikationen sei an dieser Stelle nur weiterführend verwiesen auf: *Tischer/Jennrich,* Internet intern, 1997; *Kimmig,* Internet, Beck EDV-Berater, 1996, sowie zu Grundlagen der Netztechnik auch *Sieber,* CR 1997, 588 ff.

[27] Vgl. dazu die Zusammenstellung zur E-Mail bei *Pich,* chip 3/1998, 182 ff.

[28] Vgl. zu den technischen Möglichkeiten der Verschlüsselung nur *Gerling,* Verschlüsselungsverfahren, DuD 1997, 197 ff.; *Dix,* CR 1997, 38 ff.; *Koch,* CR 1997, 106 ff.; *Weihrich,* Gateway 7/1997, 106 ff. sowie zu Rechtsfragen *Kuner,* NJW-CoR 1995, 413 und die Nachweise in Rn. 262 f.

[29] Vgl. näher *Sieber,* JZ 1996, 431 f. und *Sieber,* CR 1997, 595 f.

b) Usenet (Newsgroups)

24 Neben der E-Mail hat im Internet das Usenet eine besonders wichtige Bedeutung. Dieser Dienst ermöglicht es allen Benutzern, Mitteilungen zu verschiedenen Themenbereichen in sog. **Newsgroups** einzustellen und sich so an bestimmten Diskussionsforen zu beteiligen. Weltweit ist von mehr als 20000 solcher Gruppen auszugehen, die insgesamt inzwischen ein beträchtliches Datenvolumen erreicht haben. Hinter den Newsgroups verbirgt sich ein bereits von den Mailboxen her bekanntes Medium zum Gedankenaustausch, das sich mit herkömmlichen Schwarzen Brettern oder Rubriken vergleichen läßt. Neben Texten können hier auch andere Dateien, wie Bild- oder Toninhalte, verwendet werden. Das Usenet ist damit ein weltweites und öffentliches „Schwarzes-Brett-System", das man auch als Bulletin Boards oder Chat Forum bezeichnet. Voraussetzung für den Zugang zu diesem News-Dienst ist allein die Möglichkeit, über das Internet eine Verbindung zu einem News-Server zu erhalten, auf dem die einzelnen Newsgroups zusammen mit den jeweiligen Beiträgen gespeichert werden. Einer speziellen Zugriffsberechtigung auf diese weltweiten Rechner bedarf es regelmäßig nicht. Zu unterscheiden ist hier zwischen **moderierten und unmoderierten Newsgroups**.[30] Im Unterschied zu unmoderierten Newsgroups, bei denen der Autor selbst darüber entscheidet, ob seine Mitteilung bzw. sein Diskussionsbeitrag in einer Newsgroup erscheinen soll, trifft diese Entscheidung in einer moderierten Newsgroup der sog. Moderator. Dieser überwacht und kontrolliert die eingehenden Beiträge und nimmt eine Auswahl dahingehend vor, ob die jeweiligen Mitteilungen mit den Zielen der Gruppe vereinbar sind und sich in den Gesamtzusammenhang einfügen. Die Qualität moderierter Newsgroups hebt sich damit erheblich von der in unmoderierten Newsgroups ab. Nachdem ein Beitrag regelmäßig nur in einer von weltweit tausenden Newsgroups direkt aufgenommen wird, Nutzer anderer Newsgroups auf anderen Servern aber ebenfalls Interesse an aktuellen Beiträgen haben, findet zwischen den einzelnen Servern ein **Datenabgleich** statt, der auch als **Synchronisation** bezeichnet wird. Die Daten bleiben am News-Server so lange gespeichert, bis die Begrenzung des Speicherplatzes eine Überschreibung durch aktuellere Beiträge erforderlich macht. Das Usenet eignet sich damit zur **Verbreitung verbotener Schriften und Bilder** (derzeit vor allem kinderpornographischer Art) über die Newsgroups. Dies gilt speziell für Newsgroups wie alt.pädophile, alt.sex usw. In gleicher Weise werden hier aber auch Informationen verbreitet, die der Softwarepiraterie, den Staatsschutzdelikten oder anderen strafbaren Handlungen dienen. Die Newsgroups selbst sind häufig auf den eigenen News-Servern des jeweiligen Internet-Providers gespeichert. Dieser kann deshalb den Zugang auf die in seinem Herrschaftsbereich befindlichen Daten insgesamt sperren oder zumindest beschränken. Mit Hilfe **spezieller Filtersoftware**[31] könnten damit auch die im Wege der Synchronisation von anderen News-Servern eingehenden Informationen durch Schlüsselworte wie „sex" einer Kontrolle unterzogen werden. Dadurch besteht aber zum einen die Gefahr, daß auch viele Beiträge nicht mehr zugänglich sind, die weder einen strafbaren Inhalt haben, noch in sonstiger Weise zu beanstanden sind. Zum anderen könnte diese Kontrolle dadurch umgangen werden, daß – wie in der Praxis häufig geschehen – die Namen und Inhalte der Newsgroups entsprechend abgeändert werden, um so die Filtersoftware auszuschalten. Eine vom Provider veranlaßte Sperrung bestimmter Begriffe und damit einzelner Beiträge bzw. sogar ganzer Newsgroups wirkt sich im übrigen nur auf den jeweils eigenen News-Server aus. Aufgrund der Synchronisation sind die strafbaren Inhalte damit über andere Server im Ausland weiterhin jederzeit abrufbar.

---

[30] Vgl. dazu *Kimmig*, Internet, 181ff.; *Sieber*, JZ 1996, 432 und *Sieber*, CR 1997, 595f.

[31] Unter diesem Begriff sind auch die Überwachungsprogramme wie Cyber-Patrol oder Surf-Watch als „Kindersicherung" einzuordnen, die beim Endnutzer am Bildschirm den Zugriff auf bestimmte Newsgroups verweigern sollen. Vgl. dazu nur *Flechsig*, AfP 1996, 343ff. und *Sieber*, CR 1997, 656 m.w.N.

Der Nutzer braucht nur deren Internet-Adresse kennen und kann so nach Eingabe dieses neuen Rechners über seine Zugangssoftware (Browser) die eigentlich gesperrten Daten jederzeit weiterhin empfangen.[32]

c) Mailing Lists

Zwischen den Newsgroups und der E-Mail gibt es noch sog. Mailing-Lists. Es handelt es sich hierbei um **Gruppen von Internet-Benutzern**, die sich für ein **bestimmtes Thema** interessieren und einander über einen zentralen Rechner (sog. Listserv-Rechner) Nachrichten schicken können. Im Gegensatz zur E-Mail werden die Nachrichten automatisch an alle Mitglieder der Gruppe weitergeleitet. Auch hier gibt es moderierte oder unmoderierte Gruppen. Der wesentliche Unterschied zu den Newsgroups besteht darin, daß hier auf die Nachrichten – wie an Schwarzen Brettern – zugegriffen werden kann, ohne daß diese aber immer an die Mitglieder übertragen werden. Der Zugang zu diesem Dienst erfolgt durch Anmeldung beim jeweiligen Listserv-Rechner. Man erhält dann von diesem Rechner automatisch eine Bestätigung in Form einer E-Mail, in der Wesen und Funktion der Gruppe erklärt werden. Wichtig sind dabei zwei E-Mail-Adressen: die Listserv-Adresse für verwaltungstechnische Vorgänge und die Adresse zur Verteilung von Nachrichten an alle Gruppenmitglieder.[33] Zu unterscheiden sind dabei **offene und geschlossene Mailing Lists-Gruppen**. Während bei der letzteren der Betreiber des Servers über den Aufnahmeantrag entscheidet und deshalb nur bestimmte Mitglieder zulassen kann, erfolgt bei offenen Rechnern keine Zugangskontrolle, so daß jeder – teilweise im automatisierten Verfahren – Mitglied werden kann. Wie bei den Newsgroups und bei der E-Mail ist dieser Dienst damit auch zur **Nutzung für strafbare Zwecke** geeignet, Entscheidend für die Kontrolle ist letztlich, ob es sich um eine offene oder geschlossene Mailing List handelt. Erfolgt eine Prüfung der Aufnahme jeweils im Einzelfall, kann damit auch eine Kontrolle auf dem Server durchgeführt werden. Dies ist bei offenen Gruppen jedoch nicht möglich. Hier kann der Betreiber eines List-Servers zwar den Inhalt und die Zielrichtung von einzelnen Listen grob festlegen, hat aber ansonsten kaum Möglichkeiten einer weiteren inhaltlichen Kontrolle. 25

d) File Transfer Protocol (FTP)

Über den FTP-Dienst können **Dateien und gesamte Programme** zwischen Rechner **online verschickt oder abgerufen** werden. Je nachdem, welche Funktion man benötigt, wird von einem Upload (Hochladen) oder Download (Herunterladen) von Daten gesprochen. Besondere Voraussetzung für den Zugang zu einem solchen FTP-Server bestehen regelmäßig nicht. Meist ist für den Zugang zum Rechner auch keine Mitteilung der eigenen Identität erforderlich, um Daten kopieren zu dürfen. Bei einzelnen Servern wird dem Benutzer auch die Befugnis eingeräumt, eigene Daten auf den Rechner in speziellen Verzeichnissen abzulegen, die dann durch Dritte heruntergeladen werden können. Der FTP-Dienst eignet sich damit in besonderer Weise zum **Austausch raubkopierter Software** oder zum Ablegen beweisrelevanter Daten auf Rechnern, die dem Zugriff der Ermittlungsbehörden nicht unterliegen. Hier können aber auch **mit Viren „verseuchte" Programme** versteckt in anderen Dateien zum Abruf angeboten werden. Zur Bereitstellung von **verbotenen Schriften** und von Propagandamaterial bietet sich der FTP-Dienst besonders an, um die Daten im Ausland – ohne Zugriff der deutschen Gerichtsbarkeit – zum Abruf bereitzuhalten. Der Betreiber eines FTP-Servers, der bei ihm gespeicherte Daten frei zugänglich anbietet, kann sie aber auch mit einem Zugriffsschutz versehen. Er hat somit die Kontrolle über die jeweiligen Inhalte und kann so verhindern, daß Dritte 26

---

[32] Vgl. dazu näher *Sieber*, JZ 1996, 432 und *Sieber*, CR 1997, 596 sowie *Köhntopp/Köhntopp/Seeger*, MMR 1998, 30 jeweils m. w. N.

[33] Vgl. zu Listserv-Gruppen, speziell im juristischen Bereich, *Kuner*, Internet für Juristen, 1996, 68 ff.

auf seinem Rechner Dateien mit strafbaren Inhalten ablegen, die auch von anderen Nutzern herunterzuladen sind. Demgegenüber sind die Überwachungsmöglichkeiten des Internet-Providers in diesem Bereich beschränkt, da er keinen Einfluß auf den Inhalt eines FTP-Servers hat. Ihm verbleibt nur die Möglichkeit, die Internet-Adressen von bekannten Servern mit strafbaren Inhalten zu sperren, ein Zugriff auf die strafbaren Daten über Umwege bleibt aber weiter möglich.

e) World Wide Web (WWW)

27 Bei dem World Wide Web (WWW) handelt es sich um eine leicht bedienbare **einheitliche grafische Benutzeroberfläche,** die auch eine Nutzung der bereits dargestellten Internet-Dienste zuläßt. Erst seit der Einführung dieses Dienstes im Jahr 1993 ist es zu einer explosionsartigen Ausweitung des Internet gekommen. Vor diesem Zeitpunkt waren für eine Suche nach Informationen – ohne diese Oberfläche – vertiefte Programmierkenntnisse erforderlich. Folge dieser Entwicklung ist heute, daß sich kommerzielle Anbieter aus allen Bereichen der Wirtschaft, aber auch Behörden, Verbände, Organisationen und auch Privatpersonen im WWW präsentieren. Das Internet wurde dadurch zu einem zentralen Medium der Informations- und Kommunikationsbranche. Vom Aufbau des Netzes her verbindet das **WWW** letztlich nur eine fast nicht mehr überschaubare Anzahl von Einzeldokumenten, die als **Web-Seiten** auf entsprechenden **WWW-Servern** über die ganze Welt verstreut abgerufen werden können. Um eine Identifizierung von WWW-Seiten zu ermöglichen, hat jede einzelne Seite eine eigene Internet-Adresse, unter der sie – regelmäßig im HTML-Format – abgelegt ist und mit der sie auch direkt angewählt werden kann. Da aber eine Suche nach bestimmten Informationen ohne Kenntnis der jeweiligen Adresse erheblich erschwert wäre, erfolgt eine Vereinfachung der Suche dadurch, daß einerseits spezielle Suchmaschinen zur Verfügung stehen und andererseits von einer Web-Seiten Verweise auf eine andere Web-Seite enthalten sein können, die mit einem Mausklick anwählbar sind. Mit Hilfe dieser **sog. „Links"** gelangt der Internet-Nutzer unmittelbar von einer Web-Seite zur anderen. Letztlich werden durch diese Links die einzelnen Seiten im Internet zu einer weltweiten Datenbank verbunden. Neben den Nutzungsmöglichkeiten des WWW zur Verbreitung pornographischer oder propagandistischer Inhalte, ergeben sich hier zusätzliche, völlig neuartige Formen der Online-Kriminalität, etwa durch das betrügerische Angebot von Waren, Geldanlagen oder anderen Dienstleistungen. Das WWW eignet sich aber auch besonders dazu, um an Kreditkartennummern, Geldbeträge oder spezifische Leistungen zu gelangen, die etwa beim Home-Banking oder bei Online-Bestellungen im Netz möglicherweise ungeschützt übertragen werden. Die Möglichkeiten zur **Kontrolle im WWW** sind gering, da die relevanten Web-Seiten nicht etwa über einen bestimmten Service-Provider gespeichert werden, sondern sich auf dem jeweiligen Computer des Anbieters, irgendwo auf der Welt befinden können.[34] Um den Zugriff auf bestimmte WWW-Server mit strafbaren Inhalten zu verhindern, müßte der Service-Provider eine bestimmte Internet-Adresse sperren, doch kann diese trotzdem auf Umwegen über einen Dritten Server weiterhin erreicht werden. Der jeweilige Service-Provider müßte deshalb aufgrund der eminent steigenden Zahl von WWW-Seiten eine ständige Kontrolle aller abrufbaren Daten durchführen, was zu einem nicht mehr zumutbaren technischen Aufwand führen würde. Zwar wurden im WWW sog. **Proxy-Cache-Server** installiert, die spezielle Web-Seiten zwischenspeichern, die von den Nutzern immer wieder bzw. sehr häufig aufgerufen werden. Doch auch hier ist eine Kontrolle technisch nur mit äußerst aufwendigen Methoden möglich. Wirksame Kontrollen von seiten der Provider zur Verhinderung von Mißbrauchsmöglichkeiten im WWW sind deshalb kaum möglich. Ein wirksames Vorgehen gegen strafbare Inhalte im WWW ist folglich nur möglich, wenn es gelingt, die jeweiligen Anbieter inkriminierter WWW-Seiten zu ermitteln und die entsprechenden Daten zu löschen.

---

[34] Vgl. dazu *Köhntopp/Köhntopp/Seeger,* MMR 1998, 26, 31.

IV. Verbreitung und Anwendungsbereiche von EDV-Systemen

Um die Bedeutung des Computers sowie der modernen Kommunikationsmedien und damit auch das hinter ihnen stehende Gefährdungspotential zu verdeutlichen, sollen die folgenden Angaben Umfang und Zweck des EDV-Einsatzes herausstellen. So ist nach einer Studie des Wirtschaftsministeriums von 1997 davon auszugehen, daß bereits 21,3 Mio. Personalcomputer in Deutschland im Einsatz sind, davon bereits 11,1 Mio. in Privathaushalten.[35] Pro 100 Einwohner sind damit 25 PCs vorhanden, in jedem vierten Privathaushalt steht daher bereits ein Computer. Während noch 1997 ca. 4,6 Mio. Personalcomputer in Deutschland verkauft wurden, ist diese Zahl bis Ende 1998 auf über 5 Mio. angestiegen. Damit ist es in den vergangenen zehn Jahren nochmals zu ganz **erheblichen jährlichen Steigerungsraten** im zweistelligen Bereich gekommen. Das Marktvolumen der Informations- und Kommunikationstechnik erreichte bereits 1996 den Wert von 163 Mrd. DM in Deutschland, weltweit sogar einen Umsatz von über 2000 Mrd. DM. Die zur Informations- und Kommunikationswirtschaft zählenden Sektoren der Telekommunikation, Hardware, Software und der informationstechnologischen Dienste weisen damit ein überdurchschnittliches Wachstum gegenüber anderen Branchen auf. Um nur ein konkretes Beispiel zu nennen, wurden etwa im Jahr 1994 in Europa 1,9 Mio. Notebooks verkauft, bis Ende 1998 ist diese Zahl bereits auf über 3,6 Mio. angestiegen. Zugenommen hat aber auch der Grad der Vernetzung. So waren in Deutschland Ende 1997 bereits 47,6 Mio. Telefonanschlüsse – davon fast 3 Mio. als ISDN-Anschluß – vorhanden, die für Zwecke der Datenkommunikation verwendet werden können. In diesem Bereich hat gerade in den letzten Jahren vor allem die **Zahl der Internet-Nutzer** weltweit sprunghaft zugenommen. Auch wenn es insoweit keine exakten Zahlen geben kann, ist davon auszugehen, daß weltweit 40 bis 60 Mio. Bildschirme und mehr als 10 Mio. Rechner an das Internet angeschlossen sind, davon allein mindestens 2 Mio. in Deutschland, die von mehr als 4 Mio. Menschen genutzt werden. Weltweit sollen pro Woche 100 000 Bildschirme mit Internet-Anbindung hinzukommen. So werden in den kommenden Jahren in Deutschland bereits mehr als 8 Mio. Online-Anschlüsse prognostiziert, so daß damit bereits in den nächsten Jahren der Anteil der mit einem Online-PC ausgestatteten Haushalte erheblich steigen wird, bis zu 20 % aller Haushalte im Jahr 2000.[36] Es verwundert daher nicht, wenn aufgrund dieses rasanten Wachstums die Phantasien von der weiteren Entwicklung der Computer und der Datennetze als Markt der Zukunft in ungeahnte Dimensionen steigen. 28

Die **Mikroelektronik** hat sich zu einer **Schlüsseltechnologie** entwickelt, die sich heute in fast allen Bereichen der Wirtschaft und in der überwiegenden Zahl der privaten Haushalte findet. Sie ist aus den meisten Wirtschaftszweigen bereits nicht mehr wegzudenken. Als zu Beginn der 60er Jahre mit dem Einsatz der EDV in einzelnen Bereichen begonnen wurde, blieben die Anwendungen wegen der hohen Investitionskosten und der damals verwendeten Rechneranlagen vor allem auf Großunternehmen beschränkt. Hier hat die dargestellte technische Entwicklung aber zu einer vollständigen Veränderung geführt. Vor allem die Personalcomputer mit der darauf eingesetzten Standard- bzw. Branchensoftware haben den Einsatz der EDV bis in kleinste Unternehmen des Einzelhandels, des Handwerks und vor allem der freiberuflichen Tätigkeiten wie Rechtsanwälte, Steuerberater und Ärzte beschleunigt. DV-Verfahren werden deshalb heute in Unternehmen aller Größe, aller Branchen und in allen betrieblichen Arbeitsgebieten eingesetzt. Typische Einsatzfelder im Bereich der Wirtschaft sind heute die Buchführung und das gesamte Rechnungswesen. Hier ist seit den Änderungen im Handelsgesetzbuch von 1977 die 29

---

[35] Vgl. zu den folgenden Zahlenangaben die Nachweise die Broschüre des *Bundesministerium für Wirtschaft* (Hrsg.), Die Informationsgesellschaft.

[36] Vgl. zu diesen Angaben *Schwarz* (Hrsg.), Recht im Internet, 1998, Einführung.

EDV als Möglichkeit zur Aufbewahrung und Speicherung von Unterlagen ausdrücklich zugelassen worden, wenn die vom Bundesministerium der Finanzen am 28. 7. 1995 erlassenen Grundsätze ordnungsmäßigen **DV-gestützter Buchführungssysteme** (GoBS)[37] beachtet werden. Die EDV findet ihren Einsatz aber auch im gesamten Personalwesen sowie bei allen Dispositions- und Steuerungsaufgaben im Bereich der Industrie und im Handel. Dabei sind nur beispielhaft die Bereiche Verkauf, Beschaffung, Lagerhaltung und Entwicklung zu nennen. So sind heute Entwicklungsabteilungen ohne die umfangreichen Anwendungen für Computer added Design (CAD) nicht mehr denkbar. Vor allem die Bereiche der Kredit- und Versicherungswirtschaft zählen heute zu den am stärksten automatisierten Sparten der Wirtschaft. Hier sind die neuen technischen Möglichkeiten der Datenkommunikation mit dem „**Electronic Banking**" und allgemein dem „**Electronic-Commerce**" auch am weitesten fortgeschritten. So ist es hier möglich über die Datennetze Kontostände abzufragen, Überweisungen und auch Bestellungen vorzunehmen. Unter dem Stichwort „CyberCash" befinden sich derzeit auch Computersysteme in der Entwicklung, mit denen es zulässig sein wird, virtuelles Geld einzusetzen. Im Hinblick auf die teilweise noch unzureichenden technischen Absicherungen fehlt es bisher aber an einer breiten Akzeptanz dieser Systeme.[38]

30 Diese Zahlen und Anwendungsbereiche der EDV unterstreichen eindrucksvoll die Bedeutung dieses Sektors, machen aber gleichzeitig die Relevanz der sich ergebenden Gefahren im strafrechtlichen Bereich und bei der Strafverfolgung deutlich. Nahezu in allen Lebensbereichen kann es auf der einen Seite zu Manipulationshandlungen an Computersystemen mit strafrechtlich relevanten Folgen kommen, die es im folgenden im **Kapitel C** unter der Überschrift „**Computerkriminalität**" zu erörtern gilt, auf der anderen Seite können die Ermittlungsbehörden aber auch bei der Durchführung strafprozessualer Sachverhaltsaufklärung in allen Deliktsbereichen mit der EDV als Tat- oder Beweismittel konfrontiert werden. Die daraus resultierenden neuen rechtlichen Fragestellungen sind im **Kapitel D** zur „**EDV-Beweissicherung**" gesondert zu erörtern.

C. Computerkriminalität

I. Begriff und Überblick

1. Begriff der Computerkriminalität

31 Die vielgestaltigen Erscheinungsformen der Computerdelikte machen es schwer, diese unter einen einheitlichen Nenner zu bringen. Bislang haben daher weder der Gesetzgeber noch die Kriminologen einen einheitlichen Begriff für Art und Umfang der Computerkriminalität gefunden. Es lassen sich aber in der Literatur **verschiedene Ansätze zur Begriffsbestimmung** feststellen. So wurden der Computerkriminalität zunächst alle vorsätzlichen, in einem Sachzusammenhang mit der EDV stehenden rechtswidrigen Vermögensverletzungen untergeordnet. Erfaßt waren damit alle Fälle, bei denen EDV-Daten vorsätzlich verändert (Computermanipulationen), zerstört (Computersabotage), unberechtigt erlangt und verwertet (Computerspionage), oder aber gemeinsam mit der EDV-Hardware genutzt (Zeitdiebstähle) werden.[39] Damit war der Begriff aber beschränkt auf

---

[37] Vgl. zum Text dieser Grundsätze BStBl. 1995, Teil 1, 738 ff. Den GoBS stellen damit eine inhaltliche Fortschreibung der seit 1978 geltenden Grundsätze ordnungsmäßiger Speicherbuchführung (GoS) dar.

[38] Vgl. dazu näher *Koch*, Internet-Recht, 169 ff. sowie *Birkelbach*, Cyber Finance – Finanzgeschäfte im Internet, 1997; *Fiege*, CR 1998, 41 ff.; *Dresen/Dunne*, iX Heft 4/1998, 110 ff. sowie die weitere Literaturübersicht bei *Lange*, iX Heft 2/1998, 78 f.

[39] So *Sieber*, Computerkriminalität und Strafrecht, 2. Aufl. 1980, 188.

Vermögensverletzungen, weitere Handlungen wie die Datenschutzverletzungen blieben aber ausgeschlossen. Gleiches gilt für alle allgemeinen Wirtschaftsdelikte, die mit Computerhilfe begangen wurden. In der Literatur setzt sich daher heute überwiegend die Auffassung durch, daß unter Computerkriminalität als Oberbegriff alle strafbaren oder strafwürdigen Handlungen, die unter Einbeziehung der EDV begangen werden, zu verstehen sind.[40] Anders formuliert sind damit der **Computerkriminalität alle Sachverhalte** zuzuordnen, **bei denen die EDV Tatmittel und/oder Tatobjekt** ist und die den Verdacht auf eine Straftat begründen.[41] Ein besonderer Bezug zu einem Vermögensdelikt ist damit nicht erforderlich. Angriffsrichtungen der so definierten Computerkriminalität sind damit:

- Manipulationen an Daten- oder Programmträgern
- unbefugtes Erlangen oder Preisgeben geschützter Daten
- Sabotageakte an Computern und Programmen
- unbefugter Gebrauch von Computern, Programmen, Datenübertragungseinrichtungen und die unbefugte Verwertung von Programmen.

Im Bereich der Polizeibehörden des Bundes und der Länder wird statt der begrifflich **32**
als zu eng empfundenen Computerkriminalität seit 1997 nur noch von Kriminalität in Verbindung mit der Informations- und Kommunikationstechnologie oder kurz von **IuK-Kriminalität** gesprochen. Was diesem Begriff im einzelnen unterzuordnen ist, wird durch den polizeilichen Meldedienst gemäß dem Beschluß der AG Kripo festgelegt. Danach umfaßt der Mißbrauch von Informations- und Kommunikationsdiensten:

- alle Straftaten, bei denen die EDV in den Tatbestandsmerkmalen enthalten ist (Computerkriminalität), bzw. bei denen die EDV zur Planung, Vorbereitung oder Ausführung eingesetzt wird/wurde;
- Straftaten im Zusammenhang mit Datennetzen (alle Netze, die der Übermittlung von Schrift-, Ton und/oder Bildinformationen dienen, z. B. das Internet; ausgenommen ist die normale Sprachübermittlung im herkömmlichen Telefondienst);
- die Bedrohung der Informationstechnik. Dies schließt alle widerrechtlichen Handlungen ein, die geeignet sind, die Integrität, Verfügbarkeit und Authentizität von elektronisch, magnetisch oder sonst nicht unmittelbar wahrnehmbar gespeicherten oder übermittelten Daten zu beeinträchtigen.

Ein Blick auf all diese genannten Bereiche zeigt aber, daß sich die hier erfaßten einzelnen Begehungsformen in gleicher Weise unter die obige Begriffsdefinition zur Computerkriminalität i. w. S. einordnen lassen. Auch wenn diese Interpretation zur Reichweite der einzubeziehenden Delikte eher dem modernen Sprachgebrauch entspricht, sollte zur Vermeidung von Auslegungs- und Abgrenzungsschwierigkeiten doch an der bisherigen Definition der „Computerkriminalität" weiter festgehalten werden.

2. Überblick zu Deliktsformen

Nachdem der Gesetzgeber die im Zusammenhang mit der Computerkriminalität stehen- **33**
den Delikte nicht einheitlich in einem gesonderten Unterabschnitt des StGB zusammengefaßt, sondern sie im Bereich der bereits bestehenden Deliktsgruppen angesiedelt hat, finden sich die relevanten **Tatbestände über** das gesamte **StGB verstreut**, teilweise auch im Bereich des **Nebenstrafrechts**. Am besten lassen sich die einzelnen als kriminell angesehenen Verhaltensweisen dadurch erläutern, daß im wesentlichen auf die durch das 2. WiKG geänderten oder neu geschaffenen einzelnen Tatbestände zurückgegriffen wird. So sind als einzelne Straftatbestände der Computerkriminalität zuzuordnen:

---

[40] So im Ergebnis auch *Sieber*, Computerkriminalität und Strafrecht, 2. Aufl. 1980, Nachtrag 2/139 sowie *Tilch* (Hrsg.), Deutsches Rechts-Lexikon, 2. Aufl. 1992, Band 1, 883, Stichwort „Computerkriminalität".

[41] So *Mohr*, in: *Polizeiführungsakademie Münster* (Hrsg.), Bekämpfung der Wirtschaftskriminalität, 1990, 347 ff. Nach *Sieber*, in: *Hoeven/Sieber*, Handbuch Multimedia Recht, Kapitel 19, Rn. 18 ff. gehören als spezielle Teilbereiche dazu die Netzkriminalität und die Multimedia-Kriminalität.

- Ausspähen von Daten (§ 202 a StGB)
- Computerbetrug (§ 263 a StGB)
- Fälschung und Unterdrückung beweiserheblicher Daten (§§ 269, 270, 274 StGB)
- Datenveränderung und Computersabotage (§§ 303 a, 303 b StGB)
- Computerspionage (§ 17 UWG)
- Illegale Nutzung von Programmen (§§ 106 ff. UrhG)
- Persönlichkeitsrechtsverletzungen (§ 43 BDSG und Landesdatenschutzgesetze)

34 Zu berücksichtigen ist bei all diesen genannten Delikten, daß es durchaus zu Überschneidungen im Anwendungsbereich kommen kann, weil bei der jeweiligen oben dargestellten Angriffsrichtung der Computerkriminalität durchaus bei **ein und derselben Tathandlung** auch **mehrere Straftatbestände** gleichzeitig verletzt sein können. Da sich die weiteren Ausführungen auf die jeweiligen einzelnen Delikte beschränken, erscheint es für die praktische Rechtsanwendung erforderlich, vorab einen Überblick zu den möglicherweise bei einem strafrechtlich relevanten Verhalten verwirklichten und nebeneinander zur Anwendung kommenden Tatbeständen zu geben. Ausgehend von den denkbaren Tathandlungen mit Hilfe der EDV lassen sich folgende im Einzelfall tangierte Strafnormen unterscheiden:[42]

Tathandlungen	**Mögliche Straftatbestände**
Eindringen in fremde EDV-Systeme	§ 202 a StGB, § 17 Abs. 2 UWG
Kopieren von Daten	§ 202 a StGB, § 17 Abs. 2 UWG
Kopieren von Programmen	§ 106 UrhG, § 17 Abs. 2 UWG, § 202 a StGB
Datendiebstahl	§ 202 a StGB, § 17 Abs. 2 UWG, § 43 BDSG
Manipulationen an Software, Programmen	§ 263 a, § 303 a, § 303 b StGB
Speicherung falscher Daten	§ 269, § 270 StGB
Veränderungen im Datenbestand	§ 269, § 270, § 303 a, § 303 b StGB
Manipulationen bei Dateneingabe	§ 263 a, § 269, § 270 StGB
Verwertung falscher Eingaben	§ 269, § 270 StGB
Weitergabe von Daten	§ 202 a StGB, § 17 Abs. 2 UWG, § 43 BDSG
Programm-/Datennutzung ohne Berechtigung	§ 263 a StGB, § 106 UrhG
Beschädigung/Zerstörung von Software	§ 303 a, § 303 b StGB
Beschädigung/Zerstörung von Hardware	§ 303 b StGB
Datenhehlerei	§ 17 Abs. 2 UWG

3. Computerkriminalität in der Kriminalstatistik

35 Um einen Überblick über die Entwicklung und Bedeutung der Computerkriminalität zu erhalten, ist es wichtig auf die dazu vorliegenden statistischen Auswertungen zurückzugreifen. Dazu stehen als Zahlenmaterial drei unterschiedliche Erfassungsformen zur Verfügung. So werden die einzelnen Delikte der Computerkriminalität zum einen seit Einführung der entsprechenden Tatbestände in der amtlichen **polizeilichen Kriminalstatistik (PKS)**, die jedes Jahr im Frühjahr neu herausgegeben wird, wie auch andere

[42] Vgl. dazu auch die entsprechende Übersicht bei *Heghmanns*, in: *Achenbach/Wannemacher*, Beraterhandbuch zum Steuer- und Wirtschaftsstrafrecht, Loseblattausgabe, Stand: 1997, § 25 Rn. 18.

Deliktsformen, gesondert erfaßt. Daneben besteht zum anderen gegenüber dem Bundeskriminalamt (BKA) ein **Meldedienst zur Computerkriminalität** bzw. nun zur IuK-Kriminalität. Ziel dieses Meldedienstes ist eine zentrale Sammlung und Auswertung aller im nationalen und internationalen Bereich gewonnenen Erkenntnisse zur Computerkriminalität, um so etwa polizeiliche Analysen vornehmen zu können, Schwerpunktbildungen und neue Erscheinungsformen zu erkennen und im Rahmen der Prävention entsprechende Bekämpfungsstrategien zu entwickeln. Dazu werden die Polizeidienststellen verpflichtet, aufgetretene Delikte über die jeweiligen Landeskriminalämter (LKA) an das BKA weiterzumelden. Diese Zahlen sind jedoch weniger aussagekräftig als die polizeiliche Kriminalstatistik, da nicht alle dem Meldedienst unterfallenden Delikte auch tatsächlich an das BKA übermittelt werden. Die dort gemeldeten Delikte liegen dabei teilweise deutlich unter den Angaben der polizeilichen Kriminalstatistik. Zum dritten werden von den Statistikbehörden nicht nur Informationen über die bekanntgewordenen Straftaten, sondern auch Daten über die jeweiligen **Verurteilungen durch die Gerichte** erfaßt, die teilweise auch nach einzelnen Delikten untergliedert sind. Da aber auch diese Zahlen aufgrund der verschiedenen bei einer Verurteilung mit verwirklichten Delikte keine besondere Bedeutung haben, beschränken sich die folgenden Fallzahlen auf die Angaben aus der polizeilichen Kriminalstatistik. Danach lassen sich für die Computerkriminalität in den letzten Jahren folgende Zahlen und Entwicklungen aufzeigen:

Straftaten/Jahr	**1992**	**1993**	**1994**	**1995**	**1996**	**1997**	**1998**
Computerbetrug	2485	2247	2754	3575	3588	6506	6465
Geldausgabe-/Kassenautomaten	9080	10754	17357	23315	26802	30727	35909
Fälschung beweiserheblicher Daten	118	156	179	227	198	380	349
Datenveränderung, Computersabotage	105	137	188	192	228	187	326
Ausspähen von Daten	75	103	165	110	933	213	267
Softwarepiraterie	572	501	356	483	379	1318	651
Verstoß gegen Datenschutzbestimmungen	174	158	194	232	311	239	(keine Angabe)
Computerkriminalität insgesamt	**12609**	**14056**	**21193**	**28134**	**32439**	**39570**	**46.022**
Steigerung in % gegenüber Vorjahr	55,53	11,48	50,78	32,75	15,30	21,98	16,51

Bei einem Vergleich mit der gesamten Kriminalitätsentwicklung der vergangenen sieben Jahre machen die dargestellten Fallzahlen im Bereich der Computerkriminalität einen weit **über der allgemeinen Kriminalitätsentwicklung** liegenden **Anstieg** deutlich. So war es in den Jahren 1992 und 1994 sogar zu einer Verdoppelung der einzelnen Tatformen mit EDV-Bezug gekommen. Während im Jahr 1998 die Gesamtkriminalität sogar um 2 % gesunken ist, steigen die Computerdelikte weiter an. Ein Blick auf die einzelnen Deliktsformen läßt aber gleichzeitig auch verschiedene Entwicklungen erkennen. So ist etwa der erhebliche Anstieg der absoluten Zahlen bei den Gesamtdelikten in diesem Zeitraum insbesondere auf eine Verdreifachung der Straftaten im Zusammenhang mit Geldausgabeautomaten zurückzuführen. Läßt man diese Zahlen außer Betracht, ergeben sich bei den übrigen Delikten weitaus geringere Steigerungsraten. Deutlich wird weiter, daß sich die einzelnen Deliktsformen unterschiedlich verändert haben. Abgesehen vom Computerbetrug und den Straftaten an Geldausgabeautomaten sind die Erhöhungen der Fall- 36 zahlen bei den meisten anderen Straftaten weitaus geringer als dort. Teilweise ist es – etwa bei der Softwarepiraterie – sogar zu einem Rückgang der absoluten Zahlen in einzelnen Jahren gekommen. Im Jahr 1998 erstmals neu ausgewiesen sind auch 2109 Fälle des Betrugs mit Zugangsberechtigungen zu Kommunikationsdiensten.

II. Computerbetrug (§ 263 a StGB)

37 Durch das 2. WiKG neu in das StGB eingefügt wurde die Bestimmung des Computerbetrugs in § 263 a StGB. Die Notwendigkeit, neben dem herkömmlichen Betrugstatbestand eine eigenständige Norm für **vermögenserhebliche Beeinflussungen eines Datenverarbeitungsvorgangs** mit unlauteren Mitteln zu schaffen, ergab sich, weil solche Vermögensschädigungen durch den bisherigen Betrugstatbestand des § 263 StGB nicht zu erfassen waren. Erforderlich hierfür wäre die Täuschung und die daraus resultierende irrtumsbedingte Verfügung einer natürlichen Person als Kontrollinstanz, die aber gerade bei unbefugten Eingriffen in die Datenverarbeitungsanlage fehlt. Mit dem neuen Tatbestand des Computerbetruges sollten damit entstandene Strafbarkeitslücken in diesem Bereich der Computermanipulationen aufgefangen werden. Konzipiert war § 263 a StGB deshalb als parallele Bestimmung zum Betrug. Durch die Erweiterung um das Tatbestandsmerkmal der unbefugten Verwendung von Daten, die auch die unbefugte Nutzung der ec-Karte durch den berechtigten Karteninhaber erfassen kann, wird dieser Bezug zu § 263 StGB verlassen, was auch zu erheblichen Diskussionen um die Reichweite des Computerbetruges geführt hat.[43]

38 Wie vor allem aus der obigen **polizeilichen Kriminalstatistik** deutlich wird, hat diese Norm eine zentrale Bedeutung im Bereich der gesamten Computerkriminalität. Allein die dieser Bestimmung zuzurechnenden Fälle machten im Jahr 1997 über **94 % der gesamten Delikte der Computerkriminalität** aus. Im Rahmen des Computerbetrugs selbst machen wiederum die von der Statistik erfaßten Fälle des Mißbrauchs von Geld- oder Kassenautomaten fast 78 % der gesamten Straftaten bei § 263 a StGB aus. Dies wird auch aus der zum Computerbetrug bisher veröffentlichten Rechtsprechung und Literatur deutlich. Der ec-Kartenmißbrauch an Geldautomaten und das Leerspielen von Glücksspielautomaten sind bisher die Hauptanwendungsbereiche des § 263 a StGB. In jüngster Zeit haben sich aber neue Anwendungsbereiche für diesen Tatbestand durch den Mißbrauch von Telekommunikationseinrichtungen und etwa auch durch den Einsatz von Telefonkartensimulatoren ergeben. Dies zeigen auch die 1998 erstmals ausgewiesenen 2109 Fälle des Betrugs mit Zugangsberechtigungen von Kommunikationseinrichtungen. Dies mögen folgende Beispiele zum Anwendungsbereich des § 263 a StGB verdeutlichen:

39 **Fall 1:** Der Täter hatte sich in einer Filiale einer Stadtsparkasse mit Hilfe von ihm entwickelter Geräte an einem Geldausgabeautomaten zahlreiche Kontendaten und auch persönliche Geheimnummern (PIN) für ec-Karten gesammelt und gespeichert. Die Daten übertrug er mit Hilfe eines Codiergerätes auf Scheckkarten-Blankette. Mit Hilfe dieser so hergestellten Kopien hob der Täter in der Folgezeit an Geldautomaten in verschiedenen Städten und auch im Ausland von fremden Konten Geldbeträge in einem Gesamtwert von 140 000 DM ab. In Höhe von 74 700 DM gingen die mißbräuchlichen Geldabhebungen zu Lasten der Stadtsparkasse, die – ebenso wie die anderen betroffenen Kreditinstitute – verpflichtet war, die Schäden im Verhältnis zu ihren Kunden zu tragen. Die Geldabhebungen waren nur möglich, weil die vom Täter benutzten Geldausgabeautomaten entweder das gegen die Verwendung unechter Karten eingerichtete MM-Sicherheitssystem (MM-Box) nicht hatten oder diese Sicherung defekt war, die Automaten aber dennoch in Betrieb blieben. Der Täter wurde deswegen rechtskräftig wegen Computerbetrugs und wegen Fälschung beweiserheblicher Daten verurteilt.[44]

---

[43] Vgl. dazu nur *Schönke/Schröder-Cramer*, § 263 a Rn. 2 und 10 sowie *LK-Tiedemann*, § 263 a Rn. 5 f. jeweils m. w. N. auf das umfangreiche Schrifttum.

[44] Vgl. zum Sachverhalt BGHSt 38, 120.

Fall 2: Der Täter erwarb in Stuttgart von einer Person, die er nicht nennen wollte, illegal ein bestimmtes Computerprogramm, das für den Spielverlauf bei dem Geldspielautomaten Jackpot maßgebend war. Mit diesem auf der Diskette gespeicherten Programm und einem tragbaren Personalcomputer fuhr er dann mit seinem PKW in eine Gaststätte, in der ein solches Geldspielgerät aufgestellt war, spielte mehrfach, um Daten aus dem laufenden Programm in seinen Computer eingeben zu können, und benutzte das so gewonnene Programm, um den Geldspielautomaten weiter zu bedienen. Auf diese Weise erlangte er 105 DM aus dem Gerät. Der Täter berechnete den Programmablauf derart, daß er imstande war, durch Drücken der Risikotaste in einem bestimmten Moment ein bestimmtes Gewinnbild herbeizuführen. Die Starttaste blieb unbeeinflußt. Der Täter war sich bewußt, daß er damit das Programm des Automatenherstellers ermittelte und die durch den Kauf des entsprechenden Programms erlangten Daten einsetzte, um sich einen rechtswidrigen Vermögensvorteil zu verschaffen. Er wußte auch, daß er dieses Programm – ein Betriebsgeheimnis – entgegen dem Willen des Geräteherstellers verwendete.[45]

Fall 3: Die Täter boten über verschiedene 190-Servicenummern telefonisch abrufbare Informationen an. Gleichzeitig drangen sie mit Wählautomaten in fremde Telefonanschlüsse ein und produzierten über diese Anschlüsse Anrufe zugunsten der eigenen 190-Servicenummern. Teilweise wurden von den Tätern auch kurzfristig eine Vielzahl von neuen Anschlüssen beantragt, um mit Hilfe von entsprechenden computergestützten Wählautomaten über diese neuen Anschlüsse eine Vielzahl von Verbindungen von möglichst langer Dauer herzustellen. Dieses auf den ersten Blick aufwendige Vorgehen hat für den Täter einen nicht unerheblichen finanziellen Vorteil: Für jedes Gespräch mit dieser 190-Servicenummer hat der Kunde an die Telekom 1,15 DM pro Minute an Gebühren zu bezahlen. Dieser über die Telefonrechnung zu bezahlende Betrag wird zwischen der Telekom als demjenigen, der das Telefonnetz betreibt und auch die Gebühren letztlich eintreibt, und dem jeweiligen Service-Provider der 190-Nummer aufgeteilt. So erhält von diesem Gesamtbetrag die Telekom allein 59 Pf, während mindestens 30 Pf pro Minute des jeweils abgewickelten Gesprächs an den Service-Provider, der diese Nummern betreut, weitergeleitet werden. Die Auszahlung dieses Betrages an den Provider erfolgt dabei unabhängig davon, ob der entstandene Gebührenbetrag vom einzelnen Kunden auch tatsächlich eingetrieben werden kann. Gelingt es dem Täter damit, auf fremde Kosten oder über Telefonleitungen – etwa unter einer Scheinadresse für eine kurze Zeit bis zur ersten Rechnungsstellung – hohe Gebühren zu produzieren, entstehen ihm selbst keine Kosten. Er erhält jedoch die entsprechende Gebührenerstattung von der Telekom aufgrund der obigen Aufteilung. Der Telekom kann so durch die fehlende Möglichkeit zur Eintreibung der entstandenen Gebühren trotz Weiterleitung der Gebührenanteile ein nicht unerheblicher Schaden entstehen.[46]

Fall 4: Der Täter hatte im Ausland einen Telefonkartensimulator zum Preis von 1000 DM erworben. Es handelt sich hierbei um ein in den Abmessungen den herkömmlichen Telefonkarten entsprechendes elektronisches Bauteil, das an öffentlichen Telefonzellen mit Kartentelefonen eine handelsübliche Telefonkarte simuliert und dem Nutzer so die kostenfreie, aber mißbräuchliche Nutzung der öffentlichen Telefonzelle ermöglicht. Mit dieser Karte begab sich der Täter in Asylbewerberheime und sprach die Heimbewohner dort an, um die Karte zu einem Mietpreis von 1 DM pro Minute an Asylbewerber zu vermieten, die zu diesem Preis an öffentlichen Telefonzellen in der Nähe des Heimes Gespräche nach Hause führen konnten, die erheblich teurer gewesen wären als mit der Nutzung des Telefonkartensimulators.

Unter Strafe gestellt werden von **§ 263 a StGB** insgesamt **vier** unterschiedliche **Tathandlungen**: Der Täter muß durch eine unrichtige Gestaltung des Programms (1. Alt.), durch Verwendung unrichtiger oder unvollständiger Daten (2. Alt.), durch unbefugte Verwendung von Daten (3. Alt.) oder sonst durch unbefugte Einwirkung auf den Ablauf (4. Alt.) das Ergebnis eines Datenverarbeitungsvorgangs beeinflußt und dadurch das Vermögen eines anderen beschädigt haben. Diese einzelnen Tathandlungen sollen letztlich **alle denkbaren Manipulationshandlungen** erfassen, durch die eine Beeinflussung des Ergebnisses der EDV-Anlage erreicht werden kann. So ist es aus technischer Sicht möglich, solche Manipulationen durch Einwirkung auf Input oder Output bei der Dateneingabe bzw. -ausgabe oder auf das eigentliche Programm vorzunehmen. Denkbar sind aber auch 40

[45] Vgl. zum Sachverhalt BGHSt 40, 331 f.

[46] Vgl. dazu näher die Berichte in FOCUS, Heft 39/1995, 298 ff. unter der Überschrift „Tatort Telefon" sowie zu Mißbräuchen des Telefonnetzes weiter *Sieber* in: *Hoeven/Sieber*, Handbuch Multimedia Recht, Kapitel 19 Rn. 87 ff.

Veränderungen an der EDV-Anlage, der Hardware, bezogen etwa auf Zentraleinheit, Speichermedien oder Tastatur.[47] Die im gesamten Tatbestand verwendeten Begriffe Daten und Datenverarbeitung werden vom Gesetz nicht weiter definiert, insbesondere findet sich keine ausdrückliche Bezugnahme auf den Datenbegriff in § 202a Abs. 2 StGB, wenngleich dies die gesetzliche Begründung zu § 263a StGB nahelegt. Als Daten i. S. d. Computerbetruges gelten damit alle Darstellungen von Informationen in kodierter Form.[48] Unter den Begriff der Datenverarbeitung selbst fallen alle technischen Vorgänge, die durch Aufnahme von Daten und ihre Verknüpfung nach Programmen zu Arbeitsergebnissen führen.[49] Aus dem Gesetzeszweck wird aber bereits deutlich, daß es sich letztlich nur um eine automatische Datenverarbeitung handeln kann, die nicht alle, sondern die dem jeweiligen konkreten Ergebnis vorausgehenden Vorgänge der Datenverarbeitung einbezieht.

1. Unrichtige Gestaltung des Programms

41 Als erste Tathandlung des Computerbetrugs wird von § 263a StGB eine unrichtige Gestaltung des Programms (sog. **Programmanipulation**) erfaßt. Wann das Vorliegen eines solchen unrichtigen Programms bejaht werden kann, ist im einzelnen umstritten. Während teilweise eher subjektiv darauf abgestellt wird, ob das Programm noch dem Willen oder den Vorstellungen des eigentlich Verfügungsberechtigten entspricht, fordert die eher objektive Betrachtungsweise ein Abstellen auf ein dem Zweck der Datenverarbeitung entsprechendes Ergebnis.[50] Aus technischer Sicht sind dabei zur Verwirklichung dieses Tatbestandes **verschiedene Manipulationsmöglichkeiten** denkbar. So kann der Täter einzelne Programmschritte verändern, löschen oder ausschalten, um etwa im eigentlichen Programmablauf eingebaute Plausibilitätskontrollen zu umgehen. Erlaubt eine Software etwa dem Sachbearbeiter nur betragsmäßig begrenzte Abhebungen und bringt sie bei höheren Beträgen Fehlermeldungen, kann dies vom Systembetreuer als Täter ausgeschlossen werden, um so für sich finanzielle Vorteile zu erlangen. Denkbar ist aber auch das Hinzufügen weiterer Programmteile, um eingegebene Daten in anderer Weise als ursprünglich vorgesehen zu verarbeiten. So ist es etwa bei bestimmten Active-X-Programmen, die durch Benutzung bestimmter Internet-Dienste aktiviert werden, möglich, daß es zu unbemerkten Manipulationen der Software des Nutzers kommt, aufgrund derer der Täter in die Lage versetzt wird – etwa bei einem Finanzverwaltungsprogramm – ungewollte Banküberweisungen zu Lasten des Nutzers durchzuführen.[51] Auch hier kann von einer unrichtigen Gestaltung des Programms ausgegangen werden. Nicht erfaßt von dieser Alternative sind aber Änderungen im Programm, die keinen Einfluß auf das spätere Ergebnis haben. Nachdem aber Programme letztlich nur aus einzelnen Daten zusammengesetzte Programmanweisungen an den Computer sind, wird deutlich, daß es hier bereits zu Überschneidungen mit weiteren Tatbestandsalternativen, insbesondere der Verwendung unrichtiger oder unvollständiger Daten, kommen muß. Liegen die Voraussetzungen der 1. Alt. vor, ist diese in jedem Fall als lex specialis zu den allgemeiner gefaßten weiteren Tathandlungen anzusehen.

---

[47] Vgl. dazu näher *Sieber*, Computerkriminalität und Strafrecht, 2. Aufl. 1980, 40 ff. sowie *Tiedemann*, JZ 1986, 869.

[48] Vgl. dazu m. w. N. *LK-Tiedemann*, § 263a Rn. 19–21.

[49] Vgl. BT-Drucksache 10/318, 21 sowie die Nachweise bei *LK-Tiedemann*, § 263a Rn. 22.

[50] Vgl. zum Meinungsstand nur *LK-Tiedemann*, § 263a Rn. 29 f. sowie *Schönke/Schröder-Cramer*, § 263a Rn. 6.

[51] Vgl. *LK-Tiedemann*, § 263a Rn. 28 sowie die Berichte zu Sicherheitslücken in Programmen von *Bager*, c't Heft 12/1997, 22 sowie c't Heft 5/1997, 60.

2. Verwendung unrichtiger oder unvollständiger Daten

Von der 2. Alt. des § 263 a StGB erfaßt werden die in der Praxis häufiger vorkommenden 42 sog. **Inputmanipulationen**. Die Verwendung unrichtiger oder unvollständiger Daten hat dabei am ehesten eine Parallele zum Betrugstatbestand, wenn hier statt der Täuschung dem **Computer falsche Daten eingegeben** werden. Von „unrichtigen" Daten ist dabei auszugehen, wenn diese nicht mit der Wirklichkeit übereinstimmen, also einen Sachverhalt objektiv falsch darstellen. „Unvollständig" sind Daten demgegenüber, falls etwa erhebliche Umstände weggelassen werden, so daß letztlich der Lebenssachverhalt nicht mehr ausreichend erkennbar ist. Zu einer Verwendung eines solchen falschen oder unvollständigen Datums als der eigentlichen Tathandlung kommt es erst, wenn dieses in den Datenverarbeitungsprozeß eingeführt wird. Diese Tatvariante greift insbesondere ein, sobald ein Systemverwalter, ein Sachbearbeiter oder eine Schreibkraft, aber auch ein außenstehender Dritter falsche Daten eingeben. Diese Voraussetzungen fehlen damit aber, wenn nur Belege in nicht maschinenlesbarer Form hergestellt werden. Zu denken ist hier etwa an die klassischen Fälle des Lagerverwalters, der Veränderungen am Lagerbestand durch Warenabgänge zu seinen Gunsten oder zum Vorteil eines Dritten vornimmt, oder an den Sachbearbeiter, der sich Kindergeldzahlungen für nicht existente Kinder auf sein Konto überweisen läßt.[52] Möglich ist hier aber auch eine mittelbare Täterschaft, wenn der Täter durch Vorlage falscher Informationen einen gutgläubigen Dritten – etwa eine Servicekraft – zur Eingabe unrichtiger Daten veranlaßt.

Im einzelnen umstritten ist in diesem Zusammenhang vor allem die rechtliche Einord- 43 nung des **automatisierten Mahnverfahrens nach § 689 ZPO**. Im Rahmen dieses Verfahrens prüft der beim Gericht zuständige Rechtspfleger vor Erlaß des Mahnbescheides den Wahrheitsgehalt der Angaben des Antragstellers zur Schlüssigkeit des Anspruchs nicht nach. Der Antragsteller muß seinen mit dem Mahnbescheid geltend gemachten Anspruch nur ausreichend individualisieren. Werden vom Antragsteller im eingereichten Antrag falsche Angaben durch Behauptung eines nicht schlüssigen Anspruchs gemacht, erhebt sich die Frage nach einer Beeinflussung des Ergebnisses einer Datenverarbeitungsanlage durch unrichtige Angaben. Nach wohl überwiegender Ansicht wird hier kein Fall des Computerbetruges gesehen, da sich letztlich die gemachten Angaben mit der Wirklichkeit decken und es damit weder bei § 263 noch bei § 263 a StGB zu einer Täuschung kommt. Nach anderer Ansicht muß aber berücksichtigt werden, daß im Zivilprozeß eine Wahrheitspflicht für den Parteivortrag besteht.[53] Unabhängig vom Meinungsstreit bleibt in diesen Fällen aber immer festzustellen, daß eine Kausalität zwischen Täuschung und Vermögensverfügung besteht. An diesem Nachweis dürfte eine Strafbarkeit in den meisten Fällen scheitern.

3. Unbefugte Verwendung von Daten

Während die bisherigen beiden Alternativen des § 263 a StGB von einer Verwen- 44 dung unrichtiger Programme oder Daten ausgehen, setzt die 3. Tatvariante **„richtige" Daten** voraus, die beim Datenverarbeitungsvorgang eingesetzt werden. Tatbestandsmäßig ist hier vielmehr nur die **unerlaubte Einflußnahme auf einen automatisierten Computerablauf**, weil eine Befugnis zur Nutzung der entsprechenden Daten fehlt. Entsprechend der Gesetzesbegründung sollen damit vor allem alle Fälle der mißbräuchlichen Verwendung von Codekarten an Bankautomaten erfaßt werden. In Betracht kommen dabei vor allem zwei Fallgestaltungen: Zum einen will sich ein Nichtberechtigter am Bankautomaten Bargeld – wie im Fall 1 – durch die mißbräuchliche Verwendung einer rechtswidrig erlangten fremden Codekarte oder durch Nutzung einer von

---

[52] Vgl. *Sieber*, Computerkriminalität und Strafrecht, 2. Aufl. 1980, Falldarstellungen.
[53] Vgl. zum Stand des Meinungsstreites *LK-Tiedemann*, § 263 a Rn. 39, *Dannecker*, BB 1996, 1289.

ihm selbst manipulierten Karte mit der dazugehörigen Geheimzahl verschaffen. Zum anderen kann aber auch ein an sich berechtigter Karteninhaber am Bankautomaten Bargeld abheben unter Überziehung seines von der Bank eingeräumten Kreditrahmens. Dieser Alternative sind aber auch die in den übrigen Fällen 2 bis 4 geschilderten neuen Mißbrauchsformen der Telekommunikationseinrichtungen oder Geldspielautomaten unterzuorden.

a) Mißbrauch von Geldautomaten durch Nichtberechtigte

45 So kann sich der Täter die technischen Anwendungsmöglichkeiten der Geld- oder Euroscheck-Karten zunutze machen, die sich vom Euroscheck völlig losgelöst und zu einem selbständigen Zahlungs- und Geldbeschaffungsmittel entwickelt haben. Die Rahmenbedingungen für die Nutzung der Karten sind in den ec-Kartenbedingungen vom 1. 4. 1995 geregelt. Im Rahmen des **Euroscheck-Systems** ermöglichen die Kreditinstitute allen Karteninhabern die Abhebung von Bargeld rund um die Uhr an Geldausgabe- bzw. Bankautomaten. Grenzen ergeben sich nur durch einen in der Höhe begrenzten Betrag sowie einen vorgegebenen Verfügungsrahmen innerhalb eines bestimmten Zeitraums, der individuell von der Bank festgelegt werden kann.[54] Zum Schutz vor Mißbrauch bei der Geldbeschaffung befindet sich auf der Rückseite der ec-Karten ein Magnetstreifen, auf dem neben der Bankleitzahl und Kontonummer eine Kartenfolgenummer gespeichert ist, aus welcher der Bankautomat die vierstellige sog. **P**ersonen**i**dentifikations**n**ummer **(PIN)** errechnet, die bei jeder Abhebung vom Kunden eingegeben werden muß. Diese Geheimnummer wurde vom Bundesverband deutscher Banken in einem eigenen Sicherheitsverfahren entwickelt, das erst vor kurzem erhebliche Fragen zur Sicherheit des gesamten Verfahrens[55] dahingehend aufgeworfen hat, ob eine Entschlüsselung der PIN möglich ist.[56] Die Banken haben auf die Kritik an der Sicherheit inzwischen durch die Erweiterung der Schlüssellänge und durch Änderungen bei der Vergabe der Pool-Schlüssel Rechnung getragen.[57] Die PIN selbst wird dem Kunden so zugeteilt, daß nicht einmal die eigene Hausbank diese vierstellige Ziffer kennt. Ist die vom Kunden am Automaten eingegebene Zahl falsch und entspricht nicht dem Rechenergebnis des Sicherheitsmoduls im Geldausgabeautomaten, wird dies auf dem Magnetstreifen der Karte vermerkt. Bei dreimaliger falscher Eingabe der PIN ist die Karte für weitere Abhebungen gesperrt und wird vom Automaten auch eingezogen.

46 Die Einordnung der Geldabhebung des **Nichtberechtigten** – wie auch im Fall 1 geschildert – unter § 263 a StGB bereitet keine rechtlichen Schwierigkeiten, da es zu einer **unbefugten Verwendung von Daten** kommt. Während noch vor Inkrafttreten des 2. WiKG die Erfassung der Bankautomatenfälle durch das geltende Strafrecht durch § 242, § 246 oder § 265 a StGB umstritten[58] war, besteht nun in Literatur und Rechtsprechung weitgehend Einigkeit darin, daß bei diesen Fallgestaltungen nunmehr ausschließlich **§ 263 a StGB** als **speziellere Regelung** gegenüber §§ 242, 246 StGB zur Anwendung kommen soll. Eine unbefugte Verwendung von Daten liegt damit etwa vor, wenn der Täter die Karte und die dazugehörige PIN durch Diebstahl, Unterschlagung oder auf son-

---

[54] Vgl. näher zum Zahlungsverfahren *Müller/Wabnitz/Janovsky*, Wirtschaftskriminalität, 4. Aufl. 1997, 66 ff.

[55] Vgl. zur – vor allem zivilrechtlichen – Rechtsprechung zur Haftungsverteilung zwischen Bank und Kunden in diesem Bereich nur AG Frankfurt, NJW 1998, 687; AG Osnabrück, NJW 1998, 688; AG Hannover, NJW-CoR 1997, 360 und OLG Hamm, NJW-CoR 1997, 361 mit Anm. *Stenger* sowie zuletzt AG Frankfurt, Urteil vom 1. 9. 1998, Az. 30 C 2119/97 – 45.

[56] Vgl. dazu nur *Pausch*, CR 1997, 174 ff. auf der einen Seite und den Bericht in NJW-CoR 1997, 283 ff. auf der anderen Seite sowie *Isselhorst*, KES 2/1997, 21 ff. und den Bericht von *Meyer*, c't Heft 7/1996, 94 ff. unter der Überschrift „Risikofaktor Magnetkarte".

[57] Vgl. dazu das Interview von Dr. *Schindler* in NJW-CoR 1998, 223.

[58] Vgl. zum Meinungsstand vor Inkrafttreten des 2. WiKG *Schönke/Schröder-Cramer*, § 263 a Rn. 15–17.

stige Weise sich verschafft hat und auch verwendet.[59] Zu beachten ist dabei, daß die der Abhebung – verwirklicht ist als Delikt der Computerbetrug – vorausgehende Entwendung der ec-Karte selbst den Tatbestand des Diebstahls dann nicht erfüllt, wenn die Karte nach der Abhebung dem Berechtigten wieder zurückgegeben wird. Die Erlangung der Karte ist vielmehr als Gebrauchsentwendung straflos. Hat der Täter – wie im Fall 1 – demgegenüber die in seinem Besitz befindlichen Kontendaten mit der Geheimnummer dazu benutzt, um sie mit Hilfe eines Kopiergerätes auf den Magnetstreifen einer anderen oder selbst erstellten Scheckkarte zu übertragen, so liegt darin eine Fälschung beweiserheblicher Daten gem. §§ 269, 230 StGB zur Täuschung im Rechtsverkehr. Durch den anschließenden Gebrauch der so gefälschten Scheckkarte wird zusätzlich der Tatbestand des § 263 a StGB in Tatmehrheit dazu erfüllt. Nachdem die neuen ec-Karten jedoch zunehmend mit weiteren modularen Merkmalen (sog. MM-Merkmale) zur Überprüfung der Sicherheit ausgestattet sind, werden diese technischen Sicherheitslücken von Straftätern kaum mehr genutzt werden können. Die im Geldautomaten eingebaute MM-Box prüft die auf der ec-Karte enthaltenen Informationen. Nutzt der Täter eine ec-Karte, die ihm nebst der dazugehörigen Geheimnummer vom Berechtigten selbst überlassen wurde, dazu, um abredewidrig in der Folgezeit höhere oder zusätzliche Beträge abzuheben, handelt es sich um keine unbefugte Verwendung von Daten und damit um keinen Computerbetrug.[60] Es kann jedoch in diesen Fällen der Tatbestand der Untreue (§ 266 StGB) erfüllt sein.

b) Mißbrauch von Geldautomaten durch Berechtigte

Erhebliche Meinungsdifferenzen ergeben sich jedoch bei der Einbeziehung der Bankautomatenfälle, sofern die Abhebungen durch den an sich berechtigten Kontoinhaber vorgenommen werden. In Literatur und Rechtsprechung umstritten ist hier vor allem die **Auslegung des Merkmals „unbefugt"**. So wird einerseits die Auffassung vertreten, von dem Merkmal unbefugt werde auch **jede vertragswidrige**, dem wirklichen oder mutmaßlichen Willen des Betreibers der EDV-Anlage widersprechende **Datenverarbeitung** erfaßt.[61] Nach anderer Auffassung muß auch bei der Auslegung dieser Tatalternative die Parallelität zum Betrug gewahrt werden, so daß eine unbefugte Datenverwendung nur dann bejaht werden kann, wenn eine „täuschungsgleiche" Handlung vorliegt.[62] Nach Meinung des OLG Celle[63] soll darauf abgestellt werden, ob die unbefugt verwendeten Daten „computerspezifische" Vorgänge betreffen, wobei aber die nähere Auslegung dieses Begriffs offenbleibt. Im Ergebnis zu folgen ist letztlich der erstgenannten Auffassung, die ein klar und einfach zu handhabendes Kriterium zur Abgrenzung zur Verfügung stellt. Die damit vorgenommene weite Auslegung des Merkmals „unbefugt" führt auch zu keiner verfassungswidrigen Unbestimmtheit, nachdem eine entsprechende Interpretation auch bei anderen Tatbeständen, wie etwa § 17 UWG, vorgenommen wird. So hat sich auch der BGH[64] – jedenfalls für die 4. Alternative des § 263 a StGB – für diese weite Auslegung des Merkmals „unbefugt" ausgesprochen. Im übrigen ist das Kriterium des „täuschungsgleichen" Vorgehens wenig aussagekräftig, denn es kann bei Abhebungen durch den Berechtigten durchaus auch von einer konkludenten Täuschung über die Berechtigung zur Kontoüberziehung ausgegangen werden. Zu prüfen bleibt schließlich, ob mit der Abhebung an fremden Kreditinstituten nicht zusätzlich der Tatbestand des Scheck- und Kreditkartenmißbrauchs (§ 266 b StGB) zur Anwendung kommt. 47

---

[59] Vgl. BGHSt 38, 120, 124.

[60] Vgl. OLG Köln, wistra 1991, 350 und OLG Düsseldorf, CR 1998, 601.

[61] So im Ergebnis vor allem BayObLG, NJW 1991, 438, 440 und JR 1994, 289, 291 sowie die weiteren Nachweise bei *LK-Tiedemann*, § 263 a Rn. 42 f. sowie *Schönke/Schröder-Cramer*, § 263 a Rn. 10.

[62] So im Ergebnis OLG Köln, NJW 1992, 125 f.; OLG Zweibrücken, wistra 1993, 232, 233; sowie vor allem *Schönke/Schröder-Cramer*, § 263 a Rn. 11; *Tröndle*, § 263 a Rn. 8, 8 b.

[63] Vgl. OLG Celle, NStZ 1989, 367.

[64] Vgl. BGHSt 40, 331, 334.

c) Mißbrauch von Telekommunikationseinrichtungen

48 Zu einer unbefugten Verwendung von Daten kam es vor allem in Amerika durch den Mißbrauch von Calling Cards, die dort vergleichbar einer Kreditkarte zum Telefonieren eingesetzt werden. In Deutschland sind solche Telefonkarten, die mit einem integrierten Chip ausgestattet sind, ebenfalls im Einsatz. Diese Karten sind mit Hardeware-Sicherungen ausgestattet, die verhindern sollen, daß ein unberechtigtes Wiederaufladen erfolgen kann. Nachdem es einzelnen Tätern gelungen war, diese Sperren zu umgehen, wurde es mit Hilfe sogenannter **Telefonkartensimulatoren** möglich, den Karten wieder ein entsprechendes Guthaben zuzuordnen. Werden so veränderte und ständig wiederaufladbare Telefonkarten an Kartentelefonzellen eingesetzt, kommt es – wie im Fall 4 näher dargestellt – zur unbefugten Verwendung von Daten durch den sie jeweils benutzenden Täter und damit zur Strafbarkeit gem. § 263 a StGB. Derjenige, der die Karten mit Hilfe des Telefonkartensimulators herstellt, macht sich demgegenüber nach § 269 StGB wegen der Fälschung beweiserheblicher Daten strafbar. Für denjenigen, der solche Karten vertreibt, kommt eine Strafbarkeit wegen Hehlerei gem. § 259 StGB in Betracht, wenn man die Fälschung der Daten als entsprechende Vortat zur Hehlerei ansieht. Die durch diese Telefonkartensimulatoren eingetretenen Schäden werden sich jedoch durch neue Generationen von Telefonkarten reduzieren, sofern das Kartentelefongerät beim Einstecken die Fälschung erkennt und eine Fehlermeldung anzeigt.

49 Einen weiteren Anwendungsbereich für Computermanipulationen in Form des Mißbrauchs von Telekommunikationseinrichtungen bildet der im Fall 3 geschilderte Einsatz des Telefonnetzes zur Abrechnung von Dienstleistungen, vor allem in Form von **„Sex-Telefons" oder „Partylines"**. Die Nutzer solcher Telefonnummern müssen an die Telekom pro Minute 1,15 DM, bei ausländischen Nummern sogar über 3 DM als Entgelt für eine Minute entrichten. Von diesen so entstandenen Telefongebühren verbleiben bei der Telekom 52 %, während die restlichen 48 % an den Dienstleistungsanbieter weitergeleitet werden. Dieses Abrechnungsverfahren wird von den Tätern – wie geschildert – dadurch mißbraucht, daß sie teilweise durch fingierte Telefongespräche diese Nummern – wegen der höheren Gewinnmöglichkeiten meist im Ausland – anrufen oder fremde Anschlüsse anzapfen. Die Täter vereinnahmen dafür die 48 % aus den entstandenen Gebühren, ohne aber die bei all den Gesprächen entstandenen Telefongebühren bei der Telekom jemals zu bezahlen.[65] Bis die Telekom die nicht bezahlten Gebühren reklamieren und auch eintreiben konnte, vergingen teilweise bis zu 2 Monate. Bis zu diesem Zeitpunkt waren die Dienstleistungsanbieter bereits mit unbekanntem Aufenthalt verschwunden. Durch die Erstattung der angefallenen Beträge ohne spätere Bezahlung ist der Telekom ein nicht unerheblicher Schaden in mehrstelliger Millionenhöhe entstanden. Auch hier kommt es auf seiten der Täter zu einer unbefugten Verwendung von Daten auf Kosten des berechtigten Anschlußinhabers.

d) Leerspielen von Geldspielautomaten

50 Dieser 3. Tatalternative des § 263 a StGB zuzuordnen ist wohl auch – wie im Fall 2 – das Leerspielen von Glücksspielautomaten durch einen Spieler, der über Kenntnisse des hinter dem Automaten stehenden Computerprogramms verfügt. Dabei ist im einzelnen unklar, ob das Auswerten des vom Täter mitgebrachten rechtswidrig erlangten Computerprogramms am Spielautomaten letztlich als **unbefugte Verwendung von Daten i. S. d. 3. Alt.** oder als **unbefugte Einwirkung auf den Ablauf gem. der 4. Alt.** des § 263 a StGB anzusehen ist. Der BGH läßt diese Frage offen, denn in jedem Fall werde durch das Drücken der Risikotaste vom bisherigen normalen Spiel in ein besonders programmiertes Spiel übergegangen, das dem Spieler erhöhte Gewinnchancen einräumt,

---

[65] Vgl. dazu *Sieber*, CR 1995, 102; *Dannecker*, BB 1996, 1288.

aber auch ein erhöhtes Verlustrisiko bietet.[66] Die gesetzlichen Voraussetzungen des § 263 a StGB für den unbefugten Ablauf eines Datenverarbeitungsvorgangs sind damit in derartigen Fällen erfüllt. Durch die zwischenzeitlich weiterentwickelten technischen Sicherungen der Spielautomaten haben diese Fälle aber an Bedeutung verloren. Nicht dem § 263 a StGB in diesem Bereich unterzuordnen sind aber Fallgestaltungen, bei denen der Täter mit Hilfe eines mitgebrachten Computers die am Spielautomaten angezeigten Daten ohne weitere Kenntnis vom Programm nur mit dem Ziel verarbeitet, Informationen für eine gewinnsichere Betätigung der Risikotaste zu gewinnen.[67]

4. Unbefugte Einwirkung auf den Ablauf

Mit der letzten, vierten Tatbestandsalternative erfaßt werden sollten nach dem Willen **51**
des Gesetzgebers alle bisher nicht bereits unter die bisherigen Tathandlungen fallenden oder ggf. bisher **unbekannten Manipulationstechniken**. Wenngleich unklar geblieben ist, welche Fallgestaltungen unter diese Alternative zu subsumieren sind, besteht doch wohl kein Streit mehr darüber, daß es sich bei der letzten Tatmodalität nicht um das Grunddelikt, sondern letztlich um einen Auffangtatbestand handelt. Gemeint sind insbesondere Manipulationen an der Konsole, soweit hier nicht bereits Inputmanipulationen sowie auch Veränderungen an der Hardware vorliegen. Von der Gesetzesbegründung erwähnt werden als Beispiele weiter nachträgliche Einwirkungen auf den Aufzeichnungsvorgang, etwa auf dessen zeitlichen und maschinellen Ablauf.[68] Wesentliche praktische Anwendungsfälle für diese Tatvariante haben sich aber bisher – abgesehen von den oben bereits geschilderten Fällen eines Leerspielens von Geldspielautomaten, sofern man die 4. Alt. des § 263 a StGB für erfüllt ansieht – noch kaum ergeben.

5. Beeinflussung des Ergebnisses eines Datenverarbeitungsvorgangs

Ergebnis aller Tathandlungen muß letztlich als Zwischenfolge die Beeinflussung des Er- **52**
gebnisses einer EDV-Anlage sein. Dieses Merkmal ersetzt damit Irrtum und Vermögensverfügung beim herkömmlichen Betrug. Eine solche Beeinflussung ist dann anzunehmen, wenn aufgrund des Verhaltens des Täters auf den Computer so eingewirkt worden ist, daß die im Rechner enthaltenen bzw. gespeicherten Daten verändert werden und das vom Computer erzielte Resultat von dem abweicht, das bei einem programmgemäßen Ablauf erzielt worden wäre. Aufgrund der Anlehnung an den Betrugstatbestand kommen aber hier nur solche **EDV-Vorgänge** in Betracht, die auch **vermögensrelevant** sind, d. h. sich wie beim Betrug – ohne weitere Zwischenverfügung – unmittelbar vermögensmindernd auswirken. So wäre eine Manipulation von personenbezogenen Daten ausreichend, wenn daran auch vermögenswerte Verfügungen geknüpft sind. Wird daher etwa von einem Mitarbeiter einer Besoldungsstelle für Beamte oder Angestellte das Einstellungsdatum einer Person – vor allem hinsichtlich des entsprechenden Jahres – verändert, hat dies zur Folge, daß an die betreffende Person im Hinblick auf das Dienstalter erhöhte Bezüge ausbezahlt werden, die zu vermögensrelevanten Verfügungen des Dienstherren führen. An der **Unmittelbarkeit der Vermögensverfügung** fehlt es aber, wenn der veränderte Vorgang der Datenverarbeitung durch eine weitere selbständige Handlung erst in eine vermögensrelevante Disposition umgesetzt werden muß. Diese Fallgestaltung liegt etwa vor, sofern die Auszahlung eines Geldbetrages aufgrund eines falschen Computerausdruckes erst nach einer nochmaligen Prüfung durch den Sachbearbeiter erfolgt. Unschädlich ist es aber demgegenüber, wenn die Beeinflussung des Datenverarbeitungsvorgangs nur ein Teilstück eines mehraktigen Verfahrens ist, bei dem aber eine weitere Person ohne nochmalige inhaltliche Kontrolle letztlich die entsprechende Vermögensdisposition veranlaßt.

---

66 Vgl. BGHSt 40, 331 sowie BayObLG, NJW 1991, 438; *LK-Tiedemann*, § 263 a Rn. 61.
67 Vgl. LG Göttingen, NJW 1988, 2488 sowie *LK-Tiedemann*, § 263 a Rn. 61 m. w. N.
68 Vgl. BT-Drucksache 10/318, 20.

6. Vermögensschaden

53 Ebenso wie beim herkömmlichen Betrug muß auch bei § 263 a StGB durch die Beeinflussung eines Datenverarbeitungsvorgangs als ursächliche Folge das Vermögen eines anderen geschädigt werden. Zur Prüfung des Vermögensschadens ist nicht die Tathandlung, sondern das durch sie manipulierte Ergebnis zur Schadensfolge in Beziehung zu setzen. Für den Begriff des Vermögensschadens selbst gelten die **zu § 263 StGB entwickelten Grundsätze** auch hier.[69] Insbesondere ist deshalb beim Computerbetrug neben der tatsächlichen Vermögensminderung auch eine bloße **Vermögensgefährdung ausreichend**. Dies kann etwa bei einer durch die EDV veranlaßten falschen Buchung vorliegen, die noch nicht notwendig bereits unmittelbar zu einem Schaden führen muß. Hier besteht aber die Gefährdung, daß die Fehlbuchung nicht mehr rückgängig gemacht werden kann. Im Gegensatz zum herkömmlichen Betrug wird es aber hier in den meisten Fällen zu keinem Leistungsaustausch kommen, sondern zu einer einseitigen Vermögensminderung auf seiten des Opfers. Bei dem durch den Computerbetrug eingetretenen Vermögensschaden ist es wiederum unerheblich, ob der Betreiber der EDV-Anlage oder ein Dritter selbst Geschädigter ist. Die zu § 263 StGB entwickelten Grundsätze über den Dreiecksbetrug finden damit sinngemäß Anwendung.[70] Einigkeit besteht aber darüber, daß Schäden am Rechner, die durch die Manipulation an der Anlage, der Software oder den Programmen auftreten, nicht zu den relevanten Vermögensschäden zählen. In diesen Fällen fehlt es an der notwendigen Stoffgleichheit zwischen dem erstrebten Vermögensvorteil und dem durch die Tathandlung eingetretenen Schaden. In diesen Fällen kann aber auch eine Strafbarkeit gem. §§ 303 a, 303 b StGB in Betracht kommen.

7. Subjektiver Tatbestand und Konkurrenzen

54 Der subjektive Tatbestand des Computerbetruges – er stimmt mit dem Betrug gem. § 263 StGB überein – erfordert zunächst auf seiten des Täters **Vorsatz** hinsichtlich des **objektiven Tatbestandes** sowie ein Handeln in der **Absicht**, sich oder einem Dritten einen rechtswidrigen **Vermögensvorteil zu verschaffen**. Für den Vorsatz ist damit vor allem das Bewußtsein des Täters nötig, durch die Erfüllung einer der genannten Tathandlungen einen Datenverarbeitungsvorgang beeinflußt und dadurch einen Vermögensschaden verursacht zu haben. Wie bereits die obige Auslegung der 3. Tatvariante gezeigt hat, bestehen Streitigkeiten vor allem hinsichtlich des Merkmals „unbefugt". Sieht man dieses als Tatbestandsmerkmal an, muß sich auch der entsprechende Vorsatz darauf erstrecken.[71] Dies kann vor allem Auswirkungen auf etwaige Irrtumsfragen haben. Zum Vorsatz – auch bedingter Vorsatz ist insoweit ausreichend – hinzukommen muß der Wille des Täters, sich oder einem Dritten durch das Ergebnis des manipulierten Datenverarbeitungsvorgangs einen Vermögensvorteil zu verschaffen. Ebenso wie beim Betrug erfordert auch § 263 a StGB eine Stoffgleichheit zwischen dem eingetretenen Vermögensschaden auf der einen Seite und dem vom Täter erstrebten Vermögensvorteil auf der anderen Seite.

55 Wie schon die obigen Eingangsfälle gezeigt haben, wird der Computerbetrug vielfach nicht als isolierter Tatbestand verwirklicht sein, sondern in **Konkurrenz** zu weiteren Delikten treten. Zu beachten ist dabei, daß nach der Rechtsprechung ein Vorrang des Computerbetrugs im Wege der **Gesetzeskonkurrenz** bei der unbefugten Beschaffung von Bargeld an Geldautomaten gegenüber den anderen möglicherweise einschlägigen Eigen-

---

[69] Vgl. dazu *Schönke/Schröder-Cramer,* § 263 Rn. 78 ff. zum Vermögensbegriff und Rn. 99 ff. zum Vermögensschaden.

[70] Vgl. *LK-Tiedemann,* § 263 a Rn. 71 sowie *Schönke/Schröder-Cramer,* § 263 a Rn. 25 und § 263 Rn. 65 ff. m. w. N.

[71] Vgl. dazu näher *Schönke/Schröder-Cramer,* § 263 a Rn. 33 m. w. N.

tums- oder Vermögensdelikten besteht. In den meisten übrigen Fällen kommen jedoch neben § 263 a StGB **tateinheitlich** weitere Tatbestände in Betracht, wie §§ 269, 270 StGB im Fall der Veränderung von gespeicherten Daten oder die Computersabotage gem. §§ 303 a, 303 b StGB sowie im Fall des Leerspielens von Geldspielautomaten auch § 17 UWG. Diese Tatbestände werden im folgenden noch im einzelnen darzustellen sein.[72]

8. Probleme des Tatnachweises

Die verschiedenen geschilderten **Manipulationshandlungen** an EDV-Anlagen machen bereits deutlich, wie schwierig im Einzelfall ein entsprechender Tatnachweis zu führen sein wird, wenn es um Datenveränderungen bei konkreten EDV-Anwendungen geht. Zunächst muß es dem betroffenen Unternehmen bzw. der Behörde erst gelingen, eine solche Veränderung im eigenen System zu erkennen. Dies kann etwa durch Prüfroutinen oder andere Sicherheitsmaßnahmen erfolgen. Selbst wenn hier eine Veränderung am Datenbestand oder am Programm noch relativ leicht feststellbar sein wird, ist damit der jeweilige Täter noch keineswegs überführt. Erst jetzt beginnen die weiteren Probleme bei der Suche, wer als Täter für die jeweilige Manipulationshandlung in Betracht kommt. Werden hier vom EDV-System keine weiteren Aufzeichnungen über die im oder am Rechner vorgenommenen Veränderungen und die jeweils am System angemeldeten Personen geführt, treten Schwierigkeiten bei der Ermittlung des eigentlichen Täters auf. Andere Fragen ergeben sich im Zusammenhang mit der Aufklärung einer unbefugten Verwendung von Daten und damit insbesondere bei den **Bankautomatenfällen.** Da sich der Täter zum jeweiligen Automaten begeben muß, um einen Abhebevorgang zu tätigen, bestehen hier Möglichkeiten zur Kontrolle oder Überwachung für die betroffenen Banken und Kreditinstitute. Diese haben auf die vermehrt aufgetretenen Mißbrauchsfälle und die vielfach auf sie zurückfallende Haftung für aufgetretene Schäden inzwischen durch die Installation von Video-Überwachungskameras oder anderen Geräten an vielen Automaten reagiert, die eine Kontrolle des Automatenbenutzers ermöglichen sollen. Hier bieten die den Strafverfolgungsbehörden zur Verfügung gestellten Videobänder vielfach einen wichtigen Ansatzpunkt für weitere Ermittlungen. Doch läßt sich eine solche Sicherung nicht an allen Bankautomaten einrichten. Bei solchen ungesicherten Geräten sind damit die Chancen zur Feststellung der Täter weitaus geringer. Im Fall der Verwendung von **Telefonkartensimulatoren** wird von der Telekom der Authentifizierungsvorgang der Karte im Telefon im Hinblick auf die Feststellung von Fehlern protokolliert und ggf. an die Betriebssicherungsstellen weitergeleitet. Bei schneller Information der Sicherheitsbehörden kann so der Täter sogar noch in der jeweiligen Telefonzelle ermittelt und die gefälschte Karte sichergestellt werden. In den Fällen des **Mißbrauchs von Telekommunikationseinrichtungen** gestalten sich die Ermittlungen dagegen äußerst schwierig. Erforderlich ist hier meist die Ermittlung der Täter über eine Rückverfolgung in den Kommunikationsnetzen. Dafür muß jedoch – wie im prozessualen Teil noch im einzelnen zu erörtern ist[73] – eine entsprechende Rechtsgrundlage zur Verfügung stehen. 56

III. Elektronische Urkundendelikte (§§ 269, 270, 274 StGB)

1. Inhalt und einzelne Tatbestände

Nachdem die gesamten Urkundendelikte bisher auf die Veränderung oder Unterdrükkung von verkörperten Gedankenerklärungen abstellten, mußte auch hier von seiten des Gesetzgebers den durch die EDV-Technologie entstandenen Veränderungen Rechnung getragen werden, um keine Strafbarkeitslücken entstehen zu lassen. Werden etwa bei der 57

[72] Vgl. zu Spezialfragen der Konkurrenzen die Nachweise bei *LK-Tiedemann*, § 263 a Rn. 80 ff.
[73] Vgl. dazu unten Rn. 247 ff.

Abwicklung der gesamten Buchhaltung, des Zahlungsverkehrs, der Geschäftsbriefe oder des Bestell- und Auftragswesens mit Hilfe der EDV im Computer bereits eingegebene Daten verändert und in dieser Form weiterverarbeitet, ohne daß diese Veränderung visuell durch einen Ausdruck erkennbar wäre, kann der Schutzbereich des § 267 StGB nicht eingreifen. Weil der **Urkundenbegriff** nur auf manipulierte Erklärungen anwendbar ist, die in schriftlicher oder sonst verkörperter Form vorliegen, können unsichtbar **gespeicherte Daten** ohne Ausdruck davon **nicht erfaßt** werden. Der Gesetzgeber hat deshalb mit dem 2. WiKG einen eigenen Straftatbestand für computerspezifische Fälschungsvorgänge geschaffen. **Geschütztes Rechtsgut** bleibt aber wie bei § 267 und § 268 StGB die **Sicherheit und Zuverlässigkeit des Rechts- und Beweisverkehrs**, soweit im Zusammenhang mit Datenverarbeitungsvorgängen beweiserhebliche Daten verwendet werden. Auch wenn in der polizeilichen Kriminalstatistik in den letzten Jahren mit einer Steigerung von 118 Fällen im Jahr 1992 auf 380 Fälle im Jahr 1997 eine erhebliche Zunahme verbunden war, haben die Vorschriften der §§ 269, 270 StGB doch insgesamt bisher nur eine geringe Bedeutung. Die Zahl der Verfahren hat sich 1998 auch wieder auf 326 reduziert.

58 **Fall 1:** Der sich bereits länger mit Computern beschäftigende Täter hatte von seiner Bank eine ec-Karte mit entsprechender Geheimzahl (PIN) ausgestellt erhalten. Er erwarb sich käuflich einen Magnetkartenleser. Mit seinem Homecomputer schrieb er ein Programm, mit dem er in der Lage war, die Daten auf dem Magnetstreifen seiner eigenen Karte zu lesen, zu ändern und auf andere Karten mit Magnetstreifen zu übertragen, nachdem er die sog. „Prüfziffer" geknackt und damit manipulierbar gemacht hatte. Danach beschaffte sich der Täter Blankomagnetkarten in der Größe einer ec-Karte. Diese benutzte er dazu, darauf die veränderten Daten seiner eigenen ec-Karte zu speichern. So hatte der Täter mit seinem Homecomputer die gespeicherte Gültigkeitsdauer seiner Karte verändert und die Zyklusdauer für Abhebungen von 2000 DM auf 8000 DM angehoben. Am gleichen Tag begann der Täter mit Hilfe seiner manipulierten ec-Karten mit Abhebungen bei verschiedenen Banken, die aber nur teilweise gelangen, weil einzelne Geldautomaten auch die Karten einbehalten haben. Insgesamt konnte der Täter auf diese Weise 43 600 DM abheben.[74]

Fall 2: Ein Systembetreuer der Rechneranlage des Amtes für öffentliche Ordnung, Abteilung für Straßenverkehrsangelegenheiten, einer Kommune änderte seinen im Computer gespeicherten Führerscheindatensatz dahingehend ab, daß er neben der Führerscheinklasse 1 und 3 auch die Führerscheinklasse 2 erhielt. Um an einen entsprechenden neuen Führerschein zu gelangen, beantragte er daraufhin bei der Behörde einen Ersatzführerschein mit der Begründung, das Original sei ihm abhanden gekommen. Die Fälschung am Datensatz im Rechner fiel aber letztlich deshalb auf, weil der Täter zum Zeitpunkt seines Antrages noch nicht 21 Jahre alt war und deshalb eine solche Fahrerlaubnis gar noch nicht besitzen konnte.

Fall 3: Der Täter verschaffte sich eine Vielzahl von herkömmlichen Telefonkarten, deren Guthaben inzwischen aufgebraucht war. Das Kontaktfeld dieser abtelefonierten Karte mit einem herausgetrennten Original-Telefonkarten-Chip wurde vom Täter mit zusätzlichen elektronischen Bauteilen verdrahtet. Die für den Original-Chip und die zusätzlichen Bauteile auf der Karte vorgesehenen notwendigen Aussparungen versah der Täter mit farblich angepaßtem Klebeband, welches neben den Bauteilen auch die Verdrahtung fixierte. Dadurch war die so veränderte Telefonkarte nicht ohne weiteres zu erkennen. Mit Hilfe dieses so erstellten Telefonkartensimulators war es dem Täter anschließend möglich, die früher wertlose Telefonkarte nun wieder an öffentlichen Kartentelefonen zu benutzen. War das Guthaben der Karten verbraucht, lud der Simulator die Karte wieder auf den vom Täter eingestellten vollen Betrag auf.

59 Unter Strafe gestellt wird mit **§ 269 StGB** zunächst eine **Fälschung beweiserheblicher Daten**. Durch die Vorschrift des **§ 270 StGB** werden der Täuschung im Rechtsverkehr die Fälle einer **fälschlichen Beeinflussung einer Datenverarbeitung** gleichgestellt. Dies gewinnt vor allem dort an Bedeutung, wo gefälschte Daten oder Urkunden unmittelbar in den Computer eingegeben werden und es deshalb zweifelhaft ist, ob der Täter „zur Täuschung im Rechtsverkehr" gehandelt hat. Vom Gesetzgeber dem Bereich der Urkundendelikte zugeordnet worden ist weiterhin auch der Fall der Unterdrückung beweiserheblicher Daten in § 274 Abs. 1 Nr. 2 StGB.

---

[74] Vgl. zur Sachverhaltsschilderung AG Böblingen CR 1989, 308.

2. Fälschung beweiserheblicher Daten (§§ 269, 270 StGB)

Schutzgegenstand des § 269 StGB ist die Sicherheit und Zuverlässigkeit des Rechts- und Beweisverkehrs bezogen auf den Umgang mit beweiserheblichen Daten.[75] Insoweit ergeben sich keine Unterschiede im geschützten Rechtsgut zu den §§ 267, 268 StGB. Zur Tatbestandsverwirklichung erforderlich ist die **Speicherung oder Veränderung beweiserheblicher Daten** oder auch deren **Gebrauchmachen** zur Täuschung im Rechtsverkehr. **60**

a) Beweiserhebliche Daten

Obwohl der Gesetzgeber in § 202a Abs. 2 StGB[76] den **Begriff der „Daten"** auf elektronische, magnetische oder sonst nicht wahrnehmbare Informationen eingegrenzt hat, wird im Rahmen des § 269 StGB darauf nicht Bezug genommen. Daraus folgt, daß dieser Tatbestand einerseits von einem erweiterten Datenbegriff ausgeht. Dies insbesondere deshalb, da auch Manipulationen an Daten mit Urkundenqualität erfolgen können, die noch nicht gespeichert sind, sondern erst erfaßt werden sollen (z. B. die Veränderung einer Kontonummer oder eines Namens auf einem Beleg zur Datenerfassung). Jedoch können auch hier nur solche Daten gemeint sein, die spätestens nach der Speicherung die Voraussetzungen des § 202a StGB erfüllen. Andererseits ist der Datenbegriff in § 269 StGB aber auch enger, insbesondere in bezug auf Programme. Da diese nicht visuell dargestellt werden können, ist eine Erfassung durch den Fälschungstatbestand für Daten nicht möglich, es sei denn, das Programm selbst ist Tatmittel der Manipulationshandlung.[77] **61**

Zur Datenqualität muß für § 269 StGB eine **Beweiserheblichkeit** hinzukommen. Damit wird die Anlehnung der Datenfälschung an den Urkundenbegriff des § 267 StGB deutlich. Auch hier muß eine Erklärung bestimmt und geeignet sein, im Rechtsverkehr für einen rechtlich erheblichen Umstand Beweis zu erbringen. Da aber zur Auslegung dieses Merkmals nur auf die beweiserhebliche Bedeutung der Erklärung und nicht ihrer Einzelbestandteile abgestellt wird, kann im Rahmen des § 269 StGB nichts anderes gelten. Beweiserheblich muß auch hier nicht das jeweilige einzelne Datum für sich allein sein. Es genügt, wenn über die Verbindung mit weiteren Informationen ein Ergebnis erzielt wird, das im Fall der visuellen Sichtbarkeit eine Urkunde darstellen würde. Als beweiserheblich anzusehen sind damit etwa die in den Fällen 1 bis 3 genannten Daten auf dem Magnetstreifen einer ec-Karte oder die elektronischen Kontobestände eines Kunden bzw. die Datenbestände in einem behördlichen Rechner, aber auch die Daten auf einer Telefonkarte. Daran fehlt es aber bei rein internen Daten, wie etwa Terminseintragungen, Kontrollisten usw.[78] **62**

Im Hinblick auf die Parallelität zum Urkundenbegriff des § 267 StGB muß weiterhin zur Erfüllung der Garantiefunktion im Fall der Wahrnehmung der Urkunde ein **Aussteller erkennbar** sein. Entsprechend der dazu nach h. M. vertretenen **Geistigkeitstheorie**[79] erfordert dies, daß bei einer visuellen Darstellung deutlich werden muß, wem die Daten ihrem geistigen Inhalt nach zuzurechnen sind. Aussteller ist damit in den meisten Fällen der Inhaber oder Betreiber der EDV-Anlage, auch wenn er selbst keine Kenntnisse vom technischen Ablauf im einzelnen hat und regelmäßig aus den Daten selbst nicht zu ersehen ist. Dies ergibt sich aber regelmäßig aus den Umständen der Datenverarbeitung. Nicht abzustellen ist dagegen auf den Programmierer, der den Computer bedient oder **63**

---

75 Vgl. *Schönke/Schröder-Cramer,* § 269 Rn. 4.

76 Vgl. dazu unten Rn. 73f.

77 Vgl. *Schönke/Schröder-Cramer,* § 269 Rn. 7, 8. *Heghmanns,* in: *Achenbach/Wannemacher,* § 25 Rn. 133f.

78 Vgl. näher *Schönke/Schröder-Cramer,* § 269 Rn. 9f. m. w. N. *Heghmanns,* in: *Achenbach/Wannemacher,* § 25 Rn. 134.

79 Vgl. *Schönke/Schröder-Cramer,* § 267 Rn. 55 m. w. N. auf die umfangreiche Literatur und Rechtsprechung.

Arbeits- und Programmabläufe am Rechner festlegt. Er ist letztlich weisungsabhängig vom Betreiber. Handelt der Programmierer weisungswidrig, macht er sich selbst gem. § 269 StGB strafbar, da er dann ein unechtes Datenergebnis herstellt. Gleiches gilt für den Sachbearbeiter oder die Schreibkraft, die keine Anordnungskompetenzen haben und deshalb auch, selbst wenn sie einen Datensatz erzeugen, nur Hilfspersonen des eigentlichen Ausstellers sind.[80] Vor diesem Hintergrund kommt deshalb auch bei § 269 StGB eine Erfassung von digitalen Bildkopien, die etwa über einen Scanner erzeugt wurden, nicht in Betracht. Sie lassen – wie eine Fotokopie im Rahmen des § 267 StGB – einen Aussteller nicht erkennen.[81]

b) Tathandlungen

64 Die eigentliche Tathandlungen des § 269 StGB bestehen in der zu einer Fälschung führenden Speicherung falscher Daten (1. Alt.), der Veränderung echter Daten (2. Alt.) sowie dem Gebrauchmachen von solchen Daten (3. Alt.). Die einzelnen Tatmodalitäten wurden vom Gesetzgeber in Anlehnung an die Urkundenfälschung geschaffen, was letztlich auch bei der Auslegung Berücksichtigung zu finden hat. Das Ergebnis der Tathandlung muß deshalb in allen Manipulationsfällen ein Datenprodukt sein, das bei einer visuellen Darstellung eine unechte Urkunde darstellen würde.[82] **Eine Speicherung von Daten** erfolgt, wenn sie über die Tastatur, im Wege der Datenübertragung oder auf sonstige Weise in eine EDV-Anlage eingegeben werden. Erforderlich ist nur, daß die Daten in den Bestand der EDV-Anlage aufgenommen werden und dort zumindest vorübergehend verbleiben. Zur **Veränderung von Daten** kommt es, sobald diese inhaltlich so umgestaltet oder in ihrem Bestand geändert werden, daß sie bei einer visuellen Darstellung ein anderes Ergebnis erzielen, als dies vom Betreiber der EDV-Anlage gewollt wurde.[83] Denkbar sind zur Erreichung dieses Ziels als Tatmodalitäten etwa die Korrektur einzelner Datensätze, Manipulationen im Programm selbst, das Löschen einzelner Datensätze oder die Hinzufügung weiterer Daten. In Anlehnung an die Urkundenfälschung muß in allen Fällen Ergebnis der Datenmanipulation eine **unechte oder verfälschte Urkunde** sein. Dies läßt sich nur **im Wege einer hypothetischen Subsumtion** ermitteln, wenn man die betreffenden Daten sichtbar machen würde. Die gedachte Darstellung der Daten müßte deshalb zunächst einen Erklärungswert haben, der Gegenstand einer Urkunde sein kann. Daran fehlt es bereits, wenn nur innerbetriebliche Aufzeichnungen oder Entwürfe, Formularschreiben vorliegen, die keinen rechtserheblichen Inhalt haben, sofern sie nicht bereits innerbetrieblich von Bedeutung sind (z. B. für Prüfer, Aufsichtsrat). Erfüllt ist dieses Merkmal damit vor allem bei Erklärungen mit Außenwirkung, wie etwa bei Bescheiden, Kontoauszügen, Rechnungen. Hinzu kommen muß die Erkennbarkeit des Ausstellers. Falsch ist eine Urkunde dann, wenn angeblicher und tatsächlicher Aussteller auseinanderfallen. Wie auch bei § 267 StGB bedarf es dazu nicht zwingend einer Unterschrift. Es genügt vielmehr, wenn sich der Aussteller aus den Gesamtumständen ergibt. Zu einem **Gebrauchmachen falscher Daten** als dritter möglicher Tathandlung kommt es, wenn die Informationen einem anderen zugänglich gemacht werden, etwa indem es zu einem Ausdruck, zum Überspielen oder Übermitteln der Daten im Wege der Datenkommunikation kommt. Ausreichend ist aber auch eine Darstellung der Daten am Bildschirm.

c) Subjektiver Tatbestand, Rechtswidrigkeit, Schuld

65 Der subjektive Tatbestand erfordert zunächst ein zumindest bedingt **vorsätzliches Handeln** hinsichtlich des objektiven Tatbestandes. Der Täter muß also insbesondere alle Um-

[80] Vgl. *Schönke/Schröder-Cramer*, § 269 Rn. 12–14.
[81] Vgl. näher *Welp*, CR 1992, 359 f.
[82] Vgl. *Schönke/Schröder-Cramer*, § 269 Rn. 15.
[83] Vgl. *Schönke/Schröder-Cramer*, § 269 Rn. 17.

stände kennen, die dazu führen, daß es sich bei visueller Erkennbarkeit der Daten um eine unechte oder verfälschte Urkunde handelt. Hinzu kommen muß aber stets ein Vorgehen **zur Täuschung im Rechtsverkehr** sowie die Erregung eines Irrtums, um damit ein rechtlich erhebliches Verhalten des Getäuschten auszulösen. Zweifel an der Verwirklichung dieses Merkmals könnten aber bestehen, wenn die Daten unmittelbar in den Computer eingegeben werden. Etwa bestehende Strafbarkeitslücken will der Gesetzgeber deshalb durch die **Gleichstellungsklausel des § 270 StGB** ausschließen. Wie sich daraus ergibt, kann die Täuschung auch gegenüber einem Computer erfolgen, wenn etwa vom Täter – wie im Fall 1 und 3 – eine gefälschte ec-Karte oder Telefonkarte unmittelbar gegenüber einer EDV-Anlage und nicht einem Dritten verwendet wird. Besonderheiten im Rahmen der Rechtswidrigkeit und Schuld gegenüber den allgemeinen Bestimmungen ergeben sich nicht. Über § 269 Abs. 2 StGB ist auch der Versuch der Tat strafbar. Hinsichtlich der verschiedenen Begehungsformen ist – wie bei § 267 StGB – im Fall der Verfälschung und des Gebrauchmachens nur von einer Tathandlung auszugehen. In Tateinheit zu § 269 StGB kommt vor allem eine Verwirklichung des § 263 a StGB, aber auch der Sabotagehandlungen der §§ 303 a, 303 b StGB in Betracht.

3. Unterdrückung beweiserheblicher Daten (§ 274 Abs. 1 Nr. 2 StGB)

Zum Bereich der Urkundendelikte gehört auch die Urkundenunterdrückung. In **§ 274** **66**
StGB selbst sind drei unterschiedliche Tatbestände der Unterdrückung von Urkunden und Daten sowie zur Veränderung der Grenzbezeichnung enthalten, von denen jedoch **nur die mit dem 2. WiKG neu geschaffene Nr. 2** im Rahmen der Computerkriminalität von Interesse ist. Diese Tatalternative war vom Gesetzgeber ursprünglich nur als Folgeänderung zu § 269 StGB deklariert worden, geht aber inhaltlich wohl über diesen Bereich weit hinaus. So kann bei einem Nichtvorliegen des § 269 StGB – etwa wegen fehlender Urkundenqualität der Daten – gleichwohl § 274 StGB beim Löschen, Verändern oder Unterdrücken von Daten als Straftatbestand in Betracht kommen. Geschütztes Rechtsgut ist damit hier das Interesse des Verfügungsberechtigten an der Unversehrtheit seiner Daten, speziell solchen zu Beweiszwecken.[84] Damit verfolgt § 274 StGB in vielen Bereichen denselben Schutz wie die §§ 303 a, 303 b StGB, die häufig tatbestandlich ebenfalls verwirklicht sein werden. Aufgrund des Erfordernisses einer besonderen Absicht, einem anderen einen Nachteil zuzufügen, ist **§ 274 StGB** aber **lex specialis gegenüber** den Delikten zur **Datenveränderung**.

Als **Tatobjekt** werden in § 274 Abs. 1 Nr. 2 StGB – ebenso wie auch in § 269 StGB – **67**
zunächst **beweiserhebliche Daten** genannt. Hinsichtlich der Reichweite des Daten-Begriffs wird vom Gesetzgeber bereits auf § 202 a Abs. 2 StGB Bezug genommen. Erfaßt werden somit alle elektronisch, magnetisch oder sonst nicht unmittelbar wahrnehmbaren Informationen.[85] Durch den Zusatz „beweiserheblich" wird als einschränkendes Kriterium aber zum Ausdruck gebracht, daß die jeweiligen Daten allein oder in Verbindung mit anderen Informationen auch einen im Rechtsverkehr bedeutsamen Aussagegehalt haben müssen. Damit ist der Datenbegriff gegenüber § 269 StGB modifiziert, da nicht nur Daten erfaßt sind, die bei ihrer Wahrnehmung eine Urkunde darstellen würden. Da mit dem Tatbestand die Beweisposition des Berechtigten geschützt werden soll, muß hinzukommen, daß der Täter über die Daten nicht ausschließlich verfügen darf. Gemeint ist damit nicht die dingliche Rechtsposition über die Daten, sondern das Recht, mit den Daten im Rechtsverkehr Beweis zu erbringen. Ein solches Verfügungsrecht wird etwa beim Betreiber einer EDV-Anlage anzunehmen sein oder demjenigen, der über die Verwendung von Informationen für bestimmte Zwecke zu entscheiden hat. Tauglicher Täter

[84] Vgl. *Heghmanns*, in: *Achenbach/Wannemacher*, § 25 Rn. 123.

[85] Vgl. zum Datenbegriff des § 202 a Abs. 2 StGB näher die Darstellungen in Rn. 73 ff.

kann damit jeder sein, dem das Recht zur Verfügung über Daten gerade nicht zusteht. Täter kann aber auch ein an sich berechtigter Mitarbeiter eines Unternehmens sein, der aber bei seinem Vorgehen das Beweisführungsrecht verletzt.

68 Eigentliche **Tathandlungen** sind das **Löschen, Unterdrücken, Unbrauchbarmachen oder Verändern** der Daten. Zu diesen Begriffen wird inhaltlich auf die Darstellungen zu § 303 a StGB Bezug genommen.[86] In allen Fällen hinzukommen muß als **subjektives Moment** neben dem stets erforderlichen zumindest bedingten Vorsatz hinsichtlich der Beweiserheblichkeit der Daten vor allem die Absicht, einem anderen einen Nachteil zuzufügen.

4. Probleme des Tatnachweises

69 Sowohl § 269 als auch § 274 StGB werden als Offizialdelikte ohne die Notwendigkeit eines entsprechenden Strafantrages verfolgt. Probleme bereitet beim Nachweis eines solchen Delikts vor allem die auch im Rahmen des Gesetzgebungsverfahrens lange umstrittene Frage eines hypothetischen Vergleichs mit einer visuell erkennbaren Urkunde. Dies macht im konkreten Einzelfall teilweise aufwendige Ermittlungen erforderlich, die es – abgesehen von den einfach gelagerten und nachweisbaren Fällen 1 bis 3 – für die Strafverfolgungsbehörden schwierig macht, einen entsprechenden Tatnachweis zu führen. Im übrigen gelten auch hier die Ausführungen zu § 263 a StGB entsprechend.[87]

IV. Ausspähen von Daten (§ 202 a StGB)

70 Mit dem 2. WiKG neu in das Strafrecht aufgenommen wurde ein eigener Tatbestand zum Schutz der Daten vor unberechtigter Spionage. Die praktische Bedeutung dieser Bestimmung ist aber bisher nur gering. So weist etwa die polizeiliche Kriminalstatistik im Jahr 1997 nur 213 Fälle – 1998 nur ein leichter Anstieg auf 267 Fälle – auf, die Computerspionage hat damit nur einen Anteil von unter 1 % an der gesamten Computerkriminalität. Nachdem sich auch die Rechtsprechung und die wissenschaftliche Diskussion bisher wenig mit dieser Norm auseinandergesetzt haben, sind viele Einzelfragen in diesem Bereich noch nicht abschließend geklärt. Nach dem Willen des Gesetzgebers sollte aber in jedem Fall der „Hacker", der nur in ein fremdes Computersystem eindringt, ohne sich Daten zu verschaffen, vom Tatbestand ausgeklammert bleiben.[88] Hierbei bedarf es jedoch einer weiteren Klärung, wann von einer „Verschaffung" fremder Daten auszugehen ist. Geschütztes **Rechtsgut** ist nach inzwischen h. M. das **Verfügungsrecht des Besitzers von Informationen** jeglicher Art.[89] Der demgegenüber teilweise vertretenen Ansicht,[90] in § 202 a StGB eine Norm zum Schutz des Vermögens zu sehen, kann nicht gefolgt werden, da ja gerade auch Informationen ohne eigenen wirtschaftlichen Wert geschützt werden sollen. Zum Schutzbereich der Norm gehören damit neben persönlichen Informationen, die man der Privatsphäre zuordnen kann, auch sonstige Daten, sei es mit ideellem, wirtschaftlichem oder wissenschaftlichem Inhalt. Gleichzeitig wird aber bereits aus dem Wortlaut der Norm deutlich, daß Daten nicht generell vor dem Ausspähen durch Dritte geschützt sind, sondern nur dann, wenn der Berechtigte ein Interesse an ihrer Geheimhaltung hat und dies auch durch besondere Schutzvorkehrungen zum Ausdruck gebracht wurde. Die folgenden Fälle mögen dies verdeutlichen:

---

[86] Vgl. dazu die Ausführungen in Rn. 90 ff.

[87] Vgl. die Ausführungen oben in Rn. 56.

[88] Vgl. BT-Drucksache 10/5058, 28.

[89] So im Ergebnis *LK-Jähnke*, § 202 a Rn. 2; *Tröndle*, § 202 a Rn. 2; *Schönke/Schröder-Lenckner*, § 202 a Rn. 1 sowie *Tröndle*, § 202 a Rn. 2 jeweils m. w. N.

[90] So im Ergebnis etwa *Haft*, NStZ 1987, 10; *Bühler*, MDR 1987, 452.

Fall 1: Den bisher gravierendsten Fall von Hacking stellt das Eindringen deutscher Jugendlicher in zahlreiche amerikanische Computersysteme – etwa in das NASA-Hauptquartier 1986 – und den Weiterverkauf der Informationen an den früheren sowjetischen Geheimdienst KGB dar. Die Täter verfügten über Zugangsmöglichkeiten – etwa über den Rechner der Universität Bremen – zu verschiedenen Rechnern, von denen ein Übergang zu den internationalen Computernetzwerken bestand. Durch diese Netze war es den Tätern möglich, unbefugt und unter Überwindung vielfältiger Zugangssperren in fremde EDV-Systeme und die dort geführten Datenbanken einzudringen. Die „Datenreisen" wurden dadurch erleichtert, daß das Betriebssystem VMS eine Schwachstelle aufwies, durch die auf Systemprivilegien erleichtert zugegriffen werden konnte. Da sich die Hacker so auch lange in den fremden Computersystemen aufhalten konnten, wurden Terminal-Abläufe, Login-Dateien sowie Accounting-Daten verändert, teilweise auch Hacker-Programme, sog. „trojanische Pferde" in den fremden Rechnern abgelegt. Die Täter entschlossen sich später die über die Datennetze beschafften Informationen an den sowjetischen Geheimdienst weiterzuverkaufen. Sie wurden daraufhin vom OLG Celle wegen geheimdienstlicher Agententätigkeit verurteilt. Das Ausspähen von Daten war jedoch nicht Gegenstand der Anklage.[91] 71

Fall 2: Der Täter spielte an einem Spielautomaten und benutzte dabei eine mitgeführte Liste, die den Spielverlauf des Geräts in Form von Zahlenkolonnen wiedergab. Mit Hilfe dieser Daten war es nach acht Probespielen möglich, anhand der Gerätenummer und der Zeichen der unteren Walzen festzustellen, bei welcher Zahlenkombination die Risikotaste betätigt werden mußte, um ein nahezu risikoloses „Leerspielen" des Automaten zu erreichen. Der Ersteller der Liste und die Art und Weise der Datenerlangung konnte im Verfahren nicht geklärt werden. Das Verfahren wurde von der Staatsanwaltschaft eingestellt, die dagegen eingelegte Beschwerde blieb erfolglos.[92]

Fall 3: Zwei 16jährigen Schülern gelang es, den Decoder von T-Online zu entschlüsseln, der das von den Nutzern eingegebene und abgespeicherte Paßwort für den Zugang zu T-Online schützen sollte. Die beiden machten sich diese Tatsache zunutze und schrieben ein Programm, das sie als „T-Online Power Tools" als komfortable Anwendung zu Einstellung des T-Online-Decoders vertrieben. Das Tool-Paket wurde mit Hilfe von Shareware-Servern über das Internet verbreitet. In diesem Programm war ein sog. trojanisches Pferd bei der Registrierung integriert. Dieser Teil des Programms führte dazu, daß nach Ausfüllen eines kleinen Fragebogens von seiten des Anwenders nicht nur diese eingegebenen und an sich harmlosen Daten abgeschickt wurden, sondern gleichzeitig auch die gesamten Zugangsdaten des Nutzers für T-Online, sofern sie auf der Festplatte abgespeichert waren. Die beiden Schüler gelangten so in den Besitz von mehreren hundert Zugangsdaten von T-Online-Kunden. Die aufgedeckten Zugangscodes wurden zwischenzeitlich vernichtet. T-Online sicherte Zug um Zug gegen die Offenlegung aller Details zu, keine rechtlichen Schritte gegen die Angreifer zu unternehmen.[93]

Vergleichbar der letzten Fallgestaltung ließen sich inzwischen eine Vielzahl von Sachverhalten darstellen, bei denen es zum Eindringen in EDV-Systeme gekommen ist.[94] Vor allem finden sich in letzter Zeit auch neue Formen des **Ausspähens von Daten im Internet.** Dazu zählen auf der einen Seite immer mehr **gehackte Web-Sites.**[95] Hierher gehören auf der anderen Seite Fälle der Beeinträchtigung der Datenintegrität etwa beim **Internet-Sniffer**, der versucht, die im Netz im Klartext übertragenen Daten und Paßwörter aufzuzeichnen, oder beim **IP-Spoofing** unter Verwendung fremder IP-Adressen im Internet.[96] Unter Strafe gestellt wird nach § 202a StGB nur das unbefugte Verschaffen von Daten, die nicht für den Täter bestimmt und gegen unberechtigten Zugriff besonders gesichert sind. Entscheidend für die Bejahung dieses Tatbestandes ist damit zunächst das Vorliegen geschützter Daten, die zum zweiten auch mit einem entsprechenden Zugriffsschutz ver- 72

---

[91] Vgl. die Falldarstellungen bei *Hafner/Markoff*, Cyperpunk, 1991, 251 ff. sowie *Bär*, Zugriff auf Computerdaten im Strafverfahren, 37–39 sowie Urteil des OLG Celle vom 15. 2. 1990.

[92] Vgl. zum Sachverhalt OLG Celle, wistra 1989, 354 = CR 1990, 276 mit Anm. *Etter.*

[93] Vgl. den Bericht von *Luckhardt*, c't Heft 7/1998, 62 ff.

[94] Vgl. dazu beispielhaft nur die Berichte in NJW-CoR 1998, 58; Der Spiegel Heft 34/1992, 206; SZ vom 19. 3. 1994, 16; chip Heft 3/1995, 322.

[95] Vgl. zu derartigen Fallgestaltungen den Bericht in c't Heft 2/1998, 34 sowie die Kopien aller gehackten Seiten unter http://www.hacked.net oder unter http://www.cnil.fr.

[96] Vgl. dazu näher *Sieber*, in: *Hoeren/Sieber*, Handbuch Multimedia Recht, Kapitel 19 Rn. 35 ff.

sehen sind. Der tatbestandliche Erfolg selbst tritt erst dann ein, wenn sich der Täter die Daten auch tatsächlich verschafft hat.

1. Daten i. S. d. § 202 a Abs. 2 StGB

73 Tatobjekt für das Ausspähen sind Daten. Dieser Begriff wird in § 202 a Abs. 2 StGB weiter konkretisiert. Aus dem Wortlaut dieser Bestimmungen wird aber bereits deutlich, daß es sich hierbei nicht um eine Legaldefinition für Daten handelt, sondern – ausgehend von einem umfassenden Datenbegriff – nur um eine **Einschränkung auf bestimmte Formen von Daten**, während der weitergehende Begriff des Datums vorausgesetzt wird. Zum Inhalt des eigentlichen Datenbegriffs wird grundsätzlich auf die DIN 44300 zur Informationsverarbeitung Bezug genommen.[97] Danach sind Daten durch Zeichen oder kontinuierliche Funktionen aufgrund bekannter oder unterstellter Abmachungen dargestellte Informationen, die sich als Gegenstand oder Mittel der Datenverarbeitung für ein EDV-System codieren lassen oder die Ergebnis eines Datenverarbeitungsvorgangs sind. Nicht entscheidend ist damit, inwieweit die Daten noch einer weiteren Verarbeitung bedürfen, so daß sowohl Eingabe- als auch Ausgabedaten darunterfallen. Auch wenn es derzeit eine allseits Zustimmung findende Definition für Daten nicht gibt, ist doch kennzeichnend für den Begriff das Vorliegen einer codierbaren Information und ein funktioneller Zusammenhang dieser Information mit dem Betrieb einer DV-Anlage.[98] Nicht erforderlich ist damit ein Bezug zu einer bestimmten Person oder ein wie auch immer gearteter wirtschaftlicher, wissenschaftlicher oder ideeller Wert der Daten. Zu den Daten gehören auch die Computerprogramme, die ihrerseits aus Einzelinformationen zusammengesetzt sind.

74 Dieser allgemeine Datenbegriff erfährt durch § 202 a Abs. 2 StGB in zweifacher Hinsicht eine inhaltliche Einschränkung: Zunächst dürfen die **Daten nicht unmittelbar wahrnehmbar** sein. Ausgenommen sind damit Daten, die in irgendeiner Form sichtbar oder hörbar sind. Dies gilt vor allem für alle manuell erstellten Datensammlungen und damit auch für Lochkarten, die visuell wahrnehmbar sind, auch wenn sie zur Erfassung ihres Inhalts noch einer Überarbeitung bedürfen. Im einzelnen umstritten ist dagegen die Erfassung von Informationen auf Mikrofilmen, die auf dem jeweiligen Trägermedium fest verkörpert sind, bei denen es aber an der entsprechenden Lesemöglichkeit fehlt.[99] Zum zweiten fallen unter den Schutzbereich des § 202 a StGB nur zwei Zustandsformen von **Daten**, die **Speicherung oder Übermittlung**. Gespeichert sind Informationen, wenn sie auf einem körperlichen Trägermedium aufgenommen oder aufbewahrt sind. Geschützt werden sollen damit alle Formen der Verkörperung von Daten. Der Gesetzgeber nennt dabei Beispielhaft eine elektronische oder magnetische Speicherung auf dem jeweiligen Datenträger, somit auf Disketten, Festplatten, Magnet- oder Tonbändern. Durch die Worte „oder sonst" wird zusätzlich klargestellt, daß die gesetzliche Regelung insoweit offen ist für die rasant verlaufenden künftigen technischen Entwicklungen. Einbezogen sind damit auch alle modernen optischen Speicherverfahren, wie etwa die Datensicherung auf CD-ROM. Nicht gespeichert sind damit Informationen, die nach einer Dateneingabe lediglich im Arbeitsspeicher des Rechners vorhanden sind, aber noch nicht abgespeichert sind. Gleiches gilt für Daten, die bereits ausgedruckt sind und in elektronischer Form nicht weiter aufbewahrt werden. Eine Übermittlung liegt demgegenüber

---

[97] Vgl. dazu bereits die Darstellungen in Rn. 12.

[98] So im Ergebnis auch *LK-Jähnke*, § 202 a Rn. 3; *Lenckner/Winkelbauer*, CR 1986, 485.

[99] Gegen eine Einbeziehung von Mikrofilmen *LK-Jähnke*, § 202 a Rn. 4; *SK-StGB-Samson*, § 202 a Rn. 7 sowie *Heghmanns*, in: *Achenbach/Wannemacher*, § 25 Rn. 25. A. A. dagegen *Tröndle*, § 202 a Rn. 3; *Schönke/Schröder-Lenckner*, § 202 a Rn. 4 und *Hilgendorf*, JuS 1996, 511, die alle Daten einbeziehen, die erst mittels Instrumenten wahrnehmbar sind, ausgenommen nur technische Hilfsmittel, die ein abgeschwächtes Wahrnehmungsvermögen auf die durchschnittliche Höhe anheben (z. B. Brillen, Hörgeräte).

vor, wenn Daten von einer speichernden Stelle weitergegeben oder auf dem eigenen Rechner zum Abruf bereitgehalten werden. Gemeint sind damit aber auch die während des Übermittlungsvorganges über die Datennetze übertragenen Informationen, so daß insbesondere auch das „Anzapfen" von Datenübertragungseinrichtungen – etwa im Internet – dem Tatbestand des § 202a StGB unterfällt.

2. Datenbestimmung

Durch § 202a StGB wird nicht jede unbefugte Verschaffung von Daten erfaßt. Geschützt **75** werden vielmehr zunächst nur Informationen, die **nicht für den Täter selbst bestimmt** sind. Durch dieses Tatbestandsmerkmal betont das Gesetz – vergleichbar dem Gewahrsamsbruch beim Diebstahl – das Erfordernis eines Handelns des Täters gegen den Willen des Berechtigten. Eine Entscheidung über die Datenbestimmung kann dabei nur der jeweilige Datenbesitzer als Verfügungsberechtigter treffen. Eine Zuordnung einzelner Daten zu bestimmten Personen hat der Gesetzgeber aber bisher nicht vorgenommen. Nachdem eine zivilrechtlichen Zuordnung von Daten zu einzelnen Personen nur mit Schwierigkeiten möglich ist, dürfte i. S. d. § 202a StGB als Verfügungsberechtigter in erster Linie derjenige in Betracht kommen, der die Daten erstellt, gesammelt und gespeichert hat. Dies kann sich mit den Eigentumsverhältnissen am Rechner und an den einzelnen Datenträgern decken, ist aber nicht zwingend erforderlich. Werden Daten – etwa über das Internet – frei zugänglich zum Abruf bereitgehalten, sind vom Berechtigten keine Zugangsbeschränkungen vorgenommen worden. Die Daten sind damit für jedermann bestimmt, selbst wenn sie nur für einen bestimmten Zweck überlassen werden. Daran ändert auch eine ggf. erfolgte zweckwidrige Verwendung nichts.[100] Der **Verfügungsberechtigte** kann aber auch in den **Datennetzen** durch bestimmte Maßnahmen den Zugriff auf seine Daten von bestimmten Bedingungen abhängig machen. Ein Indiz für einen auf bestimmte Personen begrenzten Zugriff stellt es etwa dar, wenn vom Nutzer ein Entgelt zu entrichten ist oder der Zugang zum System nur mit einem besonderen Paßwort möglich ist. Durch ein solches Verhalten macht der berechtigte Inhaber der Daten deutlich, daß sie nicht jedem beliebigen Adressaten zur Verfügung gestellt werden sollen.

Die für Daten entwickelten Grundsätze sind entsprechend auch auf **Computerprogramme** anzuwenden, die vom Hersteller als Verfügungsberechtigtem anderen zur Nutzung überlassen wurden. Hier sind dem Nutzer mit dem Programmdatenträger die entsprechenden Informationen zur Verfügung gestellt worden, die Daten sind somit für ihn bestimmt, wenn auch unter der Bedingung der ordnungsgemäßen Nutzung des Programmes. Regelmäßig ist aber aus Gründen des Urheberrechtsschutzes ein Zugriff auf die eigentlichen Programmdaten nicht möglich. Eine Anwendung des § 202a StGB kommt deshalb hier nur dann in Betracht, wenn sich der Täter nicht an die durch den Lizenzvertrag und den Programmschutz gezogenen Grenzen hält, indem er das Programm erforscht, den Zugriffsschutz überwindet oder die Daten kopiert. In diesem Fall ist wohl von einer fehlenden Datenbestimmung auszugehen, die zu einer Strafbarkeit führen kann. Dies ist im einzelnen jedoch heftig umstritten.[101] Vor diesem Hintergrund ist deshalb bei einem Auslesen und Verändern von Daten auf dem Magnetstreifen einer ec-Karte ebenso wie bei den Programmdaten eines Spielautomaten ebenfalls von nicht für den Tätern bestimmten Daten auszugehen,[102] so daß auch hier § 202a StGB grundsätzlich zur Anwendung kommen kann. **76**

---

[100] Vgl. dazu nur *Schönke/Schröder-Lenckner*, § 202a Rn. 6 m. w. N.

[101] Von einer Strafbarkeit gehen aus *Schönke/Schröder-Lenckner*, § 202a Rn. 6; *Leicht*, iur 87, 50; *Lenckner/Winkelbauer*, CR 1986, 486 jeweils m. w. N. A. A. dagegen *Tröndle*, § 202a Rn. 7; *LK-Jähnke*, § 202a Rn. 9 und *Heghmanns*, in: *Achenbach/Wannemacher*, § 25 Rn. 28.

[102] So im Ergebnis auch *Richter*, CR 1989, 305; *Neumann*, JuS 1990, 539 und *Schönke/Schröder-Lenckner*, § 202a Rn.6; a. A. dagegen *Heghmanns*, in: *Achenbach/Wannemacher*, § 25 Rn. 28.

3. Besondere Zugangssicherung

77 Schwierigkeiten bei der rechtlichen Subsumtion bereitet die weitere einschränkende Voraussetzung des § 202 a StGB, die Datensicherung. Nur wenn Informationen gegen unberechtigten Zugang besonders gesichert sind, kommt eine Strafbarkeit überhaupt in Betracht, sie entfällt damit umgekehrt bei fehlenden Sicherungen. Fraglich bleibt allein, welche inhaltlichen Anforderungen an eine Zugangssicherung zu stellen sind. Erforderlich ist zwar keine absolute Sicherheit, aber ein nach außen manifestierter Geheimhaltungswille, der die Zugriffsschwelle auf die Daten nicht unerheblich erhöht. Zu dem subjektiven Geheimhaltungswillen muß daher auch als objektive Komponente eine entsprechende wirksame Sicherung hinzukommen. Es lassen sich daher verschiedene Formen des Datenschutzes unterscheiden:[103] Als Zugangssicherungen i. S. d. § 202 a StGB sind daher zunächst **software-technische Schutzmaßnahmen** anzusehen. Dazu zählen etwa Paßwörter, Verschlüsselungen, logische Schleifen oder auch andere Formen des Kopierschutzes. Gleiches gilt auch für **Zugangssicherungen der Hardware**, die etwa bei einem mechanischen Kopierschutz auf dem Datenträger, aber auch bei allen modernen biometrischen Verfahren beim Zugang zur Hardware vorliegen. So würde etwa der Systemzugang durch Kontrolle des Fingerabdrucks, der Stimme oder der Augen in jedem Fall einen entsprechenden Geheimnisschutz darstellen. Keineswegs so einfach dem § 202 a StGB unterzuordnen sind dagegen **weitere hard- und softwareunabhängige Sicherungen**, die etwa in versenkten Tastaturen, verschlossenen Rechnergehäusen, verschlossenen Räumen bestehen können. Hier ist – vor allem bei Zugangssicherungen für Räume – im Einzelfall zu unterscheiden, ob derartige Sicherungen in erster Linie bezogen sind auf die Geheimhaltung der im System gespeicherten Daten oder ob es hier nicht nur um den Ausschluß einer von § 202 a StGB nicht erfaßten fremden Nutzung oder Entwendung der Hardware geht, die als Nebeneffekt zu einer Zugangssperre führt.[104] In jedem Fall nicht als Zugangssicherungen gelten Benutzungsverbote oder Warnungen für bestimmte Daten ohne objektiv wirksame Sicherung, denn dies wird bereits von der obigen Datenbestimmung umfaßt. Auch die jeweilige Kompliziertheit des Systems begründet noch keinen Zugriffsschutz.

78 Gegenüber diesen Sicherungsmechanismen bei gespeicherten Daten bleibt aber festzuhalten, daß bei Informationen im **Übermittlungsstadium** keine physische Zugangssicherung vorhanden ist gegen das Anzapfen von Leitungen oder das Abhören von Übertragungseinrichtungen. Auch eine Datenverschlüsselung ist nicht als Zugangssicherung anzusehen. Sie verhindert zwar – sofern der Schlüssel nicht bekannt ist – eine Kenntnisnahme vom Inhalt der Daten, nicht aber einen Zugriff auf die Daten selbst. Da bei der Datenübermittlung somit kein Zugriffsschutz besteht, läßt sich ein Angriff auf Kommunikationseinrichtungen zum Informationsaustausch allenfalls durch § 248 c StGB oder durch § 17 UWG erfassen, nicht aber durch § 202 a StGB.

4. Unbefugtes Verschaffen der Daten

79 Die meisten Abgrenzungsprobleme im Rahmen des Ausspähens von Daten bereitet die Reichweite des „unbefugten Verschaffens" von Daten durch den Täter oder durch Dritte unter Überwindung der vorhandenen Zugangssicherungen. Diese eigentliche Tathandlung des § 202 a StGB läßt verschiedene inhaltliche Deutungen zu. So kann dieses Merkmal bereits dann als erfüllt angesehen werden, wenn der Täter die Daten am Bildschirm angesehen und sich so Kenntnis verschafft hat. Gefordert werden kann aber auch die intellektuelle Aufnahme des Inhalts oder gar das Abspeichern der erlangten Informatio-

[103] Vgl. dazu näher auch die Einteilungen bei *Hilgendorf*, JuS 1996, 702 und *Leicht*, iur 1987, 47 ff.

[104] Nach *LK-Jähnke*, § 202 a Rn. 15 sollen aber auch solche räumlichen Zugangssicherungen für § 202 a StGB ausreichend sein.

nen auf einem eigenen Datenträger. Bei verkörperten Gegenständen ist das Merkmal des Verschaffens jedenfalls erst dann erfüllt, wenn der Täter Gewahrsam daran oder sichere Kenntnis erlangt hat. So ist deshalb auch im Rahmen des § 202 a StGB anerkannt, daß die Tathandlung des **„Verschaffens“** verwirklicht ist, wenn der Täter eine **Kopie der Daten** oder einen entsprechenden **Ausdruck** - etwa auf seinem Rechner – erstellt oder sich von den am Bildschirm erscheinenden Informationen handschriftliche Notizen fertigt. Durch die Verwirklichung einer dieser geschilderten Handlungen hat der Täter unzweifelhaft fremde Informationen zur eigenen Kenntnis erlangt bzw. durch die Fixierung auf einem Datenträger in seine Verfügungsgewalt gebracht. Im einzelnen heftig umstritten ist jedoch, ob das bloße Ansehen von Daten am Bildschirm bereits für eine Tatbestandsverwirklichung ausreichend ist. Nach wohl h. M.[105] wird aber auch bei der bloßen Kenntnisnahme – etwa durch Lesen am Bildschirm – von Daten, wenn sie unverschlüsselt oder zumindest entschlüsselbar sind, schon von einem Verschaffen ausgegangen, selbst wenn der Inhalt der Daten im einzelnen konkret nicht wahrgenommen wird. Folglich wäre damit auch jeder Hacker, der sich mit dem bloßen Eindringen in ein fremdes EDV-System begnügt, nach § 202 a StGB strafbar. Nachdem der Gesetzgeber[106] aber das bloße ‚Hacken‘, also das Knacken des Zugriffsschutzes eines Rechners ohne Datenveränderung gerade nicht unter Strafe stellen wollte, wird in der Literatur zur Erreichung dieses Ziels überwiegend eine **teleologische Reduktion der Norm**, insbesondere des Merkmals „Verschaffen“ dahingehend gefordert, daß der Täter in der Lage sein muß den wesentlichen **Informationsgehalt der Daten zu rekonstruieren**. Dies dürfte bei großen übertragenen Datenmengen nur dann zu erreichen sein, wenn sich der Täter entsprechende Kopien fertigt. Demgegenüber wäre ein „Lesen“ von Daten nur ausreichend, wenn der wesentliche Gehalt wiedergegeben werden könnte. Die Nichtpönalisierung des Hacking wird jedoch teilweise auch mit guten Gründen in Frage gestellt.[107] In jedem Fall hat das Merkmal „unbefugt“ demgegenüber nur klarstellende Funktion und bezieht sich nur auf das allgemeine Deliktsmerkmal der Rechtswidrigkeit, ohne – wie etwa bei § 303 a StGB – eine eigene Bedeutung im Tatbestand zu erlangen.

5. Subjektiver Tatbestand, Konkurrenzen

Eine Bestrafung aus § 202 a StGB kommt letztlich aber nur dann in Betracht, wenn der 80
Täter bzgl. aller Merkmale des objektiven Tatbestandes **zumindest bedingten Vorsatz** hat. Ihm muß daher insbesondere bekannt sein, daß die Daten nicht für ihn bestimmt waren. Geht der Täter irrig insoweit von einer Berechtigung aus, unterliegt er einem Tatbestandsirrtum. Da mit dem Tatbestand durch die geforderte Überwindung einer Zugangssicherung ein besonderer Unrechtsgehalt gegeben ist, steht § 202 a StGB regelmäßig in **Tateinheit** mit gleichzeitig erfüllten weiteren Tatbeständen, wie §§ 303 a, 303 b, 274 Abs. 1 Nr. 2 StGB, § 17 UWG oder § 43 BDSG.

6. Probleme des Tatnachweises

Da die Tat nach § 205 Abs. 1 StGB nur auf Antrag verfolgt wird, ohne daß hier eine Mög- 81
lichkeit für die Strafverfolgungsbehörden besteht, ein besonderes öffentliches Interesse zu bejahen, sind es allein die Geschädigten, die eine Strafverfolgung in Gang bringen können. Doch besteht gerade in diesem Bereich des „professionellen“ Hackings – gerichtet

---

105 So im Ergebnis *Tröndle*, § 202 a Rn. 9; *Lenckner/Winkelbauer*, CR 19986, 488; *LK-Jähnke*, § 202 a Rn. 6; *Schönke/Schröder-Lenckner*, § 202 a Rn. 10 jeweils m. w. N.

106 Vgl. BT-Drucksache 10/5058, 28.

107 So im Ergebnis etwa *Gola*, NJW 1987, 1679; *Jessen*, Zugangsberechtigung und besondere Sicherungen i. S. d. § 202 a StGB, 1994, 180 ff. sowie die zusammenfassende Darstellung bei *Binder*, Strafbarkeit intelligenten Ausspähens von programmrelevanten DV-Informationen, 1994, 42 ff.

auf die Erlangung von Geheimnisses oder den Zugriff auf sensible Rechnersysteme – ein **hohes Dunkelfeld**. Die Zahl der tatsächlichen Spionagehandlungen dürfte daher weit über die Zahlen der Kriminalstatistik hinausgehen. Dies beruht zum einen darauf, daß die meisten Firmen aus Gründen des Prestigeverlustes kein Interesse daran haben, wenn ein erfolgreicher Hacking-Angriff in ihr EDV-System bekannt wird. Die Sicherheit der eigenen Systeme nach außen hin hat hier einen höheren Stellenwert als die Verfolgung von Straftaten. Zum anderen muß davon ausgegangen werden, daß Angriffe von professionellen Hackern vielfach auch so geschickt erfolgen, daß von den Systemverantwortlichen das Eindringen Fremder in das eigene Netz gar nicht bemerkt und deshalb auch nicht zur Anzeige gebracht werden kann. Hinzu kommen im Bereich des Hacking Täter, die mit angebotenen CD's wie „Hacker's best friends" – zum Preis von 69 DM inzwischen schon in der 3. Version[108] – dazu animiert werden, fremde EDV-Systeme auszuspähen. Dies wird den „Hobby-Hackern" vielfach auch dadurch leicht gemacht, daß viele Firmen und Betriebe trotz bekannter Schwachstellen im Betriebssystem und in bestimmten Applikationen keine entsprechenden Sicherungen ihrer Rechneranlagen vorgenommen haben. Sollte trotzdem eine Anzeige erstattet worden sein, bereitet die Ermittlung des Täters große Schwierigkeiten. Läßt sich über eine Zugangs- oder Abgangskontrolle zwar ein Eindringen in das eigene Programm vielfach noch feststellen, ist damit allerdings noch keine Überführung des Täters verbunden. Hier müssen den Behörden auch **angemessene Ermittlungsbefugnisse** zur Verfügung stehen. Sofern die Täter über die Datennetze in das Unternehmen eingedrungen ist, bedarf es einer Rückverfolgung zum Ausgangspunkt der „Datenreisen". Da die Täter aber gerade durch die Benutzung fremder Rechner als „Sprungbrett" – wie im NASA-Fall besonders deutlich geworden – versuchen, ihre Identität zu verschleiern, ist eine Aufklärung regelmäßig nur über eine Überwachung der Telekommunikation erfolgversprechend. Die dafür erforderlichen gesetzlichen Voraussetzungen liegen aber regelmäßig nicht vor, da § 202a StGB gerade keine Katalogtat i. S. d. § 100a StPO darstellt.[109] Es verbleibt den Ermittlungsbehörden daher nur, Auskünfte über abgewickelte Kommunikationsvorgänge zu verlangen, sofern durch Offenbarungen von Mittätern oder Zeugen keine anderen Ansätze für weitere Ermittlungen vorhanden sind. Damit Hinken die Behörden aber den Tätern meist immer einen Schritt hinterher. Vor diesem Hintergrund verwundert es daher nicht, wenn bisher kaum Verurteilungen im Zusammenhang mit § 202a StGB erfolgten, nachdem im Gesetzgebungsverfahren zum 2. WiKG auch im einzelnen unerörtert geblieben ist, mit welchen strafprozessualen Mitteln solche Taten verfolgt werden sollen.

V. Datenveränderung und Computersabotage (§§ 303 a, 303 b StGB)

82 Im Verhältnis zu anderen Delikten der Computerkriminalität nimmt die Datenveränderung bzw. Computersabotage im Hinblick auf die Zahl der Delikte ebenfalls nur eine **geringe praktische Bedeutung** ein. Mit zuletzt 326 Fällen (gegenüber noch 187 im Vorjahr) nach der polizeilichen Kriminalstatistik im Jahr 1997 errechnet sich auch hier nur ein Anteil von weit unter 1% an der gesamten Computerkriminalität. Gleichwohl können über die in den §§ 303a und 303b StGB unter Strafe gestellten Tathandlungen aufgrund der heute bestehenden Abhängigkeit vieler Betriebe und Verwaltungen von einer funktionsfähigen Datenverarbeitung **erhebliche materielle Schäden** und sonstige Auswirkungen auf den gesamten Geschäftsablauf ausgelöst werden. Im Vergleich mit herkömmlichen Arbeitsweisen in Papierform sind sowohl die gespeicherten Daten als auch die gesamte Hard- und Software viel anfälliger für Störungen aller Art. Veränderungen

---

[108] Vgl. zur Strafbarkeit des Angebots von Hacker-Tools *Jaeger*, c't Heft 5/1998, 18 siehe dazu auch BayObLG, NJW 1998, 1087 mit Anm. *Gänßle*, NStZ 1999, 90.

[109] Vgl. dazu näher die Darstellungen in Rn. 233 ff.

am Datenbestand des EDV-Systems, teilweise Löschungen von Datenbeständen oder nur der Kontakt mit einem Magneten können dazu führen, daß einzelne Daten, bestimmte Datenträger oder gesamte Datenbestände nicht mehr genutzt werden können. Es ist deshalb in diesem Bereich für die Täter mit geringem Aufwand möglich, erhebliche wirtschaftliche Schäden – sei es durch Computerviren oder andere Sabotageprogramme – herbeizuführen. Die folgenden Fälle machen dies besonders deutlich:

Fall 1: Der Täter hatte ein zum Einsatz in Arztpraxen bestimmtes EDV-System erstellt. Das ca. 250 000 DM teuere Programm sollte es auch größeren Arztpraxen ermöglichen, das Abrechnungs- und Befundwesen sowie die Praxisorganisation mit Terminplanung u. a. rationeller zu gestalten. Nach Einsatz des Programmes ergaben sich bei der Benutzung erhebliche Probleme. Es kam deshalb zum Streit zwischen dem Softwarelieferanten und den Nutzern. Um sich ein Druckmittel bei den weiteren Verhandlungen zu verschaffen, beauftragte der Täter einen Dritten mit der Entwicklung eines sog. „Killer-Programms", welches nach Ablauf eines bestimmten Datums die Benutzung der Software unmöglich machen sollte. Eine Änderung der Programmdaten war dem Täter jederzeit über Telefonleitungen möglich. Entsprechend dem installierten Programm wurden beim üblichen Start des Systems Programmteile gelöscht, die gespeicherten Daten waren für längere Zeit nicht abrufbar. Der Arztpraxis entstand dadurch erheblicher materieller Schaden.[110] 83

Fall 2: Der Täter hatte von seiner Bank eine ec-Karte erhalten. Auf dieser Karte nahm der Täter mit seiner EDV-Anlage Veränderungen auf dem Magnetstreifen der Karte dergestalt vor, daß statt seiner Kontonummer eine fremde Nummer eingespeichert war. Er wollte versuchen, mit der veränderten Karte am Geldautomaten Abhebungen vorzunehmen. Da aufgrund der Veränderungen die MM-Merkmale der Karte nicht mehr stimmten, kam es zu keiner Geldauszahlung. Der Automat brach den Vorgang ab und zog die Karte ein. Ebenfalls am selben Tag führte der Täter eine in seinem Besitz von der Geltungsdauer abgelaufene und ebenfalls im Magnetstreifen entsprechend veränderte ec-Karte in den Automaten ein. Auch hier kam es zu keiner Auszahlung. Bei einer Überprüfung der eingezogenen Karten durch die Bank konnte jeweils die Veränderung der Kontonummer auf dem Magnetstreifen festgestellt werden.[111]

Fall 3: Zwei in Hacker-Kreisen bekannte Beschuldigte versuchten mehrfach, auf den nicht öffentlichen Bereich des Münchner Flughafens zu gelangen, was ihnen auch zweimal gelang. In den Räumen des Flughafens gaben die Täter an, Arbeiten am Computer der Lufthansa ausführen zu müssen, was ihnen auch gestattet wurde. Am Tag nach dem Vorfall kam es beim Rechner der Lufthansa zu einem totalen Systemabsturz, der nicht erklärbar war.[112]

1. Computerviren und andere Sabotageprogramme

Da in den geschilderten Fällen bei Angriffen auf die Hard- und Software von seiten der Täter auf spezielle Programme zurückgegriffen wurde, soll vor der Darstellung der Reichweite der einzelnen Tatbestände ein kurzer Überblick über die möglichen Gefährdungen gegeben werden. Bereits seit den 80er Jahren versetzen die aus dem biologischen Sprachschatz entliehenen Computerviren Besitzer aller heutigen Rechnersysteme in Angst und Schrecken. Spektakuläre Viren wie der „Michelangelo"- oder der Herbstlaub-Virus sind dabei durch die weltweite Verbreitung bekannt geworden. Es ist heute davon auszugehen, daß sogar etwa 5–10 % aller PCs von Viren befallen sind. Der Begriff **Computerviren**[113] wird dabei als **Oberbegriff für sämtliche Sabotage- und Störprogramme** verwendet, die selbst reproduzierende oder sonst unbemerkt einschleichende Anomalien in Softwareprogrammen auslösen. Kennzeichnend für einen Computervirus sind zwei 84

[110] Vgl. zum vollständigen Sachverhalt Urteil des LG Ulm, CR 1989, 825 f.

[111] Vgl. die Sachverhaltsdarstellung BayObLG, JR 1994, 476 sowie auch AG Böblingen, CR 1989, 308.

[112] Der Sachverhalt beruht auf Informationen des BKA. Vgl. zu weiteren Urteilen, bei denen etwa Mitarbeiter eines Unternehmens auf dem Rechner ihres Arbeitgebers Viren oder andere Sabotageprogramme implantiert hatten LAG Saarland, CR 1994, 296 sowie ArbG Neunkirchen, CR 1994, 35.

[113] Vgl. dazu näher *v. Gravenreuth*, Computerviren, 2. Auflage 1998 sowie *ders.*, NStZ 1989, 201 ff.; *Hofer*, jur-PC 1991, 1367 ff.; *Brunnstein*, CR 1993, 456 ff. und *Dehn/Paul*, CR 1989, 68 ff.

Eigenschaften: Zum einen gehört dazu die ohne Wissen des Benutzers erfolgte Einspeicherung und Ausführung, um am befallenen Rechner in der Regel schädliche oder zumindest unerwünschte Aktionen auszulösen (**Funktionsteil**) sowie zum anderen durch das Erstellen von Kopien dieses Virus die Übertragung und Verbreitung des Programms auf andere Computersysteme (**Reproduktions- oder Vervielfältigungsteil**). Damit wird bereits deutlich, daß Computerviren nicht von selbst entstehen, sondern von Personen vorsätzlich entwickelt und in Umlauf gebracht werden. Die Computerviren werden dabei meist durch die Weitergabe von Programmen und Daten via Disketten oder auch über Datennetze – etwa das Internet – weiter gegeben.

85 Nach der Art des Vorgehens finden sich heute etwa bei Computerviren Unterscheidungen hinsichtlich sog. Würmer, logische Bomben, trojanische Pferde, Boot-Viren, Hybrid-Viren, Makro-Viren, Dropper und Trap-Doors. **Trojanische Pferde** werden vor allem bei Hacker-Angriffen eingesetzt.[114] In Anlehnung an die griechische Geschichte spricht man davon, wenn einem bekannten Programm oder System zusätzliche Funktionen hinzugefügt werden. So zählen dazu etwa Viren, die eine Login-Prozedur am Computer so verändern, daß der Hacker auch ohne Kenntnis des jeweiligen Paßwortes – wie etwa in den Fällen zu § 202a StGB – in das System gelangt.[115] Als **Computer-Würmer** bezeichnet werden Programme, die sich selbständig in den Datennetzen verbreiten lassen und entsprechend den Wünschen des Erstellers vielfältige Funktionen auslösen können, etwa in Form eines Kettenbriefs oder des berühmten Christmas-Wurms.[116] Als **Computerviren** – dem eigentlichen Oberbegriff – werden umgangssprachlich alle bösartigen Computerprogramme bezeichnet, welche sich an Dateien oder Anwendungsprogramme anhängen. Je nachdem welche speziellen Programme dabei betroffen sind, wird auch zunächst zwischen System- oder Programmviren differenziert. Zu den Systemviren zählen etwa auch Boot-Viren, die beim Hochfahren des Rechners aktiviert werden und die im Hauptspeicher speicherresistent installiert wurden. Programmviren befallen dagegen einzelne Programme oder Teile davon. Diesem Bereich zuzurechnen sind etwa auch Makro-Viren, die beim Aufruf einzelner Makros (vorprogrammierten bestimmten Befehlsfolgen) – etwa in Textverarbeitungsprogrammen – ausgelöst werden. Werden vom Programmierer im Programm nicht dokumentierte Paßwörter im Code belassen, um sich jederzeit in die Lage zu versetzen, die Kontrolle über ein Programm zu erlangen, spricht man im Programmierjargon von einem „Hintertürchen“ oder „**Trap Door**“, das als Sicherheitslücke im System anzusehen ist.

86 **Viren** aller Art finden sich heute vor allem auch in den Kommunikationsnetzen, insbesondere auch **im Internet**.[117] Bei hier eingesetzten Viren ergibt sich gegenüber der herkömmlichen Übertragung mit Hilfe von Disketten auch eine viel leichtere und schnellere Verbreitung. Neue Formen finden sich im Internet etwa unter dem Begriff **E-Mail-Bombing**. Hier werden durch die Übersendung einer Unmenge von elektronischen Nachrichten (meist in Form von Werbung) gesamte EDV-Systeme blockiert und damit der störungsfreie Ablauf einer EDV-Anlage beeinträchtigt. Bei der als **Spamming** bezeichneten kommt es etwa zur Generierung von 100 Mill. E-Mails, die mit falscher Adresse versehen wurden. Da die Nachricht unzustellbar ist, werden 98 % der Nachrichten an den angeblichen Absender, verlängert um eine Fehlermeldung, zurückgesandt, der so mit einer Flut von Mails überrollt wird.[118]

---

114 Vgl. dazu im einzelnen *von Gravenreuth*, Computerviren, 2. Aufl. 1998.

115 Vgl. *Brunnstein*, CR 1993, 458f. sowie auch *Sieber*, in: *Hoeren/Sieber*, Handbuch Multimedia Recht, Kapitel 19 Rn. 67ff.

116 Vgl. die Beispiele bei *Brunnstein*, CR 1993, 549f. sowie auch *Sieber*, in: *Hoeren/Sieber*, Handbuch Multimedia Recht, Kapitel 19 Rn. 67ff.

117 Vgl. dazu *Skulason*, jur-PC 1995, 3453ff. und *Leu*, Gateway, Heft 4/1998, 8ff.

118 Vgl. dazu *Dresen*, iX Heft 2/1999, 105ff.

2. Datenveränderung (§ 303 a StGB)

Ein neuer Tatbestand zur Datenveränderung mußte geschaffen werden, nachdem unkörperliche Daten keine Sachen i. S. d. § 303 StGB sind und deshalb Manipulationen in diesem Bereich strafrechtlich nicht erfaßt werden konnten. Der vorhandene Datenbestand soll deshalb durch die der Sachbeschädigung nachgebildete Strafnorm des § 303 a StGB vor Veränderungen jeglicher Art bewahrt werden. Geschütztes Rechtsgut ist damit die **Unversehrtheit** der **in gespeicherten Daten enthaltenen Informationen**.[119] Die im Schrifttum[120] teilweise vertretene weitergehende Interpretation der Norm hin zu einem spezialisierten Vermögensrecht in Form des Verfügungsrechts über Daten als Immaterialgüterrecht stößt überwiegend auf Ablehnung. Im Hinblick auf die unbestimmte Formulierung des § 303 a StGB wird die Norm sogar teilweise für verfassungswidrig gehalten.[121] 87

a) Tatobjekt

Tatobjekt i. S. d. § 303 a StGB sind **Daten**, wobei vom Gesetzgeber dazu inhaltlich auf die Legaldefinition in § 202 a Abs. 2 StGB Bezug genommen wird. Erfaßt werden damit elektronisch, magnetisch, oder sonst nicht unmittelbar wahrnehmbare Informationen, die gespeichert sind oder übermittelt werden.[122] Der Datenbegriff ist dabei im Rahmen der Datenveränderung nicht auf Informationen beschränkt, die ohne unmittelbar nutzbaren Informationsgehalt sind, wie etwa Betriebssystemdaten oder vergleichbare Daten, die für den Ablauf des Systems von besonderer Bedeutung sind.[123] Geschützt werden damit alle einzelnen Informationen, gleichgültig ob sie der Nutzer selbst erstellt hat oder sie ihm unmittelbar dienen oder aber nur für den Programmablauf eingesetzt werden ebenso wie Programme als Ansammlungen von verschiedensten Einzeldaten. 88

b) Tathandlungen

Als eigentliche Tathandlungen kommen **vier Alternativen, das Löschen, Unterdrücken, Unbrauchbarmachen oder Verändern von Daten** in Betracht. Aus dieser gesetzlichen Aufzählung wird bereits deutlich, daß es hier inhaltlich zu Überschneidungen kommen muß, da eine präzise Abgrenzung aller Begriffe nicht möglich ist. Auf diese Weise werden zwar Strafbarkeitslücken vermieden, die Rechtsanwendung aber letztlich erschwert. 89

Von einem **Löschen der Daten** ist erst dann auszugehen, wenn diese **vollständig und unwiederbringlich unkenntlich gemacht** und ihre Verkörperung auf dem Datenträger physisch beseitigt wurden. Dies gilt selbst dann, wenn die Daten weiterhin – etwa auf einer Sicherheitskopie – verfügbar sind.[124] Das Löschen entspricht damit dem bisherigen Zerstören von Sachen und deckt sich weitgehend mit der Begriffsdefinition in § 2 Abs. 2 Nr. 4 BDSG. Eine Datenlöschung selbst kann dabei auch durch die vorsätzliche Installierung von Virus-Programmen ausgelöst werden. Insbesondere führt ein von Störprogrammen herbeigeführter Systemabsturz zu einer vollständigen Vernichtung der Daten im Arbeitsspeicher des Rechners. Zu beachten ist aber, daß das einfache „Löschen" in Form der Unkenntlichmachung einer Datei auf der Festplatte oder einem Datenträger – etwa durch Werfen in den „Papierkorb" – und das Formatieren eines Speichermediums noch 90

---

119 Vgl. *Tröndle*, § 303 a Rn.2; *Schönke/Schröder-Stree*, § 303 a Rn. 1; *LK-Tolksdorf*, § 303 a Rn. 2; *Hilgendorf*, JuS 1996, 890; *Sondermann*, Computerkriminalität, 25.

120 So im Ergebnis *Welp*, iur 1988, 448 und *Haft*, NStZ 1987, 10.

121 Vgl. nur *LK-Tolksdorf*, § 303 a Rn. 7; *SK-StGB-Samson*, § 303 a Rn. 7, 8.

122 Vgl. dazu oben die Darstellungen zum Datenbegriff in Rn. 73 ff.

123 Vgl. *Heghmanns*, in: *Achenbach/Wannemacher*, § 25 Rn. 89.

124 Vgl. *Tröndle*, § 303 a Rn. 5; *Schönke/Schröder-Stree*, § 303 a Rn. 4; *Hilgendorf*, JuS 1996, 891 jeweils m. w. N.

nicht darunter fallen. Da bei einem solchen Vorgehen lediglich der Verzeichniseintrag gestrichen wird, sind die Daten auf dem Speichermedium weiterhin vorhanden. Nur die entsprechenden Sektoren des Datenträgers werden für eine Überschreibung freigegeben. Tatsächlich gelöscht wird somit nur der Verzeichniseintrag, die Daten im übrigen aber nur unterdrückt. Sie können durch geeignete Hilfsprogramme wieder rekonstruiert werden. Zu einer endgültigen Löschung kommt es jedoch erst bei einer vollständigen Überschreibung der Sektoren oder bei einer Magnetisierung des Datenträgers.[125] Erfolgt eine nur teilweise Datenvernichtung, führt dies nur dann zu einer Löschung, wenn die verbleibenden Informationen keine sinnvollen Inhalte mehr haben. Ansonsten kommt statt der Tathandlung des Löschens hier ein Verändern von Daten in Betracht.

91 Bei der Tathandlung des **Unterdrückens** werden die Daten demgegenüber dem Berechtigten nur **zeitweise oder auf Dauer entzogen**, während die physische Integrität der Daten unangetastet bleibt.[126] Im Hinblick auf den straflosen Entzug von Sachen bei § 303 StGB steht damit der Entzug von Daten unter Strafe. Tatbestandsmäßig i. S. dieser Alternative des § 303 a StGB ist hier in erster Linie die körperliche Entziehung des jeweiligen Datenträgers. Darunter einzuordnen sind aber auch alle Formen des „logischen" Versteckens, die zu einer Einschränkung der Verwendbarkeit von Daten führen. Zu denken ist dazu etwa an die Einfügung von Zugriffsschranken (etwa durch einen Paßwortschutz), das Umbenennen von Dateien oder auch das oben bereits angesprochene Löschen von Dateien im Inhaltsverzeichnis des Datenträgers, so daß der Verfügungsberechtigte vom Zugriff auf seine Daten ausgeschlossen bleibt. Darunter fallen aber auch in Computerprogramme eingebaute sog. Programmsperren, mit denen bei Eintritt eines bestimmten Ereignisses der Ablauf eines Programmes blockiert wird.[127]

92 Die Tathandlung des **Unbrauchbarmachens** wird dann als verwirklicht angesehen, wenn die **bestimmungsgemäße Verwendung der Daten aufgehoben** wird. Das Merkmal entspricht damit der Beschädigung von Sachen i. S. d. § 303 StGB.[128] Zu denken ist hier etwa an eine Einwirkung auf den Datenträger oder die Daten, die deren konkrete Bearbeitung ausschließen. So kann etwa die Löschung oder Hinzufügung von Datensätzen in einer Datenbank mit bestehenden Verknüpfungen zu einer Unbrauchbarkeit des gesamten Datenbestandes führen. Dieses Beispiel macht aber bereits deutlich, daß die von diesem Merkmal erfaßten Wirkungen durch Teillöschungen und Überschreibungen einzelner Daten oder durch inhaltliche Umgestaltungen zu erreichen sind, so daß diese Fälle meist bereits vom Löschen oder Unterdrücken von Daten erfaßt werden. Für das Unbrauchbarmachen verbleibt damit kaum ein eigener Anwendungsbereich gegenüber den anderen Tathandlungen.

93 Als letzte Tatalternative führt das Gesetz ein **Verändern von Daten** auf. Unter Rückgriff auf § 2 Abs. 2 Nr. 3 BDSG wird darunter eine **inhaltliche Umgestaltung** von gespeicherten Daten verstanden, so daß von einem **anderen Bedeutungsgehalt bzw. Aussagewert** auszugehen ist.[129] Dies kann geschehen durch die Hinzufügung, den Austausch oder das Entfernen von Daten. Umfaßt sind aber nicht nur inhaltliche Modifikationen einzelner Daten, sondern darüber hinaus entsprechend dem Willen des Gesetzgebers auch Manipulationen, die nur den Kontext der Daten verändern, aber die Daten selbst nicht modifizieren. Dies kann etwa dadurch geschehen, daß Informationen in einen anderen Zusammenhang gestellt oder aus einem solchen gelöst werden. Darunter wäre etwa die Übersetzung einer Datei in den Code einer anderen Programmiersprache ohne inhalt-

---

[125] So im Ergebnis *Welp*, iur 1989, 435; *Hilgendorf*, JuS 1996, 891; *Heghmanns*, in: *Achenbach/Wannemacher*, § 25 Rn. 95.

[126] Vgl. dazu nur *Möhrenschlager*, wistra 1986, 141; *Welp*, iur 1989, 436; *Hilgendorf*, JuS 1996, 891; *Tröndle*, § 303 a Rn. 6 und *Schönke/Schröder-Stree*, § 303 a Rn. 4.

[127] Vgl. dazu *Wuermeling*, CR 1994, 585.

[128] Vgl. *Welp*, iur 1989, 435; *Heghmanns*, in: *Achenbach/Wannemacher*, § 25 Rn. 98; *Hilgendorf*, JuS 1996, 891 und *Schönke/Schröder-Stree*, § 303 a Rn. 4.

[129] Vgl. *Schönke/Schröder-Stree*, § 303 a Rn. 4; *Tröndle*, § 303 a Rn. 8.

liche Änderung einzuordnen.[130] Nach der Rechtsprechung fällt unter diese Tathandlung auch – siehe oben Fall 3 – das Ersetzen der Kontonummer einer ec-Karte durch eine andere Nummer.[131] Hier wird durch die Löschung der Informationen auf der ec-Karte vom bisherigen Trägermedium und die Verknüpfung mit neuen Daten der Aussagewert des Magnetstreifens der Karte inhaltlich verändert. Die Tathandlung des Veränderns ist aber auch dadurch verwirklicht, daß ein Computerprogramm oder eine Datei mit einem Virus verbunden wird, der etwa Informationen, Paßwörter oder andere Informationen speichert, löscht oder verändert, da hier das ursprüngliche Programm ebenfalls durch die infiltrierten Teile erweitert und damit inhaltlich umgestaltet wird.

c) „Rechtswidrigkeit" der Datenveränderung

Die dargestellten Tathandlungen erfassen mit dem Begriff der Datenveränderung einen weiten Bereich von Handlungen. Auch jeder Programmierer und jeder Nutzer, der an seinem Computer arbeitet, ist ein gewerbsmäßiger Datenveränderer, wenn er etwa nicht mehr benötigte Daten löscht. Kein Rechner und auch kein Programm wären im übrigen funktionsfähig, wenn nicht während des Programmablaufs notwendige Daten fortwährend verändert würden. Sinn und Zweck des Tatbestandes kann es aber nicht sein, in all diesen Fällen eines sozialadäquaten Verhaltens von einem kriminellen Unrecht auszugehen und die Datenveränderung undifferenziert unter Strafe zu stellen. Es ist deshalb offensichtlich, daß der Tatbestand eines einschränkenden Kriteriums bedarf, wenn man ein solches Ergebnis vermeiden will. Auch wenn über eine generell notwendige Einschränkung des Tatbestandes Einigkeit besteht, gehen doch die Meinungen, wie diese zu erfolgen hat, auseinander. Während einzelne die Ergänzung des Tatbestandes um das ungeschriebene Merkmal der Fremdheit der Daten[132] fordern, wird von anderen die Rechtswidrigkeit der Datenveränderung nicht nur als allgemeines Verbrechensmerkmal, sondern als einschränkendes Tatbestandsmerkmal[133] angesehen. Im Ergebnis ist diese dogmatische Frage zweitrangig, entscheidend ist letztlich der Inhalt des Einschränkungskriteriums. Dazu kann hier nur auf die **Verfügungsberechtigung über Daten** oder die Frage der **Fremdheit der Daten** abgestellt werden. Dies stößt auf die Schwierigkeit, daß eine zivilrechtliche Zuordnung von Informationen zu bestimmten Berechtigten nicht existiert und man von keinem „Dateneigentum" ausgehen kann. Eine Verfügungsberechtigung über Daten ist deshalb zunächst für den anzuerkennen, der Daten befugt einspeichert oder einspeichern läßt. Gleiches muß für den jeweiligen Eigentümer des Computers oder der Datenträger gelten. Wie die Veränderung des Magnetstreifens der ec-Karte gezeigt hat, können aber auch Dritte ein besonderes Interesse an der Unversehrtheit der Daten haben. Schließlich ist von einer Verfügungsberechtigung bei dem auszugehen, von dessen Zustimmung eine Speicherung abhängig ist und der die Informationen erstmalig abspeichert.[134] Bei in fremdem Auftrag erstellten Daten (Verhältnis Auftraggeber zu Datenverarbeitungsfirma) ist von einer grundsätzlichen Berechtigung des Auftraggebers auszugehen.[135] Das Ende der Verfügungsberechtigung ist zu bejahen, wenn der Berechtigte darauf verzichtet oder sein Recht verwirkt hat. 94

---

130 Vgl. *Welp*, iur 1989, 435 und *Hilgendorf*, JuS 1996, 891.

131 Vgl. BayObLG, JR 1994, 476 mit Anmerkung *Hilgendorf* sowie AG Böblingen, CR 1989, 308 und *Richter*, CR 1989, 303 ff.

132 So im Ergebnis *Lenckner/Winkelbauer*, CR 1986, 828; Welp, iur 1989, 447; *Schönke/Schröder-Stree*, § 303 a Rn. 3 und *LK-Tolksdorf*, § 303 a Rn. 5 ff.

133 So im Ergebnis *Tröndle*, § 303 a Rn. 9; *Hilgendorf*, JuS 1996, 892; *Lackner/Kühl*, § 303 a Rn. 4; *SK-StGB-Samson*, § 303 a Rn. 4.

134 Vgl. näher zu einzelnen Kriterien für die Verfügungsberechtigung *Hilgendorf*, JuS 1996, 892; *Welp*, iur 1989, 447 f.; *LK-Tolksdorf*, § 303 a Rn. 8 ff.

135 Die ist im einzelnen umstritten. Vgl. die Nachweise bei *LK-Tolksdorf*, § 303 a Rn. 17 und *Hilgendorf*, JuS 1996, 893.

d) Subjektiver Tatbestand, Versuch, Konkurrenzen

95 Zur Tatbestandsverwirklichung erforderlich ist der Nachweis eines **zumindest bedingten Vorsatzes** hinsichtlich des objektiven Tatbestandes. Ein vorsatzausschließender Tatbestandsirrtum i. S. d. § 16 StGB liegt dabei dann vor, wenn der Täter irrig glaubt, über die Daten verfügungsbefugt zu sein. Geht der Täter allerdings irrig – trotz Kenntnis der Berührung fremder Belange – davon aus, zur Tat berechtigt zu sein, kommt eine direkte Anwendung des § 16 StGB nicht in Betracht. Die rechtliche Behandlung eines dann vorliegenden Erlaubnistatbestandsirrtums ist im einzelnen umstritten.[136] Ebenso wie bei der Sachbeschädigung ist auch bei § 303 a StGB der **Versuch strafbar**. Ein solcher Fall wird insbesondere dann vorliegen, wenn der Täter aus seiner Sicht zwar alles Erforderliche getan hat, es aber – etwa durch die eingesetzten Viren – noch zu keiner Auswirkung auf die Daten gekommen ist oder dem Eintritt des tatbestandlichen Erfolgs irgendwelche Hindernisse entgegenstehen. Im Rahmen der **Konkurrenzen** tritt § 303 a StGB bei Vorliegen der Qualifizierung des § 303 b Abs. 1 Nr. 1 StGB zurück. Im übrigen ist regelmäßig von einer Tateinheit mit §§ 263 a, 269, 303 StGB auszugehen, es sei denn der Unrechtsgehalt der Tat ist in den anderen verwirklichten Delikten bereits mit enthalten.

3. Computersabotage (§ 303 b StGB)

96 Nachdem durch Manipulationen an EDV-Anlagen und an Software mit geringem Aufwand große Schäden verursacht werden können, erschien dem Gesetzgeber der bisherige Strafrahmen des § 303 StGB nicht mehr ausreichend. Hinzu kam, daß Sabotagehandlungen nur wenn sie sich gegen Sachen richten – nicht dagegen bei Daten – durch den bisherigen § 303 StGB erfaßt werden. Der Gesetzgeber hielt es deshalb für erforderlich, mit dem 2. WiKG einen eigenen Tatbestand in diesem Bereich zu schaffen. Geschütztes Rechtsgut der Computersabotage ist das **störungsfreie Funktionieren der EDV-Anlage zum Schutz der Wirtschaft und Verwaltung**.[137] Von der Deliktsnatur handelt es sich bei § 303 b StGB um ein Erfolgsdelikt, das mit der Störung einer Datenverarbeitung verwirklicht ist. Die Computersabotage ist dabei hinsichtlich Abs. 1 Nr. 1 als Qualifizierung zu § 303 a StGB, hinsichtlich Abs. 1 Nr. 2 zur Sachbeschädigung anzusehen. Der Tatbestand ist aber bzgl. des Beseitigens oder Veränderns von Datenverarbeitungsanlagen bzw. Datenträgern auch ein eigenständiges Delikt.

a) Datenverarbeitung als Schutzgegenstand

97 Der geschützte Bereich der Datenverarbeitung ist dabei einerseits weit, indem er nicht nur auf den einzelnen Datenverarbeitungsvorgang, sondern auch auf den weiteren Umgang mit Daten und deren Verwertung, d. h. auch die Eingabe, Speicherung und Übermittlung von Daten, bezogen wird. Andererseits erstreckt sich der strafrechtliche Schutz nicht auf alle Datenverarbeitungen, sondern nur auf solche, die von wesentlicher Bedeutung für einen fremden Betrieb, ein fremdes Unternehmen oder eine Behörde sind. Zur Reichweite der von § 303 b StGB erfaßten „**Betriebe**" kann dabei nicht auf die enge Legaldefinition in § 265 b Abs. 3 Nr. 1 StGB abgestellt werden, sondern ist allgemein auf die zu § 14 StGB entwickelten Grundsätze zurückzugreifen. Entscheidend ist damit, ob es sich um eine räumliche und organisatorische Zusammenfassung von Personen und Sachmitteln zur Erreichung eines arbeitstechnischen Zwecks handelt, der nicht unbe-

---

[136] Teilweise erfolgt eine Lösung über eine analoge Anwendung des § 16 StGB, teilweise ein Rückgriff auf den Verbotsirrtum gem. § 17 StGB. Vgl. dazu *Schönke/Schröder-Stree*, § 303 a Rn. 5 und *Hilgendorf*, JuS 1996, 894.

[137] Vgl. dazu nur *Tröndle*, § 303 b Rn. 2; *Schönke/Schröder-Stree*, § 303 b Rn. 1 sowie *LK-Tolksdorf*, § 303 b Rn. 2.

dingt wirtschaftlich sein muß.[138] Als **Unternehmen** wird demgegenüber eine organisatorische Einheit angesehen, die auf einer Verbindung personeller und sachlicher Mittel beruht. Damit werden durch diese – teilweise deckungsgleichen – Begriffe von § 303 b StGB etwa Datenverarbeitungen in Geschäften, Handwerksbetrieben, Agenturen, Freiberuflern, Banken und Vereinen geschützt. Da ein unmittelbarer wirtschaftlicher Zweck mit Gewinnerzielungsabsicht nicht im Vordergrund steht, sind etwa auch karitative Einrichtungen oder andere gemeinnützige Vereine, Theater ohne wirtschaftliche Ziele mit einbezogen. Hinzukommen muß aber, daß Betrieb oder Unternehmen für den Täter auch fremd sind. Daran fehlt es aber, wenn Alleineigentum des Täters vorliegt oder er als Alleingesellschafter einer GmbH tätig ist. Täter i. S. d. § 303 b kann nicht sein, wer Sabotagehandlungen an seiner eigenen DV-Anlage vornimmt. Für Betriebs- oder Unternehmensangehörige ist aber von einer Fremdheit auszugehen, solange das Betriebsvermögen rechtlich bzw. wirtschaftlich nicht dem Täter zuzuordnen ist. Probleme bei der Zuordnung können insoweit auftreten, als die Datenverarbeitung des Unternehmens etwa durch fremde Rechenzentren wahrgenommen wird. In diesem Fall dürfte die Datenverarbeitung wohl dem Betrieb des Unternehmens zuzuordnen sein. Der Betreiber des Rechenzentrums kann somit Täter i. S. d. § 303 b StGB sein. Entscheidend ist deshalb in diesem Zusammenhang die Prüfung der Eigentums-, Gebrauchs- und Verfügungsrechte sowohl an der vorhandenen Hardware als auch hinsichtlich der Software. Hier ist ggf. sogar weiter zwischen System- und Anwendersoftware zu unterscheiden. Unter einer **Behörde** wird – ebenso wie in § 11 Abs. 1 Nr. 7 StGB – eine ständiges, von der Person des Inhabers unabhängiges, in das Gefüge der öffentlichen Verwaltung eingeordnetes Organ der Staatsgewalt mit der Aufgabe, unter öffentlicher Autorität nach eigener Entschließung für Staatszwecke tätig zu sein, verstanden.[139] Darunter fallen auch Gerichte.

Einschränkungen im Anwendungsbereich von § 303 b StGB ergeben sich noch insoweit, als die **EDV-Anlage wesentliche Bedeutung für die jeweilige Einrichtung** haben muß. Durch diesen unbestimmten Begriff sollen vor allem Sabotagehandlungen an untergeordneten Computeranlagen, die keine für die Funktionsfähigkeit des Betriebes zentralen Informationen enthalten, ausgeschlossen bleiben. Zur Bejahung dieses Merkmals kommt es erst, wenn die folgenden drei Prüfungsschritte[140] positiv durchlaufen sind: Zunächst muß mit der EDV-Anlage eine Aufgabe des Unternehmens – von der Produktion über den Absatz bis hin zur Forschung und Finanzierung – erledigt werden. Der Betrieb muß zum zweiten auf die jeweilige Aufgabe ohne nennenswerten Schaden nicht verzichten können, d. h. es darf sich etwa nicht um ein Nebenbetätigungsfeld handeln. Zum Dritten darf sich die jeweilige Aufgabe nur mit EDV effektiv bewältigen lassen. Daran fehlt es etwa, wenn die mittels EDV erledigten Arbeiten ohne größeren Aufwand auch ohne Datenverarbeitung abgewickelt werden könnten. Dies dürfte auch dann zu bejahen sein, falls im Unternehmen Ersatzanlagen zur Verfügung stehen, über die ohne größeren Zeitverlust die bisherige Arbeit fortgesetzt werden kann.[141] 98

b) Taterfolg

Eine Strafbarkeit nach § 303 b StGB kann nur dann verwirklicht sein, wenn es als Taterfolg zu einer **Störung der Datenverarbeitung** kommt. Dieser Erfolg tritt erst ein, sofern der reibungslose Ablauf der Datenverarbeitung nicht unerheblich beeinträchtigt ist.[142] Dafür soll nach der Gesetzesbegründung einerseits eine Störung des Betriebes insgesamt nicht erforderlich sein, während andererseits eine bloße Gefährdung der Daten- 99

---

138 Vgl. dazu *Tröndle*, § 14 Rn. 8; *Volesky/Scholten*, iur 1987, 281 und *LK-Tolksdorf*, § 303 b Rn. 9.

139 Vgl. BGHSt 25, 186 sowie *Tröndle*, § 11 Rn. 35 m. w. N.

140 Vgl. dazu ausführlich *Volesky/Scholten*, iur 1987, 283.

141 Vgl. dazu einerseits *Heghmanns*, in: *Achenbach/Wannemacher*, § 25 Rn. 111 sowie ablehnend *Volesky/Scholten*, iur 1987, 284.

142 Vgl. *Tröndle*, § 303 b Rn. 5; *Schönke/Schröder-Stree*, § 303 b Rn. 10 jeweils m. w. N.

verarbeitung noch nicht ausreichend ist. Unzweifelhaft ist von solchen Störung der Datenverarbeitung auszugehen, wenn die **Funktionsfähigkeit der EDV-Anlage** völlig **aufgehoben** ist. Darunter sind etwa Fälle zu subsumieren, wie die Verletzung oder Zerstörung der Substanz des Rechners (Computer wird angezündet oder mit sonstigen Flüssigkeiten gebrauchsunfähig gemacht) oder die bewußte Herbeiführung des völligen Zusammenbruchs eines EDV-Systems, das nicht durch einen neuen Start sofort wieder einsatzbereit ist. Bereits nicht so eindeutig ist diese Frage für den Fall zu beurteilen, daß es lediglich zu einer **Einschränkung der Funktionsfähigkeit** der Anlage kommt. Hier kann wiederum nur das Kriterium der Wesentlichkeit herangezogen werden. Beeinträchtigungen der Hardwarefunktionen – z. B. etwa durch den Ausfall einzelner Funktionen oder Geräte (Bildschirme, Drucker) – dürften so regelmäßig zu einer Störung führen, wenn keine Datenausgabe und Arbeit am Rechner mehr möglich ist. Gleiches gilt für die erhebliche Herabsetzung der Rechnergeschwindigkeit oder die Nichtausführbarkeit einzelner Programme bzw. Anwendungen als Wirkung der eingesetzten Viren. Kann die volle Funktionsfähigkeit aber über eine anderes Gerät oder durch einen kurzfristigen Neustart des Rechners wieder erreicht werden, erfüllt die nur zeitweise Manipulation den tatbestandlichen Erfolg der Störung nicht. Am meisten Schwierigkeiten bei der Einordnung bereitet die unberechtigte Einflußnahme auf das Ergebnis der Datenverarbeitung.[143] Bereits der Gesetzgeber[144] hat den Begriff der Datenverarbeitung nicht auf den einzelnen Datenverarbeitungsvorgang, sondern auch auf den weiteren Umgang mit den Daten sowie deren Verwertung erstreckt, denn ein Rechner, der falsche Ergebnisse erzielt, kann einen viel größeren Schaden anrichten als ein Computer, der ganz oder teilweise funktionsunfähig ist. In Abgrenzung zu § 263 a StGB wird aber aus dem Gesetzeswortlaut bereits deutlich, daß regelmäßig die Störung eines einzelnen Datenverarbeitungsvorgangs hier nicht ausreichend ist, sondern nur die Störung einer unbestimmten Vielzahl von solchen Vorgängen. Sabotagehandlungen führen deshalb zum tatbestandlichen Erfolg, wenn sich Programmveränderungen oder Veränderungen von Daten auf eine Vielzahl oder sogar alle Datensätze bzw. Daten auswirken.[145] Der Tatbestand des § 303 b StGB ist daher auch erfüllt, wenn es durch Sabotagehandlungen zu Veränderungen bei der Lohnbuchhaltung des Betriebes, etwa zu falschen Berechnungen der Lohnsteuern oder durch Gehaltsauszahlungen an fiktive Mitarbeiter kommt.

c) Tathandlungen

100 Der zur Störung der Datenverarbeitung führende Erfolg kann dabei zunächst nach § 303 b Abs. 1 **Nr. 1** StGB durch eine **Tat nach** § 303 a StGB herbeigeführt werden, also durch rechtswidrige Löschung, Unterdrückung, Unbrauchbarmachung oder Veränderung von Daten.[146] Insoweit ist die Tat damit eine Qualifizierung zur Datenveränderung. Unter Strafe gestellt sind aber nach § 303 b Abs. 1 **Nr. 2** StGB als eigenständigem Tatbestand auch Angriffe auf die **Datenverarbeitungsanlage** oder einen **Datenträger** und damit die Hardware i. w. S. Vom Begriff der DV-Anlage erfaßt werden alle Einzelbestandteile vom Bildschirm über Laufwerke, Drucker bis hin zur Zentraleinheit selbst. Datenträger können alle heute gängigen Speichermedien wie Diskette, Magnetband oder CD-ROM sein. Die einzelne Tathandlung kann dabei zunächst durch das **Zerstören** oder **Beschädigen** – wie bei § 303 StGB – der Hardware erfolgen. **Unbrauchbar gemacht** wird ein Gegenstand durch Aufhebung oder so starke Beeinträchtigung der Gebrauchsfähigkeit, daß eine ordnungsgemäße Nutzung entfällt. Zu einer **Beseitigung** kommt es, sobald der Gegenstand aus dem Verfügungsbereich des Berechtigten entfernt wurde. Da

---

[143] Vgl. dazu die Falldarstellungen bei *Voleskey/Scholten*, iur 1987, 283.

[144] Vgl. BT-Drucksache 10/5058, 35.

[145] Vgl. dazu näher *LK-Tolksdorf*, § 303 b Rn. 16 ff.; *Volesky/Scholten*, iur 1987, 284.

[146] Zur Reichweite dieser Tathandlungen wird dabei auf die Ausführungen in Rn. 90 ff. Bezug genommen.

es im Rahmen der **Veränderung** – Herstellung eines abweichenden Zustandes der Hardware – regelmäßig bereits zu einem Beschädigen oder Unbrauchbarmachen kommt, sind für diese Tatalternative Anwendungsfälle nur schwer vorstellbar.

d) Subjektiver Tatbestand, Versuch, Konkurrenzen

Die Verwirklichung der Computersabotage erfordert in subjektiver Hinsicht das Vorliegen eines **mindestens bedingten Vorsatzes**, der sich auf alle Tatbestandsmerkmale bezieht. Hinsichtlich der DV-Anlage muß der Täter dabei die maßgeblichen Umstände kennen, aus denen sich die Wesentlichkeit der Datenverarbeitung ergibt. Einer weitergehenden Einstufung bedarf es jedoch nicht. Irrt der Täter trotz Realisierung dieser Umstände, liegt ein Subsumtionsirrtum vor.[147] Ebenso wie bei § 303a StGB ist nach Abs. 2 auch der **Versuch strafbar**. Daran ist insbesondere zu denken, wenn es trotz erfolgter Sabotagehandlung noch zu keinem Taterfolg, der Störung der Datenverarbeitung, gekommen ist, der Täter aber nach seinen Vorstellungen aber bereits mit der Tatausführung begonnen hat. Hinsichtlich der **Konkurrenzen** ist aufgrund der Deliktsnatur offensichtlich, daß der qualifizierende Tatbestand des § 303b Abs. 1 Nr. 1 StGB den Grundtatbestand des § 303a StGB verdrängt. Im übrigen ist regelmäßig Tateinheit mit weiteren Tatbeständen, insbesondere § 303 oder §§ 263a, 269 StGB gegeben, es sei denn die Sachbeschädigung würde hinter § 303b StGB zurücktreten, falls deren tatbestandlicher Erfolg bereits voll von der Sabotagehandlung mit erfaßt wird. 101

4. Probleme des Tatnachweises

Ebenso wie bei der herkömmlichen Sachbeschädigung ist sowohl bei der Datenveränderung als auch bei der Computersabotage gem. § 303c StGB ein entsprechender **Strafantrag des Verletzten** erforderlich. Dazu zählt bei elektronisch gespeicherten Informationen insbesondere der Verfügungsberechtigte über die Daten, die Datenverarbeitung sowie die gesamte EDV-Anlage. Da viele Unternehmen jedoch davor zurückschrecken werden, durch eine Anzeige bei den Strafverfolgungsbehörden eine Datenveränderung oder Sabotagehandlung nach außen hin aus Gründen der Schädigung des eigenen Image publik zu machen, ist bei den Delikten in diesem Bereich von einer **nicht unerheblichen Dunkelziffer** auszugehen. Ein großer Teil der Fälle wird daher gar nicht an die Ermittlungsbehörden herangetragen. Im Hinblick auf die teilweise mit Sabotagehandlungen verbundenen **hohen finanziellen Schäden** dürfte andererseits für die Strafverfolgungsorgane die Bejahung des besonderen öffentlichen Interesses regelmäßig geboten sein, so daß auch ohne Strafantrag nach Bekanntwerden des Sachverhalts die entsprechenden Ermittlungen aufzunehmen sind. Während Ermittlungen bei Sabotagehandlungen, die sich gegen die eingesetzte Hardware in Form der DV-Anlage mit ihren Einzelkomponenten richten, in der Regel keine Schwierigkeiten aufwerfen werden, kann gleiches für Veränderungen bei der Software durch Viren sicher nicht festgestellt werden. Hier dürfte das Hauptproblem beim Tatnachweis darin bestehen, die **Ursachen für eine Veränderung der Daten** zunächst zu ermitteln. Erst daraus können Rückschlüsse auf die Herkunft der Software – etwa durch frühere Sicherheitskopien mit dem Vergleich alter und neuer Daten oder durch Protokolle über Datenveränderungen – gezogen werden. Erforderlich hierfür sind jedoch besondere EDV-Kenntnisse, um solche Programme aufzuspüren und einen späteren gerichtsverwertbaren Nachweis für Manipulationen führen zu können. Vor dem Hintergrund der immer mehr zunehmenden Vernetzung der EDV-Systeme dürfte es daher noch schwieriger werden, konkrete Feststellungen über die Herkunft von Sabotageprogrammen über das Netz – etwa auch über das Internet – zu treffen, so daß Ermittlungen in diesem Bereich nur schwer zur Überführung des Täters beitragen können. 102

---

147 Vgl. *Schönke/Schröder-Stree*, § 303b Rn. 16.

VI. Illegale Nutzung von Programmen (§§ 106 ff. UrhG)

103 Dem Bereich der Computerkriminalität zuzurechnen sind auch alle Formen der **Softwarepiraterie**, der unbefugten Nutzung von fremden Programmen oder Daten. Mit den im Nebenstrafrecht in den **§§ 106 ff. UrhG** enthaltenen Strafnormen will der Gesetzgeber vom Rechtsgut her die Dispositionsbefugnis des Urhebers über die Nutzung seiner Werke schützen. Das Urheberstrafrecht enthält dazu drei Grundtatbestände: 106 UrhG greift bei einer Verletzung der Verwertungsbefugnisse des Urhebers ein. In § 107 UrhG werden Straftaten im Fall eines Verstoßes gegen das Persönlichkeitsrecht des Urhebers, in § 108 UrhG Straftaten gegen Verwertungsbefugnisse der Inhaber von verwandten Schutzrechten sanktioniert. Zusätzlich wird durch § 108 a UrhG der Strafrahmen der vorgenannten Einzelnormen für den Fall einer gewerbsmäßigen Verletzung erhöht. Bei all diesen Bestimmungen handelt es sich um **Blankettstrafnormen**, die erst in Verbindung mit den sie konkretisierenden Vorschriften über die Werkeigenschaft und über die einzelnen Tathandlungen ihren konkreten Inhalt erhalten. Von den vier Einzelnormen der §§ 106–108 a UrhG haben im Zusammenhang mit der Computerkriminalität aber nur § 106 und § 108 UrhG eine besondere Bedeutung, weshalb sich auch die weiteren Ausführungen auf diese beiden Tatbestände beschränken.[148] Festzuhalten bleibt aber bereits an dieser Stelle, daß durch die abschließenden Bestimmungen des Urheberstrafrechts eine Reihe von Handlungen **keine strafrechtlichen Sanktionen** erfahren haben. So erfüllt etwa eine **fahrlässige Handlungsweise** ebenso wie ein Vorgehen mit Einwilligung des Berechtigten keinen der obigen Tatbestände. Nicht strafbar sind auch das Ausstellen von Werken (§ 18 UrhG), die Bearbeitung und Umgestaltung von Werken (§ 23 UrhG), sofern damit nicht bereits eine Vervielfältigung verbunden ist, sowie die Entstellung eines Werkes (§ 14 UrhG). Hier muß der Urheber auf zivilrechtlichem Wege gegen solche Verwertungshandlungen vorgehen. Nach § 106 UrhG kommt es somit zu einem strafbaren Verhalten nur bei einer Vervielfältigung, Verbreitung oder öffentlichen Wiedergabe eines geschützten Werkes.

104 Die Regelungen des Urheberstrafrechts haben im Bereich der EDV heute deshalb eine besondere Bedeutung, da ein **Betrieb eines Computers ohne** eine entsprechende **Software** gar **nicht möglich** ist. Dies beginnt bereits mit dem Betriebssystem, ohne das der Rechner überhaupt nicht lauffähig ist und reicht vom einfachsten Anwendungsprogramm oder Computerspiel bis hin zu umfangreichsten Softwareapplikationen. Es läßt sich damit kaum mehr ein Rechner finden, der neben dem Betriebssystem eine fast schon nicht mehr überschaubare Anzahl von Computerprogrammen auf der Festplatte gespeichert hat. Während zu Beginn des EDV-Einsatzes vor allem in den 80er Jahren häufig in den Betrieben und Unternehmen noch eigene Softwareentwicklungen eingesetzt wurden, wird heute im Hinblick auf die Komplexität der Anwendungen und die damit vielfach verbundenen Entwicklungskosten zunehmend auf **Standardsoftwareprogramme** zurückgegriffen. Auch wenn der Markt für Softwareprodukte inzwischen einen erheblichen Umfang eingenommen hat, ergibt sich doch im Bereich des Urheberstrafrechts gerade bei Computerprogrammen nur eine sehr geringe Normgeltung. Fast jeder Rechner enthält heute zumindest ein, wenn nicht sogar mehrere Programme, für die der Benutzer keine entsprechende Lizenz nachweisen kann. Verletzungen der urheberrechtlichen Schutzrechte gehören daher heute zu den **„Kavaliersdelikten"**. Vielfach fehlt hier in diesem Punkt auch in weiten Bereichen der Bevölkerung ein entsprechendes Unrechtsbewußtsein. Die Zahlen der polizeilichen Kriminalstatistik zu diesen Deliktsformen können daher nur die Spitze des Eisbergs darstellen, während im übrigen von einer **Dun-**

[148] Vgl. im übrigen weiterführend zum Urheberstrafrecht die Ausführungen in Kapitel 15 sowie die Darstellungen bei *Fromm/Nordemann*, Urheberrecht, 9. Aufl. 1998, Kommentierungen zu §§ 106 ff.; *Kouker/Nordemann*, in: *Achenbach/Wannemacher*, § 26.

kelziffer von über 99% auszugehen ist. Dies wird zum einen etwa daraus deutlich, daß in Betrieben oder Unternehmen für bestimmte Anwendungen nur eine Programmlizenz erworben wurde, während das Programm tatsächlich häufiger eingesetzt wird. Zum anderen wird es den Rechtsbrechern in diesem Bereich aufgrund der sich ständig verbessernden technischen Möglichkeiten auch immer leichter gemacht, fremde Urheberrechte zu verletzen. So lassen sich geschützte Programme über Disketten oder neuerdings durch das Einbrennen auf CD's sehr leicht vervielfältigen und so im Kreis der Bekannten oder Freunde leicht weitergeben, ohne daß dafür eine lizenzrechtliche Erlaubnis vorliegt. Geschützte Computerprogramme sind heute aber auch leicht über FTP-Server mittels Filetransfer **im Internet** zum Abruf bereitzuhalten und zu verbreiten, ohne daß hierfür entsprechende Lizenzen vorliegen. So zeigt die Kriminalstatistik zunächst am Ende der 80er Jahre eine intensive Ermittlungstätigkeit mit einer Vielzahl von Verfahren, die sich vor allem auch gegen Jugendliche wegen der unberechtigten Weitergabe und Nutzung von Computerspielen richteten. Die Fallzahlen haben aber dann bis 1992 auf nur noch 572 Fälle im Jahr erheblich abgenommen. Bis 1997 erfolgte dann wieder ein Anstieg auf 1318 Verfahren. 1998 hat die Zahl der Verfahren aber wieder auf 651 deutlich abgenommen. Auch wenn damit der statistische Anteil der Softwarepiraterie an der gesamten Computerkriminalität gering ist, entstehen durch die hohe Dunkelziffer in diesem Bereich der Softwareindustrie doch Jahr für Jahr Schäden in Millionenhöhe aus der unberechtigten Nutzung ihrer Programme. Dies mögen die folgenden Fälle verdeutlichen:

Fall 1: Der arbeitslose Täter verschaffte sich seit Ende 1995 fortlaufend auf Streamerbändern, CD's **105** oder durch eigenes Herunterladen aus den Internet-Mailboxen anderer Software-Piraten Raubkopien der jeweiligen aktuellen, urheberrechtlich geschützten Computerprogramme praktisch aller namhafter Software-Hersteller. Aus diesen Raubkopien stellte er mit einem eigenen CD-Brenner eine Vielzahl von CD's mit eigenen Zusammenstellungen attraktiver Computerprogramme her. Soweit die auf den CD's enthaltenen Programme von den Inhabern der Urheberrechte mit einem Schutz vor unberechtigter Vervielfältigung oder Installation versehen worden waren, hatte er diese Schutzeinrichtungen entweder bereits von anderen Raubkopierern überwunden oder es waren die zu Überwindung dieser Schutzvorrichtungen erforderlichen Programme und Seriennummern beigefügt. Darüber hinaus stellte der Angeklagte mit einem Farbdrucker nach eingescannten Vorlagen Kopien der Original-Hüllenbeschriftungen (Cover) der geschützten Programme her. Dazu hielt er umfangreiche Angebotslisten über die bei ihm erhältlichen Raubkopien bereit, die er teilweise auch als Werbung oder Angebote auf die selbsterstellten CD's aufspielte. Die so gefertigten CD's mit Raubkopien und nachgemachtem Cover bot der Täter ohne Wissen und Zustimmung der Urheber über seine eigene Mailbox und auf andere Weise zahlreichen Interessenten zu einem Bruchteil des Preises der Originalprogramme an und verkaufte sie ihnen, um sich so eine dauerhafte Einnahmequelle zu sichern. Im übrigen hielt er die Raubkopien in seiner Mailbox „Riverside" zum Abruf bereit. Der Marktwert aller Originalprogramme der vom Täter gefertigten, angebotenen, verkauften oder zum Abruf bereitgehaltenen Raubkopien liegt im Bereich von mehreren Hunderttausend DM. Bei der Wohnungsdurchsuchung am 25. 4. 1996 wurden der Computer, das Modem, fertiggestellte CD's, Festplatten und Backups sowie ein Computer mit CD-Brenner und ein Farbdrucker sichergestellt. Der Täter verschaffte sich jedoch in der Folgezeit neue Computer- und Kopieranlagen, so daß bei einer weiteren Durchsuchung am 7. 10. 1996 wieder die entsprechende Hardware und Softwareausstattung mit erstellten raubkopierten CD's sichergestellt werden konnte. Bei einer dritten Durchsuchung am 16. 4. 1997 wurden nochmals die gesamte technische Ausstattung zur Erstellung der Raubkopien und große Mengen neu gefertigter CD's mit Raubkopien vorgefunden. Vom Gericht wurde der Täter am 26. 11. 1997 zu einer Freiheitsstrafe von 1 Jahr und 3 Monaten mit Bewährung verurteilt.[149]

Fall 2: Die Täterin war Geschäftsführerin und Gesellschafterin einer Vertriebsgesellschaft für Hard- und Software, deren Gegenstand u. a. der Handel mit Softwareprodukten war. In dieser Funktion bot die Täterin 3000 OEM-Versionen des Programms Microsoft MS-DOS 6.2 zum Kauf an. In einer sog. OEM-Version wurden die Programme durch Hersteller von Hardware vertrieben. Die Lizenzverträge mit Microsoft sahen gegen eine festgelegte Lizenzgebühr den Vertrieb des Pro-

149 Vgl. zum Sachverhalt die Ausführungen im Urteil des AG Velbert, MMR 1998, 153 mit Anm. *Hütig*.

gramms durch die Computerhersteller vor. Im Zeitpunkt des Verkaufs waren aber nur noch 400 Stück verfügbar. Die Täterin bezog deshalb von einer Firma in Leverkusen 2000 Stück der OEM-Version. Die gelieferten und weiterverkauften Programme waren jedoch Fälschungen, die an den Hauptmerkmalen des Echtheitszertifikats erkennbar waren. So diente als Nachweis für die Echtheit der Programme ein mit fälschungssicheren Daten ausgestattetes Zertifikat, welches jeder Diskette oder CD nebst Handbuch beigefügt war und welches insbesondere ein mehrdimensionales Hologramm enthielt, einen Aufkleber in Ausriß mit besonderen Schriftzeichen und schließlich eine Registriernummer. Anhand dieser drei Merkmale war Insidern der Branche die Feststellung möglich, ob es sich um ein von nicht autorisierten Vervielfältigern hergestelltes Exemplar des Programms handelte. Bei den gelieferten Programmen war aber das Hologramm nicht ausreichend farbig, der Abriß des Aufklebers entgegen dem Original prägnant gedruckt und die Registriernummer durch anders gestaltete sternförmige Zeichen begrenzt. Diese Abweichungen waren für die Täterin ohne weiteres erkennbar, sie hatte jedoch keine Überprüfungen der Ware vorgenommen. Sie wurde wegen gewerbsmäßigem unerlaubten Verwerten urheberrechtlich geschützter Werke in Tateinheit mit einer Verletzung der WarenzeichenG zu einer Geldstrafe von 150 Tagessätzen verurteilt.[150]

Fall 3: Ein Programmierer hatte eine spezielle und aufwendige Internet-Homepage als Angebot im Netz erstellt. Von verschiedenen Internet-Servern wurde er auf die Homepage eines anderen Unternehmens hingewiesen. Bei einem Aufruf dieses Angebotes stellte sich heraus, daß dieses schon in der Gestaltung eine bemerkenswerte Ähnlichkeit mit der selbst erstellten Homepage aufwies. Aber die Ähnlichkeit endete damit nicht. Auch die Hilfe-Texte zum Einstellen des Browsers waren fast vollständig wörtlich identisch. Damit war offensichtlich, daß die ursprüngliche Homepage des Programmierers von dem anderen Anbieter nur kopiert und im Hinblick auf das eigene Angebot nur geringfügig verändert worden war. Es stellt sich damit die Frage, inwieweit solche aufwendig erstellten Homepages als Bildschirmanzeigen ebenfalls urheberrechtlichen Schutz genießen.[151]

1. Schutzfähigkeit von Computerprogrammen

106 Von § 106 UrhG geschützt sind Werke i. S. d. § 2 UrhG. Erst wenn eine solche Werkeigenschaft bejaht werden kann, kommt auch eine strafrechtliche Ahndung überhaupt in Betracht. Zu den geschützten Werken zählen nach **§ 2 Abs. 1 Nr. 1 UrhG** auch **Computerprogramme**. Die entsprechende Ziffer wurde erst durch das Gesetz zur Änderung von Vorschriften auf dem Gebiet des Urheberrechts vom 24. 6. 1985[152] in das Urheberrecht überhaupt aufgenommen. Doch war der Schutzumfang für solche Programme bisher gering, da nach der sog. **Inkassoprogramm-Entscheidung** des BGH[153] nur solche Computerprogramme Werkschutz nach dem Urheberrecht genießen sollten, die gegenüber anderen Programmen eine besondere geistige Schöpfungshöhe erreichen und damit weit über das hinausgehen, was einer durchschnittlichen Programmierung entspricht. Im Streitfall konnte ein solcher Nachweis nur durch die Einholung eines aufwendigen Sachverständigengutachtens geführt werden. Hierbei mußte das betreffende Programm mit anderen bereits vorhandenen Programmen verglichen werden. In der Entscheidung zum Betriebssystem[154] hat der BGH diese Rechtsprechung später bestätigt. Negative Folge dieser engen Auslegung des Werkbegriffs war, daß die Strafnorm wegen dieser Nachweisschwierigkeiten infolge der fehlenden Schutzfähigkeit des Programms kaum zur Anwendung kommen konnte. Schätzungen gingen davon aus, daß 80–90 % aller Computerprogramme infolge dieser restriktiven BGH-Rechtsprechung ohne urheberrechtlichen Schutz waren. Diese Situation änderte sich jedoch mit dem Zweiten Gesetz zur Änderung des Urheberrechtsgesetzes vom 9. 6. 1993 durch die Neueinfügung der **§§ 69 a ff. UrhG** als **Sonderregelungen für Computerprogramme** in das bestehende Gesetzeswerk. Die vor diesem Zeitpunkt ergangene Rechtsprechung zur Werkeigenschaft von Computerprogrammen kann deshalb als überholt angesehen werden. Der Gesetz-

150 Vgl. zum Sachverhalt AG München, CR 1997, 749 f.
151 Vgl. zum Sachverhalt *König*, c't Heft 14/1997, 176.
152 Vgl. BGBl. 1985, Teil 1, 1137.
153 Vgl. BGHZ 94, 276, 286 f.
154 Vgl. BGHZ 112, 264, 271, 274.

geber hat damit auf der einen Seite die von der Rechtsprechung entwickelten überspannten Anforderungen per Gesetz auf das urheberrechtliche Normalmaß zurückgeführt, auf der anderen Seite aber auch auf eine Begriffsdefinition verzichtet, die durch die weitere technische Entwicklung schnell überholt wäre. Nach § 69a Abs. 3 UrhG bedarf es für den Schutz von Computerprogrammen ausdrücklich keiner besonderen schöpferischen Leistung sowie auch keiner Erfüllung qualitativer oder ästhetischer Kriterien mehr. Es genügt, wenn das Programm als **eigene geistige Schöpfung** einen **individuellen Charakter** hat. Damit ist zur Schutzfähigkeit der Nachweis weiterer Kriterien nicht erforderlich. Weiterhin bedarf es jedoch einer Feststellung der Werkeigenschaft im jeweiligen Einzelfall, nachdem das Gesetz keine generelle Vermutung oder einen Anscheinsbeweis dafür enthält. Insofern benötigt wird bei jedem Programm immer der Nachweis, daß dieses sich gegenüber bereits bestehenden Gestaltungsformen abhebt. Damit konnte die vor der Gesetzesänderung bestehende Situation, daß der Urheberrechtsschutz eines Computerprogramms eher der Ausnahmefall war, nun ins Gegenteil verkehrt werden. Bei den meisten heute am Markt vertriebenen Computerprogrammen dürfte damit als Regelfall vom Vorliegen eines urheberrechtlich geschützten Werkes auszugehen sein.

Wie auch nach der bisherigen Rechtsprechung muß ein **Urheberrechtsschutz** aber **107** dann **verneint** werden, wenn es sich bei einem Computerprogramm nur um eine rein handwerkliche **Fortentwicklung** eines bereits **bestehenden Programms** handelt. Diese Fallgestaltung wäre etwa bei einem Datenbankprogramm gegeben, das nur geringe Verbesserungen etwa bei der Abfrage oder bei der Darstellung gegenüber bisher bestehenden Programmen aufweist. In diesem Fall fehlt es für die Werkqualität an dem besonderen individuellen Charakter des Programms. Anders zu beurteilen wäre diese Frage etwa bei einem Computerspiel, bei dem der Urheber nicht einfach bereits bestehende Ideen fortschreibt, sondern durch eine neue Spielidee eine eigene individuelle Schöpfung erstellt. Zu beachten sind hier weiter die Regelungen zur Schutzfähigkeit von Bearbeitungen eines Werkes gem. § 3 UrhG. Die Bearbeitung und Umgestaltung von Programmen, die persönliche geistige Schöpfungen des Bearbeiters sind, werden unbeschadet des Urheberrechts am bearbeiteten Werk wie selbständige Werke geschützt.

Zu berücksichtigen ist aber gerade bei Computerspielen, daß sich in diesen Fällen **108** neben dem urheberrechtlichen Schutz als Computerprogramm eine Werkeigenschaft auch nach weiteren Ziffern des § 2 UrhG ergeben kann. So ist insbesondere an die Anwendung des **§ 2 Abs. 1 Nr. 6 UrhG** mit dem dort genannten Begriff **„Filmwerke“** als selbständig geschützte Kunstgattung zu denken. Ein solcher Schutz ist deshalb gerechtfertigt, weil das Filmwerk in der Verschmelzung der zu seiner Herstellung benutzten Werke und Leistungen als Gesamtkunstwerk ein Werk eigener Art darstellt.[155] Vom Gesetz wird den so zu bestimmenden Filmwerken der einfache Film ohne Werkqualität, der gem. §§ 94, 95 UrhG als Laufbild bezeichnet wird, gegenübergestellt. Eine Abgrenzung zwischen Filmwerken und Laufbildern hat danach zu erfolgen, ob die bewegte Bilderfolge von so individueller Eigenart ist, daß das vorliegende eigenständige Arbeitsergebnis einem bestimmten Urheber zugerechnet werden kann. Hätten die entsprechenden Bilder auch von jedem anderen zwangsläufig erstellt werden können, fehlt es an der entsprechenden Individualität.[156] Damit dürften Computerprogramme in Form von Computerspielen regelmäßig die für Filmwerke geforderte individuelle Eigenart nicht aufweisen, so daß ein Werkschutz über § 2 UrhG nicht in Betracht kommt. Für Computerspiele kann sich aber gleichwohl neben § 2 Abs. 1 Nr. 1 UrhG ein weiterer urheberrechtlicher Schutz in Form des **„Laufbildschutzes“** aufgrund der Abfolge bestimmter Bilder und Sequenzen aus den §§ 94, 95 UrhG ergeben.[157]

---

155 Vgl. *Fromm/Nordemann*, Urheberrecht, 9. Aufl. 1998. § 2 Rn. 76.

156 Vgl. m. w. N. dazu nur *Fromm/Nordemann*, Urheberrecht, 9. Aufl. 1998. § 2 Rn. 77.

157 Vgl. dazu nur BayObLG, CR 1992, 479 mit Anm. *Syndikus* = JZ 1993104 mit Anm. *Weber* sowie OLG Köln, CR 1992, 150; OLG Hamm, NJW 1991, 2162 und *Syndikus* CR 1991, 529.

109 Neue Rechtsfragen ergeben sich im Zusammenhang mit der Einordnung von modernen **Multimedia-Werken** oder im Internet.[158] Im Multimedia-Bereich, bei dem Text, Ton, Bilder, Daten und Computerprogramme mittels digitaler Technik zu einem einheitlichen Angebot zusammengefaßt sind, ist durchaus an ein Gesamtkunstwerk zu denken, das auf den Betrachter wie ein Filmwerk wirkt und deshalb auch als eine dem Film verwandte Werkart einzustufen ist.[159] Hinzukommt, daß die zur Steuerung der jeweiligen Anwendung erforderliche Software wohl stets als Computerprogramm Urheberrechtsschutz genießt. In jedem Fall hat aber hier eine gesonderte Einzelfallprüfung zu erfolgen, die meist die Einholung eines entsprechenden Gutachtens erforderlich machen wird. Seit der Umsetzung der EG-Datenbankrichtlinie durch Art. 4 des IuKDG zum 1. 8. 1997 gehören zu den geschützten Werken auch **Datenbanken**. Für sie wurden in den §§ 87a ff. UrhG eigenständige Regelungen bzgl. des urheberrechtlichen Schutzes aufgenommen. Danach hat der Datenbankersteller das ausschließliche Recht, eine Datenbank insgesamt oder in wesentlichen Teilen zu vervielfältigen, zu verbreiten oder öffentlich wiederzugeben. Derzeit noch nicht abschließend geklärt sind die neuen Rechtsfragen im Zusammenhang mit dem **Urheberschutz im Internet** und bei Online-Diensten. Festzuhalten bleibt hier, daß die modernen Kommunikationsnetze jedenfalls keinen urheberrechtsfreien Raum bilden. Da die Werkqualität letztlich nicht von der Art der Herstellung abhängig ist, kann die digitale Repräsentationsform einem Schutz nicht entgegenstehen. Es besteht deshalb auch hier Urheberrechtsschutz etwa für Sprachwerke, Werke der Musik oder Lichtbildwerke.[160] Wie gerade der Fall 3 zeigt, stellt sich aber hier die Frage nach der Schutzfähigkeit von neuen Werkformen, etwa einer Internet-Homepage oder Web-Seite. Geschützt über § 2 Abs. 1 Nr. 1 UrhG sind in jedem Fall die Browser, die zum Zugriff auf die Daten im Internet erforderlich sind. Aber auch die einzelne Web-Seite kann als technische Darstellung i. S. d. § 2 Abs. 1 Nr. 7 UrhG oder als Ausdrucksform desjenigen Computerprogramms angesehen werden, mit Hilfe dessen die Homepage letztlich generiert wurde.[161] Dagegen haben Hyperlinks, die eine Verweisung in und zwischen einzelnen Web-Seiten ermöglichen, grundsätzlich nur einen rein funktionalen, aber nicht individuell-schöpferischen Charakter. Man kann die Markierungen der Links allenfalls als schöpferischen Teil der gesamten Web-Seite ansehen und so einen Urheberrechtsschutz begründen.[162] Nicht dem Urheberrechtsschutz als Computerprogramme unterfallen jedenfalls Textdateien, einzelne Daten oder Datenbestände.

2. Vervielfältigung

110 Strafbar ist nach § 106 UrhG zunächst die Vervielfältigung eines Computerprogramms. Unabhängig von der näheren Auslegung dieses Begriffs liegt eine solche Tathandlung aber bereits nicht vor, sofern eine **Vervielfältigung** im konkreten Fall **gesetzlich zugelassen** ist oder von einem entsprechenden **Lizenzvertrag** mit dem Urheberrechtsinhaber, der so seine Einwilligung in die Nutzung erteilt, gestattet wird. Solche vertraglichen Regelungen finden sich heute regelmäßig bei allen Verträgen über Software, sei es in Form eines Kauf-, Lizenz- oder sonstigen Nutzungsvertrages. So werden den Kunden etwa beim ersten Aufruf des Programms oder vor der Installation diese vertraglichen Bestimmungen in der Regel am Bildschirm angezeigt. Der Nutzer muß sich dann durch Mausklick damit einverstanden erklären, da ansonsten eine Arbeit mit dem Programm in

[158] Vgl. dazu näher: *Gahrau,* in: *Hoeren/Sieber,* Handbuch Multimedia Recht, Kapitel 7.1 Rn. 10 ff. sowie *Wiehe,* Kapitel 9 Rn. 13 ff.

[159] Dies ist im einzelnen noch umstritten. Ein Urheberschutz wird bejaht von *Fromm/Nordemann,* Urheberrecht, 9. Aufl. 1998. § 2 Rn. 79; ablehnend dagegen *Wiebe/Funkat,* MMR 1998, 69, 74.

[160] Vgl. dazu *Koch,* GRUR 1997, 418.

[161] So im Ergebnis *Koch,* GRUR 1997, 420 und *Fromm/Nordemann,* Urheberrecht, 9. Aufl. 1998. § 69 a Rn. 2. Vgl. auch *Wiehe,* in: *Hoeren/Sieber,* Handbuch Multimedia, Kapitel 9 Rn. 41 ff.

[162] Vgl. dazu näher *Koch,* GRUR 1997, 420.

den meisten Fällen nicht zugelassen wird. Hinsichtlich der Inhalte solcher Lizenzverträge können keine allgemeingültigen Aussagen getroffen werden. Vielmehr differieren diese je nach dem einzelnen Softwarehersteller bzw. auch je nach der Art des jeweiligen Programms. Für den Nutzer selbst ist von besonderem Interesse, ob in diesen Verträgen zeitliche Begrenzungen, Regelungen für die Zahl der zulässigen Installationen oder zur Erstellung von Kopien des Programms enthalten sind. Es existieren dazu auch Musterverträge, auf die von den Herstellern teilweise zurückgegriffen wird.[163]

Von einer **Vervielfältigung** als eigentlicher Tathandlung ist i. S. d. § 16 UrhG auszu- **111**
gehen, sofern zumindest eine Kopie hergestellt wird, die geeignet ist, das Programm den menschlichen Sinnen wiederholt wahrnehmbar zu machen.[164] Es bleibt daher zu klären, wann diese Voraussetzungen bei Computerprogrammen erfüllt sind, nachdem hier die digitale Technik zur Entstehung einer Reihe neuer Vervielfältigungsformen geführt hat. Keine Zweifel an einer strafbaren Vervielfältigung bestehen insoweit bei einer digitalen Speicherung eines Werkes, gleichgültig ob in Form der **Erstspeicherung** oder einer **Übertragung von einem Speicher auf einen anderen**. Dies ist damit erfüllt bei der Kopie eines Programms von der Diskette oder CD auf die Festplatte des Rechners oder umgekehrt von der Festplatte auf eine Diskette. Gleiches gilt bei einem Einbrennen der Programmdaten auf eine CD mit Hilfe eines derzeit immer häufiger zum Einsatz kommenden CD-Brenners für beschreibbare CD's. Auch ein Ausdrucken eines digital übermittelten Werkes ist als Vervielfältigung anzusehen. Im einzelnen umstritten war aber, inwieweit bereits das Laden eines Programms von der Diskette oder CD in den Arbeitsspeicher des Rechners als Vervielfältigungshandlung anzusehen ist. Dies wurde bisher überwiegend bejaht, sofern das gesamte Programm oder ein lauffähiger Teil davon in den Arbeitsspeicher geladen werden.[165] Für den Fall der **Zwischenspeicherung** und des sog. „paging", d. h. der Aufnahme nur der jeweils benötigten Programmteile in den **Arbeitsspeicher** zur besseren und gleichmäßigeren Auslastung der vorhandenen Speicherkapazität, wurde dies aber überwiegend verneint. Grund hierfür war, daß bei dieser Handhabung keine vollständige Vervielfältigung des Programms erfolgt, da die nicht benötigten Programmteile vor dem Laden der nächsten Daten jeweils wieder gelöscht werden.[166] Auch hier haben sich aber durch das Zweite Urheberrechtsreformgesetz vom 9. 6. 1993 wichtige Erweiterungen des strafrechtlichen Schutzes ergeben. Nach dem neuen **§ 69c Nr. 1 UrhG** bedarf auch jede dauerhafte oder vorübergehende, ganz oder teilweise Vervielfältigung eines geschützten Computerprogramms der Zustimmung des jeweiligen Rechtsinhabers. Als Vervielfältigungshandlung wird auch ausdrücklich das Laden, Anzeigen, Ablaufen, Übertragen oder Speichern des Computerprogramms genannt. Diese Voraussetzungen sind damit auch für das komplette Laden des Programms in den Arbeitsspeicher sowie auch für das „paging" erfüllt, sofern man hier einer Vervielfältigung aus technischer Sicht nicht bereits ablehnend gegenüber steht.[167] Daraus folgt zwangsläufig, daß bei Computerprogrammen – im Gegensatz zu anderen Werkarten – eine strafbare Raubkopie bereits dann vorliegt, wenn Programmdaten von der Diskette bzw. CD in den Arbeitsspeicher des Rechners eingelesen werden. Die Gesetzesänderung hat damit eine wesentliche Ausweitung des bisherigen strafrechtlichen Urheberschutzes für Computerprogramme gebracht. Die deshalb teilweise begründete Gefahr einer Überkriminalisierung[168] dürfte in der Praxis kaum eintreten, da speziell ein Laden von Programmen

---

163 Vgl. zu solchen Musterverträgen für Lizenzverträge die Nachweise bei *Schneider*, Handbuch des EDV-Rechts, 2. Aufl. 1997, 1325 ff.

164 Vgl. *Fromm/Nordemann*, Urheberrecht, 9. Aufl. 1998, § 16 Rn. 1.

165 Vgl. dazu näher *Fromm/Nordemann*, Urheberrecht, 9. Aufl. 1998, § 16 Rn. 2 sowie *Gantner*, jur-PC 1994, 2752 ff. und 2793 ff.

166 Vgl. *Fromm/Nordemann*, Urheberrecht, 9. Aufl. 1998, § 16 Rn. 2 sowie *Heghmanns*, in: *Achenbach/Wannemacher*, § 25 Rn. 66.

167 So im Ergebnis etwa *Gantner*, jur-PC 1994, 2835.

168 Vgl. dazu *Heghmanns*, in: *Achenbach/Wannemacher*, § 25 Rn. 67.

in den Arbeitsspeicher nur schwer feststellbar und in gerichtsverwertbarer Weise auch nachweisbar sein wird. Im Bereich des **Internet** kommt es zu einer Vervielfältigungshandlung beim „**Downloaden**", d. h. dem Herunterladen von Programmen auf den eigenen Rechner, und auch beim „**Uploaden**", der Übertragung von Dateien vom eigenen Rechner auf ein anderes EDV-System. Erfüllt können diese Voraussetzungen auch sein bei der Datenübertragung mit einem Router und auch durch das Setzen eines Links auf eine andere Homepage.[169] Sofern die Vervielfältigung von Werken gewerbsmäßig – wie im Fall 1 oder Fall 2 – erfolgt, erhöht sich der Strafrahmen gem. § 108 a UrhG. Nicht als Vervielfältigung angesehen werden kann in jedem Fall eine Bildschirmanzeige, die als solche noch zu keiner Festlegung führt, sofern in diesem Fall nicht bereits ein Laden in den Arbeitsspeicher vorliegt.

112 Eine **Vervielfältigung** von Werken und damit auch von Computerprogrammen wird in den Fällen der **§§ 45 bis 63 UrhG gesetzlich zugelassen**. Soweit danach eine Werknutzung ohne Zustimmung des Rechtsinhabers gestattet wird, führt dies bereits zum Ausschluß einer Strafbarkeit gem. § 106 UrhG. Solche gesetzlichen Schranken des Urheberrechts ergeben sich etwa gem. § 45 UrhG bei der Verwendung von Computerprogrammen für Zwecke des Verfahrens, also für gerichtliche Verfahren und damit auch für strafrechtliche Ermittlungsverfahren. Auch wenn sie nicht ausdrücklich als Schranken des Urheberrechts bezeichnet sind, ergeben sich in **§ 69 d UrhG** weitere gesetzliche **Ausnahmen von den zustimmungsbedürftigen Handlungen** der Vervielfältigung nach § 69 c UrhG. Eine solche Ausnahme kann sich speziell bei Computerprogrammen auf privatrechtlicher Basis ergeben, wenn zwischen Urheberrechtsinhaber und Nutzer die Herstellung von Kopien in begrenztem Umfang zur bestimmungsgemäßen Nutzung des Programms einschließlich der Fehlerberichtigung zugelassen wird. So ist durch § 69 d Abs. 3 die Erstellung von Sicherheitskopien ausdrücklich gesetzlich zugelassen. Nach § 69 g Abs. 2 UrhG sind dazu abweichende vertragliche Regelungen nichtig. Die meisten Lizenzverträge sehen daher auch meist eine Klausel vor, wonach der Nutzer des jeweiligen Softwareprodukts eine Kopie zu Sicherungszwecken für den eigenen Bedarf herstellen darf. Die Grenzen dieser vertraglichen Erlaubnis werden aber in jedem Fall überschritten, sobald mit Hilfe der Kopien oder den Originaldatenträgern die Software auf weiteren EDV-Anlagen installiert wird. Zulässig und **durch vertragliche Regelungen nicht beschränkbar** gem. § 69 d Abs. 3 und § 69 g Abs. 2 UrhG ist auch eine Vervielfältigung eines Programms zum Beobachten, Untersuchen oder Testen durch den berechtigten Lizenznehmer.

3. Verbreitung

113 Gegenüber der Vervielfältigung erfordert die Verbreitung i. S. d. § 17 UrhG die **Weitergabe** eines Computerprogramms **an die Öffentlichkeit** oder das **in Verkehr bringen**. Erforderlich ist hierfür eine Beteiligung der Öffentlichkeit in der Weise, daß das Programm aus dem Herrschaftsbereich des Täters heraus gelangt sein muß.[170] Erfolgen kann dies allgemein durch Veräußerung, Verschenken, Tausch, Verteilen, Versenden oder durch eine sonstige Weitergabe. Bei Computerprogrammen ist etwa zu denken an den Verkauf von unberechtigt hergestellten Programmen oder Kopien – wie im Fall 1 –, den Tausch mit anderen Anwendern – dies ist gerade bei Jugendlichen mit Computerspielen besonders üblich – oder durch das kostenlose Verteilen oder das Verleihen von Programmen an Dritte. Nach der BGH-Rechtsprechung[171] genügt für das Verbreiten auch das **öffentliche Anbieten** eines kopierten Programmes, wie etwa durch die Anzeige in einer Zeitschrift. Voraussetzung hierfür ist aber, daß es sich hierbei nicht um ein bloßes Scheinangebot handelt, weil der Täter die entsprechenden Programmkopien tatsächlich gar nicht her-

[169] Vgl. *Fromm/Nordemann*, Urheberrecht, 9. Aufl. 1998, § 69 c Rn. 3.
[170] Vgl. dazu *Fromm/Nordemann*, Urheberrecht, 9. Aufl. 1998, § 17 Rn. 1 f.
[171] Vgl. BGH, NJW 1991, 1234 = CR 1991, 404 mit Anm. *Schweyer*.

gestellt hat bzw. auch nicht herstellen kann.[172] Durch **§ 69c Nr. 3 UrhG** ausdrücklich gesetzlich zugelassen wird eine **Weiterveräußerung** eines auf legalem Weg erworbenen Originalcomputerprogramms unter Beachtung der dort angegebenen Voraussetzungen.[173] Gleiches gilt auch für eine unentgeltliche Verleihung an einen Dritten. In beiden Fällen wird die Grenze zu einer strafbaren Vervielfältigungshandlung aber überschritten, wenn das Programm vom Veräußerer oder Entleiher – etwa mit Hilfe der erstellten Sicherheitskopien – auch nach der Übergabe weiterhin benutzt wird. Während bei der Vervielfältigung lizenzvertragliche Regelungen zwischen dem Urheberrechtsinhaber und dem Nutzer eine besondere Bedeutung haben, ist in solchen Verträgen eine einzelvertragliche Einwilligung in eine Verbreitung bei herkömmlicher Software nicht vorhanden. Eine Ausnahme bilden insoweit nur sog. **Shareware-Produkte** oder **Public-Domain-Software**. Diese keineswegs nur einfachen, sondern teilweise auch sehr aufwendigen und umfangreichen Programme, werden vom Ersteller bewußt zur freien oder zumindest befristeten freien Nutzung für eine Testphase zur Verfügung gestellt. Eine weitere Verbreitung dieser Programme stellt damit grundsätzlich keine Urheberrechtsverletzung dar. Erfolgt eine Verbreitung der Computerprogramme gewerbsmäßig, ist auch hier der erhöhte Strafrahmen des § 108a UrhG zu beachten.

4. Subjektiver Tatbestand/Verfolgungsvoraussetzungen

Wie auch bei allen Straftatbeständen des materiellen Strafrechts kommt eine Bestrafung gem. § 106 UrhG nur dann in Betracht, wenn der Täter zumindest mit bedingtem **Vorsatz** bzgl. der Verwirklichung des objektiven Tatbestandes handelt. Eine fahrlässige Begehungsweise löst damit keine strafrechtlichen Sanktionen aus. Bei fehlender Kenntnis über den Werkcharakter eines Computerprogramms kann es zu einem vorsatzausschließenden **Tatbestandsirrtum** i. S. d. § 16 StGB kommen, weil dem Täter in diesem Fall ein zum gesetzlichen Tatbestand gehörendes Merkmal nicht nachgewiesen werden kann. Dagegen bleiben reine Fehleinschätzungen hinsichtlich der Anforderungen an die Werkeigenschaft als bloßer Subsumtionsirrtum unbeachtlich und führen zu keinem Ausschluß der Strafbarkeit. Für die Softwarepiraterie gelten auch die allgemeinen Grundsätze zu **Täterschaft und Teilnahme**. So ist insbesondere auch eine Anstiftung oder Beihilfe möglich. Zu beachten gilt aber, daß es sich bei dem Erwerb einer Raubkopie auf seiten des Käufers um eine straffreie notwendige Beihilfe handelt, denn die Verbreitungshandlung des eigentlichen Haupttäters ist ohne eine Abnahme durch den Kunden nicht möglich. Eine Beihilfe ist aber etwa dann möglich, wenn dem Haupttäter Unterstützung beim Herstellen oder beim Verkauf von Raubkopien geleistet wird. **114**

Nach **§ 109 UrhG** kann eine Urheberrechtsverletzung zunächst grundsätzlich nur nach einem entsprechenden **Strafantrag des Rechtsinhabers** erfolgen. Es ist den Strafverfolgungsbehörden aber möglich, Ermittlungen auch ohne Strafantrag aufzunehmen, wenn ein **besonderes öffentliches Interesse** an der Strafverfolgung zu bejahen ist. Zusätzlich liegt bei Urheberrechtsverletzungen gem. § 374 Abs. 1 Nr. 8 StPO ein Privatklagedelikt vor, d. h. die Staatsanwaltschaft kann trotz Vorliegens einer entsprechenden Strafanzeige die weitere Verfolgung der Tat ablehnen, wenn ein weiteres öffentliches Interesse an der Strafverfolgung fehlt. In diesem Fall ist der Anzeigeerstatter zur weiteren Geltendmachung seiner Interessen an einer Bestrafung des Täters auf die Durchführung des Privatklageverfahrens angewiesen. Das Antragserfordernis des § 109 UrhG entfällt jedoch bei einem gerwerbsmäßigen Handeln des Täters nach § 108a UrhG, d. h. diese Form der Softwarepiraterie muß von den Ermittlungsbehörden als Offizialdelikt auch ohne Strafantrag verfolgt werden. **115**

---

[172] Dies ist jedoch im einzelnen umstritten. Vgl. dazu die Nachweise bei *Heghmanns*, in: *Achenbach/Wannemacher*, Beraterhandbuch, § 25 Rn. 69.

[173] Vgl. *Fromm/Nordemann*, Urheberrecht, 9. Aufl. 1998, § 69c Rn. 5f.

5. Strafbarer Eingriff in fremde Schutzrechte (§ 108 UrhG)

116 Zusätzlich zu den Tathandlungen des Vervielfältigens oder Verbreitens in § 106 UrhG ergibt sich ein weiterer strafrechtlicher Schutz für verwandte Schutzrechte. Gemeint ist damit vor allem der **Laufbildschutz gem.** § 95 UrhG. Dieser ist dann von besonderem Interesse, wenn Computerprogrammen – insbesondere aber Computerspielen – ein urheberrechtlicher Schutz gem. § 2 Abs. 1 Nr. 1 UrhG wegen der nicht vorliegenden individuellen geistigen Schöpfung fehlt. Nachdem seit der Gesetzesänderung von 1993 die Schutzfähigkeit von Computerprogrammen erheblich erweitert wurde, ist der Anwendungsbereich für den Laufbildschutz nur noch gering. Voraussetzung für den urheberrechtlichen Schutz als Laufbild ist, daß es sich um Bildfolgen oder kombinierte Bild- und Tonfolgen handelt, die noch nicht die Qualität eines Filmwerkes i. S. d. § 2 Abs. 1 Nr. 6 UrhG erreichen, weil es an einer persönlichen Schöpfung fehlt. Nachdem solche Bildfolgen bei fast allen Computerspielen enthalten sind und auch viele **Multimedia-Anwendungen** solche Teilbereiche aufweisen, unterfallen sie dem Laufbildschutz, wie er in den §§ 95 i. V. m. 94 UrhG definiert ist. Folge dieses Schutzrechtes ist, daß der Hersteller damit auch das ausschließliche Recht erlangt, das Programm auf dem Datenträger zu vervielfältigen bzw. zu verbreiten. Eigentliche Tathandlung des Urheberstrafrechts gem. § 108 UrhG ist letztlich das Verwerten von Programmen entgegen §§ 95, 94 UrhG ohne gesetzliche Befugnis oder Erlaubnis des Berechtigen im Einzelfall. Unter dem Begriff des Verwertens wiederum läßt sich nur eine Vervielfältigung oder Verbreitung subsumieren.[174] Im Gegensatz zum Urheberschutz für Computerprogramme ist beim Laufbildschutz aber gem. § 53 Abs. 1 UrhG eine Vervielfältigung für Zwecke des privaten Gebrauchs zugelassen, das oben beschriebene Kopierverbot aus § 69 c UrhG gilt damit nicht, wenn dem Computerprogramm eine individuelle geistige Schöpfung i. S. d. § 2 Abs. 1 Nr. 1 UrhG fehlt. Jedoch ist es auch hier gem. § 53 Abs. 6 UrhG verboten, die erstellten Kopien zu verbreiten.

6. Probleme des Tatnachweises

117 Besondere Probleme des Tatnachweises für die Ermittlungsbehörden werden sich zumindest seit der Urheberrechtsnovelle von 1993 nicht mehr bei der Frage ergeben, ob ein Computerprogramm Werkschutz i. S. d. § 2 UrhG genießt. Damit dürfte in den meisten Fällen die Notwendigkeit der Einholung eines Sachverständigengutachtens zum Nachweis dieser Voraussetzungen entfallen. Ist aber die Schutzfähigkeit eines Programms bejaht, ergeben sich beim Tatnachweis in den meisten Fällen kaum Schwierigkeiten, wenn etwa das geschützte Programm ohne Nachweis einer entsprechenden Lizenz auf der **Festplatte der EDV-Anlage** des Verdächtigen oder auf einem vorgefundenen sonstigen Datenträger festgestellt werden kann. Wie bereits oben angesprochen, wird es aber häufig schwer fallen, nur im Arbeitsspeicher vorhandene Programme für das weitere Ermittlungsverfahren zu sichern. Da es sich bei den Urheberrechtsverletzungen aber um ein „**Kavaliersdelikt**" handelt, liegt das Problem hier eher in der Vielzahl der denkbaren Verfahren und vor allem der Frage, wann speziell in diesem Bereich ein besonderes öffentliches Interesse bejaht werden kann. Damit angesprochen werden aber keine besonderen Schwierigkeiten beim Tatnachweis, sondern eher rechtspolitische Fragen, auf die in diesem Zusammenhang nicht weiter einzugehen ist.

---

[174] Vgl. *Fromm/Nordemann*, Urheberrecht, 9. Aufl. 1998, § 108.

VII. Persönlichkeitsverletzungen

Nachdem es durch den Computereinsatz möglich wird, personenbezogene Daten massenhaft zu sammeln, zu speichern, weiterzugeben und auch hinsichtlich unterschiedlichster Kriterien miteinander zu verknüpfen, ergeben sich daraus **neue Gefährdungen für das Persönlichkeitsrecht** des Betroffenen. Die Bedeutung des Persönlichkeitsschutzes hat das BVerfG in seiner Entscheidung zum Volkszählungsgesetz[175] von 1983 noch weiter verstärkt. Der Schutz des einzelnen gegen unbegrenzte Erhebung, Speicherung, Verwendung und Weitergabe seiner persönlichen Daten werde unter den Bedingungen der modernen Datenverarbeitung von dem allgemeinen Persönlichkeitsrecht des Art. 2 Abs. 1 i.V. m. Art. 1 Abs. 1 GG erfaßt. Dieses damit abzuleitende **Grundrecht auf informationelle Selbstbestimmung** gewährleistet für den einzelnen auch die Befugnis, grundsätzlich über die Preisgabe und Verwendung seiner persönlichen Daten zu bestimmen. Gleichzeitig wurde dem Gesetzgeber aufgegeben, für Eingriffe in dieses Grundrecht entsprechende Rechtsgrundlagen zu schaffen sowie auch **organisatorische und verfahrensrechtlliche Schutzvorkehrungen** zu treffen. Aufgrund des bereits in den 60er Jahren beginnenden Einsatz der EDV in allen Bereichen der Wirtschaft und den damit verbundenen neuen Herausforderungen hat der Gesetzgeber bereits in den 70er Jahren durch die Schaffung eigener Datenschutzgesetze im Bund und in den Ländern reagiert. Die damals bestehenden Befürchtungen, die sich vor allem in den von Orwell propagierten Gefahren und Visionen des „großen Bruders“ und des „gläsernen Menschen“ zeigten, haben sich bisher nicht realisiert. 118

Wie ein Blick auf die aktuellen **polizeilichen Kriminalstatistiken** zeigt, haben Datenschutzverletzungen bisher dort nur eine untergeordnete Bedeutung. So ist die Zahl der registrierten Fälle von 1992 bis 1997 nur von 174 auf 239 gestiegen. Ausgehend von einer Gesamtzahl von 39 570 Fällen der Computerkriminalität machen damit Verstöße gegen Datenschutzregelungen nur einen **Anteil von unter 1%** aus. Daraus kann jedoch als Folge nicht zwangsläufig abgeleitet werden, daß der Datenschutz insgesamt zu vernachlässigen ist. Gerade die aktuellen Fälle des Mißbrauchs von Stasi-Akten[176] aber auch die bisher teilweise noch auf den Bereich des Zivilrechts beschränkten Verstöße gegen Persönlichkeitsrechte bei traditionell geschützten Berufsgruppen wie Ärzten oder Rechtsanwälten machen dies – etwa bei der Praxisweitergabe – deutlich.[177] Letztlich wird aber in allen diesen Fällen das besondere Spannungsfeld zwischen Persönlichkeitsschutz auf der einen Seite und Informationsfreiheit auf der anderen Seite deutlich, in dem sich das gesamte Datenschutzrecht befindet. Im strafrechtlichen Bereich lassen sich dabei folgende Fallgestaltungen anführen: 119

Fall 1: Ein Polizeibeamter, der im dienstlichen Betrieb die Möglichkeit dazu hat, auf die gesamten Fahndungsdaten von Personen und auf weitere gespeicherte Daten zuzugreifen, nutzt diese Möglichkeiten dazu, um aufgrund eines privaten Vorfalles Informationen über seinen mißliebigen Nachbarn aus dem vorhandenen Datenbestand abzurufen. 120

Fall 2: Eine Firma richtet Online-Auskunftsverfahren ein. Von dem Unternehmen werden jedoch beim Zugriff keine entsprechende Schutzvorkehrungen gegenüber unberechtigten Datenabfragen getroffen. So ist es etwa einer abrufberechtigten Wirtschaftsauskunftei möglich, auf alle Datenbestände des Online-Dienstes zugreifen, ohne daß ein bestimmtes Stichwort oder eine andere Berechtigung angegeben werden muß.[178]

Fall 3: Ein Marktforschungsinstitut hat eine Erhebung über Käuferverhalten gemacht und die Einzelangaben aus den Auskünften getrennt von den Identifizierungsmerkmalen der Befragten gespeichert (File-Trennung). Diese Trennung wird von der Firma aber wieder aufgehoben, so daß die Angaben nunmehr unbefugt wieder zusammengeführt werden können.[179]

---

175 Vgl. BVerfGE 65, 1 ff.

176 Vgl. näher dazu *Sieber*, CR 1995, 101.

177 Vgl. dazu näher *Dannecker*, BB 1996, 1286 f.

178 Vgl. *Tinnefeld/Ehmann*, Einführung in das Datenschutzrecht, 3. Auflage 1998, 464.

179 Vgl. *Tinnefeld/Ehmann*, Einführung in das Datenschutzrecht, 3. Auflage 1998, 465.

121 Festzuhalten bleibt bereits hier, daß es sich bei den Strafbestimmungen in den Datenschutzgesetzen letztlich um weit gefaßte, **fast konturlose Tatbestände** handelt, die erst einer weiteren Eingrenzung durch die Rechtsprechung bedürfen. Zurückzugreifen ist dabei in erster Linie auf die Strafbestimmung des **§ 43 BDSG**. Diese Reglung orientiert sich dabei eng an die frühere Bestimmung des § 41 im BDSG von 1977. Daneben finden sich in § 44 BDSG und in den **Datenschutzgesetzen der Länder** noch weitere Tatbestände für Ordnungswidrigkeiten, auf die aber an dieser Stelle im einzelnen nicht näher eingegangen werden kann.[180] Geschütztes Rechtsgut aller Strafbestimmungen in den Datenschutzgesetzen sind letztlich die Persönlichkeitsrechte des einzelnen, die durch eine beliebige Speicherung, Veränderung oder Weitergabe beeinträchtigt werden können.

1. Straftaten nach § 43 BDSG

122 Sowohl bei § 43 Abs. 1 als auch bei § 43 Abs. 2 BDSG handelt es sich zunächst um **Blankettstraftatbestände**, die ihren Regelungsinhalt – im Gegensatz zu den Bestimmungen des Kernstrafrechts – nicht selbst umschreiben, sondern hinsichtlich der Tatbestandsverwirklichung auf die datenschutzrechtlichen Bestimmungen des Gesetzes Bezug nehmen. Aus diesem Grund wird teilweise auch die Auffassung vertreten, es handele sich hierbei um eine verfassungswidrige Strafnorm, die das Gebot des Art. 103 Abs. 2 GG nach hinreichender Tatbestandsbestimmtheit verletze.[181] Konsequenz dieser Auffassung wäre die Forderung nach einer restriktiven Auslegung des gesamten Tatbestandes mit der Folge einer extensiven Auslegung der gesetzlichen Befugnisse zur Datenübermittlung. Dem würde aber wiederum der Schutzzweck des § 43 BDSG zuwiderlaufen. Nach überwiegender Ansicht wird deshalb auch die **verfassungsrechtliche Bestimmtheit** des § 43 BDSG **bejaht**.[182]

123 Geschütztes Objekt des § 43 BDSG sind zunächst „von diesem Gesetz geschützte **personenbezogene Daten**". Was darunter im einzelnen zu verstehen ist, wird in **§ 3 Abs. 1 BDSG** im einzelnen legal definiert. Erfaßt werden danach Einzelangaben über persönliche und wirtschaftliche Verhältnisse einer bestimmten oder bestimmbaren natürlichen Person. Der Begriff ist damit einerseits – wie etwa im öffentlichen Bereich – nicht nur auf EDV-mäßig gespeicherte Daten beschränkt. Dem Schutz des Gesetzes unterfallen auch Daten, wenn sie in Akten gespeichert sind. Andererseits werden durch das BDSG – in Abgrenzung zu den Landesdatenschutzgesetzen – aber auch nicht alle personenbezogenen Daten geschützt, sondern nur solche, die dem Anwendungsbereich des Gesetzes zuzuordnen sind. Dieser wird durch § 1 Abs. 2 BDSG konkret festgelegt. Danach gilt das Gesetz in erster Linie für die Datenverarbeitung öffentlicher Stellen des Bundes und der Länder, soweit sie Bundesrecht ausführen oder als Organ der Rechtspflege tätig sind, soweit keine Regelung des Landesrechts eingreift. Die Vorschrift ist auch dann anwendbar, wenn personenbezogene Daten nach anderen Vorschriften des Bundes über den Datenschutz – etwa in den einzelnen Verfahrensgesetzen – verarbeitet werden. Ein Schutz von Daten entfällt aber bei entsprechender Anonymisierung oder Entschlüsselung.[183] Für nicht-öffentliche Stellen gilt das BDSG jedoch nur, soweit die Datenverarbeitung geschäftsmäßig oder für berufliche oder gewerbliche Zwecke erfolgt. Ausgenommen bleibt gem. § 41 BDSG eine Verarbeitung und Nutzung personenbezogener Daten durch die Medien. Darüber hinaus ist gem. § 1 Abs. 4 BDSG aber die Subsidiarität des BDSG gegenüber besonderen bereichsspezifischen Vorschriften zu berücksichtigen. Zu beachten ist schließlich, daß § 43 BDSG kein Sonderdelikt für bestimmte Berufsgruppen enthält. Der **Kreis der Täter** ist **unbe-**

---

[180] Insoweit wird auf die entsprechenden Kommentierungen zum § 44 BDSG und den entsprechenden landesrechtlichen Bestimmungen verwiesen.

[181] Vgl. dazu *Tiedemann*, NJW 1981, 945; *Dannecker*, BB 1996, 1287.

[182] So im Ergebnis insbesondere *Auernhammer*, Bundesdatenschutzgesetz, 3. Auflage 1993, § 43 Rn. 5 m. w. N. sowie *Ordemann/Schomerus*, Bundesdatenschutzgesetz, 5. Aufl. 1992, § 43 Anm. 1.

[183] Vgl. näher dazu: *Sieber*, in: *Hoeren/Sieber*, Handbuch Multimedia Recht, Kapitel 19 Rn. 951 ff.

grenzt. In Betracht kommt insoweit jedermann, ohne daß im Gesetz eine Beschränkung etwa auf Personen, die mit der Datenverarbeitung befaßt sind, vorgesehen ist. Da sich die Daten, die Gegenstand einer Straftat nach § 43 BDSG sein können, auf andere Personen beziehen, kann der Betroffene selbst nicht Täter sein. Wenn er aber unbefugt seine eigenen geschützten personenbezogenen Daten übermittelt oder verändert, macht er sich damit nicht nach § 43 BDSG strafbar, jedoch kommen insoweit eine Fälschung beweiserheblicher Daten (§§ 269, 270 StGB) bzw. eine Datenveränderung (§ 303 a StGB) in Betracht.

Geschütztes Rechtsgut aller Tathandlungen i. S. d. § 43 StGB sind personenbezogene Daten, die **nicht offenkundig** sind. Dieser Begriff wird bereits in § 291 ZPO und in § 244 Abs. 3 StPO verwendet. Nicht vom Schutzbereich des § 43 BDSG erfaßt werden damit Daten, die bereits offenkundig sind und deshalb keines besonderen Schutzes mehr bedürfen. Von einer solchen Offenkundigkeit ist auszugehen, sobald die Daten einer unbeschränkt großen Anzahl von Personen schon bekannt sind oder diese sich ohne besondere Anstrengungen – z. B. durch Benutzung allgemein zugänglicher und zuverlässiger Quellen – davon unterrichten können.[184] So hat etwa das LG Mannheim[185] die Voraussetzungen der Offenkundigkeit bei Teilnehmerdaten in Telefonverzeichnissen verneint, da diese nicht notwendig einer beliebig großen Anzahl von Menschen ohne weiteres frei zugänglich sind. Vielmehr bedarf es hier besonderer Anstrengungen, wenn man sich diese Daten komplett verschaffen will. Demgegenüber sollen die Halterdaten nach § 33 StVG als offenkundig anzusehen sein.[186] 124

Alle einzelnen Tatbestände erfordern jedoch weiter ein **„unbefugtes" Handeln des Täters**. Damit ist hier den Strafverfolgungsbehörden ein weiter Spielraum bei der Abgrenzung von strafwürdigen und straffreien Verhaltensweisen eingeräumt. Mit diesem Merkmal können sowohl **objektive Kriterien** als auch **subjektive Gesichtspunkte** auf seiten des Täters in die strafrechtliche Bewertung eines Vorgehens mit einbezogen werden. Nach der Grundkonzeption des gesamten Datenschutzrechts ist dabei gem. § 4 BDSG grundsätzlich von einem Verbot der Datenverarbeitung auszugehen mit einem gesetzlich geregelten Erlaubnisvorbehalt. Eine Speicherung, Übermittlung oder Veränderung von geschützten Daten ist daher stets unbefugt, wenn sich eine entsprechende Befugnis dazu nicht aus den einschlägigen Bestimmungen des BDSG oder anderen Rechtsvorschriften außerhalb des BDSG ergibt. So hat etwa das erst zum 1. 6. 1998 in Kraft getretene Justizmitteilungsgesetz[187] gerade im öffentlichen Bereich eine Reihe neuer gesetzlicher Grundlagen für Datenübermittlungen in diesem Bereich geschaffen. Die in diesem Zusammenhang im einzelnen umstrittene Frage, ob es sich bei der jeweiligen Befugnis zur Datenverarbeitung um einen Rechtfertigungsgrund handelt oder ob bei dessen Vorliegen bereits der Tatbestand ausgeschlossen ist, hat letztlich kaum praktische Bedeutung.[188] Entsprechend **§ 4 BDSG** ist im strafrechtlichen Sinn auch dann von einer **Befugnis zur Speicherung bzw. Übermittlung** auszugehen, wenn der Betroffene darin eingewilligt hat. Eine Befugnis fehlt allerdings, wenn – wie im Fall 1 – ein Abruf geschützter Daten oder ein Sichverschaffen entsprechender Informationen erfolgt. Personen, die bei der Datenverarbeitung beschäftigt sind, handeln auch stets unbefugt, sobald sie dabei das Datengeheimnis i. S. d. § 5 BDSG verletzen. 125

Der Tatbestand des § 43 BDSG gliedert sich in zwei unterschiedliche Absätze. In **§ 43 Abs. 1** sind die eigentlichen **Grundtatbestände** enthalten, die weitgehend auch der bisherigen Regelung in § 41 Abs. 1 BDSG 1977 entsprechen. Daneben enthält **§ 43 Abs. 2** zu- 126

---

[184] Vgl. BGHSt 6, 292 sowie *Ambs*, in: *Erbs/Kohlhaas*, Strafrechtliche Nebengesetze, D 25, § 43 BDSG Rn. 3 sowie *Auernhammer*, BDSG, 3. Auflage 1993, § 43 Rn. 3.

[185] Vgl. LG Mannheim, DuD 1997 353 mit Anm. *Weichert*.

[186] Vgl. BayObLG, NJW 1999, 1727; OLG Hamburg, NStZ 1998, 358.

[187] Vgl. Justizmitteilungsgesetz vom 18. 6. 1997, BGBl. 1997, Teil 1, 1430 ff.

[188] Vgl. dazu *Tiedemann*, NJW 1981, 945 auf der einen Seite sowie *Ambs*, in: *Erbs/Kohlhaas*, Strafrechtliche Nebengesetze, D 25, § 43 BDSG Rn. 10.

sätzliche **Ergänzungstatbestände** in Form von drei neuen Einzeltatbeständen, die in der früheren Fassung des § 41 BDSG noch nicht enthalten waren. Entsprechend der amtlichen Begründung sollen damit weitere Arten eines unzulässigen Umgangs mit personenbezogenen Daten – ausgehend von einem dem Abs. 1 vergleichbaren Unrechtsgehalt – strafrechtlich sanktioniert werden können. Zu beachten ist aber bereits hier, daß mit § 43 BDSG gleichzeitig eine Reihe weiterer Straftatbestände – wie etwa § 202a, § 263a oder §§ 269, 270 StGB – verwirklicht sein können.

a) Straftaten nach § 43 Abs. 1 BDSG

127 Liegen damit nach den obigen Darstellungen nicht offenkundige personenbezogene Daten als eigentliches Tatobjekt des § 43 BDSG vor, werden in den Ziffern 1 bis 3 des Abs. 1 die eigentlichen Tathandlungen festgelegt. Von **§ 43 Abs. 1 Nr. 1 BDSG** erfaßt wird zunächst das unbefugte Speichern, Verändern oder Übermitteln der geschützten personenbezogenen Daten. Was unter diesen Tathandlungen im einzelnen zu verstehen ist, wird bereits durch die Legaldefinitionen in § 3 Abs. 5 BDSG im einzelnen festgelegt. Danach ist von einer **Speicherung** auszugehen, wenn personenbezogene Daten auf einem Datenträger zum Zweck ihrer weiteren Verarbeitung oder Nutzung erfaßt, aufgenommen oder aufbewahrt werden. Wann eine solche Datenspeicherung gesetzlich zulässig ist, wird in § 14 BDSG für den öffentlichen Bereich und in §§ 28 und 29 BDSG für den nichtöffentlichen Bereich geregelt. Die Voraussetzungen einer **Veränderung** werden gem. § 3 Abs. 5 Nr. 2 BDSG dann als gegeben angesehen, wenn es zu einer inhaltlichen Umgestaltung von gespeicherten personenbezogenen Daten kommt. Gesetzlich zugelassen wird ein solches Verhalten – ebenso wie bei der Speicherung – in den §§ 14 und 28, 29 BDSG. Nach § 3 Abs. 5 Nr. 3 liegt eine **Übermittlung** von personenbezogenen Daten vor, wenn die geschützten Informationen auf der einen Seite durch die speichernde Stelle an einen Dritten weitergegeben werden oder auf der anderen Seite umgekehrt die Daten bei der speichernden Stelle von dem Empfänger eingesehen oder abgerufen werden. Für die Übermittlung von Daten enthält das BDSG in den §§ 15, 16, 17 und 28 BDSG eine Reihe von gesetzlichen Regelungen, nach denen – getrennt nach den einzelnen Gesetzesabschnitten mit einer speichernden Stelle aus dem öffentlichen oder nichtöffentlichen Bereich – eine Übermittlung für zulässig erachtet wird. Hierbei handelt es sich um Ausnahmen von der Grundbestimmung des § 4 BDSG, dem Verbot der Datenübermittlung mit Erlaubnisvorbehalt. Maßstab für eine Übermittlung von Daten ist danach grundsätzlich die Beurteilung der Erforderlichkeit, ergänzt durch weitere Kriterien im Einzelfall. Der Dritte muß dabei Gelegenheit erhalten, die in Betracht kommenden Daten zur Kenntnis zu nehmen. Erst wenn keine der angegebenen Befugnisse für eine Speicherung, Veränderung oder Übermittlung von Daten vorliegt, kann auch der Straftatbestand des § 43 Abs. 1 Nr. 1 BDSG eingreifen.

128 Durch **§ 43 Abs. 1 Nr. 2 BDSG** unter Strafe gestellt wird das **unbefugte Bereithalten** von Daten **zum Abruf** mittels automatisierter Verfahren. Hierfür war ein eigener Straftatbestand erforderlich, nachdem im BDSG von 1977 das Bereithalten von Daten noch als Unterfall der Übermittlung angesehen wurde (§ 2 Abs. 2 Nr. 2 BDSG 1977). Nach der gesetzlichen Neufassung gilt das Bereithalten nunmehr als **technische Vorbereitung für** den später erst als Übermittlung zu qualifizierenden **Abrufvorgang**. Wann ein automatisiertes Abrufverfahren eingerichtet werden kann, wird in § 10 BDSG im einzelnen geregelt. Im Hinblick auf das mit einem elektronischen Bereithalten verbundene erhöhte Gefährdungspotential hat sich der Gesetzgeber deshalb hier für einen gesonderten Straftatbestand entschieden. Gemeint ist damit eine Kenntnisnahme von gespeicherten Daten mit Hilfe technischer Mittel, wie etwa im Online-Betrieb über einen Bildschirm oder eine Konsole. Da technisch auch solche Daten abgerufen werden können, die an sich nicht für diesen Zweck zur Verfügung gestellt werden, wird gefordert, daß die Norm entsprechend ihrem Schutzzweck nicht nur bei Überschreitung einer bestehenden Abrufmöglichkeit, sondern auch beim Zulassen eines jeden unbefugten Abrufs eingreift.[189] Da ein konkreter Abruf von Daten zur Tatbestandsverwirklichung nicht erforderlich ist, handelt es sich hiermit um ein **abstraktes Gefährdungsdelikt**. Erfaßt werden – neben dem oben geschilderten Fall 2 – etwa auch Sachverhaltskonstellationen, bei denen eine Verwaltungsbehörde, die Einwohnerdaten im Rechner speichert und anderen internen Dienststellen oder Sicherheitsbehörden den Online-Zugriff darauf einräumt, auch Privatpersonen die Möglichkeit gibt, diesen Datenbestand zu nutzen. Durch die Begrenzung auf den Abruf von Daten im automatisierten Verfahren wird der Anwendungsbereich dieser Ziffer aber in Zukunft durch die weitere Vernetzung der EDV-Systeme und die zunehmende Anzahl von gesetzlichen Verpflichtungen an Behörden – etwa in § 90 Abs. 2 TKG – entsprechende Daten auch in dieser Form bereitzuhalten, noch mehr an Bedeutung gewinnen.

Durch **§ 43 Abs. 1 Nr. 3 BDSG** sanktioniert wird schließlich der **unbefugte Abruf** oder das **sich unbefugte Verschaffen** von personenbezogenen Daten aus Dateien. Im Gegensatz zur Nr. 2, die den Anbieter betrifft, wird hier derjenige erfaßt, der von den entsprechenden geschützten Informationen Kenntnis erlangt. Der Abruf ist damit eine besondere Art der Kenntnisnahme von automatisiert gespeicherten Daten. Dies kommt insbesondere beim Online-Verkehr in Betracht, wenn über entsprechende Abfrageroutinen von Terminals aus auf Datenbestände zugegriffen werden kann, aber auch etwa im Fall des Anzapfens der entsprechenden Leitungen. Da aber der unbefugte Abruf letztlich entsprechend der Definition des § 3 Abs. 5 Nr. 3 b BDSG bereits dem Begriff der Übermittlung unterfällt, wäre gleichzeitig auch der Tatbestand des § 43 Abs. 1 Nr. 1 BDSG erfüllt. Insoweit wird daher der **unbefugte Abruf** i. S. d. § 43 Abs. 1 Nr. 3 BDSG als **Spezialtatbestand** (lex specialis) **gegenüber Nr. 1** angesehen.[190] Das Alternativmerkmal des Verschaffens von Daten bezieht sich über den Abruf hinaus – vergleichbar dem Tatbestand der Hehlerei in § 259 StGB – auf alle denkbaren Arten des Zugriffs auf geschützte personenbezogene Daten aus einer Datei und damit insbesondere außerhalb von automatisierten Verfahren. Der Gesetzeswortlaut verlangt dabei – wie etwa bei § 202 a StGB – nicht, daß die Daten gegen fremden Zugriff besonders gesichert sein müssen. Auf das frühere Erfordernis in § 41 BDSG 1977, daß die Daten in Behältnissen verschlossen sein müssen, wurde verzichtet. Auch kann die Datenverschaffung sowohl im eigenen als auch im fremden Interesse erfolgen. 129

b) Straftaten nach § 43 Abs. 2 BDSG

Weitere Einzeltatbestände der Verletzung von Datenschutzbestimmungen enthalten die Nr. 1 bis 3 des § 43 Abs. 2 BDSG, die erst 1990 neu in das Datenschutzrecht aufgenommen wurden. Dabei ist nur die Regelung in Ziffer 1 auf den ersten Blick aus sich selbst heraus verständlich. Bei den übrigen beiden Ziffern bedarf es erst eines Rückgriffs auf die dort im einzelnen aufgeführten Bestimmungen des BDSG. So betrifft zunächst **§ 43 Abs. 2 Nr. 1 BDSG** das **Erschleichen geschützter Daten** durch unrichtige Angaben. Angeführt werden kann hier als Beispiel nur der Nutzer, der seine Zugriffsberechtigung durch Angabe eines berechtigten Interesses vortäuscht, um sich so Daten aus Dateien zu verschaffen. Nach der amtlichen Begründung soll von dieser Tatvariante auch der Computer-Hacker erfaßt werden. Dies kann aber wohl nur dann bejaht werden, wenn man davon ausgeht, daß der Hacker das richtige Paßwort als legale Zugangsberechtigung verwendet, das er sich vorher durch weitere unbefugte Handlungen verschafft hat.[191] Es sind jedoch auch andere Sachverhaltskonstellationen denkbar, bei denen sich der Täter die Zugangsberechtigung zu den Datenbeständen verschafft, doch wird der Hacker der Hauptanwen- 130

---

189 Vgl. *Ambs*, in: *Erbs/Kohlhaas*, Strafrechtliche Nebengesetze, D 25 § 43 BDSG Rn.5.
190 Vgl. *Auernhammer*, Bundesdatenschutzgesetz, 3. Aufl. 1993, § 43 Rn. 4.
191 Vgl. *Auernhammer*, Bundesdatenschutzgesetz, 3. Aufl. 1993, § 43 Rn. 12 sowie *Ordemann/Schomerus*, Bundesdatenschutzgesetz, 5. Aufl. 1992, § 43 Anm. 3.5.

dungsfall dieser Alternative sein. In diesem Zusammenhang kann es zu Überschneidungen mit der dargestellten Tathandlung des § 43 Abs. 1 Nr. 3 BDSG in Form des Verschaffens von Daten aus Dateien kommen.

131 Durch **§ 43 Abs. 2 Nr. 2 BDSG** wird an Zulässigkeits- und Gebotsnormen des Gesetzes angeknüpft. Die dort aufgeführten Einzelbestimmungen lassen sich letztlich unter dem Oberbegriff eines **Verstoßes gegen eine besondere Zweckbindung** zusammenfassen. Die §§ 16 Abs. 4, 28 Abs. 4 und 29 Abs. 3 BDSG fordern, daß bei der Weitergabe personenbezogener Daten dem Empfänger ausdrücklich mitgeteilt oder zumindest sonst erkennbar wird, zu welchem Verwendungszweck sie erfolgt. Fehlt ein solcher Hinweis auf die Zweckbindung durch die übermittelnde Stelle überhaupt, kann auch kein Verstoß dagegen vorliegen. Zu beachten ist weiter, daß die Vorschriften zur Zweckbindung jeweils auch einen Ausnahmetatbestand enthalten. Liegt danach eine Erlaubnis vor, entfällt auch eine Strafbarkeit. Dem Anwendungsbereich dieser Nr. 2 unterfallen aber auch zweckentfremdende Weiterübermittlungen geschützter Daten, die einem Berufs- oder Amtsgeheimnis unterliegen. So dürfen solche personenbezogenen Daten gem. § 39 Abs. 1 BDSG nur für Zwecke genutzt und verarbeitet werden, für die sie der jeweilige Geheimnisträger auch erhalten hat. Mit der letzten genannten Norm, dem § 40 Abs. 1 BDSG, soll der Zweckbindungsgrundsatz bei wissenschaftlichen Forschungen geschützt werden. Die Forschungseinrichtung darf erhobene oder gespeicherte Daten nur für Zwecke der Forschung einsetzen. Beide Zweckbindungsregelungen enthalten in § 39 Abs. 2 bzw. § 40 Abs. 2 BDSG aber wiederum erlaubende Ausnahmetatbestände.

132 Durch **§ 43 Abs. 2 Nr. 3 BDSG** unter Strafe gestellt wird schließlich noch die **unzulässige Aufhebung der File-Trennung**. Geschäftsmäßige Datenerhebungen und solche für Zwecke der Forschung haben nach §§ 30, 40 BDSG grundsätzlich nur in anonymisierter Weise zu erfolgen, d. h. die Merkmale sind getrennt von den Einzelangaben zu speichern, die einer bestimmten oder bestimmbaren natürlichen Person zuzuordnen sind. Nach § 30 Abs. 1 Satz 1und nach § 40 Abs. 3 BDSG dürfen die einzelnen Daten nur in den dort geregelten Ausnahmefällen wieder zusammengeführt werden. Ansonsten kommt es – wie im Fall 3 oben geschildert – zu einer Straftat, sobald vom Täter die anonymisierten Daten wieder mit Identifizierungsmerkmalen versehen werden.

c) Qualifizierungen und Strafverfolgungsvoraussetzungen

133 Alle Straftaten nach § 43 BDSG sind nur bei **vorsätzlicher Begehung** strafbar, da die fahrlässige Tat nicht ausdrücklich mit Strafe bedroht ist (§ 15 StGB). Eine **Erhöhung des Strafrahmens** bis zu Freiheitsstrafe von zwei Jahren tritt nach **§ 43 Abs. 3 BDSG** ein, sofern der Täter gegen Entgelt oder in **Bereicherungs- bzw. Schädigungsabsicht** handelt. Für den Begriff des Entgeltes kann auf die Legaldefinition des § 11 Abs. 1 Nr. 9 StGB Bezug genommen werden, d. h. erfaßt wird davon jede Gegenleistung, die zu einem vermögenswerten Vorteil führt. Bzgl. der Bereicherungsabsicht gelten die zu den Vermögensdelikten entwickelten Grundsätze. Es muß sich also um ein zielgerichtetes Vorgehen handeln, bei dem es dem Täter auf einen Vermögensvorteil ankommt, wobei es letztlich unerheblich ist, ob diese Besserstellung auch tatsächlich erreicht wurde. Der Vermögensvorteil braucht auch nicht alleiniges Handlungsmotiv des Täters zu sein, er muß aber in jedem Fall rechtswidrig sein, der Täter darf daher darauf keinen Anspruch haben. Von einer Schädigungsabsicht ist demgegenüber bei jedem vom Täter beabsichtigten Nachteil auszugehen. Dies muß nicht notwendig ein materieller Schaden sein, ausreichend sind vielmehr auch immaterielle Nachteile, etwa in Form von Ehrverletzungen. Erforderlich ist lediglich, daß sie sich gegen einen anderen richtet.

134 Durch **§ 43 Abs. 4 BDSG** wird vom Gesetzgeber klargestellt, daß eine Tat in diesem Bereich **nur auf Antrag** des Betroffenen verfolgt werden kann. Es ist also hier den Strafverfolgungsbehörden nicht möglich, durch die Bejahung eines besonderen öffentlichen Interesses die Voraussetzungen für eine Strafverfolgung zu schaffen. Hinsichtlich der

Antragsberechtigung und der Fristen für die Antragstellung gelten die §§ 77ff. StGB entsprechend. Antragsberechtigt ist damit nur der Betroffene als Verletzter i. S. d. § 77 StGB, nicht aber die speichernde Stelle, aus deren Bestand etwa die Daten abgerufen wurden.[192] Auch weitere Personen, wie Datenschutzbeauftragte, Aufsichtsbehörden sind zur Stellung eines Strafantrages nicht berechtigt. Die Frist zur Einreichung des Antrages beträgt gem. § 77b StGB drei Monate ab dem Zeitpunkt der Kenntnis von der Tat und der Person des Täters. Es ist deshalb allein Sache des Betroffenen darüber zu entscheiden, ob die Straftat und damit die ihn betreffenden Daten im Rahmen eines öffentlichen Ermittlungs- und Strafverfahren erörtert werden sollen.

Nachdem das gesamten BDSG unter dem **Vorbehalt anderer bereichsspezifischer Regelungen** steht, ist zu beachten, das damit auch andere **Sonderregelungen außerhalb von § 43 BDSG** zur Anwendung kommen können. So wäre etwa bei einer Verbreitung von geschützten Daten eines Mediziners oder Rechtsanwaltes primär die Regelung des § 203 StGB für den Schutz von Berufsgeheimnissen maßgeblich. Die Tathandlung nach § 43 BDSG hat aber gegenüber der Verletzung von Privatgeheimnissen wohl einen eigenen Unrechtsgehalt, so daß bei unbefugter Übermittlung personenbezogener Daten grundsätzlich Tateinheit zwischen beiden Delikten anzunehmen ist.[193] Eine Straftat nach dem BDSG kann aber auch in Tateinheit mit §§ 269, 270 StGB, der Datenveränderung bzw. Computersabotage oder anderen Formen der Computerkriminalität begangen werden. Daran ist insbesondere bei Veränderungen im Datenbestand, beim Diebstahl von Daten, aber auch bei einem Eindringen in fremde EDV-Systeme zu denken. 135

2. Regelungen in den Landesdatenschutzgesetzen

Neben den Strafbestimmungen des BDSG enthalten auch die Datenschutzgesetze aller Bundesländer eigene Sanktionsnormen in Form von Straftatbeständen und Ordnungswidrigkeiten für den Fall der Verletzung datenschutzrechtlicher Bestimmungen. Im einzelnen handelt es sich dabei um folgende Normen:[194] 136

Bundesland	**Straftatbestand**	**Ordnungswidrigkeit**
Baden-Württemberg	§ 34	§ 33
Bayern	Art. 37	Art. 37
Berlin	§ 32	–
Brandenburg	§ 38	§ 39
Bremen	§ 37	§ 38
Hamburg	§ 32	§ 33
Hessen	§ 40	§ 41
Mecklenburg-Vorpommern	§ 33	–
Niedersachsen	§ 28	§ 29
Nordrhein-Westfalen	§ 33	§ 34

192 Vgl. *Auernhammer*, Bundesdatenschutzgesetz, 3. Aufl. 1993, § 43 Rn. 18.

193 Die Frage der Konkurrenzen mit § 203 StGB ist im einzelnen umstritten. Vgl. *Schönke/Schröder-Lenckner*, § 203 Rn. 76 m. w. N.

194 Vgl. die Gesetzestexte der einzelnen Landesdatenschutzgesetze bei *Simitis/Dammann/Körner* (Hrsg.), Datenschutz in der Europäischen Gemeinschaft – Gesetzessammlung, Loseblattausgabe, Stand: Juli 1998.

Bundesland	**Straftatbestand**	**Ordnungswidrigkeit**
Rheinland-Pfalz	§ 35	–
Saarland	§ 33	§ 34
Sachsen	§ 33	§ 32
Sachsen-Anhalt	§ 31	–
Schleswig-Holstein	§ 33	§ 34
Thüringen	§ 43	–

137 Inhaltlich kommen die Bestimmungen der jeweiligen Landesdatenschutzgesetze – im Gegensatz zum Bundesrecht – nur bei der **Erhebung, Verarbeitung und Nutzung personenbezogener Daten** zur Anwendung, die dem **jeweiligen Landesrecht unterfallen**. Dies gilt etwa gem. Art. 2 BayDSG für Behörden, Gerichten und sonstigen öffentlichen Stellen des Freistaats Bayern einschließlich der unter Aufsicht des Staates stehenden Gemeinden, Gemeindeverbände oder sonstigen juristischen Personen des öffentlichen Rechts. Die strafrechtlichen Sanktionen decken sich dabei vom Umfang her teilweise – etwa in Baden-Württemberg, Bayern, Mecklenburg-Vorpommern und Sachsen-Anhalt – mit der bundesgesetzlichen Bestimmung des § 43 BDSG, sei es auch nur als Ordnungswidrigkeit. In den meisten Bundesländern[195] kommt es zu einer Strafbarkeit auch nur dann, wenn der Täter gegen Entgelt oder in der Absicht, sich oder einen anderen zu bereichern oder einen anderen zu schädigen, handelt. Liegen diese qualifizierenden Voraussetzungen dagegen nicht vor, ist meist nur von einer Ordnungswidrigkeit auszugehen. Der maximale **Strafrahmen** liegt dann bei **zwei Jahren Freiheitsstrafe** oder bei Geldstrafe. Als Entgelt ist dabei entsprechend § 11 Abs. 1 Nr. 9 StGB jede einen Vermögensvorteil bildende Gegenleistung anzusehen. Auch bei Vorliegen der Bereicherungsabsicht ist regelmäßig die Straftat verwirklicht. Auffallend an den Landesgesetzen ist weiter, daß in einzelnen Bundesländern neben der Speicherung, Veränderung oder Übermittlung von personenbezogenen Daten auch die **Datenerhebung** als erste Phase der Datenverarbeitung als Straftat oder Ordnungswidrigkeit **sanktioniert** werden kann.[196] Subsumiert wird unter diesem Begriff die Beschaffung von Daten über den Betroffenen. Erhebliche Abweichungen zwischen den Bundesländern finden sich auch hinsichtlich der Strafverfolgungsvoraussetzungen. So ist in Baden-Württemberg, Bremen, Niedersachsen, Rheinland-Pfalz, Sachsen vom Gesetzgeber auf das Erfordernis eines Strafantrages zur Verfolgung verzichtet worden, in Berlin ist neben dem Betroffenen auch der Datenschutzbeauftragte – auch gegen den Willen des Betroffenen – antragsberechtigt. In sechs weiteren Bundesländern[197] findet sich im Straftatbestand aber eine Subsidiaritätsregelung dahingehend, daß eine Strafbarkeit entfällt, wenn die Tat nach anderen Vorschriften mit Strafe bedroht ist.

3. Probleme des Tatnachweises

138 Wie die Ausführungen zu den einzelnen Tatbeständen bereits gezeigt haben, liegt ein strafwürdiges Verhalten nur dann vor, wenn die jeweilige Speicherung, Veränderung oder Übermittlung der Daten nicht von einer der zahlreichen Normen gestattet wird. Diese

---

[195] Dies gilt für Baden-Württemberg, Bayern, Brandenburg, Bremen, Hamburg, Hessen, Niedersachsen, Nordrhein-Westfalen, Rheinland-Pfalz, Saarland, Sachsen und Schleswig-Holstein.

[196] Die Datenerhebung als eigener Strafgrund findet sich etwa in Brandenburg, Bremen, Hamburg, Hessen, Niedersachsen, Nordrhein-Westfalen, Rheinland-Pfalz, Saarland und Schleswig-Holstein.

[197] Dies gilt für Brandenburg, Hamburg, Hessen, Nordrhein-Westfalen, Saarland und Schleswig-Holstein.

Erlaubnistatbestände enthalten aber überwiegend **unbestimmte Rechtsbegriffe**, wie etwa „Wahrnehmung berechtigter Interessen" oder „erhebliche Nachteile für das Gemeinwohl", die vom Rechtsanwender im Einzelfall teilweise **schwierige Überprüfungen** dahingehend verlangen, ob tatsächlich ein „unbefugtes" Handeln vorliegt. Bis auf die oben geschilderten Ausnahmen in einzelnen Bundesländern werden die Taten auch **nur auf Antrag** des Betroffenen verfolgt. Es liegt daher zunächst in seinem Machtbereich, ob er eine Verletzung seiner Rechte durch eine Anzeige bei den Ermittlungsbehörden und damit auch der Öffentlichkeit in einem späteren Gerichtsverfahren publik machen will. Vielfach wird der Betroffene – etwa im Fall einer unberechtigten Datenweitergabe – von einer Behörde an eine andere auch gar keine Kenntnis von einer möglichen Verletzung datenschutzrechtlicher Bestimmungen erhalten, um einen Strafantrag stellen zu können. Vor diesem Hintergrund ist es daher auch nicht verwunderlich, wenn die Zahl der Persönlichkeitsverletzungen in der polizeilichen Kriminalstatistik so gering sind.

VIII. Verrat von Betriebs- und Geschäftsgeheimnissen

1. Tatbestand und Rechtsgut

In § 17 UWG[198] war schon bisher der Verrat von Geschäftsgeheimnissen unter Strafe gestellt, die modernen Erscheinungsformen der **Wirtschaftsspionage** mit den daraus resultierenden **erheblichen Schäden** machten aber eine Reform erforderlich. Der Gesetzgeber hat deshalb mit dem 2. WiKG die Bestimmung in Abs. 1 geändert und in den Abs. 2 bis 4 völlig neu gefaßt, um den Verrat von Geheimnissen unter Einsatz moderner technischer Mittel ebenfalls zu erfassen. Geschütztes **Rechtsgut** ist **der Geheimbereich des Unternehmens** vor unredlichen Eingriffen. Dem geschäftlichen Betrieb wird dabei ein Schutz nicht nur vor Mitbewerbern und Konkurrenten, sondern auch vor eigenen Mitarbeitern gewährt. Eine Beschränkung auf Wettbewerbszwecke erfolgt dabei nicht. Teilweise wird auch das Interesse der Allgemeinheit an der Funktionsfähigkeit und Reinerhaltung der Wettbewerbsordnung als Rechtsgut angesehen.[199] Indirekt dient der Tatbestand des § 17 UWG letztlich aber auch dem Schutz des betrieblichen Vermögens. Im Gegensatz zum Ausspähen von Daten (§ 202 a StGB) ist der Geheimnisschutz hier unabhängig von einer zusätzlichen Zugriffssicherung. 139

Die **praktische Bedeutung** dieser Norm ist bisher **gering**. So zeigt die polizeiliche Kriminalstatistik im Jahr 1994 nur 41 Fälle nach § 17 Abs. 2 UWG, im Jahr 1995 waren es 116, 1996 nur 99 Fälle. Bei § 17 Abs. 1 UWG waren es 1994 noch 103 Fälle, 1995 nur 98 und 1996 sogar nur 86 Fälle.[200] Dem vom Bundeskriminalamt geführten IuK-Meldedienst sind im Jahr 1997 lediglich 9 Fälle zu § 17 UWG zu entnehmen. Trotz dieser geringen Fallzahlen bleibt aber festzuhalten, daß die Wirtschafts- und Industriespionage zunehmend zu einem drängenden Problem wird und die **Dunkelziffern** gerade in diesem Bereich **sehr hoch** sind, da in vielen Fällen aus Sicht der Geschädigten die Erörterung von wirtschaftlichen Geheimnissen in einem öffentlichen Gerichtsverfahren nicht wünschenswert ist. Durch den Einsatz der modernen Kommunikationstechniken nimmt bei fehlenden Sicherheitsvorkehrungen das Risiko, ausgekundschaftet zu werden, weiter zu, das **Ausspionieren von hochsensiblen Daten** wird vielfach erleichtert. Durch Wirtschaftsspionage erwachsen so jährliche **Schäden in Milliardenhöhe**. Vor allem seit dem Zusammenbruch der früheren kommunistischen Systeme im Osten sind gerade auch internationale Geheimdienste auf diesem neuen Feld der Wirtschaftsspionage verstärkt 140

[198] Vgl. hierzu auch Kapitel 7.

[199] Vgl. zum Rechtsgut näher *Otto*, wistra 1988, 126; *Fuhrmann*, in: *Erbs/Kohlhaas*, Strafrechtliche Nebengesetze, § 17 UWG Rn. 2 sowie *Heghmanns*, in: *Achenbach/Wannemacher*, § 25 Rn. 38.

[200] Vgl. dazu auch die große Anfrage der SPD-Fraktion zur Wirtschaftsspionage BT-Drucksache 13/8368.

tätig, um den eigenen Unternehmen auf diese Weise gegenüber der weltweiten Konkurrenz einen Wettbewerbsvorteil zu verschaffen.[201]

141 **Fall 1:** Der Geschädigte betrieb eine Spielhalle mit Geldspielautomaten des Typs M. Diese enthalten zur Steuerung des Spielverlaufs einen Mikroprozessor, in dem die Anweisungen des Herstellers zum Spielablauf gespeichert sind. Nach diesem Spielprogramm wiederholen sich Spielergebnisse nach einer gewissen Anzahl von Spielen immer wieder. Der Automatenhersteller hat durch den Einbau der Mikroprozessoren in einem Blechgehäuse deutlich gemacht, daß der Datenbestand für Unberechtigte nicht offenkundig werden soll. Zusätzlich werden die Automaten vom Hersteller nur an solche Personen veräußert, die auch über eine behördliche Erlaubnis zum Betrieb solcher Geldspielautomaten verfügen. Der Täter entschloß sich dazu, Kenntnis vom Programminhalt zu erlangen, um diese Informationen zum „Leerspielen" der Automaten zu verwenden. Dazu griff er auf Disketten zurück, die ein Manipulationsprogramm enthielten, welches das Programm des Geldspielautomaten dadurch entschlüsselt hatte, daß die Spielergebnisse von einigen tausend Einzelspielen systematisch ermittelt und auf einem Datenträger erfaßt wurden. Mit einem angeschafften Computer verglich der Täter die Spielergebnisse an verschiedenen Automaten, die er mit einem finanziellen Einsatz von maximal 50 DM ermittelt hatte, mit den Daten des Manipulationsprogramms auf seinem Computer, um festzustellen, an welchem Punkt sich das Spielprogramm derzeit befand. Mit diesen Informationen war es dem Täter möglich, so weiter zu spielen, daß er einen nicht unerheblichen finanziellen Vorteil erzielen konnte. Er wurde aufgrund dieses Verhaltens wegen Computerbetrug in Tateinheit mit Geheimnishehlerei verurteilt.[202]

Fall 2: Der Täter war bei der geschädigten Firma als Verkäufer tätig und kopierte unberechtigt Softwareprogramme und Daten vom Firmenrechner. Später gründete der Täter mit einem Partner eine eigene Firma mit einem ähnlichen Tätigkeitsfeld wie sein bisheriger Arbeitgeber. Bei dieser neuen Firma kamen die auf einem Datenträger enthaltenen Informationen des früheren Arbeitgebers zum Einsatz. Dadurch entstand der geschädigten Firma ein erheblicher finanzieller Nachteil.[203]

Fall 3: Eine Firma versendet über das Internet E-Mails mit der Aufforderung an die Adressaten, interne Betriebsdaten der Firma an eine vorgegebene e-Mail-Adresse zu senden und so an Dritte zu verkaufen und dabei die derzeitige Arbeitsplatzsituation zur Datenbeschaffung einzusetzen. Über diese Form der internen Datenbeschaffung könne man sich einen wesentlichen Teil der Nebeneinkünfte verwirtschaften. Dazu eigne sich das Internet besonders, da es im Hinblick auf Anonymität an erster Stelle stehe.

Diese geschilderten Fälle machen bereits die für § 17 UWG wesentlichen Tatbestandsvoraussetzungen deutlich: Es muß zunächst ein entsprechendes Geschäfts- und Betriebsgeheimnis vorliegen, das vom Täter unbefugt verschafft oder verwertet wurde.

2. Geschäfts- und Betriebsgeheimnisse als Tatobjekt

142 Gegenstand aller Tatbestandsalternativen des § 17 UWG sind **Geschäfts- und Betriebsgeheimnisse**. Da diese Begriffe vom Gesetz als gleichwertig verwendet werden, spricht man als Oberbegriff von Unternehmens- oder besser generell von Wirtschaftsgeheimnissen. Kennzeichnend hierfür ist das Vorliegen sowohl subjektiver als auch objektiver Merkmale: Wirtschaftsgeheimnisse eines Unternehmens sind damit alle Tatsachen, die nach dem erkennbaren **Willen des Betriebsinhabers geheimgehalten** werden sollen, die ferner nur einem begrenzten Personenkreis bekannt und damit nicht offenkundig sind und hinsichtlich derer der Betriebsinhaber deshalb ein **berechtigtes Geheimhaltungsinteresse** hat, weil eine Aufdeckung der Tatsachen geeignet wäre, dem Geheimnisträger wirtschaftlichen Schaden zuzufügen.[204] Zu den geschäftlichen Betrieben zählen alle auf Dauer angelegten Unternehmen, die durch den Austausch von Waren oder Dienstleistun-

[201] Vgl. dazu BT-Drucksache 13/8368 unter Verweis auf die Verfassungsschutzberichte sowie *Krempl/Schmidt/Kuri*, c't Heft 4/1999, 174 ff.

[202] Vgl. zum Sachverhalt nur BayObLG NJW 1991, 438 sowie auch LG Stuttgart, NJW 1991, 441.

[203] Vgl. zu einem vergleichbaren Sachverhalt BGH, CR 1993, 236.

[204] Vgl. BGHSt 41, 140, 142 sowie *Otto*, wistra 1988, 126 m. w. N. zur Begriffsdefinition.

gen am Wirtschaftsleben teilnehmen, aber auch öffentliche Einrichtungen, die im wirtschaftlichen Umfeld tätig werden.[205] Nicht in den Anwendungsbereich des § 17 UWG einbezogen sind dagegen wissenschaftliche Erkenntnisse aus Forschungseinrichtungen des Staates oder der Universitäten bzw. vergleichbarer Einrichtungen.

Erforderlich für den Schutzbereich des § 17 UWG ist zunächst ein entsprechendes **Geschäfts- oder Betriebsgeheimnis**. Von einem Geschäftsgeheimnis selbst ist sowohl beim kaufmännischen Bereich des Unternehmens (Bilanzen, Rechnungswesen, Kalkulationen, Kundendaten usw.) als auch bei den geschäftspolitischen Zielen (Investitionsplanungen, Zahlungsbedingungen, Angebote etc.) auszugehen. Dem Begriff Betriebsgeheimnis unterfallen demgegenüber Daten aus dem technischen Bereich des Unternehmens, also insbesondere aus der Forschung, Entwicklung und Produktion.[206] Geschützt vor unberechtigtem Zugriff aus diesem Kreis der Wirtschaftsgeheimnisse werden nach § 17 UWG aber nur geheimzuhaltende Tatsachen, die einem eng begrenzten Personenkreis bekannt und deshalb **nicht offenkundig** sind. Es gilt also festzustellen, ob ein Vorgang oder eine Tatsache bereits jedermann zugänglich und damit allgemein bekannt ist. Als offenkundig gelten damit – ebenso wie bei § 244 Abs. 3 StPO – solche Vorgänge, von denen verständige Menschen regelmäßig Kenntnis haben oder über die sie sich aus zuverlässigen Quellen ohne besondere Fachkunde sicher unterrichten können.[207] Damit verliert eine Tatsache durch Weitergabe an einen eng begrenzten Personenkreis – wie weit dieser Kreis gezogen werden kann ist letztlich eine Tat- und Beweisfrage – noch nicht den Charakter eines Geheimnisses. Dies bedeutet damit, daß etwa Informationen über das Unternehmen, die im Internet abrufbar sind, keinesfalls mehr als nicht offenkundig angesehen werden können. Gleiches gilt auch für Softwareprodukte, die am Markt vertrieben und von Dritten und damit auch von der Konkurrenz jederzeit erworben werden können. Handelt es sich bei der im Unternehmen eingesetzten Software aber um spezielle Eigen- oder Fremdentwicklungen, ist von einem Geheimnis auszugehen. Wie der obige Fall 1 zeigt, kann auch ein Computerprogramm zur Steuerung von Geldspielautomaten ein solches Geheimnis sein, selbst wenn das Programm durch einen erheblichen zeitlichen und finanziellen Aufwand zur Beobachtung des Spielablaufs entschlüsselt werden kann.[208] Zu einer Offenkundigkeit führt es aber hier, sobald der Inhalt des Programmes weiten Kreisen bekannt oder ein „Knacken" des Programms ohne größere Schwierigkeiten möglich ist. 143

Bei einem objektiv bestehenden – noch nicht offenkundigem – Geheimnis muß nach h. A. auch ein **Geheimhaltungswille des Geschäftsinhabers** hinzukommen, der nach außen hin erkennbar wird. Im Hinblick auf die Fülle denkbarer Geheimnisse in einem Unternehmen läßt sich aber ein auf das individuelle Geheimnis bezogener Wille des Berechtigten nicht nachweisen. Nach der Rechtsprechung sind an die Manifestation des Geheimhaltungswillens deshalb auch keine überhöhten Anforderungen zu stellen. Vielmehr genügt es hier, wenn sich etwa dieser Wille bereits aus der Natur der geheimzuhaltenden Tatsache ergibt.[209] Ein objektives Geheimhaltungsinteresse wird somit regelmäßig auch einen entsprechenden Willen zur Nichtoffenbarung begründen. Zu beachten ist aber gerade hier, daß durch eine Veräußerung eines Gegenstandes oder eines Computerprogrammes zwar das Produkt als solches offenkundig wird, nicht aber die Bauart einer Maschine oder der Ablauf bzw. die Gestaltung eines Computerprogramms. So wird etwa durch den Verkauf von Geldspielautomaten der Geheimnischarakter der dort eingesetzten Software für den Spielablauf nicht aufgegeben. 144

---

205 Vgl. näher *Fuhrmann*, in: *Erbs/Kohlhaas*, Strafrechtliche Nebengesetze, § 12 UWG Rn. 2 und *Baumbach/Hefermehl*, UWG, Einleitung Rn. 212.

206 Vgl. *Fuhrmann*, in: *Erbs/Kohlhaas*, Strafrechtliche Nebengesetze, § 17 UWG Rn. 5.

207 Vgl. etwa BGHSt 6, 292, 293 und 26, 56, 59.

208 So im Ergebnis BayObLG, NJW 1991, 438, 439. Dies ist jedoch im einzelnen umstritten. Ablehnend etwa *Heghmanns*, in: *Achenbach/Wannemacher*, § 25 Rn. 42.

209 Vgl. BGHSt 41, 140, 142.

145 Hinzukommen muß für den Geheimnisschutz einer Tatsache schließlich noch ein entsprechendes **Geheimhaltungsinteresse**. Dieses wird bei objektiver Betrachtungsweise vor allem bestimmt durch den Maßstab sachgerechter Unternehmensführung. Ein Geheimhaltungsinteresse ist deshalb für solche Tatsachen stets zu bejahen, die bei ihrer Offenbarung geeignet sind, die Position der Firma oder eines Konkurrenten im Wettbewerb zu verbessern und/oder die eigene Stellung im Wettbewerb zu verschlechtern. Entscheidend ist damit, ob dem Unternehmen ein Nachteil entsteht oder der Konkurrenz ein Vorteil verschafft wird. Letztlich kann die Frage, inwieweit es sich im Einzelfall um ein rechtlich schutzwürdiges Geheimnis handelt, hierbei keine Rolle spielen.[210]

3. Tathandlungen des § 17 UWG

146 Nach der Neufassung enthält § 17 UWG nunmehr **drei unterschiedliche Tatbestände**: Durch Abs. 1 wird zunächst der Geheimnisverrat des Beschäftigten eines Geschäftsbetriebes während der Dauer seines Dienstverhältnisses unter Strafe gestellt. Die Wirtschaftsspionage in Form des unbefugten Verschaffens oder Sicherns von Geschäfts- und Betriebsgeheimnissen durch einzeln aufgeführte Tatmittel hat in Abs. 2 Nr. 1 ihren Niederschlag gefunden. Unter Strafe gestellt ist schließlich durch Abs. 2 Nr. 2 die sog. Geheimnishehlerei durch unbefugte Verwertung oder Mitteilung eines nach Abs. 1 oder Abs. 2 Nr. 1 erlangten Geheimnisses. Die weiteren Ausführungen beschränken sich dabei auf die im EDV-Bereich allein relevanten Alternativen 2 und 3.[211] Im Gegensatz zu § 17 Abs. 1 UWG kann Täter hier jedermann sein, eine Betriebszugehörigkeit wird gerade nicht verlangt.

a) Betriebsspionage (§ 17 Abs. 2 Nr. 1 UWG)

147 Unter Strafe gestellt sind hier verschiedene, vom Gesetz abschließend aufgeführte, besonders gefährliche Erscheinungsformen der Geheimnisausspähung. Für die Tatbestandsverwirklichung nicht erforderlich ist, daß der Täter geheime Informationen auch für bestimmte Zwecke verwertet. Es genügt zur Tatvollendung bereits das Verschaffen oder Sichern des jeweiligen Geheimnisses durch eine der in Nr. 1 a) bis c) genannten bestimmten Mittel. Das bereits aus einer Reihe anderer Tatbestände des Kernstrafrechts bekannte **Verschaffen** (etwa auch in § 202a StGB) erfordert vom Täter die Erlangung der Verfügungsgewalt über ein Geheimnis, das dem Betreffenden bisher nicht bekannt war. Dies kann zunächst bei körperlichen Gegenständen dadurch geschehen, daß der Täter etwa bestimmte Datenträger, Magnetbänder oder auch Computerausdrucke in seinen Gewahrsam bringt, ohne daß er dabei vom Informationsgehalt dieser Objekte im einzelnen Kenntnis zu haben braucht. Ausreichend ist aber auch, wenn der Täter ohne Gewahrsamserlangung nur bestimmte Geheimnisse – etwa am Bildschirm des Computers abruft oder aus schriftlichen Unterlagen – einsieht und sich so einprägt, daß er in der Lage ist, die Informationen wiederzugeben. Demgegenüber geht die zweite Alternative bei der Tathandlung, das **Sichern**, davon aus, daß der Täter das Geheimnis bereits kennt, seine Kenntnis nunmehr aber „materialisiert".[212] Dies kann durch die unbefugte Herstellung einer Kopie von schriftlichen Unterlagen aber auch einer Kopie oder einem Ausdruck von Computerprogrammen erfolgen. Insoweit gewinnt daher gerade dieses Merkmal durch die vielfältigen Möglichkeiten der EDV eine besondere Bedeutung. Der Zusatz „unbefugt" hat hier keine eigenständige Bedeutung, sondern ist – wie auch bei § 202a StGB – als allgemeines Verbrechensmerkmal anzusehen.

---

[210] Vgl. dazu näher *Fuhrmann*, in: *Erbs/Kohlhaas*, Strafrechtliche Nebengesetze, § 17 UWG Rn. 9 und *Otto*, wistra 1988, 126.

[211] Vgl. näher zu § 17 Abs. 1 UWG Kapitel 7 und die Darstellungen bei *Fuhrmann*, in: *Erbs/Kohlhaas*, Strafrechtliche Nebengesetze, § 17 UWG Rn. 12ff.

[212] Vgl. *Schlüchter*, Zweites Gesetz zur Bekämpfung der Wirtschaftskriminalität, 131; *Otto*, wistra 1988, 128.

Beide Tathandlungen des § 17 Abs. 2 Nr. 1 UWG führen aber nur dann zu einer Strafbarkeit, wenn sie auch mit einem der abschließend aufgeführten Tatmittel verwirklicht werden. Hauptanwendungsfall dürfte im EDV-Bereich die **Anwendung technischer Mittel** (Abs. 2 Nr. 1 a) sein. Dieses Merkmal wird von der Rechtsprechung weit gefaßt und auf den Einsatz aller technischen Vorrichtungen ausgedehnt, die dem Sichverschaffen oder Sichern von Wirtschaftsgeheimnissen dienen können. Ausgenommen vom begrifflichen Verständnis sind wohl nur alle manuellen Handlungen.[213] Einzuordnen sind damit hier der Einsatz von Fotokopiergeräten, Fotoapparaten, Film- oder Videokameras, aber auch von Abhöreinrichtungen aller Art, die vom Einsatz von Minisendern bis hin zum Auffangen der von Computerbildschirmen ausgehenden elektromagnetischen Strahlungen – etwa durch Richtmikrophone – reichen.[214] Hier gehört aber auch der Aufruf und Ausdruck von Computerdaten unter Einsatz des technischen Hilfsmittels EDV-Anlage und somit auch die Kenntniserlangung des Programms zum Leerspielen von Geldspielautomaten über eine Diskette. Das weitere Tatmittel der **Herstellung einer verkörperten Wiedergabe des Geheimnisses** (Abs. 2 Nr. 1 b) erfordert die Duplizierung des Geheimnisses in materialisierter Form. Es überschneidet sich in vielen Fällen mit der Anwendung technischer Mittel, da eine Anfertigung einer verkörperten Wiedergabe ohne technische Mittel – wie etwa Fotokopierer, Drucker – nicht möglich sein wird. Zusätzlich zu Nr. 1 a erfaßt werden hier lediglich die Fälle, bei denen der Täter keine technischen Mittel verwendet, wie beim Abschreiben oder Abzeichnen von Geheimnissen. Der Tatbestand des § 17 Abs. 2 Nr. 1 UWG ist aber auch dann erfüllt, wenn der Täter die **das Geheimnis verkörpernde Sache wegnimmt** (Abs. 2 Nr. 1 c). Gemeint ist damit, daß der Täter den Gegenstand, in dem das Geheimnis verkörpert ist – vergleichbar dem Gewahrsamsbruch beim Diebstahl – an sich bringt und so Gewahrsam erlangt, daß er in die Lage versetzt wird den Gegenstand zu verwerten oder weiterzugeben. Dieses Tatmittel kann daher nur eingreifen, wenn bereits eine Verkörperung des Geheimnisses, sei es in Form eines Datenträgers oder Computerausdruckes oder in anderer Weise, gleichgültig ob es sich dabei um einen Quelldatenträger oder um eine Kopie handelt, vorhanden ist und vom Täter nicht erst mit technischen Mitteln hergestellt werden muß.[215] 148

b) Geheimnishehlerei (§ 17 Abs. 2 Nr. 2 UWG)

Vergleichbar der Hehlerei in § 259 StGB wird nach Abs. 2 Nr. 2 UWG auch derjenige bestraft, der ein Wirtschaftsgeheimnis durch die beiden alternativen Tathandlungen unbefugt verwertet oder einem anderen mitteilt. Von einer solchen **Verwertung** ist immer dann auszugehen, wenn der Täter einen Wert aus der Sache ziehen oder diese sonst irgendwie wirtschaftlich nutzen will. Gemeint ist damit eine Tätigkeit, die auf Gewinnerzielung ausgerichtet ist, ohne daß es aber tatsächlich zu einem Gewinn kommen muß. Denkbar ist hier etwa der Weiterverkauf der ausspionierten Informationen an Konkurrenzunternehmen, aber auch etwa die Weiterentwicklung eines entwendeten EDV-Programms, um es mit anderem Namen auf den Markt zu bringen. Unter die weitere Tathandlung des **Mitteilens** ist jede beliebige Art der Bekanntgabe einer geheimzuhaltenden Tatsache einzuordnen, durch die eine Ausnutzung des Geheimnisses in irgendeiner Form ermöglicht wird. Das Geheimnis muß damit in die Hände eines Dritten fallen, der bisher davon noch keine Kenntnis hatte, aber nun von dem Geheimnis Gebrauch machen kann.[216] 149

---

213 Vgl. *Otto*, wistra 1988, 128; *Fuhrmann*, in: *Erbs/Kohlhaas*, Strafrechtliche Nebengesetze, § 17 UWG Rn. 34. Die teilweise erhoben Forderung, daß es zu keiner Verkörperung des Geheimnisses kommen darf (so: *Schmitz*, Computerkriminalität, 52 und *Baumbach/Hefermehl*, § 17 UWG Rn. 26), läßt sich mit dem Wortlaut der Norm nicht in Einklang bringen.

214 Vgl. dazu die Darstellungen von *Krempl/Schmidt/Kuri*, c't Heft 4/1999, 174 ff.

215 Vgl. BayObLG, NJW 1992, 1777, 1779 sowie *Fuhrmann*, in: *Erbs/Kohlhaas*, Strafrechtliche Nebengesetze, § 17 UWG Rn. 36 m. w. N.

216 Vgl. zu den Tathandlungen *Fuhrmann*, in: *Erbs/Kohlhaas*, Strafrechtliche Nebengesetze, § 17 UWG Rn. 18 (Mitteilen) und Rn. 46 (Verwerten).

150 In § 17 Abs. 2 Nr. 2 sieht das Gesetz **drei Alternativen** als ausschließliche **Tatgegenstände** vor, wie der Täter die Verfügungsberechtigung über das Geheimnis erlangt hat, das er mitteilt oder verwertet. Zunächst kann das Geheimnis im Wege der 1. Alternative durch den Verrat eines Unternehmensbeschäftigten erlangt worden sein, der durch die Mitteilung der Tatsache als Vortäter selbst den Tatbestand des § 17 Abs. 1 objektiv und subjektiv verwirklicht hat. Aufgrund der 2. Alternative muß der Täter das Geheimnis durch eine eigene oder fremde Spionagetätigkeit nach Abs. 2 Nr. 1 erlangt haben, d. h. er muß den Tatbestand der Nr. 1 entweder selbst rechtswidrig begangen oder ein Dritter muß entsprechend gehandelt haben. Als Art Generalklausel wird von der dritten Alternative zusätzlich jedes sonst unbefugte Verschaffen oder Sichern in den Tatbestand einbezogen. Erfaßt werden sollen von diesem Auffangtatbestand alle Fälle des unbefugten Ausspähens von Geheimnissen, die nicht mit einer der in Abs. 2 Nr. 1 ausdrücklich aufgeführten Mittel durchgeführt werden, wenn die Kenntnis von den geschützten Tatsachen gesetzeswidrig oder sonst auf nicht ordnungsgemäße Weise erlangt wurde.[217]

4. Subjektiver Tatbestand, Konkurrenzen

151 Im subjektiven Bereich genügt zur Strafbarkeit das Vorliegen eines zumindest bedingten Vorsatzes hinsichtlich des objektiven Tatbestandes alleine noch nicht. Hinzukommen muß vielmehr sowohl für die Betriebsspionage als auch für die Geheimnishehlerei entweder ein Vorgehen zu Zwecken des Wettbewerbs, oder ein Handeln aus Eigennutz, zu Gunsten eines Dritten bzw. als letzte Möglichkeit die Absicht, dem Inhaber des Geschäftsbetriebes einen Schaden zuzufügen. Ein **Handeln zu Zwecken des Wettbewerbs** läßt sich dabei nicht allein auf subjektive Elemente begrenzen. Es erfordert vielmehr neben dem entsprechenden subjektiven Ziel auch objektiv ein Verhalten, das auf den Wettbewerb abgestellt sein muß. Dieses Merkmal ist erfüllt, wenn die Ausbeutung des Geheimnisses zum Schaden des Betriebsinhabers erfolgen soll und dieses Ziel vom Täter angestrebt wird.[218] Von einem **Eigennutz** als subjektivem Element ist auszugehen, sofern das Handeln des Täters von einem Streben nach einem beliebigen persönlichen Vorteil geprägt ist. Dafür bedarf es keines Vermögensvorteils, so daß neben einem rein materielen Vorteil – etwa in Form eines Geldbetrages – auch ein erheblicher immaterieller Vorteil ausreichen kann. Durch das Merkmal eines **Handelns zugunsten eines Dritten** sollen Täter erfaßt werden, die weder wettbewerbliche Interessen verfolgen noch in eigenem Interesse handeln, sondern – beispielsweise im Fall der Betriebsspionage durch fremde Geheimdienste – andere Motive, etwa ideologischer oder politischer Art, verfolgen. Der subjektive Tatbestand des § 17 Abs. 2 UWG wird aber auch durch einen Täter verwirklicht, dem es darauf ankommt, dem Geschäftsinhaber **absichtlich irgendeinen Schaden zuzufügen**. Erforderlich ist aber auch hier kein Vermögensschaden, so daß auch Beweggründe ausreichend sind, die nur auf einen immateriellen Schaden hinführen. Regelmäßig wird es sich beim Täter aber um wirtschaftliche Nachteile handeln.

152 In allen Fällen ist der **Versuch** der Tat, d. h. sobald der Täter nach seinen Vorstellungen von der Tat zur Verwirklichung unmittelbar ansetzt, gem. § 17 Abs. 3 UWG strafbar. Daneben wird durch § 20 UWG in bestimmten Fällen auch eine Verabredung der Tat und die versuchte Anstiftung unter Strafe gestellt. Problematisch ist im Rahmen der Konkurrenzen schließlich das Verhältnis der einzelnen Tatbestände des § 17 UWG zueinander. Während hier teilweise von einem Zurücktreten des Abs. 2 Nr. 1 hinter der umfassenderen Verwertungshandlung des Abs. 2 Nr. 2 ausgegangen wird, sollen nach anderer Auffassung alle Tatbestände des § 17 UWG voneinander unabhängig sein, so daß bei gleichzei-

---

[217] Vgl. zur Auslegung dieser einzelnen Alternativen näher *Fuhrmann*, in: *Erbs/Kohlhaas*, Strafrechtliche Nebengesetze, § 17 UWG Rn. 41 ff.

[218] Vgl. *Fuhrmann*, in: *Erbs/Kohlhaas*, Strafrechtliche Nebengesetze, § 17 UWG Rn. 25 m. w. N.

tigem Vorliegen mehrerer Alternativen von Tatmehrheit auszugehen ist.[219] Unstreitig ist dagegen im Einzelfall Tateinheit vor allem mit dem Ausspähen von Daten (§ 202 a StGB) sowie mit §§ 303 a, 303 b StGB und im Fall der Betriebsspionage auch mit den Tatbeständen der geheimdienstlichen Agententätigkeit. Bei der Kopie oder Mitnahme von Software dürfte in Tateinheit auch § 106 UrhG verwirklicht sein.

5. Probleme des Tatnachweises

Die Strafverfolgung selbst setzt gem. § 22 UWG bei allen Tatbeständen in der Regel einen **Strafantrag** voraus. Antragsberechtigt ist dabei der Inhaber des jeweils verletzten Geschäftsbetriebes, der zum Tatzeitpunkt Geheimnisinhaber war. Erst seit der Neufassung des § 22 UWG durch das 2. WiKG kann die Staatsanwaltschaft **auch von Amts** wegen einschreiten und bei Vorliegen eines besonderen öffentlichen Interesses entsprechende Ermittlungen aufnehmen. Voraussetzung hierfür wäre aber auch hier, daß die Strafverfolgungsbehörde zur Einleitung eines Verfahrens überhaupt in irgendeiner Weise Kenntnis von einem strafbaren Verhalten erlangt. Über die dafür notwendigen Informationen dürfte wiederum in den meisten Fällen nur der Geheimnisträger selbst verfügen. Vor diesem Hintergrund ist es daher verständlich, wenn aufgrund der obigen Fallzahlen von einer hohen Dunkelziffer auszugehen ist. Wie auch bei anderen Antragsdelikten werden viele Unternehmen die Interessen an der Aufklärung von Straftaten geringer bewerten als die sich aus einem **negativen Image** ergebenden Folgen. Hinzu kommt aber gerade bei § 17 UWG noch ein weiteres gewichtiges Argument: Die Anzeige und der Nachweis eines strafbaren Verhaltens seitens des Unternehmens machen es je nach Einzelfall erforderlich, gegenüber den Ermittlungsbehörden Tatsachen und auch Geheimnisse mitzuteilen, damit überhaupt eine Straftat festgestellt werden kann. So ist es etwa im Fall des Verschaffens geschützter Software durch den Täter erforderlich, die vorgefundenen Informationen mit den Quelldaten zu vergleichen, um Übereinstimmungen oder Divergenzen feststellen zu können. Hinzu kommt, daß für das geschädigte Unternehmen sogar die Gefahr besteht, daß einzelne Tatsachen im Rahmen einer **öffentlichen Gerichtsverhandlung** erörtert werden müssen. Zusätzlich besteht aufgrund der modernen Informations- und Kommunikationstechnologien für die Ermittlungsbehörden immer häufiger die Schwierigkeit, bei unkörperlichen Daten einen Nachweis für die Verschaffung des Geheimnisses beim Täter zu führen, wenn es nicht gelingt, verkörperte Gegenstände mit den verratenen Informationen sicherzustellen. Die EDV-Technik erlaubt es dem Täter in viel größerem Umfang, Daten unbemerkt zu gewinnen als bei Einsatz der herkömmlichen Printmedien. Vor diesem Hintergrund ist es daher nachvollziehbar, wenn es bisher – gerade zu § 17 Abs. 2 UWG – kaum zu Verurteilungen gekommen ist. 153

IX. Straftaten in Datennetzen

Neben den bisher dargestellten einzelnen Deliktsformen der Computerkriminalität ergeben sich durch den zunehmenden Einsatz moderner Multimediadienste in allen Bereichen auch neue Formen der Kriminalität in Datennetzen. Es findet sich dafür auch der Begriff der **„Multimedia-Kriminalität“**. Wenngleich es sich dabei teilweise auch um Straftaten aufgrund der oben bereits im einzelnen dargestellten Formen der Computerkriminalität handelt, wie etwa das Ausspähen von Daten oder der Raubkopie von Software, lassen sich hier in diesem Bereich aber **auch andere Formen der Kriminalität** nachweisen, weshalb es erforderlich ist, die mit Multimediadiensten zusammenhängenden Rechtsfragen gesondert zu erörtern. Die aktuelle juristische Diskussion hat sich hier 154

[219] Vgl. zur ersten Auffassung *Baumbach/Hefermehl*, UWG, § 17 Rn. 45 und *Heghmanns*, in: *Achenbach/Wannemacher*, § 25 Rn. 56 sowie demgegenüber *Fuhrmann*, in: *Erbs/Kohlhaas*, Strafrechtliche Nebengesetze, § 17 UWG Rn. 52.

bisher vor allem mit der strafrechtlichen Verantwortlichkeit von Anbietern, Providern und anderen Personen beschäftigt.[220] Im Zusammenhang mit der Erfassung solcher strafbarer Handlungen durch das geltende Strafrecht betreten die Ermittlungsbehörden überwiegend juristisches Neuland.[221] Die bisher ergriffenen Zwangsmaßnahmen und die eingeleiteten Ermittlungsverfahren gegen einzelne Internet-Provider haben dies mit einer Vielzahl von Beiträgen über die **„Zensur im Internet"** deutlich gemacht.[222] Die aktuelle Diskussion wird dabei fast ausschließlich von der **Verbreitung pornographischer Schriften** geprägt. Daneben finden sich aber auch antisemitische und rassistische Propaganda sowie Anleitungen zur Begehung von Straftaten. Die modernen Verbreitungstechniken eignen sich aber auch für Beleidigungen und Verleumdungen von Personen. Inzwischen zeigt sich, daß in den Datennetzen auch alle schon **bisher bekannten Kriminalitätsformen von A bis Z** zu finden sind.[223] Sie reichen dabei von der Verletzung des Arzneimittelgesetzes durch unzulässige Angebote verschreibungspflichtiger Medikamente über Betrug, Erpressung, Kapitalanlagebetrug bis hin zu über die Datennetze vorbereiteten Waffen- und Zolldelikten durch die verbotene Einfuhr von bestimmten Gegenständen. Ohne an dieser Stelle alle denkbaren Deliktsformen aufzählen zu können, wird bereits deutlich, daß der kriminelle Mißbrauch in den modernen Kommunikationsnetzen in ihrer Dimension noch kaum abschätzbare künftige Gefahren mit sich bringt, nachdem die technischen Entwicklungen keineswegs abgeschlossen sind. Auch die juristische Bewertung neuer Rechtsfragen in diesem Bereich ist erst am Anfang angelangt. Die folgenden Darstellungen – vor allem zur strafrechtlichen Verantwortlichkeit der beteiligten Personen – wollen daher als Zwischenbilanz einen ersten Überblick zur Lösung bisher aufgetretener neuer Rechtsfragen an Hand abgeschlossener bzw. noch laufender Ermittlungs- bzw. Strafverfahren geben.[224]

155 **Fall 1 (CompuServe-Verfahren):** Als erstes Verfahren gegen Provider besondere Aufmerksamkeit erregt hat die am 22. 11. 1995 ausgeführte Durchsuchung der Staatsanwaltschaft bei CompuServe in München wegen des Verdachts der Verbreitung von Kinderpornographie über den Online-Dienst. Im Anschluß daran übergab ein Mitarbeiter der Polizei an CompuServe eine Liste mit Newsgroups zur Überprüfung. Daraufhin sperrte CompuServe den Zugang zu ca. 250 verdächtigen Newsgroups, deren Namen etwa mit „sex" oder „gay" in Verbindung standen, aus technischen Gründen zunächst weltweit. Dies führte zu heftigsten Reaktionen in der gesamten Weltpresse und bei den Internet-Anbietern und Nutzern. Diese Sperrung wurde daraufhin auf deutsche Zugänge beschränkt und später überwiegend wieder aufgehoben. Am 26. 2. 1997 erhob die Staatsanwaltschaft München I Anklage gegen den Geschäftsführer von CompuServe wegen des Verdachts der Beihilfe zur Verbreitung pornographischer Schriften über das Internet. Die Staatsanwaltschaft ging dabei davon aus, daß es von CompuServe wissentlich zugelassen worden sei, daß gewalt-, kinder- und tierpornographische Bilder aus Newsgroups ungehindert an Kunden gelangen und so weiterverbreitet werden konnten. Dies wäre durch geeignete technische und organisatorische Maßnahmen zu verhinden gewesen. Obwohl sowohl Staatsanwaltschaft als auch Verteidigung in der am 12. 5. 1998 begonnenen Hauptverhandlung vor dem Amtsgericht München Freispruch beantragt hatten, verurteilte das Gericht

---

[220] Vgl. dazu etwa nur *Sieber*, JZ 1996, 429ff. und 494ff. sowie *Sieber*, CR 1997, 581ff. und 653ff.; *Jäger/Collardin*, CR 1996, 236ff.; *Conradi/Schlömer*, NStZ 1996, 366ff. und 472ff.; *Hinterseh*, jur-PC 1996, 460ff. und *Derksen*, NJW 1997, 1878ff.; *Altenhain*, CR 1997, 485 und AfP 1998, 457ff.

[221] Vgl. dazu näher zu den strafrechtlichen und strafprozessualen Fragen der Online-Kommunikation bei Tele- und Mediendiensten die Darstellungen bei *Bär*, in: *Roßnagel* (Hrsg.), Recht der Multimediadienste, 7. Teil – Strafrecht.

[222] Vgl. dazu nur zum CompuServe-Verfahren *Sieber*, JZ 1996, 429, zum Marquardt-Verfahren das Urteil des AG Tiergarten vom 30. 6. 1997, MMR 1998, 49 mit Anm. *Hutig*, sowie die weiteren Falldarstellungen bei *Bär*, in: *Roßnagel* (Hrsg.), Recht der Multimediadienste, 7. Teil – Strafrecht, Rn. 3ff.

[223] Vgl. dazu die Übersicht bei *Janovsky*, Kriminalistik 1998, 500.

[224] Vgl. zu weiteren Einzelheiten und Falldarstellungen die Ausführungen bei *Bär*, in: *Roßnagel* (Hrsg.), Recht der Multimediadienste, 7. Teil, Strafrecht – Einleitung Rn. 3ff. sowie zu ausländischen Verfahren auch *Barton*, Multimedia Strafrecht, 65ff.

den Angeklagten am 28. 5. 1998 zu einer Freiheitsstrafe von zwei Jahren mit Bewährung. Das Urteil ist bisher noch nicht rechtskräftig, da die Verteidigung Berufung eingelegt hat. Dieses Berufungsverfahren ist bisher noch nicht abgeschlossen.[225]

Fall 2 („Leder-Domina" und „Sado-Henker"): Über das Internet war in der Nähe von Rosenheim von einem sado-masochistisch veranlagten Paar, das sich selbst als „Leder-Domina" und „Sado-Henker" bezeichnete, die Verschleppung von Kindern für menschenverachtende Sextouren an zahlungskräftige Kunden angeboten worden. Die Details für die Folter waren im Internet-Angebot aufgeführt. Für die Beseitigung des „Kadavers" wurde ein Aufschlag verlangt. Nach Aufdeckung und Anzeige dieses Angebotes durch einen Journalisten, wurden beide Täter festgenommen. Im Rahmen einer Hausdurchsuchung konnten verschiedene EDV-Anlagen und Aufzeichnungen des Paares sichergestellt werden. Im Keller des Hauses wurde auch ein Raum mit Foltergegenständen gefunden, der jedoch nicht schalldicht war. Tatsächliche Spuren von Kindesmißhandlungen konnten jedoch nicht festgestellt werden. Aufgrund der gegen beide Täter erhobenen Anklage wegen der Verabredung eines Verbrechens und weiterer Delikte fand vor dem Landgericht Traunstein das Hauptverfahren statt. Für die Staatsanwaltschaft war es dabei erforderlich, den Tätern nachzuweisen, daß es nicht nur erotische Scheinangebote über das Datennetz verbreitete, sondern tatsächlich die angebotenen Mißhandlungen eines Kindes, Mord usw. auch tatsächlich konkret realisieren wollte. Während die Staatsanwalt dies als erwiesen ansah und deshalb Freiheitsstrafen von achteinhalb und fünf Jahre gegen beide Angeklagte beantragte, sprach das Gericht beide Täter nach mehrtägiger Verhandlung vom Vorwurf der Verabredung eines Verbrechens frei und verurteilte sie nur wegen Betrug und Untreue bzw. verbotener Prostitution zu einer Bewährungsstrafe von 18 bzw. 2 Monaten. Die gegen dieses Urteil von der Staatsanwaltschaft eingelegte Revision zum Bundesgerichtshof wurde zwischenzeitlich verworfen.[226]

Fall 3 (Radikal und Marquardt-Verfahren): Über einen Server des Amsterdamer Providers XS4ALL war die im Bundesgebiet verbotene linksradikale Zeitschrift „Radikal" abrufbar. Die ab August 1996 abrufbare Ausgabe Nr. 154 dieser Zeitschrift enthielt mehrere strafrechtlich relevante Beiträge, die sich etwa mit der Behinderung von Bahntransporten aller Art oder inhaltlich mit bevorstehenden oder bereits verübten Anschlägen auf Gleisstrecken der Deutschen Bahn AG auseinandersetzten. Die Generalbundesanwaltschaft leitete daraufhin ein Ermittlungsverfahren gegen die Herausgeber der Zeitschrift ein und forderte die deutschen Provider im September 1996 auf, den Zugriff auf diese Seiten über ihre Zugangs- und Netzknoten zu unterbinden, was zu weltweiten Protesten und zur Spiegelung der Druckschrift auf einer Vielzahl von weiteren Rechnern weltweit führte. Gegen die Provider, die diesen Aufforderungen nicht nachgekommen waren, wurden ebenfalls Ermittlungen geführt.[227] Diese Verfahren stellte die Generalbundesanwaltschaft Ende 1997 nicht wegen fehlender Strafbarkeit, sondern wegen geringer Schuld ein.[228] Weitere Ermittlungen wegen der Zeitschrift „Radikal" richteten sich gegen die PDS-Bundestagsabgeordnete Angela Marquardt. Sie hatte auf ihrer Internet-Homepage einen Link auf die veröffentlichten Auszüge dieser Zeitschrift gesetzt. Deshalb leitete die Staatsanwaltschaft Berlin gegen die Abgeordnete Anfang 1997 ein Ermittlungsverfahren ein und erhob wegen Beihilfe zur Anleitung zu einem gemeingefährlichen Verbrechen (§ 316a StGB) Anklage, da sie durch den Link die Zeitschrift „Radikal" verbreitet habe. Mit Urteil vom 30. 6. 1997 wurde die Angeklagte vom Amtsgericht Tiergarten[229] in einem inzwischen rechtskräftigen Urteil freigesprochen, da ihr der Vorsatz für die Beihilfe fehlte. Die gegen die Abgeordnete eingeleiteten weiteren Strafverfahren wegen der Veröffentlichung der Anklage im Internet aus dem ersten bzw. zweiten Verfahren sind inzwischen ebenfalls abgeschlossen und führten zu keiner Bestrafung der Angeklagten.

Fall 4 (Gekreuzigtes Schwein): Das erzbischöfliche Ordinariat in Regensburg hatte Strafanzeige gegen eine Firma erstattet, die unter ihrer Internet-Adresse unter anderem ein Schweine-T-Shirt mit dem Motiv eines gekreuzigten Schweins anbot. Die Staatsanwaltschaft Regensburg stellte das Ermittlungsverfahren ein, da das Angebot dieses T-Shirts im Internet nicht die Voraussetzungen

225 Vgl. zum Verfahren *Sieber*, JZ 1996, 429 und den Bericht in NJW-CoR 1997, 252 sowie zum Urteil AG München, MMR 1998, 429 mit Anm. *Sieber*; NStZ 1998, 518 mit Anm. *Vassilaki*; CR 1998, 500 mit Anm. *Ernst* sowie *Pätzel* (625 ff.) und *v. Gravenreuth* (628 f.); NJW-CoR 1998, 356 m. Anm. *Ernst* sowie *Burkhardt*, CR 1999, 38 ff.

226 Vgl. zum Verfahren die Presseberichte in der Münchner Abendzeitung vom 29. 1. 1997 sowie im Straubinger Tagblatt vom 5. 8. 1997 sowie das BGH-Urteil in MMR 1999, 29 mit Anm. *Bär*.

227 Vgl. zum Sachverhalt die Darstellungen in BT-Drucksache 13/8513, 1.

228 Vgl. MMR 1998, 93 mit Anm. *Hoeren* und JurPC Web-Dok 17/1998.

229 Vgl. zum Urteil MMR 1998, 49 mit Anm. *Hütig* und CR 1998, 111 mit Anm. *Vassilaki*.

einer Beschimpfung des religiösen Bekenntnisses erfülle. Die gegen diese Einstellung erhobene Beschwerde wies die Generalstaatsanwaltschaft zurück, da es nicht beweisbar sei, daß das Angebot des beschriebenen Hemdes im Bereich der Telekommunikation geeignet sei, den öffentlichen Frieden zu stören. Dem dagegen erhobenen Antrag auf gerichtliche Entscheidung gab das OLG Nürnberg statt und hob die ablehnenden Entscheidungen auf. Das Gericht sah in diesem Fall die Voraussetzungen für eine Beschimpfung als gegeben an. Insbesondere sei auch eine Verbreitung solcher Bilder und Informationen im Internet geeignet, den öffentlichen Frieden zu stören.[230]

Fall 5 (Terrorist's Handbook): Der Täter entdeckte beim Surfen im Internet eine Datei u. a. mit dem Titel „The Terrorist's Handbook" und lud diese auf die Festplatte seines Rechners herunter. Anschließend hinterlegte er die Datei auf einer ihm bekannten Mailbox unter seinem Benutzernamen, zu der mehr als 800 Benutzer Zugang hatten. In dieser Datei enthalten war eine Anleitung zur Herstellung von hochexplosiven Sprengstoffen. Hier fanden sich aber auch detaillierte Hinweise zur Fertigung von Molotow-Cocktails, chemischen Brandflaschen oder von Sprengstoffen in Glasflaschen. Die vom Täter hinterlegte Datei wurde in der Mailbox insgesamt 73 Mal abgerufen. Das AG Augsburg verurteilte den Täter wegen Anleiten zur Herstellung von Sprengstoffen gem. §§ 37, 53 WaffG zu einer Freiheitsstrafe, im Berufungsverfahren wurde die Entscheidung unter Abänderung in eine Geldstrafe bestätigt. Das BayObLG hob die Entscheidung auf, da das Merkmal der Anleitung zur Herstellung verbotener Gegenstände nur dann erfüllt sei, wenn sich der Täter den Inhalt des verbotenen Textes zu eigen mache und damit selbst zur Herstellung anleite.[231]

156 Mit diesen Fallgestaltungen werden bereits wesentliche Probleme bei der Erfassung von Straftaten in Datennetzen angesprochen. Der Gesetzgeber hat auf diese neuen Herausforderungen durch die Schaffung neuer Regelungen für Multimediadienste in Form zweier verschiedener Gesetze reagiert. Zu nennen ist hier zunächst das **Informations- und Kommunikationsdienstegesetzes (IuKDG)** als Bundesgesetz mit dem darin in Art. 1 enthaltenen Teledienstegesetz (TDG) und dem Teledienstedatenschutzgesetz (TDDG) in Art. 2 sowie der **Mediendienste-Staatsvertrag (MDStV)** der Bundesländer als landesrechtliche Regelung. Beide Gesetze sind zum 1. 8. 1997 in Kraft getreten.

1. Abgrenzung von Telediensten, Mediendiensten und Rundfunk

157 Wie schon aus den beiden dargestellten Gesetzen deutlich wird, ist vom Gesetzgeber bei der rechtlichen Beurteilung der Multimediadienste zwischen Telediensten auf der einen Seite und Mediendiensten auf der anderen Seite unterschieden worden. Eine solche Einteilung für ein und dieselbe Regelungsmaterie ist zunächst nicht verständlich. Diese Differenzierung ist letztlich auf die **unterschiedlichen Gesetzgebungskompetenzen von Bund und Ländern** für beide Materien zurückzuführen.[232] Während sich der Bund für die Regelungen der Teledienste auf die Gesetzgebungskompetenz des Art. 74 GG für das Recht der Wirtschaft, den gewerblichen Rechtsschutz und das Urheberrecht, aber auch das Strafrecht und den Jugendschutz berufen kann, verbleibt den Ländern die Kompetenz für den Rundfunk und damit auch für die Mediendienste. Die zwischen Bund und Ländern deshalb bestehenden Meinungsverschiedenheiten konnten im Rahmen des Gesetzgebungsverfahrens weitgehend ausgeräumt werden. So sollen den **Telediensten** nach der Legaldefinition des § 2 Abs. 1 TDG elektronische Informations- und Kommunikationdienste zugeordnet werden, die für eine **individuelle Nutzung** von kombinierbaren Daten bestimmt sind und denen eine Übermittlung mittels Telekommunikation zu Grunde liegt. Im Vordergrund steht damit hier die Individualkommunikation. Demgegenüber gilt der **MDStV** nach der Begriffsbestimmung des § 2 Abs. 1 für das Angebot

---

[230] Vgl. OLG Nürnberg, MMR 1998, 535 mit Anm. *Bär.*

[231] Vgl. BayObLG NJW 1998, 1087 mit Anm. *Gänßle*, NStZ 1999, 90 sowie *Derksen*, NJW 1998, 3760.

[232] Vgl. zur Abgrenzung *Bullinger/Mestmäcker*, Multimediadienste, 1997; *Engel-Flechsig/Maennel/Tettenborn*, NJW 1997, 2981; *Gounalakis*, NJW 1997, 2993; *Hochstein*, NJW 1997, 2977 und von *Heyl*, ZUM 1998, 115 sowie *Spindler*, in: *Hoeren/Sieber*, Handbuch Multimedia Recht, Kapitel 29 Rn. 43 ff.; *Barton*, Multimedia-Strafrecht, 103 ff.

und die Nutzung von an die **Allgemeinheit gerichteten Informations- und Kommunikationsdiensten** in Text, Ton, oder Bild, die unter Nutzung elektromagnetischer Schwingungen ohne Verbindungsleitung oder längs oder mittels eines Leiters verbreitet werden. Klargestellt wird hier weiter, daß die Bestimmungen des Rundfunkstaatsvertrages und des Teledienstegesetzes unberührt bleiben. Mediendienste richten sich damit vor allem an die Öffentlichkeit und sind ein Massenkommunikationsmittel. Nachdem diese beiden Begriffsdefinitionen sehr allgemein gehalten sind, enthalten beide Gesetze jeweils in § 2 Abs. 2 einen Positivkatalog von Diensten, die dem jeweiligen Bereich zuzuordnen sind. Dabei ergibt sich im einzelnen folgende grobe Abgrenzung:

158

Teledienste	**Mediendienste**
Telebanking, Telemedizin, Telearbeit, Meinungsforen	Fernseheinkauf, Teleshopping
Datendienste, Einzelwerbeangebote	Fernsehtext, Radiotext und andere Textdienste
Angebote zur Nutzung des Internets	Elektronische Presse
Telespiele	Abrufdienste, soweit nicht individueller Leistungsaustausch im Vordergrund steht
Angebote von Waren und Dienstleistungen (Bestell-, Buchungs- und Maklerdienste	Verteildienste für Daten und Meßergebnisse

Auch wenn der Gesetzgeber in seiner Grundkonzeption von einer eindeutigen Zuordnung der einzelnen Dienste ohne größere Überschneidungen ausgeht, ist dies praktisch nicht durchführbar. Die obige Aufstellung macht bereits die Schwierigkeiten bei der Abgrenzung deutlich. Ohne hier aber eine für alle Bereiche gültige generelle Einordnung vornehmen zu können, gilt es doch bei der **Abgrenzung im Einzelfall** zu beachten, daß als „Dienst" i. S. d. § 2 TDG/MDStV nicht ein komplettes Angebot anzusehen ist. Vielmehr hat **für jedes Einzelangebot** eines Anbieters eine gesonderte Beurteilung zu erfolgen. So kann deshalb etwa das Gesamtangebot eines großen Service-Providers wie AOL, CompuServe oder T-Online nicht generell den Tele- oder Mediendiensten untergeordnet werden. Es muß vielmehr in individuelle Teilangebote aufgespalten und dann einer rechtlichen Zuordnung zugeführt werden. Auch wenn sowohl Tele- als auch Mediendienste nach **§ 4 TDG bzw.** § 4 MDStV letztlich **zugangsfrei** sind und der Betrieb – im Gegensatz zum Rundfunk – keiner gesonderten Anmeldung und Zulassung bedarf, ist doch im Einzelfall eine Trennung zwischen beiden Gesetzen geboten, da ein Angebot grundsätzlich nicht den jeweiligen Normen gleichzeitig unterfallen kann. Bei einer aufmerksamen Durchsicht beider Gesetze wird im übrigen deutlich, daß es in Teilbereichen – sei es etwa nur bei der Aufsicht und der zuständigen Behörde – durchaus auch abweichende Rechtsfolgen nach TDG bzw. MDStV geben kann. Umstritten ist derzeit noch die Frage, wie zu verfahren ist, falls sich keine eindeutige Zuordnung zu Tele- oder Mediendiensten vornehmen läßt. Hier wird teilweise die Auffassung vertreten, daß sich etwa aus § 2 Abs. 2 Nr. 2 TDG ein Vorrang des Bundesgesetzes ableiten lasse, das dann im Blick auf Art 31 GG auch in erster Linie zur Anwendung komme.[233] 159

Schwierigkeiten bereitet auch die **Abgrenzung** der Tele-/Mediendienste **vom Rundfunk**. Nach der Legaldefinition des § 2 Rundfunkstaatsvertrag (RStV) fällt darunter die 160

[233] Vgl. dazu *Spindler,* in: *Hoeren/Sieber,* Handbuch Multimedia Recht, Kapitel 29 Rn. 43 ff. sowie *Waldenberger,* MMR 1998, 124 f.

für die Allgemeinheit bestimmte Veranstaltung und Verbreitung von Darbietungen aller Art in Wort, in Ton und in Bild unter Benutzung elektromagnetischer Schwingungen ohne Verbindungsleitung oder längs oder mittels eines Leiters. Damit zeigen sich bei dieser dynamischen und entwicklungsoffenen Begriffsbestimmung bereits die engen Verflechtungen zwischen Rundfunk und vor allem Mediendiensten, denn bereits heute ist es technisch möglich beide Angebote – etwa über das Internet – zu verbreiten und abzurufen. Es wird deshalb heute zwischen Rundfunk und Mediendiensten insoweit abgegrenzt als beide zunächst nicht dem Bereich der Individualkommunikation zuzurechnen sind. **Mediendienste dienen** gegenüber dem Rundfunk im übrigen **nur in geringem Maß der öffentlichen Meinungsbildung**, da ihnen vor allem die Suggestivkraft der Bilder fehlt. Daraus folgt aber zwangsläufig, daß das volle Regelungswerk des Rundfunkstaatsvertrages zum Tragen kommt, wenn bei Mediendiensten die inhaltliche Begrenzung und die geringe meinungsbildende Relevanz wegfallen.[234] Auch wenn damit die Dreiteilung zwischen Telediensten für Zwecke der Individualkommunikation, Mediendiensten mit geringer publizistischer Relevanz für die Allgemeinheit und Rundfunk einen gewissen Ordnungsrahmen vorgeben, ergeben sich doch eine erhebliche Zahl von Abgrenzungsfragen. Selbst wenn damit die obige Aufsplitterung unpraktikabel und in Teilbereichen auch wirklichkeitsfremd ist, muß sie doch entsprechend den gesetzlichen Bestimmungen den weiteren Ausführungen zugrunde gelegt werden.

2. Beteiligte Personen und Verantwortlichkeit

161 Da an der Abwicklung und Durchführung der elektronischen Kommunikation über die Datennetze verschiedene Personen beteiligt sind, an deren strafrechtlich relevantes Verhalten angeknüpft werden kann, ist es erforderlich, vorab eine Differenzierung hinsichtlich der Funktionen und Tätigkeiten der jeweiligen Personen vorzunehmen. Grundsätzlich ist insoweit bei jedem Kommunikationsvorgang von einer Beteiligung von mindestens drei Personen auszugehen. So muß zunächst auf der einen Seite ein **Anbieter oder Autor** von Informationen vorhanden sein, der die von ihm erstellten Inhalte im Netz auch zum Abruf durch Dritte bereithält. Dem steht auf der anderen Seite der **Nutzer** gegenüber, der von seinem Arbeitsplatz aus die gewünschten Informationen über die Computernetze abruft. Um aber dieses Ziel zu erreichen, bedarf es eines **Diensteanbieters oder Providers**, der dem Nutzer einerseits den Zugang zu den entsprechenden Angeboten eröffnet, der aber auch die vom Autor erstellten Informationen zum Abruf bereithalten kann. Zwischen diesen am Kommunikationsvorgang beteiligten Personen muß im einzelnen deshalb differenziert werden, da sich je nach der Einordnung aufgrund der gesetzlichen Regelungen jeweils auch abweichende Rechtsfolgen hinsichtlich der Verantwortlichkeit ergeben. Zusätzlich zum Anbieter, Nutzer und Provider ist an jedem Kommunikationsvorgang regelmäßig auch der **Anbieter von Telekommunikationsdienstleistungen** beteiligt, der die entsprechenden Leitungen für die Übertragung der Informationen zur Verfügung stellt. Da sich hier jedoch hinsichtlich der Verantwortlichkeit keine besonderen Regelungen ergeben, wird darauf im einzelnen nicht näher eingegangen. Zu berücksichtigen ist aber an dieser Stelle, daß die gesetzlichen Bestimmungen des **Telekommunikationsgesetzes (TKG)** – insbesondere hinsichtlich des Fernmeldegeheimnisses – jeweils beachtet werden müssen, da diese **funktionsbezogen differenziert** neben den noch darzustellenden Regelungen zur Verantwortlichkeit zur Anwendung kommen. Während das TKG dabei allein auf den technischen Vorgang der Telekommunikation bezogen ist, beziehen sich die folgenden Bestimmungen auf die jeweiligen Inhalte und deren Nutzungsformen.[235]

---

[234] Vgl. näher zur Abgrenzung *Jarass*, AfP 1998, 133 ff.

[235] Es gelten damit etwa auch die Auskunftsansprüche nach § 12 FAG und §§ 89, 90 TKG. Vgl. unten Rn. 240 ff.

Hinsichtlich der **Verantwortlichkeit** finden sich sowohl in **§ 5 TDG** als auch in **§ 5 MDStV** inhaltlich weitestgehend übereinstimmende Regelungen, je nachdem ob im Einzelfall von einem Teledienst oder einem Mediendienst auszugehen ist. Diese Bestimmungen haben für eine Beurteilung der Strafbarkeit von Handlungen in Datennetzen deshalb eine besondere Bedeutung, da sie nach der Konzeption des Gesetzgebers als **Filter** oder wie ein Trichter **über den einzelnen Rechtsgebieten** des Zivil- und Strafrechts sowie dem öffentlichen Recht stehen. Ein zur Prüfung anstehender Haftungsfall muß deshalb zunächst diesen Filter passieren, damit eine Verantwortlichkeit nach den jeweiligen einschlägigen Teilbereichen der Rechtsordnung überhaupt in Betracht kommt. Gelangt man etwa auch Grund des § 5 TDG/MDStV zu dem Ergebnis, daß keine Verantwortlichkeit besteht, kann ein Fall auch nicht mehr zu einer strafrechtlichen Ahndung nach dem allgemeinen Strafrecht führen. Die Bestimmung des § 5 stellt damit für alle Haftungsfragen von Informations- und Kommunikationsdiensten eine Sonderregelung dar, die jeweils beachtet werden muß.[236] 162

3. Verantwortlichkeit der Anbieter

Als primär Verantwortlicher für strafbare Inhalte in Datennetzen ist derjenige anzusehen, 163 der die entsprechenden **Informationen selbst erstellt** und auch **selbst angeboten** hat. Dabei kann das individuelle Informationsangebot sehr verschieden sein. Es kann etwa von einer umfangreichen Datenbank über einzelne Artikel bis hin zu einer einzigen Seite im Netz reichen, wenn diese etwa strafbare Inhalte – wie verbotene Zeichen – enthalten. Aufgrund der gesamten Netzstruktur kann damit nicht nur ein kommerzielles Unternehmen als solcher Anbieter auftreten, sondern auch jeder Privatmann, der etwa seine eigene Homepage im Internet einstellt oder sich über einem Beitrag mit strafbarem Gehalt an einer Newsgroup beteiligt. Zu den Urhebern oder Autoren zählt dabei auch der sog. Content-Provider, der auf Rechnern von Online-Service-Providern oder Internet-Providern Informationen zur Verfügung stellt, die von ihm selbst stammen oder die er sich erkennbar zu eigen gemacht hat.

Die rechtliche Beurteilung der Verantwortlichkeit des **Urhebers** oder auch **Content-** 164 **Providers** bereitet keine Schwierigkeiten. Ebenso wie bei den herkömmlichen Printmedien[237] ist auch derjenige, der Informationen verfaßt und über Tele- oder Mediendienste verbreitet, die einen Straftatbestand erfüllen, in erster Linie auch selbst **für** deren **Inhalt voll verantwortlich**. Ein Freiraum für den Autor ergibt sich aus verfassungsrechtlicher Sicht dabei nur durch die Garantien aus Art. 5 Abs. 1 und 3 GG sowie auf der Ebene des Strafrechts durch die Wahrnehmung berechtigter Interessen i. S. d. § 193 StGB. An diesem der allgemeinen Rechtsordnung entstammenden Grundsatz der Eigenverantwortlichkeit hat der Gesetzgeber auch durch **§ 5 Abs. 1 TDG/MDStV** nichts geändert. Damit wird klargestellt, daß derjenige, der eigene Inhalte vorsätzlich oder fahrlässig so anbietet, daß sie über die modernen Kommunikationsdienste abgerufen werden können, auch weiterhin nach der allgemeinen Rechtsordnung ohne inhaltliche Begrenzung einzustehen hat. Als **„eigene Inhalte"** i. S. d. § 5 Abs. 1 gelten dabei nicht nur **selbsterstellte Informationen**, sondern auch solche Dritter, die sich der Anbieter aber **erkennbar zu eigen gemacht** hat.[238] Abzustellen ist dabei auf die Sicht des Nutzers, ob für ihn ein Angebot fremd ist oder sich als eigenes des Anbieters darstellt. Es kommt damit zu einer rechtlichen Gleichbehandlung derjenigen, die Informationen online über Datennetze zur Ver-

[236] Vgl. ausführlich zur Verantwortlichkeit der Beteiligten die Darstellungen bei *Bär,* in: *Roßnagel* (Hrsg.) Recht der Multimediadienste, Kapitel 7 Einleitung Strafrecht.

[237] Vgl. zur Haftung von Urheber, Autor, Redakteur und Verleger die Nachweise bei *Sieber,* JZ 1996, 435 f.

[238] Vgl. näher *Sieber,* in: *Hoeren/Sieber,* Handbuch Multimedia Recht, Kapitel 19 Rn. 258 ff. sowie *Bleisteiner,* Rechtliche Verantwortlichkeit im Internet, 175 ff.

breitung zur Verfügung stellen und derjenigen, die nur offline als Anbieter auftreten. Dadurch, daß der Gesetzgeber die Verantwortlichkeit für eigene Inhalte an den Anfang der Norm des § 5 gestellt hat, wird daneben bereits deutlich, daß der Urheber als eigentlicher Begehungstäter auch primär strafrechtlich verantwortlich sein soll. Demgegenüber kann eine Haftung des Providers, die in § 5 Abs. 2 und 3 geregelt ist, nur subsidiär eingreifen. Es muß daher auch Aufgabe der Ermittlungsbehörden sein, in erster Linie wirksam gegen diese unmittelbar aktiv handelnden Täter vorzugehen. Dazu müssen aber vor allem die technischen Möglichkeiten zur Identifizierung der Täter in den Datennetzen, aber auch die Möglichkeiten der internationalen Zusammenarbeit und Rechtshilfe verbessert werden, sofern sich die gesuchten Personen im Ausland aufhalten.

4. Verantwortlichkeit der Provider

165 Neben dem eigentlichen Ersteller oder Urheber von Informationen kommt als weiterer Verantwortlicher der Diensteanbieter oder Provider in Betracht, der dem Internet-Nutzer erst den Zugang zum Netz eröffnet. Legal definiert wird dieser in **§ 3 Nr. 1 TDG/MDStV** als die Person, die eigene oder fremde Inhalte zur Nutzung bereithält oder den Zugang zur Nutzung vermittelt. Ohne daß dies aber in der Begriffsbestimmung deutlich zum Ausdruck kommt, ergeben sich jedoch erhebliche Unterschiede bei der technischen Ausgestaltung des Internet-Zugangs und dem Bereithalten von Informationen, die für die spätere rechtliche Beurteilung von besonderem Interesse sind. Es sind deshalb verschiedene Formen von Providern zu unterscheiden. Abgestuft von den geringsten bis zu den stärksten Einflußmöglichkeiten des Diensteanbieters sind deshalb folgende wichtige **Differenzierungen** vorzunehmen:[239] Wird vom Provider lediglich der technische Zugang zum Internet und seinen verschiedenen Diensten erbracht, spricht man vom sog. **Zugangs-Provider oder Access-Provider**. Seine Tätigkeit beschränkt sich nur auf die Zurverfügungstellung eines Gateways zum Internet. Damit kann der Anwender selbst die im Internet angebotenen Dienste nutzen, ohne daß der Provider hierauf in irgendeiner Weise Einfluß nehmen kann. Diesem Bereich zuzuordnen sind auch die Netzknotenrechner oder Proxy-Cache-Server, die zur Weiterleitung von Informationen nur eine kurzfristige Zwischenspeicherung übernehmen, um so die Transportfunktionen für Daten zu gewährleisten. Stärkere Einflußmöglichkeiten auf die übertragenen Informationen hat ein Provider, der neben dem rein technischen Internet-Zugang auf seinem Server auch selbst Dienste bereithält, die etwa von der Speicherung fremder Daten über das Angebot eines News- oder Mail-Servers bis hin zur Moderation fremder Daten in Newsgroups reichen können. Man spricht in diesem Fall dann von Internet-Service-Providern oder kurz einfach von **Service-Providern**. Daneben unterhalten die sog. Online-Service-Provider oder auch nur vereinfacht Online-Dienste wie CompuServe, AOL oder T-Online ein besonderes Datenangebot, das sich auf eigenen Servern der Diensteanbieter befindet und auch nur von den Mitgliedern des jeweiligen Dienstes abgerufen werden kann. Den stärksten Einfluß auf den Inhalt von Daten hat der Diensteanbieter, der dem Nutzer eigene Daten und Informationen zur Verfügung stellt. Der in diesem Fall vorliegende **Content-Provider** oder Inhaltsanbieter ist dann – entsprechend den obigen Ausführungen – bereits wie ein Anbieter zu behandeln.

166 Keine rechtlichen Schwierigkeiten wirft die Beurteilung der **Verantwortlichkeit des Access-Providers**, dessen Aufgabe ja allein darin besteht, über ein Gateway einen direkten Zugang zum Internet zur Verfügung zu stellen. Ebenso wie man auch den Anbieter von Telekommunikationsleistungen aus strafrechtlicher Sicht nicht dafür verantwortlich machen kann, daß über sein Netz strafbare Inhalte abgesprochen oder weitergegeben werden, bestand auch vor dem Inkrafttreten der neuen Gesetze Einverständnis darüber, daß ein Access-Provider für **fremde Inhalte nicht verantwortlich** ist, zu denen er nur

[239] Vgl. dazu auch *Sieber*, JZ 1996, 434 und *Sieber*, CR 1997, 597 f.

den technischen Weg eröffnet. Dies um so mehr als der Provider, der die Daten nur durchleitet, auch aus rein praktischen Gesichtspunkten keinen Einfluß auf die Inhalte nehmen kann. Diese Rechtslage wird durch **§ 5 Abs. 3 TDG/MDStV** nochmals ausdrücklich klargestellt: Diensteanbieter sind nach den neuen Multimediagesetzen für fremde Inhalte, zu denen sie lediglich den Zugang vermitteln, nicht verantwortlich. Nach § 5 Abs. 3 Satz 2 wird zusätzlich klargestellt, daß es als straflose Zugangsvermittlung auch dann gilt, wenn es zu einer automatischen und kurzzeitigen Vorhaltung fremder Inhalte kommt. Gemeint ist damit aber nur eine für einen begrenzten Zeitraum erfolgte Speicherung von Daten des Nutzers auf einem sog. Proxy-Cache-Server, wenn diese im Einzelfall vom Server selbst nicht beeinflußt werden kann. Vom Gesetz wird dabei aber keine konkrete Zeitgrenze angegeben, doch dürfte eine Speicherung, die über einen oder zwei Tage hinausgeht, in jedem Fall nicht mehr als kurzzeitig anzusehen sein.

Weitaus schwieriger und nicht so eindeutig zu beantworten ist die Frage einer möglichen Verantwortlichkeit eines **Service-Providers**, der zwischen der Zugangsvermittlung und dem Content-Provider eine Moderation fremder Daten vornimmt oder Speicherkapazitäten für fremde Daten zur Verfügung stellt.[240] Für diesen Bereich sieht **§ 5 Abs. 2 TDG/MDStV** vor, daß eine Verantwortlichkeit für die fremden Inhalte, die nur zur Nutzung bereitgehalten werden, nur dann besteht, wenn der Provider von diesen Inhalten Kenntnis hat und es ihm technisch möglich und zumutbar ist, deren Nutzung zu verhindern. Damit müssen als Voraussetzung für eine Haftung des Service-Providers drei Bedingungen erfüllt sein: Das Bereithalten von fremden Informationen, die Kenntnis des Providers und die Zumutbarkeit einer Nutzungsverhinderung. Erst wenn diese bejaht werden können, ist über den Vorfilter des § 5 Abs. 2 TDG/MDStV die Tür für die weitere strafrechtliche Prüfung eröffnet. Nachdem der Diensteanbieter aber nach der Gesetzesbegründung eine Garantie für die Übermittlung an Dritte übernimmt,[241] dürfte im Hinblick auf die Gesetzesformulierung klargestellt sein, daß jedenfalls bei Vorliegen der in § 5 Abs. 2 TDG/MDStV genannten Voraussetzungen von der Bejahung einer strafrechtlichen Garantenstellung auszugehen ist. 167

Ein **„Bereithalten“** von Informationen ist unproblematisch dann erfüllt, wenn die dem Nutzer zum Abruf bereitgestellten Daten auf dem eigenen Server gespeichert sind. Erfolgt dagegen vom Inland aus via Standleitung eine Verbindung mit einem Server im Ausland, kann dies vom sprachlichen Verständnis her ebenfalls nicht anders beurteilt werden als bei einer Datenspeicherung im Inland.[242] Demgegenüber fehlt diese Voraussetzung aber, sobald vom Provider bei einer Datenabfrage erst eine Verbindung zu einem weiteren Rechner aufgebaut wird. Zweite Voraussetzung für die Verantwortlichkeit ist die **Kenntnis von strafbaren Inhalten**. Damit erfaßt wird nur der direkte Vorsatz, also die positive und konkrete Kenntnis der entsprechenden strafbaren Inhalte. Dagegen ist ein Kennenmüssen in Form des bedingten Vorsatzes vom Wortlaut des § 5 Abs. 2 nicht einbezogen.[243] Das bloße „billigend in Kauf nehmen“ als voluntatives Element ist mit dem Begriff der Kenntnis nicht in Einklang zu bringen. Ebenso ausgeschlossen ist eine Verantwortlichkeit, falls nur eine fahrlässige Kenntnis von strafbaren Inhalten besteht. Wer fahrlässig unwissend ist, kann keine Kenntnis haben. Die meisten Schwierigkeiten bei der Auslegung bereitet aber die letzte Voraussetzung, die **Zumutbarkeitsklausel**. Die Begrenzung der Verantwortlichkeit auf technisch mögliche und zumutbare Handlungen 168

---

240 Vgl. näher zur Verantwortlichkeit die Darstellungen vor allem *Sieber*, Beilage zu MMR 2/1999 *Altenhain*, AfP 1998, 457 sowie die obigen Fundstellen und *Bleisteiner*, Rechtliche Verantwortlichkeit im Internet, 178 ff.; *Barton*, Multimedia-Strafrecht, 224 ff. sowie vor allem auch *Sieber*, in: *Hoeren/Sieber*, Handbuch Multimedia Recht, Kapitel 19 Rn. 270 ff.

241 Vgl. BR-Drucksache 966/96, 22.

242 So im Ergebnis auch AG München, MMR 1998, 432.

243 So im Ergebnis etwa auch *Sieber*, CR 1997, 583 mit Fn. 19; *Spindler*, NJW 1997, 3196 sowie *Engel-Flechsig/Maennel/Tettenborn*, NJW 1997, 2985. *Barton*, Multimedia-Strafrecht, 195 ff. und *Bleisteiner*, Rechtliche Verantwortlichkeit im Internet, 178 ff.

gewährleistet einerseits zwar jederzeit eine Anpassung an veränderte technische Entwicklungen, bedarf aber andererseits als unbestimmter Rechtsbegriff inhaltlich einer weiteren Konkretisierung durch Rechtswissenschaft und Informatik. Aus dem Zusammenhang mit § 5 Abs. 4 wird aber bereits deutlich, daß im Rahmen der Zumutbarkeit vor allem besondere Umstände in der Person des Diensteanbieters neben allgemeinen Interessen zu berücksichtigen sind. Eine objektivierte Betrachtung hat dabei nicht zu erfolgen. Es muß vielmehr eine Abwägung vorgenommen werden, bei der die Bedeutung des Einzelfalls und der Aufwand sowie die Auswirkungen auf andere Dienste im Verhältnis zueinander gesehen werden müssen. Aus der Gesetzesformulierung wird aber auch ersichtlich, daß eine technisch mögliche und zumutbare Verhinderung strafbarer Inhalte als der Regelfall anzusehen ist, wenn kein extremer Ausnahmefall vorliegt.[244] Abzuwägen sind damit im Einzelfall die jeweils tangierten Rechtsgüter beim Durchführen bzw. Unterlassen von Kontrollmaßnahmen. So stehen sich auf der einen Seite die Schutzgüter der durch Straftaten im Datennetz betroffenen Delikte sowie auf der anderen Seite die wirtschaftlichen Interessen des Providers neben den Allgemeininteressen an einem ungehinderten Datenverkehr gegenüber. Wie vor allem Sieber[245] in seiner Untersuchung zu § 5 TDG/MDStV gezeigt hat, ist eine umfassende Löschung oder Sperrung der als rechtswidrig erkannten Inhalte auf eigenen Servern ohne Schwierigkeiten möglich, sobald der jeweilige Inhalt auch konkret identifiziert ist. In diesen Fällen ist ein Einschreiten des Service-Providers daher grundsätzlich zumutbar. Demgegenüber dürfte es für den Service-Provider aufgrund der großen, sich schnell verändernden Datenmengen und den bisher nur in beschränktem Umfang möglichen Kontrollen mit entsprechender Filtersoftware nur in engen Grenzen zumutbar sein, gezielt nach strafbaren Inhalten zu suchen. Im oben geschilderten CompuServe-Verfahren hat das AG München[246] in der bisher einzigen vorliegenden Entscheidung die Voraussetzungen für eine Verantwortlichkeit gem. § 5 Abs. 2 TDG bejaht. Dieses Urteil ist jedoch bisher noch nicht rechtskräftig.

169 In jedem Fall kann in diesem Zusammenhang aber der Auffassung der **Generalbundesanwaltschaft** in der Einstellungsverfügung zum Radikal-Verfahren vom 26. 11. 1997[247] nicht zugestimmt werden. Trotz der Verneinung einer Verantwortlichkeit aus § 5 Abs. 2 oder 3 TDG/MDStV sieht diese gleichwohl eine **Haftung aus § 5 Abs. 4 TDG** für gegeben an. Begründet wird dies damit, daß aus der Formulierung in diesem Absatz, Verpflichtungen zur Sperrung der Nutzung rechtswidriger Inhalte nach den allgemeinen Gesetzen unberührt blieben, ein Verweis auf die allgemeinen Strafgesetze zu folgern sei. Damit könne eine schuldhafte Verletzung objektiver Verhaltenspflichten dann stets zu einer strafrechtlichen Haftung führen, wenn ein Straftatbestand erfüllt werde. Bei dieser Gesetzesauslegung wird aber übersehen, daß es bei dem Verweis auf die allgemeinen Gesetze um die Durchsetzung von zivilrechtlichen oder öffentlich-rechtlichen Unterlassungsansprüchen geht. Würde man der obigen Auffassung folgen, wären die Abs. 1 bis 3 des § 5 völlig überflüssig. Die Verwaltung hätte es dann sogar in der Hand, durch entsprechende Sperranordnungen eine Strafbarkeit zu begründen. Eine solche über die behördliche Anweisung hinausgehende Verpflichtung kann aber wegen des Entgegenstehenden § 5 Abs. 3 nicht anerkannt werden. Diese von der Generalbundesanwaltschaft vorgenommene Auslegung des § 5 Abs. 4 TDG/MDStV ist daher abzulehnen.[248]

---

[244] Vgl. BR-Drucksache 966/96 (Beschluß), 5.

[245] Vgl. *Sieber*, CR 1997, 584 ff. und 653 ff. sowie Beilage zu MMR 2/1999 sowie *Bleisteiner*, Rechtliche Verantwortlichkeit im Internet, 193 ff.

[246] Vgl. zum Urteil oben die Nachweise in Rn. 155.

[247] Vgl. MMR 1998, 97 bzw. JurPC Web-Dok 17/1998.

[248] So im Ergebnis auch *Hoeren*, MMR 1998, 97 (er spricht vom „deutlichsten Fall eines Fehlschlusses", den er je in seiner juristischen Laufbahn gelesen habe) und *Jaeger*, c't 10/1998, 205.

5. Verantwortlichkeit der Nutzer

Dritte am Kommunikationsvorgang beteiligte Person ist der Nutzer. Dieser wird in **§ 3 Nr. 2 TDG bzw. MDStV legal definiert** als derjenige, der als natürliche oder juristische Person Tele- oder Mediendienste nachfragt. Es handelt sich damit um den Empfänger der übertragenen Daten. Da bei einzelnen Straftaten bereits der Besitz von bestimmten Informationen unter Strafe gestellt ist, kann es auch durch ein Verhalten des Nutzers zu strafbaren Handlungen kommen. Diese können sich aus einer Übermittlung, Speicherung oder beim Laden von Daten ergeben. Zu einer Änderung der strafrechtlichen Situation durch die neuen Multimediagesetze ist es aber insoweit nicht gekommen, da die Regelung zur Verantwortlichkeit in § 5 TDG/MDStV keine Aussagen zum Nutzer trifft. Es verbleibt damit ohne Einschränkungen bei den **allgemeinen Straftatbeständen**, die in diesem Zusammenhang vor allem in dreifacher Hinsicht in Betracht kommen. Auf der einen Seite kann sich der Nutzer der modernen Kommunikationsdienste dadurch selbst strafbar machen, daß er bei seinem Verhalten im Datennetz einen der **spezifischen Tatbestände der Computerkriminalität** erfüllt. Die möglichen Delikte reichen hier von einem unbefugten Verschaffen von Daten gem. § 202 a StGB über die Computersabotage an fremden Rechner (§§ 303 a, 303 b StGB) bis hin zum Computerbetrug. Insoweit wird auf die obigen Ausführungen zu diesen einzelnen Delikten Bezug genommen. Zum zweiten eignen sich die Datennetze auch zur Begehung von **Urheberrechtsverletzungen** in Form der Softwarepiraterie nach den §§ 106 ff. UrhG. Während diese Delikte früher häufig noch über einen Austausch von Disketten oder CD's abgewickelt wurden, halten die über den ganzen Erdball verteilten FTP-Server heute meist eine Vielzahl von Computerprogrammen zum Abruf durch den Nutzer bereit. Sofern es sich hierbei aber um keine Public-Domain-Software oder Shareware handelt, sondern um Programme, die dem Werkbegriff unterfallen, kommt es zu einer Strafbarkeit des Abnehmers. Durch das Laden in den Arbeitsspeicher oder das Abspeichern auf der Festplatte erfolgt eine unzulässige Verbreitung des Programmes.[249] Eine dritte mögliche Strafbarkeit kann sich ergeben, falls der Nutzer sich über das Internet **Informationen** beschafft, deren bloßer **Besitz bereits strafbar** ist. So ist etwa über § 86 StGB der Besitz von Propagandamitteln verfassungswidriger Organisationen ebenso wie über § 184 StGB das Vorrätighalten von Kinderpornographie unter Strafe gestellt. Da diese Bestimmungen aber auf § 11 Abs. 3 StGB verweisen, war bisher streitig, ob dies auch für den Besitz solcher verbotenen Gegenstände gilt, die statt auf Printmedien nur in elektronisch gespeicherter Form auf Datenträgern vorhanden sind. Dieser juristische Auslegungsstreit zur Reichweite des Schriftenbegriffs hat sich aber nun durch die Erweiterung der Verweisungsvorschrift des **§ 11 Abs. 3 StGB** erledigt. Durch Art. 4 des IuKDG wurden den Schriften, Ton- und Bildträgern sowie Abbildungen nunmehr auch die Datenspeicher gleichgestellt.[250] Damit sind die vorgenannten Tatbestände auch bei einer Anzeige der inkriminierenden Inhalte am Bildschirm oder bei deren Speicherung auf der Festplatte oder CD erfüllt. 170

6. Verantwortlichkeit für Hyperlink

Da es aus Gründen der begrenzten Speicherkapazitäten nicht möglich ist, alle zu einem bestimmten Themenbereich oder Informationsangebot notwendigen Informationen auf dem eigenen Server abzuspeichern, besteht im Internet die Möglichkeit, mit Hilfe des sog. **Hyperlink** oder kurz Link von einer Internet-Seite auf eine konkrete andere oder **auf ein weiteres Angebot** zu **verweisen**. Durch das Anklicken eines bestimmten Wortes, Symbols oder einer Grafik wird die vom Anbieter bei der Erstellung des Angebots vor- 171

249 Vgl. dazu näher die obigen Ausführungen in Rn. 111.

250 Vgl. näher zu den strafrechtlichen Änderungen durch das IuKDG die Kommentierungen dazu von *Bär*, in: *Roßnagel* (Hrsg.), Recht der Multimediadienste, Kapitel 7 Strafrecht.

programmierte Verknüpfung zu einer anderen Internet-Seite automatisch hergestellt, ohne daß der Nutzer in der Lage ist, darauf weiteren Einfluß auszuüben. Die aufgerufene Seite kann sich auf dem eigenen Rechner, aber auch auf einem räumlich entfernten Server weltweit befinden. Auf diese Weise wird dem Nutzer ein Zugriff auf bestimmte Daten viel leichter möglich, weil er sonst die ihm ohne den Link möglicherweise unbekannte Internet-Seite mit der entsprechenden Adresse erst mit größerem Aufwand suchen müßte. Der Nutzer erlangt deshalb durch den Link zumindest einen zeitlichen Vorteil. Obwohl das eigene Internet-Angebot frei von strafrechtlich relevanten Inhalten sein kann, können sich gleichwohl hinter einem Hyperlink – wie gerade der oben geschilderte **Marquardt-Fall** (Fall 3) zeigt – inkriminierte Inhalte verbergen. In diesem Fall stellt sich die Frage nach einer strafrechtlichen Verantwortlichkeit desjenigen, der den Link programmiert hat. Da es sich bei dem Ersteller des Links nicht notwendig um einen Provider oder Anbieter im Sinn der obigen Differenzierung handeln muß, bedarf die Prüfung der Verantwortlichkeit eines gesonderten Unterpunktes. Dies um so mehr, als der Gesetzgeber bei Schaffung des IuKDG in keiner Weise angesprochen hat, welche Regelung zur Verantwortlichkeit des § 5 TDG/MDStV hier beim Link zur Anwendung kommen soll.

172 Unter Berücksichtigung der obigen **Fallgruppen des § 5 Abs. 1 bis 3 TDG/MDStV** ist letztlich **umstritten**, welche Alternative eingreifen soll. Gerichtliche Entscheidungen hierzu liegen bisher nicht vor, nachdem sich das Marquardt-Urteil vor allem nur mit der subjektiven Seite auseinandersetzt und im übrigen bereits vor dem Inkrafttreten des IuKDG ergangen ist. Die Literaturmeinungen dazu sind sehr unterschiedlich und reichen von der Strafbarkeit gem. § 5 Abs. 1 über eine Anwendung des § 5 Abs. 2 bis hin zur Straflosigkeit nach § 5 Abs. 3 TDG/MDStV.[251] Letztlich entscheidend für die rechtliche Einordnung kann nur die **technische Ausgestaltung des jeweiligen Links** sein, je nachdem in welchem Kontext er eingesetzt wird. Da der Link selbst kein Zufallsprodukt ist, sondern vom Ersteller bewußt in sein Angebot aufgenommen wird, wenn er auf eine konkrete, individualisierte Web-Seite verweist, sollte in diesen Fällen eine Anwendung des § 5 Abs. 1 erfolgen, weil der Anbieter sich so den fremden Inhalt zu eigen gemacht hat. Dieses Vorgehen wäre einer Aufnahme des genauen Textes in das eigene Angebot vergleichbar. In anderen Fällen, bei denen der Link nur eine Erleichterung des Zugriffs auf fremde Inhalte darstellt, ist zwischen dem Bereithalten zur Nutzung und der reinen Zugangsvermittlung weiter abzugrenzen. Eine Strafbarkeit ist damit auch unter Berücksichtigung des § 5 TDG/MDStV möglich.

173 Für eine Strafbarkeit muß aber stets der erforderliche **Vorsatz** bei einer Täterschaft bzw. der doppelte Gehilfenvorsatz bei der Beihilfe vorliegen. Daran dürften wohl dann keine Zweifel bestehen, wenn sich der Verweisende mit den Inhalten der Zielseite identifiziert und sich lediglich das Laden der Daten in sein eigenes Angebot erspart. Der Täter zeigt damit ein schwerwiegendes subjektives Indiz für einen Verbreitungswillen der strafbaren Inhalte. Wird vom Verweisenden auf seiner Internet-Seite der Zusatz angefügt, daß er sich mit dem Inhalt der gelinkten Seite nicht identifiziere und ihn auch nicht billige, hat er damit in Wahrheit volle Kenntnis der Inhalte und fördert so eine weitere Verbreitung zumindest mit bedingtem Vorsatz. Nach der Rechtsprechung kann eine **strafbare Beihilfe** gerade auch bei einer **Distanzierung von der Haupttat** vorliegen, wenn deren Folgen aus Solidarität mit dem Haupttäter in Kauf genommen werden.[252] Da im Internet die Angebote sehr schnell inhaltlich wieder verändert werden können, erhebt sich auch die Frage, in welchem Umfang hier eine Kontrolle der Verweise zu erfolgen hat. Eine zu weite Ausdehnung der Pflichten des Verweisenden kommt hier aber nicht in Betracht.

[251] Vgl. dazu *Spindler*, NJW 1997, 3198, *Bonin/Köster*, ZUM 1997, 823; *Koch*, CR 1997, 198, 200; *Waldenberger*, MMR 1998, 128 und *Bettinger/Freytag*, CR 1998, 545 und *Vassilaki*, CR 1999, 85 sowie *Bleisteiner*, Rechtliche Verantwortlichkeit im Internet, 169 und *Spindler*, in: *Hoeren/Sieber*, Handbuch Multimedia Recht, Kapitel 29 Rn. 319 ff.

[252] Vgl. die Nachweise bei *Tröndle*, § 27 Rn. 8.

An einer Gehilfenstrafbarkeit dürfte es auch fehlen, wenn der Betreiber von Suchmaschinen auf bestimmte Internet-Seiten verweist. Gleiches gilt im Fall der Kettenverweisung, falls sich die strafbaren Inhalte erst auf einer Webseite befinden, die über die Seite zu erreichen ist, auf die primär verwiesen wurde.

7. Probleme des Tatnachweises

Schwierigkeiten beim Nachweis der entsprechenden Straftaten in Datennetzen ergeben sich zunächst aus den **weltweiten** Möglichkeiten zur **Speicherung** und zum **Abruf von Daten** über das Internet. Nur ein geringer Teil der von den Tätern benutzten Rechner, auf denen sich die inkriminierten Dateien oder Bilder befinden, liegt auch tatsächlich im Inland. Das Computernetz Internet läßt damit die nationalen Strafverfolgungsbehörden an die Grenzen ihrer Ermittlungsbefugnisse stoßen, da die Täter gerne die **internationale Anonymität der Netze** für ihre Zwecke ausnutzen. Bevor die im zwischenstaatlichen Bereich vorgeschriebenen Rechtshilfeverfahren erfolgreich abgeschlossen werden können, vergehen – je nach dem ersuchten Staat – teilweise Wochen oder Monate. Dieser Zeitvorteil wird von den Tätern häufig dazu benutzt, ihre im Ausland gespeicherten Daten mit strafbaren Inhalten entweder zu löschen oder auf einen anderen Server – möglicherweise in einem anderen Land – auszulagern. Voraussetzung für eine Rechtshilfe ist zusätzlich, daß aufgrund des sog. Gegenseitigkeitsprinzips die Straftat sowohl in dem Land, das um Rechtshilfe nachsucht, als auch in dem Land, das um die Gewährung der Rechtshilfe ersucht, strafbar ist. Daran fehlt es aber etwa bei Delikten im Zusammenhang mit der Verbreitung von nationalsozialistischem Gedankengut. **174**

Im übrigen setzt eine strafrechtliche Verantwortlichkeit aller am Internet beteiligten Personen für Ermittlungen weiter voraus, daß das **deutsche Strafrecht** überhaupt **anwendbar** ist.[253] Da die Regelungen zur Verantwortlichkeit keine Bestimmungen über die Verfolgbarkeit von Straftaten in Datennetzen getroffen haben, ist insoweit auf die Prinzipien des internationalen Strafrechts in den §§ 3ff. StGB zurückzugreifen. Danach gilt das deutsche Strafrecht entsprechend dem **Territorialitätsprinzip des § 3 StGB** zunächst für alle inländische Taten, unabhängig von der Nationalität des Täters oder des Verletzten. Gesetzliche Grundlage für die Festlegung des Tatortes wiederum ist **§ 9 StGB** mit der darin enthaltenen sog. **Ubiquitätstheorie**. Anknüpfungspunkt für den Tatort ist danach der Ort, an dem der Täter gehandelt hat bzw. hätte handeln müssen oder an dem der zum Tatbestand gehörende Erfolg eingetreten ist. Nach im Schrifttum vielfach vertretener Ansicht[254] soll allein die Tatsache, daß im Ausland gespeicherte Daten mit strafbaren Inhalten vom Inland aus abrufbar sind, zur Begründung eines Tatortes im Inland führen. Damit würde auch bei allen Handlungs- und Erfolgsdelikten das Territorialitätsprinzip zum Tragen kommen. Demgegenüber setzt sich in der Literatur zunehmend die Auffassung durch, daß diese Meinung den bisher – vor allem zu Gefährdungsdelikten – entwickelten Grundsätzen zuwider laufen würde. Abgestellt werden müsse vielmehr jeweils auf den **Charakter des betreffenden Deliktes** als Handlungs-, Erfolgs- oder konkretes bzw. abstraktes Gefährdungsdelikt.[255] Unabhängig von dieser Streitfrage bleibt aber das deutsche Strafrecht stets anwendbar, wenn es sich um ein Delikt handelt, das dem sog. **Weltrechtsprinzip in § 6 StGB** unterfällt, es sich also um eine Straftat handelt, die durch **175**

---

[253] Vgl. dazu näher *Bär*, in: *Roßnagel* (Hrsg.), Recht der Multimediadienste, Kapitel 7, Strafrecht Einleitung Rn. 32ff. sowie *Kienle*, Internationales Strafrecht und Straftaten im Internet, 1998, 28ff. und *Sieber*, in: *Hoeren/Sieber*, Handbuch Multimedia Recht, Kapitel 19 Rn 383ff.

[254] So im Ergebnis etwa *Conradi/Schlömer*, NStZ 1996, 368; *Sieber*, JZ 1996, 430 mit Fn. 10; *Kuner*, CR 1996, 456.

[255] So im Ergebnis etwa *Hilgendorf*, NJW 1997, 1874; *Breuer*, MMR 1998, 142 m. w. N. Zu diesem Ergebnis gelangt auch *Collardin*, CR 1995, 621 über eine teleologische Reduktion des § 9 StGB; sieh auch *Kienle*, Internationales Strafrecht und Straftaten im Internet, 86ff. mit weiteren Einschränkungen des Ubiquitätsprinzips.

die internationale Staatengemeinschaft geächtet und von allen Kulturstaaten unter Strafe gestellt ist. Danach sind etwa bei der Verbreitung pornographischer Inhalte über die Datennetze gem. § 6 Nr. 6 StGB diese Voraussetzungen erfüllt, während einer Verbreitung links- oder rechtsradikaler Propaganda gerade nicht in den Anwendungsbereich des Weltrechtsprinzips einbezogen ist.

176 Neben dieser dargestellten Internationalisierung der Straftaten ist zum Tatnachweis in der Regelung die Rückverfolgung und Identifizierung des Täters in den Datennetzen notwendig. Dies wird durch die bestehenden Möglichkeiten der **Anonymisierung im Netz** erheblich erschwert. Selbst wenn es technisch möglich ist, die IP-Adresse des Rechners zu ermitteln, über den strafbarer Inhalte verbreitet werden oder kriminelle Daten zum Abruf bereitgehalten werden, kann damit noch nicht zwingend der jeweilige Standort des Rechners festgestellt werden. Nachdem die Internet-Adressen von Organisationen an einzelne Personen vergeben werden, kann so zwar die Person konkret bezeichnet werden, die eine solche Adresse beantragt hat. Dies muß jedoch nicht zwangsläufig eine tatsächlich existierende Person sein, sofern bei der Anmeldung falsche oder unzutreffende Angaben gemacht wurden. Selbst wenn der betreffende Rechner identifiziert wurde, muß für die Strafbarkeit zusätzlich eine konkrete Person ermittelt werden, die Zugriff auf den Rechner hatte und die Daten dort abgelegt hat. Hier können sich weiter Schwierigkeiten bei der Ermittlung eines Benutzers am Rechner ergeben, sofern vom Service-Provider für die Kommunikation eine sog. **dynamische IP-Adresse** vergeben wird, die nur für die Dauer der jeweiligen Anmeldung am Rechner Gültigkeit hat. Nur sofern die Protokolldateien auf dem Rechner des Service-Providers noch vorhanden sind und auch an die Ermittlungsbehörden übermittelt werden, kann überhaupt festgestellt werden, mit welcher Benutzerkennung das Internet benutzt wurde. Damit können sich aus den dargestellten Gründen im Einzelfall durchaus erhebliche Probleme beim Nachweis einer entsprechenden Straftat in Datennetzen ergeben. Gerade in diesem Bereich der Straftaten in Datennetzen werden sich in den kommenden Jahren erst noch neue Formen der Kriminalität herausbilden, bei denen jeweils im Einzelfall geprüft werden muß, ob eine Erfassung durch das geltende Strafrecht möglich ist.

D. EDV-Beweissicherung

177 Wie die bisherigen Ausführungen gezeigt haben, hat der Gesetzgeber im Bereich des materiellen Strafrechts auf die durch die Informationstechnik hervorgerufenen Veränderungen mit einer Novellierung bestehender und der Schaffung neuer Straftatbestände reagiert. Gleiches kann von neuen Entwicklungen im Strafprozeßrecht nicht festgestellt werden. Dies um so mehr als die Schwierigkeiten bei der strafprozessualen **EDV-Beweissicherung** keineswegs nur auf die Verfolgung der Computerkriminalität im engeren oder weiteren Sinn beschränkt sind. Zwar wird sich die Mehrzahl der rechtlichen Problemstellungen in diesem Zusammenhang ergeben, doch werden solche Fragestellungen auch bei der **Verfolgung aller Straftaten** auftreten, sofern der Beschuldigte oder ein sonst **am Verfahren beteiligter Dritter moderne EDV-Techniken einsetzen**. So werden etwa die Ermittlungen in einem Betrugs- oder Untreueverfahren in einem Betrieb fast zwangsläufig zur Auseinandersetzung mit der Datenverarbeitung des Unternehmens führen, nachdem die Abwicklung der Geschäftsvorfälle mittels EDV heute schon zum Standard gehört. Aber selbst in einem Mordfall ist eine Konfrontation mit EDV-Techniken denkbar. Wird etwa die Medikamentierung in einem Krankenhaus für einzelne Patienten mit einem Computer festgehalten, könnte dies vom Täter zur Tatbegehung benutzt werden. Würde der Mörder hier die für den konkreten Patienten vorgesehene Dosis eines Medikamentes mittels Veränderung im Programm auf eine tödliche Dosis erhöhen, die von der Schwester verabreicht wird, wäre der Computer sogar mittelbares Tatobjekt für einen

Mord. Der Tatnachweis könnte dann nur gelingen, wenn sich Veränderungen im EDV-Programm nachweisen lassen. Festzuhalten bleibt daher, daß sich bei fast allen Deliktsformen die Notwendigkeit ergeben kann, vorgefundene Computeranlagen, Speichermedien oder Kommunikationseinrichtungen zu untersuchen und als Beweismittel im Verfahren einzusetzen. Gleichwohl werden die Zugriffsmöglichkeiten auf Computerdaten eine besondere Bedeutung bei der Verfolgung der Wirtschaftskriminalität erlangen. Hier sind die Ermittlungsbehörden bei der Sachverhaltsaufklärung in besonderem Maße auf die Auswertung sachlicher Beweismittel angewiesen.

I. Bedeutung und Überblick

1. Bedeutung des Ermittlungsverfahrens

Das gemäß § 160 StPO im Strafverfahren zu beachtende Legalitätsprinzip zwingt die 178
Sicherheitsbehörden zur Verfolgung von Straftaten. Sie haben für die Erhebung und Sicherung der notwendigen Beweise Sorge zu tragen. Die Ermittlungsbehörden erfüllen damit eine **zentrale Aufgabe im gesamten Strafverfahren**: Gelingt eine ordnungsgemäße Aufklärung und Sicherung der notwendigen Beweise nicht, wirkt sich dies negativ auf den Ausgang des gesamten Verfahrens aus. Ein eingeleitetes Verfahren wird deshalb regelmäßig keine Verurteilung des Täters nach sich ziehen können, wenn es nicht möglich ist, die für das Hauptverfahren erforderlichen **Beweise im Ermittlungsverfahren zu erheben**. Der Gesetzgeber hat deshalb den Strafverfolgungsbehörden eine Reihe von Ermächtigungsnormen zur Verfügung gestellt, die den rechtlichen Rahmen für verfassungsrechtlich zulässige Eingriffe in die grundrechtlich geschützten Positionen des Betroffenen abstecken. Gesetzlich vorgesehen sind dazu die Möglichkeiten zur Durchsuchung und Beschlagnahme sowie der Eingriffe in den Fernmeldeverkehr, aber auch die Befugnisse, einen Dritten zu einer Zeugenaussage oder zur Herausgabe von Gegenständen zu veranlassen. Es gilt daher festzustellen, ob die vom Gesetzgeber vorgesehenen Ermächtigungsnormen den neuen Herausforderungen der modernen Informationsgesellschaft gerecht werden.

2. Grenzen der Auslegung

Da die relevanten Eingriffsermächtigungen der StPO seit der Schaffung der Reichsstraf- 179
prozeßordnung im Jahre 1879 in vielen Bereichen unverändert geblieben sind, ist eine Lösung der neuen Rechtsfragen im Zusammenhang mit der Beweissicherung von Computerdaten in besonderem Maße auf eine Auslegung bzw. Rechtsfortbildung des geltenden Rechts angewiesen. Es gilt daher vorab klarzustellen, inwieweit einer Ausdehnung bestehender Eingriffsermächtigungen über den Wortlaut der Norm hinaus **verfassungsrechtliche** Grenzen gezogen sind. Den Strafverfolgungsbehörden ist in den §§ 160, 161 und 163 StPO zwar allgemein die Aufgabe zugewiesen, Ermittlungen zur Aufklärung des Sachverhalts vorzunehmen, doch kann dabei zusätzlich zu den speziell geregelten Eingriffsermächtigungen auf eine allgemeinere Befugnisnorm für gesetzlich nicht ausdrücklich normierte Ermittlungshandlungen nicht zurückgegriffen werden. Dem Versuch mit der sog. „**Schwellentheorie**“[256] beim Fehlen einer besonderen Ermächtigung auf die allgemeinen Aufgabenzuweisungsnormen zurückzugreifen und diese als Art „Generalermächtigung“ für staatsanwaltschaftliche und polizeiliche Handlungen der Strafverfolgung zu interpretieren, ist mit der h.M. **eine Absage zu erteilen**. Die StPO läßt mit ihrem abgeschlossenen System von Spezialermächtigungen weitreichende Eingriffe in

[256] Vgl. zur Schwellentheorie nur *Rebmann/Schoreit*, NStZ 1984,3; *KK-StPO-Müller*, § 163 Rn. 18; *Steinke*, DVBl. 1980, 438. Nach dem Entwurf eines Strafverfahrensänderungsgesetzes (StVÄG) 1999 ist dies in § 161 StPO aber nur vorgesehen. (BR-Drucksache 65/99).

die Rechte des Betroffenen zu. Gleiches kann aber für Eingriffe minderer Intensität nicht gelten, die bei einer Gesamtschau der vorhandenen Befugnisnormen die „Schwelle" der gesetzlich normierten besonderen Zwangsmaßnahmen nicht erreichen. Konsequenz dieser Ansicht wäre, daß mit der gesetzlichen Normierung schwerwiegender Eingriffe stets auch weniger intensive Eingriffe zulässigerweise verbunden werden könnten, ohne daß es einer Entscheidung des Gesetzgebers bedürfte. Dies würde im Ergebnis zu einer Umgehung des gerade im Rahmen der Eingriffsverwaltung geltenden allgemeinen Gesetzesvorbehaltes des Art. 20 Abs. 3 GG führen.

180 Insbesondere auch seit der Entscheidung des BVerfG im Volkszählungsurteil ist anerkannt, daß moderne Eingriffsermächtigungen wie die Datenerhebung und -verarbeitung am Gesetzesvorbehalt zu messen sind und deshalb im Fall der Eingriffsqualität auch einer eigenen formell-gesetzlichen Ermächtigungsgrundlage bedürfen. Eine **Ausdehnung bestehender Rechtsgrundlagen** über ihren Wortlaut hinaus im Wege der Analogie kann daher im Bereich der Strafverfolgung **nicht zugelassen** werden.[257] Dies wird insbesondere auch aus den beiden Entscheidungen des BGH zur „Raumgesprächsaufnahme" und zum „Stimmenvergleich" besonders deutlich. Im ersten Fall war über eine zulässigerweise installierte Abhöranlage an einem Telefonanschluß ein „Raumgespräch" aufgezeichnet worden, weil der Telefonhörer des Gerätes nicht richtig aufgelegt war. Die Verwertung der hierbei gewonnenen Erkenntnisse lehnte der BGH ab. Eine Ausdehnung der Anwendbarkeit des § 100a StPO auf einen solchen Fall sei mit dem Gesetzeswortlaut nicht vereinbar und diese Vorschrift wäre einer erweiternden Auslegung auch nicht zugänglich.[258] Im Fall des „Stimmenvergleichs" wurde ein zwischen dem Beschuldigten und dem Leiter der Justizvollzugsanstalt geführtes Gespräch ohne dessen Wissen auf einem Tonband aufgezeichnet, um dieses mit einem vorhandenen Mitschnitt eines Erpresseranrufes zu vergleichen. Der BGH sah auch hier die heimliche Tonbandaufnahme als unverwertbar an, da sich eine Ermächtigungsgrundlage für die Herstellung von Aufzeichnungen zum Stimmenvergleich nicht aus einer analogen Anwendung der §§ 100a ff. StPO ergeben könne.[259] Diese beiden Beispiele machen deutlich, daß bei strafprozessualen Eingriffsnormen eine Ausdehnung des Anwendungsbereichs über den Wortlaut der Bestimmung hinaus nicht erfolgen kann, da andernfalls nicht mehr von einem Eingriff „auf Grund eines Gesetzes" i. S. d. Art. 20 Abs. 3 GG auszugehen ist. Diese verfassungsrechtlichen Vorgaben sind deshalb auch bei der folgenden rechtlichen Beurteilung der einzelnen Zugriffsrechte zu beachten.

3. Einteilung der Zugriffsrechte

181 Die für den Zugriff auf Computerdaten relevanten Eingriffsermächtigungen lassen sich im Hinblick auf das von den in Anspruch genommenen Personen geforderte Verhalten in zwei unterschiedliche Kategorien einteilen: Geht es bei der Maßnahme nur darum, den Adressaten zur Duldung von Handlungen der Ermittlungsbehörden an seinem Eigentum, Besitz oder seinen garantieren sonstigen Grundrechten zu verpflichten **(passive Duldungspflichten)** oder wird vom Betroffenen ein weitergehendes aktives Tätigwerden im Ermittlungsverfahren gefordert **(aktive Mitwirkungspflichten)**. Von Bedeutung ist diese Differenzierung deshalb, weil der Beschuldigte nicht dazu verpflichtet werden kann, an seiner eigenen Überführung mitzuwirken. Unter Berücksichtigung dieses verfassungsrechtlich abgesicherten Grundsatzes des Verbots für den Selbstbelastungszwang können zwar alle Duldungspflichten gegenüber dem Beschuldigten und gegenüber Drit-

[257] Vgl. näher zur Ableitung eines Analogieverbotes aus dem allgemeinen Gesetzesvorbehalt im Strafverfahrensrecht die Darstellungen bei *Bär*, Zugriff auf Computerdaten im Strafverfahren, 69ff. sowie auch BVerfG, NJW 1996, 3146 und *Rogall*, Informationseingriff und Gesetzesvorbehalt im Strafprozeßrecht, 1992, 74.

[258] Vgl. BGHSt 31, 296, 297f.

[259] Vgl. BGHSt 34, 39, 50f.

ten ergriffen werden, er kann aber nicht im Wege der Mitwirkungspflichten in Form der Zeugen- und Editionspflicht zur aktiven Teilnahme an seiner eigenen Überführung herangezogen werden.

II. Durchsuchungen im EDV-Bereich

Die wichtigste Möglichkeit zur EDV-Beweissicherung stellt zunächst die Durchsuchung **182**
dar. Nach den §§ 102ff. StPO haben die Ermittlungsbehörden die Befugnis, Wohnungen oder andere Räume von Verdächtigen aber auch anderen Personen nach Beweismitteln zu durchsuchen. Die Durchsuchung ist damit gekennzeichnet durch eine **„zweck- und zielgerichtete Suche staatlicher Organe in einer Wohnung**, um dort planmäßig etwas aufzuspüren, was der Inhaber der Wohnung von sich aus nicht offenlegen will, etwas nicht klar zutage Liegendes, vielleicht Verborgenes aufzudecken oder ein Geheimnis zu lüften".[260] Unter **Durchbrechung des in Art. 13 GG** garantierten Grundrechts der Unverletzlichkeit der Wohnung wird es damit möglich, in **fremde Wohnungen** oder Räume **einzudringen**, um dort nach Beweismitteln zu suchen. Die Durchsuchungsbefugnisse erlauben es damit den Strafverfolgungsorgane unmittelbar an für das weitere Verfahren benötigte Beweismittel zu gelangen. Mit der aktiven Tätigkeit des „Suchens" durch Ermittlungsbeamte korrespondiert auf seiten des Betroffenen eine entsprechende passive Duldungspflicht. War diese Maßnahme bei herkömmlichen Durchsuchungen praktisch ohne Schwierigkeiten durchzuführen, weil die gesuchten Beweismittel in Ordnern oder Schränken in Papierform meist offen zu finden waren, werden die Probleme beim Einsatz der modernen EDV bereits offensichtlich: Die benötigten Unterlagen sind nur in edv-mäßig gespeicherter Form, nicht aber in Papierform vorhanden, es findet sich eine Unmenge von gespeicherten Informationen und es besteht die große Gefahr, bei einem falschen Vorgehen wesentliche Datenbestände zu löschen oder gar zu übersehen. Die dabei auftretenden Rechtsfragen mögen zwei kurze Beispiele verdeutlichen:

Fall 1: Gegen ein Unternehmen im Inland wurde wegen des Verdachts des Kapitalanlagebetrugs er- **183**
mittelt, aus diesem Grund auch eine Durchsuchung der Geschäftsräume angeordnet. In den Räumen der Firma wurden aber keine Unterlagen, sondern nur ein Computerterminal mit Anschluß an das Telekommunikationsnetz gefunden. Es stellte sich heraus, daß die kompletten Geschäftsdaten auf einem Server in der Schweiz gespeichert waren. Für die Ermittlungsbehörden ergab sich damit die Frage, ob es rechtlich zulässig war, vom Terminal im Inland aus die für die weiteren Ermittlungen benötigten Daten aus dem Ausland unter Benutzung der fremden EDV-Anlage abzurufen.[261]

Fall 2: Im Rahmen eines Ermittlungsverfahrens gegen Mitglieder revolutionärer Zellen wurde eine Durchsuchung einer Buchhandlung durchgeführt. Sämtliche in den Räumen vorgefundenen Disketten und auch die EDV-Anlage wurden von den Strafverfolgungsbehörden zur Auswertung mitgenommen. Die Betroffenen beantragten gegen dieses Vorgehen eine richterliche Entscheidung. Der Ermittlungsrichter beim BGH hatte somit unter anderem darüber zu entscheiden, wie weit die in § 110 StPO geregelte Durchsicht der Papiere bei EDV-Datenträgern und Computeranlagen reicht.[262]

1. Betroffener Personenkreis

Der Gesetzgeber unterscheidet mit § 102 und § 103 StPO zwischen einer **Durchsuchung** **184**
beim Verdächtigen und bei Dritten, wobei die Eingriffsvoraussetzungen beider Normen insoweit voneinander abweichen als die Durchsuchung nach § 103 StPO nur in einge-

---

260 Vgl. BVerwGE 47, 31, 37 sowie auch BVerfGE 51, 97, 106f. und 75, 318, 327 zur Definition für den Begriff der Durchsuchung.

261 Vgl. zum Sachverhalt näher *Bär*, Zugriff auf Computerdaten im Strafverfahren, 41f. (Fall „Online-Zugriff").

262 Vgl. näher zum Sachverhalt BGH, CR 1988, 142 = StV 1988, 90.

schränkterem Umfang zugelassen wird. Im Gegensatz zu anderen Grundrechtseingriffen ist in § 102 StPO zwar vom „Verdächtigen" statt vom Beschuldigten die Rede, ohne daß damit wesentliche Unterschiede zwischen beiden Begriffen bestehen, nachdem die Beschuldigteneigenschaft nach überwiegender Ansicht allein durch einen formalen Willensakt der Strafverfolgungsbehörden begründet wird.[263] Für das Vorliegen eines **Verdachts** i. S. d. § 102 StPO als einer **subjektiven retrospektiven Prognose** sind gewisse tatsächliche Anhaltspunkte für die Begehung einer bestimmten Straftat erforderlich, so daß man insoweit auch von einem „greifbaren Verdacht" sprechen könnte. Auch für Durchsuchungen im EDV-Bereich müssen daher Tatsachen i. S. d. § 152 StPO vorliegen, die mit gewisser Wahrscheinlichkeit eine strafrechtliche Verurteilung des Betroffenen als möglich erscheinen lassen.[264] Richtet sich der Verdacht gegen eine Gruppe von Personen, ist eine Durchsuchung bei allen Einzelpersonen möglich. Eine Durchsuchung von juristischen Personen oder Personengesellschaften kann auch auf § 102 StPO gestützt werden, gerade wenn Rechenzentren, Diensteanbieter im Informations- und Kommunikationsbereich in einer solchen Rechtsform betrieben werden. In Übereinstimmung mit der h. A.[265] ist auch hier eine Durchsuchung gem. § 102 StPO möglich, wenn sich der Verdacht gegen ein vertretungsberechtigtes Organ des Unternehmens richtet, nicht jedoch bei Verdachtsmomenten gegenüber einem sonstigen Mitarbeiter. Dadurch wird den unter Verdacht geratenen Gesellschaften das Privileg genommen, nur unter den engeren Voraussetzungen des § 103 StPO durchsucht zu werden.

185 Im Gegensatz zu § 102 StPO ist eine Durchsuchung gem. § 103 StPO bei allen denjenigen Personen zulässig, die nicht bereits an einer den Gegenstand des Verfahrens bildenden Tat beteiligt sind. Hier ist eine Durchsuchung aber erst zulässig, wenn **Tatsachen auf** das Vorhandensein von Spuren oder **beschlagnahmbaren Gegenständen hinweisen**. Sowohl die Beweisgegenstände als auch die Spuren müssen daher hinreichend individualisiert und zumindest der Gattung nach näher bestimmt sein, um zu einem zulässigen Grundrechtseingriff zu führen.[266] So reicht etwa eine Durchsuchung einer Bank allgemein zur Auffindung von Kontounterlagen nicht aus, denn hier soll die nach § 110 StPO vorzunehmende Durchsicht der Papiere erst Klarheit darüber schaffen, ob sich in den Kontounterlagen auch tatsächlich verfahrensrelevante Eintragungen befinden.[267] Im EDV-Bereich wäre aber die Bezeichnung der zu suchenden Beweismittel etwa als „Datenträger" ausreichend. Zusätzlich müßte jedoch im einzelnen dargelegt werden, auf welche konkreten Tatsachen sich die Annahme stützt, daß auf den Datenträgern auch die gesuchten Informationen gespeichert sind.

2. Inbetriebnahme fremder EDV-Anlagen

186 Während bei herkömmlichen Durchsuchungen die relevanten Beweismittel regelmäßig in Papierform vorgefunden wurden, ist dies unter Einsatz der modernen EDV-Techniken regelmäßig nicht mehr der Fall. Abgesehen von den gesetzlich vorgeschriebenen Fällen werden Ausdrucke aller vorhandenen EDV-Dokumente nicht mehr erstellt. Die Ermittlungsbehörden sind deshalb damit konfrontiert, vorhandene **Datenträger und EDV-Anlagen auf beweisrelevante Informationen** hin zu **untersuchen**. Der in den durchsuchten Räumlichkeiten vorgefundene Rechner kann dabei zum einen zur Sichtung und Sichtbarmachung der gespeicherten Daten verwendet werden. Mit dem Auffinden von Datenträgern ist nichts über deren Beweisbedeutung im weiteren Verfahren ausgesagt.

---

[263] Vgl. BGHSt 10, 8, 12 sowie *Kleinknecht/Meyer-Goßner*, StPO, Einl. Rn. 76 m. w. N.

[264] Vgl. BVerfGE 59, 95, 98; OLG Düsseldorf, MDR 1991, 78 f. sowie *LR-Schäfer*, § 102 Rn. 15.

[265] Vgl. dazu näher *LR-Schäfer*, § 102 Rn. 13 und § 103 Rn. 5; *Gillmeister*, Ermittlungsrechte im deutschen und europäischen Kartellordnungwidrigkeitenrecht, 1985, 55 f. sowie die Nachweise bei *Bär*, Zugriff auf Computerdaten im Strafverfahren, 203 ff.

[266] Vgl. *LR-Schäfer*, § 103 Rn. 9; *SK-StPO-Rudolphi*, § 103 Rn. 7.

[267] So BGH, BGHR StPO § 103 Tatsachen 2.

Vielmehr schließt sich erst die schwierige Auswertung der vorgefundenen Daten an, die durch die **Benutzung der vorgefundenen EDV-Anlage** erheblich erleichtert wird. So können besondere Formatierungen, hard- oder softwaremäßige Einstellungen bis hin zur Datenverschlüsselung oder andere technische Mittel die Auswertung und Sichtbarmachung der einzelnen gespeicherten Informationen erschweren. In einzelnen Branchen sind auch individuell auf die Bedürfnisse des Unternehmens angepaßte Programme im Einsatz. Zum anderen kann die EDV-Anlage aber auch dazu dienen, bisher noch nicht gefundene beweisrelevante Daten erst zu suchen, die etwa auf internen Speichermedien – wie lokalen Festplatten – enthalten sind. Handelt es sich bei dem vorgefundenen Rechner um ein **vernetztes System**, das eine Verbindung zu einem zentralen Server hat, lassen sich unter Nutzung der modernen Datenübertragungstechniken dort gespeicherte Informationen abrufen. Dabei kann es sich bei den erreichbaren externen Daten um Informationen innerhalb eines lokalen Netzwerkes oder Intranets handeln, das auf den Betrieb beschränkt ist, aber auch bei Filialbetrieben bzw. Zweigniederlassungen Verbindung zum entfernten Hauptsitz des Unternehmens hat. Vor dem Hintergrund der immer mehr zunehmenden internationalen wirtschaftlichen Verflechtungen können auf diese Weise – möglicherweise sogar unbemerkt – auch die Grenzen des eigenen Staatsgebietes überschritten werden, wenn sich etwa der Server, zu dem eine Verbindung aufgebaut wird, im Ausland befindet.

Unter Berücksichtigung all dieser denkbaren Verwendungsmöglichkeiten der in den durchsuchten Räumen vorgefundenen EDV-Anlage ergibt sich damit die entscheidende rechtliche Frage, ob eine Durchsuchung i. S. d. §§ 102 bzw. 103 StPO auch eine **Befugnis zur Inbetriebnahme und Nutzung** fremder Rechner beinhaltet.[268] Wie Beispiele aus anderen Rechtsgebieten zeigen, muß dies **nicht stets zulässig** sein: So wird im Rahmen der steuerlichen Betriebsprüfung gem. §§ 193 ff. AO die Auffassung vertreten, der Steuerpflichtige könne zwar aufgrund der gesetzlich geregelten Mitwirkungspflichten zur Vorlage ausgedruckten Buchungsmaterials an den Prüfer verpflichtet werden, er müsse aber dem Beamten die EDV-Anlage für Prüfungszwecke nicht überlassen.[269] Auch der BGH hat in der sog. „Druckbalkenentscheidung" zu § 809 BGB zur Vorlegung und Besichtigung von Sachen klargestellt, daß dies nur eine Inaugenscheinnahme in Form der sinnlichen Wahrnehmung zulasse, aber keine Nutzung oder teilweise Zerlegung von Gegenständen.[270] Ein Vergleich mit Abspielgeräten für Bild- oder Tonträger führt ebenfalls nicht weiter, da es sich insoweit um reine technische Hilfsmittel handelt, die im Gegensatz zu EDV-Anlagen keine weiteren Informationen in sich enthalten. Zwar mag der Zugriff auf weitere Daten im Wege der Datenkommunikation auf den ersten Blick mit dem Öffnen eines Behältnissen vergleichbar sein. Doch sind im EDV-Bereich entweder keine körperlichen Gegenstände aufzufinden oder die relevanten Informationen im zu durchsuchenden Objekt vorhanden, müssen aber noch in eine andere Darstellungsform überführt werden. 187

Letztlich ist für die rechtliche Zulässigkeit einer Inbetriebnahme der EDV-Anlage auf den Inhalt und die **Reichweite des Durchsuchungsbegriffs** abzustellen. Auszugehen ist dabei vom sprachlichen Verständnis der Suche als einer Tätigkeit, die einer Sache nachspürt, sie sorgfältig untersucht und durchforscht, und sich darum bemüht, etwas aufzu- 188

---

[268] Da das deutsche Recht keine ausdrückliche Regelung enthält, kann die Reichweite der Durchsuchungsbestimmungen nur im Wege der Auslegung beurteilt werden. Demgegenüber finden sich in anderen Staaten Regelungen etwa zur Suche von „any data contained in or available to the computer system" in Art. 14 des kanadischen Competition Act von 1986 (vgl. dazu näher *Bär*, Zugriff auf Computerdaten im Strafverfahren, 488 ff.).

[269] Vgl. dazu *Frotscher*, in: *Schwarz*, AO, 1989, § 200 Rn.10 und *Birk*, in: *Dörner/Ehlers*, Rechtsprobleme der EDV, 1989, 142.

[270] Vgl. BGHZ 93, 191, 192. So bereits auch *Dierschke*, Die Vorlegung von Sachen zur Besichtigung nach dem Bürgerlichen Gesetzbuche für das Deutsche Reich, 1901, 78 sowie *Palandt-Thomas*, § 809 Rn. 4 m. w. N.

finden, indem bis in den letzten Winkel abgesucht wird. Als sinnverwandte Ausdrücke findet sich der Verweis auf Durchforschen, Erforschen, Nachsehen, Auskundschaften, Durchstöbern und „Filzen".[271] Kennzeichnend für den Begriff ist damit ein Verhalten, das nicht lediglich auf eine rein äußerliche Betrachtung von Objekten beschränkt ist. Die Durchsuchung geht folglich über die zivilrechtliche „Besichtigung" – sie ist durch visuelle Eindrücke wie das Sehen und Betasten geprägt – hinaus. Mit einer zweck- und zielgerichteten Suche wird aber die Grenze vom Besichtigen zum Durchsuchen überschritten. Dies entspricht auch der Rechtsprechung des BFH, wonach das bloße Betreten und Besichtigen von Räumen durch Vollziehungsbeamte noch keine Durchsuchungshandlung i. S. d. Art. 13 Abs. 2 GG darstellt.[272] Der Gesetzgeber hat mit der Befugnis zur Durchsuchung von Räumen zur Auffindung von Beweismitteln den Ermittlungsbehörden einen weiten Spielraum zum Eindringen in das durch Art. 13 GG geschützte Recht auf Unverletzlichkeit der Wohnung geschaffen. Dem Begriff **„Suche"** sind **inhaltlich** nur Grenzen gezogen **durch die Zweckbestimmung der jeweiligen Handlung** und die zu durchsuchenden Räumlichkeiten. Es ist daher mit dem Zweck des Eingriffs grundsätzlich vereinbar, wenn eine in den durchsuchten Objekten vorgefundene EDV-Anlage in Betrieb genommen oder weiterbenutzt wird. Allerdings ist eine Differenzierung hinsichtlich der mit dem Rechner vorzunehmenden Handlungen geboten: Soll mit dem Computer nach beweisrelevanten Informationen gesucht werden, die sich auf internen oder externen Speichermedien befinden, kann dazu der Rechner jederzeit verwendet werden, da es sich hierbei um eine ziel- und zweckgerichtete Gewinnung von Informationen handelt, wobei noch zu untersuchen sein wird, inwieweit sich räumliche Einschränkungen bei vernetzten EDV-Systemen ergeben. Werden bei diesem Vorgehen tatsächlich Beweismittel aufgefunden, ist damit die eigentliche Durchsuchung beendet. Es stellt sich dann vielmehr die Frage, auf welche Weise die aufgefundenen Daten für das weitere Verfahren zu sichern sind. Dies betrifft aber nicht mehr Fragen der Durchsuchung, sondern die sich daran anschließende Beschlagnahme oder sonstige Sicherstellung von Gegenständen. Umgekehrt wird aber aus diesem begrifflichen Verständnis der Suche deutlich, daß eine **Benutzung fremder EDV-Anlagen ausgeschlossen** ist, wenn es darum geht, den Rechner **als reines technisches Hilfsmittel** einzusetzen. In diesem Fall dient der Computer nicht dem Auffinden von Daten, sondern zur Überführung der relevanten Daten in eine andere, besser verwertbare Form. An die Stelle der Suche tritt eine auswertende Tätigkeit. Für diese Zwecke wird aber durch die §§ 102, 103 StPO kein Eindringen in fremde Räumlichkeiten zugelassen. Die vorgefundene EDV-Anlage kann deshalb allein mit diesem Ziel nicht eingesetzt werden.

3. Nutzung fremder Programme

189 Wird bei einer Benutzung der EDV-Anlage oder bei einer Auswertung sichergestellter Unterlagen ein auf vorgefundenen Datenträgern oder auf der Zentraleinheit bzw. dem Server vorhandenes Computerprogramm verwendet, indem dieses in den Arbeitsspeicher geladen oder zu Sicherungszwecken vervielfältigt wird, kann es dadurch zu einer **Verletzung fremder Urheberrechte** i. S. d. §§ 16ff. UrhG kommen. Seit der Urheberrechtsnovelle vom 9. 6. 1993[273] genießen auch alle Ausdrucksformen eines Computerprogramms urheberrechtlichen Schutz. Damit fallen nicht nur – wie vor der Reform – Programme mit einer besonderen Gestaltungshöhe unter den Werkbegriff des Urheberrechts, sondern auch alle Standardsoftwareprogramme ebenso wie die speziell vom oder

---

[271] Vgl. nur *Grimm*, Deutsches Wörterbuch, Neudruck 1980, Stichwort „Durchsuchen" und „Suchen" sowie *Duden*, Das große Wörterbuch der deutschen Sprache, 1977 ff., Stichwort „Durchsuchung" und *Peltzer/v. Normann*, Das treffende Wort, 18. Auflage 1981, Stichwort „durchsuchen".

[272] Vgl. BFHE 154, 435 unter Verweis auf BVerfGE 32, 54, 72 ff.

[273] Zweites Gesetz zur Reform des Urheberrechtsgesetzes, BGBl. 1993, Teil 1, 910 ff.

für das Unternehmen entwickelten EDV-Anwendungen. Zu den nur mit Zustimmung des Rechtsinhabers vorzunehmenden Handlungen zählt gem. § 69 c UrhG jede ganze, teilweise dauerhafte oder auch nur vorübergehende Vervielfältigung des Programms sowie das Laden, Anzeigen, Ablaufen und Speichern. Urheberrechtliche Bestimmungen sind damit verletzt, wenn sich sowohl die Benutzung des Programms auf dem fremden Rechner als auch dessen Kopie nicht mehr innerhalb des mit dem jeweiligen Softwareüberlassungsvertrag gewährten Nutzungsrechte i. S. d. §§ 31 ff. UrhG bewegt. Davon ist auszugehen, wenn im Rahmen der Durchsuchung etwa raubkopierte Programme im Fall der Softwarepiraterie oder des Hacking vorgefunden werden oder Standardprogramme auf Datenträgern oder auf dem sichergestellten Rechner mitgenommen werden.

Gleichgültig ob im Einzelfall die Nutzung des Programms noch vom Softwareüberlassungsvertrag gedeckt ist oder nicht, fällt die Verwendung der Programme für Ermittlungsmaßnahmen in jedem Fall unter die gesetzlichen Schranken des Urheberrechts. So wird durch **§ 45 UrhG im Interesse der Rechtspflege und öffentlichen Sicherheit** ausdrücklich **zugelassen**, einzelne **Vervielfältigungsstücke** von Werken zur Verwendung in Verfahren vor einer Behörde oder einem Gericht herzustellen und damit auch im strafprozessualen Ermittlungsverfahren.[274] Durch die Einschränkung der Verwendung „im Verfahren" wird aber klargestellt, daß ein Rückgriff auf diese Norm einerseits für vorbereitende Handlungen vor Einleitung konkreter Ermittlungen ausgeschlossen bleibt. Andererseits fehlt aber eine Berechtigung zur Nutzung der Programme nach Abschluß der Ermittlungen, da hier kein konkreter Verfahrensbezug mehr besteht. Damit erfolgt die Nutzung fremder urheberrechtlich geschützter Programme nach Inbetriebnahme der EDV-Anlage ebenso wie die Verwendung mitgenommener oder sichergestellter Datenträger im Einklang mit den Bestimmungen des Urheberrechts, wenn zahlenmäßig nur durch die Erfordernisse des konkreten Verfahrens benötigte Vervielfältigungsstücke hergestellt werden. Dieses Ergebnis gilt in vergleichbarer Weise auch für die Nutzung fremder Datenbanken im Wege der Datenkommunikation, die seit 1. 8. 1997 in den §§ 69 h ff. und §§ 87 a ff. UrhG[275] nun einen eigenständigen Schutz erfahren haben. **190**

4. Reichweite der Durchsuchungsbefugnisse

191 Sowohl nach § 102 als auch nach § 103 StPO kommt eine Durchsuchung der Wohnung und anderer Räume in Betracht. Erfaßt sind damit von diesen Begriffen neben der eigentlichen Wohnung auch Arbeits-, Betriebs- oder Geschäftsräume, die als Büro, Lager oder Produktionsstätte genutzt werden können. Da durch § 102 und § 103 StPO eine Durchsuchung beim Verdächtigen oder bei Dritten zugelassen wird, sind für die Anordnung die konkreten **Eigentumsverhältnisse oder individuellen Besitz- und Nutzungsrechte ohne Bedeutung**. Maßgeblich ist allein die tatsächliche Nutzung durch den Betroffenen. Zusätzlich wird die jeweilige Reichweite der Durchsuchung durch den gem. § 105 StPO grundsätzlich erforderlichen Durchsuchungsbeschluß festgelegt. Dieser muß neben der Bezeichnung der Straftat, deren Begehung Anlaß zur Zwangsmaßnahme gibt, Zweck und Ziel sowie das Ausmaß der Durchsuchung genau bezeichnen und mindestens annäherungsweise in der Form beispielhafter Angaben die Beweismittel angeben, denen die Durchsuchung gilt.[276] Der **Durchsuchungsbeschluß** muß daher im Rahmen des Möglichen und Zumutbaren sicherstellen, daß der Grundrechtseingriff **meßbar und**

---

274 Vgl. *Ulmer*, Urheber- und Verlagsrecht, 3. Auflage 1980, 329; *Hubmann*, Urheber- und Verlagsrecht, 6. Aufl. 1987, 196 sowie *Melichar*, in: *Schricker*, UrhR, 7. Auflage 1988, § 45 Rn. 3 und *Fromm/Nordemann*, UrhR, 9. Aufl. 1998, § 45 Rn. 3.

275 Vgl. Art. 7 des Informations- und Kommunikationsdienstegesetzes (IuKDG) vom 22. 7. 1997 (BGBl. 1997, Teil 1, 1870, 1877) sowie zur Begründung BR-Drucksache 966/96, 41 ff.

276 Vgl. BVerfG, NStZ 1992, 91 sowie *Kleinknecht/Meyer-Goßner*, StPO, § 105 Rn. 5 und *LR-Schäfer*, § 105 Rn. 15 sowie *Schoreit*, NStZ 1999, 173 ff.

kontrollierbar bleibt. Nur wenn der äußere Rahmen, innerhalb dessen die Maßnahme durchzuführen ist, im Hinblick auf Art. 13 GG so abgesteckt wird, ist sowohl für die vollstreckenden Beamten als auch für den Betroffenen in gleicher Weise die Reichweite des Eingriffs erkennbar. Während bei herkömmlichen Durchsuchungen die relevanten Beweismittel auf Printmedien vorhanden sind, werden die Ermittlungsbehörden beim EDV-Einsatz mit den unterschiedlichsten technischen Geräten und Speichermedien für Daten konfrontiert. Während das Auffinden der EDV-Anlage und der Datenträger ebenso wie bei der Suche nach herkömmlichen Beweismitteln regelmäßig keine zusätzlichen Schwierigkeiten aufwerfen wird, erhebt sich aber in diesem Zusammenhang die neue Rechtsfrage, wie weit eine Suche nach Beweismitteln unter Nutzung der vorhandenen Datenübertragungstechniken auch auf anderswo gespeicherte Dateien ausgedehnt werden kann. Unter technischen Gesichtspunkten ist es insoweit möglich, auf solche räumlich entfernten Datenbestände – etwa innerhalb eines lokalen Netzwerkes oder eines weiter entfernten Hauptrechner – zuzugreifen, ohne die primär durchsuchten Räumlichkeiten physisch verlassen zu müssen und am jeweiligen Standort des Rechners mit den gespeicherten Daten anwesend zu sein. Die andernorts gespeicherten Daten wären so unmittelbar am Terminal in den Räumen des Durchsuchungsobjekts sichtbar und könnten nach einer Zwischenspeicherung auch als Beweismittel verwendet werden.

192 Entscheidend für die Zulässigkeit einer solchen **Online-Abfrage von Daten** muß letztlich sein, ob sich die Durchsuchung auf die Räumlichkeiten erstreckt, in denen die relevanten Daten auf einem Speichermedium verkörpert sind. Andernfalls würde den Ermittlungsbehörden die Möglichkeit eingeräumt, die vorgefundenen Kommunikationseinrichtungen zur Suche nach beweisrelevanten Daten in fremden Rechnersystemen zu nutzen und so die primäre Durchsuchungsanordnung in ihrer Reichweite beliebig auf inhaltlich schwer kontrollierbare weitere Bereiche auszudehnen. Eine richterliche oder staatsanwaltschaftliche Prüfung der jeweiligen Durchsuchungsvoraussetzungen – **bezogen auf den Standort des Rechners** – würde unterbleiben. Dies vor allem auch vor dem Hintergrund, daß eine Durchsuchung beim Betroffenen und am Standort des Rechners möglicherweise nur unter den engeren Voraussetzungen des § 103 StPO zulässig wäre. Durch den Einsatz des technischen Hilfsmittels Computer würde so eine von der Eingriffsqualität vergleichbare bisherige Ermittlungstätigkeit im Ergebnis einer wesentlich anderen rechtlichen Beurteilung zugeführt als bei physischer Anwesenheit der Beamten am Standort des jeweiligen Rechners. Zusätzlich wären bei einer solchen Online-Suche nach Beweismitteln die Grenzen zur Überwachung des Fernmeldeverkehrs gem. § 100a StPO verwischt. Die §§ 102 und 103 StPO gestatten daher keine Maßnahmen, welche die Informationsschranken der durchsuchten Räume, wie sie im individuellen Durchsuchungsbeschluß gezogen wurden, überschreiten. Dies bedeutet, daß ein Zugriff auf weitere Daten ausgeschlossen bleiben muß, wenn es zu einem **Auseinanderfallen der primär durchsuchten Räumlichkeiten** und dem **entfernten Standort des jeweiligen Zentralrechners** kommt. Befindet sich der am Ende der Leitung stehende Rechner etwa in einem anderen, nicht der Durchsuchung unterliegenden Gebäudeteil, bliebe den Ermittlungsbehörden ohne EDV eine Durchsuchung dieser Räumlichkeiten erspart. Es ist den Ermittlungsbehörden daher grundsätzlich nicht erlaubt, betriebsinterne Datenbestände innerhalb eines lokalen Netzwerkes (LAN) abzurufen, wenn sich die Durchsuchung nicht auf den Ort bzw. Gebäudeteil bezieht, in dem sich der Server (Zentralrechner) befindet. Gleiches muß auch dann gelten, wenn über die Online-Verbindung Daten vom Rechner des Stammsitzes oder der Hauptstelle des Unternehmens im Fall einer durchsuchten Zweigniederlassung bzw. Filiale abgerufen werden sollen. Ein Verstoß gegen diese räumlichen Grenzen der Durchsuchungsbefugnisse muß deshalb zu einem Verwertungsverbot führen, weil individuelle Rechte verletzt sind und die staatliche Legitimation für einen solchen Eingriff fehlt.[277]

---

[277] So im Ergebnis auch *Amelung*, NJW 1991, 2535 f.

Dies bedeutet aber nicht, daß die Ermittlungsbehörden solche Durchsuchungen in Netzwerken zwangsläufig stets abzubrechen haben. Die auftretenden rechtlichen Schwierigkeiten lassen sich in zweierlei Hinsicht beseitigen: Sofern den Ermittlungsbehörden bereits vor Beginn der eigentlichen Durchsuchung bekannt ist, daß sich in dem durchsuchten Objekt EDV-Anlagen mit Datenübertragungseinrichtungen in Form von lokalen Netzen oder Verbindungen zu entfernten Betriebsteilen befinden, gehört es zum einen zur ordnungsgemäßen Vorbereitung auf die Zwangsmaßnahme, bereits vorab einen entsprechend **erweiterten Beschluß zu beantragen**. Wird erst bei der Ausführung der Zwangsmaßnahme erkannt, daß zur Suche nach Beweismitteln auf externe Daten zugegriffen werden muß, besteht zum anderen auf der Grundlage des **§ 105 StPO** die rechtliche Möglichkeit im Wege der **Eilkompetenz** die bisherige Befugnis zu erweitern, wenn die Voraussetzungen für Gefahr in Verzug bejaht werden können. **193**

5. Durchsuchungen mit Auslandsbezug

Kommt es bei der Suche in Computernetzwerken – möglicherweise sogar äußerlich unbemerkt – zu einer **Überschreitung der Grenzen des eigenen Hoheitsbereichs**, werden zusätzliche, bisher noch wenig geklärte neue rechtliche Fragestellungen aufgeworfen. Die Ermittlungen via Datenleitung auch im Ausland haben dabei gerade in einer immer mehr durch einen weltweiten Austausch von Daten geprägten Informationsgesellschaft eine besondere Bedeutung. So nimmt die Zahl der multinationalen Konzerne mit Tochterfirmen in verschiedenen Ländern immer weiter zu. Aufgrund der internationalen Handelsverflechtungen gehen aber auch inländische Firmen in ständig steigendem Maß dazu über, einzelne Teilbereiche des Unternehmens aus Kostengründen oder zum Schutz vor fremdem Zugriff ins Ausland zu verlagern. Wäre es zulässig, vom Inland aus Datenabfragen und damit auch Ermittlungen von Online-Verbindungen vorzunehmen, könnten die nationalen Strafverfolgungsbehörden ohne durch eigene Beamte oder fremde Hilfspersonen der Hoheitsgewalt des jeweiligen Staates ausgesetzt zu sein, jederzeit Ermittlungen vornehmen, wobei dies durch den fremden Staat nicht erkennbar oder gar nachweisbar gewesen wäre. Damit werden aber bereits die **rechtlichen Schwierigkeiten** solcher Online-Ermittlungen offensichtlich. **194**

Die Beschaffung von Beweismitteln im Ausland wird **bisher** über ein Rechtshilfeersuchen an den jeweiligen fremden Staat abgewickelt. Die **Rechtshilfe**[278] selbst kann sich dabei auf alle Formen der Unterstützung beziehen, um den Erfolg von Strafverfahren erst zu ermöglichen oder zu fördern. Da das jeweilige Rechtshilfeersuchen aufgrund der bestehenden **zwischenstaatlichen Vereinbarungen** aber von übergeordneten Stellen auf dem justizministeriellen und diplomatischen Weg weitergeleitet werden muß, führt dies zu komplizierten und langandauernden Verfahren. Den Tätern würde bei diesem Verfahren die Möglichkeit eingeräumt, beweisrelevante Informationen zwischenzeitlich zu löschen. Die sich so ergebenden Defizite des Rechtshilfeverfahrens ließen sich damit zwar bei einem direkten Online-Zugriff vermeiden, doch würden durch diese Form der Ermittlungen im Ausland umgekehrt die speziell für den Verkehr mit dem Ausland geschaffenen bilateralen Abkommen zur Rechtshilfe unterlaufen. Dies wird auch aus **Nr. 121 der RiVASt**[279] deutlich. Danach dürfen deutsche Behörden mit Personen im Ausland nur dann in schriftlichen oder fernmündlichen Kontakt treten, wenn nicht damit zu rechnen ist, daß der ausländische Staat dieses Verfahren als einen unzulässigen Eingriff in seine Hoheitsrechte beanstandet. Die daneben bestehenden Rechtsgrundlagen – etwa in Art. 40 des Schengener Abkommens – zur grenzüberschreitenden Verfolgung durch nationale Polizeibeamte kann in diesem Zusammenhang kaum weiterhelfen. **195**

---

[278] Vgl. hierzu auch Kapitel 20.

[279] Richtlinien für den Verkehr mit dem Ausland in strafrechtlichen Angelegenheiten (RiVASt) vom 18. 9. 1984 mit späteren Änderungen.

196 Eine Ermittlungstätigkeit via Datenleitung verletzt zusätzlich auch **völkerrechtliche Grundsätze**. Durch das fehlende physische Tätigwerden von Beamten im fremden Staatsgebiet fehlt zwar der Hauptgrund für eine völkerrechtliche Verurteilung bei einem Eingriff in den Hoheitsbereich eines anderen Staates. Doch werden beim Abruf von Computerdaten Datenverarbeitungsvorgänge im Ausland ausgelöst bzw. gesteuert. Dadurch kann sich der ermittelnde Beamte nach den jeweiligen nationalen Bestimmungen auch wegen Hacking, Verletzung fremder Hoheitsrechte, Bankgeheimnisse oder fremder Geschäfts- und Betriebsgeheimnisse im Ausland selbst strafbar machen. Da die Nutzung der ausländischen EDV-Anlage der Lenkung und Steuerung durch inländische Ermittlungsbehörden unterliegt, ist die Online-Suche als eine Art verlängerter Arm der Strafverfolgungsorgane anzusehen. Die modernen technischen Mittel führen damit dazu, daß eine von der Eingriffsintensität ähnliche Ermittlungstätigkeit wesentlich anders bewertet wird als bei physischer Anwesenheit der Beamten im Ausland. **Hoheitliche Direktermittlungen** via Datenleitungen **beeinträchtigen** daher regelmäßig die **Souveränität des anderen Staates**. Eine besondere Gefährdung ergibt sich dabei hier durch die Menge der leicht und unauffällig zu erlangenden Informationen. Die Online-Suche nach Beweismitteln unter Überschreitung der nationalen Staatsgrenzen ist daher unzulässig und kann im Einzelfall zu einem Verwertungsverbot im weiteren Verfahren führen.[280] Zu einer anderen rechtlichen Beurteilung kann es allenfalls dann kommen, wenn es sich bei den vom Inland abgefragten Daten um frei zugängliche Informationen handelt, die auch jede Privatperson ohne weiteren Aufwand nutzen könnte. In diesem Fall können sowohl staatliche Souveränitätsinteressen als auch private Interessen nicht verletzt sein.[281]

197 Zu diesem Ergebnis gelangt auch die vom **Europarat** eingesetzte Expertengruppe in **ihrer Empfehlung vom 3. 4. 1995**, wenn sie für den hier relevanten Bereich der grenzüberschreitenden Ermittlungen folgende Forderungen erhebt:

„13. Die Befugnis, eine Durchsuchung auf andere Computersysteme auszuweiten, sollte, sofern sofortiges Handeln erforderlich wird, auch bestehen, wenn ein Computersystem einer ausländischen Gerichtsbarkeit untersteht. Um mögliche Verletzungen der staatlichen Souveränität oder des Völkerrechts zu vermeiden, sollte eine unzweideutige rechtliche Grundlage für derartige Durchsuchungen oder Beschlagnahmen geschaffen werden. Daher sollten internationale Vereinbarungen ausgehandelt werden, die regeln, wie, wann und in welchem Umfang derartige Durchsuchungen und Beschlagnahmen erlaubt sein sollten.

14. Soweit gesetzlich noch nicht vorgesehen, sollte in Erwägung gezogen werden, für Fälle, in denen unverzügliches Handeln erforderlich ist, beschleunigte Verfahren zu schaffen, die es den Ermittlungsbehörden erlauben, in einem Computersystem enthaltene Daten auf Ersuchen ausländischer Ermittlungsbehörden zum Zwecke ihrer Übermittlung gemäß den einschlägigen Bestimmungen über die gegenseitige Rechtshilfe unverzüglich zu beschlagnahmen. Auf ähnliche Weise sollte auch die Schaffung beschleunigter Verfahren sowie eines Verbindungssystems in Erwägung gezogen werden, damit Übermittlungsdaten hinsichtlich einer bestimmten Datenübertragung unverzüglich zur Verfügung gestellt, eine bestimmte Datenübermittlung überwacht und aufgezeichnet oder ihr Ausgangspunkt ermittelt werden kann."[282]

Würde man hier nach dem jeweils nationalen Recht bereits von einer Zulässigkeit der Online-Ermittlung mit Auslandsbezug ausgehen, wäre eine solche Empfehlung nicht erforderlich gewesen. Bis zur Umsetzung der vorgeschlagenen Regelungen ist aber regel-

---

[280] Vgl. näher dazu *Bär*, Zugriff auf Computerdaten im Strafverfahren, 232 ff. sowie *Möhrenschlager*, wistra 1991, 329.

[281] Vgl. zu weiteren Ausnahmefällen von der Unzulässigkeit bei der Online-Suche die Fallgruppen bei *Sieber*, in: *Eser/Thormundsson* (Hrsg.), Old Ways and New Needs in Criminal Legislation, Freiburg 1989, 212 Fn. 25 sowie *Kaspersen*, in: *Sieber/Kaspersen/Vandenberghe/Stuurmann* (Hrsg.), International Prosecution of Computer Crime, 1987, 72.

[282] Vgl. die Empfehlungen des Committee of Experts on criminal procedural law problems connected with information technology (PC-PC-Arbeitsgruppe) vom 3. 4. 1995 PC-PC (95)-3 in deutscher Übersetzung.

mäßig davon auszugehen, daß eine Ermittlungstätigkeit via Datenleitung mit den nationalen Ermächtigungsnormen nicht in Einklang gebracht werden kann.

6. Planung und Vollzug von Zwangsmaßnahmen

a) Vorbereitung der Durchsuchung

Eine erfolgreiche Durchsuchung und spätere Beschlagnahme von Beweismitteln ist nur 198
dann gewährleistet, wenn vor jeder umfangreichen Zwangsmaßnahme eine **gründliche Vorbereitung** mit einer Einsatzbesprechung der teilnehmenden Ermittlungskräfte durchgeführt wird, um sie mit den bisherigen Ermittlungsergebnissen vertraut zu machen und das weitere Vorgehen konkret abzustimmen. Insbesondere ist es erforderlich in diesem Rahmen zu klären, wer welche Aufgaben bei der Ausführung und Kontrolle von Räumen zu übernehmen hat. Vor allem die obigen Ausführungen zur Reichweite der Durchsuchungsbefugnisse haben gezeigt, daß es entscheidend auf die Ausgestaltung der jeweiligen Anordnung für die Durchsuchung ankommt. Im Wege der Vorermittlungen sollte deshalb abgeklärt sein, ob bei dem Betroffenen EDV-Anlagen überhaupt vorhanden sind und ob es sich ggf. um **vernetzte EDV-Anlagen** handelt, die es erforderlich machen, bereits einen auf den Standort des Zentralservers bezogenen erweiterten Beschluß zu beantragen oder in schwierigen Fällen sogar vorab und zur Ausführung der Durchsuchung entsprechende polizeiliche oder externe EDV-Sachverständige zuzuziehen. So stehen etwa bei den Landeskriminalämtern und beim Bundeskriminalamt entsprechend **ausgebildete Experten** zur Verfügung. Teilweise wurden auch – wie etwa in Bayern – auf der Ebene der Polizeipräsidien regionale Beweissicherungs- und Auswertungsstellen (abgekürzt RBA), geschaffen, die zur Vorbereitung und zum Vollzug der Zwangsmaßnahme auch kurzfristig herangezogen werden können. Vorab sollte auch ein Lageplan über die zu durchsuchenden Räumlichkeiten vorhanden sein, denn nur so kann auch durch ausreichendes Personal sichergestellt werden, daß nicht etwa von einem nicht kontrollierten Raum aus alle beweisrelevanten Daten gelöscht werden.

b) Ausführung der Durchsuchung

Entscheidend für den weiteren Erfolg der Durchsuchung ist neben der Vorbereitung die 199
Ausführung beim ersten Zugriff. Hier muß es vor allem darum gehen, die weitere Bedienung und **Arbeit am Computer** durch den Täter oder seine Mitarbeiter zu **unterbinden**. Dies ist jedoch nur möglich, wenn zur Umsetzung des Durchsuchungsbeschlusses ausreichend Personal zur Verfügung steht, um dies zu überwachen und alle Räume auch zu kontrollieren. Wie einschlägige Erfahrungen gerade in diesem Bereich zeigen, können durch einen oder wenige Tastendrucke wichtige Daten ganz oder teilweise vernichtet werden. Wird hier etwa dem Betroffenen auf seine Bitte hin gestattet, schnell noch die Daten abzusichern, kann damit bereits ein vorprogrammierter **Löschmechanismus** in Gang gesetzt werden, der zur Löschung statt zur Sicherung führt. Mit diesen Möglichkeiten sollte vor allem bei findigen „EDV-Freaks“ gerechnet werden. Genauso gilt es zu verhindern, daß die Computer einfach ausgeschaltet werden oder für die jeweiligen Geräte der Netzstecker gezogen wird. Da nicht zwangsläufig alle Daten im Arbeitsspeicher auch gesichert sein müssen, führt dieses Vorgehen ebenfalls zum Verlust der nur temporär gespeicherten Informationen. In diesem Fall können am Rechner sogar durch den **Absturz des Systems** zusätzliche Fehlerdateien erzeugt werden, die auch zur Veränderung von Systemdateien führen. Ist der Computer eingeschaltet, weil damit gearbeitet wird, hat dies zusätzlich den Vorteil, daß mit dem Rechner zur Suche nach relevanten Informationen gearbeitet werden kann, ohne daß erst die zum Zugriff auf das System erforderlichen Kennwörter ermittelt werden müssen.

Weiterhin ist nach Beginn der Durchsuchung am jeweils vorgefundenen Rechner so- 200
fort festzustellen, ob es sich um einen Einzelplatzrechner oder um ein **vernetztes System**

handelt. Dazu ist zu überprüfen, ob vom Computer Leitungen abgehen, die in Kabelschächten oder in der Wand verschwinden bzw. an spezielle Steckdosen angeschlossen sind, die etwa einem Telefonanschlußkabel gleichen. Netzkarten am Rechner selbst sind auch dadurch erkennbar, daß hier kleine viereckige Stecker wie beim Telefon vorhanden sind. Ergeben sich Hinweise auf solche Kabelverbindungen müssen sofort alle restlichen Räume nach weiteren EDV-Geräten und vor allem nach dem zentralen Server des Systems – etwa in einem speziellen Computerraum – durchsucht werden. Andernfalls könnte von jedem beliebigem Rechner im Netz aus der gesamte Datenbestand auf der lokalen Festplatte oder im zentralen Server gelöscht werden. Zu beachten ist auch, daß bei einem vernetzten Rechner ebenfalls nicht ohne weiteres das Verbindungskabel zum Netz herausgenommen oder gar zerschnitten werden kann, da hier die Gefahr eines Datenverlustes oder gar eines Absturzes des gesamten Netzwerkes besteht.[283]

c) Unterbrechung der Kommunikationseinrichtungen

201 Führen die Kabel am vorgefundenen Rechner zu einem Telefon oder einer Telefondose, verfügt der Täter vermutlich auch über eine Verbindung zum öffentlichen Netz und kann so über den Computer auch Daten mit beliebigen Dritten austauschen. Es besteht dann die Gefahr, daß über diese Online-Verbindung **während** der laufenden **Durchsuchung Daten** von den in den Durchsuchungsobjekten vorhandenen Rechnern **nach außen transferiert** werden, um sie so den Feststellungen der Strafverfolgungsbehörden zu entziehen oder zumindest die Beweissicherung erheblich zu erschweren. Umgekehrt ist es über den Online-Anschluß aber auch möglich, daß von außerhalb der durchsuchten Räume aus sich Personen, die in irgendeiner Weise von der Durchsuchung Kenntnis erlangt haben, in das dort vorhandene Computersystem einwählen und so – äußerlich unbemerkt von der eigentlichen Durchsuchung – **beweisrelevante Daten löschen**, kopieren oder auf einen anderen Rechner umleiten. Dies wäre für einen EDV-Experten nur erkennbar, der auf der Systemebene des Rechners den Zu- und Abgang von Daten kontrollieren könnte. Gelingt den Tätern hier eine Löschung von Daten, ist eine Rekonstruktion wenn überhaupt nur mit hohem technischen Aufwand möglich. Eine solche Löschung der Datenbestände von außerhalb könnte nur unterbunden werden, wenn für die Dauer der Durchsuchungsmaßnahme die bestehenden Anschlüsse für Kommunikationseinrichtungen in Form von Telefon oder Datenübertragungseinrichtungen unterbrochen werden. Dazu müßte aber der jeweilige Netzbetreiber zur zeitweisen Sperre des Anschlusses verpflichtet werden können.

202 Für ein solches Vorgehen fehlt es aber bisher an einer entsprechenden Rechtsgrundlage. So kann ein solches Vorgehen gerade **nicht als Maßnahme nach § 100 a StPO** angesehen werden, da keine Überwachung von Telekommunikationseinrichtungen erfolgen soll, sondern im Gegenteil eine Weitergabe von Informationen ja gerade verboten wird. Im Wege der Amtshilfe kann der Netzbetreiber ebenfalls nicht zu einem entsprechenden Tätigwerden veranlaßt werden, da die Telekom und alle übrigen Anbieter keine Behörden sind und die Unterbrechung der Kommunikation in die privatrechtlichen Rechtsbeziehungen zwischen dem Benutzer und dem Anbieter eingreift.[284] Im übrigen sind die Verpflichtungen der Anbieter von Telekommunikationsdiensten in den §§ 100 a, 100 b StPO und § 12 FAG abschließend geregelt. Eine Verpflichtung zur Unterstützung der Strafverfolgungsbehörden in Form der zeitweiligen Unterbrechung der Kommunikationsverbindungen ist auch nicht aus den §§ 94 ff. StPO herzuleiten, da sich die dort vorgesehenen Anordnungen nur gegen die Betroffenen richten und die Telekommunikationsleitungen weder als Beweismittel noch als Einziehungsgegenstand in Betracht kommen. Zur Abwendung dieser Gefahren der Datenlöschung verbleibt den Ermittlungsbehörden daher nur die Möglichkeit, speziell bei **Durchsuchungen** datenverarbeitender Firmen diese

[283] Vgl. dazu *Janovsky*, Kriminalistik 1998, 331 ff.

[284] Vgl. *Schatzschneider*, NJW 1989, 2371; *Hahn*, NStZ 1994, 190 und *Helgerth*, JR 1994, 121.

Maßnahmen gründlich **unter Mitwirkung von EDV-Fachleuten** vorzubereiten, es sei denn, ein Rückgriff auf polizeirechtliche Befugnisse zur Gefahrenabwehr ist möglich. Durch solche Experten könnte dann auch bei Beginn der Durchsuchung die Verbindung zwischen Rechner und Netz in fachgerechter Weise ohne Datenverlust unterbrochen werden, um zu verhindern, daß über die Online-Verbindung gesuchtes Datenmaterial dem Zugriff der Strafverfolgungsbehörden entzogen wird. Rechtsgrundlagen für ein solches Vorgehen innerhalb des durchsuchten Objektes finden sich einerseits in § 164 StPO bzgl. des Festhaltens von Störern bzw. lassen sich andererseits aus der Möglichkeit zur Zwangsanwendung als Ausfluß der Durchsuchungsanordnung[285] ableiten.

d) Heranziehung von anwesenden Personen

Der Zugriff auf den Computer wird in vielen Fällen durch spezielle soft- oder hardware- 203
mäßige Sicherungen, insbesondere durch Paßwörter geschützt sein. Wird hier vom Beschuldigten oder Dritten ein solches Kennwort nicht preisgegeben, bleibt nur die Möglichkeit zur Mitnahme der gesamten Anlage, um diese im Rahmen der Durchsicht näher auswerten zu können. Aufgrund des Verbots zur Selbstbelastung besteht hier **keine rechtliche Möglichkeit** den Täter insoweit **zur Mitwirkung** bei seiner eigenen Überführung zur verpflichten. Sind Täter bzw. Dritte zur Mithilfe ohne weiteres durch Mitteilung der Paßwörter bereit, ist darauf zu achten, daß durchaus nicht mit jedem Kennwort auch alle Funktionen oder Datenspeicher des Rechners genutzt werden können. So können etwa mit dem Paßwort eines Nutzers wichtige Möglichkeiten des Zugriffs auf die Systemebene des Rechners verschlossen bleiben. Bei größeren EDV-Anlagen bis hin zu kompletten Rechenzentren werden regelmäßig ein oder gar mehrere Personen als sog. Systemverwalter bzw. -betreuer bestellt, die auch über entsprechende Kennungen verfügen, mit denen umfassend auf alle Funktionen der Computeranlage zugegriffen werden kann. Diese Personen sind deshalb auch für die ausführenden Personen bei einer Durchsuchung von besonderem Interesse. Der **Verantwortliche für das EDV-System** ist auch in der Lage, umfassend Auskunft über Art und Umfang des EDV-Einsatzes zu geben. Er weiß etwa, welche Bereiche des Unternehmens mit EDV arbeiten, welche Informationen auf dem Rechner gespeichert sind, wer diese erfassen und auswerten kann und welche dieser Auswertungen dem Entscheidungsträger der Firma vorgelegt werden. Auch kann er über die Datensicherung und etwaige Veränderungen am Rechner Auskunft geben. Handelt es sich beim Systembetreuer selbst um den Täter, kann eine Mitwirkung bei der Durchsuchung nicht zwangsweise durchgesetzt werden. Besteht dagegen kein Tatverdacht gegenüber dem Systemverwalter oder anderen während der Durchsuchung angetroffenen Personen, können diese vor Ort als Zeugen vernommen werden. Zu beachten gilt dabei, daß eine mit Zwangsmitteln durchsetzbare Verpflichtung zur Aussage und zum Erscheinen „auf Ladung" gem. § 161a StPO nur gegenüber dem Staatsanwalt, nicht gegenüber dem Polizeibeamten besteht. Da das Strafverfahrensrecht insoweit keine speziellen, bei jeder Ladung einzuhaltenden Fristen kennt, kann der bei einer Durchsuchung anwesende Staatsanwalt eine Befragung oder Vernehmung geeigneter Zeugen vor Ort kurzfristig durchführen.[286]

e) Mitnahme der sichergestellten Gegenstände

Wichtig ist auch ein **sachgemäßes Vorgehen** bei der Mitnahme der aufgefundenen Be- 204
weismittel. So ist der Zustand der vorgefundenen EDV-Anlage vor ihrem Abbau oder einer Veränderung **durch Fotografien genau zu dokumentieren**. Insbesondere ist die vorhandene Verkabelung am Rechner festzustellen, die einzelnen Kabel sollten bei der

---

[285] Vgl. dazu nur *LK-Schäfer*, § 105 Rn. 29 ff. und *SK-StPO-Rudolphi*, § 105 Rn. 21 m. w. N.

[286] Vgl. zur Möglichkeit einer kurzfristigen Zeugenladung die Ausführungen im Rahmen der Zeugenpflichten unten in Rn. 225.

Mitnahme beschriftet sein. Vorgefundene Datenträger sind zu beschriften, ohne jedoch mit einem Kugelschreiber oder anderen vergleichbaren Stiften einen zu starken Druck auf die Disketten oder Bänder auszuüben, so daß diese zerstört oder beschädigt werden. Computeranlagen und Datenträger müssen auch bei der Sicherstellung sachgerecht verpackt und sicher transportiert werden, damit es nicht zu Beschädigungen der Prozessoren oder Plattenlaufwerke durch erhebliche Erschütterungen oder andere vergleichbare negative Einflüsse kommt. Aber auch für eine sachgerechte **Aufbewahrung der Asservate** haben die Ermittlungsbehörden zu sorgen. Es sollte daher etwa nicht vorkommen, daß Datenträger oder andere Speichermedien über Tage oder Wochen der direkten Sonneneinstrahlung ausgesetzt sind, was zu einer Vernichtung oder zumindest erheblichen Gefährdung der jeweiligen Beweismittel führen kann.

7. Durchsicht der Papiere

205 Werden im Rahmen einer Durchsuchung im EDV-Bereich elektronisch gespeicherte Daten vorgefunden oder mitgenommen, ist bei der Durchsicht der Papiere § 110 StPO zu beachten. Ziel der **Durchsicht** ist es, die während der Zwangsmaßnahme vorgefundenen Gegenstände inhaltlich näher zu überprüfen und eine Entscheidung darüber herbeizuführen, ob eine richterliche Beschlagnahme herbeizuführen ist oder ob die betreffenden Gegenstände wieder zurückzugeben sind. Die Auswertung nach der eigentlichen Beweismittelsuche ist dabei **noch Teil der Durchsuchungshandlung**, d. h. solange die Durchsicht der Papiere andauert, ist auch die Durchsuchung noch nicht abgeschlossen.[287] Seit der Gesetzesänderung von 1974 ist die **Durchsicht der Papiere** grundsätzlich allein dem Staatsanwalt vorbehalten, so daß umgekehrt Hilfsbeamte der Staatsanwaltschaft und alle Polizeibeamte dazu grundsätzlich nicht berechtigt sind, es sei denn der Gewahrsamsinhaber genehmigt die Durchsicht auch anderen Personen (§ 110 Abs. 2 StPO). Diese Sonderbehandlung der „Papiere“ gegenüber sonstigen Beweismitteln wird mit dem personalisierten Persönlichkeitsschutz des Betroffenen begründet. Da es sich bei § 110 StPO damit um eine Schutzbestimmung zu Gunsten des Gewahrsamsinhabers handelt, hat der BGH bereits 1988 in einer der ersten Entscheidungen zur EDV den **Begriff der Papiere auch auf sog. „technische Papiere“ ausgedehnt**. Erfaßt werden damit von diesem Begriff neben Datenträgern und allen Arten von Speichermedien und die EDV-Anlagen selbst.[288]

206 Dies würde aber bedeuten, daß bei Durchsuchungen im EDV-Bereich ebenso wie bei herkömmlichen Unterlagen den Polizeibeamten lediglich eine äußerliche Besichtigung der Gegenstände zur Aussonderung gestattet ist. Übertragen auf Computerdaten wäre somit den Ermittlungsbeamten ein Aufrufen von Programmen und Dateien nicht gestattet, erlaubt dagegen nur die **Anzeige von Inhaltsverzeichnissen** vorgefundener Datenträger. Diese weite Begriffsauslegung muß daher zwangsläufig zu erheblichen Problemen bei der Anwendung des § 110 StPO auf Computerdaten führen. Einerseits verfügen die Staatsanwaltschaften gar nicht über das notwendige Fachwissen und die technische Ausstattung, um eine Durchsicht selbst vorzunehmen. Andererseits enthalten Datenträger mit immer größeren Speicherkapazitäten große Mengen an Informationen, die überwiegend keinen Persönlichkeitsschutz fordern, wie ihn § 110 StPO ursprünglich vor Augen hatte. Der BGH hat deshalb in einer weiteren Entscheidung im Rahmen eines obiter dictums auch die Auslegung des § 110 StPO für vertretbar angesehen, daß das Privileg zur Durchsicht der Staatsanwaltschaft **erst** eingreift, wenn die **Informationsträger in vergleichbarer Weise wie schriftliche Unterlagen** ohne besondere Schwierigkeiten und

---

[287] Vgl. BGH, StV 1988, 90 sowie CR 1996, 35 mit Anmerkung *Bär*; *Kleinknecht/Meyer-Goßner*, StPO, § 110 Rn. 6 m. w. N. Während der Durchsicht kann deshalb gegen die Durchsuchungsanordnung analog § 98 Abs. 2 StPO noch der Richter angerufen werden.

[288] Vgl. BGH CR 1988, 142 = StV 1988, 90.

ohne größeren Zeitaufwand **lesbar** sind.[289] Eine abschließende Klärung der Rechtsfrage ist bisher nicht erfolgt. Damit sollte vor dem Hintergrund des § 110 StPO bei Durchsuchungen soweit möglich immer ein Staatsanwalt zugezogen werden, um die Durchsicht vorzunehmen bzw. polizeiliche oder sonstige EDV-Sachverständige zu beauftragen.[290] Als Ausweg bietet es sich aber an, die Genehmigung der Durchsicht durch andere Personen i. S. d. § 110 Abs. 2 StPO beim Gewahrsamsinhaber einzuholen und dies auch schriftlich im Durchsuchungsprotokoll für spätere Beweisfragen zu dokumentieren, da andernfalls eine Mitnahme und Versiegelung der gesamten EDV-Anlage gem. § 110 Abs. 2 Satz 2 StPO erfolgen müßte. Zu beachten ist weiter, daß die Einschränkungen des § 110 StPO dann nicht eingreifen, wenn die Durchsuchung mit der Sicherstellung der Gegenstände abgeschlossen wurde.[291]

III. Beschlagnahme von Computerdaten

Neben der Durchsuchung, die den Ermittlungsbehörden das Auffinden von sachlichen Beweismitteln durch das Eindringen in die grundgesetzlich geschützten Räume i. S. d. Art. 13 GG erst ermöglicht, dient die meist zeitlich nachfolgende Sicherstellung oder Beschlagnahme dazu, die **staatliche Gewalt über beweisrelevante Gegenstände** herzustellen. Erfolgt die Beschlagnahme isoliert, muß der Gegenstand so genau bezeichnet sein, daß keine Zweifel daran bestehen, ob er von der entsprechenden Anordnung erfaßt wird oder nicht.[292] Die Beschlagnahme gem. § 94 StPO ist damit eine hoheitliche Maßnahme, mit der ein Gegenstand der Verfügungsgewalt seines bisherigen Gewahrsamsinhabers entzogen wird, um ihn für das weitere Strafverfahren zu sichern. Um auch eine Sicherstellung von Computerdaten durchführen zu können, muß es sich bei dem in Verwahrung zu nehmenden Objekt zunächst um einen Gegenstand handeln, der inhaltlich in zweifacher Hinsicht weiter eingeschränkt wird: Es muß eine generelle Beweismittelqualität im Verfahren bestehen sowie durch die potentielle Beweisbedeutung für die Untersuchung auch der Bezug zu einem konkreten Verfahren hergestellt sein. **207**

1. Gegenstände als Beweismittel

Eigentliches Objekt einer Beschlagnahme i. S. d. § 94 StPO ist ein im weiteren Verfahren als Beweismittel verwendbarer Gegenstand. Als solche **Objekte** kommen **im EDV-Bereich** externe und interne Speichermedien, einzelne gespeicherte Information, die gesamte Computeranlage, Peripheriegeräte, Computerausdrucke und Handbücher in Betracht. Die StPO selbst umschreibt an keiner Stelle den Gegenstandsbegriff näher. Vom grammatischen Verständnis und unter Berücksichtigung historischer Gesichtspunkte wird aber deutlich, daß dieser Begriff sich weitgehend mit dem zivilrechtlichen Verständnis einer Sache i. S. d. § 90 BGB deckt, es sich also um ein **körperliches Objekt** handeln muß, das auch bereits im Zeitpunkt der Ausführung der Zwangsmaßnahme existent ist.[293] Nicht erfaßt vom Begriff werden damit immaterielle Werte ebenso wie sonstige Rechte und unkörperliche Gegenstände. Dies bedeutet, daß im EDV-Bereich eine Beschlagnahme der gesamten EDV-Anlage mit ihren Einzelbestandteilen in Form von Zentraleinheit, Peripheriegeräten und internen Chips und Speichern als körperliches Objekt erfolgen kann. Die **Zentraleinheit** bildet dabei einen umfassenden **Gesamtgegenstand**, in dem alle Einzelteile völlig aufgehen. Sie ist damit nicht nur eine Sachgesamtheit **208**

289 Vgl. BGH, CR 1996, 36 sowie BGH, CR 1999, 292 mit Anm. *Bär.*

290 Vgl. näher zur Zulässigkeit der Beauftragung anderer Personen *Bär*, Zugriff auf Computerdaten im Strafverfahren, 230 ff. m. w. N.

291 Vgl. OLG Frankfurt, NStZ-RR 1997, 74 sowie LG Köln, NStZ 1995, 54.

292 Vgl. BVerfG, NStZ 1992, 92; OLG Düsseldorf, wistra 1997, 77 f.

293 Vgl. zur Begründung näher *Bär*, Zugriff auf Computerdaten im Strafverfahren, 240 ff.

mit einer Vielzahl von Einzelgegenständen wie eingebauten Speicherchips und Laufwerken, die je nach Beweisbedeutung isoliert sicherzustellen wären. Abzustellen ist hier auf die zivilrechtliche Unterscheidung zwischen Sachgesamtheiten und wesentlichen Bestandteilen einer anderen Sache. i. S. d. § 93 BGB. Einzelgegenstände werden zu wesentlichen Bestandteilen, wenn sie im Fall der Trennung zerstört oder in ihrem Wesen verändert würden. Maßgeblich hierfür ist die Verkehrsauffassung und die natürliche Betrachtungsweise unter Zugrundelegung technischer und wirtschaftlicher Gesichtspunkte[294] sowie auch der Zweck der Beweissicherung.

209 Vor diesem Hintergrund erscheint es daher nicht vertretbar, die im Gehäuse des Rechners **eingebauten Speicherchips** als Einzelgegenstände zu qualifizieren, da bei ihrem Ausbau die Gefahr des Datenverlustes besteht und eine Reproduktion des Inhalts vielfach nur im Zusammenwirken mit allen anderen Teilen des Rechners möglich ist.[295] Ob dieses Ergebnis auch auf Festplattenspeicher im Gehäuse der EDV-Anlage übernommen werden kann, muß jeweils im Einzelfall am Maßstab, ob eine funktionsgerechte Weiterverwendung der Daten bei Einbau in einen anderen Rechner möglich ist, gesondert beurteilt werden. Gerade bei kleineren Computeranlagen bliebe es dabei unverständlich, wenn man das äußerlich sichtbare einheitliche Gehäuse der EDV-Anlage in nur schwer verwertbare Einzelbestandteile aufspalten würde.[296] Dies um so mehr als durch spezielle Einstellungen bei Hard- und Software eine weitere Auswertung der Einzelgegenständen vielfach nicht gewährleistet sein wird. In diesen Fällen ist daher regelmäßig von der Zentraleinheit als Gesamtgegenstand mit Speicherchips, Festplatte, Diskettenlaufwerk und anderen Bestandteilen auszugehen. Eine andere rechtliche Beurteilung mag sich im Einzelfall dort ergeben, wo – etwa bei größeren EDV-Anlagen – keine so enge **wirtschaftliche Einheit** der Speichermedien **mit der Zentraleinheit** besteht. Selbständig zu beschlagnahmende Objekte sind aber in jedem Fall die externen Speichermedien aller Art in Form von Disketten, Magnetbändern, CD-ROMs oder anderer Art. Gleiches gilt auch für Computerausdrucke, Programme und Handbücher. Als nicht verkörperte Objekte sind einer Beschlagnahme nicht zugänglich nur einzelne gespeicherte Informationen und auch Bildschirmanzeigen. Die einzelnen Informationen lassen sich nicht vom Gegenstand Datenträger isolieren, eine mechanische Abtrennung würde zu dessen Zerstörung führen.[297] Ebenso liegt bei Ausgaben am Bildschirm nur eine temporäre Darstellung vor, die jederzeit verändert werden kann und sich deshalb auch etwa nur durch Erstellen einer Fotografie für das weitere Verfahren sichern läßt.

2. Potentielle Beweisbedeutung

210 Der Kreis der im EDV-Bereich beschlagnahmbaren Gegenstände wird durch das Erfordernis einer Beweisbedeutung im Verfahren weiter eingeschränkt. Notwendig ist damit einerseits der **Bezug zu einem konkreten Ermittlungsverfahren** von dessen Einleitung bis zum rechtskräftigen Abschluß. Andererseits muß der jeweils sicherzustellende Gegenstand aber auch geeignet sein, die Aufklärung und Verurteilung der zu verfolgenden Straftat zu fördern. Damit wird an dieser Stelle bereits deutlich, daß für die strafprozessuale Sicherstellung die individuellen Besitz-, Eigentums- oder Gewahrsamsverhältnisse am jeweiligen Gegenstand ohne Bedeutung sind. Gerade im EDV-Bereich ist es deshalb

294 Vgl. BGHZ 18, 226, 229; 20, 154, 157; 61, 80, 82 sowie *Palandt-Heinrichs*, BGB, § 93 Rn. 2 und 3 m. w. N. auf die umfangreiche Rechtsprechung zu Einzelfällen.

295 So im Ergebnis auch *Leicht*, iur 1986, 348 f. sowie *Bär*, Zugriff auf Computerdaten im Strafverfahren, 258 f.

296 Nach LG Mannheim, ZfZ 1989, 347 soll allerdings die Beschlagnahme einer 20 MB-Festplatte eines Telefoncomputers möglich sein.

297 Der insoweit von *Tschacksch*, Die strafprozessuale Editionspflicht, 1988, 241 vertretene abweichende Auffassung, die einzelnen Daten im Zusammenhang mit dem Trägermedien als selbständiges Beweismittel ansehen will, kann daher nicht zugestimmt werden.

nicht erforderlich, vor einer entsprechenden Anordnung erst Sachaufklärungen bei der besitz- oder eigentumsrechtlichen Zuordnung vorzunehmen. Potentiell beweisbedeutsam sind damit zur Tatbegehung gebrauchte Gegenstände (**instrumenta sceleris**), durch die Tat hervorgebrachte oder veränderte Gegenstände (**producta sceleris**), Gegenstände als Vergleichsmaterial oder mit Spuren sowie Beweisermittlungsgegenstände und mittelbare Beweismittel.[298] Diese Eigenschaft fehlt demgegenüber etwa bei Objekten, die nur technisches Hilfsmittel sind und nur zur Unterstützung der Ermittlungsbehörden bei ihrer Auswertungsarbeit dienen. Gleiches gilt für Gegenstände, die durch weitere Untersuchungen erst beweisbedeutsam werden können, so daß etwa die Zulässigkeit eine Sicherstellung von Datenbeständen, um eine Rasterfahndung damit durchzuführen, zweifelhaft sein kann.[299]

Beweisbedeutsam für das weitere Verfahren sind je nach der Beurteilung im Einzelfall somit vorgefundene **Datenträger** mit entsprechenden Informationen. Zwar sind die Ermittlungsbehörden hier an sich nicht an dem Trägermedium in verkörperter Form interessiert, sondern an den unkörperlichen Daten, doch bildet beides eine technische Einheit. Vergleichbar dem Blutfleck an einem Mantel muß sich hier die Beweisbedeutung auch auf das eigentliche Trägermedium erstrecken. An einer Beweisbedeutung kann es hier nur bei Computerprogrammen fehlen, die als Standardsoftware eingesetzt werden, sofern es sich damit um ein bloßes technisches Hilfsmittel handelt, das nicht als individueller Zugangsschlüssel für die relevanten Daten dient. Von Bedeutung für das weitere Verfahren kann daneben die **Zentraleinheit als Gesamtgegenstand** sein, wenn sich darin zu sichernde Informationen befinden und sie nicht lediglich als Hilfsmittel zur Sichtung und Sichtbarmachung von vorgefundenen Datenträgern benutzt werden soll. Gleiches gilt für Peripheriegeräte wie Bildschirm, Tastatur und Drucker. Da diese Geräte nur über eine Kabelverbindung mit der Zentraleinheit verbunden sind und regelmäßig auch keine Daten in sich tragen, besteht hier eine Beweisbedeutung wohl nur, wenn es sich um eine technische Einheit, ein der Einziehung unterliegendes Tatobjekt handelt oder die Gefahr von Manipulationen an diesen Hardwareteilen besteht. Beweisbedeutsam sind regelmäßig Computerausdrucke. Hier scheitert eine Sicherstellung auch nicht daran, daß die vorgefundenen Informationen nochmals auf den Datenträgern enthalten sind, denn dies setzt die inhaltliche Übereinstimmung voraus und kann zur Verstärkung der Beweise führen. 211

3. Formen der Sicherstellung

Liegen die Voraussetzungen für eine Beschlagnahme vor, gilt es die Form der Sicherstellung des Gegenstandes für das weitere Verfahren festzulegen. Nach dem Wortlaut des § 94 StPO kommt neben der **Inverwahrnahme** auch eine Sicherstellung in anderer Weise in Betracht. Die Verwahrung bereitet dabei keine rechtlichen Schwierigkeiten, da darunter die Überführung des Gegenstandes in den Besitz der Behörde – etwa durch Mitnahme, Versiegelung der Räume – oder einer beauftragten Stelle zu verstehen ist. Dies dürfte auch bei der Beweissicherung von Computerdaten der Regelfall sein, wenn einzelne Datenträger oder die EDV-Anlagen von den Ermittlungsbeamten mitgenommen werden. Eine **Sicherstellung in anderer Weise** kommt dagegen in Betracht, wenn Gegenstände nicht in Verwahrung genommen werden können oder der Zweck der Maßnahme auch ohne die Mitnahme erreicht werden kann. Zu denken ist dabei an einen sog. **„Download“**, d. h. eine Kopie der beweisrelevanten Daten vom Rechner bzw. Datenspei- 212

[298] Vgl. zu dieser Unterteilung nur *Kleinknecht/Meyer-Goßner*, StPO, § 94 Rn. 5; *LR-Schäfer*, § 94 Rn. 15.

[299] Vgl. nur *Rogall*, GA 1985, 17; *KK-Laufhütte*, § 94 Rn. 7 und *LR-Schäfer*, § 94 Rn. 17. Dies war letztlich auch der Grund für die Schaffung einer eigenen Rechtsgrundlage in den §§ 98 a–98 c StPO.

cher – etwa mit Hilfe eines Datensicherungsgerätes (Streamer) – auf einen mitgebrachten Speicher der Ermittlungsbehörden.[300] Dieses so mit Daten gefüllte Speichermedium ist dann das eigentliche Beweismittel für das weitere Verfahren. Es gilt aber jeweils sorgfältig zu prüfen, ob der Beschlagnahmezweck durch die hergestellten Sicherheitskopien auch erreicht werden kann oder ob für das Verfahren nicht zusätzlich die Originaldatenträger benötigt werden. Im Gegensatz zu den herkömmlichen Printmedien kann bei Computerdaten von einem Original und einer Kopie nach herkömmlichem Verständnis nicht gesprochen werden. Da die Dateien beim Kopiervorgang dupliziert werden, entstehen völlig identische Datensätze. Die dabei verwendeten Speichermedien – besser als Quelldatenträger und Kopie zu bezeichnen – unterscheiden sich nur hinsichtlich äußerer Kriterien. Zu beachten ist auch, daß die Informationen auf dem Datenträger jederzeit verändert werden können, ohne irgendwelche erkennbaren Spuren zu hinterlassen. Es kann deshalb nicht stets ausgeschlossen werden, daß beim Kopiervorgang versteckte Dateien (sog. „hidden files") nicht mit kopiert und deshalb auch nicht mit gesichert werden. Wie gerade die immer komplizierter und umfangreicher werdenden Anwendungs- und Systemprogramme am Rechner zeigen, besteht auch die Gefahr, daß die im Wege des Downloads gesicherten Daten wegen spezieller Voreinstellungen am ursprünglichen Rechner nicht lauffähig sind und folglich nicht ausgewertet werden können. Es sollte daher nur in Fällen, bei denen es vom Beweiswert her nicht auf den Datenträger in seinem Urzustand entscheidend ankommt, auf eine Mitnahme des vorgefundenen Datenträgers verzichtet werden. In den meisten Verfahren wird es sich stattdessen empfehlen, die **Quelldatenträger in amtliche Verwahrung** zu nehmen und dem Betroffenen eine Kopie seiner Daten zur Verfügung zu stellen.

4. Beschlagnahmeverbote

213 Als negative Voraussetzung der Beschlagnahmebefugnisse hat der Gesetzgeber in § 97 StPO eine Reihe von Beschlagnahmeverboten normiert, um eine Umgehung der in den §§ 52ff. StPO geregelten Zeugnisverweigerungsrechte zu verhindern. Diese sind bei der Beweissicherung von Computerdaten jedoch nur teilweise von Interesse. So werden durch **§ 97 Abs. 1 Nr. 1 StPO „schriftliche Mitteilungen"** zwischen Beschuldigtem und Zeugnisverweigerungsberechtigtem und durch **§ 97 Abs. 1 Nr. 2 StPO** entsprechende **„Aufzeichnungen"** von der Beschlagnahme ausgeschlossen. Da es sich insoweit jeweils um Schutzbestimmungen zugunsten des Berechtigten handelt, sind die Verbote auch auf alle modernen Speichermedien zu erstrecken, da es andernfalls zu einer nicht zu rechtfertigenden Ungleichbehandlung von traditionellen Mitteilungsformen (Brief, Ausdrucke, Karteien, Handakten usw.) und elektronischen Datenträgern kommen würde.[301] Die Richtigkeit dieses Ergebnisses wird auch durch die neue Fassung des § 11 Abs. 3 StGB bestätigt, wenn hier den Schriften auch Ton-, Bildträger und Datenspeicher gleichgestellt sind. Der Beschlagnahme entzogen sind gem. **§ 97 Abs. 1 Nr. 3 StPO** auch Datenträger als **„andere Gegenstände"**, soweit sich ein Zeugnisverweigerungsrecht darauf erstreckt. Diese Regelung hat vor allem beim Zugriff auf Buchführungsunterlagen eine besondere Bedeutung. Wird hier – wie heute bereits üblich – entsprechend § 239 Abs. 4 HGB die **Buchführung mit Hilfe der EDV** abgewickelt und dem Steuerberater die Erstellung des Jahresabschlusses übertragen, könnte sich der Steuerberater bei einer Beschlagnahme auf ein Beschlagnahmeverbot berufen. Soweit die Steuerberater die Buchführung für das Unternehmen erledigen, greift nach h. A. aber kein Beschlagnahmeverbot ein, denn

[300] Nach *Lemcke*, Die Sicherstellung gem. § 94 StPO und deren Förderung durch die Inpflichtnahme Dritter als Mittel des Zugriffs auf elektronisch gespeicherte Daten, 1995, 100f. soll diese Form der Sicherstellung allerdings unzulässig sein, da eine Form des Sicherstellungsersatzes vorliege.

[301] So im Ergebnis auch *LR-Schäfer*, § 97 Rn. 39; *Kleinknecht/Meyer-Goßner*, StPO, § 97 Rn. 28f.; *SK-StPO-Rudolphi*, § 97 Rn. 39.

diese Tätigkeit gehört nicht zum Berufsbild des Steuerberaters. Buchführungsbelege werden dem Steuerberater gerade nicht aufgrund eines besonderen Vertrauensverhältnisses übergeben. Das in §§ 1 Abs. 2 Nr. 2, 6 Nr. 3 StBerG bestimmte Buchführungsprivileg verstößt daher auch gegen Art. 12 GG.[302] Von einem Beschlagnahmeverbot ist in diesem Bereich vielmehr nur solange auszugehen wie der Steuerberater aufgrund der ihm überlassenen Belege Jahresabschlüsse erstellt oder Steuererklärungen vorbereitet. Doch endet in diesem Zusammenhang die Vertraulichkeit, wenn die Bilanzen als Grundlagen der Besteuerung an Dritte – etwa an Finanzbehörden – weitergeleitet wurden.

Von Bedeutung im Zusammenhang mit der EDV-Beweissicherung ist daneben das **214** Beschlagnahmeverbot des **§ 97 Abs. 5 StPO** für Gegenstände im Gewahrsam von Presse- oder Rundfunkmitarbeitern i. S. d. § 53 Abs. 1 Nr. 5 StPO. Hier finden sich im Gesetzeswortlaut neben Schriftstücken, Ton- und Bildträgern auch ausdrücklich „Datenträger" als relevante Objekte, so daß diese Norm in jedem Fall auf alle modernen Speichermedien Anwendung findet. Im Zusammenhang mit den neueren Kommunikationsformen – etwa bei der Beschlagnahme eines Internet- oder Mailboxrechners – ist § 97 Abs. 5 StPO zu beachten, wenn diese Systeme auch den geschützten Medien „**Rundfunk**" oder „**periodisches Druckwerk**" zuzuordnen sind. Einem Beschlagnahmeverbot unterliegen aber nur **Massenkommunikationsmittel**, die – in Abgrenzung zur Individualkommunikation – die Allgemeinheit zum Empfängerkreis haben.[303] Dies ist für Anbieter von **Mediendiensten** i. S. d. § 2 Mediendienste-Staatsvertrag unproblematisch, da sie sich nach der Legaldefinition an die Allgemeinheit richten. Demgegenüber ist die Einordnung von **Telediensten** i. S. d. § 2 TDG, die Informationen im Internet oder über Mailboxen zur Verfügung stellen, schwieriger, da hier die individuelle Nutzung im Vordergrund steht. Auch wenn diese Dienste primär der Individualkommunikation zuzuordnen sind, können sie doch im Einzelfall neben **Abrufinformationen für andere Teilnehmer oder persönlicher Art** – etwa bei der E-Mail – auch Informationen für mehrere (**Abrufinformationen für alle Teilnehmer**) – etwa bei Newsgroups – zur Verfügung stellen. In den meisten Fällen dürfte bei Telediensten aber nur zu einem geringen Teil von Abrufinformationen auszugehen sein. Liegt gleichwohl ein Massenkommunikationsmittel vor, hat die Einordnung unter „periodische Druckwerke" oder „Rundfunk" i. S. d. § 97 Abs. 5 i.V. m. § 53 Abs. 1 Nr. 5 StPO nur noch untergeordnete Bedeutung. Ein „**periodisches Druckwerk**" orientiert sich nach dem „formalen Pressebegriff" am technischen Herstellungs- und Vervielfältigungsverfahren,[304] während zum „**Rundfunk**" alle Übermittlungen von Gedankeninhalten in unverkörperter Form durch physikalische Wellen oder durch Lichtimpulse zählen.[305] Da bei ihnen die nachrichtentechnischen Wege und die unverkörperte Wiedergabe auf dem Bildschirm im Vordergrund stehen, sind alle **modernen Zugriffs- oder Abrufdienste** i. S. d. strafprozessualen Zeugnisverweigerungsrechte und Beschlagnahmeverbote dem Rundfunks i. w. S. unterzuordnen.[306] Nachdem sich bereits das Zeugnisverweigerungsrecht des § 53 Abs. 1 Nr. 5 StPO nur auf den redaktionellen Teil bezieht, ist die Abgrenzung zum „Anzeigenteil" auch hier zu beachten. Nur beim redaktionellen Teil besteht ein schutzwürdiges Vertrauensverhältnis zwischen Presse- bzw. Rundfunkmitarbeiter und Anbieter, das im Hinblick auf die Kontroll- und meinungsbildende Funktion der Presse einen entsprechenden Schutz im Strafverfahren

---

302 Vgl. BVerfGE 54, 301 und 59, 302 sowie mit Nachweis auf die umfangreiche Rechtsprechung *Kleinknecht/Meyer-Goßner*, § 97 Rn. 40.

303 Vgl. zur Abgrenzung *Jarass*, Die Freiheit der Massenmedien, 1978, 29 f.; *Scherer*, NJW 1983, 1834.

304 Vgl. dazu *Herzog*, in: *Maunz/Dürig*, Kommentar zum GG, 7. Auflage 1996, Art 5 I, II, Rn. 126, 129; *Bullinger*, in: *Isensee/Kirchhof*, Handbuch des Staatsrechts, Bd. VI, 1989, § 142 Rn. 2.

305 Vgl. *LR-Dahs*, § 53 Rn. 40; *Kleinknecht/Meyer-Goßner*, § 53 Rn. 30; *KK-StPO-Pelchen*, 2. Auflage 1987, § 53 Rn. 30.

306 So auch *LR-Dahs*, § 53 Rn. 40; *LR-Schäfer*, § 97 Rn. 93; *Stenger*, CR 1990, 791 und *Palm/Roy*, NJW 1996, 1795.

erfordert. Werden über das elektronische Medium Dienstleistungen angeboten, handelt es sich hierbei um dem „Anzeigenteil" vergleichbare Leistungen, die beschlagnahmbar sind.[307] Eine andere rechtliche Beurteilung ist jedoch dort geboten, wo über das elektronische Medium Informationen – wie z. B. Wirtschaftsauskunftsdienste, zukünftige Kurserwartungen – verfügbar sind, die auf Recherchen des Betreibers zurückgehen.

215 Sollte nach § 97 Abs. 1 bzw. Abs. 5 StPO ein Beschlagnahmeverbot bestehen, ist aber zusätzlich **§ 97 Abs. 2 StPO** zu beachten. Einschränkungen bei der Beschlagnahme gelten nur dann, wenn sich die jeweiligen Gegenstände einerseits auch im **Gewahrsam des Zeugnisverweigerungsberechtigten** befinden und diese Person andererseits selbst nicht der Teilnahme, Begünstigung, Strafvereitelung oder Hehlerei verdächtig ist. In diesem Zusammenhang ist auch klarzustellen, daß für Beschlagnahmen im Bankenbereich ein Beschlagnahmeverbot nicht anzuerkennen ist. Während im Zivilprozeß für Bankangestellte in § 383 Abs. 1 Nr. 6 ZPO grundsätzlich ein Zeugnisverweigerungsrecht besteht, fehlt eine vergleichbare Regelung in der StPO. Der Katalog beschlagnahmefreier Gegenstände in **§ 97 StPO** ist aber grundsätzlich **abschließend**. Nachdem der Gesetzgeber den öffentlichen Interessen an der Wahrheitsfindung im Strafprozeß den Vorrang vor der Wahrung des Bankgeheimnisses eingeräumt hat, kommt eine Ausdehnung des § 97 StPO auf weitere Personen nicht in Betracht.[308] Die Ermittlungsbefugnisse sind daher in diesem Bereich in keiner Weise eingeschränkt. Insbesondere beinhaltet § 30 a AO kein Verwertungsverbot von Beweismitteln, denn der von § 30 a AO bezweckte Schutz des redlichen Bankkunden darf nicht zu einem Freibrief für Wirtschaftsstraftäter führen.[309] Da alle EDV-Anlagen über immer größer werdende Speicherkapazitäten verfügen, kann es vorkommen, daß sich **auf einem Datenträger** sowohl **beschlagnahmbare** als auch einem **Verbot unterliegende Informationen** befinden, die – etwa bei Speicherung auf derselben Festplatte in einem einheitlichen Verzeichnis des Servers – nicht problemlos voneinander zu trennen und gegenständlich zu isolieren sind.[310] Eine gesetzliche Lösung für diese Rechtsfrage besteht bisher nicht. Der Gesetzgeber hat aber den vergleichbaren Fall einer Herausgabe von Datenbeständen zum Datenabgleich, die nur schwer voneinander zu trennen sind, in § 98 a Abs. 3 StPO dahingehend geregelt, daß eine Gesamtherausgabe der Daten zu erfolgen hat, aber ein Nutzungsverbot hinsichtlich der nicht benötigten Daten besteht. Dieser Rechtsgedanke sollte daher auch im Rahmen des § 97 StPO herangezogen werden. Es sollte der Gesamtgegenstand sichergestellt werden, wobei die schützenswerten Daten i. S. d. § 97 StPO einem Verwertungsverbot unterliegen.

5. Postbeschlagnahme

216 Neben den allgemeinen Sicherstellungsbefugnissen in § 94 StPO findet sich eine Sonderregelung für die Postbeschlagnahme in § 99 StPO. Diese in ihrer bisherigen Formulierung noch aus dem vergangenen Jahrhundert stammende Regelung wurde durch Art. 2 Abs. 9 Ziffer 1 des BegleitG[311] novelliert und den Liberalisierungen im Postwesen angepaßt. Auch nach der Neufassung ist aber eine Beschlagnahme von Postsendungen oder Telegrammen nur dann möglich, wenn sich diese **im Gewahrsam von Personen oder Unternehmen** befinden, die geschäftsmäßig Post- oder Telekommunikationsdienste erbringen bzw. daran mitwirken. Auch wenn damit bereits künftigen Veränderungen beim staatlichen Monopol im Postwesen Rechnung getragen wird, bleibt eine Sicherstellung

---

307 So auch *LR-Schäfer*, § 97 Rn. 93 (für Btx); *Stenger*, CR 1990, 792 (für Mailboxsysteme).

308 Vgl. *Kleinknecht/Meyer-Goßner*, StPO, § 53 Rn. 3; *Kramer*, Ermittlungen bei Wirtschaftsdelikten, Rn. 157; *LR-Dahs*, § 53 Rn. 4 jeweils m. w. N.

309 Vgl. *Schumann*, wistra 1995, 336.

310 Vgl. dazu näher *Bär*, CR 1995, 498 und *Stenger*, CR 1990, 792 f.

311 Begleitgesetz zum Telekommunikationsgesetz (BegleitG) vom 17. 12. 1997, BGBl. 1997, Teil 1, 3108. Vgl. zu den Änderungen in § 99 StPO näher *Bär*, CR 1998, 437 und *Felixberger*, CR 1998, 146.

weiterhin nur während der Beförderungsphase von Postsendungen, d. h. ab dem Zeitpunkt der Einlieferung bis zur Zustellung der Sendung zulässig. Nur wenn Gewahrsam des jeweiligen Unternehmens an der Postsendung besteht, der Gegenstand sich also in dessen Herrschaftsbereich befindet, ist eine Beschlagnahme möglich. Damit kann über § 99 StPO nur in eine **Weitergabe von körperlichen Objekten** eingegriffen werden, nicht aber in moderne Übermittlungsformen von Informationen in Form etwa des Telefax. Da in diesem Fällen eine körperlose Übertragung der Daten erfolgt, ohne daß der Post- oder Telekommunikationsanbieter zu irgendeinem Zeitpunkt Gewahrsam an diesen Informationen erlangt, fehlt es an einem verkörperten Objekt, das Inhalt einer Postbeschlagnahme sein kann. Daran vermag auch eine funktionelle Auslegung des § 99 StPO nichts zu ändern.[312] Eine Kontrolle solcher moderner Übermittlungsvorgänge ist daher nicht über die Postbeschlagnahme, sondern lediglich über § 100 a StPO möglich.[313] Damit hat die Postbeschlagnahme vor dem Hintergrund moderner Formen der Text- und Datenübertragung über Telefax, Mailboxsysteme keinen neuen zusätzlichen Anwendungsbereich erlangt. Nachdem aber die E-Mails auf einem Mailserver zwischengespeichert und damit als Datei vorhanden sind in verkörperter Form, gilt es hier die Anwendung des § 99 StPO neu zu prüfen.

6. Rasterfahndung

Mit dem OrgKG[314] hat der Gesetzgeber in den §§ 98 a–98 c StPO eigene gesetzliche 217
Grundlagen im Bereich der Beschlagnahmevorschriften für die Rasterfahndung geschaffen. Der Begriff Rasterfahndung wird heute als Oberbegriff für alle **computergestützten Fahndungsmaßnahmen** verwendet, die zur Ermittlung und Identifizierung von Verdächtigen einer Straftat beitragen, indem auf Computerdaten zurückgegriffen wird, die bei einer systematisierten und automatisierten Suche nach Personen oder Sachen im Rahmen eines Datenabgleichs nach verschiedenen vorher festgelegten kriminalistischen Merkmalen (sog. „Raster") ausgewertet werden. Je nachdem, wie die Ausfilterung der Daten erfolgt, wird zwischen positiver oder negativer Rasterfahndung unterschieden. Die seit dem ersten Stromkunden-Fall im Jahr 1979[315] umstrittene Frage der rechtlichen Zulässigkeit einer Rasterfahndung[316] hat sich durch die gesetzliche Neuregelung erledigt. Durch **§ 98 a Abs. 1 StPO** wird zunächst festgelegt, daß ein **Datenabgleich** nur bei Vorliegen einer der ausdrücklich genannten Katalogtaten in Betracht kommt. Damit die Ermittlungsbehörden in den Besitz der zum Abgleich von Informationen erforderlichen Datenbestände gelangen, besteht nach **§ 98 a Abs. 2 StPO** für die speichernde Stelle eine **Verpflichtung zur Herausgabe der erforderlichen Daten**. Über § 98 a Abs. 4 StPO ist die jeweilige speichernde Stelle sogar zur Unterstützung der Ermittlungsbehörden bei der Durchführung des Datenabgleichs verpflichtet. Was im Rahmen der Beschlagnahmebefugnisse bisher fehlt, die mit erheblichem Aufwand verbundene Trennung benötigter und überflüssiger Daten, regelt § 98 a Abs. 3 StPO dahingehend, daß in diesem Fall alle Daten herauszugeben sind. Hinsichtlich der überschießenden Datenmengen besteht allerdings ein Nutzungsverbot. Demgegenüber finden sich in § 98 b StPO verfahrensrechtliche Bestimmungen sowie in § 98 c StPO zusätzliche Regelungen für einen Abgleich von Daten, die bereits im Rahmen der Gefahrenabwehr oder Strafverfolgung gewonnen wurden,

---

312 So *Kleinknecht/Meyer-Goßner*, StPO, § 99 Rn. 8.

313 Vgl. dazu näher *Bär*, Zugriff auf Computerdaten im Strafverfahren, 292 ff. sowie *Bär*, CR 1996, 750 und *Palm/Roy*, NJW 1996, 1794.

314 Vgl. Gesetz zur Bekämpfung der organisierten Kriminalität (OrgKG) vom 15. 7. 1992, BGBl. 1992, Teil 1, 1302.

315 Vgl. BGH, Beschluß vom 18. 12. 1979, II BGs 998/79 (unveröffentlicht).

316 Vgl. dazu nur *Simon/Taeger*, Rasterfahndnung, 1979, 59 ff.; *Wanner*, Die negative Rasterfahndung, 1985, 229 ff. sowie *Wolter*, GA 1988, 73 und 129 und *Bottke*, in: GS für Karlheinz Meyer, 1990, 44 jeweils m. w. N.

mit Daten aus einem Strafverfahren.[317] Somit finden sich in den §§ 98a–98c StPO erste Ansätze für neue gesetzliche Zugriffsrechte bei der Sicherung von Computerdaten.

7. Durchführung der Sicherstellung und Auswertung von EDV-Unterlagen

218 Damit eine spätere Auswertung der sichergestellten Unterlagen erfolgen kann und diese auch dem späteren Verfahren bis zum Abschluß noch zur Verfügung stehen, hat die praktische Durchführung der Sicherstellung eine besondere Bedeutung. Wie bereits im Rahmen der Durchsuchung angesprochen ist dabei zunächst auf einen **sachgerechten Abbau der EDV-Anlage** mit Beschriftung und Fotografien der Verkabelung zu achten. Bei Datenträgern besteht vor allem die Gefahr des Datenverlustes durch vorhandene Magnetfelder in der Nähe von Lautsprechern oder Telefonanlagen oder durch Beschädigungen bzw. Verunreinigungen der Magnetschicht mit Fingern, spitzen Stiften. Die Disketten oder Magnetbänder sollten daher nur mit vorher beschrifteten Aufklebern versehen und soweit vorhanden in den Originalhüllen mitgenommen werden. Bei Beschriftung der Hüllen allein besteht weiterhin Verwechselungsgefahr. Da am Rechner heute zunehmend auch Wechselplatten im Einsatz sind, ist bei der Sicherstellung darauf zu achten, daß auch die weiteren Platten gefunden und asserviert werden. Bei CD-ROMs, die vom Aussehen her mit den CDs aus der Unterhaltungselektronik identisch sind, besteht die Gefahr, daß eine Sicherstellung unterbleibt, weil fälschlicherweise – etwa aufgrund des Aufbewahrungsortes – von einer Musik-CD ausgegangen wurde. Beschlagnahmt werden sollten neben der Zentraleinheit auch die Sicherungskopien, auf denen der Betreiber den Datenbestand seiner Festplatten regelmäßig gespeichert hat, um diese mit dem aktuellen Inhalt der Platte zu vergleichen. Speziell der EDV-Freak und der Wirtschaftskriminelle wird die zum Schutz entwickelte Technik auch zur Beweismittelvernichtung einsetzen. Dies kann sowohl durch einfache Löschprogramme als auch durch in Türrahmen eingebaute Magnetschleifen, die hindurch getragene Speichermedien unbemerkt löschen, geschehen. Es ist daher besonders darauf zu achten, ob der Beschuldigte von solchen Möglichkeiten zur Vernichtung seiner Datenbestände Gebrauch gemacht hat.

219 Um einen entsprechenden Tatnachweis führen zu können, müssen die sichergestellten **EDV-Anlagen oder Datenträger aufbereitet und lesbar** gemacht werden. Dies bedarf wegen der damit verbundenen Schwierigkeiten einer besonderen Sachkunde. Die StPO selbst enthält für sichergestellte Daten keine weiteren Regelungen dazu, welche Handlungen hier vorgenommen werden dürfen oder zu unterlassen sind. Maßstab für das weitere Vorgehen der Ermittlungsbeamten kann deshalb hier nur sein, was für Zwecke des Verfahrens erforderlich ist. Wichtig ist bei der weiteren **Auswertung** zunächst vor allem zu **dokumentieren**, welche Arbeitsschritte unternommen wurden, um die vorgefundenen Daten lesbar zu machen. Nur in diesem Fall ist es auch in einer späteren Hauptverhandlung möglich, einen entsprechenden Tatnachweis zu führen.[318] Eine Auswertung der Daten sollte deshalb keinesfalls mit den sichergestellten Originaldaten, sondern mit einer Kopie durchgeführt werden. Nur so kann – wie dies tatsächliche Fälle aus der Praxis zeigen – verhindert werden, daß es zu einer Veränderung der Quelldaten oder gar zu einer völligen Zerstörung der beschlagnahmten Daten kommt, wenn etwa bei einem falschen Programmstart vorprogrammierte Programme zur Löschung der Daten aktiviert werden. Vor dem Hintergrund der zunehmenden Verbreitung von Computerviren ist auch besonders darauf zu achten, daß der für Auswertungen eingesetzte Rechner vom Datenbestand her streng getrennt ist von der EDV-Anlage für Zwecke des Gutachtens oder für das Ver-

---

[317] Erfaßt werden davon auch Daten aus einem Melderegister, insbesondere der Einwohnermeldeämter. Vgl. *Möhrenschlager*, wistra 1992, 328.

[318] Vgl. zur Verwertung von Computerdaten als Beweismittel: *Sieber*, in: *Hoeren/Sieber*, Handbuch Multimedia Recht, Kapitel 19 Rn. 726 ff.

fahren. Sollte der Täter zur Verdunkelung oder wegen bereits abgeschlossener Geschäftsvorgänge beweisrelevante Daten auf den Speichermedien gelöscht haben, ist es gleichwohl technisch möglich, diese Daten im Einzelfall durch den Sachverständigen wieder lesbar zu machen. Voraussetzung hierfür ist aber, daß von seiten der Ermittlungsbehörden keine Datenspeicherungen auf dem sichergestellten Rechner vorgenommen wurden, die zum endgültigen **Überschreiben** der bereits **gelöschten Daten** geführt haben. Dies kann etwa bereits beim Einschalten des Computers oder dem Start von Programmen ausgelöst werden. Besteht im konkreten Verfahren eine Notwendigkeit, die gelöschten Daten etwa auf einer Festplatte auszuwerten, muß die gesamte EDV-Anlage in Absprache mit dem Sachverständigen sichergestellt werden.

IV. Strafprozessuale Mitwirkungspflichten

Da über die Anwendung der passiven Duldungspflichten gerade im EDV-Bereich beweisrelevante Informationen entweder gar nicht oder nur in einer nicht unmittelbar verwertbaren Form zu erlangen sind, ist es für die praktische Arbeit der Ermittlungsbehörden von besonderem Interesse, wenn Personen darüber hinaus auch zu einer **aktiven Mitwirkung am Verfahren** verpflichtet werden können. Bei der Sicherstellung von Computerdaten wäre eine solche Mithilfe im Verfahren etwa in folgenden Fällen praktisch wünschenswert: Hilfestellungen bei der Bedienung der vorgefundenen EDV-Anlage, Bekanntgabe von Schlüsselwörtern oder Betriebshinweisen zur Ermöglichung des Zugangs zum System, Heraussuchen und Ausdruck von beweisrelevanten Informationen oder Anfertigung von Kopien von Datenträgern. Soweit die von einer solchen Mitwirkung am Verfahren betroffenen Personen von sich aus nicht zu einer freiwilligen Kooperation mit den Strafverfolgungsbehörden bereit sind, müssen die Ermittlungsorgane auf eine zwangsweise Durchsetzung der Mitwirkungshandlungen zurückgreifen. Da eine Verpflichtung zur aktiven Tätigkeit im Strafverfahren aber mit einem erheblichen Eingriff zumindest in die durch Art. 2 Abs. 1 GG geschützte allgemeine Handlungsfreiheit verbunden ist, bedarf es dazu einer entsprechenden gesetzlichen Ermächtigungsnorm, die den Anforderungen des öffentlich-rechtlichen Gesetzesvorbehalts gerecht wird. Die Befugnisse zur Zeugenpflicht und zur Vorlage und Auslieferung beweisrelevanter Unterlagen (§ 95 StPO) sind deshalb auf ihre Anwendbarkeit im EDV-Bereich zu untersuchen. Dabei gilt es an dieser Stelle nochmals festzuhalten, daß eine Verpflichtung zur aktiven Mitwirkung im Strafverfahren über die Duldung von Zwangsmaßnahmen hinaus **nur von** am Verfahren **unbeteiligten Dritten** verlangt werden kann, da der Beschuldigte andernfalls zur Mitwirkung an seiner eigenen Überführung verpflichtet wäre. Das verfassungsrechtliche Verbot des Selbstbelastungszwanges würde ansonsten unterlaufen. 220

1. Zeugenpflicht

Bei der Zeugenpflicht handelt es sich um die wichtigste Möglichkeit, dritte Personen zur aktiven Mitwirkung am Verfahren heranzuziehen. Die Zeugenpflicht selbst ist als **allgemeine Staatsbürgerpflicht i. S. d. Art. 33 Abs. 1 GG** verfassungsrechtlich abgesichert[319] und findet im Strafverfahren wichtige Ausgestaltungen in §§ 48 ff. und § 161 a StPO. Zeuge im Strafverfahren kann nur eine Person sein, welche aus eigener Erfahrung über das Dasein und die Beschaffenheit von Tatsachen aussagt.[320] Für die Zeugeneigenschaft unerheblich ist damit, auf welche Weise der Zeuge die für das Strafverfahren 221

319 Vgl. dazu nur *Kleinknecht/Meyer-Goßner,* StPO, Vor § 48 Rn. 5 sowie *LR-Dahs,* Vor § 48 Rn. 6 m. w. N.

320 So bereits *Mittermaier,* Die Lehre vom Beweise im deutschen Strafprozeß, 1834, 288.

wesentlichen Wahrnehmungen gemacht hat. Dies kann rein zufällig, aus eigenem Interesse oder im Rahmen der Berufsausübung erfolgt sein.

a) Reichweite der Zeugenpflichten

222 Nach h. A. obliegt dem Zeugen daher die Verpflichtung, vor Gericht oder vor dem Staatsanwalt zu erscheinen (**Erscheinenspflicht**), wahrheitsmäßige Angaben zu machen (**Aussagepflicht**) und seine Aussage ggf. zu beeiden (**Beeidigungspflicht**). Dies führt zu der vor allem im EDV-Bereich wesentlichen Frage, inwieweit dem Zeugen im Strafverfahren bei Wahrnehmung dieser Aufgabe eine Verpflichtung zur Vorbereitung oder gar eine weitergehende aktive Tätigkeit zur Beschaffung von Informationen – etwa durch das Heraussuchen und die Aufbereitung der gespeicherten Daten – trifft. Nachdem heute vielfach beweisrelevante Informationen in digitalisierter Form oder mit Hilfe anderer Speicherformen (z. B. auf Mikrofilm) aufbewahrt werden, hat die Reichweite der Zeugenpflichten hier eine besondere Bedeutung. Dabei ist in Literatur und Rechtsprechung anerkannt, daß für den Zeugen im Strafprozeß eine **Vorbereitungs-** oder gar eine **Erkundigungspflicht** vor der Aussage **nicht besteht**.[321] Die Zeugenpflicht muß ihre Grenzen in dem Wissen finden, das beim Zeugen einmal vorhanden war. Was an Wissen niemals Gegenstand der eigenen Wahrnehmung war, kann deshalb auch nicht Inhalt einer wie auch immer gearteten Erkundigungs- oder Informationsbeschaffungspflicht sein. Wer von einem Zeugen verlangen würde, sich erst über einen bestimmten Sachverhalt zu unterrichten, fordert von ihm gerade sich erst in der Zukunft zum Zeugen zu machen, während er es in der Gegenwart gar noch nicht ist. Der Zeuge im Strafverfahren braucht deshalb bei seiner Vernehmung nur das mitzuteilen, was ihm bekannt ist und muß ggf. im Rahmen seiner Aussage auf bestehende Unsicherheiten verweisen bzw. angebotene Hilfsmittel – sei es in Form von Gedächtnisstützen oder Vorhalten – nützen.

b) Zeugenpflichten im EDV-Bereich

223 Zum Inhalt der Zeugenpflicht im EDV-Bereich gehört es deshalb zunächst, wenn von den Ermittlungsbehörden die **Bekanntgabe von** Informationen über **Sicherungsmechanismen** oder sonstige Zugangsberechtigungen zum EDV-System gefordert wird. Die am Rechner tätigen oder mit der Systembetreuung befaßten Personen verfügen regelmäßig über dieses Wissen, das auf eigenen, in der Vergangenheit liegenden Wahrnehmungen dieser Personen beruht, und damit Gegenstand einer Zeugenaussage sein kann. Diese Verpflichtung trifft aber nur die jeweils selbst **am Computer tätigen Personen**. Inhalt der Zeugenaussage im EDV-Bereich können daneben etwa Informationen über die Konfiguration von Hard- und Software, über die Art und Weise der Datensicherung mit dem Zeitpunkt der letzten Sicherung oder über die Möglichkeiten zur Datenfernübertragung sein. Der Zeugenpflicht unterliegen aber auch Angaben zur Art der mit Hilfe der EDV erledigten Tätigkeiten, zur Auslagerung von Datenbeständen oder auch zu den Lieferanten von Hard- und Software. Wer dagegen selbst keinerlei Kenntnisse im Umgang mit der EDV-Anlage hat, braucht keine entsprechenden Nachforschungen anstellen. Hier erfüllt der Zeuge die ihm obliegenden Verpflichtungen, wenn er etwa die Organisationsstrukturen offenlegt und die für weitere Auskünfte in Frage kommenden Personen namentlich bezeichnet. Die Zeugenpflicht ist deshalb für die Ermittlungsbehörden von besonderem Interesse, wenn es Schwierigkeiten beim Zugang zum jeweiligen EDV-System gibt.

224 Demgegenüber ist eine **Pflicht** des Zeugen zur Aufbereitung oder **zum Ausdruck** vorgefundener Computerdaten **nicht anzuerkennen**. Bei einer solchen Tätigkeit handelt es sich weder um eine dem Zeugen noch zuzumutende **mechanische Hilfstätigkeit** noch

[321] Vgl. zur Begründung im einzelnen die Nachweise bei *Bär*, Zugriff auf Computerdaten im Strafverfahren, 376 ff.

um eine Form einer schriftlichen Zeugenaussage. Die Herstellung von Ausdrucken erfordert nicht unerhebliche Sachkenntnisse beim Umgang mit der EDV-Anlage sowie Informationen über den jeweiligen Aufbewahrungsort der Daten. Im Vordergrund stehen damit nicht Aussagen des Zeugen über eigene Wahrnehmungen, sondern ein weiteres aktives Handeln, das den Zeugen bei Zulässigkeit zu einem Urkundenlieferanten für die Staatsanwaltschaft und das Gericht machen würde. In gleicher Weise kann der Ausdruck von Daten auch nicht als eine Form der schriftlichen Zeugenaussage qualifiziert werden, wenn man in dem Printmedium das niedergelegte Ergebnis einer der mündlichen Befragung vergleichbare Aussage sieht. Die Möglichkeit zur **schriftlichen Zeugenaussage** besteht zwar im Zivilprozeß gem. § 377 Abs. 3 ZPO, eine entsprechende Regelung im Strafverfahren fehlt aber. Hier steht der strafprozessuale Mündlichkeits- und Unmittelbarkeitsgrundsatz entgegen. Mit einer analogen Anwendung des § 377 Abs. 3 ZPO im Strafprozeß würden die durch den Gesetzesvorbehalt vorgegebenen Grenzen der Auslegung überschritten. Im übrigen ist auch anerkannt, daß die schriftliche Zeugenaussage nicht weiter reichen kann als die dadurch ersetzte primäre mündliche Zeugenpflicht. Die Vernehmung von Zeugen kann daher bei der Beweissicherung im EDV-Bereich nur dann erfolgreich eingesetzt werden, wenn es um die Wiedergabe eigener Wahrnehmungen in Form der Zugangsberechtigungen und anderer Inhalte geht. Doch können die engen Grenzen der Zeugenaussage durch die Kombination des Zeugenbeweises mit dem Herausgabeverlangen oder der Beschlagnahmebefugnis „aufgeweicht" werden. Durch Fragen etwa zur Handhabung der EDV-Anlage oder zu eventuellen Verschlüsselungsverfahren lassen sich Informationen gewinnen, wo sich Beweismittel befinden und wie sie zu verwerten sind. Die mit Hilfe der Durchsuchung oder Beschlagnahme im Anschluß daran gewonnenen Erkenntnisse können so über das beschränkte Wissen der Beweisperson weit hinausgehen. Zu beachten ist auch, daß es sich bei den Grenzen der Zeugenpflicht nur um solche handelt, die bei einer zwangsweisen Durchsetzung bestehen. Ist der Zeuge auf freiwilliger Basis bereit, mehr an Informationen zu beschaffen oder gar Ausdrucke von Daten herzustellen, so ist dies rechtlich nicht zu beanstanden. Jedoch ist hier besondere Aufmerksamkeit geboten, da die Gefahr besteht, daß ein allzu auskunftsfreudiger Zeuge im weiteren Verlauf des Verfahrens selbst zum Beschuldigten wird und die Arbeit an der EDV-Anlage zur Verschleierung oder Vernichtung von Informationen nutzt.

c) Kurzfristige Zeugenladung

Bei Durchsuchungen von Rechenzentren oder anderen Räumen mit EDV-Ausstattung 225
werden regelmäßig Personen anwesend sein bzw. müssen als Inhaber der zu durchsuchenden Objekte gem. § 106 StPO sogar zugezogen werden. Um das Wissen dieser Personen für Zwecke des Ermittlungsverfahren nutzen zu können, kommt eine Vernehmung als Zeuge in Betracht, die aber – entsprechend dem Überraschungseffekt der Durchsuchung – kurzfristig während der noch laufenden Zwangsmaßnahme erfolgen muß. Da § 161a StPO den Zeugen zur Erscheinen „auf Ladung" verpflichtet, ohne aber – wie im Zivilverfahren – eine bestimmte Ladungsfrist vorzuschreiben, ist daraus mit der h. M.[322] zu folgern, daß solche **Fristen im Strafverfahren nicht einzuhalten** sind. Da die Ladung grundsätzlich keine bestimmte Form – sie kann schriftlich, mündlich oder sogar auch telefonisch erfolgen – voraussetzt, ist es als rechtlich zulässig anzusehen, wenn eine solche Ladung während des laufenden Durchsuchungsverfahrens kurzfristig ausgesprochen wird. Einer besonderen Überprüfung bedarf es jedoch insoweit, ob der als Zeuge jeweils zu vernehmenden Person kein Vorwurf der Beteiligung an der zu verfolgenden Tat gemacht werden kann mit der Folge einer Unverwertbarkeit der Aussage. Als einzige verfassungsrechtliche Grenze gilt es im Sinne eines fairen rechtsstaatlichen Verfahrens zu

---

[322] Vgl. *Kleinknecht/Meyer-Goßner*, StPO, § 51 Rn. 2, § 48 Rn. 1; *Kramer*, Ermittlungen bei Wirtschaftsdelikten, Rn. 113; *Regnier*, NStZ 1981, 376.

beachten, daß der **Zeuge nicht zum Objekt des Verfahrens** wird, in dem er bei einer kurzfristigen Vernehmung von den Ermittlungsbehörden „überfahren" wird. Insbesondere ist ihm die Möglichkeit zur Beiziehung eines Rechtsbeistandes einzuräumen. Insoweit hat eine Abwägung zwischen den jeweiligen Schutzinteressen des Zeugen und den staatlichen Interessen an einer funktionstüchtigen Strafverfolgung im Einzelfall zu erfolgen.[323]

2. Editionspflicht (§ 95 StPO)

226 Neben der Zeugenpflicht hat vor allem auch das strafprozessuale Herausgabeverlangen gem. § 95 StPO eine besondere Bedeutung bei der EDV-Beweissicherung. Diese Form der aktiven Mitwirkung im Strafverfahren verpflichtet den Adressaten dazu, **Gegenstände „auf Erfordern vorzulegen oder auszuliefern"**.

Fall: Die Staatsanwaltschaft will von der Bank B Unterlagen über den Beschuldigten S erhalten. Die geforderten Dokumente sind jedoch nur in elektronisch gespeicherter Form vorhanden. Kann die Bank im Fall der Weigerung dazu verpflichtet werden, lesbare Ausdrucke der gewünschten Unterlagen zur Verfügung zu stellen?

Ob den Ermittlungsbehörden mit § 95 StPO eine gesetzliche Befugnis zur Verfügung steht, die es gestattet, am Verfahren unbeteiligte Personen zur Vorlage lesbarer Reproduktionen von Computerdaten zu verpflichten, bedarf deshalb einer weiteren Untersuchung.

a) Reichweite der Vorlageverpflichtung

227 Durch die Bezugnahme im Gesetzeswortlaut auf § 94 StPO wird zunächst klargestellt, daß sich eine Herausgabepflicht **nur auf körperliche Gegenstände** erstrecken kann, so daß auch nur Datenträger und andere verkörperte Objekte, nicht aber Daten der entsprechenden gesetzlichen Verpflichtung unterliegen können. Da andererseits die jeweiligen Gegenstände, die heraus verlangt werden auch im einzelnen konkret zu bezeichnen sind, wird bereits deutlich, daß es sich dabei auch um einen bereits existenten Gegenstand handeln muß. Die Editionspflicht bezieht sich – ebenso wie § 94 StPO – gerade auf in den Händen der betroffenen Person befindliche Objekte und damit auf körperliche Sachen, die bereits vorhanden sind. Existent sind jedoch bei Computerdaten regelmäßig nur die Datenträger mit den gespeicherten Informationen, nicht aber die lesbaren Reproduktionen der Daten in Form von Computerausdrucken. Die Begriffe **„vorlegen"** und **„ausliefern"** fordern vom Betroffenen nur eine **Besitzübertragung** durch Aushändigung an die Ermittlungsbehörden, ohne daß diese Handlung einfach durch die Worte „in lesbarer Form" ergänzt werden könnten. Dem Wortlaut des § 95 StPO ist deshalb eine Verpflichtung zur Herstellung von Gegenständen gerade nicht zu entnehmen. Die Anzeige einzelner Daten am Bildschirm wiederum ist zwar ein „Sichtbarmachen" zur Ermöglichung einer äußerlichen Inaugenscheinnahme, aber noch keine Vorlage der Daten i. S. d. § 95 StPO.[324]

228 Die **Herstellung von Computerausdrucken** kann auch **nicht als vorbereitende Hilfstätigkeit** für die Herausgabe angesehen werden. Den Verpflichtungen zur Vorlage und Auslieferungen ist begrifflich nur die Tätigkeit immanent, sich an den Aufbewahrungsort des jeweiligen Gegenstandes zu begeben, diesen herauszunehmen und an die Ermittlungsbehörden zu übergeben. Jedoch wird damit bereits bei herkömmlichen Dokumenten keine weitergehende aktive Tätigkeit dahingehend verbunden, die vorhandenen Unterlagen etwa zu sortieren, nach bestimmten Kriterien zu ordnen oder gar auszuwerten.

---

323 Vgl. BVerfGE 38, 105, 116.

324 Vgl. dazu *Bär*, Zugriff auf Computerdaten im Strafverfahren, 403; a. A. wohl *Tschacksch*, Die strafprozessuale Editionspflicht, 241 f.

In jedem Fall besteht auch keine Wiederbeschaffungspflicht, falls der geforderte Gegenstand nicht mehr vorhanden ist. Nichts anderes kann deshalb auch im EDV-Bereich gelten Dem Editionsbegehren würde ansonsten die **Verpflichtung zur Änderung der Wiedergabeform** des jeweiligen Gegenstandes entnommen. Folge dieser Auffassung wäre aber eine über den Wortlaut des § 95 StPO hinausgehende Statuierung von gewissen Hilfspflichten für den Adressaten des Herausgabeverlangens. Prägnant hierfür ist das Beispiel eines in Einzelteilen zerlegten Puzzles. Dessen Teile können zwar über § 95 StPO vorgelegt werden, es geht jedoch über die Grenzen des Normwortlautes hinaus, wenn man den Betroffenen zum Zusammensetzen des Puzzles in Pflicht nehmen würde, auch wenn dies möglicherweise für die betreffende Person aufgrund ihrer Sachkenntnis erheblich einfacher wäre als für die Ermittlungsbehörden.[325] Eine mit Zwangsmitteln durchsetzbare Verpflichtung zum Ausdruck von Computerdaten ist daher aus § 95 StPO alleine nicht abzuleiten.[326]

Daneben kommt ein Herausgabeverlangen nur dann in Betracht, wenn der jeweilige **229** Adressat auch **Gewahrsamsinhaber** ist. Während bei der Beschlagnahme die Gewahrsamsverhältnisse an den sicherzustellenden Gegenständen – abgesehen von § 97 StPO – keine Bedeutung haben, handelt es sich hier bei der Editionspflicht i. S. d. § 95 StPO um eine konstitutive Eingriffsvoraussetzung. Der Gewahrsamsbegriff hat sich dabei inhaltlich an den im materiellen Strafrecht entwickelten Grundsätzen zu orientieren. Liegt danach ein Mitgewahrsam mehrerer Personen vor, muß sich eine Vorlageverpflichtung auch an alle Gewahrsamsinhaber richten. Kann die in Anspruch genommene Person auf die relevanten Daten nur im Wege der Datenübertragung zugreifen, bedarf die Frage des Gewahrsams einer gesonderten Überprüfung, wer im jeweiligen Einzelfall als **Inhaber der tatsächlichen Gewalt** anzusehen ist. Regelmäßig wird das die Person oder der eng begrenzte Personenkreis sein, der auf die Daten zugreifen kann. Im übrigen sind auch beim Editionsverlangen i. S. d. § 95 StPO die Beschlagnahmeverbote des § 97 StPO zu beachten, so daß bei Vorliegen eines solchen Verbotes eine Herausgabe nicht angeordnet werden darf.

b) Datenausdruck gem. § 261 HGB

Nachdem der strafprozessualen Editionspflicht eine erzwingbare Mitwirkung beim Aus- **230** druck von Computerdaten unmittelbar nicht zu entnehmen ist, läßt sich eine solche Verpflichtung nach überwiegender Ansicht auch nicht unter Heranziehung der handelsrechtlichen Bestimmung des § 261 HGB ableiten.[327] Diese im Zusammenhang mit der Befugnis zur Führung von **Handelsbüchern mit Hilfe der EDV** stehende Regelung beinhaltet für den **Kaufmann** eine **Verpflichtung**, auf Datenträgern gespeicherte Unterlagen auf seine Kosten **in eine lesbare Form zu überführen**. Sie kann jedoch nicht ohne weiteres auf die strafprozessuale Editionspflicht übertragen werden. Dagegen spricht zum einen der systematische Zusammenhang des § 261 HGB mit dem zivilrechtlichen Parteienstreitverfahren und den handelsrechtlichen Aufbewahrungspflichten. Dies steht einer Ausdehnung auf das Strafverfahren entgegen. Zum anderen finden sich in **§ 147 Abs. 5 AO** und in der FGO fast **wortgleiche Bestimmungen** zu § 261 HGB, wobei etwa die steuerrechtliche Norm ihrerseits von der Anwendung bereits auf das Besteuerungsverfahren beschränkt ist, im Steuerstrafverfahren aber nicht mehr herangezogen werden kann. Solcher Regelungen in anderen Rechtsgebieten hätte es nicht bedurft, wenn § 261 HGB auch in allen anderen Bereichen Geltung beanspruchen könnte. Schließlich erfolgt die Aufbewahrung der Unterlagen nach Handelsrecht in erster Linie zum Schutz der Gläubiger und der Selbstkontrolle des Kaufmanns, aber gerade nicht für Zwecke des Strafverfah-

---

325 Vgl. dazu *Arzt*, in: *Graffenried*, Beiträge zum schweizerischen Bankenrecht, Bern, 1987, 329.

326 Vgl. näher *Bär*, Zugriff auf Computerdaten im Strafverfahren, 406; *Tschacksch*, Die strafprozessuale Editionspflicht, 256 und *Leicht*, iur 1986, 352.

327 Vgl. zum Meinungsstand die Nachweise und eingehenden Darstellungen bei *Bär*, Zugriff auf Computerdaten im Strafverfahren, 418 ff.

rens. Mit der h. A. ist deshalb aus den dargestellten Gründen eine direkte oder analoge Anwendung des § 261 HGB im Strafverfahren nicht zu bejahen.[328]

c) Kostenerstattung (§ 17 a ZSEG)

231 Wurden von Betroffenen auf Ersuchen der Ermittlungsbehörden Computerausdrucke hergestellt und übergeben, war bisher die Frage einer Erstattung der dabei entstandenen Kosten äußerst umstritten und hatte zu einer Vielzahl teilweise widersprechender Einzelentscheidungen – sogar einzelner Senate des selben Gerichts – geführt.[329] Seit dem Poststrukturgesetz von 1989 hat der Gesetzgeber jedoch durch die Schaffung eines neuen § 17 a ZSEG eine Klarstellung hinsichtlich der **Kostenerstattung bei Mitwirkungshandlungen** im Strafverfahren herbeigeführt. Diese Norm wurde durch das Gesetz zur Bekämpfung der organisierten Kriminalität inhaltlich noch um Bestimmungen zu Kosten bei der Benutzung einer EDV-Anlage erweitert. Eine **Entschädigungspflicht** besteht danach bei der Rasterfahndung, der Überwachung des Fernmeldeverkehrs und bei einem Herausgabeverlangen. Gleichwohl kann mit dieser Kostenregelung eine mit Zwangsmitteln durchsetzbare Verpflichtung zum **Ausdruck von Computerdaten** nicht begründet werden. Nachdem aber gerade Banken und Kreditinstitute aufgrund der nun feststehenden Kostenerstattungspflicht der Strafverfolgungsbehörden zur Herausgabe von Kopien gespeicherter Daten bereit sein werden, wird § 17 a ZSEG vor allem dann zur Anwendung kommen, wenn der Datenausdruck auf freiwilliger Basis erfolgt. Wer sich inhaltlich mit der Berechnung der Höhe des Erstattungsanspruchs auseinandersetzt, wird aber sehr schnell feststellen, daß vor allem § 17 a Abs. 4 und 5 ZSEG durch die Einbeziehung der jeweils genutzten CPU-Zeit und der Anschaffungskosten der EDV-Anlage sehr kompliziert ausgestaltet sind, so daß den zuständigen Kostensachbearbeiter die Arbeit nicht unerheblich erschwert sein dürfte.

V. Eingriffe in die Telekommunikation

232 Von besonderer Bedeutung im Ermittlungsverfahren sind daneben Eingriffe in die Telekommunikation, da einerseits dieses Medium von den Tätern häufig zur Begehung bzw. Vorbereitung von Straftaten benutzt wird und andererseits ein Eingriff regelmäßig heimlich und ohne Kenntnis des Täters durchgeführt werden kann. Im Rahmen der Kommunikation werden von den Diensteanbietern unterschiedlichste **Daten erhoben**, auf die von seiten der Ermittlungsbehörden bei Bestehen einer entsprechenden Eingriffsermächtigung auch zugegriffen werden kann. Rechtsgrundlagen für die Datenerhebung der Anbieter finden sich in der Telekommunikationsdienstunternehmen-Datenschutzverordnung (TDSV)[330] oder im Teledienstedatenschutzgesetz (TDDSG).[331] So ist zu unterscheiden zwischen **Bestands- oder Benutzerdaten, Verbindungsdaten und Inhaltsdaten**. Während sich die Bestandsdaten nur auf Name, Anschrift und Rufnummer des Kunden beziehen fallen unter den Begriff Verbindungsdaten etwa die Speicherung der Rufnummer des anrufenden und angerufenen Anschlusses sowie Beginn und Ende des jeweiligen Kommunikationsvorganges. Demgegenüber sind unter Inhaltsdaten die je-

---

[328] So im Ergebnis auch *Bär*, Zugriff auf Computerdaten im Strafverfahren, 435; *Nelles*, JuS 1987, 53; *Leicht*, iur 1986, 351; *Tschacksch*, Die strafprozessuale Editionspflicht, 258 und *Sieber*, in: *Eser/Thormundsson* (Hrsg.), Old Ways and New Needs in Criminal Legislation, Freiburg 1989, 216.

[329] Vgl. die Nachweise zu den Einzelentscheidungen bei *Bär*, Zugriff auf Computerdaten im Strafverfahren, 368 Fn. 6.

[330] Telekommunikationsdienstunternehmen-Datenschutzverordnung – TDSV vom 12. 7. 1996, BGBl. 1996, Teil 1, 982 ff.

[331] Teledienstedatenschutzgesetz (TDDSG) als Art. 2 des Informations- und Kommunikationsdienste-Gesetzes vom 22. 7. 1997 (BGBl. 1997, Teil 1, 1870, 1871).

weiligen konkreten Gesprächsinhalte zu verstehen. Je nachdem auf welche dieser Daten zugegriffen werden soll, sind auch unterschiedliche Rechtsgrundlagen zu beachten. Ausgehend vom stärksten Eingriff in die Rechte des Betroffenen ist ein Zugriff auf Inhalte der Kommunikation nur bei einer Überwachung des Fernmeldeverkehrs gem. § 100 a StPO möglich. Verbindungsdaten können über § 12 FAG, Bestandsdaten über §§ 89, 90 TKG herausverlangt werden.

1. Überwachung der Telekommunikation (§ 100 a StPO)

Mit § 100 a StPO ist es unter Durchbrechung des Art. 10 GG möglich, den Inhalt eines Kommunikationsvorgangs aufzuzeichnen. Dies ist unzweifelhaft bei jedem herkömmlichen Telefonanschluß zulässig, sofern die entsprechenden Voraussetzungen vorliegen. Die Überwachung aller modernen Formen der Datenkommunikation – etwa in Form eines Internet-Rechners oder einer Mailbox – wird von § 100 a StPO nur zugelassen, wenn es sich zum ersten bei dem zu überwachenden Vorgang um eine der Überwachung zugängliche Form der **Telekommunikation** handelt. Zum zweiten muß der konkrete Verdacht einer der aufgeführten **Katalogtaten** vorliegen und zum dritten der **Adressat eines solchen Eingriffs** zum Kreis der in § 100 a S. 2 StPO ausdrücklich genannten Personen gehören. 233

a) Begriff der Telekommunikation

War bisher in § 100 a StPO von „Fernmeldeverkehr" die Rede, ist durch Artikel 2 Absatz 9 Ziffer 2 des Begleitgesetzes zum Telekommunikationsgesetz **(BegleitG)**[332] vom 17. 12. 1997 dieser Begriff im Sinne einer redaktionellen Anpassung an den Sprachgebrauch des TKG durch das Wort **„Telekommunikation"** ersetzt worden. Die Telekommunikation selbst ist in § 3 Nr. 16 TKG legal definiert als der „technische Vorgang des Aussendens, Übermittelns und Empfangens von Nachrichten jeder Art in Form von Zeichen, Sprache, Bildern oder Tönen mittels Telekommunikationsanlagen". Alle Zweifel an der Erfassung der modernen Kommunikationsmedien in Form von Daten oder Bildern durch § 100 a StPO sind damit beseitigt worden. Die StPO selbst definierte bisher an keiner Stelle den Begriff des „Fernmeldeverkehrs" näher, so daß eine Einordnung der modernen Kommunikationsformen darunter nicht unumstritten war, nachdem zum Zeitpunkt der Schaffung dieser gesetzlichen Grundlage im Jahr 1969 nur der Fernsprech- und Fernschreibverkehr, nicht aber Datenleitungen und Modems bekannt waren. Die damaligen Gesetzesmaterialien zu § 100 a StPO enthielten keine Aussage dazu, ob auch künftige technischen Entwicklungen bei der Kommunikation einer Überwachung zugänglich sein sollten. Aufgrund der Änderung im § 100 a StPO durch das am 1. 7. 1989 in Kraft getretene **Poststrukturgesetz**[333] bestanden daran aber zwischenzeitlich keine mit dem Wortlaut der Norm mehr zu begründende Zweifel: Dies deshalb, weil die bisherige Eingriffsvoraussetzung der „Überwachung und Aufnahme des Fernmeldeverkehrs auf Tonträger" – gekennzeichnet durch die Speicherung von Worten auf Tonträgern – durch die Worte „Überwachung und Aufzeichnung des Fernmeldeverkehrs" ersetzt wurde. Aus den Gesetzesmaterialien[334] zum Poststrukturgesetz wird deutlich, daß **§ 100 a StPO** neben dem Fernsprech- und Fernschreibverkehr auch **auf alle modernen Formen der Datenkommunikation anwendbar** sein sollte. Durch die Ersetzung des „Fernmeldeverkehrs" durch den umfassenden Begriff der „Telekommunikation" ist dies noch weiter verstärkt worden. Damit sind auch alle Formen der Datenkommunikation, die etwa vom 234

332 Vgl. BGBl. 1997, Teil 1, 3108, 3113 sowie zur Begründung BR-Drucksache. 369/97, 13 und 45 und BT-Drucksache 13/8776.

333 Vgl. BGBl. 1989, Teil 1, 1026 ff., Art 4 Absatz 17.

334 Vgl. BT-Drucksache. 11/4316, 80 sowie näher *Bär*, Zugriff auf Computerdaten im Strafverfahren, 316.

Internet-Anschluß bis zum Betrieb einer Mailbox reichen können, ebenso wie alle andere Formen der Bild- oder Sprachkommunikation grundsätzlich einer Überwachung nach § 100a StPO zugänglich.[335] Ausgeschlossen bleiben von einer Überwachung aber Abhörmaßnahmen von Bildschirmen, da es sich insoweit um die Ausnutzung des technischen Phänomens der Abstrahlung, aber nicht um einen Vorgang der Telekommunikation handelt.[336]

235 Obwohl § 100a StPO vom Wortlaut her im übrigen unverändert geblieben ist, ergibt sich doch eine wesentliche Erweiterung des Anwendungsbereichs der Überwachungsvorschrift durch die **Änderung des § 100b Abs. 3 StPO** aufgrund von Art. 2 Absatz 9 Ziffer 3c BegleitG.[337] Dort finden sich Bestimmungen über die Verpflichtung zur Durchführung einer Überwachung, die bisher teilweise zu Einschränkungen bei der Reichweite des § 100a StPO führten. Selbst wenn begrifflich ein Fernmeldeverkehr und auch die übrigen Voraussetzungen des § 100a StPO vorlagen, gestattete § 100b Abs. 3 StPO nach der bisherigen Regelung eine Überwachung und Aufzeichnung des Fernmeldeverkehrs nur bei Leitungen, die für den **öffentlichen Verkehr** bestimmt waren. Diese Restriktion wurde durch die Neufassung des § 100b Abs. 3 StPO aufgehoben. Eine Überwachung zu ermöglichen hat nunmehr jeder, der geschäftsmäßig Telekommunikationsdienste erbringt oder daran mitwirkt. Durch § 3 Nr. 5 TKG wird der Begriff des Erbringers von Telekommunikationsdiensten durch das „nachhaltige Angebot von Telekommunikation einschließlich des Angebots von Übertragungswegen für Dritte mit oder ohne Gewinnerzielungsabsicht" weiter konkretisiert. Über die schon bisher mögliche Überwachung von privaten Netzwerken mit einer Verbindung zum öffentlichen Netz hinaus wird damit entsprechend der gesetzlichen Begründung zusätzlich auch eine **Kontrolle** in **geschlossenen Benutzergruppen** (Corporate Networks) möglich.[338] Nach der Definition des § 3 Nr. 5 TKG bildet damit auch jeder Router, Server im Internet sowie jede Dritten zugängliche Mailbox oder jede Telefonnebenstellenanlage eine Telekommunikationsanlage, weil ihr Inhaber damit regelmäßig Telekommunikationsleistungen erbringt. Von dieser Regelung erfaßt werden somit Online-Dienste, Access-Provider und Betreiber von Mailboxen ebenso wie Anbieter von Nebenstellenanlagen in Hotels, Krankenhäusern oder Betrieben, so daß die Inpflichtnahme durch § 100b Abs. 3 StPO sehr weit geht. Ausgeschlossen bleiben nur rein interne Kommunikationsnetze, die ein Unternehmen ausschließlich für eigene Zwecke einsetzt und die Dritten nicht offenstehen. Die Neufassung des § 100b Abs. 3 StPO wird deshalb teilweise auch als zu weitgehend kritisiert.[339]

236 Neu gegenüber der alten Rechtslage ist in diesem Zusammenhang auch die **Änderung des § 100b Abs. 2 StPO**. Bestand nach der alten Fassung der Norm nur die Verpflichtung, Name und Anschrift des Betroffenen in den Anordnungsbeschluß aufzunehmen, wird nunmehr beim Erlaß der Maßnahme zusätzlich gefordert, auch die Rufnummer oder eine andere Kennung seines Telekommunikationsanschlusses anzugeben. Als Grund für die vom Gesetzgeber vorgenommenen Änderungen finden sich in der amtlichen Begründung zwei Argumente: Einerseits sollte eine klare Begrenzung und Konkretisierung des Grundrechtseingriffs für den Fall erreicht werden, daß etwa die zu überwachende Person über mehrere Anschlüsse verfügt. Andererseits ging es darum, auf die Veränderungen am Telekommunikationsmarkt durch die Vielzahl von Anbietern zu reagieren. So ist der zur technischen Umsetzung herangezogene Netzbetreiber, der möglicherweise gar

[335] So auch BGH, CR 1996, 588f. mit Anm. *Bär* sowie *Kleinknecht/Meyer-Goßner*, § 100a Rn. 2 m. w. N. sowie näher *Bär*, Zugriff auf Computerdaten im Strafverfahren, 303f. und *Bär*, CR 1993, 580f. jeweils m. w. N.

[336] Vgl. dazu *Krempl/Schmidt/Kuri*, c't Heft 4/1999, 174ff. sowie *Kuhn*, c't Heft 24/1998, 90ff.

[337] Vgl. BGBl. 1997, Teil 1, 3108, 3113.

[338] Vgl. BR-Drucksache. 369/97, 13, 46 sowie kritisch *Felixberger*, c't 11/1997, 136 und c't 13/1997, 72.

[339] Vgl. zur Kritik nur *Gundermann*, K&R 1998, 51.

kein Vertragsverhältnis zu der zu überwachenden Person hat, gar nicht in der Lage aufgrund des nur angegebenen Namens und der Anschrift den eigentlich zu überwachenden Anschluß festzustellen, wenn dieser über einen anderen Anbieter abgewickelt wird. Weder in der amtlichen Gesetzesbegründung noch in den Begriffsbestimmungen bei § 3 TKG finden sich aber Ausführungen zur inhaltlichen Ausgestaltung der Begriffe „**Rufnummer**" und „**andere Kennung**". Aus dem Gesetzeszusammenhang deutlich wird aber, daß es sich hierbei jedenfalls auch um ein Identifizierungsmerkmal für einen Anschluß handeln muß. Nach der Entscheidung des BGH-Ermittlungsrichters gehört dazu in jedem Fall auch die Hardwaregeräte-Kennung beim Mobilfunk.[340]

b) Vorliegen einer Katalogtat

Selbst wenn bei dem zu überwachenden Vorgang von einer Telekommunikation i. S. d. 237
§ 100a StPO auszugehen ist, bedarf eine Überwachung und Aufzeichnung zur Zulässigkeit des Vorliegens bestimmter Tatsachen, die den Verdacht begründen, daß eine der in § 100a Satz 1 StPO **abschließend aufgezählten Katalogtaten** gegeben ist. Auch wenn der Straftatenkatalog zu den Teilen der Vorschrift zählt, die vom Gesetzgeber immer wieder geändert und auch meist erweitert wurden,[341] sind doch speziell im Bereich der Wirtschaftskriminalität die relevanten Tatbestände nur zu einem geringen Teil dort aufgeführt. Auch wenn nun seit der letzten Änderung zur Verfolgung der Geldwäsche ein Eingriff in die Telekommunikation möglich ist, so **fehlen** doch **im Straftatenkatalog alle Formen der Computerkriminalität** oder des einfachen Betruges (§ 263 StGB). Selbst wenn hier eine Telekommunikation i. S. d. § 100a StPO gegeben ist, scheitert die Durchführung von Überwachungsmaßnahmen bereits am Vorliegen einer Katalogtat. Anwendbar ist § 100a StPO nur bei Staatsschutzdelikten i. S. d. Nr. 1 a, zu denen auch die Gefährdungen des demokratischen Rechtsstaates – etwa durch die Verbreitung von Propagandamaterial verfassungsfeindlicher Organisationen (§ 86 StGB) – gehören oder bei Bandendiebstahl bzw. gewerbsmäßiger Hehlerei sowie bei Betäubungsmittelstraftaten. Bei allen Katalogtaten müssen im übrigen aber bereits im Zeitpunkt der Anordnung bestimmte Tatsachen vorliegen, mit denen ein solcher Tatverdacht begründet werden kann. Andernfalls führt ein von Beginn an **erhöhter Tatvorwurf**, um in den Anwendungsbereich des § 100a StPO zu gelangen, zur Unverwertbarkeit der jeweils gewonnenen Erkenntnisse.[342] Selbst wenn der Verdacht berechtigt war und bereits ein gewisses Maß an Konkretisierung erreicht hatte, dürfen durch die Überwachung aufgedeckte Sachverhalte nur dann im weiteren Strafverfahren zulässigerweise verwertet werden, wenn sie eine Katalogtat betreffen oder mit ihr im Zusammenhang stehen.[343] Bei einer Änderung der rechtlichen Beurteilung gilt ansonsten ein **Verwertungsverbot**. Umstritten ist hier aber vor allem noch die Verwertung von Zufallserkenntnissen unter entsprechender Anwendung des § 108 StPO sowie die Berücksichtigung von geschützten Vertrauensverhältnissen i. S. d. §§ 52, 53 und 97 StPO.[344]

---

340 Vgl. BGH Ermittlungsrichter, MMR 1999, 99 mit Anm. *Bär.* Nach LG Ravensburg, NStZ-RR 1999, 84 fällt unter § 100a StPO auch eine Mitteilung der Funkzelle, in der sich der Mobilfunktelefonbersitzer befindet, gleichgültig ob er telefoniert oder nicht.

341 Der Straftatenkatalog wurde zuletzt durch Art. 2 Ziffer 1 des Gesetzes zur Verbesserung der Bekämpfung der Organisierten Kriminalität vom 4. 5. 1998, BGBl. 1998, Teil 1, 845, 846 erweitert, zuvor durch das Sechste Gesetze zur Reform des Strafrechts (6. StrRG) vom 30. 1. 1998 (BGBl. 1998, Teil 1, 164, 186) mit Wirkung ab 1. 4. 1998.

342 Vgl. BGHSt 31, 304, 309; 32, 68, 70 sowie *Kleinknecht/Meyer-Goßner,* StPO, § 100a Rn. 21 m. w. N.

343 Vgl. zur umfassenden Rechtsprechung *LR-Schäfer,* § 100a Rn. 28 ff. sowie *Kleinknecht/Meyer-Goßner,* StPO, § 100a Rn. 14 ff. jeweils m. w. N.

344 Vgl. dazu *Kleinknecht/Meyer-Goßner,* StPO, § 100a Rn. 18 f. und *LR-Schäfer,* § 100a Rn. 25.

c) Betroffene Personen

238 Die Eingriffe in das durch Art. 10 GG geschützte Fernmeldegeheimnis sind auch im Hinblick auf den betroffenen Personenkreis weiter eingeschränkt. Mit § 100a Satz 2 StPO werden die Adressaten einer Überwachungsmaßnahme abschließend festgelegt. Zulässige Betroffene einer Kontrolle sind **Beschuldigte** oder **aktive und passive Nachrichtenmittler**, d. h. Personen, die Informationen von dem Beschuldigten entgegennehmen oder an ihn weiterleiten. Vorgesehen ist eine Überwachung aber daneben auch bei am jeweiligen Tatvorwurf völlig unbeteiligten Dritten, wenn der Beschuldigte deren **Anschluß benutzt**. Ein solcher Fall der Anschlußbenutzung liegt etwa dann vor, wenn der Beschuldigte – wie dies bisherige Fälle des Eindringens in fremde EDV-Systeme immer wieder gezeigt haben – einen bestimmten Kommunikationsanschluß einer Firma, einer Universität für von einer Katalogtat umfaßte strafbare Zwecke als sog. „Sprungbrett für die Datenreisen" einsetzt. In diesem Fall wird der fremde Anschluß vom Täter bewußt dafür herangezogen, um seine Herkunft zu verschleiern und um sich so strafbare Informationen auf Kosten des Dritten zu verschaffen. Der Kreis der einer Überwachung zugänglichen Adressaten bereitet dabei im Zusammenhang mit der Verfolgung von Wirtschaftsdelikten regelmäßig keine rechtlichen Schwierigkeiten. Zulässig ist eine Kontrolle der Online-Kommunikation auch, wenn es sich etwa bei dem von der Überwachung Betroffenen um den beschuldigten Betreiber eines Internet-Servers oder einer über das Internet erreichbaren Mailbox handelt. Zu beachten gilt es aber, daß bei einer Überwachung des Anschlusses eines modernen Telekommunikationsdienstes auch eine Vielzahl unverdächtiger Benutzer betroffen sein können, so daß speziell hier der **Grundsatz der Verhältnismäßigkeit** als einschränkendes Kriterium eine besonders strenge Abwägung zwischen den Strafverfolgungsinteressen und den betroffenen Rechtsgütern der unbeteiligten Dritten erfordert.

d) Einseitige Überwachung der Kommunikation

239 Nachdem eine Überwachung vielfach am Vorliegen einer Katalogtat i. S. d. § 100a StPO scheitert, bietet es sich als eine Möglichkeit, um an entsprechende Daten der Kommunikation zu gelangen, an, daß einer der beteiligten Personen den Ermittlungsbehörden von sich aus eine Kontrolle gestattet und damit einseitig in eine Überwachung einwilligt. Unter verfassungsrechtlichen Gesichtspunkten ist zwar grundsätzlich ein Verzicht auf die Ausübung eines Grundrechts möglich, gleichwohl war bisher im einzelnen umstritten, ob die einseitige Einwilligung ausreichend ist, um eine Verletzung des Art. 10 GG durch staatliche Ermittlungsorgane auszuschließen.[345] Durch die **Entscheidung zur Fangschaltung** hat das BVerfG[346] nunmehr aber eindeutig festgestellt, daß jede staatliche Einschaltung, die nicht im Einverständnis beider Kommunikationspartner erfolgt, als Grundrechtseingriff anzusehen ist und deshalb ebenfalls einer entsprechenden Befugnisnorm bedarf. Anders ist diese Situation allenfalls dann zu beurteilen, wenn statt staatlichen Organen Privatpersonen an der Kommunikation beteiligt sind, die nicht wie der Staat für sein Handeln auf entsprechende Befugnisnormen angewiesen sind. Damit ist klargestellt, daß trotz des Vorliegens der Einwilligung eines Partners für eine Überwachung durch Ermittlungsbehörden gleichwohl die Voraussetzungen des § 100a StPO erfüllt sein müssen. Eine Ausnahme in diesem Bereich gilt jedoch, wenn statt des Aufzeichnens eines Gesprächs durch die Polizei lediglich ein **bloßes Mithören durch Dritte** erfolgen soll. Während für diesen Fall der 1., 2. und 3. Strafsenat des BGH[347] ein Mithören durch Polizeibeamte für zulässig hielten und darin auch keinen Widerspruch zur Ent-

---

[345] Vgl. zum Meinungsstand *Bär*, Zugriff auf Computerdaten im Strafverfahren, 336 ff.
[346] BVerfGE 85, 386.
[347] BGH 39, 335; 40, 211; 41, 42.

scheidung des BVerfG sahen, ging der 5. Strafsenat[348] von einer Unzulässigkeit eines solchen Vorgehens aus und legte deshalb diese Frage dem Großen Senat für Strafsachen zur Entscheidung vor. Dieser hat mit Beschluß vom 13. 5. 1996[349] („Hörfallen-Entscheidung") festgestellt, daß sogar ein auf Veranlassung der Ermittlungsbehörden mit dem Tatverdächtigen ohne Aufdeckung der Ermittlungsabsicht geführtes und von Polizeibeamten mitgehörtes Gespräch im weiteren Verfahren verwertet werden kann, wenn es um die Aufklärung einer Straftat von erheblicher Bedeutung geht und die Erforschung des Sachverhalts unter Einsatz anderer Ermittlungsmethoden erheblich weniger erfolgversprechend oder wesentlich erschwert gewesen wäre.

2. Auskunftsanspruch nach § 12 FAG

Da eine Überwachung der Telekommunikation und damit eine Gewinnung von Inhaltsdaten vielfach am Vorliegen einer Katalogtat i. S. d. § 100 a StPO scheitert, kommt für die Ermittlungsbehörden als geringerer Eingriff ein Rückgriff auf Verbindungsdaten der Kommunikation in Betracht. Für die Strafverfolgungsbehörden bietet diese **Auskunft über** einen in der Vergangenheit **abgewickelten Kommunikationsvorgang** eine Möglichkeit zur Sachverhaltsermittlung. Eine Rechtsgrundlage hierfür findet sich **noch bis 31. 12. 1999** in § 12 FAG. Diese Bestimmung sollte gem. § 28 FAG bereits Ende 1997 außer Kraft treten. Nachdem man sich im Rahmen der parlamentarischen Beratungen aber auf eine Nachfolgeregelung für § 12 FAG nicht verständigen konnte, wurde durch Art. 2 Abs. 35 des BegleitG[350] die Geltungsdauer dieser Norm verlängert. Der im ursprünglichen Gesetzentwurf der Bundesregierung enthaltene Vorschlag eines neuen § 99 a StPO[351] ist im Laufe des Gesetzgebungsverfahrens gestrichen worden. Vom beratenden Ausschuß für Post und Telekommunikation ging die Aufforderung an die Bundesregierung, bis zum 30. 4. 1998 einen neuen Entwurf zu § 99 a StPO vorzulegen, der vor allem die Berufsgeheimnisträger genügend absichert.[352] Ein solcher Entwurf liegt aber bisher noch nicht vor, dürfte sich aber an dem vorliegenden Entwurf des § 99 a StPO orientieren und in die StPO eingefügt werden. Hier steht derzeit zu erwarten, daß der Geltungsbereich des § 12 FAG über den 31. 12. 1999 hinaus verlängert wird.[353] Im Gegensatz zum Bundestag hatte sich der Bundesrat in seiner Stellungnahme gegen eine unangemessene Beeinträchtigung der Ermittlungsbefugnisse ausgesprochen und gefordert, die Neuregelung des § 99 a StPO in Anlehnung an die bisherige Bestimmung des § 12 FAG zu gestalten.[354] Teilweise wurde auch gefordert, den Auskunftsanspruch in das TKG statt in die StPO aufzunehmen. Damit verbleibt den Ermittlungsbehörden derzeit noch die Befugnis, Auskunft über Verbindungsdaten auf der bisherigen Grundlage des § 12 FAG zu ver- 240

---

348 BGH, CR 1996, 38.

349 BGH, CR 1997, 364 mit Anmerkung *Bär.*

350 Vgl. BGBl. 1997, Teil 1, 3108, 3118 sowie zur Begründung BT-Drucksache 13/8776 vom 15. 10. 1997.

351 BR-Drucksache 369/97 sah folgender Wortlaut für § 99 a Abs. 1 StPO vor: „(1) Von denjenigen, die geschäftsmäßig Telekommunikationsdienste erbringen, kann Auskunft über die näheren Umstände der Telekommunikation verlangt werden, wenn bestimmte Tatsachen den Verdacht begründen, daß jemand als Täter oder Teilnehmer eine Straftat begangen hat oder in Fällen, in denen der Versuch strafbar ist, zu begehen versucht oder durch eine Straftat vorbereitet hat, und insoweit dies für die Erforschung des Sachverhalts oder die Ermittlungen des Aufenthaltsortes des Beschuldigten erforderlich ist. Betrifft der Verdacht einer Straftat nicht eine mittels Endeinrichtung (§ 3 Nr. 3 TKG) begangene Straftat, kann Auskunft über die näheren Umstände der Telekommunikation nur verlangt werden, wenn Gegenstand der Untersuchung eine Straftat von nicht unerheblicher Bedeutung ist. (2) ... (3) ..."

352 Vgl. BT-Drucksache 13/8776.

353 Vgl. DvD 1999, 480 (Beschluß der Justizministerkonferenz).

354 Vgl. BR-Drucksache 369/97 (Beschluß), 7–9.

langen. Die bisherigen Entscheidungen zur Reichweite und Auslegung dieser Norm haben daher weiterhin Gültigkeit.

241 Unabhängig vom Streit um die künftige Ausgestaltung des Auskunftsanspruchs wird vor allem aus der in § 12 FAG verwendeten Präposition „über" deutlich, daß vom Auskunftsanspruch nicht die Gesprächsinhalte, sondern nur die **näheren Umstände der Kommunikation** erfaßt sind. Dazu zählen gem. § 5 TDSV im einzelnen Beginn und Ende der Verbindung nach Datum und Uhrzeit, die übermittelte Datenmenge, die Art der Telekommunikationsleistung sowie die Rufnummer oder Kennung des anrufenden und des angerufenen Anschlusses. Hinzu kommt beim Mobilfunk zusätzlich die sog. Standortkennung, d. h. die entsprechende Funkstation, von der aus die Verbindung aufgebaut wurde und in der sich der Nutzer räumlich aufgehalten hat. Fraglich ist in diesem Zusammenhang derzeit, ob zu den Verbindungsdaten – speziell beim Mobilfunk – auch die Hardwarekennung (sog. International Mobile Equipment, kurz **IMEI-Nummer**) des eingesetzten Mobiltelefons gehört. Während das LG Hamburg[355] dies verneint hat, sieht der Ermittlungsrichter beim BGH die Voraussetzungen für einen Auskunftsanspruch nach § 12 FAG als erfüllt an.[356] Eine besondere praktische Relevanz des § 12 FAG hat sich seit Beginn der 90er Jahre erst durch die inzwischen flächendeckende Einführung der digitalen Vermittlungstechnik ergeben. Bei der bisher üblichen mechanischen Gesprächsvermittlung und analogen Übertragungstechnik konnten weder von seiten der Telekom noch von anderen Anbietern entsprechende Verbindungsdaten unter technischen Gesichtspunkten gespeichert werden. Erst durch die Digitalisierung der Informationsübertragung wurde es möglich, von jedem Kommunikationsvorgang einen sog. **Verbindungsdatensatz** auf der Grundlage des § 5 Abs. 1 der TDSV zu speichern. Nach § 6 Abs. 3 TDSV dürfen diese Verbindungsdaten nur bis zur unverzüglichen Berechnung des Benutzungsentgeltes gespeichert bleiben. Anschließend müssen die gespeicherten Daten um die letzten drei Ziffern der Zielrufnummer gekürzt werden.[357] Durch eine solche verkürzte Datenspeicherung verliert § 12 FAG aber für die Ermittlungsbehörden seine bisherige Bedeutung. Nachdem auch bei der Nutzung von modernen Kommunikationsdiensten, die unter das TDG oder den MDStV fallen, die Telekommunikationsnetze benutzt werden und damit die Regelungen des TKG ebenfalls funktionsbezogen differenziert zu Anwendung kommen, kann sich der Auskunftsanspruch ebenfalls auf die **Verbindungsdaten des Internet-Providers** beziehen. Da dem Nutzer dieser Dienste die IP-Adressen nicht statisch, sondern meist für den jeweiligen Kommunikationsvorgang vergeben werden, handelt es sich hierbei um keine Bestandsdaten, sondern ebenfalls um Verbindungsdaten.

242 Die Reichweite des Auskunftsanspruchs ist aber in einzelnen Punkten umstritten. Zwar wird durch den Gebrauch des Imperfekts in § 12 FAG klargestellt, daß sich die Auskunftspflicht nur auf einen in der Vergangenheit liegenden, d. h. bereits **abgewickelten Telekommunikationsvorgang** erstrecken kann und deshalb im Gegensatz zu § 100a StPO nicht in die Zukunft gerichtet ist.[358] Dies würde aber die Ermittlungsbehörden dazu zwingen, täglich neu für die jeweils am vorausgegangenen Tag abgewickelten Kommunikationsvorgänge einen entsprechenden Beschluß gem. § 12 FAG zu beantragen. Nach Auffassung des **LG Traunstein**[359] sollen die Telekommunikationsanbieter deshalb verpflichtet sein, auch die erst in Zukunft noch durchgeführten Gespräche den Ermittlungsbehörden bekannt zu geben. Begründet wird dies damit, daß sich die Telekom der Mitteilungspflicht nach § 12 FAG dadurch entziehen könnte, daß sie die im Prinzip bestehende technische Möglichkeit, die Daten aufzuzeichnen, nicht wahrnimmt und ent-

---

[355] Vgl. LG Hamburg, MMR 1998, 419 mit Anm. *Bär.*

[356] Vgl. BGH-Ermittlungsrichter, MMR 1999, 99 mit Anm. *Bär.*

[357] Damit folgt die TDSV den Anforderungen des OVG Bremen, CR 1994, 700.

[358] So auch *LR-Schäfer,* § 99 Rn. 20; *Meyer,* in: *Erbs/Kohlhaas,* Strafrechtliche Nebengesetze, 5. Auflage 1997, § 12 FAG Anm. 5; *Welp,* NStZ 1994, 213 *Eisenberg/Nischan,* JZ 1997, 81f.

[359] Vgl. LG Traunstein, DuD 1997, 112.

sprechende Beschlüsse, die nur auf die Vergangenheit gerichtet sind, so ins Leere gingen. Mit dieser Begründung würde aber das Auskunftsbegehren über den Wortlaut der Norm hinaus auf zukünftige Vorgänge ausgedehnt und so dem Anwendungsbereich des § 100a StPO weit angenähert. Zulässig erscheint es vielmehr mit dem **LG München**[360] nur, wenn der Betreiber von Telekommunikationsdiensten dazu verpflichtet wird, neben den bei Eingang des Beschlusses gespeicherten Daten auch die für jeden weiteren Tag angefallenen und gespeicherten Daten bis zu einem bestimmten Endzeitpunkt herauszugeben. Über § 12 FAG besteht derzeit darüber hinaus wohl auch eine Verpflichtung, beim Mobilfunk die Rufnummern herauszusuchen und mitzuteilen, über die mit einem bestimmten Mobiltelefon Gespräche abgewickelt wurden.[361]

Rechtliche Zweifel an der Verwertbarkeit der mit Hilfe eines Auskunftsersuchens nach § 12 FAG gewonnenen Erkenntnisse im späteren Strafverfahren bestehen nicht. Seit der Rechtsprechung des BGH in der sog. Autotelefon-Entscheidung dürfen die mit Hilfe des Auskunftsanspruchs erlangten **Informationen im** Hauptverfahren auch zulässigerweise **verwertet** werden.[362] Der BGH sieht darin insbesondere auch keine Umgehung des § 100a StPO. Die Überwachung richtet sich zum einen aufgrund eines anzuordnenden Beschlusses in die Zukunft, während sich die Auskunft gerade auf vergangene Zeiträume erstreckt. Wesentlicher ist aber, daß zum anderen im Rahmen des § 12 FAG nur die reinen Verbindungsdaten an die Ermittlungsbehörden übermittelt werden, keinesfalls aber die Inhaltsdaten wie bei der Überwachung der Telekommunikation. Der insoweit von Teilen der Literatur[363] vertretenen gegenteiligen Auffassung, die weitere Einschränkungen im Anwendungsbereich des § 12 FAG vornehmen will, kann nicht zugestimmt werden. Die zur Begründung herangezogene Gefahr, daß die identischen Eingriffswirkungen der § 100a StPO und § 12 FAG sehr leicht aufgrund der kalkulierbaren Löschungsfristen der Verbindungsdaten umgangen werden können, wird aus den oben dargestellten Gründen der unterschiedlichen Eingriffswirkungen nicht geteilt. **243**

3. Auskunftsersuchen gem. §§ 89 und 90 TKG

Liegen auch die Voraussetzungen für den Zugriff auf Verbindungsdaten nicht vor, verbleibt als geringster Eingriff in die Rechte des Betroffenen die Möglichkeit von dem Anbieter von Telekommunikationsleistungen Auskunft über die sog. **Bestands- bzw. Benutzerdaten** zu verlangen. Rechtsgrundlagen für eine Weitergabe der entsprechenden Informationen finden sich in § 89 Abs. 6 und in § 90 TKG für solche **Auskunftsersuchen** der Ermittlungsbehörden gegenüber Diensteanbietern. So ist gem. § 90 Abs. 1 TKG jeder geschäftsmäßige Anbieter von Telekommunikationsdiensten verpflichtet, Kundendateien zu führen, aus denen sich der Name und die Anschrift des Inhabers einer Rufnummer oder von Rufnummernkontingenten ergibt. Über § 90 Abs. 3 TKG sind Auskünfte aus den Kundendateien den Sicherheitsbehörden sogar unentgeltlich zu erteilen.[364] Damit **244**

---

360 Vgl. LG München, Beschluß vom 11. 8. 1997 (4 Qs 44/97), Beschluß vom 10. 10. 1997 (4 Qs 61/97) und MMR 1998, 613.

361 So im Ergebnis auch BGH-Ermittlungsrichter, MMR 1999, 99 mit Anm. *Bär.* A. A. dagegen LG Hamburg, MMR 1998, 419 mit Anmerkung *Bär.*

362 So BGH, NStZ 1993, 192 sowie im Ergebnis auch LG Frankfurt/Main, NJW 1996, 1008 (Auskunftsersuchen im Fall ZDF – Dr. Schneider) und BGH, NStZ 1998, 92. Vgl. auch *Palm/Roy,* NJW 1996, 1796.

363 Vgl. *Welp,* NStZ 1994, 214 sowie *Klesczewski,* StV 1993, 386 und *Eisenberg/Nischan,* JZ 1997, 82.

364 Nach OLG Zweibrücken, NJW 1997, 2692 sind Auskünfte nur bei Abfrage im automatischen Verfahren gem. § 90 Abs. 3 TKG unentgeltlich zu leisten, im übrigen besteht für den Auskunftserteiler ein Entschädigungsanspruch nach § 17a ZSEG. Vgl. auch LG Duisburg, JurBüro 1998, 655. So auch LG Bremen NStZ 1999, 412. A. A. dagegen LG München, JurBüro 1999, 316 (keine Entschädigung).

von seiten der gem. §§ 66ff. TKG neu geschaffenen Regulierungsbehörde eine **Online-Abfrage** der gewünschten Daten möglich ist, sind die entsprechenden Daten gem. § 90 Abs. 2 TKG in elektronisch gespeicherter Form vorzuhalten.[365] Zum Umfang des Auskunftsanspruchs gehört hier auch in keinem Fall die Hardware-Kennung des eingesetzten Mobiltelefons.[366] Die praktische Bedeutung dieser Regelung ist aber nicht mit den § 100a StPO und § 12 FAG vergleichbar, da die Ermittlungsbehörden nur in die Lage versetzt werden, Informationen über die zu einer bestimmten Rufnummer gehörende Anschrift des Betroffenen zu erlangen. Dieses Auskunftsbegehren wird aber bedeutungslos, wenn der Kunde gegenüber dem Diensteanbieter fiktive oder falsche Personaldaten angegeben hat. Zusätzlich haben die Diensteanbieter nach **§ 89 Abs. 6 TKG** die Verpflichtung, im Einzelfall **Bestandsdaten** an die zuständigen Stellen **zu übermitteln**[367] und einem entsprechenden Ersuchen der Ermittlungsbehörden nachzukommen. Da sich aus dem Wortlaut aber nur die datenschutzrechtliche Erlaubnis zur Übermittlung personenbezogener Daten ergibt, muß sich eine Befugnis für ein solches Ersuchen aus den jeweiligen für sie geltenden gesetzlichen Bestimmungen entnehmen lassen.[368]

245 Nach dem Wortlaut des § 90 und § 89 TKG erstreckt sich die Auskunftsverpflichtung in erster Linie auf die Anbieter von Telekommunikationsdiensten. Im **Entwurf zu § 5 Abs. 3 TDDSG** war eine entsprechende Verpflichtung für Teledienste – ohne Möglichkeit zur Online-Abfrage – vorgesehen.[369] Obwohl sich der Bundesrat[370] sogar noch für eine Erweiterung dieser Regelung ausgesprochen hatte, wurde § 5 Abs. 3 TDDG aus datenschutzrechtlichen Gründen im Laufe des Gesetzgebungsverfahrens wieder **gestrichen**. Da aber bei jedem Kommunikationsvorgang, der über Tele- und Mediendienste abgewickelt wird, auch die öffentlichen Leitungen benutzt werden, kommen das TKG und die Regelungen für Tele- und Mediendienste insoweit funktionsbezogen differenziert nebeneinander zur Anwendung. Während das TKG allein bezogen ist auf den technischen Vorgang der Kommunikation, betreffen TDG/MDStV demgegenüber nur die jeweiligen Inhalte und deren Nutzungsformen. Damit kann sich gegenüber dem **Internet-Provider** auch ein Auskunftsbegehren aus §§ 89, 90 TKG ergeben. Wie bereits im Rahmen des § 12 FAG kurz dargestellt, fällt aber eine Bekanntgabe von dynamischen IP-Adressen nicht unter das TKG, da es sich hierbei um keine Bestands-, sondern um Verbindungsdaten für den jeweiligen individuellen Kommunikationsvorgang handelt. Dagegen gehören feste IP-Adressen zu den Bestandsdaten eines Anschlusses.

4. Planung und Durchführung von Eingriffen

246 Selbst wenn eine Überwachung bei Vorliegen der vorgenannten Voraussetzung rechtlich zulässig ist, bedeutet dies für die Strafverfolgungsbehörden noch nicht, daß der Eingriff auch zu brauchbaren Ermittlungsergebnissen führt. Schwierigkeiten können sich dabei zunächst bei der praktischen Umsetzung der Überwachungsanordnung ergeben. Hier ist es den Betreibern von Telekommunikationsdiensten verwehrt, sich darauf zu berufen, bei ihnen sei eine Überwachung technisch gar nicht vorgesehen und möglich. Sie sind vielmehr dazu verpflichtet, **notwendige technische Vorkehrungen** zu treffen, um eine Überwachung und Aufzeichnung im Rahmen eines Beschlusses gem. § 100a StPO

---

[365] Die Regulierungsbehörde hat ihre Tätigkeit zum 1. 1. 98 aufgenommen. Die dafür notwendigen personalrechtlichen Regelungen wurden mit dem Begleitgesetz zur Telekommunikation geschaffen.

[366] Vgl. LG Hamburg, MMR 1998, 419 mit Anm. *Bär*.

[367] Obwohl im Gesetzestext nur von personenbezogenen Daten für die Begründung, inhaltliche Ausgestaltung oder Änderung eines Vertragsverhältnisses gesprochen wird, ist der Begriff „Bestandsdaten" als Oberbegriff hierfür anzusehen. .

[368] Vgl. dazu auch *Wuermeling/Felixberger*, CR 1997, 559f. m. w. N.

[369] Vgl. BR-Drucksache. 966/96, 9, 26.

[370] Vgl. BR-Drucksache. 966/96 (Beschluß), 14.

durchführen zu können. Diese Verpflichtung stellt seit der Änderung durch das BegleitG zum TKG nunmehr § 100 b Abs. 3 Satz 2 StPO ausdrücklich klar.[371] Eine Rechtsgrundlage für die Verpflichtung der Betreiber zur technischen Umsetzung von Überwachungsmaßnahmen findet sich in § 88 TKG – ebenfalls geändert durch Art. 2 Absatz 33 a Ziffer 2 BegleitG – mit der Ermächtigung an die Bundesregierung zum Erlaß einer entsprechenden Rechtsverordnung. Die bisher auf der Grundlage des nunmehr aufgehobenen § 10 b FAG erlassene FÜV[372] bedarf einer Neufassung. Bis zu diesem Zeitpunkt dürfte jedoch von der Weitergeltung der bisherigen FÜV auszugehen sein, soweit sich inhaltlich kein Widerspruch zur neuen Ermächtigungsnorm des § 88 TKG ergibt. Entwürfe für eine **neue Telekommunikations-Überwachungsverordnung (TKÜV)** liegen bereits vor. Auch wenn der erste vorliegende Entwurf vom Mai 1998 wieder zurückgezogen wurde, dürfte doch hier in absehbarer Zeit eine Neuregelung verabschiedet werden.[373] Selbst wenn danach eine Überwachung rechtlich möglich ist, können bei der Ausführung gleichwohl technische Probleme auftreten, wenn der Kommunikationsvorgang mit **sehr hohen Übertragungsgeschwindigkeiten** ausgeführt wird. Je höher die Datenübertragungsgeschwindigkeit, desto weiter steigen die pro Anschluß notwendigen Überwachungskosten. Die Kosten müssen deshalb jeweils auch in Relation zum erwarteten Nutzen einer solchen Maßnahme gesehen werden. Nachdem im Rahmen der Datenübertragung eine Unmenge von Daten übertragen werden können, ergeben sich zusätzliche praktische Probleme bei der zeitaufwendigen Auswertung der im Rahmen der Überwachung gewonnenen Informationen. Weitere Probleme können dann bestehen, wenn die im Rahmen einer Kontrolle gesicherten Daten – etwa aufgrund der eingesetzten Verschlüsselungstechniken – nicht weiter verwertbar sind, weil eine Entschlüsselung technisch nicht möglich ist.[374]

VI. Ermittlungen in Computernetzwerken

Wie vor allem die Verfahren zur Verfolgung von Fällen der Computerspionage, aber ge- **247**
rade auch die aktuellen Verfahren betreffend die Verbreitung von Informationen mit kinderpornographischen Inhalten über die weltweiten Datennetze gezeigt haben, sind die bisher dargestellten Eingriffsermächtigungen zur Durchsuchung, Beschlagnahme in vielen Fällen nicht erfolgversprechend.[375] All diese Maßnahmen setzen voraus, daß den Ermittlungsbehörden bekannt ist, wo sich der jeweilige Rechner bzw. die gesuchten Datenträger tatsächlich räumlich befinden. Dies läßt sich aber häufig erst durch eine Zurückverfolgung der Täter oder durch weitere Ermittlungen in den Computernetzwerken erreichen. Da sich für Beweiserhebungen in Datennetzen aber keine speziellen Ermächtigungsnormen in den relevanten Gesetzen befinden, bedarf es der Klärung, auf welche Rechtsgrundlagen ein solches Vorgehen der Sicherheitsbehörden gestützt werden kann. Abgestuft nach der Eingriffsintensität lassen sich dabei **verschiedene Handlungen** der Ermittlungsbehörden unterscheiden, die es im folgenden auf ihre rechtliche Zulässigkeit hin zu untersuchen gilt. Zunächst ist als geringste Maßnahme eine **allgemeine Kontrolle im Datennetz** unter Nutzung der jedem Privatmann zustehenden technischen Befugnisse möglich. Denkbar ist aber weiter auch ein Zugang zu fremden Servern oder Diensten unter **Verwendung** der hierfür notwendigen **Berechtigung eines Dritten**. Die da-

---

371 Vgl. Art. 2 Abs. 9 Ziffer 4 des Begleitgesetzes zum Telekommunikationsgesetz (BR-Drucksache 369/97, 13, 45 a und 46 sowie BT-Drucksache 13/8776).

372 FÜV= Fernmeldeverkehr-Überwachungs-Verordnung vom 18. 5. 1995, BGBl. 1995, Teil 1, 722 ff. Vgl. dazu *Wuermeling/Felixberger*, CR 1997, 557 f. sowie *Scherer*, in: Die Welt vom 8. 10. 1997.

373 Vgl. den Bericht von *Ruhmann/Schulzki-Haddouti*, c't Heft 11/1998, 74 ff. Entwürfe für eine neue TKÜV liegen bereits vor (Stand: Juni 1999).

374 Vgl. dazu im einzelnen die Ausführungen unten Rn. 261 ff.

375 Vgl. dazu auch *Janovsky*, Kriminalistik 1998, 500 ff.

neben bestehenden und bereits dargestellten strafprozessualen Ermittlungsmöglichkeiten vor Ort in Form der **Durchsuchung** und **Beschlagnahme** sowie der **Eingriffe in den Fernmeldeverkehr** brauchen deshalb nicht nochmals näher dargestellt zu werden.

1. Polizeistreifen in Datennetzen

248 Auch wenn es vielfach noch an einer entsprechenden technischen Ausstattung und dem Fachwissen fehlt, gehört heute eine allgemeine Kontrolle in den Datennetzen zur Suche nach strafbarem Verhalten und zur Aufklärung von Straftaten – speziell im Internet – bereits zur Arbeit der Sicherheitsbehörden. So wurde bereits im Februar 1995 etwa beim Polizeipräsidium München eine eigene Dienststelle „Mediendienste“[376] mit diesen Aufgaben betraut. Im Rahmen dieser **„Streifen auf dem Datenhighway“**, bei denen innerhalb eines Jahres Beamte mehr als 5000 Stunden in den weltweiten Datennetzen surften, konnten gerade in den letzten Monaten auch einige aufsehenerregende Fälle von Kinderpornographie im Internet aufgeklärt werden.[377] So wurden im Jahr 1997 von den bayerischen **„Cyper-Cops“** – Internetfahnder der Kriminalpolizei – allein 995 Strafanzeigen, erstattet, im ersten Halbjahr 1998 waren es im Bereich Kinderpornographie allein 300 Anzeigen.[378] Bei diesen Patrouillen im Netz überprüfen die Ermittlungsbeamten beim Surfen im Internet nur Informationen – etwa Newsgroups oder andere Diskussionsforen und Angebote –, die auch jedem anderen frei zugänglich sind. Seit Anfang 1999 werden vom BKA in Wiesbaden ebenfalls Internet-Streifen durchgeführt.[379] In Baden-Württemberg können der mit einem **virtuellen Kriminalbeamten** im Internet vertretenen Polizei auf elektronischem Wege von den Internet-Nutzern sogar Anzeigen und Mitteilungen über strafbare Inhalte hinterlegt werden. Eingehende Hinweise werden rund um die Uhr bearbeitet und ggf. an die entsprechenden Fachabteilungen weitergeleitet.[380] Diese Vorgehensweise macht die eigentliche Rechtsfrage, ob für eine solche „Cyberpatrol“ eine eigene Ermächtigungsgrundlage erforderlich ist bzw. ob und ggf. wo eine solche Grundlage zu finden ist, deutlich.

249 Ein Handeln staatlicher Organe bedarf jedoch nach der vom BVerfG entwickelten Wesentlichkeitstheorie vor allem dann einer speziellen Befugnisnorm, wenn es sich bei der jeweiligen Maßnahme um einen Grundrechtseingriff handelt. Andernfalls genügt für ein Vorgehen, das mit keiner Beeinträchtigung von Grundrechten verbunden ist, die Eröffnung des jeweiligen polizeilichen Aufgabenkreises oder die allgemeine strafprozessuale Ermittlungsbefugnis gem. §§ 161, 163 StPO.[381] Welche Kriterien dabei im einzelnen erfüllt sein müssen, um von einem solchen **Eingriff** sprechen zu können, läßt sich nicht generell oder mit einer Legaldefinition beantworten, sondern wird in Literatur und Rechtsprechung teilweise kontrovers beurteilt.[382] Entsprechend den herkömmlichen Eingriffskriterien – ausgehend von Beeinträchtigungen von Freiheit und Eigentum – ist eine Maßnahme jedenfalls dann als Eingriff anzusehen, wenn speziell ausgeformte

---

[376] Informationen über das Kommissariat 345 finden sich im Internet unter http://www.polizei.-bayern.de/pgmuc.

[377] Vgl. dazu zuletzt *Schuzki-Haddouti*, c't Heft 12/1998, 94 ff. („Pornojäger im Internet“) sowie die Berichte in der SZ vom 12. 5. 1998, vom 30. 1. 1997 und in der Münchner Zeitung vom 30. 1. 1997; vgl. auch *Grassmann*, Die Welt vom 27. 8. 1997 sowie *Ory*, AfP 1996, 105 mit dem markanten Titel „http://www.medienpolizei.de?“.

[378] Vgl. dazu den Bericht in der SZ vom 22. 7. 1998. Im Jahr 1996 war noch von 172 Fällen, davon 80 mit Auslandsbezug die Rede.

[379] Vgl. nur SZ vom 22. 6. 99.

[380] Der virtuelle Kommissar ist unter http:/www.polizei-bw.de/virtuell.html erreichbar.

[381] Vgl. *Rogall*, GA 1985, 6.

[382] Vgl. zur umfassenden Diskussion um den Eingriffscharakter – vor allem von Maßnahmen im Bereich des Grundrechts auf informationelle Selbstbestimmung – weiterführend nur *Rogall*, Informationseingriff und Gesetzesvorbehalt im Strafprozeßrecht, 1992, 62 ff.

grundrechtliche Schutzbereiche betroffen sind. Diese Voraussetzungen können aber bei der bloßen „Cyber-Patrol" in für alle Nutzer offen zugänglichen Kommunikationsmedien – wie etwa dem Internet oder bei öffentlichen Mailboxen – noch nicht als erfüllt angesehen werden. Die in diesem Bereich tätigen Polizeibeamten nutzen hier nur die auch jeder anderen Privatperson zustehenden Möglichkeiten, sich über einen Netzzugang in den weltweiten Datennetzen frei zu bewegen. Eine fremde Grundrechte beeinträchtigende Zwangseinwirkung läßt sich bei einem derartigen Verhalten noch nicht feststellen.

Dies vor allem auch deshalb, weil die jeweiligen Anbieter von Internet-Seiten, Mail- 250
boxen, Newsgroups oder anderen elektronischen Kommunikationsdiensten sich durch das freie Angebot von Informationen selbst mit dem Zugriff auf eigene Daten durch beliebige Dritte einverstanden erklärt haben. Dies geschieht zum einen durch die Eröffnung des freien Zugangs zu den Daten und zum anderen auch über das Bereithalten der jeweiligen Informationen zum Abruf über die weltweiten Datennetze. Nachdem das World Wide Web (WWW) heute bereits als das weltweit größte Warenhaus bezeichnet wird, läßt sich das Vorgehen der Ermittlungsbeamten bei der Patrouille in Datennetzen am ehesten vergleichen mit dem Betreten eines bisherigen Kaufhauses während der Öffnungszeiten, um zu sehen, ob die dort angebotenen Waren den gesetzlichen Bestimmungen entsprechen. In Übereinstimmung mit der zu § 123 StGB entwickelten Rechtsprechung in den sog. „Testkäufer"-Fällen[383] ist ein etwa bestehender geheimer Vorbehalt des jeweiligen Betreibers, keine Polizeibeamten als Gäste zuzulassen, unerheblich und macht das Verhalten der Beamten deshalb nicht zu einem rechtswidrigen Eingriff. Der mit dem Surfen in den Datennetzen verbundene **Zugriff auf allgemein zugängliche Informationsquellen**, etwa durch das Einwählen in einen offenen Server, das Kontrollieren der Inhalte einer Newsgroup oder eines sonstigen Internet-Angebotes, ist deshalb **ohne spezielle Befugnisnorm zulässig.**[384] Für ein solches Vorgehen genügt daher als Rechtsgrundlage entweder die Eröffnung des polizeilichen Aufgabenbereichs nach den Polizeiaufgabengesetzen der Länder oder im Rahmen der Strafverfolgung die allgemeine Aufgabenzuweisung in den §§ 161, 163 StPO. Eine Abgrenzung dahingehend, ob es sich bei dem jeweiligen Vorgehen letztlich um eine präventiv-polizeiliche Maßnahme nach den entsprechenden Polizeiaufgabengesetzen der Länder oder um eine repressive Strafverfolgungsmaßnahme nach den Bestimmungen der Strafprozeßordnung handelt, braucht deshalb an dieser Stelle nicht vorgenommen zu werden.

2. Nutzung fremder Zugangsberechtigungen

Zwar lassen sich – wie die obigen Zahlen zeigen – über eine Kontrolle in offenen Netzen 251
viele Straftaten erstmals aufdecken, wenn es aber darum geht, schwerwiegendere Delikte – etwa im Bereich staatsfeindlicher Verhaltensweisen von links und rechts oder organisierter Kriminalität – zu verfolgen, stoßen diese aufgezeigten Ermittlungshandlungen sehr schnell an ihre Grenzen. Gerade in diesem Bereich werden die Täter ihre strafrechtlich relevanten Angebote oder Informationen nicht jedem beliebigen Nutzer der Kommunikationsnetze frei zugänglich zur Verfügung stellen. Vielmehr wird der Zugriff auf die entsprechenden Daten durch die Vergabe von **besonderen Zugangskennungen** auf bestimmte bekannte Personen begrenzt oder es erfolgt ein Schutz der eigenen Daten vor unberechtigten Dritten durch andere Techniken – etwa in Form der Datenverschlüsselung. Vor diesem Hintergrund werden bei offenen Systemen dem jeweiligen Gast regelmäßig auch nur äußerst eingeschränkte Zugriffsrechte eingeräumt. Ein Vordringen in weitere geschützte Bereiche ist dagegen nur unter Verwendung eines speziellen Paßwortes möglich. Verfügen die Ermittlungsbehörden hier nicht über die entsprechenden

383 Vgl. dazu nur *Tröndle*, Strafgesetzbuch, 48. Auflage 1997, § 123 Rn. 11 m. w. N.
384 So im Ergebnis für das Schweizer Recht auch *Ochsenbein*, Kriminalistik 1998, 686.

Kennungen, führen allgemeine Patrouillen im Datennetz nicht weiter. Damit kann sich der Polizeibeamte zwar einen Überblick über angebotene Informationen verschaffen, nicht aber an die eigentlich für weitere Ermittlungen notwendigen Beweismittel gelangen. Sobald der Polizeibeamte versucht, sich Zugang zu weiteren Daten oder mehr Zugriffsrechte zu verschaffen, macht er sich im Einzelfall selbst wegen Ausspähens von Daten gem. § 202 a StGB strafbar, weil er sich gegen Zugriff besonders gesicherte Daten verschafft, die nicht für ihn bestimmt sind. Der Erfolg von Kontrollen in offenen Netzen oder Mailbox-Systemen ist deshalb gering, sobald etwa Anbieter und Käufer von Kinderpornographie mit Kennwörtern arbeiten.[385] Zu brauchbaren Ermittlungsergebnissen kommt es hier nur, wenn es den Sicherheitsbehörden gelingt, unter Verwendung einer fremden Kennung in die an sich geschützten Bereiche des Systems vorzudringen.

252 Mit einer solchen Sachverhaltskonstellation hat sich bisher nur der **Ermittlungsrichter beim BGH**[386] in der sog. **Mailbox-Entscheidung** auseinandergesetzt. Im konkreten Verfahren waren im Rahmen einer herkömmlichen Durchsuchung auf einem handschriftlichen Zettel sämtliche Anschlüsse mit den dazugehörigen Paßwörtern für eine Mailbox gefunden worden, in der strafrechtlich relevante Informationen vermutet wurden. Für die Ermittlungsbehörden stellte sich deshalb die Frage, ob es rechtlich zulässig ist, sich mit diesen Kennungen in die Mailbox einzuwählen, ohne die eigene Identität preiszugeben. Für ein solches Vorgehen mußte aber eine entsprechende Ermächtigungsgrundlage zur Verfügung stehen, denn die Verwendung einer fremden Kennung als Zugang zu einem elektronischen Kommunikationsdienst ist keinesfalls mehr vom Einverständnis des jeweiligen Betreibers umfaßt. Der Systembetreiber wollte mit dem vergebenen Paßwort gerade nur einer bestimmten Person den Zugang zum Rechnersystem eröffnen und somit fremde Personen vom Zugriff ausschließen. Entsprechend dem obigen Beispiel wäre dies vergleichbar dem Betreten eines Geschäftes ohne Kenntnis des Inhabers, indem etwa der aufgefundene Schlüssel eines Angestellten verwendet würde. Ein derartiges Verhalten muß deshalb – im Gegensatz zum bloßen Einwählen in ein offenes Netz – rechtlich anders beurteilt werden. Entsprechend den dargestellten Kriterien für das Vorliegen eines **Eingriffs** führt die Nutzung der fremden Zugangsberechtigung zu einer Beeinträchtigung **spezieller Schutzbereiche** der Grundrechte, nämlich sowohl der über Art. 2 Abs. 1 GG geschützten Gewerbefreiheit – sowie der Berufsfreiheit des Art. 12 GG – als auch des über Art. 14 Abs. 1 GG geschützten Eigentums. Damit ist offensichtlich, daß derartige Ermittlungen in Datennetzen – in Übereinstimmung mit der obigen BGH-Entscheidung[387] – als Eingriff einer speziellen Ermächtigungsgrundlage bedürfen.

a) Abgrenzung von Gefahrenabwehr und Strafverfolgung

253 Auch wenn sich der BGH in der Mailbox-Entscheidung klar im Bereich der Strafverfolgung bewegt, bedarf gleichwohl die Beurteilung der rechtlichen Zulässigkeit einer Nutzung fremder Kennungen zunächst im Hinblick auf das anzuwendende Recht einer wesentlichen Differenzierung: Bewegen sich die Ermittlungsbeamten noch im präventiv-polizeilichen Bereich der Gefahrenabwehr oder liegt bereits ein Fall der Strafverfolgung vor. Je nachdem welches Rechtsgebiet hier betroffen ist, finden sich auch unterschiedliche Ermächtigungsgrundlagen. Das Urteil des BGH zur länger andauernden Videoüberwachung eines Verdächtigen[388] macht aber die Schwierigkeiten der Rechtspre-

---

[385] Vgl. *Grassmann*, Die Welt vom 27. 8. 1997.

[386] Vgl. dazu die Sachverhaltsdarstellung bei BGH, NJW 1997, 1934 = CR 1996, 488 mit Anm. *Bär* sowie *Palm/Roy*, NJW 1997, 1904.

[387] Vgl. BGH, NJW 1997, 1934.

[388] Vgl. BGH, NStZ 1992, 44: Die Videoüberwachung an der Wohnungstür eines mutmaßlichen Brandstifters wird als polizeirechtliche Maßnahme gerechtfertigt, ohne Abgrenzungen zur Strafverfolgung.

chung mit dieser Abgrenzungsproblematik deutlich. So erörtert der BGH hier sowohl Rechtsgrundlagen der StPO als auch solche des Polizeirechts, so daß beide Gesetze nebeneinander anwendbar erscheinen. Dies wird aber in der Literatur heftig kritisiert.[389] Mit diesen beiden extremen Standpunkten werden bereits die in Rechtsprechung und Schrifttum[390] vorhandenen, teilweise weit voneinander abweichenden Auffassungen beim Bestehen einer sog. **„Gemengelage“** bzw. bei sog. **„doppelfunktionellen“ Maßnahmen** deutlich.[391] Im Ergebnis läßt sich im Grenzbereich von Gefahrenabwehr und Strafverfolgung eine Differenzierung nur im jeweiligen Einzelfall vornehmen: Als Abgrenzungskriterium abzustellen ist hierbei auf die **objektiv erkennbaren Zwecke** des Eingriff. Zu prüfen gilt es daher, wie sich der konkrete Lebenssachverhalt einem verständigen Bürger bei natürlicher Betrachtungsweise darstellt. Bestehen hiernach Zweifelsfragen, richtet sich letztlich die zu treffende Entscheidung über die Einordnung nach dem **Schwergewicht des polizeilichen Handelns**. Entgegen einer teilweise vertretenen Auffassung ist damit ein Wahlrecht der Polizei hinsichtlich der Rechtsgrundlage – auch als „Befugnis-nobbing“ zu bezeichnen – zu verneinen.[392] Für das Einwählen in einen fremden Rechner bedeutet dies, daß von einem repressiven Handeln der Ermittlungsbehörden auszugehen ist, wenn es – wie etwa in der Mailbox-Entscheidung des BGH – aufgrund bestehender Verdachtsmomente beim Eingriff vor allem darum geht, weitere Indizien für eine Täterschaft zu finden und damit zur Tataufklärung beizutragen. Geht es den Sicherheitsbehörden aber nur darum, eine weitere Verbreitung strafbarer Inhalte zu verhindern, stehen gefahrenabwehrende Zwecke im Vordergrund. Läßt sich eine solche Abgrenzung jedoch – wie regelmäßig – nicht eindeutig treffen, besteht auch hier eine typische Gemengelage aus Strafverfahrensrecht und Polizeirecht. Es hat dann eine am Schwerpunkt der Handlung orientierte Beurteilung zu erfolgen. Dies wird überwiegend zu einem rein repressiven Vorgehen führen, wenn bereits konkrete Verdachtsmomente gegen einen bestimmten Netzanbieter vorliegen. Die gleichzeitig damit verbundene Verhinderung weiterer Straftaten stellt dann nur einen immanenten Nebeneffekt dar. Fehlen demgegenüber konkrete Verdachtsmomente gegen eine bestimmte Person, dient der Datenzugriff entsprechend der polizeirechtlichen Aufgabenstellung der Unterbindung künftiger Gefahren.

b) Polizeirechtliche Rechtsgrundlagen

Führt die Abgrenzung zwischen Gefahrenabwehr und Strafverfolgung zur Bejahung **254**
eines polizeirechtlichen Handelns, ist eine Ermächtigungsgrundlage hierfür aus den jeweiligen **Polizeigesetzen der Länder** zu entnehmen. Enthalten sind dort neben Spezialbefugnissen auch Generalklauseln für ein Tätigwerden der Sicherheitsbehörden. Da in den Sicherheitsgesetzen Ermittlungen in Datennetzen als Einzelmaßnahme nicht aufgeführt sind und als untypische Einzelbefugnis im Hinblick auf den Umfang des Gesetzes auch gar nicht enthalten sein können, kann sich eine Befugnis hierfür nur aus allgemeinen Bestimmungen ergeben. Eine Rechtsgrundlage für die Polizeibehörden findet sich dabei zunächst in einzelnen Landespolizeigesetzen – etwa in Art. 31 ff. BayPAG – für die **Datenerhebung** und sogar für den **Einsatz technischer Mittel**.[393] Sollten deren Voraussetzungen im Einzelfall nicht erfüllt sein, befindet sich in den jeweiligen Landespolizei-

---

389 Vgl. nur *Rogall*, NStZ 1992, 45 ff.; *Gusy*, StV 1991, 499 ff. und *v. Hippel/Weiß*, JR 1992, 316 ff.

390 Vgl. nur *Rogall*, NStZ 1992, 46 m. w. N.

391 Vgl. dazu nur *Dörschuck*, Kriminalistik 1997, 740 und *Artzt*, Kriminalistik 1998, 353 sowie *Knemeyer*, Polizei- und Ordnungsrecht, 6. Auflage 1995, 66 ff. m. w. N. sowie die Festlegungen in Anlage A Abschnitt B III der RiStBV (abgedruckt bei *Kleinknecht/Meyer-Goßner*, Anhang 14).

392 So im Ergebnis auch BVerwGE 47, 255, 265; *Knemeyer*, Polizei- und Ordnungsrecht, 66 f.; *Götz*, Allgemeines Polizei- und Ordnungsrecht, 1991, 215 f.

393 Für das BKA befinden sich im neuen BKAG vom 7. 7. 1997 (BGBl. 1997, Teil 1, 1650) in den §§ 21 ff. eigene Befugnisse zur Datenerhebung.

gesetzen überwiegend für untypische Fälle eine eigene **polizeiliche Generalklausel**. Diese wird von der Rechtsprechung vor dem Hintergrund der Bestimmtheit von Eingriffen als verfassungsrechtlich zulässig angesehen.[394] Eine solche Generalklausel findet sich etwa in Art. 11 Abs. 1 BayPAG.[395] Diese Regelung entspricht § 8 des Musterentwurfes für ein einheitliches Polizeigesetz.[396] Bei Eröffnung des polizeilichen Aufgabenbereichs ist es den Sicherheitsbehörden danach gestattet, alle notwendigen Maßnahmen zu treffen, um eine im Einzelfall bestehende Gefahr für die öffentliche Sicherheit und Ordnung abzuwenden. Eine weitere Konkretisierung dieser allgemein gefaßten Befugnis findet sich in Abs. 2 durch die beispielhafte Umschreibung der Notwendigkeit einer Maßnahme. Mit dieser polizeilichen Generalklausel läßt sich daher ebenfalls ein **Einwählen in fremde Kommunikationsdienste** rechtfertigen, wenn es den Sicherheitsbehörden um die Verhütung oder Unterbindung weiterer Straftaten geht. Diese Voraussetzungen liegen etwa vor, wenn durch die Ermittlungen im Computernetz der betroffene fremde Rechner aufgrund des polizeirechtlichen Vorgehens nicht weiter zur illegalen Verbreitung von Software, nationalsozialistischem Gedankengut oder kinderpornographischen Inhalten benutzt werden soll. Grenzen für das polizeiliche Handeln ergeben sich dabei jeweils im Einzelfall nur durch die Notwendigkeit und Verhältnismäßigkeit des Eingriffs i. S. d. Art. 4 BayPAG.

c) Strafprozessuale Rechtsgrundlagen

255 Liegt das Schwergewicht des Handelns beim Einwählen in den fremden Rechner demgegenüber – wie im Fall der Mailbox-Entscheidung aufgrund eines konkreten Ermittlungsverfahrens – im Bereich der Strafverfolgung, kann als Ermächtigungsgrundlage nur auf die **strafprozessualen Eingriffsbefugnisse** zurückgegriffen werden. In Betracht kommen hier neben dem Einsatz verdeckter Ermittler (§ 110 a StPO) vor allem die Durchsuchung (§§ 102, 103 StPO) und die Überwachung des Fernmeldeverkehrs (§ 100 a StPO). Diese beiden letztgenannten Rechtsgrundlagen werden auch vom BGH in der Mailbox-Entscheidung[397] im einzelnen untersucht. Lassen sich diese Normen nicht anwenden, kommt hilfsweise ein Rückgriff auf die §§ 161, 163 StPO in Betracht, wenn darin eine dem Polizeirecht vergleichbare Generalklausel enthalten ist.

256 Der Einsatz verdeckter Ermittler war bis zum Jahr 1992 nicht ausdrücklich gesetzlich geregelt. Erst mit dem Gesetz zur Bekämpfung der organisierten Kriminalität (OrgKG) wurden in den **§§ 110 a ff. StPO** spezielle Regelungen für den **Einsatz verdeckter Ermittler** geschaffen. Gesetzlich weiterhin nicht normiert ist aber der Einsatz sog. V-Leute ohne auf Dauer angelegter Legende.[398] Voraussetzung für ein Tätigwerden eines verdeckten Ermittlers ist nach § 110 a StPO das Vorliegen einer dem § 100 a StPO entsprechenden **Katalogtat**. An dieser Voraussetzung wird es bei vielen Straftaten in Datennetzen bereits fehlen, da sowohl alle dargestellten Formen der Computerkriminalität einschließlich Urheberrechts- und Datenschutzverletzungen als auch Pornographie-Straftaten – wie § 184 StGB – dort nicht aufgeführt sind und in den wenigsten Fällen als Verbrechen eingestuft werden können.[399] Ein Rückgriff auf § 110 a StPO bleibt daher im Hinblick auf die

---

394 Vgl. nur BVerfGE 54, 143 f.; 56, 1, (12); 69, 315, (352 f.) sowie *Denninger*, CR 1988, 56 f.

395 Bayerisches Polizeiaufgabengesetz (BayPAG). Vgl. den Regelungen der übrigen Bundesländern die Nachweise bei *Lisken/Denninger* (Hrsg.), Handbuch des Polizeirechts, 1992, Anhang, 733 ff. bzw. in der 2. Auflage 1996, XXIII.

396 Vgl. zum Musterentwurf eines einheitlichen Polizeigesetzes (MEPolG) die Darstellungen bei *Knemeyer*, Polizei- und Ordnungsrecht, 265 ff.

397 NJW 1997, 1934 = CR 1996, 488 mit Anmerkung *Bär*.

398 Nach BT-Drucksache 12/989, 41 f. hielt der Gesetzgeber hierfür eine gesetzliche Regelung aufgrund der allgemeinen Bestimmungen der §§ 161, 163 StPO nicht für erforderlich. Vgl. hierzu Anlage D der RiStBV, abgedruckt bei *Kleinknecht/Meyer-Goßner*, Anhang A 14.

399 Vgl. zu den relevanten Eingriffsvoraussetzungen näher *Kleinknecht/Meyer-Goßner*, StPO, § 110 a Rn. 10 f.

Katalogtat insbesondere nur bei der **Verfolgung von Staatsschutzdelikten**. Dazu zählt vor allem auch eine Verbreitung von Propagandamitteln verfassungswidriger Organisationen (§ 86 StGB). Nachdem praktische Erfahrungen aus bisherigen Ermittlungsverfahren gezeigt haben, daß speziell bei rechtsextremistischen Angeboten in elektronischen Kommunikationsdiensten vom Benutzer neben der Herstellung eines Kommunikationsvorganges über das Datennetz auch besonderer Wert auf die Herstellung eines persönlichen Kontaktes – etwa durch den Besuch gemeinsamer Treffen oder Veranstaltungen – gelegt wird, bietet sich hierfür ein Rückgriff auf die §§ 110 a ff. StPO an, da nur so eine auf Dauer angelegte veränderte Identität eines Polizeibeamten erreicht werden kann. In diesen Fällen kann daher die Rechtsgrundlage für den Einsatz verdeckter Ermittler einen Zugang zu abgeschlossenen Systemen oder speziellen Mailboxen bei Nichtpreisgabe der wahren Identität rechtfertigen. Inhaltlich muß sich eine solche Maßnahme im Rahmen der durch § 110 c StPO abgesteckten Befugnisse des verdeckten Ermittlers bewegen. Entscheidend ist letztlich, ob sich genügend Anhaltspunkte für das Vorliegen einer der von § 110 a StPO umfaßten Straftaten ergeben.

Vom BGH wird in der Mailbox-Entscheidung die Frage untersucht, ob sich das Einwählen in den fremden Rechner als eine Form der **Durchsuchung** den **§§ 102, 103 StPO** unterordnen läßt. Diese Eingriffsermächtigung drängt sich deshalb auf, weil unter Nutzung der fremden Zugangsberechtigung ein Zugriff auf Informationen erfolgt, die in vom Schutzbereichs des Art. 13 GG umfaßten Räumlichkeiten körperlich gespeichert werden. Wie bei einer Durchsuchung befindet sich der Polizeibeamte damit beim Datenabruf via Datenleitung zwar in den Räumen des Betroffenen, jedoch mit der Besonderheit gegenüber einer herkömmlichen Durchsuchung gem. §§ 102, 103 StPO, daß **keine körperliche Anwesenheit** des „Durchsuchenden" am Standort des jeweiligen Computersystems erfolgt. Da der Betroffene auch keine Kenntnis von der Online-Durchsuchung hat, wird auf diese Weise die Bestimmung des § 106 StPO mißachtet, die dem Inhaber der zu durchsuchenden Räumlichkeiten oder Gegenstände das Recht einräumt, der Durchsuchung beizuwohnen. Da es sich hierbei jedoch nach h. M. um eine reine Ordnungsvorschrift[400] handelt, dürfte dies zumindest nicht notwendig zur Unverwertbarkeit der gewonnenen Erkenntnisse führen.[401] Es erhebt sich aber die Frage, ob nicht wesentliche Gesichtspunkte gegen die Einordnung des „Einwählens" in fremde Server – wie dies von der Generalbundesanwaltschaft befürwortet wurde[402] – als einer Form der Durchsuchung sprechen. Dies kann letztlich nur anhand einer Auslegung der Reichweite einer Durchsuchung unter Berücksichtigung von grammatischen und teleologischen Gesichtspunkten beurteilt werden. 257

Der **Durchsuchung** ist dabei begrifflich eine ziel- und zweckgerichtete Suche staatlicher Organe nach Personen oder Sachen immanent, um etwas aufzuspüren, was der Inhaber der Wohnung von sich aus nicht offenlegen oder herausgeben will.[403] Diesem grammatischen Verständnis widerspricht bereits jedes heimliche Vorgehen. Bei der Durchsuchung handelt es sich gerade um eine **offen** gegenüber dem Betroffenen **ausgeführte** staatliche **Zwangsmaßnahme**, bei der aus den §§ 102, 103 sowie 106 StPO gerade keine Befugnis zur heimlichen Durchführung ohne Kenntnis des Betroffenen abgeleitet werden kann. Zusätzlich gestatten die gesetzlichen Durchsuchungsbefugnisse unter Beachtung des Art. 13 Abs. 2 und 3 GG eine Durchbrechung der grundrechtlich garantierten Unverletzlichkeit der Wohnung in Art. 13 Abs. 1 GG. Die gesamten Durchsuchungsbestimmungen gehen damit von einer körperlichen Anwesenheit des Ermittlungsbeamten vor Ort aus. Andernfalls wären die in den §§ 104 ff. StPO enthaltenen Schutzbestim- 258

---

[400] Vgl. BGH, NJW 1983, 375 sowie *Kleinknecht/Meyer-Goßner*, § 106 Rn. 1 m. w. N.

[401] Im einzelnen ist umstritten, welche Rechtsfolgen bei einer Verletzung des § 106 StPO eintreten. Vgl. dazu nur *Kleinknecht/Meyer-Goßner*, § 106 Rn. 1 m. w. N.

[402] Vgl. BGH, CR 1996, 489.

[403] So BVerfGE 51, 106 f. und BVerwGE 47, 37.

mungen überflüssig und die verfassungsrechtlich gebotene Offenheit und Erkennbarkeit staatlichen Handelns[404] würde nicht beachtet. Ein weiterer Gesichtspunkt gegen die Anwendung der Durchsuchungsbestimmungen ergibt sich ebenfalls aus dem Wortlaut der §§ 102 und 103 StPO. Ziel einer Durchsuchung ist das Auffinden und Beschlagnahme von Gegenständen als Beweismittel. Wie auch der BGH in seiner Mailbox-Entscheidung zutreffend ausführt, dient der Online-Zugriff auf die in den Räumen gespeicherten Daten aber gerade **keiner Sicherstellung körperlicher Gegenstände**. Damit soll zunächst nur festgestellt werden, ob auf einem EDV-System in unkörperlicher Form Informationen mit strafbarem Inhalt gespeichert sind. Ein Zugriff auf Daten in unverkörperter Form läßt sich aber mit dem Wortlaut der bestehenden Durchsuchungs- und Beschlagnahmebestimmungen nicht in Einklang bringen.[405] Die Durchsuchung als Zwangsmaßnahme hätte in diesem Fall einen völlig anderen Eingriffscharakter, weil eine gerichtliche Kontrolle des staatlichen Eingriffs in der bisherigen Form nicht mehr möglich wäre und der Betroffene in Unkenntnis über Art und Dauer des staatlichen Eingriffs bliebe. Die bisherige Durchsuchung würde so über den Gesetzeswortlaut hinaus zu einer Form des Lauschangriffs erweitert, die Grenzen zur Überwachung des Fernmeldeverkehrs wären verwischt. Wie gerade die Regelung des § 100c StPO und auch die derzeitige politische Diskussion um die Erweiterung der bestehenden gesetzlichen Befugnisse zeigen, bedarf es aber einer speziellen Ermächtigungsgrundlage für Maßnahmen, die ohne Wissen des Betroffenen ausgeführt werden sollen. Weitere rechtliche Probleme ergeben sich durch die Beschränkungen der Durchsuchungsbestimmungen auf das nationale Recht, so daß bei einem Abruf von Daten aus dem Ausland in jedem Fall auch die räumlichen Grenzen der Durchsuchung überschritten wären.[406] Mit der BGH-Rechtsprechung[407] können deshalb die Bestimmungen zur Durchsuchung i. S. d. §§ 102, 103 StPO nicht zur Begründung eines Online-Zugriffs auf fremde Daten herangezogen werden.

259 Nachdem eine Zugriff auf fremde Daten gar nicht möglich wäre, wenn der am Ende der Telekommunikationsleitungen stehende Rechner nicht mit Datenübertragungseinrichtungen ausgestattet und somit als Teil einer Fernmeldeanlage anzusehen ist, wird in der Mailbox-Entscheidung des BGH schließlich noch untersucht, ob die Online-Abfrage von Daten als **Eingriff in den Fernmeldeverkehr gem. § 100a StPO** beurteilt werden kann. Die Datenübertragung vom und zum Rechner ist jedenfalls als Fernmeldeverkehr i. S. d. Art. 10 GG anzusehen. Jedoch besteht zur herkömmlichen Überwachung der Telekommunikation mit der Beteiligung des Staates als Dritter an einem zwischen zwei Personen stattfindenden Kommunikationsvorgang insoweit ein wesentlicher Unterschied, als hier die Verbindung zum Rechner durch die Sicherheitsbehörden selbst erst aufgebaut wird. Vom Ermittlungsrichter beim BGH[408] wird deshalb auch der **Verbindungsaufbau zu einer fremden Mailbox** als **Eingriff in den Fernmeldeverkehr** angesehen mit der Folge, daß für dieses Vorgehen auch die Voraussetzungen des § 100a StPO erfüllt sein müßten. Der Anwendungsbereich des § 100a StPO könne nicht auf den jeweiligen aktuellen Übertragungsvorgang beschränkt werden, sondern erstrecke sich auch auf die in einer Mailbox abrufbaren Informationen. Zusätzlich beschränkt der BGH aber den Eingriff in zweifacher Hinsicht gegenüber einer herkömmlichen Überwachung: Zum einen müssen zusätzlich die Voraussetzungen des § 103 StPO vorliegen, d. h. die Maßnahme ist auf ganz bestimmte Daten begrenzt, denen der Untersuchungszweck dient. Zum anderen dürfe auf die gespeicherten Daten – nicht wie bei § 100a StPO innerhalb eines festgelegten Zeitraums von bis zu 3 Monaten – nur einmal zugegriffen werden, das Vorgehen also

[404] Vgl. *Denninger*, in: *Lisken/Denninger*, 172.

[405] Vgl. zur Beschränkung der Durchsuchungs- und Beschlagnahmebestimmungen auf körperliche Gegenstände *Bär*, Zugriff auf Computerdaten im Strafverfahren, 240 ff.

[406] Vgl. dazu oben die Ausführungen in Rn. 191 ff.

[407] So auch BGH, NJW 1997, 1934 = CR 1996, 489 mit Anmerkung *Bär*.

[408] Vgl. BGH, CR 1996, 488 sowie zustimmend *Kudlich*, JuS 1998, 214.

nicht beliebig wiederholt werden. Diese zusätzlichen Einschränkungen und das nicht dem herkömmlichen Anwendungsfall einer Überwachung entsprechende Vorgehen machen bereits deutlich, daß § 100 a StPO als **Rechtsgrundlage** an sich **nicht für den heimlichen Abruf von Daten geschaffen** wurde. Insbesondere bleibt unberücksichtigt, daß der Verbindungsaufbau zum fremden Online-Rechner begrifflich bereits keine „Überwachung" darstellt. Beim Einwählen in eine Mailbox wird die Verbindung durch die Ermittlungsbeamten erst selbst aufgebaut und damit keiner Überwachung unterzogen. Kontrolliert werden soll auch kein Kommunikationsvorgang, sondern nur der Inhalt des Festplattenspeichers eines Rechners durch den Zugriff mit Mitteln der Telekommunikation. Der Verbindungsaufbau zum fremden Rechner ist damit eher dem Fall vergleichbar, daß ein Polizeibeamter mit verstellter Stimme bzw. falschem Namen bei einem Beschuldigten anruft und so die Verbindung erst initiiert, um bestimmte Informationen zu erlangen. Auch hier würde man nicht daran denken, dies bereits als eine Überwachungsmaßnahme gem. § 100 a StPO anzusehen. Nichts anderes kann deshalb auch bei einem Datenabruf durch Ermittlungsbeamte gelten. Ein derartiger Zugriff auf fremde Daten läßt sich daher – entgegen der Auffassung des Ermittlungsrichters beim BGH – wohl allenfalls für eine Übergangszeit bis zur Schaffung einer gesetzlichen Neuregelung als Maßnahme gem. § 100 a StPO ansehen.[409] Ein Rückgriff auf die Überwachungsvorschrift wird im übrigen – abgesehen von den Staatsschutzdelikten – in den meisten Fällen der Computer- und Wirtschaftskriminalität bereits daran scheitern, daß keine Katalogtat i. S. d. § 100 a StPO vorliegt.

Findet sich damit regelmäßig weder in § 102 StPO noch in § 100 a StPO eine spezielle Ermächtigungsgrundlage für den Verbindungsaufbau zum fremden Rechner durch Polizeibeamte, kann diese durch die allgemeine **Aufgabenzuweisungsnorm der § 161, 163 StPO** zur Erforschung von Straftaten als Rechtsgrundlage nicht ersetzt werden. Nach ganz h. M. sind über § 163 StPO Maßnahmen nicht deshalb zugelassen, weil sie i. S. d. Schwellentheorie[410] vom Eingriffscharakter her unterhalb der gesetzlich geregelten Befugnisnormen liegen. Die §§ 161, 163 StPO sind vielmehr nach h. A.[411] nur eine reine Aufgabenzuweisungs-, aber **keine Befugnisnorm**, wie in den Polizeigesetzen der Länder. Maßnahmen mit Eingriffscharakter können deshalb hierauf nicht gestützt werden. Selbst wenn man in § 163 StPO[412] unter Hinzuziehung der Gesetzessystematik und des Willens des historischen Gesetzgebers eine gesetzliche Grundlage für Ermittlungsmaßnahmen sieht, die der Polizei ohne Anwendung von Zwang möglich sind, führt dies nicht weiter.[413] Zu rechtfertigen sind damit allenfalls Eingriffe in das allgemeine Persönlichkeitsrecht nach Art. 1 Abs. 1 i.V. m. 2 Abs. 1 GG, nicht aber in spezielle Ausprägungen der Persönlichkeitsrechte in sonstigen Grundrechtsartikeln.[414] Dabei ist letztlich auch zu berücksichtigen, daß mit einem Einwählen in den Rechner unter Verwendung einer fremden Kennung der **Straftatbestand des § 202 a StGB** verwirklicht sein kann.[415] Auch der Polizeibeamte, der mit fremder Kennung Zugang zum System erhält, verschafft sich nicht für ihn bestimmte Daten. Eine solche Strafbarkeit kann aber nicht durch ein verfahrensrechtlich zulässiges Verhalten auf der Grundlage des § 163 StPO, sondern allenfalls durch **260**

---

409 So im Ergebnis auch *Palm/Roy*, NJW 1997, 1905, a. A. dagegen *Kudlich*, JuS 1998, 214.

410 Vgl. dazu *Bär*, Zugriff auf Computerdaten im Strafverfahren, 1992, 172 f. m. w. N. sowie oben Rn. 179.

411 Vgl. *SK-StPO-Rudolphi*, 1993 ff., Vor § 94 Rn. 45, *SK-StPO-Wolter*, Vor § 151 Rn. 92; *LR-Rieß*, § 161 Rn. 31; *Kleinknecht/Meyer-Goßner*, § 161 Rn. 7; *Rogall*, GA 1985, 6 f. sowie *Kudlich*, JuS 1998, 214.

412 Vgl. *Kramer*, NJW 1992, 2734 f. und Kriminalistik 1993, 227 ff.

413 Eine Änderung wird sich hier aber mit der Umsetzung des Strafverfahrensänderungsgesetzes (StVÄG) 1999 ergeben. Hier ist die Umgestaltung des § 161 StPO in eine Ermittlungsgeneralklausel vorgesehen. Vgl. BR-Drucksache 65/99, 4, 46.

414 Vgl. *Kramer*, NJW 1992, 2735.

415 Vgl. zur Reichweite des Tatbestandes die Ausführungen zum Tatbestand oben in Rn. 70 ff.

eine Spezialnorm der StPO – wie etwa § 100a StPO – legitimiert werden.[416] Für den strafprozessualen Online-Zugriff auf Computerdaten fehlt es daher in den meisten Fällen an einer entsprechenden Rechtsgrundlage. Möglich sind aber stets – entsprechend den obigen Ausführungen zur Durchsuchung und Beschlagnahme sowie zu § 100a StPO[417] – Ermittlungen am Standort des jeweiligen Rechners, soweit dieser bekannt ist.

VII. Zugriff auf verschlüsselte Daten

261 Selbst wenn aufgrund der dargestellten Rechtsgrundlagen der Durchsuchung, Beschlagnahme oder der Eingriffe in den Fernmeldeverkehr die Ermittlungsbehörden in den Besitz beweisrelevanter Daten gelangt sind, ist damit nicht notwendigerweise auch eine Verwertung im weiteren Verfahren verbunden. Die im Rahmen einer Zwangsmaßnahme gewonnenen Daten müssen vielmehr von den Ermittlungsbehörden auch ausgewertet werden können. Werden zur Telekommunikation sowohl vom Nachrichtenabsender als auch -empfänger oder auch bei der Datenspeicherung spezielle **kryptologische Verfahren** eingesetzt, ist eine Entschlüsselung mit der heutigen technischen Ausstattung nahezu unmöglich, wenn es den Ermittlungsbehörden nicht gelingt, an den zur Sichtbarmachung der Daten erforderlichen Schlüssel zu gelangen. In den USA zeigt sich, daß bereits heute ca. **5-10 % aller Kommunikationsvorgänge** in verschlüsselter Form abgewickelt werden. Dieser Anteil an der Gesamtkommunikation dürfte sowohl aufgrund des Angebots entsprechender Software als auch aufgrund der datenschutzrechtlichen Forderungen nach einer unkontrollierten Kommunikation weiter zunehmen. Die bestehenden technischen Verfahren zur Verschlüsselung sowie die rechtlichen Möglichkeiten, an den Schlüssel bzw. die Daten in unverschlüsselter Form zu gelangen, bedürfen daher einer gesonderten Untersuchung.

1. Methoden der Datenverschlüsselung

262 Die Kryptographie zählt bereits zu den Schlüsseltechnologien der Informationsgesellschaft. Der breite Einsatz entsprechender Verfahren ist heute aus Gründen der Sicherheit in der Informationstechnik äußerst wünschenswert. **Verschlüsselungstechniken** stehen heute für das Telefon, für Fax, E-Mail oder Datenträger in Form von Disketten, Festplatten oder Bändern zur Verfügung. Die hinter der Verschlüsselung stehenden Verfahren sind längst veröffentlicht. Eine Umsetzung dieser Vorgaben in entsprechende Computerprogramme bedarf deshalb – zumindest im Bereich der EDV-Technologie – keines besonderen Aufwands mehr. Waren noch vor wenigen Jahren die Verschlüsselungstechnologien weitgehend dem staatlichen Bereich vorbehalten, stehen sie heute gut und **preiswert für jedermann zur Verfügung**. So werden solche Programme, wie etwa **Pretty Good Privacy (PGP)**, auch kostenlos über das Internet verbreitet.[418] Werden solche Chiffrierverfahren sorgfältig eingesetzt, sind sie aus technischer Sicht in den meisten Fällen unüberwindlich. Chancen für eine Entschlüsselung der Daten bestehen nur dann, wenn etwa schwache Verfahren eingesetzt werden. Dies gilt insbesondere, sofern der eingesetzte Schlüsselumfang begrenzt ist und deshalb mit ausreichender Rechnerleistung die Möglichkeit zur Entzifferung besteht. Denkbar ist aber auch, daß der Nutzer die eingesetzten Programme fehlerhaft angewendet hat und so Möglichkeiten zur Entschlüsselung bestehen.

---

[416] So im Ergebnis auch *Kramer*, NJW 1992, 2735.

[417] Vgl. dazu die Ausführungen in Rn. 182 ff. und 233 ff.

[418] Vgl. zu Pretty Good Privacy (PGP) und dessen Anwendung *Hertramph*, Internet-Magazin Heft 4/1997, 41 ff. sowie *Luckhardt*, c't Heft 6/1997, 360 ff. und Heft 7/1997, 288 ff. Vgl. zu weiteren Kryptographie-Lösungen im Internet auch *Schmeh*, iX Heft 12/1998, 113 ff. und *Raison*, iX Heft 12/1998, 120 ff.

An Verschlüsselungsverfahren stehen vor allem symetrische und asymetrische Verfahren zur Verfügung.[419] Bei den **symmetrischen Verfahren** werden zum Kodieren und Dekodieren die gleichen Codewörter verwendet, alle eingesetzten Schlüsselpaare sind dabei vertraulich und müssen sowohl auf Seite des Absenders als auch beim Empfänger vorhanden sein. Das sicherste Verfahren hierbei ist One-Time-Pad. Hier wird jedes Zeichen der Nachricht mit dem Schlüssel verknüpft, der genauso lang ist wie der zu verschlüsselnde Text. Die Sicherheit dieses Verfahrens beruht auf der Zufälligkeit des Schlüssels, der nur ein einziges Mal verwendet werden darf. Das Verfahren ist aber ziemlich unhandlich, da die Kommunikationspartner zuvor über einen sicheren Kanal einen Schlüssel austauschen müssen, der genauso lang ist, wie eine spätere Nachricht. Deshalb werden heute zunehmend **asymmetrische Verfahren** eingesetzt. Sie werden auch als Public-Key-Verfahren bezeichnet, da jeder Anwender ein Schlüsselpaar bestehend aus einem öffentlichen und einem geheimen Schlüssel erhält. Der eine Schlüssel dient zum Codieren, der andere zum Decodieren. Den Codierschlüssel kann man deshalb gefahrlos austauschen und auch veröffentlichen. Zur Verschlüsselung benötigt der Absender den öffentlichen Schlüssel (Public Key) des Empfängers. Eine so übersandte Nachricht kann dann aber nur mit dem dazugehörigen geheimen Schlüssel (Private Key) wieder dechiffriert werden. Das bekannteste asymmetrische Verfahren ist RSA.[420] Auf diesem Verfahren beruht auch das mit dem IuKDG neu geschaffene Gesetz zur digitalen Signatur.[421] Eine weitere Möglichkeit zum sicheren Austausch von Informationen bietet die **Steganographie**. Hierbei handelt es sich im klassischen Sinn nicht um ein Verschlüsselungsverfahren, sondern um die Möglichkeit, Nachrichten in anderen Texten oder Bildern zu verstecken. Ziel dieses Verfahrens ist es, geheime Daten so zu speichern, daß niemand diese Informationen findet und auch deren Existenz nicht nachweisen kann. Dazu eignen sich besonders Bild- und Tondateien. So enthalten Bilddateien für jeden Bildpunkt (Pixel) die Farbwerte, Tondateien für jeden Abtastpunkt den digitalisierten Wert.[422] Die niederstwertigen Bits tragen dabei kaum Informationen, so daß bei deren Ersetzung sich dies nur in einem leichten Rauschen oder einer geringen Farbverfälschung äußert. An Stelle der niederwertigen Bits können nun in das Bild oder die Tondatei andere Nachrichten eingefügt werden, ohne daß dies später wahrnehmbar wird. 263

2. Bekanntgabe von Verschlüsselungsmechanismen

Werden Verschlüsselungstechniken verwendet, stehen aus rechtlicher Sicht verschiedene Regelungsmöglichkeiten zur Verfügung, die sich vor allem hinsichtlich der Intensität des Eingriffs in die Rechte der Betroffenen unterscheiden: Kommt es zu keinen gesetzlichen Beschränkungen oder Verboten in diesem Bereich, ist eine **Verschlüsselung ohne Einschränkungen zulässig**. Über Auflagen für die Anbieter von Verschlüsselungsdienstleistungen könnte erreicht werden, daß diese zur Aufbewahrung und Herausgabe der zur Entschlüsselung notwendigen Informationen verpflichtet werden. Denkbar wäre aber auch ein Genehmigungsvorbehalt für das Inverkehrbringen von Verschlüsselungssystemen, ggf. verbunden mit dem Verbot einer Benutzung nicht genehmigter Verfahren. Da es bisher aber für die Verschlüsselung in Deutschland zu keinen gesetzlichen Regelungen gekommen ist, sind auch die Zugriffsmöglichkeiten für die Ermittlungsbehörden, um an den zur Sichtbarmachung der Daten erforderlichen Schlüssel zu gelangen, sehr gering. So besteht etwa nur über **§ 8 Abs. 2 FÜV** für die **Anbieter von Verschlüsselungstechniken** die Verpflichtung, den Ermittlungsbehörden die zur Entschlüsselung erforderlichen In- 264

[419] Vgl. dazu näher *Koch*, CR 1997, 106 f. und *Gerling*, DuD 1997, 197 ff.

[420] Benannt nach den Erfindern Rivest, Shamir und Adleman.

[421] Vgl. dazu *Geis*, NJW 1997, 3000 ff.; *Rott*, NJW-CoR 1998, 420 ff.; *Roßnagel*, NJW 1998, 3312 und MMR 1998, 75 ff.; *Hohenegg/Tauschek*, BB 1997, 1541 ff.

[422] Vgl. dazu *Rink*, c't Heft 6/1997, 330 ff.

formationen zeitgerecht zur Verfügung zu stellen. Im übrigen existieren derzeit – im Gegensatz zu anderen Staaten wie Frankreich – keine gesetzlichen Beschränkungen beim Einsatz kryptologischer Verfahren. Die Ermittlungsbehörden können nur versuchen, im Rahmen einer Durchsuchung oder Beschlagnahme oder über die strafprozessualen Mitwirkungspflichten in Form der Zeugenaussage oder des Herausgabeverlangens (§ 95 StPO) gegenüber unbeteiligten Dritten an den entsprechenden Schlüssel zu gelangen. Der Einsatz einer speziellen polizeilichen Software, um – quasi vergleichbar einem Virenprogramm – bei der Datenübermittlung Schlüssel abzufangen, ist gesetzlich nicht zulässig. Bei Verwendung privater Verschlüsselungsprogramme bestünde daher trotz durchgeführter Überwachung ohne „Schlüssel" kaum eine Möglichkeit zur Auswertung der Daten.[423] Sollten daher aus Gründen der Datensicherheit in noch stärkerem Maß als bisher Verschlüsselungsverfahren eingesetzt werden, reduzieren sich auch die Möglichkeiten der Ermittlungsbehörden, sichergestellte Informationen auswerten zu können.

E. Zusammenfassung und Ausblick

265 Die modernen Informations- und Kommunikationstechnologien sind heute in fast alle Lebensbereiche eingedrungen und werden in absehbarer Zeit zum Lebensstandard gehören und dieselbe Bedeutung wie Auto, Telefon oder andere unverzichtbare Güter erlangen. Durch die immer weiter zunehmende Verbreitung der EDV-Systeme steigt aber in gleicher Weise auch die **Abhängigkeit der Informationsgesellschaft von der Computertechnik**. Damit ergeben sich auch neue Gefährdungen und für kriminelle Täter neue Möglichkeiten zur Tatbegehung. Die Computerkriminalität insgesamt wird deshalb auf der einen Seite vielfältiger, weil sich durch immer neue Techniken auch ständig neue Erscheinungsformen herausbilden. Sie wird auf der anderen Seite auch gefährlicher, da moderne technische Steuerungssysteme für Kernkraftwerke, Rüstungsanlagen, Finanzdienstleistungen von der EDV geprägt und somit im Fall einer Störung weitaus größere Folgen auslösen können als zu früheren Zeiten. Wie die obigen Ausführungen zur Computerkriminalität gezeigt haben, lassen sich aber die meisten der neuen kriminellen Erscheinungsformen im Zusammenhang mit der Computertechnologie seit den Änderungen im 2. WiKG durch das geltende materielle Strafrecht erfassen. Die meisten Tatbestände sind auch so allgemein und entwicklungsoffen ausgestaltet, daß neue auftretende Kriminalitätsformen ebenfalls sanktioniert werden können. **Defizite** bei der gesetzlichen Regelung zeigen sich vor allem in den Bereichen der **Computerspionage und -sabotage und der Datenveränderung.** Auch wenn diese Deliktsformen heute in der polizeilichen Kriminalstatistik nur eine untergeordnete Rolle spielen, werden gerade durch kriminelle Handlungen in diesem Bereich zunehmend hohe Schäden verursacht, ohne daß eine angemessene Bestrafung der jeweiligen Täter möglich ist. So kann ein über die Datennetze verbreiteter Virus oder die „Bombardierung" mit massenhafter E-Mail den Ausfall einer Vielzahl von EDV-Anlagen zur Folge haben. Durch die Möglichkeiten zum Anzapfen von Rechnern, dem Mitlesen oder Aufzeichnen von Kommunikation können auch der gesamten Volkswirtschaft erhebliche negative Auswirkungen entstehen, die ein Nachdenken über die Straflosigkeit des Hacking in bestimmten Bereichen auslösen sollten. Abzuwarten bleibt auch hier, ob durch die zunehmende Vernetzung der EDV-Systeme und das Zusammenwachsen bisheriger getrennter Bereiche zu Multimedia-Anwendungen nicht völlig neue kriminelle Aktivitäten entstehen, die sich durch das geltende Recht nicht mehr erfassen lassen und deshalb einen Handlungsbedarf für den Gesetzgeber in diesem Bereich entstehen lassen.

---

[423] Vgl. dazu nur *Kuner*, NJW-CoR 1995, 413 ff.; *Leiberich*, Kriminalistik 1995, 731; *Dix*, CR 1997, 38; *Koch*, CR 1997, 106; *Gerling*, DuD 1997, 197; *Bizer*, DuD 1997, 203 ff.; *Luckhardt*, c't 7/1997, 288.

Demgegenüber hat der Gesetzgeber im Bereich des Strafverfahrensrechts die aufgrund der technischen Entwicklung erforderlichen Veränderungen bei den relevanten Eingriffsermächtigungen bisher nur in sehr begrenztem Umfang vorgenommen. Hier zeigt sich in ganz erheblichem Umfang noch ein **legislatorischer Handlungsbedarf**. Es kann hier nicht ausreichend sein, Probleme der Strafverfolgung im EDV-Bereich mit Rechtsgrundlagen zu lösen, die noch aus dem vergangenen Jahrhundert stammen und weiterhin an der **Gewinnung körperlicher Informationen statt** an **unverkörperten Daten** orientiert sind. Gerade hier bedarf es in den kommenden Jahren noch erheblicher Veränderungen. Dies um so mehr als bei fast allen gesetzlichen Veränderungen der letzten Jahre zwar immer wieder die Erfassung neuer Erscheinungsformen der Kriminalität durch das materielle Recht verbessert wurde, ohne aber an die dabei auftretenden Aufklärungs- und Nachweisschwierigkeiten zu denken. Das derzeit im Gesetzgebungsverfahren befindliche Strafverfahrensänderungsgesetz (StVÄG) 1999[424] dürfte dabei ein erster Schritt auf diesem Weg sein. Es bleibt daher zu hoffen, daß es in nächster Zukunft hier zu entsprechenden weiteren gesetzlichen Initiativen kommt, damit auch die Ermittlungsbehörden in die Lage versetzt werden, den neuen Herausforderungen der Informationsgesellschaft gerecht zu werden. 266

Sowohl im Bereich des materiellen Strafrechts als auch im Strafverfahrensrecht kommt jedoch ein letzter zentraler Aspekt hinzu. Das Zusammenwachsen der Computertechnologien mit modernen Kommunikationstechniken ist in keinster Weise mehr auf den nationalen Bereich beschränkt, sondern führt zur Internationalisierung der Computerkriminalität und der Fragen der EDV-Beweissicherung. Wenn in Sekundenbruchteilen Daten über die ganze Welt übertragen werden können oder beweisrelevante Datenbestände den Ermittlungsbehörden durch Speicherungen im Ausland vorenthalten werden, ergeben sich hier sehr schnell Grenzen für die nationalen Rechtsordnungen. Es ist daher auf der einen Seite eine **Harmonisierung der nationalen Rechtsordnungen** erforderlich, um ein Entstehen von „Computer Crime Havens" zu verhindern. Auf der anderen Seite bedarf es einer viel stärkeren **grenzüberschreitenden Zusammenarbeit** der jeweiligen nationalen Strafverfolgungsbehörden. Selbst wenn sich im Rahmen der Europäischen Union oder innerhalb anderer Gremien bereits wichtige Ansätze hierfür ergeben, sind die dort erzielten Fortschritte noch nicht ausreichend und bedürfen noch einer entsprechenden Umsetzung in nationales Recht bzw. internationale Vereinbarungen, um eine wirksame Bekämpfung der modernen Kriminalitätsformen mit der EDV als Tatobjekt oder Tatmittel zu erreichen.[425] 267

---

424 Vgl. BR-Drucksache 65/99.

425 Vgl. dazu näher *Delmas-Harty*, Corpus Juris der strafrechtlichen Regelungen zum Schutz der finanziellen Interessen der Europäischen Union, 1998.

19. Kapitel. Internationale Rechtshilfe

Literatur: *von Bubnoff,* Auslieferung, Vollstreckungsübernahme, Vollstreckungshilfe, 1989; *Carl/Klos,* Bankermittlungen in Österreich im Rahmen der Amts- und Rechtshilfegewährleistung in Steuersachen, wistra 1995, 95; *dies.*, Leitfaden zur internationalen Amts- und Rechtshilfe in Steuersachen, 1995; *Dannecker,* Strafrechtlicher Schutz der Europäischen Gemeinschaft gegen Täuschung, ZStW 108 (1996) S. 577; *Dreßler,* Rechtshilfe in Steuerstrafsachen durch die Schweiz, wistra 1989, 161; *Eser/Lagodny/Wilkitzki,* Internationale Rechtshilfe in Strafsachen, 2. Aufl. 1993; *Grützner/Pötz,* Internationaler Rechtshilfeverkehr in Strafsachen, 2. Aufl. (Loseblattsammlung); *Jung,* Zur „Internationalisierung" des Grundsatzes „ne bis in idem", in: Festschrift für Horst Schüler-Springorum zum 65. Geburtstag, 1993, S. 493; *Klos,* Neues zur Schweizer Rechtshilfe in Fällen des Abgabebetrugs, wistra 1998, 96; *Kühne,* Ne bis in idem in den Schengener Vertragsstaaten, JZ 1998, 876; *Linke,* Aktuelle Fragen der Rechtshilfe in Strafsachen, NStZ 1982, 416; *Mokros,* Polizeiliche Zusammenarbeit in Europa, in: *Lisken/Denninger,* Handbuch des Polizeirechts, 2. Aufl. 1996, Abschnitt N.; *Nagel,* Beweisaufnahme im Ausland, 1988; *Piller/Herrmann,* Justizverwaltungsvorschriften; *Rose,* Die Ladung von Auslandszeugen im Strafprozeß, wistra 1998, 11; *Seelmann,* Die schweizerische Rechtshilfe in Strafsachen und der Abgabebetrug, NJW 1998, 732; *Scheller,* Ermächtigungsgrundlagen für die internationale Rechts- und Amtshilfe zur Verbrechensbekämpfung, 1997; *Schnigula,* Probleme der internationalen Rechtshilfe in Strafsachen bei ausgehenden deutschen Ersuchen im Bereich der „sonstigen" Rechtshilfe, DRiZ 1984, 177; *Schomburg,* Die Rolle des Individuums in der internationalen Kooperation in Strafsachen, StV 1998, 153; *ders.*, Strafsachen in der Europäischen Union, NJW 1999, 540; *Schomburg/Klip,* Entlastung der Rechtspflege durch weniger Auslandszeugen, StV 1993, 208; *Schomburg/Lagodny,* Internationale Rechtshilfe in Strafsachen, 3. Aufl. 1998; *Schwaighofer,* Auslieferung und Internationales Strafrecht, 1988; *Vogler,* Rechtsschutz im Auslieferungsverfahren, EuGRZ 1981 417; *ders.*, Spezialitätsbindung bei der sog. „kleinen" Rechtshilfe. GA 1986, 195; *Wilkitzki,* Zur Auslegung strafrechtlicher Rechtshilfeersuchen durch das Vornahmegericht, GA 1999, 67; *Wolff,* Das Bankgeheimnis in Liechtenstein, AnwBl. 1991, 62; *Würz,* Das Schengener Durchführungsübereinkommen, 1997; *Wyss,* Die Revision der Gesetzgebung über die internationale Rechtshilfe in Strafsachen, SchwJZ 1997, 33.

Inhaltsübersicht

	Rn.
I. Rechtshilfebegriffe	2–16
1. Der nationale Begriff internationaler Rechtshilfe	3–13
a) Unterstützung	5, 6
b) Behördenunabhängigkeit	7
c) Verfahrensbezug	8
d) Strafrechtliche Angelegenheit	9–13
2. Der internationale Begriff internationaler Rechtshilfe	14–16
II. Rechtshilfe als Teil international arbeitsteiliger Strafverfolgung	17–35
1. Systematische Einordnung des Rechtshilferechts	17–23
2. Checkliste zu Notwendigkeit und Sinn eines Rechtshilfeersuchens	24–35
III. Rechtsquellen	36–84
1. Grundstrukturen und Hilfsmittel	36–42
2. Rechtsquellen im europäischen Vertragsnetzwerk	43–80
a) Auslieferung	44–58
b) Vollstreckungshilfe	59–63
c) Sonstige Rechtshilfe	64–80
3. Rechtsquellen des nationalen Rechtshilferechts	81–84
a) Das Gesetz über die internationale Rechtshilfe in Strafsachen	81, 82
b) Zuständigkeitsvereinbarung	83
c) Richtlinien für den Verkehr mit dem Ausland in strafrechtlichen Angelegenheit (RiVASt)	84, 85
IV. Notwendigkeit und Sinn eines Rechtshilfeersuchens	86–104
1. Nichtgenehmigungsbedürftige grenzüberschreitende Befugnisse	87–91
a) Unmittelbarer Verkehr mit dem Ausland	88–90
b) Eilmaßnahmen	91
2. Befugnisse von Auslandsvertretungen	92
3. Rechtshilfe u. konkurrierende Strafverfolgungszuständigkeiten	93–102
a) Voraussetzungen der Verfolgungsübernahme	94, 95
b) Folgen der Verfolgungsübernahme	96–102
4. Verhältnismäßigkeit, auch von Aufwand und Ertrag	103, 104
V. Das Ersuchen um Rechtshilfe (i. w. S.)	105–131
1. Verfasser des Ersuchens	105–114
a) Auslieferung	106
b) Sonstige Rechtshilfe	107–114
2. Form und Inhalt des Ersuchens	115, 116

Rn.
3. Geschäftsweg . . . 117–122
a) Unmittelbarer Geschäftsweg . . . 118–120
b) Konsularischer Geschäftsweg . . . 121
c) Ministerieller und diplomatischer Geschäftsweg . . . 122
4. Notwendige Einschaltung weiterer Behörden . . . 123–131
a) Exekutive Bewilligung . . . 123–125
b) Bewilligungs- und Prüfungsbehörde . . . 126–131
VI. Voraussetzungen und Grenzen der Rechtshilfe . . . 132–157
1. Allgemeine Voraussetzungen . . . 132–139
2. Besonderheiten für Fiskaldelikte . . . 140–142
a) Auslieferung . . . 140, 141
b) Sonstige Rechtshilfe . . . 142
3. Spezifische Voraussetzungen für einzelne Maßnahmen . . . 143–152
Rn.
a) Durchsuchung, Beschlagnahme und Herausgabe . . . 144–148
b) Vernehmungen . . . 149–152
4. Grenzen der Rechtshilfenutzung . . . 153–157
a) Auslieferung . . . 153–156
b) Sonstige Rechtshilfe . . . 157
VII. Ausgewählte Länderspezifika . . . 158–181
1. Schengenstaaten . . . 158–160
2. Die Schweiz . . . 161–170
a) Allgemeines . . . 161–163
b) Fiskalische Delikte . . . 164–167
c) Der Schweizer Spezialitätsvorbehalt . . . 168–170
3. Liechtenstein . . . 171–173
4. Großbritannien und Irland . . . 174–176
5. Mittel- und Osteuropa . . . 177
6. Vereinigte Staaten und Kanada . . . 178–180
7. Steueroasen in Übersee . . . 181

1 Wirtschaftskriminalität ist häufig nicht auf das Territorium eines Staates beschränkt. Mobilen Straftätern stehen Strafverfolgungsorgane gegenüber, deren Kompetenzen aus Gründen **nationaler Souveränität** weitgehend an nationalen Grenzen enden. Die Regelungen **internationaler Zusammenarbeit** scheinen schwer durchschaubar, bürokratisch und zeitraubend. Zum Teil werden Auswege gesucht, die in der Unverwertbarkeit von Beweismitteln enden und/oder diplomatische Protestnoten der in ihrer Souveränität verletzten Staaten hervorrufen. Bleibender Erfolg setzt dagegen die Nutzung der bestehenden Regelungen voraus.

I. Rechtshilfebegriffe

2 Der Zugang zum Recht der internationalen Rechtshilfe wird erschwert durch **uneinheitliche Terminologie.** Der Rechtshilfebegriff der völkerrechtlichen Übereinkommen unterscheidet sich vom nationalen einfachen Recht im Umfang der vom Rechtshilfebegriff erfaßten Maßnahmen[1] und im behördlichen Adressatenkreis.[2]

1. Der nationale Begriff internationaler Rechtshilfe

3 § 74 des Gesetzes über die internationale Rechtshilfe in Strafsachen **(IRG)** verwendet einerseits den Begriff **Rechtshilfe** als **Oberbegriff** (**in einem weiteren Sinne**) für sämtliche unterstützenden Maßnahmen, die deutsche und ausländische Behörden sich in strafrechtlichen Angelegenheiten leisten. Andererseits sondert das IRG durch spezifische Regelungen (Teile 1 bis 4 des Gesetzes) etliche Unterstützungsmaßnahmen (Auslieferung, Durchlieferung, Vollstreckungshilfe) aus dem Rechtshilfebegriff aus und beschränkt den Begriff der **Rechtshilfe in einem engeren Sinne** auf jede sonstige Unterstützung (§ 59 Abs. 2).

4 Nach der **Definition des § 59 Abs. 2 IRG** erfaßt Rechtshilfe behördenunabhängig[3] jede Art von verfahrensbezogener[4] Unterstützung[5] in einer strafrechtlichen Angelegenheit.[6] Außerhalb seiner systematischen Stellung im Fünften Teil des IRG (Sonstige

[1] Vgl. Rn. 3, 14.
[2] Vgl. Rn. 7, 14.
[3] Vgl. Rn. 7.
[4] Vgl. Rn. 8.
[5] Vgl. Rn. 5, 6.
[6] Vgl. Rn. 9 bis 13.

Rechtshilfe aufgrund eines eingehenden Ersuchens) ist der Begriff – mangels anderer Definitionen – auch Grundlage für die Auslegung des Begriffs „Rechtshilfe" in anderen Bestimmungen des IRG (§§ 72, 73 und 74), demzufolge auch maßgebend für ausgehende Ersuchen.

a) Unterstützung

Aus dem völkerrechtlichen Gebot der Achtung fremder Gebietshoheit[7] folgt, daß die **Duldung** jeglichen **fremden Tätigwerdens auf eigenem Staatsgebiet** einschließlich der bloß passiven **Teilnahme an Amtshandlungen** eine Unterstützung im Sinne des Rechtshilferechts darstellt, um die, sofern nicht die erforderliche Erlaubnis durch den betroffenen Staat generell erteilt worden ist[8] oder als erteilt unterstellt werden kann,[9] die zuständigen ausländischen Behörden **ersucht** werden müssen.[10] Dies gilt – jedenfalls nach kontinentaleuropäischem Verständnis[11] – auch bei bloßem **Hineinwirken von außen,** etwa durch Zustellungen von Ladungen, aber auch bei telefonischen Kontakten.[12] 5

Örtliche Beschränkungen kennt der umfassende Rechtshilfebegriff des § 59 Abs. 2 IRG nicht. Die Unterstützung muß nicht auf dem Hoheitsgebiet des um Unterstützung ersuchten Staates erfolgen. Beispiel: „Personalleihe" eines Verdeckten Ermittlers. 6

b) Behördenunabhängigkeit

Nach § 59 Abs. 2 IRG ist Rechtshilfe behördenunabhängig zu verstehen, so daß sich nicht nur **Justiz-**, sondern auch **Polizei-, Steuer- und Zollbehörden** Rechtshilfe leisten,[13] wenn sie sich in strafrechtlichen Angelegenheiten – verfahrensbezogen[14] – unterstützen. 7

c) Verfahrensbezug

Allgemeine, nicht auf ein bestimmtes Verfahren bezogene, **Unterstützungshandlungen,** etwa der Austausch von Lagebildern, unterfallen nicht dem Rechtshilfebegriff und unterliegen folglich nicht den Anforderungen des Rechtshilferechts. Rechtshilferelevante Unterstützung muß einen **konkreten Verfahrensbezug** aufweisen.[15] 8

d) Strafrechtliche Angelegenheit

Der Begriff „strafrechtliche Angelegenheit" erfaßt nach der **Gesetzesbegründung**[16] neben dem gesamten Ermittlungs- und Strafverfahren auch Verfahren nach dem StrEG, nach dem OEG, nach §§ 23 ff. EGGVG, in Gnadensachen und in im Adhäsionsverfahren betriebenen Zivilverfahren. Bei ausländischen Ersuchen ist auf den materiellen Gegenstand des Verfahrens bei sinngemäßer Umstellung des ausländischen in einen inländischen Sachverhalt abzustellen.[17] 9

---

[7] Vgl. BVerfGE 63, 343, 361 = NJW 1983, 2757, 2759; ausführlich *Geiger*, Grundgesetz und Völkerrecht, 2. Aufl., 1994, S. 346 f.

[8] Vgl. Rn. 88, 91, 92.

[9] Vgl. Rn. 89, 90.

[10] So auch *Mokros* in: *Lisken/Denninger* Abschnitt N Rn. 1, 2; vgl. auch *Wilkitzki* in: *Grützner/Pötz* § 59 IRG Rn. 22; *Dannecker* StVj 1990, 124, 140 f.

[11] Zum angelsächsischen Raum vgl. *Nagel* S. 21 ff.

[12] Ebenso *Schomburg/Lagodny* vor § 68 Rn. 12; *Mokros* in: *Lisken/Denninger* Abschnitt N Rn. 1; zu Ausnahmen vgl. Rn. 89.

[13] *Schomburg/Lagodny* § 59 Rn. 2, 10; *Wilkitzki* in: *Grützner/Pötz* § 59 IRG Rn. 16, 38; speziell für den Polizeibereich: BGHSt 27, 383, 386 = NJW 1978, 1753, 1754; *Mokros* in: *Lisken/Denninger* Abschnitt N Rn. 2; *Würz* Rn. 225; *Nagel* S. 55.

[14] Vgl. Rn. 8.

[15] So auch *Nagel* S. 55.

[16] BT-Drs. 9/1338, S. 34.

[17] Vgl. *Wilkitzki* in: *Grützner/Pötz* § 1 IRG Rn. 33, 57.

10 Nach § 1 Abs. 2 IRG fallen auch Verfahren wegen **Ordnungswidrigkeiten** unter die „strafrechtlichen Angelegenheiten". Für ausländische Verfahren wird auf die Vergleichbarkeit der zu verhängenden Sanktion und der gerichtlichen Zuständigkeit abgestellt.

11 Wesentlich ist die Abgrenzung der Rechtshilfe von **präventiv-polizeilicher** und **steuerverwaltungsrechtlicher** Zusammenarbeit.

12 Die **Zusammenarbeit**[18] der **Polizei** mit ausländischen Behörden zum Zwecke der **Verhütung von Straftaten** richtet sich nicht nach Rechtshilferecht,[19] sondern nach den diversen Übereinkommen zur polizeilichen Zusammenarbeit.[20]

13 **Steuer-** und **Zollbehörden** können sowohl im Besteuerungsverfahren als auch im Steuerstrafverfahren tätig werden (§§ 386, 393 AO). Auch nach der Einleitung eines Steuerstrafverfahrens ist die Finanz- oder Zollbehörde nicht gehindert, weiterhin auch im Besteuerungsverfahren nach den für dieses Verfahren geltenden Vorschriften Auskünfte auch im Ausland zu erholen (vgl. § 393 Abs. 1 AO).[21] Solche **Zusammenarbeit im Besteuerungsverfahren** ist keine Rechtshilfe.

2. Der internationale Begriff internationaler Rechtshilfe

14 In den wesentlichen **bi- und multilateralen Übereinkommen** hat der Begriff „Rechtshilfe" einen gegenüber dem Rechtshilfebegriff des IRG **eingeschränkten Bedeutungsinhalt**. Prägend ist das Europäische Übereinkommen über die Rechtshilfe in Strafsachen (EuRhÜbk),[22] das Auslieferung und Vollstreckungshilfe aus dem Rechtshilfebegriff ausnimmt (vgl. Art. 1 Abs. 2 EuRhÜbk), so daß insoweit Übereinstimmung mit der **„sonstigen" Rechtshilfe** des IRG besteht. Von Rechtshilfe ist zudem lediglich im Zusammenhang mit Verfahren hinsichtlich strafbarer Handlungen die Rede, zu deren Verfolgung die **Justizbehörden** des ersuchenden Staates zuständig sind (vgl. Art. 1 Abs. 1 EuRhÜbk).

15 Die gegenseitige Unterstützung von **Polizeibehörden** bei der Verfolgung von Straftaten unterfällt dagegen in der Regel[23] dem Begriff der **„Zusammenarbeit"**, vgl. Teil III Kapitel 1 des SDÜ sowie diverse Abkommen zur OK-Bekämpfung.[24] Dieser Begriff umfaßt allerdings auch die präventiv-polizeiliche und die nicht auf ein konkretes Verfahren bezogene allgemeine Kooperation.

16 Gegenseitige Unterstützung von **Zoll-** oder **Steuerbehörden** bei der Strafverfolgung ist nach dem Sprachgebrauch der internationalen Übereinkommen dagegen Amtshilfe, wenngleich wegen des weiter gefaßten Rechtshilfebegriff des IRG dessen Bestimmungen ergänzend auch für diese „Amtshilfe" einschlägig sein können.

II. Rechtshilfe als Teil international arbeitsteiliger Strafverfolgung

1. Systematische Einordnung des Rechtshilferechts

17 Ob und wie Ermittlungshandlungen im Ausland durchgeführt werden oder ein eingehendes Ersuchen zu erledigen ist, richtet sich nicht allein nach **Rechtshilferecht**. Erst die **Zusammenschau** nationalen Straf- und Strafprozeßrechts, nationalen Rechtshilferechts, völkerrechtlicher Vereinbarungen, ausländischen Rechtshilferechts und ausländischen Straf- und Strafprozeßrechts führt zur zutreffenden Beurteilung der Rechtslage.

---

[18] Zu diesem Begriff vgl. Rn. 15.

[19] Ebenso *Mokros* in: *Lisken/Denninger* Abschnitt N Teile II bis IV.

[20] Überblick hierzu bei *Mokros* in: *Lisken/Denninger* Abschnitt N, Teile II bis IV.

[21] Grundlegend hierzu BFH BStBl. II 1987, 440.

[22] Zu dessen Bedeutung im einzelnen vgl. Rn. 65, 66.

[23] Anders etwa Art. IX des deutsch-schweizerischen Ergänzungsvertrags zum EuRhÜbk (Fn. 136): „polizeiliche Rechtshilfe".

[24] Nachw. bei *Mokros* in: *Lisken/Denninger* Abschnitt N Rn. 26.

Die Notwendigkeit einer solchen Zusammenschau ist Konsequenz des **beschränkten Regelungsgegenstands rechtshilferechtlicher Vorschriften**. Diese befassen sich im wesentlichen mit der Frage, ob und ggf. unter welchen Voraussetzungen sich verschiedene Staaten gegenseitige Unterstützung in strafrechtlichen Angelegenheiten gewähren können oder müssen. Gewöhnlich, so jedenfalls das deutsche Recht, erfolgt diese Unterstützung in der Weise, daß die für die inländische Strafrechtspflege zur Verfügung stehenden Instrumentarien (Ermittlungshandlungen, aber auch Strafvollstreckung) auch für ausländische Verfahren zur Verfügung gestellt werden, mögen rechtshilferechtliche Regelungen das allgemeine Verfahrens- oder Vollstreckungsinstrumentarium auch modifizieren oder ergänzen. Demzufolge entbinden rechtshilferechtliche Vorschriften in der Regel nicht von der Beachtung der allgemeinen innerstaatlichen Voraussetzungen des Straf- und Strafprozeßrechts. Zur rechtshilferechtlichen **Leistungsermächtigung** tritt die allgemeine verfahrensrechtliche **Vornahmeermächtigung**.[25] 18

Zwangseingriffe unterliegen demnach bei **eingehenden** ausländischen **Ersuchen** denselben inhaltlichen Ermächtigungsvoraussetzungen wie bei einem rein innerstaatlichen Ermittlungsverfahren (§ 59 Abs. 3 IRG).[26] Umgekehrt beurteilt sich die Zulässigkeit eines **ausgehenden** deutschen **Ersuchens** zunächst nach den Regelungen des innerstaatlichen Verfahrensrechts.[27] Ersuchen um Durchsuchung im Ausland bedürfen daher des richterlichen Durchsuchungsbeschlusses nach § 105 Abs. 1 StPO und (je nach Recht des ersuchten Staates) zusätzlich eines richterlichen Durchsuchungsbeschlusses im ersuchten Staat. 19

Für den **Verteidiger** oder **Rechtsbeistand** bedeutet dies – Sonderregelungen des IRG, insbes. für die Auslieferung außer acht gelassen –, daß ihm im Rahmen der Erledigung eines ausländischen Ersuchens zumindest[28] dieselbe Rechtsstellung zukommt wie in einem entsprechenden inländischen Verfahren. Betroffen sind etwa Anwesenheitsrechte,[29] Akteneinsicht[30] bzgl. der in Deutschland[31] vorhandenen Verfahrensakten[32] und Rechtsbehelfe.[33] Bei ausgehenden Ersuchen bleiben seine Rechte im Inland unberührt. Je nach Rechtsordnung des ersuchten Staates kann dies zu einer Verdoppelung von Rechtsbehelfen führen. 20

Das Zusammenspiel des Rechtshilferechts und allgemeiner Verfahrensregelungen ist auch für die Frage entscheidend, wer darüber zu befinden hat, ob eine Ermittlungsmaßnahme zulässig und geboten ist. **Zuständigkeitsregelungen** des innerstaatlichen Verfahrensrechts (einschließlich der Sachleitungsbefugnis der Staatsanwaltschaft) werden durch rechtshilferechtliche Zuständigkeitsregelungen ergänzt, nicht ersetzt.[34] 21

Zudem ist das **Rechtshilferecht Bestandteil eines transnationalen Straf- und Strafprozeßrechts**,[35] welches auch im allgemeinen Straf- und Verfahrensrecht spezielle Bestimmungen für Sachverhalte mit Auslandsbezug bereit hält. Das beginnt bei der Strafgewalt über eine Auslandsstraftat (§§ 4 ff. StGB)[36] und führt über die erleichterten Ein- 22

---

25 Vgl. ausführlich *Schomburg/Lagodny* Einl. Rn. 91 bis 98; vgl. auch *Würz* Rn. 235 bis 240; *Scheller* S. 64 f., 283 f. (unter Berufung auf § 77 IRG).

26 Zur Problematik im einzelnen vgl. *Schomburg/Lagodny* Einl. Rn. 91 ff., 105, § 59 Rn. 31 bis 36; *Würz* Rn. 241; ausführlich zum Verhältnis zu völkerrechtlichen, scheinbar unbeschränkten Rechtshilfeverpflichtungen *Scheller* S. 76 f.

27 Ebenso *Schomburg/Lagodny* vor § 68 Rn. 2; *Wilkitzki* in: *Grützner/Pötz* vor § 68 IRG Rn. 2.

28 Zu spezifischen rechtshilferechtlichen Rechtsbehelfen vgl. Rn. 125.

29 Vgl. im einzelnen *Schomburg/Lagodny* § 59 Rn. 42, 42 a, 44.

30 Ebenso *Schomburg/Lagodny* § 59 Rn. 43; *Vogler* in: *Grützner/Pötz* § 77 IRG Rn. 28.

31 Zum fehlenden Anspruch auf Akteneinsicht in die ausländische Verfahrensakte OLG Hamburg in: *Eser/Lagodny/Wilkitzki* U 39; OLG Frankfurt/Main NStZ-RR 1996, 238 f.

32 Zu „exekutiven Rechtshilfeakten" vgl. Rn. 125.

33 Vgl. *Schomburg/Lagodny* vor § 59 Rn. 33 bis 44 mit zahlreichen Beispielen.

34 In diesem Sinne auch *Schomburg/Lagodny* vor § 68 Rn. 3, 10; *Wilkitzki* in: *Grützner/Pötz* vor § 68 IRG Rn. 3; *Nagel* S. 269; *Scheller* S. 57 f.; *Mokros* in: *Lisken/Denninger* Abschnitt N Rn. 13.

35 Begriff bei *Schomburg/Lagodny* Einl. Rn. 15.

36 Hierzu ausführlich Kap. 6.

stellungsmöglichkeiten bei der Verfolgung von Auslandsstraftaten nach § 153 c StPO hin zu Beschränkungen der Beweiserhebungspflicht als solcher (§ 244 Abs. 5 Satz 2 StPO: Ladung von Auslandszeugen).[37]

23 Die Sinnhaftigkeit einzelner Maßnahmen ist nicht isoliert aus nationalem Blickwinkel zu beurteilen, sondern im **Gesamtkontext weltweiter Strafverfolgung**. Unter Effizienzgesichtspunkten bleibt stets zu fragen, welche Behörden bei konkurrierender Zuständigkeit die Strafverfolgung welchen Sachverhalts sinnvollerweise übernehmen können. Dementsprechend können Ersuchen um Übernahme der Strafverfolgung[38] geboten sein. Ein eingehendes Ersuchen kann Anlaß geben, zugleich ein nationales Ermittlungsverfahren einzuleiten, zumal Handlungen für das ausländische Verfahren keine verjährungsunterbrechenden Wirkungen für ein späteres eigenes Ermittlungsverfahren auslösen.[39]

2. Checkliste zu Notwendigkeit und Sinn eines Rechtshilfeersuchens

24 Das Ineinandergreifen verschiedener Rechtsmaterien im Vorfeld **ausgehender Rechtshilfeersuchen** verdeutlicht anhand der sich stellenden Fragen die folgende **Checkliste zum Ob eines Rechtshilfeersuchens:**

25 1. **Zuständigkeit** für die Entscheidung über die beabsichtigte Ermittlungsmaßnahme (**Ermittlungszuständigkeit**)?
Prüfbedarf: bei Tätigwerden als Hilfsbeamter der Staatsanwaltschaft
Maßgebliche Vorschriften: StPO; AO
Hinweise: Rn. 21 (zum Verhältnis Ermittlungszuständigkeiten und rechtshilferechtlicher Zuständigkeiten)

26 2. Nationale **Strafgewalt**?
Maßgebliche Vorschriften: §§ 3 ff. StGB
Hinweise: Kap. 6

27 3. Verfahrenshindernis **ne bis in idem** aufgrund einer ausländischen Entscheidung?[40]
Maßgebliche Vorschriften: Insbes. Art. 54 bis 57 SDÜ
Hinweise: Rn. 96 bis 102

28 4. **Einstellung** des Ermittlungsverfahrens aus – spezifisch auslandsbezogenen – Gründen der **Opportunität**?
Maßgebliche Vorschriften: § 153 c StPO; § 154 StPO mit Rücksicht auf ausländische Ermittlungsverfahren bzw. Verurteilungen (str.[41])

29 5. Aus Gründen der **Opportunität** Herbeiführung eines **ausländischen Ermittlungsverfahrens,** um die **Einstellung** des eigenen Ermittlungsverfahrens zu ermöglichen?
Maßgebliche Vorschriften: Ergänzungsverträge zum EuRhÜbk; Deutsch-jugoslawischer Rechtshilfevertrag;[42] zu „ne bis in idem" vgl. Rn. 27
Hinweise: Rn. 94 bis 102

30 6. **Zulässigkeit** der beabsichtigten Ermittlungen **nach innerstaatlichem Recht**?
Maßgebliche Vorschriften: Insbes. StPO
Hinweise: Rn. 18 bis 19

31 7. **Selbstvornahme** der beabsichtigten Ermittlungsmaßnahme ohne Unterstützung oder Bewilligung ausländischer Behörden?
Prüfbedarf: Bislang nur bei beabsichtigtem Verkehr mit Personen im Ausland, beim Surfen im Internet und in Eilfällen grenzüberschreitender Observation und Nacheile
Maßgebliche Vorschriften: Rechtshilferecht (z. B. Art. 52 SDÜ, Nr. 121 RiVASt)
Hinweise: Rn. 88 bis 91

---

[37] Hierzu Kap. 20 Rn. 127 ff.
[38] Vgl. Rn. 94 bis 102.
[39] BayObLG NStZ 1993, 441; kritisch *Schomburg/Lagodny* Art. 6 EuRhÜbk (Hauptteil II B) Rn. 2.
[40] Zum Verfolgungshindernis wegen eines ausländischen Ermittlungsverfahrens vgl. Rn. 29.
[41] Vgl. *Kleinknecht/Meyer-Goßner* § 154 Rn. 1 m. w. Nachw.
[42] Vgl. Fn. 137.

8. **Amtshilfe** durch **Konsulate** statt Rechtshilfe? 32
Maßgebliche Vorschriften: Konsularrecht;
Hinweise: Rn. 92

9. **Zuständigkeit,** das **Rechtshilfeersuchen** zu **stellen** (nicht: zu bewilligen)? 33
Prüfbedarf: im Bereich der Rechtshilfe (i. e. S.) nur für Steuer-, Zoll- und Polizeibeamte, sonst für alle
Maßgebliche Vorschriften: rechtshilferechtliche Übereinkommen; RiVASt
Hinweise: Rn. 105 bis 114

10. **Erfolgsaussichten** des beabsichtigten Ersuchens? 34
Prüfbedarf: Wenn Anlaß zu Zweifeln, etwa wegen des Delikts (vielfach keine Rechtshilfe in Fiskalsachen), der beabsichtigten Maßnahme (nicht jeder Staat kennt verdeckte Ermittlungen, nicht jeder Staat beschlagnahmt Bankkonten und überweist Gelder zum Zwecke der Einziehung oder des Verfalls) oder des Adressats (Zweifel an Leistungsfähigkeit und -bereitschaft?)
Maßgebliche Vorschriften:
– Rechtshilferecht, namentlich multi- und bilaterale Übereinkommen (Rechtshilfeverpflichtungen? Rechtshilfehindernisse, etwa Vorbehalte in Fiskalsachen?)
– Ausländisches Strafverfahrensrecht (Kann der ausländische Staat dem Rechtshilfeersuchen trotz Rechtshilfebereitschaft oder -verpflichtung nicht nachkommen, weil die begehrte Ermittlungsmaßnahme nach seinem innerstaatlichen Recht nicht zulässig ist?)
– Ausländisches materielles Strafrecht (soweit nach rechtshilferechtlichen Vorschriften beiderseitige Strafbarkeit vorausgesetzt, so insbes. bei Vollstreckungshilfe, Auslieferung, Durchsuchung und vergleichbaren Eingriffen)
Hinweise: Abschnitte VI und VII
Sonstige Gesichtspunkte:
Erledigungswilligkeit und Erledigungsfähigkeit des ausländischen Staates (letzteres teils abhängig vom ausländischen Rechtshilfe- und allgemeinen Verfahrensrecht, etwa wegen bestehender Rechtsbehelfe)
Hinweise: Abschnitte VI und VII

11. **Aufwand**? 35
Prüfbedarf: bei Alternativen zur Rechtshilfe oder Anhaltspunkten für unverhältnismäßigen Rechtshilfeaufwand
Maßgebliche Vorschriften: Neben allgemeinem Strafverfahrensrecht (etwa bzgl. der Notwendigkeit eines richterlichen Beschlusses) und nationalem Rechtshilferecht (Formvorschriften, Geschäftswege) insbes. ausländisches Rechtshilfe-, Strafverfahrensrecht und materielles Strafrecht
Hinweise: Abschnitte V, VI und VII
Je nach Aufwand: Alternative Unterstützungsmöglichkeit?; ggf. § 154 (a) StPO; Abstandnahme von der beabsichtigten Maßnahme? (vgl. Rn. 104)

III. Rechtsquellen

1. Grundstrukturen und Hilfsmittel

Da die einschlägigen Vorschriften je nach betroffenem Staat differieren, ist das **Rechtshilferecht für jeden Staat gesondert festzustellen**. Beliebtes Hilfsmittel zur raschen Orientierung ist der erst jüngst überarbeitet herausgegebene **Länderteil** (Anhang II) der Richtlinien für den Verkehr mit dem Ausland in strafrechtlichen Angelegenheiten (**RiVASt**),[43] der jedoch angesichts ständiger Veränderungen rasch veraltet. Da die Angaben im übrigen auch nicht von einer Prüfung der Rechtslage im Einzelfall entbinden, sollte sich jeder Praktiker jedenfalls mit den Grundstrukturen der Rechtsquellen des Rechtshilferechts vertraut machen. 36

Zumeist erfolgt der Rechtshilfeverkehr auf der Basis **völkerrechtlicher Vereinbarungen.** Das Gesetz über die internationale Rechtshilfe in Strafsachen (IRG) hat lückenfüllende Bedeutung.[44] Im europäischen Raum herrschen multilaterale Vereinbarungen vor, 37

43 Näheres Rn. 84, 85.
44 Vgl. Rn. 82.

im außereuropäischen Raum bestehen teilweise bilaterale Verträge.[45] Im einzelnen ist dringend darauf zu achten, ob die völkerrechtliche Vereinbarung tatsächlich bereits gilt. Es müssen nicht nur das Übereinkommen gezeichnet, das nach Art. 59 Abs. 2 GG erforderliche Gesetz in Kraft getreten und auch die Ratifizierungsurkunde hinterlegt sein, sondern auch die je nach Übereinkommen unterschiedlichen sonstigen Voraussetzungen (Ratifizierung durch sämtliche oder eine Mindestzahl von Vertragsparteien? Vorzeitige Anwendbarkeit? Fristen zwischen Ratifizierung und Inkrafttreten?) erfüllt sein.

38 Für den **vertraglosen Rechtshilfeverkehr** sind deutsches (IRG) und ausländisches Rechtshilferecht (so vorhanden) zu beachten. Innerhalb der rechtlich gesetzten Grenzen sind die Staaten – im Unterschied zum vertraglichen Rechtshilfeverkehr mit seinen Rechtshilfeverpflichtungen – frei, Rechtshilfe zu leisten. Prognosen zu den Erfolgsaussichten eines Rechtshilfeersuchens stützen sich im wesentlichen auf die Erfahrungen der Vergangenheit.

39 Einen raschen **Überblick** über die aktuellen Rechtshilfebeziehungen der Bundesrepublik Deutschland bietet der Kommentar von **Schomburg/Lagodny** mit seiner Gesamtübersicht in Anhang 18 und Vertragstabellen vor den wesentlichen multilateralen Übereinkommen. Der Benutzer wird sich jedoch ständig die Frage nach der Aktualität der entsprechenden Übersicht zu stellen haben. Eine wichtige Orientierung vermag der jährlich als Beilage zum Bundesgesetzblatt II erscheinende **Fundstellennachweis B** zu geben. Allerdings hinkt das Bundesgesetzblatt zum Teil erheblich hinter dem aktuellen Rechtsstand hinterher. Die wichtigsten Vertragstexte (einschließlich der Vorbehalte und Erklärungen einzelner Mitgliedstaaten, wiedergegeben bei der Darstellung zu den jeweiligen zwischenstaatlichen Beziehungen) und ausländischen Bestimmungen sind in der Loseblattsammlung von **Grützner/Pötz** abgedruckt, die auch kurze, teilweise veraltete, Erläuterungen enthält.[46] Gilt es, (in Zweifelsfällen) den tagesaktuellen Vertrags- und Ratifikationsstand zu erfragen, kann dies im Europaratsbereich mit Hilfe des **Internet** unmittelbar erfolgen. Für den Zeichnungs- und Ratifikationsstand von EU-Übereinkommen wird gerade eine „Homepage" erstellt.

40 **Internet-Verbindungen**:

Europarat, Vertragstexte: http://www.coe.fr/eng/legaltxt/...e.htm (vor das „e" ist die ETS-No. des gesuchten Vertrages[47] zu setzen)

Europarat, Zeichnungs- und Ratifikationsstand: http://www.coe.fr/tablconv/...t.htm (vor das „t" ist die ETS-No. des gesuchten Vertrages zu setzen)

41 Der Praktiker wird in der Regel nicht in der Lage sein, sämtliche für das beabsichtigte Rechtshilfeersuchen ggf. relevante Rechtsquellen „abzuklopfen". Insbesondere wird ihm ausländisches Recht unbekannt sein. Je konventioneller das inmitten stehende Delikt (z. B. Diebstahl) und die beabsichtigte Maßnahme (z. B. Zustellung eines Schriftstücks) und je ähnlicher das ausländische Rechtssystem (z. B. Österreich), um so eher sind Nachforschungen zur Rechtslage entbehrlich. Umgekehrt besteht um so eher Bedarf für vertiefte **Recherche** zu den **Erfolgsaussichten** des Rechtshilfeersuchens, **je ungewöhnlicher Delikt, Maßnahme** und ersuchter **Staat** sind. In **Zweifelsfällen** sollten vor Abfassung des Ersuchens (einschließlich der Verursachung von Übersetzungskosten) entsprechende Abklärungen erfolgen. Gegebenenfalls wird die **Entschließung** der **obersten Justiz-** oder **Verwaltungsbehörde** einzuholen sein, der häufig ohnehin zu berichten ist.[48]

42 Hilfreich bei der raschen Klärung von Zweifelsfragen im Bereich der EU-Mitgliedstaaten könnte das im Aufbau befindliche **Europäische Justitielle Netz** werden, das mit justitiellen Praktikern besetzte nationale Kontaktstellen miteinander verbindet und rasche

---

[45] Soweit von besonderer praktischer Bedeutung vgl. die Nachweise in Abschnitt VII.

[46] Ursprünglich ebenfalls sehr hilfreich, nunmehr aber immer mehr veraltend die Textsammlung von *Kutsch*, Auslieferung und sonstige Rechtshilfe in strafrechtlichen Angelegenheiten, 1990.

[47] Vgl. Fn. 54.

[48] Vgl. hierzu näher Rn. 126 bis 130.

Auskünfte zu Rechtslage und Zuständigkeiten zu leisten verspricht.[49] In Deutschland bestehen Kontaktstellen in jedem Bundesland. Darüber hinaus kann auf Polizeiebene (vereinzelt gibt es solche Beamten neuerdings auch auf justitieller Ebene[50]) die Einschaltung von **Verbindungsbeamten** sinnvoll sein. Weitgehend unbekannt sind das Europäische Übereinkommen betreffend Auskünfte über ausländisches Recht vom 7. Juni 1968 (Ausländisches Rechts-AuskunftsÜbk – **AuRAÜbk**)[51] und das Zusatzprotokoll vom 15. März 1978 hierzu (**ZP-AuRAÜbk**).[52] Die Vertragsparteien sind zur Auskunftserteilung über ihr Straf-, Strafverfahrens-, Strafvollstreckungs- und Strafvollzugsrecht einschließlich der Zuständigkeiten (Gerichtsverfassungsrecht) verpflichtet, vgl. Art. 1 ZP-AuRAÜbk. Das Auskunftsersuchen kann von jeder zuständigen Justizbehörde auch schon vor Verfahrenseinleitung ausgehen (Art. 2 ZP-AuRAÜbk)

2. Rechtsquellen im europäischen Vertragsnetzwerk

Ausgerechnet im **europäischen Raum** soll sich der Rechtsanwender in einem nur schwer entwirrbaren Geflecht verschiedener multi- und bilateraler Verträge zurechtfinden („Vertragschaos“[53]). Die Struktur erschließt sich zum einen aus der Unterscheidung nach den **drei Säulen Auslieferung**, **Rechtshilfe (i. e. S.)** und **Vollstreckungshilfe** und den verschiedenen **Kooperationskreisen**: Europaratsübereinkommen;[54] EU/EG-Übereinkommen; Schengener Übereinkommen (in der Reihenfolge spiegelt sich die fortschreitend engere Kooperation und die abnehmende Zahl von Vertragsparteien). Hinzu kommen bilaterale Zusatzverträge sowie **säulenübergreifende delikts-** oder **maßnahmenbezogene Übereinkommen** im wesentlichen auf den Ebenen Europarat, EG/EU und Schengen. 43

a) Auslieferung

Auslieferung ist die, auch vorübergehende, **Übergabe einer Person** an einen darum ersuchenden Staat für Zwecke der dortigen **Strafverfolgung** oder **Strafvollstreckung**. Davon zu unterscheiden ist die Überstellung als Maßnahme der Vollstreckungshilfe[55] bzw. der sonstigen Rechtshilfe, vgl. Art. 11 EuRhÜbk.[56] 44

aa) Das Europäische Auslieferungsübereinkommen (**EuAlÜbk**). Das auf der Ebene des Europarats ausgehandelte Übereinkommen vom 13. Dezember 1957 (EuAlÜbk)[57] ist Ausgangspunkt („**Mutterübereinkommen**“) für das europäische vertragliche Auslieferungsrecht. Es begründet Verpflichtungen zur Auslieferung, aber auch zur Durchlieferung (Beförderung eines Verfolgten im Vollzug einer Auslieferung durch das Hoheitsgebiet eines dritten Staates), vgl. Art. 21, und zur Herausgabe von Gegenständen, vgl. Art. 20. 45

Das EuAlÜbk ist derzeit zwischen Deutschland und nahezu sämtlichen europäischen Staaten sowie Israel anwendbar. An wesentlichen Ausnahmen sind lediglich Rußland 46

---

[49] Gemeinsame Maßnahme vom 29. Juni 1998 zur Einrichtung eines Europäischen Justitiellen Netzes, ABl. EG L 191 vom 7. 7. 1998, S. 4; vgl. insbes. Art. 8, 9, 4 Abs. 2.

[50] Aufgrund der Gemeinsamen Maßnahme vom 22. April 1996 betreffend den Rahmen für den Austausch von Verbindungsrichtern/-staatsanwälten zur Verbesserung der justitiellen Zusammenarbeit zwischen den Mitgliedstaaten der Europäischen Union, ABl. EG L 105 vom 27. 4. 1996, S. 1.

[51] BGBl. 1974 II S. 937; 1975 II S. 300; abgedruckt auch bei *Schomburg/Lagodny* Anhang 13 a.

[52] BGBl. 1987 II S. 58; 1987 II S. 593; abgedruckt auch bei *Schomburg/Lagodny* Anhang 13 b.

[53] So auch *Schomburg/Lagodny* Einl. Rn. 31; ausführlich *Schomburg* StV 1998, 153.

[54] Letztere sind in der „European Treaty Series“ aufgelistet und mit Nummern versehen, zur Bedeutung der ETS-Nummer – „ETS-No.“ – für die Auffindung des Ratifikationsstandes im Internet vgl. Rn. 40.

[55] Vgl. Rn. 59.

[56] Zum EuRhÜbk vgl. Rn. 65, 66.

[57] BGBl. 1964 II S. 1369; 1976 II S. 1778; 1982 I S. 2071; erläutert bei *Schomburg/Lagodny* Hauptteil II A und bei *Grützner/Pötz* Abschnitt III 1; nicht zu verwechseln mit dem einschlägigen EU-Übereinkommen (EU-AuslÜbk), vgl. Rn. 50, 51.

(vertragloser Zustand) sowie Bosnien/Herzegowina, Mazedonien und die Bundesrepublik Jugoslawien (Anwendung des deutsch-jugoslawischen Vertrags über die Auslieferung vom 26. November 1970[58]) zu nennen. **Zeichnungs-** und **Ratifikationsstand** im Internet: http:// www. coe.fr/tablconv/24 t.htm

47 Die Rechtslage erschließt sich nur unter Berücksichtigung der nach Art. 26 Abs. 1 EuAlÜbk unbegrenzt möglichen **Vorbehalte** zu einzelnen Bestimmungen des Vertrages. Außerdem sind multilaterale und bilaterale **Zusatzübereinkommen** zu beachten. Im Zweifel gilt die auslieferungsfreundlichere Regelung (**Günstigkeitsprinzip,** vgl. Art. 28 Abs. 2 EuAlÜbk).

48 **bb) Zusatzprotokolle.** Das **Zweite Zusatzprotokoll** zum Europäischen Auslieferungsübereinkommen vom 17. März 1978 (**2. ZP-EuAlÜbk**)[59] begründet – anders als das EuAlÜbk – eine Auslieferungspflicht auch in **Fiskalsachen.**[60] Wesentlich sind außerdem die Erleichterungen im **Geschäftsweg** (Art. 5) und im **Anwendungsbereich** (Art. 1).

49 Deutschland und die meisten Vertragsstaaten des EuAlÜbk sind dem 2. Zusatzprotokoll beigetreten, zum Teil ist, etwa durch die Schweiz, zur Auslieferungsverpflichtung in Fiskalsachen ein **Vorbehalt** erklärt. **Zeichnungs-** und **Ratifikationsstand** im Internet: http://www.coe.fr/tablconv/98 t.htm

50 **cc) EU-Übereinkommen.** Im Verhältnis zu den übrigen EU-Mitgliedstaaten zu beachten sind das **Übereinkommen** vom 27. September 1996 **über die Auslieferung** zwischen den Mitgliedstaaten der Europäischen Union (**EU-AuslÜbk**)[61] und das **Übereinkommen** vom 10. März 1995 **über das vereinfachte Auslieferungsverfahren** zwischen den Mitgliedstaaten der Europäischen Union (**EU-VereinfAuslÜbk**).[62] Das EU-AuslÜbk ist bereits im Verhältnis zu Dänemark, Finnland, Spanien und Portugal, das EU-VereinfAuslÜbk im Verhältnis zu Dänemark, Finnland, Spanien und Schweden vorzeitig anwendbar.

51 Beide Übereinkommen ergänzen das EuAlÜbk. Es gilt das Günstigkeitsprinzip, vgl. Art. 1 Abs. 2 EU-AuslÜbk; Art. 1 Abs. 2 EU-VereinfAuslÜbk. Während das EU-VereinfAuslÜbk bei Zustimmung des Verfolgten zu seiner Auslieferung das Verfahren beschleunigen will, beseitigt das EU-AuslÜbk eine Reihe von Auslieferungshindernissen, u. a. für **Fiskaldelikte.**[63] **Vorbehalte** sind nicht generell, wohl aber zu einzelnen Bestimmungen, gerade auch zur Regelung zu den Fiskaldelikten, möglich (vgl. Art. 17, 6 Abs. 3 EU-AuslÜbk).

52 **dd) Schengen.** Weitere Auslieferungserleichterungen finden sich im **Schengener Durchführungsübereinkommen (SDÜ).**[64] Von Belang sind insbesondere ein vereinfachter **Geschäftsweg** (Art. 65), das **Schengener Informationssystem (SIS)**[65] und eine begrenzte Auslieferungsverpflichtung wegen **fiskalischer Straftaten** im Bereich indirekter Steuern und Zölle.[66] Nach dem Günstigkeitsprinzip treten die Bestimmungen des SDÜ hinter auslieferungsfreundlicheren („weitergehenden") Bestimmungen zurück (Art. 59 Abs. 2, die textliche Beschränkung auf Bestimmungen aufgrund bilateraler Ab-

---

[58] BGBl. 1974 II S. 1257; 1975 II S. 1725.

[59] BGBl. 1990 II S. 118; 1991 II S. 874; erläutert bei *Schomburg/Lagodny* Hauptteil II A 2 und bei *Grützner/Pötz* Abschnitt III 1 b.

[60] Vgl. hierzu Rn. 140.

[61] Vollständiger Titel und Fundstelle: BGBl. 1998 II S. 2253; erläutert bei *Schomburg/Lagodny* Hauptteil III A a; nicht zu verwechseln mit dem einschlägigen Europaratsübereinkommen (EuAlÜbk), vgl. hierzu Rn. 45 bis 47.

[62] Vollständiger Titel und Fundstelle: BGBl. 1998 II S. 2229; erläutert bei *Schomburg/Lagodny* Hauptteil III A c.

[63] Vgl. Rn. 140.

[64] Vollständiger Titel und Fundstelle: BGBl. 1993 II S. 1010, 1902; 1994 II S. 631; 1996 II S. 242, 2542; 1997 II S. 966; erläutert bei *Schomburg/Lagodny* Hauptteil IV; abgedruckt auch bei *Grützner/Pötz* Abschnitt III 25.

[65] Vgl. Rn. 160.

[66] Vgl. Rn. 140.

kommen ist ersichtlich ein Redaktionsversehen[67]). **Vorbehalte** sind nicht zulässig (Art. 137).[68]

Für den Geltungsbereich ist nicht nur das **Inkrafttreten** des Übereinkommens von Belang, das SDÜ muß darüber hinaus durch Gemeinsame Erklärung **in Kraft gesetzt** worden sein.[69] Dies ist der Fall im Verhältnis zu den Benelux-Staaten, Frankreich, Griechenland, Italien, Österreich, Portugal und Spanien. Noch ausstehend: Dänemark, Finnland und Schweden sowie die durch Assoziierungsübereinkommen verbundenen Staaten Norwegen und Island. 53

ee) Bilaterale Ergänzungsverträge. Angesichts der Inkraftsetzung des SDÜ haben die bilateralen Ergänzungsverträge zum EuAlÜbk mit Italien, den Niederlanden und Österreich im wesentlichen lediglich noch für den **Spezialitätsgrundsatz**[70] Bedeutung. 54

ff) Übereinkommen zur Korruption. Noch nicht absehbar ist das Inkrafttreten des auf der Ebene des **Europarats** ausgehandelten, von Deutschland gezeichneten, aber noch nicht ratifizierten, Vorbehalten insoweit nicht zugänglichen (vgl. Art. 37) **Strafrechts-Korruptionsübereinkommens.** Dieses erklärt Bestechungs- oder Bestechlichkeitsdelikte (bezogen auf inländische und ausländische Amtsträger, aber auch in der Privatwirtschaft) für auslieferungsfähig, ohne daß es wie sonst auf beiderseitige Strafbarkeit ankommt (Art. 27 des Entwurfs). Eine ähnliche Regelung enthält das auf Empfehlung der **OECD** zustande gekommene, im Verhältnis zu Staaten wie u. a. Großbritannien, Kanada und den USA bereits in Kraft getretene **Übereinkommen** vom 17. Dezember 1997 **über die Bekämpfung der Bestechung ausländischer Amtsträger im internationalen Geschäftsverkehr (IntBestÜbk**[71]) in Art. 10 Abs. 4 für die Bestechung (nicht: die Bestechlichkeit) ausländischer Amtsträger (einschließlich Abgeordneter) zur Erlangung von Vorteilen im internationalen Geschäftsverkehr. 55

gg) Übereinkommen zum EG-schädlichen Betrug. Zu nennen ist im wesentlichen das **Übereinkommen** vom 26. Juli 1997 **über den Schutz der finanziellen Interessen der Europäischen Gemeinschaften (EU-FinIntÜbk-Betrug)**.[72] Es enthält für den Betrug zu Lasten der Europäischen Gemeinschaften (zur näheren Definition vgl. Art. 1) das – vorbehaltlose – Verbot, die Auslieferung unter Berufung auf den fiskalischen Charakter des Delikts abzulehnen (Art. 5 Abs. 3). Das **Inkrafttreten**, das die Ratifikation durch sämtliche EU-Mitgliedstaaten voraussetzt (Art. 11), ist noch nicht absehbar. 56

hh) Zusammenfassung. Zusammenfassend kann sich das völkerrechtlich fixierte Auslieferungsrecht im Verhältnis zu Mitgliedstaaten des EuAlÜbk aus folgenden Quellen speisen: 57

– EuAlÜbk (incl. etwaiger Vorbehalte)?
– Bilateraler Ergänzungsvertrag hierzu?
– 2. ZP (incl. Vorbehalte)?
– Art. 59 ff. SDÜ?
– EU-AuslÜbk (incl. Vorbehalt)?
– EU-VereinfAuslÜbk (incl. Vorbehalt)?
– (wenn Betrug zu Lasten der EG, künftig): EU-FinIntÜbk-Betrug?
– (wenn Bestechung, Bestechlichkeit):
– a) IntBestÜbk (nur Bestechung)?
– b) (künftig) Strafrechts-Korruptionsübereinkommen (Bestechung, Bestechlichkeit)?

---

[67] Ebenso *Schomburg/Lagodny* Art. 59 SDÜ (Hauptteil IV) Rn. 1.

[68] Die einzige Ausnahme (Art. 60) ist obsolet, vgl. *Schomburg/Lagodny* Art. 60 SDÜ (Hauptteil IV) Rn. 2, 3.

[69] Zur diesbezüglichen Prozedur vgl. *Schomburg/Lagodny* SDÜ (Hauptteil IV) Übersicht Rn. 3 bis 11.

[70] Vgl. Rn. 153 bis 155.

[71] BGBl. 1998 II S. 2327; Abkürzung vom Verfasser entsprechend der für das Vertragsgesetz gebildeten Abkürzung (IntBestG).

[72] Vollständiger Titel und Fundstelle: BGBl. 1998 II S. 2322; erläutert bei *Schomburg/Lagodny* Hauptteil III D; Abkürzung von *Schomburg/Lagodny*.

58 **Beispiel**: Auslieferung aus Frankreich wegen Umsatzsteuer- und Einkommensteuerhinterziehung?
Einschlägige Normen:
- Art. 5 EuAlÜbk: keine Auslieferungsverpflichtung, ggf. Einzelfallvereinbarung
- bilateraler Ergänzungsvertrag: Fehlanzeige
- Art. 2 2. ZP-EuAlÜbk: Fehlanzeige (Frankreich nicht beigetreten)
- Art. 63, 50 SDÜ: Auslieferungsverpflichtung betr. Umsatzsteuerhinterziehung von mehr als 25 000 Euro
- (künftig) Art. 6 Abs. 1 EU-AuslÜbk: Umfassende Auslieferungsverpflichtung (sofern Frankreich keinen Vorbehalt erklärt).

Ergebnis: Auslieferungspflicht (sofern die sonstigen Auslieferungsvoraussetzungen erfüllt) bzgl. Umsatzsteuerhinterziehung von mehr als 25 000 Euro; Auslieferungspflicht ohne Wertbegrenzung und auch für Einkommensteuerhinterziehung, sobald EU-AuslÜbk im Verhältnis zu Frankreich vorbehaltlos in Kraft getreten ist; ansonsten nur aufgrund einer Einzelfallvereinbarung

b) Vollstreckungshilfe

59 **Vollstreckungshilfe** ist Rechtshilfe (i. w. S.) durch Vollstreckung einer im Ausland rechtskräftig verhängten Strafe oder sonstigen Sanktion (Maßregel, Verfall und Einziehung). Im Gegensatz zur **Auslieferung** für Zwecke der Strafvollstreckung wird bei **Überstellung** im Rahmen der Vollstreckungshilfe eine Person nicht dem Staat übergeben, dessen Strafe vollstreckt werden soll (**Urteilsstaat**), sondern gerade aus dem Urteilsstaat in einen anderen Staat übergeben, der als sog. **Vollstreckungsstaat** die Vollstreckung einer fremden Strafe übernimmt.

60 Die **praktische Relevanz** der Vollstreckungshilfe ist im allgemeinen noch begrenzt.[73] Es handelt sich in weiten Teilen um eine Spezialmaterie für Vollstreckungsspezialisten, die hier nicht in Einzelheiten dargestellt zu werden braucht, aber auch für die Zwecke dieses Handbuchs nicht völlig zu vernachlässigen ist.

61 So machen etwa Finnland, Israel, die Niederlande, Spanien und Portugal die **Auslieferung** eigener Staatsangehöriger von der **Zusicherung** der **Rücküberstellung** abhängig, sollte es zur rechtskräftigen Verurteilung zu einer Freiheitsstrafe kommen. Das kann, wenn eine die verhängte Strafe erheblich reduzierende Umwandlung des Strafmaßes durch die dortige Justiz zu erwarten ist (vgl. Art. 11 des **Überstellungsübereinkommens – ÜberstÜbk**[74]), durchaus für die Frage relevant sein, ob sich eine Auslieferung überhaupt lohnt.

62 Ist Auslieferung untunlich oder nicht möglich (etwa bei eigenen Staatsangehörigen des ersuchten Staates[75]), kann anstelle der Auslieferung zum Zwecke der Strafvollstreckung ein **Vollstreckungshilfeersuchen** angezeigt sein. Unter je unterschiedlichen Voraussetzungen, jedenfalls aber in **Fluchtfällen,** kommt ein solches Ersuchen nach Art. 2 des Zusatzprotokolls zum Überstellungsübereinkommen (**ZP-ÜberstÜbk**),[76] Art. 3 **EG-VollstrÜbk**[77] oder Art. 68, 69 **SDÜ** in Betracht.

63 Für die Abschöpfung von Gewinnen sind im übrigen die Möglichkeiten, die das zum 1. Januar 1999 für Deutschland in Kraft getretene **Übereinkommen** vom 8. November

---

[73] Vgl. *Schomburg* StV 1998, 153, 157 f.

[74] Vollständiger Titel und Fundstellen dieses – auch für außereuropäische Staaten offenen – Europaratsübereinkommens: BGBl. 1991 II S. 1006; 1992 II S. 98; erläutert bei *Schomburg/Lagodny* Hauptteil II C und bei *Grützner/Pötz* Abschnitt III 21; Zeichnungs- und Ratifikationsstand im Internet: http://www.coe.fr/tablconv/112 t.htm.

[75] Vgl. hierzu Rn. 139.

[76] Von Deutschland gezeichnetes, noch nicht ratifiziertes Übereinkommen; bereits abgedruckt und erläutert bei *Schomburg/Lagodny* Hauptteil II C 1; Zeichnungs- und Ratifikationsstand im Internet: http://www.coe.fr/tablconv/167 t.htm.

[77] Vollständiger Titel und Fundstelle: BGBl. 1991 II S. 1006; 1992 II S. 98; erläutert bei *Schomburg/Lagodny* Hauptteil III C; der Hinweis in der dortigen Vertragstabelle einer vorläufigen Anwendbarkeit im Verhältnis zu Spanien trifft (noch) nicht zu.

1990 **über Geldwäsche sowie Ermittlung, Beschlagnahme und Einziehung von Erträgen aus Straftaten (EuGeldwäscheÜbk)**[78] für die Vollstreckung deutscher Entscheidungen über Einziehung und Verfall (Art. 13 Abs. 1)[79] und die zuvorige Sicherung solcher Entscheidungen[80] bietet, von nicht unerheblicher Bedeutung.

c) Sonstige Rechtshilfe

Zum Begriff vgl. Rn. 3 bis 5 64

aa) Das Europäische Rechtshilfeübereinkommen (**EuRhÜbk**). Das auf der Ebene des Europarates ausgehandelte Europäische Übereinkommen vom 20. April 1959 über die Rechtshilfe in Strafsachen (EuRhÜbk)[81] ist Grundlage („**Mutterübereinkommen**") für das europäische Recht der Rechtshilfe (i. e. S.). Es begründet auf Ersuchen von **Justizbehörden**[82] eine allgemein formulierte **Rechtshilfeverpflichtung** für die Vornahme von Untersuchungshandlungen oder die Übermittlung von Beweisstücken, Akten oder Schriftstücken (Art. 3 Abs. 1), regelt aber auch spezifische Unterstützungsmaßnahmen wie Zustellungen (Art. 7) oder das Erscheinen von Zeugen, Beschuldigten und Sachverständigen (Art. 8 bis 12). Für die Beachtung von **Vorbehalten** und **Zusatzübereinkommen** gelten die Ausführungen zum EuAlÜbk[83] entsprechend, vgl. Art. 23 Abs. 3, 26 Abs. 3. 65

Das EuRhÜbk ist derzeit zwischen Deutschland und sehr vielen europäischen Staaten sowie Israel anwendbar. An wesentlichen Ausnahmen sind zu nennen: Albanien, Zypern, Moldawien, Rußland sowie Bosnien/Herzegowina, Kroatien, Mazedonien, Slowenien und die Bundesrepublik Jugoslawien. Für die zuletzt genannten fünf Staaten gilt noch der deutsch-jugoslawische Vertrag über die Rechtshilfe in Strafsachen.[84] **Zeichnungs- und Ratifikationsstand** im Internet: http://www.coe.fr/tablconv/30t.htm. 66

bb) Zusatzprotokoll. Das **Zusatzprotokoll** vom 17. März 1978 zum Europäischen Übereinkommen über die Rechtshilfe in Strafsachen (**ZP-EuRhÜbk**)[85] erleichtert insbes. die Rechtshilfe in Fiskalsachen.[86] Ein **Zweites Zusatzprotokoll** mit ähnlichen Regelungen wie das in Rn. 69 dargestellte EU-RechtshilfeÜbk ist in Vorbereitung. 67

Deutschland und die meisten Vertragsstaaten des EuRhÜbk sind dem Zusatzprotokoll beigetreten. **Vorbehalte** sind im Rahmen von Art. 8 Abs. 2 möglich, Vorbehalte zum EuRhÜbk gelten, wenn nicht ausdrücklich aufgehoben, fort (Art. 8 Abs. 1). Zum **Zeichnungs-** und **Ratifikationsstand** im Internet: http://www.coe.fr/tablconv/99t.htm. 68

cc) EU-Übereinkommen. Seit einiger Zeit kurz vor der Unterzeichnung steht ein **Übereinkommen über die Rechtshilfe in Strafsachen** (**EU-RechtshilfeÜbk**[87]), welches insbesondere die Geschäftswege vereinfachen, direkte Zustellungen per Post ermöglichen, die Überwachung der Telekommunikation und verdeckte Ermittlungen regeln, 69

---

[78] BGBl. 1998 II S. 519; bereits erläutert bei *Schomburg/Lagodny* Hauptteil II D 2; Zeichnungs- und Ratifikationsstand im Internet: http://www.coe.fr/tablconv/141t.htm.

[79] Zum Begriff „Einziehung" und dem davon erfaßten „Verfall" nach deutschem Recht vgl. *Schomburg/Lagodny* Art. 1 EuGeldwäscheÜbk (Hauptteil II D 2) Rn. 10, 11, 18.

[80] Vgl. Rn. 147.

[81] BGBl. 1964 II S. 1369, 1386; 1976 II S. 1799; 1982 I S. 2071; erläutert bei *Schomburg/Lagodny* Hauptteil II B und bei *Grützner/Pötz* Abschnitt III 2.

[82] Erklärung der Bundesregierung zum Begriff Justizbehörden: BGBl. 1976 II S. 1799; im wesentlichen Gerichte, Staatsanwaltschaften, Ministerien, keine Polizei-, Steuer- oder Zollbehörden, zu diesen vgl. Rn. 109 bis 114.

[83] Rn. 47.

[84] Vgl. Fn. 137.

[85] BGBl. 1990 II S. 124; 1991 II S. 909; erläutert bei *Schomburg/Lagodny* Hauptteil II B 1 und bei *Grützner/Pötz* Abschnitt III 2 a.

[86] Vgl. Rn. 142.

[87] Abkürzung von *Schomburg/Lagodny* Hauptteil III B; nicht zu verwechseln mit dem EuRhÜbk.

Videofernvernehmungen (zur Verankerung im nationalen Recht vgl. § 247 a Satz 1 2. Halbsatz StPO) ermöglichen und die Rechtshilfe auch auf Ordnungswidrigkeiten ausdehnen soll.

70 **dd) Schengen.** Das Schengener Durchführungsübereinkommen **(SDÜ)**[88] zeichnet sich durch Bestimmungen zur **„polizeilichen Zusammenarbeit"** aus, die, soweit sie repressive Maßnahmen betreffen, gleichwohl internationale Rechtshilfe[89] regeln. Polizei- und Zollbehörden[90] wird unter bestimmten Bedingungen die Stellung oder Erledigung eines Rechtshilfeersuchens erlaubt (Art. 39). Sie erhalten zudem grenzüberschreitende Eilbefugnisse (Observation, Nacheile). Bei **fiskalischen Delikten** wird eine beschränkte Rechtshilfeverpflichtung begründet,[91] der Anwendungsbereich umfaßt auch Ordnungswidrigkeiten (Art. 49 Buchst. a). Die direkte Übersendung diverser Urkunden durch die Post wird ermöglicht (Art. 52) und der Geschäftsweg vereinfacht (Art. 53). Im Verhältnis zum EuRhÜbk und – über den Wortlauf des Art. 8 hinaus – zum ZP-EuRhÜbk[92] gilt das **Günstigkeitsprinzip**.

71 **ee) Bilaterale Ergänzungsverträge**. Angesichts der Inkraftsetzung des SDÜ haben die Ergänzungsverträge zum EuRhÜbk mit Frankreich, Italien, den Niederlanden und Österreich im wesentlichen nur noch für die Herausgabe von Erträgen zur Weitergabe an Geschädigte[93] Bedeutung, die Ergänzungsverträge mit Israel[94] und der Schweiz[95] darüber hinaus auch für die Verfolgung von Ordnungswidrigkeiten.

72 **ff) Deliktsbezogene Übereinkommen**. Zusätzlich werden künftig auch deliktsbezogene Rechtshilferegelungen beim Umgang mit Wirtschaftskriminalität Bedeutung erlangen können:

73 Das **Strafrechts-Korruptionsübereinkommen**[96] kann für die Rechtshilfe (i. e. S.) im Bereich von Bestechungs- und Bestechlichkeitsdelikten (bezogen auf Amtsträger, Parlamentarier und die Privatwirtschaft) dann Bedeutung erlangen, wenn es von Staaten ratifiziert wird, mit denen der Rechtshilfeverkehr bislang noch vertraglos erfolgt. Ansonsten ist es dem Günstigkeitsprinzip entsprechend allenfalls noch im Geschäftswegbereich relevant.

74 Das **IntBestÜbk**[97] verbietet im Deliktsbereich der Bestechung (nicht: Bestechlichkeit) ausländischer Amtsträger (einschl. Abgeordneter) zur Erlangung eines Vorteils im internationalen Geschäftsverkehr und damit zusammenhängender Buchführungsdelikte (Art. 1, 8), Rechtshilfe unter Berufung auf fehlende beiderseitige Strafbarkeit zu verweigern. Die Vertragsparteien haben zudem bei konkurrierender Gerichtsbarkeit zur Bestimmung der am besten geeigneten Gerichtsbarkeit (und damit auch Verfolgungszuständigkeit) zusammenzuarbeiten (Art. 4 Abs. 3).[98]

75 Eine ähnliche Verpflichtung zur Zusammenarbeit in Zuständigkeitsfragen sieht Art. 9 Abs. 2 des **Übereinkommens** vom 26. Mai 1997 **über die Bekämpfung der Bestechung**, an der Beamte der Europäischen Gemeinschaften oder der Mitgliedstaaten der Europäischen Union beteiligt sind (**EU-BestÜbk**),[99] für den Deliktsbereich der Bestechung und

---

[88] Zum Geltungsbereich vgl. Rn. 53.

[89] Vgl. bereits Rn. 7; hierzu ausführlich *Schomburg/Lagodny* vor Art. 39 SDÜ (Hauptteil IV) Rn. 1 bis 6; *Würz* Rn. 225.

[90] Vgl. Kap. 9 (Zoll) Rn. 274 ff., 289 f.

[91] Vgl. Rn. 142.

[92] Ebenso *Schomburg/Lagodny* Art. 48 SDÜ (Hauptteil IV) Rn. 1.

[93] Vgl. Rn. 146.

[94] Fn. 134.

[95] Fn. 136.

[96] Vgl. Rn. 55.

[97] Zum vollständigen Titel, Fundstellen und Vertragsparteien vgl. Rn. 55.

[98] Zu unerwünschten Folgen unüberlegten Verfolgungsnebeneinanders vgl. Rn. 96 bis 102.

[99] Vollständiger Titel und Fundstelle: ABl. EG Nr. C 195 vom 25. 6. 1997, S. 1; Abkürzungsvorschlag vom Verfasser.

Bestechlichkeit von Beamten, Regierungsmitgliedern und Parlamentariern der EG und der Mitgliedstaaten (vgl. im einzelnen Art. 2, 3 und 4) vor. Die deutsche Ratifizierung des vorzeitig anwendbaren Übereinkommens wird in naher Zukunft erwartet.

Angesichts der notwendigen Ratifizierung durch sämtliche Mitgliedstaaten dürfte es dagegen länger dauern, bis mit Art. 6 **EU-FinIntÜbk-Betrug**[100] eine Verpflichtung zur Zusammenarbeit in Zuständigkeitsfragen auch für den Deliktsbereich „Betrug zu Lasten der EG" in Kraft getreten sein wird. Eben wegen des Fehlens einer vorzeitigen Anwendbarkeit wird auch dieselbe in Art. 7 des **Protokolls** vom 27. September 1996 **über den Schutz der finanziellen Interessen der Europäischen Gemeinschaften (EU-FinInt-Prot-Bestechung)**[101] für den Bereich EG-schädigender Bestechung und Bestechlichkeit begründete Verpflichtung zur Zusammenarbeit in Zuständigkeitsfragen wegen der wohl früheren Anwendbarkeit des weitergehenden EU-BestÜbk kaum relevant werden. 76

Das von Deutschland noch nicht ratifizierte, aber gezeichnete, **Zweite Protokoll zum Übereinkommen über den Schutz der finanziellen Interessen der Europäischen Gemeinschaften (2. EU-FinIntProt)**[102] wird nach seinem Inkrafttreten für die oben[103] genannten Betrugs- und Korruptionsdelikte sowie Geldwäsche darüber hinaus verbieten, Rechtshilfe allein deshalb zu verweigern, weil es sich um ein Abgaben- oder Zolldelikt handle (Art. 6). 77

gg) Maßnahmenbezogene Übereinkommen. Das Geldwäscheübereinkommen **(Eu-GeldwäscheÜbk)**[104] erleichtert die Rechtshilfe zur Sicherung späterer Einziehung[105] (Art. 3 EuGeldwäscheÜbk). 78

hh) Zusammenfassung. Zusammenfassend kann sich das völkerrechtlich fixierte Rechtshilferecht (i. e. S.) im Verhältnis zu Mitgliedstaaten des EuRhÜbk aus folgenden, wenigstens teilweise relevanten Quellen speisen: 79

- EuRhÜbk (incl. etwaiger Vorbehalte)?
- Bilateraler Ergänzungsvertrag hierzu?
- ZP-EuRhÜbk (incl. Vorbehalt)?
- EuGeldwäscheÜbk?
- SDÜ?
- (künftig) EU-RechtshilfeÜbk
- wenn Bestechung:
  a) IntBestÜbk
  b) (künftig) EU-BestÜbk (auch Bestechlichkeit)
- wenn Betrug zu Lasten der EG (künftig): EU-FinIntÜbk-Betrug

Beispiel: Rechtshilfeersuchen nach Frankreich wegen Einkommens- und Umsatzsteuerhinterziehung? 80
Einschlägige Normen:
- Art. 2 Abs. 1 EuRhÜbk: keine Rechtshilfeverpflichtung
- Art. II des deutsch-französischen Ergänzungsvertrags zum EuRhÜbk:[106] Beschränkung der Ablehnungsfreiheit, aber wohl keine Rechtshilfeverpflichtung
- Art. 1 ZP-EuRhÜbk: wie deutsch-französischer Ergänzungsvertrag
- Art. 50 Abs. 1 SDÜ: Rechtshilfeverpflichtung wegen der Umsatzsteuerhinterziehung, sofern mehr als 25 000 Euro hinterzogen

Ergebnis: derzeit Rechtshilfe**verpflichtung** nur für Umsatzsteuerhinterziehung über 25 000 Euro.

---

100 Zum vollständigen Titel und Fundstellen des Übereinkommens vgl. Rn. 56.

101 BGBl. 1998 II S. 2342; abgedruckt auch bei *Schomburg/Lagodny* Hauptteil III D 1.

102 Vollständiger Titel und Fundstelle: ABl. EG Nr. C 221 vom 19. 7. 1997, S. 11; Abkürzung vom Verfasser.

103 Rn. 76.

104 Zum vollständigen Titel und Fundstellen vgl. Rn. 63.

105 Zum Begriff im Kontext dieses Übereinkommens vgl. Rn. 63.

106 Fn. 257.

3. Rechtsquellen des nationalen Rechtshilferechts

a) Das Gesetz über die internationale Rechtshilfe in Strafsachen

81 Wichtigste innerstaatliche Rechtsquelle ist das **Gesetz über die internationale Rechtshilfe in Strafsachen** (**IRG**).[107] Dem weiten innerstaatlichen Rechtshilfebegriff gemäß[108] regelt es Auslieferung, Durchlieferung, Vollstreckungshilfe und sonstige Rechtshilfe (i. e. S.) für **eingehende Ersuchen** (Zweiter bis Fünfter Teil) ausführlich, eher fragmentarisch dagegen für **ausgehende Ersuchen** (Sechster Teil sowie Siebenter Teil – Gemeinsame Vorschriften). Wird Gegenseitigkeit[109] gefordert, können die Bestimmungen des IRG für eingehende Ersuchen auch Bedeutung für ausgehende Ersuchen erlangen.[110]

82 Seine wesentliche Bedeutung hat das IRG für den **vertraglosen Rechtshilfeverkehr.** Im Verhältnis zu multi- und bilateralen **völkerrechtlichen Vereinbarungen** ist es **subsidiär** (§ 1 Abs. 3 IRG). Entscheidend ist die Reichweite der völkerrechtlichen Vereinbarungen. In der Regel sind innerstaatliche Verfahrensfragen nicht in der völkerrechtlichen Vereinbarung, sondern nur im IRG geregelt.[111] Als Grundregel kommt hinzu, daß völkerrechtliche Vereinbarungen nur Mindestrechte für den ersuchenden und Mindestpflichten für den ersuchten Staat begründen, darüber hinausgehende Rechtshilfeleistung also denkbar[112] (wenngleich unwahrscheinlich) ist.

b) Zuständigkeitsvereinbarung

83 Mit der **Vereinbarung** vom 1. Juli 1993 zwischen der **Bundesregierung** und den **Landesregierungen** über die Zuständigkeit im Rechtshilfeverkehr mit dem Ausland in strafrechtlichen Angelegenheiten (**Zuständigkeitsvereinbarung**)[113] hat die Bundesregierung gem. § 74 Abs. 2 IRG ihre ein- und ausgehende Ersuchen betreffende Bewilligungsbefugnis[114] an die Landesregierungen übertragen. Länderspezifische **Weiterdelegationen** (durch entsprechende Landesvorschriften[115]) sind (häufig übersehen!) immer im Kontext dieser Vereinbarung zu lesen, da nicht weiterdelegiert werden kann, was nicht zuvor von der Bundesregierung auf die Länder delegiert wurde.

c) Richtlinien für den Verkehr mit dem Ausland in strafrechtlichen Angelegenheiten (RiVASt)

84 Bei den vorgenannten Richtlinien (**RiVASt**),[116] die auf einer Vereinbarung der Bundesregierung mit den Regierungen der Länder beruhen, handelt es sich um **Verwaltungsvorschriften**, die – auf den Regelfall abgestellt (Nr. 1 Abs. 2 Satz 2) – die **Exekutive** bin-

---

[107] In der Fassung der Bekanntmachung vom 27. Juni 1994, BGBl. I S. 1537, zuletzt geändert durch Gesetz vom 7. Juli 1997, BGBl. I S. 1650, 1663; Kommentierungen bei *Schomburg/Lagodny* und bei *Grützner/Pötz*.

[108] Vgl. Rn. 3.

[109] Vgl. Rn. 133.

[110] So auch *Nagel* S. 278; *Schomburg/Lagodny* § 76 Rn. 4.

[111] Vgl. BGHSt 34, 256, 262 f. = NJW 1988, 655, 656.

[112] BGHSt 34, 334, 343 = NJW 1987, 2168, 2171; BGH NJW 1965, 1145; *Schomburg/Lagodny* § 1 Rn. 17; ausführlich *Nagel* S. 87 ff.

[113] BAnz 1993 S. 6383; abgedruckt auch bei *Schomburg/Lagodny* Anhang 10, *Grützner/Pötz* Abschnitt I A 3 und *Piller/Herrmann* Abschnitt 2 f S. 28 b.

[114] Vgl. Rn. 123, 126.

[115] Abgedruckt bei *Piller/Herrmann* Abschnitt 2 f S. 39 ff.

[116] Als Loseblattsammlung herausgegeben vom Bundesminister der Justiz, außerdem abgedruckt bei *Piller/Herrmann* Abschnitt 2 f S. 62 d ff.; *Grützner/Pötz* Abschnitt I A 4 (ohne Länderteil), *Schomburg/Lagodny* Anhang 11 (ohne Muster und vollständigen Länderteil).

den. **Gerichte** sind gebunden, soweit ihre Entscheidungen nicht der richterlichen Unabhängigkeit unterliegen (Nr. 1 Abs. 1), also der Justizverwaltung zuzurechnen[117] sind.

85 Die Richtlinien enthalten wichtige Hinweise zur Interpretation einzelner gesetzlicher Bestimmungen und wesentliche Vorgaben für den Ablauf der Rechtshilfe (Formvorschriften, Berichts- und Unterrichtungspflichten inklusive beigefügter Muster), regeln aber auch den Verkehr mit diplomatischen und konsularischen Vertretungen. Sie gelten – mit Modifizierungen – auch für den Rechtshilfeverkehr der **Polizei-, Zoll- und Steuerbehörden** (vgl. Nr. 122 bis 127). Der **Länderteil** der RiVASt (Anhang II) enthält nützliche, gewöhnlich freilich rasch veraltende Hinweise zum Rechtshilfeverkehr mit einzelnen Ländern.

IV. Notwendigkeit und Sinn eines Rechtshilfeersuchens

86 **Vor dem Stellen eines Rechtshilfeersuchens** wird sich der Ermittlungsbeamte oder Richter Fragen zur Erforderlichkeit, zu den Erfolgsaussichten und zum Verhältnis Aufwand – Ertrag stellen. Es ist hier nicht der Ort, spezifisch auslandsbezogene Vorschriften der StPO zu erörtern, die den Spielraum der ansonsten dem Legalitätsprinzip unterworfenen Ermittlungsbehörden oder Gerichte aus Gründen der Opportunität erweitern. Rechtshilferechtlich bzw. aus dem Blickwinkel völkerrechtlicher Vereinbarungen ist auf das Folgende hinzuweisen:

1. Nichtgenehmigungsbedürftige grenzüberschreitende Befugnisse

87 Grundsätzlich enden die Befugnisse deutscher Ermittlungsbehörden an den Grenzen.[118] Dies hat zur Folge, daß ein **Ersuchen** an den ausländischen Staat um Unterstützung durch Tätigwerden oder um Duldung deutschen Tätigwerdens auf fremdem Hoheitsgebiet (einschließlich des Hineinwirkens von außen) **notwendig** ist. Es gibt aber Ausnahmen.

a) Unmittelbarer Verkehr mit dem Ausland

88 Eines Rechtshilfeersuchens bedarf es nicht für die **Zustellung von Schriftstücken in Vertragsstaaten des SDÜ,** die nach Art. 52 SDÜ unmittelbar per Post übersandt werden dürfen. Die hierzu erstellte deutsche Liste[119] beschränkt sich nicht, wie der Wortlaut von Art. 52 SDÜ suggeriert, auf „gerichtliche Urkunden" i. e. S., sondern erfaßt wohl sämtliche im Lauf eines Ermittlungs- und Strafverfahrens (bis hin zum Vollstreckungs- und Wiederaufnahmeverfahren) nötigen Mitteilungen. Von den insoweit umfassenden Möglichkeiten sollte weitestgehend Gebrauch gemacht werden. So kann etwa die Möglichkeit, zu schriftlichen Zeugenaussagen aufzufordern (vgl. Buchst. B Ziff. 5 der deutschen Liste), gerade bei der formalisierten Befragung von Betrugsopfern von unschätzbarem Wert sein.

89 Sonstige **unmittelbare Kontaktaufnahmen** mit Personen im Ausland sind gestattet, wenn nicht damit zu rechnen ist, daß der ausländische Staat dieses Verfahren als unzulässigen Eingriff in seine Hoheitsrechte ansieht (Nr. 121 RiVASt). Generell, und damit über den Schengenraum hinaus, hält der BGH deshalb die Vorabklärung, ob ein Zeuge Sach-

---

[117] Vgl. hierzu *Vogler* in: *Grützner/Pötz* § 74 IRG Rn. 32 bis 35; *Junker* DRiZ 1985, 161; *Schnigula* DRiZ 1984, 177, 179; vgl. auch Rn. 123, 130.

[118] Vgl. bereits Rn. 5.

[119] Vgl. die in Fn. 64 genannten Fundstellen zum SDÜ.

dienliches zu einer bestimmten Frage beitragen kann[120] oder aussagebereit ist,[121] durch unmittelbare Kontaktaufnahme für zulässig.[122]

90 Ebenfalls keines Rechtshilfeersuchens bedarf das „Surfen" im **Internet** zu Ermittlungszwecken. In einem auf weltweite Kommunikation angelegten Medium die dort eingegebenen Informationen abzurufen, kann nicht als Eingriff in Hoheitsrechte gewertet werden.[123]

b) Eilmaßnahmen

91 Regelungen, die für **Eilfälle** grenzüberschreitendes Tätigwerden im Ausland oder in das Ausland hinein ermöglichen, finden sich bislang nur in Art. 40 Abs. 2 SDÜ (**grenzüberschreitende Observation**) und Art. 41 Abs. 1 SDÜ (**Nacheile**). Für Zollbehörden ist außerdem auf die dem SDÜ nachgebildeten Befugnisse nach Art. 20 Abs. 1 (Nacheile), 21 Abs. 2 (grenzüberschreitende Observation) des Neapel-II-Übereinkommens[124] zu verweisen.

2. Befugnisse von Auslandsvertretungen

92 Je nach dem Recht des Aufenthaltsstaates können die **deutschen Auslandsvertretungen** (zum Begriff vgl. Nr. 128 Abs. 1 RiVASt) in eigener Zuständigkeit Ersuchen um Amtshandlungen erledigen, etwa Zustellungen[125] vornehmen oder Zeugen, Sachverständige oder Beschuldigte vernehmen. Auslandsvertretungen sollten nur in Anspruch genommen werden, wenn die Möglichkeiten der Rechtshilfe zur Zweckerreichung nicht geeignet sind oder einen unzumutbarem Aufwand verursachen.[126]

3. Rechtshilfe und konkurrierende Strafverfolgungszuständigkeiten

93 **Strafverfolgungszuständigkeiten verschiedener Staaten** können im Interesse effektiver Strafverfolgung die Übernahme der Strafverfolgung durch einen ausländischen Staat[127] ebenso nahelegen wie die Vermeidung ausländischer Strafverfolgungsmaßnahmen.[128] Nützlich sind, wo möglich, **Absprachen** zwischen konkurrierenden Staaten. Auf die völkerrechtlichen Kooperationspflichten in den Deliktsbereichen EG-schädigender Betrug und Korruption[129] sollten die ausländischen Behörden ggf. hingewiesen werden.

a) Voraussetzungen der Verfolgungsübernahme

94 Ein Ersuchen um Verfolgungsübernahme ist gemäß Nr. 145 RiVASt bei **Aufenthalt des Verfolgten im Ausland** zu prüfen, wenn ein Ersuchen um **Auslieferung** (Abs. 1) bzw. Vollstreckungshilfe (Abs. 2) nicht in Betracht kommt. Das **Verfolgungsersuchen** ist Mittel, um statt im Augenblick nicht aussichtsreicher eigener Verfolgung oder Vollstreckung (Beispiel: keine Auslieferung aus Gründen der Staatsangehörigkeit) durch Information des ausländischen Staates wenigstens ein ausländisches Ermittlungsverfahren in Gang zu

[120] So BGH NStZ 1995, 244, 245 (zur Klärung der Voraussetzungen des § 244 Abs. 5 StPO im Freibeweisverfahren).

[121] BGH NStZ 1985, 375.

[122] Ausführlich zum Ganzen *Rose* wistra 1998, 11, 12 f.; ablehnend noch *Schnigula* DRiZ 1984, 177, 178.

[123] Die Rechtshilfereferenten des Bundes, der Länder und des Generalbundesanwalts haben diese Auffassung auf ihrer Besprechung im September 1996 als „gut vertretbar" bezeichnet.

[124] Vgl. hierzu Kap. 9 (Zoll) Rn. 672.

[125] Überblick über die Zustellungsmöglichkeiten bei *Rose* wistra 1998, 11, 14 f.; vgl. auch *Schnigula* DRiZ 1984, 177, 181 f.

[126] Vgl. im einzelnen Nr. 130 RiVASt.

[127] Rn. 94, 95.

[128] Rn. 96 bis 102.

[129] Vgl. Rn. 87 bis 89.

bringen und über dessen Fortgang unterrichtet zu werden (vgl. Art. 21 Abs. 2 EuRhÜbk). Dies macht freilich nur Sinn, wenn die Tat vom Geltungsbereich des ausländischen Strafrechts erfaßt ist. Mangels relevanten unmittelbaren Geschäftswegs hat die Staatsanwaltschaft dem jeweils zuständigen Landesjustizministerium als oberster Justizbehörde zu berichten, damit von dort aus ein etwaiges Verfolgungsersuchen in die Wege geleitet werden kann. Zu Form und Inhalt des Berichts vgl. Nr. 146 RiVASt.

Über die engen Voraussetzungen der Nr. 145 RiVASt hinaus sind Verfolgungsersuchen (statt Rechtshilfeersuchen) aber auch dann anzuregen, wenn die Übernahme der Strafverfolgung durch den ausländischen Staat der Fortführung der eigenen Ermittlungen aus Gründen der **Zweckmäßigkeit** vorzuziehen ist.[130] Als ausschlaggebende Gesichtspunkte kommen Tatort, Staatsangehörigkeit, Aufenthalts- und Festnahmeort der Beschuldigten, Zugriff zu den Beweismitteln, zeitlicher Vorrang der Strafverfolgung[131] in Betracht, aber auch die Verfolgungsfähigkeit und Verfolgungsbereitschaft der ausländischen Behörden. Nicht zu vergessen ist der mit dem Ersuchen und etwaig notwendigen Übersetzungen verbundene Aufwand. 95

b) Folgen der Verfolgungsübernahme

Entgegen der Rechtsprechung des OLG Karlsruhe[132] begründet die Übernahme der Strafverfolgung durch den ersuchten Staat nicht automatisch ein **Verfolgungshindernis** wegen derselben Tat. Der vom OLG Karlsruhe behauptete diesbezügliche allgemeine Rechtsgrundsatz ist nicht ersichtlich. Rechtlich ist die weitere Verfolgung nur gehindert, wenn und soweit dies in einer **völkerrechtlichen Übereinkunft** bestimmt ist.[133] Im einzelnen müssen folgende **denkbare Wirkungen eines Ersuchens** um Übernahme der Strafverfolgung bedacht werden, auf die der erfahrene Verteidiger im geeigneten Augenblick aufmerksam machen wird: 96

Verfolgungshindernis ab Übernahme der Strafverfolgung tritt nur im Verhältnis zu **Israel** (Art. XIV Abs. 4 Satz 1 des deutsch-israelischen Ergänzungsvertrages zum EuRhÜbk[134]) oder den **Niederlanden** (Art. XI Abs. 4 Satz 1 des deutsch-niederländischen Ergänzungsvertrages zum EuRhÜbk[135]) ein, kann aber unter bestimmten Umständen in einem frühen Ermittlungsstadium wieder entfallen (Art. XIV Abs. 4 Satz 2 bzw. Art. XI Abs. 4 Satz 2). 97

Verfolgungshindernis ab endgültiger Verfahrenseinstellung tritt ein, wenn das ausländische Verfahren aus materiell-rechtlichen Gründen durch eine Justizbehörde in **Italien, Österreich, Schweiz** (Art. XII Abs. 4 Buchst. a des deutsch-italienischen, Art. XV Buchst. c des deutsch-österreichischen, Art. XII Abs. 6 Buchst. a des deutsch-schweizerischen Ergänzungsvertrages zum EuRhÜbk[136]), in diversen **Nachfolgestaaten Jugo-** 98

130 So auch *v. Bubnoff* S. 94 f.

131 Ähnlich der Erläuternde Bericht zu Art. 9 EU-BestÜbk, ABl. EG Nr. C 391 vom 15. 12. 1998, S. 10 (textgleich mit der Erläuterung zu Art. 6 EU-FinIntÜbk-Betrug, abgedruckt bei *Schomburg/Lagodny* Art. 6 EU-FinIntÜbk-Betrug (Hauptteil III D) Rn. 5).

132 OLG Karlsruhe, NStZ-RR 1997, 285; NStZ 1988, 135, 136; kommentarlos wiedergegeben bei *Schomburg/Lagodny* Art. 21 EuRhÜbk (Hauptteil II B) Rn. 2, 3.

133 So auch Nr. 146 Abs. 4 RiVASt; ebenso, für das österreichische Recht, *Schwaighofer* S. 212.

134 Vollständiger Titel und Fundstellen: BGBl. 1980 II S. 1334; 1981 II S. 94; abgedruckt auch bei *Schomburg/Lagodny* Hauptteil II B b und *Grützner/Pötz* Abschnitt II I 14 (mit Erläuterungen).

135 Vollständiger Titel und Fundstellen: BGBl. 1981 II S. 1158; 1983 II S. 32; abgedruckt auch bei *Schomburg/Lagodny* Hauptteil II B d und *Grützner/Pötz* Abschnitt II N 13 (mit Erläuterungen).

136 Fundstellen und vollständige Vertragstitel: Für Italien: BGBl. 1982 II S. 111; 1985 II S. 836; abgedruckt auch bei *Schomburg/Lagodny* Hauptteil II B c; *Grützner/Pötz* Abschnitt II I 16 (mit Erläuterungen); für Österreich: BGBl. 1975 II S. 1157; 1976 II S. 1818; abgedruckt auch bei *Schomburg/Lagodny* Hauptteil II B e; *Grützner/Pötz* Abschnitt II 0 5; für die Schweiz: BGBl. 1975 II S. 1171; 1976 II S. 1818; abgedruckt auch bei *Schomburg/Lagodny* Hauptteil II B f; *Grützner/Pötz* Abschnitt II S 16 (mit Erläuterungen).

slawiens auch durch eine Verwaltungsbehörde (Art. 21 Buchst a des für Bosnien/Herzegowina, Kroatien, Mazedonien, Slowenien und die Bundesrepublik Jugoslawien noch anwendbaren deutsch-jugoslawischen Rechtshilfevertrages[137]) eingestellt worden ist.

99 **Verfolgungshindernis ab rechtskräftigem Freispruch** tritt ein im Verhältnis zur **Schweiz** (Art. XII Abs. 6 Buchst. b des deutsch-schweizerischen Ergänzungsvertrages zum EuRhÜbk[138]), den einschlägigen **Nachfolgestaaten Jugoslawiens** (Art. 21 Buchst. b des deutsch-jugoslawischen Rechtshilfevertrages[139]) sowie – unabhängig von einem vorherigen Verfolgungsersuchen (vgl. aber Art. 54 Abs. 4 SDÜ; Art. 2 Abs. 4 EG-ne bis in idem-Übk) – in den **Mitgliedstaaten** des **SDÜ**[140] (Art. 54) bzw. des **EG-ne bis in idem-Übk**[141] (Art. 1)[142] sowie ggf. partiell für diverse Betrugs- und Bestechungsdelikte (Art. 7 EU-FinIntÜbk-Betrug,[143] Art. 7 Abs. 2 EU-FinIntProt. Bestechung,[144] Art. 10 EU-BestÜbk.[145]

100 **Verfolgungshindernis während der laufenden Vollstreckung einer durch Verurteilung verhängten Sanktion** tritt ein im Verhältnis zu den **Mitgliedstaaten** des **SDÜ** bzw. des **EG-ne bis in idem-Übk** (Art. 54 SDÜ, Art. 1 EG-ne bis in idem-Übk), ggf. auch nur partiell für bestimmte Betrugs- und Bestechungsdelikte[146] – unabhängig von einem vorherigen Verfolgungsersuchen.[147] Durch Verurteilung verhängte Sanktion dürfte i. S. einer von einem Gericht[148] verhängten abschließenden[149] Entscheidung zu verstehen sein. Die Einstellung nach Erfüllung von Auflagen reicht nicht aus.[150] Auch eine zur Bewährung ausgesetzte Strafe wird während der Bewährungszeit im Sinne der genannten Vorschriften „gerade vollstreckt".[151] Anders dürfte das Absehen von Strafverfolgung bei gleichzeitiger Ausweisung zu beurteilen sein, da hier im Unterschied zur Bewährungsüberwachung überhaupt keine Vollstreckungsmaßnahmen mehr vorgenommen werden.

101 **Verfolgungshindernis während der Aussetzung der Vollstreckung** tritt ein im Verhältnis zur **Schweiz, Italien und Österreich** (Art. XII Abs. 6 Buchst. c, Art. XII Abs. 4 Buchst. d und Art. XV Buchst. a der einschlägigen Ergänzungsverträge zum EuRh-

[137] Vollständiger Titel und Fundstellen: BGBl. 1974 II S. 1165; 1975 II S. 228; abgedruckt auch bei *Grützner/Pötz* Abschnitt II J 10 (mit Erläuterungen).

[138] Vgl. Fn. 136.

[139] Vgl. Rn. 98.

[140] Vgl. Rn. 53.

[141] Vollständiger Titel und Fundstelle: BGBl. 1998 II S. 2226; erläutert bei *Schomburg/Lagodny* Hauptteil III D 1; soweit das Übereinkommen derzeit anwendbar ist, ist lediglich für Dänemark nicht auch das SDÜ in Kraft.

[142] Der Begriff „Aburteilung" umfaßt auch den Freispruch, so auch *Schomburg/Lagodny* Art. 54 SDÜ (Hauptteil IV) Rn. 11, Art. 2 EG-ne bis in idem-Übk Rn. 3 (unter Zitierung der Denkschrift); *Jung*, Festschrift Schüler-Springorum, 1993, S. 493, 499; zu Unrecht zweifelnd *Dannecker*, ZStW 108 (1996), 577, 603 (zum Begriff „Aburteilung" in Art. 7 EU-FinIntÜbk-Betrug).

[143] Näher zu diesem Übereinkommen Rn. 56.

[144] Näher zu diesem Übereinkommen Rn. 76.

[145] Näher zu diesem Übereinkommen Rn. 75.

[146] Vgl. die in Rn. 99 genannten Bestimmungen.

[147] Ausnahmen vgl. Rn. 99.

[148] Entgegen dem durch „herkömmliche Auslegung" gewonnenen Ergebnis offen gelassen durch BGH NJW 1999, 1270 f. m. Anm. *Schomburg* StV 1999, 246 ff.

[149] Hierzu *Kühne* JZ 1998, 876 (zu Entscheidungen des frz. Untersuchungsgerichts 2. Instanz); die Frage, ob Strafbefehl genügt, ist offen, vgl. *Schomburg* NJW 1999, 540, 542.

[150] So auch die Denkschrift der Bundesregierung (BR-Drucks. 283/97) zu Art. 1 EG-ne bis in idem-Übk; abgedruckt auch bei *Schomburg/Lagodny* Art. 1 EG-ne bis in idem-Übk (Hauptteil III E) Rn. 5; kritisch *Schomburg/Lagodny* Art. 54 SDÜ (Hauptteil IV) Rn. 35; offenbar zweifelnd BGH NJW 1999, 1270, 1271 (zur belgischen „transactie").

[151] So auch *Schomburg/Lagodny* Art. 54 SDÜ (Hauptteil IV) Rn. 21 entgegen OLG Saarbrücken NStZ 1997, 245; wie hier insbes. auch die Denkschrift der Bundesregierung zum EG-ne bis in idem-Übk (BR-Drucks. 283/97), abgedruckt bei *Schomburg/Lagodny* Art. 1 EG-ne bis in idem-Übk (Hauptteil III E) Rn. 4.

Übk[152]) für Strafen oder Maßregeln, außerdem für Geldbußen im Geltungsbereich des deutsch-jugoslawischen Rechtshilfevertrags[153] (Art. 21 Buchst. d), für die Schweiz und die einschlägigen **Nachfolgestaaten Jugoslawiens** zusätzlich auch bei Aufschub des Ausspruchs einer Strafe. Das Verfolgungshindernis setzt eine Verfolgungsübernahme voraus. Im Verhältnis zu den Schengenstaaten Österreich und Italien ist das Hindernis für den Hauptanwendungsfall der Aussetzung zur „Bewährung" angesichts der Reichweite des Art. 54 SDÜ[154] irrelevant, behält aber Bedeutung für die Fälle des Absehens von Verfolgung und gleichzeitiger Ausweisung oder Auslieferung (im deutschen Recht: § 456a StPO).

Verfolgungshindernis nach Vollstreckung oder wegen nach dem Recht des Urteilsstaats nicht mehr möglicher Vollstreckung gilt unabhängig von einem vorangegangenen Verfolgungsersuchen im Verhältnis zu den **Vertragsstaaten des SDÜ** (Art. 54), des **EG-ne bis in idem-Übk** (Art. 1)[155] oder diverser Übereinkommen zu Betrug und Bestechung[156] darüber hinaus bei Verfolgungsübernahme im Verhältnis zur **Schweiz** (Art. XII Abs. 6 Buchst. c des deutsch-schweizerischen Ergänzungsvertrags zum EuRhÜbk[157]) und – auch für Geldbußen – im Geltungsbereich des **deutsch-jugoslawischen Rechtshilfevertrags** (Art. 21 Buchst. c).[158] **102**

4. Verhältnismäßigkeit, auch von Aufwand und Ertrag

Soweit ein Ersuchen um Rechtshilfe (i. w. S.) **Eingriffsmaßnahmen** zum Gegenstand hat, ist – wie sonst auch – der Grundsatz der **Verhältnismäßigkeit** zu beachten. Für die Auslieferung wird dies in Nr. 88 Buchst. c RiVASt dahingehend umschrieben, die mit der Auslieferung für die Verfolgten verbundenen Nachteile, insbesondere die Dauer des Auslieferungsverfahrens und die Haftverhältnisse im ausländischen Staat dürften nicht außer Verhältnis zum Interesse an der Strafverfolgung stehen. Zur Bedeutung des Grundsatzes im Bereich der sonstigen Rechtshilfe (i. e. S.) vgl. OLG Zweibrücken GA 1981, 418; OLG Hamburg GA 1984, 515. **103**

Über die Abwägung zwischen der Schwere des Eingriffs und dem öffentlichen Strafverfolgungs- oder Vollstreckungsinteresse hinaus ist den zuständigen Behörden aber ermöglicht bzw. auferlegt, den mit dem Ersuchen verbundenen **Aufwand** in die Erwägungen einzubeziehen. Da Deutschland sich vorbehält, bei unzumutbarem Aufwand die Erledigung eines Rechtshilfeersuchens (unter Berufung auf Art. 2 Buchst. b EuRhÜbk – Beeinträchtigung wesentlicher Interessen[159] –) zu verweigern,[160] kann auch von ausländischen Behörden nichts Derartiges erwartet werden.[161] In einem solchen Fall sollte die zuständige Ermittlungsbehörde über den ausdrücklichen Anwendungsbereich von Nr. 88 Abs. 1 Buchst. c RiVASt hinaus entweder von vornherein (wegen Aussichtslosigkeit) davon absehen, der Bewilligungsbehörde ein solches Ersuchen vorzulegen, oder – in Zweifelsfällen – die Bewilligungsbehörde vor Fertigung des der Bewilligungsbehörde vorzulegenden Ersuchens bzw. Berichts kontaktieren, um deren Entschließung vorab herbeizuführen. **104**

---

152 Vgl. Fn. 136.
153 Vgl. Fn. 137.
154 Vgl. Rn. 100.
155 Vgl. Fn. 141.
156 Vgl. Rn. 99.
157 Vgl. Fn. 136.
158 Vgl. Rn. 98.
159 Vgl. neuerdings auch den ausdrücklichen Ablehnungsgrund übermäßigen Aufwands in Art. 18 Abs. 1 Buchst. c EuGeldwäscheÜbk.
160 Vgl. die deutsche Erklärung zu Art. 8 ZP-EuRhÜbk, abgedruckt auch bei *Schomburg/Lagodny* Hauptteil II B 1 vor Kapitel I.
161 Vgl. Art. 2 Abs. 7 EuAlÜbk, Art. 23 Abs. 3 EuRhÜbk; vgl. auch *Wilkitzki* in: *Grützner/Pötz* vor § 68 IRG Rn. 12.

V. Das Ersuchen um Rechtshilfe (i. w. S.)

1. Verfasser des Ersuchens

105 Der mit der Notwendigkeit eines Ersuchens um Rechtshilfe (i. w. S.) konfrontierte Beamte oder Richter hat sich einerseits die Frage zu stellen, ob er nach innerstaatlichem Recht über die dem Ersuchen zugrundeliegende Ermittlungsmaßnahme zu entscheiden hat. Von dieser **Ermittlungszuständigkeit** zu unterscheiden ist die Frage nach dem befugten **Verfasser des** zur Realisierung der Maßnahme erforderlichen **Ersuchens**. Wer darf gegenüber dem Ausland, ungeachtet etwaiger notwendiger Bewilligungen und Weiterleitungen durch andere Behörden, als ersuchende Behörde auftreten und in diesem Sinne ein Ersuchen stellen?[162]

a) Auslieferung

106 Ersuchen um **Auslieferung** werden von der ermittlungszuständigen Behörde gegenüber der obersten Justizbehörde lediglich angeregt (vgl. Nr. 105, 112, 88 RiVASt). Ausnahme: Vorläufige Inhaftnahme.[163]

b) Sonstige Rechtshilfe

107 **aa) Justiz.** Die **Ermittlungszuständigkeit** und die **Befugnis** zur **Abfassung** des erforderlichen **Ersuchens** fallen in der Regel zusammen. Auch wenn das Ersuchen nicht auf dem unmittelbaren Geschäftsweg[164] übermittelt wird und/oder noch der Bewilligung bedarf, ist es von der zuständigen Justizbehörde verfaßt und wird als solches geprüft und/oder weitergeleitet (Nr. 30 RiVASt).[165]

108 Im Geltungsbereich des EuRhÜbk ist angesichts der Verpflichtung aus Art. 3 Abs. 1 und der deutschen Erklärung zum Begriff Justizbehörden[166] sichergestellt, daß sowohl **gerichtliche wie staatsanwaltschaftliche Ersuchen** erledigt werden. Erledigt der ersuchte Staat dagegen nur Ersuchen von Gerichten,[167] so hat die zuständige Staatsanwaltschaft beim Amtsgericht ein entsprechendes Ersuchen zu beantragen.[168]

109 **bb) Polizeibehörden.** Diese dürfen für einen im einzelnen in Nr. 123 und Nr. 124 (jew. Abs. 3 Buchst. b) RiVASt aufgelisteten Katalog von Maßnahmen (Fahndung, Identitätsfeststellungen, Auskünfte, Feststellung der Aussagebereitschaft), bei deren Erledigung strafprozessuale Zwangsmaßnahmen ausgeschlossen sind, **eigenständige Ersuchen** um **Rechtshilfe** (i. e. S.) stellen. Ersuchen außerhalb dieses Katalogs setzen innerstaatliche Ermittlungszuständigkeit (§ 163 Abs. 1 StPO) und eine völkerrechtlich vereinbarte Pflicht zur Erledigung polizeilicher Ersuchen voraus (Nr. 123, 124 RiVASt, jew. Abs. 3 Buchst. a).

110 Eine **Verpflichtung** zur **Erledigung** eigenständiger polizeilicher Ersuchen enthält **Art. 39 Abs. 1 SDÜ**. Die praktische Bedeutung dieser Bestimmung leidet allerdings unter dem Vorbehalt der **Zuständigkeit nach nationalem Recht**, so daß noch weitgehend ungeklärt ist, welche Ersuchen tatsächlich auch erledigt werden. Die bisherige Erfahrung lehrt, daß – außer in Grenzgebieten aufgrund der zwischenzeitlichen Ministervereinbarungen nach Art. 39 Abs. 4 SDÜ – die nach Art. 39 Abs. 1 SDÜ erfolgversprechenden Rechtshilfeersuchen weitgehend noch nicht über die nach Nr. 123 und 124, jeweils Abs. 3

---

162 Zur Verwirrung um diesen Begriff vgl. *Scheller* S. 107 f.; *Nagel* S. 268.
163 Nr. 86 RiVASt, zu den Besonderheiten der Ausschreibung im SIS vgl. Rn. 160.
164 Vgl. hierzu Rn. 118 bis 120.
165 So auch *Nagel* S. 141.
166 Vgl. Fn. 82.
167 So etwa die Vereinigten Staaten, vgl. Länderteil zur RiVASt (Fn. 116), Nr. 12.
168 *Nagel* S. 270 f.

Buchst. b, ohnehin schon dem polizeilichen Rechtshilfeverkehr überantworteten Maßnahmen hinausgehen. In jedem Fall ausgeschlossen sind Ersuchen, deren Erledigung die Ergreifung von Zwangsmaßnahmen erfordert. Hinzu kommt, daß die Verwertung der auf polizeiliches Ersuchen hin erlangten Erkenntnisse im Strafprozeß der **Zustimmung der zuständigen Justizbehörde** des ersuchten Staates bedarf. Für Österreich entfällt allerdings für Fahndung, Personenfeststellung und Auskünfte die Notwendigkeit justitieller Verwertungszustimmung nach Art. III Abs. 1 des deutsch-österreichischen Ergänzungsvertrages zum EuRhÜbk.[169]

Bei völkerrechtlich vereinbarter Erledigungspflicht dürfen polizeiliche **Ersuchen** auch **auf Anordnung der Staatsanwaltschaft** gestellt werden (Nr. 124 Abs. 4 RiVASt). Praktische Bedeutung hat dies bislang nur im Verhältnis zu **Österreich** in Eilfällen (polizeiliche Vernehmung, Durchsuchung und Beschlagnahme), vgl. Art. III Abs. 2 des deutsch-österreichischen Ergänzungsvertrages zum EuRhÜbk.[170] **111**

Trotz der bestehenden Schranken, die zur Vermeidung von Verwertungsverboten dringend zu beachten sind,[171] wird der erfahrene Staatsanwalt den möglichen **Nutzen polizeilicher Rechtshilfebefugnisse** nicht gering achten und insbesondere Auskünfte ggf. auf diesem Wege erholen lassen.[172] **112**

cc) Zoll- und Steuerbehörden. Nach Nr. 127 RiVASt dürfen die Finanzbehörden (§ 6 AO) im Rahmen ihrer Zuständigkeit Rechtshilfeersuchen stellen. Die **Nutzung justitieller Rechtshilfemöglichkeiten** durch eine Zoll- oder Steuerbehörde, die nach § 368 AO selbst das Ermittlungsverfahren wegen einer Steuerstraftat führt, setzt die Abgabe des Verfahrens nach § 386 Abs. 4 AO oder die Bitte der Finanzbehörde an die Staatsanwaltschaft voraus, für sie im Wege innerstaatlicher Amtshilfe[173] ein entsprechendes Rechtshilfeersuchen zu stellen. **113**

Der erfahrene Staatsanwalt wird im einzelnen prüfen, auf welche Weise ein Ermittlungsverfahren wegen Zoll- oder Steuerdelikten am wirkungsvollsten gefördert werden kann, und je nach Nutzeffekt selbst ein justitielles Rechtshilfeersuchen stellen und/oder die Steuer- oder Zollbehörde bitten, in **Ausnutzung** der **spezifischen Zoll- und Steuerübereinkommen** Ermittlungshandlungen[174] vorzunehmen.[175] **114**

2. Form und Inhalt des Ersuchens

Art. 14 **EuRhÜbk** verlangt die Angabe der ersuchenden Behörde, Gegenstand und Grund des Ersuchens sowie, soweit möglich, der Identität und Staatsangehörigkeit der Person, gegen die sich das Verfahren richtet, sowie in der Regel (vgl. Art. 14 Abs. 2) die Bezeichnung der strafbaren Handlung und eine kurze Darstellung des Sachverhalts. Die Mitteilung des **Wortlauts der einschlägigen Strafbestimmung** ist – im Unterschied zum Auslieferungsverkehr, vgl. Art. 12 Abs. 2 Buchst. c EuAlÜbk – nicht gefordert,[176] kann aber je nach Delikt und Ersuchen zum Verständnis hilfreich und üblich[177] sein. Wesentlich detaillierter sind die für Ersuchen zum Zwecke der Einziehung, der Ermittlung der Einziehung unterliegender Gegenstände oder der Sicherung der Einziehung nach Art. 25, 27 **EuGeldwäscheÜbk** zu beachtenden Vorgaben. Allgemeine und besondere ergänzende Hinweise, in denen sich das Erfahrungswissen der Bundes- und Landesjustiz- **115**

[169] Vgl. Fn. 136.
[170] Vgl. Fn. 136.
[171] Vgl. BGHSt 34, 334, 342f. = NJW 1987, 2168, 2171.
[172] Ebenso *Müller/Wabnitz/Janovsky* Kap. 11 Rn. 60.
[173] Vgl. *Wilkitzki* in: *Grützner/Pötz* vor § 68 IRG Rn. 4.
[174] Zur Zusammenarbeit im Besteuerungsverfahren vgl. Rn. 13.
[175] So auch *Grützner/Pötz* vor Zollübereinkommen (Abschnitt III Z 2) Rn. 2; vgl. ausführlich Kap. 9 Rn. 269ff.
[176] *Schomburg/Lagodny* Art. 14 EuRhÜbk Rn. 3 m. w. Nachw.
[177] Vgl. im einzelnen die einschlägigen Muster zur RiVASt (Fn. 116).

ministerien widerspiegelt, finden sich in Nr. 8, 9, 25 bis 30 und Nr. 114 bis 121 **RiVASt**. Besonders hilfreich sind die der RiVASt beigefügten, teils mehrsprachigen **Muster**. **Übersetzungen** sind grundsätzlich beizufügen, soweit nicht in völkerrechtlichen Übereinkünften etwas anderes bestimmt ist (Nr. 14 Abs. 1 RiVASt). Der hier insbesondere zu nennende Übersetzungsverzicht nach Art. 16 Abs. 1 EuRhÜbk ist durch zahlreiche Vorbehalte entwertet. **Schriftform** fordert jedenfalls das EuRhÜbk – im Unterschied etwa zu Art. 25 Abs. 1 EuGeldwäscheÜbk[178] – nicht, die Ergänzungsverträge mit Italien (Art. VIII Abs. 2) und der Schweiz (Art. VII Abs. 1)[179] erwähnen ausdrücklich telefonische Ersuchen, die umgehend schriftlich bestätigt werden müssen.

116 Für die Abfassung des Ersuchens entscheidend sind die **Angaben, die nach der Handhabung des ersuchten Staates den Erfolg des Ersuchens fördern.** Dazu kann auch die Angabe der Normen gehören, aus denen sich die Pflicht zur Erledigung des Ersuchens herleitet. Nicht jeder ausländische Beamte oder Richter kennt das SDÜ! Ist beiderseitige Strafbarkeit[180] vorausgesetzt, sollte der Sachvortrag nicht nur am deutschen Straftatbestand ausgerichtet sein, sondern auch die Fakten enthalten, die die Subsumtion unter den ausländischen Straftatbestand (so bekannt!) ermöglichen. Wird der Schuldverdacht überprüft,[181] hat der Vortrag die Beweismittel zu benennen und wiederzugeben. Die Darstellung darf sich nicht auf die Wiedergabe von Schlußfolgerungen beschränken.[182]

3. Geschäftsweg

117 Die Geschäftswegregelungen der einschlägigen Übereinkommen beziehen sich auf das **zwischenstaatliche Verhältnis.** Der ersuchte Staat verpflichtet sich, ein auf dem vereinbarten Geschäftsweg übermitteltes Ersuchen als authentisches Begehren des ersuchenden Staates zu akzeptieren. Die innerstaatliche Befugnis, letztendlich zu entscheiden, ob das Ersuchen gestellt wird, bleibt davon unberührt.[183] Die folgenden Ausführungen erfolgen aus dem Blickwinkel **ausgehender Ersuchen**, gelten aber spiegelbildlich auch für **eingehende Ersuchen**.

a) Unmittelbarer Geschäftsweg

118 Gilt der **unmittelbare Geschäftsweg**, so treten die **ersuchende** und **ersuchte Behörde** unmittelbar, ggf. über das **BKA** (nach Einschaltung des LKA, vgl. Nr. 6 RiVASt) oder eine andere **Übermittlungsstelle**, etwa die Staatsanwaltschaft bei dem Oberlandesgericht, miteinander in Verbindung (Nr. 5 Abs. 1 Buchst. d RiVASt). Hinweise zu den örtlichen Zuständigkeiten ergeben sich aus den an die Justizbehörden verteilten, teils unzureichenden **Ortsbüchern.** Künftig könnte auch das **Europäische Justitielle Netz** in Zweifelsfragen bemüht werden. **Internetseiten** einzelner Staaten sind im Entstehen.

119 Praktische Bedeutung hat dieser Geschäftsweg für Ersuchen der **Justizbehörden** um Rechtshilfe i. e. S. im Geltungsbereich des **SDÜ**[184] (Art. 53 Abs. 1) und im Verhältnis zur **Schweiz** (Art. VIII Abs. 1 des deutsch-schweizerischen Ergänzungsvertrages zum EuRhÜbk,[185] Ausnahme: Ersuchen um Durchsuchung, Beschlagnahme und Herausgabe von Gegenständen, Art. VIII Abs. 2). In diversen Übereinkommen, vgl. etwa Art. 15 Abs. 2 EuRhÜbk, ist darüber hinaus in **Eilfällen** die unmittelbare Übermittlung eines justitiel-

---

[178] Zur Möglichkeit telefonischen Vorabkontakts vgl. den Explanatory Report, abgedruckt bei *Schomburg/Lagodny* Art. 25 EuGeldwäscheÜbk (Hauptteil II D 2) Rn. 5.

[179] Zu beiden Übereinkommen vgl. Fn. 136.

[180] Vgl. Rn. 134.

[181] Vgl. Rn. 138.

[182] Vgl. beispielhaft Rn. 166 (Schweiz) bzw. Rn. 178 (Vereinigte Staaten und Kanada).

[183] BGHZ 87, 385, 389 = NJW 1983, 2769, 2770; *Schnigula* DRiZ 1984, 178 f.

[184] Vgl. Rn. 53.

[185] Vgl. Fn. 136.

len Ersuchens vorgesehen. Außerdem zu nennen: **Zustellungen** im Geltungsbereich des EuRhÜbk, vgl. Art. 7, 15 Abs. 1, 3 und 4; Ersuchen nach dem **EuGeldwäscheÜbk** (Art. 24: in dringenden Fällen ohne, sonst mit Einschaltung des BKA als zentraler deutscher Behörde).

Polizeiliche Rechtshilfeersuchen werden auf dem unmittelbaren Geschäftsweg, zu- 120
meist über das **BKA** (Nr. 123 RiVASt), gestellt. Vereinzelt, im Geltungsbereich des SDÜ in Eilfällen (Art. 39 Abs. 3 Satz 2) oder aufgrund von Ministervereinbarungen für Grenzgebiete (Art. 39 Abs. 4), ist auch der unmittelbare Kontakt der **zuständigen Polizeibehörden** als Geschäftsweg zugelassen.[186]

b) Konsularischer Geschäftsweg

Beim **konsularischen Geschäftsweg** treten eine konsularische Vertretung im Gebiet des 121
ersuchten Staates und dessen Behörden miteinander in Verbindung (Nr. 5 Abs. 1 Buchst c RiVASt). Ersuchen und sonstige Unterlagen sind in dreifacher Fertigung von der ersuchenden Stelle unmittelbar an die deutsche Auslandsvertretung zu übersenden (Nr. 30 Abs. 4 Satz 2 RiVASt).

c) Ministerieller und diplomatischer Geschäftsweg

Beim **ministeriellen Geschäftsweg** treten die obersten Justiz- oder Verwaltungsbehör- 122
den in den beteiligten Staaten miteinander in Verbindung (Nr. 5 Abs. 1 Buchst. b RiVASt), beim **diplomatischen Geschäftsweg** die Regierung eines der beiden beteiligten Staaten und die diplomatische Vertretung des anderen (Nr. 5 Abs. 1 Buchst. a RiVASt). Staatsanwaltschaft oder Gericht haben das Ersuchen samt Unterlagen der **obersten Justiz- oder Verwaltungsbehörde** vorzulegen (in dreifacher Fertigung beim für Landesministerien eröffneten Geschäftsweg, sonst vierfach oder im diplomatischen Geschäftsweg fünffach). Ist kein anderer Geschäftsweg zugelassen, gilt der diplomatische.

4. Notwendige Einschaltung weiterer Behörden

a) Exekutive Bewilligung

Da Rechtshilfe (i. w. S.) jedenfalls auch **Pflege auswärtiger Beziehungen** ist,[187] ist sie 123
neben Ermittlungsbehörden und Gerichten auch der Exekutive überantwortet. Auch wenn über die verfahrensrechtliche Notwendigkeit rechtshilfebedürftiger Ermittlungshandlungen und die Abfassung eines ausgehenden Ersuchens Ermittlungsbehörden und Gerichte entschieden haben, so befindet letztlich die **Bewilligungsbehörde**, ob das Ersuchen tatsächlich gestellt wird. Sie prüft dabei nicht nur nochmals die rechtshilferechtliche Zulässigkeit,[188] sondern trifft eine Bewilligungsentscheidung nach pflichtgemäßem, nicht auf außenpolitische und außenrechtliche Erwägungen beschränktem[189] Ermessen.[190] Auch wenn Rechtshilfeverträge im Grundsatz völkerrechtliche Verpflichtungen begründen, belassen sie der Exekutive in der Regel im Rahmen von Fakultativklauseln („kann") ein Ermessen. Ob Kostengründe die Unterlassung gebotener Ermittlungshandlungen rechtfertigen können, ist zweifelhaft.[191]

---

[186] Zu Steuer- und Zollbehörden vgl. Kap. 9 (Zoll).

[187] BGHZ 71, 9, 12 = NJW 1978, 1425; BGHZ 87, 385, 389 = NJW 1983, 2769, 2770; BVerfGE 96, 100, 118 = NJW 1997, 3013, 3014 (für die Vollstreckungshilfe); *Schomburg/Lagodny* vor § 68 Rn. 3; ausführlich *Vogler* in: *Grützner/Pötz* § 74 IRG Rn. 5 ff.

[188] Ebenso *Schomburg/Lagodny* Einl. Rn. 120.

[189] Str., eine Beschränkung wohl bejahend BGHZ 94, 150, 154 = NJW 1986, 664, 665; wohl verneinend BVerfGE 96, 100, 118 = NJW 1997, 3013, 3014; *Schnigula* DRiZ 1984, 177, 183.

[190] OLG Hamm NStZ 1982, 215; *Schomburg/Lagodny* vor § 68 Rn. 3.

[191] Zweifelnd BGHZ 94, 150, 154 = NJW 1986, 664, 665 („mag rechtswidrig sein"); a. A. (für einen solchen Ablehnungsgrund) *Schnigula* DRiZ 1984, 177, 183.

124 Ebenso wie bei ausgehenden Ersuchen bedarf es **exekutiver Bewilligung** auch für die Erledigung **eingehender Rechtshilfeersuchen**. Im Hinblick auf die zwischenstaatliche Zulässigkeit[192] („Leistungsermächtigung"[193]) bindet im Bereich der sonstigen Rechtshilfe die Bewilligung die für die Leistung der Rechtshilfe zuständige Behörde (§ 60 Satz 1 IRG). Sie kann die Rechtshilfeerledigung also nicht ihrerseits mit der Begründung ablehnen, das Ersuchen leide an rechtshilferechtlichen Mängeln. Unberührt bleiben die gerichtliche Entscheidungsfreiheit (§§ 60 Satz 2, 61 IRG) wie die Beurteilungsfreiheit auch der Ermittlungsbehörden bei der Beurteilung der innerstaatlichen Leistungsvoraussetzungen („Vornahmeermächtigung").

125 Für die Rechte von **Verteidiger** oder **Rechtsbeistand** folgt hieraus: **Rechtsbehelfe** gegen die Bewilligungsentscheidungen sind mangels Justitiabilität nicht zulässig[194] oder doch jedenfalls (wegen des weiten Ermessens) kaum erfolgversprechend.[195] Ebensowenig wird insoweit ein **Akteneinsichtsrecht** bestehen.[196] Anderes gilt für die innerstaatlichen Vornahmemaßnahmen.[197] Isolierte Rechtsbehelfe gegen die Leistungsermächtigung dürften (mit Ausnahme der Klage gegen die Herausgabe von Gegenständen, §§ 61 Abs. 1 Satz 2, 66 IRG) nicht bestehen, Einwände vielmehr integriert in den Vornahmerechtsschutz geltend zu machen sein.[198] Ob gegen die spätere Verwertung der durch Rechtshilfe erlangten Erkenntnisse geltend gemacht werden kann, es fehle die Bewilligung einer zuständigen Stelle, erscheint offen.[199]

b) Bewilligungs- und Prüfungsbehörde

126 Der Bundesgesetzgeber hat die Entscheidung über ein- (und aus-) gehende Ersuchen dem Bundesminister der Justiz im Einvernehmen mit dem Auswärtigen Amt zugewiesen (§ 74 Abs. 1 IRG). Dessen Bewilligungsbefugnis ist zwar weitgehend **delegiert.** Gleichwohl kann nach derzeitiger Rechtslage der einzelne Richter oder Ermittlungsbeamte kaum je selbst ein Rechtshilfeersuchen bewilligen. Wem im einzelnen die Bewilligung zusteht (und wem damit das Ersuchen – ungeachtet des Geschäftswegs – letztlich vorzulegen ist), ergibt sich aus **§ 74 IRG**, der **Zuständigkeitsvereinbarung**[200] und den **landesrechtlichen Vorschriften.**[201] Im wesentlichen gilt im hier interessierenden Kriminalitätsbereich für Ersuchen um sonstige Rechtshilfe:[202]

127 Ist der **unmittelbare** oder **konsularische Geschäftsweg** eröffnet, bedarf es im Justizbereich in der Regel lediglich der Bewilligung des **Behördenleiters** oder **Gerichtspräsi-**

---

[192] Vgl. *Wilkitzki* in: *Grützner/Pötz* § 60 IRG Rn. 10.

[193] Vgl. *Schomburg/Lagodny* § 60 Rn. 6; ausführlich zur Abgrenzung zur „Vornahmeermächtigung" *Schomburg/Lagodny* Einl. Rn. 91 bis 93.

[194] Wie hier BVerfGE 96, 100, 118 = NJW 1997, 3013, 3014 (zu den außen- und sonstigen politischen Erwägungen bei der Vollstreckungshilfe); OVG Münster MDR 1981, 435; *Vogler* in: *Grützner/Pötz* § 12 IRG Rn. 24 (bzgl. Auslieferungsbewilligungen); *Vogler* EuGRZ 1981, 417, 418 (bzgl. Stellen eines Auslieferungsersuchens); OLG Karlsruhe NJW 1992, 642, 644; OLG München in: *Eser/Lagodny/Wilkitzki* U 10; *Wilkitzki* in: *Grützner/Pötz* § 60 IRG Rn. 5 ff. (bzgl. Bewilligung eingehender Rechtshilfeersuchen); a. A. OVG Münster StV 1989, 446 (bzgl. Stellen eines Auslieferungsersuchens); *Vogler* in: *Grützner/Pötz* § 12 IRG Rn. 29 (bzgl. Bewilligung eingehender Rechtshilfeersuchen); OLG Hamm NStZ 1982, 215; *Schomburg/Lagodny* § 68 Rn. 41 (bzgl. Bewilligung ausgehender Ersuchen).

[195] Vgl. OLG Hamm NStZ 1982, 215; OVG Münster StV 1989, 446.

[196] A. A. wohl *Schomburg/Lagodny* Einl. Rn. 119 m. w. Nachw. zum Meinungsstand, vgl. auch Rn. 114 ff.

[197] Vgl. Rn. 20.

[198] So auch *Schomburg/Lagodny* vor § 59 Rn. 24 ff.; *Wilkitzki* in: *Grützner/Pötz* § 61 IRG Rn. 9 m. w. Nachw.

[199] Vgl. BGHSt 34, 334, 342 = NJW 1987, 2168, 2171.

[200] Vgl. hierzu bereits Rn. 83.

[201] Abgedruckt bei *Piller/Hermann* Abschnitt 2 f S. 29 ff.

[202] Zu Auslieferung und Vollstreckungshilfe vgl. Rn. 114.

denten, da die den Landesregierungen von seiten des Bundes zur Ausübung übertragenen Befugnisse weitgehend auf diesen Personenkreis weiterübertragen worden sind.[203] Im Polizeibereich liegt die Bewilligungsbefugnis in der Regel beim LKA.

Die Bewilligungszuständigkeit für **Ersuchen wegen fiskalischer Delikte** ist umfassend bislang nur im Verhältnis zu Belgien, Dänemark, Frankreich, Luxemburg, den Niederlanden, Österreich und der Schweiz von der Bundesregierung an die Landesregierungen übertragen worden. Sofern nicht Gefahr im Verzug vorliegt oder es um Zustellung aufgrund vertraglicher Pflicht geht, verbleibt es bei der **Zuständigkeit** des **Bundesministers der Justiz** (Behördenbezeichnung), vgl. Nr. 4 Buchst. c der Zuständigkeitsvereinbarung. Für Ersuchen an Spanien, Portugal, Italien und Griechenland, aber auch für die künftigen SDÜ-Vertragsparteien Schweden, Finnland, Norwegen und Island heißt dies, daß (häufig übersehen!) trotz des unmittelbaren Geschäftswegs (Art. 53 Abs. 1 SDÜ) Ersuchen in Fiskalsachen zuvor vom Bundesminister der Justiz (im Einvernehmen mit dem Bundesminister der Finanzen) zu bewilligen und dementsprechend über die oberste Justizbehörde vorzulegen sind. 128

Häufig besonderer Bewilligung bedarf zudem die **Teilnahme deutscher Richter oder Beamter im Ausland**, die bei der obersten Justiz- oder Verwaltungsbehörde einzuholen ist, bevor das Ersuchen an die ausländische Behörde oder deutsche Auslandsvertretung abgesandt wird (Nr. 140 Abs. 1 Satz 2 RiVASt). Inwieweit die Genehmigung allgemein erteilt oder ihre Erteilung delegiert ist, richtet sich nach Landesrecht.[204] 129

Angesichts der bloßen **Delegation der Ausübung der Bewilligungsbefugnis** kann diese vom Delegierenden jederzeit an sich gezogen werden.[205] Dem dient die **Pflicht**, trotz eigener Bewilligungsbefugnis **in Fällen von besonderer Bedeutung** in politischer, tatsächlicher oder rechtlicher Beziehung der obersten Justiz- oder Verwaltungsbehörde, die ihrerseits ggf. die Bundesregierung zu konsultieren hat (Nr. 7 der Zuständigkeitsvereinbarung) vorab **zu berichten** und deren Äußerung abzuwarten (Nr. 14 Abs. 1 RiVASt). Allgemeine Richtlinien (RiVASt!) oder Weisungen im Einzelfall verletzen nicht die richterliche Unabhängigkeit.[206] 130

Nach Landesrecht unterschiedlich[207] geregelt ist die Frage, inwieweit Ersuchen zusätzlich einer (möglicherweise mit der Bewilligungsbehörde identischen) **Prüfungsbehörde** vorgelegt werden müssen, vgl. Nr. 7 Buchst. b, 30 Abs. 1 RiVASt. 131

VI. Voraussetzungen und Grenzen der Rechtshilfe

1. Allgemeine Voraussetzungen

Im Dickicht je nach Staat differierender Anforderungen des Rechtshilferechts sucht der Praktiker **allgemeine Voraussetzungen der Rechtshilfe** bzw. **Rechtshilfehindernisse.** In Betracht kommen: 132

Gegenseitigkeit bedeutet, daß der ersuchende Staat im umgekehrten Fall ebenfalls zu Rechtshilfe bereit und fähig ist. Nach Völkerrecht besteht keine Pflicht, die Gewährung von Rechtshilfe (i. w. S.) von der Gegenseitigkeit abhängig zu machen.[208] Im **vertraglosen** wie im **vertraglichen** (Art. 2 Abs. 7 EuAlÜbk; Art. 23 Abs. 3 EuRhÜbk) **Auslieferungs- und Rechtshilfeverkehr** muß freilich mit der Ablehnung eines Ersuchens unter 133

---

[203] Vgl. im einzelnen die landesrechtlichen Vorschriften, abgedruckt bei *Piller/Hermann* Abschnitt 2f S. 29ff.

[204] Vgl. die Nachweise bei *Piller/Herrmann* Abschnitt 2f S. 29ff.

[205] Hierzu ausführlich *Vogler* in: *Grützner/Pötz* § 74 IRG Rn. 28 bis 30.

[206] BVerfG DRiZ 1979, 219; BGHZ 71, 9 = NJW 1978, 1425f.; BGHZ 87, 385 = NJW 1983, 2769, 2770f.; BGHZ 94, 150 = NJW 1986, 664, 665.

[207] Abgedruckt bei *Piller/Herrmann* Abschnitt 2f S. 29ff.

[208] BGHSt 26, 148, 150 = NJW 1975, 1611; ausführlich *Vogler* in: *Grützner/Pötz* § 5 IRG Rn. 1.

Berufung auf fehlende Gegenseitigkeit gerechnet werden.[209] Auslieferung aus Deutschland ist bei negativer Gegenseitigkeitsprognose unzulässig (§ 5 IRG).

134 Das **Prinzip der beiderseitigen Strafbarkeit** verlangt bei sinngemäßer Sachverhaltsumstellung[210] die Strafbarkeit des ersuchensgegenständlichen Verhaltens auch im ersuchten Staat. Auf den ersuchenden Staat bezogene Sachverhaltselemente, etwa Tatort, Staatsangehörigkeit des Täters oder Opfers, werden auf den ersuchten Staat hin umgedacht. Ob jeweilige Subsumierbarkeit unter irgendeine Strafrechtsnorm unabhängig von der tatsächlichen oder rechtsethischen Vergleichbarkeit ausreicht, wie dies nach deutscher Auslegung von § 3 IRG der Fall sein soll,[211] erscheint zweifelhaft.[212] Erfahrungen mit anderen Staaten wie neuere Begründungen zu multilateralen Übereinkommen[213] sprechen dagegen. Ebensowenig kann sicher damit gerechnet werden, daß ausländische Staaten als „Handlung" im Sinne des Art. 2 Abs. 1 EuAlÜbk die „Tat" im prozeßrechtlichen Sinn des § 264 StPO verstehen.[214]

135 Die **Reichweite des Prinzips der beiderseitigen Strafbarkeit** ist unterschiedlich. Im **vertraglosen Auslieferungsverkehr** muß je nach dem Recht des ersuchten Staates von seiner Anwendung ausgegangen werden, vgl. für Deutschland § 3 Abs. 1 IRG. Der Grundsatz beherrscht, verbunden mit geforderten **Mindestsanktionen**, auch den **vertraglichen Auslieferungsverkehr** (vgl. im europäischen Vertragsnetzwerk Art. 2 Abs. 1, Abs. 2 EuAlÜbk, Art. 1 2. ZP-EuAlÜbk, Art. 2 Abs. 1 EU-AuslÜbk[215]). Die Tendenz geht freilich hin zu einer Einschränkung.[216] Im **vertraglosen Rechtshilfeverkehr** ist der Grundsatz weniger verbreitet,[217] für in Deutschland eingehende Ersuchen vgl. § 66 IRG. Im **vertraglichen Rechtshilfeverkehr** besteht grundsätzlich[218] keine generelle Ablehnungsmöglichkeit bei fehlender beiderseitiger Strafbarkeit. Wichtigste Ausnahmen: Durchsuchungen und Beschlagnahmen einschließlich Maßnahmen nach dem EuGeldwäscheÜbk.[219]

136 Die Beurteilung der **Verjährung** auch nach dem **Recht des ersuchten Staates** spielt fast[220] nur im **Auslieferungsverkehr** eine Rolle. Sie ist kein Bestandteil des Prinzips beiderseitiger Strafbarkeit. Die Hindernisse im Geltungsbereich des EuAlÜbk können höher sein als im vertraglosen Verkehr, vgl. hierzu für Deutschland die geringen Anforderungen nach § 9 Nr. 2 IRG: doppeltes Verjährungsprüfungserfordernis nur bei konkurrierender Gerichtsbarkeit. Für die wichtigsten europäischen Vertragsbeziehungen gilt im einzelnen (Günstigkeitsprinzip beachten!):

---

209 Überblick bei *Nagel* S. 92 ff.

210 Vgl. hierzu anschaulich *v. Bubnoff* S. 47 f.; ebenso *Schomburg/Lagodny* § 3 Rn. 5 bis 10; spezifisch zu Fiskaldelikten vgl. Rn. 141.

211 So wohl *Schomburg/Lagodny* § 3 Rn. 3 unter Berufung auf OLG Stuttgart GA 1966, 188.

212 Zweifelnd auch *Vogler* in: *Grützner/Pötz* § 3 IRG Rn. 2.

213 Explanatory Report zum EuGeldwäscheÜbk, vgl. *Schomburg/Lagodny* (Hauptteil II D 2) Art. 18 EuGeldwäscheÜbk Rn. 21; ebenso *Schwaighofer* S. 98 m. w. Nachw. zum österreichischen Recht.

214 So lt. *Schomburg/Lagodny* § 3 Rn. 6 für eingehende Ersuchen die deutsche Rechtsprechung; vgl. BGH GA 1977, 110; nicht eindeutig aber BGHSt 27, 168, 172 = NJW 1977, 1598, 1599 (Begriff der „Handlung" i. S. von Art. 2 Abs. 1 EuAlÜbk geht jedenfalls nicht über den der Tat des § 264 StPO); anders etwa für Österreich *Schwaighofer* S. 98 ff.

215 Vgl. Rn. 50, 51; die Bestimmung ist bei *Schomburg/Lagodny* (Hauptteil III A a) insoweit fehlerhaft abgedruckt, als zweimal vom Recht des ersuchenden Staates die Rede ist; der wahre Inhalt erschließt sich dort in Rn. 1 der zugehörigen Kommentierung.

216 Vgl. in bezug auf Bestechungs- und Bestechlichkeitsdelikte die Nachweise in Rn. 55.

217 Uneingeschränkt beiderseitige Strafbarkeit verlangen nur wenige Staaten, z. B. Japan, vgl. den Länderteil der RiVASt.

218 Ausnahmen z. B. Finnland, Schweden und Island, vgl. die Vorbehalte zu Art. 2 bzw. Art. 1 EuRhÜbk, BGBl. 1981 II S. 318; BGBl. 1976 II S. 1799, 1810 und BGBl. 1984 II S. 911.

219 Vgl. Rn. 144 bis 148.

220 Ausnahme etwa die Schweiz, vgl. Art. 5 Abs. 1 IRSG: keine Zwangsmaßnahmen bei absoluter Verjährung nach schweizerischem Recht.

- Auslieferungsverkehr mit **SDÜ-Staaten** und der **Schweiz**:
  Auslieferungsverbot bei Verjährung nach dem Recht des ersuchenden oder ersuchten Staates;[221] Unterbrechung, Hemmung oder Ruhen[222] der Verjährung richten sich allein nach dem Recht der ersuchenden Vertragspartei (Art. 62 Abs. 1 SDÜ bzw. Art. IV des deutsch-schweizerischen Ergänzungsvertrags zum EuAlÜbk,[223] jew. i.V. m. Art. 10 EuAlÜbk);
- Auslieferungsverkehr im Geltungsbereich des **EU-AuslÜbk**[224] oder des **deutsch-jugoslawischen Auslieferungsvertrags**[225] :
  Verjährung nach dem Recht des ersuchenden Staates; Recht des ersuchten Staates ist nur bei konkurrierender Gerichtsbarkeit als obligatorischer (deutsch-jugoslawischer Auslieferungsvertrag) oder fakultativer (EU-AuslÜbk) Verweigerungsgrund relevant (jew. Art. 8 Abs. 2);
- Auslieferungsersuchen im Geltungsbereich des **EuAlÜbk**:[226]
  Auslieferungsverbot bei Verjährung nach dem Recht des ersuchenden oder ersuchten Staates (Art. 10).

Interessen des ersuchten Staates sollten bei der Beurteilung der Erfolgsaussichten eines Ersuchens stets bedacht werden, etwa wenn Betriebs- oder Geschäftsgeheimnisse bedeutender, gar (teils) in Staatseigentum stehender Firmen offenbart werden müßten. Ist im **vertraglosen Rechtshilfe- und Auslieferungsverkehr** angesichts der bestehenden Erledigungsfreiheit ohnehin mit der Berücksichtigung derartiger Interessen zu rechnen, so finden sie auch im **vertraglichen Rechtshilfeverkehr** ihren ausdrücklichen Niederschlag in Art. 2 Buchst. b EuRhÜbk, Art. 18 Abs. 1 Buchst. b EuGeldwäscheÜbk und diversen bilateralen Rechtshilfeverträgen[227] (Ablehnungsmöglichkeit bei Eignung der Ersuchenserledigung zur Beeinträchtigung von Souveränität, Sicherheit, **ordre public** oder anderen wesentlichen Interessen des ersuchten Staates). Die Berufung auf ein **Bankgeheimnis** ist davon allerdings nicht gedeckt, sondern richtet sich danach, inwieweit ein solches Geheimnis nach jew. innerstaatlichem Recht der erbetenen Ermittlungshandlung auch bei eigenen Ermittlungs- oder Strafverfahren entgegenstünde.[228] Auch wenn im **vertraglichen Auslieferungsverkehr** eine umfassende[229] Klausel wie Art. 2 Buchst. b EuRhÜbk fehlt, ist auch hier bei Interessenskonflikten mit der Versagung von Auslieferungen zu rechnen, zumal die Verletzung von Auslieferungsverpflichtungen zwischenstaatlich bislang[230] nicht justitiabel ist. 137

---

221 Eine instruktive Übersicht über die Verjährungsvorschriften der Schengen-Staaten gibt die vom BKA herausgegebene, an die Ermittlungsbehörden verteilte Broschüre „Schengener Durchführungsübereinkommen (SDÜ)".

222 Zur Gleichstellung von Hemmung oder Ruhen mit Unterbrechung vgl. *Schomburg/Lagodny* Art. 62 SDÜ (Hauptteil IV) Rn. 1.

223 Vollständiger Titel und Fundstelle: BGBl. 1975 II S. 1176; 1976 II S. 1798, vgl. zu dieser Vorschrift BGHSt 35, 67, 72 ff. = NJW 1988, 2185, 2187 m. Anm. *Meyer* NStZ 1988, 277, 279 f.

224 Vgl. Rn. 50.

225 Vgl. Rn. 46.

226 Vgl. Rn. 46.

227 Einzelheiten bei *Nagel* S. 117 f.

228 So selbst die liechtensteinische Praxis, vgl. *Wolff* AnwBl. 1991, 62, 68; für Österreich OGH Wien wistra 1995, 38 (zu Art. 2 Buchst. b EuRhÜbk) m. Besprechungsaufsatz *Carl/Klos* wistra 1995, 95, 97; für Deutschland vgl. OLG Hamburg GA 1984, 515 f.; zum Bankgeheimnis in der Schweiz vgl. *Dreßler* wistra 1989, 152, 166; *Müller/Wabnitz/Janovsky* Kap. 11 Rn. 45; vgl. auch Art. 18 Abs. 7 EuGeldwäscheÜbk.

229 Zur Auslieferungsversagung wegen drohenden Verstoßes gegen den „völkerrechtlichen Mindeststandard" vgl. BVerfGE 75, 1, 16 ff. = NJW 1987, 2155, 2157 f.; ausführlich *Schomburg/Lagodny* § 73 Rn. 7 ff.; *Vogler* in: *Grützner/Pötz* § 73 IRG Rn. 1 ff.

230 Anders nach Inkrafttreten des Amsterdamer Vertrags (BGBl. 1998 II S. 386; abgedruckt auch bei *Schomburg/Lagodny* Hauptteil III F), vgl. Art. K. 7 Abs. 7.

138 Eine **Überprüfung des Schuldverdachts** findet im wesentlichen im **Auslieferungsverkehr** und lediglich in einer Minderheit von Staaten (wesentlich insbes. Vereinigte Staaten und Kanada[231]) statt. Kontinental-europäischer Tradition ist sie fremd.[232] Dementsprechend verlangen etwa weder das EuAlÜbk (Art. 12) noch das EuRhÜbk (Art. 14) im Ersuchen die Benennung der den Tatverdacht begründenden Tatsachen. Für eingehende Ersuchen bedeutet dies, daß zwar sämtliche innerstaatlichen Voraussetzungen für Zwangsmaßnahmen erfüllt sein müssen, der ggf. erforderliche Tatverdacht jedoch von dieser Prüfung im Grundsatz ausgenommen ist.[233] Nur bei besonderen Umständen, etwa bei unschlüssiger Sachverhaltsschilderung oder in Deutschland oder einem Drittstaat bereits verneintem Tatverdacht kann Anlaß im Auslieferungsverkehr bestehen, vom ersuchenden Staat eine Darstellung der den hinreichenden Tatverdacht begründenden Tatsachen zu verlangen (§ 10 Abs. 2 IRG).[234] Zur Wahrung des **ordre public**[235] dürfte ein solches Verlangen auch im **Rechtshilfeverkehr** in Betracht kommen.[236] Im Rechtshilfeverkehr in Fiskalsachen mit der Schweiz hat das erhebliche Bedeutung.[237]

139 Die **Staatsangehörigkeit** des Beschuldigten spielt nicht bei der sonstigen Rechtshilfe,[238] sondern nur im Auslieferungsverkehr eine Rolle: Die meisten Staaten liefern eigene Staatsangehörige nicht aus. Wesentliche Ausnahmen: Finnland, Israel, die Niederlande, Spanien und Portugal, jew. unter der Bedingung späterer Rücküberstellung im Rahmen der Vollstreckungshilfe,[239] Großbritannien, Vereinigte Staaten und Kanada.

2. Besonderheiten für Fiskaldelikte

a) Auslieferung

140 Im **vertraglosen Auslieferungsverkehr** wird Auslieferung vielfach gerade in Fiskalsachen verweigert. Im **europäischen Vertragsnetzwerk** besteht umfassende Auslieferungspflicht in Fiskalsachen nur für die Vertragsparteien des **2. ZP-EuAlÜbk** (Art. 2 Abs. 1, sofern kein Vorbehalt erklärt) sowie des **EU-AuslÜbk**[240] (Art. 6). Für das EU-AuslÜbk kann die Auslieferungspflicht auf die Hinterziehung von Verbrauchsteuern, Mehrwertsteuer und Zölle beschränkt werden. Eine derart beschränkte Auslieferungspflicht begründen bereits jetzt Art. 63, 50 SDÜ, mit zusätzlichen Wertgrenzen: Für Steuern mehr als 25 000 Euro,[241] für Zölle ein Warenwert von mehr als 100 000 Euro! Bei der Hinterziehung von EG-Abgaben ist künftig die Auslieferungsverweigerung unter Berufung auf den fiskalischen Charakter des Delikts ausgeschlossen (Art. 5 Abs. 3 EU-FinIntÜbk-Betrug[242]). Keine Auslieferungspflicht besteht dagegen nach dem **EuAlÜbk** wegen fiskalischer strafbarer Handlungen (definiert als Abgaben-, Steuer-, Zoll- und Devisenvergehen, vgl. Art. 5).[243]

---

231 Vgl. hierzu näher Rn. 178, 180.

232 Vgl. *Vogler* in: *Grützner/Pötz* § 10 IRG Rn. 16.

233 Ebenso *Schomburg/Lagodny* Einl. Rn. 105, 109.

234 Vgl. *Schomburg/Lagodny* § 10 Rn. 36 bis 45 (mit weiteren Beispielen); zur besonders eingeschränkten Anwendung des § 10 Abs. 2 IRG im vertraglichen Auslieferungsverkehr vgl. BGHSt 32, 314, 320 ff. = NJW 1984, 204 = NStZ 1984, 365.

235 Vgl. hierzu Rn. 137.

236 Erörtert vom OLG Celle in: *Eser/Lagodny/Wilkitzki* U 133.

237 Vgl. Rn. 166.

238 OLG Karlsruhe NJW 1990, 2208, 2210.

239 Vgl. hierzu Rn. 61.

240 Vgl. Rn. 50.

241 Ab 1. 1. 1999; vormals ECU, vgl. Art. 2 Abs. 1 Verordnung (EG) Nr. 1103/97, ABl. EG Nr. L 162 S. 1.

242 Näher zu diesem Übereinkommen vgl. Rn. 56.

243 Zur Feststellung der Rechtslage nach dem Günstigkeitsprinzip vgl. beispielhaft Rn. 58.

Im übrigen kann die **Reichweite des Erfordernisses der beiderseitigen Strafbarkeit**[244] zweifelhaft sein. Jedenfalls im Geltungsbereich von Art. 2 des 2. ZP-EuAlÜbk und Art. 6 EU-AuslÜbk darf die Auslieferung nicht an einer allzu engherzigen Auslegung scheitern. Die Handlung, deretwegen um Auslieferung ersucht wird, muß nach dem Recht des ersuchten Staates einer strafbaren Handlung derselben Art entsprechen. Mit Unterschieden in den Abgaben-, Steuer-, Zoll- und Devisenbestimmungen darf eine Auslieferungsversagung nicht begründet werden. 141

b) Sonstige Rechtshilfe

Sonstige Rechtshilfe wird in Fiskalsachen häufiger geleistet als Auslieferung, ist aber keineswegs selbstverständlich.[245] Art. 50 **SDÜ** begründet eine ausdrückliche **Rechtshilfeverpflichtung** für nicht unbedeutende[246] Hinterziehung von Verbrauchsteuern, Mehrwertsteuer oder Zöllen. Gleichwohl ist in traditionell Steuerflüchtlingen wohlgewogenen Staaten eine Verweigerung der Rechtshilfe unter Berufung auf Art. 2 Buchst. b EuRhÜbk nicht ausgeschlossen, die um so eher vermeidbar ist, je mehr es gelingt, den ersuchten Staat von einem eigenen Verfolgungsinteresse zu überzeugen, etwa wenn Steuermanipulationen mehrere Staaten schädigen (z. B. im Bereich der Umsatzsteuerrückerstattungen). Ob Art. 1 **ZP-EuRhÜbk** oder Art. 6 **2. EU-FinIntProt**[247] eine grundsätzliche Rechtshilfeverpflichtung begründen[248] oder die Rechtshilfe lediglich nicht allein wegen des Fiskalcharakters des Delikts verweigert werden kann,[249] ist angesichts der Verweigerungsmöglichkeit des Art. 2 Buchst. b EuRhÜbk wohl nicht von wesentlicher Bedeutung. Eine ausdrückliche Rechtshilfeverpflichtung in Fiskalsachen enthält Art. IV des **deutsch-österreichischen Ergänzungsvertrags zum EuRhÜbk**.[250] Besonderheiten im Verhältnis zur **Schweiz** sind bei den Länderspezifika dargestellt.[251] 142

3. Spezifische Voraussetzungen für einzelne Maßnahmen

Im Grundsatz kann der deutsche Ermittlungsbeamte oder Richter das Ausland um jede nach nationalem Recht zulässige[252] Ermittlungsmaßnahme ersuchen. Die Erledigung erfolgt regelmäßig in den **Formen des Rechts des ersuchten Staates** (exemplarisch Art. 3 Abs. 1 EuRhÜbk[253]). Zwangseingriffe unterliegen meist den **Voraussetzungen**[254] **des Rechts des ersuchten Staates.** Möglichkeiten, die **Beachtung deutschen Rechts** bei der Erledigung des Ersuchens herbeizuführen, sind zu nutzen.[255] Für ausgewählte Maßnahmen gilt: 143

a) Durchsuchung, Beschlagnahme und Herausgabe

Sofern der Rechtshilfeverkehr eröffnet ist, dürften in der Regel keine unüberwindlichen Hindernisse bestehen, um das **Aufspüren** und die **Herausgabe** von **beweismittelgeeigneten Gegenständen** zu erwirken. Für den europäischen Vertragsrechtsraum besteht grundsätzlich Rechtshilfepflicht (Art. 3 Abs. 1, 5 Abs. 1, 1 Abs. 1 EuRhÜbk, Art. 20 Abs. 1 144

---

244 Vgl. Rn. 134.
245 Beispiele in Abschnitt VII.
246 Zu den Wertgrenzen vgl. Rn. 140.
247 Näher zu diesem Übereinkommen vgl. Rn. 77.
248 So *Carl/Klos* S. 225; *Nagel* S. 112.
249 So wohl *Schomburg/Lagodny* Art. 1 ZP-EuRhÜbk (Hauptteil II B 1) Rn. 1.
250 Vollständiger Titel und Fundstellen: BGBl. 1975 II S. 1157; 1976 II S. 1818; abgedruckt auch bei *Schomburg/Lagodny* Hauptteil II B e und *Grützner/Pötz* Abschnitt II 0 5 (mit Erläuterungen).
251 Vgl. Rn. 164 bis 167.
252 Vgl. Rn. 20.
253 Mit dem geplanten EU-RechtshilfeÜbk (vgl. Rn. 69) könnte sich dies ändern.
254 Vgl. Rn. 20.
255 Zu den Folgen eines Verstoßes gegen diese Pflicht am Beispiel „Vernehmungen" Rn. 149.

EuAlÜbk). Allerdings wird schon wegen der deutschen Inanspruchnahme der Vorbehaltsmöglichkeiten aus Art. 5 Abs. 1 Buchst. a und c EuRhÜbk[256] mit der Erledigung von **Durchsuchungs-** und **Beschlagnahmemaßnahmen** nur bei beiderseitiger Strafbarkeit und Vereinbarkeit mit dem Recht des ersuchten Staates zu rechnen sein (Grundsatz der Gegenseitigkeit, Art. 5 Abs. 2 EuRhÜbk). Lediglich im Schengenraum genügt Strafbarkeit im einen, Einstufung als Ordnungswidrigkeit im anderen Staat (vgl. im einzelnen Art. 51 SDÜ). Zu Inhalt und Form der Ersuchen vgl. Nr. 144 RiVASt (Muster Nr. 28 bis 30).

145 Sind **Geschädigteninteressen** mit betroffen, wird der Staatsanwalt, ggf. anwaltlich hierauf aufmerksam gemacht, mit bedenken, ob und wie er den Geschädigten bei der Durchsetzung seiner Ansprüche unterstützen kann. Auch wenn ein Gegenstand als **Beweismittel** herausgegeben worden ist, kann seine **Herausgabe** an den **Verletzten** (vgl. § 111 k StPO) an Rückgabepflichten an den ersuchten Staat scheitern. In solchen Fällen ist dringend anzuraten, im Ersuchen zugleich das Interesse am Behalt des Gegenstandes geltend zu machen, damit der ersuchte Staat auf die sonst erforderliche Rückgabe verzichtet (Art. 6 Abs. 2 EuRhÜbk) oder im Fall der Herausgabe als Annex zu einer Auslieferung nicht die Bedingung der Rückgabe (Art. 20 Abs. 2, Abs. 4 EuAlÜbk) stellt.

146 Nach den Ergänzungsverträgen zum EuRhÜbk mit Frankreich[257] (Art. III Abs. 3), Italien (Art. III Abs. 3), Österreich (Art. V Abs. 1) und der Schweiz (Art. V Abs. 3)[258] sowie den Niederlanden (Art. IV Abs. 3),[259] aber auch nach Art. 20 Abs. 1 Buchst. b EuAlÜbk kann auch **ohne Rücksicht auf ihre Beweismitteleignung** allein zum Zweck der Herausgabe an den Geschädigten[260] (unter im einzelnen genannten Kautelen, etwa: keine Rechte Dritter) **Herausgabe von Erträgen aus der Straftat** verlangt werden. Über die Vertragsparteien hinaus könnten solche Ersuchen aber auch an andere Staaten gestellt werden.

147 Schließlich sollten die von Geschädigtenansprüchen unabhängigen Instrumente **Verfall** und **Einziehung** (§§ 73 ff. StGB) für den Zugriff auf im Ausland befindliches Vermögen intensiver genutzt werden. Das EuGeldwäscheÜbk verpflichtet zur Unterstützung bei der **Suche** nach Tatwerkzeugen, Erträgen und anderen der „Einziehung"[261] unterliegenden Gegenständen (Art. 8, 9), zur **Sicherung** durch vorläufige Maßnahmen (Art. 11), zur späteren **Vollstreckung** einer fremden Einziehung (Art. 13 Abs. 1 Buchst. a) oder zur eigenständigen Einziehungsmaßnahme (Art. 13 Abs. 1 Buchst. b). Zu den zahlreichen fakultativen Ablehnungsgründen vgl. Art. 18 EuGeldwäscheÜbk, u. a. Abs. 1 Buchst. f (beiderseitige Strafbarkeit). Nach Art. 15 EuGeldwäscheÜbk dürften die eingezogenen Vermögensgegenstände häufig[262] dem ersuchten Staat zufallen, was bei international arbeitsteiliger Strafverfolgung die Bereitschaft, ein solches Ersuchen zu stellen, nicht mindern sollte.

148 Bei Maßnahmen zur Sicherung von Beweismitteln oder Vermögenswerten kann Schnelligkeit Trumpf sein. An den unmittelbaren Geschäftsweg für **dringende Fälle** nach Art. 15 Abs. 2 EuRhÜbk (vgl. auch Art. 24 Abs. 2 EuGeldwäscheÜbk) und an die Möglichkeiten (fern-)mündlicher Ersuchen[263] sei daher erinnert.[264] Scheitern die Bemühun-

---

256 BGBl. 1976 II S. 1799.

257 Vollständiger Titel und Fundstelle: BGBl. 1978 II S. 329; 1980 II S. 1435; abgedruckt auch bei *Schomburg/Lagodny* Hauptteil II B a und *Grützner/Pötz* Abschnitt II F 8.

258 Vgl. Fn. 136.

259 Vgl. Fn. 135.

260 So ausdrücklich Art. V Abs. 1 des deutsch-österreichischen Ergänzungsvertrags zum EuRhÜbk (Fn. 136); diese Zweckbestimmung liegt aber auch den übrigen Ergänzungsverträgen zugrunde, vgl. z. B. *Grützner/Pötz* Fn. 11 zu Art. II des deutsch-schweizerischen Ergänzungsvertrages (abgedruckt in Abschnitt II S 16).

261 Zum auch den Verfall nach deutschem Recht erfassenden Begriff vgl. Fn. 79.

262 Anders aber etwa in der Schweiz, vgl. Rn. 167.

263 Vgl. Rn. 115.

264 Vgl. auch die Fallschilderungen bei *Müller/Wabnitz/Janovsky* Kap. 11 Rn. 31.

gen um rasche Rechtshilfemaßnahmen, kann bei konkurrierender Gerichtsbarkeit immerhin versucht werden, durch entsprechend verdachtsbegründende Hinweise (das braucht nicht in der Form eines Verfolgungsersuchens[265] erfolgen!) ein ausländisches Ermittlungsverfahren zu initiieren.[266]

b) Vernehmungen

Die Veranlassung von **Vernehmungen im Ausland** wird jedenfalls im Geltungsbereich des EuRhÜbk auf keine wesentlichen Probleme stoßen. Je nach Bedeutung wird mit Rücksicht auf die spätere Verwertbarkeit in einer Hauptverhandlung eine **richterliche** Vernehmung begehrt werden. Angesichts der grundsätzlichen Erledigung von Rechtshilfeersuchen in den Formen des Rechts des ersuchten Staates (Art. 3 Abs. 1 EuRhÜbk[267]) hängt die **Verwertbarkeit** der Vernehmung nicht von der Einhaltung deutschen Strafprozeßrechts ab,[268] sofern grundlegenden rechtsstaatlichen Anforderungen Genüge getan ist.[269] Es droht jedoch Unverwertbarkeit, wenn es unterlassen wird, soweit als möglich auf die Beachtung deutscher Verfahrensvorschriften hinzuwirken.[270] Dies gilt namentlich für **Belehrungsvorschriften**,[271] **Beeidigungsregeln**[272] und **Anwesenheitsrechte**[273] für Verfahrensbeteiligte unbeschadet der notwendigen Vermeidung von Gefährdungen des Untersuchungszwecks (§§ 168 c Abs. 5, 224 Abs. 1 Satz 2 StPO). Es ist daher dringend anzuraten, die entsprechenden Vorschläge in Muster Nr. 32 a zur RiVASt zu übernehmen. Kann die Wahrung bestehender Anwesenheitsrechte nicht ermöglicht werden, muß jedenfalls die Wahrnehmung von Fragerechten gewährleistet sein,[274] etwa durch die Möglichkeit, schriftlich Fragen einzureichen.[275] 149

Bei komplexen Sachverhalten wird die **Teilnahme** eines deutschen Ermittlungsbeamten an den Vernehmungen oder auch an Durchsuchungen wünschenswert sein, damit vor Ort ergänzende Fragen oder Vorhalte angeregt, bei der Sicherung verfahrensrelevanten Materials Unterstützung gewährt oder auch vor Ort um weitere ergänzende Maßnahmen ersucht werden kann. Zur Vermeidung unnötiger Verzögerungen kann im Einzelfall daran gedacht werden, vorab, etwa mit der Teilnahmebewilligung,[276] die Bewilligung für ggf. nötige[277] ergänzende Ersuchen einzuholen.[278] Zur Möglichkeit mündlicher Ersuchen vgl. Rn. 115. Inwieweit die richterliche Teilnahme an einer kommissarischen Vernehmung geboten ist, richtet sich nach der prozessualen Notwendigkeit, einen persönlichen Eindruck zu gewinnen.[279] Teilnahme beinhaltet in der Regel nicht das Recht zur 150

---

265 Vgl. hierzu Rn. 94, 95.

266 Zu den Gefahren eines unkoordinierten Nebeneinanders vgl. Rn. 96 bis 102.

267 Mit dem geplanten EU-RechtshilfeÜbk (vgl. Rn. 69) könnte sich dies ändern.

268 Ständige Rechtsprechung: RGSt 46, 50, 53; BGHSt 7, 15, 16; BGH NStZ 1996, 609 f.; BGHSt 42, 86, 90 = NJW 1996, 2239, 2240 m. Anm. *Lagodny* JZ 1997, 48, 50 sowie Anm. *Nagel* NStZ 1998, 148; weitere umfassende Nachweise bei *Rose* NStZ 1998, 154, 155, Fn. 11.

269 BGH NStZ 1983, 181 f.; zur Reichweite dieses Grundsatzes BGH NStZ 1992, 394 (Zeugnisverweigerungsrecht); StV 1995, 231 f. (Belehrung nach § 136 StPO); umfassend *Rose* NStZ 1998, 154, 155.

270 BGH NStZ 1988, 563 m. Anm. *Naucke*; ausführlich *Nagel* S. 283 ff., 306 f.; *Rose* NStZ 1998, 154, 156.

271 Vgl. auch Nr. 117 Abs. 2 RiVASt; OLG Bremen NJW 1962, 2314 f.

272 Vgl. Nr. 117 Abs. 1 Sätze 2 und 3 RiVASt; BGH NStZ 1996, 609 f.

273 Vgl. BGHSt 42, 86, 90 = NJW 1996, 2239, 2240 m. Anm. *Lagodny* JZ 1997, 48, 50 sowie Anm. *Nagel* NStZ 1998, 148; BayObLG MDR 1985, 164 (Unverwertbarkeit wegen Fehlens einer erforderlichen Terminsnachricht); *Nagel* S. 284 f., 307; vgl. auch Nr. 29 Abs. 2 RiVASt.

274 Zum Fragerecht bei kommissarischen Vernehmungen vgl. BGHSt 9, 24, 27.

275 Vgl. BGH GA 1976, 242, 244; BGH NStZ 1985, 376, 377; BayObLGSt 1949/51, 113, 116 f.; ausführlich zum Ganzen *Nagel* S. 285 f.

276 Vgl. Rn. 129.

277 Zur gebotenen „weiten" Auslegung von Ersuchen vgl. *Wilkitzki* GA 1999, 67 ff.

278 Zur notwendigen Beteiligung der Bewilligungsbehörden vgl. Rn. 126 bis 130.

279 Vgl. hierzu *Schomburg/Lagodny* vor § 68 Rn. 32 bis 35 m. w. Nachw.

selbständigen Beweisaufnahme im ausländischen Staat (so auch die deutsche Haltung, vgl. Nr. 138 RiVASt). In Einzelfällen ist dies allerdings insbes. von seiten der Schweiz[280] erlaubt worden. Neue Wege, einen im Ausland befindlichen Zeugen selbst zu vernehmen (Videofernvernehmung), soll das EU-RechtshilfeÜbk[281] ermöglichen.

151 Aus strafprozessualen Gründen kann es für das Gericht geboten sein, die unmittelbare **Vernehmung** eines Zeugen oder Sachverständigen **in der Hauptverhandlung** sicherzustellen.[282] Soweit nicht (im Schengenraum, Art. 52 Abs. 1 SDÜ) unmittelbare Zustellung per Post zugelassen ist, erfolgen **Ladungen** (von Zeugen, aber auch von sonstigen Prozeßbeteiligten) aufgrund eines entsprechenden Ersuchens im Wege der Zustellung durch den ersuchten Staat (§ 37 Abs. 1 StPO, §§ 199 bis 202 ZPO).

152 Dem Geladenen steht es allerdings frei, der Ladung Folge zu leisten.[283] Sein Erscheinen kann nicht durch **Zwangsmaßnahmen** erzwungen werden.[284] Zu Recht verlangt Nr. 116 Abs. 1 RiVASt das Unterlassen jeglicher Zwangsandrohungen. Gleichwohl sind – auch zur Vermeidung späterer Angriffe gegen die Annahme der Unerreichbarkeit des Zeugen – alle der Bedeutung seiner Aussage entsprechenden Bemühungen nötig. Dazu gehören Hinweise zur Zeugen- oder Sachverständigenentschädigung (Nr. 16 Abs. 2 RiVASt), Bemühungen um Visaerteilung (Nr. 116 Abs. 5 RiVASt) oder in bes. wichtigen Fällen die Bitte an den ersuchten Staat, den Zeugen unter Hinweis auf die Bedeutung zum Erscheinen aufzufordern (vgl. Art. 10 Abs. 1 EuRhÜbk) und einen Vorschuß zu gewähren.[285] Auf ein im Geltungsbereich des EuRhÜbk automatisch bestehendes **freies Geleit** ist hinzuweisen.[286] Die Herbeiführung einer entsprechenden **Zusicherung sicheren Geleits** nach § 295 StPO durch die insoweit zuständige Stelle ist ernstlich in Erwägung zu ziehen.[287] Vorabkontakte zur Feststellung der Erscheinens- und Aussagefähigkeit bzw. -bereitschaft sind zulässig.[288] Ob die förmliche Ladung entbehrlich ist, wenn der Zeuge im Vorabkontakt seine Aussagebereitschaft verneint, hängt von der Bedeutung der Aussage ab.[289]

4. Grenzen der Rechtshilfenutzung

a) Auslieferung

153 Schwierigkeiten ergeben sich gerade im Bereich der Wirtschaftskriminalität bei Mehrfachtätern, etwa Serienbetrügern, aufgrund der Grenzen, die der Grundsatz der **Spezialität** der Strafverfolgung setzt. Nach **Art. 14 Abs. 1 EuAlÜbk** darf der Ausgelieferte Strafverfolgungs- oder Vollstreckungsmaßnahmen zunächst nur wegen der Auslieferung zugrundeliegender oder nach der Übergabe begangener Straftaten unterworfen werden. **Bilaterale Auslieferungsverträge** u. a. mit Kanada, den USA, auch Art. 25 des deutsch-jugoslawischen Auslieferungsvertrags,[290] enthalten ähnliche Bestimmungen. Auch im **vertraglosen Auslieferungsverkehr** ist eine solche Bedingung üblich. Zur Vermeidung von Nachtragsersuchen empfiehlt es sich dringend, eine **umfassende Auslieferungs-**

---

280 Vgl. BGH NStZ 1996, 609 f.; weitere Beispiele bei *Nagel* S. 201 ff.

281 Vgl. Rn. 69.

282 Überblick zur Amtsaufklärungspflicht und deren Grenzen bei *Schomburg/Lagodny* vor § 68 Rn. 17 bis 20.

283 Ständige Rechtsprechung, vgl. schon RGSt 46, 50, 53; *Wilkitzki* in *Grützner/Pötz* vor § 68 IRG Rn. 8 m. w. Nachw.; *Nagel* S. 221 ff.; *Rose* wistra 1998, 11, 14.

284 Vgl. für den Bereich des EuRhÜbk Art. 8; der Grundsatz gilt generell, vgl. *Nagel* S. 222 ff.; *Schnigula* DRiZ 1984, 177, 180; *Schomburg/Klip* StV 1993, 208, 209.

285 BGH NStZ 1982, 171; NJW 1983, 528; NStZ 1984, 375, 376; *Schnigula* DRiZ 1984, 177, 180.

286 BGHSt 32, 68, 74 m. w. Nachw.; *Schnigula* DRiZ 1984, 177, 180; *Nagel* S. 224 f.

287 Vgl. *Schnigula* DRiZ 1984, 177, 180; *Schomburg/Klip* StV 1993, 208, 210.

288 Vgl. Rn. 89.

289 BGH StV 1985, 267 m. Anm. *Schroth* StV 1986, 3 f.; *Wilkitzki* in: *Grützner/Pötz* vor § 68 IRG Rn. 8.

290 Vgl. näher zu diesem Übereinkommen Rn. 46.

bewilligung herbeizuführen und andere ermittelnde Behörden zu beteiligen (vgl. Nr. 89 RiVASt). Immerhin ist nach deutscher Rechtsprechung „Handlung" i. S. des Tatbegriffs des § 264 StPO zu verstehen.[291] In diesem Rahmen verstößt die Verfolgung nach allen, auch den im Auslieferungsersuchen nicht erwähnten, Straftatbeständen nicht gegen den Grundsatz der Spezialität. Auch die Einbeziehung weiterer Teilakte einer Fortsetzungstat i. S. der früheren BGH-Rechtsprechung ist ohne Spezialitätsverstoß möglich.[292]

Kein Anlaß zu Sorgen um die Reichweite der Auslieferungsbewilligung besteht mehr 154
im Verhältnis zu denjenigen Vertragsparteien des **EU-AuslÜbk**,[293] die künftig wie Deutschland[294] von der Möglichkeit eines im Einzelfall zurücknehmbaren generellen **Verzichts auf den Spezialitätsgrundsatz** (Art. 11) Gebrauch machen: Die Auslieferung ermöglicht dann unabhängig von den zugrundeliegenden Handlungen umfassende Verfolgung oder Vollstreckung. Jedenfalls aber für Strafverfolgungs- oder -vollstreckungsmaßnahmen unterhalb des Freiheitsentzugs ist der Spezialitätsgrundsatz zwischen den Vertragsstaaten des EU-AuslÜbk obsolet (Art. 10 Abs. 1 Buchst. a bis c; mögliche Ausnahme: Fiskaldelikte, die sich nicht auf indirekte Steuern und Zölle beziehen). Zur spezifischen Regelung für das vereinfachte Auslieferungsverfahren vgl. Rn. 156.

Ein **nachträglicher Verzicht des Ausgelieferten** auf die Einhaltung des Spezialitäts- 155
grundsatzes macht künftig nach Art. 10 Abs. 1 Buchst. d EU-AuslÜbk ein Nachtragsersuchen oder das Abwarten der sog. Schonfrist (vgl. Art. 14 Abs. 1 Buchst. b EuAlÜbk) entbehrlich. Im Verhältnis zu Italien (Art. V Abs. 2), der Schweiz (Art. VI Abs. 2) und den Niederlanden (Art. VII Abs. 2) gilt dies schon bisher aufgrund der bilateralen Ergänzungsverträge.[295]

Je nach dem Recht des ersuchten Staates kann dem Einverständnis mit der vereinfach- 156
ten Auslieferung die Bedeutung eines Verzichts auf den Spezialitätsschutz zukommen.[296] Es bleibt abzuwarten, ob von der in Art. 9 Abs. 1 Buchst. a EU-VereinfAuslÜbk[297] vorgesehenen Möglichkeit einer solchen Bedeutungszuschreibung weitere Vertragsparteien Gebrauch machen. Deutschland verlangt weiterhin einen ausdrücklichen Verzicht.[298]

b) Sonstige Rechtshilfe

Dem Spezialitätsgrundsatz des Auslieferungsrechts Vergleichbares findet sich im **Rechts-** 157
hilferecht nicht.[299] Lediglich Art. 50 Abs. 3 SDÜ verlangt in Fiskalsachen für die Verwertung für andere als die Zwecke des dem Ersuchen zugrundeliegenden Verfahrens die vorherige Zustimmung des ersuchten Staates. Grundsätzlich können im Wege der Rechtshilfe erlangte Informationen wie sonstige im Inland erlangte Informationen vom ersuchenden Staat nach seinem Recht genutzt werden. Zusätzliche Beschränkungen ergeben sich lediglich aus ausdrücklichen Bedingungen des ersuchten Staates, die zu beachten sind (§ 72 IRG).[300]

---

291 BGH NStZ 1986, 557; *Schomburg/Lagodny* § 72 Rn. 20.

292 BGH NStZ 1985, 608.

293 Näher zu diesem Übereinkommen vgl. Rn. 50.

294 Erklärung zum Redaktionsschluß im BGBl. II noch nicht veröffentlicht.

295 Vollständige Titel und Fundstellen: Für Italien: BGBl. 1982 II S. 106; 1985 II S. 835; auch abgedruckt bei *Schomburg/Lagodny* Hauptteil II A a und *Grützner/Pötz* Abschnitt II I 16; für die Niederlande: BGBl. 1981 II S. 1153; 1983 II S. 32; auch abgedruckt bei *Schomburg/Lagodny* Hauptteil II A b und *Grützner/Pötz* Abschnitt II N 13; für die Schweiz: BGBl. 1975 II S. 1176; 1975 II S. 1798; auch abgedruckt bei *Schomburg/Lagodny* Hauptteil II A d und *Grützner/Pötz* Abschnitt II S. 16.

296 So nach niederländischem Recht, vgl. BGH NStZ 1993, 45; OLG Düsseldorf NJW 1995, 2049.

297 Vgl. Rn. 50.

298 BGBl. 1999 II S. 357.

299 *Wilkitzki* in: *Grützner/Pötz* vor § 68 IRG Rn. 19 Fn. 14; differenzierend *Vogler* GA 1986, 195 (Spezialität, falls beiderseitige Strafbarkeit Rechtshilfevoraussetzung).

300 BGHSt 34, 334, 343 f. = NJW 1987, 2168, 2171; zu den Spezialitätsvorbehalten der Schweiz vgl. Rn. 168 bis 170.

VII. Ausgewählte Länderspezifika

1. Schengenstaaten

158 **Wesentliche Charakteristika** des Schengenraums (Benelux-Staaten, Frankreich, Spanien, Portugal, Italien, Österreich, Griechenland) sind bereits dargestellt: Unmittelbarer Geschäftsweg (Art. 53 SDÜ[301]), unmittelbare Postzustellung (Art. 52 SDÜ[302]) und das Verbot der Doppelbestrafung (Art. 54 SDÜ[303]). Die künftige Inkraftsetzung des SDÜ im Verhältnis zu den nordischen Staaten Dänemark, Finnland, Schweden, Norwegen und Island wird gerade im Geschäftsweg erhebliche Verbesserungen bringen.

159 Lediglich **Luxemburg** beschränkt seine Auslieferungs- und Rechtshilfeleistungen auf die Verpflichtungen für indirekte Steuern und Zölle nach Art. 50, 63 SDÜ.[304] Sämtliche übrigen gegenwärtigen und künftigen Schengenstaaten leisten regelmäßig umfassende sonstige Rechtshilfe für **Fiskaldelikte**, lediglich **Spanien** hat für Durchsuchung und Beschlagnahme sich die Ablehnung offengehalten,[305] Frankreich und Griechenland sind zur Auslieferung über Art. 63 SDÜ hinaus zwar nicht verpflichtet, im Einzelfall ist sie aber nicht ausgeschlossen. Zu beachten ist, daß Hinterziehungen im Wert von unter 15 Millionen Peseten (ca. 180 000 DM) in Spanien keine strafbare Handlung darstellen.

160 Soweit **beiderseitige Strafbarkeit** Voraussetzung für Rechtshilfeleistungen (i. w. S.) ist,[306] also insbes. bei Auslieferungs-, Durchsuchungs- und Beschlagnahmeersuchen,[307] besteht außer bei Fiskaldelikten[308] insbesondere bei **Konkursdelikten**[309] und bei **Betrug** Anlaß zur Vorabprüfung. Vielfach genügen bloßes Verschweigen rechtsbedeutsamer Tatsachen (etwa der Zahlungsunfähigkeit) oder die einfache Lüge zur Betrugsbegründung nicht.[310] Besondere Bedeutung gewinnen diese Strafbarkeitsunterschiede bei Fahndungsmaßnahmen.[311] Eine durch **Fahndung** ausgelöste Festnahme, die mangels Auslieferungsvoraussetzungen zur Freilassung führt, ist kontraproduktiv. Die Prüfung der Auslieferungsvoraussetzungen ist insbes. vor einer dem Ersuchen um vorläufige Inhaftnahme gleichgestellten (Art. 64 SDÜ) Ausschreibung im **Schengener Informationssystem (SIS)** nötig, weil hier allein der ausschreibende Staat die Festnahmezulässigkeit prüft.[312]

2. Die Schweiz

a) Allgemeines

161 Ausgeprägte Rechtsbehelfsmöglichkeiten und die besondere Betonung von Geschäfts- und Bankgeheimnissen prägen die Vorstellung von der Schweiz als Zufluchtsort vor ausländischen Strafverfolgungsmaßnahmen. Mit dem am 1. Februar 1997 in Kraft getretenen

---

[301] Vgl. Rn. 119.

[302] Vgl. Rn. 88.

[303] Vgl. Rn. 99, 100, 102.

[304] Vgl. Rn. 140, 142.

[305] Vgl. BGBl. 1991 II S. 909.

[306] Vgl. Rn. 135.

[307] Vgl. aber die umfassende Prüfung beiderseitiger Strafbarkeit für sämtliche Rechtshilfeleistungen durch Finnland, Schweden und Island (Fn. 218).

[308] Vgl. Rn. 159: spanische Wertgrenze!

[309] Vgl. nur die Hinweise bei *Grützner/Pötz* zu Frankreich (Abschnitt II F 8 Rn. 11) und Griechenland (Abschnitt II G 11 Rn. 5).

[310] Nachweise bei *Grützner/Pötz* zu Frankreich (Abschnitt II F 8 Rn. 11), Italien (Abschnitt II I 16 Rn. 6) und Luxemburg (Abschnitt II L 15 Rn. 6), vergleichbare Erfahrungen bestehen mit den Niederlanden.

[311] Vgl. hierzu die Richtlinien in Anlage F zur RiStBV, abgedruckt u. a. in der Textsammlung Strafrecht (Beck'sche Textausgaben).

[312] Vgl. *Schomburg/Lagodny* Art. 95 SDÜ (Hauptteil IV) Rn. 7.

modifizierten **Gesetz über die internationale Rechtshilfe in Strafsachen (IRSG)**[313] sind wesentliche Verbesserungen eingetreten.[314] Das Rechtshilfeverfahren wurde gestrafft, die Zahl möglicher Rechtsbehelfe reduziert. Der Kreis der Beschwerdeberechtigten ist auf diejenigen begrenzt, die persönlich und direkt von einer Rechtshilfemaßnahme betroffen sind (Art. 80 h). Danach steht der Bank, bei der Kontounterlagen über ein von einer Person X unterhaltenes Konto beschlagnahmt werden, keine Beschwerdelegitimation zu.[315] Der Vollzug einer Rechtshilfemaßnahme, etwa einer Durchsuchung, wird durch Beschwerde nicht gehemmt,[316] lediglich der Beschwerde gegen die Schlußverfügung kommt aufschiebende Wirkung zu (Art. 80 l). Die bisherige Schutzvorschrift des Art. 10 IRSG[317] zugunsten von Geheimnissen unbeteiligter Dritter oder von Fabrikations- oder Geschäftsgeheimnissen ist aufgehoben.[318]

Besonders sensibel reagiert die Schweiz auf jegliche **Souveränitätsverletzung** durch ermittelndes Hineinwirken in ihren Hoheitsbereich. Auf die **Strafbestimmung** des Art. 271 Schweizerisches Strafgesetzbuch[319] (Verbotene Handlungen für einen fremden Staat) sei hingewiesen. Der gezeichnete, noch nicht ratifizierte deutsch-schweizerische Vertrag über polizeiliche und justitielle Zusammenarbeit sieht freilich künftig für Eilfälle grenzüberschreitende Maßnahmen auch ohne vorheriges Ersuchen vor. **162**

Ausgeweitet sind die Befugnisse des **Bundesamts für Polizeiwesen** (Art. 79 a IRSG).[320] Auch im unmittelbaren Rechtshilfeverkehr erscheint es daher hilfreich, das Gesuch zusätzlich dorthin zu richten. Angesichts weitreichender Teilnahme- und Akteneinsichtsrechte und der Berechtigung der Inhaber von Schriftstücken (etwa von Banken), den Mandanten zu informieren (Art. 80 n Abs. 1 IRSG), sollte bei besonderem **Geheimhaltungsinteresse** um Einschränkung des Teilnahmerechts (Art. 80 b Abs. 2 Buchst. a IRSG) und ggf. auch um ausdrückliche Untersagung der Informationsweitergabe (Art. 80 n Abs. 1 IRSG) ersucht werden.[321] **163**

b) Fiskalische Delikte

Die Schweiz lehnt **Auslieferung** wegen fiskalischer strafbarer Handlungen ab.[322] Sonstige **Rechtshilfe** in Fiskalsachen wird aber geleistet, wenn es sich um Rechtshilfe zur Entlastung des Verfolgten handelt,[323] im Falle des Bannbruchs[324] oder falls die strafbare Handlung nach schweizerischem Recht als **Abgabebetrug** zu werten wäre (Art. 3 Abs. 3 Satz 2 IRSG). **164**

Abgabebetrug liegt vor, wenn ein Steuerpflichtiger die Steuerbehörden aufgrund von falschen, gefälschten oder inhaltlich unwahren Urkunden über die für die Quantifizierung des Steueranspruchs erheblichen Tatsachen täuscht, um auf diese Weise eine unrichtige, für ihn günstige Einschätzung zu erreichen (BGE 110 IV 28). Auch andere **Fälle arglistiger Täuschung** der Steuerbehörden sind denkbar, z. B. ein für diese Behörden nicht **165**

---

313 In der Neufassung abgedruckt bei *Grützner/Pötz* Abschnitt IV S 16.

314 Guter Überblick über die Gesetzesänderungen bei *Wyss* SchwJZ 1997, 33 ff.; vgl. auch *Klos* wistra 1998, 96, 98.

315 Vgl. *Wyss* SchwJZ 1997, 33, 36; *Klos* wistra 1998, 96, 99.

316 Vgl. *Wyss* SchwJZ 1997, 33, 36 f.

317 Vgl. zur früheren Rechtslage *Carl/Klos* S. 236 f.; zu anderen Maßnahmen zur Bekämpfung von Mißbräuchen vgl. ausführlich *Müller/Wabnitz/Janovsky* Kap. 11 Rn. 45, 48.

318 Vgl. hierzu *Wyss* SchwJZ 1997, 33, 36; bemerkenswert sind die Möglichkeiten zur Herausgabe von Beweismitteln (Art. 74) und zur Einziehung oder Rückerstattung (Art. 74 a IRSG).

319 Abgedruckt bei *Grützner/Pötz* Abschnitt IV S 16.

320 Hierzu eingehend *Wyss* SchwJZ 1997, 33, 41; vgl. auch *Klos* wistra 1998, 96, 99.

321 Ausführlich hierzu *Buttliger* SchwJZ 1994, 377 ff.

322 Vorbehalt zum 2. ZP-EuAlÜbk, BGBl. 1991 II S. 874.

323 Zu damit verbundenen Problemen vgl. *Müller/Wabnitz/Janovsky* Kap. 11 Rn. 22; *Nagel* S. 125 ff.

324 Vgl. *Dreßler* wistra 1989, 161, 169.

durchschaubares Zusammenwirken des Steuerpflichtigen mit Dritten (BGE 111 I b 248). Vorausgesetzt sind aber besondere Machenschaften, Kniffe oder ein ganzes Lügengebäude (BGE 115 I b 77). Unter Umständen kann auch bloßes Schweigen arglistig sein, wenn der Täuschende den Getäuschten von einer möglichen Überprüfung abhält oder voraussieht, daß dieser mit Rücksicht auf ein besonderes Vertrauensverhältnis von einer Überprüfung absehen wird.[325] Verbuchungen fingierter Rechnungen oder Bankbelege, aber auch Überfakturierungen mit Kapitalrückfluß[326] sind als Abgabebetrug gewertet worden, ebenso die Nichteinstellung von Provisionen in eine Einnahme-Überschußrechnung.[327,328] Bloße schriftliche Lügen oder das bloße Verschweigen von Einnahmen genügen dagegen nicht,[329] ebensowenig überhöhte Zahlungen an Schweizer Domizilgesellschaften ohne verdeckten Rückfluß.[330]

166 Zur Vermeidung mißbräuchlicher Inanspruchnahme von Rechtshilfe bei bloßen Fiskaldelikten fordert die Schweiz die **Darlegung hinreichender Verdachtsmomente**, welche die Angaben im Ersuchen „wenigstens in dem Sinne objektiv zu erhärten, daß diese nicht völlig haltlos erscheinen, sondern eben einen hinreichenden Verdacht der dem Beschuldigten angelasteten Straftaten zu begründen vermögen".[331] Es ist anzuraten, im Rechtshilfeersuchen nicht nur die den Verdacht begründenden Schlußfolgerungen, sondern die zugrundeliegenden Indizien darzulegen und etwaige Mehrfertigungen von Vernehmungsprotokollen oder gefälschten Urkunden beizufügen. Dringenden einen Haftbefehl rechtfertigenden Tatverdacht oder den hinreichenden Tatverdacht i. S. von § 203 StPO zu fordern,[332] übersteigert die Anforderungen der Schweizer Rechtsprechung („nicht völlig haltlos").

167 Hilfe leistet die Schweiz auch nach dem **EuGeldwäscheÜbk**. Der Einziehung oder dem Verfall unterliegende Vermögenswerte können herausgegeben werden (Art. 74 a Abs. 1 IRSG). Bei **Fiskaldelikten** wurden derartige Maßnahmen allerdings bisher verweigert, da dies auf die Vollstreckung ausländischer Steuerbescheide hinauslaufe.[333]

c) Der Schweizer Spezialitätsvorbehalt

168 Bis vor kurzem wurde Rechtshilfe durch die Schweiz nur unter der Bedingung geleistet, daß die Rechtshilfeergebnisse ohne erneute Zustimmung des Bundesamtes[334] ausschließlich für die Aufklärung und Beurteilung derjenigen strafbaren Handlung verwendet werden durften, für die Rechtshilfe bewilligt wurde. Auch wenn nach deutschem Verständnis die darüber hinausgehende mittelbare Verwertung nicht ausgeschlossen war,[335] so behinderte diese Bedingung doch ganz erheblich die Nutzung der erlangten Erkenntnisse. Im zwischenzeitlich verwendeten **Formblatt** der Schweiz heißt es jedoch:

169 1. Die durch Rechtshilfe erhaltenen Auskünfte und Schriftstücke dürfen im ersuchenden Staat in Verfahren wegen Taten, bei denen Rechtshilfe nicht zulässig ist, weder für Ermittlungen benützt noch als Beweismittel verwendet werden. Das Verwertungsverbot bezieht sich demnach auf Taten, die nach schweizerischem Recht als politische, militärische und fiskalische Delikte qualifiziert werden. Als Fiskaldelikt gilt eine Tat, die auf die Verkürzung fiskalischer Abgaben gerichtet erscheint oder Vorschriften über währungs-, handels- oder wirtschaftspolitische Maßnahmen ver-

---

325 BGE 115 I b 74 ff.
326 Vgl. BGE 111 I b 249 f.
327 BG wistra 1998, 78, 80.
328 Weitere Beispiele bei *Dreßler* wistra 1989, 161, 170 f.
329 Ausführlich *Klos* wistra 1998, 78, 80; *Dreßler* wistra 1989, 161, 169 f.
330 Hierzu ausführlich *Carl/Klos* S. 235 f.; *Dreßler* wistra 1989, 161, 169 f.
331 BGE 116 I a 103.
332 So aber *Seelmann* NJW 1998, 732, 734.
333 *Dreßler* wistra 1989, 161, 169; *Klos* wistra 1998, 96, 97.
334 Hierzu noch *Klos* wistra 1998, 96, 97; *Dreßler* wistra 1989, 161, 165.
335 *Schomburg/Lagodny* § 72 Rn. 9; *Vogler/Walter* in: *Grützner*/Pötz § 72 IRG Rn. 9; a. A. *Linke* NStZ 1982, 416, 419.

letzt. Zulässig ist jedoch die Verwendung der übermittelten Unterlagen und Informationen zu Verfolgung von Abgabebetrug im Sinne der schweizerischen Rechts.

2. Zulässig ist die Verwendung der in der Schweiz gewonnenen Erkenntnisse auch:
   a) zur Verfolgung anderer, als der im Rechtshilfebegehren erwähnten Straftaten, soweit für diese ebenfalls Rechtshilfe zulässig wäre;
   oder
   b) zur Verfolgung anderer Personen, die an den im Rechtshilfebegehren erwähnten strafbaren Handlungen teilgenommen haben.
3. Die Rückführung von Vermögenswerten an den Berechtigten oder die Ergreifung von Verwaltungsmaßnahmen gegen einen Straftäter sind auch Bestandteil der Strafverfolgung; die Verwendung der übermittelten Unterlagen und Informationen ist in dieser Hinsicht auch im Rahmen eines ergänzenden Verwaltungs- oder Zivilverfahrens erlaubt. In keinem Falle gestattet ist jedoch die direkte oder indirekte Verwendung der erhaltenen Unterlagen und der darin enthaltenen Angaben für ein fiskalisches Straf- oder Verwaltungsverfahren.
4. Jegliche weitere Verwendung dieser Unterlagen und Informationen bedarf der ausdrücklichen Zustimmung des Bundesamtes für Polizeiwesen, die vorgängig einzuholen ist.

Danach ist eine **Verwertung** in einem anderen Ermittlungs-, Straf-, Verwaltungs- oder Zivilverfahren ohne Zustimmung der schweizerischen Behörden zulässig, sofern Gegenstand nicht politische, militärische oder fiskalische Delikte sind. Die in Ziff. 2 des Formblattes genannten Fälle sind, wie auch das Bundesamt für Polizeiwesen erläuternd klargestellt hat, nicht abschließend zu verstehen. Die in Ziff. 4 genannte zustimmungsbedürftige weitere Verwendung betrifft lt. Bundesamt Fälle, die über Ziffer 1 bis 3 des Formblatts hinausgehen, etwa die Weiterlieferung an ein Drittland. 170

3. Liechtenstein

Liechtenstein, Vertragspartei des EuAlÜbk, des EuRhÜbk, nicht jedoch des EuGeldwäscheÜbk, leistet bislang weder Auslieferung noch sonstige Rechtshilfe zur Verfolgung von **Fiskaldelikten.** In jedem Ersuchen sollte versichert werden, daß die Erkenntnisse keinesfalls zur Verfolgung von Fiskaldelikten oder für steuerliche Erhebungsverfahren verwendet werden. 171

Nach dem liechtensteinischen Rechtshilfegesetz[336] wird Rechtshilfe nur geleistet, wenn die **Bedeutung der Tat** die Leistung der Rechtshilfe rechtfertigt (Art. 4). Wird der Geheimbereich Unverdächtiger betroffen, muß das Ersuchen die Untersuchung oder Verfolgung einer **schweren Straftat** betreffen, die Eröffnung des Geheimbereichs unerläßlich sein und es müssen **angemessene**, aber erfolglos gebliebene **Bemühungen** unternommen worden sein, um die Beweise oder Auskünfte auf anderem Wege zu beschaffen (Art. 10).[337] Entsprechende Ausführungen im Ersuchen sind geboten. 172

Zur Vermeidung der Gefährdung des Ermittlungserfolgs sollte ausdrücklich in den in Betracht kommenden Fällen gebeten werden, von einer **Bekanntgabe des Ersuchens** an den Betroffenen vor Durchführung der Ermittlungshandlung, etwa einer Durchsuchung, abzusehen. 173

4. Großbritannien und Irland

Wiewohl beide Staaten Vertragsparteien des EuAlÜbk sind, Großbritannien („Vereinigtes Königreich") auch des 2. ZP-EuAlÜbk, sind **Auslieferungsersuchen** an Großbritannien oder Irland durch langdauernde Verfahren und überraschende Förmlichkeitsanforderungen geprägt. Es sollte einkalkuliert werden, daß eine gewisse Prüfung des Schuldverdachts durchgeführt wird.[338] Vor einem entsprechenden Ersuchen ist dringend die 174

---

336 Abgedruckt bei *Grützner/Pötz* Abschnitt IV L 12.

337 Ausführlich zum Ganzen *Carl/Klos* S. 248 ff.

338 Für Großbritannien gestützt auf den Vorbehalt zu Art. 2, BGBl. 1991 II S. 916.

Bewilligungsbehörde zu kontaktieren. Ob ab Ratifizierung des EU-AuslÜbk und des EU-VereinfAuslÜbk[339] Besserung eintritt, bleibt abzuwarten.

175 Während für **Fiskaldelikte** sonstige Rechtshilfe geleistet wird, ist mit Auslieferungen aus Irland überhaupt nicht und aus Großbritannien nicht bei Aufenthalt auf den **Kanalinseln** oder der **Insel Man** zu rechnen, da – so die britische Begründung – eine ausdrückliche diesbezügliche Erstreckung des räumlichen Geltungsbereichs zwar zum EuAlÜbk (Art. 27) besteht, nicht jedoch zum 2. ZP-EuAlÜbk, das derzeit die Auslieferungspflicht für Fiskaldelikte begründet (Art. 2). Auswirkungen einer Ratifizierung des EU-AuslÜbk und der dortigen Auslieferungspflicht für Fiskaldelikte (Art. 6) hängen von den diesbezüglichen Vorbehalten ab.

176 Obwohl beide Staaten dem EuRhÜbk, dem ZP-EuRhÜbk und dem EuGeldwäscheÜbk beigetreten sind, stößt die **sonstige Rechtshilfe** aufgrund des jew. vom kontinentaleuropäischen Recht stark abweichenden nationalen Rechts immer wieder auf große Schwierigkeiten. So scheiterte etwa die Wirksamkeit einer Zustellung in Großbritannien schlicht an der fehlenden Empfangsbereitschaft des Empfängers. Auf die Befugnis der deutschen **Konsularbeamten,** Personen ohne Rücksicht auf ihre Staatsangehörigkeit auch eidlich zu vernehmen, falls diese sich dazu bereit finden, sei besonders hingewiesen.

5. Mittel- und Osteuropa

177 Der **Rechtshilfe- und Auslieferungsverkehr** mit den Staaten Mittel- und Osteuropas erfolgt bereits weitgehend auf der Grundlage des EuAlÜbk und des EuRhÜbk.[340] Verhandlungen über Zusatzübereinkommen mit Polen und Tschechien lassen zusätzliche Vereinfachungen erwarten. Auch das **EuGeldwäscheÜbk** ist bereits von einer Reihe von Staaten wie etwa Tschechien, Slowenien, Kroatien, Rumänien, Bulgarien, Ukraine, Lettland und Litauen ratifiziert worden.

6. Vereinigte Staaten und Kanada

178 Der **Auslieferungsverkehr** erfolgt auf der Grundlage bilateraler Verträge.[341] Kennzeichnend sind die Möglichkeit zur Auslieferung eigener Staatsangehöriger und – bei Ersuchen zur Strafverfolgung – die **Nachprüfung des Schuldverdachts.** Hierzu sind dem Auslieferungsersuchen neben dem Haftbefehl Beweismittel beizufügen, die in Kanada bzw. den USA die Verhaftung des Verfolgten und die Hauptverhandlung gegen ihn rechtfertigen würden, wenn die Tat dort begangen wäre (Art. XIV Abs. 2 Buchst. b bzw. Art. 14 Abs. 3 Buchst. b). Hilfreich ein von den Landesjustizverwaltungen im Sommer 1999 an die Staatsanwaltschaften verteiltes Merkblatt, des US-Justizministeriums zu Ein- und Auslieferungsverfahren, insbes. die dortige Richtlinie für den hinreichenden Tatverdacht, „probable cause", die allerdings zu Unrecht eine Anklage im ersuchenden Staat als Voraussetzung für die Auslieferung nennt. Wesentlich – dies gilt auch für Kanada – sind Unterlagen zur Begründung des Tatvorwurfs, zur Identifizierung und der Wortlaut der einschlägigen Rechtsvorschriften. Bei Zeugenaussagen ist die Darlegung und Bescheinigung der Gründe für die Glaubwürdigkeit der Aussage von großer Bedeutung.

179 Auslieferung und sonstige Rechtshilfe wird von den USA auch bei **Fiskaldelikten** geleistet, bei Kanada kommt allenfalls sonstige Rechtshilfe in Betracht.

---

[339] Vgl. zu diesen Übereinkommen Rn. 50, 51, 136, 154 bis 156.

[340] Zum Geltungsbereich des deutsch-jugoslawischen Rechtshilfe- und Auslieferungsvertrags vgl. Rn. 46 bzw. 99.

[341] Vollständige Titel und Fundstellen: Bzgl. Kanada BGBl. 1979 II S. 665, 1049; abgedruckt auch bei *Schomburg/Lagodny* Hauptteil V A b; *Grützner/Pötz* Abschnitt II K 7; bzgl. USA BGBl. 1980 II S. 646, 1300; 1988 II S. 1086; 1993 II S. 846; abgedruckt auch bei *Schomburg/Lagodny* Hauptteil V A c; *Grützner/Pötz* Abschnitt II V 10.

Sonstige Rechtshilfe erfolgt vertraglos. Aufgrund unterschiedlicher Rechtssysteme ist mit erheblichen Schwierigkeiten zu rechnen. So wird in Kanada[342] jedenfalls bei Ersuchen um Durchsuchung und Beschlagnahme der Schuldverdacht mit der Folge entsprechender Anforderungen an das vorzulegende Beweismaterial nachgeprüft. Bei Zustellungsersuchen sind die Amtshilfemöglichkeiten der deutschen Auslandsvertretungen[343] dem Rechtshilfeweg im Zweifel vorzuziehen. Hilfreich sind die Möglichkeiten des polizeilichen Rechtshilfeverkehrs. 180

7. Steueroasen in Übersee

Während mit den meisten Staaten Übersees vertragloser Auslieferungs- und Rechtshilfeverkehr, teils sogar bei Fiskaldelikten,[344] stattfindet, ist derartige Unterstützung bei Wirtschaftsstraftaten von Staaten, deren wirtschaftliche Grundlage Kapitalflucht und undurchsichtige Investitionen darstellen, selbstverständlich nicht zu erwarten.[345] Hier helfen etwaige Befugnisse der Auslandsvertretungen und die Nutzung gegebener polizeilicher Kooperationsmöglichkeiten (vgl. Nr. 122 bis 126 RiVASt). 181

---

[342] Weitere Beispiele zu Kanada bei *Müller/Wabnitz/Janovsky* Kap. 11 Rn. 53.

[343] Vgl. Länderteil zur RiVASt (s. Fn. 116) Nr. 16 (Kanada) bzw. Nr. 19 (Vereinigte Staaten).

[344] Vgl. beispielhaft die Schilderung zu Paraguay bei *Müller/Wabnitz/Janovsky* Kap. 11 Rn. 55.

[345] Ausführliche Darstellung zu Bermudas und Panama bei *Müller/Wabnitz/Janovsky* Kap. 11 Rn. 53 bis 54 a.

20. Kapitel. Besonderheiten im Strafverfahren

Literatur zu A. Beweisantragsrecht: *Alsberg/Nüse/Meyer,* Der Beweisantrag im Strafprozeß, 5. Auflage 1983; *Basdorf,* Änderungen des Beweisantragsrechtes und Revision, StV 1995, 310; *Dahs/Dahs,* Die Revision im Strafprozeß, 5. Auflage 1993; *Dahs,* Handbuch des Strafverteidigers, 5. Auflage 1985; *Eisenberg,* Beweisrecht der StPO, 2. Auflage 1996; *Gollwitzer,* Einschränkungen des Beweisantragsrechts durch Umdeutung von Beweisanträgen in Beweisanregungen, StV 1990, 420; *Heidelberger Kommentar zur Strafprozeßordnung,* 1997; *Herdegen,* Beweisantragsrecht, Beweiswürdigung, strafprozessuale Revision – Abhandlungen und Vorträge, Schriftenreihe Deutsche Strafverteidiger e.V., Bd. 5, 1995; *Herdegen,* Das Beweisantragsrecht – Betrachtungen anhand und zur Rechtsprechung (Teil I), NStZ 1998, 444; *Herdegen,* Zum Begriff der Beweisbehauptung, StV 1990, 518; *Karlsruher Kommentar zur Strafprozeßordnung und zum Gerichtsverfassungsgesetz mit Einführungsgesetz,* 4. Auflage 1999; *Kleinknecht/Meyer-Goßner,* Strafprozeßordnung, 43. Auflage 1997; *KMR,* Loseblattkommentar zur Strafprozeßordnung, 8. Aufl. 1990, herausgegeben von Fezer/Paulus; *Löwe-Rosenberg,* Die Strafprozeßordnung und das Gerichtsverfassungsgesetz, Dritter Band (§§ 198 bis 295), 24. Auflage 1987; *Niemöller/Schuppert,* Die Rechtsprechung des Bundesverfassungsgerichts zum Strafverfahrensrecht, AöR Bd. 107 (1982), 387; *Niemöller,* Bedingte Beweisanträge im Strafverfahren, JZ 1992, 884; *Niemöller,* Strafgerichtsbarkeit, in: Umbach/Clemens (Hrsg.), Bundesverfassungsgerichtsgesetz, Mitarbeiterkommentar und Handbuch, 1992, S. 30; *Perron,* Das Beweisantragsrecht des Beschuldigten im deutschen Strafprozeß, Berlin 1995; *Rissing-van Saan,* Der „erkennde Richter“ als Zeuge im Strafprozeß? MDR 1993, 310; *Roxin,* Strafverfahrensrecht. Ein Studienbuch, 25. Auflage 1998; *Sarstedt/Hamm,* Die Revision in Strafsachen, 5. Auflage 1983; *Scheffler,* Der Hilfsbeweisantrag und seine Bescheidung in der Hauptverhandlung, NStZ 1989, 158; *Schellenberg,* Die Hauptverhandlung im Strafverfahren 1996; *Schlothauer,* Hilfsbeweisantrag – Eventualbeweisantrag – bedingter Beweisantrag, StV 1988, 542; *Schlüchter,* Beschleunigung des Strafprozesses und insbesondere der Hauptverhandlung ohne Rechtsstaatsverlust, GA 1994, 397; *Schrader,* Der Hilfsbeweisantrag – ein Dilemma, NStZ 1991, 224; *Systematischer Kommentar zur Strafprozeßordnung und zum Gerichtsverfassungsgesetz,* Loseblattkommentar, Frankfurt am Main 1986 ff.; *Widmaier,* Der Hilsbeweisantrag mit „Bescheidungsklausel“, Festschrift für Hannskarl Salger 1995, 421.

Literatur zu B. Verständigung im Strafverfahren: *Baumann,* Von der Grauzone zur rechtsstaatlichen Regelung. Ein Vorschlag zur Einführung des Rechtsgesprächs in § 265 StPO, NStZ 1987, 157; *Beulke/Satzger,* Der fehlgeschlagene Deal und seine prozessualen Folgen – BGHSt 42, 191. JuS 1997, S. 1072 *Böttcher,* Referat für den 58. Deutschen Juristentag 1990, Verhandlungen des 58. DJT 1990, Bd. II, Abteilung Strafrecht, L 9; *Böttcher/Dahs/Widmaier,* Verständigung im Strafverfahren – eine Zwischenbilanz, NStZ 1993, 375; *Dahs,* Absprachen im Strafprozeß – Chancen und Risiken, NStZ 1988, 153; *Deal,* Der strafprozessuale Vergleich, StV 1982, 545; *Eisenberg,* Beweisrecht der StPO, 2. Auflage 1996; *Hassemer/Hippler,* Informelle Absprachen in der Praxis des deutschen Strafverfahrens, StV 1986, 360; *Hassemer,* Pacta sunt servanda – auch in, Strafprozeß? – BGH, NJW 1989, 2270, NJW 1989, 890; *Heidelberger Kommentar zur Strafprozeßordnung* 1997; *Karlsruher Kommentar zur Strafprozeßordnung und zum Gerichtsverfassungsgesetz mit Einführungsgesetz,* 4. Auflage 1999; *Kintzi,* Verständigung im Strafverfahren – Eine unendliche und spannende Geschichte, DRiZ 1992, 245; *Kleinknecht/Meyer-Goßner,* Strafprozeßordnung, 43. Auflage 1997; *Landau,* Verfahrensabsprachen im Ermittlungsverfahren, DRiZ 1995, 132; *Landau/Eschelbach,* Absprachen zur strafrechtlichen Hauptverhandlung, NJW 1999, 321; *Niemöller,* Absprachen im Strafprozeß, StV 1990, 34; *Rönnau,* Die Absprache im Strafprozeß 1990; *Rönnau,* Die neue Verbindlichkeit bei den strafprozessualen Absprachen; Anmerkungen zum Urteil des BGH vom 28. 8. 1997 – 4 StR 240/97, wistra 1998, 49; *Rückel,* Verteidigertaktik bei Verständigungen und Vereinbarungen im Strafverfahren – mit Checkliste, NStZ 1987, 297; *Schäfer,* Referat für den 58. Deutschen Juristentag 1990, in: Verhandlungen des 58. DJT, München 1990, Bd. II, Abteilung Strafrecht, L 48; *Schellenberg,* Verfahrensabsprachen, Öffentlichkeitsgebot und Medieninformationsrechts DRJZ 1996, 280; *Schmidt-Hieber,* Absprachen im Strafprozeß – Privileg des Wohlstandskriminellen? NJW 1990,1884; *Schmidt-Hieber,* Vereinbarungen im Strafverfahren, NJW 1982, 1017; *Schmidt-Hieber,* Absprachen im Strafprozeß – Rechtsbeugung und Klassenjustiz? DRiZ 1990, 321; *Schünemann,* Absprachen im Strafverfahren? Grundlagen, Gegenstände und Grenzen; Gutachten B für den 58. Deutschen Juristentag 1990, in: Verhandlungen des 58. DJT, München 1990, Bd. I B; *Schünemann,* Die Verständigung im Strafprozeß – Wunderwaffe oder Bankrotterklärung der Verteidigung? NJW 1989, 1895; *Schünemann,* Informelle Absprachen und Vertrauensschutz im Strafverfahren, JZ 1989, 984; *Siolck,* Neues zum Thema Verständigung im Strafverfahren, DRiZ 1993, 422; *Systematischer Kommentar zur Strafprozeßordnung und zum Gerichtsverfassungsgesetz, Loseblattkommentar, Frankfurt am Main 1986ff.; Widmaier,* Referat für den 58. Deutschen Juristentag 1990, in: Verhandlungen des 58. DJT, München 1990, Bd. II, Abteilung Strafrecht, L 33; *Zschockelt,* Der Richter ist kein Handelspartner, in: Festschrift für Salger 1995, 435; *Zschockelt,* Die Urteilsabsprache in der Rechtsprechung des BVerfG und des BGH, NStZ 1991, 305.

Inhaltsübersicht

Rn.

Vorbemerkung

A. Beweisantragsrecht

I. Verfassungsrechtliche Anbindung des Beweisantragsrechts 1, 2
II. Verhältnis zur Aufklärungspflicht nach § 244 Abs. 2 StPO 3–5
III. Der Begriff des Beweisantrags 6–9
1. Die Strafprozeßordnung 6, 7
2. Die Rechtsprechung 8
3. Definition 9
IV. Formelle Anforderungen und Verfahren 10–17
1. Antragsberechtigung und gemeinsame Antragstellung 10
2. Ausschluß der Antragsberechtigung und Rechtsmißbrauch 11, 12
3. Form und Protokollierung – Anordnung nach § 257a StPO 13–15
4. Zeitpunkt der Antragstellung 16
5. Zurücknahme und Verzicht 17
V. Der bedingte Beweisantrag 18–28
1. Klassifizierungsansätze 19–21
a) Hilfsbeweisantrag, Eventualbeweisantrag und prozessual bedingter Beweisantrag 19
b) Urteils- und Beurteilungsbedingung 20, 21
2. Der Hilfsbeweisantrag 22–26
a) Der Hilfsbeweisantrag mit „Bescheidungsklausel“ 23
b) Unzulässigkeit wg. Rechtsmißbräuchlicher Verknüpfung der Beweisbehauptung 24
c) Gefahren und Risiken – Revision 25, 26
3. Der Eventualbeweisantrag 27, 28
VI. Die inhaltlichen Anforderungen an das Beweisbegehren 29–53
1. Die Behauptung der Beweistatsache 30–45
a) Beweistatsache 30, 31
b) Die bestimmte Behauptung der Beweistatsache 32
c) Widersprüchliche Beweisbehauptungen 33
d) Die Auslegung der Beweisbehauptung 34, 35
e) Substantiierung der Beweisbehauptung 36–38
f) Die Wiederholung des Beweisbegehrens 39
g) Zeugenbeweis 40–42
h) Beweisanträge auf Feststellung des anzuwendenden Rechts 43–45
2. Die Angabe des Beweismittels 46–53
a) Zeugenbeweis 49, 50
b) Sachverständigenbeweis 51
c) Augenschein 52
d) Urkundenbeweis 53
VII. Beweisanregung, Beweisermittlungsantrag und Scheinbeweisantrag 54–63
1. Beweisanregung, Beweiserbieten 54, 55
2. Beweisermittlungsantrag 56
a) Begriff 57, 58
b) Die Entscheidung über den Beweisermittlungsantrag 59, 60
3. Scheinbeweisantrag und Mißbrauch des Beweisantragsrechts 61–63
VIII. Die Entscheidung über den Beweisantrag 64–68
1. Die Anordnung der Beweisaufnahme 64
2. Die Ablehnung des Beweisantrags durch Gerichtsbeschluß 65
a) Form und Bedeutung 65
b) Inhalt 66
c) Zeitpunkt 67
d) Revisionsrechtliche Folgen fehlerhafter Antragsablehnung 68
IX. Die Ablehnung des Beweisantrags 69–130
1. Das Verbot der Beweisantizipation 70, 71
2. Unzulässigkeit der Beweiserhebung gem. § 244 Abs. 3 S. 1 StPO 72–75
3. Die Ablehnungsgründe des § 244 Abs. 3 S. 2 StPO 76–119
a) Offenkundigkeit der Beweistatsache 76–81
b) Bedeutungslosigkeit der Beweistatsache 82–89
c) Erwiesensein der Beweistatsache 90–92
d) Völlige Ungeeignetheit des Beweismittels 93–99
e) Unerreichbarkeit des Beweismittels 100–107
f) Verschleppungsabsicht 108–112
g) Wahrunterstellung 113–119

Rn.
4. Die Ablehnung des Sachverständigenbeweises nach § 244 Abs. 4 StPO 120–124
a) Sachkunde des Gerichts . . . 120–122
b) Ablehnung eines weiteren Sachverständigen 123, 124
5. Die Ablehnung eines Augenscheinsbeweises nach § 244 Abs. 5 S. 1 StPO 125, 126
6. Die Ablehnung eines Auslandszeugen nach § 244 Abs. 5 S. 2 StPO 127–130

B. Verständigung im Strafverfahren

I. Handel mit der Gerechtigkeit? 131–136
1. Zum aktuellen Meinungsstand in Rechtsprechung und Lehre . 131–135
2. Ubiquität im Bereich der Wirtschaftsstrafsachen 136

II. Der Standpunkt des Bundesgerichtshofs 137–139
1. Die Grundaussage 137
2. Kritik und Ausblick 138, 139

III. Die Zulässigkeit strafprozessualer Verständigung im einzelnen 140–164

Rn.
1. Sachaufklärungspflicht und Geständnis 142
2. § 136 a StPO und nemo-tenetur-Grundsatz 143
3. Öffentlichkeit 144, 145
4. Einbeziehung aller Verfahrensbeteiligter und Transparenzgebot 146–150
5. Koppelungsverbot 151
6. Protokollierung und Dissens . . 152–154
7. Schuldspruch 155
8. Rechtsfolgenausspruch 156–160
a) Unzulässigkeit der konkreten Strafmaßzusage 156
b) Zulässigkeit der Angabe einer bestimmten Strafobergrenze 157, 158
c) Vertretbarkeit und Wertigkeit des absprachebedingten Geständnisses 159, 160
9. Bindungswirkung und Vorbehalt schwerwiegender neuer Umstände 161–164
a) Bindungswirkung. 161
b) Vorbehalt „rebus sic stantibus" und Hinweisverpflichtung 162–164

Vorbemerkung

Ein „Wirtschaftsstrafverfahrensrecht" gibt es nicht. Die Aufnahme eines eigenen Abschnitts zum Strafverfahrensrecht im Handbuch zur Wirtschaftskriminalität trägt dem Umstand Rechnung, daß das Verfahren in Wirtschaftsstrafsachen spezifische Anforderungen an die professionellen Akteure des Strafverfahrens, nämlich Richter, Staatsanwälte und Verteidiger, stellt, die mit dem herkömmlichen Grundwissen zum Verfahrensrecht häufig nicht befriedigend zu lösen sind. Die Ursachen hierfür liegen in der besonderen Dynamik gerade des Wirtschaftsstrafverfahrens begründet, die in zahlreichen Bereichen des Verfahrensrechts nicht nur die Rechtsprechung der Revisionsgerichte zum tradierten Verfahrensrecht der Strafprozeßordnung forciert, sondern zur Herausbildung neuer – in Rechtsprechung und Lehre noch weitgehend unbewältigter – Verfahrensmechanismen geführt hat. Zur Verdeutlichung der letztgenannten Entwicklung soll hier nur auf die Rolle des Wirtschaftsstrafverfahrens als Schrittmacher zur Herausbildung kooperativer, auf Verständigung der Prozeßsubjekte beruhender Prozeßmodelle verwiesen werden. Verständigungen im Strafverfahren gelten längst nicht mehr nur in der Praxis des Wirtschaftsstrafverfahrens als unverzichtbar, sondern strahlen auf das Verfahrensrecht in seiner Gesamtheit aus. Es entspricht der Dynamik des Wirtschaftsstrafverfahrens, daß es sich auf der anderen Seite auch mit vermeintlich entgegengesetzten Extremen und Attributen „streitiger" Verfahrensgestaltung, wie dem Mißbrauch prozessualer Antragsbefugnisse, sogenannter Konfliktverteidigung in ausufernden Großverfahren oder rechtsstaatswidrigen Verfahrensverzögerungen der Justiz bei überlanger Verfahrensdauer ohne weiteres in Verbindung bringen läßt.

Aus dem so eröffneten weiten Feld denkbarer Themen wird ein Anfang mit der Darstellung des **Beweisantragsrechts** und der **Verständigung im Strafverfahren** gemacht, wobei der Schwerpunkt für beide auf die Hauptverhandlung gelegt wird. Speziell mit dem Beweisantragsrecht werden dabei neue und vielleicht unerwartete Wege im Rahmen eines praxisorientierten Handbuchs beschritten. Denn dieses von den Revisionsgerichten dominierte – im Rahmen anderer Darstellungen zur Praxis des Strafverfahrens vielfach ausgesparte oder nur kursorisch abgehandelte – Rechtsgebiet ist für den regelmäßig in Zeitnot agierenden Praktiker, sei er Richter, Staatsanwalt oder Strafverteidiger, allein anhand der zugänglichen Kommentarliteratur nur schwer zu durchdringen. Es versteht sich von selbst, daß ein von der Revisionsrechtsprechung konzipiertes und beständig fortgeschriebenes Rechtsgebiet nur dann verantwortlich vermittelt werden kann, wenn die Standpunkte der Rechtsprechung zitierfähig benannt werden. In kaum einem anderen Rechtsbereich hängt der praktische Nutzen einer Darstellung von der Beachtung dieser Notwendigkeit entscheidend ab. Zur Abrundung aller abgehandelten Problembereiche sind in den Text zahlreiche, bis auf wenige Ausnahmen höchstrichterlichen Entscheidungen nachempfundene Fallbeispiele eingewoben, die dem Leser im Interesse der Anschaulichkeit ein Gespür für die Erheblichkeit gerade seines verfahrensrechtlichen Handelns vermitteln sollen.

A. Beweisantragsrecht

I. Verfassungsrechtliche Anbindung des Beweisantragsrechts

1 Die im deutschen Strafprozeß durch die Einräumung bedeutsamer **Mitwirkungsrechte** gekennzeichneten Verteidigungsbelange des Beschuldigten sind von Verfassungs wegen durch verfahrensrechtliche Garantien geschützt, die sich neben den wichtigsten speziellen Verfahrensgrundrechten wie den Ansprüchen auf rechtliches Gehör (Art. 103 Abs. 1 GG) und auf den gesetzlichen Richter (Art. 101 Abs. 1 Satz 1 StPO) aus der Menschenwürde (Art. 1 Abs. 1 GG), insbesondere aber dem **Rechtsstaatsprinzip** selbst ergeben. Diese Verfahrensgrundrechte werden von zahlreichen strafprozessualen Bestimmungen entweder schlicht rezipiert (z. B. § 33 Abs. 1 und 3 StPO) oder zugleich in der Art konkretisiert, daß sie bestimmte Äußerungsmöglichkeiten eröffnen (z. B. § 257 Abs. 1 StPO) oder darüber hinaus Antragsbefugnisse des Beschuldigten begründen. Sie „begleiten den Beschuldigten auf dem Weg von der ersten richterlichen Vernehmung (§ 136 StPO) bis zur Gewährung des letzten Worts (§ 258 Abs. 2 StPO)".[1]

2 Zu den bedeutendsten dieser Mitwirkungsrechte zählt das Beweisantragsrecht des Beschuldigten. Mit ihm wird der klassische Schutzbereich des Art. 103 Abs. 1 GG endgültig verlassen, weil sein Inhalt über ein bloßes Recht zur Äußerung und den korrespondierenden Anspruch auf Anhörung hinausgeht. Seine volle verfassungsrechtliche Grundlage erlangt das Beweisantragsrecht deshalb erst im Zusammenwirken mit dem **Anspruch auf ein faires Verfahren**.[2] Als aus dem Rechtsstaatsprinzip in Verbindung mit dem allgemeinen Freiheitsrecht (Art. 2 Abs. 1 GG) abgeleitetes „allgemeines Prozeßgrundrecht" finden sich seine Wurzeln „in den in einem materiell verstandenen Rechtsstaatsprinzip verbürgten Grundrechten und Grundfreiheiten des Menschen, insbesondere in dem durch ein Strafverfahren bedrohten Recht auf Freiheit der Person (Art. 2 Abs. 2 Satz 2 GG), dessen freiheitssichernde Funktion auch im Verfahrensrecht Beachtung erfordert; ferner in Art. 1 Abs. 1 GG, der es verbietet, den Menschen zum bloßen Objekt eines staatlichen Verfahrens herabzuwürdigen, und von daher einen Mindestbestand an aktiven verfahrensrechtlichen Befugnissen des Angeklagten voraussetzt".[3] Der Anspruch auf ein faires Verfahren kann deshalb auch „durch verfahrensrechtliche Gestaltungen berührt werden, die der Er-

[1] *Niemöller*, Strafgerichtsbarkeit in: Umbach/Clemens (Hrsg.), BVerfGG Rn. 24 ff. m. w. N. aus der Rspr. des BVerfG.

[2] *Niemöller/Schuppert* AöR 107 (1982), 387, 427.

[3] St. Rspr.; vgl. insbesondere BVerfGE 57, 250, 274 f. = NJW 1981, 1719, 1722; ferner BVerfGE 63, 45, 60 f.; 70, 297, 308 f.; 86, 288, 317 f. und bereits BVerfGE 26, 66, 71 und 38, 105, 111.

mittlung der Wahrheit und somit einem gerechten Urteil entgegenstehen".[4] Dies ist entscheidend: Aus dem Anspruch auf ein faires Verfahren folgt damit ein echter **Anspruch auf „materielle Beweisteilhabe"**, also auf Zugang zu den Quellen der Sachverhaltsfeststellung.[5] Sein Schlüssel ist der Beweisantrag. Jenseits dieses Maßstabes ist jede weitere Ausgestaltung, insbesondere die Wahl zwischen möglichen Alternativen einer normativen Konkretisierung des Verfassungsgrundsatzes, dem Gesetzgeber vorbehalten.[6] Weder aus Art. 103 Abs. 1 GG noch aus dem umfassenderen Anspruch auf ein faires Verfahren ergeben sich deshalb für den Angeklagten einzelne, mit Verfassungsrang ausgestattete Beweiserhebungsansprüche.[7]

II. Das Verhältnis zur Aufklärungspflicht nach § 244 Abs. 2 StPO

Die Darstellung des Verhältnisses des Beweisantragsrechts zur tatrichterlichen Aufklärungspflicht nach § 244 Abs. 2 StPO muß sich auf Grundzüge beschränken. Als Maßstab wird es freilich für die folgenden Ausführungen zu keiner Zeit aus den Augen zu verlieren sein.[8] 3

Aus seiner Aufgabe, den Strafanspruch des Staates um des Rechtsgüterschutzes einzelner und der Allgemeinheit willen in einem justizförmigen Verfahren durchzusetzen und damit dem Angeklagten eine wirksame Sicherung seiner Grundrechte zu gewährleisten, ergibt sich, daß dem Strafprozeß von Verfassungs wegen die Aufgabe gestellt ist, das aus der Würde des eigenverantwortlich handelnden Menschen abgeleitete Prinzip, daß keine Strafe ohne Schuld verhängt werden darf, zu sichern und entsprechende verfahrensrechtliche Vorkehrungen zu treffen. Als zentrales Anliegen des Strafprozesses erweist sich daher die **Ermittlung des wahren Sachverhalts**, ohne den das materielle Schuldprinzip nicht zu verwirklichen wäre.[9]

Als überragender Grundsatz begründet die Sachaufklärungspflicht den unverzichtbaren Anspruch der Prozeßbeteiligten auf Erhebung aller Beweise, von denen vernünftigerweise eine weitere Aufklärung der Sache zu erwarten ist.[10] Für das Verhältnis zum Beweisantragsrecht ist dies grundlegend. Aus dem so verstandenen **Beweiserhebungsanspruch** folgt deshalb zwanglos, daß die Aufklärungspflicht des Gerichts nicht von etwaigen (Beweis-)Anträgen der Prozeßbeteiligten abhängen kann. Für das Revisionsverfahren ergibt sich, daß eine zulässig erhobene (§ 344 Abs. 2 Satz 2 StPO) Aufklärungsrüge nicht (allein) damit zurückgewiesen werden kann, daß ein entsprechender Beweisantrag in der Hauptverhandlung nicht gestellt worden ist. Hieran ändert der Umstand nichts, daß in diesen Fällen regelmäßig schwer darzulegen sein wird, daß sich die vermißte Beweiserhebung dem Gericht hätte aufdrängen müssen.[11] 4

[4] BVerfGE 57, 250, 275.

[5] *Niemöller/Schuppert* AöR 107 (1982), 387, 428.

[6] BVerfGE 57, 250, 276.

[7] *Niemöller/Schuppert* AöR 107 (1982), 387, 428.

[8] Zu Gegenstand und Umfang der Sachaufklärungspflicht als beherrschendes Prinzip des Strafverfahrens vgl. *Alsberg/Nüse/Meyer*, S. 19 ff.; KK-*Herdegen* § 244 Rn. 18 ff.; *Eisenberg* Rn. 6 ff.; LR-*Gollwitzer* § 244 Rn. 38 ff.; *Kleinknecht/Meyer-Goßner* § 244 Rn. 10 ff.; HK-*Julius* § 244 Rn. 7 ff.; *Dahs/Dahs* Rn. 314 und zuletzt *Herdegen* NStZ 1998, 444, 445 ff.

[9] BVerfGE 57, 250, 275 = NJW 1981, 1719, 1722; BVerfGE 33, 367, 383; 34, 238, 248; 63, 45, 61 = NJW 1983, 1043; BVerfGE 77, 65, 76; 70, 297, 308; BGHSt 1, 94, 96; 23, 176, 187; 32, 115, 122 ff.; 43, 195, 204; zur verfassungsrechtlichen Anknüpfung des Prinzips der Wahrheitsermittlung im Strafverfahren: *Niemöller/Schuppert* AöR 107 (1982), 387, 442 f. und *Niemöller*, Strafgerichtsbarkeit in: Umbach/Clemens (Hrsg.), BVerfGG Rn. 20 ff.

[10] *Alsberg/Nüse/Meyer*, S. 21; *Eisenberg* Rn. 3; *Kleinknecht/Meyer-Goßner* § 244 Rn. 11; *Herdegen* NStZ 1998, 444, 445.

[11] *Eisenberg* Rn. 4.

5 Unabhängig von dem so umschriebenen Über-/Unterordnungsverhältnis besteht auch sonst keine Deckungsgleichheit zwischen Aufklärungspflicht auf der einen und Beweisantragsrecht auf der anderen Seite, auch wenn diese Sicht der Dinge keinesfalls immer unumstritten gewesen ist.[12] Insbesondere griffe die Auffassung zu kurz, der Beweisantrag konkretisiere lediglich die dem Tatrichter ohnehin nach § 244 Abs. 2 StPO obliegende Aufklärungspflicht, weshalb sich die Bedeutung der Beweisantragstellung auf die Revisionsinstanz beschränke, weil dort dem Antragsteller der Nachweis eines Verfahrensfehlers erleichtert werde. Die fehlende Übereinstimmung von Beweisantragsrecht und Aufklärungspflicht läßt sich vielmehr anhand konkreter Beispiele aufzeigen: So mag das Gericht – gemessen am Maßstab des § 244 Abs. 2 StPO – eine Beweiserhebung für nutzlos halten, dürfte aber gleichwohl einen entsprechenden Beweisantrag nicht ablehnen, wenn ein Ablehnungsgrund nach § 244 Abs. 3 oder Abs. 4 StPO nicht eingreift.[13] Beweisanträge **„aktualisieren"**[14] in diesem Sinne allenfalls die Aufklärungspflicht, soweit ihnen zu entsprechen ist; auf eine Bindung an die für die Aufklärung von Amts wegen geltenden Maßstäbe kommt es jedoch nicht an. Durch das ihm wesenseigene und nur in wenigen Fällen durchbrochene **Verbot der Beweisantizipation** kompensiert das Beweisantragsrecht die Gefahren, die sich daraus ergeben können, daß das Tatgericht sowohl über den Umfang als auch das Ergebnis der Beweisaufnahme im wesentlichen selbst entscheidet.[15] Hieraus folgt, daß in der fehlerhaften Ablehnung eines Beweisantrages nicht immer auch ein Verstoß gegen § 244 Abs. 2 StPO zu liegen braucht. Denn die Pflicht zur umfassenden Sachaufklärung hängt von Umständen ab, die für das Beweisantragsrecht unerheblich sind. Der Beweisantrag zwingt zur Beweiserhebung auch, wenn sich kein vernünftiger Richter aus sonstigen Gründen zur Erhebung des Beweises veranlaßt sähe.[16] Umgekehrt kann eine auf § 244 Abs. 3 bis Abs. 5 StPO gestützte und von diesen Vorschriften getragene Ablehnung eines Beweisantrages die Verletzung der aus § 244 Abs. 2 StPO resultierenden Aufklärungspflicht begründen, weil diese ungeachtet der Stellung von Beweisanträgen die Beweiserhebung aus sich heraus gebieten kann.[17]

III. Der Begriff des Beweisantrags

Den Schlüssel zu einer Durchdringung des Beweisantragsrechts liefert allein das Verständnis vom Wesen des Beweisantrags. Diesem vorgelagert ist die Befassung mit seinen wesentlichen formellen und materiell-inhaltlichen Voraussetzungen.

1. Die Strafprozeßordnung

6 Auf eine Definition dessen, was unter einem Beweisantrag zu verstehen ist, hat die Strafprozeßordnung verzichtet. Die Terminologie des Gesetzes ist im übrigen nicht einheitlich. Soweit sie in mehreren Bestimmungen von dem Recht des Beschuldigten (namentlich im Ermittlungsverfahren) spricht, „zu seiner Entlastung die Aufnahme von Beweisen" zu beantragen (z. B. § 163 a Abs. 2 StPO), handelt es sich um bloße **Beweisanregungen** mit dem Ziel, die nach pflichtgemäßem Ermessen durchzuführenden Ermittlungen in Richtung auf weitere Umstände oder Beweismittel zu erstrecken.[18]

---

[12] *Alsberg/Nüse/Meyer*, S. 25 ff.

[13] *Alsberg/Nüse/Meyer*, S. 31; *Eisenberg* Rn. 5.

[14] *Roxin* § 43 Rn. 4.

[15] *Eisenberg* Rn. 139; HK-*Julius* § 244 Rn. 2; *Herdegen* NJW 1996, 27; *Schulz* NStZ 1991, 449; *Perron*, S. 124 ff.

[16] BGHSt 21, 118, 124; *Alsberg/Nüse/Meyer*, S. 412; KK-*Herdegen* § 244 Rn. 23, 42; *Schulz* StV 1985, 312.

[17] *Eisenberg* Rn. 5, 139.

[18] *Alsberg/Nüse/Meyer*, S. 34.

Demgegenüber soll es sich bei der nach § 201 Abs. 1 StPO im **Zwischenverfahren** vorgesehenen Aufforderung des Vorsitzenden an den Angeschuldigten, innerhalb einer bestimmten Frist zu erklären, ob er die Vornahme einzelner Beweiserhebungen vor der Entscheidung über die Eröffnung des Hauptverfahrens beantragen wolle, ebenso wie in den Fällen der §§ 225a Abs. 2 und 270 Abs. 4 StPO bereits um „echte", auf unmittelbare Beweiserhebung gerichtete Beweisanträge handeln. Weil das Gesetz die Voraussetzungen ihrer Ablehnung aber nicht im einzelnen, entsprechend der Regelung in § 244 Abs. 3 bis Abs. 5 StPO, bestimme, handele es sich auch in diesen Fällen dem Wesen nach nur um Anregungen zur Beweiserhebung innerhalb der allgemeinen Aufklärungspflicht. Dies gelte auch für den **Beweisantrag zur Vorbereitung der Hauptverhandlung** nach § 219 Abs. 1 Satz 1 StPO.[19] Nach anderer Auffassung ist auch für den Antrag nach § 219 Abs. 1 Satz 1 StPO von einer grundsätzlichen Bindung an die Ablehnungsgründe des § 244 Abs. 3 StPO auszugehen. Wegen des nur vorläufigen Charakters der Entscheidung könne aber grundsätzlich auch eine knappere Begründung der Ablehnung ausreichen, wenn ihre Gründe auf der Hand lägen.[20] Der Meinungsstreit hat jedoch nur theoretische Bedeutung, weil die Ablehnung eines Beweisantrages nach § 219 StPO durch Verfügung des Vorsitzenden den Angeklagten tatsächlich nicht hindern kann, den Beweisantrag inhaltsgleich in der Hauptverhandlung zu wiederholen oder durch **unmittelbare Ladung** (§§ 220, 245 Abs. 2 StPO) die Durchsetzung des Beweisbegehrens zu erzwingen. Aus dem gleichen Grunde wird das Urteil regelmäßig nicht auf einer Verletzung des § 219 StPO beruhen können (§ 337 Abs. 1 StPO), so daß die Revision grundsätzlich jedenfalls nicht auf eine Verletzung des § 219 StPO, sondern gegebenenfalls nur auf eine Verletzung des § 244 Abs. 2 StPO gestützt werden könnte.[21] 7

2. Die Rechtsprechung

Konzeption und Ausgestaltung des heutigen Beweisantragsrechts gehen fast ohne Ausnahme auf die Rechtsprechung der Revisionsgerichte, und hier insbesondere die des Bundesgerichtshofs, zurück, gegenüber der der Einfluß der Lehre nur als untergeordnet bezeichnet werden kann. In der Tat „ist das Beweisantragsrecht immer ein **Geschöpf der Praxis** gewesen, dem sich die Wissenschaft erst langsam nähert und dem auch der Gesetzgeber – abgesehen von der nationalsozialistischen Episode – bis in die jüngste Vergangenheit hinein eher passiv nachvollziehend als aktiv gestaltend gegenüberstand". Dieser Einschätzung *Walter Perrons*[22] in seiner umfassenden Studie zum Beweisantragsrecht des Beschuldigten im deutschen Strafprozeß ist nichts hinzuzufügen. 8

3. Definition

Ein nach den Regeln des Strengbeweisverfahrens (§ 244 Abs. 3 bis 6 StPO) zu behandelnder Beweisantrag ist das **unbedingte** oder an eine zulässige Bedingung geknüpfte Verlangen eines Verfahrensbeteiligten, daß zum Nachweis einer von ihm **zu behauptenden bestimmten Tatsache** durch den Gebrauch eines **bestimmten Beweismittels** Beweis erhoben wird, soweit die Beweisbehauptung die **Tatsachengrundlage**, also den zur Schuld- und/oder Rechtsfolgenfrage gehörenden Sachverhalt eines in der Sache entscheidenden Urteils betrifft.[23] Die mit dieser Begriffsbestimmung vorerst nur angedeuteten 9

---

19 *Alsberg/Nüse/Meyer,* S. 34; *Kleinknecht/Meyer-Goßner* (für § 163a) § 163a Rn. 15.

20 *Kleinknecht/Meyer-Goßner* § 219 Rn. 3; LR-*Gollwitzer* § 219 Rn. 2, 11, 24.

21 KK-*Treier* § 219 Rn. 12; *Kleinknecht/Meyer-Goßner* § 219 Rn. 6; *Pfeiffer/Fischer* § 219 Rn. 8; LR-*Gollwitzer* § 219 Rn. 35; *Alsberg/Nüse/Meyer,* S. 352 ff.; *Dahs/Dahs* Rn. 240.

22 *Perron,* S. 24.

23 Diese in Anlehnung an *Herdegen* gegebene Definition entspricht der Rechtsprechung und der h. L., vgl. etwa BGHSt. 1, 29, 31; 6, 128, 129 = NJW 1954, 1336; 30, 131, 142 = NJW 1981, 2267; 37, 162, 164 ff.; 39, 251, 253 f.; 43, 321–335 = NJW 1998, 1723; BayObLG NJW 1996, 331; aus der Litera-

Hürden formeller, insbesondere inhaltlicher Art an die Erhebung und Substantiierung eines den Kriterien eines Beweisantrages entsprechenden Beweisbegehrens sind erheblich. Nur wer sie als Verfahrensbeteiligter – sei es als Angeklagter, Verteidiger oder Staatsanwalt – überwindet, kann das Gericht zwingen, über die in § 244 Abs. 2 StPO umschriebene allgemeine Sachaufklärungspflicht hinaus eine konkrete Beweiserhebung durchzuführen. Für die Praxis ist das Bewußtsein dessen, daß es erst dann um die weitere Frage geht, ob der Beweisantrag aus einem der in § 244 Abs. 3 bis Abs. 5 StPO genannten Gründe abgelehnt werden könnte, von entscheidender Bedeutung.

IV. Formelle Anforderungen und Verfahren

1. Antragsberechtigung und gemeinsame Antragstellung

10 Antragsberechtigt sind alle selbständigen Verfahrensbeteiligten. Neben Staatsanwaltschaft, Angeklagten und Verteidiger also grundsätzlich auch Privat- und Nebenkläger (§§ 385 Abs. 1 Satz 1, 397 Abs. 1 StPO).[24] Das Antragsrecht des Verteidigers ist selbständig, also vom Willen des Angeklagten unabhängig mit der Folge, daß sich eine Beweisbehauptung des Verteidigers nicht mit dem Vorbringen des Angeklagten zu decken braucht.[25] Anträge nicht befugter Personen, etwa von Zeugen, Sachverständigen oder Schöffen, sind als unzulässig zurückzuweisen, unabhängig davon, ob das Gericht im Rahmen seiner Aufklärungspflicht von der aufgezeigten Beweismöglichkeit Gebrauch machen will.[26] Die grundsätzliche Selbständigkeit des Antrages schließt die **gemeinsame** (besser: **übereinstimmende**) **Antragstellung** auch von „Prozeßgegnern" jedoch nicht aus. Es versteht sich von selbst, daß in diesen Fällen die Entscheidung über den Beweisantrag unterschiedlich ausfallen kann. Für die übereinstimmende Antragstellung ist grundsätzlich zu fordern, daß sich der Verfahrensbeteiligte ausdrücklich und unmißverständlich dem Antrag eines anderen Verfahrensbeteiligten anschließt; nur in Ausnahmefällen kann bei „Interessenverbundenheit" für den Anschluß auch ein konkludentes Verhalten ausreichend sein.[27]

2. Ausschluß der Antragsberechtigung und Rechtsmißbrauch

11 Ein Ausschluß der Antragsberechtigung scheidet nach h. M. schon wegen der abschließenden Regelung möglicher Ablehnungsgründe in § 244 Abs. 3 bis Abs. 5 StPO selbst in Fällen des offensichtlichen **Mißbrauchs der Antragsberechtigung** aus.[28] Daran ist festzuhalten. Dem steht nicht entgegen, daß der Bundesgerichtshof mit überzeugender Argumentation in einem krassen Fall **exzessiver Ausübung** des Beweisantragsrechts durch den Angeklagten die tatrichterliche Anordnung, weitere Anträge nur noch nach Prüfung durch den Verteidiger und über diesen entgegenzunehmen, nicht beanstandet hat.[29]

---

tur neben KK-*Herdegen* § 244 Rn. 1, 43; *Herdegen* StV 1990, 518 und *Herdegen* NStZ 1998, 447 z. B. *Alsberg/Nüse/Meyer*, S. 36; *Sarstedt/Hamm* Rn. 277; *Kleinknecht/Meyer-Goßner* § 244 Rn. 18; LR-*Gollwitzer* § 244 Rn. 94, 95; SK-*Schlüchter* § 244 Rn. 54; *Eisenberg* Rn. 138; *Perron*, S. 182 ff.; *Dahs/Dahs* Rn. 316.

[24] Zur Einschränkung der Antragsrechte des Privat- und Nebenklägers vgl. aber *Kleinknecht/Meyer-Goßner* § 384 Rn. 14 und § 385 Rn. 3 (Privatklage) bzw. § 397 Rn. 10 und § 244 Rn. 30; LR-*Gollwitzer* § 244 Rn. 96; AK-*Schöch* § 244 Rn. 53 und *Alsberg/Nüse/Meyer*, S. 377 f.

[25] BGHSt 21, 118, 124 = NJW 1966, 2174 und KK-*Herdegen* § 244 Rn. 43.

[26] LR-*Gollwitzer* Rn. 96.

[27] BGHSt 32, 10, 12 = NJW 1983, 2396; KK-*Herdegen* § 244 Rn. 52 und LR-*Gollwitzer* § 244 Rn. 97 ff.; kritisch: *Alsberg/Nüse/Meyer*, S. 383 ff.

[28] BGHSt 29, 149, 151 f.; HK-*Julius* § 244 Rn. 14; *Hamm* StV 1993, 456 und offenbar auch *Kleinknecht/Meyer-Goßner* § 244 Rn. 29, 46.

[29] BGHSt 38, 111 = NJW 1992, 1245 = BGHR § 244 Abs. 3 Mißbrauch 1; im Ergebnis jeweils zustimmend *Widmaier* NStZ 1992, 519 und *Scheffler* JZ 1993, 170; kritisch gegen die Lösung des BGH

In dem der Entscheidung zugrundeliegenden Fall hatte der Angeklagte nach knapp einjähriger Hauptverhandlung ca. 300 Beweisanträge gestellt, die er nach einem Geständnis wieder zurückgenommen hatte. Nach Widerruf des Geständnisses war die Strafkammer über fast 30 Verhandlungstage ausschließlich mit der Entgegennahme und Bescheidung von Beweisanträgen des Angeklagten beschäftigt. Neben der Ankündigung weiterer 200 vorbereiteter Beweisanträge hatte sich der Angeklagte ca. 8500 schriftlichen Beweisanträgen seines Mitangeklagten angeschlossen, die ihm im Zeitpunkt der Anschlußerklärung noch nicht einmal bekannt waren. **12**

Zwar – so der Bundesgerichtshof – sehe die Strafprozeßordnung weder den Ausschluß des Angeklagten vom Beweisantragsrecht noch einen allgemeinen Mißbrauchstatbestand vor, doch gebe es jenseits der den Gedanken der Verhinderung des Rechtsmißbrauchs klar zum Ausdruck bringenden Vorschriften (z. B. §§ 26 a Abs. 1 Nr. 3, 29 Abs. 2, 137 Abs. 1 Satz 2 oder 244 Abs. 3 Satz 2 „Prozeßverschleppung") auch Fälle des Mißbrauchs prozessualer Befugnisse, gegen die der Gesetzgeber keine ausdrückliche Bestimmung getroffen habe. Insoweit gelte, daß im Strafverfahren – nicht anders als in jeder sonstigen Verfahrensordnung – der Gebrauch prozessualer Rechte zur Erreichung rechtlich mißbilligter Ziele untersagt sei. Mißbrauch liege vor, wenn ein Verfahrensbeteiligter die ihm eingeräumten Möglichkeiten dazu benutze, **gezielt verfahrensfremde oder verfahrenswidrige Zwecke** zu verfolgen. Einem rechtsmißbräuchlichen Verhalten dieser Art könne allein auf der Grundlage des **allgemeinen Mißbrauchsverbots** jedenfalls dann begegnet werden, wenn die gegen sie gerichteten Einschränkungen nicht das Recht des Angeklagten in Frage stellten, sich umfassend verteidigen zu können. Dieses Recht des Angeklagten sei jedoch nicht berührt, wenn lediglich verlangt werde, daß er seine Anträge zukünftig **über seinen Verteidiger** stellen solle, um auf diese Art eine rechtliche Kontrolle darüber zu ermöglichen, daß es sich um sachdienliche Anträge handele. Damit werde die Verteidigung weder vor eine unzumutbare Aufgabe gestellt noch das Wesen der Verteidigung verkannt. Aus einer Zusammenschau mehrerer auf die besondere Sachkunde des Verteidigers abstellender Vorschriften (z. B. §§ 138, 139, 142 Abs. 2, 147, 239 und 345 Abs. 2 StPO) folge, daß ein Verteidiger den Angeklagten in der Hauptverhandlung keineswegs nach Belieben „schalten und walten" lassen dürfe, sondern daß ihn die Pflicht treffe, mit dafür Sorge zu tragen, daß das Verfahren sachdienlich und in prozessual geordneten Bahnen durchgeführt werden könne. Als milderes Mittel stehe in diesen Fällen insbesondere der Ablehnungsgrund der Prozeßverschleppung nach § 244 Abs. 3 Satz 2 StPO deshalb nicht als probates Mittel zur Verfügung, weil die Ablehnung nach diesem Grund verlange, daß sich das Gericht sachlich mit dem Beweisantrag auseinandersetze, namentlich das voraussichtliche Beweisergebnis vorweg zu würdigen sei.

3. Form und Protokollierung – Anordnung nach § 257 a StPO

Der Beweisantrag ist grundsätzlich **mündlich und innerhalb der Hauptverhandlung** zu stellen. Die in vielen Fällen zweckmäßige schriftliche Fixierung des Antrages ist vom Antragsteller deshalb inhaltlich vorzutragen. Ob hiervon abgesehen werden kann, wenn das Gericht auf eine Verlesung verzichtet hat, war schon vor der mit Verbrechensbekämpfungsgesetz vom 28. Oktober 1994[30] neu eingefügten Bestimmung des § 257a StPO umstritten.[31] **13**

---

dagegen *Hamm* NJW 1993, 289 und *Hamm* StV 1993, 455; HK-*Julius* § 244 Rn. 14; KK-*Herdegen* § 244 Rn. 68.

[30] BGBl. I S. 3186.

[31] Ablehnend *Alsberg/Nüse/Meyer*, S. 382 f. und KK-*Herdegen* § 244 Rn. 49 jeweils unter Hinweis auf den Mündlichkeitsgrundsatz und das Äußerungsrecht (§ 33 Abs. 1 StPO) der anderen Verfahrensbeteiligten; diese Möglichkeit bejahend BGH NJW 1953, 35; KMR-*Paulus* § 244 Rn. 380 und LR-*Gollwitzer* § 244 Rn. 103.

14 Die am 1. Dezember 1994 in Kraft getretene Vorschrift ist schon im Gesetzgebungsverfahren auf heftige, zum Teil überzogene **Kritik**[32] gestoßen, weil sie Grundprinzipien des Strafverfahrens, insbesondere den Grundsätzen der Unmittelbarkeit, Mündlichkeit und Öffentlichkeit, zuwiderlaufe. Ob sie tatsächlich ihrer gesetzgeberischen Zielsetzung nach eine straffere Durchführung von Groß- und Umfangsstrafsachen ermögliche, erscheine fraglich. Schon aus der Gesetzesfassung sei ihr Zweck nicht zu entnehmen, weshalb die Vorschrift der „teleologischen Reduktion,"[33] der „restriktiven Auslegung am Schutzbereich des Art. 103 Abs. 1 GG"[34] bzw. am „fair trial-Grundsatz"[35] bedürfe. Die etwa von *Meyer-Goßner*[36] vorgeschlagenen Einschränkungen sind jedenfalls dem Wortlaut der „Kann-Vorschrift" nicht zu entnehmen und erscheinen überdies für die Praxis, weil im Einzelfall als Maßstab zu unbestimmt und generalisierend, nicht handhabbar. Vielmehr setzt die Anwendung der Vorschrift auch für den Beweisantrag nicht notwendig schon den „Mißbrauch" der Antragsbefugnis[37] – wohl aber Fingerspitzengefühl und Augenmaß des Gerichts im Enzelfall – voraus. Wie *Dahs* trocken bemerkt, kann im übrigen kein vernünftiger Zweifel daran bestehen, daß „entsprechend disponierte" Angeklagte und Verteidiger Mittel und Wege finden werden, „auch und gerade die nach § 257 a StPO angeordnete schriftliche Antragstellung zu einem neuen Instrument für Prozeßverschleppung und Mißbrauch zu machen".[38]

15 Ihre praktische Umsetzung erfährt die Vorschrift über das in § 257 a Satz 3 StPO eröffnete **Selbstleseverfahren** nach § 249 StPO. Zuständig für die Anordnung ist das Gericht, nicht der Vorsitzende. Die Anordnung bedarf deshalb eines begründeten Gerichtsbeschlusses. Soll sie sich auch auf zukünftige Anträge erstrecken, muß eine „sehr plausible Erklärung" verlangt werden.[39] Sie kann gegenüber allen Verfahrensbeteiligten ergehen, gilt mithin auch für Beweisanträge des Nebenklägers und der Staatsanwaltschaft. Abgesehen von Fällen einer Anordnung nach § 257 a StPO kann die schriftliche Niederlegung des Beweisantrages jedoch gerichtlich nicht erzwungen werden. Dem entspricht der fehlende Anspruch des Antragstellers darauf, seinen Antrag in das Protokoll diktieren zu können, was freilich an der zwingenden Notwendigkeit der **Protokollierung** auch des Antragsinhalts nach § 273 Abs. 1 StPO nichts ändert.[40]

4. Zeitpunkt der Antragstellung

16 Der Beweisantrag kann zu jedem Zeitpunkt der Hauptverhandlung, und zwar vom Aufruf der Sache bis zum Beginn der Urteilsverkündung, gegebenenfalls deshalb auch noch nach abgeschlossener Beratung in einem gesondert anberaumten Verkündungstermin

---

32 Vgl. neben *Bandisch* StV 1994, 153, 158; *Scheffler* NJW 1994, 2191, 2194 f. und *Dahs* NJW 1995, 553, 556 insbesondere *Hamm* StV 1994, 457 f., der für die Zukunft das Szenario „wahrer Geisterverhandlungen" entwirft, in deren Verlauf angesichts des „disziplinierenden Sanktionscharakters des Beschlusses nach § 257 a StPO" manchem jüngeren Verteidigerkollegen schon die Drohung „mit dem Maulkorb des § 257 a StPO" eine gegenüber dem geltenden Recht auch inhaltlich andere Verteidigung aufzwingen könnte; differenzierend *Schlüchter* GA 1994, 425, 427 f. mit dem interessanten Vorschlag, zur mündlichen Antragstellung begrenzte Redezeiten gesetzlich festzusetzen.

33 *Kleinknecht/Meyer-Goßner* § 257 a Rn. 1 f.; *Eisenberg* Rn. 177.

34 HK-*Julius* § 257 a Rn. 2.

35 *König/Seitz* NStZ 1995, 1, 5.

36 *Kleinknecht/Meyer-Goßner* § 257 a Rn. 2.

37 Wie hier KK-*Diemer* § 257 a Rn. 2, 5 mit dem zutreffenden Hinweis auf das durch § 257 a StPO konkretisierte Beschleunigungsgebot, das nicht von vorneherein geringer zu gewichten sei als die Mündlichkeitsmaxime; ferner KK-*Herdegen* § 244 Rn. 49 und *König/Seitz* NStZ 1995, 1, 5.

38 *Dahs* NJW 1995, 553, 556; siehe auch die anschauliche Darstellung eines „Probierprozesses" zur Praxis des § 257 a StPO von *Wesemann* StV 1995, 220.

39 KK-*Herdegen* § 244 Rn. 49.

40 LR-*Gollwitzer* § 244 Rn. 103; *Alsberg/Nüse/Meyer*, S. 381/382; *Dahs/Dahs* Rn. 315; *Kleinknecht/Meyer-Goßner* § 244 Rn. 32, 36 und § 273 Rn. 10; *Eisenberg* Rn. 176.

gestellt werden. Eine Ablehnung des Beweisantrages wegen **Verspätung** scheidet bis zu diesem Zeitpunkt aus (§ 246 Abs. 1 StPO). Die Entgegennahme eines danach gestellten Antrages steht demgegenüber im Ermessen des Gerichts; die Entscheidung trifft der Vorsitzende. Seine Ablehnung bedarf dann keiner Begründung mehr. Auch die Anrufung des Gerichts nach § 238 Abs. 2 StPO ist jetzt ausgeschlossen. Nimmt das Gericht den Beweisantrag aber entgegen, muß über ihn nach den allgemeinen Regeln, also insbesondere nach den §§ 244 Abs. 3 bis Abs. 5 StPO entschieden werden.[41]

5. Zurücknahme und Verzicht

Die Zurücknahme des Beweisantrags und der Verzicht auf eine bereits angeordnete Beweisaufnahme sind nach allgemeiner Auffassung grundsätzlich möglich und nicht selten Lohn des Gerichts für einen sorgfältigen Umgang mit seiner Amtsaufklärungspflicht und eine faire Behandlung der Verfahrensbeteiligten. Die Staatsanwaltschaft ist an einen Beweisantrag selbst dann nicht gebunden, wenn sie ihn zugunsten des Angeklagten gestellt hatte. In den Fällen gemeinsamer Antragstellung muß die Rücknahme von jedem der Antragsteller erklärt werden. Der Antrag kann zurückgenommen werden, solange über ihn nicht entschieden worden ist. Ist dem Antrag bereits stattgegeben worden, kann auf die beantragte Beweiserhebung noch verzichtet werden, solange das Beweismittel nicht herbeigeschafft worden ist. Ist es an der Gerichtsstelle und damit präsent, darf von seiner Benutzung gemäß § 245 Abs. 1 Satz 2 StPO nur noch **im Einverständnis aller Prozeßbeteiligten** abgesehen werden. Als wesentliche Förmlichkeiten der Hauptverhandlung müssen Zurücknahme und Verzicht ebenso wie die Antragstellung selbst gemäß § 273 Abs. 1 StPO im Sitzungsprotokoll beurkundet werden.[42] **17**

V. Der bedingte Beweisantrag

Die Strafprozeßordnung kennt nur den unbedingt gestellten Beweisantrag. Gerade in Großverfahren wird aber häufig von der *praeter legem* entwickelten Möglichkeit Gebrauch gemacht, das mit dem Beweisantrag verfolgte Beweisbegehren vom Eintritt eines zukünftigen ungewissen Umstandes, also einer Bedingung, abhängig zu machen. Die Rechtsprechung verfährt hier scheinbar großzügig, indem sie lediglich verlangt, daß es sich bei dem zur Bedingung erhobenen Umstand um ein **innerprozessuales Ereignis** handeln muß. Im übrigen ist leider nicht nur die Terminologie uneinheitlich. Obwohl der strafprozessualen Praxis seit langem vertraut,[43] sind wesentliche Fragen der rechtlichen Qualifizierung, insbesondere der verfahrensrechtlichen Behandlung bedingter Beweisanträge, ungeklärt und deshalb unverändert aktuell.[44] **18**

1. Klassifizierungsansätze

a) Hilfsbeweisantrag, Eventualbeweisantrag und prozessual bedingter Beweisantrag

Nach überwiegender Auffassung[45] läßt sich der bedingte Beweisantrag einer der nachfolgenden Kategorien zuordnen: **19**

Um eine erste Kategorie handelt es sich bei der in der Praxis häufigen Verknüpfung des Beweisantrages mit einem verfahrensabschließenden Sach- oder Hauptantrag, der in

---

41 *Kleinknecht/Meyer-Goßner* § 244 Rn. 33; *Eisenberg* Rn. 178, 179; LR-*Gollwitzer* § 244 Rn. 102; HK-*Julius* § 244 Rn. 16; *Dahs/Dahs* Rn. 315; *Alsberg/Nüse/Meyer*, S. 387 f.

42 *Alsberg/Nüse/Meyer*, S. 402 ff.; *Eisenberg* Rn. 182 f.; *Kleinknecht/Meyer-Goßner* § 244 Rn. 37.

43 Bereits RGSt 1, 394 (1880); JW 1892, 455; RGSt 3, 222, 224; 29, 438 und später RGSt 65, 351.

44 Grundlegend *Niemöller* JZ 1992, 884 ff.

45 KK-*Herdegen* § 244 Rn. 50; *Eisenberg* Rn. 161 ff.; *Schlothauer* StV 1988, 542 ff.; *Michalke* StV 1990, 184 ff.; HK-*Julius* § 244 Rn. 17, 70 f.

aller Regel den Urteilstenor in seinen Alternativen (Verurteilung oder Freispruch) oder den Inhalt des Schuld- und/oder Rechtsfolgenausspruchs (Versuch oder Vollendung bzw. Geld- oder Freiheitsstrafe) betrifft (**Hilfsbeweisantrag**).[46] Um die zweite Kategorie handelt es sich, wenn das Beweisbegehren mit einem aus Sicht des Antragstellers relevanten Begründungselement des Sachverhalts (z. B. der gerichtlichen Annahme eines bestimmten Tatmotivs, der Schuldfähigkeit des Angeklagten, einer Garantenstellung oder der Echtheit einer Urkunde) verknüpft wird. Die Bedingung knüpft in diesen Fällen an eine für den Antragsteller (noch) ungewisse Sachlage an, von der die Beweiserhebung abhängig gemacht wird (**Eventualbeweisantrag**).[47] Eine dritte Kategorie stellt endlich die Verknüpfung des Beweisbegehrens mit einer bestimmten Prozeßlage (z. B. der Entscheidung über einen gegnerischen Beweisantrag oder die Vereidigung eines Zeugen) dar (**prozessual bedingter Beweisantrag**).

Demgegenüber liegt nach *Meyer-Goßner*[48] die verfahrensrechtliche Besonderheit des Hilfsbeweisantrages lediglich darin, daß über ihn grundsätzlich erst in den Urteilsgründen zu entscheiden sei. Dies gelte auch für den Eventualbeweisantrag, der irreführend teilweise dem Hilfsbeweisantrag und teilweise dem bedingten Beweisantrag gleichgesetzt werde. Tatsächlich handele es sich bei einem Eventualbeweisantrag aber um eine Kombination von bedingtem Beweisantrag und Hilfsbeweisantrag, nämlich um einen bedingten Beweisantrag, der erst im Schlußvortrag als Hilfsantrag gestellt werde.

b) Urteils- und Beurteilungsbedingung

20 Nach dem nicht nur dogmatisch überzeugenden, sondern auch für die verfahrensrechtliche Umsetzung tauglichen und deshalb hier näher dargestellten Ansatz *Niemöllers*[49] hat ein Ordnungsschema wesentlich auf die Eigenart des bedingten Beweisantrags abzustellen, für dessen Charakterisierung nicht der Zeitpunkt der Antragstellung, sondern letztlich allein die inhaltliche Ausgestaltung maßgeblich sein könne. Entscheidend sei also die jeweils beigefügte Bedingung selbst. Blende man den als „prozessual-bedingt" bezeichneten Beweisantrag aus, ließen sich auf diese Weise (nur noch) zwei Hauptgruppen mit je zwei Untergruppen unterscheiden. Bei der Hauptgruppe der **Urteilsbedingungen** mache der Antragsteller sein Beweisbegehren vom Inhalt des – als erlassen gedachten – Urteils abhängig, indem er entweder den Urteilsausspruch selbst (1. Untergruppe, „klassische" Hilfsbeweisanträge) oder aber einzelne Begründungselemente des Urteils (2. Untergruppe) zur Bedingung erhebe. Gegenstand der Hauptgruppe der **Beurteilungsbedingungen** sei demgegenüber eine dem Urteil vorausgehende gerichtliche Entschließung oder Beurteilung, die sich entweder auf den zu verkündenden Urteilsspruch (1. Untergruppe) oder auf bestimmte, eventuell zu seiner Begründung dienende Elemente (2. Untergruppe, Eventualbeweisanträge) beziehe.

Beispiel für eine Beurteilungsbedingung der 1. Untergruppe:
„Sollte das Gericht in der Schlußberatung zu dem Ergebnis gelangen, daß der Angeklagte des Totschlags schuldig zu sprechen ist (oder: eine Freiheitsstrafe von mehr als drei Jahren verwirkt hat; oder: in einer Entziehungsanstalt untergebracht werden muß), wird zum Beweis der Behauptung X. beantragt, den Zeugen/Sachverständigen Y. zu vernehmen."

Beispiel für eine Beurteilungsbedingung der 2. Untergruppe:
„Sollte das Gericht in seiner Schluß- oder einer Zwischenberatung zu der Auffassung gelangen, daß die Aussage des Zeugen Z. glaubhaft ist (oder: die Schuldfähigkeit des Angeklagten nicht erheblich vermindert war), wird zum Beweis der Behauptung X. beantragt, den Zeugen/Sachverständigen Y. zu vernehmen."

---

[46] BGHSt 32, 10, 12ff. = NStZ 1984, 372 m. Anm. *Schlüchter*; BGH NStZ 1989, 191; 1991, 47 m. Anm. *Scheffler* 348 = StV 1991, 349 m. Anm. *Schlothauer.*

[47] BGH StV 1990, 149 m. Anm. *Michalke* 184; BGH NJW 1988, 501; NStZ 1989, 191.

[48] *Kleinknecht/Meyer-Goßner* § 244 Rn. 22a f.

[49] *Niemöller* JZ 1992, 884ff.

Für diese zunächst rein deskriptive Beschreibung aller denkbaren Varianten bedingter Beweisanträge erweist sich im Ergebnis die Grenzlinie zwischen den Urteils- und den Beurteilungsbedingungen als entscheidend für die rechtliche Bewertung und die prozessuale Behandlung: **21**

Während sich Urteilsbedingungen auf das **als ergangen gedachte Urteil** bezögen, bezögen sich Beurteilungsbedingungen auf die **dem Urteil vorausgehende Überzeugungsbildung**. Habe die Urteilsbedingung das Urteil und seine Begründung als „kausal bestimmtes Verfahrensereignis" zum Gegenstand, sei Bezugsobjekt der Beurteilungsbedingung dagegen die „finale Entschließung des Gerichts, ein bestimmtes Urteil zu fällen". Dem Antragsteller einer Beurteilungsbedingung gehe es in erster Linie darum, das Gericht auf die aus dem Antrag ersichtliche Beurteilung festzulegen, und nicht darum, die Beweiserhebung als „lästige Alternative" zu erzwingen. Lehne das Gericht den Beweisantrag aber ab, solle es seine Ablehnungsentscheidung wenigstens noch vor Urteilserlaß treffen und damit dem Antragsteller die Gelegenheit geben, sein Prozeßverhalten hierauf einzustellen. Für den Fall der an den Urteilsausspruch anknüpfenden Beurteilungsbedingung solle nach dem Willen des Antragstellers über den Beweisantrag gerade nicht erst mit dem Urteilsspruch, sondern schon vorher, nämlich in dem Zeitpunkt entschieden werden, in welchem sich das Gericht zu dem im Antrag benannten Urteilsspruch entschließe. Nicht die Urteilsverkündung, sondern die Urteilsberatung werde hier also zum „prozessualen Ort des Ereignisses", das über den Bedingungseintritt entscheide. Im Unterschied zum „echten" Hilfsbeweisantrag als einem Unterfall einer Urteilsbedingung handele es sich hier um eine aufschiebende Bedingung, weil der Antrag nicht schon mit seiner Stellung rechtlich existent sei, sondern erst und nur dann entstehe, wenn das Gericht in seiner Beratung zu der im Antrag umschriebenen Beurteilung gelange. Die Behandlung eines derartigen Antrages werde problematisch, wenn nach dem Ergebnis der Beratung eben jener Fall eintrete, für den der Antragsteller die Beweiserhebung verlangt habe. Wäre das Gericht gezwungen, sich an die Bedingung zu halten, dürfte es den – jetzt unbedingten – Antrag weder übergehen noch erst in den Urteilsgründen bescheiden, weil dies nicht der Bedingung entspräche. Es wäre statt dessen gezwungen, seine Urteilsberatung zu unterbrechen und erneut in die Hauptverhandlung einzutreten. Dort wäre anschließend darüber zu befinden, ob der Beweis antragsgemäß zu erheben oder durch begründeten Beschluß nach § 244 Abs. 6 StPO abzulehnen ist.

Diese Konsequenz sei als rechtlich unzulässig abzulehnen, weil Bedingungen dieser Art als unvereinbar mit den Prinzipien des Strafprozesses anzusehen seien. Aus dem Gebot der Rechtsklarheit folge, daß Prozeßhandlungen nur mit Bedingungen verknüpft sein dürften, deren Eintritt oder Ausfall für alle Verfahrensbeteiligten als innerprozessualer Vorgang wahrnehmbar sei. Diese Voraussetzung treffe auf das Ergebnis der Beratung über ein erst noch zu verkündendes Urteil aber ebensowenig zu wie auf das Ergebnis einer Zwischenberatung. Mit Ausnahme der zur Urteilsfindung berufenen Mitglieder des Spruchkörpers seien die übrigen Verfahrensbeteiligten ausgeschlossen. Ein Anspruch des Antragstellers auf Unterrichtung über das Beratungsergebnis vor der Urteilsverkündung existiere nicht und liefe auf eine „**Urteilsverkündung vor der Urteilsverkündung**" hinaus. Treffe dies zu, könne sich der Antragsteller einen entsprechenden Informationsanspruch aber auch nicht dadurch verschaffen, daß er seinen Beweisantrag mit dem Ergebnis der Beratung verknüpfe. Im Unterschied zu den grundsätzlich zulässigen Urteilsbedingungen seien deshalb Beurteilungsbedingungen in ihrer Gesamtheit als unzulässig zu werten mit der Folge, daß der sie enthaltende Antrag entweder als unbedingter Beweisantrag zu behandeln oder als insgesamt rechtsunwirksam anzusehen sei. In beiden Fällen sei der Beweisantrag durch einen begründeten Beschluß innerhalb der Hauptverhandlung zu bescheiden. Werde die Entscheidung erst in den Urteilsgründen getroffen, begründe der Verfahrensverstoß die Revision wegen Verletzung der formellen Bescheidungspflicht; die Rüge eines Verstoßes gegen § 344 Abs. 3 bis 5 StPO bleibe dem Beschwerdeführer aber versagt.

2. Der Hilfsbeweisantrag

22 Praxisrelevanz besitzt jenseits terminologischer Unterschiede jedenfalls der klassische Hilfsbeweisantrag in der Form, daß das Gericht über einen verfahrensabschließenden Hauptantrag nicht zu einem vom Antragsteller vorgegebenen Ergebnis (insbesondere Einstellung, Freispruch oder eine bestimmte Rechtsfolge) gelangen sollte. Dieser Antrag ist nach zutreffender Ansicht **auflösend bedingt**, weil die Annahme einer aufschiebenden Bedingung zu einem dem Willem des Antragstellers widersprechenden Ergebnis führt.[50] Denn der Beweisantrag würde bei Annahme einer aufschiebenden Bedingung erst mit Urteilsverkündung existent, weshalb er bis zu diesem Zeitpunkt nicht Gegenstand einer gerichtlichen Entscheidung sein könnte. Damit wäre insbesondere nicht zu vereinbaren, daß nach h. M. über einen Hilfsbeweisantrag jederzeit – gegebenenfalls nach Wiedereintritt in die Beweisaufnahme – schon **vor Urteilsverkündung** im Beschlußwege nach § 244 Abs. 3 bis Abs. 6 StPO entschieden werden darf.[51] Seine besondere Funktion erhält der Hilfsbeweisantrag also dadurch, daß das mit ihm verfolgte Beweisverlangen mit einem auf das Verfahrensergebnis abzielenden Hauptantrag verknüpft wird.[52] Er ist und bleibt dabei Beweisantrag wie jeder andere auch. Über den regelmäßig erst in den Schlußvorträgen (§ 258 Abs. 1 StPO) beantragten Hilfsbeweisantrag wird jedoch grundsätzlich erst im Urteil entschieden,[53] wobei die dogmatische Konstruktion des auf diese Weise „in die Urteilsberatung hineinwirkenden“ Beweisbegehrens wiederum umstritten ist.

a) Der Hilfsbeweisantrag mit „Bescheidungsklausel“

23 **Beispiel 1: Bescheidungsklausel**

Zur Erschütterung der Glaubwürdigkeit der Aussage des Tatopfers F. beantragt der Verteidiger des Angeklagten im Rahmen seines Schlußvortrags hilfsweise für den Fall der Verurteilung die Einholung eines aussagepsychologischen Gutachtens. Die Hinzuziehung eines forensisch erfahrenen psychologischen Sachverständigen werde ergeben, daß die Zeugin F. zur vermeintlichen Tatzeit und bereits davor an einer erheblichen Persönlichkeitsstörung (Borderline-Syndrom) gelitten habe, welche erheblichen Einfluß auf ihr Aussageverhalten habe. Dem Antrag fügte der Verteidiger die nachfolgende Erklärung an:

„Auf eine Entscheidung über den Antrag vor Abschluß der endgültigen Urteilsberatung wird nicht verzichtet. Ohne eine entsprechende gerichtliche Mitteilung vor Urteilsverkündung werden der Angeklagte und seine Verteidigung deshalb davon ausgehen, daß das Gericht den Nichteintritt des Hilfsfalles annimmt und den Angeklagten freisprechen wird. Sollte der erwartete Freispruch nicht erfolgen, wird vorsorglich beantragt, erneut in die Beweisaufnahme einzutreten und Beweisbeschluß zu erlassen.“

Nach herrschender, aber nicht mehr unangefochtener Auffassung beinhaltet die hilfsweise Beweisantragstellung grundsätzlich den **schlüssigen Verzicht** des Antragstellers auf die Bekanntgabe der Entscheidung über seinen Beweisantrag in der Hauptverhandlung.[54]

---

50 *Niemöller* JZ 1992, 884, 887.

51 LR-*Gollwitzer* § 244 Rn. 169; *Schlothauer* StV 1988, 543 m. w. N.

52 KK-*Herdegen* § 244 Rn. 49.

53 St. Rspr.; vgl. BGHSt 40, 287, 288 f.; 32, 10, 13; BGHR StPO § 244 Abs. 6 Beweisantrag 20; zur allgemein anerkannten Ausnahme für den Fall der Antragsablehnung wegen Prozeßverschleppung vgl. unten Rn. 112.

54 BGHR StPO § 244 Abs. 6 Hilfsbeweisantrag 1 = NStZ 1989, 191 und BGHR StPO § 244 Abs. 6 Beweisantrag 20 = NStZ 1991, 547 f.; *Alsberg/Nüse/Meyer*, S. 59 f., 769 KK-*Herdegen* § 244 Rn. 50 a; LR-*Gollwitzer* § 244 Rn. 160 f.; KMR-*Paulus* § 244 Rn. 398; *Eisenberg* Rn. 165; *Pfeiffer/Fischer* Rn. 16; *Schellenberg* S. 147 und *Schlothauer* StV 1988, 542, 543; a. A. mit zwingender Argumentation insbesondere *Niemöller* JZ 1992, 884, 888 f. und nunmehr auch *Kleinknecht/Meyer-Goßner* § 244 Rn. 44 a, wonach allein aus der Abhängigkeit des Hilfs- vom Hauptantrag folgt, daß über den Hilfsantrag erst in den Urteilsgründen zu entscheiden ist; ebenso *Widmaier* Salger-FS 1995, 433 und HK-*Julius* § 244 Rn. 50.

Diese Vermutung könne der Antragsteller aber wieder dadurch entkräften, daß er entweder ausdrücklich oder auf sonstige Weise unmißverständlich zum Ausdruck bringe, daß er auf eine Entscheidung über seinen Hilfsbeweisantrag noch vor der Urteilsverkündung (doch) nicht verzichte. In diesem Falle bedürfe dann auch die Ablehnung eines – wenn auch erst im Schlußvortrag beantragten – Hilfsbeweisantrages (ausnahmsweise) eines Gerichtsbeschlusses nach § 244 Abs. 6 StPO.[55]

Der Anerkennung des **Hilfsbeweisantrages mit „Bescheidungsklausel"** durch den 2. Strafsenat des Bundesgerichtshofs ist die Rechtsprechung der übrigen Senate des Bundesgerichtshofs – wenn auch jeweils mit nicht tragenden Erwägungen – zu Recht nicht gefolgt. Fraglich sei schon, ob die Auffassung generell für alle bedingten Beweisanträge und damit auch für die mit dem Schlußantrag verbundenen Hilfsbeweisanträge im engeren Sinne gelten könne oder ob das Ziel, den Grund für die Ablehnung des Beweisantrages noch vor Urteilserlaß zu erfahren, für den Beweisführer nur durch die Stellung eines unbedingten Beweisantrages erreichbar sei, mache doch die Entscheidung erst in den Urteilsgründen gerade die Eigenart solcher Hilfsbeweisanträge aus.[56] Ein beachtlicher Teil des Schrifttums teilt diese Auffassung.[57] Denn wer einerseits einen Hilfsbeweisantrag stellt, andererseits aber seine Bescheidung noch vor Urteilserlaß verlangt, verfolgt damit **einander widersprechende Ziele**. Beide Begehren sind nicht miteinander vereinbar, ja schließen sich aus. Zu einer Auflösung des Widerspruchs ist allein der Antragsteller in der Lage. Er muß deshalb gerichtlich befragt werden. Verweigert er die Wahl, muß sein Beweisantrag noch vor Urteilserlaß beschieden werden, weil dem Antragsteller im Zweifel an einer Durchsetzung seines Beweisbegehrens oder daran, wenigstens den Grund seiner Ablehnung noch vor Urteilserlaß zu erfahren, mehr gelegen sein muß, „als seinem Antrag das (wertlose) Gütesiegel des echten Hilfsbeweisantrags zu erhalten". Sein Antrag **verwandelt** sich in diesem Falle in einen unbedingten Beweisantrag.[58]

b) Unzulässigkeit wegen rechtsmißbräuchlicher Verknüpfung der Beweisbehauptung

Hilfsbeweisanträge zur Schuldfrage, die aber nur für den Fall einer bestimmten Rechtsfolgenentscheidung als gestellt gelten sollen, sind nach herrschender Auffassung wegen der in ihnen enthaltenen Verknüpfung schuldspruchbezogener Beweisbehauptungen mit einer allein die Rechtsfolgenentscheidung betreffenden Bedingung widersprüchlich und damit unzulässig. **24**

Beispiel 2: Schuld oder Sühne?[59]

Der Angeklagte, Regierungsdirektor im Bundesverteidigungsministerium und dort mit Aufgaben der Beurteilung und Beschaffung elektronischer Systeme für Kampfflugzeuge befaßt, wandte sich in der Hauptverhandlung gegen den Tatvorwurf der Bestechlichkeit, indem er die Annahme geldwerter Vorteile (u. a. kostspieliger Kreuzfahrten im Pazifik) seitens privater Firmen zwar im wesentlichen einräumte, jedoch bestritt, sie als Gegenleistung für ein dienstliches Handeln im Sinne der Vorteilsgeber entgegengenommen zu haben.

---

[55] BGHR StPO § 244 Abs. 6 Hilfsbeweisantrag 1 = BGH NStZ 1989, 191; ferner KG StV 1988, 518 und OLG Celle MDR 1966, 605; zustimmend auch insoweit LR-*Gollwitzer* § 244 Rn. 170; *Alsberg/Nüse/Meyer, S.* 769; KK-*Herdegen* § 244 Rn. 50 a; *Scheffler* NStZ 1989, 158, 159; *Schlothauer* StV 1988, 542, 547.

[56] BGHR StPO § 244 Abs. 6 Hilfsbeweisantrag 3 = NStZ 1991, 47, 48; BGHR StPO § 244 Abs. 6 Hilfsbeweisantrag 7 = NStZ 1995, 98 und zuletzt BGHR StPO § 244 Abs. 6 Hilfsbeweisantrag 8 = StV 1996 529.

[57] *Kleinknecht/Meyer-Goßner* § 244 Rn. 44 a; *Niemöller* JZ 1992, 884, 888 f.; HK-*Julius* § 244 Rn. 50; *Widmaier* FS Salger 1995, S. 421; *Schellenberg* S. 147 und nunmehr ausdrücklich auch KK-*Herdegen* § 244 Rn. 50 a.

[58] *Niemöller* JZ 1992, 884, 889.

[59] Beispiel nach BGHSt 40, 287 = NJW 1995, 603 = NStZ 1995, 144 m. Anm. *Widmaier* NStZ 1995, 202 = StV 1995, 1 = BGHR StPO § 244 Abs. 3 Satz 1 Unzulässigkeit 11 = wistra 1995, 63.

Im Rahmen ihres Schlußvortrags stellte die Verteidigung mehrere Hilfsbeweisanträge „für den Fall, daß die Strafkammer den Angeklagten zu einer Freiheitsstrafe ohne Bewährung verurteilen, neben einer Freiheitsstrafe eine zusätzliche Geldstrafe verhängen, Vermögenswerte für verfallen erklären oder gegen den Angeklagten neben einer zur Bewährung ausgesetzten Freiheitsstrafe eine Geldauflage als Bewährungsauflage anordnen sollte".

Die mit den Hilfsbeweisanträgen behaupteten Beweistatsachen betrafen ohne Ausnahme Umstände, aus denen sich unmittelbar oder mittelbar ergeben konnte, daß der Angeklagte keine Bereitschaft zur Verletzung seiner Dienstpflicht gezeigt, solche Pflichten nicht verletzt oder mit den Vertretern der projektbeteiligten Firmen keine Unrechtsvereinbarung getroffen hatte.

Hilfsbeweisanträge, die sich nach ihrer Beweisbehauptung ausschließlich gegen den Schuldspruch richten, nach der vom Antragsteller gewählten Bedingung aber nur für den Fall einer bestimmten Rechtsfolgenentscheidung gestellt werden, sind unzulässig. Die Unzulässigkeit des Hilfsbeweisantrages folgt hier daraus, daß sich die unter Beweis gestellte Behauptung inhaltlich nicht auf die Entscheidung bezieht, die vom Antragsteller selbst zur Bedingung seines Antrags gemacht worden ist. Die Zulassung eines solchen Beweisbegehrens liefe darauf hinaus, dem Gericht abzuverlangen, sich in **Umkehrung der sachlogischen Reihenfolge** zunächst über den Inhalt einer nur möglicherweise zu erlassenden Rechtsfolgenentscheidung schlüssig zu werden, bevor es darüber befinden könnte, ob es zur vorgelagerten Schuldfrage Beweis erheben soll. Ein hierauf zielendes Beweisbegehren ist in sich **widersprüchlich**, weil der Antragsteller mit ihm sich einander ausschließende Ziele verfolgt. Denn verlangt er die Beweiserhebung für den Fall, daß ihm z. B. eine bestimmte Bewährungsauflage auferlegt wird, erklärt er zugleich, daß er sich mit seinem Antrag nicht gegen einen möglichen Schuldspruch zur Wehr setzen will, nimmt er dadurch doch in Kauf, daß ein Schuldspruch ergeht, ohne daß sein Beweisbegehren beschieden oder durch Beweiserhebung erledigt wird. Bringt er andererseits durch den zur Bedingung erhobenen Umstand zum Ausdruck, daß sich sein Beweisbegehren nicht gegen den Schuldspruch richtet, setzt er sich zum Erklärungsgehalt seines Antrags in Widerspruch, wenn er zugleich die Beweiserhebung über Behauptungen verlangt, die der Abwehr des Schuldspruchs dienen. Für die Zulassung derartiger Beweisanträge besteht kein anerkennenswertes Bedürfnis.

Will sich der Antragsteller eines Hilfsbeweisantrags gegen den drohenden Schuldspruch verteidigen, muß er deshalb sein Ziel entweder mit Hilfe eines unbedingt erhobenen Beweisantrages oder mit einem **für den Fall der Verurteilung** gestellten Hilfsbeweisantrag verfolgen. Beharrt er demgegenüber auf seinem Beweisbegehren, haftet seinem Verlangen „der Mangel der Ernstlichkeit an". Denn sein Antrag kann jetzt nur den Sinn haben, dem Gericht eine **Absprache** anzubieten, bei der die „Leistung" des Antragstellers im Verzicht auf einen Beweisantrag zur Schuldfrage, die vom Gericht erwartete „Gegenleistung" im Verzicht auf die Anordnung der mit der zur Antragsbedingung erhobenen Rechtsfolge besteht. Eine solche Absprache wäre aber unzulässig, da mit ihr eine **sachwidrige Verknüpfung** hergestellt würde. Für ein auf eine derartige Absprache abzielendes Beweisbegehren, das sich im Ergebnis als Mißbrauch der mit dem Beweisantragsrecht verliehenen prozessualen Mitwirkungs- und Gestaltungsbefugnisse darstellt, kann nichts anderes gelten.[60]

c) Gefahren und Risiken – Revision

25 Die Notwendigkeit weiterer revisionsgerichtlicher Klärung zentraler Fragen der verfahrensrechtlichen Behandlung bedingter Beweisanträge erscheint wünschenswert. Die zuletzt skizzierten Ansätze in neueren Entscheidungen des Bundesgerichtshofs zum Hilfsbeweisantrag nähren die Hoffnung. Bis dahin bestehen freilich weder Anlaß zur Euphorie noch Gründe zur Resignation. An der gebotenen nüchternen Betrachtung ändert vor

[60] Zustimmend auch BGH NStZ 1995, 246; *Basdorf* StV 1995, 310, 316 f.; *Kleinknecht/Meyer-Goßner* § 244 Rn. 22 a; KK-*Herdegen* § 244 Rn. 50 b; *Herdegen* NStZ 1995, 202.

allem der Umstand nichts, daß das bedingte Beweisbegehren bei zunehmender Bedeutung mittlerweile zum **Standardrepertoire der Strafverteidigung** zu zählen ist, während von ihm auf seiten der Staatsanwaltschaft so gut wie nie Gebrauch gemacht wird.[61] Denn der bedingte Beweisantrag ist – in welcher seiner Erscheinungsformen auch immer – weder „Geheim- oder Spezialwaffe", noch gibt der Verteidiger, der sich seiner bedient, zu erkennen, gewissermaßen „sein letztes Pulver verschossen" zu haben.[62] Es ist aber kein Zufall, wenn gerade aus den Reihen erfahrener Strafverteidiger gegenüber einem möglichen taktischen Nutzen immer wieder auf **Nachteile** dieser Art von Beweisanträgen hingewiesen, ja vor ihren Gefahren eindringlich gewarnt worden ist.[63] Gerade für den Hilfsbeweisantrag liegen sie auf der Hand: Die Verteidigung und mit ihr der Angeklagte erfahren für den Fall, daß das Gericht ihrem verfahrensabschließenden Hauptantrag (z. B. auf Freispruch) nicht folgt, in aller Regel **erst aus den Urteilsgründen** die Begründung seiner Ablehnung. Nur selten wird das Gericht von der ihm auch in dieser Konstellation eröffneten Möglichkeit Gebrauch machen – gegebenenfalls nach Wiedereintritt in die Beweisaufnahme –, auch über einen Hilfsbeweisantrag im Beschlußwege noch in der Hauptverhandlung nach § 244 Abs. 3 bis 6 StPO zu entscheiden, wenn es die Beweiserhebung nicht für geboten hält.[64] Eine auf Hilfsbeweisanträge setzende Strategie machte daher letztlich nur Sinn, wenn mit ihr handfeste Vorteile einhergingen. Jedenfalls mit Urteilserlaß könnten sie nur noch auf der **Revisionsebene** zu finden sein. Das dementsprechende Verteidigungskalkül hat *Schlothauer* so beschrieben:[65]

„Eine solche unter dem Gesichtspunkt des späteren Revisionsverfahrens geführte Verteidigung setzt darauf, daß dem Tatrichter möglichst schwerwiegende Verfahrensfehler unterlaufen, wozu sich das Beweisantragsrecht erfahrungsgemäß besonders eignet.

Eine solche Verteidigungsstrategie muß geradezu verhindern, daß das Gericht den beantragten Beweis erhebt. Insbesondere durch die Stellung des Beweisantrages in Form eines Hilfsbeweisantrages gegen Ende der Hauptverhandlung erhofft sich der Verteidiger, daß das Gericht einen erneuten Wiedereintritt in die Beweisaufnahme und deren Fortsetzung scheuen und die Bescheidung des Antrages den schriftlichen Urteilsgründen überlassen werde. Denn vielfach macht sich erst bei dem Absetzen der schriftlichen Urteilsgründe das Dilemma bemerkbar, in das sich das Gericht durch sein Bemühen, eine Verlängerung der Beweisaufnahme zu vermeiden, gebracht hat: Entweder hat das Gericht zur Begründung seiner die Verurteilung tragenden Beweiswürdigung nur noch einen begrenzten Spielraum oder es muß versuchen, die in den Hilfsbeweisanträgen unter Beweis gestellten Tatsachen argumentativ zu umgehen. (...). Damit ist das Urteil in erhöhtem Maße revisionsanfällig."

Die revisionsgerichtliche Praxis belegt, daß diese Rechnung – wie *Schlothauer* selbst **26**
einräumt – in den wenigsten Fällen aufgeht. Auf einem etwaigen Verfahrensfehler wird das Urteil hier nämlich häufig nicht beruhen (§ 337 Abs. 1 StPO). Denn ein Gesetzesverstoß begründet die Revision nur dann, wenn das Urteil bei richtiger Anwendung des Gesetzes anders ausgefallen wäre. Bei Verfahrensfehlern kommt es deshalb darauf an, ob eine rechtsfehlerfreies Verfahren zu demselben oder zu einem anderen Ergebnis geführt hätte.[66] Auch wenn insoweit durch den Revisionsführer kein Kausalitätsnachweis zu erbringen ist, wird gerade bei der fehlerhaften Behandlung von Hilfsbeweisanträgen schon die Möglichkeit einer Urteilsbeeinflussung und damit eines Beruhens deshalb mit der notwendigen Sicherheit auszuschließen sein, weil dem **Revisionsgericht** zur Prüfung

---

[61] *Schrader* NStZ 1991, 224 ff.

[62] *Sarstedt/Hamm* Rn. 280 .

[63] *Sarstedt/Hamm* Rn. 282; *Schlothauer* StV 1988, 542 ff.; *Dahs*, Handbuch Rn. 557.

[64] LR-*Gollwitzer* § 244 Rn. 169, insbesondere *Schlothauer* StV 1988, 543.

[65] *Schlothauer* StV 1988, 542, 544 f.; vgl. auch KK-*Herdegen* § 244 Rn. 50 b.

[66] *Kleinknecht/Meyer-Goßner* § 337 Rn. 37 ff. und KK-*Pikart* § 337 Rn. 33 ff.; speziell zur Prüfung der Beruhensfrage bei Verfahrensverstößen im Zusammenhang mit der Bescheidung von Beweisanträgen *Alsberg/Nüse/Meyer*, S. 906 ff.

der Beruhensfrage die gesamten Urteilsgründe, insbesondere auch die in ihnen enthaltenen Erwägungen des Tatrichters zur Beweiswürdigung, zur Verfügung stehen. Selbst ein in der Praxis keineswegs seltenes **vollständiges Übergehen eines Hilfsbeweisantrages** ist revisionsrechtlich bereits dann unschädlich, wenn der Hilfsbeweisantrag auch ohne Rechtsfehler nach § 244 Abs. 3 bis 5 StPO hätte abgelehnt werden können und die Ablehnungsgründe vom Revisionsgericht – aufgrund des Urteilsinhalts – nachgebracht oder ergänzt werden können.[67] Dies ist der Fall, wenn sich den Urteilsgründen mit ausreichender Sicherheit entnehmen läßt, daß das Tatgericht die Beweisbehauptung für unerheblich hielt oder halten durfte, daß es sie wie eine erwiesene oder als wahr unterstellte Tatsache behandelt hat[68] oder den Hilfsbeweisantrag (auf Einholung eines Sachverständigengutachtens) aufgrund eigener – durch die Urteilsgründe ausgewiesene – Sachkunde hätte ablehnen dürfen.[69] Die Entscheidungsgrundlage des Revisionsgerichts für die Beruhensfrage ist beim Hilfsbeweisantrag damit ungleich besser als beim unbedingten Beweisantrag.[70] Insbesondere kann bei einem unbedingten Beweisantrag die Auswechslung eines unzulässigen Ablehnungsgrundes gegen einen zulässigen oder das Nachschieben einer rechtlich einwandfreien Ablehnungsbegründung erst in den Urteilsgründen grundsätzlich nicht in Betracht kommen.[71] Für den Hilfsbeweisantrag gilt auch dies nicht. Kann ein Beruhen hier schon für den Fall der vollständig fehlenden Ablehnungsbegründung häufig ausgeschlossen werden, gilt dies erst recht für den Fall der nur fehlerhaften Ablehnungsbegründung. Das Revisionsgericht ist auch hier zu einer **Nachbesserung** nicht nur berechtigt, sondern sogar verpflichtet.[72] Es bedarf keiner besonderen Betonung, daß die Frage, ob der Beweisantrag nicht mit einer anderen Begründung rechtsfehlerfrei hätte abgelehnt werden dürfen, fast immer positiv beantwortet werden wird. Das wahre Dilemma des Hilfsbeweisantrages besteht deshalb in diesen gravierenden Nachteilen für den Angeklagten. Daß sein Gebrauch jenseits des angesprochenen Verteidigungskalküls für bestimmte Fälle auch als sachgerechtes Mittel, ja mitunter sogar „zum Kern einer lege artis durchgeführten Verteidigung" zählen mag, soll hier nicht bestritten werden.[73]

3. Der Eventualbeweisantrag

27 Ob die aufgezeigten Gefahren und Risiken des Hilfsbeweisantrags durch einen intensiveren Gebrauch des nicht an einen verfahrensabschließenden Hauptantrag gebundenen Eventualbeweisantrags zu minimieren sind, erscheint fraglich.[74] Der Auffassung, wonach das Gericht mit Hilfe des Eventualbeweisantrages „wesentlich präziser als beim Hilfsbeweisantrag gezwungen werden" könne, „seine Beurteilung der Beweislage schon vor dem Urteil bekanntzugeben,"[75] ist von Rechts wegen zu widersprechen. Denn die Anerkennung einer Bescheidungspflicht vor Urteilserlaß über die in diesen Fällen typischerweise zur Bedingung erhobenen Umstände, wie etwa die Überzeugung des Gerichts von der Existenz eines bestimmten Tatmotivs des Angeklagten, von der Glaubwürdigkeit oder Richtigkeit einer ganz bestimmten Zeugenaussage oder gar der Richtigkeit der Einlassung des Angeklagten selbst, liefe in der Tat auf eine Urteilsverkündung vor der Urteilsverkündung hinaus.[76] Als Beurteilungsbedingung im Sinne der oben dargestellten

---

[67] BGH NJW 1997, 265; 1988, 501; BGHR StPO § 244 Abs. 6 Hilfsbeweisantrag 9; st. Rspr.; *Schlothauer* StV 1988, 542, 544; *Alsberg/Nüse/Meyer,* S. 911 f.; KK-*Herdegen* § 244 Rn. 61.

[68] BGHR StPO § 244 Abs. 6 Hilfsbeweisantrag 5.

[69] BGHR StPO § 244 Abs. 6 Hilfsbeweisantrag 9.

[70] Vgl. unten Rn. 68.

[71] *Alsberg/Nüse/Meyer* S. 908; KK-*Herdegen* § 244 Rn. 59 ff.

[72] Vgl. KK-*Herdegen* § 244 Rn. 50 b, 61; LR-*Gollwitzer* § 244 Rn. 352 f.

[73] *Schlothauer* StV 1988, 542, 544.

[74] *Schlothauer* StV 1988, 542, 546 ff.

[75] *Schlothauer* StV 1988, 542, 546 f.

[76] *Niemöller* JZ 1992, 884, 891.

Differenzierung *Niemöllers* ist sie als grundsätzlich unzulässig zu werten mit der Folge, daß ein entsprechender Eventualbeweisantrag entweder als unbedingter Beweisantrag zu behandeln oder aber als insgesamt rechtsunwirksam anzusehen ist.

Vieles spricht dafür, daß sich auch der **Bundesgerichtshof** dieser Auffassung anschließen könnte. In einem seiner ersten nach dem Umzug nach Leipzig veröffentlichten Beschlüsse vom 3. September 1997[77] hatte der 5. Strafsenat über die Tragweite und den Umfang einer gerichtlichen Hinweisverpflichtung auf Erklärungen der Verteidigung nach **§ 257 Abs. 2 StPO** zu entscheiden. Seine Überzeugung von der Täterschaft des Angeklagten im Hinblick auf das ihm angelastete Sexualverbrechen hatte das Landgericht im Ausgangsverfahren im wesentlichen auf die Aussage des potentiellen Tatopfers gestützt. Der Angeklagte hatte sich in der Hauptverhandlung nicht zur Sache eingelassen. Die auf einen Verstoß gegen § 261 StPO bzw. gegen den fair-trial-Grundsatz gestützte Verfahrensrüge begründete der Angeklagte damit, daß in den Urteilsgründen die Aussage des Vergewaltigungsopfers in wesentlichen Punkten unzutreffend wiedergegeben worden sei. Denn nach der Vernehmung der Geschädigten habe die Verteidigung die Aussage der Tatzeugin so, wie die Verteidigung sie inhaltlich verstanden habe, ausführlich niedergelegt und im Anschluß an die Vernehmung zum Gegenstand einer Erklärung nach § 257 Abs. 2 StPO gemacht. Hieran anknüpfend stellte die Verteidigung den folgenden Antrag: 28

„Sollte die vorstehende Wiedergabe der Zeugenaussage in einem wesentlichen Punkt unzutreffend sein, bittet die Verteidigung um einen tatsächlichen Hinweis, damit sie bei der Beurteilung des Sachverhaltes nicht von einem Irrtum ausgeht."

Mit seiner Revision machte der Angeklagte jetzt geltend, daß ein entsprechender **Hinweis** nicht erteilt worden sei, daß das angefochtene Urteil gleichwohl in einzelnen Punkten von der Aussage der Zeugin in der von der Verteidigung schriftlich festgehaltenen Fassung abweiche und in anderen Punkten zu der solcher Art fixierten Aussage der Zeugin schweige. Nach Auffassung des Bundesgerichtshofes konnte die Verfahrensrüge keinen Erfolg haben. Im vorliegenden Kontext ist insbesondere die Begründung bemerkenswert, mit der er den seitens des Angeklagten gerügten Verstoß gegen den Grundsatz des fairen Verfahrens, und hier namentlich eine Verletzung des aus der Vorschrift des § 265 StPO folgenden Rechtsgedankens, verneint hat. Denn das Landgericht war nach Auffassung des Bundesgerichtshofs unter keinen rechtlichen Gesichtspunkten verpflichtet, einen Hinweis darauf zu erteilen, daß es die Aussage der Zeugin anders als die Verteidigung verstanden habe. Unmittelbar aus der Vorschrift des § 265 StPO folge eine solche Verpflichtung nicht. Auch ein – differenziert zu beurteilender – Fall einer wesentlichen Abweichung in der Beurteilung tatsächlicher Verhältnisse zwischen Anklage und Hauptverhandlung liege nicht vor. Vielmehr folge aus wesentlichen Verfahrensgrundsätzen, daß eine derartige Bescheidungspflicht nicht bestehe. Die der Revision zugrundeliegende Auffassung laufe darauf hinaus, daß der Verteidiger innerhalb der Hauptverhandlung ein – weitgehend schriftliches – **Zwischenverfahren** veranlassen könne, in dem der Tatrichter zu erklären hätte, wie er den Inhalt einer Beweiserhebung aufgenommen und wie er das Ergebnis der Verwendung eines einzelnen Beweismittels – hier einer Zeugenvernehmung – verstanden habe. Solches würde den in der Vorschrift des § 261 StPO geregelten Prinzipien und dem Grundsatz der Mündlichkeit der Hauptverhandlung widersprechen. Der Tatrichter habe erst in der **Urteilsberatung** darüber zu befinden, wie er die einzelnen Beweismittel einschätze. Ein Zwischenverfahren, in dem sich das Gericht zu Inhalt und Ergebnis einzelner Beweiserhebungen erklären müßte, sei nicht vorgesehen. § 257 StPO regele in spezieller Weise die Möglichkeiten, bereits während der Beweisaufnahme Einfluß auf die Beweiswürdigung zu nehmen. Auch dies spreche gegen die Zulässigkeit eines Zwischenverfahrens der genannten Art. Zwar gelte im Beweis-

---

[77] BGHSt 43, 212 = NJW 1997, 3182 = StV 1997, 561 m. Anm. *König* StV 1998, 113 ff. = JZ 1998, 53 m. Anm. *Herdegen* JZ 1998, 54 ff.

antragsrecht unter dem Gesichtspunkt der „Offenheit und Fairneß" und des danach wünschenswerten „Dialogs", daß die Verfahrensbeteiligten gehalten seien, etwaige Mißverständnisse auszuräumen. Dies könne indes nicht auf Erklärungen im Rahmen des § 257 Abs. 2 StPO übertragen werden; denn hier gelte gerade nicht das Prinzip der Antragsbescheidung (§§ 244 Abs. 6, 238 Abs. 2 StPO). Angesichts der gesetzlichen Regelungen bliebe kein Raum, etwa aus dem Recht des Angeklagten auf ein faires Verfahren eine Pflicht des Tatrichters herzuleiten, Anträgen der vorliegenden Art durch einen tatsächlichen Hinweis Rechnung zu tragen. Zudem liege kein Fall vor, in dem der Tatrichter ein schutzwürdiges Vertrauen des Angeklagten oder der Verteidigung ausgelöst habe.

Es erscheint bei aller Vorsicht – der Bundesgerichtshof hatte nicht über eine Frage des Beweisantragsrechts zu entscheiden – gerechtfertigt, Argumentationsansätze dieser Rechtsprechung auf die hier interessierende Frage einer Bescheidungsverpflichtung auf Eventualbeweisanträge zu übernehmen.

VI. Die inhaltlichen Anforderungen an das Beweisbegehren

29 Ein nach den Regeln des Strengbeweisverfahrens zu behandelndes Beweisbegehren im Sinne eines Beweisantrages liegt nur vor, wenn der Antragsteller verlangt, daß zum Nachweis einer bestimmten Tatsache durch den Gebrauch eines bestimmten Beweismittels Beweis erhoben wird. Die hieraus durch die Revisionsrechtsprechung hergeleiteten Anforderungen an die Substantiierung des Beweisantrages sind erheblich. Die neuere Rechtsprechung des Bundesgerichtshofs deutet zudem darauf hin, daß einer „prozeßökonomisch motivierten Gesamttendenz" durch eine **restriktive Handhabung** Rechnung getragen werden soll.[78] Es ist in der Tat unbefriedigend, daß sich gerade hier Tatgerichte wie Antragsteller gleichermaßen erheblichen Unsicherheiten ausgesetzt sehen, die ihre Ursachen aber weniger in einer bislang nur in Ansätzen erfolgten dogmatischen Aufarbeitung der höchstrichterlichen Rechtsprechung haben als darin, daß das Hauptaugenmerk der Revisionsgerichte notwendig mehr auf der revisionsrechtlichen Beruhensfrage etwaiger Verfahrensfehler für das Urteil als auf der „Erarbeitung klarer Richtlinien für die Tatgerichte" liegen wird.[79]

1. Die Behauptung der Beweistatsache

a) Beweistatsache

30 Als Beweistatsache kommt grundsätzlich jeder Sachverhalt in Frage, der nach der Beweisbehauptung des Antragstellers der Fall war oder der Fall ist. Neben konkreten Geschehnissen, Vorgängen, Zuständen oder Umständen der „äußeren Welt" auch solche der „inneren Welt", des „Seelenlebens", solange erkennbar bleibt, auf welchen wahrnehmbaren und mitteilbaren Sachverhaltsmomenten sie beruhen. Andernfalls wird die Grenze zum nur subjektiven, weil bereits tatsachenbewertenden (Vor-)Urteil überschritten.[80]

Der Antragsteller braucht von der Richtigkeit seiner Beweisbehauptung selbst nicht überzeugt zu sein, solange sich für sie eine im weitesten Sinne auf Fakten beruhende oder aus sonstigen Anhaltspunkten abgeleitete Grundlage, sprich die Möglichkeit einer „**ar-**
31 **gumentativ vertretbaren Prämisse**" erkennen läßt.[81] Dem Antragsteller, insbesondere einem Verteidiger, aber auch der Staatsanwaltschaft, ist es folglich nicht verwehrt, auch solche Tatsachen mit dem Mittel des Beweisantrages unter Beweis zu stellen, deren er sich nicht sicher ist oder nicht sicher sein kann, die er nur **vermutet** oder lediglich **für mög-**

---

[78] *Perron*, S. 199.
[79] *Perron*, S. 196 f.
[80] KK-*Herdegen* § 244 Rn. 45.
[81] KK-*Herdegen* § 244 Rn. 44, insbesondere *Herdegen* StV 1990, 518, 519.

lich hält. Auch in diesen Fällen ist er keinesfalls verpflichtet, seinen Wissensstand – gefragt oder ungefragt – offenzulegen, seine Informationsquellen preiszugeben oder gar seine Ergebniserwartung hinsichtlich des Beweisbegehrens darzulegen.[82]

b) Die bestimmte Behauptung der Beweistatsache

Die Tatsache, die bewiesen werden soll, ist vom Antragsteller **konkret und bestimmt** 32
zu behaupten, d. h. als Sachverhalt feststehend zu deklarieren.[83] Schon der (äußeren) Sprachgestalt des Beweisantrages kommt deshalb für sein weiteres rechtliches Schicksal zentrale – wenn auch nicht allein maßgebliche – Bedeutung zu, während es auf die **Plausibilität des Beweisgelingens**, insbesondere auf die Erfolgsaussichten des Beweisantrages, grundsätzlich nicht ankommt.[84] Typische Fehler stellen in diesem Zusammenhang deshalb Anträge dar, die das Beweisthema mit Hilfe indirekter Fragen („ob", „weshalb", „auf welche Weise") zu umschreiben suchen. Sie können mangels hinreichend bestimmter Behauptung nicht beschieden werden und verfehlen in aller Regel allein aus diesem Grund die Kriterien des Beweisantrags.[85] Ob es sich im konkreten Fall nur um die unzureichende Äußerung einer in die Form eines Beweisantrags gekleideten Vermutung oder aber um die gebotene bestimmte Behauptung von Tatsachen handelt, entscheidet sich jedoch nicht allein nach dem Wortlaut und damit der äußeren Form des Antrags, sondern auch nach seinem durch **Auslegung** zu ermittelnden Sinn.[86]

Beispiel 3: Jünger als 21?[87]

In ihrem Schlußvortrag beantragt die Verteidigerin für den Fall, daß das Landgericht den Angeklagten als zur Tatzeit erwachsen beurteilen sollte, „die Einholung eines medizinischen und/oder odontologischen Gutachtens zur Bestimmung des Lebensalters zum Beweis der Tatsache, daß der Angeklagte im Tatzeitraum (14. Mai bis 16. Juli 1998) jünger als 21 Jahre gewesen ist".

Nach Auffassung des Bundesgerichtshofs handelt es sich bei dem „Hilfsbeweisantrag" lediglich um einen am Maßstab des § 244 Abs. 2 StPO zu messenden Ermittlungsantrag. Denn in dem Antrag hätte als bestimmte Beweisbehauptung angegeben werden müssen, wie alt der Angeklagte im Tatzeitraum tatsächlich gewesen sein soll. Die Angabe eines **konkreten Lebensalters** als Beweisbehauptung sei auch deshalb von Bedeutung gewesen, weil es auf eine gegebenenfalls spätere Beurteilung des Entwicklungsstandes nach § 105 Abs. 1 Nr. 1 JGG hätte Einfluß nehmen können. Nur eine bestimmte Beweisbehauptung hätte das Gericht in die Lage versetzen können, nach § 244 Abs. 3 Satz 2 StPO zu prüfen, ob die Beweistatsache bedeutungslos sei, als wahr unterstellt werden könne oder ob das Beweismittel zu ihrer Feststellung geeignet gewesen sei.

Beispiel 4: Lohnsteuer entrichtet?[88]

In einer Steuerstrafsache stellt der Verteidiger den folgenden Beweisantrag:

„Zum Beweis der Tatsache, daß in dem Unternehmen des Angeklagten in dem laut Anklageschrift fraglichen Zeitraum ausschließlich Arbeitnehmer beschäftigt gewesen sind, die entweder ihre Lohnsteuerkarte vorgelegt hatten und für deren Tätigkeit die Steuer an das Finanzamt abgeführt worden ist oder die unter Bedingungen tätig waren, die die Erhebung der pauschalen Lohnsteuer von 10 %

---

[82] St. Rspr. und h. L.; vgl. BGHSt 21, 118, 125; BGHR StPO § 244 Abs. 6 Beweisantrag 2, 5, 7, 8, 10, 15, 24, 25; KK-*Herdegen* § 244 Rn. 44; *Kleinknecht/Meyer-Goßner* § 244 Rn. 20; LR-*Gollwitzer* § 244 Rn. 104; *Alsberg/Nüse/Meyer*, S. 43 f.; *Eisenberg* Rn. 151 f.; zur Entwicklung der Rechtsprechung insbesondere *Gollwitzer* StV 1990, 420 ff.

[83] St. Rspr., vgl. nur BGHSt 37, 162, 164 f. und zuletzt 43, 321–335.

[84] *Perron*, S. 194 ff.; *Herdegen* NStZ 1998, 444, 447; *Herdegen* StV 1990, 518 ff. und KK-*Herdegen* § 244 Rn. 44.

[85] *Schulz* StV 1985, 312.

[86] BGH StV 1982, 55 f.; BGHR StPO § 244 Abs. 6 Beweisantrag 2 und BayObLG NJW 1996, 331.

[87] Beispiel nach BGH StV 1997, 623.

[88] Beispiel nach BGHR StPO § 244 Abs. 6 Beweisantrag 13.

gemäß § 40a EStG ohne Vorlage einer Lohnsteuerkarte gestatten, wird die Einvernahme aller in dem laut Anklageschrift relevanten Zeitraum beschäftigen Arbeitnehmer beantragt. Die Anschriften der Zeugen sind über die zuständige AOK, den Polizeipräsidenten und das zuständige Ausländeramt zu ermitteln."

Auch dieser Antrag erfüllt mangels hinreichender Bestimmtheit der behaupteten Beweistatsachen nicht die Voraussetzungen eines Beweisantrags. Der Antragsteller hätte vortragen müssen, für welche namentlich bezeichneten Arbeitnehmer Steuern in welchen konkreten Zeiträumen und in welcher Höhe tatsächlich abgeführt wurden und für welche Arbeitnehmer in welchen Zeiträumen mit jeweils welchem Betrag pauschale Lohnsteuer entrichtet wurde.

c) Widersprüchliche Beweisbehauptungen

33 Mangels bestimmter Beweisbehauptung kann ein Beweisbegehren die Qualität als Beweisantrag auch in einem Fall verlieren, in dem der Antragsteller im Rahmen ein- und desselben Antrags mehrere, bei isolierter Betrachtung zwar jeweils hinreichend bestimmte, sich jedoch **gegenseitig ausschließende Tatsachen** unter Beweis stellt.

Beispiel 5: Geld ohne Arbeit?[89]

Der als V-Mann im Drogenmilieu operierende Zeuge D. hatte die Angeklagte in der Hauptverhandlung mit seiner Aussage erheblich belastet, wonach die Initiative zur Vermittlung eines „Killers" durch D. nicht von ihm (dem Zeugen D.), sondern von der Angeklagten ausgegangen sei. Demgegenüber hielt die Angeklagte an ihrer Einlassung fest, die Initiative zur Vermittlung eines „Killers" zur beabsichtigten Tötung ihres Ehemanns sei von D. ausgegangen, der von sich aus eine ersichtlich nicht ernst gemeinte Äußerung der Angeklagten aufgegriffen habe. Mit Hilfe mehrerer Beweiserhebungen versuchte die Verteidigung jetzt nachzuweisen, daß D. zur Tatzeit seinen Lebensunterhalt im wesentlichen von seinen Einnahmen als V-Mann bestritten und schon deshalb ein besonderes finanzielles Interesse an Zahlungen der Ermittlungsbehörden für die Aufdeckung eines Mordkomplotts gehabt habe. Zur Entkräftung der dem entgegenstehenden Aussage des D., in der fraglichen Zeit als Sicherheitsassistent in einer Sicherheitsfirma monatlich zwischen 6000,– und 8000,– DM verdient zu haben, stellte der Verteidiger der Angeklagten folgenden Hilfsbeweisantrag:

„Für den Fall, daß die Kammer eine gegen die Angeklagte zu verhängende Freiheitsstrafe nicht zur Bewährung aussetzen sollte, wird beantragt, den Zeugen S. als Geschäftsführer der Firma ‚Schloß und Riegel GmbH' zu vernehmen. S. wird bekunden, daß D. entgegen seinen Angaben nicht als Sicherheitsassistent bei der Firma ‚Schloß und Riegel GmbH' beschäftigt ist oder war, zumindest aber dort nicht einen monatlichen Nettoverdienst zwischen 6000,– und 8000,– DM erzielt hat."

Der so formulierte Antrag erfüllt mangels hinreichender Bestimmtheit der in ihm behaupteten Beweistatsachen insgesamt nicht die Voraussetzungen eines Beweisantrags. Denn die in das Wissen des Zeugen S. gestellten Tatsachen schließen sich gegenseitig aus. Entweder arbeitete der Zeuge D. tatsächlich nicht bei der Firma, oder er arbeitete doch dort, wenn auch zu einem geringeren Lohn als von ihm behauptet. Werden in einem Antrag zugleich mehrere, sich gegenseitig ausschließende Tatsachen behauptet, behauptet der Antragsteller keine dieser Tatsachen als bestimmt, vielmehr jede von ihnen **nur als möglich**. Daran ändert auch der Umstand nichts, daß beide Beweisbehauptungen nach dem erkennbaren Willen des Antragstellers auf das gleiche Beweisziel (Ermöglichung von Schlüssen auf die Interessenslage und damit die Glaubwürdigkeit des Belastungszeugen) gerichtet waren. Bei dem Antrag handelt es sich damit nicht um einen an die enumerativen Ablehnungsgründe des § 244 Abs. 3 bis 5 StPO gebundenen Beweisantrag, sondern lediglich um einen am Maßstab des § 244 Abs. 2 StPO zu messenden Beweisermittlungsantrag.

---

[89] Beispiel nach BGH StV 1998, 174 = NStZ 1998, 209 = BGHR StPO § 244 Abs. 6 Hilfsbeweisantrag 10.

d) Die Auslegung der Beweisbehauptung

aa) Grundsatz. Auch wenn das Risiko mißverständlicher, unvollständiger, insbesondere den Bestimmtheitserfordernissen nicht genügender Beweisanträge und sonstiger Unklarheiten grundsätzlich vom Antragsteller selbst zu tragen ist, erfordern sowohl die **Aufklärungspflicht** als auch die aus dem Gebot einer fairen Verfahrensgestaltung resultierende **Fürsorgepflicht**, daß das Gericht auf eine **am erkennbaren Sinn und Zweck** orientierte Auslegung, gegebenenfalls Klarstellung und Präzisierung der Beweisbehauptung hinzuwirken hat.[90] Der namentlich bei einfachen Sachverhalten hinter nur ungeschickter – vordergründig etwa auf einen Beweisermittlungsantrag hindeutenden – Formulierung verborgenen Behauptung einer bestimmten Beweistatsache ist deshalb zum Erfolg zu verhelfen. Hierbei können das übrige Vorbringen des Antragstellers und der konkrete Verfahrensstand behilflich sein, nicht aber Umstände, die sich allein aufgrund qualifizierter Aktenkenntnis erschließen. Denn hiergegen sprechen nicht nur das Mündlichkeitsprinzip, sondern auch die Überlegung, daß auch die nicht aktenkundigen Mitglieder des Gerichts und die weiteren zur Stellungnahme aufgeforderten Verfahrensbeteiligten in der Lage sein müssen, ein bestimmtes Verständnis über den Inhalt des Beweisantrages zu gewinnen.[91] 34

bb) Grenzen. Auch wenn die sprachliche Fassung des Beweisantrags grundsätzlich keinen besonderen – etwa der spezifisch revisionsrechtlichen Vorschrift des § 344 Abs. 2 Satz 2 StPO für die Anbringung von Verfahrensrügen entsprechenden – Darlegungspflichten unterliegt,[92] hat die auf die Fürsorgepflicht des Gerichts gestützte **Risikoüberbürdung** im Wege der Auslegung ihre Grenzen. So ist es nicht Aufgabe des Tatrichters, bei komplexen Sachverhalten den Antragsteller so lange auf Substantiierungsmängel hinzuweisen, bis sein Antrag endlich in eine hinreichend substantiierte Tatsachenbehauptung überführt werden kann.[93] Dies gilt in erster Linie dann, wenn der Antragsteller noch im weiteren Verlauf der Hauptverhandlung sicher erfährt, daß das Gericht von einem (inhaltlich) anderen Verständnis oder einer fehlenden Substantiierung des Beweisbegehrens ausgegangen ist. Das wird regelmäßig bei der noch in der Hauptverhandlung zu verkündenden und zu begründenden Ablehnung eines unbedingten Beweisantrages der Fall sein. Es wird von den Revisionsgerichten nicht hingenommen, wenn der Verteidiger das Mißverständnis oder die Annahme eines Substantiierungsmangels unbeanstandet läßt, um die Behandlung seines Antrages durch das Tatgericht anschließend zur Grundlage einer revisionsrechtlichen Verfahrensrüge zu machen.[94] Hier ist es Sache des Verteidigers, das (angebliche) Mißverständnis oder einen (vom Tatgericht angenommenen) Substantiierungsmangel durch die Stellung eines neuen Beweisantrages zu beseitigen. Hieraus darf nicht gefolgert werden, daß im Falle eines erst in den Urteilsgründen zu bescheidenden Hilfs- und Eventualbeweisantrags das Tatgericht einer gesteigerten Hinweisverpflichtung nachzukommen hätte. Sie entspricht vielmehr derjenigen des unbedingten Beweisantrages.[95] 35

---

[90] BGHSt 1, 137, 138 = NJW 1951, 573; 19, 24, 25; 22, 118, 122 = NJW 1968, 1485; 37, 162, 166 = NJW 1991, 435; 39, 251, 253 = NJW 1993, 2881; BGHR StPO § 244 Abs. 6 Beweisantrag 2, 3, 4, 12, 30 und Entscheidung 6; KK-*Herdegen* § 244 Rn. 47; *Kleinknecht/Meyer-Goßner* § 244 Rn. 35; *Perron*, S. 198 f.

[91] KK-*Herdegen* § 244 Rn. 48; a. A. insoweit aber BGH StV 1982, 55; Alsberg/*Nüse/Meyer*, S. 38 f., 751 und LR-*Gollwitzer* § 244 Rn. 111: „Bei der Auslegung ist auch der Akteninhalt zu berücksichtigen, wobei der Vorsitzende die ihm daraus bekannten, für das Verständnis des Antrags bedeutsamen Umstände zur Sprache bringen muß."

[92] *Widmaier* NStZ 1993, 603.

[93] BGHR StPO § 244 Abs. 6 Beweisantrag 4, 13; BGHR StPO § 244 Abs. 3 Rügerecht 2; BGHSt 39, 251, 253; *Perron*, S. 199.

[94] BGHR StPO § 244 Abs. 6 Beweisantrag 3 und 30.

[95] *Kleinknecht/Meyer-Goßner* § 244 Rn. 35.

Voraussetzungen und Umfang der Auslegungs- und Hinweisverpflichtung können im Einzelfall nur schwer zu beurteilen sein. Denn sowohl die unberechtigte Ablehnung eines Beweisantrages wegen Unbestimmtheit als auch die das Beweisthema nicht in seiner ganzen Tragweite, d. h. ohne Einengung, Umdeutung oder sonstige Veränderung seines Sinngehaltes,[96] erfassende Auslegung können zur Aufhebung des Urteils führen.[97]

e) Substantiierung der Beweisbehauptung

36 Die Großzügigkeit der Revisionsrechtsprechung im Hinblick auf die Plausibilität des Beweisgelingens verleitet allzuoft zu dem Trugschluß, daß auch in Richtung auf die Bestimmtheitserfordernisse der mit dem Beweisantrag verfolgten Beweisbehauptung ein großzügiger Maßstab anzulegen sei. Dies ist nicht der Fall. An keiner anderen Stelle der Hauptverhandlung werden insbesondere von Verteidigern mehr und **folgenschwerere Fehler** gemacht. Für Tat- und Revisionsgericht wird spätestens hier offenbar, ob der in der Hauptverhandlung agierende, gegebenenfalls später auch die Revisionsrechtfertigung verfassende Verteidiger die Regeln seiner Kunst beherrscht und ernst zu nehmen ist.[98]

37 **aa) Die Grundregel.** Dem Bestimmtheitserfordernis ist genügt, wenn auf die in dem Beweisantrag enthaltene Beweisbehauptung die Ablehnungsgründe des § 244 Abs. 3 Satz 2 StPO exakt und sinnvoll angewandt werden können. Ein Beweisantrag liegt deshalb nicht vor, wenn ein **Konnex** zwischen Beweisbehauptung und Beweismittel nicht erkennbar ist, so daß das Gericht etwa die Ablehnungsgründe der Bedeutungslosigkeit der Beweistatsache oder der völligen Ungeeignetheit des Beweismittels nicht sinnvoll zu prüfen vermag. Entsprechendes gilt, wenn sich die in der Beweisbehauptung enthaltene Beweistatsache einer Wahrunterstellung entzieht oder die Annahme, sie sei für die Entscheidung ohne Bedeutung, nicht zu treffen ist.[99] Für den Zeugenbeweis bedeutet die Notwendigkeit der Konnexität deshalb nichts anderes, als daß der Beweisantrag erkennen lassen muß, weshalb der Zeuge überhaupt etwas zu dem Beweisthema bekunden können soll.[100] Mit anderen Worten: Für den (hypothetisch anzunehmenden) Fall der Antragsablehnung muß die in dem Antrag enthaltene Beweisbehauptung, gegebenenfalls nach ergänzender Anhörung des Antragstellers, ohne weiteres die **Anwendung der Ablehnungsgründe** des § 244 Abs. 3 Satz 2 StPO ermöglichen. Ist dies nicht der Fall, hat der Antragsteller keinen ordnungsgemäßen Beweisantrag gestellt. Die Ablehnung seines Antrages ist nicht an die enumerativen Ablehnungsgründe des § 244 Abs. 3 bis 5 StPO gebunden.

38 **bb) Subjektive Bewertung, Schlußfolgerung und Verkürzung.** Die in der Praxis geradezu inflationär anzutreffende Thematisierung des Beweisgegenstandes mit Hilfe **schlagwortartiger Verkürzungen** oder schlichten **Wertungen** erfüllt regelmäßig nicht die Anforderungen an die Bezeichnung einer bestimmten Beweistatsache. Die nachfolgend wiedergegebenen – der höchstrichterlichen Rechtsprechung entnommenen – **typischen Fehlerbeispiele** sollen dies verdeutlichen.

---

[96] KK-*Herdegen* § 244 Rn. 47.

[97] *Perron*, S. 198.

[98] Treffend *Schellenberg*, S. 138 f.: „Im Bereich des Beweisantragsrechts kann der Verteidiger Gefahr laufen, seine Reputation als ernstzunehmender Verfahrensbeteiligter zu verspielen."

[99] St. Rspr. und h. L.: vgl. BGHSt 43, 321, 329 f. = NJW 1998, 1723 = StV 1998, 195 = BGHR StPO § 244 Abs. 6 Beweisantrag 33; BGHSt 40, 3, 6 = BGHR § 244 Abs. 6 Beweisantrag 29 = NJW 1994, 1294 = NStZ 1994, 247 m. Anm. *Widmaier* NStZ 1994, 248 = StV 1994, 169 m. Anm. *Strate* StV 1994, 171; BGHSt 39, 251, 254 = BGHR StPO § 244 Abs. 6 Beweisantrag 26 = NJW 1993, 2881 = NStZ 1993, 550 m. Anm. *Widmaier* NStZ 1993, 602 = StV 1993, 454 m. Anm. *Hamm* StV 1993, 455; BGHSt 37, 162, 165 ff. = BGHR § 244 Abs. 6 Beweisantrag 18 = NJW 1991, 435 = NStZ 1990, 602 m. Anm. *Schulz* NStZ 1991, 449; *Alsberg/Nüse/Meyer*, S. 39 f.; KK-*Herdegen* § 244 Rn. 46; *Eisenberg* Rn. 143; *Kleinknecht/Meyer-Goßner* § 244 Rn. 18; *Widmaier* NStZ 1993, 602; *Fezer* JZ 1996, 658.

[100] BGHSt 43, 321, 329 f.

Beispiel 6: Unglaubwürdigkeit des Belastungszeugen[101]

Unmittelbar vor Beginn der Urteilsverkündung stellt der Verteidiger den folgenden Hilfsantrag, mit dem die Unglaubwürdigkeit des Belastungszeugen Z. bewiesen werden soll:

„Sollte das Gericht den Angeklagten verurteilen, wird zum Beweis für die Unglaubwürdigkeit des Zeugen Z. die Ladung der Zeugen A. und B. beantragt. Beide Zeugen werden bekunden, daß Z. schon des öfteren zu Unrecht jemanden belastet hat, und eigene Beobachtungen mitteilen, aus denen man entnehmen wird, daß Z. es mit der Wahrheit schon früher nicht so genau genommen hat."

Der Bitte des Gerichts um nähere Erläuterung des Antrages kam der Verteidiger mit der Erklärung nach, daß die Zeugen „aufgrund bestimmter konkreter Tatsachen etwas zur Glaubwürdigkeit des Hauptbelastungszeugen" sagen könnten. So sei „vor allem der Zeuge A. in einem gerichtlichen Verfahren schon einmal von Z. fälschlicherweise belastet worden".

Der Beweisantrag genügt nicht den für jedwede Beweisbehauptung notwendigen Bestimmtheitserfordernissen, wenn mit ihm – wie im Beispielsfall – keine dem Beweis zugängliche, hinreichend konkrete Tatsache unter Beweis gestellt wird, sondern lediglich eine **Wertung aus äußeren Umständen und Handlungen**, die ihrerseits einer Beweiserhebung zugängliche Tatsachen sind. Sind diese aber nicht ausdrücklich unter Beweis gestellt und enthält der Antrag auch keine hinreichend erkennbare und bestimmbare Tatsachengrundlage, können auf vage formulierten Beweisthemen wie „Unglaubwürdigkeit", „verhaltensgestört", „süchtig" oder „angeheitert" die Ablehnungsgründe des § 244 StPO kaum exakt und sinnvoll angewendet werden. So wird es nur schwer möglich sein, Attribute wie „unglaubwürdig", „verwahrlost", „höchst leichtfertig" oder „verlogen" als wahr zu unterstellen, als für das Urteil ohne Bedeutung oder als schon erwiesen anzusehen oder das Beweismittel als zur Feststellung der Wahrheit völlig ungeeignet zu bezeichnen. Will der Antragsteller in einem solchen Fall aus Hilfstatsachen zu einem früheren Verhalten des Zeugen die Unglaubwürdigkeit dieses Zeugen folgern, ist er deshalb gezwungen, diese Hilfstatsachen selbst genau und substantiiert darzulegen. Nur so wird das Gericht in die Lage versetzt, die Bedeutung der Hilfstatsachen zu prüfen und gegebenenfalls als wahr unterstellte Tatsache in seine Beweiswürdigung einzubeziehen. Für die Zurückweisung des Beweisbegehrens ist das Gericht in diesen Fällen damit nicht an das Vorliegen der Ablehnungsgründe des § 244 Abs. 3 Satz 2 StPO gebunden. Ob es dem Beweisbegehren nachgehen will, ist allein am Maßstab des § 244 Abs. 2 StPO zu beurteilen.

Beispiel 7: Schauspielerisch begabt?[102]

Am letzten Verhandlungstag beantragte die Verteidigung die Vernehmung von 14 namentlich benannten Zeugen zum Beweis dafür, daß „der Haushalt des Angeklagten stets ordentlich" und „Kinder und Eltern allezeit unbeschwert und fröhlich miteinander umgegangen" seien. Die Vernehmung der Zeugen werde an den Tag bringen, daß die Geschädigte und Zeugin O. „außerordentlich schauspielerisch begabt" sei, ja einmal von sich selbst behauptet habe, „jede Rolle spielen" zu können; „beim Lügen erwischt, habe sie einmal in Gegenwart der Zeugen A., B. und C. hysterisch überreagiert".

Mangels hinreichend bestimmter Tatsachenbehauptungen handelt es sich auch bei diesem Antrag nicht um einen nach den Regeln des Strengbeweisverfahrens zu bescheidenden Beweisantrag, sondern um einen bloßen Ermittlungsantrag. Die in ihm enthaltenen Wertungen hätten vom Antragsteller durch die Angabe hinreichend feststellbarer und überprüfbarer **Tatsachenbehauptungen** belegt werden müssen.

Beispiel 8: Zu Unrecht belastet?[103]

Der den Angeklagten erheblich belastende Tatzeuge Z. hatte bereits im Ermittlungsverfahren umfangreiche Angaben gemacht, in denen er nicht nur sich selbst und den Angeklagten, sondern auch andere Personen belastete, mit denen er bei seinem Betäubungsmittelhandel in Verbindung gestanden hatte. In ihrem Plädoyer beantragt die Verteidigerin nunmehr hilfsweise für den Fall der Verurteilung des Angeklagten die Vernehmung von sechs namentlich genannten Zeugen, die Z. als

---

101 Beispiel nach BGHSt 37, 162 = NJW 1991, 435.

102 Beispiel nach BGHR StPO § 244 Abs. 6 Entscheidung 6.

103 Beispiel nach BGHR StPO § 244 Abs. 6 Beweisantrag 4.

seine Abnehmer bezeichnet hatte, zum Beweis der Tatsache, „daß Z. den Angeklagten ganz oder zumindest teilweise zu Unrecht belastet" habe.

Auch die Beweisbehauptung, ein Zeuge habe den Angeklagten „zu Unrecht belastet", genügt regelmäßig nicht den Bestimmtheitserfordernissen, weil es sich bei der Behauptung nicht um eine Tatsachenbehauptung, sondern um eine **Schlußfolgerung** handelt, die vom Tatgericht nicht ohne die Mitteilung der Tatsachengrundlage beurteilt werden kann. Jedenfalls bei einem umfangreichen Tatkomplex mit einer Vielzahl von Beteiligten kann die unbestimmte Behauptung, jemand sei „zu Unrecht belastet" worden, nicht ausreichen. Ob trotz schlagwortartiger Verkürzung des Beweisthemas hiervon insbesondere bei einem eindeutigen Sachverhalt eine Ausnahme gemacht werden kann, ist Tatfrage. Eine restriktive Handhabung erscheint dem Wesen des Beweisantragsrechts eher gerecht zu werden.[104]

Beispiel 9: Ausnahmslos vorteilhaft?[105]

In der Hauptverhandlung beantragte die Verteidigung die Vernehmung zweier ehemals Mitangeklagter als Zeugen, mit dem Ziel, den Angeklagten vom Tatvorwurf der Bestechung zu entlasten.

Der Zeuge A., zur Tatzeit leitender Stadtdirektor, werde bekunden, „daß sämtliche Grundstücksgeschäfte der Stadt M., an denen der Angeklagte beteiligt war, in wirtschaftlicher Hinsicht und unter Beachtung der kommunalpolitischen Interessenlage (hoher Wohnungsbedarf, Grundstücksmarkt, wohnungs-, industrie-, verkehrspolitische Aspekte) für die Stadt ausnahmslos vorteilhaft" gewesen sind.

Der Zeuge B., zur Tatzeit Beamter der Landeskirchenverwaltung, werde bekunden, „daß im Hinblick auf Erträge, Kosten, Wertsteigerung der Grundstücke und Erbbaurechte, die von dem Grundstückskarussell erfaßt waren, durch diese Geschäfte nur Vorteile erwachsen" seien.

Keiner der beiden Antragsteile erfüllt die Kriterien eines Beweisantrags. Die Vernehmung des Zeugen A. diente nicht dazu, Tatsachen in die Hauptverhandlung einzuführen, sondern dazu, eine umfassende Bewertung der Grundstücksgeschäfte, an denen der Angeklagte beteiligt war, im Wege des Zeugenbeweises dem Gericht nahezulegen. Ob ein konkretes Grundstücksgeschäft wirtschaftlich, wohnungspolitisch oder gar insgesamt kommunalpolitisch (aus Sicht der betreffenden Stadt) vorteilhaft gewesen ist, ist kein Zeugenwissen. Vielmehr obliegt eine solche Bewertung dem Gericht, das sich bei Bedarf eines Sachverständigen bedienen kann. Hinsichtlich des Zeugen B. wäre es notwendig gewesen, konkret benannte einzelne Geschäfte und ihre Ergebnisse im einzelnen unter Beweis zu stellen, anstatt eine Saldierung aller von den Grundstücksveräußerungen betroffenen Geschäfte mit dem Antrag zu thematisieren.

f) Die Wiederholung des Beweisbegehrens

39 **Beispiel 10: Unter Druck gesetzt?**[106]

Die Verteidigung beantragt am dritten Verhandlungstag, die bereits am zweiten Verhandlungstag vernommenen Zeugen M. und N. nochmals zu vernehmen zum Beweis dafür, daß beide Zeugen „vor ihren Aussagen am zweiten Verhandlungstag durch Drohungen unter Druck gesetzt worden sind".

Die aufgestellte Beweisbehauptung enthält bereits keine Beweistatsache im Sinne von § 244 Abs. 3 StPO. Ein Beweisantrag liegt deshalb nicht vor. Der Antragsteller teilt nicht mit, wann, auf welche Weise, mit welcher Ankündigung und mit welchem konkreten Ziel (Inhalt der erstrebten Aussagen) die Behauptungen und Drohungen ausgesprochen worden sein sollen. Nur diese einzelnen Umstände könnten jedoch Gegenstand einer Be-

[104] Vgl. aus der neueren Rspr. z. B. BGH NJW 1999, 662; großzügiger demgegenüber noch BGHSt 1, 137, 138 und *Kleinknecht/Meyer-Goßner* § 244 Rn. 20: „Schlagwortartige Verkürzungen und einfache Rechtsbegriffe können benutzt werden, jedoch kann das Gericht verlangen, daß der Antragsteller die seiner Wertung zugrundeliegenden Tatsachen darlegt."

[105] Beispiel nach BGHR StPO § 244 Abs. 6 Beweisantrag 22.

[106] Beispiel nach BGHR StPO § 244 Abs. 6 Beweisantrag 27.

weisaufnahme sein. Im übrigen enthält das Begehren, einen bereits gehörten und entlassenen Zeugen oder Sachverständigen erneut zu vernehmen, nur dann einen (weiteren) Beweisantrag, über den das Gericht nach § 244 Abs. 3 bis 5 StPO zu entscheiden hat, wenn der Zeuge oder Sachverständige zu einer Beweistatsache gehört werden soll, über die er noch nicht vernommen worden ist.

Das in der Praxis häufige Verlangen nach Wiederholung der Befragung zu **demselben Beweisthema**, etwa weil der Antragsteller angesichts des Ergebnisses der weiteren Beweisaufnahme die bisherigen Bekundungen des Zeugen anders verstanden wissen will als das Gericht, zielt lediglich auf eine Wiederholung einer Beweiserhebung, auf die der Antragsteller keinen Anspruch hat. Das Gericht braucht einem solchen Beweisverlangen deshalb grundsätzlich nur im Rahmen seiner Aufklärungspflicht (§ 244 Abs. 2 StPO) nachzukommen, ohne an die Ablehnungsgründe des § 244 Abs. 3 StPO gebunden zu sein.[107] Auf eine Wiederholung des Beweisbegehrens zielt der Antrag auch dann, wenn die (neue) Beweisbehauptung sinngemäß lediglich die **in ihr Gegenteil verkehrte bisherige Aussage** des Zeugen enthält.[108] Diese Grundsätze gelten auch, wenn mit dem Beweisantrag die Vernehmung eines Zeugen beantragt wird, der bereits vor einem beauftragten oder ersuchten Richter ausgesagt hat, und das Vernehmungsprotokoll in der Hauptverhandlung verlesen worden ist.[109]

g) Zeugenbeweis

aa) Die Grundregel. Gegenstand eines Beweisantrags auf Vernehmung eines Zeugen können nur solche Umstände oder Geschehnisse sein, die mit dem benannten Beweismittel unmittelbar bewiesen werden sollen. Für den Zeugenbeweis gilt deshalb, daß der Zeuge grundsätzlich nur über seine **eigenen Wahrnehmungen** vernommen werden kann; dies muß – gegebenenfalls im Wege der Auslegung – bereits aus dem Antrag hervorgehen.[110] Soll demgegenüber aus den Wahrnehmungen eines Zeugen auf ein bestimmtes weiteres Geschehen geschlossen werden, ist nicht dieses weitere Geschehen, das Beweisziel, sondern nur die Wahrnehmung des Zeugen tauglicher Gegenstand des Zeugenbeweises. Denn es ist Sache des Gerichts, aus den Wahrnehmungen des Zeugen **Schlüsse** zu ziehen. Hierauf hat sich der Antragsteller eines Beweisantrages jedenfalls bei komplexen Sachverhalten, die eine Folgerung voraussetzen, schon bei der Auswahl des Beweisthemas dergestalt einzustellen, daß er nicht schon das – dem Gericht vorbehaltene – Ergebnis einer Folgerung zum Gegenstand seines Beweisbegehrens macht, sondern die einer möglichen Folgerung zugrundeliegende – in das Wissen des Zeugen gestellte – Wahrnehmung selbst. 40

bb) Bekundung von Negativtatsachen und Beweiszielen. Für den Beweisantrag ist die Angabe dessen unverzichtbar, was der Zeuge im Kern bekunden soll, weil sonst eine klare **Trennung von Beweistatsache und Beweisziel**, zu der das Tatgericht ja erst aufgrund von Schlüssen aus der Beweistatsache gelangen soll, verwischt würde.[111] Denn bei der in diesen Fällen weitgehenden Identität von Beweisbehauptung und Beweisziel wäre im Ergebnis eine exakte und sinnvolle Anwendung der Ablehnungsgründe des § 244 Abs. 3 Satz 2 nicht mehr möglich. Insbesondere ist die Situation eines Zeugen, der bekunden soll, daß bestimmte Ereignisse *nicht* stattgefunden haben, deshalb vergleichbar mit 41

---

107 BGHSt 14, 21, 22; BGHR StPO § 244 Abs. 6 Beweisantrag 16, 32 und BGHR StPO § 244 Abs. 3 Satz 1 Unzulässigkeit 2; *Alsberg/Nüse/Meyer, S.* 94 ff.; LR-*Gollwitzer* § 244 Rn. 133; KK-*Herdegen* § 244 Rn. 15; *Kleinknecht/Meyer-Goßner* § 244 Rn. 26; *Eisenberg* Rn. 158.

108 BGHR StPO § 244 Abs. 6 Beweisantrag 16; KK-*Herdegen* § 244 Rn. 15.

109 *Alsberg/Nüse/Meyer, S.* 95 f.; KK-*Herdegen* § 244 Rn. 15.

110 BGHSt 39, 251, 253; 40, 3, 6; 43, 321, 329 f.; BGHR StPO § 244 Abs. 6 Beweisantrag 28; BayObLG NJW 1996, 331; *Alsberg/Nüse/Meyer,* S. 190; *Kleinknecht/Meyer-Goßner* vor § 48 Rn. 2; LR-*Dahs* vor § 48 Rn. 2 f.; *Widmaier* NStZ 1993, 602.

111 BGHR StPO § 244 Abs. 6 Beweisantrag 31.

derjenigen, in der bloße Wertungen an Stelle bestimmter Tatsachen Gegenstand der Beweisbehauptung sind. Die nachfolgenden Beispiele sollen dies verdeutlichen.

Beispiel 11: Bekundung von Negativtatsachen 1[112]

Nach den Feststellungen der Staatsanwaltschaft gewann der Angeklagte A. die beiden Mitangeklagten B. und C. dafür, in der von ihm in einem Wohnhaus betriebenen Gaststätte einen Einbruchsdiebstahl vorzutäuschen und dabei einen Brand zu legen. Am Abend des 29. Dezember besprach A. in seiner Gaststätte zunächst mit B. und C. die Tatausführung. Nachdem diese die Hinzuziehung dreier weiterer Komplizen (D., E. und F.) als für die Tatausführung unabdingbar vorgeschlagen hatten, wurde die Tatplanung in großer Runde besprochen. Anschließend begab sich A. in die Diskothek „X.",um sich ein Alibi zu verschaffen. Absprachegemäß täuschten die fünf anderen Beteiligten in derselben Nacht einen Einbruchsdiebstahl in der Gaststätte des A. vor und legten dort einen Brand, der durch die Feuerwehr gelöscht werden konnte, bevor andere Gebäudeteile vom Feuer erfaßt wurden. Alle sechs Beteiligten trafen sich anschließend in der Diskothek „X.".

In der Hauptverhandlung stellte die Verteidigerin des Angeklagten folgende Anträge:

„1. Zum Beweis der Tatsache, daß der Angeklagte am Abend des 29. Dezember mit den Mitangeklagten B. und C. keine Absprachen in bezug auf die Begehung strafbarer Handlungen getroffen hat, wird beantragt, die Zeugen D., E. und F. zu hören.

2. Zum Beweis der Tatsache, daß sich der Angeklagte in der Nacht vom 29. auf den 30. Dezember nicht in der Gaststätte aufgehalten und dort auch nicht die Mitangeklagten B. und C. getroffen hat, wird beantragt, die Zeugin W. zu hören."

Beispiel 12: Bekundung von Negativtatsachen 2[113]

In der gegen den Angeklagten u. a. wegen des Tatvorwurfs des schweren Landfriedensbruchs im Zusammenhang mit seiner Teilnahme an einer Autobahnblockadeaktion geführten Hauptverhandlung beantragte die Verteidigung die Vernehmung aller 54 (namentlich nicht genannten, aber ermittelbaren) Businsassen, die am 19. März mit dem Angeklagten in dem von dem Zeugen F. gesteuerten Omnibus saßen zum Beweis dafür, „daß es keinen Plan und keine Verabredung dahin gab, bei bestimmten Vorkommnissen die Autobahn zu blockieren, die Blockade vielmehr spontan aus der Situation heraus geschah und der Angeklagte sich an keiner Blockadeaktion und keiner Gewalttätigkeit gegen Polizeibeamte beteiligte".

Beispiel 13: Bekundung von Negativtatsachen 3[114]

In der gegen den Angeklagten W. wegen des Tatvorwurfs der langjährigen geheimdienstlichen Agententätigkeit für die DDR vor dem Oberlandesgericht geführten Hauptverhandlung beantragte die Verteidigung hilfsweise für den Fall der Verurteilung des W. die Vernehmung der Zeugen S. und T. Bei der Zeugin S. handele es sich um die „langjährige, fachlich wie menschlich qualifizierte Sekretärin" des Angeklagten. Die Zeugin werde sicher bekunden können, „daß dem Angeklagten W. von dem weiteren Zeugen V. auch in den Jahren 1975 bis 1989 keine monatlichen Zahlungen in Höhe von jeweils 10 000 DM übergeben worden sind". In das Wissen des Zeugen T. werde gestellt, „daß W. weder von V. noch von einer anderen Person, die mit dem MfS der ehemaligen DDR in Verbindung zu bringen ist, unmittelbar oder mittelbar irgendwelche finanzielle Zuwendungen erhalten hat und im übrigen eine nachrichtendienstliche Werbung des W. nicht geplant gewesen ist".

Nach Auffassung des Bundesgerichtshofs und – ihm folgend – des Bayerischen Obersten Landesgerichts handelt es sich bei sämtlichen Anträgen nicht um Beweisanträge, sondern lediglich um nach § 244 Abs. 2 StPO zu behandelnde Anträge auf weitere Beweiserhebung bzw. um Beweisermittlungsanträge. Dem ist nicht nur im Ergebnis, sondern auch mit der gegebenen Begründung zu folgen. Denn die nach den Beispielsfällen zu beurteilenden Anträge enthalten keine Angaben darüber, was Gegenstand der unmittelbaren Wahrnehmung der Zeugen gewesen sein soll. Vielmehr entsprechen die jeweiligen Beweisbehauptungen im Ergebnis den von den Antragstellern erhofften Beweiszielen.

---

[112] Beispiel nach BGHSt 39, 251 = NJW 1993, 2881 = NStZ 1993, 550 m. Anm. *Widmaier* NStZ 1993, 602 = StV 1993, 454 m. Anm. *Hamm* StV 1993, 455 = BGHR StPO § 244 Abs. 6 Beweisantrag 26.

[113] Beispiel nach BayObLG NJW 1996, 331.

[114] Beispiel nach BGHSt 43, 321 = NJW 1998, 1723 = StV 1998, 195 = BGHR StPO § 244 Abs. 6 Beweisantrag 33.

Hinsichtlich der Zeugin W. hätte so im Beispielsfall 11 als Beweistatsache behauptet werden können, daß sie mit dem Angeklagten zusammen zur fraglichen Zeit an einem anderen Ort gewesen oder daß die Zeugin zwar in der Diskothek gewesen, sie den Angeklagten aber dort nicht angetroffen habe, obwohl ihr seine Anwesenheit nach den Umständen nicht hätte verborgen bleiben dürfen.[115] Im Beispielsfall 12 hätte zum Nachweis dafür, daß sich das dem Angeklagten angelastete Tatgeschehen nicht so ereignet hatte, als Beweistatsache behauptet werden können, daß die als Zeugen benannten Businsassen bekunden werden, daß sich der Angeklagte während der gesamten Blockadeaktion ständig innerhalb des Omnibusses oder nur auf dem Standstreifen der Autobahn aufgehalten habe.[116] Im Beispielsfall 13 wird hinsichtlich des Zeugen T. bereits nicht mitgeteilt, für welchen Zeitraum eine nachrichtendienstliche Werbung des Angeklagten nicht geplant gewesen sei. Hinsichtlich der Zeugin S. werden lediglich Negativtatsachen benannt, die zudem so vage gehalten sind, daß sie den Anforderungen an eine bestimmte Beweisbehauptung nicht gerecht werden können.[117]

Beispiel 14: Beweisziel als Beweistatsache[118]

In der Hauptverhandlung beantragte die Vertreterin der Staatsanwaltschaft zunächst die Vernehmung eines medizinischen Sachverständigen und neun namentlich benannter Zeugen zu der Behauptung, „daß die Voraussetzungen des § 20 StGB bei keinem der Angeklagten vorgelegen haben, diese vielmehr planmäßig, zielgerichtet und situationsangepaßt gehandelt haben und daß die vom Gericht zugrunde gelegte Blutalkoholkonzentration von ca. 3 Promille nicht vorlag." Die Vernehmung dreier weiterer Zeugen werde ferner zum Beweis der Behauptung beantragt, „daß vor dem Lokal an verschiedenen Stellen Benzin ausgeschüttet worden war und der Angeklagte mit dem asservierten Feuerzeug davor angetroffen wurde, welches er offensichtlich nur deshalb nicht zündete, weil er gestört wurde". Der beantragte Zeugenbeweis werde im übrigen auch zum Beweis der Behauptung angetreten, „daß der Brand eine Extremgefährdung der Lokalgäste bedeutet hätte, weil der einzige Weg ins Freie abgeschnitten werden sollte".

Hinsichtlich des beantragten Zeugenbeweises erfüllt keiner der Anträge die Kriterien eines Beweisantrages. Bei den Anträgen handelt es sich nur um nach § 244 Abs. 2 StPO zu behandelnde „Anträge auf weitere Beweiserhebung". So reduziert sich auch bei der gebotenen sinngerechten Auslegung des ersten Antrages die in das Wissen der Zeugen gestellte Beweisbehauptung darauf, die Angeklagten hätten „planmäßig, zielgerichtet und situationsangepaßt gehandelt". Damit wird jedoch nicht angegeben, welche bestimmten Tatsachen die aufgebotenen Zeugen wahrgenommen haben sollen. Vielmehr wird wie in den Fällen der unter Beweis gestellten Negativtatsache mit der Beweisbehauptung lediglich das vom Antragsteller verfolgte **Beweisziel** bezeichnet. Es ist jedoch Sache des Gerichts, aus einer wertenden Beurteilung etwaiger Wahrnehmungen der Zeugen Schlüsse zu ziehen. Auch die im zweiten Teil des Antrags enthaltenen Behauptungen, wonach der Angeklagte das Feuerzeug „offensichtlich nur deshalb nicht zündete, weil er gestört wurde" und „daß der Brand eine extreme Gefährdung der Lokalgäste bedeutet hätte, weil der einzige Weg ins Freie abgeschnitten werden sollte", enthielt keine den hierfür aufgebotenen Zeugen wahrnehmbaren bestimmten Tatsachen. Erneut wird nicht die einer möglichen Folgerung zugrundeliegende Wahrnehmung selbst, sondern das aus Sicht des Antragstellers erstrebte Beweisziel zum Gegenstand des Beweisbegehrens gemacht. Eine exakte und sinnvolle Anwendung der Ablehnungsgründe des § 244 Abs. 3 Satz 2 StPO ist nicht möglich.

Die Auffassung der Rechtsprechung zum Zeugenbeweis ist in der Literatur neben 42
grundsätzlicher Zustimmung[119] auf zum Teil heftigen Widerspruch gestoßen, weil sie die

115 BGHSt 39, 251, 255.
116 BayObLG NJW 1996, 331, 332.
117 BGHSt 43, 321, 327 ff.
118 Beispiel nach BGHR StPO § 244 Abs. 6 Beweisantrag 31.
119 *Basdorf* StV 1995, 310, 315 f.; *Widmaier* NStZ 1993, 602; *Fezer* JZ 1996, 658.

„funktionelle Aufgabe des Zeugen mit dem Bestimmtheitserfordernis der Beweisbehauptung“[120] bzw. „die Qualitätsmerkmale einer Beweisbehauptung mit den Merkmalen des Beweismittels“ vermenge, mit der Folge, daß das wichtigste Verteidigungsmittel in unerträglichem Maße eingeschränkt werde.[121] Im übrigen widerspreche die Unterscheidung zwischen unmittelbar vom Zeugen wahrgenommenen Tatsachen und den erst im Wege der Schlußfolgerung gewonnenen Erkenntnissen „elementarstem Grundwissen über die Psychologie des Zeugenbeweises“. Die Kritik ist, soweit sie sich gegen die klare Dogmatik der Entscheidungen richtet, unbegründet. Ihr ist mit dem Bundesgerichtshof entgegenzuhalten, daß die berechtigten Verteidigungsinteressen des Angeklagten nicht beeinträchtigt werden. Denn der Antragsteller eines **unbedingten Beweisantrages** ist nicht daran gehindert, seinen zurückgewiesenen Beweisantrag in modifizierter Weise, nämlich nach Behebung der beanstandeten Substantiierungsmängel, zu wiederholen und damit die gerichtliche Bescheidungspflicht nach § 244 Abs. 3 bis Abs. 5 StPO zu erzwingen. Der Möglichkeit zur „Nachbesserung“ begibt sich der Antragsteller jedoch aus freien Stücken, wenn er – wie im Beispielsfall 13 – nur die Form des **Hilfsbeweisantrags** wählt und damit regelmäßig auf eine Bescheidung gemäß § 244 Abs. 6 StPO vor Urteilsverkündung verzichtet.[122]

h) Beweisanträge auf Feststellung des anzuwendenden Rechts

43 Ein Beweisantrag auf Ermittlung und Feststellung inländischen wie ausländischen (gesetzten) Rechts scheidet nach herrschender Meinung aus.[123] Entsprechend der oben gegebenen Definition kann von einem Beweisantrag nur ausgegangen werden, wenn ein Verfahrensbeteiligter verlangt, daß zum Nachweis einer bestimmten Tatsache durch den Gebrauch eines bestimmten Beweismittels Beweis erhoben wird und die Beweisbehauptung die **Tatsachengrundlage**, sprich den zur Schuld- und/oder Rechtsfolgenfrage gehörenden Sachverhalt eines in der Sache entscheidenden Urteils betrifft. Anträge, die auf die Ermittlung über Bestand und Inhalt von unmittelbar zur Anwendung gelangenden oder auch nur inzidenter zu berücksichtigenden Rechts abzielen, erfüllen diese Voraussetzungen deshalb nicht, weil die in ihnen enthaltende Beweisbehauptung nicht die Tatsachengrundlage des Sachverhaltes betreffen kann. Die Behandlung eines solchen Antrags nach den Regeln des Strengbeweisverfahrens (§ 244 Abs. 3 bis 6 StPO) kommt deshalb nicht in Betracht.

44 Demgegenüber ist wenigstens das **Freibeweisverfahren** für die Ermittlung ausländischen wie inländischen Rechts (Europarecht, Allgemeine Regeln des Völkerrechts) ebenso wie für Fragen nach Geltung und Umfang (auch inländischen) Gewohnheitsrechts nicht generell ausgeschlossen. Zwar richtet sich auch hier die Beweisbehauptung nicht auf Tatsachen, doch kann die Rechtsregel *iura noscit curia* hier schon wegen regelmäßiger sprachlicher Barrieren keine uneingeschränkte Gültigkeit beanspruchen (vgl. auch die diesem Gedanken zugrundeliegende Vorschrift des § 293 ZPO). Anders als beim geschriebenen inländischen Recht kann es dem Gericht hier deshalb nicht verwehrt sein, insbesondere durch einen in- oder ausländischen **Rechtsgutachter** (Sachverständigen-) Beweis zu erheben.[124] Die über das Freibeweisverfahren eröffnete Möglichkeit für das Gericht, sich bei der Ermittlung und Auslegung ausländischen (Straf- und Strafverfahrens-) Rechts der Hilfe eines Sachverständigen zu bedienen, bedeutet nicht, daß Anträge

---

120 KK-*Herdegen* § 244 Rn. 46.

121 *Hamm* StV 1993, 455.

122 BGHSt 43, 321, 331 und bereits oben Rn. 22 ff.

123 BGHR StPO § 244 Abs. 6 Entscheidung 4; BGH NJW 1966, 1364 und NJW 1968, 1293; KK-*Herdegen* § 244 Rn. 3, 43; *Alsberg/Nüse/Meyer*, S. 136 ff.; LR-*Gollwitzer* § 244 Rn. 95; *Kleinknecht/Meyer/Goßner* § 244 Rn. 4, 49.

124 BGH NJW 1994, 3364; *Alsberg/Nüse/Meyer*, S. 138 ff.; *Kleinknecht/Meyer-Goßner* vor § 72 Rn. 6, § 244 Rn. 4, 7; KK-*Herdegen* § 244 Rn. 3.

auf Einholung von Rechtsgutachten im Strafprozeß als Beweisanträge nach den Regeln des Strengbeweises (§ 244 Abs. 3 bis 6 StPO) zu behandeln wären.[125]

Beispiel 15: Der Würger als Mörder?[126]

Nach den Feststellungen der Staatsanwaltschaft tötete der Angeklagte sein Opfer dadurch, daß er es über mehrere Minuten würgte. In der Hauptverhandlung beantragte der Verteidiger die Verlesung von vier Schwurgerichtsurteilen im Wege des Urkundenbeweises zum Beweis dafür, „daß die für diese Urteile verantwortlichen Tatgerichte Tötungen durch Würgen in mit dem Anklagevorwurf vergleichbaren Sachverhalten in tatsächlicher wie rechtlicher Hinsicht anders beurteilt und die Strafen nach anderen Kriterien bemessen" hätten.

Zwar könnte die Behauptung, andere Gerichte hätten nach Auffassung des Antragstellers in (vermeintlich) gleichgelagerten Fällen in einer bestimmten Weise geurteilt, noch als Tatsachenbehauptung angesehen werden, doch betrifft die Beweisbehauptung nicht die Tatsachengrundlage des konkret zu beurteilenden, gerade dem Angeklagten zur Last gelegten Sachverhalts. Ein nach den Regeln des Strengbeweisverfahrens zu bescheidender Beweisantrag liegt deshalb nicht vor.[127]

Auch wenn Rechtsfragen grundsätzlich nicht Gegenstand eines Beweisantrages auf 45
Vernehmung von Zeugen oder Sachverständigen sein können, kann es im Einzelfall auf die einer reinen Rechtsfrage vorgelagerte **tatsächliche Bewertung von Verhältnissen** ankommen. Ein in diesem Rahmen gestellter Beweisantrag auf Ermittlung „deskriptiver Bestandteile der anzuwendenden Rechtsnorm"[128] ist deshalb zulässig.

Beispiel 16: Forderungsbewertung[129]

In der Hauptverhandlung stellt der Verteidiger des wegen Einkommen- und Gewerbesteuerhinterziehung Angeklagten A. den nachfolgenden Beweisantrag:

„Zum Nachweis der Behauptungen, daß

1. der Steueramtmann R. bei Forderungen des A. gegen seine Werber keine Abschreibung vorgenommen hat;
2. die Forderungen gegen Werber, die in den Jahren 1992 bis 1996 unter Zurücklassung von Schuldsalden ausgeschieden sind, mit mindestens 95 % hätten abgeschrieben werden müssen und
3. der Angeklagte bei einer solchen Abschreibung keine steuerpflichtigen Einkünfte erzielt hat;

wird die Einholung eines Sachverständigengutachtens beantragt."

Nach Auffassung des Bundesgerichtshofes erfüllt der Antrag die Voraussetzungen eines Beweisantrages. Denn die Frage, ob die Forderungen des Angeklagten gegen Werber „nach der betrieblichen Struktur und den Erfahrungen in den Vor- und Folgejahren" zu bewerten waren, betreffe nicht allein die **Anwendbarkeit steuerlicher Rechtssätze**. Sie sei deshalb der Begutachtung durch einen Sachverständigen und damit einem hierauf gerichteten Antrag zugänglich. Zwar sei die Bewertung von Forderungen des Steuerpflichtigen ebenso wie die Bewertung anderer Wirtschaftsgüter Gegenstand steuerrechtlicher Vorschriften und von Rechtsanwendungsgrundsätzen, die in der Rechtsprechung der Finanzgerichte und im Schrifttum, etwa zur Frage des Umfangs pauschaler Wertberichtigungen, erläutert seien. Innerhalb solcher steuerrechtlicher Grenzen sei die Bewertung von Forderungen einschließlich der Wertberichtigung jedoch Sache einer umfassenden tatsächlichen Beurteilung, wobei es unter anderem um die **Einschätzung von Zahlungsfähigkeit und -willigkeit** der Schuldner und ihrer Geschäftsbeziehungen zum Steuerpflichtigen gehe. Bei dieser Beurteilung, insbesondere bei der Einschätzung der für die Bonität der Forderungen relevanten Tatsachen, dürfe sich das Gericht deshalb der

---

125 BGHR StPO § 244 Abs. 6 Entscheidung 4.

126 Beispiel nach BGHSt 25, 207 = NJW 1973, 1805 = JZ 1974, 314 m. Anm. *Schroeder*.

127 KK-*Herdegen* § 244 Rn. 3, 67, der mit BGHSt 25, 207 die Antragsqualität offenläßt und darauf abstellt, daß die Beweiserhebung jedenfalls als unzulässig (§§ 244 Abs. 3 Satz 1, 245 Abs. 1 Satz 1 StPO) anzusehen sei.

128 KK-*Herdegen* § 244 Rn. 3.

129 Beispiel nach BGH StV 1984, 451.

Hilfe eines Sachverständigen auch zur Unterrichtung über Erfahrungssätze, etwa zur Realisierbarkeit der konkreten Forderungen, bedienen.

2. Die Angabe des Beweismittels

46 Für die zu beweisende Tatsache muß vom Antragsteller des Beweisantrags ein bestimmtes Beweismittel so konkret bezeichnet werden, daß es von anderen **unterschieden**, ermittelt und gegebenenfalls zur Hauptverhandlung herbeigeschafft werden kann. Wie die Beweisbehauptung selbst ist auch die Angabe des Beweismittels grundsätzlich auslegungsfähig.[130] Im Unterschied zur Beweisbehauptung liegen die Schwierigkeiten hier freilich häufig weniger im Begrifflichen als vielmehr im Tatsächlichen begründet.

47 Entsprechend dem erschöpfenden gesetzlichen Beweismittelkatalog kommen als Beweismittel auch im Rahmen des Beweisantrags **nur Zeugen, Sachverständige, Urkunden und gerichtlicher Augenschein** in Betracht. Anträge auf Benutzung und Ausschöpfung anderer – vom Gesetz zur Wahrheitsermittlung nicht vorgesehener – Beweismittel (Hilfsmittel, Beweisbehelfe, Beweismittel im weiteren Sinne oder Auskunftspersonen) sind keine Beweisanträge. Daher beurteilt sich die Frage, ob das Gericht einem solchen Antrag entsprechen muß, grundsätzlich allein nach Maßgabe der aus § 244 Abs. 2 und Abs. 5 StPO folgenden Sachaufklärungspflicht.[131] Das Beweisbegehren kann hier vom Tatgericht in geeigneten Fällen jedoch daraufhin zu untersuchen sein, ob sich das an sich unzulässige Beweismittel, gegebenenfalls im Wege der Auslegung, nicht einem der für das Strengbeweisverfahren zugelassenen Beweismittel zuordnen läßt. Denn dies wird häufig durch die Einordnung des im Antrag bezeichneten Beweismittels entweder als Augenscheinsobjekt oder als Bestandteil eines Zeugen-, Sachverständigen- oder Urkundenbeweises möglich sein.[132] Die gebotene sachgerechte Zuordnung des Beweismittels, etwa von **Computerdisketten** und sonstigen Datenträgern als Augenscheinsobjekte und damit als Gegenstände eines Augenscheinsbeweises, ist deshalb wesentlich, weil sie gerade für das Beweisantragsrecht „einen Aspekt der Justizförmigkeit" der Beweisaufnahme darstellt.[133] Man denke hier nur an die von der Wahl des jeweiligen Beweismittels abhängigen Voraussetzungen der Ablehnung des Beweisantrages nach § 244 Abs. 3 bis 5 StPO. So wird eine sogenannte **Vernehmungsgegenüberstellung** (Gegenüberstellung zweier Zeugen oder eines Zeugen mit dem Angeklagten) zur Überprüfung des Aussageinhalts oder der Suggestibilität der Aussageperson (vgl. für das Vorverfahren § 58 Abs. 2 StPO) regelmäßig als Bestandteil des Zeugenbeweises anzusehen sein, während die Zuordnung eines Antrags auf **Gegenüberstellung zum Zwecke der Identifizierung** von der jeweiligen Rolle der Beteiligten abhängig ist. Die zu identifizierende Person ist Objekt eines Augenscheins; die sich zur Frage der Identität aufgrund eigener Wahrnehmungen äußernde Person ist Zeuge.[134] Anträge auf **experimentelle Erprobungen** können sowohl Bestandteile eines Sachverständigen- als auch eines Zeugenbeweises (Entfernungsschätzung, Hörprobe) oder eines Augenscheinsbeweises sein. Eine ganz andere Frage ist hier, ob die Verfahrensbeteiligten das Gericht mit einem auf das konkrete Beweismittel gerichteten Beweisantrag auch dazu zwingen können, bei der Sachverhaltsaufklärung gerade das geforderte Experiment anzuwenden. Denn hierzu wird jedenfalls beim Zeugenbeweis häufig die Einwilligung des Zeugen erforderlich sein.[135]

48 Unabhängig von der kontrovers diskutierten Frage, ob auch die Einlassung, insbesondere das **Geständnis des Angeklagten**, dessen Vernehmung nach der klaren Vorschrift des § 244 Abs. 1 StPO jedenfalls nicht zur Beweisaufnahme im formellen „prozeßtechni-

---

[130] LR-*Gollwitzer* § 244 Rn. 107.
[131] BGHR StPO § 244 Abs. 6 Beweisantrag 6.
[132] *Alsberg/Nüse/Meyer*, S. 168; KK-*Herdegen* § 244 Rn. 13 ff., 64.
[133] KK-*Herdegen* § 244 Rn. 13.
[134] KK-*Herdegen* § 244 Rn. 15.
[135] KK-*Herdegen* § 244 Rn. 16.

schen" Sinne zu zählen ist, als Beweismittel (im weiteren Sinne) anzusehen ist oder nicht,[136] scheidet die Benennung des Angeklagten selbst oder des Mitangeklagten als Beweismittel im Rahmen eines Beweisantrages aus.[137] Für den Angeklagten als Antragsteller folgt der Ausschluß der Selbstbenennung zwanglos aus der Überlegung, daß er selbst Erklärungen zur Sache abgeben darf (vgl. z. B. §§ 257 Abs. 1, 258 Abs. 3 StPO), die neben einem etwaigen Geständnis (vgl. nur § 254 StPO) uneingeschränkt gerichtlich verwertet, insbesondere im Rahmen der Beweiswürdigung (§ 261 StPO) auf ihren Beweiswert gewürdigt werden müssen, soweit sie für die Schuld- oder Rechtsfolgenfrage erheblich sein können.[138] Aber auch die anderen Verfahrensbeteiligten können den Angeklagten aufgrund seiner Stellung im Verfahren nicht in einem Beweisantrag als Beweismittel benennen. Wo das Gesetz den Begriff der „Beweismittel" verwendet (vgl. z. B. §§ 219 Abs. 1 und 368 Abs. 1 StPO), ist der Angeklagte damit ersichtlich nicht gemeint.[139] Im übrigen machte die Benennung gerade des Angeklagten als Beweismittel angesichts seines mit Verfassungsrang ausgestatteten Schweigerechts (vgl. §§ 115 Abs. 3, 136 Abs. 1 Satz 2, 163 a Abs. 3, Abs. 4 und § 243 Abs. 4 Satz 1) wenig Sinn.

a) Zeugenbeweis

Ein im Beweisantrag benannter Zeuge ist vom Antragsteller mit vollständigem Namen und genauer Anschrift zu bezeichnen. Zur **Individualisierung** im Sinne des Beweisantragsrechts reicht deshalb die bloße Namensnennung des Zeugen mit der Angabe eines Wohnortes („Alfred Müller/Würzburg" oder gar „Manfred Geier, genauer Wohnort derzeit unbekannt; in der Nähe von Sommerhausen/Unterfranken") nicht aus. Ist dem Antragsteller die exakte Individualisierung nicht möglich, ist er gehalten, bereits im Beweisantrag selbst Hinweise zur Unterscheidbarkeit des Zeugen von anderen Personen durch **eingrenzende Merkmale** zu geben, die es ermöglichen, Name und Anschrift zuverlässig zu ermitteln. Unter diesen Umständen kann im Einzelfall die Benennung des für einen bestimmten Zeitraum zuständigen Sachbearbeiters für Führerscheinsachen einer bestimmten Behörde oder einer genau bezeichneten Kontaktperson (Mitpatient) für den nach Merkmalen individualisierten Zeugen ausreichend sein.[140] Daß es sich in einem solchen Fall allerdings bereits nicht mehr um einen nach § 244 Abs. 3 und 6 StPO zu bescheidenden Beweisantrag, sondern nur um einen allein am Maßstab des § 244 Abs. 2 StPO zu messenden „Ermittlungsantrag" handeln soll,[141] erscheint in der Tat fraglich. Die vom 3. Strafsenat des Bundesgerichtshofs in seiner Entscheidung vom 8. Dezember 1993 in einem ausführlichen *obiter dictum* niedergelegte Auffassung ist mit Recht auf Widerspruch gestoßen.[142] Denn von einem bloßen Beweisermittlungsantrag kann nur gesprochen werden, wenn erst herausgefunden werden soll, wer überhaupt als Zeuge in Frage kommt. Ein Antragsteller aber, der im einzelnen den Weg beschreibt, auf dem die Person des Zeugen zuverlässig ermittelt werden kann, geht darüber hinaus. Es kann nicht wirklich zweifelhaft sein, daß ein Zeuge neben der Angabe seines Namens und seiner 49

---

136 Bejahend BGHSt 2, 269, 270 = NJW 1952, 673; *Kleinknecht/Meyer-Goßner* Einl. Rn. 49 und § 244 Rn. 2.

137 *Alsberg/Nüse/Meyer*, S. 167; KK-*Herdegen* § 244 Rn. 1 f., 13; *Eisenberg* Rn. 203, 349, der insoweit jedoch (nur) von einer Unzulässigkeit der Beweiserhebung im Sinne von § 244 Abs. 3 Satz 1 StPO ausgeht, dem Beweisbegehren also nicht schon die Qualität als Beweisantrag abspricht.

138 BGHSt 28, 196, 198 = NJW 1979, 664; *Alsberg/Nüse/Meyer*, S. 167; KK-*Herdegen* § 244 Rn. 1 und *Eisenberg* Rn. 886 ff.

139 *Alsberg/Nüse/Meyer*, S. 167, 181.

140 BGHSt 40, 3, 6 f. = NJW 1994, 1294 = NStZ 1994, 247 m. Anm. *Widmaier* NStZ 1994, 248 = BGHR StPO § 244 Abs. 6 Beweisantrag 29 = StV 1994, S. 169 m. Anm. *Strate* StV 1994, S. 171; BGHR StPO § 244 Abs. 6 Beweisantrag 23; KK-*Herdegen* § 244 Rn. 48; *Eisenberg* Rn. 148; *Kleinknecht/Meyer-Goßner* § 244 Rn. 21; *Alsberg/Nüse/Meyer*, S. 48 ff., 81; LR-*Gollwitzer* § 244 Rn. 108.

141 BGHSt 40, 3, 7.

142 *Basdorf* StV 1995, 310, 316; *Widmaier* NStZ 1994, 248; *Strate* StV 1994, 171.

Adresse in Fällen, in denen diese Angaben dem Antragsteller nicht zur Verfügung stehen, auch durch die hinreichende Angabe sonstiger **tauglicher Individualisierungsmerkmale** hinreichend bezeichnet werden kann.[143] Oft wird gerade der von der Rechtsprechung für den Beweisantrag geforderte „Konnex zwischen Beweistatsache und Beweismittel" so erst erkennbar gemacht.[144] Bleibt damit die Qualität des den Weg zur Person des Zeugen zuverlässig beschreibenden Antrags als Beweisantrag unangetastet, kann der Maßstab des § 244 Abs. 2 StPO jedoch nur für die erst in einem weiteren Schritt zu erörternde Frage relevant sein, welche Anforderungen im einzelnen an die gerichtlichen Bemühungen zur tatsächlichen Ermittlung und Beibringung des Zeugen zu stellen sind. Der mit der Stellung des wirksamen Beweisantrages entstandene Beweiserhebungsanspruch bleibt hiervon freilich unberührt.[145]

50 Es leuchtet ein, daß angesichts der Vielfalt denkbarer Fallkonstellationen hinsichtlich der Anforderungen an die gerichtlichen Bemühungen zur Beibringung eines Zeugen nur schwerlich ein allgemeingültiger Maßstab zu finden ist. So wird man fordern dürfen, daß das Gericht bei der Suche nach einem Zeugen allen erkennbaren und sinnvollen Möglichkeiten nachgeht, zumal dann, wenn es sich um einen für den Nachweis schwerwiegender Vorwürfe **entscheidenden Zeugen** handelt.[146] Im übrigen wird in jedem Einzelfall das Ausmaß der gerichtlichen Bemühungen unter Abwägung der Relevanz der Zeugenaussage für die Wahrheitsfindung einerseits und des Interesses an einer reibungslosen und zügigen Durchführung des Verfahrens andererseits zu bestimmen sein.[147] Führen die durch den Beweisantrag veranlaßten, jedoch im Wege des Freibeweises geführten Ermittlungen nicht zur Auffindung des Zeugen, darf der Beweisantrag wegen Unerreichbarkeit des Beweismittels gemäß § 244 Abs. 3 Satz 2 StPO endgültig abgelehnt werden.[148]

b) Sachverständigenbeweis

51 Da der Sachverständige gemäß § 73 Abs. 1 Satz 1 StPO vom Gericht ausgewählt wird, haben die Verfahrensbeteiligten grundsätzlich keinen Anspruch auf Anhörung eines **bestimmten Sachverständigen**. Auch wenn einem Beweisantrag auf Anhörung eines Sachverständigen stattgegeben wird, kann das Gericht deshalb anstelle des vorgeschlagenen Sachverständigen einen anderen – gleichermaßen geeignet erscheinenden – Sachverständigen bestellen, ohne daß hierin etwa eine Teilablehnung des Beweisantrags zu erblicken wäre.[149] Dem fehlenden Anspruch der Verfahrensbeteiligten auf Auswahl eines bestimmten Sachverständigen entspricht in konsequenter Weise, daß der Antragsteller im Rahmen seines Antrags weder einen bestimmten Sachverständigen zu benennen noch die Fachrichtung anzugeben braucht, der der zuzuziehende Sachverständige angehören soll.[150] Die Entscheidung über Auswahl und Anzahl der zum Beweisthema anzuhörenden Sachverständigen hat das Gericht statt dessen nach seinem die Wahrnehmung seiner Aufklärungspflicht auszuübenden Ermessen zu treffen.[151]

---

[143] BGHR StPO § 244 Abs. 3 Rügerecht 2; BGHR StPO § 244 Abs. 6 Beweisantrag 11.

[144] *Widmaier* NStZ 1994, 248, 249.

[145] *Widmaier* NStZ 1994, 248, 249 und *Alsberg/Nüse/Meyer*, S. 48.

[146] BGHR StPO § 244 Abs. 6 Beweisantrag 23.

[147] BGHSt 22, 118, 120 = NJW 1968, 1485; BGHSt 32, 68, 73 = NJW 1984, 2772; BGH NJW 1990, 1124; *Alsberg/Nüse/Meyer*, S. 419, 622; KK-*Herdegen* § 244 Rn. 81; *Kleinknecht/Meyer-Goßner* § 244 Rn. 62.

[148] Vgl. unten Rn. 100 ff.

[149] BGHSt 34, 355, 357; BGHR StPO § 244 Abs. 6 Entscheidung 1; *Alsberg/Nüse/Meyer*, S. 208; KK-*Herdegen* § 244 Rn. 48.

[150] BGHSt 34, 355, 357; *Alsberg/Nüse/Meyer*, S. 52; *Eisenberg* Rn. 149; *Kleinknecht/Meyer-Goßner* § 244 Rn. 21; *Schellenberg*, S. 142 f.; AK-*Schöch* § 244 Rn. 49; LR-*Gollwitzer* § 244 Rn. 110.

[151] BGHSt 34, 355, 357 f.; BGHR StPO § 244 Abs. 6 Entscheidung 1; zur auch im Verfahren vor der Wirtschaftsstrafkammer stetig gewachsenen Bedeutung des Sachverständigen *Detter* NStZ 1998, 57.

c) Augenschein

Der auf Einvernahme eines Augenscheins gerichtete Beweisantrag muß mindestens angeben, was Objekt des Augenscheins sein soll. Grundsätzlich ist auch der Ort zu bezeichnen, an dem sich der Augenscheinsgegenstand befinden soll, sofern die Angabe nach den Umständen nicht entbehrlich erscheint.[152] 52

d) Urkundenbeweis

Beweismittel des Urkundenbeweises ist nur **die einzelne Urkunde**. Diese ist deshalb im Beweisantrag bestimmt zu bezeichnen, wenn nicht ausnahmsweise durch den Gesamteindruck einer Urkundensammlung eine bestimmte Tatsache bewiesen werden soll. Die pauschale Benennung von Akten, Beiakten, Beweismittelordnern oder sonstigen Urkundensammlungen oder von Geschäftsbüchern und Krankenunterlagen reicht deshalb zur Individualisierung einzelner Urkunden, auf die es zu Beweiszwecken ankommt, selbst dann nicht aus, wenn sie in ihrer Gesamtheit bereits an der Gerichtsstelle vorhanden sind.[153] Anträge dieser Art sind dadurch gekennzeichnet, daß anhand der Beweisbehauptung (Beiziehung „sämtlicher Spurenakten" oder „sämtlicher zeichnerischer Planungsunterlagen der Y-GmbH") die Beweismittel erst ermittelt und individualisiert werden sollen, vom Gericht also im Ergebnis nicht weniger als die Überprüfung eines Aktenberges verlangt wird, dem nur im Rahmen des § 244 Abs. 2 StPO entsprochen zu werden braucht.[154] 53

VII. Beweisanregung, Beweisermittlungsantrag und Scheinbeweisantrag

1. Beweisanregung und Beweiserbieten

Vom Beweisantrag und dem sogleich näher darzustellenden sogenannten Beweisermittlungsantrag unterscheidet sich die schlichte **Beweisanregung** verfahrenstechnisch dadurch, daß mit ihr eine Beweistätigkeit des Gerichts nicht verlangt, sondern seitens des Verfahrensbeteiligten nur auf die **Möglichkeit weiterer Ermittlungshandlungen** hingewiesen wird. Im Unterschied zum Beweisantrag werden Beweisanregungen häufig auch von seiten des Sitzungsvertreters der Staatsanwaltschaft gegeben, schon um eine Verzögerung der Hauptverhandlung in bestimmten Verfahrenskonstellationen abzuwenden. Der durch § 244 Abs. 2 StPO abgesteckte richterliche Ermessensbereich wird hier jedoch nicht verlassen mit der Folge, daß eine förmliche Bescheidung weder seitens des jeweiligen Verfahrensbeteiligten verlangt, noch aus sonstigen Gründen veranlaßt sein wird.[155] 54

Als Unterfall der Beweisanregung wird gelegentlich das sogenannte **Beweiserbieten** abgehandelt. Es ist dadurch gekennzeichnet, daß es hinsichtlich Beweistatsache und Beweismittel den an einen Beweisantrag zu stellenden Bestimmtheitsanforderungen vollständig genügt, die Durchführung der Beweiserhebung vom Antragsteller jedoch gleichwohl nur „anheimgestellt" oder „nahegelegt", also gerade nicht gefordert, sondern in das Ermessen des Gerichts gestellt wird. In Fällen dieser Art wird seitens des Gerichts häufig 55

---

152 *Alsberg/Nüse/Meyer*, S. 53.

153 BGHSt 37, 168, 172 = NJW 1991, 1622 = StV 1992, 3 m. Anm. *Köhler* = JR 1992, 34 m. Anm. *Fezer;* BGHSt 18, 347 f.

154 BGHSt 30, 131, 142 f. = NJW 1981, 2267; BGHSt 6, 128, 129 = NJW 1954, 1336; BGHR StPO § 244 Abs. 6 Ermittlungsantrag 1 und zuletzt BGH StV 1997, 622; KK-*Herdegen* § 244 Rn. 48; *Alsberg/Nüse/Meyer* S. 53 f und 84 f; LR-*Gollwitzer* § 244 Rn. 109; *Eisenberg* Rn. 150.

155 KK-*Herdegen* § 244 Rn. 56; *Kleinknecht/Meyer-Goßner* Rn. 23 ff.; LR-*Gollwitzer* § 244 Rn. 123 ff.; *Alsberg/Nüse/Meyer*, S. 65 ff; *Eisenberg* Rn. 155 ff.; *Perron*, S. 193 f.; *Schellenberg*, S. 193 f.

zu prüfen sein, ob es sich in Wirklichkeit nicht um einen nur ungeschickt formulierten Beweisantrag handelt.[156]

2. Beweisermittlungsantrag

56 Der Begriff des Beweisermittlungsantrags darf getrost als unglücklichste Wortschöpfung des Beweisantragsrechts bezeichnet werden. Vom Bundesgerichtshof wird er in neueren Entscheidungen häufig nur als Ermittlungsantrag oder schlicht als Antrag auf weitere Beweiserhebung bezeichnet,[157] was der Herausarbeitung seiner materiellen Kriterien und der Klärung verfahrenstechnischer Fragen immerhin förderlich scheint.

a) Begriff

57 Mit Hilfe des Beweisermittlungsantrags sollen nach der Rechtsprechung des Bundesgerichtshofs „Beweismittel individualisiert oder zugunsten des Angeklagten sprechende Tatsachen und Beweisgründe gefunden werden"; insoweit handele es sich um die „klassische" Intention des Beweisermittlungsantrags, der vorliege, wenn die Beweistatsache oder das Beweismittel erst gesucht werde.[158] Die so oder ähnlich in unzähligen Entscheidungen[159] nachzulesenden Definitionsansätze, die vom Schrifttum[160] weitgehend übernommen worden sind, haben – wie *Herdegen* zutreffend feststellt – „letzte Klarheit" nicht erbracht, weil sie den Blick für das Wesentliche verstellen.[161] Wesentlich ist, daß auch der sogenannte Beweisermittlungsantrag auf **echte Beweistätigkeit** des Gerichts abstellt. Aus Sicht des Antragstellers ist er deshalb in der Vielzahl der Fälle nicht nur als unbedingtes Beweisverlangen formuliert, sondern auch tatsächlich so gemeint. Insoweit unterscheidet sich der Beweisermittlungsantrag also gerade nicht von einem Beweisantrag. Wie dieser ist er echter Antrag, was ihn grundlegend von Beweisanregung und Beweiserbieten, die nur Möglichkeiten weiterer Beweiserhebungen aufzeigen wollen, abgrenzt. Ist der Beweisermittlungsantrag aufgrund seiner Antragsqualität mehr als die Beweisanregung, aber weniger als der echte Beweisantrag, läßt sich mit *Herdegen* dem Begriff des Beweisermittlungsantrags jedes Begehren zuordnen, „das vom Gericht ein Tätigwerden verlangt, mit dem ein unmittelbarer oder mittelbarer (den weiteren Weg zur Ermittlung relevanter Tatsachen oder bestimmter Beweismittel aufzeigender) Aufklärungseffekt erzielt werden soll und das nicht in der Form eines Beweisantrags vorgebracht werden kann, weil der Antragsteller eine bestimmte Beweistatsache nicht zu behaupten oder ein bestimmtes Beweismittel nicht zu benennen vermag."[162] Mit anderen Worten: Beweisermittlungsantrag ist jedes oberhalb einer bloßen Beweisanregung angesiedelte, die spezifischen Substantiierungsanforderungen eines Beweisantrags zwar verfehlende, jedoch ernsthafte und unbedingte Beweisbegehren. Dabei versteht es sich von selbst, daß von einer Verfehlung der Kriterien eines Beweisantrags erst gesprochen werden darf, wenn auch eine **Auslegung** am erkennbaren Sinn und Zweck des Beweisbegehrens nicht in Betracht kommen kann.

58 Der Begriff des Beweisermittlungsantrags ist in Mißkredit geraten, weil er in einer nicht unbeachtlichen Zahl von Fällen dazu mißbraucht worden ist, Fragen der Plausibilität des Beweisgelingens mit tatsächlichen Anforderungen des Beweisantrags zu vermengen mit dem Ziel, sämtlichen Kriterien eines echten Beweisantrags entsprechende Beweisbegehren zu bloßen Beweisermittlungsanträgen **herabzustufen**.

---

[156] LR-*Gollwitzer* § 244 Rn. 123 f.; *Alsberg/Nüse/Meyer*, S. 66, 69 ff.; *Perron*, S. 194; *Eisenberg* Rn. 155.

[157] BGHSt 37, 162, 167; 39, 251, 253.

[158] BGHSt 30, 131, 142; *Gollwitzer* StV 1990, 420 ff.

[159] BGHR StPO § 244 Abs. 6 Beweisantrag 2, 4; Ermittlungsantrag 1 und 2.

[160] *Alsberg/Nüse/Meyer*, S. 75 ff.; *Kleinknecht/Meyer-Goßner* § 244 Rn. 25; *Schellenberg*, S. 140 f.; *Eisenberg* Rn. 156; LR-*Gollwitzer* § 244 Rn. 115 ff.; AK-*Schöch* § 244 Rn. 56.

[161] KK-*Herdegen* § 244 Rn. 53.

[162] KK-*Herdegen* § 244 Rn. 53.

Beispiel 17: Alibizeugen[163]

In der Hauptverhandlung beantragte der Verteidiger des Angeklagten A. „zum Beweis dafür, daß sich A. zum Zeitpunkt des Raubüberfalles vom 10. Januar auf die Tankstelle in W. zusammen mit dem Angeklagten B. und ca. 20 weiteren Personen im Jugendklub in O. aufgehalten hat", neun namentlich benannte Personen sowie die beiden Sozialarbeiter des Jugendklubs zu vernehmen. Dem Antrag schloß sich der Verteidiger des Angeklagten B. an. Auf Nachfrage des Vorsitzenden, warum zu dem Beweisantrag elf Zeugen benannt würden, erklärte der Verteidiger des A., daß dies deshalb geschehen sei, weil er wegen der verstrichenen Zeit nicht sagen könne, welche Zeugen zu dem Beweisthema noch etwas bekunden könnten.

Hierauf lehnte die Strafkammer den Antrag mit der Begründung ab, es handele sich bei dem Beweisbegehren nicht um einen Beweisantrag, sondern um einen Beweisermittlungsantrag, weil die Antragsteller nicht wüßten, welche der zahlreichen Zeugen zu der Beweisbehauptung überhaupt noch etwas bekunden könnten. Es liege auf der Hand, daß die Zeugen nur in der Hoffnung benannt worden seien, daß möglicherweise einer von ihnen über die Beweisfrage, wer am Tatabend im Jugendklub gewesen sei, etwas werde sagen können. Da hierfür aber jeglicher Anhaltspunkt fehle, erübrige sich auch im Rahmen des § 244 Abs. 2 StPO die Beweiserhebung.

Die Ablehnung des Antrags ist mit dieser Begründung schon deshalb nicht haltbar, weil das Beweisbegehren nicht zum Beweisermittlungsantrag herabgestuft werden durfte. Wie dargelegt, braucht der Antragsteller eines Beweisantrags von der Richtigkeit seiner Beweisbehauptung nicht überzeugt zu sein. Vielmehr ist es ihm nicht verwehrt, auch solche Tatsachen unter Beweis zu stellen, deren er sich nicht sicher ist, nicht sicher sein kann, die er vermutet oder nur für möglich hält. Auch in diesen Fällen ist er nicht verpflichtet, seine Ergebniserwartung hinsichtlich des Beweisbegehrens darzulegen. Der nach dem Beispielsfall zu beurteilende Antrag erfüllt ohne weiteres die Kriterien des Beweisantrags, weil er nach Sinn und Wortlaut darauf abzielt, durch die Benennung bestimmter Beweismittel (Vernehmung von Zeugen) den Nachweis einer konkreten Tatsache (Anwesenheit der beiden Angeklagten im Jugendklub zur Tatzeit) zu erbringen. Der Umstand, daß auch aus erklärter Sicht der Antragsteller zweifelhaft war, ob sich noch alle oder nur einige der Zeugen an die Anwesenheit der beiden Angeklagten würden erinnern können, konnte den Anträgen nicht den Charakter von Beweisanträgen nehmen.[164] Denn fraglich war nur das Ob des Erinnerungsvermögens der Zeugen, nicht aber das Ob bestimmter Wahrnehmungen selbst. In einem solchen Fall kann es einem Angeklagten oder Verteidiger schlechterdings nicht verwehrt sein, trotz der Möglichkeit eines aus Sicht des Angeklagten unerwünschten Beweisergebnisses die Beweisaufnahme zu beantragen.

b) Die Entscheidung über den Beweisermittlungsantrag

Soll dem Beweisermittlungsantrag nicht stattgegeben werden, ist für die Form der Ent- 59
scheidung nach der Rechtsprechung des Bundesgerichtshofs maßgeblich, ob der Antrag **erkennbar als Beweisantrag** gestellt worden ist. Ist dies – wie häufig – der Fall, darf der Antrag nicht durch den Vorsitzenden allein, sondern nur durch das Gericht durch zu begründenden **Beschluß gemäß § 244 Abs. 6 StPO** zurückgewiesen werden.[165] In den übrigen Fällen entscheidet über den Antrag der Vorsitzende. Seine stattgebende Entscheidung wird regelmäßig in der Anordnung der beantragten Beweiserhebung zu erblicken sein. Auch bei der Zurückweisung des Beweisermittlungsantrags durch den Vorsitzenden ist jedoch dem Antragsteller zu eröffnen, warum seinem Beweisbegehren nicht stattgegeben wird. Gegen die Ablehnung kann der Antragsteller gemäß § 238 Abs. 2 StPO auf **Entscheidung des Gerichts** antragen.[166]

---

163 Beispiel nach BGHR StPO § 244 Abs. 6 Beweisantrag 5.

164 Vgl. zu einer ähnlichen Fallkonstellation die entsprechende Argumentation in BGHR StPO § 244 Abs. 6 Beweisantrag 7.

165 BGH StV 1994, 172 und NStZ 1985, 229; KK-*Herdegen* § 244 Rn. 55; LR-*Gollwitzer* § 244 Rn. 121; SK-*Schlüchter* Rn. 69; *Alsberg/Nüse/Meyer*, S. 754 und *Schellenberg*, S. 140.

166 KK-*Herdegen*, § 244 Rn. 55; *Kleinknecht/Meyer-Goßner* § 244 Rn. 27; *Dahs* Rn. 319 und HK-*Julius* § 244 Rn. 11, 64.

60 In jedem Falle muß aus der Beschlußbegründung nach § 244 Abs. 6 StPO oder aus der Begründung des Vorsitzenden für den Antragsteller erkennbar hervorgehen, warum nach dem pflichtgemäßen Ermessen des Tatgerichts die Aufklärungspflicht (§ 244 Abs. 2 StPO) die mit dem Beweisermittlungsantrag verlangte weitere Sachaufklärung nicht gebot.[167] Insbesondere darf sich die Begründung der Zurückweisung deshalb nicht auf die schlichte Feststellung beschränken, bei dem Beweisbegehren handele es sich tatsächlich nicht um einen echten Beweisantrag, sondern lediglich um einen Beweisermittlungsantrag. Unzureichend ist auch die auf die Feststellung beschränkte Bemerkung, daß die Aufklärungspflicht keine Beweiserhebung gebiete. Beides würde dem Anspruch des Antragstellers auf Erfüllung des aus § 244 Abs. 2 StPO resultierenden Aufklärungsgebots nicht gerecht. Fehler dieser Art können deshalb im Revisionsverfahren mit der **Aufklärungsrüge** erfolgreich beanstandet werden.[168] Zwar ist das Gericht nicht an die Ablehnungsgründe des § 244 Abs. 3 bis 5 StPO gebunden, doch wird ein zur Ablehnung eines Beweisantrages berechtigender Grund ohne weiteres auch die Ablehnung eines Beweisermittlungsantrages rechtfertigen können, sofern letzterer aufgrund seiner „Beweisantragsnähe", insbesondere einer in ihm enthaltenen und hinreichend bestimmten Beweisbehauptung, die sachgerechte Anwendung der Ablehnungsgründe ermöglicht. Als echter Antrag ist der Beweisermittlungsantrag wie der Beweisantrag gemäß § 273 Abs. 1 StPO in das **Sitzungsprotokoll** aufzunehmen.[169]

3. Scheinbeweisantrag und Mißbrauch des Beweisantragsrechts

61 Die ihrer Sprachgestalt nach in das Gewand eines Beweisantrages gekleidete, jedoch aus der Luft gegriffene, aufs Geratewohl – gewissermaßen ins Blaue hinein – aufgestellte, weil lediglich der Phantasie des Antragstellers entsprungene Beweisbehauptung ist weder Beweisantrag noch „verdeckter" Beweisermittlungsantrag, sondern Scheinbeweisantrag, die keinen – und zwar auch nicht am Maßstab der allgemeinen Aufklärungspflicht (§ 244 Abs. 2 StPO) zu messenden – Anlaß zur Beweiserhebung geben kann. Zwar braucht der Antragsteller von der Richtigkeit seiner Beweisbehauptung selbst nicht überzeugt zu sein, weshalb es insbesondere einem Verteidiger nicht verwehrt ist, auch solche Tatsachen mit dem Mittel des Beweisantrags unter Beweis zu stellen, deren er sich nicht sicher ist oder nicht sicher sein kann, die er nur vermutet oder nur für möglich hält. Doch setzt der Begriff der Beweisbehauptung im Hinblick auf jedwedes Beweisbegehren voraus, daß sich für die Behauptung wenigstens die Möglichkeit einer „argumentativ vertretbaren Prämisse", also eine aus Fakten oder sonstigen Anhaltspunkten abgeleitete Grundlage erkennen läßt.[170] Fehlt diese Voraussetzung, handelt es sich um bloße **Pseudobehauptungen**. Der mit Hilfe einer derartigen Pseudobehauptung verfolgte Beweisantrag ist rechtsmißbräuchlich. Gelangt das Gericht zu der sicheren Überzeugung, daß das Beweisbegehren der Kategorie des Pseudobeweisantrages unterfällt, weil mit ihm **ausschließlich verfahrensfremde Zwecke** verfolgt werden, die keinerlei Bezug zum Gegenstand des Verfahrens (im weitesten Sinne) mehr aufweisen, darf es den festgestellten Rechtsmißbrauch als Scheinbeweisantrag beim Namen nennen.[171]

62 Wie in den klassischen Fällen des „als Beweisantrag gestellten" Beweisermittlungsantrags kann auch die Zurückweisung eines Scheinbeweisantrags nur durch einen mit

---

[167] BGHSt 6, 128, 129 = NJW 1954, 1336; 30, 131, 142 = NJW 1981, 2267 und 37, 162, 167 = NStZ 1990, 602; KK-*Herdegen*, § 244 Rn. 55 m. w. N.

[168] KK-*Herdegen*, § 244 Rn. 55.

[169] *Alsberg/Nüse/Meyer* S. 89; KK-*Herdegen* § 244 Rn. 55; *Kleinknecht/Meyer-Goßner* § 244 Rn. 27; *Dahs* Rn. 500.

[170] KK-*Herdegen* § 244 Rn. 44; *Herdegen* NStZ 1998, 444, 447 und bereits *Herdegen* StV 1990, 518, 519: „Eine ‚Behauptung', für die es keine Gründe gibt, ist lediglich ein psychisches Phänomen, in ihrer inhaltlichen Aussage nicht diskutabel."

[171] KK-*Herdegen* § 244 Rn. 68.

Gründen zu verkündenden und zu protokollierenden **Beschluß gemäß § 244 Abs. 6 StPO** erfolgen, in dem das Gericht seine Auffassung vom Vorliegen eines Scheinbeweisantrags umfassend darzulegen hat.[172] Von der Bewältigung dieses Begründungsaufwandes hängt es ab, ob die Zurückweisung revisionsgerichtlicher Überprüfung standhält. Nicht anders als in den vom Bundesgerichtshof in zahlreichen Entscheidungen beanstandeten Umdeutungen oder Herabstufungen von Beweisanträgen zu schlichten Beweisermittlungsanträgen verlangt auch die Feststellung, bei dem Beweisbegehren handle es sich weder um einen echten Beweisantrag noch um einen Beweisermittlungsantrag, sondern um einen Scheinbeweisantrag, eine **sorgfältige Begründung** durch den Tatrichter. Für das Verdikt des Scheinbeweisantrags trägt das Gericht selbstverständlich die Argumentationslast, der es sich nicht mit der bloßen Versicherung seiner Überzeugung vom Vorliegen eines Mißbrauchs entledigen kann.[173]

Der Umstand, daß sich die Strafsenate des Bundesgerichtshofs ebenso wie ein Teil des Schrifttums[174] bislang nicht zu einer klaren Anerkennung des Mißbrauchstatbestands mit Hilfe des Begriffs des Scheinbeweisantrags haben durchringen können, liegt in der verständlichen, aber unbegründeten Angst vor einem Mißbrauch des Mißbrauchs begründet.[175] Denn in den „notwendig extrem gelagerten" Fällen des Mißbrauchs des Beweisantragsrechts darf und kann dem Tatgericht nicht verwehrt sein, seine Überzeugung vom Vorliegen eines Scheinbeweisantrages mit dem gebotenen Begründungsaufwand auszusprechen, weil es sich anderenfalls auch und gerade gegenüber dem Antragsteller des **Etikettenschwindels** schuldig macht. Die beliebte „Ummodelung" von Beweisanträgen in Beweisermittlungsanträge ist hierfür Paradebeispiel, weil sie dem Antragsteller selbst in eindeutigen Mißbrauchsfällen suggeriert, es ginge tatsächlich noch um die Ermittlung von Wahrheit auf dem Weg zu einem „gerechten" Urteil und nicht um die Abwehr eines verfahrensfremden und deshalb unzulässigen Antragsgebarens. **63**

Eine bemerkenswerte Passage in einer Entscheidung des 5. Strafsenats aus dem Jahre 1997[176] deutet mit weiteren Entscheidungen[177] darauf hin, daß sich die Strafsenate des Bundesgerichtshofes der hier vertretenen Auffassung anschließen könnten. Die in einem *obiter dictum* enthaltene Erwägung lautet:

„Die Bestätigung einer Beweisbehauptung kann aufgrund gesicherter bisheriger Beweisaufnahme derart offensichtlich unwahrscheinlich sein, daß eine aus der Luft gegriffene, ohne jede tatsächliche Anhaltspunkte und ohne jede begründete Vermutung aufs Geratewohl aufgestellte Behauptung anzunehmen ist, welche die Voraussetzungen einer bestimmt bezeichneten Beweistatsache trotz entsprechenden äußeren Anscheins nicht erfüllt, so daß kein echter Beweisantrag, der nach § 244 Abs. 6 StPO zu bescheiden wäre, vorliegt, sondern tatsächlich ein ‚Schein-Beweisantrag', dem nachzugehen auch die Aufklärungspflicht (§ 244 Abs. 2 StPO) nicht gebietet."

Der dogmatische Fortschritt dieses Ansatzes liegt in der überraschend klaren Abkehr vom bislang in ständiger Rechtsprechung bemühten Terminus des Beweisermittlungsantrags begründet, der von den Tatgerichten selbst in eindeutigen Fällen des Mißbrauchs des Beweisantragsrechts noch verlangte, die Berechtigung des vermeintlichen Beweisbegehrens wenigstens am Maßstab der allgemeinen Aufklärungspflicht zu prüfen, wenn die Ablehnung schon nicht an die Ablehnungsgründe des § 244 Abs. 3 bis 5 StPO gebunden war.

---

172 KK-*Herdegen* § 244 Rn. 68.

173 KK-*Herdegen* § 244 Rn. 44; *Herdegen* NStZ 1998, 444, 448 f.

174 *Eisenberg* Rn. 202, 172 ff.; *Alsberg/Nüse/Meyer*, S. 426, 635 f.; LR-*Gollwitzer* § 244 Rn. 206.

175 Zu Problematik und Legitimation des Instruments des allgemeinen Rechtsmißbrauchs im Strafverfahren kritisch *Kühne* NJW 1998, 3027 f.

176 BGH, Urt. v. 12. Juni 1997–5 StR 58/97 = NJW 1997, 2762, 2764.

177 Insbesondere BGHSt 38, 111 = NJW 1992, 1245 = BGHR StPO § 244 Abs. 3 Mißbrauch 1; BGHR StPO § 244 Abs. 6 Beweisantrag 24, 25.

VIII. Die Entscheidung über den Beweisantrag

1. Die Anordnung der Beweisaufnahme

64 Die Anordnung der beantragten Beweisaufnahme obliegt gemäß § 238 Abs. 1 StPO dem **Vorsitzenden**, sofern die Beweiserhebung nicht die Aussetzung oder Unterbrechung der Hauptverhandlung erforderlich macht (§§ 228 Abs. 1, 229 Abs. 2 StPO). Sie bedarf keiner Begründung. Zur Herbeiführung einer Entscheidung durch das Kollegium ist der Vorsitzende berechtigt. Auf die **Beanstandung** eines Verfahrensbeteiligten gegen die Anordnung des Vorsitzenden (fehlende Sachdienlichkeit der Beweiserhebung) entscheidet das Gericht (§ 238 Abs. 2 StPO). Seine Entscheidung ist in diesem Falle zu begründen. Der durch die Anordnung der Beweisaufnahme anerkannte Beweiserhebungsanspruch darf jetzt nur noch durch einen förmlichen Gerichtsbeschluß und nach vorheriger Anhörung der Verfahrensbeteiligten (§ 33 Abs. 1 StPO) aufgehoben werden.[178]

2. Die Ablehnung des Beweisantrags durch Gerichtsbeschluß

a) Form und Bedeutung

65 Die – auch teilweise – Ablehnung des Beweisantrages hat gemäß § 244 Abs. 6 StPO durch einen mit Gründen zu verkündenden (§§ 34, 35 Abs. 1 StPO) und mit diesen gemäß § 273 Abs. 1 StPO **zu protokollierenden Beschluß des Gerichts** zu erfolgen.[179] Der sorgfältigen inhaltlichen Abfassung des Ablehnungsbeschlusses kommt hierbei eine Bedeutung zu, die in der revisionsgerichtlichen Praxis derjenigen der Urteilsabfassung kaum nachsteht. Die Begründung soll **den Antragsteller** davon in Kenntnis setzen, wie das Gericht seinen Antrag beurteilt. Er und die übrigen Verfahrensbeteiligten sollen dadurch in die Lage versetzt werden, ihr weiteres Verteidigungs- oder Prozeßverhalten auf die neue Verfahrenssituation rechtzeitig einzustellen. Zum anderen muß die Begründung **dem Revisionsgericht** die Nachprüfbarkeit des Ablehnungsbeschlusses auf Rechtsfehler, etwa im Hinblick auf Verstöße gegen das Verbot der Beweisantizipation, ermöglichen. Hieraus folgt, daß eine **nur formelhafte**, weil über den Wortlaut des § 244 Abs. 3 bis 5 StPO nicht hinausgehende Begründung jedenfalls grundsätzlich nicht ausreicht. Ob im Einzelfall ein Beruhen des Urteils auf dem Verfahrensfehler im Sinne von § 337 StPO deshalb ausgeschlossen werden kann, weil der Antragsteller aufgrund einer offensichtlichen Sach- oder Verfahrenslage über die Gründe für die Ablehnung seines Beweisantrages nicht im unklaren sein konnte, ist Tatfrage.[180]

b) Inhalt

66 Der ablehnende Beschluß muß das Beweisthema in seinem vollen Sinngehalt und in seiner ganzen Tragweite, d. h. **ohne Einengung oder Umdeutung**, erfassen. Mehrere Beweisanträge sind nach diesen Maßstäben einzeln, gegebenenfalls auch für jedes von mehreren benannten Beweismitteln, zu behandeln. Aus der Beschlußbegründung muß sich insbesondere ergeben, auf welchen oder welche mehrere Ablehnungsgründen des § 244 Abs. 3 bis 5 StPO die Ablehnung gestützt wird. Wie die Antragstellung selbst ist auch der Ablehnungsbeschluß nach § 244 Abs. 6 in Grenzen **auslegungsfähig**. Zu diesem Zweck scheidet freilich die Heranziehung der Urteilsgründe ebenso aus wie zu einer Änderung oder Ergänzung des Ablehnungsbeschlusses. Es versteht sich von selbst, daß über einen

---

178 *Alsberg/Nüse/Meyer,* S. 752 ff.; KK-*Herdegen* § 244 Rn. 57.

179 BGHSt 40, 287, 288; BGHR StPO § 244 Abs. 6 Entscheidung 3; KK-*Herdegen* § 244 Rn. 58 ff.; *Kleinknecht/Meyer-Goßner* § 244 Rn. 41 a ff.

180 BGHR StPO § 244 Abs. 6 Entscheidung 3, *Alsberg/Nüse/Meyer,* S. 7, 56 f.; KK-*Herdegen* § 244 Rn. 58.

unbedingten Beweisantrag, auf dessen Bescheidung innerhalb der Hauptverhandlung seitens des Antragstellers nicht ausnahmsweise verzichtet worden ist, nicht erst in den Urteilsgründen entschieden werden darf.

c) Zeitpunkt

Der Ablehnungsbeschluß ist **alsbald**, in jedem Falle noch vor Schluß der Beweisaufnahme (§ 258 Abs. 1 StPO) vollständig zu verkünden.[181] Innerhalb dieses Zeitraums ist das Gericht aber nicht verpflichtet, über den Beweisantrag sofort zu entscheiden. Der Vorsitzende ist berechtigt, die Entscheidung einstweilen zurückzustellen, was sich vielfach als zweckmäßig erweisen wird.[182] Maßgeblich für die inhaltliche Entscheidung über den Beweisantrag ist demgegenüber die Verfahrens- und Beweislage im Zeitpunkt der Beschlußfassung, also nicht diejenige im Zeitpunkt der Antragstellung.[183] **67**

d) Revisionsrechtliche Folgen fehlerhafter Antragsablehnung

Verfahrensrechtliche Fehler im Zusammenhang mit der Behandlung unbedingter Beweisanträge wiegen ungleich schwerer als Versäumnisse im Zusammenhang mit der Behandlung bedingter Beweisanträge.[184] Ist der unbedingte Beweisantrag überhaupt nicht, nicht rechtzeitig oder sonst fehlerhaft abgelehnt worden, kann ein Beruhen des Urteils auf dem Verfahrensfehler im Sinne von § 337 Abs. 1 StPO schon dann nicht mehr ausgeschlossen werden, wenn die Möglichkeit besteht, daß der Antragsteller durch die Unterlassung oder rechtsfehlerhafte Begründung des Ablehnungsbeschlusses in seiner Prozeßführung beeinträchtigt worden ist. Das Urteil beruht auf dem Verfahrensverstoß also nur dann nicht, wenn nach Sachlage sicher ausgeschlossen werden kann, daß der Antragsteller aus dem gebotenen Ablehnungsbeschluß keine wesentlichen, sein weiteres Erklärungs- und Antragsverhalten oder gar das Ergebnis des Verfahrens beeinflussende Informationen oder Sachverhaltsannahmen erlangt hätte. Insbesondere scheidet deshalb bei einem unbedingten Beweisantrag die **Auswechslung** eines unzulässigen Ablehnungsgrundes gegen einen zulässigen oder das **Nachschieben** einer rechtlich einwandfreien Ablehnungsbegründung erst in den Urteilsgründen grundsätzlich aus, weil dies einer Verfehlung wesentlicher Funktionen des Ablehnungsbeschlusses im Sinne von § 244 Abs. 6 StPO gleichkäme. Im Unterschied zum bedingt gestellten Beweisantrag kommt grundsätzlich auch eine **Nachbesserung** durch das Revisionsgericht nicht in Betracht. Diesem ist es also anders als beim bedingten Beweisantrag verwehrt, zu prüfen, ob das Tatgericht den Antrag mit anderer – rechtsfehlerfreier – Begründung hätte ablehnen können.[185] **68**

IX. Die Ablehnung des Beweisantrags

Hat das Beweisbegehren alle Hürden formeller und inhaltlicher Art genommen, darf der nunmehr vorliegende und vom Antragsteller zwischenzeitlich nicht zurückgenommene Beweisantrag nur noch aus einem der in § 244 Abs. 3 bis 5 StPO erschöpfend aufgezählten Gründe abgelehnt werden, wobei das Gericht nur im Falle der Unzulässigkeit der Beweiserhebung (§ 244 Abs. 3 Satz 1 StPO) zur Ablehnung des Beweisantrags auch gezwungen ist. Die im Katalog des § 244 Abs. 3 Satz 2 StPO enthaltene Reihenfolge der nur fakultativen Ablehnungsgründe ist lediglich redaktionell bedingt; eine bestimmte **69**

---

181 BGHSt 40, 287, 288; 19, 24, 26; KK-*Herdegen* § 244 Rn. 60.

182 *Alsberg/Nüse/Meyer*, S. 764 f.

183 *Alsberg/Nüse/Meyer*, S. 755; LR-*Gollwitzer* § 244 Rn. 140.

184 Vgl. oben Rn. 26.

185 *Alsberg/Nüse/Meyer*, S. 908; KK-*Herdegen* § 244 Rn. 59 ff.; *Kleinknecht/Meyer-Goßner* § 244 Rn 42, 86; LR-*Gollwitzer* § 244 Rn. 351.

Prüfungsrangfolge ist ihr deshalb auch nach sachlogischen Gesichtspunkten nicht zu entnehmen.[186]

1. Das Verbot der Beweisantizipation

70 Unmittelbar aus der Pflicht des Gerichts zur Wahrheitserforschung und mittelbar aus der im Katalog des § 244 Abs. 3 StPO enthaltenen **erschöpfenden Aufzählung der zulässigen Ablehnungsgründe** folgt, daß es dem Gericht nicht gestattet sein kann, allein auf der Grundlage seiner Überzeugung die Erfolgsaussichten eines noch nicht erhobenen Beweises entweder im Hinblick auf die Beweisbarkeit der mit dem Beweisantrag behaupteten Beweistatsache oder im Hinblick auf den Wert des dort benannten Beweismittels vorweg negativ zu beurteilen.[187] Mit dem gesetzlich nicht ausdrücklich geregelten Verbot der Beweisantizipation (Verbot der vorweggenommenen Beweiswürdigung) kompensiert das Beweisantragsrecht die Gefahren, die sich daraus ergeben können, daß das Tatgericht sowohl über den Umfang als auch das Ergebnis der Beweisaufnahme im wesentlichen selbst entscheidet, und trägt damit der Erfahrung Rechnung, daß sich das Ergebnis einer Beweisaufnahme nicht sicher voraussehen läßt, ja eine vermeintlich „sichere" Überzeugung plötzlich umgestoßen werden kann.[188]

71 Wegen Verstoßes gegen das Verbot der Beweisantizipation darf ein Beweisantrag grundsätzlich nicht mit der lapidaren Begründung zurückgewiesen werden, das Beweisthema sei bereits erschöpfend behandelt worden, ohne daß die nunmehrige Beweisbehauptung habe bestätigt werden können. Entsprechendes gilt für die Annahme, ein Zeuge werde sich nach Sachlage ohnehin nicht erinnern können oder sei unglaubwürdig, weshalb ein Beweisgelingen auszuschließen oder nur unwahrscheinlich sei. Ein geradezu klassischer Verstoß gegen das Verbot der Beweisantizipation liegt vor, wenn der Beweisantrag mit der Begründung zurückgewiesen wird, zur Überzeugung des Gerichts stehe bereits **das Gegenteil der behaupteten Tatsache** fest, weshalb die vom Antragsteller angestrebte Beweisaufnahme keinen Erfolg verspreche.[189]

Beispiel 18: Irren ist menschlich! [190]

In der Hauptverhandlung beantragt der Verteidiger für den Angeklagten A., den ehemals beim Landeskriminalamt tätigen Kriminalbeamten K. als Zeugen darüber zu vernehmen, daß K. den weiteren Zeugen B. in einer Raubsache am 30. Oktober 1998 vernommen sowie noch am selben Tage mit B. in den Räumen der JVA eine Gegenüberstellung durchgeführt habe. In der Begründung des Beweisantrages wird ausgeführt, daß die unter Beweis gestellte Tatsachenbehauptung von dem als Zeugen benannten K. selbst herrühre. K. habe den Inhalt der Beweisbehauptung gegenüber dem Angeklagten bereits im Rahmen eines Telefonats bestätigt und erklärt, daß er sich an den Vorgang erinnere und aussagebereit sei.

In der Begründung der Zurückweisung des Beweisantrags führt das Landgericht aus:

„Bei dem Antrag handelt es sich nur um einen Beweisermittlungsantrag, weil der behauptete Besuch des Zeugen K. bei B. in der JVA jedenfalls nicht am 30. Oktober 1998 stattgefunden haben kann. Ausweislich des als zuverlässig zu beurteilenden Kontrollbuchs der JVA fand ein Besuch an diesem Tage nicht statt. Hieraus folgt, daß sich der Zeuge irren muß."

Die Ablehnung des Beweisantrags ist mit dieser Begründung nicht haltbar. Denn das Beweisbegehren erfüllte ohne weiteres sämtliche Kriterien eines Beweisantrags. Beweisthema, Beweismittel und sogar die Informationsquelle waren eindeutig benannt. Mithin durfte der Zeugenbeweis nur aus einem der im Katalog des § 244 Abs. 3 Satz 2 StPO ent-

---

186 *Alsberg/Nüse/Meyer*, S. 409 f.

187 *Alsberg/Nüse/Meyer*, S. 412 f.; KK-*Herdegen* Rn. 65.

188 *Eisenberg* Rn. 139, 198 ff.; *Herdegen* NJW 1996, 27; *Schultz* NStZ 1991, 449; eingehend *Perron*, S. 124 ff.

189 Zu weiteren Fallgruppen *Eisenberg* Rn. 198 ff.; KK-*Herdegen* § 244 Rn. 65; *Kleinknecht/Meyer-Goßner* Rn. 46; *Alsberg/Nüse/Meyer*, S. 414 ff.

190 Beispiel nach BGHR StPO § 244 Abs. 6 Beweisantrag 9.

haltenen Gründe abgelehnt werden. Ein solcher kann der Ablehnungsbegründung jedoch nicht entnommen werden. Vielmehr folgt aus dieser, daß es das Gericht unter Verstoß gegen das Verbot der Beweisantizipation abgelehnt hat, dem Antrag nachzugehen, weil das Gegenteil der Beweisbehauptung schon erwiesen sei und die beantragte Vernehmung des Zeugen deshalb keinen Erfolg verspreche.

Beispiel 19: Mehr oder weniger?[191]

In der Hauptverhandlung beantragte der Verteidiger den Zeugen Z. zum Beweis der Behauptung zu vernehmen, daß Z. der weiteren Zeugin R. „circa 30 000,– DM und nicht nur – wie von R. in einem früheren Verfahren behauptet – 6000,– DM übergeben hat". In der mit dem Ablehnungsgrund der Bedeutungslosigkeit der Beweistatsache begründeten Zurückweisung des Beweisantrags führte das Gericht aus:

„Eine Bestätigung der Beweisbehauptung durch den Zeugen Z. wäre ohne Einfluß auf die Beurteilung der Glaubwürdigkeit der Zeugin R. Die der Beweisbehauptung entgegenstehenden Angaben der Zeugin wären durch die im Beweisantrag angekündigten Bekundungen des Zeugen Z. mangels weiterer Beweismittel nicht widerlegt."

Die Ablehnung des Beweisantrages verstößt mit dieser Begründung gegen das Verbot der Beweisantizipation, weil das Gericht in seiner Ablehnungsbegründung zum Ausdruck bringt, daß die Aussage des Zeugen Z. für sich allein unter keinen Umständen ausreichen werde, die gegenteiligen früheren Angaben der Zeugin R. zu widerlegen. Die Bedeutungslosigkeit der Beweistatsache wird im Ergebnis damit begründet, daß das Gericht vom **Gegenteil der Beweistatsache** schon vor Durchführung des Zeugenbeweises überzeugt sei. Mit dieser Begründung wird aber gerade nicht die von § 244 Abs. 3 Satz 2 StPO verlangte Bedeutungslosigkeit der Beweistatsache (hier: Übergabe von 30 000,– DM von Z. an R.) belegt, sondern in unzulässiger Weise das Ergebnis der beantragten Beweiserhebung vorweggenommen.

Beispiel 20: Diametral entgegen![192]

In der Hauptverhandlung beantragte der Vertreter des Nebenklägers die Vernehmung der siebzigjährigen Zeugin S., einer mit der Familie des Nebenklägers nicht verwandten Nachbarin. Die Zeugin S. werde bekunden, daß sich der Angeklagte am Tag des fehlgeschlagenen Anschlags auf den Nebenkläger anläßlich einer Trauerfreier damit gebrüstet habe, er habe den Nebenkläger „erledigt".

Im Rahmen ihrer antragsgemäßen Vernehmung sagte die Zeugin S. jedoch anschließend aus, eine entsprechende Äußerung des Angeklagten weder selbst gehört noch hiervon der Mutter des Nebenklägers berichtet zu haben. Mit einem weiteren Beweisantrag beantragte der Nebenklägervertreter jetzt die Vernehmung der M., der Mutter des Nebenklägers. M. werde bestätigen, von S. darüber informiert worden zu sein, daß S. bei der Trauerfeier gehört habe, wie sich der Angeklagte der Tatbegehung berühmt habe.

Das Schwurgericht lehnte den Beweisantrag auf Vernehmung der M. wegen „Bedeutungslosigkeit aus tatsächlichen Gründen" ab. Die vereidigte Zeugin S. habe den mit dem Antrag des Nebenklägers unter Beweis gestellten Gesprächsinhalt in der Hauptverhandlung in Abrede gestellt. Selbst wenn die Zeugin M. deshalb den nunmehr unter Beweis gestellten Gesprächsinhalt bestätigen sollte, würde davon die Entscheidung des Gerichts nicht beeinflußt werden, weil eine entsprechende Aussage der Zeugin M. derjenigen der Zeugin S., an deren Glaubwürdigkeit zu zweifeln kein Anlaß bestehe, „diametral" entgegenstünde.

Die mit dieser Begründung gegebene Ablehnung des Beweisantrages ist vom Ablehnungsgrund der Bedeutungslosigkeit nicht gedeckt. Die Ablehnungsbegründung enthält vielmehr eine **unzulässige Beweisantizipation**, weil sich das Gericht davon leiten ließ, daß nicht zu erwarten sei, die als glaubhaft zu wertende Aussage der S. könne durch eine gegenteilige (der Zeugin M.) entkräftet werden. Damit wird aber gerade nicht auf die Bedeutungslosigkeit der Beweisbehauptung selbst, sondern (bereits) auf eine voraussichtliche Bedeutungslosigkeit der beantragten Beweiserhebung abgestellt. Dies ist mit dem

---

191 Beispiel nach BGHR StPO § 244 Abs. 3 Satz 2 Bedeutungslosigkeit 6.

192 Beispiel nach BGH NJW 1997, 2762.

Verbot der Beweisantizipation nicht vereinbar, weil dem Antragsteller die Chance genommen wird, ein Beweismittel in die Hauptverhandlung einzuführen, das ihr eine nach dem bisherigen Ergebnis unerwartete Wendung geben kann, wenn es gelingen sollte, nicht nur eine inhaltliche Bestätigung der Beweisbehauptung zu erreichen, sondern auch eine unerwartet hohe Validität des Beweismittels zu belegen. Infolge des weitgehenden Verbots der Beweisantizipation wird deshalb die Zuverlässigkeit von Beweismitteln regelmäßig erst bei der Auswertung der im Rahmen der Hauptverhandlung durchgeführten Beweisaufnahme durch den Tatrichter beurteilt. Ein erweiterter Maßstab für die Auslegung des Ablehnungsgrundes der Bedeutungslosigkeit ist weder mit dem klaren Wortlaut des § 244 Abs. 3 Satz 2 StPO noch mit dem Sinn des in Frage stehenden Ablehnungsgrundes, der dem Angeklagten gerade ein effektiveres Beweisantragsrecht zubilligen will, vereinbar.

2. Unzulässigkeit der Beweiserhebung gemäß § 244 Abs. 3 Satz 1 StPO

72 Der auf eine unzulässige Beweiserhebung gerichtete Beweisantrag **muß** gemäß § 244 Abs. 3 Satz 1 StPO zurückgewiesen werden, während durch einen „unzulässigen" Beweisantrag schon der Anwendungsbereich der Vorschrift nicht eröffnet ist, weil es sich in diesem Falle gerade nicht um einen Beweisantrag im Sinne von § 244 Abs. 3 bis 6 StPO, sondern nur um eine – ohne weiteres zulässige – Beweisanregung oder um einen Beweisermittlungsantrag handeln kann, über die allenfalls nach Maßgabe der Aufklärungspflicht (§ 244 Abs. 2 StPO) zu entscheiden ist. Der auch in § 245 Abs. 1 Satz 1 und in § 245 Abs. 2 Satz 2 StPO verwandte Begriff der Unzulässigkeit ist in allen drei Vorschriften einheitlich auszulegen.[193]

73 Wird trotz Unzulässigkeit der Beweiserhebung Beweis erhoben, führt der Verstoß gegen § 244 Abs. 3 Satz 1 StPO auf die formgerechte Verfahrensrüge (§ 344 Abs. 2 Satz 2 StPO) im Revisionsverfahren zur Urteilsaufhebung, wenn dem konkreten Beweiserhebungsverbot ein **Beweisverwertungsverbot** entspricht und ein Beruhen des Urteils auf dem Verfahrensfehler (§ 337 Abs. 1 StPO) nicht auszuschließen ist.[194]

74 § 244 Abs. 3 Satz 1 StPO und die ihm korrespondierenden Vorschriften der §§ 245 Abs. 1 Satz 1 und 245 Abs. 2 Satz 2 StPO bilden Einfallstore für die aus dem Gesetz oder unmittelbar aus dem Grundgesetz resultierenden und von der Rechtsprechung entwickelten **Beweismittel- und Beweisthemenverbote**, deren auch nur annähernd vollständige Abhandlung den Rahmen einer Darstellung des Beweisantragsrechts sprengen müßte.[195] Ein geradezu klassisches Beispiel aus dem weiten Bereich der Beweismittelverbote stellt etwa der Antrag eines Verfahrensbeteiligten auf Vernehmung eines Zeugen dar, der innerhalb der laufenden Hauptverhandlung die Ausübung seines Zeugnisverweigerungsrechts erklärt hat. Der Antrag ist als unzulässig abzulehnen.[196]

75 Neben den typischen Fällen eines Beweismittelverbots kann die Beweiserhebung gemäß § 344 Abs. 3 Satz 1 StPO auch deshalb unzulässig sein, weil mit dem Beweisantrag Beweis über Themen erhoben werden soll, die nicht Gegenstand der Beweisaufnahme sein können. So kann insbesondere **die in der Hauptverhandlung vorausgegangene Beweiserhebung** nicht selbst wieder Gegenstand des tatrichterlichen Strengbeweisverfahrens sein. Denn der Ort, den entscheidungserheblichen Inhalt der Beweisaufnahme festzustellen, ist ausschließlich das Urteil.[197]

---

[193] *Alsberg/Nüse/Meyer*, S. 425; *Kleinknecht/Meyer-Goßner* § 244 Rn. 49.
[194] KK-*Herdegen* § 244 Rn. 47.
[195] Vgl. aus der Kommentarliteratur insbesondere *Eisenberg* Rn. 329 ff.; daneben *Kleinknecht/Meyer-Goßner* Einleitung Rn. 50 ff.
[196] *Eisenberg* Rn. 205; LR-*Gollwitzer* § 244 Rn. 290; *Alsberg/Nüse/Meyer*, S. 452 ff.
[197] BGH NJW 1997, 265.

Beispiel 21: Der Richter als Zeuge[198]

Am letzten Verhandlungstag stellte der Verteidiger des A. unmittelbar vor Urteilsverkündung den Hilfsbeweisantrag, den Berichterstatter der erkennenden Kammer, Richter am Landgericht R., als Zeugen zum Beweis der Tatsache zu vernehmen, daß der Mitangeklagte B. entgegen den Ausführungen seines Verteidigers schon am 1. Verhandlungstag die Einlassung abgegeben habe, nicht mit A., sondern mit dem anderweitig Verfolgten C. die Tatbegehung abgesprochen zu haben. In seiner hierzu abgegebenen dienstlichen Erklärung teilte R. mit, zu der behaupteten Beweistatsache (Einlassung des Mitangeklagten B. am 1. Verhandlungstag) nichts bekunden zu können. Der Verteidiger des A. hielt gleichwohl an seinem Antrag fest und beantragte nunmehr zusätzlich die Vernehmung des Verteidigers des Mitangeklagten B. Dieser werde bekunden, daß auch der am 5. Verhandlungstag vernommene Zeuge Z. die Einlassung des Mitangeklagten B. zu Beginn der Hauptverhandlung bestätigt habe.

Das Verlangen, **Verfahrensbeteiligte** über Vorgänge derselben Hauptverhandlung – insbesondere über den Inhalt einer bestimmten Zeugenaussage oder die Einlassung des Angeklagten oder Mitangeklagten – zu hören, ist als unzulässig im Sinne von § 244 Abs. 3 Satz 1 StPO zurückzuweisen. Was bereits zum Inbegriff der Hauptverhandlung geworden ist, unterliegt der unmittelbaren Würdigung des Gerichts und kann nicht seinerseits innerhalb derselben Hauptverhandlung zum Gegenstand der Beweisaufnahme gemacht werden.[199] Entsprechendes gilt für **dienstliche Wahrnehmungen** eines erkennenden Richters außerhalb der Hauptverhandlung, die aber die laufende Hauptverhandlung und das anhängige Verfahren betreffen. Das auf diese Weise dienstlich erlangte Wissen (z. B. Bekundungen einer Zeugin gegenüber dem Vorsitzenden in einer Sitzungspause) ist vielmehr durch eine **dienstliche Erklärung** in die Hauptverhandlung einzubringen. Können die Kenntnisse für die Beweiswürdigung relevant sein, sind sie – gewissermaßen als gerichtskundige Tatsachen – durch die dienstliche Äußerung in die Hauptverhandlung eingeführt. Im übrigen führt in diesem Fall weder die Benennung des Richters als Zeuge, noch allein der Umstand, daß sich der Richter dienstlich über Vorgänge äußert, die den Gegenstand des bei ihm anhängigen Verfahrens betreffen und die er im Zusammenhang mit seiner amtlichen Tätigkeit in der Sache wahrgenommen hat, zu einem Ausschluß als erkennender Richter nach § 22 Nr. 5 StPO.[200] Auf eine im Sinne von § 244 Abs. 3 Satz 1 StPO unzulässige Beweiserhebung wäre nach diesen Maßstäben auch ein Antrag auf Vernehmung eines Richters dafür gerichtet, daß tatsächlich andere als die in dem Urteil benannten und verkündeten Gründe zum Freispruch eines Zeugen (in einem früheren Verfahren) geführt haben. Denn die für die Verurteilung maßgeblichen Gesichtspunkte werden durch die verlesenen schriftlichen Gründe des strafrichterlichen Urteils belegt. Ob abweichend hiervon auch andere Erwägungen als die schriftlich festgehaltenen für das Urteil bestimmend gewesen sind, ist ähnlich den durch das Beratungsgeheimnis geschützten Vorgängen der Beweisaufnahme in einem anderen Verfahren grundsätzlich entzogen.[201]

3. Die Ablehnungsgründe des § 244 Abs. 3 Satz 2 StPO

a) Offenkundigkeit der Beweistatsache

Die Beweiserhebung ist zulässig, aber überflüssig, wenn mit ihr eine offenkundige Tatsache oder ihr Gegenteil bewiesen werden sollen. Die Ablehnung des Beweisantrages wegen Offenkundigkeit stellt eine **erlaubte Durchbrechung** des Verbots der Beweisantizipation dar.[202] Nach allgemeiner Auffassung ist Offenkundigkeit der Oberbegriff 76

198 Beispiel nach BGHR StPO § 244 Abs. 3 Satz 1 Unzulässigkeit 4, 7 und 12.

199 *Rissing-van Saan* MDR 1993, 310 f.; KK-*Herdegen* § 244 Rn. 67; *Kleinknecht/Meyer-Goßner* § 244 Rn. 49; LR-*Gollwitzer* § 244 Rn. 95.

200 BGHSt 39, 239, 240 f. = NJW 1993, 2758 = NStZ 1994, 80; BGH NJW 1998, 1234 = NStZ 1998, 524 m. zust. Anm. *Bottke* NStZ 1998, 526 = BGHR StPO § 22 Nr. 5 Dienstliche Erklärung 1.

201 BGHR StPO § 244 Abs. 3 Satz 1 Unzulässigkeit 10.

202 *Herdegen* NStZ 1998, 444, 446.

für Allgemeinkundigkeit und Gerichtskundigkeit, wobei sich die Offenkundigkeit sowohl auf Tatsachen als auch auf Erfahrungssätze und ihr jeweiliges Gegenteil beziehen kann.[203]

77 **aa) Allgemeinkundigkeit.** Allgemeinkundig sind Tatsachen und Erfahrungssätze, von denen verständige und erfahrene Menschen regelmäßig Kenntnis haben oder über die sie sich aus allgemein zugänglichen Erkenntnisquellen (Nachschlagewerken, Landkarten, Stadtpläne, Kalender, Zeitungen und Zeitschriften, elektronische Medien) ohne besondere Sachkunde unschwer und sicher unterrichten können. Die Allgemeinkundigkeit darf **örtlich, zeitlich und persönlich beschränkt** sein.[204] Als offenkundig in diesem Sinne dürfen neben allgemeinen wissenschaftlichen Erfahrungssätzen insbesondere allgemeinkundige Gegebenheiten der Außenwelt sowie bestimmte politische und historische Ereignisse (Beispiel: Massenmord an den Juden, begangen vor allem in den Gaskammern von Konzentrationslagern während des 2.Weltkrieges)[205] oder sonstige Ereignisse (Beispiel: Die Zugkatastrophe von Eschede ereignete sich am 3. Juni 1998) angesehen werden.

78 **bb) Gerichtskundigkeit.** Gerichtskundig sind Tatsachen und Erfahrungssätze, von denen der Richter im Zusammenhang mit seiner amtlichen Tätigkeit ohne die Benutzung privater Informationsquellen zuverlässige Kenntnis erlangt hat. Maßgeblich ist, daß die Kenntnis **in amtlicher Eigenschaft**, nicht notwendig im Zuge auch eigener Tätigkeit, erlangt worden ist.[206] Deshalb kann sich die Gerichtskundigkeit ohne weiteres auch aus anderen und von anderen Richtern geführten Verfahren ergeben, solange der erkennende Richter seine Kenntnis amtlich erlangt und die ihr zugrundeliegenden Tatsachen noch sicher in Erinnerung hat. Schlichte Aktenkenntnis steht dem nicht gleich.

79 **cc) Keine Offenkundigkeit für unmittelbar beweiserhebliche Tatsachen.** Unmittelbar beweiserhebliche Tatsachen, insbesondere Merkmale der verfahrensgegenständlichen Tat selbst, können nicht als allgemein- oder gerichtskundig behandelt werden. Über sie ist deshalb auch dann in jedem Falle Beweis zu erheben, wenn sie offenkundig sind. Denn die **Tatsachengrundlage für Schuld und Verurteilung** eines Angeklagten kann nur im Rahmen der Hauptverhandlung unter Beachtung der wesentlichen Verfahrensgrundsätze, nicht zuletzt der Unmittelbarkeit und des Anspruchs auf Gewährung rechtlichen Gehörs gewonnen werden. Die das gesamte Verfahren beherrschende Pflicht zur Erforschung der Wahrheit (§ 244 Abs. 2 StPO) wäre ansonsten verletzt. Beweisstoff und Beweisergebnis verdichten sich erst in der anschließenden Urteilsberatung.[207] Besonders anschaulich wird diese Einschränkung in einem Fall, in dem es für die Strafbarkeit auf den Inhalt einer Schrift ankommt. Von der Beweiserhebung darf hier nicht mit der Begründung abgesehen werden, daß die betreffende Schrift allgemeinkundig sei, weil ihr Inhalt in einer Zeitungs- oder Buchveröffentlichung authentisch wiedergegeben und damit jederzeit nachzulesen sei.[208]

80 **dd) Offenkundigkeit bei Kollegialgerichten.** Bei Kollegialgerichten setzt die Annahme von Gerichts- und von Allgemeinkundigkeit voraus, daß alle Richter über den ent-

---

[203] *Alsberg/Nüse/Meyer,* S. 531 ff.; KK-*Herdegen* § 244 Rn. 69; *Kleinknecht/Meyer-Goßner* § 244 Rn. 50; LR-*Gollwitzer* § 244 Rn. 227.

[204] BVerfGE 10, 177, 183 = NJW 1960, 31; BGHSt 6, 292, 293 = NJW 1954, 1656; BGHSt 26, 56, 59 = NJW 1975, 788; BGH NJW 1992, 2088; *Alsberg/Nüse/Meyer,* S. 535 ff.; LR-*Gollwitzer* § 244 Rn. 228 f.; KK-*Herdegen* Rn. 69; *Eisenberg* Rn. 19 ff.; *Kleinknecht/Meyer-Goßner* § 244 Rn. 51.

[205] BGHSt 40, 97, 99; BGHR StPO § 244 Abs. 3 Satz 2 Offenkundigkeit 1.

[206] BGHSt 6, 292, 294; 26, 56, 59; *Alsberg/Nüse/Meyer,* S. 545 ff.; KK-*Herdegen* § 244 Rn. 71; LR-*Gollwitzer* § 244 Rn. 230; *Eisenberg* Rn. 24 ff.; *Kleinknecht/-Meyer-Goßner* § 244 Rn. 52.

[207] BGHSt 6, 292, 295; *Alsberg/Nüse/Meyer,* S. 541 f., 548 ff.; *Kleinknecht/Meyer-Goßner* § 244 Rn. 51; KK-*Herdegen* § 244 Rn. 71; *Eisenberg* Rn. 207; LR-*Gollwitzer* § 244 Rn. 231.

[208] *Alsberg/Nüse/Meyer,* S. 542; LR-*Gollwitzer* § 244 Rn. 232.

sprechenden Kenntnisstand verfügen. Die Frage kann in der Praxis freilich nur für die Annahme der Voraussetzungen von Gerichtskundigkeit relevant werden. Nach zutreffender, aber nicht unumstrittener Ansicht genügt auch hier die Kenntnis eines Gerichtsmitgliedes, wenn sie an alle übrigen Mitglieder des Spruchkörpers vermittelt wird. Für die entsprechende Überzeugung des Gerichts genügt dann die Mehrheit seiner Mitglieder.[209]

ee) Erörterung in der Hauptverhandlung. Aus dem Anspruch auf Gewährung rechtlichen Gehörs (Art. 103 Abs. 1 GG i.V. m. § 261 StPO) folgt, daß als offenkundig behandelte Tatsachen und Erfahrungssätze grundsätzlich nur dann im Urteil verwertet werden dürfen, wenn sie als solche zuvor in der Hauptverhandlung **Gegenstand der Erörterung** – wenigstens eines gerichtlichen Hinweises – gewesen sind.[210] Für die Annahme der Gerichtskundigkeit ist dies zwingend, während für den Fall der Allgemeinkundigkeit ein Beruhen des Urteils ausgeschlossen sein wird, wenn es sich um „Selbstverständlichkeiten" gehandelt hat.[211] Die Erörterung gerichtskundiger Tatsachen in der Hauptverhandlung gehört nicht zu den wesentlichen Förmlichkeiten im Sinne von § 273 Abs. 1 StPO, deren Beobachtung das **Protokoll** ersichtlich machen muß.[212] 81

b) Bedeutungslosigkeit der Beweistatsache

Ist die zu beweisende Tatsache für die Entscheidung ohne Bedeutung, kann sie auf das Urteil keinerlei Einfluß ausüben. Die überflüssige Beweiserhebung würde nur das Verfahren verzögern, ohne daß die Sachaufklärung gefördert würde, wenngleich die Beweisaufnahme auch in diesen Fällen nicht unzulässig ist.[213] Die Bedeutungslosigkeit der Beweistatsache kann sich aus rechtlichen oder aus tatsächlichen Gründen ergeben. 82

Tatsachen können für das Urteil unmittelbar oder nur mittelbar von Bedeutung sein. In diesem Zusammenhang kann zwischen Haupttatsachen, indiziellen Tatsachen (Indizien) und Hilfstatsachen unterschieden werden.[214] Sachverhaltsmomente, die durch sich selbst die Strafbarkeit begründen oder ausschließen können, also insbesondere Umstände, die zum äußeren oder inneren Tatbestand der angeklagten Straftat selbst zählen (Beispiel: Wegnahme, Täuschungshandlung), sind **Haupttatsachen** und als solche unmittelbar beweiserheblich. Entsprechendes gilt für Umstände, die auf der Rechtswidrigkeits- oder Schuldebene gleichrangig mit Merkmalen des Tatbestandes über die Strafbarkeit entscheiden können. Hierzu zählen beispielsweise die tatsächlichen Voraussetzungen einer Notwehrlage oder eines Tatbestandsirrtums ebenso wie die Merkmale eines bestimmten Schuldausschließungsgrundes, namentlich einer etwaigen Schuldunfähigkeit, oder auch die Voraussetzungen eines Rücktritts vom Versuch und der tätigen Reue. Unmittelbar beweiserheblich sind auch Umstände, die für den Rechtsfolgenausspruch, etwa für die Anordnung einer Maßregel der Besserung und Sicherung, bedeutsam sind. 83

Für die Entscheidung von Bedeutung sind ferner Tatsachen, aus deren Vorliegen positive oder negative Schlüsse auf unmittelbar erhebliche (Haupt-)Tatsachen gezogen werden können. Unter diesen – nur mittelbar beweiserheblichen – **Indiztatsachen** kann wiederum zwischen **primären Indizien**, also Umständen, die vom Tatrichter als Vorgänge der Hauptverhandlung selbst wahrgenommen und im Urteil umschrieben werden müssen (Beispiel: Bekundungen und Verhalten von Zeugen und Sachverständigen; der

---

209 BGHSt 34, 209, 210 = NJW 1987, 600; *Kleinknecht/Meyer-Goßner* § 244 Rn. 53; *Alsberg/Nüse/Meyer*, S. 565 f.; LR-*Gollwitzer* § 244 Rn. 233; a. A. KK-*Herdegen* § 244 Rn. 72; *Eisenberg* Rn. 32.

210 BVerfGE 48, 206, 209; BGHSt 6, 292, 296; BGHR StPO § 261 Gerichtskundigkeit 1 und 2; BGHR § 261 Offenkundigkeit 1; BayObLG NJW 1995, 976; LR-*Gollwitzer* § 244 Rn. 34; KK-*Herdegen* § 234 Rn. 72; *Kleinknecht/Meyer-Goßner* § 244 Rn. 3, 50.

211 KK-*Herdegen* § 244 Rn. 72.

212 BGHSt 36, 354 ff. = NJW 1990, 1740; BayObLG NJW 1995, 976; KK-*Herdegen* § 244 Rn. 72; *Alsberg/Nüse/Meyer* S. 573.

213 *Alsberg/Nüse/Meyer*, S. 574 f.; SK-*Schlüchter*, § 244 Rn. 95.

214 Zur Typologie vgl. *Herdegen* § 244 Rn. 73 und *Alsberg/Nüse/Meyer*, S. 576 ff.

Inhalt bestimmter Urkunden, Augenscheinsobjekte oder das Agieren des Angeklagten) und **Hilfstatsachen** unterschieden werden. Als ein Unterfall der Indiztatsachen beziehen sich Hilfstatsachen nicht auf unmittelbar entscheidungserhebliche Tatsachen selbst, sondern auf den Beweiswert, betreffen also die Frage des Wertes des Beweismittels (Beispiel: Glaubwürdigkeit von Zeugen oder Echtheit von Urkunden), mit dem die unmittelbar beweiserheblichen Tatsachen bewiesen werden sollen.[215]

84 **aa) Bedeutungslosigkeit aus rechtlichen Gründen.** Aus Rechtsgründen sind Tatsachen bedeutungslos, die zwar grundsätzlich die Entscheidung beeinflussen könnten, diesen Einfluß aber nicht mehr ausüben können, weil es für die Entscheidung auf sie aus anderen Gründen rechtlich nicht mehr ankommt. So erübrigt sich die Beweisaufnahme über einen seitens des Angeklagten angebotenen Alibibeweis, wenn feststeht, daß einer Fortsetzung des Verfahrens und der Verurteilung des Angeklagten ein Verfahrenshindernis (Beispiel: fehlender Strafantrag, Verjährung oder die dauernde Verhandlungsunfähigkeit des Angeklagten) entgegensteht. Aus Rechtsgründen bedeutungslos können ferner Tatsachen sein, die keinerlei Relevanz im Hinblick auf den Tatbestand der dem Angeklagten konkret zur Last liegenden Tat aufweisen.[216]

85 **bb) Bedeutungslosigkeit aus tatsächlichen Gründen.** Aus tatsächlichen Gründen sind zunächst solche Tatsachen bedeutungslos, denen jeglicher Sachzusammenhang zum Gegenstand der Urteilsfindung fehlt. Der Sachzusammenhang fehlt, wenn die Beweistatsache für die Entscheidung schlechthin nicht in Betracht kommen kann. Der Ablehnungsgrund der Bedeutungslosigkeit deckt sich insoweit mit dem in § 245 Abs. 2 Satz 3 StPO ausdrücklich genannten (eingeschränkten) Begriff des fehlenden Sachzusammenhangs.[217]

86 Nach ständiger Rechtsprechung darf der Tatrichter darüber hinaus auch solche (Indiz-)Tatsachen als bedeutungslos im Sinne von § 244 Abs. 3 Satz 2 StPO ansehen, die selbst für den Fall ihres Erwiesenseins die Entscheidung nicht beeinflussen können, weil sie **nur mögliche, nicht aber zwingende Schlüsse zulassen** und das Gericht in freier Beweiswürdigung (§ 261 StPO) den (nur) möglichen Schluß nicht ziehen will, weil es ihn im Hinblick auf die gesamte Beweislage, namentlich unter **Berücksichtigung des bisherigen Beweisergebnisses**, für falsch hält. Ein Verstoß gegen das Verbot der Beweisantizipation liegt darin nicht, solange auf die Bedeutungslosigkeit der Beweistatsache selbst und nicht auf die Erfolgsaussichten des noch gar nicht erhobenen Beweises abgestellt wird, etwa mit der fehlerhaften Begründung, zur Überzeugung des Gerichts stehe bereits das Gegenteil der behaupteten Tatsache fest. Für die zulässige Ablehnung des Beweisantrags wegen Bedeutungslosigkeit ist deshalb wesentlich, daß bei der Prüfung weder die Wahrheit der Beweistatsache noch der Beweiswert des angebotenen Beweismittels in Frage gestellt wird, das Beweisthema vielmehr in seiner ganzen Tragweite, **ohne Einengung, Umdeutung oder Verkürzung**, gewürdigt wird. Das ist zulässig. Nicht die Beweistatsache als solche wird in Frage gestellt, sondern ihre Eignung für den vom Antragsteller gewünschten, jedoch nicht zwingenden Schluß.[218]

87 **cc) Erheblichkeitsprüfung.** Zur Durchführung der Erheblichkeitsprüfung ist die Beweistatsache so in den bereits gewonnenen Beweisstoff einzustellen, als sei sie mit dem benannten Beweismittel bereits erwiesen (**hypothetische Wahrunterstellung**). Anschließend muß die Frage beantwortet werden, ob durch die Einstellung die Sachverhaltsannah-

---

[215] KK-*Herdegen* § 244 Rn. 4 einerseits, *Alsberg/Nüse/Meyer*, S. 576 ff.; SK-*Schlüchter* § 244 Rn. 8 andererseits.

[216] *Alsberg/Nüse/Meyer*, S. 580 ff.; SK-*Schlüchter*, § 244 Rn. 97.

[217] *Alsberg/Nüse/Meyer*, S. 587 f.; *Eisenberg*, Rn. 211, 295.

[218] BGH NJW 1997, 2762; BGHR StPO § 244 Abs. 3 Satz 2 Bedeutungslosigkeit 2, 3, 4, 5, 7, 13 und 20; *Alsberg/Nüse/Meyer*, S. 588 f.; KK-*Herdegen*, § 244 Rn. 74; *Kleinknecht/Meyer-Goßner*, § 244 Rn. 56; *Eisenberg*, Rn. 211 f.

men und der Urteilsausspruch in relevanter Weise tangiert werden. Ist dies auszuschließen, darf der Beweisantrag wegen tatsächlicher Bedeutungslosigkeit abgelehnt werden.[219]

dd) Inhaltliche Anforderungen an die Ablehnungsbegründung. Nicht zuletzt zur Gewährleistung der revisionsgerichtlichen Überprüfung ergeben sich aus den dargestellten Voraussetzungen zwingende inhaltliche Anforderungen sowohl an den nach § 244 Abs. 6 StPO obligatorischen Ablehnungsbeschluß als auch an die Darstellung der Urteilsgründe. Nach ständiger Rechtsprechung muß der Beschluß, mit dem ein (unbedingter) Beweisantrag wegen Bedeutungslosigkeit der behaupteten Tatsache abgelehnt wird, die Erwägungen anführen, aus denen der Tatrichter ihr keine Bedeutung für den Schuld- oder Rechtsfolgenausspruch beimißt. Insbesondere muß aus ihm hervorgehen, ob diese Erwägungen **rechtlicher oder tatsächlicher Natur** sind. Wird die Unerheblichkeit – wie meist – aus tatsächlichen Umständen gefolgert, so müssen diese angegeben werden. Denn nur so werden Angeklagter und Verteidigung in die Lage versetzt, sich sachgemäß auf die durch die Antragsablehnung geschaffene Verfahrenslage einzurichten.[220] Einer Ablehnungsbegründung, die sich darauf beschränkt, den in § 244 Abs. 3 Satz 2 StPO enthaltenen Gesetzeswortlaut wörtlich wiederzugeben oder nur mit anderen Worten zu umschreiben, wird diesen Anforderungen grundsätzlich nicht gerecht, wenn nicht ausnahmsweise die Gründe und Erwägungen, die zur Ablehnung des Beweisantrags geführt haben, für die Verfahrensbeteiligten klar auf der Hand lagen.[221] War der Beweisantrag unbedingt gestellt, scheidet auch ein Nachschieben weiterer oder anderer Ablehnungsargumente für die Begründung der Bedeutungslosigkeit erst in den Urteilsgründen aus.[222] 88

ee) Urteilskongruenz und Hinweisverpflichtung. Sind Beweisanträge wegen Bedeutungslosigkeit abgelehnt worden, darf von dieser Wertung im Rahmen der **Urteilsgründe** nicht abgewichen werden, wenn dem Antragsteller nicht innerhalb der Hauptverhandlung ein entsprechender Hinweis erteilt worden ist. Denn das Gericht darf sich im Urteil nicht in Widerspruch zu seiner Ablehnungsbegründung nach § 244 Abs. 6 StPO setzen.[223] Eine Abweichung liegt auch vor, wenn das Gericht im Urteil die **Feststellung des Gegenteils** der unter Beweis gestellten Tatsachen zur Begründung des Schuldspruchs oder des Strafmaßes zum Nachteil des Angeklagten heranzieht und so von der Beurteilung einer unter Beweis gestellten Tatsache als bedeutungslos abweicht.[224] 89

c) Erwiesensein der Beweistatsache

Ist die Beweistatsache aufgrund des bisherigen Beweisergebnisses nach Auffassung des Gerichts bereits erwiesen, darf der Beweisantrag wegen Überflüssigkeit der Beweiserhebung abgelehnt werden. Dies verlangt in Grenzen eine **Beweisantizipation**. Sie ist nur im Hinblick auf die Beweistatsache selbst erlaubt. Die Ablehnung des Beweisantrags mit der Begründung, das Gegenteil der Beweistatsache stehe bereits fest, wäre deshalb wegen Verstoßes gegen das Verbot der Beweisantizipation unzulässig.[225] Dem Ablehnungsgrund kommt in der Praxis kaum Bedeutung zu, weil die Prozeßbeteiligten im allgemeinen keine Beweisanträge stellen oder aufrechterhalten werden, wenn das Gericht ihnen gegenüber signalisiert, daß es die in Rede stehenden Tatsachen bereits für erwiesen hält. In den verbleibenden Fällen ziehen die Tatgerichte schon wegen der Scheu vor aufwendigen 90

[219] KK-*Herdegen* § 244 Rn. 74.

[220] BGHR StPO § 244 Abs. 3 Satz 2 Bedeutungslosigkeit 1, 9, 11 und 15.

[221] BGHR StPO § 244 Abs. 3 Satz 2 Bedeutungslosigkeit 9, 12, 14: KK-*Herdegen* § 244 Rn. 75; *Alsberg/Nüse/Meyer*, S. 760 f.

[222] KK-*Herdegen* § 244 Rn. 75.

[223] BGHR StPO § 244 Abs. 3 Satz 2 Bedeutungslosigkeit 10, 22; KK-*Herdegen* § 244 Rn. 75; *Alsberg/Nüse/Meyer*, S. 593; *Eisenberg* Rn. 213.

[224] BGHR StPO § 244 Abs. 3 Satz 2 Bedeutungslosigkeit 18.

[225] *Eisenberg* Rn. 214; KK-*Herdegen* § 244 Rn. 76.

Differenzierungen die Ablehnung des Beweisantrags wegen Wahrunterstellung vor, auch wenn diese Vorgehensweise falsch ist.[226] Das Erwiesensein der Beweistatsache ist echter Ablehnungsgrund. Der Beweisantrag wird also nicht allein deshalb gegenstandslos, weil das Gericht die mit ihm behauptete Tatsache schon für erwiesen hält.

91 Eine Tatsache ist erwiesen, wenn das Gericht von ihrer Richtigkeit so überzeugt ist, daß es sie im Urteil ohne weitere Beweisaufnahme zugrunde legen will. Hieraus folgt, daß es auf eine etwaige Übereinkunft der übrigen Prozeßbeteiligten im Hinblick auf die „Richtigkeit" gewisser Tatsachen nicht ankommen kann. Demgegenüber ist nicht erforderlich, daß über die betreffende Tatsache bereits überhaupt eine Beweisaufnahme stattgefunden hat. Auch braucht die für erwiesen erachtete Tatsache nicht beweiserheblich zu sein. Darauf, daß der Beweisantrag in einem solchen Falle mit dem konkurrierenden Ablehnungsgrund der Bedeutungslosigkeit abgelehnt wird, besteht kein Anspruch.[227] Anders als in den Fällen der Wahrunterstellung darf das Gericht auch Tatsachen als erwiesen ansehen, die das Urteil zuungunsten des Antragstellers beeinflussen können. Insbesondere ist es ihm auch nicht verwehrt, aus einer zugunsten des Angeklagten unter Beweis gestellten Tatsache **Schlüsse zu seinem Nachteil** zu ziehen. Stellt der Angeklagte eine ihn belastende Tatsache unter Beweis, darf der Beweisantrag nur dann mit der Begründung abgelehnt werden, das Gericht halte die in ihm enthaltene Tatsache schon aufgrund der Antragstellung für erwiesen, wenn das Gericht auch sonst von der Wahrheit dieser Tatsache überzeugt ist.[228]

92 Erachtet das Gericht durch Beschluß eine unter Beweis gestellte Tatsache als erwiesen, so ist diese damit auch für das Urteil **bindend**. Das Gericht darf sich im Urteil zu ihr also nicht in Widerspruch setzen. Dazu gehört, daß die Tatsache in ihrer vollen, aus Sinn und Zweck sich ergebenden Bedeutung unverändert als erwiesen behandelt und nicht in unzulässiger Weise eingeengt wird. Denn was für den Ablehnungsgrund der Wahrunterstellung gilt, muß erst recht für die „Wissenserklärung" gelten, die behauptete Tatsache sei erwiesen. Maßgebend ist insoweit nicht der Wortlaut des Beweisantrages, sondern sein gegebenenfalls durch Auslegung zu ermittelnder Sinn und Zweck.[229]

d) Völlige Ungeeignetheit des Beweismittels

93 Die Beweisaufnahme kann auch deshalb nutzlos und damit überflüssig sein, weil das vom Antragsteller bezeichnete Beweismittel zur (weiteren) Sachaufklärung unter keinem Gesichtspunkt beitragen kann und deshalb – zumindest objektiv – auf eine bloße Prozeßverschleppung hinausläuft.[230] Völlig ungeeignet im Sinne von § 244 Abs. 3 Satz 2 StPO ist ein Beweismittel jedoch nur dann, wenn das Gericht **ohne jede Rücksicht auf das bisherige Beweisergebnis** die Prognose treffen kann, daß sich mit dem Beweismittel das im Beweisantrag in Aussicht gestellte Ergebnis „nach sicherer Lebenserfahrung" nicht erzielen läßt.[231] Die Wertung, ein Beweismittel sei für das Beweisergebnis völlig ungeeignet, enthält immer eine vorweggenommene Beweiswürdigung, weshalb an die Antragsablehnung wie in den anderen Fällen der (erlaubten) Durchbrechung des Verbots der Beweisantizipation ein **strenger Maßstab** anzulegen ist. Gerade beim Zeugen- und Sachverständigenbeweis wird häufig gegen diese Grundsätze durch die Annahme einer nur „relativen" Ungeeignetheit verstoßen.

---

226 *Alsberg/Nüse/Meyer*, S. 595 f.

227 *Alsberg/Nüse/Meyer*, S. 596.

228 *Alsberg/Nüse/Meyer*, S. 598; KK-*Herdegen* § 244 Rn. 76; SK-*Schlüchter* § 244 Rn. 99.

229 BGHR § 244 Abs. 3 Satz 2 erwiesene Tatsache 1 und 2.

230 BGHSt 14, 339, 342 = NJW 1960, 1582; *Alsberg/Nüse/Meyer*, S. 601; LR-*Gollwitzer* § 244 Rn. 276; KK-*Herdegen* § 244 Rn. 77.

231 BGHR StPO § 244 Abs. 3 Satz 2 Ungeeignetheit 4, 6, 12, 15, 16; zur völligen Ungeeignetheit polygraphischer Untersuchungsmethoden mittels Kontrollfragentests („Lügendetektor") nunmehr BGH NJW 1999, 657, 659 ff.

aa) Zeugenbeweis

Beispiel 22: Längst vergessen![232] 94

Der Verteidiger des Angeklagten A. beantragte in der Hauptverhandlung die Vernehmung von 15 Personen aus dem Heimatort des aus dem ehemaligen Jugoslawien stammenden A. dafür, daß sich A. ab dem 13. Juli 1997, also auch am 14. Juli 1997, nämlich dem Tag, an dem er die Tat in Frankfurt am Main begangen haben soll, in G. (Jugoslawien) aufgehalten hat. Der Schwager des A. werde bekunden, daß A. am 14. Juli 1997 mit ihm (dem Zeugen) Heu eingefahren und anschließend in seinem Hause gegessen habe.

Das Landgericht wies den Beweisantrag in der Hauptverhandlung vom 21. Oktober 1998 mit der Begründung zurück, die Zeugen seien ungeeignete Beweismittel, da auszuschließen sei, daß sie sich nach nunmehr fast eineinhalb Jahren noch an den exakten Zeitpunkt eines eher belanglosen Geschehens in ihrer Heimat erinnern könnten, zumal aufgrund der Erfahrungen der Kammer bis zur Vernehmung und Ladung der Zeugen im Wege der Rechtshilfe mindestens ein weiteres Jahr ins Land gehen werde. Im übrigen habe A. selbst bekundet, sich für die fragliche Zeit an keine besonderen Vorkommnisse erinnern zu können.

Die Ablehnung des Beweisantrags ist jedenfalls vom Ablehnungsgrund der völligen Ungeeignetheit nicht gedeckt. Wie sich bereits aus der Bedeutung des Begriffs „völlig ungeeignet“ ergibt, muß es sich um ein Beweismittel handeln, dessen Inanspruchnahme von vornherein als gänzlich nutzlos zu werten ist, so daß sich die Beweiserhebung im Ergebnis in einer reinen Förmlichkeit erschöpfen müßte. Die Wertung eines Beweismittels als nur „relativ“ ungeeignet, also die Annahme, seine Verwendung werde voraussichtlich oder wahrscheinlich für die Beweisfrage keine sicheren Schlüsse zulassen, ist deshalb nicht ausreichend.[233] Die absolute Untauglichkeit muß sich darüber hinaus **gerade aus dem Beweismittel** in Verbindung mit der Beweisbehauptung des Beweisantrags selbst ergeben. Sonstige Ergebnisse der Beweisaufnahme bleiben bei der Beurteilung dieser Frage ausgeschlossen. Nach zutreffender Ansicht kann die **Prognose fehlenden Erinnerungsvermögens** allein wegen Zeitablaufs nur in Extremfällen[234] die Ungeeignetheit des Zeugenbeweises rechtfertigen.[235] Hier ist zu berücksichtigen, daß dem Zeugen das Beweisthema häufig schon geraume Zeit vor der nunmehr anstehenden Vernehmung eröffnet worden sein kann, etwa durch den Beweisführer selbst oder im Rahmen einer ersten (polizeilichen) Befragung, so daß ihm spätestens ab diesem Zeitpunkt bekannt ist, daß es gerade auf sein Erinnerungsvermögen ankommen kann. Entsprechendes gilt, wenn sich der Zeuge hinsichtlich des Beweisthemas auf schriftliche Unterlagen stützen kann. Von wenigen eindeutigen Fällen der objektiven Ungeeignetheit abgesehen, wird die völlige Ungeeignetheit eines Zeugen auch in anderen Fällen kaum hinreichend zu begründen sein. Es versteht sich von selbst, daß ein aufgrund physischer Veranlagung oder einer bestimmten körperlichen oder geistigen Behinderung (Blindheit, Taubheit) zur uneingeschränkten sinnlichen Wahrnehmung nicht befähigter Zeuge nicht imstande sein kann, über Wahrnehmungen zu berichten, die die uneingeschränkte Wahrnehmungsfähigkeit voraussetzen.[236]

Im Rahmen des Zeugenbeweises besitzt der Ablehnungsgrund der Bedeutungslosigkeit demgegenüber praktische Relevanz, wenn mit der Beweisbehauptung **innere Tatsachen** als Zeugenwissen unter Beweis gestellt werden. Hier ist danach zu unterscheiden, ob mit dem Beweisantrag die innere Tatsache selbst oder – wenigstens auch – äußere und deshalb wahrnehmbare Umstände unter Beweis gestellt werden, deren Bekundung gegebenenfalls Schlußfolgerungen auf innere Vorgänge erlauben kann.[237] 95

---

232 Beispiel nach BGHR StPO § 244 Abs. 3 Satz 2 Ungeeignetheit 4.

233 *Alsberg/Nüse/Meyer*, S. 603; SK-*Schlüchter* § 244 Rn. 101.

234 BGHR StPO § 244 Abs. 3 Satz 2 Ungeeignetheit 11.

235 KK-*Herdegen* § 244 Rn. 77; HK-*Julius* § 244 Rn. 29; *Kleinknecht/Meyer-Goßner* § 244 Rn. 60; *Alsberg/Nüse/Meyer*, S. 615 ff.

236 *Alsberg/Nüse/Meyer*, S. 603 f.; HK-*Julius* § 244 Rn. 29.

237 BGHR StPO § 244 Abs. 3 Satz 2 Ungeeignetheit 1 einerseits, BGHR StPO § 244 Abs. 3 Satz 2 Ungeeignetheit 5, 10 andererseits; *Alsberg/Nüse/Meyer*, S. 604 f.; LR-*Gollwitzer* § 244 Rn. 282.

Beispiel 23: Rein zufällig![238]

In der Hauptverhandlung beantragte die Verteidigerin des Angeklagten A. zum Beweis der Tatsache, daß A. zum Zeitpunkt seiner Festnahme „rein zufällig in München war und mit der Tat, insbesondere der Übergabe des Heroins, überhaupt nichts zu tun hatte", die Vernehmung der Zeugen X., Y. und Z.

Das Gericht lehnte den Antrag wegen „Ungeeignetheit der Beweismittel" mit der Begründung ab, daß nicht ersichtlich sei, inwiefern die drei Zeugen Angaben zum subjektiven Vorstellungsbild des A. am Tage seiner Festnahme machen könnten.

Nach Auffassung des Bundesgerichtshofs liegt in der hier vom Gericht vorgenommenen Beschränkung der Beweisbehauptung auf das subjektive Vorstellungsbild des Angeklagten eine unzulässige Verkürzung der erkennbaren Zielrichtung seines Beweisantrags. Denn die Beweisbehauptung, der Angeklagte sei „rein zufällig" in München gewesen und habe mit dem Tatvorwurf „nichts zu tun", ziele neben subjektiven durchaus auch auf objektive Umstände, nämlich die Beteiligung des Angeklagten an dem in Rede stehenden Rauschmittelgeschäft, ab, zu deren Wahrnehmung und Bekundung die benannten Zeugen jedenfalls nicht von vornherein als ungeeignet hätten angesehen werden dürfen.

96 Hat ein Zeuge nach Erhalt der Ladung dem Gericht schriftlich mitgeteilt, daß er von seinem Recht zur **Zeugnisverweigerung gemäß § 52 StPO** Gebrauch machen will, darf ein auf seine Vernehmung gerichteter Beweisantrag nur dann wegen völliger Ungeeignetheit abgelehnt werden, wenn feststeht, daß die der Aussageverweigerung zugrunde liegende Willensbildung nicht durch einen Irrtum über deren Tragweite beeinflußt sein kann und deshalb die Möglichkeit besteht, daß der Zeuge bei Aufklärung des Irrtums aussagebereit wäre.[239] Diese Einschränkung gilt erst recht für einen Zeugen, der – ohne vorherige anwaltliche Beratung – dem Gericht gegenüber mitteilt, er werde von seinem umfassenden **Auskunftsverweigerungsrecht gemäß § 55 StPO** Gebrauch machen und in der Hauptverhandlung keine Angaben zur Sache machen. Der Beweisantrag auf Vernehmung des Zeugen darf wegen völliger Ungeeignetheit nur abgelehnt werden, wenn das Gericht die zweifelsfreie Überzeugung gewinnt, daß der Zeuge unter Berufung auf § 55 StPO keinerlei sachdienliche Angaben machen wird.[240] Dieser Überzeugung kann schon dann die Grundlage entzogen sein, wenn der Zeuge vor der Verhandlung widersprüchliche Angaben zu seiner Aussagebereitschaft gemacht hat, mag auch seine letzte Erklärung dahin gehen, keine Angaben zu machen.[241] Denn auch in diesem Fall ist nicht auszuschließen, daß sich der Zeuge nach einer umfassenden Belehrung in der Hauptverhandlung doch noch anders besinnt und Angaben zur Sache machen wird. Dies gilt auch dann, wenn ein nunmehr als Zeuge zu behandelnder früherer Angeklagter in dieser Eigenschaft Angaben zur Sache noch verweigert hatte.[242] Allein die Möglichkeit der Auskunftsverweigerung macht einen Zeugen in keinem Falle zu einem völlig ungeeigneten Beweismittel.[243]

97 **bb) Sachverständigenbeweis.** Besondere **Vorsicht** im Umgang mit dem Ablehnungsgrund der völligen Bedeutungslosigkeit ist auch bei dem in der Praxis beliebten Sachverständigenbeweis geboten. Einerseits darf der Beweisantrag hier mit der in der Tat häufig einschlägigen Begründung als bedeutungslos abgelehnt werden, daß dem Sachverständigen die für die Erstellung seines Gutachtens notwendigen **tatsächlichen Grundlagen** nicht verschafft werden können.[244] Andererseits kann ein Sachverständiger aber schon dann als geeignetes Beweismittel anzusehen sein, wenn er aufgrund vorhandener Anknüpfungspunkte zwar (noch) keine sicheren und eindeutigen Schlüsse ziehen kann,

---

238 Beispiel nach BGHR StPO § 244 Abs. 3 Satz 2 Ungeeignetheit 10.

239 BGHSt 21, 12 = NJW 1966, 742; BGHR StPO § 244 Abs. 3 Satz 2 Ungeeignetheit 9.

240 BGHSt 43, 321–335.

241 BGHR StPO § 244 Abs. 3 Satz 2 Unerreichbarkeit 17.

242 BGHR StPO § 244 Abs. 3 Satz 2 Ungeeignetheit 8.

243 KK-*Herdegen* § 244 Rn. 78.

244 BGHSt 14, 339, 342 f.; BGHR StPO § 244 Abs. 3 Satz 2 Ungeeignetheit 3, 6, 13.

seine Schlußfolgerungen und Erfahrungssätze die Beweisbehauptung aber wenigstens „mehr oder weniger wahrscheinlich erscheinen lassen" und das Gutachten deshalb unter Berücksichtigung des sonstigen Beweisergebnisses Einfluß auf die Überzeugungsbildung des Gerichts haben kann.[245] Ob das vorhandene Material (Beispiel: Lichtbilder von der Brandstelle;[246] Erkenntnisse aus einer früheren psychagogischen Behandlung der Belastungszeugin;[247] gegenwärtiger technischer Zustand einer Sache[248] oder Videomaterial einer Raumüberwachungskamera[249]) im Einzelfall dem Sachverständigen genügend Anknüpfungstatsachen wenigstens für ein Möglichkeits- oder Wahrscheinlichkeitsurteil bietet, darf nach ganz herrschender Meinung **im Wege des Freibeweises**, also auch unter Berücksichtigung des gesamten Akteninhalts, festgestellt werden.[250]

cc) Augenschein. Eine beantragte Augenscheinseinnahme ist als Beweismittel völlig ungeeignet, wenn sich ihr Objekt seit dem für die Tatfeststellung maßgeblichen Zeitpunkt derart verändert hat, daß eine Beweisführung infolge fehlender Rekonstruktionsmöglichkeit ausgeschlossen ist (Beispiel: Lichtverhältnisse am Tatort zur Tatzeit).[251] **98**

dd) Urkundenbeweis. Eine Urkunde ist als Beweismittel völlig ungeeignet, wenn nicht festgestellt werden kann, ob sie verändert oder verfälscht worden ist. Soll der Beweis mit einer Abschrift oder einer Kopie der Urkunde geführt werden, muß die **Übereinstimmung mit dem Original** feststehen.[252] „Unordentlich geführte" Geschäftsbücher scheiden als Beweismittel nur dann aus, wenn sich ihr fehlender Beweiswert zum Beleg geschäftlicher Vorgänge schon aus ihrem äußeren Zustand ohne weiteres ergibt.[253] **99**

e) Unerreichbarkeit des Beweismittels

Der praktisch nur für den Zeugenbeweis[254] relevante Ablehnungsgrund der Unerreichbarkeit stellt grundsätzlich eine faktische Beweisbeschränkung dar, während die Frage, welche Anstrengungen das Gericht zu unternehmen hat, damit ein Beweismittel als unerreichbar angesehen werden darf, rechtlicher Natur ist. Tatsächliche und rechtliche Begründung der Unerreichbarkeit greifen deshalb regelmäßig ineinander, so daß eine Differenzierung im Ergebnis kaum möglich, jedenfalls nicht sinnvoll ist.[255] Für einen **im Ausland zu ladenden Zeugen** ist vorrangig der durch Artikel 2 Nr. 4 des Gesetzes zur Entlastung der Rechtspflege vom 11. Januar 1993[256] neu geschaffene Ablehnungsgrund des **§ 244 Abs. 5 Satz 2 StPO** zu beachten. Liegen seine Voraussetzungen vor, befreit er das Gericht vom Verbot der Beweisantizipation und entlastet es von den schwierigen Anforderungen an den Ablehnungsgrund der Unerreichbarkeit im Sinne von § 244 Abs. 3 Satz 2 StPO. **100**

---

245 BGHR StPO § 244 Abs. 3 Satz 2 Ungeeignetheit 2, 7, 14, 16; zur völligen Ungeeignetheit polygraphischer Untersuchungsmethoden mittels Kontrollfragentests („Lügendetektor") nunmehr BGH NJW 1999, 657, 659 ff.; KK-*Herdegen* § 244 Rn. 79; LR-*Gollwitzer* § 244 Rn. 284; SK-*Schlüchter* § 244 Rn. 103 f.

246 BGHR StPO § 244 Abs. 3 Satz 2 Ungeeignetheit 2.

247 BGHR StPO § 244 Abs. 3 Satz 2 Ungeeignetheit 7.

248 BGHR StPO § 244 Abs. 3 Satz 2 Ungeeignetheit 14.

249 BGHR StPO § 244 Abs. 3 Satz 2 Ungeeignetheit 16 f.

250 BGHR StPO § 244 Abs. 3 Satz 2 Ungeeignetheit 14; *Alsberg/Nüse/Meyer,* S. 603; KK-*Herdegen* § 244 Rn. 79; *Kleinknecht/Meyer-Goßner* § 244 Rn. 59 a.

251 *Alsberg/Nüse/Meyer,* S. 609; *Eisenberg* Rn. 220.

252 *Alsberg/Nüse/Meyer,* S. 609; *Eisenberg* Rn. 220.

253 SK-*Schlüchter* § 244 Rn. 105; großzügiger demgegenüber *Alsberg/Nüse/Meyer,* S. 609 und KK-*Herdegen* § 244 Rn. 77.

254 Zur Unerreichbarkeit sonstiger Beweismittel. *Alsberg/Nüse/Meyer,* S. 634; SK-*Schlüchter* § 244 Rn. 117.

255 *Eisenberg,* Rn. 226; ähnlich *Alsberg/Nüse/Meyer,* S. 620.

256 BGBl. I S. 50, 51.

101 Ein Beweismittel ist unerreichbar, wenn es für die Hauptverhandlung nicht verfügbar ist, alle seiner Bedeutung angemessenen Versuche, es herbeizuschaffen, erfolglos geblieben sind und nach Sachlage keine begründete Aussicht besteht, es in absehbarer Zeit herbeizuschaffen. Die bloße Möglichkeit, daß das Beweismittel irgendwann einmal zur Verfügung stehen könnte, macht es nicht erreichbar.[257]

102 Nach ständiger Rechtsprechung darf ein **Zeuge** nur dann als unerreichbar angesehen werden, wenn der Tatrichter unter Beachtung der ihm obliegenden Aufklärungspflicht alle der Bedeutung des Zeugnisses entsprechenden Bemühungen zur Beibringung des Zeugen vergeblich entfaltet hat und keine begründete Aussicht besteht, daß der Zeuge in absehbarer Zeit als Beweismittel herangezogen werden kann. Die Entscheidung, ob diese Voraussetzungen gegeben sind, erfordert mangels eines allgemeingültigen Maßstabes im Einzelfall eine **Abwägung** der Bedeutung der Sache und Wichtigkeit der Zeugenaussage für die Wahrheitsfindung einerseits gegen das Interesse an einer reibungslosen und beschleunigten Durchführung des Verfahrens andererseits.[258] Das Vorliegen der Voraussetzungen ist in dem den Beweisantrag ablehnenden Beschluß darzulegen. Das bedeutet, daß das Gericht die Tatsachen anzuführen hat, aus denen es die Unerreichbarkeit herleitet. Inwieweit darüber hinaus auch die gerichtlichen Bemühungen zu schildern sind, ist erneut eine Frage des Einzelfalls. Eine generelle Verpflichtung zur Darstellung (z. B. polizeilicher Maßnahmen) besteht insoweit jedenfalls nicht.[259]

103 Ein Zeuge, dessen Aufenthalt bekannt ist, ist unerreichbar, wenn seine Vernehmung in absehbarer Zeit an **nicht zu beseitigenden Hindernissen** (vgl. § 251 Abs. 1 Nr. 2 StPO) scheitert. Ein solches Hindernis kann in der unabänderlichen Weigerung des Zeugen liegen, vor Gericht zu erscheinen, wenn sicher ist, daß sich der Zeuge nicht umstimmen lassen wird und sein Erscheinen nicht erzwungen werden kann.[260] Ein zum Erscheinen vor einem deutschen Gericht nicht bereiter Zeuge, dessen Erscheinen nicht erzwungen werden kann, weil er sich im Ausland aufhält und dort auch die Ladung zu bewirken wäre (Auslandszeuge), muß jedoch grundsätzlich – **gegebenenfalls im Wege der Rechtshilfe**[261] – geladen werden, wenn eine Ladung nicht ausnahmsweise als aussichts- und damit als zwecklos anzusehen ist.[262] Steht der im Ausland wohnende Zeuge, dessen Aufenthalt bekannt ist, für eine Vernehmung in der Hauptverhandlung nicht zur Verfügung, muß vor der Annahme von Unerreichbarkeit ferner geprüft werden, ob eine **kommissarische Vernehmung** durch den ersuchten Richter möglich und sinnvoll ist. Sie ist nur dann nutzlos und deshalb überflüssig, wenn von vornherein feststeht oder abzusehen ist, daß nur durch die Vernehmung des Zeugen vor dem erkennenden Gericht, etwa wegen der entscheidenden Bedeutung des **persönlichen Eindrucks** von dem Zeugen, die nach Sach- und Beweislage erforderliche Ausschöpfung des Beweismittels gewährleistet wird oder die notwendigen Anknüpfungstatsachen für die Beurteilung des Beweiswertes der Aussage erbracht werden können. Auch das Vorliegen dieser Voraussetzungen muß im Ablehnungsbeschluß hinreichend begründet werden.[263]

---

[257] LR-*Gollwitzer* § 244 Rn. 260; *Eisenberg* Rn. 225; SK-*Schlüchter* § 244 Rn. 107; *Kleinknecht/Meyer-Goßner* § 244 Rn. 62.

[258] BGHSt 22, 118, 120; 32, 68, 73; BGHR StPO § 244 Abs. 3 Satz 2 Unerreichbarkeit 1, 5, 6, 9, 11, 13, 16; SK-*Schlüchter* § 244 Rn. 110.

[259] BGHR StPO § 244 Abs. 3 Satz 2 Unerreichbarkeit 5.

[260] BGHR StPO § 244 Abs. 3 Satz 2 Unerreichbarkeit 9, 11, 13, 16.

[261] Zu den im vorliegenden Rahmen nicht zu bewältigenden Fragen nach der rechtlichen und technischen Durchführung der Ladung von Auslandszeugen im Wege der Rechtshilfe unter Berücksichtigung des am 1. März 1993 in Kraft getretenen Gesetzes zur Entlastung der Rechtspflege vom 11. Januar 1993 (BGBl. I S. 50 ff.) ausführlich *Rose*, wistra 1998, 11 ff.

[262] BGHR StPO § 244 Abs. 3 Satz 2 Unerreichbarkeit 9, 11, 12, 16; *Eisenberg* Rn. 229; KK-*Herdegen* § 244 Rn. 82; LR-*Gollwitzer* § 244 Rn. 266.

[263] BGHSt 22, 118, 122; BGHR StPO § 244 Abs. 3 Satz 2 Unerreichbarkeit 7 und 10; KK-*Herdegen* § 244 Rn. 83.

aa) Sperrerklärung. Lassen sich Name und Anschrift eines Zeugen (Informanten) nicht anderweitig feststellen, so kann und muß das Gericht von Polizei und Staatsanwaltschaft sowie von allen sonstigen öffentlichen Behörden diejenigen Auskünfte verlangen, die es zur Ermittlung der Beweisperson für erforderlich hält (§§ 161, 202, 244 Abs. 2 StPO). Die Auskunft darf – gegebenenfalls über § 110 b Abs. 3 StPO – nur dann in entsprechender Anwendung von § 96 StPO verweigert werden, wenn die **oberste Dienstbehörde** – in der Regel das Innenministerium[264] – erklärt, daß das Bekanntwerden ihres Inhalts dem Wohl des Bundes oder eines deutschen Landes Nachteile bereiten würde. Solange aber eine Sperrerklärung der obersten Dienstbehörde nicht vorliegt, darf ein Gewährsmann nicht als unerreichbares Beweismittel im Sinne von § 244 Abs. 3 Satz 2 StPO angesehen werden.[265] Die Annahme einer Unzulässigkeit der Beweiserhebung im Sinne von § 244 Abs. 3 Satz 1 StPO kommt nur in Betracht, wenn der Gewährsmann als Beamter oder als andere Person des öffentlichen Dienstes einer **Aussagegenehmigung** bedurft und die zuständige Behörde gemäß § 54 Abs. 1 StPO in Verbindung mit § 39 Abs. 3 BRRG die Genehmigung versagt hätte.[266] In beiden Fällen hat sich die zuständige Verwaltungsbehörde bei der Entscheidung darüber, ob die materiellen Voraussetzungen für die Versagung einer Aussagegenehmigung oder die Verweigerung einer Auskunft über die Personalien eines Zeugen gegeben sind, am Gebot rechtsstaatlicher Verfahrensgestaltung zu orientieren. Insbesondere die Bedeutung der gerichtlichen Wahrheitsfindung und das Gewicht des Freiheitsanspruchs des Angeklagten gebieten, daß auch die Exekutive in Anerkennung des Gewaltenteilungsgrundsatzes diese Belange bei ihrer Entscheidung mitberücksichtigt. Die Gründe einer eventuellen Auskunftsverweigerung sind deshalb von der Behörde verständlich zu machen, sofern nicht zwingende Gründe verbieten, dem Gericht eine vollständige Sachprüfung zu ermöglichen.[267] 104

Der Informant darf allerdings nicht stets schon dann als unerreichbar angesehen werden, wenn sich die Behörde weigert, ihn für die gerichtliche Vernehmung „freizugeben". Mit einer behördlichen Sperrerklärung darf sich das Gericht deshalb nicht in jedem Falle ohne weiteres abfinden. Vielmehr folgt aus § 244 Abs. 2 StPO die Verpflichtung, alle nach den Umständen gebotenen **Anstrengungen** zu entfalten, um das Vernehmungshindernis zu beseitigen. Hierzu gehört nicht nur, daß sich das Gericht nicht mit der Sperrerklärung einer nachgeordneten Dienstbehörde begnügen darf, sondern auch die Überprüfung, ob die behördliche Weigerung auf eine ausreichende Begründung gestützt worden ist. Hält sie das Gericht in tatsächlicher Hinsicht für unzureichend und rechtlich für fehlerhaft, muß es gegebenenfalls bei der obersten Dienstbehörde **Gegenvorstellung** erheben mit dem Ziel, die Behörde zu einer Überprüfung ihres Standpunktes zu veranlassen und sie vor die Alternative zu stellen, entweder die beanstandeten Mängel zu beheben oder die Sperrerklärung zurückzunehmen.[268] Die Gegenvorstellung darf aber unterbleiben, wenn sie sich als von vornherein aussichtslos darstellt.[269] 105

Das Gericht muß am Ende freilich auch eine nach seiner Auffassung unberechtigte Sperrerklärung hinnehmen, wenn es ihm trotz Entfaltung aller gebotenen Bemühungen nicht gelingt, ihre Rücknahme zu erwirken. Hat die Verwaltungsbehörde einen Zeugen für die Vernehmung in der Hauptverhandlung aus Gründen des § 96 StPO oder des § 54 StPO in Verbindung mit § 39 Abs. 3 BRRG deshalb **endgültig** gesperrt, ist der Zeuge als unerreichbar im Sinne von § 244 Abs. 3 Satz 2 StPO anzusehen. Seinem Erscheinen stehen dann „andere nicht zu beseitigende Hindernisse" entgegen (§ 223 Abs. 1 106

264 BGHSt 35, 82, 86.

265 BGHSt 30, 34, 35 f.; 35, 82, 85; BGHR StPO § 244 Abs. 3 Satz 2 Unerreichbarkeit 2; *Kleinknecht/Meyer-Goßner* § 96 Rn. 12, § 244 Rn. 66.

266 BGHSt 30, 34, 37; 32, 115, 123.

267 BGHSt 32, 115, 124 f.

268 BVerfGE 57, 288; BGHSt 29, 109, 113; 32, 115, 125 f.; 36, 159, 161 f.; BGHR StPO § 244 Abs. 3 Satz 2 Unerreichbarkeit 8; SK-*Schlüchter* § 244 Rn. 115.

269 BGHSt 36, 159, 162.

StPO).[270] Jedenfalls dann, wenn die Sperrerklärung „nicht willkürlich oder offensichtlich rechtsfehlerhaft" ist, dürfen nunmehr **sachfernere Beweismittel**, insbesondere die Vernehmung der Verhörspersonen über die Angaben des gesperrten Informanten, benutzt werden.[271]

107 **bb) Zusicherung der Vertraulichkeit.** Wird einem unbekannt gebliebenen Informanten von der Staatsanwaltschaft Vertraulichkeit zugesichert, macht ihn dies noch nicht zu einem unerreichbaren Beweismittel. Die auf diese Begründung gestützte Zurückweisung eines Beweisantrages auf Vernehmung eines V-Mannes mit der Begründung, der Informant könne nicht identifiziert werden, verstößt deshalb gegen § 244 Abs. 3 StPO. Denn die Zusicherung der Vertraulichkeit bindet allenfalls die Staatsanwaltschaft und die Polizei.[272] Für das Gericht hat sie keine Bedeutung. Innerhalb der durch die Anklage gezogenen Grenzen ist es vielmehr zur selbständigen Tätigkeit berechtigt und verpflichtet (§ 155 Abs. 2 StPO). Die Sperrerklärung behindert die Erforschung der Wahrheit und stellt daher einen Eingriff in den Gang der Rechtspflege dar. Sie muß deshalb auf Ausnahmefälle beschränkt bleiben. Lassen sich der Name und die Anschrift des Informanten nicht anders feststellen, muß das Gericht deshalb von allen öffentlichen Behörden – auch von der Staatsanwaltschaft und der Polizei – diejenigen **Auskünfte** verlangen, die es zur Ermittlung der Beweisperson für erforderlich hält (§§ 161, 202, 244 Abs. 2 StPO). Die Auskunft darf entsprechend § 96 StPO nur verweigert werden, wenn die oberste Dienstbehörde – wenn auch nicht notwendig durch den Minister (Senator) persönlich – erklärt, daß das Bekanntwerden ihres Inhalts dem Wohl des Bundes oder eines deutschen Landes Nachteile bereiten würde. Die Entscheidung einer nachgeordneten Behörde reicht in keinem Falle aus; das gilt auch für die Staatsanwaltschaft. Solange eine entsprechende Erklärung nicht vorliegt, darf der Gewährsmann nicht als unerreichbares Beweismittel im Sinne des § 244 Abs. 3 Satz 2 StPO angesehen werden.[273]

f) Verschleppungsabsicht

108 Als selbständiger Ablehnungsgrund im Rahmen des § 244 Abs. 3 Satz 2 StPO erlaubt und verlangt die Annahme eines „zum Zweck der Prozeßverschleppung" gestellten Beweisantrages die Durchbrechung des Verbots der Beweisantizipation.[274] Ungeachtet dessen spielt der Ablehnungsgrund in der Praxis aufgrund strenger Begründungsanforderungen der Revisionsgerichte nahezu keine Rolle mehr, was zur Entwicklung von **Surrogatinstituten** (Beweisermittlungsantrag) beigetragen haben mag.[275]

109 **aa) Objektive Voraussetzung.** Die Ablehnung des Beweisantrages wegen Prozeßverschleppung setzt als objektives Kriterium nach der Rechtsprechung des Bundesgerichtshofs voraus, daß durch die Erledigung des Beweisbegehrens eine „nicht nur unerhebliche" bzw. „wesentliche" **Verzögerung** des Verfahrens eintreten würde.[276] Hiervon wird man mit der herrschenden Meinung im Schrifttum sprechen dürfen, wenn aufgrund der Beweiserhebung das Verfahren entweder nach § 228 Abs. 1 StPO ausgesetzt oder nach § 229 Abs. 2 StPO unterbrochen werden müßte.[277]

---

270 BGHSt 32, 115, 126 f.

271 BGHSt 36, 159, 162 f.; SK-*Schlüchter* § 244 Rn. 115.

272 Vgl. Nr. 4 der Gemeinsamen Richtlinien über die Inanspruchnahme von Informanten sowie über den Einsatz von Vertrauenspersonen und Verdeckten Ermittlern, abgedruckt bei *Kleinknecht/Meyer-Goßner* Anhang 15 Anlage D.

273 BGHSt 35, 82, 85; KK-*Herdegen* § 244 Rn. 84; SK-*Schlüchter* § 244 Rn. 115.

274 BGHSt 21, 118, 120 f.; BGHR StPO § 244 Abs. 3 Satz 2 Prozeßverschleppung 3; *Kleinknecht/Meyer-Goßner* § 244 Rn. 68.

275 KK-*Herdegen* § 244 Rn. 86; ähnlich *Eisenberg* Rn. 235.

276 BGH NJW 1958, 1789; BGHR StPO § 244 Abs. 3 Satz 2 Prozeßverschleppung 2, 3, 6, 7.

277 SK-*Schlüchter* § 244 Rn. 118; *Kleinknecht/Meyer-Goßner* § 244 Rn. 67; ähnlich *Eisenberg* Rn. 236; *Alsberg/Nüse/Meyer*, S. 639 f.; a. A. BGHSt 21, 118; 29, 149, 151: Verzögerung des Verfahrens-

bb) Subjektive Voraussetzungen. In subjektiver Hinsicht verlangt der Ablehnungsgrund zweierlei: Der Antragsteller muß sich der wesentlichen Verfahrensverzögerung bewußt sein und den Beweisantrag **ausschließlich** deswegen gestellt haben. Auf seiten des Tatgerichts muß die Überzeugung hinzukommen, daß von der beantragten Beweiserhebung **keinerlei Ergebnis** oder nichts Sachdienliches zu erwarten ist.[278] Beide Prognosen können nur auf der Grundlage einer vorweggenommenen Würdigung des Beweisergebnisses getroffen werden.[279] Das Vorliegen der subjektiven Voraussetzungen auf Antragstellerseite muß vom Tatgericht **zweifelsfrei nachgewiesen** werden. Hat der Verteidiger den Beweisantrag gestellt, kommt es auf *seine* Absichten unabhängig von den Vorstellungen des Angeklagten an.[280] 110

Die Feststellung der Verschleppungsabsicht kann regelmäßig nur aus Beweisanzeichen (Indizien) gefolgert werden, wobei das gesamte bisherige Prozeßverhalten nicht nur in die Beurteilung miteinbezogen, sondern seinerseits indiziell für oder auch gegen eine Verschleppungsabsicht sprechen kann.[281] Allein aus dem Umstand einer **späten Antragstellung** darf nicht auf Verschleppungsabsicht geschlossen werden. Dies folgt bereits daraus, daß der Beweisantrag zu jedem Zeitpunkt der Hauptverhandlung bis zum Beginn der Urteilsverkündung, gegebenenfalls also auch noch nach abgeschlossener Beratung in einem gesondert anberaumten Verkündungstermin, gestellt werden darf. Eine Ablehnung des Beweisantrages wegen Verspätung kommt bis zu diesem Zeitpunkt auch bei „grober Nachlässigkeit" nicht in Betracht (§ 246 Abs. 1 StPO).[282] Dies schließt jedoch nicht aus, daß in diesem Fall weitere Indizien für eine Prozeßverschleppung sprechen können.[283] Maßgeblicher Zeitpunkt für die Überzeugung des Gerichts vom Vorliegen der subjektiven Voraussetzungen der Verschleppungsabsicht ist derjenige der Beschlußfassung nach § 244 Abs. 6 StPO.[284]

cc) Anforderungen an die Ablehnungsbegründung. Den strengen Anforderungen an das Vorliegen der Verschleppungsabsicht entspricht der Aufwand, mit dem das Gericht den Ablehnungsgrund gemäß § 244 Abs. 6 StPO zu begründen hat. Objektive Verfahrensverzögerung, insbesondere die Indizien, aus denen das Gericht den Nachweis für das Vorliegen der Absicht des Antragstellers als geführt ansieht, daß mit dem Beweisantrag ausschließlich eine Verfahrensverzögerung bezweckt wird, sind in den Beschlußgründen **eingehend darzulegen** und gegebenenfalls für jede einzelne beantragte Beweiserhebung unter Berücksichtigung von Umständen, die gegen eine Verschleppungsabsicht sprechen könnten, abzuwägen. Ein Nachschieben von Gründen erst in den Urteilsgründen zur Behebung von Mängeln des Ablehnungsbeschlusses scheidet aus.[285] 111

dd) Besonderheiten beim Hilfsbeweisantrag. Soll ein regelmäßig erst im Schlußvortrag (§ 258 Abs. 1 StPO) beantragter Hilfsbeweisantrag wegen Verschleppungsabsicht ab- 112

---

abschlusses auf „unbestimmte Zeit"; nach KK-*Herdegen* § 245 Rn. 87 soll unter Hinweis auf § 245 Abs. 2 Satz 3 StPO sogar „jede Verzögerung" genügen.

278 BGHSt 29, 149, 151; BGHR StPO § 244 Abs. 3 Satz 2 Prozeßverschleppung 3, 6, 7; *Kleinknecht/Meyer-Goßner* § 244 Rn. 68; KK-*Herdegen* § 244 Rn. 88.

279 BGHSt 21, 118, 120 f.; BGHR StPO § 244 Abs. 3 Satz 2 Prozeßverschleppung 3; KK-*Herdegen* § 244 Rn. 88.

280 BGHSt 21, 118, 121; BGHR StPO § 244 Abs. 3 Satz 2 Prozeßverschleppung 8; KK-*Herdegen* § 244 Rn. 88.

281 BGHR StPO § 244 Abs. 3 Satz 2 Prozeßverschleppung 1, 2, 3; *Eisenberg* Rn. 239; KK-*Herdegen* § 244 Rn. 89; SK-*Schlüchter* § 244 Rn. 119.

282 BGHR StPO § 244 Abs. 3 Satz 2 Prozeßverschleppung 3; SK-*Schlüchter* § 244 Rn. 118; KK-*Herdegen* § 244 Rn. 89.

283 BGHR StPO § 244 Abs. 3 Satz 2 Prozeßverschleppung 3; *Kleinknecht/Meyer-Goßner* § 244 Rn. 68; *Basdorf* StV 1995, 310, 317.

284 SK-*Schlüchter* § 244 Rn. 120; *Kleinknecht/Meyer-Goßner* § 244 Rn. 68.

285 BGHSt 29, 149, 151 f.; KK-*Herdegen* § 244 Rn. 90; SK-*Schlüchter* § 244 Rn. 120; *Eisenberg* Rn. 240.

gelehnt werden, darf die Ablehnung ausnahmsweise nach ständiger Rechtsprechung und herrschender Auffassung im Schrifttum nicht den Urteilsgründen überlassen werden.[286] Denn dem Antragsteller muß in diesem Fall Gelegenheit gegeben werden, den Vorwurf, er habe den Antrag nur in Verschleppungsabsicht gestellt, zu entkräften oder die ihm sonst infolge der Ablehnung notwendig erscheinenden Maßnahmen – z. B. durch die Wiederholung des abgelehnten Beweisantrages mit neuer, umfassenderer Begründung – zu ergreifen. Hierbei ist es gleichgültig, ob der Hilfsbeweisantrag vom Verteidiger oder vom Angeklagten selbst gestellt worden ist.

g) Wahrunterstellung

113 Der in der Praxis beliebte Ablehnungsgrund der Wahrunterstellung dient in erster Linie der Prozeßbeschleunigung. An die Stelle der an sich gebotenen Beweiserhebung tritt die **Fiktion** ihres Gelingens, womit die Beweiserhebung überflüssig wird. Als eine Art gerichtlicher Willenserklärung verbindet die Wahrunterstellung die Ablehnung des Beweisantrags mit der Zusage, die den Angeklagten **entlastende Beweistatsache** so zu behandeln, als sei sie wahr.[287] Mit der widerstreitenden und grundsätzlich vorrangigen Aufklärungspflicht (§ 244 Abs. 2 StPO) ist dies jedenfalls im Grundsatz nur vereinbar, wenn entscheidungserhebliche Entlastungstatsachen, die durch die (weitere) Beweisaufnahme durchaus noch widerlegt werden könnten, nur dann als wahr unterstellt werden, wenn die zugunsten des Antragstellers im Beweisantrag behauptete Tatsache nach der Prognose des Gerichts ohnehin nicht zu widerlegen sein wird.[288] Der Sache nach kann die Wahrunterstellung deshalb auch als **Vorwegnahme des Zweifelssatzes „in dubio pro reo“** begriffen werden, mit der in Richtung auf entlastende Beweistatsachen die aus § 244 Abs. 2 StPO resultierenden Grenzen im Interesse der Verfahrensökononie „behutsam“ überschritten werden dürfen, wenn keine „prozeßentscheidende, obgleich erhebliche Tatsache“ als wahr unterstellt werden soll.[289]

114 Aus sachlogischen Gründen scheidet die Wahrunterstellung aus, wenn die als wahr zu unterstellende Tatsache für die Entscheidung nicht erheblich ist. Denn die Unterstellung einer Tatsache als wahr, auf die es für das Urteil nicht ankommt, ergibt nicht nur keinen Sinn, sondern verletzt den Antragsteller gegebenenfalls in seinen Verteidigungsinteressen, weil er durch die fehlerhafte Anwendung des Ablehnungsgrundes in die Irre geführt werden kann.[290] Einschlägig für **unerhebliche Tatsachen** ist der Ablehnungsgrund der (rechtlichen oder tatsächlichen) Bedeutungslosigkeit. Der dort geforderten Begründungsverpflichtung darf sich das Gericht nicht durch Wahrunterstellungen (vermeintlich) unerheblicher Tatsachen entziehen.[291]

115 Andererseits kann jedoch die Wahrunterstellung nicht automatisch auch die Zusage beinhalten, daß eine indizielle Tatsache auch endgültig als potentiell erheblich angesehen wird. Es ist deshalb grundsätzlich unschädlich, wenn das Gericht als wahr unterstellte Indiztatsachen im Ergebnis, nämlich in der Urteilsberatung und im Urteil selbst, doch wie unerhebliche Tatsachen behandelt.[292] Vom **Wechsel in der Bewertung** einer entsprechenden Beweisbehauptung braucht der (verteidigte[293]) Angeklagte deshalb nach zutref-

---

[286] BGHSt 22, 124, 125 = NJW 1968, 1339; NStZ 1986, 372; StV 1986, 418; 90, 394; *Kleinknecht/Meyer-Goßner* § 244 Rn. 44 a; *Schlothauer* StV 1988, 543; kritisch für die Anerkennung dieser Ausnahme dagegen KK-*Herdegen* § 244 Rn. 50 a; *Schrader* NStZ 1994, 225.

[287] *Alsberg/Nüse/Meyer*, S. 651, 668; *Eisenberg* Rn. 241.

[288] *Eisenberg* Rn. 242; SK-*Schlüchter* § 244 Rn. 124.

[289] KK-*Herdegen* § 244 Rn. 91; ähnlich SK-*Schlüchter* § 244 Rn. 123.

[290] *Dahs/Dahs* Rn. 340.

[291] *Alsberg/Nüse/Meyer*, S. 655 f.; KK-*Herdegen* § 244 Rn. 92.

[292] BGH NJW 1961, 2069 f.; BGHR StPO § 244 Abs. 3 Satz 2 Wahrunterstellung 20; *Kleinknecht/Meyer-Goßner* § 244 Rn. 70; KK-*Herdegen* § 244 Rn. 92; *Alsberg/Nüse/Meyer*, S. 656 f.; *Eisenberg* Rn. 243.

[293] Mit dieser Einschränkung *Eisenberg* Rn. 249 f.

fender Ansicht in der Regel nicht unterrichtet zu werden.[294] Eine **Hinweisverpflichtung** im Hinblick auf einen Beurteilungswechsel kann jedoch im Einzelfall geboten sein, wenn naheliegt, daß der Angeklagte wegen der Wahrunterstellung davon abgesehen hat, weitere Beweisanträge zu einem Thema zu stellen, das mit der als wahr unterstellten Tatsache im Zusammenhang steht und das – im Gegensatz zur als wahr unterstellten Tatsache – für die Entscheidung möglicherweise von Bedeutung ist.[295]

Die Beweisbehauptung muß nach ständiger Rechtsprechung so ausgelegt werden, 116
daß ihre volle, sich aus Sinn und Zweck des Beweisantrags ergebende Bedeutung ausgeschöpft wird und die als wahr unterstellte Tatsache **ohne jede Einengung, Umdeutung oder sonstige inhaltliche Änderung** erfaßt wird.[296] Behauptet der Antragsteller Tatsachen, die außerhalb eines bestimmten Beweismittels liegen, muß dem durch das Gericht Rechnung getragen werden. Es stellt deshalb im allgemeinen eine unzulässige Einengung der Beweisbehauptung dar, wenn insbesondere eine in das Wissen eines Zeugen gestellte Tatsache dadurch relativiert wird, daß sie lediglich als Bekundung des Zeugen behandelt und als solche als wahr unterstellt wird.[297] Etwas anderes gilt hier nur dann, wenn der Beweisantrag gerade die Behauptung enthält, der Zeuge werde eine bestimmte Äußerung oder Bewertung abgeben, denn in diesem Fall geht es nach dem Willen des Antragstellers nur um die Tatsache des Bekundens durch den benannten Zeugen selbst und nicht um die objektive Richtigkeit des Inhalts seiner Aussage.[298]

Soll mit dem Beweisantrag die **Glaubwürdigkeit eines Belastungszeugen** oder Mit- 117
angeklagten mit Beweisbehauptungen in Frage gestellt werden, die der Zeuge oder Mitangeklagte bestreitet, wird sich regelmäßig ein zutreffendes Bild von der Beweisperson nur dadurch gewinnen lassen (§ 244 Abs. 2 StPO), daß über diese Tatsachen Beweis erhoben wird. Die Beweistatsachen dürfen deshalb nicht ohne weiteres als wahr unterstellt werden.[299]

Im Hinblick auf die Tragweite der Wahrunterstellung kommt es ausschließlich auf 118
die Beweistatsache selbst und nicht darauf an, welche **Schlüsse** aus ihr vom Gericht im Rahmen seiner Beweiswürdigung gezogen werden.[300] Ungeachtet dessen laufen jedoch Revisionsangriffe regelmäßig auf die Beanstandung hinaus, das Tatgericht habe aus den als wahr unterstellten Beweisbehauptungen nicht die von der Verteidigung erstrebten, für den Angeklagten günstigen Schlüsse gezogen. Dies kann mit der Revision aus Rechtsgründen nicht gerügt werden. Im übrigen besagt die Tatsache, daß das Gericht aus den als wahr unterstellten Beweisbehauptungen im Urteil nicht die von der Verteidigung erstrebten Schlüsse gezogen hat, nicht, daß das Gericht die Beweisbehauptungen damit als unerheblich gewertet hätte. Denn im Rahmen der Beweiswürdigung sind auch solche Tatsachen als erheblich anzusehen, die den Angeklagten nicht zwingend entlasten, sondern nur einen Schluß in diese Richtung möglich machen.[301]

Ob sich demgegenüber der Tatrichter im Urteil ausdrücklich mit als wahr unterstellten 119
Hilfstatsachen auseinandersetzen muß, hängt – wie auch sonst – davon ab, ob die üb-

294 BGHR StPO § 244 Abs. 3 Satz 2 Wahrunterstellung 20; *Kleinknecht/Meyer-Goßner* § 244 Rn. 70; KK-*Herdegen* § 244 Rn. 92; *Alsberg/Nüse/Meyer*, S. 658; a. A. SK-*Schlüchter* § 244 Rn. 132; LR-*Gollwitzer* § 244 Rn. 255; KMR-*Paulus* § 244 Rn. 451; *Dahs/Dahs* Rn. 244.

295 BGHSt 30, 383, 385; kritisch zur Anerkennung dieser Ausnahme KK-*Herdegen* § 244 Rn. 92; *Eisenberg* Rn. 245; *Kleinknecht/Meyer-Goßner* § 244 Rn. 70.

296 BGHR StPO § 244 Abs. 3 Satz 2 Wahrunterstellung 4, 6, 8, 17, 18, 21, 23, 27.

297 BGHR StPO § 244 Abs. 3 Satz 2 Wahrunterstellung 6.

298 BGHR StPO § 244 Abs. 3 Satz 2 Wahrunterstellung 20, 25; KK-*Herdegen* § 244 Rn. 94; *Alsberg/Nüse/Meyer*, S. 676.

299 BGHR StPO § 244 Abs. 3 Satz 2 Wahrunterstellung 1, 26, 31; *Alsberg/Nüse/Meyer*, S. 672; *Eisenberg* Rn. 248; LR-*Gollwitzer* § 244 Rn. 253.

300 BGHR StPO § 244 Abs. 3 Satz 2 Wahrunterstellung 21; KK-*Herdegen* § 244 Rn. 93; *Alsberg/Nüse/Meyer*, S. 684 f.; SK-*Schlüchter* § 244 Rn. 128.

301 BGH StV 1985, 267.

rigen Feststellungen zu einer Auseinandersetzung drängen.[302] Eine Stellungnahme ist erforderlich, wenn nicht ohne weiteres zu ersehen ist, wie Beweiswürdigung und Wahrunterstellung miteinander in Einklang gebracht werden können, oder wenn ohne ausdrückliche Erörterung der als wahr unterstellten Tatsachen die Überlegungen zur Beweiswürdigung **lückenhaft** sind.[303]

4. Die Ablehnung des Sachverständigenbeweises nach § 244 Abs. 4 StPO

a) Sachkunde des Gerichts (§ 244 Abs. 4 Satz 1 StPO)

120 Neben den in § 244 Abs. 3 StPO enthaltenen Gründen kann das Gericht Beweisanträge auf Vernehmung eines Sachverständigen auch wegen vorhandener eigener Sachkunde ablehnen. § 244 Abs. 4 StPO ersetzt also nicht die Ablehnungsgründe des § 244 Abs. 3 StPO, sondern tritt zu ihnen hinzu. Woher das Gericht im Falle des § 244 Abs. 4 Satz 1 StPO die eigene Sachkunde bezieht und auf welche Weise (dienstlich oder außerdienstlich; früheres Sachverständigengutachten) es sie erlangt hat, ist gleichgültig, solange die Sachkunde nicht unter Verstoß gegen **zwingendes Verfahrensrecht**, etwa durch (fernmündliche) Befragung eines Sachverständigen außerhalb der Hauptverhandlung im Wege des Freibeweises,[304] gewonnen worden ist.[305] Bei Kollegialgerichten ist wie beim Ablehnungsgrund der Offenkundigkeit ausreichend, wenn ein Mitglied des Gerichts (Richter oder Schöffe) die Sachkunde besitzt und sie den anderen vermittelt.[306]

121 Die Beurteilung der in Beweisanträgen immer wieder thematisierten **Glaubwürdigkeit von Zeugen** ist grundsätzlich dem Tatrichter anvertraut. Er darf sich deshalb bei der Beurteilung regelmäßig eigene Sachkunde zutrauen. Dies gilt nicht nur bei erwachsenen Zeugen, sondern regelmäßig auch für die **Aussage eines Kindes** oder eines jugendlichen Zeugen. Die Heranziehung eines psychologischen Sachverständigen ist in diesen Fällen nur dann geboten, wenn der zur Aburteilung stehende Sachverhalt ausnahmsweise solche **Besonderheiten** aufweist, die Zweifel daran aufkommen lassen können, ob die Sachkunde auch zur Beurteilung der Glaubwürdigkeit unter den gegebenen besonderen Umständen ausreicht.[307] Als solche Ungewöhnlichkeiten kommen insbesondere Eigenarten **in der Person** des Zeugen oder aber **in dem zu erforschenden Erlebnis** in Betracht. Zu ersteren können Hinweise auf geistige Erkrankungen, Aussageuntüchtigkeit aufgrund besonderer Jugend oder mangelnder geistiger Begabung und Reifedefizite, frühzeitige heterosexuelle oder gleichgeschlechtliche Erfahrungen, Drogen- oder Alkoholproblematiken sowie allgemein ein ungewöhnliches Verhalten oder Erscheinungsbild gehören. Die Beiziehung eines Sachverständigen kann im übrigen zur Konkretisierung von Tatvorwürfen nach Ort, Zeit und Art ihrer Begehung geboten sein.[308] Die gerichtliche Sachkunde wird oftmals auch dann nicht ausreichen, wenn nicht nur die gegenwärtige Glaubwürdigkeit eines Zeugen, sondern seine Wahrnehmungsfähigkeit, sein Erinnerungsvermögen an einen länger zurückliegenden Zeitraum und seine Zuverlässigkeit in Rede stehen, zumal dann, wenn Erlebnisse aus frühester Jugend zu schildern

---

302 BGHSt 28, 310, 311 f.; BGHR StPO § 244 Abs. 3 Satz 2 Wahrunterstellung 2, 5, 30; SK-*Schlüchter* § 244 Rn. 128 a; *Kleinknecht/Meyer-Goßner* § 244 Rn. 71; *Alsberg/Nüse/Meyer*, S. 686 f.; a. A. KK-*Herdegen* § 244 Rn. 96.

303 BGHR StPO § 244 Abs. 3 Satz 2 Wahrunterstellung 3, 5, 12, 13, 30.

304 BGHR StPO § 244 Abs. 4 Strengbeweis 1; *Alsberg/Nüse/Meyer*, S. 699; KK-*Herdegen* § 244 Rn. 27.

305 *Eisenberg* Rn. 253; *Kleinknecht/Meyer-Goßner* § 244 Rn. 73; KK-*Herdegen* Rn. 27 ff., 98 f.; SK-*Schlüchter* § 244 Rn. 133 ff.; LR-*Gollwitzer* § 244 Rn. 298 ff.

306 *Alsberg/Nüse/Meyer*, S. 714; KK-*Herdegen* § 244 Rn. 27.

307 BGHSt 8, 130, 131; 23, 8, 12; BGHR StPO § 244 Abs. 4 Satz 1 Sachkunde 6; BGHR StPO § 244 Abs. 4 Satz 1 Glaubwürdigkeitsgutachten 2, 5; KK-*Herdegen* § 244 Rn. 31; *Eisenberg* Rn. 1520, 1860 ff.

308 BGHR StPO § 244 Abs. 4 Satz 1 Sachkunde 6.

sind.[309] Weitere Kriterien können Hinweise auf ein Motiv zur Falschbezichtigung,[310] Widersprüchlichkeiten und Lügen bei Vernehmungen oder sonstigen Angaben[311] sowie eingeschränkt auch fehlende Auffälligkeiten des Opfers bei länger andauernden Zeiträumen[312] und mögliche Beeinflussung des Aussageinhalts durch ungeschickte Befragungen durch Erwachsene[313] sein. Maßgeblich bleibt immer die Beurteilung des Einzelfalles. So können Fallbesonderheiten der geschilderten Art in ihrer Bedeutung zurücktreten, wenn zusätzlich nachgewiesene Tatsachen für oder gegen die Richtigkeit einer Aussage sprechen.[314] Die besondere Sachkunde eines Psychiaters wird in der Regel benötigt, wenn ein Zeuge an einer **geistigen Erkrankung** leidet, die sich auf seine Aussagetüchtigkeit auswirken kann. Denn die Beurteilung krankhafter Zustände setzt medizinische Kenntnisse voraus, die ein Psychologe nicht besitzt.[315]

Stellt das Gericht auf Umstände ab, die dem zuvor gehörten Sachverständigen **unbekannt geblieben** sind und zu denen er sich aus diesem Grund nicht äußern konnte, ist es grundsätzlich im Interesse einer umfassenden Sachaufklärung (§ 244 Abs. 2 StPO) verpflichtet, dem Sachverständigen Gelegenheit zu geben, sich mit abweichenden Anknüpfungstatsachen auseinanderzusetzen und sie in seine Begutachtung einzubeziehen.[316] Nimmt das Gericht mehr als Allgemeinwissen in Anspruch, muß es die Annahme der Sachkundigkeit in den Urteilsgründen plausibel darlegen.[317] 122

b) Ablehnung eines weiteren Sachverständigen (§ 244 Abs. 4 Satz 2 StPO)

Wird die Heranziehung eines **weiteren** Sachverständigen beantragt, kommt zusätzlich der Ablehnungsgrund des § 244 Abs. 4 Satz 2 StPO in Betracht. Das Gericht darf danach einen weiteren Sachverständigen auch dann ablehnen, wenn durch das frühere Gutachten eines anderen Sachverständigen das Gegenteil der behaupteten Tatsache bereits erwiesen ist. Der Ablehnungsgrund ist ausgeschlossen, wenn Zweifel an der Sachkunde des früheren Gutachters bestehen, sein Gutachten von unzutreffenden tatsächlichen Voraussetzungen ausgeht, Widersprüche enthält oder wenn der neue Sachverständige über überlegene Forschungsmittel verfügt.[318] 123

„Weiterer Sachverständiger" ist grundsätzlich ein Gutachter, der sich zu derselben Beweisfrage als Vertreter **derselben wissenschaftlichen Disziplin** äußern soll.[319] Jedoch kann in Bereichen, in denen sich die Kompetenz von Sachverständigen verschiedener Fachrichtungen zur Beurteilung eines Sachverhalts überschneidet und das Gericht deshalb bei der Entscheidung über die Disziplin des zu bestellenden Gutachters frei ist, „weiterer" Sachverständiger im Sinne des § 244 Abs. 4 Satz 2 StPO **auch der Angehörige einer anderen Fachrichtung** sein.[320] Die Gegenansicht liefe darauf hinaus, daß es im Belieben des Antragstellers stünde, dem Gericht gerade in einfachen Fragen Sachverständige aller in Betracht kommenden Fachrichtungen aufzuzwingen, obwohl die jeweils anzuwendenden Methoden sich nicht unterscheiden oder wegen ihrer Gleichwertigkeit zu entsprechenden 124

309 BGHR StPO § 244 Abs. 4 Satz 1 Glaubwürdigkeitsgutachten 2 und Sachkunde 4; BGH NStZ 1985 420 f.; BGH NStZ 1990, 228.
310 BGHR StPO § 244 Abs. 4 Satz 1 Glaubwürdigkeitsgutachten 2.
311 BGHR StPO § 244 Abs. 4 Satz 1 Sachkunde 4.
312 BGH NStZ 1990, 228; BGHR StPO § 244 Abs. 4 Satz 1 Sachkunde 4.
313 LR-*Gollwitzer* § 244 Rn. 86.
314 BGHSt 7, 82, 85; BGHR StPO § 244 Abs. 4 Satz 1 Sachkunde 4.
315 BGHR StPO § 244 Abs. 4 Satz 1 Glaubwürdigkeitsgutachten 4, 5.
316 BGHR StPO § 244 Abs. 4 Satz 1 Sachkunde 7.
317 BGHR StPO § 244 Abs. 4 Satz 1 Sachkunde 3, 8; KK-*Herdegen* § 244 Rn. 28.
318 Vgl. zu den Einzelheiten *Alsberg/Nüse/Meyer*, S. 728 ff.; *Eisenberg* Rn. 257 ff.; KK-*Herdegen* § 244 Rn. 32 f., 100 ff.; SK-*Schlüchter* § 244 Rn. 138 ff.
319 SK-*Schlüchter* § 244 Rn. 136; *Alsberg/Nüse/Meyer*, S. 720; *Eisenberg* Rn. 256.
320 BGHSt 34, 355, 356 f. = NJW 1987, 2593; BGHR StPO § 244 Abs. 4 Satz 2 Zweitgutachter 2, 3, 4.

Ergebnissen führen müssen. Dies stünde im Widerspruch zu § 73 Abs. 1 Satz 1 StPO, der die Auswahl der Sachverständigen und die Bestimmung ihrer Anzahl dem Gericht vorbehält. Hierzu zählt auch die Entscheidung darüber, welcher Fachrichtung der Sachverständige angehören soll. Nach Sinn und Zweck des § 244 Abs. 3 und 4 StPO besteht deshalb in diesen Fällen auch kein Anlaß, das Gericht bei der Ablehnung eines Beweisantrags auf Zuziehung eines weiteren Sachverständigen auf die Ablehnungsgründe des § 244 Abs. 3 StPO zu beschränken. Die Zuziehung eines weiteren, für die Beantwortung der Beweisfrage gleichermaßen kompetenten Sachverständigen kann deshalb in einem solchen Fall auch aus den Gründen des § 244 Abs. 4 StPO abgelehnt werden.

5. Die Ablehnung eines Augenscheinsbeweises nach § 244 Abs. 5 Satz 1 StPO

125 Nach § 244 Abs. 5 Satz 1 StPO kann ein Beweisantrag auf Einnahme eines Augenscheins abgelehnt werden, wenn der Augenschein nach dem pflichtgemäßen Ermessen des Gerichts zur Erforschung der Wahrheit nicht erforderlich ist. Maßgebliches Kriterium hierfür ist allein die **tatrichterliche Aufklärungspflicht**. Das Verbot der Beweisantizipation wird damit für den Augenscheinsbeweis bei nicht präsenten Beweismitteln durchbrochen.[321] Gelangt das Gericht im Wege der zulässigen Beweisantizipation zu der Überzeugung, daß ein Augenschein nicht erforderlich ist, darf es sich deshalb im Wege des „mittelbaren" Augenscheins einen Eindruck dadurch verschaffen, daß es lediglich **Augenscheinssurrogate** (z. B. Lichtbilder, Straßen- und Landkarten, Skizzen, Videoaufnahmen) heranzieht.[322] Das Gericht ist aus dem gleichen Grunde auch befugt, den Augenschein durch einen beauftragten oder ersuchten Richter – gegebenenfalls im Ausland – einnehmen zu lassen und dessen hierüber gefertigtes Protokoll in der Hauptverhandlung zu verlesen.[323]

126 Besondere Sorgfalt im Umgang mit § 244 Abs. 5 Satz 1 StPO kann jedoch geboten sein, wenn mit Hilfe des beantragten Augenscheins (Beispiel: Kassenbereich einer Bank) die Richtigkeit der Bekundungen eines Zeugen zu erheblichen räumlichen Gegebenheiten (Beispiel: Aussage der Kassiererin zur Möglichkeit des Zugriffs auf Geldscheine) widerlegt werden sollen. Bei der nach Maßgabe der Aufklärungspflicht zu treffenden Ermessensentscheidung darf in diesen Fällen jedenfalls nicht ausschließlich im Wege der Beweisantizipation gerade auf die Zeugenaussage abgestellt werden, die durch die Augenscheinseinnahme widerlegt oder erschüttert werden soll.[324]

6. Die Ablehnung eines Auslandszeugen nach § 244 Abs. 5 Satz 2 StPO

127 Wie beim Augenscheinsbeweis kann auch ein Beweisantrag auf Vernehmung eines Zeugen, dessen Ladung im Ausland zu bewirken wäre, abgelehnt werden, wenn seine Vernehmung „nach dem pflichtgemäßen Ermessen des Gerichts zur Erforschung der Wahrheit nicht erforderlich ist" (§ 244 Abs. 5 Satz 2 in Verbindung mit Satz 1 StPO). Die durch Artikel 2 Nr. 4 des Gesetzes zur Entlastung der Rechtspflege vom 11. Januar 1993[325] neu geschaffene und verfassungsrechtlich nicht zu beanstandende[326] Vorschrift des § 244 Abs. 5 Satz 2 StPO **befreit das Gericht vom Verbot der Beweisantizipation** und entlastet es von den oben dargestellten schwierigen Anforderungen an den Ablehnungsgrund der Unerreichbarkeit des Auslandszeugen im Sinne von § 244 Abs. 3 Satz 2 StPO. Die Möglichkeit einer Anwendung des § 244 Abs. 5 Satz 2 StPO sollte deshalb regelmäßig vor

---

321 *Eisenberg* Rn. 264 ff.; SK-*Schlüchter* § 244 Rn. 142 f.; KK-*Herdegen* § 244 Rn. 104.

322 BGHR StPO § 244 Abs. 5 Augenschein 2.

323 SK-*Schlüchter* § 244 Rn. 143.

324 BGHSt 8, 177, 181; BGHR StPO § 244 Abs. 5 Augenschein 3 = NStZ 1994, 483; SK-*Schlüchter* § 244 Rn. 144; KK-*Herdegen* § 244 Rn. 105; LR-*Gollwitzer* § 244 Rn. 330.

325 BGBl. I S. 50, 51.

326 BVerfG NJW 1997, 999 = NStZ 1997, 94 = StV 1997, 1 m. Anm. *Kinzig* StV 1997, 3.

einer Befassung mit der Frage einer Ablehnung wegen Unerreichbarkeit des Beweismittels geprüft werden.

Unabhängig davon, ob im Einzelfall die Ladung des Zeugen mit Schwierigkeiten verbunden ist, und unabhängig davon, ob und in welchem Umfang mit der Ladung die Möglichkeiten des internationalen Rechtshilfeverkehrs ausgeschöpft werden müßten, ist angesichts der gesetzlichen Regelung allein entscheidend, ob die Beweiserhebung nach dem pflichtgemäßen Ermessen des Gerichts zur Wahrheitsermittlung erforderlich ist. Maßgebliches Kriterium ist mithin, ob die Beweiserhebung durch die **Aufklärungspflicht** geboten ist oder nicht. Damit ist eine vorweggenommene Beweiswürdigung erlaubt und notwendig mit der Folge, daß das Gericht seine Entscheidung über die Beweisaufnahme davon abhängig machen darf, welche Ergebnisse von ihr zu erwarten und wie diese zu würdigen wären. Gelangt das Gericht unter Abwägung sowohl eines etwaigen Vortrags zur Antragsrechtfertigung als auch des bisherigen Beweisergebnisses zu der Überzeugung, daß der Zeuge die Beweisbehauptung nicht werde bestätigen können oder daß ein Einfluß auf seine Überzeugung auch dann sicher ausgeschlossen sei, wenn der Zeuge die in sein Wissen gestellte Behauptung bestätigen werde, darf es den Beweisantrag ablehnen.[327] **128**

Die an sich ungenügende und deshalb fehlerhafte Ablehnung eines Beweisantrags wegen Prozeßverschleppung gemäß § 244 Abs. 3 Satz 2 StPO kann vom Ablehnungsgrund des § 244 Abs. 5 Satz 2 StPO deshalb gedeckt sein, weil die Ablehnung wegen Prozeßverschleppung neben der entsprechenden Verzögerungsabsicht des Antragstellers auch die Überzeugung des Gerichts voraussetzt, die beantragte Beweiserhebung könne nichts zugunsten des Antragstellers ergeben. Dies entspricht den Anforderungen des § 244 Abs. 5 Satz 2 StPO, weshalb die Annahme der Prozeßverschleppung zugleich die Ablehnung eines Antrags auf Vernehmung eines Auslandszeugen nach § 244 Abs. 5 Satz 2 StPO enthalten kann.[328] **129**

Zur Klärung der Voraussetzungen des § 244 Abs. 5 Satz 2 StPO steht dem Gericht das **Freibeweisverfahren** offen. Das Gericht ist deshalb befugt, sich gegebenenfalls telefonisch und direkt mit dem im Ausland befindlichen Zeugen in Verbindung zu setzen, um so in Erfahrung zu bringen, ob dieser Sachdienliches zur Klärung der Beweisfrage beitragen kann.[329] In dem zur Ablehnung des Beweisantrags notwendigen Gerichtsbeschluß nach § 244 Abs. 6 StPO sind die für die Ablehnung wesentlichen Gesichtspunkte zwar „nicht in allen Einzelheiten", aber doch **„in ihrem tatsächlichen Kern"** zu verdeutlichen.[330] Mit der Begründung seines Ablehnungsbeschlusses darf sich das Tatgericht später jedoch nicht in Widerspruch zu seiner im Urteil niedergelegten Beweiswürdigung setzen. Denn ist ihm bei der Entscheidung nach § 244 Abs. 5 Satz 2 StPO einerseits ein weiter Entscheidungsspielraum überlassen, muß es sich andererseits hieran, nicht anders als in den Fällen der Beurteilung einer Beweistatsache als bedeutungslos oder im Falle der Wahrunterstellung, festhalten lassen.[331] **130**

---

327 BGHSt 40, 60, 62; BGHR StPO § 244 Abs. 5 Satz 2 Auslandszeuge 1 und 6; *Kleinknecht/Meyer-Goßner*, § 244 Rn. 43 f; SK-*Schlüchter* § 244 Rn. 144 a f.; KK-*Herdegen* § 244 Rn. 85, 106; zur Kritik an der Neuregelung vgl. *Eisenberg* Rn. 267; zum Begriff des „Ermessens" und zum Prüfungsumfang des Revisionsgerichts *Herdegen* NtZ 1998, 444, 445 f.

328 BGHR StPO § 244 Abs. 5 Satz 2 Auslandszeuge 1; KK-*Herdegen* § 244 Rn. 85; *Basdorf* StV 1995, 310, 314.

329 BGHR StPO § 244 Abs. 5 Satz 2 Auslandszeuge 5, 6; *Basdorf* StV 1995, 310, 313 f.

330 BGHSt 40, 60, 63; *Basdorf* StV 1995, 310, 314.

331 BGHR StPO § 244 Abs. 5 Satz 2 Auslandszeuge 6.

B. Verständigung im Strafverfahren

I. Handel mit der Gerechtigkeit?

1. Zum aktuellen Meinungsstand in Rechtsprechung und Lehre

131 Über kaum ein anderes Feld des Strafverfahrensrechts dürfte in den vergangenen 15 Jahren mehr geredet, geschrieben und bilanziert worden sein, als über die Zulässigkeit strafprozessualer Absprachen, verstanden als **Oberbegriff für konsensuale Verständigungen der Prozeßsubjekte**, insbesondere ihrer professionellen Akteure, über das weitere Verfahren. Die Bandbreite des angesprochenen – aus der Praxis des Wirtschaftsstrafverfahrens nicht mehr hinwegdenkbaren – Themas ist weit, reicht es doch von **informellen Verständigungen** zwischen Staatsanwaltschaft, Beschuldigten und Verteidigern außerhalb der Hauptverhandlung über **formelle Verständigungen** hinsichtlich konkreter Verfahrensergebnisse oder die weitere Verfahrensgestaltung im Rahmen der Hauptverhandlung bis hin zur vollständigen **Absprache des Urteils.**[332] Es müßte den hier gegebenen Rahmen einer praxisorientierten Abhandlung sprengen, den Verlauf der kontroversen Diskussion in Wissenschaft und Schrifttum von ihren Anfängen zu Beginn der achtziger Jahre[333] bis in die Gegenwart hinein auch nur skizzenhaft nachzuzeichnen. Insoweit kann auf profunde Darstellungen in der Kommentarliteratur[334] und die vorliegenden monographischen Arbeiten zum Thema[335] verwiesen werden.

132 Die Verfahrenswirklichkeit mit ihren antagonistischen Hauptdarstellern, Richtern, Staatsanwälten und Verteidigern, hat die mitunter aufgeregten Auseinandersetzungen lange wenig berührt. Darin mag der tiefere Grund dafür gesehen werden, daß das „obskure Phänomen“[336] der strafprozessualen Absprachen vom **Gesetzgeber** ungeachtet mannigfacher Forderungen von Verständigungsbefürwortern[337] wie -gegnern[338] bislang

---

[332] Zum in der Tat „wenig fruchtbaren“ (*Dahs* NStZ 1988, 153) – mittlerweile beruhigten – Streit um die zutreffende Terminologie des Absprachegeschehens z. B. *Niemöller* StV 1990, 34, 35 mit dem Versuch einer Begriffsbestimmung: „Eine vertragsähnliche Vereinbarung mithin, die freilich – und das ist außer Streit – keinen der Partner rechtlich zum verabredeten Verhalten verpflichtet. Aber doch eine Bindung erzeugt“; ähnlich schon *Dahs* NStZ 1988, 153 f.

[333] Vgl. neben der ersten lesenswerten Stellungnahme von *Schmidt-Hieber* NJW 1982, 1017 insbesondere den unter dem Pseudonym „Rechtsanwalt *Detlef Deal,* Mauschelhausen“ veröffentlichten Aufsatz von *Weider* StV 1982, 545; aus Verteidigersicht instruktiv *Dahs* NStZ 1988, 153, 156 ff.; *Dahs,* Handbuch Rn. 134 ff., 960 f., 733, 994 ff. und – mit „Checkliste“ für den Strafverteidiger – *Rückel* NStZ 1987, 297.

[334] Insbesondere SK-*Wolter* vor § 151 Rn. 65 ff. und SK-*Schlüchter* vor § 213 Rn. 23 ff.; ferner *Eisenberg* Rn. 42 ff.; HK-*Krehl* vor § 151 Rn. 4 ff.; HK-*Kurth* § 407 Rn. 4; KK-*Pfeiffer* Einl. Rn. 29 a ff. und *Kleinknecht/Meyer-Goßner* Einl. Rn. 119 a ff.

[335] *Rönnau,* Die Absprache im Strafprozeß (1990); *Gerlach,* Absprachen im Strafverfahren (1992); *Dencker/Hamm,* Der Vergleich im Strafprozeß (1988); *Schmidt-Hieber,* Verständigung im Strafverfahren (1986); *Tscherwinka,* Absprachen im Strafprozeß (1995). Gewissermaßen zur Pflichtlektüre einer jeden ernsthaften Befassung mit dem Thema, nicht zuletzt zum Verständnis der aktuellen Rechtsprechung des Bundesgerichtshofs, zählen das von *Schünemann* für den 58. Deutschen Juristentag 1990 erstellte Gutachten (*Schünemann,* Gutachten zum 58. DJT, Bd. I B 9 ff.) und die dort gehaltenen Referate von *Böttcher* (Verhandlungen des 58. DJT Bd. II L 9 ff.), *Widmaier* (Verhandlungen des 58. DJT Bd. II L 33 ff.) und *Schäfer* (Verhandlungen des 58. DJT, Bd. II L 48 ff.); eine aktuelle Zwischenbilanz über das in der Tat zum „eigenständigen strafverfahrensrechtlichen Institut“ mutierte Absprachenphänomen liefert der Beitrag von *Landau/Eschelbach* NJW 1999, 321.

[336] *Schünemann* Gutachten zum 58. DJT Bd. I B 9.

[337] *Schmidt-Hieber* NJW 1990, 1884, 1887; *Böttcher* JR 1991, 353, 357; *Siolek* DRiZ 1993, 422, 427 ff.; SK-*Wolter* vor § 151 Rn. 79; *Kleinknecht/Meyer-Goßner,* § 244 Rn. 119 f.

[338] *Schünemann* NJW 1989, 1895; *Schünemann* JZ 1989, 984; *Schünemann,* Gutachten zum 58. DJT Bd. I B 141 f., 158 ff. und *Schünemann* StV 1993, 657; *Rönnau,* Die Absprache im Strafprozeß, S. 435, 439 ff.; *Zschockelt* FS-Salger, S. 435, 439 ff.; KK-*Pfeiffer* Einl. Rn. 29 a ff.

keine gesetzliche (Mindest-)Regelung erfahren hat. Entsprechende Anstrengungen dürften auch für die nähere Zukunft kaum zu erwarten sein, zumal sich die **höchstrichterliche Rechtsprechung** der Angelegenheit mittlerweile nachhaltig angenommen hat.[339] Auf ihre Darstellung will sich die vorliegende Behandlung des Themas deshalb schwerpunktmäßig beschränken.

An dem schon anläßlich des 58. Deutschen Juristentages 1990 nach kontroverser Dis- **133**
kussion herauskristallisierten Meinungsstand hat sich bis heute wenig geändert. Wesentliche neue Gesichtspunkte sind – soweit ersichtlich – in den letzten Jahren nicht erarbeitet worden. Die nach 1990 in Intervallen immer wieder aufflammende Diskussion dürfte die Fronten im Schrifttum weitgehend geklärt haben. Mit seiner einerseits an den Bedürfnissen des Praxis orientierten, andererseits grundlegenden Einwänden gegen die Absprachenpraxis Rechnung tragenden **Grundsatzentscheidung vom 28. August 1997** zur Urteilsabsprache[340] beschreitet der 4. Strafsenat des Bundesgerichtshofs den zu erwartenden Mittelweg.[341] Ob seiner Rechtsprechung allerdings von den übrigen Senaten – insbesondere vom 1. und 3. Strafsenat – gefolgt werden wird, ist abzuwarten.

Wenigstens vorläufig dürften mit der Entscheidung des 4. Strafsenats die nach Effizi- **134**
enz und Legitimität umstrittenen[342] Versuche, die Praxis mit Hilfe von Handlungsanleitungen in Gestalt von **Verwaltungsrichtlinien**, Hausverfügungen oder Empfehlungen zu regulieren, als weitgehend obsolet anzusehen sein. Eine gewisse Bedeutung für die Praxis der Staatsanwaltschaften[343] erlangten hier insbesondere die von einer Arbeitsgruppe der Generalstaatsanwälte erarbeiteten und im November 1992 anläßlich der Arbeitstagung des Generalbundesanwalts mit den Generalstaatsanwälten in Karlsruhe verabschiedeten **„Hinweise an die Staatsanwälte für die Verständigung im Strafverfahren“**,[344] die bis Ende 1993 nahezu bundesweit in Kraft gesetzt waren; sie lauten:[345]

„Auch die Verständigung im Hauptverfahren über die Verfahrensbeendigung hat die geltenden Verfahrensgrundsätze zu achten. Auf ihre Einhaltung hat der Staatsanwalt hinzuwirken. Namentlich ist zu beachten:

1. Der Schuldspruch muß dem materiellen Recht entsprechen. Die Strafe muß schuldangemessen sein.
2. Dem Schuldspruch darf nur ein glaubhaftes Geständnis zugrunde gelegt werden; sich aufdrängende Beweiserhebungen dürfen nicht unterbleiben.
3. Vor oder außerhalb der Hauptverhandlung in Betracht gezogene Verständigungen müssen in der Hauptverhandlung eingeführt werden. Der Staatsanwalt hat sie spätestens in seinem Schlußvortrag bekanntzugeben, wenn dies nicht vorher geschehen ist.
4. Der Staatsanwalt achtet darauf, daß an der Verständigung alle Prozeßbeteiligten mitwirken können; dies gilt auch für den Angeklagten, der keinen Verteidiger hat. Die Interessen des Verletzten sind zu berücksichtigen.
5. Wird eine Verständigung ohne Einbeziehung der Staatsanwaltschaft getroffen, so prüft sie, ob die darin möglicherweise liegende Verletzung des Anspruchs auf rechtliches Gehör Zweifel an der Unbefangenheit des Gerichts begründet.
6. Der Staatsanwalt wirkt Verständigungen entgegen, die die Entscheidungsbefugnis der Prozeßbeteiligten überschreiten (z. B. Zusagen über den Strafvollzug oder einen Gnadenerweis).
7. Der Staatsanwalt darf von Zusagen nur aus gewichtigen Gründen abweichen. Die anderen Verfahrensbeteiligten hat er hiervon unverzüglich zu unterrichten.“

---

339 Vgl. bereits *Hassemer* JuS 1989, 890, 895: „Überdies ist klar, daß konkrete Hilfe, wenn überhaupt, eher von der höchstrichterlichen Rechtsprechung als von der Gesetzgebung zu erwarten ist.“

340 BGH, Urteil vom 28. August 1997 – 4 StR 240/97; weitere Nachweise sogleich unten Rn. 137, 156 ff.

341 *Beulke/Satzger* JuS 1997, 1072, 1073.

342 *Fezer* JZ 1996, 664; *Rönnau* wistra 1998, 49.

343 Zur Absprache im Ermittlungsverfahren grundlegend *Landau* DRiZ 1995, 132 ff.

344 Vgl. dazu z. B. *Siolek* DRiZ 1993, 422, 427 ff. und *Böttcher/Dahs/Widmaier* NStZ 1993, 375.

345 Abgedruckt in StV 1993, 280.

135 Die gleiche Zielrichtung verfolgten zuvor schon die vom Generalstaatsanwalt in Hessen im Einvernehmen mit dem Hessischen Ministerium der Justiz durch Rundverfügung vom 30. März 1992 in Kraft gesetzten **„Richtlinien für Absprachen im Strafverfahren“**; sie lauten:[346]

„1. Ungeachtet der grundsätzlichen Zulässigkeit verfahrenserledigender Absprachen im Strafprozeß (vgl. hierzu die Entscheidung des BGH vom 30. 10. 1991 – 2 StR 200/91[347]) können hierbei namentlich folgende Prinzipien berührt sein:
– Unschuldsvermutung
– die Aufklärungspflicht des Gerichts
– das Legalitätsprinzip
– der Öffentlichkeitsgrundsatz
– die prozessualen Anwesenheits- und Mitwirkungspflichten und -rechte der Prozeßbeteiligten
– die Unmittelbarkeit und Mündlichkeit der Beweisaufnahme
– die Aussagefreiheit des Beschuldigten nach § 136 a StPO.

Die Staatsanwälte haben die ihnen zustehenden prozessualen Möglichkeiten nach Maßgabe der Richtlinien zu nutzen und darauf hinzuwirken, daß in den Strafverfahren diesen Prinzipien entsprochen wird.

2. Der Staatsanwalt hat bei der Absprache darauf hinzuwirken, daß sämtliche betroffenen Prozeßbeteiligten in die Erörterungen einbezogen werden.

3. Das vereinbarte Verfahrensergebnis muß materiellrechtlich zulässig und unter Berücksichtigung aller Umstände vertretbar sein. Insbesondere muß sich die Strafe in dem schuldangemessenen Rahmen halten; der staatliche Strafanspruch darf nicht zur Disposition gestellt werden.

4. Ein Geständnis ist auch im Falle einer Absprache nach den allgemeinen Grundsätzen, also unter Berücksichtigung des Akteninhalts und gegebenenfalls der bisherigen Beweisaufnahme, auf seine Glaubhaftigkeit zu prüfen. Sich aufdrängende Beweiserhebungen dürfen nicht unterbleiben.

5. Der Staatsanwalt hat spätestens im Schlußvortrag die Absprache und ihren Inhalt bekanntzugeben, sofern nicht das Gericht oder der Verteidiger sie von sich aus bereits zuvor in die Hauptverhandlung eingeführt haben.

6. Der Staatsanwalt soll Vereinbarungen entgegenwirken, durch die die Entscheidungskompetenz der Beteiligten überschritten würde, z. B. Zusagen hinsichtlich des Vollzugsortes oder der Vollzugsgestaltung oder Zusagen über einen Gnadenerweis.

7. Der Staatsanwalt darf von einer Absprache nicht ohne triftigen Grund abweichen. In derartigen Ausnahmefällen sind die anderen Verfahrensbeteiligten darauf hinzuweisen, und die Gründe für das Abweichen sind offenzulegen.

8. Werden Absprachen unter Ausschaltung der Staatsanwaltschaft getroffen, so hat sie zu prüfen, ob die Besorgnis der Befangenheit nach § 24 StPO besteht.“

2. Ubiquität im Bereich der Wirtschaftsstrafsachen

136 Speziell für Wirtschafts- und Steuerstrafsachen ist der Vorwurf des „soft law“,[348] der Etablierung eines noch in der Entstehung begriffenen „Gewohnheitsrechts contra legem“[349] oder gar eines **Sonderverfahrens für „Wohlstandskriminelle“**[350] für den Erledigungstyp der Verständigung schon so alt wie die Diskussion um ihre Zulässigkeit selbst.[351] Die mit-

---

[346] Abgedruckt in StV 1992, 347 f.; vgl. daneben die sogenannten „Münsteraner Thesen“ der Großen Strafrechtskommission des Deutschen Richterbundes (abgedruckt bei *Kintzi* JR 1990, 309, 310 f.); aus Verteidigerperspektive mit ähnlicher Intention die im Januar 1992 vorgelegten „Thesen zur Strafverteidigung“ des Strafrechtsausschusses der Bundesrechtsanwaltskammer, abgedruckt in Schriftenreihe der BRAK, Bd. 8 (1992), S. 66 ff.; die lesenswerten Thesen 38 bis 44 ferner bei *Böttcher/Dahs/Widmaier* NStZ 1993, 375, 376.

[347] Eingehend unten Rn. 149 mit Beispiel 3.

[348] SK-*Schlüchter* vor § 213 Rn. 23.

[349] *Schünemann* NJW 1989, 1895 ff.

[350] *Schmidt-Hieber* NJW 1990, 1884; ähnlich *Eisenberg* Rn. 53.

[351] Zur Rolle der seit Anfang der siebziger Jahre intensiver betriebenen Wirtschaftsstrafverfahren *Schünemann*, Gutachten zum 58. DJT Bd. I B 16 ff., 31, 48, 81; *Schünemann* NJW 1989, 1895, 1896 f. und *Widmaier* StV 1986, 357. Instruktiv insbesondere die regional auf den Zuständigkeitsbereich der Wirt-

unter skurrilen Überzeichnungen zeugen von einem sonderbaren Bild vom Selbstverständnis deutscher Richter, Staatsanwälte und Strafverteidiger, denen mehr oder weniger unverhohlen die Mündigkeit abgesprochen wird, auf dem Boden von Verfassung und Recht einmal ohne den in Deutschland obligaten Ruf nach dem Gesetzgeber Recht verantwortlich zu gestalten und rechtsstaatlich fortzubilden. Mit der Verfahrenswirklichkeit in und außerhalb deutscher Gerichtssäle hat dies wenig zu tun. Allein der Umstand, daß die Wissenschaft die frühen Anfänge der Entwicklung regelrecht verschlafen hat, rechtfertigt die stellenweise massiven Vorwürfe jedenfalls nicht.

II. Der Standpunkt des Bundesgerichtshofs

1. Die Grundaussage

Die zentrale Aussage des Grundsatzurteils des 4. Strafsenats des Bundesgerichtshofs vom 28. August 1997[352] lautet: 137

Verständigungen zwischen dem Gericht und den Verfahrensbeteiligten, die sich mit der Frage der Strafbemessung, insbesondere der Zusage einer Strafmilderung bei Ablegung eines Geständnisses, befassen, sind **nicht generell untersagt**. Sie verstoßen nicht von vornherein gegen verfassungs- und verfahrensrechtliche Prinzipien, solange sie in ihrer konkreten Ausgestaltung sowohl hinsichtlich ihres Zustandekommens als auch inhaltlich den unverzichtbaren Prinzipien des Verfahrensrechts und des materiellen Rechts genügen.[353]

Die Position des 4. Strafsenats des Bundesgerichtshofs zu Absprachen zum Urteil entspricht damit im wesentlichen der schon lange vor Erlaß seiner Grundsatzentscheidung vorherrschenden **ausgleichenden Auffassung des Schrifttums**, wie sie etwa von *Schäfer* und von *Böttcher* bereits anläßlich des 58. Deutschen Juristentages 1990 eindrucksvoll vertreten worden ist.[354] Ihr ist selbst von eher kritischer Seite ungeachtet fortbestehender Bedenken im Interesse der Kenntlichmachung von Grenzen der Absprachepraxis und zur Vorbeugung willkürlicher Handhabungen in der Rechtswirklichkeit – wenigstens bis zur Regelung durch den Gesetzgeber – beigetreten worden.[355]

2. Kritik und Ausblick

Die aus substantiierten Lösungsansätzen des Schrifttums entstandene Konzeption des 4. Strafsenats, das Phänomen strafprozessualer Absprachen in das komplizierte Geflecht 138

schaftsstrafkammern des Landgerichts Hildesheim (Landgerichtsbezirke Bückeburg, Hannover und Hildesheim) und begrenzt auf die Jahre 1985 bis 1990 bezogene Erhebung von *Siolek* DRiZ 1993, 422ff. Danach waren durchschnittlich die Hälfte aller erstinstanzlichen Verfahren durch Verständigungen beeinflußt; vgl. ferner die zu ähnlichen Resultaten führende Untersuchung anhand sog. „Leitfaden-Interviews" von *Hassemer/Hippler* StV 1986, 360ff. und *Lüdemann/Bussmann* KJ 1989, 54ff.

352 BGHSt 43, 195 = NJW 1998, 86 = NStZ 1998, 31 = StV 1997, 583 = wistra 1997, 341 m. Anm. *Rönnau* wistra 1998, 49 = JuS 1998, 373 m. Anm. *Martin* JuS 1998, 373 = JR 1998, 245 m. Anm. *Kintzi* JR 1998, 249 = BGHR StPO § 302 Abs. 1 Satz 1 Rechtsmittelverzicht 19 = BGHR GVG § 169 Satz 1 Öffentlichkeit 2 = BGHR StGB § 46 Abs. 2 Geständnis 2 und unten Rn. 156ff. mit Beispiel 6.

353 BGHSt 43, 195, 203. In diesem Sinne neben *Beulke/Satzger* JuS 1997, 1072, 1073 insbesondere *Kintzi* JR 1998, 249, der die ins Auge springende Tendenz des Senats zu negativen Fassungen („nicht generell unzulässig" bzw „nicht untersagt") treffend dahin interpretiert, daß damit offenbar das Regel-Ausnahme-Verhältnis verdeutlicht werden soll, weshalb das verkürzte Ergebnis der Entscheidung gerade nicht laute: „Verständigungen sind legal, wenn sie lege artis durchgeführt werden"; so freilich bereits OLG Köln wistra 1998, 272, 274; ähnlich *Martin* JuS 1998, 374.

354 *Schäfer*, Verhandlungen des 58. DJT Bd. II L 53ff.; *Böttcher*, Verhandlungen des 58. DJT Bd. II L 17ff.; vgl. ferner bereits *Schmidt-Hieber* NJW 1982, 1017, 1019ff.; *Widmaier*, Verhandlungen des 58. DJT Bd. II L 35ff.; *Kleinknecht/Meyer-Goßner*, Einl. Rn. 119a ff.; SK-*Wolter* vor § 151 Rn. 71.

355 *Eisenberg* Rn. 56.

des bestehenden Straf- und Strafverfahrensrechts einzufügen, verdient Anerkennung, zumal sich die übrigen Senate bis dahin mit tragenden Erwägungen nur zu Einzelfragen geäußert hatten und ihre Entscheidungen im übrigen durch die Häufung von *obiter dicta* gekennzeichnet waren.[356] Angesichts der Vielschichtigkeit der Materie geht die Entscheidung über das hinaus, was zum gegenwärtigen Zeitpunkt an **Rechtsklarheit und Orientierungshilfe** erhofft werden konnte. Ihre legislatorische Umsetzung im Sinne einer allgemeinen gesetzlichen Festschreibung der Zulässigkeitsgrenzen strafprozessualer Absprachen hätte deshalb auch dem Gesetzgeber alle Ehre gemacht.[357] Gewissermaßen als „Prototyp" einer solchen – an der Rechtsprechung orientierten – gesetzlichen Regelung darf rückblickend der bezeichnenderweise von *Meyer-Goßner* schon 1990 anläßlich der Diskussionen des 58. DJT eingebrachte Vorschlag zur Formulierung der folgenden neu in die StPO aufzunehmenden Vorschrift gelten:[358]

„Das Gericht kann erklären, daß es im Falle eines umfassenden oder teilweisen glaubhaften Geständnisses des Angeklagten eine bestimmte Strafhöhe nicht überschreiten oder die Strafe zur Bewährung aussetzen werde. Ist der Angeklagte dementsprechend geständig, ist das Gericht an seine Erklärung gebunden. Die Erklärung des Gerichts und das Geständnis des Angeklagten sind in das Protokoll aufzunehmen."

Der an gleicher Stelle eingebrachte Vorschlag *Meyer-Goßners* zur Einfügung eines neuen § 154 Abs. 6 StPO lautete:

„Haben die Staatsanwaltschaft oder das Gericht eine Einstellung des Verfahrens für den Fall des Eintritts einer bestimmten Bedingung schriftlich oder zu Protokoll zugesagt, ist das Verfahren bei Eintritt der Bedingung einzustellen. Eine Wiederaufnahme des Verfahrens ist unzulässig."

139 Entscheidend ist, daß die im folgenden näher darzustellenden Maßstäbe des Bundesgerichtshofs zur Urteilsabsprache von der Praxis umgesetzt werden können. Dies gilt für die eindeutigen – wenn auch abgestuften (Zulässigkeit sondierender Vorgespräche außerhalb der Hauptverhandlung) – Anforderungen an die Einhaltung des Öffentlichkeitsgrundsatzes ebenso, wie für das klare Verbot der Koppelung der Absprache an einen Rechtsmittelverzicht des Angeklagten. Gerade im Hinblick auf die Reichweite des Öffentlichkeitsgrundsatzes weitere Präzisierungen zu fordern hieße, das erkennbare Anliegen des Bundesgerichtshofs, **nämlich der Praxis innerhalb klarer Grenzen größtmögliche Flexibilität zu ermöglichen**, zu ignorieren. Daß der Bundesgerichtshof die Dynamik von Verständigungsgesprächen gerade in der Sondierungsphase, also noch vor und außerhalb der Hauptverhandlung, verkannt haben könnte,[359] ist nach Lektüre der Entscheidung und der früheren Rechtsprechung auszuschließen. Selbstverständlich können deshalb auch nach Ansicht des Bundesgerichtshofs schon im Rahmen von Vorgesprächen zwischen den Verfahrensbeteiligten konkrete Ergebnisse erzielt, aber eben nicht verbindlich festgeschrieben werden. Jede andere Sicht der Dinge wäre lebensfremd. Maßgeblich ist, daß für die Verfahrensbeteiligten die Möglichkeit bleiben muß, die in den Vorgesprächen erzielten Absprachen innerhalb der Hauptverhandlung nochmals – gegebenenfalls auch vollständig – in Frage zu stellen und auf diesem Wege auf das Ob einer

---

[356] Treffend *Rönnau* wistra 1998, 49; vgl. nur BGHSt 36, 210, 214; 37, 99, 103.

[357] Weitergehend *Kintzi* JR 1998, 249: „Der 4. Senat trägt wesentlich zur Hoffnung bei, daß es keiner normativen Regelung der Abspracheproblematik bedarf und die höchstrichterliche Rechtsprechung willens und in der Lage ist, den Tatgerichten randscharfe Vorgaben zu vermitteln"; ähnlich bereits *Böttcher/Dahs/Widmaier* NStZ 1993, 375, 377.

[358] *Meyer-Goßner*, Verhandlungen des 58. DJT Bd. II L 145 ff., 148. Ein weiteres, freilich unbestimmter formuliertes Beispiel einer „kleinen restriktiven Lösung" bietet der auf der Grundlage des Gutachtens der Großen Strafrechtskommission des Deutschen Richterbundes vom 3. Dezember 1991 erstellte Gesetzesvorschlag zur Einfügung eines neuen § 243 Abs. 5 StPO, abgedruckt bei *Kintzi* DRiZ 1992, 245, 249; vgl. auch den Vorschlag zur gesetzlichen Einführung eines „Rechtsgesprächs" im Rahmen von § 265 StPO von *Baumann* NStZ 1987, 157, 161.

[359] *Rönnau* wistra 1998, 49, 50.

Verständigung oder auf den Verständigungsinhalt Einfluß zu nehmen. Eben dies hat der Bundesgerichtshof eindeutig klargestellt, weshalb der Vorwurf der „Halbherzigkeit" ungerecht erscheint.[360] Dogmatisch angreifbar bleibt neben der offerierten Rechtsfolgenlösung (Zulässigkeit der Angabe einer Strafobergrenze) in erster Linie die Argumentation, mit der die **Bindungswirkung gerichtlicher Zusagen** begründet wird. Dies darf nicht verwundern, handelt es sich hier doch tatsächlich um Kardinalprobleme kooperativer Prozeßmodelle,[361] für die auch vom Schrifttum bislang keine überzeugenderen Lösungen angeboten worden sind.[362]

III. Die Zulässigkeit strafprozessualer Verständigung im einzelnen

Ausgangspunkt für die Prüfung der Zulässigkeit strafprozessualer Absprachen ist das **allgemeine Prozeßgrundrecht des Angeklagten auf ein faires, rechtsstaatliches Verfahren** mit den Ausprägungen, die dieses Prinzip in den Verfahrensgrundsätzen des Strafprozeßrechts gefunden hat.[363] Dies entspricht dem „in erster Linie" anzulegenden grundgesetzlichen Prüfungsmaßstab der **3. Kammer des Zweiten Senats des Bundesverfassungsgerichts**. In seinem Kammerbeschluß vom 27. Januar 1987[364] hatte sich das Gericht vergleichsweise ausführlich – wenn auch vorsichtig – zur Vereinbarkeit strafprozessualer Absprachen mit verfassungsrechtlichen Prinzipien geäußert. Eine abschließende Positionsbestimmung des Bundesverfassungsgerichts durfte und darf der – im Schrifttum gelegentlich überbewerteten – Entscheidung freilich schon deshalb nicht entnommen werden, weil zentrale mit der Absprachenpraxis einhergehende Probleme angesichts der „besonderen Sachverhaltsgestaltung" nicht zur Entscheidung anstanden.[365] 140

In dem zur verfassungsgerichtlichen Beurteilung anliegenden Sachverhalt war es auf Initiative des Angeklagten vor Schluß der Beweisaufnahme und außerhalb der Hauptverhandlung vor dem Landgericht zu einer Verständigung zwischen Gericht, Staatsanwaltschaft und Verteidigung über den Rechtsfolgenausspruch gekommen, nachdem der Angeklagte ein Geständnis, die Staatsanwaltschaft ein Absehen von der Verfolgung weiterer Straftaten in Aussicht gestellt hatte. Mit seiner gegen seine strafgerichtliche Verurteilung gerichteten Verfassungsbeschwerde machte der Beschwerdeführer jetzt geltend, zwischen Gericht, Staatsanwaltschaft und Verteidigung sei es zu einer unzulässigen Urteilsabsprache gekommen. 141

Nach Auffassung der 3. Kammer des Zweiten Senats des Bundesverfassungsgerichts seien Verständigungen über Ergebnisse eines Strafverfahrens in erster Linie am Recht des Angeklagten auf ein faires, rechtsstaatliches Verfahren (Art. 2 Abs. 1 in Verbindung mit Art. 20 Abs. 3 GG) zu messen. Aus dem Verfahrensgrundrecht auf ein faires Verfahren ließen sich indessen konkrete Folgerungen nur ziehen, soweit es gelte, rechtsstaatlich unverzichtbare Erfordernisse zu wahren. Denn der Gesetzgeber habe das Recht auf ein faires Verfahren im formellen und materiellen Strafrecht bereits in vielfältiger Hinsicht näher ausgestaltet. Schon aus den einfachrechtlichen Bestimmungen ergäben sich deshalb Grenzen von Verständigungen der in Rede stehenden Art. Unter dem Gesichtspunkt des rechtsstaatlichen, fairen Verfahrens sei vom Bundesverfassungsgericht deshalb lediglich zu prüfen, ob **„rechtsstaatlicher Mindeststandard"** gewahrt sei und ob die maßgeblichen strafrechtlichen Vorschriften unter Beachtung des Fairneßgrundsatzes und in objektiv vertretbarer

---

[360] *Rönnau* wistra 1998, 49, 51.

[361] *Rönnau* wistra 1998, 49, 51.

[362] Zur entscheidenden Frage der Existenz und Beherrschbarkeit richterlicher „Selbstbindungsmacht" im Sinne einer Befugnis zur Selbstprogrammierung *Niemöller* StV 1990, 34, 37 f.

[363] BGHSt 43, 195, 203 f.

[364] BVerfG NJW 1987, 2662 = NStZ 1987, 419 m. Anm. *Gallandi* NStZ 1987, 420 = JuS 1988, 306 m. Anm. *Hassemer* JuS 1988, 306 = wistra 1987, 134.

[365] *Zschockelt* NStZ 1991, 305 f.

Weise, also ohne Verstoß gegen das **allgemeine Willkürverbot** (Art. 3 Abs. 1 GG), ausgelegt und angewandt worden seien. Diese Grundsätze verböten, außerhalb der Hauptverhandlung eine Verständigung herbeizuführen, der **schon das Strafrecht** Grenzen setze. Sie schlössen aus, die Handhabung der richterlichen Aufklärungspflicht, die rechtliche Subsumtion und die Grundsätze der Strafbemessung in das Belieben oder zur freien Disposition der Verfahrensbeteiligten und des Gerichts zu stellen. Dem Gericht und der Staatsanwaltschaft sei es deshalb untersagt, sich auf einen **„Vergleich"** im Gewande des Urteils, auf einen **„Handel mit der Gerechtigkeit"** einzulassen. So dürfe sich der Richter beispielsweise nicht mit einem Geständnis des Angeklagten begnügen, das dieser gegen die Zusage oder das In-Aussicht-Stellen einer Strafmilderung abgelegt habe, obwohl es sich angesichts des Verfahrensstands im Blick auf das Ziel der Wahrheitserforschung und der schuldangemessenen, gerechten Ahndung der Tat zu weiterer Beweiserhebung hätte gedrängt sehen müssen. Darüber hinaus sei die Freiheit der Willensentschließung und Willensbetätigung des Angeklagten vor beachtenswerter Beeinträchtigung geschützt, was seinen Ausdruck auch in der Bestimmung des § 136 a StPO finde. Der Angeklagte dürfe deshalb nicht durch ein gesetzlich nicht vorgesehenes Vorteilsversprechen oder durch Täuschung zu einem Geständnis gedrängt werden. Dies schließe jedoch eine Belehrung oder einen konkreten Hinweis auf die Beweislage oder die strafmildernde Wirkung eines Geständnisses nicht aus, wenn dies im Stande der Hauptverhandlung eine sachliche Grundlage finde.

Die für die Praxis entscheidende Frage lautet also, wo genau im Einzelfall jene unverzichtbaren verfahrensrechtlichen und inhaltlichen Grenzen des Zulässigen liegen. Im Rahmen seiner Grundsatzentscheidung zur Urteilsabsprache hat der Bundesgerichtshof hierzu in bemerkenswerter Ausführlichkeit Stellung genommen, obwohl der zur Entscheidung anstehende Sachverhalt dazu nur wenig Veranlassung gab.[366]

1. Sachaufklärungspflicht und Geständnis

142 Auch im Rahmen strafprozessualer Verständigung bleibt das Gericht dem **Gebot der Wahrheitsfindung** (§ 244 Abs. 2 StPO) verpflichtet. Ein absprachebedingtes Geständnis darf deshalb nicht ohne weiteres dem Schuldspruch zugrunde gelegt werden mit der Folge, daß das Geständnis auf seine **Glaubwürdigkeit** hin zu überprüfen ist; sich hierzu aufdrängende Beweiserhebungen sind deshalb durchzuführen.[367]

2. § 136 a StPO und nemo-tenetur-Grundsatz

143 Die freie Willensentschließung des Angeklagten muß in jedem Falle gewahrt bleiben.[368] Insbesondere darf er nicht durch **Drohung** mit einer höheren Strafe oder durch das **Versprechen** eines gesetzlich nicht vorgesehenen Vorteils („Freigang") zu einem Geständnis gedrängt werden. Das Versprechen eines gesetzlich nicht vorgesehenen Vorteils liegt jedoch nicht bereits darin, daß dem Angeklagten für den Fall des Geständnisses Strafmilderung in Aussicht gestellt wird. Im übrigen ist § 136 a StPO bei Verständigungsgesprächen ebenso zu beachten wie der Grundsatz, daß niemand verpflichtet ist, sich selbst anzuklagen (*nemo tenetur se ipsum accusare*).[369]

---

[366] Vgl. unten Rn. 156 ff. mit Beispiel 6.

[367] BGHSt 43, 195, 204 und bereits BVerfG NJW 1987, 2662.

[368] BGHSt 43, 195, 204; BVerfG NJW 1987, 2662; kritisch im Hinblick auf Kollisionen der Absprachepraxis mit § 136 a StPO demgegenüber insbesondere *Schünemann,* Gutachten zum 58. DJT Bd. I B 98 ff., 160, 173.

[369] BGHSt 43, 95, 204; zur verfassungsrechtlichen Herleitung des Verbots des Selbstbezichtigungszwangs vgl. BVerfGE 55, 144, 150; 56, 37, 41 f.; ferner BGHSt 14, 358, 364; 34, 39, 46.

3. Öffentlichkeit

a) Grundsatz der Verfahrensöffentlichkeit

Die Praxis, Absprachen außerhalb der Hauptverhandlung zu treffen, verstößt gegen den Öffentlichkeitsgrundsatz des § 169 GVG. Die aus der öffentlichen Hauptverhandlung hinausverlagerte und in dieser auch nicht offengelegte Absprache macht die Hauptverhandlung zur bloßen Fassade, die jeglichen Einblick der Öffentlichkeit in die dem Urteil zugrunde liegenden Umstände verschleiert. Eine Verständigung unter den Verfahrensbeteiligten, welche die Einlassung des Angeklagten und das Strafmaß zum Gegenstand hat, muß deshalb **in öffentlicher Hauptverhandlung** – gegebenenfalls nach Beratung des gesamten Spruchkörpers – erfolgen.[370] 144

b) Zulässigkeit „abklärender" Vorgespräche

Die Beachtung des Öffentlichkeitsgrundsatzes schließt jedoch nicht aus, daß es vor oder außerhalb der Hauptverhandlung zu Vorgesprächen zwischen den Beteiligten kommt, um Gesprächsbereitschaft und **Verhandlungspositionen** abzuklären. Das Gericht ist in diesem Falle aber verpflichtet, den wesentlichen Inhalt und das Ergebnis dieser Gespräche in der Hauptverhandlung offenzulegen.[371] 145

4. Einbeziehung aller Verfahrensbeteiligter und Transparenzgebot

Die Erörterung in öffentlicher Hauptverhandlung gewährleistet zugleich die für die Zulässigkeit von Verständigungen unverzichtbare Einbeziehung aller Verfahrensbeteiligten, insbesondere des **Angeklagten** und der **Schöffen**. In diesem Zusammenhang ist wesentlich, daß Absprachen über Verfahrensinhalt und -ergebnis nicht „unter dem Deckmantel der Heimlichkeit und Unkontrollierbarkeit" stattfinden dürfen; sie müssen vielmehr in die Hauptverhandlung Eingang finden. Dort sind sie offenzulegen, weil ihr Inhalt nur so für alle Beteiligten und für das Rechtsmittelgericht überprüfbar ist.[372] Für den Fall der – auf einer Absprache beruhenden – Verhängung einer zur Bewährung ausgesetzten Freiheitsstrafe gilt dies auch für die beabsichtigte Erteilung erheblicher Bewährungsauflagen, insbesondere Geldauflagen. War über eine solche nicht ohnehin schon im Zeitpunkt der Absprache mit den Verfahrensbeteiligten gesprochen worden, ist das Gericht deshalb verpflichtet, noch vor Entgegennahme der Erklärungen der Angeklagten und ihrer Verteidiger zum Rechtsmittelverzicht einen entsprechenden Hinweis zu erteilen.[373] 146

Öffentlichkeitsmaxime, **Transparenzgebot** und die Notwendigkeit der Beteiligung sämtlicher Verfahrensbeteiligten waren in mehreren früheren Entscheidungen des Bundesgerichtshofs thematisiert worden, denen infolge unterschiedlicher Akzentuierung eine einheitliche Haltung seiner Strafsenate zur Zulässigkeit strafprozessualer Verständigungen freilich nicht zu entnehmen war.

Auf die Revisionsrüge der fehlerhaften Zurückweisung von Richterablehnungen hatte insbesondere der **3. Strafsenat** in zwei vielbeachteten[374] Entscheidungen aus den Jahren 147

---

370 BGHSt 43, 195, 205 f.

371 BGHSt 43, 195, 206.

372 BGHSt 43, 195, 206 und bereits *Schäfer,* Verhandlungen des 58. DJT Bd. II L 56 f. mit der zutreffenden Ergänzung, daß die Verfahrensbeteiligten „zum frühestmöglichen Zeitpunkt" zu unterrichten sind; zur Frage der in der Entscheidung nicht ausdrücklich erwähnten Einbeziehung auch des Verletzten, insbesondere des Nebenklägers vgl. bereits *Niemöller* StV 1990, 34, 35 und *Schäfer,* Verhandlungen des 58. DJT Bd. II L 64: „Nebenkläger und Verletztenbeistand werden namentlich dann zu beteiligen sein, wenn deren Interessen etwa durch eine im Rahmen der Absprache zu treffende Schadenswiedergutmachungsregelung berührt werden"; ähnlich *Böttcher,* Verhandlungen des 58. DJT Bd. II L 21.

373 OLG Köln NJW 1999, 373, 374 f.

374 *Zschockelt* NStZ 1991, 305, *Böttcher* JR 1991, 91 und JR 1991, 353; *Kintzi* DRiZ 1992, 245.

1990 und 1991 in Anlehnung an den Kammerbeschluß des Bundesverfassungsgerichts vom 27. Januar 1987 frühzeitig und eindeutig Position bezogen, ohne jedoch zu der an sich übergeordneten Frage nach der rechtlichen Zulässigkeit von Verständigungen im Strafverfahren im einzelnen Stellung zu nehmen (Beispielsfälle 1 und 2).

Beispiel 1: Aller guten Dinge sind drei[375]

Parallel zu der gegen die Angeklagten A., B. und C. wegen des Tatvorwurfs der Steuerhinterziehung geführten Hauptverhandlung fanden außerhalb der Hauptverhandlung Gespräche zwischen den Berufsrichtern der Wirtschaftsstrafkammer, dem Vertreter der Staatsanwaltschaft, des am Verfahren beteiligten Finanzamtes und den Verteidigern der Mitangeklagten B. und C. statt mit dem Ziel, das Verfahren gegen B. und C. bei einem entsprechenden Geständnis schneller zu beenden. Im Zuge dieser Gespräche legten B. und C. in der Hauptverhandlung ein Teilgeständnis ab. Im Anschluß an das Teilgeständnis der Mitangeklagten B. und C. stellte der Verteidiger des Angeklagten A. an den Vorsitzenden Fragen zum konkreten Inhalt der mit B. und C. geführten Verständigungsgespräche. Aus den Antworten des Vorsitzenden und des Berichterstatters folgte, daß die Strafkammer den Verteidigern der Mitangeklagten mitgeteilt hatte, welche Sanktionen gegen B. und C. im Falle eines Geständnisses höchstens verhängt würden. Die Beantwortung weiterer Fragen zu Details der mit den Verteidigern der Mitangeklagten geführten Gespräche wurde seitens des Vorsitzenden und des Berichterstatters verweigert. Darauf lehnte A. die drei Berufsrichter der Kammer – jeden für sich – wegen Besorgnis der Befangenheit ab, die er damit begründete, die abgelehnten Richter hätten die Gespräche ohne sein Wissen und ohne seine Beteiligung geführt. Die Besorgnis der Befangenheit werde dadurch verstärkt, daß die Kammer in der Hauptverhandlung einen förmlichen Hinweis zu Fragen der Strafzumessung erteilt habe und in diesem besonders darauf hingewiesen habe, daß auch eine Verurteilung wegen Steuerhinterziehung in einem besonders schweren Fall in Betracht zu ziehen sei. Wenn das Ergebnis der Hauptverhandlung für die Mitangeklagten bereits ausgehandelt sei, müsse ein an der Absprache nicht beteiligter Angeklagter diesen Hinweis als eine Drohung verstehen. Mit Beschluß vom 7. Mai verwarf die Strafkammer das gegen sie gerichtete Ablehnungsgesuch teilweise, nämlich wegen Verspätung, als unzulässig, als es den Inhalt der außerhalb der Hauptverhandlung mit der Verteidigung der Angeklagten B. und C. geführten Gespräche zum Gegenstand habe. Die Gespräche hätten sich mehr als drei Wochen vor der Anbringung des Ablehnungsgesuchs ereignet. A. hätte deshalb vortragen müssen, wann er von den Gesprächen und ihrem Inhalt erfahren habe, und diesen Vortrag glaubhaft machen müssen. Beides sei nicht geschehen.

Die auf die Verletzung von § 338 Nr. 3 StPO gestützte Revision des Beschwerdeführers war nach Auffassung des Bundesgerichtshofs begründet, wobei nicht zu prüfen war, „ob die Gespräche über eine zügige Erledigung der gegen die Mitangeklagten geführten Verfahren und die darauf gestützte Verurteilung dieser Angeklagten zu Bewährungsstrafen den rechtlichen Anforderungen entsprachen, die an eine solche Verständigung zu stellen sind". Die Auslegung des zulässigen Ablehnungsgesuchs ergebe, daß der Beschwerdeführer mit ihm auch die in den Antworten der abgelehnten Richter hervorgetretene Reaktion auf seinen Wunsch, über Einzelheiten der außerhalb der Hauptverhandlung stattgefundenen Gespräche unterrichtet zu werden, zum Gegenstand der Prüfung habe machen wollen, ob die von ihm erklärte Besorgnis der Befangenheit begründet sei. Zwar werde im Rahmen ihrer rechtlichen Zulässigkeit eine solche Verständigung durch die Weigerung eines von mehreren Mitangeklagten, sich an ihr mit gleicher Zielrichtung zu beteiligen, nicht ausgeschlossen. Andererseits verpflichte das Vorliegen widerstreitender Interessen eines Mitangeklagten das Gericht zu besonderer Rücksichtnahme auf dessen Verteidigungsinteresse, wozu insbesondere die **rechtzeitige und vollständige Offenlegung in der Hauptverhandlung** erforderlich sei. Insoweit sei bedenklich, daß die beteiligten Richter auf jeglichen Versuch verzichtet hätten, den Beschwerdeführer über seine Verteidiger unmittelbar von Gang und Inhalt der informellen Gespräche zu unterrichten. Wenn das Gericht aber schon diesen Weg einer Verfahrenserledigung beschreite, so dürfe es angesichts des **erkennbaren Widerstreits der Interessen** der mehreren Angeklagten

[375] Beispiel nach BGH, Beschl. v. 4. Juli 1990 (3 StR 121/89) = BGHSt 37, 99 = NJW 1990, 3030 = NStZ 1990, 502 = StV 1990, 387 = wistra 1990, 358 = MDR 1990, 939 = BGHR StPO vor § 1/faires Verfahren Vereinbarung 2 = JR 1991, 116 m. Anm. *Böttcher* JR 1991, 118.

nicht – ohne die Besorgnis der Befangenheit zu wecken – auf eine zulässige Unterrichtung der an den Gesprächen nicht beteiligten Angeklagten verzichten. Diese Unterrichtung müsse die Einzelheiten der Gespräche so weit umfassen, daß bei einem verständigen Angeklagten nicht die Besorgnis auftreten könne, die Richter verlören, etwa durch eine Bindung an Absprachen mit den Mitangeklagten oder durch ihr Verhalten oder das anderer Verhandlungspartner bei der Erörterung der Beweislage oder der in Betracht kommenden Rechtsfolgen, die Freiheit der Verhandlungsführung sowie ihres Urteils in gerade seiner Sache. Allein durch eine weitgehende und zuverlässige Unterrichtung des Angeklagten könne dessen verständliche Besorgnis, mittelbar werde letztlich seine Sache **hinter verschlossenen Türen** mitverhandelt, ausgeräumt werden. Die gebotene zuverlässige Unterrichtung sei im Beispielsfall unterblieben, weshalb das Ablehnungsgesuch auch als begründet hätte angesehen werden müssen.

Beispiel 2: Im Namen der Kammer![376] 148

Rund vier Wochen vor Beginn der Hauptverhandlung führte der Vorsitzende der Strafkammer jeweils einzeln mit Verteidigung und Staatsanwaltschaft vertrauliche Vorgespräche über die Möglichkeit einer Verhandlungsabkürzung, nachdem für den Fall einer „streitigen" Hauptverhandlung mit einer mehrmonatigen Verhandlungsdauer zu rechnen war. „Im Namen der Kammer", jedoch ohne Beteiligung der Schöffen, erklärte der Vorsitzende dem Verteidiger, daß sich nach Aktenlage und demgemäß vorläufiger Bewertung ein Geständnis des Angeklagten so auswirken könne, daß mit einer Freiheitsstrafe von vier Jahren zu rechnen sei; hiervon gehe auch die Staatsanwaltschaft aus. Sollte die Hauptverhandlung wider Erwarten anderes ergeben, werde dem Angeklagten ein entsprechender Hinweis erteilt. Er könne dann immer noch entscheiden, ob er an seinem Geständnis festhalten wolle oder nicht. Im Falle des Widerrufs könne das Geständnis nach den Grundsätzen des fairen Verfahrens jedenfalls nicht verwertet werden.

Entgegen der Darstellung des Vorsitzenden entsprach seine gegenüber dem Verteidiger erklärte Strafprognose tatsächlich nicht dem im Rahmen der Vorgespräche erklärten Willen der Staatsanwaltschaft, die für den Fall eines Geständnisses eine Freiheitsstrafe in Höhe von „mindestens fünf Jahren" für tat- und schuldangemessen erachtet hatte. Bei dieser Haltung blieb der sachbearbeitende Staatsanwalt auch im Rahmen seiner Erwiderung auf eine Anfrage des Vorsitzenden. Soweit die Strafkammer der Verteidigung dargelegt habe, daß sie sich auch nicht dagegen sperren wolle, in das Urteil eine Empfehlung zur Aufnahme des Angeklagten in den offenen Vollzug aufzunehmen, werde dem in Aussicht gestellten „Freigang" ebenfalls entgegengetreten. Im Anschluß an dieses Gespräch suchte der Vorsitzende nacheinander den Abteilungsleiter der Staatsanwaltschaft und den Vertreter des Leitenden Oberstaatsanwalts auf. Beide lehnten sein Ansinnen ab, dem sachbearbeitenden Staatsanwalt eine bestimmte Weisung hinsichtlich seines Antragsverhaltens in der Hauptverhandlung zu erteilen.

Der Angeklagte legte am ersten Verhandlungstag ein umfassendes Geständnis ab. Während die Strafkammer die Auffassung vertrat, daß man nunmehr keine weiteren Zeugen mehr benötige, verzichtete die Staatsanwaltschaft lediglich auf die Vernehmung einiger Zeugen, weshalb die Strafkammer im Hinblick auf § 245 StPO Fortsetzungstermin bestimmte. Die von der Verteidigung als „skandalös" bezeichnete Verfahrensweise war am Folgetag Gegenstand eines ausführlichen Berichts in der örtlichen Boulevardpresse, in welcher sich der Angeklagte zudem sinngemäß dahin äußerte, er fühle sich nach seinem Geständnis vom Gericht „verschaukelt".

In der Hauptverhandlung lehnte der Staatsanwalt die Berufsrichter – jeden für sich – wegen Besorgnis der Befangenheit ab, weil nunmehr zur Gewißheit geworden sei, daß der Vorsitzende ohne Beteiligung der Staatsanwaltschaft weitgehende prozeßerledigende Absprachen getroffen habe, daran mitsamt seinen berufsrichterlichen Beisitzern unverändert festhalte und damit schon voreingenommen in die Hauptverhandlung gegangen sei. Die Befangenheitsanträge wurden als unbegründet zurückgewiesen. Wegen Betrugs in elf Fällen und Steuerhinterziehung verurteilte das Landgericht den Angeklagten zu einer Gesamtfreiheitsstrafe von vier Jahren und zwei Monaten. Mit ihrer Revision rügte die Staatsanwaltschaft, daß ihre Ablehnungsgesuche rechtsfehlerhaft zurückgewiesen worden seien.

---

376 Beispiel nach BGH, Urt. v. 23. Januar 1991 (3 StR 365/90) = BGHSt 37, 298 = NJW 1991, 1692 = NStZ 1991, 177 = StV 1991, 194 m. Anm. *Weider* StV 1991, 241= wistra 1991, 183 = MDR 1991, 552 = DRiZ 1991, 177 = JR 1991, 424 = BGHR StPO vor § 1/faires Verfahren Vereinbarung 3; *Kintzi* DRiZ 1992, 245.

Nach Auffassung des 3. Strafsenats war die Ablehnung der Richter auch hier begründet. Die den Begründungsanforderungen des § 344 Abs. 2 Satz 2 StPO und damit zulässig erhobene und auf den absoluten Revisionsgrund nach § 338 Nr. 3 in Verbindung mit § 24 Abs. 2 StPO gestützte Verfahrensrüge führte deshalb zur Aufhebung des Urteils. Die Besorgnis der Befangenheit folge daraus, daß der Vorsitzende im Einvernehmen mit seinem Beisitzer vor der Hauptverhandlung ohne Anwesenheit der anderen Verfahrensbeteiligten dem Verteidiger konkret, wenn auch nach außen unverbindlich, erklärt habe, welche Strafe bei einem Geständnis des Angeklagten in Betracht komme. Jeder vernünftige Prozeßbeteiligte – auch der Angeklagte selbst –, der zu einem solchen Gespräch außerhalb der Hauptverhandlung nicht hinzugezogen werde, könne mit Recht befürchten, daß der Richter im Sinne der dem anderen Verfahrensbeteiligten in seiner Abwesenheit konkret genannten Strafe voreingenommen sei. Hieran änderten auch die nach außen gegebenen Hinweise auf eine Unverbindlichkeit oder Vorläufigkeit des Strafmaßes nichts. Denn entscheidend sei insoweit nicht, daß „feste Zusagen" abgegeben worden seien, sondern allein der Eindruck, daß ein Richter mit „vorgebildeter Meinung" an der Hauptverhandlung mitwirke. Dies gelte um so mehr, wenn – wie im Beispielsfall – durch Pressionen und durch den Verfahrensablauf deutlich werde, daß die beteiligten Richter bemüht seien, die genannten Vorstellungen zu verwirklichen, und wenn der Verdacht bestehe, der Richter habe etwas zu verschweigen. Die Befangenheit eines Richters könne kaum deutlicher gekennzeichnet werden als durch ein – die Öffentlichkeit scheuendes – sogenanntes „offenes Wort vor der Verhandlung" nach entsprechenden Vorberatungen der „Kammer" unter Ausschluß der Laienbeisitzer, „welches Strafmaß im Falle einer Verurteilung entsprechend der Anklageschrift ohne bzw. mit Geständnis des Angeklagten zu erwarten" sein werde. Vertrauliche, also **ohne Mitwirkung aller Prozeßbeteiligten**, einschließlich des Angeklagten und der Schöffen getroffene Absprachen über die Höhe der Strafe bei einem bestimmten Verhalten des Angeklagten widersprächen den geltenden Verfahrensvorschriften. Die zu verkündende Strafe dürfe nicht ohne die vom Gesetz gewährten **Garantien der Anwesenheit und Mitwirkung aller Verfahrensbeteiligten, der Unmittelbarkeit und Mündlichkeit der Hauptverhandlung sowie nicht unter Umgehung des Öffentlichkeitsgrundsatzes** gefunden werden. Welche Strafe angemessen sei, könne das Gericht grundsätzlich erst beurteilen, wenn die Hauptverhandlung ergeben habe, was von dem Tatvorwurf festgestellt sei, welche Umstände das begangene Unrecht kennzeichneten und welches Maß an Schuld anzunehmen sei. Das über den Kopf eines Verfahrensbeteiligten hinweg erfolgte konkrete Angebot vertraulicher Absprachen für ein abgekürztes Verfahren erwecke den Eindruck, daß dem Gericht an einer gerechten Abklärung aller für Schuld und Strafe bedeutsamen Umstände nichts gelegen sei. Zwar sei dem Richter nicht verwehrt, zur Förderung des Verfahrens mit den Prozeßbeteiligten auch außerhalb der Hauptverhandlung Fühlung aufzunehmen und eine sachgerechte Antragstellung anzuregen. Dabei müsse er jedoch die gebotene Zurückhaltung wahren, um jeden Anschein der Parteilichkeit zu vermeiden.

149 In einer ebenfalls aus dem Jahre 1991 stammenden Entscheidung hatte auch der **2. Strafsenat** die Notwendigkeit der Beteiligung aller Verfahrensbeteiligten zum Ausdruck gebracht. Sein Urteil in einem eher unspektakulären aber typischen Fall darf im Unterschied zur eher restriktiven Haltung des 3. Strafsenats als ein früher Wegbereiter für die Grundsatzentscheidung des 4. Senats im Jahre 1997 betrachtet werden.[377]

---

[377] So bereits die treffsichere Einschätzung von *Hassemer* JuS 1992, 527: „Damit ist die Verfahrensweise des Gerichts, in einem ‚Zwischenverfahren' den Strafausspruch bedingt vorwegzunehmen und den Angeklagten so zu einem prozeßökonomisch begrüßenswerten Geständnis zu veranlassen, im Grunde akzeptiert; der Tatrichter muß in Zukunft nur der Staatsanwaltschaft Gelegenheit zur Äußerung geben"; ähnlich *Böttcher/Dahs/Widmaier* NStZ 1993, 375, 376 f.

Beispiel 3: Zwischenberatung[378]

Auf Anfrage des Verteidigers, mit welcher Bestrafung der Angeklagte im Falle eines Geständnisses rechnen könne, führte die Strafkammer unter Einschluß der Schöffen eine Zwischenberatung durch. Als Ergebnis teilte der Vorsitzende dem Verteidiger mit, daß der Angeklagte für den Fall eines Geständnisses und bei im wesentlichen unveränderter Beweislage mit einer Freiheitsstrafe zwischen fünf Jahren und fünf Jahren elf Monaten zu rechnen habe. Obwohl der Angeklagte in der folgenden Hauptverhandlung ein Geständnis ablegte, führte die Strafkammer eine unverkürzte Beweisaufnahme durch und verurteilte den Angeklagten zu einer Gesamtfreiheitsstrafe von fünf Jahren und vier Monaten. An der zwischen Gericht und Verteidigung erfolgten Verständigung war die Staatsanwaltschaft weder beteiligt, noch von ihrem Inhalt unterrichtet worden. Zwar zog ihr Sitzungsvertreter aus der Art der Prozeßführung Schlüsse darauf, daß Zusagen gemacht worden seien, jedoch erlangte er von der Absprache erst durch die mündliche Urteilsbegründung definitiv Kenntnis. Mit ihrer zuungunsten des Angeklagten eingelegten Revision wandte sich die Staatsanwaltschaft gegen den Strafausspruch und rügte einen Verstoß gegen die §§ 33, 261 StPO.

Ein Verfahrensfehler sei – so der 2. Strafsenat – nicht schon darin zu erblicken, daß die Strafkammer auf die außerhalb der Hauptverhandlung vom Verteidiger an den Vorsitzenden oder den Berichterstatter gerichtete Frage ohne vorherige Unterrichtung der Staatsanwaltschaft eine Zwischenberatung abgehalten habe. Denn ein solches Vorgehen könne unter Umständen zweckmäßig oder gar notwendig sein, etwa dann, wenn sich das Gericht zunächst Klarheit verschaffen wolle, ob es eine Frage oder Anregung zum Verfahrensgang überhaupt aufgreifen und weiterverfolgen wolle. Rechtsfehlerhaft werde das Verfahren aber dann, wenn das Gericht einem Verfahrensbeteiligten ein für dessen Prozeßverhalten bedeutsames Ergebnis einer Zwischenberatung mitteile, ohne zuvor den anderen Verfahrensbeteiligten durch einen Hinweis auf die zur Erörterung stehende Frage **Gelegenheit zur Äußerung** gegeben zu haben. Zwar könne weder eine solche Mitteilung noch ein daraufhin vom Angeklagten abgelegtes Geständnis eine Bindung in dem Sinne bewirken, daß die endgültige Entscheidung des Gerichts dem in Aussicht gestellten Ergebnis entsprechen müsse, was sich etwa für Fälle von selbst verstehe, in denen nach Ablegung des Geständnisses Umstände bekannt würden, die eine andere Beurteilung seines Wertes oder des Schuldumfangs erforderten. Das Gericht dürfe sich auch nicht der Freiheit begeben, aufgrund besserer Einsicht die maßgeblichen Umstände anders zu gewichten und auf dieser Grundlage zu einer abweichenden Entscheidung zu gelangen. Auch in derartigen Fällen sei das abgelegte Geständnis verwertbar. Gegen das Gebot des fairen Verfahrens werde damit nicht verstoßen. Das geltende Recht lasse einen Ausschluß dieses Risikos ebensowenig zu wie es die an der Verständigung Beteiligten daran hindere, absprachewidrig Beweisanträge zu stellen oder Rechtsmittel einzulegen. Gleichwohl schaffe eine solche Mitteilung bei dem Adressaten aber einen **Vertrauenstatbestand**. In jedem Falle habe dieser deshalb einen Anspruch darauf, vom Gericht, bevor es zu seinen Ungunsten von der in Aussicht gestellten Entscheidung abweiche, auf diese Abweichung hingewiesen zu werden. Die Bekanntgabe des Ergebnisses einer Zwischenberatung des Gerichts an einen Verfahrensbeteiligten sei aus diesem Grunde ein unmittelbar verfahrenserheblicher Vorgang. Für ihn sei in Anwendung des Grundsatzes des § 33 StPO deshalb zu verlangen, daß die betroffenen anderen Verfahrensbeteiligten zuvor Gelegenheit erhalten, sich dazu zu äußern. Werde dies unterlassen, begründe dies einen zur Urteilsaufhebung führenden Verfahrensfehler.

Ähnlich der Position des 2. Strafsenats ist die grundsätzliche Zulässigkeit außerhalb **150**
der Hauptverhandlung geführter Gespräche auch vom **5. Strafsenat** des Bundesgerichtshofs 1996 betont worden.[379] Mit der zuungunsten der beiden Angeklagten eingelegten

---

[378] Beispiel nach BGH, Urt. v. 30. Oktober 1991 (2 StR 200/91) = BGHSt 38, 102 = BGHR StPO vor § 1/faires Verfahren Vereinbarung 4 = NJW 1992, 519 = NStZ 1992, 139 = StV 1992, 50 = BGHR StPO vor § 1/faires Verfahren Vereinbarung 4 = JuS 1992, 527 m. Anm. *Hassemer* JuS 1992, 527.

[379] Beispiel nach BGH, Urt. v. 20.02. 1996 (5 StR 679/95) = BGHSt 42, 46 = BGHR StPO vor § 1/faires Verfahren Vereinbarung 8 = NJW 1996, 1763 = NStZ 1996, 448 m. krit. Anm. *Zschockelt* NStZ 1996, 449 = StV 1996, 354 = wistra 1996, 188 = MDR 1996, 726 = JR 1997, 77 m. Anm. *Kintzi* JR 1997, 78 = JA 1997 m. Anm. *Fahl* JA 1997, 272.

Revision hatte die Staatsanwaltschaft beanstandet, der Kammervorsitzende habe mit den Verteidigern außerhalb der Hauptverhandlung eine „Absprache" zum Strafmaß getroffen für den Fall, daß die Angeklagten ein „kurzes" Geständnis ablegten. Diese Absprache sei ohne Wissen oder Beteiligung der Staatsanwaltschaft getroffen und ihr ebenso wie die nach der Absprache erfolgte Zwischenberatung des Gerichts verschwiegen worden.

Entgegen der Auffassung der revisionsführenden Staatsanwaltschaft lag nach Ansicht des 5. Strafsenats der absolute Revisionsgrund des § 338 Nr. 6 StPO in Verbindung mit § 169 GVG aber deshalb nicht vor, weil die Beanstandungen der Staatsanwaltschaft gerade keine Vorgänge der Hauptverhandlung (§§ 226 bis 275 StPO) betroffen hätten. Der als „Absprache" bezeichnete Vorgang könne deshalb mit der Revision nicht erfolgreich beanstandet werden. Einem Richter sei nicht verwehrt, zwecks Förderung des Verfahrens mit den Verfahrensbeteiligten auch außerhalb der Hauptverhandlung Kontakt aufzunehmen. Gegen **Rechtsgespräche** sei generell nichts einzuwenden. Selbst Absprachen, die bei Beteiligten einen Vertrauenstatbestand schafften, seien trotz der hiergegen erhobenen Bedenken nicht ohne weiteres prozeßordnungswidrig, noch stellten sie sich als Verstoß gegen Prinzipien eines fairen, rechtsstaatlichen Verfahrens dar. Ein Rechtsgespräch mit Verfahrensbeteiligten außerhalb der Hauptverhandlung könne in vielfältiger Weise **prozeßfördernd und vereinfachend** wirken. In vielen Fällen werde es sogar wünschenswert sein. Hieraus folge, daß ein Rechtsgespräch als solches auch grundsätzlich nicht die Besorgnis der Befangenheit begründen könne. Dies gelte auch und gerade dann, wenn die Erörterungen im konkreten Fall relevante Fragen der Strafzumessung zum Gegenstand hätten. Die in diesem Zusammenhang geäußerten grundsätzlichen Bedenken des 3. Strafsenats des Bundesgerichtshofs würden nicht geteilt. Auch der Grundsatz des rechtlichen Gehörs gebiete es nicht allgemein, prozeßrelevante Gespräche des Gerichts mit einzelnen Verfahrensbeteiligten nur unter der Bedingung der Einbeziehung aller Betroffenen zuzulassen. Allerdings werde es sich, schon um den bösen Schein der Voreingenommenheit zu vermeiden, regelmäßig empfehlen, die übrigen Verfahrensbeteiligten über die betreffenden Gesprächsinhalte nicht im unklaren zu lassen. Der Vorschrift des § 33 StPO könnten lediglich „Absprachen" oder „Verständigungen" unterfallen, die einer „Entscheidung des Gerichts" gleichzustellen seien; **Wissenserklärungen** dagegen nicht. Einem Richter müsse möglich sein, unterhalb einer – unmittelbare Rechtswirkungen zeitigenden – „Absprache" einem Angeklagten gegenüber Prognosen über seine Straferwartung bei einem Geständnis abzugeben. Derartige Prognosen und Vorabüberlegungen seien dem Strafverfahren nicht fremd, sondern z. B. bei der Beurteilung sachlicher Zuständigkeiten oder bei Haftentscheidungen gang und gäbe. Eine entsprechende gerichtliche Erklärung über die Straferwartung für den Fall eines Geständnisses stelle sich danach als eine Wissensäußerung dar, der nichts grundsätzlich Problematisches anhafte. Zu einer solchen Prognose könne die Staatsanwaltschaft nicht formell rechtliches Gehör beanspruchen.

5. Koppelungsverbot

151 Die Vereinbarung eines **Rechtsmittelverzichts** mit dem Angeklagten für die Inaussichtstellung einer milderen Strafe ist ausgeschlossen, weil sie auf eine unzulässige Verknüpfung (Koppelung) der Rechtsmittelbefugnis hinausläuft. Denn der Angeklagte kann frühestens nach der Urteilsverkündung auf Rechtsmittel verzichten; keinesfalls darf von ihm verlangt werden, sich dieser Kontrollmöglichkeit bereits vor Abschluß der Hauptverhandlung und Kenntnis des Urteils zu begeben.[380]

---

[380] BGHSt 43, 195, 204 f.; zur Frage der Wirksamkeit eines gleichwohl „absprachegemäß" erklärten Rechtsmittelverzichts des Angeklagten vgl. BGH NJW 1995, 2568 = NStZ 1995, 556 = StV 1995, 395 = BGHR StPO vor § 1/faires Verfahren Vereinbarung 7 einerseits, BGH NStZ 1997, 611 = StV 1997, 572 = wistra 1997, 311 = BGHR StPO vor § 302 Abs. 1 Satz 1 Rechtsmittelverzicht 18 andererseits.

6. Protokollierung und Dissens

Als wesentlicher Verfahrensvorgang ist das Ergebnis der Absprache in der Sitzungsniederschrift zu protokollieren, weil nur so spätere **Streitigkeiten** über Absprachеinhalte zu vermeiden sind.[381] Mit der Festschreibung der Protokollierungspflicht trägt der Bundesgerichtshof in erster Linie spezifischen revisionsgerichtlichen Anliegen Rechnung, liegt es doch „in der Natur der Sache", daß die Revisionsgerichte jedenfalls überwiegend „mit gescheiterten, rechtlich bedenklichen und mißbräuchlichen Fällen von Absprachen im Strafverfahren" befaßt sein werden.[382] Hier geht es also um die Schaffung einer revisionsgerichtlichen Entscheidungsplattform. Das Revisionsgericht soll in die Lage versetzt werden, die Zulässigkeit der Verständigung und das zu ihr führende Verfahren im Einzelfall zu überprüfen. Ob hierfür eine nur knapp gehaltene Fixierung des Verständigungsergebnisses tatsächlich ausreichen kann,[383] wird die weitere revisionsgerichtliche Praxis zeigen. 152

Daß Versäumnisse gerade bei der Dokumentation von Absprachеergebnissen zu **gravierenden Folgen für das Revisionsverfahren** führen können, ist vom Bundesgerichtshof in neueren Entscheidungen drastisch aufgezeigt worden (Beispielsfälle 4 und 5). 153

Beispiel 4: Dissens 1[384]

Der zur Tatzeit 17 Jahre alte Angeklagte hatte bereits im Ermittlungsverfahren ein Geständnis abgelegt. Ungeachtet dessen kam es noch vor Beginn der Hauptverhandlung zu mehreren Absprachen zwischen dem Verteidiger und dem Vorsitzenden der Jugendkammer in dessen Dienstzimmer zu der Frage, ob der Angeklagte das Geständnis in der Hauptverhandlung wiederholen werde. Die Frage, ob auch die anderen Verfahrensbeteiligten, insbesondere die berufsrichterlichen Mitglieder der Jugendkammer, die Jugendschöffen, der Staatsanwalt und der Verteidiger des ehemals Mitangeklagten in diese Erörterungen mit einbezogen wurden, blieb ebenso unklar wie das Ergebnis der behaupteten Absprache. Während der Verteidiger „unter Berufung auf Standesrecht" versicherte, daß für den Fall der Wiederholung des Geständnisses eine Jugendstrafe von acht Jahren „buchstäblich vereinbart" worden sei, erklärte der Kammervorsitzende in seiner dienstlichen Erklärung „auf Dienstpflicht", lediglich geäußert zu haben, daß sich ein Geständnis zugunsten des Angeklagten auswirken werde.

Wegen Mordes verurteilte die Jugendkammer den Angeklagten zu zehn Jahren Jugendstrafe. Ausweislich der Urteilsgründe wertete das Gericht das Geständnis zugunsten des Angeklagten, sah sich aber aufgrund der Tatumstände (heimtückisch ausgeführter Raubmord zum Nachteil einer älteren Frau) außerstande, die gesetzliche Höchststrafe des § 18 Abs. 1 Satz 2 JGG zu unterschreiten. Mit seiner Revision rügte der Angeklagte die nach seiner Darstellung absprachewidrige Verurteilung als Verstoß gegen seinen Anspruch auf ein faires Verfahren.

Die Revision ist nach Auffassung des 1. Strafsenats unbegründet. Sowohl nach der Rechtsprechung des Bundesverfassungsgerichts als auch der des Bundesgerichtshofs sei ein „Vergleich" im Gewande des Urteils, ein „Handel mit der Gerechtigkeit" untersagt. Dementsprechend präjudizierten Absprachen außerhalb der Hauptverhandlung das Urteil nicht. Wie der vorliegende Fall verdeutliche, bestünden gegen ein anderes Ergebnis nicht nur schwerwiegende grundsätzliche Bedenken, sondern auch schwerwiegende praktische Einwände. Der Inhalt einer außerhalb verfahrensförmigen Geschehens getroffenen Absprache sei in einem Fall nicht zweifelsfrei feststellbar, in dem die beiden alleinigen Teilnehmer an dieser Absprache hierzu **miteinander unvereinbare Angaben** machten. Eine derart unsichere Grundlage könne deshalb nicht die Basis eines Urteils sein. Erst recht könne die Behauptung einer solchen Absprache deshalb auch nicht die Grundlage eines erfolgreichen Revisionsangriffs darstellen. Denn die tatsächliche Richtigkeit von Be-

381 BGHSt 43, 195, 206.

382 *Böttcher/Dahs/Widmeier* NStZ 1993, 375, 376.

383 Zweifelnd *Rönnau* wistra 1998, 49, 51.

384 Beispiel nach BGH, Beschl. v. 19. Oktober 1993 (1 StR 662/93) = BGHR StPO vor § 1/faires Verfahren Vereinbarung 5 = NJW 1994, 1293 = NStZ 1994, 196 m. Anm. *Krekeler* NStZ 1994, 196 = StV 1994, 174 = wistra 1994, 64 = DRiZ 1994, 64.

hauptungen, aus denen sich ein Verfahrensverstoß ergeben solle, müsse erwiesen sein und könne nicht lediglich nach dem Zweifelsatz unterstellt werden. Ob schon angesichts der Erklärung des Vorsitzenden, wonach sich ein Geständnis zugunsten des Angeklagten „auswirken" werde, ein Hinweis an den Angeklagten geboten gewesen wäre, nachdem die Urteilsberatung ergeben hatte, daß die gesetzliche Höchststrafe nicht unterschritten werden konnte, bedürfe keiner Entscheidung, weil das Urteil auf einem etwaigen Verstoß nicht beruhe. Denn der Schuldspruch beruhe auf dem Geständnis des Angeklagten, wie er es schon im Ermittlungsverfahren abgelegt habe. Insoweit trage die Revision des Angeklagten lediglich vor, daß sich die Hauptverhandlung verlängert hätte, wenn der Angeklagte sein Geständnis nicht wiederholt hätte, nicht aber, daß eine längere Beweisaufnahme auch zu einem anderen Urteil geführt hätte. Ein sonstiger Grund dafür, daß die Jugendkammer das in der Hauptverhandlung wiederholte Geständnis als unverwertbar hätte ansehen müssen, sei nicht ersichtlich. Jedenfalls bei einer Fallgestaltung, bei der zugleich gerügt werde, zahlreiche (nur) für die Strafzumessung wesentliche Anträge seien nicht oder nicht richtig verbeschieden worden oder aus der (nur) hierfür bedeutsamen Beweisaufnahme seien falsche Schlüsse gezogen worden, genüge das Revisionsvorbringen, im Vertrauen auf die Absprache seien nicht näher konkretisierte weitere Beweisanträge unterlassen worden, nicht.

154 **Beispiel 5: Dissens 2**[385]

Am fünften Tag der insgesamt achttägigen Hauptverhandlung kam es in einer Sitzungspause zu einem vom Vorsitzenden der Strafkammer angeregten Gespräch zwischen diesem, der Sitzungsvertreterin der Staatsanwaltschaft und den Verteidigern der beiden Angeklagten zu der Frage, unter welchen Voraussetzungen die Angeklagten ein Geständnis ablegen würden. Am Ende des Gesprächs gingen beide Verteidiger übereinstimmend mit dem Kammervorsitzenden davon aus, daß die Angeklagten bei einem Geständnis mit einer Freiheitsstrafe von jeweils acht Jahren rechnen könnten und sämtliche sonstigen – wegen ähnlicher Raubüberfälle – noch anhängigen Verfahren im Falle des Geständnisses und einer Verurteilung zu einer achtjährigen Freiheitsstrafe nach § 154 StPO eingestellt würden. Nach Wiedereintritt in die Hauptverhandlung legten beide Angeklagte „absprachegemäß" ein Tatgeständnis ab. Die Sitzungsvertreterin der Staatsanwaltschaft beantragte lediglich im Hinblick auf einige weitere Straftaten, das Verfahren gemäß § 154 Abs. 2 StPO einzustellen, verweigerte jedoch eine entsprechende Verfahrensweise im Hinblick auf andere erhebliche Straftaten der Angeklagten, weil sie die vorangegangene Erörterung mit dem Vorsitzenden und den Verteidigern dahin verstanden hatte, daß die in Aussicht genommene Verfahrensweise nach § 154 Abs. 2 StPO nur Gegenstände des vorliegenden Verfahrens betreffen sollte; ein Absehen von Strafverfolgung wegen anderer Taten aus ihrer Sicht von Anfang an nicht in Betracht gezogen worden sei. Die Strafkammer faßte hierauf den Beschluß, die Geständnisse der Angeklagten nicht zu verwerten. Den Antrag der Verteidigung, das Verfahren wegen eines Prozeßhindernisses einzustellen, wies die Strafkammer ebenso zurück wie Ablehnungsgesuche gegen die Schöffen, die nach Auffassung der Angeklagten aufgrund der vernommenen Geständnisse nicht mehr als unbefangen angesehen werden könnten. Nach vollständiger Durchführung der Beweisaufnahme verurteilte das Landgericht die Angeklagten jeweils zu Freiheitsstrafen von acht Jahren. Mit der Revision machten die Angeklagten Verstöße gegen den Grundsatz des fairen Verfahrens geltend, der zu einer Verfahrenseinstellung wegen eines Prozeßhindernisses hätte führen müssen.

Nach Auffassung des 5. Strafsenats sind die Revisionen lediglich im Strafausspruch begründet, während die in erster Linie erhobene Verfahrensrüge erfolglos bleibt. Zwar sei das von den Beteiligten gewählte Verfahren wegen seiner offensichtlichen **Anfälligkeit für Mißverständnisse** nicht unbedenklich, weil die Gespräche über die angestrebte Verständigung weder in der Hauptverhandlung geführt noch ihr vorläufiges Ergebnis noch vor Ablegung der Geständnisse dort erörtert worden sei. Jedoch spreche nichts dafür, daß die Angeklagten etwa seitens der Staatsanwaltschaft bewußt irregeführt oder getäuscht (§ 136 a Abs. 1 StPO) worden seien. Im übrigen seien Verstöße gegen die Grundsätze eines

[385] Beispiel nach BGH, Urt. v. 17. Juli 1996 (5 StR 121/96) = BGHSt 42, 191 = NJW 1996, 3018 = StV 1996, 521 = wistra 1996, 348 = MDR 1996, 1280 = BGHR StPO vor § 1/faires Verfahren Vereinbarung 9; *Beulke/Satzger* JuS 1997, 1072.

fairen Verfahrens oder die Anwendung verbotener Methoden im Sinne des § 136 a StPO regelmäßig nicht geeignet, ein Prozeßhindernis zu begründen. Ihnen sei grundsätzlich auf andere Weise zu begegnen; nicht zuletzt durch Verwertungsverbote im Sinne von § 136 a Abs. 3 Satz 2 StPO. Auch die Nichtverwertung der Geständnisse begründe jedenfalls keinen Rechtsfehler zum Nachteil der Angeklagten unter dem Gesichtspunkt einer fairen Verfahrensgestaltung. Demgegenüber könne der Strafausspruch keinen Bestand haben. Zwar habe das Landgericht die Geständnisse bei der Prüfung der Schuldfrage nicht zu Lasten der Angeklagten verwertet, weil es sich hieran aus verfahrensrechtlichen Gründen gehindert gesehen habe. Dies schließe aber eine Verwertung zugunsten der Angeklagten bei der Strafzumessung nicht aus. Die Geständnisbereitschaft und die tatsächlich abgelegten Geständnisse hätten deshalb zugunsten der Beschwerdeführer bei der Strafzumessung gewertet werden müssen, auch wenn sie zu ihrem Nachteil bei den Feststellungen zum Schuldspruch nicht verwertet werden durften.

7. Schuldspruch

Das Recht des Angeklagten auf ein faires, rechtsstaatliches Verfahren schließt eine Absprache über den Schuldspruch von vornherein aus. Grundlage für den Schuldspruch darf immer nur der nach der Überzeugung des Gerichts **tatsächlich gegebene Sachverhalt** sein; seine materiell-rechtliche Bewertung ist einer Vereinbarung nicht zugänglich.[386] **155**

8. Rechtsfolgenausspruch

a) Unzulässigkeit der konkreten Strafmaßzusage

Die verbindliche Zusage einer bestimmten Strafhöhe vor der Urteilsberatung verstößt gegen **§§ 260 Abs. 1, 261 StPO** und ist deshalb unzulässig. Denn das Gericht hat aus dem Inbegriff der Verhandlung in der Urteilsberatung über die Strafe zu entscheiden. Diese Entscheidung darf nicht vorweggenommen werden; eine Selbstbindung des Gerichts vor Abschluß der Hauptverhandlung ist deshalb ausgeschlossen. Die Zusage einer bestimmten Strafhöhe enthält zugleich eine Verletzung der materiell-rechtlichen Prinzipien der Strafzumessung im Sinne des **§ 46 Abs. 1 Satz 1, Abs. 2 Satz 1 StGB**, weil das Gericht in der Urteilsberatung nicht mehr frei ist, die Strafe nach der Schuld des Täters zuzumessen.[387] **156**

b) Zulässigkeit der Angabe einer bestimmten Strafobergrenze

Dagegen ist es unbedenklich, wenn für den Fall der Ablegung eines glaubhaften Geständnisses im Wege der Verständigung eine **Strafobergrenze** angegeben wird, verbunden mit der Zusage, diese nicht zu überschreiten. Denn der Angeklagte, der ein Geständnis ablegt, schränkt seine Verteidigungsmöglichkeiten auf einen schmalen Bereich ein. Es ist daher nicht unbillig, wenn er vor Ablegung eines Geständnisses erfahren will, wie das Gericht das Geständnis bei der Strafzumessung bewerten würde. Mit dieser Einschränkung des vom Gesetz allgemein vorgesehenen – zumeist ohnehin sehr weiten – Strafrahmens wird die Entscheidung des Gerichts noch nicht vorweggenommen. Vielmehr bleibt die Festlegung der konkreten Strafe weiterhin der Urteilsberatung vorbehalten. Unvoreingenommenheit und Objektivität des Gerichts werden nicht beeinträchtigt. Die Absprache tritt nicht an die Stelle des Urteils, auch wenn die in Betracht kommende und durch das (erwartete) Geständnis unter Umständen bereits erheblich herabgesetzte Obergrenze häufig mit der später zu verhängenden konkreten Strafe übereinstimmen wird. Denn dem Gericht bleibt die Befugnis, eine noch niedrigere Strafe zu verhängen. Bleibt das Urteil **erheblich unter der bekanntgegebenen Obergrenze**, kann dies ein Indiz da- **157**

---

[386] BGHSt 43, 195, 204.
[387] BGHSt 43, 195, 206 f.

für sein, daß die Strafe den Bereich der Schuldangemessenheit verlassen hat, weshalb ein die Strafzumessung beanstandendes **Rechtsmittel der Staatsanwaltschaft** zur Urteilsaufhebung führen kann.[388]

Beispiel 6: Punktgenau [389]

Das Landgericht verurteilte den Angeklagten zu einer langjährigen Gesamtfreiheitsstrafe. Im Rahmen seiner Ausführungen zur Strafzumessung führte das Gericht aus, daß zugunsten des Angeklagten neben anderen Umständen sein Geständnis strafmildernd berücksichtigt worden sei. Sowohl die Einzelstrafen als auch die Gesamtstrafe seien dabei „in dieser Höhe" und in öffentlicher Verhandlung mit den Angeklagten, den Verteidigern und der Staatsanwaltschaft bei gleichzeitiger vorläufiger Einstellung weiterer Anklagepunkte im Sinne einer verfahrensbeendenden Absprache „abgestimmt" worden.

Mit seiner auf den Strafausspruch beschränkten Revision beanstandete der Angeklagte mit der Sachrüge die „Ausführungen der Kammer zur verfahrensbeendenden Abstimmung" als Verstoß gegen § 46 Abs. 1 Satz 1 StGB, da ausweislich der Urteilsgründe nicht die Schuld des Angeklagten, sondern die Absprache Grundlage für die Strafzumessung gewesen sei. Nach Sachlage sei nicht auszuschließen, daß sich dies zum Nachteil des Angeklagten ausgewirkt habe.

158 In dem der Grundsatzentscheidung des 4. Strafsenats nachgebildeten Beispielsfall 6 konnte nach Auffassung des Bundesgerichtshofs der Strafausspruch nicht bestehen bleiben. Denn nach den Urteilsgründen ist nicht auszuschließen, daß das Landgericht bereits vor der Urteilsberatung eine **konkrete Strafe** und nicht nur die Einhaltung einer bestimmten Strafobergrenze zugesagt hat. Der Umstand, daß die Strafkammer ausweislich der Urteilsgründe sowohl bei der Bemessung der Einzelfreiheitsstrafen als auch bei der Bildung der Gesamtstrafe alle maßgeblichen Strafzumessungsgesichtspunkte zugunsten und zu Lasten des Angeklagten berücksichtigt hat und die Höhe der Freiheitsstrafe sich im Rahmen schuldangemessenen Strafens hält, vermag diesen Fehler nicht zu beseitigen. Denn mit der Zusage einer bestimmten Strafe, an die sich das Gericht bereits vor der Urteilsberatung bindet, fehlt es an einer selbständigen richterlichen Entscheidung zur Strafzumessung, wie sie § 46 Abs. 1 Satz 1, Abs. 2 Satz 1 StGB erfordert. Auf diesem Rechtsfehler kann das Urteil im Strafausspruch beruhen, weil nicht sicher auszuschließen ist, daß das Gericht ohne die fehlerhafte Absprache eine niedrigere Freiheitsstrafe festgesetzt hätte, zumal die Strafkammer sich mit der Angabe einer konkreten Strafhöhe **auch gegenüber der Staatsanwaltschaft verpflichtet** hatte, die zugesagte Strafe nicht zu unterschreiten. Dies konnte sich zum Nachteil des Angeklagten auswirken, weil damit ein Abweichen von dieser Strafhöhe auch nach unten nicht mehr möglich war.[390]

c) Vertretbarkeit und Wertigkeit des absprachebedingten Geständnisses

159 Ebenso wie bei der später im Urteil erfolgenden Strafzumessung hat das Gericht auch bei der Zuage des Nichtüberschreitens einer Strafobergrenze die allgemeinen Strafzumessungsgesichtspunkte zu beachten. Die Verständigung steht deshalb unter dem **Vorbehalt**, daß das spätere Urteil materiell-rechtlich zutreffend und **vertretbar** ist. Dies bedeutet insbesondere, daß der Strafausspruch auch im Falle einer Verständigung den Boden schuldangemessenen Strafens nicht verlassen darf. Eine Strafhöhe, die dem Unrechtsgehalt der Tat nicht gerecht wird, darf nicht verhängt werden.

160 Auch dann, wenn eine Verständigung stattfindet, die ein **Geständnis** zum Gegenstand hat, ist die Strafe nach allgemeinen Grundsätzen festzulegen. Dem Gericht ist es jedoch nicht verwehrt, dem Geständnis strafmildernde Bedeutung auch dann zuzumessen, wenn es nicht in erster Linie aus Schuldeinsicht und Reue, sondern aus verfahrenstaktischen

---

388 BGHSt 43, 195, 207 f.

389 Beispiel nach BGH, Urt. v. 28. August 1997 (4 StR 240/97) = BGHSt 43, 195 = NJW 1998, 86 = NStZ 1998, 31 = StV 1997, 583 = wistra 1997, 341 m. Anm. *Rönnau* wistra 1998, 49 = JuS 1998, 373 m. Anm. *Martin* JuS 1998, 373 = JR 1998, 245 m. Anm. *Kintzi* JR 1998, 249 = BGHR StPO § 302 Abs. 1 Satz 1 Rechtsmittelverzicht 19 = BGHR GVG § 169 Satz 1 Öffentlichkeit 2 = BGHR StGB § 46 Abs. 2 Geständnis 2.

390 BGHSt 43, 195, 211.

Gründen im Rahmen der Verständigung abgegeben worden ist. Denn auch in diesem Fall bekennt sich der Angeklagte zu seiner Tat und fördert das Prozeßziel des Rechtsfriedens. Im übrigen gilt auch für die Strafzumessung der **Zweifelssatz**, so daß – im Zweifel – von der für den Angeklagten günstigsten Möglichkeit auszugehen ist. Darüber hinaus kann das Geständnis dem Angeklagten auch als **Beitrag zur Verfahrensabkürzung** zugute gehalten werden. Jedes Geständnis ist daher grundsätzlich geeignet, Bedeutung als strafmildernder Gesichtspunkt zu erlangen. Ausgeschlossen ist nur die Zusage und Gewährung einer Strafmilderung, die zur Bedeutung des Strafmilderungsgrundes außer Verhältnis steht und im Ergebnis zu einer schuldunangemessenen Bestrafung führt.

9. Bindungswirkung und Vorbehalt schwerwiegender neuer Umstände

a) Bindungswirkung

An die in öffentlicher Verhandlung unter Einbeziehung aller Verfahrensbeteiligter zustande gekommene Verständigung ist das Gericht nach den Grundsätzen des fairen Verfahrens **gebunden**. Denn zu diesen gehört, daß sich das Gericht nicht in Widerspruch zu seinen früheren Erklärungen setzen darf, auf die ein Verfahrensbeteiligter vertraut hat. Die vom Gericht so geschaffene Vertrauenslage verbietet ihm, von seiner früheren Erklärung abzuweichen.[391] **161**

b) Vorbehalt „rebus sic stantibus" und Hinweisverpflichtung

Ergeben sich nach der Absprache allerdings **schwerwiegende neue Umstände**, die bisher nicht zur Kenntnis des Gerichts gelangt waren und die Einfluß auf das Urteil haben können, darf von der getroffenen Absprache abgewichen werden. Ein solcher Umstand kann im Einzelfall anzunehmen sein, wenn sich die abzuurteilende Tat aufgrund **neuer Tatsachen oder Beweismittel** nicht mehr als Vergehen, sondern als Verbrechen darstellt (Rechtsgedanke des § 373a Abs. 1 StPO) oder erhebliche Vorstrafen des Angeklagten nicht bekannt waren. Liegt ein solcher Fall vor, muß das Gericht in öffentlicher Hauptverhandlung unter Darlegung der Umstände auf diese Möglichkeit hinweisen (§ 265 Abs. 1, Abs. 2 StPO).[392] **162**

Der vom 4. Strafsenat zur Legitimation gerichtlicher[393] Bindung an Urteilsabsprachen herangezogene **Gedanke des Vertrauensschutzes**,[394] insbesondere die aus ihm im Einzelfall resultierenden Hinweisverpflichtungen, waren vom 2. Strafsenat des Bundesgerichtshofs bereits in einem vieldiskutierten Urteil vom 7. Juni 1989 herausgestellt worden. Der Entscheidung war schon damals kritisch-plakativ das Gebot *pacta sunt servanda* für strafprozessuale Absprachen[395] entnommen worden (Beispielsfall 7). **163**

Beispiel 7: Schon geeinigt?[396]

In einer Verhandlungspause gab der Vorsitzende den Verteidigern der drei Angeklagten Gelegenheit zur Prüfung, ob sie noch Beweisanträge stellen wollten. In der Sitzungspause nahmen die Ver-

---

[391] BGHSt 43, 195, 210.

[392] BGHSt 43, 195, 210.

[393] Zur Verbindlichkeit einer „Zusage" der Staatsanwaltschaft, eine bestimmte Tat gemäß § 154 Abs. 1 StPO nicht (weiter) zu verfolgen, wenn der Beschuldigte sein Rechtsmittel in einer anderen Sache zurücknimmt, vgl. demgegenüber bereits BGHSt 37, 10 = NJW 1990, 1924 = NStZ 1990, 399 m. Anm. *Gatzweiler* NStZ 1991, 46 = StV 1990, 295 = wistra 1990, 235 m. Anm. *Scheffler* wistra 1990, 319 = MDR 1990, 741 = BGHR StPO vor § 1/faires Verfahren Vereinbarung 1 = JR 1991, 256 m. Anm. *Weigend* JR 1991, 257 = JuS 1990, 939 m. Anm. *Hassemer* JuS 1990, 939.

[394] Vgl. zuletzt auch BGH NStZ 1997, 561.

[395] *Hassemer* JuS 1989, 890.

[396] Beispiel nach BGH, Urt. v. 7. Juni 1989 (2 StR 66/89) = BGHSt 36, 210 = NJW 1989, 2270 = NStZ 1989, 438 m. abl. Anm. *Strate* NStZ 1989, 439 = StV 1989, 336 m. zust. Anm. *Greeven* StV 90, 53 = wistra 1989, 311 = JZ 1989, 1016 m. abl. Anm. *Schünemann* JZ 1989, 984 = MDR 1989, 838 = BGHR StPO vor § 1/faires Verfahren Hinweispflicht 2.

teidiger mit dem Sitzungsvertreter der Staatsanwaltschaft Kontakt auf, der erklärte, daß er gegen die Angeklagten A. und B. Freiheitsstrafen von je drei Jahren und sechs Monaten sowie gegen den Angeklagten C. eine Freiheitsstrafe von vier Jahren beantragen wolle. Wenig später wandte sich der Vorsitzende vor dem Sitzungssaal erneut an die Verteidiger mit der Erklärung: „Na, woran hängt's denn noch, haben Sie sich mit dem Staatsanwalt geeinigt?" Daraufhin fragte der Verteidiger des Angeklagten C., ob man davon ausgehen dürfe, „daß nach Übung der Kammer Anträge des Staatsanwalts nicht überschritten" würden, worauf der Vorsitzende antwortete: „Davon können Sie ausgehen."

Nach Wiederaufnahme der Verhandlung bat der Verteidiger des C. erneut um eine kurze Verhandlungspause, weil er sich noch nicht schlüssig sei, ob er doch Beweisanträge stellen solle. Während der nunmehrigen Sitzungspause trat der Vorsitzende auf den auf seinem Platz in der Bank sitzenden und Beweisanträge vorbereitenden Verteidiger des C. zu mit der Bemerkung, ob „dies denn wirklich nötig sei"; er sei davon ausgegangen, daß man sich „mit dem Staatsanwalt geeinigt" habe. Die Verteidiger der Angeklagten teilten nunmehr dem Vorsitzenden mit, daß der Staatsanwalt ihnen seine beabsichtigten Anträge zur Strafhöhe offengelegt habe, worauf der Vorsitzende erklärte: „Na also, dann können wir doch weitermachen." Danach wurde die Verhandlung fortgesetzt. Die Anträge des Staatsanwalts entsprachen seiner Ankündigung gegenüber den Verteidigern. Diese stellten keine Beweisanträge mehr. Das Landgericht verurteilte die Angeklagten A. und B. zu Freiheitsstrafen von jeweils vier Jahren und sechs Monaten und verhängte gegen den Angeklagten C. eine Freiheitsstrafe von fünf Jahren und sechs Monaten.

164 Die Verhängung höherer Strafen als die vom Staatsanwalt beantragten verstieß nach Auffassung des 2. Strafsenats gegen das Recht der Angeklagten auf ein faires Verfahren. Auf die entsprechenden Verfahrensrügen der Angeklagten hob er deshalb das Urteil im Rechtsfolgenausspruch auf. Schon die erste Erklärung des Vorsitzenden sei geeignet gewesen, bei den Angeklagten und ihren Verteidigern den Eindruck hervorzurufen, daß die Strafkammer keine höheren Strafen als die vom Staatsanwalt beantragten verhängen werde. Die Frage der Verteidiger nach der „Kammerpraxis" sei durch Eigeninitiative des Kammervorsitzenden ausgelöst worden, der habe wissen wollen, ob man sich bereits mit dem Staatsanwalt geeinigt habe. Diese Zusicherung sei durch die zweite Erklärung des Vorsitzenden wiederholt und bekräftigt worden. Nach den Gesamtumständen, insbesondere dem Gesprächszusammenhang, habe in ihr die eindeutige und unmißverständliche **Zusicherung** gelegen, keine höheren Strafen zu verhängen. Darauf habe sich die Verteidigung verlassen und ihr weiteres Prozeßverhalten danach ausrichten dürfen, indem sie auf die Stellung der Beweisanträge verzichtete. Der Umstand, daß die Zusicherung außerhalb der Hauptverhandlung abgegeben worden sei, stehe dem nicht entgegen. Namentlich dem Vorsitzenden sei es grundsätzlich nicht verwehrt, auch außerhalb der Hauptverhandlung Kontakt zu den Verfahrensbeteiligten aufzunehmen, zumal wenn – wie hier – eine Zusicherung zwar außerhalb, aber im engen zeitlichen und örtlichen Zusammenhang mit der Hauptverhandlung abgegeben werde. Bedenken gegen die Anerkennung einer vom Vorsitzenden abgegebenen Zusicherung als Grundlage eines entsprechenden Vertrauensschutzes ergäben sich auch nicht aus der Art ihres Gegenstandes. Aus dem **Gebot des fairen Verfahrens** sei dem Vorsitzenden, als er – spätestens bei der Beratung – erkannt habe, daß sich seine Zusicherung nicht würde einhalten lassen, die verfahrensrechtliche Verpflichtung erwachsen, die Verteidiger und die Angeklagten – gegebenenfalls nach Wiedereintritt in die Verhandlung – darauf hinzuweisen, daß nun doch die Verhängung höherer Strafen in Betracht zu ziehen sei. Hier wie in vergleichbaren Fallgestaltungen (Abrücken von einer zugesagten Wahrunterstellung oder Wechsel in der Beurteilung einer zunächst als bedeutungslos eingestuften Beweistatsache) liege dem der **Gedanke des Vertrauensschutzes** zugrunde, weil der Angeklagte und sein Verteidiger nicht in einer Erwartung enttäuscht werden dürften, die das Gericht selbst erst geweckt habe.

21. Kapitel. Verteidigung in Wirtschaftsstrafsachen

Literatur: *Hamm/Lohberger* (Hrsg.), Beck'sches Formularbuch für den Strafverteidiger, 3. Auflage 1998; *Brüssow, Krekeler, Mehle,* Strafverteidigung in der Praxis 1998; *Eisenberg,* NJW 1991, 1258, Aspekte der Rechtsstellung des Strafverteidigers; *Fezer,* ZStW 106, 1 ff., Vereinfachte Verfahren im Strafprozeß; *Groh,* DRiZ 1985, 52, Zum Recht des Strafverteidigers auf Einsichtnahme in staatsanwaltschaftliche Ermittlungsakten; *Hild/Hild,* Im Fadenkreuz der Steuerfahnder, 1999; *Koch,* wistra 1983, 63, Beschlagnahme von Geschäftsunterlagen in Wirtschaftsstrafverfahren und der Grundsatz der Verhältnismäßigkeit; *Krekeler,* NStZ 1989, 146, Strafrechtliche Grenzen der Verteidigung; *Richter,* NJW 1993, 2152, Sockelverteidigung; Strafrechtsausschuß der Bundesrechtsanwaltskammer, Thesen zur Strafverteidigung, 1992.

Inhaltsübersicht

	Rn.
I. Stellung und Funktion des Verteidigers in Wirtschaftsstrafsachen	1–28
1. Berufsauftrag des Strafverteidigers	1–7
2. Verteidigung in Wirtschaftsstrafsachen und Medien	8–17
3. Die Sockelverteidigung	18–24
4. Die Firmenvertretung	25–28
II. Verteidigung im Ermittlungsverfahren	29–80
1. Vorbemerkung	29–31
2. Aktivitäten des Verteidigers im Ermittlungsverfahren	32–63
a) Beratung des Mandanten	32–37
b) Erste Aktivitäten des Verteidigers	38–41
c) Akteneinsicht	42–54
d) Abgabe einer Stellungnahme	55–63
e) Eigene Ermittlungen d. Verteidigers	63
3. Verteidigung bei Durchsuchung und Beschlagnahme	64–76
a) Verhaltensmaßregeln bei Durchsuchungen	64–67
b) Aufgaben des Verteidigers im Rahmen von Durchsuchungen	68–72
c) Anfechtung rechtswidriger Durchsuchungsbeschlüsse	73, 74
4. Erledigungsmöglichkeiten im Ermittlungsverfahren	75–80
III. Verteidigung im Zwischenverfahren	81–88
IV. Verteidigung im Hauptverfahren	89–100
1. Vorbereitung der Hauptverhandlung	89–96
2. Verteidigungsstrategien in der Hauptverhandlung	97–100

I. Stellung und Funktion des Verteidigers in Wirtschaftsstrafsachen

1. Berufsauftrag des Strafverteidigers

„Strafverteidiger – Der wichtigste Berater des Managers", so lautet eine Schlagzeile auf 1
dem Titelblatt einer Ausgabe des manager magazins.[1] Strafverfahren gegen Top-Manager renommierter Wirtschaftsunternehmen gehören zum Unternehmensalltag. Durchsuchungen oder Verhaftungen in deutschen Großkonzernen prägen die Berichterstattung in den Medien. Das Risiko, als Manager in ein Strafverfahren involviert zu werden, erscheint allgegenwärtig. Die Ursachen sind vielgestaltig. Professionalität und Kapazität auf seiten der Strafverfolgungsbehörden sind in den letzten Jahren gestiegen. Die zuständigen Schwerpunktabteilungen der Staatsanwaltschaften sind in personeller und sachlicher Hinsicht stetig ausgebaut worden. Hinzu kommt, daß sich durch die Entwicklung der höchstrichterlichen Rechtsprechung die Tendenz zur Konzentration der strafrechtlichen Verantwortung auf Geschäftsleitungsorgane verstärkt hat.[2] Die professionelle Beratung durch einen in Wirtschaftsstrafsachen erfahrenen Rechtsanwalt ist für den von strafrechtlichen Risiken betroffenen Manager existenznotwendig geworden.

Welchen Berufsauftrag hat der Strafverteidiger? Eine der zentralen Aufgaben des Straf- 2
verteidigers besteht darin, die Einhaltung der einschlägigen Verfahrensvorschriften und

---

[1] manager magazin 9/91.

[2] BGHSt 37, 106 ff., sog. Erdal-Entscheidung.

damit die **Justizförmigkeit** und Gesetzlichkeit des Strafverfahrens zu kontrollieren und sicherzustellen.[3] Der Strafverteidiger hat die Pflicht, auf die Beachtung von Rechtsvorschriften, die dem Schutze seines Mandanten dienen, hinzuwirken und Rechtsverletzungen zu beanstanden. Da der Beschuldigte mangels der erforderlichen Rechtskenntnis und forensischen Erfahrung in aller Regel nicht in der Lage ist, sich selbst zu verteidigen, hat sich der Verteidiger schützend vor seinen Mandanten zu stellen und die Durchsetzung seiner Rechte mit den zu Gebote stehenden Mitteln sicherzustellen.

3 Eine wesentliche Funktion des Verteidigers besteht weiter darin, **entlastende Umstände** zu ermitteln und in den Strafprozeß einzuführen. Hierbei ist der Verteidiger nicht zur Unparteilichkeit verpflichtet, sondern ausschließlich an den Interessen und am Schutze seines Mandanten ausgerichtet.[4] Der Strafverteidiger ist das Gegengewicht zu dem auf Verfolgung abzielenden Wirken der Ermittlungsbehörden – mag die Staatsanwaltschaft auch de jure gem. § 160 Abs. 2 StPO selbst zur Ermittlung entlastender Umstände verpflichtet sein.

4 Der Strafverteidiger nimmt seinen Auftrag als **Organ der Rechtspflege** wahr (§ 1 BRAO). Er ist ein selbständiges, dem Gericht und der Staatsanwaltschaft gleichgeordnetes Organ in dem Sinne, daß er Teilhaber, nicht Gegner einer funktionsfähigen Strafrechtspflege ist. Ihn trifft die Pflicht, darauf hinzuwirken, daß das Verfahren in prozessual geordneten Bahnen durchgeführt wird.[5] Er darf sich nur der prozessual erlaubten Mittel bedienen, anderenfalls kann aus der Strafverteidigung strafbare Strafvereitelung werden. Der Strafverteidiger handelt unter eigener Verantwortung,[6] ist unabhängig und untersteht nicht der Kontrolle des Gerichts,[7] ist aber auch an Weisungen seines Mandanten nicht gebunden. Er ist nicht Vertreter, sondern Beistand des Beschuldigten.[8]

5 Besonders elementar für die Tätigkeit des Strafverteidigers ist seine **Unabhängigkeit**. Unabhängigkeit bedeutet, daß der Verteidiger zu jeder Zeit die freie Entscheidung darüber treffen kann, wem und wie er seine Verteidigertätigkeit gewähren will. Diese Unabhängigkeit muß zunächst gegenüber der Justiz und anderen staatlichen Stellen bestehen. Der Verteidiger muß aber auch gegenüber seinem Mandanten unabhängig sein. Er darf sich unter keinen Umständen von seinem Auftraggeber zur Erreichung sachfremder, mit seinem Berufsauftrag unvereinbarer Ziele instrumentalisieren lassen. Er darf sich an Weisungen des Auftraggebers, die seiner Rechtsüberzeugung widersprechen, nicht gebunden fühlen.

In Wirtschaftsstrafsachen ist die Unabhängigkeit des Strafverteidigers in besonderem Maße auf die Probe gestellt. So dürfte der Verteidiger des Geschäftsführers der X-GmbH, der wegen des Verdachts eines Vergehens nach § 84 Abs. 1 Ziff. 2 GmbHG beschuldigt ist, nicht mehr unabhängig sein, wenn er die X-GmbH vor Einleitung des Strafverfahrens insolvenzrechtlich beraten hat. Dieser Verteidiger muß im Zuge des weiteren Verfahrens befürchten, als Berater des Unternehmens selbst unter dem Aspekt der Beihilfe beschuldigt zu werden. In dieser Konstellation erscheint eine unabhängige und ausschließlich am Interesse des Mandanten ausgerichtete Verteidigung nicht mehr möglich. Das Mandat ist zu beenden.

Auch eine wirtschaftliche Abhängigkeit vom Auftraggeber ist strikt zu vermeiden. In einer Kanzlei, in der der ganz überwiegende Teil des Kanzleiumsatzes auf Mandaten eines Auftraggebers basiert, ist die Unabhängigkeit gefährdet. Wirtschaftliche Erwägungen – oder gar Zwänge – dürfen nicht dazu führen, daß der Verteidiger in seinem Handeln nicht mehr souverän ist und sich gegen seine Überzeugung an den Vorgaben seines Auftraggebers ausrichtet, nur um nicht eine Beendigung des lukrativen Mandatsverhältnisses

---

[3] BGHSt 12, 367, 369; 15, 326, 327; BGH NJW 1964, 2402, 2403.

[4] *Kleinknecht/Meyer-Goßner*, StPO, 43. Aufl., vor § 137 Rn. 1; *Krekeler* NStZ 1989, 146.

[5] BGHSt 38, 111, 115; *Kleinknecht/Meyer-Goßner*, vor § 137 Rn. 1.

[6] BGHSt 13, 337, 343.

[7] BVerfGE 34, 293, 302.

[8] BGHSt 9, 356; 12, 367, 369.

zu riskieren. In derartigen Mandatsverhältnissen muß die Unabhängigkeit besonders nachdrücklich eingefordert werden. Schon der böse Schein ist zu vermeiden.

Nach überkommenem Verständnis in der Praxis wird der Strafverteidiger erst dann gerufen und beauftragt, wenn bereits ein strafrechtliches Ermittlungsverfahren eingeleitet worden ist. Er ist der Helfer in der Not. Die Funktion des Verteidigers in Wirtschaftsstrafsachen ist aber eine weitergehende. Der in Wirtschaftsstrafsachen erfahrene Rechtsanwalt kann und sollte dazu beitragen, als professioneller Berater im Rahmen eines **Risikomanagement-Systems** strafrechtliche Unternehmensrisiken bereits im Vorfeld eines Strafverfahrens aufzuspüren und zu vermeiden. Das Beratungsspektrum ist vielgestaltig. Im Produkthaftungsbereich beispielsweise bedürfen Rückrufaktionen der Beratung durch einen Strafverteidiger, die Abfassung von Gebrauchs- und Bedienungsanleitungen sollte unter strafrechtlichen Gesichtspunkten geprüft werden. Im Bereich der Korruptionsvermeidung sind Verhaltensmaßregeln zu entwerfen, die an strafrechtlichen Kriterien ausgerichtet werden müssen. Für den Eintritt von Betriebsstörungen müssen Verhaltensmaßregeln für Mitarbeiter erarbeitet werden. Die Beispiele könnten fortgeführt werden. Das Gespräch mit dem Wirtschaftsstrafrechtler über potentielle strafrechtliche Risiken im Unternehmen sollte zum Unternehmensalltag gehören. 6

Durch das **KonTraG** (Gesetz zur Kontrolle und Transparenz im Unternehmensbereich, in Kraft seit dem 01.05. 1998[9]) sind die Anforderungen an die strafrechtliche Präventivberatung erheblich verschärft worden. Das KonTraG verpflichtet den Vorstand einer Aktiengesellschaft, ein geeignetes Risikomanagement-System einzurichten. Er hat nach Maßgabe des § 91 Abs. 2 AktG „geeignete Maßnahmen zu treffen, insbesondere ein Überwachungssystem einzurichten, damit den Fortbestand der Gesellschaft gefährdende Entwicklungen früh erkannt werden". Hier geht es wesentlich auch um die Kontrolle strafrechtlicher Risiken. Verletzt der Vorstand seine dahingehenden Organisationspflichten, kann er sich persönlich schadensersatzpflichtig machen. Auch der Aufsichtsrat hat auf die Einrichtung eines Überwachungssystems hinzuwirken. Über Risiken der künftigen Entwicklung ist im Lagebericht der Gesellschaft zu berichten (§§ 289 Abs. 1, 315 Abs. 1 HGB). Der Abschlußprüfer hat das Risikomanagementsystem zu prüfen und hierüber zu berichten. 7

Es liegt auf der Hand, daß ein geeignetes Überwachungssystem ohne wirtschaftsstrafrechtliche Beratung kaum realisierbar sein wird. Wer sich ein Strafverfahren mit allen negativen Begleiterscheinungen ersparen will, hat nur mit Prävention eine Chance.

2. Verteidigung in Wirtschaftsstrafsachen und Medien

Verfahren gegen Spitzenmanager von Großunternehmen finden häufig ein starkes Öffentlichkeitsinteresse. Das Sensationsbedürfnis der Menge ruft die Massenmedien auf den Plan. Überwiegend, insbesondere in der Boulevardpresse, zielen Aufmachung und Inhalt darauf ab, Schlagzeilen zu machen. Die Betroffenen werden rücksichtslos bloßgestellt, die gerichtliche Würdigung des Falles in sachfremder Weise vorweggenommen. Mandanten beklagen oft, daß sie die durch die Presse betriebene Vorverurteilung belastender empfinden als den Strafprozeß als solchen. Die Hexenjagd in den Medien wird zur eigentlichen Strafe. 8

Dem in Wirtschaftsstrafsachen tätigen Strafverteidiger wird im Umgang mit den Medien ein hohes Maß an Sensibilität abverlangt. Wie verhält sich der in einem medienwirksamen Wirtschaftsstrafverfahren tätige Verteidiger, wenn er von Pressevertretern um verfahrensrelevante Informationen angegangen wird?

Oberstes Gebot ist der **Schutz des Klienten**. Der Verteidiger hat sein Handeln ausschließlich am Interesse des Mandanten auszurichten. Dieses Interesse geht in Wirtschaftsstrafsachen in der Regel auf Zurückhaltung und Diskretion. Eigene Belange hat 9

[9] BGBl. 1998 I, S. 786.

der Verteidiger zurückzustellen. Er darf nichts tun, was seinem Mandanten in irgendeiner Weise schaden könnte, mag auch der Reiz, als „Staranwalt" in den Medien zu erscheinen, von einzelnen Verteidigern als unwiderstehlich empfunden werden.

In einzelnen Fällen kann eine kontrollierte Zusammenarbeit mit den Medien auch positive Effekte herbeiführen. Hierbei darf der Verteidiger allerdings zwingende Vorgaben nicht außer acht lassen.

10 Er hat zunächst das **Werbeverbot** zu beachten. § 43 b BRAO erlaubt dem Rechtsanwalt die Werbung nur insoweit, als sie über die Tätigkeit in Form und Inhalt sachlich unterrichtet und nicht auf die Erteilung eines Mandats im Einzelfall gerichtet ist. Im Umgang mit Presse, Rundfunk und Fernsehen hat der Verteidiger jeden Anschein zu vermeiden, er wolle sich oder die von ihm bearbeitete Sache sensationell herausstellen. Er darf nicht aktiv auf seine Namensnennung in den Medien hinwirken oder sich gar bei Medienvertretern anbiedern. Effekthaschereien werden der Würde des Berufs nicht gerecht.

11 Der Verteidiger sollte sich außerdem davor hüten, über Medien auf schwebende Verfahren einzuwirken. Schon der Anschein einer solchen Beeinflussung ist zu vermeiden. Es schadet dem Mandanten nur, wenn der Verteidiger durch öffentlichen Mediendruck versucht, auf die Überzeugung der Richter Einfluß zu nehmen. Derartige Beeinflussungsversuche zeugen von fehlendem Respekt vor der richterlichen Unabhängigkeit und können zu einem irreversiblen Vertrauensverlust gegenüber der Justiz führen. Der Klient ist oft der Leidtragende.

12 Schließlich darf der Verteidiger der Presse nur dann mandatsinterne Informationen preisgeben, wenn sein Klient ihn insoweit von der anwaltlichen **Schweigepflicht** entbunden hat. Der Mandant verliert jedes Vertrauen in die Integrität und Diskretion seines Verteidigers, wenn er über die Medien erfahren muß, daß dieser verfahrensinterne Informationen oder gar schriftliche Mandatsunterlagen über die Presse lanciert hat, ohne dies vorher mit ihm abzustimmen.

13 Beachtet man die vorstehenden Vorgaben, so ist eine gewisse Zusammenarbeit mit der Presse möglich und zulässig. Bei Auskünften gegenüber Medienvertretern ist allerdings davor zu warnen, daß Informationen – insbesondere mündlich erteilte – oft verzerrt und entstellt wiedergegeben werden und eine nicht kalkulierbare Eigendynamik entwickeln können. Die gute Story entscheidet selbst über ihren Wahrheitsgehalt. Schon geringfügige Akzentverschiebungen in den Formulierungen können für den Klienten und für das gesamte Verfahren dramatische Folgen haben. Dies muß der Verteidiger bei Erklärungen gegenüber der Presse einkalkulieren und selbst verantworten.

14 Im Einzelfall kann es für die Ausgewogenheit der Berichterstattung zielführend sein, über das betroffene Unternehmen eine schriftliche **Presseerklärung** herauszugeben. Diese sollte den Standpunkt des Unternehmens knapp und an der Sache orientiert wiedergeben. Formularmäßige Vorgaben für Presseerklärungen sind angesichts der Vielgestaltigkeit der Sachverhalte nicht möglich. Oft dient bereits die Erklärung, die Vorwürfe würden derzeit geprüft, nach gegenwärtigem Erkenntnisstand gehe man von der Unschuld der betroffenen Mitarbeiter aus. Eine den Tatsachen widersprechende oder den Sachverhalt verzerrende Presseerklärung ist zu unterlassen. Der Beschuldigte selbst sollte gegenüber Medienvertretern keine Erklärungen abgeben, er würde sich damit zum Beweismittel gegen sich selbst machen.

15 Eine für alle Verfahrensbeteiligten besonders ausgewogene Lösung habe ich in einem öffentlichkeitswirksamen Wirtschaftsstrafverfahren erlebt, das im Zwischenverfahren gegen Zahlung einer Geldauflage gem. § 153 a Abs. 2 StPO eingestellt wurde. Hier hatten sich Gericht, Staatsanwaltschaft und Verteidigung auf eine gemeinsame Presseerklärung verständigt, die eine ausgewogene, alle Interessen berücksichtigende Darstellung enthielt. Sonstige Presseerklärungen wurden nicht abgegeben. Der Inhalt der Berichterstattung war damit, zumindest in Eckpunkten, vorbestimmt und das Medienecho bald verhallt – eine für den Schutz des Klienten gute und nachahmenswerte Lösung.

Überschreitet die Diskreditierung und Bloßstellung des Klienten durch die Medien das Maß des Tolerablen, so muß sich der Verteidiger entscheiden, ob **presserechtliche Gegenmaßnahmen** zu ergreifen sind. Der Verteidiger sollte mit dem presserechtlichen Instrumentarium vertraut sein. In zivilrechtlicher Hinsicht kommt insbesondere die Geltendmachung von Schadensersatzansprüchen, Berichtigungsansprüchen (Gegendarstellung, Widerruf) und Unterlassungsansprüchen in Betracht, im Bereich des Strafrechts sind Strafantrag und Strafanzeige nach §§ 185 ff. StGB zu erwägen. 16

Obgleich die Mandanten in Wirtschaftsstrafsachen häufig massiv auf ein presserechtliches Vorgehen gegen ehrschädigende und bloßstellende Presseberichte drängen, sollte der Strafverteidiger sehr sorgfältig und eher zurückhaltend entscheiden. Die Erfolgsquote von presserechtlichen Gegenaktivitäten ist nach den Erfahrungen der Praxis gering. Der Ehrschutz ist in unserem Staate unterrepräsentiert.

Außerdem birgt ein presserechtliches Vorgehen Risiken: Das Ehrschutzverfahren – 17
sei es zivilrechtlicher, sei es strafrechtlicher Art – bietet eine weitere Angriffsfläche für die Sensationspresse, die diese, das zeigt die Praxis immer wieder, bereitwillig zum Anlaß nimmt, die Sache erneut aufzugreifen und auszuschlachten. Der Gegenschlag wird zum Bumerang. Eine Gefahr besteht weiter darin, daß eine für den Klienten negative Entscheidung im Zivilverfahren eine gewisse Festschreibung oder zumindest eine Verdichtung des strafrechtlichen Tatverdachts zur Folge haben kann. Auch dies sollte bei den Überlegungen ins Kalkül gezogen werden.

Insgesamt sollte dem Drängen des Mandanten nach presserechtlichen Gegenmaßnahmen mit Zurückhaltung begegnet werden. Der Mandant sollte über die Risiken eines solchen Vorgehens ausführlich unterrichtet werden. Abgesehen davon empfiehlt es sich, einen im Presserecht erfahrenen Kollegen zu konsultieren. Entscheidet man sich nach sorgfältiger Abwägung aller Umstände für ein presserechtliches Vorgehen, so hat der Verteidiger zu bestimmen, ob er das zivilrechtliche Verfahren selbst führt oder ob er die Prozeßführung einem spezialisierten Kollegen überläßt. Diese Entscheidung hat er in eigener Verantwortung unter besonderer Berücksichtigung seiner Unabhängigkeit als Verteidiger zu treffen.

3. Die Sockelverteidigung

Bei der Verteidigung in Wirtschaftsstrafsachen hat die Sockelverteidigung große Bedeu- 18
tung erlangt. Sie kommt immer dann in Betracht, wenn in einem Strafverfahren mehrere Personen beschuldigt und daher verschiedene Verteidiger tätig sind. Unter Sockelverteidigung ist die Entwicklung einer von allen Mandanten getragenen einheitlichen Verteidigungsstrategie zu verstehen,[10] etwa dergestalt, daß der erhobene Strafvorwurf nur mit einer bestimmten rechtlichen und/oder tatsächlichen Argumentation bekämpft wird. Oft wird vereinbart, daß sich die Verteidigung ausschließlich gegen objektive Tatbestandselemente richtet oder die individuelle Verantwortung der einzelnen Beschuldigten in den betreffenden Hierarchieebenen des Unternehmens außen vor bleibt. Denkbar ist auch, daß sich die Verteidigung auf Fragen der Rechtswidrigkeit oder der Schuld beschränkt. Ziel der Sockelverteidigung ist die Optimierung der Gesamtverteidigung, sie ist zugleich Individualverteidigung, weil sie auch (und vor allem) jedem einzelnen Beschuldigten dient. Die Sockelverteidigung führt zu einer **Koordination** der Verteidigungsaktivitäten, sie hilft, Widersprüche im Verteidigungsverhalten verschiedener Verteidiger zu vermeiden. Aus Sicht der Verteidigung unerwünschte Belastungen einzelner Beschuldigter durch Mitbeschuldigte werden ausgeschlossen. Die Effektivität der Verteidigungsstrategie kann durch Koordination potenziert werden.

[10] Thesen zur Strafverteidigung, These 13, Strafrechtsausschuß der Bundesrechtsanwaltskammer, 1992.

19 Die prinzipielle Zulässigkeit der Sockelverteidigung steht heute außer Frage.[11] Der Verteidiger muß sich jedoch – neben den Chancen – auch die Risiken und Grenzen der Sockelverteidigung bewußt machen. Er befindet sich in einem Spannungsverhältnis zwischen dem Gruppeninteresse der Gemeinschaft einerseits und dem Individualinteresse seines Mandanten andererseits. Gerät dieses Spannungsverhältnis aus der Balance, so gilt: Das Individualinteresse des Mandanten hat absoluten Vorrang. Auch der in eine Sockelverteidigung eingebundene Verteidiger bleibt in seinen Entscheidungen unabhängig. Wenn das Verteidigungsinteresse seines Mandanten durch das Gruppeninteresse in unzumutbarer Weise zurückgedrängt wird, ist der Verteidiger frei, den Pakt aufzukündigen und zur Einzelverteidigung überzugehen. Er muß die Möglichkeit einer solchen Entscheidung mit seinem Mandanten erörtern und diesem vor Augen führen, daß eine bindende Beschränkung der Verteidigungsmöglichkeiten durch die getroffenen Absprachen nicht besteht. Der Klient soll dann unter Abwägung aller Vor- und Nachteile frei entscheiden können.

20 In der Praxis ist zu beobachten, daß die Ermittlungsbehörden nicht selten versuchen, einzelne Beschuldigte aus dem gemeinsamen Sockel „herauszulösen". Dies kann etwa dadurch geschehen, daß in einem für eine Anklageerhebung prädestinierten Verfahren einem der Beschuldigten (bzw. seinem Verteidiger) die Möglichkeit einer Einstellung nach § 153a Abs. 1 StPO nahegelegt wird, wenn dieser sich im Gegenzug bereit erklärt, andere Beschuldigte mit einem Geständnis oder einem Teilgeständnis zu belasten. In einer solchen Situation muß der Verteidiger in seiner Entscheidung unabhängig sein. Wenn er nach Abwägung aller Umstände zu der Auffassung gelangt, daß eine Ablehnung des Ansinnens der Staatsanwaltschaft eine unzumutbare Zurückstellung der Individualinteressen seines Mandanten bedeuten würde, so muß er die Sockelverteidigung aufkündigen können. Die Sockelverteidigung ist nur eine Bindung auf Zeit.[12]

21 Im Innenverhältnis zu den anderen Verteidigern besteht im Falle der Aufkündigung der Sockelverteidigung eine **Informationspflicht**.[13] Der Verteidiger muß seine Kollegen unverzüglich unterrichten, wenn er sich nicht mehr an die getroffenen Absprachen gebunden fühlt. Den anderen Verteidigern sollte möglichst frühzeitig Gelegenheit gegeben werden, ihr Verteidigungsverhalten der geänderten Situation anzupassen.

Die Praxis belegt allerdings, daß das Auseinanderbrechen von Sockelverteidigungen eher die Ausnahme ist, dies jedenfalls dann, wenn das Verteidigerteam homogen besetzt ist und das gemeinsame Verteidigungsverhalten professionell durchdacht und konzipiert ist. Nicht selten führen daher Ansinnen der geschilderten Art durch das Eingeständnis der „Geringfügigkeit" zu einer gewissen Schwächung der Anklageposition.

22 Bei der praktischen Umsetzung der Sockelverteidigung ist zu beachten, daß der Mandant über die Strategieüberlegungen des Verteidigerkollegiums umfassend zu unterrichten ist, die getroffenen Absprachen sind im Innenverhältnis zum Mandanten vollständig und rückhaltlos offenzulegen.[14] Der Klient darf zu keiner Zeit das Gefühl haben, ihm werde etwas verheimlicht oder er werde zum Spielball eines für ihn nicht transparenten „Geheimpaktes". Informationsdefizite im Mandat führen zum Vertrauensverlust. Der Mandant hat gegen seinen Verteidiger einen Rechtsanspruch auf umfassende Information. Wird im Verteidigerteam erwogen, die Mandanten über den einen oder anderen Sachverhalt (zunächst) nicht zu unterrichten, was gelegentlich vorkommt, so ist dem grundsätzlich entgegenzutreten. Die **Informationspflicht** des Verteidigers endet erst, wo die Strafvereitelung beginnt. Offenheit, Ehrlichkeit und Vertrauen im Mandat dürfen durch Geheimniskrämerei nicht zur Disposition gestellt werden.

---

[11] OLG Frankfurt/Main NStZ 1981, 144; Thesen zur Strafverteidigung, These 13, Strafrechtsausschuß der Bundesrechtsanwaltskammer, 1992; *Brüssow/Krekeler/Mehle*, Strafverteidigung in der Praxis, 1998, S. 352 ff.; *Richter* NJW 1993, 2152 ff.

[12] *Richter* NJW 1993, 2152, 2156.

[13] *Richter* NJW 1993, 2152, 2156.

[14] *Richter* NJW 1993, 2152, 2154.

Schließlich ist darauf zu achten, daß unmittelbare Kontakte zwischen Verteidiger und fremden Mandanten grundsätzlich zu vermeiden sind. Eine direkte Kontaktaufnahme kann der Pflicht zur kollegialen Rücksichtnahme widersprechen und damit einen groben Standesverstoß beinhalten. 23

4. Die Firmenvertretung

Häufig werden Ermittlungsverfahren nicht von Beginn an gegen konkrete Beschuldigte geführt, sondern zunächst gegen „Verantwortliche und Mitarbeiter der ... AG". Die Beauftragung und Bestellung von Verteidigern für einzelne Verdächtige des Unternehmens wäre in diesem Verfahrensstadium verfrüht. Eine Verteidigerbestellung sollte erst dann erfolgen, wenn einzelne Personen als Beschuldigte des Verfahrens geführt werden. Solange sich das Verfahren gegen nicht näher konkretsierte „Verantwortliche und Mitarbeiter" richtet, kommen die Mitarbeiter des Unternehmens zunächst als Zeugen in Betracht und können als solche geladen und vernommen werden. 24

Andererseits sollte mit der Beauftragung eines in Strafsachen kundigen Rechtsanwalts nicht gewartet werden, bis die Staatsanwaltschaft einzelne Personen als Beschuldigte benennt. Dem Unternehmen würde wertvolle Zeit verloren gehen, die bereits für Abwehrmaßnahmen genutzt werden könnte. In einer solchen Situation empfiehlt es sich, einen Firmenanwalt zu beauftragen, der die betroffene Gesellschaft im Ermittlungsverfahren anwaltlich vertritt. Der Firmenanwalt führt zunächst die Korrespondenz mit den Ermittlungsbehörden. Im Einzelfall kann es zweckmäßig sein, eine Firmenstellungnahme zu den erhobenen Vorwürfen einzureichen. Sofern Rechtsmittel gegen Durchsuchung oder Beschlagnahme im Unternehmen in Betracht gezogen werden, vertritt der Firmenanwalt die Gesellschaft im Rechtsmittelverfahren. 25

Dem Firmenanwalt kann außerdem die Aufgabe zukommen, die Gesellschaft in Bußgeldverfahren nach § 30 OWiG oder in verwaltungsrechtlichen Annexverfahren, z. B. gegenüber dem Gewerbeaufsichtsamt oder der zuständigen Umweltbehörde, zu vertreten.

Wenn die Staatsanwaltschaft einzelne Personen als Beschuldigte benannt hat, kann dem Firmenanwalt die Aufgabe übertragen werden, die Verteidiger für die einzelnen Personen auszuwählen und die weitere Verteidigung zu **koordinieren**. Darüber hinaus kann der Firmenanwalt die anwaltliche Vertretung von Zeugen durch Auswahl und Beauftragung eines oder mehrerer anwaltlicher Zeugenbeistände sicherstellen.

In der Praxis stellt sich oft die Frage, ob ein Rechtsanwalt als Firmenanwalt und zugleich als Einzelverteidiger tätig sein kann. Zwar fiele ein solches **Doppelmandat** nicht unter das Verbot der Mehrfachverteidigung nach § 146 S. 1 StPO; die Firmenvertretung begründet keine Verteidigertätigkeit im Sinne dieser Vorschrift. Gleichwohl ist Vorsicht geboten. Die Interessen des Unternehmens können den Interessen einzelner Beschuldigter zuwiderlaufen. Oft ist eine solche Interessenkollision zunächst nicht absehbar und bricht erst im Laufe des weiteren Verfahrens auf. So kann in einem Umweltstrafverfahren die Situation entstehen, daß für den Geschäftsführer einer GmbH nur die Ablegung eines Geständnisses als sachgerechte und seinen Interessen dienende Verteidigung in Betracht kommt, ein derartiges Geständnis aber Firmeninteressen massiv zuwiderlaufen würde, da die gewerberechtliche Genehmigung der GmbH wegen „Unzuverlässigkeit" des Geschäftsführer entzogen werden könnte. Es kommt im Unternehmensstrafrecht häufig vor, daß die strafrechtliche Interessenlage einzelner Beschuldigter mit zivilrechtlichen oder öffentlich-rechtlichen Interessen der Gesellschaft divergiert. Ein zugleich mit der Firmenvertretung und der Verteidigung eines Beschuldigten betrauter Rechtsanwalt müßte in einer solchen Konstellation beide Mandate unverzüglich niederlegen. Da die Entwicklung eines Strafverfahrens häufig nur schwer zu prognostizieren ist, ist für den Regelfall zu empfehlen, das Firmenmandat vom Verteidigungsmandat zu trennen. Darüber hinaus erscheint es oftmals angezeigt, Verteidigung und Firmenvertretung nicht in 26 einer Sozietät zu führen, auch hier zwingt jede – auch nur potentielle – Interessenkollision zur Niederlegung beider Mandate. Interessenkollisionen sind die Nagelprobe für die berufsethische Haltung des Rechtsanwalts. Wirtschaftliche Belange sind zurückzustellen. In Zweifelsfällen gebührt der sauberen Lösung der Vorzug.

27 Häufig wird der Firmenanwalt von den Ermittlungsbehörden um die Übergabe von Organigrammen des Unternehmens gebeten, damit festgestellt werden kann, welche Personen für welche Unternehmensbereiche zuständig und verantwortlich sind. Werden die Organigramme nicht freiwillig übergeben, so muß mit einer Durchsuchung und, wenn diese nicht zur Auffindung entsprechender Unterlagen geführt hat, mit der Vernehmung von Zeugen zur Organisationsstruktur des Betriebs gerechnet werden. Es mag daher im Einzelfall sinnvoll erscheinen, Organigramme, soweit vorhanden, freiwillig herauszugeben.

28 Der Firmenanwalt sollte sich bei der Mandatsführung der Tatsache bewußt sein, daß die Ermittlungsbehörden nicht selten bei Durchsuchungen in Unternehmen auf den mandatsinternen Schriftverkehr zwischen Unternehmen und Firmenanwalt zugreifen und diesen als Beweismittel sicherstellen. Welche Auswirkungen dies auf die Beweissituation haben kann, bedarf keiner näheren Darlegung.

Die Zulässigkeit eines solchen Vorgehens ist nicht zweifelsfrei. Nach der gesetzlichen Regelung ist mandatsinterner Schriftverkehr beim Mandanten beschlagnahmefrei, wenn es sich um ein Mandatsverhältnis zwischen Verteidiger und Beschuldigtem handelt. Im „normalen" Anwaltsmandat gilt zwar § 97 Abs. 1 Ziff. 3 StPO, die Beschlagnahmefreiheit bezieht sich aber gem. § 97 Abs. 2 S. 1 StPO nur auf Gegenstände, die sich im Gewahrsam des Zeugnisverweigerungsberechtigten – also des Anwalts – befinden. Im Verteidigungsmandat gilt diese Beschränkung nach anerkannter Auffassung nicht (Rechtsgedanke des § 148 StPO), auch im Gewahrsam des Beschuldigten befindliche Verteidigungsunterlagen sind beschlagnahmefrei.[15]

Ob die Beschlagnahmefreiheit analog § 97 StPO auf die beim Mandanten befindliche Korrespondenz mit dem Firmenanwalt zu erstrecken ist, ist bislang nicht höchstrichterlich geklärt. Dies muß nach richtiger Auffassung jedenfalls insoweit gelten, als der Firmenanwalt zeitlich vor der Konkretisierung einzelner Beschuldigter tätig wird und in diesem Verfahrensstadium bei funktionaler Betrachtungsweise Verteidigeraufgaben wahrnimmt. Die Korrespondenz ist insoweit schutzwürdig. Anderenfalls hätten es die Ermittlungsbehörden in der Hand, durch das Hinauszögern der Benennung einzelner Beschuldigter den Beschlagnahmeschutz zu unterlaufen.

II. Verteidigung im Ermittlungsverfahren

1. Vorbemerkung

29 Das Ermittlungsverfahren ist in Wirtschaftsstrafsachen der wohl wichtigste Verfahrensabschnitt. Er hat gestaltende Bedeutung und prägende Kraft. Der Sachverhalt wird oft bereits hier zementiert. Versäumnisse der Verteidigung sind in aller Regel nicht wiedergutzumachen, Fehler nicht zu heilen. Ein Anwalt, der mit der Verteidigung erst in der Hauptverhandlung beginnt, ohne die Einfluß- und Gestaltungsmöglichkeiten im Ermittlungsverfahren zu nutzen, handelt gegen die Interessen seines Mandanten.

30 Der Verteidiger benötigt viel Geschick und Überzeugungskraft, um die Position des Klienten im Ermittlungsverfahren optimal zu gestalten. Hierbei sind profunde Kenntnisse des formellen und materiellen Strafrechts ebenso wichtig wie der richtige Umgang mit der Strafjustiz. Hierfür gibt es keine abstrakt formulierten Handlungsanweisungen. Der Verteidiger muß die jeweilige Verfahrenssituation erkennen und zutreffend einschät-

[15] BGH NJW 1973, 2035; 1982, 2508.

zen, um sodann die Interaktion mit den Ermittlungsbehörden einerseits und mit dem Mandanten andererseits flexibel zu gestalten.

Welches **Ziel** der Verteidiger im Ermittlungsverfahren anstrebt, ist von Fall zu Fall unterschiedlich. Vorrangiges Ziel ist häufig eine Einstellung des Verfahrens mangels hinreichenden Tatverdachts gem. § 170 Abs. 2 StPO oder aber eine Einstellung nach Opportunitätsgrundsätzen gemäß §§ 153 ff. StPO. Erweist sich eine Verfahrenseinstellung als nicht realisierbar, so kommt eine Erledigung im Strafbefehlswege in Betracht. Diese führt zwar zu einer Bestrafung des Klienten, erspart ihm aber eine öffentliche Hauptverhandlung mit allen negativen Begleiterscheinungen. Der Strafbefehl wird von vielen Mandanten im Wirtschaftsleben als kleineres Übel empfunden. Erscheint eine Anklageerhebung unumgänglich, so hat der Verteidiger alles zu tun, um die Ausgangsposition des Klienten für das Zwischen- und Hauptverfahren möglichst aussichtsreich zu gestalten. 31

Die Kunst der Verteidigung liegt darin, in einem möglichst frühen Stadium des Ermittlungsverfahrens die Verfahrenssituation zutreffend einzuschätzen und eine Zielvorgabe zu entwickeln, die im weiteren Verfahren konsequent verfolgt wird. Je komplexer das Verfahren, um so schwieriger die Prognose.

2. Aktivitäten des Verteidigers im Ermittlungsverfahren

a) Beratung des Mandanten

Im Gegensatz zu anderen Rechtsgebieten lernt der Mandant seinen Verteidiger oftmals nicht in dessen Kanzlei oder im Rahmen eines vereinbarten Beratungsgesprächs in den Firmenräumen kennen, sondern anläßlich strafprozessualer Zwangsmaßnahmen wie Durchsuchung oder Verhaftung. Der Klient ist in dieser Situation hilflos und verzweifelt. Selbst der erfahrene Manager, der bislang alle Klippen des Lebens problemlos gemeistert hat, ist überfordert. Er benötigt qualifizierte fachliche Beratung und menschliche Unterstützung. 32

Der Verteidiger muß von Beginn an bemüht sein, ein **Vertrauensverhältnis** zu seinem Klienten aufzubauen. Er muß ihm verständlich machen, daß das Verhältnis zwischen Verteidiger und Mandant ein Refugium ist, in dem über alles offen und unter strengster Diskretion gesprochen werden kann. Das uneingeschränkte Vertrauen in die Verschwiegenheit des Verteidigers ist hierfür unbedingte Voraussetzung. Der Mandant muß sich seinem Anwalt anvertrauen können. Erst dann wird der Klient seine Hemmungen überwinden, dem Verteidiger den Sachverhalt rückhaltlos und ungeschönt zu schildern. Hat der Verteidiger zunächst Zweifel an der Darstellung des Klienten, so muß er ihm klar machen, daß er die Verteidigung nur auf einer zutreffenden Informationsgrundlage erfolgversprechend führen kann. Mandanten unterliegen oftmals dem Irrglauben, ihr Anwalt könne sie überhaupt nur sinnvoll verteidigen, wenn sie von ihrer Unschuld ausgingen. Der Anwalt sollte davon absehen, über die ersten Gespräche mit seinem Klienten Anhörungsprotokolle o.ä. aufzunehmen. Hat der Mandant den Eindruck, alles Gesagte sei genau schriftlich fixiert worden, fühlt er sich möglicherweise hierauf festgelegt. 33

Vorsorglich sollte dem Mandanten empfohlen werden, mit dritten Personen zunächst nicht über den Gegenstand des Verfahrens zu sprechen. Außerdem ist ihm anzuraten, von schriftlichen Äußerungen gegenüber Dritten abzusehen. Beispielsweise ist ein an die Ehefrau gerichteter Brief des Klienten aus der Untersuchungshaft in der Hauptverhandlung als Urkunde verlesbar, und zwar auch dann, wenn der Klient jede Aussage verweigert.[16] 34

Ferner sollten Verhaltensweisen, die als Fluchtvorbereitung mißverstanden werden könnten, unterbleiben. Urlaubsreisen oder Geschäftsreisen ins Ausland müssen mit dem Verteidiger abgestimmt werden.

---

16 BGH StV 1993, 623.

35 Der Klient ist möglichst frühzeitig auf drohende **Zwangsmaßnahmen** der Strafjustiz vorzubereiten. Ihm sind konkrete Verhaltensmaßregeln für den Fall der Durchsuchung und Verhaftung an die Hand zu geben. Er muß auch wissen, wie er zu reagieren hat, wenn Ermittlungsbeamte bei ihm anrufen und um Erteilung verfahrensrelevanter Informationen bitten. Derartige Kontaktversuche kommen immer wieder vor, auch nachdem sich der Verteidiger für den Beschuldigten bestellt hat. Schließlich ist dem Klienten zu empfehlen, die Korrespondenz mit dem Verteidiger in einem gesonderten Aktenordner mit der deutlich sichtbaren Aufschrift „Verteidigungsunterlagen" aufzubewahren. Sollte der Umfang der Verteidigerunterlagen, wie in Wirtschaftsstrafsachen üblich, anwachsen, sollte der Mandant die Unterlagen in einem verschlossenen Schrank oder einem gesonderten Aktenzimmer getrennt von anderen Geschäftsunterlagen lagern. Der Raum ist deutlich sichtbar mit dem Hinweis „Verteidigerunterlagen" zu kennzeichnen.

36 Oftmals schon im ersten Gespräch mit seinem Verteidiger wird der Mandant um eine **Prognose** bitten. Für ihn ist die zentrale Frage, was er nach Abschluß des Verfahrens zu erwarten hat. Auch hier ist Fingerspitzengefühl gefragt. In keiner strafrechtlichen Disziplin ist die Verfahrensprognose so schwierig wie im Wirtschaftsstrafrecht. Dies mag zum einen an der Komplexität der Sachverhalte liegen; zum anderen ist die Erledigungspraxis der Justizbehörden sehr unterschiedlich. Von Bedeutung ist auch die konkrete Belastungssituation der Ermittlungsbehörden. Die Frage des Mandanten nach der Prognose zielt naturgemäß auf eine möglichst konkrete Antwort ab. Der Verteidiger sollte allerdings vermeiden, sich zu früh festzulegen. Schon die Benennung von Obergrenzen (Bewährungsstrafe, 90 Tagessätze) birgt Risiken. Erweist sich die Prognose im weiteren Verfahren als falsch, kann das Vertrauensverhältnis im Mandat schweren Schaden nehmen. Dies gilt besonders dann, wenn die Prognose zu günstig war und der Mandant sich hierauf bei seinen weiteren Dispositionen verlassen hat. Der Verteidiger sollte dem Mandanten die grundsätzliche Problematik einer Verfahrensprognose erklären und verschiedene Verfahrensabläufe mit ihm durchspielen. Vor allem muß dem Mandanten klar werden, daß die Prognose nicht zuletzt von seiner Bereitschaft zur Mitarbeit und zur Unterstützung des Verteidigers abhängt.

b) Erste Aktivitäten des Verteidigers

37 Der Verteidiger wird sich möglichst frühzeitig mit einem Schriftsatz bei den Ermittlungsbehörden melden und seine Beauftragung anzeigen. Gelegentlich wird die Empfehlung ausgesprochen, der Verteidiger habe aus ermittlungspsychologischen Gründen sorgfältig abzuwägen, ob seine Beauftragung den Ermittlungsbehörden schon von Beginn an bekannt werden soll.[17] Ich halte ein Hinauszögern der Verteidigerbestellung im Regelfall für sachwidrig. Der Verteidiger ist Organ der Rechtspflege. Seine Bestellung begründet kein Mißtrauen. Im Gegenteil: Die Beauftragung eines Verteidigers zeigt, daß der Beschuldigte sich dem Verfahren stellen und sich gegen die Vorwürfe verteidigen wird. Dies sollte den Ermittlungsbehörden so früh wie möglich dokumentiert werden.

Der Bestellungsschriftsatz sollte an Polizei und Staatsanwaltschaft übersandt werden, sofern die polizeilichen Ermittlungen noch andauern. War die Staatsanwaltschaft mit dem Verfahren noch nicht befaßt, ist der Schriftsatz ausschließlich an die Polizei zu richten.

Im Hinblick auf die Regelung des § 137 Abs. 1 S. 2 StPO muß sich aus dem Schriftsatz oder der beigefügten Vollmacht ergeben, wer das Verteidigungsmandat führt. Bestellt sich eine Sozietät mit mehr als drei Anwälten und ergibt sich weder aus dem Schriftsatz noch aus der Vollmacht, welche Sozien mit der Verteidigung beauftragt sind, kann die Verteidigerbestellung zurückgewiesen werden. Sollen mehrere Beschuldigte durch verschiedene Anwälte einer Sozietät verteidigt werden, ist sorgfältig zu prüfen, ob der Man-

---

[17] Beck'sches Formularbuch für den Strafverteidiger, 3. Aufl. 1998, III. 2.

datsübernahme Interessenkollisionen oder Verschwiegenheitspflichten entgegenstehen. Eine scheinbare Interessenübereinstimmung zu Beginn des Verfahrens kann sich unerwartet in eine Kollisionslage wenden. Hier steht die Integrität des Verteidigers auf dem Spiel.

Nach Vorlage des Bestellungsschriftsatzes sollte der Verteidiger möglichst frühzeitig 38
mit dem Dezernenten der Staatsanwaltschaft **persönlichen Kontakt** aufnehmen. Der Verteidiger wird im Gesprächswege versuchen, Informationen über den genauen Vorwurf sowie über den Stand der Ermittlungen zu erhalten. Sollte er den Eindruck haben, daß strafprozessuale Zwangsmaßnahmen bevorstehen, kann angesprochen werden, wie sie vermieden werden können. Der Verteidiger sollte auf möglichst frühzeitige Akteneinsicht drängen. Außerdem kann die Teilnahme des Verteidigers an Vernehmungen angeregt werden. Der Verteidiger sollte sich hüten, voreilige Andeutungen über mögliche Einlassungen des Mandanten zu machen. Unausgegorene Spontanerklärungen können dem Mandanten nur schaden. Das Gespräch mit dem Staatsanwalt zu Beginn und im Laufe des Verfahrens erfordert viel psychologisches Geschick. Beide Gesprächsteilnehmer haben eine Erwartungshaltung.

Der Verteidiger sollte das Gespräch in aller Regel mit dem zuständigen Sachbearbeiter der Staatsanwaltschaft führen. Eine Kontaktaufnahme zu vorgesetzten Beamten der Staatsanwaltschaft hat – abgesehen von Ausnahmefällen – zu unterbleiben. Der zuständige Dezernent könnte sich hintergangen fühlen, Vertrauensverlust und Verärgerung sind oft die Folge.

Der Verteidiger muß zu Beginn der Mandatsbearbeitung besonders auf laufende **Fri-** 39
sten achten. Dies gilt natürlich zunächst für Rechtsmittelfristen. Wird das Mandat nach Anklageerhebung übernommen, ist die nach § 201 Abs. 1 StPO bestimmte – in aller Regel zu kurz bemessene – Erklärungsfrist zu berücksichtigen. Obwohl es sich hierbei nicht um eine Ausschlußfrist handelt, sollte eine Fristverlängerung beantragt werden.

Ist im Zeitpunkt der Mandatsübernahme bereits ein **Vernehmungstermin** anberaumt, 40
sollte schon im Bestellungsschriftsatz um Aufhebung des Termins gebeten und mitgeteilt werden, daß der Mandant derzeit keine Einlassung zur Sache abgeben werde. Der Beschuldigte ist ohnehin nicht verpflichtet, vor der Polizei zur Vernehmung zu erscheinen (§ 163 a Abs. 3 S. 1 StPO). Ist der Mandant zur staatsanwaltschaftlichen Vernehmung geladen und besteht der Staatsanwalt auf dem persönlichen Erscheinen, obwohl im Bestellungsschriftsatz angekündigt worden ist, daß sich der Mandant derzeit nicht äußern wird, sollte mit dem Dezernenten der Staatsanwaltschaft Kontakt aufgenommen werden, um den Grund für das persönliche Erscheinen in Erfahrung zu bringen.

Probleme können die Fälle bereiten, in denen der Verteidiger erst kurz vor einer 41
Hauptverhandlung beauftragt wird. Sind die Hauptverhandlungstage bereits terminiert, wird in umfangreicheren Wirtschaftsstrafverfahren oftmals nicht genügend Zeit bleiben, um die Hauptverhandlung sachgerecht vorzubereiten. Hinzu kommen Terminkollisionen auf Seiten des Verteidigers, die der Teilnahme an der Hauptverhandlung entgegenstehen können. In einer solchen Situation hat es sich bewährt, mit dem Vorsitzenden zunächst telefonischen Kontakt aufzunehmen und um Verlegung der Termine zu bitten. Oftmals wird dem Ansinnen des Verteidigers mit Verständnis begegnet, insbesondere dann, wenn der Verteidiger in Aussicht stellt, die Sach- und Rechtslage gemeinsam mit seinem Mandanten gründlich aufzuarbeiten und dem Gericht zur Vorbereitung der Hauptverhandlung einen Schriftsatz vorzulegen. Wird der Bitte des Verteidigers allerdings nicht entsprochen, sollte ein förmlicher Verlegungsantrag mit näherer Begründung gestellt werden. Der Verteidiger muß gegebenenfalls darauf hinweisen, daß angesichts der Komplexität und Schwierigkeit des Verfahrensstoffs eine sachgerechte Vorbereitung auf die Hauptverhandlung in der verbleibenden Zeit nicht möglich erscheine und sich die Verteidigung durch eine Ablehnung des Verlegungsantrages in ihren Rechten unzumutbar beeinträchtigt sähe. Lehnt der Vorsitzende auch diesen Antrag ab, so kann hiergegen Beschwerde eingelegt werden, wenn der Vorsitzende gegen seine Pflicht zur

fehlerfreien Ermessensausübung verstoßen hat.[18] In Fällen von Willkür sollte ein Ablehnungsantrag erwogen werden.

Die fachgerechte Vorbereitung der Verteidigung und eine profunde Kenntnis der Akten sind besonders in Wirtschaftsstrafsachen unerläßlich. Hierfür muß sich der Verteidiger einsetzen. Er darf sich nicht auf eine zu kurze Vorbereitungszeit verweisen lassen.

c) Akteneinsicht

42 Der Verteidiger hat in allen Verfahrensabschnitten gemäß § 147 StPO ein Recht auf Akteneinsicht. Dieses Recht ist für eine sachgerechte und effektive Verteidigung elementar. Dies gilt im Wirtschaftsstrafrecht in besonderem Maße, da der Urkundenbeweis angesichts der extensiven Durchsuchungs- und Beschlagnahmepraxis der Ermittlungsbehörden oftmals von größerer Bedeutung ist als in anderen Gebieten des Strafrechts. Je eher Akteneinsicht gewährt wird, umso besser läßt sich die Verteidigung konzipieren. Der Verteidiger hat daher konsequent auf eine möglichst frühzeitige Akteneinsicht hinzuwirken.

43 Das Einsichtsrecht des Verteidigers bezieht sich auf „die Akten, die dem Gericht vorliegen oder diesem im Falle der Erhebung der Anklage vorzulegen wären", § 147 Abs. 1 StPO. Was für das Verfahren geschaffen wurde, darf der Akteneinsicht nicht entzogen werden.[19] Es gilt der **Grundsatz der Aktenvollständigkeit**. Unterlagen, die schuldspruch- oder rechtsfolgenrelevant sein können, sind zu den Akten zu nehmen. Das Akteneinsichtsrecht des Verteidigers wird ergänzt durch das Recht, amtlich verwahrte Originalbeweisstücke zu besichtigen.

44 Die Akteneinsicht des Verteidigers kann gemäß § 147 Abs. 2 StPO bis zum Abschluß der Ermittlungen versagt werden, wenn der **Untersuchungszweck gefährdet** ist. Wird die Akteneinsicht mit dieser Begründung verweigert, sollte mit dem zuständigen Staatsanwalt Kontakt aufgenommen werden, um die näheren Gründe zu erfahren. Die bloß abstrakte und entfernte Möglichkeit einer Gefährdung des Untersuchungszwecks genügt nicht; vielmehr müssen konkrete Anhaltspunkte vorliegen.[20]

45 Oft erhält der Verteidiger auf seinen Akteneinsichtsantrag die Mitteilung, die Akten seien zur Zeit versandt. Der Verteidiger sollte dann darauf hinweisen, daß die Versendung der Akten keinen Versagungsgrund nach § 147 Abs. 2 StPO beinhaltet. In umfangreichen Wirtschaftsstrafverfahren erscheint ein Hinweis auf Nr. 12 Abs. 2 RiStBV angezeigt, wonach die Staatsanwaltschaft erforderlichenfalls sog. Duplo-Akten anzulegen hat. Häufig wird die Akteneinsicht auch mit der Begründung versagt, daß die Ermittlungen noch andauern. Durch solche stereotypen Mitteilungen darf sich der Verteidiger nicht an der Akteneinsicht hindern lassen.

46 In **Haftverfahren** hat der gesetzliche Anspruch auf Akteneinsicht eine besondere Ausprägung erhalten. Schon der Europäische Gerichtshof für Menschenrechte hat in seiner sog. Lamy-Entscheidung vom 30. 3. 1989 ausgeführt, daß die Gewährung der Akteneinsicht für die Bekämpfung der dem Haftbefehl zugrundeliegenden Erwägungen von wesentlicher Bedeutung sei und die Versagung der Akteneinsicht zu einer Störung der Waffengleichheit führe.[21] Diese Entscheidung hat durch den Beschluß des Bundesverfassungsgerichts vom 11. 7. 1994 eine Bestätigung und weitere Differenzierung erfahren.[22] In den amtlichen Leitsätzen dieser Entscheidung heißt es wie folgt:

„1. Aus dem Recht des Beschuldigten auf ein faires, rechtsstaatliches Verfahren und seinem Anspruch auf rechtliches Gehör folgt ein Anspruch des inhaftierten Beschuldigten auf Einsicht seines Ver-

---

[18] Vgl. OLG Frankfurt/Main StV 1993, 6; OLG Hamm MDR 1975, 245; OLG Karlsruhe StV 1991, 509; OLG München NStZ 1994, 451; a. A. OLG Celle NStZ 1984, 282; OLG Hamm NStZ 1989, 133.

[19] BGHSt 37, 204; *Kleinknecht/Meyer-Goßner*, § 147 Rn. 14.

[20] *Eisenberg* NJW 1991, 1260; *Groh* DRiZ 1985, 52.

[21] Europäischer Gerichtshof für Menschenrechte, Lamy gegen Belgien, StV 1993, 283.

[22] BVerfG NStZ 1994, 551.

teidigers in die Akten, wenn und soweit er die sich darin befindlichen Informationen benötigt, um auf eine bevorstehende gerichtliche Haftentscheidung effektiv einwirken zu können und eine mündliche Mitteilung der Tatsachen und Beweismittel, die das Gericht seiner Entscheidung zugrunde zu legen gedenkt, nicht ausreichend ist.

2. Ist aus Gründen der Gefährdung der Ermittlungen aus der Sicht der Staatsanwaltschaft eine auch nur auf die für die Haftfrage relevanten Teile der Ermittlungsakte beschränkte Akteneinsicht nicht möglich und verweigert sie diese gem. § 147 Abs. 2 StPO, so kann das Gericht auf die Tatsachen und Beweismittel, die deshalb nicht zur Kenntnis des Beschuldigten gelangen, seine Entscheidungen nicht stützen und muß ggf. den Haftbefehl aufheben.

3. Im übrigen ist dem Beschuldigten bereits anläßlich seiner richterlichen Vernehmung gem. § 115 Abs. 2 StPO im Anschluß an seine Festnahme mündlich das gesamte gegen ihn zusammengetragene Belastungsmaterial, das den Gegenstand des Verfahrens bildet und für die Haftfrage von Bedeutung ist, mitzuteilen. Dazu zählen die Tatsachen, Beweisanzeichen usw., die den dringenden Tatverdacht und den Haftgrund ergeben, aber auch die sich aus den Akten ergebenden entlastenden Umstände."

Diese Entscheidung ist für die Verteidigung von fundamentaler Bedeutung. Dem in Haftsachen tätigen Verteidiger ist in der Regel umgehend nach seiner Bestellung Akteneinsicht zu gewähren. Denn nur, wer die Akte kennt, kann seinen inhaftierten Mandanten effektiv verteidigen. Versagt oder beschränkt die Staatsanwaltschaft die Akteneinsicht, ist die Aufhebung des Haftbefehl zu beantragen, es sei denn, die nicht zur Einsicht zur Verfügung gestellten Aktenteile stehen mit dem im Haftbefehl dargestellten Tatvorwurf in keinem Zusammenhang.

Besonders in umfangreichen Wirtschaftsstrafverfahren wird der Verteidiger gelegentlich darauf verwiesen, die Akten in den Räumen der Staatsanwaltschaft einsehen zu können. Auch dies sollte der Verteidiger nicht hinnehmen. Die Durchführung der Akteneinsicht auf der **Geschäftsstelle** erscheint nicht zumutbar und wird der Bedeutung des Akteneinsichtsrechts als Ausprägung des grundgesetzlichen Anspruchs auf rechtliches Gehör nicht gerecht. Nach § 147 Abs. 4 S. 1 StPO sollen dem Verteidiger die Akten zur Einsichtnahme in seine Geschäftsräume mitgegeben werden, soweit nicht wichtige Gründe entgegenstehen. Wichtige Gründe in diesem Sinne sind beispielsweise die Kennzeichnung der Akten als Verschlußsache oder die konkret begründete Gefahr der Einsichtnahme oder Beeinträchtigung durch unbefugte Dritte.[23] Allein der große Umfang der Akten beinhaltet keinen wichtigen Grund. 47

Auch wenn dem Verteidiger die Akteneinsicht unter Hinweis auf § 147 Abs. 2 StPO versagt wird, ist ihm Einsicht in die in § 147 Abs. 3 StPO aufgeführten Unterlagen zu gewähren. Neben den genannten Vernehmungsniederschriften sind auch Sachverständigengutachten hiervon umfaßt, worunter, was häufig nicht beachtet wird, auch gutachterliche Stellungnahmen des Wirtschaftsreferenten fallen können.[24] 48

Wird die Akteneinsicht zu Unrecht versagt, muß der Verteidiger eine **Anfechtung** dieser Entscheidung erwägen. Nach der Rechtsprechung ist die Versagung der Akteneinsicht durch die Staatsanwaltschaft grundsätzlich nicht mit einem Rechtsmittel angreifbar.[25] Der Verteidiger kann nur Dienstaufsichtsbeschwerde erheben. Wird dem Verteidiger allerdings die Einsicht in die privilegierten Unterlagen des § 147 Abs. 3 StPO versagt, ist der Rechtsweg zum Oberlandesgericht nach §§ 23 ff. EGGVG statthaft.[26] Richterliche Entscheidungen über die Akteneinsicht sind mit der Beschwerde anfechtbar. Dies gilt auch für Entscheidungen des erkennenden Gerichts; § 305 S. 1 StPO steht nicht entgegen.[27] 49

Überläßt die Strafjustiz dem Verteidiger die Originalakten zur Einsichtnahme, so bringt sie ihm ein gewisses Maß an **Vertrauen** entgegen. Der Verteidiger muß diesem Ver- 50

[23] Vgl. nur *Kleinknecht/Meyer-Goßner*, § 147 Rn. 29.
[24] BGHSt 28, 381; BGH NStZ 1984, 215; BGH StV 1986, 465.
[25] OLG Hamm NStZ 1984, 280; OLG Hamburg StV 1986, 422.
[26] Vgl. OLG Celle NStZ 1983, 379; OLG Hamm StV 1987, 479.
[27] OLG Karlsruhe Justiz 1984, 108; OLG Hamm NJW 1968, 169.

trauen Rechnung tragen. Er hat die Pflicht, die Akten sorgfältig aufzubewahren und so zu behandeln, daß ihre Integrität nicht beeinträchtigt werden kann. Das Büropersonal ist entsprechend anzuweisen. Werden Ablichtungen gefertigt, hat dies so zu geschehen, daß nicht einzelne Aktenbestandteile abhanden kommen oder zerrissen werden. Sofern Fotokopien der Akten außerhalb des Verteidigerbüros in einem Copy-Shop o.ä. gefertigt werden, kann dies nur unter Aufsicht geschehen, wobei die ständige Anwesenheit eines Kanzleimitarbeiters erforderlich ist. Nur so kann der anwaltlichen Verschwiegenheitspflicht genügt und Mißbrauchsgefahren durch Dritte begegnet werden.

Ist an einen Verteidiger Akteneinsicht gewährt worden, sollten die Akten nur mit Genehmigung der Staatsanwaltschaft an Mitverteidiger weitergegeben werden; dies gilt selbst bei der Weitergabe der Akten an einen Kollegen derselben Sozietät.

51 Hat die Staatsanwaltschaft, wie im Regelfall, für die Rücksendung der Akten eine **Frist** gesetzt, so sollte der Verteidiger die Einhaltung dieser Frist gewissenhaft sicherstellen. Erweist sich die Frist – gemessen am Aktenumfang – als zu kurz, sollte der Verteidiger eine Fristverlängerung einholen, was auch telefonisch geschehen kann. Hier gibt es in der Praxis selten Probleme. Es muß in jedem Fall vermieden werden, daß dem zuständigen Staatsanwalt die Akten zum Wiedervorlagetermin nicht zur Verfügung stehen, nur weil der Verteidiger die Akten nicht rechtzeitig zurückgesandt hat.

52 Es entspricht heute unbestrittener Auffassung, daß der Verteidiger seinen Mandanten über den Akteninhalt informieren darf und muß. Dies kann in einfach gelagerten Fällen mündlich geschehen. In der Regel sollte dem Mandanten ein Aktenauszug ausgehändigt werden, in dem sich Ablichtungen der wesentlichen Aktenbestandteile befinden. Der Klient kann sich insbesondere in komplexen Wirtschaftsstrafverfahren nur dann sachgerecht auf die Verteidigung vorbereiten, wenn er sich einen unmittelbaren Eindruck vom Akteninhalt verschaffen kann. Der Verteidiger sollte die Übersendung des Aktenauszuges an den Mandanten mit der Erklärung verbinden, daß der Aktenauszug nur den Zwecken der Rechtsverteidigung dienen darf. Originalakten dürfen dem Klienten nicht ausgehändigt werden.

53 Die **Informationspflicht** des Verteidigers und der korrespondierende Rechtsanspruch des Mandanten sind umfassend. Alles, was der Verteidiger in zulässiger Weise über die Akteneinsicht erfahren hat, darf und muß er uneingeschränkt an seinen Mandanten weitergeben. Dies gilt auch dann, wenn der Verteidiger aus der Akte ersehen kann, daß strafprozessuale Zwangsmaßnahmen unmittelbar bevorstehen, z. B. wenn sich in der Akte ein richterlicher Durchsuchungsbeschluß befindet, der noch nicht vollzogen ist. Diese Auffassung ist nicht unumstritten, aber durch einen Teil der Rechtsprechung und Lehre sowie den Strafrechtsausschuß der Bundesrechtsanwaltskammer bestätigt worden.[28] So heißt es in These 51 des Strafrechtsausschusses:

„Der Verteidiger ist befugt, seinen Mandanten über den gesamten Inhalt zulässig eingesehener Akten zu unterrichten. Dies gilt insbesondere auch für
- *noch nicht erledigte, aber von den Strafverfolgungsbehörden erkennbar beabsichtigte Ermittlungsmaßnahmen,*
- *noch nicht vollstreckte Durchsuchungs- und Beschlagnahmebeschlüsse gegen den Mandanten und/oder Dritte,*
- *einen noch nicht vollstreckten Haftbefehl gegen den Mandanten oder gegen einen Mitbeschuldigten."*

Werden dem Mandanten Informationen, die sich aus den Akten ergeben, von seinem Verteidiger vorenthalten, wird das Vertrauensverhältnis im Mandat schweren Schaden nehmen. Der Verteidiger sollte seinem Mandanten allerdings bei der Überlassung des

[28] OLG Hamburg BRAK-Mitteilungen 1987, 163; *Löwe/Rosenberg/Lüderssen,* StPO, § 147 Rn. 127; *Krekeler* NStZ 1989, 146, 149; *Mehle* NStZ 1983, 557; Thesen zur Strafverteidigung, Strafrechtsausschuß der Bundesrechtsanwaltskammer, 1992, These 51; anders: *Kleinknecht/Meyer-Goßner,* § 147 Rn. 21 mit Hinweis auf BGHSt 29, 99, 103.

Aktenauszuges nachdrücklich empfehlen, die bevorstehende Zwangsmaßnahme nicht durch unzulässiges Handeln zu vereiteln. Im Einzelfall empfiehlt sich auch eine Kontaktaufnahme mit der Staatsanwaltschaft, um zu besprechen, ob und in welcher Weise der zwangsweise Zugriff vermieden werden kann. Erscheint der Beschuldigte mit seinem Verteidiger in Kenntnis eines in der Akte befindlichen Haftbefehls bei der Staatsanwaltschaft, um zu dokumentieren, daß er sich dem Verfahren auch weiterhin stellt, wird der Haftgrund der Fluchtgefahr kaum mehr aufrechtzuerhalten sein.

In Wirtschaftsstrafverfahren kann es geboten erscheinen, auch dem Beschuldigten selbst im Beisein seines Verteidigers Einsicht in die Originalbeweismittel zu verschaffen, wenn der Verteidiger zur Einschätzung der Beweisbedeutung der sichergestellten Unterlagen auf das Wissen des Klienten angewiesen ist. Der Verteidiger hat einen Rechtsanspruch darauf, die Beweisunterlagen gemeinsam mit seinem Mandanten am Verwahrungsort zu besichtigen. Auch einen Sachverständigen kann er hinzuziehen.[29] 54

Der Verteidiger sollte im Laufe eines Ermittlungsverfahrens wiederholt Akteneinsicht beantragen, um seine Aktenkenntnis zu aktualisieren. Nur der Verteidiger, der über den gegenwärtigen Ermittlungsstand unterrichtet ist, wird flexibel reagieren können.

d) Abgabe einer Stellungnahme

Schon bald nach der Einleitung des Verfahrens wird der in einer Wirtschaftsstrafsache vertretene Mandant auf die Abgabe einer Stellungnahme drängen. Er würde lieber heute als morgen im Rahmen einer Beschuldigtenvernehmung Rede und Antwort stehen, um den Staatsanwalt zu überzeugen und ihm alles zu erklären. Oft wird auch die umgehende Einreichung eines ausführlichen Schriftsatzes durch den Verteidiger gefordert. Wirtschaftsklienten haben häufig die Vorstellung, daß nur derjenige, der sich zeitnah zu den Tatvorwürfen äußert, ein reines Gewissen hat und bei den Ermittlungsbehörden glaubwürdig erscheint, während der Schweigende sich verdächtig macht. Diesen Irrglauben muß der Verteidiger ausräumen. Er hat seinen Mandanten darüber aufzuklären, daß er nach der Strafprozeßordnung das Recht hat, zu den Vorwürfen zu schweigen. Außerdem muß der Mandant wissen, daß sein Schweigen oder die Nichtabgabe einer anwaltlichen Stellungnahme seine Glaubwürdigkeit nicht beeinträchtigt oder in sonstiger Weise nachteilig gewertet werden darf. Der Verteidiger sollte jedem – gerade zu Beginn eines Verfahrens typischen – Aktionismus seines Mandanten mit Besonnenheit und Überzeugungskraft entgegentreten. 55

Die Frage, ob im Ermittlungsverfahren eine Stellungnahme abgegeben werden soll, wird kontrovers beurteilt und in der Praxis sehr unterschiedlich gehandhabt. Manche Verteidiger geben im Ermittlungsverfahren nie oder nur in Ausnahmefällen eine Stellungnahme ab, um eine frühzeitige Festlegung auf eine Verteidigungslinie, von der ein Abrücken nur schwer möglich ist, zu vermeiden. Von anderen Verteidigern wird die Abgabe einer Stellungnahme im Ermittlungsverfahren nur dann für sinnvoll gehalten, wenn die begründete Aussicht besteht, hierdurch eine Anklageerhebung verhindern zu können. 56

Die Frage, ob die Abgabe einer Stellungnahme Sinn macht, kann nicht abstrakt beantwortet werden, sondern bedarf der sorgfältigen Prüfung im Einzelfall. Die Abgabe einer Stellungnahme sollte immer dann erwogen werden, wenn hierdurch die Position des Mandanten im Gesamtverfahren verbessert werden kann. Dabei ist zu berücksichtigen, daß sich die Sach- und Rechtslage in Wirtschaftsstrafverfahren häufig als besonders schwierig und komplex erweist und sich dem Verteidiger damit zahlreiche Angriffsflächen bieten, die in einem Schriftsatz problematisiert werden können. Die daraus resultierende Komplizierung des Verfahrensgegenstandes bereitet nicht selten den Weg für eine frühzeitige Erledigung. Nicht tragfähige, gewagte oder schlicht falsche Konstruktio- 57

[29] *Kleinknecht/Meyer-Goßner*, § 147 Rn. 19.

nen der Staatsanwaltschaft werden nur dann enttarnt, wenn der Verteidiger jedes Begründungselement des erhobenen Vorwurfs – auch vermeintliche Selbstverständlichkeiten – kritisch hinterfragt und problematisiert.

58 Zudem ist es in Wirtschaftsstrafverfahren typisch, daß der konkrete Lebenssachverhalt, der den Strafvorwurf begründen soll, nicht von Beginn an abgegrenzt ist, sondern erst im Laufe des Verfahrens entwickelt und definiert werden kann. Anders als bei einem Totschlag oder bei einem Banküberfall muß die Staatsanwaltschaft in Wirtschaftsstrafsachen, wenn sie etwa durch den Niedergang oder die „Krise" eines Unternehmens zum Handeln veranlaßt wird, den relevanten Lebenssachverhalt, die Tat im prozessualen Sinne, erst suchen und ermitteln. Sie muß die Kapitalströme im Unternehmen analysieren, betriebswirtschaftliche Abläufe auswerten und die Abschichtung der Verantwortungsbereiche herausfinden. Die Wirtschaftsstraftat ist eine **Definitionsfrage**. Die Chance des Verteidigers in Wirtschaftsstrafsachen besteht darin, an diesem Definitionsprozeß teilzuhaben und an ihm mitzuwirken. Die Abgabe einer schriftsätzlichen Stellungnahme bietet hierfür ein hervorragendes Instrument.

59 Ob die Vorlage eines Schriftsatzes auch dann Sinn macht, wenn eine Anklage ohnehin nicht zu verhindern ist, muß sorgfältig überdacht werden. Selbst die fundierteste Stellungnahme des Verteidigers kann sich in solchen Fällen gegen den Mandanten wenden. Der zur Anklageerhebung fest entschlossene Staatsanwalt wird den Verteidigungsvortrag daraufhin überprüfen, wo sich die schwächste Stelle in der Verteidigungslinie befindet, um den Anklagevorwurf „wasserdicht" zu machen. Im Einzelfall kann es daher angezeigt sein, die Vorlage eines Schriftsatzes zurückzustellen und dem Zwischen- oder Hauptverfahren vorzubehalten. Der – in Konstellationen dieser Art oft ungeduldige – Mandant sollte über die Chancen und Risiken, die mit der Einreichung eines Schriftsatzes im Ermittlungsverfahren verbunden sind, informiert sein.

60 Neben dem anwaltlichen Schriftsatz kann auch die **Vernehmung** des Mandanten dazu dienen, entlastende Erkenntnisse in das Ermittlungsverfahren einzuführen. Viele Wirtschaftsmandanten werden die Möglichkeit einer Vernehmung bereitwillig aufgreifen, sie wollen den Staatsanwalt persönlich von ihrer Unschuld überzeugen und dokumentieren, daß sie kein schlechtes Gewissen haben. Wer so agiert, ist naiv. Er verkennt die Risiken, die mit einer Vernehmung verbunden sein können. Die Praxis zeigt, daß gerade der von seiner Unschuld überzeugte Klient in der Vernehmung zuviel redet. Er hat ein gutes Gewissen, beantwortet alle Fragen und Vorhalte sehr ausführlich, ohne zu merken, daß er sich in Widersprüche verstrickt oder seine Angaben mit anderen Ermittlungsergebnissen nicht in Einklang zu bringen sind. Besonders bei umfangreichen Beweismitteln wird die Verhörsperson den Beschuldigten mit einer Vielzahl von Vorhalten konfrontieren können, auf die er nicht vorbereitet sein kann und die ihn überraschen werden. Nach meiner praktischen Erfahrung haben Beschuldigtenvernehmungen nur in seltenen Fällen zu positiven Effekten geführt.

61 Der Verteidiger in Wirtschaftsstrafsachen sollte daher nur in **Ausnahmefällen** eine Vernehmung seines Mandanten erwägen. Besteht etwa aus Sicht der Staatsanwaltschaft der Haftgrund der Verdunkelungsgefahr, kann der Verteidiger zu deren Entkräftung eine Vernehmung anregen, um die Verhaftung seines Mandanten abzuwenden. Sitzt der Mandant bereits in Untersuchungshaft, kann seine Vernehmung zum Zwecke der Aussetzung oder Aufhebung des Haftbefehls eingesetzt werden. Gegebenenfalls kann mit der Staatsanwaltschaft vereinbart werden, daß sich die Vernehmung auf bestimmte Punkte oder Sachkomplexe beschränkt. Schon eine Teileinlassung kann die Verdunkelungsgefahr ausräumen.

62 Eine Vernehmung kann ausnahmsweise auch dann zielführend sein, wenn der Verteidiger den Ermittlungsbehörden einen persönlichen Eindruck des Mandanten verschaffen und hierdurch auf die Beweiswürdigung einwirken will. So kann in Konstellationen, in denen Aussage gegen Aussage steht, die Glaubwürdigkeit des Mandanten durch eine Vernehmung vermittelt werden. Der Verteidiger sollte die Entscheidung von der konkreten

Persönlichkeitsstruktur seines Mandanten (persönliche Verfassung, rhetorische und intellektuelle Fähigkeiten, Bildungsstand, Temperament, Nervenstärke, Integrität) abhängig machen. Er mag allerdings berücksichtigen, daß die Vernehmung für den – in aller Regel strafrechtlich unerfahrenen – Wirtschaftsmanager eine psychologische Ausnahmesituation darstellt. Die Erfahrung zeigt, daß auch die scheinbar sichersten Kandidaten der Streßsituation in einer Vernehmung oft nicht gewachsen sind. Selbst Spitzenmanager, die noch im vorbereitenden Gespräch mit dem Verteidiger durch rhetorische Gewandtheit und Überzeugungskraft bestechen, versagen in der Vernehmungssituation kläglich. Es ist daher zu empfehlen, die nicht durch drohende oder bestehende Haftgründe veranlaßten Vernehmungen auf eng begrenzte Ausnahmefälle zu beschränken. Eine schiefgelaufene Vernehmung kann für das weitere Verfahren schlimme und irreversible Folgen haben.

Der Inhalt einer im Ermittlungsverfahren durchgeführten Beschuldigtenvernehmung kann in eine spätere Hauptverhandlung durch Verlesung des Protokolls oder durch Vernehmung der Verhörsperson (§ 254 StPO) eingeführt und zum Nachteil des Klienten verwertet werden. Ein Schriftsatz des Verteidigers ist demgegenüber nicht im Wege des Urkundenbeweises in der Hauptverhandlung verlesbar;[30] dies gilt selbst dann, wenn die gedankliche Urheberschaft des Beschuldigten feststeht.[31]

e) Eigene Ermittlungen des Verteidigers

Um Entlastungsbeweise im Ermittlungsverfahren vorbringen zu können, kann es für **63**
den Verteidiger erforderlich werden, eigene Ermittlungen anzustellen, etwa Zeugen oder Sachverständige anzuhören oder einen Detektiv zu beauftragen.

Besonders praxisrelevant ist die **Anhörung von Zeugen**. Über die Befragung eines Zeugen sollte der Verteidiger ein Protokoll führen. Das Protokoll muß die Befragung vollständig wiedergeben, auch die für den Mandanten belastenden Aussagen. Anderenfalls würde der Verteidiger gegen seine Wahrheitspflicht verstoßen. Der Zeuge sollte vor der Anhörung über seine Rechte belehrt werden, insbesondere darüber, daß er gegenüber dem Verteidiger nicht zur Aussage verpflichtet ist. Grundsätzlich ist zu empfehlen, eine dritte Person zu der Befragung hinzuziehen, um dem möglichen Vorwurf begegnen zu können, der Zeuge sei unzulässig beeinflußt worden. Der Mandant sollte bei der Anhörung nicht anwesend sein. Das Anhörungsprotokoll darf grundsätzlich nicht zu den Akten der Staatsanwaltschaft oder des Gerichts gereicht werden (vgl. § 6 Abs. 3 der Grundsätze des anwaltlichen Standesrechts). Hiergegen wird in der Praxis gelegentlich verstoßen.

Obwohl die Befragung von Zeugen durch den Verteidiger nach allgemeiner Auffassung zulässig ist, wird auf seiten der Ermittlungsbehörden zuweilen Mißtrauen gehegt. Dieses Mißtrauen ist unbegründet. Der Verteidiger hat die bestehenden strafrechtlichen und berufsrechtlichen Grenzen zu beachten. Er hat als Organ der Rechtspflege jeden Anschein zu vermeiden, daß er in unzulässiger Weise auf Beweismittel einwirkt. Er muß die Korrektheit seines Handelns jederzeit offenlegen und darstellen können.

Ungeachtet der prinzipiellen Zulässigkeit solcher Befragungen ist bei wichtigen und sensiblen Zeugen zu empfehlen, von der unmittelbaren Befragung durch den Verteidiger abzusehen und einen anwaltlichen **Zeugenbeistand** zu beauftragen, der den Zeugen dann beraten und befragen kann. In der wirtschaftsstrafrechtlichen Praxis wird hierin oft die vorzugswürdige Lösung gesehen. Andererseits sollte der Verteidiger sich nicht durch ein unberechtigtes Mißtrauen der Justiz in seinen Befugnissen zurückdrängen lassen.

---

[30] OLG Celle NStZ 1988, 426.

[31] *Kleinknecht/Meyer-Goßner*, § 249 Rn. 13.

3. Verteidigung bei Durchsuchung und Beschlagnahme

a) Verhaltensmaßregeln bei Durchsuchungen

64 Die prägende Eigenschaft der Durchsuchung liegt in ihrer **Schockwirkung**. Der unerwartete Zugriff der Strafverfolger führt nicht selten zu einem Chaos, das die betrieblichen Abläufe zum Erliegen bringt. Durchsuchungen finden oft morgens in aller Frühe statt, die Beschuldigten werden im Schlafanzug überrascht. In dieser Situation unterlaufen den Betroffenen häufig schlimme Fehler. So befinden sich viele Beschuldigte in dem Irrglauben, durch ein offenes Zugehen auf die Strafverfolger eine umgehende und komplikationslose Erledigung der Angelegenheit erreichen zu können. Das offene Gespräch, in dem der Fall noch am Ort der Durchsuchung vertrauensvoll mit den Beamten erörtert wird, wird zum Verhängnis. Deeskalation ist ein Kunst, sie sollte dem Strafverteidiger überlassen werden.

65 Um **Verhaltensfehler** zu vermeiden, sollte das Unternehmen, wenn möglich, bereits im Vorfeld der Durchsuchung beraten und sachkundig auf den Ablauf vorbereitet werden. Gerade hier zeigt sich, wie elementar die strafrechtliche Präventivberatung eines Unternehmens sein kann.

Den Mitarbeitern des Unternehmens sollten schriftliche **Verhaltensmaßregeln** ausgehändigt werden, an denen sie sich im Ernstfall orientieren können. Derartige Verhaltensmaßregeln sollte der Strafverteidiger in Zusammenarbeit mit der Unternehmensleitung oder der Rechtsabteilung erarbeiten. Die konkrete Ausgestaltung hängt vom Einzelfall ab. Einige Eckpunkte seien nachfolgend aufgeführt:

- **Innerbetriebliche Anlaufstelle** festlegen, z. B. die Rechtsabteilung des Unternehmens. Diese ist im Falle einer Durchsuchung umgehend zu unterrichten. Die Pforte muß darüber informiert sein, wer im Hause zu benachrichtigen ist. Die Anlaufstelle sollte umgehend den Firmenanwalt verständigen. Das Telefonat mit dem Firmenanwalt kann nicht untersagt werden.
- Einen eigenen **Raum** für die Durchsuchungsbeamten zur Verfügung stellen. Besonders bei Unternehmen mit Kundenverkehr (z. B. Banken) kann dies zu einer gewissen Abschirmung führen. Der Raum sollte verschließbar sein und auch abschließbare Schränke enthalten, so daß hier Unterlagen zeitweise aufbewahrt werden können.
- **Dienstausweise** vorlegen lassen und Namen und Dienststelle der Beamten schriftlich festhalten.
- Schriftlichen **Durchsuchungsbeschluß** vorzeigen lassen und fotokopieren.
- Darauf drängen, daß mit der Durchsuchung erst begonnen wird, wenn ein **Anwalt** zugegen ist. Hierauf besteht kein Rechtsanspruch.
- Mit den Beamten **technische Fragen klären**, z. B. Kopiermöglichkeit, Aktentransport im Betrieb, Aufbewahrungsmöglichkeit für Unterlagen etc., um einen reibungslosen und ungestörten Ablauf der Durchsuchung zu gewährleisten.
- **Keine informatorischen Gespräche** führen. Die Beamten versuchen während der Durchsuchung, in informatorischen Gesprächen mit den anwesenden Mitarbeitern möglichst viele Informationen zu erhalten. Auskünfte zur Sache sollten nicht erteilt werden. Auch scheinbar harmlose Fragen über Zuständigkeiten und Organisationsstrukturen im Unternehmen können von erheblicher Relevanz für den weiteren Gang des Verfahrens sein.
- Beschuldigten- oder Zeugenvernehmungen nur in **Gegenwart eines Anwalts**. Sowohl der Beschuldigte (§ 136 Abs. 1 S. 2 StPO) als auch der Zeuge haben das Recht, zur Vernehmung einen Anwalt zu konsultieren.[32] Dieses Recht muß eingefordert werden.
- Durchsuchung in keiner Weise behindern oder stören. **Keine Aktensäuberungsaktionen** oder sonstige Verdunkelungshandlungen!
- **Auflistung** der sichergestellten Gegenstände verlangen (Asservatenverzeichnis).

---

[32] BVerfGE 38, 105 ff.

- **Keine strafprozessualen Erklärungen** abgeben, z. B. Verzicht auf Rechtsmittel, Bestätigung der freiwilligen Herausgabe der sichergestellten Gegenstände etc. Die Abgabe solcher Erklärungen sollte dem Anwalt vorbehalten bleiben. Nur er kann die Tragweite beurteilen.
- **Besondere Vorkommnisse** in Aktenvermerken festhalten, z. B. lautstarke Beschimpfung eines Mitarbeiters durch einen Beamten.

Bei der strafrechtlichen Präventivberatung von Wirtschaftsunternehmen ist oft eine gewisse Scheu zu verspüren, über den Ablauf einer strafrechtlichen Durchsuchung oder anderer Zwangsmaßnahmen zu sprechen. Der Manager neigt zur Tabuisierung. Der Strafverteidiger hat die Aufgabe, die bestehenden Berührungsängste abzubauen und seiner Mandantschaft klar zu machen, daß Fehlverhalten von Mitarbeitern während einer Durchsuchung von existentieller Bedeutung für das Schicksal der Verantwortlichen und des Unternehmens sein können. Fehler können nur durch **Prävention** vermieden werden. 66

b) Aufgaben des Verteidigers im Rahmen von Durchsuchungen

Die Aufgaben des Verteidigers im Rahmen einer Durchsuchung sind vielgestaltig, seine Befugnisse allerdings beschränkt. 67

Erhält der Verteidiger die Nachricht über eine stattfindende Durchsuchung, so hat er sich, sofern sonstige Verpflichtungen dies irgendwie zulassen, umgehend zum Ort der Durchsuchung zu begeben. Ist er verhindert, sollte er einen Kollegen einschalten, der die Betreuung des Mandanten während der Durchsuchung übernimmt.

Der Verteidiger kann sich schon auf der Fahrt zum Durchsuchungsort telefonisch mit den Durchsuchungsbeamten in Verbindung setzen, um zu erreichen, daß die Durchsuchung erst nach seinem Eintreffen beginnt. Bereits in diesem Telefonat wird sich der Verteidiger über die Tragweite der Durchsuchungsaktion ein erstes Bild machen können.

Nach seinem Eintreffen wird sich der Verteidiger den schriftlichen Durchsuchungsbeschluß aushändigen lassen und ihn auf seine Wirksamkeit überprüfen. 68

Er hat sein Augenmerk zunächst darauf zu richten, ob der Durchsuchungsbeschluß hinreichend **bestimmt** ist. Der Beschluß muß den Vorwurf konkret bezeichnen und tatsächliche Angaben über den diesem Vorwurf zugrundeliegenden Lebenssachverhalt enthalten.[33] Die schlagwortartige Bezeichnung des Delikts „Verdacht der Untreue" genügt diesen Anforderungen nicht. Der Beschluß muß weiter die Beweismittel, denen die Durchsuchung gilt, möglichst konkret aufführen;[34] allgemeine Angaben über die aufzufindenen Beweismittel („Schriftverkehr mit Kunden") reichen nicht aus. Schließlich sind die zu durchsuchenden Räumlichkeiten genau zu bezeichnen, der Zusatz „und andere Räume des Beschuldigten" ist zu pauschal.[35]

Die Praxis bleibt in erschreckendem Maße hinter diesen verfassungsgerichtlichen Vorgaben zurück. In Wirtschaftsstrafsachen leidet mehr als die Hälfte der Durchsuchungsbeschlüsse an Bestimmtheitsmängeln.

Zusätzlich hat der Verteidiger besonders auf das **Datum** des Durchsuchungsbeschlusses zu achten, denn nach neuerer Rechtsprechung des Bundesverfassungsgerichts verliert ein Durchsuchungsbeschluß seine rechtfertigende Kraft, wenn er nicht innerhalb von sechs Monaten nach seinem Erlaß vollzogen wird.[36] Die Durchsuchung ist dann rechtswidrig, Beschlagnahme oder Sicherstellung unwirksam.

Stellt der Verteidiger Wirksamkeitsmängel fest, so sollte er diese rügen.

Bei der **Durchführung** der Durchsuchung hat der Verteidiger darauf zu achten, ob die durch den Durchsuchungsbeschluß gesteckten Grenzen eingehalten werden. Es darf nicht gezielt nach „Zufalls"funden gesucht werden. Die Suche nach Gegenständen, auf 69

---

[33] BVerfG NJW 1966, 1603, 1615; 1976, 1735; 1977, 1489; BVerfG NStZ 1992, 91.

[34] BVerfG NJW 1976, 1735; 1977, 1489; 1981, 971.

[35] BVerfG StV 1992, 49.

[36] BVerfG wistra 1997, 223.

die sich die Durchsuchungsanordnung nicht bezieht, ist unzulässig.[37] Hat der Verteidiger den Eindruck, die Durchsuchungsanordung wird nur als Vorwand für eine umfassende **Ausforschung** des Klienten benutzt, hat er dies zu beanstanden.

70 Außerdem muß der Verteidiger reklamieren, wenn nach § 97 StPO **beschlagnahmefreie Gegenstände** sichergestellt werden sollen. Umstritten ist die Beschlagnahmefreiheit von Geschäftsunterlagen und Buchungsbelegen, die der Beschuldigte seinem Steuerberater oder Wirtschaftsprüfer übergeben hat. Nach überwiegender Auffassung sind diese Unterlagen beschlagnahmefähig, wenn sie lediglich der Buchführung dienen. Sollen anhand der Belege Steuererklärungen vorbereitet und abgegeben werden, besteht Beschlagnahmefreiheit, solange die Unterlagen für diese Zwecke benötigt werden.[38]

71 Bei Durchsuchungen in Wirtschaftsstrafsachen werden regelmäßig umfangreiche Geschäftsunterlagen in amtliche Verwahrung genommen. Dies kann schwerwiegende Beeinträchtigungen für den Betroffenen und sein Unternehmen zur Folge haben. Es ist daher sorgfältig zu prüfen, ob der Umfang der Beschlagnahme tatsächlich gerechtfertigt ist. Es dürfen nur solche Unterlagen beschlagnahmt werden, die potentiell **beweisgeeignet** sind, d. h. möglicherweise als Beweismittel in Betracht kommen.[39] Zu fordern ist insoweit ein sachlich-inhaltlicher Zusammenhang zwischen dem Beweismittel einerseits und dem im Durchsuchungsbeschluß niedergelegten Anfangsverdacht andererseits. Fehlt es hieran, wird der Gegenstand in der Regel nicht als Beweismittel in Betracht kommen, er ist nicht – auch nicht potentiell – beweisgeeignet.

72 Der Grundsatz der **Verhältnismäßigkeit** gebietet es in Wirtschaftsstrafsachen, daß dem Betroffenen Fotokopien sichergestellter Unterlagen, die zur Fortführung des Geschäftsbetriebs notwendig sind, zur Verfügung gestellt werden.[40] Grundsätzlich sind die Kopien von den Ermittlungsbehörden zu fertigen. Aus Praktikabilitätsgründen kann die Kopieraktion auch von der Verteidigung durchgeführt werden. Die Erfahrung zeigt, daß die Kapazitäten der Ermittlungsbehörden oft nicht ausreichen, um die zeitnahe Anfertigung von Kopien sicherzustellen. Hier muß nach praktikablen Lösungen gesucht werden.

c) Anfechtung rechtswidriger Durchsuchungsbeschlüsse

73 Gegen einen richterlichen Durchsuchungsbeschluß ist das Rechtsmittel der **Beschwerde** statthaft (§§ 304, 306 StPO). Wird die Durchsuchung bei Gefahr im Verzug durch die Staatsanwaltschaft oder ihre Hilfsbeamten angeordnet, so kann hiergegen Antrag auf gerichtliche Entscheidung nach § 98 Abs. 2 S. 2 StPO erhoben werden. Mit einem Antrag auf gerichtliche Entscheidung nach §§ 23 ff. EGGVG kann die Art und Weise der Durchführung der Durchsuchung gerügt werden. Als weiteres Rechtsmittel gegen einen Durchsuchungsbeschluß kommt die Verfassungsbeschwerde in Betracht, die allerdings gegenüber den Rechtsmitteln der StPO subsidiär ist.

Ob gegen die Anordnung einer Durchsuchung Rechtsmittel eingelegt werden, muß sehr gewissenhaft abgewogen werden. Die Erfolgschancen von Rechtsmitteln gegen Durchsuchungsbeschlüsse in Wirtschaftsstrafsachen sind relativ gering. Die Erfahrungen der Praxis belegen: Je umfangreicher und komplexer das Verfahren, um so kleiner die Erfolgsaussichten.

Rechtsmittel gegen Durchsuchung und Beschlagnahme sollten daher auf Fälle beschränkt werden, in denen Verfahrensverstöße klar und offen zutage treten. Bei der Einlegung von Rechtsmitteln ist regelmäßig davor zu warnen, die Frage des **Anfangsverdachts** zu problematisieren. Der Anfangsverdacht – also die bloße Möglichkeit einer

---

[37] OLG Karlsruhe StV 1986, 10; LG Berlin StV 1987, 97; LG Baden-Baden wistra 1990, 118.

[38] Vgl. zum Meinungsstand: *Kleinknecht/Meyer-Goßner*, § 97 Rn. 40 m. w. N. aus Rechtsprechung und Schrifttum.

[39] BGH NStZ 1984, 94 (Pf); *Kleinknecht/Meyer-Goßner*, § 94 Rn. 6 m. w. N.

[40] *Koch* wistra 1983, 637; *Hild*, Im Fadenkreuz der Steuerfahnder, 1999, S. 26.

Verurteilung – wird in Wirtschaftsstrafsachen von den Beschwerdekammern in der Regel ohne intensivere Befassung mit den anstehenden Sach- und Rechtsfragen bejaht. Anders mag es in Fällen sein, in denen der Anfangsverdacht offensichtlich entfällt, beispielsweise wegen des Eintritts der Verjährung oder wegen eines fehlenden oder nicht rechtzeitig gestellten Strafantrages.

Bei der Einlegung von Rechtsmitteln gegen Durchsuchungsbeschlüsse in Wirtschafts- 74
strafsachen ist immer das Risiko einer Festschreibung und Präjudizierung des Tatverdachtes durch die Beschwerdekammer im Auge zu behalten. Dies gilt auch dann, wenn das Rechtsmittel nur mit Verfahrensfehlern begründet wird. Durch Ausführungen des Gerichts zum Tatverdacht kann sich die Position der Verteidigung erheblich verschlechtern. Auf der Ebene des Anfangsverdachts werden oft die Weichen für das gesamte Verfahren gestellt.

4. Erledigungsmöglichkeiten im Ermittlungsverfahren

Die Prüfung von Erledigungsmöglichkeiten im Ermittlungsverfahren ist in Wirtschafts- 75
strafsachen von besonderer Bedeutung. Die Durchführung einer Hauptverhandlung ist häufig mit einem erheblichen Verfahrensaufwand verbunden. Über Jahre werden enorme Kapazitäten gebunden – sowohl bei der Justiz als auch beim Beschuldigten. Nicht selten haben beide Seiten ein Interesse an einer **pragmatischen Lösung**. Im Ermittlungsverfahren entscheidet sich, ob eine unter prozeßökonomischen Gesichtspunkten vernünftige Erledigung des Verfahrens realisierbar erscheint und eine aufwendige Hauptverhandlung vermieden werden kann. Dahingehende Gespräche zwischen Verteidiger und Staatsanwaltschaft sind mit Feingefühl zu führen.

Andererseits ist in bedeutenderen Wirtschaftsverfahren bei manchen Staatsanwälten 76
eine gewisse Neigung zu erkennen, „vorsorglich" Anklage zu erheben, um sich keinesfalls dem Vorwurf der „Geheimjustiz" auszusetzen. Es müsse – so wird zuweilen argumentiert – die Teilnahme der Öffentlichkeit gesichert sein, die Verantwortung für das Verfahren solle das unabhängige Gericht tragen. Besonders bei prominenten Beschuldigten aus Wirtschaft und Politik erscheint mancher Staatsanwalt überobjektiv, er will jeden Eindruck der „Mauschelei" vermeiden und ein Exempel statuieren, daß jeder vor dem Gesetz gleich ist. Wer so argumentiert, verläßt den Boden des Gesetzes. Derartige Erwägung dürfen nicht dazu führen, einen Beschuldigten mit einer jahrelangen Hauptverhandlung zu überziehen. Hier ist die Intervention des Verteidigers gefordert.

Das gemeinsame Bestreben, eine aufwendige Hauptverhandlung auch in solchen 77
Fällen zu vermeiden, die nicht nach § 170 Abs. 2 StPO mangels hinreichenden Tatverdachts einstellungsfähig sind, eröffnet den **Vorschriften der** §§ 153 ff. StPO einen breiten Anwendungsbereich. Das Normengefüge der §§ 153 ff. StPO ist im Rahmen dieses Handbuchs an anderer Stelle dargelegt.[41] Hierauf wird zunächst Bezug genommen. Die nachfolgenden Ergänzungen dienen der Abrundung dieser Darstellung aus der Sicht des Verteidigers.

Die **Beratung des Mandanten** zur Vorbereitung einer Erledigung nach den §§ 153 ff. 78
StPO ist nicht leicht. Liegt der Schuldvorwurf auf der Hand, wird der Mandant, wenn die Auflage akzeptabel erscheint, seine Zustimmung zur Einstellung erteilen, er wird es als Wohltat empfinden, daß ihm eine öffentliche Hauptverhandlung erspart bleibt. Schwierig sind die Fälle, in denen gewichtige Argumente für den Mandanten sprechen und dieser auch von seiner Unschuld überzeugt ist. Der Mandant wird in der Zahlung einer Geldauflage ein Schuldeingeständnis sehen, außerdem befürchtet er, daß die Zahlung in der Öffentlichkeit als „Lösegeld" dargestellt und aufgefaßt wird. Der Verteidiger wird den Mandanten zunächst über die bestehenden Prozeß- und Beweisrisiken aufklären. Ihm muß klar sein, daß die prozessuale Wahrheit nicht identisch mit der objektiven

[41] S. hierzu Kapitel 20 – Besonderheiten im Strafverfahrensrecht.

Wahrheit sein muß. Außerdem wird der Verteidiger seinem Klienten den Ablauf eines Wirtschaftsstrafverfahrens, den zeitlichen Rahmen, den finanziellen Aufwand sowie auch die negativen Begleiterscheinungen (Presse) vor Augen führen. Schließlich muß der Klient über die **Rechtsfolgen** einer Einstellung nach den §§ 153ff. StPO unterrichtet sein. Wichtig ist: Die Geldauflage ist keine Strafe. Eintragungen im Bundeszentralregister werden nicht vorgenommen. In der Zustimmung zur Einstellung nach § 153a StPO liegt kein Schuldeingeständnis. Die **Unschuldsvermutung** nach Art. 6 Abs. 2 EMRK bleibt unberührt.[42] Der Beschuldigte, gegen den das Verfahren ohne Verurteilung abgeschlossen wird, gilt ohne Rücksicht auf die Stärke des verbleibenden Tatverdachts als unschuldig. Sofern zivilrechtliche (z. B. Schadensersatzhaftung) oder verwaltungsrechtliche Fragen (z. B. die gewerberechtliche Zuverlässigkeit) durch das Strafverfahren präjudiziert werden könnten, empfiehlt es sich, mit der Zustimmung zur Einstellung klarstellend die Erklärung zu verbinden, daß hierin kein irgendwie geartetes Schuldeingeständnis liegt. Die Kosten des Verfahrens trägt die Staatskasse, während der Beschuldigte seine notwendigen Auslagen grundsätzlich selbst zu tragen hat (vgl. § 467 Abs. 4 und 5 StPO).

79 Geldauflagen im Sinne des § 153a StPO sind nach § 12 Ziff. 4 EStG nicht steuerlich abzugsfähig, auch dann nicht, wenn sie an gemeinnützige Einrichtungen gezahlt werden. Wird die Auflage für den Beschuldigten vom Unternehmen entrichtet, unterliegt sie der Lohnsteuer. Die Auflage ist dann als Betriebsausgabe beim Unternehmen steuerlich abzugsfähig. Eine Abzugsfähigkeit ist demgegenüber zu versagen, wenn die Geldzahlung dem Unternehmen selbst auferlegt und von diesem entrichtet wird (§ 12 Ziff. 4 EStG und § 10 Ziff. 3 KStG).

Die Vorschriften der §§ 153ff. StPO eröffnen den Verfahrensbeteiligten eine breite Palette von Gestaltungs- und Variationsmöglichkeiten. Hier ist die Kreativität des Verteidigers gefragt.

80 Scheitert eine Einstellung nach § 153 a StPO am Widerstand der Staatsanwaltschaft, so muß der Verteidiger erwägen, ob eine Erledigung im Strafbefehlswege angeregt werden soll. Auch wenn diese zu einer Vorstrafe des Klienten führt, so bietet sie doch eine Chance, eine öffentliche Hauptverhandlung zu vermeiden. Geldstrafen bis zu 90 Tagessätzen und Freiheitsstrafen von bis zu drei Monaten werden nicht in ein Führungszeugnis aufgenommen (§ 32 Abs. 2 Ziff. 5 BZRG), sofern im Bundeszentralregister keine weitere Strafe eingetragen ist. Der Beschuldigte kann sich insoweit als unbestraft bezeichnen und braucht den dem Strafbefehl zugrundeliegenden Sachverhalt nicht zu offenbaren (§ 53 Abs. 1 Ziff. 1 BZRG). Ob eine Strafbefehlserledigung in Betracht kommt, ist sorgfältig abzuwägen. Letztlich entscheidet der Einzelfall.

III. Verteidigung im Zwischenverfahren

81 Nach § 201 Abs. 1 StPO teilt der Vorsitzende des Gerichts die Anklageschrift dem Angeschuldigten mit und fordert ihn zugleich auf, „innerhalb einer zu bestimmenden Frist zu erklären, ob er die Vornahme einzelner Beweiserhebungen vor der Entscheidung über die Eröffnung des Hauptverfahrens beantragen oder Einwendungen gegen die Eröffnung des Hauptverfahrens vorbringen wolle". Nach Ablauf der Frist entscheidet der Vorsitzende durch Beschluß über den weiteren Gang des Verfahrens. Er kann das Hauptverfahren unter Zulassung der Anklage uneingeschränkt eröffnen (§§ 199 Abs. 1, 203, 207 StPO) oder die Nichteröffnung (§ 204 StPO) – sei es aus Rechtsgründen, sei es aus tatsächlichen Gründen – beschließen. Weiter besteht die Möglichkeit der modifizierten Eröffnung (§ 207 Abs. 2 StPO). Schließlich kann das Verfahren vorläufig wegen eines vorübergehenden Verfahrenshindernisses (§ 205 StPO) oder endgültig wegen einer Gesetzesänderung

[42] BVerfG MDR 1991, 891; *Fezer* ZStW 106, 33; *Kleinknecht/Meyer-Goßner*, § 153 a Rn. 2.

nach Anklageerhebung (§ 206 b StPO) eingestellt werden, es kann vor einem Gericht niederer Ordnung eröffnet (§ 209 Abs. 1 StPO) oder einem Gericht höherer Ordnung vorgelegt werden (§ 209 Abs. 2 StPO).

Diese breite Palette möglicher Entscheidungen im Zwischenverfahren mag den Eindruck vermitteln, daß der Verteidiger in diesem Verfahrensstadium über weitgehende Handlungs- und Einflußmöglichkeiten verfügt. Das Gegenteil ist der Fall. Nur eine verschwindend geringe Anzahl von Verfahren (0,3 %) wird nicht eröffnet. Die **Erfolgschancen** sind denkbar **gering**. Gerade in Wirtschaftsstrafsachen gewinnt man häufig den Eindruck, daß die Eröffnung des Hauptverfahrens schon mit Anklageerhebung beschlossene Sache ist, der formularmäßige Vordruck für die Eröffnungsentscheidung gewissermaßen schon in der Schublade des Geschäftsstellenbeamten liegt. Die Gründe für diese verbreitete Gerichtspraxis sind vielfältig. Zum einen wird auf seiten der Gerichte immer wieder beklagt, daß sie aus Überlastungsgründen zeitlich kaum in der Lage seien, sich zwei Mal – im Zwischenverfahren und zur Vorbereitung der Hauptverhandlung – intensiv in das Verfahren einzuarbeiten. Zuweilen wird auch eröffnet, um die sofortige Beschwerde der Staatsanwaltschaft gegen eine Nichteröffnungsentscheidung zu umgehen; in Wirtschaftsstrafsachen wird der sofortigen Beschwerde gem. § 210 Abs. 2 StPO nach der Praxis vieler Oberlandesgerichte häufig stattgegeben. 82

Vor diesem Hintergrund stellt sich die Frage, wie der Verteidiger im Zwischenverfahren sinnvoll agieren kann. Zunächst ist zu prüfen, ob die vom Gericht gem. § 201 Abs. 1 StPO bestimmte **Erklärungsfrist** ausreicht oder deren Verlängerung beantragt werden muß. In umfangreicheren Verfahren sind die Fristen oft zu kurz bemessen. Zwar handelt es sich bei der Frist nach § 201 Abs. 1 StPO nicht um eine Ausschlußfrist, nur durch eine Fristverlängerung kann aber sichergestellt werden, daß der Verteidigungsvortrag noch vor einer Abschlußentscheidung im Zwischenverfahren berücksichtigt wird. 83

Außerdem sollte zu Beginn des Zwischenverfahrens erneut **Akteneinsicht** beantragt werden. Die Kenntnis der vollständigen Abschlußverfügung der Staatsanwaltschaft einschließlich der Begleitverfügungen kann der Verteidigung wichtige Rückschlüsse über die von der Staatsanwaltschaft verfolgte Strategie vermitteln. Im übrigen werden dem Verteidiger Ermittlungsergebnisse bekannt, die erst nach der letzten Akteneinsicht zu den Akten gelangt sind. 84

Weiterführend kann auch das persönliche **Gespräch** des Verteidigers mit dem Vorsitzenden sein. Hier wird der Verteidiger möglicherweise wichtige Hinweise über die (vorläufige) Beurteilung der Sache durch das Gericht erhalten. Außerdem können Verfahrensfragen besprochen werden. Andererseits wird auch der Vorsitzende einiges über die Strategie der Verteidigung erfahren wollen, um zu wissen, worauf er sich bei der weiteren Verfahrensplanung einzustellen hat. Gespräche dieser Art sind ein Geben und Nehmen. Hierin liegen Chancen und Risiken. 85

Wesentlich für den Verteidiger ist die Entscheidung, ob im Zwischenverfahren eine **Stellungnahme** abgegeben werden soll. Auch hier ist die Praxis der Verteidiger ganz unterschiedlich. Die Einreichung eines Schriftsatzes erscheint wenig sinnvoll, wenn das Verfahren ohnehin mit an Sicherheit grenzender Wahrscheinlichkeit eröffnet wird und eine Hauptverhandlung nicht zu vermeiden ist. In solchen Fällen sollte die Verteidigung grundsätzlich der Hauptverhandlung vorbehalten werden. Die Ausbreitung aller Verteidigungsargumente im Zwischenverfahren kann sich in der Hauptverhandlung strategisch nachteilig auswirken. 86

Besteht aber eine realistische – wenn auch nur geringe – Chance, durch den Verteidigungsvortrag im Zwischenverfahren eine Eröffnung zu verhindern, so sollte diese Chance genutzt werden. Der Verteidiger in Wirtschaftstrafsachen hat den Mandanten vor der Prangerwirkung der öffentlichen Hauptverhandlung mit allen zu Gebote stehenden Mitteln zu schützen. Hier sollte keine Gelegenheit versäumt werden.

Der Verteidiger kann im Einzelfall darauf hinwirken, daß das Gericht gem. § 202 StPO zur besseren Aufklärung der Sache im Zwischenverfahren einzelne **Beweiserhebungen** 87 anordnet. Obwohl derartigen Beweiserhebungen in Wirtschaftsstrafsachen Seltenheitswert zukommt, sollte der Verteidiger auf Ermittlungsdefizite hinweisen und ergänzende Ermittlungen, die auch durch die Staatsanwaltschaft und ihre Hilfsbeamten geführt werden können, beantragen. Dahingehende Beweisanträge können mit der Begründung, die Beweiserhebung sei zur Beurteilung des hinreichenden Tatverdachts nicht erforderlich, zurückgewiesen werden. Die Ablehnungsgründe des § 244 Abs. 3 und 4 StPO gelten im Zwischenverfahren nicht.[43]

88 Lehnt das Gericht ergänzende Beweiserhebungen nach § 202 StPO ab, so kann der Verteidiger selbst ein **Sachverständigengutachten** in Auftrag geben und im Zwischenverfahren vorlegen. Auch dies sollte jedoch nur dann erwogen werden, wenn eine gewisse Chance besteht, die Annahme hinreichenden Tatverdachts durch das Gutachten zu entkräften und die Eröffnung des Verfahrens zu verhindern. Anderenfalls empfiehlt es sich, das Sachverständigengutachten erst in der Hauptverhandlung in das Verfahren einzuführen.

Gelegentlich ist zu beobachten, daß **Rechtsgutachten** von Hochschullehrern oder prominenten Rechtsanwälten vorgelegt werden. Hiervor ist grundsätzlich zu warnen. Gutachten zu genuin strafrechtlichen Fragestellungen sollten in keinem Fall zu den Akten gebracht werden. Handelt es sich um Rechtsgutachten zu außerstrafrechtlichen Problemstellungen, kann die Vorlage im Einzelfall sinnvoll sein. Grundsätzlich ist zu berücksichtigen, daß Rechtsfragen durch das Gericht aus eigener Sachkunde geklärt werden.

IV. Verteidigung im Hauptverfahren

1. Vorbereitung der Hauptverhandlung

89 Auch die engagierteste Verteidigung vermag nicht in allen Fällen die Eröffnung des Hauptverfahrens zu verhindern. Die Verteidigung und der Auftraggeber müssen sich dann auf eine Hauptverhandlung einrichten.

Für die Verteidigung im Hauptverfahren ist ein überzeugendes Agieren vor Gericht ebenso wichtig wie die eingehende und präzise Vorbereitung der Hauptverhandlung. Der Verteidiger wird sich nur dann schnell und richtig auf die jeweilige Verfahrenssituation einstellen können, wenn er den Prozeßstoff in tatsächlicher und rechtlicher Hinsicht beherrscht. Er muß die Akten genau kennen. Wie er sich diese **Aktenkenntnis** verschafft, ist eine Frage des persönlichen Arbeitsstils. Hier entwickelt jeder seine Methode. Es muß sichergestellt sein, daß sich der Verteidiger anhand seiner Aufzeichnungen in der Hauptverhandlung zuverlässig und schnell orientieren kann.

90 In Wirtschaftsstrafsachen ergeben sich oft Probleme durch den **Aktenumfang**. Nicht selten werden für die Verfahrensakten ganze Regalwände benötigt, abgesehen von den Beweismitteln, die mehrere Kellerräume vom Boden bis zur Decke füllen. Bei auswärtigen Verfahren größeren Umfangs sollte die Verteidigung am Ort des Gerichts über einen abschließbaren Raum verfügen, in dem die wichtigsten Akten und sonstige Verteidigungsunterlagen gelagert werden können. Dieser Raum sollte deutlich mit der Aufschrift „Verteidigerunterlagen" gekennzeichnet sein, um Durchsuchungen vorzubeugen. Der Aktenbestand kann in einer Datenbank erfaßt werden, um ein schnelles Auffinden von Unterlagen zu gewährleisten. Außerdem sollte eine büromäßige Grundausstattung vorhanden sein, damit schriftliche Prozeßunterlagen kurzfristig erstellt werden können.

91 Der Verteidiger sollte vor der Hauptverhandlung nochmals **Akteneinsicht** nehmen, um sich über den aktuellen Verfahrensstand zu unterrichten. Häufig gelangen noch kurz vor Beginn der Hauptverhandlung wichtige Vorgänge zu den Akten, z. B. Schreiben geladener Zeugen, die an einem persönlichen Erscheinen gehindert sind und sich schriftlich

[43] *Kleinknecht/Meyer-Goßner*, § 201 Rn. 8.

zum Beweisthema äußern. Der Verteidiger muß sicherstellen, daß er von solchen Vorgängen, die verfahrensentscheidend sein können, Kenntnis erhält.

Im Einzelfall kann es zu empfehlen sein, nach der Eröffnungsentscheidung mit dem Vorsitzenden des Gerichts ein persönliches **Gespräch** zu führen. Hier können Verhandlungsplanung und Prozeßverlauf erörtert werden. Der Verteidiger sollte anregen, Ton-, Film- und Bildaufnahmen im Gerichtssaal gem. Ziff. 129 Abs. 3 RiStBV zu verbieten. Auch kann ein letzter Vorstoß gewagt werden, das Verfahren außerhalb der Hauptverhandlung zu erledigen. Zwar werden die in Betracht kommenden Möglichkeiten bereits im Vor- und Zwischenverfahren angesprochen worden sein, nicht selten gebieten aber neu hinzugetretene Erkenntnisse eine veränderte Sichtweise. So kann sich die Verfahrenssituation schlagartig wandeln, wenn der sachbearbeitende Dezernent der Staatsanwaltschaft, der seit Jahren intensiv in den Fall eingearbeitet ist, kurz vor der Hauptverhandlung schwer erkrankt und für längere Zeit dienstunfähig ist. Auch ein zivilrechtlicher Vergleich, der zu einer Wiedergutmachung des eingetretenen Schadens geführt hat, mag die Bereitschaft des Gerichts, eine monatelange Hauptverhandlung durchzuführen und durch Urteil abzuschließen, reduzieren. Die Möglichkeiten einer Verfahrenserledigung außerhalb der Hauptverhandlung sollten auch nach der Eröffnung des Hauptverfahrens nicht aus den Augen verloren werden. 92

Bei mehreren Angeklagten kann es im Einzelfall, sofern noch nicht geschehen, angezeigt erscheinen, zu den **Mitverteidigern** Kontakt aufzunehmen. Gemeinsame Strategieüberlegungen bis hin zur Sockelverteidigung sind in Betracht zu ziehen. Oft ist schon der bloße Informationsaustausch gewinnbringend. Eine direkte Kontaktaufnahme zu verteidigten Mitangeklagten hat allerdings aus Gründen der kollegialen Rücksichtnahme zu unterbleiben. 93

In umfangreichen Wirtschaftsstrafverfahren hat es sich bewährt, den Verhandlungsverlauf durch eine **Stenographin** mitschreiben zu lassen. So kann das Prozeßgeschehen genauer rekonstruiert werden, was bei der Formulierung von Beweisanträgen oder des Plädoyers die Übersicht erleichtert. Außerdem kann die Verteidigung einzelne Teile der Hauptverhandlung mit Zustimmung des Vorsitzenden auf Tonband aufnehmen, nicht aber die gesamte Hauptverhandlung.[44] 94

In Strafverfahren mit schwierigen wirtschaftsrechtlichen Problemkreisen sollte die Beiziehung eines **Wirtschaftssachverständigen** als internen Berater der Verteidigung erwogen werden. Der Sachverständige ist dann Gehilfe der Verteidigung. Ihm steht in dieser Eigenschaft kein Frage- und Erklärungsrecht in der Hauptverhandlung zu, der Verteidiger kann ihm aber sein Akteneinsichtsrecht übertragen, das er ohne Anwesenheit des Verteidigers wahrnehmen kann.[45] Das arbeitsteilige Zusammenwirken zwischen Verteidiger und Wirtschaftssachverständigen bildet in größeren Wirtschaftsstrafverfahren oft die Basis für eine erfolgreiche **Teamarbeit**. 95

Nach der Eröffnungsentscheidung hat der Verteidiger darüber zu befinden, ob er bereits vor der Hauptverhandlung Beweisanträge nach § 219 StGB anbringt oder diese der Hauptverhandlung vorbehält. Strategische Nachteile durch eine verfrühte Offenlegung der Verteidigungsrichtung sind zu vermeiden. 96

2. Verteidigungsstrategien in der Hauptverhandlung

Die Verteidigungsstrategie in der Hauptverhandlung ist in erster Linie vom **Verteidigungsziel** abhängig. Die Verteidigung kann auf einen Freispruch abzielen, sie kann aber auch mit dem Ziel geführt werden, ein für den Auftraggeber möglichst günstiges Strafmaß zu erreichen. Das Verteidigungsziel muß zu Beginn der Hauptverhandlung de- 97

[44] OLG Düsseldorf NStZ 1990, 554 m. Anm. *Kühne* Strafverteidiger 1991, 103; *Marxen* NJW 1977, 2188; *Kleinknecht/Meyer-Goßner*, § 169 GVG, Rn. 12.

[45] OLG Brandenburg NJW 1996, 67 ff.

finiert sein. Der Verteidiger hat anhand des gesamten Prozeßstoffes zu prüfen, welches Verteidigungsziel durchsetzbar und realistisch erscheint. Dies erfordert eine Prognose, die auch Risiken, Unwägbarkeiten und Begleitumstände des Prozesses zu berücksichtigen hat. Der Verteidiger hat seine Beurteilung und die darauf basierende Prognose mit dem Mandanten zu erörtern. Der Mandant hat dann die Entscheidung zu treffen, mit welchem Ziel die Verteidigung zu führen ist.

Kommt der Verteidiger zu der Erkenntnis, daß das vom Auftraggeber gewünschte Verteidigungsziel bei lebensnaher Einschätzung nicht realisierbar erscheint, so hat er dies mit seinem Mandanten zu besprechen und mit der gebotenen Bestimmtheit auf die bestehenden Risiken hinzuweisen. Erweist sich der Mandant als unbelehrbar und ist keine Übereinstimmung zu erzielen, ist die Niederlegung des Mandats zu erwägen. Der Verteidiger darf in der Hauptverhandlung unter keinen Umständen die Verantwortung für eine abwegige und nicht aussichtsreiche Verteidigungsstrategie übernehmen. Hier würde der Verteidiger gegen seine Überzeugung handeln. Dies zeigt, welch grundlegende Bedeutung eine klare und mit dem Mandanten abgestimmte Definition des Verteidigungsziels für den Erfolg der Verteidigung in der Hauptverhandlung hat.

Der Verteidiger muß die **Realisierbarkeit** des definierten Verteidigungsziels fortwährend am laufenden Prozeßgeschehen messen. Nicht selten führen unerwartete Entwicklungen in der Hauptverhandlung dazu, daß das Verteidigungsziel überdacht oder gar neu definiert werden muß. So können schon Veränderungen in der Gerichtsbesetzung zu einer korrigierten Sichtweise führen. Gleiches gilt, wenn Be- oder Entlastungszeugen auftauchen, die in der Verfahrensprognose bislang nicht berücksichtigt waren. Günstige Entwicklungen in der Beweissituation sollten auch zum Anlaß genommen werden, erneut über die Möglichkeiten einer Einstellung nach §§ 153, 153 a StPO nachzudenken. Korrekturen bei der Definition des Verteidigungsziels sind immer mit dem Mandanten abzustimmen, erforderlichenfalls ist eine Unterbrechung der Hauptverhandlung zu beantragen, um die neue Prozeßsituation mit dem Mandanten besprechen zu können.

98 Von besonderer strategischer Bedeutung in der Hauptverhandlung ist die Frage, ob der Klient **redet oder schweigt**. Mandanten in Wirtschaftsstrafsachen haben zuweilen, besonders wenn der Vorwurf bestritten wird, das ausgeprägte Bedürfnis, umfassend in der Hauptverhandlung auszusagen, um das Gericht von ihrer Unschuld zu überzeugen. Auch hier ist die Überzeugungskraft des Verteidigers gefordert. Der Mandant muß wissen, daß er sich auf ein prozessuales Grundrecht beruft, wenn er in der Hauptverhandlung schweigt. Er darf nicht befürchten, daß ihm das Schweigen zum Nachteil gereicht. Die Risiken, die eine Aussage in der Hauptverhandlung mit sich bringen, die besondere psychologische Situation in der Hauptverhandlung, der Druck, der durch Fragen und Vorhalte ausgeübt werden kann, all dies ist ihm plastisch vor Augen zu führen.

Die Risiken einer Einlassung des Mandanten in der Hauptverhandlung wachsen proportional mit dem Umfang des Prozeßstoffs. Je umfangreicher das Beweismaterial ist, um so größere Unwägbarkeiten ergeben sich. Die Einlassung des Angeklagten ist ebenso irreversibel wie Widersprüche und Unsicherheiten bei der Beantwortung von Fragen und Vorhalten. In der Praxis der Wirtschaftsstrafverteidigung ist zu beobachten, daß sich die Verteidigungsstrategie unter Wahrnehmung des Schweigerechts durch den Angeklagten immer mehr durchsetzt. Letztlich ist im Einzelfall unter Abwägung aller Risiken zu entscheiden.

99 Schweigt der Mandant in der Hauptverhandlung, hat der Verteidiger seine **prozessualen Mitwirkungsrechte** um so aktiver einzusetzen. Er kann über Beweisanträge, Erklärungen nach § 257 Abs. 2 StPO oder durch eine intensive Teilnahme an der Befragung von Zeugen und Sachverständigen auf den Prozeßverlauf Einfluß nehmen. Oftmals bietet sich auch die Abgabe eines sog. opening statements an, in dem der Verteidiger nach der Verlesung des Anklagesatzes zum Vorwurf Stellung nimmt. Ein solches opening statement sieht die Strafprozeßordnung zwar nicht explizit vor, Zulässigkeit und Berech-

tigung ergibt sich aber aus dem allgemeinen Grundsatz rechtlichen Gehörs nach Art. 103 Abs. 1 GG.

Für die Verteidigungsstrategie in der Hauptverhandlung ist zusätzlich von Bedeutung, 100
vor welchem Gericht und in welcher Instanz das Verfahren stattfindet. Bei Hauptverhandlungen vor dem Landgericht erster oder zweiter Instanz ist ein besonderes Augenmerk darauf zu legen, daß etwaige **Verfahrensfehler** im Sitzungsprotokoll entsprechend dokumentiert sind, um im Revisionsverfahren vorgebracht werden zu können. Sachleitungsverfügungen des Vorsitzenden sind im Falle ihrer Unzulässigkeit gem. § 238 Abs. 2 StPO zu beanstanden. Auf förmliche Antrags- und Mitwirkungsrechte sollte grundsätzlich nicht verzichtet werden. Die Verteidigung in der Hauptverhandlung vor dem Landgericht ist mit Blick auf die Revision zu führen. Bei amtsgerichtlichen Verfahren spielt die Revisibilität von Verfahrensvorgängen eine eher untergeordnete Rolle.

Die erfolgreiche Verteidigung in der Hauptverhandlung ist sowohl von der Sachkenntnis und dem Fingerspitzengefühl des Verteidigers als auch von der tatkräftigen Unterstützung durch den Auftraggeber abhängig, sie erfordert eine kontinuierliche und solide Zusammenarbeit zwischen Verteidiger und Mandant. Nur dann werden beide die gestellten Anforderungen erfüllen und die Verantwortung tragen können.

22. Kapitel. Die Zusammenarbeit der Ermittlungsbehörden mit anderen Institutionen bei der Aufklärung von Wirtschaftsstraftaten

Inhaltsübersicht

Rn.

I. Vorbemerkung 1

II. Öffentliche Institutionen 2–20

1. Bundesaufsichtsamt für das Kreditwesen (BAKred) 3
2. Bundesaufsichtsamt für den Wertpapierhandel (BAWe) 4
3. Bundesaufsichtsamt für das Versicherungswesen (BAV) 5
4. Bundesamt für Wirtschaft (BAW) 6
5. Bundesamt für Finanzen – Informationszentrale Ausland (IZA) 7
6. Bundesamt für Güterverkehr (BAG) 8
7. Bundesamt für Sicherheit in der Informationstechnik (BSI) 9
8. Bundesausfuhramt (BAFA) 10
9. Bundeskartellamt 11
10. Bundesanstalt für Arbeit (BfA) 12
11. Bundesanstalt für Landwirtschaft und Ernährung (BLE) 13
12. Deutsches Patentamt 14
13. Informationszentrale f. den Steuerfahndungsdienst beim Finanzamt Wiesbaden II, IZ-Steufa 15
14. Zollkriminalamt (ZKA) 16
15. Hauptzollamt Hamburg-Jonas 17
16. Nachrichtendienste 18
17. Landesgewerbeanstalten 19
18. Industrie- und Handelskammern (IHK) . . 20

Rn.

III. Private Institutionen 21–33

1. Deutsche Post 22
2. Deutsche Postbank 23
3. Deutsche Telekom 24
4. Funktelefonbetreiber 25
5. Deutsche Bahn AG 26
6. Sonstige Organe für freiwillien Selbsthilfe 27
   a) Zentrale zur Bekämpfung unlauteren Wettbewerbs e. V. 28
   b) Deutscher Schutzverband gegen Wirtschaftskriminalität e. V. 29
   c) Verbraucherschutzverein e. V. 30
   d) Verband der Vereine Creditreform e. V. 31
   e) Vereinigung der Deutschen Schutzgemeinschaften für allgem. Kreditsicherung e. V. (Bundes-Schufa) 32
   f) PRO HONORE, Verein für Treu und Glauben im Geschäftsleben e. V. 33

IV. Internationale Organisationen 34–36

1. Direktion des Generalsekretärs der Europäischen Kommission 35
2. Europol 36

I. Vorbemerkung

1 Die 1877 geschaffene Strafprozeßordnung ging davon aus, daß der Staatsanwalt und der Kriminalbeamte aufgrund ihrer Ausbildung in der Lage sind, alle Straftaten ohne Mitwirkung öffentlicher oder privater Institutionen aufzuklären. Im Laufe der Zeit hat es sich als notwendig erwiesen, wegen der erforderlichen Spezialkenntnisse für die Bekämpfung der Wirtschaftskriminalität zusätzlich besondere Ermittlungsorganisationen in Form der Zoll- und Steuerfahndung einzurichten.

Für die Schaffung von Schutzverbänden, wie sie heute insbesondere im Bereich des Wettbewerbsrechts, des Verbraucherschutzes, des Heilgewerbes, des Kreditgewerbes und des Urheberrechts vorhanden sind, bestand damals weder Anlaß noch Bedürfnis. Die bestehenden Gesetze und die Strafdrohung haben offensichtlich nicht ausgereicht, um den einzelnen und Firmen vor wirtschaftsdeliktischem Verhalten zu schützen. Der Staatsanwalt wird grundsätzlich erst nach Verübung einer Straftat tätig.

Bei Vergehen des Verrats von Geschäfts- und Betriebsgeheimnissen muß gegebenenfalls zur Beurteilung des beeinträchtigten Know-how das Fachwissen bestimmter Verbände oder Institutionen auf diesem Spezialgebiet ausgewertet werden. Dies gilt auch für alle übrigen Wirtschaftsbereiche.

Vorbeugende Maßnahmen sind nur in den seltensten Ausnahmefällen, und zwar zur Verhinderung weiterer Straftaten, z. B. durch Warnung in der Presse oder durch Erwirkung eines vorläufigen Berufsverbots, möglich. Die Schwindelfirmen gehen grundsätzlich davon aus, daß es dem Privatmann und dem Kaufmann unmöglich ist, die kriminellen Begehungsweisen zu durchschauen und geeignete Abwehrmaßnahmen zu treffen. Dieser Notsituation haben sich bestimmte Verbände, zumeist Vereine, angenommen. Solche Institutionen erhalten von ihren Mitgliedern und aufgrund eigener Erhebungen Beweismaterial und Informationen, die dem Staatsanwalt unbekannt sind. Diesen Informationsvorsprung muß er sich in seinem Ermittlungsverfahren zunutze machen. Hierauf wird er auch in den Richtlinien für das Bußgeld- und Strafverfahren in Beziehung auf die Verfolgung des unlauteren Wettbewerbs (Nr. 260 bis 260 c) hingewiesen. Die hier aufgezeigten Quellen können aber nur einen Bruchteil der im weiten Feld der Wirtschaftskriminalität benötigten Erkenntnisse liefern.

Soweit Dienststellen der Europäischen Union, des Bundes, der Länder oder Körperschaften und Anstalten des öffentlichen Rechts über einschlägige Erfahrungen und Kenntnisse verfügen, muß selbstverständlich zunächst mit diesen eine Zusammenarbeit ins Auge gefaßt werden.

Wird z. B. gegen die Bestimmungen des Außenwirtschaftsgesetzes verstoßen, kann die Anhörung bzw. Einschaltung verschiedener Behörden, z. B. des Zollkriminalamtes, des Bundesamtes für Wirtschaft, des Bundesaufsichtsamts für das Kreditwesen und der Bundesanstalt für Landwirtschaft und Ernährung, erforderlich sein.

Es soll deshalb nun der Versuch unternommen werden, einige für die Praxis besonders wichtige Dienststellen und Organisationen aufzuzeigen, deren Hilfeleistungen im Ermittlungsverfahren besonders förderlich sein können.

II. Öffentliche Institutionen

2 Im Grundgesetz der Bundesrepublik Deutschland ist in Art. 35 Abs. 1 bestimmt, daß alle Behörden des Bundes und der Länder gegenseitig Rechts- und Amtshilfe leisten. § 161 StPO gibt der Staatsanwaltschaft das Recht, von allen öffentlichen Behörden Auskünfte zu verlangen und Ermittlungen jeder Art entweder selbst vorzunehmen oder durch die Behörde vornehmen zu lassen. Die stärkste Form der Zusammenarbeit mit öffentlichen Behörden und Körperschaften ist der Einsatz der in diesen Dienststellen tätigen Hilfsbeamten der Staatsanwaltschaft (vgl. § 152 GVG). Dieser Problemkreis kann hier im wesentlichen unerörtert bleiben, weil die Zusammenarbeit mit den Hilfsbeamten der Staatsanwaltschaft zum täglichen Rüstzeug des Vertreters der Anklage gehört.

1. Bundesaufsichtsamt für das Kreditwesen (BAKred)

Gardeschützenweg 71–101, 12203 Berlin
Tel.: 030/8436-0
Internet: http://www.bakred.de

3 Das Bundesaufsichtsamt für das Kreditwesen ist eine selbständige Bundesoberbehörde im Geschäftsbereich des Bundesministeriums der Finanzen. Im zeitlichen Zusammenhang mit dem Umzug der Bundesregierung nach Berlin wird der Sitz des Amtes nach Bonn verlegt werden (§ 5 KWG).

Die Aufgaben des Bundesaufsichtsamts sind in § 6 KWG festgelegt. Ihm obliegt die Aufsicht nach dem KWG über Finanzdienstleistungsinstitute und Kreditinstitute. Es ist insbesondere für die Zulassung dieser Unternehmen und die Insolvenzaufsicht zuständig, während die Marktaufsicht, die Überwachung der Vorschriften des WpHG und die Insiderverfolgung in den Zuständigkeitsbereich des Bundesaufsichtsamtes für den Wertpapierhandel (siehe unten 2.) fällt.

Kredit- und Finanzdienstleistungsinstitute bedürfen nach § 32 KWG einer Erlaubnis des Bundesamtes für das Kreditwesen, wenn sie im Inland tätig sein wollen. Dies gilt nunmehr auch für Wertpapierhandelsbanken. Weiterhin hat das Amt darüber zu wachen, daß die Kreditinstitute die Vorschriften über die Eigenkapitalausstattung, die Liquiditätshaltung und die Begrenzung der Risiken des Bankgeschäfts beachten. Zum Zweck dieser laufenden Überwachung werden eine Vielzahl meldepflichtiger Geschäftsdaten, die Jahresabschlüsse der Kreditinstitute und die darüber erstellten Prüfungsberichte ausgewertet. Darüber hinaus kann das Amt besondere Prüfungen anordnen, um Einblicke in die Geschäftsführung und wirtschaftliche Lage eines Kreditinstituts zu erhalten. Bei wirtschaftlichen Schwierigkeiten eines Kreditinstituts können Maßnahmen zur Abwehr von Gefahren für die Vermögenswerte von Gläubigern und Einlegern getroffen und notfalls das Institut vorläufig geschlossen werden. Das Aufsichtsamt kann auch tätig werden, wenn ernste Zweifel an Eignung oder Zuverlässigkeit der Geschäftsleiter von Kreditinstituten entstehen.

Das Bundesaufsichtsamt hat auch die Einhaltung des Hypothekenbankgesetzes, des Bausparkassengesetzes, des Schiffsbankgesetzes, des Gesetzes über Kapitalanlagegesellschaften, des Auslandinvestmentgesetzes und seit 1993 der den Kreditinstituten obliegenden Verpflichtungen nach dem Geldwäschegesetz zu überwachen. Ihm obliegt auch die Bestätigung von Umstellungsrechnungen von Kreditinstituten und von Außenhandelsbetrieben der ehemaligen DDR.

Die Zusammenarbeit des Bundesaufsichtsamts mit ausländischen Bankaufsichtsbehörden hat in den letzten Jahren wegen der zunehmenden Internationalisierung des Bankwesens stark zugenommen. Bankaufsichtliche Regelungen sind bereits heute im nationalen Alleingang nicht mehr möglich. Die Kontrolle über international agierende Finanzkonglomerate erfordert eine grenzüberschreitende Kooperation.

Im Inland kommt der Zusammenarbeit mit der Deutschen Bundesbank, dem Bundesaufsichtsamt für das Versicherungswesen (siehe unten 3.) und seit 1995 mit dem Bundesaufsichtsamt für den Wertpapierhandel erhöhte Bedeutung zu.

Das Bundesaufsichtsamt für Kreditwesen hat seine frühere Zurückhaltung bei der Bekämpfung der Wirtschaftskriminalität aufgegeben und erstattet bei bankbezogenen Delikten Strafanzeige. Besonders hervorzuheben ist die Mitwirkung bei der Bekämpfung der Geldwäsche. Das Aufsichtsamt bemängelt hier häufig, daß die Repräsentanten ausländischer Banken die Bestimmungen des Geldwäschegesetzes nicht einhalten und so z. B. den Transfer von Drogengeldern in Milliardenhöhe ins Ausland ermöglichen. Zur Entdeckung von Geldwäscheaktivitäten ist ein Verdachtsraster vorhanden.

Staatsanwälte verkennen aber manchmal den Aufgabenbereich des Bundesaufsichtsamtes und sehen in ihm teilweise den verlängerten Arm für Strafverfolgungsmaßnahmen. Zur Durchführung strafprozessualer Maßnahmen ist das Amt jedoch nicht befugt. Seine Mitarbeiter sind keine Hilfsbeamten der Staatsanwaltschaft.

Hat der Staatsanwalt Anhaltspunkte dafür, daß Täter Bankgeschäfte im Sinne des § 1 KWG ohne die gem. § 32 KWG erforderliche Erlaubnis betreiben (dies geschieht zumeist im Zusammenhang mit anderen schweren Wirtschaftsstraftaten, insbesondere bei Anlagebetrügern) oder hat er Hinweise auf strafbare bzw. wettbewerbswidrige Handlungen von Bankern oder Kreditsachbearbeitern, ist die Einschaltung des Bundesaufsichtsamtes sachdienlich und unerläßlich. Es wird z. B. aufzeigen, wann die Kriterien für einen erlaubnispflichtigen Bankbetrieb erfüllt sind. Unternehmen, die Bankgeschäfte betreiben, sind dann Kreditinstitute, wenn der Umfang dieser Geschäfte einen in kaufmännischer Weise eingerichteten Geschäftsbetrieb erfordert. Wer diese Geschäfte ohne Erlaubnis betreibt, begeht eine Straftat nach § 54 KWG.

Hierbei werden beim Einlagengeschäft, bei dem fremde Gelder angenommen werden, weit strengere Maßstäbe bei Prüfung der Erlaubnispflicht angelegt als bei der Vergabe von Geldern. Die von den Industrie- und Handelskammern für die Bejahung der üblichen Vollkaufmannseigenschaft nach dem HGB zugrunde gelegten Umsatzgrenzen können hier keine Anwendung finden.

Das Bundesaufsichtsamt für das Kreditwesen hat unter Beachtung der Rechtsprechung des Bundesverwaltungsgerichts vom 25. Juni 1980 – BVerwG 1 C 13.74, OVG I B. 73 – sowie des OVG Berlin vom 3. August 1988 – OVG 1 B 4/87 – folgende Grenzwerte für genehmigungspflichtige Bankgeschäfte festgelegt:

1. *Einlagengeschäft:*
   a) ein Bestand von 25 angenommenen Einlagen oder
   b) ein Gesamteinlagevolumen von 25 000,– DM, das sich aus der Summe aller angenommenen und noch nicht restlos zurückgezahlten Einlagen zusammensetzt; die Summe von 25 000,– DM darf überschritten werden, wenn sich das Gesamtvolumen aus weniger als 6 einzelnen Einlagen zusammensetzt.
2. *Kreditgeschäft:*
   a) ein Bestand von 100 noch nicht restlos abgewickelten Einzelkrediten oder
   b) ein Gesamtkreditvolumen von 1 Million DM, das sich aus der Summe aller gewährten und noch nicht restlos abgewickelten Darlehen zusammensetzt; die Summe von 1 Million DM darf überschritten werden, wenn sich das Gesamtkreditvolumen aus weniger als 21 Einzelkrediten zusammensetzt.
3. *Diskontgeschäft:*
   a) ein Bestand von 100 diskontierten und noch nicht eingelösten Wechseln oder Schecks oder
   b) ein Gesamtvolumen von 1 Million DM, das sich aus der Summe aller diskontierten und noch nicht eingelösten Wechseln oder Schecks zusammensetzt; die Summe von 1 Million DM darf überschritten werden, wenn sich das Gesamtvolumen aus weniger als 21 diskontierten und noch nicht eingelösten Wechseln oder Schecks zusammensetzt.
4. *Einlagen- und Kreditgeschäft nebeneinander:*
   a) eine Gesamtzahl von 25 Einzelfällen, wobei die Zahl der angenommenen Einlagen ungekürzt, die der Kredite jedoch nur zu $^1/_4$ anzurechnen ist oder
   b) ein Gesamtbetrag von 25 000,– DM, der sich aus der Summe aller angenommenen Einlagen und der Summe aller Forderungen aus dem Kreditgeschäft zusammensetzt; bei diesem Betrag ist die Summe der Einlagen ungekürzt, die der Forderungen aus dem Kreditgeschäft jedoch nur mit einem Vierzigstel einzubeziehen. Der Gesamtbetrag von 25 000,– DM darf überschritten werden, wenn es sich um weniger als sechs Einzelfälle handelt, wobei die Zahl der Einzelkredite nur zu $^1/_4$ zu berücksichtigen ist.
5. Für *Effekten-, Depot- und Garantiegeschäfte* bestehen außerdem Richtlinien und Grenzwerte, die im jeweiligen Verfahren erfragt werden können.

Zum Einlagenbegriff des KWG im Zusammenhang mit dem grauen Kapitalmarkt vgl. BGH, NJW 1995, 1494 ff. und Anmerkung Wallat, NJW 1995, 3236 f.

Weiter strafbare Handlungen nach dem KWG sind die Verletzung der Pflicht zur Anzeige der Zahlungsunfähigkeit oder Überschuldung (§ 55 KWG) sowie die unbefugte Verwertung oder Offenbarung von Angaben über Millionenkredite (§§ 55 a, b KWG), wobei in letzteren Fällen ein Strafantrag erforderlich ist.

In einschlägigen Verfahren wird der Staatsanwalt zweckmäßigerweise immer eine Stellungnahme des Bundesaufsichtsamtes einholen. Es wird dann dazu Stellung nehmen, ob es aus seiner Sicht das Vorliegen genehmigungspflichtiger Bankgeschäfte bejaht. Eine strafrechtliche Beurteilung wird es in keinem Fall vornehmen. Dies gilt auch für alle übrigen Ermittlungsverfahren gegen Inhaber oder Bedienstete von Kreditinstituten. Benötigt der Staatsanwalt Unterlagen des Bundesaufsichtsamtes, so kann er diese nicht ohne nähere Begründung anfordern. Es besteht nämlich gem. § 9 KWG eine Verschwiegenheitspflicht, die unbefugt nicht durchbrochen werden darf. Der Staatsanwalt muß deshalb im einzelnen darlegen, inwieweit er erbetene Unterlagen zur Erfüllung seiner Aufgaben benötigt, insbesondere gegen welche Beschuldigten sich die Ermittlungen richten und welcher Sachverhalt zugrunde liegt.

Der Staatsanwalt kann beim Bundesaufsichtsamt insbesondere folgende Informationen erlangen:

– vorgelegte Prüfungsberichte und Jahresberichte der Kreditinstitute, Auswertung von Meldungen, z. B. über einzelne Kredite,

– Geldwäschevorgänge,
– aufgedeckte Mißstände, eigene Prüfungsfeststellungen.

Der Staatsanwalt hat die in § 60a KWG, Nr. 25 MiStrA festgelegte Mitteilungspflicht an das Bundesaufsichtsamt und die hierbei mögliche Durchbrechung des Steuergeheimnisses gem. § 8 Abs. 2 KWG zu beachten.

2. Bundesaufsichtsamt für den Wertpapierhandel (BAWe)

Nibelungenplatz 3, 60318 Frankfurt am Main
Tel.: 069/9 59 52-0
Internet: http://www.bawe.de

Das Bundesaufsichtsamt für den Wertpapierhandel ist eine selbständige Bundesoberbehörde im Geschäftsbereich des Bundesministeriums der Finanzen. Die Aufgabe des seit dem 1. Januar 1995 aufgrund des 2. Finanzmarktförderungsgesetzes vom 26. Juli 1994 tätigen Bundesaufsichtsamtes ist die Sicherstellung der Funktionsfähigkeit der Märkte für Wertpapiere und Derivate mit dem Ziel des Anlegerschutzes, der Markttransparenz und der Marktintegrität. 4

Die Tätigkeit des Bundesaufsichtsamts, die im Wertpapierhandelsgesetz (WpHG) und im Wertpapier-Verkaufsprospektgesetz geregelt ist, erstreckt sich daher insbesondere auf:

– die präventive Bekämpfung und die Verfolgung von Insidergeschäften,
– die Überwachung der Pflicht, alle Transaktionen von Derivaten zu melden (§ 9 WpHG),
– die Überwachung der Ad-hoc-Publizität börsennotierter Unternehmen,
– die Überwachung der Publizität bei Veränderungen der Stimmrechtsanteile bei im amtlichen Handel notierten Unternehmen,
– die Überwachung der Verhaltensregeln und Organisationspflichten der Wertpapierdienstleistungsunternehmen,
– die Hinterlegung von Wertpapierverkaufsprospekten,
– die internationale Zusammenarbeit bei der Beaufsichtigung des Wertpapierhandels.

Das Bundesaufsichtsamt arbeitet eng mit den Landesbehörden, welche die Börsen beaufsichtigen, sowie mit den Börsen selbst zusammen. Zur Überwachung des Wertpapiergeschäftes hat es das Recht, Auskünfte und die Vorlage von Unterlagen zu verlangen. Die Überwachung der Einhaltung der Verhaltensregeln erfolgt in der Regel mit Hilfe von Wirtschaftsprüfern und den Prüfern der Prüfungsverbände der Banken, die vom Bundesaufsichtsamt mindestens einmal jährlich mit der Prüfung des Wertpapierdienstleistungsgeschäfts beauftragt werden. Das Amt kann diese Prüfungen aber auch in Eigenregie durchführen. Seit 1996 wird auch die Einhaltung der Pflicht, jedes Geschäft in börsengehandelten Werten zu melden, untersucht.

Die Meldepflichten werden auf Datenträgern oder im Wege der elektronischen Fernübertragung erfüllt (§ 9 Abs. 2 WpHG). Ziel der Meldepflicht ist die Aufdeckung von Verstößen gegen das Insiderhandelsverbot (§ 14 WpHG) und die Ad-hoc-Publizitätspflicht (§ 15 WpHG). Meldepflichtig sind diejenigen Geschäfte in Wertpapieren und Derivaten, die zum Handel an einem Markt nach § 2 Abs. 5 WpHG zugelassen sind, der auch in einem Mitgliedstaat der Europäischen Union oder in einem anderen Staat des Europäischen Wirtschaftsraums befinden kann. Die meldepflichtigen Kredit- und Finanzdienstleistungsinstitute haben einen Meldebogen zu erstellen, der unter anderem folgende Bestandteile enthält:

– Bezeichnung des Wertpapiers oder Derivats und Wertpapierkennummer,
– Datum und Uhrzeit des Abschlusses oder der maßgeblichen Kursfeststellung,
– Kurs, Stückzahl, Nennbetrag der Wertpapiere oder Derivate,
– Angaben zur Identifikation der am Geschäft beteiligten Kreditinstitute und Unternehmen,

– die Börse oder das elektronische Handelssystem der Börse, sofern es sich um ein Börsengeschäft handelt,
– ein Kennzeichen zur Identifikation des Geschäfts.

Der Name des auftraggebenden Depotinhabers ist im Datensatz nicht enthalten.

Nach § 38 WpHG macht sich strafbar, wer entgegen einem Verbot nach § 14 WpHG ein Insiderpapier erwirbt oder veräußert, eine Insidertatsache mitteilt oder zugänglich macht oder den Erwerb oder die Veräußerung eines Insiderpapiers empfiehlt. Eine Insidertatsache ist eine nicht öffentlich bekannte Tatsache, die sich auf einen oder mehrere Emittenten von Insiderpapieren oder auf Insiderpapiere bezieht und die geeignet ist, im Fall ihres öffentlichen Bekanntwerdens den Kurs der Insiderpapiere erheblich zu beeinflussen.

Das Bundesaufsichtsamt stellt sehr komplexe und teilweise umfangreiche Untersuchungen darüber an, ob Anhaltspunkte für Insiderhandel vorhanden sind. Hierzu werden Ad-hoc- und sonstige Veröffentlichungen ausgewertet. Umsatz-, Kurs- und Marktanteilsauffälligkeiten weisen auf Insiderhandel hin. Das Bundesaufsichtsamt hat Tatsachen, die den Verdacht einer Straftat nach § 38 WpHG begründen, der zuständigen Staatsanwaltschaft anzuzeigen. Es kann die personenbezogenen Daten der Betroffenen, gegen die sich der Verdacht richtet oder die als Zeugen in Betracht kommen, der Staatsanwaltschaft übermitteln (§ 18 WpHG). Aufgrund dieser Informationen können die Strafverfolgungsbehörden sodann die erforderlichen strafprozessualen Maßnahmen ergreifen. Werden im umgekehrten Falle in einem Strafverfahren Tatsachen bekannt, die auf Mißstände in dem Geschäftsbetrieb eines Wertpapierdienstleistungsunternehmens hindeuten, und hält die Strafverfolgungsbehörde Maßnahmen des Bundesaufsichtsamts für erforderlich, so sollen diese Tatsachen auch dem Bundesaufsichtsamt mitgeteilt werden, soweit nicht schutzwürdige Interessen des Betroffenen überwiegen (§ 40 a Abs. 2 WpHG). Darüber hinaus bestehen die Mitteilungspflichten nach § 40 a Abs. 1 WpHG, Nr. 25 a MiStra bei Anklageerhebung und rechtskräftigem Abschluß des Verfahrens.

Die Zusammenarbeit zwischen dem Bundesaufsichtsamt für Wertpapiere und den Staatsanwaltschaften bei Insider-Ermittlungsverfahren ist in verschiedener Weise möglich. So wird es zweckmäßig sein, die Fachleute des Amtes zu Vorbesprechungen über die Vorgehensweise bei den Ermittlungen beizuziehen. Diese sind auch bereit, an Durchsuchungen oder Vernehmungen teilzunehmen. Letztlich kann ihnen auch die Auswertung von Unterlagen überlassen werden.

Emittenten börsennotierter Wertpapiere sind verpflichtet, neue, der Öffentlichkeit unbekannte Tatsachen aus ihrem Unternehmensbereich, die den Kurs des Wertpapiers erheblich beeinflussen können, unverzüglich bekanntzugeben (sog. Ad hoc-Publizität). Ziel dieser Regelung ist die zügige und umfassende Information der Marktteilnehmer, die ihre Anlageentscheidungen so neu überdenken und gegebenenfalls korrigieren können. Je schneller Informationen bekanntwerden, desto weniger kann auch Insiderwissen mißbraucht werden. Soweit das Bundesaufsichtsamt mit der Überwachung der Ad hoc-Publizität betraut ist, kommt als Sanktion bei festgestellten Verstößen nur die Verhängung von Bußgeldern bis zu drei Millionen DM in Betracht (§ 39 WpHG).

Das Internet gewinnt im Wertpapierhandel ständig an Bedeutung, wobei – wie in anderen Bereichen auch – eine zunehmende Internationalisierung zu beobachten ist, welche die Kontrolle dieses Mediums erschwert oder ganz unmöglich macht. Die Beaufsichtigung des Wertpapierhandels über das Internet ist zum Schutz der Anleger von höchster Bedeutung. Sollten in diesem Bereich Anhaltspunkte für Straftaten vorliegen, empfiehlt sich in jedem Fall die Kontaktaufnahme durch die Strafverfolgungsbehörden mit dem Bundesaufsichtsamt für Wertpapierhandel.

3. Bundesaufsichtsamt für das Versicherungswesen (BAV)

Ludwigkirchplatz 3–4, 10719 Berlin
Tel.: 030/8893-0
Internet: http://www.bav-bund.de

Das Bundesaufsichtsamt für das Versicherungswesen ist die staatliche Aufsichtsbehörde für alle Versicherungsunternehmen, die über den Bereich eines Bundeslandes hinaus tätig sind, was in der Regel der Fall sein wird. Zu seinen vorrangigen Aufgaben nach dem Versicherungsaufsichtsgesetz (VAG) gehört es, die Erlaubnis zum Geschäftsbetrieb zu erteilen, diesen laufend zu überwachen und so zu gewährleisten, daß die Versicherungsunternehmen ihre Leistungsversprechen gegenüber den Versicherten einhalten können. Die Versicherungsnehmer können sich mit Beschwerden an das Bundesaufsichtsamt wenden. Das Amt erstellt auch gutachterliche Äußerungen. 5

Das Bundesaufsichtsamt verfügt über folgende Erkenntnismittel:
- jede Geschäftsplanänderung, z. B. die Erweiterung des Geschäftsbetriebs auf andere Versicherungssparten, bedarf der aufsichtsbehördlichen Genehmigung,
- die Versicherungsunternehmen haben laufend über die Vermögensanlagen zu berichten,
- die Versicherungsunternehmen haben regelmäßig Rechnung zu legen, vierteljährlich sind die wichtigsten Unternehmenskennzahlen vorzulegen,
- die Versicherungsunternehmen werden regelmäßig geprüft, wobei auf Verlangen alle Unterlagen vorzulegen und Auskünfte zu erteilen sind.

Unterlagen im vorgenannten Sinne sind interne Berichte (z. B. Berichte der Innenrevision), Bilanzen mit Gewinn- und Verlustrechnung, aber auch alle sonstigen Geschäftsunterlagen, wenn das Bundesaufsichtsamt diese nach § 83 Abs. 1 Nr. 1 VAG anfordert.

Bei der Verfolgung von Straftaten können die Ermittlungsbehörden vom Bundesaufsichtsamt für Versicherungswesen folgende Auskünfte erlangen:
- Prüfungsfeststellungen des Amtes über Mißstände bei Versicherungsunternehmen,
- Informationen über unzulässige Abrechnungen von Provisionen über Fremdkonten,
- Hinweise auf Verprovisionierung von provisionsfreien Vertragsabschlüssen,
- Erkenntnisse über verdeckte Verbuchungen von Sonderzuwendungen an Versicherungsvertreter (Reisen, Barzahlungen usw.),
- Feststellungen über die Abrechnung von fingierten Versicherungsfällen,
- Hinweise auf Geldwäschevorgänge, bei Beitrags- und Prämiendepots in großer Höhe.

Unterlagen bewahrt das Bundesaufsichtsamt für Versicherungswesen in der Regel 10 Jahre lang auf.

4. Bundesamt für Wirtschaft (BAW)

Frankfurter Str. 29–31, 65760 Eschborn
Tel.: 06196/404-0
Internet: http://www.bawi.de

Durch Gesetz vom 9. Oktober 1954 wurde das Bundesamt für gewerbliche Wirtschaft als dem Bundesminister für Wirtschaft zugeordnete Bundesoberbehörde errichtet. Am 1. Januar 1987 erfolgte die Umbenennung in Bundesamt für Wirtschaft. 6

Neben den Kernbereichen Wirtschaftsförderung, Energieversorgung und Wareneinfuhr oblag ihm bis 1991 auch die Überwachung und die Erteilung von Genehmigungen im Außenhandel, was nunmehr auf das Bundesausfuhramt (siehe unten 8.) übergegangen ist. Nach wie vor liegt jedoch ein Schwerpunkt seiner Zuständigkeit auf der Erteilung von Einfuhrgenehmigungen für den nicht liberalisierten Handel. Es überwacht die mengen- und wertmäßig beschränkten Kontingente. Auf diesem Gebiet wird auch in erster Linie die Möglichkeit der Zusammenarbeit mit den Staatsanwaltschaften gegeben sein.

Auf dem Gebiet des Außenhandels ist das Bundesamt eine von 15 Genehmigungsbehörden der Europäischen Gemeinschaft, die nach europaeinheitlichen Bestimmungen Genehmigungen, vorherige Bewilligungen und Überwachungsdokumente für die Einfuhr von Waren der gewerblichen Wirtschaft in das Gebiet der Europäischen Union erteilen. Hierbei sind die Verordnungen der Europäischen Gemeinschaften, das Außenwirtschaftsgesetz (AWG), die Verordnung zur Durchführung des Außenwirtschaftsgesetzes (AWV), die Einfuhrliste (Anlage zum AWG) sowie die Einfuhrausschreibungen zu beachten. Bei den Einfuhrbeschränkungen unterworfenen Warengruppen handelt es sich um
– Textilien und Bekleidung,
– bestimmte nichttextile Waren aus China,
– FCKW-Halone,
– bestimmte Eisen- und Stahlerzeugnisse.

Wenn bei der Einfuhrabfertigung die Vorlage einer Einfuhrgenehmigung, einer vorherigen Bewilligung oder eines Überwachungsdokuments notwendig ist, so ist ein entsprechender Antrag unter Verwendung von Formularen, die im einschlägigen Fachhandel oder bei den Industrie- und Handelskammern erhältlich sind, an das Bundesamt zu richten. Die Genehmigung kann auch papierlos im Wege der Datenfernübertragung (sog. EGDAT-Verfahren) beantragt werden. Ein Merkblatt zum EGDAT-Verfahren ist kostenlos beim Bundesamt erhältlich. Einfuhrgenehmigungen und Überwachungsdokumente werden stets befristet und beschränkt erteilt.

Anhand der Einfuhrliste oder bei den zuständigen Zollstellen können sich die Ermittlungsbehörden darüber informieren, ob die Einfuhr einer Ware Beschränkungen unterliegt. Handelt es sich um die genehmigungsbedürftige Einfuhr kontingentierter Textilwaren, so werden in der Regel Einfuhrgenehmigungen nur gegen die Vorlage eines Originals einer Ausfuhrlizenz (Exportlizenz) erteilt. Die Ausfuhrlizenz wird von den Behörden des Ursprungslands ausgestellt und dient als Nachweis dafür, daß die Lieferung auf das entsprechende Kontingent angerechnet worden ist.

Zu beachten ist, daß Personen, die nicht im Zollgebiet der Europäischen Union oder der Europäischen Freihandelsassoziation (Island, Liechtenstein, Norwegen und Schweiz) ansässig sind, stets eine Wareneinfuhrgenehmigung benötigen. Das gilt jedoch nicht für die Einfuhr im erleichterten Verfahren nach § 32 AWV, der im wesentlichen folgende Ausnahmen beinhaltet:
– Waren bis zu einem Wert von 1600,– DM je Einfuhrsendung, außer Waren, die zum Handel oder einer anderen gewerblichen Verwendung bestimmt sind,
– Muster und Proben bis zu einem Wert von 500,- DM,
– Geschenke bis zu einem Wert von 1600,– DM je Einfuhrsendung,
– gebrauchte Kleidungsstücke, die nicht zum Handel bestimmt sind,
– Reisegerät und Reisemitbringsel, wenn die Waren frei von Einfuhrabgaben sind, sowie nicht zum Handel bestimmte Waren bis zu einem Wert von 3000,– DM, die Reisende mit sich führen.

Um Umgehungseinfuhren besser begegnen zu können, wurde beim Bundesamt eine „Zentralstelle zur Aufklärung und Verhinderung von Umgehungseinfuhren auf dem textilen Sektor" eingerichtet. In diesem Sachbereich arbeitet das Amt eng mit der Zollverwaltung und der EG-Kommission zusammen. Das gleiche trifft auf den Stahlsektor zu. Eine wichtige Aufgabe erfüllt es bei staatlichen Wirtschaftsförderungsprogrammen. Durch den Bundesminister für Wirtschaft wurde das Bundesamt mit der Durchführung der Förderung und Unterstützung kleiner und mittlerer Unternehmen beauftragt. Ein Schwergewicht bildet hier die Beratung und Schulung bei der Existenzgründung und der Lösung wirtschaftlicher, organisatorischer und technischer Probleme bei der Unternehmensführung. In diesem Rahmen bewilligt das Amt Zuschüsse, wenn alle in den Förderungsrichtlinien aufgestellten Bezuschussungsvoraussetzungen erfüllt sind. Bei Verstößen beachtet das Bundesamt die Anzeigepflicht gem. § 6 des Subventionsgesetzes auf das genaueste.

5. Bundesamt für Finanzen – Informationszentrale Ausland (IZA)

Friedhofstr. 1, 53221 Bonn
Tel.: 0228/406-0
Internet: http://www.bff/online.de

Das Bundesamt für Finanzen erfüllt vielfältige Aufgaben. Es ist Bundesoberbehörde 7 im Geschäftsbereich des Bundesministeriums der Finanzen mit den Arbeitsschwerpunkten Steuern und Dienstleistungen gegenüber anderen Verwaltungen. Für die Ermittlungsbehörden sind von den Zuständigkeitsbereichen des Bundesamtes vor allem das Umsatzsteuerkontrollverfahren, die Vergütung der Umsatzsteuer an ausländische Unternehmer und die Umsatzbesteuerung im Ausland ansässiger Unternehmer von Interesse. Auch zur Besteuerung von Inländern mit Auslandseinkünften und bei der steuerlichen Betriebsprüfung großer Unternehmen leistet das Bundesamt wichtige Beiträge.

Die Abteilung Steuern beschäftigt sich mit
- Rechts- und Amtshilfe für in- und ausländische Behörden (z. B. Zustellung von Steuerbescheiden),
- Erstattung, Vergütung und Freistellung von Kapitalertragsteuern, Körperschaftsteuern und Umsatzsteuern,
- Kontrolle des Zinsabschlagsgesetzes,
- Nachprüfung und Ermittlung der Erträge aus ausländischen Investmentanteilen,
- Kontrollverfahren zur Sicherstellung des Aufkommens an Mehrwertsteuern für die einzelnen Mitgliedstaaten der Europäischen Union.

Die Einrichtung einer entsprechenden Zentralstelle Umsatzsteuer mit Sitz in Saarlouis wurde durch Einführung des europäischen Binnenmarktes und den Wegfall der Grenzkontrollen notwendig. Jeder Exporteur erhält auf Antrag eine Umsatzsteuer-Identifikationsnummer und muß vierteljährlich eine zusammenfassende Meldung über seine innergemeinschaftlichen Exporte abgeben.

Der Abteilung Steuern des Bundesamtes ist die Informationszentrale für steuerliche Auslandsbeziehungen (IZA) angegliedert. Die IZA unterstützt die Finanzbehörden bei der Aufklärung aller Sachverhalte mit Auslandsberührung. Es handelt sich um eine der wichtigsten Auskunftsstellen bei der Bearbeitung von Wirtschafts-, insbesondere Zoll- und Steuerstraftaten, die unter der Mitwirkung und dem Tarnmantel ausländischer Firmen oder Personen verübt wurden. Dieser Dienststelle obliegt nämlich die zentrale Sammlung und Auswertung von Unterlagen über steuerliche Auslandsbeziehungen bzw. die Verbindung von ausländischen Firmen zu Inländern. Gerade bei Fiskaldelikten können Erkenntnisse dieses Amtes dann von ausschlaggebender Bedeutung sein, wenn im Wege zwischenstaatlicher Rechtshilfe eine Aufklärung nicht zu erlangen war.

Für diesen Zweck sammelt das Amt z. B. Informationen über
- ausländische Kapitalgesellschaften,
- die Qualifizierung dieser Gesellschaften als Briefkasten- oder Zwischengesellschaften,
- Rechtsprechung oder Literatur zur steuerlichen Beurteilung von Auslandsbeziehungen,
- sonstige steuerlich bedeutsame Verhältnisse (z. B. handels-, gesellschafts- und registerrechtliche Fragen).

Diese Informationen können von Justizbehörden auch bei der Aufklärung außersteuerlicher Sachverhalte abgefragt werden. Anfragen sollten mit einer kurzen Darstellung des Sachverhaltes schriftlich an das Bundesamt für Finanzen gerichtet werden.

Einen besonderen Stellenwert erlangt die IZA bei der Bekämpfung der illegalen Arbeitnehmerüberlassung. Sie kann nämlich im Wege der Rechts- und Amtshilfe mit ausländischen Finanzbehörden, insbesondere auch mit den Ostblockstaaten, Informationen über die illegal im Bundesgebiet beschäftigten Ausländer erhalten (Verzeichnis über Vermittler, Arbeitnehmer, Sozialversicherungsbeiträge und Dauer der Abwesenheit im Heimatland). Damit kann auch die Dauer des Aufenthalts in Deutschland festgestellt werden, die für die Anwendung des deutschen Steuerrechts von Bedeutung sein kann.

Die IZA wertet die von ihr gesammelten Informationen auch in verschiedenen Karteien aus. Hierbei wird u. a. eine Auflistung der vom Ausland gesteuerten Religionsgemeinschaften und Sekten erstellt.

Das Bundesamt für Finanzen hat nach dem Finanzverwaltungsgesetz die weitere Aufgabe, an Außenprüfungen, die von den Landesfinanzbehörden durchgeführt werden, teilzunehmen. Hierfür stehen in der Abteilung Bundesbetriebsprüfung etwa 100 Prüfer zur Verfügung, die bei der Prüfung von ca. 15 000 Groß- und Konzernbetrieben im gesamten Bundesgebiet eingesetzt werden.

Die Gruppe Währungsumstellung in Berlin überprüft die Währungsumstellung der ehemaligen Mark der DDR in D-Mark aus dem Jahr 1990 und fordert zu Unrecht umgestellte Beträge zurück. Auch von dieser Dienststelle kann der Staatsanwalt wertvolle Hinweise und Informationen für seine Ermittlungstätigkeit im Rahmen der Vereinigungskriminalität erhalten.

6. Bundesamt für Güterverkehr (BAG)

Werderstr. 34, 50672 Köln
Tel.: 02 21/57 76-0

8 Es handelt sich hier um eine dem Bundesverkehrsministerium unterstellte Behörde, welche die Einhaltung der für die Beförderung im Straßengüterverkehr geltenden verkehrs- und tarifrechtlichen Vorschriften der Bundesrepublik Deutschland und der Europäischen Gemeinschaft überwacht. Das Bundesamt kann Straßen- und Betriebskontrollen durchführen. Zu letzterem Zweck unterhält es einen Betriebsprüfungsdienst, der Feststellungen trifft bei:
- Unternehmen des Güterfernverkehrs und Güternahverkehrs,
- Werkverkehr betreibenden Unternehmen,
- Absendern, Verladern, Vermittlern, Organisatoren,
- gesetzlich an den Tarif gebundenen Dritten, insbesondere Empfängern, Frachtzahlern, Spediteuren, Versendern.

Die Betriebsprüfer des Bundesamtes können umfassend Einsicht nehmen in Bücher und Geschäftspapiere einschließlich der Unterlagen über den Fahrzeugeinsatz bei Eigentümern und Besitzern von Kraftfahrzeugen zur Güterbeförderung, allen an der Beförderung sonst Beteiligten sowie den Beteiligten an den Handelsgeschäften über die beförderten Güter. Für die Verfolgung wirtschaftskriminellen Handelns werden dabei vor allem Frachtbriefe, sonstige Beförderungs- und Begleitpapiere sowie Frachtrechnungen von Interesse sein. Das Bundesamt führt zudem Register über die Unternehmen des gewerblichen Güterfernverkehrs, des gewerblichen Güternahverkehrs, des Umzugsverkehrs und des Werkfernverkehrs. Festgestellte Verstöße gegen die seinem Überwachungsauftrag unterliegenden Rechtsvorschriften meldet es den zuständigen Behörden.

Diese Bundesbehörde kann in Ermittlungsverfahren wegen Zoll- und Steuerhinterziehung, Subventionserschleichung, Konkursdelikten einschlägiger Unternehmen oder besonders gelagerten Betrugsfällen wertvolle Erkenntnisse liefern.

7. Bundesamt für Sicherheit in der Informationstechnik (BSI)

Godesberger Allee 183, 53175 Bonn
Tel.: 02 28/95 82-0
Internet: http://www.bsi.de

9 Es handelt sich um eine selbständige, dem Bundesminister des Inneren unterstehende Bundesoberbehörde Es hat die Aufgabe, Hersteller, Vertreiber und Anwender informationstechnischer Systeme über Bedrohungen und Risiken der EDV sowie mögliche Sicherheitsvorkehrungen zu informieren (vgl. § 3 des BSI-Einrichtungsgesetzes vom 17. Dezember 1990). U. a. hat es auch die Polizeien und Strafverfolgungsbehörden bei der

Wahrnehmung ihrer gesetzlichen Aufgaben zu unterstützen. Diese Unterstützung darf nur gewährt werden, soweit sie erforderlich ist, um Tätigkeiten zu verhindern oder zu erforschen, die gegen die Sicherheit in der Informationstechnik gerichtet sind oder unter Nutzung der Informationstechnik erfolgen.

Eine besondere Rolle spielt hier das Chiffrierwesen, insbesondere im Hinblick auf die heute im Vordergrund stehenden Begriffe Kryptologie und digitale Signatur. Die rechtliche Verbindlichkeit digitaler Willensäußerungen, wie z. B. von elektronischen Bestellungen, Abrechnungen und Vertragsschlüssen, ist derzeit noch nicht sichergestellt. Zudem muß eine Kommunikation über offene Netze, wie das Internet, durch eine sichere Verschlüsselung gewährleistet sein. Abhilfe soll hier die digitale Signatur schaffen, die auf der Basis eines privaten Signaturschlüssels durch eine Zertifzierungsstelle einer bestimmten Person zugeordnet wird. Das am 1. August 1997 in Kraft getretene Signaturgesetz, das den Wandel von der Industrie- zur Informationsgesellschaft widerspiegelt, wirft hierzu zahlreiche Fragen auf. Es soll sicherstellen, daß in Telekommunikationsnetzen verbreitete Nachrichten überprüfbar vom Urheber stammen und auf dem Weg zum Empfänger nicht verändert wurden. Mehrere Firmen haben bereits oder werden in Kürze Sicherheitslösungen anbieten, die gemäß den Anforderungen des Signaturgesetzes die digitale Unterschrift nutzbar machen.

Das Bundesamt und seine Mitarbeiter können bei Anfragen aus den Problemkreisen des Signaturgesetzes, der Signaturverordnung und der Sicherheitsbeurteilung kryptographischer Verfahren Hilfestellung leisten.

8. Bundesausfuhramt (BAFA)

Frankfurter Str. 29–31, 65760 Eschborn
Tel.: 06196/908-0
Internet: http://www.bundesausfuhramt.de
Außenstelle Berlin: Scharnhorststr. 36, 10115 Berlin
Tel.: 030/2014-5100

Bei dem Bundesausfuhramt handelt es sich um eine selbständige Bundesoberbehörde 10 im Geschäftsbereich des Bundesministers für Wirtschaft. Ihm obliegen Aufgaben nach dem Außenwirtschaftsgesetz (AWG) in Verbindung mit der Außenwirtschaftsverordnung (AWV), dem Kriegswaffenkontrollgesetz (KWKG) und dem Atomgesetz. Weiterhin werden ihm einzelne Aufgaben durch Bundesgesetz, durch das Bundesministerium für Wirtschaft oder mit dessen Zustimmung von anderen obersten Bundesbehörden übertragen.

Im wesentlichen hat des Bundesamt folgende Kompetenzen:
- Entscheidung über Anträge für Genehmigungen im Außenwirtschaftsverkehr,
- Entscheidungen über Anträge für internationale Einfuhrbescheinigungen,
- Fachliche Stellungnahmen in Ermittlungs- und Strafverfahren auf dem Gebiet des Außenwirtschaftsrechts
- Überwachung der Herstellung, der Beförderung und der Veräußerung von Kriegswaffen,
- Entscheidung über Anträge für atomrechtliche Ein- und Ausfuhrgenehmigungen,
- Mitwirkung in verschiedenen internationalen Gremien,
- Umsetzung der Embargobeschlüsse der Vereinten Nationen.

Schwerpunkt der Aufgaben des Bundesausfuhramtes ist die fachtechnische und juristische Prüfung, ob der Export einer Ware oder Technologie genehmigungspflichtig ist. Die Genehmigungspflichten und Verbote ergeben sich aus der AWV und dem KWKG, bei der Ausfuhr von Gütern mit doppeltem Verwendungszweck (dual-use-Gütern) aus der Verordnung des Rates über die Kontrolle bei der Ausfuhr bestimmter Güter mit doppeltem Verwendungszweck aus der Gemeinschaft (EG-VO Nr. 3381/94 vom 19. Dezember 1994).

Der Export einer Ware oder Technologie ist dann genehmigungspflichtig, wenn sie in der Ausfuhrliste (Anlage AL zur AWV) enthalten und beschrieben ist. Die Ausfuhrliste umfaßt u. a.:

- Waffen,
- Munition,
- Rüstungsmaterial,
- Anlagen und Ausrüstung für kerntechnische Zwecke,
- Elektronik,
- Rechner,
- Telekommunikation,
- Chemikalien,
- industrielle Anlagen, mit denen Waffen produziert werden können.

Der Export von Kriegswaffen ist sowohl nach der AWV als auch dem KWKG genehmigungspflichtig. Sonderregelungen gelten für Güter, die zur Herstellung von Massenvernichtungswaffen, Flugkörpern oder Nuklearwaffen dienen können.

Die Genehmigungspflicht für Waren, die in der Ausfuhrliste aufgeführt sind, gilt grundsätzlich für Ausfuhren in alle Länder. Sie besteht auch bei nur vorübergehender Ausfuhr. Innerhalb der Europäischen Union bedarf allerdings nur noch die Verbringung von Rüstungsgütern und einiger dual-use-Güter einer Genehmigung. Die Positionen der Ausfuhrliste beruhen mit wenigen Ausnahmen auf internationalen Vereinbarungen, die ständig dem neuesten technischen Stand angepaßt werden. An den internationalen Kontrollgremien und Listenrevisionen wirken Mitarbeiter des Bundesausfuhramtes mit.

Handelt es sich um den Export von Kernbrennstoffen oder sonstigen radioaktiven Stoffen, muß zusätzlich zur außenwirtschaftsrechtlichen Ausfuhrgenehmigung eine solche nach § 3 des Atomgesetzes beim Bundesausfuhramt beantragt werden.

Das Bundesausfuhramt erteilt Exporteuren auf Antrag zur Vorlage beim Zoll auch Negativbescheinigungen, mit denen der Nachweis geführt werden kann, daß zum Export bestimmte Waren nicht von der Ausfuhrliste erfaßt werden.

Über die Genehmigungspflichtigkeit und -fähigkeit von Exporten gibt das Amt gegenüber Staatsanwaltschaften und Gerichten Stellungnahmen ab. Darüber hinaus arbeitet es zur Bekämpfung der Delikte nach dem KWKG eng mit dem Zollkriminalamt und den örtlichen Zollfahndungsstellen zusammen.

9. Bundeskartellamt

Mehringdamm 129, 10965 Berlin
Tel.: 030/69580-0
Internet: http://bundeskartellamt.de

11 Das Bundeskartellamt ist eine selbständige Bundesoberbehörde im Geschäftsbereich des Bundesministeriums der Wirtschaft. Noch ist sein Sitz in Berlin. Mit der Regierungsumzug wird das Amt aber nach Bonn verlagert. Aufgabe des Bundeskartellamtes ist in erster Linie die Anwendung des Gesetzes gegen Wettbewerbsbeschränkungen (GWB). Der freie Wettbewerb zwischen den Unternehmen stellt eine der Grundlagen der Marktwirtschaft dar. Allerdings besteht für unlautere Teilnehmer am Wirtschaftsleben auch der Anreiz, diesen Wettbewerb zu behindern oder auszuschalten. Dem tritt das GWB entgegen. Es will wettbewerbsbeschränkende Praktiken unterbinden und die Chancen des freien Marktes wahren. Das Bundeskartellamt verfolgt daher alle Wettbewerbsbeschränkungen, die sich in der Bundesrepublik Deutschland auswirken. Zu seinen Aufgaben gehören im einzelnen die Durchsetzung des Kartellverbots, die Durchführung der Fusionskontrolle sowie die Ausübung der Mißbrauchsaufsicht. Für die Durchsetzung des Kartellverbots und die Mißbrauchsaufsicht gilt das aber nur insoweit, als die wettbewerbsbeschränkende Wirkung über ein Bundesland hinausreicht. Ansonsten sind die Landeskartellbehörden zuständig.

Über Wettbewerbsbeschränkungen auf europäischer Ebene entscheidet grundsätzlich die Europäische Kommission in Brüssel. Da die Tendenz zur Globalisierung der Markt- und Wettbewerbsprozesse ständig zunimmt, gewinnt das europäische Wettbewerbsrecht verstärkt an Bedeutung. Die nationale Kartellbehörde kann aber dezentral die Wettbewerbsregeln des EG-Vertrages anwenden, solange die Europäische Kommission noch kein eigenes Verfahren eingeleitet hat (§ 50 GWB).

Entscheidungen über Zusammenschlüsse, Kartelle und mißbräuchliche Verhaltensweisen treffen die Beschlußabteilungen des Bundeskartellamtes. Sie entscheiden durch ein Kollegialgremium, das aus einem Vorsitzenden und zwei Beisitzern besteht. Die Beschlußabteilungen unterliegen keinen Weisungen, sondern haben einen richterähnlichen unabhängigen Status.

Koordinieren mehrere konkurrierende Unternehmen ihr Verhalten auf dem Markt, um dadurch den Wettbewerb auszuschalten, liegt ein Kartell vor. Hier ist vor allem an Preis-, Mengen- und Gebietsabsprachen zu denken. Zur Durchsetzung des Kartellverbots hat das Bundeskartellamt zwar nach §§ 57 ff. GWB weitreichende Ermittlungsbefugnisse Es kann von den Unternehmen Auskünfte verlangen, Geschäftsunterlagen einsehen und nach richterlicher Anordnung Unternehmen durchsuchen und Beweismittel beschlagnahmen. Wird aber ein verbotenes Kartell aufgedeckt, so liegt allein darin noch keine Straftat, sondern es ist nur eine Ordnungswidrigkeit gegeben, die vom Bundeskartellamt mit hohen Geldbußen bis zu einer Million DM geahndet werden kann.

Durch das Gesetz zur Bekämpfung der Korruption vom 13. August 1997 sind nunmehr allerdings die Straftaten gegen den Wettbewerb als sechsundzwanzigster Abschnitt (§§ 298 bis 302) in das StGB eingefügt worden. Insbesondere § 298 StGB stellt nun wettbewerbsbeschränkende Absprachen bei Ausschreibungen unter Strafe. Diese Submissionsabsprachen als Unterfälle von Kartellen sind damit der Verfolgungszuständigkeit des Bundeskartellamts entzogen. Entsteht bei den Nachforschungen des Amtes ein Anfangsverdacht für diese Straftat, ist eine Abgabe an die Staatsanwaltschaft unumgänglich. Diese wiederum wird sich aber der Fachkenntnisse des Kartellamtes bedienen, um die Ermittlungen zu einem schnellen und erfolgreichen Abschluß zu bringen.

Die Zusammenarbeit zwischen den Staatsanwaltschaften und den Kartellbehörden des Bundes und der Länder ließ bisher zu wünschen übrig. Es bleibt zu hoffen, daß sich dies nach Einführung der Straftaten gegen den Wettbewerb ändern wird, da in diesem Bereich nunmehr die Staatsanwaltschaften als die ermittlungsführenden Behörden auf die Mitarbeit des Bundeskartellamts angewiesen sind.

Bei Preisabsprachen erstatten die Geschädigten nicht selten Strafanzeige wegen Betrugs und gegebenenfalls sogar wegen Erpressung. Der Nachweis einer Straftat kann jedoch wegen Beweisschwierigkeiten nur in Ausnahmefällen geführt werden, so daß das Ermittlungsverfahren gem. § 170 II StPO einzustellen ist. Diese Vorgänge müssen aber zur Ahndung der Ordnungswidrigkeit gem. § 81 GWB an die Kartellbehörde abgegeben werden. Die Kartellbehörde ist gem. §§ 57 ff. GWB befugt, eigene Ermittlungen anzustellen, Durchsuchungen und Prüfungen in den Räumen des Unternehmens durchzuführen.

Auch bei strafbarer Werbung kann die Einschaltung dieser Behörde notwendig sein. Es werden oftmals Richtpreise und Preisbindungen vorgespiegelt, um durch Unterschreiten angeblicher Preisempfehlungen den Anschein eines besonders günstigen Angebots hervorzurufen. Die Unterrichtung wird durch die Ermittlungsbehörden regelmäßig unterlassen, obwohl gem. § 23 GWB eine Mißbrauchsaufsicht über unverbindliche Preisempfehlungen besteht. In verschiedenen Fällen wurden durch das Kartellamt Preisempfehlungen bei Markenwaren für unzulässig erklärt, weil diese Angaben zu einem Wettbewerbsmißbrauch zum Nachteil der Verbraucher geführt hatten (vgl. § 23 Abs. 3 GWB).

Da die Landeskartellbehörden (grundsätzlich sind sie wie in Bayern dem Wirtschaftsministerium eingegliedert) ebenfalls im Rahmen des GWB Aufgaben erfüllen, sollte der

Staatsanwalt gem. § 48 GWB die Zuständigkeit (Bundeskartellamt – Landeskartellbehörde) abklären, bevor er eine Abgabe des Ermittlungsvorganges gem. § 43 Abs. 1 OWiG verfügt.

10. Bundesanstalt für Arbeit (BfA)

Regensburger Str. 104, 90478 Nürnberg
Tel.: 0911/179-0
Internet: http://www.arbeitsamt.de

12 Der Kontakt zu dieser Behörde wird durch die Staatsanwaltschaften weitgehend vernachlässigt. Selbstverständlich wird sich in der täglichen Arbeit des Staatsanwalts zunächst eine Zusammenarbeit mit dem örtlich zuständigen Arbeitsamt anbieten. Dort sind z. B. alle Empfänger von Arbeitslosengeld und Arbeitslosenhilfe mit Wohnsitz im jeweiligen Zuständigkeitsbereich, alle ausländischen Arbeitnehmer, die eine Arbeitserlaubnis beantragt oder erhalten haben, und alle Betriebe des Arbeitsamtsbezirks mit Betriebsstellennummern erfaßt.

Bei den Landesarbeitsämtern ist die Zuständigkeit für die Verfolgung und Ahndung unerlaubter gewerbsmäßiger Arbeitnehmerüberlassung und unerlaubter Arbeitsvermittlung angesiedelt. Dort werden auch Karteien über Antragsteller und Inhaber einer Erlaubnis zur gewerbsmäßigen Arbeitnehmerüberlassung und Arbeitsvermittlung geführt. Die Arbeitsverwaltung hat zusätzlich seit 1982 in ausgewählten Arbeitsämtern spezielle Bearbeitungsstellen zur Bekämpfung illegaler Beschäftigung (BillBG-Stellen) geschaffen, die in erster Linie als Ansprechpartner für die Strafverfolgungsbehörden zu gelten haben. Alle diese Stellen sind an ein elektronisches Informationssystem angeschlossen, in dem kurzfristig Zugriff auf die bundesweit vorhandenen Ermittlungsdaten in Fällen illegaler Arbeitnehmerüberlassung genommen werden kann. Zusätzlich wurden seit 1996 Sonderprüfgruppen Außendienst Bau (AD Bau) gebildet, die insbesondere die Gültigkeit von Arbeitserlaubnissen und die Einhaltung der zugesicherten Entlohnung der eingesetzten ausländischen Arbeitnehmer sowie die Art der Vertragsausführung (Abgrenzung zur Arbeitnehmerüberlassung) überwachen. Für die Durchführung der Regierungsvereinbarungen über die Zulassung ausländischer Werkvertragsarbeitnehmer aus den mittel- und osteuropäischen Staaten gelten ebenfalls besondere Zuständigkeiten bei den Arbeitsämtern, die im Einzelfall erfragt werden müssen.

Die unbefugte Überlassung und Vermittlung ausländischer Arbeitnehmer blüht trotz massiver Strafverfolgung in neuer Form weiter. Die Ursachen hierfür sind nach wie vor im wesentlichen in der Öffnung der Grenzen zu Ländern mit einem weiterhin bestehenden Währungs- und Lohngefälle zu sehen. Hingegen krankt die Bekämpfung dieser höchst wirtschaftsschädlichen Machenschaften immer noch daran, daß eine Vielzahl unübersichtlicher Regelungen vorhanden ist, für die mehrere Behörden zuständig sind, die letztendlich aber nur Bußgelder verhängen können. Gerade auf diesen höchst aktuellen Gebieten vermag deshalb auch die Bundesanstalt selbst hilfreich beratend und koordinierend tätig zu sein. Oftmals sind ihr ähnliche kriminelle Praktiken in anderen Gebieten der Bundesrepublik bekannt. In diesem Fall kann die Bundesanstalt darauf hinweisen, bei welchem Landesarbeitsamt besondere Erkenntnisse und Aktenmaterial vorliegen. Die Bundesanstalt ist aber auch an den Erkenntnissen der Staatsanwaltschaft interessiert, um durch Verwaltungsanordnungen an ihre nachgeordneten Ämter unseriösen und kriminellen Praktiken der Wirtschaftsstraftäter entgegenwirken zu können.

Auch die mißbräuchliche, bundesweite Inanspruchnahme und Erschleichung von Insolvenzgeld (§§ 183 bis 189 SGB III) wirft oft Fragen von grundsätzlicher Bedeutung auf, zu deren Beantwortung die örtlichen Arbeitsämter nicht mehr berufen sind.

11. Bundesanstalt für Landwirtschaft und Ernährung (BLE)

Adickesallee 40, 60322 Frankfurt/Main
Tel.: 0 69/15 64-0
Internet: http://www.dainet.de

Diese Dienststelle ist aus dem Bundesamt für Ernährung und Forstwirtschaft und der Bundesanstalt für landwirtschaftliche Marktordnung hervorgegangen, welche die zentralen Durchführungsbehörden im Bereich des Bundesministers für Ernährung, Landwirtschaft und Forsten gewesen sind. Sie unterhält Außenstellen in Neustrelitz, Hamburg, Mülheim/Ruhr, Mannheim, München und Weimar. 13

Die Bundesanstalt hat u. a. folgende Aufgabenbereiche:
- Marktordnungsstelle für die in der Europäischen Union bestehenden gemeinsamen Marktorganisationen für landwirtschaftliche Güter,
- Zentrale Planung und Feststellung von Erzeugung, Beständen und Verbrauch aufgrund des Ernährungssicherstellungsgesetzes und des Ernährungsvorsorgegesetzes,
- Genehmigungsstelle für den grenzüberschreitenden Waren- und Dienstleistungsverkehr mit Erzeugnissen der Ernährungs-, Land- und Forstwirtschaft,
- Erteilung von Fangerlaubnissen nach § 3 Seefischereigesetz.

Die gewonnenen Erkenntnisse werden je nach Bedeutung 5 bis 10 Jahre und die Unterlagen über Rechtsstreitigkeiten 30 Jahre lang aufbewahrt. Die Ermittlungsbehörden können fachspezifische Informationen erholen, worunter insbesondere das Aufzeigen von Mißbrauchsgefahren oder Hintergrundinformationen fallen. Im Hinblick auf die zunehmenden Mißbrauchstatbestände im Bereich der europäischen Marktordnung sollten Staatsanwälte die Ermittlungsmöglichkeiten über diese Dienststelle nutzen.

12. Deutsches Patentamt

Zweibrückenstr. 12, 80331 München
Tel.: 0 89/21 95-0
Internet: http://www.deutsches-patentamt.de

Das Deutsche Patentamt ist die Zentralbehörde auf dem Gebiet des gewerblichen Rechtsschutzes in Deutschland. Es ist eine dem Bundesministerium der Justiz nachgeordnete Bundesoberbehörde, die sich in fünf Hauptabteilungen gliedert. 14

Die Hauptabteilung 1 (Patente) ist mit der Prüfung von Patentanmeldungen und mit Recherchen zum Stand der Technik befaßt. Das Patent gibt dem Inhaber das Recht für eine begrenzte Zeit, über seine Erfindung allein zu verfügen. Da das Patent das praktisch wichtigste technische Schutzrecht darstellt, handelt es sich hierbei um die größte Abteilung des Amtes.

Der Hauptabteilung 2 (Information, Dokumentation, Gebrauchsmuster, Topographien) obliegen mehrere Aufgaben. Zum einen kann sich dort die Öffentlichkeit über gewerbliche Schutzrechte informieren, wozu mit modernster Informationstechnik ausgestattete Recherchemöglichkeiten zur Verfügung gestellt werden. Es ist eine umfassende Sammlung von Patentinformationen mit einem Bestand von ca. 35 Millionen Dokumenten vorhanden, die weitgehend in elektronisch aufbereiteter Form vorliegen. Zudem kann auf eine Bibliothek mit ca. 1,1 Millionen Büchern zurückgegriffen werden. Die Abteilung ist weiterhin für Gebrauchsmuster und Topographien zuständig. Unter einem Gebrauchsmuster ist ebenfalls ein Schutzrecht für technische Erfindungen – wie beim Patent – zu verstehen. Es kann für technische Gegenstände (z. B. Geräte, technische Anlagen, chemische Stoffe usw.) beantragt werden, gewährt aber – im Gegensatz zum Patent – keinen Schutz für Verfahrensabläufe (z. B. Produktionsverfahren, Meßprozeduren usw.). Bei Topographien handelt es sich um dreidimensionale Strukturen von mikroelektronischen Halbleitererzeugnissen nach dem Halbleiterschutzgesetz (z. B. Mikrochips).

Die Hauptabteilung 3 (Marken) beschäftigt sich mit dem Markenschutz, der nicht dem technischen Bereich der Patente zuzuordnen ist. Eine Marke ist ein Kennzeichen für eine Ware oder eine Dienstleistung eines Unternehmens und dient zu deren Unterscheidung von Waren oder Dienstleistungen anderer Unternehmen. Marken gewinnen als Mittel der Identifikation von Waren und Dienstleistungen ständig an Bedeutung. Neben der Prüfung, Eintragung und Verwaltung nationaler Marken nimmt die Abteilung auch die Entgegennahme internationaler Markenanmeldungen wahr.

Die Hauptabteilung 5 (Dienststelle Berlin) ist für die Abwicklung des Patentamtes der ehemaligen DDR und die Verwaltung von in der DDR erteilten gewerblichen Schutzrechten zuständig. Daneben obliegen ihr auch in bestimmtem Umfang Gebrauchsmuster- und Markenverfahren. Die Hauptabteilung Berlin soll in den nächsten Jahren nach Jena verlegt werden.

Die Hauptabteilung 4 nimmt zentrale Verwaltungsaufgaben wahr.

Im Rahmen der Amtshilfe erteilt das Deutsche Patentamt Auskünfte zu allen Gebieten des gewerblichen Rechtsschutzes, insbesondere zu Fragen des Patent-, Gebrauchsmuster-, Marken-, Topographie- und Geschmacksmusterrechts. Ein Geschmacksmuster schützt die räumliche Gestaltung oder die Gestaltung der Oberfläche eines Erzeugnisses.

13. Informationszentrale für den Steuerfahndungsdienst beim Finanzamt Wiesbaden II, IZ-Steufa

Postfach, 65189 Wiesbaden
Tel.: 0611/80

15 Bei dieser Dienststelle können Auskünfte darüber eingeholt werden, ob und bei welcher Steuerfahndungs- oder Strafsachenstelle Vorgänge über bestimmte Personen und Firmen vorhanden sind. Mobile Täter wechseln oft den Niederlassungsort ihrer Firma oder nehmen Umgründungen vor, um immer wieder unentdeckt Steuerdelikte verüben zu können. Ohne Kenntnis der Zusammenhänge ist oft ein Schuld- und Tatnachweis nicht möglich. Die Informationen aus Wiesbaden können häufig zu Ermittlungserfolgen führen.

Die einzelnen Steuerfahndungs- und Strafsachenstellenstellen sollten aber stärker als bisher dazu angehalten werden, ihre Erkenntnisse nach Wiesbaden zu melden, um die in der Praxis festgestellte Lückenhaftigkeit der Unterlagen zu beseitigen. Grundsätzlich sollten von den diesen Stellen alle Fälle mit überregionaler Bedeutung gemeldet werden.

14. Zollkriminalamt (ZKA)

Bergisch-Gladbacher Str. 837, 51069 Köln
Tel.: 0221/672-0
Internet: http://www.zollkriminalamt.de

16 Für die Strafverfolgungsbehörden ist es tägliches Brot, entweder unmittelbar oder unter Einschaltung der örtlichen Kriminalpolizei mit den Landeskriminalämtern und dem Bundeskriminalamt (Wiesbaden) zusammenarbeiten. Daher kann von einer Erörterung der Einsatzmöglichkeiten dieser Behörden abgesehen werden. Hingegen sind in der Praxis die Aufgabenbereiche des Zollkriminalamtes und dessen hervorragende Mitwirkungsmöglichkeit bei der Aufhellung von Wirtschaftsstraftaten nicht bekannt.

Das Zollkriminalamt existiert in seiner jetzigen Rechtsform als Bundesoberbehörde, die dem Bundesministerium der Finanzen unmittelbar nachgeordnet ist, seit 1992. Durch das Gesetz zur Änderung des Finanzverwaltungsgesetzes und anderer Gesetze vom 7. Juli 1992 wurden die Aufgaben des ZKA wesentlich erweitert. Hierzu gehören gem. § 5 a des Finanzverwaltungsgesetzes und §§ 39 ff. Außenwirtschaftsgesetz u. a.:

– Unterstützung der Zollfahndungsämter und anderer Dienststellen der Zollverwaltung bei der Verfolgung und Verhütung von Straftaten und Ordnungswidrigkeiten nach der Abgabenordnung und anderen Gesetzen.

- Sammeln von Informationen für den Zollfahndungsdienst, Auswertung und Unterrichtung der Zollfahndungsämter und anderer Zollstellen.
- Mitwirkung bei der Bekämpfung des illegalen Technologietransfers. Eine der wesentlichsten Aufgaben des Amtes besteht darin, die Warenzulieferungen für Projekte zur Herstellung oder Entwicklung von Massenvernichtungswaffen oder sonstigen Kriegswaffen frühzeitig zu erkennen und diese Zulieferungen (sog. Proliferation) zu verhindern.
- Überwachung des Brief-, Post- und Fernmeldeverkehrs zur Verhütung von Straftaten nach dem Außenwirtschaftsgesetz und dem Kreigswaffenkontrollgesetz.
- Mitwirkung bei der Überwachung des Wirtschaftsverkehrs mit fremden Wirtschaftsgebieten im Rahmen der Proliferationsbekämpfung. Hier ist eine enge Zusammenarbeit mit dem Bundesausfuhramt (siehe oben 8.) erforderlich.
- Überwachung von Sanktionsmaßnahmen der Vereinten Nationen, wobei alle Handels- und Kapitalgeschäfte, die auf eine Beteiligung von Embargostaaten hindeuten, überprüft werden.
- Mitwirkung bei der Bekämpfung des Subventionsbetrugs im Agrarbereich.
- Zentralstelle für den Informationsaustausch bei der Bekämpfung des Rauschgiftschmuggels durch die Zollverwaltungen in Europa im Landstraßen-, Luftfracht- und Seeverkehr.
- Überwachung des Verkehrs mit Grundstoffen, die für die unerlaubte Herstellung von Betäubungsmitteln mißbraucht werden können.
- Bekämpfung der Geldwäsche durch eine „Gemeinsame Finanzermittlungsgruppe Bundeskriminalamt/Zollkriminalamt".
- Zentralstelle des Zollfahndungsdienstes für den Bereich der internationalen Amts- und Rechtshilfe.
- Koordinierung und Lenkung von Ermittlungen der Zollfahndungsämter in Fällen von überörtlicher Bedeutung.

Nähere Einzelheiten werden in dem vom Bundesminister der Finanzen veröffentlichten Einrichtungserlaß geregelt.

Die Fülle der geschilderten Aufgabenbereiche verdeutlicht die Einsatz- und Mitwirkungsmöglichkeiten dieser Behörde. Bei Zollvergehen und Verstößen gegen das Außenwirtschaftsgesetz und gegen Marktordnungsregelungen wird über die jeweiligen Zollfahndungsämter eine Verbindung zum Zollkriminalamt hergestellt.

Beim Zollkriminalamt wird das EDV-System INZOLL geführt, in dem Informationen über Straftaten und Ordnungswidrigkeiten im Zuständigkeitsbereich der Zollverwaltung gespeichert sind.

Daneben werden vielfältigste kriminaltechnische Untersuchungen, wie z. B. Urkundenuntersuchungen (Handschriften, Maschinenschriften, Druckerzeugnisse) und Untersuchungen von Betäubungsmitteln aller Art durchgeführt. Untersuchungsaufträge werden im Wege der Amtshilfe auch für Staatsanwaltschaften und Gerichte erledigt.

Das Zollkriminalamt hat sich zu einer schlagkräftigen Strafverfolgungsbehörde entwickelt, die sich in erster Linie der Bekämpfung der organisierten Kriminalität widmet. Es existiert dort ein ständiges Lagezentrum, spezielle Organisationseinheiten beschäftigen sich mit V-Leuten, Zeugenschutz und der Koordinierung von kontrollierten Rauschgiftlieferungen. Das Amt verfügt über Fachleute auf den Gebieten der Computer- und Hochtechnologie sowie für atomare, biologische und chemische Waffen.

15. Hauptzollamt Hamburg-Jonas

Holzbrücke 8, 20459 Hamburg

Im Jahr 1968 hat das Hauptzollamt Jonas zusätzlich zu seinen üblichen Aufgaben die 17
Zahlung der Ausfuhrerstattungen im Bereich der gemeinsamen Agrar-Marktordnungen übernommen. Aus der ursprünglichen Ausfuhrerstattungsstelle ist inzwischen das auf reine Marktordnungsverfahren spezialisierte Hauptzollamt Jonas geworden.

Das Amt ist weiterhin für das gesamte Bundesgebiet bezüglich der Zahlungsabwicklung von Ausfuhrerstattungen für Marktordnungswaren nach dem Marktordnungsgesetz zuständig. Da Agrarsubventionen aus dem Haushalt der Europäischen Union gezahlt werden, muß gegenüber der Europäischen Kommission genauestens Rechnung gelegt werden. Für das Erstattungsverfahren übersenden die Zollstellen die Ausfuhranmeldungen der von ihnen zur Ausfuhr abgefertigten Waren, insbesondere Milch, Rohtabak, Zukker und Stärke. Zusätzlich stellt der Exporteur seinen Erstattungsantrag unter Beifügung aller erforderlichen Unterlagen direkt an das Hauptzollamt Jonas. Innerhalb von zwei Monaten erfolgt dann die Auszahlung des Erstattungsbetrages. Diese Geldquellen werden durch international wirkende Tätergruppen rücksichtslos angezapft. Zur Erschleichung einschlägiger Subventionen werden Ausfuhren in Drittländern vorgespiegelt, die nur auf dem Papier stehen. Es kommt entweder zu keiner echten Warenbewegung oder in Wahrheit zu einem Rückfluß und damit zu einem Kreislauf der Waren. Mit diesen Machenschaften beschäftigt sich das Sachgebiet „Zentrale Betrugsbekämpfung (ZEB)" des Hauptzollamtes.

Eine wirkungsvolle Bekämpfung von Steuerhinterziehung, Betrug und Subventionsbetrug auf europäischer Ebene ist bereits heute unabdingbar und wird in Zukunft die entscheidende Herausforderung für alle Organisationen sein, die sich mit der Bekämpfung wirtschaftskriminellen Verhaltens befassen. Die Zentrale Betrugsbekämpfung nimmt auf diesem Gebiet eine Vorreiterrolle ein. Sie analysiert dazu die Risiken und koordiniert Prüfungsmaßnahmen. Die Risikoanalysen werden den Zollstellen zur Verfügung gestellt, die dadurch ihre Warenkontrollen effektiver gestalten können. Verdachtsmeldungen werden mit den anderen Mitgliedstaaten der Europäischen Union ausgetauscht, die so gegen Verdächtige vorgehen können.

16. Nachrichtendienste

18 Die mit der Werks- und Betriebsspionage verbundene Ausforschung von Produktions- und Geschäftsgeheimnissen wird oft von ausländischen Staaten gesteuert. Dies trifft auch teilweise auf den internationalen Schmuggel zu, an dem gewisse Staaten partizipieren. Die durch derartige Warengeschäfte erlangten Gelder dienen nicht selten der Unterstützung einschlägiger Agenten oder subversiver Gruppen. Der Hintergrund solcher Aktionen kann weder durch den Staatsanwalt noch durch die Kriminalpolizei aufgehellt werden. Der Verfassungsschutz kann in geeigneten Fällen jedoch innerhalb des gesetzlich gezogenen Rahmens präventiv zur Aufklärung von Sachverhalten tätig werden, die seinen Zuständigkeitsbereich betreffen. Dabei ist auch der Einsatz von V-Leuten, die Durchführung von Observationen sowie die Überwachung des Brief- und Fernmeldeverkehrs möglich.

Es ist deshalb unerläßlich, bei einschlägigem Verdacht den Verfassungsschutz und jene Stellen zu verständigen, die sich mit der Abwehr von Wirtschaftsspionen befassen. Derartige Kontakte können für das Ermittlungsverfahren von ausschlaggebender Bedeutung sein. Hintermänner, Firmenverflechtungen, Beziehungen zu Domizilfirmen, Erkenntnisse aus anderen Verfahren werden mitunter benannt und zugänglich gemacht. Bei diesen Stellen liegen auch Unterlagen darüber vor, welche innerdeutschen Firmen vom Ausland beherrscht, gesteuert und als reine Anlauf- und Tarnstellen eingerichtet wurden. Grundsätzlich können die Erkenntnisse des Verfassungsschutzes von den Staatsanwaltschaften als gerichtsverwertbares Beweismaterial verwendet werden. Bestimmte Informationen werden jedoch der öffentlichen Verwertung nicht zugänglich sein, bieten aber die Plattform für geeignete weitere Ermittlungen.

Die Nachrichtendienste werden auch zur Bekämpfung der organisierten Kriminalität eingesetzt. Die Zusammenarbeit ist in nicht allgemein zugänglichen Richtlinien geregelt.

17. Landesgewerbeanstalten

Die Landesgewerbeanstalten sind Körperschaften des öffentlichen Rechts, deren Rechtsstellung und Unternehmensverfassung durch eine staatsaufsichtlich genehmigte Satzung geregelt ist. Sie unterstehen in der Regel der Aufsicht der Wirtschaftsministerien der Bundesländer. Ihr Zweck besteht in der Unterstützung von Partnern in allen Wirtschaftsbereichen sowie von privaten und öffentlichen Auftraggebern in deren Bemühen um Sicherheit, Qualität, Umweltschutz und Verbesserung der Wettbewerbsfähigkeit auf nationalen und internationalen Märkten. Dazu führen die Landesgewerbeanstalten neutrale und unabhängige wissenschaftliche Untersuchugen, Forschungsaufgaben, Begutachtungen, Überwachungen und Zertifizierungen nach neuestem Stand von Wissenschaft und Technik durch. Zur Erfüllung ihrer Aufgaben unterhalten sie Prüfstellen, Prüfämter, Versuchsanstalten, Informations- und Dokumentationsstellen sowie Patentschriften- und Normenauslegestellen. 19

Von den Strafverfolgungsbehörden werden die Landesgewerbeämter und ihre Tochterunternehmen hauptsächlich als Auskunftsstellen und zur Gutachtenserstattung auf den Gebieten des Bauwesens, des Umweltschutzes, des Verbraucherschutzes und der Wirtschaftsförderung herangezogen werden können. Im einzelnen werden folgende Leistungen erbracht:
- bautechnische Prüfungen,
- Materialprüfungen im Bauwesen,
- Gutachten im Umweltschutzbereich,
- Gutachten aufgrund atomrechtlicher Vorschriften,
- geotechnische Untersuchungen,
- Produktprüfungen,
- technische Informationen.

Die Landesgewerbeanstalten unterhalten auch Notdienste, die bei Schäden an Gebäuden, Bauunfällen, Bränden und Explosionen sowie bei Verunreinigungen von Luft und Wasser zur unmittelbaren Beurteilung hinzugezogen werden können.

18. Industrie- und Handelskammern (IHK)

Es handelt sich hier um Körperschaften des öffentlichen Rechts, die im gesamten Bundesgebiet gleichartig organisiert sind und der Förderung der gewerblichen Wirtschaft dienen. Nach der Vereinigung beider deutscher Staaten gibt es in Deutschland 83. Industrie- und Handelskammern und als gemeinsame Spitzenorganisation den Deutschen Industrie- und Handelstag (DIHT). Zur Erfüllung ihrer Aufgaben wenden sich die Kammern auch an Behörden und Gerichte. Sie äußern sich in Gutachten, Vorschlägen, Stellungnahmen und Berichten zu Fragen des Handels- und Wirtschaftsrechts, des Haushalt- und Steuerwesens, der Industrie, der Aus- und Weiterbildung sowie des Außenhandels. 20

Die Bekämpfung von Mißständen im Bereich der unlauteren Werbung zählt u.a. zu den gesetzlichen Aufgaben der Kammern. Sie können oft mit näheren Informationen zu Tätern, deren Vorgehensweise und den wirtschaftlichen Hintergründen bestimmter Schwindelmethoden weiterhelfen. Solche Informationen sammelt auf überregionaler Ebene als Spitzenverband der Industrie- und Handelskammern auch der Deutsche Industrie- und Handelstag (DIHT), Adenauerallee 148, 53113 Bonn, Tel. 0228/104-322, Fax 104-330 (ab Oktober 1999 Breite Straße 29, 10178 Berlin). Mit dem DIHT organisatorisch verbunden ist die Arbeitsgemeinschaft für Sicherheit der Wirtschaft (ASW), Schedestr. 9a, 53113 Bonn, Tel. 0228/ 104-510, Fax 104-580 (ab Oktober 1999 in Berlin). Der Deutsche Schutzverband gegen Wirtschaftskriminalität, Landgrafenstr. 24 B, 61348 Bad Homburg, Tel. 06172/12150, Fax 84422, der eng mit den Industrie- und Handelskammern und dem DIHT zusammenarbeitet, ist den Ermittlungsbehörden ebenfalls gern mit Auskünften behilflich.

Schon aufgrund der bestehenden Richtlinien (Nr. 260c RiStBV) hat der Staatsanwalt mit den unabhängigen und das Allgemeininteresse wahrnehmenden Kammern bei unlauteren Wettbewerbsmethoden von örtlicher Bedeutung Verbindung aufzunehmen. Die Kontaktpflege sollte intensiviert werden. Auf dem Gebiet des Wettbewerbsrechts verfügt die jeweilige IHK über umfangreiche Kenntnisse. Bei Anfragen, die Probleme der strafbaren Werbung beinhalten, wird sie nicht nur ihre eigene Stellungnahme, sondern auch noch eine Vielzahl von Fundstellen aus Rechtsprechung und Literatur zum aufgeworfenen Fragenkreis bekanntgeben.

Im Insolvenzverfahren kann der zuständigen IHK im Berichtstermin nach § 156 InsO Gelegenheit zur Äußerung zum Bericht des Insolvenzverwalters über die wirtschaftliche Lage des Schuldners, deren Ursachen und die Möglichkeiten zu ihrer Beseitigung gegeben werden. Diese Äußerungen können auffrund der Sachkompetenz der Kammern auch für ein Strafverfahren von Bedeutung sein.

Der im Bundesgebiet organisierte Versteigerungsschwindel (Verwertung angeblichen Sicherungsgutes) wird in zunehmender Weise durch die Kammern bekämpft. Die für die Genehmigung und Überwachung von Versteigerungen berufenen Verwaltungsbehörden werden mit Beweismaterial versorgt, das auch bei der Strafverfolgung verwendet werden kann. Schließlich befinden sich oftmals bei den Kammern Unterlagen, die für die Beurteilung der Kaufmannseigenschaft eines Beschuldigten wichtig sind. Häufig hat er gegenüber der IHK Erklärungen über Art, Umfang und Beginn seines Gewerbes abgegeben. Benötigt der Staatsanwalt für Spezialbereiche der Wirtschaft einen besonderen Sachverständigen, wird er immer durch die IHK gut beraten werden.

Die IHKs unterhalten ein 150 Sachgebiete umfassendes Verzeichnis öffentlich bestellter und vereidigter Sachverständiger. Sie werden daher in der Regel in der Lage sein, einen geeigneten Sachverständigen für alle in der Praxis auftretenden Fälle zu benennen. Nach § 73 Abs. 2 StPO sind andere Personen als öffentlich bestellte Sachverständige nur dann zu Begutachtungen hinzuzuziehen, wenn besondere Umstände es erfordern.

Ist die Beauftragung von EDV-Sachverständigen zur Beweissicherung gespeicherter Daten erforderlich, kann über eine vom DIHT erstellte Liste ein örtlich verfügbarer EDV-Sachverständiger in Erfahrung gebracht werden.

Eine besondere Hilfe kann der DIHT bei Auslandsermittlungen erlangen, denn er betreut in 49 Ländern 43 anerkannte deutsche Auslandshandelskammern. Auf diesem Wege sind auch Gutachten zu Fragen ausländischen Zivilrechts zu erlangen.

III. Private Institutionen

21 Die folgende Aufzählung erfaßt nicht annähernd jene privaten Organisationen und Stellen, deren Hilfe und Fachwissen in Ermittlungsverfahren in Anspruch genommen werden können. Die hier getroffene Auswahl spiegelt nicht allein die Bedeutung der jeweiligen Institution wider. Jede Ermittlungsbehörde wird im Einzelfall möglicherweise einen anderen Weg gehen und ihre speziellen Kontakte nutzen.

Die Unternehmen der Deutschen Bundespost haben durch das Postumwandlungsgesetz vom 14. September 1994 eine völlig neue Organisationsform erhalten. Sie gliederte sich in drei Aktiengesellschaften mit den Bezeichnungen „Deutsche Post AG“, „Deutsche Postbank AG“ und „Deutsche Telekom AG“. In den offiziellen Firmennamen ist die Bezeichnung „AG“ zwischenzeitlich nicht mehr enthalten. Die Postbank ist neuerdings von der Deutschen Post wieder übernommen worden. Für die Strafverfolgungspraxis ist von Bedeutung, daß diese Bereiche im Rechtsverkehr nunmehr volle Selbständigkeit erhalten haben. Mitarbeiter der Postunternehmen sind keine Hilfsbeamten der Staatsanwaltschaft mehr.

Amtshilfe muß von den nunmehr privat organisierten Unternehmen nicht mehr geleistet werden.

1. Deutsche Post

Gem. Art 87 f. Grundgesetz wird die Postversorgung in der Bundesrepublik Deutschland durch das private Nachfolgeunternehmen Deutsche Post des früheren staatlichen Unternehmens Deutsche Bundespost Postdienst sowie durch weitere private Wettbewerber gewährleistet. Die Deutsche Post befindet sich weiterhin in einem Prozeß der ständigen Neuorganisation, deren Abschluß noch nicht abzusehen ist. Mit Änderungen der Unternehmensstruktur muß daher gerechnet werden. Gegenwärtig ist das Postmonopol für Briefbeförderungen allerdings nur im Bereich der Massenwerbesendungen aufgebrochen, ein Großteil der Postdienstleistungen verbleibt jedoch bis Ende des Jahres 2002 im Bereich einer Exklusivlizenz der Deutschen Post. 22

Die Deutsche Post ist derzeit in eine Generaldirektion (mit Sitz in Bonn und Darmstadt), fünf Frachtdirektionen, acht Schalterdirektionen und zehn Briefdirektionen mit jeweils nachgeordneten Niederlassungen gegliedert. Jede Niederlassung ist wiederum verantwortlich für eine unterschiedliche Zahl nachgeordneter Zustellbasen, Filialen, Agenturen u. ä. Bei der Durchsetzung strafprozessualer Maßnahmen, bei denen wohl in erster Linie die Postbeschlagnahme nach § 99 StPO in Betracht kommt, ist es empfehlenswert, Kontakt mit der zuständigen Direktion aufzunehmen. Das Grundrecht aus Art. 10 Grundgesetz gilt dabei auch bei der nur noch privatrechtlich organisierten Post.

Die Auskunftserteilung bei personenbezogenen Daten, die das Kundenverhältnis betreffen, richtet sich nach der Postdienstdatenschutzverordnung in der derzeitigen Fassung vom 25. Juni 1991. Anfragen zu Einschreibe-, Wertsendungen und Nachsendeanträgen sind an die örtlichen Postniederlassungen zu richten.

Die Deutsche Post eröffnet den Ermittlungsbehörden oft unbekannte Wege. Es können nicht nur die Inhaber eines Postfaches, die Auslieferung von Postsendungen, Post- und Zahlungsanweisungen, sondern vor allen Dingen auch der Aufenthalt eines Beschuldigten festgestellt werden. Selbst wenn die Meldebehörde keine Erkenntnisse besitzt und die Auskunft „unbekannt verzogen" erteilt, kann bei der Deutschen Post ein Nachsendeantrag vorliegen, aus dem sich der nunmehrige Aufenthaltsort des Gesuchten ergibt.

2. Deutsche Postbank

Die Deutsche Postbank gliedert sich in die Postbankzentrale (Friedrich-Ebert-Allee 122–126, 53113 Bonn, Tel.: 0130/7890, Internet: http://www.postbank.de) und 14 Niederlassungen. Die Niederlassungen führen die Girokonten der Postbankkunden, die Niederlassungen Hamburg und München zusätzlich die Einlagen der Postbanksparer. Daneben besteht der Postbank-Konzern aber aus weiteren Tochterunternehemen, die z. B. auf dem Immobiliensektor oder im Kapitalanlagebereich tätig sind. 23

Auskünfte über bevollmächtigte Personen, die kein eigenes Girokonto besitzen, erteilt bundesweit die Niederlassung in 66107 Saarbrücken. Auskünfte über bestehende oder gelöschte Girokonten gibt jede kontoführende Niederlassung, wenn die Kontonummer bekannt ist; handelt es sich um eine Namensanfrage bezüglich gelöschter Konten ist für die Auskunftserteilung zentral die Niederlassung 70148 Stuttgart zuständig. Der vorletzten und drittletzten Ziffer einer Kontonummer eines Postbank-Girokontos kann die kontoführende Niederlassung entnommen werden. Diese Ziffern stimmen mit den ersten beiden Ziffern der früheren Postleitzahlen überein.

Die Postbank führt für Kunden keine Schließfächer.

Die vorhandenen Daten stehen sechs Jahre zur Verfügung.

3. Deutsche Telekom

24 Die Deutsche Telekom gliedert sich in Direktionen und Niederlassungen, die früheren Fernmeldeämter. Die Direktionen sind nach den Zuständigkeitsbereichen Vertrieb Geschäftskunden, Vertrieb Privatkunden und Technik/Netze/Dienste organisiert.

Die Aufgaben, die nach § 90 Telekommunikationsgesetz (TKG) der Regulierungsbehörde für Post und Telekommunikation in Mainz übertragen sind (siehe dazu unten 4.), nahm bisher das Bundesamt für Post und Telekommunikation (BAPT), Canisiusstr. 21, 55122 Mainz, wahr. Dort können unter Vorlage eines richterlichen Beschlusses in Standardfällen folgende Informationen eingeholt werden:

- der Name und die Anschrift des Anschlußinhabers zu einer bekannten Rufnummer,
- die Rufnummer zu bekanntem Namen und bekannter Anschrift,
- Name und Anschrift des privaten Netzanbieters oder Service-Providers.

Umfassendere Auskünfte über Telefonanschlüsse, Anrufweiterschaltungen und gespeicherte Verbindungsdaten erteilen auch die bei einigen Niederlassungen eingericheten „Vertriebsteams für Militär und Behörden mit Sicherheitsaufgaben im Großkundenmanagement (GrKM-MBS)". Die Anfragen sind von den Strafverfolgungsbehörden schriftlich oder per Telefax und unter Angabe der gesetzlichen Grundlage an das zuständige GrKM-MBS-Team zu richten. In der Regel wird auch hier ein richterlicher Beschluß als Grundlage für eine Auskunftserteilung erforderlich sein.

Die Kundendateien der Telekom AG enthalten eine Vielzahl von Angaben zu den einzelnen Vertragsverhältnissen, die grundsätzlich dem Datenschutz unterliegen. Dennoch können für Zwecke der Strafverfolgung z. B. auch Informationen über Bankverbindungen und weitere Anschlüsse des Kunden oder über frühere Kunden unter derselben Rufnummer erlangt werden.

Soweit im Rahmen des T-Online-Dienstes der Telekom elektronischer Zahlungsverkehr (PC-Homebanking) über das Telefax-Netz stattfindet, wird eine Datenspeicherung auf den Rechnern der Telekom grundsätzlich nicht vorgenommen, sondern nur auf den Rechnern der Bank, auf der das „home-banking-Girokonto" des Kunden geführt wird. Allerdings wird bei einer Zentrale im Bereich der Telekom eine sog. Leitseite aufgebaut, aus der anwählende und der angewählte Anschluß zu ersehen sind. Dort läßt sich feststellen, welcher Kunde mit welcher Bank in Verbindung getreten ist. Weitere Ermittlungen bei dieser Bank sind dann möglich.

Für die Tätigkeit der Telekom als Funknetzbetreiber ist auf den folgenden Abschnitt „Funktelefonbetreiber" zu verweisen.

4. Funktelefonbetreiber

25 Seit der Aufhebung des Fernmeldemonopols bieten neben der aus der früheren Bundespost stammenden Telekom auch andere private Netzbetreiber Funktelefonleistungen an.

Hierbei handelt es sich derzeit um folgende Mobilfunklizentnehmer:

- **C- und D1-Netz**
  DeTeMobil Deutsche Telekom Mobil Net GmbH
  Oberkasseler Straße 2
  53227 Bonn
- **D2-Netz**
  MMO Mannesmann Mobil Funk GmbH
  Am Seestern 1
  40547 Düsseldorf
- **E1- Netz**
  E-Plus Mobilfunk GmbH
  Ulmenstraße 125
  40476 Düsseldorf

- **E2-Netz**
  VIAG Interkom
  Nymphenburger Str. 37
  80335 München
- Gesellschaft für Datenfunk mbH
  Montebruchstr. 2
  45219 Essen

Dazu kommen noch eine Anzahl Funkruflizenznehmer, Bündelfunklizenznehmer und Lizenznehmer Satellitenfunk.

§ 90 Abs. 1 des Telekommunikationsgesetzes (TKG) vom 25. Juli 1996 verpflichtet ab dem 1. August 1996 jeden Anbieter von Telekommunikationsleistungen, Kundendateien zu führen, in die unverzüglich die Rufnummern und Rufnummernkontigente, die zur weiteren Vermarktung oder Nutzung an andere vergeben werden, sowie Name und Anschrift der Inhaber von Rufnummern und Rufnummernkontingenten aufzunehmen sind. Zur Vermeidung von Interessenkonflikten sollen die Daten zukünftig von den Sicherheitsbehörden nicht – wie bisher – direkt bei den Verpflichteten abgefragt werden. Die aktuellen Kundendateien sind vielmehr in der Form verfügbar zu halten, daß die Regulierungsbehörde für Telekommunikation und Post, Canisiusstr. 21, 55122 Mainz, einzelne Daten oder Datensätze in einem von ihr automatisierten Verfahren abrufen kann. Die Verpflichteten haben durch technische und organisatorische Maßnahmen sicherzustellen, daß ihnen Abrufe nicht zur Kenntnis gelangen können. Auskünfte aus den Kundendateien werden von dieser Behörde auf Anfrage jederzeit unentgeltlich erteilt

- an Gerichte, Staatsanwaltschaften und sonstige Strafverfolgungsbehörden,
- an Polizeibehörden für Zwecke der Gefahrenabwehr,
- an Zollfahndungsämter für Zwecke eines Strafverfahrens sowie an das Zollkriminalamt zur Vorbereitung und Durchführung von Maßnahmen nach § 39 AWG,
- an Nachrichtendienste zur Erfüllung ihrer gesetzlichen Aufgaben.

Dabei prüft die Regulierungsbehörde die Zulässigkeit der Übermittlung nur, wenn hierzu ein besonderer Anlaß besteht. Die Verantwortung für die Zulässigkeit der Übermittlung trägt die abrufende Behörde. Für den Verfahrensablauf werden standardisierte Regelungen ergehen, die einen zügigen Arbeitsablauf sicherstellen sollen. Telefonische Anfragen werden aber aus Sicherheitsgründen von der Regulierungsbehörde nicht angenommen werden.

Somit sollen Standardfälle von Auskunftsersuchen (Zuordnung einer Rufnummer zu Name und Anschrift des Anschlußinhabers und umgekehrt) über die Regulierungsbehörde erfolgen. Deren Aufgaben werden bislang vom Bundesamt für Post und Telekommunikation (BAPT) wahrgenommen (siehe oben 3.), das aber die technischen und organisatorischen Voraussetzungen für das automatisierte Abfrageverfahren noch nicht geschaffen hat. Dies soll jedoch während des Jahres 1999 erfolgen. Vorerst sind noch sämtliche Anfragen an den Funktelefonbetreiber direkt zu richten.

Ersuchen bezüglich der Durchführung von Telefonüberwachungsmaßnahmen (§ 100 a StPO) müssen unter Vorlage eines richterlichen Beschlusses an den jeweiligen Anbieter direkt gerichtet werden.

Wichtig für den Staatsanwalt ist, daß manche Verbindungsdaten nur bis zum Rechnungsversand gespeichert werden.

Nach wie vor bestehen aber bei der Überwachung der Mobilfunknetze Schwierigkeiten, die einer raschen Lösung bedürfen. So schafft der Vertrieb von Telefonkarten ohne Identifizierungsmöglichkeit der Nutzer (sog. Prepaid-Karten) einen praktisch abhörsicheren Bereich. Überwachungsmaßnahmen nach § 100 b StPO müssen gerätenummernbezogen durchgeführt werden können, da Straftäter zunehmend für ein Gerät mehrere Telefonkarten und damit mehrere Rufnummern verwenden. Seitens der Rechtsprechung sollte schließlich klargestellt werden, daß sich die Übermittlung von Verbindungsdaten nach § 12 Fernmeldeanlagengesetz nicht nur auf in der Vergangenheit liegende Vorgänge, sondern auch auf einen bestimmten Zeitraum in der Zukunft erstrecken kann (so LG Frankfurt/M., Beschluß vom 26. Januar 1998, Az.: 5/12 Qs 4/98).

5. Deutsche Bahn AG

26 Die Bahnpolizei und der Fahndungsdienst der Bundesbahn sind mittlerweile voll in den Bundesgrenzschutz integriert. Die Organisation der früheren Bundesbahn ist durch die vorgenommene Privatisierung unübersichtlich geworden.

Informationen über den Lauf bzw. Verbleib von Güterwagen oder Containern sind zweckmäßigerweise über die zuständigen Grenzschutz- und Bahnpolizeiämter zu erlangen. Die Ermittlungsgruppen der Bahnpolizeiwachen sind zuständig für die Verfolgung von bestimmten, auf Bahngebiet begangenen Straftaten, wie Diebstahl, Unterschlagung, Betrug u. a.

Auskünfte über aufgefundene Schließfachschlüssel und über den Standort der dazugehörenden Schließfächer der Deutschen Bahn AG erteilt für den gesamten Bahnbereich die Deutsche Bahn AG, Schließfachzentralwerkstatt, Alter Wetzlarer Weg 74, 35392 Gießen.

6. Sonstige Organe der freiwilligen Selbsthilfe

27 Die Wirtschaft hat zum eigenen Schutz Organe geschaffen, die ihrer wirtschaftlichen Sicherung, aber auch zur Abschirmung und Vorbeugung gegen wirtschaftsschädliches Verhalten dienen. Sie erteilen ihren Mitgliedern Auskünfte darüber, ob eine bestimmte Person oder Firma bei der Abwicklung von Waren- und Zahlungsgeschäften kreditwürdig ist. Nur selten schalten sie unmittelbar die Strafverfolgungsbehörden ein. Sie stellen aber ihren Mitgliedern und auf besondere Anfrage auch staatlichen Verfolgungsorganen ihre Unterlagen und ihr Wissen zur Verfügung. Soweit in Einzelfällen unter Berufung auf die Datenschutzbestimmungen Auskünfte gegenüber der Staatsanwaltschaft verweigert wurden, konnten derartige Schwierigkeiten entweder durch Anrufung der Gerichte oder durch sinnvolle Kontaktaufnahme ausgeräumt werden. Die Gewährsleute spielen bei derartigen Auskunfteien eine besondere Rolle. Hierauf sollte der Staatsanwalt achten und die gebotene Rücksicht auf Vertraulichkeit nehmen. Eine Aufzählung aller Institutionen ist nicht möglich und muß einer beispielhaften Benennung Platz machen:

a) Zentrale zur Bekämpfung unlauteren Wettbewerbs e.V.

Landgrafenstraße 24 b, 61348 Bad Homburg
Tel.: 0 6172/12150

28 Die Wettbewerbszentrale ist die größte und eine der ältesten Einrichtungen zur Bekämpfung unlauteren Wettbewerbs (Gründung 1912 in Berlin). Sie hat mehr als tausend Mitglieder, darunter alle Industrie- und Handelskammern, Handwerkskammern, zahlreiche weitere Wirtschaftsorganisationen und Firmen aus allen Wirtschaftsbereichen und Regionen. Zweigstellen befinden sich in Berlin, Dortmund, Dresden, Essen, Hamburg, Hannover, München und Stuttgart.

Der Satzungszweck der Wettbewerbszentrale sieht u. a. die Bekämpfung unlauteren Wettbewerbs im Zusammenwirken mit den zuständigen Stellen der Rechtspflege vor. Sie erstattet auch entsprechende Gutachten. Daneben sind Zivilprozesse und Strafanzeigen als Instrumente der Bekämpfung unlauteren Wettbewerbs vorgesehen. Selbst Mitgliedsunternehmen werden eingehend überwacht, wobei die Wettbewerbszentrale aber grundsätzlich nur auf Beschwerden von Mitgliedern und Außenstehenden tätig wird. Bei der Wettbewerbszentrale handelt es sich um keinen bloßen Abmahnverein. Nach der Rechtsprechung des Bundesgerichtshofs besitzt die Zentrale uneingeschränkte Prozeßführungsbefugnis für alle Branchen und Regionen.

Bei allen Wettbewerbsverstößen und den Fällen der strafbaren Werbung kann der Staatsanwalt hier sachkundigen Rat erlangen. Besondere Sachkenntnis ist auf den Gebieten der unzulässigen Sonderveranstaltungen und Räumungsverkäufe, der Veranstaltung von unerlaubten Gewinnspielen, der wettbwerbswidrigen Blickfangwerbung, der unseriösen Heilmittelwerbung und bei Verstößen gegen das Rabattgesetz und die Zugabeverordnung vorhanden. In neuerer Zeit hat sich die Wettbewerbszentrale auch mit Fragen des Tourismus- und Reiserechts, des Architekten- und Ingenieurwesens sowie mit der Augenoptikerbranche beschäftigt.

b) Deutscher Schutzverband gegen Wirtschaftskriminalität e.V. (DSW)

Landgrafenstraße 24 b, 61348 Bad Homburg
Tel.: 06172/12150

Der Schutzverband geht zurück auf den Verein gegen das Bestechungsunwesen e.V. 29
in Bonn. Dieser Verein verlegte seinen Sitz unter dem Namen „Verein gegen Bestechung und Wirtschaftskriminalität" nach Frankfurt/Main und ging dort im Jahr 1977 eine Fusion mit der „Deutschen Zentralstelle zur Bekämpfung der Schwindelfirmen" in Hamburg ein. Seither trägt der Verein den Namen „Deutscher Schutzverband gegen Wirtschaftskriminalität". Der Verein wird in Bürogemeinschaft und Personalunion mit der Zentrale zur Bekämpfung unlauteren Wettbewerbs e.V. (siehe oben 6.) geführt. Er unterstützt „WIK – Zeitschrift für Wirtschaft, Kriminalität und Sicherheit".

Mitglieder des DSW sind – ähnlich wie bei der Zentrale zur Bekämpfung unlauteren Wettbewerbs – etwa 100 Körperschaften des öffentlichen Rechts, Verbände und auch namhafte Firmen. Er befaßt sich vorrangig mit der Bekämpfung der Wirtschaftskriminalität in allen ihren Erscheinungsformen, insbesondere mit dem Bestechungs- und Schmiergeldunwesen, der strafbaren Werbung und dem Kreditschwindel. Die Zusammenarbeit mit den Organen der Rechtspflege ist dabei gewährleistet.

Für die Strafverfolgungsbehörden sind aber die Vorbeugungsmaßnahmen des DSW von Bedeutung. Ein vorläufiges oder endgültiges Berufsverbot kann gegenüber Wirtschaftsverbrechern erst nach Abschluß der sich oft jahrelang hinziehenden Ermittlungen oder des Strafverfahrens erreicht werden. Mobile Schwindelfirmen setzen aber erfahrungsgemäß ihre kriminellen Aktivitäten bis zur strafgerichtlichen Entscheidung fort. Erlangt der DSW in geeigneter Weise durch Rückfragen der Staatsanwaltschaft Kenntnis von den Gesetzesverstößen, macht er zivilrechtlich den Unterlassungsanspruch (§ 13 UWG) gegen die Beschuldigten oder deren Firmen geltend. Auch der DSW ist nach der Rechtsprechung des Bundesgerichtshofs uneingeschränkt klagebefugt.

Aber nicht nur zu diesen Präventivmaßnahmen kann der DSW veranlaßt werden, er erstellt auch Gutachten zur Frage der strafbaren Werbung gem. § 4 UWG. Zu seinen Spezialgebieten zählen Schneeballsysteme, Warenterminverkäufe, der Adreßbuch- und Anzeigenschwindel, das Abmahnunwesen sowie Nebenverdienst- und Gewinnspielwerbung. Der Staatsanwalt kann sich über den Warnungsdienst und die vom DSW gesammelten Daten sonstige Erkenntnisquellen eröffnen. Beachtenswert ist dabei, daß eigene Vorgänge 30 Jahre lang aufbewahrt werden.

Im übrigen kann es geboten sein, zur Aufklärung unlauterer Wettbewerbsmethoden die in Nr. 260 c RiStBV bezeichneten weiteren Schutzvereine zu konsultieren.

c) Verbraucherschutzverein e.V.

Bayreuther Str. 41, 10787 Berlin
Tel.: 030/2148740

Der Verbraucherschutzverein wurde 1966 von den Verbraucherzentralen der Bundes- 30
länder und der Arbeitsgemeinschaft der Verbraucherverbände gegründet. Diese sind auch heute noch Mitglieder des Vereins, wie z. B. auch die Stiftung Warentest. Finanziert wird

die Arbeit durch das Bundeswirtschaftsministerium im Wege sogenannter institutioneller Förderung. Der Verein untersteht dadurch der Kontrolle des Bundesrechnungshofes.

Bereits die Zusammensetzung der Mitglieder verdeutlicht die Aufgaben und die möglichen Wirkungsbereiche. Der Verein leistet nicht nur den Ermittlungsbehörden, sondern vor allem unmittelbar dem Verbraucher bedeutsame Hilfe. Hierfür sind eine Beratungs-, eine UWG- und eine AGB-Abteilung vorhanden. Diese betreiben sowohl Verbraucheraufklärung und Information, leiten aber auch gerichtliche Maßnahmen ein, insbesondere auch dann, wenn unzulässige Allgemeine Geschäftsbedingungen gegenüber Nichtkaufleuten verwendet und empfohlen werden.

Zu den Schwerpunkten der Tätigkeit des Verbraucherschutzvereins gehören im Bereich des unlauteren Wettbewerbs die Gesundheits-, Lebensmittel- und Ökowerbung sowie die Werbung für Finanzdienstleistungen. In neuerer Zeit wurden gerichtliche Entscheidungen auf den Gebieten der Gewinnspiel-, Reise- und Testwerbung herbeigeführt.

d) Verband der Vereine Creditreform e.V.

Hellersbergstraße 12, 41460 Neuss
Tel.: 02131/109171
Internet: http://www.creditreform.de

31 Der „Verein Creditreform zum Schutze gegen schädliches Creditgeben" wurde 1879 in Mainz mit dem Ziel gegründet, Mitglieder vor Forderungsausfällen zu schützen. Creditreform ist heute eine der europaweit führenden Unternehmensgruppen für Firmeninformationen und andere Dienstleistungen, wie z. B. Forderungsinkasso. Mitglieder sind sowohl kleine und mittelständische Unternehmen aus allen Branchen als auch Großunternehmen. Die Mitgliederzahl hat die Grenze von 130 000 überschritten. In allen größeren Städten bestehen Niederlassungen. Auskünfte sind über 2,5 Millionen deutsche Unternehmen und über 16 Millionen Unternehmen weltweit zu erlangen, wobei in letzterem Fall Firmen in Westeuropa im Vordergrund stehen. In eingeschränkter Form können auch Informationen über Firmen in Mittel- und Osteuropa erhalten werden.

Bei der Creditreform werden Informationen über insolvente deutsche Schuldner in einer zentralen Datenbank in Neuss gespeichert. Von dort können sie anhand der verschiedensten Kriterien ausgewertet und abgerufen werden. Die Daten selbst stammen aus allgemein zugänglichen Quellen, wie den öffentlichen Registern und Schuldnerverzeichnissen der Amtsgerichte oder veröffentlichten Bilanzen und Geschäftsberichten. So werden ca. 40 000 Jahresabschlüsse für etwa 11 000 deutsche Unternehmen vorrätig gehalten. Auskünfte werden jedoch auch über die wirtschaftlichen Verhältnisse von Privatpersonen erteilt. Auf die Datenbanken können Mitglieder und Kunden im online-Verfahren jederzeit zugreifen.

e) Vereinigung der Deutschen Schutzgemeinschaften für allgemeine Kreditsicherung e.V. (Bundes-Schufa)

Kronprinzenstr. 28, 65185 Wiesbaden
Tel.: 0611/395980

32 Die Schufa ist eine Gemeinschaftseinrichtung von Wirtschaftsunternehmen, die ihren Kunden Geld- oder Warenkredite einräumen. Sie speichert die Daten von Privatpersonen, die ihr von Kreditinstituten, Kreditkartengesellschaften, Leasinggesellschaften, Einzelhandels- und Versandhausunternehmen, Telekommunikationsanbietern und sonstigen Unternehmen übermittelt werden, die selbst gewerbsmäßig Geld oder Warenkredite an die Verbraucher geben. Außerdem wertet die Schufa die bei den Amtsgerichten geführten Schuldnerverzeichnisse aus. Sie hat die Aufgabe, den ihr angeschlossenen Unternehmen Informationen zur Beurteilung der Kreditwürdigkeit ihrer Kunden zu übermitteln und diese damit vor Verlusten im Kreditgeschäft mit ihren Kunden zu schützen.

In Deutschland gibt es acht regional tätige, selbständige Schufa-Gesellschaften. Diese haben sich zur Bundes-Schufa zusammengeschlossen, welche die Aufgaben und die Arbeitsweise der Mitglieder koordiniert.

f) PRO HONORE, Verein für Treu und Glauben im Geschäftsleben e.V.

Beim Strohhause 34, 20097 Hamburg
Tel.: 040/2509234

PRO HONORE bekämpft wirtschaftskriminelles Verhalten in jeder Form, ist aber auf wettbewerbsrechtliche Fragen (UWG, RabattG, ZugabeVO, HeilmittelwerbeG, LMBG, KosmetikVO, ArzneimittelG, MarkenG) spezialisiert. Neben zivilrechtlichen Maßnahmen werden auch Verwaltungsstellen eingeschaltet und strafrechtliche Ermittlungen veranlaßt. Mitglieder des Vereins sind hauptsächlich Gewerbetreibende, aber auch Verbände wie Kammern und Innungen. Der Mitgliederschwerpunkt liegt in Norddeutschland. PRO HONORE wurde 1925 ins Leben gerufen, um für die Hamburger Bevölkerung, insbesondere die Handel- und Gewerbetreibenden, eine Vertrauensstelle mit dem Ziel zu schaffen, Mißbräuche und Unsitten zu bekämpfen, die der kaufmännischen Ehre widersprechen. 1979 wurden dann auch die Aufgaben der aufgelösten Deutschen Zentralstelle zur Bekämpfung der Schwindelfirmen (DZBS) übernommen. 33

Die Tätigkeit des Vereins umfaßt u. a. die Auskunftserteilung über die Seriosität von Personen und Firmen und die Information der Öffentlichkeit über wirtschaftskriminelles Verhalten durch vereinseigene Publikationsorgane (z. B. durch den seit 1928 herausgegebenen „Warnungsdienst" und neuerdings durch den „Urteilsdienst"). Weiterhin wird „WIK – Zeitschrift für Wirtschaft, Kriminalität und Sicherheit" unterstützt. In strafrechtlicher Hinsicht stehen die Verfolgung von unlauterem Wettbewerb, Kreditbetrug und Bestechung im Vordergrund. Außerdem wird ein Archiv unterhalten, das Akten, Geschäftsberichte, Presseausschnitte und Urteile zum Themenkomplex Wirtschaftskriminalität enthält. Das Archiv ist berechtigten Interessenten nach Anmeldung zugänglich.

IV. Internationale Organisationen

Die politische, wirtschaftliche und technische Entwicklung des ausgehenden 20. Jahrhunderts erfordert zwingend Kenntnisse der Strafverfolgungsbehörden über die Möglichkeiten und Grenzen von Ermittlungshandlungen im Ausland. Die bislang bestehenden Regelungen über die internationale Rechtshilfe sind nicht ausreichend, um rasch und effektiv handeln zu können. Dabei stellt sich auch die Frage, ob die vorhandenen nationalen Organisationen den Anforderungen gewachsen sind, die Ermittlungen in verschiedenen europäischen Ländern oder gar weltweit erfordern. Insbesondere auf europäischer Ebene wird im Zuge der fortschreitenden Einigung darüber nachgedacht, zentrale Polizeieinheiten, Staatsanwaltschaften und Gerichte zu schaffen, die nicht nur Verstöße gegen Gemeinschaftsrecht, sondern auch grenzüberschreitende Schwer- und Wirtschaftskriminalität verfolgen und ahnden können. 34

In den letzten Jahren hat die Europäische Union bereits organisatorische Maßnahmen zur Bekämpfung der Kriminalität eingeleitet. An diese Institutionen können sich aber auch die deutschen Ermittlungsbehörden wenden, soweit im Einzelfall ein Auslandsbezug erkennbar wird.

1. Direktion des Generalsekretärs der Europäischen Kommission (UCLAF)

Internet: http://europa.eu.int/pol/uclaf/de

35 Schon frühzeitig erkannten die Organe der Europäischen Union, daß diese durch betrügerische Machenschaften jährlich um Milliarden DM geschädigt wird. Obwohl die Betrugsbekämpfung zwar grundsätzlich Aufgabe der einzelnen Mitgliedsstaaten ist, müssen diese nach Artikel 209a des Maastricher Vertrags zur Bekämpfung von Betrug zum Nachteil der Gemeinschaft aber die gleichen Maßnahmen ergreifen, die sie auch bei der Bekämpfung von Betrug zu ihrem eigenen Nachteil anwenden. Um dies sicherzustellen, sollte daher eine Stelle geschaffen werden, deren Aufgabe es war, die Maßnahmen der Mitgliedstaaten zur Betrugsbekämpfung zum Nachteil der Gemeinschaft zu koordinieren. Hierzu wurde im Jahr 1988 die Direktion „Unite de Coordination de la Lutte Anti Fraude" (UCLAF) auf Empfehlung der Europäischen Kommission ins Leben gerufen.

Im einzelnen umfaßt der Aufgabenbereich der Direktion UCLAF die Ermittlungen in den Fällen, in denen Betrug zum Nachteil der Gemeinschaft vermutet wird. Ziel der Ermittlungen ist es, die geschuldeten Beträge festzustellen und das Beweismaterial für eine Strafverfolgung in den Mitgliedstaaten aufzubereiten. Dabei kann UCLAF sowohl eigene Ermittlungen anstellen als auch die Ermittlungsbehörden der Mitgliedstaaten auffordern, selbst tätig zu werden. Eigene Ermittlungen sind in der Regel dann erforderlich, wenn solche von mehreren Mitgliedstaaten ohne Koordinierung nicht wirksam durchgeführt werden können oder wenn Beweismaterial von außerhalb der Gemeinschaft beschafft werden muß. Besonders eng arbeitet UCLAF mit den zuständigen Generaldirektionen für Zoll und Landwirtschaft zusammen, mit denen ein Datenverbund besteht. Eigene strafrechtliche Ermittlungsbefugnisse mit Eingriffscharakter wie Festnahme, Durchsuchung, Beschlagnahme oder Vernehmung besitzt UCLAF jedoch nicht. Insoweit müssen die Behörden der Mitgliedsländer tätig werden.

Daneben beschäftigt sich UCLAF mit der Sammlung, Erfassung und Analyse von Informationen, zu deren Auswertung die Datenbank PRE-IRENE eingerichtet wurde. In dieser sind alle mutmaßlichen Betrugsfälle, in denen ermittelt oder die von den Mitgliedstaaten gemeldet wurden, gespeichert. Aufgrund der gewonnenen Erkenntnisse kann UCLAF die mit diesen Sachverhalten befaßten Beamten der Mitgliedstaaten in Seminaren darauf hinweisen, in besonders betrugsanfälligen Bereichen Überprüfungen und Kontrollen durchzuführen. An diesen Seminaren können auch Staatsanwälte und Richter teilnehmen.

Im übrigen sind die Mitgliedstaaten gem. Artikel 209a Abs. 2 des Maastricher Vertrags verpflichtet, mit Unterstützung der UCLAF für eine enge und regelmäßige Zusammenarbeit zwischen den zuständigen Dienststellen ihrer Behörden zu sorgen. Es finden daher häufig Sitzungen zwischen UCLAF-Ermittlern und Vertretern der nationalen Ermittlungsbehörden aus dem Zoll-, Steuer- und Agrarbereich statt, auf denen Betrugsbekämpfungsmaßnahmen beschlossen und koordiniert werden.

Um die Betrugsbekämpfung auf europäischer Ebene intensivieren zu können, bedarf es einer Vereinheitlichung des nationalen Strafrechts der Mitgliedstaaten auf diesem Gebiet. Weiter muß die rechtliche Möglichkeit von unangekündigten Kontrollen in allen Mitgliedstaaten geschaffen werden. Die Bestechung von Beamten der Europäischen Union und das Waschen von Gewinnen aus Betrug zum Nachteil der Gemeinschaft muß einheitlich unter Strafe gestellt werden. Zur Verwirklichung dieser Ziele hat UCLAF wichtige Vorarbeit geleistet. Die Europäische Kommission wird auch in Zukunft die Mitgliedstaaten bei der Bekämpfung von Betrug, Korruption und Geldwäsche unterstützen. Effektive Verbrechensbekämpfung wird im europäischen Bereich aber nur dann möglich sein, wenn die Zusammenarbeit der Justizbehörden vereinfacht wird.

Aufgrund der von der Europäischen Kommission beschlossenen Richtlinie vom 18. November 1997 für ein effizientes Finanz- und Verwaltungsmanagement sind die

Handlungsmöglichkeiten der UCLAF gestärkt worden. Die UCLAF soll in eine direkt dem Generalsekretariat der Kommission unterstellte Task Force „Koordinierung der Betrugsbekämpfung" (OLAF) umgewandelt werden, deren Zuständigkeits- und Aufgabenbereich aber gleich bleiben soll.

2. Europol

PO Box 90850 NL-2509 LW Den Haag
Tel.: 0031/70/3025302
Internet: http://www.europol.eu.int

Die Einrichtung des Europäischen Polizeiamtes (Europol) wurde im Maastricher Vertrag über die Europäische Union vom 7. Februar 1992 in dem Bestreben beschlossen, eine Zusammenarbeit der nationalen Polizei-, Justiz- und Zollbehörden bei der Bekämpfung der organisierten Kriminalität, insbesondere im Bereich des Drogen- und Menschenhandels herbeizuführen. Als Vorläufer von Europol wurde 1993 die Europol-Drogenstelle (EDS) eingerichtet, die am 3. Januar 1994 in Den Haag ihre Arbeit aufnahm. Aufgrund des Europol-Übereinkommens wurde schließlich durch Rechtsakt vom 26. Juli 1995 Europol ebenfalls mit Sitz in Den Haag errichtet. Die Bundesrepublik Deutschland hat der Errichtung mit dem Europol-Gesetz vom 16. Dezember 1997 zugestimmt. Das Übereinkommen ist am 1. Oktober 1998 in Kraft getreten. Ab dem 1. Juli 1999 arbeitet Europol im Echtbetrieb. 36

Jeder Mitgliedstaat besitzt eine Verbindungsstelle, die den Kontakt zwischen Europol und den nationalen Behörden herstellt. In Deutschland ist hiermit das Bundeskriminalamt beauftragt worden. In Eilfällen dürfen sich auch die Landeskriminalämter direkt an Europol wenden. Jeder Staat entsendet mindestens einen Verbindungsbeamten zu Europol, der die nationalen Interessen wahrnimmt. Zur Erfüllung seiner Aufgaben kann Europol auf die einschlägigen Datensammlungen der Mitgliedstaaten zugreifen. Bereits jetzt gewährleisten die Verbindungsbeamten zusammen mit Intelligence-Beamten, Analytikern und anderen Fachleuten einen schnellen, mehrsprachigen und allumfassenden Service rund um die Uhr.

Europol soll über ein Informatiknetz Daten sammeln und deren Austausch ermöglichen und so die zuständigen Polizeibehörden der Mitgliedstaaten bei der Verhütung und Bekämpfung von Rauschgifthandel, Nuklearschmuggel, organisierten Schleusungen, Menschenhandel, organisiertem Kraftfahrzeugdiebstahl und Geldwäsche, soweit ein Zusammenhang mit den vorerwähnten Straftaten besteht, unterstützen. Voraussetzung ist dabei das kriminelle Handeln einer Organisation in mindestens zwei Mitgliedstaaten. Eine Erweiterung der Zuständigkeit auf terroristische Straftaten ist vorgesehen. Weitere schwerwiegende Formen der internationalen Kriminalität können durch einstimmigen Ratsbeschluß in den Zuständigkeitsbereich einbezogen werden. Es bleibt zu hoffen, daß ab dem Jahr 2000 die vorgesehene Mandatserweiterung auf die organisierte Wirtschaftskriminalität stattfinden wird.

Hoheitliche Befugnisse sind Europol nicht eingeräumt. Ob seine Beamten weitgehende Immunität genießen sollen, ist derzeit noch streitig. Das Europol-Immunitätenprotokollgesetz vom 19. Mai 1998 besagt allerdings, daß die Bundesrepublik Deutschland der Immunität von Europol-Bediensteten zustimmt. Europol soll in der Zukunft nach Artikel 30 des Amsterdamer Vertrags verstärkt operativ tätig werden. Hierbei sind auch multinationale Ermittlungseinheiten im Gespräch. In diesem Zusammenhang sollte auch über die Einrichtung einer europäischen Staatsanwaltschaft nachgedacht werden.

Sachverzeichnis

Fette Zahlen = Kapitel, magere Zahlen = Randnummern

Abbuchungsermächtigung 3 89
Abbuchungsverfahren
– Mißbrauch des **3** 94 ff.
Abdeckrechnungen 17 195, 206
Abfall
– 2. UKG **8** 67
– Basler Übereinkommen **8** 66
– Begriff **8** 86
Abfallrecht 9 218
Abfalltourismus 1 77, **8** 66 f.
Abgabebetrug
– s. Schweiz
Abgabenhinterziehung 6 6, 14
Abgabenüberhebung 9 107
Abgeordnete
– Amtsträger international **12** 51
Abgeordnetenbestechung 12 102
abhängiges Beschäftigungsverhältnis 17 69
Abkommen von Neapel 9 278
Ablehnung
– des Beweisantrags **20** 69 ff.
Ablehnungsbeschluß 20 65 ff.
– Form und Bedeutung **20** 65
– Inhalt und Abfassung **20** 65 f.
– Revision **20** 68 f.
– Zeitpunkt **20** 67
Abmahnungen 13 97 ff.
Abmahnvereine 13 99 ff.
Abräumfunktion 4 34
Abrechnungsbetrug 11 5 ff.
Abrechnungsmodalitäten 17 32
Abrechnungsphase
– Vergabe **12** 27
Abschiebungskosten 17 85
Abschluß eines Vertrages 9 188, 190
Abschluß fingierter Arbeitsverträge 17 171
Abschlußbilanz 2 316
Abschlußvermittlung 4 21, 45
Abschöpfungen 9 2, 65, 106, 108, 115 f., 135, 137, 272
Abschöpfungshinterziehung 6 14
Absprachen bei Ausschreibungen
– zwischen Wettbewerbern
– – s. Wettbewerbsbeschränkungen; Kartell
– s. Submissionsabsprachen
Absprachen im Strafprozeß 1 26 f., 111
abstrakte Anhaltspunkte 9 42
abstraktes Gefährdungsdelikt 1 2, 86, **9** 164
– Kapitalanlagebetrug **1** 66
– Kreditbetrug **1** 59
– Subventionsbetrug **1** 56
– Wettbewerbsbeschränkende Absprachen **1** 75
Abwendungsbefugnis 2 561
Abwickler 2 170, 229 ff., 260, 425
– s. a. Liquidator
Abwicklungseröffnungsbilanz 2 316
Abzugsverfahren
– nach § 50 a EStG **17** 186, 206
– bei Umsatzsteuer **17** 192
Abzweigung von Grundstoffen 9 240, 249
Ad hoc Mitteilungen 4 57, 73
Ad hoc Publizität 1 114, **22** 4
Ad hoc Publizitätspflicht 4 66, 70 ff., 78
administrative Untersuchungen 9 287
Adreßbuchschwindel 13 82 ff.
AFIS 9 268
Agrarmarkt 8 111 ff.
– Ausfuhrerstattungen **8** 111
– Beihilfen **8** 112
– Einfuhrzölle **8** 111
– MOG **8** 111
Agrarzölle 9 115, 135, 137
Ahndbarkeit von juristischen Personen 15 84, 92 ff.
Akkreditive 3 139
Akteneinsicht 21 42 ff., 84, 91
– im Rechtshilfebereich **19** 20, 125
Aktenvollständigkeit 21 43
Aktive Veredelung im Zollverfahren 9 80, 87
Aktives Nationalitäts-/Personalitätsprinzip 6 40 f.
allgemeine Erfahrung
– als Anhaltspunkt für Ermittlungsaufnahme **9** 42 f.
Allgemeinkundigkeit 20 77
Allzuständigkeit des Geschäftsführers 2 179, 419, 434
Altzahngold 11 84
Amsterdamer Vertrag 8 7, 41
Amt für Betrugsbekämpfung 9 287
Amtlicher Handel 4 9 ff., 79
Amtsgeheimnis 9 56, 253
Amtshilfe 9 261, 266, 274, 276, 278, 280, 282, 288 f.
– durch Auslandsvertretungen **19** 32, 92, 176, 180 f.
– internationale **17** 209, 213
– Korruption **12** 112 ff.
– zwischen Steuer- bzw. Zollbehörden **19** 16
– im Steuerstrafverfahren **10** 170 ff.

amtshilfefester Schutz 9 254
Amtshilfepflicht 9 270
Amtsniederlegung des Geschäftsführers 2 181 ff.
Amtsträger 3 29, 32, **12** 35 ff.
– ausländische Abgeordnete als – **12** 51
– ausländische Amtsträger **12** 50
– Bauingenieur als – **12** 36
– Bestellungsakt **12** 38
– Daseinsvorsorge **12** 44
– Eingliederung **12** 40, 46 f.
– EU-Gemeinschaftsbeamte als – **12** 49
– EU-Kommissionsmitglieder als – **12** 49
– EU-Mitgliedsstaaten **12** 49
– Europa **12** 48 ff.
– Flughafen Frankfurt **12** 47
– funktionaler Begriff **12** 37
– Inhaberaufsicht **12** 46 f.
– IntBestG **12** 50
– internationale Parlamentarier als – **12** 51
– Leistungsverwaltung **12** 44
– Organisationsprivatisierung **12** 46
– organisatorischer Begriff **12** 39
– private Helfer **12** 36
– privatisierte öffentliche Aufgaben **12** 43–47
– sonstige Stellen **12** 41 ff.
– Verpflichtung **12** 36
– Zusammenfassung **12** 42
Analogieverbot 1 89, **15** 30
Anbieter 18 161 ff.
Anfangsverdacht 4 75, **9** 14, 16 f., 21, 24, 26 ff., 41, 45, 49 f., 225, 237, 247, **21** 73
Anfüttern
– Korruption **12** 52
Angestelltenbestechung
– Strafantrag **12** 78 f.
– Unrechtsvereinbarung **12** 73
Angestelltenbestechung, § 299 StGB 12 72 ff.
– künftige Leistungen **12** 74
– Täter **12** 75 ff.
– unlautere Bevorzugung **12** 76
Anhörungsverfahren 15 168
Anlagevermittlung 4 21, 45
Anlaßkontrolle 9 30
anlaßlose Kontrolle 9 30
Anmeldung 17 99, 114
– ordnungsgemäße **15** 24
Annahme von Geschenken 12 10
– Länderregelungen **12** 13
anonymer Schaden 9 16
Anonymität der Wirtschaftsdelikte 1 19
Anordnung der Beweisaufnahme 20 64
– nach § 257 a StPO **20** 13 ff.
Ansässigkeit 17 192
Anschlußklausel 15 77
Anschreibeverfahren 9 81
Antragsberechtigung 20 10
– Ausschluß der **20** 11 f.
– Mißbrauch der **20** 11 f.
Antragsfrist
– s. Insolvenzantragsfrist
Antragspflicht
– s. Insolvenzantragspflicht
Antragstellung
– verspätete **20** 16
– Zeitpunkt der – **20** 16
Anwendungsvorrang des Gemeinschaftsrechts 8 74
Anwerbestoppausnahmeverordnung 17 64
Anwerbung 17 60, 70
Anwesenheitsrecht
– s. Teilnahmerecht
Anzeigen 9 15
Anzeigenschwindel 13 82 ff.
Anzeigepflicht 17 9, 18, 21, 47, 212
– Korruption **12** 105
– der Krankenkasse **11** 59
Apotheke 11 87 ff.
Approbation 11 63 ff.
Äquivalenzverhältnis
– Korruption **12** 56
Arbeit 22 12
Arbeitgeber 17 15
– Haftung **17** 198 ff.
– inländischer **17** 200, 206
– Steuerpflichten **17** 198 ff.
Arbeitgeberfiktion 17 22
Arbeitnehmer, ausländischer 17 181
– Steuerpflicht **17** 187
– Strafbarkeit **17** 206
Arbeitnehmerüberlassung 17 1, 172, **22** 7
Arbeitnehmerüberlassung, illegale
– Beteiligte **17** 182
– und Ertragsteuern **17** 189
– und Lohnsteuer **17** 201 f.
– und Steuerhinterziehung **17** 206
– und Umsatzsteuer **17** 194 ff.
Arbeitnehmerverleih
– s. Arbeitnehmerüberlassung
Arbeits-, Ausbildungsstellenvermittlung 17 7
Arbeitsbedingungen, ausbeuterische 17 41, 46, 60, 71, 76, 89
Arbeitsberechtigung 17 59, 62
Arbeitsentgelt 17 24
Arbeitserlaubnis 9 31, **17** 6, 59
Arbeitsgemeinschaft 17 13, 20
Arbeitsgenehmigung
– Ausnahmen von – **17** 39, 46, 59, 63, 74 f., 89
Arbeitsgenehmigungsdatei 17 88
Arbeitsgenehmigungsverordnung 17 60
Arbeitslosengeld 17 152
Arbeitslosenhilfe 17 153, 164
Arbeitslosenquote 17 67
Arbeitsmarkt
– Lage und Entwicklung **17** 60
Arbeitsplatzschwindel 13 6 ff.
Arbeitsvermittlung 17 60

Arbeitsverträge (befristete) 17 10
Arbeitszeitgesetz 17 127
Artenschutz 9 209, 211
AR-Vorgang 2 494
Arzneimittel 9 243, **13** 36, 67 ff.
– reimportierte – **11** 97
Arzneimittelgesetz 11 108
Arzt im Praktikum 11 14
Arzthelferin 11 57 f.
ärztliches Assistenzpersonal 11 10
Assimilierungsprinzip 8 42, 70 ff.
– Assimilationsklauseln **8** 128
Assoziierungsabkommen der EG 8 11
ATA-Übereinkommen 9 99
Atomwaffen 9 182, 183, 186, 187, 191, 192, 195
Atypische OHG/KG und Insolvenzdelikte 2 207 ff., 212 ff., 275
Auer-Urteil des EuGH 8 75
Aufbewahrung von Gesprächsaufzeichnungen 4 24 f.
Aufbewahrung von Handelsbüchern 2 314
Aufbewahrungspflichten 3 79, 371 ff.
Aufenthaltsbefugnis 17 62
Aufenthaltserlaubnis 17 59, 62
Aufenthaltsgenehmigung 17 58
Aufenthaltsgestattung 17 83
Auffälligkeitsprüfung 11 59
Auffanggesellschaft 2 25, 451 f.
Aufgabe der Ware zugunsten der Staatskasse 9 105
Aufgaben der Strafverfolgung 9 2, 251
Aufgabenkatalog der Zollverwaltung 9 1
Aufgabenkollision 9 250
Aufgabenkombination 9 14
Aufgabenvorrang 9 250
Aufgabenzuordnung 3 33
Aufklärung der Wirtschaftskriminalität 1 20
Aufklärungspflicht 20 3 ff., 34, 61
Aufklärungsrüge 20 4
Aufnahme der Beschäftigung 17 75
Aufnahmeeinrichtung 17 84
Aufnahmezwang 15 75
Aufsichtspflichtverletzung, § 130 OWiG 1 45 ff.
Aufsichtsrat 4 38, 59
Aufsichtsratsmitglied
– als faktisches Organ **2** 232
– als Teilnehmer der Insolvenzverschleppung **2** 235, 245, 255
Aufwand im Rechtshilfebereich 19 35, 103 f.
Aufzeichnungspflichten 3 371
Augenscheinbeweis
– Ablehnung des **20** 125 f.
Augenscheinsurrogat 20 125
Aus- und Fortbildungsmaßnahmen 17 50
Ausfuhr 6 30 ff., **9** 30, 45, 75 ff., 80, 83, 87,91, 98, 102, 118, 134, 138 ff., 149, 152 ff., 162, 165 ff., 174, 176 ff., 185, 188 f., 194, 197, 205 ff., 236, 243 f., 247
Ausfuhrabfertigung 9 118, 155, 171, 174, 176, 178 f., 233, 272
Ausfuhrerstattungen 9 65, 106, 135, 138, 139
Ausfuhrliste 9 149, 152, 153, 162
Ausfuhrnachweis 9 134
Ausfuhrschmuggel 9 177, 178
Ausfuhrverfahren 9 83, 88, 141, 155, 177
Ausgaben der EG 8 109
– Schutz **8** 129
Aushöhlung/Aushöhlungsabsicht 2 397, 401, 476
Auskünfte 9 26, 76, 261, 277, 280, 283, 290
– über ausländisches Recht **19** 42
Auskunftsanpruch 18 240
Auskunftsersuchen 2 500 ff., 559 ff., **18** 244
Auskunftssystem 1 28
Auskunftsverlangen 15 170
Ausland 22 7
Ausländerbeschäftigung
– mittelbare illegale **17** 77
Ausländergesetz, Straftaten 6 16
Auslandsbeziehungen 17 210, 213
Auslandsgeschäfte 9 190
Auslandsvertretung
– s. Amtshilfe
Auslandszeuge 20 100
– Ablehnung (§ 244 Abs. 5 Satz 2 StPO) **20** 127 f.
Auslegung
– Bilanzstrafrecht **8** 90
– gemeinschaftsrechtskonforme **8** 81 ff.
– Grenzen **8** 84
– Kernstrafrecht **8** 95
– Lebensmittelstrafrecht **8** 91
– Pornographie, Verbreitungsverbot **8** 94
– Rechtsprechung **8** 36
– Richtlinienkonforme **8** 81
– Steuerstrafrecht **8** 89
– Strafrecht **8** 83
– Umweltstrafrecht **8** 86
Auslegung des Beweisantrags 20 32, 34 f., 47, 57
Auslieferung
– Begriff **19** 44
– eigener Staatsangehöriger **19** 61 f., 94
– Rechtsquellen **19** 45 ff.
Auslieferung, Übereinkommen 8 20, 25
Auslösen 17 115
Ausproduktion 2 8, 22 f., 475
Aussagegenehmigung für den Gerichtsvollzieher 2 515
Ausschließlichkeitsbindungen 15 38
Ausschluß von öffentlichen Aufträgen 17 142
Ausschreibung 12 14 ff.
– Abrechnungsphase **12** 27
– Leistungsverzeichnis **12** 23
– Luftnummern **12** 24

– Manipulationen **12** 21 ff.
– Phasen **12** 21 ff.
– Planungsphase **12** 21
– privatisierte öffentliche Aufgaben **12** 20
– Richtlinien **12** 28
– Richtlinien Europa **12** 19
– Richtlinien Inland **12** 18
– Sektorenauftraggeber **12** 20
– Vergabe **12** 26
– Vorplanungsphase **12** 21
Ausschreibungen, Absprachen bei
– s. Submissionsabsprachen
Ausschreibungsbetrug 1 62
Außendienst Bau (AD-Bau) 17 211
Außenprüfungen 9 26, 41, **10** 163 ff.
– Bedeutung für das Steuerstrafverfahren **10** 163 ff.
– Mißachtung des Legalitätsprinzips während der – **10** 165 f.
Außenstellen 9 4
Außensteuergesetz 7 12
Außenwirtschaftsgesetz 9 106, 140, 145
Außenwirtschaftsprüfungen 9 18, 50, 179
Außenwirtschaftsrecht 9 51, 83, 141, 154, 170, 188, 271
Außenwirtschaftsüberwachung 9 2, 22, 48, 49, 50, 179, 250, 264, 268, 274
Außenwirtschaftsverkehr 22 6, 10
Außenwirtschaftsverordnung 9 140, 141, 147
Ausspähen von Daten 3 121, **18** 70 ff.
Australia Group 9 149, 151
Ausweispapiere 9 106
Auswertung
– Analyse **5** 14 f.
– operative **5** 14
– strategische **5** 14
Aut dedere aut iudicare 6 45
Autobahntierarzt 11 105
Avalkredit 3 157

Bagatellargument 4 96 ff.
Bahn 22 26
Balkan-Info 9 268
Bankanfrage
– s. Auskunftsersuchen
Bankautomaten 18 39, 45 ff., 56
Banken
– s. Kreditinstitut
Bankgarantien 3 191 f.
Bankgeheimnis 2 560, **3** 382 ff., **9** 113, 262
Bankgeheimnis im Ausland 19 137
Bankgeschäfte 3 8, **22** 3
– verbotene **3** 25
Bankrott 2 266 ff.
– Abgrenzung zur Untreue
– – s. Interessenformel
– Beauftragter als Täter **2** 276 ff.
– Beiseiteschaffen von Handelsbüchern **2** 313 f.
– Beiseiteschaffen von Vermögen **2** 300, 329, 333, 342, 366, 371, 397, 408, 444, 452, 458, 461, 462, 477
– Beschädigen von Handelsbüchern **2** 313 f.
– Beschädigen von Vermögensbestandteilen **2** 302, 366, 372
– Besonders schwerer Fall **2** 343 ff.
– Entnahmen **2** 329
– Fahrlässigkeit **2** 340 f.
– Strafbarkeit des Versuchs **2** 342
– subjektiver Tatbestand **2** 338 ff.
– Unbrauchbarmachen von Vermögensbestandteilen **2** 302, 366, 372
– Verheimlichen der geschäftlichen Verhältnisse **2** 328
– Verheimlichen von Handelsbüchern **2** 313 f.
– Verheimlichen von Vermögensbestandteilen **2** 301, 366
– Versuch **2** 342
– Vorsatz **2** 338 f.
– Zerstören von Handelsbüchern **2** 313 f.
– Zerstören von Vermögensbestandteilen **2** 302, 366, 372
Bankrottstraftaten
– s. Insolvenzstraftaten
Bankverbindung 2 526, 529
Bannbruch 9 51, 54, 61, 65, 106 ff., 121 ff., 134, 160, 195, 198, 202, 208, 212, 217, 277
Bargelddeklarationspflicht 5 61
Barkasse 3 52 ff.
Barrior Optionen 4 35
Basisgesellschaft 7 44 f.
Basket Handel 4 34
Basler Übereinkommen 8 66
Baubetriebe-Verordnung 17 96, 99
Baugewerbe 17 14, 19, 45
Bauingenieur
– Korruption
– – Untreue **12** 96
Bauleistung 17 96
Bausatztheorie 9 185
Bausparkassen 3 17
BAV
– s. Bundesaufsichtsamt
Bearbeitungsstellen zur Bekämpfung der illegalen Beschäftigung 17 52, 116
Bedeutungslosigkeit der Beweistatsache 20 82 ff.
– Ablehnungsbegründung **20** 88 f.
– Erheblichkeitsprüfung **20** 82 ff.
– Hinweisverpflichtung **20** 89
– rechtliche **20** 84
– tatsächliche **20** 85 f.
Bedingter Beweisantrag 20 18 ff., 42
Beeidigung bei Vernehmung im Ausland 19 149
Befreiung 17 111
Befugnisse (UCLAF) 9 285
Begehungsort 6 34 ff.

Begleitkriminalität 1 17
Begrenzte Einzelermächtigung 8 40
Begriff der Angaben 9 253
Begriff des Wirtschaftsstrafrechts 1 5
Begünstigung 9 51, 107, 129
beharrliche Wiederholung 17 42, 72
Behinderungsverbot, horizontales 15 73
Behinderungswettbewerb 15 70
Behörden des Polizeidienstes 9 60
Beiderseitige Strafbarkeit 19 134 f., 141, 144, 160
Beihilfestelle 11 34
Beistandspflichten 9 270
Beitragsvorenthaltung 2 414 ff., 469
– s. a. Veruntreuen von Arbeitsentgelt
Bekämpfung der Drogenkriminalität 9 37, 223, 272
Belehrung bei Vernehmung im Ausland 19 149
Beleihungsrichtlinien 3 196 ff.
Belgien 19 128, 158 ff.
Benutzergruppen 18 235
Beratender Ausschuß 15 167
Berater 2 174 ff., 280, 326, 341, 397, 427, 446, 447, 552 ff.
Beratervertrag
– Korruption **12** 58
Bereichsausnahmen 15 20
Bereichsöffentlichkeit 4 89
Bereithalten 18 128
Berichtspflicht in Rechtshilfesachen 19 130
Bermudas 19 181
Berufsverbot 11 63 ff.
– s. Registersperre
Berufsvereinigungen, Aufnahmezwang 15 75
Beschäftigtendatei 17 88
Beschäftigungshilfen
– für Langzeitarbeitslose **17** 159
Bescheidungsklausel 20 23
Bescheidungspflicht vor Urteilserlaß 20 27
Beschlagnahme 2 542 ff., 553 ff., 561, **3** 26 ff., **18** 207 ff., **19** 144 ff.
Beschlagnahmeverbot 2 553 ff., **11** 53 f.
Beschlagnahmeverbote 18 213
beschränkte Ausschreibung 12 17
Beschränkungen 9 2, 14, 19, 22, 23, 29, 51, 66, 75, 77, 80, 83, 106, 114, 121, 140 ff., 152, 154, 157, 162, 167, 170, 175, 180, 182, 187, 197, 202, 211, 215, 220, 279, 280
Beschwerde 21 73
Beschwerdepunkte, Mitteilung der 15 167
Beseitigung v. Abfällen 9 218
Bestandsdaten 18 232, 244
Bestechlichkeit/Bestechung 6 19, 23 ff., 34 ff., **8** 29, **15** 137
– Amtsträger **6** 23 f.
– EU-Bestechungsgesetz **8** 73
– im Geschäftsverkehr **1** 74 ff., **6** 25
– internationale **6** 23 ff., **8** 73
– zu Lasten des EG-Haushalts **8** 123
Bestechungsdelikte 12 29 ff.
– Amtsträger **12** 35 ff.
– Drittbegünstigung **12** 61, 62
– Irrtum **12** 71
– Konkurrenzen **12** 69, 70
– Schema **12** 31, 34
– Täterschaft **12** 63 ff.
– Verjährung **12** 66 ff.
– Vorteilsbegriff **12** 57 ff.
Besteuerungsverfahren 9 56, 66, 72, 73, 255 ff., 262, 290
– Zusammenarbeit im **19** 13
Bestimmtheitsgebot 1 87
Bestimmtheitsgrundsatz 8 97, 102
Bestimmungsgemäße Erlangung 4 55, 59, 65, 66, 67, 68
Betäubungsmittel 9 242
Beteiligung aller Verfahrensbeteiligter 20 146 ff.
Beteiligungsaufstockungen 15 77
Beteiligungspflichten 9 270
Betreuungsvertrag 11 106
Betrieb 18 97
Betrieb des Baugewerbes 17 96
Betriebsfortführungswert 3 200
Betriebsgeheimnis 18 143
– Verrat **1** 64
Betriebsprüfungen 9 3, 18, 26, 41, 81, 139
Betriebsspionage 1 62, **18** 147
Betriebsstätte 17 185, 187, 200
Betriebsverfassungsrecht 8 105
Betriebswirtschaftliche Auswertungen 2 552, 559
Betrug 2 379 ff., 409 ff., **6** 5, **12** 83–93
– Eingehungsbetrug **2** 380, 384
– bei fortlaufenden Bestellungen **2** 383
– Gewinnerwartungschance **12** 83, 84
– Konkurrenzen **12** 93
– Kreditbetrug **2** 152, 306, 409 ff., 448
– zu Lasten der EG (Auslieferungsbestimmungen) **19** 56, 140
– zu Lasten der EG (Rechtshilfebestimmungen) **19** 76 f., 142
– Lieferantenbetrug **2** 152, 379 ff., 444, 525, 565
– Mittäter **12** 92
– Neuerungen **1** 55
– Praxisprobleme **12** 89 ff.
– Probleme beiderseitiger Strafbarkeit **19** 160
– Schaden **12** 85 ff.
– – Indizien **12** 91
– Schaden bei Auftraggeber **12** 87
– Schaden durch Schmiergeld **12** 89 ff.
– Scheckbetrug **2** 152, 413, 562
– Subventionsbetrug **2** 152
– Täuschung über Kreditwürdigkeit **2** 380 f.
– Vermögensgefährdung **2** 384 ff.
– Vermögensschaden **12** 88

– Versicherungsbetrug **2** 152
– Warenkreditbetrug **2** 152, 379 ff., 565
– Wechselbetrug **2** 152, 413, 562
Betrug zum Nachteil der Gemeinschaft **9** 106
Betrugsbekämpfung auf EG-Ebene
– Art. 280 EGV **8** 42
– Corpus Juris **8** 179
– EG-Kompetenzen **8** 42
– Parlament **8** 147 f.
– Übereinkommen über Schutz der finanziellen Interessen **8** 27
– UCLAF **8** 143
Betrugsbekämpfungstelefon **9** 286
Beweisanregung **20** 54
Beweisantrag
– Begriffsdefinition **20** 6 ff., 9
– Entscheidung über **20** 64 ff.
– Erfolgsaussicht **20** 32
– Ermittlung des anzuwendenden Rechts **20** 43
– inhaltliche Anforderungen **20** 29 ff.
– Vorbereitung der Hauptverhandlung **20** 7
Beweisantragsrecht **20** 1 ff.
Beweisbedeutung **18** 210
Beweisbehauptung
– Richtigkeit der **20** 31
Beweiserbieten **20** 55
Beweiserhebungsanspruch **20** 2 ff.
Beweisermittlungsantrag **20** 41, 56 ff.
– Begriff **20** 57 f.
– Entscheidung über **20** 59 f.
– Herabstufung als **20** 58
Beweislastumkehr **5** 73 f.
Beweismittel **3** 392 ff., **18** 208
– Augenschein **20** 52
– bestimmte Angabe des **20** 46 ff.
– Sachverständiger **20** 51
– Urkundenbeweis **20** 53
– Zeugenbeweis **20** 49 f.
Beweismittel- und Beweisthemenverbote **20** 74
Beweismittelbeschaffung im Ausland **19** 144 f.
Beweissicherung **18** 7, 177 ff.
Beweistatsache **20** 30
– Behauptung der **20** 30 ff.
– bestimmte Behauptung der **20** 32
– Erwiesensein der **20** 90 ff.
Beweisteilhabe, Anspruch auf **20** 2
Beweisverwertungsverbot **9** 26
Beweisziel
– Abgrenzung zur Beweistatsache **20** 41
Bewilligung der Rechtshilfe **19** 123 f.
Bewilligungsbehörde im Rechtshilfeverkehr **19** 126 ff.
Bewirtungen **12** 11
Bezugssperren **15** 72, 74
Bilanz **2** 315 ff.
– Abwicklungseröffnungsbilanz **2** 316
– Anfangsbilanz **2** 316, 323
– Eröffnungsbilanz **2** 316, 323
– Gründungsbilanz **2** 316
– Jahresabschluß(bilanz) **2** 316, 320 f., 323, 327
– Liquidationsbilanz **2** 316, 321
– Liquidationseröffnungsbilanz **2** 316
– Scheinbilanz **2** 324
– Schlußbilanz **2** 321
– Überschuldungsbilanz **2** 114
Bilanzanalyse **3** 173
Bilanzerfordernis **2** 197, 241
Bilanzierungsfrist **2** 315, 319 ff., 341
Bilanzierungspflicht **2** 315 ff., 348 ff., 455, 458, 471, 487
Bilanzklarheit **2** 317
Bilanzkontinuität **2** 317
Bilanzstrafrecht **2** 153, **8** 90
Bilanzverstöße **2** 315 ff.
Bilanzwahrheit **2** 317
bilaterale Regierungsvereinbarungen **17** 48, 102, 105, 126
Bildschirm **18** 14
BillBG-Stelle **17** 211
BillBZ **9** 31, 62
BillBZ-Stelle **17** 211
Bindungswirkung der Absprache **20** 161
biologische und chemische Waffen **9** 183, 186, 195
BKA **9** 7, 8, 44, 237, 241, 245, 272 f.
Blankettgesetz **9** 146, 197, 202, **15** 30 f.
– § 81 I GWB als unechtes **15** 30 f.
Blankettnorm **9** 46, 71, 108, 121, 161
Blankettstrafgesetze **8** 89, 96 ff.
– Betriebsräte, Schutz **8** 105
– Demokratieprinzip und Bestimmtheitsgrundsatz **8** 97
– Lebensmittelstrafrecht **8** 101
– Marken- und Patentstrafrecht **8** 103
– Naturschutzstrafrecht **8** 97 ff.
– Weinstrafrecht **8** 100
Blankozession **7** 33
Blindenware **13** 26
Börsenaufsichtsbehörde **4** 3, 19, 22 f., 28, 31, 43, 74
Börsengeschäftsabwicklung (BOEGA) **4** 6, 15, 23
Börsentermingeschäft **2** 303
Bosnien/Herzegowina **19** 46, 66, 98 ff., 136, 153
Boykottverbot **15** 74
Branntwein **9** 117
Briefkastenfirma **7** 43
Bruch des Steuergeheimnisses **9** 107
Brüsseler Zollratsempfehlung **9** 261, 276, 277
Bruttoprinzip **5** 51
Buchführung **2** 308 ff., 348 ff.
Buchführungsdelikte/-verstöße **2** 308 ff., 348 ff.

Buchführungspflicht 2 308 ff., 348 ff., 455, 458, 471, 487
– Verletzung der **6** 11
Buchhaltung
– s. Buchführung
buchmäßige Erfassung 9 76
Buchungen, Manipulationen der 3 193 ff., 205 f.
Buchungspflichten 3 77
Bundesamt 22 6 ff.
– für Finanzen **2** 541, **18** 210 (Informationszentrale Ausland), **22** 7
– für Güterverkehr **22** 8
– für Sicherheit in der Informationstechnik **22** 9
– für Wirtschaft **2** 541, **22** 6
Bundesanstalt 22 12 f.
– für Arbeit **22** 12
– für Landwirtschaft und Ernährung **22** 13
Bundesaufsichtsamt 22 3 ff.
– für das Kreditwesen (BaKred) **2** 249, 251; **3** 31, 44 ff., 208 ff.; **4** 1, 22, 25, 27, 46 f.; **22** 3
– für das Versicherungswesen (BAV) **2** 258, 265; **22** 5
– für den Wertpapierhandel (BAWe) **4** 1, 22, 24, 27, 53, 58, 64, 66, 73 ff., 80; **22** 4
Bundesausfuhramt 22 10
Bundesbank 3 24
Bundesfinanzbehörde 9 14
Bundesfinanzministerium 9 6
Bundesinstitut für Arzneimittel und Medizinprodukte 9 243
Bundeskartellamt 22 11
Bundesministerium der Finanzen 9 3, 6, 81, 133
Bundesoberbehörde 9 6, 263
Bürgschaft 3 161, 192
Bußgeld- und Strafsachenstellen 9 3, 269; **10** 135 ff.
– Aufgaben und Befugnisse **10** 135 ff., 182 ff.
– als Nebenbeteiligte im Steuerstrafverfahren **10** 189
– als „Staatsanwaltschaft des Fiskus" **10** 135
Bußgeldbehörde 9 2
Bußgeldrahmen im OWiG 8 48
Bußgeldverhängung 1 100 ff.
– Bemessung **1** 107
– Bußgeldrahmen **1** 51, 106
– Juristische Personen **1** 100
– Rechtsnachfolger **1** 100
– Reformen **1** 108
Buy and Sell Back System 4 40

Cargo-Info 9 268
Carnet ATA 9 76, 82, 93, 99
Carnet TIR 9 76, 82, 92, 93, 98
Casati-Urteil des EuGH 8 77
Cassis de Dijon-Entscheidung des EuGH 8 91
catch-all-Klauseln 9 153, 167
CD-Rom 18 17
CELEX 8 146
Chancengleichheit 4 29, 52, 101
Checkliste zum Rechtshilfeersuchen 19 24–35
Chemiewaffenübereinkommen 9 106, 140, 196, 197
Chemikalien 9 140 ff., 197, 198, 239 ff., 249
chemische Kampfstoffe 9 151
chemische Stoffe 9 240
Chiffreanzeigen 13 13 ff., 108
Chinese Walls 4 22, 77
Chipkarte 11 5
CIS 9 268, 282
CITES-Übereinkommen 9 210
Clearingstellen 9 7
COCOM 9 149, 150
COLUMBUS 9 268
Comfort letters
– s. Europäisches Wettbewerbsrecht
Complianceorganisationen (Compliance Officer) 4 22, 77
Computerausdrucke 18 228
Computerbetrug 3 118 ff., 126, **6** 5, **18** 37 ff.
Computerbörsen 4 15
Computerkriminalität 18 4, 31 f.
Computermanipulationen 18 40
Computerprogramm 18 104, 106
Computersabotage 18 96
Computerstrafrecht 1 62 f.
computerunterstützte Präsenzbörse (BOSS CUBE) 4 15
Computerviren 18 84 ff.
Contergan-Urteil 1 23
Corporate crime 1 6
Corpus Juris 1 109, **8** 106, 179
Cowan-Urteil des EuGH 8 80
CpD-Konten 3 58 ff.
Creditreform 22 31
Cross Geschäfte 4 28, 33 f.
Cyber-Cops 18 248

DAF (Documentation Antifraude) 8 146
Dänemark 19 50, 128, 158 ff.
Daseinsvorsorge
– Amtsträger **12** 44
Dassonville-Entscheidung des EuGH 8 91
Daten 18 12, 61, 73 ff., 88
Datenabgleichsverfahren 17 88, 117, 163 f.
Datenausdruck 18 230
Datenbanken 18 109
– IuKDG **8** 69
– Richtlinie **8** 68
– TRIPS-Abkommen **8** 68
Datenbestimmung 18 75
Datenerhebung 18 137
Datenfälschung 18 60 f.
Datenkommunikation 18 18, 234
Datenlöschung 18 68, 90

Datenmaterial der Börsen 4 23
Datenmaterial des BAWe 4 24
Datennetze 18 154 ff., 247
Datenschutz 6 26 f., **18** 5
Datenspeicherung 18 15 ff.
Datensperre 18 201
Datenträger 20 47
Datenträgeraustausch 3 78 ff., 88
Datenunterdrückung 18 66 ff., 91
Datenveränderung 18 64, 68, 82 ff., 93, 100
Datenverschaffung 18 79
Datenverschlüsselung 18 262
Datenzugriff Ausland 18 194
DDR-Politbüro-Prozeß 1 23
Dekartellierung 15 12
Delikte der allgemeinen Kriminalität 9 258
Depotwechsel 3 262, 266
Derivate 4 20 f., 24, 28, 35
Deutsche Bahn AG 22 26
Deutsche Post 22 22
Deutsche Postbank 22 23
Deutsche Schutzgemeinschaften für allgemeine Kreditsicherung 22 32
Deutsche Telekom 22 24
Deutscher Schutzverband gegen Wirtschaftskriminalität 22 29
Deutsches Patentamt 22 14
Diebstahl 6 4, **9** 119, 134
Dienstgeheimnis 6 18, 26 f.
Dienstleistungsverkehr 9 140, 148, 231
Dienstpflichten
– Korruption **12** 9 ff.
Dienstverschaffung 17 34
Dienstvertrag 17 33
Differenzgeschäft 2 287, 303 f.
differenzierte Ausfuhrerstattung 9 139
Digitale Signaturen 22 9
Digitalisierung 18 1, 19
dinglicher Arrest 17 144 ff.
Diplomatischer Geschäftsweg 19 122
Direktion des Generalsekretärs der Europäischen Kommission 22 35
Diskette 18 16
Diskontgeschäft 3 157
Diskontierung 3 242, 243
Diskriminierungsverbot 15 23, 67 ff.
– Abgrenzung zum Behinderungsmißbrauch **15** 68
– Behinderungsverbot **15** 70
– gemeinschaftsrechtliches **8** 78 ff.
– Verbot ungleicher Behandlung **15** 71
Dissens, bei Absprache 20 153 f.
Disziplinarmaßnahmen
– Korruption **12** 12
– Kronzeugenregelung **12** 12
Domizilfirma 7 1 ff.
Domizilgesellschaften 3 135
Donckerwolcke-Urteil des EuGH 8 77
Doppelbesteuerung 7 6 f.
Doppelbesteuerungsabkommen (DBA) 7 6 f., **17** 185, 187, 200
Doppelermittlungen 17 209
Doppelfunktionelle Maßnahmen 18 253
Doppelmandat 21 26
Doppelstöckige GmbH & Co. KG 2 225
doppelte Lohnaufzeichnungen 17 115
Doppelzuständigkeit 9 39
Download 18 212
Dreiecksverkehr 9 76
Dreiwochenfrist
– s. Insolvenzantragsfrist
Drexl-Urteil des EuGH 8 79
drittbezogener Personaleinsatz 17 25
Dritte Säule
– Amsterdam **8** 7
– EUROPOL **8** 166 ff.
– Kriminalitätsbekämpfung **8** 156 ff., 165
– Maastricht **8** 6
– Schengen **8** 161 ff.
– TREVI **8** 157 ff.
– Übereinkommen **8** 24 ff.
Drittmittel
– Korruption **12** 62
Drittmittelforschung 11 77
Drogenvorprodukte 9 51
Drucker 18 14
Druckverbot 15 22, 56
– Erscheinungsformen **15** 57
Dualistisches Rechtsfolgesystem des Strafrechts 1 91
Duldungs- und Mitwirkungspflichten 17 121
Duldungspflichten 18 181
Dunkelfeld 1 3
Duplo-Akten 21 45
Durchfuhr 6 30 ff., **9** 8, 107, 109, 118, 134, 142, 148, 160, 188 f., 195 ff., 206, 237, 243
Durchführungsübereinkommen zu Schengen 8 162 ff.
Durchschnittspunktwert 11 29
Durchsicht Papiere 9 65, **18** 205
Durchsuchung 2 526, 539, 542 ff., **18** 182 f., 257 f., **21** 64 ff.
– im Ausland **19** 19, 144–148
– beim Gläubiger **2** 564
– Korruption **12** 109
– bei Kreditinstituten **2** 559 f.
– beim Schuldner **2** 546 ff.
– beim Steuerberater **2** 554 ff.
Durchsuchungen
– gemeinsame **17** 211
Durchsuchungsbeschluß 21 68 ff.
DV-Informationssysteme 9 266, 268

EAGFL 8 109, 114, 130
EAG-Vertrag 8 4
– Bußgeldkompetenz **8** 46
– Zwangsmaßnahmen **8** 46

EBRG (Europäisches Betriebsräte-Gesetz) **8** 105
Edelmetalle 3 55
Editionspflicht 18 226
EDU 8 158
EDV-Auswertung 18 218
EDV-Buchführung 18 29, 213
EEA 8 5
EG
– ne bis in idem-Übk **19** 99 f., 192
EG-Amtshilfegesetz 9 274, 278, 283
EG-Amtshilfeverordnung 9 278, 282
EG-dual-use-VO 9 141, 147, 149, 153, 156, 160, 162, 167
EG-Finanzinteressen
– s. Finanzielle Interessen der EG
EG-Finanzschutzgesetz 1 85, **8** 28
EG-Haushalt
– s. Haushalt
EG-Kommission 9 135, 139, 266, 278, 284
EGKS-Vertrag 8 4
– Bußgeldkompetenz **8** 45
EG-Recht 9 81, 83, 101, 137, 148, 154 f., 206, 208, 210, 222, 278
Ehemann als Sekundärinsider 4 70
Eidesstattliche Versicherung 2 152, 406 f., 441, 463, 468, 492 ff., 510 ff., 521, 525
Eidesverletzung 8 71
eigene Ermittlung 9 265
Eigenhandel 4 20 f., 28, 30 f., 34, 45
Eigenkapitalersetzende Gesellschafterdarlehen
– s. Gesellschafterdarlehen
Eigenpreisvergleiche 13 40 ff.
Eigenverwaltung 2 16, 36 ff., 71, 464, 466
Eilmaßnahmen
– s. Grenzüberschreitende Eilmaßnahmen
Ein-, Aus- und Durchfuhrkontrollen 9 106
Ein-, Aus- und Durchfuhrverbote 9 65, 121
Einfuhr 6 30 ff.
Einfuhrabfertigung 9 232
Einfuhrabgaben 9 29, 41, 90 f., 111, 114 ff., 131, 170, 279
Einfuhrbeschränkung 22 6
Eingangsabgabenhinterziehung 9 127
Eingliederungszuschüsse 17 157
Eingriffsvoraussetzungen 9 40
Einheitliche Europäische Akte 9 75
Einheitspapier 9 76, 80 f.
Einheitstäterbegriff 1 44
Einlagengeschäfte 3 352
Einlagenkreditinstitute 4 21
Einlösungsgarantie 3 191
Einmann-GmbH 2 273, 399, 489
Einmann-GmbH & Co. KG 2 221, 226
Einnahmen der EG 8 108
Einnahmeverwaltung 9 2
Einrichtungserlaß 9 20
Einschleusen von Ausländern 17 81
Einspruch 17 57
Einstandspreise, Verkauf unter 15 62, 73
Einstellung
– Wirkung auf ausländisches Verfahren **19** 98
Einstellung des Ermittlungsverfahrens 2 151, 169, 319
Einstellung wegen geringer Schuld 4 76
Einvernehmen 9 58, 251, 280, 285
Einzelbürgschaft 9 95
Einzeleingriffsermächtigung 9 146
Einzelfreistellung 15 20
Einzelkaufmann
– Bilanzierungsfristen **2** 320
– faktische Unternehmensbeherrschung **2** 424
– als Täter des Bankrotts **2** 271
Einziehung 1 42, 98 f., **5** 49, 73, **9** 59, 130, 181, 211
– im Ausland befindlicher Gegenstände **19** 147
Einzugsermächtigung 3 87
Electronic Banking 18 29
Electronic Eyes 4 34, 44
E-Mail 18 23
Embargo 9 152, 282
Empfängerbenennung 17 188
Empfehlungsverbot 15 22, 38, 54
– Erscheinungsformen **15** 55
EMRK 8 19, 23
Entfernungsschätzung 20 47
Entlassungen 17 14
Entleiher 17 4, 41, 44, 46
Entleiherhaftung 17 202
Entschädigung 3 408
Entsenderichtlinie 17 148
Entstehungszusammenhänge der Wirtschaftskriminalität 1 18
Entwicklung chemischer Waffen 9 194
Erdal-Lederspray-Entscheidung des BGH **1** 23
Erfassung des Warenverkehrs 9 30
Erfassung von Geschäftsvorfällen 3 77
Erfolgsdelikt 9 113, 159
Erfolgsort 6 36 ff.
Ergänzungsverträge
– zum EuAlÜbk **19** 54
– zum EuRhÜbk **19** 71
Erholungsurlaub 17 106, 138
Erlaubnis (befristet, unbefristet, keine)
– zur gewerbsmäßigen Arbeitnehmerüberlassung **17** 6, 9, 11, 18, 39
Erledigung von Rechtshilfeersuchen 19 143
Erledigung von Wirtschaftsstrafverfahren **1** 25 ff.
Erledigungsmöglichkeiten 21 75
Ermächtigungen 9 146, 147
Ermessensentscheidung 9 58, 260
Ermittlungsansätze 9 139, 226
Ermittlungsaufkommen 9 21
Ermittlungsbefugnisse nach dem WpHG **4** 52, 58

Ermittlungsersuchen 9 66, 277
Ermittlungsgruppen 9 3, 4, 7, 272
Ermittlungshandlungen 17 55
Ermittlungshandlungen außerhalb der StPO 9 35
Ermittlungsschwerpunkte 2 568
Ermittlungsverfahren 21 29 ff.
Ernährung 22 13
Eröffnungsverfahren (Insolvenzeröffnungsverfahren) 2 130 ff., 367, 368, 450, 454 ff., 470
Erstattung oder Erlaß von Eingangs- oder Ausfuhrabgaben 9 76
Erstes WiKG 1 55 ff.
– Kreditbetrug **1** 59 f.
– Subventionsbetrug **1** 56
Ertragshoheit der EG 9 116
erweiterter Verfall 5 52 f.
– Korruption **12** 118
Essentielle chemische Stoffe 9 240
EUAlÜbk 19 45 ff., 136, 140
EU-Auslieferungsübereinkommen
– s. EU-AuslÜbk
EU-AuslÜbk 19 50 f., 136, 140 f., 154 ff., 175
EU-Bestechungsgesetz 1 84, **12** 49
EU-Geldwäscherichtlinie 5 44
EuGeldwäscheÜbk 19 63, 78, 115, 119, 147 f.
EU-Gemeinschaftsbeamte, Korruption 12 49
EU-Kommissionsmitglieder, Korruption 12 49
Euratomvertrag 6 18
EU-RechtshilfeÜbk 19 65 ff.
Eurex 4 16, 19, 28, 34, 50
Europäische Aktiengesellschaft 8 34
Europäische Kommission 22 35
Europäische Menschenrechtskonvention 8 19, 23
Europäische Richtliniengesetzgebung 4 2, 3, 52
Europäische Union 9 261, 266, 278, **22** 35, 36
Europäische Zentralbank (EZB) 3 24
Europäischer Amtsträger 12 48 ff.
Europäischer Ausrichtungs- und Garantiefonds für die Landwirtschaft 9 135
Europäischer Gerichtshof 15 178 f.
Europäisches Auslieferungseinkommen
– s. EuAlÜbk
Europäisches Geldwäscheübereinkommen
– s. EuGeldwäscheÜbk
Europäisches Gericht erster Instanz 15 179
Europäisches Justitielles Netz 19 42
Europäisches Parlament 8 34
– Rolle beim EG-Haushalt **8** 147
Europäisches Rechtshilfeübereinkommen
– s. EU-RechtshilfeÜbk
Europäisches Wettbewerbsrecht 15 140 ff.
– Anwendungsbereich **15** 146
– Auskunftsverlangen **15** 170 f.
– Begriff der marktbeherrschenden Stellung **15** 163
– Begriff der Unternehmensvereinigung **15** 150
– Beschluß **15** 154
– Bezwecken und Bewirken von Wettbewerbsbeeinträchtigungen **15** 157 f.
– Bußgeldbemessung **15** 193 ff.
– Bußgeldpraxis **15** 187 ff.
– Bußgeldtatbestände **15** 180 ff.
– comfort letters **15** 161, 182
– Duldungspflichten **15** 170 ff.
– EWR **15** 206 ff.
– formlose Verfahrenserledigung **15** 192
– Freistellungen **15** 159 ff.
– Fusionskontrolle **15** 209 ff.
– Fusionskontrollverordnung **15** 209 ff.
– Geschichte **15** 144
– Gruppenfreistellungsverordnungen **15** 159
– Kartellverbote **15** 151 ff.
– Kartellverfahren **15** 165 ff.
– Leitlinien zur Bußgeldbemessung **15** 194 ff.
– Mißbrauch einer marktbeherrschenden Stellung **15** 162 ff.
– Mitwirkungspflichten **15** 170 ff.
– Nachprüfungsbefugnis **15** 173 ff.
– Opportunitätsprinzip **15** 187
– Rechtsgrundlage **15** 142 ff.
– Rechtsschutz **15** 178 f.
– Sanktionierung von Verfahrensverstößen **15** 182
– Sanktionierung von Verstößen gegen materielles Recht **15** 183 f.
– Selbstanzeige **15** 203
– spürbare Wettbewerbsbeschränkung **15** 156
– Unternehmensbegriff **15** 147 ff.
– Vereinbarung **15** 153
– Verfahren **15** 165 ff.
– Verhaltenszurechnung **15** 180
Europarat 8 18
– Ausschuß für Strafrechtsfragen **8** 22
– Vorgaben für Rechtsvereinheitlichung **8** 177
Europarecht, Begriff 8 16 f.
europaweite Ausschreibungen-Schwellenwerte 12 16
EUROPOL 6 27; **8** 166 ff., **9** 267, 290; **22** 26
– Einrichtung **5** 29
– Fortentwicklung **8** 168
– Gesetz **8** 73
– Inkrafttreten **5** 36
– Übereinkommen **8** 166 f.
Europolgesetz 6 16
Euroscheckkarte 3 102
– Mißbrauch der **3** 107 ff.
EUSt 9 29, 106, 279
EU-Übereinkommen über die Rechtshilfe in Strafsachen
– s. EU-RechtshilfeÜbk
EU-VereinfAuslÜbk 19 50 f., 156
Eventualbeweisantrag 20 19, 27 f.

Evokationsrecht 9 58
EWG-Vertrag 9 75
EWR 8 9
Experimentelle Erprobungen 20 47
Exportkontrollregime 9 149, 151, 168, 180
externe Untersuchungen 9 287

Fachaufsicht 9 3, 6
fachliche Weisungen des Zollkriminalamtes 9 265
Factoring 3 157, 203, 320 ff.
Factoringgesellschaften 3 22
Fahndung 19 160
Faires Verfahren, Anspruch auf ein 8 155, **20** 2, 34
Faktischer Geschäftsführer/Organverwalter u.ä. 2 158, 169, 170, 180, 219, 232, 254, 334, 423 ff., 448
Falschanmeldung 9 139
Falschbeurkundung 9 134
Falsche Versicherung an Eides Statt
– s. Eidesstattliche Versicherung
Falschgeld 9 109
Falschtarifierungen 9 139
Fälschung
– von Aufenthaltspapieren **6** 8
– von Ausweisen **6** 8
– von Fahrzeugpapieren **6** 8
– von Geld **6** 11, 20
– *von Scheck- und Kartenvordrucken* **3** 104, 106
– von Urkunden
– – s. Urkundenfälschung
– von Wertpapieren **6** 12
– von Wertzeichen **6** 12
– *von Zahlungskarten und Vordrucken für Euroschecks* **1** 69
Fangschaltung 18 239
FATF 5 44
Fernmeldeverkehr 9 49, **18** 232 ff.
Fernseh-Richtlinie 8 94
Festplatte 18 16
Festsetzung einer Geldbuße 17 56
File Transfer Protocol (FTP) 18 26
Filmwerk 18 108
Finanzamt 17 208 ff., **22** 15
Finanzanalysten 4 37, 39, 64, 66, 68 f., 80
Finanzbehörde 2 422, 538 ff., **9** 2, 3, 26, 34, 42 ff., 52 ff., 61 ff., 71, 73, 74, 108, 132, 135, 207, 235, 256, 259 ff., 271; **17** 208 ff.
– Begriff und Organisation **10** 132 ff.
– Ermittlungskompetenz für Steuerstrafverfahren **10** 126 ff.
– Teilnahme des Vertreters der Finanzbehörde
– in Hauptverhandlung **10** 189
Finanzbehörden des Bundes 9 256
Finanzdienstleistungen 3 7, 9, **4** 21, 44, 45, 46, 47, 48
Finanzdienstleistungsinstitute 4 21
Finanzen 22 7
Finanzermittlungen 9 181, 223
finanzielle Interessen 9 16, 106, 135, 284, 285, 287
Finanzielle Interessen der EG, Schutz 8 107
– Corpus Juris **8** 179
– Kompetenzen **8** 137 ff.
– Stellungnahme des Europäischen Parlaments **8** 34
– Subventionsbetrug **8** 131
– Übereinkommen **8** 27
– – Anhang **8** 65
– Verordnungen **8** 53, 152 f., 154 f.
– Verwaltungssanktionen **8** 151 ff.
– Zusatzprotokoll **8** 29
Finanzmarktförderungsgesetze 4 1, 2, 6, 22, 28, 36, 48, 83, 100
Finanzportfolioverwaltung 4 21, 45
Finanzunternehmen 3 7, 21 ff.
Finanzverwaltungsgesetz 5 61 f., **9** 4
Finanzwechsel 3 264
fingierte Lohnvereinbarungen 17 171
fingierte Rechnungen 13 83 ff.
Finnland 19 50, 61, 128, 135, 139, 158 ff.
Firmenstellungnahme 21 25
Firmenvertretung 21 24 ff.
Fischereierzeugnisse 9 136
Fiskaldelikte
– Auslieferung **19** 58, 140 f., 159
– Bewilligungszuständigkeit für Rechtshilfeersuchen **19** 128
– Sonstige Rechtshilfe **19** 80, 142, 159, 165 ff. (Schweiz)
– Spezialitätsgrundsatz **19** 157
Flughafen Frankfurt
– Amtsträger **12** 47
Folgeleistung 17 37
Fondsmanager 4 63, 72
Fördermittel 3 297
Förderung von Strukturanpassungsmaßnahmen Ost für Wirtschaftsunternehmen 17 158
Forderungen als Kreditsicherheiten 3 324 ff.
Förderverein 11 76
Form des Beweisantrags 20 13 ff.
Fortlaufende Bestellungen
– s. Betrug
Frankfurter Wertpapierbörse, FWB 4 13, 16, 19, 25, 36, 50, 80, 85, 99
Frankreich 19 58, 80, 128, 146, 158–160
freier Mitarbeiter 17 43, 49
Freies Geleit 19 152
Freigang, Versprechen von 20 143
freihändige Vergabe 12 17
Freiheitsstrafe 1 92
Freilager 9 76, 79, 80, 102
Freimakler 4 22, 30, 31, 82
Freiverkehr 4 9, 12, 13, 14, 55
Freizonen 9 76, 79, 80, 102

Freund als Sekundärinsider 4 72
Fristen 21 39, 83
Frontrunnig 4 6, 74, 84
Funktelefonbetreiber 22 25
Fusionskontrolle, Anmeldepflicht 15 78
– Anwendungsbereich **15** 77
– Bagatellmarktklausel **15** 77
– Beteiligungsaufstockungen **15** 77
– deutsche **15** 4, 25, 76 ff.
– europäische
– – s. europäisches Wettbewerbsrecht
– Kontrollfreiheit **15** 77
– Sanktionen **15** 80 ff.
– Verfahren **15** 79
– Ziel **15** 76
Fusionskontrollverordnung 15 209 ff.
Futterarzneimittel 11 102

GASP 8 4
GASt S 9 13
Gastarbeitnehmer 17 65
Gebietshoheit
– s. Souveränität
Gebrauchsmuster 22 14
Gebührenfaktor 11 34, 41, 45
Gefahr der Verdunkelung 9 27
Gefährdung der äußeren Sicherheit der Bundesrepublik Deutschland 9 165
Gefährdung der auswärtigen Beziehungen der Bundesrepublik Deutschland 9 167
Gefährdung des friedlichen Zusammenlebens der Völker 9 166
Gefährdungsdelikt 9 159, 164
Gefälligkeitswechsel 3 253
gefälschte Lohnzahlungsnachweise 17 171
Gegenseitigkeit 19 81, 133
Gegenüberstellung 20 47
Geheimhaltungspflicht 9 253
Geheimnishehlerei 1 64, **16** 25 ff., **18** 149
– Sanktionen **16** 30
Geheimnisverrat 1 64, **8** 71, **16** 2 ff.
– Sanktionen **16** 30
– Versuch **16** 35
Geheimnisverrat § 17 UWG
– Korruption **12** 80 ff.
Geistiges Eigentum
– Rechte **8** 104
– Schutz des **1** 178
Geldauflage 21 77 ff.
Geldautomaten 18 39, 45 ff., 56
Geldbuße 1 41, **17** 131 f., 138 f., 141, 166
– gegen juristische Personen **1** 100
– Verbandsgeldbuße **1** 50 ff.
Geldbuße, europäische 15 193 ff.
– nationale **15** 80 ff., 85 ff., 109
Geldbußen, gemeinschaftsrechtliche 8 43 ff.
– EuGH und EuG **8** 47 ff.
– Kartellrecht **8** 44 ff.
– Sekundärrecht **8** 50 ff.
Geldfälschung 6 12
Geldkartengesellschaften 3 19
Geldmarktinstrumente 4 20
Geldspielautomaten 18 39, 50
Geldstrafe 1 92
Geldtransfersysteme 5 41
Geldwäsche 1 81 f., **5** 34 ff., **8** 64, **9** 7, 51, 223, 224, 225, 226, 231, 232, 233, 234, 235, 237, 238, 271, **22** 16
– GeldwäscheG/GwG **1** 82
– Protokoll zur Bekämpfung **8** 30
– Übereinkommen zum Schutz der finanziellen Interessen der EG **8** 65
Geldwäschebeauftragter 5 60
Geldwäschegrunddelikt 5 45 ff., 64
Geldwäscheübereinkommen
– s. Europäisches Geldwäscheübereinkommen
Gelegenheit zur Stellungnahme 9 275
Geleit
– s. Freies Geleit, Sicheres Geleit
Gemeinsame Antragstellung 20 10, 17
Gemeinsame Aufsichtsinstanz 9 271
Gemeinsame Außen- und Sicherheitspolitik 8 4
Gemeinsame Ermittlungsgruppen 17 211
Gemeinsame Ermittlungsgruppen Rauschgift 9 7
Gemeinsame Finanzermittlungsgruppe Bundeskriminalamt/Zollkriminalamt 9 237
Gemeinsame Finanzermittlungsgruppen 9 7
Gemeinsame Grundstoffüberwachungsstelle 9 8, 272
gemeinschaftliches Versandverfahren 9 45, 76, 82, 92 ff., 100, 101
Gemeinschaftsmarke 8 103
Gemeinschaftsrechtskonforme Auslegung
– s. Auslegung
Gemeinschaftsunternehmen 17 14, 16, 50
Genehmigungspflichtige Bankgeschäfte 22 3
Genehmigungsvorbehalte 9 159, 187, 197
Generalklausel 1 87
Generalunternehmer 17 181 f.
Generalverantwortlichkeit des Geschäftsführers 2 179, 434
Genossenschaft
– Bilanzierungsfristen **2** 320
– Insolvenzantragspflicht **2** 125
– Liquidation **2** 145, 486
– Strafbarkeit wegen Insolvenzverschleppung **2** 157, 239 ff.
Genossenschaftsbanken 3 4, 11
Genossenschaftsregister 2 502
Geregelter Markt 4 9, 11
Gerichtskundigkeit 20 78
Gerichtsverfassungsgesetz, § 74 c GVG 5 7
gerichtsverwertbar 9 50, 290
Gerichtsvollzieher 2 493 f., 514 ff.
geringfügige Beschäftigung 17 204

geringwertige Aufmerksamkeiten 12 10
Gerüchte 4 38, 87, 96
Gesamtbürgschaft 9 95
Gesamtsozialversicherungsbeitrag 17 24
Gesamttarifstundenlohn 17 104
Geschäfts- und Betriebsgeheimnisse 16 1 ff.
– Auslandstaten **16** 38 ff.
– Ausspähung von -n durch Nachrichtendienste **16** 43 f.
– Definition **16** 5 ff.
– Geheimnishehlerei **16** 25 ff.
– Geheimnisverrat gem. § 17 Abs. 1 UWG **16** 2 ff.
– Geschäfts- und Betriebsspionage **16** 19 ff.
– Prävention **16** 49 ff.
– Schutz von -n **16** 1 ff.
– Strafverfolgungsvoraussetzungen **16** 41 f.
– Strafvorschriften des StGB **16** 46
– Strafvorschriften im Gesellschafts-, Wirtschafts- und Arbeitsrecht **16** 47 f.
– Versuch **16** 35
– Vorbereitungshandlungen **16** 35
– Vorlagenfreibeuterei **16** 31
Geschäfts- und Betriebsspionage 16 19 ff.
– Sanktionen **16** 30
– Versuch **16** 35
Geschäftsbesorgungsvertrag 17 35
Geschäftsbücher 20 53
Geschäftsführer
– faktischer
– – s. Faktischer Geschäftsführer/Organverwalter
– nach Insolvenzeröffnung **2** 465 ff.
– mehrere **2** 177 ff., 217
– stellvertretender **2** 168, 180
– als Täter von Insolvenzdelikten **2** 167 ff., 215 f., 225 f., 272 ff., 360, 391, 395 ff., 419, 421
Geschäftsgeheimnis 18 143
Geschäftsgeheimnis, Verrat 1 64
Geschäftsweg im Rechtshilfeverkehr 19 117 ff.
Geschichte des Wirtschaftsstrafrechts 1 32 ff.
– GWB **1** 38
– Kartellverordnung 1923 **1** 34
– Kriegswirtschaftsrecht **1** 35
– Nationalsozialismus **1** 35
– Reichskaligesetz **1** 33
– Soziale Marktwirtschaft **1** 38
– Wirtschaftsstrafgesetz 1949 **1** 36
Geschmacksmustergesetz 1 78
Gesellschafterdarlehen 2 400
Gesetz gegen den unlauteren Wettbewerb 15 4
Gesetz gegen Wettbewerbsbeschränkungen 15 4, 13 ff.
– Abschöpfung des Mehrerlöses **15** 86
– Abschöpfung des wirtschaftlichen Vorteils **15** 87
– Ahndbarkeit juristischer Personen **15** 82 ff.
– Anwendungsbereich **15** 18
– Aufsichtpflichtverletzungen **15** 83
– Bußgeldbemessung **15** 85 ff.
– Bußgeldrahmen **15** 85
– einstweilige Anordnung **15** 39
– Fahrlässigkeit **15** 27
– Geschichte **15** 13 ff.
– Normadressaten **15** 82 ff.
– Novellen **15** 14 ff.
– Struktur der Bußgeldnormen **15** 32 ff.
– Verjährung **15** 28
– verwaltungs- und zivilrechtliche Sanktionen **15** 24
– Zuwiderhandlungen gegen gesetzliche Verbote **15** 34 ff., 41 ff.
– Zuwiderhandlungen gegen vollziehbare Verwaltungsakte **15** 37 ff., 44
– s. GWB
Gesetz über die Europäischen Betriebsräte 8 105
Gesetz über Lebenmittel und Bedarfsgegenstände 15 4
Gesetz zur Bekämpfung der Umweltkriminalität, Zweites 8 67
Gesetz zur Bekämpfung des illegalen Rauschgifthandels und anderer Erscheinungsformen der Organisierten Kriminalität 1 96
Gesetze zur Bekämpfung der Wirtschaftskriminalität 1 54 ff.
– erstes **1** 55 ff.
– zweites **1** 62 ff.
Gesetzeslücken 8 121
Gesprächsaufzeichnungen 4 24, 25
– Aufbewahrung von – **4** 22
Geständnis 20 48
– absprachebedingt **20** 159
Gestellungsbefreiung 9 81
Gestellungspflicht 9 30
Gesundheitsschutz auf EG-Ebene 8 92
Gewährleistungspflicht 17 31
Gewerberegister 2 503 ff.
Gewerbeuntersagung 2 507
Gewerbezentralregister 2 296, 506 ff., **17** 142, 147
– Eintragung **15** 95
Gewerbsmäßigkeit 4 20, 21, 26, 46, 49, 54; **17** 3, 40, 43, 72, 97
Gewinn 17 135, 139
Gewinn- und Verlustrechnung 2 316, 550
Gewinnabschöpfung 5 49 ff., **17** 212
Gewinnabschöpfung/Finanzermittlungen 5 16 f.
Gewinnausschüttung 2 400
Gewinnerzielungsabsicht 17 4
Gewinnsucht 2 344
Gläubigerbegünstigung 2 157, 351 ff., 444, 448, 452, 471, 475, 476, 488, **3** 223 ff., **6** 11

Gläubigerpool 2 334, 449 f.
Gleichrangigkeit von Besteuerungs- und Strafverfahren 9 72
GOÄ 11 33 ff.
Grenzaufsichtsdienst 9 13, 29, 47, 132, 266
Grenzaufsichtsstellen 9 13
Grenzgänger 17 68
Grenzkontrolle 9 30, 111, 236
– Abbau von –n **8** 161 ff.
Grenzüberschreitende Eilmaßnahmen 19 91, 148
Grenzüberschreitende Observation 19 91
Grenzzolldienst 9 29
Griechenland 19 128, 158 ff.
Griechischer Maisfall 8 23, 42, 54 ff.
grober Eigennutz 17 40, 42, 72
Großbritannien 19 55, 139, 174 ff.
Großkredite 3 167
Grundpfandrechte 3 161
Grundstoffe 9 239, 240, 241, 243, 247, 248
Grundstoffüberwachung 9 219, 240
Grundstoffüberwachungsgesetz 9 239, 247
Grundstoffüberwachungsstelle 9 8, 241, 272
Grundstücksgeschäft 7 47, 50
„Grüner Bogen" 10 169
Günstigkeitsprinzip 19 47
GÜS 9 8, 241, 249, 272
Gutachten/Gutachter (Sachverständiger) 2 94, 381, 533 ff., 569
Güterabwägung 9 251, 252
Güterverkehr 22 8
Gütezeichengemeinschaften, Aufnahmezwang 15 75
Gutschrift, vorläufige 3 93
GWB 1 38
– Novelle **1** 73
– s. Gesetz gegen Wettbewerbsbeschränkungen
GZR
– s. Gewerbezentralregister
GZS-Gesellschaft für Zahlungssysteme mbH 3 103

Hacking 18 81
Haftbefehl 9 57
Haftung
– für Abzugssteuer **17** 186
– des Arbeitgebers **17** 198 ff.
– des Entleihers **17** 202
– für Lohnsteuer **17** 198 ff.
– für Umsatzsteuer **17** 192
– des Verleihers **17** 201
Halbleiterschutzgesetz 1 78
Handelsbücher 2 309 ff., 338, 341, 342, 349
Handelsregister 2 171, 180, 309, 433, 435, 441, 494, 500 ff.
Handelsteilnehmer 4 6, 15, 19, 22, 23, 29, 30, 34, 35, 40, 43, 50, 51, 78, 81, 84
Handelsüberwachungsstelle 4 1, 19, 22 ff., 34, 74
Handlungsort 6 26 f.
Harmonisierung des Wirtschaftsstrafrechts 8 15, 170 ff.
Harz-Urteil des EuGH 8 85
Hauptstelle 9 3
Hauptverhandlung 21 89 ff.
Hauptverpflichteter 9 94
Hauptzollämter 2 539; **9** 3, 6, 13, 26, 31, 41, 44, 55, 56, 57, 62, 246, 256, 265, 269; **22** 17
– BillBZ-Stellen **17** 211
– für Prüfungen **9** 26, 256
Haushalt der EG 8 106 ff.
– Schadensumfang **8** 110
– Schädigung, Erscheinungsformen **8** 117 ff.
– Unregelmäßigkeiten, Verfolgung **8** 137 ff.
Haustürwerbung 13 23 ff., 67
Havala banking 5 41
Heilmittel 13 36, 67 ff.
Heimarbeitsschwindel 13 10 ff.
Helsingforser Abkommen 9 278
Herausgabe
– im Rechtshilfeverkehr **19** 65, 144 f.
Herstellung chemischer Waffen 9 151, 194
Hilfsbeamte der Staatsanwaltschaft 9 13, 27, 29, 31, 57, 60, 62, 64, 66, 236, 250, 258, 265, 269, 285, **17** 92
Hilfsbeweisantrag 20 19, 22 ff.
– Nachteile und Revision **20** 25 f.
– Übergehen des **20** 26
– Unzulässigkeit des **20** 24
Hinterziehung von Abschöpfungen und Agrarzöllen 9 137
hochbelastete Ware 9 118
Holding 7 40 f.
Holzschutzmittel-Prozeß 1 23
Honorarmanipulationen 2 480 ff.
Honorarvereinbarung 11 46
Hyperlink 18 171
HZA 9 3, 56 ff., 260

Idealkonkurrenz 9 162, 168, 170
Identifizierungspflicht 5 57
illegale
– Arbeitnehmerüberlassung **17** 182, 189, 194 ff., 201 ff., 206, 212; **22** 7, 12
– Beschäftigung **17** 178 ff.
– Bestätigung **17** 178 ff.
illegale Ausländerbeschäftigung 17 89, 91
– mittelbare **17** 77
immaterieller Vorteil
– Korruption **12** 60
IN-Akten 2 518 f.
individuelle Ausfuhrgenehmigung 9 244
Indossament 3 241
Industrie- und Handelskammern 13 5, 47, 60, 66, 91, 107, **22** 20
Informant 5 20 ff.
Informations- und Kommunikationsdienste-Gesetz 1 83, **8** 69

Informationsaustausch 1 29, **9** 44, 238, 259, 261, 269, 271, 279 f., 283
Informationsbeschaffung 9 19, 20, 37, 269
Informationspflicht 21 21, 53
Informationsquellen 9 226, 238
Informationsquellen der Bank 3 172 ff., 175, 220 ff.
Informationstechnik 22 9
Informationsweitergabe 9 250
Informationszentrale 22 7, 15
– für den Steuerfahndungsdienst **22** 15
Informationszentrale Ausland (IZA) 17 210
Informationszentrale Steufa (IZ-Steufa) 17 210
Inhaberaufsicht
– Amtsträger **12** 46, 47
Inhaltsdaten 18 232
Inkongruente Deckung/Inkongruenter Vorteil/Inkongruenz 2 352 ff., 369, 373, 488
Inland 6 29 ff.
Innenrevision 3 40
INPOL 9 44, 268
Insider 4 5, 24, 54 f., 59, 61, 64 ff., 68 ff., 77, 79, 81, 83, 85, 86, 95, 98 f.
– mittelbarer **4** 55, 66, 68 f.
– unmittelbarer **4** 55, 65 f., 69
Insidergeschäfte 22 4
Insiderlage 4 77
Insiderpapiere 4 54, 55, 58 f., 63, 72, 77, 85, 89, 98
Insiderstrafrecht 1 62, 79
– Primärinsider **4** 55, 59 ff., 77
– Richtlinie **8** 62
– Sekundärinsider **4** 55, 68, 70, 72, 77
– Wertpapierhandelsgesetz **8** 63
Insiderstraftat 6 16
Insidertatsache 4 24, 38, 54 ff., 65 ff., 78, 98 f.
– aus der Emittentensphäre **4** 79
– aus der Händlersphäre **4** 81
Insolvenzantrag
– durch anderen Geschäftsführer **2** 177 ff., 190, 202, 225
– durch Gläubiger **2** 164, 191, 246
– unvollständiger Antrag **2** 187
– Unzumutbarkeit **2** 193
Insolvenzantragsfrist 2 166, 199
Insolvenzantragspflicht 2 122 ff., 156
– AG **2** 124, 229
– Genossenschaft **2** 125, 240
– GmbH **2** 123, 166, 171, 182, 189 ff.
– GmbH & Co. KG **2** 207 ff., 221 ff.
– KG **2** 126, 220
– KGaA **2** 238
– mehrere Geschäftsführer/Organmitglieder **2** 177 ff., 217, 243, 254, 430 f.
– OHG **2** 126, 212 ff.
– Verein/Körperschaft/Stiftung etc. **2** 127
Insolvenzantragsrecht 2 99, 156, 243
Insolvenzdelikt
– s. Insolvenzstraftat
Insolvenzeröffnungsverfahren
– s. Eröffnungsverfahren
Insolvenzgeld 22 12
Insolvenzgericht (Konkursgericht) 2 406 f., 455 f., 492, 518 ff.
Insolvenzmasse 2 371, 376
Insolvenzplan 2 28 ff., 72, 74 f.
Insolvenzreform 2 9, 12 ff., 65 ff.
Insolvenzstrafrecht 1 80
– Begriff **2** 152 f.
– Statistik **2** 60, 62 f.
Insolvenzstraftat 2 152 f., 405 ff., **6** 10
Insolvenzverfahren
– Abweisung mangels Masse **2** 6, 59, 141 ff., 484 ff.
– Eröffnung **2** 147 ff., 457 ff.
Insolvenzverschleppung 2 159 ff.
– AG **2** 227 ff.
– Ausscheiden eines Geschäftsführers **2** 181 ff.
– Genossenschaft **2** 239 ff.
– GmbH **2** 166 ff.
– KG **2** 220
– KGaA **2** 237 f.
– Kreditinstitute **2** 248 ff.
– OHG **2** 212 ff.
– Versicherungsunternehmen **2** 257 ff.
Insolvenzverwalter
– endgültiger **2** 8, 23
– als Erkenntnisquelle **2** 533 ff.
– als Täter **2** 469 ff.
– Vergütung **2** 480 ff.
– als vorläufiger **2** 23, 133 ff.
– vorläufiger **2** 455 f.
IntBestG 1 84
Interessenformel 2 334 ff., 393, 395, 404, 444, 473
Interessenlage 9 15, 250
Intergouvernementale Zusammenarbeit 8 41
– TREVI **8** 160
internationale Organisationen, Korruption 12 50
Internationale Zusammenarbeit 1 30 f., **8** 16, 142, **9** 180, 277
Internationales Bestechungsgesetz 12 50
interne Sicherungspflicht 5 60
interne Untersuchungen 9 287
Interner Versand 9 82
Internet 4 17, 51, **13** 3, 78, 97, **18** 22 ff.
– „Surfen" im **19** 90
– Zeichnungs- und Ratifikationsstand von Rechtshilfeübereinkommen **19** 39 f.
Interpol 9 267, 290
Intranet 18 18
Inventar 2 313, 319, 323 f.
Investitionszulage 3 292 ff.
Investitionszuschuß 3 296

Investmentgesellschaften 3 18
INZOLL 9 266, 268
IRENE 8 145
IRENE-95 9 285
IRG 19 81 f.
Irland 19 174 ff.
Irrtum bei Insolvenzdelikten 2 199, 338 f., 358, 373 ff., 383 ff., 433, 438
ISDN 18 19
Island 19 128, 135, 158–169
Israel 19 46, 61, 66, 71, 97, 139
Italien 19 98, 101, 128, 146, 155 ff.
IuKDG 1 83, **8** 69, **18** 8, 157

Jahresabschluß
– s. Bilanz
Jugoslawien 19 46, 66, 98 f., 101, 136, 153
Juristische Person 6 43
– Ahndbarkeit von **15** 84, 92 ff.
Justizanhängigkeit 9 280
justizielle Rechtshilfe 9 289, 290
Justizmitteilungsgesetz 2 492

Kaffeefahrten 13 33 ff.
Kälbermastbetrieb 11 104
Kanada 19 153, 178 ff.
Kanalinseln 19 175
Kapitalanlagebetrug 1 66, 90, **6** 7
Kapitalanlagegesellschaften 3 4
Kapitalanlagenvermittlung 3 360 f.
Kapitalistische OHG/KG
– s. atypische OHG/KG
Kapitalverkehr 9 148, 264
Kartell, Anmeldung von 15 49
– Erscheinungsformen **15** 50 f., 53
– horizontales **15** 20, 45 ff.
– Mittelstands- **15** 38
– Normen- **15** 38
– Rationalisierungs- **15** 37
– Spezialisierungs- **15** 38
– Strukturkrisen- **15** 37
– Typen- **15** 38
– vertikales **15** 21, 52 f.
– Wesen des **15** 8
Kartellbehörde
– Korruptionsbekämpfung **12** 114
Kartellbehörden, Zuständigkeit von 15 26, 28
Kartellfreiheit, Grundsatz der 15 9
Kartellordnungswidrigkeitenrecht, europäisches 15 140 ff.
– s. a. Europäisches Wettbewerbsrecht
Kartellrecht
– deutsches **1** 40, **15** 8 ff.
– europäisches **15** 140 ff.
– – s. a. Europäisches Wettbewerbsrecht
– Geschichte des deutschen **15** 8 ff.
Kartellverbot 15 19 ff.
Kartellverordnung, europäische 15 144
– von 1923 **15** 10

Kassenarzt 11 5 ff.
Kassenärztliche Vereinigung 11 2, 6, 28 ff.
Kassenrezept 11 90 ff.
Katalogtaten 18 237
Katalysatoren 9 240
Kaufmännisches Vertrauen 4 35
Kautionsverfall 8 51
Kellerwechsel 3 257
Kernmaterial, physischer Schutz von 6 20
Ketten-, Zwischenverleih 17 1
Kettenbriefe 13 75 ff.
KGaA und Insolvenzdelikte 2 237 f., 272, 320
Kirk-Urteil des EuGH 8 78
Kleingewerbetreibende 2 309, 388
KOBRA 9 179, 268
Kollegenhilfe 17 18
Kollisionsregeln 9 251
Kölner Masche 13 86, 92
Kommanditgesellschaft auf Aktien
– s. KGaA
Kommissionszuwendung 11 74 f.
Kompensationsgeschäfte 4 28, 30, 38, 40
Kompetenzen (EG) im Strafrecht 8 33, 40 ff.
– Betrugsbekämpfung **8** 42
– Einzelermächtigung, begrenzte **8** 40
– Geldbußen **8** 44 ff.
– Kartellrecht **8** 44 ff.
– PJZS **8** 41
Kompetenzzuweisung 3 33, 187 ff.
Komplementärbefugnis 9 121
Konditionenbindungen 15 52
Konditionenspreizungen 15 72
konkrete Anhaltspunkte 9 41
Konkurrierende Gerichtsbarkeit verschiedener Staaten 19 23, 93
Konkurs
– s. Insolvenz
Konkursstraftaten
– s. Insolvenzstraftaten
Konkursverschleppung, Insolvenzverschleppung 3 227
Konnexität 20 37, 49
Konsularischer Geschäftsweg 19 121
Konsulate
– s. Amtshilfe durch Auslandsvertretungen
Konsumentenkredit 3 303 ff.
Kontenauswertung 3 405 ff.
Kontenwahrheit 3 60, 67
Kontoeinrichtung 3 71 ff.
Kontoverfügungen 3 74 ff.
KonTraG 21 7
Kontrollbedürfnis 9 40
Kontrolldelikte 9 18, 32, 179
Kontrollerwerb 15 77
kontrollierte Lieferungen 9 247
kontrollierte Transporte 9 248
Kontrollmaßnahmen der Kommission 8 151 ff.
Kontrollmitteilungen 9 34

Konzernunternehmen 17 14, 16
Konzernverleih 17 21
Kooperation 3 387 ff.
– international **5** 9
Korrekturabzug 13 85
Korruption
– Abgeordnetenbestechung **12** 102
– Amtshilfe **12** 112 ff.
– Amtsträger **12** 35 ff.
– Angestelltenbestechung **12** 72 ff.
– Anzeigepflicht **12** 105
– – Richtlinien **12** 105
– Auftreten **12** 2, 3
– Auslieferungsbestimmungen **19** 55
– Auswirkungen **12** 7
– Bauingenieur **12** 36
– Begriff **12** 1, 5
– Betrug **12** 83 ff.
– Dienstrecht **12** 9, 10, 11, 12, 13
– Disziplinarmaßnahmen **12** 12
– Durchsuchung **12** 109
– Ermittlungshinweise **12** 103 ff.
– erweiterter Verfall **12** 118
– europäische Amtsträger **12** 48 ff.
– Geheimnisverrat § 17 UWG **12** 80 ff.
– Informationsgewinnung **12** 104
– Informationsverarbeitung **12** 117
– Kartellbehörde **12** 114
– Konkurrenzen Bestechungsdelikte **12** 69, 70
– Kronzeugenregelung **12** 107
– Länderregelungen für Geschenke **12** 13
– Mittäterschaft **12** 63
– Ne bis idem wegen ausländischer Entscheidungen **19** 99 f., 102
– Rechnungshof **12** 112
– Schaden **12** 7, 8
– Selbstanzeige **12** 106
– Steuerfahndung **12** 113
– Steuerhinterziehung **12** 100, 101
– Strafrecht Schema **12** 31, 34
– Strafrecht Tatbestandsanforderungen **12** 33
– Strafrecht Überblick **12** 29
– strafrechtliche Sanktionierung **12** 29 ff.
– Strukturen **12** 4
– Submissionsbetrug **12** 94
– Täterschaft **12** 63
– Tatmittler **12** 63, 64
– Telefonüberwachung **12** 111
– Unrechtsvereinbarung **12** 52 ff.
– Untersuchungshaft **12** 110
– Untreue **12** 95 ff.
– Ursachen **12** 6
– Vergabewesen **12** 14 ff.
– Verjährung **12** 66
– Vermögensstrafe **12** 118
– Vertraulichkeit **12** 108
– Vorteil **12** 57 ff.
– Vorteilsgeber **12** 32
– Vorteilsnehmer **12** 31
Korruptionsbeauftragter 12 115
Korruptionsbekämpfung 1 17
– Gesetz **8** 48
– Korruptionsbekämpfungsgesetz **1** 48, 53, 74, 84
– Zusatzprotokoll, erstes **8** 29
Kostenerstattung 18 231
Krankenhaus 11 65 ff.
Krankenhauszusatzversicherung 11 43
Krankenunterlagen 20 53
Kredit, nichtiger 3 160
Kreditakten 3 393
Kreditanpreisung, irreführende 3 164
Kreditarten 3 157
Kreditbanken 3 4
Kreditbegriff 3 152 ff.
Kreditbetrug 1 55, 59 f., **6** 7
– Anwendungsbereich **1** 60
– Bedeutung **1** 60
– s. Betrug
Kreditgeschäfte 3 151 ff.
Kreditinstitut 2 248 ff., 361
– Anstiftung zu Gläubigerbegünstigung **2** 361
– Anzeigepflicht bei Insolvenz **2** 248 ff.
– Arten der –e **3** 4 ff.
– Durchsuchung **2** 559 ff.
Kreditkarte 3 100 ff.
– Mißbrauch der **1** 62; **3** 107 ff., **6** 5
Kreditnehmer, Angaben des 3 175 ff.
Kreditprolongation 3 180 f.
Kreditrisiken 3 158 ff., 185 ff.
Kreditschwindel 13 16 ff.
Kreditsicherheiten 3 161 ff.
– Bewertung der **3** 162 f., 202 ff.
– Realisierung der **3** 200
Kreditsicherung 22 32
Kreditvermittler 3 308 ff.
Kreditwesen 22 3
Kreditwesengesetz (KWG) 2 161, 248 ff.
Kreditwucher 3 165 f.
Kreisverkehr 9 139
Kriegswaffen 9 106, 141 f., 182, 184 ff., 190, 195; **22** 10
Kriegswaffenkontrollgesetz 9 106, 140, 182
Kriegswaffenliste 9 142, 144, 184, 185
Kriegswirtschaftsrecht 1 35
Kriminalaktennachweis 9 282
Kriminalität 8 13, 172
Kriminalitätstheorien 1 18
Kriminalstatistik 18 35
kriminelle Vereinigung 9 36, 133 f., 237
Kriminologie 1 3, 11 ff., 112
– s. a. Wirtschaftskriminalität, kriminologische Aspekte
Kroatien 19 66, 98 f., 101 f., 177
Kronzeugenregelung
– Korruption **12** 107
Kryptologie 22 9
Kundenkrise 3 220 ff.

Kundenwerbung
– progressive **1** 62, 65
Kursänderungspotential 4 80, 90 f., 96 ff.
Kursänderungsrelevanz 4 82
Kursbeeinflussung 4 24, 73, 80, 88, 91 ff.
Kursbetrug 1 67, **4** 28 ff.
Kursbildungsnähe 4 81, 96 ff.
Kurserheblichkeit 4 74, 78, 88, 100
Kursmakler 4 10, 19, 26 ff., 63, 80 ff., 100 f.
Kursmanipulation 4 5, 21, 28, 35 ff., 44, 87
Kursschwankungen 4 93 ff.
Kursunmittelbare Tatsache 4 82 f., 100 f.
Kurzarbeit 17 14, 67
Kurzarbeitergeld 17 154
KWKG 9 14, 47, 49, 50, 51, 65, 106, 140 ff., 154, 162, 168, 170, 175, 182 ff., 251, 264, 265, 272, 276, 282, 288

Laborarzt 11 22 ff.
Laborgemeinschaft 11 23
Ladung ins Ausland 19 65, 151 f.
Lamy-Entscheidung 21 46
LAN 18 18
Länderfinanzverwaltungen 9 235
Landesbanken/Girozentralen 3 14
Landesgewerbeanstalt 22 19
Landesverrat 6 18
Landwirtschaft 22 13
Lastschriftauftrag 3 76
Lastschriftverfahren 3 85 ff.
– Mißbrauch des **3** 90 ff.
Laufbildschutz 18 116
Layering 5 36
Leasing 3 157
Leasinggesellschaften 3 23
Lebensmittel 9 202, 214
Lebensmittel- und Bedarfsgegenständegesetz 9 214, **11** 108
Lebensmittelstrafrecht 8 91
– durch Blankettnormen **8** 101
Lederspray-Urteil des BGH 1 23
Legalitätsprinzip 5 33
Leichtfertigkeit 1 2, 88
– Subventionsbetrug **1** 57
Leiharbeitnehmer 17 3
Leiharbeitsverhältnis 17 2
Leistungen zur beruflichen Weiterbildung 17 156
Leistungsbezeichnung, falsche 17 194
Leistungserbringung, höchstpersönliche 11 10
Leistungsermächtigung 19 18, 124
Leistungserschleichung 6 5
Leistungsmißbrauch 17 204
Leistungsverwaltung
– Amtsträger **12** 44
Leistungsziffern 11 9
Lettland 19 177
Letztentscheidungsrecht 9 252
Lex Rabta 9 152
Liechtenstein 7 20 ff., **19** 137, 171 ff.
Liechtensteinische Aktiengesellschaft 7 37, 49
Liechtensteinische Anstalt 7 20 ff.
Liefersperren 15 72, 74
Liquidation 2 21, 218, 323
Liquidator 2 170, 218, 229 ff., 242 f., 260, 273, 321
– s. a. Abwickler
Liquidität 2 395, 400
LMBG
– s. Gesetz über Lebensmittel und Bedarfsgegenstände
Loan back 5 43
Loch-auf-Loch-zu-Methode 2 387
Lohnauszahlung/Lohnzahlung 2 415 ff.
Lombardgeschäft 3 157
Long- oder Short-Sqeeze 4 44
Long-Corner, Short-Market Corner 4 42, 44
Lösungsmittel 9 240, 242
Luftfahrzeug 6 39
Luftnummern
– Ausschreibung **12** 24
Luxemburg 19 128, 158–160

Maastricht-Entscheidung des BVerfG 8 40
Maastrichter Vertrag 8 6, 148
Mailbox 18 21, 252
Mailing List 18 25
Mais-Urteil des EuGH
– s. Griechischer Maisfall
M-Akten 2 511
Manipulation bei Sachkostenrechnungen 17 172
Manipulationsmöglichkeiten 9 77, 80, 81, 85 ff., 137, 139
manipulierter Arbeitszeitnachweis 17 168
Manteltheorie 9 122, 123
Mantelvorschrift des Bannbruchs 9 106
Mar-Info 9 268
Markengesetz 9 203, 204, 207
Markenpiraterie 9 134, 203
– Einziehung **14** 27 ff.
– Überblick **14** 54
– Voraussetzungen **14** 18 ff.
– s. a. Produkt- und Markenpiraterie
Markenrecht 8 103, **14** 18 ff.
Markenrechtsreformgesetz 1 78
Marktaufsicht 4 19, 22, 74
Marktbeherrschende Stellung
– Begriff der – im GWB **15** 59
Marktbeobachtung 9 23, 46 ff., 179, 237, 264, 282
Marktlage, wirkliche 4 29, 34
Marktordnung 22 13, 17
Marktordnungsprüfungen 9 18, 26
Marktordnungsregelungen 9 22, 135, 282
Marktorganisationen 9 51, 136

Marktorganisationsgesetz 1 72
Marktpflege 4 41
Marktvorteil 17 135, 136, 139
Marleasing-Urteil des EuGH 8 82
Massen-GbR 17 86
Massenkommunikation 18 214
Massenspeicher 18 14
Massentierhaltung 11 103
Maßnahmen der Gefahrenabwehr 9 2, 251
Maßnahmen zur Arbeitsbeschaffung 17 160
Maßregeln der Besserung und Sicherung 1 94
Mazedonien 19 46, 66, 98 ff., 136, 153
Medien 21 8 ff.
Mediendienste 18 157 ff.
Mediendienste-Staatsvertrag 18 8, 157
Medientätigkeit 4 36, 43, 87, 89
medizinische Geräte 11 68 ff.
Mehrfachmeldungen 17 101
Meldepflichten nach KWG 3 167, 249
Meldeverstoß 17 131
Mikrofilme, Mikrofiche 3 374, 378, 399
Millionenkredite 3 167
Minderkaufmann 2 309, 388
Mindestlohn 17 104
Mindestlohn-Tarifvertrag 17 103
Miniaturisierung 18 1
Ministerieller Geschäftsweg 19 122
Mißbrauch des Beweisantragsrechts 20 61 ff.
Mißbrauch einer marktbeherrschenden Stellung
– Abgrenzung von Behinderungsmißbrauch und Diskriminierungsverbot **15** 68
– Ausbeutungsmißbrauch (GWB) **15** 64
– Begriff des Mißbrauchs im GWB **15** 60 ff.
– Behinderungsmißbrauch (GWB) **15** 61 ff.
– deutsches Recht **15** 23, 59 ff.
– Generalklausel **15** 66
– Zugangsverweigerung (GWB) **15** 65
Mißbrauch von Scheck- und Kreditkarten 1 68
Mißbrauchsverbot 20 12
Mitteilungen in Zivilsachen 2 492, 494
Mitteilungspflichten 3 208 ff., 211, **9** 54, 58, 63, 270
Mittel- und Osteuropäische Staaten
– s. MOE-Staaten
Mittelinstanz 9 3, 6
Mitwirkungspflichten 18 181, 220 ff.
MiZi
– s. Mitteilungen in Zivilsachen
Mobile Kontrollgruppen 9 13, 44
Modellstrafgesetz 8 176
Modem 18 19
modi operandi 9 140, 176, 177
MOE-Staaten 8 11, 172
Monatskontenübersicht 2 562
Mondpreise 13 40 ff., 64
Monitor 18 14
Monitoringsystem 9 8, 245, 249
Multi-Level-Marketing 13 73
Multimedia 18 8, 109, 116, 154
Mündliches Rechtshilfeersuchen 19 115, 148, 150
Munition 9 149, 153, 154, 186

Nacheile 19 91
Nacherhebung 9 76
Nacherklärung
– bei Selbstanzeige **10** 88 ff.
Nachrichtendienst 5 32 f., **22** 18
Nachrichtenmittler 18 238
Nachschau 9 25
Nachunternehmer 17 77
Nachverhandlungsverbot 15 108
Nachweis der Gelegenheit 9 188, 190
N-Akten 2 518 f., 531
Nationalitätsprinzip 6 40 ff.
Naturschutzstrafrecht 8 97
Ne bis in indem
– bei ausländischen Entscheidungen **19** 27, 29, 98 ff.
Neapeler Übereinkommen 6 19
Nebenkläger 20 10, 15
Nebenleistung 17 36
Nebenstrafe 1 93
Nebenverdienstschwindel 13 6 ff.
Ne-bis-in-idem-Übereinkommen 8 26
Negativtatsachen
– Behauptung von – **20** 41
Nemo-tenetur-Grundsatz 20 143
Nettoprinzip 5 51
Neuer Markt 4 9, 13
Neuerwerb 2 148, 299, 459
Newsgroups 18 24
Nichtabführung von Beiträgen 17 139
Nichtabführung von Sozialversicherungsbeiträgen 17 171
Nichtanwendung des AÜG 17 12
Nichterhebungsverfahren 9 86, 87, 89, 90, 93, 205
Nichtgemeinschaftswaren 9 30, 77, 79, 81, 82, 84, 87, 91, 93, 103, 104, 115, 117, 258
nichtsteuerliche Straftat 9 73
Niederlande 19 61, 97, 128, 146, 155, 158–160
Norwegen 19 128, 158–160
Notwendige Teilnahme
– s. Teilnahme
Novel-Food-Verordnung 8 175
Nuclear Suppliers Group 9 150
Nuklearwaffen 9 151
Nullregelung 17 193
Nullum crimen sine lege 8 84
Nutzer 18 170
Nutzung EDV-Anlage 18 189

Oasenländer 7 17 ff.
Oberfinanzdirektionen 9 3, 6, 179, 256, 260, 264, 265, 271

Objektive Bedingung der Strafbarkeit 2 73 ff., 267, 289, 322, 348, 359, 375 f.
Observation
– s. Grenzüberschreitende Observation
Observationen 9 34, 37, 45, 266, 281, 288
Observationseinheiten Zoll 9 10, 11
Occupational crime 1 6
Occupational Crime 8 123
OECD 8 16, 177
Offenbarung 9 74, 255, 259, 260, 261
Offenbarungs- und Mitwirkungspflicht **9** 255, 259
Offenbarungsbefugnis 9 253
Offenbarungsermessen 9 260
Offenbarungspflicht 3 129, 178 f., 196, **9** 260
Offene Einzelgenehmigung 9 244
Offenkundigkeit der Beweistatsache 20 76 ff.
– beweiserhebliche Tatsachen **20** 79
– Erörterung in Hauptverhandlungen **20** 81
– bei Kollegialgerichten **20** 80
Öffentlich bekannte Tatsache 4 55, 78, 84
Öffentliche Ausschreibung 12 17
Öffentliches Bekanntwerden 4 89
OLAF 8 144
Online-Abfrage 18 192
Onlinebanking 3 80
Opferschutzgesetz 1 92
Opportunitätsprinzip 1 49
– s. Einstellung des Ermittlungsverfahrens
Optionsgeschäfte 4 20, 57
Optionsschein 4 14, 20, 21, 35, 40, 92
Orderlage 4 74, 83, 84, 85
Orderrouting 4 34, 44, 50, 51
Ordnungsgemäße Buchführung 2 310, 317
Ordnungsgemäße Wirtschaftsführung 2 300, 302, 366
Ordnungsgemäßer Geschäftsgang 2 320
Ordnungsstrafen 1 34
Ordnungswidrigkeiten
– Rechtshilfe bei **19** 10, 69–71
Ordnungswidrigkeitengesetz 1 39 ff.
– Änderungen **1** 49
– Anwendungsbereich **1** 40
– Bußgeldrahmen **1** 48
– Einheitstäterbegriff **1** 44
– Geldbuße **1** 41
– Kausalität **1** 47
– Sanktionensystem **1** 41 ff.
– Vorläufer **1** 37
Ordre public als Rechtshilfehindernis **19** 137 f.
Organ der Rechtspflege 21 4
Organe der freiwilligen Selbsthilfe 22 27
Organhandeln bei § 30 OWiG 1 104
Organisation der Bank 3 33 ff.
Organisation und Aufbau des Zollfahndungsdienstes 9 1
Organisationsprivatisierung
– Amtsträger **12** 46
Organisierte Kriminalität 9 4, 21, 36, 53, 133, 225, 272, **22** 16, 18
– Gewaltbegriff **5** 4
– Lagebild **5** 5
– OK-Relevanz **5** 7
– Vergleichende Phänomenologie **5** 2 ff.
Organisierter Markt 4 11, 20
Organkredite 3 167
OrgKG 1 96, **5** 44 ff., 52, **18** 7
Orientteppichschwindel 13 13, 44, 47, 53, 54 ff., 63
Ortsbehörden 9 3, 6
Österreich 19 98, 101, 110 f., 128, 137, 142, 146, 158 ff.
OTC Handel 4 18

Panama 19 181
Paraguay 19 181
paralleler Aufgabenvollzug 9 257
parallele Ermittlungszuständigkeit 9 272
Parlament, Europäisches 8 34
Passive Veredelung im Zollverfahren 9 80, 88
Passives Nationalitäts-/Personalitätsprinzip **6** 43
Patentamt 22 14
Patentstrafrecht 8 103 f.
Patientenbefragung 11 56
Patientenkartei 11 16
Pauschalbürgschaft 9 95
Peripheriegeräte 18 14
Personalaustausch 17 15
Personalitätsprinzip
– s. Nationalitätsprinzip
Personenbefragung 17 124
Personenbezogene Daten 18 123
Persönliche Bekannte als Sekundärinsider **4** 71
Persönliche Identifikationsnummer (PIN) **3** 80 ff., 109
Pfandabstand 2 494, 516
Pfändung der Werklohnforderung 17 144
Pflicht zur Amtsverschwiegenheit 9 54
Pflichtenkollision 2 192
Pflichtverletzung 1 102
– betriebsbezogene Pflicht **1** 102
Phänomenologie
– Vergleich Wirtschaftskriminalität
– – Organisierte Kriminalität **5** 2 ff.
Pharmazie 11 87 ff.
PJZS 8 4, 41
– internationale Kooperation **8** 165 ff.
Placement 5 36
Plausibilität des Beweisgelingens 20 32
Plausibilitätsprüfung 11 30
Plus/Minus Ankündigung 4 34, 80, 88, 91
Point-of-Sale (POS) 3 107, 109, 111 ff.
Polen 19 177
Polizeigesetze 9 7, 17, 35, 37 f.
polizeiliche Beobachtung 9 44, 268

Polizeiliche Rechtshilfe
– s. Rechtshilfe zwischen Polizeibehörden
Polizeiliche und Justizielle Zusammenarbeit in Strafsachen 8 4, 41
Polizeiliche Zusammenarbeit 19 11 f., 15, 70
Polizei-Masche 13 87
Pornographieverbot 8 94
Portugal 19 50, 61, 128, 158 ff.
Post 22 22
Postbank 3 12, 381, **22** 23
Postbeschlagnahme 18 216
Postgeheimnis 3 385
Präferenzpapier 9 82
Prävention 19 12
Präventivberatung 21 6, 65
Pre-arranged Trade 4 24, 28, 34
Preisabsprache 22 11
Preisbindung 15 38
– vertikale **15** 52
Presseerklärung 21 14
Presserecht 13 108 f.
Presserechtliche Gegenmaßnahmen 21 16
Primärinsider 4 55, 59 ff., 77
Primärmarkt 4 8
Privatärztliche Verrechnungsstelle 11 36 ff.
Privatbanken 3 10
Private Krankenversicherung 11 35
Privatgeheimnis 6 26
privatisierte öffentliche Aufgaben
– Amtsträger **12** 43 ff.
Privatkläger 20 10
Privatpatient 11 33 ff.
PRO HONORE 22 33
Produkt- und Markenpiraterie 14 1 ff.
– Definition **14** 2 ff.
– Einziehung **14** 18 ff.
– Ermittlungsprobleme **14** 30 ff.
– Gegenmaßnahmen **14** 51 ff.
– Gesamtüberblick **14** 54
– Präventionsmöglichkeiten **14** 50
– Privatrechtliche Situation **14** 48 f.
– Schutzrechte **14** 16 f., 54
– Staatsanwaltschaft **14** 34 ff.
– Statistisches Datenmaterial **14** 4 ff., 9 ff.
– Tätergruppen **14** 10 ff.
– Urheberrechtspiraterie **14** 41 ff.
Produkthaftung, strafrechtliche 8 95
Produktpirateriegesetz 1 78, **14** 13 ff.
Produktsicherheitsrichtlinie 8 93
Prognose 4 90, 96, **21** 36
Programmnutzung 18 189
Progressive Kundenwerbung 1 62, 65, **13** 71 ff.
Prospekte 4 4, 5, 27, 28, 46, 47, 49
Protokollierung
– des Abspracheergebnisses **20** 152 f.
– des Beweisantrags **20** 13 ff., 17
Provider 18 161, 165 ff.
Provisionsrechnungen 3 137
Prozessual bedingter Beweisantrag 20 19
Prüfärzte 11 31, 53
Prüfbehörden 17 116
Prüfgruppen Außendienst Bau 17 116
Prüfung der Geschäftsunterlagen 17 125
Prüfungen (bei Arbeitgebern) 17 89, 118, 165
Prüfungsbehörde im Rechtshilfeverkehr 19 131
Prüfungsdienste
– der Arbeitsverwaltung **17** 211
– der Finanzverwaltung **17** 208, 210
– des Zolls **17** 211
Prüfverbände der Banken 3 43
Pseudobehauptung 20 61
Pseudo-Wettbewerber 13 102 ff.
Pseudozugabe 11 70 ff.
Psychoanalytiker als Sekundärinsider 4 70
psychotrope Stoffe 9 109
Punktwert 11 8
Putzfrau als Sekundärinsider 4 70
Pyramidenspiele 13 78 ff.
Pyramidensystem 13 71

Quartalsabrechnung 11 26
Quote Machine 4 34, 44

Rabattspreizungen 15 72
Rahmen- und Sozialkassentarifvertrag 17 21
Rahmenbeschlüsse 8 41
Rasterfahndung 18 217
Ratenkredit 3 307
Räumungsverkauf 13 47 ff., 64 ff.
Reagenzien 9 240
Realkonkurrenz 9 162, 168, 170, 178
Realkreditinstitute 3 4, 16
Rechnungshof
– Korruption **12** 112
Rechnungshof der EG 8 149 f.
Recht auf Akteneinsicht 9 56, 180
Recht auf Vortrag 9 56
Recht der informationellen Selbstbestimmung 9 35
Recht zur Durchsicht von Papieren 9 65
Rechtsakte der EG 9 140
Rechtsanwalt 4 61
– Anwesenheit bei Durchsuchungen **2** 552
– als Sanierer **2** 446
– als Teilnehmer der Insolvenzverschleppung **2** 147 ff.
– s. a. Verteidiger
Rechtsanwaltsgehilfin als Sekundärinsider 4 61
Rechtsaufsicht 4 19, 22
Rechtsbehelf
– im Rechtshilfeverfahren **19** 20, 125
Rechtsfolgenausspruch, absprachebedingter 20 156 ff.
Rechtsfolgesystem des Strafrechts 1 91
Rechtsgespräch 20 150

Rechtsgutachten 21 88
Rechtshilfe 9 180, 266, 274, 288 ff.
– zwischen Behörden **19** 7, 85, 113 f.
– bei Betrug **19** 160
– im engeren Sinne **19** 3
– – s. a. Sonstige Rechtshilfe
– internationale **17** 209, 213
– internationaler Begriff **19** 14 ff.
– zwischen Justizbehörden **19** 7, 14, 65, 107 f., 119
– bei Konkursdelikten **19** 160
– nationaler Begriff **19** 3 ff.
– bei Ordnungswidrigkeiten
– – s. Ordnungswidrigkeiten
– Ort **19** 6
– zwischen Polizeibehörden **19** 7, 70, 85, 109 ff., 120
– zwischen Steuerbehörden **19** 7, 85, 113 f.
– vertraglose **19** 38
– im weiteren Sinne **19** 3
– zwischen Zollbehörden **19** 7, 70, 85, 113 f
Rechtshilfe im Steuerstrafverfahren 10 170 ff.
Rechtshilfe in Strafsachen, Übereinkommen 8 21
Rechtshilfebestimmungen 19 73 ff., 142
Rechtshilfeersuchen
– Beteiligungen **19** 123 ff.
– Erfolgsaussicht **19** 34
– Form und Inhalt **19** 115 f.
– Geschäftsweg **19** 117 ff.
– Verfasser **19** 105 ff.
Rechtshilferecht
– Hilfsmittel **19** 39 ff.
– Rechtsquellen **19** 36, 43
– systematische Stellung **19** 17 f.
Rechtshilfeverkehr 9 266
Rechtsmittelverzicht, absprachebedingt 20 151
Rechtspraxis auf dem Gebiet der Wirtschaftskriminalität 1 113
Rechtsstaatsprinzip 20 1 f.
Rechtstatsachensammelstelle 5 11
Rediskontierung 3 244, 245
Redmond-Urteil des EuGH 8 78
Referenzkurs 4 33
Refinanzierungskredite 3 330 ff.
Reform des Wirtschaftsstrafrechts 1 54 ff.
– Erstes WiKG **1** 55 ff.
– Geldbußen **1** 108
– Zweites WiKG **1** 62 ff.
Regionale Präsenz 9 4
Registersperre 2 151, 296, 319, 337, 350, 351, 378, 423
Reichskaligesetz 1 33
Reinvestment 5 36
Remote Member 4 50
Repräsentanten 7 36
Repräsentanzen 3 20
Repräsentationsaufwand 2 305
Restricted List 4 22, 77
Restschuldbefreiung 2 16, 49, 51 ff., 297, 350, 351, 378
Revisionsverfahren 20 4 f., 7
Rezept 11 87 ff.
Rheinausbauentscheidungen 15 97, 111 ff., 121
Richterablehnung 20 147
richterliche Untersuchungshandlungen 9 35
Richtlinien für Absprachen im Strafverfahren 20 135
Richtlinienkonforme Auslegung 8 81
Risiken 17 31
Risikogeschäft 2 404
Risikomanagement 21 6
RiVASt 19 36, 85 f.
Rückgewinnungshilfe 5 72
– aus dem Ausland **19** 146
Rufnummer 18 236
Rundfunk 18 160, 214
Rußland 19 46, 66
Rüstungsgüter 9 149 ff., 156, 168, 170, 189, 194

Sachaufklärungspflicht, bei Absprache 20 142
Sachgebiete Flughafen 9 9
Sachgebietsleiter des Finanzamtes 4 62
Sachherrschaft 9 49, 57, 60, 250, 251
Sachkunde des Gerichts 20 120
Sachleistungen 17 104
Sachleitungsbefugnis 17 214
Sächsisches Holzstoff-Kartell 15 9
Sachverständigenbeweis
– Ablehnung des **20** 120 ff.
Sachverständigengutachten 4 86, **21** 88
Sachverständigenkommission zur Bekämpfung der Wirtschaftskriminalität 15 7, 101
Sachverständiger
– andere Fachrichtung **20** 124
– weiterer **20** 123 ff.
– – s. auch Gutachter
Sachverständiger, Auswahl 20 51
SAEG-Übermittlungsschutzgesetz 6 16, 26
Sagulo-Urteil des EuGH 8 76
Saisonkräfte 17 66
SAMBA 9 268
Sammelauskunftsersuchen 9 43
Sammlungen 13 19 ff.
Sanierer 2 323, 446 ff.
Sanktionen 17 105
Sanktionen des Ordnungswidrigkeitenrechts 1 41
Sanktionsausschuß 4 19, 35, 51
Sanktionsmaßnahmen 9 157, 162, 170, 178, 181
Sanktionsnormen, Verpflichtung der EG-Mitglieder zum Erlaß 8 54 ff.
– geeignete Maßnahmen **8** 58 ff.
– Rechtsprechung **8** 54 ff.

SCENT 8 145, **9** 268
– SCENT FISCAL **8** 145
Schaden durch Wirtschaftskriminalität 1 12 ff.
– Höhe **1** 12
– Schätzungen **1** 14
Schadensfeststellung
– bei Kreditvergabe **3** 177, 179, 182, 205
– bei Kreditvermittlern **3** 312 ff.
– bei Wechselgeschäften **3** 273 ff.
Schadenswiedergutmachung 2 390, 398
Schattenwirtschaft 17 179
Schätzung 11 60 ff.
Scheck 3 276 ff.
Scheckbetrug
– s. Betrug
Scheckeinzugsverfahren 3 279
Scheckkartenmißbrauch 1 62, 68, **6** 5
Scheckreiterei 3 264, 280 ff.
Scheinbehandlung 11 12
Scheinbeweisantrag 20 61 ff.
– Entscheidung über **20** 62
Scheingeschäfte 7 13 f., **8** 121 f.
Scheingeschäft/Scheinveräußerung 2 300
Scheinselbständige 17 49, 98
Scheinselbständigkeit
– Beteiligte **17** 180
– und Ertragsteuern **17** 184
– und Lohnsteuer **17** 199
– und Steuerhinterziehung **17** 205
– und Umsatzsteuer **17** 191, 196
Scheinwerkverträge 17 48, 182
Schengener Abkommen 5 27 f., **8** 161 ff.; **9** 236, 288
– Durchführungsübereinkommen SDÜ **8** 162 ff.
– Informationssystem SIS **8** 164, **19** 160
– Schengen I **8** 161
Schiffe 6 39
Schmuggel 9 16, 20, 44, 79, 107, 118, 127, 134, 213, 225, 277, 278
Schmuggelprivileg 9 131
Schneeballsystem 1 65, **13** 71
Schuldnerbegünstigung 2 157, 286, 365 ff., 441, 448, 471, 488, **6** 11
Schuldnerlisten 3 248
Schuldnerverzeichnis 22 31 f.
Schuldspruch, absprachebedingter 20 155
Schuldverdacht 19 138, 166, 174, 178, 180
Schutz
– der außenpolitischen Beziehungen **9** 252
– des Bankgeheimnisses **9** 262
– der einheimischen Wirtschaft **9** 106, 115
– der finanziellen Interessen der EG
– – s. finanzielle Interessen
– der finanziellen Interessen der Europäischen Gemeinschaften **9** 16, 106, 285, 287
– des geistigen Eigentums **1** 78
– der Gesundheit **9** 215
– der Jugend **9** 106
– der Kennzeichen, Marken usw. **9** 204
– des Kulturguts **9** 106
– der Landwirtschaft **9** 16, 115
– der Produktion der EG-Landwirtschaft **9** 115
– der Sicherheit und der auswärtigen Interessen **9** 146
– des Steueraufkommens **9** 16
– des Steuergeheimnisses **9** 255, 256, 261
– der Tier- und Pflanzenwelt **9** 106
– der Umwelt **9** 106
– der Verbraucher **9** 16, 106
– der Volksgesundheit **9** 106
– der Wirtschaft **9** 16
Schutzbereich 9 253, 262
Schutzgemeinschaften für allgemeine Kreditsicherung 22 32
Schutzprinzip 6 42 ff.
Schutzschrift 21 55 ff., 86
Schutzverband gegen Wirtschaftskriminalität 22 29
Schutzverbände für Kreditsicherung (Schufa) 3 45 ff.
Schwarzarbeit
– Beteiligte **17** 179
– und Ertragsteuern **17** 183
– und Lohnsteuer **17** 198
– und Steuerhinterziehung **17** 204
– und Umsatzsteuer **17** 190
Schwarzeinnahmen 11 95
Schweden 19 50, 128, 135, 158 ff.
Schweigepflicht 21 12, 33
Schweiz 19 98 f., 101 f., 119, 136, 146, 150, 161 ff.
Schwellenländer 9 151, 273
Schwerpunkt der Ermittlungstätigkeit 9 63
Schwerpunktstaatsanwaltschaften 1 25, 110
SDÜ 8 162 ff., **19** 52 f., 70, 136, 140 ff., 157 f.
Sechs-von-acht-Theorie 2 428, 431
Seeschiffahrtsassistenz 17 96
Sektorenauftraggeber 12 20
Sekundärinsider 4 55, 68, 70, 72, 77
– Persönliche Bekannte als – **4** 71
– Psychoanalytiker als – **4** 70
– Rechtsanwaltsgehilfen als – **4** 61
Sekundärmarkt 4 8, 9, 52
Selbständige 17 49, 98
Selbständigkeit 17 34
Selbstanzeige 9 64, 129, 132, 133, **10** 81 ff.
– Korruption **12** 106
– Kritik an Selbstanzeigevorschrift **10** 118
– Mißbrauch **10** 108 ff.
– Rechtzeitigkeit **10** 96 ff.
– bei Steuerstraftaten **10** 81 ff.
– Unwirksamkeit der – **10** 96 ff.
– Voraussetzungen **10** 87 ff.
Selbstkostenfestpreis-Regelung 15 120
Selbstleseverfahren 20 15
Selbstvornahme von Amtshandlungen im Ausland 19 31, 88–91, 150

Service-Telefonnummern 13 12
Sicheres Geleit 19 152
Sicherheit in der Informationstechnik 22 9
Sicherheitsinteressen 9 106, 154
Sicherheitsleistung 9 76, 205, **17** 144, 145
Sicherstellung 2 542 ff.
SID (Zollinformationssystem) 8 145
Siegelbruch 9 101, 134, 255
SIS 8 164, **19** 160
situative Korruption 12 5
Skontroführer 4 12, 15, 31, 33, 74, 82, 88
Slowenien 19 66, 98 f., 101 f., 177
Sockelverteidigung 21 18 ff., 93
Softwarepiraterie 18 103 ff.
Sogwirkung 1 16
Sondereinheiten 9 5, 7, 13
Sondergerichte 1 34
Sondermittlungsgruppen (SEG) 17 210
Sonstige Rechtshilfe
– Begriff **19** 3, 14
– s. a. Rechtshilfe im engeren Sinne
Sortenschutzgesetz 1 78
Souveränität 19 5, 87, 162
Sozialprofil der Wirtschaftsdelinquenten 1 18
Sozialversicherung 9 31
Spanien 19 50, 61, 128, 158–160
Sparkasse
– s. Kreditinstitut
Sparkassen 3 4, 13
Spartenorganisation 3 36
Speicherung 18 127
Spekulationsgeschäft 1 67; **2** 303 f., 404; **3** 231 ff.
– mit Devisen **3** 140 ff.
Spendenbetrug 13 19 ff.
Sperrerklärung 20 104 ff.
Sperrwirkung 2 363, 377, **9** 133
Spezialbanken 3 6, 12, 15
Spezialitätenköche 17 87
Spezialitätsgrundsatz
– im Auslieferungsverkehr **19** 153–156
– im Rechtshilfeverkehr **19** 157, 168–170 (Schweiz)
– Verzicht **19** 155 f.
Sphäre
– des Emittenten **4** 56
– des Finanzanalysten **4** 68
– des Mitteilers **4** 67
Spiegelung
– Betrugsschaden Korruption **12** 90
Spiel 2 305
Spiralwirkung 1 16
Spontanmitteilung 9 280, 288
Sprechstundenbedarfsrezept 11 92 ff.
Spruchstellenverfahren 4 60
Staatsanwaltschaft 4 44, 53, 57, 75–77, 84, 100, **9** 2, 6, 13, 21, 27, 29, 30, 31, 32, 49, 52 ff., 73, 133, 168, 208, 222, 225, 236, 237, 246, 250 ff., 265, 269, 270, 280, 285 f., 289, **17** 209, 214
Staatskommissar 4 19, 22, 24
Stammkapital 2 395, 400
Standesrecht 11 2
Steganographie 18 263
Stellvertretende Strafrechtspflege 6 45
Stenographin 21 94
Steuerabzug, -einbehalt 17 186, 206, 210
Steueramtsgerichte 10 212
Steueranspruch des Bundes 9 106
Steueraufsicht 9 3, 14, 22, 25, 39, 46, 57, 67, 70, 256, 266
Steuerbanderolen 9 110, 126
Steuerbehörden
– Zusammenarbeit der **19** 7, 13, 16
Steuerberater
– Durchsuchung beim Steuerberater **2** 554 ff.
– als Sanierer **2** 446
– als Täter des Bankrotts **2** 280
– als Teilnehmer der Insolvenzverschleppung **2** 174 ff.
Steuerfahndung 9 19, 235, 256, 271, **17** 182, 203, 208, 210, 212
– Korruption **12** 113
Steuerfahndungdienst 22 15
Steuerfahndung(sstelle) 2 539
Steuerfahndungsstellen 10 133
– Aufgaben und Befugnisse **10** 145 ff., 186 ff.
Steuerfestsetzung 9 109, 256
Steuerflucht 7 8 ff.
Steuergeheimnis 2 540, **9** 19, 235, 253 ff., 269, 283, **17** 211
– Schutz **10** 199 ff.
– zulässige Durchbrechung **10** 199 ff.
Steuerhehlerei 9 65, 107, 119, 128, 130, 131, 134, 237
Steuerhinterziehung 2 152, 204, 418, 420 ff., **6** 6, 14, 15, **8** 125, 128, **9** 16, 18, 38, 51, 61, 65, 68, 74, 92, 101, 106 ff., 119, 120, 128, 130 ff., 138, 139, 162, 168, 170, 178, 181, 207, 212, 237, 272, **17** 203 ff.
– Korruption **12** 100, 101
Steuerhinterziehung nach § 370 AO 10 11 ff.
– als Begehungsdelikt **10** 15 ff.
– Erfolg **10** 26 ff.
– Konkurrenzen **10** 69 ff.
– Rechtsfolgen **10** 76 ff.
– Schuld **10** 32 ff.
– Selbstanzeige **10** 81 ff.
– Täterschaft und Teilnahme **10** 50 ff.
– als Unterlassungsdelikt **10** 22 ff.
– Versuch **10** 36 ff.
Steuerkriminalität 10 1 ff.
– Bedeutung und Ausmaß **10** 1 ff.
– Begriffsbestimmung **10** 5 ff.
Steuerliche Auslandsbeziehungen 22 7
Steuerliche Ermittlungen 9 68, 70 f., 132 f.

Steuern 9 33, 74, 94 ff., 108, 109, 113, 115, 117, 118, 120, 126
- Ertragsteuern **17** 183 ff.
- Lohnsteuer **17** 198 ff.
- Umsatzsteuer **17** 190 ff.

Steueroasenbericht 7 11
Steueroasenerlaß 7 14
Steuerpflicht 17 183 ff.
Steuerpflicht, beschränkte 7 4 f.
Steuerpflicht, unbeschränkte 7 4 f.
Steuerprüfung 9 256
Steuerstrafrecht 1 35, 39, 57, 71 f., **8** 89, **10** 1 ff.
- Amts- und Rechtshilfe mit dem Ausland **10** 170 ff.
- Begriff **10** 5 ff.
- formelles – **10** 119 ff.
- materielles – **10** 8 ff.

Steuerstraftaten nach § 369 AO 10 8 ff.
Steuerstrafverfahren 9 3, 6, 39, 55, 61, 64, 72, 74 208, 253, 259, **10** 119 f.
- Amts- und Rechtshilfe mit dem Ausland **10** 170 ff.
- Aussetzung des -s **10** 214
- Beschleunigungsgebot **10** 197
- Bußgeld und Strafsachenstellen **10** 133
- Einleitung **10** 191
- Einstellung wegen Geringfügigkeit **10** 215
- Ermittlungskompetenz der Finanzbehörde **10** 126 ff., 178
- Ermittlungskompetenz der Staatsanwaltschaft **10** 173 ff., 178
- Steuerfahndungsstellen **10** 133
- Verteidigung im – **10** 213
- Vorschriften für die Durchführung **10** 119 ff.

Steuerumgehung 7 13 f.
Steuerverkürzung 8 125
Steuerzeichen 9 107, 110, 126
Stiftung 7 39
Stop Loss 4 34
Strafaufhebungsgrund 9 64, 126, 133
Strafausschließungsgrund 9 132
Strafbare Werbung 13 1 ff.
Strafbarkeit
- wegen Steuerhinterziehung **17** 203 ff.

Strafbarkeit juristischer Personen
- Verpflichtung zur Einführung **8** 55

Strafbefehl 9 59
Strafobergrenze
- Angabe einer **20** 157

Strafprozeßrecht 1 110 f.
- Änderungen **1** 111

Strafrechtliche Angelegenheit als Element des Rechtshilfebegriffs 19 9
Strafschärfung 9 172, 199
Straftaten von erheblicher Bedeutung 9 37, 44, 50, 278
Strafverfolgung 9 1, 2, 15, 16, 18, 50, 73, 106, 132, 133, 135, 225, 250 ff., 255, 276, 281, 284, 286, 288
Strafverfolgungsbehörde 9 14, 39, 63
Strafverteidiger 9 74, 132, **21** 1 ff.
Strafverzichtstheorie 4 96, 98
Strafzumessung 11 62
Strafzuschläge 8 51
Strohmann 2 158, 169, 435, 507
Stromsteuer 9 117
Strukturanpassungsmaßnahmen 17 161
strukturelle Korruption 12 5
Strukturfonds 8 114
Stubenarrest 2 553
Submission 12 15, 25
Submissionsabsprachen 1 74 f.
Submissionsabsprachen, Betrugsstrafbarkeit 15 110 ff.
- Eingehungsbetrug **15** 114 ff.
- Erfüllungsbetrug **15** 120
- Erscheinungsformen **15** 105 ff.
- Gefahren **15** 100
- Kartellordnungswidrigkeiten **15** 109
- Konkurrenzen **15** 137
- und Korruption **15** 107
- Nachverhandlungsverbot **15** 108
- Rechtsgut **15** 125
- Schäden **15** 98 f.
- Strafbarkeit nach § 298 StGB **15** 121 ff.
- Strafbarkeit von **15** 96 ff.
- tätige Reue **15** 136
- Verfahrensrecht **15** 138 f.
- Verfolgungszuständigkeit **15** 138 f.
- Vermögensschaden **15** 113

Submissionsbetrug 12 94
Submissionskartelle
- s. Submissionsabsprachen

Subsidiaritätsklausel 9 125, 127, 162, 164, 167
Substantiierung der Beweisbehauptung 20 36 ff.
Subunternehmer 17 181
Subventionen 9 18, 106, 138, 139
- Ausgaben der EG **8** 109
- Erschleichung **8** 119, 130
- Kürzungen und Sperrungen **8** 52
- Subventionsbegriff des § 264 StGB **8** 131
- Subventionsbetrug **8** 129, 131

Subventionsbetrug 1 56 ff., **6** 6, 13, 22, **9** 16, 18, 54, 63, 65, 92, 106, 110, 127, 134, 138, 139, 237, 270, 272
- EG-Finanzschutzgesetz **1** 85
- Leichtfertigkeit **1** 57
- Subventionsgesetz **1** 58
- s. Betrug

Subventionsgesetz 1 58
Subventionskredit 3 290 ff.
Suchtstoffe 9 109, 223
Suchtstoffübereinkommen 9 239
Sutherland 1 6, 16, 18
systemische Korruption 12 5

Tabakwaren 9 110 f., 126, 283

Tarifverträge desselben Wirtschaftszweiges 17 13
Tat im strafprozessualen Sinne 9 51, 52
tateinheitlich 9 51 ff., 85, 96, 101, 109, 134, 189, 194, 212, 259
Täter-Opfer-Ausgleich 1 92
Täterschaft
– Angestelltenbestechung **12** 75, 77
– Korruption **12** 63 ff.
Tathandlung 9 87, 112, 133, 162, 199
Tatmittler
– Korruption **12** 63 f.
tatsächliche Ausführung 17 25
Tatverdacht, hinreichender 4 76
Täuschung 3 230
Taxifahrer 4 70
Technische Mittel
– Einsatz (§ 100 c StPO) **5** 18 f.
Technologietransfers 9 50, 176, 179, 181
Teilnahme
– bei Rechtshilfehandlungen **19** 5, 20, 129, 149 f.
Teilnahme an den Ermittlungen 9 54
Teledienste 18 157 ff.
Telefonat ins Ausland 19 5
Telefonbänder 3 380
Telefonbanking 3 84
Telefonbetrug 18 39, 48, 56
Telefongespräche bei Durchsuchungen 2 553
Telefonkartensimulatoren 18 39, 48
Telekom 22 24
Telekommunikation 18 232 ff., 259, **22** 24, 25
Telekommunikationsstrafrecht 1 83
Telekommunikationsüberwachung 5 18
– im Rechtshilfeverkehr **19** 69
Terminhandel 4 7, 14, 28
Terminkollision 21 41
Territorialitätsprinzip 6 2, 28 ff.; **9** 106, 110; **18** 174
Tierarzneimittel 11 98 ff.
Tierärztliche Hausapotheke 11 99
TIR-Übereinkommen 9 98, 101, 266
Tonband 21 94
Transaktionsnummer (TAN) 3 80 ff., 83
Transithandelsgeschäfte 9 92
Transparenzgebot 20 146 ff.
Treubruchstatbestand
– Korruption **12** 97
Treuhänder 7 38
Treuhandgesellschaft 7 38
TREVI 8 157 ff.
TRIPS-Abkommen 8 68
Trust 7 38
Tschechien 19 177
TV-Lifesendung 4 38

Übereinkommen 8 25 ff.
– Auslieferung **8** 20, 25
– Finanzielle Interessen der EG **8** 27
– Geldwäsche **8** 30
– Korruptionsbekämpfung **8** 16
– ne bis in idem **8** 26
– Rechtshilfe in Strafsachen **8** 21
Übereinkommen über das Verbot der doppelten Strafverfolgung
– s. EG-ne bis in idem-Übk
Übereinkommen über den Schutz der finanziellen Interessen der EG 1 109
– Zweites Zusatzprotokoll **1** 109
Überfakturierung 5 42; **9** 227
Überführung von Waren in den zollrechtlich freien Verkehr 9 76, 95
Überholung 9 30, 44
Überindividuelle Rechtsgüter, Schutz 1 55, 66, 86
Überschuldung 2 109 ff., 155 f.
Übersetzung von Rechtshilfeersuchen 19 115
Übersicherung 3 224
Übertragende Sanierung 2 8, 25 f., 476 ff.
Übertragungsgeschwindigkeit 18 246
Überwachung des Warenverkehrs über die Grenzen 9 29, 30, 44
Überwachungsaufgaben 9 22, 32, 47, 121, 236, 250, 264, 269
Überwachungsbehörde 9 2, 14, 237, 251, 263, 264, 273
Überwachungs-Instrumentarium 9 17
Überwachungsmaßnahme nach Zollrecht 9 44
Überwachungstrupps 9 13
Überweisungsaufträge 3 75
Ubiquitätsprinzip 6 34 ff.
UCLAF 8 143; **9** 139, 265, 266, 284 ff.
Umgehungsgeschäfte 8 121 f.
Umgehungshandlungen 1 89
Umgehungsmethoden 17 113
Umgehungsverbote, im Kartellrecht 15 22, 54 ff.
Umkehrwechsel 3 258 ff., 265
Umsatzsteuerhinterziehung 6 15
Umwandlung 9 76, 89, 103
Umweltstrafrecht 1 77; **8** 97 ff.
– Angleichung **8** 174
– richtlinienkonforme Auslegung **8** 86
Unabhängigkeit 17 34; **21** 5
unbekannte Steuerfälle 9 38 ff., 262
unbillige Behinderung, Verbot der 15 23
Unbrauchbarmachung 18 68, 92
Underground banking 5 41
Unerfahrenheit 4 26, 27
unerlaubte Arbeitnehmerüberlassung 17 143
unerlaubter Aufenthalt 17 79
Unerreichbarkeit
– des Beweismittels **20** 100 ff.
– Rechtshilfe **20** 103
– des Zeugen **20** 102 f.

Ungeeignetheit
– des Augenscheins **20** 98
– des Beweismittels **20** 93 ff.
– des Sachverständigenbeweises **20** 99
– Unzulässigkeit der Beweiserhebung **20** 72 ff.
– des Zeugenbeweises **20** 94 ff.
Ungehorsamstatbestände 15 32, 40 ff., 81
Universalbanken 3 6
Universalitätsprinzip 6 12, 41, 46; **9** 111
Unlauterer Wettbewerb 16 2 ff.; **22** 20, 28, 29, 30, 33
– Geheimnishehlerei **16** 25 ff.
– Geheimnisverrat **16** 2 ff.
– Geschäfts- und Betriebsspionage **16** 19 ff.
Unmittelbarer Geschäftsweg im Rechtshilfeverkehr 19 118 ff., 148
Unmittelbarer Kontakt ins Ausland 19 88 f., 152
Unmöglichkeit der Buchführung/Bilanzerstellung 2 325 f.
UNO 8 177
Unrechtsvereinbarung
– Anfüttern **12** 52
– Angestelltenbestechung **12** 73
– Äquivalenzverhältnis **12** 56
– Aufsichtspflicht **12** 56
– Bestimmtheit **12** 54
– Dienstausübung **12** 53
– Gegenleistung **12** 52
– Korruption **12** 52 ff.
– Wohlwollen **12** 54, 55
Unregelmäßigkeiten 8 106, 117
– Verfolgung von **8** 137 ff.
Unschuldsvermutung 21 78
Unterbringungsbefehl 9 57
Untereinstandspreisverkauf 15 62, 73
Unterfakturierung 5 42
Unterlagen 17 127
Unternehmen 18 97
– Begriff des –s im GWB **15** 18
Unternehmensberater 7 51 ff.
– Durchsuchung beim Unternehmensberater **2** 554 ff.
– als Sanierer **2** 446
– als Täter des Bankrotts **2** 280
– als Teilnehmer der Insolvenzverschleppung **2** 174 ff.
Unternehmensbeteiligungen 3 136
Unternehmensbeteiligungsgesellschaften 3 21
Unternehmensnachrichten 4 37
Unternehmenssanktionen, Zuständigkeit für die Verhängung von 15 139
Unternehmenszusammenschlüsse, Verbot von 15 77
– s. a. Fusionskontrolle
Unternehmer 17 77
Unternehmerrisiko 17 31
Unter-Preis-Verkauf 2 306, 329, 472, 474, 477
– s. a. Verschleudern
Unterschlagung 2 335; **6** 4; **9** 52, 134
Unterstützung des Zollfahndungsdienstes 9 266
Untersuchungsauftrag 9 287
Untersuchungshaft
– Korruption **12** 110
Untreue 2 393 ff.; **6** 5
– Abgrenzung zum Bankrott
– – s. Interessenformel
– durch Entnahmen **2** 396, 398
– Korruption **12** 95 ff.
– – Bauingenieur **12** 96
– – Schaden **12** 98
– – Teilnahme **12** 99
– – Treubruchstatbestand **12** 97
– – Treuepflicht **12** 96
– bei Personenhandelsgesellschaften **2** 402
– bei Risiko- und Spekulationsgeschäften **2** 404
Unverbindliche Preisempfehlung 13 42
Unwirtschaftliche Ausgaben/Unwirtschaftlichkeit 2 339
Unzuverlässigkeit 17 10
Urheberrecht 1 78
Urheberrechtspiraterie 14 41 ff.
– Computerprogramme **14** 44
– Tonträger **14** 45
– Überblick **14** 54
– Videos **14** 45
– s. a. Produkt- und Markenpiraterie
Urkundenfälschung 6 8; **9** 52, 134, 255
Urkundensammlung 20 53
Urkundenstrafrecht 6 8, 9
Urlaubs- und Lohnausgleichskasse der Bauwirtschaft 17 108
Urlaubsentgelt 17 106, 138
Urlaubskassenbeitrag 17 110
Urlaubskassenverfahren 17 107, 129
Ursprungswaren 9 139
Urteil- und Beurteilungsbedingung 20 20 f.
USA 19 55, 139, 153, 178–180
UWG
– s. Gesetz gegen den unlauteren Wettbewerb

Van der Venne-Urteil des EuGH 8 55
Venture Capital 4 13
Veränderung 18 127
verantwortlich Handelnder 17 99
Verband der Vereine Creditreform 22 31
Verbandsgeldbuße 1 50 ff.
Verbindungsbeamte 19 42
Verbindungsdaten 18 232, 241
Verbot der Beweisantizipation 20 5, 70 f.
Verbote mit Erlaubnisvorbehalt 9 182
Verbote und Beschränkungen für den grenzüberschreitenden Warenverkehr 9 2, 13, 14, 19, 22, 23, 29, 51, 77, 102, 106, 114, 121, 211, 216, 220, 279, 280

Verbraucherinsolvenz 2 16, 18, 39 ff., 69 f.
Verbraucherkredit 3 155, 302 ff.
Verbraucherschutzverbände 13 100
Verbraucherschutzverein 22 30
Verbrauchsteuergesetze 9 84, 117
Verbrauchsteuern 9 2, 22, 29, 75, 106, 108, 109, 111, 114, 117, 118, 128, 278, 283
Verbrechensbekämpfungsgesetz 1 81, 92
Verbreitung 18 113
Verbringen 6 30 ff.
verdachtlose Prüfungen 17 119, 174
Verdachtsabklärungsverfahren 9 21, 36
Verdachtsanzeige 9 236, 237, 241
Verdachtsanzeigepflicht 5 58
Verdachtsinspektion 9 199
Verdachtsnachschau 9 25
Verdachtsprüfungsverfahren 9 33, 36, 39
Verdachtsstufen 4 57
Verdeckte Ermittler 9 34, 37, 133, 248, 272; **18** 256
Verdeckte Gewinnausschüttung
– s. Gewinnausschüttung
verdeckte Treuhänderschaft 5 38
Verdeckter Ermittler 5 22 f.; **19** 6, 69
Verdunkelungsgefahr 21 61
– Korruption **12** 110
Veredelungsverkehr 9 76
Verein für Treu und Glauben im Geschäftsleben 22 33
vereinfachte Verfahren 9 80, 81, 85, 95
Vereinfachtes Auslieferungsverfahren
– s. EU-VereinfAuslÜbk
– s. USA
Vereinfachungen im Versandverfahren 9 81
Vereinigte Staaten
– s. USA
Vereinigung der Deutschen Schutzgemeinschaften für allgemeine Kreditsicherung 22 32
Verfahren für die Ausfuhr 9 76
Verfahren im OWiG 1 49
Verfahrensbeteiligte
– Vernehmung von **20** 74
Verfahrensgrundrechte 20 1 f.
Verfahrenshindernis 9 131
verfahrensintegrierte Finanzermittlungen 5 63, 71 f.
Verfahrensöffentlichkeit, bei Absprache 20 144 ff.
verfahrensunabhängige Finanzermittlungen 5 63 ff.
Verfall 1 43, 95, 99; **5** 50 ff.; **9** 59, 181, 223
– im Ausland befindlicher Vermögenswerte **19** 147
– erweiterter **1** 96
Verfall von Wertersatz 5 50
Verfallsanordnung 17 144
Verfassungsmäßigkeit 9 158
Verfassungsschutz 5 32 f.
Verfolgungsersuchen 19 94 f.
Verfolgungsübernahme
– Folgen **19** 96 f.
Verfügungsmacht
– Vorteil Korruption **12** 59
Vergabe
– Ausschreibung **12** 15
– Begriff **12** 15
– Phasen **12** 21 ff.
– Richtlinien **12** 28
– strafrechtliche Sanktionierung **12** 30
Vergabestellen 17 142
Vergabewesen 12 14 ff.
Vergleichsverfahren 2 5 ff.
Vergütung
– des Geschäftsführers **2** 398
– des Insolvenzverwalters **2** 480 ff.
Vergütungsregelung 17 32
Vergütungsschuldner 17 186
Verhaltensmaßregeln 21 65
Verhältnismäßigkeit 17 55
Verhältnismäßigkeit im Rechtshilfeverkehr 19 103 f.
Verhältnismäßigkeitsgrundsatz 8 77
Verjährung 13 70, 109
– Bedeutung im Rechtshilfeverkehr **19** 136
– Bestechungsdelikte **12** 66 ff.
– Tatende Korruption **12** 67 f.
Verkehrsstrafrecht 1 40
Verkürzung des Beweisthemas 20 38
Verlegungsantrag 21 41
Verleiher 17 4, 39, 43, 97, 100
Verleiherhaftung 17 201 f.
Verletzung der Buchführungspflicht 2 308 ff., 348 ff.
Verlustgeschäft 2 303
Vermittlung 17 69
Vermittlung eines Vertrages 9 188, 190
Vermögensabschöpfung 5 71
Vermögensschaden 18 53
– Betrug **12** 83 ff.
Vermögensstatus 5 16
Vermögensstrafe 1 92, 97; **5** 54 f.
– Korruption **12** 118
Vermögensverschiebungen 3 133, 134
Vernehmung 21 40, 60
– im Ausland **19** 149
Vernichtung 9 80, 104, 135, 196, 228
Veröffentlichungspflicht (Ad hoc Publizität) 4 54, 73, 78, 80
Verordnung Nr. 2185/96 (Kontrollen vor Ort durch EG-Kommission) 8 154 f.
Verordnung Nr. 2988/95 (Schutz der finanziellen Interessen der EG) 8 152 f.
Versagung 17 10
Versandschein 9 82, 93, 94, 95, 97, 134
Versandverfahren 9 45, 76, 81, 82, 92 ff., 118, 127, 134, 266
Versandverfahren, externes 8 127, 130

Verschaffen 18 129
Verschleierungsmethoden 9 178, 181, **17** 113
Verschleppungsabsicht 20 108 ff.
– Ablehnung wegen **20** 111 ff.
– Hilfsbeweisantrag **20** 112
Verschleudern 2 306, 329
Verschlußsicherheit 9 101, 127, 266
Verschwiegenheitspflicht 9 49, 270
Versicherung 17 102
Versicherungsaufsichtsgesetz (VAG) 2 161, 275 ff.
Versicherungsmißbrauch 6 5
Versicherungswesen 22 5
Verständigung im Strafverfahren 20 131 ff.
Versteigerung 13 55 ff., 60, 65
Verstrickungsbruch 2 461, 465
Verteidiger 2 552
– s. a. Rechtsanwalt
Verträge von Maastricht 9 75
Vertraglose Rechtshilfe
– s. Rechtshilfe
Vertrauensperson 5 21
Vertrauensverhältnis 21 33
Vertraulichkeitszusage
– Korruption **12** 108
Vertreter, ständiger 17 185
Vertriebssysteme, geschlossene 15 74
– selektive **15** 72
Veruntreuen von Arbeitsentgelt 2 152, 414 ff., 525
Vervielfältigung 18 110 ff.
Verwaltungsaufbau 9 3, 6
Verwaltungsermittlungen 9 139, 285
Verwaltungsrat 7 28, 34 f.
Verwaltungssanktionen der Kommission 8 151
Verwaltungsverfahren in Steuersachen 9 256
Verwendung der Europäischen Rechnungseinheit 9 76
Verwendung steuerlicher Angaben 9 253
Verwendungsverbot 9 259
Verwertbarkeit ausländischer Ermittlungsmaßnahmen 19 149
Verwertungsverbot 2 527 f.
Verzicht 20 17
Videofernverkehr 19 69, 150
Volatilität 4 34, 79, 88, 92
Volatilitätsunterbrechung 4 34
Völkerrecht 6 17 ff.
Völkerrechtliche Vereinbarungen zur internationalen Rechtshilfe
– Geltungsvoraussetzungen **19** 37
völkerrechtliche Verträge 9 136, 278, 290
Völkervertragsrecht 6 18 ff.
Vollstreckung
– Wirkung auf ein ausländisches Ermittlungsverfahren **19** 100 f.
Vollstreckungshilfe 8 26; **19** 59 ff.
Vollstreckungshilfe, Übereinkommen 8 26
Von Colson und Kamann-Entscheidung des EuGH 8 57, 85
Vorbehalt „rebus sic stantibus" 20 161 ff.
vorbeugende Maßnahmen 17 173
Vordruck AE 302 9 82, 93, 100
Vorenthalten und Veruntreuen von Arbeitsentgelt 1 70
Vorenthalten von Arbeitsentgelt 2 152, 414 ff., 525
– s. a. Beitragsvorenthaltung
Vorermittlungen 2 493
Vorfeld einer konkreten Gefahr 9 37
Vorfeld strafrechtlicher Ermittlungen 9 32
Vorfeldermittlungen 9 21, 33, 35 ff., 68, 70, 262
Vorgespräche, Zulässigkeit von 20 145
Vorlagenfreibeuterei 16 31
– Versuch **16** 35
Vornahmeermächtigung 19 18, 124
Vorplanungsphase
– Ausschreibung **12** 21
Vorprodukte 9 87 f., 196, 200, 240
Vorrang des Gemeinschaftsrechts 9 109, 114, 154, 290
– Anwendungsvorrang **8** 74
– Diskriminierungsverbot **8** 780
– vor dem nationalen Strafrecht **8** 75
– vor dem nationalen Strafverfahrensrecht **8** 80
– Rechtsprechung **8** 35
– Verhältnismäßigkeitsgrundsatz **8** 77
Vorrang-Theorie 9 290
Vorstand 4 38, 59
Vorstandsmitglied
– faktisches
– – s. Faktischer Geschäftsführer/Organverwalter u. ä.
– als Täter von Insolvenzdelikten **2** 231 f., 242 f., 253, 259 f., 273
Vortatenkatalog 9 225
Vortäuschen Rechte anderer 2 307
Vorteil
– Beratervertrag **12** 58
– Drittbegünstigung **12** 61
– Drittmittel Forschung **12** 62
– immaterieller Vorteil **12** 60
– Korruption **12** 57
– Verfügungsmacht **12** 59
Vorteilsgeber 12 32
Vorteilsnahme 15 137
Vorteilsnehmer 12 31
vorübergehende Verwendung 9 76, 90, 103
Vorverlagerungsstrategie, präventive 5 9

Waffen 9 30, 106, 134, 142, 143, 149, 150 ff., 167, 168, 182 ff., 190 ff., 202
Waffenschmuggel 9 13, 44, 54, 65, 134
Waffensofortmeldung 9 44
Wahlmöglichkeiten 9 289
Wahrunterstellung 20 113 ff.

Wanderlager 13 37, 45, 62 f.
Warenausfuhr 9 83, 148
Wareneinfuhr 9 115, 148
Warenterminbörse 4 14, 16, 50
Warenursprung 9 76
Warenzeichenrecht 1 78
Washingtoner Artenschutzübereinkommen 9 210
Wechsel 3 240 ff.
– bundesbankfähige **3** 246 ff.
– Mißbrauch **3** 252 ff.
Wechselmißbrauch 7 57
Wechselreiterei 3 254 ff., 264
Weinrecht
– gemeinsame Marktorganisation **8** 61
– Weinstrafrecht **8** 100
Weisungsbefugnisse 9 6, 251
Weisungsrecht 17 30
Weisungsverhältnisse 9 6
Weiterbildungsassistent 11 14
Weltrechtsprinzip 18 175
Weltzollorganisation 9 261, 266 ff., 277
Werbeverbot 21 10
Werbeverkaufsveranstaltungen 13 33 ff.
Werkssparkassen 3 25
Werkvertrag 17 26
Werkverträge
– Beteiligte **17** 181
– Scheinwerkverträge **17** 182
– Steuern **17** 185 ff., 192 f., 200
– Strafbarkeit **17** 206
Werkvertragsarbeitnehmer 17 67
werkvertragsfähig 17 28
Wertkasse 3 52 ff.
Wertpapierdienstleistungen 4 20, 21
Wertpapiergeschäfte 3 351
Wertpapierhandel 22 4
Wertpapierhandelsbanken 4 21
Wertpapierhandelsgesetz 1 79; **6** 16; **8** 63
Wertung, subjektive 20 38
Wertzeichenfälschung 9 107, 126
Wettbewerb
– Funktionen des freien **15** 2
– Schutz des freien **15** 1 ff.
Wettbewerbsbeschränkung 22 11
Wettbewerbsbeschränkung
– Bezwecken und Bewirken der **15** 47
– Erforderlichkeit der Bekämpfung von **15** 3
– gefährlichste Erscheinungsform **15** 2
– Spürbarkeit von **15** 47
Wettbewerbschancen 17 4
Wettbewerbspolitik, Leitbild der 15 3
Wettbewerbsrecht, europäisches 15 5 f., 140 ff.
– nationales
– – s. Kartellrecht
– Verhältnis von nationalen und europäischen **15** 6
– s. a. Kartellrecht
Wettbewerbsstrafrecht 1 73 ff.
– Bestechung und Bestechlichkeit **1** 74, 76
– GWB-Novelle **1** 73
– Wettbewerbsbeschränkende Absprachen **1** 74 f.
Wette 2 305
White-collar-Konzept 1 6
Widersprüchliche Beweisbehauptungen 20 33
Wiederausfuhr 9 80, 91, 103, 205 f.
wiederholte Überlassung 17 40
Wiederholung des Beweisbegehrens 20 39
WiKG 2. 18 6
Willensentschließungsfreiheit 20 143
Willkürverbot 20 140
Winterausfallgeld 17 155
Wirtschaft 22 6
Wirtschaftliche Betrachtungsweise 4 95 f.; **9** 109
Wirtschaftliche Not 2 346
wirtschaftliche Sanktionsmaßnahmen 9 170
wirtschaftliche Verhältnisse 17 56
wirtschaftlicher Vorteil 17 134, 135, 136, 139
Wirtschaftlichkeitsprüfung 11 28 ff.
Wirtschaftsgebiet 6 30 ff.
Wirtschaftskriminalität, Begriff
– § 74 c GVG **1** 8
– corporate crime **1** 6
– Definition Sutherlands **1** 6
– occupational crime **1** 6
– Sozialschädlichkeit **1** 9
– und OK **5** 6 f.
Wirtschaftskriminalität, Erscheinungsformen 8 117 ff.
Wirtschaftskriminalität, kriminologische Aspekte
– Aufklärungsprobleme **1** 20
– Entstehung **1** 18
– Schäden **1** 12 ff.
– Sozialprofil **1** 18
– Strafverfolgungsprobleme **1** 23
Wirtschaftsprüfer
– Durchsuchung beim Wirtschaftsprüfer **2** 554 ff.
– als Täter des Bankrotts **2** 280
– als Teilnehmer der Insolvenzverschleppung **2** 174 ff.
Wirtschaftsreferent 2 543 ff., 569
Wirtschaftssachverständiger 21 95
Wirtschaftsspionage 18 139 ff.; **22** 18
Wirtschaftsvereinigungen, Aufnahmezwang 15 75
Wirtschaftsverkehr mit dem Ausland 9 140, 264
Wissenstransfer 9 157, 167
World Wide Web (WWW) 18 27
Wucher 13 18, 35, 68; **17** 71, 133

Xetra 4 16, 19, 34, 36, 50, 85, 88

Zahlungen, anonymisierte 3 62, 67, 401
Zahlungseinstellung 2 85, 155 f.

Zahlungsstockung 2 90
Zahlungsunfähigkeit 3 223
– drohende **2** 76, 96 ff., 104 ff., 155 f.
– eingetretene **2** 80 ff., 155 f.
Zahlungsunwilligkeit 2 87, 380
Zahlungsverkehr 9 148, 157
– mit dem Ausland **3** 131 ff., 400
– barer **3** 52 ff.
– unbarer **3** 71 ff.
Zahlungsziel 2 379
Zahnarzt 11 80 ff.
Zahnersatzleistung 11 81 ff.
Zahngold 11 84
Zeitgesetz 9 149
Zeitschriftenwerbung 13 23 ff.
zentrale Aufgabenerfüllung 9 4
zentrale Logistik 9 266
Zentrale Technikgruppe Zoll 9 12, 266
Zentrale Unterstützungsgruppe Zoll 9 11, 266
Zentrale zur Bekämpfung des unlauteren Wettbewerbs 22 28
Zentraleinheit 18 13
Zerstören von Handelsbüchern/ Vermögensbestandteilen
– s. Bankrott
Zerstörung 9 80, 104
Zessionserklärung 7 32
Zeuge
– Aussagetüchtigkeit **20** 121
– geistige Erkrankung **20** 121
– Glaubwürdigkeit von **20** 121
– hinreichende Individualisierung des **20** 49 f.
– kindlicher **20** 121
Zeugenanhörung/-vernehmung 2 565 ff.
Zeugenaussage (schriftlich) 18 224
Zeugenbeistand 21 63
Zeugenbeweis 20 40 ff.
Zeugenladung 18 225
Zeugenpflicht 18 221 ff.
Zeugenschutz 5 24 ff.
Zeugnisverweigerungsrecht 13 108
ZFA 9 3, 44
Zigaretten- und Alkoholschmuggel 9 118
Zivilklausel 9 144, 186, 193
ZKA 9 5, 6, 7, 8, 11, 12, 44, 47 ff., 81, 101, 126, 179, 180, 224, 236 ff., 241, 263 ff., 272, 273, 286, 289
ZKA-Gesetz 9 263
Zoll 9 1 ff.
Zollabfertigung 9 80, 85, 205, 206, 211, 216, 220, 236
Zollager 9 76, 80, 91
zollamtliche Prüfung 9 24
zollamtliche Überwachung 9 13, 17, 22, 23, 24, 44, 78, 79, 84, 95, 103, 250, 264, 282, 288
Zollanmeldung 9 76, 80, 81, 85
Zollbehörden
– Zusammenarbeit der **19** 7, 13, 16
Zollfahndung 9 4, 7, 13, 14, 20, 26, 27, 28, 32, 33, 38, 39, 44, 45, 46, 53, 64, 71, 132, 133, 237, 250, 251, 252, 262, 265, 271, 272; **22** 16
Zollfahndungsamt 2 539; **9** 3, 4, 6, 12, 28, 40, 43, 46, 55 ff., 61 ff., 71, 133, 237, 238, 246, 250, 256, 264 ff.
Zollfahndungsdienst 9 2 ff., 20, 21, 32, 33, 37, 39, 45 ff., 62, 81, 85, 117, 121, 179, 208, 212, 217, 222 ff., 234 ff., 264, 266, 269, 271, 272, 282, 288
Zollgebiet 6 30 f.
Zollgeheimnis 9 246, 253
Zollhinterziehung 6 6, 14
Zollinformationssystem SID 8 145
Zollinformationssysteme 9 282
Zollkodex 9 24, 30, 45, 70, 75, 77, 80, 90, 91, 93, 94, 95, 114, 117, 136, 141, 155, 205, 253
Zollkommissariate 9 3, 13, 256
Zollkriminalamt 9 5, 46, 237, 263, 267; **22** 16
Zollkriminalinstitut 9 5, 263
Zolllehranstalten 9 3
zollrechtlich freier Verkehr 9 84
zollrechtliche Überwachung 9 44, 45, 282
Zollschuld 9 76, 79, 84, 87, 109
Zollstraftat 9 44, 77, 92, 106, 225
zolltarifliche Behandlung 9 76
Zolltechnische Prüf- und Lehranstalten 9 3
Zollunterstützungsabkommen 9 234, 261, 266, 276, 289
Zollunterstützungsübereinkommen 9 279
Zollunterstützungsverträge 9 278 ff., 289
Zollverfahren 9 24, 45, 75 ff., 84, 86, 87, 89 ff., 100, 103, 112, 155
Zollwert 9 76, 85, 88
Zufallsfunde 9 74, 262
Zugangskennung 18 251
Zugangssicherung 18 77
Zugelassener Empfänger 9 81, 95
Zugelassener Versender 9 95
Zulagen 17 104, 115
Zulassungsausschuß 4 11
Zulassungsbescheinigung 17 65
Zumessung der Geldbuße 17 134
Zurücknahme 20 17
Zusammenarbeit
– s. Polizeiliche Zusammenarbeit, Steuerbehörden, Zollbehörden
Zusammenarbeitsbehörden 17 211 f., 215
Zusammenschlußkontrolle
– s. Fusionkontrolle
zusätzliches Urlaubsgeld 17 106, 138
Zusatzprotokolle
– zum EuAlÜbk **19** 48 f., 140 f., 175
– zum EuRhÜbk **19** 67 f., 142
Zusatztatbestand 9 163, 164
Zusatzversicherung 11 86
Zusatzverträge
– s. Ergänzungsverträge, Zusatzprotokoll
Zuschläge 17 104, 115

Zusicherung der Vertraulichkeit 20 107
Zuständigkeit
– im Rechtshilfeverfahren **19** 21, 25, 33, 105–114
Zuständigkeitsjoker 9 46, 71
Zuständigkeitskonflikt
– s. Konkurrierende Gerichtsbarkeit
Zuständigkeitsvereinbarung 17 54; **19** 83
Zustellung
– ins Ausland **19** 65, 88
Zustellungsbevollmächtigter 17 99
Zuverlässigkeit 17 10
Zuwiderhandlung gegen Auflage
– Aufenthaltsbeschränkung **17** 80, 82
Zuwiderhandlungen gegen vollziehbare Verwaltungsakte der Kartellbehörde 15 44
Zwangseingriff 19 19
Zwangskartellgesetz 15 11
Zwangsmaßnahmen 21 35, 38
Zwangsmittel 9 26, 72
Zwangsvollstreckung 5 72; **13** 55 ff.
Zweckmäßigkeit 17 55
Zwecksparunternehmen 3 25
Zwecktheorie 15 48
Zweifelssatz (in dubio pro reo) 20 160
Zweigstellen 9 3, 4
Zweites UKG 8 67
Zwischenberatung 20 149
zwischenstaatliche Amtshilfe 9 274
Zwischenverfahren 20 7, **21** 81 ff.

Buchanzeigen